RÉPERTOIRE

DES

CONNAISSANCES USUELLES

LISTE DES AUTEURS QUI ONT CONTRIBUÉ A LA RÉDACTION
DU 12ᵉ VOLUME DE CETTE ÉDITION.

MM.
Allonville (comte Armand d').
Andrieux, de Limoges.
Andryane (Alexandre).
Anquetin (Dʳ).
Arago (Jacques).
Artaud, membre du conseil supérieur de l'instruction publique.
Aubert de Vitry.
Audiffret (H.).
Azario.
Balzac (Honoré de).
Bardin (le général).
Barrot (Odilon).
Baucher, professeur d'équitation.
Bechem.
Belfield-Lefèvre.
Berthelot (S.).
Berthet-Dupiney.
Berville (S.-A.), président de chambre à la Cour impériale de Paris.
Billot.
Blaise (Ad.), des Vosges.
Boissy d'Anglas (comte), pair de France.
Bolstel (J.-M.).
Bordas-Demoulin.
Bouchitté, ancien recteur de l'Académie d'Eure-et-Loir.
Bouilée (A.).
Bourdon (Isid.), de l'Acad. de médecine.
Bradi (Comtesse de).
Breton, de la Gazette des Tribunaux.
Bricheteau (Dʳ).
Briffault (Eugène).
Brion (L.).
Brunet (Gustave), à Bordeaux.
Capefigue.
Castil-Blaze.
Chabrol (E. de).
Champagnac.
Charbonnier (Dʳ).
Chasles (Philarète), professeur au Collége de France.
Chassagnol (l'abbé J.).
Clarion.
Colombat (de l'Isère).
Coq (P.).
Coupin (A.).
Darroux (Victor).
Decolange (L.).
Degrange (Edmond).
Delbare (Th.), anc. précepteur des Infants d'Espagne.

MM.
Demezii.
Denne-Baron.
Descloreaux (Ernest).
Dino (duc de).
Dobard, ancien procureur général.
Dubois (Louis).
Duchesne (ainé), conservateur de la Bibliothèque impériale.
Duckett (W.-A.).
Dufey (de l'Yonne).
Dulaurier (E.).
Du Mège (Chʳ Alexandre).
Dupouy (Charles).
Du Rozoir (Charles).
Fauche (Hippolyte).
Favrot.
Fayot (F.).
Ferry, ancien examinateur à l'École polytechnique.
Fillioux (A.).
Fontenelle (Julia).
Fossati (Docteur).
Fournier (Édouard).
Français de Nantes (Cte), pair de France.
Froussard, de Chaumont.
Gallois (Napoléon).
Gastambide (A.), procureur général à la Cour impériale d'Amiens.
Gaubert (Dʳ).
Ganjac (Isid.).
Gautier de Claubry, profess. à l'École polytechnique.
Genevay (A.).
Golbéry (de), ancien procureur général.
Guizot (F.), de l'Académie française.
Guy d'Agde (A.).
Héquet (G.).
Héreau (Edme).
Janin (Jules).
Jaucourt (Chʳ de).
Joncières.
Labitte (Charles).
Lacretelle (Charles), de l'Acad. française.
Lafaye (Benjamin).
La Grange (marq. E. de), de l'Institut
Lainé, anc. généalogiste des ordres du Roi.
Larrey (baron), ancien chirurgien en chef de la Grande Armée.
Latouche (Henri de).
Laurentie.
Le Glay, archiviste du départ. du Nord.
Legoyt (Alfred).

MM.
Lemonnier (Charles).
Lenoir (Chʳ Alexandre).
Lespinasse (de), officier de marine.
Louvet (L.).
Mac-Carthy (Oscar).
Mautz (Paul).
Marmier (Xavier).
Martin (Henri).
Matter.
Maury (A.).
Mazuy (A.).
Mennechet (Édouard).
Mérifieux (Ed.).
Molé (comte), de l'Acad française
Moléon (V. de).
Monglave (Eugène Garay de).
Montholon (le général comte de).
Nisard (Charles).
Norvins (J. de).
Og.
Ourry.
Page (Théogène), capitaine de vaisseau
Pagès (de l'Ariége).
Parent-Réal, ancien avocat général.
Pascallet.
Passot.
Pantet (Jules).
Pelouze père.
Pichot (Amédée).
Pongerville (de), de l'Académie française.
Reiffenberg (baron de).
Saint-Amour (Jules).
Saint-Prosper.
Saint-Prosper jeune.
Sancerotte (Dʳ), à Lunéville.
Sandeau (Jules).
Savagner (A.).
Say (J. B.), de l'Institut.
Sédillot (L.-A.).
Ségalas (Dʳ).
Sicard.
Sivry (Louis de).
Teyssèdre.
Tiby (Paul).
Tissot, de l'Académie française
Tollard ainé.
Tourrel (L. de).
Vaudoncourt (le général G. de)
Vauthier (L.-L.).
Vienet, de l'Académie française.
Viollet-Leduc.
Virey (J.-J.).

Paris — Typographie de Firmin Didot frères, fils et Cie, rue Jacob, 56.

DICTIONNAIRE
DE LA
CONVERSATION
ET DE LA LECTURE

INVENTAIRE RAISONNÉ DES NOTIONS GÉNÉRALES LES PLUS INDISPENSABLES A TOUS

PAR UNE SOCIÉTÉ DE SAVANTS ET DE GENS DE LETTRES

SOUS LA DIRECTION DE M. W. DUCKETT

Seconde édition
ENTIÈREMENT REFONDUE
CORRIGÉE, ET AUGMENTÉE DE PLUSIEURS MILLIERS D'ARTICLES TOUT D'ACTUALITÉ

Celui qui voit tout abrège tout.
MONTESQUIEU.

TOME DOUZIÈME

PARIS
LIBRAIRIE DE FIRMIN DIDOT FRÈRES, FILS ET CIE
IMPRIMEURS DE L'INSTITUT, RUE JACOB, 56

Les lecteurs sont prévenus que tous les mots espacés dans le texte courant (par exemple : Transsubstantiation, *Immortalité*, *César*) sont l'objet d'articles spéciaux dans le Dictionnaire, et constituent dès lors autant de renvois à consulter.

8° 5t336 (12)

DICTIONNAIRE
DE
LA CONVERSATION
ET DE LA LECTURE.

KOTZEBUE (Auguste-Frédéric-Ferdinand de), un de ces hommes dont la réputation éclate et disparaît, et qui préfèrent la vogue fugitive qui escompte l'avenir à la gloire chèrement achetée; dramaturge célèbre, écrivain nomade, polémiste ardent, poëte médiocre, romancier fécond, il a laissé dans la littérature de son pays les traces d'une facilité mal employée. Il naquit le 3 mai 1761, à Weimar, où son père était conseiller de légation. Poëte à seize ans, il se livra ensuite à l'étude du droit, et l'on pensa que de brillants succès dans cette carrière lui seraient réservés; mais la destinée ne le voulut pas. Le comte de Gœrtz, ministre de Prusse en Russie, appela à Saint-Pétersbourg Kotzebue, âgé de vingt ans : il s'y rendit avec le titre de secrétaire de M. de Bauer, général du génie. De Bauer meurt, et recommande, par son testament, son secrétaire à l'impératrice, legs qui fut fidèlement exécuté : nommé conseiller titulaire, puis, en 1783, assesseur au premier tribunal, et enfin président du gouvernement, le jeune Kotzebue occupa pendant dix ans cette place avec le grade de lieutenant-colonel. On ne sait pourquoi il reçut, en 1795, sa démission. Il s'était marié à une jeune Russe, qui lui avait apporté en dot une petite propriété, à quarante-huit verstes de Narva. Dans cette retraite, il composa plusieurs œuvres dramatiques. Déjà il avait pressenti sa vocation pour le théâtre en faisant représenter à Saint-Pétersbourg plusieurs drames, que l'impératrice avait applaudis. En 1792, on le chargea de la direction du théâtre de Vienne, situation qu'il conserva peu de temps. Il partit pour Weimar. Sa femme était restée à Saint-Pétersbourg avec deux fils, qu'on élevait dans le corps des cadets russes. Elle supplia son mari de revenir; il se mit en route, et fut arrêté sur les frontières de l'empire. Paul Ier le soupçonnait de l'avoir attaqué personnellement dans des pamphlets révolutionnaires : le malheureux écrivain fut déporté à Kurgan en Sibérie. Traité avec une extrême dureté, il fit plusieurs tentatives pour échapper à ses sbires, courut de grands dangers, et subit des privations de toutes espèces, qu'il a racontées et ornées d'un vernis poétique dans l'ouvrage, fort intéressant d'ailleurs, intitulé : *L'Année la plus remarquable de ma vie.* S'il faut l'en croire, Paul Ier le rappela, et il lui fit des excuses, en lui confiant la direction du théâtre de Saint-Pétersbourg. Bientôt il donna sa démission, et ne put la faire agréer qu'après la mort de Paul Ier.

Au printemps de 1801, Kotzebue partit pour Weimar, y trouva Gœthe et les Schlegel, se brouilla avec eux, et repartit pour Paris. L'humeur sanguine, présomptueuse, cupide, violente, soupçonneuse et ingrate qui le dominait lui créa partout des ennemis, et l'accueil hospitalier qu'il reçut en France ne put adoucir cette susceptibilité farouche. Ses *Souvenirs de Paris* sont pleins de jugements iniques et cruels, de portraits satiriques et outrés, d'anecdotes hasardées, d'outrages d'autant plus odieux, qu'il trahissait les saintes lois de l'hospitalité. Au surplus, il ne traita pas mieux les Italiens dans ses *Souvenirs de Rome et de Naples.* Vers la fin de 1813, Kotzebue et Merkel publièrent le *Freymüthige* (*Le Sincère*), journal dirigé spécialement contre Napoléon. Kotzebue ne resta pas longtemps d'accord avec Merkel, qui, conservant la rédaction du *Sincère*, y révéla les bassesses et la vénalité de son collaborateur. Alors Kotzebue se livra tout entier aux intrigues et aux pamphlets politiques, rédigea les notes, proclamations et pièces diplomatiques du cabinet de Saint-Pétersbourg, et suivit le tsar dans la campagne de 1813, comme écrivain politique de l'armée. On le nomma ensuite consul général de Russie à Kœnigsberg, et on le rappela à Saint-Pétersbourg, en 1816, pour l'attacher aux affaires étrangères.

En 1817 il revint en Allemagne, moins pour revoir son pays que pour l'observer. Sa correspondance littéraire avec l'empereur, correspondance qui lui valait 15,000 roubles de traitement, n'était qu'un voile transparent qui dissimulait à peine ses véritables fonctions. Au surplus, on ne pouvait choisir un observateur moins sagace. La passion l'entraînait sans cesse : il ne décrivait pas, il diffamait; il ne jugeait pas, il outrait la satire, se plaisant à travestir les doctrines et à dénaturer les idées; versant le fiel et la bile sur la jeunesse, sur les amis de la liberté, sur ses ennemis littéraires, sur les étudiants des universités. Malheureusement pour Kotzebue, quelques fragments de cette correspondance, à la fois si secrète et si imprudente, s'égarèrent. On la publia, et tout le monde put voir à nu l'indigne bassesse, la haine du pays, la fureur envieuse et les lâches outrages de l'espion politique. Un jeune étudiant nommé Sand se rendit à Manheim, où Kotzebue demeurait depuis quelque temps, et, le 23 mars 1819, s'introduisit dans son cabinet, où il le frappa de trois coups de poignard. Kotzebue mourut sur-le-champ, et on l'enterra le surlendemain. Il laissait quatorze enfants.

Telle fut la triste et honteuse vie de cet homme, doué d'imagination et de facilité, qu'on ne peut ranger ni parmi les hommes estimables ni parmi les écrivains sans mérite. Il n'avait pas de principes; et le coloris faux de ses œuvres correspond à l'immoralité de sa conduite. Une fausse et maladive sensibilité, imitée de Rousseau, a remplacé dans ses œuvres la sensibilité vraie. Ne pouvant atteindre le pathétique vrai, il a mis en œuvre le pathétique factice, le genre larmoyant. D'ailleurs, les trois cents pièces de théâtre publiées sous son nom ne lui appartiennent pas toutes. Il avait fondé une sorte de bureau ou d'agence littéraire, et il achetait à des étudiants leurs manuscrits, qu'il se contentait de retoucher. Plusieurs de ses drames sont empruntés aux théâtres français et anglais. Mais cette spéculation ne doit pas nous empêcher de reconnaître son originalité réelle. *Gustave Vasa*, *Octavie*, *La Prêtresse du Soleil*, *Les Hussites*, *Les Espagnols au Pérou*, *Hugo Grotius*, n'appartiennent qu'à lui. Il est le seul auteur des *Deux Frères*, de *Misanthropie et Repentir*, drames fort applaudis en France, et qui le méritent à certains égards. Faire triompher l'émotion, remplacer le devoir par la sensation, excuser un crime par une métaphore, et une faute par de grandes phrases; prouver que l'on peut racheter tous les défauts par des paroles, voilà le malheureux but du théâtre de Kotzebue. L'Allemagne et même l'Europe ont accepté quelque temps ce système, qu'elles ont enfin répudié.

Kotzebue romancier mérite peu d'estime. *Les Malheurs de la famille d'Orthenberg* ont eu cependant quelque succès. Nous ne parlons pas de l'*Histoire de l'ancienne Prusse* et de l'*Histoire de l'Empire d'Allemagne*, ouvrages empreints d'injustice et remplis d'inexactitudes. Libelliste anonyme, ennemi secret des littérateurs les plus estimés, injuste envers tous, présomptueux et rempli de lui-même, calomniateur de ses amis comme de ses rivaux, ainsi le représentent la plupart des écrivains allemands de son époque. Le portrait qu'ils ont tracé à quelque chose de si odieux que l'on aime à le croire exagéré dans quelques parties. Il est certain que dans *L'Abeille* et *La Feuille populaire* il écrivit en faveur de l'indépendance de sa patrie. On l'accusa de n'écrire que dans l'intérêt des princes qui le salariaient. Mais il faut ajouter que l'intérêt des nations septentrionales était aussi celui des rois devant lesquels Kotzebue s'était prosterné. Quelques ouvrages dramatiques d'un genre faux, d'une sensibilité déclamatoire, mais bien conduits et pleins d'intérêt, plusieurs relations de voyages, partiales mais amusantes, conserveront le souvenir de cet homme, envers lequel on a peut-être dépassé la mesure du mépris légitime.

Philarète CHASLES.

KOTZEBUE (OTTO DE), célèbre voyageur russe, fils cadet du précédent, né le 19 décembre 1787, à Reval, mort dans la même ville, le 5 février 1846, entreprit pour la première fois, à l'âge de dix-sept ans, le tour du monde avec Krusenstern, et était de retour en 1806. Neuf ans plus tard on lui confia le commandement du vaisseau *Le Rourik*, à l'effet de s'assurer s'il y avait possibilité de naviguer au nord-ouest du détroit de Behring, expédition dans laquelle il fut accompagné par quelques savants et littérateurs allemands, entre autres par Chamisso. Le 30 juillet 1815 il mit à la voile de Kronstadt. Il découvrit dans la mer du Sud diverses îles, et en 1816, au sud-est du détroit de Behring, un autre détroit, auquel il imposa son nom. Après une navigation de trois années, une maladie de poitrine l'obligea à revenir en Europe, et le 3 août 1818 il était de retour à Saint-Pétersbourg. Il a publié la relation de son expédition, sous le titre de *Voyage de découvertes dans la mer du Sud et au détroit de Behring, à la recherche d'un passage au nord-ouest, dans les années 1815-1818* (3 vol., Weimar, 1821). Promu alors au grade de capitaine de vaisseau dans la marine impériale, il entreprit encore en 1823, par ordre de l'empereur Alexandre, un troisième voyage de circumnavigation, et revint à Kronstadt le 16 juillet 1826. Il a publié également le récit de cette expédition, sous le titre de *Nouveau Voyage autour du Monde*, etc. (2 vol., Weimar, 1830). Ces deux voyages ont beaucoup contribué aux progrès de l'hydrographie, notamment de celle de la mer du Sud.

KOUANG-TON. *Voyez* KANTON.

KOUBA, village du faubourg d'Alger, dans une belle position, à 3 kilomètres du Harach, entouré de redoutes, ne comptait encore en 1842 que 22 maisons et 393 habitants, plus des troupes d'infanterie et de cavalerie. On y a fait des plantations considérables d'oliviers et de mûriers. Outre la culture des terres, les moulins à eau et à vent, les exploitations des carrières pour les constructions d'Alger, donnent aujourd'hui à cette commune une grande activité. Beaucoup de colons s'y sont fixés, et le grand séminaire d'Alger y est établi.

KOUBAN, fleuve qui prend sa source à l'extrémité nord du Caucase, sur le versant de l'Elbrouz, traverse d'abord le pays de montagnes proprement dit, puis forme, sur une longueur d'environ 60 myriamètres, les limites entre la province russe du Caucase, les steppes des Kosaks Tschernomori et le pays de montagnes proprement dit. Il compte sur ses rives une multitude de forteresses-frontières, telles que Saint-Nicolaï, Grégorigol, Kavkask, et surtout Iékatérinodar, ainsi que plusieurs bourgades de colons militaires, puis, se divisant vers son embouchure en deux bras principaux, déverse à la fois ses eaux dans la mer d'Azof et dans la mer Noire. Entre ces deux embouchures du Kouban est située l'île ou presqu'île de *Taman*, qui forme un véritable delta et présente de nombreuses traces volcaniques. Plusieurs combats ont eu lieu sur les rives du Kouban depuis l'ouverture des hostilités contre la Russie. Pour ce qu'on appelle les *Tatares du Kouban*, consultez l'article NOGAIS.

KOUBLAÏ. *Voyez* DJINGHIZ-KHANIDES.

KOUBO ou DJOGOUN, et encore SEOGOAN, titre qu'on donne à l'empereur temporel du Japon.

KOUJAVIE, très-fertile contrée, située sur la rive gauche de la Vistule, et dépendant aujourd'hui en grande partie du grand-duché de Posen, avec les villes d'Inoflaraslaf et de Brzesc, qui avant d'appartenir à la Pologne formait une principauté indépendante. L'évêque de Koujavie qui réside à Wlodavek, sur la Vistule, avait le privilége pendant la vacance de l'archevêché de Gnesen de couronner les rois de Pologne ainsi que de convoquer les diètes. Il prenait alors le titre d'*inter-rex*.

KOULI-KHAN (THAMASP). *Voyez* NADIR-CHAH.

KOULIS. *Voyez* COOLIES.

KOULOUGLIS. *Voyez* COULOUGLIS.

KOUMA, rivière sortant des plateaux du versant du Caucase, et qui, après avoir traversé la province russe du Caucase et baigné en route les murs de l'importante forteresse de Georgiewsk, se perd dans les sables avant d'arriver à la mer Caspienne. Autour de ces sables errent de nombreuses hordes de Kalmouks. Les différents cours d'eau dont il se grossit successivement, ralentis faute de pente suffisante, forment plusieurs grands lacs désignés sous le nom de *lacs du Kouma*.

KOUMANIE (Grande et Petite.). *Voyez* CUMANS.

KOUMANS ou KOMANS. *Voyez* CUMANS.

KOUMISS, nom d'une boisson dont les Kalmouks font leurs délices, et qui se compose de lait de jument aigri et préalablement soumis à un procédé de fermentation. Le koumiss a un goût suret assez agréable. C'est une boisson rafraîchissante et en même temps enivrante. Il y a aussi une *eau-de-vie de koumiss*, appelée par les Kalmouks *wina* ou *rachy*, et que l'on obtient par la distillation du koumiss. Les Tatars lui donnent encore le nom d'*ariki*.

KOUR (le *Cyrus* des anciens), fleuve situé en deçà du Caucase, dans le gouvernement russe de Grusie, prend sa source dans les montagnes, ramifications du mont Ararat. Son cours est d'environ 170 myriamètres, et après s'être grossi en route des eaux de l'Aras (l'*Araxes* des anciens), rivière venant de l'Arménie, il va se jeter dans la mer Caspienne, entre Bakou et Lenkoran. Il forme à son embouchure un immense delta, composé de plusieurs bras du fleuve, de nombreuses petites îles et de la baie de Lenkoran, golfe de plusieurs myriamètres d'étendue. Une foule de traditions intéressantes, ayant plus particulièrement trait à l'histoire biblique et à l'histoire de la Perse, se rattachent au Kour et aux contrées qu'il arrose.

KOURDES. *Voyez* KOURDISTAN.

KOURDISTÁN, c'est-à-dire (*Pays des Kourdes*), contrée dont les limites sont encore assez mal déterminées et qui s'étend sur le versant sud-est du plateau d'Arménie et le versant nord-ouest du mont Zagros, dans l'espace compris entre ces deux montagnes et le Tigris, environ par 36° 30′ et 39° 30′ de latitude septentrionale, et 59° 66′, de longitude orientale. La plus grande partie en est très-montagneuse, et devient plus sauvage à mesure qu'elle atteint une plus grande altitude. Il n'y a que la partie baignée par le Tigris, au sud du pays, qui soit plate et unie ; mais en été la sécheresse et la chaleur y sont excessives, et on n'y voit de verdure qu'à l'époque de la saison des pluies.

Les Kourdes sont un peuple nomade et adonné au brigandage, professant l'islamisme, et de race indo-germanique, qui depuis un temps immémorial a constamment mené le même genre de vie et habité ces régions, et qui était connu des anciens sous le nom de *Karduchi* et de *Gordiæi*. Ils se divisent en tribus nombreuses, obéissant chacune à des chefs particuliers. C'est une race aussi sauvage et indisciplinée que passionnée pour son indépendance, qui ne reste tranquille qu'autant que les contrées voisines sont gouvernées par des mains vigoureuses, mais qui les envahit, les pille et s'y répand au loin, pour peu qu'elles appartiennent à des princes faibles et non aguerris. C'est là ce qui explique comment on le trouve souvent à une si grande distance de leur pays originel, notamment en Arménie et en Mésopotamie. Cependant les Kourdes errent aussi parfois comme bergers, comme conducteurs de caravanes ou comme brigands, jusque sous les murs de Tokat et de Siwas en Asie Mineure ; et en Orient on en trouve jusque dans les montagnes servant de délimitation à la Perse et au Turkestân. Il n'y a qu'un très-petit nombre de leurs tribus qui aient des demeures fixes ; la plupart errent en été avec leurs troupeaux dans les froides montagnes, et en hiver dans les plaines arrosées par le Tigris et par l'Euphrate. Le brigandage constitue, avec un peu d'agriculture et d'élève de bétail, la grande ressource des Kourdes, et avec une hospitalité douteuse forme le trait principal de leur caractère. C'est une nation de cavaliers, demeurée au degré le plus infime de la civilisation et étrangère à toute espèce de lien social. Quoiqu'ils reconnaissent quelques princes indigènes, ceux-ci n'ont qu'une autorité aussi faible que précaire ; et quand ils parviennent à l'accroître, ils n'em sont redevables qu'à leur courage personnel. Leur territoire est, à la vérité, soumis nominalement à la Porte et à la Perse, c'est-à-dire au nord, et pour sa plus grande partie (qui comprend les éyalets de Van et de Schehresour, avec les principautés kourdes d'Amadia, de Djésireh, de Djoulamérik, de Karadjolân, de Koï, de Kourân, de Sindiân, de Sorân et de Souléimanieh), à la première de ces puissances ; et dans sa moindre, au sud, à la seconde. Mais la Porte n'est pas plus en état que la Perse de faire respecter son droit de souveraineté par ces hordes sauvages. *Bitlis*, ville fortifiée et siège d'un pacha, avec environ 20,000 habitants, est la localité la plus importante du Kourdistân turc ; *Kermanschah*, avec près de 40,000 âmes, celle du Kourdistân persan. Indépendamment des Kourdes, on trouve encore dans le Kourdistân quelques autres peuplades turques dans la partie dépendant de la Porte, et persanes dans la partie dépendant de la Perse. On y rencontre aussi quelques hordes de Bedouins, et surtout des Nestoriens.

La langue kourde appartient, pour ce qui est de sa formation et de sa grammaire, à la famille des langues médo-perses. Elle a de nombreuses affinités avec le persan moderne, mais est plus corrompue, bien qu'elle a été moins cultivée et moins développée comme langue écrite. La plupart des Kourdes, les seigneurs notamment, et surtout à l'est, parlent aussi tous le persan, et à l'ouest le turc ; et pour les transactions écrites, ils n'emploient même jamais que l'une ou l'autre de ces langues. On en rencontre aussi qui comprennent l'arménien. Dans le petit nombre d'écoles qu'ils possèdent, on enseigne le persan et l'arabe, mais pas du tout le kourde. Il n'existe point d'écriture ni de littérature kourdes ; c'est à grand'peine en effet si leur langue a pu parvenir à être une langue écrite, et il n'y a que leurs mollahs qui s'en occupent.

KOURILI ou **KOURILES** (Iles). On appelle ainsi un groupe composé d'une trentaine d'îles, en général médiocrement peuplées, s'étendant depuis l'extrémité méridionale du Kamtschatka jusqu'au Japon, et dont la plus grande moitié, comprenant seulement les îles les plus petites, appartient à la Russie, tandis que la moindre moitié, formée par quelques grandes îles, dépend du Japon.

Paramouschir, avec un volcan en ignition, située immédiatement en face du cap Lopatka, est la plus grande des Kouriles russes. *Itouroup*, ou l'île des États, comprenant une superficie d'environ 40 myriamètres carrés, avec un volcan, est la plus grande des Kouriles japonaises. A *Ouroup* ou *Ile d'Alexandre*, la partie la plus méridionale des Kouriles russes, existe le fort de Kourilo-Rossi, où se trouve un comptoir de la Société commerciale russo-américaine. *Itouroup* et *Kounaschir* ont des garnisons japonaises. Toutes ces îles sont, comme le Japon et le Kamtschatka même, dont elles semblent la continuation, d'origine volcanique. On y compte plus de dix volcans encore en ignition, et de nombreuses sources thermales et sulfureuses. D'ailleurs ces îles, presque constamment couvertes de brouillards, entourées de courants dangereux et exposées à de perpétuels tremblements de terre, sont mal pourvues d'eau, parsemées de rochers et stériles. Il n'y en a qu'un petit nombre où l'on rencontre des forêts de mélèzes, de cèdres et d'aulnes, et des pâturages ; cependant les plus méridionales produisent le bambou et même la vigne. Les principaux produits du règne animal sont les renards blancs, rouges et noirs, la martre-zibeline, l'ours, le castor, et la loutre, vivement recherchée à cause sa fourrure. On y rencontre aussi des daims, des loups, ainsi que des lions et des chiens de mer. Le règne minéral fournit de l'argent, du cuivre, du soufre et du sel ammoniac.

Parmi les habitants on distingue plus particulièrement les *Kouriles*, dont le nombre s'élève à 1,000 tout au plus, qui ont beaucoup d'affinité de mœurs et de langage avec les Kamtschadales, et descendent sans doute de réfugiés qui auront fui devant les Russes quand ceux-ci firent la conquête du Kamtschatka. Il est incontestable qu'ils appartiennent à la même famille que les autres habitants de la côte nord-est de l'Asie, les Korièkes, les Youkaghires et les Tschoukschi, tant sous le rapport de la race que sous celui de la langue.

Ces îles furent découvertes dès le dix-septième siècle, par les Hollandais ; mais on ne les connaît bien que depuis les voyages de Krusenstern et de Wrangel. Les efforts faits par le clergé russe pour propager le christianisme parmi ces populations n'ont rencontré que peu d'obstacles, en raison de la douceur de leur caractère. Krusenstern loue surtout sous ce rapport les Aïnos, qu'on rencontre aussi au Japon, à Jesso et Sagalin, et qui sont durement opprimés par les Japonais. Il est vrai de dire qu'ils sont encore au dernier degré de l'échelle intellectuelle, qu'ils ne savent rien en fait d'agriculture, qu'à l'exception des chiens, de la peau leur sert à faire des vêtements, ils n'ont pas d'animaux domestiques ; enfin, qu'ils sont malpropres et horriblement laids, et qu'ils ajoutent encore à leur laideur naturelle par la couleur bleue dont eux et leurs femmes ont l'habitude de se teindre les lèvres, en même temps qu'ils font descendre leurs cheveux fort avant sur leur visage.

KOURISCHE-HAFF. *Voyes* HAFF.

KOURSK, l'un des plus fertiles et l'un des plus beaux gouvernements de la Russie d'Europe, borné au nord par celui d'Orel, à l'est par celui de Woronesch, au sud par celui de Charkof, et à l'ouest par celui de Tschernigof, compte, sur une superficie de 566 myriamètres carrés, une population de 1,100,680 habitants, et est par conséquent l'un des plus peuplés de la Russie. Le sol en est onduleux, parfaitement cultivé, et n'a pas besoin d'engrais, à cause de la couche grasse sur laquelle il est superposé. Le climat en est si doux, que les arbousiers et les melons y croissent en pleine terre, et que la culture de la vigne y donne d'excellents produits. La pêche y est peu importante ; car on n'y trouve qu'un petit nombre de cours d'eau, affluents du Don et du Dniéper, dont la plupart se dessèchent en été. L'élève des bestiaux y est très-productive, et des haras parfaitement organisés fournissent d'excellents chevaux de cavalerie. L'éducation des abeilles y forme aussi une branche importante de l'industrie agricole. En fait de gibier, nous citerons plus particulièrement l'outarde et la caille, qu'on envoie de là dans toutes les provinces de l'empire. Les lièvres aussi sont nombreux ; mais la grande bête y est assez rare. La population, composée en grande partie de Grands et de Petits-Russes (ces derniers prennent volontiers la dénomination de Kosaks et de Tscherkesses), auxquels il faut ajouter un petit nombre de Bohémiens et d'autres étrangers, est très-industrieuse, et fabrique beaucoup de savon, de bougies, de drap et d'eau-de-vie.

KOURSK, chef-lieu du gouvernement, bâti au confluent de la Koura dans la Touskara, sur une hauteur, avec une population de 30,500 âmes, présente l'aspect le plus gracieux avec son beau palais du gouverneur, ses vingt églises, ses deux couvents et ses remparts transformés en promenade publique. Les habitants font un commerce actif avec Moscou et les provinces avoisinantes. Koursk et Bjelgorod sont les deux principales places commerciales ; mais c'est à *Korennaia-Pustina* que se tient la grande foire, la seconde de l'empire. On trouve aussi à Koursk un collége, un séminaire, et un hôtel des invalides.

KOUTAHIA, KIOUTAHIA ou KUTAYEH, chef-lieu de sandjak et ville de garnison dans l'eyalet turc de Khoudawenkiar, au nord-ouest de l'Asie Mineure, sur le versant et au pied du Mourad-Dagh, et sur les bords du Poursouk, l'un des affluents du Sakaria, à environ 1 myriamètre au sud-est de Constantinople, est une cité considérable, avec un grand nombre de mosquées, de caravansérails et de bains publics, entourée de jardins, de vignes et de promenades. On y compte 56,000 habitants, en grande partie arméniens et grecs, qui fabriquent des étoffes de laine et des têtes de pipe en argile blanche, et font un commerce assez considérable en coton, poil de chèvre, noix de galle et fruits secs. Koutahia est dominée par un vieux château, fort ruiné, bâti sur l'emplacement du *Cotyacium* des anciens, sur les bords du Thumbris en Phrygie. Les Seldjouks l'enlevèrent aux Byzantins ; et de leurs mains elle passa dans celles des Osmanlis. Depuis elle fit partie de la province de Kerman, qu'il ne faut pas confondre avec la Karamanie. Dans ces derniers temps on l'avait érigée en chef-lieu de l'Anadoli ou Natolie ; mais tout récemment encore on l'a comprise dans la circonscription de l'eyalet de Khoudawenkiar.

C'est à Koutahia que, le 4 mai 1833, le pacha d'Égypte, Méhémet-Ali, conclut la paix avec la Porte. C'est aussi dans cette ville que Kossuth et ses compagnons restèrent internés depuis le 13 août 1850 jusqu'au 7 septembre 1851.

KOUTAIS ou KOUTAIKI, chef-lieu du gouvernement russe du même nom en Transcaucasie, et de la province de Iméréthi ou de Mélitanie, comprise autrefois dans la Géorgie ou la Grusie, sur les bords du Rhioni, appelé aussi Fachs, ne compte plus aujourd'hui que 4000 habitants, tandis que sous la domination turque elle en avait 14,000. Elle est le siége d'un métropolitain grec, et possède une belle cathédrale russe. Sa population se compose d'un mélange de Géorgiens, de Russes, d'Arméniens, de Turcs, de Grecs et de Juifs. C'est là qu'était située dans l'antiquité *Kytaia* ou *Kutalisium*, la capitale de la C o l c h i d e, sur les bords du Phase. Aux environs on trouve beaucoup de faisans, espèce d'oiseaux qu'on regarde comme originaire de l'Iméréthi.

KOUTCHOUK-KAINARDJI, village du sandjakat turc de Silistrie, célèbre par la paix que Catherine II y conclut avec la Porte Ottomane le 21 juillet 1774.

La confédération de B a r avait eu pour résultat d'allumer la guerre entre la Turquie et la Russie dès l'année 1768. Les succès remportés par le prince Galyzin firent germer dans l'esprit de l'ambitieuse C a t h e r i n e les plus vastes desseins ; elle se crut appelée à renverser l'empire des Osmanlis et à rejeter en Asie « ces barbares qui souillaient l'Europe », comme le lui écrivait Voltaire. Comptant sur les sympathies de toutes les populations chrétiennes, elle appela la G r è c e aux armes et à la liberté. En même temps une escadre, partie de l'embouchure de la Néva, et franchissant le détroit de Gibraltar vint menacer Constantinople et détruire la flotte turque à T c h e s m e h ; Romanzoff battit les Ottomans sur le Danube ; Dolgorouki s'empara de toute la Crimée ; enfin, la campagne de 1774 termina la guerre. Romanzoff, par de savantes manœuvres, réussit à enfermer l'ennemi dans son camp de Choumla. Le grand-vizir Mouchin-Zadeh-Mohammed-Pacha, séparé de ses magasins, qui se trouvaient à Varna, se vit abondonné de presque toute son armée, qui se débanda. Ne pouvant ni se retirer, ni combattre, ni recevoir de secours, il dut accepter la paix aux conditions que lui fit le vainqueur.

Les préliminaires en furent signés à Koutchouk-Kainardji, sur un tambour, dans la tente même de Romanzoff. Par ce traité, si souvent invoqué depuis, la Porte reconnaissait l'indépendance de la Crimée, ce qui lui enlevait l'appui du khan, son ancien et utile allié ; accordait aux Russes la libre navigation dans toutes les mers de l'Empire Ottoman, ouvrant ainsi la route de Constantinople ; cédait à la czarine les places d'Azof, de Kilbouroun, de Kertch et de Jénikaleh, et enfin reconnaissait le partage de la Pologne comme un fait accompli. Catherine, en compensation, restituait aux Turcs la Bessarabie, la Moldavie, la Valachie et les îles de l'Archipel. Cette modération de la Russie n'était qu'apparente. Quelque temps après, Catherine déclara qu'elle ne considérait la paix de Koutchouk-Kainardji que comme une trêve. En 1783 elle la déchira en réunissant la C r i m é e à son empire. W.-A. DUCKETT.

KOUTOUSOFF (MIKHAEL-LARRIONOVITCH-GOLENITSCHEF), prince *Smolenskoï*, feld-maréchal russe, né en 1745, et élevé à Strasbourg, entra au service russe en 1758. Il avait déjà fait la guerre en Pologne et en Turquie, quand en Crimée il reçut cette blessure qui, sans le défigurer, le rendit borgne : c'était une balle entrée par la tempe gauche, et ressortie près de l'œil droit ; une autre pensa plus tard lui faire perdre entièrement la vue, en traversant l'une de ses joues à la nuque. Autant il avait montré de zèle et de valeur à la guerre, autant il manifestait de finesse d'esprit et de souplesse de caractère ; aussi obtint-il la faveur du prince Potemkin, fut-il bien accueilli durant ses voyages en Allemagne, en France, en Angleterre, et par le grand Frédéric, et par les militaires les plus distingués. A son retour de Constantinople, où il avait été ambassadeur, il devint successivement lieutenant général, commandant les troupes de Finlande, directeur du corps des cadets, général d'infanterie sous Paul Ier, général gouverneur de Saint-Pétersbourg à l'avénement d'Alexandre ; puis, en 1805, commandant en chef de l'armée envoyée au secours de l'Autriche. Obligé, après la capitulation d'Ulm, à une longue retraite, elle fut terminée par la défaite d'Austerlitz, où il fut blessé. De 1806 à 1811 il remplit les fonctions de gouverneur général de la Lithuanie et de Kieff. Appelé en 1811, par suite de la mort du comte Kamenski, à prendre le commandement de l'armée qui faisait la guerre aux Turcs, il chercha à protéger cette guerre, dans laquelle il acquérait une gloire facile, mais que le tsar avait un pressant intérêt à terminer ; il tomba donc à cette occasion dans la disgrâce de son maître, et fut remplacé par l'amiral Tchitchagoff.

Cependant, la campagne à jamais fameuse de 1812 était commencée ; une retraite combinée s'exécutait sous les ordres de Barclay de Tolly, le meilleur des généraux que possédât la Russie ; mais la vanité nationale s'indignait de cette marche rétrograde, dont le vulgaire ne pénétrait pas l'intention et ne présageait pas les résultats. Le cri public désignait Koutousoff comme le général qu'il fallait mettre à la tête de l'armée, quoiqu'il eût alors plus de soixante-dix ans. L'empereur céda enfin à cette opinion, qui n'était pas la sienne; et le début du nouveau général de l'armée fut cette horrible boucherie de Borodino, qui livra Moscou à Napoléon. En mémoire de la victoire qu'il remporta à Smolensk sur Davoust et sur Ney, l'empereur Alexandre lui décerna le titre de prince Smolenskoï. Sachant bien quel était le sort réservé à l'ennemi sur les bords de la Bérézina, il ne le poursuivit que lentement; et la campagne était terminée quand il arriva à Wilna, où il reçut l'empereur. Mais cette campagne avait épuisé ses forces. Il n'était pas d'avis que les Russes franchissent l'Oder; et après avoir publié à Kalisch cette fameuse proclamation, en date du 25 mars 1813, dans laquelle il plaidait si éloquemment la cause de l'Europe, de l'Allemagne et de l'humanité en général, il mourut, le 28 avril, à Bunzlau, où un monument a été érigé à sa mémoire.

KOUTTANI. *Voyez* BAYADÈRES.

KOWNO, gouvernement de l'ouest de la Russie, formé, en 1843, avec la plus grande partie des cercles septentrionaux du gouvernement de Wilna, compte, sur une superficie d'environ 430 myriamètres carrés, une population de 910,000 habitants, dont très-peu de Russes et incomparablement plus d'Allemands, de Polonais, de Juifs et de Bohémiens.

Kowno, chef-lieu du gouvernement, jadis ville de cercle du gouvernement de Wilna, compte une population de plus de 10,000 âmes; et sa situation au confluent du Niémen et de la Willia la rend le centre d'un commerce important. Elle possède un bel hôtel de ville et dix églises, dont une luthérienne. Plus de la moitié des habitants sont juifs. On y rencontre aussi beaucoup d'Allemands, qui s'y livrent avec succès à la fabrication de la bière et de l'hydromel.

En 1812, Napoléon ouvrit la campagne de Russie en franchissant le Niémen à Kowno.

KOZAKS. *Voyez* KOSAKS.

KRABS ou **CREPS**, partie de dés qui se joue avec deux dés et un cornet. Le joueur que le sort a désigné pour tenir les dés annonce le point qu'il veut prendre : ce point doit être au moins cinq, au plus neuf. Si du premier coup il amène le point voulu, il a gagné, et l'on dit qu'il a eu le *point de chance*; s'il amène un krabs, il a perdu. Si la chance donnée est cinq ou neuf, les krabs sont deux, trois, onze et douze. Si la chance donnée est six ou huit, les krabs sont deux, trois, onze. Les krabs n'ont d'effet que pour le premier coup. On conçoit en effet que si, au lieu d'amener la chance donnée à un krabs, le joueur amène un autre nombre, ce nombre est la chance contraire à la chance donnée; et l'on jette les dés jusqu'à ce que l'on ait amené une de ces chances. On connaît encore deux manières de jouer le krabs, l'une dite *à la table ronde*, l'autre *de la banque portugaise*. Ce ne sont que des modifications du krabs simple.

KRAFT (ADAM), célèbre sculpteur de Nuremberg, né dans cette ville, vers 1429, et mort à Schwabach, en 1507. A Nuremberg, où existent encore beaucoup de ses œuvres, il exécuta entre autres le fronton du couvent de Saint-Michel, vers 1462, l'ensevelissement du Christ sur le côté extérieur de l'église Saint-Sébalde, vers 1492; le tabernacle de l'église Saint-Laurent, de 1496 à 1500, où il a trouvé moyen de placer son propre portrait; de même, à Schwabach, le tabernacle de l'église Saint-Martin, vers 1505. Il est aussi l'auteur des tabernacles de Kalcreuth, Kattzwang et Furth, du merveilleux ciboire de la cathédrale d'Ulm, et d'un grand nombre de reliefs. Son style, quoique dur et anguleux, se distingue par des caractères riches et pleins de vie; et la partie décorative de ses travaux nous montre le plus brillant développement de la dernière période du style gothique.

KRAKOUSES. Ce nom, dérivé de celui d'un saint polonais, est donné à un corps spécial de cavalerie légère, dont il n'est fait mention qu'à partir de 1812. La bravoure extraordinaire dont le régiment de Krakouses fit preuve pendant la campagne de 1813 engagea les Polonais à donner ce nom à leurs nouveaux corps de cavalerie, lors de l'insurrection de 1830.

KRAKOVIAQUE ou **KRAKOWIAK.** *Voyez* CRACOVIENNE.

KRANACH ou **KRONACH** (LUCAS). *Voyez* CRANACH.

KRAPAKS. *Voyez* KARPATHES.

KRASICKI (IGNACE), poëte polonais, né en 1734, à Dubiecko, d'une famille célèbre dans les armes et dans les lettres, se destina à la carrière ecclésiastique, et après avoir séjourné pendant quelque temps à Rome, fut nommé chanoine à Lemberg, puis, en 1767, évêque d'Ermeland. Quand son évêché passa sous la souveraineté de la Prusse, Frédéric, qui se plaisait dans sa conversation, conçut pour lui une vive estime. « J'espère bien, monsieur l'évêque, lui dit-il un jour, que vous m'emmènerez avec vous dans le paradis, sous votre manteau épiscopal? — Impossible, sire, répondit le prélat; votre majesté l'a trop rogné pour que je puisse faire de la contrebande. »

En 1795 Krasicki fut nommé archevêque de Gnesen; il mourut en 1801, à Berlin. Parmi ses ouvrages, on doit citer en première ligne son poëme héroï-comique *Myszeis* (traduit en français par Lavoisier (Wilna, 1817), dont il emprunta le sujet à la chronique de Kadlubeck, suivant laquelle le roi de Pologne *Papiel* aurait été dévoré par des rats et des souris; puis sa *Monomachia*, ou *la guerre des moines*. Son *Antimonomachia* est moins estimée. Ses fables offrent quelque analogie avec celles de Gellert par la naïveté et la simplicité. Il règne dans ses satires une douce et innocente plaisanterie, mais tournant souvent à la fadeur.

KRASINSKI (ADAM-CORVIN), évêque de Kaminiec, né vers 1720, s'attacha, dans sa jeunesse, à la fortune de Stanislas Leczinski. Lors de l'avénement de Poniatowski au trône de Pologne, il occupait déjà son siège épiscopal, ce qui lui donnait rang de sénateur. Sa résistance aux violences et à l'ambition de Catherine fut d'abord remarquée. Il travaillait sourdement à la ruine de la domination russe. Il avait fait passer à Constantinople un mémoire détaillé sur les opérations et les desseins des Russes ainsi que sur le projet d'insurrection grecque. Ayant reçu du Divan une favorable réponse, l'évêque de Kaminiec, de concert avec Sultyk, évêque de Cracovie, organisa avec un admirable dévouement l'insurrection formidable qui devait éclater à un moment donné sur tous les points du territoire à la fois. On sait que Pulaswki précipita le dénouement de la conjuration en formant la fameuse confédération de Bar. Aussitôt Krasinski courut à Dresde, à Vienne, à Versailles pour éclairer la politique de ces cours. Ses efforts malheureusement n'amenèrent pas grand résultat. Il revint à Teschen, luttant avec un zèle infatigable contre les vices de sa nation corrompue par une longue anarchie. Lorsque la cause des patriotes succomba, il fut livré aux Russes par les Prussiens; mais Catherine lui accorda sa grâce. En 1788 il reprit sa place à la Constituante polonaise. Ce fut lui qui détermina cette assemblée à renoncer à son antique et funeste prérogative d'élire le souverain. Membre de la commission législative, il fut un des principaux auteurs de la constitution de 1791. Krasinski mourut en 1805, laissant un neveu, *Vincent-Corvin* KRASINSKI, dont le nom demeurera à jamais fameux dans les annales de la trahison.

KRASNOI ou **KRASNOE**, petite ville du gouvernement russe de Smolensk, sur le Dniéper, avec environ 1,600 habitants, est célèbre dans l'histoire des guerres modernes, par la bataille que les Français, commandés par Murat et Ney, y gagnèrent, le 12 août 1812, sur les Russes aux ordres de Rajewski. Dans celle qui s'y livra du 16 au 19 novembre de la même année, l'armée française fut complètement mise en déroute par les généraux russes Koutousoff et Miloradowitsch; et indépendamment d'un grand nombre de morts, de blessés et de canons, elle y laissa aux mains de l'ennemi 23,000 prisonniers.

KRASSOVA, comitat de Hongrie, dans le cercle de la Theiss ultérieure, formant avec les comitats de Têmes et de Torontal le Banat hongrois, est borné au nord par le comitat d'Arad, à l'est par la Transylvanie, au sud par le *Régiment de frontières* de Valachie, et à l'ouest par le comitat de Têmes. C'est l'un des comitats de Hongrie les plus étendus ; sa superficie est de 76 myriamètres carrés. A l'exception des contrées riveraines du Têmes et du Krasso, il est partout montagneux. Quoique moins fécond que les deux autres comitats du Banat, il n'en est pas moins l'une des régions les plus fertiles de la Hongrie et même de l'Europe ; car le sol y donne à peu près sans travail et sans engrais les plus riches produits. Mais sa population, presque complétement valaque, ne sait pas tirer partie de tels avantages ; et on y trouve souvent de vastes parties de sol, d'une richesse extrême, laissées absolument sans culture. Le produit principal est le maïs, que la population préfère au froment. On y cultive aussi beaucoup de fruits, de prunes surtout, qui servent à fabriquer une espèce d'eau-de-vie. Les produits des mines sont aussi fort importants; elles donnent en moyenne chaque année 20 marcs d'or, 11,000 marcs d'argent, 10,000 quintaux de cuivre, 2,000 quintaux de fer, etc., etc. Le marbre qu'on tire des carrières de Szaszkla le dispute pour la blancheur et la pureté au marbre de Carrare. Mais la principale richesse de ce comitat consiste dans ses inépuisables gisements houillers, dont le produit annuel s'élève maintenant en moyenne à 500,000 quintaux.

La population, divisée en 17 bourgs à marché et 219 villages, se compose d'environ 220,000 âmes, et pour la nationalité est ainsi répartie : 11,650 Allemands, 10,140 Croates, 3,145 Hongrois ; tout le reste est d'origine valaque. On y compte 25,000 catholiques, 700 juifs, 500 luthériens, 450 calvinistes : le reste se compose de grecs non-unis. Le commerce et l'industrie, qui pourraient être si florissants, y sont encore extrêmement négligés. Les exportations consistent, sans parler des produits des mines, en bois à brûler et à construire, en eau-de-vie de prunes, en fruits, cuirs, etc.; elles se font, pour la plus grande partie, par le canal de Béga. Le chef-lieu du comitat est *Lugos*, bourg à marché, sur les rives du Têmes; il est divisé en Lugos allemand (1,900 hab.) et Lugos valaque (7,500 hab.).

KRASZNA, comitat situé sur les frontières de la Hongrie et de la Transylvanie, qui fut longtemps compris dans la circonscription de la Transylvanie, mais qui depuis 1836 a été réincorporé à la Hongrie, est borné au nord et à l'est par le comitat de Szolnok, au sud par celui de Kolos et à l'ouest par celui de Bihar. Sa superficie est de 14 myriamètres carrés, et sa population de 44,000 habitants, dont 17,000 Magyares et 23,000 Valaques. Il est presque partout montagneux et couvert de forêts, de sorte que la seule partie qui en soit susceptible de culture, ce sont ses nombreuses vallées, parfois aussi assez larges ; mais la culture du sol ne produit pas assez pour suffire aux besoins de la consommation locale. Le chef-lieu est le bourg à marché du même nom, situé sur la Kraszna.

KRAYER. *Voyez* CRAYER.

KREFELD, ville de commerce et de fabriques, située dans l'arrondissement de Dusseldorf, province du Rhin (Prusse), est régulièrement construite, avec des rues larges et propres, et compte 40,000 habitants, dont 800 mennonites, 28,000 catholiques, 11,000 protestants et 600 juifs. Krefeld est le grand centre de la fabrication des étoffes de soie et de velours dans la monarchie prussienne, et ses produits s'exportent dans tous les pays du monde. Depuis qu'aux dix-septième et dix-huitième siècles des réformés et des mennonites, persécutés pour leurs opinions religieuses, y ont transporté cette industrie toute spéciale, elle y a pris les plus magnifiques développements, et occupe aujourd'hui au delà de 20,000 ouvriers, qui fabriquent chaque année pour plus de 28 millions de francs de produits. Les velours et les rubans de velours sont fabriqués plus particulièrement dans les villages qui entourent Krefeld, dans un rayon de trois à quatre myriamètres, et on en envoie des quantités considérables même en France. L'industrieuse population de cette ville ne se borne pas à la fabrication des soieries et des velours; elle a aussi des manufactures de lainage, d'articles de bonneterie en laine et en coton, de draps, de toiles, et des ateliers pour la construction des machines. On y trouve aussi des mégisseries, des distilleries, des brasseries, des savonneries, des fabriques de produits chimiques; et le commerce de denrées coloniales y est fort important. Krefeld a un tribunal de commerce et une justice de paix, un collége et divers autres établissements d'instruction publique. Un chemin de fer la relie au Rhin, au chemin de fer de Cologne à Minden, et à ceux de Belgique et de France.

KREML ou **KREMLIN**. Les Russes donnent le nom de *kreml* à une forteresse, ou encore à un quartier, le plus souvent situé au milieu d'une ville, entouré d'un rempart et d'un mur. C'est dans ce sens qu'on dit le *kreml* de Smolensk, de la Grande-Novogorod, de Wladimir, de Nischni-Novogorod, de Kasan, etc. ; mais c'est celui de Moscou qu'on regarde comme le *kreml* par excellence.

Le *Kreml* de Moscou, l'un des cinq quartiers principaux de cette vieille capitale de l'empire, quoiqu'il ne soit pas dans l'endroit le plus élevé de la ville, est cependant encore à plus de 33 mètres au-dessus de la Moskowa, qui coule à ses pieds ; il a plus d'une demi-lieue de circuit et est entouré d'un mur épais, flanqué d'un grand nombre de vieilles tours. Depuis 1830 on en a transformé en promenades et en boulevards les environs immédiats. Il ne renferme que des bâtiments appartenant à la couronne, entre autres le nouveau château impérial, construit en 1849, l'arsenal, contenant une collection d'armes précieuses, beaucoup de canons enlevés à l'ennemi et qui sont rangés tout autour de ses murailles, le trésor, l'ancien palais du patriarche de Moscou, servant aujourd'hui aux réunions des synodes, enfin deux monastères et plusieurs cathédrales et églises. Au nombre de ces églises on distingue la *cathédrale du Couronnement*, la *cathédrale des Sépultures*, où se trouvent réunis les tombeaux de tous les grands-princes et czars jusqu'à Pierre le Grand, et l'église où on prépare les saintes huiles. Il faut aussi citer le clocher, haut de 90 mètres et doré en véritable or au titre des ducats, l'*Iwan-Welïki*, c'est-à-dire le grand Iwan, avec sa cloche gigantesque, pesant 400 milliers, et une autre cloche colossale, du poids de 120 milliers.

Dès l'an 1280 il est question d'un palais construit dans ce *Kreml* par le fils cadet du grand-prince Alexandre Newsky, Daniel Alexandrowitsch. Mais il ne devint célèbre qu'à partir de l'époque où, en 1328, le grand-prince Danilowitsch transféra sa résidence souveraine de Wladimir à Moscou ; ce fut lui qui entoura le *Kreml*, d'un mur d'enceinte. Quarante ans plus tard le grand-prince Iwan Danilowitsch Kalita agrandit considérablement le *Kreml* et l'entoura de fortes murailles flanquées de tours en pierre. En 1355 un incendie dévora le *Kreml*; mais le grand-prince Dmitri Iwanowitsch Donskoï le reconstruisit, sur un plan encore plus grandiose.

Lors de la retraite de Moscou, le 23 octobre 1812, Napoléon essaya de faire sauter le *Kreml*; cette tentative ne réussit que partiellement, et déjà, sous le règne d'Alexandre 1er, toute trace de cet essai de destruction avait disparu.

KREMNICZ (en hongrois *Kœrmœcz*), dans une profonde vallée du comitat de Bars, et ancienne *ville libre royale*. La ville intérieure, entourée d'une vieille muraille en pierre, ne se compose en tout, avec la forteresse, que de 39 maisons, tandis qu'on en compte 582 dans les faubourgs. Une fontaine jaillissante, alimentée par un grand canal, fournit d'eau potable toutes les habitations. La population, forte au plus de 6,000 âmes, et complétement allemande d'origine, a pour principale ressource l'exploitation des mines importantes voisines de la ville. Autrefois on frappait chaque année à Kremnicz pour 3 à 4 millions de pièces d'or et d'argent provenant de ces mines; mais le produit en a beaucoup diminué dans ces derniers temps, et n'est plus guère en moyenne que de deux quintaux d'or, quatorze quintaux d'argent et quatre cents quintaux d'autres métaux, moins précieux. Toutes les machines servant à l'exploitation des mines sont mises en mouvement par la chute d'eau du canal.

Des données historiques dignes de foi établissent que Kremnicz fut fondée au commencement du douzième siècle, par le roi Geysa II, au moyen de colons allemands, qu'il attira dans le pays pour en exploiter les richesses métalliques.

KREMSIER (en slave *Kromierziz*), chef-lieu d'une capitainerie du cerle d'Olmütz en Moravie (Autriche), dans la fertile plaine d'Hanna, sur les rives de la March, qu'on y passe sur un pont en chaînes de 23 mètres de développement, résidence d'été de l'archevêque d'Olmütz et siége d'un tribunal de cercle de première classe, compte avec ses faubourgs 8,000 habitants. On y trouve un collége de Piaristes, trois belles églises, une école militaire et un magnifique palais archiépiscopal, avec un vaste parc, une riche galerie de tableaux, un cabinet de physique, une collection de médailles, et une bibliothèque de 13,000 volumes. Kremsier devint en 1231 siége épiscopal; et après avoir considérablement souffert pendant la guerre des hussites, il fut pris d'assaut et brûlé, en 1643, par les Suédois aux ordres de Torstenson. Reconstruit complétement en 1690, incendié en 1752, et rebâti encore une fois alors, le palais archiépiscopal de Kremsier servit en 1848 aux séances de la première diète autrichienne après qu'on l'y eut transférée. Ouverte le 15 novembre 1848, cette assemblée fut dissoute le 7 mars 1849.

KRETHI et **PLETHI**, c'est-à-dire *bourreaux* et *coureurs*. Ainsi s'appelaient les gardes du corps du roi David, que commandait Benaïa, fils de Joïada. Les commentateurs modernes prétendent, sans autorités suffisantes, ne voir là que les noms propres des Philistins du sud et du midi, qui auraient fait à la cour du roi David un service militaire analogue à celui que les Suisses acceptaient encore tout récemment dans diverses cours. Ce qui milite en faveur de la première interprétation, c'est l'antique usage des cours d'Orient, et qui s'est perpétué jusqu'à nos jours en Perse et en Turquie, d'après lequel les *krethi* servent à l'exécution des condamnations capitales, et les *plethi* sont employés comme courriers.

KREUTZER (RODOLPHE), compositeur et violoniste justement célèbre, naquit à Versailles, le 17 novembre 1776, d'un père allemand d'origine, attaché à la chapelle du roi. Élève de Stamitz et de Viotti, il développa et agrandit la méthode de ce dernier, et devint l'un des membres les plus distingués de cette grande école de violon qui, fondée en Italie par Tartini et Pugnani, continuée en France par Baillot, Kreutzer et Rode, atteignit en Allemagne son apogée avec Spohr, et dont la clarté pleine de finesse, l'harmonie grandiose et la brillante habileté dans le maniement de l'archet ne seront jamais effacées par les qualités, plus éblouissantes que brillantes, des successeurs de Paganini. En 1790 Kreutzer, premier violon au Théâtre-Italien, fut chargé par Desforges de composer la musique d'un drame historique sur Jeanne d'Arc. Quelques jours seulement lui suffirent pour achever cette partition, dont le succès fut tel, que d'autres auteurs n'hésitèrent pas à lui confier leurs ouvrages. Le 15 janvier 1791, Kreutzer fit représenter sur le même théâtre *Paul et Virginie*, et au mois d'août suivant *Lodoïska*, opéra-comique, dont l'ouverture est à bon droit restée populaire, quoique comme partition il soit inférieur à *Paul et Virginie*, composition à laquelle on ne rendit pas toute la justice qu'elle méritait; car les connaisseurs n'hésitent pas à la regarder comme ravissante d'effet et pleine de chaleur, d'élégance et de naïveté.

Kreutzer avait une assez singulière façon de composer : c'était en marchant à grands pas dans sa chambre, en chantant ses mélodies et en les accompagnant sur son violon. Lors de la création du Conservatoire, il y fut tout aussitôt appelé comme professeur de violon. En 1801, Rode étant parti pour la Russie, Kreutzer lui succéda comme violon solo de l'Opéra. En 1816 il fut nommé chef d'orchestre de notre première scène lyrique. En 1824 il quitta la direction de l'orchestre de l'Opéra pour prendre celle de toute la musique de ce théâtre. Mais il ne conserva ces fonctions que peu de temps, et dès 1826 il fut admis à faire valoir ses droits à la retraite. Le refus fait par l'Opéra de recevoir l'opéra de *Mathilde*, qu'il présenta l'année suivante, lui causa un vif chagrin. Il mourut le 6 janvier 1831, à Genève, où l'avait conduit le délabrement de sa santé.

Voici la liste de ses principaux ouvrages : *Jeanne d'Arc à Orléans* (1790); *Paul et Virginie* (1791); *Charlotte et Werther* (1792); *Le Siége de Lille* (1793); *La Journée de Marathon* (1793); *Astyanax* (1801); *Aristippe* (1808); *Jadis et Aujourd'hui* (1808); *François Ier* (1808); *La Mort d'Abel* (1810); *Antoine et Cléopâtre*, ballet (1809); *Le Camp de Sobieski* (1813); *L'Oriflamme*, en société avec Méhul et Berton, etc. (1814); la *Princesse de Babylone* (1816); *Les Deux Rivaux*, en société avec Spontini, Persuis et Berton, etc. (1816); *Le Carnaval de Venise*, ballet, en société avec Persuis (1816); *La Servante justifiée*, ballet (1818); *Clari*, ballet (1820); *Ipsiboé* (1823); etc., etc. Il a aussi arrangé la musique du ballet de *Paul et Virginie*, dont il a tiré les principaux matériaux de son opéra.

KREUTZER (CONRADIN), compositeur distingué, né en 1782, à Mœskirch, dans le pays de Bade, mort en Russie, en 1849, fonda sa réputation par les charmantes mélodies qu'il composa pour les *Chants de Voyage et de Printemps* d'Uhland, ainsi que par ses airs pour voix d'homme. Il fit de nombreux voyages artistiques comme pianiste, et écrivit plusieurs concertos pour clavecin, des sonates, etc., ainsi qu'un oratorio, *Moïse*, et plusieurs autres compositions religieuses, jusqu'au moment où il s'appliqua exclusivement à la composition des opéras. Il fut tour à tour chef d'orchestre à Stuttgard, à Donaueschingen, à Vienne, et en dernier lieu à Riga, où il se termina ses jours. Ses opéras n'ont pas tous obtenu la même popularité; ceux qui réussirent le plus généralement sont *Liboussa* et *Le Camp de Grenade*. Le texte de son opéra de *Mélusine*, représenté pour la première fois à Berlin, en 1833, a été écrit par Grillparzer, qui dans le principe le destinait à Beethoven. Un opéra inédit qu'il laissait en mourant, *Aurelia*, a été représenté avec assez de succès sur différents théâtres d'Allemagne.

KREUZER, nom d'une petite monnaie ayant cours en Allemagne, et qui dérive de la croix (*kreuz*), dont elle porte l'empreinte. On a frappé des *kreuzer* en argent et en cuivre; et ils circulaient dans tous les pays où l'on comptait par *florins*. On comptait 60 *kreuzer* au florin, et 90 au thaler. On n'en frappe plus aujourd'hui qu'au sud de l'Allemagne, et ils portent toujours les armoiries de la puissance qui les émet. Dans les États du sud qui font partie du Zollverein, on frappe des *kreuzer* et des fractions de *kreuzer* (le plus souvent des 1/2 et des 1/4 de *kreuzer*) en cuivre et des pièces de trois et de six *kreuzer*, comme monnaie de billon. En Autriche il y a des pièces d'argent de 20, de 10, de 5 et de 3 *kreuzer*, et des pièces de cuivre d'un *kreutzer*, d'un 1/2 et d'un 1/4 de *kreuzer*.

KREUZNACH, ville du cercle de l'arrondissement de Coblentz, dans la province du Rhin (Prusse), sur la Nahe, à 3 myriamètres de l'embouchure de cette rivière dans le Rhin à Bingen, dans une charmante contrée, est surtout célèbre par ses eaux minérales, qui y attirent chaque année un grand nombre de baigneurs. Cette fort ancienne cité, dont font mention des documents remontant à l'an 819, est située dans une ravissante contrée, à 130 mètres au-dessus du niveau de la mer. Ses sources, découvertes déjà vers la fin du quinzième siècle, n'ont été utilisées par la médecine que dans ces derniers temps. Celles dont on se sert le plus ordinairement sont la source d'Élice (6° R.), le Karlshammer (13ᵉ R.), et le Munster-am-Stein (23ᵉ R.). On les emploie comme boisson et pour bains dans les affections scrofuleuses, les maladies de la peau et au début de la phthisie pulmonaire. Consultez Engelmann, *Kreuznach, ses eaux minérales et leur usage* (Heidelberg, 1843).

KREUZTHALER. *Voyez* COURONNE.
KRILOF. *Voyez* KRYLOF.
KRIMÉE. *Voyez* CRIMÉE.
KRISCHNA. *Voyez* INDIENNE (Religion).
KRONBORG. *Voyez* ELSENEUR.
KRONENTHALER. *Voyez* COURONNE.
KRONSTADT. *Voyez* CRONSTADT.

KRUCKOWIECKI (JEAN, comte), général polonais, né vers 1770, entra fort jeune au service, et fit la campagne de 1796 contre la France en qualité d'aide de camp de Wurmser. En 1806, l'appel qu'adressa Napoléon aux Polonais le décida à entrer au service du grand-duché de Varsovie, et il fit les campagnes de 1807 à 1813 avec assez de distinction pour être promu au grade de général de brigade. Il commandait une division d'infanterie dans l'armée polonaise lorsque éclata la révolution de novembre 1830. Il se mit alors, mais inutilement, sur les rangs pour l'élection d'un général en chef de l'armée nationale. On lui confia bien le commandement d'une division d'infanterie; mais ennemi personnel de Skrzynecki, il ne fut pas admis à faire partie de l'armée active. Appelé aux fonctions de gouverneur de Varsovie, il sut y maintenir l'ordre, et déploya beaucoup d'activité dans la construction des fortifications de la capitale, sans pour cela obtenir la confiance publique. Ayant insulté le général Skrzynecki à son retour de la bataille d'Ostrolenka, il dut donner sa démission, et il fut même un instant question de le traduire devant un conseil de guerre. On l'accuse aussi de n'avoir point été étranger aux scènes sanglantes qui éclatèrent à Varsovie en août. Tout aussitôt après, il fut de nouveau nommé gouverneur de la capitale, et réussit à y rétablir l'ordre. Son crédit croissant à mesure que diminuait celui dont avaient joui jusque alors Skrzynecki et Dembiński, il devint tout à fait l'homme de la situation, et le 17 août les députés, nombre d'entre eux se défiassent de lui, lui déférèrent la présidence du gouvernement. C'est ainsi que lorsque Paskewitsch vint attaquer la capitale, le pouvoir suprême se trouvait aux mains de Kruckowiecki, qui n'avait ni la capacité nécessaire pour diriger les opérations militaires, ni le courage de mourir, et qui, tout au contraire, à l'effet de se ménager les bonnes grâces de l'empereur, négligea, dit-on, d'employer les moyens les plus propres à assurer la défense de Varsovie. Après une conférence avec Paskewitsch, Kruckowiecki signa l'acte de soumission de la capitale, et se livra ensuite entre les mains du vainqueur, qui ne le traita pas aussi généreusement qu'il l'avait espéré, et qui le relégua dans l'intérieur de la Russie. Il est mort à Moscou, en 1850.

KRÜDENER (JULIANE, baronne DE), célèbre par ses tendances mystiques, naquit à Riga, le 11 novembre 1766, et fut élevée avec soin dans la maison de son père, le baron de Vietinghoff, l'un des plus riches propriétaires de la Courlande. Elle était encore toute jeune enfant quand elle arriva à Paris avec ses parents, dont la maison était un rendez-vous pour les beaux esprits. On admirait l'esprit et les connaissances de cette jeune fille, qui plaisait moins encore par sa beauté que par les grâces et les charmes de toute sa personne. Mais dès cette époque elle annonçait une tendance marquée à la rêverie et à la mélancolie. A l'âge de quatorze ans, on la maria au baron de Krüdener (né en 1744), gentilhomme livonien, aussi distingué par l'élévation de ses sentiments que par l'étendue de ses connaissances, qu'elle suivit à Copenhague, puis à Venise, où il remplit longtemps les fonctions d'envoyé russe, et à qui elle donna un fils et une fille. Mais, entraînée par la vivacité de son caractère et par les séductions du monde, elle commit de nombreuses imprudences, qui détruisirent irréparablement son bonheur domestique. Une séparation intervint entre les deux époux, et en 1791 madame de Krüdener revint habiter la maison paternelle à Riga, où elle fut recherchée avec empressement à titre de jolie femme. Cependant, elle eut bientôt assez de la vie paisible mais monotone de Riga, et s'en alla alors résider alternativement à Paris et à Saint-Pétersbourg. Dans ces deux capitales, son ardeur au plaisir lui attira encore quelques désagréments, et à Paris le beau chanteur Garat passa généralement pour son amant. Quoi qu'il en ait pu être, la publication du roman intitulé *Valérie, ou lettres de Gustave de Linar à Ernest de G.* (2. vol., Paris, 1804), ouvrage dans lequel elle décrivait des situations par où elle avait passé, des sentiments qu'elle avait éprouvés, produisit dans cette capitale une vive sensation, et lui assigna un rang distingué dans le monde littéraire. En 1806 elle faisait partie de la société intime de la belle reine Louise de Prusse; et déjà à cette époque elle donnait dans le piétisme et le mysticisme. Plus tard, elle revint encore à Paris. En 1812 on la trouve à Genève, et en 1813 en Allemagne. C'est à ce moment qu'elle se crut appelée par Dieu à prêcher l'Évangile aux pauvres. Née luthérienne, elle se disait catholique, et prétendait avoir des révélations habituelles de la part de Dieu, ainsi que des relations fréquentes avec Jésus-Christ et la sainte Vierge. Revenue à Paris en 1814, elle tenait dans sa maison des assemblées religieuses, fréquentées par les personnages les plus importants. Elle décrivit alors, sous le titre de : *Le Camp des Vertus*, la grande fête militaire célébrée dans les plaines de Châlons par l'armée russe. En 1815 elle exerça un grand crédit sur l'esprit de l'empereur Alexandre, quand ce prince eut reconnu la justesse d'une prédiction qu'elle lui avait faite l'année précédente, à savoir que Napoléon s'échapperait de l'île d'Elbe et tenterait encore de bouleverser l'Europe. Ce fut donc, à la lettre, sous les auspices de madame de Krüdener qu'un nouveau ministère remplaça chez nous, en septembre 1815, celui dont M. de Talleyrand avait été le président. Il paraît que c'est elle encore qui inspira à Alexandre l'idée de la sainte-alliance, laquelle, dans sa pensée, n'avait pour objet que le bonheur des hommes; et elle prétendait y intéresser les souverains en les liant par un acte religieux. C'est alors que commença son bizarre apostolat, qui fit tant parler d'elle, et qu'elle se mit à annoncer la prochaine venue du règne de Jésus-Christ sur la terre.

A Bâle, où elle alla s'établir à la fin de 1815, elle prit pour acolyte un jeune ecclésiastique de Genève, appelé Empeytaz (*voyez* MOMIERS), qui essaya un instant de jouer le rôle de Fénelon auprès de cette autre madame Guyon; mais les désordres publics et la désunion dans les familles causés par ses prédications le forcèrent de s'éloigner de cette ville. Les mêmes faits se reproduisirent à Lœrrach, à Aarau et dans d'autres localités. Devenue dès lors suspecte à toutes les polices, parce que ses prédications et son ardent prosélytisme provoquaient partout les troubles, les gouvernements autrichien et français lui ayant interdit l'entrée de leurs frontières respectives, elle alla avec sa fille et sa suite passer quelque temps à Leipzig, d'où elle finit, en 1818, par la reconduire sous bonne escorte jusqu'à la frontière russe. En y arrivant, elle fut prévenue qu'il lui était également interdit d'aller à Saint-Pétersbourg et à Moscou. Elle se dirigea donc sur Riga, où elle ne fut pas plus tôt arrivée qu'elle se mit à prêcher de plus belle, car elle était plus persuadée que jamais de sa mission divine; et le ton de conviction profonde et même d'autorité dont elle en parlait lui faisait force prosélytes, comme il ne manque jamais au reste d'arriver aux réformateurs religieux, dupes ou fripons. Les conversions gagnant de proche en proche, madame de Krüdener parvint à faire lever le véto qui lui interdisait le séjour de Saint-Pétersbourg. Elle y revit l'empereur Alexandre, qui s'était toujours senti un faible pour ses doctrines romantico-religieuses, et dont l'esprit, visiblement affaibli, donnait maintenant plus que jamais dans le mysticisme. Il la visitait souvent; mais il ne voulut pourtant jamais lui permettre de prêcher publiquement ; l'empereur comprenait en effet que risquer de se mettre à dos son clergé orthodoxe en raison de la tolérance publique qu'il accorderait à une propagande hérétique serait jouer gros jeu. Bientôt même il se brouilla décidément avec madame de Krüdener, qui s'était vivement éprise pour la cause des Grecs et qui dans ses divagations politico-mystiques ne se gênait pas pour divulguer quelques confidences que l'empereur lui avait faites dans le temps au sujet de la politique des czars en Orient. Madame de Krüdener reçut donc un jour de la direction de la police l'ordre formel d'avoir à quitter Saint-Pétersbourg. C'était à la fin de 1822, et elle s'en revint en Livonie, où elle passa encore dix-huit mois, continuant sa mission apostolique dans les salons de Riga, à défaut de temples ou d'églises. Puis en juin 1824, avec sa fille et son gendre, elle se rendit en Crimée, dans l'intention d'y fonder une colonie qui se composerait de ses adeptes, *une nouvelle Sion.* La colonie à fonder, on le sait, est de nos jours la dernière ressource, l'*ultima ratio*, ou, à bien dire, le suicide final de l'homme ou de la femme de génie incompris. Madame de Krüdener, elle toute la première, eut recours à ce moyen héroïque. Le gouvernement russe cette fois la laissa faire ; et là, toujours incorrigible, on la vit encore prêcher, tantôt en français, tantôt en allemand, ces braves Tatares, qui ne pouvaient deviner à qui elle en voulait, puisque les langues dont elle se servait pour les ramener à *la vraie foi* étaient pour eux comme du grec ou de l'hébreu. C'est au milieu de ces travaux *apostoliques* que la mort vint surprendre madame de Krüdener, à Karasoubazar, le 15 décembre 1824, six mois à peine après son arrivée en Crimée. Consultez Eynard, *Vie de madame de Krüdener* (Paris, 1849).

[C'était chose vraiment curieuse que de voir une femme élégante, accoutumée au luxe et d'une haute naissance, embrasser, malgré la faiblesse de sa complexion, la vie errante et rude des plus intrépides missionnaires, répandre de riches aumônes et se tout refuser ; voyager à pied, supporter avec résignation la fatigue et les avanies continuelles ; chassée de partout, ne se rebuter de rien ; se plaindre quelquefois, mais avec douceur, et en vue du bonheur de l'humanité, auquel elle croyait contribuer : son véritable culte, c'était la charité dans toute sa perfection. L'on prêta à ses œuvres des intentions politiques : c'était la peu connaître ; car la politique lui semblait vile, et toute duplicité lui inspirait une profonde horreur. En 1817 elle écrivait au ministre de Bade : « C'est au Seigneur à ordonner, et à la créature à obéir. C'est lui qui expliquera pourquoi la faible voix d'une femme a retenti devant les peuples, a fait ployer les genoux au nom de Jésus-Christ, arrêté le bras des scélérats, fait pleurer l'aride désespoir, demandé et obtenu de quoi nourrir des millions d'affamés..... Il fallait une mère pour avoir soin des orphelins et pleurer avec les mères.....; une femme élevée dans les douceurs du luxe, pour dire aux pauvres qu'elle était bien plus heureuse sur un banc de pierre en les servant...; une femme simple, pour confondre les sages...; une femme courageuse qui, ayant tout possédé, pût dire, même aux reines, que tout n'est rien... » La vie toute d'abnégation, toute de bienfaisance, de mon excellente mais un peu folle cousine, attirait autour d'elle nombre de vrais ou faux néophytes, dont la masse effrayait les gouvernants ; mais je puis affirmer que tout fut vérité, charité, candeur, chez cette femme, si spirituelle dans les écarts de son imagination, si respectable en dépit d'erreurs, qui n'eurent constamment pour objet que la félicité présente et future de l'homme. C'est l'esprit qui égare le cœur chez la plupart d'entre nous : chez madame de Krüdener, c'était, selon l'expression du duc de La Rochefoucauld, *l'esprit qui était la dupe du cœur* ; et ceux qui ont connu la consciencieuse exaltation de son âme sentent qu'elle s'est exactement peinte elle-même par cette phrase : « L'on ne résiste guère à l'envie de communiquer aux autres ce qui nous a profondément ému nous-même. »

Cte Armand d'Allonville.]

KRUSENSTERN (Adam-Jean de), célèbre navigateur russe, naquit en Esthonie, en 1770. Dès 1793 il servit sur la flotte anglaise, et en 1798 et 1799 il alla aux Indes orientales et poussa jusqu'à Canton. A cette époque il adressa au gouvernement russe sur la possibilité d'ouvrir dans ces contrées des débouchés avantageux au commerce de pelleteries de la Compagnie Russo-Américaine, des mémoires que le gouvernement de Paul 1er ne prit point en considération. En revanche, Alexandre témoigna le plus vif intérêt pour la réalisation de ses plans ; et Krusenstern ne tarda point à être chargé d'une expédition ayant à la fois pour but d'explorer avec plus de soin qu'elles ne l'avaient encore été les côtes de l'Amérique russe, et de renouer avec l'empire du Japon des relations de commerce qui venaient d'être interrompues. Deux vaisseaux furent mis à sa disposition ; et le 7 août 1803 il mit à la voile du port de Cronstadt, où il était de retour le 19 août 1806, sans avoir perdu un seul homme de ses équipages. Ce premier voyage de circumnavigation effectué par la marine russe fut incontestablement l'un des plus importants dont fasse mention l'histoire des voyages, en raison des nombreuses découvertes qui la signalèrent et des renseignements positifs qu'il fit acquérir sur des contrées jusque alors mal connues. Une foule de rectifications importantes relatives à la géographie et à l'hydrographie, les travaux curieux des naturalistes adjoints à l'expédition et de Krusenstern lui-même sur des questions de physique, d'histoire naturelle, d'ethnographie et de linguistique, complètent les richesses scientifiques recueillies pendant cette mémorable expédition, dont Krusenstern a publié l'histoire sous le titre de *Voyage autour du Monde, dans les années* 1803-1806 (3 vol. in-4°, Saint-Pétersbourg, 1810-1812). Ce livre, écrit en allemand, ne tarda pas à être traduit dans toutes les langues de l'Europe. Il faut encore compter parmi les résultats de cet important voyage les *Essais sur l'hydrographie du grand Océan* (Leipzig, 1819), par Krusenstern ; son *Atlas de l'océan Pacifique* (2 vol., Saint-Pétersbourg, 1824-1827) ; son *Recueil de Mémoires hydrographiques, pour servir d'analyse et d'explication à l'Atlas de l'océan Pacifique* (2 vol., 1824-1827) ; enfin, ses *Suppléments au Recueil de Mémoires hydrographiques* (1835). Krusenstern fut secondé dans son expédition par les capitaines russes Bellingshausen et Otto K o t z e b u e. Il est mort le 12 août 1846, dans son domaine d'Ass, en Esthonie.

KRYLOFF (Jwan-Andreewitsch), célèbre fabuliste russe, né en 1768, à Moscou, était le fils d'un officier sans fortune, que les nécessités du service forcèrent à aller s'établir avec sa famille à Orenbourg, en 1771, à la suite des troubles provoqués par Pugatscheff. Quand ils eurent été réprimés, le père de Kryloff obtint un emploi civil à Twer, où il continua de résider jusqu'à sa mort, arrivée en 1780. Un Français, précepteur des enfants du gouverneur de Twer, initia le jeune Kryloff à la connaissance de notre langue et de notre littérature. Les quelques livres qu'il trouva dans la succession paternelle, Kryloff les lut sans choix et avec avidité, en s'abandonnant ensuite aux rêves de son imagination. C'étaient les pièces de théâtre qui l'avaient le plus vivement impressionné. Aussi dès l'âge de quinze ans composa-t-il un petit opéra, *La Diseuse de bonne aventure au moyen du marc de café*, qu'un libraire lui acheta 60 roubles ; et avec cet argent-là Kryloff se procura bien vite les œuvres de Racine, de Molière et de Boileau. L'étude de ces deux derniers écrivains développa ses tendances satiriques. Un an après la mort de son père, il obtint une place dans les bureaux de l'administration civile de Twer. En 1786 il termina une tragédie, *Philomèle*, qui n'a point été représentée, mais qu'on a insérée dans le *Théâtre Russe*, et passa alors dans l'administration des finances. Il venait de perdre sa mère, objet de toute sa tendresse, lorsqu'en 1788 il fut attaché au cabinet de l'empereur, poste que deux ans plus tard il quitta avec le rang de secrétaire provincial. Pour pouvoir se consacrer en toute liberté à la culture des lettres, il resta quelques années sans emploi ; et dans cet intervalle il enrichit le théâtre russe d'un grand nombre de pièces. Dès 1789 il s'était associé avec un capitaine de la garde, appelé Nachmanow, afin de créer une imprimerie et de publier un journal intitulé : *La Poste des Esprits*, transformé, en 1792, en *Observateur*. L'année suivante il abandonnait cette feuille pour publier *Le Mercure de Saint-Pétersbourg* ; mais, toujours inconstant, il y renonça bientôt aussi, et depuis il ne s'occupa plus de journalisme. En revanche, il n'en travailla qu'avec plus d'ardeur pour le théâtre, et fit représenter alors successivement un grand nombre de pièces, entre autres *La Folle Famille*, *Les Plaisants* et *Le Poëte dans l'antichambre*. Après avoir obtenu, en 1801, la protection toute spéciale de l'impératrice, il fut adjoint au gouverneur de Riga, le prince Galyzin, en qualité de secrétaire. C'est à Riga qu'il composa sa farce *Atcot*, tragédie. Deux ans plus tard il abandonna encore cette position administrative, et à l'invitation du prince Galyzin il s'en alla passer trois ans dans les terres de ce seigneur, situées dans le gouvernement de Saratof. En 1806 il revint à Saint-Pétersbourg en passant par Moscou, où, cédant aux encouragements de Dmitrieff, il s'essaya pour la première fois, à l'âge de quarante-et-un ans, dans le genre de poésie qui devait immortaliser son nom. Son premier recueil de fables parut en 1808 ; il en contenait vingt-trois, et fut accueilli avec une faveur extrême. En 1811 il fut nommé membre de l'Académie de Saint-Pétersbourg, en 1812 l'un des conservateurs de la Bibliothèque impériale, en 1830 conseiller d'État ; et par la suite il fut encore tellement comblé de distinctions honorifiques et de pensions, qu'en 1841, époque où il se démit de ses fonctions publiques, il touchait chaque année, tant de l'État que de la cassette particulière de l'empereur, la somme de 11,700 roubles. Il mourut le 23 avril 1844.

Par l'esprit éminemment national qui y domine, par leur franche gaieté, par leur naturel, par leur aimable naïveté, ses fables sont devenues l'un des livres populaires les plus répandus en Russie, et beaucoup des moralités qui les terminent ont passé en proverbe. C'est le premier livre qu'on mette d'ordinaire entre les mains des enfants ; aussi s'en est-il fait d'innombrables éditions, tant de luxe qu'à bon marché. En 1825, le comte Orloff en fit faire à Paris une édition du plus grand luxe, avec une traduction française et une traduction italienne en regard de l'original.

KSHATTRAS. *Voyez* CHATRIAS.
RUDOWA. *Voyez* CUDOWA.
KUFA ou **KOUFAH.** En l'année 17 de l'hégire (639 de J.-C.), Saad, fils d'Abou-Vakar, après avoir gagné la bataille de Kadésiah, pris la ville royale d'El-Madaïen (*Ctésiphon*) et conquis l'empire entier des Perses, écrivit à Omar que les Arabes, ne pouvant pas s'accoutumer à l'air de la ville d'El-Madaïen, il lui demandait la permission de bâtir une autre ville sur la même rivière, mais plus près de l'Arabie. Le khalife le lui permit, et de ce que les maisons de cette nouvelle ville n'étaient que de joncs et de roseaux couverts de terre, on lui donna le nom de *Kufah* (jonc, roseau, en arabe). Plus tard elle devint la résidence d'Aly et celle du premier khalife abasside, El-Saffah. Elle avait alors une telle importance, que l'Euphrate, sur les bords duquel elle s'élevait, avait reçu le nom de *Nhar-Kufah*, la rivière de Kufah. Toutefois, Bagdad étant devenu le siége de la cour successeurs de Saffah, Kufah déchut, et on n'en voit plus aujourd'hui que des ruines éparses près des murs de la ville de Méchéhed-Ali ou Iman-Ali, qui renferme la tombe splendide de l'ami fidèle du Prophète, le Lion de Dieu. Mais si elle a disparu, les monuments des arts ont sauvé son nom de l'oubli.

KUFIQUE ou **KOUFIQUE** (Écriture). *Voyez* CUFIQUE (Écriture).
KUFIQUES ou **KOUFIQUES** (Monnaies). *Voyez* CUFIQUES (Monnaies).
KUHHORN. *Voyez* BUGER.
KUHREIHEN. *Voyez* RANZ DES VACHES et CHANTS POPULAIRES.

KULM (Bataille de). Kulm, petit village du cercle de Leitmeritz, en Bohême, à 12 kilomètres nord-est de Tœplitz, est célèbre par la bataille qui s'y livra le 30 août 1813. La déroute essuyée dans cette journée par Vandamme ne sauva pas seulement Tœplitz et Prague, elle assura encore la durée de la grande coalition avec l'Autriche contre Napoléon, et fut, avec les victoires remportées presque en même temps par les alliés à Gross-Beeren, le 23 août, et sur les bords de la Katzbach, le 26 du même mois, le premier coup porté à l'empereur des Français.

L'attaque sur Dresde tentée le 26 août par les coalisés avait échoué, et Napoléon s'était rendu maître de la route de Freiberg en tournant et en battant l'aile gauche de l'armée ennemie. Cette manœuvre contraignait Schwartzenberg à battre en retraite par la seule route qui restât à sa disposition, celle de Dippodiswald à Altenberg, et de là, par des chemins de traverse, à gagner la crête de l'Erzgebirge pour prendre position près de Tœplitz, dans la vallée d'Eger. Les Russes aux ordres de Barclay de Tolly eurent ordre de suivre la route stratégique conduisant du champ de bataille à Tœplitz par Dohna et Giesshubel ; mais Barclay, jugeant trop périlleuse la voie qu'on lui assignait entre Vandamme et les troupes de Napoléon, se massa sur le chemin conduisant à Dippodiswald, mouvement duquel résulta beaucoup de confusion entre ses troupes et les masses de l'armée autrichienne. Il fit savoir alors au général Ostermann-Tolstoy qu'il eût à rejoindre à Maxen la grande armée, dans le cas où déjà Vandamme lui aurait coupé la retraite sur Peterswald. Mais Ostermann, réfléchissant aux dangers que courait l'armée de Bohême si la grande route conduisant de Peterswald à Tœplitz demeurait ouverte à l'ennemi, choisit, sous sa propre responsabilité, la direction la plus dangereuse, emporta de vive force le Kohlberg, déjà occupé sur ses derrières par l'ennemi, ainsi que le défilé de Giesshubel, et arriva le 28 à Peterswald. Alors Vandamme se précipita avec ardeur à sa poursuite, et, par les hauteurs de Hollendorf, accula dans Kulm son petit corps, réduit à 8,000 hommes. Ce fut là qu'Ostermann apprit, par le roi de Prusse, arrivé de Tœplitz, la position critique de l'armée, engagée avec tous ses bagages et son artillerie dans l'Erzgebirge, et au milieu de laquelle se trouvait l'empereur Alexandre. Aussitôt, le 29, les généraux Ostermann, Yermoloff, Knorring, le prince Galyzin et le grand-duc Constantin résolurent de défendre à tout prix une position d'où dépendait le salut de l'armée. Ce jour-là les Russes défendirent héroïquement chaque pouce de terrain jusqu'à onze heures du matin, moment où le feu de la mousqueterie s'engagea sur toute la ligne et ajouta à la gravité de la situation.

A cet instant arriva, sur l'ordre de la ville de Prusse, le régiment autrichien des dragons de l'archiduc Jean, commandé par le colonel Stück, que ne tardèrent pas à suivre, indépendamment de la division de cavalerie légère, la garde impériale russe et la seconde division de cuirassiers russes, aux ordres du grand-duc Constantin. La lutte fut meurtrière. 6,000 morts et blessés couvrirent le champ de bataille. Un boulet de canon enleva le bras gauche du brave Ostermann ; mais il ne s'en maintint pas moins dans sa position d'Arbisau, et Miloradowitsch, qui lui succéda dans son commandement, en fit autant. Vandamme interrompit enfin le combat à la nuit tombante et établit son camp à Kulm, où il comptait bien voir arriver le lendemain soit l'empereur, soit le maréchal Mortier. Napoléon s'était avancé le 28 avec sa garde jusqu'à Perna, mais en proie à la fièvre et appréhendant la perte de la bataille de Gross-Beeren, il était reparti en toute hâte vers la vieille garde pour Dresde, base de ses opérations, où il rappelait également de Perna Mortier et la jeune garde quand plus tard il apprit qu'une nouvelle bataille venait d'être perdue sur les bords de la Katzbach, parce qu'il craignait de voir l'armée de Silésie et l'armée du nord pénétrer de ce côté. Mais dans l'intervalle le corps de Kleist était parti de Glasshutte, de Breitnau et de Furstenwald, et s'était dirigé par des chemins de traverse vers la grande route de Peterswald pour prendre par Hollendorf position sur les derrières de Vandamme. Si Napoléon ou Mortier étaient arrivés en ce moment de Pérna, Kleist était perdu et Vandamme remportait la victoire. Mais Schwartzenberg, descendu vers deux heures du soir d'Altenberg dans la plaine de Kulm, avait fait renforcer la ligne des Russes à Arbisau, et s'était renseigné en personne sur la position et la force de l'ennemi.

Il fut décidé en conséquence qu'on attaquerait de nouveau Vandamme le lendemain matin. Les divisions autrichiennes Colloredo et Bianchi reçurent donc l'ordre de quitter Dux pour se rapprocher du champ de bataille, et Kleist, qu'on avait appris être en marche sur Hollendorf, fut invité à prendre part à l'affaire. On se proposait de tourner l'aile gauche de Vandamme, de l'acculer entre Kulm et la hauteur, et de l'y écraser. A la pointe du jour, Barclay, à qui le 30 août Schwartzenberg avait remis le commandement de l'armée, attaqua l'ennemi, et bientôt Knorring, Colloredo et Bianchi s'emparèrent des hauteurs de l'aile gauche. Rien cependant n'était encore décidé, et Vandamme occupait toujours la route par laquelle il pouvait opérer sa retraite sur Peterswald, quand, à onze heures du matin, au lieu des secours qu'ils attendaient, les Français virent arriver Kleist sur leurs derrières. Enfermé dans l'entonnoir de Kulm, Vandamme chercha à se frayer un passage vers Hollendorf. La cavalerie française se précipita sur les Prussiens, et l'infanterie la suivit en carrés fermés. Mais les généraux Dumonceau, Philippon et Corbineau réussirent seuls à se frayer un passage à travers les bataillons prussiens de l'aile gauche. Le reste de nos troupes, quand leurs carrés eurent été enfoncés par la cavalerie ennemie, dut mettre bas les armes. Vandamme, trois généraux, entre autres Haxo, et 10,000 hommes furent faits prisonniers, après avoir perdu 5,000 morts et quatre-vingt-une pièces de canon. Le même jour l'armée des coalisés put déboucher sans obstacle des montagnes sur Tœplitz. Cette victoire des alliés en mettant la Bohême à l'abri de toute invasion, leur permettait d'abandonner les montagnes de Tœplitz et de se préparer à envahir de nouveau le territoire de la Saxe. Napoléon n'osa plus rien entreprendre de sérieux contre la Bohême et la forte position de Tœplitz; il se contenta de garder les défilés des montagnes. Plus tard, dans une nouvelle tentative, il échoua contre la résistance que lui opposèrent les troupes alliées dans les journées des 16 et 17 septembre 1813, et renonça à son entreprise par suite de la persuasion qu'il acquit que son armée, épuisée, n'était plus assez forte pour se rendre maîtresse d'un sol offrant tant de difficultés. Ce fut à quelque temps de là que commença un mouvement de retraite qui ne devait pas même s'arrêter au Rhin.

Après la bataille de Kulm, le roi de Prusse récompensa le général Kleist des services signalés qu'il avait rendus dans cette journée, en lui conférant le titre de comte de Hollendorf; et le 1ᵉʳ septembre il fit célébrer par toute l'armée de sa même un service solennel, auquel assista toute l'armée des coalisés.

KUNERSDORF, village du cercle de Lebus, régence de Francfort-sur-l'Oder, province de Brandebourg, est célèbre par la bataille qui s'y livra le 12 août 1759, et qui ut l'une des plus remarquables de la guerre de sept ans. Les adversaires de Frédéric le Grand semblèrent, en 1759, décidés à agir contre lui avec plus d'ensemble, et sa position devenait de plus en plus critique. Daun se tenait en observation sur les frontières de la haute Silésie, tandis que les Russes, commandés par Soltikof, s'avançaient vers l'Oder, afin d'opérer leur jonction avec Loudon, qui venait à leur rencontre à la tête de 30,000 hommes. Pour empêcher à tout prix cette jonction, Frédéric avait envoyé le général Vedel contre les Russes; mais celui-ci ayant attaqué le 23 juillet avec des forces de beaucoup inférieures, et sans connaissance préalable du terrain, l'ennemi dans la forte position qu'il occupait entre Süllichau et Kossen, fut battu et obligé de repasser l'Oder avec une perte de 6,000 hommes. Les Russes occupèrent alors Francfort, et rien ne s'opposait plus à leur jonction avec les Autrichiens, qui arrivaient sous les ordres de Loudon et de Haddik. Le roi de Prusse n'avait plus un instant à perdre, s'il voulait sauver ses États héréditaires. Après avoir chargé en conséquence un corps aux ordres du prince Henri de tenir en échec la grande armée autrichienne commandée par Daun, il envoya une partie de ses troupes sur l'Oder, et y accourut en personne. Mais il ne put empêcher la jonction de Loudon et Soltikof. Tous deux étaient prêts à livrer bataille, à la tête de 60,000 combattants, et occupaient la rive droite de l'Oder près de Francfort. Le roi, qui arrivait à Mulirose, marcha vers la rive gauche, fit passer le fleuve à son armée, forte d'environ 40,000 hommes, au nord de la ville, et engagea l'action le lendemain matin.

L'ennemi avait son aile droite couverte par l'Oder, sa gauche par des bois, des marais, de forts retranchements, et son front par de profonds ravins. Dans l'attaque dont l'aile gauche des Russes fut l'objet de leur part, les Prussiens, après un combat opiniâtre et malgré la mitraille que vomissaient sur eux cent pièces de canon, réussirent à franchir les retranchements, à enlever les batteries et à faire fuir les Russes. A six heures, des courriers partirent pour la Silésie et pour Berlin, porteurs de la nouvelle de cette victoire. Mais les Russes tenaient encore bon sur plusieurs points importants; en dépit de toutes les observations de ses généraux, le roi résolut d'attaquer leur aile droite avec ses troupes déjà fatiguées. Le combat s'engagea, et malgré quelques avantages partiels, les Prussiens, à cause des difficultés du terrain, ne purent rien faire de décisif. Pour les appuyer, le roi rappela, par des ordres réitérés, le général Seidlitz avec sa cavalerie du poste d'observation qu'il occupait en face de Loudon. Celui-ci, qui dans son mouvement de retraite, avait attentivement suivi les manœuvres de l'ennemi, profita de l'occasion pour pousser une pointe et se précipiter avec sa cavalerie sur les bataillons prussiens, épuisés de fatigue. Ce mouvement décida du gain définitif de la journée. En vain les Prussiens essayèrent d'enlever la hauteur de Spitzberg; une nouvelle attaque de Loudon les mit en complète déroute. Ils perdirent dans cette journée environ 26,000 hommes et presque toute leur artillerie; mais la perte de leurs ennemis ne s'éleva pas non plus à moins de 24,000 hommes. Le roi de Prusse eut deux chevaux tués sous lui; une balle brisa dans la poche de son gilet un étui en or, et le courage héroïque du capitaine Rittwitz l'empêcha seul d'être fait prisonnier. Seidlitz, Fink, Hulsen et d'autres généraux furent blessés. Le général Puttkamer et le poète Ewald de Kleist périrent dans cette affaire.

KUNTH (Charles-Sigismond), professeur de botanique à l'université de Berlin, né à Leipzig, le 18 juin 1788, fit preuve de bonne heure d'une inclination décidée pour l'étude des sciences naturelles. La mort de son père l'ayant laissé sans ressources, il fut assez heureux pour rencontrer dans Alexandre de Humboldt un protecteur généreux, qui le mit à même de suivre les cours de l'université de Berlin. Son premier ouvrage fut sa *Flora Berolinensis* (Berlin, 1813). A la mort de Wildenow, il fut chargé de la classification et de la description des plantes recueillies dans leur voyage par MM. de Humboldt et Bonpland, et accompagna a cet effet, en 1813, M. de Humboldt à Paris, où il demeura jusqu'en 1819. Pendant ce long séjour dans la capitale de la France, il fit paraître plusieurs importants ouvrages relatifs à la botanique, tels que ses *Nova Genera et Species Plantarum* (Paris, 1815-25); ses *Monographies des légumineuses* (1819) et *des Graminées de l'Amérique tropicale* (1829-33). Ses *Suites à la Monographie des Mélastomées et des plantes équinoxiales commencée par Bonpland*, contiennent près de 6,000 descriptions de plantes et de 1,000 planches gravées, dont il fournit lui-même les dessins. Revenu à Berlin en 1819, il y fut nommé professeur de botanique et sous-directeur du Jardin botanique. Il est mort à Berlin, le 22 mars 1850, et était depuis 1829 membre de l'Académie des Sciences de Berlin.

RUPETZKY (JEAN), l'un des peintres de portrait les plus distingués de l'Allemagne, né en 1667, à Pesing, sur les frontières de Hongrie, fils d'un tisserand, étudia la peinture dans l'atelier de Claus, à Vienne, et alla ensuite en Italie, où il eut d'abord à lutter contre une poignante misère, mais où la protection du prince Jean Sobiesky le mit à l'abri du besoin. Après y avoir séjourné pendant vingt-deux ans, il revint à Vienne, où il fit les portraits des princes et princesses de la famille impériale, et ceux d'un grand nombre de personnages distingués. Il imitait la manière de Rembrandt. Ses toiles ont une grande vérité et une remarquable puissance d'effet; mais elles sont devenues obscures avec le temps. Il existe beaucoup de gravures d'après cet artiste.

KURDES, KURDISTAN. *Voyez* KOURDISTAN.

KURISCH-HAFF ou KOURISCHE-HAFF. *Voyez* HAFF.

KUSSNACHT, nom d'un arrondissement et d'un bourg de Suisse, dans le canton de Schwytz, sur un golfe situé au nord-est du lac de Lucerne, et qu'on appelle par cette raison *lac de Kussnacht*. Le chemin creux où, suivant la tradition, le bailli Gessler fut tué d'un coup d'arbalète par Guillaume Tell, a disparu, par suite de la construction récente de la grande-route conduisant par la montagne à Immensée. Toutefois, la petite chapelle consacrée originairement aux quatorze libérateurs de la Suisse, et qui par la suite a reçu le nom de Guillaume Tell, continue toujours à être visitée par de nombreux curieux.

Un bourg du même nom, sur le lac de Zurich, possède un séminaire pédagogique.

KUSTRIN. *Voyez* CUSTRIN.

KUTAYEH. *Voyez* KOUTAHIA.

KUTSCHUR-RAINARDSCHI. *Voyez* KOUTCHOUK-KAÏNARDJI.

KUXHAVEN. *Voyez* CUXHAVEN.

KUYP (ALBERT). *Voyez* CUYP.

KWASS, nom d'une boisson fort aimée en Russie, où elle tient lieu de bière, et qu'on manque rarement de servir, même sur la table des grands. Chez les paysans, le *kwass* n'est guère qu'une infusion trouble, aigre et encore à l'état de fermentation, de blé égrugé, n'ayant d'autre mérite que d'être rafraîchissante. Mais le *kwass* délicat, celui qu'on confectionne avec des pommes et des framboises, et que l'on débite à Saint-Pétersbourg et à Moscou dans des boutiques *ad hoc*, est une liqueur d'un goût très-délicat et n'ayant que le nom de commun avec le *kwass* du vulgaire.

KYMIÈNE, grand fleuve de Finlande, qui n'est à proprement parler qu'une suite non interrompue de lacs dont il décharge les eaux et qui va se perdre dans le golfe de Finlande, entre Fredericksham et Lowisa, par trois bras aussi larges que profonds, et renfermant plusieurs petites îles. Dans deux des îles ainsi situées à son embouchure se trouvent les formidables forteresses de Rothschensalm et de Kymmènegard. C'est dans le *Svensksund*, baie formée par le Kymmène, que fut livrée, les 9 et 10 juillet 1790, la célèbre bataille navale dans laquelle la flotte suédoise commandée par le roi Gustave III battit complètement celle des Russes.

KYMRI. Les Gaulois se subdivisaient en *Galls* ou *Gaels* et *Kymri*, deux races venues également de l'Orient, mais à des époques différentes, et parlant des langues distinctes, quoique dérivées l'une et l'autre du sanscrit. Les Kymri, dont le nom est évidemment le même que celui des Cimmériens de l'Orient et des Cimbres de Marius, s'étaient principalement fixés sur la côte nord-ouest de la Gaule et dans la partie méridionale de la Bretagne, qui prit ce nom d'un de leurs chefs. La religion druidique avait son siége dans leur pays. Aujourd'hui la langue kymrique ne subsiste plus que dans deux dialectes parlés, l'un en France, le bas-breton, l'autre en Cornouailles.

KYRIE ELEISON, mots grecs signifiant : *Seigneur, aie pitié*, en latin : *Domine, miserere*. L'un est le vocatif de Κύριος, *Seigneur*, et l'autre, une forme de l'impératif du verbe ἐλεεῖν, *avoir pitié*. Cette expression biblique a été employée depuis le quatrième siècle dans l'Église chrétienne comme prière. Le pape Sylvestre Ier l'introduisit dans l'Église d'Occident. On la récite au commencement des litanies, et à la messe après le *Confiteor*, lorsque le prêtre est monté à l'autel.

KYRILLITZA, ou alphabet cyrillien. *Voyez* CYRILLIEN (Alphabet) et GLAGOL.

KYSTE (du grec κύστις, sac). Les anatomistes donnent ce nom à une sorte de poche membraneuse et fibreuse accidentellement développée au sein des parties vivantes et renfermant des matières liquides ou épaissies, adipeuses, charnues, etc. Telle est l'enveloppe membraneuse de l'athérome, du méliceris, du stéatome et de toutes les tumeurs qui s'engendrent dans les glandes dont la membrane externe forme le kyste. Quoiqu'on ne puisse les considérer en eux-mêmes comme une maladie, les kystes ne laissent pas quelquefois que d'occasionner des accidents d'une certaine gravité, en raison de leur volume et de leur poids, comme aussi de la compression qu'ils exercent sur les parties qui les avoisinent. Il faut alors les extirper, ou s'il n'est pas possible de les atteindre avec l'instrument tranchant, les vider des matières organiques qu'ils contiennent et enflamment leur paroi interne, qui contracte alors des adhérences entre elle-même et les réduit à une petite tumeur insignifiante. L'histoire de la chirurgie cite une foule d'exemples curieux de kystes parvenus à un volume extraordinaire et situés dans des endroits qui rendaient leur extirpation singulièrement difficile. Quand on laisse les kystes acquérir un volume énorme, il n'est pas rare de leur voir subir la dégénération cancéreuse. BELFIELD-LEFÈVRE.

L

L, substantif masculin suivant l'appellation de Port-Royal (*le*) et féminin d'après l'appellation usuelle (*elle*), est la douzième lettre de l'alphabet et la neuvième des consonnes. L'articulation que représente la lettre *l* est linguale. On donne aussi la qualification de *liquide* à cette consonne, sans doute à cause de la merveilleuse fluidité avec laquelle elle s'allie et semble se fondre avec d'autres consonnes.

On distingue encore l'*l* ordinaire de l'*l* mouillée. La première forme dans la prononciation une de nos liaisons les plus coulantes ; sa douceur résulte du caractère de la consonne, qui, étant une des *liquides*, comme nous venons de le dire, se lie sans difficulté, comme dans les mots *céleste, chaleur, maladie*. Le second, qu'on appelle *l* mouillée et dont le son, différent de celui de l'*l* ordinaire, se reconnaît dans les mots *soleil, travail, orgueil*, doit donner lieu ici à quelques remarques. Quand la consonne *l* est mouillée, elle est toujours précédée d'un *i* et quelquefois suivie d'une autre *l* aussi mouillée. La voyelle *i* qui précède l'*l* mouillée est tantôt seule, comme dans *fille, famille*, tantôt précédée d'une voyelle simple ou d'une voyelle composée, avec laquelle elle se joint pour ne former qu'une seule syllabe, comme dans *caillou, vermeil, vieillard, rouille, deuil*. Il résulte de ces exemples que l'*l* mouillée est toujours exprimée par *il* ou *ill*. Néanmoins, on aurait tort d'en conclure que la lettre *l* est mouillée toutes les fois qu'elle est précédée de la voyelle *i*. Les mots *illustre, subtil, ville, tranquille* et d'autres encore prouvent évidemment le contraire. Règle générale : la consonne *l* n'est jamais mouillée au commencement des mots ; quant aux diverses exceptions, c'est l'usage seul qui peut les enseigner. Ajoutons toutefois, à propos de son produit par les *ll* précédées d'un *i*, qui sont parfois mouillées, que ce son *l* n'a lieu que lorsque le mot qui les contient est suivi d'un *i* dans la langue latine, à laquelle nous l'avons emprunté. Ainsi nous mouillons les *ll* dans fille, famille, etc. (qui viennent de *filia, familia*), et non dans ville, tranquille (tirés de *villa, tranquillus*). D'après ce principe, on devrait, ainsi que l'a toujours fait Corneille, prononcer Camille (*Camillus, Camilla*) comme Achille (*Achilles*).

Dans l'écriture des temps les plus reculés, on retrouve la lettre *l*, ainsi que la plupart de nos autres consonnes, avec la même valeur et à peu près la même figure que dans les alphabets de nos langues. Court de Gébelin fait remarquer que la lettre *l* eut dans l'origine la figure d'une *aile* ou d'un bras reployé et servant d'ailes pour mieux courir. « C'est ce que désigne cette intonation elle-même, ajoute-t-il : de là les noms d'*aile*, de *flanc*, de *fluide*, et en latin, *ala, latus, fluo*, etc. »

L comme lettre numérale représentait le nombre cinquante, ainsi que l'atteste ce latin :

Quinquies L denos numero designat habendos.

Elle a conservé cette valeur dans les chiffres romains ; surmontée d'une ligne horizontale, elle en acquiert une mille fois plus grande. Ainsi, L vaut 50,000. Dans quelques auteurs, LL S signifie *sextertius*, le petit sesterce, ou *sextertium*, le grand sesterce. L était le signe particulier de la monnaie fabriquée à Bayonne. Dans les formules chimiques, L représente le *Lithium*.   CHAMPAGNAC.

LA, note de musique, appelée simplement A par les Allemands et les Italiens. C'est le sixième degré de notre échelle musicale. Il porte accord parfait mineur, et s'emploie en harmonie, ou comme sixième degré de la gamme majeure d'ut, ou comme premier degré du relatif mineur de cette même gamme.

La est aussi le nom de la seconde corde du violon et de la *chanterelle* ou première corde de la viole, du violoncelle et de la contrebasse. C'est sur cette note, prise dans l'octave du médium de notre système sonore, que s'accordent tous les instruments sans exception et que sont réglés les diapasons. Il ne s'ensuit pourtant pas que tous les diapasons donnent exactement le même son, quoiqu'ils soient tous accordés sur la même note *la* : au contraire, ils varient selon les lieux et quelquefois selon les orchestres ; mais la différence est fort légère, et n'excède jamais un demi-ton ou trois quarts de ton au plus.

On dit : *donner le* la, *prendre le* la, pour *donner* et *prendre* l'accord.   Ch. BECHEM.

LAALAND ou **LOLLAND**, île de la Baltique, appartenant au Danemark, située à l'entrée du grand Belt, et remarquable par sa grande fertilité. On y compte environ 56,000 habitants, sur une superficie de 14 myriamètres carrés. Ses villes les plus importantes sont : *Mariabœ*, avec 1,500 habitants, chef-lieu de bailliage, et *Nakskow*, dont la population s'élève à 2,200 âmes. Elle possède un gymnase, une synagogue et un bon port, et est le centre d'un commerce de grains assez actif.

Le *bailliage de Laaland*, qui forme l'extrémité méridionale du Danemark, contient 79,000 habitants sur une superficie de 20 myriamètres carrés. Indépendamment de l'île dont il tire son nom et de quelques îlots voisins, il comprend aussi l'île de *Falster*, qui n'est séparée de celle de Laaland que par un petit détroit appelé *Guldborgsund*.

LAAR ou **LAER** (PIERRE DE), surnommé *Bamboccio* ou le *Bamboche*, peintre célèbre de l'école hollandaise et musicien distingué, naquit vers l'an 1613, à Laren, village situé près de Naarden. Après avoir appris les premiers éléments de son art dans sa patrie, il se rendit à Rome, où il passa seize ans, vivant dans la plus étroite intimité avec le Poussin, Claude Lorrain, Sandrart et autres artistes distingués. A son retour en Hollande, il se fixa d'abord à Amsterdam, puis à Harlem, où, en 1674, il mit fin volontairement à ses jours, dans un accès d'hypocondrie. Son sobriquet d'atelier, *Bamboccio* (Bamboche), lui avait été donné à Rome par ses camarades, à cause de la singulière conformation de sa figure. Bamboche était le peintre de genre ; il n'a guère peint que des épisodes empruntés à la vie du peuple, des foires, des jeux d'enfants, des chasses, des paysages, des scènes gaies et champêtres, des tabagies et autres sujets plaisants.

On a donné, depuis lui, le nom de *bambochades* à ce genre de peinture, dont il ne fut pourtant pas le créateur, puisque ses principaux représentants, Teniers, Brower, etc., sont plus anciens que lui, mais que personne ne mania avec plus de force, d'esprit et de vérité que cet artiste.

LA BALUE (Cardinal de). *Voyez* BALUE.

LABAN, fils de Bathuel, fils de Nachor, de la famille

d'Abraham, habitait la Mésopotamie. La vue des riches présents de l'envoyé d'Isaac le fit consentir au mariage de celui-ci avec sa sœur Rebecca. Il accueillit avec bienveillance Jacob, lorsque celui-ci, fuyant la colère d'Esaü, vint chercher un asile auprès de lui. Il lui donna en mariage ses deux filles, Lia et Rachel, et le retint pendant plus de vingt ans sous divers prétextes. Le fils d'Isaac, fatigué enfin des délais et de la mauvaise foi de son beau-père, partit sans le prévenir avec ses femmes, ses enfants et ses troupeaux. Laban, irrité de cette fuite, le poursuivit pendant sept jours, bien résolu à en tirer vengeance. Il l'atteignit vers les montagnes de Galaad; mais sa colère s'était déjà apaisée. Il se contenta de se plaindre amèrement à son gendre de ce qu'il était parti comme un voleur, sans lui laisser la consolation d'embrasser ses filles et de les accompagner avec tout le cérémonial d'usage. « Pourquoi, ajouta-t-il ensuite, pourquoi as-tu dérobé mes idoles? » Jacob nia ce larcin; car il ignorait que Rachel s'en fût rendue coupable, et il consentit que si elles étaient trouvées parmi ses bagages, le voleur fût mis à mort. La recherche de Laban étant devenue infructueuse par la ruse de Rachel, Jacob éleva la voix, et profita de cette occasion pour se plaindre à son beau-père de toutes ses injustices. Laban, attendri, s'écria « Quel mal veux-tu que je te fasse? tes épouses sont mes filles, et tes enfants sont mes enfants; il n'est pas jusqu'aux troupeaux qui t'accompagnent qui ne m'appartiennent. » Après cela, ils se réconcilièrent, offrirent ensemble des sacrifices au Très-Haut, et érigèrent un monument pour en conserver la mémoire. Laban recommanda tendrement ses filles à Jacob, bénit toute la famille, et reprit la route de la Mésopotamie.

J.-G. Chassagnol.

LABANOFF (Alexandre Jakoblewitsch de Rostof, prince), général-major russe et écrivain distingué, né en 1788, a fait un emploi très-honorable de sa fortune au profit des sciences et des arts. Sa collection de cartes géographiques, qui fait aujourd'hui partie de la bibliothèque de l'état-major général de Saint-Pétersbourg, est regardée comme la plus riche de toutes celles qui existent. Il l'a lui-même décrite dans un gros volume imprimé chez MM. F. Didot. Il s'est aussi fait connaître par des recherches intéressantes sur divers points de l'histoire de son pays, et a publié en 1826 un Recueil de pièces historiques sur la reine de France Anne ou Agnès, fille de Jorowslaf 1er, grand-duc de Russie. M. de Labanoff a dépensé également beaucoup de soins et d'argent pour retrouver et réunir la correspondance de la reine Marie Stuart. Il a donné déjà deux éditions de lettres inédites de cette princesse.

LABARRAQUE (Antoine-Germain), pharmacien-chimiste, naquit à Oloron (Basses-Pyrénées), le 29 mai 1777. Il servait dans les grenadiers de La Tour-d'Auvergne, lorsqu'on imagina de faire de lui un pharmacien militaire ; il prit sa mission au sérieux, et dès qu'il le put il alla étudier à Montpellier. Il vint ensuite à Paris, et fut reçu maître en pharmacie en 1805. Il se fit connaître par ses recherches sur les chlorures de chlorites de chaux et de soude, et les appliqua à la désinfection des matières qu'on emploie dans le boyauderie, à la désinfection des égouts, des endroits où l'air est corrompu, etc. On les utilisa aussi dans les exhumations, dans les embaumements, puis dans les cas de maladies épidémiques, fièvre jaune, peste, etc. ; enfin, Paris en consomma une énorme quantité en 1832, lorsque le choléra y sévissait. Tout cela valut à l'heureux pharmacien une immense fortune. Décoré de la Légion d'Honneur, membre de l'Académie de Médecine et du conseil de salubrité, il est mort en 1851.

LABARRAQUE (Liqueur de). Voyez Chlorite de Soude.

LABARRE (Jean-François Lefebvre, chevalier de), petit-fils d'un ancien lieutenant général des armées du roi, neveu de Mme Feydeau de Brou, abbesse du monastère d'Abbeville et fille d'un ancien chancelier de France, subit à Abbeville, en 1766, comme blasphémateur un supplice affreux, peu d'accord avec les idées philosophiques de l'époque.

Montesquieu, dans ses *Lettres persanes*, Fontenelle, dans sa relation de *Mero* et d'*Enegu* (anagrammes de *Rome* et de *Genève*), avaient pu écrire impunément les choses les plus hardies, et l'on ne pardonna point à de jeunes étourdis des impiétés peut-être moins fortes. Enfin, Piron, malgré certaine ode, jouissait d'une pension de 1,200 livres sur la cassette du roi ; or, l'un des griefs contre le neveu de l'abbesse était précisément d'avoir récité cette ode de Piron et d'avoir fait des génuflexions ironiques devant des livres obscènes. Duval de Saucourt, ennemi de l'abbesse, avec qui il avait eu un procès, l'avait dénoncée elle-même comme accueillant à ses soupers des jeunes gens qui s'étaient permis de passer sans se découvrir devant une procession de capucins portant le saint-sacrement, et qui peu de jours après avaient renversé et mutilé un Christ en bois, placé sur le pont neuf d'Abbeville. Trois des inculpés, parmi lesquels se trouvait le jeune d'Étallende, fils du président de l'élection, prirent la fuite. Labarre, âgé de dix-neuf ans, et son ami Moinel, âgé de quatorze à quinze ans, furent seuls arrêtés. Voltaire convient qu'ils se perdirent dans leurs interrogatoires par des réponses imprudentes. Il y eut un plus ample informé à l'égard de Moinel ; Labarre et le contumax d'Étallende furent condamnés à avoir la langue arrachée, le poing coupé, la tête tranchée, et à être brûlés vifs ; le tout après avoir subi la question ordinaire et extraordinaire pour les contraindre à révéler leurs complices. Sur l'appel au parlement de Paris, huit avocats entreprirent de prouver la nullité de la sentence prononcée par la sénéchaussée d'Abbeville. Le procureur général loi-même conclut à la cassation. Mais il y avait dans les esprits parlementaires une réaction religieuse qui luttait contre l'influence de la cour elle-même. La sentence fut confirmée à la majorité de 15 voix contre 10. On adoucit seulement à l'égard de Labarre l'horreur du supplice, en ordonnant qu'il aurait d'abord la tête tranchée avant toute autre mutilation. Il subit son sort avec fermeté. Cette condamnation et celle de Lally ne contribuèrent pas peu à amener la chute du parlement, qui fut détruit par le chancelier Maupeou quatre ans après. Lorsque l'avènement de Louis XVI eut fait disparaître la création éphémère des conseils supérieurs, Voltaire fit des efforts pour obtenir la révision du procès du jeune M. d'Étallende, réfugié en Prusse, où il était devenu ingénieur du roi de Prusse. Il publia en conséquence, sous le nom de d'Étallende-Morival, des mémoires énergiques ; mais on offrait à d'Étallende une *grâce*, qu'il ne voulut point accepter ; et comme de son côté Voltaire sollicitait en même temps la réhabilitation de Labarre, l'affaire en resta là.

Breton.

LA BARRIÈRE (Jean de), instituteur de la congrégation des Feuillants, naquit en 1544, à Saint-Seré, en Quercy. Nommé abbé de Notre-Dame des Feuillants, diocèse de Rieux, en 1565, il mit la réforme dans son abbaye. Sa vie fut une suite continuelle de pénitences et de mortifications. Il mourut à Rome, en odeur de sainteté, entre les bras du cardinal d'Ossat, son intime ami, le 25 avril 1600.

LABARUM. C'est ainsi qu'on appelait l'étendard que les empereurs romains faisaient porter devant eux dans les batailles. Il consistait en une longue lance, traversée, par le haut, d'un bâton duquel pendait une superbe voile pourpre, encadré dans une frange précieuse, et resplendissant de pierreries. A l'occasion de l'apparition de la croix miraculeuse portant ces mots : *In hoc signo vinces* (Tu vaincras par ce signe), qui lui apparut dans les airs au moment où il se disposait à attaquer Maxence, Constantin y fit placer le signe de la croix, avec les initiales grecques du nom du Christ (X et P). Le labarum était soigneusement gardé dans une tente particulière du camp, et le jour du combat cinquante hommes d'élite le portaient alternativement.

LABAT (Jean-Baptiste), religieux dominicain, né à Paris, en 1663, fut nommé, très-jeune encore, professeur de philosophie à Nancy. A trente ans, il fut envoyé en Amérique, en qualité de missionnaire, et séjourna à Macouba (partie septentrionale de la Martinique, dont la cure lui fut confiée et qu'il gouverna dignement) depuis 1693 jusqu'en 1705, époque où il revint en Europe. Il parcourut alors le Portugal et l'Espagne, afin d'y compléter, dans les bibliothèques publiques, et à l'aide des nombreux manuscrits qu'elles renferment sur l'histoire et l'industrie commerciales de l'Amérique, les matériaux qui lui étaient nécessaires pour la relation de son voyage. De retour en France, il fut envoyé à Bologne, au chapitre de son ordre, pour rendre compte de sa mission. Peu de temps après, il voyagea en Italie, où il demeura plusieurs années.

On a de lui : *Nouveau Voyage aux îles d'Amérique* (8 vol. in-12); *Voyage en Espagne et en Italie* (8 vol. in-12); *Nouvelle Relation de l'Afrique occidentale* (5 vol. in-12); *Voyage du chevalier des Marchais en Guinée et dans les îles voisines de Cayenne* (4 vol. in-12); une traduction de la *Relation historique de l'Éthiopie occidentale* (5 vol. in-12). Cet ouvrage, publié en italien par le capucin Cavazzi, est enrichi de cartes géographiques et d'un grand nombre de figures. Le père Labat y a annexé de curieux mémoires portugais. On lui doit aussi les *Mémoires du chevalier d'Arvieux*, ambassadeur de France à Constantinople, sur différentes parties de l'Asie et de l'Afrique, sur la Syrie, la Palestine, l'Égypte, et les côtes de Barbarie (6 vol. in-12).
D' L. LABAT.

LABBE (PHILIPPE), jésuite, naquit à Bourges, en 1607, professa les humanités, la philosophie et la théologie avec éclat, et mourut à Paris, en 1667. Il avait une érudition grande et variée; toutes les années de sa vie furent marquées par la publication d'ouvrages et de compilations fort utiles. Les plus remarquables sont : la *Collection des écrivains de l'histoire byzantine*, commencée par lui; *Nova Bibliotheca Manuscriptorum*, où l'on trouve beaucoup de morceaux curieux qui n'avaient pas encore été imprimés; *La Bibliothèque des Bibliothèques*; une *Collection des Conciles* et une *Bibliographie* des ouvrages que les savants de la Société de Jésus avaient publiés en France dans le courant de 1661 et le commencement de 1662.

LABDANUM. Voyez LADANUM.

LABÉ (LOUISE), surnommée *la belle Cordière*, naquit à Lyon, en 1526 ou 1527. On ignore l'état et la fortune de son père, Charly, dit LABÉ. L'éducation de Louise Charly s'étendit à la musique et aux langues savantes. Elle n'avait que seize ans lorsqu'elle quitta Lyon pour se rendre à l'armée qui assiégeait Perpignan. « Louise Labé, dit Du Verdier, dans sa *Bibliothèque françoise*, courtisane lyonnaise (autrement nommée *la belle Cordière*, pour être mariée à un bonhomme de cordier), piquoit fort bien un cheval, à raison de quoi les gentilshommes qui avoient accès à elle l'appeloient le *capitaine Loys*. Femme au demeurant de bon et gaillard esprit, et de médiocre beauté, elle recevoit gracieusement en sa maison seigneurs, gentilshommes et autres personnes de mérite, avec entretien de devis et discours, musique, tant à la voix qu'aux instruments, où elle étoit fort duicte, lecture de bons livres latins et vulgaires, italiens et espagnols, dont son cabinet étoit copieusement garni; collations d'exquises confitures; enfin, leur communiquoit privément les pièces les plus secrètes qu'elle eut..., non toutefois à tous, et nullement à gens méchaniques et de vile condition, quelque argent que ceux-là eussent voulu lui donner. Elle aima les sçavants hommes surtout, les favorisant de telle sorte que ceux de sa connoissance avoient la meilleure part en ses bonnes grâces, et les eût préférés à quelconque grand seigneur, et fait courtoisie à l'un plutôt gratis qu'à l'autre pour grand nombre d'écus, qui est contre la coutume de celles de son métier en qualité. »

Ennemond Perrin, qu'elle avait épousée, et que Du Verdier appelle *bonhomme de cordier*, était un riche commerçant; il possédait de vastes ateliers et plusieurs maisons. Celle qu'il habitait était grande et commode, avec un grand jardin qui aboutissait à la place Bellecourt. C'est sur ce terrain qu'a été bâtie depuis la rue qui porte encore le nom de La Belle-Cordière. Louise Labé réunissait chez elle les personnages les plus distingués, les savants et les artistes : c'était la Ninon de son temps. L'amour passait généralement pour sa passion dominante ; c'est elle qui nous l'apprend dans ses vers.

Les nobles dames de Lyon criaient au scandale; elles ne pouvaient pardonner à une petite bourgeoise de les éclipser par son luxe, l'éclat de ses réunions, et surtout par les leçons qu'elle leur donnait dans ses écrits, par les reproches qu'elle leur adressait sur leur ignorance, sur la frivolité de leurs occupations, le peu de ressources de leur société, etc. Une autre femme, remarquable par sa beauté, son esprit et ses talents, partageait avec la Belle Cordière les suffrages et l'admiration des Lyonnais : c'était son intime amie, Clémence de Bourges. Elles étaient citées comme un exemple rare d'union entre deux femmes. Louise trahit son amie : elle lui enleva son amant ; Clémence n'eut plus pour Louise que des paroles de haine et de mépris. Elle frondait sans pitié la personne et les ouvrages, que jusque alors elle avait vantés avec tout l'enthousiasme, toute l'exaltation de l'amitié ; Louise garda le silence.

Il y a sans doute beaucoup d'exagération dans les jugements portés sur la Belle Cordière. Quelques auteurs l'ont citée comme un modèle de chasteté conjugale, d'autres comme une vile prostituée. Son mari ne lui en laissa pas moins, en mourant, la totalité de sa fortune. Elle n'eut pas le temps d'en jouir, car elle expira un an après, en mars 1566.

Ses écrits appartiennent à l'histoire littéraire du seizième siècle; ses vers manquent d'harmonie et de correction, mais se font remarquer par l'originalité des pensées. Il y a des élégies et des sonnets : c'était le goût de l'époque. Le plus remarquable de ses ouvrages est le *Débat de Folie et d'Amour*, scènes dialoguées. Cette fiction a fourni à La Fontaine le sujet de sa fable *L'Amour et la Folie*. Les œuvres de Louise Labé ont été pour la première fois imprimées à Lyon, en 1555, petit in-8°. Cette édition est dédiée à Clémence de Bourges. A la tête du recueil figurent de nombreuses pièces de vers français, italiens, grecs et latins, en l'honneur de l'auteur. DUFEY (de l'Yonne).

LA BEAUMELLE (LAURENT ANGLIVIEL DE), savant littérateur et critique judicieux, né à Valleraugue, ville du bas Languedoc, le 28 janvier 1727, et mort à Paris, le 17 novembre 1773, fut appelé à Copenhague, à l'âge de vingt-quatre ans, en 1751, pour être professeur de littérature française. Ce fut dans cette ville qu'il publia son premier ouvrage, intitulé : *Mes Pensées* (1751 ; réimprimé avec un supplément à Berlin, en 1755). Désireux de voir la cour de Prusse, il demanda un congé au roi de Danemark, qui le lui accorda avec une gratification considérable et la liberté de revenir reprendre son poste quand il le jugerait à propos. La Beaumelle s'en vint à Berlin, où il n'eut rien de plus pressé que de se présenter chez Voltaire, auquel il remit un exemplaire de ses *Pensées*. Un passage de ce livre blessa profondément le commensal de Frédéric II, et ce fut là l'origine de la sanglante guerre de personnalités et d'injures qui éclata dès lors entre ces deux écrivains, et ne s'éteignit en quelque sorte qu'à la mort de La Beaumelle. Vaincu par le crédit de son antagoniste, La Beaumelle fut bientôt obligé de quitter Berlin. Il vint à Paris au mois de mai 1752, et y publia l'année suivante ses *Notes sur le Siècle de Louis XIV*, critique de l'ouvrage de Voltaire, qui augmenta encore le nombre des hommages que lui avaient déjà valus plusieurs réflexions hardies contenues dans ses *Pensées*, et pour laquelle il fut même jeté, le 28 avril 1753, à la Bastille, d'où il sortit au bout de six mois, pour y rentrer bientôt après, par suite de la publication des *Mémoires de M*me *de Maintenon* (6 vol.), suivis de 9 vol. de *Lettres*). Nous voulons croire, pour l'honneur de Voltaire, et malgré ce qu'en ont dit ses ennemis, qu'il resta étranger à toutes ces persécutions suscitées contre La Beaumelle. Quoi qu'il en soit, il rejeta toujours la paix, que son critique lui offrit à plusieurs reprises.

Retiré fort jeune à Toulouse, La Beaumelle y avait épousé la sœur du jeune Lavaisse, compromis dans la malheureuse affaire de Calas. Il oublia un moment sa querelle pour embrasser cette cause, dont la défense devait être un jour un des plus beaux titres de gloire de son antagoniste, et composa le premier mémoire qui appela l'attention publique en faveur des accusés. Il publia encore une *Défense de l'Esprit des Lois* (qu'il ne faut pas confondre avec celle de Montesquieu), imprimée sous le nom de *Bekrinoll*, et portant pour premier titre : *L'Asiatique tolérant* (1748) : c'est son premier ouvrage ; les *Pensées de Sénèque*, en latin et en français; *Commentaire sur La Henriade* (1775, 2 vol.), dans lequel, ne se bornant pas à un rôle de critique, il a la prétention de refaire plusieurs chants du poëme; et son livre *De l'Esprit*, ouvrage posthume, publié en 1803. Enfin, il a laissé en manuscrit deux traductions, des *Odes d'Horace* et des *Annales de Tacite*.   Edme Héreau.

LA BÉDOYÈRE (Charles-Angélique-François HUCHET, comte de), l'une des victimes de la réaction de 1815, né à Paris, le 17 avril 1786, d'une famille noble de Bretagne, alliée à celle de La Rochejaquelein, embrassa de bonne heure la profession des armes. Entré au service dans la compagnie des gendarmes d'ordonnance, il fit avec ce corps les campagnes de 1806 et de 1807. Attaché bientôt après, en qualité d'aide de camp, au maréchal Lannes, il fit avec ce chef la campagne d'Espagne de 1808, et revint avec lui l'année suivante en Allemagne, pour prendre part à la guerre que l'Autriche nous avait encore suscitée dans ce pays. Il se distingua à Essling, où périt Lannes, fut même blessé assez grièvement à côté du maréchal, et à son rétablissement fut nommé aide de camp du prince Eugène, qui dès 1811 le fit passer chef d'escadron. La funeste campagne de 1812 lui fournit aussi de nombreuses occasions de se distinguer; en 1813, la veille de la bataille de Lutzen, Napoléon l'appela au commandement du 112ᵉ de ligne. Vers la fin de cette même année, il épousa Mˡˡᵉ de Chastellux. Jusqu'au dernier moment, il ne cessa de donner à l'empereur des preuves de dévouement, et quand Paris se trouva investi par l'ennemi, il vint se mettre à la disposition du maréchal Marmont, que l'empereur y avait investi du commandement en chef. Après l'abdication de Fontainebleau, ce fut en vain que ses nobles parents et alliés cherchèrent à effacer de son cœur les souvenirs et le culte d'admiration de l'empereur Napoléon : il demeura fidèle aux premières impressions de sa vie, et conserva pour l'homme qui l'avait si souvent conduit à la victoire les inaltérables sentiments que lui avaient voués tant d'autres braves. Toutefois, grâce à l'influence de sa famille, le gouvernement royal lui accorda la croix de Saint-Louis et le commandement du 7ᵉ régiment d'infanterie, qui tenait garnison à Vizille.

Au moment où Napoléon, échappé de l'île d'Elbe, et récemment débarqué à Cannes, marchait sur Grenoble, La Bédoyère eut ordre de lui barrer le passage avec son régiment. Mais à la vue de leur ancien chef, les soldats mirent la crosse en l'air, et passèrent dans ses rangs. La Bédoyère, par son attitude, n'avait pas peu contribué à cette défection, qui créait le plus fâcheux des précédents... Il rentra à Grenoble avec Napoléon, qui à peu de temps de là lui conféra d'abord le grade de général de brigade, puis celui de général de division, et l'appela à faire partie de la chambre des pairs par laquelle il avait remplacé l'ancien sénat conservateur. Attaché à la grande armée, La Bédoyère fit bravement son devoir à Waterloo. Après la seconde abdication de Napoléon, il prit la parole dans la chambre des pairs, et au lieu d'imiter Ney, qui y criait *sauve qui peut*, il insista pour que les chambres proclamassent immédiatement Napoléon II, déclarant que sans l'accomplissement de cette condition l'abdication de Napoléon devenait nulle de plein droit et que son devoir était alors de reprendre son épée. Il ne craignit pas d'ajouter qu'il y avait des *traîtres* parmi les pairs, et fut rappelé à l'ordre. Une fois la capitulation de Paris signée, La Bédoyère, compris dans le bénéfice de cet acte, se retira, avec les débris de l'armée nationale, sur les bords de la Loire; puis quand elle se désorganisa, il alla s'établir à Riom, dans une famille d'amis. C'est là qu'il apprit par les journaux qu'au mépris des termes formels de la capitulation de Paris, qui le couvrait, le gouvernement royal l'avait fait traduire devant un conseil de guerre. Il résolut immédiatement de quitter la France, afin d'échapper au sort qu'il prévoyait devoir être le sien. Mais pour sortir de France il lui fallait un passeport. Il vint donc à Paris, convaincu qu'il lui serait plus facile là qu'ailleurs de s'en procurer un. La police eut connaissance de son arrivée (le 2 août 1815), et une demi-heure après elle le faisait arrêter. Le 9 il comparaissait devant le conseil de guerre, où il se défendit lui-même avec calme et simplicité. Le 15 le conseil à l'unanimité le condamnait à la peine de mort. Le conseil de révision statua dès le 19 sur son pourvoi, qui fut rejeté, et le jour même il fut fusillé dans la plaine de Grenelle. Vainement sa femme, introduite aux Tuileries, se jeta aux pieds de Louis XVIII pour obtenir tout au moins une commutation de peine. Le vieux roi se montra insensible à ses larmes, et ordonna froidement que la justice eût son cours.

LA BELLE (Étienne de). *Voyez* Bella (Stefano della).

LA BELLIÈRE (Vicomte de). *Voyez* Duchatel (Tannegeuy).

LABERIUS (Decimus), chevalier romain et poëte, qui se fit un nom par la composition de ses *mimes*, espèce de poèmes satiriques et de parades sans intrigues, était déjà arrivé à l'âge de soixante ans, lorsqu'il fut contraint par César de jouer lui-même un rôle dans quelques-unes de ses propres pièces, et de concourir contre Publius Syrus, autre auteur de mimes, à l'occasion des jeux scéniques que le vainqueur de Pharsale fit célébrer à Rome en commémoration de la victoire qu'il avait remportée sur Pompée. Quoique par le fait qu'il avait paru sur un théâtre, Laberius eût dû être dégradé de sa qualité et perdre en outre jusqu'à ses droits civils; mais la toute-puissante volonté du dictateur le maintint en jouissance de tous les privilèges de son ordre. Il ne reste de ses œuvres que quelques fragments, entre autres le prologue qu'il composa à l'occasion de son apparition sur la scène. Dans ce morceau, que nous a conservé Macrobe, il déplore, avec dignité, l'abaissement auquel il est réduit. H. Étienne a recueilli les fragments de Laberius (Paris, 1564, in-8°).

LA BICOQUE. *Voyez* Bicoque.

LABIÉES, nom d'une famille très-naturelle de plantes herbacées, qui constituent dans le système sexuel la première section de la quatorzième classe, sous le titre de *Dydynamie gymnospermie*. Cette famille est une des plus importantes du règne végétal, à cause des nombreux produits qu'elle fournit aux arts et à la médecine : en effet, ce sont les labiées qui donnent la plus grande partie de ces nombreuses huiles volatiles si abondamment employées dans la parfumerie.

Les plantes de cette famille présentent dans leur organisation des caractères qui ne permettent pas de les confondre avec celles des autres familles. Il n'en est pas de même des caractères propres à chaque genre en particulier : en effet, toutes les labiées se ressemblent tellement qu'on pourrait dire que c'est un seul genre, susceptible d'être divisé en espèces, dont les caractères distinctifs sont presque insignifiants. Les labiées sont herbacées, rarement sous-ligneuses, portant des fleurs nues, ordinairement accompagnées de bractées ; elles sont tantôt solitaires, tantôt disposées en épi, en corymbe ou en panicule ; quelquefois aussi elles s'assemblent en verticilles. Ces fleurs sont généralement supérieures, ou placées à l'aisselle des feuilles ; leur calice est monosépale, divisé en cinq, rarement en cinq parties, tantôt égales, tantôt inégales, qui forment deux lèvres opposées ; leur corolle est souvent tubulée, rarement unilabiée : c'est à cette disposition du limbe de sa fleur que la famille doit le nom qu'elle porte. Les étamines sont au nombre de quatre, dont deux plus courtes, et susceptibles d'avorter. L'ovaire est libre, à quatre lobes ; le style est simple, et le stigmate bifide. Les fleurs font place à quatre capsules indéhiscentes, monospermes, dont les graines sont attachées contre la base élargie du style. Les feuilles sont ordinairement opposées, quelquefois verticillées; leur pétiole est disposé en gouttière. La tige est quadrangulaire, à rameaux opposés. Les racines sont pivotantes, et les graines dicotylédonées. Les genres qui composent cette famille sont très-nombreux : c'est pour cette raison que l'on a jugé convenable de les arranger en sections, distinguées par des caractères pris dans la fleur. La première renferme les genres dont les espèces ont deux étamines : les principaux sont les genres *romarin*, *sauge*, etc. La deuxième comprend les genres à quatre étamines : cette section a été subdivisée en deux groupes, dont l'un est caractérisé par une corolle unilabiée : dans ce groupe se trouve le genre *germandrée*; l'autre, dont la corolle est bilabiée, renferme les genres *hysope*, *menthe*, etc. Dans quelques genres, les étamines sont réunies sous la lèvre supérieure, et ont un calice régulier à cinq ou dix dents : ce sont principalement les genres *lavande*, *bétoine*, *marrube*, *stachys*, *lamium*, etc.; d'autres ont un calice bilabié : tels sont les genres *thym*, *origan*, *mélisse*, etc. ; enfin, il en est qui ont des étamines diclines, comme dans le genre *basilic*.

Les plantes de la famille des labiées viennent très-bien dans nos jardins; l'éclat et la variété de leurs fleurs n'est pas moins agréable que le parfum qu'elles exhalent. C'est principalement vers le milieu du jour, alors que le soleil vient flétrir la beauté de leur corolle, qu'il enlève une partie de l'huile essentielle de la jeune plante et la répand dans l'atmosphère, qu'elle embaume. C. Favnot.

LABIÉNUS (Titus-Attius), en sa qualité de tribun du peuple (an 63 avant J.-C.), accusa, à l'incitation de César, du meurtre de Saturninus C. Rabirius, qui fut défendu par Cicéron. Employé dans la guerre des Gaules, sous les ordres de César, il y acquit beaucoup de gloire et d'immenses richesses. Mais quand éclata la guerre civile, il abandonna son ancien général, et se lia étroitement avec Pompée, qu'il accompagna en Grèce, où il prit part aux combats malheureux livrés près de Dyrrachium ainsi qu'à la bataille de Pharsale. Plus tard il rejoignit en Afrique les débris du parti de son nouveau chef, y fit la guerre, et eut l'occasion de combattre César à diverses reprises, mais toujours sans succès, notamment à la bataille de Ruspina, le 4 janvier de l'an 46 avant J.-C. Après la victoire que César remporta à Thapse, le 6 avril suivant, il se réfugia en Espagne, avec Sextus Pompée et autres, et périt le 17 mars 45, à la bataille de Munda, qui anéantit les débris de ce parti. Son fils, qui avait les mêmes noms que lui, fut envoyé par Brutus et Cassius au roi des Parthes Orodes Ier, pour solliciter son intervention armée. Avec Pacore, fils de ce roi, qui ne se décida à déclarer la guerre aux Romains qu'après la bataille de Philippes, il pénétra en Syrie et dans l'Asie Mineure ; mais il fut battu dans les défilés du Taurus, l'an 30 avant J.-C., par le lieutenant d'Antoine, P. Ventidius, ainsi qu'il arriva plus tard à Pacore lui-même. L'ayant découvert en Cilicie, Démétrius, qui commandait à Chypre pour Antoine, le fit mettre à mort.

LA BILLARDIÈRE (Jean-Julien Houtou de), né à Alençon, le 28 octobre 1755, membre de l'Institut et de l'Académie de Stockholm, naturaliste et voyageur, mourut à Paris, le 8 janvier 1834. Ce botaniste distingué fit, fort jeune encore, un voyage en Angleterre, où il fut bien accueilli par Banks et se perfectionna dans la connaissance de la science pleine d'attraits qu'il avait étudiée à Montpellier, sous le professeur Gouan. Son amour pour les plantes le conduisit ensuite sur les sommets des Alpes et dans les plaines du Piémont. Chargé d'une mission scientifique par le gouvernement français, il se rendit en Orient, visita l'île de Chypre et la Syrie en 1786 et 1787, et, à son retour, Candie, la Sardaigne et la Corse. Peu d'années après, en 1791, il commença la publication de ses plantes rares de Syrie (*Plantæ rariores*, etc., in-4°), et le 28 septembre de la même année il partit avec D'Entrecasteaux pour la recherche de La Peyrouse, dont on n'avait pas reçu de nouvelles depuis le 7 février 1788. Cette expédition, utile à la science, fut infructueuse pour son objet principal. Après beaucoup de vexations endurées, La Billardière rentra en France au mois de mars 1796, et reprit la publication de ses Plantes de Syrie, ouvrage important, qui ne fut terminé qu'en 1812. De 1799 à 1800 il livra à l'impression, en 2 vol. in-4° et in-8°, avec un grand atlas in-folio, sa relation du voyage à la recherche de La Peyrouse. On doit encore à ce savant un mémoire sur la force du lin de la Nouvelle Hollande, un spécimen de 265 plantes de la Nouvelle-Hollande (1803, 2 vol. in-folio), etc. Consacré par de bons travaux scientifiques, le nom de La Billardière fut donné à un cap d'une des îles D'Entrecasteaux par ce navigateur, qui les découvrit, et, en Angleterre, le docteur Smith, l'employa pour désigner un genre d'arbustes de la Nouvelle-Hollande (*voyez* Billardière). Louis Du Bois.

LABLACHE (Louis), célèbre chanteur italien, est né en 1794, à Naples, d'un père ancien négociant de Marseille, que les orages révolutionnaires avaient forcé de quitter sa patrie. Demeuré orphelin en 1799, Louis Lablache entra, grâce à la protection spéciale du roi Joseph Bonaparte, au conservatoire *della Pieta dei Turchini*, où ses premières études furent dirigées vers la musique instrumentale. Mais sa vocation véritable l'appelait sur la scène ; et à dix-sept ans il lui fut donné d'abandonner l'orchestre, pour commencer la carrière théâtrale, dans laquelle il est parvenu à se faire un nom depuis longtemps européen. Les débuts de M. Lablache sur notre scène italienne datent de 1830 ; il y arriva précédé de la plus brillante réputation, acquise sur les diverses grandes scènes de l'Italie, et il y eut tout d'abord unanimité à le proclamer la plus admirable des basses-tailles de l'époque. L'enthousiasme excité par l'audition de sa voix, dont la puissance est inexprimable, bien qu'elle soit peu étendue, dure toujours. Ce n'est d'ailleurs pas seulement l'artiste éminent que le public parisien applaudit en lui, c'est le galant homme dans toute la force de l'expression. Lablache est en effet un de ces acteurs qui honorent leur profession par la conduite privée la plus digne. Il a donné des leçons de chant à la reine Victoria.

LA BLÉTERIE (Jean-Philippe-René de), né à Rennes, en 1696, d'un pharmacien non moins instruit dans la médecine que dans sa profession, entra fort jeune à l'Oratoire. Placé d'abord à Soissons comme professeur d'humanités, puis à Nantes dans la chaire de rhétorique, il fut appelé ensuite à Montmorency pour y enseigner la théologie. Là, dans un cours d'histoire ecclésiastique, où il réunissait des auditeurs en nombreuse affluence, il sentit combien la connaissance de l'hébreu importait à l'étude approfondie de l'Écriture, et se mit à l'étudier sans relâche; mais une maladie ayant affecté sa vue d'une manière déplorable, il quitta l'enseignement, et se retira à Saint-Honoré de Paris, où la congrégation avait son administration centrale et sa maison de retraite. Comme les membres de l'Oratoire n'étaient liés par aucune espèce d'engagement, il en sortit, à cause d'un règlement contre les perruques, mais sans détacher ses affections de cette société. Il était sans fortune; néanmoins sa délicatesse ne voulut point accepter d'autre asile que la maison d'un ami, dont il reconnut l'hospitalité en soignant l'éducation de ses deux fils. Admis à l'Académie des Inscriptions et Belles-lettres, il était désigné pour une place vacante au sein de l'Académie Française, et ses prétentions l'eussent emporté sur celles du fils du grand Racine; mais le jansénisme était alors au fort de ses discussions les plus vives, et La Blèterie, soupçonné d'attachement aux opinions défendues, échoua dans sa poursuite. La même cause ferma les portes de l'Académie au poète de *La Religion*, tandis que l'ex-oratorien n'en conserva pas moins sa chaire au Collége de France. Il mourut en 1772.

On a loué son empressement à servir ses amis, sa complaisance, qui rendait son cabinet accessible et son érudition tributaire, ses reparties vives, ses saillies ingénieuses, qu'on aimait à recueillir et à répandre; mais dans ses dernières années ce sel, ayant pris l'amertume d'une humeur chagrine, avait dégénéré en sarcasme et même en une susceptibilité impatiente de toute contradiction.

Nous avons de La Blèterie une *Vie de l'empereur Jovien*, suivie d'une copie un peu flattée de *quelques œuvres et des épîtres de Julien*. Des *Lettres sur la relation du quiétisme de M. Phelippeaux*, brochure rare, où les mœurs de madame Guyon sont défendues. Quatre *Dissertations* insérées dans les Mémoires de l'Académie, où l'auteur établit que la puissance impériale était élective à Rome, non patrimoniale ou héréditaire, les empereurs soumis aux lois comme les autres citoyens, et le nom d'*Auguste* une dénomination personnelle, non un titre de puissance et d'autorité. Une traduction de Tacite appelait son attention. Il avait donné déjà, avec la *Vie d'Agricola* et les *Mœurs des Germains*, une *Vie préliminaire de Tacite*, et la justesse de ses vues sur l'historien latin annonçait un esprit bien pénétré de son modèle ; mais les *Annales*, après dix années de travail, n'aboutirent qu'à une version pâle, sans force, dépourvue de noblesse, assez bien caractérisée dans cette épigramme :

Des dogmes de Quesnel un triste prosélyte
En bourgeois du Marais a fait parler Tacite.
Hippolyte Fauche.

LA BOÉTIE (Étienne de), naquit en 1530, à Sarlat, petite ville du Périgord. Quoique son enfance eût été célèbre, que ses ouvrages précoces eussent fait grand bruit en France, et qu'il eût été considéré comme l'oracle du parlement de Bordeaux, dont il était l'un des conseillers, La Boétie serait aujourd'hui totalement oublié si Montaigne n'eût fait connaître quelques-uns des ouvrages de son ami, dont il fut légataire ; et surtout s'il n'eût, dans un petit nombre de pages aussi touchantes que sublimes, manifesté le sentiment qui l'unissait à La Boétie. Il n'est personne qui ne connaisse le livre des *Essais* et le chapitre *De l'Amitié*. Ce qui est moins connu, ce sont les motifs qui ont déterminé Montaigne à devenir l'éditeur des œuvres de son ami. Dans l'épître dédicatoire des *Règles de Mariage*, traduites de Plutarque, par La Boétie, Montaigne dit : « Ayant aymé plus que toute autre chose feu M. de La Boétie, je penserois lourdement faillir à mon devoir si à mon escient je laissois esvanouir et perdre un si riche nom que le sien et une mémoire si digne de recommandation, et si je n'essayois par ces parties-là de le ressusciter et remettre en vue. Je croy qu'il le sent aucunement, et que ces miens offices le touchent et resjouissent ; de vray, il se loge encore chez moy si entier et si vif, que jo ne puis le croire, ny si lourdement enterré, ni si entièrement esloigné de nostre commerce. » Celui qui dix ans après sa mort inspirait encore de tels regrets ne pouvait être un homme ordinaire. Nous devons donc à Montaigne tout ce qui nous reste des œuvres de La Boétie. Elles se composent : 1° d'un traité intitulé *De la Servitude volontaire*, qui fut l'occasion de la liaison intime entre Montaigne et La Boétie. « Il l'escrivit par manière d'essay en sa première jeunesse (à l'âge de seize ans), à l'honneur de la liberté contre les tyrans. » Ce sont les expressions de Montaigne. Ce traité est joint à plusieurs des éditions des *Essais*. 2° De traductions : *La Mesnagerie de Xénophon*, les *Règles de Mariage de Plutarque*, *Lettre de consolation de Plutarque à sa femme*, réunies en un seul volume, avec des vers latins et français, publiés par les soins de Montaigne lui-même, en 1572, à Paris.

Le traité *De la Servitude volontaire* est un ouvrage politique, où apparaissent déjà quelques étincelles républicaines. C'est évidemment l'expression d'un jeune homme nourri des préceptes de l'antiquité, car il ne procède que par citations ; son style est d'ailleurs d'une pureté et d'une élégance qui le disputent à celui de Montaigne. On jugerait difficilement du talent de La Boétie pour les vers par les vingt-neuf sonnets que rapporte Montaigne. La Boétie n'était pas poète dans l'acception élevée de ce mot : c'était un homme sage, droit, éclairé, mais nullement lyrique; il réussit infiniment mieux dans la poésie légère. Une pièce d'envoi qui précède la traduction d'un épisode de l'Arioste, et où La Boétie soutient que l'on ne peut traduire un poête en vers, est un petit chef-d'œuvre d'esprit, de grâce et de facilité.

La Boétie mourut à trente-deux ans et quelques mois, dans les bras de son ami Montaigne. La relation de cette mort est consignée dans une lettre écrite par celui-ci à son père. Elle fait partie du petit volume, fort rare, des œuvres de La Boétie, et elle a été recueillie dans la dernière édition des *Essais* donnés par M. J.-V. Leclerc.

Viollet-Leduc.

LA BORATOIRE (du latin *labor*, travail), lieu où les chimistes et les pharmaciens font leurs expériences et composent leurs remèdes : c'est dans le laboratoire que l'on place les fourneaux, les mortiers, et généralement tous les appareils qui servent à ces diverses opérations. Les limonadiers donnent, quelque peu ambitieusement, le nom de *laboratoire* au lieu dans lequel ils préparent leurs boissons, etc., alors que même pour les peintres, les sculpteurs, le laboratoire garde le nom d'*atelier*.

Teyssèdre.

LA BORDE (Alexandre-Louis-Joseph, comte de), né à Paris, le 16 septembre 1774, était le quatrième et le plus jeune des enfants d'un paysan du Béarn, arrivé à Paris en sabots, devenu millionnaire et banquier de la cour. Les deux aînés, qui accompagnèrent La Peyrouse dans son célèbre voyage, périrent par accident sur les côtes de Californie. Le troisième, *François-Louis-Joseph*, qui appartenait aussi au corps de la marine, fut membre de l'Assemblée constituante et émigra ensuite à Londres, où il mourut, en 1801. Alexandre fit de brillantes études au collège de Juilly, puis son père, voyant poindre l'orage révolutionnaire, l'envoya à Vienne. Parfaitement accueilli par l'empereur Joseph, il fut nommé successivement sous-lieutenant, aide de camp du général Wenceslas Colloredo, capitaine, puis chef d'escadron dans les chevau-légers de Kinsky. Lorsque la guerre éclata entre la France et l'Autriche, Alexandre de La Borde, dont le père avait été guillotiné en 1794, comme suspect, crut devoir rester fidèle au drapeau sous lequel il avait commencé son apprentissage militaire, et fit cinq campagnes contre sa patrie. Rentré en France après le traité de Campo-Formio, il se livra avec ardeur à l'étude, fit plusieurs voyages en Angleterre, en Italie et en Espagne, et publia une série d'ouvrages qui attestent ses nombreux et utiles travaux, tels que son *Voyage pittoresque en Espagne* (4 vol. in-folio), l'*Itinéraire d'Espagne* (5 vol. in-8°), un *Voyage pittoresque en Autriche* (2 vol. in-folio), les *Monuments de la France classés chronologiquement*, etc., etc.

Napoléon était au comble de la gloire. Alexandre de La Borde, comme tant d'autres, sollicita un emploi civil : nommé auditeur au conseil d'État en 1808, maître des requêtes et chevalier de la Légion d'Honneur en 1809, il fut appelé en 1810 à la présidence de la commission de liquidation des comptes de la grande armée, et puis à celle du service des ponts et chaussées du département de la Seine. Plus tard il fut admis à l'Institut (Académie des Inscriptions et Belles-Lettres). Il avait été précédemment choisi pour accompagner Napoléon en Espagne et en Autriche. Nommé en 1814 adjudant commandant l'état-major de la garde nationale de Paris, il fut en cette qualité envoyé, dans la nuit du 31 mars, au camp russe pour traiter de la capitulation, en ce qui concernait la garde nationale. A son retour, il fut nommé colonel d'état-major de cette garde, et obtint de Louis XVIII la croix de Saint-Louis et celle d'officier de la

Légion d'Honneur. Il fut même chargé du commandement des Tuileries pendant les dix jours qui précédèrent le 20 mars. Il fit ensuite un nouveau voyage en Angleterre pour y étudier les institutions nouvelles, publia à son retour un *Plan d'Éducation pour les enfants pauvres, d'après les méthodes combinées de Bell et de Lancaster*, et fut pendant trois ans secrétaire général de la *Société centrale*, qui fonda l'enseignement mutuel en France. En 1818 il rentra au conseil d'État en qualité de maître des requêtes.

En 1822, élu député par le grand collège de la Seine, il vint siéger au centre gauche, et se prononça souvent avec chaleur en faveur des institutions libérales. Il s'opposa surtout vivement à la guerre d'Espagne, et fut rayé en 1824 des listes du conseil d'État. Réélu député en 1827, il fut moins hostile au ministère Martignac, qui s'annonçait sous de meilleurs auspices, et vit aussi les portes du conseil d'État se rouvrir alors devant lui; mais il se rejeta dans l'opposition dès que M. de Polignac fut arrivé au pouvoir.

Lorsque parurent les ordonnances de Juillet, sa conduite fut énergique et courageuse; il se prononça dès les premiers moments en faveur de l'insurrection, et le 27 il engagea sa tête dans la cause populaire. A dix heures quelques députés se réunissaient chez lui; à deux heures, chez Casimir Périer, il repoussait avec chaleur toute mesure méticuleuse. Le 28, chez Audry de Puyraveau, il trouvait le projet de protestation de M. Guizot beaucoup trop pâle. Il avait assisté à la première réunion de journalistes, et l'avait présidée. Il répondait à une députation des écoles : « Ce ne sont plus de vaines paroles qu'il faut aujourd'hui, c'est une action forte, unanime, bien dirigée, pour qu'elle soit puissante. Allez, mes amis! et comptez sur nous! » Il voulait que dès le 29 au matin les députés avec leur costume, ou en uniforme de gardes nationaux, se présentassent au peuple et se missent à la tête de l'insurrection. A la nouvelle de la prise de l'hôtel de ville, il était du nombre de ceux qui demandaient que les députés s'y constituassent. Puis lorsque le peuple eut décidé la victoire, il accepta la mission, alors si difficile, de premier magistrat de la capitale, et en sa qualité de préfet de la Seine il contribua puissamment à l'établissement de la royauté nouvelle. Il croyait à l'amalgame d'une *monarchie républicaine*.

A peine Louis-Philippe fut-il monté sur le trône qu'il l'appela auprès de sa personne en qualité d'aide de camp, avec le grade de général de brigade de la garde nationale, et qu'il lui rendit sa place au conseil d'État; mais Alexandre de La Borde ne conserva pas longtemps ces fonctions, et une destitution brutale vint lui apprendre que Casimir Périer ne voulait pas qu'on *s'associât* pour tenir la main à l'exclusion perpétuelle de la branche aînée. Toutefois, en 1831, à l'occasion de l'anniversaire des trois jours, il put reprendre son poste d'aide de camp auprès du roi; et aux élections nouvelles son nom sortit victorieux de l'urne. A la chambre il se souvint maintes fois qu'il était homme de Juillet, et demanda que les capacités fussent éligibles sans aucun cens aux conseils généraux. Les électeurs de Paris ayant repoussé sa candidature aux élections suivantes, il fut plus heureux dans le département de Seine-et-Oise. Mais depuis longtemps ses facultés baissaient sensiblement. Alexandre de La Borde s'affaissait, n'était plus que l'ombre de lui-même. Il avait passé avec raison pour l'homme le plus distrait de France, et avait ri lui-même tant le premier de ses perpétuelles distractions. Bientôt sa fortune se trouva gravement atteinte, et il fallut beaucoup de prévoyance, d'ordre et d'énergie à sa famille pour en sauver les débris. Éloigné des travaux de la chambre et condamné à se survivre à lui-même, Alexandre de La Borde s'éteignit, en 1842, oublié même de ses amis.

(Son fils, *Léon-Emmanuel-Simon-Joseph*, comte DE LA BORDE, né en 1807, fut nommé en 1828 secrétaire de légation à Rome, et donna sa démission à l'arrivée de M. de Polignac à la direction des affaires. Aide de camp du général La Fayette après la révolution de Juillet, il ne tarda point à être envoyé à Londres comme secrétaire d'ambassade ; en 1832 il alla en la même qualité à La Haye, puis en 1834 à Cassel. Il s'est fait aussi connaître par ses voyages et comme archéologue, et remplaça son père à la chambre des députés et à l'Institut. Il est aujourd'hui conservateur des collections du moyen âge et de la renaissance au Louvre. On lui doit d'intéressantes recherches sur l'histoire de l'imprimerie et de la gravure, des *Voyages dans le Fayoum, l'Arabie Pétrée, l'Asie Mineure, en Syrie*, etc.; des recherches sur *Les grandes habitations françaises au dix-septième siècle*; *La Renaissance des arts à la cour de France*; des *Études sur le seizième siècle*; *Notice des émaux du Louvre*; *Athènes aux quinzième, seizième et dix-septième siècles*, etc., etc. L. LOUVET.]

LA BORDE (Léo DE), né en 1808, à Avignon, n'appartient point à la famille des précédents. Ardent légitimiste sous le gouvernement de la branche cadette, à laquelle il fit alors une assez rude guerre de plume, il fut élu en 1848 à l'Assemblée nationale par le département de Vaucluse, et s'y fit remarquer parmi les membres les plus fougueux de la droite. Demeuré fidèle à ses convictions, il a refusé de se rallier au régime actuel.

LABOUAN ou LABUAN, île de la côte septentrionale de Bornéo, dans l'archipel des Indes orientales, située au nord de l'embouchure du fleuve et de la ville de Bornéo, et que le sultan fut forcé de céder aux Anglais en 1846. Elle forme pour le commerce de l'Inde avec la Chine une excellente station intermédiaire entre Singapore et Honkong, d'une part en raison même de sa situation géographique, et de l'autre à cause des riches gisements houillers qu'elle contient, et dont l'exploitation, entreprise par les colons anglais qui sont aussitôt venus s'y établir, rendra de grands services à la navigation à vapeur dans ces mers. En 1850 on y comptait déjà 1385 habitants.

LABOUR, LABOURAGE (du latin *labor*, travail). C'est le travail de la terre, la façon qu'on lui donne, lorsque, à l'aide de la charrue ou de quelque instrument analogue, on la remue ou la retourne. « La culture mécanique, dit le comte de Gasparin, a quatre buts principaux : 1° exposer la plus grande surface possible de terre aux influences atmosphériques ; 2° ameublir le terrain pour le rendre perméable aux racines des plantes ; 3° procurer aux pluies un réservoir assez vaste pour que les racines ne soient pas tenues en macération, pour que l'évaporation du sol soit lente et que l'intérieur de la terre conserve toujours une dose suffisante d'humidité pour entretenir la végétation; 4° détruire les herbes sauvages, toutes celles qui ne font pas partie de la culture utile des champs. »

Dans le labourage, on nomme *raie* la place occupée par la base du soc et laissée vide derrière la charrue ; on appelle *bande* la terre qui en a été détachée et qui se trouve rejetée sur la raie précédente. Le *sillon* résulte de l'ensemble de la raie et de la bande. Les *labours à plat* se font au moyen de bandes appliquées les unes auprès des autres sans interruption; les *labours en planches* sont formés de planches de terre plus ou moins larges, séparées par d'étroits sentiers; les *labours en billons* sont des espèces d'ados plus ou moins bombés et plus ou moins multipliés.

Les époques auxquelles il convient de labourer varient suivant la nature des terres et des récoltes que l'on veut obtenir. Les labours de l'arrière-saison se recommandent pour l'ameublissement de la terre; les façons de l'été contribuent surtout à détruire les herbes nuisibles.

LABOUR (Terre de). *Voyez* TERRA DI LAVORO.

LABOURD, petit pays de l'ancienne province de Guienne et faisant partie du pays des Basques. Il formait l'étroite langue de terre qui est bornée à l'ouest par la mer de Gascogne, à l'est par la basse Navarre, à l'ouest par l'Adour, au nord par les Pyrénées. Sa capitale était *Bayonne*; les villes principales Ustaritz, Saint-Jean-de-Luz, Siboure, Hasparren, Urt, Bidache et Guiche. Il est aujourd'hui compris dans l'arrondissement de Bayonne.

LA BOURDAISIÈRE (Édit de). *Voyez* Édit.

LA BOURDONNAIE. *Voyez* La Bourdonnaye.

LA BOURDONNAIS (Bertrand-François Mahé de) naquit à Saint-Malo, le 11 février 1699. Il s'embarqua à l'âge de dix ans, et depuis ce moment rien n'interrompit ses voyages. Il se signala dans presque tous par quelque exploit remarquable. A Moka, les Arabes et les Portugais, prêts à s'entre égorger, se rapprochèrent à sa médiation. Dans la guerre de Mahé, il montra une valeur extraordinaire ; c'est lui qui le premier en France donna l'idée d'envoyer des bâtiments de guerre dans les mers de l'Inde, pour faire trembler le commerce anglais dans sa source. En 1735, nommé gouverneur de l'île de France, il s'attacha d'abord à bien connaître le pays ; bientôt l'île devint un immense magasin, un port de relâche et de construction pour les navires ; les îles voisines lui fournirent des vivres et des munitions de toutes espèces ; il construisit des arsenaux comme par enchantement, et plusieurs bâtiments sortis de ses chantiers allèrent publier sa renommée sur toutes les mers. Il fut le véritable fondateur de cette riche colonie, et cependant, malgré tant de belles choses, il se vit contraint d'aller en France justifier sa conduite.

La Bourdonnais était l'homme que la fortune semblait destiner à consoler les Français dans l'Inde des désastres qu'ils éprouvaient en Europe. Prévoyant une rupture avec l'Angleterre, il proposa un plan qui devait donner à sa patrie pendant toute la guerre l'empire des mers de l'Asie ; il sentait que la première nation qui se présenterait en armes aurait un avantage décisif, et porterait une rude atteinte au commerce de sa rivale. D'abord les ministres adoptèrent son projet, et lui confièrent cinq vaisseaux de guerre ; mais les directeurs de la Compagnie des Indes, outrés de ce qu'on ne les avait pas consultés en cette affaire, intriguèrent si puissamment qu'il fut privé de sa flotte. Lorsque la guerre éclata, les ministres, qui sentirent leur faute, lui envoyèrent un vaisseau et quelques bâtiments marchands. Quel secours ! Et cependant La Bourdonnais entreprend d'en former une escadre : il n'a point de matelots, il compose ses équipages ou les complète avec des noirs ; il manque de canons, il prend ceux destinés à la défense de l'île de France ; il n'a point de vivres, il va en chercher à Madagascar. Dans cette traversée, assailli par une violente tempête, ses vaisseaux sont tous désemparés, plusieurs démâtés, un naufragé, et celui qu'il monte est sur le point d'être englouti par les ondes : rien ne l'émeut. Arrivé à la baie d'Antongil (Madagascar), il mouille près de l'île Marotte, dont les bords sont escarpés ; aussitôt il choisit le seul endroit propre à servir de quai ; des ateliers s'élèvent pour y travailler aux mâtures qu'il tire de l'intérieur des terres, à travers des marais et des fondrières où il pratique des chaussées ; il rend même une rivière navigable pour faciliter les transports. Une corderie est établie, et en dédoublant ses câbles il se fait des agrès. Il rassemble tous les vieux fers, ceux même qui lui servent de lest ; il construit des forges, dresse des ouvriers, et parvient à façonner des cercles de mât ; tout cela malgré des pluies continuelles, une épidémie, la nonchalance ou la mauvaise volonté de quelques officiers, et en quarante-huit jours son escadre, composée de neuf bâtiments, est en état de tenir la mer. Celle des Anglais, sous les ordres du commodore Peyton, était moins nombreuse, mais bien supérieure par le calibre de ses canons, et surtout mieux approvisionnée et mieux équipée ; leurs vaisseaux étaient plus faciles à manœuvrer. La Bourdonnais les rencontre à la hauteur de Négapatnam ; ils avaient l'avantage du vent : rien ne l'arrête ; il les attaque, et pendant quatre heures le combat dura avec un acharnement inexprimable. Les Français faisaient des efforts inouïs pour arriver à l'abordage, que les Anglais évitaient toujours ; enfin, ces derniers prennent la fuite, et se retirent à Trinquemalie. La Bourdonnais débarque ses blessés et ses malades à Pondichéry, dont il fait lever le siège, et revient dans la résolution de brûler l'ennemi ; celui-ci l'évite par une prompte fuite. Alors il porte ses forces ailleurs, s'empare de Madras... Mais ici la jalousie surpasse ses conquêtes ; il reçoit l'ordre de passer en Europe pour s'y justifier. La prise de Madras, le combat naval de Négapatnam, la levée du siége de Pondichéry, imprimèrent aux nations de l'Inde un grand respect pour le nom français. Quelle fut la récompense de tant de glorieux services ? Un affreux cachot, tombeau des espérances que la nation avait fondées sur ses grands talents.

Théogène Page, *capitaine de vaisseau*.

Aux termes de la capitulation de Madras, La Bourdonnais devait rendre cette ville au prix d'une rançon convenue ; d'avides commissaires s'emparèrent des richesses qui s'y trouvaient, et refusèrent de ratifier le traité. La Bourdonnais s'embarqua pour revenir en France sur un vaisseau hollandais, qui fut pris par les Anglais et conduit à Londres. La Bourdonnais demanda à aller se justifier, et les Anglais lui donnèrent la liberté sur parole. Il arriva à Versailles que pour être conduit à la Bastille (1748). Là, privé de papier, d'encre et de plume il parvint à fabriquer et à dessiner un plan de Madras, prouvant le mensonge d'une sentinelle qui disait avoir vu transporter l'or et les objets ravis aux Anglais dans les vaisseaux de La Bourdonnais. Il sortit enfin de prison après plusieurs années de captivité ; mais il y avait contracté la maladie qui l'emporta, le 9 septembre 1753. En 1774 le gouvernement accorda une pension à sa veuve, et sur l'initiative du gouverneur anglais de l'île Maurice, une statue doit lui être prochainement élevée dans cette colonie.

Son arrière-petit-fils, dernier héritier de son nom, né en 1795, mort à Londres, en 1840, se fit une grande célébrité comme joueur d'échecs. Il a publié l'histoire de la vie de son aïeul, un *Traité du Jeu des Echecs*, et une revue consacrée à ce jeu, intitulée *Palamède*. L. Louvet.

LA BOURDONNAYE (François-Régis, comte de), l'un des meneurs de l'extrême droite à l'époque de la Restauration, fameux à jamais par l'invention des *catégories*, classe de suspects à divers degrés qu'en 1815 la *chambre introuvable*, dont il faisait partie, proposa d'établir, afin de proscrire et de punir tous ceux qui avaient pris part à la révolution du 20 mars, naquit en 1767, à Angers, et embrassa d'abord la carrière militaire. Officier au régiment d'Austrasie en 1789, il émigra, et fit partie de l'armée de Condé ; mais il profita de l'amnistie accordée par le gouvernement consulaire pour venir à résipiscence, accepter les conséquences politiques et sociales de la révolution, et se rallier, comme tant d'autres, au gouvernement établi. Il fut bien loin de lui refuser son concours, qu'il sollicita et obtint les fonctions de membre du conseil général de Maine-et-Loire, et celles de maire d'Angers. Bien plus, il eut l'occasion d'adresser à Napoléon, à son retour d'Espagne, au nom d'une députation, une harangue où il se félicitait d'avoir réussi à *acclimater la conscription* dans son département. Désigné en 1807 comme candidat au corps législatif, il sollicita plus tard, sans toutefois arriver à les obtenir, le titre et les fonctions de sénateur.

Les événements survenus en 1814 réveillèrent tout à coup le royalisme de La Bourdonnaye : élu à la fameuse chambre convoquée par le gouvernement royal à la suite des *Cent Jours*, il s'y signala bientôt entre tous par l'exaltation de son monarchisme et de sa haine pour toutes les institutions dont la France était redevable à la révolution. Quand son parti arriva aux affaires avec Villèle, Corbière et Peyronnet, il continua contre l'administration ainsi composée l'opposition qu'il lui avait faite lorsqu'elle avait à sa tête Decazes d'abord et ensuite Pasquier. Il parvint à rallier autour de lui, à l'extrême droite, une cinquantaine de *purs*, qui sous sa direction firent une rude guerre au ministère *déplorable*, dont la politique et les mesures législatives n'avaient pas de plus ardents contradicteurs. Le ministère Martignac fut de la part du parti La Bourdonnaye l'objet d'attaques plus vives encore que celles dont il avait poursuivi l'administration Villèle. Le premier soin de Polignac en arrivant aux affaires, où le poussaient depuis si longtemps la *camarilla* et les influences de sacristie, fut de confier le portefeuille de l'intérieur à La Bourdonnaye; mais il ne tarda pas à reconnaître que celui-ci n'était pas l'homme qu'il lui fallait pour risquer son fameux coup d'État. Il lui enleva donc son portefeuille pour le confier à Peyronnet, à qui il était réservé de contre-signer les ordonnances du 25 juillet 1830. La Bourdonnaye reçut en échange les titres de ministre d'État, de membre du conseil privé et la dignité de pair de France. Retiré dans ses terres, il vit s'écrouler le trône que, par l'exagération de son zèle monarchique, il avait contribué plus que personne à dépopulariser, et eut la douleur de survivre encore quelques années au principe de la légitimité. Il mourut en 1839.

LABRADOR, une des possessions anglaises dans l'Amérique du Nord. Il forme la partie nord-est de la grande presqu'île située entre 50° 50' et 63° 20' de lat. septentrionale, et 298° et 322° 30' de longitude orientale, et est borné au sud-ouest par le Canada inférieur et le district d'East-Main, qui fait partie des terres de la Baie d'Hudson; à l'ouest, par la baie d'Hudson; au nord-est, par le détroit d'Hudson et par le Grand Océan; et au sud-est, par le golfe Saint-Laurent. Une foule d'îles et d'écueils bordent ses côtes, échancrées par de nombreuses baies. Le climat en est d'une rudesse bien plus grande que sur tout autre point de l'hémisphère septentrional situé sous la même latitude. L'été, qui est loin d'être constant, n'y commence qu'au mois de juillet, et l'hiver y revient dès le mois de septembre. A Nain, par 57° de latitude septentrionale, l'hiver est d'environ 20° plus froid qu'à latitude égale sur la côte d'Europe qui lui fait face, par exemple en Écosse. L'été est au Labrador d'environ 9° 1/2 plus froid et la température moyenne de l'année d'environ 11° 1/2 plus basse qu'en Écosse, toujours à égalité de latitude. A Nain on a le même hiver qu'à la Nouvelle-Zemble, située 20° plus au nord, et l'été n'y est pas plus chaud qu'à l'extrémité septentrionale de l'Islande, située 8° 1/2 plus au nord, ou encore sur nos montagnes d'Europe à une altitude de 2,200 mètres. L'extrême sévérité de ce climat provient de ce que les masses d'eau, qui non loin de là pénètrent si profondément dans l'intérieur des terres de l'Amérique septentrionale et y forment d'immenses lacs, y favorisent tellement en hiver l'accumulation des glaces et des neiges, que les courants polaires qui se dirigent vers le Sud sont toujours d'un froid excessif. Il en résulte que le Labrador est une des régions de l'Amérique du Nord les plus inconnues; car jusque ici on n'en a guère exploré encore que les côtes. L'intérieur en est traversé par des montagnes dénudées, qui se rattachent au système du Canada. On n'y trouve comparativement qu'un petit nombre de sources d'eau; en revanche, les marais et les lacs y abondent. C'est seulement dans sa partie méridionale que ce pays peut jusqu'à un certain point justifier le nom de *Tierra del Labrador* (Terre propre à l'agriculture), que lui imposa le navigateur qui le premier le découvrit. Cette côte méridionale, qui longe le golfe Saint-Laurent et se dirige vers les frontières du Canada, produit seule quelques peupliers rabougris, quelques pins sauvages peu élevés, des bouleaux et de l'herbe. Les forêts un peu épaisses semblent y être fort rares. Le sol reste couvert de neige pendant la plus grande partie de l'année. Des glaciers recouvrent les montagnes jusqu'à leur base, et d'immenses tourbières, couvertes de mousse, indiquent l'existence de phénomènes analogues à ceux qu'offrent les vastes marais appelés *Tundres* en Sibérie, où on les rencontre sur les plus hauts plateaux. Sur les côtes septentrionales, quelques graminées, de nombreuses mousses et divers lichens composent toute la végétation, et donnent à ce pays un caractère éminemment polaire. Plus au sud, quelques arbrisseaux produisant des baies et la mousse de renne constituent les plus importants produits du règne végétal. En fait de produits particuliers à cette contrée, on peut mentionner les pierres de Labrador, la pierre spéculaire, l'asbeste, le fer, le cuivre, la pyrite sulfureuse et le cristal de roche. Le règne animal, surtout dans les mers environnantes, y est très-varié. Le petit nombre d'habitants qu'on y rencontre se compose de quelques faibles tribus d'Indiens montagnards et d'Esquimaux. Les Anglais comprennent ce pays dans leur gouvernement de Terre-Neuve; et il n'a d'importance à leurs yeux que pour les pelleteries et la pêche. C'est la Compagnie de la baie d'Hudson qui exploite le commerce des pelleteries; et à cet effet elle y a des stations et des factoreries. Quant à la pêche, elle est entre les mains des pêcheurs de Terre-Neuve, du Nouveau-Brunswick et de la Nouvelle-Écosse, qui à certaines époques de l'année se réunissent en grand nombre sur les côtes du Labrador. Le Labrador fut découvert le 24 juin 1497, par le Vénitien Sébastien Cabot, et visité en 1500 par le Portugais Cortereal. En 1576 l'Anglais Martin Forbisher l'explora pour la première fois. En 1771 les Herrnhutes y fondèrent la station appelée *Nain*; plus tard encore ils y ont créé Okkak et Hoffenthal, puis en 1828 la Nouvelle-Hébron; et c'est justice que de rendre hommage aux efforts qu'ils ne cessent de faire pour propager la civilisation et le christianisme parmi les naturels. En 1830 le nombre des Esquimaux convertis au christianisme et fixés au voisinage des établissements européens était de 800; en 1850 il s'élevait à 1200.

LABRADOR (Pierre de), ou simplement LABRADOR, LABRADORITE. On désigne sous ces noms dans le commerce une variété de feldspath. C'est un silicate d'alumine et de chaux sodique remarquable par les reflets bleus, jaune verdâtre, rouge cuivré, qu'il présente sous diverses inclinaisons. On s'en sert pour les petits ornements, le placage, les pièces de rapport. Cette pierre fut originairement découverte par des frères moraves, dans l'île de Saint-Paul, sur la côte de Labrador, d'où elle tire sa dénomination et où on la rencontre encore aujourd'hui en abondance, ainsi que dans quelques parties du Danemark et de la Norvège, comme aussi près du romantique lac de Baïkal en Sibérie.

LABRADORITE. *Voyez* LABRADOR (Pierre de).

LABRE, genre de poissons de la famille des labroïdes, ordre des acanthoptérygiens, dont Shaw ne compte pas moins de quatre-vingt-neuf espèces différentes, et qui abondent surtout dans la Méditerranée et l'Océan. Les labres sont bigarrés des plus riches couleurs de jaune, de vert, de bleu, de rouge, avec reflets métalliques. Les pêcheurs des côtes de Normandie et de Bretagne ont donné le nom de *perroquet de mer* à une variété de *labrus bergylta*, dont le corps est recouvert d'un réseau de couleur orange sur un fond vert. D'autres variétés de la même espèce sont vulgairement appelées *vieille verte*, *vieille jaune*, *vieille rouge*, suivant leur teinte dominante. Les anciens faisaient grand cas de la chair du *labrus scaürus*, et rangeaient ce poisson parmi les délicatesses réservées à la table des connaisseurs.

LA BRETONNE (RÉTIF DE). *Voyez* RÉTIF DE LA BRETONNE.

LA BROSSE (PIERRE DE), né en Touraine, d'une famille obscure, s'était fait connaître à la cour de saint Louis, et devint chirurgien ou plutôt barbier du roi. Après la mort de saint Louis, il fut fait chambellan de Philippe III, le Hardi, qui lui accorda toute sa faveur. Pierre avait fait donner l'évêché de Bayeux à Pierre de Benais, frère de sa maîtresse. « En même temps, dit Guillaume de Nangis, il mariait ses fils et ses filles à qui il voulait, et il satisfaisait tous ses caprices. » Isabelle d'Aragon, première femme de Philippe III, avait donné quatre fils à son mari; Marie de Brabant, qu'il épousa en secondes noces, lui donna un fils et deux filles. Pierre de la Brosse parut concevoir de la jalousie du crédit qu'une nouvelle épouse acquérait sur son maître, et il chercha de bonne heure à alarmer celui-ci sur les projets que pourrait concevoir une reine marâtre contre des enfants d'un premier lit, qui priverait les siens du trône. En 1276, le prince Louis, l'aîné des fils de Philippe, vint à mourir, et l'on prétendit reconnaître dans sa maladie des symptômes de poison. La Brosse prit à tâche de diriger les soupçons du roi contre la reine : pour découvrir la cause de la mort du prince Louis, on consulta différents devins, qui semblèrent d'abord corroborer les bruits répandus contre la reine. Puis ils se dédirent. La France était alors en guerre avec Alfonse X, roi de Castille. Le comte d'Artois, qui commandait l'armée française envoyée en Espagne, eut une entrevue avec ce roi, et prétendit qu'il était convenu d'avoir des intelligences dans le conseil de Philippe. On répandit le bruit que La Brosse était le traître. Près de deux ans se passèrent encore jusqu'au jour où un moine apporta au roi, à Melun, des lettres cachetées du sceau de Pierre de La Brosse, qu'un messager, mort dans son couvent, y avait laissées. La Brosse fut arrêté et jeté au fond d'une tour. Il fut ensuite traduit devant une commission composée du duc de Bourgogne, du duc de Brabant, père de la reine Marie, et du comte d'Artois, qui précédemment l'avait accusé. Il avait peu de faveur à attendre de tels juges. Il fut condamné et pendu au gibet de Montfaucon, le 30 juin 1278. S'il faut en croire la Chronique de Saint-Magloire, écrite vers ce temps-là, les barons durent faire une sorte de violence au roi pour lui arracher son consentement à ce supplice, et le peuple regarda La Brosse comme victime de l'envie. L'évêque de Bayeux s'était sauvé auprès du pape Nicolas III, qui refusa de le livrer au roi (et, dans une lettre écrite à celui-ci, parut croire la reine coupable, tout en la justifiant), de sorte que jamais on n'a su la vérité sur cette sombre et mystérieuse intrigue. Aug. SAVAGNER.

LABROSSE (GUY DE), médecin ordinaire de Louis XIII, obtint en 1633 du cardinal de Richelieu la réalisation d'un projet conçu par Hérouard, premier médecin, auquel en 1626 avaient été accordées des lettres patentes ordonnant la création dans l'un des faubourgs de Paris d'un jardin consacré à servir d'école de culture pour les herbes et les plantes médicinales, et dont Hérouard et ses successeurs auraient toujours la surintendance, à titre de premiers médecins de S. M. Le Jardin des Plantes de Paris, ce magnifique établissement, auquel l'Europe n'a pas à comparer, n'a pas d'autre origine, et fut par conséquent fondé par Guy de Labrosse. Guy de Labrosse, né à Rouen, vers le milieu du seizième siècle, mourut en 1641. On a de lui : *Traité de la Peste* (1628); *De la Nature, vertu et utilité des Plantes* (1623), et *Dessin du Jardin royal de Médecine* (1640), in-fol. BELFIELD-LEFÈVRE.

LA BRUYÈRE (JEAN DE) naquit à Dourdan (en Normandie), en 1639. Il venait d'acheter une charge de trésorier de France à Caen, lorsque Bossuet le fit venir à Paris pour enseigner l'histoire au duc de Bourgogne. Il resta jusqu'à la fin de sa vie attaché à ce prince, en qualité d'homme de lettres, avec 1,000 écus de pension, publia son livre des *Caractères* en 1688, fut reçu à l'Académie Française en 1693, et mourut trois ans après, en 1696. Voilà tout ce qu'on sait de sa vie. « On ne l'a dépeint, dit l'abbé D'Olivet, comme un philosophe, qui ne songeait qu'à vivre tranquille, avec des amis et des livres, faisant un bon choix des uns et des autres, ne cherchant les et ne fuyant le plaisir, toujours disposé à une joie modeste et ingénieux à la faire naître, poli dans ses manières et sage dans ses discours, craignant toute sorte d'ambition, même celle de montrer de l'esprit. »

C'est à la lecture suivie de Théophraste, vers laquelle La Bruyère s'était senti entraîné par la nature même de son talent, que se développa chez lui cet esprit d'observation dont il avait apporté le germe en naissant. Après avoir étudié longtemps cet ouvrage, il conçut le projet de le traduire, et d'ajouter à la peinture des caractères généraux qu'il y renferme celle des caractères et des individus dont il avait les modèles et les originaux sous les yeux. Malézieu, précepteur du duc du Maine, qui eut à l'amitié de La Bruyère la première communication de son manuscrit, lui dit, en le lui rendant : « Voilà de quoi vous attirer beaucoup de lecteurs et beaucoup d'ennemis. » Cette prédiction se réalisa; et quand le livre parut, il fut lu avec avidité, non-seulement, dit l'abbé Delille, parce qu'il était excellent, mais parce qu'on supposa à l'auteur des intentions qu'il n'avait point eues. On chercha dans le monde à quelles personnes pouvaient se rapporter les portraits tracés par son pinceau, et l'on s'empressa de placer les noms sous chacun de ses caractères. Mais si la malignité hâta le succès du livre de La Bruyère, le temps y a mis le sceau : on l'a réimprimé cent fois, on l'a traduit dans toutes les langues, et il a produit une foule de copistes. Boileau a peint La Bruyère dans les quatre vers suivants :

Tout esprit orgueilleux qui s'aime,
Par ses leçons se voit guéri,
Et dans son livre si chéri
Apprend à se haïr soi-même.

La Bruyère eut de la peine à être admis à l'Académie Française. Il eut besoin de crédit pour vaincre l'opposition de quelques gens de lettres qu'il avait offensés et les clameurs de cette foule d'hommes malheureux que les grands talents et les grands succès importunent; mais il avait pour lui Bossuet, Racine, Despréaux et le cri public : il fut reçu. Il est le premier qui dans son discours de réception ait loué des académiciens vivants; et pourtant ce discours où il prodigue la louange fut regardé par quelques-uns comme une satire; il y eut des intrigues pour en faire défendre l'impression. La Bruyère se défendit de toute intention malveillante dans une longue lettre, et n'en resta pas moins en butte aux méchancetés de la critique. Il est resté de cette petite guerre une épigramme qui a pu depuis s'appliquer à plus juste droit à bien d'autres :

Quand La Bruyère se présente,
Pourquoi faut-il crier haro?
Pour faire un nombre de quarante,
Ne fallait-il pas un zéro ?   Edme HÉREAU.

La première édition de ses *Caractères* parut en 1688; la neuvième et dernière qu'ait corrigée l'auteur est de 1696. La Bruyère ne cessa de remanier son livre et de le retoucher; à chaque édition nouvelle il ajoutait de nouveaux traits, il retranchait ce qui lui paraissait faible, il modifiait la disposition des portraits qu'il avait tracés. Tout ce qui concerne ce travail si digne d'intérêt d'un homme de génie s'efforçant d'arriver à l'idéal de perfection auquel il aspire a été exposé pour la première fois avec le soin le plus scrupuleux dans l'excellente édition que le baron Walckenaer a donnée en 1845 des œuvres de La Bruyère (Firmin Didot, in-8°). Des notes fort instructives, des tables bien faites, une introduction importante, font de ce volume une œuvre où la critique historique et littéraire a dit son dernier mot sur le célèbre moraliste. Marchant sur ses traces, M. Adrien Destailleurs en a encore publié une fort bonne édition en 1855. Suard et M. Sainte-Beuve ont écrit sur La Bruyère des notices remarquables, et nous ne saurions omettre son *éloge* écrit par Victorin Fabre, qui remporta en 1810 le prix proposé par l'Académie Française.   G. BRUNET.

LABUAN. *Voyez* LABOUAN.

LABYRINTHE. On appelait ainsi dans l'antiquité certains édifices ou certaines excavations creusées dans le roc vif, comprenant un grand nombre de salles donnant l'une dans l'autre, mais n'ayant qu'une seule et même issue, de sorte que celui qui y entrait pouvait aisément s'égarer. Ce mot est incontestablement d'origine grecque, et est peut-être bien dérivé de λαύρα, *petit passage étroit*, et plus tard cloître (à cause du grand nombre d'étroites cellules qui s'y trouvaient), et de λαυρεῖον, *mine*. On l'employa d'abord pour désigner les galeries souterraines et confuses des mines, des carrières, des catacombes; puis on l'appliqua au figuré à tout ce qui était embarrassé, confus, embrouillé, c'est ainsi qu'on dit encore aujourd'hui : le *labyrinthe de la chicane*; être engagé dans un *labyrinthe inextricable*. En termes d'anatomie, on appelle aussi *labyrinthe de l'oreille* la cavité intérieure de l'oreille, parce qu'elle contient plusieurs conduits diversement dirigés, tels que le limaçon et les canaux semi-circulaires.

LABYRINTHE

Pline fait mention de quatre labyrinthes : celui d'Égypte, celui de Crète, celui de Lesbos, et celui d'Italie. Les deux premiers sont les plus célèbres. Hérodote est le premier écrivain dans les œuvres duquel on rencontre ce mot; et il nous donne en ces termes la description du labyrinthe d'Égypte : « Ce monument fut fait par les douze rois qui régnèrent ensemble en Égypte; ils firent ce labyrinthe un peu au-dessus du lac Mœris, auprès de la ville des crocodiles. Je l'ai vu, continue-t-il, et je l'ai trouvé plus merveilleux que je ne puis l'exprimer. Si quelqu'un voulait le bien considérer, et le comparer aux plus beaux ouvrages des Grecs, même aux temples d'Éphèse et de Samos, il les trouverait, soit pour le travail, soit pour la dépense, beaucoup inférieurs à ce labyrinthe. Il y a dans ce merveilleux ouvrage douze grandes salles couvertes, dont les portes sont opposées les unes aux autres : six de ces salles sont posées du côté du midi, sur le même rang, et six du côté du septentrion; le même mur les environne par dehors. Il y a trois mille chambres, dont la moitié est hors de terre, et l'autre moitié sous celle-ci. Dans celles de dessous étaient les sépulcres des rois qui avaient bâti le labyrinthe et ceux des crocodiles sacrés; on ne permettait à personne de les voir. Pour les chambres d'en haut, elles surpassent tout ce qui a été fait par la main des hommes. Il y a des issues par les toits, et des contours et des circuits de différentes manières pratiqués dans les salles avec tant d'art que nous en étions épris d'admiration. On passe des salles dans les chambres, et des chambres dans d'autres appartements : tous ces appartements ont des toits de pierre, et tous sont ornés d'ouvrages en sculpture, faits sur les murs mêmes. Chaque salle est bordée d'une colonnade en belles pierres blanches. »

Pomponius Méla en fait une description plus courte, qui ajoute pourtant à celle d'Hérodote. « Ce labyrinthe, ouvrage de Psamméticus, contient trois mille appartements, et douze palais dans une seule enceinte de murailles; il est bâti et couvert de marbre. Il n'y a qu'une seule descente; mais au dedans il y a une infinité de routes par où l'on passe et repasse, en faisant mille détours, et qui jettent dans l'incertitude, parce que l'on revient souvent au même endroit : après avoir tournoyé, on se retrouve au lieu d'où l'on était parti, sans savoir comment se tirer de là. » On croit que cet immense édifice subsistait encore du temps d'Auguste : Strabon assure l'avoir vu dans tout son entier.

Quoique Hérodote ne parle pas du labyrinthe de Crète, et que Pline dise expressément que Dédale imita en Crète le labyrinthe d'Égypte, on croit que ce mot *labyrinthe* fut d'abord employé pour désigner les excavations creusées dans le roc, à Cnosse, dans l'île de Crète, et que ce n'est que plus tard qu'on l'appliqua aux excavations analogues qui se trouvaient en Égypte. Les immenses excavations existant à Cnosse, et qui de nos jours encore ont été visitées par des voyageurs tels que Prokesch, Pashley et Savary, font comprendre les merveilleux récits que l'on trouve dans les auteurs anciens sur ces voies si entremêlées, qu'il est facile de s'y égarer. Elles sont taillées de main d'homme à la moitié de la hauteur d'une montagne, décrivent sur une surface assez circonscrite une multitude de tours et de détours sinueux, prennent parfois les dimensions de vastes salles, dont les plafonds sont soutenus par des piliers ou colonnes à peine dégrossis; et aujourd'hui encore on ne s'y engage pas sans danger, absolument comme au temps de la légende grecque suivant laquelle Thésée, lorsqu'il s'en alla tuer le Minotaure, qui habitait le Labyrinthe, eut la précaution de n'y entrer que muni d'un fil que lui avait donné Ariadne, fille de Minos, et à l'aide duquel il pouvait retrouver son chemin. On ignore quel pouvait être le but de ces sortes d'ouvrages; ce qu'il y a de plus vraisemblable, c'est qu'à l'origine c'étaient, comme à Rome, par exemple, des carrières où l'on creusait des galeries plutôt que des chambres, à cause de la difficulté de les étayer. Il se peut que plus tard des motifs religieux ou autres aient engagé à agrandir et à perfectionner ces sortes de constructions ou d'excavations. Les médailles crétoises sur lesquelles est représenté le labyrinthe ne donnent nullement une idée exacte de son plan; et la preuve, c'est que sur des médailles de la même époque il est représenté tantôt carré, tantôt rond.

Le labyrinthe d'Égypte, auquel les Grecs appliquèrent plus tard cette dénomination, était tout autrement disposé et n'avait pas le même but. On en trouve des descriptions surtout dans Hérodote, Diodore, Strabon, Pomponius Méla, Pline. Tous le placent dans le nome d'Arsinoé, le Fayoum actuel, au voisinage du lac Mœris. Les savants modernes étaient en conséquence fort embarrassés pour déterminer l'endroit où l'on pouvait en rechercher les ruines, parce qu'on avait toujours cru jusque ici retrouver le lac Mœris dans le *Birket-el-Korn*, le seul lac du Fayoum, et qu'on n'y aperçoit pas la moindre trace de ruines quelconques. Mais quand il eut été démontré, en 1842, par Linant, que le lac Mœris était situé dans la partie occidentale du Fayoum, il fut évident que le labyrinthe devait, ainsi qu'on l'avait déjà présumé, se trouver situé à l'entrée du Fayoum. On y voit en effet la pyramide dont il est fait mention dans les anciens auteurs; et en avant, l'emplacement quadrangulaire, avec des côtés d'environ 333 mètres chacun, contenant les ruines du labyrinthe. Ce carré, qui maintenant est traversé obliquement par un canal creusé au temps des Arabes, contient trois immenses ailes de constructions disposées de telle façon, autour d'un espace intérieur large de 166 mètres et long de 200, que le quatrième côté de cet espace intérieur, qui était resté ouvert, se trouvait borné par un des côtés de la pyramide. C'est dans cet espace intérieur que se trouvaient les grandes salles à colonnes auxquelles les anciens donnent le nom d'*Aulæ*. La masse de bâtiments qui l'entourent, sur une largeur de 100 mètres, contenait le labyrinthe proprement dit, formé par une multitude de chambres et de corridors. Hérodote, comme on vient de le voir, parle de 1,500 chambres ou espaces situés hors de terre, et d'autant qui se trouvaient sous terre; or, d'après les ruines actuelles on voit qu'il n'y a rien d'exagéré dans son évaluation. Mais ce qu'il appelle des chambres souterraines n'avait point été taillé dans le roc : c'était l'étage inférieur, le rez de chaussée de l'édifice.

Déjà ce fait, que le labyrinthe d'Égypte était une construction assise sur le sol, et non point un ouvrage creux taillé dans le roc, prouve qu'il avait tout autre caractère que le labyrinthe de Crète, dont on ne lui aura évidemment donné le nom que parce que l'étranger risquait de se perdre dans ce dédale même se perdre lorsqu'il s'engageait sans guide dans cette masse confuse de petites chambres et d'étroits corridors, où régnait souvent une obscurité complète. Mais c'est à tort qu'on s'est figuré qu'il y existait des corridors tortueux, et il eût été impossible d'ailleurs de les exécuter d'après un plan architectonique. Les plans, vues et profils des ruines actuelles ont été publiés, d'après les travaux de l'expédition prussienne de 1843, dans les *Monuments d'Égypte et d'Éthiopie* de Lepsius (Berlin, 1849).

Relativement au but et quant à l'époque de la construction de cet édifice, il faut distinguer les chambres intérieures de la masse de constructions qui les entouraient. Hérodote nous dit bien que le labyrinthe fut construit à l'époque de la domination des douze rois de la 26ᵉ dynastie manéthonienne, par conséquent au septième siècle seulement avant J.-C.; mais les autres écrivains attribuent la construction de la partie la plus ancienne du labyrinthe qui l'avoisine à un ancien roi appelé Mendès ou Marros (Diodore), Imandès ou Maindès (Strabon), et les listes manéthoniennes mentionnent dans les 12 dynasties un roi Lamaris ou Lambares comme ayant construit le labyrinthe. Or les investigations faites sur les lieux mêmes ont prouvé que la pyramide et les salles à colonnes qui l'avoisinent furent construites par le roi Amenehme III (le Mœris ou Marès des Grecs), vers l'an 2,100 avant J.-C. Les inscriptions n'ont permis de rien préciser quant aux édifices qui entouraient ces chambres, édifices dont il ne reste plus aujourd'hui que les murailles en briques noircies, complétement dépouillées de la merveilleuse magnificence de leurs revêtements en pierres et de leurs précieuses sculptures. Mais il semble que le témoignage d'Hérodote, qui fait dater la construction du labyrinthe d'une époque de beaucoup postérieure, doive s'entendre en ce sens que cette construction extérieure exécutée par ordre des dodécarques fut rattachée à l'antique temple sépulcral d'Amenehme pour servir de local à de grandes assemblées. C'est là, du reste, un point que des fouilles ultérieures pourront seules décider.

LAC. On nomme ainsi une masse d'eau d'une certaine étendue, environnée de terre de tous les côtés.

Parmi les lacs, on distingue : 1° ceux qui n'ont aucune communication avec les rivières; 2° ceux qui donnent naissance à celles-ci, mais qui n'en reçoivent point; enfin, 3° ceux qui donnent naissance à des rivières, et qui en reçoivent. Des premiers, les uns sont temporaires et alimentés par la chute des pluies ou la fonte des neiges; et d'autres, perpétuels : ceux-ci, n'étant alimentés par aucune rivière, le sont, à ce que l'on suppose, par des sources qui se trouvent au fond. Ils sont ou d'une petite importance, ou d'une étendue considérable. Le plus célèbre est la mer Caspienne ; on doit citer encore le lac Aral, le lac Asphaltite, et ceux de Van, d'Ourmiah et de Dourrah, en Turquie et en Perse. Pour ce qui est de la seconde espèce de lacs, on croit que les eaux qu'ils reçoivent, excédant ce qu'ils perdent par l'évaporation, le superflu donne naissance à des rivières. Ils sont presque toujours placés dans des lieux élevés, et quelquefois à une grande hauteur. Quant aux lacs de la troisième espèce, il faut que les eaux qu'ils reçoivent des rivières égalent la quantité de celles qu'enlève l'évaporation, ou que les eaux surabondantes aient quelques issues souterraines. Nous citerons comme exemple de cette dernière classe le lac Titicaca, dans la république de Bolivia, encaissé au milieu de la masse colossale des Andes, et qui, traversant souterrainement la haute chaîne qui le sépare de l'Océan, vient dégorger sur le rivage de la mer, près du port d'Yquique. Dans ceux qui donnent naissance à des rivières et qui en reçoivent d'autres, on suppose que la quantité d'eau qu'ils reçoivent est à peu près égale à celle qui s'en écoule.

Ces lacs peuvent être considérés comme autant de bassins particuliers : ce sont en quelque sorte les lacs les plus nombreux; et ils offrent aussi les masses d'eau douce les plus considérables. Tels sont les lacs Supérieur, Érié, Ontario, Michigan, Huron, en Amérique ; ceux de Ladoga, d'Onéga et de Constance, en Europe; de Baïkal, de Koukounoo, de Thoung-Thing et de Ping-Hon, en Asie; de Tchad, en Afrique. Presque tous les lacs qui n'ont pas d'issues visibles, ont des eaux salées. Les lacs sont souvent disposés en groupe ou en chaîne, sur une échelle plus ou moins grande. Il y a des exemples de ce premier arrangement sur le bord occidental du golfe de Bothnie, en Finlande, et entre la mer Blanche et l'océan Glacial. L'Amérique en offre aussi ; le plus remarquable est celui qu'offrent les lacs dont nous avons parlé. Mais en général les lacs du Vieux Monde sont loin de pouvoir être comparés, sous le rapport de l'ampleur des proportions, à ceux de l'Amérique. Par exemple le lac Supérieur, le plus vaste de tous ceux-ci, a 247 myriamètres de circonférence.

Les lacs souterrains, qu'on trouve quelquefois dans de vastes cavités, sont encore une autre espèce de lacs. Pour ce qui est de l'origine de ceux-ci, il en est quelques-uns qui évidemment datent de la première configuration que prit la terre ; d'autres sont le produit de tremblements de terre, d'éruptions volcaniques et d'autres phénomènes de ce genre.

Oscar Mac-Carthy.

LA CAILLE (Nicolas-Louis de), diacre du diocèse de Reims, naquit à Rumigny, en Thiérache (Aisne), le 15 mars 1713. Son père, qui avait servi dans les gendarmes de la garde, étant mort sans laisser de fortune, le duc de Bourbon vint au secours du jeune La Caille, qui commença par étudier la théologie. Il fut ordonné diacre; mais ayant éprouvé des désagréments à la suite d'un examen qu'il venait de subir, il renonça à l'état ecclésiastique pour s'adonner entièrement aux sciences, et surtout à l'astronomie, dans laquelle, sans maîtres, sans instruments et presque sans livres, il avait déjà fait des progrès étonnants. Fouchy, secrétaire perpétuel de l'Académie des Sciences, le présenta à Jacques Cassini, qui l'accueillit avec faveur et lui fit donner un logement à l'Observatoire. Dès l'année suivante il entreprit avec Maraldi la description géographique des côtes de France depuis Nantes jusqu'à Bayonne. L'habileté avec laquelle il exécuta cette opération le fit juger capable de déterminer la méridienne qui passe par l'Observatoire de Paris et traverse toute la France. Il commença ce grand ouvrage le 30 avril 1739. Dans la même année, il avait conduit l'opération de Paris à Perpignan. En son absence il fut nommé professeur de mathématiques au collège Mazarin. Les devoirs de sa chaire ne le détournèrent point de ses travaux astronomiques. Il reprit l'automne suivant la méridienne au nord de Paris, et il la termina au bout de quelques mois. Le résultat de ses observations, des mesures qu'il avait prises, des calculs qu'il avait faits, démontra, contre l'opinion reçue jusque alors, que les degrés des méridiens croissaient en allant de l'équateur vers le pôle.

Dans le moins de six ans, il publia des traités de géométrie, de mécanique, d'astronomie et d'optique, des éphémérides, de nombreux mémoires dans le Recueil de l'Académie des Sciences, qui l'avait admis dans son sein en 1741, et des calculs d'éclipses pour mille huit cents ans. En 1746 on construisit au collège Mazarin un observatoire exprès pour lui. C'est là qu'il passait les jours et les nuits à observer le soleil, les planètes et surtout les étoiles. Avant cette époque, les astronomes d'Europe ne connaissaient que les étoiles qui se lèvent sur notre horizon. Celles qui sont situées autour du pôle austral, et qui ne se lèvent jamais pour nous, n'étaient ni connues ni classées. La Caille résolut de se transporter au Cap de Bonne-Espérance, région située au delà de l'équateur, et de laquelle on peut observer l'hémisphère austral. Avant de partir, il fit distribuer en Europe un petit écrit dans lequel il faisait part de ses intentions et de ses projets aux astronomes qui pouvaient le seconder. Lalande, âgé de dix-neuf ans, partit alors pour Berlin, ville dont le méridien est à peu près le même que celui du Cap de Bonne-Espérance. Le but de nos deux astronomes était de faire des observations simultanées au Cap et à Berlin pour mesurer plus exactement les parallaxes de la Lune, de Mercure et de Vénus.

En 1750 La Caille partit accompagné d'un horloger. Le voyage dura quatre ans, et ne coûta au gouvernement pour frais de toutes espèces que 9,144 livres 5 sous. Les vents violents et les tempêtes qui désolent fréquemment cette partie de l'Afrique contrarièrent beaucoup l'intrépide astronome dans ses observations. Néanmoins, il parvint en cent-vingt-sept nuits à déterminer la position de 9,800 étoiles. Les astronomes de l'antiquité, qui divisèrent le ciel visible en constellations, donnèrent à celles-ci des noms de demi-dieux, de héros, d'animaux. La Caille distingua celles de l'hémisphère austral par les noms des instruments qui servent dans les sciences et dans les arts, tels que la boussole, l'horloge, le chevalet du peintre, etc. De retour dans sa patrie, il forma le projet de se retirer dans une ville du midi. Ses amis le détournèrent de ce projet, et le retinrent à Paris, où il continua ses occupations. Il mourut à Paris, le 21 mars 1762.

« La Caille, dit Fouchy, aimait la vérité presque jusqu'à l'imprudence. Il osait la dire en face, au hasard de déplaire, quoique sans dessein de choquer. » Il était désintéressé, sans ambition, d'une grande modestie. S'il se montrait froid et réservé envers ceux qu'il ne connaissait pas, il était gai, doux et simple avec ses amis.

Les ouvrages de La Caille sont fort nombreux, eu égard surtout au peu de temps qu'il mit à les composer. Outre des leçons élémentaires de mathématiques, de mécanique, de perspective, d'astronomie, d'optique, on a de lui des *Tables solaires*, supérieures à tout ce qui avait été fait en ce genre, le livre *Astronomiæ Fundamenta*, un grand nombre de mémoires insérés dans le recueil de l'Académie, etc. TEYSSÈDRE.

LA CALPRENÈDE (GAUTHIER DE COSTES, seigneur DE), naquit au château de Tolgou, près de Sarlat. Il fit ses études à Toulouse, vint à Paris vers 1632, et entra dans le régiment des gardes comme cadet. Vers l'an 1651 il fut nommé gentilhomme ordinaire de la chambre. Il contait plaisamment. En 1663, ayant voulu faire voir aux dames des marques de son adresse au fusil, la poudre lui sauta au visage et le défigura. La même année, revenant de Normandie, il voulut faire voir aux seigneurs qui l'accompagnaient son adresse à courir à cheval : le cheval lui donna un violent coup de tête au front, et La Calprenède en mourut.

Lorsque La Calprenède entra dans le monde, les romans d'Henri d'Urfé étaient à l'apogée de leur gloire. Les bergers amoureux et poëtes étaient en grande vogue. La Calprenède fut un des imitateurs du maître. « Mais ces imitateurs, dit Boileau, s'efforçant mal à propos d'enchérir sur l'original, et prétendant ennoblir ses caractères, tombèrent dans une grande puérilité; car au lieu de prendre comme lui pour leurs héros des bergers occupés du seul soin de gagner le cœur de leurs maîtresses, ils prirent, pour leur donner cette occupation, des princes et des rois. Ils les peignirent pleins du même esprit que ses bergers, ayant, à leur exemple, fait comme une espèce de vœu de ne parler et de n'entendre jamais parler que d'amour ; de sorte qu'au lieu que d'Urfé de bergers très-frivoles avait fait des héros de romans très-considérables, ces auteurs, au contraire, des héros les plus considérables de l'histoire firent des bergers très-frivoles. »

La Calprenède fut un des auteurs les plus féconds de cette époque. En 1642 il fit paraître *Cassandre* (10 vol. in-8°); 1650, *Cléopâtre* (23 vol.) ; en 1661, *Faramond* (7 vol.). Il avait composé un *Silvandre*, qui est perdu. En 1661 il publia, sous le nom de sa femme, les *Nouvelles* ou les *Divertissements de la princesse Alcidiane;* mais Nicéron les lui restitue. Le meilleur de ses romans, au sentiment de La Harpe, est sa *Cléopâtre*, malgré son énorme longueur, ses conversations éternelles et ses descriptions, qu'il faut sauter à pieds joints, la complication de vingt différentes intrigues, qui n'ont entre elles aucun rapport sensible, et qui échappent à la plus forte mémoire; ses grands coups d'épée, qui ne font jamais peur et que madame de Sévigné ne haïssait pas; ses résurrections, qui font rire, et ses princesses, qui ne font pas pleurer. Avec tous ces défauts, que l'on trouve dans *Cassandre* et dans *Faramond*, La Calprenède a de l'imagination; ses héros ont le front élevé. Il offre des caractères fortement dessinés; et celui d'*Artaban* a fait une espèce de fortune, car il a passé en proverbe.

Malgré le jugement sévère de Boileau, il ne faut point confondre La Calprenède dans la tourbe des romanciers pastoraux qui affligèrent le dix-septième siècle de leurs sentimentales fadeurs; son style est diffus et trop abondant, mais son imagination est féconde et brillante, et l'élévation de son caractère passe souvent dans ses écrits. Boileau, dans l'*Art poétique*, rend en quelque sorte justice à l'énergie de ses sentiments, tout en blâmant leur exagération :

Souvent, sans y penser, un écrivain qui s'aime
Forme tous ses héros semblables à soi-même ;
Tout a l'humeur gasconne en un auteur gascon ;
Calprenède et Juba parlent du même ton.

Juba est le héros du roman de *Cléopâtre*.

La Calprenède écrivit aussi pour le théâtre. En 1636 il fit jouer *La Mort de Mithridate*; en 1637, *Bradamante*, tragicomédie ; *Clarionte, ou le sacrifice sanglant*; en 1638, *Jeanne d'Angleterre*; en 1639, *Le Comte d'Essex*; *La Mort des Enfants d'Hérode, ou suite de la Mariamne* (tragédie de Tristan-l'Ermite, qui, en 1636, avait balancé le succès du *Cid*) ; en 1640, *Édouard*, roi d'*Angleterre*; en 1642, *Phalante*; en 1643, *Herménégilde*, tragédie en prose; en 1659, *Bélisaire*. Toutes ces tragédies sont misérables, et la moins misérable de toutes est *Le Comte d'Essex*, dont Boyer et Thomas Corneille s'inspirèrent plus tard. Le cardinal de Richelieu s'étant fait lire une de ces tragédies, dit que la pièce était bonne, mais que les vers en étaient lâches. « Comment, lâches! dit l'auteur, cadédis ! il n'y a rien de lâche dans la maison de La Calprenède! » En 1636, sa tragédie de *La Mort de Mithridate* fut représentée pour la première fois le jour des Rois. A la fin de la pièce, Mithridate prend une coupe empoisonnée, et, après avoir délibéré quelque temps, il dit en avalant le poison : « Mais c'est trop différer..... » Le parterre acheva le vers en s'écriant *Le roi boit! le roi boit!* A ces mots, la toile tomba, et la pièce aussi. Jules SANDEAU.

LA CANÉE. *Voyez* CANDIE.
LAC-DYE. *Voyez* LAQUE.
LACÉDÉMONE. *Voyez* SPARTE.

LACÉNAIRE (PIERRE-FRANÇOIS), scélérat qui a laissé un nom à jamais fameux dans les annales du crime, né en 1800, à Francheville, près Lyon, d'une honorable famille de commerçants, était le quatrième entre douze enfants issus des mêmes père et mère. Son père, marchand de fer, retiré du commerce après vingt-cinq années de travail, avait acquis une fortune indépendante. Il mit Pierre-François d'abord au collége de Lyon, puis au petit séminaire d'Alix près de Lyon, dans l'espoir d'amender par une éducation essentiellement religieuse un naturel qui annonçait une perversité extrême. Mais Lacénaire ne tarda pas à se faire chasser de cette maison, et il pour terminer ses études dut rentrer au collége de Lyon. Son père le plaça ensuite dans la fabrique de Lyon, pour l'initier au commerce des soies. Mais Lacénaire avait déjà tous les vices; paresseux et débauché, il vola son patron, et il vint chercher fortune à Paris, où il se fit *homme de lettres*, fabriquant, comme tant d'autres, quelques articles de journaux d'opposition et réussissant même à faire représenter un petit vaudeville sur une des scènes du boulevard. Avec un peu de courage et de persévérance, peut-être eût-il pu dans cette voie réparer les torts de son début dans la vie ; mais le mauvais naturel l'emporta. Il se livra de nouveau à la débauche la plus effrénée : et bientôt, à bout de ressources et de crédit, il s'engagea sous un faux nom. Au régiment, sa mauvaise conduite lui attira de fâcheuses affaires, et il ne tarda pas à déserter. Il s'en revint alors à Paris reprendre sa vie crapuleuse; puis, encore une fois à bout de ressources, il s'en retourna à Lyon, après avoir réussi à se procurer 1,500 fr. au moyen de traites fausses remises à escompte.

Pour échapper aux conséquences de ce crime, il se réfugia en Italie, où il s'associa un individu qu'il supposait avoir eu connaissance de ses antécédents. Afin de dépister la justice locale, il dut rentrer en France, où, pendant son absence, son vieux père avait fait disparaître par de nouveaux sacrifices les traces du faux et du vol qu'il avait commis. Mais les ressources de sa famille étaient épuisées, et Lacénaire s'engagea de nouveau, et cette fois sous son vrai nom, dans un régiment qui partait pour l'expédition de Morée. Une seconde désertion l'affranchit bientôt des liens qu'il venait de contracter. Encore une fois de retour à Paris, et se trouvant en présence de la misère la plus absolue, il vola un cheval et un cabriolet pour se faire condamner à un an de prison et se créer des relations profitables dans la corporation des voleurs. Son temps fait, il sortit de la prison de Poissy, et vint se cacher sous un nom d'emprunt à Paris, où pendant quelque temps il fut employé par un écrivain public. Puis il s'associa à d'anciens camarades de prison pour la perpétration d'un vol avec effraction, qui lui rapporta de six à sept cents francs. Arrêté en flagrant délit de vol de couverts chez un traiteur, une nouvelle condamnation à treize mois de prison fut le prix de ce méfait. Il alla la subir à Clairvaux, mais seulement après un séjour préalable de quelques semaines à la Force, où se trouvaient alors bon nombre de détenus politiques. Leurs conversations l'exaltèrent et lui firent gagner la contagion politique. Sous l'influence de ces idées, il composa alors une chanson à laquelle un ton amèrement spirituel et surtout des allusions injurieuses à l'adresse de Louis-Philippe firent un véritable succès. Elle circula, et fut fort remarquée.

L'année suivante, *Le Charivari* la publia, avec quelques changements de forme seulement, sous le nom de l'un des rédacteurs, M. Altaroche, qui se laissa stoïquement condamner pour les couplets dont il avait assumé la paternité. Ces curieux détails furent révélés par Lacénaire sur la sellette ; il rima même à ce sujet une épître en matière d'épigramme que tous les journaux du temps reproduisirent avec un empressement assez fraternel.

Voici quelles circonstances amenèrent finalement Lacénaire sur les bancs de la cour d'assises. Le 31 décembre 1834, vers midi, des cris *au voleur! à l'assassin!* partant d'une maison obscure de la rue Montorgueil, attirèrent l'attention des passants. Deux hommes sortirent précipitamment de l'allée de cette maison en criant : « Au secours ! on assassine là-haut ! » et se perdirent bientôt dans la foule. On monta au quatrième étage de cette maison, sur le derrière, et dans une pièce d'entrée on trouva un homme baigné dans son sang. C'était un garçon de recette de la maison Mallet frères, qui était venu là toucher le montant d'un effet souscrit par un sieur Mahossier, et remis l'avant-veille à l'encaissement chez MM. Mallet par un individu qui avait déclaré ne pas habiter Paris et devoir venir retirer les fonds ou l'effet le lendemain de l'échéance. A son entrée dans cette pièce, entièrement nue, deux individus s'étaient jetés sur le garçon de recette, et lui avaient porté diverses blessures à l'aide d'instruments contondants ; mais il avait été assez heureux pour pouvoir encore crier au secours, et les deux assassins, effrayés, n'avaient eu le temps ni de l'achever ni de lui voler sa sacoche et son portefeuille, où se trouvait guère à ce moment qu'une douzaine de mille francs, tant en espèces qu'en billets de banque. L'effet souscrit par le prétendu Mahossier n'avait été qu'un leurre destiné à attirer dans ce guet-apens le garçon de recette de la maison de banque, lequel, en raison de l'échéance, toujours si chargée, du 31 décembre, ne devait se présenter au domicile indiqué que muni de sommes considérables.

Cette audacieuse tentative, commise en plein jour, devait évidemment avoir pour auteurs des hommes habitués de longue main au crime, et la police désespérait déjà de parvenir à les découvrir quand, deux mois plus tard, Lacénaire fut arrêté en Bourgogne, par suite de la mise en circulation dans ces contrées de nombreuses traites reconnues fausses. Comparaison faite du corps d'écriture de ces divers effets avec l'effet Mahossier, on acquit la preuve qu'ils provenaient de la même main. Confronté avec le garçon de recette, Lacénaire ne put pas nier plus longtemps, et fit alors l'aveu le plus cynique de son crime. Il se reconnut en outre l'un des auteurs d'un assassinat commis au mois de novembre précédent dans le passage du Cheval-Rouge, rue Saint-Denis, sur la personne d'un nommé Chardon, réclusionnaire libéré, et de sa mère. Il avait eu pour complice un certain Avril, autrefois détenu avec lui et aux révélations de qui il attribuait à ce moment son arrestation. Tout perdu, il voulait du moins se venger de son dénonciateur.

Les deux misérables avaient complété l'assassinat d'un garçon de recette avaient commencé par jeter leur dévolu sur la maison Rothschild ; mais le faux billet qu'ils avaient remis à la caisse ne fut pas présenté, on ignore par quelle circonstance fortuite, ils songèrent ensuite à la maison Rougemont de Lowenberg. L'effet à toucher cette fois indiqué payable rue de la Chanvrerie, dans une maison où Lacénaire et son complice avaient arrêté la veille un petit logement. Le portier de la maison voyant venir un garçon de caisse chez ses nouveaux locataires, qu'à leur piètre apparence il n'eût jamais crus avoir de telles relations, obéit à un de ces mouvements de curiosité instinctifs chez tout portier, et, sous prétexte de lui montrer le chemin, accompagna le garçon de caisse jusqu'au logement où Lacénaire se tenait en embuscade avec son complice. La présence de cet indiscret les empêcha de commettre le crime qu'ils avaient prémédité : on devine bien d'ailleurs que les fonds n'étaient pas faits, et qu'ils se bornèrent à prendre l'adresse du porteur ; c'était au reste une magnifique proie qui leur échappait là, car ce garçon de caisse était porteur de 92,000 francs ! Force leur fut donc de choisir un autre quartier pour une troisième tentative ; et c'est alors qu'ils arrêtèrent un petit logement dans une maison à allée et sans portier de la rue Montorgueil, en ayant soin d'écrire bien ostensiblement à la craie le nom de *Mahossier* sur la porte de ce logement, pour que le garçon de recette ne se trompât pas et n'hésitât pas. Toutefois, il avait été impossible à Avril, associé à Lacénaire dans les inutiles tentatives déjà faites contre la caisse de M. de Rothschild et de M. Rougemont de Lowenberg, de prendre part à la perpétration de cette troisième tentative ; car quelques jours auparavant il avait été arrêté à la suite d'une rixe avec des filles publiques. Lacénaire, ne pouvant faire le coup tout seul, s'était alors associé avec un nommé Martin, autre forçat libéré de sa connaissance, à qui il avait proposé *l'affaire*, et qui l'avait acceptée de grand cœur. Le nom de *Mahossier* écrit par Lacénaire était d'ailleurs celui d'un forçat libéré sur lequel il espérait sans doute faire tomber les soupçons, et qui fut en effet arrêté, puis rendu à la liberté faute de preuves.

Lacénaire et Avril, reconnus coupables de l'assassinat de la veuve Chardon et de son fils, furent condamnés à mort et exécutés ; on appliqua à Martin, déclaré complice de la tentative de meurtre commise rue Montorgueil, la peine des travaux forcés à perpétuité.

On se ferait difficilement une idée de l'attitude prise aux débats par Lacénaire, qui fit constamment preuve de la plus effrayante corruption du cœur et de l'esprit. La sensation produite en France par son procès fut des plus vives. Le cynisme de ce misérable, son audace, surpassèrent tout ce que l'imagination la plus déréglée eût pu inventer. Lacénaire est demeuré le type de ces scélérats en qui les lumières, l'instruction et l'éducation rendent le crime mille fois plus horrible encore. Ajoutons comme détail de mœurs, et aussi comme fait historique, que dans la basse littérature de l'époque ce fut à qui exalterait le *grand et mâle caractère* de Lacénaire, qu'on y brigua l'honneur et le profit de rédiger ses *Mémoires*, et que lorsqu'il lui fallut partir pour la barrière Saint-Jacques, les dernières figures *amies* qu'il aperçut dans le préau furent celles de ces singulières admirateurs, se pressant autour de la fatale charrette pour recueillir les dernières paroles du misérable.

LACÉPÈDE (BERNARD-GERMAIN-ÉTIENNE DE LAVILLE, comte de), naturaliste célèbre, naquit le 26 décembre 1756, à Agen, où son père était lieutenant général de la sénéchaussée. Dès l'âge de douze ans il avait formé une petite académie, où il *jouait à l'institut* avec des enfants comme lui, exécutait des airs de grand opéra de sa composition, et lisait des mémoires sur le magnétisme et sur l'électricité. Bientôt ses collègues de l'institut d'Agen ne lui parurent plus appréciateurs assez éclairés de ses œuvres, et il adressa ses mémoires de physique expérimentale à Buffon, et ses élucubrations musicales à Gluck : et Gluck lui répondit que souvent il s'était rencontré avec lui dans ses idées, et Buffon cita avec éloge dans ses suppléments le savant de dix-sept ans. Aussi à vingt ans il accourt à Paris avec ses registres d'expériences et ses partitions de musique, et va droit au Jardin du Roi. Buffon, le voyant si jeune, fait semblant de croire qu'il est le fils du savant avec lequel il était entré en correspondance, et le comble d'éloges ; une heure après, il était chez Gluck, et il s'entend faire des compliments. Le même jour il dîne avec l'élite des membres de l'Académie, chez M. de Montazet, archevêque de Lyon, et il passe la soirée à l'Opéra, dans la loge de Gluck, à entendre la répétition générale d'*Alceste*. Deux ans plus tard, il reçut en pure gratification un brevet de colonel au service des cercles d'Allemagne, grade dont il porta l'uniforme, le titre et les épaulettes, sans avoir jamais vu son régiment; et en 1785 son *Traité de Physique*, qui dans l'état de la science était une œuvre inexcusable, lui valut de Buffon la place de sous-démonstrateur d'histoire naturelle au Jardin du Roi, place dont venait de se démettre Daubenton le jeune.

En 1789 il recueillit l'héritage scientifique de Buffon, qui venait de mourir, et en 1791 il fut successivement élu président de section, commandant de la garde nationale, député extraordinaire de la ville d'Agen près l'Assemblée constituante, membre du conseil général du département de Paris, président des électeurs, député à la Constituante, et enfin président de cette assemblée. A la chute des girondins, il se retira de la scène politique pour y reparaître de nouveau après le massacre du 9 thermidor; et bientôt une chaire d'erpétologie fut créée pour lui au Jardin des Plantes. Il fut appelé à faire partie du noyau de l'Institut, et en 1797 il fut élu secrétaire de l'Académie des Sciences; enfin, après le 18 brumaire on le vit successivement sénateur en 1799, président du sénat en 1801, grand-chancelier de la Légion d'Honneur en 1803, titulaire de la sénatorerie de Paris et ministre d'État en 1804; à la Restauration, il fut nommé pair de France et grand-maître de l'université. Accepté par tous les pouvoirs, parce qu'il les acceptat tous, il grandit sous la République, sous le Directoire, sous le Consultat, sous l'Empire, sous la Restauration. La petite vérole l'enleva le 6 octobre 1825. Mais laissons de côté le sénateur de Napoléon et le pair de Louis XVIII pour nous occuper du naturaliste.

Comme continuateur de Buffon, Lacépède a publié trois travaux importants: 1° l'*Histoire naturelle générale et particulière des Quadrupèdes ovipares et des Serpents* (in-4°, 1788-89); 2° l'*Histoire naturelle des Poissons* (5 vol. in-4°, 1789-1803); 3° l'*Histoire naturelle générale et particulière des Cétacés* (in-4°, 1804). Le premier volume de l'*Histoire des Reptiles* parut quelques mois avant la mort de Buffon; et au point de vue purement scientifique, ce premier travail de Lacépède présente quelques avantages incontestables sur les travaux de son illustre prédécesseur. On n'y remarque plus en effet cette antipathie en quelque sorte instinctive pour les classifications et pour les nomenclatures régulières qui s'exhale à chaque page de la grande œuvre de Buffon: Lacépède admet et établit des classes, des ordres, des genres; il caractérise même avec une suffisante netteté ces différentes subdivisions, et il énumère avec assez d'exactitude les diverses espèces que doit renfermer chaque division générique. Cependant, aussi méthodique que Linné, Lacépède n'est pas plus philosophique que lui; toutes ces subdivisions en classses, en ordres, en genres, se fondent sur les caractères extérieurs très-apparents, il est vrai, mais qui ne traduisent aucunement au dehors les mystères de l'organisation interne.

L'*Histoire naturelle des Poissons*, le travail le plus important de Lacépède, n'échappe pas complétement aux mêmes reproches: la grande *Ichthyologie de Bloch*, dont a publication fut terminée une année entière avant que Lacépède commençât la publication de la sienne, ne lui était point parvenue; et l'ichthyologiste français fut réduit à prendre pour bases de son travail les listes de poissons rédigées par Gmelin et Bonnaterre: c'est dans ces listes qu'il puisa les caractères de ses divisions et du plus grand nombre de ses genres, en y ajoutant toutefois quelques espèces qui lui provenaient de diverses sources : du cabinet du jardin des Plantes, du cabinet du stathouder, apporté à Paris en 1795, et surtout des manuscrits de Commerson et des dessins qui avaient été faits sous les yeux de cet excellent observateur, et auxquels furent joints les dessins copiés par Aubriet dans les manuscrits de Plumier pour la collection des vélins du Musée. Comme Pennant, Lacépède divise la classe des poissons en *cartilagineux* et *osseux*. Ces deux *sous-classes* sont distribuées en nombreuses divisions, fondées sur la présence ou l'absence des opercules et des rayons branchiostéges; enfin, ces divisions sont elles-mêmes sous-divisées en *ordres*, basés, comme chez Linné, sur la disposition des ventrales. Cette classification présente de graves défauts dans son application; car non-seulement elle sépare et éloigne les genres les plus voisins, mais encore, ce qui est bien plus grave, elle donne aux classes des caractères que ne présentent pas toujours les poissons qui y sont catalogués. L'absence de toute critique approfondie, et la confiance, on peut dire *aveugle*, accordée par Lacépède aux travaux de ses devanciers, l'ont également entraîné dans les plus étranges méprises; pour lui, tout ce qui a été avancé par Brunnich, ou Forksal, ou Gmelin, ou Houttuyn, ne souffre aucune contestation; les genres créés par eux sont adoptés sans discussion et, qui pis est, bien des genres, bien des espèces, ont été créés par Lacépède, qui n'existent ni dans les ouvrages de ses devanciers ni dans le règne animal lui-même. Toutefois, malgré ses nombreuses et graves erreurs, l'ouvrage de Lacépède sur l'histoire naturelle des poissons était encore au moment où Cuvier et M. Valenciennes entreprirent leur grande ichthyologie le plus complet que la science possédât sur cette matière; et cette œuvre se lit encore aujourd'hui, à cause du style élégant et pur dans lequel l'auteur a exposé tout ce qu'il a pu recueillir de renseignements sur l'organisation de ces animaux, sur leurs habitudes, sur les guerres que l'homme leur livre, sur le parti qu'il en tire, etc.

L'*Histoire naturelle générale et particulière des Cétacés*, qui parut en 1804, termine, avec l'Histoire naturelle des Mammifères et des Oiseaux de Buffon, le grand ensemble des animaux vertébrés. Lacépède regardait ce dernier travail comme le plus parfait de ses ouvrages; et en effet c'est sans contredit celui de tous ses travaux dans lequel la partie historique et descriptive a été le plus longuement élaborée, dans lequel les caractères méthodiques ont été le plus nettement exposés : ce travail augmente d'un tiers environ le nombre des espèces jusque alors enregistrées dans le catalogue des êtres; depuis, cette partie de la science a encore fait de grands progrès; mais il reste encore de nombreuses rectifications à faire dans la détermination des genres et des espèces, rectifications qui nécessitent la comparaison immédiate de ces mammifères, que leur taille gigantesque permet difficilement de rassembler en nombre suffisant dans les collections anatomiques.

Outre ces grands travaux d'histoire naturelle, Lacépède a encore publié de nombreux mémoires dans différents recueils scientifiques, et notamment dans les *Mémoires de l'Institut* (1796-1800), dans les *Annales du Muséum* (1803-1818), et dans le *Magasin encyclopédique* (1795-1801). Il existe aussi de lui un grand *Essai sur l'Électricité* et un *Traité de Physique générale et particulière*; mais ces deux ouvrages, qui n'ont aucune valeur, sont devenus très-rares, par suite des tentatives que fit Lacépède lui-même pour les retirer du commerce. La *Poétique de la Musique*, qui fut son premier travail, et qu'il publia en 1785, n'est pas aussi complétement dépourvu de mérite; mais les deux romans qu'il livra à l'impression en 1816-1817 sont tombés dans un oubli complet.

Lacépède a laissé à sa mort de volumineux manuscrits, parmi lesquels se trouve une histoire complète de l'Europe, depuis la chute de l'empire d'Occident ; plusieurs volumes de cet ouvrage, qui devait en compter vingt environ, ont été publiés. Il a abondé l'article *Homme* au *Dictionnaire des Sciences naturelles*, et publié une histoire des *Progrès des Sciences naturelles depuis la mort de Buffon*.

BELFIELD-LEFÈVRE.

LA CERDA (FERDINAND DE), ainsi nommé d'une

grosse touffe de poils qu'il avait sur les épaules, était le fils aîné d'Alphonse X, roi de Castille et de Léon. Né en 1254 et mort avant son père, en 1275, il laissa de Blanche, fille de notre roi saint Louis, qu'il avait épousée, des enfants qui eussent dû hériter de la couronne de Castille et de Léon, mais qui en furent frustrés par leur oncle don Sanche IV.

Alphonse DE LA CERDA, dit *le Déshérité*, fils de Ferdinand, tenta inutilement de recouvrer la couronne de Castille, et se retira en 1303 en France, où Charles le Bel lui donna la baronnie de Lunel. Il mourut en 1325, laissant deux fils :

Louis DE LA CERDA, connu également sous le nom de Louis d'Espagne, qui fut amiral de France en 1341, soutint Charles de Blois dans ses efforts pour gagner la couronne ducale de Bretagne, et prit l'année suivante Guérande aux Anglais. Il reçut du pape, en 1344, le vain titre de *roi des îles Fortunées*.

Charles de LA CERDA, le cadet, qu'on nomme aussi Charles d'Espagne, fut nommé par le roi Jean, à son avénement, en 1350, connétable de France, au lieu et place du comte d'Eu. L'histoire ne sait pas si c'est à Charles d'Espagne qu'elle doit reprocher le meurtre de ce seigneur, fait avec quelque solennité devant plusieurs personnes de la cour. Il obtint aussi le comté d'Angoulême. Jean lui fit encore épouser Marguerite, fille de Charles de Blois, prétendant au duché de Bretagne. Bientôt la cour fut troublée par la rivalité de Charles d'Espagne et du roi de Navarre, Charles le Mauvais. Celui-ci fit assassiner son ennemi à L'Aigle, ville que Charles d'Espagne avait reçue nouvellement en dot de sa femme Marguerite, et qu'il était allé visiter au commencement de 1354. Il était couché dans une hôtellerie en dehors de la ville, lorsque trois hommes armés le tuèrent dans son lit, criant au roi de Navarre, qui écoutait aux portes. *C'est fait ! C'est fait !* En 1425 la maison de La Cerda était complétement éteinte.

LACET, cordon plat ou rond, de fil ou de soie, ferré par un bout ou par les deux bouts, qu'on passe dans des œillets pour serrer une partie de vêtement quelconque et principalement les corsets, les bottines, etc.

Ce mot s'emploie aussi pour *lacs*.

LACET (Mouvement de). On a donné ce nom à un mouvement serpentant que prennent les wagons et les locomotives d'un chemin de fer, soit par le défaut de parallélisme des essieux, soit par l'inégalité des roues d'une même paire. Le mouvement de lacet, d'autant plus grand que la vitesse est plus considérable, est presque inévitable avec des rails à surface plane.

LA CHAISE (FRANÇOIS D'AIX DE), jésuite, provincial de son ordre et confesseur de Louis XIV, petit-neveu du Père Cotton, confesseur de Henri IV, né le 25 août 1624, au château d'Aix en Forez, mort le 20 janvier 1709, est un de ces personnages dont le nom a servi de texte aux déclamations des hommes de parti. Laissant de côté les libelles, nous avons consulté sur le Père La Chaise les contemporains les plus respectables, et nous avons vu en lui sinon un homme d'État, du moins un homme de bien, un excellent homme. Ouvrons les œuvres de D'Aguesseau, jugement tout à fait parlementaire, par conséquent un peu janséniste ; nous y trouverons ce jugement remarquable sur ce jésuite, que des jansénistes moins impartiaux n'ont accablé d'injures : « C'était un bon gentilhomme, qui aimait à vivre en paix et à y laisser vivre les autres ; capable d'amitié, de reconnaissance, et bienfaisant même, autant que les préjugés de son ordre pouvaient le lui permettre. » Le duc de Saint-Simon, qu'on n'a jamais accusé d'aimer les jésuites, ne s'exprime pas à son sujet d'une manière moins favorable : « Le Père La Chaise, dit-il, était d'un esprit médiocre, mais d'un bon caractère, juste, droit, sensé, sage, doux et modéré, fort ennemi de la violence, de la délation et des éclats ; il avait de l'honneur, de la probité, de l'humanité. On le trouvait toujours poli, modeste, et très-respectueux. On lui rend ce témoignage qu'il était obligeant, juste, ni vindicatif, ni entreprenant, fort jésuite, mais sans rage ni servitude.... Il fut longtemps distributeur des bénéfices, et il faisait d'assez bons choix. Parvenu à l'âge de quatre-vingts ans, il demanda instamment et inutilement sa retraite. Il lui fallut porter le fardeau jusqu'au bout. La décrépitude et les infirmités ne purent l'en délivrer. Sa mémoire s'était éteinte, son jugement affaibli, ses connaissances brouillées, et Louis XIV se faisait encore apporter ce cadavre pour dépêcher avec lui les affaires accoutumées. » Le Père La Chaise a trouvé grâce même devant Voltaire, qui, dans le *Siècle de Louis XIV*, a dit : « Les querelles religieuses furent assoupies jusqu'à la mort du Père La Chaise, confesseur du roi, homme doux, avec qui les voies de conciliation étaient toujours ouvertes. »

Dans la fameuse querelle entre Fénelon et Bossuet, le Père La Chaise fit, autant qu'il le pouvait, dans la mesure de son caractère timide, preuve d'attachement pour l'auteur du *Télémaque*. Le cardinal de Bausset, dans la *Vie de Fénelon*, se plaît à le reconnaître, et partout l'illustre biographe représente ce religieux comme un homme doux et modéré. Ainsi que Voltaire, il attribue au caractère conciliant du Père La Chaise la tranquillité dont jouirent les jansénistes jusqu'à sa mort. On l'a représenté comme l'âme damnée de Mme de Maintenon. Sans doute, par un principe de conscience, il favorisa le mariage du roi avec cette favorite ; mais il paraît que celle-ci ne lui pardonna jamais de n'avoir pas mis assez de zèle à combattre les raisons d'État qui s'opposaient à la publicité de cette union. Dans sa correspondance avec le cardinal de Noailles, elle écrit : « Le Père La Chaise n'ose parler... Le bonhomme n'a nul crédit. » Elle va jusqu'à le blâmer d'avoir osé louer en présence du roi *la générosité et le désintéressement de Fénelon*, reproche qui aujourd'hui est devenu un éloge précieux pour la mémoire de celui auquel il s'adressait. Pendant les missions du Poitou, qui précédèrent les dragonnades, Fénelon, qui dans cette occasion montra beaucoup de tolérance, avait reçu du Père La Chaise des *avis* qu'il appelle *fort honnêtes et fort obligeants*. Le malheur de ce jésuite est d'avoir été, par sa place de confesseur, mêlé, le plus souvent malgré lui, à toutes les affaires de la cour et de l'Église gallicane. « Dans les affaires de cour, dit Saint-Simon, il se trouve placé entre Mmes de Montespan et de Maintenon, entre Mme de Maintenon et Louis XIV ; dans les affaires ecclésiastiques, entre les jésuites et les jansénistes, entre Bossuet et Fénelon... Quelque avis qu'il embrassât, il se faisait des ennemis, et il lui arriva plus d'une fois de déplaire également aux partis opposés. Aussi devait-il être et fut-il diversement jugé par ses contemporains. »

Les fêtes de Pâques lui causèrent souvent, dit Saint-Simon, des *maladies politiques*, pendant l'attachement du roi pour Mme de Montespan. Il fut, à l'âge de quatre-vingt-cinq ans, une des victimes du rigoureux hiver de 1709 ; il mourut le 20 janvier : le roi fit son éloge devant les courtisans. Saint-Simon observe qu'il « était désintéressé en tous genres, quoique fort attaché à sa famille ». On avait publié sur lui, sous la rubrique de *Cologne*, 1696, un libelle satirique et même un peu obscène, intitulé *Histoire particulière du Père La Chaise*, qui est fort ennuyeux, malgré sa méchanceté. Son *Éloge* par de Boze se trouve dans les *Mémoires de l'Académie des Inscriptions et Belles-Lettres*, dont il était depuis 1701 membre honoraire. Et, il faut le dire, bien qu'à peu près oublié, ses titres académiques sont incontestables : élève du collége de Roanne, tenu par les jésuites, il avait professé à Lyon les humanités, puis la philosophie jusqu'à l'âge de cinquante ans. Dans l'*Abrégé de son Cours de Philosophie*, publié dans cette même ville en 1661 et 1662 (2 vol. in-folio), on voit qu'il avait débarrassé la logique ordinaire d'une foule de questions oiseuses. On remarque dans ses conclusions philosophiques cet esprit d'impartialité et de conciliation qu'il apporta depuis dans les affaires de la cour et de l'Église. La partie physique de son *Cours* est riche en faits curieux, et annonce un homme de progrès.

Pour les Parisiens, la mémoire du Père La Chaise ne mourra point : car son nom a été donné par le peuple au plus beau cimetière de la capitale, établi là où fut la maison de campagne que Louis XIV lui fit bâtir sous la dénomination de *Mont-Louis*. Charles Du Rozoir.

LA CHALOTAIS (Louis-René de Caradeuc de), procureur général au parlement de Bretagne, avait soixante ans lorsque commença sa renommée, par les *comptes-rendus* ou les rapports sur les *constitutions des jésuites*. Il prononça deux de ces comptes-rendus devant le parlement de Rennes, en décembre 1761 et en mai 1762. « Je ne connais point de pays, point de nation, soit monarchique, ou aristocratique, ou vivant sous une démocratie , avec les lois desquels les constitutions des jésuites puissent s'allier. » Ce jugement sans merci porté par La Chalotais, dans son premier compte-rendu, fit dire à Grimm que les jésuites pouvaient hardiment le regarder comme leur destructeur en France. Cependant, les jésuites, qui professaient, selon l'un de leurs casuistes, cité par Pascal, la doctrine qu'il est permis de tuer pour un affront, trouvèrent bientôt à se venger du magistrat qui avait tant contribué à la destruction de leur Société. Le ministère ayant voulu faire enregistrer par le parlement de Rennes des édits sur les impôts qui attaquaient les vieilles franchises de la province, le parlement, et surtout La Chalotais, s'y opposèrent vivement, et après plusieurs mois de lutte, ce dernier fut traîné en prison, avec son fils et trois conseillers, qui avaient partagé sa résistance. Ce traitement inique et l'absurdité de l'accusation, dont Calonne et le duc d'Aiguillon furent les auteurs ou les complices, sont exposés dans deux Mémoires de La Chalotais, remarquables par la franchise, la modération et la dignité. Le premier de ces Mémoires, daté du château de Saint-Malo, le 15 janvier 1766, se termine par ces mots : « Écrit avec une plume faite d'un cure-dent, de l'encre faite avec de la suie de cheminée, du vinaigre et du sucre, sur des papiers d'enveloppe de chocolat. » Voltaire fit éclater son indignation sur la captivité de La Chalotais par les lignes suivantes : « Malheur à toute âme insensible qui n'éprouve pas le frémissement de la fièvre en lisant les Mémoires de l'infortuné La Chalotais! Son cure-dent grave pour l'immortalité. » Le second Mémoire de La Chalotais, qui est posthume, fut publié sous la rubrique de *Londres*, 1788, et il contient, outre l'origine des troubles de Bretagne, de solides réflexions sur les lois criminelles.

La Chalotais est auteur d'un *Essai d'Éducation nationale*, *ou plan d'études pour la jeunesse* (1763, in-8°).

« Vous intitulez l'ouvrage, lui écrivait Voltaire : *Essai d'un plan d'études pour les collèges* ; et moi je l'intitule : *Instruction d'un homme d'État pour éclairer tous les citoyens*. » Grimm fait aussi le plus grand éloge de l'*Essai d'Éducation nationale*, et il va jusqu'à dire qu'il viendra un temps où l'on regardera ce *petit livret* comme un des meilleurs ouvrages du siècle. Chénier, dans un discours sur les progrès des connaissances en Europe et de l'enseignement public en France, cite avec estime le jugement de La Chalotais sur l'institution des anciens collèges, et il ajoute que le nouveau plan présenté par ce magistrat se rapprochait à beaucoup d'égards du mode suivi depuis dans les *écoles centrales*.

La conduite et la mémoire de La Chalotais furent en quelque sorte remises en question, en 1826, par une discussion historique entre deux journaux de Paris (*Le Courrier* et *L'Étoile*), qui suscita un procès fort étrange devant le tribunal de police correctionnelle. Il fut porté plainte en diffamation envers la mémoire de La Chalotais, par sa famille, contre les propriétaires de *L'Étoile*. Les avocats des demandeurs étaient M. Berryer fils et M. Bernard, avocat du barreau de Rennes. L'éditeur du journal *L'Étoile*, défendu par M. Hennequin, fut renvoyé de la plainte, et la partie civile condamnée aux dépens.

La Chalotais mourut en 1785, dans l'exercice de ses fonctions, et La Chalotais fils, qui, par une faveur spéciale, avait été adjoint à son père dans le ministère public, comme il avait été précédemment associé à son accusation et à sa captivité, périt sur l'échafaud révolutionnaire.

Parent-Réal.

LACHAMBEAUDIE (Pierre), est né vers 1810, dans un village de l'arrondissement de Ribérac (Dordogne). Son père était un paysan aisé; l'enfant reçut l'éducation de l'école de son village. Il vint ensuite chercher fortune à Paris, où, après avoir été maître d'études, il se mit à faire des fables, encouragé qu'il était par M. Scribe. C'est en 1839 que parut, avec une préface d'Émile Souvestre, la première édition des fables de Lachambeaudie; et bientôt après, une nouvelle édition prouvait que l'apologue trouvait faveur et dans le salon et dans l'atelier. Lachambeaudie, en véritable enfant du peuple, allait en effet lui-même placer son modeste livre de maison en maison ; on ouvrait ce livre, et bientôt on se prenait à le lire avec plaisir, avec intérêt, ces vers coulants et faciles, dont la moralité avait un cachet tout nouveau ; car ce n'était plus une conséquence applicable à la vie privée, comme chez tous les fabulistes ses devanciers : c'était une moralité sociale que le jeune poète tirait de chacune de ses narrations, c'était une idée progressiste, une pensée de réforme qu'il en faisait sortir.

En 1848 on vit le poète siéger au bureau de la Société centrale Républicaine (*club Blanqui*). Dans les clubs, dans les banquets, entre de fougueuses motions et des toasts virulents, on voyait apparaître tout à coup le fabuliste populaire, qui venait débiter avec bonhomie ses apologues au milieu des applaudissements de la masse. Après les événements de juin 1848, Lachambeaudie fut arrêté, jeté sur un ponton; et il fallut l'intercession de Béranger pour que le gouvernement du général Cavaignac n'exilât point en Afrique notre fabuliste politique. Après le 2 décembre Lachambeaudie fut encore arrêté et jeté sur *Le Duguesclin*, pour Cayenne en perspective ; mais les démarches d'un membre de l'Académie Française le firent encore remettre en liberté, à la condition qu'il sortirait du territoire français ; depuis lors il habite Bruxelles. L'Académie Française a couronné deux fois les fables de Lachambeaudie, qui comptent aujourd'hui bon nombre d'éditions.

LA CHÂTRE. *Voyez* Indre (Département de l').

LA CHÂTRE, vieille et illustre famille, originaire du Berry. Nous ne citerons ses membres les plus connus.

LA CHATRE (Claude, baron de), maréchal de France, né en 1526, fut gouverneur du Berry sous Charles IX, et assiégea la ville de Sancerre, qui tenait pour les protestants. Elle ne se rendit qu'après un blocus de dix-neuf mois. S'étant jeté ensuite dans le parti de la Ligue, il fut fait maréchal par le duc de Mayenne; mais il fit sa paix avec Henri IV, qui le confirma dans cette dignité et lui fit en outre les conditions les plus avantageuses. Il mourut en 1614.

LA CHATRE-NANÇAY (Edme, comte de), né à la fin du seizième siècle, nommé, en 1643, colonel général des Suisses, fut blessé et fait prisonnier à la bataille de Nordlingen, et mourut quelque temps après, à Philipsbourg, des suites de sa blessure. On lui doit de curieux Mémoires sur la fin du règne de Louis XIII.

Un marquis La Chatre, seigneur de la cour de Louis XIV, fut l'amant de Ninon. C'est à lui que la célèbre courtisane remit ce *bon billet*, dont l'histoire fit fortune et qui enrichit notre langue d'un nouveau proverbe.

LA CHATRE (Claude-Louis, comte, puis duc de), né en 1745, à Paris, député à l'Assemblée nationale, où il siégea au côté droit, émigra en 1792, et leva pour l'armée des princes un régiment qu'il appela *loyal-émigrant*, avec lequel il fit l'expédition de Quiberon. A la rentrée des Bourbons, il fut nommé ambassadeur à Londres, lieutenant général, gentilhomme de la chambre du roi, pair de France, ministre d'État, membre du conseil privé et créé duc. Il mourut en 1824.

LA CHAUSSÉE (Pierre-Claude Nivelle de), membre de l'Académie Française, né à Paris, en 1692, et mort en 1754, fut encouragé dans la carrière des lettres par le succès de son *Épître à Clio*. Voltaire lui adressa ce quatrain :

> Lorsque sa muse courroucée
> Quitta le coupable Rousseau,
> Elle te donna son pinceau,
> Sage et modeste La Chaussée.

L'auteur du *Siècle de Louis XIV* prodigue à La Chaussée les épithètes d'*homme estimable*, de *bon versificateur*, ayant surtout du talent pour le genre didactique. Il le présente aussi *comme un des premiers après ceux qui ont eu du génie*; mais il ne parle point de la révolution qu'opéra La Chaussée dans l'art dramatique, révolution que l'on pourrait regarder comme subsistant encore, si son premier auteur n'eût été de beaucoup dépassé. *Mélanide*, *L'École des Mères* et *La Gouvernante* sont des comédies du genre larmoyant, et l'on assure que *Le Préjugé à la mode* est la traduction sérieuse d'une parade jouée ou improvisée dans le château d'un grand seigneur. Mlle Quinault pressentit tout l'effet que ce drame pourrait produire sur la scène française, et détermina le jeune La Chaussée à s'en charger. Ses succès lui ont attiré, selon l'usage, des louanges hyperboliques et des critiques injustes. Piron l'appelait le révérend père La Chaussée; Collé le surnommait le *Cotin dramatique*, et l'accusait de faire prêcher des homélies aux Français. Il n'est resté de tous ces éloges, de toutes ces diatribes, que beaucoup d'estime pour la personne et pour les écrits de ce premier inventeur du drame moderne. *La Gouvernante*, qui est, croyons-nous, la seule des pièces de La Chaussée qu'on ait essayé de reprendre de nos jours, n'a été accueillie qu'avec froideur. Le trait vertueux de ce magistrat payant de sa fortune l'erreur commise par lui comme rapporteur dans un procès serait impossible avec nos mœurs judiciaires actuelles. La Harpe préfère à tous les autres ouvrages de La Chaussée *L'École des Mères*, comme « réunissant à l'intérêt du drame des caractères, des mœurs et des situations de comédie ». C'est, selon le même critique, une des meilleures comédies du siècle. Le parterre moderne n'a point confirmé ce jugement. BRETON.

LA CHAUX DE FONDS. *Voyez* CHAUX DE FONDS.

LACHESIS (en grec Λάχεσις, mot qui dans la même langue signifie aussi *sort*), une des trois Parques, celle qui tenait le fuseau, ou la quenouille suivant d'autres, car les poëtes ne se gênent guère pour mêler leurs attributions.

LÂCHETÉ, manque de courage, qui fait qu'on n'ose s'opposer au danger. Quand elle dérive de l'essence même du caractère, c'est de tous les vices celui qui dégrade le plus l'homme. Celle qui ne tient qu'à une première surprise des sens passe vite, et n'est qu'un simple accident. Frédéric le Grand a pris la fuite dans le premier combat où il a commandé : depuis, il s'est montré sur le champ de bataille plein de calme et de sang-froid ; au besoin on l'a vu se battre corps à corps et être blessé comme un simple soldat.

Il est une espèce de lâcheté qui se conserve, et que nous appellerons *lâcheté morale*; elle consiste dans l'abandon complet de tout ce qui est *devoir* : le besoin de parvenir, de faire fortune ou d'échapper à un péril menaçant, telles sont les sources principales où elle se puise. Quelle assemblée a jamais poussé plus loin toutes les abjections de la lâcheté que les sénateurs romains sous les empereurs? Il ne s'agissait cependant pour eux que de joindre quelques jours de plus à une vie agitée sans cesse par la frayeur et enlevée au plus léger caprice. Dix-huit siècles plus tard, au fort de la terreur, que d'hommes n'avons-nous pas vus, à Paris, devenir bourreaux pour ne pas se voir victimes!

Les femmes, si timides à l'aspect des dangers physiques, sont pleines d'audace et de courage lorsqu'il s'agit d'obéir aux impressions légitimes de leur cœur ou de remplir certaines obligations en harmonie avec leur conscience; aussi ne sont-elles jamais plus admirables qu'aux temps des proscriptions. SAINT-PROSPER.

LACK. Dans les Grandes Indes ce mot désigne une somme de 100,000 roupies. Il y a diverses espèces de roupies. Le lack de roupies de la Compagnie anglaise des Indes équivaut à environ 240,000 fr.; cent *lacks* ou dix millions de roupies font un *crorc*.

LAC-LAKE. *Voyez* LAQUE.

LACLOS (PIERRE-AMBROISE CHODERLOS DE), fils d'un gentilhomme de la ville d'Amiens, est célèbre parmi nous pour avoir écrit un roman tout rempli d'atroces peintures et d'horribles vérités. Choderlos de Laclos, né en 1741, à Amiens, mourut à Tarente, le 15 octobre 1805. Il commença d'abord par être aspirant au corps royal du génie; à dix-neuf ans il était sous-lieutenant. Il parvint ensuite au grade de capitaine. Pendant que *l'Esprit des Lois* jetait au loin ses brusques et irrésistibles clartés, pendant que Voltaire, ce roi de Ferney et du monde, appelait tous les esprits à la révolte à force d'ironie, de sarcasmes et de génie, tout au bas de l'échelle philosophique, d'obscurs romanciers, d'infiniment petits poëtes, faisaient de leur mieux pour corriger leur siècle. Ces petits messieurs, à l'exemple de l'auteur de l'*Héloïse*, s'écriaient tous à qui mieux mieux :

« Il faut des romans aux peuples corrompus ; j'ai vu les mœurs de mon temps, et j'ai publié mon livre! » Et pour être tout à fait à la hauteur de ce peuple corrompu et des mœurs du temps, ces messieurs joûtaient entre eux à qui écrirait le livre le plus élégamment obscène et le plus innocemment corrompu. Dorat, l'homme aux *Six Maîtresses*, et Crébillon, l'auteur du *Sopha*, et Duclos, cet ingénieux esprit, le grave président de Montesquieu lui-même, et Diderot, ce fougueux tribun, et Mirabeau, ce déchaîné qui allait envahir la politique, tous enfin à la fois, et chacun en particulier, ils écrivaient leur petit roman frivole, obscène, ironique, sceptique, pâle et licencieux reflet de l'*Héloïse*. L'auteur de l'*Histoire de Charles XII* lui-même déposait sur le giron soyeux de Mme de Pompadour *Candide* et quelques petits chants de *La Pucelle*; le moyen de résister à de si hardis exemples, et partis de si haut ! Aussi était-ce une mode générale ; et cependant, jugez de l'effroi public le jour où ce jeune capitaine, de cœur, d'énergie et de style, fit paraître son livre intitulé : *Les Liaisons dangereuses!*

D'abord on pensa que c'était tout simplement un nouveau mousquetaire qui sacrifiait tant bien que mal au goût du jour. C'était peut-être quelque nouveau conte *moral* de Marmontel, bon à lire demain au sortir de lui, dans un instant de désœuvrement et de migraine. Ce n'était pas un conte *moral*, c'était une terrible histoire. Il ne s'agissait plus de ces récits de bergerie sentimentale, d'Amaryllis en paniers et de bergers Tircis armés de la houlette ; c'était quelque chose d'aussi brutal que *La Religieuse* de Diderot, mais d'une application plus immédiate et plus violente. *La Religieuse*, c'est l'histoire du couvent ; *Les liaisons dangereuses*, c'est l'histoire du grand monde. Dans ce livre terrible, ainsi que dans un miroir fidèle, cette société perdue de luxe, de vices, d'esprit et d'élégance, put se voir enfin telle qu'elle était, vicieuse jusqu'à l'âme, corrompue jusqu'au fond du cœur, énervée jusqu'à la dernière fibre, dévorée de la horrible lèpre, sans remède et sans espoir. Le mérite littéraire des *Liaisons dangereuses* n'est pas un de ces rares mérites qui sauvent de l'oubli les livres et les hommes. Il est vrai que le style en est rapide, coloré, énergique, passionné, rempli de plusieurs qualités incontestables, mais, à tout prendre, c'est le style affaibli de J.-J. Rousseau.

Aux *Liaisons dangereuses* s'arrête la vie de Choderlos de Laclos. La révolution de 1789 arriva, qui fit pâlir tous les petits chefs-d'œuvre qui l'avaient précédée. Dans cet immense tourbillon, que pouvait faire l'auteur des *Liaisons dangereuses* ? Il fit comme beaucoup de gens d'esprit de cette époque, il se mit à la tête de l'agitateur, qui tournait ses propres armes contre lui-même. En 1791 Laclos était un des principaux rédacteurs du *Journal des Amis de la Constitution*, qui

n'avait pas d'autre but que le renversement de la constitution. Ce fut Laclos qui rédigea avec Brissot la terrible pétition du Champ-de-Mars, où le jugement du roi, c'est-à-dire la tête du roi, était hautement demandé. Le jour de cette pétition, on vit Laclos se promener à la tête de l'émeute, ou plutôt à la tête de cette révolution nouvelle. Et qu'il dut être étonné de lui-même, cet élégant peintre de la société parisienne, quand il se vit à la tête de cette populace en haillons, qui proférait des cris de mort! En 1792 Laclos, fatigué sans doute de ces excès de place publique, rentra au service avec un grade supérieur. La même année il fut nommé gouverneur des établissements français dans l'Inde; mais il avait porté sa lèvre à la coupe des révolutions, plus funeste que la coupe de Circé. Il préféra à son brillant commandement dans l'Inde toutes les agitations de ce Palais-Royal, soulevé au dedans et au dehors. Il obtint dans ces luttes politiques tous les succès qui y étaient attachés : la proscription et la prison; il eût obtenu les honneurs de l'échafaud, le 9 thermidor le sauva. A peine hors de sa prison, on le nomma administrateur des hypothèques; puis il redevint une troisième fois militaire, sans avoir jamais cessé d'être homme de beaucoup d'intelligence et d'esprit. Il était officier supérieur d'artillerie, et il s'était signalé par de belles actions sur le Rhin et en Italie, quand il mourut, tout préparé aux destinées brillantes que le nouveau maître de la France réservait à ses compagnons de gloire.
Jules Janin.

LA CONDAMINE (Charles-Marie de) joignit, dans le dernier siècle, à la réputation d'un savant distingué celle d'un littérateur agréable. Né à Paris, en 1701, il eut une jeunesse ardente et fougueuse; toutefois, son amour pour les sciences triompha bientôt de son goût pour les plaisirs : afin de se livrer entièrement aux premières, il renonça même à la carrière des armes, dans laquelle il était d'abord entré. Plusieurs ouvrages importants et divers voyages scientifiques l'avaient déjà fait admettre dans le sein de l'Académie des Sciences, lorsque cette société lui confia, en 1736, la mission d'aller avec Godin et Bouguer exécuter au Pérou des opérations destinées à déterminer la figure de la terre. Différentes circonstances contribuèrent à nuire aux résultats qu'on pouvait espérer de cette excursion lointaine, que rendit même dangereuse pour La Condamine et ses collègues l'imprudente conduite d'un de leurs compagnons de voyage. La Condamine, de retour en France, en fit une autre, dont il n'eut guère plus à se féliciter. Alors encore il y avait en Angleterre, à Londres même, parmi le peuple, une disposition très-inhospitalière contre les Français. Notre savant eut à s'en plaindre; il s'en plaignit hautement dans un écrit adressé *à la nation anglaise*. Les journalistes du pays lui répondirent pour elle, qu'elle aimait mieux « avoir moins de *police* et plus de *liberté* ». Cette liberté-là était proche parente de la licence, et le peuple anglais l'a senti lui-même plus tard. Le désagrément de cette aventure fut, du reste, amplement compensé par les suffrages européens accordés aux travaux de La Condamine. Les principales Académies du continent, celles de Londres, Berlin, Pétersbourg et l'Institut de Bologne s'empressèrent de le recevoir parmi leurs membres, et l'Académie Française voulut aussi posséder cette haute célébrité.

De précoces infirmités avaient atteint La Condamine; elles furent adoucies par les tendres soins et l'attachement d'une jeune nièce, dont il devint l'époux à cinquante-cinq ans.

Les progrès des sciences géographiques et mathématiques ont enlevé beaucoup de leur intérêt aux ouvrages de La Condamine; nous citerons pourtant ses *Mémoires sur l'inoculation*. La reconnaissance publique ne doit point oublier qu'il se montra le plus ardent défenseur de cette salutaire innovation, qu'il combattit pour elle en prose et en vers, car la poésie légère était pour lui le délassement des hautes sciences, et il y mettait beaucoup de sel et de finesse. Aux qualités essentielles de l'âme et de l'esprit, La Condamine joignit quelques défauts de l'un et de l'autre. Parfois, mordant et âpre dans sa polémique contre ses confrères, il était, dans la société, fatigant par une curiosité sans mesure et par la prolixité de ses récits, bien que semés d'anecdotes curieuses. Aussi lorsqu'il prit place à l'Académie Française, on fit circuler cette épigramme à deux tranchants :

La Condamine est aujourd'hui
Reçu dans la troupe immortelle :
Il est bien sourd, tant mieux pour lui ;
Mais non muet, tant pis pour elle !

Ce célèbre académicien mourut en 1774, avec une philosophie et une fermeté sans ostentation, des suites d'une opération douloureuse, sur laquelle il fit, deux jours avant d'expirer, un couplet fort gai, qu'il chanta lui-même à un ami qui venait le visiter. *L'Éloge de La Condamine* fait partie de ceux que Condorcet a prononcés dans l'Académie des Sciences.
Ourry.

LACONIE. *Voyez* Sparte.

LACONISME, expression ou phrase concise et énergique à la manière des Lacédémoniens, qui avaient l'art de dire beaucoup en peu de paroles. Lorsque Philippe de Macédoine leur écrivit une longue lettre pour les menacer de sa colère s'il entrait dans leur ville, ils se bornèrent à lui répondre : Si. On appelle encore laconisme la grande concision du langage et du style; celle-ci emporte toujours une idée de perfection; le laconisme entraîne parfois une idée de défaut, d'obscurité.

LACORDAIRE (Jean-Baptiste-Henri, abbé), dominicain, célèbre prédicateur contemporain, est né en mai 1802, à Recey-sur-Ource (Côte-d'Or), où son père, médecin, était venu se fixer après avoir fait une des campagnes de la guerre d'Amérique. Le jeune Lacordaire fit ses études au lycée de Dijon, étudia le droit dans la même ville, et vint faire son stage à Paris, en 1822. Il commençait à plaider, et avec succès, quand tout d'un coup, vers 1824, il renonça au barreau et entra à Saint-Sulpice. Sous son nouvel habit, il conserva un certain sentiment d'amour de la liberté, qu'il crut pouvoir rattacher au christianisme. C'est ainsi qu'il refusa de confondre l'idée de fidélité religieuse avec celle de légitimité politique. Cette tendance le fit s'associer en 1830 à l'œuvre tentée par Lamennais dans *L'Avenir*. Au mois de septembre 1831, il comparut avec MM. de Montalembert et de Coux devant la cour des pairs, M. de Montalembert appartenant à la chambre haute, tous trois accusés d'avoir ouvert une école sans autorisation préalable. Ce fut M. Lacordaire qui répliqua à M. Persil, procureur général. Les trois inculpés furent reconnus coupables, mais condamnés au minimum de la peine, 100 fr. d'amende chacun, et solidairement aux frais, sans prison. Quand la publication de *L'Avenir* eut provoqué de la part du saint-siège un jugement de désapprobation, tous les rédacteurs se soumirent dans le premier instant; mais tandis que le maître ne subissait le joug qu'en frémissant, l'abbé Lacordaire se résignait simplement et pour toujours.

En 1834, l'abbé Lacordaire, qui avait commencé par être aumônier d'un collége de Paris, ouvrit une conférence religieuse au collége Stanislas; l'année suivante il prêchait à Notre-Dame, devant M. de Quélen. Après deux ans de succès, l'abbé Lacordaire partit pour Rome, et sous le nom de Dominique il entrait comme novice dominicain au couvent de La Minerve, le 9 avril 1839. Dans l'espoir de réhabiliter cet ordre, directeur de saint-office, il publia un mémoire pour rétablissement en France de l'ordre des Frères prêcheurs, et écrivit une *Vie de saint Dominique*. Dans l'intervalle, il alla prêcher à Metz, puis il reparut dans la chaire de Notre-Dame à Paris, le 14 février 1841. Il s'essaya aussi dans un genre dont nous avons en France tant d'admirables modèles, l'oraison funèbre : il prononça celle d'O'Connell, celle de M. de Forbin-Janson, évêque de Nancy, et celle du général Drouot.

Après la révolution de Février, il fut nommé représentant

à l'Assemblée constituante par le département des Bouches-du-Rhône. Il y parut avec son habit de dominicain, mais il y brilla peu ; et après l'invasion du 15 mai, il donna sa démission. Il reprit son rôle indépendant, ses conférences, prononça des homélies, et fit même le prône à l'église des Carmes. Il avait vanté l'association, il blâma l'inquisition, écrivit une préface pour un livre de magnétisme, défendit les grands écrivains de l'antiquité comme classiques, et promena encore son éloquence en différentes villes. Après le rétablissement de l'empire, il prêcha à Paris un sermon qui excita de vives alarmes dans de hautes régions, et qui, disait-on, lui avait valu un avertissement de la part de ses supérieurs ecclésiastiques. L'archevêque de Paris démentit ces bruits, et M. Lacordaire lui-même défendit son discours. En 1850, étant allé à Rome pour représenter l'archevêque de Paris, qui avait condamné les rédacteurs de *L'Univers*, il réussit mal dans sa mission, puisque l'archevêque dut lever son interdit ; mais le pape érigea du moins les couvents dominicains de France en province particulière, et le père Lacordaire en fut nommé provincial. Quatre ans après, ses fonctions cessèrent, et il céda la place au père Dauzas ; mais en même temps il prit la direction du collège de Sorrèze, qui lui appartient, et reçut le titre de vicaire général du *tiers ordre enseignant*.

Comme prédicateur, l'abbé Lacordaire n'a rien de la forme classique. « L'antique serpent de l'erreur, changeant de couleurs au soleil de chaque siècle, il faut, dit-il lui-même, que la prédication d'enseignement et de controverse, souple autant que l'ignorance, subtile autant que l'erreur, imite leur puissante versatilité. » Dans son rôle d'apôtre, il n'entend pas convertir d'un coup, il se propose seulement d'ébranler et de faire rendre témoignage. Cependant, suivant M. Madrolle, « il sait plus de littérature que d'histoire, plus d'histoire que de philosophie, plus de philosophie et même de politique que de théologie, et cela parce qu'il est toujours plus d'imagination que de jugement, plus de préoccupation du monde que d'esprit du sanctuaire ».

M. l'abbé Lacordaire a trois frères : l'un, *Théodore* LACORDAIRE, collaborateur de la *Revue des Deux Mondes*, est depuis plusieurs années professeur d'histoire naturelle à l'université de Liége ; il a fait quatre voyages dans l'Amérique du Sud, et figure parmi les entomologistes distingués de notre époque. Un autre, architecte et ingénieur civil, ancien élève de l'École des Mines de Saint-Étienne, dirigea différents établissements, et vint se ruiner à Dijon en construisant un quartier nouveau. Nommé directeur des Gobelins le 30 septembre 1850, il est bientôt à repousser une diffamation qui le présentait comme devant cette place à un marché conclu par lui avec un membre de la Société du Dix décembre. Il occupe encore cette position aujourd'hui. Le plus jeune des frères Lacordaire est officier de cavalerie.

L. LOUVET.

LACRETELLE. Deux frères ont porté ce nom d'une manière distinguée.

LACRETELLE (PIERRE-LOUIS DE), l'aîné, naquit à Metz, en 1751. Il embrassa comme son père la carrière du barreau, et devint l'un des rédacteurs du grand *Répertoire de Jurisprudence*, puis du *Mercure de France*. Son *Discours sur le préjugé des peines infamantes* fut couronné par l'Académie de Metz, en 1784, et lui mérita le prix Montyon, que l'Académie Française lui adjugea en 1786. L'année suivante il fut appelé à faire partie de la commission chargée de préparer les réformes de la législation pénale. Député suppléant à l'Assemblée nationale, membre de l'Assemblée législative, il fut l'un des fondateurs du club des Feuillants. Après le 10 août, il vécut dans la retraite jusqu'au 9 thermidor. L'un des jurés de la haute cour nationale sous la constitution de l'an III, membre du Corps législatif en 1801, il remplaça La Harpe à l'Académie Française, en 1802. Adversaire avoué de l'établissement consulaire et impérial, il applaudit à la rentrée des Bourbons ; mais sous la Restauration il fit partie de l'opposition constitutionnelle. En 1817 il devint un des rédacteurs de *La Minerve*, et en 1820, ayant voulu éluder les dispositions de la loi de censure, il se vit condamner à un mois de prison. Il mourut le 5 septembre 1824, au moment où il préparait une édition complète de ses œuvres, qui se composent surtout d'opuscules politiques et littéraires. Nous ne citerons que *Charles-Artaud Malherbe* (pseudonyme de D'Aiembert), *roman théâtral*, et les dictionnaires de *Logique*, *Métaphysique* et *Morale* de l'Encyclopédie méthodique.

LACRETELLE (CHARLES-JOSEPH DE), le jeune, mort doyen de l'Académie Française, à Mâcon, en mars 1855, était aussi né à Metz, au mois de septembre 1766. Il débuta dans la carrière des lettres comme rédacteur du *Journal des Débats de l'Assemblée constituante*. Rédacteur du *Précurseur* au 13 vendémiaire, il se déclara contre la Convention, et fut du nombre des proscrits. Une nouvelle proscription l'ayant atteint au 18 fructidor, il passa deux ans à La Force et au Temple. Sous l'Empire il rédigea *Le Publiciste*, qui fut supprimé en 1810 et réuni à la *Gazette de France*. En dédommagement, l'auteur, qui était déjà censeur dramatique, fut nommé professeur d'histoire ancienne à la Faculté des Lettres, place dont il se démit quelques mois seulement avant sa mort. En 1811, il hérita du fauteuil d'Esménard à l'Académie Française. Rallié un des premiers aux Bourbons, il reprit sa chaire pendant les Cent Jours, après un pèlerinage en Belgique, et montra de nouveau son dévouement à la royauté après la seconde restauration. Cependant, en 1827, lorsque Peyronnet présenta sa fameuse loi, dite *de justice et d'amour*, sur la police de la presse, Lacretelle, s'élevant au sein de l'Académie contre cette loi funeste, provoqua de ce corps littéraire, en faveur de la presse menacée, une adresse au roi, ce qui lui fit perdre les fonctions de censeur. Suppléé dans sa chaire, d'abord par Ch. Du Rozoir, puis par M. Rosseeuw-Saint-Hilaire, il tenait encore quelquefois à honneur d'y reparaître pour faire entendre sa voix en les circonstances solennelles. En 1848 il se retira à Mâcon. Là il fit, en 1851, des discours sur le communisme et la révolution ; puis il composa encore un *Éloge de Delille* et une *Histoire de l'Abbaye de Cluny*.

Charles de Lacretelle s'est particulièrement occupé d'histoire, et notamment de celle de la Révolution. On a de lui : *Précis historique de la Révolution française* (1801-1806, 6 vol. in-18) ; *Histoire de France pendant les guerres de religion* (1814-16, 4 vol. in-8°) ; *Histoire de France pendant le dix-huitième siècle* (1808, 6 vol. in-8°) ; *Histoire de la Révolution française* (1821-27, 8 vol. in-8°) ; *Histoire de France depuis la Restauration* (1829 et suivantes, 4 vol. in-8°) ; *Considérations sur la cause des Grecs* (1825) ; *Tableau historique de la Grèce*, depuis la fondation de ses divers États jusqu'à nos jours ; *Testament politique et littéraire* (1840, 2 vol. in-8°). L. LOUVET.

LACROIX (SYLVESTRE-FRANÇOIS), membre de l'Académie des Sciences, naquit à Paris, en 1765. Élève de Monge, il professa les mathématiques successivement à l'École des Gardes-marine de Rochefort, à l'École Militaire de Paris et à l'École d'Artillerie de Besançon. Nommé, en 1793, examinateur des aspirants et des élèves ou des corps d'artillerie, Monge se l'adjoignit, en 1795, pour professer la géométrie descriptive à la première École Normale. Lacroix devint ensuite professeur de mathématiques à l'École centrale des Quatre-Nations, et en 1799 professeur d'analyse à l'École Polytechnique. L'Académie des Sciences, qui avait couronné son travail sur les assurances maritimes, en 1787, et qui deux ans après l'avait choisi pour correspondant, l'appela à succéder dans son sein à Borda, en 1799. A la réorganisation de l'université, Lacroix fut nommé professeur de mathématiques transcendantes à la Faculté des Sciences, dont il obtint en même temps le décanat. En 1815 il remplaça Mauduit au Collège de France, chaire pour laquelle il se démit de tous ses autres emplois, et qu'il occupa jusqu'à sa mort, arrivée le 25 mai 1844.

L'ouvrage le plus remarquable de Lacroix est son *Traité*

de calcul différentiel et de calcul intégral (Paris, 1797, 2 vol. in-4°; 3ᵉ édition, 1814, 2 vol. in-4°), que le jury chargé de la proposition des grands prix décennaux avait placé immédiatement après la *Mécanique analytique* de Lagrange. Son *Traité élémentaire du Calcul des Probabilités* (Paris, 1816, in-8°) n'est pas moins estimé; mais ce qui doit surtout sauver son nom de l'oubli, c'est d'avoir le premier, par son *Cours de Mathématiques élémentaires*, introduit la méthode analytique dans les livres élémentaires de mathématiques. Grand partisan des écoles centrales, Lacroix avait écrit, en 1805, un livre sur l'enseignement, dans lequel il cherchait à démontrer les avantages que peuvent avoir les connaissances mathématiques pratiques et usuelles sur les études théoriques et purement littéraires. Il demandait pour les jeunes gens une instruction plutôt solide que brillante, qui restât utile dans toutes les carrières à ceux qui n'auraient pas le temps d'achever leurs études. L. LOUVET.

LACROIX (EUGÈNE DE). *Voyez* DELACROIX (Eugène).

LACROIX (PAUL), connu sous le nom de *P. L. Jacob, Bibliophile*, né le 27 février 1806 à Paris, s'est fait une place dans la littérature, par ses bonnes éditions de Marot, de Rabelais, de Malfilâtre, de Dangeau; par ses savantes *Dissertations sur quelques points curieux de l'histoire de France et de l'histoire littéraire* (Paris, 1834-1838), et par son *Histoire du seizième siècle en France* (1834). On lui doit en outre : *Les Deux Fous* (1830); *Le roi des Ribauds* (1832); *La Danse Macabre* (1832); *Les Francs-Taupins* (1833); *Les Soirées de W. Scott à Paris* (1829-1830); *Le Bon vieux temps* (1834); *Médianoches* (1835); *Contes à mes petits-enfants* (1832); les *Mémoires de Gabrielle d'Estrées* (1829); les *Mémoires du cardinal Dubois*; *Vertu et tempérament* (1823); *Un divorce* (1832); *Quand j'étais jeune* (1833); *Une femme malheureuse* (1836); *De près et de loin* (1837); *Éloge du général Foy* (1826); *L'homme au masque de fer* (1837); *Histoire de Napoléon III* (1853), etc. Il avait débuté par écrire dans le *Figaro*.

Son frère, Jules LACROIX, né en 1809, a également publié des romans.

LACROIX-FRAINVILLE. *Voyez* DELACROIX-FRAINVILLE.

LACRYMA-CHRISTI, vin muscat qu'on récolte sur le mont *Somma*, dont le cratère volcanique éteint est situé près du Vésuve. Il y en a de deux sortes, du blanc et du rouge : le premier est généralement préféré; la récolte n'excède pas, année commune, une centaine d'hectolitres; mais la contrefaçon se charge de pourvoir aux besoins de la consommation. La plus grande partie du vin qui se trouve dans le commerce sous cette dénomination provient en effet des crus de Pouzzoles, d'Istria et de Nola. Dans bon nombre d'îles de l'Archipel grec, on récolte aussi des vins à peu près semblables, par exemple le *Madère de Malvoisie* de l'île de Candie, et le *vin de la Commanderie* de Chypre. Le nom bizarre de ce vin lui vient de ce que le raisin qui le produit, ayant la peau extraordinairement fine, laisse transsuder des gouttelettes qui ressemblent à des larmes.

LACRYMALE (Glande). *Voyez* GLANDE et LARME.

LACRYMATOIRE (du latin *lacryma*, larme), petit vase en usage, suivant certains antiquaires, chez les Romains pour recueillir et conserver les larmes versées dans les funérailles. Ces vases, ces fioles, que l'on trouve souvent dans les anciens tombeaux, sont de verre et quelquefois de terre. Il est constant aujourd'hui que ces vases n'ont jamais contenu que les baumes destinés à arroser le bûcher et les cendres des morts.

LACS, cordon délié. C'était avec des lacs de soie de couleurs variées qu'on attachait le sceau aux édits. C'était aussi avec des lacs de soie que les muets du sérail étranglaient ceux qui leur étaient désignés. C'est avec des lacs que l'on forme des nœuds coulants destinés à prendre des oiseaux, des lièvres, du gibier. On en fait quelquefois en crin. Par extension le lacs est une corde, d'une certaine longueur,

que l'on emploie pour abattre les chevaux. C'est aussi le *lasso* ou lacet dont quelques peuples de l'Amérique du Sud se servent pour prendre les chevaux sauvages, ou arrêter leurs ennemis. Pausanias rapporte déjà que les Sarmates se servaient d'un instrument analogue pour le même usage. Figurément, *lacs* se dit pour piége, embarras.

Les *lacs d'amour* sont des cordons ou rubans repliés sur eux-mêmes de manière à former un 8 renversé.

LACS (École des). *Voyez* LAKISTES.

LACTANCE (LUCIUS-CÆLIUS ou CÆCILIUS FIRMIANUS), philosophe chrétien du troisième siècle, naquit en Afrique, suivant quelques commentateurs, ou à Fermo, en Italie, suivant le père Franceschini. Lactance naquit et vécut très-longtemps dans le paganisme, étudiant la rhétorique, c'est-à-dire l'éloquence, sous Arnobe, à Sicca, en Numidie. Il s'y acquit une si grande réputation que Dioclétien le fit venir en Nicomédie, lieu de sa résidence, pour y enseigner la rhétorique latine. C'est pendant son séjour dans cette ville que s'éleva la persécution de cet empereur contre les chrétiens, l'une des plus terribles que l'Église ait eu à soutenir. On croit que les violences sanglantes des persécuteurs, jointes aux attaques dirigées contre le christianisme par Hiéroclès et Porphyre, l'amenèrent insensiblement à la connaissance de la vérité. Enfin, vers 317, il fut envoyé dans les Gaules par Constantin pour présider aux études de Crispus, son fils. Dans ce poste élevé, il méprisa les honneurs, les richesses, et vécut toujours pauvre dans le sein de l'opulence, au point de manquer souvent du nécessaire, dit Eusèbe, son contemporain. On croit qu'il mourut à Trèves, vers 330, dans un âge fort avancé.

Lactance est un des plus célèbres défenseurs du christianisme. Il combat avec la plus grande habileté les arguments que les anciens philosophes font valoir contre la doctrine de Jésus-Christ. Bossuet, qui l'avait lu avec attention, lui doit plusieurs de ses pensées vastes, de ces expressions éclatantes qui laissent dans l'âme une si vive impression. Un mérite particulier à ses ouvrages est celui de la méthode. On ne vante pas moins la pureté, la noblesse, la magnificence de son style, qui l'ont fait surnommer dans tous les siècles depuis saint Jérôme le *Cicéron chrétien*. Pourtant, on lui reproche d'avoir mêlé à la théologie trop d'idées philosophiques, d'être tombé dans quelques fautes de chronologie, et de ne s'être pas toujours exprimé sur certains de nos dogmes avec une rigoureuse exactitude.

Il faut placer en tête de ses œuvres les *Institutions divines*, dont le but est de mettre en parallèle les deux croyances qui à son époque se partageaient l'univers, le paganisme et la religion chrétienne. C'est le plus beau livre peut-être qui soit sorti de la plume des écrivains ecclésiastiques latins. Il en a donné lui-même un abrégé. Vient ensuite son traité *De la Colère de Dieu*, éloquente apologie de la Providence contre les épicuriens et les stoïciens; puis son travail *De la Mort des Persécuteurs*. On ne conteste plus à Lactance ce livre, dans lequel sa belle imagination se reproduit dans toute la pompe des formes oratoires. C'est un discours plutôt qu'un traité. Celui *De l'Ouvrage de Dieu* n'est qu'un commentaire, mais un commentaire chrétien des dialogues philosophiques de Cicéron. On lui attribue encore deux poèmes intitulés : le *Symposium* (le Banquet) et le *Phénix*. La meilleure édition des œuvres de Lactance est celle qui a été publiée à Rome, de 1754 à 1760, par le père Franceschini, avec des dissertations très-savantes et très-judicieuses.

J.-G. CHASSAGNOL.

LACTATE (du latin *lac, lactis*, lait), sel formé par la combinaison de l'acide lactique avec les bases. Les lactates, assez analogues aux acétates, contiennent toujours, si concentrés qu'ils soient, un équivalent d'eau. Ils sont solubles dans l'eau et en général neutres. Soumis à la distillation, ils donnent un produit analogue à l'acétone et que M. Pelouze a nommé *lactone*. Le lactate de chaux est très-blanc.

LACTATION, fonction en vertu de laquelle le lait est sécrété par la glande mammaire, puis excrété par les con-

LACTATION — LACUÉE

duits lactifères pour servir à la nourriture de l'enfant, il ne faut pas la confondre avec l'*a l l a i t e m e n t*, qui consiste simplement dans l'action que fait le nourrisson pour extraire de la mamelle le lait dont il doit s'abreuver.

La lactation s'établit d'ordinaire après l'accouchement. Le liquide qui s'écoule en premier lieu est jaunâtre, de saveur douce; c'est le *colostrum*, parfaitement approprié par ses qualités relâchantes et peu nutritives à la faiblesse des organes digestifs chez le nouveau-né. Bientôt ce liquide prend toutes les apparences du lait. Quarante-huit heures après l'accouchement, dans les cas ordinaires, on voit se déclarer les phénomènes connus sous le nom de *fièvre de lait*, effet de l'excitation produite dans l'économie par le travail de la sécrétion lactée, qui commence à se faire alors d'une manière plus active. La durée de cette fonction varie beaucoup. Il est des femmes chez lesquelles elle se prolonge plusieurs années; il en est d'autres chez lesquelles elle se supprime au bout de quelques mois. Quelquefois il y a exubérance dans la sécrétion : c'est ce qu'on appelle *galactirrhée*; cela peut aller jusqu'à amener le dépérissement de la nourrice. L'état opposé se nomme *agalaxie*. Il est une foule de circonstances qui peuvent modifier ou suspendre même tout à fait la lactation, entre autres de fortes émotions, une maladie, le retour des règles, une grossesse, l'inflammation des mamelles.

Les femmes désignent sous le nom de *montée du lait* la sensation qu'elles éprouvent lorsque ce liquide élaboré en proportion considérable dans la glande mammaire distend le sein et y occasionne un sentiment de fourmillement qui ne cesse que lorsqu'il a trouvé issue au dehors. L'excitation déterminée par la succion sur le mamelon a pour effet de renouveler incessamment le fluide, qui tarirait bientôt sans cela.

Il importe à la santé de la femme, dans les circonstances ordinaires, qu'elle allaite son nourrisson. Détournés de leur cours naturel, les matériaux de cette sécrétion salutaire afflueront vers les organes les plus irritables de l'économie, et y occasionneront des désorganisations irrémédiables. De là ces affections désignées par les anciens pathologistes sous le nom de *maladies laiteuses*; dénomination inexacte, en ce sens que le lait n'est pas, comme ils le pensaient, transporté *en nature* dans les divers appareils, mais qui cependant renferme un fonds de vérité que l'on perd trop de vue de nos jours, où il redevient de mode de ne plus allaiter ses enfants. Dr SAUCEROTTE.

LACTÉE (Diète). *Voyez* DIÈTE.

LACTÉE (Voie). *Voyez* VOIE LACTÉE.

LACTESCENT (de *lactescens*, ayant du lait), terme qu'on applique, en botanique, au suc de consistance laiteuse, quelle qu'en soit la couleur, qui coule de certaines plantes lorsqu'on leur fait une incision. La couleur de ce suc est tantôt blanche, comme dans la campanule, l'érable, la dent de lion, etc.; tantôt jaune, comme dans la chélidoine; quelquefois même rouge. La plupart des plantes lactescentes sont vénéneuses, à l'exception de celles qui ont des fleurs composées, lesquelles sont généralement bénignes.

LACTINE (du latin *lac*, *lactis*, lait). *Voyez* SUCRE DE LAIT.

LACTIQUE (Acide), du latin *lac*, *lactis*, lait. C'est un acide qui se forme par la fermentation du sucre de lait. On le trouve dans le petit-lait, dans le jus aigri de betterave, de pois, de lentilles, etc. C'est un liquide sirupeux, d'une couleur légèrement jaunâtre, inodore et d'une saveur aigrelette très-marquée, soluble dans l'eau, l'alcool et l'éther. Par la chaleur, il se décompose en acide acétique, et donne un résidu charbonneux, puis une poudre blanche ne différant de l'acide lactique ordinaire que par une moindre quantité d'eau, et qu'on nomme *acide lactique volatilisé solide*. L'acide lactique a été découvert par Scheele, en 1780. Braconnot reconnut le premier dans le jus de betterave un acide, qu'il appela *nancéique*, et qui n'est autre que l'acide lactique.

LACTONE. *Voyez* LACTATE.

LACUÉE (GÉRARD-JEAN), comte DE CESSAC, naquit le 4 octobre 1752, à Lampas, près d'Agen. Il suivit les cours du collège de cette ville, et y étudia avec ardeur les mathématiques, ses parents le destinant au génie. A la suite d'un duel qui le priva pendant quelques mois de l'usage du bras droit, et retarda ses progrès, il se détermina à entrer dans l'infanterie, et fit partie, en avril 1770, comme cadet gentilhomme, du régiment dauphin. Pendant les loisirs que lui laissait son service, il écrivit le *Guide de l'officier en campagne*, qui eut en peu de temps trois éditions. Il contribua en outre à la rédaction du *Dictionnaire Militaire*, dans l'*Encyclopédie méthodique*, où ses articles sont signés d'un C. Ce travail lui valut la protection du maréchal duc de Broglie, qui lui confia le commandement et l'instruction des cadets gentilshommes de la garnison de Metz. Lacuée avait alors (1783) le grade de capitaine en second. En 1787, à la veille de la réunion des états généraux, les régiments ayant été invités à donner leur avis sur la constitution de l'armée, la garnison de Metz le chargea de rédiger le sien. En 1789 le ministre de la guerre l'appela à faire partie du comité militaire formé sur la demande de l'Assemblée constituante. Il écrivit à cette époque, avec Servan, un opuscule sur la conscription, qu'il présenta au comité. En 1790 il accepta la place de commissaire du roi pour la formation des corps administratifs du Lot-et-Garonne, et y fut nommé par l'assemblée électorale procureur général-syndic. Député à l'Assemblée législative en 1791, il fut appelé en avril 92 au fauteuil de la présidence. Chargé par *interim* du ministère de la guerre, le lendemain du 10 août, il réussit, après beaucoup de peine, à opérer la réunion près de Sainte-Menehould des corps de Dumouriez, Dillon et Kellermann. C'est à cette jonction qu'est dû le gain de la bataille de Valmy.

En septembre 1792 Lacuée se rendit sur la frontière d'Espagne, en qualité de commissaire du pouvoir exécutif, pour y organiser la défense. Les services immenses qu'il y rendit lui valurent, en 1793, le grade de général de brigade. La même année, il refusa de prendre part au mouvement fédéraliste qui s'organisait dans le midi contre la Convention, et n'en fut pas moins destitué sur un rapport calumnieux des commissaires de cette assemblée. Mandé à Paris vers le mois de juillet, le même jour que les généraux Custine, Lamarlière, Houchard et Biron, qui périrent sur l'échafaud, il douta pas que le même sort ne lui fût réservé; mais, au moment d'être arrêté, il parvint, avec l'aide de quelques députés, à quitter Paris, et se réfugia dans une campagne isolée, où il vécut ignoré jusqu'au 3 pluviôse an III.

Remis en activité en 1795, il fut invité par Letourneur de la Manche, chargé des affaires militaires au comité de salut public, à venir en prendre la direction sous ses ordres. Il accepta, et remplaça Bonaparte dans ces fonctions, au moment où l'armée française passa le Rhin pour la première fois. En vendémiaire, il refusa le commandement des troupes de la Convention contre les sections insurgées. De 96 à 97, il fut nommé successivement député au Corps législatif, au conseil des Anciens, membre de l'Institut national (classe des Sciences morales et politiques), et président du conseil des Anciens. Député au Conseil des Cinq Cents, en 1789, il entra au conseil d'État en 1800. Le consul Bonaparte eut le bon esprit d'oublier dans cette circonstance que Lacuée l'avait remplacé en 95 dans la direction des armées, s'était prononcé contre l'expédition d'Égypte, et avait voté comme député le refus d'une partie du crédit qu'il demandait pour en achever la conquête.

De 1800 à 1810, il fut nommé par intérim plusieurs fois ministre de la guerre, président de la section de la guerre (1802), membre de l'Académie Française, gouverneur de l'École Polytechnique (1803), grand-officier de la Légion d'Honneur (1804), conseiller d'État à vie (1805), général de division, directeur général de la conscription et des revues (1806), ministre d'État (1807), ministre de

LACUÉE — LADANUM

l'administration de la guerre (1810). Les améliorations aussi nombreuses qu'importantes, qu'il introduisit dans ce vaste service lui valurent souvent les éloges de l'empereur. Dans les délibérations du conseil, il vota pour le mariage de Napoléon avec une princesse russe, combattit le projet de guerre contre la Russie, et s'exprima, dans toutes les occasions où l'empereur fit un appel particulier à ses lumières, avec franchise et fermeté. Après le désastre de 1812, il eut à réparer les pertes immenses de cette campagne. En 1813 il quitta le ministère, et fut replacé, comme président, à la tête de la section de la guerre, après avoir refusé le commandement du corps d'armée de réserve, destiné à couvrir la retraite du maréchal Soult sur Toulouse. Au retour de l'île d'Elbe, l'empereur lui fit expédier l'ordre de se rendre à Paris, et lui confia les fonctions de gouverneur de l'École Polytechnique. A la seconde restauration, il fut destitué et mis à la retraite. Depuis 1815 jusqu'en 1831, époque à laquelle il fut élevé à la pairie, il partagea ses loisirs entre les lettres et les arts, et s'éteignit, après une courte maladie, en 1842. A. LEGOIT.

LACURNE DE SAINTE-PALAYE (JEAN-BAPTISTE), né à Auxerre, en 1697, devint membre de l'Académie des Inscriptions et Belles-Lettres en 1724. Il enrichit de nombreux et curieux travaux sur l'histoire de France les *Mémoires* de l'Académie qui l'avait appelé dans son sein. On lui doit aussi une suite de très-intéressantes dissertations sur la chevalerie considérée comme établissement politique et militaire. Avant de les publier, il avait visité les plus riches dépôts littéraires de France et d'Italie. En 1725 la cour de France le chargea de sa correspondance avec le roi de Pologne Stanislas, alors à Weissembourg. Il fut reçu à l'Académie Française en 1758, et mourut en 1781, du chagrin que lui causa la perte d'un frère. Ses manuscrits forment plus de 100 volumes in-folio, qui se trouvent en partie à la Bibliothèque impériale et en partie à celle de l'Arsenal. A. SAVAGNER.

LACYDES, philosophe de l'école de Platon, né à Cyrène, vers l'an 260 avant J.-C., mourut en 215. Il avait embrassé la doctrine d'Arcésilas, dont il poussa à l'excès le scepticisme et auquel il succéda dans la direction de la deuxième académie. Il établit ses cours dans les jardins de cette institution, la quatrième année de la 134ᵉ olympiade, et il professa pendant environ vingt-cinq ans, sans jamais compter un grand nombre de disciples. On l'abandonna peu à peu pour Épicure, préférant le philosophe qui prêchait la volupté de l'âme et des sens à celui qui décriait les lumières de l'une et le témoignage des autres. D'ailleurs, il ne possédait ni cette éloquence, ni cette subtilité, ni cette vigueur de dialectique avec lesquelles Arcésilas avait porté le trouble parmi les stoïciens et les dogmatiques. Il fut remplacé par ses deux disciples Télèclo et Évandre. Celui-ci eut pour successeur Égésine de Pergame, auquel succéda Carnéade, qui devint le chef de la nouvelle académie.

LACY ÉVANS. *Voyez* ÉVANS DE LACY.

LADAKH, appelé aussi *second Thibet* ou *Thibet central*, royaume ou principauté du plateau central de l'Asie, situé entre le 32° 1/2 et le 36° de latitude septentrionale, et le 92° et le 97° de longitude orientale. Borné au sud et au sud-est par l'Himalaya de Kaschmir, au nord-ouest par le Baltistan ou Petit-Thibet, au nord, vers la petite Bucharie, par les Karakorum-Padischah ou Monts-Frontières, et à l'est par le Thibet proprement dit, il occupe une surface d'environ 1,000 myriamètres carrés, et compte une population de 150 à 200,000 habitants, Thibétains d'origine et de langage, les uns mahométans et les autres bouddhistes. Il est divisé en quatre districts : *Leh*, *Nobra*, *Zanskar* et *Pitti* ou *Pourak*. Limité par les hautes montagnes dont nous avons parlé, il est également parcouru à l'intérieur par de nombreuses chaînes, courant parallèlement à celles-ci dans la direction du nord-ouest et atteignant une altitude de 4,500 à 5,300 mètres, entre lesquelles d'étroites vallées présentent l'unique partie du sol susceptible d'être cultivée, mais sans avoir rien de bien attrayant pour le cultivateur. Le principal cours d'eau qui traverse ces montagnes sauvages et presque inaccessibles est l'Indus supérieur, qu'on y désigne sous les noms de *Ladakh* ou de *Singh-cha-bab*, et qui reçoit le Schayouk et diverses autres grandes rivières, navigables pour la plupart et charriant de l'or. Le ciel y est presque constamment clair, l'hiver très-froid, et l'été très-chaud. Il n'y tombe que fort peu de pluie, mais les céréales y mûrissent vite pendant l'été. Les habitants font preuve d'une grande industrie pour disposer le sol arable de leurs montagnes en terrasses, sur lesquelles ils récoltent toutes espèces de grains et de légumes. Les forêts y sont rares. Les espèces dominantes sont le thuya, le peuplier de Lombardie et le peuplier noir. On exploite peu les richesses que le sol contient en soufre, en sel et or; mais le borax ou *tinkal* contenu dans la vase d'un grand nombre de lacs constitue un article d'exportation assez important. En fait de bétail, on y élève surtout le bœuf, la chèvre et le mouton; et diverses espèces de gibier fournissent des ressources alimentaires ainsi que des fourrures. Les vivres y sont cependant fort chers, parce que les deux tiers du sol arable sont concacrés à l'entretien d'une caste sacerdotale aussi nombreuse que fainéante, et parce que l'on ne touche point aux excellents poissons contenus dans les rivières et les lacs du pays. Le grossier thé noir de la Chine, réduit en poudre et cuit, constitue la base de la nourriture des habitants, qui, du reste, sont d'une extrême sobriété. Fort sales de leurs personnes et dans leurs demeures, ils sont doux et paisibles, tolérants et laborieux. Ils fabriquent beaucoup de châles.

Leh, la capitale du pays, au nord et à peu de distance de l'Indus, au nord-ouest du Tschang-La, montagne haute de 5,200 mètres, dans une plaine bien cultivée et couverte de villages très-rapprochés les uns des autres, compte de 6 à 700 maisons à deux et à trois étages, et possède aussi un palais. C'est un point de passage pour les grandes caravanes allant de l'Yarkand dans la Petite-Bucharie, de l'Hlassa au Thibet, de la Russie à Kaschmir, à Lahore et dans le reste de l'Hindostan. Le gouvernement du Ladak est en apparence dans les mains d'un radjah; mais la puissance réelle y est exercée par les prêtres, qui ont aussi le monopole du commerce. Il n'y a pas longtemps encore que le Ladak était tributaire tout à la fois de la Chine et des Sikhs.

LADANUM, ou LABDANUM, noms que porte une substance gommo-résineuse, d'odeur agréable, de couleur vert noirâtre, et de saveur chaude et amère. Cette résine se recueille principalement dans les îles de l'Archipel grec, et surtout dans l'île de Candie. On la tire du ciste de Crète, et voici de quelle manière s'en fait la récolte. On choisit les jours les plus chauds de l'année pour pratiquer sur les cistes des lanières de cuir attachées à un bâton. La matière résineuse fluide qui transpire des feuilles de cet arbre s'attache à ces lanières, et pour l'en détacher on n'a qu'à les racler avec un couteau. Par ce moyen, un seul homme arrive à en ramasser une quantité qui s'élève souvent à près d'un kilogramme. Le ciste ladanifère de Provence, d'Espagne et de Portugal, contient également, tant sur ses feuilles qu'à l'extrémité de ses rameaux, une résine visqueuse, assez abondante en été, qui est un véritable ladanum : on l'obtient par le moyen de l'ébullition, qui la sépare et la fait monter à la surface de l'eau; mais elle est peu estimée. Le ladanum de l'Archipel nous est envoyé à l'état de grandes masses molles ou de magdaléons durs et tortillés. Les propriétés de cette substance sont d'être émolliente et atténuante extérieurement, et astringente, fortifiante et calmante quand elle est administrée à l'intérieur. Elle jouait autrefois un grand rôle dans les emplâtres résolutifs : comme stomachique, on la prescrivait jusqu'à la dose d'un gros; mais son usage est bien moindre aujourd'hui : à peine la retrouve-t-on dans la composition des clous odorants, ainsi que des pastilles odorantes. Les habitants de l'Archipel croient le ladanum un spécifique contre la peste : ils en ont souvent sur eux, et en respirent fréquemment le parfum.

3.

LADISLAS ou **WLADISLAFF**, nom de trois ducs et de quatre rois de Pologne.

LADISLAS Ier HERMANN régna de 1081 à 1102, entreprit avec succès plusieurs expéditions en Poméranie, comprima la révolte de son fils naturel Zbignieff, et partagea ensuite son royaume entre lui et son fils légitime Boleslas, en ne se réservant que les principales villes. Plus tard, ses deux fils se liguèrent contre lui, et le contraignirent à éloigner de sa cour son confident, le palatin Sichirech, de l'arbitraire duquel le pays avait eu beaucoup à souffrir. Ladislas mourut en 1102, à Plock, et repose sous un magnifique monument qui lui a été érigé dans la cathédrale.

LADISLAS II, petit-fils du précédent, obtint pour sa part, lors du partage de la Pologne effectué en 1139 par Boleslas III, Cracovie et la Silésie, en même temps que le droit de primogéniture sur ses frères. Mais ayant voulu dépouiller ceux-ci de leurs possessions, il fut vaincu sous les murs de Posen, et obligé de se réfugier en Allemagne avec son épouse, Agnès, sœur consanguine de l'empereur Conrad III. Après une expédition victorieuse en Pologne, Frédéric Ier essaya vainement de le rétablir sur le trône; et il mourut en Allemagne, en 1162. Ce furent seulement ses fils qui recouvrèrent la Silésie, où ils fondèrent les duchés de Breslau, de Ratibor et de Glogau de la maison de Piast.

LADISLAS III, fils de Mieczylaff III, duc de la Grande-Pologne, fut contraint, par suite des querelles qu'il eut avec le clergé, de renoncer, en 1207, aux droits de souveraineté qu'il avait longtemps exercés sous la suzeraineté des rois de Pologne, et mourut en 1231, après s'être vu expulsé même de la Grande-Pologne par son neveu Ladislas Odonicz.

LADISLAS Ier LOKJETEK (ou plutôt LADISLAS IV). Forcé, en sa qualité de duc de Cracovie, de soutenir un grand nombre de guerres contre les autres princes de Silésie et de Pologne et contre les Bohêmes, expulsé à diverses reprises de ses possessions et réduit à errer de côté et d'autre, il réussit cependant, à force de constance et d'énergie, à triompher de tous les obstacles, à réunir de nouveau comme État politique la Pologne, qui pendant près de vingt ans avait toujours été divisée, et à se faire couronner en 1319 à Cracovie comme roi de Pologne. Il eut la sagesse d'opérer la fusion complète de tous les intérêts et de provoquer un vif essor du commerce et de l'industrie. Il perfectionna beaucoup aussi l'administration de la justice. En faisant épouser à son fils la fille du grand-prince de Lithuanie, Gédimin, il prépara la réunion de la Pologne et de la Lithuanie.

LADISLAS II JAGELLO. *Voyez* JAGELLON.

LADISLAS III, fils et successeur de Jagellon, n'avait encore que dix ans lorsqu'il fut couronné, en 1434; et en 1439, à la mort d'Albert, il fut également élu et couronné roi de Hongrie sous le nom de Ladislas Ier. Dans la guerre contre les Turcs, il réussit, grâce à Hunyade, à conclure avec eux une trêve avantageuse de dix ans; mais à l'incitation du pape Eugène IV, qui le délia du serment qu'il avait prêté aux infidèles, il recommença les irruptions sur le territoire turc. Indignés de ce manque de foi, les Turcs remportèrent le 10 novembre 1444 la bataille de Varna, dans laquelle Ladislas périt, avec la plus grande partie de la noblesse.

LADISLAS IV, fils de Sigismond III, régna de 1632 à 1648. Il n'était encore que prince royal lorsque les Russes l'élurent pour czar; mais l'irrésolution de son père fut cause qu'il laissa échapper cette couronne. Prince spirituel et profondément politique, il s'efforça de remédier aux vices de la constitution polonaise, mais sans pouvoir y parvenir. C'est en vain qu'il chercha à mettre un terme à l'oppression des dissidents, qu'il convoqua le colloque de Thorn et qu'il prit la défense des malheureux Kosacks, auxquels on avait ravi tous leurs droits; la noblesse s'opposa à l'accomplissement de toutes ses vues bienfaisantes. Il avait, il est vrai, réussi à conclure d'avantageux traités avec les Russes et avec les Suédois, et Koniecpolski avait rejeté les Turcs au delà de Kaminiec ; mais l'insurrection générale des Kosacks sous Chmelnicki, qui vainquit l'armée polonaise à la bataille des Eaux d'Or, et l'anéantit ensuite à celle de Korsun, expose la Pologne à de nouveaux périls ; et la situation du royaume était des plus critiques lorsqu'il mourut, le 20 mai 1648, à Mirecz, laissant le trône à son frère Jean II Casimir.

LADISLAS ou **LANCELOT**, roi de Naples, naquit en 1376, et succéda à son père Charles III de Duras, n'étant encore âgé que de dix ans. Marguerite, sa mère, régna pendant sa minorité, qui fut agitée par les guerres civiles et la rivalité de la maison d'Anjou. En 1389, Ladislas épousa la fille d'un baron puissant. Boniface IX, le nouveau pape, se déclara en sa faveur ; en quelques années son parti grandit ; Naples le reconnut pour roi en 1399, et Louis II d'Anjou dut s'embarquer pour ses États de Provence. Ladislas justifiait par ses talents ces faveurs de la fortune; du reste, son ambition avait de hautes visées. Il voulait conquérir l'Italie entière et ceindre la couronne impériale. Invité par les mécontents de Hongrie à faire valoir ses droits au trône d'Arpad, il renonça sagement à ces éventualités lointaines, et vendit aux Vénitiens les places d'Illyrie que ses partisans lui avaient livrées. Puis il entreprit de réaliser ses projets ; en 1408 Rome lui ouvre ses portes; il envahit la Toscane; mais les Florentins arrêtent son élan à la journée de Rocca Secca, où il est défait par Braccio de Montone. Cependant les vainqueurs, qui ont rappelé Louis d'Anjou, ne savent pas profiter de leur victoire. Ladislas recommence des préparatifs formidables, et menace l'Italie, que sauve sa mort prématurée, suite de ses débauches (1414). Des deux femmes qu'il avait successivement épousées, Marie de Lusignan, et Marie veuve de Raimond Orsini, après avoir répudié Constance, la première, ne lui laissa aucun enfant. Sa sœur Jeanne II lui succéda.

LADOGA, le plus grand lac de l'Europe, situé au nord-ouest de la Russie, entre les gouvernements de Pétersbourg, d'Olonez et la grande-principauté de Finlande, a sept myriamètres de long sur onze de large, et occupe une superficie de près de 225 myriamètres carrés. Il est rempli de bas-fonds, de rochers et de bancs de sable, qui en rendent la navigation extrêmement dangereuse, surtout à cause des violents tourbillons de vent auxquels il est exposé, par suite de l'élévation et de l'escarpement de ses rives; ce fut pour remédier à cet inconvénient que Pierre le Grand fit creuser le canal de Ladoga, qui a été continué depuis Schlussenbourg jusqu'à l'embouchure du Swir.

Le lac Ladoga, à l'extrémité méridionale duquel se trouvent beaucoup de dunes et de marécages, abonde en poissons délicieux, notamment en saumons, et est à bon droit célèbre par sa masse d'eau; il sert en effet de décharge au lac de Saïma (le Wuoxa), au lac Onéga et au lac d'Ilmen (le Wolchof, qui a plus de 300 mètres de large), et reçoit en outre les eaux d'environ soixante-dix autres affluents moins importants, tandis qu'il n'a lui-même pour déverser ses siennes que la Néwa, qui se jette à Saint-Pétersbourg dans le golfe de Finlande. Des voies artificielles de communication, telles que le canal ci-dessus mentionné, relient le lac de Ladoga à la mer Caspienne et à la mer Blanche, et lui donnent une importance immense pour la navigation intérieure de la Russie.

LADRERIE, **LADRES**. Ces mots dérivés du nom de Lazare, patron des lépreux, ont servi à désigner, le premier une maladie analogue à la lèpre, couvrant la peau de pustules et d'écailles ; le second, l'homme qui est atteint de cette affection.

On emploie aussi le mot *ladre* au figuré pour désigner un homme insensible, sois physiquement, soit moralement.

On se sert encore du mot *ladrerie* pour désigner une avarice sordide, amenant celui qui en est atteint à se priver de tout et à vivre comme un malheureux, isolé de tout le monde.

On appelle lièvre *ladre* un lièvre qui habite des lieux marécageux.

En termes de maréchalerie, on nomme *ladre* un cheval qui a plusieurs petites taches naturellement dégarnies de poils et de couleur brune autour des yeux ou au bout du nez.

Enfin, *ladrerie* s'est dit aussi d'un hôpital pour les lépreux, ou *maladrerie*.

LADRERIE, maladie particulière au cochon. Son siége est dans le tissu cellulaire. Le premier symptôme est la tristesse du malade, un changement dans la couleur de ses yeux, la lenteur dans ses mouvements, et la diminution dans son appétit, la chute de ses soies, les bulles qui les produisent devenues sanguinolentes; quand il est arrivé à son dernier période, le malade a peu de jours à vivre. Il fallait que cette maladie fût bien commune jadis, puisque le gouvernement établit à cette époque, à titre d'office, des *conseillers du roi jurés langueyeurs de porcs*, et l'on ne voit pas que cette faculté d'origine royale ait jamais rendu d'autres services que celui de vous apprendre que tel cochon était ladre, que tel autre ne l'était point. Mais il a été fait, dans l'école vétérinaire d'Alfort, des observations qui sont d'une bien autre importance. A force d'observer les organes malades à la loupe, on a fini par s'apercevoir que les prétendus tubercules qui se manifestent dans toute l'habitude du corps, et particulièrement sur la langue, ne sont autre chose que les parois extérieures d'un petit sac dans lequel se renferme une h y d a t i d e, qui germe, croît, se meut et se multiplie. On a vu distinctement cet animal sortir la tête de son sac, y rentrer et se mouvoir. L'*axonge* étant une substance particulière, qui ne se trouve avec toute sa pureté que dans le cochon, il paraît qu'il y a un animal dont la fonction est de s'y établir exclusivement, et d'y vivre comme la chenille qui ne s'attache qu'au saule, le bombyx qui se fixe sur le mûrier, et les œstres qui se fixent dans le cerveau ou dans les intestins des bêtes ovines. Cte Français (de Nantes).

LADY. Peu de mots reviennent plus souvent dans la langue anglaise; nous l'avons adopté dans la nôtre pour désigner une dame anglaise, grande dame ou non. Ce mot est d'origine saxonne dans son acception la plus étendue, et signifie en anglais une *dame*, la dame d'un château, une maîtresse de maison, et même une maîtresse d'auberge, dans ce mot composé : *the landlady*. Un mari dit en parlant de sa femme : Ma *lady*, sans qu'elle soit une *lady* pour cela. Comme titre honorifique, le mot *lady* ne se donne pas indistinctement à toutes les dames, dans cette Angleterre où l'étiquette règne encore souverainement : la femme d'un lord, duc, comte, marquis, ou qui n'est que lord, est naturellement une lady; de même la femme d'un baronet, de même la femme d'un chevalier non héréditaire. Les femmes de la bourgeoisie ne sont point lady une telle, mais simplement *mistress*. Enfin, les filles de comte et de duc non encore mariées sont déjà *ladies*. Amédée Pichot.

LAEKEN, château royal situé près de Bruxelles, assez insignifiant sous le rapport de l'architecture comme sous celui de l'ameublement, mais avec un parc et des jardins qui méritent d'être visités, fut bâti en 1789, par le gouverneur des Pays-Bas autrichiens, et habité à diverses reprises, pendant le temps de la domination française, par Napoléon, notamment en 1811. C'est dans l'église de Laeken qu'est inhumée la reine des Belges, Louise d'Orléans. On a voir dans le cimetière du village de Laeken une belle statue en marbre, œuvre de Geefs, qui décore le tombeau de Mme Malibran.

LÆLIUS (Caius), consul romain, l'an 140 avant J.-C., que ses talents et ses lumières avaient fait surnommer le *Sage* (*Sapiens*), était l'ami du second Scipion l'Africain, comme son père avait été celui du premier. Il avait fait la guerre avec succès contre Viriathe en Lusitanie. Dans son célèbre traité *De l'Amitié*, Cicéron l'introduit comme principal interlocuteur. Il fut d'ailleurs un de ceux qui contribuèrent le plus à acclimater dans Rome la langue, la littérature et la civilisation des Grecs. Le bruit public lui attribuait une bonne part dans la composition des comédies de son ami Térence.

Sa fille, *Cœlia*, mariée à C. Mucius Scœvola l'augure, fut à bon droit célèbre aussi, à cause de l'étendue de ses lumières et de la variété de ses connaissances.

LÆMMERGEYER. *Voyez* Gypaète.

LAËNNEC (René-Théodore-Hyacinthe), médecin célèbre, par la découverte de l'auscultation, naquit à Quimper, le 17 février 1781. Son père se déchargea sur un frère, médecin à Nantes, du soin d'élever ses enfants, dès lors privés de leur mère. En conséquence, Laënnec eut son oncle pour père adoptif, et pour mentor un médecin. Il passa aux armées de la république avec son oncle, qui s'y trouvait attaché par son art, les années qui en temps ordinaire se fussent écoulées au collége. Laënnec vint à Paris en 1800, âgé alors de dix-neuf ans. S'étant aperçu, dès leurs premières leçons, combien l'érudition faisait défaut à l'enseignement de Corvisart, de Pinel et de Bichat, les maîtres en vogue de cette foule zélée qui rapportait de l'armée beaucoup d'ignorance, il forma aussitôt le projet de remonter pour son compte aux sources consacrées, et alors si négligées, de son art, et de lire dans leur idiome respectif Hippocrate, Galien, Boerhave, Sydenham et Baglivi. Cette noble pensée lui donna le courage de refaire ses études à vingt ans. Il mit une grande ferveur à étudier le grec et le latin; il apporta le même zèle à approfondir le celtique, qu'alors il était de mode de considérer comme une langue mère et radicale. Et ce qu'il faut remarquer avec quelque étonnement, et non sans estime, c'est que ces études littéraires n'apportèrent aucun retard à ses examens et à sa réception. Il soutint sa thèse sur Hippocrate, envisagé comme observateur véridique, dans le cours de l'année 1804, après quatre années d'études à Paris.

Laënnec se livra ensuite à des recherches sur les vers qui s'engendrent, on ne sait comment, dans le corps humain. Il décrivit en particulier et parut avoir découvert un nouveau genre d'a c é p h a l o c y s t e s, et une nouvelle espèce de cysticerques (vers à queue vésiculaire). Associé en 1805 à la Société de Médecine de la Faculté, qui précéda l'Académie, affilié en outre à d'autres sociétés, où l'on s'occupait plus spécialement de recherches anatomiques, Laënnec se livra tout entier à de sérieuses études sur son art, et ce furent ces sociétés qui eurent les prémices de ses travaux, dont on ne comprit pas d'abord toute l'importance. Laënnec ayant lu dans Hippocrate que ce grand maître secouait les malades très-oppressés, afin de s'assurer par le bruit d'un liquide agité et déplacé si l'oppression ne provenait point d'un épanchement d'eau dans la poitrine, eut occasion d'observer un malade atteint d'hydrothorax et de le soumettre à cette dure épreuve. Il entendit le bruit signalé par Hippocrate, et ses confrères, jusque alors incrédules à l'égard de ce symptôme, purent l'entendre comme lui. Il se concilia ainsi leur confiance, et ce fut un heureux début qui non-seulement l'enhardit, mais accrédita son témoignage et fit adopter ses découvertes, dont le succès universel fut assuré de son vivant, lui dont une phthisie native trancha si brusquement et si prématurément l'existence.

Un objet plus important fixa dès lors son attention. Depuis quelques années Corvisart avait fait connaître à sa clinique de La Charité un moyen nouveau de diagnostic pour les maladies de la poitrine. Il percutait cette poitrine de haut en bas et d'un côté à l'autre, et selon que le son était clair ou sourd, Corvisart en concluait que les poumons étaient sains ou engorgés, enflammés, hépatisés; quelquefois même il y trouvait la preuve qu'il y avait dans le thorax un épanchement d'eau ou de sang. Corvisart faisait un grand usage de ce signe physique, qu'il devait à Avenbrugger, médecin allemand dont il avait traduit l'ouvrage et adopté les vues. Laënnec opposa à cette *méthode* d'Avenbrugger ou *de la p e r c u s s i o n* une nouvelle *méthode*, dite *de l'auscultation*. Elle consiste à écouter passivement les bruits de la poitrine, les bruits des poumons, ceux de la respiration, de la voix et du cœur, sans frapper la poitrine, mais en appliquant sur elle une oreille attentive. Cette méthode de Laënnec, qui a acquis l'importance d'une grande et mémorable invention, dont toutes les contrées du globe ont adopté l'usage, repose sur un principe fort simple. Puisque les deux poumons remplissent entièrement les deux côtés de la poitrine, et que de l'air pénètre de toutes parts le tissu des poumons, l'oreille appliquée sur la poitrine doit entendre le passage et les bruits de l'air, comme aussi les commotions des poumons et des bronches. Or, ces retentissements de l'air, dans son passage alternatif dans l'intérieur des poumons, doivent différer selon que ces organes sont comprimés, entravés, ulcérés, en partie hépatisés, tuberculeux, creusés de cavernes, emphysémateux, etc.; de là une multitude de râles et de bruits, que Laënnec a minutieusement décrits, dénommés, et qui donnent à son principal ouvrage un caractère si original de nouveauté. On a lieu de penser que de pareilles recherches, dont les applications pratiques sont innombrables, concilieront à ce sage observateur l'estime des siècles à venir.

Ce fut le 1er mai 1815 que Laënnec exposa devant la Société de Médecine de la Faculté sa théorie de l'auscultation : quinze jours après, il fit en présence de ses collègues le premier essai du *stéthoscope*, instrument qu'il inventa pour entendre à distance les bruits de la poitrine, et dont on ne se sert plus que pour des raisons de pudeur.

Comme Bayle, Broussais et Dupuytren, Laënnec concourut par des recherches personnelles aux récents progrès de l'anatomie pathologique. Laënnec a proposé un essai de classification des altérations organiques. On lui doit, en particulier, une bonne description de la *mélanose*, ce tissu noir et morbide qui se joint fréquemment aux tubercules dans les poumons des phthisiques ; comme aussi la description d'une nouvelle espèce de hernie. Médecin de Beaujon en 1816, il passa à l'hôpital Necker en 1820, et c'est là qu'il mit le sceau de l'exactitude à ses recherches et à ses doctrines, dont la célébrité consacra l'importance. Quand vint la chute malheureuse de l'ancienne Faculté, à l'occasion de l'éloge de Hallé par Desgenettes, Laënnec devint professeur dans la nouvelle, où l'on ne jura plus que par son nom. Il remplaça le docteur Hallé au Collège de France de même qu'à la cour, où la duchesse de Berry l'eut pour médecin. Dès lors son autorité, à la Faculté fut sans partage ; mais elle ne s'étendit point jusqu'au Val-de-Grâce, d'où la grande voix de Broussais, son compatriote, couvrit la sienne et troubla plus d'une fois son sommeil. L'existence de Laënnec eut de l'éclat pendant quelques années; ses recherches sur Hippocrate et une dissertation latine sur l'angine de poitrine le faisaient passer pour un érudit. Son examen critique de Gall lui suscitait l'hostilité de quelques néo-psychologistes ; son habitude de parler latin au chevet des malades le faisait rechercher des étrangers et lui créait des relations avec les lettrés ; enfin, il n'y avait pas jusqu'à son goût pour le dessin qui ne lui conciliât la sympathie des artistes, sans parler des puissantes intimités que lui valurent ses croyances si explicites et si ferventes. Cette haute fortune ne dura qu'environ trois ans. Atteint lui-même depuis sa jeunesse de la maladie qu'il avait si profondément étudiée, et dont tant de travaux et de soins hâtaient encore les progrès, il eut à peine le temps de se rendre en Bretagne, où il expira, le 13 août 1826.

Voici le titre de la meilleure édition de son principal ouvrage : *Traité de l'Auscultation médiate* (c'est-à-dire au moyen du stéthoscope) *et des maladies des poumons et du cœur* (Paris, 1819 ; 2 vol.). Il en a paru en 1837 une 4e édition, avec notes et additions de M. Mériadec-Laënnec (son neveu), et augmentée par G. Andral (Paris, 3 vol.). On cite comme remarquables les articles *Anatomie pathologique, Ascaride* et *Encéphaloïde*, qu'il a insérés dans le *Dictionnaire des Sciences médicales*.   Dr Isid. BOURDON.

LAENSBERGH (MATTHIEU). L'almanach publié sous le nom de cet astrologue est de tous les livres le plus feuilleté et le plus populaire : jamais chefs-d'œuvre de l'intelligence n'ont obtenu une pareille vogue. Oracle des campagnes, *vade mecum* du simple citadin, il a été consulté plus d'une fois dans les cours. Forcée de quitter Versailles, lors de la maladie de Louis XV, Mme Dubarry se rappela l'*Almanach de Liége*, qui l'avait si fort intriguée, et dont elle avait fait supprimer, autant qu'elle l'avait pu, tous les exemplaires, parce qu'il contenait, dans ses prédictions d'a-

vril, cette phrase : « Une dame des plus favorisées jouera son dernier rôle. » Elle répétait souvent : « Je voudrais bien voir ce vilain mois d'avril passé ! » Elle jouait effectivement son dernier rôle, car Louis XV mourut le mois suivant. Mais ces sortes de prognostics n'ont pas seulement inquiété de royales courtisanes ; Napoléon lui-même, au faîte de la puissance, les faisait examiner sévèrement, de peur qu'elles ne répandissent des idées, des craintes ou des espérances contraires à ses desseins. Aujourd'hui, depuis que l'almanach de Matthieu Laensbergh s'est piqué, à son tour, d'esprit et de beau langage, il a perdu une partie de son crédit, et si les choses continuent, il n'y aura bientôt plus que les esprits forts qui y croiront. On sait que si le véritable *Almanach* est celui de Liége, on le contrefait en France, ce dont devraient tenir compte les éditeurs de Paris, qui ont si souvent reproché à la Belgique ses contrefaçons.

D'après une tradition conservée dans la famille Bourguignon, qui avait succédé aux Streel, premiers imprimeurs de l'almanach, Matthieu Laensbergh aurait été un chanoine de Saint-Barthélemy, à Liége, vers la fin du seizième siècle ou au commencement du dix-septième. Un portrait conservé jadis dans le cabinet du baron de Cler représentait un chanoine de cette église, à peu près à la manière de Gresset, lorsqu'il compare son domicile au

. . . . sublime siége
D'où, flanqué de trente-deux vents,
L'auteur de l'*Almanach de Liége*
Lorgne l'histoire du beau temps,
Et fabrique avec privilége
Ses astronomiques romans.

Malheureusement, les initiales inscrites sur ce tableau ne sont pas celles de Matthieu Laensbergh, dont le nom ne se retrouve pas non plus sur la liste des chanoines. Il est donc très-possible que l'ecclésiastique du portrait se soit amusé à rédiger les premiers almanachs, auxquels on aura attribué pour auteur un être idéal dont le nom, entouré déjà d'une certaine célébrité en astronomie, aura été porté par des savants recommandables. L'abbé de Feller et Lalande adoptent cette dernière conjecture. Quoi qu'il en soit, il ne semble pas que l'*Almanach liégeois* ait circulé en 1610, et le plus ancien que Villenfagne ait découvert est de 1636. Il en donne une description détaillée, dans sa *Lettre sur deux prophètes*, à laquelle a recouru Tarabaud (de la *Biographie Universelle*). On se souvient que dans la *Fausse Magie* Grétry a mis sa plus jolie musique sur ces paroles :

O grand Albert,
Descends des sept planètes ;
Matthieu Laensbergh
Prête-nous tes lunettes, etc...

Plaisanterie à part, l'almanach de Matthieu Laensbergh peut avoir un intérêt philosophique et moral ; il peut même, dans certains cas, servir de renseignement historique. N'est-ce pas déjà beaucoup ?   DE REIFFENBERG.

LÆSARE, c'est-à-dire *lecteurs*, nom d'une secte religieuse existant en Suède, qui à son origine prit un caractère des plus fanatiques et provoqua de grands troubles religieux dans ce pays. Elle eut pour fondateur un certain Hans-Nielsen HAUGE, né en 1771, en Norwège. Dès 1797 il se posa en prédicateur de l'Esprit-Saint, en prophète envoyé par Dieu. Il parcourut le royaume, c'est d'autant plus de facilité à recruter des adhérents à ses doctrines que, en raison de la grande étendue des paroisses, qui empêchait souvent les paysans de fréquenter leur église, il y avait en quelque sorte besoin d'un service divin célébré à domicile. Hauge, fidèle à ses tendances fanatiques, se prétendait infaillible, se séparait formellement de l'Église dominante, attachait une grande importance à la lecture de la Bible par les fidèles, et montrait beaucoup d'intolérance à l'égard de ceux qui ne pensaient pas comme lui. Il prêchait l'égalité de tous les hommes, et par de telles doctrines provoqua une foule de désordres dans l'Église aussi bien que dans les familles. Toutefois, à partir de 1803 la secte prit un caractère plus modéré, en modifiant sensiblement les idées absolues de son fondateur, en adoptant des tendances plus rapprochées du piétisme, en faisant même preuve d'une rigoureuse orthodoxie luthérienne ainsi que d'une extrême sévérité de mœurs, et en se soumettant à toutes les prescriptions des autorités civiles et ecclésiastiques. Dès lors l'unique prétention des *læsare* fut d'être des luthériens plus pratiques que d'autres. Ils lisaient constamment la Bible, et observaient le repos du dimanche d'une manière rigoureuse, souvent même poussée jusqu'à l'exagération, condamnant toute espèce de luxe ou d'élégance, de plaisirs et même de simples distractions, s'abstenant de tout serment, observant les pratiques de la plus sombre dévotion, ne respectant en fait de prêtres que ceux qu'ils croyaient animés de l'Esprit-Saint, faisant souvent plusieurs myriamètres pour aller les entendre prêcher, et tenant pour infailliblement damnés tous ceux qui ne partageaient pas leur manière de voir en matière de salut éternel.

Les autorités religieuses combattirent cette secte moins par la persécution que par des exhortations; mais l'opposition qu'elle fit en 1819 à l'introduction dans les églises d'un nouveau livre de psaumes causa beaucoup de troubles et d'embarras. En 1842, un paysan, appelé Erick Jansen, donna de nouveau un caractère fanatique à la secte des *læsare*. Cet individu se donnait pour un apôtre envoyé directement par Dieu; et, en vertu des pouvoirs à lui conférés, il brûlait sans miséricorde les catéchismes et les ouvrages de Luther, aussi bien que les livres de psaumes et autres ouvrages de piété jusque alors en usage. Il en résulta naturellement une vive agitation dans les classes inférieures de la société, sur lesquelles il lui était donné d'agir directement. Les exhortations et les persécutions furent également impuissantes à ramener ses adhérents à la raison. En 1846, Jansen se réfugia en Norvège, et, après avoir fait vendre et réaliser à ses fidèles tout ce qu'ils possédaient, il finit par s'en aller avec eux aux États-Unis fonder une colonie à l'usage spécial des vrais croyants.

LÆTARE, nom que l'on donne au quatrième dimanche du Carême, qui précède celui de la Passion. Cette dénomination est tirée de ce que l'*introït* que l'on chante ce jour-là à la messe commence par le mot *Lætare*, emprunté à Isaïe (LXV, 10).

LÆTITIA BONAPARTE, mère de Napoléon, et longtemps désignée sous le nom de *Madame mère*, naquit à Ajaccio, le 24 août 1750. Son nom de famille était *Ramolino*. Elle ne brillait pas moins par sa beauté que par la solidité de son esprit et la vivacité de son intelligence, et à l'âge de dix-sept ans elle épousa Charles Bonaparte, auquel elle donna cinq fils et trois filles. A la mort de son mari, elle trouva un bienveillant protecteur en M. de Marbœuf, gouverneur de l'île. En 1793, quand les Anglais s'emparèrent de la Corse, Mme Bonaparte, dont la famille appartenait au parti français, fut obligée de fuir de l'île et de se réfugier avec sa famille à Marseille, où elle vécut, comme vivent d'ordinaire les proscrits, au milieu des plus dures privations. Elle avait auprès d'elle Lucien et ses trois filles, *Elisa, Pauline* et *Caroline*. Ce n'est qu'après le 18 brumaire qu'elle vint habiter Paris. Elle y vécut dignement, mais sans pompe jusqu'en 1804, époque de l'élévation du second de ses fils au rang suprême. C'est alors que Napoléon lui créa une maison et lui donna pour premier chambellan le comte de Cossé-Brissac et pour secrétaire des commandements M. Decazes. L'empereur nomma en outre sa mère protectrice générale des établissements de charité, fonctions dignes de la mère du chef de l'État. C'est dans cette nouvelle situation qu'elle fit voir combien son âme était à la hauteur d'une grande fortune et au-dessus des séductions les plus brillantes. Très-judicieuse, mêlant la gravité à la douceur et à la mesure, elle ne parut vouloir que veiller de près à l'intérêt de sa famille, élevée soudainement si haut, et éblouie peut-être par les prestiges qui l'environnèrent alors. Elle lui offrit tous les jours les conseils d'un esprit formé par l'expérience et plein de calme, et n'alla se replacer parmi les enfants que pour y resserrer les liens fraternels.

La jalousie et la haine n'épargnèrent pas Mme Bonaparte, et la poursuivirent longtemps et après toute cessation de puissance. Je ne pense pas à la venger ici des lâches outrages de l'*émigration* et du *pittisme*. Ce soin, je le laisse tout entier à sa belle vie, aux bonnes actions dont le souvenir restera. On a reproché à *Madame mère* un goût de parcimonie que ses habitudes, mieux connues, n'eussent pas établi, mais dont son grand amour pour l'ordre et la simplicité a offert l'apparence. On ne citait pas de faits, mais on croyait la chose sans plus d'examen. Si l'empereur lui-même a cru cette *parcimonie* réelle, c'est que ses relations avec sa mère étaient devenues rares. *Madame* ne pressentait pas au temps de ses grandeurs la fin qu'elles ont eue, mais elle avait tort que cela a été dit si souvent. Ce que son fils avait de puissance en 1806 ne laissait pas s'éveiller cette crainte, qui dans les données ordinaires n'eût pas une chimère de la faiblesse. Quoi qu'on en ait dit, sa cour fut constamment digne de la mère du premier souverain de l'Europe. Toutes les charges en étaient rétribuées d'une manière royale. *Madame* vivait, il est vrai, un peu solitaire dans cette grandeur; mais n'est-il plus permis de fuir pour soi le faste et les fêtes? A la chute de l'Empire, elle se retira dans la capitale du monde chrétien, où elle vécut dans la société de son beau-frère le cardinal Fesch, passant l'été dans une *villa* d'Albano, et l'hiver à Rome. En 1830 elle eut le malheur de se casser la jambe, accident qui ne lui permit plus de sortir de ses appartements. Elle mourut le 2 février 1836, convaincue que de meilleurs jours ne tarderaient pas à luire pour sa famille. Elle laissait une fortune considérable, dans le partage de laquelle elle n'oublia point les pauvres.
F. FAYOT.

LÆTUS (JULIUS POMPONIUS), appelé aussi dans sa jeunesse *Sabinus*, érudit italien, qui déploya une activité extrême pour la propagation de la littérature classique, était originaire de la Calabre, et suivit à Rome les leçons de Laurent Valla, qu'il remplaça dans sa chaire en 1457. Lætus lui conserva jusqu'à sa mort, arrivée en 1497. Son enthousiasme pour la Rome de l'antiquité touchait parfois au ridicule et à la manie. C'est ainsi, par exemple, qu'il célébrait toujours en grande pompe le jour anniversaire de la fondation de Rome, et qu'il avait dressé dans sa demeure un autel... à Romulus. Ces travers ne doivent pas faire oublier que c'est à lui qu'on est redevable de la première édition de Virgile (Rome, 1467 ou 1469).

LA FARE (Famille de). La maison de La Fare, ancienne chevalerie, paraît être établie dans le bas Languedoc dès le douzième siècle. Nous ne citerons que deux de ses membres.

LA FARE (CHARLES-AUGUSTE, marquis DE), né dans la province du Vivarais, mourut à Paris, âgé de soixante-huit ans, en 1721. S'il faut en croire Voltaire, le talent poétique de La Fare ne se manifesta qu'à soixante ans. L'exemple de Chaulieu, son ami, l'engagea probablement à adresser d'abord à ses amis, et dans l'intimité, des épîtres légères, des billets mêlés de prose et de vers, des madrigaux. Il traduisit ensuite quelques odes d'Horace en vers français, plusieurs chants de Virgile, des vers de Catulle, etc. Il composa encore dix odes philosophiques ou anacréontiques, assez faibles de pensée, mais d'un style facile et élégant, enfin une tragédie lyrique, intitulée *Panthée*, et que le duc d'Orléans, depuis régent, mit, dit-on, en musique. Tels furent les délassements d'un homme du monde, ancien militaire, historien véridique, et peu courtisan, des *Principaux Événements du Siècle de Louis XIV*, qui occuperont d'une manière certes bien innocente les dernières années de sa vie : c'est le sordide du dix-septième siècle expirant, qui devait bientôt faire oublier la voix plus fraîche et plus mordante du jeune Arouet. On ne saurait du moins lui reprocher la vanité d'avoir publié ses vers. Des amis se chargèrent de les recueillir après sa mort, et ils se plaignirent en les publiant de ce qu'un grand nombre en avait été perdu. VIOLLET-LE-DUC.

LA FARE (ANNE-LOUIS-HENRI DE), archevêque de Sens,

cardina., duc et pair de France, né en 1752, se distingua de bonne heure par des études brillantes et par un caractère ferme et altier. A l'âge de vingt-six ans, il fut nommé vicaire général du diocèse de Dijon et doyen de la Sainte-Chapelle du roi, en la même ville. Le clergé des États de Bourgogne le choisit pour son élu général, en 1784, et, trois ans après, Louis XVI l'appela au siége épiscopal de Nancy. Membre de l'assemblée des notables, puis député de son ordre aux états généraux, ce prélat prononça le discours d'usage à la messe du Saint-Esprit, qui eut lieu pour l'ouverture des états. En toute circonstance, il s'éleva avec énergie contre les idées nouvelles, et défendit les prérogatives du clergé et de la couronne. Échappé, comme par miracle, aux persécutions que lui avait suscitées l'exagération de ses principes, il se réfugia à Trèves, puis de là à Vienne en Autriche, où il fut un des agents les plus actifs de Louis XVIII jusqu'en 1814. La duchesse d'Angoulême, dont il avait négocié le mariage, lui conféra, à la Restauration, la charge de son premier aumônier. Au mois de janvier 1816, le roi l'adjoignit à M. de Talleyrand-Périgord, archevêque de Reims, pour l'administration des affaires ecclésiastiques. Cinq ans après, il fut appelé à l'archevêché de Sens, et, la cour continuant à le combler de ses faveurs, il obtint le chapeau de cardinal et la dignité de duc et pair de France. Mais la morgue et l'esprit de despotisme qui avaient fait sa fortune en haut lieu furent loin de lui concilier les cœurs dans son diocèse, où le froid accueil qu'il recevait le porta à ne faire que de courtes apparitions. Au mois de novembre 1829, accablé de douleur de la perte d'une parente, il tomba malade, dans sa terre de Courbéton, près Montereau, et se fit transporter à Paris. Il y mourut, le 10 décembre 1829.

LAFARGE (Caisse), sorte de tontine fondée à Paris, en 1791, par un sieur Lafarge, dont elle a gardé le nom, dirigée d'abord par lui et Mitoufflet, et placée plus tard, en 1809, par décret impérial, sous la surveillance du préfet de la Seine. Les tontines dites *d'épargne* et *des employés et artisans* sont régies par trois administrateurs pris dans le conseil municipal de la ville de Paris. Leurs fonctions sont gratuites. Ils ont sous leurs ordres un directeur, un secrétaire et un caissier. L'administration de cette caisse n'en coûte pas moins 47,561 fr. par an. En 1847 la caisse Lafarge possédait en nu-propriété 32 millions de capital, soit en rentes perpétuelles 1,321,000 fr.; 5,239 actionnaires n'avaient qu'une seule action, 4,095 en cumulaient 10, 20 et 30 sur leur tête. Les actions profitent aux actionnaires, rangés en série, par des tirages successifs jusqu'au maximum de 6,000 fr. de rente par action. En 1852 on évaluait à 15,000 le nombre des actions. Il a été décidé que les rentes appartenaient à l'État en nu-propriété, et que les actionnaires n'avaient qu'une sorte d'usufruit, de façon qu'à la mort du dernier actionnaire, les rentes seront éteintes. Ces rentes avaient eu à subir la réduction au tiers lors de l'établissement du tiers consolidé, en l'an VI; elles ont eu à subir une nouvelle réduction au mois de mars 1852. Les actionnaires se sont souvent plaints de ce que les frais de surveillance et de direction obèrent gravement leurs revenus. En 1855 le dividende de chacune des actions a été fixé à 17 fr. 20 c. pour la première société, et à 18 fr. 20 c. pour la deuxième. En 1854 ce dividende avait été de 15 fr. 90 et 16 fr. 70.   L. LOUVET.

LAFARGE (MARIE CAPELLE, femme POUCH-), célèbre empoisonneuse, née à Paris, en 1816, d'une famille riche et considérée, fut recueillie après la mort de son père, le colonel Capelle, et de sa mère, dans la maison de son oncle, le baron Garat, secrétaire général du gouvernement de la Banque de France, où elle reçut l'éducation convenable au rang distingué qu'elle devait un jour occuper dans le monde. En 1834 des relations de campagne et de voisinage s'établirent entre elle et Mlle Marie de Nicolaï, relations de complète intimité, continuées à Paris, qui lui fournirent l'occasion de compromettre sa jeune amie par quelques espiègleries qu'elle l'excita à commettre, à l'insu de ses parents; espiègleries dans lesquelles l'une des deux Marie apportait toute la naïveté et l'irréflexion d'un cœur qui s'ignore luimême, et l'autre toute l'astuce et toute la fourbe d'une imagination déréglée jointe à un esprit évidemment perverti. L'une de ces *espiègleries* avait consisté à donner des rendez-vous à un jeune homme appelé Félix Clavé, fils d'un maître de pension du faubourg du Roule, qui un jour avait remarqué ces dames à la promenade et s'était permis de les suivre. Marie Capelle servait d'intermédiaire à une ridicule correspondance que ce jeune homme, provoqué par sa vanité et dupe d'une mystification, entretenait avec sa belle inconnue, qu'il ne lui était donné d'apercevoir que de loin, tantôt aux Tuileries, tantôt aux Champs-Élysées et quelquefois aussi au parc de Monceaux. Il y dépensait, faute d'esprit et de sensibilité à lui appartenant en propre, de grandes phrases et de grands sentiments pillés sans goût dans les nauséabondes dissertations psychologiques dont les romans contemporains étaient remplis, et il y parlait surtout avec amour de son volume de *Poésies* qui allait paraître. Sans doute ce volume assurerait l'immortalité à son nom et le rendrait digne d'être porté par l'être enchanteur, aérien, divin, qui daignait s'abaisser jusqu'à lui. Heureusement pour Mlle de Nicolaï, ses parents en la mariant au vicomte de Léotaud l'arrachèrent aux influences pernicieuses de sa liaison avec Marie Capelle. Toutefois, cette liaison ne fut pas pour cela rompue, et Mme de Léotaud continua à recevoir chez elle la compagnie et l'amie de ses jeunes années. Marie Capelle vint même en 1839 passer quelque temps chez elle à la campagne; et durant son séjour un vol mystérieux fut commis dans la maison. Elle avait prié Mme de Léotaud de lui montrer ses diamants; et celle-ci avait satisfait à ce désir. Quelques jours après, ayant eu occasion d'ouvrir son écrin, on put juger de sa surprise et de sa douleur en le retrouvant vide. Le vol était trop important pour qu'on n'en fît pas la déclaration à la police, qui, soupçonnant un vol domestique, fit entourer les gens de la maison de la surveillance la plus exacte et la plus minutieuse. Mais toutes les mesures prises demeurèrent sans résultat, et les magistrats durent s'informer des personnes appartenant au cercle habituel de M. et de Mme de Léotaud. Frappé de quelques circonstances qui ne lui avaient pas paru parfaitement claires dans les déclarations et l'attitude de Marie Capelle, M. de Léotaud avoua, mais non sans beaucoup d'hésitation, que, dans un instant ses soupçons s'étaient arrêtés sur une jeune personne amie d'enfance de sa femme, ajoutant qu'il se les était tout aussitôt reprochés, tant la famille honorable à laquelle appartenait cette jeune personne lui semblait la meilleure garantie de leur manque absolu de fondement. Le directeur de la police insista toutefois pour avoir confidentiellement communication du nom de la jeune personne en question, et en entendant nommer Marie Capelle, nièce de M. Garat, de la Banque de France, il ne put pas s'empêcher d'être frappé d'une singulière coïncidence. En effet, l'année précédente, divers vols de billets de 500 fr. et de pièces d'or avaient été signalés à la police comme ayant été commis dans la maison de Mme Garat, à l'hôtel même de la Banque de France. Cette fois déjà toutes les recherches étaient restées inutiles, ou plutôt avaient abouti à convaincre les magistrats que c'était là un vol domestique, commis par quelqu'un admis non pas seulement dans la familiarité, mais encore dans l'intimité de la famille Garat. Il y avait certes dans le rapprochement de ces deux faits un indice, mais il était insuffisant, et pour qu'on y donnât suite il eût fallu que le vicomte de Léotaud portât formellement plainte, acte grave, devant lequel il conçoit qu'il recula.

Pendant ce temps-là, Marie Capelle se mariait à son tour. Ne possédant en propre qu'une fortune d'au plus 40,000 fr. de capital, elle se décidait, non sans hésitation, à épouser, vers la fin d'août 1839, un certain Charles Pouch-Lafarge, maître de forges, assez mal dans ses affaires, que, suivant l'usage, il avait prudemment dissimulées à la famille de sa future, homme d'ailleurs rien moins qu'habitué au monde élégant et arrivé depuis quelque temps déjà à la quarantaine. Le mariage fait, Pouch-Lafarge emmena sa jeune femme dans son manoir du Glandier, département de la Lozère. La vie de province, — et de quelle province! une demeure triste et sombre, au milieu d'une nature aride et sauvage! — la vie de province avec sa froide monotonie convenait peu à une jeune femme élevée au sein du luxe, dans le tourbillon des plaisirs de Paris.

Son mariage datait de trois mois à peine quand Pouch-Lafarge fut appelé à Paris pour les affaires de son industrie. Il laissa sa femme au Glandier, et vint descendre pour quelques jours dans un hôtel garni de la capitale, où il ne tarda pas à recevoir de chez lui un petit paquet contenant quelques gâteaux et une lettre très-tendre de Mme Lafarge, qui lui apprenait que ces gâteaux, c'était elle-même qui les avait confectionnés de ses propres mains, à son intention, et qui l'engageait avec force câlineries de femme à les manger à une certaine heure de la journée, parce qu'elle comptait de son côté en faire autant, acte qui ne manquerait pas d'établir de doux rapports de sympathie entre leurs âmes...

Pouch-Lafarge se conforma à la recommandation un peu enfantine de sa femme; mais au bout de quelques heures il ressentit d'atroces douleurs d'entrailles, sur la nature desquelles le médecin appelé auprès du patient se méprit, car l'idée d'un crime de ce genre est bien rarement celle qui se présente à l'esprit des gens de l'art. Le poison que contenaient les gâteaux y avait été introduit soit à trop forte, soit à trop faible dose. Lafarge, quoique toujours horriblement souffrant, put revenir au Glandier, où sa femme l'entoura des soins en apparence les plus empressés, mais uniquement pour réparer avec une hypocrisie infernale l'erreur qu'elle avait commise et lui administrer cette fois l'arsenic à doses devant nécessairement amener sa mort. Pouch-Lafarge succomba.

Cependant sa mort parut à tous entourée de circonstances assez singulières pour que ses proches crussent devoir réclamer l'intervention de la justice et une autopsie. L'examen des hommes de l'art constata dans le cadavre la présence d'une forte quantité d'arsenic, et ne laissa pas de doutes sur la cause du décès. Lafarge était mort empoisonné. Qui avait pu commettre ce crime? Une foule d'indices se réunirent pour en accuser sa jeune veuve; et la justice locale lança un mandat d'arrestation contre Mme Lafarge. Disons toutefois que les expériences contradictoires provoquées par l'instruction du procès causèrent un vrai scandale scientifique et juridique. A côté d'Orfila retrouvant l'arsenic dans les intestins de Pouch-Lafarge, à l'aide du célèbre appareil de Marsh, il y eut M. Raspail niant pas la nature arsenicale des taches données par l'instrument, et se soutenant qu'un fait de cette nature ne prouve rien, et se faisant fort de trouver l'arsenic *jusque dans le bois du fauteuil de M. le président de la cour d'assises*. Une pareille affirmation, intrépidement produite par un homme dont il serait impossible de récuser la compétence en cette matière, était de nature à jeter de l'incertitude dans l'esprit des jurés, s'ils n'avaient pas bientôt reconnu que l'acharnement de M. Raspail à nier dans l'espèce les conséquences tirées du résultat donné par l'appareil de Marsh tenait surtout à une haine de savant.

La nouvelle du drame mystérieux qui venait de se passer au Glandier arriva à Paris au moment où la police se livrait encore aux plus actives démarches pour découvrir la vérité sur le vol de diamants commis au préjudice de Mme de Léotaud. Le parquet de Paris n'hésita plus alors à ordonner une perquisition au Glandier, et le résultat de cette perquisition ne laissa plus de doute sur la culpabilité de Mme Lafarge. On retrouva, cousus dans un sac de soie verte, la plupart des diamants dont se composait la parure de Mme de Léotaud. Mme Lafarge, après avoir essayé de donner le change à la justice sur l'origine de ces diamants, soutint, avec une infernale méchanceté, que Mme de Léotaud, ne possédant en propre que ses diamants, s'était déterminée à simuler un vol pour en disposer librement au profit du jeune homme qu'elles avaient connu étant jeunes filles. Elle n'avait été à cet égard que son complaisant intermédiaire. Cette fable, fort habilement inventée et soutenue devant la justice avec beaucoup d'audace par l'accusée, ne trompa personne. Le tribunal de police correctionnelle reconnut Mme Lafarge coupable du vol de diamants, et la condamna à deux années d'emprisonnement.

Ce ne fut que trois mois plus tard que s'ouvrirent aux assises de Tulle les débats de l'affaire d'empoisonnement. Marie Lafarge y fit preuve d'une rare présence d'esprit, en même temps qu'une finesse et d'une adresse dont on ne peut se faire une idée qu'en parcourant dans les recueils judiciaires du temps le volumineux récit de ce mémorable procès. L'accusée fut défendue avec tant de passion par un jeune avocat du barreau de Limoges, M^e Th. Bac, qu'on assura alors que l'intention de son honorable défenseur, en cas d'acquittement, était d'épouser et ainsi de réhabiliter doublement sa belle cliente, si tant est cependant qu'il fût le préféré entre les nombreux rivaux qui, de tous les points de la France, adressaient à Mme Lafarge, dans sa prison, les protestations de la plus vive admiration, du dévouement le plus absolu et de l'amour le plus passionné. Étrange destinée, en vérité, que celle de cette jeune femme! Il fut établi aux débats que, malgré les belles relations sociales de sa famille et des charmes personnels incontestables, puisque après huit mois de captivité ils n'avaient rien perdu de leur éclat fascinateur, on n'avait pu la marier qu'en recourant à l'entremise officieuse de M. de Foy, le célèbre *négociateur en mariages*. Or, quand une accusation capitale pèse sur la tête de cette femme immariable, elle allume les passions les plus vives dans le cœur de gens qui pourtant n'ont jamais pu la voir que dans les phrases des sténographes chargés du compte-rendu du procès de Tulle par les différents journaux de Paris! Quoi qu'il en soit, Marie Capelle, veuve Pouch-Lafarge, fut déclarée, au mois de septembre 1840, coupable du crime d'empoisonnement commis sur la personne de son mari au mois de janvier précédent. Le jury admit toutefois, son verdict, des *circonstances atténuantes*. En conséquence la cour d'assises condamna la veuve Lafarge à une détention perpétuelle.

[Après douze ans de captivité dans une maison centrale du midi, Mme Lafarge, toujours d'une santé chancelante, obtint l'autorisation d'aller dans une maison de santé de Toulouse d'abord, puis aux bains d'Ussat. Elle, était accompagnée d'un colonel en retraite, ancien ami de son père, puis d'une cousine. Elle ne put se faire recevoir que dans une pauvre hôtellerie; mais les médecins ne lui manquèrent pas. Le colonel vint bientôt à mourir, et la maladie de la veuve Lafarge s'aggrava de plus en plus. Elle succomba le 7 septembre 1852. On crut d'abord à une léthargie, mais la vie ne revint pas, et Mme Lafarge fut inhumée au cimetière d'Ussat. Après sa condamnation, elle avait fait imprimer ses *Mémoires*; elle laissait un écrit intitulé : *Dix ans de captivité*, et avait, dit-on, composé pour Mlle Rachel un drame ayant pour titre : *Une Femme perdue*. Le monde recherchait toujours ses autographes, ses billets. Quant au malheureux jeune homme qu'elle avait trompé au sujet de Mlle Nicolaï, il mourut à l'asile des aliénés de Pau, en 1853, après avoir été employé en Algérie.   L. LOUVET.]

LA FAYETTE (MARIE-MADELEINE PIOCHE DE LA-VERGNE, comtesse DE), naquit en 1632. Son père, Aymar de Lavergne, était gouverneur du Havre; et sa mère, Marie Pena, appartenait à une ancienne famille de Provence. C'est une des femmes qui ont le plus contribué à donner à la société du dix-septième siècle ce caractère d'élégance et de politesse qui distinguait les cercles de cette époque : elle eut pour précepteurs le père Rapin et Ménage, qui lui apprirent le latin; elle se maria à vingt-deux ans au comte de La Fayette, qu'elle perdit de bonne heure, et dont elle eut deux fils, l'un militaire, l'autre ecclésiastique. A peine amenée à Paris, elle fut admise aux réunions littéraires de l'hôte de Rambouillet; mais elle sut conserver un jugement sûr au milieu des séductions du faux goût. Elle le pouvait, elle, pour qui La Rochefoucault a créé cette expression : *Elle est vraie*. Elle avait été très-attachée à cette duchesse d'Orléans qui avait brillé à la cour de Louis XIV, *avec quelle grâce, vous le savez!* et qui, selon Voltaire, avait apporté la première la politesse et le charme des bonnes manières dans l'entourage du grand roi. Elle vit sa mort, et l'a retracée avec beaucoup de vivacité dans son *Histoire d'Henriette d'Angleterre*. Mme de La Fayette a vécu avec ce qu'il y avait de plus distingué dans les lettres. Elle voyait fréquemment le bon La Fontaine et Segrais; elle était l'amie de Mme de Sévigné. Avant de mourir, elle lui écrivit : « Croyez, ma chère, que vous êtes celle que j'ai le plus véritablement aimée. » Mme de Sévigné l'aimait aussi; elle en écrit des choses charmantes, mais ne peut faire partager son goût à Mme de Grignan et à Bussi-Rabutin. C'est que Mme de La Fayette avait l'esprit simple et honnête, qu'elle n'était pas cartésienne, et passait pour être un peu prude. Ses romans de *Zaïde* et de *La Princesse de Clèves* parurent sous le nom de Segrais. Pour apprécier le mérite de ces deux ouvrages, il faut se rappeler qu'alors d'Urfé et La Calprenède étaient à la mode. Il y a plaisir à étudier dans les deux ouvrages de Mme de La Fayette les progrès du vrai et du juste. On voit encore dans *Zaïde* l'influence du goût régnant : il y a peu de vérité dans les événements ; on y trouve encore de grands capitaines qui, tout en saccageant des provinces, ne font que soupirer et mourir d'amour ; mais que de choses bien senties et bien dites ! Mme de La Fayette commençait dès lors à être versée dans *la science du cœur*, et c'est encore pour elle que cette expression a été risquée dans notre langue par Fontenelle. Ce livre eut beaucoup de succès. Les libraires demandaient des *Zaïde* comme plus tard ils devaient demander des *Lettres persanes*. Ce chien de Barbin ne peut me souffrir, disait Mme de Sévigné, parce que je ne lui fais pas de *Zaïde*. La *Princesse de Clèves* est une composition charmante et élevée. En la lisant, on sent toute la portée de ce mot de Mme de La Fayette, parlant de La Rochefoucault : « Il m'a donné de l'esprit ; mais j'ai réformé son cœur. »

Mme de La Fayette et La Rochefoucault vécurent unis par les liens d'une amitié qui dura vingt-cinq ans, qui ne finit qu'à la mort de l'auteur des *Maximes*. Mme de La Fayette lui survécut dix ans, mais triste, retirée; et elle mourut dans les pratiques d'une austère dévotion, en juin 1693. Elle était célèbre par des mots vifs et spirituels. C'est elle qui comparait les traducteurs à des laquais ignorants qui estropient les noms des grands seigneurs qu'ils annoncent. Rien ne l'avait plus flattée que ce mot de Segrais : « Votre jugement est supérieur à votre esprit. » On a d'elle, outre les deux romans dont nous venons de parler, une *Histoire d'Henriette d'Angleterre*; *La Comtesse de Tende*, *La Princesse de Montpensier*, des *Mémoires de la Cour de France de 1688* à 1689, qui sont instructifs et curieux, etc.

Ernest DESCLOZEAUX.

LA FAYETTE (MARIE-JEAN-PAUL-ROCH-YVES-GILBERT MOTIER, marquis DE), naquit le 6 septembre 1757, au château de Chavagnac, près de Brioude (Haute-Loire). Il avait perdu de bonne heure tous ses parents. A seize ans, il épousa Mlle de Noailles, fille du duc d'Ayen. Cette alliance lui offrait la plus belle perspective. Il pouvait paraître à la cour de Louis XVI et de Marie-Antoinette : il refusa de courir cette fortune. L'insurrection d'Amérique ayant éclaté, il se sentit d'abord touché de sympathie pour cette cause, et fit connaissance avec Franklin. Cependant, la nouvelle des revers des insurgés parvint en France. La Fayette résolut d'aller combattre avec Washington. Sourd à toutes les représentations, il équipa une frégate à ses frais, et partit pour Georgestown, où il débarqua en avril 1777. Arrivé à Philadelphie, il demanda la faveur de servir comme volontaire, et sans appointements. Ayant reçu du congrès le grade de général-major, il n'en combattit pas moins comme volontaire à la bataille de Brandywine, le 11 septembre 1777, et y fut blessé grièvement. Sa blessure n'était pas encore cicatrisée qu'on ne le vit voler à de nouveaux dangers. Chef d'un détachement de milices, il défit un corps d'Anglais et de Hessois, qui avait sur ces nouvelles levées l'avantage du nombre et de l'expérience. Bientôt après, le congrès lui vota des remercîments, et il reçut le commandement d'une division. Plus tard, il fut élevé au grade de général en chef dans le nord, mais il ne voulut accepter ce nouvel honneur qu'à la condition de rester sous les ordres de Washington.

Après avoir défendu avec une poignée d'hommes une vaste contrée, La Fayette sauva 2,000 insurgés enveloppés par l'armée anglaise, se distingua à la bataille de Monmouth, gagnée le 27 juin 1778 par les Américains, et partit aussitôt avec sa division pour aller couvrir la retraite de Sullivan, contraint d'évacuer Rhode-Island. L'importance de ce service lui valut les remercîments du congrès ; et une épée, ornée de figures allégoriques, que Franklin lui remit à Paris, où il s'était rendu en 1779, après que la France eut reconnu l'indépendance de l'Amérique. Il ne resta dans sa patrie que le temps nécessaire pour se procurer des secours d'hommes et d'argent, et se hâta de mettre à la voile aussitôt qu'il les eut obtenus. Il fut reçu avec enthousiasme à Boston, y annonça l'arrivée du général Rochambeau, et partit pour l'armée. En 1780, il commanda l'avant-garde de Washington, et échappa aux conséquences de la trahison du général Arnold. L'année suivante, il fut chargé de la défense de la Virginie : et avec 5,000 hommes, sans habits, sans solde, presque sans vivres, il tint tête pendant cinq mois à toutes les forces de Cornwallis. Ce général se trouva même tout à coup bloqué par terre et par mer. Après l'arrivée de Washington et de Rochambeau, il se distingua à l'assaut de Yorktown. Cornwallis fut contraint de capituler. La Fayette revint alors en France pour hâter l'envoi de nouveaux secours. Il allait mettre à la voile avec le comte d'Estaing, qu'il avait rejoint à Cadix, à la tête de 9,000 hommes, quand la nouvelle de la paix vint empêcher leur départ.

La guerre d'Amérique avait singulièrement popularisé La Fayette en France, et même à la cour, où l'engouement pour les compatriotes de Washington et de Franklin avait gagné tout le monde. Il entreprit un nouveau voyage dans le pays qu'il avait contribué à délivrer, et y fut accueilli avec des transports de reconnaissance, ainsi que son fils ; ils y reçurent tous deux les droits de citoyen, par une espèce d'adoption aussi rare qu'honorable. Le vieux Frédéric de Prusse, l'empereur Joseph II, en Allemagne, témoignèrent à La Fayette la plus grande estime.

Nommé membre de l'Assemblée des notables, en 1787, La Fayette demanda la suppression des lettres de cachet et des prisons d'État, obtint un disposition favorable à l'état civil des protestants, et parla le premier de la nécessité de consulter la nation : « Monsieur, s'écria alors le comte d'Artois, ce sont donc les états généraux que vous demandez? — Mieux vaut que cela, répondit le général, c'est une assemblée nationale. » Ce mot ne tarda pas à être réalisé. Membre de la Constituante, il proposa la première déclaration des droits de l'homme, et appuya la demande de Mirabeau pour le renvoi des troupes que le gouvernement avait rassemblées autour de la capitale. Dans les séances des 13 et 14 juillet 1789, il présidait l'Assemblée; le 15, envoyé à Paris, après la victoire du peuple, et nommé commandant de la garde nationale, il remit dans ce poste important des services immenses à la tranquillité publique. Les imprudences de la cour et le repas des gardes du corps amenèrent les journées des 5 et 6 octobre, dans lesquelles la garde nationale, précédée par une troupe de femmes insurgées, ayant à leur tête le fameux Maillard, entraînèrent La Fayette à Versailles. Il avait résisté jusque là ; il céda enfin, et donna par cette faiblesse le mauvais exemple d'un chef de la force armée, qui se laisse violenter par ses soldats : aussi, dans le trajet de Paris à Versailles, exprimait-il les plus vives alarmes, et se justifiait-il par la pureté de ses intentions, auprès des deux commissaires de la Commune envoyés avec lui. En paraissant avec eux devant le roi, ses premières paroles furent : « Sire, je ne sais pas comment j'ose me présenter devant Votre Majesté. — Que voulez-vous? répondit Louis XVI, vous avez fait tout ce que vous avec pu, je le sais. — Sire, reprit le général, j'ai fait prêter à l'armée parisienne le serment d'être fidèle à la nation, à la loi et au roi; Votre Majesté peut être tranquille, elle sera respectée. » La Fayette croyait ce qu'il disait alors. Après cette conférence, ayant en vain réclamé la garde du château et de tous les postes nécessaires pour pouvoir répondre des jours de la famille royale, il harangue sur la place d'armes, au nom de la patrie et du roi, les différents corps de troupes; la garde nationale de Versailles et celle de Paris répondent au général par des assurances qui portent la conviction dans son esprit et dans celui de Lally-Tollendal, présent à cette scène. Ce devoir rempli, La Fayette veut rendre compte au roi de toutes les mesures qu'il a prises; on lui dit que, fatigué d'une journée si tumultueuse, ce prince vient de se coucher. Accablé de lassitude lui-même, le général se retire pour prendre quelque repos. On l'accuse avec fureur à cet égard. Cependant, il n'a fait qu'imiter tous les serviteurs du roi! Au reste, si l'on trouve que La Fayette n'a pas fait d'abord tout ce que l'on pouvait attendre de lui, on ne peut nier qu'il n'ait été sublime le lendemain. Le roi, la reine, leur famille et leurs gardes lui durent leur salut. Marie-Antoinette, quoique ne pouvant se résoudre à la reconnaissance envers lui, tant sa haine était profonde, n'a jamais nié cet immortel service; Mme Elisabeth embrassa le général comme un libérateur. Dans le trajet de Paris à Versailles, il fit encore les plus grands efforts pour éloigner du roi les outrages qui le menaçaient à tout moment.

La Fayette eut un admirable triomphe à la fédération du 14 juillet 1790. Quand Mirabeau fut mort, La Fayette se laissa surprendre par l'évasion de Varennes. On ne conçoit pas encore aujourd'hui comment il put résister à l'orage qui s'éleva contre lui aux Jacobins, qu'à Danton lui adressa une si terrible apostrophe. Après avoir couru le risque d'être immolé comme un traître par les amis de la révolution, il se trouva réduit à la triste nécessité de faire revenir le roi comme un prisonnier au milieu de la France en armes. Si Louis fût parvenu à reconquérir l'autorité, il n'y aurait pas eu de peine assez sévère pour expier ce second outrage, qui était encore l'une des fatalités de la vie politique du général. Marie-Antoinette rentra dans Paris avec la rage dans le cœur, regardant La Fayette comme le mauvais génie de la couronne. La captivité du roi devint plus rigoureuse que jamais jusqu'à l'acceptation de la constitution, et porta au dernier degré l'inimitié du parti royaliste contre La Fayette. Dans le même temps, il s'amassait d'autres orages dans le parti opposé, qui lui reprochait, ainsi qu'à ses amis, comme un acte de folie et de trahison la pensée de vouloir remettre, avec un accroissement de pouvoir, la constitution entre les mains d'un prince qui avait protesté contre elle, et qui voulait évidemment la détruire. Le décret de l'Assemblée qui maintenait le principe de l'inviolabilité à l'égard de Louis XVI et l'exemptait ainsi de toute recherche sur sa fuite excita une grande agitation parmi les jacobins; de là naquit la proposition d'aller signer au Champ-de-Mars, sur l'autel de la patrie, une pétition tendant à inviter l'Assemblée à suspendre toute décision sur le sort du roi, jusqu'à ce que les départements eussent manifesté leur opinion à ce sujet. Le dimanche 17 juillet un rassemblement considérable a lieu au Champ-de-Mars pour demander la déchéance du chef du pouvoir exécutif. La Fayette s'y présente à côté de Bailly, avec le drapeau rouge, et, après les sommations légales, il fait tirer sur les mutins. Dès ce jour une division funeste éclata entre le peuple et la garde nationale, qu'il traitait de garde prétorienne. Après l'acceptation fallacieuse de la constitution par Louis XVI, La Fayette quitta le commandement, et se retira dans sa province. Il n'y devait pas rester longtemps. Les émigrés ayant fait sur la frontière des démonstrations qui annonçaient des hostilités plus sérieuses et l'approche des étrangers, il fut investi d'un commandement supérieur, et repoussa les ennemis sur plusieurs points. Pendant ce temps, profondément convaincu des trahisons de la cour, Paris préparait une insurrection qui ne pouvait tarder à éclater. La Fayette, qui continuait à s'aveugler sur les sentiments du roi, ne paraissait occupé que de combattre la Gironde et les jacobins, auxquels il imputait tous les maux de la France. Tel était le sens d'une lettre écrite par lui le 16 juin, de son camp de Maubeuge, à l'Assemblée nationale. Il y avait plus que de l'aveuglement, il y avait du délire dans cette lettre, où, parlant comme aurait pu le faire un général autrichien de l'époque, il ne disait pas un mot des conspirations ourdies au dedans et au dehors contre la liberté. La lecture de cette inconcevable lettre excita un violent orage dans l'Assemblée, mais surtout au sein de Paris, qui vit le mouvement du 20 juin, dans lequel le peuple envahit le palais du roi, livré durant plusieurs heures à la merci des insurgés. Aussitôt que La Fayette eut appris les événements de cette journée il voulut tenter un dernier effort en faveur de Louis XVI et de la constitution. Le 28 il parut à la barre de l'Assemblée; il demanda la punition des violences commises, enfin la destruction des sociétés de jacobins, des mesures capables de donner la sécurité au roi, et d'empêcher toute atteinte à la constitution. Cette démarche n'eut aucun succès. Le général ne fut pas plus heureux dans ses tentatives pour rallier à lui la garde nationale et l'amener à la mesure décisive de la fermeture des clubs. Une autre lettre de La Fayette à l'Assemblée n'eut pas un meilleur sort; il fut obligé de repartir pour la frontière avec le sentiment de son impuissance, et la conviction que son règne était passé. La garde nationale, en le voyant abandonner la partie, ne laissa paraître que des regrets stériles; la cour prit un plaisir insensé à la chute de la popularité de celui dont elle ne voulait pas accepter les services, malgré le besoin immense qu'elle en avait. Les jacobins, triomphants, brûlèrent le soir même au Palais-Royal un mannequin qui représentait le héros de la fédération. Une horrible catastrophe l'attendait, s'il fût resté à Paris.

Quoique trop certain des mauvaises dispositions de la cour et du roi lui-même, La Fayette s'obstinait à vouloir sauver ce malheureux prince. Sûr du vieux Luckner, qu'il avait su gagner, il espérait que la présence à la fête de la fédération des gardes nationaux en chef en imposerait au peuple. Le lendemain de la cérémonie, Louis XVI serait sorti de Paris, sous le prétexte d'aller à Compiègne, faire preuve de liberté aux yeux de l'Europe. En cas de résistance, La Fayette se faisait fort d'enlever, avec 50 cavaliers, la famille royale. De Compiègne, trois escadrons tout prêts devaient conduire le roi au milieu des armées. C'est de là que le prince aurait manifesté ses véritables intentions. Le projet était de modifier la constitution, d'établir deux chambres et des institutions fortes, mais toutes monarchiques. Dans le cas où aucun des moyens proposés par La Fayette n'aurait pas réussi, il était déterminé à marcher sur Paris. Louis, quoique toujours effrayé à la vue des obstacles, se montrait assez enclin à accepter le plan de départ proposé par le général; il en fut détourné par une crainte mêlée de répugnance pour La Fayette, mais surtout par Marie-Antoinette, qui rejetait le secours de ce fidèle ami du trône. « Confiez-vous à La Fayette, lui disait-on; seul il peut le rejoindre dans son camp; il vous attend, il vous sauvera. — Oui, je le crois, reprit la reine, il sauvera le roi; mais il ne sauvera pas la royauté. »

La Fayette apprit la journée du 10 août dans son camp, assis près de Sedan. Il comptait sur son état-major, sur l'affection des soldats, sur leur serment d'obéissance. Il espérait rallier à la constitution de 1791 75 départements, dont les conseils généraux avaient adhéré à sa lettre du 16 juin, demandant la fermeture des Jacobins; il osa lever l'étendard contre l'Assemblée législative dans une première proclamation ; il fit arrêter par la municipalité de Sedan trois commissaires du Corps législatif, et tenta des efforts inouïs pour soulever son armée en faveur de Louis XVI et de l'Assemblée, qu'il représentait comme asservie par la violence des jacobins et par celle de Pétion, maire de Paris. Infracteurs de la loi salutaire qui défend les délibérations à la force armée, les soldats s'assemblèrent et vinrent déclarer à leur général, que, pénétrés d'indignation pour les crimes dont les factions souillaient la capitale, ils ne reconnaissaient plus l'Assemblée, depuis qu'au mépris de toutes les lois, elle avait renversé la constitution. Ils étaient prêts, disaient-ils, à marcher partout où leur chef voudrait les conduire ; mais ce triomphe de La Fayette fut de courte durée. De nouveaux commissaires envoyés sur les lieux parvinrent à séparer les soldats de leur général. Déjà les canonniers avaient refusé d'adhérer à sa protestation contre les décrets de l'Assemblée ; une revue, passée par lui, lui révéla des dispositions plus hostiles encore. D'un autre côté, Dumouriez, dont il avait ordonné l'arrestation dans son camp de Maulde, avait refusé de prêter l'ancien serment, et Dillon, d'abord entraîné dans le parti de la résistance, avait promptement changé d'avis. D'autres défections, l'opposition formelle du département de l'Aisne, qui ordonnait à tous les citoyens d'arrêter le général en chef de l'armée du nord, la nouvelle du décret d'accusation lancé contre lui, la nomination de Dumouriez, son ennemi, au commandement de cette même armée, firent sentir à La Fayette que toute espérance de succès était perdue. D'ailleurs, les clubs de Paris retentissaient d'imprécations contre lui. Il fallait poursuivre, arrêter, fusiller le traître et ses complices, ou plutôt les réserver à un procès solennel en présence du peuple de la capitale, que leur supplice vengerait enfin des massacres du Champ-de-Mars.

Il n'y avait pas à balancer. La Fayette quitte son camp, dans la nuit du 19 au 20 août, suivi du Bureau de Pusy, de Latour-Maubourg et d'Alexandre de Lameth. Il avait eu soin de prendre, avant son départ, toutes les mesures pour que l'armée, à l'abri des surprises, se trouvât prête à repousser l'ennemi sur les divers points en cas d'attaque. Parvenu à Bouillon, il renvoya son escorte. L'espoir du général, réduit à fuir, était de traverser incognito les postes ennemis, et de gagner le territoire de la république batave ; mais il fut arrêté par un lieutenant-colonel, qui envoya prévenir le commandant de Namur. Le 21 on transféra les prisonniers dans cette dernière ville, où La Fayette eut une entrevue avec le prince Charles. Conduits à Nivelle, ils eurent à subir un interrogatoire devant un major autrichien chargé du commissariat, le trésor de l'armée, comme si La Fayette avait dû nécessairement l'emporter avec lui. « Tout ce que je comprends à cette étrange commission, répondit le général français, c'est qu'à ma place M. le duc de Saxe-Teschen aurait volé le coffre-fort de ses troupes. » Traînés à Luxembourg, les quatre membres de l'Assemblée constituante y restèrent trois semaines. Les émigrés, furieux contre des nobles qui avaient embrassé la cause du peuple, firent une tentative pour immoler à leur vengeance l'auteur de la proclamation des Droits de l'homme et du citoyen. On promena les captifs de Wesel à Magdebourg à Reisse, et enfin de Reisse à Olmütz. C'est là que d'affreux cachots les attendaient. Tout le génie inquisitorial, toute la froide barbarie de la police autrichienne, épuisèrent leurs dernières ressources à désespérer et torturer La Fayette : il aurait pu voir tomber ses fers en rétractant une seule de ses opinions ; il n'en voulut renier aucune, et resta longtemps seul dans son cachot privé du commerce de ses compagnons d'infortune, dont il ignorait la vie ou la mort, privé même de toute correspondance avec la France. Enfin, l'ange de la tendresse conjugale, sous les traits de Mme de La Fayette, descendit dans sa prison.

Cependant, tous les amis de la liberté réclamaient à l'envi la délivrance de l'illustre captif. Les États-Unis eux-mêmes employaient leur intervention en sa faveur. Il fallut pour l'obtenir les victoires d'Italie et la volonté de Bonaparte, qui, averti par Regnault de Saint-Jean-d'Angely, fit de cette délivrance une condition particulière et impérative, lors des négociations qui terminèrent les hostilités. Libre, le prisonnier d'Olmütz ne voulut prendre aucune part à la révolution du 18 fructidor, et fut contraint, pour cette raison, de s'arrêter à Hambourg ; mais il y arbora la cocarde tricolore, ainsi que ses amis, et rentra en France à l'époque de la révolution du 18 brumaire. Quoique touché d'une vive reconnaissance pour Bonaparte, il refusa de se mêler en quoi que ce fût des choses du gouvernement, ne voulut point accepter un siège au sénat, et vota contre le consulat à vie ; action au moins étrange dans un homme qui avait tout risqué, même sa réputation d'ami de la liberté, pour sauver le principe monarchique ; mais, conséquent à l'une de ses doctrines favorites, il demandait à Bonaparte le rétablissement de la liberté de la presse ; le consul répondit : « Si j'accordais à M. de La Fayette ce qu'il sollicite avec tant d'instances, lui et moi nous ne serions plus ici dans trois mois. » Le rôle du prisonnier d'Olmütz sous l'empire n'en fut pas moins très-honorable.

Les Bourbons revinrent en 1814, et La Fayette se présenta de nouveau sur la scène politique avec l'imperturbable constance de ses principes. Elle était si connue, que le comte d'Artois, resté fidèle à l'esprit de la contre-révolution, disait : « Il n'y a que M. de La Fayette et moi qui n'ayons pas changé. » Il reparut dans les Cent Jours à la chambre des représentants : dirigé par la fixité de ses pincipes, appréciant mal la situation des choses, et confondant l'époque de 1815, à laquelle il fallait avant tout sauver le territoire, avec celle de 1789, où la liberté était à conquérir, il porta, par une proposition, fort belle et salutaire en apparence, mais impolitique et dangereuse au fond, un coup mortel à l'empereur, vaincu à Waterloo. Au lieu de désarmer le ministère, il fallait le remettre, avec son génie, qui était encore tout entier, à la tête de l'armée, et l'aider à exterminer les Prussiens. Certainement, La Fayette ne suivit alors que l'impulsion de sa conscience, et même jamais il ne se reprocha sa faute ; mais il n'en a pas moins causé un mal irréparable au pays. La Fayette n'avait point les lumières de l'homme d'État ; son esprit était loin de valoir son cœur : de là vient que, malgré l'influence qu'il a obtenue dans plusieurs circonstances de sa vie, il s'est trouvé toujours au-dessous des rôles qu'il a pris, ou que l'opinion lui a imposés ; les grandes choses ont toujours avorté dans ses mains. Il rendit encore un bien mauvais service à la France en pressant l'abdication de Napoléon ; mais il montra surtout combien il ignorait sa position personnelle vis-à-vis des étrangers, en se faisant nommer l'un des commissaires pour négocier avec eux une suspension d'armes. Personne n'était moins propre que lui à réussir dans une telle mission. Aussi n'obtint-il rien, comme il était facile de le prévoir. A son retour, que l'ennemi différa de tous les moyens possibles, il eut la douleur d'apprendre la capitulation de Paris et la retraite de l'armée sur la Loire. Il dut sentir l'énormité de sa faute en entrant dans cette capitale, que l'ennemi n'avait pas souillée de sa présence depuis la trahison d'Isabeau de Bavière. Un mot heureux sortit pourtant de sa bouche : l'ambassadeur anglais ayant eu la bassesse de lui demander que Napoléon fût livré aux alliés : « Je m'étonne, répondit La Fayette, que ce soit au prisonnier d'Olmütz que vous proposiez une pareille lâcheté. » Le 6 juillet il rendit compte à l'Assemblée des conférences d'Haguenau, et assura que les députés des départements qu'il avait parcourus partageaient les sentiments exprimés dans le manifeste de la veille, auquel il adhéra en son nom et en celui de ses collègues d'Argenson et Sébastiani. Le 8 les députés trouvèrent les portes du Corps législatif fermées, et gardées par un poste prussien. Il emmena les députés chez lui, et se rendit, avec une grande partie d'entre eux, chez Lanjuinais, président de la chambre ; les membres présents rédigèrent le procès-verbal qui constate cette violation faite au droit des représentants d'un grand peuple. Il se peut bien que dans cette circonstance La Fayette ait été la dupe du double rôle que jouait Fouché, alors en correspondance secrète avec Louis XVIII et Wellington.

Après la seconde occupation et le retour des Bourbons, rentrés à la suite des bagages des alliés, il se retira dans son château de La Grange (Seine-et-Marne), où il vécut dans la retraite jusqu'aux élections de 1817. Le gouvernement parvint alors à l'écarter de la députation ; mais en 1818 il triompha de tous les obstacles. Durant le cours de sa nouvelle carrière législative, il se montra constamment à la tête de l'opposition, et ne faillit jamais à la cause populaire dans les circonstances importantes et périlleuses. Sans cesse il mettait en avant ses principes de 1789, et semblait représenter à lui seul toute l'Assemblée constituante. Il entra, il taut le dire, dans bien des conspirations contre les Bourbons, dont l'antipathie pour la révolution et la déloyauté, malgré les serments les plus solennels, lui paraissaient démontrées; ce qui ne l'empêchait pas de dire : « Ce qui me tourmente, c'est de savoir comment nous sauverons ces malheureux qui courent à leur perte; car enfin il faudra bien les sauver. » Suspect au pouvoir, donnant prise de tous côtés par l'abandon de ses paroles et par sa confiance sans bornes, chose vraiment inconcevable dans un homme politique, il pouvait être pris, traduit en jugement, convaincu et condamné ; il n'était aucunement ému de ce péril, et gardait toute sa sérénité. « Vous êtes une statue qui cherche son piédestal, lui disait un jour Laffitte : peu vous importerait que ce fût un échafaud. — C'est vrai, » lui répondit La Fayette. Dans un moment critique, Louis XVIII fut vivement tenté de le faire arrêter. Instruit de cette velléité du prince, il monta à la tribune, et dit en substance : « On parle de mise en jugement : je ne demande pas mieux que de paraître devant un tribunal. Je dirai tout ce que nous avons sur le cœur un certain personnage et moi. » Ces paroles frappèrent le roi, qui ne voulut pas courir le risque d'avoir à supporter en face les révélations d'un pareil homme; et La Fayette tut assuré de n'avoir plus rien à craindre de son royal ennemi, mais il eut à regretter la perte de plusieurs hommes qui l'avaient pris pour drapeau. Au reste, comme il serait mort sans sourciller, il attendait la même fermeté des autres, et ne paraissait pas profondément ému de leur malheur, dont il prenait assez promptement son parti. Quoi qu'il fût bon, et adoré de sa famille, peut-être ne lui vit-on jamais une larme dans les yeux; peut-être aussi n'a-t-il jamais laissé paraître le plus léger signe d'altération sur sa figure : elle était calme et froide au milieu des plus grands dangers.

Un de ses ennemis les plus violents disait un jour : « Il a deux grandes vertus : il méprise souverainement la mort, et il n'aime point l'argent. » Il y a dans sa vie un événement qu'Alexandre, César et Bonaparte auraient acheté de tous les sacrifices que le génie peut faire à la passion de la gloire : son dernier voyage en Amérique, un monde entier saluant un homme qu'il proclame son libérateur. Sa passion dominante a toujours été la popularité; rien n'était donc plus capable de lui causer presque du délire que les transports de tant de millions d'hommes accourus partout sur son passage : il resta calme et tranquille pourtant, et revint en France sans qu'on remarquât aucune altération dans sa manière d'être. La Fayette avait du respect pour la révolution ; quoique ennemi de ses excès, il n'aimait point à mal parler d'elle, et ne faisait violence à l'opinion de personne. Il voyait avec plaisir les fils des montagnards, les girondins, ses anciens ennemis; pourvu qu'on eût reçu le baptême de la liberté et qu'on persistât dans sa foi politique, on était le bienvenu chez lui. Il voulait l'ordre, dans les derniers temps de sa vie on l'a encore vu se dépensant pour le rétablir ; mais les mouvements ne lui déplaisaient pas, parce qu'ils annoncent que le peuple a conservé son énergie. Il ne voulait pas *que le peuple donnât sa démission.*

Le premier bruit des événements de juillet 1830 lui parvint à La Grange, et dès le 27 il accourait se joindre aux députés ses collègues. Le 29 il se rendait à l'hôtel de ville, au moment où le Louvre et les Tuileries tombèrent au pouvoir du peuple, et porté par acclamation au commandement général de la garde nationale, répondait : *Il est trop tard,* au plénipotentiaire de Charles X, M. d'Argout. Ce fut lui principalement et Laffitte qui gratifièrent la France de Louis-Philippe. On lui doit encore les deux tristes jeux de mots : *Un trône populaire entouré d'institutions républicaines,* et *Voilà la meilleure des républiques,* contestés successivement de part et d'autre. Le procès des anciens ministres ayant réveillé les passions mal éteintes, il retrouva, disait-il, pour combattre l'émeute son énergie de 1789; mais la chambre des députés ayant, le 4 décembre 1830, supprimé, d'accord avec Louis-Philippe, le commandement général des gardes nationales, il donna sur-le-champ sa démission. Cette circonstance, jointe à la marche du gouvernement à l'intérieur et à l'extérieur, qui lui paraissait contraire aux intérêts de la France et aux promesses dont il s'était fait le garant, amenèrent entre lui et le pouvoir un refroidissement, une rupture. Le ministère Périer, malgré les liens d'alliance et d'amitié qui l'unissaient à son chef, lui parut toujours suivre une déplorable route. En mai 1832, il signa le *Compte-rendu.* Au convoi de Lamarque, l'apparition du bonnet rouge, qu'on lui fit couronner malgré lui, devint le signal du désordre. Des hommes s'attelèrent à son fiacre, espérant faire de celui qu'on appelait le *vétéran de la liberté* un instrument de leurs passions ; mais un détachement de dragons rencontra le cortége, et des coups de feu échangés commencèrent les journées de juin 1832.

La douloureuse réaction qui suivit ce triste événement répandit de l'amertume sur la fin de sa vie. Les derniers mots qu'il prononça à la chambre, le 26 janvier 1834, eurent pour objet d'approuver une pétition relative aux réfugiés politiques; les dernières lignes qu'il écrivit avaient trait à l'affranchissement des noirs. Malade, il voulut suivre à pied le convoi du député Dulong, tué en duel par le général Bugeaud le 30, se mit au lit en rentrant, ne se releva plus, et mourut le 19 mai. Il est enterré au cimetière de Picpus. En fait de gouvernement, il ne paraissait avoir fait aucun progrès depuis 1789 ; de même, il n'avait point acquis une plus grande connaissance des hommes; et il était facile à tromper, pour peu qu'on prît avec lui le langage de la liberté. Malgré beaucoup de droiture, sa foi politique a paru douteuse à certaines époques : c'est que dans les circonstances difficiles la politique donne souvent, au nom de la nécessité, de mauvais conseils aux plus honnêtes gens. Il n'avait, à ce qu'il paraît, aucune proportion avec le grand homme. On a pu avoir besoin de dire qu'il honora ses derniers moments par un courage tranquille. La Fayette mourant était encore La Fayette tout entier. Un peu plus tôt, ses funérailles, vraiment dignes de lui, auraient ressemblé à celles de Mirabeau et du général Foy, qui furent accompagnées de tous les signes d'un deuil public. Sa cendre méritait plus d'honneurs et sa perte plus de regrets. La fille de Cabanis, Mme Dupaty, disait de lui : « Il était trop honnête homme pour ne pas laisser toujours ses clefs aux serrures, même en politique. » Mirabeau l'avait appelé *Cromwell-Grandisson,* et Napoléon le traitait de *niais;* mais de sa part, ajoutait l'empereur, c'est un brevet d'honnête homme.

Il avait eu de sa femme, morte en 1807, trois enfants, Georges-Washington, Anastasie, mariée à Charles de Latour-Maubourg, et Vincinie, veuve du colonel de Lasteyrie.

P.-F. Tissot, de l'Académie Française.

LA FAYETTE (Georges-Washington), fils du précédent, naquit en 1779. Washington fut son parrain. Entré au service à l'époque du passage du mont Saint-Bernard , il fit la guerre en Italie comme sous-lieutenant, et remplit les fonctions d'aide de camp de Grouchy en Autriche, en Prusse et en Pologne. Mécontent du gouvernement impérial, il quitta enfin l'armée. Nommé membre de la chambre des représentants en 1815, il prit place à côté de son père. Député en

1822 et 1823, il fut un de ceux qui se retirèrent après l'expulsion de Manuel. Réélu en 1827, il vota constamment avec l'opposition. Dans la crise de 1830, il resta toujours près de son père. En 1832 il signa le Compte-rendu, et se tint jusqu'à la fin dans les rangs de la gauche, mais ne parla que dans de rares circonstances. En 1847 il figura dans les banquets de Coulommiers et de Melun. Réélu à la Constituante en 1848, il échoua en 1849, aux élections pour l'Assemblée législative, et mourut en 1849.

Son fils, *Oscar* LA FAYETTE, né en 1816, élève de l'École Polytechnique, servit en Afrique comme officier d'artillerie, et fut élu député à Meaux en 1846. Partisan de la réforme électorale, il parut dans les banquets, fut nommé commissaire pour le département de Seine-et-Marne par M. Ledru-Rollin, et fut élu à l'Assemblée constituante, où il devint secrétaire du comité de la guerre; il y vota avec la majorité. Élu encore à l'Assemblée législative en 1849, il cessa d'en faire partie lors du coup d'État de 1851. Son frère, *Edmond* LA FAYETTE, avocat, fut représentant de la Haute-Loire à l'Assemblée constituante en 1848. L. LOUVET.

LA FÈRE, LA FÈRE-CHAMPENOISE, LA FÈRE-EN-TARDENOIS. *Voyez* FÈRE.

LA FERRONNAYS (AUGUSTE FERRON, comte DE), naquit à Saint-Malo, en décembre 1777. Il descendait d'une très-ancienne famille de Bretagne. La révolution le surprit au milieu de ses études, et c'est en Suisse qu'il acheva ses classes. Entré dès l'âge de quinze ans, comme simple soldat, dans l'armée de Condé, il fit avec son père les campagnes de l'émigration. Remarqué par le duc de Berry, il devint successivement ordonnance et aide de camp de ce prince, et le suivit à Clagenfurt, puis de là en Angleterre et en Carinthie. Mais le repos ne convenait ni à son dévouement ni à son caractère. Il rejoignit sa famille dans le pays de Brunswick, et se jeta dans ces sourdes conspirations de frontières qui tracassaient, sans l'effrayer, la police consulaire et impériale de France. Refoulé encore une fois en Angleterre par les conquêtes de Napoléon, il se mit au service du roi de Suède, et fit une campagne en Norvége contre les Danois. Dégoûté, il revint en Angleterre reprendre son poste auprès du duc de Berry, puis il passa au service de Gustave IV, exilé. La fatale retraite de Moscou réveilla les espérances des princes français, et le comte de La Ferronnays, dont l'importance s'était accrue, fut chargé par le chef de la maison de Bourbon d'aller plaider la cause auprès du chef de la coalition nouvelle. La Ferronnays accourut à Saint-Pétersbourg; mais l'empereur Alexandre en étant déjà reparti, il ne put le joindre qu'en Saxe. Sa négociation fut sans résultat. Alexandre et ses alliés n'étaient pas assez sûrs de renverser Napoléon pour disposer aires de sa dépouille. Il fallut encore bien des désastres, des fautes et des combats pour abattre le géant; et ce fut seulement à Paris que le nom de son successeur au trône de France fut prononcé par les nouveaux arbitres de l'Europe.

Le comte de La Ferronnays revit enfin sa patrie. Débarqué à Cherbourg avec le duc de Berry, il embrassa la terre avec transport en s'écriant : « M'y voici ! aucune puissance humaine ne m'en arrachera plus. » Il était de ce petit nombre d'émigrés qui, ayant oublié la passé pour ne songer qu'à l'avenir, avaient trop bien apprécié tout ce qu'il y avait de force et de puissance dans la révolution pour tenter de la faire reculer. La politique de Louis XVIII était la sienne, et il adopta les nouvelles institutions de son pays avec une franchise qui ne se démentit plus un instant. Une querelle de nippes et de layette le fit bientôt sortir de la maison du duc de Berry, et à partir de 1817 ses services n'appartinrent plus qu'à son pays. Nommé d'abord ministre en Danemark, il passa en 1819 à Pétersbourg, où son caractère conciliant, sa parole sûre et vraie, sa réputation d'honnête homme, contribuèrent beaucoup à renouer avec l'empereur Alexandre des relations qui s'étaient considérablement refroidies. Son attitude aux congrès de Laibach et de Vérone, où il avait suivi le czar, lui valut le titre d'ambassadeur auprès de la même cour, où il resta jusqu'au couronnement de l'empereur Nicolas.

Il se trouvait en congé à Paris, en 1827, quand le ministère Villèle tomba devant les nouvelles élections; et le roi Charles X le força, pour ainsi dire, d'accepter le portefeuille des affaires étrangères. Les nouveaux ministres étaient pris presque tous parmi les hommes que l'Empire avait légués à la Restauration ; deux seuls avaient dans tous les temps donné des gages à ce qu'on appelait alors la légitimité : Hyde de Neuville et le comte de La Ferronnays. Ils étaient là comme une garantie de la fidélité de leurs collègues, dont la position était délicate et difficile. Ils avaient à vaincre la double défiance du roi et de la nouvelle chambre ; tout ce qu'ils faisaient dans l'intérêt de la liberté révoltait les hommes du vieux temps, et les hommes nouveaux ne voulaient voir qu'une tendance au despotisme dans tous les actes monarchiques du nouveau ministère. La Ferronnays conquit la chambre des députés dès la discussion de l'adresse, en expliquant la politique du gouvernement. On vit un homme qui parlait avec conscience et conviction, et il fut écouté avec une faveur marquée. Il assura l'émancipation de la Grèce en préparant l'expédition de Morée, fit reconnaître de la France, et son patriotisme éclairé se manifesta dans ses transactions diplomatiques comme dans ses discours à la tribune. Mais les succès qu'il obtenait dans le parlement étaient cruellement balancés par les injurieuses critiques de ses anciens amis. Ces hommes, qui pendant vingt-quatre ans d'exil n'avaient nourri que de stupides projets de réaction, ne concevaient pas qu'on des leurs pût se laisser entraîner par les idées de son siècle, et faire cause commune avec les opinions et les hommes qu'ils n'avaient cessé de combattre. Le comte de La Ferronnays n'eut pas assez de force physique pour résister aux reproches de ses anciens compagnons. Son caractère lutta jusqu'au bout, mais sa santé en fut altérée. Une attaque d'apoplexie nerveuse le força de quitter les affaires et d'aller sous un climat plus doux chercher la santé et le repos. Il passa à Nice l'hiver de 1829; et l'opposition manifesta le plus vif regret de son absence, en remarquant que depuis sa retraite la marche du ministère était devenue plus incertaine et plus timide. Le rétablissement de sa santé lui permit d'accepter, au mois de février 1830, l'ambassade de Rome; mais cinq mois après, Charles X et ses ministres ayant succombé dans leurs attaques contre la révolution, La Ferronnays, fidèle à ses principes, ne crut pas devoir prêter serment au nouveau souverain de son pays, et ne révéla depuis son existence que par l'offre de servir d'otage à la prisonnière de Blaye.

Au retour de cette princesse en Allemagne, il lui rendit quelques services aussi qu'au duc de Bordeaux pendant son séjour en Italie. Mais ce n'était plus un conspirateur nomade, rêvant des bouleversements au profit de ses rois. Les confidents intimes de ses pensées les plus secrètes racontent avec peine qu'il s'étonnera du prix qu'on attachait à des intérêts qui lui semblaient bien petits et de la peine qu'on se donnait pour eux. Ses voyages à l'étranger n'étaient plus que momentanés. Il vivait en France, et il y revint en 1839, pour ne plus quitter la campagne, où s'acheva son honorable vie, le 17 janvier 1842. Une piété sincère, une charité que sa modeste fortune lui forçait malgré lui de restreindre, se joignaient en lui à tant d'autres qualités qui le distinguaient de ses semblables. VIENNET, *de l'Académie Française.*

LA FERTÉ. *Voyez* FERTÉ (La).

LA FERTÉ-IMBAUT (JACQUES D'ESTAMPES, marquis DE), maréchal de France, naquit en 1590, servit avec distinction dès l'âge de dix-huit ans, se distingua au siège de Saint-Jean-d'Angély, de Montauban, au combat de Veillane et dans la campagne de Flandre. Il fut pendant quelque temps ambassadeur à Londres, et mourut en 1668.

Un de ses arrière-petits-fils épousa la fille de la célèbre Madame Geoffrin. La marquise *de La Ferté-Imbaut*, née en 1715, veuve à vingt ans, adopta des idées tout opposées à celles que professait sa mère. Aussi celle-ci disait d'elle : « Quand je la considère, je demeure étonnée comme une poule qui a couvé un œuf de cane. » Mme de La Ferté fut attachée à l'éducation de Mesdames, sœurs de Louis XVI. Elle mourut à Paris, en 1791.

LA FERTÉ SENNETERRE (HENRI, marquis, puis duc DE), maréchal de France, appartenait à une illustre famille, qui tirait son nom de la seigneurie de Saint-Nectaire en Auvergne, dont on fit, par corruption *Sennectère*, *Senneterre*, et auquel elle ajouta au seizième siècle celui de *La Ferté*, par suite du mariage d'un de ses membres avec une d'Estampes. Henri de La Ferté-Senneterre naquit en 1600, à Paris. Il assista au siége de La Rochelle, au combat du Pas-de-Suse, aux siéges de Moyenvic et de Trèves, à la bataille d'Arras, à la prise d'Hesdin, où il fut fait maréchal de camp sur la brèche. A Rocroy, il commandait l'aile gauche; il obtint, en 1651, le bâton de maréchal de France, seconda Turenne pendant la Fronde, fit lever aux Espagnols le siége d'Arras, assista à celui de Landrecies, et fut fait prisonnier avec tout son corps au siége de Valenciennes. Plus tard il prit Montmédy et Gravelines, fut fait chevalier des Ordres du roi, et duc et pair. Il mourut en 1681. Sa femme, *Madeleine* d'ANGENNES, se rendit célèbre par ses galanteries : du vivant de son mari, elle eut un fils du duc de Longueville.

LA FEUILLADE (FRANÇOIS D'AUBUSSON, duc DE), maréchal de France, avait pour ancêtre Ébon d'Aubusson, qui signa à la donation de Pepin le Bref, père de Charlemagne, en 750. Le diplôme de cette donation est imprimé dans la *Gallia Christiana*, et signé par Ébon, prince d'Aubusson, titre que l'on n'accordait alors qu'aux maisons souveraines.

François de La Feuillade fut par-dessus tout homme de guerre. Après s'être distingué dans plusieurs batailles aux côtés de Louis XIV, il alla chercher hors de la France des occasions de courage et de gloire, aussitôt que la paix des Pyrénées lui permit de quitter les drapeaux de la patrie. En 1664, il commanda les Français à la bataille de Saint-Gothard, en l'absence de Coligny. De retour en France, le roi le nomma lieutenant général, et le fit duc du Roannès. En 1667, il se signala aux siéges de Bergues, de Furnes et de Courtray. En 1668 il alla secourir Candie, assiégée par Achmet Kœprili, et rajeunit, par cette héroïque entreprise, la gloire des anciennes croisades. En 1672 Louis XIV le nomma colonel du régiment des gardes françaises. Ce dernier des preux fit la campagne de Hollande, suivit le roi en Franche-Comté, prit Salins, le fort Saint-Étienne, et acheva la conquête de la province, en emportant Dôle d'assaut. En 1675 il reçut le bâton de maréchal de France. En 1676 il commanda l'armée de Flandre, et en 1678 l'armée navale. La même année, il remplaça le duc de Vivonne dans la viceroyauté de Sicile. En 1681 il obtint le gouvernement du Dauphiné, l'ordre du Saint-Esprit en 1688. Il mourut le 19 novembre 1691, chargé de gloire et d'honneurs. Ce fut le duc de La Feuillade qui acheta l'hôtel de Senneterre, et qui le fit abattre, pour former la place des Victoires, au milieu de laquelle il fit élever, à ses frais, une statue pédestre de Louis XIV, avec cette inscription : *Viro immortali*. Placée auprès de Louis, *la Victoire* personnifiée plaçait une couronne de laurier sur la tête du monarque. Ce monument, qui lui avait coûté 500,000 livres à élever, était orné de quatre bas-reliefs et de quatre esclaves enchaînés : les esclaves sont aujourd'hui aux Invalides, les bas-reliefs au Musée. Le reste a été détruit en 1793.

Son fils, Louis duc de LA FEUILLADE, fut, comme son père, maréchal de France, et, comme lui, un des plus brillants seigneurs de la cour. Il épousa la fille du ministre Chamillart, échoua au siége de Turin, et mourut sans postérité, le 28 janvier 1725. Jules SANDEAU.

LAFFÉMAS (BARTHÉLEMY DE), dit *Beausemblant*, du lieu de sa naissance, petit bourg du Dauphiné, fut, durant la plus grande partie de son existence, attaché au service domestique d'Henri IV ; on le voit tour à tour tapissier, tailleur, valet de chambre du roi. Les moyens d'améliorer l'état des fabriques, la police des marchands, la création de chambres de commerce, la propagation de la culture des mûriers et de la récolte des soies, tel était le but constant de ses méditations et de ses démarches. Il multiplia les opuscules de quelques feuillets, et il connut l'art, toujours très-rare, de dire bien des choses en peu de mots. Le premier écrit que nous connaissions de Lafférnas est intitulé : *Règlement général pour dresser les manufactures en ce royaume* (Paris, 1597). On y trouve, dans un petit nombre de pages, des considérations d'un haut intérêt. M. Leber a réimprimé ce *Règlement* dans le tome XIX de sa *Collection de dissertations pour servir à l'histoire de France*. Il y a aussi de lui, dans le tome XIV des *Archives curieuses de l'histoire de France*, un autre écrit, fort curieux : *Histoire du Commerce de France*. G. BRUNET.

Son fils *Isaac* de LAFFÉMAS, né en 1589, fut d'abord avocat au parlement de Paris, ensuite maître des requêtes, conseiller d'État et lieutenant civil. Il fut encore l'un des commissaires choisis par le cardinal de Richelieu pour instruire le procès du maréchal de Marillac et le juger ; en cette occasion il se fit remarquer par la plus brutale et la plus inique partialité.

Le servile dévouement de Lafiémas aux moindres volontés du cardinal ministre ne peut être comparé qu'à celui de Laubardemont. Bois-Robert raconte que lorsqu'il faisait une belle journée, Lafférnas s'écriait : « Ah ! le beau temps pour faire pendre ! » Des Peisses, modifiant pour lui la définition de l'avocat par Caton, écrivit au bas de son portrait : *Vir bonus strangulandi peritus*. Cependant cet homme sanguinaire méprisait l'argent ; sa probité ne fut jamais attaquée. Il mourut vers 1650.

LAFFITTE (JACQUES), banquier célèbre, par le rôle qu'il joua en politique sous les deux branches de la maison de Bourbon, naquit en 1767, à Bayonne, où son père exerçait le métier de charpentier. Sa vie de travail commença dès l'âge de douze ans, à l'étude d'un notaire où on lui faisait copier des rôles. Venu en 1788 à Paris, dans l'espoir d'y trouver une plus fructueuse occupation, il parvint à se faire admettre comme teneur de livres chez un riche banquier suisse appelé Perregaux, qui bientôt lui accorda toute sa confiance. Plus tard son patron récompensait son dévouement et son intelligente activité en lui donnant une part d'intérêt dans ses affaires. Il finit même par le prendre pour associé, lorsque, créé sénateur et comte de l'empire en 1804, il crut devoir à sa nouvelle position de renoncer à la direction de sa maison, qui passa aux mains de Laffitte. Environ deux ans après Perregaux mourait, sans que sa mort amenât la liquidation de la société, qui continua longtemps encore ses opérations sous la raison de *Perregaux, Laffitte et Compagnie*, parce que le nom de Perregaux était un des éléments de son crédit ; mais le fils unique de Perregaux, chambellan de l'empereur, n'en fut plus que simple commanditaire. La maison Perregaux, qui sous le Directoire et sous le Consulat avait eu la sagesse de se borner aux seules opérations de banque et de ne point se lancer dans les grandes affaires de l'époque, les affaires de fournitures, qui dès lors n'avait jamais eu mailles à partir avec le gouvernement à l'occasion d'apurements de comptes, occupait dans le monde financier un rang trop distingué pour que son chef ne fût point appelé quelque jour à faire partie du conseil supérieur de la Banque de France. Aussi en 1809 Laffitte devenait-il l'un des régents de cette grande institution de crédit. En 1813, déjà président de la chambre de commerce, il était élu juge consulaire. L'année suivante, à la chute de l'empire, le gouvernement provisoire le nommait gouverneur de la Banque. La Restauration s'accomplit, et jusqu'en 1819 Laffitte conserva ces fonctions, qu'il remplit gratuitement, il est vrai, mais qui, en raison de l'ascendant puissant qu'elles lui donnaient sur les affaires de finances en général, étaient incompatibles avec sa position de chef d'une maison de banque particulière.

Comme toute la partie riche de la population de Paris,

Laffitte accueillit la Restauration avec enthousiasme ; car la Restauration, c'était enfin la paix après vingt-cinq années de guerres épuisantes ; c'était le rétablissement de nos relations commerciales avec l'Angleterre et la plus grande partie de l'Europe ; c'était la fin du règne des traîneurs de sabre , et c'était aussi l'avénement de la bourgeoisie, puisque la Charte consacrait tous les grands principes de 1789. Créé alors *chevalier*, Laffitte devint le banquier de la famille royale, que l'étranger nous avait ramenée dans ses fourgons.

Pendant les Cent Jours , Laffitte se laissa bien nommer membre de la chambre des représentants ; mais il garda dans cette assemblée un silence significatif. Après les funérailles de Waterloo , ce fut chez lui que Napoléon, forcé de fuir le sol français, plaça tout ce qui lui restait de la conquête de l'Europe, une somme de cinq millions en or, que Laffitte, en raison des relations multiples de sa maison avec l'Angleterre et les diverses places du Nouveau-Monde, pouvait plus facilement que tout autre lui faire tenir aux États-Unis, où il comptait se rendre. Ajoutons, pour en finir tout de suite avec l'histoire de ce dépôt confié *in extremis* par l'empereur à la loyauté et à la probité d'un homme qu'il savait lui être personnellement hostile, que six ans plus tard Laffitte refusa d'acquitter l'intégralité des dispositions faites sur sa caisse par Napoléon, qui, dans les divers legs qu'il distribuait par son testament entre ses amis et serviteurs fidèles, avait compris les 12 ou 1,300,000 fr. d'intérêts à 4 p. 100 qu'avaient dû produire ses cinq millions restés en France. Laffitte laissa protester cette traite d'outre-tombe tirée sur son honneur par l'homme du Destin, et soutint que, comme simple dépositaire des fonds à lui versés, il ne devait point d'intérêts. Ceci prouve bien que chez le gros banquier, alors même qu'il est passé à l'état de *grand citoyen*, il y a toujours de la nature du loup-cervier, ainsi que le disait un jour si finement M. Dupin. Or, il paraît qu'il y a des grâces d'état pour les loups-cerviers de l'opposition, puisque les journaux libéraux de l'époque ne trouvèrent pas le plus petit mot à redire à cette liquidation de la succession impériale. A qui cependant fera-t-on jamais accroire qu'à une époque comme celle-là, où les capitaux étaient si rares, ou l'argent placé tout simplement en fonds publics rapportait près de 10 p. 100, les cinq millions de Napoléon soient restés un seul moment oisifs entre les mains d'un homme qui mieux que personne connaissait la manière de s'en servir ?

L'entrée des alliés à Paris en juillet 1815 fut un instant de crise terrible. Momentanément ralliés sous les murs de la capitale, les débris de Waterloo refusaient de se retirer sur les rives de la Loire aux termes de la capitulation, tant qu'on ne leur aurait pas payé l'arriéré de leur solde. Le trésor public était à sec, et le gouvernement provisoire ne voyait d'autre moyen de satisfaire à cette bien juste réclamation qu'un emprunt forcé fait à la Banque. Plutôt que de laisser créer un précédent funeste, nous dit-on, Laffitte refusa de convoquer le conseil, et préféra prendre dans sa propre caisse les deux millions nécessaires à l'État. A quelques jours de là, ce brutal de Blücher ayant fait sommer le conseil municipal d'avoir à mettre à sa disposition, sous trois heures pour tout délai, une somme de 600,000 francs *en or* pour ses besoins particuliers, ce fut encore Laffitte qui avec le plus louable empressement vint au secours de la ville de Paris, dont les caisses étaient absolument vides et qui se trouvait sous le coup d'une menace de pillage. Ces actes furent assurément d'un bon citoyen ; mais il ne faut pas en exagérer le mérite : richesse est comme noblesse, elle *oblige*, en temps de révolution surtout. Voyons-y aussi le fait d'un homme fort habile, et n'oublions pas que le dépôt d'une somme de cinq millions effectué quelques jours auparavant chez Laffitte par l'empereur (dépôt ignoré de tous, sans quoi la Restauration eût bien vite mis la main dessus), lui rendait très-facile le rôle de patriotique dévouement. Notre banquier calcula avec beaucoup d'intelligence que tirer de sa propre caisse, dans un pareil moment et aux yeux de tous, une somme de 2,600,000 fr., sans avoir recours à son crédit particulier, sans assistance quelconque de la part de la Banque, sans limiter en rien pour cela le cercle ordinaire de ses opérations, et sans qu'au fond il lui en coûtât grand'chose, c'était donner la preuve la plus évidente de la puissance presque illimitée de ses ressources, et par suite centupler encore son crédit. Or, c'est effectivement ce qui arriva ; et dès lors, en raison de l'immense accroissement que prirent ses affaires, la maison *Laffitte et Compagnie* fut décidément rangée au nombre des plus sûres maisons de banque de l'Europe.

Un divorce pour incompatibilité d'humeur ne tarda point à s'effectuer entre la maison de Bourbon et la bourgeoisie qui l'avait épousée avec tant d'amour. Ce qui frappa celle-ci au cœur, ce furent d'ailleurs bien moins les réactions de 1815 et de 1816 que la résurrection des prétentions surannées d'une aristocratie nobiliaire à qui l'exil n'avait rien appris ni rien fait oublier, et qui, de complicité avec un clergé ambitieux et fanatique, essayait d'exploiter l'idée religieuse à son profit. Blessée surtout dans ses susceptibilités vaniteuses, la finance fut une des premières à rompre sans retour avec un système qui ne voulait lui laisser dans l'État, comme dans la vie sociale, que la position subordonnée qu'elle y occupait avant 1789 ; et son hostilité se manifesta aussitôt que le jeu naturel des institutions parlementaires données au pays par la Charte lui permit de jouer un rôle prépondérant dans la chambre élective. Laffitte, élu député de Paris à la fin de 1816 (honneur qui dès lors lui fut successivement confié à chaque élection nouvelle jusqu'à sa mort), devint au Palais-Bourbon l'un des principaux représentants de ce revirement survenu dans les idées de la bourgeoisie ; revirement sur lequel celle-ci essaya pendant quelques années encore de donner le change au pouvoir et au pays par les hypocrites protestations du plus vif attachement pour la Charte. L'importance toute particulière du rôle que Laffitte se trouva dès lors appelé à jouer dans la politique s'explique par la haute position qu'il occupait dans le monde financier et par le vaste patronage commercial qu'elle lui permettait d'exercer. C'est surtout dans les discussions de finances qu'il brillait à la chambre ; sa parole simple, mais facile et lucide, mettait alors à la portée de ses collègues les notions pratiques que sa longue expérience lui avait permis d'acquérir en ces matières ; et ses discours, toujours commentés dans les termes les plus élogieux par les feuilles au service du parti libéral, ne contribuèrent pas peu, il faut le reconnaître, à rectifier les idées du pouvoir et celles de la foule sur le mécanisme, encore assez mal compris, du crédit.

Essayer de suivre maintenant pas à pas Laffitte dans sa carrière parlementaire serait faire l'histoire de la Restauration elle-même. Il nous suffira donc sans doute de dire qu'entré d'abord dans les rangs de l'opposition dite constitutionnelle, il en vint bientôt, lui aussi, à se jeter dans les conspirations. Et qu'à ce propos on ne dise pas que nous calomnions sa mémoire ; car ce sont ses amis eux-mêmes qui ont pris soin de nous apprendre « que dès 1824, lié par une affection sincère au duc d'Orléans, il avait songé à ce prince pour replacer sur sa tête les débris de la couronne, si jamais elle venait à se briser, et que, c'était chose curieuse que de le voir alors proclamer ses craintes et ne pas déguiser ses espérances. Par ses insinuations, ajoute M. Pagès (de l'Ariége), il cherchait à séduire, à recruter, à embaucher des partisans au prince, déjà roi en espérance. »

C'est aussi vers cette époque que Laffitte put s'apercevoir combien fragile est la popularité. Esprit éminemment pratique, il avait tout de suite compris les immenses avantages qui devaient résulter pour le commerce en général de la réduction de l'intérêt des rentes. Or, contrairement à l'opinion générale de la haute banque et surtout de la bourse, il avait énergiquement soutenu le projet de conversion de M. de Villèle. Les journaux libéraux le malmenèrent fort à cette occasion ; et certains d'entre eux en prirent prétexte pour revenir avec passablement d'aigreur sur quelques-unes des opérations financières auxquelles Laffitte avait pris part, et qui, comme les divers emprunts des cortès, par exemple, avaient été la ruine des prêteurs, alors que l'agiotage effréné qu'elles avaient provoqué avait produit d'immenses bénéfices aux banquiers. Laffitte ne se tira de ce mauvais pas qu'en ouvrant largement sa caisse « à des officiers sans ressources, à des négociants dans la gêne, à des notabilités dans l'embarras », nous apprend encore le biographe déjà cité, c'est-à-dire qu'autant et plus que jamais il se fit le banquier des conspirateurs et de la révolution. Il lui en coûta gros, comme on peut bien penser.

Arrivé à l'apogée de sa carrière financière, il avait immobilisé une partie de sa fortune et acheté d'immenses propriétés; mais tout en menant le train d'un prince dans son magnifique hôtel de la rue d'Artois et à son château de Maisons, il n'en continuait toujours pas moins à faire marcher de front les affaires de banque et les intrigues de la politique, sans prévoir qu'à un moment donné les unes devraient nécessairement souffrir des autres. Le mariage de sa fille unique avec le fils aîné du maréchal Ney fut l'époque la plus brillante de sa vie; et ce ne dut pas être une médiocre satisfaction pour sa vanité de père et de financier que de pouvoir faire de sa fille une *princesse de la Moskowa*. Assura-t-il du moins ainsi le bonheur de cet être chéri? Nous voulons bien le croire, sans trop l'affirmer pourtant.

Pendant les journées de juillet 1830, l'hôtel de Laffitte devint aussitôt le quartier général de l'insurrection. On le voit alors redoubler d'efforts pour former, raffermir, accroître le parti du duc d'Orléans. Le 28 il lui écrit : « Évitez les filets de Saint-Cloud! » et le 29 : « Plus d'hésitations! une couronne ou un passe-port! » Le même jour M. d'Argout venait annoncer le retrait des ordonnances. « Il est trop tard! » lui répondent Laffitte et Lafayette. Le 30 un certain nombre de députés vont trouver le duc d'Orléans au Palais-Royal, où ce prince s'était rendu dès le matin. C'est Laffitte qui introduit ses collègues. Il boitait, par suite d'une légère blessure qu'il s'était faite en franchissant une barricade. Le duc s'en étonne. « Ne regardez pas à mes pieds, lui dit Laffitte, mais à mes mains; il y a une couronne! »

Louis-Philippe feignit de n'accepter que dans l'intérêt du pays la couronne qu'il convoitait depuis si longtemps; et à son tour Laffitte, devenu premier ministre du nouveau roi, put enfin goûter de ce pouvoir, qui aura toujours tant d'attraits pour les ambitieux; mais il eut bientôt ce qu'il leur réserve d'amers déboires. Une opposition nouvelle se forma dans la chambre contre le cabinet dont il était le chef. Les doctrinaires, qui le trouvaient par trop révolutionnaire, finirent par le renverser. Aussi bien l'heure de l'adversité était arrivée pour Laffitte. Entraîné par ses liaisons de parti, il s'était lancé depuis quelques années dans une foule d'opérations plus chanceuses les unes que les autres, et auxquelles la révolution des trois jours avait porté un coup mortel. Au moment même où il perdait le pouvoir, sa fortune et son crédit se trouvaient tellement compromis, que si Louis-Philippe n'était pas venu à son secours, il eût été réduit à faire honteusement faillite. Le roi lui acheta *dix millions* sa forêt de Breteuil, et fournit en outre sa garantie personnelle pour *six millions* sur un prêt de *treize millions* consenti par la Banque de France contre le dépôt des valeurs les plus claires de l'actif de Laffitte, qui mit sa maison en liquidation.

La ruine de l'opulent banquier fut très-perfidement exploitée par les partis hostiles à la royauté des barricades. Laffitte, devenu maintenant l'un des adversaires les plus déclarés du prince qui lui devait une couronne et que, à tort ou à raison, il accusait d'ingratitude, fut représenté comme la victime expiatoire de la révolution. On prétendit en outre, et lui-même le donna fort clairement à entendre du haut de la tribune, que Louis-Philippe avait profité de sa détresse pour lui acheter sa forêt de Breteuil *trois millions* de moins qu'elle ne valait sur le pied de 3 p. 100 du revenu. On conçoit tout ce qu'une pareille assertion avait d'injurieux pour l'honneur du nouveau roi. Or, la vérité est que dans cette affaire c'est tout au contraire Louis-Philippe qui fut indignement surfait; que la forêt, au lieu des 362,000 et même des 427,500 fr. de revenu annoncés, ne rapportait que 188,050 fr., et que Laffitte ne l'avait achetée lui-même cinq années auparavant que *six millions* à un sieur Saillard. Si, à son compte, elle en valait réellement treize, que Laffitte ne l'avait-il pas, lui aussi, payée *sept millions* de moins qu'elle ne valait? Comment dès lors pouvait-il se plaindre qu'on l'eût traité comme lui-même avait traité son vendeur? Mais Laffitte n'avait payé sa forêt que ce qu'elle valait; et la preuve, c'est que, forcés par les décrets du 22 janvier 1852 de vendre tout ce qu'ils possédaient en France, les héritiers de Louis-Philippe n'en retirèrent (et par la suite seulement de surenchère) que 4,455,050 fr. En admettant que, en raison des circonstances spéciales dans lesquelles s'en opéra la vente, cette propriété eût perdu le tiers de sa valeur réelle (ce qui n'est nullement prouvé), on voit que Laffitte la vendit au moins trois millions trop cher à Louis-Philippe.

En 1834, on annonça la mise en vente de son hôtel, pour les besoins de sa liquidation; mais une souscription nationale, montée à grand bruit par l'extrême gauche et par le parti républicain, lui conserva son aristocratique habitation, qu'il avait dû pendant quelque temps louer pour une entreprise de concerts et de bals publics. A la fin de 1836, la liquidation de sa maison était enfin terminée, et au total le résultat en fut moins désastreux que on ne l'avait d'abord craint. Il restait encore quelques millions à Laffitte, qui, âgé alors de soixante-dix ans, se rejeta avec une nouvelle ardeur dans les affaires. Faisant appel à la commandite, il créa, au capital de vingt millions, une caisse d'escompte dont il s'adjugea la gérance, fort grassement rétribuée, avec une part léonine dans les bénéfices. Il est de notoriété, toutefois, que sa gestion fut des plus imprévoyantes, et qu'il laissa trop souvent ses amis politiques et ses flatteurs puiser à pleines mains dans les coffres de la société.

Laffitte, fort adulé pendant les trente dernières de sa vie, mourut assez peu regretté, le 26 mai 1844. L'année précédente il avait été, à la grande mortification de la cour, élu président de la chambre des députés. Le 28 février 1848 la caisse d'escompte qu'il avait fondée, et dont à sa mort la direction avait passé entre les mains de M. Gouin, qui ne put pas remédier aux vices intérieurs de cette institution, . était réduite à suspendre ses payements; et sa liquidation absorba complètement le capital de fondation.

LA FLÈCHE. *Voyez* FLÈCHE (La).
LA FLEUR. *Voyez* GROS GUILLAUME.
LA FONTAINE (JEAN DE), l'un des plus beaux génies de la France, naquit le 6 juillet 1621, à Château-Thierry, de Charles de La Fontaine, maître des eaux et forêts, et de Françoise Pidoux, fille du bailli de Coulommiers. Son éducation paraît avoir été fort négligée; on croit qu'il étudia d'abord dans une école de village, ensuite à Reims, ville pour laquelle il avait une prédilection particulière. Après ses études assez médiocres, qui ne lui apprirent qu'un peu de latin, il essaya de la vie monastique, d'abord chez les Oratoriens, puis au séminaire de Saint-Magloire; mais bientôt, ennuyé d'une règle trop sévère, il rentra dans le monde, et ses distractions et sa paresse éclatèrent à tous les yeux. Son père, effrayé, se hâta de lui transmettre sa charge et de le marier avec Marie Héricart, fille du lieutenant au bailliage de la Ferté-Milon, patrie de Racine. La nouvelle épouse était jeune, belle, douée de beaucoup d'esprit. Cependant, avec tant d'avantages elle ne put pas captiver La Fontaine. Rien de moins étonnant : à peine âgée de seize ans au moment de son mariage, elle n'avait aucune expérience de la vie, et on lui donnait pour époux un homme qui, comme Ovide et Regnier, aimait toutes les femmes. Son astre en naissant l'avait fait amoureux et poète, et presque jusqu'au dernier soupir il fut fidèle à cette double vocation. Cependant, malgré les conseils de son père qui l'excitait à cul-

cultiver la poésie, il avait atteint sa vingt-deuxième année avant d'avoir donné le moindre signe de son penchant pour l'art qui devait illustrer son nom. Un officier en garnison à Château-Thierry lut un jour devant lui, avec emphase, l'ode de Malherbe sur la mort de Henri IV, qui commence ainsi :

> Que direz-vous, races futures,
> Si quelquefois un vrai discours
> Vous raconte les aventures
> De nos abominables jours?

En entendant cette musique nouvelle La Fontaine éprouve des transports inconnus, et voilà sa vocation qui se déclare; il se met à lire, à étudier jour et nuit Malherbe, il apprend ses odes par cœur, et va les déclamer dans des lieux solitaires. Dès ce moment il fait des odes, c'est-à-dire du Malherbe. Mais cette admiration exclusive et sans critique avait ses inconvénients ; lui-même le reconnut plus tard, comme l'attestent ces vers tirés d'une épître à M. Huet :

> Je pris certain auteur autrefois pour mon maître;
> Il pensa me gâter. A la fin, grâce aux dieux,
> Horace, par bonheur, me dessilla les yeux.

On conçoit facilement que Malherbe n'était point le modèle dont La Fontaine avait besoin, et que la poésie lyrique ne pouvait que gêner l'indépendance et la fantaisie de ce talent original ; il prit aussi un goût très-vif à Voiture, qui était plus propre encore à le gâter que Malherbe. La lecture des anciens le ramena fort heureusement dans la route du bon sens, de la nature et de la vérité. Grâce aux conseils d'un ami judicieux, Horace, Homère, Virgile, Térence, devinrent sa lecture continuelle, et laissèrent en lui une empreinte ineffaçable, que l'on retrouve partout. Il faut ajouter au nombre des anciens qui faisaient ses délices Plutarque et Platon. Vers le même temps, il prenait un plaisir extrême à feuilleter l'*Astrée* de D'Urfé, les poésies de Marot, et surtout la prose de Rabelais. Il joignait à ces maîtres le commerce assidu de nos vieux fabulistes. Il faisait aussi ses délices des contes de la reine de Navarre; mais, excepté ses auteurs favoris, il se plaisait davantage avec les Italiens, surtout avec Arioste, Boccace et Machiavel.

Indépendamment des conseils de Maucroix et de Pintrel, ses deux Aristarques, il trouvait des avis et des encouragements dans sa famille. Son père aimait passionnément les vers, et l'écoutait avec ce vif plaisir qui est un aiguillon et une récompense pour le talent. Il consultait avec plus d'avantage sa femme et sa sœur, qui toutes deux avaient de l'instruction et du goût. Il débuta par la traduction de l'*Eunuque* de Térence en vers. Cette pièce n'eut aucun succès. Bientôt un oncle de sa femme, Jannart, substitut du procureur au parlement de Paris, plein d'amitié pour La Fontaine, se hâte de le présenter au fameux surintendant des finances Fouquet, qui goûte le poëte, et lui accorde une pension de mille francs, à condition qu'il en acquittera chaque quartier par une pièce de vers, condition qui fut exactement remplie. Transporté dans la brillante société, La Fontaine se fit, de tous ceux qu'il y rencontra, des protecteurs et des amis. On a défiguré La Fontaine par des portraits qui ne lui ressemblent pas : La Bruyère en a tracé une véritable caricature; mais une femme qui avait eu avec lui des rapports fréquents a réclamé contre les peintures infidèles de son ami. « Si l'auteur qui l'a représenté sous des traits si contraires à la vérité l'avait bien connu, dit-elle, il aurait avoué que le commerce de cet aimable homme faisait autant de plaisir que la lecture de ses écrits: aussi tous ceux qui aiment ses ouvrages (et qui est-ce qui ne les aime pas?) aimaient aussi sa personne. Il était admis chez tout ce qu'il y a de meilleur en France. Tout le monde le désirait ; et si je voulais citer toutes les illustres personnes et tous les esprits supérieurs qui avaient de l'empressement pour sa conversation, il faudrait que je fisse la liste de toute la cour. » Au reste, la preuve de cette assertion se trouve à chaque page des écrits de La Fontaine, où les plus grands noms de l'époque figurent parmi les personnages avec lesquels il a vécu dans la plus douce familiarité.

Fouquet avait dépensé plus de 18 millions pour faire de la terre de Vaux une résidence plus que royale, une merveille qui surpassât toutes celles de Compiègne, de Fontainebleau et même de Versailles. La Fontaine voulut célébrer ce prodige de magnificence par un poëme qu'il intitula le *Songe de Vaux*. Cet ouvrage est faible, quoique semé parfois de détails agréables, où l'on sent la main d'un maître. Mais ce que nous devons remarquer, c'est que La Fontaine trouva dans ce lieu de délices les douceurs de la solitude, les agréments de la société, la variété des plaisirs, le commerce de Racine, de Molière, de Le Brun, de tous les artistes, de toutes les célébrités du temps, et par-dessus tout la liberté de rêver à son aise. Il y a des choses pleines d'élégance et de grâce dans le poëme d'*Adonis*, composé en même temps que le *Songe de Vaux*; on y respire le charme qu'avaient pour La Fontaine la campagne et l'amour. Il a beaucoup aimé les femmes; et sa passion avait un aveuglement qu'il avoue lui-même en ces termes, avec beaucoup d'ingénuité : « Savez-vous pas bien que, pour peu que j'aime, je ne vois dans les défauts des personnes non plus qu'une taupe qui aurait cent pieds de terre sur elle. » Ce penchant irrésistible l'entraîna jusqu'aux amours *ancillaires*, suivant l'expression de Ménage; mais il sut présenter aussi son hommage aux grandes dames, et le faire agréer par beaucoup de délicatesse. Il dépensa du reste beaucoup trop de temps et de travail à composer des petites pièces de circonstance, pour Fouquet, pour Louis XIV, pour l'infante d'Espagne, pour Henriette d'Angleterre; mais il montra le premier de l'aisance, du naturel et de la vérité dans ces petits ouvrages, où souvent il rappelait l'art perdu de Marot. Il assista, comme ami de la maison et comme poëte, à la fête que Fouquet donna dans sa maison de Vaux à Louis XIV, et qui devint la principale cause de sa chute. Deux hommes de lettres, deux poëtes, Pélisson et La Fontaine, restèrent fidèles à cette grande fortune tombée. Le premier, au sein de la Bastille, lança en faveur de Fouquet des plaidoyers pleins d'éloquence ; il essaya ensuite le langage des Muses pour fléchir le monarque. Le second laissa sortir de son cœur une touchante élégie aux nymphes de Vaux. A peine la pièce eut-elle paru que l'animosité publique contre Fouquet fit place à la pitié. C'est une belle action et un bel ouvrage : on n'avait encore rien lu de si touchant. La Fontaine contracta dès ce temps une étroite alliance avec Racine, qui aimait comme lui la poésie et les femmes. Quand ils étaient séparés, ils entretenaient ensemble un commerce de lettres ; Racine faisait le plus grand cas de celles de La Fontaine, et non content du plaisir qu'elles lui causaient, il allait souvent visiter son ami à Château-Thierry.

Il paraît que le désir de plaire à la duchesse de Bouillon, Marie-Anne de Mancini, l'une des nièces de Mazarin, inspira à La Fontaine ses contes les plus jolis, mais aussi les plus licencieux. Si ces contes amusaient les femmes d'une imagination libre et badine, ils n'effarouchaient pas les vertus éprouvées : celles-ci faisaient grâce en faveur du talent aux badinages de la muse qui rappelait la fantaisie et la licence de l'Arioste, en y ajoutant la précieuse naïveté de Marot, si bien reproduite dans *Joconde*. Le premier recueil des *Contes* de La Fontaine parut en 1663; l'auteur avait alors quarante-quatre ans. «La Fontaine, dit La Harpe, prétend que Dieu mit le monde Adam le *nomenclateur*, et lui montra toutes les créatures en lui disant : *Te voilà, nomme*. On pourrait dire aussi que Dieu mit au monde La Fontaine, et lui dit : Te voilà, conte. La Fontaine est effectivement le conteur par excellence, et sous ce rapport ni les Grecs, ni les Romains, ni les Italiens du moyen âge, ni la reine de Navarre,) ni Marot, ni Hamilton, ni dans le dix-huitième siècle ce Voltaire, qui a répandu tant de grâce, d'élégance, de verve et de gaieté dans *Madame Gertrude*, dans *Les Trois Manières*, dans *Ce qui plaît aux dames*, ne l'emportent sur l'auteur de *Joconde*, de *La Courtisane amoureuse*, etc. »

Mais le véritable titre de gloire de La Fontaine est son recueil de *Fables*: on a beaucoup loué ces petits chefs-d'œuvre; pourtant on n'a point encore épuisé le sujet. Ses principaux apologues, *Le Chêne et le Roseau*; *Les Animaux malades de la peste*; *Le Berger et le Roi*; *Les Deux Pigeons*; *Le Chat et les Rats*; *La Laitière et le Pot au lait*, brillent d'abord par le mérite de la composition, et peuvent passer pour autant de comédies aussi vraies, aussi gaies que celles de Molière. Ainsi que le grand peintre de mœurs, il observe, il censure jusqu'au bout les caractères de ses personnages et les représente d'une manière encore plus saillante que La Bruyère, parce qu'il les met en scène et les place dans une action. Ésope est trop simple et trop nu, Phèdre trop sévère, trop triste même quelquefois ; La Fontaine sème l'enjouement à pleines mains, sans manquer pourtant ni d'élévation, ni de sérieux, ni de sensibilité, bien moins encore de raison : c'est même là le fond de la trame de ses écrits. Philosophe, moraliste, ami de l'humanité, indulgent pour ses semblables, plein de pitié pour le pauvre et pour l'opprimé, c'est un conseiller que l'on trouve à toute heure, et qui vous enseigne le devoir en toutes choses. La Fontaine est de tous les écrivains de notre langue celui qui a le mieux connu le secret de répandre de la variété dans un récit et d'unir tous les tons sans disparate; témoin la fable des *Animaux malades de la peste*, où l'ode, l'élégie, la satire, la comédie se trouvent si heureusement fondues ensemble. Une femme célèbre appelait La Fontaine son *fablier*, et semblait dire qu'il produisait des fables comme un pommier produit des pommes : sans doute la nature l'avait doué d'une veine riche et féconde; toutefois, on aurait tort de penser que les vers chez lui dussent couler comme l'eau d'une source : son style, si naturel et si facile en apparence, décèle au contraire beaucoup d'art et de travail, et ses aimables négligences elles-mêmes ne sont pas toutes des bonnes fortunes. Les diverses beautés semées dans ses apologues, le mélange heureux des vers de toutes mesures, la vivacité du dialogue, l'allure légère et svelte des membres de la phrase, la fidélité de l'expression, la langue des écrivains du seizième siècle si habilement alliée à la langue de Racine et de Boileau, les inspirations de l'antiquité qui interviennent si heureusement au milieu de la naïveté de Rabelais, de Marot, et du bon Amyot, qui fait de Plutarque un Gaulois, sont les fruits d'un art profond et caché.

La vie de La Fontaine n'était que la préoccupation perpétuelle d'un esprit supérieur, toujours en travail de quelque nouvel enfantement plein de délices, pendant lequel il semblait dormir, tandis qu'il ne faisait que rêver et créer. Dans cette situation il était et devait être le plus heureux des hommes; car il habitait un monde intellectuel et moral où personne ne venait le troubler. En choisissant le genre des fables, il n'avait pas seulement obéi à une vocation irrésistible, il avait fait encore un choix des plus heureux ; aucune grande autorité de notre langue, ni même des anciens, n'ayant posé les limites et les règles invariables de ce genre, il se trouvait le maître d'y introduire toutes les sortes de beautés qui seraient à sa convenance : aussi la mythologie, l'histoire, les noms célèbres, les grands événements, il met tout à contribution, et donne ainsi à ses apologues une richesse de souvenirs et une variété d'instructions qui manquent entièrement à ses prédécesseurs.

Excepté Louis XIV peut-être, qui ne rendait pas une justice sentie au fabuliste, tous les hommes illustres de son temps lui ont accordé la plus haute estime. Molière le mettait au premier rang : Molière et Boileau étaient ses amis intimes. Ils chérissaient en lui la bonté, la droiture, un commerce plein d'agrément et de sûreté; c'était avec eux et avec Chapelle, le convive le plus agréable, l'esprit le plus délicat, le plus fin, le plus enjoué du temps, que La Fontaine se réunissait rue du Vieux-Colombier pour des soupers et des lectures. Il a peint lui-même le charme de ces réunions. C'étaient, au reste, de véritables amis : deux d'entre eux, Racine et Boileau, déterminèrent La Fontaine à se réconcilier avec sa femme. Persuadé par leurs bons conseils, il part un jour pour Château-Thierry ; mais il n'avait cédé qu'à l'obsession. Arrivé dans sa ville natale, il reste deux jours chez un ami, et reprend la voiture publique pour revenir à Paris. On connaît sa réponse à ses amis : « J'ai été pour la voir, mais je ne l'ai pas trouvée; elle était au Salut. » Depuis, il sembla chercher à oublier qu'il était marié.

La Fontaine a donné, outre ses contes et ses fables, de petits poèmes, tels que la *Psyché*, *La Captivité de Saint-Malo*, *Le Quinquina* et quelques opéras. Dans tous ces ouvrages on trouve des choses dignes de lui; mais sa gloire repose uniquement sur son talent de conteur et de fabuliste. Il négligeait complétement le soin de ses affaires, et aurait pu se trouver dans la détresse si Mme de La Sablière n'était venue lui offrir sa maison, sa table, et toutes les choses de la vie : elle fut la providence de La Fontaine. Celui-ci était au plus haut degré dans la faveur publique, lorsqu'à la mort de Colbert il se présenta, en concurrence avec Boileau, pour occuper le fauteuil vacant à l'Académie Française. Une foule de personnes puissantes l'y portaient; mais le roi, qui commençait à devenir dévot, préférait au rival de l'Arioste la licence de ses écrits ; il suspendit son approbation. Vainement le poète chercha-t-il à obtenir l'assentiment du superbe monarque par une ballade sur la conquête de la Flandre. Louis XIV ne consentit à l'élection de La Fontaine qu'après celle de Boileau. Cette nomination terminée, le roi dit au député de l'Académie : « Le choix qu'on a fait de Despréaux m'est fort agréable, il sera généralement approuvé. Vous pouvez maintenant recevoir La Fontaine, il a promis d'être sage. » L'Académie entendit avec joie cet ordre, et sans attendre la réception de Boileau, elle se hâta de procéder à celle de La Fontaine, qui eut lieu le 2 mai 1684.

Mme de La Sablière n'était pas seulement une bienfaitrice généreuse et une excellente amie, elle était encore pour La Fontaine un guide, elle lui donnait de sages conseils , le gouvernait avec un empire absolu, mais si doucement qu'il ne sentait pas ou plutôt qu'il aimait le joug. Quand cette excellente femme, après le violent chagrin qu'elle ressentit de l'abandon de La Fare, se jeta dans la dévotion, La Fontaine, devenu plus libre, s'abandonna de son côté à son penchant aveugle pour les plaisirs. La société du duc de Vendôme, d'accord en tout avec son frère, le grand-prieur de Malte, avec Chaulieu, avec La Fare, et d'autres vauriens de même étoffe, donnait de brillantes fêtes à son château d'Anet; et ces compagnies peu à le pousser dans la mauvaise voie où il était rentré, ce que peut-être il n'aurait jamais connue s'il avait eu pour compagne une femme aimable, capable de prendre sur lui un ascendant nécessaire. C'est au duc de Vendôme qu'est adressée la belle fable de *Philémon et Baucis*, la plus touchante image du bonheur de deux époux. A cette époque, Mme Harvey, la sœur de lord Montague, Saint-Évremond et la duchesse de Mazarin, retirés à Londres, voulurent l'y attirer ; mais l'amour de la patrie l'emporta sur les offres les plus brillantes. Il prit parti dans la fameuse querelle des anciens et des modernes , et se déclara en faveur des premiers avec Racine et Despréaux ; mais Perrault se servit des ouvrages du fabuliste pour le réfuter. Au reste, La Fontaine ne voulait pas qu'on fût exclusif, et recommandait la lecture des modernes, tant nationaux qu'étrangers.

La Fontaine, toujours dans un état voisin du besoin, eut recours indirectement, mais en vain, aux bienfaits de Louis XIV : Mme de Maintenon, qu'il avait connue chez Fouquet lorsqu'elle était encore la femme de Scarron, écartait tous ceux qui l'avaient fréquentée dans son élévation. Mais les princes de Conti et de Vendôme, le duc de Bourgogne, vinrent au-devant de la détresse d'un poète, qui était un véritable enfant prodigue. Outre ce qu'il devait à la munificence des princes, il trouva dans M. et Mme Hervart tout ce que le changement de vie de Mme de La Sablière lui avait fait perdre. Mme Hervart devint pour lui une seconde Mme de La Sablière : quoique jeune, elle était plus sage et

4.

plus avisée que lui en tout. Ninon elle-même prêchait la morale à La Fontaine, qui ne l'écoutait guère et la pratiquait encore moins. Pourtant, il respecta toujours la religion. Il y revint même avec une nouvelle ardeur à ses derniers moments, et mourut dans de grands sentiments de piété, chez M. Hervart, le 13 avril 1695. Il fut enterré dans le cimetière des Innocents, et obtint les larmes et les regrets de Fénelon. Entre beaucoup de mots dignes d'être retenus, et qui peignent son cœur, on cite celui-ci : Après la mort de Mme de La Sablière, il était sorti de l'hôtel de cette excellente amie pour n'y plus rentrer, lorsqu'il rencontra M. Hervart, qui lui dit avec empressement : « Mon cher La Fontaine, je vous cherchais pour vous prier de venir loger chez moi. — J'y allais, » répondit le fabuliste.

P.-F. Tissot, de l'Académie Française.

LA FONTAINE (Auguste-Henri-Jules), fécond romancier allemand, dont les productions eurent pendant longtemps la vogue, naquit le 10 octobre 1759, à Brunswick, d'un père peintre habile, descendant d'une de ces familles protestantes françaises que la révocation de l'édit de Nantes força, sous le règne de Louis XIV, à aller se faire une seconde patrie à l'étranger. Après avoir étudié la théologie à Helmstædt, il fut appelé en 1786 dans une famille particulière de Halle en qualité de précepteur, puis accompagna l'armée prussienne en Champagne avec le titre d'aumônier de régiment. A la paix de Bâle, il revint à Halle, où il se fixa, et où il mourut, le 20 avril 1831.

En composant ses Tableaux de la vie de famille, Auguste Lafontaine s'attachait plus à toucher son lecteur qu'à le charmer par le mérite littéraire de ses ouvrages. Une imagination vive, quoique peu riche, des plans sagement conçus, des caractères facilement tracés, des situations heureusement trouvées et des sentiments honnêtes, joints à une exposition habile et facile, valurent à ses premiers ouvrages un nombreux public. Il réussit moins dans les romans qu'il publia à partir de 1808 ; une sentimentalité quelquefois outrée, la fréquente répétition des mêmes caractères et des mêmes situations, indisposèrent alors contre lui la critique et rétrécirent successivement le cercle, d'abord si étendu, de ses lecteurs. Ils ont tous un tel air de famille et tant de ressemblance avec ses premiers ouvrages, que qui a lu l'un a lu les autres. Le caractère privé d'Auguste La Fontaine présentait le plus frappant contraste avec les idées qui dominent dans ses ouvrages ; jamais, à le voir si gai et si enjoué dans la société, on n'eût deviné le larmoyant écrivain.

Dans l'édition des tragédies d'Eschyle qu'il a publiée (2 vol. Halle, 1822), il a cherché à rétablir des textes qu'il supposait avoir été défigurés par des copistes ; mais ses conjectures, trop hasardées, lui attirèrent de rudes critiques.

LA FORCE (Famille de). La seigneurie de La Force, située en Périgord, à 4 kilom. de Bergerac, donna successivement son nom à deux branches de la maison de Caumont. Possédée par Jacques Nompar de Caumont, du chef de sa mère, Philippe de Beaupoil, dame de La Force, elle fut érigée, pour lui d'abord, en marquisat l'an 1609, par Henri IV, puis en duché-pairie, par Louis XIII, en 1637.

Jacques Nompar de Caumont, premier duc de La Force, ami et compagnon de Henri IV, né en 1560, échappa miraculeusement aux massacres de la Saint-Barthélemy. « Jamais, dit l'historien De Thou, jamais spectacle ne fut plus digne de pitié que celui du meurtre de François Nompar de Caumont, logé près du Louvre ; il était couché dans le même lit avec deux enfants qu'il aimait tendrement. Les meurtriers, que le zèle de la religion animait beaucoup moins que l'avidité du butin, avaient résolu de l'égorger, lui et toute sa famille : ils tuèrent donc le père et un des enfants ; l'autre, qui avait à peine douze ans, montrant en cette occasion une prudence au-dessus de son âge, couvrit son corps le mieux qu'il put de ceux de son père et de son frère ; et comme il nageait dans le sang, il fit le mort, et les meurtriers le laissèrent pour tel. Il vint ensuite une foule de monde pour piller la maison : on parlait diversement du meurtre de ces trois personnes ; plusieurs donnaient de grands éloges à cette action : « Ce n'est pas assez, disaient-ils, de tuer les mauvaises bêtes, il faut étouffer les petits . » D'autres, moins inhumains, disaient : « A la bonne heure! qu'on ait tué le père, qui était coupable ; mais pourquoi égorger des enfants qui n'avaient aucune part à sa faute, et qui peut-être un jour se seraient conduits d'une manière toute différente? » Le soir, cet enfant, ayant entendu un de ceux qui étaient dans la chambre détester cette action barbare, et dire que Dieu ne la laisserait pas impunie, se remua dans son lit, et, levant un peu la tête, il dit qu'il n'était pas mort : on lui demanda qui il était. « Je suis, leur dit-il, fils de l'un de ces deux morts, et frère de l'autre ; » et il eut la prudence de ne point dire son nom. Comme on le pressait, il répondit qu'il le dirait dès qu'on l'aurait mis en lieu de sûreté : on lui demanda où il voulait qu'on le menât. « A l'arsenal, dit-il : je suis allié de Biron, grand-maître de l'artillerie, et vous pouvez compter que vous serez bien payés du service que vous me rendrez. » L'homme du peuple l'y conduisit, avec toutes les précautions nécessaires... » Plus tard il fut capitaine des gardes du roi de Navarre, gouverneur du Béarn et vice-roi de Navarre. L'un des grands chefs protestants pendant la guerre de 1621, il fit lever à Louis XIII le siége de Montauban, déposa les armes en 1622, et reçut le bâton de maréchal de France ; il commanda avec succès les armées françaises pendant la guerre de trente ans, et mourut en 1652. En 1843, M. le marquis de La Grange a publié ses *Mémoires*.

Armand Nompar de Caumont, second duc de La Force, grand-maître de la garde-robe du roi et maréchal de France après la mort de son père, fit les guerres d'Italie sous Louis XIII comme maréchal de camp, prit Saluces, Villefranche et Pancale, signala son courage à Carignan, défit les Impériaux en Lorraine au combat de Raon, et prit le comte de Colloredo, leur général. Il mourut en 1675, ne laissant qu'une fille, la maréchale de Turenne.

Charlotte-Rose de La Force, petite-fille du maréchal, occupe une place distinguée dans l'histoire littéraire du dix-septième siècle ; elle publia successivement : l'*Histoire secrète de Bourgogne* (2 vol. in-12) ; l'*Histoire secrète de Marie de Bourgogne* (2 vol. in-12) ; l'*Histoire de Marguerite de Valois*, sœur de François Ier (4 vol. in-12) ; l'*Histoire secrète de Catherine de Bourbon, duchesse de Bar* (In-12). Toutes ces histoires, prétendues secrètes, ne sont en réalité que des romans d'amour, dont l'imagination de l'auteur a fait tous les frais ; ils se font remarquer par un style simple, correct et surtout passionné. Citons encore l'*Histoire de Gustave Wasa ; Les Fées ; Le Conte des contes ; Le Château en Espagne*, la meilleure de ses productions, etc. Charlotte de La Force mourut à Paris, en 1724.

Jacques Nompar de Caumont, quatrième duc de La Force, fut le premier catholique de cette branche de la maison de Caumont ; il avait épousé Suzanne de Beringhen, qui, restée protestante après sa mort, et voulant échapper aux persécutions que lui attirait sa religion, se retira en Angleterre en 1699. La duchesse de La Force, dit Saint-Simon, fut accueillie à Londres avec une grande distinction, et y conserva même les honneurs réservés à son titre.

Henri-Jacques Nompar de Caumont, cinquième duc de La Force, fils du précédent, élevé ainsi que ses frères par ordre du roi dans la religion catholique, joua un rôle assez important sous la régence du duc d'Orléans. Successivement vice-président du conseil des finances et membre du conseil de régence, intimement lié avec Law, il favorisa l'adoption de son système, et se lança dans des opérations qui lui attirèrent un grand procès. Il mourut en 1726, sans enfants. Il avait été élu membre de l'Académie Française, en 1715.

La seconde branche ducale de La Force provient de Bertrand de Caumont de Beauvilla, issu d'un rameau éloigné de la même famille.

Son fils aîné, *Louis-Joseph* Nompar de Caumont, premier duc de La Force de la seconde branche, grand d'Espagne de première classe par son mariage avec Sophie d'Ossun, naquit en 1768. Major aux carabiniers, puis aide de camp de Monsieur en 1791, le duc de La Force combattit à l'armée des princes, et se distingua à l'affaire de Mons, en 1794. Rentré de l'émigration en 1802, il reçut de l'empereur le grade d'adjudant commandant, et fit comme colonel d'état-major les campagnes de Prusse, d'Autriche et de Russie. Napoléon le décora du grade d'officier de la Légion d'Honneur sur le champ de bataille de la Moscowa, et le créa *chevalier* de La Force, avec un majorat; la Restauration lui rendit bientôt son titre de duc, et l'appela à la pairie. Maréchal de camp en 1815, il commanda longtemps le département de Tarn-et-Garonne, qui sous l'Empire, en 1811, l'avait nommé député au Corps législatif. Il mourut en 1837, grand-officier de la Légion d'Honneur, sans laisser de postérité.

François-Philibert-Bertrand NOMPAR, comte de CAUMONT-LA-FORCE, frère du précédent, émigra en 1791, et fit les campagnes des princes; il passa ensuite au service d'Angleterre, et rentra en France à l'époque du Directoire. Sous la Restauration, il commanda longtemps la garde nationale à cheval de Paris, et siégea de 1815 à 1828 à la chambre des députés, où il représenta le département de Tarn-et-Garonne. Duc de La Force en 1837, par la mort de son frère aîné, il fut fait pair de France en 1839.

Une des sœurs des deux frères fut la célèbre comtesse de Balbi, dame d'atour de la comtesse de Provence.

LAFOSSE (CHARLES DE), célèbre peintre de l'école française, naquit à Paris, en 1640. Son père, qui était joaillier, ne contraria pas sa vocation. Il entra dans l'atelier de Lebrun, où il fit en peu de temps de si rapides progrès qu'il fut envoyé en Italie avec une pension sur la cassette du roi. Durant son séjour dans cette terre classique des beaux-arts, il étudia avec passion les chefs-d'œuvre de l'antiquité et des modernes, s'appliquant à acquérir l'inimitable coloris de l'école vénitienne et s'exerçant à la peinture à fresque, genre alors presque inconnu en France. Un des premiers travaux qu'il exécuta à son retour fut la décoration murale de deux chapelles de l'église Saint-Eustache. Ces peintures remarquables furent malheureusement détruites lors de la reconstruction du portail. Il peignit ensuite le dôme et le chœur de l'église de l'Assomption, puis il passa en Angleterre, où sa réputation l'avait précédé et l'avait fait choisir par lord Montagu pour décorer son magnifique hôtel. Charles II, enthousiasmé de son talent, fit au peintre français les offres les plus brillantes pour l'attacher à sa personne; mais celui-ci, qui comptait être nommé premier peintre du roi par l'influence de Mansard, son ami, refusa tout. Son attente fut déçue pourtant, car Mansard mourut avant que d'avoir tenu sa parole. Il n'eut pas même le dédommagement d'exécuter seul les fresques des Invalides, dont il avait donné tous les cartons. Ce travail fut partagé entre lui, les Boullongne et Jouvenet. Il ne peignit que le dôme et les quatre pendentifs, et c'est encore son œuvre capitale; elle comprend trente-huit figures, distribuées en cinq groupes, dont le principal représente *Saint Louis déposant la couronne et son épée entre les mains de Jésus-Christ*, assis au milieu d'une gloire et accompagné de la Vierge. Ces peintures, d'un style large et moelleux tout ensemble, d'un beau coloris, ont beaucoup souffert de l'humidité. Lafosse prit ensuite une grande part à la décoration du château de Versailles; il y peignit la voûte du chœur de la chapelle et les plafonds des salles du Trône et de Diane. Il mourut à Paris, en 1716. Le musée du Louvre possède trois tableaux de cet artiste : l'*Enlèvement de Proserpine*, toile qui lui fit entrer à l'Académie de Peinture en 1683, le *Mariage de la Vierge*, et *Moïse sauvé des eaux*. Élève de Lebrun, Lafosse exagéra quelques-uns des défauts de son maître; ses draperies sont toujours pesantes et ses figures lourdes, son exécution inégale; mais on ne peut lui refuser un grand talent de composition. Il était aussi bon paysagiste.

LAFOSSE (ANTOINE D'AUBIGNY DE), neveu du peintre Lafosse, était comme lui le fils d'un joaillier, et naquit à Paris, vers 1653. Il fut successivement secrétaire du marquis de Créqui et du duc d'Aumont. On a de lui plusieurs tragédies : *Polyxène, Thésée, Corœsus et Callirhoé, Manlius Capitolinus*. Cette pièce est la seule qui soit restée au théâtre. On a dit d'elle, et ce n'est pas un faible éloge, qu'elle était digne du grand Corneille. « *Manlius*, au jugement de La Harpe, est une véritable tragédie ; tous les caractères sont parfaitement traités ; ils agissent et parlent comme ils doivent agir et parler. L'intrigue est menée avec beaucoup d'art, et l'intérêt gradué jusqu'à la dernière scène. » L'auteur en avait tiré le sujet de la *Conjuration de Venise* par Otway, qui s'était lui-même inspiré de Saint Réal. La versification est le côté le moins brillant du talent de Lafosse ; il coûte moins d'efforts que l'expression. Son mérite dramatique est bien supérieur à celui de Campistron, qui est autrement connu que lui. En 1806 Talma fit reprendre *Manlius Capitolinus*, et ce fut comme une révélation pour le public, car près d'un siècle s'était écoulé depuis la mort de l'auteur, et la France avait oublié son œuvre. Lafosse, ami de J.-B. Rousseau, avait toutes les qualités d'un honnête homme. Dans le cours de sa vie, il était plus philosophe que poëte, se contentant de peu, préférant les lettres à la fortune, et l'amitié aux lettres. Il a donné une traduction, ou plutôt une paraphase en vers français des odes d'Anacréon. Il écrivait purement l'italien. On raconte même qu'il prononça dans sa jeunesse un discours écrit en cette langue devant l'Académie des *Apathistes* de Florence, dont il était membre. Le sujet de ce discours était assez singulier : *Quels yeux sont les plus beaux, des bleus ou des noirs?* Lafosse se prononça pour ceux qui le regarderaient le plus tendrement. Certes il y a loin de ces enfantillages galants aux rudes et mâles accents qu'il devait faire entendre plus tard sur la scène française; mais Corneille lui-même n'avait-il point débuté par des vers amoureux? Lafosse mourut en 1708.

LA GARDIE (Famille de), famille du Languedoc, qui vers le milieu du seizième siècle alla s'établir en Livonie. Parmi les hommes habiles qu'elle a produits, on remarque :

Pontus, baron de LA GARDIE, qui quitta le service de France pour passer à celui de Suède, où il parvint jusqu'au grade de feld-maréchal. En 1580 Il remporta une victoire signalée sur les Russes, et mourut en 1585.

Jacques, comte de LA GARDIE, fils du précédent, né en 1583, se distingua également dans les guerres contre les Russes, et mourut en 1652, président du département de la guerre.

Magnus Gabriel, comte de LA GARDIE, fils de Jacques, né à Reval, en 1622, n'acquit pas moins de célébrité que son père. Après avoir fait ses études à Upsal, il compléta son éducation par des voyages en France, et à son retour en Suède gagna si bien les bonnes grâces de la reine Christine, qu'elle le nomma son envoyé à Paris. Quoique exerçant une grande influence sur l'esprit de cette princesse, il échoua dans ses efforts pour la faire revenir sur la détermination qu'elle avait prise d'abdiquer. Sous le roi Charles X Gustave, il prit le commandement de l'armée, qui sous ses ordres remporta des avantages signalés sur les Russes ; et à la mort de ce prince, il fit partie de la régence instituée pendant la minorité de son fils Charles XI. Quoique proche parent du nouveau roi par sa femme, Euphrosine, princesse palatine de Deux-Ponts, il n'en fut pas moins traité avec une rigueur extrême dans l'affaire de la restitution des domaines de la couronne, et perdit à cette occasion la plus grande partie de ses propriétés ; aussi mourut-il dans un état voisin de l'indigence, en 1685. L'université d'Upsal lui est redevable du manuscrit dit le *Code d'argent* d'Ulfila, dont les Suédois s'étaient emparés à Prague, mais que l'on avait cru perdu pour toujours, lorsque La Gardie le trouva par hasard en Flandre, et l'acheta au prix de 600 florins.

La famille La Gardie possède aujourd'hui le beau domaine de Laberod, en Scanie, où se trouve la plus riche collection de manuscrits qu'il y ait en Suède. Wuselgren en a publié les documents les plus curieux sous le titre de *La Gardiesche Archivum* (20 vol., Stockholm et Lund [1831-1843]).

LAGHOUAT, ville fortifiée des oasis, à 48 kilomètres au sud et sous le méridien d'Alger, par 33° de latitude septentrionale, se divise en deux parties, dont chacune est assise sur le versant intérieur de deux collines présentant des rochers abrupts à l'extérieur. Les maisons descendent des deux versants en regard jusqu'au vallon intermédiaire, qui sert de place pour les marchés. Entourée d'une enceinte rectangulaire crénelée, avec trois tours, elle servit de refuge en 1852 au chérif d'Ourgla, battu par le général Joussouf. Le général Pélissier vint mettre le siége devant Laghouat; et le 4 décembre 1852 les Français, après une vive canonnade, l'emportèrent d'assaut. Auparavant la ville, qui avait été visitée, en 1844, par le général Marey-Monge, était sous la direction d'un khalifa, qui payait un faible tribu; un agalik y a été établi. Maintenant Laghouat a pris un aspect français; des constructions nouvelles y ont été élevées, et une route relie cette ville à la capitale de l'Algérie. L. LOUVET.

LAGIDES, nom qu'on donne aux rois grecs qui possédèrent l'Egypte après la mort d'Alexandre. Il leur vint de Ptolémée, fils de Lagus.

LAGIDES (Ère des). *Voyez* ÈRE.

LAGNY, ville de France, chef-lieu de canton, dans le département de Seine-et-Marne, à 16 kilomètres de Meaux, sur la rive gauche de la Marne, avec 2,527 habitants. C'est une station du chemin de fer de Paris à Strasbourg. Elle possède une typographie. On y fait un commerce important de grains, de bois, de fruits, de volailles; on exploite beaucoup d'albâtre gris et de plâtre ; on fabrique des fromages de Brie et de la chaudronnerie.

Lagny était célèbre au moyen âge par l'étendue de son commerce, et il y avait à Paris une halle particulière affectée aux marchands de Lagny. Ville forte et servant pour ainsi dire de poste avancé à Paris, elle fut prise par les Anglais en 1358, par Jean sans Peur en 1315, par le duc de Lorges en 1544, à la suite d'une révolte qu'il châtia par une incroyable perfidie, et enfin en 1590 par le duc de Parme.

LAGOA (Baie de), située par 26° de latitude sud et 50° de longitude orientale. C'est l'une des plus spacieuses et des plus importantes baies de la côte orientale de l'Afrique méridionale. Elle est formée par l'océan Indien, et sépare la côte de Natal de celle de Sofala ou de sa partie méridionale, appelée *Inhambané*. Cette baie est remplie de bas-fonds et de bancs de sable, et reçoit différents cours d'eau, entre autres l'*Espiritu-Santo*, le *Lourenzo*, le *Marquis*, etc., et elle est abritée par quelques petites îles, entre autres par l'île de *Santa-Maria* et l'île des *Éléphants*. Elle baigne l'extrémité méridionale des portions de territoire portugais désignées sous les noms de Sofala et de Lourenzo-Marquis, avec le *presidio* de même nom, situé par 25° de latitude méridionale. Cet établissement se compose de quelques douzaines de maisons et d'un fort construit au commencement de ce siècle, mais qui n'a pu cependant protéger la population contre les attaques des féroces Batuas. Ce *presidio* portugais n'a pris d'importance que parce que dans ces derniers temps des relations commerciales se sont établies entre cette localité et les *boers* hollandais de la colonie du Cap.

LAGOS, fleuve de la côte de Guinée, dont on ne connaît encore bien que le cours inférieur, mais dont on suppose la source située fort avant dans l'intérieur de l'Afrique, et qui donne son nom à un petit royaume situé à son embouchure, et dont le chef-lieu, appelé également *Lagos*, compte environ 5,000 habitants. C'était autrefois un des grands marchés à esclaves de la côte.

LAGOTRICHE (de λαγώς, lièvre, et θρίξ, queue), genre de singes de la tribu des cébiens. Ces singes habitent les forêts de l'Amérique méridionale, où ils vivent par bandes nombreuses. L'espèce la plus connue est le *lagothrix Humboldtii*, haut de près d'un mètre, à poils blancs avec l'extrémité noire, ce qui fait paraître le pelage gris. Les membres des lagotriches sont généralement peu développés; les doigts sont de longueur moyenne, à ongles comprimés; la tête est arrondie. Tous ces animaux sont d'un naturel assez doux; leur cri ressemble à un claquement.

LAGRANGE (N...), né à Paris, en 1738, mort en 1785, savant traducteur, fut le précepteur des enfants du baron d'Holbach, et cette position le fit admettre dans les rangs du parti philosophique, dont il connut tous les chefs, et en particulier Diderot. Il est l'auteur d'une traduction de Lucrèce, qui est fort estimée.

LAGRANGE (JOSEPH-LOUIS), l'un de nos plus illustres géomètres, naquit à Turin, le 25 janvier 1736, de parents d'origine française. Une entreprise hasardeuse, en absorbant les biens de sa famille, le mit de très-bonne heure dans la nécessité de se créer une existence indépendante. Il parcourut le cercle entier des études littéraires avant de se passionner pour la science dans laquelle il devait acquérir une si grande illustration. Ce ne fut qu'à la seconde année de sa philosophie que son génie mathématique s'éveilla. Mais une fois entré dans la carrière, il ne cessa d'y marcher à pas de géant. A dix-neuf ans il entra en correspondance avec Euler, en lui envoyant la découverte d'une méthode transcendante pour résoudre des problèmes que le célèbre géomètre avait énoncés depuis dix ans dans un de ses plus savants ouvrages, sans que personne eût pu répondre à son désir de les voir enfin résolus. Et pendant qu'il étonnait de la sorte, par la précocité extraordinaire de son génie, les savants consommés auxquels il s'adressait, Lagrange remplissait encore à Turin les fonctions de professeur de mathématiques aux écoles d'artillerie en formant des élèves tous plus âgés que lui. Euler s'empressa de lui procurer les encouragements qu'il méritait, en lui faisant ouvrir les portes de l'Académie de Berlin, en 1759. Son protégé avait alors vingt-trois ans. Plus tard, il le désigna au grand Frédéric comme l'homme le plus digne et le plus capable de le remplacer à la direction de cette même Académie de Berlin. D'Alembert, son autre correspondant et ami, en refusant cet honneur, pour ne pas compromettre son indépendance, l'avait aussi désigné au roi de Prusse.

La position du nouveau directeur à Berlin était assez délicate. Il avait à se conserver dans le calme indispensable à son genre d'étude, au milieu d'une cour animée par la vertige de la controverse philosophique et antireligieuse, d'une cour à opinions hardies, excentriques, et non moins intolérantes qu'une aveugle inquisition. Il avait encore à se concilier les gens du pays, naturellement jaloux des étrangers qui venaient y occuper des places. Lagrange, *philosophe sans crier*, comme on l'appela bientôt, imita à la cour la réserve de Fontenelle, et réussit à ne jamais contrarier personne. Pour se conformer à l'usage de ses confrères, il se fit envoyer de Turin une parente d'une humeur aussi pacifique que la sienne, et se maria philosophiquement avec elle. Son calme ne fut troublé que par une douloureuse maladie de sa femme, à laquelle celle-ci finit par succomber au bout de quelques années.

C'est probablement à la mort de la femme qu'il aimait que commença un profond découragement de Lagrange pour tous les travaux scientifiques, une grande interruption dans ses découvertes. Il ne fit faisant ouvrir un ouvrage admirable, sa *Mécanique analytique*. L'abbé Marie, un des amis, étant enfin parvenu, avec beaucoup de peine, à lui trouver un éditeur, comme cela arrive assez souvent pour les chefs-d'œuvre n'ayant encore que les libraires pour appréciateurs, lui en envoya un volume, qu'il garda deux ans sans l'ouvrir : il semblait se délasser de ses laborieuses conceptions mathématiques en se livrant à l'étude comparée des religions et des langues, à la théorie de la musique, et même à celle des doctrines médicales. Frédéric vint aussi à mourir sur ces entrefaites; et après sa mort les savants, ne jouissant plus sous son successeur d'autant de considération, ne se souciaient plus à leur tour de faire la gloire de l'Académie de Berlin. Naples, la Sardaigne, la Toscane, la France, s'empressèrent à l'envi d'offrir à Lagrange une meilleure position. La France l'emporta, par l'intermédiaire de l'abbé Marie. Lagrange vint habiter le Louvre en 1787, avec le titre de pensionnaire vétéran de l'Académie Française et la jouissance effective d'une pension de 6,000 fr. par an.

La révolution, cette grande commotion de la société, ne fut pas capable de le faire sortir de son apathie. Il en suivait curieusement les phases en contemplateur désintéressé, comme celles d'un phénomène naturel. Il est vrai qu'elle n'eut d'abord rien de bien sinistre pour lui. L'assemblée nationale, sur la proposition de son confrère Dusėjour, confirma sa pension de 6,000 fr. dans les termes les plus honorables. Nommé successivement membre du bureau de consultation chargé de récompenser les inventions reconnues utiles, en dédommagement de la perte qui résultait pour lui de la dépréciation des assignats, et l'un des trois administrateurs de la Monnaie, il ne put se prêter aux détails de cette dernière place. Il se remaria en 1792, avec une belle et jeune personne, Mlle Lemonnier, fille et petite-fille d'académiciens distingués, par conséquent au fait de la conduite d'un paisible ménage de savant. Un décret de 1793 forçait à sortir de France tous les étrangers. Guyton-Morveau conserva Lagrange à la France, sa patrie adoptive, en faisant rendre un arrêté qui mettait le géomètre en réquisition *pour continuer des calculs sur la théorie des projectiles*. Bailly et Lavoisier, deux illustrations scientifiques non moins éminentes que celle de Lagrange, montèrent sur l'échafaud, sans que l'appréhension d'un même sort fût seulement capable de l'arracher aux douceurs de sa philosophie domestique, en lui faisant accepter l'offre d'Hérault de Séchelles, qui s'engageait à lui procurer une prétendue mission en Prusse. Et cependant ce n'était point la passion politique qui attachait si imperturbablement notre géomètre au sol de la France; il ne s'occupait pas plus de l'émancipation du peuple que des calculs sur la théorie des projectiles. La seule part active qu'il ait prise à la révolution consiste dans l'innocente provocation de l'adoption du système décimal, ce ne fut enfin qu'après sa nomination à une chaire de l'École Normale qu'il se remit courageusement à l'étude.

Les honneurs lui revinrent d'ailleurs en aide avec le rétablissement de l'ordre. Bonaparte voulut être pour lui un second Frédéric; et comme il était plus puissant que le roi de Prusse, il proportionna ses faveurs à sa puissance. Lagrange fut donc des premiers inscrits sur la liste des membres de l'Institut et du Bureau des Longitudes, puis successivement, nommé membre du sénat conservateur, grand-officier de la Légion d'Honneur, comte de l'empire, grand'croix de l'ordre de la Réunion. Enfin, après divers nouveaux travaux de mathématiques, Lagrange s'occupait avec ardeur de mettre le sceau à sa gloire, par la révision de quelques-uns des premiers, les plus importants, lorsqu'il fut atteint d'une fièvre qui l'entraîna au tombeau, le 10 avril 1813. Ses derniers moments furent aussi calmes que le reste de sa vie. Il suivait les progrès de sa maladie comme s'il n'eût fait qu'assister à une grande et rare expérience, ne témoignant guère d'autre regret que celui de se séparer de sa femme, dont les soins, aussi tendres qu'empressés, pour lui ne s'étaient jamais ralentis. Trois jours après, son corps fut déposé au Panthéon.

L'histoire des découvertes, presque toutes transcendantes, de Lagrange ne saurait trouver place dans un ouvrage de la nature de celui-ci. Il nous suffira de dire que ces découvertes ont été aussi immenses par leur portée que par leur valeur intrinsèque. Elles sont consignées dans plus de cent mémoires, insérés dans les différents recueils scientifiques de Turin de Berlin et de Paris. Outre sa *Mécanique analytique*, Lagrange a publié plusieurs ouvrages importants: *Additions à l'Algèbre d'Euler*; *Théorie des fonctions analytiques*; *Résolution des équations numériques*; *Leçons sur le calcul des fonctions*, etc.   F. PASSOT.

LAGRANGE (CHARLES), ancien représentant du peuple à l'Assemblée constituante et à l'Assemblée législative, où il siégeait sur les bancs de la Montagne, est né à Paris, en 1804. Il servit d'abord dans l'artillerie de marine, et était contre-maître dans une fabrique de cette ville lors de la terrible insurrection qui y éclata en 1834, et à laquelle il prit une part signalée. Traduit l'année suivante devant la cour des pairs, il se fit remarquer entre tous les accusés par la violence de l'exaltation de sa défense, qui en fit désormais une des notabilités du parti républicain. Détenu à Sainte-Pélagie avec une grande partie de ses co-accusés, il fut du nombre de ceux qui parvinrent à s'échapper de cette prison et à se réfugier à l'étranger. L'amnistie générale, proclamée en 1839, lui rouvrit les portes de la France; et il revint alors à Paris, où, jusqu'à l'époque de la révolution de Février, il vécut du courtage des vins et eaux-de-vie. On a prétendu que c'est lui qui, dans la soirée du 22 février, sur le boulevard des Capucines, devant l'hôtel du ministère des affaires étrangères, tira sur le commandant de la force armée ce fameux coup de pistolet, à la suite duquel la troupe fit feu sur la foule compacte qui se pressait aux abords de la demeure de M. Guizot. Les amis de M. Lagrange ont hautement répudié pour lui le triste honneur d'avoir ainsi donné le signal des scènes sanglantes qui s'ensuivirent et qui fournirent aux émeutiers les cadavres dont ils avaient indispensablement besoin comme mise en scène pour surexciter les passions populaires. Quoi qu'il en ait été, il paraît que le triomphe inespéré du parti républicain eut pour effet de déranger momentanément les facultés intellectuelles de M. Charles Lagrange, dont le cerveau fort assez longtemps à se remettre des perturbations que cet événement y avait produites. Avec de tels antécédents, il était difficile que le nom de M. Lagrange ne fût pas un de ceux qui se présentèrent naturellement à l'esprit des citoyens appelés à nommer les membres de l'Assemblée constituante. Élu dans plusieurs départements à la fois par les partisans de la république démocratique et sociale, M. Lagrange n'y brilla ni plus ni moins que ceux de ses collègues de la Montagne qui, réduits par leur manque d'éducation à s'abstenir d'aborder la tribune, s'en dédommageaient par leurs clameurs et leurs vociférations contre les orateurs du parti de la réaction. Expulsé de France après le coup d'État du 2 décembre 1851, M. Charles Lagrange se réfugia en Belgique, où le gouvernement l'interna à Bruges; mais au bout de huit mois cet asile lui était encore retiré, parce qu'au mépris des lois de l'hospitalité il persistait à vouloir y faire de la propagande démocratique et surtout socialiste. Il passa alors en Angleterre, et depuis il n'a plus été autrement question de lui.

LA GRANGE-CHANCEL (JOSEPH DE), né au château d'Antonist, dans le Périgord, en 1676, mort dans le même château, en 1758, n'avait que sept ans lorsqu'il entra au collège de Périgueux, et déjà il faisait des vers sur tous les sujets qu'on lui proposait. Il prétendait même avoir su rimer avant de savoir lire. On trouvait toujours dans ses mains les œuvres de Corneille et les romans de La Calprenède. Envoyé à Bordeaux pour y achever ses études, il y vit jouer pour la première fois la comédie, et se mit aussitôt à l'œuvre; il prit pour sujet de son début dramatique une aventure bizarre dont toute la ville s'entretenait, et fit représenter sa pièce par ses camarades. A quatorze ans, il quitta le collège, partit pour Paris, et entra en qualité de page chez la princesse de Conti, qui lui fit donner une lieutenance, et fut chargé par elle de la charge de maître des cérémonies à la cour. C'est chez sa protectrice qu'il termina une tragédie qu'il avait commencée en province. Racine, s'intéressant au jeune poëte, lui prodigua de sages conseils, et La Grange-Chancel avoua qu'il en avait plus appris dans un seul entretien avec le grand poëte que dans tous les livres qu'il avait consultés. Cette première tragédie, intitulée *Jugurtha*, fut accueillie avec une généreuse bienveillance,

LA GRANGE-CHANCEL — LA HARPE

C'était un essai, et l'auteur était si jeune! Il avait d'ailleurs pour appui toutes les grandes dames et les seigneurs qui fréquentaient l'hôtel de Conti.

Les tragédies de La Grange-Chancel, *Jugurtha*, *Oreste et Pylade*, *Méléagre*, *Athénaïs*, *Amasis*, *Alceste*, *Ino*, *Érigone*, *Cassius*, n'obtinrent qu'un médiocre succès. Il ne fut pas plus heureux dans ses opéras de *Méduse*, *Cassandre*, *Orphée*, *Pyrame et Thisbé*; il doit toute sa célébrité à ses odes satiriques contre le régent. Ses *Philippiques*, longtemps manuscrites, et qui ne furent imprimées qu'en 1797, par son fils, avaient déjà été lues par toute la France, et avaient eu un retentissement européen. Il y a du génie dans ces strophes écrites sous l'inspiration des conciliabules de Sceaux. La Grange-Chancel était un des commensaux les plus assidus, les plus dévoués de la duchesse du Maine. La puissante conjuration de Cellamare, dont la découverte ne fut due qu'au hasard, avait mis plus d'une fois en danger la vie du régent; il n'avait échappé que par miracle aux assassins apostés par les chefs du complot. Comment auraient-ils épargné davantage la réputation du prince?

L'auteur des *Philippiques* n'était pas aussi circonspect que les deux Malezieux, le comte de Laval et le cardinal de Polignac : d'autres écrivains, admis dans l'intimité de la duchesse, avaient, dans leurs libelles en prose et en vers, signalé dans leurs plus cyniques détails les orgies du Palais-Royal, du Luxembourg et de Saint-Cloud. La Grange-Chancel, plus hardi, osa accuser le duc d'Orléans d'avoir voulu sacrifier son royal pupille à son ambition et d'avoir attenté à la vie du jeune monarque par le poison. Le poëte avait un motif personnel de haine contre le régent : on lui demandant pourquoi il l'avait attaqué avec une sorte de rage : « Pourquoi, répondit-il, a-t-il pris le parti du duc de La Force contre moi? » La Grange-Chancel avait perdu un procès contre ce seigneur, et s'était imaginé que le prince en était la cause, ce qui n'est pas même vraisemblable. Le satirique fut enfermé aux îles Sainte-Marguerite. Quelques vers à la louange du gouverneur lui valurent certaines faveurs : il en profita pour s'évader, et fit une satire poignante contre ce même officier. Il réussit à se réfugier à l'étranger, et ne reparut en France qu'après la mort du régent. Il se trouvait à Paris en 1730, et était allé se promener dans le jardin du Palais-Royal : le duc d'Orléans lui fit défendre de s'y présenter. Ce poëte, dont la verve ne s'échauffait que pour la satire, était l'idole de ses enfants; on recherchait sa société; il n'y avait pas de meilleur époux, de meilleur père, de meilleur ami. Sa manie n'était pas un vice de cœur, mais un écart d'imagination. Sans ses terribles odes, son nom ne fût jamais parvenu à la postérité : elles l'ont rendu fameux, si elles n'ont pu le rendre célèbre.

DUFEY (de l'Yonne).

LA GRANJA. Voyez GRANJA (La).

LAGTHING. C'est le nom de l'une des deux chambres dont se compose la diète de Norvège, autrement dite *Storthing*.

LA GUAYRA. Voyez CARACAS.

LAGUNES, du latin *lacuna*, c'est-à-dire mare, trou. C'est le nom générique sous lequel on désigne toutes les côtes basses et marécageuses où la mer pénètre en formant des canaux et des îles, mais plus particulièrement les marécages situés sur les côtes nord-ouest de la mer Adriatique depuis l'embouchure de l'Isonzo jusqu'au Delta du Pô et plus loin encore, sur une longueur de près de 140 kilomètres. C'est au milieu de ces lagunes qu'est située Venise. Quand la mer est haute, elle les recouvre complétement; mais elle y est quelquefois si basse, qu'il s'en échappe les émanations les plus nuisibles à la santé. On dit que les lagunes sont *vivantes* ou *mortes*, suivant que l'eau y est agitée ou calme.

LA HARPE (JEAN-FRANÇOIS), poëte, orateur et critique, naquit à Paris, le 20 novembre 1739, de parents inconnus; il fut abandonné dans la rue La Harpe, à laquelle il dut son nom : « Nourri, dit-il lui-même, par les sœurs de la charité de la paroisse Saint-André-des-Arcs; élevé jusqu'à l'âge de dix-neuf ans par charité. » C'est l'aveu, écrit de la propre main d'un homme dont la modestie ne fut jamais la vertu, mais qui, devenu vieux et infirme, chercha dans la religion des consolations qu'il n'avait pas trouvées dans sa célébrité littéraire. Admis comme boursier au collége d'Harcourt, il se fit promptement remarquer par ses nombreux succès : il remporta tous les premiers prix, et deux fois le prix d'honneur en doublant sa rhétorique. Malheureusement ces triomphes ne suffisaient plus à son ambition : il composa des satires contre ses maîtres, et même contre le principal, son proviseur. L'autorité crut devoir sévir contre cette ingratitude : le jeune lauréat fut enfermé plusieurs mois dans une maison de correction. On a souvent attribué l'aigreur de son caractère à cette première persécution : ne pourrait-on pas attribuer plutôt ce mécontentement contre les institutions sociales en général à la position équivoque que sa naissance lui donnait dans le monde?

Quoi qu'il en soit, cette première disgrâce ne refroidit point sa verve poétique. Il composa un très-grand nombre d'*héroïdes*, aujourd'hui complétement oubliées, et qui méritaient de l'être. Ces sortes de lettres prétendues d'un héros à une héroïne, fort à la mode alors, et dont Ovide avait donné l'exemple, étaient considérées comme d'utiles études au poëte tragique. Elles prêtaient merveilleusement à la déclamation et au pathos : aussi à peine âgé de vingt-trois ans La Harpe présentait-il à la Comédie-Française une tragédie de *Warwick*, qui fut accueillie et jouée avec acclamation. La Harpe se trouva donc en un jour, selon l'expression de Voltaire, riche et célèbre.

A peine introduit dans le monde littéraire, divisé alors en deux camps hostiles, il fut obligé d'embrasser un parti. Il ne balança pas : l'autorité du chef de l'un de ces deux camps, et que nous venons de nommer, motivait suffisamment le choix du jeune poëte; il dédia sa pièce à Voltaire, qui adopta ce nouvel élève. Celui-ci, ébloui par ce beau succès, s'était hâté : les tragédies qu'il donna successivement : *Timoléon*, *Gustave*, *Pharamond*, *Les Barmécides*, *Jeanne de Naples*, *Les Brumes*, *Virginie*, tombèrent, et La Harpe, accablé, fut trop heureux d'être recueilli, lui et sa famille, à Ferney, pendant plus d'un an; mais ce laps de temps, passé presque entièrement à jouer des rôles dans les tragédies de son protecteur, fut perdu pour La Harpe. A peine put-il se livrer à une traduction de Suétone, faite avec dégoût, avec précipitation, et qui n'eut d'autres résultats que de réveiller la critique. Il revint à Paris, mal avec son maître, à ce qu'il paraît, car Voltaire, dans sa correspondance, prétend *avoir été punt de son trop de conflance* en son élève. A cette époque, l'Académie avait décidé que l'éloge des grands hommes serait à l'avenir le sujet du prix d'éloquence qu'elle accorde annuellement. Ce genre d'ouvrage paraît avoir été inventé pour donner au talent académique de La Harpe toute son extension; il remporta presque tous les prix : il en obtint trois dans un même concours. Ces triomphes ranimèrent sa confiance : il composa le drame de *Mélanie*, ou *la religieuse*, et le lut dans les salons, où ce devint bientôt la mode d'avoir La Harpe et son drame; cette faveur singulière lui ouvrit les portes de l'Académie.

Aujourd'hui, ce n'est point les onze tragédies de La Harpe, dont trois seulement, *Warwick*, *Philoctète* et *Coriolan*, ont été reprises au théâtre; ce n'est point son drame de *Mélanie*, qui a été rejoué quelques fois; ce n'est pas non plus ses nombreuses poésies, dont le petit poëme de *Tangu et Félime* est peut-être le seul dont le titre soit resté dans la mémoire des vrais littérateurs; ce ne sont pas non plus ses éloges académiques, ses traductions, ce n'est rien de tout cela qui fait la gloire de La Harpe, si gloire il y a. Son nom n'est connu, n'est prononcé encore, de loin en loin, qu'à propos de son *Cours de Littérature*. Déjà, depuis 1776, il s'était essayé à la critique littéraire dans sa correspondance avec le grand-duc de Russie, et dans la rédaction du *Mer-*

cure de France. En 1786, des amis des lettres pensèrent à l'établissement du Lycée (depuis l'Athénée) : les hommes les plus distingués de l'époque y furent chargés des diverses leçons, et La Harpe du cours de littérature. La révolution arriva; les séances de cet établissement, jusque alors nombreuses et suivies, furent interrompues, précisément au moment où, d'après l'ordre suivi jusque alors, La Harpe arrivait à la philosophie moderne, et spécialement à Voltaire. Les séances furent reprises en décembre 1794. Mais dans l'intervalle, La Harpe, qui avait accueilli avec enthousiasme les promesses de la révolution, subit le sort de ses plus sincères admirateurs : il fut mis en prison et menacé de mort. Son caractère bilieux, aigri par cette nouvelle persécution, lui fit abjurer ses anciennes opinions, même dans ce qu'elles avaient de généreux et de grand; il s'éleva contre cette philosophie dont il avait été l'adepte, contre les philosophes dont il avait été l'élève, l'ami et l'admirateur. La violence de ses déclamations le fit proscrire de nouveau au 13 vendémiaire au 18 fructidor; il ne reparut au Lycée qu'en 1802, et mourut le 11 février 1803.

De fortes études classiques, une vie littéraire laborieuse, la longue habitude d'une polémique ardue, devaient faire espérer de La Harpe un ouvrage plus parfait, mieux ordonné, plus savant et surtout plus consciencieux que le sien. On s'étonne de la légèreté avec laquelle les œuvres de l'antiquité sont jugées dans son cours. Nous savons trop encore à quel point il était convenu dans le siècle dernier que notre littérature commençait à Malherbe, pour faire à La Harpe le reproche fondé d'avoir jugé la littérature antérieure sur la parole d'un homme justement célèbre, mais qui ne la connaissait pas : Boileau. Nous avons suffisamment expliqué, au début de cet article, comment et pourquoi La Harpe apporta dans les jugements de ses contemporains l'esprit de parti au lieu de l'esprit de critique, et la passion en place de la vérité. Et toutefois ce *Cours de Littérature* est, nous ne pouvons pas dire le meilleur, mais le seul ouvrage français qui mérite ce titre. « Si je n'ai pas, disait-il avant sa mort, contribué au progrès de l'art, du moins ne pourra-t-on m'accuser d'avoir avancé sa décadence. » Il avait raison, s'il entendait parler de ce cours; mais ses tragédies ont certes contribué à la décadence de l'art : en s'obstinant à être, malgré la nature de son talent, le *Campistron* de Voltaire, selon le mot d'Helvétius, il a dégoûté le public, par l'ennui résultant d'une sorte de perfection négative, du système dramatique de ses devanciers. VIOLLET-LE-DUC.

LA HARPE (FRÉDÉRIC-CÉSAR), directeur de la république helvétique en 1798 et instituteur de l'empereur Alexandre Ier de Russie, descendait d'une famille noble du pays de Vaud, et naquit à Rolle, en 1754. Docteur en droit de Tubingue dès l'âge de vingt ans, il était avocat à Berne quand il abandonna le barreau pour accompagner en Italie un riche boyard; et en 1782, sur la proposition du baron de Grimm, il se rendit à Saint-Pétersbourg, où l'année suivante il fut nommé précepteur des grands-ducs Alexandre et Constantin. La révolution française produisit sur lui une impression si vive qu'il adressa au gouvernement de Berne, au nom de ses concitoyens, une pétition dans laquelle il réclamait différentes réformes et la convocation des états. Cette démarche occasionna des troubles dans le canton. La Harpe fut banni, et ses ennemis firent si bien à Saint-Pétersbourg, que lors des fiançailles du grand-duc Alexandre il perdit son emploi. Il revint alors à Genève, d'où il se rendit à Paris. Dans cette capitale La Harpe publia une série de pamphlets contre le patriciat de Berne, et en 1797 il adressa au Directoire un mémoire par lequel vingt-deux émigrés du canton de Vaud réclamaient de la France la protection garantie par le traité de Lausanne de 1565. Le Directoire saisit avidement cette occasion d'intervenir dans les affaires de la Suisse. Un corps aux ordres de Saint-Cyr envahit, en décembre 1797, le territoire de la confédération, à l'effet de *protéger* le canton de Vaud, qui tout aussitôt se constitua en *république du Léman*. Le boule-

versement complet de la Suisse et la fondation de la république helvétique furent le résultat de cet acte de violence. La Harpe, partisan zélé de cette révolution, fut nommé deux mois après membre du directoire helvétique, et y défendit avec opiniâtreté, au milieu de circonstances difficiles, la politique et les principes de la révolution française jusqu'au moment où un arrêté des conseils législatifs prononça la dissolution de ce directoire. De Lausanne, où il était en surveillance, il se disposait à aller s'établir en France, quand le gouvernement de Berne, à propos d'un attentat contre la vie du général Bonaparte, que La Harpe prétendait avoir découvert, le fit arrêter, le 2 juillet 1800. Toutefois, La Harpe parvint à gagner le sol français, où d'ailleurs le premier consul lui fit un médiocre accueil. Il vécut dès lors retiré au Plessis-Piquet, près Paris; et sauf un voyage en Russie en 1802, à l'occasion de l'avénement de son élève au trône, il y résida jusqu'en 1814, s'efforçant d'oublier la politique pour l'agriculture et les sciences naturelles. Après la prise de Paris (mars 1814), Alexandre vint le visiter dans sa philosophique retraite, et lui accorda le rang et le titre de général. Au congrès de Vienne, La Harpe usa de son influence sur l'esprit de ce prince pour assurer l'indépendance des cantons de Vaud et d'Argovie, et depuis lors il vécut en simple particulier, dans son pays natal, entouré de l'estime générale. Il mourut le 30 mars 1838.

LA HAYE. *Voyez* HAYE (La).

LA HIRE est un de ces braves chefs d'aventuriers qui délivrèrent le royaume de l'invasion des Anglais, aux mauvais jours du règne de Charles VII. Son véritable nom était *Étienne* VIGNOLE; celui de *La Hire* n'est qu'une épithète injurieuse, que lui donna le parti bourguignon, s'il faut en croire un chroniqueur contemporain. La Hire paraît pour la première fois dans l'histoire au siége de Coucy, en 1418. Ayant sous ses ordres à peine cinquante archers, ce hardi partisan traversait des pays entièrement occupés par les Anglais, et prenait vaillamment les villes; mais, vu le petit nombre de ses troupes, il ne pouvait s'y maintenir, et était bientôt forcé de les rendre; c'est ce qui lui arriva à Crespy, à Château-Thierry, à Montargis et à Compiègne. La Hire se trouvait à la journée des Harengs; il vint au devant de Jeanne d'Arc, et l'escorta lorsqu'elle fit sa première entrée dans Orléans; il soutint sa réputation de vaillance au combat de Jargeau et à la bataille de Patay. Comme il s'acheminait vers Rouen, en 1431, dans le but de s'opposer au supplice de la Pucelle, il fut entièrement *déconfit*, et tomba lui-même au pouvoir des Anglais, en 1431. Il fut mis au châtel de Dourdan. La Hire s'échappa de sa prison l'année suivante. On le voit dès lors parcourant les provinces d'Artois, de l'Ile-de-France et de Picardie, rançonnant les villes, traitant de la même manière amis et ennemis, et prenant bonne part de toutes les pilleries dont l'histoire de ces temps malheureux n'offre que trop d'exemples. Après maints exploits et prouesses à Clermont en Beauvoisis et à Soissons, il trépassa, des suites de ses blessures, en 1442, à Montauban, où il avait accompagné le roi. Charles VII se montra fort dolent à sa mort, et il s'écria en présence de toute sa cour, noble réunion des débris des longues guerres : « Je perds aujourd'hui le plus grand en armes que j'aye oncques vu et verrai. » Dans les jeux de cartes on a donné son nom au valet de cœur. A. MAZUY.

LA HIRE ou **LA HYRE** (LAURENT DE), né à Paris, en 1606, mort dans la même ville, en 1656, peintre ordinaire du roi et professeur de l'Académie de Peinture, eut pour maître d'abord son père, *Étienne* DE LA HIRE, artiste inconnu en France, mais dont plusieurs tableaux existent, dit-on, en Pologne. Laurent fut ensuite élève de Simon Vouet, ce qui ne l'empêcha pas d'être le premier à abandonner sa manière, et de faire une révolution dans l'art. Son coloris est plein de fraîcheur, quoique un peu sec; les teintes des fonds de ses tableaux sont noyées comme d'une vapeur qui leur donne des profondeurs incroyables de perspective. Aussi ses paysages soutiennent-ils la comparaison avec ceux des plus grands maîtres. Sa touche est fine, légère, son style gracieux, sa composition simple et bien entendue ; mais il eut le tort d'abandonner l'étude féconde de la nature et de tomber dans la manière. Il a fait aussi un grand nombre de tableaux de chevalet d'un fini précieux. Le Musée du Louvre a de lui deux paysages; *L'Apparition de Jésus-Christ aux trois Maries*, qui passe pour son chef-d'œuvre ; *Le pape Nicolas V découvrant les reliques de saint François d'Assises* ; *Laban venant réclamer ses idoles enlevées par Jacob* ; une *Vierge avec l'enfant Jésus*. On possède encore de La Hire de beaux dessins, et il a gravé lui-même plusieurs sujets de sa composition.

LA HIRE (PHILIPPE DE), fils du précédent, naquit à Paris, en 1640. Son père lui donna des leçons de dessin et de géométrie, ou du moins de perspective; il étudia aussi la gnomonique. Ayant perdu son père à l'âge de dix-sept ans, sa santé s'altéra ; il passa en Italie, pays où il s'adonna avec ardeur à l'étude des mathématiques. Les instances de sa mère le ramenèrent en France. Le premier ouvrage intéressant qui sortit de sa plume fut un mémoire *Sur la coupe des pierres*. D'autres écrits, qu'il publia successivement après celui-là, lui firent ouvrir les portes de l'Académie des Sciences en 1678. Colbert ayant formé le dessein de faire lever une carte de France avec toute l'exactitude que comportait l'état de la science à cette époque, Picard et La Hire furent envoyés en Bretagne et en Guienne, pour lever la carte des côtes de ces provinces. En 1681, la Hire alla déterminer les positions de Calais et de Dunkerque. En 1673 il continua au nord de Paris la méridienne qui passe par cette ville. Colbert étant mort en 1683, Louvois chargea La Hire du nivellement de la rivière d'Eure, qu'on se proposait d'amener à Versailles. En même temps La Hire préparait son *Traité des Sections coniques*, qui parut en 1685 : ce livre lui fit le plus grand honneur dans toute l'Europe savante. Deux ans après, il se classa parmi les astronomes distingués : il publia des tables du Soleil et de la Lune, une machine de son invention indiquant les éclipses, les mois et les années lunaires, les épactes.

La Hire était si laborieux, qu'il ne perdait pas une minute de son temps. Tous ses délassements consistaient dans des changements d'occupation. Il était professeur de mathématiques au Collége royal de France, professeur d'architecture à l'école de ce nom; il se rendait fréquemment à l'Observatoire royal pour y faire des observations, y diriger la pose d'instruments qu'il avait perfectionnés ou inventés lui-même. Dans la volumineuse collection de ses œuvres on trouve : *l'Art de tracer les cadrans solaires*, un *Traité de Mécanique*, l'*École des Arpenteurs*, un *Traité des Épicycloïdes*, des *Mémoires* sur les effets de la glace, du froid ; sur la différence des sons de la corde et de la trompette marine; sur les accidents de la vue, et sur la pratique de la peinture ; des traités de géométrie, dont le principal est son *Traité des Sections coniques* suivant les méthodes des anciens, méthodes qu'il préféra toujours aux calculs inventés par les modernes. On lui doit en outre un *Traité du Nivellement* par Picard, avec des additions; un *Traité du Mouvement des Eaux*, ouvrage posthume de Mariotte ; les *Anciens Mathématiciens*, en grec et en latin. « A lui seul, dit Fontenelle, il aurait pu former toute une académie des sciences. » Il mourut sans agonie et en un moment, le 21 avril 1719.

Ce savant s'était marié deux fois, et il avait eu huit enfants, dont deux furent, comme lui, membres de l'Académie des Sciences. Celui du premier lit, Gabriel Philippe DE LA HIRE, médecin de profession, géomètre et mécanicien par goût, fut chargé pendant quelques années du calcul des éphémérides, que publiait l'Académie sous le titre de *Connaissance des Temps*. On lui doit une édition de l'*Art du Charpentier*, parue en 1719. Il mourut en 1719, à l'âge de quarante-deux ans. Son frère du second lit, *Jean-Nicolas DE LA HIRE*, étudia aussi la médecine, et fut reçu à l'Académie comme botaniste. Il dessinait les plantes avec un art supérieur, dont il faisait, dit-on, un secret. Il mourut à quarante-deux ans, en 1727.
TEYSSÈDRE.

LAHN, affluent de la rive droite du Rhin, prend sa source dans la montagne de Sauerland, non loin de Siegen, dans l'arrondissement d'Arnsberg (Prusse), à 566 mètres au-dessus du niveau de l'Océan. Cette rivière traverse les territoires de la Prusse, de Hesse-Darmstadt, de la Hesse-Électorale et de Nassau, dans une vallée célèbre par ses beautés naturelles, par ses nombreux châteaux, par ses vieux manoirs en ruine, et où elle baigne successivement les murs des villes de Marbourg, Giessen, Wetzlar, Weilburg, Bad-Ems et Nassau, et se jette dans le Rhin à Nuderlahdstein, après être devenu navigable à environ 11 myriamètres de son embouchure. Elle donne son nom à la dernière ramification du Fichtelgebirge, dans la Hesse-Électorale, appelée *Lahngebirge*, de même qu'on appelait autrefois Principauté de la Lahn la province nommée aujourd'hui Hesse-Supérieure. Sur les bords de la Lahn furent le théâtre d'une série de combats entre l'archiduc Charles et Jourdan, à la suite desquels celui-ci dut se replier sur la rive gauche du Rhin.

LA HODDE. *Voyez* DE LA HODDE.

LA HOGUE (Combat de). *Voyez* HOGUE (LA).

LAHORE ou LAHOR, capitale du Pendjab, incorporé depuis 1849 à l'Inde Britannique, et de tout l'État des Sikhs, qui jusque alors était demeuré indépendant, à 50 myriamètres au nord-ouest de Delhy, sur la rive gauche du Rawi, dans une plaine bien cultivée, entourée de solides murailles garnies de fossés profonds et de fortifications ainsi que de parcs et de jardins magnifiques, compte 80,000 habitants, qui fabriquent des cotonnades, de la flanelle et de bonnes armes. Elle est aussi le centre d'un commerce assez actif. Quoiqu'elle soit bien déchue de l'état qu'elle avait lorsqu'elle était l'une des résidences du Grand-Mogol et qu'elle n'occupe plus que l'angle occidental de la capitale, qui avait autrefois près d'un myriamètre de longueur, elle est toujours importante au point de vue militaire, à cause de son admirable position stratégique, et est encore l'une des villes les plus considérables de l'Hindostan. Elle se distingue des autres villes de l'Asie par sa belle architecture; ses rues sont étroites, il est vrai, mais longues et droites, garnies de maisons en pierre, et ses marchés sont très-fréquentés. On y trouve une foule de caravansérails, de palais et de mausolées, de mosquées et de pagodes, de tombeaux de saints et de lieux de pèlerinage, ainsi qu'un grand nombre de constructions datant d'une époque très-reculée. Les plus remarquables sont : la grande mosquée impériale, construite par Aureng-Zeib, avec ses quatre hauts minarets, construite en pierre de taille rougeâtre, mais dont les principaux bâtiments avaient été transformés en magasins à poudre sous la domination des Sikhs; le Schah-Dura ou mausolée de l'empereur Djehanghir, sur la rive droite du Rawi, édifice carré, avec des minarets de 23 mètres d'élévation à chacun de ses angles, construit alternativement avec des rangées de pierre rougeâtre et des rangées de marbre, mais servant maintenant de caserne; l'ancien et magnifique palais du Grand-Mogol, devenu plus tard la résidence de Rundjet-Singh, appelé le *soumoum Bardj*, auquel on arrive par un immense vestibule en marbre. Parmi les parcs les plus célèbres il faut citer le jardin de Djehanghir, appelé le *Schalimar*, qui se compose de trois grandes terrasses, élevées les unes au-dessus des autres, et qui est traversé par un aqueduc, amenant de fort loin l'eau servant à alimenter 450 fontaines.

Jusqu'en l'an 1008 Lahore fut la résidence d'anciens radjahs hindous et aborigènes; elle devint alors celle des Ghasnévides, les premiers conquérants de l'Inde, puis, à partir de 1186, celle des Ghourides. En 1225, elle fut prise, et pillée par les Khowaresmien Djelaleddin-Mahkberni, et en 1241 par les Mongoles aux ordres de Turne-Khirin-Khan. Le sultan Bahour s'en rendit maître en 1525; depuis lors elle fit partie de l'empire des Grands-Mogols, et au dix-septième ainsi qu'au dix-huitième siècle elle rivalisa avec Delhy pour le luxe et la magnificence. C'est de cette époque que date la création des grands parcs et jardins qu'on voit à Lahore. Les ouvriers et les artistes de Lahore jouissaient à bon droit d'une grande réputation d'habileté, et le commerce amenait sur ses marchés des marchands de toutes les nations. Mais la décadence de l'empire fit disparaître toute cette prospérité; et Lahore n'a plus guère d'importance que comme capitale des Sikhs, qui s'en étaient emparés en 1764.

Le 22 février 1846, la ville, la citadelle et une partie du palais des souverains furent occupés par l'armée anglaise, et le 9 mars suivant un traité de paix y fut signé entre le maharadjah Dhoulib-Singh et le gouvernement anglais. A la suite de la dernière guerre dont le Pendjab a été le théâtre, la souveraineté des Sikhs fut abolie, le 29 mars 1849, en même temps que l'incorporation du Pendjab tout entier à l'Inde Britannique était proclamée.

LA HOULE. *Voyez* CANCALE.

LAI ou **LAY**, petit poëme gaulois. Quoique nos vieux poëtes français variassent en une infinité de formes leurs pièces de poésie, ils adoptaient presque exclusivement la narration, soit qu'ils eussent à produire une anecdote, un bon mot, ou même à exprimer un sentiment. Ces formes, souvent bizarres, mais constantes pour chaque espèce, paraîtraient indiquer que chacune de ces pièces de poésie se conformait dans l'origine à un rhythme musical, à un air consacré, l'un au rondeau, l'autre au lai, celui-ci au chant royal, etc. On sait en effet que les poëmes des trouvères étaient *chantés* par des jongleurs et accompagnés sur des instruments, le rebec ou violon, la rote ou vielle par les ménétriers. L'usage du *chant* s'étant perdu, les pièces de poésie, quoique ayant cessé d'être chantées et accompagnées des instruments, auront conservé leurs formes encore longtemps, jusqu'à ce que l'imitation classique, ayant prévalu, les ait fait tomber en désuétude. Parmi ces poésies, la plus ancienne paraît être le *lai* emprunté aux bardes de l'Armorique ou bretons. Marie de France, femme poëte du treizième siècle, compositeur ou plutôt traducteur de ces anciens lais bretons, nous dit :

Li Bretons
Jadis souloioient par prouesce
Des avantures qu'ils oioient
Faire des lais, par remembrance
Qu'on ne les mist en oubliance.

Elle nous apprend en outre que le lai, déjà très-vieux de son temps, était toujours destiné à *raconter*. Les lais que nous a laissés Marie de France ne sont effectivement que des fabliaux ou contes en vers de huit syllabes. Plus tard les poëtes donnèrent au lai une forme nouvelle, qui consistait à intercaler, à des distances régulières, de petits vers entre d'autres vers, d'une mesure plus longue. Quand l'ordre adopté pour le premier couplet changeait, c'est-à-dire quand on faisait tourner ou *virer*, selon l'expression d'alors, les grands vers en petits vers, et les petits en longs, la pièce devenait un *virelai*. VIOLLET-LE-DUC.

LAI (Frère). *Voyez* CONVERS.

LAIBACH ou **LAYBACH** (en italien *Lubiana*, en slave *Llubjana*), chef-lieu du duché de Carniole, et de 1816 à 1849 du gouvernement de Laibach, dont la circonscription était la même, et aussi d'un cercle du même nom et de tout le royaume d'Illyrie, est bâtie dans une vaste plaine, terminée par de belles montagnes, sur les deux rives de la Laibach ou Lublau (*Rivière-Bleue*), rivière navigable, qu'on y passe sur cinq ponts, non loin de son embouchure dans la Save, sur laquelle existe également un pont de dix arches et de 180 mètres de largeur. C'est une ville ouverte, construite sur un sol fort inégal, dès lors avec des rues étroites et irrégulières, mais assez propres et au total agréables, et y compris ses huit faubourgs on y compte 19,000 habitants. La langue du peuple est la langue *wende*, à laquelle se sont mêlés une foule de mots allemands et italiens. On y parle aussi beaucoup allemand, italien, français et grec moderne. Cette ville est le siége du gouverneur de la Carniole, d'un capitaine de cercle (12 myr. carrés et 67,500 hab.), d'un tribunal de première instance, d'un évêché, du commandant militaire de l'Illyrie, d'un commissariat des mines, etc. Les places publiques sont en général très-petites; et il n'y a guère que celle des Capucins qu'on puisse citer. La place de l'hôtel de ville est ornée d'une pyramide, haute d'environ 25 mètres.

Les principaux édifices sont la cathédrale, ornée de beaux tableaux et de fresques par Quaglio; l'église Saint-Jacques, avec des statues de Robba; l'église évangélique, inaugurée en 1852; l'hôtel de ville, de vieille construction allemande; l'ancien château, d'où l'on jouit d'une vue admirable; le théâtre; la caserne; l'hôtel des princes d'Auersperg; le colisée et le casino. Elle possède un collége, une bibliothèque considérable, un jardin agronomique, un séminaire, un musée, et diverses sociétés savantes. Un chemin de fer, dont la construction, commencée en 1853, ne tardera point à être achevée, la reliera prochainement à Trieste. On y trouve aussi quelques fabriques de soierie et de faïence. Le commerce d'expédition et de commission dont elle est le centre pour l'Italie, l'Autriche, la Bavière, la Hongrie et la Turquie, ne laisse pas que d'être considérable, quoiqu'il ait singulièrement diminué dans ces derniers temps. Laibach fut de 1809 à 1813 le siége du gouvernement général français des provinces Illyriennes.

LAIBACH (Congrès de). En 1820, on transféra à Laibach le congrès qui précédemment avait été tenu à Troppau, parce qu'on y crut nécessaire la présence du roi de Deux-Siciles, Ferdinand Ier, et qu'on voulait être plus près de l'Italie. Au mois de janvier 1821, les empereurs d'Autriche et de Russie, le roi des Deux-Siciles et le duc de Modène, se réunirent en conséquence dans cette ville à l'effet d'aviser d'un commun accord aux mesures à prendre pour assurer le repos de l'Italie contre les menées du carbonarisme, arrêter les progrès toujours croissants de la révolution et rétablir à Naples et en Sicile l'ancien ordre de choses. Le congrès s'ouvrit le 26 janvier 1821, et se prolongea jusqu'en mai, parce que l'insurrection du Piémont et la nouvelle de l'entreprise tentée en Moldavie par Ypsilanti prolongèrent ses délibérations. On s'y occupa d'abord des affaires de Naples, puis de celles du Piémont. C'est le congrès de Laibach qui introduisit dans le droit des gens européen le droit d'intervention armée dans les affaires intérieures d'un État voisin troublé par des factions ; mais par une note circulaire de lord Castlereagh, à la date du 19 janvier 1821, l'Angleterre refusa positivement de prendre part à ses délibérations et de se rendre garante comme liée par ses résolutions.

LAÏC. *Voyez* LAÏQUE.

LAIDEUR, l'opposé de la beauté, terme dérivé de *læsio*, parce que les lésions des corps entraînent d'ordinaire leur *difformité*. Cependant les traits les moins réguliers, les moins harmoniques, peuvent manquer de beauté sans être absolument difformes. Une chauve-souris, un lézard pustuleux, le gecko, sont pour beaucoup de personnes des créatures fort hideuses, sans difformité véritable, sans lésion ni défaut dans leur structure. On peut donc soutenir que dans la nature organisée et développée librement, exempte de monstruosité, il n'y a point de laideur véritable : car aux yeux jaunes de sa crapaude un crapaud amoureux peut sembler fort beau. Notre jugement seul ne doit donc point être la règle du beau comme du laid dans l'univers, et nous ignorons ce qui existe dans les autres mondes. Il n'en est pas moins évident qu'il y a par rapport à nous des choses laides ou belles, au physique comme au moral, c'est-à-dire qui nous plaisent généralement ou nous déplaisent.

Dans ces derniers temps, il s'est élevé une école littéraire qui, sans doute ayant cru épuisé le champ fertile de l'antique littérature, consacré au culte unique du *beau*, a dressé des autels au *laid*, sous le spécieux prétexte qu'il existe aussi avec les mêmes droits dans la nature. S'il s'agissait d'un droit de cité ou de représentation d'intérêts, nous comprendrions que l'égalité des titres fût ici reconnue, et qu'un poëme dût admettre une proportion exacte de beau et de laid, pour ne pas léser les titres et qualités de ce nouveau principe actif. A la vérité, Homère avait dépeint Thersite comme le contraste de son Achille; et le Satan de Milton rehausse la sublimité de Jéhovah. Mais si les vertus seules ne constituent pas toute la nature de l'homme et des autres êtres, le but de la poésie, de l'éloquence, de la peinture et de la musique consiste à plaire, non moins qu'à instruire. Or, le seul beau est digne de charmer, tandis que la laideur ne peut entrer que comme repoussoir ou contraste, afin de faire mieux ressortir l'harmonie et la douceur des vraies beautés. Jamais elle n'est le but principal de l'œuvre des beaux-arts, qui seraient alors les arts de la laideur : ce qui n'empêche pas la théorie de ce faux système d'avoir été fort ingénieusement exposée, surtout par M. Victor Hugo, dans la préface de son *Cromwell*. J.-J. VIREY.

LAIE. *Voyez* SANGLIER.

LAINE, LAINAGE. On ignore l'époque à laquelle la laine commença à être employée pour la confection d'étoffes propres à l'habillement : on pense seulement que l'idée si simple du feutrage dut précéder de beaucoup celle, plus compliquée, de la filature et du tissage. La nature du climat attira surtout vers l'Occident les manufactures de laine; laissant au Nord les peaux de bêtes et leurs chaudes fourrures, nos régions, plus tempérées, ne sa servirent que de leurs dépouilles. A travers les ténèbres qui couvrent encore tant de parties ignorées de l'histoire du commerce, les Anglais apparaissent à une époque déjà fort reculée comme possesseurs de nombreux troupeaux. De bonne heure les bêtes à laine furent placées chez eux sous la protection d'édits et de règlements, parmi lesquels le plus curieux est sans contredit celui rendu par le roi Edgard, qui autorisa le rachat de tous les crimes moyennant un certain nombre de têtes de loup, dont les bandes affamées désolaient le pays et décimaient les troupeaux. En Espagne, et depuis les temps les plus reculés, on s'est occupé d'élever des moutons, dont la laine a toujours joui d'une grande réputation; on rapporte que Marc Columelle, voyant débarquer à Cadix de très-beaux béliers africains amenés pour les spectacles, en acheta secrètement plusieurs, qu'il fit servir dans ses troupeaux. Les archives législatives de ce pays sont pleines de règlements sur l'éducation de bêtes à laine; ce furent les rois d'Espagne qui fondèrent et soutinrent la fameuse confrérie de la *Mesta*, dont les immunités et les priviléges furent si désastreux pour le pays. L'Espagne, exclusivement agricole, crut longtemps que les nations industrielles ne pourraient se passer de ses produits, et elle greva la sortie de ses laines de droits énormes : cette fausse mesure fut une des causes de sa ruine, que toutes les mines du Mexique ne purent empêcher.

L'Angleterre se borna longtemps aussi à produire de la laine, qu'elle vendait à l'étranger. Au onzième siècle, Édouard III envoyait en Flandre les comtes de Northampton et de Suffolk pour y vendre, suivant Rymer, six mille sacs de laine, dont ils rapportèrent 400,000 liv. sterl. Jusqu'au quatorzième siècle, les Flamands et les Hollandais demeurèrent seuls fabricants d'étoffes de laine ; et ce ne fut que sous Henri VII que les Anglais songèrent qu'ils auraient de l'avantage à ouvrer eux-mêmes les laines qu'ils vendaient aux Flamands. Ce prince avait été frappé pendant son exil en Flandre des richesses que les manufactures de laine répandaient dans ce pays ; il voulut en doter le sien quand il y fut de retour. Élisabeth voulut continuer ce que Henri avait commencé ; toutes ses mesures, dictées par un esprit de protection peu éclairé, nuisirent souvent aux développements de l'industrie qu'ils devaient encourager ; le long *parlement* et le *Protecteur* affranchirent le commerce des laines de toute entrave, et il prit un nouvel essor. Avec les Stuarts, les protections et les priviléges revinrent; les dispositions les plus maladroites, les prescriptions les plus ridicules furent prises pour encourager les fabriques, pour leur créer des débouchés : je citerai par exemple l'acte 30 du roi Charles II, qui ordonnait que toutes les personnes qui viendraient à mourir fussent ensevelies dans des linceuls de laine. Malgré toutes ces lois, les manufactures languissaient : elles durent leur prospérité à d'autres causes.

Jusqu'au règne d'Henri IV, nous ne trouvons dans nos archives et dans l'histoire de notre industrie aucune disposition relative aux étoffes de laine, aucun renseignement qui puisse nous faire apprécier l'importance de cette fabrication. Malgré ses préventions contre les arts manufacturiers en général, Sully, partisan exclusif du système agricole, protégea les fabriques de drap, dans le but d'encourager les éleveurs de bestiaux. Henri IV et Louis XIV, sous lesquels furent accomplies les choses les plus importantes pour la gloire et la prospérité du pays, suivirent deux marches bien différentes : le premier diminua les impôts, et soulagea les masses ; le second augmenta les charges publiques, et combla de faveurs quelques particuliers. L'un faisait planter ses parcs et ses jardins de mûriers, et donnait une nouvelle vie à l'industrie de la soie ; il faisait copier les plus belles tapisseries de Flandre et établir des dentelles ; l'autre construisait Versailles et la machine de Marly : il appelait Van-Robais en France après l'avoir enrichi, et faisait défense expresse à toute autre fabrique de venir se placer dans un rayon de dix lieues autour d'Abbeville ; une semblable interdiction pesait sur la filature de toutes les matières propres à la confection des draps. Ces dernières mesures, qui avaient pour but d'introduire en France la fabrication des draps fins façon de Hollande, étaient inutiles ; car plus de vingt ans avant l'arrivée à Abbeville du Flamand Josse Van-Robais, un Français, Nicolas Cadeau, qui n'était ni Louis XIV ni son premier ministre, avait fondé à Sedan, lui seul, et avec ses propres ressources, une manufacture de draps fins. Son privilége venait de finir au grand avantage de ses compatriotes ; tout le monde allait faire du drap fin, quand, pour le malheur du pays, Louis XIV fit venir à grands frais l'industriel flamand ; les dons royaux, les immunités, les priviléges, se succédèrent alors, et furent maintenus en vigueur pendant près de cent ans. En 1766, dans un mémoire fort curieux, les officiers municipaux d'Abbeville suppliaient le roi de les en affranchir. La réputation de Sedan, fondée par Cadeau, se soutient encore de nos jours ; et ses produits sont toujours au premier rang. Quant à Abbeville, la fabrication des draps fins a été remplacée par celle de la ficelle.

Tandis que nous nous attachions ainsi à imiter, au quinzième siècle, les fautes que les Anglais avaient commises au quatorzième, ils marchaient avec rapidité et, retiraient à la Flandre son antique monopole de la fabrication des draps : possédant la matière première, ils cherchèrent à satisfaire aux besoins, qui jusque là s'étaient fournis dans les Pays-Bas. Ils profitaient aussi, vers la même époque, d'une des plus grandes fautes politiques que le fanatisme ait fait commettre. Déjà les persécutions du duc d'Albe avaient chassé de la Flandre ses principaux fabricants, ses plus habiles artistes, qui avaient trouvé un refuge en Angleterre; la révocation de l'édit de Nantes eut les mêmes résultats. L'Europe industrielle, la Saxe, la Prusse, les villes libres, toute l'Allemagne, mais surtout l'Angleterre, profitèrent de nos dépouilles ; nos rivaux possédaient déjà la connaissance des arts, nous y ajoutâmes des hommes habiles et des capitaux considérables. Libres dans l'exercice de leur industrie, les Anglais purent apporter dans leur fabrication toutes les découvertes de la science, toutes les améliorations introduites dans d'autres manufactures. Réveillés par la concurrence que leur faisaient les étoffes de coton, les fabricants d'étoffes de laine, après être restés longtemps regardés sous le poids de la protection de Charles II, s'emparèrent des machines découvertes par leurs rivaux, et les appliquèrent à leur genre de travail. En France, il ne put pas en être ainsi : nos industriels, étouffés dans les étroites limites du système des jurandes et maîtrises, et ne pouvant faire un pas sans froisser un privilége, restérent dans l'inaction, et furent laissés en arrière par les Anglais.

L'abolition de ce régime par Turgot et l'introduction en France (1785) des moutons mérinos furent le signal d'une ère nouvelle pour l'industrie des laines. Avant cette époque il existait déjà à Montbard quelques sujets de cette espèce; mais ils étaient peu nombreux, et le gouvernement espagnol ayant prohibé la sortie des bêtes à laine fine, nos éleveurs ne pouvaient s'en procurer pour améliorer leurs races. Ce fut alors qu'on imagina de faire écrire directement au roi d'Espagne par le roi Louis XVI pour réclamer de lui une permission qui eût été refusée à l'administration. Cette démarche eut un plein succès; un troupeau entier fut offert en don au roi de France; placé à Rambouillet, en 1786, il y fut entretenu avec soin et augmenté plus tard d'un second troupeau, nouveau don que la Convention avait exigé de l'Espagne par le congrès de Bâle. Les bergeries modèles de Rambouillet et de Perpignan, qui renfermèrent ces troupeaux, furent créées dans le but de propager l'espèce des mérinos. Ce premier succès encouragea dans ces derniers temps à faire une tentative pour naturaliser chez nous la race des chèvres kirghises, qui donnent le duvet précieux avec lequel on tisse nos magnifiqnes cachemires : cet essai, tenté par un homme honorable et un habile fabricant , Ternaux, ne fut pas heureux. Après avoir dépensé en pure perte des sommes considérables, on fut obligé de renoncer à cette entreprise. Infatigable, et toujours à l'œuvre, Ternaux fit beaucoup pour l'industrie de la laine : l'empereur disait de lui qu'on *le trouvait partout* ; ses fabriques étaient à Paris, Saint-Ouen, Reims, Sedan, Louviers, Ensival, etc. Ce fut lui qui établit le premier des lavoirs pour les laines fines; il monta aussi des filatures de laine cardée et de laine peignée. A un autre industriel, M. Darbo, on doit les premières machines destinées à la filature de la laine peignée.

Deux établissements contribuèrent puissamment à l'amélioration de nos espèces de laine, celui de Naz et celui de M. de Polignac. Dans les expositions de 1819 à 1834, ils exhibèrent des laines de beaucoup supérieures à celle d'Espagne, et au moins égales aux plus belles laines électorales de Saxe : les Ségovie ne servent plus que pour les draps de seconde qualité : les Saxe sont employées concurremment avec les laines de Naz et du Calvados. Malheureusement, l'exemple donné par ces habiles agriculteurs industriels n'a pas été généralement suivi; nos propriétaires de troupeaux sont tombés dans le même écueil que les éleveurs anglais ; ils ont recherché la grosseur des moutons et le poids des toisons, sans songer que pour obtenir un avantage de quantité il fallait sacrifier celui, bien plus important, de la qualité. Il est démontré aujourd'hui que pour obtenir de la laine fine il faut tenir les moutons dans un état constant de maigreur; du moment où on les engraisse, la laine perd de sa valeur. Il y a quinze ans le poids des toisons du Norfolkshire était, suivant Mac-Culloch, de 2 liv. 1|2 ; il est maintenant de 3 liv., et même de 3. liv. 1|2. En 1790 une balle de laine de Norfolkshire du poids de 420 liv. donnait 200 liv. de laine prime; en 1828 , seulement 14 liv.

Après avoir démesurément protégé l'industrie des éleveurs de bestiaux et des fabricants d'étoffes de laine par des prohibitions à la sortie et des lois somptuaires sur les morts, les Anglais en sont revenus à un système plus libéral et plus réellement protecteur de leurs manufactures : les règlements ridicules ont été rapportés ou sont tombés en désuétude. En même temps que l'Angleterre perfectionnait ses produits et diminuait ses tarifs , nos qualités et celles de l'Espagne baissaient ainsi que nos importations.

Dans leur traité sur la laine et les moutons , les habiles fondateurs de la *pile* de Naz signalaient à leurs confrères les propriétaires de mérinos et de métis comme la cause principale de la décadence de leur industrie le manque de soins et surtout l'absence des connaissances théoriques. « Au lieu de remonter à la source du mal, on s'est contenté , disent-ils , de demander au gouvernement une augmentation de droits sur les laines étrangères. Ces droits ont été *quadruplés*, et néanmoins une nouvelle baisse dans le prix des laines fines indigènes a mis le comble au découragement et justifié les craintes que nous avions manifestées sur l'efficacité du remède. Jusqu'à présent on a trop négligé l'étude de la laine. La plupart des éleveurs se sont bien plus occupés des formes et du corsage de leurs bêtes, du volume et du poids de la toison , que des qualités qui rendent la laine plus ou moins propre à la fabrication. Nous sommes loin de chercher contre les manufactures un motif d'accusation dans la préférence qu'elles accordent aujourd'hui à certaines laines étrangères sur celles qu'en général leur fournit la France, cette préférence provient d'une expérience éclairée par des expériences positives. Il faut décidément renoncer à cultiver sans calcul une même espèce de laine, qui par son abondance sur tous les marchés d'Europe éprouve chaque année une nouvelle dépréciation. C'est sur la supériorité des produits qu'il faut fonder les moyens d'écoulement, c'est seulement ainsi qu'on pourra soutenir la concurrence étrangère et ouvrir la porte aux exportations. » Les tarifs ne suffisent pas ; ils sont plus nuisibles qu'utiles , et encouragent à ne pas produire ou à produire mal ; la concurrence et l'étude peuvent seules enrichir les producteurs ; elles profiteront aux consommateurs de toutes les classes. Le droit de 33 p. 100 a été réduit à 22 : il est encore trop élevé. L'émulation sera la source du progrès.

Ad. BLAISE, membre du jury de l'exposition universelle.

Dans le courant des quarante dernières années , les diverses industries qui emploient la laine ont fait un progrès d'une façon vraiment remarquable. En 1837 la consommation de la France en fait de laines étrangères fut de 9,999,000 kilogrammes ; elle s'éleva à 13 et 14 millions durant les trois années suivantes ; elle atteignit ensuite les chiffres de 18, 20 et de 20 millions et demi , donnant ainsi pour terme moyen de la période décennale de 1837 à 1846 la quantité de 17,357,000 kilogrammes, estimés à une valeur totale de 38 millions de francs environ, et ayant acquitté près de 8 millions et demi de droits d'entrée. Dans le cours de la période décennale précédente, de 1827 à 1836, la moyenne annuelle de l'importation n'avait été que de 8,455,000 kilogrammes. Elle a donc plus que doublé d'une période à l'autre. Elle n'avait été que de 4,912,000 kilogrammes en 1820. En 1847 les emplois de notre industrie manufacturière ont fléchi, et n'ont pas dépassé 15,628, 000 kilogrammes. En 1848 la crise commerciale , suite de la crise politique', les a fait descendre à 9,429,982 kilogrammes. En 1851, 18,014,700 kilogrammes de laines étrangères, valant 34,700,000 francs, ont été livrés à la consommation industrielle; en 1852 nous trouvons 30,691,700 kilogrammes, représentant 64 millions 600 mille fr.; et en 1853 , 24,608,000 kilogrammes, d'une valeur de 48 millions.

C'est de la Belgique d'abord , ensuite de l'Espagne et de l'Allemagne, enfin de la Russie (avant la guerre actuelle), qu'arrive la presque totalité des laines étrangères consommées en France. Le Levant , les États Barbaresques, Rio de la Plata, en fournissent aussi, mais dans de bien moins grandes quantités. Ces importations n'entrent d'ailleurs que pour une assez faible partie dans la masse des laines que consomment les manufactures françaises; plus des neuf dixièmes de la matière première qu'elles mettent en œuvre en ce genre proviennent des troupeaux que nourrit le sol du pays. Le 5 mars 1852 , un décret réduisit de 22 fr. à 16 fr. 50 le droit sur l'entrée des laines brutes importées sous pavillon français des pays situés au delà des caps Horn et de Bonne-Espérance, dans le nord de l'Australie. Un autre décret, du 10 mai 1854, a encore modifié cette taxe, en changeant le droit sur la valeur en un droit sur le poids des laines des mêmes pays, et variant, suivant leur nature, de 25 à 55 cent. par kilog.

La laine provenant de la tonte se désigne sous le nom de *laine en toison*. Celle qui provient des animaux abattus à la boucherie ou morts à la suite de maladie se nomme *écouailles*, *pelures* ou *pélades*. La laine en toison est la plus estimée. On sépare aussi la *mère laine* de la *laine d'agneau*. Quelques-uns distinguent encore la *laine mère*, qui croît sur le cou et sur le dos de la bête, de la *laine seconde*, que l'on tond sur les côtés du corps et sur les cuisses, et de la *tierce laine*, qui croît sur la gorge, le ventre, les jambes et la queue.

La laine telle que la fournit le mouton est enduite d'une quantité plus ou moins considérable de matière grasse, nommée *suint* ou *surge* : on l'en débarrasse au moyen d'un lavage chimique, appelé *désuintage*. Jusque là la laine garde le nom de *laine en suint*. Si elle a été savonnée à froid sur l'animal avant la tonte, on la dit *lavée à dos*; si elle a été lavée à chaud après la tonte, elle a subi le *lavage marchand*. On comprend la généralité des laines en trois classes : les *laines communes*, les *laines mérinos* et les *laines métis*. Sous le rapport de leur préparation, on les distingue encore en *laines de peigne* et *laines de corde*. Dans tous les cas, on sépare les laines fines des laines communes et des laines intermédiaires.

L'Allemagne, la Silésie, la Hongrie, la Moravie, produisent seules aujourd'hui les laines très-fines qui en Angleterre, en Belgique, en Prusse, en France, sont employées à la fabrication des draps fins. Pour les étoffes ordinaires ou communes, chacun emploie à peu près la laine qu'il a sous la main. En France, les fabriques du nord et de l'ouest emploient pour la fabrication des draps demi-fins les laines de la Beauce, de la Brie et du Vexin, que l'on ne peut comparer aux laines de l'Allemagne, et dont la qualité décroît d'année en année; les fabriques du centre se servent des laines du Berry ou du Poitou mélangées avec quelques autres; celles du midi emploient les laines communes. Les laines d'Espagne, autrefois les premières du monde, sont aujourd'hui, sauf quelques-unes, et en bien petit nombre, trop dures et trop communes pour être employées à la fabrication du drap de quelque prix.

La laine est la matière première d'une foule d'industries. Elle sert à la fabrication des draps, des mérinos, des flanelles, des châles, des tartans, des damas, des couvertures, des tapis, etc.; on en fait aussi des matelas.

LAINÉ (Joseph-Henri-Joachim, vicomte), pair de France, membre de l'Académie Française et ministre sous la Restauration, naquit à Bordeaux, le 11 novembre 1767. Avocat à l'âge de vingt-deux ans, il embrassa les principes de la révolution, et se vit appelé à la place d'administrateur du district de La Réole. A la fin de 1795, il fut élu membre de l'administration départementale; mais au bout de trois mois il donnait sa démission, et reprenait ses travaux du barreau. En 1808, nommé candidat au corps législatif, il fut admis à y siéger par le choix du sénat. Napoléon ayant présenté à l'approbation législative une disposition du nouveau Code où le principe de la confiscation était consacré, Lainé demanda la formation du comité secret pour combattre cette mesure; sa proposition fut écartée, mais l'auteur reçut immédiatement l'étoile de la Légion d'Honneur. A la fin de 1813, l'invasion du territoire français nécessitait de nouveaux sacrifices de la part de la France. Napoléon demanda au corps législatif que le vœu de la nation était pour la paix. Une commission spéciale fut chargée d'exposer à l'empereur que le vœu de la nation était pour la paix. Ce fut Lainé qui rédigea le rapport de cette commission. Dans ce rapport on demande que l'empereur proclame hautement qu'il ne veut pas conserver un territoire trop étendu ou une prépondérance contraire à l'indépendance des nations; on y déclare que les moyens de repousser l'ennemi auront des effets assurés si les Français sont convaincus que leur sang ne sera versé que pour la défense de la patrie et des lois protectrices. Mais, disait-on encore dans cette pièce, ces mots consolateurs de paix et de patrie retentiraient en vain si l'on ne garantissait les institutions qui promettent les bienfaits de l'une et de l'autre. Cette opposition inaccoutumée jeta le chef de l'État dans une grande colère. A la réception du 1er janvier, il dit aux députés qu'ils ne sont pas les représentants du peuple, qu'il l'est plus qu'eux, que la France a plus besoin de lui qu'il n'a besoin d'elle, etc. Quant à Lainé, il le traita de méchant homme et de factieux vendu au gouvernement anglais. La session était close ainsi au moment où elle s'ouvrait, Lainé se retira à Bordeaux.

A son entrée dans cette ville, le duc d'Angoulême nomma Lainé aux fonctions de préfet provisoire de la Gironde. Le corps législatif ayant été rappelé par Louis XVIII, lors de son avènement, sous le nom de chambre des députés, Lainé en fut nommé président par le roi. Dans cette session, il quitta le fauteuil pour venir à la tribune défendre le maintien de l'aliénation des biens nationaux. A la nouvelle du débarquement de Napoléon, les chambres se réunirent. Dans la séance du 16 mars, Lainé s'écria : « Que tous les partis oublient aujourd'hui leurs ressentiments pour ne se souvenir que de leur qualité de Français! Nous réglerons nos différends après; mais aujourd'hui réunissons nos efforts contre l'ennemi commun. » Son départ pour Bordeaux ne précéda que de quelques heures l'entrée de Napoléon à Paris. Le 28 mars il publia au nom de la chambre des députés une protestation énergique contre sa dissolution; le 2 avril il s'embarqua en même temps que la duchesse d'Angoulême, et se retira en Hollande. De retour à Paris le 10 juillet, il reprit la présidence de la chambre des députés, et il fut encore appelé au fauteuil par ses collègues et par le roi à la suite des élections qui eurent lieu en août 1815. Dans cette chambre introuvable, Lainé eut à lutter contre les ultra-royalistes. Il défendit le principe du renouvellement de la chambre par cinquième à chaque session, et demanda l'élection à un seul degré avec le cens de 300 fr. L'Académie Française ayant été arbitrairement réorganisée par une ordonnance du 21 mars 1816, il fut appelé à y prendre place le 17 mai suivant. Le 7 du même mois Louis XVIII lui avait confié le ministère de l'intérieur. Il y avait alors à lutter contre une détresse sans exemple, aggravée par l'occupation étrangère. De sages mesures assurèrent tant bien que mal l'approvisionnement de Paris et même de la France. Le 5 septembre il contresigna enfin l'ordonnance qui prononça la dissolution de cette chambre de 1815, plus royaliste que le roi.

Dans la discussion du budget de 1817, Lainé défendit la subvention accordée aux Espagnols réfugiés sous le nom d'*afrancesados*, et compara les rois à des pères de famille qui, en fermant leur porte à leurs enfants égarés, ne sont pas fâchés des ordres qu'ils reçoivent. Une loi électorale basée sur les principes qu'il soutenait fut adoptée le 5 février 1817; mais si elle détruisait les espérances du vieux parti de l'ancien régime, ses effets allèrent plus loin que Lainé ne l'avait prévu. A chaque renouvellement l'opposition libérale grossissait, et le 29 décembre 1818 il dut céder le ministère à M. Decazes. Après avoir quitté le pouvoir, il n'hésita pas à soutenir à la chambre la proposition Barthélemy, adoptée déjà par la chambre des pairs, pour modifier la loi électorale, dont il était pourtant l'auteur. Dans la séance du 6 décembre 1819, il eut le triste avantage de réussir à faire annuler l'élection de l'abbé Grégoire, comme *indigne*. Il en fut récompensé par le cordon bleu, que lui fit accorder le duc de Richelieu, redevenu président du conseil. En même temps il était appelé à la présidence du conseil de l'instruction publique. Réélu député par la Gironde, le novembre 1820, il fut, le 21 décembre, nommé ministre sans portefeuille. Il se démit alors de ses fonctions universitaires, et se trouva pendant toute la session de 1821 l'objet des attaques de l'extrême gauche. Le 14 décembre 1821 un nouveau ministère fut formé. Quand l'intervention en Espagne fut décidée, Lainé se prononça pour une sage neutralité, et au moment de l'expulsion de Manuel il fit de vains efforts pour faire prévaloir les conseils de la modération. Le 23 décembre 1823 le roi l'éleva à la dignité de pair de France, avec le titre de vicomte. A cette nouvelle tribune, il s'éleva contre le droit d'aubaine qu'on voulait accorder aux communautés de femmes; il plaida le premier dans les chambres françaises, avec une éloquence entraînante, la cause des Grecs, et à l'occasion d'une pétition de Montlosier réclama l'application des lois contre les jésuites. Le système politique suivi par le successeur de Louis XVIII devait peu rassurer Lainé sur le maintien de ce trône légitime qu'il avait si vivement contribué à restaurer.

Après la révolution de Juillet, il prêta le serment qui le maintenait sur son siége de pair; mais il ne parut que rarement à cette chambre énervée par la nouvelle Charte. Son adieu fut un cri prophétique : c'est lui qui proféra ce mot, consacré par l'histoire : *Les rois s'en vont!* Une maladie de poitrine, longue et douloureuse, l'enleva, le 17 décembre 1835. Il ne s'était jamais marié. Dupaty, qui le remplaça à l'Académie Française, le loua dignement. A la chambre des pairs, son éloge fut prononcé par le baron Mounier. Louis XVIII l'avait peint en disant : « Je n'oserais jamais demander une injustice à mon ministre, tant je sais qu'il a l'âme d'un Spartiate. »
L. LOUVET.

LAINE DE MOSCOVIE. *Voyez* CASTOR.

LAINE PLOC. *Voyez* DUVET.

LAINEZ (JACQUES), deuxième général des Jésuites, naquit en 1512, à Almançario, bourg du diocèse de Siguença, en Castille. Il prit la plus grande part à l'établissement de la Société de Jésus, et succéda à Ignace de Loyola, en 1558. Il assista au concile de Trente, et s'y distingua par son savoir et son zèle pour les prétentions ultramontaines. Puis il vint en France, à la suite du cardinal de Ferrare, légat de Pie IV, et parut au colloque de Poissy. De retour à Rome, il refusa la pourpre, et mourut en 1565. On a de lui quelques ouvrages de théologie et de morale, et plusieurs écrivains lui ont attribué les fameuses Constitutions des Jésuites.

LAING (ALEXANDRE-GORDON), voyageur anglais, né en 1794, à Édimbourg, où son père était maître de pension, entra dans l'armée dès l'âge de seize ans. En 1820 il se trouvait à Sierra-Leone, comme lieutenant faisant fonctions d'aide de camp auprès du gouverneur, sir Charles Maccarthy. Le gouvernement anglais s'efforçait déjà de nouer des relations commerciales plus suivies avec les chefs africains, dans l'espoir de parvenir ainsi à l'abolition de la traite. Dès 1818 sir Charles Maccarthy avait reçu l'ordre de faire des représentations en ce sens aux marchands de Sainte-Marie sur la Gambie. Pour connaître plus exactement la contrée située entre La Rockelle, fleuve à l'embouchure duquel est située la colonie, et la Gambie, et aussi pour s'assurer des dispositions réelles des rois nègres de la contrée à l'égard de la Grande-Bretagne, il ne crut pouvoir faire mieux que d'envoyer sur les lieux Laing, jeune homme d'une grande habileté et d'un esprit entreprenant. Dans ce voyage, auquel on doit les premiers renseignements un peu exacts que l'on ait eus sur la contrée qui environne Tembouctou et sur celle où le Djoliba (le Niger) prend sa source, Laing établit avec le roi des Foulahs, de Foutta-Yallou à Tembouctou, capitale de ce pays, des relations qui plus tard ne firent que se resserrer davantage. Mais il lui fut impossible de continuer son entreprise, parce que la guerre des Ashantis, dans laquelle Maccarthy périt en 1824, le rappela à Sierra-Leone. Après la mort du gouverneur, Laing fut envoyé en Angleterre, pour y rendre compte de l'état des choses, et, à sa grande joie, le gouvernement l'appela alors à entreprendre un voyage de découvertes à la recherche de la source du Niger. Promu au grade de major, il partit en 1825 pour Tripoli, d'où il se proposait de pénétrer dans l'intérieur de l'Afrique par le désert. Le 16 juillet 1826 il quitta Tripoli, avec une caravane qui se rendait à Tembouctou, où il arriva le 18 août suivant. Dans une excursion qu'il entreprit avec une autre caravane, de Tembouctou à Sansanding sur le Djoliba, il tomba entre les mains d'un chéik arabe fanatique, qui voulut le contraindre à embrasser l'islamisme, et qui, sur son refus, le fit étrangler.

LAÏQUE. Ce mot, tantôt adjectif, tantôt substantif, s'écrit aussi *laïc* au masculin. Il vient du grec λαός, peuple, et sert à établir la distinction du clergé d'avec ce dernier. Les protestants prétendent que cette distinction ne date que du troisième siècle après l'établissement de l'Église, et qu'elle n'est qu'un empiétement ambitieux de son clergé dès cette époque. D'autre part, les anglicans et les catholiques conviennent, d'accord cette fois entre eux, que c'est Jésus-Christ lui-même qui distingua les pasteurs du troupeau. La distinction entre ces deux classes, réunies toutefois au giron de l'Église, n'existe-t-elle pas par le fait, et hors de toute dispute théologique, puisque, par la constitution de l'Église primitive et catholique, les devoirs, les mœurs, les obligations, la vie et les vêtements ne sont et ne doivent pas être les mêmes pour les clercs que pour le reste des fidèles?
DENNE-BARON.

LAIRESSE (GÉRARD DE), peintre d'histoire et graveur, né en 1640, à Liége, devint promptement un habile peintre de portraits, gagnant facilement beaucoup d'argent, mais le dépensant de même; car sa conduite était des plus désordonnées. En 1690 il perdit la vue, et mourut à Amsterdam, en 1711. C'est pendant sa cécité qu'il dicta ses *Groot Schilderboek* (2 vol., Amsterdam, 1707), ouvrage justement estimé, qui a été traduit en français et en anglais. Lairesse s'éleva en quelque sorte au-dessus du niveau des maniéristes d'alors, et pour ce qui est de l'énergie et du faire, il rappelle les meilleurs peintres de son temps, notamment, sous le rapport de la froide pureté, Nicolas Poussin, son modèle. Toutefois, il est inférieur au Poussin en ce qui est de la dignité et de la grandeur; il travaillait avec trop de précipitation, comme le prouve un *Apollon entouré des neuf Muses*, qu'il acheva, dit-on, en une seule journée. Une de ses meilleures toiles est son *Antiochus et Stratonice*. Ses planches gravées, dont quelques-unes sont fort estimées, furent publiées par Nic. Vissher. Beaucoup d'autres artistes ont gravé d'après lui.

Les deux frères de Gérard de Lairesse, *Ernest* et *Jacques*, ont aussi laissé un nom célèbre dans les arts, l'un comme peintre d'animaux, et l'autre comme peintre de fleurs.

LAÏS. Ce nom, devenu depuis longtemps synonyme de courtisane, a eu un grand retentissement dans la Grèce ancienne. Y a-t-il eu plusieurs belles prostituées de ce nom, ou n'y en a-t-il eu qu'une? Grave problème, très-difficile à résoudre, malgré les efforts de Plutarque, de Pausanias, d'Athénée, de Cicéron lui-même et de presque tous les auteurs de l'antiquité. C'est même la quantité de versions différentes nous devons cette incertitude et cette confusion des événements, qu'on ne peut au premier aspect logiquement expliquer si l'on n'admet pas l'existence d'au moins trois courtisanes, toutes du même nom, qui auraient été presque contemporaines et se seraient succédé à peu d'années d'intervalle. Nous préférons pourtant à ce système celui qui n'admet qu'une seule prêtresse de Vénus du nom de Laïs, qui aurait fixé sa résidence à Corinthe. Elle serait née à Hyccara, en Sicile, dans la 4° année de la 89° olympiade, vers l'an 420 avant J.-C. Elle avait sept ans quand Nicias ravageait sa patrie, à la tête des guerriers hellènes; Hyccara fut prise et saccagée, et la jeune fille emmenée en esclavage dans cette Corinthe si voluptueuse, si adonnée aux plaisirs sensuels, patrie que l'exil lui offrait comme pour développer son tempérament de feu, et qu'elle était destinée à remplir de son nom. Les auteurs qui ont parlé d'elle n'a précisé l'âge où elle se dépouilla volontairement de sa pudeur. Quoi qu'il en soit, le bruit de ses charmes ne tarda pas à attirer dans cette ville une multitude de princes, de grands, d'orateurs, de philosophes qui aspiraient à ses faveurs : le nombre de ces derniers fut si grand qu'elle disait : « Je ne sais ce qu'on entend par l'austérité des philosophes; mais avec ce beau nom, ils ne sont pas moins souvent à ma porte que les autres. » Du reste, la belle courtisane ne trouvait pas moins de gloire à les attacher tous à son char; mais elle mettait à ses faveurs un prix si élevé, qu'elle fit naître le proverbe : *Ne va pas à Corinthe qui veut.* Quelquefois capricieuse, comme toutes les prostituées, elle se livrait sans salaire; Diogène le Cynique, le dégoûtant Diogène, fut, dit-on, au nombre des heureux qu'elle fit gratuitement. Un fait prouve encore que la cupidité ne la dominait pas toujours : elle refusait quelquefois des adorateurs, quelle que fût leur fortune, sans doute parce qu'ils lui déplaisaient. Ainsi, un jour le sculpteur Mycon s'étant présenté chez elle, fut éconduit. Attribuant sa déconvenue à ses cheveux blancs, il les teignit en brun, et se présenta de nouveau le lendemain : « Vous êtes fou, lui dit la courtisane, de venir me demander aujourd'hui une chose que j'ai refusée hier à votre père. »

Tout en se moquant des philosophes, Laïs ne vit pas sans être blessée dans sa vanité de femme le philosophe Xénocrate résister au pouvoir de ses attraits : son honneur de courtisane lui parut intéressé à vaincre cette résistance inattendue. Un soir, feignant d'être poursuivie, elle entra chez le philosophe, qui était déjà couché, et se plaça dans son lit, à ses côtés; mais cette libidineuse tentative, à laquelle une gageure avait donné lieu, fut sans résultat. « J'avais parié d'émouvoir un homme, mais non pas une statue, » dit-elle. Laïs, après avoir régné en souveraine sur tous les cœurs et avoir donné le ton à son siècle, comme Aspasie à celui d'Alcibiade, abandonna Corinthe pour suivre en Thessalie un jeune homme dont elle s'était éprise. Là, elle fut assassinée, l'an 380 avant J.-C., dans un temple de Vénus, par des femmes jalouses de sa beauté. Un monument expiatoire fut érigé en mémoire de ce crime; et les Corinthiens, qu'aurait enrichis l'affluence d'étrangers qu'elle attirait dans leur ville, élevèrent un magnifique mausolée en son honneur. Elle mourut jeune; le mot que l'on attribue à Démosthène, effrayé du haut prix qu'elle mettait à ses faveurs (près de 4,000 francs de notre monnaie), et qui se serait retiré en s'écriant : « Je n'achète pas si cher un repentir, » ne s'applique donc pas à elle ; car Démosthène n'aurait pu venir à Corinthe que soixante ans au moins après les beaux jours de Laïs.

LAÏS, chanteur célèbre. *Voyez* LAYS.

LAIS et **RELAIS.** On entend par *lais* les alluvions que forment la mer, les fleuves et les rivières aux propriétés riveraines, et par *relais* les terrains que la mer, les fleuves et les rivières abandonnent insensiblement, en se retirant d'une rive et en se portant sur l'autre. Sous l'ancienne législation, le droit commun de la France adjugeait les *lais* et *relais* des rivières non navigables ni flottables aux seigneurs haut-justiciers; ceux des rivières navigables et flottables appartenaient à l'État. Aujourd'hui les lais et relais des rivières de toutes espèces appartiennent aux propriétaires riverains. Les lais et relais de la mer ont toujours fait partie du domaine public. Le gouvernement peut concéder les lais et relais de la mer aux conditions qu'il juge convenables.

LAISSE DE MER. *Voyez* BASSIN (*Hydrographie*).

LAISSEZ-FAIRE, LAISSEZ-PASSER (*Économie politique*). *Voyez* CONCURRENCE (Libre).

LAISSEZ-PASSER (*Contributions indirectes*). *Voyez* BOISSONS (Impôts sur les).

LAIT, matière animale, liquide, blanche, opaque, douce, sécrétée par les glandes mammaires de la femme et des femelles des mammifères. Ce fluide vivant, approprié aux forces digestives des animaux nouvellement nés, suffit à leur nourriture pendant les premiers temps de leur existence.

D'un poids spécifique supérieur à celui de l'eau, le lait varie dans ses qualités selon les proportions diverses de ses éléments constituants; et ces proportions varient selon les espèces, selon les individus, et chez le même sujet selon l'époque plus ou moins éloignée de la parturition, selon la nature des aliments, de l'air, et, en un mot, de tous les agents hygiéniques, y compris les affections morales, gaies ou tristes, douces ou violentes. L'eau, le caséum, le sucre de lait, le beurre, une matière animale et différents sels sont les constituants chimiques qui se retrouvent dans le lait de toutes les espèces. Recueilli dans un vase et abandonné à lui-même à la température ordinaire, le lait se décompose en trois parties : une qui vient à la surface et se forme la première, c'est la crème; une seconde, le caséum ; enfin, le petit-lait.

La nature, en établissant un rapport nécessaire entre l'action des organes de la génération et celle des glandes mammaires, a manifesté sa merveilleuse prévoyance pour les animaux nouveau-nés : elle a donné à ces êtres si faibles l'instinct de saisir le mamelon et d'extraire par la succion et la pression combinées le suc qui les fait vivre. L'homme a de beaucoup étendu les usages du lait; il s'est appliqué à en augmenter la sécrétion chez quelques animaux domestiques par des soins et par un régime alimentaire approprié; et grâce à son industrie le lait, sous diverses formes, est devenu un objet de première nécessité pour tous les âges, comme boisson alimentaire, comme aliment et comme médicament. Les espèces de lait qui nous intéressent sous ces différents points de vue sont : le *lait de vache,* de *chèvre,* de *brebis,* d'*ânesse* et de *jument.*

Beaucoup plus abondant et plus recherché que celui des autres animaux, le lait de vache est surtout alimentaire; pris seul ou combiné à une foule de mets, il occupe une large place dans nos préparations culinaires; il jouit des propriétés que nous avons reconnues au lait en général. Il échappe d'ailleurs à toute analyse rigoureuse, à cause des variations nécessaires dans les proportions de ses éléments. Ainsi, de ce que Bondt a extrait de 100 parties de lait de vache 4,6 de crème; de ce que Berzélius a constaté dans 1,000 parties de lait écrémé : 928,07 d'eau, 26 de matières caséeuses, 35 de sucre de lait, 1,7 de chlorure de potassium, 0,25 de phosphate de potasse, 6 d'acide lactique et de lactate de potasse et de soude, 2,3 de phosphate de chaux, de magnésie et d'oxyde de fer, nous ne pourrons conclure que le lait est la composition exacte de tout lait de vache; car les proportions varient d'une race à une autre, d'un individu à un autre, et chez le même individu, selon les conditions générales que nous avons signalées. L'herbe des prairies hautes donne aux vaches un lait plus crémeux et plus sucré que l'herbe des marais; les fanes de maïs ou de riz diminuent la partie caséeuse et augmentent le principe sucré. Les mauvais traitements, les agitations de toutes espèces, nuisent à la quantité et à la qualité du lait. En outre, ce fluide vivant se charge de quelques parties propres aux végétaux consommés : ainsi, l'ail lui donne son odeur, la fane de pomme de terre sa saveur ; la gratiole le rend purgatif, l'absinthe amer, la tithymale âcre, etc. La crème est 16 fois environ moins abondante dans le lait qui sort le premier que dans celui qui sort le dernier à une même traite, et encore la première crème contient-elle moins de beurre que la seconde. Le lait trait le matin est plus crémeux que celui du soir, etc.

Le caséum et le beurre donnent au lait ses propriétés réparatrices; le sucre et l'acide contenus dans le petit-lait le rendent en même temps adoucissant et rafraîchissant. Le lait convient aux femmes, aux enfants et aux sujets nerveux ; il est la base du régime pour les convalescents dans les maladies inflammatoires; il aide puissamment dans les traitements des affections chroniques. Le petit-lait, séparé des autres parties qui constituent ce fluide, est employé comme médicament : c'est une tisane rafraîchissante. La séparation du petit-lait, du caséum et de la crème se fait naturellement, mais elle n'est jamais bien complète : aussi fait-on subir au lait une manipulation pour en extraire le petit-lait : le procédé est fondé sur le principe bien connu de l'action coagule le lait sur, et s'associant à la matière caséeuse. Pour préparer artificiellement le petit-lait, prenez : lait écrémé, un litre; faites chauffer; au moment de l'ébullition, jetez-y une cuillerée de vinaigre; passez à travers un tamis de crin serré; pour clarifier, ajoutez un blanc d'œuf délayé dans quatre à cinq fois son poids d'eau; faites bouillir, et jetez sur un filtre de papier gris.

Plus riche en beurre que celui de vache, le lait de chèvre renferme de plus de l'acide hircique : 100 parties donnent 7,5 de crème, renfermant 4,56 de beurre; 9,12 de matières caséeuses et 4,38 de sucre de lait. Le lait de chèvre peut être employé comme celui de vache, à tous les usages domestiques : il sert à faire d'excellents fromages (*fromages du Mont-Dore, cabrillaux du Cantal*, etc.); et le premier de tous est sans contredit le *fromage de Roquefort*. On en peut faire du beurre dans les pays où les vaches manquent.

Plus consistant que le lait d'ânesse, le lait de jument l'est moins que le lait de vache; il contient très-peu de crème, 1,62 de matière caséeuse, 8,75 de sucre de lait. Les Tatars le font fermenter, et en retirent une liqueur spiritueuse, qu'ils aiment beaucoup ; et même ils se servent de ce lait, comme nous de celui de vache, pour faire le beurre et le fromage.

Doux et très-rapproché par sa composition et sa qualité du lait de femme, le lait d'ânesse contient beaucoup de sucre de lait, assez de crème, mais une assez grande proportion de matière caséeuse. Il est employé avec succès dans le traitement des maladies chroniques, à la fin des affections de poitrine.

Le lait de femme varie dans sa composition selon les conditions que nous avons déjà signalées pour les autres mammifères. 50 parties, analysées par M. Payen, ont donné 43 d'eau, 2,58 de matière grasse, 0,09 de caséum, 3,81 de sucre de lait.

En résumant les faits qui précèdent, nous pouvons constater que les six espèces de lait dont nous avons donné la composition offrent deux classes bien distinctes : le lait des ruminants, plus riche en matières caséeuse et butyreuse; le lait de jument, d'ânesse, et celui de la femme, plus abondant en petit-lait et en sucre essentiel.

On appelle *lait de beurre* la partie de la crème qui tient en suspension le beurre; il se compose de tous les éléments du lait moins la partie butyreuse; *jeune lait*, le lait d'une femelle qui a mis bas depuis peu de temps; *vieux lait* a une signification opposée. On nomme *vache à lait* une chose ou une personne dont on tire grand profit. Les *dents de lait* sont celles de la première dentition. On appelle *veau de lait*, *cochon de lait*, de jeunes animaux qui n'ont pris d'autre aliment que le lait.

Lait, dans un sens figuré, désigne les sucs propres des plantes qui sont liquides et blancs, tels que ceux de la *laitue*, du *figuier*, du *pavot*, des *chicoracées*, etc. Ces sucs, qui sont pour la plupart des matières résineuses, n'ont de commun avec le lait que la couleur blanche. Ils n'ont point la propriété qu'on leur supposait autrefois d'augmenter la sécrétion du lait. P. GAUBERT.

LAIT (Sucre de), ou LACTINE. *Voyez* SUCRE DE LAIT.
LAIT D'AMANDES. *Voyez* AMANDE.
LAIT DE CHAUX. *Voyez* CHAUX (Eau de).
LAIT DE LUNE. *Voyez* FARINE FOSSILE.
LAIT DE POULE. *Voyez* ÉMULSIF, ÉMULSION.
LAITE au LAITANCE (du latin *lactes*), substance blanche et molle, assez analogue à du lait caillé, et qui forme le sperme ou semence des poissons mâles.

LAITERIE, lieu destiné à recevoir le lait et la crème, à faire le beurre et le fromage : c'est, dans une exploitation rurale bien entendue, la pièce dont la construction et l'entretien méritent le plus d'intérêt et les soins les plus minutieux. Elle doit se trouver le plus près possible du corps de logis, afin que la fermière y puisse exercer une surveillance continuelle et facile. La fraîcheur et la propreté étant des conditions indispensables aux différentes préparations du lait, elle sera exposée au nord, de quelques pieds au-dessous du niveau du sol, protégée contre les variations atmosphériques par une toiture et des murs épais, percée d'ouvertures qui permettent une ventilation prompte et facile, et d'autant plus parfaite qu'elle se rapprochera plus de la température des bonnes caves (8 à 10°); l'élévation du plafond sera de 1^m, 60 à 2 mètres, l'aire dallée et tenue

propre par des lavages fréquents. Tous ces soins sont de première nécessité ; car le lait exposé à une température naturelle élevée se décompose trop vite et incomplètement ; la crème n'a pas le temps de monter à la surface et est perdue en partie. Le froid, par une action contraire, empêche sa décomposition. Les émanations putrides, les odeurs végétales ou animales, les gaz acides, etc., altèrent sa qualité. Un dallage bien joint et porté sur maçonnerie recevra les vases qui contiennent le lait. Les dimensions de la laiterie et du dallage en banquettes seront proportionnées à la quantité de lait. Tous les vases destinés à recevoir et à conserver le lait seront tenus avec la plus grande propreté; aucun d'eux ne sera en plomb ou en cuivre, ces matières pouvant se combiner avec le lait et lui donner des propriétés vénéneuses. La forme des vases où la crème se sépare est d'une grande importance; les terrines paraissent le plus convenables; leur fond étroit, leur ouverture évasée, facilitent cette séparation. La personne chargée de traire doit laver avec soin le pis des vaches, les traiter avec douceur ; car les brusqueries et les coups la rendent craintives ou méchantes ; elles retiennent même en partie leur lait dans ce cas.
P. GAUBERT.

LAITON, alliage de cuivre rouge et de zinc, dans les proportions de 40 à 60 parties de cuivre sur 100. Il est de couleur jaune et a un grain fin. Si le zinc entre dans ce composé en trop grande quantité, l'alliage n'est plus qu'imparfaitement ductile; alors on l'appelle *fonte de cuivre*. On fait en laiton une quantité innombrable d'ouvrages. On le tire à la filière. Il se convertit en fils de cuivre jaune plus ou moins déliés, dont on fait des grillages, des cordes métalliques pour certains instruments de musique. On en fait au laminoir des feuilles assez minces. Cet alliage se tourne bien. On le dore et on l'argente aussi très-facilement, et il forme la base de tous les objets en bronze doré, comme pendules, candélabres, etc. Les bijoutiers en faux exécutent en laiton toutes sortes d'ornements, qui dorés avec soin imitent l'or à s'y tromper.

LAITUE (en latin *lactuca*, de *lac*, lait), par allusion au suc blanc dont la plante est imprégnée), genre de plantes de la famille des composées, et de la grande tribu des chicoracées, ayant pour caractères : Involucre oblong, à squammes imbriquées ; réceptacle nu; aigrette stipitée, tombante, à poils de consistance molle.

La *laitue cultivée* (*lactuca sativa*, L.) se reconnaît à ses feuilles arrondies, caulinaires, cordiformes, et à ses rameaux en corymbe. Annuelle, elle fleurit en juillet, août et septembre. Étant cultivée dans des pays et des climats très-différents, elle offre un grand nombre de variétés, à feuilles plus ou moins arrondies et en têtes plus ou moins allongées, qui se recouvrent les unes les autres, et forment une tête ou ronde ou ovale (*laitue pommée*). Une de ces variétés doit peut-être constituer une espèce distincte ; c'est la *laitue romaine*, dont les feuilles sont toujours plus allongées et les caulinaires aiguës. Toutes les variétés de la laitue cultivée sont alimentaires, mais douceâtres, un peu fades, et en général de difficile digestion. On les mange en salade ou cuites et diversement assaisonnées.

La laitue est employée avec succès en médecine. On prépare une eau distillée, que l'on distille une seconde et même une troisième fois, sur une nouvelle quantité de laitue, nommée *eau de laitue cohobée* ou *recohobée*. Elle est fréquemment usitée comme calmant et narcotique. On prépare aussi un extrait qui a reçu le nom de *thridace*.

On cultive encore une autre espèce de laitue, qui est aussi alimentaire : c'est la *laitue laciniée* (*lactuca laciniata*, Roth.), dont les feuilles sont obtuses et glabres, les inférieures pinnatifides, laciniées, et les supérieures roncinées. Elle est particulièrement cultivée dans le Maine, la Touraine, etc. Elle est moins fade et plus douce que la laitue ordinaire. On la désigne encore sous les noms de *laitue crépue* ou *frisée*.

Enfin, il y a une troisième espèce de laitue, employée aussi en médecine, qui mérite d'être mentionnée ; c'est la *laitue vireuse* (*lactuca virosa*, Linn.), qui croît en Europe, le long des haies, des murs et au bord des champs. Elle se distingue par sa tige glabre et ses feuilles horizontales, oblongues, denticulées, dont la nervure médiane est garnie de quelques poils aculéiformes. De tout temps cette troisième espèce de laitue a été regardée comme vénéneuse, et son suc lactescent est la partie la plus active de la plante. On prépare avec le suc un extrait qui est prescrit comme antispasmodique. CLARION.

LAITUE (Eau de). *Voyez* EAU DE LAITUE et LAITUE.

LAIT VIRGINAL. *Voyez* BENJOIN.

LAIUS, arrière-petit-fils de Cadmus, fondateur de Thèbes, eut pour père Labdacus, roi de cette ville, alors naissante, capitale de la Béotie. Sa mère, l'héroïne Nyctis (la Ténébreuse), sembla par son nom lui présager les orages de sa destinée. Labdacus, mourant, avait mis Laïus, son fils, encore au berceau, sous la tutèle de Lycus, son frère. L'oncle monta sur le trône sous le spécieux prétexte de le protéger contre les usurpateurs et de le rendre dans tout son éclat à son neveu ; mais il le garda. A sa mort, les Thébains y replacèrent d'une commune voix le jeune Laïus, qu'ils aimaient, et qui mérita d'eux, par sa bonté et sa justice, son nom *Laios* (le Populaire). Junon, qui poursuivait de sa haine le sang de Cadmus, toute pleine qu'elle était encore de son ressentiment contre Sémélé, fille de ce prince, frappa d'une série non interrompue de malheurs Laïus, Œdipe son fils, et les deux frères ennemis Étéocle et Polynice, enfants de ce dernier. C'est par l'influence de cette déesse que Laïus, père d'Œdipe, tomba expirant sous les coups de ce prince, et un de ses fils, aucun d'eux, dans l'ignorance de leur si proche consanguinité, s'étaient avec acharnement disputé le passage, vers 1302 avant J.-C. DENNE-BARON.

LAKANAL (JOSEPH), né le 14 juillet 1762, député à la Convention par l'Ariége, était avant la révolution de 1789 prêtre de la doctrine chrétienne et professeur. Il fut nommé vicaire général lors de l'établissement de la Constitution civile du clergé, et vota, dans le procès de Louis XVI, pour la mort, sans appel ni sursis. En 1793 il reçut la mission de faire enlever du château de Chantilly tout l'or, l'argent, le plomb et le fer qui s'y trouvait ; et en or et en argent seulement il entra dans le trésor 2,208 marcs. Il recueillit également les archives de la maison de Condé, s'occupa particulièrement d'instruction publique, fit à la tribune de fréquents rapports et de fréquentes propositions sur cet objet, présenta le projet des écoles primaires et centrales, concourut à la création de l'Institut et de l'École Normale, demanda la substitution de noms nouveaux à ceux des villes de France, et l'érection d'une colonne en l'honneur des citoyens morts dans la fameuse journée du 10 août 1792. En 1795 il fut appelé à faire partie du Conseil des Cinq Cents, puis envoyé par le Directoire en mission dans les départements nouvellement réunis à la France, avec le titre de commissaire extraordinaire. La révolution du 18 brumaire lui fit perdre cette position, et il accepta alors dans un lycée une modeste place de censeur, qu'il perdit en 1809. Membre de l'Institut (classe des Sciences morales et politiques) depuis l'origine, il fut rayé de la liste de cette société savante et forcé de quitter la France comme régicide. Il passa alors en Amérique, où il acheta des terres sur les bords de l'Ohio et fonda une pension de jeunes gens. Il revint en France en 1833 , réclama à l'Institut son siège, qui lui fut rendu lors du rétablissement de l'Académie des Sciences morales et politiques. Les biographies légitimistes ont été pour lui sans pitié ; elles le traitent d'homme grossier, de prêtre ignare et immoral. Elles lui reprochent d'avoir consenti à faire à la Convention le rapport sur les honneurs à rendre à Marat, dont six mois après elle faisait jeter les restes dans un égout. Lakanal est mort en février 1845.

LAKÉDIVES. *Voyez* MALDIVES.

LAKISTES. On désigne sous ce nom en Angleterre les écrivains d'une école littéraire qui, dans les premières années de ce siècle, révolutionnèrent complétement la poésie anglaise, en y substituant le culte de la nature et l'analyse du cœur humain au fade classicisme, sanctifié par l'exemple de Pope et d'Addison, qui dominait depuis le règne de la reine Anne. Ce nom vient de ce que les coryphées de la nouvelle école, Wordsworth et ses amis Coleridge et Southey, habitaient les rives des romantiques lacs du Westmoreland.

LAKNAU ou **LOUKNOW.** *Voyez* AUDH.

LALANDE (JOSEPH-JÉRÔME LEFRANÇAIS DE), l'un de nos astronomes les plus distingués, naquit à Bourg en Bresse, le 11 juillet 1732. Ses parents le placèrent chez les jésuites de Lyon pour y commencer ses études. Il obtint ensuite de son père la permission de se rendre à Paris pour y faire son droit. Le procureur chez lequel on le mit en pension habitait l'hôtel de Cluny, où l'astronome Delisle avait établi un observatoire. Messier y continuait alors les travaux de son prédécesseur. Demande lui fut faite par Lalande de l'assister et de coopérer à ses observations. Non-seulement Messier le lui accorda, mais il l'emmena encore avec lui au Collége de France, où le petit nombre d'auditeurs assistait à ses cours d'astronomie lui permit d'en faire tourner tout le profit à l'avantage de son jeune protégé. Lalande suivait aussi le cours de physique mathématique de Lemonnier, au Collége Royal, avec la même assiduité. Ces deux professeurs, jaloux l'un de l'autre, faisaient tout ce qu'ils pouvaient pour se l'attacher exclusivement. Lalande sut si bien les ménager, qu'il profitait également des soins de tous deux, en dépit de leurs jalouses prétentions. Cependant Lemonnier, plus en crédit que son rival, finit par l'emporter, en procurant à Lalande une mission astronomique en Prusse. Il s'agissait d'y faire les observations nécessaires pour déterminer la parallaxe de la Lune, ou, en d'autres termes, sa distance à la Terre, au moyen d'un grand quart de cercle d'une précision telle que l'observatoire de Berlin n'offrait rien qui pût y suppléer.

Lalande, arrivé à sa destination, passait les nuits à son observatoire, les matinées chez le religieux Euler, et les soirées avec les impies philosophes de la cour de Frédéric. Quoiqu'il n'y restât qu'une année, il ne lui en fallut pas davantage pour perdre ses principes de religion. L'enfant de parents chrétiens et l'élève des jésuites répondait, pour s'excuser, que les principes de ses premiers instituteurs et ceux des philosophes qu'il fréquentait n'étaient pas aussi opposés qu'on le croyait généralement. De retour à Bourg, il y plaida plusieurs causes en qualité d'avocat, et suivit, comme d'habitude, la vertueuse mère aux offices de sa paroisse. Il ne se montra décidément philosophe, à la manière des Voltaire, des Lamettrie, qu'après avoir rapporté à Paris le quart de cercle de son maître en astronomie. Ses observations lui valurent une place dans l'Académie, vacante depuis plusieurs années. Une fois émancipé par cette nomination, il ne montra pour l'autorité de ses anciens maîtres. Il se montra beaucoup plus ardent à disputer contre eux, et à les pousser quelquefois dans un aveugle entêtement, qu'à leur prouver sa reconnaissance. C'était l'amour effréné de la célébrité qui commençait à dominer impérieusement toutes ses autres dispositions. L'astronomie même ne se trouvait pas une science assez vaste pour être l'unique théâtre de sa gloire. On le vit encore, depuis son retour, étudier successivement la chimie, la botanique, l'anatomie, l'histoire naturelle. Il ne concevait pas qu'il pût ignorer quelque chose, comme il ne s'apercevait pas plus tard qu'il pût lui manquer aucune des vertus de l'humanité. Nous ne connaissons guère de lui qu'un aveu honorable d'infériorité. Maraldi abandonnant la rédaction de la *Connaissance des Temps* ; Lalande demanda, concurremment avec Pingré, à lui succéder. Celui-ci, chanoine régulier et simplement associé libre de l'Académie, semblait ne pouvoir, en cette dernière qualité, occuper une fonction présentant quelque avantage pécuniaire. Ce fut la raison qu'allégua Lalande pour l'emporter sur lui, et plus tard il eut la franchise d'imprimer que la rédaction eût été beaucoup plus correcte en sortant des mains de son concurrent.

Delisle, son premier maitre, lui ayant résigné sa place de professeur d'astronomie au Collége de France, il réussit cependant à donner à cette chaire un éclat tout nouveau. Il se fit le centre de toutes les entreprises, le buraliste de toutes les nouvelles astronomiques. Il se multiplia pendant quarante-six ans pour former des élèves et ériger des monuments à la science dont il se disait le missionnaire. Il fallait que tout ce qui l'environnait fût occupé d'astronomie. Il avait appelé un de ses neveux à partager ses travaux pour hériter ensuite de sa gloire aussi bien que de son nom. Il le maria, et assujettit également sa femme à calculer des tables astronomiques. C'est ainsi qu'il parvint à cette réputation colossale qui rendait son nom presque inséparable de celui de sa science favorite.

Pendant tout ce fracas étourdissant d'empressement, de succès et de vive splendeur, la vieillesse arriva pour Lalande sans lui amener cette philosophie pratique, ce fonds de réflexion et de sagesse indispensable aux vieillards pour se retirer à propos et avec résignation du milieu des vapeurs d'une illustration en partie passagère. Lalande eut le tort de vouloir rester jusqu'à la fin sur la scène, pour conquérir les regards du public. Il eut celui, encore plus grand, de vouloir tenir l'admiration, parfois assez gratuite, de ses contemporains constamment en haleine, et sa vieillesse n'offrit qu'un triste tableau de faiblesse et de ridicule. Non content de ses succès de démonstrateur au Collége de France, il voulut encore aller en obtenir publiquement chaque soir sur le Pont-Neuf : il fallait que son nom se retrouvât fréquemment dans les journaux. Il cherchait à se singulariser par des goûts bizarres, comme de trouver les araignées excellentes à manger. La mort arriva lentement, à pas comptés pour lui, sans pouvoir le détacher de ses frivoles préoccupations. Il cessa de vivre le 4 avril 1807. « Lalande, dit Delambre, n'a point renouvelé la science dans ses fondements, comme Copernic et Kepler; il ne s'est point immortalisé comme Bradley par deux découvertes brillantes; il n'a point été un théoricien aussi savant ou aussi précis que Mayer; il n'a point été au même degré que La Caille un observateur et un calculateur exact, adroit, scrupuleux et infatigable; il n'a point eu, comme Wargentin, la constance de s'attacher à un objet unique pour être seul dans un rang à part; mais s'il n'est à tous ces égards qu'un astronome du second ordre, il a été le premier de tous comme professeur. »   F. PASSOT.

LALLA-MAGRNIA, place de l'Algérie, dans le département d'Oran, sur la Tafna, près de la frontière du Maroc, entre Nédroma et Ouchda. Les Français y ayant établi un camp pour observer les mouvements d'Abd-el-Kader, réfugié dans le Maroc, l'empereur prétendit que c'était une violation de son territoire, et le 30 mai 1844 le général Lamoricière fut attaqué par plusieurs milliers de cavaliers marocains qui furent repoussés. Dès lors la guerre exista de fait avec le Maroc. Le maréchal Bugeaud se mit en campagne. La bataille d'Isly, le bombardement de Tanger et de Mogador par le prince de Joinville, forcèrent l'empereur à la paix. L'année suivante une convention pour la délimitation des deux pays fut signée à Lalla-Magrnia.   L. LOUVET.

LALLATION ou LAMBDACISME, vice de la parole, consistant en ce qu'on double les *l* sans nécessité, ou en ce qu'au lieu de la lettre *r* on prononce *l*, comme *Malie* au lieu de *Marie*. Ce défaut de prononciation, qui ne laisse pas d'être assez commun, provient soit de l'absence ou de l'écartement anormal de plusieurs incisives, soit d'une difficulté dans les mouvements de la langue. Dans le premier cas, quand on a affaire à un enfant, cette gêne de la parole disparaît une fois la seconde dentition opérée. Elle ne se passe chez les adultes qu'en remédiant à cette condition matérielle ou bien en plaçant des incisives artificielles. Dans le second cas, lorsque la difficulté des mouvements de la langue n'est pas due à un excès de longueur du filet, l'habitude seule peut rendre à la parole son rhythme naturel.

LALLEMAND (CHARLES-DOMINIQUE, baron), né à Metz, en 1774, entra très-jeune au service, devint aide de camp de Junot, et fut élevé en 1811 au grade de général de brigade. En 1814 il fut maintenu dans son grade, et il commandait le département de l'Aisne lorsqu'il tenta, de concert avec son frère, le général Henri Lallemand, un mouvement contre les Bourbons. Trop de précipitation le fit échouer, et les deux frères Lallemand allaient être traduits devant une commission militaire et fusillés, quand une coïncidence inespérée, le débarquement de Napoléon au golfe Juan, leur sauva la vie. L'empereur les fit l'un et l'autre lieutenants généraux, et nomma Charles membre de la chambre des pairs. Tous deux se distinguèrent encore à Waterloo, passèrent aux États-Unis après ce grand désastre, et furent condamnés à mort par contumace. C'est alors que Charles Lallemand tenta de fonder au Texas un établissement, sous le nom de Champ-d'Asile. Il rentra en France après 1830, et mourut en 1839. Son frère, qui avait fait un très-riche mariage aux États-Unis, en 1817, mourut en 1823.

LALLEMAND (CLAUDE-FRANÇOIS), chirurgien distingué, professeur à la Faculté de Montpellier, membre de l'Institut, où il fut élu en 1845, en remplacement du docteur Breschet, naquit à Metz, vers 1789, et mourut à Marseille, en 1854. Il servit d'abord dans les armées de l'empire; et ce ne fut qu'après son licenciement qu'il étudia la médecine, d'abord à Metz, ensuite à Paris. Il fit sous Dupuytren à l'hôtel-Dieu, son noviciat chirurgical, et cette espèce de stage pratique fut long et fructueux; il était à peine terminé que Lallemand fut désigné pour une chaire de clinique chirurgicale, qu'une émeute d'étudiants venait de rendre vacante à Montpellier (1819). Les étudiants avaient sifflé *Le Nouveau Seigneur de Village*, opéra dont l'auteur, Creuzé de Lesser, était alors préfet de l'Hérault. Le vieux professeur Vigaroux avait été aperçu parmi les élèves révoltés; et Lallemand fut aussitôt nommé à sa place. Lallemand professa son art, le pratiqua vingt-cinq ans dans cette ville, célèbre pour sa Faculté, et il y fit sans trop d'efforts quelques ouvrages remarqués et sa fortune. L'intérêt d'une candidature à l'Académie des Sciences le fit renoncer brusquement à sa chaire du Languedoc, et le fixa pour toujours à Paris, où sa renommée d'homme instruit et d'esprit juste et libéral l'avait précédé depuis de longues années. Cependant, le fils du vice-roi d'Égypte, Ibrahim-Pacha, l'ayant consulté, Lallemand accompagna en Italie, puis en France, et jusqu'à Paris et aux Tuileries, chez le roi Louis-Philippe, où l'on dut à Lallemand cette visite inopinée, et du reste assez intéressante, du prince qu'on nommait le vainqueur de Nézib. Lallemand avait fait faire à son malade une pause de plusieurs mois, et dans la saison d'hiver, aux bains du Vernet, qu'on disait être sa propriété, et le mieux passager qu'éprouva le prince en prenant ces eaux minérales, dont il aspirait les chaudes exhalaisons, donna aussitôt à l'établissement thermal une vogue et une réputation qu'il n'avait jamais eues et qu'il n'a pas conservées. On y courut, puis on en revint, et le retour ne suffit pas pour la réputation comme pour le liquide. D'ailleurs Ibrahim retomba bientôt malade, et Lallemand dut se rendre en Égypte, où le fils et le père, Méhémet-Ali et Ibrahim, furent traités par lui, au Kaire et à Schubrah, ayant eu succès que le poids des ans et un long règne d'excès ne rendirent pas durable.

On a de Lallemand les ouvrages suivants : 1° *Lettres sur l'Encéphale et ses maladies* (9 lettres, en 3 vol. in-8°, 1820 à 1836) : cet ouvrage a eu un grand succès : il est écrit avec une bonhomie spirituelle, qui rappelle quelquefois le ton de Franklin; 2° sa thèse intitulée : *Observations pathologiques propres à éclairer plusieurs points de physiologie* (1819); 3° *Des pertes séminales involontaires* (1836-1842, 3 vol.) : Lallemand voyait partout des pertes séminales, comme Corvisart partout des anévrysmes du cœur, et M. Raspail partout des vers ; il en voyait même chez des impuissants et des eunuques ; 4° *Clinique médico-chirurgicale* (1846, in-8°, 1re partie). Il avait de même publié sur l'éducation un ouvrage dont le titre ne nous est pas précisément connu. Lallemand était un des meilleurs chirurgiens de Paris, et cependant un des moins occupés. Bien que son élocution fût pénible et d'une lenteur incomparable, sa conversation ou plutôt ses monologues avaient un charme singulier. Rarement conteur fut aussi patiemment écouté et plus applaudi. Il légua à l'Institut une somme de 50,000 francs, dont le revenu devra être employé par cette société savante à l'encouragement des sciences. Dr Isid. BOURDON.

LALLY-TOLLÉNDAL (THOMAS-ARTHUR, comte DE) naquit à Romans, dans le Dauphiné, en janvier 1703, d'une famille émigrée d'Irlande à la chute des Stuarts. Son éducation fut tout ensemble militaire et littéraire. Pendant le temps des vacances il rejoignait son père aux armées. C'est ainsi qu'à peine âgé de douze ans il monta sa première tranchée au siége de Barcelone. En 1732, n'étant encore qu'aide-major, il se distingua particulièrement au siége de Kehl, et sauva la vie à son père. Après la guerre, le jeune Lally rêva le rétablissement des Stuarts. Il essaya d'intéresser les cours du Nord à la cause de Jacques III ; et à cet effet il se rendit à Saint-Pétersbourg sous prétexte de servir comme volontaire dans l'armée russe, commandée par le maréchal de Lascy, son oncle. Il parvint à s'insinuer dans les bonnes grâces de l'impératrice, et surtout dans celles du duc de Courlande, Biren. Mais il put bientôt se convaincre qu'une restauration en Angleterre n'avait aucune chance d'être appuyée par la Russie. Il s'efforça alors de détacher cette puissance de l'alliance anglaise au profit de la France ; mais le cardinal de Fleury le laissa sans pouvoirs au milieu d'une si importante négociation : elle échoua. Lally fit ensuite la campagne de Flandre, assista à la journée de Dettingen, aux siéges de Menin, d'Ypres, de Tournay et de Furnes. On sait quelle part la brigade irlandaise prit à la bataille de Fontenoi, et comment elle enfonça à la baïonnette la terrible colonne anglaise, que le canon du duc de Richelieu foudroyait. En récompense de sa bravoure, Lally fut nommé brigadier sur le champ de bataille.

Cependant Charles-Édouard venait de débarquer en Écosse. Lally fut désigné pour faire partie du corps d'armée que le gouvernement français avait résolu d'envoyer au fils de Jacques III. Il prit les devants sur l'expédition, que retenaient des vents contraires, et arriva à temps pour aider le prince à gagner la bataille de Falkirk, sa dernière victoire. Il traversa ensuite Londres, où sa tête était mise à prix ; mais il s'échappa en se déguisant en matelot, et parvint à regagner les côtes de France.

Dans la campagne de 1747, maréchal général des logis de l'armée, Lally se distingua à la défense d'Anvers, à la bataille de Lawfeldt et au siége de Berg-op-Zoom. Pris dans une embuscade, il fut échangé, et reparut au siége de Maëstricht. Après la prise de cette ville, il fut élevé au grade de maréchal de camp. Enfin, en 1756, il fut nommé général, grand'-croix de Saint-Louis, commissaire du roi, syndic de la Compagnie des Indes et commandant général de tous les établissements français aux Indes orientales.

Il partit avec 4 vaisseaux, 4,000 hommes et 4 millions. Le 28 avril 1758 il débarquait à Pondichéry. A l'instant il se met en campagne. Six jours après il est maître de Goudalour, et dix-sept jours lui suffisent, malgré le refus de coopération de l'escadre et d'une partie des troupes de la Compagnie, pour prendre d'assaut, avec 22 canons et 6 mortiers, le fort Saint-David, défendu par 104 bouches à feu et cinq forts qui le couvraient ; il y entra le 2 juin, et le fit raser. En trente-huit jours, il n'y avait plus d'Anglais dans tout le sud de la côte de Coromandel. Deux mille Français avaient opéré ces prodiges ! Les Anglais songent à la défense de Madras, leur capitale. Lally se prépare à y marcher ; mais le chef d'escadre d'Aché lui déclare ne pouvoir l'aider dans cette expédition, qu'il faut ajourner. De son côté, le gouverneur de Pondichéry lui annonce que dans quinze jours il ne pourra ni payer ni nourrir l'armée, mais qu'à 50 lieues de Pondichéry le rajah de Tanjaour doit 13 millions à la Compagnie. Lally part pour les aller chercher. Il ne trouve rien pour faire vivre son armée, qui pille une ville anglaise conquise, et la brûle. La dette est niée par le rajah. Lally prend sa capitale, et l'évacue après avoir reçu seulement 500,000 francs, parce qu'il apprend que Pondichéry est menacée. Il effectue difficilement sa retraite devant 15,000 indigènes, commandés par des officiers anglais, échappe, par sa valeur chevaleresque, au fer de cinquante assassins. Surpris presque seul dans sa tente, blessé par l'un d'eux, il doit la vie à un de ses gardes, qui tue l'assassin. Il mopte à cheval, détruit cette bande féroce, et, après avoir fait vivre son armée pendant deux mois aux dépens du pays, il rentre enfin dans Pondichéry.

Il voulait toujours marcher sur Madras. Mais, malgré Lally, malgré la colonie entière, d'Aché, avec son escadre, part pour l'Ile de France. Enfin Lally, apprenant que, de son côté, la flotte anglaise vogue vers Bombay, se remet en campagne, et, après avoir emporté deux forts, s'empare de la ville d'Arcate. Là, il est rejoint par Bussy, commandant au Dekkan ; là aussi commencent tous ses malheurs. Dès ce moment deux partis se forment, l'un des troupes du roi pour le général en chef, l'autre de celles de la Compagnie pour le lieutenant-colonel Bussy : celui-ci veut à toute force retourner au Dekkan avec une partie de l'armée. Lally, pour se l'attacher, le crée brigadier, mais en pure perte. Enfin, Lally marche sur Madras à la tête de 8,000 hommes, dont 5,000 indigènes, prend quatre places sur la route et arrive devant la ville le 14 décembre 1758. Il y entre sans coup férir, et son armée se débande pour piller. Le gouverneur anglais, qui s'était retiré dans le fort Saint-Georges, voit ce désordre et fait un retour offensif à la tête de sa garnison. La confusion est telle, que les deux troupes se mêlent sans pouvoir se reconnaître d'abord. D'Estaing est pris. Lally cependant parvient à rallier ses soldats, et sans Bussy, qui refuse de marcher, la garnison anglaise était coupée du fort, où elle rentre mutilée. La tranchée s'ouvre devant le fort Saint-Georges. Mais une flotte anglaise de 6 vaisseaux paraît dans la rade. Elle porte des troupes, et Lally, au désespoir, est forcé de renoncer à Madras pour aller défendre Pondichéry, qui n'a que 500 hommes de garnison, et qui renferme 8,000 prisonniers anglais.

Il connut son malheur en rentrant à Pondichéry, où la levée du siége de Madras était un sujet de joie pour la plupart des habitants, dévoués à la cause de la Compagnie. La flotte française, forte de onze vaisseaux, reparut le 15 septembre, pour repartir le 17, malgré les supplications et les menaces du conseil. Lally renouvela ses instances du champ de bataille de Vandarachi ; ce fut en vain. Les dépêches apportées par la flotte le félicitaient de ses succès, et lui enjoignaient la plus grande sévérité contre les agents de la Compagnie. Mais « côt-il été le plus doux des hommes, a dit Voltaire, il eût été haï. » Une nouvelle sédition, la dixième, éclate tout à coup dans l'armée, à qui dix mois de paye sont dus. Lally et ses amis prêtent une somme de 100,000 livres. Le conseil de la Compagnie ne prête rien. Les soldats consentent à recevoir cette somme comme à-compte, et se soumettent. Lally profite de ce retour à l'ordre pour envoyer les plus indisciplinés prendre d'assaut la pagode de Cheringham. Ce fut son dernier laurier, car à l'attaque de Vandarachi, abandonné par sa cavalerie, il fut forcé de se retirer devant les Anglais. Enfin, le 18 mars 1760, Pondichéry est investie et bloquée par deux escadres et deux armées anglaises. Lally veut tenir tête à ce grand péril, et ordonne à tous les employés de figurer à une revue générale sous l'uniforme militaire, afin d'imposer à l'ennemi par le nombre. Mais, ameutés par leurs chefs, ils refusent, et la guerre civile éclate. Enfin, après dix mois de blocus, de discorde et de famine, ayant vu plusieurs fois sa vie en danger par le fer et le poison, n'ayant plus que quatre onces de riz à distribuer par tête aux 700 soldats exténués qui lui restent, contre 15,000 Anglais, il remet la place à l'amiral Coote, le 16 janvier 1761. Il est envoyé prisonnier à Londres sur un bâtiment marchand hollandais.

A Londres, Lally apprend l'orage qui l'attend à Paris; il s'y rend sur parole. Là il demande justice de ses accusateurs. On la lui promet pendant un an; il refuse les avances de Bussy et de D'Aché, demeure inflexible, et ayant appris que le ministre de la guerre a signé une lettre de cachet pour l'enfermer à la Bastille, il accourt à Fontainebleau, où est la cour, et écrit au duc de Choiseul, dont Bussy a épousé une parente, et qui désire qu'il s'évade : « J'apporte ici ma tête et mon innocence. » Le 5 novembre il va volontairement se constituer prisonnier. Il est accusé *de concussion et de trahison*, lui qui a si souvent payé l'armée de ses deniers, et qui s'est si courageusement montré l'homme du roi contre la Compagnie des Indes. Mais Bussy a dit qu'il fallait que la tête de Lally tombât ou la-sienne. Le parlement ordonne au Châtelet d'instruire. Le procès est déféré à la grand'-chambre. Lally compte parmi ses accusateurs et témoins ses valets eux-mêmes, quelques marchands de l'Inde et le supérieur des jésuites de Pondichéry. Trois fois Lally demande un conseil : il lui est refusé. Après deux ans de débats clandestins, on hâte le rapport. Il demande huit jours pour sa défense, après dix-neuf mois de prison sans interrogatoire : on les lui refuse. Le procureur général ne veut pas retarder de douze heures ses conclusions pour recevoir la requête de l'accusé; et malgré le rapport du 30 avril 1766, qui met Lally hors de cause pour la partie civile, et qui est appuyé, le 2 mai, de toute l'éloquence de l'avocat général Seguier, le procureur général signe, le lendemain, des conclusions *à mort*. En vain le magistrat reçoit la requête de Lally et les pièces de sa justification; sans les ouvrir, il ose écrire au bas de ses conclusions : *Vu les pièces..., je persiste!* Le 5, Lally, à l'aspect de la sellette, montrant les cicatrices de sa poitrine et ses cheveux blancs aux juges, s'écrie : *Voilà donc la récompense de cinquante-cinq ans de services.* Le lendemain il est condamné à être décapité, pour avoir trahi les intérêts du roi et de la Compagnie des Indes. Cet arrêt excite l'indignation universelle. On arrache au premier président un sursis de trois jours, pendant lesquels une députation du parlement supplie le roi *d'enchaîner* sa clémence : en vain le duc de Choiseul et le maréchal de Soubise demandent sa grâce *au nom de l'armée.* « C'est vous qui l'avez fait arrêter, dit le roi au duc; *il est trop tard, ils l'ont jugé!* Conduit à la chapelle, où le greffier lui lit le préambule de l'arrêt : « Abrégez! » lui dit Lally; et quand il entendit ces mots : *avoir trahi les intérêts du roi.* — « Cela n'est pas vrai! jamais! jamais! » s'écrie-t-il avec force; et il dévoue ses juges à l'exécration des hommes et à la vengeance du ciel. Puis, feignant de se mettre à genoux, il s'enfonce dans la poitrine un compas caché sous son habit. Le fer pénètre de quatre pouces; Aubry, curé de Saint-Louis, son confesseur, vient à son secours par les plus vives consolations, et Lally lui prend affectueusement la main. Le bourreau entre, lui met un bâillon. L'exécution était retardée de six heures. Quand Lally voit le fatal tombereau; « J'étais payé, murmure-t-il sous son bâillon, pour m'attendre à tout de la part des hommes; mais vous, monsieur le curé, vous m'avez trompé! — Ah, monsieur! répond le confesseur, dites qu'on nous a trompés tous les deux. » Sur l'échafaud, Lally dit aux commissaires du parlement : « Dites à mes juges que Dieu m'a fait la grâce de leur pardonner. Si je les revoyais, je n'en aurais peut-être plus le courage. » Sa tête tomba le 9 mai. Le curé écrivit aux amis de Lally : *Il s'était frappé en héros, il est mort en chrétien.* Sept mois après, Louis XV disait au duc de Noailles : *Ils l'ont massacré!* et quatre ans plus tard, au chancelier Maupeou : *Ce sera vous qui en répondrez, et non pas moi!*

Douze ans après, Louis XVI cassa en son conseil l'arrêt du parlement, à l'unanimité de soixante-douze magistrats, après trente-deux séances. *Il n'y a pas de témoins*, dit dans son rapport le conseiller Lambert, et il termine pas ces mots : *Il n'y a pas de délit !* Ce fut le fils du condamné qui réclama et obtint la réhabilitation de la mémoire de son père. Voltaire lui écrivit, le 26 mai 1778, quatre jours avant sa mort : « Le mourant ressuscite, il embrasse tendrement M. de Lally; il voit que le roi est le défenseur de la justice; il mourra content. »
J. NORVINS.

LALLY-TOLLENDAL (TROPHIME-GÉRARD, marquis DE), fils du précédent, pair de France et membre de l'Académie Française, naquit à Paris, le 5 mars 1751. Il fit ses études au collège d'Harcourt, sous le nom de *Trophime*. Il ne fut instruit du secret de sa naissance qu'au moment de perdre son père. Dès son entrée dans le monde il se signala par ses persévérants efforts pour obtenir la réhabilitation de l'infortuné Lally. Le succès couronna ses démarches. Nommé député de la noblesse de Paris aux états généraux, il se montra partisan éclairé des réformes, se prononça vainement pour la monarchie avec deux chambres, et pour le *veto* absolu, quitta l'assemblée après les journées des 5 et 6 octobre 1789, et se retira en Suisse, à Coppet, où il publia un violent pamphlet intitulé : *Quintus Capitolinus aux Romains, extrait du III° livre de Tite-Live* (1790); il rentra en France en 1792, pour défendre la royauté et combattre les jacobins. Arrêté après le 10 août et conduit à l'Abbaye, il s'en échappa par miracle la veille des massacres de septembre, et passa en Angleterre, d'où il écrivit à la Convention pour obtenir le périlleux honneur de défendre Louis XVI. Sa lettre étant restée sans réponse, il fit paraître son plaidoyer, et publia quelques années après une *Défense des émigrés français, adressée au peuple français.*

Rentré en France après le 18 brumaire, il se fixa à Bordeaux, où il s'occupa de travaux littéraires jusqu'à la première restauration. Membre du conseil privé de Louis XVIII, il le suivit à Gand durant les cent jours, et fut créé pair de France en août 1815. Quoique dévoué à la monarchie, il siégea sur les bancs de l'opposition libérale, et tenta plusieurs fois, sans succès, de conjurer les malheurs qui menaçaient les Bourbons. Dans les premiers jours de mars 1830, il fut frappé d'une attaque d'apoplexie, et mourut le 11 du même mois. Lally-Tollendal était entré à l'Académie Française par suite de l'ordonnance du 21 mars 1816. Comme écrivain, il a le style noble et riche, parfois assez souvent boursouflé. Outre les écrits déjà cités et plusieurs lettres en brochures politiques, on lui doit des *Mémoires* pour la réhabilitation de son père et la mise en liberté de La Fayette, un *Essai sur le comte de Strafford*, etc.

LAMA. Ce mot dans la langue thibétaine signifie *mère des âmes*, c'est-à-dire prêtre. Les progrès du bouddhisme le firent pénétrer chez les Mongols et les Kalmouks, dont la religion est appelée souvent pour cela *religion du lama* ou lamaïsme. *Bouddha* y est adoré comme dieu suprême, et le *dalai-lama*, ou grand-prêtre, est ici-bas son représentant. Le *dalai-lama* est au Thibet le chef de la puissance ecclésiastique, et même nominalement du pouvoir civil. Il lui est adjoint un régent temporel qualifié de *Nome-chan* ou *Yanwang*; mais la véritable puissance est aux mains du gouverneur chinois (*voyez* THIBET). Le *dalai-lama* n'est pas seulement le représentant visible de la divinité sur la terre, mais il est aussi dieu lui-même. Il réside habituellement dans un palais aux environs de Lhassa, capitale du Thibet, et appelé *Bouddha-Lha*, c'est-à-dire le bonheur de la sagesse. Le *dalai-lama* constamment entouré d'une foule de prêtres, et il est défendu à toute personne du sexe de passer la nuit là où il séjourne. Il reçoit les adorations de ses sectateurs les jambes croisées et assis sur une espèce d'autel. Après les Thibétains, ce sont les Mongols qui l'ont le plus en vénération. Il ne salue personne, et se contente d'imposer sa main sur la tête des fidèles, qui s'imaginent avoir par là obtenu la rémission de leurs péchés. A différentes époques, il distribue à ses croyants de petites boules qui sont le leur part l'objet d'une foule de superstitions. A sa mort, ou pour parler comme les bouddhistes, quand il se dépouille de son enveloppe mortelle, voici comment on procède à l'élection de son successeur : On ordonne des jeûnes et des prières dans tous les couvents. Les habitants de Lhassa, les plus directement intéressés à la chose, redoublent de ferveur et de dévotion. Chacun se dispose à aller en pèlerinage au Bouddha-Lha. Toutes les mains agitent des chapelets. La sainte formule de l'*Om-Mani-Padmé-Houm* retentit dans tous les quartiers de la ville, et des odeurs parfumées sont répandues partout avec profusion. Ceux qui croient posséder le *dalaï-lama* dans leur famille en préviennent les autorités de Lhassa, afin que celles-ci puissent constater les qualités nécessaires des enfants. Pour pouvoir procéder à l'élection du *dalaï-lama*, il faut avoir découvert trois enfants portant sur eux tous les signes de la résurrection de la divinité. On fait venir alors ces enfants à Lhassa, et les principaux prêtres des États où règne le lamaïsme se constituent en assemblée électorale. Ils se renferment à Bouddha-Lha, dans un temple où ils passent six jours dans l'isolement, le jeûne et la prière. Le septième on prend une boîte d'or, et on y place trois fiches d'or sur lesquelles sont inscrits les noms des enfants. On secoue bien la boîte, après quoi le plus âgé des prêtres en tire une fiche, et l'enfant dont le nom s'y trouve inscrit est immédiatement proclamé *dalaï-lama*. On le promène en grande pompe dans toutes les rues ; tous ceux qui rencontrent la procession se prosternent sur son passage, à l'effet d'adorer la divinité reparue. Les deux autres enfants présentés au concours pour la place de *dalaï-lama* sont rendus à leurs parents.

Le *dalaï-lama* est sans doute adoré comme un dieu vivant ; mais les singularités qu'on raconte à son sujet, par exemple que des serpents sont suspendus à ses bras, que ses excréments servent de talismans, sont des contes faits à plaisir. La dignité de *dalaï-lama* ne date que du treizième siècle. Le premier, qui avait nom *Phagspa* ou *Passepa*, fut intronisé par le Mongol Chakan-Choubilaï (1260). Plusieurs lamas, qui étaient autrefois des espèces d'évêques indépendants dans leurs diocèses respectifs, s'opposèrent à cette innovation de l'établissement d'un pouvoir monarchique spirituel ; et il en résulta un schisme, et même des distinctions extérieures que les dissidents portèrent sur leurs vêtements. C'est ainsi que vers la fin du quatorzième siècle, en opposition aux *bonnets rouges*, qui devaient leur existence à l'oncle du premier *dalaï-lama*, surgirent les *bonnets jaunes*. Les doctrines et les préceptes du fondateur de cette secte, *Tsonchaba*, ont pour but le renoncement le plus absolu à toutes les choses de ce monde. C'est ainsi que le mariage est permis à la classe *inférieure* des lamas à bonnets rouges, tandis que Tsonchaba l'interdit à tous les prêtres indistinctement, aux premiers comme aux derniers. Une cinquantaine d'années plus tard (1447), un autre lama fonda le monastère de *Djaschi Lhumbo*, ou demeure de la joie céleste, dont le grand-prêtre occupe après le *dalaï-lama* le second rang dans la hiérarchie thibétaine. C'est le *Bandsin-Erdeni*, que les Anglais ont l'habitude d'appeler *Teschou-lama*, et que l'on considère comme une incarnation de *Mandschousri*, l'esprit du monde, le créateur de la matière. La dogmatique bouddhiste enseigne que le *dalaï-lama* est une incarnation du créateur de l'esprit. Quand l'un de ces deux créateurs dépouille son enveloppe mortelle, une antique usage veut que ce soit l'autre qui détermine quand et comment celui-ci ressuscitera. Mais depuis bien longtemps le gouvernement de Péking se charge de présider à ces résurrections, qui exercent une influence politique et religieuse si grande sur les populations du Thibet et de toute la Tatarie.

LAMA. Les lamas forment un genre bien distinct dans la famille des caméliens, mais les diverses espèces dont ce genre se compose sont encore mal déterminées, et leur détermination devient d'autant plus difficile que quelques-unes d'elles, soumises à la domesticité, ont donné naissance à de nombreuses variétés, qui s'éloignent quelquefois d'une façon étrange de leur souche primitive. Toutefois, dans leur conformation générale, les lamas présentent assez de res-

semblance avec les chameaux et les dromadaires pour que l'on puisse, sans grande exagération, les désigner comme les *chameaux du Nouveau Monde*; mais ils ne possèdent ni la taille, ni la force, ni la physionomie indolente et stupide de leurs congénères africains. Leur port, leurs oreilles, longues, étroites, aiguës, mobiles, annoncent une certaine vivacité, que ne dément pas leur allure franche et assurée ; leur tête paraît moins lourde à porter que celle du dromadaire, et leur dos n'est point surchargé de ces masses graisseuses qui donnent aux chameaux une si étrange physionomie. Mais les caractères principaux qui distinguent organiquement les lamas des chameaux consistent : 1° dans la séparation de leurs doigts, qui ne sont point réunis en dessous par une semelle calleuse ; 2° dans la privation de ce renflement particulier de la plante du pied, qui rend le chameau si précieux pour les voyages de long cours à travers les sables du désert. Les lamas sont originaires de l'Amérique méridionale : ils errent par troupeaux nombreux sur les flancs des Cordillières des Andes, qu'ils gravissent jusqu'à la limite, pour eux infranchissable, des neiges éternelles ; les voyageurs les décrivent comme des animaux doux, paisibles, sobres, facilement éducables ; mais leur histoire naturelle véritable est jusque ici fort peu connue.

F. Cuvier admet dans le genre *lama* trois espèces radicalement distinctes ; ce sont : le *guanaco*, ou *lama* proprement dit (*camelus lama*, Lin.), l'*aipaca* (*camelus paca*, F. Cuv.), et la *vigogne* (*camelus vicogna*, Gmel.). Nous ne nous occuperons ici que de la première. Cette espèce, suivant M. Al. de Humboldt, aurait été réduite à une domesticité complète ; et l'influence de l'homme s'est traduite en de nombreuses modifications, qui portent également sur les proportions, sur la taille et sur le pelage de la souche primitive : aussi devient-il extrêmement difficile d'assigner des caractères spécifiques quelque peu constants à ces nombreuses variétés. Les Péruviens se servent du lama, qu'on nomme aussi *chameau du Pérou*, comme d'une bête de somme, dans les gorges de montagne et dans les sentiers difficiles, à cause de la sûreté de leur marche ; mais cette marche est lente, et les coups ne peuvent la stimuler : le lama endure avec une patience *asinique* les plus mauvais traitements sans changer d'allure ; puis, quand sa patience est lasse, il se couche à terre, et aucun procédé jusque ici connu ne suffit à le remettre sur jambes. Les lamas mesurent environ 1^m,65 du poitrail à la queue, et 1^m,33 du garrot au cou.
BELFIELD-LEFÈVRE.

LA MALLE (DUREAU DE). *Voyez* DUREAU DE LA MALLE.
LAMANEUR. *Voyez* PILOTE.
LAMANTIN ou **MANATE**. Comme tous les animaux placés entre deux classes fort différentes, les lamantins ont toujours eu le privilège de fixer l'attention des naturalistes et du vulgaire des observateurs. Par la forme extérieure de leur corps, leur organisation intérieure, leurs mœurs et la nature de leurs aliments, ils tiennent incontestablement le milieu entre les mammifères terrestres et les cétacés qui se rapprochent le plus des poissons. Un corps de forme oblongue, et qu'on a plusieurs fois comparé à une autre, terminé par une queue plate, semblable à un éventail ; la tête grosse, avec de très-petits yeux ; un museau charnu, portant de petites narines dirigées en avant ; la lèvre supérieure échancrée à son milieu, et garnie d'un poil rude et abondant ; des mamelles très-proéminentes sur la poitrine chez les femelles, pendant la gestation ; puis des membres antérieurs transformés en nageoires, mais présentant à leurs extrémités des rames ayant encore une ressemblance grossière avec des mains armées d'ongles plats et arrondis comme ceux de l'homme ; tels sont les principaux traits de leur signalement à l'extérieur. Quant à leur organisation intérieure, elle est, à partir du système dentaire, en tous points celle d'un mammifère herbivore, mais sans bassin, et sans plus de vestiges sous la peau des membres postérieurs que chez les autres cétacés.

Leurs mœurs ne sont pas moins singulières que leur

bizarre composition organique. Obligés de vivre de végétaux, ils ne peuvent s'éloigner beaucoup des rivages de la mer. C'est à l'embouchure des fleuves, dont ils remontent quelquefois le courant jusqu'à des distances considérables, et dans le voisinage des îles, qu'on les rencontre constamment, et ordinairement en troupes compactes, les plus vieux sur les côtés et les plus jeunes au centre. On dit qu'ils parviennent même quelquefois à se traîner sur le rivage, comme les amphibies du genre *phoque*. Partout où ils n'ont pas appris à redouter la présence de l'homme, ils se montrent envers lui d'une confiance extrême, au point qu'il faut souvent les frapper très-rudement pour les forcer à s'éloigner; et ce n'est certainement pas par défaut d'intelligence, car leur instinct social, leur douceur et le sentiment qui les porte à se secourir l'un l'autre dans le danger, prouvent suffisamment qu'ils en ont, au contraire, beaucoup plus que le commun des autres animaux. L'attachement qu'ils ont les uns pour les autres est tel que si l'un d'eux se trouve blessé par le harpon d'un pêcheur, ses compagnons cherchent à lui arracher le fer meurtrier de la blessure par laquelle il perd tout son sang. On en a vu suivre constamment le cadavre de leur mère ou de leur femelle pendant qu'on le traînait vers le rivage.

On conçoit que des animaux aussi singulièrement conformés, et dont les mœurs s'éloignent si considérablement de celles des autres habitants de la mer, ont dû vivement frapper l'imagination des premiers observateurs, qui n'osaient les approcher de trop près. L'habitude qu'ils ont d'élever souvent la partie antérieure de leur corps hors de l'eau, à l'aide de leur forte queue aplatie horizontalement; leurs mamelles placées sur leur poitrine, les poils abondants autour de leur mufle, qui de loin ressemblent à une sorte de chevelure; et enfin l'adresse avec laquelle ils se servent de leurs nageoires pour porter leurs petits, ont pu les faire prendre, en quelque sorte, pour des individus de l'espèce humaine à demi poissons. De là ces fables de sirènes ou des tritons et ces histoires d'hommes marins dont fourmillent les anciennes annales de la navigation. F. PASSOT.

LA MARCK (GUILLAUME DE), que sa férocité fit surnommer *le Sanglier des Ardennes*, naquit vers 1446. Il appartenait à une très-ancienne et très-illustre famille de Westphalie, qui avait acquis au commencement du quinzième siècle la seigneurie de Sedan, et qui fut la tige de la première maison de Bouillon. Chassé du palais de l'évêque de Liège pour avoir assassiné un des officiers de ce prélat, Guillaume de La Marck se rendit auprès de Louis XI, qui lui offrit de faire révolter Liége contre le duc de Bourgogne. Il reçut de l'argent et des troupes pour cette entreprise, parvint à attirer l'évêque Louis de Bourbon dans une embuscade, et le tua de sa propre main. Il contraignit ensuite le chapitre de Liége à élire son fils pour évêque. Puis il ravagea le Brabant ; mais il tomba entre les mains de l'archiduc Maximilien, qui lui fit trancher la tête, en 1485.

LA MARCK (ROBERT DE). *Voyez* BOUILLON.

LAMARCK (JEAN-BAPTISTE-PIERRE-ANTOINE MONET, chevalier DE), naquit le 1er avril 1744, à Bargentin (Somme), d'une famille noble fort ancienne. Comme le plus jeune de sa maison, ses parents le destinaient au sacerdoce, et ils l'envoyèrent pour l'y préparer au collége d'Amiens, chez les jésuites. Mais l'exemple de leurs frères aînés, tous militaires comme leurs aïeux, lui inspira à lui-même le goût des armes. Toutefois, la ferme volonté de ses proches le retint forcément au séminaire. Là le travail le plus persévérant lui servit de refuge contre l'insipidité du cloître, et il puisa dans ses déplaisirs mêmes cet amour, cette ardeur pour l'étude, qui depuis a décidé de son état dans le monde; mais ce ne fut qu'après avoir donné de sincères larmes à la mort de son père qu'il se détermina à suivre la carrière de ses ancêtres. Il n'avait alors que dix-sept ans. Ce fut sans regret qu'il quitta son collége pour entrer dans l'armée commandée par le maréchal de Broglie. La journée de Fillingshausen arriva, et Lamarck s'y fit remarquer par tant d'intrépidité, que le maréchal de Broglie le nomma officier sur le champ de bataille. Peu de temps après, son régiment rentra en France avec toute l'armée du maréchal, et tint garnison à Toulon. Ce fut dans cette ville qu'il perdit pour toujours le goût de la guerre. Quelques savants qu'il y rencontra l'initièrent aux beautés de l'histoire naturelle ; on lui fit voir des herbiers, des collections, et dès lors ses épaulettes lui parurent lourdes, le métier de soldat assujettissant, et vers 1765, après quatre années de service, il se démit de son emploi avec autant d'empressement qu'il en avait montré à le solliciter.

Il se hâta de venir à Paris. Une fois dans la capitale, réduit à une rente fort exiguë, Lamarck, suivant le vœu de sa famille et dans l'espoir de ne pas trop déroger, forma le projet d'embrasser la médecine. Il étudia en conséquence durant quatre années, après quoi, toujours inconstant, il quitta l'art de guérir pour la botanique, l'une de ses branches les plus belles. Il avait alors vingt-cinq ans. La dissidence d'opinions qui régnait alors entre les deux premiers botanistes de l'Europe, Bernard de Jussieu et Linné, engagea Lamarck à prendre des deux méthodes ce qu'elles offraient de plus conciliable ; il mit également à contribution la méthode de Tournefort ; et ce fut ainsi qu'il composa un système particulier pour l'étude des plantes, donnée arbitraire, d'après laquelle fut rédigé l'ouvrage si connu sous le nom de *Flore française*. Ce traité, qui dans l'origine n'avait que trois volumes, parut en 1779, grâce à Buffon, qui prétendit que la *Flore française* serait non-seulement imprimée aux frais du gouvernement, mais que l'édition entière serait remise à l'auteur. C'est à ce bel ouvrage que Lamarck dut sa première réputation et ses premiers titres. Il fut nommé membre de l'Académie des Sciences. La *Flore française* fit d'autant plus de sensation, qu'à cette époque le système de Linné était le seul qu'on suivit en France, où depuis Tournefort peu de personnes prenaient une part active aux progrès de la botanique. Un fit sur la méthode dichotomique de Lamarck des essais curieux : on s'assura au Jardin du Roi que même des personnes étrangères à l'étude des plantes reconnaissaient aisément les genres et les espèces au moyen de cette méthode artificielle.

Peu de temps après, Buffon, voulant faire voyager son fils en Europe avec Lamarck, obtint pour celui-ci une mission qui le chargeait de visiter les jardins de botanique et les collections les plus célèbres de l'Europe, comme aussi de faire parvenir au Jardin du Roi les objets curieux et rares qu'il pourrait se procurer. La Hollande, les Pays-Bas, la plupart des villes un peu considérables de l'Allemagne furent visités par nos voyageurs, qui n'oublièrent point non plus Werner et les mines si fécondes du Harz, le théâtre des belles découvertes de ce dernier. Ils se rendirent aussi près des carrières de Chemnitz, si célèbres par leurs richesses ainsi que par les beaux ouvrages de Georges Agricola. Lamarck aurait voulu pousser plus loin son voyage : assurément il l'eût continué en Italie, mais l'étourderie de son jeune ami ayant altéré le bon accord qui aurait dû régner constamment entre les deux voyageurs, Buffon s'en aperçut à leur correspondance, et il les rappela aussitôt à Paris.

Après la mort de Buffon, après la retraite de Bernardin de Saint-Pierre, successeur éphémère de Buffon, rien ne put distraire Lamarck de ses occupations si paisibles. Simple adjoint de botanique à la garde des collections du Jardin royal, ni l'ambition ni les troubles du dehors ne purent l'arracher à sa profonde retraite. A la réorganisation du Muséum, Lamarck, qui eût préféré l'enseignement de la botanique, fut appelé à remplir la chaire consacrée aux animaux dépourvus de vertèbres, et qui, alors sans nom, lui furent abandonnés comme rebut insignifiant. Mais le savant naturaliste, mettant tout son zèle à débrouiller ce monde d'êtres inconnus, tout son talent à les classer et à les décrire, a désormais démontré par les douze classes qu'il en a faites, et dans les ouvrages dont ils ont été l'objet, qu'ils étaient incomparablement plus nombreux et peut-être aussi intéressants pour leur histoire, bien que moins compliqués dans leur structure, que les autres animaux plus élevés dans l'échelle des êtres. A l'exception des coquilles, dont il avait dès lors une connaissance parfaite, Lamarck était tout à fait étranger au genre d'études qu'exigeait sa chaire; mais il s'y livra avec un zèle si efficace que le *Traité des Animaux invertébrés*, heureux fruit de ses profondes recherches, est sans contredit l'un des trois ouvrages les plus importants de l'histoire naturelle du dix-neuvième siècle.

A la formation de l'Institut, Lamarck fut élu le premier de tous pour la section de botanique, probablement parce qu'il avait cessé d'être botaniste, et il commença son cours au Muséum en 1794, c'est-à-dire déjà âgé de cinquante ans. Il le continua depuis sans interruption jusqu'en 1818, époque où, jusqu'à sa mort (1828), il fut remplacé par Latreille.

Outre la *Flore française*, dont nous avons déjà parlé, voici la liste à peu près complète de ses ouvrages : 1° *De l'Influence de la Lune sur l'atmosphère terrestre*; an VI; 2° *Mémoire sur la manière de rédiger les observations météorologiques*, etc.; 3° *Sur la distinction des tempêtes d'avec les orages et les ouragans*; 4° *Recherches sur la périodicité présumée des variations de l'atmosphère*; an IX; 5° *Sur les causes qui donnent lieu aux variations de l'état du ciel*; 6° *Sur la matière du feu considéré comme instrument chimique dans les analyses*; an VII : l'auteur dit dans ce mémoire qu'il ne croira aux analyses chimiques qu'alors qu'on cessera d'employer pour les faire, et le feu, et les sels, et les réactifs quelconques, et qu'on ne fera usage que des moyens mécaniques; 7° *Mémoire sur la matière du son*, an VIII : l'auteur attribue les phénomènes du son non à la vibration de l'air et des corps sonores, mais à l'existence d'un fluide éthéré, très-subtil et d'une grande raréfaction ; c'est à ce même fluide qu'il attribue les phénomènes de la chaleur ; 8° *Mémoire sur les cabinets d'histoire naturelle, suivi d'un projet d'organisation du Muséum*, etc., présenté à l'Assemblée nationale ; 9° *Annuaire météorologique*, précédé de *Probabilités sur les temps de l'année*. Ce recueil, commencé en l'an VIII, fut continué durant onze années. Il y avait déjà longtemps que Lamarck étudiait l'atmosphère et les météores, puisqu'il est fait mention de ses travaux à ce sujet dans le rapport qui fut lu à l'Académie des Sciences sur la première édition de la *Flore française* (1779). Ses conjectures et ses présages sur les météores eurent quelque succès dans le public; mais Lamarck dut à ce genre de travaux beaucoup de désagréments. L'empereur, averti qu'un des membres de l'Institut composait des espèces d'almanachs, en parut fort courroucé; et Lamarck, qui l'apprit, abandonna incontinent la publication de son *annuaire*. 10° *Hydrogéologie* (1802). Lamarck étudiant les causes du flux et du reflux de la mer, arrive à ce résultat que si ce n'était la lune, les mers restant immobiles, leurs lits se combleraient insensiblement de limon, de débris terreux et organiques, et que bientôt leurs eaux envahiraient toute la surface de la terre. 11° *Recherches sur les causes des principaux faits physiques*; 12° *Système des Animaux sans Vertèbres*; 1 volume in-8°, 1801 : esquisse très-bien faite du grand ouvrage qu'il a depuis publié sur les animaux des classes inférieures; 13° *Recherches sur l'organisation des corps vivants, sur leur origine, les progrès de leur composition, de même que sur la cause qui amène la mort* (1802), première ébauche de l'ouvrage suivant ; 14° *Philosophie zoologique* (1809, 2 vol. in-8°) : c'est de tous les ouvrages de Lamarck celui qui annonce le plus de génie et renferme le plus d'erreurs ; 15° *Système analytique des connaissances positives de l'homme*, espèce de psychologie, où l'on trouve beaucoup d'indépendance dans les opinions et plus d'observation que de lecture, de même que dans les livres précédents ; 16° *Histoire naturelle des Animaux sans Vertèbres* (7 vol. in-8°, 1815-1822). Tel est bien certainement le plus important et le plus durable des ouvrages de Lamarck. Les divisions de l'auteur ont cela de remarquable qu'elles ne sont point par coupes successivement décroissantes, comme chez Cuvier, mais par petits groupes circonscrits, par genres, par familles parallèles. C'est à lui qu'on doit la distinction des animaux en *vertébrés* et *invertébrés*.

Devenu aveugle les dernières années de sa vie, néanmoins il continuait de décrire des polypiers et des coquilles d'après le témoignage de ses doigts, ainsi que d'après le contrôle attentif d'une de ses filles, femme admirable, qui fit à ce noble vieillard, et sans nulle compensation, si ce n'est le sentiment de la vertu, le sacrifice de sa jeunesse et de son avenir. L'éloge de Lamarck est l'un des derniers qu'ait prononcés Cuvier. Dr Isidore BOURDON.

LA MARCK (AUGUSTE-MARIE-RAYMOND, prince D'ARENBERG, comte DE), fils du célèbre duc d'Arenberg qui commandait l'armée autrichienne dans la guerre de Transylvanie, protégea J.-B. Rousseau exilé, et fut longtemps en correspondance avec Voltaire, était né à Bruxelles, en 1753. Destiné de bonne heure à l'état militaire, il reçut tout jeune encore de son grand-père maternel, le comte Louis de La Marck, propriétaire du régiment d'infanterie allemande de ce nom au service de France, le commandement de ce corps, mais à la condition qu'il conserverait toujours la dénomination de régiment *de La Marck*, sous laquelle il était connu, et que le nouveau propriétaire porterait lui-même désormais le titre de comte de La Marck. Le comte de La Marck alla aux Grandes-Indes avec son corps en 1780, pendant la guerre d'Amérique, et n'en revint que deux ans plus tard, après avoir été grièvement blessé en combattant les Anglais. Lorsqu'en 1789 éclata l'insurrection du Brabant, il prit ouvertement parti pour les insurgés; mais il ne tarda pas à abandonner leurs rangs et à reconnaître les droits de l'empereur Léopold II.

La circonstance la plus remarquable de la vie de ce comte de La Marck, qui fut député de la noblesse de Brabant aux états généraux, est sa liaison avec Mirabeau, dont il devint l'ami intime, qui le nomma son exécuteur testamentaire et mourut entre ses bras. Ce fut lui qui gagna Mirabeau à la cause royale; et si ce grand orateur n'était pas mort précisément au moment où il commençait à agir dans les intérêts de la royauté, peut-être l'influence du comte de La Marck eût-elle eu pour résultat de donner une autre direction à la révolution française. La mort imprévue de Mirabeau brisa l'existence politique du comte de La Marck. Il émigra aussitôt après, et fut employé, en 1796, par le gouvernement autrichien dans diverses négociations avec les autorités françaises. Mais bientôt il se retira complètement des affaires politiques pour aller vivre à Vienne. L'établissement du royaume des Pays-Bas le retrouve fixé à Bruxelles, où il est mort, en 1833, voué depuis longtemps à l'étude des lettres et à la culture des arts. Il était à la fois général en Autriche, en Hollande et en France. On a publié en 1850 sa correspondance avec Mirabeau.

LA MARFÉE. *Voyez* MARFÉE.

LA MARMORA. *Voyez* MARMORA.

LAMARQUE (FRANÇOIS) naquit dans le Périgord, en 1756, embrassa la carrière du barreau, et fut élu à l'Assemblée législative, puis à la Convention. Montagnard exalté, néanmoins il fit voter l'appel nominal contre le roi, fit partie du comité de sûreté générale, et eut part à la création du tribunal révolutionnaire. Plus tard il fut au nombre des représentants livrés par Dumouriez aux Autrichiens. A sa rentrée en France, en 1795, il fut nommé membre du Conseil des Cinq Cents, qu'il présida le 22 fructidor. Exclu au 22 floréal comme jacobin, il fut envoyé en Suède en qualité d'ambassadeur et réintégré dans l'Assemblée en 1799. Il ne s'opposa pas au 18 brumaire, fut alors nommé à la préfecture du Tarn, qu'il quitta en 1804 pour entrer à la cour de cassation. La loi du 12 janvier 1816 contre les votants le fit sortir de France. Il mourut à Monpont (Dordogne), en 1839.

LAMARQUE (MAXIMILIEN), lieutenant général, député, naquit à Saint-Sever (Landes), en 1770. Son père, ancien membre de l'Assemblée constituante, l'éleva dans les idées généreuses de liberté et de patriotisme. Au premier cri de guerre poussé par l'Europe contre la France, le jeune Lamarque s'engagea comme simple soldat. Quelques jours après il était capitaine de grenadiers dans la colonne infernale, commandée par Latour-d'Auvergne, et faisait partie de l'avant-garde de l'armée des Pyrénées occidentales. A la tête de deux cents grenadiers, il attaque Fontarabie, et emporte la place, défendue par quatre-vingts bouches à feu et dix-huit cents Espagnols. Lamarque, qui n'avait encore que vingt-deux ans, fut chargé de porter à la Convention les drapeaux pris sur l'ennemi. Un décret l'éleva au grade d'adjudant général. Il fut ensuite successivement employé dans les armées d'Italie, d'Irlande, d'Angleterre et du Rhin ; il se distingua à la bataille de Hohenlinden. Après la paix de Lunéville, il passa en Espagne ; il servit ensuite dans le septième corps, fut employé dans la campagne de 1805, et assista à la bataille d'Austerlitz, où il attira l'attention de l'empereur.

A la paix qui suivit cette campagne, Lamarque reçut l'ordre de partir sur-le-champ pour le royaume de Naples, où allait régner Joseph. A son entrée sur le territoire napolitain, il fut assailli par cinquante grenadiers sortis de Gaëte sous les ordres du fameux Fra Diavolo. Il les mit en fuite en les chargeant vigoureusement à la tête des quelques hommes qui lui servaient d'escorte. Quelques jours après il s'empare de Gaëte, place importante, et la clef du royaume. Le roi de Naples le nomme aussitôt son aide de camp, et le charge de reprendre la pointe de la Licosa, le cap de Palinure et le golfe de Sapri, que Sidney-Smith avait fait occuper par des Siciliens et des brigands, qu'il protégeait de dessus ses vaisseaux. A la suite de diverses expéditions, où le général Lamarque montra autant de bravoure que de prudence et d'habileté, Joseph voulut le retenir à Naples, et lui fit les offres les plus brillantes ; mais il fallait quitter le drapeau français, et Lamarque refusa. L'empereur, instruit de cet acte de patriotisme, le nomma général de brigade. Dans l'intervalle de ces événements, Napoléon disposait du trône de Naples au profit de Joachim Murat, et envoyait son frère régner en Espagne. A peine l'ex-grand-duc de Berg était-il installé sur son nouveau trône, qu'il ordonna l'attaque du fort de Caprée, occupé par les Anglais, et visible des fenêtres même de son palais. L'île et le fort étaient défendus par 2,000 hommes, tant Anglais que Corses, commandés par Hudson-Lowe. Lamarque fut chargé de cette aventureuse expédition, qui réussit au delà de toute espérance. Salicetti écrivit à Paris : « J'ai trouvé les Français à Caprée, mais je ne puis pas croire qu'ils aient pu y entrer ! » Murat donna au vainqueur un domaine dans sa conquête, et Napoléon le créa général de division. Placé sous les ordres du vice-roi, qui occupait la haute Italie, Lamarque développa les plus grandes capacités militaires dans la retraite de l'armée ; il se signala surtout à Villanova, au combat de la Piave et à Oberlitz. A Laibach, six de ses bataillons forcent le camp retranché des Autrichiens, font 5,000 prisonniers et enlèvent 65 pièces de canon. A Engendorf, et surtout à Wagram, Lamarque, toujours employé dans les plus décisives et les plus meurtrières attaques, enfonce le centre de l'ennemi et contribue au gain de la bataille. Dans cette dernière journée, Lamarque eut quatre chevaux tués sous lui, et se vit nommer, sur le théâtre même de son triomphe, grand-officier de la Légion d'Honneur.

Après Wagram, le général Lamarque reçut le commandement d'Anvers, et y développa des qualités d'une autre nature que celles exigées sur les champs de bataille. Joachim Murat, bravé par le gouvernement sicilien et les Anglais jusque dans sa capitale, avait conçu le projet de s'emparer de la Sicile ; il redemanda le preneur de Caprée, qui en effet suivit le roi de Naples dans son exhibition et malencontreuse expédition. Des montagnes de la Calabre, Lamarque est rappelé pour la troisième fois en Espagne ; il y montra une intelligence admirable et une constance héroïque. Le combat d'Alta-Julia, qui fit lever le siège de Tarragone, ceux de Ripouil, de Col-Sacra, de Bagnolas,

LAMARQUE 73

le placèrent au premier rang des officiers généraux de la grande armée. A l'affaire de la Salud, il se vit enveloppé pendant deux jours par toute l'armée ennemie, et ne parvint à dégager sa division que par des efforts surnaturels. Lors de l'évacuation de la Péninsule, Lamarque fut investi du commandement de l'arrière-garde.

Rentré en France après la première Restauration, il resta en disponibilité. Au retour de l'île d'Elbe, Napoléon lui donna le gouvernement de Paris. Dans le cours du mois de mai il reçut sa nomination de général en chef de l'armée de la Vendée. On lui avait promis des forces considérables, et on ne lui donna que quelques bataillons ; il eût bien pu disposer d'un grand nombre de gardes nationaux, mais il ne les employa pas, parce qu'il savait que dans cette espèce de guerre l'ordre et la discipline sont tout. Après avoir fait de vaines tentatives pour prévenir l'effusion du sang français, il se mit en mouvement avec 3,000 hommes, alla joindre le général Travot, qui en avait un pareil nombre du côté de Machecoul et de Challans, et, sans perdre un moment, il se porta avec sa petite armée de 6,000 combattants au milieu des armées vendéennes, dans le sein de ce Bocage, qu'on représentait comme un refuge inabordable. Battus complètement par nos troupes à La Roche-Servière, les Vendéens furent saisis d'une telle terreur qu'ils acceptèrent la paix proposée par le vainqueur lui-même, et la signèrent au moment où leur cause triomphait, au moment où Napoléon fuyait vers Rochefort, et où Louis XVIII était sous les murs de Paris. On sait la proposition patriotique que firent alors au général Lamarque les chefs vendéens Sapineaud et La Rochejaquelein, de réunir leurs troupes sous ses ordres et de marcher tous ensemble contre l'étranger, s'il voulait démembrer la France. Pendant cette courte expédition, Lamarque développa de nobles vertus : prisonniers, blessés, propriétés, tout lui fut sacré, ainsi qu'à son armée. Un Vendéen lui ayant tiré un coup de fusil derrière une haie, et à bout portant, le général l'arracha à la fureur des soldats, et lui sauva la vie.

La chambre des Cent Jours décréta que le général Lamarque avait bien mérité de la patrie en pacifiant la Vendée. Le 24 juillet de la même année, le *Moniteur* publiait une ordonnance de proscription, par laquelle il était arraché du sein de la patrie. Bruxelles, où s'était d'abord retiré Lamarque, était trop rapproché de la France : la haine des Bourbons l'y poursuivit. On des ministres du roi des Pays-Bas lui signifia l'ordre de quitter la ville, où sa présence *pouvait troubler l'ordre public*. La ville d'Amsterdam lui fut assignée pour séjour. Sur la terre d'exil le général s'occupait de l'éducation de son fils Louis, et partageait le reste de ses loisirs entre la peinture, qu'il cultiva toujours avec succès, et des distractions littéraires. C'est alors qu'il publia sa *Lettre au général Canuel*, qui l'avait odieusement calomnié. Cette brochure, où l'on remarquait une argumentation vive, une dialectique vigoureuse, un style clair, abondant, semé de mouvements oratoires, fit une vive sensation à Paris, et valut à l'auteur une gloire qu'il ambitionnait peut-être peu encore, une gloire toute littéraire. Le 20 octobre 1818, Lamarque reçut l'autorisation de revenir en France. Quoique rétabli sur le tableau des lieutenants généraux, il fut mis en disponibilité par ordonnance royale. On le vit alors occuper le château de Saint-Sever en continuant ses travaux littéraires. En 1820, il fit paraître une nouvelle brochure, intitulée : *Nécessité d'une armée en France*. Il y développa avec une remarquable supériorité de style et de pensée les moyens que possédait la France pour repousser victorieusement toute agression étrangère.

Après avoir échoué plusieurs fois, il fut élu en 1828 député à Mont-de-Marsan. Le ministre Polignac se vengea en le mettant à la retraite.

Lamarque, arrivé à la chambre, s'associa à toutes les mesures qui tendaient à renverser le ministère du 8 août, et vota constamment avec les 221. Après la révolution de Juillet, il fut un des premiers à réclamer l'anéantissement officiel des honteux traités de 1814 et de 1815. Le bruit des révolutions, filles de la nôtre, qui éclatèrent presque simultanément en Belgique, en Pologne, en Italie, en Suisse, en Allemagne, lui paraissait être pour la France la plus glorieuse occasion de marcher sur le Rhin, de reconquérir ses limites naturelles et de promener de nouveau en Europe, et peut-être sans tirer un seul coup de canon, le drapeau tricolore comme symbole de l'affranchissement et de l'indépendance des peuples. Son vœu le plus cher était de se mesurer avec Wellington, qu'il appelait l'*Achille d'Hyde-Park*; Lamarque ne vit qu'avec une profonde douleur le cabinet des Tuileries incliner à la paix, et sacrifier successivement l'Italie et l'héroïque Pologne. Un instant, il eut l'espérance de se retrouver sur des champs de bataille bien connus ; c'est lorsque la guerre éclata entre la Belgique et la Hollande, que soutenait la Prusse. L'idée lui vint d'aller chercher à la tête des armées belges une gloire que lui refusait notre pacifique politique. La crainte de n'être point autorisé par le gouvernement français le fit renoncer à une première résolution. Il s'attacha dès ce moment à servir exclusivement les intérêts politiques de son pays et à réclamer le développement des institutions démocratiques que la charte de 1830 avait promises à la France. Admirateur passionné du général Foy, qu'il rappelait sous tant de rapports, il voulut achever la ressemblance en arrivant, par les travaux les plus opiniâtres, au premier rang parmi les orateurs de la chambre. Il ne tarda pas à y réussir, et tous ses discours sur nos relations à l'extérieur sont autant de chefs-d'œuvre où se trouvent la force, l'énergie et l'éclat du style, l'ordre, l'enchaînement victorieux des idées et la raison puissante. C'est lui qui, parlant de la paix obtenue par le ministère du 13 mars, s'écria « que c'était une halte dans la boue ». Dans les discussions sur l'organisation de l'armée, il montra une connaissance approfondie de tous les détails de cette vaste machine, qu'il avait fait si longtemps mouvoir avec succès. Toutes les séances orageuses le virent à son poste, ardent à l'attaque, au premier rang sur la brèche, toujours respecté et souvent admiré par ses plus grands ennemis politiques. Lors de la présentation de la loi contre les étrangers, Lamarque fit des efforts désespérés pour en empêcher l'adoption, qui eut lieu néanmoins. Ce résultat, inattendu pour lui, sembla épuiser le reste de ses forces ; au sortir de la séance du 9 avril, il se sentit frappé d'une affection grave, présentant les symptômes de l'épidémie régnante, le choléra ; la maladie fit des progrès rapides. Se sentant mourir, il voulut donner son adhésion au célèbre *Compte-rendu* de l'opposition de cette époque, et eut une dernière et touchante entrevue avec Laffitte. Quelques minutes après il expirait. Ses funérailles furent, comme on sait, le signal des journées des 5 et 6 juin 1832.   A. LEGOYT.

LAMARTINE (ALPHONSE PRAT DE), le plus grand poëte de notre âge, le premier qui ait donné à la France une poésie qui lui était inconnue, l'ode, est né à Mâcon, le 21 octobre 1792. Ce fut d'abord un enfant triste et rêveur, qui jouait aux pieds de sa mère et qui s'élevait doucement sous la bienveillante influence du regard maternel. Cependant, l'enfant grandit vite. Il entra dans le monde au moment où la Restauration rejetait la France de l'empire dans des idées plus calmes. Le bruit des armes s'effaçait peu à peu chaque jour ; chaque jour les passions, soulevées depuis trente années par tant de révolutions diverses, se taisaient et se calmaient, comme fait l'océan après l'orage. Peu à peu, un nouveau bruit se faisait entendre dans la France royaliste, un mouvement tout nouveau s'emparait d'elle. Ce bruit, c'étaient les jeunes intelligences qui commençaient à murmurer tout bas plus d'une vieille vérité, encore trop hardie pour être proclamée tout haut ; c'était l'éloquence moderne qui essayait ses forces naissantes conjointement avec la constitution nouvelle ; ce mouvement nouveau qui emportait la France, c'était une sage révolution, mais en sens inverse, qui la reportait sans violence vers les vieux âges, vers le vieux trône, vers les beaux temps d'élégance, de dévouement et de politesse. Heureuse et mémorable époque de la poésie française ! La France était alors sur le point d'accomplir en effet de grandes choses et d'enfanter de grands hommes, si elle eût été abandonnée à son heureuse étoile; si, au lieu de lui faire violence et de la vouloir rejeter traîtreusement dans l'ornière, cette royauté honnête, bienveillante et peu habile, se fût contentée de montrer à la France le grand chemin du siècle de Louis XIV en soit, jamais instant ne fut plus favorable à l'apparition d'un homme de génie que cette heure fugitive, où la royauté de France était calme encore et ne s'était pas assez enhardie pour lutter contre la constitution qui l'avait reconnue et que la royauté devait si tôt ne plus reconnaître. Tous les esprits étaient fatigués du bruit, des clameurs soudaines, de la gloire guerrière et des secousses des révolutions. Toutes les âmes étaient rassasiées de doute et d'incrédulité. La poésie matérialiste, cette poésie qui vit de description, qui se passionne pour la forme, pour la couleur, jamais pour l'âme et pour la passion, était morte depuis longtemps avec l'abbé Delille. On ne voulait plus de tous ces corps sans âme, de toutes ces passions sans cause, de tous ces doutes sans fin. Je ne sais quel sentiment de l'infini s'emparait de tous les cœurs en présence de tant de révolutions soudaines, qui avaient renversé, rétabli et détruit de nouveau tant de couronnes. Chacun s'abandonnait, avec une sécurité inconnue, aux heureuses passions de la jeunesse ; le champ de bataille ne réclamant plus chaque jour son nombre obligé de braves, de victimes, de vainqueurs et de morts. On s'aimait enfin dans cette France, qui n'avait été occupée que de révolutions au dedans et de guerres au dehors ; et comme l'amour est de sa nature confiant, plein d'espoir et d'avenir, il arriva bientôt qu'à force de s'aimer, on en vint à aimer celui-là qui est la source infinie de tout amour en ce monde. Ainsi, la France de 1820 revint à la croyance religieuse en même temps qu'à l'amour. Le cœur de la France battit doublement au nom de Dieu et au nom d'Elvire. L'école allemande et l'école anglaise, Gœthe et Byron, qui sont avec M. de Lamartine les trois dieux poétiques de cet âge, jetèrent toutes les âmes dans cet idéal sans fin qui est aussi bien l'avant-coureur de l'espérance que celui du désespoir, qui s'arrête dans les bras de Dieu ou qu'il n'aille plus loin que Dieu ; il ne manquait plus à la France qu'un grand poëte pour résumer ces craintes, ces désespoirs, ces ambitions, ces souvenirs : ce poëte fut trouvé; ce poëte, c'était M. de Lamartine.

Il y avait bien de son temps parmi nous un poëte plus populaire que ne l'ait jamais été un poëte, même La Fontaine ; populaire, comme l'a été le vieil Homère dans les villes de la Grèce. Ce poëte national parmi nous, dont la voix amoureuse et guerrière aurait dû étouffer tout d'abord les tendres, douces et chastes élégies murmurées au bord des ruisseaux et sous les bois touffus, c'était Béranger. Celui-là, fils du peuple comme M. de Lamartine est gentilhomme, est à coup sûr, lui aussi, un grand poëte. Celui-là aussi, comme la chose était arrivée à Juvénal, l'indignation le fit poëte. A force de maudire notre défaite, il devint le poëte de nos malheurs. Fille du peuple, sa poésie adopta la forme la plus populaire, la chanson. A l'aide d'un refrain retentissant, à l'aide d'une noble et courageuse pensée, il restait dans tous les cœurs. Son dédain pour nos maîtres d'hier, son profond mépris pour l'ancien régime; sa colère contre ces épées rouillées dans le fourreau, contre ces poitrines sans blessures, contre ces habits brodés à neuf, contre ces châteaux rebâtis d'hier, et en même temps son amour et ses respects pour les vieux soldats de la France, tronçons d'épées qui étaient devenus charrues, poitrines cicatrisées et couvertes d'honneur, vieux uniformes usés et troués, mais sans taches, humbles chaumières ouvertes à tous les vents, glorieuse misère de gens vieillis et usés dans la gloire, si triste à voir comparée au triomphe de ces autres vieillards vieillis dans l'émigration et dans la mendicité ; c'étaient là de nobles et grandes qualités poétiques, que le peuple français de 1814 à 1820 comprenait à merveille, et qu'il recevait de la voix de son poète, comme autant de saintes paroles qui appartenaient à son évangile populaire. Béranger fut donc tout d'abord le poëte élu de la nation ; il s'adressait à des instincts fougueux, à des passions violentes, à des désespoirs cachés, à des haines mal contenues ; il prouvait à la France dans des airs de bravoure ce qu'un rhéteur démontrait dans sa chaire, *que nous n'avions pas été vaincus à Waterloo* ; il écrasait sous une indignation sans égale les Anglais, les Prussiens, les Russes, les gentilshommes des Tuileries, le roi, le dauphin, les prêtres, les jésuites surtout, cette universelle horreur ; il se portait l'héritier direct de Voltaire ; tous les pouvoirs d'une société faiblement constituée, Béranger les attaquait de front par l'ironie, par le mépris, par la colère, par l'injure, par l'esprit, par le passé, par le présent, par l'avenir ; il y intéressait notre gloire nationale ; il appelait à son aide la révolution et l'empire, nos victoires et notre défaite ; il ralliait à lui toutes les vieilles rancunes des républicains battus et des impérialistes renversés ; jamais opposition ne fut plus véhémente et plus terrible, et encore n'était-ce pas là toute l'opposition de Béranger. Non content de parler à l'âme, à l'esprit, au courage, à l'indépendance de ce peuple dont il tenait l'âme, l'esprit et le cœur entre ses mains, il parlait encore à ses sens ; il s'adressait à ses passions, à ses amours. Il mêlait la liberté aux plaisirs de la table ; il assaisonnait son opposition au vin de Champagne ; il écrasait le premier aumônier, tout en célébrant les appas de Lisette ; il lançait la foudre contre les jésuites à propos de Jeanneton et de ses jeunes appas. Le vin, l'amour et la liberté ; le bal masqué, la grisette et la révolte ; la haine au roi et l'amour pour Lisette, Béranger célébrait à la fois toutes ces choses ; il était en même temps Anacréon et Tyrtée. La poésie de Béranger était à deux faces, glorieuse et sensualiste, révoltée contre le pouvoir, soumise à l'amour, brisant les chaînes de fer, attachant les hommes par des liens de fleurs ; moitié laurier et moitié rose, moitié gloire et moitié plaisir ; passant du champ de bataille au cabaret, de la chambre des députés à la mansarde, et toujours aussi à l'aise au bruit des armes qu'au bruit des verres, au banc de l'opposition qu'au lit de la grisette ; bonne et joviale, terrible et emportée tour à tour ; moitié rire et moitié larmes, parlant à merveille la langue du camp et du cabaret, sentant le vin , la poudre à canon, la violette de mars et le tabac. Aussi, comme la France était tout âme et tout cœur à cette poésie de la révolte et des sens ! Jugez quels obstacles avait à surmonter, avant de se produire parmi nous, la chaste, plaintive, élégante , passionnée poésie de M. de Lamartine.

Donc en 1820 le poëte jeta sa poésie dans le monde. C'était un modeste volume que je vois encore, et que j'achetai par hasard, un jour que j'étais sorti de mon collége pour y rentrer le soir. Je me souviendrai toute ma vie de mon extase quand pour la première fois j'ouvris ce livre d'un poète sans nom. J'étais bien jeune alors ; j'étais tout pénétré d'admiration pour les grands maîtres. Horace et Boileau, et J.-B. Rousseau lui-même, dont l'heure avait sonné, me paraissaient les maîtres et les modèles de toute poésie. Quel ne fut donc pas mon étonnement et mon admiration quand soudain mes yeux , éblouis comme mon cœur, découvrirent ce nouveau monde poétique ! Quoi ! dans un même livre sont réunis enfin tous les sentiments de l'âme et toutes les passions du cœur, tous les bonheurs de la terre et tous les ravissements du ciel, toutes les espérances du temps présent et toutes les inquiétudes de l'avenir ! Quoi ! voilà enfin un poëte qui réunit dans ses vers les conditions les plus opposées de la poésie, l'enthousiasme et le sang-froid, la dévotion et l'amour ! Quoi ! voilà un poëte chrétien qui ne copie ni la Bible, ni Lefranc de Pompignan, ni J.-B. Rousseau, ni aucun de ces énergumènes, dont les plus beaux et les plus terribles passages sont empreints d'une austérité impitoyable ! Mais, au contraire, il prie comme on chante ; il approche sans peur du Dieu terrible ; il laisse de côté les images consacrées ; il parle du ciel comme il en faut parler aux intelligences de la terre ; il se rapproche à la fois de notre âme et de nos sens ; il fait du ciel une patrie à notre portée, comme l'Élysée du *Télémaque*, et pour que nous arrivions plus facilement à cette patrie céleste, il nous met en main le rameau d'or ! Et voici encore que ce même chrétien, si confiant et si peu terrible, à genoux tout à l'heure aux pieds du Créateur, se met aux genoux de la créature ; et alors aussi à ces jeunes pieds mortels , ce sont des adorations sans fin, de chastes extases, des ravissements au-dessus des nuages, plus haut que le ciel où fut saint Paul. Quoi ! ce poète, pour qui Dieu lui-même s'est fait homme une seconde fois et s'est abaissé jusqu'à nous, il met la croyance au niveau de l'amour de l'orgie, de la vengeance et des malédictions de tous genres, cette chaste et murmurante poésie de M. de Lamartine , qui ne parlait que du ciel et de ces plus innocentes amours de la terre. Cette poésie-là nous reposait merveilleusement de ces rimes chantées et consacrées au vin, à la goinfrerie, à la guerre et aux amours faciles ; les jeunes gens et les femmes, et les vieillards et tous ceux qui ne pensent pas que la vie se doit passer dans mille chansons plus ou moins érotiques , reçurent avec reconnaissance ces chants timides, partis du cœur. Il y eut là une réaction tout entière en faveur de la véritable et honnête poésie. C'en était fait en même temps de Delille et de l'école descriptive ; de Parny et de l'école sensualiste ; de Voltaire et de l'ironie, de Lebrun et de l'épigramme. Lamartine et Béranger se partagèrent le monde poétique : à celui-ci l'âme, à celui-là les sens ; ils exerçaient quelque temps avec une autorité à peu près égale. Mais maintenant, des deux poëtes, il y en a un qui a usurpé à peu près le domaine de l'autre, qui s'est avancé de conquête en conquête dans ses royaumes, qui les a conquis par la persuasion aux lèvres de miel, et cet usurpateur, ce n'est pas Béranger. Le temps, qui sanctifie et qui augmente tous les pouvoirs qu'il ne brise pas, devait arracher peu à peu à l'un des deux poëtes, qui ne chantait que la jeunesse, le vin, le plaisir et la gloire, la plus périssable des vanités périssables, ses chanteurs et ses adeptes. L'homme n'est pas fait pour chanter une éternelle chanson d'été et d'amour. Tu lui as donné, mon Dieu, un autre but , plus lointain et plus difficile à atteindre ! L'homme est fait pour l'espérance et pour le pur amour. La poésie de M. de Lamartine fut donc à la fois le triomphe et l'expiation de la poésie. En moins de quatre ans il se vendit 45,000 exemplaires des *Méditations*.

Après les *Premières* et les *Secondes Méditations poétiques*, suivies bientôt après de *La Mort de Socrate* (1823), M. de Lamartine, qui sans doute à son insu était violemment préoccupé de la pensée de lord Byron, tenta de s'inspirer plus immédiatement qu'il ne l'avait fait jusque alors du souvenir de cet illustre et malheureux poëte. Lord Byron venait de mourir, et, chanté, et tout ensemble pleuré par toute l'Europe. La biographie de Child-Harold, ou , pour mieux dire, l'auto-biographie de lord Byron, était restée interrompue par sa mort. M. de Lamartine entreprit d'ajouter un chant à ce poëme, et de compléter avec ses propres sensations ces sensations si glorieusement mais si tristement interrompues.

Déjà, dans ses *Premières Méditations*, il s'était occupé

de lord Byron avec cette admiration sympathique qu'excitent toujours dans les belles âmes les grands poëtes. L'ode à lord Byron : *Qui que tu sois, Byron*, avait frappé la France, d'autant plus que la France, elle aussi, disait depuis longtemps : *Qui que tu sois, Byron !* En relisant avec soin l'ode à lord Byron, on retrouvera en germe ce *Dernier chant du pèlerinage d'Harold* : c'est la même pitié, tendre et cachée ; c'est la même passion, naïve et triste ; c'est le même besoin de parler d'un homme qui est le maître du monde poétique. Du reste, il ne paraît pas que lord Byron ait compris comme il devait les comprendre l'admiration et la sympathie d'un homme comme M. de Lamartine. Mais qu'importe? il faut pardonner aux grands poëtes et aux âmes ulcérées d'être injustes : hélas! c'est le seul droit de leurs malheurs. Toutefois, en ajoutant au dernier chant au poëme de lord Byron, M. de Lamartine s'est bien gardé d'une servile imitation ; il a conservé son allure naturelle ; il n'a copié ni la mélancolie satirique ni la tristesse ironique de lord Byron. Il a gardé, il est vrai, la stance, cette forme d'une négligence charmante, que lord Byron avait empruntée à Spencer et à la *Jérusalem* du Tasse ; mais là s'arrête toute imitation. D'ailleurs, M. de Lamartine voudrait en vain imiter un poëte ou un poëme : sa nature l'emporte bientôt, sa rêverie le domine, son inspiration revient plus puissante : dites donc au cygne de voler avec les ailes de l'aigle! Ainsi, après quelques efforts pour suivre à la trace Harold, le héros de son poëme, M. de Lamartine rentre naturellement dans son propre sentier ; et ce poëme, commencé comme un poëme, devient peu à peu la plus simple, la plus poétique et la plus touchante élégie qui soit sortie de l'âme d'un poëte en l'honneur d'un autre poëte.

Il n'est plus.... il n'est plus, l'enfant de mon délire,
Il n'est plus qu'un vain son qui frémit sur ma lyre,
L'immortel pèlerin est au terme, il s'endort ;
Voyez comme son front repose dans la mort!
. . . .
Si ses chants quelquefois ont éveillé votre âme,
Donnez-lui..., donnez-lui ce qu'une ombre réclame,
Une larme ...; c'est là son funèbre denier,
Ce tribut qu'à la mort tout mortel doit payer.

Les *Premières Méditations poétiques* furent publiées en 1820 ; un an plus tard, M. de Lamartine se mariait avec une de ces femmes d'élite que le ciel n'accorde en partage qu'à ceux qu'il aime. Mme de Lamartine est née en Angleterre ; mais la France la réclame et l'adopte comme son enfant. A peine marié, M. de Lamartine fut nommé secrétaire de l'ambassade de Naples. Déjà la Sicile, et Rome et Naples l'avaient accueilli, mais non pas comme un poëte ; il était bien jeune et bien inconnu à son premier voyage, il était le premier poëte du monde quand il revint en Italie. Ce fut sous le beau ciel italien, et tout en se livrant à ses travaux de chaque jour, que M. de Lamartine écrivit les *Harmonies poétiques*. De secrétaire d'ambassade à Naples, il était devenu chargé d'affaires en Toscane. Là il trouva un ami dans la personne du grand-duc. Ce fut à Florence qu'il eut avec le général Pépé ce duel célèbre où il reçut une large blessure. M. de Lamartine défendait son pays à la main l'honneur de la France. Sa vie fut longtemps en danger ; et cependant son premier soin, ce fut de prendre la défense de son adversaire auprès du souverain et d'obtenir pour lui toute garantie. Mais ces détails biographiques, que sont-ils, comparés, par exemple, aux *Harmonies poétiques*? Et à quoi bon chercher la vie d'un poëte hors de ses poëmes, surtout quand ce homme a jeté dans ses poëmes toute son âme, tout son esprit, tout son cœur?

Donc en mai 1830 parurent les *Harmonies poétiques*. C'est le journal confidentiel dans lequel le poëte dépose une à une ses impressions de chaque jour. Ce livre s'adresse surtout aux intelligences élevées, aux plus nobles pensées de l'homme, à ses plus chastes désirs. Il a la vertu d'une prière bien faite, et pour s'élever jusqu'à Dieu, jusqu'à l'infini, il serait impossible de rencontrer de plus poétiques formules. Ce sont encore des *Méditations poétiques*, mais encore plus loin de la terre que les secondes *Méditations*, et par conséquent bien éloignées des premières *Méditations*, si remplies de passions mortelles. Il faut donc considérer les *Harmonies poétiques* moins comme un poëme que comme une poésie isolée que murmurent tout bas les âmes tendres.

Quand éclata la révolution de Juillet, ce terrible coup de foudre sous lequel sont restées écrasées tant de nobles intelligences, M. de Lamartine venait d'être élu membre de l'Académie Française et nommé ministre plénipotentiaire en Grèce ; mais il était encore à Paris. Il salua de ses derniers adieux, il accompagna de ses respects cette maison de Bourbon qu'il avait servie et que son père avait servie. Singulière position de M. de Lamartine! par la famille et par les services de son père il appartenait au roi Charles X ; par la famille et par les services de sa mère, il appartenait à la maison d'Orléans. Son père avait été major d'un régiment de cavalerie sous Louis XVI ; sa mère, qui est morte victime d'un accident déplorable, était fille de Mme Des Rois, sous-gouvernante des princes d'Orléans, et par conséquent du roi Louis-Philippe. Cependant, ce fut en vain que le gouvernement de Juillet voulut conserver à M. de Lamartine cette noble ambassade de la Grèce, à laquelle il était nommé : non pas même pour revoir cette belle terre qui fut le tombeau de Byron, M. de Lamartine ne voulut consentir à passer ainsi du vaincu au vainqueur. Il fit son devoir ; il resta fidèle au malheur. Il dit adieu à la diplomatie, et il redevint tout simplement un poëte.

Mais ce n'était pas en vain qu'il s'était dit : Je verrai la Grèce! je verrai l'Orient! Il partit donc, emmenant avec lui toute sa famille et sur son propre vaisseau, et il fit en Orient ce voyage qui dura seize mois, qu'il a raconté avec tant de génie et pendant lequel il eut le malheur de perdre à Beyrouth sa fille adorée. Quel voyage et quel livre, et comment faire pour les analyser? Poésie du cœur, rêverie de l'âme, tristesses profondes, mélancolique contemplation du vieux monde oriental, ce premier-né du soleil, d'où l'humanité est sortie, où l'humanité retourne ; pieuse espérance d'une âme faite pour le ciel, profondes études d'un esprit philosophique, prédictions puissantes d'un esprit politique, qui sait prévoir, parce qu'il sait se souvenir, toutes ces choses se trouvent dans le *Voyage en Orient* de M. de Lamartine. Toutes ces choses s'y trouvent, non pas pêle-mêle et au hasard, mais chacune y vient en son lieu et place, selon le cœur, l'âme, l'esprit ou le regard du poëte. Ce livre est écrit dans le plus merveilleux style qui se puisse lire, simple, élégant, parfois sublime ; style aux mille faces diverses, aux mille physionomies changeantes, aux mille éclatantes couleurs. Il faut le lire comme un poëme, il faut le lire comme une prière. Malheur à ceux qui ne volent là qu'un livre à juger! Un voyage, non pas! Le poëte n'est pas un voyageur, le poëte va et vient, il s'arrête, il se couche au bord des fleuves, il grimpe au sommet des montagnes, halte à pied, tantôt à cheval ; il dort, il rêve, il veille, il se laisse aller à son émotion, à son caprice, à sa tristesse, à sa joie, à son enthousiasme, à son bonheur. Appelez-vous cela faire un livre? appelez-vous cela être un voyageur? Or, quel esprit fut jamais plus rêveur que celui de M. de Lamartine ? Qui jamais fut plus obéissant que notre poëte à son caprice, à son instinct, à sa joie, à sa tristesse, à ses passions, à son amour? Un voyageur, M. de Lamartine! lui qui s'arrête sous la première tente qu'il rencontre pour fumer avec un Arabe! lui qui se détourne de sa route pour admirer la moindre jolie fille qui passe! lui qui s'amuse aux joutes poétiques avec les poëtes du désert, qui lutte de vitesse avec l'écuyer, qui est tour à tour tout ce qu'on veut qu'il soit, grand seigneur, Bohémien, Anglais, Français, Arabe, chrétien, mahométan, ami d'Ibrahim, ami du sultan, aussi prêt à partager son repas avec le bandit qu'à lui tirer un coup de sa carabine! Voyageur, celui-là qui s'en va chez lady Stanhope, qui le reconnaît pour un Arabe à son pied droit, et dont il écoute les merveilleux récits avec la plus complète bonne foi! Voyageur, celui-là qui ne peut pas voyager sans son enfant, sans sa femme, sans son chien fidèle!

Ce voyage, solennel par le but, par le plan, par la pensée du voyageur, solennel surtout par la grande misère et l'irréparable malheur qui l'attend au milieu des sables, n'est pas cependant sans avoir ses moments de repos, de gaieté et de relâche. Tant que sa fille n'est pas malade, tant qu'elle est brillante de santé et d'esprit, la jeune et belle enfant, M. de Lamartine s'abandonne en liberté aux impressions heureuses de son voyage. Il s'occupe à la fois de beaux chevaux, de belles femmes et de beaux vers. L'Orient lui apparaît sous son côté verdoyant et limpide. Avant tout, il est poëte, et il se livre avec délices à toutes les impressions poétiques; et puis il n'est pas toujours à Jérusalem, au milieu des horribles désolations de la peste. Que de beaux caractères il a trouvés dans son chemin, que de femmes charmantes!

M. de Lamartine était à Jérusalem quand il apprit qu'il avait été nommé député du département du Nord. Ces nouveaux devoirs le rappelèrent en France, et ce ne fut pas sans une certaine inquiétude que la France vit son poëte entrer dans cette chambre des députés, où étaient débattus chaque jour tant d'intérêts tout positifs. Qu'allait devenir le grand poëte dans ces questions de canaux, de chemins de fer, de sucre indigène? Comment donc cette intelligence si élevée descendra-t-elle à ces intérêts bourgeois? Et cette éloquente parole, d'un si large et si magnifique développement, comment fera-t-elle pour se plier à cette conversation terre à terre de la tribune? Mais les amis de M. de Lamartine furent bientôt rassurés. Le poëte monta à la tribune, et avec lui le député. Cette belle langue, même en s'occupant d'intérêts tout matériels, resta encore une langue à part. On admira tout d'abord ce rapide coup d'œil, cette simple façon d'aller droit au but; mais surtout on admira cette éloquence toujours soutenue, toujours naturelle, qui, prenant pour point de départ les plus nobles mouvements du cœur, s'en allait jetant en son chemin les plus précieux trésors de la plus vaste et de la plus noble intelligence. M. de Lamartine, du haut de la tribune nationale, parlait de l'humanité, de la tolérance, de la charité, de ce lien fraternel qui unit toutes les nations et tous les hommes, avec une conviction émanée du cœur, qui lui conciliait toutes les sympathies. C'était la langue de la poésie appliquée aux affaires, c'était la rêverie d'un poëte homme d'État, c'était un vif et éloquent souvenir des beaux discours de Châteaubriand, quand Châteaubriand portait à la chambre des pairs toute l'émotion spontanée de son génie. Sans nul doute, si M. de Lamartine n'avait été qu'un député ordinaire, eût-on trouvé qu'il y avait trop de solennité dans sa parole, trop de hauteur dans ses discours, et qu'il était trop à l'étroit renfermé dans la question du moment; mais une fois le poëte accepté, il faut dire qu'il était l'honneur de la tribune; il sera l'une des gloires de l'éloquence française.

Ce qu'il y a d'incroyable, c'est que M. de Lamartine, au plus fort de cette difficile étude de la tribune, entouré de tant d'affaires difficiles et puériles, au milieu de tant de travaux, tout nouveaux pour son esprit, ait trouvé encore assez de loisir pour écrire au courant de la plume cet admirable poëme, Jocelyn, touchante et dramatique histoire de la passion sacrifiée au devoir. Jocelyn est un des beaux livres de notre langue. Cette fois le poëte a appelé la religion à son poëme le roman et le drame, deux magnifiques et inépuisables ressources qui ont tant servi à la popularité et à la gloire de lord Byron. Le sujet choisi par le poëte était choisi avec un rare et légitime bonheur; son héros est le curé de campagne, son poëme est une épopée domestique. Jocelyn est un prêtre à la fois selon l'Évangile et selon le monde; son âme appartient à Dieu et à l'amour : il a la foi, il a la charité, il arrive avec bien de la peine à l'espérance. Tous les personnages de ce poëme respirent je ne sais quelle grave bonne humeur, pleine de vérité et de charme.

Jules JANIN.

M. de Lamartine avait brigué la députation dès 1831, et s'était inutilement mis sur les rangs à Toulon et à Dunkerque. Aux élections générales de 1837, son nom sortit simultanément de l'urne à Bergues et à Mâcon, et il opta pour sa ville natale, qu'il continua toujours de représenter au Palais-Bourbon jusqu'en 1848. Ami du progrès, et cependant conservateur, *démocrate-conservateur*, ainsi qu'il se qualifiait lui-même, il faut bien avouer que les convictions monarchiques de la belle partie de sa vie poétique s'étaient singulièrement modifiées depuis l'époque où par une noble démission il refusait de se rattacher aux destinées de la dynastie intronisée en juillet 1830. Les électeurs légitimistes, qui le nommèrent les premiers, ne reconnurent bientôt plus le représentant de leurs espérances dans l'orateur brillant et libéral, qui continuait sans doute à se montrer l'adversaire obstiné de la maison d'Orléans, mais qui dans tous ses discours, et notamment dans ceux qu'il prononça sur l'abolition de l'esclavage, sur la peine de mort, sur le libre échange, sur les chemins de fer, sur le droit de visite, sur la question de la régence, sur la loi de disjonction, etc., abjurait de la manière la plus éclatante les vieilles doctrines de leur parti, et allait se rapprochant de jour en jour davantage non pas seulement de l'extrême gauche, mais encore du parti radical et socialiste. A diverses reprises pourtant, il avait été question de lui pour des remaniements partiels ou des formations de cabinet, lorsque le programme politique qu'il publia en octobre 1843 le classa bien décidément au nombre des ennemis déclarés du système dont Louis-Philippe était l'incarnation. Dans son *Histoire des Girondins*, qui parut en 1847 et précéda de si peu de temps la révolution de 1848, M. de Lamartine arbora franchement le drapeau du républicanisme. Il est incontestable que ce livre, par le ton de lyrisme dans lequel l'auteur y célèbre à peu près sans exception tous les hommes qui jouèrent un rôle dans la première révolution, par le soin avec lequel il s'attache à en faire autant de figures sublimes, sans le moins du monde se soucier de la vérité, en dramaturge bien plus qu'en historien, uniquement pour produire de l'effet et exalter de plus en plus l'esprit du lecteur, contribua beaucoup, en février 1848, à l'éruption du volcan populaire qui engloutit et le trône et les institutions de Juillet. Le 24, au moment décisif, ce fut M. de Lamartine qui détermina la chambre des députés à repousser la proposition de l'établissement d'une régence confiée à madame la duchesse d'Orléans, et qui entraîna ses collègues à l'hôtel de ville. On sait le reste. Nommé alors membre du gouvernement provisoire et chargé du portefeuille des affaires étrangères, il fut pendant quelques jours l'espoir du pays; et sa popularité fut immense quand on l'eut vu repousser courageusement sur le perron de l'hôtel de ville les individus qui prétendaient y arborer le drapeau rouge. Mais l'opinion ne tarda pas non plus à l'abandonner lorsque, dans la direction des affaires spéciales de son département, il eut donné tant de preuves de faiblesse et d'indécision. Ses choix furent peut-être plus déplorables que ceux d'aucun de ses collègues ministériels, et ses rapports intimes avec les meneurs de la plus basse démagogie achevèrent de le compromettre démonétisé. Cela ne l'empêcha pas sans doute d'être élu membre de l'Assemblée nationale dans douze départements à la fois; mais le scrutin de liste explique parfaitement ce dernier et éphémère triomphe. Aux élections générales de 1849, sa candidature échoua à Paris ainsi qu'à Mâcon; et ce fut seulement quelques mois après que les électeurs d'Orléans le renvoyèrent à l'Assemblée. Tous les partis s'accordent à reconnaître que la manière dont il mena les affaires de la République à l'extérieur fut pitoyable, et qu'il laissa alors échapper la plus admirable occasion qui se rencontrera peut-être jamais de rendre à la France ses frontières naturelles, tout en émancipant la Hongrie, en reconstituant la Pologne et en affranchissant l'Italie. Son passage au pouvoir est un argument de plus à l'appui de l'opinion de ceux qui prétendent qu'il est impossible de jamais faire d'un poëte un véritable homme d'État.

Il avait été nommé en mai 1848 par ses collègues de l'Assemblée nationale membre de la commission exécutive qui remplaça le gouvernement provisoire improvisé le 24 février, lorsque les terribles journées de juin vinrent le rendre désormais tout entier à l'exercice de son mandat législatif; mais abandonné de plus en plus par l'opinion, son influence sur l'assemblée alla toujours diminuant, et l'élection du 10 décembre 1848, qui donna six millions de suffrages à Louis-Napoléon pour la présidence de la république, acheva de lui enlever ses dernières illusions, qu'il conserva d'ailleurs jusqu'au dernier moment. Il était trop tard quand il s'aperçut que la terre lui manquait sous les pieds, et que c'en était fait irrévocablement de son empire sur les esprits. C'est vraisemblablement dans l'espoir de se réhabiliter à ses propres yeux qu'il entreprit, en 1848 et 1849, une suite de publications, telles que *Trois Mois au Pouvoir*, *Histoire de la Révolution de 1848 et 1849*, *Le Conseiller du Peuple*, etc., toutes consacrées à l'apologie et à la justification de sa conduite au milieu de la crise révolutionnaire. Sans doute il réussit à y établir qu'il est demeuré fidèle aux principes proclamés par lui en entrant dans la carrière parlementaire; mais il est à regretter qu'il ne s'en soit pas tenu là, et que le désir de continuer à occuper de lui le public à tout prix, peut-être bien aussi le besoin d'entasser volumes sur volumes pour réparer à l'aide d'un continuel travail les larges brèches faites à sa fortune par sa participation à la vie politique, l'aient déterminé à se laisser exploiter par les entrepreneurs de journaux et à leur vendre, par exemple, des *Confidences*, des *Mémoires*, où il révèle tous les secrets de sa jeunesse, tous les mystères de ses premières amours, et où il trouve en outre le moyen d'intercaler des commentaires sur ses œuvres poétiques qui trahissent un incommensurable orgueil, en même temps qu'ils enlèvent à ses poésies la meilleure partie de leur parfum. Depuis 1853 il publie, sous le titre de *Le Civilisateur*, un journal mensuel, dans lequel il se borne à faire des biographies, mais où l'on retrouve parfois tout son talent. On a encore de lui une *Histoire de la Restauration*, en 8 volumes, que des spéculateurs lui *commandèrent* en 1852, et qui, malgré la rapidité avec laquelle elle a été écrite, est un ouvrage qui restera; une *Histoire de Russie*, rédigée avec une extrême légèreté; une *Histoire de César*, où l'écrivain spécule évidemment sur les allusions aux temps présents que le lecteur ne peut manquer d'y chercher, etc., etc. Par une de ces étranges contradictions dont est semée la vie de l'illustre poëte, il a accepté du Grand-Turc, en 1851, le don d'immenses propriétés territoriales situées dans la plus belle partie de l'Asie Mineure; gracieuseté du padischah, qu'on ne se serait guère attendu à voir accorder à un aussi rigide républicain. A cela, M. de Lamartine répond, avec quelque raison peut-être, que Thémistocle lui-même ne rougissait pas jadis d'accepter les pensions du grand-roi, et que ce sont là choses auxquelles les principes politiques n'ont rien à voir.

Le chantre d'Elvire a eu la gloire de donner son nom à une rue de Paris. En mars 1848, les propriétaires de la rue *Coquenard* sollicitèrent et obtinrent de la municipalité l'autorisation de changer ce nom ridicule en celui de *Lamartine*.

LAMB (Charles), le plus remarquable des *essayistes* anglais modernes, naquit à Londres, le 10 février 1775, et eut pour condisciple Coleridge. Entré en 1802 au service de la Compagnie des Indes, il prit sa retraite en 1825, avec une pension considérable, et mourut le 27 décembre 1834. Comme écrivain, il débuta dans le *London Magazine*, par des essais où il exposait avec un grand fonds d'*humour* et une touchante simplicité sa philosophie de la vie. Plus tard ces essais furent réunis en corps d'ouvrage, et il en parut deux séries (1823 et 1831). On retrouve le même amour de l'humanité dans ses poëmes, parmi lesquels on peut citer *The Old familiar Faces*, composition touchante, qui est en quelque sorte le type de sa poésie. Ses *Tales of Rosamond Grey* (1798) et ses *Tales from Shakspeare* (1807) sont demeurés à bon droit populaires. Dans ses *Specimens of English dramatic Poets who lived about the time of Shakspeare, with notes* (1813; 2e édition, 1835), il insiste sur la simplicité et la pureté de style des anciens dramaturges. Ses *Album verses with a few others* (1823) contiennent des poëmes de circonstance d'un haut intérêt, attendu que ses célèbres soirées du jeudi servirent de centre de réunion à la plupart de ceux de ses contemporains, jeunes ou vieux, aux noms desquels s'est mêlée un peu de célébrité. Ses œuvres en prose furent réunies en 1835, et ses œuvres poétiques en 1836.

Sa sœur, *Mary Ann* Lamb, née en 1765, célébrée dans ses Essais sous le nom d'*Elia*, prit part à la composition des *Tales from Shakspeare*, et est l'auteur d'un excellent ouvrage pour la jeunesse, *Mistress Leinster's School*. Forcée par une maladie mentale de vivre dans l'isolement, elle fut toujours de la part de son frère l'objet de la plus touchante sollicitude; et après la mort de Charles Lamb, ses amis se chargèrent d'elle. Elle mourut le 20 mai 1847.

LAMB (Lady Caroline), née le 13 novembre 1785, et fille unique du comte de Besborough, fut élevée sous les yeux de sa grand'mère, la comtesse Spencer, et reçut une éducation distinguée, qui comprit même l'étude des langues de l'antiquité classique. Une certaine tendance au mysticisme, une grande irritabilité d'esprit, une vive impatience du joug conventionnel imposé par les mœurs et les usages, tels furent de bonne heure les traits saillants et particuliers de son caractère. Ses goûts littéraires la mirent en rapport d'amitié avec lord Melbourne, qui l'épousa, en 1805. Quand elle eut fait la connaissance de lord Byron, alors de retour de son premier voyage, il se forma entre eux deux des relations intimes, qui se brisèrent au bout de trois ans, au milieu de circonstances douloureuses, dont l'impression pénible ne put jamais s'effacer de son esprit. Plus tard elle vécut pendant plusieurs années dans un isolement à peu près complet, à Brocket-Hall, manoir appartenant à son beau-père; puis elle finit par se séparer tout à fait de son mari, qui conserva toutefois avec elle jusqu'à sa mort les relations les plus amicales, et qui demeura aussi toujours de sa part l'objet des plus grands égards. A la suite d'une grave maladie, elle se rendit à Londres, où elle mourut, le 25 janvier 1828. De ses nombreux romans, *Glenarvon*, *Graham Hamilton*, et *Ada Reis* sont les seuls qui aient paru.

LAMBALLE, ville de France, chef-lieu de canton dans le département des Côtes-du-Nord, à 24 kilomètres de Saint-Brieuc, sur le Gouessant, avec 4,337 habitants, un collége, des eaux minérales, de nombreuses tanneries et mégisseries, un commerce considérable de blé, cire, miel, cuir. Lamballe est l'ancienne capitale des *Ambiliates*. La cité armoricaine fut détruite au neuvième siècle par les Normands; mais une ville nouvelle se forma bientôt à l'entour d'une forteresse bâtie par Conan le Fort, sur une montagne voisine. Lamballe devint en 1317 le chef-lieu de la seigneurie de Penthièvre. Elle fut prise et démantelée en 1420 par le duc de Bretagne. Sous la Ligue la ville fut encore forcée, à plusieurs reprises; enfin Richelieu fit raser ses fortifications, en 1626. Le château, reste de la propriété des Penthièvre, tomba dans le domaine privé de Louis-Philippe, qui en 1840 y établit une institution de sourds-muets.

LAMBALLE (Marie-Thérèse-Louise de SAVOIE-CARIGNAN, princesse de), célèbre par sa beauté, ses grâces, ses vertus, son courage et sa mort, naquit à Turin, le 8 septembre 1749. Sa mère, femme d'un rare mérite, se plut à développer les immenses qualités dont la nature l'avait douée; mais sa mauvaise étoile voulut qu'on donnât sa main au prince de Lamballe, fils du duc de Penthièvre. Ce jeune prince mourut en effet peu de temps après, des suites de ses débauches, à peine âgé de vingt ans. Elle n'avait pas elle-même alors plus de dix-neuf ans. Les fêtes de la cour, où elle ne tarda pas à reparaître, effacèrent peu à peu le souvenir amer de cette union : l'affectueuse intimité qui s'établit entre elle et Marie-Antoinette acheva de combler le vide de son cœur. Lors de l'avénement de Louis XVI, la nouvelle reine nomma Mme de Lamballe surintendante de sa maison. Toutefois, les intrigues de l'envie troublèrent trop souvent la bonne harmonie des deux princesses; et lors des troubles des 5 et 6 octobre, Mme de Lamballe était depuis quelque temps éloignée de la famille royale. Mais à la nouvelle des dangers qui la menaçaient, elle accourut et s'établit au château même des Tuileries pour prodiguer à Marie-Antoinette les soins et les consolations d'une amie dévouée.

A la journée du 10 août, elle partagea ses périls. Quand il fut question de la fuite du roi, on convint qu'elle quitterait Paris pour l'Angleterre, d'où elle viendrait rejoindre la reine à Montmédy. Lorsque Louis XVI fut arrêté à Varennes et ramené à Paris, Mme de Lamballe, parvenue à Londres, où elle était accueillie et fêtée, n'hésita point, malgré les conseils de ses amis et de ses parents, à venir reprendre sa place auprès de l'infortunée princesse. Son dévoûment héroïque ne se démentit pas un seul instant au milieu de la tourmente révolutionnaire; aucun des coups de la fureur populaire ne put ébranler sa fermeté et sa constance. On la vit solliciter comme une grâce d'être enfermée au Temple avec la famille royale, afin d'aider la reine à supporter cette horrible captivité. Mais l'accomplissement de ce soin pieux ne lui fut pas longtemps permis: un ordre de la commune arriva prescrivant de la transférer à La Force. On était à la fin d'août 1792; déjà le plan des massacres des prisons était arrêté. Le 3 septembre au matin, on lui annonce qu'on va la conduire à l'Abbaye. Elle se récrie; on insiste, il lui faut céder. Les massacreurs, tour à tour juges et bourreaux, ont établi près du guichet un simulacre de tribunal, non pour juger, mais pour envoyer plus méthodiquement à la mort leurs victimes. « On conduit la princesse mourante au terrible guichet, dit M. Thiers: Qui êtes-vous ? lui demandent les bourreaux en écharpe. — Louise de Savoie, princesse de Lamballe. — Quel était votre rôle à la cour ? Connaissez-vous les complots du château ? — Je n'ai connu aucun complot. — Faites serment d'aimer la liberté et l'égalité ? Faites serment de haïr le roi, la reine et la royauté. — Je ferai le premier serment; je ne puis faire le second, il n'est pas dans mon cœur. — Jurez donc, lui dit un des assistants, qui voulait la sauver. Mais l'infortunée ne voyait et n'entendait plus rien. Qu'on élargisse madame, dit le chef du guichet. Ici, comme à l'Abbaye, on avait imaginé un mot pour servir de signal de mort. On emmène cette femme infortunée, qu'on n'avait pas (disent quelques narrateurs) l'intention de livrer à la mort et qu'on voulait en effet élargir. Cependant elle est reçue à la porte par des furieux avides de carnage. Un premier coup de sabre, porté sur le derrière de sa tête, fait jaillir son sang; elle s'avance encore soutenue par deux hommes, qui peut-être voulaient la sauver; mais elle tombe à quelques pas sous un dernier coup. Son beau corps est déchiré; les assassins l'outragent, le mutilent, et s'en partagent les lambeaux. Sa tête, son cœur, portés au bout d'une pique, sont promenés dans Paris. Il faut, disent ces hommes dans leur langage atroce, les porter au pied du trône. On court au Temple, on la réveille, avec des cris affreux, les infortunés prisonniers. Ils demandent avec effroi ce qu'il est. Les officiers municipaux s'opposent à ce qu'ils voient l'horrible cortége qui était sous leur fenêtre et la tête sanglante qu'on y élevait au bout d'une pique. Un garde national dit enfin à la reine: C'est la tête de Lamballe qu'on veut vous empêcher de voir. A ces mots, la reine s'évanouit. Mme Élisabeth, le roi, le valet de chambre Cléry, emportent cette princesse infortunée, et les cris de la troupe féroce retentissent longtemps encore autour des murs du Temple. » Paul Tiby.

LAMBDACISME. Voyez LALLATION.

LAMBEL, pièce d'armoirie de longueur, à trois pendants, qui se pose horizontalement en chef; quelquefois on la pose en fasce, et alors on exprime sa position. Le lambel est le plus souvent une brisure; il sert à distinguer les cadets des grandes maisons. Son nom vient du vieux français label, qui signifiait un nœud de rubans s'attachant au casque, couvrant l'écu et posant sur sa partie supérieure. Il servait à distinguer les enfants du père, parce qu'il n'y avait que ceux qui n'étaient point mariés qui en portassent; puis enfin on a fait la brisure des premiers cadets. Pour ses armoiries, la maison d'Orléans chargeait d'un lambel les armes de France.

LAMBERT (*Lambertus*), saint et martyr, fut, au septième siècle, pendant près de quarante ans évêque de Maëstricht, sa ville natale. Doué de toutes les vertus du chrétien, il s'efforça de propager le christianisme dans le nord de l'Europe; mais au milieu des nombreux bouleversements qui affligèrent l'empire des Francs, il fut en butte à une foule de persécutions. Enfin, en 708, Alphéide, concubine du maire du palais Pepin d'Héristal, et mère de Charles Martel, irritée de ses censures, le fit assassiner à son retour de l'office. L'Église célèbre sa mémoire le 17 septembre.

LAMBERT LE COURT ou **LI CORS** naquit à Châteaudun, vers la fin du onzième siècle ou au commencement du quatorzième. Il est justement regardé comme l'inventeur du *Roman d'Alexandre*, poëme héroïque plein de curieux détails sur les mœurs du moyen âge. Le titre de *clerc* donné à Lambert fait supposer qu'il vécut au cloître, et qu'il y composa son poëme dans le calme et le silence, en suivant les traditions écrites qu'il avait sous les yeux, et en y mêlant peut-être les récits de quelque pèlerin revenu de Palestine. On ignore la date de sa mort.

LAMBERT (MICHEL), musicien célèbre attaché à la chapelle de Louis XIV, était né en 1610, à Vivonne, près Poitiers. Pendant longtemps il n'y eut pas à Paris de partie agréable si Lambert ne s'y faisait pas entendre, et on se l'arrachait. Boileau, dans sa satire du *Repas*, fait allusion à la vogue peu commune dont cet artiste jouissait encore de son temps :

Molière avec Tartufe y doit jouer un rôle,
Et Lambert, qui plus est, m'a donné sa parole;
C'est tout dire en un mot, et vous le connaissez.
Quoi, Lambert? — Oui, Lambert. — A demain : c'est assez.

Michel Lambert, mort à Paris, en 1696, fut enterré dans l'église des Petits-Pères, sous la tombe même de Lulli, qui avait épousé sa fille unique, et qui l'avait singulièrement éclipsé. On a de lui des Motets, des Leçons pour les Ténèbres, etc. Le recueil de ses œuvres a été gravé en 1666.

LAMBERT (ANNE-THÉRÈSE DE MARGUENAT DE COURCELLES, marquise DE), née à Paris, en 1647, morte en 1733, fille d'un maître de la chambre des comptes, et tint longtemps à Paris une de ces maisons qu'on appela plus tard des *bureaux d'esprit*. Elle avait épousé, en 1666, le marquis de Lambert, qu'elle perdit en 1686, lorsqu'il était lieutenant général et gouverneur du duché de Luxembourg. Des quatre enfants nés de ce mariage, il ne lui resta qu'un fils et une fille, dont l'éducation fut l'objet de tous ses soins. C'est à cet effet qu'a été imprimé dans divers ouvrages que son hôtel était situé à l'extrémité orientale de l'île Saint-Louis. Celui qui se trouve là, et qui est aujourd'hui la propriété du prince Czartoriyski, appartenait au président Lambert, et il n'existait aucun lien de parenté entre ce magistrat et la marquise. Il résulte de recherches historiques faites avec soin par l'auteur de l'hôtel de la marquise était à l'extrémité occidentale des bâtiments de la Bibliothèque impériale, et qu'il occupait l'emplacement où se trouve le cabinet des médailles. Le duc de Nevers, l'un des héritiers du cardinal Mazarin, ayant vendu cet emplacement à la marquise, celle-ci y fit des dépenses assez considérables, et vint l'habiter. C'est alors qu'il se forma dans son hôtel une société choisie qui par son élégance rappela celle de l'hôtel de Rambouillet. Mais elle en bannit le jeu, qui régnait alors avec fureur dans Paris. Les soupers de fondation qu'elle y donnait,

LAMBERT — LAMBESSA

le mardi, pour les grands seigneurs, et le mercredi pour les gens de lettres, devinrent célèbres, et furent recherchés. Ils exercèrent beaucoup d'influence sur le grand monde et sur le monde littéraire. L'Académie Française elle-même en éprouva les effets, et n'ouvrit souvent ses portes qu'aux convives de la marquise et aux habitués de son hôtel. Néanmoins cette influence, quoique peu légitime, ne paraît pas avoir été préjudiciable à l'Académie, car ce fut pendant ce temps-là que La Motte-Houdard, Massillon et Montesquieu, obtinrent les honneurs du fauteuil.

On a de la marquise : *Avis d'une Mère à son Fils*, et *Avis d'une Mère à sa Fille*, ouvrages qu'elle composa pour l'éducation de ses enfants, et qui sont fort estimés, tant pour le style que pour les pensées. Elle est aussi l'auteur d'un *Traité de la Vieillesse*, d'un *Traité de l'Amitié*, de *Réflexions sur les femmes, sur le goût, sur les richesses*, de Lettres, de Portraits, d'une nouvelle intitulée *La Femme ermite*, etc. Ces différents livres n'étaient point destinés au public, et ne virent le jour que par l'indiscrétion de quelques amis.

LAMBERT (JEAN-HENRI), philosophe et mathématicien, né le 29 août 1728, à Mulhouse (Bas-Rhin), ville qui alors appartenait à la Suisse, était fils d'un pauvre tailleur, qui le destinait à sa profession. Après avoir reçu dans une école gratuite son instruction élémentaire, il apprit lui-même et sans maître les langues anciennes et modernes, consacrant les nuits au travail le plus opiniâtre. Il fit de rapides progrès dans les mathématiques ainsi que dans les langues orientales, et obtint alors, à cause de sa belle écriture, un emploi d'expéditionnaire. Devenu teneur de livres dans une fonderie de fer, il entra à l'âge de dix-huit ans comme secrétaire chez Iselin de Bâle, alors rédacteur de la gazette de cette ville. Deux ans plus tard, le président Salis, de Coire, le choisit pour précepteur de ses enfants ; et dans cette maison il trouva toutes les facilités qu'il pouvait désirer afin de continuer ses sévères études et de développer son génie pour les sciences mathématiques. L'éducation des jeunes de Salis une fois terminée, il vécut successivement à Augsbourg, Munich, Erlangen et Leipzig. En 1764 Frédéric le Grand le manda à Berlin, et le créa membre de son conseil des bâtiments ainsi que de son Académie des Sciences. Il mourut en 1777, dans cette capitale, laissant la renommée du plus grand analyste en mathématiques, en logique et en métaphysique, qu'ait produit le dix-huitième siècle.

Outre une innombrable quantité de dissertations et de mémoires, on a de lui : *Photometria, seu de mensura et gradibus luminis, colorum et umbræ* (Augsbourg, 1760), et *Nouvel Organon, ou pensées sur la recherche et les effets du vrai* (2 vol.; Leipzig, 1764), ouvrage dans lequel il s'efforçait, à l'aide des mathématiques, d'introduire une meilleure méthode philosophique que celle qui était en usage dans l'école de Wolff. Nous devons aussi une mention spéciale à ses *Lettres cosmologiques sur l'organisation de l'univers* (Augsbourg, 1761), livre plein de profondeur. Lambert fut l'un des amis de Kant, et entretint avec lui une correspondance suivie, qu'on trouve dans ses œuvres mêlées. En 1818, un monument lui a été élevé dans sa ville natale. C'est à Lambert que la marine est redevable de l'invention du porte-voix.

LAMBERTINI (PROSPER). Voyez BENOÎT XIV.

LAMBESC, ville de France, chef-lieu de canton dans le département des Bouches-du-Rhône, à 21 kilomètres d'Aix, avec 3,747 habitants, une fabrication de vermicelle, d'huile, de briques et de tuiles, un commerce de grains. Cette ville est l'ancien *Oppidum Ambolianorum*, bâti par les Phocéens de Marseille. Lambesc fut le siége d'une principauté appartenant à la maison de Lorraine-Brionne. C'est là que les assemblées des états de Provence se tinrent depuis 1644 jusqu'en 1789.

LAMBESC (CHARLES - EUGÈNE DE LORRAINE, duc D'ELBEUF, prince DE), né le 25 septembre 1751, issu d'une branche collatérale de la maison de Lorraine, était fils du comte de Brionne. Dévoué à la cour en sa qualité d'assez proche parent de la reine Marie-Antoinette, il fut appelé, en 1789, aux fonctions de grand-écuyer de France, et nommé colonel-propriétaire du régiment royal-allemand, plus spécialement destiné, lors des premiers événements de la révolution, à protéger la famille royale. Le 12 juillet 1789, deux jours avant la prise de la Bastille, il quitta la place Louis XV, où il avait pris position avec son corps, et pénétra à sa tête, par le pont tournant, dans le jardin des Tuileries pour balayer la foule qui s'y réunissait chaque jour à l'effet d'écouter des orateurs en plein vent. Cette manœuvre, vivement exécutée, eut pour résultat qu'il fut prouvé que lui-même avait porté un coup de pointe à un vieillard qui ne s'était pas retiré assez vite. Ces violences exaspérèrent les esprits. Il fut accusé de conspiration royaliste fomentée par l'or de l'étranger ; mais la cour du Châtelet rendit un arrêt de non lieu. Après cette décision, il se retira en Allemagne, et prit part, en 1793, dans les rangs de l'armée des coalisés à la campagne de Champagne. Après la retraite précipitée par laquelle se termina la pointe tentée sur Paris par le duc de Brunswick, il passa au service de l'empereur, où il obtint les grades de général-major, puis de général feld-maréchal. Il participa en cette qualité, avec le prince de Vaudemont, son frère aîné, à toutes les campagnes entreprises contre la république française et contre l'empire, mais sans se distinguer. En 1812 il épousa la veuve du ministre comte de Colloredo, dont quelque temps après il se sépara judiciairement. Quand les Bourbons remontèrent sur le trône, ils l'appelèrent à faire partie de la chambre les pairs, sous le titre de *duc d'Elbeuf*, et lui accordèrent ensuite le bâton de maréchal de France. Ces grâces, ces distinctions accordées à un homme qui depuis longtemps avait abdiqué la qualité de Français, et qui pendant plus de vingt ans avait porté les armes contre son pays, indisposèrent vivement l'opinion publique, quoique jamais le prince de Lambesc n'ait essayé de se prévaloir des droits et des priviléges qu'elles lui conféraient. Il persista, au contraire, à rester à Vienne, où il mourut, le 20 novembre 1825. En lui s'éteignit la branche collatérale de la maison de Lorraine à laquelle il appartenait.

LAMBESSA, ancienne ville romaine de l'Algérie, sur la limite du Tell et du Sahara, à 10 kilomètres de Batna, 1100 mètres au-dessus du niveau de la mer et 220 kilomètres des côtes. Les ruines de cette ville occupent l'une des circonflexions d'une vaste coupure naturelle de la chaîne du grand Atlas. Quoiqu'elle fût une des positions les plus importantes des Romains en Afrique, aussi bien au point de vue commercial que sous le rapport stratégique, elle fut cependant une des dernières villes bâties par ce peuple conquérant ; tant il est vrai que dans ce pays il a toujours fallu être complétement maître du littoral avant de s'avancer vers le désert. Cette ville servait à surveiller les mouvements des nomades sahariens, qui tous les ans ont besoin de venir passer l'été dans le Tell avec leurs troupeaux, et à les maintenir sous le règne des Antonins, dans les deuxième et troisième siècles de notre ère. L'invasion des Vandales fut le signal de sa décadence. On ne connaissait plus cette ville que par les descriptions incomplètes des Anglais Bruce et Shaw et du Français Peyssonel, quand, en 1844, une colonne partie de Constantine et commandée par le duc d'Aumale, à la destination de Biskara ; vint porter son camp au lieu dit *Rous et Aïoun-Batna* (Tête des fontaines de Batna) ; à 8 kilomètres à l'est, sur les rapports des indigènes, on découvrit au fond d'une vallée une masse imposante de ruines, des temples, des théâtres, des portes, des mausolées, d'immenses blocs, des colonnes, des pilastres. Les indigènes désignaient ce lieu sous le nom de *Tezzout*. On ne saurait pas bien s'il s'était là l'antique Lambessa ; mais une inscription portant *Genio Lambasæ* et une multitude d'autres rappelant le nom de la troisième légion Auguste ne laissèrent plus d'incertitude. Les Romains nous indiquaient la position à prendre, et près de là, dans la plaine, le général Herbillon fut chargé d'élever l'immense caserne de Batna, qui, assise au milieu de la vallée même, domine le défilé que les tribus allant du sud au nord ou du nord au sud ne peuvent éviter de franchir. « Des collines à pentes douces, dit M. F. Mornand, entourent Lambessa comme d'un amphithéâtre, et de leur sein jaillissent de nombreux cours d'eau, qui, savamment aménagés autrefois, baignent maintenant sans direction et sans utilité les décombres de la colonie païenne. Le site est morne et froid, indépendamment même du caractère de tristesse qui s'allie partout aux ruines. Les hauteurs dont la ville est comme cernée sont nues et ne présentent d'autres traces de végétation que des touffes de genévriers et des genêts à longue tige. Les terres voisines sont, il est vrai, d'une fertilité remarquable et susceptibles de s'approprier aussi bien à la plantation des arbres fruitiers qu'à la culture des céréales; mais les arbres, même sur le sol privilégié de l'Algérie, sont lents à crottre, et Lambessa, après des siècles d'abandon, est dépourvue de tout ombrage. » La ville forme un vaste ovale de sept à huit kilomètres de pourtour. On peut d'après cette superficie évaluer à une centaine de mille le nombre de ses habitants au temps de sa prospérité. Son cirque pouvait contenir de vingt à trente mille spectateurs. Parmi ses ruines, on cite encore un temple de la Victoire, un temple de Minerve, un temple d'Apollon, un temple à Esculape, etc. Une voie romaine, encore en bon état de conservation, près de la ville, est, comme la *via Sacra* de Rome, bordée de monuments tumulaires aux formes variées et surchargés d'inscriptions.

Tels sont les lieux qui furent choisis dès 1850 pour servir de colonie de transportation, et qui reçurent encore après le coup d'État du 2 décembre 1851, les malheureux que les commissions instituées à cet effet crurent devoir éloigner de la France et garder sous les yeux de la force armée. Différents pénitenciers furent élevés dans la vallée, à diverses distances des ruines de la ville romaine, et plusieurs catégories furent établies parmi les transportés. De plus, une section disciplinaire a dû recevoir depuis ceux qui d'abord devaient être transportés à Cayenne.

L. LOUVET.

LAMBIN (DENIS), célèbre commentateur, né à Montreuil-sur-Mer, en 1516, voyagea en Italie avec le cardinal de Tournon, et obtint en 1561 la chaire de langue grecque au Collége royal. Il l'occupa jusqu'à sa mort, occasionnée par la nouvelle de l'assassinat de son ami Ramus (1572). On a de lui des commentaires sur Lucrèce, sur Cicéron, sur Plaute, sur Horace, la traduction en latin de la *Politique* et de la *Morale* d'Aristote, et de quelques harangues d'Eschine et de Démosthène. Le soin qu'il a pris de rapporter les diverses leçons avec la plus scrupuleuse exactitude ennuya bien des lecteurs et fit naître, dit-on, le verbe *lambiner* et l'adjectif *lambin*, qui sont restés dans la langue.

LAMBREQUINS. Dans le blason, les lambrequins représentent des morceaux d'étoffe découpés qui descendent du casque et accompagnent l'écu pour lui servir d'ornement. Au dix-huitième siècle les lambrequins disparurent des armoiries avec les casques, auxquels on substitua des couronnes. On nomma aussi *volets* les lambrequins, parce qu'ils voltigeaient au gré du vent dans les joutes et les tournois. Quelques auteurs font venir le nom de *lambrequins* de ce que ces morceaux d'étoffe tombaient en lambeaux par les coups que recevaient les chevaliers de leurs adversaires dans les combats et les joutes. Le père Ménestrier dérive cette dénomination de *lemniscus*, nom latin de ces rubans volants dont les couronnes de laurier et de chêne étaient liées chez les anciens.

[Les *lambrequins* étaient des étoffes précieuses découpées en festons et attachées au casque. On trouve dans les *Mémoires pour servir à l'histoire de Bretagne* celui de Hoël IV, comte de Nantes en 953. A son casque est attachée une espèce d'étoffe non découpée, et semblable à un grand voile pendant par derrière. Telle était probablement la forme des lambrequins dans l'origine. Toutefois, soit que les lambrequins ne fussent d'abord portés que par les princes souverains, soit qu'il y ait eu une longue interruption dans cet usage, soit enfin que les anciens graveurs eussent éprouvé de la difficulté à les rendre sur les sceaux, il est constant qu'on n'en trouve aucune trace sur ceux de la noblesse jusqu'au quatorzième siècle. Depuis, on a posé pour règle que cet ornement du casque devait avoir les mêmes émaux que l'écu et les pièces qui le chargent.

LAINÉ.]

LAMBRIS. Il serait bien difficile de donner de ce mot une étymologie raisonnable, et il ne l'est pas beaucoup moins d'expliquer positivement ce que l'on doit entendre par *lambris*. Dans l'acception la plus ordinaire, on nomme *lambris* les boiseries qui revêtent les parois d'une chambre, et on dit des *lambris dorés*, des *lambris à panneaux*, des *lambris d'appui*. Ces derniers sont employés plus fréquemment que les autres, puisqu'il s'en trouve dans toutes les pièces, qu'elles soient tendues en tapisseries, en étoffes de soie ou simplement en papier. On dit aussi des *lambris en marbre*, *en stuc* : ils sont à moulures ou à compartiments, en couleurs variées. On fait aussi quelquefois des *lambris en plâtre*, où les moulures sont traînées avec un profil comme celles des corniches, et ensuite peintes par-dessus. On dit des *lambris feints*, quand les moulures sont exécutées en peinture sur une partie plate. Enfin, quelques personnes prétendent qu'on donnait aussi autrefois le nom de *lambris* aux parties de menuiserie qui formaient les compartiments d'un plafond. Mais la chose la plus singulière est de voir employer l'expression *lambrissé* pour les chambres en galetas, dans lesquelles on aperçoit intérieurement la pente ou la frisure du comble. Ces chambres, cependant, n'ont ordinairement aucune partie de boiserie, ni panneaux, ni moulures. Il est vrai que dans ce cas on ne dit pas que ces chambres sont couvertes d'un *lambris en plâtre*, mais seulement on les désigne sous la dénomination de chambres lambrissées.

DUCUESNE aîné.

LAMBRUN (MARIE), née à Sterling, vers 1555, avait épousé un Français, qui depuis sa jeunesse était au service de Marie Stuart, et elle fit partie comme lui de la maison de la reine d'Écosse. Lambrun fut si frappé de la fin tragique de cette princesse, qu'il en mourut de douleur. Marie, qui avait partagé ses regrets, ne put supporter avec résignation ce nouveau malheur, et résolut de se venger de celle qu'elle regardait comme la cause première de toutes ses afflictions, c'est-à-dire de la reine Élisabeth, en l'assassinant. Pour mettre son projet à exécution, elle se déguisa en homme, et se rendit à Londres sous le nom d'*Antoine Sparch*. Son premier soin, aussitôt arrivée dans la capitale, fut de guetter l'occasion de se défaire de la reine. Un jour qu'Élisabeth se promenait dans ses jardins, Marie s'avança précipitamment vers elle; mais la vivacité des mouvements qu'elle fit pour percer la foule des curieux fut cause qu'elle laissa tomber l'un des pistolets dont elle s'était armée. Les gardes l'arrêtèrent incontinent, et Élisabeth fut curieuse d'interroger elle-même une pareille femme. Marie lui fit l'aveu du crime qu'elle avait médité, ajoutant qu'elle n'avait cru faire que son devoir. La reine, après l'avoir froidement écoutée, lui demanda avec beaucoup de tranquillité d'âme ce qu'elle pensait être son devoir, à elle, à son égard. « Est-ce en qualité de reine ou de juge que vous me faites cette question? » répliqua Marie. — Comme reine, répondit Élisabeth. — Dans ce cas, se hâte de répondre l'étrangère avec une admirable présence d'esprit, votre devoir, madame, est de me pardonner. » La reine, frappée de cette réponse, lui demanda ce qui pouvait lui garantir qu'elle n'aurait pas quelque jour à se repentir de sa générosité. Marie lui répondit sèchement que si elle apportait tant d'hésitation dans l'exercice de la plus belle de ses prérogatives, le mieux à faire était d'agir non pas en reine, mais en juge. L'énerpique impertinence de cette leçon désarma Élisabeth, qui ne marchanda pas davantage sa grâce pleine et entière à Marie. Celle-ci eut toutefois le bon esprit de solliciter, comme complément de faveur, l'ordre d'être immédiatement reconduite sur les côtes de France, requête à laquelle Élisabeth consentit encore à faire droit. L'histoire ne dit pas ce que devint ensuite Marie Lambrun.

LAMBRUSCHINI (Luigi), cardinal de l'Église romaine, qui, en qualité de secrétaire d'Etat du pape Grégoire XVI, exerça une grande influence sur les affaires de l'Église, naquit à Gênes, en 1776, et entra d'abord dans l'ordre des Barnabites. Plus tard il fut nommé évêque de Sabine, puis archevêque de Gênes, et enfin cardinal en 1831. Grégoire XVI l'appela aux fonctions de secrétaire d'Etat pour les affaires étrangères et de ministre de l'Instruction publique, et plus tard encore à celles de secrétaire des brefs pontificaux et de bibliothécaire du Vatican. Dans cette position, Lambruschini prit une part importante aux persécutions politiques et aux procès religieux qui signalèrent cette époque ; aussi son impopularité parmi les Romains devint-elle extrême. En 1845 il céda à Mezzofanti la direction de l'instruction publique.

En 1846, quand la mort de Grégoire XVI amena l'élection d'un autre souverain pontife, Lambruschini obtint le plus de voix au premier scrutin. Le nouveau pape Pie IX le nomma membre de la *consulta* d'Etat, de création toute récente, et le rétablit dans ses fonctions de secrétaire des brefs et de bibliothécaire du Vatican. En 1847 le cardinal fut en outre nommé évêque de Porto de San-Rufina et de Civita-Vecchia, en même temps que grand-chancelier de tous les ordres pontificaux et doyen du sacré collége. Gravement menacé lors de l'explosion des troubles révolutionnaires, il se réfugia à Civita-Vecchia, ne s'y trouvant plus en sûreté, il prit le parti de s'en revenir à Rome. Après la catastrophe de novembre 1848, il s'enfuit à Naples, d'où il rejoignit à Gaête le pape, avec qui il rentra à Rome en 1850 ; et il fut alors nommé l'un des cardinaux de la maison du saint-père. Il mourut le 12 mai 1854.

LAME (du latin *lamina*). Par ce mot on désigne des bandes métalliques diversement configurées, dont on fait usage pour couper, diviser, percer : ainsi, l'on dit la *lame* d'un couteau, d'une scie, d'un sabre, d'une épée. Les lames se font en acier pur ; quelquefois on fait en fer la partie non coupante, de sorte que le tranchant est seul en acier ; alors la lame est moins sujette à casser ; souvent aussi on fait des lames en acier de basse qualité.

On appelle aussi *lames* des planchettes minces, des feuilles de metal non tranchantes qui ont une certaine épaisseur et sur lesquelles on peut graver des inscriptions, etc.

En histoire naturelle, les *lames* sont les feuillets qui composent certaines pierres, les cloisons qui divisent l'intérieur d'une plante.

En termes de marine, *lame* est synonyme de vague.

Pour les *lames décomposantes* ou *électrodes*, voyez ÉLECTRO-CHIMIE.

LAMECH, patriarche hébreu, cinquième descendant de Caïn, en ligne directe, différent d'un autre Lamech, qui vivait à peu près dans le même temps, qui était fils de Mathusalem et qui fut père de Noé. Celui dont nous faisons ici la biographie fut le premier polygame connu. Il épousa deux femmes, *Ada* et *Sella*. Ada lui donna deux fils, Jabel et Jubal. Le premier fut père de ceux qui habitent sous les tentes et mènent une vie nomade en conduisant leurs troupeaux ; le second inventa plusieurs instruments de musique. Sella fut mère de Tubal-Caïn, qui travailla le fer, et d'une fille, *Noema*, qui inventa le tissage de la toile. Des érudits ont vu dans ces quatre enfants de Lamech l'Apollon berger, l'Apollon poëte, le Vulcain et la Venus des Grecs.

LAME CRIBLÉE, LAME PERPENDICULAIRE. *Voyez* ETHMOÏDE.

LAMÉGO, ville de Portugal, dans la province de Beira, bâtie au confluent du Balsamo et du Duero, avec 9,000 habitants, un vieux château fort et un séminaire épiscopal, est célèbre dans l'histoire par l'assemblée des états du royaume qui s'y tint en 1143, sous le règne d'Alfonse Ier, et qui introduisit dans le royaume l'ordre de succession qui y est encore aujourd'hui en vigueur, ainsi que les *cortès*.

LAMELLICORNES (du latin *lamellæ*, petites feuilles ; *cornu*, corne), famille de coléoptères pentamères, renfermant plus de 4,000 espèces réparties entre 400 genres environ. Établie par Latreille, qui lui a imposé un nom rappelant la forme des antennes, cette famille a été divisée par le même entomologiste en deux tribus, celle des *scarabéides* et celle des *lucanides*. C'est parmi les lamellicornes que se trouvent la plupart des grands coléoptères et aussi un grand nombre de ceux que fait remarquer le brillant métallique de leurs couleurs. Les genres *bousier, lucane, hanneton*, etc., sont les principaux de cette famille. La plupart des lamellicornes se nourrissent de végétaux décomposés ou de matières excrémentielles, excepté les *mélitophiles*, qui recherchent les fleurs : à cette dernière division appartiennent les *cétoines*.

LA MENNAIS (Hugues-Félicité-Robert de), naquit à Saint-Malo, le 19 juin 1782, d'une famille d'armateurs récemment anoblie. Dès son enfance il annonça les dispositions peu disciplinables qui avec l'âge devaient développer en lui cette ardeur militante dont il a donné le spectacle toute sa vie. La sévérité de ses maîtres n'exerçait aucun empire sur lui : indocile à leurs avis, rebelle à leurs reproches, il se roidissait contre l'enseignement qu'on cherchait à lui donner. Vers l'âge de huit à neuf ans, sa vivacité inquiète se porta tout entière sur l'étude ; mais les événements de la révolution ne lui permirent pas de profiter de l'éducation du collège. Il se livra pour ainsi dire sans maître au travail ; son frère ainé, Jean de La Mennais, un peu plus avancé que lui, dirigea pendant quelque temps ses premiers pas dans l'étude de la langue latine. Un vieil oncle se chargea de continuer son éducation. Bien que dévoré du désir d'apprendre, le jeune Félicité (on l'appelait Féli, par abréviation), dont la pétulance n'avait fait que changer de but, se sonmettait difficilement à la direction de son nouveau précepteur. Pour le punir, l'oncle se voyait souvent forcé de l'enfermer dans sa bibliothèque ; mais l'indocile écolier transformait cette punition en plaisir. Ainsi cloîtré, il pouvait satisfaire à son aise la soif de lecture dont il était dévoré : tous les livres lui étaient également bons. Cependant, il s'abreuvait de préférence de Voltaire et de Rousseau. A douze ans il savait par cœur le *Dictionnaire philosophique* et la *Profession de foi du vicaire savoyard* ; et le curé chez qui on l'avait placé pour lui faire faire sa première communion ne crut pas devoir admettre à la sainte table ce petit esprit-fort, dont les arguments le déconcertaient et le scandalisaient. Tel est un des contrastes qu'explique si bien la mobilité ardente de son esprit, et qui sont si fréquents dans sa vie, on le voit à quelque temps de là transformé en modèle de piété séraphique. Il faut cependant que cette époque de ferveur ait été bien courte, puisque ça n'est qu'à l'âge de vingt-deux ans qu'il fit sa première communion. A cette époque il donnait des leçons de mathématiques au collége de Saint-Malo. Les années précédentes avaient été employées à un examen consciencieux de la science, dont plusieurs points ne l'avaient pas satisfait, et à une étude approfondie de la religion, qui avait laissé en lui quelques obscurités. Cette époque de la vie de La Mennais, bien que légèrement troublée, n'est pas la moins intéressante ; car c'est de là que, après bien des incertitudes et des hésitations, datent son adhésion complète au dogme religieux et sa vocation pour le sacerdoce. Son père, dont la fortune se trouvait fort compromise par le malheur des temps, avait cherché à lui inspirer le goût des affaires, espérant le reposer sur lui du soin de son commerce ; mais il n'avait pu triompher de son inaptitude et de sa répugnance : il le laissa donc suivre, comme son aîné, son penchant pour l'état ecclésiastique. Cependant, La Mennais n'entra pas immédiatement dans les ordres. La réflexion ne lui manqua certes pas, et son sacrifice s'accomplit en toute connaissance de cause. Il ne fut tonsuré qu'à l'âge de vingt-huit ans, en 1811, et ordonné prêtre qu'en 1816. Avant cette époque cependant, il fit paraître plusieurs ouvrages : en 1807, à l'âge de vingt-quatre ans, une traduction du *Guide spirituel*, de Louis de Blois, et l'année suivante les *Réflexions sur l'état de l'Église*. Dans cet écrit, La Mennais annonçait déjà ce zèle ardent et passionné qui devait pendant toute sa vie le pousser aux choses extrêmes. La philosophie du dix-huitième siècle y est rudement malmenée et l'indifférence religieuse de l'époque déjà traitée de haut avec une âpreté de paroles remarquable. La lecture de cet ouvrage pouvait faire entrevoir le soldat de la foi préparant ses armes pour cette longue guerre où l'entraînait son invincible vocation. La Mennais ne voyait alors de sécurité pour les sociétés et pour la religion que dans le gouvernement monarchique. La monarchie représentait à ses yeux l'ordre et le seul régime à l'ombre duquel pût se développer le sentiment religieux. A ses yeux Bonaparte était alors *l'heureux génie qui a refondé en France la monarchie et la religion*. Il attaquait corps à corps le matérialisme philosophique du siècle dernier, auquel il attribuait les calamités et la tiédeur religieuse de notre époque. « La politique, disait-il, qui assujettit le souverain au peuple et le pouvoir au sujet est une politique absurde et coupable. » Quoique ce livre des *Réflexions sur l'état de l'Église* ne renfermât que des vues favorables au pouvoir, la police impériale le fit saisir. Quelques peintures un peu vives de l'état moral de la société, des conseils adressés au clergé, dont l'auteur cherchait à stimuler le zèle et la paresse, parurent suffisants pour motiver cet acte arbitraire.

Quelques années après, vers 1812, La Mennais fit paraître la *Tradition de l'Église sur l'institution des évêques*, qu'il avait composée de concert avec son frère aîné, dans cette silencieuse retraite de La Chenaie, héritage paternel, où il est venu si souvent, blessé au cœur, chercher le calme que lui refusaient les agitations de la ville. Les deux frères, dans ce livre, qui se recommande par un immense savoir théologique, avaient eu pour but de combattre l'opinion émise par de Pradt, Grégoire et Tabaraud sur l'élection des évêques, qui selon ces écrivains n'avait pas besoin d'être soumise à la sanction pontificale. Cet ouvrage terminé, La Mennais vint à Paris, en 1814, où il vécut assez pauvrement, dans une petite chambre de la rue Saint-Jacques. Les événements politiques de cette époque ne le trouvèrent pas froid : il accueillit avec espérance le retour des Bourbons, et sa passion lui inspira contre Napoléon détrôné les plus violentes attaques. « Étudier le génie de Buonaparte dans les institutions qu'il a rendues, écrivait-il alors dans une diatribe contre l'ex-université impériale, c'est sonder les noires profondeurs du crime et chercher la mesure de l'humaine perversité. » Le débarquement de l'empereur à Cannes devait lui inspirer de vives craintes sérieuses pour sa liberté personnelle : aussi prit-il le parti de se réfugier pendant les cent jours en Angleterre, où il fut reçu par l'abbé Carron, de Rennes, qui y dirigeait un pensionnat. Sans aucune ressource, et dépourvu d'argent, il se trouva fort heureux d'accepter chez cet ami les modestes fonctions de maître d'études. C'est fort inutilement en effet qu'il son protecteur l'avait adressé à une grande dame, lady Jerningham, belle-sœur de lord Stafford, à ce moment en quête d'un professeur de langue et de littérature françaises. Elle refusa de l'employer, parce que, disait-elle, il *avait l'air trop bête*? Il ne faut pas en vouloir à cette étrangère de n'avoir vu dans La Mennais qu'un prestolet sans importance : il fut en effet toujours d'une apparence chétive, timide et embarrassé dans les relations de la vie ordinaire, et rarement il osait regarder ses interlocuteurs en face.

De retour en France, après une absence de sept mois, La Mennais loua une chambre dans l'ancien couvent des Feuillantines, situé impasse du même nom, qu'habitait aussi alors la famille de Victor Hugo, et qu'il quitta bientôt pour entrer à Saint-Sulpice. L'impossibilité de se soumettre à la discipline étroite et aux habitudes mesquines du séminaire le fit bientôt revenir près de l'abbé Carron aux Feuillantines. Le plus beau jour de sa vie, disait-il souvent, ç'avait été celui où, abandonnant les noires et froides murailles du séminaire Saint-Sulpice, il s'était enfin senti libre sur le pavé de la rue du Pot-de-Fer (où était alors située la porte d'entrée de cette maison). L'année suivante, en 1816, il fut ordonné prêtre à Rennes. Il avait alors trente-quatre ans. Puis il revint encore aux Feuillantines, où il termina son premier volume de l'*Essai sur l'Indifférence en matière de religion*. Personne n'ignore avec quelle émotion et quel étonnement ce livre fut accueilli. « Ce fut, a dit de Maistre, un tremblement de terre sous un ciel de plomb ! » C'est de ce temps-là (1817) seulement que date la célébrité de La Mennais.

On sait à quel point le siècle en était, relativement aux choses religieuses, à l'apparition du livre de La Mennais. Trois hommes de génie différent, Chateaubriand, Joseph de Maistre et Bonald, avaient seuls essayé de prendre en mains les intérêts de la religion, encore souffrante des attaques du siècle dernier ; mais l'influence de ces trois écrivains n'avait pu ranimer la foi endormie. De Maistre, dont le génie se montrait sous des formes austères et peu bienveillantes, Bonald, dont les idées religieuses réfléchissaient toujours quelques nuances de son royalisme, ne pouvaient être goûtés que dans une classe fort restreinte. Châteaubriand, seul des trois, avait su exciter l'attention générale ; mais il était plutôt parvenu à faire aimer les formes poétiques de la religion que la religion elle-même : il n'avait pas attaqué l'indifférence corps à corps ; il n'avait fait que toucher l'épiderme, sans pour cela réveiller les esprits du sommeil léthargique où ils étaient plongés. La Mennais comprit que l'indifférence religieuse était au fond de toutes les choses, de toutes les opinions, de tous les partis et de toutes les classes de la société. Il prit l'audacieuse résolution de l'attaquer sous toutes les formes derrière lesquelles elle se cachait, de la forcer au combat, de la mettre à nu, et de lui arracher un cri d'angoisse en la blessant au cœur : l'*Essai sur l'Indifférence* parut.

L'effet produit par cet ouvrage fut prodigieux : son succès retentit dans toute l'Europe. L'Église catholique releva la tête, croyant au retour de ses beaux jours ; car depuis les coups de tonnerre de Bossuet jamais de plus magnifiques accents, jamais une voix plus grave et plus convaincue, jamais de plus énergiques et solennelles paroles n'étaient sortis de son sanctuaire. Au dehors la surprise, quoique différente, n'était pas moins grande. Les uns s'en étonnaient comme d'une audace inimaginable, les autres comme d'un acte de fanatisme : les plus incrédules n'y voulaient voir que le prétexte d'un talent littéraire mûri à l'écart et d'une imagination fougueuse impatiente d'éclater. Mais personne ne s'occupa avec tiédeur de ce début inouï. Cette époque, avec les années qui la suivirent, fut incontestablement la plus pure et la plus nette de la vie de La Mennais. Son nom depuis acquit une plus large popularité, surtout dans ces derniers temps ; mais cette popularité, il la dut en outre à l'esprit de parti, à l'exaltation de ses idées politiques.

L'immense succès de l'*Essai sur l'Indifférence* fit rechercher La Mennais par les principaux soutiens de la monarchie d'alors : on sait que ses sympathies étaient à cette époque toutes de ce côté. Il se réunit à MM. de Châteaubriand, de Bonald, Frayssinous, Fiévée, de Villèle, Castelbajac, et *Le Conservateur* fut créé. Il y défendit avec son ardeur accoutumée le trône et l'autel contre les attaques de la révolution, représentée par *La Minerve*.

Mais en défendant le trône comme la base de l'édifice social, La Mennais ne sacrifiait pas son but religieux aux préoccupations politiques : il restait l'homme de tous, bien qu'engagé sous une bannière ; il continuait son enseignement général, tout en établissant des principes individuels dans l'intérêt d'une fraction de la société, et sans se laisser absorber par les exigences de la cause politique, qu'il

6.

aimait plutôt qu'il ne la soutenait. Cette conduite le mit en suspicion, et diminua les espérances que les uns et les autres avaient fondées sur lui. Le clergé comprit qu'il serait l'homme de la religion, et non le sien; il commença donc bientôt à s'en détacher et même à lui susciter ces embarras mesquins auxquels les coteries du temps prenaient une part si active. Les royalistes, utilisant cette volonté si forte, cette intelligence si élevée et cette résistance indisciplinable, s'en servaient sans espérer pouvoir les plier à toutes leurs étroites combinaisons. Quant à la foule, qui s'était émue un instant, elle retomba dans sa tiédeur, en pensant que l'auteur de l'*Essai* n'était qu'un royaliste de plus. Le second volume, qui parut deux ans après, bien que supérieur peut-être au premier, n'obtint pas le même succès dans le public. Le clergé, ou du moins cette portion du clergé dépositaire immuable des vieilles traditions, songea dès lors sérieusement à combattre les doctrines de l'audacieux novateur, qui, rejetant l'infaillibilité de la méthode cartésienne, développait une théorie nouvelle de la certitude; théorie fondée sur un sophisme, et allant droit à renverser le système religieux qu'elle avait pour but de défendre.

« Sans doute, disait La Mennais, l'homme est fait pour la vérité; mais sa raison le trompe souvent, et ses sens, son imagination encore davantage. Il ne saurait dès lors y avoir pour lui qu'un organe infaillible de la vérité : *l'autorité universelle, le suffrage du plus grand nombre*. » Or, suivant lui, le suffrage du plus grand nombre, la raison, l'autorité universelle, l'expression du consentement de tous, c'est l'Église; l'Église, c'est le pape; le pape, c'est le représentant de Dieu : que disons-nous? c'est Dieu lui-même, puisqu'il est infaillible. Tel est le système que La Mennais développait dans son livre, l'idée primordiale de toute sa philosophie. Elle renversait l'enseignement de l'école, qui la combattit avec une vivacité extrême, bien que tempérée d'abord par des égards infinis pour l'éclatant talent de son auteur. « Vous faites, lui disait-on, de la vérité une question de nombre; une voix de plus ou de moins d'un côté ou d'un autre, et le faux devient le vrai, le vrai devient le faux. Prenez-y garde : le suffrage universel, ce serait la négation du christianisme! » Ces objections étaient fondées; mais, esprit éminemment orgueilleux, La Mennais ne voulut jamais convenir qu'il se fût laissé séduire par une idée fausse; et plus tard, quand l'Église aura solennellement repoussé cette base du consentement en tous qu'il veut lui donner pour faire du pape l'expression de l'autorité universelle et par suite le pouvoir suprême et infaillible, on le verra placer dans le peuple cette même autorité universelle, cette même infaillibilité.

Quoi qu'il en soit, de saines et nobles intelligences étaient déjà acquises à La Mennais dans le jeune clergé : le troisième et le quatrième volume de son ouvrage, qui parurent en 1824, en augmentèrent le nombre. Aussi, lorsqu'il se rendit à Rome, vers le milieu de cette année, fut-il accueilli avec distinction par Léon XII. Il trouva son portrait dans la chambre du souverain pontife, qui lui offrit alors la pourpre romaine. La Mennais refusa cet honneur, et tout prouve aujourd'hui que ce fut bien moins par humilité que par orgueil. A son retour (1825), il publia une traduction de l'*Imitation de Jésus-Christ*; puis, comprenant la nécessité de rester constamment sur la brèche, de même que l'avantage de posséder en propre un organe dans la presse périodique, afin de pouvoir non-seulement tenir ses adversaires en respect, mais encore prendre à leur égard l'offensive à propos de toutes les questions qui venaient à surgir dans la politique, il fonda, sous le titre de *Le Mémorial Catholique*, un recueil mensuel dans lequel il tint d'une main plus ferme que jamais le drapeau de l'ultramontanisme. En 1826 il fit paraître un ouvrage en 2 volumes intitulé *La Religion considérée dans ses rapports avec l'ordre civil et politique*, où il attaquait vivement la déclaration de 1682, qui consacre les libertés de l'Église gallicane. Traduit en police correctionnelle pour répondre de ce dernier livre, et défendu par M. Berryer, La Mennais fut condamné à une insignifiante amende de 30 fr. C'est à cette occasion que, prenant la parole après ses défenseurs, il adressa à ces juges une courte allocution, lue d'une voix tremblante de colère, et qu'il terminait par cette phrase célèbre : « Je vous ferai voir ce que c'est qu'un prêtre! »

La guerre était déclarée dès lors entre lui et les principaux chefs de l'Église : et cette scission, qui fit fulminer contre lui les mandements et les pastorales de l'épiscopat, ne devait pas même cesser à la publication de son ouvrage *Des progrès de la révolution et de la guerre contre l'Église*, qui parut en 1829. A ce moment encore, cependant, la liberté politique n'avait pas d'ennemi plus implacable que La Mennais. Il défendait l'inquisition contre les *calomnies* dont elle a été l'objet; il préconisait la Ligue, dans laquelle il voyait une des plus belles époques de notre histoire. Il subordonnait toutes les couronnes à la tiare, comme au beau temps de Grégoire VII. Il soutenait la nécessité d'une théocratie absolue, et proscrivait la liberté civile aussi bien que la liberté de penser. L'égalité des cultes devant la loi, reconnue et sanctionnée par la charte, n'était à ses yeux qu'un condamnable appui prêté à l'hérésie. Il voyait un crime contre la foi dans la moindre divergence d'idées avec le saint-siége. Les libertés de l'Église gallicane ne sont que la révolte contre l'Église; elles ont produit toutes les infamies et toutes les calamités du siècle dernier. L'abbé Feutrier, évêque de Beauvais, ministre des affaires ecclésiastiques, et M. Portalis, garde des sceaux, qui veillent à ce que les saints respectées et à ce qu'elles forment la base de l'enseignement dans les séminaires, sont des Néron et des Dioclétien. L'infaillible révolution vers laquelle la société gangrenée marche à grands pas, ce sont ces funestes libertés que l'auront provoquée; et après une crise terrible, mais au total salutaire, de liberté, la France ne trouvera de bonheur et de tranquillité que dans l'absolutisme et la théocratie. Quelques mois après la publication de cet ouvrage, dans lequel il se posait en prophète, survenait un événement qui devait opérer une transformation complète dans ses idées : la révolution de Juillet.

Tant d'évolutions étaient prédite avec tant d'assurance, il s'aperçut alors que, contrairement à toutes ses prévisions, elle n'aspirait pas du monde à se jeter dans les bras de l'absolutisme théocratique; et désespérant maintenant d'idées et des chimères que son esprit avait si longtemps caressées, il se jeta brusquement dans des voies diamétralement opposées. L'adversaire de la démocratie, le partisan du despotisme, déjà éprouvé par de nombreuses luttes où son goût d'indépendance personnelle avait été froissé, se relâcha peu à peu de ses croyances absolutistes. Il comprit le besoin d'une régénération sociale, il proclama le libéralisme comme un sentiment universel; il lui accorda toutes ses sympathies politiques, ne cherchant encore à le combattre que sous le rapport religieux. Le moyen imaginé par La Mennais pour expliquer cet inattendu mouvement de volteface, ce fut d'affirmer que de tout temps il avait aimé la liberté, et d'appeler maintenant *liberté religieuse* la prédominance qu'il avait constamment réclamée pour l'Église. C'est dans ces circonstances que fut créé sous sa direction, avec le concours d'une petite pléiade de jeunes disciples pleins de foi, de piété, de talent et de lumières, les abbés Gerbet, Lacordaire, Rohrbacher, et MM. Ch. de Coux, Bartels, vicomte de Montalembert, Daguerre et d'Ault-Ménil, le journal *L'Avenir*. Le but de cette feuille était de réclamer la liberté pour la religion, dont les droits avaient été étrangement dénaturés sous le règne passé, et de proclamer l'alliance des idées libérales avec les idées catholiques. La Mennais admettait la révolution et l'état de choses qu'on en espérait, sans être encore hostile à la monarchie. Démentant d'ailleurs maintenant solennellement tout ce qu'il avait écrit jusqu'à 1830, il proclamait la séparation absolue de l'Église et de l'État; il repoussait au nom du clergé le salaire de l'État, dans lequel il ne voyait autrefois qu'une insuffisante et précaire indemnité pour les biens que lui avait volés la révolution ; il le repoussait, parce que ce salaire c'était l'asservissement de l'Église à l'État.

Les doctrines de *L'Avenir*, doctrines qui réclamaient une liberté égale pour tous, entière pour tous, et provoquaient la renonciation solennelle du clergé à un salaire quelconque de la part de l'État, devaient ranimer dans ce corps les méfiances auxquelles La Mennais l'avait précédemment habitué. Or, quand celui-ci vit que le clergé refusait positivement de le suivre dans la voie où il voulait l'engager, voici par quelle imprécation de haineuse colère il brisa avec lui : « Quand les embarras financiers viendront, on sera contraint de supprimer les dépenses relatives au culte ; et le clergé, qui aurait pu se faire une position si haute et si belle, sera réformé comme un laquais. »

Le pouvoir constitutionnel devait également s'inquiéter de cette liberté religieuse, qui réclamait comme un de ses privilèges la liberté d'enseignement. La Mennais et l'abbé Lacordaire furent en conséquence traduits devant la cour d'assises pour rendre compte de plusieurs articles de *L'Avenir* : le verdict du jury les acquitta. Mais déjà une sourde réprobation se manifestait contre cette feuille, qui se plaçait, dans sa ligne, à l'état de l'opposition la plus extrême. Le clergé intriguant à Rome pour obtenir la censure des idées émises par *L'Avenir*, La Mennais résolut d'aller au-devant du coup qu'on lui préparait, et de demander au pape la sanction des opinions qu'il proclamait. Après une année d'existence, *L'Avenir* fut donc suspendu, et La Mennais partit alors pour Rome Les résultats de cette démarche sont connus : quelques mois plus tard, dans une lettre encyclique, du 15 août 1832, le pape condamnait d'une manière formelle les doctrines des rédacteurs de *L'Avenir*. Après bien des débats intérieurs et des discussions publiques, La Mennais se rendit enfin, acquiesça d'une manière absolue à la doctrine contenue dans l'encyclique, et sembla se retirer un instant de la scène ; mais sa condamnation l'avait blessé au cœur. Désormais il n'eut plus qu'une pensée : se venger de cette papauté qui avait dédaigné son appui et refusé de le suivre dans les aventures d'un système qui avait été la grande préoccupation de la meilleure partie de sa vie. Alors, par la plus éclatante des apostasies, il engagea contre la papauté et le catholicisme un duel à mort, qui de coup en coup, de chute en chute, devait finir par la négation absolue du christianisme.

Après deux années de silence, parut tout à coup ce livre qui devait démentir si scandaleusement son hypocrite soumission, *Les Paroles d'un Croyant*, ce chant révolutionnaire le plus terrible des temps modernes, *livre petit par son volume*, dit alors, non sans quelque raison, le pape, *mais immense par sa perversité* ; « livre extraordinaire, a dit depuis un critique ingénieux, M. H. Rigault ; livre extraordinaire, où se mêlent sans cesse la grâce et la violence, la colère et la mélancolie, l'éclat d'une imagination brillante et l'amertume d'un cœur qui ne pardonne pas. Livre charmant, écho lointain de l'Imitation de J.-C., s'écrie-t-on, quand on vient de lire *L'Exilé*, *La Prière*, *La Vieille Mère et la Jeune Fille !* livre hideux, détestable copie des plus mauvais journaux de la révolution, quand on a lu les pages sinistres où passent sous nos yeux ces lugubres fantômes, les rois, envoyés de Satan, fils du serpent de l'Éden, ces spectres couronnés, assis sur des trônes d'ossements et buvant du sang dans un crâne, vautours qui égorgent les colombes, tigres qui dévorent les vivants, hyènes et chacals qui déchirent les morts. Plus loin, c'est l'humanité, vieillard maigre et pâle, mourant de faim et de froid, et pliant sous des fers qui se collent à ses os comme du plomb fondu ! » On se rappelle la sensation universelle produite par cet ouvrage fatal, qui en peu d'années obtint plus de cent éditions, et qui a été traduit dans toutes les langues vivantes. La Mennais y parlait de Dieu, mais seulement pour exciter les masses à la révolte ; car l'ancien champion du droit divin, de la théocratie et de l'esclavage, l'apologiste de l'inquisition, s'y sé-

paraît hautement de toute hiérarchie ; il se déclarait indépendant de tout pouvoir ; il s'y proclamait républicain, après nous avoir donné peu de temps auparavant cette piquante définition du républicain : « Demandez-lui son secret, c'est le pouvoir, le triomphe de son opinion et de son intérêt. Il se dit : Quand serai-je roi ? Et c'est là toute sa république. »

Quoi qu'il en soit, le calcul de La Mennais avait été juste. Du moment où il se fut rallié à l'idée républicaine et à l'idée antichrétienne, dès qu'il eut mis son immense talent au service du socialisme, il devint l'oracle de ceux qui estiment qu'il faut étrangler le dernier des rois avec les boyaux du dernier des prêtres. Ce parti lui pardonna tout d'une voix son passé, en considération du concours inespéré et de l'appui si puissant qu'il donnait à l'œuvre de la révolution politique et sociale.

En 1837 on fonda un journal, *Le Monde*, dont la rédaction en chef fut acceptée par l'auteur des *Paroles d'un Croyant*, mais qui ne vécut que quatre mois, et où, il faut le dire aussi, le talent de La Mennais demeura fort au-dessous de ce que s'en étaient promis ses admirateurs. Le pamphlet allait évidemment beaucoup mieux à la nature et aux habitudes de son esprit. Le pamphlet suivant fut *Le Livre du Peuple*, ouvrage qui, sans affecter les allures bibliques des *Paroles d'un Croyant*, tend au même but. Un autre pamphlet, intitulé *Le Pays et le Gouvernement*, qu'il publia en 1840, fut déféré aux tribunaux, qui condamnèrent l'auteur à un an de prison et à 2,000 fr. d'amende. C'est à ce moment qu'il fit aussi paraître son *Esquisse d'une Philosophie*, ouvrage commencé longtemps avant qu'il eût déserté le christianisme et, comme on pense bien, dans un tout autre esprit, mais qu'il refit alors en entier pour y exposer ses idées nouvelles en matières de religion et de philosophie. Il y nie formellement le péché originel, et par suite la chute de l'homme, l'Incarnation, la Rédemption, la divinité du Christ, les mystères, les sacrements, l'éternité des peines..... En un mot, ce n'est plus seulement le catholicisme, mais le christianisme tout entier que ce prêtre rénégat veut détruire.

Élu membre de l'Assemblée constituante en 1848, La Mennais ne put pas, en raison de la faiblesse de son organe, aborder la tribune. Il déshonagea en publiant *Le Peuple constituant*, journal qui n'eut aucune espèce de succès, malgré tout le talent de son rédacteur, et qui disparut à la suite des journées de juin. Depuis lors La Mennais garda le silence le plus complet. Le 27 février 1854 il rendait le dernier soupir, à l'âge de soixante-douze ans. Conformément à ses dernières volontés, son corps, placé dans le corbillard des pauvres, ne fut pas présenté à l'église. Le convoi s'achemina directement vers le cimetière du Père Lachaise, sans l'assistance du clergé, accompagné seulement par un petit nombre de notabilités du parti républicain, parmi lesquelles on remarquait surtout le comédien Bocage, l'un des ennemis personnels de Jésus-Christ, et devenu depuis longtemps l'ami intime du défunt. La Mennais avait en outre expressément ordonné qu'on ne plaçât point de croix sur sa tombe, non plus que tout autre ornement qui pût la faire distinguer.

Ainsi s'éteignit dans le désespoir et le néant l'orgueilleux génie, le sophiste déclamateur, à qui l'on doit l'*Essai sur l'Indifférence* et *Les Paroles d'un Croyant*, c'est-à-dire la plus magnifique apologie du christianisme qu'on eût encore écrite depuis Bossuet, et l'un des livres qui ont le plus contribué de nos jours à égarer les cœurs et à pervertir les intelligences.

Avec ses ouvrages La Mennais avait gagné des sommes considérables ; il avait en outre employé une partie de cet argent à fonder un établissement de librairie religieuse et d'éducation destiné à faire concurrence aux anciennes et puissantes maisons qui exploitent ces deux spécialités sur divers points de la France. Cette spéculation, qui se rattachait au plan qu'il avait conçu pour imposer l'enseignement de ses idées et de ses doctrines aux écoles et aux séminaires, lui réussit assez mal. En moins de quatre ans, c'est-à-dire de 1820 à 1824, la *Librairie classique élémentaire*, créée rue du Paon à Paris, lui dévora plus de 400,000 fr., et force lui fut alors de la revendre à 80 pour 100 de perte à des spéculateurs. Éclairé par cette expérience, il finit par se fatiguer d'être son propre éditeur, d'avoir des comptes de fabrication et des comptes de vente à faire tenir et à surveiller. A partir de ses *Paroles d'un Croyant*, il confia donc la gestion de tous ses intérêts comme auteur à P a g n e r r e, l'éditeur spécialement patroné par les partis républicain et socialiste. Il n'existe point d'édition complète de ses œuvres, dont quelques-unes sont devenues aujourd'hui assez rares. Peu de mois avant sa mort, la plupart des ouvrages qu'il avait publiés dans la première phase de sa vie, sévèrement proscrits maintenant dans les écoles et interdits au clergé ainsi qu'aux fidèles, s'annonçaient dans les journaux, par des libraires exploitant la specialité du rabais, à 75 p. 100 au-dessous de leur prix primitif.

LAMENTATION. *Voyez* Gémissement.

LAMENTATIONS. On donne ce nom aux trois chapitres des cantiques de J é r é m i e qu'on chante dans l'Eglise catholique les trois derniers jours de la semaine sainte, dans le premier nocturne des matines funèbres. Depuis le commencement du seizième siècle, ces cantiques de douleur se chantaient à Rome à plusieurs voix, et chaque année avec des compositions de Carpentiasso, de Zarlino, de Vicentino, d'Animuccia, etc., alternativement. Mais toutes ces œuvres musicales tombèrent dans l'oubli quand, en 1580, Palestrina eut orné ces cantiques d'airs de sa composition à l'usage de la chapelle pontificale. On continua depuis d'exécuter ces chants de Palestrina dans l'église Saint-Pierre, et aujourd'hui encore ils produisent l'impression la plus attendrissante sur le pieux auditoire, à cause de l'admirable exécution du chœur des chanteurs.

LAMETH. Ce nom a été porté à la fin du siècle dernier et au commencement de celui-ci par quatre frères, qui, en raison de la part qu'ils prirent au mouvement des idées de leur époque, le tirèrent de la complète obscurité où il était resté avant eux, quoique ce fût celui d'une bonne et ancienne famille de Picardie.

LAMETH (Augustin-Louis-Charles, marquis de), l'aîné, né le 20 juin 1755, ne prit aucune part à la révolution de 1789, fut envoyé en 1805 au corps législatif par la Somme, mais donna sa démission dès 1810.

LAMETH (Théodore), né à Paris, le 24 juin 1756, servit d'abord dans la marine royale, et s'y distingua comme enseigne de vaisseau. Devenu capitaine de cavalerie, il prit part à la guerre de l'indépendance américaine, et obtint, au retour, les grades de colonel et de brigadier des armées. Nommé en 1789 administrateur du Jura, il fut envoyé, en 1790, à l'Assemblée nationale par le même département; il s'y rendit utile dans les questions militaires, et flétrit énergiquement les massacres de septembre. Retiré en Suisse, il ne revit la France qu'à l'époque du Consulat, et déplut à Bonaparte par une réponse noble et fière. Nommé maréchal de camp en 1791 par Louis XVI, il fut mis à la retraite à la Restauration. Envoyé par le département de l'Oise à la chambre des représentants durant les Cent Jours, il protesta contre la dissolution de cette assemblée par les bandes de cosaques et de Prussiens que commandait M. D e c a z e s en personne. Depuis il vécut toujours éloigné des affaires publiques. Il mourut dans son château de Busagny, près de Pontoise, le 19 octobre 1854.

LAMETH (Charles-Malo-François), né à Paris, le 5 octobre 1757, fit partie du corps de volontaires français qui, sous les ordres de Rochambeau, alla de l'autre côté de l'Atlantique défendre contre la Grande-Bretagne l'indépendance américaine. Aide-major général des logis, il fut blessé au siège d'York-Town, ce qui lui valut le grade de colonel en second des dragons d'Orléans. A la conclusion de la paix, il devint, comme tous ceux qui rapportaient en France quelques parcelles des lauriers de cette campagne lointaine, l'un des *lions* du moment. On raffola de lui à Versailles ; il fut de tous les Marly, de tous les Choisy, de tous les Trianon, voire du Petit-Trianon, où Marie-Antoinette n'admettait que les intimes. En récompense de ses services, il fut promu au grade de colonel des cuirassiers du roi. Il fut nommé aussi l'un des gentilshommes ordinaires du comte d'Artois, et eut une ample part aux folies libéralités de la cour. Mais quand survint la révolution de 1789, il n'hésita pas à se séparer avec éclat des hommes dont il avait jusquealors partagé l'égoïste insouciance, et, nommé par l'Artois député de l'ordre de la noblesse aux états généraux, il se jeta résolument dans le parti qui avait en vue de doter la France d'institutions libres comme celles d'Amérique. Ce rôle, conforme à ses convictions, ne laissa pas de lui coûter cher; il lui attira quelques duels avec des membres de la minorité de l'assemblée. Celui de tous qui fut le plus remarqué eut lieu avec le duc de Castries. Là d'ailleurs ne se bornèrent pas ses tribulations : la découverte imprévue du *livre r o u g e* révéla tout à coup qu'aux temps où il hantait les Marly et les Trianon, il avait été compris dans les libéralités manuelles de Louis XVI pour 60,000 fr. On s'est extasié sur le désintéressement avec lequel il avait réintégré aussitôt cette somme au trésor public. Sans doute en cela il fit bien ; mais chacun conviendra qu'il eût encore mieux fait de ne pas attendre pour opérer cette restitution le jour où le hasard livra ce fait à la publicité.

Lors de la fuite de Louis XVI à Varennes, il proposa de tirer le canon d'alarme, et provoqua de la part de l'Assemblée constituante un nouveau serment de fidélité et dé-vouement à la constitution ainsi que l'arrestation du marquis de B o u i l l é. Lors des événements dont le C h a m-de-M a r s fut le théâtre le 17 juillet 1791, il s'opposa avec énergie, comme président de l'Assemblée, à ce qu'on mît aux voix la déchéance du roi. Quand s'ouvrit la campagne de 1792, il fut appelé au commandement d'un corps de cavalerie, avec le grade de maréchal de camp. Au moment où éclata la révolution du 10 août, il se trouvait à Paris en congé. Il comprit que le séjour de la France n'était plus sûr pour lui, et tenta de s'embarquer avec sa famille au Havre pour l'Angleterre. Arrêté à Rouen par ordre du ministre de l'intérieur Clavières, il resta détenu près d'un mois ; mais il profita du premier moment favorable pour passer à Hambourg. Vers la fin de 1795, il y fonda avec son frère Alexandre une maison d'épicerie et de mercerie, où ils firent des bénéfices considérables. En juin 1797 Charles Lameth crut pouvoir sans danger reparaître en France ; mais la catastrophe du 18 fructidor le força de s'expatrier de nouveau, et la journée du 18 brumaire seule lui rouvrit les portes de la patrie. En 1809 il sollicita sa réintégration sur les cadres de l'armée, et fut employé dans son grade à l'armée d'observation réunie à Hanau. Cette rude campagne terminée, Napoléon le nomma gouverneur du grand-duché de Wurtzbourg. Deux ans plus tard il obtint un commandement à l'armée d'Espagne, sur les côtes de Biscaye, et il ne rendit l'importante place de Santoña à Ferdinand VII que sur l'ordre formel de Louis XVIII. Peu de temps après, le gouvernement de la Restauration lui conférait le grade de lieutenant général. Membre de la chambre des députés, il fit pendant toute la Restauration partie de l'opposition constitutionnelle. Il fut aussi un des d e u x c e n t v i n g t - u n ; mais la révolution de Juillet opérée, et la branche cadette substituée à l'aînée, il crut le rôle de l'opposition terminé, entra franchement dans les rangs des conservateurs, et ne se signala plus que par ses opinions anti-républicaines, dans lesquelles il mourut, le 28 décembre 1832.

LAMETH (Alexandre), le plus jeune des quatre frères, né à Paris, le 28 octobre 1760, porta successivement les titres de chevalier, de baron de l'empire et de comte, prit part, comme son frère aîné, à la guerre d'Amérique, commanda, comme adjudant général, l'attaque de la Jamaïque, fut nommé, à son retour en France, colonel du régiment d'artillerie royal-Lorraine, et en 1789 fut choisi par la noblesse de Péronne pour la représenter aux états généraux. Lui aussi, il s'unit au tiers état et fit à l'assemblée des motions pour l'abolition de tous les priviléges, pour la liberté de la presse, la suppression de la main-morte, etc., etc. Dans la séance du 15 mai 1790, il soutint, d'accord avec Barnave et son frère, que l'assemblée devait exercer conjointement avec le roi le pouvoir de déclarer la guerre; et le 29 août il combattit vivement l'opinion de Mirabeau, favorable au *veto* absolu du roi. A la suite de l'arrestation de Varennes, Alexandre Lameth se rapprocha de la cour; mais ses conseils n'y trouvèrent pas d'écho. Dans la campagne de 1792 il fut placé, comme maréchal de camp, sous les ordres de Luckner, puis sous ceux de La Fayette. Accusé de trahison après le 10 août, il accompagna La Fayette dans sa fuite au camp des Autrichiens, et partagea sa captivité d'Olmutz. Remis en liberté sur les vives instances de sa mere, sœur du dernier maréchal de Broglie, il se rendit à Londres, dont le séjour ne tarda pas à lui être interdit, par suite de ses rapports avec les whigs. Il passa alors à Hambourg, où, en société avec son frère aîné, il entreprit un petit commerce de détail pour subvenir à ses besoins. Le 18 brumaire lui rouvrit les portes de la France. Napoléon devenu empereur lui accorda le titre de *comte*, et lui confia plusieurs préfectures importantes. A son retour en France, en 1814, Louis XVIII le fit passer lieutenant général et le nomma préfet de la Somme. Créé pair par l'empereur pendant les Cent Jours, il perdit irrémissiblement, en acceptant cette dignité, les bonnes grâces du gouvernement royal, qui, une fois que les armées coalisées l'eurent rétabli, se garda bien de lui confier aucune fonction publique. En 1819 la Seine-Inférieure le choisit pour mandataire, et pendant tout le temps qu'il siégea à la chambre il ne laissa échapper aucune occasion de se prononcer en faveur des principes constitutionnels. Il mourut à Paris, le 18 mars 1829.

LAMETTRIE (Julien Offray de), médecin, et l'un des sophistes fameux du dix-huitième siècle, naquit à Saint-Malo, le 25 décembre 1709, d'un riche négociant, qui lui fit donner une brillante éducation. Envoyé à Caen, sous les jésuites, il y remporta tous les prix; puis venu à Paris, il embrassa avec une chaleur fanatique les opinions jansénistes de l'abbé Cordier, qui lui enseignait la logique. Cette tête ardente était d'abord destinée à l'état ecclésiastique, mais un goût dominant pour la médecine décida son père à le laisser suivre cette dernière vocation. Après avoir pris ses premiers degrés à la Faculté de Reims, le jeune Lamettrie courut à Leyde, en 1733, étudier sous l'illustre Boerhaave, dont il se montra le fervent disciple, et dont il traduisit en langue française plusieurs ouvrages. Revenu à Saint-Malo, après la mort de ce savant professeur, Lamettrie obtint, par la faveur du chirurgien Morand, en 1742, d'être nommé médecin du régiment des gardes françaises à Paris. Tombé malade à l'armée, après la bataille de Dettingen, il observa que pendant le délire du typhus, dont il fut frappé, ses facultés intellectuelles avaient subi le même affaiblissement que ses organes; il en tira la conséquence que l'âme n'était qu'un produit de l'organisation, et publia cette opinion dans son *Histoire naturelle de l'Ame* (La Haye, 1745, in-8°, supposée traduite de l'anglais de Sharp). Cet écrit, où l'on trouve plus de témérité que de science physiologique, ayant soulevé un violent orage, il perdit sa place et ses protecteurs, et fut regardé comme un fou : bientôt il parut de plus un homme méchant et dangereux après les satires virulentes qu'il lança contre les médecins ses confrères, en s'attaquant surtout aux plus célèbres, qu'il était loin d'égaler. Forcé de se réfugier à Leyde, en 1746, il y fit paraître *La Politique du Médecin de Machiavel* (Amsterdam [Lyon], 1746, in-12), ouvrage condamné au feu par le parlement; ensuite une comédie satirique en trois actes, en prose, sous le titre de *La Faculté vengée* (Paris [Hollande], 1747, in-8°); pièce réimprimée plus tard (en 1772, in-8°, en Hollande), sous le titre ironique de *Les Charlatans démasqués, ou Pluton vengeur de la Société de Médecine*. Mais la satire la plus sanglante contre tout ce que l'Europe comptait de médecins illustres, sans épargner les Boerhaave, les Haller,

les Linné, les Astruc, les Winslow, etc., constitue son ouvrage de *Pénélope, ou Machiavel médecin* (Berlin, 1748, 2 vol. in-12; nouvelle édition en 3 vol., publiée sous le pseudonyme d'Aléthéius Démétrius). La malignité publique fit rechercher ces écrits, aujourd'hui rares et curieux. Ce qui lui attira surtout les plus ardentes persécutions, ce fut son livre prétendu philosophique : *L'Homme-Machine* (Leyde, 1748, in-12), condamné au feu par arrêt des magistrats. Il avait eu l'impudence de le dédier au pieux et savant Haller, qui en témoigna une vive indignation. Vinrent ensuite son *Traité de la Vie heureuse, de Sénèque*, avec *L'Anti-Sénèque* (Potsdam, 1748, in-12); son *Homme-Plante* (ib., Berlin, 1750, in-4°); son *Art de jouir* (ib., 1751, in-12); sa *Vénus métaphysique, ou essai sur l'origine de l'âme humaine* (ib., 1751, in-12). Toutes ces œuvres ont été recueillies dans plusieurs éditions subséquentes, aujourd'hui plus demandées par les curieux qu'estimées des savants. L'auteur n'y montre nulle part ces recherches profondes de la vérité ou de la haute physiologie, indispensables pour atteindre aux principes philosophiques. Il y a du feu et du désordre dans les traits d'esprit dont il sème un style trivial et incorrect.

Lamettrie, de l'aveu de tous ses biographes, était un esprit extravagant; il ne suit pas un raisonnement régulier; ses idées sont décousues, et dans la même page, comme Diderot en convient, une assertion sensée se heurte contre une assertion folle. Diderot ajoute : « Lamettrie, dissolu, impudent, bouffon, flatteur, était fait pour la vie des cours et la faveur des grands. » Enfin, chassé de la Hollande, comme il l'avait été de France, il ne savait où reposer sa mauvaise tête, lorsque Frédéric II, roi de Prusse, croyant voir un philosophe persécuté par les bigots, lui offrit, par l'intermédiaire de Maupertuis, un asile à Berlin. Il y fut accueilli avec une si intime familiarité par ce prince, que lui, qui ne se gênait nullement, s'étalait sur les canapés, et quand il faisait trop chaud débouttonnait sa veste, jetait son col et sa perruque en sa présence. Enchanté d'abord de cette liberté que lui laissait le grand roi, il ne tarda pas à sentir le poids de la servitude. Il pleurait, dit Voltaire, comme un enfant, en me conjurant de négocier avec le maréchal de Richelieu sa rentrée en grâce et son retour en France, dût-il y retourner à pied. Voltaire écrivait le 13 novembre 1751 : « Ce Lamettrie, cet homme-machine, si gai, et qui passe pour être de tout, ce jeune médecin, cette vigoureuse santé, cette folle imagination, tout cela vient de mourir, pour avoir mangé, par vanité, un pâté de faisans aux truffes. Il a prié mylord Tyrconnel, par son testament, de le faire enterrer dans sa chapelle. Les bienséances n'ont pas permis qu'on y eût égard. Son corps a été porté dans l'église catholique, où il a été tout étonné d'être. » Il était mort le 11 novembre 1751; il n'avait pas encore achevé sa quarante-deuxième année. Frédéric écrivit son éloge, qu'il fit lire par Darget, son secrétaire, à l'Académie de Berlin. Malgré ce témoignage d'illustration, il est certain que le grand roi s'amusait aux dépens de ce philosophe dont il s'entourait.

J.-J. Virey.

LAMIAQUE (Guerre). On a donné ce nom à la guerre que les Athéniens et leurs alliés soutinrent à la mort d'Alexandre contre son lieutenant Antipater. Cette dénomination lui vint de *Lamia*, ville de Thessalie (aujourd'hui *Zeitoun*), au fond du golfe Maliaque, où le brave général de l'armée grecque, Léosthène, battit Antipater, l'an 323 avant J.-C. Mais Léosthène périt dans l'une des affaires auxquelles donna lieu le siège, et l'année suivante les Grecs, vaincus à la bataille de Cranon, durent encore une fois subir le joug des Macédoniens.

LAMIES, génies malfaisants, chez les anciens, et qui, comme les *Larves* et les *Lémures*, faisaient leurs habitations des tombeaux et leurs délices des ténèbres. Les Lamies tirent leur nom grec, λαμία, du mot λαιμός (gosier), parce qu'elles passaient pour dévorer les enfants. Les Gouler

en Afrique et les **Vampires** en Hongrie leur correspondent dans les temps modernes. La principale Lamie, disent les mythologues, fut fille de Neptune, selon les uns, de Bélus et de Libye, suivant d'autres. Sa grande beauté, à laquelle elle joignait une atroce férocité, lui valut les faveurs de Jupiter; Junon fit périr avant terme les enfants de cette infortunée, dont l'amour maternel, accroissant la fureur, la poussait à saisir et à dévorer les nouveau-nés, qu'elle arrachait de leur berceau. Elle s'appelait aussi Μορμώ (spectre), d'où vient *marmot*, figure informe. C'était le Croquemitaine des Grecs. « Il y a là cette grande femme qui mange les enfants, » dit dans Théocrite une mère à son petit, qui crie pour aller aux fêtes d'Adonis. Le Roi des Aulnes de la légende de Gœthe, qui enlève les jeunes garçons, en est le pendant. Quelquefois les Lamies prenaient des voix ravissantes, des formes enchanteresses, et faisaient ainsi tomber dans leurs charmes et dans leurs bras une foule de naïfs adolescents.
DENNE-BARON.

LAMINOIR (de *lamina*, lame), machine dont on fait usage pour amincir les métaux promptement et avec régularité. Un laminoir ordinaire se compose de deux cylindres ou rouleaux quelquefois en fonte; le plus souvent en fer forgé, sur lequel on soude une enveloppe d'acier. Les rouleaux, de quelque matière qu'ils soient faits, sont tournés avec soin: dans cette opération, on s'efforce de leur donner autant que possible la forme cylindrique, après quoi on les trempe. Les rouleaux sont ensuite placés horizontalement dans une cage de fer, dans laquelle ils tournent sur des tourillons. Deux roues dentées, de même diamètre, sont fixées chacune sur un des rouleaux ; et comme elles engrènent l'une dans l'autre, lorsqu'on les deux roues, l'autre est forcé de tourner en même temps, mais en sens contraire. Des vis de même pas, et qui, au moyen d'un engrenage, tournent en même temps d'une quantité égale, permettent de rapprocher les rouleaux ou de les éloigner l'un de l'autre de la quantité convenable, sans qu'ils cessent d'être parallèles entre eux.
Il y a des laminoirs qu'on fait mouvoir à bras, au moyen d'une manivelle. Si la machine a de grandes proportions, on fait tourner les rouleaux par des chevaux, et dans les grandes usines, c'est une chute d'eau, une machine à vapeur, qui imprime le mouvement. Si l'on engage entre les deux rouleaux le bout d'une lame de métal, on comprend facilement que cette lame étant pincée par les rouleaux, sera entraînée par l'effet du frottement des rouleaux sur ses faces. Dans ce mouvement, la lame sera amincie si son épaisseur surpasse la distance qui sépare les rouleaux.
Lorsque la lame est passée, on rapproche les rouleaux d'une petite quantité, on fait passer la lame une seconde fois, et ainsi de suite. Il va sans dire qu'il n'y a que des matières ductiles qui soient susceptibles d'être laminées. On lamine donc le fer forgé, dont on fait de la tôle, le cuivre, le plomb. L'or, l'argent se laminent fort bien. Dans ces derniers temps on est parvenu avec succès à réduire le zinc en feuilles.
On ignore le nom de l'inventeur du laminoir : on sait seulement que cette machine fut en usage dès la plus haute antiquité, car on a trouvé sur la poitrine de momies des lames d'or qui avaient dû être façonnées au laminoir.
TEYSSÈDRE.

LAMMISTES. *Voyez* ANABAPTISTES.

LAMOIGNON (Famille de). C'est une des plus anciennes du Nivernais : elle tire son nom d'un fief situé dans le bourg de Donzy, et possédait encore ceux de Mannay, Arthe, Cœurs, etc., dans la même province. Elle s'est surtout distinguée dans la magistrature, aux dix-septième et dix-huitième siècles. Au nombre de ses membres les plus remarquables nous citerons :

LAMOIGNON (GUILLAUME 1ᵉʳ DE), seigneur de Basville, né en 1617 ; il eut pour gouverneur le savant Jérôme Bignon, et devint successivement conseiller au parlement, maître des requêtes au conseil d'État et président du parlement après la mort de Bellièvre. En lui apprenant sa nomination, Louis XIV lui dit : « Si j'avais connu un plus homme de bien que vous et plus digne sujet, je l'aurais choisi. » Comme il avait été président de la chambre de justice qui devait prononcer sur le sort du surintendant Fouquet, avec lequel il était brouillé depuis longtemps, Colbert, ardent ennemi du prévenu, voulut sonder ses dispositions. « Un juge, lui répondit-il, ne dit son avis qu'une fois, et sous les fleurs de lis. » Louis XIV lui ayant témoigné son mécontentement de cette parole, le magistrat offrit sa démission, qui ne fut pas acceptée, et se retira de la commission. Un jour, cependant, Guillaume de Lamoignon démentit tout son passé d'honneur et d'intégrité ; ce fut lorsqu'il fit pendre le malheureux Balthazar de Fargues, et ne rougit pas d'accepter ses biens, confisqués.
On a de lui un ouvrage connu sous le nom d'*Arrêtés de Lamoignon*, publié pour la première fois en 1702, dans lequel il ébauche un vaste plan de réforme de la législation. Il fut l'ami et le protecteur des gens de lettres : il était surtout lié avec Boileau, qui sur sa demande composa le *Lutrin*. Vanière, son *Prædium rusticum*, célèbre son goût pour l'agriculture. Il mourut le 10 décembre 1677 ; Fléchier prononça son oraison funèbre.

LAMOIGNON (CHRÉTIEN-FRANÇOIS DE), fils aîné du précédent, naquit à Paris, le 16 juin 1644. Il fut conseiller au parlement, maître des requêtes, avocat général et président à mortier. Il compta au nombre de ses amis Bourdaloue, Boileau, Racine, Regnard, qu'il réunissait à sa terre de Basville, et devint membre de l'Académie des Inscriptions. Il mourut le 7 août 1709. C'est à lui que Boileau a dédié sa sixième épître.

LAMOIGNON DE BASVILLE (NICOLAS DE), intendant de Languedoc, frère du précédent, né en 1648, mort en 1724, fut d'abord conseiller au parlement, maître des requêtes, puis intendant de la province du Languedoc, où lors de la révocation de l'édit de Nantes il déploya contre les réformés un zèle excessif, souvent même cruel.

LAMOIGNON (GUILLAUME II DE), fils de Chrétien-François, distingua sa branche sous le nom de *Blancmesnil*, terre qui faisait partie de la seigneurie de Malesherbes. Né le 6 mars 1683, il fut conseiller au parlement, avocat général, président à mortier, premier président de la cour des aides, chancelier de France en 1750, mais sans les sceaux. En 1763, Maupeou, qui voulait le supplanter, se fit donner le titre de vice-chancelier, que le parlement refusa de reconnaître ; mais en 1768 il fut obligé de se démettre de sa charge, qui fut confiée à son ennemi. Il mourut le 12 juillet 1772, à quatre-vingt-dix ans.

LAMOIGNON (CHRÉTIEN-GUILLAUME DE) de *Malesherbes*. *Voyez* MALESHERBES.

LAMOIGNON (CHRÉTIEN-FRANÇOIS II DE), arrière-petit-fils de Guillaume Iᵉʳ, fut président à mortier du parlement de Paris en 1758, partagea l'exil de cette cour en 1772, obtint en 1787 les sceaux de l'État en remplacement de Hue de Miromesnil, travailla avec Loménie de Brienne aux édits du timbre et de la subvention territoriale, que le parlement refusa d'enregistrer, donna sa démission en 1788, et mourut en 1789.

[LAMOIGNON (CHRISTIAN, vicomte DE), né 1770, fut élevé dans cette terre de Basville, toute remplie des souvenirs de plus illustre aïeul ; dans ce Basville, chanté par un de nos plus grands poètes, et où se réunissait la société la plus choisie du plus beau siècle qui ait lui sur la France. C'était une éducation toute entière que de passer son enfance et sa première jeunesse près de la chambre où Bourdaloue composait ses sermons ; sous les ombrages où Boileau, Racine, La Fontaine, faisaient des vers ; enfin, dans le château où les Sévigné, les Grignan, les La Fayette, les La Rochefoucaut, les Coulanges, s'étaient rassemblés et souvent. Le goût décidé de Christian de Lamoignon pour les lettres, la politesse naturelle de ses manières, la délicatesse de son goût, l'agrément de son esprit, le rendaient digne d'être l'élève de tous ces personnages du classique, gracieuse ou piquante mémoire. Mais des dispositions aussi heureuses ne faisaient qu'orner en lui un mérite plus solide et des vertus dignes de son nom. Il avait à peine dix-sept ans quand son père fut appelé aux fonctions de garde des sceaux, et cependant le ministre n'eut pas de confident plus intime, de collaborateur dont il appréciât davantage le discernement et le travail. Une fermentation générale annonçait déjà les événements qui depuis se sont déroulés sous nos yeux. Le garde des sceaux rompit avec le parlement, et se retira à Basville. Son fils aîné, conseiller au parlement, partagea sa retraite, et ses deux autres fils, Charles et Christian, embrassèrent le métier des armes. Une mort prématurée ayant enlevé M. de Lamoignon à sa famille, les trois frères suivirent les princes hors de France, et firent auprès d'eux la première campagne de la guerre de la révolution, l'aîné comme aide de camp du maréchal de Broglie, Charles comme aide de camp de Louis XVIII, et le jeune Christian en qualité de garde du corps.

La Vendée ayant arboré son drapeau, l'Angleterre prépara l'expédition de Quiberon; Charles et Christian s'y rendirent. Deux Lamoignon y versèrent leur sang pour la cause de Malesherbes. Christian reçut une grave blessure. Renversé par un coup de feu, il attendait la mort lorsqu'un soldat de sa compagnie l'aperçoit, le charge sur ses épaules, et entreprend de le porter à bord des vaisseaux anglais. Le trajet était long : les forces du soldat l'abandonnent : Christian le presse de songer à son propre salut. Sur ces entrefaites, Charles arrive, et prend à son tour le blessé dans ses bras. Pour lui, ses forces ne pouvaient le trahir; ce n'était plus un soldat qui portait son officier, c'était un frère qui portait son frère. Il eut bientôt atteint la flotte et mis en sûreté son précieux fardeau ; mais là s'engage entre les deux frères un touchant et nouveau combat : Christian veut retenir Charles et le soustraire à une catastrophe trop certaine. Tous les témoins, français ou anglais, unissent leurs instances aux siennes, mais inutilement. Charles s'arrache de leurs bras, et revole auprès de M. de Sombreuil, dont il déclare qu'il partagera le sort. Il le partagea en effet, et ce sort fut la mort.

Ramené en Angleterre, Christian y languit longtemps dans des souffrances qui altérèrent pour toujours sa constitution et qui devaient abréger sa carrière. C'est alors qu'il se livra plus particulièrement à l'étude, à son goût pour les lettres, et qu'il se lia d'étroite amitié avec M. de Châteaubriand. Rentré dans sa patrie, il y rapporta de l'honneur et des blessures, mais pas un ressentiment, et continua cette manière de vivre douce et choisie, si bien faite pour ses goûts. Peu de temps après il épousa sa nièce, et resserra ainsi les liens qui unissaient déjà nos deux familles. Devenu membre du conseil général du département de Seine-et-Oise, on le vit porter dans ces modestes mais utiles fonctions un zèle et un dévouement trop rares. Il les quitta pour entrer dans le conseil municipal de Paris. En 1815 Louis XVIII le nomma pair de France.

On l'a vu dans un état d'infirmité cruel, lorsque tout mouvement était pour lui douloureux ou si pénible, se faire porter au Luxembourg toutes les fois que le bien public lui paraissait réclamer sa présence. Il n'y eut jamais un vote plus consciencieux ou plus indépendant que le sien, une opposition plus dépouillée d'ambition, de secrets mécontentements que la sienne. Il était au Luxembourg ce qu'il avait été à Quiberon, digne en tout de sa noble race, de ce Malesherbes qui avait été son parrain et l'avait adopté en quelque sorte dès le berceau. Il faut l'avoir connu pour savoir jusqu'où allait l'excès de sa modestie. Non-seulement il ne prétendait à aucune de ses vertus, mais elles lui étaient si naturelles, qu'au besoin il les aurait niées. Privé par la maladie de presque tout ce qui fait le charme ou l'intérêt de la vie, tourmenté souvent par de vives douleurs, jamais il ne lui échappa un mouvement d'impatience ou d'humeur. Il est rare de descendre au tombeau comme lui sans avoir cessé d'être un instant aimable pour tout ce qu'on aime et agréable à tous. Tel a fini Christian de Lamoignon, le 21 janvier 1827.

Cte MOLÉ, de l'Académie Française.

LA MONNOYE (BERNARD DE), né à Dijon, en 1641, mort à Paris, en 1728. Il suivit d'abord le barreau ; mais, sa vocation l'entraînant, il ne tarda pas à se consacrer entièrement aux lettres. Il débuta par un prix de poésie remporté à l'Académie Française, en 1671. Le sujet proposé était l'*Abolition du duel*; sa pièce offre quelques vers frappés au bon coin. Mais le reste de son bagage poétique, malgré les triomphes qu'il obtint coup sur coup à l'Académie, n'est presque partout qu'une prose rimée et languissante. La Monnoye, qui avait acheté en 1672 une charge de conseiller correcteur en la chambre des comptes de Dijon, ne vint habiter Paris qu'en 1707, à l'âge de soixante ans. L'Académie ne l'admit dans son sein qu'en 1713. Sur les dernières années de sa vie, il fut complétement ruiné par le système de Law ; mais, grâce à la libéralité du duc de Villeroy et de quelques autres personnes, il put mourir sans avoir connu les angoisses du besoin. Avant de cultiver la poésie française, La Monnoye avait écrit en vers latins des fables, des épigrammes, des contes, productions gracieuses, qui sont allées accroître cette immense nécropole de la littérature latine des seizième et dix-septième siècles. Savant universel et bibliographe consommé, il a publié un grand nombre de dissertations et de remarques sur différentes questions de l'histoire littéraire, des notes sur Rabelais, etc., et le fameux *Ménagiana*, recueil des conversations de Ménage, enrichi des notes qu'il trouvait à propos d'y ajouter. Enfin, La Monnoye avait écrit des *Noëls* écrits en patois bourguignon, où l'on trouve l'étincelle poétique, l'esprit, la naïveté, le trait, l'imagination ; il y domine une humeur libre et qui sent légèrement la parodie sans friser l'impiété pourtant. La Monnoye, comme la très-bien remarqué M. Sainte-Beuve, est un des derniers représentants de l'esprit du bon vieux temps, qui doutait, gaussait et croyait tout ensemble, esprit gaillard et narquois, nullement pédant et agressif comme l'esprit des temps modernes. Cependant ses Noëls furent dénoncés en pleine chaire à Dijon, comme outrageant la religion catholique, et déférés à la censure de la Sorbonne ; peu s'en fallut même qu'ils ne fussent condamnés. Il les avait composés, dit-on, pour tenir une gageure faite avec le père de Piron, apothicaire à Dijon et poete du cru, qui l'avait défié de faire aussi bien que lui. La Monnoye est aussi l'auteur de la fameuse chanson de *La Palisse*. C'est sa plus mauvaise action.

W.-A. DUCKETT.

LAMORICIÈRE (CHRISTOPHE-LOUIS-LÉON JUCHAULT DE), général de division, ancien représentant du peuple, est né à Nantes, le 6 février 1806. Après avoir fait de bonnes études au collége de sa ville natale, il entra à l'Ecole Polytechnique, et en 1826 il passa comme élève sous-lieutenant à l'École d'Application de Metz. Lieutenant du génie en 1830, il fit partie de l'expédition d'Alger en qualité d'officier attaché à l'état-major de son arme ; et nommé capitaine au mois de novembre, il entra avec ce grade dans les zouaves, à la création de ce corps. Quand le général Avizard créa le premier bureau arabe, en 1833, la direction en fut confiée au capitaine de Lamoricière, qui quelques mois après était nommé chef de bataillon des zouaves. Les services exceptionnels que rendirent ces nouveaux soldats firent penser à en augmenter l'effectif. On créa de nouveaux bataillons ; le commandant de Lamoricière resta leur chef, et en devenant lieutenant-colonel, en 1835, puis colonel, en 1837, après la prise de Constantine, où il s'était distingué d'une manière particulière. En 1839 le théâtre de la guerre l'appela à Paris ; mais ce ne fut pas pour longtemps. Au mois de mai 1840 nous le retrouvons au *teniah* de Mouzaia, et le 21 juin il était élevé au grade de maréchal de camp. Bientôt après il retourna en Afrique, et prit le commandement de la division d'Oran. Il se distingua dans l'expédition dirigée contre Tagdempt et Mascara, et le maréchal Bugeaud, dans son rapport sur cette expédition, disait le 5 juin 1841 : « Le général de Lamoricière m'avait rendu les plus grands services dans les

préparatifs de la guerre ; il a prouvé que le soin si important des détails d'organisation et d'administration pouvait s'allier avec l'ardeur et le courage qu'il montre en toute occasion. »
Pendant la campagne d'automne, il parvint à ravitailler Mascara, après un combat opiniâtre contre les troupes d'Abd-el-Kader. En 1843, continuant cette guerre de surprises où l'adresse doit l'emporter encore sur le courage, s'il est possible, pour vaincre un ennemi si difficile à saisir, il soumit la grande tribu des Flittas, après d'heureuses razzias ; ce qui lui valut, le 9 avril, le grade de lieutenant général.

L'année suivante, le Maroc, soulevé par Abd-el-Kader, nous devint manifestement hostile. Le général Lamoricière se distingua, le 30 mai, dans un combat contre les Marocains, qui étaient venus attaquer le camp de Lalla-Magrnia, ce qui lui mérita le titre de commandeur de la Légion d'Honneur. A la bataille d'Isly (14 août 1845) il obtint encore les éloges du général en chef, et au mois de novembre le maréchal Bugeaud lui laissait le gouvernement intérimaire de l'Algérie. En 1846 le général Lamoricière, dont les vues sur la colonisation algérienne différaient de celles du gouverneur général, revint en France. Le 2 août il se présenta pour la députation aux électeurs du 1er arrondissement de Paris. Il échoua ; mais deux mois après il fut nommé à Saint-Calais (Sarthe), à la place de M. G. de Beaumont, qui avait opté pour Mamers. Entré à la chambre au commencement de 1847, il se fit remarquer par une opposition modérée, mais ferme. De retour en Afrique, il organisa l'expédition qui remit la smala h d'Abd-el-Kader aux mains du duc d'Aumale, puis il réussit à envelopper l'émir et à le forcer de déposer les armes. L'émir remit son épée au jeune prince, et fut amené prisonnier en France.

Quand la révolution de Février éclata, Louis-Philippe comprit dans ses dernières et inutiles combinaisons ministérielles le général Lamoricière. Celui-ci se rendit sur la place du Palais-Royal, au milieu des coups de fusil, pour proclamer l'abdication du vieux roi ; mais il était trop tard : blessé au poignet, il dut se retirer sans pouvoir se faire entendre. Presque aussitôt il refusait le ministère de la guerre, que lui offrait le gouvernement provisoire. Le département de la Sarthe l'envoya à l'Assemblée constituante ; et lors des événements de juin 1848, chargé du commandement d'une des divisions de l'armée de Paris, il combattit l'insurrection sur les boulevarts et dans les faubourgs Saint-Martin, du Temple, Popincourt et Saint-Antoine. Chef du pouvoir exécutif, le général Cavaignac appela son ancien compagnon d'armes au ministère de la guerre, où le général Lamoricière eut à s'occuper de l'organisation d'une réserve militaire destinée à ménager nos finances sans diminuer notre puissance. Il proposa aussi de substituer au remplacement militaire une exonération qui, payée à l'État, devait profiter aux soldats appelés sous les drapeaux. M. Thiers défendit l'ancien système de recrutement, et s'attira une réponse assez verte du général.

L'élection présidentielle du 10 décembre lui fit quitter le ministère. Il s'était d'ailleurs très-nettement prononcé contre la candidature de Louis-Napoléon, lui déniant même le titre de citoyen français. Aux élections générales pour l'Assemblée législative, le général Lamoricière fut élu le sixième dans le département de la Seine et le premier dans le département de la Sarthe. Il opta pour ce dernier. En juin 1849 une fraction de la majorité parlementaire, qui soutenait la politique de M. Dufaure, forma une réunion qui prit le titre de *cercle constitutionnel*, et qui déclara vouloir le maintien de la constitution dans toute sa rigueur : le général Lamoricière en fut le premier élu président. Peu de temps après il acceptait du président de la république une ambassade extraordinaire auprès de l'empereur de Russie, dont l'armée opérait alors en Hongrie, d'accord avec l'armée autrichienne. Le général arriva près du czar au moment où les canons russes célébraient la chute de la nationalité hongroise. Parfaitement traité par l'empereur Nicolas, le général Lamoricière donna sa démission lorsqu'il apprit la dissolution du ministère dont M. Odilon Barrot était le chef. De retour à Paris, le général reprit sa place à l'Assemblée, et parla dans la discussion sur le sort des derniers transportés de juin, qu'il traita avec beaucoup de rigueur. Quelques jours après, la *curiosité* l'entraîna vers le carré Saint-Martin, où le peuple s'assemblait autour d'un arbre de la liberté qu'on pouvait croire menacé de tomber. Mal en prit au général, qui, reconnu par la foule, dut descendre de voiture ; mais, protégé par quelques personnes amies, il put se réfugier dans un cabinet de lecture sur le boulevard, et s'échapper par une fenêtre de derrière donnant sur une cour voisine. Cette mésaventure ne changea rien à ses opinions ; il resta attaché à la constitution de 1848. Au 2 décembre 1851 il fut arrêté la nuit, et conduit au fort de Ham, puis expulsé de France. Il se retira en Prusse ; et lorsque le nouveau gouvernement exigea un serment de tous les officiers qui voulaient rester en activité, il refusa ce serment dans une lettre que les journaux ont publiée.

Les Arabes avaient surnommé le général Lamoricière *Bou Aroua*, c'est-à-dire le père du bâton, parce que, dit-on, dans ses campagnes d'Afrique, le général avait toujours à la main un bâton, dont il faisait usage sur l'omoplate de ses administrés arabes, sans recourir à l'intervention du *chaouch*.

Un frère du général, Joseph DE LAMORICIÈRE, est mort de la fièvre jaune, en 1838, à bord de la flotte française qui bloquait Vera-Cruz. Il assistait à ce blocus en qualité de secrétaire de légation. L. LOUVET.

LAMORMAIN (WILHELM), dont le véritable nom était *Lammerinann*, jésuite, né vers 1560, aux environs de Luxembourg, fut, en sa qualité de confesseur de l'empereur Ferdinand II, le principal instigateur de l'oppression sanglante exercée contre les protestants de la Bohême, et ramena de gré ou de force plus de 100,000 protestants dans le giron de l'Église catholique. Il mourut à Vienne, en 1648.

LA MOTHE-FOUQUÉ (HENRI-AUGUSTE, baron DE), né en 1698, à La Haye, d'une ancienne famille de Normandie, que les persécutions religieuses avaient contrainte de quitter la France, fut placé dès l'âge de douze ans en qualité de page à la cour du prince Léopold d'Anhalt-Dessau, et, malgré les ordres formels de son protecteur, prit part en 1715, comme simple soldat, à la campagne des Prussiens contre Charles XII Il fut promu au grade d'enseigne, et passa capitaine dix ans après. Le prince royal de Prusse, qui fut plus tard le grand Frédéric, lui accorda son amitié, et obtint du roi son père que La Mothe-Fouqué pût le venir visiter dans sa prison à Custrin. En 1738 La Mothe-Fouqué, alors major, quitta le service de Prusse pour celui du roi de Danemark ; mais Frédéric II, dès qu'il fut monté sur le trône, le rappela auprès de lui ; et après lui avoir donné les épaulettes de colonel, il lui confia le commandement d'un régiment. La Mothe-Fouqué fit ensuite avec distinction la guerre de Silésie. Lieutenant général à l'époque de la guerre de sept ans, et chargé par Frédéric de défendre jusqu'à la dernière extrémité, avec un corps de dix mille hommes au plus, une ligne de retranchements beaucoup trop étendue, à Landshut, il s'y vit attaquer, le 23 juin 1760, par Landon à la tête de 31,000 Autrichiens, et bien qu'après une défense héroïque, céder à la supériorité du nombre. La plus grande partie de sa division resta sur le carreau, et le reste fut forcé de mettre bas les armes. La Mothe-Fouqué, grièvement blessé, se trouvait au nombre des prisonniers. La prise de Glatz fut la conséquence de ce désastre. L'indignation avec laquelle il s'exprima maintes fois au sujet des traitements dont les prisonniers prussiens, voire même les officiers, étaient l'objet de la part des Autrichiens, fut cause que ceux-ci s'exclurent de tous les cartels d'échange. A la paix, le roi de Prusse lui rendit son commandement. La Mothe-Fouqué conserva l'amitié et la confiance de ce prince jusqu'à sa mort, arrivée le 2 mai 1774. Les *Mémoires du baron de La Mothe-Fouqué* (Berlin, 1788, 2 vol.) contiennent sa correspondance avec Frédéric II.

[LA MOTHE-FOUQUÉ (FRÉDÉRIC-HENRI-CHARLES, baron

de), petit-fils du précédent, est, avec Adalbert de Chamisso, le représentant le plus prononcé de cette école poétique, renouvelée des *Minnesingers* et de la chevalerie, qui s'est détachée avec violence de tous les souvenirs romains et grecs, et surtout de la littérature du dix-huitième siècle, pour s'affilier aux souvenirs du moyen âge chrétien. Un fait très-bizarre et très-curieux, c'est que Chamisso et lui, poëtes dont le génie semble dépasser en vague et douce rêverie, en créations fantastiques et idéales, tous les poëtes et tous les romanciers germaniques, sont Français, l'un de race, l'autre de naissance. Il semble que l'élément spécial de cette poésie de sentiment et d'extase se soit éveillé plus énergique dans ces âmes exilées, dans ces esprits dépaysés. L'un, Chamisso, jeté hors de la France par la tempête révolutionnaire et naturalisé de bonne heure dans la société et les idées allemandes, créa cette singulière et charmante production, *L'Homme sans ombre, ou Pierre Schlemil*; l'autre, La Mothe-Fouqué, descendant de l'une de ces races protestantes que la révocation de l'édit de Nantes sema sur l'Europe entière avec leurs haines anticatholiques et leur besoin de liberté religieuse, écrivit le pendant de *L'Homme sans ombre*, la délicieuse *Ondine*, personnification singulière de la mobilité et de la transparence du flot qui s'enfuit. Cette transformation poétique d'une légende populaire a obtenu autant de succès que *Pierre Schlemil*, et l'une de ces œuvres se complète par l'autre; toutes deux réunies forment un ensemble singulier et complet, qui paraît exprimer la réaction définitive et la plus véhémente contre la raison française, la discipline régulière, enfin contre le siècle de Louis XIV. Il n'est pas étonnant que ces écrivains et leur style, auxquels on peut reprocher l'excès contraire à la régularité et au bon sens, l'extase de la poésie et le dédain des entraves, aient été choisis avec enthousiasme comme armes contre la France et le génie français. Aujourd'hui que le temps de l'impartiale justice est venu, on doit leur assigner une place particulière et honorable, non pas entre les intelligences les plus fermes et les mieux douées sous le rapport d'un sage et complet équilibre, mais au nombre de celles qui, ayant adopté un parti extrême en littérature, ont fait prévaloir et flotter leur bannière avec le plus d'éclat et de grâce.

Né à Brandebourg, le 12 février 1777, le baron de La Mothe-Fouqué servit d'abord dans la cavalerie prussienne, et fit les campagnes de 1793, 1794 et 1795. En 1813 il reprit du service, et forcé par le mauvais état de sa santé de quitter l'état militaire, il se livra tout entier désormais à son goût particulier et invincible pour la poésie chevaleresque et le roman idéal, vécut alternativement à Paris et dans sa terre de Nennhausen, puis pendant plusieurs années à Halle, et mourut à Berlin, le 23 janvier 1843. Ses débuts comme écrivain avaient eu lieu sous le pseudonyme de *Pellegrin*. *L'Anneau féerique*, *Les Voyages de Thiodulf*, *Le Troubadour amoureux*, *Le Chevalier Galmy*, se rapportent, ainsi que son *Ondine*, ainsi que *Bertrand Duguesclin*, roman, et *La Lutte de la Wartbourg*, poëme, aux croyances, aux légendes, aux superstitions et aux mœurs du moyen âge provençal et du nord scandinave, c'est-à-dire à toute cette partie de la civilisation qui est essentiellement chrétienne. L'exaltation et la grâce, la fécondité de l'imagination et la finesse des détails, sont les qualités qui le distinguent. La manière un peu monotone et l'archaïsme de cette méthode exclusive mêlent quelques ombres à un talent souvent exquis. Le sentiment ou plutôt le parfum du passé y respire; on y désire un peu plus ce pressentiment de l'avenir.

Sa première femme, *Caroline de Briest*, épouse divorcée *de Rochow*, née en 1773, à Nennhausen, morte au même endroit, le 21 juillet 1831, s'est distinguée parmi les femmes auteurs de son pays par la gravité sérieuse et l'utile sévérité des pensées et du style. Ses romans, *Ida*, *Clara*, *Vingt-et-un ans*, ont plus de grâce et de mélancolie que de mouvement et d'intérêt. Ses *Lettres sur la Mythologie*

grecque et sur *l'Éducation des Femmes* mériteraient d'être traduites. Philarète Chasles.]

LA MOTHE-LE-VAYER (François de), précepteur de Louis XIV, né à Paris, en 1588, fils d'un substitut du procureur général au parlement, succéda d'abord à la charge de son père, mais ne tarda pas à renoncer à la magistrature pour se livrer exclusivement à la culture des lettres et des sciences, vers laquelle il s'était senti porté de tous temps. Cependant, il était déjà arrivé à la cinquantaine avant d'avoir encore rien écrit ou du moins rien publié. Son livre intitulé *De l'Instruction de M. le Dauphin* (Paris, 1640) attira sur lui l'attention de Richelieu, qui lui ouvrit d'abord les portes de l'Académie Française et qui le nomma ensuite précepteur du duc d'Anjou, lequel devint plus tard duc d'Orléans. Quand il eut réussi à triompher de la répugnance personnelle qu'il inspirait à Anne d'Autriche, il fut appelé à remplir les fonctions de précepteur du dauphin, qui fut depuis Louis XIV. Une fois le mariage de ce prince célébré, La Mothe-le-Vayer se consacra à l'éducation de Monsieur, frère du roi. Par la suite, il fut créé conseiller d'État, et mourut en 1672. A soixante-dix-huit ans il avait été assez hardi pour convoler en secondes noces et épouser la fille de La Haye, ancien ambassadeur à Constantinople.

Polygraphe distingué, La Mothe-le-Vayer a abordé une foule de sujets, et avant de s'occuper de philosophie, il s'était livré à l'étude de l'histoire, genre dans lequel ses travaux lui valurent de son vivant le surnom de *Plutarque français*. Il aurait eu reste plus de savoir que d'imagination, plus de jugement que de goût, et apporta dans la discussion des matières philosophiques un scepticisme, résultat chez lui de lectures trop diverses et mal dirigées, qui le fit accuser de ne considérer la vie humaine que comme une farce et la vertu que comme un vain mot. Le fait est que dans son discours *Sur l'Avantage des doutes de la philosophie dans les sciences*, et dans ses *Cinq Dialogues faits à l'imitation des anciens*, par Horatius Tubero (Francfort, 1608), il pense et parle en sceptique. Il n'avait pourtant voulu prouver dans ces deux ouvrages qu'une chose, l'insuffisance de la raison et la nécessité de ne pas prendre en matières religieuses d'autre guide que la foi. En revanche, il est cynique dans son *Hexaméron rustique*, et nous fournit un exemple de plus d'un homme libre dans ses écrits et sévère dans ses mœurs. On lui doit encore des traités de *Géographie*, de *Rhétorique*, un *Jugement sur les historiens grecs et latins*; un traité *Sur le peu de certitude de l'histoire*. La meilleure édition de ses œuvres est celle qu'a donnée son neveu Roland-le-Vayer de Boutigny (7 volumes, Dresde, 1756-1759).

LA MOTTE-HOUDARD (Antoine de), ou plutôt *Houdard de La Motte*, comme il signait lui-même, né à Paris, le 17 janvier 1672, fut reçu à l'Académie Française le 8 février 1710, et mourut le 26 décembre 1731. Fils d'un riche chapelier, qui s'appelait Houdard, et qui possédait dans le diocèse de Troyes la petite terre de La Motte, il étudia d'abord le droit, mais se lança bientôt dans la littérature : il s'essaya dans tous les genres de poésies, fables, tragédies, odes, opéras, comédies, églogues, etc., « avec une confiance qui le trompait, a dit La Harpe, et avec des succès qui durent le tromper encore davantage ».

Cet homme, condamné à faire des vers toute sa vie, déclara la guerre à la poésie, et donna l'exemple de combattre le génie et le talent par des systèmes : il voulait qu'on fît des tragédies en prose et des vers sans rime. Fontenelle professait avec éclat et sévérité la même opinion. L'abbé Trublet se joignit à eux avec tout le zèle d'un valet de chambre. Dans la querelle fameuse entre les anciens et les modernes, La Motte, après Perrault, prit parti contre les défenseurs enthousiastes de l'antiquité. Il fut l'un des critiques les moins judicieux d'Homère; *La Pharsale* et *Le Lutrin* étaient à ses yeux des poëmes épiques tout aussi bien que *l'Iliade* ; c'est avec la même bizarrerie de goût qu'il mettait le *Clovis* de Desmarets et le *Saint Louis* du P. Le Moine au-dessus de tout ce qu'avait fait Homère. Il poussait néanmoins la bonne foi jusqu'à convenir que les œuvres qu'il préférait n'étaient pas lisibles. Mme Dacier lui répondit par des expressions un peu rudes, que La Motte, qui sut toujours les éviter, appelait des naïvetés des temps anciens.

A part ses absurdes paradoxes sur Homère, il y a des choses neuves, hardies, excellentes, dans ses dissertations, dont le style est plein d'élégance et d'agrément; c'est un modèle de modération et de politesse, et sous ce rapport elles forment contraste avec le style pédantesque et les grossières injures qui déshonorent le livre de Mme Dacier. Heureux si dans cette dispute il s'en fût tenu à la prose; mais il eut le malheur d'appeler à son secours cette poésie qu'il avait tant décriée. Sans savoir le grec, il s'avisa de traduire Homère, ou plutôt il traduisit en vers la traduction française de Mme Dacier; il fit plus, il eut la singulière fantaisie de la réduire à douze chants, pour la rendre plus intéressante et faire disparaître les grands défauts qui selon lui déparaient l'original. Aussi qu'arriva-t-il? Après avoir fait rire le public aux dépens de ses adversaires, il leur prêta le flanc en travestissant maladroitement l'objet de leur culte. Les contemporains ne manquèrent pas de faire justice de cette absurde production : les satires, les épigrammes, tombèrent sur lui de tous côtés. La Motte eut toujours le bon esprit de n'y pas répondre; et comme Crébillon, il put se rendre le témoignage que jamais aucun fiel n'avait souillé sa plume. Aussi sa vie coula-t-elle douce, paisible, honorée. Voltaire a dit : « Sa conduite est pleine de douceur, sa poésie pleine de dureté. »

La Motte, comme son ami Fontenelle, vivait dans la société des grands seigneurs, et, comme lui aussi, savait s'en faire aimer et respecter. Il avait du reste l'avantage de pouvoir fréquenter les grands sans être tenu à d'autres égards que ceux qu'exigeaient leur rang et le bon ton. Il était riche des bienfaits du roi, et surtout de ceux du régent. Attaché toute sa vie à la duchesse du Maine, il refusa constamment les dons de cette princesse. Cet homme de mœurs si douces, et de qui personne n'eut jamais à se plaindre, fut accusé plus de vingt ans après sa mort d'avoir composé les horribles couplets qui furent attribués à J.-B. Rousseau, et qui perdirent ce grand poète, dont la malignité connue motivait au moins cette accusation; mais, on peut le dire à la louange de La Motte, sa vertu défendit sa mémoire contre cette calomnieuse assertion de Boindin, avant que Voltaire eût produit, dans son *Siècle de Louis XIV*, les raisons péremptoires qui la réfutent.

C'est dans le genre léger, spirituel, que La Motte a obtenu le plus de succès. Ses odes sont sans inspiration. Ses fables manquent de naïveté; quatre ou cinq cependant sont des modèles d'atticisme philosophique. Ses opéras ont passé pour les meilleurs après ceux de Quinault, entre autres *Issé* et *L'Europe Galante*. Ses comédies, imitées presque toutes des contes de La Fontaine, méritent l'oubli dans lequel elles sont tombées : il faut en excepter *Le Magnifique*, que La Harpe met au nombre des plus jolies petites pièces du dix-huitième siècle. La Motte a composé quatre tragédies : la plus connue est *Inès de Castro*, qui figure encore dans les recueils dramatiques du second ordre. Il avait débuté dans la tragédie, sous le voile de l'anonyme, par *Les Machabées*, sujet religieux, qui passa d'abord pour un ouvrage posthume de Racine. Quand La Motte se fut nommé, les épigrammes succédèrent à l'enthousiasme. Remis au théâtre en 1745, *Les Machabées* y tombèrent à plat. Huit ans après que Voltaire eut donné son *Œdipe*, La Motte, qui, en qualité de censeur royal, avait donné l'approbation la plus louangeuse à la première début du jeune poète, s'avisa de risquer au théâtre un *Œdipe* de sa composition. Chose assez bizarre, dans sa préface il ne désavoue pas que son entreprise n'ait un air de présomption, mais c'est uniquement parce que Corneille a fait un *Œdipe*. Quant à celui de Voltaire, il n'en parle pas plus que s'il n'avait jamais existé. L'*Œdipe* de La Motte, quoique assez régulièrement conçu, n'eut aucun succès. Même régularité de plan, même faiblesse de style, même absence d'intérêt dans son *Romulus*. Le sujet d'*Inès de Castro* est d'un si puissant intérêt, que si le talent de l'auteur y eût répondu, cette tragédie eût pu être un chef-d'œuvre.

Les *Fables* de La Motte et ses *Odes* avaient un succès étonnant lorsque l'auteur les récitait aux séances publiques de l'Académie Française. En effet, si personne n'a écrit plus de vers inharmonieux, personne ne savait mieux en sauver les défauts par le charme décevant de sa lecture. C'est par le prestige de ce talent trompeur qu'il séduisait le public, ses confrères, et peut-être lui-même : il savait adoucir avec une adresse merveilleuse la dureté d'un vers que par paresse il refusait de changer.

Non content d'avoir mis l'*Œdipe* de Voltaire en prose, il voulait qu'on refît en prose les plus belles scènes de l'*Iphigénie* de Racine. Lui-même tenta cet essai ridicule sur la première scène de *Mithridate*. Sauf quelques discours académiques et un éloge funèbre de Louis XIV, il n'a pourtant jamais écrit en prose que pour faire valoir ou défendre ses ouvrages en vers. Du reste, il prêta souvent sa plume à de grands personnages, auxquels, comme de raison, il garda le secret. Il fit les discours du marquis de Mimeure et du cardinal Dubois, lorsqu'ils furent reçus à l'Académie Française; le manifeste de la guerre de 1718, et le discours que prononça le cardinal de Tencin au petit concile d'Embrun. Élève des jésuites, il n'était pas étranger à la théologie; fort religieux, il avait même dans sa jeunesse voulu se faire trappiste; mais l'abbé de Rancé le détourna d'une vocation à laquelle le dépit d'une chute dramatique avait beaucoup trop de part. Il était devenu aveugle à trente-cinq ans, puis perclus des jambes dans les quinze dernières années de sa vie. Il n'en conservait pas moins une inaltérable sérénité. Un dernier trait fera juger de sa belle âme : un jour, dans une foule, il marche sur le pied d'un jeune homme, qui lui donne un soufflet : « Ah, monsieur, lui dit La Motte, vous allez être bien fâché : je suis aveugle! »

Charles Du Rozoir.

LA MOTTE-PIQUET (Toussaint-Guillaume, comte de), né à Rennes, en 1720, entra dans la marine royale dès l'âge de quinze ans. Il fit vingt-huit campagnes de 1737 à 1783, et se distingua particulièrement contre les Anglais lors de la guerre d'Amérique; on cite surtout le combat de Port-Royal, où il eut à soutenir avec trois vaisseaux le feu de toute une flotte anglaise. Il fut alors nommé chef d'escadre. Il mourut en 1791.

LA MOTTE-VALOIS (Jeanne de Luz de Saint-Rémy de Valois, comtesse de), naquit en 1756, à Fontette, en Champagne, sous le chaume et dans l'indigence. Elle descendait de la race royale des Valois par Henri de Saint-Rémy, bâtard de Henri II et de Nicole de Savigny. Laissée orpheline en bas âge par un père mort à l'hôtel-Dieu, elle mendiait, lorsqu'elle fut recueillie par la marquise de Boulainvilliers, qui s'intéressa à elle et fit constater son origine. En 1783 elle épousa un certain comte de La Motte, qui servait dans les gendarmes, mauvais sujet, qui n'avait vu dans ce mariage qu'une spéculation. En effet il la dressa à la mendicité de haut parage; et parmi les grands seigneurs qui lui envoyèrent des secours se trouva le cardinal Louis de Rohan. C'est alors que lui organisée par elle et son mari cette fameuse affaire du collier, dont nous avons longuement parlé ailleurs. La comtesse de La Motte-Valois mourut en 1791, à Londres, où elle s'était réfugiée.

LAMOURETTE (Adrien), né en 1742, à Frévent (Pas-de-Calais), était à l'époque de la révolution de 1789 vicaire général de l'évêque d'Arras. Homme d'esprit et d'érudition, il avait publié plusieurs ouvrages en faveur de la religion et de la philosophie. Ses écrits fixèrent l'attention de Mirabeau, et l'on attribue à l'abbé Lamourette, du moins en partie, les discours de cet orateur sur la constitution civile du clergé. Il est certain, du reste, qu'il existait entre eux une grande conformité de doctrine et la plus intime amitié. Lamourette fut élu, en 1791, évêque métropolitain de Lyon, et nommé peu de temps après député à l'Assemblée législative : il s'y fit remarquer par une sage modération. Tous ses vœux, tous ses efforts, tendaient à maintenir la paix intérieure et l'union entre les Français. L'événement de Varennes divisa la France et l'Assemblée en deux camps : la guerre civile paraissait imminente ; on parlait hautement de changer la constitution, d'établir la république. Lamourette, dans la fameuse séance du 7 juillet 1792, fit entendre des paroles de paix et d'union au nom de la patrie, de la liberté, et invita ses collègues à se rallier franchement à la constitution, à rester fidèles à leurs serments, au pacte fondamental, à la France, au roi. Son discours était l'expression d'un sentiment généreux, d'une conviction profonde ; c'était l'éloquence du cœur. L'assemblée renouvela le serment à la constitution ; toutes les menaces de partis semblèrent effacées ; les députés des opinions les plus opposées s'embrassèrent, et l'assemblée décréta qu'à l'instant même le procès-verbal de cette mémorable séance serait porte au roi par une députation, et adressé à tous les départements. Louis XVI se rendit immédiatement à l'Assemblée ; il y fut accueilli par les applaudissements, et l'Assemblée en masse l'accompagna à son retour aux Tuileries. Mais cet enthousiasme n'eut pour résultat qu'une trêve de quelques heures. Trois jours après, Brissot proposait de décréter que la *Patrie était en danger*, et Lamourette s'opposait à cette proposition.

Il retourna dans son diocèse après la session législative, et se livra tout entier à ses fonctions épiscopales. Arrêté à Lyon après le siége de cette ville, il fut conduit à Paris, emprisonné et traduit au tribunal révolutionnaire. Il ne se fit point illusion sur le sort qui l'attendait. Condamné à mort le 12 nivôse an II (11 janvier 1794), « comme complice d'un complot qui avait existé à Commune-Affranchie, » il l'entendit tranquillement sa sentence, et fit le signe de la croix. Il conserva le calme qu'il avait montré dès les premiers jours de sa captivité. Comme Socrate, il s'entretenait avec ses compagnons d'infortune sur l'immortalité de l'âme : « Faut-il s'étonner de mourir? leur disait-il, la mort n'est-elle pas un accident de l'existence? Au moyen de la guillotine, elle n'est plus qu'une chiquenaude sur le cou... »

Le dernier ouvrage de Lamourette, intitulé *Considérations sur la vie religieuse*, n'a été publié qu'après sa mort. Il avait fait paraître en 1786 des *Pensées sur l'Incrédulité* ; en 1789, des *Pensées sur la Philosophie et la Foi* ; en 1788, les *Délices de la Religion*, et dédiées à Mme de Genlis ; en 1789, le *Désastre de la Maison de Saint-Lazare*.

Dufey (de l'Yonne).

LAMPADOMANCIE (du grec λαμπάς, lampe ; μαντεία, divination), art de deviner l'avenir au moyen d'une lampe. On observait la forme, la couleur et les mouvements de la lumière de cette lampe, et on en tirait des présages. Quand on pratiquait cette sorte de divination par l'inspection de la lumière d'un flambeau, on l'appelait *lychnomancie*.

LAMPADOPHORE, LAMPADAIRE. On appelait ainsi à Constantinople l'officier ecclésiastique chargé d'entretenir les lampes et de porter un bougeoir devant l'empereur et l'impératrice pendant qu'ils assistaient à l'office.

LAMPE (du grec λαμπάς, flambeau). Une lampe dans toute sa simplicité est un petit vaisseau dans lequel on fait brûler une mèche, ordinairement de coton, dont la flamme est alimentée par de l'huile. L'invention des lampes est due, assure-t-on, aux anciens Égyptiens : il paraîtrait, d'après quelques passages d'Homère, que leur usage ne s'était pas encore répandu en Grèce à l'époque du siége de Troie. Dans la suite, ces petits meubles devinrent très-communs, soit en Grèce, soit en Italie : on en faisait en terre cuite, en bronze, en argent, en or, dont on variait les formes à l'infini. La plupart des lampes en terre cuite représentent le plus ordinairement un petit bateau portant un ou plusieurs becs, dans lesquels on plaçait autant de mèches. Parmi les lampes en bronze trouvées dans les ruines d'Herculanum, on en voit une au musée de Portici qui porte sur le derrière la figure d'une chauve-souris, symbole de la nuit, dont les ailes étendues et toutes les parties extérieures du corps sont ciselées avec une délicatesse extrême. Une autre de ces lampes porte une souris qui semble épier le moment où elle pourra boire l'huile. Sur une autre se voit un lapin qui broute des herbes. Une lampe bien plus remarquable se compose d'une plinthe ou base carrée, sur laquelle est un enfant haut de deux palmes : d'une main il tient une lampe suspendue à trois chaînes entrelacées quatre fois ; de l'autre main il soulève la chaîne qui porte le crochet qui servait à arranger la mèche. A côté de cet enfant s'élève une colonne ornée de cannelures torses, dont le chapiteau est remplacé par un buste creux que l'on remplissait d'huile, et qui servait de lampe lorsqu'on allumait une mèche qui sortait de sa bouche.

Chez les anciens, les lampes servaient à trois usages principaux : 1° dans les temples, où on les allumait soit pour éclairer les prêtres dans des cérémonies nocturnes, soit pour honorer les dieux devant les statues desquels elles brûlaient ; 2° dans les fêtes, réjouissances publiques ou domestiques qu'on célébrait pendant la nuit : dans ces circonstances on chargeait quelquefois des candélabres d'une si grande quantité de lampes qu'il en résultait de véritables illuminations ; on suspendait aussi des lampes aux plafonds des appartements.

. . . . . Dependent lychni laquearibus aureis
Incensi et noctem flammis funalia vincunt. (Virgile.)

3° On plaçait des lampes dans les tombeaux, le plus souvent à côté du cercueil ; enfin, les Grecs et les Romains faisaient, comme nous, usage de *lampes-veilleuses*, qu'ils laissaient brûler pendant toute la nuit.

Jusque vers la fin du dix-huitième siècle, les lampes en Europe étaient les mêmes que celles des anciens ; si elles n'étaient pas aussi ornées ni travaillées avec autant de soin, cela provenait de ce que depuis l'invention des chandelles moulées et des bougies en cire blanche, les personnes aisées les avaient généralement bannies de leurs demeures. Quinquet, pharmacien de Paris, fut le premier qui mit sur la voie des perfectionnements que les lampes ont reçus depuis quelque soixante ans : afin de donner plus d'activité au courant d'air qui devait alimenter la flamme, il conduisit celui-ci dans un tube de verre qui, s'élevant à une certaine hauteur, faisait les fonctions d'un tuyau de cheminée. Cette invention était bien simple : c'était une imitation du procédé que les cuisiniers employaient pour activer le feu d'un fourneau, lequel consiste à placer verticalement un bout de tuyau de poêle au-dessus du charbon contenu dans le fourneau. Toutefois, nous devons de grands éloges à Quinquet, car ce fut très-probablement son *tuyau-cheminée* qui donna au célèbre Ami Argant l'idée du plus grand perfectionnement que les flambeaux alimentés par de l'huile aient subi jusqu'à nos jours. Les lampes d'Argant, que tout le monde connaît maintenant, éclairent au moyen d'une mèche qui, étant gonflée, représente un bout de tuyau ouvert dans toute sa longueur : cette mèche est reçue entre deux cylindres creux placés l'un dans l'autre ; elle embrasse le plus intérieur, comme elle est enveloppée par le plus extérieur. De l'huile contenue dans un réservoir placé au-dessus du bec se rend entre les deux cylindres, et, s'infiltrant dans le tissu de la mèche, va alimenter la flamme. Tout le système est surmonté d'une cheminée de verre qui se rétrécit brusquement au-dessus de la flamme, dont la direction est la même que celle de la mèche. Deux courants d'air qui s'établit dans le tuyau intérieur, l'autre qui s'introduit entre le bord inférieur de la cheminée et le cylindre extérieur, font prendre le plus vif éclat à la lumière qui se projette là-dessus.

Le réservoir d'huile, placé un peu au-dessus du bec, a l'inconvénient de produire de l'ombre. Carcel, dont le nom, comme celui de Quinquet, est aujourd'hui si connu, fut

LAMPE — LAMPE PHILOSOPHIQUE

le premier qui, vers 1800, construisit une lampe dont la flamme répandait de la lumière de tous côtés, sans aucune ombre. Son invention est basée sur le principe que si le réservoir d'huile se trouvait dans le pied de la lampe, on pourrait, en faisant jouer de temps en temps une petite pompe, faire monter une quantité suffisante de liquide autour de la mèche. Un rouage animé par un ressort, et que l'on remonte comme une horloge, fait fonctionner deux pompes qui élèvent constamment jusqu'au bec une quantité surabondante d'huile. Ce rouage marche pendant huit, dix heures, sans qu'on ait besoin de le remonter. Il y a lieu de penser que si l'inventeur de ce mécanisme avait vécu plus longtemps, il aurait successivement apporté à sa découverte les divers perfectionnements dont elle était susceptible et que l'usage lui aurait signalés.

Les frères Gérard prirent, en 1804, un brevet d'invention pour une lampe qu'ils appelèrent *hydrostatique*, dont le réservoir était, comme dans celle de Carcel, placé dans le pied. Un système de tuyaux, imité de la fontaine de Héron, faisait remonter l'huile jusqu'à la mèche, et remplaçait le rouage. Le succès de cette lampe dont le service présentait des difficultés, et qui d'ailleurs était sujette à des réparations coûteuses, ne s'est pas soutenu. Une autre lampe hydrostatique a été brevetée en l'année 1826; l'appareil qui fait remonter l'huile se compose de deux réservoirs placés l'un au-dessus de l'autre, et qui communiquent par un tuyau : le réservoir inférieur contient l'huile; le vase supérieur est rempli d'un liquide spécifiquement plus lourd que l'huile; quand la mèche brûle, le liquide contenu dans le vase supérieur, chassant l'huile de son réservoir, l'oblige à monter autour de la mèche; mais comme les poids des colonnes des deux liquides tendent progressivement à se faire équilibre, l'éclat de la flamme diminue dans la même proportion, et la mèche ne projette plus que sa faible lumière.

Depuis on a inventé les *lampes à modérateur*, qui luttent avantageusement aujourd'hui contre les lampes Carcel. L'huile y est également renfermée dans le pied et pressée par une plaque formant piston, sur laquelle agit un ressort en spirale que l'on remonte au moyen d'un bouton à pignon agissant sur une crémaillère. L'huile pressée monte par un tuyau d'ascension qui la conduit jusqu'au bec. A mesure que le piston descend, la force du ressort diminue, et la hauteur à laquelle il faut élever l'huile augmente. Le mouvement de l'huile serait donc irrégulier comme dans les lampes hydrostatiques, sans l'emploi d'un ingénieux appareil, qu'on a nommé *modérateur*. On appelle ainsi une tringle placée à l'intérieur du tube d'ascension, et qui rend très-étroit le passage de l'huile entre elle et un petit tube fixé au piston, et qui se meut dans la partie supérieure du tube qui est fixe ; en sorte que cet étranglement est très-sensible quand le piston est élevé, il est minime au contraire quand le ressort est à l'extrémité de sa course. Dans ces lampes l'huile est versée au-dessus du piston ; mais quand on remonte la lampe le vide produit sous le piston fait infléchir le cuir embouté qui forme garniture, et l'huile passe à la partie inférieure.

L'invention de la *lampe à modérateur* remonte à plus de vingt-cinq ans; elle est due à M. Franchot, ancien élève de l'École Polytechnique, qui vendit ses brevets à un lampiste appelé *Hadrot*, honorablement connu déjà depuis longues années dans cette partie si importante de l'industrie parisienne. A l'expiration des brevets Franchot, il en advint de la *lampe à modérateur* comme il en était advenu quelquefois auparavant de la *lampe Carcel*, c'est-à-dire que l'invention une fois tombée dans le domaine public, ce fut parmi les imitateurs, ou pour mieux dire parmi les *contrefacteurs*, à qui se jetterait sur cette proie si facile et chercherait à se l'approprier au moyen de prétendus perfectionnements, toujours inertes, quand ils n'étaient pas nuisibles, mais qui permettaient à ces frelons d'exploiter fructueusement, à l'aide d'une large publicité faite dans les journaux (toujours si complaisants quand on les paye) le crédit et la bonne réputation que s'étaient attachés à l'invention primitive. Aussi à l'exposition universelle de 1855 le gouvernement s'est-il montré juste appréciateur du mérite en décernant la croix d'Honneur à M. Franchot, dont le nom s'est ainsi trouvé pour la première fois révélé au public comme seul auteur de ce progrès réel accompli dans la fabrication de la lampe. Il y a une dixaine d'années , il n'était bruit à la quatrième page des journaux que d'une lampe dite *solaire*, comme réunissant les avantages de la *lampe Carcel* à ceux de la *lampe à modérateur*. Grâce aux fanfares de l'annonce, la lampe solaire eut un instant de vogue; mais on ne tarda pas à s'apercevoir que ce n'était qu'un lampion fumeux, et on y renonça avec raison pour en revenir, soit à la lampe Carcel, soit à la lampe à modérateur.   TEYSSÈDRE.

LAMPE DE SÛRETÉ. On donne ce nom à l'appareil d'éclairage qu'inventa Humphrey Davy pour éviter les accidents qu'occasionne le feu grisou en s'enflammant au contact de la flamme. Cette lampe est construite sur les propriétés dont jouissent les toiles métalliques d'un tissu serré, qui sont de diviser la flamme, de la refroidir tellement qu'elle est incapable de communiquer le feu aux matières combustibles qui environnent le foyer. La lampe de Davy se compose d'une double enveloppe, de forme cylindrique, en toile de fils de cuivre, et mieux de fer, dont le tissu contient au moins 140 ouvertures par centimètre carré. La flamme est enveloppée d'une spirale de platine, dont la propriété est d'empêcher que les matières qui se dégagent par l'effet de la combustion de la mèche et de l'huile ne noircissent les fils et n'obstruent les ouvertures de la gaze métallique. Une spirale semblable d'un demi-millimètre de diamètre, suspendue par un fil un peu plus gros au-dessus de la mèche, devient lumineuse quand la lampe s'éteint par l'arrivée d'une proportion trop grande de gaz inflammable, et fournit au mineur une lueur assez forte pour qu'il puisse se diriger. Il n'y a aucun danger pour la respiration tant que les fils de la spirale restent incandescents, car ils cessent de briller aussitôt que le gaz inflammable entre pour les deux cinquièmes dans le volume de l'air atmosphérique.

La lampe de sûreté n'a pas seulement la propriété d'empêcher la flamme de communiquer avec le gaz hydrogène, elle indique encore au mineur l'état de l'air qui l'environne : s'il s'aperçoit que la flamme devient plus volumineuse, c'est un signe qu'il y a du gaz inflammable dans ce lieu. Si la proportion du gaz est suffisante pour qu'il y ait explosion, le cylindre de toile métallique se remplira de flamme, au milieu de laquelle on distinguera celle de la mèche. La proportion du gaz devenant encore plus grande, la flamme de la mèche disparaîtra, et celle du gaz deviendra plus pâle; alors il est prudent de se retirer, de crainte d'être asphyxié. Dans tous les cas, il faut prendre les précautions convenables pour que les fils de la gaze métallique ne rougissent pas, ce qui est toujours facile, en humectant de temps en temps ces fils avec de l'eau.   TEYSSÈDRE.

LAMPEDUSA ou LAMPADOSA, la *Lopadusa* des anciens, île située au sud-sud-ouest de Malte, comprise dans l'intendance sicilienne de Girgenti, a 7 kilomètres de long sur trois de large, une assez bonne rade, mais point de population fixe, parce qu'on y est trop exposé aux pirateries des Tunisiens. Cependant la pêche du thon et du corail est très-active sur ses côtes. Une des ruines qu'on y trouve a conservé le nom de *Tour de Roland*.

LAMPE PHILOSOPHIQUE, petit appareil dans lequel on fait dégager du gaz hydrogène, qu'on enflamme à l'embouchure. Voici comment on construit ordinairement cette lampe, inventée bien longtemps avant qu'on songeât à étendre son principe à l'éclairage public, en tirant le même parti de la houille et d'autres substances : on introduit dans une fiole à médecine de la limaille de fer étendue d'eau sur laquelle on verse de l'acide sulfurique. On bouche soigneusement cette fiole avec un bouchon de liège traversé par un tube de verre effilé : il y a aussitôt production de gaz

hydrogène. En approchant une lumière de l'extrémité de ce tube, le gaz s'enflamme et brûle avec une flamme bleue.
L. LOUVET.

LAMPES D'ÉGLISE. Il y a entre les lampes et les cierges cette différence que les lampes brûlaient nuit et jour dans les temples, comme offrant un emblème de la lumière éternelle. On y employait les huiles les plus précieuses et les plus odoriférantes. C'était une imitation de ce qui se pratiquait dans le temple de Jérusalem. Cet usage s'est conservé dans l'Église catholique à l'égard du saint-sacrement, devant lequel brûle au moins une lampe. Les églises pauvres peuvent seules en être dispensées. Dans certaines églises, trois lampes sont suspendues devant l'autel, brillante image du mystère de la Trinité. On voit dans les vies des souverains pontifes et des princes, qu'ils ont fait don aux églises de lampes, ou *phares* d'or et d'argent, de diverses formes.

LAMPÉTIE. *Voyez* HÉLIADES.

LAMPRIDIUS (ÆLIUS). On a beaucoup discuté sur cet auteur : les uns lui attribuent certaines biographies qui composent le recueil des *Scriptores Historiæ Augustæ*; les autres les lui refusent, pour les répartir entre Ælius Spartianus et Julius C a p i t o l i n u s ; enfin, une troisième opinion, émise par Vossius, dans son *Traité sur les Historiens latins*, tendrait à ne voir qu'un seul et même écrivain dans Lampridius et Spartien. L'historien se serait donc appelé *Ælius Lampridius Spartianus*; et il faudrait le reconnaître pour auteur des vies de Commode, d'Antonin, de Diadumène, d'Héliogabale et d'Alexandre Sévère. C'est sur cette dernière que s'élèvent les principaux doutes. On n'a d'autre motif de l'attribuer à Lampridius que la suscription de l'édition *princeps* publiée à Milan. Le manuscrit de la bibliothèque Palatine, au contraire, porte le nom d'Ælius Spartianus. Il nous reste en outre des *excerpta* ou extraits de Spartien : ceux-ci n'ont guère pu servir à lui faire honneur des trois autres biographies. Comme le remarque Vossius, tout cela est d'une faible autorité. Vopiscus, dans la vie de Probus, dit qu'il imite la manière de Lampridius. Cet auteur a vécu sous Constantin, auquel il a dédié deux de ses ouvrages. Dodwell pense que les vies de Pertinax, de Didius et de Sévère, sont de Lampridius : il attribue à Julius Capitolinus toutes les autres, jusqu'à celle de Gordien. Il y a dans le style de tous ces auteurs du la sécheresse, du froid et de la confusion. Ce ne sont que des enregistreurs de faits, et sous ce seul rapport ils ont rendu des services. Du reste, on a qualifié sévèrement leurs écrits en les appelant *Historiæ dehonestamenta*. Au dire de Tillemont, Lampridius ne mérite même pas le titre d'historien. P. DE GOLBÉRY.

LAMPROIE, genre de poissons de l'ordre des chondroptérygiens et de la famille des cyclostomes. Ils sont très-répandus, et remarquables sous différents rapports. Les lamproies attirent d'abord l'attention par une conformation qui leur donne au premier aspect plus d'analogie avec les vers et les serpents qu'avec la plupart des poissons, et qui ressort surtout quand on observe leur marche tortueuse dans l'eau ; aussi ont-elles été appelées par quelques-uns *vers marins* et *sangsues marines*. Elles se distinguent surtout par sept ouvertures rangées de chaque côté de la partie du corps qui succède immédiatement à la tête : cette disposition leur a fait donner le surnom de *poisson-flûte*, parce qu'elles rappellent les trous de cet instrument. Les orifices que nous signalons ici remplacent les ouïes, et font partie d'un appareil respiratoire communiquant d'une part avec la bouche, et d'une autre avec un évent : cet appareil permet aux lamproies de rejeter l'eau à la manière des baleines. Ces poissons se font encore remarquer par une propriété particulière, à laquelle ils doivent leur nom scientifique (*petromyzon*, de πέτρος, pierre, et μύζω, je suce) : c'est celle de s'attacher aux corps étrangers avec une force considérable ; leur museau, charnu, flexible, arrondi et semblable à la bouche des sangsues, s'applique exactement sur les corps, et y adhère avec une vigueur telle, qu'on a vu un de ces animaux soutenir une pierre quatre fois plus pesante que lui. La disposition de l'appareil de la respiration favorise cette action, l'eau ayant par l'évent un accès indépendant de la bouche. Cette puissance d'adhésion, jointe à un état visqueux de la peau, qui la rend difficile à saisir, est probablement un moyen de défense contre ses ennemis ; autrement l'animal n'a point d'armes, et n'ayant que des cartilages pour squelette, ses dents ne sont même implantées que dans des capsules charnues au lieu de mâchoires solides ; aussi se nourrit-il d'êtres qui ont une texture molle et souvent de cadavres. Quoique les lamproies soient aussi peu redoutables, on leur a cependant attribué une force surhumaine : on a prétendu qu'avec leur force d'adhésion elles pouvaient, en s'attachant à un vaisseau, le condamner au repos, l'empêcher d'obéir aux vents et aux rames.

On compte un grand nombre d'espèces de lamproies : les unes vivent dans les mers, et n'entrent dans les fleuves qu'au temps du frai ; c'est alors qu'on en fait de nombreuses captures, ainsi que des saumons et des aloses : ces poissons trouvent la mort là où ils cherchent à donner la vie. D'autres habitent toujours les rivières et les lacs. Leur chair, aussi savoureuse que celle de l'anguille, est même plus délicate et plus facile à digérer. Les Romains, au temps de Lucullus, en faisaient un très-grand cas et les payaient même au poids de l'or, surtout à l'époque du printemps. A la cour des papes, on ne les estime pas moins, et on les apprête à grands frais. Pour tuer l'animal, on l'asphyxiait dans du vin ; on lui fermait en outre la bouche avec une noix muscade, et les orifices respiratoires avec des clous de girofle ; on le roulait ensuite en spirale dans une casserole, et on le faisait cuire à petit feu avec du vin de Candie, ajoutant des amandes pilées et différentes épices. La recette actuelle des cuisiniers est beaucoup moins compliquée et moins somptueuse ; elle suffit cependant pour préparer un excellent plat, dont il faut néanmoins user sobrement. Henri Ier, roi d'Angleterre mourut, dit-on, à la suite d'une indigestion causée par ce poisson. Ce fait n'empêchait pourtant pas les magistrats de la ville de Glocester de présenter tous les ans, aux fêtes de Noël, un pâté de lamproies au roi de la Grande-Bretagne.
Dr CHARBONNIER.

LAMPROYON ou **LAMPRILLON**. *Voyez* BRANCHIALE.

LAMPSAQUE, ville de la Petite Mysie, près la côte de l'Hellespont, à l'entrée de la Propontide, aujourd'hui *Lepsek* ou *Lamsaki*, sur le détroit des Dardanelles, dans une contrée fertile et riche en vignobles. C'était avec Magnésie et Myus des trois villes qu'Artaxercès avait données à Thémistocle pour son entretien. Magnésie était pour son pain, Myus pour sa viande, et Lampsaque pour son vin.

LAMPYRE (du grec λαμπυρίς, fait de λάμπω, je brille). *Voyez* VER LUISANT.

LANARK ou **LANERK**, appelé aussi *Clydesdale*, comté du midi de l'Écosse, d'une superficie de 31 myriamètres carrés, dont la population n'était encore en 1801 que de 147,692 âmes, et qui en 1851 comptait 532,114 habitants. Il contient, sans le territoire de son embouchure, presque tout le bassin de la Clyde, qui le traverse dans la direction du nord-ouest, et reçoit à sa droite le Medwin, la Mouse, le Calder et le Kelvin, et à sa gauche le Duneton, le Douglas et l'Avon. Il n'y en a qu'une très-petite partie au nord qui appartienne au territoire du Forth. Toutefois le canal du Forth et de la Clyde se prolonge à peu de distance de sa frontière en reliant Glasgow à Falkirck à Édimbourg, et il communique lui-même avec le canal de Monkland, long de 15 kilomètres, et conduisant de Glasgow aux houillères de *Monkland-Collieries*. L'aspect du comté de Lanark est des plus variés. Au nord-ouest, ce sont de belles plaines le long des rives de la Clyde ; au centre et au nord-ouest, le sol est très-onduleux ; au sud, on trouve de romantiques montagnes, avec les cataractes de la Clyde, la chaîne abrupte de *Lowtherhills* (985 mètres), sur les confins du comté de Dumfries ; le *Tintoc*, montagne isolée de 722 mètres, sur les confins du comté de Peebles, le *Coulterfall* (766 mètres), entre Lanark et Biggar, les *Leadhills* ou montagnes de plomb (1,006 mè-

LANARK — LANCASTER

tres). En général le sol en est peu fertile, mais il est utilisé et cultivé avec soin, partout où cela a été possible. Les basses terres voisines de la Clyde et du Douglas en sont les parties les plus fertiles, et on y récolte des céréales, du chanvre, des légumes et même assez de fruits. Sur d'assez vastes étendues on ne rencontre que des landes, des terrains pierreux ou encore des marais ; et il n'y a guère que la moitié de la surface du comté qui soit en culture. Les pacages servent surtout à l'élève des moutons, mais ne laissent pas aussi que de donner une bonne race de bœufs et de chevaux. Apre dans les montagnes, le climat est tempéré mais très-humide dans les basses terres. Les principales richesses du comté consistent dans ses abondantes mines de houille, de fer et de charbon ; les houilles de la meilleure espèce sont celles qui se trouvent aux environs de Glasgow. La plupart des mines de fer sont voisines de gisements houillers, circonstance très-importante, à cause de la rareté du bois. Au-dessus de Glasgow sur la Clyde, on trouve aussi le district ferrugineux de *Coalbridge*, dont l'étendue est d'environ 1 myriamètre, et qui offre partout le tableau de la plus active industrie. Les différents hauts fourneaux, connus sous le nom de *Clyde-Iron-Works*, qu'on y trouve, sont les plus importants de l'Écosse. Le *Gartsharry-Iron-Work* est peut-être l'usine la plus colossable qu'il y ait sur toute la terre. C'est dans la vallée méridionale du Lanark, au milieu des montagnes pelées dites *Lowther-Hills*, que sont situées les mines de plomb les plus considérables de toute la Grande-Bretagne. On en évalue le produit annuel à 20,000 quintaux ; et les ouvriers qui les exploitent habitent les villages de *Leadshill* et de *Wantockhead*, où existent des écoles et des bibliothèques populaires. Ce district fournit aussi de l'alun et de la calamine. A *Biggard* il existe aussi d'importantes mines de plomb. Outre ses mines et ses grandes industries métallurgiques, le comté de Lanark possède un grand nombre de fabriques et de manufactures qui pourraient le faire surnommer le *Lancashire* de l'Écosse. Elles fournissent à la consommation d'énormes quantités d'articles de grosse quincaillerie, de lainages, de cotonnades, de toiles, d'articles de bonneterie, de poterie, de verroterie et de cristaux, de tapis, de bière, de liqueurs, etc. Le grand centre industriel du comté est G l a s-g o w. Le commerce très-étendu que fait ce comté est singulièrement secondé par la Clyde et son canal, ainsi que par un grand nombre de voies ferrées, dont les plus importantes partent de Glasgow et se relient aux autres chemins de fer de l'Écosse et de l'Angleterre.

Ce comté a pour chef-lieu LANARK, bourg situé sur une colline, sur la rive droite de la Clyde, avec des rues droites et propres, mais au total assez insignifiant, et où l'on ne saurait citer aucun édifice considérable. Sa population, de 5,300 âmes, s'occupe d'agriculture, du filage des cotons, de fabrication de toiles et d'articles de bonneterie, et du blanchissage des fils. C'est une localité fort ancienne, où dès l'an 998 le roi d'Écosse Kenneth II réunit un parlement. A peu de distance de là, dans un joli vallon, on trouve le village de *New-Lanark*, nouveau centre manufacturier, remarquable par la grande filature de coton qui y a été établie par O w e n, et célèbre par la cataracte de la Clyde.

LANCASTER ou LANCASHIRE, l'un des six comtés du nord de l'Angleterre, qualifié aussi de *Palatinat*, qui sur une superficie de 59 myriamètres carrés comptait en 1801 683,252 habitants, et 2,063,913 en 1851, par conséquent le comté de l'Angleterre le plus peuplé après celui de Middlesex. A l'est, où il confine aux montagnes du Yorkshire, le sol en est montagneux, et couvert par les ramifications des monts Cambriens dans sa partie la plus septentrionale, située entre la baie de Duddon et de Morecambe, et désignée aussi sous la dénomination de *Hundred* de Furness ; au sud et sur plusieurs points de la côte il est plat, et partout ailleurs onduleux. Son point extrême d'élévation est au nord, où le Coniston-Fell atteint 785 mètres. Ses cours d'eau, parmi lesquels le Lune ou Loyne, le Wyre, le Ribble et la Mersey méritent seuls d'être cités, sont très-nombreux, mais peu étendus. Ils ont été rendus navigables, et on les a reliés les uns aux autres par des canaux dont les plus remarquables sont ceux de Lancaster, de Liverpool, de Bridgewater, de Bolton, de Rochdale et de Huddersfield. Le commerce intérieur est en outre favorisé pour ses relations par un réseau de chemins de fer dont celui de Liverpool à Manchester est la première voie sur laquelle on ait appliqué en Angleterre la force de la vapeur au transport des voyageurs (1830). En fait de lacs, il faut mentionner, surtout au nord, celui de Coniston, et sur les limites du Westmoreland, celui de Windermere ou Winandermere, surnommé le *lac de Zurich anglais*, à cause de ses romantiques environs. Le climat est tempéré, quoique généralement plus humide que celui du reste de l'Angleterre. La pauvreté du sol est amplement compensée par d'immenses gisements houillers, qui occupent une surface de 8 à 9 myriamètres carrés, et dont les produits s'exportent de tous côtés au moyen du vaste système de navigation intérieure que nous avons déjà mentionné. Il constituent avec des mines de cuivre, de plomb, de fer, et des carrières d'ardoises, les éléments de l'immense développement de tous côtés au moyen du vaste système de navigation intérieure que nous avons déjà mentionné. Ils constituent avec des mines de cuivre, de plomb, de fer, et des carrières d'ardoises, les éléments de l'immense développement de cette industrie. On estime à 4 millions de tonnes par an la production houillère du Lancashire. Indépendamment de l'exploitation des mines, de l'activité manufacturière la plus grandiose et la plus variée que l'on rencontre dans toute l'Angleterre et consistant en fabrication d'étoffes de coton, de laine et de soie, de papier et de chapeaux, la pêche et l'élève du bétail constituent encore une grande ressource pour la population. La célèbre race bovine du Lancashire, à longues cornes, avec une peau forte et épaisse, des poils longs et épais, généralement tachetée de noir et de blanc, qui donnait peu de lait, mais en revanche beaucoup de crème, a singulièrement diminué dans ces derniers temps, et a été remplacée par des espèces donnant plus de lait. Dans le nord et le nord-ouest on élève surtout des moutons, et des chevaux à peu près partout.

Le quatrième fils d'Édouard III, Jean de Gand, reçut ce comté en apanage, avec le titre de duché et des droits de souveraineté réelle ; et quoique dès 1461 il ait été de nouveau réuni aux domaines de la couronne, l'organisation de comté-palatin (*county-palatine*) donnée alors au Lancashire, s'est toujours conservée depuis, de même que la dignité de chancelier du duché de Lancastre (*chancellor of the duchy of Lancaster*) est restée en usage pour l'un des membres du ministère anglais. Il sera question à l'article PLANTAGENET de la maison de Lancastre et des luttes dynastiques qui s'y rattachent.

Le grand centre manufacturier du Lancashire est M a n - c h e s t e r, avec les populeuses, industrieuses et commerçantes villes de Preston, Bolton, Ashton, Blackburn, Bury, Chorley, Wigan et Rochdale, tandis que L i v e r p o o l est le centre de son commerce, tant intérieur qu'extérieur.

LANCASTER, chef-lieu du comté, sur le Lune, qu'on y traverse sur un magnifique pont à cinq arches, en même temps qu'un aqueduc monumental y donne passage au canal de Lancaster, dont le développement total est de 11 myriamètres avec une largeur de 14 mètres, est bâtie sur un colline qui domine un magnifique vieux château fort, construit sous le règne d'Édouard III, et qui est utilisé aujourd'hui comme prison et aussi comme local pour la tenue des assises. Cette ville a une population de 14,000 habitants, et avec son district, de 34,600 ; des chantiers pour la construction de navires d'un faible tonnage, et quelques manufactures. On y fait en outre un peu de cabotage.

On compte aussi un grand nombre de localités de ce nom aux États-Unis ; la plus importante est située en Pensylvanie, à 11 myriamètres de Philadelphie. C'est une ville presque complètement allemande.

LANCASTER (Sir JAMES), le premier navigateur anglais qui ait commandé une flotte à la destination des grandes Indes, fit voile de Plymouth le 10 avril 1591, avec trois vaisseaux, et arriva à Malakka après en avoir perdu un. En décembre 1592 il repartit pour l'Europe ; mais jeté par les vents vers les Indes occidentales, il descendit à terre avec 21 hommes, dans un îlot voisin de Saint-Domingue, où le reste de ses équipages l'abandonna traîtreusement. Recueilli heureusement par un bâtiment français, il était de retour en Europe dans le courant de 1593. En 1601 Lancaster fut appelé au commandement d'une nouvelle expédition dans les grandes Indes, et pendant ce voyage il noua un grand nombre de relations commerciales très-utiles pour l'Angleterre. Après avoir couru force dangers, il revint aux Dunes sans avoir éprouvé d'accidents, avec une riche cargaison et un trésor d'expérience plus riche encore. D'après ses indications, le gouvernement anglais organisa une nouvelle expédition chargée d'aller, sous les ordres des capitaines Weymouth et Hudson, à la recherche du passage par le nord-ouest; et le détroit situé par 74° de latitude septentrionale, qui forme entre la terre de Northdevon et celle de Baffin l'entrée de la mer polaire occidentale, reçut en son honneur le nom de *Détroit de Lancaster*. Lancaster, créé *baronet*, mourut en 1620.

LANCASTER (Joseph), naquit à Londres, le 25 novembre 1778. Son père, ancien soldat, fabricant de tamis, vivait à grand'peine du travail de ses mains. Il donna cependant quelque éducation à son fils; et celui-ci, en 1798, ouvrit une école pour les enfants pauvres, dans l'un des plus misérables quartiers de Londres. Lancaster donnait des leçons de lecture, d'écriture, d'arithmétique, à un prix de moitié moins élevé que celui des autres écoles de Londres; il n'en coûtait chez lui qu'une guinée ou 25 fr. par an : c'était encore beaucoup trop pour les pauvres habitants de Saint-Georges-Field; il chercha donc à réduire encore cette dépense. A force de chercher, il réussit à s'épargner les frais de livres, à l'aide d'un seul exemplaire, dont les feuillets détachés étaient appendus au mur, et qui servait à toute la classe; il n'employa plus ni encre, ni plumes, ni papier, ni professeurs auxiliaires : les enfants écrivirent sur la table avec le doigt, ou sur l'ardoise avec le crayon; et les plus avancés devinrent les guides de leurs camarades. L'enseignement mutuel était inventé, sans que l'inventeur eût eu le moins du monde connaissance d'essais analogues tentés à Londres même, mais sans succès, par Bell. En même temps Lancaster rencontrait en lord Somerville, le duc de Bedford, et d'autres encore, des protecteurs généreux qui le mirent à même de faire construire une maison à l'usage spécial de son école, et où, en 1805, plus de 1,000 enfants étaient instruits gratuitement. Vers le même temps il organisa une école où 200 jeunes filles apprenaient sous la direction de ses deux sœurs, outre la lecture et l'écriture, la couture et les autres travaux de femme. Le succès de l'établissement eut pour résultat d'augmenter la liste des protecteurs et des souscripteurs de l'œuvre. Dans l'été de 1805, le roi Georges III et les principaux personnages de sa cour donnaient des sommes importantes, à l'aide desquelles Lancaster put créer une école normale à l'effet de former des instituteurs capables de propager sa méthode d'enseignement dans toutes les parties des trois royaumes. En outre, il décora sa méthode du titre de *Système royal lancastérien d'éducation*.

Ici commence la série des malheurs qui devaient arracher le fondateur à sa fondation. L'éclat de la nouvelle méthode effarouchait les partisans de l'église anglicane. Lancaster était quaker, et dans son établissement il admettait des sujets de toutes sectes, se bornant, sous le rapport de l'éducation religieuse, à veiller à ce que chaque élève pût lire et comprendre la Bible. *Inde iræ!* Le haut clergé du culte pour l'Église était en péril, et des pamphlets travestirent Lancaster en homme dangereux; on lui disputa l'invention et même le perfectionnement de sa méthode; son école, que la famille royale lui avait retiré son appui et sa subvention. Tout cela était faux; mais on y crut, et les souscriptions diminuèrent rapidement. Afin d'opposer école à école, on alla chercher au fond de sa retraite, dans le comté de Dorset, le docteur Bell, qui y vivait ignoré depuis la publication de son livre :

DICT. DE LA CONVERS. — T. XII.

l'édition dormait tout entière chez l'éditeur. Une association puissante, ayant à sa tête les deux archevêques d'York et de Cantorbéry, les 28 évêques d'Angleterre et le prince régent, mit à sa disposition des sommes dix fois plus considérables que celles qui soutenaient les établissements de Lancaster. Sa ruine fut dès lors certaine. L'institut normal seul absorbait annuellement 2,000 guinées. De là des dettes qui s'élevèrent à 6,500 livres sterl. Lancaster, ne pouvant payer d'exigeants créanciers, se consuma en vains efforts pour se procurer des fonds. La calomnie lui ferma toutes les bourses; on l'accusa de méditer une banqueroute.

Deux amis généreux, Corston et Fox, liquidèrent la totalité de la dette, et s'engagèrent à la solder en trois termes égaux; puis, en janvier 1808, ils formèrent avec Lancaster une société dont ils furent les trésorier et secrétaire, abandonnant à leur ami la direction exclusive de l'enseignement. Débarrassé de toute inquiétude financière, Lancaster releva l'école et l'institut normal, et entreprit des voyages dans les trois royaumes pour y prêcher son système. Dès 1811 il avait exécuté 19 excursions de ce genre; 95 écoles étaient fondées; 30,000 enfants les fréquentaient, et les souscriptions remontaient à 20,000 livres sterl. Mais la prospérité des établissements du docteur Bell était plus grande encore : Bell était indépendant à la tête de son administration; Lancaster ne l'était pas. Il supportait impatiemment la surveillance d'un comité de six membres qui lui avait été imposée. Pour s'y soustraire, il offrit de leur abandonner sa maison de Saint-Georges-Field, à condition qu'on le tiendrait quitte du remboursement des avances qui lui avaient été faites pour la liquidation de ses dettes, et il alla ouvrir à Tooting (1813) une autre école, dans laquelle il voulait appliquer l'enseignement mutuel aux langues et aux sciences. Mais il ne tomba bientôt dans ses premiers embarras pécuniaires, et cette fois, personne ne venant à son secours, il fut déclaré en faillite.

Aigri par l'infortune, malade, rebuté, il se décida, en 1816, à mettre à la voile pour la Colombie, où il trouva dans Bolivar un protecteur zélé. Grâce à son appui, Lancaster put fonder sur cette terre vierge un grand nombre d'écoles et, faire pénétrer sa méthode d'enseignement dans des contrées encore à moitié sauvages. De si brillants succès n'enivraient pas Lancaster : fidèle aux statuts de la secte à laquelle il appartenait, il menait la vie la plus humble, la plus simple, la plus patriarcale, entre ses deux sœurs et quelques amis qui partageaient ses convictions et son dévouement. Cet intérieur étroit l'asile de toutes les vertus. Malheureusement on y retrouvait aussi cette imprévoyance cause de toutes les infortunes de Lancaster en Angleterre. *Ses pauvres petits enfants*, comme il appelait ses élèves, manquaient souvent de souliers et de livres; mais lui, ses deux sœurs, ses amis, manquaient encore plus souvent de tout.

Bolivar succomba dans sa lutte contre une faction puissante, et, Lancaster, privé de son protecteur, persécuté même, s'embarqua à Puerto-Cabello pour les États-Unis. Il y trouva de la tolérance, des égards, mais sa méthode y était connue et suivie depuis 1806. Personne ne lui tendit la main. Découragé, accablé du poids de ses maux, il publia alors des Mémoires fort curieux, dans lesquels il n'a d'autre tort que d'estimer notre pauvre humanité encore moins qu'elle ne vaut. Puis il rentra dans l'obscurité et la misère, lui qui avait brisé les fers de tant de milliers d'intelligences, lui qui avait ouvert la route de la fortune, ou au moins du bien-être, à tant d'esprits indigents. Vers la fin de la Restauration, on faisait des souscriptions à New-York pour l'empêcher de mourir de faim. A-t-il succombé depuis à cette douloureuse détresse? Des journaux américains l'ont prétendu; d'autres ont soutenu le contraire. Ce qu'il y a de certain, c'est qu'on ignore généralement ce qu'il est devenu depuis lors.

Eug. G. DE MONCLAVE.

LANCE. Ce mot, sur l'origine duquel on n'est pas d'accord, et que des auteurs anciens et des étymologistes modernes tirent, les uns du grec, les autres du celtique, a été,

LANCE — LANCE FOURNIE

dans les armées grecques et romaines, synonyme de *pique*. La phalange macédonienne en était armée de même que l'infanterie romaine, dans les rangs de laquelle la javeline ou *pilum* ne venait qu'après ; mais dans les langues actuelles il particularise la pique de l'homme à cheval : le français a employé dans la même acception les termes *haste*, *bois*, *bourdon*, *lancegaye*, *glaive*, *otelle*, *ruste* et quantité d'autres. Sous la primitive monarchie, Childebert, en 585, recevait son investiture la lance à la main. Dans les temps féodaux, la lance était restée arme noble; elle ne pouvait être *paulmoyée*, comme on disait alors, que par des mains chevalières; les capitulaires en défendent l'emploi au vilain. La pique, au contraire, est roturière ; elle ne s'est ennoblie que sous les noms de *demi-pique*, *esponton*, *canne d'armes*, *pertuisane*. La lance dément aujourd'hui son nom, en ne se lançant pas : cela tient à ce que les gens d'armes occidentaux, emprisonnés dans du fer, ne pouvaient avoir l'agilité et la souplesse que demandait le jeu de ces lances de l'Orient et du Nord qu'on a appelées *dards*, *javelots*, *djerids*, *zagayes*.

La lance, considérée comme un instrument de tournoi, comme une arme de *poussis* (c'était le terme consacré), reposait sur un faucre, où avait son point d'appui contre le rempart ou l'une des battes de la selle d'armes; sa hampe, en partie creuse, afin d'être plus légère, était fragile; maintenant, au contraire, la hampe des lanciers est pleine et robuste; d'autres nécessités ont amené d'autres usages. On a appelé, en général, du même nom, et les guerriers qui se servaient d'une arme, et leur arme : ainsi *hoche-bos*, comme on dirait *remue-bois* ou *bois-remué*, a servi de qualification à des hommes de guerre et à leur lance; de même, on a appelé *rustes* des aventuriers, et le mot *ruste* est resté dans la langue du blason : elle donne idée de l'image de fer de la lance qu'on nommait *ruste*. Le ruste héraldique est plus effilé que la fusée héraldique, autre fer de lance, en manière de losange; l'*otelle* du blason est d'une configuration différente, elle rappelle l'époque où succéda une lame simple et unie aux lames barbelées, hérissées; l'otelle est plate, étroite et aiguë.

Ces souvenirs mettent sur la voie des anciennes formes : c'est ainsi que les sciences diverses se prêtent un mutuel secours. La lance léguée par les Romains, la pique, l'angon, la framée, se dardaient ; au neuvième siècle, ces armes s'allongent, cessent d'être projectiles, et deviennent armes d'escrime. Elles disparaissent des armées quand la cavalerie se substitue à la chevalerie, et commence à manœuvrer par escadrons. Elles s'effacent des tournois après la mort de Henri II, tué d'un coup de lance; elles reviennent sous forme d'épées longues ou de broches quand les hussards s'introduisent en France. Mais ils quittent bientôt cette manière de lance hongroise ou turque, nommée *pantereche*. La lance se conserve chez les Ottomans, les Albanais, les Tatars, les Kosaks, les Polonais, les Russes. Celle dont nous nous servons actuellement fut d'abord regardée comme méprisable dans la main des hulans, en 1792; mais elle reprit faveur quand une troupe de cavalerie polonaise vint faire partie de la garde impériale française; à leur imitation, des lanciers hollandais y furent attachés, et des régiments de lanciers polonais entrèrent dans la cavalerie de ligne de l'armée de Napoléon. Ils furent, après de brillants services, abolis à la Restauration : la Sainte-Alliance, si ce qu'on a prétendu est vrai, l'avait exigé de Louis XVIII; mais c'est peut-être faire trop d'honneur à la lance française, arme non nationale, que de croire qu'elle ait pu inspirer un si violent effroi à l'Europe, qui restait en armes. Le ministre Gouvion-Saint-Cyr aurait, pour esquiver en partie la prohibition, constitué sous forme de lanciers un escadron par régiment de chasseurs : cette mesure, à moins qu'elle n'ait été commandée par la nécessité, était blâmable, comme le sont tous les mélanges ou toutes les confusions d'armes. A l'avénement de Louis-Philippe la lance reprit son rang dans les armes spéciales des troupes françaises ;

elle y gardera sa place jusqu'à ce que le vent de la mode souffle d'un autre côté. Gal Bardin.

L'usage spécial auquel était consacrée la lance, dans quelques circonstances particulières, lui faisait appliquer plusieurs adjectifs qualificatifs : ainsi on appelait *lance à outrance*, ou *lance à fer émoulu*, celle dont se servaient les champions dans les combats singuliers qui ne devaient se terminer que par la mort de l'un ou de l'autre : le fer en était pointu. On avait donné le nom de *lance courtoise*, *lance mousse*, *lance frettée* ou *lance mornée* à une variété de lances dont le fer, au lieu d'être pointu, était garni au bout d'une sorte d'anneau appelé *frette* ou *morne*. Charles-Quint, voulant se signaler par sa magnificence, à son avénement au trône espagnol, donna un tournoi où soixante chevaliers entrèrent en lice avec soixante lances de cette nature, munies, au lieu de fer, de diamants taillés exprès. La *lance brisée*, dont on se servait dans les joutes et tournois, était à demi sciée près du bout, afin de se briser facilement au premier choc. On dit encore aujourd'hui : *baisser la lance*, pour fléchir, mollir, céder, parce que les chevaliers s'avouaient vaincus, se soumettaient et renonçaient à la victoire en baissant la lance. *Rompre une lance* avec ou contre quelqu'un, s'emploie pour disputer avec lui ; la rompre pour quelqu'un, c'est prendre chaudement sa défense contre ceux qui l'attaquent. Dans une autre acception proverbiale, la lance représentait figurément la force et l'énergie viriles. On a dit : La France ne peut point tomber de *lance en quenouille*, pour exprimer que les femmes y sont exclues du trône par la loi salique.

Nous retrouvons aujourd'hui le mot *lance* donné à de longs bâtons garnis à leur extrémité d'un tampon en cuir : ces lances servent à ceux qui veulent prendre part aux joutes qui se livrent sur l'eau, à la grande satisfaction des spectateurs.

On donne de même nom de *lance* à un météore igné qui en a à peu près la forme.

Les chirurgiens l'emploient aussi pour désigner deux instruments, l'un servant à faire l'opération de la fistule lacrymale; l'autre, appelé *lance de Mauriceau*, du nom de son inventeur, servant à ouvrir la tête du fœtus mort, arrêté au passage ; il est terminé en fer de pique fort aigu, et tranchant sur les côtés.

LANCE (*Pyrotechnie*). *Voyez* Feu d'Artifice.

LANCE A FEU. Ce mot a eu deux significations fort distinctes : on a appelé *lances à feu* des pièces d'artifice ou du feu projectile comparable aux falariques des anciens : tel était le genre de lances à feu ou de fusées dont la ville de Milan était approvisionnée en 1521. On s'est servi de lances à feu de ce genre pour défendre le chemin couvert; on s'en est servi dans la guerre souterraine sous le nom de *lance à feu puant*. On a nommé aussi *lances à feu* des fusées remplies d'une composition qui brûle lentement, et sert à mettre le feu aux amorces d'artillerie, aux artifices.

Gal Bardin.

LANCE FOURNIE, terme qui rappelle les usages de la féodalité et la primitive composition des compagnies d'ordonnance. Pour se rendre compte de cette locution, il ne faut pas perdre de vue que *lance* et *lancier* ont été synonymes. Une lance fournie n'était autre chose qu'un lancier accompagné d'un certain nombre d'hommes et de chevaux, ou une petite troupe sous un chef de lance; on a aussi nommé cet ensemble *lance garnie* : un chevalier ou un gendarme accompagné de quelques clients la composaient. Warnery et la lance fournie était de cinq hommes ; des historiens prétendent qu'elle était de douze. Ce sont autant d'assertions inexactes; car la force et la forme de ce genre d'agrégation ont continuellement varié. On retrouve chez les Gaulois la lance fournie; les historiens grecs l'ont appelée *trimarkisie*, association de deux serviteurs à cheval et d'un commandant. Ces serviteurs ou clients s'appelaient *servientes armorum* ou *sergenterie*. La croisade de 1202 offre la preuve que l'usage de l'antique trimarkisie existait encore.

On lit dans les Capitulaires qu'en certaines contrées cinquante ou soixante clients à cheval, sous un bachelier, forment une *bachèle* ou une *bacèle*, et que cinq bacèles constituent un *ban* sous la conduite d'un *banneret*. Depuis l'invasion de Guillaume, cet usage s'était implanté en Angleterre: ainsi, un seigneur de ce rang était à la tête de trois cents chevaux environ. Une pareille organisation n'était pas sans analogie avec la brigade, l'escadron, le régiment : elle en était le grossier rudiment.

Quand les révolutions politiques substituèrent à la chevalerie la gendarmerie, le nom de la lance fournie devint commun; il se reproduit depuis lors à chaque page de l'histoire. Ce n'est plus une aggrégation fieffée, c'est une association volontaire, dont la force varie de cinq à quatorze hommes, comprenant, suivant l'époque, la mode ou le genre de guerre à soutenir, des archers, des coutiliers, des guisarmiers, des arbalétriers, des écuyers, des pages, des varlets. Sous le roi Jean, chaque chef de lance avait sous ses ordres trois ou quatre cavaliers, sans compter les noncombattants. Les compagnies d'ordonnance tenues en France sur pied en 1372, époque où la lance était de dix à douze sergents, répondaient en réalité a une division de cavalerie de mille à douze cents hommes; mais les plus nombreuses (car ces compagnies ont infiniment varié de force) ne s'appelaient cependant que compagnies de cent lanciers, parce qu'il n'y avait que les chefs de lance garnie qui fussent armés d'une lance, arme de privilége, arme libre, arme noble. La hiérarchie des satellites d'une lance y faisait infiniment varier le nombre des chevaux.

De campagne en campagne, d'année en année, tout change par le fait, sinon comme règle. Au quatorzième siècle, le chef de la lance a un cheval de bataille, un bidet, un sommier; le page, un cheval ou une haquenée; chaque archer, deux chevaux; chaque valet, un courtaud. On conçoit quel désordre résultait inévitablement de principes ou de coutumes aussi disparates, aussi compliquées, aussi inégales de province à province. Le mécanisme tactique, un jour d'action, n'était pas mieux combiné. Les chefs de lance devenaient de simples soldats, ordonnés sur un seul rang et sans contiguïté; leurs archers voltigeaient ou engageaient l'action ; le page, espèce de valet de chambre et de réparateur d'armure, se tenait à leurs côtés, ou les assistait en cas de chute : leurs guisarmiers ou coutiliers achevaient le massacre de l'ennemi renversé... Un tel défaut de cohésion et d'uniformité, un tel décousu, explique pourquoi la tactique de la cavalerie est si peu ancienne. Sous Louis XI, la lance écossaise de la garde du roi était de six hommes; sous Charles VIII, la lance comprenait, suivant Paul Jove, un cataphractaire, un page et deux écuyers; sous Louis XII, elle était de sept hommes; sous François 1er, de huit, dont cinq chevau-légers; sous Henri II, de trois hommes et de huit chevaux ; sous Charles IX, elle se double : ses archers et chevau-légers commencent à combattre à la manière espagnole; le combat par escadron ou par *eschelles* prend naissance, et la lance fournie disparaît.   Gal BARDIN.

LANCE GARNIE. *Voyez* LANCE FOURNIE.

LANCELOT, roi de Naples. *Voyez* LADISLAS.

LANCELOT (CLAUDE), l'un de ces pieux solitaires dont les travaux ont répandu tant d'éclat sur la maison de Port-Royal, était fils d'un tonnelier. Il naquit à Paris, en 1615. Du Vergier de Hauranne, abbé de Saint-Cyran, l'un des apôtres du jansénisme, remarqua de bonne heure en lui d'heureuses dispositions, et l'attira, en 1638, dans la société de ces fervents et rigides sectaires-qui, groupés dans des cellules séparées, autour de Port-Royal-de-Paris, s'y livraient, loin du monde, à la prière, à la méditation et à la pratique des austérités. L'emprisonnement de leur chef, l'abbé de Saint-Cyran, les dispersa un instant; bientôt ils se rallièrent, et ouvrirent près de la rue d'Enfer, aux environs de Port-Royal, une école qui ne tarda pas à prospérer. On y comptait d'habiles maîtres : Nicole y professait la philosophie et les humanités, Lancelot la langue grecque et les mathématiques. La persécution vint les disperser encore : Lancelot se retira aux *Granges*, près de Port-Royal-des-Champs, et continua de s'y livrer à l'enseignement de la jeunesse. Enfin, en 1660, l'établissement fut détruit sans retour, et Lancelot entra comme instituteur, d'abord chez le duc de Chevreuse, puis chez le prince de Conti. Après la mort du prince et de son épouse, il résolut de se consacrer à la vie religieuse, et fit profession à l'abbaye de Saint-Cyran, dirigée alors par un neveu de Du Vergier de Hauranne; mais, fidèle à ses principes d'humilité, il ne voulut point dépasser le sous-diaconat. Il n'en secondait pas moins de tous ses efforts la réforme que l'abbé travaillait à introduire dans son monastère. Quelques troubles s'y étant élevés, il fut exilé en Basse-Bretagne, à Quimperlé, c'est là qu'il mourut, le 15 avril 1695, à l'âge de soixante-dix-neuf ans, épuisé de jeûnes et d'austérités.

Outre des ouvrages de piété et de controverse, Claude Lancelot a laissé plusieurs livres estimés de grammaire et de philologie ; une méthode grecque et une méthode latine, regardées toutes deux comme excellentes; des abrégés de ces deux ouvrages ; le *Jardin des racines grecques*; une méthode espagnole et une méthode italienne; une *Grammaire générale*, dont le fond appartient à Nicole et à Arnaud, et dont Lancelot n'est guère que le rédacteur. Il avait aussi composé des Mémoires sur la vie de l'abbé de Saint-Cyran, Du Vergier de Hauranne. Tous ces travaux, remarquables par une érudition éclairée, recommandent le nom de Claude Lancelot ; mais son plus beau titre au souvenir de la postérité est d'avoir été le maître de Racine.

S.-A. BERVILLE,
Président de chambre à la cour impériale de Paris.

LANCELOT DU LAC. Ce roman aux *grands coups d'épée*, comme les aimait Mme de Sévigné, fut primitivement écrit en latin, par une main anonyme. Au douzième siècle, Gautier Mapp, que Rusticien de Pise, son contemporain, qualifie de *chevalier du roi*, fut chargé par son maître Henri II, roi d'Angleterre, de traduire ce conte en français. Écrite dans l'idiome des chevaliers et lue dans tous les châteaux, cette version fit oublier et perdre, dans une langue morte depuis quatre siècles, le texte latin du paladin Lancelot, enlevé à la mamelle par une bonne et belle fée, qui se précipita avec lui dans un lac, sans écouter les cris que le désespoir arrachait à sa mère. Ce lac n'était qu'une illusion. Le prestige dérobait aux yeux des profanes un magnifique palais que la fée habitait avec sa cour, dans une cavité de la terre. Une éducation chevaleresque y prépara Lancelot, que cette aventure fit surnommer *du Lac*, à sa carrière d'héroïsme. Un des épisodes de ce roman inspira, en 1190, à l'un des plus brillants et des plus féconds romanciers du douzième siècle, Chrestien de Troyes, l'idée d'un poëme tout différent, dans le juel, et c'est à tort, on a cru voir une transformation en vers de l'œuvre primitive. *Lancelot de la Charrette* n'est si vrai, le même personnage que *Lancelot du Lac*, mais remis en scène avec des aventures nouvelles. Voici le motif du titre : Lancelot, errant à la recherche de la belle Genièvre, son amante fidèle, mais infidèle épouse du roi Arthus, monte sur une *charrette* conduite par un nain et traînée par des vaches. Il ne lui vient pas à l'esprit que la voiture et l'attelage sont le honteux symbole de la dégradation chevaleresque. Les mépris de la fière Genièvre et les combats singuliers que cette inattention lui attire sont le mince et léger canevas des peintures naïves et des situations romanesques qui surabondent dans le livre. La mort empêcha Chrestien de mettre la dernière main à son ouvrage, qui fut continué et terminé par son disciple Godefroy de Leigni.   Hippolyte FAUCHE.

LANCERON ou **LANÇON.** *Voyez* BROCHET.

LANCETTE, instrument de chirurgie connu de tout le monde : il a reçu son nom à cause de la forme de sa lame, qui ressemble en petit à un fer de lance. La lancette est composée de deux parties : une *lame* extrêmement mince, large de neuf millimètres à sa base ou talon, longue de quinze environ, tranchante sur ses bords, et terminée par une pointe très-acérée. Cette lame est mobile sur une *chasse* formée de deux lamelles d'écaille ou d'autre matière, entre lesquelles le fer se trouve placé, quand la lancette est fermée, et qui servent de manche quand elle est ouverte.

On distingue trois sortes de lancettes, d'après la forme différente de leurs lames : la *lancette à grain d'orge*, dont le fer s'élargit vers son extrémité : la *lancette à langue de serpent*, dont le fer se termine par une languette beaucoup plus étroite que le reste de la lame, et la *lancette à grain d'avoine*; la lame de celle-ci se rétrécit peu à peu jusqu'à sa pointe : c'est la plus usitée. Cet instrument est spécialement destiné à l'ouverture des veines; on s'en sert aussi pour vacciner et pour ouvrir de petits abcès. Dans ce dernier cas, on emploie quelquefois une lancette beaucoup plus grande, qui prend le nom de *lancette à abcès*. N.-P. ANQUETIN.

LANCIER, mot très-moderne, mais dont les analogues se retrouvent dans le grec δορυφόρος, le latin *lancearius*, le roman *lanceour*. Jusqu'au temps de la suppression des lances, on disait une *lance*, au lieu de dire un *lancier*. C'est l'invention des armes à feu qui en fit peu à peu abandonner l'emploi; l'usage ne s'en conserva que chez quelques peuples, tels que les Russes et les Polonais. Frédéric le Grand eut des lanciers; les Autrichiens suivirent son exemple (*voyez* HULAN). Chez nous, depuis que les hussards avaient renoncé à s'en servir en guise de longue épée, l'armée française avait perdu le souvenir de cette arme, quand les hulans du maréchal de Saxe en firent de nouveau briller le fer et voltiger la banderole; cette mode septentrionale disparut avec cette légion. En l'an IX, le troisième régiment de hussards arma de lances un de ses escadrons; il passa à l'ombre de leurs flammes la revue du premier consul, aux Tuileries. Ce caprice, dans lequel il entrait plus de coquetterie que d'amour des choses utiles, fut le signal et peut-être la cause de la réapparition des lances. Sous le régime impérial, des hulans polonais prirent rang dans la garde de Napoléon; et en 1806 quatre régiments de lanciers de ligne furent créés. En 1812 il y en avait neuf; leurs cinquante escadrons formaient un effectif d'environ dix mille hommes. Une ordonnance du 3 avril 1813 les réduisit à six mille hommes; une autre du 12 mai 1814, à quatre mille, environ six régiments. Celle du 30 août 1815 ne reconnut plus de lanciers que dans la garde royale.

Les opinions des théoriciens français étaient fort peu unanimes sur l'organisation et le genre préférable de service des lanciers : les uns voulaient qu'ils ne fissent la guerre qu'en compagnies, ou tout au plus en escadrons, à la manière des cosaques ; d'autres, le général Rogniat en tête, penchaient pour que la grosse cavalerie reprît la lance. Les ministres de la guerre s'étaient si peu occupés de cette question, que plusieurs années après le rétablissement des lanciers en 1831, il n'avait pas été écrit encore en France une seule ligne réglémentaire qui traitât du genre de service de cette troupe et du maniement de la lance. Il n'existait sur cette matière qu'un recueil de gravures à peine connu, que le colonel Krasinski avait fait tirer à quelques exemplaires, en 1811. Peu après la suppression des lanciers de la garde royale, un régiment de lanciers de ligne avait été créé, en 1831. Le nombre de ces lanciers fut porté ensuite à six. La méthode malhabile suivie pour cette organisation désorganisa tous les régiments de chasseurs. En 1836, deux nouveaux régiments de lanciers, tirés encore des chasseurs, devenaient le septième et le huitième. Le nombre n'en a pas augmenté depuis. Aujourd'hui presque tous les États de l'Europe ont des lanciers dans leurs armées. Gal BARDIN.

LANCINANTE (Douleur). *Voyez* ÉLANCEMENT.

LANCISI (GIOVANNI-MARIA), célèbre médecin italien, né le 26 octobre 1654, à Rome, y étudia d'abord les mathématiques et la géométrie, puis la médecine. Reçu docteur médecin en 1672, il fut nommé en 1676 médecin de l'hôpital *di San-Spirito in sassia*, en 1684 professeur d'anatomie, et en 1688 médecin ordinaire du pape Innocent XII, qui le pourvut d'un riche canonicat. Clément XI le prit également pour médecin ordinaire, le nomma son camérier secret, puis professeur de médecine. Après avoir, en 1716, fait donation à son hôpital de sa bibliothèque, composée de plus 20,000 volumes, et de son cabinet de physique, il mourut, le 21 janvier 1720, laissant à ce même hôpital un legs important. Ses ouvrages furent publiés d'abord à Genève (2 vol. in-fol., 1718) ; des éditions plus complètes en ont été publiées, en 4 vol. in-4°, à Venise (1739) et à Rome par Assaldi (1745).

LANCIVAL (LUCE DE). *Voyez* LUCE DE LANCIVAL.
LANÇON. *Voyez* ÉQUILLE et BROCHET.
LANCRET (NICOLAS), peintre de genre, naquit à Paris, en 1690. Il étudia sous Gillot, qui avait été maître de Watteau, le peintre à la mode. Il s'appliqua à imiter la manière de ce dernier, et bientôt il la reproduisit avec assez de bonheur pour que l'on confondît, dans une exposition publique, ses œuvres avec celles de Watteau. Celui-ci en conçut, dit-on, une vive jalousie, et cessa de voir son rival. En 1719 Lancret fut reçu à l'Académie, sous le titre de *peintre des fêtes galantes*. Il mourut en 1743. Lancret a peint la nature galamment, avec des couleurs et sous des traits de convention élégante. C'était à l'Opéra qu'il allait l'étudier. C'est aux illusions de la scène qu'il demandait l'inspiration ; aussi est-il toujours théâtral, apprêté, guindé : défauts qui sont également ceux de Watteau, mais qu'il ne rachète pas, comme lui, par le charme de la composition et du coloris. Lancret a peu de dessin, peu de perspective, peu de couleur, peu de verve, peu d'originalité ; cependant le Musée du Louvre possède de lui, entre autres son fameux tableau des *Patineurs*, quelques petites toiles d'un fini précieux.

LANDAIS ou **LANDOIS** (PIERRE), principal ministre et favori du duc de Bretagne François II, naquit à Vitré. Simple ouvrier, il était entré, en 1475, au service du maître tailleur de ce prince. Il devint successivement valet de chambre, maître de la garde-robe, puis enfin grand trésorier, la première dignité de la cour de Bretagne. Homme du peuple, Landais avait pour ennemis tous les seigneurs bretons. Sous son administration un grand nombre de droits féodaux furent abolis, l'imprimerie favorisée ainsi que le commerce, et la représentation de la bourgeoisie aux états notablement étendue. Mais la noblesse réussit à soulever contre lui le peuple de Nantes. Une force immense entourait le palais ducal. Landais s'était réfugié dans la chambre même du duc, qui le livra à l'émeute. Il exigea, il est vrai, qu'avant de statuer sur le sort de Landais, on lui communiquerait la procédure ; mais on n'en fit rien, et le duc apprit en même temps sa condamnation et sa mort. Landais fut pendu, en 1485. Tout le crime de Landais était d'avoir voulu le mariage du duc d'Orléans avec l'héritière de Bretagne, d'avoir compris que la réunion de ce duché à la France était plus avantageuse pour son pays qu'avec la maison d'Autriche ou toute autre famille étrangère : toutes ses prévisions se tardèrent pas à se réaliser. Le duc François ne sévit point contre les juges qui avaient fait mourir son favori; loin de là, il exila les neveux de Landais, et leur défendit de jamais rentrer dans le duché. DUFEY (de l'Yonne).

LANDAMMAN. *Voyez* AMMAN.
LANDAU, ville d'Allemagne et forteresse fédérale, située dans le cercle du Palatinat (Bavière), sur le Queich, 5,600 habitants, non compris la garnison. On y trouve un manège préparatoire, une église collégiale à l'usage des protestants et des catholiques, quelques fabriques et un canal servant à amener tous les objets de consommation dont la ville a besoin. Landau fut érigée en ville libre impériale, sous le règne de l'empereur Rodolphe de Habsbourg, et en 1511 l'empereur Maximilien Ier la comprit dans le territoire de la basse Alsace. A l'époque de la guerre de trente ans, elle fut prise six fois par les Impériaux, les Suédois et les Français. En 1680 Louis XIV en prit possession en

même temps que de l'Alsace, et en 1684 il la fit fortifier par Vauban, d'après un nouveau système de petits remparts maçonnés et casematés au milieu de grands bastions en terre. Landau fut prise par les Impériaux en 1702 après quatre-vingt-deux jours de siége, reprise par les Français en 1703, au bout de cinquante-huit jours de siége, prise de nouveau par les Impériaux, en 1704, au bout de soixante-dix jours, et encore une fois reprise, en 1713, par les Français, après soixante jours de siége. En août 1793 les coalisés opérèrent contre Landau, qu'occupaient les Français, et attaquèrent formellement la place le 28 octobre, sous les ordres du prince de Prusse, mais furent contraints de se retirer. En 1814 les troupes russes essayèrent aussi, mais en vain, de s'emparer de Landau. Les traités de 1815 l'ont enlevée à la France pour l'adjuger à la Bavière et l'ériger en forteresse fédérale. C'est à ce titre que les troupes bavaroises y tiennent garnison.

LANDDROST. *Voyez* DROSSART.

LANDER (RICHARD), qui s'est rendu célèbre en découvrant et en déterminant le cours du Niger inférieur, né en 1804, dans le comté de Cornwall, avait d'abord été destiné, comme son frère cadet, *John*, à la profession d'imprimeur. Mais en 1825 il accompagna le capitaine Clapperton, lorsque celui-ci fut chargé par le gouvernement anglais d'un voyage de découvertes en Afrique. Il partit avec lui de la baie de Benin, pénétra jusqu'à Sakkatou, où Clapperton mourut, et revint en Angleterre en 1828. Le récit du voyage de Clapperton qu'il publia, ainsi que son propre journal (1829), déterminèrent le gouvernement anglais à le charger de continuer les explorations relatives au cours du Niger. En 1830 il exécuta avec le plus grand succès cette mission, dans laquelle il fut secondé par son frère. Il reconnut que le Quorra (le bas Niger) vient se jeter dans la baie de Benin par plusieurs bras. Faits prisonniers par des nègres et vendus à un marchand d'esclaves, les deux frères Lander furent conduits au cap Formose, où un capitaine de navire de Liverpool les délivra. Ils revinrent alors en Angleterre, où ils arrivèrent en juin 1830, et où ils publièrent leur *Journal of an expedition to explore the course and termination of the Niger* (2 vol., 1832). En 1832 ils entreprirent de remonter une fois le Quorra avec un bateau à vapeur en fer, faisant partie d'une expédition armée par des négociants de Liverpool. Ils entrèrent dans le Tschadda, qui se jette à Adda-Koudda dans le Quorra, puis achetèrent une petite île, qu'ils jugèrent propre à en faire une étape pour le commerce anglais, et qu'ils nommèrent *l'île d'Angleterre*, après y avoir construit un petit fort. En 1833 Lander entreprit, avec quelques compagnons à bord d'un petit bâtiment frété de marchandises, une excursion dans le Brass, rivière qui fait également partie du delta du Niger. A une distance de 10 à 11 myriamètres dans l'intérieur du pays, et dans un endroit bas et marécageux, où leur embarcation se trouva engagée dans les sables, nos voyageurs se virent traîtreusement assaillis par les nègres du Brass et du Bonny, et furent obligés de fuir en descendant le fleuve à l'aide d'un bateau léger, dont ils avaient eu la précaution de se munir. Les nègres, qui les poursuivaient dans leurs canots, ne purent pas les atteindre, à cause de l'habileté peu commune de leurs rameurs; mais Lander reçut dans la hanche un coup de feu, des suites duquel il mourut, quelques jours après son arrivée dans l'île de Fernando-Po, le 27 janvier 1834. Laird et Oldfield ont publié, en 1837, le récit complet de cette malheureuse expédition.

Le frère cadet de Richard, *John* LANDER, né en 1807, obtint de lord Goderich, à son retour en Angleterre, un emploi à la douane en récompense de ses travaux dans l'intérêt de la science; mais il mourut le 16 novembre 1839, des suites d'une maladie provoquée par le climat de l'Afrique.

LANDERNEAU, en latin *Landernacum*, ville de France, chef-lieu de canton dans le département du Finistère, à 20 kilomètres de Brest, sur la rade de Brest, à l'embouchure de l'Élory, avec 5,113 habitants; on y compte d'importantes manufactures de cuir et un commerce considérable de toiles de toutes sortes. L'origine de Landerneau remonte au deuxième siècle. Cette ville appartint aux comtes de Léon jusqu'au quatorzième siècle; les Anglais s'en emparèrent en 1375, et passèrent au fil de l'épée la garnison française que Du Guesclin y avait mise; en 1592, le ligueur Fontenelle s'en empara, et y commit des brigandages. Landerneau a aujourd'hui bien déchu de son importance passée.

LANDES, étendue de terres planes, ou presque sans pente, formées de couches imperméables d'argile, de cailloux, de matières ferrugineuses liées par une sorte de ciment, de sables, et couvertes souvent d'une couche très-mince de terre végétale. Telles sont en France les landes de la Gascogne, de la Sologne, de l'Anjou et de la Bretagne. Les géologues sont partagés d'opinion pour expliquer la formation de cette sorte de terrains. Suivant les uns, elle serait due aux détritus des roches quartzeuses que les fleuves auraient entraînés dans les mers qui couvraient jadis leur emplacement; suivant les autres, elle devrait être rapportée à la destruction des grès, dont ils offrent encore de nombreux débris, c'est-à-dire à l'époque tertiaire.

Comme la surface des landes est en général sans pente, il arrive que ces terrains sont couverts d'eau en hiver, tandis qu'ils sont d'une sécheresse extrême en été : ces deux états d'humidité et de sécheresse extraordinaire sont dus à la même cause, l'imperméabilité des couches compactes qui règnent au-dessous de la surface du sol. Les landes qui sont recouvertes d'une couche mince d'humus produisent généralement, quand elles sont abandonnées à elles-mêmes, des bruyères, des joncs, des genêts, et autres plantes qui s'élèvent à de petites hauteurs. Des chênes, des bouleaux, des liéges y croissent aussi, sans cependant parvenir aux développements qu'ils acquièrent dans de meilleurs terrains. On cultive dans les pays de landes des seigles et du sarrasin, qui donnent des produits eu égard à l'étendue des champs où l'on sème ces graines. Quelques portions de landes situées dans des pays chauds, et qui ne sont pas sujettes à être couvertes d'eau pendant l'hiver, sont capables d'alimenter des vignes qui donnent de fort bon vin : on en voit des exemples dans les environs de Bordeaux. Les produits des landes les plus estimés sont des herbes et des arbrisseaux propres à nourrir des bœufs, des chevaux, des moutons, dont la taille est aussi chétive que celle des végétaux qui sont naturels à ces sortes de terrains.

Lorsqu'on défonce la couche imperméable qui forme comme l'écorce d'une lande, on trouve souvent au-dessous des sables humides qui sont très-propres à alimenter de fort beaux arbres, lorsque leurs racines peuvent atteindre jusqu'à ces couches. Les moyens proposés pour améliorer le sol des landes sont le défoncement des croûtes imperméables, afin de rendre les matières aptes à recevoir les bienfaits des pluies et l'influence de l'atmosphère ; mais ce procédé est fort coûteux : aussi, quoique excellent, n'est-il guère mis en pratique.

On peut diminuer la tristesse de l'aspect des landes et même leur stérilité en les divisant par des haies formées d'arbrisseaux qui croissent naturellement sur leur sol ; on fera bien encore de rompre, de distance en distance, les croûtes imperméables, et d'y planter des arbres, tels que pins, chênes, etc. On a fait l'observation que les landes sont plus productives autour des villages que dans les parties qui en sont éloignées : ces résultats sont incontestablement dus à une culture plus soignée, ce qui prouve qu'un terrain de landes est susceptible d'acquérir un certain degré de fertilité. Outre les produits de la végétation, on trouve dans certaines landes des tourbières, que l'on exploite avec avantage. Enfin, il y a des landes marécageuses, que l'on transforme en étangs très-propres à nourrir des poissons de bonne qualité.   TEYSSÈDRE.

LANDES (Département des). Un des moins riches de la France, il est borné au nord par celui de la Gironde, à l'ouest par l'Océan, au sud par le département des Basses-Pyrénées, à l'est par ceux du Gers et de Lot-et-Garonne. Il est formé d'une partie de la Gascogne, d'une portion du Bordelais et de quelques cantons du Béarn. Il doit son nom à la nature de son territoire, formé en grande partie de vastes plaines incultes et stériles. Il est divisé en 3 arrondissements, 28 cantons et 333 communes. Sa population est de 302,196 individus. Il envoie deux députés au corps législatif. Il est compris dans la treizième division militaire, le diocèse d'Aire, l'académie de Bordeaux et le ressort de la cour impériale de Pau. Il possède quatre colléges, une école normale primaire, une pension, et 330 écoles primaires.

Sa superficie est de 915,339 hectares, dont 392,113 en landes, pâtis, bruyères; 226,645 en bois; 168,044 en terres labourables; 26,594 en prés; 20,679 en vignes; 9,711 en étangs, mares, canaux d'irrigation; 4,004 en vergers, pépinières et jardins; 3,855 en propriétés bâties; 3,491 en oseraies, aunaies et saussaies; 2,702 en cultures diverses; 38,087 en forêts, domaines non productifs; 12,890 en routes, chemins, etc. ; 5,490 en rivières, lacs, ruisseaux, etc.; 174 en bâtiments publics, etc Il paye 1,303,178 francs d'impôt foncier.

En jetant les yeux sur la carte de ce département, on est effrayé de l'aspect qu'offre toute la partie située au nord. De rares villages y sont répandus çà et là au milieu de vastes déserts : on ne compte en effet que 77 communes dans l'espace qui s'étend des limites du département de la Gironde jusqu'à Bayonne, et qui est borné par le cours de la Douze, par la grande route de Bayonne à Paris et par la mer. Cette portion du département en forme près des trois cinquièmes. Les principales rivières qui arrosent ce département sont : l'Eyre, la Douze, le Midou, dont la réunion forme le Midouze, le Luy de Béarn, le Luy de France, les gaves de Pau et d'Oloron, la Bidouze, enfin l'Adour. La vaste étendue de côtes qui de l'étang de Cazaux, au nord, se prolonge jusqu'à l'Adour est presque entièrement dépourvue de ports et d'abris pour les vaisseaux. Les sables et les dunes ont fait disparaître celui de Mimizan, le Vieux-Boucau ou le Port-d'Albret, et Cap-Breton. Ces dunes s'étendent tout le long des côtes de la pointe de Graves jusqu'à l'embouchure de l'Adour. Cette chaîne a près de 240 kilomètres de long, du nord au sud. Sa plus grande largeur est de 8 kilomètres. La partie la plus haute est vers le centre de la chaîne. La crête ne s'élève jamais à plus de 60 mètres de hauteur. Les dunes sont disposées tantôt en chaînes suivies et régulières, tantôt en plateaux, d'une grande étendue; tantôt, enfin, elles sont isolées les unes des autres, et laissent entre elles des vallons qui sont connus sous le nom de *lètes*. Cette masse énorme de sable ferait un désert stérile de tout ce vaste espace, qui des bords de l'Océan s'étend jusqu'à la rive gauche de la Garonne, s' on n'était point parvenu à la fixer au moyen de l'ensemencement des dunes Mais on apporte trop de lenteur dans cette opération. Les éboulements continus des sables en effet retiennent les eaux qui se seraient écoulées vers la mer. De nombreux étangs, ou plutôt des lacs immenses couvrent une partie du territoire; de leur dessèchement, qui rendrait à l'agriculture de vastes terrains, et du boisement complet des dunes dépendent la prospérité, la salubrité des trois cinquièmes du département.

Un arbre qui se plaît dans ces régions désolées, et qui est pour elles une source de richesse, le pin, parvient à fixer ces unes voyageuses. Le chêne y prospère aussi, et l'aune, le saule, l'arbousier, les châtaigniers, les alisiers, les pruniers, y croissent avec facilité. La vigne y étend ses rameaux et y produit des vins estimés. Tels sont ceux de Messanges, de Cap-Breton, de Sousons, de Vieux-Boucau, de Saint-Loubouère, de Castelnau et d'Urgons. Le riz y est également cultivé avec succès maintenant. Mais on a dû s'attacher surtout aux espèces qui conservent toujours leurs feuilles : tandis que leurs racines arrêtent et fixent les sables, ils atténuent l'action des vents et empêchent l'introduction de ces sables dans les plantations.

Si les moyens que nous venons d'exposer étaient employés pour rendre le département des Landes aussi heureux qu'il le devrait être, il y aurait bientôt dans l'esprit des habitants mêmes une réaction favorable à leur agriculture : des champs fertiles remplaceraient dans l'intérieur ces prairies sans fin, où paissent tant de nombreux mais chétifs troupeaux. Ceux-ci ne seraient plus préférés à l'homme par le propriétaire, qui tient de ses aïeux qu'*il faut quatre arpents de terre à chaque mouton pour son parcours;* espace qui donné à la culture des céréales, suffirait pour nourrir une famille....... Là surtout l'homme reprendrait les forces physiques qu'il semble avoir perdues; son âge viril ne serait plus rapproché de la vieillesse et de la caducité; la vie moyenne serait plus longue, surtout plus heureuse, et le pâtre n'aurait plus à envier le sort des animaux qu'il guide dans les vastes déserts de l'Aquitaine.

Les pauvres habitants du département des Landes, ces *Bougès,* ces *Parents,* ces *Nédrosins,* ces *Cousiots,* ces *Lanusguets,* tribus plus ou moins malheureuses, qui parcourent ces contrées avec leurs troupeaux, forment en quelque sorte au milieu de la nation une nation à part. Leur stature est en général au-dessous de la médiocre ; ils sont d'une maigreur qui souvent approche du marasme. Leur teint est hâve et décoloré, leur tempérament marqué au coin de la rigidité de la fibre et du défaut de souplesse et de flexibilité dans les organes. Leur système nerveux est irritable, et ils sont prédisposés aux spasmes et à l'éréthisme. D'après cela, on pourrait croire que la complexion, en général faible et délicate, des Landais devrait les empêcher de se livrer à de rudes travaux ; et cependant on les voit braver toutes les intempéries de l'atmosphère, toutes les fatigues causées par les voyages et les travaux agricoles. Les uns sont pasteurs, d'autres fécondent les terres mises en culture; beaucoup sont résiniers, c'est-à-dire employés à extraire la résine des pins et à la préparer. Une partie d'entre eux n'a dans la chaumière héréditaire qu'une nourriture peu substantielle, une eau quelquefois insalubre ; durant leurs fréquents voyages, ils ne prennent quelques heures de repos que couchés dans leurs chars, et le plus souvent sur la terre humide. Vêtus durant l'hiver d'une sorte de dalmatique, formée d'une étoffe brune, grossière et très-lourde, quelquefois ils portent seulement un long gilet fait de peau de mouton, dont la laine est placée en dehors, quelquefois ils ont des chausses et des guêtres de même, et dans ce costume ils diffèrent peu des animaux dont ils ont emprunté la dépouille. Pendant l'été, ou durant les pluies d'orage, ils prennent aussi pour vêtement de dessus leur dalmatique ou quelque autre en toile grossière. Leurs longs cheveux flottent sur leurs épaules ou sont coupés selon la mode du moyen âge. Un petit béret est placé sur le sommet de leur tête, plutôt comme ornement que comme objet destiné à les garantir de l'inclémence des saisons. Les bergers, les voyageurs qui ont de grandes distances à parcourir sont exhaussés sur des échasses, qu'ils nomment *xcanques* ou *changues*, qui les élèvent à cinq ou six pieds du sol, et à l'aide desquelles ils parcourent dans un temps donné des distances triples de celles qu'ils pourraient franchir sans ce secours. Les hommes et les femmes se servent également de *xcanques.* Un grand bâton sert d'appui et de moyen de s'arrêter et de se reposer. Placés sur une pelouse rase, où ne s'élèvent que de distance en distance quelques chênes tousés, qui, constamment dévorés par les brebis, n'atteignent jamais à plus de deux ou trois pieds de hauteur ; n'ayant avec eux d'autres êtres vivants que leurs chiens et leurs moutons ; n'apercevant au point où leurs échasses les ont placés que la surface monotone des landes ou les noirs rideaux formés par les *pignadas* ou forêts de pins, les pasteurs ne pourraient sans doute résister à l'ennui, si dès l'enfance ils n'étaient accoutumés à vivre dans ces arides déserts. Quelquefois ils joignent aux soins du troupeau qui leur est confié une occupation presque partout réservée aux femmes. Plaçant leur long bâton derrière eux, ils tricotent ou filent de la laine durant une grande partie de la journée. Ils chantent les vieilles légendes, les vieilles romances de Vasconie, curieux monuments des traditions et des superstitions de ces contrées.

Les principaux produits de la culture sont le maïs, le millet, les grains, les vins, le lin et le bois. Mais l'élève des chevaux, des porcs et surtout des moutons forme la source de la principale richesse des Landais. Ils se livrent aussi à l'élève des abeilles. Parmi les produits exploités, le fer est le plus important; après lui viennent le bitume, la tourbe, le falun, les pierres meulières, l'argile à poterie, la terre à creusets, les pierres de taille, le gypse, etc. Le département possède de nombreuses sources minérales, thermales et froides, celles de Dax, de Préhacq, de Pouillon, de Gaujac et de Saint-Laurent. L'industrie consiste surtout dans l'exploitation des forêts, la préparation de la poix, de la résine, du brai et du goudron, le travail du fer, la distillation des eaux-de-vie connues sous le nom d'eaux-de-vie d'Armagnac, la fabrication des toiles à voiles et autres, de l'huile de lin, de la faïence, de la poterie et du verre. Deux chemins de fer, celui de Bordeaux à la Teste et de Bordeaux à Bayonne, sept routes impériales, onze routes départementales, quatorze cent trente-neuf chemins vicinaux, forment le total des voies de communication du département des Landes.

Jadis cette contrée avait des villes remarquables, des ports, des voies entretenues avec soin. Les eaux thermales d'*Aquæ Augustæ Tarbellicæ* (Dax aujourd'hui) y attiraient de nombreux étrangers. Une bonne administration paternelle pourrait lui rendre son antique prospérité.

Depuis quelques années déjà l'agriculture y a pris un développement tout nouveau. L'introduction de la culture des racines qui ont fait la richesse des sables du Norfolkshire, la pratique des desséchements, pour purger les terres des eaux de pluie qui inondent durant l'hiver ce pays de plaines, enfin et surtout l'application en grand du système des arrosages, pour contre-balancer la funeste influence du soleil et changer le fléau de ses ardeurs en un principe fécondant, telles sont les ressources mises en œuvre aux environs du grand bassin maritime d'Arcachon, et qui de là sans doute se répandront de proche en proche dans toute l'étendue du département.

Parmi ses villes et localités remarquables nous citerons : *Mont-de-Marsan*, chef-lieu du département; *Dax*; *Saint-Sever*; *Peyrehorade*, chef-lieu de canton, avec 2,734 habitants, sur la rive droite du gave de Pau, au-dessous de son confluent avec le gave d'Oloron. C'est le port d'embarcation des vins de Jurançon et l'entrepôt de bois de la marine des Pyrénées. On y voit un ancien château, flanqué de deux grosses tours. *Saint-Esprit*, chef-lieu de canton, avec 6,386 habitants, et qui n'est à proprement parler qu'un faubourg de Bayonne : sa citadelle commande cette ville et son port, *Aire*, chef-lieu de canton et siége d'un évêché suffragant d'Auch, et dont le diocèse comprend le département des Landes, avec 4,817 habitants et un collége. Ce fut jadis une ville importante, résidence d'Alaric. *Hagetmau*, chef-lieu de canton, sur la rive droite de la Louat, avec 3,118 habitants, une récolte de vins estimés, d'excellent gibier à plumes, ortolans, etc. On y remarque les ruines d'un superbe château qui appartenait à la maison Gramont, etc.

Ch^r Alexandre Du Mège.

LANDGRAVE. Ce titre particulier à l'Allemagne, mais que le prince souverain de Hesse-Cassel continue seul à prendre aujourd'hui, veut dire *comte du pays*. C'est dans l'histoire de l'Alsace qu'il apparaît pour la première fois; de ce pays il passa dans la Thuringe, où de nos jours encore il est affecté aux lignes collatérales de la maison de Hesse. Au reste, les *landgraves*, comme les margraves, n'étaient à l'origine que de puissants comtes ou barons, un peu moins soumis que les autres à l'autorité des ducs.

LANDI (Gasparo), peintre d'histoire, naquit à Pinisance, en 1756. Quoique formé à Rome à l'école du maniériste Battoni, il sut par l'etude attentive des grands maîtres du seizième siècle, des Venitiens notamment, acquérir une certaine pureté de style et surtout un remarquable coloris. De bonne heure il remplit les fonctions de directeur de la classe de peinture à l'Académie de Saint-Luc, à Rome. En 1817 il en fut nommé président, titre qu'il garda jusqu'à sa mort, arrivée en 1830.

Landi passe avec Sabatelli, Podesti, Camuccini, etc., pour l'un des restaurateurs de la peinture italienne moderne, quoique l'on pense lui reprocher, comme à tous les autres peintres de l'école moderne italienne, d'avoir, malgré ses nombreuses qualités, pour ce qui est du coloris surtout, célé un peu trop à l'influence de l'école française Ses portraits jouissent d'une grande réputation. Deux de ses plus célèbres tableaux historiques décorent la cathédrale de Plaisance : l'un est un *Ensevelissement de Jésus-Christ*, et l'autre une *Assomption*. Le musée de Naples possède de lui un tableau représentant des Turcs.

LANDIERS. *Voyez* Chenet.

LANDIT. *Voyez* Landy.

LANDON (Charles-Paul) a mérité, comme peintre et comme littérateur, une double renommee. Ne a Nonant (Orne), en 1760, il fut d'abord élève de Regnault. Il remporta jeune encore le prix de peinture à l'Académie, et après son retour de Rome il exposa fréquemment au salon sous l'Empire et sous la Restauration. Parmi ses principaux tableaux, il faut citer : *Sujet pastoral* (1800); *Virginie au bain* (1801); *Léda*, *Pollux et Hélène* (1806); plusieurs portraits (1808); *Vénus et l'Amour* (1810); *Paul et Virginie* (1812); une *tête de Vierge*; *Dédale et Icare*, etc. Landon est un peintre correct, froid et fade. Ses œuvres, exécutées pour la plupart avec un grand soin, mais sans style et sans passion, sont loin d'avoir excité le même intérêt que les volumineux écrits que Landon a publiés. On lui doit les *Nouvelles des Arts*, journal, 5 vol. in-8°; *Annales du Musée et de l'École moderne*, 29 vol.; *Vie et Œuvres des Peintres les plus célèbres* (1803), 20 vol.; *Description de Paris et de ses édifices* (1806-1819); *Galerie des hommes célèbres* (1805-1809), 12 vol. ; *Antiquités d'Athènes* (1816-1823). Le texte de ce dernier ouvrage est traduit de l'anglais, par M. Feuillet. Nous omettons à dessein un nombre considérable de compilations d'un moindre intérêt, et divers articles insérés dans le *Magasin encyclopédique* de Millin. De tous les livres de Landon, ce sont les *Annales du Musée* qu'on consulte le plus souvent aujourd'hui. Indépendamment du texte, on y retrouve la gravure au trait de tous les tableaux mentionnés par l'auteur. Landon fut nommé correspondant de l'Institut en 1813. A sa mort, arrivée en 1826, il était conservateur des tableaux du Musée du Louvre.

Landon laissait un fils, *Charles-Henri*, qui a remporté le prix d'architecture au concours de 1814, et qui obtint le titre d'architecte du département de l'Oise. Il a construit l'hôtel-Dieu de Beauvais (1827), et la maison centrale de détention de Clermont (1828). Ch.-H. Landon, qui est mort jeune, était né à Paris, en 1791. Paul Mantz

LANDOR (Walter-Savage), écrivain anglais distingué, issu d'une famille établie depuis plusieurs siècles dans le Warwickshire, est né le 30 janvier 1775, à Ipsley-Court, maison de ses pères, et publia dès l'âge de dix-huit ans un petit volume de poésies. Son père aurait voulu lui faire embrasser l'état militaire; mais comme rien ne pouvait convenir peu à ses goûts littéraires et à ses idées républicaines. Il se retira donc, avec une pension minime que lui faisait son père, au fond du pays de Galles, où il composa la première partie de ses *Imaginary Conversations*. Plus tard il hérita d'une fortune considérable et, lorsque la guerre de l'indépendance éclata en Espagne, il leva à ses frais un corps, qu'il conduisit au quartier général du vice-roi de Galice. En récompense de ce service, la junte centrale de Cadix lui vota des remercîments et lui accorda le brevet de général de brigade au service d'Espagne; mais quand Ferdinand VII eut rétabli l'absolutisme, il donna sa démission. A peu de temps de là il vendit ses biens en Angleterre pour se retirer en Italie, et acheta la *villa* du comte Gherardesca à Fiesole, où il passa plusieurs années dans la solitude, consacrant ses loisirs à mettre la dernière main à ses *Imaginary Conversations of literary men and statesmen*, qu'il publia en 1824, en 3 volumes, et qu'il fit suivre, en 1846, d'une nouvelle série. C'est incontestablement une des productions les plus remarquables de la littérature anglaise moderne, et à côté de beaucoup de paradoxes et de bizarreries on y trouve une foule de pensées ingénieuses et profondes. On a encore de lui un poëme, *Gebir*, contenant des morceaux d'une grande beauté; une tragédie, *Count Julian*; les drames *Giovanna of Naples*, *Ruperto*, *Pericles and Aspasia*, et un grand nombre d'articles dans l'*Examiner* et autres recueils. Une seconde édition de ses œuvres a paru en deux volumes en 1852. Il s'est aussi essayé dans le genre du roman historique, et *The Fawn of Sortorius* (1846) est une des plus heureuses tentatives faites pour reproduire le monde antique sous la forme de roman.

LANDRECIES, ville de France, chef-lieu de canton dans le département du Nord, sur la Sambre, avec 3,984 habitants, des blanchisseries de toile, des verreries à bouteilles, un commerce de bétail, fromages, beurre, houblon, lin et bois. C'est une place très-forte. Landrecies fut saccagée en 1423 par Jean de Luxembourg, défendue avec succès, en 1543, contre Charles-Quint par le premier duc de Guise, prise encore, en 1637, par La Meilleraie, en 1647 par les Espagnols, en 1655 par Turenne, en 1794 par le prince d'Orange. Trois mois après elle se rendait aux troupes françaises.

LANDREFORMERS. *Voyez* FREESOILERS.

LANDSCAPE. *Voyez* KEEPSAKE.

LANDSEER (Sir EDWIN), l'un des peintres les plus distingues de l'Angleterre, est né à Londres, en 1798, et se forma en grande partie lui-même par l'étude réfléchie de la nature et des anciens maîtres. Weenix fut le modèle qu'il choisit pour la peinture d'animaux. Il a prouvé la diversité de son talent, dont les progrès ont été incessants, aussi bien dans la peinture de genre, que dans le paysage, les portraits, les fleurs, les fruits et la nature morte, et surtout dans la peinture d'animaux. Ses toiles témoignent de beaucoup de sentiment poétique et de finesse d'observation, et il possède une remarquable habileté mécanique dans l'emploi des moyens. Parmi ses ouvrages les plus importants et les plus connus, dont le nombre est extrêmement grand, il faut citer : *Low and high life* (1831); *Highland game*, et l'Intérieur de la maison d'un montagnard, deux véritables chefs-d'œuvre de la peinture de genre; *Mustardy*, portrait (1836); le *Retour de la chasse aux faucons*; le portrait de lady Fitz Harris avec son bichon, et les enfants du duc de Sutherland avec des chiens et des cerfs, deux tableaux ravissants. En 1839, Landseer peignit, par ordre de la reine, le dompteur d'animaux Van Amburgh, dans la caverne du lion, scène du théâtre de Drury-Lane. Il s'est aussi beaucoup occupé de scènes tirées des comédies de Shakspeare. Son tableau de la Loutre enferrée et des chiens de lord Aberdeen a résolu le difficile problème de représenter les portraits de vingt-sept chiens de la même race différant tous les uns des autres par la physionomie, l'expression, la position et le mouvement. Son tableau connu sous le nom de *Laying down the law*, et où il a représenté un ancien lord chancelier sous la figure d'un barbet, en groupant autour de lui plusieurs autres de ses chiens, est bien connu. Cette toile fit beaucoup de bruit, car il était facile de reconnaître le portrait. A l'exposition de 1845 on vit de Landseer *La reine Victoria et ses enfants* (gravé par S. Cousins) et *Les Chiens couchants de Charles Ier*. L'année suivante il exécuta avec Eastlake, Stranfield et quelques autres, à Buckingham-House, des peintures à fresque représentant des scènes tirées de poëtes anglais, notamment de Milton, qui ont été gravées par Gruner. Nous citerons encore de lui *Refreshment*, un cheval blanc auquel on donne à boire et à manger; *Le Contrebandier blessé*; *La Première Leçon* (1847), un chien qui tient entre ses pattes un rat encore en vie, tandis que ses petits le regardent d'un air surpris et curieux. Les tableaux de Landseer ont été maintes fois gravés sur cuivre et à l'eau forte. Il a publié lui-même *Animals from the Zoological Garden*, gravés par Thomas Landseer. En 1851 il a fait paraître un cahier de 17 planches d'animaux, dont il avait lui-même exécuté les gravures. Charles Lewis a donné, d'après ses dessins à la plume de Landseer, une suite de gravures intitulée *Les Mères*, représentant des femelles allaitant leurs petits, et en tête de laquelle est une mère donnant le sein à son enfant. Landseer est depuis 1831 membre de l'Académie de Londres, et depuis 1846 de celle de Bruxelles; en 1850 il a été créé *baronet*.

En 1855, Landseer a exposé à Paris : *Les animaux à la forge*; *Départ des conducteurs de bestiaux pour le sud*; *Déjeuner dans les montagnes*; *Sanctuary*. Il a obtenu en récompense une grande médaille d'honneur.

LANDSEER (CHARLES), frère cadet du précédent, s'est aussi fait connaître par quelques bons tableaux. Murray a gravé sa *Mise au pillage de la maison Basing*. Une toile immense, représentant l'arche de Noé, il s'est montré le rival heureux de son frère.

LANDSEER (THOMAS), excellent graveur, a gravé habilement tantôt quelques-unes de ses propres compositions, par exemple *Monkeyana*, collection de caricatures de singes, tantôt les tableaux d'autres artistes, notamment ceux de sir Edwin Landseer.

LANDSHUT, chef-lieu du cercle bavarois du Bas-Rhin, sur l'Isar, qu'il la traverse en partie, produit une impression agréable avec ses larges rues, sa solide architecture et son église de Saint-Martin, construite en 1450, dans le style gothique, et flanquée de la tour la plus élevée qu'il y ait en Allemagne (149 mètres 66 centimètres). La ville a 10,000 habitants et quelques fabriques; elle possède une église catholique et trois églises protestantes, deux couvents de femmes et un couvent de franciscains, et est le siége d'une régence de cercle et de diverses autres autorités administratives. On y trouve un collége et une école latine, ainsi qu'une société d'agriculture et de commerce. L'université d'Ingolstadt, tranférée en 1800 à Landshut, est établie à Munich depuis 1826.

LANDSHUT, chef-lieu de cercle dans l'arrondissement de Liegnitz (Silésie prussienne), sur le Bober, dans une belle vallée, à 400 mètres au-dessus du niveau de la mer, est le centre d'un commerce de toiles fort important, et compte environ 3,000 habitants.

LANDSKNECHT, c'est-à-dire *valet, serf de la terre*. On appelait ainsi en Allemagne, à la fin du quinzième siècle et pendant toute la durée du seizième, un homme de guerre servant dans l'infanterie. Remarquant combien était défectueuse l'organisation militaire de l'Empire, où à l'antique ban et arrière-ban, puis à l'institution postérieure de la levée en masse, on avait fini par substituer des troupes permanentes et mercenaires, l'empereur Maximilien Ier conçut le projet de créer une armée allemande capable de remplacer les Suisses, dont le territoire avait cessé de faire partie de l'Empire, et qui d'ailleurs comme troupes mercenaires étaient l'objet de nombreuses défiances. Il créa la force défensive de l'Allemagne en organisant les *landsknechte*, dont la renommée ne tarda pas à devenir européenne. Le comte Eitel Frédéric de Zollern et surtout Georges de Frundsberg, dit le père des *landsknechte*, assistèrent l'empereur dans cette œuvre; et la noblesse elle-même, qui d'ailleurs ne combattait autrement qu'à cheval, approuva hautement cette innovation quand elle eut vu l'empereur et un grand nombre de seigneurs des plus distingués de sa cour marcher en tête de ces nouvelles troupes, porter eux-mêmes à l'occasion la hallebarde sur l'épaule et les faire manœuvrer. Les *landsknechte* allemands furent la première infanterie régulière, et leur remarquable organisation devint celle de toutes les créations ultérieures. Quand la guerre éclatait, le général chargé de la diriger, délivrait à un homme de guerre éprouvé, noble ou roturier, une commission de colonel ou de cardinal (commandant particulier, à la différence du titre plus générique de général), plus des lettres patentes qui l'autorisaient à lever un régiment de *landsknechte*, ainsi que les registres matricules sur lesquels ils devaient être inscrits. A son tour, ce colonel nommait pour ses capitaines des gens de guerre de lui bien connus, puis faisait savoir dans le pays qu'on allait procéder à l'enrôlement. Le concours était toujours très-grand. Chacun était tenu de se pourvoir lui-même de son armement (hallebarde, épée, cuirasse et salade); peu importait la forme, et l'habillement était à volonté. Les hommes admis recevaient des arrhes, et se présentaient à un jour donné pour la revue, où ils étaient présentés à un inspecteur du souverain en passant un à un par une porte construite avec des hallebardes. L'ensemble des enrôlés recevait alors la dénomination de *bande*. Après quoi le colonel faisait former le cercle et prêter serment, puis nommait son lieutenant, le quartier-maître, le prévôt; ensuite, par chaque compagnie, un sergent-major et un enseigne à qui il remettait le drapeau en lui adressant solennellement les exhortations voulues par la circonstance. Les diverses compagnies se dispersaient alors, et s'organisaient elles-mêmes. Le colonel présentait aux emplois de scribe, d'aumônier et de chirurgien. Les *landsknechte* élisaient deux sergents, chargés de les représenter dans toutes les affaires générales, et appelés aussi *ambossates* (corruption d'*ambassadores*), le guide et le fourrier, et se divisaient en escouades de dix hallebardes chacune, commandée par un caporal. Une compagnie se composait de 400 *knechte*; 10 ou 16 compagnies formaient un régiment. L'arme principale des *landsknechte* était la hallebarde; mais vers la fin du seizième siècle la moitié avaient déjà des armes à feu. En marche, la bande allait en avant sans ordre; quelquefois aussi elle marchait au son du tambour, d'après des airs sur lesquels les *landsknechte* avaient composé un grand nombre de chants militaires, dont quelques-uns sont parvenus jusqu'à nos jours, par exemple celui de la bataille de Pavie. Avant la bataille les soldats s'agenouillaient pour dire leurs prières; puis, suivant une antique coutume, ils jetaient de la poussière derrière eux, et allaient à l'attaque, la hallebarde au poing, tous les commandants bravant au premier rang le danger; ou bien, quand ils étaient attaqués, ils se formaient en carrés.

Les *landsknechte* n'étaient pas moins fameux par leur bravoure sur le champ de bataille que par le déréglement de leurs mœurs, leur ivrognerie et leur passion pour le jeu. Un jeu de hasard bien connu, le *lansquenet*, tire d'eux son nom. Ils emmenaient toujours avec eux une immense quantité de bagages. Un sergent spécial faisait la police des femmes de mauvaise vie qui suivaient les compagnies; il avait sous ses ordres un certain nombre d'estafiers chargés de la distribution des coups de canne et des coups de bâton, ainsi qu'un bourreau. Quand ils servaient à l'étranger, les *landsknechte* conservaient l'organisation que nous venons de décrire; il leur arrivait parfois de servir contre l'Empire : telles étaient les *bandes noires* à la solde de la France, et que les Allemands passèrent impitoyablement au fil de l'épée à la bataille de Pavie, en 1525.

Au dix-septième siècle, la dénomination de *landsknechte* finit par tomber en désuétude, parce que les bandes de la guerre de trente ans ne se composèrent plus seulement de serfs ou *knechte* du pays, mais d'hommes recrutés indistinctement dans toutes les nations.

LANDSKRONA, ville d'entrepôt et place forte du bailliage de Malmœ (Suède), avec un port, 4,000 habitants, des chantiers pour la construction des navires, diverses fabriques de cuir, de sucre, etc., et un commerce assez important. Le 14 juillet 1677, les Danois y furent complètement battus par les Suédois, et durent leur abandonner la ville.

LANDSTURM et **LANDWEHR**. Dans les capitulaires des Franks, il est déjà mention de levées en masse à l'effet de défendre le territoire, *landveri* : c'est ce que l'on appelle aujourd'hui en Allemagne *landsturm* ou *levée en masse*. Par suite des changements introduits successivement dans l'organisation des armées européennes, le peuple cessa d'être appelé à la défense du sol, et la *landsturm* tomba en désuétude : toutefois, nous voyons qu'au seizième et au dix-septième siècle la *landsturm* était encore tenue de veiller à la sûreté de l'intérieur et des frontières, et même de faire la guerre au dehors. Dans plusieurs provinces de l'Allemagne, par exemple dans le pays de Bade, tout individu qui venait de recevoir le droit de bourgeoisie était obligé de s'armer et de se rendre apte aux exercices militaires. Plus tard il ne resta plus que la milice, institution commune à la plupart des États de l'Europe. Sous ce nom de *milice* on comprenait la partie de la nation qui devait se tenir prête à prendre les armes, afin d'appuyer ou de compléter, en cas de besoin, les troupes régulières.

En 1789 la France, à l'exemple des États-Unis, ordonna une *levée* en masse sous le nom de *garde nationale*. Dix ans après, quelques États de l'Allemagne firent de nouveau appel à la *landsturm*; mais cette mesure incomplète, mal conduite, n'eut aucun résultat. Ce ne fut qu'après le traité de Presbourg que le gouvernement autrichien sentit la nécessité d'asseoir l'organisation de ses armées sur les forces vives de la nation. En 1808 il organisa la *landwehr* (défense du pays) de 50,000 hommes, dans les rangs de laquelle tous les individus âgés de moins de quarante-cinq ans étaient obligés de marcher. La Russie suivit l'exemple de l'Autriche en 1812, la Prusse et les autres États de l'Allemagne en 1813. En même temps on créa une *landsturm*, qui ne devait être mise en activité qu'en cas d'invasion, et qui ne pouvait être employée hors du territoire. La *landwehr*, répartie dans les armées permanentes, rendit d'utiles services aux Allemands pendant les campagnes de 1814 et 1815; quant à la *landsturm*, il ne faut en attendre une coopération efficace que dans les localités où les habitants sont animés d'un esprit guerrier.

LANDWEHR. *Voyez* LANDSTURM.

LANDY ou **LANDIT** (Foire du). Elle se tient les 11, 15 et 18 juin de chaque année dans la plaine Saint-Denis ; on y fait surtout le commerce des bestiaux et notamment celui des moutons. Suivant quelques chroniqueurs, l'origine de cette foire remonterait jusqu'à Dagobert; mais l'opinion la plus généralement accréditée la reporte seulement au temps des croisades. Alors, dit-on, une portion considérable de la vraie croix, rapportée de Palestine, fut déposée dans l'église abbatiale de Saint-Denis. L'exposition de la précieuse relique attira une foule si considérable qu'il fallut, tout en donnant satisfaction à la pieuse curiosité des fidèles, la contenir dans de justes limites. L'évêque de Paris institua dans ce but un *indict* ou assemblée annuelle, où se rendaient en corps et successivement le clergé, le parlement, l'université et les différents corps de métiers. Peu à peu des marchands de tous genres s'installèrent aux alentours de l'église, et l'assemblée devint une véritable foire, où se débitait surtout le parchemin dont on se servait pour écrire, le papier n'étant alors connu que par des essais d'une imparfaite fabrication. Il était interdit de vendre au public aucun parchemin avant que la provision de tous les collèges eût été faite par le recteur de l'université, qui procédait en personne à cet achat. Les cours se trouvant forcement suspendus, les étudiants demandèrent et obtinrent l'autorisation d'accompagner le recteur. Le 11 juin ils montaient à cheval en même temps que lui, et se rendaient dans la plaine de Saint-Denis, où ils passaient quelques jours dans de bruyants plaisirs, pacifiques parfois par des querelles et des émeutes, pour la compression desquelles l'intervention de la force armée était nécessaire. L'*Indict* devint ensuite par corruption le *Landit*.

LANFRANC, célèbre philosophe scolastique, né à Pavie, en 1005, mort archevêque de Cantorbéry, en l'année 1089.

Il enseigna d'abord le droit dans sa ville natale, puis il transporta son école à Avranches. Bientôt il voulut se retirer du monde, entra en 1042 dans l'abbaye du Bec, dont il devint prieur, et y continua ses leçons. Guillaume le Bâtard lui donna l'abbaye de Saint-Étienne de Caen, et en fit son conseiller le plus intime. Plus tard il contribua puissamment à répandre dans l'Angleterre conquise le goût des études; il y fonda des églises, y créa des hôpitaux, y présida des conciles en sa qualité d'archevêque de Cantorbéry. Il avait introduit la dialectique dans la théologie et s'était distingué dans ses disputes avec Bérenger au sujet de la transsubstantiation. Ses œuvres ont été publiées par dom Luc D'Achery (Paris, in-f°, 1648).

LANFRANC, de Milan, célèbre médecin du tre'zième siècle. Ayant essuyé de grandes persécutions dans sa patrie, il obtint du vicomte Matthieu Visconti la permission de se retirer en France. Après avoir séjourné à Lyon pendant quelque temps, il fut appelé à Paris, en 1295, pour y lire publiquement la chirurgie et démontrer les opérations de cet art jusqu'alors entièrement abandonné aux barbiers. C'est à Lanfranc que remonte l'illustration du collège de chirurgie de Saint-Côme. On a de Lanfranc : *Chirurgia magna et parva*; Venise, 1460, in-f°., ouvrage réimprimé plusieurs fois.

LANFRANC (JEAN), né à Parme, en 1581. Son véritable nom est *Lanfranco*, mais il a été francisé en celui de Lanfranc, sous lequel il est toujours désigné. Page du comte Scotti, il dessinait sans cesse, et fut placé par ce seigneur dans l'atelier d'Augustin Carrache, qui alors travaillait à Parme. Lanfranc étudia aussi les peintures du Corrège, et à la mort de son maître il alla à Rome, où il aida Annibal Carrache, qui travaillait alors à la célèbre galerie Farnèse. Lanfranc profita de son séjour à Rome pour étudier Raphael et l'antique; cependant, il ne put parvenir à une grande pureté de dessin. Ses compositions sont vastes, nobles et d'un grand effet, mais ses figures sont souvent lourdes; ses raccourcis, qu'il multipliait à dessein, les empêchent d'être gracieuses. Lanfranc avait beaucoup de facilité pour produire, mais il n'avait pas la patience nécessaire pour exécuter sagement; blâmant d'ailleurs la lenteur avec laquelle travaillait le Dominiquin, son antagoniste, il disposait et exécutait ses tableaux avec trop de prestesse, et sans prendre le temps de méditer son sujet. Aussi être bien vraie, sa couleur fait pourtant assez d'effet. Pour bien juger Lanfranc, il faut avoir vu ce que l'on nomme en Italie les *grandes machines*, où il développait avec hardiesse toute l'énergie de son talent. Lanfranc a gravé à l'eau-forte ; mais on voit que dans ce travail aussi il mettait trop de précipitation. Il mourut à Rome, en 1647, âgé de soixante-huit ans, le jour même où l'on venait de découvrir sa peinture à la tribune de Saint-Charles de Cattenari. DUCHESNE aîné.

LANGAGE. Le langage est la faculté de produire par la voix des sons articulés, ayant pour but d'exprimer nos besoins, nos émotions, nos sensations, nos idées et notre pensée. Les sons de la voix, ainsi employés, constituent chez l'homme la *parole*; et ces sons varient et se modifient à l'infini par les différentes inflexions de la *langue*, qui en est l'organe principal, et qui a évidemment donné naissance au mot *langage*; cependant, les lèvres, les parois de la bouche, le voile du palais et les muscles du larynx et du pharynx, concourent pour beaucoup à la formation et à la modification de la parole.

Par analogie, on a étendu la signification du mot *langage* à tous les moyens que l'homme a inventés ou employés pour communiquer aux autres ses idées, sa pensée, sa volonté, et tout ce qui se passe dans son esprit. Ainsi, après les hiéroglyphes des anciens, nous nous servons maintenant de l'écriture ou du langage écrit, de la mimique ou du langage des gestes, et d'une variété très-grande de signes de convention, tels que ceux de la télégraphie, lesquels aident tous à la communication des idées, indépendamment des sons articulés. Néanmoins, au fond de tout cela il n'y a en réalité que deux sortes de langage, la parole et le geste. Les signes de convention, comme l'écriture, représentent les sons de la voix ; les dessins, la peinture, la sculpture, représentent des formes, des poses ou des gestes, qui réveillent en nous des idées, des sensations et des actes déterminés. Dans cet article, nous ne parlerons que du langage de la parole, parce que cette faculté est une de celles que nous regardons comme fondamentales, inhérentes à notre organisation, et que l'homme possède au plus haut degré.

Plusieurs autres facultés sont mises en action par nous au moment que nous nous servons du langage, afin de nous mettre en rapport avec nos semblables ; mais la parole dépend d'une faculté toute particulière.

Les philosophes du dix-huitième siècle, et Voltaire entre autres, croyaient que des enfants qui n'auraient jamais entendu parler se contenteraient de crier, mais qu'ils ne sauraient jamais rien dire, parce qu'ils ne sont que des imitateurs. Cela est vrai, si l'on prétend qu'ils aient à parler une langue quelconque déjà faite, une de celles qui existent, par cette raison toute naturelle que tous les mots d'une langue sont purement de convention ; mais si, d'après cela, on croit que plusieurs enfants mis en communication entre eux resteraient muets ou ne pousseraient que des cris, on se trompe étrangement : ils inventeraient bientôt un langage à eux, qui s'étendrait et se développerait en raison de la quantité de leurs idées, de leurs notions, de leurs besoins, etc. C'est ainsi que toutes les langues se forment dans les premiers rudiments des sociétés humaines ; ce n'est que plus tard, et par l'étendue de leurs connaissances et la multiplicité de leurs besoins, que les peuples enrichissent et perfectionnent leurs langues. La nature donna l'instinct de la parole; mais les sons qui constituent les mots sont, chez l'homme et dans toutes les langues, des sons purement de convention. Il en est de même pour tout ce que l'homme fait d'après un instinct primitif. L'art de s'habiller, de se mettre à l'abri des orages et du mauvais temps, etc., sont de cette nature. Croit-on, parce que nous imitons nos pères en nous habillant et en bâtissant des maisons, que l'homme vivrait dans nos climats sans songer à se vêtir et à se faire des constructions pour s'abriter ? Qui donc a été le premier tailleur ou le premier architecte ? Personne! si ce n'est le Créateur, en nous donnant, au moyen du cerveau, des aptitudes et des facultés en harmonie avec nos besoins ou avec notre position dans l'ordre de la création.

Gall, tout jeune, avait remarqué que quelques-uns de ses condisciples possédaient une grande facilité à retenir par cœur, tandis que lui ayait la mémoire verbale très-faible. Il observa que ceux qui jouissaient de cette faculté avaient de grands yeux à fleur de tête ; et cette première observation le conduisit à penser qu'il pourrait exister des signes extérieurs pour les autres facultés. Les anciens avaient déjà reconnu que la faculté d'apprendre par cœur les mots avec plus ou moins de facilité existait chez l'homme, et l'appelaient *mémoire verbale (memoria verbalis)*. Cette faculté ne se borne pas seulement au pouvoir de retenir les mots : la mémoire verbale n'est qu'un attribut de cette faculté ; elle nous porte à inventer et à nous servir de mots artificiels pour exprimer ce qui se passe dans notre intérieur ; et nous l'appelons *sens* ou *faculté du langage*. Elle ne peut se manifester que par un organe cérébral qui est situé à la partie postérieure et transverse de la voûte des orbites. Lorsque les circonvolutions qui constituent cet organe sont très-développées, elles produisent une proéminence et une dépression des yeux. Quelquefois, cependant, les circonvolutions s'étendent en avant, et au lieu de déprimer l'œil et de faire des yeux enfoncés, elles allongent la voûte orbitaire au-devant du globe de l'œil. Les personnes qui ont cet organe très-prononcé parlent généralement avec une extrême facilité : dans la conversation ordinaire, leur langage coule comme un large ruisseau; dans le discours, elles versent des torrents de paroles. Lorsque l'organe est large, ceux de la réflexion petits, le style et le discours sont verbeux, pesants et sans élégance. Lorsque cette différence est très-grande, l'individu, dans la conversation ordinaire, est enclin à répéter à satiété, malgré l'indicible ennui des assistants, les phrases les plus vulgaires. Lorsque l'organe est très-petit, il y a défaut d'expression, répétition pénible des mêmes mots, et par conséquent pauvreté de style dans les écrits et dans les discours. Si les organes du langage et de la réflexion sont dans des proportions égales, le style de l'auteur est généralement très-agréable. Lorsque les conceptions intellectuelles sont très-fines et très-rapides, et que la faculté du langage n'a pas la même énergie, le bégayement en est fréquemment la conséquence. Par ces courtes réflexions, le lecteur comprendra de combien de modifications le talent de la parole ou la faculté du langage peut être susceptible, par suite de l'activité et des combinaisons des diverses facultés qui sont en nous.

Des penseurs profonds se sont occupés sérieusement à rechercher quelle est l'influence des signes artificiels sur nos idées, et réciproquement des idées sur les signes. Dans l'ordre naturel, certainement les sensations, les notions, les idées, précèdent dans notre esprit : ce n'est que plus tard qu'on cherche des signes pour les communiquer aux autres ; mais ces signes, ces mots, dans une langue toute faite, ont souvent une signification très-vague, surtout lorsqu'ils n'expriment pas des objets qui tombent immédiatement sous les sens ; et de l'autre côté, les hommes en général n'ont qu'une connaissance très-inexacte et très-incomplète de la valeur des mots dans leurs différentes acceptions, d'où résultent la confusion, l'obscurité et le vague des expressions d'un très-grand nombre de personnes qui parlent ou qui écrivent, l'impossibilité de bien comprendre l'indéfini, l'incertitude et les méprises des personnes qui écoutent ou qui lisent. Il y a aussi une autre difficulté pour bien comprendre un langage, lorsqu'il exprime des idées d'un ordre très-élevé, c'est qu'il faut avoir les organes des facultés réflectives bien développés, et les avoir exercés par l'étude et le travail.

La parole a besoin de l'ouïe et de la voix pour intermédiaires ; mais le talent d'apprendre les mots et le talent philologique ne sont proportionnés ni à l'ouïe ni à la voix. Les organes de la voix ne sont que les instruments d'exécution de la faculté célébrale, et contribuent seulement à la perfection de la prononciation.

Les animaux ont-ils aussi le langage de la parole? « Nous le remarquons, dit Ch.-G. Leroy, dans les bêtes que des cris qui nous paraissent inarticulés ; nous n'entendons que la répétition assez constante des mêmes sons. D'ailleurs nous avons quelque peine à nous représenter une conversation suivie entre des êtres qui ont un museau allongé ou un bec. De ces préjugés on conclut assez généralement que les bêtes n'ont point de langage proprement dit, que la parole est un avantage qui nous est particulier, et que c'est l'expression privilégiée de la raison humaine. Nous sommes trop supérieurs aux bêtes pour chercher à méconnaître ou à nous déguiser ce dont elles jouissent; et l'apparente uniformité de sons qui nous frappent ne doit point nous en imposer. Lorsqu'on parle en notre présence une langue qui nous est étrangère, nous croyons n'entendre que la répétition des mêmes sons. L'habitude et même l'intelligence du langage nous apprennent seules à juger des différences : celles que les organes des bêtes mettent entre elles et nous doivent nous rendre encore bien plus étrangers à elles, et il nous manque dans l'impossibilité de reconnaître et de distinguer les accents, les expressions, les inflexions de leur langage. » Il est certain, pendant que les bêtes de chaque espèce distinguent très-bien entre elles ces sons qui nous paraissent confus. Il ne leur arrive pas de s'y méprendre, ni de confondre le cri de la frayeur avec le gémissement de l'amour. Il n'est pas nécessaire seulement qu'elles expriment ces situations tranchées, il faut encore qu'elles en caractérisent les différentes nuances.

Les bêtes, du reste, ont toutes les conditions qui sont accessoires au langage ; mais si nous suivons de près le détail de leurs actions, nous voyons de plus qu'il est impossible qu'elles ne se communiquent pas une partie de leurs idées, et qu'elles ne le fassent pas par le secours des mots. Leurs diverses sensations ont des distinctions différentes qui les caractérisent. Si une mère, effrayée pour sa famille, n'avait qu'un cri pour l'avertir de ce qui la menace, on verrait à ce cri la famille faire toujours les mêmes mouvements ; mais, au contraire, ces mouvements varient suivant les circonstances. Tantôt on précipite sa fuite, tantôt on se cache, une autre fois on se range pour le combat. Puisque, en conséquence de l'ordre donné par la mère, les actions sont différentes, il est impossible que le langage ne le soit pas. Nos animaux domestiques, chiens, chevaux, poules, etc., n'expriment-ils pas par des cris et des sons différents de leur voix, leur joie, leur contentement, leurs amours, leurs frayeurs? Lorsqu'on a des occasions fréquentes d'observer les animaux, dit Gall, on apprend à entendre leur langage, on connaît les inflexions différentes que prend le cri du coq, de la poule et des autres oiseaux, selon le sentiment ou l'idée qu'ils veulent exprimer. Nous regrettons de ne pouvoir citer des faits concluants et propres aux animaux, d'où il résulte clairement qu'ils se parlent et s'entendent au moyen des sons articulés.

Le langage est donc naturel aux animaux; il est inhérent à leur être ; il est le même chez tous les individus de la même espèce ; aucun individu ne l'apprend, tous le parlent bien et tous le comprennent parfaitement ; et il est plus étendu, surtout dans les espèces les plus intelligentes, qu'on ne le suppose communément. Mais ce qui prouve encore bien plus en faveur de la faculté des animaux pour le langage, c'est leur aptitude à entendre les langues de l'homme, arbitrairement formées. Ainsi, non-seulement ils s'entendent entre eux par un langage qui leur est propre, mais ils peuvent comprendre les sons arbitraires de nos langues, et jusqu'à un certain point le langage des autres espèces d'animaux. Nous-mêmes, instinctivement, nous parlons continuellement à nos animaux. Nous ne le ferions pas si nous pouvions penser qu'ils ne peuvent rien comprendre de ce que nous leur disons. Nous leur donnons des noms, nous leur donnons des ordres, et ils nous comprennent très-bien. Il n'y a pas de chasseur ou d'écuyer qui n'établisse une sorte de conversation avec ses chiens ou ses chevaux, et qui n'obtienne pour réponse des cris ou des mots de joie et d'attachement, ou la soumission et l'obéissance.

L'organe cérébral du langage chez les animaux correspond à la même place que celui de l'homme : ainsi, pour ne citer qu'un seul exemple chez les oiseaux il y a toujours d'autant plus de masse cérébrale placée au-dessus de la partie interne du bulbe de l'œil que l'espèce a plus d'aptitude au langage. Dr FOSSATI.

LANGAGE DES FLEURS. *Voyez* FLEURS (Langage des).

L'ANGE (Famille). *Voyez* ANGE.

LANGEAIS. *Voyez* INDRE-ET-LOIRE (Département d').

LANGELAND, île du Danemark, située entre celles de Fionie et de Laaland, de 28 kilomètres carrés, avec 17,400 habitants, et comprise avec l'île de Taasing dans le bailliage de Fionie. Le sol en est aussi fertile que bien cultivé, et elle a pour chef-lieu *Rudkiœping*, ville de 1,800 habitants, centre d'un commerce assez actif, et munie d'un bon port.

L'ANGELY. *Voyez* ANGELI.

LANGES. Les langes sont employés pour préserver l'enfant nouvellement né du froid et pour l'entretenir dans un état de propreté : cet usage est plausible, mais il requiert des attentions qu'on néglige trop souvent. Au lieu de composer un appareil approprié au double but indiqué, on forme trop souvent une espèce de camisole de force très-nuisible. Ce moyen contentif entrave les bras et les jambes, qui ont cependant besoin de liberté, afin de se mouvoir pour se développer et ne pas s'engourdir. Un autre inconvénient plus grave encore, c'est la compression du corps, qu'on évite d'autant moins qu'on croit devoir serrer surtout cette partie afin de la garantir du froid. On gêne ainsi la respiration, fonction des plus importantes, dont l'enfant commence à faire l'apprentissage, et qui a besoin du libre exercice de ses organes. C'est cette gêne qui souvent trouble le sommeil des pauvres captifs, les incite à crier et répand sur leur visage un coloris violet. Au lieu d'envelopper les enfants comme des momies d'Égypte, il faut employer les langes comme des corps intermédiaires en les maintenant seulement autour du corps sans les serrer : le froid est moins à redouter que la compression, et d'autant plus qu'on recouvre les langes avec des couvertures de laine ou de coton.

Dr CHARBONNIER.

LANGLÈS (LOUIS-MATTHIEU), orientaliste, né à Péronne, en 1763, se fit connaître d'abord par les *Instituts politiques et militaires de Tamerlan* (Paris, 1787), qu'il publia d'après une traduction anglaise de l'original persan. Il fit imprimer ensuite le *Dictionnaire Tatare-Mandchou-Français* (3 vol. in-4°; Paris, 1789), composé par le missionnaire Amiot. En 1795, il contribua à la création de l'École des langues orientales vivantes à Paris, dans laquelle il fut chargé de la chaire de persan. Il mourut à Paris, en 1824, membre de l'Académie des Inscriptions, et conservateur des manuscrits orientaux à la Bibliothèque royale. Sans posséder à fond les langues orientales, il déploya une grande activité pour répandre dans le public la connaissance des littératures ainsi que de l'histoire et de la géographie de l'Orient. Pour parvenir à ce but, il mit à profit les ouvrages et les descriptions de voyages publiés tant en Angleterre que dans l'Inde, de même que les ouvrages de Thunberg, de Pallas, de Norden, de Forster, etc., dont il traduisit un certain nombre, ou bien dont il donna de nouvelles éditions, comme il fit du voyage en Perse de Chardin. On a aussi de lui une traduction libre des *Monuments de l'Indoustan*, de Daniell.

LANGOBARDS. *Voyez* LOMBARDS.

LANGON. *Voyez* GIRONDE (Département de la).

LANGOUSTE, genre de crustacés de l'ordre des décapodes, famille des macroures, dans laquelle ils se distinguent par leur carapace, hérissée d'un grand nombre de pointes, par leurs antennes, longues et armées de piquants, par leurs pattes, monodactyles. Leur corps est cylindrique, l'abdomen très-ample, la carapace nuancée de vert, de rouge et de jaune. La queue présente souvent des bandes ou des taches ocellées et disposées transversalement. Ils sont tous de grande taille. On en voit atteindre jusqu'à deux mètres de longueur, y compris les antennes.

On trouve les langoustes dans les mers intertropicales, et même dans les mers tempérées. L'espèce propre à nos climats, la *langouste commune* (*palinurus vulgaris*, Latr.), pèse 5 à 6 kilogrammes, et a un demi-mètre de longueur. Sa carapace hérissée de poils roides et courts, est d'un bleu verdâtre ; sa queue est ponctuée de blanc jaunâtre, les pieds nuancés de jaune et de rougeâtre. On la pêche dans la Méditerranée, avec des nasses. Elle s'approche de nos côtes au printemps, et s'en éloigne en hiver pour aller habiter le creux des rochers, dans la haute mer. C'est sur les plages préférablement que la femelle pond un grand nombre d'œufs, d'une belle couleur rouge de corail.

Les langoustes se nourrissent de poissons et d'autres animaux marins. Leur chair est estimée, celle des femelles surtout, avant et après la ponte. Quand on n'a pas de chemins de fer à sa disposition, il faut les soumettre à la cuisson avant de l'expédier, sans quoi elle se putréfierait en route.

Latreille a fait du genre langouste une tribu, sous le nom de *langoustine*.

Le mot *langouste* paraît être une corruption du latin *locusta*, nom latin de la langouste commune.

Dr SAUCEROTTE.

LANGRES, ville de France, chef-lieu d'arrondissement dans le département de la Haute-Marne, à 31 kilomètres de Chaumont, à l'extrémité d'un plateau escarpé, qui s'avance sur la plaine comme un long promontoire, avec 11,298 habitants, un évêché suffragant de Lyon, un collège, des tribunaux d'arrondissement et de commerce, une bibliothèque publique de 6,000 volumes, des musées de peintures et d'antiquités, une société historique et archéologique. On remarque à Langres l'église cathédrale de Saint-Maurice et surtout son beau chœur, l'hôtel de ville, de construction moderne, et la belle promenade de Planche-Fontaine, où l'on montre le banc de Diderot. Dans la muraille occidentale de la ville se trouve incorporé un arc de triomphe attribué à Constance Chlore. La principale branche de son industrie, c'est la fabrication d'une coutellerie très-estimée ; on y trouve aussi des brasseries, des vinaigreries, et il s'y fait un commerce considérable d'entrepôt d'épicerie, draperie et rouennerie ; un commerce de graines, farine, son, lin, chanvre, bœufs, moutons, fromages, faïence, meules à émoudre.

Langres était au temps de César la capitale des *Lingones*, et s'appelait *Audematunum* ou *Automatunum*. Des inscriptions la mentionnent encore sous le nom de *Colonia Lingonum*. Comprise d'abord dans la Belgique, elle fit ensuite partie de la Gaule celtique, puis de la première Lyonnaise. En 301 Constance Chlore y défit les Allemands, auxquels il tua ou prit soixante mille hommes, suivant Eutrope. Langres fut saccagée par les Vandales en 407, et brûlée ensuite par Attila. Elle eut des comtes particuliers depuis Charles le Chauve jusqu'à Louis VII, qui érigea le comté de Langres en duché-pairie et le réunit à la couronne. Les Anglais assiégèrent inutilement Langres, qui plus tard se montra hostile à la Ligue et dévouée à Henri IV.

LANGUE (*Anatomie*), organe musculeux, mobile, symétrique, logé dans la cavité buccale, et s'étendant depuis l'os hyoïde et l'épiglotte jusqu'à la face postérieure des dents incisives : la langue, siège principal des sens gustatif et tactile, concourt directement aux actes de la succion, de la mastication, de la déglutition et de la phonation. Sa forme est celle d'une pyramide aplatie, arrondie à tous ses angles, et dont le sommet se termine par une pointe mousse ; sa face supérieure (*dos de la langue*), plate et libre dans toute son étendue, est divisée en deux portions symétriques par un sillon médian, que les maladies respectent souvent, de telle sorte qu'une affection grave qui a profondément modifié l'une des moitiés de cet organe s'arrête à ce plan anatomique et n'atteint pas la deuxième moitié ; sa face inférieure n'est libre que dans son tiers antérieur, car à ses deux tiers postérieurs viennent se fixer les faisceaux musculaires qui l'unissent aux organes voisins.

La langue est formée par l'entre-croisement d'un grand nombre de fibres musculaires ; dédale presque inextricable, qui, dans le dix-septième siècle, a donné naissance aux belles recherches de Marcellus Malpighi sur la texture des organes, et que, dans des travaux plus récents, MM. Baur, Blandin et Gerdy se sont efforcés de démêler. Cette masse musculaire, ou charnue, est revêtue d'une membrane muqueuse qui forme à la face inférieure de l'organe un mince repli (*filet* ou *frein de la langue*), et qui à la face dorsale de la langue éprouve de nombreuses modifications, coordonnées au point de vue des diverses fonctions que cet organe est appelé à remplir. La muqueuse qui recouvre la face dorsale de la langue présente en effet une couche épidermique épaisse, elle-même superposée à une couche vasculaire d'une grande richesse, formée par l'enlacement de myriades de petits vaisseaux sanguins, lesquels entourent comme des réseaux les extrémités terminales des nerfs gustatifs et tactiles qui aboutissent à la surface de la langue, et les follicules muciparcs qui y versent leurs produits : c'est cette couche vasculaire qui communique à la langue cette coloration qui lui est particulière. Enfin, la surface dorsale de la langue est hérissée d'une quantité innombrable de petites éminences lenticulaires, fongiformes ou coniques, qui ont été confondues sous la dénomination commune de *papilles*, et qui pourtant sont différenciées entre elles, et par leur structure anatomique, et par leurs fonctions physiologiques. En effet, parmi ces éminences, les unes, formées par la *protrusion* des extrémités terminales des nerfs, constituent de véritables phanères, et sont pour la langue les organes exclusifs des sens du tact et du goût ; d'autres, formées par des invaginations de la membrane muqueuse, constituent des cryptes, et sont le siége de sécrétions muqueuses ; d'autres enfin, véritables corps inorganiques, paraissent n'être formées que par une excrétion locale surabondante de matière cornée.

La langue reçoit ses filets nerveux du maxillaire inférieur, du glosso-pharyngien, et de l'hypoglosse : le sang que lui apportent les artères linguales, palatines et tonsillaires, est reporté par les veines ranines, linguales et submentales.

La langue est le siége principal du goût; mais il s'en faut de beaucoup que ce sens soit également disséminé sur toute la surface de la langue, car la langue est sensible aux plus faibles saveurs vers sa pointe, sur ses marges et à sa base, tandis qu'elle demeure insensible aux saveurs les plus prononcées dans toute la partie moyenne de sa face dorsale : la distribution du sens gustatif à la surface de la langue figure un véritable triangle, sur les côtés duquel l'intensité des sensations augmente à mesure que l'on descend du sommet du triangle vers sa base. Dans cette disposition du sens du goût nous trouvons une explication facile des phénomènes instinctifs que détermine l'introduction de l'aliment dans la cavité buccale. Quand un corps inodore et de saveur inconnue est porté vers la bouche, la pointe de la langue s'avance au-devant de ce corps et reconnaît au contact ses qualités sapides. Si ce corps, d'une saveur agréable, est introduit dans la bouche, la langue ne permet pas qu'il séjourne à sa partie moyenne, où le sens du goût est nul, mais elle le dirige sans cesse vers ses marges, qui à leur tour le poussent vers les arcades dentaires : celles-ci divisent et triturent le corps sapide, et la langue, en le retournant sans cesse, met sans cesse de nouvelles surfaces en contact avec les surfaces sentantes. Mais le but même pour lequel le sens du goût a été donné à l'animal ne serait pas atteint si le besoin d'éprouver un nouveau plaisir n'appelait pas le bol alimentaire à la base de la langue, car l'expulsion de la matière ingérée, et non sa déglutition, suivrait le travail voluptueux de la mastication ; aussi le trône du goût a-t-il été placé à la base même de la langue ; c'est là que les corps sapides produisent sur le système nerveux les plus vives impressions et déterminent par conséquent les plus douces jouissances ; mais c'est là aussi que le phénomène convulsif et involontaire de la déglutition saisit la matière ingérée dans la cavité buccale, et l'entraîne par un mouvement irrésistible et fatal dans le canal œsophagien.

La langue est aussi un organe tactile d'une grande perfection ; peut-être même serait-elle le plus parfait de tous les instruments du tact, si le sens tactile n'y était en quelque sorte localisé sur une surface de quelques millimètres seulement. En effet, la pointe de la langue possède seule une délicatesse tactile exquise, qui s'efface rapidement à mesure que l'on descend du sommet vers la base de la pyramide linguale : c'est ce que démontre du reste l'expérience journalière ; car les marges de la langue ne nous apprennent rien sur les formes des surfaces inégales avec lesquelles elles sont sans cesse en contact ; et la face dorsale de la langue ne reconnaît pas les inégalités des corps qu'elle dirige sous l'arcade dentaire, tandis que la pointe de la langue distingue avec une exquise précision les moindres inégalités des surfaces qu'elle explore. Enfin, la langue est un organe de la parole ; et elle joue un grand rôle dans l'articulation des sons.

La langue présente dans la série animale de nombreuses diversités de forme, de position et de texture, qui peuvent fournir aux zoologistes classificateurs d'excellents caractères pour différencier entre eux des genres ou des espèces.

Chez les mammifères la langue s'éloigne peu dans sa forme et dans sa texture de celle que nous avons décrite chez l'homme ; seulement, chez les échidnés et les fourmiliers elle acquiert un développement et une flexibilité qui en forment un véritable organe de préhension : les autres modifications que la langue présente dans le type des mammifères consistent presque constamment dans le développement plus ou moins considérable des papilles, et surtout des papilles cornées : ainsi, chez le chat le développement de ces papilles donne à la langue ce caractère de râpe que tout le monde connaît ; chez le porc-épic, ces papilles forment sur les marges de la langue de larges plaques hérissées de pointes, etc.

Dans tout le type des oiseaux, la langue n'est soutenue par un ou deux os qui en traversent l'axe, et que Geoffroy Saint-Hilaire regardait comme les analogues des cornes postérieures de l'os hyoïde des mammifères : d'ailleurs, cette langue est rudimentaire et peu épaisse, car la portion osseuse, qui en forme la majeure partie, n'est recouverte que d'une mince couche de fibres musculaires et d'un tégument coriace. Dans quelques espèces seulement, et notamment chez les phénicoptères et les perroquets, un tissu adipeux abondant, interposé entre les fibres musculaires, donne à la langue un développement exceptionnel ; et c'est à ce tissu graisseux que les langues des flamants doivent leur antique célébrité, ces langues dont le gourmet Héliogabale était tellement friand qu'il occupait des cohortes entières à en pourvoir sa table. Ajoutons que chez quelques oiseaux la langue offre des dispositions tout à fait singulières : ainsi, chez les autruches la langue est extrêmement courte ; chez les toucans, elle est longue, effilée et garnie des deux côtés de longues soies, qui lui donnent l'apparence d'une plume ; chez les pics, ces soies deviennent de véritables épines, et, par une disposition spéciale de l'os hyoïde, ces oiseaux ont en outre la faculté de projeter hors du bec leur langue tout entière, etc.

Les reptiles offrent plus de diversités encore que les oiseaux dans la configuration et dans la structure de cet organe ; mais les caractères qui intéressent le plus les zoologistes, parce que ce sont les caractères le plus facilement saisissables, sont ceux qui se déduisent de l'indépendance plus ou moins complète de la langue des parties voisines : ainsi, chez les caméléons la langue offre une extensibilité et une liberté d'action qui en forment un organe important de préhension et de locomotion ; elle est encore libre, extensible et souvent bifurquée chez la plupart des ophidiens et des sauriens ; mais chez les batraciens la langue adhère en grande partie à la mâchoire inférieure, et sa portion libre est assez généralement repliée dans la bouche ; chez les salamandres elle adhère au palais par sa pointe, et chez les crocodiliens cette adhésion s'étend à toute la circonférence de la langue, en réduit cet organe à une complète immobilité : c'est cette dernière circonstance qui rend si nécessaires au crocodile les services de ce petit oiseau qui s'introduit dans sa gueule béante, et qui le délivre des insectes suceurs qui se nourrissent du sang de ses veines sublinguales ; fait rapporté par Hérodote, recueilli par la tradition populaire, nié par les savants, et constaté depuis comme parfaitement exact par Geoffroy Saint-Hilaire.

Enfin, chez les poissons, la langue ne consiste plus qu'en une simple saillie à la partie inférieure de la bouche, et sa membrane dorsale ne diffère en rien de celle qui tapisse le reste de la cavité buccale. Ajoutons que chez un grand nombre de poissons, les cartilagineux surtout, la langue fait complétement défaut. BELFIELD-LEFÈVRE.

LANGUE (*Philologie*). Dans son acception propre, ce mot s'entend de l'expression des pensées au moyen de sons articulés et liés entre eux ; ce qui constitue l'une des prérogatives les plus essentielles de l'être raisonnable, de l'homme. De bonne heure, dans l'antiquité grecque déjà, on souleva la question de l'origine des langues ; et au dix-huitième siècle on s'en occupa avec une nouvelle ardeur. Les uns considérèrent le langage comme une invention de l'intelligence humaine; les autres y virent un don immédiat de la divinité, en invoquant même à l'appui de leur opinion l'autorité de la Bible, comme faisait encore en 1766 Süssmilch, qui essaya de démontrer dans un ouvrage spécial « que le langage a pour origine non pas l'homme, mais uniquement son créateur ». Herder, dans sa célèbre dissertation *Sur l'Origine des Langues* (Berlin, 1772), rejeta avec raison ces deux opinions, et établit le premier que la langue est un attribut essentiel et nécessaire de la nature humaine. Adelung (dans son *Mithridate* [1809]) envisageait encore ce phénomène d'une manière si extérieure et si purement mécanique, qu'il prétendait que toutes les langues sont construites de même et qu'elles ne diffèrent entre elles que suivant le degré auquel elles sont parvenues sur l'échelle de leur développement, depuis les langues monosyllabiques de l'Asie orientale jusqu'aux langues polysyllabiques de l'Europe. Ce fut Eichhorn qui le premier donna en Allemagne l'idée de grouper les langues généalogiquement, en comprenant sous le nom de *langues sémitiques* la langue hébraïque et celles qui ont de l'affinité avec elle. En 1808, F. Schlegel, dans son *Essai sur la Langue et la Sagesse des Indiens*, distinguait les langues non susceptibles de flexions, les langues à affixes, et les langues à flexions; et il nommait *inorganiques* les langues des deux premières classes, et *organiques* celles de la troisième. Bientôt après Bopp, en créant la grammaire comparée, non-seulement donna à la science des langues une base large et solide, mais encore signala avec une profonde pénétration le mécanisme du langage, les moyens à l'aide desquels l'homme crée des expressions pour les divers rapports et situations de la vie; voie féconde, que Pott élargit encore, tandis que J. Grimm explorait d'une manière analogue, mais chronologiquement limitée, le champ où s'offrait à son esprit investigateur une nation fractionnée en un grand nombre de branches, la nation germanique. Enfin, G. de Humboldt, dont les observations furent principalement dirigées sur les caractères et les qualités propres de l'individu, de l'être isolé, démontra que toute langue est bien une émanation de la nature humaine en général, mais qu'en même temps elle constitue en soi un organisme particulier qui reflète fidèlement le caractère particulier du peuple qui la parle et qui de son côté réagit d'une manière déterminante sur le développement du génie de ce peuple. Il nous apprit aussi que la langue peut, à la vérité, être donnée par la nature de la puissance d'articulation vocale, mais bien davantage encore par l'activité formatrice intérieure de l'esprit, laquelle est tellement une activité articulaire, que le sourd-muet, presque complétement exclu de l'articulation vocale, parvient à l'aide du mouvement visible des instruments de la parole et de l'écriture en lettres à parfaitement comprendre l'articulation, et même à s'en servir, puisqu'il apprend à lire, à écrire et à parler alphabétiquement. Dans ces dernières années Steinthal a entrepris avec un remarquable succès de continuer et de développer d'une manière encore plus claire ces recherches et ces découvertes de G. de Humboldt, et de leur donner des bases plus solides (consultez la *Science des Langues* de G. de Humboldt [Berlin, 1848], sa *Classification des Langues* [1850], et son *Origine des Longues* [1851]).

Ces travaux préparatoires, dont les résultats, quand on songe à l'intervalle de temps si restreint dans lequel ils se sont succédé, paraissent déjà si importants, font clairement apprécier les conditions qu'il faudra remplir pour pouvoir pénétrer plus avant dans l'essence même des langues et de leur diversité: 1° connaître les rapports existant entre le langage et l'esprit; 2° déterminer les rapports du langage avec la pensée; 3° connaître les rapports existant entre les diverses langues et l'essence générale des langues, condition qui a pour corollaires les questions suivantes. A quel moment se produit la diversité des langues? Comment est-elle possible et nécessaire? Jusqu'où peut-elle aller? 4° enfin, exposer la diversité des langues dans ses formes. Or, ce n'est que dans ces derniers temps que ces questions et quelques autres ont été soulevées: elles n'ont point encore été rigoureusement scrutées ni posées dans les termes les plus exacts, et dès lors elles sont loin d'être résolues. La psychologie n'a encore presque rien fait pour elles; et c'est tout récemment seulement, à la suite de nombreuses investigations, aussi solides que sagaces, que la physiologie a pu sous ce rapport arriver à quelques données certaines.

Le son est un bruit nécessairement produit, c'est-à-dire un bruit formant une expression indépendante de l'organisme animal. La parole provient d'une mise en œuvre de la voix produite par la gorge au moyen de parties situées au-dessus de la gorge, telles que la cavité buccale, le palais, la langue, les dents, les lèvres, le nez. Le grand nombre des parties qui y coopèrent, la diversité des positions qu'elles affectent les unes vis-à-vis des autres et la gradation du vent rendent possible une quantité presque infinie de sons et d'associations de sons, qui nécessairement ne sauraient se noter ensemble par n'importe quelle écriture, pas plus qu'il n'est physiologiquement possible de les observer tous, parce qu'un grand nombre d'organes qui y prennent part se dérobent complétement à la vue et n'y coopèrent. Toutefois, il n'y a pas d'homme qui emploie à la fois tous les sons possibles; au contraire, chacun de nous, de même que chaque peuple, a sa manière propre d'user des instruments de la voix, et en emploie de préférence une certaine partie. La différence essentielle existant entre la parole et d'autres sons, tels que les cris d'animaux, nos propres cris, le rire, c'est qu'elle est articulée, formée, limitée. Or, cette limitation, fondée sur l'essence même du son et déterminée par la capacité qui lui est propre, est la base de sa séparation en modes et en individualités précisément discernables: elle est en même temps extérieurement produite et encore une fois déterminée, tantôt publiquement par les sons qui se limitent réciproquement dans l'association des sons, tantôt intellectuellement par la force rationnelle de volonté de celui qui parle, libre qu'il est de prolonger ou de supprimer à volonté la durée du son produit par le souffle ou la voix, seul mode par lequel l'association des sons parvienne à sa complète signification. Il en résulte que l'articulation qui pénètre jusque dans les éléments les plus simples du langage repose essentiellement sur la puissance qu'a l'esprit sur les instruments de la parole de les contraindre à traiter le son d'une manière qui réponde à son effet et de faire servir à ce but aussi bien les éléments substantiels du son, de sa nature, de sa forme et de son intensité, que ses éléments accidentels, c'est-à-dire sa quantité et le ton.

Dans son état actuel, voici comment la science des langues explique les rapports de l'esprit avec le langage. Quand l'esprit, parvenu à avoir la conscience de lui-même, reçoit une impression, une intuition, il naît immédiatement et instinctivement en lui le besoin de se représenter à lui-même cette intuition: à ce premier acte de l'activité de l'esprit succède aussitôt le besoin du second acte, lequel consiste à fixer cette idée spontanément produite: or, cet acte se produit par un signe extérieur quelconque, et plus particulièrement par un son s'échappant instinctivement, et devenant un son articulé, c'est-à-dire un son limité et un, parce que l'idée est limitée et une. Le langage est par conséquent la conscience instinctive de l'intuition parvenue à s'exprimer au moyen d'un son limité et articulé. Puis, quand avec le progrès de la conscience l'esprit est parvenu à la formation de la pensée, il procède avec cette pensée comme il procédait tout à l'heure avec les intuitions, de telle sorte que la langue n'est pas l'expression pure des intuitions et des pensées, mais toujours seulement de leur image; d'où il suit que l'histoire du langage n'est que l'histoire des idées humaines. Il y a donc bien union intime entre la langue et la pensée, mais non identité, et dès lors il n'y a pas nécessairement accord absolu entre elles. Il faut tout au contraire distinguer trois choses dans le langage: 1° la substance de la pensée, qui est représentée par les intuitions et les idées et subordonnée à ses lois propres, appartenant à l'essence de l'esprit; 2° le son ou l'élément extérieur en général; et 3° l'activité de la réunion de ses deux éléments, la représentation de la substance de la pensée dans le son, d'après des lois précises particulières à la langue. Cette troisième chose, que Humboldt appelle la forme intérieure de la langue, est à proprement parler l'âme de la langue, la base intime de sa vie et de sa conformation. Toutefois, pas un seul de ces éléments n'est invariable en soi. La pensée procède, il est vrai, de lois éternelles; rigoureusement valables pour chaque individu ; mais la manière dont chacun en use n'est pas moins différente, comme le prouvent les lois tout aussi rigoureuses de l'organisme physique dans les différents phénomènes qui s'opèrent dans chaque corps humain isolé; c'est pour cela que la pensée est plus rapide chez l'un, plus subtile chez l'autre, plus profonde chez un troisième, etc. En outre, les organes de la voix, dans ce qu'ils ont d'essentiel, sont les mêmes chez tous les hommes, et cependant construits d'une façon particulière dans chaque individu, qui en use aussi d'une façon particulière. Enfin, il peut y avoir une immense différence dans la manière dont chaque individu parvient à représenter ses intuitions. À cette diversité des trois éléments, qui a pour base son essence même, il faut encore ajouter l'influence qu'ils exercent réciproquement l'un sur l'autre. La médiation de l'image avec le son est essentiellement subordonnée à la qualité particulière des sons dont on dispose, et les images ainsi subordonnées réagissent à leur tour sur le contenu de la pensée, et réciproquement. Enfin, une double influence extérieure agit encore sur cette variabilité. Aussitôt qu'au moyen du son la langue devient un phénomène sensitif, elle tombe dans le domaine de la perception sensitive, aussi bien pour celui qui parle que pour celui à qui on parle. Elle est, à la vérité, perçue en premier lieu par l'oreille ; mais en raison du rapport organique de tous les sens entre eux, tous les sens de celui qui parle agissent aussitôt sur la forme ultérieure du son, de même que sur la forme intérieure de la pensée. Et comme celui à qui l'on parle ne doit pas seulement percevoir mais comprendre, il faut que celui qui parle se dirige aussi bien dans ses sons que dans ses images d'après la complète capacité de celui à qui il parle. Il en résulte, en même temps qu'une constante répétition des mêmes phénomènes, une diversité qui ne peut avoir d'autres limites que la capacité humaine de percevoir en général.

Il suit de là que la langue apparaît bien limitée partout, suivant les temps et les lieux, dans des éléments fixés une fois pour toutes; mais qu'elle porte dans cette mesure même le germe vivant d'une déterminabilité infinie, et que comme la matière de la pensée est inépuisable, de même aussi il est impossible de jamais épuiser l'infinité de ses combinaisons. Une langue commune à l'universalité des hommes est donc non-seulement impossible, mais encore la multiplicité des langues est une nécessité ; en effet, il y aura toujours autant d'hommes parlant la même langue qu'il s'en trouvera de réunis par la communauté des modes d'intuition et d'images, de même que par tout ce qui résulte de la communauté des lois, des mœurs, de la religion, etc ; d'où il suit que chaque peuple a sa langue à lui. Or, celle-ci, à son tour, n'apparaît jamais dans un rigoureux isolement; et, au contraire, elle se sépare, suivant les différents rameaux qui forme un peuple, en branches et en dialectes qui y correspondent, et s'individualise successivement jusqu'aux façons particulières de parler des individus. D'un autre côté, la langue d'un peuple a toujours de plus ou moins grands rapports d'affinité avec la langue d'un autre peuple ou avec les langues d'autres peuples. Toutefois, l'affinité des langues ne correspond pas toujours nécessairement à l'affinité des races ; parce que l'une et l'autre, déterminées par des causes diverses, peuvent avoir eu une histoire différente. La diversité des langues ne provient donc pas seulement de la condition extérieure du son dérivatif, mais plutôt de la forme intérieure de la langue ou bien de la différence du génie même des peuples; lequel détermine plus ou moins la forme des sons. Les langues différentes n'ont point de modèle catégorique commun ; elles ne forment point d'échelle ascendante directe, de telle façon qu'on ne puisse les mesurer que d'après leur éloignement de l'origine commune ou de la perfection idéale; mais elles forment des membres organiques, dont la réunion constitue l'organisme complet du langage.

Si l'organisme de la langue, non plus que celui de la plante ou de l'animal, ne saurait se connaître et se décider d'après une ou plusieurs espèces de langues, de plantes ou d'animaux, mais seulement d'après leur ensemble relatif, il y aura nécessité d'une classification des langues, mais non point d'une classification se déterminant par quelques signes isolés, arbitrairement choisis, par exemple, comme celle des plantes d'après les étamines qui n'offre pas de point d'appui suffisant pour la connaissance de l'organisme végétal. Pour cela il faut surtout prendre en considération jusqu'à quel point et de quelle manière un peuple a montré la force d'établir la différence et les rapports communs de la forme, de l'expression et du sujet à exprimer, de s'élever jusqu'à l'image et d'exprimer cette image sous la forme du son. Un grand nombre de sons divers ont dû naturellement résulter des conditions de quantité et de qualité de cette force. Or la différence la plus frappante, la plus tranchante, apparaît dans la forme des mots. Il y eut des langues qui groupèrent tout uniment entre eux des substantifs ; d'autres qui groupèrent un substantif et un modificatif; d'autres qui construisirent leurs mots suivant des règles de syntaxe et avec des flexions ou des mots qui en tiennent lieu. Les premières ont été nommées *isolantes* ou *monosyllabiques*, parce que chaque idée est rendue par un monosyllabe, qui ne change pas, mais qui, joint à un autre, peut le modifier sans changer lui-même. Les secondes ont été nommées *combinantes*, parce que l'idée rendue par un mot peut se modifier par d'autres mots qui s'y adjoignent sans autre valeur que celle de la modification voulue, comme des affixes, des préfixes, etc. Enfin, les troisièmes ont été appelées *fléchissantes*, parce que les mots s'y modifient pour rendre diverses idées par des flexions grammaticales, comme les cas, les conjugaisons, etc. Nous ignorons si dans les temps antéhistoriques une langue passa de la première espèce à la seconde, et de celle-ci à la troisième; si d'*isolante* elle devint *combinante*, puis *fléchissante*. Dans les temps historiques et même là où nos connaissances remontent à plusieurs milliers d'années, nous ne trouvons pas traces d'une semblable transformation. Tous les monuments nous montrent la langue chinoise *isolante*, l'égyptienne *combinante* et les indo-germaniques *fléchissantes*. On rencontre bien des empiétements et des fluctuations, comme dans les langues ouraliennes ou finnoises, qui furent peut-être favorisés par une remarquable puissance de son, mais qui n'ont point été suffisamment élucidés et expliqués. Il existe d'ailleurs un indice concluant de la différence des langues connues, dans la manière dont s'y expriment les rapports d'activité et les formes de la parole. En effet, un verbe véritablement perfectionné, le *verbum finitum*, ne se rencontre que dans le basque, dans l'égyptien, dans les langues sémitiques et dans les langues indo-germaniques. Les autres se servent ou d'une disposition de mots significative ou d'une association de mots, ou bien encore de syllabes auxiliaires adhérentes, exprimant qu'ils appartiennent l'un à l'autre, ou de formes du participe, ou enfin de formations d'agglomération, lesquelles peuvent bien quelquefois présenter une étonnante ressemblance extérieure avec les véritables formations verbales de flexion, mais qu'on peut reconnaître comme différant en principe. Ainsi, les peuples dont les langues ne possèdent point de véritable verbe, ou ne sont point arrivées du tout à une séparation des diverses représentations matérielles et des formes de la parole, ou bien ne sont parvenues qu'à une distinction de l'activité durable et de l'action passagère ou tout au plus de la substance de l'activité.

D'après ces différences concluantes, Steinthal a récemment divisé en treize groupes les langues qui lui étaient particulièrement connues. Les six premiers groupes confondent la matière et la forme, à savoir : 1° sans catégories et seulement juxta-posées, les langues de l'Inde transgangétique ; 2° aussi sans catégories, mais conjuguant, les unes exprimant par des formations de mots les déterminations du contenu, les autres indiquant les rapports des mots par des préfixes, ou encore désignant les déterminations de forme par des mots sujets ajoutés aux racines, les langues de la race malaie et polynésienne ; 3° les langues des tribus des Cafres et des Nègres du Congo ; 4° le mandchou et le mongole, qui séparent les catégories de l'être et de l'activité par la combinaison des racines avec le *verbum substantivum* ou bien par des terminaisons formées ; 5° les dialectes turcs ; 6° la race ouralienne ou finnoise. Les sept autres groupes séparent la matière de la forme, à savoir : 1° sans distinction de nom et de verbe, soit en juxta-posant, le chinois ; 2° ou en incorporant, le mexicain ; 3° ou en combinant beaucoup, les langues du nord de l'Amérique ; 4° au contraire, avec la différence du nom et du verbe, soit en formant beaucoup, le basque ; 5° ou en assemblant, l'égyptien ; 6° et 7° ou enfin ayant des flexions, les unes avec une conjugaison intérieure, les langues sémitiques, et les autres avec une flexion complète, les langues indo-germaniques.

L'origine de toutes les langues et la période créatrice où naquirent les formes de son qui leur sont propres remontent bien au-delà de toute tradition historique. Dans l'état actuel de notre connaissance des langues, à partir de leurs plus anciens monuments, la plénitude et la fraîcheur sensitive de leurs formes de sons apparaissent en voie de diminution presque constante, tout au moins dans les langues indo-germaniques, et de nouvelles formations de mots n'y sont possibles que par la combinaison ou la dérivation, d'après des modèles préexistants; mais il ne se crée plus de racines. La cause de ce phénomène gît dans l'élévation indépendante qui a eu lieu de l'esprit pensant au-dessus de la force sensitive de la nature; élévation avec laquelle devait disparaître cette intuition primordiale de la nature qui donnait aux mots leur existence; de sorte qu'aujourd'hui tout ce que l'on tenterait pour obtenir cet accord primordial entre le son, la représentation et l'intuition, ne pourrait plus conduire à des résultats certains dans les détails. D'un autre côté, l'esprit pensant a besoin d'un mode d'exposition dépouillé autant que possible de l'action des sens; et c'est ainsi qu'avec l'affranchissement de l'esprit des liens des sens, le dépouillement du mot de ses éléments sensitifs naturels, sa transformation en un signe équivalant à l'objet et à l'idée qu'il représente (signe librement déterminé par l'esprit), deviennent un progrès de la langue, qui alors gagne autant en rigueur, en précision de la signification des mots et en richesse, fine formation de la syntaxe, qu'elle perd du côté de la forme du son. C'est ce qui explique la disparition des *langues synthétiques*, comme aussi l'apparition et les progrès des *langues analytiques*. Les premières, les langues synthétiques, telles que le sanscrit, le grec et le latin, ne visent nullement à désigner les rapports grammaticaux par des formes réelles de mots, et possèdent en conséquence une plus grande quantité ainsi qu'une plus grande diversité de sons, une plus grande abondance de flexions. Les secondes, au contraire, les langues analytiques, dissolvent dans leurs parties constitutives beaucoup ou la plupart de ces formes de mots; elles représentent le rapport par des formes de mots indépendantes du mot sujet, ou bien elles complètent les formes de mots devenues défectueuses par des mots auxiliaires, précisant, circonscrivant la valeur des idées par des articles, des pronoms, des verbes auxiliaires et des prépositions. La spiritualisation progressive de la langue analyse donc de nouveau dans ses éléments l'expression de la représentation et de ses rapports, compris d'abord dans un seul mot, et représente le rapport grammatical en lui-même par une forme de mot abstraite et indépendante. Au lieu du latin complexe *amavi*, le français *j'ai aimé* indique une désignation de la personne (*je*) et du temps (*ai*) séparée du verbe sujet (*aimé*). Parmi les langues modernes de l'Europe, celles qui naquirent de la corruption d'antiques mères langues sous l'influence d'éléments constitutifs étrangers, les langues romanes, par exemple, ont une construction essentiellement analytique, tandis que les langues germaniques tiennent le milieu entre ces langues analytiques et les anciennes langues synthétiques. Si de cette position intermédiaire il résulte pour les langues germaniques des avantages faciles à reconnaître, la langue anglaise est redevable de sa supériorité précisément à cette circonstance qu'elle laisse au principe analytique le plus large champ possible, sans pour cela perdre de son caractère essentiellement synthétique.

Une langue métisse, composée d'éléments de plusieurs langues différentes employés confusément les uns en même temps que les autres, n'existe point à l'état de langue pour admis ordinairement qu'en quantité relativement très-minime; ou bien, lorsqu'ils y pénètrent en plus grand nombre, ils sont si complètement assujettis, qu'il leur faut se plier aux lois qui ont présidé à la formation de cette langue, et c'est ainsi que les éléments romans de la langue anglaise se sont courbés complètement sous la prédominance du génie particulier des langues germaniques. On bien encore ils arrivent à exercer eux-mêmes une certaine prépondérance sur l'ancienne langue indigène, et c'est ainsi que dans la langue française la syntaxe germanique a en général triomphé de la syntaxe latine. Il n'y a même pas jusqu'aux langues arbitraires, l'argot par exemple, qui ne soient arbitraires que dans une partie seulement de leur trésor de mots; pour le reste, il leur faut se conformer aux lois de la langue du peuple dans le domaine géographique duquel on parle.

Sous le rapport de la dérivation et de l'affinité des langues, on distingue les *langues mères*, les *langues filles* et les *langues sœurs*. Par exemple, les langues romanes, c'est-à-dire le français, l'italien, l'espagnol, le provençal ; sont des langues filles de la langue latine, et forment entre elles des langues sœurs. Dans ces rapports avec les langues romanes la langue latine est une *langue mère*, et une *langue sœur* à l'égard de la langue grecque.

On appelle *langues vivantes* celles qui servent encore aujourd'hui à des nations tout entières pour leurs relations orales et écrites, et qui par conséquent sont sujettes à de nombreuses modifications. Les *langues mortes*, au contraire, sont celles qui ont disparu de l'usage de la vie quotidienne, qui n'existent plus que dans les ouvrages, et demeurent par conséquent isolées et en quelque sorte immuables, telles que l'ancienne langue hébraïque, le grec ancien, le latin et le sanscrit. Quand les langues mortes sont étudiées et employées de préférence par les savants dans un but philologique, on les nomme *langues savantes*. Les langues *anciennes* ou *classiques* sont, dans une acception plus restreinte, le grec ancien et le latin. Les langues *sacrées* ou *ecclésiastiques* sont celles qui, après avoir disparu de l'usage de la vie commune, sont demeurées à l'usage du culte.

Voici comment on classe aujourd'hui les langues les plus importantes répandues sur la surface du globe.

Langues de l'Europe et de l'Asie continentale.

A. *Langues fléchissantes*. Les langues à flexions, évidemment originaires de l'Asie, et ne composant que deux grandes familles, présentent le développement grammatical le plus complet. Aussi les peuples auxquels elles appartiennent ont-ils été et sont-ils toujours les représentants par excellence de la civilisation et de l'histoire de l'humanité. Mais d'un autre côté la réaction de cette activité historique et de ce travail intellectuel explique la dégénérescence et la décomposition qui apparaissent dans les formes de ces langues. Elles ont pour la plupart de riches et antiques littératures; ce sont celles qui ont été l'objet des études scientifiques les plus longues et les plus approfondies, celles par conséquent qu'on connaît le mieux.

A. *Langues indo-germaniques*. Ces langues, les plus parfaites grammaticalement parlant, originaires du plateau situé à l'ouest des versants du Mouz-tag et du Bolor-tag, qui vont en s'abaissant toujours vers la mer Caspienne, se sont propagées de là, au moyen de l'émigration des races, à l'est jusqu'à l'embouchure du Gange, et à l'ouest jusqu'à l'extrémité des côtes et des îles de l'Europe; de sorte qu'elles dominent dans le vaste espace compris entre ces deux points extrêmes, à l'exception de quelques contrées occupées par des races finnoises, turques et caucasiennes. Pendant les siècles derniers, elles ont continué au moyen de la colonisation à se propager dans toutes les parties de la terre, et plus particulièrement en Amérique. Or, plus une race s'est dissoute de bonne heure, plus elle avait pénétré à l'ouest, et moins elle est en état de montrer des débris du trésor de ses origines premières, moins aussi elle a conservé les traits d'affinité qu'elle présentait dans le principe. La France, les côtes de l'Angleterre et de l'Irlande forment les points extrêmes de cette catégorie.

I. *Langues celtiques* (*voyez* CELTES), divisées en deux groupes : 1° le plus ancien, celui du nord-ouest, le groupe gaélique ou gadhélique (irlandais, gaélique et manks); et 2° le plus récent, celui du sud-ouest, le groupe kymri ou breton (kymri dans l'acception la plus restreinte ou welche, cornouain, armoricain ou bas-breton).

Viennent ensuite, au cœur de l'Europe et dans ses îles et presqu'îles septentrionales :

II. D'abord les *langues germaniques*, parentes des langues slaves, et dont la forme la plus ancienne qu'on connaisse se trouve dans les fragments qu'on a pu conserver de la littérature des Goths. En font partie : 1° la *langue allemande*, connue dans ses diverses périodes de développement sous les noms de *haut*, de *moyen* et de *plat allemand*, avec la langue écrite appelée aujourd'hui haut allemand, issue du haut et du moyen allemand ; 2° la *langue néerlandaise*, divisée en hollandais et en flamand ; 3° la *langue frisonne*; 4° la langue anglo-saxonne naquit, sous l'influence romane, la *langue anglaise*, de toutes les langues germaniques celle qui a été la plus perfectionnée, et devenue de nos jours une langue universelle; 5° les *langues scandinaves*, dont la forme la plus ancienne, morte aujourd'hui, l'ancien norvégien, a laissé une riche et abondante littérature, tandis que fleurissent encore : *a*, la langue islandaise, la plus ancienne de toutes les langues germaniques vivantes; *b*, la langue suédoise; et *c*, la langue danoise, avec le dialecte des îles Faroë, des Orcades et des îles Shetland, lequel diffère peu du norvégien.

III. Le groupe des *langues letto-slaves* occupe l'est de l'Europe. A. La famille des *langues lettones*, quoique restreinte, opprimée et méprisée, n'en a pas moins fourni les données les plus précieuses à la philologie comparée. Elle se divise 1° en *lithuanien* (ou prusso-lithuanien), langue parlée dans la Prusse orientale, dans le bassin du Niemen, avec une littérature bornée à un petit nombre de livres religieux et de chants populaires, marchant d'ailleurs rapidement vers sa complète extinction. De toutes les langues indo-germaniques aujourd'hui vivantes, c'est celle qui a conservé la construction la plus ancienne ; et elle est par conséquent d'une importance extrême pour l'étude des autres langues letto-slaves; 2° en *prussien* (appelé aussi *ancien prussien*), langue parlée sur le littoral qui s'étend depuis l'embouchure de la Vistule jusqu'au voisinage du Memel, morte déjà vers la fin du dix-septième siècle, et qu'on ne connaît plus que par une traduction du catéchisme, moins ancienne sans doute que le lithuanien, mais très-importante cependant, à cause du caractère tout particulier de ses formes antiques ; 3° en *letton*, la langue populaire de la Courlande et des parties sud et sud-est de la Livonie, possédant beaucoup d'ouvrages imprimés, sans avoir pourtant de littérature nationale proprement dite, et étant au lithuanien à peu près ce que l'italien est au latin. B. La famille des *langues slaves* est de toutes les langues indo-germaniques celle qui s'est propagée sur le plus vaste espace; elle occupe tout le territoire qui s'étend depuis la Dwina et le Volga jusque près de l'Erzgebirge, et depuis la mer Blanche jusqu'à la mer Adriatique et la mer Caspienne. Les langues qui la composent sont grammaticalement plus riches et ont entre elles bien plus d'affinités que les langues germaniques et romanes (*voyez* SLAVES [Langues]). Cette famille se divise en deux groupes principaux : (*a*) les langues de l'est et du sud-est : 1° le *russe*, 2° le *bulgare*, 3° l'*illyrien* (serbe, croate, slovénique ou wende). L'ancien bulgare, dit slave ecclésiastique, l'emporte sur toutes les langues slaves par sa richesse de formes et par son empreinte antique. (*b*) les langues de l'ouest : 1° le *polonais*, avec le dialecte des Cassoubes, dispersé çà et là au nord de la Poméranie ; 2° le *tchèque* (*voyez* BOHÈME [Langue]), parlé en Bohème et en Moravie, et formant des dialectes différents parmi les Slovaques, au nord-ouest de la Hongrie; 3° le *serbe* ou *wende*, divisé en deux dialectes, celui de la haute et celui de la basse Lusace.

IV. A la partie sud-est de l'Europe appartient le groupe des *langues pélasgiques*, comprenant : A. La langue grecque, qui s'est conservée dans une longue suite de siècles et dans divers dialectes, parmi lesquels l'éolien est celui qui a gardé les formes les plus antiques. Elle s'est insensiblement transformée en grec moderne, langue qui diffère du grec ancien par la précision moindre de ses limites. De même que le bulgare et le valaque, langues parlées actuellement dans la partie inférieure du cours du Danube, la langue albanaise est extrêmement impure et corrompue ; et cependant, dans ses éléments fondamentaux, elle n'en paraît pas moins se rapprocher du grec beaucoup plus que les deux autres. B. La langue latine a conservé son antique caractère, de même que le grec ancien. Ces langues diffèrent profondément l'une de l'autre par leurs lois vocales. Après avoir étouffé et supplanté les autres langues du l'Italie, l'osque, l'umbre, l'étrusque, comme elle d'origine indo-germanique, la langue latine, grandissant avec Rome, devint une langue littéraire et universelle ; et après sa mort, elle demeura la langue de l'Église et de l'érudition. Mais du produit du latin populaire, de la *lingua Romana rustica*, avec d'autres langues, notamment avec des langues celtiques et germaniques, naquirent les langues italienne, espagnole, portugaise, provençale, française, dacoromane ou valaque, sœurs de la langue latine, sans parler des langues rhéto-romanes, lesquelles sont presque complétement dépourvues de littératures.

V. Le dernier groupe, dans les *langues ariques* (ainsi nommées du nom *aria* [en zend *airia*], sous lequel ces peuples se désignaient eux-mêmes dans les temps primitifs), a persisté en Asie, et n'a formé que deux familles : l'une, qui a fini par émigrer au sud-est, et l'autre demeurée d'abord dans la contrée originelle, puis répandue postérieurement dans celles qui la circonscrivent. A. Famille *indoue* ou *arique de l'est*: 1° le sanscrit, auquel la philologie générale et l'histoire de la civilisation doivent leurs notions les plus importantes et les plus profondes, mort vraisemblablement vers l'époque d'Alexandre le Grand comme langue populaire, mais qui continue toujours d'être cultivé comme langue sacrée et langue savante, tandis que dès le troisième siècle avant notre ère une nouvelle langue vulgaire se développait en plusieurs dialectes; 2° le *prakrit*, espèce de sanscrit négligé et amolli dans la bouche des habitants primitifs de la partie qu'ils en deçà du Gange, qui a produit également une littérature; 3° du dialecte prakrit est aussi provenu le *pali*, la langue sacrée des bouddhistes, de même que c'est aussi du prakrit que se forma, avant le dixième siècle, l'*hindûi*, qui se subdivisa successivement 4° en *hindi* et 5° en *hindoustani*, sans compter divers autres dialectes indous, dont plusieurs possèdent déjà une littérature (*voyez* INDOUES [Langues]). 6° Enfin il y faut comprendre la langue des Zingares, répandue en Asie, en Afrique et aussi depuis le quinzième siècle en Europe, composée, il est vrai, d'un grand nombre d'éléments étrangers, mais qui n'est nullement un argot, une langue de fripons et de bandits, et qui a pour base dans tous ses dialectes l'idiome populaire de la partie septentrionale de l'Inde en deçà du Gange. B. La *famille iranienne* ou *arique de l'ouest* : 1° le zend, qui vraisemblablement était autrefois la langue dominante de la Perse, langue sacrée, mais morte depuis longtemps, dans laquelle furent écrits les ouvrages de Zoroastre (*voyez* ZENDAVESTA); 2° le *pehlewy* ou *houzvaresh*, ancienne langue morte de la Perse occidentale, qui possédait également une littérature relative à la religion de Zoroastre, et qui se retrouve encore sur des inscriptions et des médailles; 3° l'ancienne langue *perse*, parlée au temps des Achœménides, et qui n'est plus connue que par des inscriptions cunéiformes; 4° le *pârsi*, ou *nouveau persan*, langue très-littéraire et extrêmement répandue, comme l'idiome dans lequel sont écrits les ouvrages de littérature, comme la langue des hautes classes, de la diplomatie et des cours de justice; 5° la langue des Beloudches, qui se rapproche beaucoup du nouveau persan; et 6° la langue des Kourdes, qui manque de littérature; tandis que 7° les langues des Afghans (*voyez* AFGHANISTAN) ou le *poushtouh*, sont mélangées d'éléments appartenant à l'Inde en deçà du Gange; 9° sous l'influence des Turcs, la langue arménienne s'est de plus en plus éloignée de son caractère iranien. Elle possède une vaste littérature, datant déjà de quatre siècles avant J.-C., et se divise en ancien et en nouvel arménien, avec quatre dialectes (*voyez* IRAN et PERSANNES [Langue et littérature]).

B. Les *langues sémitiques*, originaires du sud-ouest de l'Asie, se rapprochent plus les unes des autres par leurs racines communes et par leurs modes de flexion que les langues indo-germaniques. Elles procèdent d'une manière logique, et approprient simplement le son à la pensée, mais exigent trois consonnes dans le mot-racine; elles font des consonnes les représentants du sujet, des voyelles ceux des idées de rapports, et manquent d'harmonie dans la flexion. Les peuples auxquels elles appartiennent n'ont point d'épopée véritable; en revanche, elles ont créé et développé le monothéisme : 1° La plus pauvre et la moins formée des langues sémitiques est l'*araméen*, divisé en *araméen occidental* ou *syriaque*, et en *araméen oriental*, qui avait pour patrie Babylone, et reçut pour la première fois de l'école d'Alexandrie sa dénomination de *chaldéen*, qu'il a conservée jusque aujourd'hui (*voyez* CHALDÉEN). Les Juifs, après leur exil de soixante-dix ans, rapportèrent de Babylone le chaldéen en Palestine, de telle sorte qu'à partir de l'époque des Machabées l'hébreu devint la langue du culte et de la science, tandis que le chaldéen apparaît déjà fortement dans le Talmud et forme la base de la littérature judaïco-rabbhinique (*voyez* JUIVE [Littérature]). Il s'est conservé comme dialecte populaire vivant parmi les Chaldéens chrétiens des bords du Tigre et dans le Kourdistan. De cette famille de langues se rapprochent aussi de très-près les dialectes morts des Samaritains, des Sabéens et des Palmyréniens. 2° La langue *phénicienne* et la langue *punique* des Carthaginois, toutes deux depuis longtemps mortes, avaient d'étroits rapports avec la langue hébraïque ou cananéenne, supplantée par le chaldéen. 3° La langue *arabe* est ancienne et en même temps aussi riche que souple; son dialecte septentrional, distingué en ancien et en nouvel arabe, était devenu, grâce au Coran, la langue universellement dominante des livres et des rapports sociaux dans toute l'étendue des différents États arabes; mais, elle aussi, elle a disparu de l'Europe, à l'exception du dialecte corrompu des paysans de l'île de Malte. Le dialecte arabe du sud, ou *himiaritique*, n'est plus connu que par quelques faibles restes, mais a poussé de nombreux rejetons en Afrique.

B. LANGUES ISOLANTES. Les langues *monosyllabiques*, ou *isolantes*, sont précisément l'opposé des langues à flexions; elles ne possèdent que des mots monosyllabiques, de simples racines, et manquent complétement de syllabes adjonctives de formation pour désigner les rapports, ou bien n'en montrent que des rudiments tout à fait incomplets. A ce dernier degré du développement grammatical appartiennent : 1° les langues de l'Inde en deçà du Gange, telles que la langue des Birmans et la langue d'Anan, encore plus purement monosyllabique; la langue siamoise, etc., etc.; la langue thibétaine (*voyez* THIBET), qui montre déjà des rudiments de formes grammaticales; 3° la langue de la presqu'île de Corée; et 4° la langue chinoise, qui désigne les rapports grammaticaux des mots par leur position dans une proposition rigoureusement réglée, langue possédant une littérature très-riche, même sous le rapport géographique, ethnographique et historique.

C. LANGUES COMBINANTES. Entre les langues isolantes et dépourvues de formes, et les langues à flexions, tout à fait formées grammaticalement, se placent le plus grand nombre des langues existantes, qui cherchent à indiquer les rapports des mots au moyen d'adjonctions de toute nature la plus diverse. A cet ordre appartiennent :

A. La famille des *langues tatares*, appelées aussi la-taïques, finnoises-tatares, ougres-tatares, ou encore langues touraniennes, et formant deux groupes principaux :

I. Les *langues tatares* proprement dites : 1° le toungouse et le mandchou; 2° le mongole (mongole-oriental et kalmouck); 3° le turc (*voyez* TURQUES [Langue et littérature]), formant trois grands groupes, qui se subdivisent en vingt dialectes (ouigourique, koman, usbeck, turcoman, kirghis, baschkir, krimmique, etc.), auxquels il faut encore ajouter le dialecte des Iakoutes, dispersés au nord-est de l'Asie sur les bords de la Léna.

II. Les *langues finnoises* (tchoudique, ougre, ouralien [*voyez* FINNOIS]), divisées en : 1° groupe samoyède; 2° groupe ougre, auquel appartiennent les Ostjaks, les Wogoules et les Magyares; 3° groupe bulgare (Tchérémisses et Mordwines); 4° groupe permien (Permiens, Syrjænes et Wotjæks); 5° les langues finnoises proprement dites, qui ont atteint leur plus haut degré de perfection (*a*) chez les Finnois ou les Souomalènes de la Finlande; langues possédant une poésie et une littérature importantes, tandis que toutes les autres langues de la famille tatare, à l'exception du magyare et du turc, ou n'ont point du tout de littérature, ou n'en ont qu'une insignifiante; (*b*) l'esthonien; (*c*) le livonien; (*d*) le lapon; (*e*) l'ingre.

B. La famille des *langues caucasiennes*. On comprend sous cette dénomination la famille nombreuse, et divisée en une foule de dialectes, des langues qui se sont fixées sur un étroit espace autour du Caucase, et qui n'ont encore été l'objet que d'un très-petit nombre de travaux. Parmi ces langues le *géorgien*, dit-on, est parvenu au plus haut degré de développement grammatical, tandis que l'*abchase* est sous ce rapport resté au degré le plus infime. On y distingue : 1° les langues *ibériennes*, parlées dans les premières assises et les vallées méridionales du Caucase, et comprenant la langue littéraire des Géorgiens, la langue des Lazes et des Mingréliens, et le souanien; 2° les langues du Caucase occidental, comprenant les langues des Tscherkesses ou Circassiens et des Abchases; 3° les langues du Caucase central, ou bien la langue des Misdschegi ou Tschetschenzes, divisée en plusieurs nations; 4° les langues du Caucase oriental, dont font partie celle des Lesghiens.

C. La plus grande partie des langues encore peu connues du *nord-est de l'Asie*, entre autres : 1° la langue des Ioukaghirs; 2° la langue des Tchouwanzes; 3° la langue des Korjæks et des Tchouktches, sur les bords de la mer Glaciale du Nord; 4° la langue des Kamtchadales, parlée dans le Kamtschatka; et 5° la langue des Kouriles ou Aïnos, dans les îles Kourill. L'ancienne langue japonnaise, appelée aussi langue *Iamatos*, a beaucoup d'affinités avec cette dernière ; elle ne sert plus aujourd'hui que comme langue savante, tandis que la langue vulgaire actuelle, qui en diffère sensiblement, est fortement mélangée de mots chinois.

D. Les *langues du Dekhan*, ou celles de la partie méridionale de l'Inde en deçà du Gange (*voyez* INDOUES [Langues]), ont presque toutes des littératures plus ou moins importantes, mais n'ont jusqu'à ce jour été l'objet d'aucune investigation scientifique. Les plus importantes sont : 1° le *tamoule*, 2° le *télougou* ou *télinga*, 3° le *kanarèse*, 4° le *malayalam*, 5° le *singhalais*.

D. La *langue basque*, qui par sa construction rappelle surtout les langues américaines, avec lesquelles elle n'a cependant aucune affinité, est demeurée tout à fait isolée à l'extrémité du golfe de Biscaye, comme *langue combinante* et comme débris d'une époque dont toutes traces historiques ont disparu. Elle forme trois ou quatre dialectes, passe d'Espagne en France, et n'est plus parlée aujourd'hui que par les gens du peuple.

Les langues des îles de la mer des Indes ou de la Polynésie, depuis Madagascar jusqu'à l'île de Pâques, et depuis les Philippines jusqu'à la Nouvelle-Zélande, appartiennent toutes à la famille des langues malaises (*voyez* MALAIS) ; elles sont *agglomérantes*, et généralement à un degré très-infime de développement grammatical. Comme patrie du malais, qui ne pénétra sur le continent que dans la presqu'île de Malakka, on désigne l'intérieur du plateau de Sumatra. A Java, il existe une langue poétique, appelée *kawi*, qui par sa construction grammaticale est encore malaise, mais dont les mots sont pour la plus grande partie empruntés au sanscrit. On ne possède point encore de renseignements certains sur les langues des Hanaforas et des Papous, ou nègres de l'Australasie, ainsi que sur les rapports qu'elles peuvent avoir avec le malais.

LANGUES DE L'AFRIQUE ET DE L'AMÉRIQUE.

Des nombreuses *langues de l'Afrique*, il n'y en a guère qu'une centaine qu'on connaisse, et encore d'une manière fort vague ; car ce n'est que sur un très-petit nombre d'entre elles qu'on possède des renseignements précis, de telle sorte qu'il serait encore impossible d'en déterminer avec certitude les principaux groupes.

I. Les langues combinantes, qu'on a comprises sous le nom de *langues hamitiques*, semblent être particulières à cette partie de la terre. Elles comprennent : 1° la langue *copte*, issue de l'ancienne langue égyptienne, possédant une riche littérature théologique, mais supplantée aujourd'hui par l'arabe, et ne servant plus que comme langue d'église ; 2° la langue *nuba* (*voyez* NUBIE), avec la langue dongola et la langue *kinsy*, appelée aussi langue berbère (*barbra*) ou barbary, parlée en Nubie et dans le Kordofan ; 3° la langue des Tébous ou Tibbous, à l'est du désert du Sahara, que les uns disent se rapprocher du copte, et que les autres rangent parmi les langues de nègres ; 4° de même, la langue des Bischaris, peuple de la haute Égypte et de la côte de Nubie, est désignée par les uns comme ayant de l'affinité avec le copte, tandis que d'autres la font provenir de l'arabe.

II. Les langues sémitiques de l'Afrique y sont venues de diverses contrées de l'Asie et à des époques différentes : 1° L'*éthiopien* ou l'*axoumeïn* provient du dialecte himiaritique de l'Arabie méridionale : c'est une langue littéraire de l'Éthiopie ou de l'Abyssinie, qui ne sert plus aujourd'hui que comme langue de livres d'église et de documents, qui dès le quatrième siècle fut supplantée par la nouvelle langue *gheez* ou tigre, laquelle fut presque complétement supplantée à son tour au quatorzième siècle par l'*amhari*. 2° La langue de l'Arabie septentrionale, l'*arabe* proprement dit, a pris, par suite des émigrations et des conquêtes des Arabes, possession de presque toute la côte septentrionale, et a même pénétré assez avant dans l'intérieur de l'Afrique. 3° On n'est point d'accord sur l'origine de la langue des Berbères, qui sous des noms divers (Amazirg, Kabyles, Schowis, Zouaves, Térgas, Touergas, Touaregs, Touariks, etc.), s'étendent depuis la frontière occidentale de l'Égypte jusqu'à l'océan Atlantique, et depuis la Méditerranée jusqu'au Sénégal et aux limites septentrionales des régions du sud ; de telle sorte que dans cette vaste étendue de territoire, c'est tantôt l'arabe que l'on parle, et tantôt la langue berbère. La langue berbère, de même que celle des Gouanches, langue primitive, mais aujourd'hui morte, des îles Canaries, sont généralement considérées comme dérivant de l'ancien numide, dont de nos jours encore, dit-on, les Touaregs emploient l'antique alphabet. Dans sa construction grammaticale, la langue berbère a, dit-on, un caractère sémitique, tandis qu'il n'y a rien de sémitique dans son trésor de mots. 4° On n'est pas non plus d'accord sur la question de savoir si la langue centrale du bassin du Quorra et sont aujourd'hui soumis aux Fellatahs, langue comprise fort au loin dans l'intérieur de l'Afrique comme langue des relations commerciales, appartient ou non à la famille des langues sémitiques, et s'il faut la faire remonter jusqu'à l'ancienne langue punique des Carthaginois. 5° La langue des Gallas, nation nègre du sud de l'Abyssinie, est rattachée par les uns aux langues sémitiques, et par les autres aux langues des Cafres.

III. Les langues du plateau central de l'Afrique, s'étendant depuis l'équateur jusqu'au pays du Cap, semblent ne former qu'une ou deux grandes familles : la famille occidentale des nations du Congo, et la famille orientale des nations cafres. La langue des Hottentots, remarquable par ses sons gutturaux et par le claquement tout particulier que produit la langue, diffère complétement des unes et des autres.

IV. Les langues nègres du Soudan et de la côte depuis le Sénégal jusqu'au Quorra sont très-nombreuses, et diffèrent fortement entre elles. On distingue surtout dans le nombre 1° la langue, très-harmonieuse et très-répandue dans le haut Soudan et sur la côte, des Foulahs, peuple industrieux, agricole et commerçant, qui a créé des colonies ; tandis qu'un autre rameau de la même race, les Fellatahs, s'est étendu au moyen de la conquête. 2° La langue des Mandingos, divisée en un grand nombre de dialectes. Cette nation, qui se livre aussi au commerce et à l'industrie, est après celle des Foulahs, la plus nombreuse et la plus puissante de celles qui habitent entre le Sénégal et le Quorra. 3° La langue des Jalofs ou Wolofs, dans la Sénégambie. 4° La langue des Ashantis, la nation la plus puissante de la Côte-d'Or et des contrées qui l'avoisinent à l'est. 5° La langue *ardra* ou *aslıire*, parlée par les Dahomans sur la côte de la Guinée supérieure, celle de l'une des plus pauvres langues de l'Afrique, mais qui, à ce qu'il paraît, compte encore un grand nombre de langues-sœurs.

Les *langues de l'Amérique*, dont on compte plusieurs centaines, ne forment ordinairement que de petites, souvent même de toutes petites familles, qui, sous le rapport des racines comme sous celui du trésor de mots, semblent n'avoir entre elles aucune affinité. Mais toutes ces langues, depuis le Groenland et la mer Glaciale du Nord jusqu'au cap Horn, ont un caractère commun, à savoir la construction grammaticale, la forme dite *incorporante*, la réunion d'un grand nombre de mots pour n'en former qu'un tout ; caractère qui les distingue de toutes les autres langues connues, et dont on ne trouve l'analogue (et encore fort incomplétement) que dans le basque (*voyez* INDIENS). Elles perdent de jour en jour du terrain, par suite des incessants envahissements des langues germaniques et romanes à la suite de la colonisation : les premières ont déjà pris possession de la plus grande partie de l'Amérique septentrionale, et les secondes de l'Amérique méridionale et centrale. Consultez Adelung, *Mithridate, ou science générale des langues* (ouvrage continué par Vater [4 vol. ; Berlin, 1806-1817]) ; Klaproth, *Asia Polyglotta* (Paris, 1823), et les autres ouvrages du même savant ; Balbi, *Atlas ethnographique du globe* (Paris, 1826) ; Prichard, *Researches in to the physical history of mankind* (Londres, 1826)*ture*; Vater, *Littéra*

8.

des grammaires, lexiques et collections de mots de toutes les langues de la terre (Berlin, 1847); Bergaus, *Atlas ethnographique* (Gotha, 1852); Schlucher, *Aperçu systématique des langues de l'Europe* (Bonn, 1850).

LANGUE DE BOEUF, nom vulgaire de la buglose.

LANGUE DE CHIEN. *Voyez* CYNOGLOSSE.

LANGUEDOC, ancienne province de France, qui a pris son nom du dialecte roman qu'on y parlait au moyen âge. Cette contrée se distinguait en haut Languedoc (diocèses de Toulouse, Comminges languedocien, Lauraguais, Sault, Carcassez, Rasez); en bas Languedoc (diocèses d'Uzès, de Nîmes, d'Alais, de Montpellier. On y comprenait encore le littoral méditerranéen (diocèses d'Agde, de Béziers, de Narbonne, et les provinces annexes, le Vivarais, le Velay, le Gévaudan, l'Albigeois, et le Quercy languedocien). Le Languedoc avait pour capitale Toulouse. Il se limitait à l'est par le cours inférieur du Rhône, au nord par l'Auvergne, le Rouergue, le Quercy; à l'ouest par la Garonne, les Pyrénées; au midi par le Roussillon et par la Méditerranée. Il forme aujourd'hui les départements de l'Aude, du Tarn, de la Haute-Garonne, de l'Hérault, du Gard, de la Lozère, de l'Ardèche et de la Haute-Loire. C'est à partir du moment où cette province fut réunie à la couronne, sous Philippe le Hardi (1271), qu'elle prit le nom de *Languedoc*, auparavant commun à tous les pays situés au sud de la Loire. Le Languedoc correspond en grande partie à la première Narbonnaise des Romains, appelée ensuite Septimanie, et qui se confondit plus tard avec le comté de Toulouse. Le Languedoc souffrit cruellement durant la guerre de *cent ans* avec l'Angleterre, et reconnut successivement pour gouverneur les ducs d'Anjou, de Berry, et plusieurs autres qui n'étaient point du sang royal. La réforme y fut accueillie et propagée avec enthousiasme. Elle s'y combina avec un mouvement municipal exploité par la noblesse, tandis que la Ligue dirigeait contre elle un mouvement opposé, où dominait l'élément plébéien. Ce fut en Languedoc que les protestants jouèrent et perdirent leur dernière partie. Après le supplice du maréchal de Montmorency, Richelieu établit dans le Languedoc un simple intendant, chargé de l'administrer au nom du roi, mais sans réunir, comme les anciens gouverneurs, dont l'indépendance avait compromis souvent la sûreté de l'État, l'autorité civile et le commandement militaire, qui les égalaient à de petits souverains.

Épuisée par un siècle de troubles, énervée par les divisions intérieures de ses habitants, la province ne se releva au rôle d'influence qui lui appartenait que sous le règne de Louis XIV. Le canal de jonction des deux mers, cette merveille commerciale du grand siècle, lui rendit avec usure la prospérité qu'elle avait perdue. En peu d'années, ses revenus furent doublés, et le port de Cette la dédommagea largement de celui d'Aigues-Mortes, rendu depuis longtemps inutile par ses ensablements.

Le Languedoc avait recouvré tout son lustre. Il y a malheureusement encore dans son histoire une page tachée de sang, les dragonnades et la guerre des Camisards. Toutefois, la reconnaissance du pays fut plus vive que le souvenir des fautes du grand roi. Les états d'une partie de la province, qui tout entière fut émue de reconnaissance, érigèrent à ce prince une statue, avec cette inscription traduite et abrégée par Voltaire : *A Louis XIV° après sa mort.*

LANGUES dans l'ordre de Malte. *Voyez* JEAN DE JÉRUSALEM (Ordre de Saint-).

LANGUES ORIENTALES (École des). *Voyez* ÉCOLE SPÉCIALE DES LANGUES ORIENTALES VIVANTES, t. VIII, p. 319.

LANGUEUR (*Médecine*), état de l'économie qui accompagne certaines maladies, mais qui plus souvent constitue la maladie elle-même, et peut exister sans aucune lésion appréciable des organes. Le mot *langueur* exprime même et fait toujours supposer autre chose qu'un trouble matériel de l'organisme. La faiblesse, l'abattement, l'affaissement, peuvent s'expliquer par la lésion des organes; il n'en est pas de même de la *langueur*. C'est un état, avec beaucoup d'autres, dont la physiologie matérialiste s'efforce en vain de rendre compte. L'état de langueur est une des mille preuves de la solidarité de toutes les parties du corps de l'homme, et du principe vital qui les anime, et en fait un tout indivisible; il démontre que ce principe peut être troublé primitivement et essentiellement, et que dans ce cas le désordre général de l'économie devient la maladie locale, s'il en existe, au lieu d'en être l'effet : ainsi, presque toujours l'état de langueur est produit et entretenu par une cause morale, par exemple un chagrin secret et prolongé, comme la jalousie, un amour malheureux. Cet état n'est pas caractérisé par un changement partiel de quelque point de l'économie, mais par un trouble général, qui consiste surtout dans un affaiblissement de la force vitale, et dans un exercice imparfait, *languissant*, des fonctions morales et intellectuelles. Les fonctions de la vie animale se ressentent bien aussi de cet état; mais il n'existe pas là de véritable défaillance; toutes leurs fonctions s'exécutent régulièrement; parfois même ils sont doués de belles facultés morales et intellectuelles, mais elles restent inactives : il leur manque l'énergie vitale, cette force d'expansion et d'appropriation qui existe à un si haut degré chez d'autres hommes souvent mal organisés. A l'âge de la puberté, les jeunes filles surtout tombent parfois dans un état de langueur; c'est encore alors un effet du trouble profond de toute l'économie. Quelquefois cependant la langueur est déterminée par un désordre local de l'organisme; une maladie longtemps prolongée, et qui a son siége dans un des principaux organes, épuise la force vitale et produit cet état. Quand la langueur essentielle date de la naissance, elle est presque toujours incurable, à moins qu'elle ne cesse à l'âge de la puberté. Quand elle est accidentelle et produite par une cause morale, elle peut cesser avec cette cause. Si l'état de langueur n'est que symptomatique d'une maladie des organes, il faut traiter cette maladie.   N.-P. ANQUETIN.

LANGUEUR (*Morale*), sorte d'épuisement qui ôte tout nerf à l'âme : on ne sort en général de cet état que par une sensation profonde ou inattendue. Au sein d'une vie toujours agissante, à peine trouve-t-on assez de temps pour défendre ses intérêts ou remplir ses devoirs; aussi rien de plus rare que de rencontrer des individus qui mêlés au mouvement des affaires tombent dans la langueur. Elle atteint, au contraire, les esprits méditatifs vivant dans la solitude : après avoir passé plusieurs années à poursuivre la réalisation de certaines idées, sont-ils trompés dans leurs plus chères espérances, ils perdent toute espèce d'énergie. Étrangers au monde, ils ne peuvent mesurer juste les obstacles qui les arrêtent comme les ressources qu'ils possèdent; ils cèdent donc à un découragement complet, dont profitent leurs adversaires. Il arrive à des peuples qui ont conçu de généreuses améliorations, de désespérer, même à la suite des plus héroïques sacrifices, de l'avenir, qu'ils croyaient avoir déjà conquis. En proie à la langueur politique, ils se laissent dépouiller à plaisir de leurs droits les plus précieux : le pouvoir fauche, abat; bref, il s'épanouit dans les saturnales d'une usurpation sans limites, il n'a plus qu'à tendre la main pour prendre : il ne s'en fait pas faute. Au reste, ce n'est pas une seule fois que l'histoire montre et étale ce déplorable spectacle : il a ses scènes à part dans chaque siècle. Les jeunes filles élevées dans la plus grande réserve deviennent-elles en proie à un amour qu'elles n'osent pas avouer, elles glissent de charme en combat dans une langueur funeste; faute d'épanchement, elles ne peuvent s'appuyer sur la force des autres, tandis qu'elles se trouvent en elles aucune source de consolation : c'est une crise trop violente pour leur faiblesse, et qui les moissonne avant l'âge.

Les femmes mariées, même celles qu'un époux et des enfants entourent, n'échappent pas toujours à la langueur où les jette une passion condamnable. C'est là un commencement de joie pour d'habiles séducteurs : ils n'ont plus besoin que d'une circonstance favorable, et ils triomphent ; mais ils l'attendent souvent sans pouvoir la rencontrer ou la faire naître : en effet certaines femmes placées en vue de leur déshonneur s'attachent avec tant d'énergie à tous les devoirs qui les obligent, qu'une réaction conservatrice s'opère en elles ; retrempées par une aussi cruelle épreuve, elles se cramponnent à la vertu pour en étendre toutes les exigences : se punissant d'une impression qui leur fait horreur, elles se fortifient sur tous les points, pour ne faillir désormais sur aucun. SAINT-PROSPER.

LANIAIRE. *Voyez* DENT.

LANIER. Le *lanier* de Buffon est un oiseau du genre *faucon* des ornithologistes modernes. C'est le *falco lanarius* de Linné, le *falco stellaris* de Gmelin. Il a, comme le gerfaut, la cire et les cercles péri-ophthalmiques bleuâtres, excepté dans la vieillesse, où ils deviennent jaune sale. Autrefois commun dans nos pays, il s'est retiré vers le Nord, et a complétement disparu de chez nous. Dans la f a u c o n - n e r i e, le lanier était considéré comme oiseau de basse volerie.

LANJUINAIS (JEAN-DENYS, comte) naquit le 12 mars 1753, à Rennes, où son père exerçait avec distinction la profession d'avocat. A seize ans il sortit du collège, et se livra avec ardeur à l'étude de l'histoire et du droit ecclésiastique, et à celle du droit civil. Reçu par dispense d'âge avocat et docteur en droit, il fut nommé en 1775, à la suite d'un brillant concours, à une chaire de droit ecclésiastique. Placé ainsi aux premiers rangs du barreau, il fut élu en 1779, par les trois ordres, l'un des conseils des états de Bretagne. Dix ans plus tard, Lanjuinais, qui avait été le principal rédacteur du cahier des vœux de la sénéchaussée de Rennes, le plus complet et le plus hardi de toute la France, fut élu député aux états généraux. L'un des fondateurs du club breton, il marqua de bonne heure sa place parmi les plus généreux patriotes. Dans le sein de l'Assemblée constituante, il remporta une fois un glorieux triomphe en faisant repousser une proposition de Mirabeau, qui voulait le passer à la cour. Après la clôture de l'Assemblée, Lanjuinais revint à Rennes, où il fut nommé officier municipal et député d'Ille-et-Vilaine à la Convention nationale. On le vit à la tribune toutes les fois qu'il y eut à réclamer justice ou à faire acte de courage. On l'y vit surtout dans les grands débats de la Montagne et de la Gironde. Dans le procès de Louis XVI, il fit tous ses efforts pour sauver l'illustre victime, et vota pour la réclusion et le bannissement après la paix, en demandant que le jugement, quel qu'il fût, ne pût être exécutoire que dans le cas où il réunirait les deux tiers des suffrages. Il combattit ensuite la création du tribunal révolutionnaire. Après le 31 mai, il luttait encore ; et c'est alors que le boucher L e g e n d r e lui ayant crié : « Descends de la tribune, Lanjuinais, ou je vais t'assommer ! Fais décréter que je suis un bœuf, et tu m'assommeras, » lui répondit le courageux orateur. Arrêté le 3 juin, il réussit à tromper la surveillance de ses gardes, et quitta Paris muni d'un faux passeport. Il se rendit alors à Caen, mais n'y séjourna pas, et revint à Rennes, où il fut reçu au milieu des acclamations générales. Ce triomphe fut de courte durée.

L'arrivée de C a r r i e r l'obligea de se cacher dans sa propre maison. Un petit grenier, à peine assez grand pour contenir un matelas, une table et quelques livres, lui servit de retraite. Il y vécut dix-huit mois, et ne dut son salut qu'au dévouement sans bornes, qu'au sang-froid imperturbable de sa femme, qui fit prononcer son divorce pour endormir les soupçons du comité révolutionnaire.

Au mois de mars 1795, Lanjuinais fut réintégré dans ses fonctions de représentant ; il réclama la liberté des cultes, l'ouverture des églises et la modération à l'égard des vaincus, quels qu'ils fussent. Lors de la création des conseils, il fut appelé par le sort au Conseil des Anciens, dont il fit partie jusqu'au 20 mai 1797. Les élections royalistes de l'an V le rendirent à la vie privée ; il fut alors nommé professeur de législation à l'école centrale de Rennes.

Admis au sénat le 22 mars 1800, il s'y distingua par la courageuse indépendance de ses opinions. C'est ainsi qu'il y combattit avec énergie l'élévation de Bonaparte au consulat à vie, et en 1804 son élévation à l'empire. Cependant, il fut nommé en 1802 commandant de la Légion d'Honneur, et en 1808 comte de l'empire. Comme le sénat donnait peu d'occupation à ses membres, Lanjuinais se mit à étudier les théogonies orientales. En 1808 il entra à l'Institut. Lorsque Paris fut investi par les alliés en 1814, d'accord avec Grégoire, Lambrechts et quelques autres, il fit prononcer par le sénat la déchéance de l'empereur. Louis XVIII l'appela à la chambre des pairs, le 4 juin ; il en sortit durant les cent jours ; mais il fut élu à la chambre des représentants, qui le choisit pour président, à la presque majorité, choix que Napoléon ne confirma qu'après une longue hésitation. A la seconde restauration, il reprit son siége à la chambre des pairs, où il se montra le constant défenseur du système constitutionnel. Il mourut à Paris, en 1827.

Mais la politique lui laissait des loisirs qu'il consacrait à la littérature, à la philosophie et à l'étude des langues orientales. En 1815 il donna une édition de l'*Histoire naturelle de la Parole*, par C o u r t d e G é b e l i n, et l'enrichit d'un discours préliminaire sur la formation des langues et sur la grammaire générale. En 1823 il publia le livre de la *Religion des Indous, ou analyse de l'Oupn-Khat*. Il écrivait chaque mois plusieurs notices dans la *Revue Encyclopédique*, qu'il avait contribué à fonder en 1819. Il donnait encore des articles au *Mercure de France*, au *Journal de la Société Asiatique*. Citons aussi parmi ses nombreux écrits : *Constitutions de la nation française*, précédées d'un *Essai historique sur la Charte*, et ses *Extraits de la Grammaire de la Carniole*, du *Mithridate* d'Adelung, etc.

[Le fils ainé de Lanjuinais, Paul-*Eugène*, comte LANJUINAIS, né à Rennes, le 6 avril 1789, lui succéda dans la chambre des pairs en 1827, et fit peu parler de lui. Le cadet, *Victor*, vicomte LANJUINAIS, né en 1801, fut reçu avocat et nommé substitut du procureur du roi au tribunal de première instance de la Seine, en 1830 ; en 1831 il fut destitué pour avoir signé l'acte d'association nationale contre le retour des Bourbons. Élu député à Ancenis (Loire-Inférieure) en 1837, il vota pour les incompatibilités et l'adjonction des capacités aux listes électorales, contre la dotation du duc de Nemours, contre les fortifications et contre le recensement. Réélu à Pont-Rousseau en 1842 et en 1846, il vota contre l'indemnité Pritchard et dénonça à la tribune les déprédations de Benier, directeur comptable de la manutention des vivres militaires de Paris. Après la révolution de Février, le département de la Loire-Inférieure l'envoya à l'Assemblée constituante. Il attacha son nom à l'amendement qui adopté sur la proposition de M. Rateau pour la prompte dissolution de cette assemblée. Il ne fut pas d'abord réélu à l'Assemblée législative ; mais aux élections complémentaires du 13 juillet 1849, son nom, porté sur les listes de l'union électorale, sortit le premier de l'urne à Paris. Depuis le 2 juin il avait remplacé M. Buffet au ministère de l'agriculture et du commerce. Sous son administration, les quarantaines furent diminuées pour les vaisseaux venant du Levant avec patente nette. Ministre par intérim de l'instruction publique et des cultes, il fit rendre par le président de la république un décret accordant aux évêques le droit de se réunir librement en conciles. Le 31 octobre il sortit du ministère avec M. O. Barrot. Au mois de janvier 1851, il fit à l'Assemblée législative le rapport sur la résolution à adopter à propos de la destitution du général Changarnier. Le coup d'État du 2 décembre l'a rendu à la vie privée. Il a publié depuis un rapport qu'il avait préparé au nom d'une commission d'enquête sur la production et la consommation de la viande de boucherie : ce rapport concluait à la liberté de ce commerce et à l'interdiction de la taxe. L. LOUVET.]

LANNES (Jean), duc DE MONTEBELLO, maréchal de l'empire, grand-cordon de la Légion d'Honneur, naquit à Lectoure (Gers), le 11 avril 1769. Fils d'un simple garçon d'écurie, il dut à la charité d'un vieux prêtre les premiers bienfaits de l'éducation. A quinze ans il savait lire et écrire; à cet âge il déposa l'étrille pour entrer en apprentissage chez un teinturier d'Auch, nommé Dulau. Il s'y trouvait lorsque éclata le grand mouvement révolutionnaire du siècle passé. Lannes devina son génie; aux cris de la jeune république menacée par l'Europe en armes, il prit du service en 1792, dans un bataillon de volontaires du Gers, et fit ses premières armes dans les Pyrénées orientales. Bientôt son intrépide courage le fit distinguer, et à force d'actions d'éclat il devint, en 1795, chef de brigade. Il fut cependant porté sur la liste des officiers que l'*incapable* ministre Aubry fit destituer pour incapacité. Laissé ainsi sans fortune, mais sûr de son courage, sentant en lui de l'avenir, soutenu par son patriotisme, il se détermina, en 1796, à prendre du service comme simple volontaire dans l'armée d'Italie. Le général Bonaparte, témoin, au combat de Dego, de sa brillante valeur, se ressouvint qu'à Paris il avait, à la journée du 13 vendémiaire an IV (18 octobre 1795), vaillamment contribué à la défaite des sections insurgées contre la représentation nationale, et s'empressa de le nommer, le 14 avril 1796, chef d'une demi-brigade. Il fit des prodiges au passage du Pô (21 floréal), et au combat de Passano, le 22 fructidor (8 septembre). Devenu général de brigade, après la prise de Pavie, il se fit remarquer encore à Saint-Georges, à Fombio, à Governolo, où il fut blessé nouvellement à deux reprises. On l'emporta; mais il apprend que Bonaparte reforme sa colonne d'attaque, et qu'il va derechef se précipiter sur le pont : alors, il ordonne qu'on lui amène un cheval. Couvert de sang, pâle de faiblesse, mais toujours aussi vaillant, il court recevoir une troisième blessure.

Lorsque l'armée marcha sur Rome, il enleva les retranchements d'Imola, succès qui décida la soumission du Vatican.

Lannes, qui commandait alors les départements de la Drôme, de l'Isère, de l'Ardèche et du Gard, devait prendre du service dans l'armée expéditionnaire d'Angleterre; mais la volonté de Bonaparte força le Directoire à tourner les yeux vers l'Égypte. Lannes accompagna le héros d'Alexandrie et d'Aboukir. Dans cette dernière bataille, où il fut dangereusement blessé, les soldats qu'il guidait inspirèrent aux Turcs une telle épouvante, que ceux-ci aimèrent mieux se précipiter à la mer que d'attendre le choc de la furie française. Compris parmi les sept officiers généraux qui, associés à la fortune de César, revinrent en France avec lui, il contribua puissamment au succès de la journée de 18 brumaire. Nommé au commandement des 8e et 10e divisions militaires, il sut déployer dans des temps difficiles un zèle et un dévouement qui n'excluaient point la sagesse et la justice. Devenu chef de la garde consulaire, il prit le commandement de l'avant-garde de cette armée de réserve qui devait exécuter tant de prodiges. Le premier il franchit le Saint-Bernard, et parvint avec ses deux divisions à Etroubles, chassa l'ennemi d'Aoste, de Châtillon, poursuivit les troupes autrichiennes jusque sous les murs du château de Bard, emporta cette place et s'engagea avec ses troupes victorieuses sur la route d'Ivrée. L'artillerie n'ayant pu d'abord l'accompagner dans son mouvement, il se trouvait exposé à être, d'un instant à l'autre, attaqué sans pouvoir à feu : cette pensée ne le retint point; il s'approcha d'Ivrée, qu'il fit assaillir dès que le passage du matériel lui permit de pouvoir mettre un canon en batterie. Ivrée, une des clefs de l'Italie, fut prise; l'ennemi, battu à Chiusella, le fut encore sur les hauteurs de Romano, à Casteggio, à Montebello. C'est en parlant de cette dernière affaire qu'il disait : « Ce jour-là les balles claquaient sur les os de mes soldats comme la grêle sur des vitrages !... » La dernière heure de l'armée de Mélas était venue; les champs de Marengo virent nos ennemis passer sous les fourches Caudines, et Lannes recevoir un sabre d'honneur. La gloire fit à nos pères oublier la liberté : le consul Bonaparte fut dit empereur. Devenu maréchal de l'empire, grand-cordon de la Légion d'Honneur, Lannes se rendit à Lisbonne en qualité de plénipotentiaire. Il fut rappelé de ce poste par suite de difficultés survenues à l'occasion des droits qu'il prétendait avoir de faire entrer francs de port dans le Tage des bâtiments chargés de marchandises; Junot le remplaça.

Devenu duc de Montebello, il fit la campagne de 1805 à la tête de l'avant-garde : Wertingen, Ulm, Hollabrunn, le virent combattre et triompher. A la bataille d'Austerlitz, il commandait l'aile gauche de la grande armée. Toujours au premier rang, encourageant ses soldats de sa parole et de son exemple, il eut deux de ses aides de camp tués à ses côtés. En l'an VII, il combattit à Iéna, à Eylau, à Friedland... Après l'avant-dernière de ces batailles, il eut avec l'empereur une scène des plus violentes. Napoléon attribuait toute la gloire de cette affreuse boucherie au roi de Naples; Lannes s'en plaignit avec colère : « Nous avons combattu plus que lui, Augereau et moi ! Croyez-vous que je sois homme à me laisser arracher une seule palme ? Non, par personne ! pas même par *votre coq empanaché de beau-frère*, qui vient après la victoire chanter *Coquerico !* » La colère de l'empereur s'apaisa vite. Le lendemain de la bataille de Heidelberg, il disait à son *Roland* : « Ils se forment, ces Russes ? — Oui, lui répondit Lannes, à force de les battre, nous leur apprendrons à devenir nos maîtres. » En Espagne, il commanda un corps d'armée à la bataille de Tudela, et prit l'héroïque Saragosse.

De retour à Paris, il se reposait au sein de sa famille, dans sa terre de Maisons près de Paris, lorsqu'en 1809 la guerre fut déclarée à l'Autriche. Soit que de la calme lui eût fait sentir plus vivement les joies du foyer domestique, embelli par une femme digne de tous les respects et de tous les hommages, soit qu'il se méfiât de l'avenir, ce fut avec tristesse qu'il reprit son épée. A Ratisbonne, cependant, il fit un mal affreux à l'armée autrichienne. A Essling, il sembla vouloir rendre plus amer le regret de sa perte. Au moment où les ponts venaient d'être rompus, le 22 mai 1809, lorsque l'ennemi, reprenant l'offensive, assaillait nos braves, privés de munitions et écrasés par le nombre, Lannes, en parcourant le front de la ligne, fut frappé d'un boulet qui lui emporta les deux jambes, l'une à la hauteur du genou, l'autre au-dessus de la cheville. Dès que l'empereur vit s'avancer le groupe portant le héros, il courut au funèbre brancard, que soutenaient douze vieux grenadiers, et se précipita sur le corps de son brave maréchal : « Lannes ! s'écriat-il, Lannes ! reviens à toi, c'est ton ami, c'est ton empereur ! c'est Bonaparte ! » Le maréchal ouvrit les yeux, reconnut Napoléon, et leurs sanglots se confondirent. « Dans quelques heures, dit d'une voix défaillante l'illustre mourant, vous aurez perdu l'homme qui vous a le plus aimé. » Transporté à Vienne, Lannes y mourut, le 31 mai 1809, après avoir souffert une double amputation. Ses restes furent d'abord déposés à Strasbourg, où ils demeurèrent une année; puis on les transporta au Panthéon, le 6 juillet 1810.

Après la révolution de Juillet, les habitants de Lectoure payèrent un tribut d'hommage à la mémoire de leur illustre compatriote : sa statue en marbre, exécutée par un des plus habiles ciseaux de la capitale, s'élève sur la principale promenade de la ville.   A. GENEVAY.

[Son fils aîné, *Napoléon-Auguste* LANNES, duc DE MONTEBELLO, né en 1802, fut créé pair de France en 1815 par Louis XVIII, et prit possession de son siége en 1827. Après la révolution de Juillet, il remplit plusieurs missions diplomatiques, fut nommé ministre plénipotentiaire à Berlin, puis en Suisse. Il demanda à la Confédération l'éloignement des réfugiés et plus tard celui du prince Louis-Napoléon. Il était déjà nommé ambassadeur à Naples lorsque, le 1er avril 1839, il entra dans un ministère provisoire avec le portefeuille des affaires étrangères, qu'il remit le 12 mai suivant au maréchal Soult, à la suite de l'insurrection de Barbès, Blanqui et Martin Bernard. Il se rendit alors à Naples, où il négocia le mariage du duc d'Aumale avec la princesse de Salerne. Nommé en 1847 ministre de la marine, il occupait encore cette position à la révolution de février 1848. Forcé alors de s'éloigner de la scène politique, il y reparut l'année suivante, et fut nommé représentant à l'Assemblée législative par le département de la Marne. Il s'y fit peu remarquer, et vota avec la majorité jusqu'aux événements de décembre. Il est un des plus grands producteurs de vin de champagne. Son frère, *Gustave-Olivier* LANNES DE MONTEBELLO, est colonel du 7° régiment de chasseurs.

L. LOUVET.]

LANNION. *Voyez* CÔTES-DU-NORD (Déparetemnt des).

LA NOUE (FRANÇOIS DE), naquit en 1531. Il fit ses premières armes avec honneur dans les guerres d'Italie, et se jeta dans le parti calviniste à son retour en France. Après avoir surpris Orléans, il commanda les calvinistes de Poitou et de Saintonge, s'empara de plusieurs places fortes; mais au siége de Fontenay-le-Comte il eut l'os du bras gauche fracassé. L'amputation fut inévitable; et il porta depuis un bras de fer d'un mécanisme ingénieux, avec lequel il soutenait la bride de son cheval. C'est depuis cette époque qu'on le surnomma *Bras de fer*. Passé au service des états généraux dans les Pays-Bas, en 1571, il y rendit de grands services; plus tard, il prit Valenciennes, et fit prisonnier le comte d'Egmont. Mais, malgré sa bravoure et sa prudence, La Noue, comme par une sorte de fatalité, tomba presque toujours au pouvoir de l'ennemi dans les rencontres les plus mémorables; ainsi, ce fut le sort qui lui arriva à la bataille de Jarnac, où il commandait l'arrière-garde, en 1569. Il en fut de même dans les journées de Saint-Quentin, de Moncontour, et dans les Pays-Bas en 1580, où il fut fait de nouveau prisonnier. Sa captivité dura cinq ans. Il fut échangé avec le comte d'Egmont en 1585. Il mit à profit ces années de tristesse, en composant, pour charmer le double ennui de l'exil et de la prison, les *Discours politiques et militaires*, où l'homme de conscience et de probité se montre à chaque page. Dans cette œuvre d'un exilé, où l'âme de l'écrivain, aigrie par le malheur, aurait pu dépouiller cette égalité, cette modération, qui la distinguaient, La Noue resta lui-même. Dans les *Observations sur les guerres civiles*, qui suivent l'ouvrage, comme dans l'ouvrage lui-même, il se montre juste pour tous : il n'épargne pas plus les calvinistes que les catholiques; il loue également ce que la conduite de chaque parti offre de louable. Aussi Montaigne faisait le plus grand cas de ces écrits. En 1573 Charles IX voulut qu'il se chargeât d'obtenir la soumission des Rochellois, assiégés par le duc d'Anjou, et dont il dirigeait la résistance ; mais sa modération même lui rendit suspect aux deux partis, et il se vit obligé de quitter la ville avec quelques officiers. Plus tard, jugeant que la guerre ouverte pouvait seule sauver son parti, il la fit avec vigueur. A la paix, il retourna dans les Pays-Bas, où il se signala comme guerrier et comme homme précieux dans le conseil. Plus tard il offrit ses services à Henri III et au roi de Navarre réunis; il engagea l'une de ses terres pour organiser une petite armée, et malgré l'infériorité du nombre il vainquit les ligueurs commandés par le duc d'Aumale. La Noue ne pouvait manquer d'être apprécié par Henri IV, qui aimait le courage uni à la droiture : aussi ce prince l'envoya-t-il en Bretagne pour combattre le duc de Mercœur. Ce fut au siége de Lamballe, en 1591, qu'il fut blessé à mort d'un coup de mousquet, au moment où, monté sur une échelle, il voulait reconnaître ce qui se passait dans la place. J. PAUTET.

LA NOUE (JEAN SAUVÉ, *dit* DE), né à Meaux, en 1701, se fit comédien à l'âge de vingt ans, après avoir fait ses études au collége d'Harcourt, et débuta à Lyon. Une physionomie triste, ingrate, un timbre de voix faible, rauque, un geste, un débit froids mais une intelligence rare, qui rachetait tous ces défauts. Il joua successivement à Rouen et à Lille ; et il allait se rendre à Berlin pour y diriger le Théâtre-Français, lorsque la guerre qui éclata avec la Prusse rompit ce dessein. Il donna alors une représentation à Fontainebleau sur le théâtre de la cour, et obtint un tel succès dans le rôle du comte d'Essex qu'il fut immédiatement reçu au Théâtre-Français. Une comédie-ballet, *Zélisca*, qu'il fit représenter en 1746, pour le mariage du dauphin, réussit à la cour, et lui valut la place de répétiteur des spectacles des petits appartements et la direction du théâtre du duc d'Orléans à Saint-Cloud. Sa mauvaise santé l'avait forcé de quitter le théâtre quelque temps avant sa mort, arrivée en 1761. Outre *Zélisca*, on a de lui une petite comédie, *Les Deux Bals*, jouée à Strasbourg, en 1734 ; *Le Retour de Mars*, pièce de circonstance, qui obtint un grand succès au Théâtre-Italien, en 1735 ; une tragédie de *Mahomet II*, jouée au Théâtre-Français, en 1739, et *La Coquette corrigée*, son meilleur ouvrage, qu'on reprend quelquefois, qui est toujours revue avec plaisir et qui fut donnée au même théâtre en 1755. Ses œuvres complètes ont été publiées à Paris, 1 vol. in-12, 1765.

LANSDOWNE (WILLIAM PETTY, comte SHELBURNE, marquis DE), homme d'État anglais, né en 1737, était le fils de John Fitz-Maurice, de l'ancienne famille irlando-normande des Fitz-Maurice du comté Kerry, qui en 1751 hérita d'une fortune immense et du titre de *comte de Shelburne*, à la mort de son oncle maternel, Henry Petty, fils de sir William Petty, célèbre par ses richesses et son érudition, mort en 1685. Au décès de son père, arrivé en 1761, il hérita du titre de comte de Shelburne, et après avoir été longtemps à la tête de l'opposition parlementaire, il entra en 1766 dans le cabinet avec Chatam, qu'il suivit dans sa retraite, en 1768. Depuis ce moment il se montra constamment l'adversaire le plus violent de la politique ministérielle relative aux colonies américaines. En 1782 il fut enfin appelé au poste de ministre des affaires étrangères, et dirigea les négociations de paix ouvertes avec les États-Unis. Trois mois après, le marquis de Rockingham étant venu à mourir, il devint le chef du ministère ; mais il fut obligé de se retirer dès l'année suivante, par suite de la coalition intervenue entre Fox et North. L'opposition qu'il commença alors avec Pitt, ce moment âgé de vingt-quatre ans seulement, renversa le ministère de la coalition. Mais Pitt, vraisemblablement jaloux de ses talents et de son influence, réussit à lui fermer l'entrée du cabinet ; comme dédommagement, il lui fit donner, en 1784, le titre de *marquis de Lansdowne*, et de *comte de Wycombe*. Quelques années plus tard, il se retira dans ses terres, pour ne plus s'occuper que de beaux-arts et de littérature. Il mourut le 7 mai 1805, et sa précieuse bibliothèque fut achetée par le *British Musæum*.

LANSDOWNE (Lord HENRI PETTY, marquis DE), fils du précédent, naquit le 2 juillet 1780. En 1802 il entra à la chambre basse, où il prit place sur les bancs de l'opposition. Il y parla surtout à propos des affaires de l'Irlande, et y fit preuve, malgré sa jeunesse, d'une grande habileté. Dès 1806 il fit partie du ministère de coalition formé par Fox et Grenville, et remplaça Pitt comme chancelier de l'échiquier et comme recteur de l'université de Cambridge. Mais sa position fut singulièrement difficile lorsqu'il lui fallut justifier ; devant la chambre des communes les impôts écrasants nécessités par la continuation de la guerre. En mars 1807 il quitta donc le ministère pour rentrer dans les rangs de l'opposition. A la mort de son frère aîné, en 1809, il hérita du titre de *marquis de Lansdowne*, et vint siéger à la chambre haute, où il continua à se montrer le champion des idées libérales. Quoique adversaire des tories, il ne votait pas constamment avec les whigs; aussi ses actes d'indépendance ou d'indiscipline lui valurent-ils de nombreux reproches. En 1827, à l'instante demande de Canning, il accepta le portefeuille de l'intérieur, puis, sous la courte administration de lord Goderich (Ripon), celui des affaires étrangères. Quand Wellington arriva à faire partie du cabinet, il reprit sa place dans les rangs de l'opposition. Il travailla ardemment à amener l'abolition des incapacités légales et politiques qui pesaient sur les catholiques et à améliorer la situation de l'Irlande ainsi que la justice criminelle. Ce fut grâce à ses efforts et sur sa motion que le parlement adopta un acte (*Lansdowne act*) qui mitigea la rigueur excessive et inutile des lois pénales jusque alors en vigueur. En 1830, il fit partie du ministère réformiste de lord G r e y, dont il accepta la présidence. Il conserva cette position dans le cabinet M e l b o u r n e jusqu'au moment où, en 1841, une nouvelle révolution ministérielle amena la retraite des whigs. Mais en 1846 le retour des whigs à la direction des affaires lui valut pour la troisième fois un département ministériel dans le cabinet qui se constitua alors sous la présidence de lord J. R u s s e l l. Comme représentant de l'administration dans la chambre haute, il acquit à un si haut degré les sympathies de cette assemblée et du public en général, par sa modération et la dignité de sa conduite, de même que par le calme avec lequel il savait repousser les attaques les plus violentes, que ses adversaires eux-mêmes l'entendirent avec regret, lors de la chute du ministère whig, en février 1852, déclarer que son rôle politique était désormais fini. Cependant, dès le mois de décembre de la même année il était appelé en même temps que lord Aberdeen à faire partie d'une administration nouvelle, mais sans portefeuille. Il a gardé jusqu'à ce jour (1855) cette position malgré les changements survenus dans le ministère. Sur toutes les questions qui surgirent pendant cette longue époque ministérielle, il se montra plus modéré et plus rapproché des tories que le reste de ses collègues.

LANSPASSADE. *Voyez* APPOINTÉ.

LANSQUENET (Jeu du). On emploie pour jouer à ce jeu plusieurs jeux de cartes réunis. Les joueurs sont un banquier et un nombre quelconque de pontes. On tire d'abord au sort qui sera banquier. Le banquier bat les cartes et déclare la somme qu'il risque; le joueur de droite parle alors : il peut ou tenir à lui seul toute la somme risquée par le banquier ou n'en tenir qu'une partie, ou bien enfin passer. S'il le tient tout ce qu'a annoncé le banquier, le jeu est fait. S'il n'en tient qu'une partie, le second joueur peut le relancer en offrant de tenir tout à lui seul, et ainsi de suite pour les autres joueurs, tant que la somme entière n'est pas tenue. Même le premier joueur qui a passé peut encore relancer tous les autres s'ils n'ont pas tenu la somme. Les *relances* ou *renvis* étant ainsi faits, de quelque façon que la somme soit tenue, le banquier retourne d'abord une carte pour lui-même et qu'il place à sa gauche, puis une seconde qu'il place à sa droite et qui est celle des pontes ; il en retourne ensuite une troisième, puis une quatrième, qu'il pose au milieu des deux premières, jusqu'à ce qu'il en amène une semblable, soit à la sienne, soit à celle des pontes ; il gagne au premier cas, il perd au second ; et la banque passe au joueur de droite. Si, après avoir tiré sa carte, le banquier en amène pour les pontes une pareille, il gagne, et c'est ce qu'on appelle un *refait* ou *pli*. Il peut alors retirer du jeu le gain provenant de coup, sans ôter sa première mise. Lorsqu'il gagne après le premier coup, il est tenu de laisser au jeu et sa mise et l'argent qu'elle lui a valu, de sorte que l'enjeu se trouve doublé au second coup, quadruplé au troisième et ainsi de suite, jusqu'à ce que le banquier perde ou passe volontairement la banque à son voisin. Si le banquier quitte volontairement la banque, les autres joueurs ont le droit de la lui acheter ou il y avait précédemment droit, à moins qu'elle ne soit achetée de nouveau, ce qui ne peut avoir lieu que trois fois de suite.

Le lansquenet, tel qu'on le joue actuellement, offre de notables différences avec l'ancien lansquenet, qui fit une si grande fureur sous Louis XIII et les premières années de Louis XIV. Après être tombé dans un oubli profond pendant près de deux siècles, le lansquenet a été récemment remis en vogue. C'est un des jeux de hasard les plus dangereux, parce qu'il entraîne forcément à jouer de grosses sommes et qu'il offre aux *grecs* de déplorables facilités.

LANSQUENETS. *Voyez* LANDSKNECHT.

LANTANA, genre de plantes de la famille des verbenacées, composé d'arbrisseaux et de quelques espèces herbacées, pour la plupart originaires des régions tropicales de l'Amérique. Ce genre a pour caractères : Calice un tube très-court, à quatre petites dents ; corolle à tube allongé, légèrement renflé dans son milieu, à limbe étalé, divisé en quatre lobes inégaux ; quatre étamines didynames ; ovaire à deux loges, auquel succède un petit fruit bacciforme. Les fleurs sont réunies en capitules axillaires, et accompagnées de bractées, dont les extérieures forment comme un involucre autour de chaque capitule. Les feuilles sont simples, généralement rugueuses, dentées sur leurs bords. Les branches, anguleuses, sont souvent armées d'aiguillons, comme dans le *lantana à fleurs blanches* (*lantana nivea*), que l'on cultive dans nos serres tempérées, à cause de ses fleurs d'un beau blanc et d'une odeur agréable. Parmi les autres espèces recherchées des amateurs, il faut citer le *lantana à feuilles de métisse* (*lantana camara*, L.), dont les fleurs, d'abord jaunes, prennent peu à peu une teinte aurore ; cette espèce, qui s'élève à environ un mètre, est dépourvue d'aiguillons.

LANTANE. *Voyez* LANTHANE.

LANTARA (SIMON-MATHURIN), né à Fontainebleau, a été un de nos plus habiles peintres de paysages. Son talent offre beaucoup d'analogie avec celui de Claude Lorrain. Comme ce grand artiste, il n'eut que la nature pour maître et pour modèle. Sa jeunesse fut indolente ; la nature seule lui enseigna l'art de peindre le paysage, pour lequel il semble avoir été créé. Enthousiaste des beautés de la nature, il en sentait vivement les impressions, et en reproduisait les effets, soit sur la toile, soit simplement au crayon, avec cette précision que l'on trouve dans les productions des grands peintres. Ses dessins sont indistinctement à la pierre noire, sur papier blanc ou bleu rehaussé avec du blanc ; il faisait ordinairement sur ce dernier papier ses clairs de lune, qui sont admirablement beaux. Lantara était pauvre et heureux dans sa misère : des crayons, sa palette, ses pinceaux et une huppe qu'il chérissait, formaient tout son mobilier ; l'oiseau privé faisait le charme de son habitation. Avec de grands talents, Lantara avait l'insouciance et la naïveté craintive d'un enfant. Un amateur avait commandé pour sa galerie un paysage dans lequel devait se trouver une église. Notre paysagiste, semblable en tout à Claude Lorrain, ne savait pas peindre les figures. L'amateur auquel il présenta son tableau, après l'avoir terminé complétement, émerveillé de la vérité du site, de la fraîcheur du coloris et de la simplicité de la touche, n'y voyant pas de figures, lui dit : « Monsieur Lantara, vous avez oublié les figures dans votre tableau. — Monsieur, répondit naïvement le peintre, *elles sont à la messe*. — Eh bien, reprit l'amateur, je prendrai votre tableau quand elles en sortiront. »

On lui a reproché son ivrognerie : le fait est faux ; il aimait mieux une tasse de havaroise au chocolat ou au lait qu'une bouteille de vin. On profita souvent de sa bonhomie pour avoir ses tableaux à vil prix : il faisait volontiers un dessin pour un gâteau d'amandes, une tourte, ou toute autre pâtisserie. Le propriétaire de la maison où il occupait une petite chambre, rue du Chantre, le faisait travailler en lui promettant un bon dîner, une poularde et des petits pâtés, ce qu'il récidivait de temps à autre, jusqu'à ce que le tableau fût terminé ; autrement, il n'en aurait rien obtenu. Par ce moyen, il tira du pauvre peintre une collection de tableaux et de dessins qu'il a vendus un très-bon prix. Le limonadier Dalbot, place près du Louvre, a obtenu une belle suite de dessins de Lantara, avec les bavaroises et le café à la crème qu'il lui donnait à ses déjeûners. Lantara, atteint d'une maladie, fut conduit à La Charité ; étant guéri, le supérieur le garda six semaines en convalescence : il échangea avec le peintre des dessins, qu'il lui faisait faire sur des cartes, contre des morceaux de sucre, des confitures et autres friandises. Plus tard, il retourna dans le même hôpital pour une maladie plus grave, dont il ne revint pas; se trouvant à l'article de la mort, le confesseur de l'hospice s'approcha de son lit, et, après le discours usité en pareil cas, il lui dit : « Vous êtes heureux, mon fils, vous allez passer à l'éternité, et vous verrez Dieu face à face. Quoi, mon père, reprit le moribond, toujours de face, et jamais de profil? » Lantara reçut tranquillement l'absolution, et termina son innocente carrière à l'hôpital de La Charité de Paris, le 22 décembre 1778. Son âge, qui n'est pas bien connu, devait approcher de soixante-sept à soixante-huit ans.

Chev. Alexandre LENOIR.

LANTERNE (de *latere*, se cacher), enveloppe d'une forme quelconque, dans laquelle on place une lumière que les courants d'air ne peuvent ainsi éteindre. Les lanternes les plus communes se font en fer-blanc, que l'on crible de petits trous, de fentes étroites, etc. L'air atmosphérique entre facilement par ces ouvertures pour aller alimenter le flambeau que contient la lanterne. Ces sortes de lanternes sont fort simples et très-anciennes. Depuis l'invention du verre à vitres, on fait des lanternes ayant pour parois des carreaux transparents. Les lanternes dites *sourdes* sont de petite dimension; la lumière du flambeau qu'elles renferment en sort au travers d'un verre bombé. Ces lanternes sont portatives, et lorsqu'on veut qu'elles n'éclairent plus, on amène au-devant du verre une sorte de volet.

Avant que les villes de quelque importance fussent éclairées par des réverbères, les lanternes portatives en papier huilé étaient fort communes. On en faisait qui, se repliant à volonté, ne tenaient pas dans la poche plus de place qu'une tabatière. La première fois que les rues de Paris furent éclairées aux frais du public, on consacra à cet usage des lanternes semblables en tout à celles des chiffonniers, qui se composent, comme on sait, d'une petite boîte en carreaux de vitre, au milieu de laquelle brûle une chandelle. Pendant les fureurs de la révolution, il arriva souvent que des hommes odieux à la populace furent pendus aux cordes des *lanternes*. A la *lanterne* les aristocrates? criait-on alors; et il était rare que ce cri terrible ne fût pas suivi d'une prompte exécution.

En architecture, on donne le nom de *lanterne* à une espèce de petit édifice qui couronne un dôme, un comble. Ces lanternes sont toujours percées de fenêtres, et le plus souvent ornées de colonnes. Les dômes de Saint-Pierre à Rome, de Saint-Paul de Londres, des Invalides, de Sainte-Geneviève à Paris, sont couronnés de *lanternes*.

En mécanique, on appelle *lanterne* une sorte de pignon dont les ailes sont des cylindres.

TEYSSÈDRE.

LANTERNE DE DÉMOSTHÈNE. Voyez COUPOLE.

LANTERNE MAGIQUE. La lanterne magique, inventée par Kircher, est un instrument composé d'une boîte ordinairement de fer-blanc, peinte en noir à l'intérieur, et au fond de laquelle est un miroir concave qui réfléchit la lumière d'une lampe placée à son foyer. En avant de la lampe est un verre lenticulaire réunissant les rayons lumineux qui viennent, soit de la lampe, soit du miroir concave. Le miroir porte en avant les rayons qui se répandent derrière la lampe, et la lentille les concentre sur une plaque de verre qu'on tient au delà, et sur laquelle sont peintes les images des objets aussi considérés comme possible, et dans de très-petites proportions : par ce moyen, la lumière qui vient de la lampe placée dans l'intérieur de la boîte, étant ainsi concentrée par la lentille sur l'image qui est derrière, l'éclaire fortement et la rend extrêmement lumineuse. Au delà de cette plaque de verre et une autre lentille, qui reçoit les rayons qui viennent de traverser les images des objets : ces rayons passent ensuite par une ouverture circulaire, percée dans un carton situé convenablement, et tombent sur une troisième lentille, fixée à l'extrémité d'un tuyau mobile, ce qui permet de l'éloigner ou de la rapprocher de la précédente à volonté. On tend ordinairement en face de cette dernière lentille une toile blanche, sur laquelle vont se peindre les images des figures tracées sur la plaque de verre. Il est évident que plus cette toile est éloignée, plus les copies des figures sont grandes, parce que les rayons qui s'échappent de la dernière lentille vont toujours en divergeant, et augmentent ainsi la proportion des figures qui y sont réfléchies. Plus cette distance est grande, plus les objets, il est vrai, sont grands; mais aussi ils sont plus confus, moins distincts et moins éclairés.

V. DE MOLÉON.

LANTERNES (Fête des), la plus solennelle de toutes celles qui se célèbrent en Chine, et dont quelques auteurs chinois font remonter l'origine à la mort de la fille unique d'un mandarin adoré par la population de la province confiée à son administration, tombe le 15 de la première lune et est toujours accompagnée de feux d'artifice, surtout dans les grandes villes. Le jour de cette solennité, on allume dans tout l'empire des lanternes peintes et façonnées, dont quelques-unes ont les dimensions de véritables ballons. Elles sont enveloppées d'une étoffe de soie fine et transparente sur laquelle on représente, avec les plus belles couleurs, des fleurs, des arbres, des rochers, des cavalcades, des vaisseaux qui voguent, des armées qui combattent. Nous devons avouer que ces illuminations si variées doivent être quelque chose de plus agréable à la vue que nos fétides lampions; et nous nous représentons l'effet tout féérique que doit produire l'aspect de ces myriades de lanternes d'où s'échappent des rayons de lumière empruntant au spectre solaire toutes ses couleurs et toutes ses nuances. Les voyageurs parlent aussi dans les termes de l'admiration la plus vive des feux d'artifice qui accompagnent la célébration de la *fête des lanternes*. Les Chinois excellent en effet dans la pyrotechnie, et savent reproduire avec cet art, encore chez nous dans l'état d'enfance, toutes sortes d'objets au naturel. Par exemple, si le feu d'artifice doit représenter une treille, les ceps de la vigne, les branches, les feuilles, les grains, seront distingués par la couleur qui leur est propre, les grappes seront ronges, les feuilles vertes et le bois blanchâtre.

LANTHANE ou **LANTANE**, corps simple métallique, découvert en 1839 par Mosander dans le cérite, où il se présente accompagné du cérium et du didyme. Son nom est dérivé du grec λανθάνειν, être caché, parce qu'il était jusqu'alors demeuré intimement combiné au cérium, avec lequel il offre beaucoup de ressemblance.

Pour obtenir le lanthane, on sépare d'abord par la calcination son oxyde de celui du cérium. Cet oxyde se présente sous forme d'une poudre rouge-brique, que l'action de l'eau bouillante convertit en un hydrate blanc, remenant au bleu la teinture de tournesol rougie par un acide. En chassant l'oxygène à l'aide du chlore, on obtient un chlorure de lanthane, qui, traité par le potassium, donne enfin une poudre grise d'un éclat métallique, qui n'est autre chose que le lanthane pur.

LANTIER (E.-F. DE), auteur du *Voyage d'Anténor*, né à Marseille, au mois d'août 1734, mourut le 31 janvier 1826, à l'âge de quatre-vingt-onze ans. Il avait le grade de capitaine de cavalerie et la croix de Saint-Louis. A ces titres le chevalier de Lantier joignait celui d'académicien de Marseille, depuis 1780, et d'associé d'une foule d'autres petits sénats littéraires de province. Les événements de la révolution troublèrent tant de repos si doux, et diminuèrent son patrimoine, mais sans lui faire perdre de son imperturbable gaîté. Étranger aux excès comme aux doctrines de cette époque, il ne les combattit, à la manière de Rivarol et de Champcenetz, que par des pointes, des épigrammes et des *lazzi*. Depuis lors, tout le sérieux de notre temps ne put détacher ce vieillard des pensées frivoles qui avaient percé sa jeunesse : sous les glaces de quatre-vingt-dix hivers, il faisait encore des poésies badines, comme en 1780. Il avait débuté, au mois de septembre 1768, par *L'Impatient*, petite comédie, offrant quelques détails agréables; son *Flatteur*, représenté en 1782, fit oublier celui de J.-B. Rousseau, et offrit à Molé un rôle de prédilection. Lantier donna encore deux ou trois comédies; il fit des romans, des contes, des poëmes badins; en un mot, assez d'œuvres diverses pour remplir avec son *Anténor* deux gros volumes d'une édition compacte d'*Œuvres complètes*. A tant d'écrits, *Anténor* seul a survécu : le succès de cet ouvrage, constaté par seize éditions, a fait surnommer son auteur l'*Anacharsis des boudoirs*. Ce n'est, au reste, qu'un roman d'imagination, qui ne donne que des idées imparfaites et fausses des mœurs de la Grèce. Lantier était trop léger pour se livrer aux recherches sérieuses que comportait un pareil sujet; il fut heureux de publier son ouvrage à une époque où une production à la fois si frivole et si lestement faite suffisait pour donner un vernis d'érudition et pour défrayer à elle seule une réputation littéraire.   Charles Du Rozoir.

LANTOIR. *Voyez* Banda.
LANUGO. *Voyez* Pileux (Système).
LANZAROTE. *Voyez* Canaries.
LANZI (Luigi), célèbre archéologue italien, né à Monte dell' Olmo, près Macerata, en 1732, entra dans la Société de Jésus, et développa à Rome son goût pour les débris plastiques de l'antiquité. De Rome il vint se fixer à Florence, où en 1782, il publia le *Guida della Galleria di Firenze*. En 1807 il fut élu président de l'Académie della Crusca, à cause de la pureté de son style. Il mourut à Florence, le 30 mars 1810.

Ses deux principaux ouvrages, remarquables par la profondeur d'érudition qu'il y déploie, sont le *Saggio di Lingua Etrusca e di altre antiche d'Italia* (3 vol., Rome, 1789), où, contrairement à l'opinion des savants de l'Italie, il avoue l'influence que la Grèce exerça sur la civilisation étrusque, et sa *Storia pittorica d'Italia dal resorgimento delle belle arte fin presso al fine del XVIII secolo* (Bassano, 1795; 4° édition, 1815), ouvrage qui mériterait d'être traduit en français comme il l'a été en allemand. Il faut encore citer avec éloge sa dissertation *Dei Vasi antichi volgarmente chiamati Etruschi* (Florence, 1806); et ses *Notizie della Scultura degli Antichi*, nouvelle édition, augmentée de *Cenni storici della Vita e delle Opere del Lanzi*, par Inghirami (Florence, 1824). Onofrio Boni a donné, en 1817, une édition de ses œuvres posthumes.

LAOCOON, Troyen illustre, fils de Priam et d'Hécube suivant les uns, frère d'Anchise selon d'autres, cumulait les sacerdoces d'Apollon et de Neptune. A l'aspect du fameux cheval de bois, il descendit avec précipitation de la citadelle, et courut enfoncer sa javeline dans les flancs de ce colosse, qui, gros d'un bataillon de héros grecs, selon l'expression de Virgile, retentirent sourdement. Les crédules Troyens crièrent au sacrilége. En vain le prêtre de Neptune leur répétait-il : « L'ennemi est caché dans ces vastes cavernes de bois; craignez les Grecs et leurs présents. » Il eut le sort de Cassandre; ses avis furent emportés par le vent. Un sinistre événement, qui épouvanta Ilion, et qu'elle regarda comme la manifestation du courroux des dieux contre l'impiété du prêtre d'Apollon, la fortifia dans son fatal aveuglement. Laocoon sacrifiait un taureau à Neptune sur le rivage de la mer, quand, sortis de Ténédos, deux monstrueux serpents, nageant de front, la crête dressée et sanglante, s'élancent sur la rive troyenne, et saisissent dans leurs replis les deux jeunes enfants du prêtre de Neptune, Antiphate et Thymbræus. Le malheureux père, un dard à la main, vole à leurs secours; mais déjà les reptiles se sont jetés sur lui, l'étreignent et l'étouffent, avec ses fils, dans leurs nœuds redoublés.

Virgile, au deuxième livre de l'*Énéide*, nous a laissé un horrible tableau de cette scène; il se serait, dit-on, inspiré à Rome du magnifique groupe du Laocoon que nos conquêtes ont exposé longtemps aux regards émerveillés dans notre Muséum. On est à peu près certain que ce chef-d'œuvre de la statuaire grecque, faussement attribué à Phidias, et qui n'a de rival, dans un autre genre, toutefois, que l'Apollon du Belvédère, date du règne d'Alexandre le Grand, et qu'il est l'œuvre d'Agésandre, de Polydore et d'Athénodore de Rhodes. Laocoon est sorti du ciseau du premier, qui était le père des deux autres, auxquels il confia l'exécution des enfants du prêtre de Neptune; et l'admirable perfection de son travail surpasse les deux œuvres de ses fils : toutefois, leur harmonie dans ce beau groupe dit assez qu'Agésandre dirigeait leur ciseau.

Lessing prétend que ces trois sculpteurs furent contemporains de Titus.

Ce qui domine dans le Laocoon, c'est la douleur physique, à demi pensive, concentrée avec effort, sans défiguration des traits, sans poses effroyables à l'œil, sans contorsions hideuses : il ne pousse point au ciel d'horribles hurlements, comme dans Virgile; seulement, des gémissements sourds semblent s'exhaler de sa bouche entr'ouverte; ses yeux, levés tristement vers le ciel, paraissent accuser pieusement les dieux de leur injustice. Son thorax, où les extrémités et la limite des côtes se prononcent fortement, est soulevé sous les cris de douleur qu'il y étouffe par la seule énergie de son âme; ses viscères semblent se retirer sur eux-mêmes, tant sont horribles les souffrances qu'il ressent des morsures réitérées d'un des reptiles, dont il s'efforce en vain, d'une main vigoureuse, d'écarter la tête attachée à son flanc gauche. De ce côté seulement, tous les muscles contractés et tendus de sa cuisse puissante attestent l'excès de la douleur physique; l'autre cuisse, sans vigueur, s'abandonne à l'autre reptile, qui a la lie de ses nœuds. Les deux enfants, garrottés par les replis des deux serpents, sont trop faibles pour lutter contre de tels monstres : ils lèvent douloureusement les yeux et la tête vers leur père, qui les dépasse de presque tout le torse. Faute d'examen, Pline a avancé que ce groupe était taillé dans un seul bloc de marbre; on s'est aperçu depuis que l'aîné des deux enfants, si bien joint au reste de l'œuvre, avait été travaillé séparément. La plinthe sur laquelle il repose est figurée par deux marches d'autel. Laocoon a les pieds d'une longueur inégale, telle était l'entente de la perspective chez les anciens.

Cette merveille antique fut retrouvée par Félix de Frédis, sous la voûte d'une salle, qui paraît avoir fait partie des Thermes de Titus : elle était placée à l'extrémité de cette salle, dans une grande niche. Le pape Léon X récompensa Félix de Frédis par la place de secrétaire apostolique, le 19 novembre 1517. Le groupe fut placé à Rome dans le Belvédère, d'où l'enlevèrent nos armées victorieuses. Le bras droit de Laocoon avait été mutilé et perdu : on confia à Michel-Ange cette réparation. Ce morceau ne put être achevé : il resta longtemps sur la plinthe du groupe, tout ébauché. Ce bras devait se recourber sur la tête du prêtre de Neptune; celui que fit depuis Bernini s'en écarte, au contraire, de toute sa longueur : c'était beaucoup mieux comprendre, à notre avis, la pensée du groupe : par ce moyen, la magnifique tête du prêtre troyen s'isole, sans accessoires qui distrayent de sa contemplation, et se découpe sur le ciel, qu'il semble accuser. Cette œuvre admirable du ciseau grec, que se disputent les conquérants de l'Europe, nous fut reprise à la chute de l'empire. *Canova* fut chargé du transport de ce groupe dans la cour du Belvédère, au Vatican. Le genie Florence en possède une copie en bronze, de Sansovin. Une autre belle copie, de Bandinelli, orne la galerie Médicis à Florence.   Denne-Baron.

LAODICÉ, fille de Priam et d'Hécube, et suivant des écrivains postérieurs d'Acamas, et mère de Munitos, fut suivant les uns enlevée par la terre lorsqu'elle s'enfuit après la prise de Troie, et suivant d'autres se précipita du haut d'un rocher, de désespoir d'avoir perdu son fils.

LAODICÉ, fille d'Agamemnon et de Clytemnestre, est appelée par les poëtes tragiques *Électre*.

LAODICÉE. Plusieurs villes de l'ancienne Asie ont porté ce nom, qu'elles devaient toutes à quelque princesse du nom de Laodicé, qui les avait fondées ou protégées. Nous ne citerons que les quatre principales :

Laodicæa ad mare, située dans la Cœlé-Syrie, entre le mont Bélus et la mer. C'était une ville maritime, bien bâtie, dont le port fut longtemps le meilleur et le plus fréquenté de la Syrie. Ses environs, très-fertiles, alimentaient Alexandrie en fruits, et surtout en vins exquis. Cette ville, qui d'abord s'appelait *Ramitha*, ne dut son nom de Laodicée qu'à Séleucus Nicanor, qui le lui donna en l'honneur de Laodicé, sa mère. C'est sous les Séleucides, et pendant l'ère romaine, qu'elle fut surtout florissante. Au moyen âge elle déchut; les Tatares, les Mongols et les Turcs la ravagèrent tour à tour et la laissèrent dans un état de ruine que les deux tremblements de terre de 1796 et de 1822 ont encore accru. Aujourd'hui son nom est *Latakieh*; ses vastes débris s'étendent sur le bord de la mer, à trente lieues au nord de Tripoli. Son port, toujours commode, est peu fréquenté; toutefois, quelques nations y entretiennent un consul. Un évêque grec y réside. Les seules choses remarquables y sont les ruines; entre autres, dans la partie méridionale de la ville, un arc de triomphe élevé en l'honneur de Septime Sévère et servant maintenant de portique à un bazar flanqué de boutiques, de caravansérais et de bains. Le tabac et le coton, et surtout les vins très-recherchés que produisent ses environs, y sont la seule branche de commerce. On n'y compte guère que 5,000 habitants.

Laodicæa combusta, comprise dans la partie de l'Asie Mineure appelée Lycaonie. Elle fut longtemps considérable. Mais sous Néron un tremblement de terre, qui la renversa dans le lac sur lequel elle est assise, et des flammes élancées de son sol volcanique la détruisirent à jamais. Ses ruines, qui servent de repaire à quelques centaines d'habitants se voient aujourd'hui à quelques lieues de Konieh (l'ancien *Iconium*), dans la Caramanie.

Laodicæa ad Lycum, d'abord nommée *Diospolis*, puis *Rhoas*, avait été accrue, sinon fondée par Laodicé, mère d'Antiochus Théos. Elle était fort avantageusement assise dans la plus belle partie de la Phrygie, à la jonction du Lycus et de l'Halys. Son commerce de laines était célèbre. Cette ville fut de bonne heure ouverte au christianisme. Saint Jean dans son Apocalypse (liv. III) gourmande déjà l'indifférence des prêtres de son église. Un concile s'y tint en 314, selon quelques-uns; en 319, selon Baronius (*Annales*, liv. III). On y traita de la réformation des mœurs et des grandes questions ecclésiastiques : le sacrifice de la messe, le jeûne du Carême, la distinction à établir entre le prêtre et l'évêque, la pénitence publique, etc. En 476 il s'y tint un synode en faveur de l'évêque d'Antioche, Étienne II, que les Eutychéens massacrèrent à l'autel. Cette même Laodicée fut prise par les Turcs en 1255, et dévastée par Tamerlan en 1402. Aujourd'hui, elle est en ruines, et les Turcs l'appellent Eski-Hissar.

Laodicæa Scabiosa, dans la Syrie méridionale, à la source du Farfart, entre le Liban et l'Héliopolis et à quelques lieues au-dessus d'Homs. Elle fut florissante sous les Romains; elle fut rebâtie presque tout entière au temps de Jules César, et elle en prit le nom de *Ἰουλιέων*, qu'on trouve sur ses médailles. Seule entre toutes les villes appelées comme elle, elle avait le titre de métropole. Théodose l'en priva après la révolte d'Antioche, pour le donner à la Laodicée maritime. Aujourd'hui elle est en ruines, et s'appelle *Jouschia*. Édouard FOURNIER.

LAOMÉDON, fils d'Ilus et d'Eurydice, était roi de Troie, époux de Strymo, ou Placéa, ou encore Leucippe, et père de Tithocros, de Lampos, de Clytios, d'Hicétaon, de Podarcès, d'Hiscone, de Lilla, d'Astyoche et de Bucolion, enfant illégitime. Apollon et Neptune, en punition d'avoir tenté d'enchaîner Jupiter, furent condamnés à entrer à son service, et il les employa à reconstruire les murs de Troie. Quand ils eurent achevé leur tâche, Laomédon, manquant à sa parole, ne leur paya point le salaire convenu. Le premier s'en vengea en faisant ravager les États de ce prince par la peste, l'autre en y envoyant un monstre marin aux embrassements duquel Laomédon dut abandonner sa fille Hésione. Hercule, dont on n'invoqua pas en vain l'assistance, la délivra ; mais, lui aussi, il ne put obtenir du fourbe Laomédon le salaire qui lui avait été promis pour ce service. En conséquence, Hercule marcha contre Troie, s'en rendit maître, et tua Laomédon avec tous ses fils, à l'exception de Podarcès. Son tombeau se trouvait près de la porte de Scœa, et suivant la tradition le salut de Troie tenait à sa conservation.

LAON, ville de France, chef-lieu du département de l'Aisne, à 127 kilomètres de Paris, avec 10,099 habitants, un tribunal de première instance, un collége, une école normale, un petit séminaire, un établissement de sœurs de la charité, et cette ville fut le dernier boulevard des Carlovingiens en France. Hugues Capet s'en empara, sur Charles de Lorraine, par la trahison de l'évêque Adalbéron. Laon fut une des premières villes érigées en c o m m u n e s ; mais les évêques refusèrent d'acquiescer à la charte du roi, et les bourgeois soutinrent contre eux une longue et sanglante lutte qu'a très-bien racontée M. Augustin Thierry. Elle finit par l'abolition du prélat, et la commune de Laon fut abolie sous Philippe de Valois. C'était en effet un personnage d'une haute importance que l'évêque de Laon : il était pair de France et portait la sainte ampoule au sacre des rois. On sait le rôle important que joua Robert Lecoq. Lors des guerres des Armagnacs et des Bourguignons, Laon fut tour à tour au pouvoir des deux partis; mais ces derniers finirent par la céder aux Anglais. Dix ans après, en 1429, elle chassait les étrangers de ses murs et ouvrait ses portes à Charles VII. Au temps de la Ligue, après plusieurs combats livrés sous ses murs, elle se rendit en 1594 à Henri IV, qui y fit bâtir une citadelle, dont il ne reste plus que quelques vestiges. Elle souffrit beaucoup des guerres de la Fronde. Napoléon y livra le 10 mars 1814 une dernière bataille aux Prussiens; et l'année suivante, après avoir servi de point de ralliement à l'armée mise en déroute à Waterloo, elle soutint, quoique en partie démantelée, un siège de quinze jours contre les alliés.

Assise sur une montagne escarpée, mais peu élevée, un petit nombre de monuments embellissent cette ville; mais sa cathédrale gothique, avec ses quatre tours environnant la principale entrée, est très-remarquable. L'église Saint-Martin offre quelques curieuses sculptures; l'ancienne abbaye de Saint-Jean est aujourd'hui l'hôtel de la préfecture; citons encore la *tour penchée*, qui forme la pointe de l'angle d'un bastion, du côté de la route de Soissons. La vieille et immense tour de Louis d'Outre-mer a été démolie en 1832, malgré les vives réclamations des archéologistes et de M. Victor Hugo en particulier. Près de la promenade extérieure se trouvent les ruines de l'abbaye de Saint-Vincent, fondée par Brunehaut.

Cette ville, que l'on croit construite sur l'emplacement de l'ancienne *Bibrax* de César, eut à soutenir les assauts des Alains, des Suèves, des Vandales et des Huns. En 493 elle fit sa soumission à Clovis, et passa, sous Clotaire, du royaume de Soissons dans celui d'Austrasie. Pépin s'en empara en 742; et les Normands l'assiégèrent inutilement en 882. Charles le Simple en fit la capitale du royaume. Louis d'Outre-mer s'y fit sacrer, et cette ville fut le dernier boulevard des Carlovingiens en France. Hugues Capet s'en empara, sur Charles de Lorraine, par la trahison de l'évêque Adalbéron. Laon fut une des premières villes érigées en c o m m u n e s ; mais les évêques refusèrent d'acquiescer à la charte du roi, et les bourgeois soutinrent contre eux une longue et sanglante lutte qu'a très-bien racontée M. Augustin Thierry. Elle finit par l'abolition du prélat, et la commune de Laon fut abolie sous Philippe de Valois. C'était en effet un personnage d'une haute importance que l'évêque de Laon : il était pair de France et portait la sainte ampoule au sacre des rois. On sait le rôle important que joua Robert Lecoq. Lors des guerres des Armagnacs et des Bourguignons, Laon fut tour à tour au pouvoir des deux partis; mais ces derniers finirent par la céder aux Anglais. Dix ans après, en 1429, elle chassait les étrangers de ses murs et ouvrait ses portes à Charles VII. Au temps de la Ligue, après plusieurs combats livrés sous ses murs, elle se rendit en 1594 à Henri IV, qui y fit bâtir une citadelle, dont il ne reste plus que quelques vestiges. Elle souffrit beaucoup des guerres de la Fronde. Napoléon y livra le 10 mars 1814 une dernière bataille aux Prussiens; et l'année suivante, après avoir servi de point de ralliement à l'armée mise en déroute à Waterloo, elle soutint, quoique en partie démantelée, un siège de quinze jours contre les alliés.

LAON (Bataille de). C'est la quatrième des grandes batailles livrées par Napoléon, en 1814, sur le territoire de la France.

Après la bataille de C r a o n n e, l'empereur, quoique réduit à moins de 30,000 hommes, voulut poursuivre cet avantage, et prévenir surtout le retour de l'aile gauche des alliés, que la nuit et des chemins impraticables avaient tenue éloignée du champ de bataille. Marmont et le duc de Padoue

LAON — LAOS

s'avancèrent par la route de Reims, Napoléon et le gros de l'armée suivirent celle de Soissons. Le maréchal Ney, arrivé à la tête de l'avant-garde au défilé d'Étouvelle, essaya, le 8 mars, de le forcer et d'enlever la ville de Laon. Repoussé dans cette tentative, il la renouvela vers une heure du matin, surprit les Russes dans leur premier sommeil, les éveilla dans Étouvelle à coups de baïonnette, et parvint jusqu'au village de Clacy, où le chef d'escadron Gourgaud arrivait par un détour avec un millier d'hommes. Le général Belliard déboucha vivement de ce village à la tête d'une forte cavalerie, et, suivant les ordres de l'empereur, crut entrer pêle-mêle avec les fuyards dans la ville ; mais, arrivé au pied de la montagne, il fut accueilli par un tel feu de mitraille, qu'il se vit contraint d'attendre le jour pour savoir à quelles forces il avait affaire : elles étaient considérables. Blücher avait rallié tous les corps de l'armée de Silésie, et présentait une masse de 100,000 hommes à un agresseur qui en comptait à peine trente mille. La droite des alliés s'appuyait aux collines entre Thierret et La Neuville; leur centre couvrait les abords et la montagne de Laon, leur gauche s'étendait jusqu'aux hauteurs d'Athies. Une nombreuse artillerie défendait cette ligne formidable, et l'on ne conçoit pas que Napoléon ait eu la pensée de l'attaquer de front avec une poignée de braves.

Ses avant-gardes s'emparèrent cependant, le 9 mars au matin, des villages de Leully, d'Ardon et de Semilly. Jusqu'à onze heures Blücher se maintint sur la défensive. Reconnaissant alors la faiblesse de l'armée française, il lança sur elle des masses d'infanterie, qui chassèrent nos bataillons de ces deux derniers postes; mais les charges de Belliard arrêtèrent heureusement ces colonnes, et l'infanterie, ayant repris ses positions, y soutint pendant quatre heures les assauts de l'armée prussienne. L'empereur reconnut toutefois la difficulté de cette attaque. Son espoir était dans le duc de Raguse, qui devait arriver par la route de Reims sur la gauche de Blücher. Mais Marmont ne paraissait pas : les Cosaques interceptaient toute communication entre Napoléon et son lieutenant. La prudence conseillait d'attendre. L'impatience la fit taire, et à cinq heures du soir une attaque générale fut résolue. Les divisions Charpentier, Boyer de Rebeval, Curial et Friant assaillirent par plusieurs chemins la position de Clacy, et l'enlevèrent de vive force. Mais pendant que l'empereur obtenait ce triomphe sur sa gauche, les Prussiens de Bulow forçaient encore son centre, et chassaient du village d'Ardon la division Poret de Morvan. La nuit surprit les deux partis; et le combat fut remis au lendemain. Le duc de Raguse s'était avancé pendant ce temps par la route des Reims; il avait culbuté à Vesluel les avant-postes prussiens d'York, et chassé ce corps du village d'Athies.

Cependant Blücher, qu'avait étonné jusque là l'audace de ce petit nombre de Français qui l'avaient combattu toute la journée, crut, en apprenant ce nouveau combat, que toutes les forces de Napoléon étaient dirigées contre les positions du général d'York. Les corps de Saken et de Langeron avaient couru le renforcer; et comme il avait été facile au premier de reconnaître le petit nombre de troupes qu'il avait devant lui, ces trois corps réunis fondirent à l'improviste, au milieu de la nuit, sur les bivouacs du duc de Raguse. L'artillerie eut à peine le temps de faire une décharge : les avant-postes furent forcés, culbutés; le gros du sixième corps français essaya vainement de se reformer sur la chaussée. Le général Kleist arriva sur ses derrières avec des forces nouvelles, et jeta une terreur panique dans nos faibles divisions. Infanterie, artillerie, cavalerie, tout s'enfuit en désordre jusqu'à Fécieux : l'ennemi ramassa 2,500 prisonniers, quarante canons, 131 caissons; et si l'intrépide Fabvier n'eût rallié quelques hommes d'élite pour en former une arrière-garde, s'il n'eût arrêté les Prussiens et les Russes par sa fermeté, le duc de Raguse eût infailliblement perdu tout son corps d'armée.

Blücher ordonna aux cinquante mille hommes qui avaient obtenu cet avantage de pousser jusqu'à Reims, pour couper la retraite à l'empereur ; et le reste de son armée demeura dans les positions de Laon à attendre ce que ferait son ennemi. Napoléon est informé de ce désastre : il n'a plus avec lui que dix-huit mille combattants, et ses illusions ne sont pas détruites. Le 10, au point du jour, Blücher le revoit encore dans son camp de la veille : il le fait attaquer par les trois divisions russes de Woronzow ; mais ces divisions, sans cesse renforcées par des réserves, échouent dans cinq attaques successives contre le village de Clacy, que défendent Charpentier et Boyer de Rebeval. Blücher se lasse ; il n'a pas besoin d'ailleurs de cette lutte. Inexpugnable dans ses positions, il attend que les nôtres viennent s'y briser ou se retirer. Acharnement inconcevable! l'empereur prend le premier de ces partis, et en subit la fatale conséquence. Les divisions Curial et Meunier s'élancent en vain du village de Semilly : le feu des batteries prussiennes les y repousse. « Tournons cette position, dit l'empereur ; » et Drouot va chercher un passage pour exécuter cet ordre. Son retour et sa franchise ne peuvent éclairer son chef. Belliard et sa cavalerie poussent une seconde reconnaissance sur la route de La Fère ; ils y trouvent de formidables masses d'infanterie, et reviennent confirmer le rapport de Drouot. N'importe, il faut avoir recours aux supplications pour décider Napoléon à la retraite. Il repasse enfin le défilé d'Étouvelle sans être poursuivi par Blücher, se replie jusqu'à Soissons, où il arrive le 11, et, confiant aux maréchaux Mortier et Marmont la surveillance de l'armée de Silésie, court vers l'Aube se venger sur Schwarzemberg, en lui livrant, le 20 mars, l'inutile bataille d'Arcis, où de nouvelles pertes sans compensation ne font qu'aggraver sa position désespérée.

VIENNET, de l'Académie Française.

LAOS. Les régions montagneuses et les vallées alpestres situées entre les royaumes de l'Inde transgangétique (Birma, Siam, Anam) et la Chine, sont habitées par diverses peuplades indépendantes, vivant sous l'autorité héréditaire de princes indigènes, qui reconnaissent ostensiblement la souveraineté des royaumes voisins. De même que les Siamois, avec lesquels ils ont beaucoup d'affinités de race, ces peuplades se désignent elles-mêmes sous le nom de *Taï*, c'est-à-dire les Magnifiques, ou encore sous celui de Lowas. Les Birmans leur donnent le nom de *Schan*, d'où l'on a fait *Siam*; enfin, les Chinois les nomment pour la plupart *Lotos*, nom dérivé de la dénomination indigène Lowas, et dont à leur tour les Européens ont fait *Laos*. La grande contrée intermédiaire habitée par ces peuplades ne touche à la mer par aucun côté; aussi n'a-t-elle jusqu'à ce jour été visitée que par un très-petit nombre d'Européens, et est-elle demeurée l'une des régions de l'Asie les moins connues. Tout ce qu'on sait, c'est que tout l'arc s'étendant du cours inférieur du Brahmapoutra au golfe de Tonking a reçu de ses habitants le nom de Laos, que le sol en est fertile et riche en métaux précieux. Ce pays récolte en abondance d'excellent riz, du benjoin, de la gomme laque et autres produits précieux. Les Laos parlent une langue particulière, proche parente de celle des Siamois, et habitent fort avant encore dans la Chine, où on les comprend parmi les *miaotsé* ou clans autochthones. Pas plus que les Chinois, les Laos ne peuvent prononcer distinctement le son r. L'Américain Malcolm, qui s'est renseigné à ce sujet à Ava, près des princes *Schan*, estime le nombre de la partie de ce peuple fixée dans le Birma, et non compris celles qui habitent d'autres pays, à trois millions. Les Laos font un commerce de transit assez important entre l'Empire du Milieu et les populations indochinoises, et fréquentent à cet effet Ava, Rangoun, Bankok et autres places commerciales. Le bouddhisme, religion dont ils font profession, s'est introduit depuis bien longtemps déjà parmi eux, et y fut, dit-on, propagé par des Siamois. La littérature des Laos, très-nombreuse comme celle de tous les peuples bouddhistes, se compose de leurs livres sacrés, de légendes merveilleuses et de romans. Comme les Birmans et les Siamois, ils se servent pour écrire de feuilles de palmiers. Tout ce qui a trait aux affaires civiles s'écrit sur du papier grossier, avec une espèce de craie. C'est à l'époque de la première guerre que les Anglais eurent à soutenir contre les Birmans (1824-1825) que les Laos se trouvèrent pour la première fois en contact avec des Européens. Ils envoyèrent aux Birmans un corps auxiliaire de 15,000 hommes, qui éprouva une déroute complète à Promé, le 6 novembre 1825. Dans la dernière guerre contre les Birmans, il n'a point été question de secours que ceux-ci aient reçus des Laos; on a dit, au contraire, que les défaites essuyées par les Birmans en 1851 et 1852 les ont singulièrement réjouis, et qu'ils ont même pris les armes contre le roi d'Ava.

LAOTSÉ. Des trois religions qui jouissent de droits égaux à la Chine, l'une, celle de Fo, ou le bouddhisme, y a été introduite de l'Inde, les deux autres, la doctrine de Confucius et la croyance en Tao ou religion du droit chemin, sont indigènes et nationales, et ont de tout temps existé dans l'Empire du Milieu. Laotsé, qui, à l'instar de Bouddha chez les bouddhistes, est considéré par ses adhérents tout à la fois comme Dieu et comme homme, passe pour le fondateur de la croyance en Tao. Lao homme naquit en l'an 515 av. J.-C., dans un village du cercle d'Honan, appelé autrefois Kouhien et aujourd'hui Louhien, et était contemporain de Kongtsé ou Confucius, mais plus âgé que lui. On ignore l'année de sa mort. A l'époque où il était historiographe de la dynastie Tschéou, Kongtsé vint le visiter pour obtenir de lui les renseignements sur les anciens sages et leurs doctrines. La réponse de Lao et les observations qu'elles suggérèrent à Kongtsé sont considérées par les Chinois comme extrêmement remarquables, et on les cite souvent. A cette occasion, Lao prononça entre autres cette sentence : « Le vrai sage accepte une fonction quand les temps sont favorables ; il l'abandonne quand ils deviennent mauvais » ; maxime qu'il mit lui-même en pratique, car à la suite des troubles de plus en plus graves auxquels était en proie l'empire de Tschéou, il se retira dans les régions du nord-ouest, où il disparut, sans laisser de traces. A la prière d'un de ses amis, il composa le célèbre ouvrage intitulé *Toa-té-King* (c'est-à-dire le livre de la force et de l'effet), qui est divisé en deux livres, mais qui est du nombre des plus difficiles productions de la littérature chinoise. M. Stanislas Julien a essayé de le traduire, sous le titre de *Le Livre de la Voie et de la Vertu* (Paris, 1842). Neumann a publié, avec traduction allemande, sous le titre de : *École de l'Empire du Milieu* (Munich, 1836), un autre écrit de l'école de Laotsé, mais qui ne suffit point pour la connaissance complète de la philosophie religieuse des *Taossé*, c'est-à-dire des disciples de l'esprit, ainsi qu'on nomme ordinairement les adhérents de Laotsé. Tandis que, d'après les tendances de la doctrine de Confucius, l'honnête homme agit pour le bien de sa patrie et de l'humanité tant qu'il vit, en suivant les préceptes de Tao il se retirera du tumulte du monde pour vivre dans la solitude et la méditation. Sous ce rapport, il y a donc une certaine affinité entre la religion de Tao et le bouddhisme; aussi l'une et l'autre comptent-ils un grand nombre de couvents d'hommes et de femmes. Tout ce système religieux est enveloppé d'un épais réseau de superstitions et de miracles, d'apparitions d'esprits et de sortilèges, parmi lesquels l'eau d'immortalité joue un grand rôle. Ses prêtres sont donc très-aimés parmi le bas peuple. On les appelle d'ordinaire pour exécuter les cérémonies prescrites pour l'adoration des dieux du pays. La bibliothèque de Munich contient une collection complète des nombreux ouvrages composés par les adhérents de cette religion.

LA PALISSE ou LA PALICE (JACQUES DE CHABANNES, seigneur DE). Le nom de ce vaillant capitaine, que depuis la sotte chanson de La Monnoye le peuple ne connaît que sous le titre de *Monsieur de La Palice*, a obtenu une immortalité bouffonne à laquelle il ne devait pas s'attendre. Un des plus grands hommes d'armes de son temps à une époque où florissaient les Bayard, les Gonsalve de Cor-

doue et tant d'autres, La Palisse suivit Charles VIII à la conquête de Naples, prit part aux diverses expéditions de Louis XII en Italie, se signala surtout dans la campagne de 1512 contre les confédérés de la sainte Ligue, contribua pour beaucoup à la victoire de Ravenne, et effectua ensuite heureusement sa retraite. A la seconde bataille de Guinegate il fut fait prisonnier ; en 1515 il assista à la journée de Marignan, en 1522 à celle de La Bicoque ; il sécourut ensuite Fontarabie, et fit lever le siége de Marseille ; enfin, il trouva la mort, en 1525, aux champs de Pavie, où il fit, dit Brantôme, « d'aussi beaux combats que jamais il en avoit faits au plus beau de son âge ». Renversé de cheval, il fut fait prisonnier par un Italien ; un Espagnol prétendit avoir sa part de la capture, et par conséquent de la rançon. L'Italien ne voulut pas y consentir : alors l'Espagnol tira un coup d'arquebuse à bout portant au vieux guerrier, et l'étendit mort sur le champ de bataille. « Il ne pouvoit mourir autrement, dit encore Brantôme ; car qui a bon commencement a bonne fin. » JONCIÈRES.

LAPER. *Voyez* BOIRE.

LA PÉROUSE (JEAN-FRANÇOIS GALAUP, comte DE), célèbre navigateur, né à Albi, en 1741, venait d'atteindre la quinzième année quand il fut nommé garde de la marine, le 19 novembre 1756. En cette qualité, il prit part, le 20 novembre 1759, à la hauteur de Belle-Ile, au combat désastreux que l'escadre française du maréchal de Conflans eut à soutenir contre l'escadre anglaise de l'amiral Hanke. Grièvement blessé et fait prisonnier, il était, après de nouvelles campagnes, promu aux grades d'enseigne en 1764, et de lieutenant de vaisseau en 1777. L'année suivante ayant rallumé la guerre entre la France et l'Angleterre, il fut appelé au commandement d'une frégate faisant partie de l'armée navale du comte d'Estaing. L'année 1782 le retrouve au Cap-Français (Haïti), commandant depuis deux ans un vaisseau de ligne. Il n'a pas encore plus de quarante-et-un ans, et comme marin nul ne lui refuse de grandes capacités : il a continuellement navigué sur toute espèce de navire et dans toutes les mers, soit en sous-ordre, soit en qualité de commandant. Peu d'officiers peuvent présenter une carrière aussi activement remplie : il a assisté à plusieurs combats, plus d'une fois même il a pris aux Anglais des bâtiments de guerre ; et pourtant la malignité des officiers de son corps ne l'épargne pas ; c'est une opinion reçue *qu'il a peur de la poudre...* Du reste, plein d'esprit et de vivacité, agréable dans ses rapports avec ses égaux et avec ses inférieurs, il est d'un caractère doux, égal, pétillant de gaieté et d'inoffensantes saillies. Mais nulle occasion encore n'a fait éclater en lui des talents supérieurs, quand il reçoit l'ordre d'aller ruiner avec une escadre les établissements anglais de la baie d'Hudson. On y arrive à une année fort rude, même pendant l'été, sous le cercle polaire ; il trouva la baie gelée, partout d'immenses bancs de glace, des brumes impénétrables et souvent des tempêtes de neige que le vent amenait du pôle. Au milieu de tous ces périls, il déploya une sagacité remarquable, une haute intelligence des ressources de la navigation ; il échappa aux éléments réunis contre lui ; son expédition fut heureuse : il détruisit les établissements de la Compagnie anglaise, et cependant il fit la guerre en ennemi généreux. Il revint dans sa patrie, rapportant avec ses succès une réputation incontestable d'habile marin.

La France était alors agitée de vagues rêveries de liberté, qui inquiétaient le gouvernement. Les ministres représentèrent au roi « que s'il tenait à détourner ses sujets de l'anglomanie et de leur passion de priorité destructrice du bon ordre et de la paix, il fallait les amuser par des idées nouvelles ». Louis XVI, voulant donc porter l'attention de la France vers les contrées lointaines, accepta la proposition d'un voyage autour du monde, et en rédigea lui-même les bases. Il devait avoir pour but de nouer des relations commerciales et de reconnaître des terres inconnues, de recueillir des données précieuses sur la pêche de la baleine dans l'océan Méridional, au sud de l'Amérique et du cap de Bonne-

Espérance; sur la traite des pelleteries dans le nord-ouest de l'Amérique, leur transport en Chine et même au Japon; enfin, d'explorer soigneusement la partie nord-ouest de l'Amérique, les mers du Japon, les îles de Salomon, la bande sud-ouest de la Nouvelle-Hollande. Jusque là les côtes de la Tatarie et du Japon n'étaient connues que par les récits de quelques missionnaires. La Pérouse fut choisi pour commander cette expédition. Il partit de Brest le 1er août 1785, avec les frégates *La Boussole* et *L'Astrolabe*, remonta au 60me degré de latitude septentrionale, vers le nord-ouest de l'Amérique, redescendit ensuite l'espace de 5 à 600 lieues jusqu'à Monterey. Dans cet immense parcours, qu'il fit en quelques mois, il reconnut le port des Français, qui avait échappé aux explorations du célèbre Cook. Ce ne fut pas, du reste, sans périls qu'il aborda sur cette terre; les habitants lui furent inhospitaliers, et la mer engloutit plusieurs de ses compagnons. De là il se rendit sur les côtes de la Tatarie et du Japon, et découvrit en route l'île Necker, sous le tropique du Cancer. Tout ce qu'on savait de ces parages n'était qu'un chaos : il le débrouilla, traça les contours des rivages, marqua les baies où il s'arrêta, parcourut le canal qui sépare l'île Ségalion de la Corée, puis redescendit vers les terres de la Nouvelle-Hollande : heureusement, il eut soin d'expédier en Europe le journal de ses excursions. Pour achever de remplir ses instructions, il remontait dans le nord des Nouvelles-Hébrides, quand tout à coup le fil qui pouvait guider sur ses traces se brisa...

Personne n'entendit plus parler de La Pérouse ; parfois seulement quelques vagues récits, tel qu'un écho incertain de l'air, rappelaient son nom au monde; mais les ténèbres s'épaississaient de plus en plus autour de son tombeau. L'Assemblée constituante, touchée de ses malheurs et de sa gloire, vota l'impression des débris de voyage qu'il avait envoyés en Europe ; elle invita en même temps tous les voyageurs à ne laisser échapper aucun renseignement qui pût révéler les destinées dernières des compagnons de La Pérouse. En septembre 1791, le contre-amiral D'Entrecasteaux partit avec ordre de visiter tous les points où il avait dû toucher après son départ de Botany-Bay ; mais ses recherches n'eurent aucun résultat. Ainsi resta inconnu le sort de cette expédition jusqu'en septembre 1827, que le capitaine anglais Pierre Dillon, naviguant au nord des Nouvelles-Hébrides, trouva sous l'eau, au milieu des récifs dont est hérissé le pourtour de la plus grande île du groupe de Vanikoro, des débris de navires et une multitude d'objets qui avaient évidemment appartenu aux naufragés de *La Boussole* et de *L'Astrolabe*, et qui sont aujourd'hui déposés au Musée Naval du Louvre; il paraîtrait même, au rapport des vieillards du pays, qu'une partie de l'équipage aurait échappé au désastre. Ainsi fut fixé le lieu où les deux frégates, naviguant de conserve, et très-près l'une de l'autre, auraient touché pendant la nuit l'écueil alors inconnu, se seraient entr'ouvertes et auraient été englouties. Le capitaine Dillon consacra ce fatal événement en donnant à l'île le nom de La Pérouse. On peut consulter à ce sujet sa relation et le rapport qu'en a fait M. Freycinet à l'Académie des Sciences. Plus tard, en 1828, le capitaine Dumont d'Urville visita le même lieu avec la corvette *L'Astrolabe*, recueillit encore quelques débris du naufrage, et reconnut l'exactitude des faits rapportés par le capitaine Dillon. Ainsi, c'est contre la barrière des récifs de Vanikoro que se sont brisés La Pérouse et ses compagnons. *L'Astrolabe* leur a consacré sur un rocher un monument funéraire : un mausolée en pierres rudes, surmonté d'un obélisque quadrangulaire, porte à l'une de ses faces, sur une plaque de plomb, cette inscription :

A LA MÉMOIRE
DE LA PÉROUSE
ET DE SES COMPAGNONS.
L'ASTROLABE,
14 MARS 1828.

Théogène Page, capitaine de vaisseau.

LA PEYRONIE (François GIGOT DE), chirurgien, né à Montpellier, en 1678, était fils d'un homme qui exerçait avec distinction la même profession. La Peyronie, après avoir fait ses études spéciales dans sa ville natale, vint à Paris, et Maréchal, chirurgien de l'hôpital de La Charité, l'admit au nombre de ses élèves particuliers. Plus tard il lui fit donner la survivance de sa charge de premier chirurgien du roi. La Peyronie suivit en cette qualité Louis XV en Flandre, et réforma de nombreux abus dans le service de santé militaire. Il s'efforça également de réhabiliter sa profession devant l'opinion publique, et de rompre l'antique et ridicule alliance qu'elle avait avec la barberie. Il y réussit. C'est encore à lui que l'on dut la création de l'Académie de Chirurgie. On sait les vives réclamations des médecins à ce sujet; La Peyronie, échauffé par l'ardeur de la lutte, alla trouver D'Aguesseau, et le pria d'élever un mur d'airain entre les deux corps. « Je le veux bien, répondit le chancelier ; mais de quel côté faudra-t-il placer le malade ? » Louis XV aimait et estimait La Peyronie; il lui donna des titres de noblesse, et le gratifia successivement d'une charge de maître d'hôtel chez la reine, d'une autre de gentilhomme ordinaire de la chambre, et de pensions considérables. Mais cet homme de bien fit le plus noble usage de sa fortune : sa maison et sa terre de Marigny étaient l'asile de l'indigence et de l'infirmité; après sa mort, survenue à Versailles, en 1747, il légua presque tous ses biens, qui étaient considérables, à la communauté des chirurgiens de Paris et à celle des chirurgiens de Montpellier, pour être employés à des créations profitables au public et à la science. On a de lui, entre autres écrits, des *Recherches sur le siège de l'âme* (il la place dans le corps calleux), insérées dans les *Mémoires de l'Académie des Sciences*, corps dont il était membre.

LA PEYROUSE. *Voyez* LA PÉROUSE.

LAPIDAIRE (du latin *lapis*, pierre), nom de l'artiste ou de l'ouvrier qui taille des pierres précieuses, grave ou sculpte sur leurs faces des figures, etc. L'art de façonner les pierres précieuses remonte à la plus haute antiquité; la pratique en est assez facile tant qu'il ne s'agit que d'en dresser ou polir les faces. On se sert de différentes machines pour tailler les pierres précieuses, selon la nature des matières qu'on veut tailler. Le diamant, qui est extrêmement dur, se taille et se façonne sur un rouet d'acier doux, qu'on fait tourner au moyen d'une espèce de moulin, et avec de la poudre de diamant délayée dans de l'huile d'olive; ce procédé sert aussi bien à polir qu'à tailler. Les rubis orientaux, les saphirs et les topazes se taillent et se forment sur un rouet de cuivre sur lequel on projette de la poudre de diamant et de l'huile d'olive. Leur poliment se fait sur une autre roue de cuivre, avec du tripoli détrempé dans de l'eau. Les émeraudes, les hyacinthes, les améthystes, les grenats, les agates et les autres pierres moins dures, soit taillées sur une roue de plomb imprégnée de poudre d'émeri détrempée avec de l'eau; on les polit ensuite sur une roue d'étain avec le tripoli. La turquoise de vieille et de nouvelle roche, le lapis, le girasol et l'opale se taillent et se polissent sur une roue de bois avec le tripoli.

On a gravé sur toutes sortes de pierres dures depuis un temps immémorial ; néanmoins, les figures les plus achevées que nous voyons sont gravées sur des onyx ou des cornalines, parce que ces pierres sont plus propres que les autres à ce genre de travail, étant plus fermes, plus égales, et se gravant plus nettement. Un des premiers parmi les modernes qui se mit à graver sur pierres fut un Florentin nommé *Jean* et surnommé *delle Corgnivole*, parce qu'il travaillait sur ces sortes de pierres. Il en vint d'autres ensuite, qui gravèrent sur toutes espèces de pierres précieuses, comme fit un *Dominique*, surnommé de *Canal*, Milanais, qui grava sur un rubis balais le portrait de Louis dit *le Maure*, duc de Milan. Quelques autres représentèrent ensuite de plus grands sujets sur des pierres fines et des cristaux (*voyez* GRAVURE, tome X, p. 505).

LAPIDAIRE (Style), du latin *lapis*, pierre. C'est la

manière élégante et concise avec laquelle sont ordinairement composées les inscriptions. Le style lapidaire dans les langues grecque et latine a des formes consacrées, qu'il est difficile de bien connaître autrement que par la pratique assidue des monuments épigraphiques. L'inscription, lorsqu'elle n'est pas trop étendue, consiste le plus souvent en une seule phrase, disposée de manière à laisser le sens suspendu jusqu'à la fin. Dans un monument, par exemple, élevé par une personne à une autre, l'inscription commence par le nom de celle-ci au datif, et finit par celui de la première au nominatif. La place de tous les régimes directs et indirects et celle des diverses incidences est ménagée entre les deux termes extrêmes de la phrase.

Les mots sont le plus souvent séparés par des points, aussi bien les mots écrits en toutes lettres que les mots écrits en abrégé ou indiqués seulement par l'initiale. L'emploi de ces initiales, qui est une des clefs de l'épigraphie, a des bornes assez bien fixées à un certain nombre de formules. On en trouve la liste à la fin de la plupart des bons recueils épigraphiques. L'énergie des langues grecque et latine se prête admirablement au style lapidaire, le latin surtout, à cause de ses ablatifs absolus, au lieu que la langue française traîne et languit par ses gérondifs incommodes et par les verbes auxiliaires auxquels elle est indispensablement assujettie, et qui sont toujours les mêmes.

LAPIDATION, action de tuer quelqu'un à coups de pierres. C'était un supplice fort usité parmi les Hébreux. Les rabbins font un long dénombrement des crimes soumis à cette peine. Ce sont, en général, tous ceux que la loi condamne au dernier supplice, sans exprimer le genre de la mort; par exemple l'inceste, le viol d'une fille fiancée, le crime de sodomie ou de bestialité, l'idolâtrie, le blasphême, la violation du sabbat, etc. C'étaient les témoins qui jetaient la première pierre au coupable. On lapidait ordinairement hors de la ville, mais seulement dans les jugements réglés. Souvent les Juifs, emportés par leur zèle, lapidèrent sur place le blasphémateur, l'adultère ou l'idolâtre. C'est ainsi que cela allait se passer pour la femme adultère qu'on amena à Jésus. En plusieurs autres circonstances les Juifs, ayant prétendu que Jésus blasphémait, ramassèrent des pierres, dans le temple même, pour le lapider. Saint Étienne périt de cette manière.

LAPIN, espèce du genre *lièvre*. Chez le *lapin* de Buffon (*lepus cuniculus*, L.) les jambes sont plus courtes que chez les lièvres proprement dits, et la disproportion entre les antérieures et les postérieures est moins marquée. Le corps du lapin est plus ramassé que celui du lièvre.

On élève les lapins sous tonneau dans quelques villes, sous des hangars à la campagne, ou bien dans des clapiers ou dans des garennes. Chacun de ces modes doit être réglé sur des principes différents. Comme le premier instinct de ces quadrupèdes est de se terrer, ils ont bientôt pratiqué des ouvertures dans les hangars, s'ils ne sont pas entourés de murs et solidement blettonnés. Si on leur donne pour habitation un rez-de-chaussée un peu frais, il est fort rare qu'ils y prospèrent.

Il y a plusieurs races de lapins. La première, qu'on nomme le *lapin riche*, dans laquelle il faut distinguer le riche argenté de Champagne, moitié ardoisé, moitié argenté, avec les pattes noires. La seconde est le *lapin d'Angora*, qui a le poil plus long, la soie plus ondoyante et plus fine, avec une robe de toutes sortes de couleurs, sous laquelle, dans le temps de la mue, vous pouvez retirer, à l'aide du peigne, et chaque jour, de 30 à 60 grammes de duvet. Dans ces deux races, le mâle est très-ardent; il entre en rut à six ou huit mois; il suffit à trente femelles, qui sont en chaleur toute l'année, et il peut en sauter sept à huit en une heure, tandis que la pauvre pécore, couchée sur le ventre, allongeant ses pattes en avant, jette un cri de douleur lorsque le mâle lui serre trop vivement le chignon. La lapine porte de trente à trente-et-un jours; sa portée est de quatre ou de huit; ordinairement elle fait sept portées par an, ce qui devrait produire par chaque lapine nourrie abondamment et tenue proprement cinquante-six lapins au plus, et vingt-huit au moins par année. Comme la lapine reçoit le mâle étant pleine, elle fait ses portées en détail successivement, en plusieurs heures, et quelquefois en plusieurs jours. Vous connaissez que la lapine est près de mettre bas à la teinte bleue de sa portière, au gonflement de ses mamelles, et lorsque vous la voyez occupée à s'arracher le poil du ventre pour en composer le nid qu'elle destine à ses petits. Il y a alors du plaisir à voir toutes ces pauvres mères se priver douloureusement du poil qui leur est nécessaire pour rendre plus douillet le berceau qu'elles destinent à leurs enfants. Si vous engraissez trop la lapine, le mâle ne la sautera pas, vous aurez souvent besoin de rafraîchir la femelle et d'échauffer le mâle, quand il a beaucoup de besogne; mais il ne faut donner le mâle à la femelle qu'en saison propre, pour un temps limité, et le lui retirer aussitôt qu'elle est pleine.

La lapine ne doit allaiter que durant vingt-et-un jours, et après ce temps vous la voyez sortir de son gîte avec ses lapereaux, les mener paître avec elle; et le père, qui aurait tué ses petits pendant que la mère les allaitait, parce qu'il voyait un temps perdu pour lui, reconnaît ses enfants quand ils sont sevrés, les prend entre ses pattes, les caresse, leur lèche les yeux, s'enorgueillit de sa postérité, fait sa paix avec leur mère, va leur chercher des herbes dans leurs auges; et, pour dire la vérité, si vous voulez trouver les meilleurs pères, allez les chercher dans les clapiers. Vous pouvez alors réunir les petits jusqu'au nombre de quarante dans un lieu particulier, et vous devez surtout prendre les mesures nécessaires pour qu'ils ne s'étouffent pas en se serrant les uns contre les autres, comme font les agneaux et les moutons. Aussitôt qu'on peut distinguer les sexes, c'est-à-dire à trois mois, vous mettez les femelles d'un côté, vous coupez la plus grande partie des mâles pour qu'ils s'engraissent mieux, et vous les séparez des véritables mâles, qui les fatigueraient parce qu'ils sentent qu'ils sont dégradés. Vous commencez à huit mois l'engraissage du lapin, et durant quinze jours vous lui donnez du grain, des plantes sèches, telles que hysope, thym, marjolaine, sauge, mélilot, qui leur donnent du fumet, et l'on peut pousser l'engraissement jusqu'à ce que le lapin pèse quatre ou cinq livres. Trente mères rendent au moins chacune trente francs par an, tant par la vente des élèves que par le peignage de leur robe. Quant à la dépense, il faut aller à l'herbe tous les matins. Mais surtout il ne faut dans le clapier de l'air, une litière fraîche, un aliment sain et de la propreté; sans cela la maladie les prend, et le clapier devient un cimetière.

Voici quelles sont les maladies auxquelles ces bêtes sont sujettes : premièrement, la diarrhée, qui saisit les nourrices et les nourrissons, lorsque, immédiatement après le sevrage, on les nourrit avec des choux, des laiterons, des spergules et d'autres plantes qui donnent beaucoup de lait; et comme cette maladie est contagieuse, il faut se hâter de séparer les malades, et de les nourrir avec du pain grillé, du fourrage sec et des herbes astringentes. Secondement, la maladie du gros ventre, à laquelle on remédie en privant les malades de toute boisson, et en les nourrissant avec du sarrasin. Troisièmement, les maux d'yeux, qui les prennent ordinairement après le sevrage, maladie à laquelle je ne sais aucun remède, si ce n'est le changement d'air, de litière, et une grande propreté. Quatrièmement, la gale, qui est toujours précédée d'un amaigrissement considérable, et qui finit souvent par envahir tous les habitants du clapier, si on ne les traite pas avec des céleris et des regains, si on ne leur donne des frictions avec des plantes aromatiques, et si l'on ne sépare des galeux ceux qui le virus n'a pas encore atteints.

Pour établir une garenne, choisissez dans votre domaine une lande improductive hérissée de rochers, sur un coteau exposé à l'est et au midi. Faites défricher cette lande au crochet, à la houe, à la binette, au louchet et à la bêche, suivant la nature des diverses couches de terre dont elle se compose. Faites planter sur cette terre ainsi labourée quelques milliers de pommiers, de coignassiers, de merisiers, noisetiers, cormiers, cornouilliers, arbousiers et alisiers sauvages. Ajoutez quelques centaines de jeunes ormes, dont la racine parfume la chair des lapins, de genévriers, qui lui donnent un goût particulier; de roseaux, dont la racine forme une chair grasse et d'une saveur douce; et enfin beaucoup de jeunes charmes, dont la racine est constamment attaquée par tous les quadrupèdes rongeurs. Laissez venir ce bois taillis sous la forme de tiges, de buissons, de quenouilles, d'éventails, enfin comme il veut venir d'après la nature et l'instinct propre à chaque espèce, et laissez-le croître pendant quelques années. Semez dans les clairières de ce bois des graines de marjolaine, de thym, de pimprenelle, de sauge, et, plus tard, des orges et des avoines, que vous faites couper et offrir en vert à la jeune et nouvelle colonie lorsqu'elle est formée. Lorsque tout est ainsi préparé, semé, planté, faites élever un mur d'enceinte à chaux et à sable, avec 2 mètres de fondation et autant de hauteur. Comme le lapin veut un terrain sec et aride, on fait tracer dans le bois, pour le purger d'eau, de petites rigoles par où elle s'écoule; elle sort ensuite par des égouts, qu'on fait garnir de treillage, et se perd dans un fossé toujours plein, qui forme la seconde enceinte de la garenne. On place dans cette garenne quarante lapins mâles et deux cents femelles, qui multiplient tellement que l'on peut en obtenir six cents douzaines de lapins, produisant un revenu annuel de trois mille francs sur une lande qui auparavant ne rapportait absolument rien.

Voici actuellement comment il faut s'y prendre pour établir un clapier. Sur la pente d'un coteau, à l'exposition du levant et du midi, faites élever un mur à chaux et à ciment, ayant 2 mètres de fondation, 1^m,30 seulement au-dessus de terre, sur une longueur de 14 mètres et sur une largeur de 5 mètres. Après avoir fait creuser et déblayer le terrain à 2^m,30, établissez à cette profondeur un carrelage composé de briques placées sur champ, afin que l'animal, s'il vient à fouiller jusque là, trouve à son évasion un obstacle qu'il ne puisse jamais vaincre. Ce pavé étant recouvert de 2 mètres de terre, faites établir dessus un bletton, pour l'écoulement en dehors des urines et des lavages qu'on est obligé de donner tous les quinze jours à cette habitation. Sur le mur, de 1^m,30 de haut, faites élever une charpente légère en soliveaux placés debout, qui soutiendront un toit de chaume à 6 mètres de hauteur. Entre les solives, faites établir un grillage à mailles de fil de fer très-serrées, de manières que les belettes les plus sveltes et les souris les plus menues ne puissent jamais y pénétrer, et que l'air seul y entre de tous les côtés. Dans cette habitation ainsi balayée par tous les vents, faites placer, sur deux étages et l'une ou l'autre, quarante cabanes en planches de bois de chêne, ayant 1^m,30 de long sur 1 mètre de large, séparées l'une de l'autre par un intervalle de 0^m,50, suffisant pour y faire journellement le service. Ces quarante cabanes sont destinées aux mères, aux nourrices, aux jeunes familles. L'une d'elles doit servir de maison de correction pour les mâles qui portent le trouble dans la cité; une autre doit servir d'hospice pour les malades affectés de maladies contagieuses et qu'on a l'espérance de guérir, une autre pour les incurables, et deux autres, enfin, doivent être destinées à l'engraissage. Au centre du clapier seront placées deux grandes caisses, servant de grange à fourrage et de grenier à avoine. Dans chaque cabane on doit trouver un abreuvoir; car le lapin, qui un peu de liberté ne s'abreuve que de rosée, a besoin d'un peu de boisson lorsqu'il est au clapier, et surtout lorsqu'il est soumis au régime du grain et de l'herbe sèche. Avec une telle disposition dans le bâtiment, si l'on a l'attention de changer la litière tous les trois jours, et de jeter en dehors les herbes et les légumes qui auraient été salis ou refusés; si l'on sépare les mâles et les femelles lorsqu'elles auront été remplies; si les mères, les nourrices et les nour-

rissons jouissent d'un entier repos et d'une nourriture abondante et assortie à leur état; si les malades infectés de la contagion sont placés à l'infirmerie sans communication extérieure; si on laisse vaquer en liberté tous les jeunes lapins après le sevrage; si, parvenus à l'âge de trois mois, on coupe les mâles, d'après les procédés usités dans les clapiers le mieux tenus; si on les traite régulièrement après cette opération; si on les engraisse avec de bons grains; si on les parfume avec des herbes aromatiques durant quinze jours, je puis assurer qu'on obtiendra de ce clapier le service de la table à raison de trois ou quatre lapereaux par jour, qu'il faudra saigner et non assommer, en parfumant leur intérieur avec des herbes balsamiques, qui durant le rôtissage ajouteront beaucoup à leur fumet.

Je vais actuellement vous parler du lapin abandonné à l'état de nature; et je commence par noter la différence qui existe entre le lièvre et le lapin. Le lièvre est un ermite, qui passe son temps à méditer et à frotter ses moustaches, qui craint la grande compagnie, vit en famille, et ne sort jamais que contraint par la faim et pour prendre en tremblant sa goulée. Le lapin, au contraire, est d'un caractère gai et d'une nature sociable, aimant les plaisirs, la bonne société, et se divertissant beaucoup. Il vit en ville, fait beaucoup de parties de campagne, sans jamais être campagnard comme le lièvre. Les villes à lapins, au lieu d'avoir des rues en ligne droite, sont bâties en zigzags ou en tire-bouchon. Dans chacune de ces villes souterraines il existe une police, qui assure à tous propreté, salubrité et sûreté. Chaque famille a sa maison, composée d'une ou plusieurs chambres à divers étages. Cette maison passe de père en fils, de génération en génération, et elle est divisée par égales parts entre tous les descendants. On n'y connaît point de partage noble, ni droit du juveigneur, ni vol du chapon, ni droit d'aînesse, ni substitutions. Il règne dans ces cités une parfaite égalité de droits: on est plus heureux chez les lapins que chez les hommes.

Pour la chasse du lapin sauvage, nous avons le chien courant, qui, avec ses jambes torses et son ventre, fouille dans tous les buissons et autour de tous les terriers; le chien d'arrêt, dont le regard féroce arrête la bête sur cul, et la prive de tous ses mouvements; et, enfin, le chien lévrier, qui, lâché en plaine et sur terre rase, attrape en huit ou dix bonds le gîbier le plus leste. Secondement, nous avons le furet, que l'on introduit dans l'une des ouvertures du terrier (lorsqu'on a bouché toutes les autres), après avoir fait beaucoup manger ce petit chasseur, après l'avoir muselé et chargé d'une sonnette qui nous avertit du lieu où il se trouve dans les entrailles de la terre. Il chasse jusqu'au fond du terrier l'animal, qui vient se faire prendre dans une poche du filet placé à la seule issue que l'on n'a point fermée. Troisièmement, nous avons l'écrevisse, aussi lente dans sa marche que le lièvre est vive. Elle s'avance jusqu'au fond du terrier, où elle trouve l'animal; elle étend sur lui la patte, le serre sans perdre prise, en sorte que se sentant ainsi piqué, il l'entraîne avec lui jusque dans la poche qui l'attend à l'issue du terrier. Quatrièmement, nous avons le tiercelet, la buse, le busard, l'autour, mais principalement le faucon, qu'on accoutume à chasser et prendre le lapin, en attachant au cou de l'animal, qu'on lâche en plaine, un morceau de viande que l'oiseau poursuit et saisit avidement; et lorsqu'il est accoutumé et affriandé à cette pâture, toutes les fois qu'il aperçoit un lapin, il ne manque jamais de faire sur lui une belle descente. Cinquièmement, nous avons le putois, la belette, la fouine, la martre, l'hermine, la gerboise, le renard, le chat sauvage, et une foule innombrable de petits quadrupèdes et d'oiseaux de nuit et de proie, plus ou moins apprivoisant, à force de soins et de coups, à faire cette chasse, soit à l'espère, soit au vol, soit à la course. Sixièmement, nous avons les filets, les collets, les lacets, avec lesquels les braconniers prennent en une seule nuit plus de lapins qu'il n'en faudrait pour remplir un sac.

J'oubliais de noter la patte du crabe, avec laquelle on fait un appeau qui imite parfaitement le cri du lapin ; et si l'on sait s'en servir avec intelligence, saisir le lieu, le temps, la circonstance, et se cacher soigneusement, on réussit à faire une chasse abondante. On doit piper le lapin lorsqu'il sort de la rabouillère pour aller au gagnage, par un temps qui annonce des orages, et lorsqu'on voit le soleil se montrer et se cacher tour à tour, parce qu'alors le lapin, craignant la pluie, se dépêche de manger, et prend moins garde à tout ce qui l'entoure. Cette chasse se fait encore avec succès dans les mois de mai et de juin, parce que c'est le temps du rut du lapin sauvage, dont la femelle n'est pas en chaleur toute l'année, comme la lapine domestique.

Cte FRANÇAIS (de Nantes).

LAPIN (Aller en). *Voyez* COUCOU.

LAPIS-LAZULI. Le *lapis-lazuli*, et mieux le *lazulite*, que l'on nomme vulgairement *pierre d'azur*, est une substance minérale principalement formée de silice (acide silicique), d'alumine et de soude, ayant pour forme primitive le dodécaèdre rhomboïdal. Son poids spécifique est de 2 et une fraction.

Le lazulite cristallisé est extrêmement rare : on ne l'a encore rencontré qu'en Sibérie ; mais on en a trouvé de granulaire et de compacte en Perse, en Anatolie et en Chine. Sa couleur est bleue, souvent veinée de jaune ; les variétés qui sont d'un beau bleu et sans taches ont été recherchées de tous temps par les artistes pour en faire des coupes, des bracelets et autres objets d'ornement. Comme le lazulite contient fréquemment des pyrites, on a pris pour de l'or ces petits points brillants qu'on y remarque quelquefois : ce qui contribuait à maintenir cette croyance était le prix très-élevé du lazulite. La cherté de cette substance était due à l'emploi qu'en faisaient les peintres pour préparer le **bleu d'outre-mer**.

Si l'on chauffe le lazulite au feu du chalumeau, il se convertit en un émail gris ou blanc ; les acides puissants forment avec lui une gelée épaisse et incolore.

Les lazulites dont la couleur est moins riche servent à la décoration des appartements de luxe : ainsi, on cite en ce genre les salles du palais d'Orloff, à Saint-Pétersbourg, qui, dit-on, sont incrustées en entier avec le lazulite de la Grande-Bukharie.

Les anciens connaissaient le lazulite ; mais ils ne l'ont jamais appliqué à la peinture, car ils ne connaissaient pas le bleu d'outre-mer. Leurs couleurs bleues étaient de simples frittes colorées par le cuivre ou le cobalt.   C. FAVROT.

LAPITHES, tribu sauvage fixée sur les bords du Pénée en Thessalie, qui descendait de Lapithès, fils d'Apollon et de Stilbé. Centauros était son frère. Ces deux races vécurent continuellement en désaccord, jusqu'à ce que les Centaures fussent exterminés par les Lapithes.

LAPLACE (PIERRE-SIMON, marquis DE), pair de France, membre de l'Académie des Sciences, de l'Académie Française et des principales sociétés savantes du monde entier, naquit à Beaumont-en-Auge (Calvados), le 23 mars 1749. Laplace a terminé l'édifice commencé par Newton. Il ne fallait rien moins que toutes les forces du génie des mathématiques et une profonde analyse des faits naturels pour soumettre les mouvements célestes à un calcul où rien ne fût omis ; chaque recherche exigeait des méthodes nouvelles ou perfectionnées ; l'instrument de découvertes refusait trop souvent de seconder les efforts de l'intelligence, et les moyens de le rendre capable d'un bon service imposaient un travail plus long et plus pénible que l'emploi de cet instrument bien préparé. Malgré ces difficultés et ces obstacles, la *Mécanique céleste* fit des progrès rapides entre les mains de Laplace : les résultats d'un calcul rigoureux furent comparés aux observations ; les routes diverses par lesquelles on pouvait arriver à une même vérité furent suivies en même temps, et le système du monde fut dévoilé ; cette manifestation donne, suivant l'expression de notre géomètre, *la mesure du plus haut degré de certitude auquel l'esprit humain puisse atteindre.*

Ainsi, deux ouvrages également dignes d'une éternelle durée, le *Livre des Principes*, par Newton, et la *Mécanique céleste*, par Laplace, mettront désormais les hommes studieux en état d'apprendre tout ce qu'il nous est possible de savoir sur la structure de l'univers. Pour ceux qui n'ont pas le temps ou la force nécessaire pour suivre les deux géomètres dans leur carrière immense, l'*Exposition du Système du Monde*, autre ouvrage de Laplace, offre une instruction dont tout bon esprit peut se contenter, et il la dégage des épines dont les hautes mathématiques seront toujours plus ou moins hérissées. Une clarté qui ne laisse rien à désirer, un sentiment exquis des convenances et de la dignité du style, caractérisent cette production, où le talent de l'homme de lettres sait répandre tant de charmes sur les hautes connaissances du savant. Ce livre, traduit avec empressement dans toutes les langues, ouvrit à son auteur les portes de l'Académie Française. Mais les services rendus aux sciences par Laplace ne se bornent point à l'étude des phénomènes célestes : tantôt seul, et tantôt uni à Lavoisier, Berthollet et Chaptal, notre géomètre introduisit dans les travaux des physiciens des méthodes d'analyse et de mesure dont on n'avait aucune idée, et qui portèrent jusqu'à sa dernière limite la précision des expériences. Au milieu de ces recherches, dont les lois qui régissent la matière étaient l'objet, Laplace s'occupait aussi des opérations de l'intelligence humaine et des règles qui peuvent les diriger : en choisissant parmi ces opérations celles qui ne se refusent pas absolument au calcul, le domaine des mathématiques prenait plus d'étendue ; sa *Théorie analytique des probabilités* fut publiée en 1812 (3e édition, 1820, in-4°). Du reste, de nombreux Mémoires, insérés dans les Recueils des académies et de plusieurs autres sociétés savantes, prouvent suffisamment que la vie entière de Laplace fut consacrée à l'accroissement des connaissances humaines et à la recherche des moyens d'en faire les plus utiles applications.

Le jeune Laplace ne fut nullement favorisé par la fortune. Il avait reçu de la nature un don bien précieux, une mémoire prodigieuse, et qu'il a conservée jusqu'à la fin de sa carrière. Dans la campagne où il était né, loin des sources d'instruction, à l'âge où les enfants commencent à fréquenter les écoles, son esprit, déjà très-développé, laissa paraître les acquisitions qu'il avait faites : un peu de littérature, les premières notions des sciences exactes, le sentiment des beaux-arts, la musique très-bien sue, voilà ce que l'on trouva dans cet enfant si précoce. Ses parents le mirent au collége, et le destinaient aux fonctions ecclésiastiques ; mais des livres de mathématiques tombèrent entre les mains du jeune étudiant, et sa vocation fut décidée. Ses parents ne s'y opposèrent point ; il fut résolu que le jeune Laplace irait chercher à Paris les moyens d'entrer dans la carrière qu'il avait choisie et qu'il a parcourue si honorablement. Adressé à D'Alembert par de nombreuses et puissantes recommandations, il s'essaye vainement d'arriver jusqu'à cet illustre géomètre ; la porte ne lui est pas ouverte. Le jeune homme, désespéré, sentit la nécessité de se faire connaître autrement que par des intermédiaires, et il écrivit à D'Alembert une lettre sur les principes généraux de la mécanique. Tous les obstacles furent alors surmontés, et Laplace, appelé par le célèbre académicien, en reçut cette réponse à sa lettre : « Monsieur, vous voyez que je fais assez peu de cas des recommandations ; vous n'en aviez pas besoin : vous vous êtes fait mieux connaître, et cela me suffit. Mon appui vous est dû. » Quelques jours après cette entrevue, Laplace, à peine âgé de dix-neuf ans, fut nommé professeur de mathématiques à l'école militaire. On ne peut pas dire qu'il ait bien rempli cet emploi : le jeune professeur donnait peu de temps à ses élèves, et s'occupait beaucoup moins de leurs progrès que de la rédaction des mémoires qui lui ouvriront les portes de l'Académie des Sciences. Un Mécène généreux, le président Saron, fit im-

LAPLACE — LAPONIE

primer à ses frais les mémoires de Laplace, et prit soin de les faire répandre, non-seulement en France, mais dans toute l'Europe savante : ce fut ainsi que le jeune géomètre acquit promptement une renommée que ses travaux successifs ont agrandie et propagée dans tous les lieux éclairés par le flambeau des sciences.

A la mort de Bezout, Laplace devint examinateur des aspirants de la marine. Satisfait de cette médiocrité dorée, si dignement louée par Horace, notre savant se livrait avec sécurité aux inspirations du génie des sciences, et rassemblait tous les matériaux de la *Mécanique céleste* (les deux premiers volumes parurent en 1798, le 3° en 1803, le 4° en 1805, le 5° en 1825; in-4°). Mais les orages de la révolution éclatèrent; les académies furent supprimées; on put craindre un moment que les sciences n'eussent à souffrir une éclipse. Heureusement, la tourmente ne fut pas de longue durée; l'Institut remplaça les anciennes académies; les écoles normales furent ouvertes, l'École polytechnique fondée, l'instruction publique réorganisée. Ce fut en 1800 que Laplace fit paraître la première édition de l'*Exposition du Système du Monde*.

Lorsque le Consulat eut remplacé le Directoire, Laplace fut appelé au ministère de l'intérieur, et supporta pendant six semaines ce fardeau, beaucoup trop lourd pour un savant accoutumé au recueillement du cabinet; enfin, Napoléon l'en déchargea, le rendit à ses occupations favorites, sauf quelques moments réclamés par les fonctions de membre du sénat conservateur. Cependant, Laplace signa l'acte de déchéance de l'empereur, et devint pair de France sous la Restauration. Lorsque les fautes du nouveau gouvernement rendirent pour la seconde fois la France entre les mains de Napoléon, Laplace ne prit aucune part aux affaires politiques, et son cabinet lui offrit encore une fois une retraite dont il savait goûter les charmes. Douze années paisibles succédèrent à ces orages passagers, et conduisirent notre savant jusqu'à la fin de sa carrière. Heureux au dehors par la vénération que l'entourait, et qui le mit en sûreté même à l'époque où les fureurs révolutionnaires n'épargnaient aucun mérite, il connut aussi le bonheur domestique, au sein d'une famille bien digne de son affection. Il mourut à Paris, le 5 mars 1827. Ses œuvres complètes ont été réimprimées aux frais de l'État. FERRY.

LA PLATA (États et fleuve de). *Voyez* PLATA.

LAPO (ARNOLFO DI), architecte et sculpteur italien, passa de son temps pour le premier architecte de la Toscane. En 1284 il construisit pour les Florentins la dernière partie de la muraille de leur ville, ainsi que le portique et les piliers d'*Or'San-Michele*; puis, l'année suivante, la *Loggia* et la *Plazza de'Priorì*, et plus tard l'église de *Santa-Croce*. Mais son œuvre capitale est demeurée la cathédrale de Florence, dont il fit les plans et le modèle, et qu'il commença solidement à construire, mais qu'il était réservé à Brunelleschi de terminer. C'est aussi Arnolfo de Lapo qui construisit le palais de la *Signoria*. Comme sculpture, il exécuta pour l'église des Dominicains d'Orvieto le tombeau du cardinal de Brayo, mort en 1280, ainsi que le tabernacle du maître-autel et le tombeau des deux apôtres dans l'église Saint-Paul de Rome, qu'un incendie détruisit. Son dernier ouvrage en marbre fut la chapelle de marbre et la crèche à Sainte-Marie-Majeure de Rome. Le Giotto a reproduit les traits de cet artiste dans un tableau qu'il exécuta pour cette même église de *Santa-Croce* dont il a été question plus haut. Arnolfo di Lapo mourut à l'âge de soixante ans.

LAPOINTE (SAVINIEN), cordonnier poëte, est né à Sens, en 1812, d'une famille d'ouvriers que l'invasion de 1814 chassa vers Paris. Là le père du poëte tombe malade; et tandis qu'il va à l'hôpital, les enfants reviennent à la campagne, chez leur grand-père. La mère cependant subvenait par son travail aux besoins du malade et payait une modique pension pour ses fils. Plus tard un accident dont notre poëte fut la cause priva encore pour quelque temps la famille de son chef. Un dimanche, à la barrière, Savinien se prend de querelle avec des enfants de son âge. Son père veut lui appliquer une correction: l'enfant s'échappe, le père trébuche, tombe, se brise la hanche et va encore se guérir à l'hospice. Mais dans l'intervalle l'enfant avait atteint l'âge du travail. Savinien apprit le métier de son père, et comme lui fit des souliers, non, dit-on, sans adresse. Ainsi que la plupart des ouvriers de son état, Savinien entra dans une *chambrée*, sorte d'association d'ouvriers dans laquelle on pratique la vie commune. La chambrée loue une mansarde, et les ouvriers qui la composent font qu'un poêle, qu'une marmite, qu'une lampe. Il n'y a même souvent qu'un habit complet qui permet à l'un d'eux de reporter l'ouvrage. On y travaille beaucoup, et pour se délasser on lit un peu, mais surtout on chante. Rousseau et Béranger furent les premiers inspirateurs de notre ouvrier poëte. A mesure que son intelligence se développait, le travail lui semblait peut-être plus dur; mais ayant quitté la chambrée pour aller loger avec des camarades moins laborieux et plus viveurs, il commençait à prendre goût à cette vie oisive et rêveuse, quand une terrible révélation vint dissiper le charme... Ces camarades volaient. Dès lors son parti fut pris. Il quitta cette habitation maudite, et retourna à la chambrée.

En juillet 1830, Savinien Lapointe combattit dans les rangs du peuple armé. D'autres barricades le virent encore protester les armes à la main contre la royauté. Cette fois il dut subir, à Sainte-Pélagie, une longue détention. En prison, Savinien Lapointe se mit à étudier les poëtes, à lire des ouvrages philosophiques : sa pensée entrevit un but, son style prit une forme. Un journal rédigé par des ouvriers, *La Ruche populaire*, accueillit ses premiers essais. Plus tard il reçut les encouragements d'un homme qui cherchait à réunir les titres poétiques du prolétariat contemporain, et qui s'étonna de trouver dans un pauvre réduit de la rue Galande un jeune chef de famille dont les écrits portaient l'empreinte d'un vrai talent. Dans les *Poésies sociales des ouvriers* réunies et publiées par M. Olinde Rodrigues (Paris, 1841, in-8°), Lapointe figurait pour neuf pièces. « Il y a, disait, avec trop de complaisance sans doute, un critique en rendant compte de cet ouvrage, du Gilbert et de l'André Chénier dans sa verve, qu'anime souvent une ardeur toute lyrique. L'élément descriptif complète l'ensemble de ce beau talent. » Peu à peu la réputation de Lapointe s'étendit. Un bienveillant patronage se chargea de la propager. Ses vers attirèrent l'attention de juges éminents, et leur suffrage légitima la publication des *Voix d'en bas*, qui parurent en 1844.

Après la révolution de Février, le travail voulait avoir ses représentants à l'assemblée qui devait doter la France d'une constitution. Savinien Lapointe se mit sur les rangs ; mais il ne réussit pas. Cet échec dut peu le toucher ; car il a pu voir par mille exemples qu'il ne suffit pas d'être bon poëte pour devenir homme d'État. A la veille des journées de juin, il essaya, mais sans succès, de faire paraître, en société avec M. Ch. Desjys, une nouvelle *Némésis*, qu'ils intitulèrent *Les Prolétairiennes*. En 1850 Savinien Lapointe a encore publié *Les Échos de la rue*, poésies, et *Il était une fois*, contes dédiés à sa mère. L. LOUVET.

LA POINTE À PÎTRE. *Voyez* GUADELOUPE.

LAPONIE (*Lappland* ou *Sameland*), contrée de l'extrémité septentrionale de l'Europe, bornée au nord par la mer Glaciale, au sud par le Norrland suédois et la Finlande, à l'est par la mer Blanche, et à l'ouest par la Norvége, se divise en Laponie norvégienne, Laponie russe et Laponie suédoise. La Laponie norvégienne ou *Finnmark*, d'environ 1,000 myriamètres carrés, comprend l'extrémité nord de la Laponie. La Laponie russe comprend la partie nord-est, avec la presqu'île de Kola, et la Laponie suédoise, la partie sud. Cette dernière forme aujourd'hui les sept Marches Lapones (*Lappmark*) dont l'énumération suit : *Jemtland*, *Aueèle*, *Umeö* ou *Lycksele*, *Pitco*, *Luleo* et *Torneo*. Une partie du Lappmark de Torneo et tout le

Kemi-Lappmark furent cédés, avec la Finlande par la Suède à la Russie en vertu du traité de Frederikshamn et incorporés alors à la grande principauté de Finlande. La Laponie est une contrée sauvage, très-boisée, tantôt montagneuse, tantôt unie et marécageuse, traversée par les Alpes septentrionales, avec leurs nombreuses ramifications, qui atteignent leur point extrême d'élévation au nord-ouest, et s'abaissent insensiblement à l'est. Une foule de ruisseaux et de fleuves prennent leurs sources dans ces montagnes et vont se jeter soit dans la mer Glaciale du Nord, soit dans le golfe de Bothnie. On y trouve aussi un grand nombre de lacs, parfois d'une vaste étendue, par exemple celui d'Énota, qui n'a pas moins de 42 myriamètres carrés de superficie. L'hiver y est long et rigoureux, et l'été court. Dans sa partie la plus rapprochée du sud, le jour le plus long dure vingt-quatre heures, et à son extrémité septentrionale deux mois. Il en est de même de la plus longue nuit en hiver. On sème le blé à la fin de mai, et on le récolte à la fin d'août; mais les gelées nocturnes détruisent souvent tout espoir de récolte. L'été est aussi chaud qu'en Italie, et rendu presque insupportable par des insectes de toutes espèces. Il n'y a que la partie de la Laponie suédoise la plus rapprochée du sud qui soit susceptible de culture. Les forêts se composent de sapins, de pins, d'aunes, de bouleaux, et d'osiers. Il n'y a que les colons, dont le nombre est d'environ 10,000 dans la Laponie suédoise, qui aient des chevaux, des bœufs et des moutons; chez les Lapons le renne remplace tous les autres animaux domestiques. En fait d'animaux sauvages on y trouve des loups, des ours, des lynx, des renards, des martres, des hermines, des loutres et des lièvres. Il y a surabondance d'oiseaux de passage et d'autres oiseaux sauvages ainsi que de poissons. Le règne minéral fournit du fer, du cuivre et du minéral de plomb argentifère. Le pays est très-peu peuplé. Les habitants sont ou des Lapons, habitants primitifs, ou des colons.

LAPONS (Les) ou, comme ils s'appellent eux-mêmes, les *Same* ou *Samelads* (car à leurs yeux le mot *Lapp*[Lapon] est une injure), sont un peuple d'origine finnoise, dont le chiffre total peut s'élever à 28,000 têtes, à savoir 5,000 pour la Laponie suédoise, 13,000 pour la Laponie norvégienne, et 10,000 pour la Laponie russe. Il est rare d'en voir dont la taille dépasse 1 m. 33 c. à 1 m. 66; ils ont le teint brun, les cheveux noirs, et un corps vigoureux, endurci et bien constitué. Naturellement bons et doux, il n'y a chez eux ni grands vices ni grandes vertus. Ce qui les distingue surtout, c'est un grand fonds d'indifférence; ce qui ne les empêche pas de beaucoup aimer leur patrie et d'être heureux à leur façon. Ils apprêtent des cuirs, fabriquent des fils avec des tendons de renne, tissent des couvertures, tricotent des bas, confectionnent toute espèce d'ustensile en bois, des canots, des traîneaux, et les objets de vêtement qui leur sont nécessaires. Le costume des deux sexes diffère fort peu; l'un et l'autre portent des bonnets, des par-dessus, de grandes culottes et de grandes bottes de cuir, des pelleteries ou des draps grossiers. En été ils n'habitent que sous des tentes; leurs demeures d'hiver consistent en huttes rondes, construites avec des pieux, recouvertes de branches de bouleau et de mottes de gazon, et pourvues à leur extrémité supérieure d'une ouverture pour laisser échapper la fumée. Suivant les principaux éléments de leur alimentation, les Lapons se divisent en Lapons des montagnes, qui errent avec leurs troupeaux de rennes de pâturage en pâturage, qui en hiver habitent la basse Laponie, et qui l'été une fois venu conduisent leurs troupeaux dans les montagnes, où ils trouvent plus de mousse et sont plus à l'abri des insectes; en Lapons des bois, qui vivent de la chasse et de la pêche, et ne possèdent que peu de rennes, qu'ils confient, moyennant salaire, à la garde des Lapons de montagnes; enfin en Lapons pauvres, qui se louent pour garder les troupeaux de rennes, ou bien qui mènent une vie nomade. Outre des poissons, on prend aussi en Laponie beaucoup de chiens de mer, d'oiseaux et d'oies sauvages. Les Lapons adoraient autrefois des fétiches; mais ils appartiennent aujourd'hui à la loi chrétienne, bien qu'ils aient mêlé aux doctrines du christianisme qu'on a répandues parmi eux beaucoup de leurs anciennes idées religieuses.

LAPORTE (JACQUES-FRANÇOIS ROSIÈRES, *dit*), né à Lyon, en 1776, fils de Rosières, qui jouait à la Comédie-Italienne les baillis et les financiers, est le meilleur Arlequin qui ait paru depuis le célèbre Carlin. Il fut chargé de ce rôle dès l'ouverture du théâtre du Vaudeville, rue de Chartres, en janvier 1792. Sans maître, sans modèle, par inspiration, par instinct, et en imitant un singe et des petits chats avec lesquels sa mère le renfermait chaque jour, il sut accommoder le personnage bergamasque au genre du vaudeville, en lui donnant une allure plus vive, plus souple et plus leste. Depuis *Arlequin afficheur* jusqu'à *Arlequin dans l'île de la Peur*, dans l'espace de vingt ans, Laporte a créé plus de 150 rôles d'Arlequin, tous différents de caractère et de physionomie. Dans les parodies, il offrait de la manière la plus plaisante la caricature de Talma et de quelques autres acteurs des grands théâtres. Charmant sous le masque, qui cachait sa timidité naturelle, Laporte était médiocre dans les rôles à visage découvert. Cet acteur estimable s'est retiré en 1827. Il alla plus tard diriger un théâtre à Londres.

L'APPARENT (Comte DE). *Voyez* COCNON (Charles).

LAPS (en latin *lapsi*, c'est-à-dire *tombés*), nom sous lequel, dans les premiers siècles de l'Église, on désignait ceux qui, sous le poids des tortures païennes, n'étaient pas demeurés fidèles à la foi chrétienne. L'époque où le nombre en fut le plus considérable est celle où, après une longue période de tranquillité, éclata, sous Decius, la première persécution générale. On distinguait alors trois catégories de *lapsi* : ceux qui véritablement avaient sacrifié aux idoles et les avaient encensées; ceux qui, par un sacrifice d'argent, avaient obtenu de l'autorité païenne un certificat (*libellus*) de conformisme attestant qu'ils avaient sacrifié (*libellatici*); enfin, ceux qui s'étaient dérobés au danger par la fuite. Plus tard, lors de la persécution de Dioclétien, on établit une quatrième catégorie, dite des *traditores*, composée de ceux par qui les vases et les livres sacrés avaient été livrés aux païens. L'Église, dans le principe, frappa d'excommunication ces diverses apostasies; dans la suite, notamment au troisième siècle, elle adopta à leur égard une jurisprudence moins sévère, et il n'y eut que quelques sectes fanatiques, comme celles des *donatistes*, qui allèrent jusqu'à astreindre les *lapsi* à un nouveau baptême, et à déclarer nuls et non avenus les actes religieux qu'ils avaient pu faire.

LAPSUS, mot emprunté à la langue latine pour désigner une erreur ou une faute échappée par mégarde dans le discours ou l'écriture; au premier cas, c'est un *lapsus linguæ*, au second un *lapsus calami*.

LAQUAIS. L'origine de ce mot est des plus incertaines : dans l'opinion de Fauchet, il aurait succédé, au moyen d'une simple substitution de l'*L* à l'*N*, à l'ancien mot *naquet*, par lequel on désignait jadis les valets aliant à pied. Ménage, remontant plus haut, prétend que *lac* ou *loc*, en éthiopien, signifie *valet*, et que les *Bas-Bretons* emploient le mot *laques* dans cette acception. Selon le même auteur, ce terme ne serait pas très-ancien dans notre langue, puisqu'on ne le trouve sous la plume d'aucun écrivain antérieur à Marot et à Monstrelet. Enfin, si l'on en croit D'Herbelot, du mot arabe *lakiehsa* ou *lakaiths*, les Espagnols auraient fait *lacaïo*, qui, transformé dans notre langue, nous aurait donné la dénomination de *laquais*, version qui n'est peut-être pas la moins vraisemblable. Quoi qu'il en soit, le laquais est un serviteur dont les fonctions n'offrent guère moins d'ambiguïté que le nom. Rester dans l'antichambre pour annoncer les visiteurs; se tenir durant le repas derrière son maître pour vaquer à son service de table; l'accompagner, lorsqu'il sort, en voiture, à cheval ou même à pied; s'acquitter de ses commissions; éclairer le soir les personnes qui entrent et qui sortent; se charger, enfin,

9.

LAQUAIS

de mille petits soins, qui contribuent à l'arrangement, à la propreté de la maison, voilà à peu près ce qui constitue les attributions du laquais. Le laquais est partie essentielle de l'ameublement d'une grande maison : le laquais, ce n'est pas un domestique, ce n'est pas même un valet, dans l'acception vraie du mot : c'est un homme qu'un autre homme affuble d'un vêtement particulier relevé d'insignes divers qu'il appelle sa *livrée*. Cet homme est grassement payé, non pour travailler, mais pour être en quelque sorte le héraut de la vanité et de l'orgueil du maître. Entouré d'un luxe pour lequel il n'est pas né, enchaîné dans de somptueux hôtels, où il passe sa vie à flâner et à dormir, il s'imprègne de tous les vices de la civilisation, et copie les travers de celui qui le paye, sans avoir ni ses grâces ni ses vertus; sa morgue insolente n'a de mesure que sa bassesse : la haine et l'envie sont les deux sentiments qui le dominent; et comme il a la conscience de sa dégradation, toutes les fois qu'il le peut, il s'en venge à sa manière. Qu'un malheureux se présente, il le toise et le traite avec une dureté révoltante; mais qu'un personnage paraisse sur le seuil de l'antichambre, il reprend le masque, et le paon qui faisait la roue n'est plus qu'un serpent qui rampe. Voyez-les encore derrière la voiture du maître : comme ils affichent des prétentions ! Leur pose est étudiée; il y a dans leur maintien on ne sait quelle dignité comique : la tête haute, l'œil fier, on voit qu'ils sollicitent l'admiration; on dirait qu'ils sont étonnés de ce que le public ne se prosterne pas devant la bigarrure de leurs aiguillettes, le clinquant de leur panache et de leurs épaulettes.
E. PASCALLET.

LAQUE, substance connue dans le commerce sous le nom de *gomme laque*. C'est un suc concret, fourni par plusieurs espèces de plantes. On attribue cette sécrétion à la présence d'une espèce de cochenille appelée par les naturalistes *coccus ficus*, *coccus lacca*, et qui se fixe principalement sur le *mimosa cinerea*, sur le *croton bacciferum*, les *ficus indica* et *religiosa* (*voyez* FIGUIER), etc. Dans le commerce, ce produit circule sous différentes dénominations : la *laque en bâton*, qui n'a subi aucun travail, et qu'on détache des branches de l'arbuste; la *laque en grains*, dont on extrait la couleur par l'eau seule, et qui est réduite en une poudre grossière; et la *laque en feuilles* ou en *écailles*, qui provient de la laque en grains, fondue dans un sac de coton. La pression suffit pour la faire passer à travers le sac et la purifier de ses impuretés. Ce sont ces dernières qu'on emploie dans la composition des cires de graveur et de quelques beaux vernis. On fait dans les Indes la *lac-lake*, c'est-à-dire *laque de résine laque*, au moyen de la gomme-laque pulvérisée, qu'on lave avec de l'eau bouillante un peu alcalisée par la soude. On y ajoute une dissolution d'alun, et c'est le précipité qu'on nomme la *lac-lake*. La *laque à teindre*, ou la *lac-dye*, est un second produit, venant également de l'Inde, et dont on ignore la composition. Sa couleur est plus solide que celle de la cochenille, et en l'employant on obtient à meilleur marché la couleur de l'écarlate. Les établissements anglais de l'Inde répandent dans le commerce différentes qualités de *lac-dye*; les teinturiers préfèrent celle qui est renfermée dans des caisses portant pour marques DT., et qu'on reconnaît à une nuance d'un rouge plus riche et plus vif que celle des autres.

La laque, employée autrefois en médecine, entre dans la préparation de certaines poudres dentifrices. Mais ses principaux usages sont pour la fabrication de la cire à cacheter et de certains mastics, ainsi que dans la chapellerie et la teinture.
V. DE MOLÉON.

LAQUE (*Peinture*). « On donne ce nom, dit M. Payen, aux matières colorantes précipitées dans l'eau par des oxydes ou des sels avec excès de base. » Comme couleurs, la peinture emploie diverses espèces de laques ou pâtes colorées en bleu, vert, rouge, jaune, etc., et dans lesquelles il entre de l'alumine, de la craie, de l'amidon. La chimie a à sa disposition beaucoup de procédés pour opérer leur composition; mais il serait trop long de les décrire.

Les laques dites *carminées* sont celles qui se fabriquent avec la cochenille, ou avec le bois de Brésil. Elles sont plus riches de ton que les laques faites avec la garance; mais elles n'en ont pas la solidité.

Les fabricants de papiers peints emploient une espèce de laque qui provient des résidus du bain de cochenille, dans lequel les maroquiniers trempent les peaux de chèvre pour les teindre en rouge. Ce bain contient beaucoup de matière colorante, qu'ils précipitent en y versant une dissolution d'étain.
V. DE MOLÉON.

LAQUE DE CHINE. C'est le nom qu'on donne à divers ouvrages, le plus souvent en carton, recouverts d'un beau vernis et ornés de figures dorées plus ou moins bizarres. On les a très-heureusement imités en France, et on leur a donné le nom de *laques françaises*. Il est quelquefois très-difficile de les distinguer de ceux qui nous viennent d'Asie, grâce aux perfectionnements que leur ont fait subir plusieurs fabricants français. Ces perfectionnements comprennent la fabrication de la pâte de carton et l'application du vernis. Pour les formes rondes, il faut employer les procédés du cartonnier, c'est-à-dire du carton fait avec du *papier mâché*. Pour les autres objets, les industriels cités ont inventé un carton plus fort que celui des cartonniers. Ils emploient une colle faite avec des ratissures de peau et de la colle forte. Quand le carton a été pénétré de divers apprêts, il est imperméable et susceptible d'être poncé comme les métaux. On peut ensuite le soumettre aux opérations du vernissage. Cette fabrication s'applique aux petites comme aux grandes choses, et l'on fait aujourd'hui en laque française les objets les plus compliqués, tels que candélabres, entablements, panneaux d'appartements, colonnes, etc.
V. DE MOLÉON.

LAQUEDIVES ou LAKÉDIVES. *Voyez* MALDIVES.

LARACHE, ou plutôt *El-A'Raisch* (le jardin), le *Lixus* des anciens, ville fortifiée du royaume de Fez, dans le Maroc, à 13 myriamètres au nord-ouest de Fez, située à l'embouchure du Luccos dans l'Atlantique, dans la plaine de Rusana, avec port, station ordinaire de la flotte de l'empereur, était autrefois le siége d'un grand commerce, à peu près anéanti aujourd'hui. On y compte environ 3,000 habitants. Son port est sûr et séparé de la mer par un promontoire de sable. Un grand marché se tient dans cette ville chaque semaine, et l'on y voit encore un grand bazar construit par les Portugais.

LA RAMÉE. *Voyez* RAMUS.

LARCHER (PIERRE-HENRI), savant antiquaire, né le 12 octobre 1726, à Dijon, d'une famille parlementaire alliée à celle de Bossuet, perdit son père de bonne heure, et fut élevé par sa mère, femme d'une grande sévérité, qui le destinait à la magistrature. Après avoir commencé ses classes dans sa ville natale, il alla faire ses humanités à Pont-à-Mousson, et termina ses études au collége de Laon à Paris. Afin d'acquérir une connaissance approfondie de la langue et de la littérature anglaises, il passa plusieurs années en Angleterre, sans cependant interrompre pour cela ses études grecques, ainsi qu'en témoignèrent ses traductions de l'*Electre* d'Euripide (1750) et des *Amours de Chéréas* et de *Callirhoé* de Chariton (1753). Quoique sympathisant avec la direction philosophique imprimée à toutes les recherches de l'esprit humain au dix-huitième siècle, il entreprit, en 1767, de réfuter, dans son *Supplément à la Philosophie de l'histoire*, les erreurs et les contradictions de Voltaire dans sa *Philosophie de l'histoire*. Il en résulta entre le patriarche de Ferney et lui une discussion des plus vives, dans laquelle Larcher ne surpassa pas, comme son adversaire, mettre les rieurs de son côté; mais il eut au moins le bon esprit de ne pas s'acharner à soutenir une lutte inégale. A son retour d'Angleterre, il se lia avec D'Alembert. La dissertation mythologique qu'il publia à Paris en 1775, sous le titre de *Mémoire sur Vénus*, et sa traduction de la *Retraite des Dix-mille*, de Xénophon, lui valurent, en 1778, son admission à l'Académie des Inscriptions et Belles-

Lettres. Quand Napoléon créa l'université impériale, il appela Larcher, alors âgé de quatre-vingt-trois ans, à occuper une chaire de littérature grecque à la Faculté des Lettres de Paris, où il eut pour successeur Boissonade. Deux ans après, le 22 décembre 1812, il mourait dans cette capitale, des suites d'une chute. Son principal titre à l'estime du monde savant est sa traduction d'Hérodote, à laquelle il consacra quinze ans de sa vie, et qu'il a enrichie de précieuses observations géographiques et chronologiques (3ᵉ édition, Paris, 1813, 9 vol.).

LARD. On donne ce nom à une couche épaisse de tissu adipeux, qui se trouve entre la peau et les muscles des cochons, et qu'on rencontre également chez les cétacés et les phoques. Le lard du cochon, frais ou salé, est surtout employé dans la cuisine.

LARDNER (DIONYSIUS), célèbre physicien et mathématicien, né en 1790, se fit d'abord avantageusement connaître par deux ouvrages intitulés : l'un, *Treatise on algebraical Geometry* (Londres, 1823), et l'autre, *On the differential and integral Calculus* (1825). Il conçut ensuite le plan d'une grande encyclopédie, ou collection de traités séparés sur les sciences naturelles, l'industrie, les beaux-arts, la littérature, l'histoire, etc., à la rédaction de laquelle prirent part des écrivains de premier ordre, tels que Brewster, Herschel, W. Scott, Southey, Mackintosh, Moore, Sismondi, etc., et dont les différentes parties, qui parurent successivement sous le titre de *Lardner's Cyclopædia*, forment aujourd'hui 132 volumes. Lardner est l'auteur des traités de mécanique (en collaboration avec Kater), d'hydrostatique, de géométrie, d'arithmétique, et en collaboration avec Walker il fit imprimer un *Manual of Electricity, Magnetism and Meteorology*. Une seconde édition de cet ouvrage, extrêmement précieux, mais tout à fait incomplet malgré son étendue, a paru en 1854.

Lardner s'est vu obligé de revenir sur beaucoup d'idées et de principes qu'il avait émis dans ses *Popular Lectures on the Steam Engine*, lorsque les faits lui eurent prouvé que c'était à tort qu'il avait nié la possibilité d'appliquer la vapeur à la navigation transatlantique. Pendant ce temps-là il avait été nommé professeur de philosophie naturelle et d'astronomie à l'université de Londres ; position qu'il perdit d'ailleurs peu de temps après, par suite d'un procès scandaleux qu'il eut à soutenir pour avoir enlevé, en 1840, la femme d'un certain capitaine Heawide; et, suivant l'usage anglais, le Lovelace de cinquante ans fut condamné en outre à payer au mari outragé une somme de 8,000 liv. st. Pour échapper à la notoriété que cette affaire avait donnée à son nom et dépayser les curieux, Lardner alla passer alors quelque temps en France, puis aux États-Unis; et une fois son aventure oubliée, il s'en revint en Angleterre reprendre ses travaux scientifiques.

Outre les ouvrages intitulés *Treatise on Heat* (1844), *On Railway Economy* (1850) et *On the Steam Engine, Steam Navigation*, etc. (1852), refonte totale de son premier traité sur ces matières, on a encore de lui un grand nombre d'ouvrages relatifs à toutes les branches de la physique, de la mécanique, de l'hydraulique, de l'optique, etc., qui appartiennent aux meilleurs livres scientifiques élémentaires des temps modernes. Il a aussi publié une description de la grande exposition universelle de Londres de 1851, *The great Exhibition reviewed* (1852). Les nombreux écrits de Lardner se distinguent tous par la clarté de l'exposition et par un style simple et populaire, qui ne nuit en rien à la solidité de l'enseignement. Ils ont obtenu une immense circulation, tant en Angleterre qu'aux États-Unis. En 1854 le docteur Lardner a commencé la publication d'un *Museum of Science and Art*, à un penny la livraison.

LARENAUDIÈRE (PHILIPPE DE), écrivain géographe, collaborateur de Malte-Brun, était né à Vire (Normandie), en 1781. De bonne heure ses goûts littéraires se manifestèrent ; et au milieu de la révolution il conserva pieusement ses croyances religieuses. Aussi, au retour du calme, écrivit-il une touchante description de *La Fête-Dieu dans un hameau*, que Châteaubriand reproduisit dans son *Génie du Christianisme*, pour prouver tout ce qu'il y a de poétique non-seulement dans la pensée, mais dans les formes extérieures du catholicisme. Cette haute approbation semblait devoir fixer la carrière du jeune littérateur, mais les graves préoccupations de la magistrature vinrent imposer de nouveaux devoirs à son esprit consciencieux. Nommé président du tribunal de Vire, Larenaudière se consacra tout entier à ces fonctions. Rendu plus tard à la littérature, il fut entraîné par Malte-Brun, dont il était l'ami, vers l'étude de la géographie, et il y apporta cette verve chaleureuse, ce style imagé, qui avaient caractérisé ses premières productions. Les sciences géographiques étaient alors sévères et peu attrayantes ; la sagacité, la persévérance intelligente et modeste semblaient le seul apanage du géographe érudit. Malte-Brun et Larenaudière prouvèrent que cette science positive pouvait emprunter à une plume élégante un charme jusque alors inconnu. Les *Annales des Voyages*, le *Bulletin de la Société de Géographie*, diverses encyclopédies, la *Biographie universelle*, s'enrichirent de nombreux articles de Larenaudière. Une attaque d'apoplexie l'enleva, le 24 février 1845. L. LOUVET.

LA RÉOLE. *Voyez* GIRONDE (Département de la).

LARES. Il n'y a point de nation civilisée ou sauvage qui n'ait eu ses dieux *Lares* ou Pénates. Le riche, comme le pauvre, a toujours trouvé une consolation intime dans l'adoration de ces demi-dieux familiers, que l'on pouvait invoquer à toute heure, à tout instant. La superstition qu'on y attachait augmenta au point que les plus fervents portaient sur eux un amulette, ou une statuette de ces divinités, comme préservatif contre les maladies et les maléfices des mauvais esprits. On voyait encore en eux les conservateurs de la santé et de la vie, les dieux domestiques et les génies de chaque maison. On suppose que ce fut en Égypte que commença le premier culte des dieux Lares ; on en fixe l'origine à l'ancien usage de conserver dans chaque maison la momie des parents : la quantité de petites divinités ayant la forme d'une momie qu'on rencontre dans les tombeaux égyptiens semblerait confirmer cette opinion. On dit aussi que les vivants s'adressaient à eux comme à des dieux propices, toujours prêts à exaucer leurs prières. Cependant, les images des dieux de première classe se trouvent non moins fréquemment dans les tombeaux : ils étaient donc au nombre des Lares. Ces statuettes ont une bélière qui indique que les Égyptiens religieux les portaient sur eux par dévotion. Chez les Romains, les dieux Lares, d'origine étrusque et d'ordre inférieur, qu'ils faisaient naître de Mercure et de Lara, fille du fleuve Almo, étaient en grande faveur : semblables à nos saints, c'étaient des patrons qu'ils se choisissaient, et sous la protection desquels ils se plaçaient. L'homme de condition ordinaire et l'homme du peuple en installaient les images derrière la porte de leur maison, et les regardaient comme des gardiens vigilants et protecteurs. C'est probablement pour cette raison qu'Ovide, dans ses *Fastes*, donne le chien pour attribut aux dieux Lares, cet animal remplissant la même fonction, celle de garder le logis. Plutarque va plus loin : il dit que l'on couvrait les statues de ces demi-dieux d'une peau de chien : on les plaçait encore près des foyers. Les gens aisés les avaient dans leurs vestibules, les grands personnages en décoraient une chapelle ou un oratoire, nommé *lararie*; on avait un soin extrême de les tenir propres : un domestique était chargé uniquement du service de ces dieux ; c'était un affranchi chez les empereurs. Les plus religieux leur offraient du vin, de la farine et la desserte de la table. Dans les jours heureux ou aux grandes fêtes, on les couvrait d'herbes odoriférantes, de thym, de romarin ; on les couronnait de fleurs, principalement de violettes ; on brûlait de l'encens autour d'eux, et l'on plaçait devant ces statues des lampes allumées.

LARES — LA RÉVEILLÈRE-LEPAUX

Rome enfin donna asile à tous les dieux de l'univers ; chaque particulier était le maître d'en prendre pour ses pénates autant qu'il lui plaisait. Cette superstition augmenta au point qu'on fut obligé de défendre l'usage de ces petites divinités et de ramener le peuple à l'adoration des dieux reconnu par la religion. Cependant, le libre exercice des dieux Lares fut rétabli et autorisé par une loi des Douze Tables. On distinguait plusieurs sortes de dieux Lares, outre ceux des maisons, savoir : les Lares publics, qui présidaient aux bâtiments et aux travaux publics ; les Lares de ville, *urbani* ; des carrefours, *compitales* ; des chemins, *viales* ; de la campagne, *rurales*. Les Indiens, les Mexicains, presque tous les peuples sauvages ont des dieux semblables, qu'ils invoquent, et.dont ils placent les images sur les routes ou dans leurs maisons. Enfin, Virgile prétend que les grands dieux en général sont les Lares de la ville de Rome ; et suivant Macrobe, Janus était au nombre de ces dieux, parce qu'il présidait aux chemins. Apollon, Diane et Mercure étaient considérés comme tels, parce que leurs statues se trouvaient au coin des rues ou sur les grandes routes. A tout ce qui a été dit jusqu'à présent, Apulée ajoute que les Lares n'étaient autre chose que les âmes de ceux qui avaient bien vécu et bien rempli leur carrière. Alors on leur donnait pour mère la nymphe Mania. Cette opinion était aussi celle des platoniciens, qui supposaient que les âmes des bons passaient dans les Lares, et que les Lémures étaient celles des méchants. Ch^{er} Alexandre LENOIR.

LA RÉVEILLÈRE-LEPAUX (LOUIS-MARIE) naquit à Montaigu, dans la Vendée, le 25 août 1753. Ses premières années, confiées à un ecclésiastique brutal, ne furent pas heureuses ; les mauvais traitements finirent par altérer sa santé, et son épine dorsale se déforma. Retiré des mains de son bourreau, il continua ses études au collège de Beaupréau, et alla les achever chez les oratoriens d'Angers. Envoyé, en 1775, à Paris, par sa famille, qui en voulait faire un avocat, il se signala peu dans cette carrière, pour laquelle il n'avait aucun penchant ; des goûts moins ambitieux et plus simples, l'amour de la botanique et une grande propension vers les sciences morales et politiques l'absorbaient tout entier, quand la révolution éclata et le poussa dans l'arène des affaires publiques. Élu député aux états généraux par la sénéchaussée d'Angers, il s'y fit remarquer par l'énergie et le radicalisme de ses convictions : toutes les mesures populaires et républicaines trouvèrent en lui un chaud apologiste. Vers les derniers jours de l'Assemblée constituante, il se prononça, lui aussi, contre la réélection des représentants en fonctions à la nouvelle législature, mesure qui fut adoptée. Durant la session de la Législative, il siégea près la haute cour nationale, à Orléans, en qualité de juré de Maine-et-Loire. Appelé à faire partie de la Convention après la chute du trône, il alla s'asseoir au milieu de ces députés du centre que Marat qualifiait de *crapauds du marais*. En opposition avec les girondins, lors du procès de Louis XVI, où il vota pour la mort, contre le sursis et l'appel au peuple, il ne tarda pas à se rallier à eux. Dans la séance du 10 mars 1793, il réclama avec force l'appel nominal sur le projet d'organisation du tribunal révolutionnaire, et combattit violemment, dans la séance suivante, la proposition faite par Danton de prendre les membres du ministère dans le sein de la représentation nationale. La proscription des girondins, loin d'abattre son opposition, la rendit plus violente. Chaque jour il réclamait l'appel nominal sur toutes les mesures proposées à l'assemblée depuis l'expulsion de ses amis, dont il avait déclaré vouloir partager le sort ; ces protestations quotidiennes contre des journées que la *Montagne* regardait alors comme nécessaires au salut de la république finirent par lui attirer son animadversion ; et lorsqu'il déclara ne plus vouloir assister aux séances, afin qu'on ne dît point qu'il avait contribué, par son vote ou par son silence, aux mesures rigoureuses que l'on prenait, il n'eut que le temps de se dérober par la fuite à un mandat d'arrêt lancé immédiatement contre lui par le comité de sûreté générale. Mis hors la loi, il trouva un asile chez un ami, M. de Buirc, et n'en sortit qu'après le 9 thermidor, pour reprendre sa place, demeurée vide, à la Convention.

Appelé par position dans les rangs des réacteurs thermidoriens, La Réveillère n'apporta point dans sa conduite cette animosité aveugle qui n'eût rien eu d'étonnant dans un homme dont le frère et plusieurs parents avaient porté leur tête sous la hache révolutionnaire. Il réprouvait la terreur, et par cela même répugnait à voir ceux qui en étaient devenus les adversaires, après le renvoi de ses ministres les plus actifs, la faire revivre contre ceux qui l'avaient organisée avec eux. Ainsi, lors du procès des membres des anciens comités, il se prononça pour la déportation de Billaud-Varennes, Collot d'Herbois et Barrère ; mais il ne voulut point qu'on les décrétât d'accusation, et encore moins qu'on les envoyât à l'échafaud. Il fut un des principaux auteurs de la constitution de l'an III ; et quand, après le 13 vendémiaire, Tallien, Barras et Legendre se séparèrent des thermidoriens pour dénoncer Lanjuinais, Boissy d'Anglas, etc., comme royalistes, on le vit, conservant pour lui les proscriptions violentes l'horreur qu'il en avait toujours eue, ce peut-être par sympathie pour les membres accusés, se prononcer contre la permanence demandée par Tallien. Élu président du Conseil des Cinq Cents, à la suite de la dictature conventionnelle, et peu de jours après appelé au Directoire par le suffrage des Conseils, il en fut nommé président par ses collègues. Son influence gouvernementale y fut à peu près nulle ; il y exerça plus spécialement l'action de résistance indispensable à l'équilibre constitutionnel.

L'an v vit naître en France une espèce de secte religieuse, dont l'existence fut de courte durée : nous voulons parler des *théophilanthropes* (adorateurs de Dieu et amis des hommes). Le but des fondateurs, n'avait rien que de louable : dans un moment où quelques vestiges de la religion survivaient à peine à la tourmente révolutionnaire, faire renaître dans les esprits l'idée de l'Être suprême et celle de l'immortalité de l'âme, sans entrer à cet égard dans d'inutiles discussions, professer, dans des réunions dominicales et dans des réunions décadaires, les principes de la morale la plus simple, l'amour de la vertu, tel était le but et le système de la nouvelle secte ; les cérémonies se bornaient à des discours et à des chants religieux. Les théophilanthropes, aux idées desquels La Réveillère donna une approbation solennelle, dans un discours lu à l'Institut, dont il avait été nommé membre, furent violemment attaqués, et l'oubli dans lequel ils sont tombés depuis ne les a point mis à l'abri des reproches des historiens. On a voulu nier sa part à la direction de ce culte nouveau. C'est se refuser à une évidence qui n'avait rien de ridicule aux yeux des contemporains ; tout le monde sait que, malgré les dénégations de sectaires, lorsqu'il fut obligé, le 30 prairial, de donner sa démission de Directeur, il était réellement leur chef. Boulay de la Meurthe, l'accusant à la tribune du Conseil des Anciens, ne disait-il pas ce même jour : « La Réveillère-Lepaux a de la moralité, j'en conviens ; mais son entêtement est sans exemple. Son fanatisme le porte à créer *je ne sais quelle religion*, pour l'établissement de laquelle il sacrifie toutes les idées reçues, il foule aux pieds toutes les règles du bon sens, il viole tous les principes et attaque la liberté de conscience. » La Réveillère donna cette démission qu'on exigeait de lui, tout en déclarant qu'il ne s'éloignait du Directoire que pour éviter que son nom devint un obstacle à l'union, un prétexte de discorde : « Je reste au sein de ma famille, écrivait-il, ainsi que son collègue Merlin, toujours prêt à rendre compte d'une conduite sans reproche, parce que les motifs en ont été dictés par l'amour le plus ardent de la république. »

Dès ce moment il s'effaça complètement de la scène politique, et l'empire ne trouva pas en lui un flatteur ; il refusa de prêter serment à l'empereur, eu sa qualité de membre de l'Institut, n'accepta ni pension ni fonctions du gouvernement impérial à aucune époque, et mourut à Paris, le 27 mars 1824. Napoléon GALLOIS.

LA REYNIÈRE. *Voyez* GRIMOD DE LA REYNIÈRE.

LARGESSES (du latin *largitio*), mot qui équivaut à ceux de dons, présents, libéralités. La corruption des mœurs amena à Rome l'usage d'acheter par des *largesses* les suffrages du peuple pour les emplois qu'on sollicitait de lui. Dans les dernières années de la république, les *largesses* consistaient en d i s t r i b u t i o n s g r a t u i t e s, en argent, blé, pois, fèves, etc.

Les *largesses* faites au peuple par les empereurs prirent le nom de *congiarium*, à la différence de celles qu'ils faisaient à l'armée, et qu'on appela d o n a t i v u m. Plusieurs médailles sont consacrées à rappeler les *largesses*. Cet usage se perpétua pendant toute la durée du Bas-Empire, et on en retrouve quelques traces dans les dons qu'à certaines occasions solennelles nos rois faisaient distribuer au peuple. On apportait des *hanaps* ou coupes pleines d'espèces d'or et d'argent, et on les distribuait à la foule, après que les hérauts l'avaient convoquée en criant à plusieurs reprises : *largesse! largesse!* C'est à tort que quelques écrivains ont prétendu que depuis l'entrevue de François Ier avec Henri VIII au camp du drap d'or, en 1520, il n'était plus mention dans notre histoire de *largesses* faites au peuple. C'était là au contraire un détail de la cérémonie du sacre des rois, détail qu'on retrouve dans le récit officiel de ceux de Louis XVI et de Charles X.

LARGEUR, une des trois dimensions de l'espace. La distinction entre la l o n g u e u r et la largeur est mathématiquement arbitraire. Cependant, dans la pratique, si l'on a, par exemple, à considérer une surface de forme rectangulaire, la plus grande de ses dimensions sera généralement appelée *longueur*, et la plus petite *largeur*. La lagueur d'un cours d'eau est la distance de sa source à son embouchure ; sa largeur est la distance de ses rives.

LARGHETTO, diminutif de *largo*. Placé en tête d'un morceau de musique, ce mot annonce un mouvement un peu moins lent que le *largo*, plus que l'*andante* et très-approchant de l'*andantino*.

LARGILLIÈRE (NICOLAS), peintre d'histoire et de portrait, né à Paris en 1656, mourut dans la même ville, en 1746, membre de l'Académie et comblé des largesses de Louis XIV. Largillière fut le rival et l'ami de Hyacinthe Rigaud, autre célèbre peintre de portrait. Avant de se consacrer uniquement au portrait, il peignit l'histoire, et c'est à ce titre qu'il dut sa réception à l'Académie de Peinture. Déjà connu en Angleterre, qu'il habitait à l'avénement de Jacques II à la couronne, Largillière fut mandé à la cour de France pour faire les portraits du roi et de la reine, dans lesquels il se surpassa. Il peignait avec une grande facilité, et saisissait parfaitement la nature ; son coloris est riche et harmonieux ; son dessin, sans être correct, est gracieux ; son pinceau est moelleux ; sa touche, savante et facile. La composition des portraits de Largillière est toujours noble, ingénieuse et naturelle. Il plaçait ses modèles avec adresse, et leur donnait de l'aisance dans le mouvement, ainsi que dans la pose ; ses draperies, bien jetées, sont larges et parfaitement entendues pour l'effet général du tableau ; et on ajoute la ressemblance frappante des personnages, on aura une idée exacte du mérite et du talent de ce peintre habile, qui vit sans jalousie les succès et l'élévation de Rigaud, dont il conserva l'amitié.

La réputation de Largillière lui procura un nombre considérable de portraits à peindre parmi les personnages les plus illustres et les plus distingués de la cour de Louis XIV : son chef-d'œuvre en ce genre est la représentation du grand roi au milieu de sa famille. Mais où Largillière se montra aussi bon peintre d'histoire que de portraits, c'est dans les deux tableaux qu'il fit pour l'hôtel de ville de Paris : l'un représente le *Repas donné à Louis XIV et à toute sa cour par la ville de Paris, au sujet de la convalescence de ce monarque*; l'autre est le *Mariage du duc de Bourgogne avec Marie-Adélaïde de Savoie* : ces deux beaux ouvrages furent lacérés et brûlés par le peuple, sur la place de Grève, en 1793. Un autre tableau, également remarquable, est celui qu'il peignit en 1694 pour la ville de Paris : c'est un *Vœu fait à sainte Geneviève par la ville de Paris*. Le prévôt des marchands et les échevins y sont figurés en habits de cérémonie, de grandeur naturelle, et à genoux devant la patrone de Paris, qui paraît dans le ciel au milieu d'une gloire, où sont groupés les anges : le peintre s'y est représenté, ainsi que le célèbre poète Santeuil, son ami, qui l'en avait prié. Ce tableau, placé originairement dans l'ancienne église Sainte-Geneviève, est passé, depuis sa destruction, dans celle de Saint-Étienne-du-Mont. Largillière avait fait bâtir à Paris une maison, qu'il orna lui-même des productions de son génie. Outre quinze cents portraits que l'on voyait dans cette maison, on y admirait plusieurs beaux tableaux d'histoire, des paysages, des animaux, des fleurs, des fruits, et aussi des parties d'architecture, dont il avait orné les murs. Ch^{er} Alexandre LENOIR.

LARGO. Écrit au commencement d'un air, ce mot italien, qui signifie *largement*, indique un mouvement plus lent encore que l'*adagio*, et le dernier de tous en lenteur. Il avertit l'exécutant qu'il doit filer de longs sons, étendre les temps et la mesure. Pour ne pas devenir ennuyeux, il faut que le *largo* ne soit pas long. C'est un mouvement qui convient pour exprimer des passions se manifestant avec une lenteur solennelle, la tristesse, la mélancolie, la ferveur.

LARGUE, LARGUER. En marine, larguer, c'est élargir, relâcher, détendre. On dit qu'un cordage *largue* quand il suit le vent ou le roulis. Larguer un cordage est une des manœuvres les plus usuelles de la marine ; c'est relâcher un cordage roidi. On dit aussi du vent qu'il *largue*, quand sa direction fait avec la quille un angle de plus de 67 degrés ; dans ce cas on dit qu'il y a du *largue*, et le navire court *largue*; c'est une des trois allures principales d'un vaisseau. On est *grand largue* quand le vent vient franchement de l'arrière.

LA RIBOISIÈRE (JEAN-AMBROISE BASTON, comte DE), né en 1759, à Fougères (Ille-et-Vilaine), entra en 1781 en qualité de lieutenant dans un régiment d'artillerie, et fut nommé général de brigade dans la même arme en 1803. Il prit part à toutes les grandes batailles de l'empire. A A u s t e r l i t z, il foudroya l'armée russe engagée sur l'étang glacé de Menitz ; à Eylau, à la tête de l'artillerie de la garde, il soutint toute la journée contre les efforts des Russes ; au centre de l'armée française ; au siège de Dantzig, au milieu de difficultés inouïes, il parvint à réunir avec une promptitude extraordinaire d'immenses provisions de boulets, de poudre et de bouches à feu. L'empereur, qui lui avait donné le titre de grand-officier de la Légion d'Honneur et des terres en Pologne, le rappela en 1808 du Hanovre, dont il était gouverneur, et le mit à la tête de l'artillerie de l'armée d'Espagne. Après y avoir rendu de nouveaux services, il rejoignit la grande armée en qualité de premier inspecteur général d'artillerie. Ce fut dans la campagne de Russie que se fit le plus vivement apprécier cet excellent officier ; dans toute la durée de cette guerre téméraire, il donna et suivit toujours les conseils de la prudence la plus éclairée ; ce furent ses sages précautions qui décidèrent le succès de la bataille de la Moskowa, et c'est à lui seul que l'armée française dut le peu qui lui resta de son artillerie, lor. de la retraite de Russie. Mais les malheurs dont il avait été témoin l'avaient frappé au cœur, et le brave général mourut à Kœnigsberg, avant des ordres pour l'évacuation de l'artillerie.

Le comte de La Riboisière avait eu deux fils : le plus jeune fut tué presque sous ses yeux à la bataille de la Moskowa. Son second fils, successivement député, pair de France, représentant, et aujourd'hui sénateur, avait épousé la fille du comte Roy. Celle-ci donna en mourant à la ville de Paris la nue propriété de ses biens, à la condition d'élever un hôpital qui porterait son nom. Cependant aucune des intentions de la donatrice n'a été entièrement remplie. Ainsi, au lieu de la nue propriété de ses biens, qu'elle avait formellement léguée aux hospices, en n'en laissant à son mari que l'usufruit, la ville a fait avec M. le comte de La Riboisière un compromis, dont on ne voit ni la convenance ni l'équité ; et sous prétexte que cette succession, d'une valeur de près de huit millions, serait d'une gestion difficile et même onéreuse, elle a abandonné ses droits au comte de La Riboisière, pour la somme de 2,600,000 fr. une fois payée. Le testament de la comtesse spécifiait particulièrement que l'on élèverait avec les fonds provenant de sa donation un hôpital qui prendrait son nom ; mais la commission municipale de la ville de Paris trouva que la somme qui lui provenait de ce legs serait insuffisante pour ouvrir un hôpital nouveau, et aima mieux en affecter le revenu à un hôpital déjà créé, l'hospice du Nord, auquel on donna, du reste, le nom d'*Hôpital de La Riboisière*. Le conseil municipal décida en même temps que, « pour remercier la famille de la défunte du sacrifice qu'elle avait consenti à faire en faveur de l'administration', » le droit de nomination à deux lits à la Salpétrière et à deux lits à l'hospice des Incurables serait accordé à perpétuité au comte de La Riboisière, et après lui aux héritiers de sa femme.

LARIGOT (Boire à tire-). *Voyez* BOIRE.

LARISSE, la plus grande , la plus riche et la plus peuplée des villes de la Thessalie, sur la rive méridionale du Pénée, appelée encore aujourd'hui *Larissa* ou *Larga*, en turc *Jenischehr*, dans le sandjakat de Tirhala, eyalet de Roumélie, était célèbre dans l'antiquité par les combats de taureaux qu'on y célébrait, et pour avoir servi de place d'armes à Jules César avant la bataille de Pharsale. Aujourd'hui elle est le siège d'un archevêché grec, et compte 25,000 habitants, dont 15,000 Turcs, 22 mosquées, de nombreuses églises, d'importantes teintureries et fabriques de maroquin, et est le centre d'un actif commerce. Depuis l'époque d'Ali-Pacha, qui jeta les premiers fondements de sa puissance à Larisse, cette ville forma la base des opérations des Turcs contre les Grecs ; et c'est de là que Khourschid-Pacha et tous les séraskiers nommés par la Porte jusqu'en 1825 commencèrent leurs campagnes contre la Livadie et l'Épire.

LARISTAN (Le), autrefois province distincte de la Perse, mais formant aujourd'hui le district le plus méridional de la province de Farsistan, est borné au nord par le Karamanie, et au sud par l'étroit littoral appartenant à l'iman de Mascate sur les côtes septentrionales du golfe Persique. Il a pour chef-lieu *Lar*, ville de 12 à 15,000 âmes, située dans les montagnes appelées Roustan, et qui, bien que singulièrement déchue de son ancienne splendeur, possède encore quelques florissantes manufactures de soieries.

LARIVE (JEAN MAUDUIT, *dit*), l'un des premiers comédiens de la scène française, naquit à La Rochelle, en 1747. Entraîné dès sa jeunesse vers le théâtre, il débuta d'abord à Lyon avec assez de succès, puis se rendit à Paris, pour s'y former à l'école des illustres modèles qu'offrait à cette époque le Théâtre-Français. Mlle Clairon distingua les qualités du jeune artiste; elle l'encouragea de ses conseils, et ce fut sous ses auspices qu'il parut la première fois au Théâtre-Français, en décembre 1775. Le public se montra fort sévère envers lui. Heureusement Larive avait foi dans son avenir : il redoubla de zèle et d'étude, et on lui sut bientôt gré de la constance de ses efforts. Il possédait tous les avantages physiques qui captivent l'attention et qui complètent le talent du comédien : la beauté de son visage, l'élévation de sa taille, la noblesse de sa démarche, la magnificence de son organe, s'alliaient merveilleusement à la grandeur de ses rôles. Le public ne resta pas insensible à ces qualités; et Larive obtint des applaudissements, même à côté de Lekain. Il fut d'abord admis à le doubler, et pendant trois ans partagea avec lui la gloire de la scène. La mort de Lekain, en 1778, le laissa sans rival pendant dix ans. Il mit ce laps de temps à profit, et pour sa réputation, et pour sa fortune, qui égala bientôt sa réputation. Profitant des congés que lui accordait le Théâtre-Français, il visitait les principales villes de province, où il donnait des représentations. Ces voyages, qui propageaient les bonnes traditions de l'art et le goût du beau et du bon, contribuèrent à la popularité de son nom et à l'accroissement de son bien-être.

Quand vint la révolution de 1789, Larive en embrassa les principes avec franchise, mais toutefois avec modération. Le 12 février 1790 il offrit au général La Fayette, qui se montra fort touché de ce don, la chaîne d'or du chevalier Bayard, de la valeur, dit-on, de 30,000 francs, qu'il avait coutume de porter lorsqu'il jouait ce rôle. Le corps électoral de Paris le choisit, le 14 décembre, pour aller, à la tête d'une députation, jurer en son nom à l'Assemblée constituante soumission à la constitution et à ses décrets : il fut admis aux honneurs de la séance. Arrêté avec une partie de ses camarades en 1793, il fut condamné à mort comme prévenu : 1° « d'avoir prêté sa maison à l'infâme La Fayette et à Bailly, pour y dresser le procès-verbal de la malheureuse affaire du Champ-de-Mars ; 2° d'avoir été avec des officiers de différents corps planter un arbre décoré de rubans devant la porte de La Fayette, lors de la rentrée de ce traître à Paris, le 23 juin 1792 ; 3° d'avoir joué à Bordeaux *L'Ami des Lois*, de Laya. » Le 9 thermidor le sauva. Il rentra au Théâtre-Français, dont il soutint la prospérité. Au sortir d'une de ces représentations, David, l'illustre peintre, lui écrivit ce billet : « Vous êtes un grand homme ! si je vous survis, je me souviendrai toujours de Larive. » Dans plusieurs de ses lettres, Voltaire le comble d'éloges, et l'appelle *le bel Américain*, parce qu'il jouait admirablement Zamore.

Parvenu à une grande célébrité, Larive quitta le théâtre, où il pouvait encore espérer les plus brillants succès, pour se retirer à Montignon, près de Montmorency, où il possédait une charmante maison de plaisance, qu'il mit tous ses soins à embellir, et où il exerçait une noble hospitalité. Il remplit dans sa commune les fonctions de maire ; mais son amour pour la campagne et les soins de sa nouvelle dignité ne lui firent pas oublier sa première profession. En 1804 il ouvrit un cours de déclamation, qu'il a depuis publié en 3 vol. in-8°. Déjà il avait tenté quelques essais littéraires en donnant au théâtre et faisant imprimer, en 1784, *Pyrame et Thisbé*, scène lyrique, et en publiant en 1801 des *Réflexions sur l'Art théâtral*. En 1806 Joseph Napoléon l'appela à Naples pour y remplir près de lui les fonctions de lecteur royal, aux appointements de 30,000 fr. Il revint en France lorsque Joseph échangea, par la volonté de Napoléon, son paisible royaume de Naples contre celui d'Espagne. En 1816, à l'âge de soixante-neuf ans, il reparut sur le Théâtre-Italien dans le rôle de *Tancrède*, à l'occasion d'une représentation à bénéfice. En 1817 l'Académie de Naples, dont il était membre depuis plusieurs années, lui écrivit son associé correspondant, élection qui fut confirmée par le roi des Deux-Siciles. Il mourut le 30 avril 1827, après avoir parcouru la carrière la plus brillante et la plus heureuse que puisse envier un artiste, laissant la réputation d'un grand comédien, qui avait été digne de succéder à Lekain et de précéder Talma, et la réputation d'un homme de bien, que ses généreuses qualités avaient fait chérir autant qu'il avait fait admirer.

JONCIÈRES.

LA RIVIÈRE (ROCH BAILLIF, plus connu sous le nom de), premier médecin de Henri IV, né à Falaise, mort à Paris, en 1605. Comme la plupart des médecins de l'époque, le sieur de La Rivière se mêlait d'astrologie ; et les mémoires du temps nous apprennent que Henri IV l'ayant chargé de tirer l'horoscope du dauphin qui depuis fut Louis XIII, la réponse des astres fut que ce prince différerait complétement de caractère avec son père ; qu'il serait très-difficile, et que cependant il se laisserait facilement mener ; qu'il persécuterait les huguenots ; enfin, qu'il vivrait très-longtemps. Baillif, qui, en 1580, avait publié un mémoire *Sur la Peste*, est également auteur d'un traité intitulé : *Démos-*

terion, sive 300 *aphorismi summam doctrinæ Paracelsi continentes*. Par le titre seul de cet ouvrage, on peut juger de la portée de l'intelligence d'un empirique dont l'histoire n'eût jamais conservé le nom s'il n'avait pas eu l'honneur d'être médecin de Henri IV.

LARMES. Aucun mot n'exige moins une définition que celui-ci pour être compris. Qui de nous n'a pas répandu et vu répandre des larmes? Toutes nos affections provoquent ce flux appelé *pleurs* dans les diverses phases de la vie. La source des larmes excite d'abord la curiosité. Cette effusion, dont l'abondance est souvent surprenante, ne provient que d'un corps de fort petite dimension, d'une glande située sous la paupière supérieure ; mais son activité et sa puissance de sécrétion suppléent bien à son peu d'étendue. Il n'est pas moins intéressant d'examiner le but pour lequel l'auteur de la création a établi une semblable voie d'excrétion dans l'appareil du plus noble des sens. En regardant les pleurs couler des yeux de l'enfant, de la femme, du vieillard, on reconnaît des armes faites pour protéger la faiblesse par la pitié. En voyant que toutes les vives émotions morales font verser ce fluide qui adoucit nos peines, nos douleurs, on reconnaît que la nature a doté chacun d'un soulagement salutaire et indépendant de ses volontés. Les émotions causées par la joie et le chagrin, par le plaisir et la souffrance, sont allégées par l'effusion des pleurs. Ce bienfait n'est pas réservé aux seules personnes qui réussissent à maîtriser ces émotions vulgaires. Celui qui saura refréner les effets qui résultent des vives impressions pénibles ou agréables pourra pleurer comme le grand Condé au spectacle d'Auguste clément. Les larmes intéressent encore en apportant un exemple commun de l'empire que l'imitation exerce sur l'homme. A l'aspect d'un visage inondé de pleurs dans l'âge de raison, on sent ses yeux devenir humides involontairement et par cet entraînement sympathique qui unit les hommes entre eux. C'est surtout chez le sexe que cette puissance d'imitation est marquée : qu'une femme pleure, a-t-on dit, une autre pleurera, et toutes pleureront, autant qu'il en viendra.

Les physiologistes attribuent aussi à la glande lacrymale une fonction toute matérielle, celle d'entretenir l'humidité de l'œil par un flux modéré, lequel est en partie absorbé par l'air atmosphérique, et dont le surplus se déverse dans les cavités du nez par un conduit particulier. Les médecins savent que les larmes sont des symptômes de quelques maladies nerveuses, et particulièrement de l'hystérie : ordinairement, elles ne leur inspirent aucune alarme. Chez un malade, toutes les fois qu'elles coulent d'après des émotions raisonnées, ils voient dans cet épanchement un signe heureux, reconnaissant que les facultés intellectuelles sont conservées ; mais si des larmes sont versées tandis que ces facultés sont perverties, et que d'autres signes sinistres se rencontrent, ils jugent que le cerveau est gravement affecté et que la mort est menaçante.

L'écoulement involontaire des larmes, appelé *epiphora* dans le langage médical, accompagne diverses maladies des yeux et des voies par lesquelles une partie de ce fluide trouve une issue dans l'état sain; alors les pleurs s'épanchent habituellement sur les joues et constituent une infirmité très-fâcheuse, la fistule lacrymale. Dans certains cas, cette sécrétion est viciée à sa source même par une modification de vitalité : alors les larmes acquièrent une propriété assez irritante pour causer une sensation pénible le long des parties sur lesquelles elles ruissellent. On peut dire qu'il y a des larmes amères et douces, au propre comme au figuré.

Dr CHARBONNIER.

LARMES BATAVIQUES. On donne ce nom à des gouttes de verre que les ouvriers laissent tomber dans l'eau froide. Lorsqu'on casse le petit bout de ces larmes, elles se réduisent en poussière avec violence, dans la main de celui qui fait cette expérience, presque toujours sans le blesser. Elles perdent cette propriété si on les fait rougir et qu'on les fasse refroidir lentement ; elles la reprennent si on les fait rougir de nouveau et qu'on les plonge brusquement dans l'eau froide. Les physiciens modernes pensent que la rupture de ces larmes est due à l'élasticité du verre. Voici l'explication qu'en donne Beudant : « Le verre, dit-il, soit à l'état liquide ou à celui de mollesse, occupe plus de place qu'à l'état solide : or, au moment de l'immersion dans l'eau des gouttes de verre fondu, leur couche extérieure se solidifie en se modelant en quelque sorte sur les molécules intérieures, qui sont encore molles, et par conséquent dilatées. Il est donc évident que la surface de la larme est plus grande que si le refroidissement s'en était opéré graduellement. Ce principe admis, quand les molécules intérieures se refroidissent, elles tendent à diminuer de volume ; mais comme elles se trouvent retenues par l'attraction de la surface déjà solidifiée, il en résulte que, ne pouvant pas se rapprocher autant qu'elles l'auraient fait si le refroidissement eût été lent, elles se trouvent dans un arrangement pour ainsi dire forcé, et dans une tension qui se développe aussitôt qu'on brise le petit bout de ces larmes. » Bellani a observé qu'en rompant la queue d'une larme batavique sous l'eau contenue dans un récipient en verre, ce récipient se brise avec explosion au moment de la rupture de cette larme, lors même que la surface de l'eau est découverte. Il attribue cet effet à la rapidité avec laquelle s'opèrent la rupture de la larme batavique et l'explosion qui en est la conséquence, rapidité telle, que l'eau, n'ayant pas le temps de céder, communique le mouvement aux parois du récipient comme le ferait un corps solide.

On fait aussi dans les verreries de petits gobelets dont le fond, qui est très épais, a été refroidi dans l'eau comme les larmes bataviques. Lorsqu'on veut les réduire en poudre, il suffit de laisser tomber perpendiculairement sur le fond un morceau de verre ou de caillou anguleux. Cet effet n'a plus lieu quand on fait rougir le gobelet et qu'on le fait refroidir lentement.
JULIA DE FONTENELLE.

LARMIER. C'est, en architecture, le plus fort membre carré d'une corniche dont la face est droite et creusée au-dessous en forme de canal, de manière à laisser égoutter l'eau et la faire tomber goutte à goutte, comme des larmes, loin du mur qui est au-dessous. De là ce nom de *larmier*. Le bord extérieur du canal du larmier s'appelle *mouchette*, nom que les ouvriers donnent quelquefois au larmier même.

On appelle encore *larmier* une espèce de plinthe pratiquée sous l'égout du chaperon d'un mur de clôture.

LARMOIEMENT, écoulement de larmes involontaire et continuel (*voyez* ÉPIPHORA).

LARMOYANT (Genre). C'est, suivant la définition de l'Académie, un genre de comédies plus attendrissantes que gaies, c'est-à-dire le drame.

LARNAKA. *Voyez* CHYPRE.

LA ROCHE (PAUL DE). *Voyez* DELAROCHE (Paul).

LA ROCHE DERRIEN. *Voyez* CÔTES-DU-NORD (Département de la).

LA ROCHEFOUCAULD. *Voyez* CHARENTE (Département de la).

LA ROCHEFOUCAULD. Ancienne et illustre famille, qui a pris son nom d'un bourg de l'Anjou et se rattache par tradition à la maison de Lusignan. Cependant sa généalogie ne remonte d'une manière certaine qu'à FOUCAULD Ier, qui vivait au onzième siècle. Elle a fourni un grand nombre de branches, celles de Randan, de Roye-Roucі, de Surgères, de La Roche-Guyon, d'Anville, de Bayers, de Saint-Elpis, de Liancourt, de Doudeauville, etc. Parmi ses membres les plus connus nous citerons :

FRANÇOIS Ier, chambellan des rois Charles VIII et Louis XII. Il fut, en 1494, François Ier sur les fonts baptismaux ; et celui-ci, en 1515, érigea pour lui en comté la baronnie de La Rochefoucauld. Le comte de La Rochefoucauld mourut en 1517. Depuis lui tous les aînés de la famille portèrent le nom de François.

FRANÇOIS III, comte de La Roche et de Roucy, gouverneur et lieutenant général en Champagne, calviniste fervent, fut une des victimes de la Saint-Barthélemy. Charles IX, qui avait de l'affection pour lui, essaya de le retenir à coucher au Louvre ; mais il voulut absolument s'en retourner à son hôtel, et le roi, dans la crainte de trahir son dessein, n'insista pas.

FRANÇOIS V, né en 1588, gouverneur du Poitou, abandonna le culte réformé, et vit alors son comté érigé en duché-pairie. Il assista au siége de La Rochelle, et encourut la disgrâce du cardinal pour avoir eu l'imprudence de dire au roi : « Sire, j'amène 1,500 gentilshommes de mon gouvernement. Il n'y en a pas un qui ne soit mon parent ». Cependant, après une assez longue défaveur, il se réconcilia avec Richelieu, qui lui donna le gouvernement du Poitou. Il mourut en 1650.

[FRANÇOIS VI, duc de La Rochefoucauld, prince de Marsillac, né en 1613 et mort en 1680. Jeune encore, il se trouva mêlé aux intrigues que virent les dernières années du ministère de Richelieu : son nom, son activité, son esprit, déjà prompt et entreprenant, ses grandes relations de parenté, le rendirent suspect au cardinal, qui le fit arrêter et mettre à la Bastille, parce qu'il avait fourni des chevaux et un guide à Mme de Chevreuse s'enfuyant en Espagne. Il n'y resta que huit jours, son père ayant intercédé pour lui et lui-même ayant fait ses soumissions de fort bonne grâce. Cependant, il s'était montré en plusieurs occasions assez dévoué à la reine pour en espérer, lorsqu'elle fut régente, de grands avantages. Mais sa conduite équivoque envers Mazarin les lui fit perdre. N'ayant pu obtenir pour lui-même le titre de duc à brevet et le tabouret pour sa femme, il se jeta dans le parti de la Fronde.

On a dit et imprimé mille fois que l'amour l'avait entraîné dans ce parti, et que la duchesse de Longueville l'avait gagné à la cause des princes. M. Victor Cousin, dans un récent et remarquable ouvrage, a jeté une vive lumière sur ce point. Il a retrouvé un manuscrit inédit de La Rochefoucauld, où sont exposés les raisons qu'il eut de passer à la Fronde. Sa grande passion pour madame de Longueville commença, c'est lui-même qui nous l'apprend, par un calcul, par la considération des avantages qu'il pourrait tirer de cette liaison, qui le rapprochait du prince de Condé. On connaît les deux vers que La Rochefoucauld emprunta à la tragédie d'un poète contemporain pour peindre son dévouement à la princesse de Longueville. Plus tard, blessé cruellement par ses froideurs, il se vengea de son ancienne amie en parodiant ainsi ces vers, auxquels sa passion avait donné une célébrité qui dure encore :

Pour mériter ce cœur, qu'enfin je connais mieux,
J'ai fait la guerre aux rois, j'en ai perdu les yeux.

Ce dernier hémistiche fait allusion à la blessure qu'il reçut au siège de Bordeaux, et qui le priva de la vue pendant assez longtemps. Rentré en grâce auprès du roi après les guerres de la Fronde, La Rochefoucauld chercha à oublier et à faire oublier dans le calme de la vie privée les torts d'une jeunesse ardente. Une liaison nouvelle, dont le cœur fit tous les frais, ne contribua pas peu à calmer l'agitation de son esprit. La comtesse de La Fayette remplaça la princesse de Longueville : cette amitié, qui ne lui manqua jamais, même à sa dernière heure, ombellit le reste de ses jours, qui ne fussent écoulés au milieu de la tranquillité la plus heureuse sans la perte de plusieurs membres de sa famille, et sans les douleurs de la goutte, qui le tourmentèrent pendant ses dix dernières années. Sa maison était le rendez-vous d'un monde choisi de seigneurs spirituels, d'auteurs de génie, de femmes aimables. Madame de Sévigné, qui assistait souvent à ces brillantes réunions, nous en a retracé l'aspect dans plus d'un passage de sa correspondance. Le premier écrit qu'il publia ce fut un *Portrait* fait par lui-même, inséré en 1659 dans une édition des *Portraits* de Mademoiselle. Il fit paraître ensuite ses *Mémoires* en 1662, et trois ans après les *Maximes*.

Rien dans ce livre ne parle au cœur, rien d'onctueux, rien de consolant. Malgré les paradoxes qu'il renferme, peut-être apprend-il quelque chose ; mais à coup sûr il ne forme pas. L'idée qui fait le fond de la plupart des *Maximes*, c'est que toutes nos actions ont pour mobile l'amour-propre. J.-J. Rousseau appelle les *Maximes* un *triste livre*. Si l'on ne se range pas à l'opinion de l'auteur d'*Émile*, du moins doit-on regarder les *Maximes* comme un *livre triste*, et d'une tristesse pesante et sans issue. Il nous montre en effet l'homme sous le côté le plus défavorable : les belles et nobles parties sont oubliées. La vérité y est dure, chagrine et flétrissante ; elle n'intéresse pas. Je ne sais pas si c'est là de la morale, mais c'est une morale aride, sans larmes, sans entrailles, qui n'enfantera jamais rien de bon, rien d'utile, rien de généreux. Voir d'un œil sec toutes les misères humaines, ne se laisser aller à aucune illusion sur l'homme, trouver à la racine de tous ses penchants le ver rongeur qui doit les corrompre, l'amour-propre, c'est le dernier mot de sa philosophie, ai toutefois l'on peut donner ce nom à une *sagesse* qui ne contribue en rien au bonheur et à l'amélioration du genre humain. Malgré ce défaut, ou plutôt à cause de ce défaut, Voltaire place les *Maximes* parmi les ouvrages les plus remarquables du dix-septième siècle. La Rochefoucauld continua toute sa vie à accroître l'édition de 1665 ; il en donna une seconde en 1666, une troisième en 1671, une quatrième en 1675, et deux ans avant sa mort, en 1678, une cinquième, plus étendue et plus parfaite, et qui est son dernier mot. Les *Mémoires* de La Rochefoucauld, écrits dans ce style précis et original qui a fait la moitié du succès des *Maximes*, sont les mémoires les plus intéressants qu'on puisse consulter sur la Fronde, bien que l'auteur, comme dit La Harpe, ne soit pas plus exempt de préjugés en politique qu'en morale. JONCIÈRES.]

FRANÇOIS VII, né en 1634, mort en 1714, grand-veneur et grand-maître de la garde-robe. Il épousa l'héritière de la maison du Plessis-Liancourt, qui lui apporta aussi la terre de La Roche-Guyon.

François DE LA ROCHEFOUCAULD-RANDAN, cardinal, né à Paris, en 1558, mort en 1645. Évêque de Clermont au temps de la Ligue, il ne reconnut Henri IV qu'après sa conversion. En 1607 il obtint la pourpre romaine, passa ensuite à l'évêché de Senlis, et réorganisa la congrégation de Sainte-Geneviève (*voyez* GÉNOVÉFAINS).

Louis-Alexandre DE LA ROCHEFOUCAULD, duc d'Anville, né en 1733. Député de la noblesse de Paris aux états généraux, il fut un des premiers membres de cet ordre qui se rémirent au tiers état. Il plaida ensuite avec chaleur la cause de la liberté des noirs ; mais, ayant contribué à la suspension de Manuel et de Pétion après le 20 juin, il donna sa démission pour se soustraire aux colères populaires. Il fut massacré à Gisors, le 14 septembre 1793.

François-Alexandre-Frédéric duc DE LA ROCHEFOUCAULD-LIANCOURT, naquit en 1747. Grand-maître de la garde-robe sous Louis XV et Louis XVI, il fonda dès 1780, dans sa terre de Liancourt, une ferme-modèle, une école d'arts et métiers, à laquelle l'école de Châlons doit son origine. Élu député aux états généraux par la noblesse du bailliage de Clermont en Beauvoisis, il siégea parmi les modérés du côté droit. Appelé après la session au commandement militaire des cinq départements de la Normandie, il fut destitué après le 10 août, et passa en Angleterre. Puis il s'embarqua pour les États-Unis, qu'il parcourut en observateur sérieux. Rentré en France en 1799, il s'occupa de populariser la vaccine, et fut un des fondateurs, des dispensaires organisés par la Société Philanthropique. En même temps il établissait à Liancourt des manufactures, devenues en peu de temps très-importantes, et se faisait un des promoteurs de l'enseignement mutuel.

Appelé à siéger à la chambre des pairs de la première Restauration, il fut pendant les cent jours député de l'Oise au corps législatif, et reprit ensuite sa place au Luxembourg, où il se signala par son indépendance, tout en se montrant partisan des idées monarchiques. Aussi le ministère en 1826 lui retira-t-il un grand nombre de fonctions honorifiques et gratuites qu'il remplissait. Il était en effet membre du conseil général des hôpitaux, président de la Société de la Morale chrétienne, inspecteur général de l'École des Arts et Métiers, membre du conseil général des manufactures, du conseil d'agriculture, du conseil général des prisons, du conseil général des hospices et de président du comité de vaccine. Il mourut le 27 mars 1827. Le jour de ses funérailles les élèves de l'École des Arts et Métiers, qui suivaient son convoi, voulurent porter son cercueil sur les épaules. Mais le pouvoir, voyant dans ce témoignage de respect une manifestation politique, les fit charger par les gendarmes; le cercueil tomba, et se brisa; les insignes de la pairie furent traînés dans la boue. Il fut enterré à Liancourt. Il eut trois fils : François XIII, maréchal de camp et pair de France; *Alexandre*, préfet sous l'Empire, député sous la Restauration et pair de France sous la monarchie de Juillet, et *Frédéric-Gaétan*, ancien membre de la chambre des députés.

François XIII de La Rochefoucauld a eu lui-même deux fils : *François*, administrateur des hospices, et *Hippolyte*, ancien ministre de France à Darmstadt.

Alexandre de La Rochefoucauld est mort en 1841, laissant aussi deux fils : Jules DE LA ROCHEFOUCAULD, aide de camp du roi Louis-Philippe, ancien député et ancien pair de France; *Polydore* DE LA ROCHEFOUCAULD, ancien ministre de France à Weymar, mort en 1855.

Pour MICHEL et SOSTHÈNE DE LA ROCHEFOUCAULD, duc de Doudeauville, *voyez* DOUDEAUVILLE.

LAROCHEJAQUELEIN. Famille vendéenne, célèbre dans les troubles qui désolèrent l'ouest de la France.

Henri DU VERGIER, comte DE LAROCHEJAQUELEIN, né près de Châtillon-sur-Sèvre, le 30 août 1772, avait à peine dixhuit ans lorsque éclata la révolution. Appelé en 1791 à faire partie de la garde constitutionnelle du roi, il quitta Paris après le 10 août, et se retira dans la terre de Clisson, auprès du marquis de Lescure, son parent. L'insurrection éclatait dans la Vendée. Une bande vint demander au jeune Larochejaquelein de se mettre à sa tête. Il accepta, et alla rejoindre Bonchamp et d'Elbée, qui étaient déjà sous les armes. Ayant appris qu'une division républicaine menaçait ses propriétés, il marcha contre elle; c'est alors qu'il adressa à ses soldats cette harangue restée célèbre : « Je suis encore bien jeune, sans expérience, mais je brûle de me rendre digne de vous commander. Allons chercher l'ennemi : si je recule, tuez-moi ; si j'avance, suivez-moi ; si je meurs, vengez-moi. » A la mort de Lescure, Larochejaquelein le remplaça comme généralissime de l'armée vendéenne. A la tête de cette armée il fit preuve de quelques talents militaires, et périt dans une rencontre près du bourg de Nouaillé, en 1794.

Louis DU VERGIER, marquis DE LAROCHEJAQUELEIN, frère puîné du précédent, était né en 1777, à Saint-Aubin de Beaubigné. A la révolution, il suivit en Allemagne son père, chevalier de Saint-Louis et maréchal de camp, fit ses premières armes dans le régiment autrichien de La Tour, et passa ensuite en Angleterre. Entré au service de cette puissance, il fit deux campagnes dans l'île de Saint-Domingue, rentra en France en 1801, et épousa la veuve du marquis de Lescure. A la Restauration, Larochejaquelein, qui avait introduit le duc d'Angoulême à Bordeaux, fut nommé commandant des grenadiers royaux de la garde, et au 20 mars il protégea la retraite du roi jusqu'à Gand. Il passa ensuite en Angleterre, et débarqua sur la côte de Saint-Giles avec des armes et des munitions. Alors il souleva une partie des habitants, et se fit reconnaître général en chef à Palluau. Il était auprès de l'amiral anglais, lorsqu'il apprit que le général Travot s'avançait avec un détachement de troupes impériales vers Sainte-Croix-de-Vie, où devait s'opérer un nouveau débarquement. Larochejaquelein marcha résolument au-devant de ses adversaires, qu'il rencontra au village des Mathes. Le combat s'engagea, et durant l'action Larochejaquelein, atteint d'une balle, expira sur le champ de bataille. Sa mort acheva la déroute des Vendéens. Il laissait huit enfans, une veuve et un frère.

L'aîné des fils du marquis, *Henri-Auguste-Georges* DE LAROCHEJAQUELEIN, héritier de son titre, né en 1804, fut créé pair de France au retour de Louis XVIII. A la révolution de Juillet, il n'avait pas encore pris séance. Le 1er octobre 1830, il écrivit au président de la chambre haute pour déclarer qu'il refusait de prêter serment, et vécut d'abord dans la retraite, tantôt à Nantes, tantôt à Orléans. S'occupant d'affaires industrielles, il devint directeur de l'entreprise des *Inexplosibles de la Loire*, et plus tard il prêta son appui à une compagnie de chemin de fer. En 1842 il se mit sur les rangs pour la députation ; et, soutenu par le ministère, il l'emporta à Ploërmel (Morbihan) sur M. de Sivry. On le prit alors pour un légitimiste rallié ; mais il dissipa bientôt les illusions en interpelant le gouvernement sur la détention de don Carlos à Bourges; et dans l'intervalle de la session, il fit le fameux voyage de Belgrave-Square. Le 24 janvier 1844, la majorité de la chambre des députés ayant adopté dans l'adresse un paragraphe flétrissant pour ceux qui, malgré leur serment, étaient allés à Londres rendre hommage au duc de Bordeaux, M. de Larochejaquelein, comme ses collègues, donna sa démission, et fut réélu. Revenu à la chambre, il prit la parole dans les discussions sur le recrutement de l'armée, la réforme des prisons, la translation du domicile politique, la police des chemins de fer, la réforme électorale, le remboursement de la dette, les congrégations religieuses, etc. Partisan des idées de M. de Genoude, il votait avec l'opposition, et rejeta conséquemment l'indemnité Pritchard. Il fut réélu en 1846. Loin d'être hostile à la révolution de Février, il sembla donner son adhésion au nouvel ordre de choses, et déclara qu'un soulèvement de la Vendée n'était plus à craindre. Élu représentant à l'Assemblée constituante, il siégea ensuite à l'Assemblée législative, où il ne craignit pas de se déclarer légitimiste. Il fit plus; il déposa une proposition tendant à ce que toute la France fût appelée à se prononcer par *oui* ou par *non* sur le rétablissement de la monarchie. Cette proposition fut repoussée, on le pense bien ; mais M. de Larochejaquelein vit sans peine le coup d'État. Il se rallia tout de suite au nouveau régime; et nommé président du conseil général de la Vendée, il conseilla à ses collègues de tous les partis de rester unis, de crainte des anarchistes. Peu de temps après, il fut créé sénateur.

Louis DE LAROCHEJAQUELEIN, frère du précédent, très-jeune pendant à l'époque de la révolution de Juillet, rêva une troisième insurrection en Vendée; mais, poursuivi et traqué de retraite en retraite, il quitta, blessé, en 1832, cette terre baignée du sang des siens, et passa en Portugal, où il périt en combattant pour don Miguel.

La veuve du marquis Louis de Larochejaquelein, *Marie-Louise-Victoire* DE DONNISSAN, née à Versailles, en 1772, à dix-sept ans le marquis de Lescure, son cousin germain. Elle l'accompagna en Vendée, après le 10 août, et distribua les premières cocardes blanches aux insurgés. Son mari, blessé mortellement à la bataille de Chollet, expira dans ses bras; mais elle n'en resta pas moins au milieu de l'armée vendéenne, qu'elle n'abandonna qu'après la déroute de Savenay. Elle sortit alors de la France, où elle ne revint qu'en 1795. Ayant épousé, sous le Consulat, le marquis de Larochejaquelein, elle vécut avec lui dans la retraite près de Bordeaux jusqu'à la Restauration. Forcée encore une fois de s'expatrier dans les cent jours, elle ne revit la terre natale que pour apprendre la mort funeste de son second époux, tué, comme le premier, par les balles françaises. Elle vécut depuis à Orléans, dans une profonde retraite. Elle a écrit des *Mémoires*, publiés par M. de Barante, et imprimés à Bordeaux en 1815.

Auguste, comte DE LAROCHEJAQUELEIN, frère des deux Larochejaquelein précédents, est mort avons parlé en premier lieu, naquit dans le Poitou, vers 1783. Il émigra avec son père, suivit son frère Louis en Angleterre et à Saint-Domingue,

rentra en France, et prit du service dans les armées impériales. Blessé dangereusement à la bataille de la Moskowa, il resta au pouvoir des Russes, qui le traitèrent avec les plus grands égards. En 1814, il entra dans les grenadiers à cheval de la garde, sous les ordres de son frère. Pendant les cent jours il se porta en Vendée, fut blessé au combat des Mathes, et à la seconde restauration Louis XVIII le nomma colonel du 1er régiment des grenadiers à cheval. Maréchal de camp en 1818, il commanda une brigade dans la guerre d'Espagne, et au retour il reçut le commandement d'une brigade de cavalerie de la garde. Après la révolution de Juillet il fut accusé d'avoir contribué aux troubles qui agitèrent la Vendée en 1832, lors de l'apparition de la duchesse de Berry. Condamné à mort par contumace à Bourbon-Vendée, en 1833, il se présenta pour purger sa contumace en 1835, et fut renvoyé devant la cour d'assises de Versailles. Ayant établi un alibi, il fut acquitté le 19 novembre, sans que son avocat, Ph. Dupin, eût eu besoin de prendre la parole. Sa femme, veuve en premières noces du prince de Talmont', qui avait été également compromise dans l'échauffourée de 1832, et condamnée à mort comme contumace par la cour d'assises de la Vendée, comparut également devant le jury d'Orléans, et fut acquittée le 19 avril 1836.
L. LOUVET.

LA ROCHELLE, ville de France, chef-lieu du département de la Charente-Inférieure, à 484 kilomètres de Paris, sur l'Océan, au fond d'une baie, commandée par les îles de Ré et d'Oléron, au milieu de marais salants dont les exhalaisons rendent l'air très-malsain.

C'est une place de guerre de seconde classe et un port de commerce. On y compte 16,507 habitants. Siège d'un évêché, suffragant de Bordeaux, et d'une église consistoriale calviniste. La Rochelle possède des tribunaux de première instance et de commerce, une chambre et une bourse de commerce, une direction des douanes, un entrepôt réel, un collège, une école d'hydrographie, une bibliothèque publique de 20,000 volumes, un jardin botanique, une Société des Sciences physiques et naturelles. On y construit des navires, et l'on y fait beaucoup d'armements pour les colonies et Terre-Neuve. On y trouve des manufactures de toiles à voiles et autres, quelques filatures et corroieries. Les exportations consistent en vins, eaux-de-vie, esprits, sel, farine, toiles, fromage, beurre, huile; ses importations, en denrées coloniales, morue, houille, planches du Nord.

La ville est bien bâtie et régulièrement percée : telle qu'elle est aujourd'hui, elle ne date que de Louis XIV; ses principaux monuments sont l'hôtel de ville, édifice gothique assez remarquable, la bourse, l'arsenal.

Le port est précédé d'une rade, dont l'entrée se nomme Pertuis d'Antioche et qui n'a pas moins de 2,500 mètres d'étendue. L'anse est fermée par la digue du cardinal de Richelieu, qu'on peut voir encore à la marée basse et dans laquelle il existe seulement une passe. L'avant-port consiste en un chenal de 1680 mètres de longueur et de 30 mètres de largeur moyenne, avec une jetée de 662 mètres de longueur d'un côté, et de l'autre un chantier de construction, défendu contre la mer à son extrémité ouest par une digue d'enceinte de 157 mètres de largeur. Une passe très-étroite, entre les tours Saint-Nicolas et de la Chaîne, conduit de l'avant-port dans le port, qui est entièrement renfermé dans la ville et se compose des deux beaux bassins du Hâvre et du Carénage. Le premier est à sec à la marée basse; l'autre tient continuellement à flot les navires de 400 tonneaux, au moyen d'un sas éclusé.

La Rochelle fut d'abord un petit bourg maritime, habité par des pêcheurs et qui grandit en même temps que la décadence de Chatelaillon son voisin s'accélérait. Elle se trouvait déjà en possession d'une commerce important lorsque Henri, roi d'Angleterre, s'en fit céder la souveraineté par les comtes de Mauléon ; il l'érigea en commune, et fit élever en face du port un château flanqué de tours, auquel il donna le nom de Vaucler. La prospérité commerciale de la ville s'accrut encore après la mort de ce prince, par suite de l'asile qu'elle ouvrit aux juifs chassés de France. Reconquise par Louis VIII, elle fut comprise dans la rançon du roi Jean, et repassa sous la domination anglaise, dont elle se débarrassa de nouveau en ouvrant ses portes à Duguesclin. Toutefois, dans cette dernière circonstance, elle ne reconnut l'autorité du roi de France qu'après avoir exigé de lui la concession de certains priviléges et la démolition du château de Vaucler, dont les matériaux servirent à construire un nouveau port et à bâtir les deux tours qui en défendent l'entrée.

Pendant les guerres de religion, La Rochelle, qui s'était prononcée pour la Réforme, joua un rôle des plus importants. Sa position maritime, son état d'indépendance, son commerce, les relations que d'anciens souvenirs établissaient entre elle et les Anglais, en firent le boulevard du protestantisme et l'un des centres d'activité des mécontents. Aussi, ses luttes avec l'autorité royale forment-elles une partie essentielle de notre histoire. Elle repoussa honteusement Montluc et plus tard, en 1573, le duc d'Anjou. Les péripéties de ce long drame ne finirent qu'à la prise de la ville par le cardinal de Richelieu (voyez l'article suivant).

La splendeur de La Rochelle tomba avec son indépendance. Louis XIV chargea seulement Vauban d'y construire de vastes fortifications. Cependant, malgré sa décadence, que la perte de nos colonies n'était pas faite pour arrêter, c'est encore une des villes les plus importantes de l'empire, dont elle est l'une des clefs sur l'Océan.

LA ROCHELLE (Siége de). Richelieu, en arrivant au pouvoir, y apporta deux grandes et fécondes pensées politiques : l'unité et la centralisation de l'autorité à l'intérieur, et la prépondérance de la France à l'extérieur. Mais il ne pouvait assurer celle-ci qu'après avoir fondé celle-là ; et ce résultat n'était possible qu'autant qu'on en aurait fini avec toutes ces petites républiques municipales que le parti protestant avait réussi à créer en France, toujours prêtes à faire cause commune avec lui, comme aussi à épouser les querelles toutes féodales qui survenaient si fréquemment alors entre la couronne et les grands seigneurs mécontents; petites républiques qui, si elles avaient subsisté plus longtemps, eussent infailliblement fondé en France quelque chose de semblable aux villes anséatiques de l'Allemagne et prolongé de plusieurs siècles encore le règne de la féodalité parmi nous.

La Rochelle était le boulevart le plus important que se fût ménagé l'esprit de révolte. C'est en vain que par la construction du fort Louis le pouvoir central la tenait en bride ; les habitants exigeaient la démolition immédiate de cette forteresse, dont les canons menaçaient toujours leurs maisons, démolition maintes fois solennellement promise, mais jamais réalisée par le pouvoir central. Les Rochelais s'étaient vengés de ce manque de foi en livrant l'île de Ré aux Anglais, et en faisant au commerce du royaume une véritable guerre de pirates. C'est cet état de choses intolérable auquel Richelieu résolut de mettre un terme.

Un corps d'armée, aux ordres du duc d'Angoulême, du maréchal de Schomberg et de Bassompierre, commença le 16 novembre 1627 les opérations du siège de La Rochelle, que le cardinal dirigea en personne. Animés par leur maire, l'intrépide Guiton, les Rochelais opposèrent une résistance vraiment héroïque, et tinrent en échec pendant près d'une année entière toutes les forces de la monarchie. Louis XIII voulut avoir sa part dans la gloire qui s'attacherait à leur soumission ; mais après quatre mois passés au camp devant La Rochelle, l'ennui le prit, et il revint à Paris. Son absence toutefois n'amena pas d'interruption dans les travaux du siége, qui fut poursuivi au contraire avec une gande activité. Les assiégeants entreprirent des travaux gigantesques pour assurer le succès de leur entreprise et amener la reddition de la place. Au moyen d'une digue de l'exécution la plus hardie, dont l'idée était due à Métézeau, architecte du roi, et à Tircot, le premier maçon de Paris, et par la construction de formidables batteries, que soutenait la présence d'un grand nombre de bâtiments armés dans la rade, ils réussirent à fermer le port et à empêcher toute communication de la ville avec le dehors par mer, en même temps qu'une immense ligne de circonvallation de près de seize kilomètres de tour et flanquée, de distance en distance, de forts et de redoutes, l'isolait complétement du côté de la terre. Une armée de 25,000 hommes effectifs et parfaitement approvisionnée gardait ces lignes redoutables; et si elle se maintenait dans une telle position, sans même risquer les chances d'une attaque de vive force, il était évident que les assiégés, une fois qu'ils auraient épuisé leurs magasins, seraient obligés de se rendre à discrétion. Leur seule ressource était dans les secours que leur faisait toujours espérer l'Angleterre, mais qui n'arrivaient jamais.

Enfin, le 11 mai 1628, on signala dans les eaux de l'île de Ré la présence d'une flotte anglaise; mais l'amiral qui la commandait, ne se trouvant probablement pas assez fort pour forcer l'entrée du port, se décida, au bout de quelques jours, à reprendre le large. Ce fut pour les Rochelais le motif d'un profond découragement; cependant, l'intrépide Guiton, décidé à s'ensevelir sous les ruines de la ville plutôt que de songer jamais à se rendre, réussit à ranimer leur espoir et leur courage. La famine et toutes ses horreurs ne tardèrent pas à sévir parmi eux; et ils en vinrent à être réduits aux aliments les plus repoussants. En vain, ils essayèrent de se débarrasser des bouches inutiles, en renvoyant de la ville les vieillards, les femmes et les enfants. Les assiégeants, au lieu d'ouvrir leurs rangs pour laisser passer ces malheureux inoffensifs, les repoussèrent à coups de fouet et à coups de fourche. Ceux qui tentèrent de percer la ligne de circonvallation à la faveur des ténèbres de la nuit et que les assiégés surprirent, furent pendus sans rémission. Ces rigueurs déployées par le cardinal amenèrent la défection de plusieurs grands seigneurs, qui négocièrent avec lui leur soumission particulière. Déjà plus de 15,000 habitants de La Rochelle avaient succombé, quand, le 28 septembre, la flotte anglaise apparut pour la troisième fois dans la rade. Elle était commandée par lord Ludley, qui tenta vainement de forcer l'entrée du port. L'emploi d'une machine infernale destinée à renverser l'estacade qui en fermait l'accès n'eut pas plus de succès que les cinq mille coups de canon, à l'aide desquels les Anglais essayèrent de la briser; et le 4 octobre Ludley mit à profit la marée pour regagner la haute mer. Il n'était plus permis aux Rochelais de se faire illusion sur le résultat de leur héroïque défense. Ils la prolongèrent cependant encore pendant vingt-cinq jours, et ce fut seulement le 29 qu'une députation de bourgeois se rendit au camp royal, où Louis XIII venait d'arriver, pour se rendre à discrétion. Le lendemain 30 l'armée assiégeante fit son entrée dans l'orgueilleuse cité, dont on se contenta d'anéantir les priviléges particuliers, comme aussi de raser les fortifications. Richelieu n'abusa pas de sa victoire; il n'avait voulu qu'assurer l'unité du pouvoir monarchique, il se garda bien de prêter les mains à une réaction qui n'eût pas manqué de prendre une couleur religieuse. Le seul homme marquant qu'il condamna à l'exil fut Guiton.

LA ROMANA (Pedro Caro y Sylva, marquis de), général espagnol, né en 1761, à Palma, dans l'île de Majorque, était neveu du général Ventura Caro. Après avoir étudié quelques années à l'université de Leipzig, où il se familiarisa avec la littérature classique, il entra au service militaire de son pays, et eut l'occasion de se distinguer contre les Français dès les campagnes de 1792 et 1794, qu'il fit sous les ordres de son oncle. A la paix, il alla voyager en Europe. Quand, en 1807, Napoléon força la cour d'Espagne de mettre à sa disposition une division auxiliaire de 15,000 hommes, le marquis fut appelé au commandement de ce corps, qui alla rejoindre, dans le nord de l'Allemagne, l'armée française aux ordres de Bernadotte, et qui en plusieurs occasions se signala dans ses rangs par sa froide intrépidité. Bernadotte ayant été, en 1808, établir son quartier général à Frédéricksberg, près de Copenhague, La Romana, qui se trouvait seul avec son corps en Fionie, y reçut la nouvelle des scènes dont Madrid avait été le théâtre en juin 1808 et des événements qui en avaient été la suite. Il fit d'abord prêter à ses troupes serment au roi Joseph Napoléon; mais, mettant bientôt à profit la confiante sécurité de Bernadotte pour entrer secrètement en négociation avec les Anglais, il réussit, du 17 au 20 août 1808, à embarquer la plus grande partie des forces placées sous son commandement, à Viborg et à Swendborg, à bord de bâtiments de transport que l'amiral britannique avait mis à sa disposition, et avec lesquels quelque temps après il débarquait à La Corogne, d'où il courait rejoindre l'armée nationale. Le premier il eut l'idée de former, avec la population des campagnes, les corps francs devenus depuis si célèbres sous le nom de *guerillas*. Au commencement de 1811 il avait quitté le Portugal, et commençait à remporter sur les Français des avantages signalés, lorsqu'il mourut à Cartaxo, des suites de ses excessives fatigues.

LAROMIGUIÈRE (Pierre), né en 1756, à Levignac, dans le Rouergue, mort à Paris, en 1837, a laissé le renom d'un philosophe penseur, profond et ingénieux, qui, par ses travaux et son enseignement, honora l'école de Condillac, encore bien qu'il ait eu la prétention de fonder une école à part, et qui jusqu'au dernier moment lutta contre l'invasion de la philosophie allemande. Après avoir étudié au collége de Villefranche, alors dirigé par les Pères de la doctrine chrétienne, il entra dans leur congrégation. Après avoir parcouru tous les degrés du professorat dans les colléges de Moissac et de Lavaur, il devenait en 1777 répétiteur de philosophie à Toulouse. Professeur titulaire de cette science à Carcassonne, à Tarbes, à l'École Militaire de la Flèche, à Toulouse encore, de 1778 à 1784, il publia dans cette dernière ville, en 1793, sans nom d'auteur, un *Projet d'Éléments de Métaphysique;* programme d'un ouvrage plus considérable dont il avait eu l'idée, mais qu'il n'acheva point, et dans lequel on retrouve en germe les idées qu'il devait exposer et développer dans ses *Leçons de Philosophie.* Sieyès, frappé du mérite de ce livre, le communiqua à des penseurs capables de l'apprécier, Condorcet, Cabanis, Destutt-Tracy. Dès lors s'intéressèrent tous à l'auteur, et à quelque temps de là Laromiguière était appelé à Paris, où il entra d'abord en qualité d'élève à l'École Normale qu'on venait de créer. Garat, qui dans cet établissement en avait chargé de l'exposition et de l'appréciation des différents systèmes qui se sont tour à tour partagé le domaine de la pensée, déclara un jour, à l'ouverture d'une de ses plus brillantes leçons, qu'il y avait dans l'auditoire quelqu'un plus digne que lui d'occuper la chaire du professorat, et il donna sur le champ lecture d'observations qu'un anonyme lui avait adressées sur les matières et questions traitées par lui dans les leçons précédentes. Elles étaient de Laromiguière. Garat, ainsi que Thurot, l'avait déjà distingué; et il devint bientôt l'ami de l'un et de l'autre.

Lors de la création de l'Institut, il fut compris dans la classe des sciences morales et politiques; et à ce titre il fit partie de la docte compagnie jusqu'au jour où, en 1803, il convint à Bonaparte, alors encore premier consul, d'en éliminer ceux qu'il appelait les *idéologues*, en supprimant cette classe, qui n'a été rétablie qu'après la révolution de Juillet, et dans laquelle alors Laromiguière fut naturellement appelé. Quand, en 1797, le Directoire créa les écoles centrales, il y fut nommé à une chaire de logique; peu de temps après il fut élu membre du Tribunat, et exerça pendant trois ans son mandat législatif, sans que le tumulte de la vie politique lui fit oublier les études chéries. Il avait refusé, dit-on, les fonctions de secrétaire d'ambassade et même celles de sénateur, comprenant fort bien que la place d'un penseur et d'un sage n'est point dans les arènes où se combattent incessamment tant de haines et de passions, et décidé à rentrer dans le calme et l'obscurité du philosophe méditatif.

Plus tard, il fut nommé examinateur des boursiers au Prytanée français (aujourd'hui lycée Louis le Grand), puis professeur de morale et de philosophie dans le même établissement, et enfin conservateur du dépôt littéraire qu'on appelle aujourd'hui *Bibliothèque de l'Université*. Sa réputation ne date toutefois véritablement que du jour où, à la suite de la création de la Faculté des Lettres de Paris, Fontanes l'appela à y occuper la chaire de philosophie. Son cours eut un succès extraordinaire ; tous les âges vinrent se presser et se confondre autour de l'éloquent professeur, attirés qu'ils étaient par l'éclat et la grâce de sa parole. Il ne faut pas perdre de vue que ce succès le constituait en flagrant délit d'opposition au tout-puissant empereur, moins que jamais sympathique à l'*idéologie*. Toutefois, la faiblesse de sa santé ne tarda pas à le forcer de renoncer à l'enseignement oral ; et dès 1813 il dut se faire suppléer par Thurot. Il utilisa les loisirs forcés que lui faisait la maladie à mettre en ordre et rédiger les notes sur lesquelles il avait fait ses leçons ; et en 1813 il put publier le premier volume de ses *Leçons de Philosophie, ou essai sur les facultés de l'âme*, dont le deuxième volume ne parut qu'en 1818. Cet ouvrage produisit une vive sensation dans le monde des penseurs et des lettrés : ses cinq éditions témoignent d'un succès bien rare quand il s'agit d'un livre consacré à des matières aussi abstraites ; mais il s'explique parfaitement par des qualités qu'on estimera toujours au-dessus de tout en France : un style simple, clair, correct et élégant, beaucoup de candeur, de bonne foi dans l'exposition, et dans la discussion une espèce de bonhomie qu'on a comparée à bon droit à celle de La Fontaine. Nous dirons que Laromiguière s'était efforcé de se soustraire à l'empire des différents systèmes philosophiques qui avaient en jusque alors cours dans l'école, et, à l'aide d'un éclectisme de sa façon, d'en créer un à lui ; toutefois, malgré l'espèce de neutralité qu'il essaye de garder entre les diverses écoles, il n'en reste pas moins évident qu'il se rapproche bien plus du sensualisme de Locke et de Condillac que de l'idéalisme de Descartes et de Leibnitz, et qu'il ne modifie les doctrines condillaciennes qu'en les continuant.

LA RONCIÈRE (Affaire). Sous ce nom est demeurée à jamais fameuse dans les annales du palais une cause criminelle sur le fond de laquelle planera toujours un mystère difficile à pénétrer.

En 1834, l'École de Cavalerie de Saumur était commandée par le riche général baron de Morell. Au mois d'août de cette même année, celui-ci dit venir de Paris sa famille, qui se composait de Mme de Morell, de sa fille Marie, âgée de seize ans, d'un fils âgé de douze ans, et d'une jeune Anglaise, miss Allen, remplissant les fonctions de gouvernante. Parmi les officiers de la garnison se trouvait alors le lieutenant Émile Clément de La Roncière, fils du lieutenant général de ce nom et neveu du pair de France comte Clément de Ris. Entré dès l'âge de dix-sept ans dans un régiment de cavalerie, il s'était fait parmi ses camarades une assez triste réputation ; aussi le général de Morell ne l'invitait-il que fort rarement à ses soirées. Cependant, peu de temps après l'arrivée de la famille de Morell à Saumur, La Roncière fut invité à un dîner qui eut lieu chez le général, et se trouva placé à table à côté de Mlle de Morell. A partir de ce moment les différents membres de la famille de Morell furent accablés de lettres anonymes. Ces lettres étaient signées E. D. L. R. ; on y témoignait une vive passion pour Mme la générale de Morell, on se plaignant que cette passion ne fût pas partagée. Aux expressions les plus blessantes pour Mlle de Morell, étaient jointes de sanglantes menaces. Un jeune officier admis dans l'intimité de la famille de Morell, le capitaine d'Estouilly, qui avait reçu, lui aussi, des lettres de ce genre, voulut en demander raison à La Roncière, qu'il en croyait l'auteur ; mais le général l'en dissuada, en le suppliant de ménager l'honneur de sa famille, qu'un éclat pourrait compromettre, et défendit simplement à La Roncière de remettre jamais les pieds dans sa maison.

Celui-ci se conforma à la défense du général ; mais dans la nuit du 23 octobre Mlle de Morell était, suivant sa déclaration, victime d'un horrible attentat. Elle assura avoir été assaillie, blessée et déshonorée par La Roncière, qui aurait pénétré par la fenêtre dans sa chambre, située au deuxième étage de la maison et se serait enfui avant le réveil de sa gouvernante. Le lendemain, le capitaine d'Estouilly se battit avec le lieutenant La Roncière, et fut grièvement blessé dans cette rencontre. Cependant, sur le terrain même le vainqueur, menacé d'un procès criminel, fut forcé par les témoins de se reconnaître l'auteur des lettres anonymes. La Roncière signa la déclaration exigée de lui, mais en protestant avec force qu'il n'agissait ainsi que pour épargner à son père le scandale d'une affaire criminelle ; qu'au fond il était innocent et qu'il ignorait le contenu des lettres. Suivant sa protestesse, il partit au même instant pour Paris.

Malgré cela, la famille de Morell n'en continua pas moins à recevoir toujours des lettres anonymes remplies de menaces ; et les détails de l'attentat de la nuit du 23 octobre étant devenus l'objet de tous les entretiens à Saumur, le général, désespéré de cet éclat, se rendit à Paris vers la fin du mois, et déposa au parquet une plainte formelle en tentative de viol commise sur la personne de sa fille par Émile de La Roncière. Dans l'instruction à laquelle donna lieu cette plainte, La Roncière persista à protester de son innocence et à déclarer que tout cela n'était qu'une intrigue montée par Mlle de Morell, sa mère et sa gouvernante, à l'effet de donner le change sur les relations trop intimes que la première avait eues avec le capitaine d'Estouilly.

Les débats publics s'ouvrirent le 24 juin 1835. MM. Berryer et Odilon Barrot parlèrent pour la famille de Morell, et La Roncière fut défendu par M. Chaix-d'Est-Ange. La jeunesse de Marie de Morell, sa beauté, l'état de catalepsie et de somnambulisme dans lequel elle était peu à peu tombée et qui ne lui permettait de se rendre à l'audience qu'à l'heure de minuit, apparition éminemment dramatique, qui impressionnait vivement l'auditoire, tout se réunissait pour intéresser en sa faveur le public et les juges. La Roncière, chassé successivement de plusieurs régiments et qui eût été rayé des contrôles sans l'intérêt qu'inspirait son vieux père mutilé, avait contre lui sa triste réputation, ses mauvaises mœurs, et l'aveu équivoque qu'il avait fait d'être l'auteur des lettres. Cependant, chose bizarre ! toutes ces lettres n'étaient pas de sa main. Quelques-unes même avaient certainement été écrites par Mlle de Morell. De plus, il avait été démontré qu'il eût été impossible à l'accusé de pénétrer dans la chambre de Mlle de Morell sans être aperçu, et le vitrier chargé de remettre le carreau cassé avait déclaré que le trou qu'on y avait pratiqué était trop petit pour qu'on pût au travers ouvrir l'espagnolette de la fenêtre. Il était difficile aussi de comprendre comment, lors de la perpétration de l'attentat, l'idée de crier au secours ne s'était pas plus présentée à l'esprit de Mlle de Morell qu'à celui de sa gouvernante, ni comment, le crime une fois consommé (entre minuit et une heure du matin), il leur avait été possible à toutes deux d'attendre tranquillement dans leur chambre la venue du jour pour faire connaître ce qui s'était passé. Enfin, il fut encore prouvé qu'avant son arrivée à Saumur la famille de Morell avait déjà reçu des lettres anonymes du même genre, et que ces envois continuèrent après l'arrestation de La Roncière.

L'avocat de La Roncière fit valoir avec art, dans l'intérêt de son client, ces circonstances pour le moins extraordinaires. Il expliqua la déposition si précise de Mlle de Morell, base unique du procès, par la bizarre maladie dont elle était atteinte et dont les premiers symptômes devaient nécessairement remonter à une époque fort antérieur aux faits du procès. Cette observation fut en quelque sorte la péroraison de sa plaidoirie : « Faut-il le dire? Je crois que Mlle de Morell aime le romanesque et le merveilleux (*murmures*

« *au fond de l'auditoire*). Oui, le goût en était dans son
« esprit. Un jour M. Brière, intendant militaire, en passant
« sous les fenêtres de Mme de Morell, vit cette dame qui lui
« fit signe de monter, et voilà ce qu'elle lui raconta avec un
« trouble extraordinaire : « Ma fille a vu tout à l'heure un
« homme sous ma fenêtre. Après quelques gestes passionnés,
« il s'est jeté dans la rivière... » M. Brière lui répondit :
« Qu'y voulez-vous faire? C'est un homme que la vie fati-
« guait et qui s'est donné la mort... » Le lendemain matin
« M. Brière reçoit l'invitation de se rendre auprès de Mme de
« Morell; il y va. Cette dame, plus troublée encore que la
« veille, lui dit : « Eh bien ! cet homme qui s'est noyé m'a
« écrit. Voici cette lettre. Il m'écrit que c'est par amour
« pour moi qu'il s'est noyé.... » Messieurs, la lettre était
« anonyme.... Et après toutes les recherches faites, on
« trouve qu'il n'y a pas eu d'homme tombé dans la rivière !
« (*Sensation profonde et prolongée*) Et dans cette occa-
« sion, qui troubla le repos de sa mère? qui supposa cet
« événement? qui écrivit cette lettre? Mlle de Morell!
« (*Nouveau mouvement.*) Eh bien, murmurez maintenant!
« Moi je dirai que c'était la première atteinte de cette ma-
« ladie qui lui donne des hallucinations. » L'avocat termina
en citant l'exemple de plusieurs femmes qui sous le coup de
cet amour du merveilleux étaient venues attester devant
la justice des crimes sans réalité, sans auteur, et en abandonnant cette observation aux jurés.

Avant de passer dans la salle de ses délibérations, le
jury demanda de nouveaux éclaircissements sur le fait de
l'homme qui s'était jeté à l'eau, fait cité par M. Brière. Il
était visible que ce fait, acquis au procès et que les avocats
de la famille de Morell s'efforcèrent vainement d'atténuer,
préoccupait tous les esprits et ajoutait une nouvelle incertitude à toutes les incertitudes qui déjà entouraient cette mémorable affaire. Après sept heures de délibération du jury,
à une majorité de sept voix contre cinq, La Roncière fut
déclaré coupable sur tous les chefs d'accusation, *mais avec
des circonstances atténuantes*, et condamné à dix ans de
réclusion sans exposition. En entendant son arrêt, il s'é-
vanouit. Après avoir subi sa peine dans une maison centrale
de détention, il lui fut fait remise, en 1843, par le roi Louis-
Philippe des deux années de réclusion qui lui restaient encore à faire. Malgré le fâcheux éclat d'un tel procès, Mlle de
Morell ne laissa pas de faire un brillant mariage. Le marquis d'Eyragues, qui, sous le règne de Louis-Philippe, a
longtemps été ministre de France près diverses cours étrangères, bien moins séduit sans doute par la grande fortune
de cette riche héritière que touché de ses malheurs immé-
rités, tint à honneur de les réparer en lui demandant sa main
et en lui offrant en échange son nom, son titre et son haut
rang dans le monde.

LA ROQUEBROU. *Voyez* CANTAL.

LA ROUAIRIE (ARMAND-FIACRE TUFFIN DE), naquit en 1756, au château de La Rouairie, canton d'An-
train, arrondissement de Fougères, et mourut le 30 janvier
1793. Conspirateur, d'un caractère violent et versatile, esprit
turbulent et frondeur, homme de mauvaises mœurs et de
mauvaise conduite, il n'était point marquis ou du moins
ne l'était depuis fort peu de temps. Il avait d'abord servi
comme officier dans les gardes françaises, et avait ensuite
combattu en Amérique pour la liberté, dont il se fit l'ennemi en France. Sorti de la Bastille, où il avait été renfermé en 1788 avec onze autres gentilshommes envoyés à
Versailles par la noblesse bretonne pour porter ses do-
léances au roi, il abandonna l'opposition, et ne craignit pas
de dire à propos des cahiers du tiers état : « Le peuple demande des établissements?... N'a-t-il pas les hôpitaux et les
prisons? » Pendant que de Turin l'émigration cherchait à
soulever le midi, La Rouairie voulut allumer en Bretagne
un large foyer de révolte, tentative sur la réussite de laquelle il comptait beaucoup, à cause de ses liaisons dans le
pays. A cet effet, il se rendit, vers la fin de 1790, à Coblentz, afin de se concerter avec les chefs de l'émigration,
et fit approuver, le 5 décembre 1791, par les frères du roi
un vaste plan qui avait pour premier objet le soulèvement
de l'ouest au moment où l'étranger et les émigrés attaqueraient nos frontières. Telle fut l'origine de la guerre de la
Vendée. Longtemps avant la chute du trône, la déportation
des prêtres réfractaires aux lois et la levée des trois cent
mille hommes, proclamations, règlements, associations de
conjurés, tous les éléments d'une guerre civile implacable
s'élaboraient avec plus d'ardeur que de prudence. De Coblentz il fut expédié à La Rouairie, le 2 mars 1792, une
commission qui lui conférait des pouvoirs illimités. Aussitôt
qu'il l'eut reçue, il convoqua ses principaux adhérents dans
son château de La Rouairie pour opérer au plus tôt une prise
d'armes simultanée; mais les administrateurs de Rennes
et de Saint-Malo firent marcher la force armée contre nos
conspirateurs. Ceux-ci, avertis à temps, se sauvèrent au
plus vite, et emportèrent les papiers qui pouvaient les compromettre.

Le soulèvement général fut renvoyé au printemps de
1793. Cependant, La Rouairie continuait d'être poursuivi ;
il s'était caché avec ses papiers au château de son complice,
La Motte de La Guyomarais. C'est là qu'il mourut, à trente-six
ans, laissant des pièces importantes à son ami, qui les enterra à La Fosse-Hingant, dans des bocaux de verre, où ils
furent découverts et saisis.

Un autre TUFFIN DE LA ROUAIRIE, ayant pour prénoms
Marie-*Eugène-Gervais* , et probablement frère puîné d'Armand-Fiacre, s'était, dès le commencement d'août 1792,
concerté avec les frères Cottereau, et n'avait pas été
étranger au martyre du juge de paix de Loiron, le 15 de ce
mois. Il fut arrêté peu de jours après, avec un nommé
Georges Schoffner, dans la nuit du 23 au 24, au château du
Bois-Belin, commune de Bréal, arrondissement de Vitré,
berceau de la chouannerie, théâtre de guet-apens, de pillages de voitures publiques et de massacres dignes des cannibales.   Louis DUBOIS.

LARRA (DON MARIANO-JOSE DE), l'un des plus remarquables poètes espagnols des temps modernes, né à Madrid,
le 26 mars 1809, vint en 1813 avec ses parents en France,
où il apprit à parler le français comme sa langue maternelle,
ne revint en Espagne qu'en 1822, époque où il commença l'étude des langues classiques. Après avoir débuté
comme poète en 1827, il fonda, en 1828, le journal satirique
El Duende satirico (Le Farfadet satirique), qui fut supprimé dix-huit mois après; et en 1831 *El pobrecito Ha-
blador* (Le pauvre Causeur), autre journal satirique, dans
lequel il flagellait avec une grande franchise les travers du
peuple et les fautes du pouvoir. Deux ans plus tard il
devint rédacteur en chef de la *Revista Española*, et fit
ensuite un voyage en Angleterre, en France, en Belgique
et en Hollande. A son retour en Espagne, il participa à la
rédaction du journal *El Mundo*, jusqu'au moment où , par
suite de chagrins d'amour, dit-on, il se brûla la cervelle, le
13 février 1837. Il a écrit pour le théâtre la comédie en
prose *Nomas mostrador* (1831), empruntée au vaudeville
de Scribe : *Les Adieux au Comptoir*, et la tragédie de
Macias (1834), après avoir déjà traité le même sujet dans
le roman *El doncel de don Enrique el Doliente* (4 vol.,
1834). Il traduisit aussi plusieurs pièces nouvelles du français, qu'il publia sous le pseudonyme de *Ramon Arriala*
(anagramme de Mariano de Larra). L'ouvrage intitulé *De
1830 à 1835, o la España desde Fernando VII hasta
Mendizabal* (Madrid, 1836), témoigne qu'il ne prit pas
seulement part comme journaliste, mais aussi comme publiciste, aux discussions politiques de son temps. Les articles qu'il écrivit pour la *Revista Española*, et qu'il signa
pour la plupart du nom de Figaro, ont été réunis en volumes
et publiés sous le titre de *Figaro, coleccion de articulos
dramaticos*, *literarios*, *politicos y de costumbres* (5 vol.,
Madrid, 1837). Il a paru aussi une édition de ses œuvres
complètes (13 vol., Madrid, 1837).

Quoique l'influence de la nouvelle école française sur tous

ses écrits soit incontestable, ils n'en portent pas moins l'empreinte du véritable esprit castillan. On en admire à bon droit le style noble et énergique, ainsi que le bonheur tout particulier avec lequel la langue y est maniée.

LARREY (Jean-Dominique, baron), célèbre chirurgien des armées de l'empire, naquit en 1766, à Beaudéan, près de Bagnères (Hautes-Pyrénées). Resté orphelin à l'âge de treize ans, il vint à Toulouse étudier la médecine, sous la direction de son oncle. Six ans après, il débuta dans la chirurgie de marine, qu'il quitta et reprit tour à tour jusqu'à ce qu'il fût parvenu à entrer aux Invalides en qualité de deuxième chirurgien interne, sous la direction du célèbre Sabatier, dont il devint l'ami et bientôt le rival. Nommé en 1792 chirurgien de première classe dans l'armée du Rhin, il imagina de créer des *ambulances volantes*, qui se composaient de voitures à tiroirs, suspendues et légères, où les malades étaient étendus isolément dans toute leur longueur. Cette heureuse création valut à Larrey le grade de chirurgien en chef du corps d'armée du maréchal Luckner, et un premier accessit de l'Académie de Chirurgie. Il avait vingt-huit ans. De l'armée du Rhin Larrey passa avec le même grade aux armées d'expédition de Corse, des Alpes maritimes, de Catalogne et à l'armée d'Italie, qu'il rejoignit, après avoir organisé les hôpitaux militaires de Toulon, d'Antibes et de Nice, et créé dans la première de ces villes une école de chirurgie et d'anatomie.

Après le traité de Campo-Formio, Larrey profita de la paix pour parcourir l'Italie. Lors de l'expédition d'Égypte, le général Bonaparte eut l'occasion d'apprécier dans toute son étendue le mérite de l'habile chirurgien et de lui vouer une amitié véritable. Dans cette campagne, Larrey fit des prodiges d'habileté et de dévouement. A l'attaque d'Alexandrie il sauva la vie au général Kléber, retira de la mêlée le général Menou, et pansa sous le feu des batteries ennemies l'adjudant général Lassalle; créant partout des ambulances, organisant des hôpitaux modèles, suivant l'armée dans les sables brûlants, au milieu des privations les plus dures, faisant des cures merveilleuses comme celle du général Destrés, blessé de neuf coups de sabre et d'une balle dans la poitrine. Blessé lui-même à Saint-Jean-d'Acre, il mérita noblement l'hommage qui lui fut rendu sur le champ de bataille d'Aboukir : il reçut des mains du général en chef une épée à poignée d'or : cette simple inscription devait y être gravée : *Larrey à Aboukir*.

Au retour de l'expédition d'Égypte, Larrey fut nommé chirurgien en chef de la garde des consuls, et se livra avec succès à l'enseignement de la chirurgie militaire expérimentale. Après l'installation du gouvernement impérial, Larrey suivit l'armée au camp de Boulogne, puis en Allemagne ; mais il ne la suivit pas dans sa retraite vers le Rhin. Voyant le typhus se déclarer dans les hôpitaux abandonnés par les Français, il ne voulut confier à personne le soin de combattre l'épidémie. A Essling, l'empereur, admirant sa belle conduite, lui adressa, en présence de toute l'armée, les éloges les plus flatteurs. A Wagram, Napoléon le nomma baron de l'empire, au moment où il amputait, sous le feu de l'ennemi, les généraux d'Aboville, Corbineau et Dosménil. Après la paix de Schœnbrunn, il rentra en France, et reprit jusqu'en 1812 son service de chirurgien en chef de l'hôpital de la garde. Dans la campagne de Russie, malgré l'immense développement qu'avait pris le service de santé, Larrey sut pourvoir à tout, et vingt-quatre heures suffirent au pansement de 10,000 blessés, tant russes que français. A la retraite de Moscou sa conduite fut admirable, et son dévouement grandit avec les désastres de notre armée.

Le grand chirurgien finit dignement sa carrière active sur le champ de bataille de Waterloo; il fut blessé et fait prisonnier en donnant des soins à nos soldats. Rendu à la liberté en 1815, il dut à l'estime de Louis XVIII le titre de chirurgien en chef de la garde royale et la conservation de son emploi de membre du conseil général de santé. Larrey était en outre membre de l'Institut depuis 1796.

Napoléon appelait Larrey le plus honnête homme de son siècle. Il l'a institué dans son testament légataire d'une somme de 100 mille fr., et l'un de ses exécuteurs testamentaires pour le legs fait aux blessés de Waterloo. Le baron Larrey est mort en 1842. Une statue en bronze, due au ciseau de David d'Angers, lui a été élevée dans la cour de l'hôpital militaire du Val-de-Grâce. Les principaux ouvrages de Larrey sont : 1° *Recueil de Mémoires de Chirurgie militaire* (1811); 2° *Précis sur la fièvre jaune* (1822); 3° *Clinique chirurgicale exercée dans les hôpitaux militaires, depuis 1792 jusqu'en* 1836 ; 4° enfin, le beau travail qui a été inséré dans le grand ouvrage sur l'Égypte, partie médicale. Le *Dictionnaire de la Conversation* lui doit aussi quelques articles.

Son fils, *Hippolyte* Larrey, est médecin du Val-de-Grâce.

LARRONS (Iles des). C'est le nom sous lequel on désigne quelquefois un archipel de la Polynésie, plus connu sous celui d'Iles *Mariannes*.

LARUE (Le Père Charles) naquit à Paris, le 13 octobre 1643. Il manifesta de bonne heure son goût pour les muses latines et françaises, et les jésuites s'empressèrent de l'enrôler parmi les membres de leur compagnie. A peine âgé de vingt ans, et déjà professeur de rhétorique, il composa en latin le poème de *Louis XIV*. Le grand Corneille en fut si charmé, qu'il le traduisit en vers français, et fit l'éloge du jeune poète en présentant sa traduction au monarque, qui partagea son avis. La verve poétique de Larue se développa avec rapidité dans ses tragédies latines de *Lysimachus* et de *Cyrus*, et dans sa tragédie française de *Sylla*. A la faveur de leur intimité, Baron la lui avait soustraite, et l'avait livrée aux comédiens, qui se préparaient à la donner au public, lorsque l'auteur, qui n'avait jamais cru travailler pour eux, obtint un ordre du roi pour en arrêter la représentation. Malgré ce désaveu formel, que semblait exiger son état, on est encore persuadé que *l'Homme à bonnes fortunes* et *L'Andrienne*, publiées sous le nom de son ami Baron, doivent plus à sa plume qu'à celle de ce comédien célèbre. Parmi les autres productions du Père La Rue, nous citerons *Caroli Ruæi S. J. Carminum Libri IV* (Paris, 1668), et son édition de *Virgile*, avec des notes estimées, et françaises, et les jésuites *delphini* (Paris, 1682) ; ses supérieurs dirigèrent ses talents vers un autre but : la chaire devint le théâtre où se déploya son talent oratoire. Les sermons qu'il nous a laissés justifient pleinement sa réputation, quoique les morceaux véhéments enfantés dans la chaleur du débit ne nous laissent beaucoup à désirer, privés qu'ils sont de ce puissant auxiliaire. Son chef-d'œuvre est le sermon sur les *Calamités publiques*.

On a de lui *Panégyriques et oraisons funèbres* (4 vol. in-8°), parmi lesquelles on remarque celles du duc de Bourgogne et du maréchal de Boufflers ; des *Sermons* (4 vol. in-8°). Il sollicita plusieurs fois la faveur d'être employé dans les missions du Canada ; mais, toujours refusé, il fut envoyé dans celles des Cévennes, où il obtint de brillants succès. C'était le meilleur prédicateur de son siècle pour le débit ; et, chose étonnante, il voulait que les orateurs sacrés lussent leurs sermons au lieu de les débiter. Il mourut, le 27 mai 1725, au collège Louis-le-Grand. Il avait quatre-vingt-deux ans, et fut universellement regretté.

LARVE (*Entomologie*). On désigne sous ce nom la forme que revêtent les insectes à métamorphoses à leur sortie de l'œuf. L'habitation des larves ne présente rien de constant : les larves des *hannetons*, des *tipules*, des *cigales*, demeurent enfouies dans la terre et s'y nourrissent de racines ; les larves des *hydrophites*, des *phryganes*, des *libellules* se développent exclusivement dans l'eau ; c'est sur la feuille des arbres que vivent les larves des *lépidoptères*, des *chrysomèles*, et en général toutes les larves phytophages. Les unes habitent les troncs, les branches, les racines des arbres morts ou vivants : ce sont les *sternoxes*, les *térédyles*, les *cossus*, etc. ; d'autres vivent dans le corps des animaux vivants ou dans le cadavre des animaux morts : ce sont les larves des *ichneumons*, des *œstres*, des *conops*, des *échinomyes*; quelques-unes se construisent une tente commune, où elles s'abritent ensemble : ce sont les larves de quelques *teignes*, de quelques *bombyces*; d'autres roulent des feuilles, et s'en forment un étui, une gaine; d'autres, enfin, exhalent une écume qui fixe à leur tégument les corps étrangers sur lesquels elles se traînent. La nourriture des diverses espèces de larves n'est pas moins variée : les chenilles et les larves phytophages consomment les feuilles des arbres; les *xylophages*, les *tipules*, en rongent le tissu ligneux; les larves phytadelges, celles des *pentamères*, des *cigales*, des *lygées*, des *cochenilles*, en sucent seulement le suc; les larves des *créophages*, des *dytiques*, des *carabes*, des *mantes*, mangent la chair ou sucent le sang des animaux vivants; celles des *sylphes*, des *dermestes*, des *nécrophages*, des *staphylins*, des *teignes*, préfèrent les cadavres; quelques-unes, enfin, se nourrissent d'excréments.

Pour échapper aux attaques extérieures ou pour s'en défendre, quelques larves portent des armes naturelles : des poils roides et fragiles, dont la piqûre cause de vives démangeaisons, des épines acérées et branchues; d'autres dardent des liqueurs délétères ou les laissent exsuder; d'autres dégorgent des odeurs fétides ou les exhalent; d'autres s'enduisent le corps de leurs propres excréments; d'autres supportent ces matières fécales sur des fourches qu'elles redressent à volonté, et dont elles se recouvrent comme d'un toit; quelques-unes se traînent sur des corps étrangers, qui adhèrent de toutes parts à leur tégument visqueux; quelques autres se fixent sur des branches d'arbre, sous le même angle d'insertion que présentent les rameaux, et simulent, par leur immobilité parfaite et par leur couleur, une petite tige munie de ses gemmes, etc., etc. Les larves des coléoptères se présentent en général sous la forme d'un ver mou, à six pattes articulées, écailleuses, mobiles, rapprochées de la tête; leur bouche se compose à peu près des mêmes parties que celle de l'insecte parfait, car on y distingue des mandibules, des mâchoires, des palpes articulées, etc.

Alors que ces larves ont subi leurs différentes mues, et qu'elles sont prêtes à revêtir leur forme de chrysalide, elles se creusent un tombeau, ou bien elles se filent une coque, dans laquelle elles prennent la forme d'une nymphe à membres distincts, mais immobiles et enveloppés : tels sont les *scarabées*, les *charançons*, etc., etc. Les orthoptères, dont l'évolution métamorphique est moins complète, offrent à l'état de larve des formes qui ne diffèrent de celles de la nymphe ou de l'insecte parfait que par l'absence d'ailes ou d'élytres, même à l'état de rudiment. La plupart des hyménoptères ont des larves apodes, que leurs parents nourrissent dans leur première enfance (les *abeilles*, les *bombyces*, etc.), ou qu'elles déposent près de quelque substance alimentaire privée de vie, ou dans le corps même de quelque animal vivant (les *ichneumons*, les *sphèges*) ; d'autres, au contraire, sont munies de pattes et offrent presque tous les caractères des véritables chenilles : celles-ci sont phytophages, et subissent des métamorphoses analogues à celles des coléoptères. Les larves des névroptères diffèrent beaucoup dans les diverses familles dont cet ordre se compose : les unes (celles des *demoiselles*, des *libellules*, etc.) ressemblent aux larves des orthoptères, et ne subissent par conséquent qu'une métamorphose incomplète; d'autres (celles des *fourmilions*, des *hémérobes*, etc.) se transforment comme les larves de coléoptères; d'autres, enfin (celles des *phryganes*, des *éphémères*, etc.), passent presque sans transition de l'état de larve à l'état d'insecte parfait, car la nymphe dans ces familles ne se distingue de l'insecte que par le moindre développement de ses ailes et par son mode de respiration. Des différences semblables se présentent aussi chez les hémiptères; toutefois, la plupart de ces insectes, en sortant de l'œuf, revêtent la forme qu'ils doivent conserver dans toute la durée de leur existence, au défaut près des rudiments d'ailes ou des ailes mêmes.

Les larves des lépidoptères sont les seules véritables chenilles, et c'est dans cet ordre que la larve diffère le plus complétement de l'insecte parfait, et dans lequel, par conséquent, la métamorphose est la plus complète. La plupart de ces larves subissent huit à dix mues; outre leurs six pattes articulées et écailleuses, elles présentent encore de chaque côté de la ligne médiane ventrale huit à dix tubercules garnis de crochets mobiles, qui leur servent d'organes locomoteurs; du reste, dans leur passage de l'état de chenille à l'état de papillon, ces insectes subissent une métamorphose complète, qui porte en même temps sur leurs systèmes tégumentaire, digestif, respiratoire, locomoteur et nerveux. Les larves des diptères sont tantôt apodes, et alors elles se développent sous forme de vers dans les lieux humides et au milieu des aliments où leur mère les a déposées; tantôt, comme chez les *tipules*, elles rappellent les formes des chenilles; tantôt, comme chez les *stratyomes*, elles ressemblent à des hirudinées et nagent comme ces annélides; tantôt enfin, comme chez les *syrphes*, elles simulent des lombrics. Enfin, chez les aptères, si l'on en excepte les puces, il n'existe pas de larves proprement dites.

BELFIELD-LEFÈVRE.

LARVES (*Mythologie*). Ces êtres fabuleux ont pris leur nom de *larva*, spectre, masque de théâtre chez les Latins. C'étaient les âmes des méchants, qui après leur mort revêtaient de hideuses figures pour épouvanter les vivants. Selon la croyance des païens, ceux que les dieux frappaient d'une mort violente vagabondaient sur la terre sous forme de larves : « Caligula assassiné, dit Suétone, erra longtemps dans son palais sous cette figure plaintive et redoutée. » Il fallait pour apaiser ces misérables ombres des libations et des sacrifices expiatoires. Leur joie était de s'attacher à quelque vie pure parmi les hommes, et de la précipiter d'abîme en abîme, de forfait en forfait. Sénèque le philosophe donne quelque part aux larves la stature et l'habitude animée des squelettes qu'on voit sur nos tombeaux chrétiens : « Qui serait assez enfant, dit-il, de craindre Cerbère, les ténèbres et ce os nus et échelonnés de la larve? » Il existe dans nos cabinets d'antiques une pierre gravée qui doit attirer l'attention des peintres fantastiques : elle représente trois squelettes : l'un conduit un bige (char à deux chevaux) attelé de deux animaux furieux, par-dessus un autre couché par terre, et menaçant de renverser de même le troisième, placé devant le char. On pense que c'est un jeu favori des larves, digne de ces génies malfaisants, que l'artiste aura voulu offrir aux regards. Il y avait encore chez les anciens une manière grave, mais non moins effrayante, de représenter les larves, sous la figure de vieillards à barbe longue, inculte, aux yeux mornes, aux cheveux coupés presque ras, et portant un hibou sur leur main amaigrie.

DENNE-BARON.

LARYNGITE. En médecine on désigne ainsi l'inflammation du larynx.

LARYNX. On donne ce nom au principal organe de la voix, espèce de boîte cartilagineuse, qui, considérée dans son ensemble, a la forme générale d'un conoïde creux et renversé, dont la base, tournée en haut vers la langue, forme un triangle évasé qui s'ouvre dans le pharynx, et dont le sommet, uni inférieurement à la trachée, se continue avec ce tube par une ouverture arrondie. L'orifice supérieur du larynx présente un espace ovalaire, circonscrit en avant par l'épiglotte, en arrière par les arythénoïdes, et sur les côtés par les replis de la membrane muqueuse. Cette ouverture supérieure du larynx, confondue souvent avec la glotte, est toujours ouverte et comme passive, par rapport à la formation de la voix et de la respiration.

Les parois du larynx sont essentiellement formées par la réunion de plusieurs cartilages, désignés sous les noms de *thyroïde*, *aryténoïdes*, *cricoïde*, et par l'*épiglotte*, qui est un fibro-cartilage. Le cartilage *thyroïde* (de θυρεός, bouclier, et εἶδος, forme) ou *scutiforme*, qui est le plus grand de tous les cartilages du larynx, constitue la paroi antérieure de cet organe et la saillie plus ou moins considérable appelée vulgairement *pomme d'Adam*. Les deux cartilages *aryténoïdes* (de ἀρύταινα, entonnoir), unis par leurs bords antérieurs aux bords postérieurs du précédent, sont situés à la partie postérieure et supérieure de l'organe. Le cartilage *cricoïde* (de κρίκος, anneau), circulaire comme son nom l'indique, est situé à la partie inférieure du larynx, et se trouve uni par ses bords supérieurs, au moyen d'une membrane, aux bords inférieurs des trois cartilages dont nous venons de parler : inférieurement, il correspond au premier cerceau de la trachée, dont il est une continuation. Il reste encore quatre cartilages, qui sont les deux cartilages *corniculés*, nommés aussi *tubercules de Santorini*, et les deux cartilages *cunéiformes*, ou *cartilages de Meckel*. Ces cartilages ont été moins étudiés, et leurs fonctions sont peu connues. Enfin, il nous reste à parler de l'*épiglotte*, sentinelle vigilante, placée à l'ouverture supérieure du larynx, et se trouvant fixée au bord supérieur du cartilage thyroïde, derrière la base de la langue. Ce fibro-cartilage, qu'on a comparé à une feuille de pourpier, a pour usage de s'opposer au passage des substances alimentaires dans les voies aériennes, et probablement de modifier les sons vocaux, à leur sortie de la glotte.

D'après ce que nous venons de dire, on voit que les cartilages aryténoïdes sont, par leur situation à la partie antérieure et supérieure du larynx, opposés au *thyroïde*, qui forme la paroi antérieure et supérieure de cet organe. Les connexions de ces trois cartilages entretiennent entre eux sont de la plus haute importance pour la formation du son vocal. En effet, deux ligaments formés de fibres élastiques et parallèles, renfermés dans un repli de la membrane muqueuse, allongés et larges d'environ quatre millimètres, prennent en arrière leur insertion à une saillie antérieure, que l'on remarque à la base des aryténoïdes, et viennent se fixer en avant, au milieu de l'angle rentrant qui existe au cartilage thyroïde. Ces deux ligaments, que nous appelons *lèvres du larynx*, ont reçu de Ferrein le nom de *cordes vocales*, et sont appelés par la plupart des anatomistes modernes *ligaments inférieurs de la glotte*, ou *thyro-aryténoïdiens*. L'intervalle qui les sépare forme la glotte, fente oblongue, dont nous avons donné les dimensions et la forme. Les lèvres du larynx, ou cordes vocales, formées par les muscles thyro-aryténoïdiens, sont enveloppées par la membrane muqueuse. Leur face supérieure, inclinée en dehors, constitue la paroi inférieure d'un enfoncement nommé *ventricule du larynx*, dont la paroi supérieure est formée par les ligaments supérieurs, qui, loin d'être fibreux et élastiques, comme les inférieurs, ne sont autre chose qu'une plicature membraneuse et immobile de la muqueuse laryngée. La membrane qui tapisse le larynx est encore plus sensible que celle de la trachée; car le contact du plus petit corps étranger détermine sur elle une irritation excessive, dont la gravité contraste avec le peu d'étendue et la faible importance apparente de l'organe.

Le larynx est beaucoup plus développé et plus saillant chez l'homme que chez la femme, dont cet organe n'a que les deux tiers et même la moitié du volume de celui de l'homme. Chez ce dernier, l'angle rentrant du cartilage thyroïde est aigu, tandis qu'il est arrondi chez la femme, dont l'épiglotte est également moins large, moins épaisse et moins saillante. Des différences aussi tranchées se font moins remarquer chez le fœtus et l'enfant ; seulement le larynx est beaucoup moins développé qu'il le sera plus tard, proportionnellement dans l'un et l'autre sexe. Ce qu'il y a de remarquable, c'est que cet accroissement n'est pas progressif, comme celui des autres organes; il se développe, au contraire, presque tout à coup à l'époque de la puberté; et l'énergie de ses fonctions se fait remarquer en même temps que celle des organes génitaux : c'est même cet accroissement rapide, correspondant avec la mue de la voix, qui nous fournit les signes les plus certains de la puberté. Après cette époque, le larynx n'éprouve aucun changement notable ; seulement ses formes se prononcent d'une manière plus marquée, et l'on voit ses cartilages se durcir et s'ossifier chez les vieillards, à l'exception de la glotte, dans laquelle on n'a jamais observé aucun rudiment d'ossification. Chez les eunuques, cet organe offre la petitesse de celui de la femme; et la castration dans le jeune âge, arrêtant le développement du larynx, perpétue chez les individus mâles la voix claire et féminine de l'adolescence, et même en détruit le timbre déjà formé si l'opération a été faite peu de temps après l'époque de la puberté.

Plusieurs muscles prennent leur insertion au larynx : les uns *extrinsèques*, et destinés à le mouvoir en totalité, comme à l'abaisser ou à l'élever, à le porter en avant ou en arrière, ou, enfin, à le fixer. Les autres muscles sont *intrinsèques*, et ont pour usage de changer le rapport de ses parties, comme d'agrandir et de rétrécir la glotte, de tendre et de relâcher les cordes vocales. Les muscles extrinsèques, qui attachent le larynx aux parties voisines, sont les *sterno-thyroïdiens*, les *constricteurs du pharynx*, et tous les *muscles de la région hyoïdienne*. Les muscles intrinsèques chargés d'imprimer tous les mouvements des pièces cartilagineuses qui composent l'organe sont : les *crico-thyroïdiens*, les *crico-aryténoïdiens postérieurs*, les *crico-aryténoïdiens latéraux*, les *thyro-aryténoïdiens*, et l'*aryténoïdien* proprement dit. Le larynx est pourvu de plusieurs glandes, qui sont : l'*épiglottique*, les *aryténoïdes*, et la *thyroïde*. Les fonctions de cette dernière, dont le trop grand développement constitue le goitre, sont ignorées jusqu'à ce jour; celles des autres semblent avoir pour but de sécréter un mucus qui, lubréfiant le larynx et l'épiglotte, les entretient souples et mobiles, et les empêche d'être irrités par le passage continuel de l'air pendant la respiration, le chant et la parole. Enfin, les nerfs propres du larynx, qui sont au nombre de deux de chaque côté, ont reçu le nom de *laryngés* pour les supérieurs, et de *récurrents* pour les inférieurs. La section de ces nerfs, qui sont fournis par la huitième paire, entraîne l'aphonie, ou perte de la voix.

Le larynx n'existe que dans les animaux chez lesquels la respiration s'effectue par des poumons : ainsi, on l'observe chez les mammifères, les oiseaux, les reptiles; il offre dans ces diverses classes des variétés de formes très-nombreuses.

Dr Colombat (de l'Isère).

LA SABLIÈRE (Madame de), l'une des femmes les plus spirituelles et les plus instruites du dix-septième siècle, doit surtout sa célébrité à son amitié pour La Fontaine. Son père, qui se nommait *Hessein* ou *Hesselin*, lui fit donner une brillante éducation, dont elle profita à merveille : ses précepteurs furent Sauveur et Roberval, savants distingués, membres de l'Académie des Sciences. On sait qu'au dix-septième siècle une pareille éducation n'avait rien qui blessât les mœurs et les usages de la haute société : Mme de La Fayette avait formé son esprit et son goût aux leçons de Ménage et du père Rapin, et Mme Dacier se fit une réputation européenne par ses traductions d'Homère. Quoi qu'il en soit, Boileau, choqué, dit-on, d'avoir été repris par Mme de La Sablière d'une erreur qu'il avait commise, voulut, pour se venger, critiquer dans sa satire des femmes ce mode d'éducation suivie. Et c'est elle qu'il eut en vue en traçant le portrait de la *Savante* :

Qu'estime Roberval et que Sauveur fréquente.

Aucun portrait ne pourrait cependant moins s'appliquer à Mme de La Sablière celui-là. Elle ne cherchait nullement à faire briller dans le monde les vastes connaissances qu'elle possédait en mathématiques, en physique et en astronomie. Sa maison, toujours ouverte aux gens de lettres, dont elle devint quelquefois la retraite, était citée pour l'esprit, pour la facilité de converser et l'abandon des entretiens : les auteurs et les grands seigneurs y affluaient : Mlle de Montpensier se plaint dans ses Mémoires de ce que Lauzun la négligeait pour la société de Mme de La Sablière, qu'elle traite assez lestement de *petite bourgeoise*. On connaît ces vers de La Fontaine, adressés à Mme de La Sablière :

D'autres propos chez vous récompensent ce point;
Propos, agréables commerces,
Où le hasard fournit cent matières diverses;
Jusque là qu'en votre entretien
La bagatelle a part ; le monde n'en croit rien.

Elle avait épousé fort jeune Antoine Rambouillet de La Sablière, fils d'un riche financier, et auteur lui-même d'un petit volume de madrigaux, dont La Harpe et Voltaire parlent avec éloge. Cette union ne fut point heureuse ; et les nombreuses infidélités du mari décidèrent bientôt celles de la femme. Belle, riche, aimable, Mme de La Sablière fut vivement recherchée. Ses plus beaux jours s'écoulèrent dans cette galanterie décente qui fut la vie de la plupart des grandes dames au dix-septième siècle. Un de ses oncles, grave magistrat, voulant lui reprocher sa conduite : « Eh, madame, lui dit-il, toujours des amourettes?... On n'entend parler que de cela dans cette maison.... Mettez au moins quelque intervalle : les bêtes mêmes n'ont qu'une saison pour cela. — C'est que ce sont des bêtes, » lui répondit Mme de La Sablière. Mot naïf et profond à la fois, qui a fait fortune. Néanmoins, un événement cruel, semblable à celui qui décida la conversion de Mme de La Vallière, vint changer ce genre de conduite légère. La douleur que lui fit ressentir l'abandon du marquis de La Fare, qui lui avait témoigné un ardent amour, fut la cause de ce changement. Mme de La Sablière fit un retour sur elle-même, et dès lors, revenue à la religion, elle se retira aux Incurables, où elle mourut, le 8 janvier 1693, au milieu des occupations de charité chrétienne qu'elle s'était imposées en expiation de sa vie passée. Pour vivre dans le souvenir de la postérité, Mme de La Sablière a plus d'un titre : on la cite comme un modèle d'élégance, d'esprit et de grâce; mais son plus beau titre, celui qu'on aimera à répéter, sera toujours celui-ci : « Elle fut l'amie de La Fontaine. » JONCIÈRES.

LASALLE (JEAN-BAPTISTE, abbé DE), fondateur de l'institut des frères des écoles chrétiennes, naquit à Reims, le 30 avril 1651, de parents distingués. Chanoine de sa ville natale à l'âge de dix-sept ans, et reçu docteur de l'université de la même ville, il fut ordonné prêtre à vingt-sept ans. Gémissant sur l'ignorance profonde de la religion dans laquelle vivaient les classes laborieuses, il voulut fonder une congrégation spécialement consacrée à l'instruction de la jeunesse. Il résigna son canonicat, distribua ses biens aux pauvres, et fit lui-même la classe aux enfants. Il eut à lutter contre les maîtres d'école, qui lui intentèrent de nombreux procès, et se vit chasser de Paris. Il réussit néanmoins à faire adopter ses écoles à Reims, à Paris et dans les principales villes. Il mourut à Rouen, en 1719. Il a été béatifié par le pape Grégoire XVI et canonisé par le pape Pie IX. On a de lui les *Devoirs du Chrétien* et la *Civilité puérile et honnête* en usage dans les classes des frères.

L. LOUVET.

LASCARIS. L'histoire du Bas-Empire compte deux empereurs de ce nom dignes de fixer notre attention.

LASCARIS (THÉODORE), l'aîné de six frères, tous également distingués par leur valeur, avait épousé, en 1200, Anne, fille d'Alexis l'Ange, usurpateur du trône de Constantinople. Lors du siège de cette ville par les croisés, en 1203, il fit tout ce qui était humainement possible pour leur disputer cette conquête, et rendre aux Grecs un courage dont ils étaient dépourvus ; il refusa le titre d'*empereur* pour se contenter de celui de *despote*, passa le Bosphore après s'être allié au sultan d'Iconium, et fut à diverses reprises battu par les Français. Il ne dut qu'à une invasion des Bulgares la cessation des hostilités contre ces redoutables ennemis. Délivré de la crainte des croisées, il étendit le cycle de sa domination en s'emparant de la Lydie, d'une partie de la Phrygie et de l'Archipel jusqu'à Éphèse. Son ambition s'étant accrue avec son pouvoir, il profita de l'emprisonnement que subissait son beau-père dans les États du marquis de Montferrat pour se faire couronner empereur à sa place, en 1206. Après avoir encore soutenu plusieurs luttes contre les Français, il eut à combattre son beau-père, Alexis, qui revint, en 1210, lui redemander l'empire, faisant appuyer sa demande par les troupes du sultan d'Iconium, auquel il s'était allié. Mais Théodore répondit à ses sommations en acceptant la bataille, défit et tua le sultan, et s'empara d'Alexis, qu'il enferma dans un couvent. Son autorité, affermie par ce succès, le fut plus tard par diverses alliances avec les empereurs français de Constantinople. Il mourut à Nicée, sa capitale, en 1222, laissant une réputation de bravoure, de prudence et d'habileté que l'histoire ne lui conteste point.

LASCARIS (THÉODORE), fils de Jean Ducas, ou Vatace, successeur du précédent, monta sur le trône en 1255. Après avoir commencé par opposer une digue aux incursions des Bulgares dans ses États, et à celles des Tatars dans la Cappadoce, il fut atteint d'une maladie épileptique, dont tout le monde avait à souffrir les accès furieux. Des cruautés inouïes ternirent son règne : on cite entre autres sa conduite envers la sœur de Michel Paléologue, qu'il fit enfermer jusqu'au cou dans un sac avec plusieurs chats, qu'on excitait en les piquant avec des aiguilles. Il mourut en 1259, laissant l'empire à un fils, sous la tutelle de Michel-Paléologue, qui se débarrassa bientôt de son pupille en le privant de la vue et du sceptre. Henri MARTIN.

LASCARIS (CONSTANTIN), savant grec, qui vint se réfugier en Italie au quinzième siècle, lorsque sa patrie tomba au pouvoir des Turcs, y fut accueilli par Jean Sforza, duc de Milan, qui le donna pour instituteur à sa fille Hippolita. Plus tard il vint à Rome sous la protection du cardinal Bessarion, puis il fit des cours publics à Naples, et en dernier lieu enseigna avec le plus grand succès à Messine jusqu'à sa mort, arrivée en 1493. Sa grammaire grecque, connue aussi sous le titre d'*Erotemata* (Milan, 1476; dernière édition, 1800), est remarquable en même temps comme le premier livre en langue grecque qui ait été imprimé. Sa précieuse bibliothèque passa en Espagne, et se trouve aujourd'hui à l'Escurial.

LASCARIS (ANDRÆA-JOHANNES ou JANOS), surnommé *Rhyndacenus*, descendait de la même famille que le précédent. Il vécut à la cour de Laurent de Médicis, qui plus tard l'envoya en Grèce à l'effet d'y acheter des anciens manuscrits ; et il en rapporta en effet une grande quantité, notamment du mont Athos. La mort lui ayant enlevé son protecteur, il accepta l'invitation que lui adressa Charles VIII de se rendre à Paris pour y enseigner la langue grecque; et plus tard, Louis XII l'envoya à deux reprises à Venise en qualité d'ambassadeur. Le pape Léon X l'ayant attiré à Rome, où il le mit à la tête d'un établissement destiné à l'éducation des jeunes Grecs, et aussi d'une imprimerie grecque, fondée par lui, l'envoya encore en ambassade à la cour de France, en 1515 ; et François à son tour lui confia une mission semblable à Venise. Invité par le pape Paul III à venir à Rome, il mourut dans un âge fort avancé (1535), avant d'arriver à la ville éternelle. Outre quelques éditions et commentaires d'auteurs grecs, notamment de l'Anthologie, et de scolies sur l'Iliade et sur Sophocle, on a de lui quelques dissertations grammaticales et des épigrammes ; et on lui est redevable de ces *Editiones principes* en petites capitales. Consultez Villemain, *Lascaris* (Paris, 1825).

LAS-CASAS (Fray BARTOLOMÉ DE), évêque de Chiapa, au Mexique, célèbre par le zèle avec lequel il défendit la cause de l'humanité dans la personne des Indiens du Nouveau-Monde, naquit à Séville, en 1474. Il suivit à l'âge de dix-neuf ans son père, qui accompagna Christophe Colomb à son second voyage en Amérique, et qui y gagna les moyens d'envoyer plus tard son fils étudier à Salamanque. En 1498 Las-Casas avait terminé ses études juridiques; en 1502, il suivit au Nouveau-Monde don Nicolas de Ovando, nommé gouverneur de San-Domingo, et huit années après il y fut ordonné prêtre, et envoyé en qualité de curé à Cuba. Dans cette île, le gouverneur Vélasquez fut vivement frappé de l'influence que, par sa douceur et son humanité, il était parvenu à exercer sur les Indiens. Afin de mettre un terme aux atrocités auxquelles donnait lieu le *repartimiento* ou répartition des Indiens opérée entre les Espagnols, qui les traitaient en esclaves, il repassa en Espagne, où il réussit effectivement à déterminer le cardinal Ximenès à envoyer sur les lieux une commission composée de trois moines de l'ordre des Hiéronymites pour faire une enquête sur les faits et les abus qu'on lui dénonçait. La prudence avec laquelle procéda cette commission ne satisfit nullement le zèle de Las-Casas, qui encore une fois alla en Espagne solliciter l'adoption de mesures plus énergiques, afin de protéger plus efficacement les indigènes. Le gouvernement adopta enfin les idées qu'il avait conçues pour prévenir l'extermination complète de cette race condamnée aux plus rudes travaux. Son système consistait à envoyer comme colons des paysans castillans aux Indes orientales, et à déterminer les Espagnols qui y étaient déjà fixés à acheter des esclaves nègres pour les employer aux plus rudes travaux dans les mines et les plantations. C'est ce qui a fait accuser Las-Casas d'avoir, pour soustraire ses chers Indiens à l'esclavage, inventé et introduit la traite des nègres dans les colonies espagnoles. Toutefois, ce reproche, formulé pour la première fois par Herrera, puis reproduit par Robertson, n'est pas fondé, puisqu'il est avéré que les Portugais faisaient la traite longtemps avant la première expédition de Colomb et que les Espagnols amenèrent des nègres avec eux lorsqu'ils s'établirent à Hispaniola.

Quoi qu'il en soit, le gouvernement espagnol adopta les vues de Las-Casas; mais on apporta tant de barbarie dans leur mise à exécution, qu'on ne recueillit pas le bien qu'il s'en était promis. Las-Casas prit alors la généreuse résolution de tenter à lui seul la réalisation d'une colonie modèle; et il sollicita de l'empereur Charles-Quint l'autorisation et les moyens de mettre son projet à exécution. En 1520 il mettait de nouveau à la voile pour l'Amérique. Mais son entreprise échoua; et le chagrin qu'il en éprouva le porta à se réfugier dans un couvent de dominicains à Hispaniola. Il s'y consacra à l'œuvre des missions, et commença alors son *Historia general de las Indias*, à laquelle il travailla depuis l'an 1527 jusqu'à la fin de sa vie.

En 1539, il se rendit de nouveau en Espagne, spécialement chargé d'une mission pour son Ordre et aussi avec l'intention d'essayer de nouveau d'obtenir aide et appui pour l'amélioration du sort des malheureux Indiens. Il y trouva le gouvernement mieux disposé que par le passé à le seconder dans ses vues. Sa *Brevisima Relacion de la Destruccion de las Indias*, ouvrage qui produisit une telle sensation qu'on le traduisit dans toutes les langues de l'Europe, n'y contribua pas peu. Pour récompenser son noble zèle, on lui offrit le riche évêché de Cuzco; mais il préféra celui de Chiapa, situé dans un pays pauvre et habité par des sauvages non encore convertis au christianisme. En 1544, il s'embarqua une cinquième fois pour l'Amérique. Les colons espagnols le virent arriver de fort mauvais œil; et comme il alla jusqu'à refuser la communion à ceux qui, après la publication des lois nouvelles, s'obstinaient à traiter les Indiens en esclaves, il s'attira ainsi non pas seulement la colère des planteurs, mais encore le désaveu formel de l'Église.

Abandonné de tous, Las-Casas s'en revint trois ans plus tard dans un couvent de son Ordre en Espagne, où à peu de temps de là il reparut dans la lice pour défendre les droits de l'humanité contre le chroniqueur Juan Ginès de Sepulveda; et les derniers temps de son existence furent consacrés à terminer différents ouvrages, notamment son *Historia general de las Indias*. Il mourut en juillet 1566, au couvent d'Astocha, dépendance de son Ordre. Il parut de son vivant même une collection de ses œuvres (Séville, 1552). De tous les ouvrages qu'il laissait manuscrits, et qui n'ont point été imprimés jusqu'à ce jour, le plus intéressant est son *Historia general de las Indias*. Llorente a traduit en français divers ouvrages, tant inédits qu'imprimés, de Las-Casas (2 vol., Paris, 1822).

LAS-CASES (EMMANUEL-AUGUSTIN-DIEUDONNÉ, comte DE), l'un des compagnons d'exil de Napoléon à Sainte-Hélène, né en 1766, à Revel (Haute-Garonne), appartenait à une famille d'origine espagnole, qui se vantait de compter parmi ses ancêtres l'apôtre des Indiens, le vénérable Barthélemy de Las-Casas. Après avoir fait de bonnes études à Vendôme, chez les Oratoriens, et à Paris à l'École Militaire, il entra dans la marine comme aspirant, et fut immédiatement embarqué sur l'escadre employée au siège de Gibraltar. Au rétablissement de la paix, des voyages entrepris pour son instruction aux États-Unis, au Canada, aux Antilles, à l'Ile-de-France et au Sénégal, ne le détournèrent pas tellement de ses études spéciales, qu'à l'âge de vingt-et-un ans il ne fût en état de soutenir sur les mathématiques un examen que présida l'illustre Monge, et à la suite duquel il fut promu au grade de lieutenant de vaisseau. Désigné pour faire partie de l'expédition scientifique de La Pérouse, il se trouvait à Saint-Domingue quand l'ordre de rejoindre lui parvint; mais, quelque diligence qu'il apportât à l'exécuter, il n'arriva en Europe qu'après le départ de l'escadre. A quelque temps de là, il était nommé au commandement du brick *Le Matin*, chargé de se rendre au Sénégal de conserve avec une frégate. Dans cette circonstance encore sa bonne étoile le servit, en le faisant échapper une seconde fois à une mort certaine : la frégate et le brick, profitant d'un temps favorable, *appareillèrent sans l'attendre*; et à quelques jours de là *le Matin*, séparé de la frégate par un violent coup de vent, au milieu d'une nuit obscure et orageuse, sombrait sous voiles sans même laisser de traces de sa disparition.

En 1791 nous voyons Las-Cases émigrer avec la plupart de nos officiers de terre et de mer, et aller grossir les rangs de l'armée de Condé, qui se réunissait à Coblentz. Plus tard il fit encore partie de l'expédition de Quiberon; et après le désastre qui la termina, il se retira en Angleterre, où il n'eut plus d'autre ressource pour subvenir à ses besoins que de donner des leçons de français. La consolidation du gouvernement que la France s'était donné, jointe au désillusionnement produit dans son esprit par une vie aussi précaire, le décida à profiter des facilités qui, après la journée du 18 brumaire, furent données aux émigrés pour rentrer en France. Il y récut assez longtemps dans l'obscurité et, publiant, sous le pseudonyme de Lesage, un *Atlas historique*, recueil de tableaux synoptiques dont on ne saurait contester l'utilité toute pratique, mais dont on a depuis beaucoup trop exagéré le mérite et la portée : il sollicita en outre avec ardeur son admission dans les rangs de la grande armée administrative de l'empire. Mais alors, comme toujours, il y avait pour un emploi vacant cent compétiteurs; et il était difficile de percer une foule si compacte, à moins d'être favorisé ou par de puissants protecteurs, ou par le hasard. Une occasion s'offrit à lui de faire du zèle, et il la saisit habilement pour attirer l'attention et les regards de *Sa Majesté impériale et royale*.

Une expédition anglaise, entrée inopinément dans l'Escaut, s'était emparée de Flessingue, menaçant Anvers et la flotte que Napoléon y faisait construire. Las-Cases court s'inscrire parmi les volontaires qui demandent des armes pour purger le sol français de ses ennemis. Par cet acte de dévouement, il se fait remarquer du maître, qui, cédant, suivant son habitude, à son faible pour la gentilhommerie, attache le bouillant volontaire à son service en lui donnant une place de maître des requêtes au conseil d'État. Plus tard, quand, par suite de son mariage avec une archiduchesse d'Autriche, Napoléon songea à augmenter sa maison, il crutvit Las-Cases dans une fournée de chambellans. Lors du rétablissement de la garde nationale à Paris, à la suite des événements de 1813, il fut appelé au commandement de la 10ᵉ légion. Quelques mois plus tard il donnait un exemple bien rare de fidélité à ses nouveaux engagements politiques en refusant de signer avec les autres membres du conseil d'État l'acte de déchéance de l'empereur. Vinrent les cent jours, et Las-Cases fut nommé conseiller d'État en même temps qu'il reprenait aux Tuileries son service de chambellan. Le désastre de Waterloo ayant encore une fois renversé les projets de Napoléon, il resta fidèle au malheur : de service à la Malmaison quand l'empereur prit la résolution de s'éloigner de la France et d'aller chercher le calme et le repos aux États-Unis, il s'offrit aussitôt pour partager cet exil volontaire et sollicita comme la plus insigne des faveurs l'honneur de courir les mêmes dangers que l'homme naguère encore maître du monde. Napoléon fut touché de cette marque d'un dévouement si rare, et lui permit de l'accompagner à Rochefort avec son fils aîné.

On sait qu'arrivé dans ce port, l'empereur déchu se trouva étroitement bloqué par une croisière anglaise, et que, renonçant à son projet de passer aux États-Unis, il crut pouvoir, comme Thémistocle, aller s'asseoir aux foyers du peuple britannique, noble preuve de confiance qui eut pour prix la plus noire des trahisons. Las-Cases tint à honneur d'accompagner Napoléon à Sainte-Hélène : là l'empereur lui dictait ses Mémoires, se plaisait à converser avec lui sur les grands événements de son règne. Chaque soir, avant de se livrer au sommeil, Las-Cases avait soin de consigner par écrit ces entretiens de la journée, précaution à laquelle nous sommes redevables d'une des plus précieuses sources ouvertes à l'historien qui veut apprécier les événements du consulat et de l'empire. Assurément il est permis de douter que toutes les idées, tous les mots prêtés par Las-Cases à l'empereur dans son célèbre *Mémorial de Sainte-Hélène* (1re édit., 8 vol., Paris, 1823) soient parfaitement authentiques, et de penser qu'il y met très-souvent du sien. Sauf cette observation, on ne saurait méconnaître dans ce livre un de ceux qui font le mieux connaître la pensée intime du Charlemagne moderne. Le séjour de Las-Cases à Sainte-Hélène ne fut pas du reste de longue durée : dès le 27 novembre 1816, par suite d'une lettre qu'à l'insu du gouverneur de l'île, Hudson-Lowe, il adressait à Lucien Bonaparte, et dans laquelle il s'exprimait avec franchise sur les indignes traitements qu'on faisait subir à l'empereur, il était expulsé de l'île et transféré au Cap, où il restait huit mois soumis à la plus sévère surveillance. Ramené enfin en Europe, les puissances alliées lui assignèrent pour séjour Francfort-sur-le-Mein. Plus tard, il lui fut permis de se fixer en Belgique, d'où il ne négligea rien pour tâcher d'apporter quelques adoucissements à la position de l'illustre captif. Ce ne fut toutefois qu'après la mort de Napoléon qu'on lui permit de rentrer en France, où il commença presque aussitôt la publication de son *Mémorial*, dont nous n'essayerons pas de nombrer les éditions. On évalue à près de deux millions de francs le profit qu'il tira de la vente de ce livre et de celle de son *Atlas historique* de Lesage, qui, grâce aux *réclames* adroitement glissées presque à chaque page du *Mémorial*, où Napoléon est représenté comme s'extasiant à tout propos sur l'incomparable mérite de cet ouvrage à l'usage des enfants, obtint également un immense débit.

Après la révolution de Juillet, Las-Cases fut nommé membre de la chambre des députés par l'arrondissement de Saint-Denis, et siégea dans cette assemblée à l'extrême gauche. Il mourut le 15 mai 1842, après avoir eu la satisfaction de voir rendre à la France les restes mortels de l'homme à qui il avait donné des preuves d'un attachement et d'un dévouement qui honoreront toujours sa mémoire.

LAS-CASES (EMMANUEL-PONS-DIEUDONNÉ, baron, puis comte DE), fils du précédent, né en 1800, à Vieux-Châtel, près de Brest, partagea, lui aussi, l'exil de Napoléon, et eut quelque temps l'honneur de servir de secrétaire au jeune homme. La révolution de Juillet lui ouvrit la carrière politique : il embrassa avec ardeur les intérêts de la dynastie nouvelle, qui le fit conseiller d'État et commandant de la Légion d'Honneur. En 1837, elle le chargea d'une mission diplomatique près de la république d'Haïti ; et quand, en 1840 elle résolut de demander à l'Angleterre les cendres de Napoléon, M. Emmanuel de Las-Cases fut naturellement adjoint au prince de Joinville pour l'accomplissement de cette pieuse mission. Longtemps membre de la chambre des députés pour le Finistère, il y faisait partie de la majorité des *satisfaits*. Il ne figura pas dans nos assemblées républicaines ; mais à la suite du coup d'État de 1851 il fut créé sénateur. Il mourut subitement à Passy, le 8 juillet 1854, quelques jours après son mariage avec Mlle de Sevret.

LAS CHIAPAS. *Voyez* CHIAPA.

LASCY (PIERRE, comte DE), né en 1678, à Limerick, en Irlande, descendait d'une ancienne famille normande établie en ce pays. Entré d'abord au service de la France, il passa ensuite à celui de l'Autriche, puis à celui de la Pologne. Il servit en dernier lieu la Russie, et assiégea Dantzig à la tête d'un corps d'armée russe. De 1735 à 1738, il fit la guerre contre les Turcs, conquit la Finlande, et mourut à Riga, en 1751, gouverneur général de la Livonie.

LASCY (FRANÇOIS-MAURICE, comte DE), fils du précédent, feld-maréchal autrichien, naquit le 21 octobre 1725, à Saint-Pétersbourg, et commença sa carrière comme enseigne au service d'Autriche. Pendant la guerre de la succession d'Autriche, où il fit les campagnes d'Allemagne, d'Italie et des Pays-Bas, il parvint au grade de colonel d'infanterie. Au début de la guerre de sept ans, il sauva l'armée autrichienne à la bataille de Lowositz avec son régiment, et passa général. Il se distingua ensuite aux affaires de Reihenberg, de Prague, de Breslau et de Leuthen. Nommé quartier-maître général, il réorganisa rapidement l'armée, et en 1758 commanda le corps d'armée envoyé au secours d'Olmütz. Lors de la campagne de 1760, il commanda un corps particulier, qui, après une marche extrêmement pénible de la Silésie en Saxe, sauva l'armée des Impériaux sous les murs de Dresde. Après la bataille de Torgau, il fit une pointe jusqu'aux environs de Berlin, et en fut récompensé par le titre de feld-maréchal. Après la paix de Hubertsbourg, il fut nommé, en 1765, inspecteur général de l'armée, et l'année suivante président du conseil aulique de guerre, fonctions dans lesquelles il déploya une rare activité. Dans la guerre de la succession de Bavière, ce fut lui qui fit prendre à l'armée impériale sa position sur les bords de l'Elbe, près de Iaromirz ; et devenu alors l'ami intime de Joseph II, il conserva la faveur entière et toute particulière de ce prince jusqu'à sa mort. Après la paix de Teschen, il reprit encore le ministère de la guerre. En 1788 il accompagna l'empereur Joseph dans sa campagne contre les Turcs, et l'issue malheureuse de cette guerre pour l'Autriche lui fit perdre de son crédit. Aussi vivait-il depuis longtemps dans la retraite lorsqu'il mourut, à Vienne, le 24 novembre 1801.

LASES. *Voyez* LAZES.

LASSAVE (NINA). *Voyez* FIESCHI.

LASSEN (CHRISTIAN), savant orientaliste, est né le 22 octobre 1800, à Bergen, en Norvège. Les études qu'il avait commencées à Christiania, il vint, à la mort de son père, les compléter à Heidelberg et à Bonn. Dans la seconde de ces universités, A.-W. Schlegel l'initia à l'étude de l'Inde. A sa demande, il alla passer trois ans à Londres et à Paris, à l'effet d'y copier des textes et d'y comparer divers manuscrits pour son édition du *Ramayana*. En même temps il se livrait avec Burnouf à l'étude de la langue pali ; et ce fut la Société Asiatique de Paris qui se chargea de faire imprimer l'*Essai sur le Pali* (Paris, 1826), qu'il avait composé en société avec lui. Revenu à Bonn, il y entreprit l'étude de la langue arabe sous la direction de Freitag, et reçut docteur l'année suivante, il y publia sa thèse inaugurale, *Commentatio geographica atque historica de Pentapotamia Indica* (1827). En 1830 il y était nommé professeur agrégé et en 1840 professeur titulaire des langues et littératures anciennes de l'Inde. Depuis lors il n'a pas cessé de déployer une remarquable activité. Indépendamment de l'*Hitopadesa*, recueil de fables publié en société avec Schlegel (2 vol. ; Bonn, 1829-1831), on a de lui une édition du *Gîtagovinda* de Jayadiva (Bonn,

1837), le recueil intitulé: *Gymnosophista, sive Indicæ philosophiæ documenta*, et une *Anthologia Sanscrita*, avec glose (Bonn, 1838). Ses *Institutiones Linguæ Pracriticæ* (1837) sont le meilleur ouvrage qu'on possède encore sur l'ancienne langue vulgaire de l'Inde. Ses *Essais sur l'Histoire des Rois grecs et indo-scythes de la Bactriane, du Kaboul et de l'Inde* (1838), ont pour base les médailles nombreuses qui ont été récemment trouvées dans ces contrées. Les travaux de ce savant ont aussi jeté beaucoup de lumière sur l'ancienne écriture cunéiforme des Perses ; et on a de lui un grand nombre de dissertations du plus haut intérêt relatives aux antiquités de la Perse.

LASSIS (N...), médecin qui s'est illustré par son dévouement dans plusieurs épidémies, était né vers 1775. Élève distingué de Bichat, puis prosecteur de la Faculté de Médecine, Lassis vivait tranquillement à Nemours, où son talent et sa bonté lui avaient procuré une douce aisance, quand il apprit les affreux ravages que le typhus faisait en 1812 dans la grande armée. Il court aussitôt en Allemagne, et prodigue partout sa science et ses veilles. En 1814, il va combattre avec le même zèle le typhus que les Cosaques avaient amené avec eux à Paris. La fièvre jaune éclate à Barcelone; les médecins de la ville mouraient, ou fuyaient devant cette épouvantable maladie; Lassis y court, passe les jours et les nuits dans les hôpitaux, et réclame avec éloquence contre la funeste mesure des cordons sanitaires, qui, loin d'arrêter la maladie, ne fait selon lui que la répandre et l'aggraver, par la misère et la terreur. On ne l'écouta pas; mais l'avenir devait lui donner raison. Le choléra de 1832 le trouva toujours dévoué. Quand le fléau quitta Paris, Lassis le poursuivit à Meaux, à Nemours, son ancienne patrie, à Coulommiers. Il n'y avait que contre lui qu'il était marié, quand le choléra l'appela à Toulon, où il mourut, victime du fléau, en 1835. Cette vie modeste, consacrée tout entière à la science et à l'humanité, ne lui valut qu'une médaille de bronze et quelques bribes du prix Montyon.

LASSITUDE, sensation pénible qu'on éprouve à la suite d'un exercice violent ou prolongé des organes dont l'action est soumise à l'empire de la volonté, des muscles particulièrement. Dans ces circonstances, c'est une incommodité passagère, que le repos suffit pour dissiper. Mais il n'en est plus de même des lassitudes *spontanées*, qui précèdent souvent le développement de quelque grave maladie, comme la fièvre typhoïde, et qui se manifestent sans fatigues préalables et sans cause connue. Celles-ci sont un des signes avant-coureurs d'un état morbide sur lequel le médecin doit avoir l'attention éveillée. Dr SAUGERROTTE.

La lassitude morale est une sorte de découragement profond qu'éprouvent les hommes après une trop grande dépense d'énergie, dans les luttes de la vie ; quelquefois aussi elle est maladive, et provient plutôt du manque d'emploi utile d'une énergie naturelle, ou d'un reploiement égoïste sur soi-même à la vue du résultat de tant de sacrifices faits par d'autres. Les peuples eux-mêmes éprouvent cette lassitude funeste, quand ils ont longtemps souffert et que leur énergie s'est épuisée peu à peu sans rien produire. Ils éprouvent alors un besoin absolu de repos, et renoncent même à tout ce qu'ils semblaient vouloir auparavant avec tant de force.

LASSO, longue et forte lanière de cuir, garnie de plomb à ses extrémités, que les peuplades de l'Amérique méridionale lancent avec infiniment d'adresse aux chevaux errants et aux bœufs sauvages dont ils veulent s'emparer. Les *Gauchos* et les *Llaneros* s'en sont également servis dans la guerre de l'indépendance comme arme contre les Européens. Nous retrouvons au siège de Sébastopol le *lasso* américain employé, sans grand succès, contre les Français, par les bandes à demi barbares que la Russie a sous ses ordres.

LASSO (ORLANDO DI), connu aussi sous le nom d'*Orlandus Lassus*, l'un des plus grands compositeurs du seizième siècle, était né à Mons, en Hainault, et dans son enfance fut enlevé à plusieurs reprises, dit-on à cause de la beauté de sa voix. Ce fut aussi le motif pour lequel le vice-roi de Sicile Ferdinand de Gonzague l'emmena avec lui en Italie, où il lui fit donner des leçons de musique. A l'âge de dix-huit ans, il perdit sa voix, mais n'en demeura pas moins en Italie, où il gagna sa vie à donner des leçons de musique jusqu'au moment où il fut nommé maître de chapelle à Saint-Jean de Latran, à Rome, en 1551. Au bout deux ans, cependant, il s'en revint dans son pays ; et il voyagea ensuite avec Giulio Cesare Brancaccio, en Angleterre et en France, et de là il passa en Hollande. Après avoir fait un séjour de deux années à Anvers, il accepta les fonctions de maître de chapelle à la cour du duc Albert de Bavière, à Munich. Appelé à Paris par le roi Charles IX, il apprit en route la mort de ce prince, et rebroussa chemin aussitôt pour revenir à Munich, où le duc Guillaume lui rendit sa place, qu'il conserva jusqu'à sa mort, arrivée, suivant toute apparence, en 1595. L'empereur Maximilien II lui avait octroyé des lettres de noblesse.

Orlando di Lasso n'est pas moins célèbre par sa musique sacrée que par ses compositions mondaines, et on peut le considérer avec Palestrina comme le dernier représentant de la direction essentiellement religieuse donnée alors à la musique, direction qui eut les Pays-Bas pour point de départ. Ses ouvrages, quoique extrêmement nombreux, sont devenus fort rares aujourd'hui. Ses fils publièrent entre autres une collection de ses motets sous le titre de *Magnum Opus musicum* (17 vol.; Munich, 1604). La collection la plus complète de ses compositions, manuscrites en partie, telles que ses *Sept Psaumes* de la pénitence, est celle que possède la Bibliothèque royale de Munich. Une statue, due au ciseau de M. Frison, lui a été élevée à Mons, en 1853.

LAST, nom d'une mesure usitée dans le nord de l'Allemagne pour les céréales. Par exemple, en Prusse, elle équivaut pour le froment et le seigle à trois *wispel* ou soixante-douze boisseaux ; pour l'orge et l'avoine, à deux *wispel* ou quarante-huit boisseaux ; mais souvent, comme à Hambourg, on ne la calcule qu'à raison de soixante boisseaux de Prusse. En termes de navigation, le mot *last* désigne un poids dont la valeur est assez variable. Dans les ports de Prusse, le *last* équivaut à 2,000 kilogrammes. C'est ce qu'on appelle alors le *last normal*. C'est d'après le last normal que se calculent la grandeur et la capacité d'un navire. En Danemark, en Suède, en Angleterre, etc., le fret se compte par tonneaux.

LASTEYRIE (CHARLES-PHILIBERT, comte DE), qui s'est fait un nom par le zèle qu'il mit à propager les idées utiles, naquit le 3 novembre 1759, à Brive-la-Gaillarde, épousa la fille de La Fayette, *Virginie*, introduisit la lithographie en France, en 1815, et ouvrit à Paris la première imprimerie lithographique qu'il y ait eu à Paris. Il mourut dans cette ville, le 5 novembre 1849.

LASTEYRIE (FERDINAND DE), fils du précédent, né en 1810, fut en 1830 l'un des aides de camp de son grand-père, La Fayette, commandant supérieur de garde nationale de Paris. Après avoir rempli jusqu'en 1837 un emploi supérieur à la direction des Ponts et Chaussées, il entra alors au ministère de l'instruction publique, et passa plus tard au ministère de l'intérieur. Élu, en 1842, député de Saint-Denis, il appartient constamment à la gauche, prit part à l'agitation réformiste et, en 1847, s'associa à la *campagne des banquets*, dans laquelle, pour sa part, il présida celui qui fut célébré à Saint-Denis. Après la révolution de Février, élu successivement membre de l'Assemblée constituante et de la Législative, il y vota avec les républicains modérés. On a de lui une intéressante *Histoire de la Peinture sur Verre* (Paris, 1837).

LASTEYRIE (JULES DE), cousin du précédent, né en 1810, entra d'abord au service de la reine dona Maria de Portugal, et prit part à l'expédition entreprise par dom Pedro pour expulser dom Miguel de Portugal. En 1842 il fut élu député à La Flèche, et prit place à la chambre au centre droit. Élu après 1848 à l'Assemblée constituante et à la legislative, il fit partie du comité réactionnaire de la rue de Poitiers. Plus tard, il se prononça de la manière la plus hostile contre la continuation des pouvoirs présidentiels de Louis Napoléon, et fut en conséquence expulsé de France à la suite du coup d'État du 2 décembre. Mais il fut compris dans le décret d'amnistie du 7 août 1852, qui rouvrit les portes de la France à un certain nombre d'anciens représentants.

LASTHI. *Voyez* CANDIE.

LATAKIEH. *Voyez* LAODICÉE.

LATANIER, genre de palmiers qui comprend deux espèces : 1° le *latania rubra* (Jacq.), qui croît à l'île de France; 2° le *latania borbonica* (Lam.), qui croît à l'île Bourbon et en Chine. Les lataniers sont des palmiers remarquables par leurs feuilles plissées et flabelliformes. Comme plusieurs autres espèces de palmiers, ils fournissent du sagou, espèce de fécule alimentaire. Le bourgeon, qui termine la tige avant son entier développement, est doux et sucré; on le mange sous le nom de *chou-palmiste*.
CLARION.

LATENTE (Chaleur). *Voyez* CHALEUR LATENTE.

LATÉRIGRADES (de *latus*, côté, et *gradus*, marche), nom donné par Latreille à une tribu de la famille des aranéides ou arachnides fileuses; ce nom rappelle que ces animaux peuvent marcher de côté tout aussi-bien qu'en avant.

LATICLAVE. *Voyez* ANGUSTICLAVE.

LATIL (JEAN-BAPTISTE-MARIE-ANNE-ANTOINE DE), cardinal, archevêque de Reims, commandeur de l'ordre du Saint-Esprit, ministre d'État, duc et pair de France sous Charles X, dont il fut en quelque sorte le mauvais génie, doit tous ses titres à sa position auprès du vieux roi, sur l'esprit duquel il eut la plus fatale influence. Tout le monde sait en effet combien le confessionnal poussa Charles X à ces actes insensés de résistance à l'esprit du siècle, qui précipitèrent la chute de la monarchie, et rouvrirent pour la troisième fois le chemin de l'exil aux Bourbons de la branche aînée ; mais ce qu'on sait peut-être moins, c'est l'origine du malheureux empire exercé par l'abbé de Latil; voici ce qu'on raconte à cet égard. Charles X, étant comte d'Artois, avait eu un grand nombre de maîtresses; mais la dernière, celle qu'il aima le plus tendrement, fut Mme de Polastron. Cette dame apportait dans ses relations avec le prince une exaltation de sentiments naturelle chez une femme du midi, et le comte répondait à ces sentiments exaltés par une sensibilité profonde. Le chapelain ordinaire du comte d'Artois étant venu à mourir, on proposa cette place à M. de Latil, qui, simple abbé alors, se disposait à partir pour l'Amérique. Cette place était peu de chose; néanmoins il l'accepta, et alla s'installer auprès de son pénitent. Au bout de quelque temps, Mme de Polastron, sentant sa fin approcher, voulut se préparer à mourir ; elle avait perdu son directeur, et elle n'avait qu'une confiance limitée dans le jeune chapelain du comte. Elle la fit appeler pourtant, et, après de fréquents entretiens, elle se confessa, puis demanda au prince l'accomplissement de la dernière grâce qu'elle sollicitait de lui. Le comte d'Artois promit. Alors Mme de Polastron lui fit jurer de ne jamais donner son cœur à une autre femme. Ce serment fut fait en présence du prêtre, et pour le rendre plus solennel, cette femme romanesque voulut que la même main leur offrît en même temps la communion. Tout se passa comme elle le désirait ; M. de Latil reçut la confession du prince, et il admit à la sainte table les deux amants se jurant fidélité éternelle. Cette cérémonie laissa une impression profonde dans l'esprit assez faible du comte d'Artois, qu'elle avait vivement frappé. Mme de Polastron mourut contente d'avoir enchaîné la vie future de son amant, et le prince resta, dit-on, fidèle à son serment. Il avait quarante-cinq ans quand il le prêta. Il est de fait que ni les sollicitations les plus pressantes ni les plus hautes considérations de la politique ne purent le décider à contracter de nouveaux nœuds conjugaux. Depuis ce moment, M. de Latil fut le confident intime des pensées du comte d'Artois; son ascendant s'accrut avec l'âge de son pénitent, et c'est à cette domination occulte que Charles X dut une grande partie des fautes de son règne. Sans doute l'abbé Latil, grand partisan des jésuites, et qui avait su faire respecter par le prince catholique un serment téméraire fait en un jour de folie à une maîtresse mourante, trouva d'excellentes raisons pour autoriser le roi très-chrétien à se parjurer quand celui-ci se décida à violer cette charte qu'il avait solennellement juré de maintenir, au pied des autels, dans les mains de ce même abbé devenu archevêque de Reims.

Né aux îles Sainte-Marguerite, le 6 mars 1761, M. de Latil embrassa fort jeune la carrière ecclésiastique, et fut ordonné prêtre en 1784; nommé peu de temps après grand-vicaire de l'évêque de Vence, il refusa de prêter serment à la constitution du clergé, et émigra en 1790. Rentré l'année suivante, il fut pendant quelque temps enfermé à Montfort-l'Amaury, et ne recouvra sa liberté que pour émigrer de nouveau. C'est alors que le comte d'Artois l'appela auprès de lui, et depuis il ne quitta plus ce prince. En 1815 il fut nommé évêque *in partibus* d'Amyclée, et sacré le 7 avril 1816; évêque de Chartres en 1821, à l'avénement de Charles X lui valut l'archevêché de Reims et la pairie. C'est lui qui sacra Charles X, et qui pour cela retrouva miraculeusement la sainte ampoule. En 1826, Léon XII lui envoya la pourpre romaine. La révolution de Juillet, qu'il avait plus qu'un autre le droit de se reprocher, le fit retomber dans l'obscurité. Il est mort à Géminos (Bouches-du-Rhône), au commencement de décembre 1839.
L. LOUVET.

LATIMER (HUGH), l'un des promoteurs les plus zélés de la réformation en Angleterre, né en 1475, à Thurcaston, dans le comté de Leicester, se rendit odieux au clergé par l'indépendance dont ses sermons étaient déjà empreints alors qu'il étudiait encore la théologie à Cambridge ; et plus tard, sous le règne de Henri VIII, il s'attacha à propager les idées de réformes à opérer dans l'Église. En conséquence, il fut cité par le cardinal Wolsey à comparaître devant la cour ecclésiastique chargée de mettre un terme à l'agitation religieuse. Cette mesure ne l'intimida nullement, et par suite de la tournure favorable que les affaires de la réforme prirent du temps d'Anne de Boulen, il fut même nommé évêque de Worcester, en 1535. Un jour qu'il s'était rendu à la cour avec les autres évêques pour, suivant la coutume d'alors, offrir au roi un présent à l'occasion de la nouvelle année, il lui présenta, au lieu d'une bourse pleine, un exemplaire du Nouveau Testament, où il avait tait une corne à la page où se trouve ce passage : « Dieu punira l'adultère » ; et le roi, qui d'ailleurs le laissait prêcher assez librement, ne prit pas trop mal la chose. Cependant, après le supplice du chancelier Cromwell, Latimer eut ordre d'adhérer comme les autres aux six articles de foi rédigés par Henri VIII en personne ; et, plutôt que d'obéir, il aima mieux renoncer à son siége et vivre désormais dans une retraite absolue. Étant venu quelques années plus tard à Londres, à l'effet d'y consulter les médecins, le parti catholique, ayant Gardiner à la tête, le fit arrêter. Il ne recouvra sa liberté qu'à l'avénement d'Édouard VI au trône, et, avec Cranmer et Ridley, il fut alors à la tête des protestants, mais sans accepter de fonctions publiques. Quand la reine Marie ceignit la couronne, Gardiner le cita devant le conseil d'État. Il eût pu prendre la fuite, mais il comparut ; le 13 septembre 1553 il fut emprisonné à la tour de Londres avec les autres évêques protestants. On commença par l'accuser de haute trahison, et on le traduisit ensuite devant une commission établie par le cardinal-légat Pole pour le jugement des hérétiques. Pendant les deux années que dura ce procès, Latimer borna sa défense à rendre courageusement témoignage de sa foi, et, comme Ridley, il fut condamné à la peine du feu. Lorsqu'ils montèrent tous deux sur le bûcher, le 16 octobre

1555, à Oxford, Latimer s'écria en s'adressant à son ami : « Montre-toi homme, Ridley ; nous allons aujourd'hui allumer en Angleterre une lumière qui ne s'éteindra jamais. » Il mourut avec la plus admirable fermeté.

LATIN (Empire). On a donné ce nom à l'empire que les croisés français et vénitiens fondèrent à Constantinople, l'an 1204, après avoir renversé Alexis V (Ducas-Murtzulphe). Baudouin, comte de Flandre, en fut le premier empereur. Ses successeurs furent son frère Henri, Pierre et Robert de Courtenay, Baudouin II et Jean de Brienne, son tuteur, qui régna de 1231 à 1237. L'empire latin avait été appelé ainsi, parce que ses fondateurs étaient tous de race latine, c'est-à-dire qu'ils appartenaient aux pays de l'Europe occidentale précédemment compris dans l'empire romain d'Occident. Cette monarchie féodale, sans cesse assaillie par les rois bulgares et par les Grecs, qui avaient formé à Nicée un second empire, fut détruite en 1261, par Michel-Paléologue.

LATIN (Quartier). Le long ruban de maisons et de petites rues de Paris qui porte ce nom, et qui constitue les noirs quartiers Saint-Jacques et de La Harpe, est une ville distincte de la capitale, comme le faubourg Saint-Antoine, comme le faubourg Saint-Germain, comme la Chaussée-d'Antin, etc. ; et cette ville à part, où se renouvelle sans cesse un peuple jeune, actif, bruyant, moitié studieux, moitié flâneur, n'est pas la moins curieuse à étudier. Dès le moyen âge le quartier ou pays Latin existait avec les mêmes éléments, avec la même physionomie qui le caractérisent aujourd'hui ; et il avait de plus ces guerres du Pré aux Clercs qui remplissent un bon tiers de l'histoire de Paris. Le Pré aux Clercs a disparu, l'université n'est plus ; mais le pays Latin leur survit ; il est toujours plein de verdeur et d'avenir, et semble avoir hérité par tradition des habitudes tapageuses, querelleuses et studieuses parfois, des écoliers et des étudiants du quinzième siècle.

Le pays Latin a constamment été leur patrie par excellence : les collèges, les facultés, les institutions s'y tiennent par la main, y vivent côte à côte et en font le centre des études universitaires. Voyez dès le matin ces essaims qui circulent bourdonnant dans les rues Saint-Jacques et de la Harpe, devant la Sorbonne, devant le Collége de France, devant le Panthéon, et même, en appuyant un peu sur la droite, devant l'École de Médecine ! C'est là une fraction des habitants de ce quartier Latin, où la génération nouvelle se développe, représentée sous toutes ses faces, depuis les bancs universitaires jusqu'au fauteuil, jusqu'à la chaire des plus graves professeurs ; depuis le bambin de huitième, depuis l'adolescent dont un diplôme de bachelier constate l'émancipation collégiale, jusqu'au savant que d'importantes fonctions appellent à imprimer une même direction à ces jeunes intelligences, accourues de tous les points de la France, quelquefois de l'étranger, et même des pays d'outre-mer.

Mais au sein de ces rangs studieux cherchez, et vous trouverez sans peine un autre peuple, formé des mêmes éléments, devant marcher au même but, et qui cependant dépense les plus belles années de sa vie dans les billards et les estaminets ; courant ou l'ignoble fille de joie, ou la sémillante grisette, cent fois plus dangereuse ; consacrant aux plaisirs, aux orgies, les sommes que d'honnêtes parents épargnent à grand'peine pour l'entretien et les études de fils qui le méritent si peu ; ruinant enfin presque toujours une santé de fer dans la licence et la débauche. Voilà les fashionables, les roués du quartier Latin ! Voilà les tapageurs de la Chaumière ! A eux le privilége de troubler la paix de la rue Saint-Jacques, de faire retentir leurs hôtels de chants, de vociférations, qui chaque nuit réveillent en sursaut leurs voisins à deux cents pas à la ronde ; l'orgie, toujours l'orgie, c'est leur théorie, à eux, c'est leur pratique de viveurs !

Le quartier doit à cette fraction sans cesse tourbillonnante, et dans laquelle bout une exubérance de sève vitale, bien naturelle à cet âge, une renommée de tumulte, un fumet de mauvais ton et de mauvaise compagnie, auxquels chacun des quatre-vingt-six départements de la France contribue pour une quote-part plus ou moins forte. En somme, le pays Latin est une ville de province jetée au sein de Paris ; c'est même plus qu'une ville de province, c'est la ville de toutes les provinces réunies. C'est là que s'agite la représentation renouvelée sans cesse de leurs ardentes années. Les quelques honnêtes Parisiens, boutiquiers, restaurateurs, cafetiers, maîtres-d'hôtels garnis, seuls habitants non nomades du pays, ressemblent à de véritables étrangers au milieu des jargons gascon, limousin, breton, normand, picard, qui s'élèvent des milliers de groupes par lesquels leurs établissements sont nuit et jour envahis.

L'habitant du pays Latin, ami du mouvement, aime à fuir quelquefois son quartier de prédilection. Le matin et le soir il afflue au Luxembourg, qu'il regarde comme son domaine privé, et où il se comporte comme un honnête bourgeois dans le jardin attenant à sa maison. On l'y rencontre en pantoufles, la calotte grecque ou la toque du moyen âge sur l'oreille. Il se décide moins aisément à entreprendre un voyage sur la rive droite de la Seine ; mais sitôt la détermination prise de passer les ponts, de se rendre *en ville*, il quitte son négligé habituel, il brosse ses habits, il enduit de cosmétique ses moustaches, ses favoris ou sa barbe pointue. Cette toilette le mêle-t-elle aux citoyens vulgaires ? Nullement. Sous son déguisement tout le monde a reconnu l'étudiant, l'habitant du pays Latin.

LATIN DE CUISINE. *Voyez* CUISINE.

LATINE (Croix). *Voyez* CROIX.

LATINE (Église). *Voyez* ÉGLISE CATHOLIQUE, CATHOLICISME, etc.

LATINE (Langue). On a présenté bien des systèmes sur l'origine de la langue latine. Selon J.-B. Bullet, la population de l'Italie était composée de Celtes venus de l'Occident et de Grecs venus de l'Orient. Les langages des deux nations se mêlèrent, et de ce mélange naquit la langue latine, qui n'est effectivement composée que de termes grecs et gaulois. Niebuhr, soumettant la langue latine à l'analyse, et la décomposant, trouve également deux éléments distincts, appartenant à deux sources différentes, l'un grec, l'autre, qui n'a pas de nom, est, dit-il, totalement étranger au grec. Or, selon lui, la vieille population latine se composait d'Aborigènes, peuple sauvage et grossier, qui habitait la chaîne des Apennins, aux environs du mont Velinus et du lac Fucin, et de Sicules, qui paraissent être une race pélasgique. L'élément grec de la langue latine dérive des Sicules, et l'élément barbare des Aborigènes, qui, quel que soit ce mystérieux peuple, doivent être regardés comme les véritables ancêtres des Latins, comme la source primitive de ce peuple qui occupa le Latium, et qui parla cette langue qu'on appela depuis la langue latine. Cette opinion de Niebuhr sur les origines de la langue latine, Ottfried Müller l'a adoptée dans son ouvrage sur les Étrusques, mais non sans la modifier. Selon lui, la langue des Sicules fut une langue différente de celle des Doriens : elle pouvait être grecque au fond, mais elle se distinguait des autres langues grecques par des caractères accidentels. Cependant, aucun de ces deux systèmes n'a pour lui la sanction de l'histoire ; il n'y eut jamais fusion entre les Sicules vaincus et les Aborigènes vainqueurs. Denys d'Halicarnasse dit positivement que les vaincus abandonnèrent tout le pays qu'ils habitaient alors. L'histoire parle souvent des Sicules, mais toujours des Sicules chassées des bords du Tibre ; nulle part elle ne les montre établis sur leur ancien territoire dans le pays des Latins. « L'ancienne langue des Aborigènes, a dit Fauriel, fut une langue affiliée de très-près au sanscrit. » Précédemment Schœll s'était rangé à l'avis de ceux qui voient dans le latin un mélange de celte et des dialectes éolien et dorien, qui se rapprocherait davantage de l'ancienne langue des Pélasges. Seion lui, tout ce qui n'est pas grec dans le latin vient des Celtes, et surtout des *Umbri*. Denys d'Halicarnasse avait donc raison de dire que l'ancien idiome de Rome n'était ni entièrement grec ni entièrement barbare.

Comme le Latium renfermait divers petits peuples indépendants les uns des autres, on y trouvait, comme en Grèce, divers dialectes, entre autres ceux des Osques, des Volsques, des Latins et des Samnites. Tous ces dialectes disparurent et se confondirent dans la langue romaine, à mesure que les Romains devinrent les maîtres de l'Italie. Elle était tellement regardée comme un symbole de la domination, qu'à peine les alliés eurent-ils fait en 90 une tentative pour secouer le joug de Rome, qu'il reprirent leurs langues primitives dans les légendes et les monnaies qu'ils frappèrent; mais la loi *Julia*, qui l'année suivante leur accorda la cité romaine, porta un coup mortel à tous ces idiomes, qu'elle fit entièrement disparaître des actes publics. Au reste, ce ne fut point sans peine que le latin, qui a survécu à la domination romaine, franchit les bornes de l'Italie. Cicéron disait encore de son temps que le grec se lisait partout, et que le latin n'était entendu que dans une étroite enceinte de pays. Aux nations subjuguées hors de l'Italie, le sénat fut longtemps à n'accorder l'usage du latin que comme une faveur. Depuis, il comprit de quelle nécessité il était pour la facilité du commerce que la langue latine s'entendît partout, et que toutes les nations sujettes fussent unies par un même langage. Ainsi, il finit par imposer comme une loi ce qui était une grâce, et il obligea les peuples conquis à parler l'idiome du peuple roi.

Quant aux débris qui nous restent de l'ancienne langue latine, le plus ancien monument de ce genre est la chanson des *frères Arvales*, qui remonte au temps de Romulus; puis quelques fragments des lois de Numa, cités par le grammairien Festus, qui nous a également conservé une loi de Servius Tullius. Dans Varron, on trouve quelques mots des chants des prêtres saliens institués par Numa. Les lois des D o u z e T a b l e s sont le cinquième monument de la langue latine. Viennent ensuite l'inscription du tombeau de Scipion Barbatus, qui fut consul l'an 456 de Rome, 298 ans avant J.-C.; puis l'inscription de la colonne rostrale de Duilius, qui appartient à l'an de Rome 494. Le huitième monument est l'inscription du tombeau de L. Cornélius Scipion, fils de Barbatus, et qui fut consul l'an 495 l'an de Rome 568, av. J.-C. 186. Le neuvième monument est le sénatus-consulte sur les bacchanales, dont Tite-Live parle avec détail, et qu'on trouve sculpté sur une table d'airain trouvée en Calabre en 1692. Lorsque ce sénatus-consulte fut publié, Ennius s'était fixé à Rome, Plaute avait donné la plupart de ses pièces, et Térence était né. La langue latine parvint d'autant plus promptement à un haut degré de finesse qu'étant un composé de divers idiomes, aucun caractère prédominant, aucune analogie primitive, ne s'opposèrent à ce qu'elle reçût toute la perfection que pouvait lui donner le génie du peuple qui la parlait. Le goût des premières classes de la nation s'épura, surtout depuis la soumission de la Grèce; mais cet avantage fut compensé par la timidité et la servilité des formes de la littérature latine, qui ne fut qu'un reflet de la littérature grecque. P l a u t e est peut-être le seul auteur latin chez qui se manifeste quelque originalité de style; les autres écrivains de Rome, à commencer par T é r e n c e, sont des copistes plus ou moins heureux des Grecs. Toutefois, la classe plébéienne fut à Rome, comme partout, fidèle à la vieille langue latine, et Plaute distingue déjà deux dialectes qu'on parlait à Rome; il nomme l'un *lingua nobilis*, et l'autre *plebeia*. Par la suite, lorsque la différence entre les deux manières de parler devint plus sensible encore, on nomma l'une *urbana* ou *classique*, parce qu'elle était celle des premières *classes* de la société; elle se parlait surtout à Rome; l'autre *vulgaris* ou *rustique*. La culture du latin urbain ou classique ne tarda pas à faire de rapides progrès, même dans les parties les plus éloignées de Rome. Virgile était étrusque, Tite-Live illyrien ou vénète.

Le latin était, dans les derniers siècles de la république, la langue des lois et des affaires comme de la littérature; mais dans l'usage commun de la vie beaucoup de localités conservèrent leur dialecte primitif. L'osque était encore parlé en Campanie à l'époque de la destruction de Pompéi, ainsi qu'en font foi plusieurs inscriptions trouvées sur ses ruines. L'idiome étrusque de même dominait encore en Étrurie au commencement de l'ère moderne. Moins généralement, l'idiome gallo-celtique se conserva au nord de l'Italie. Toutefois, le latin ne l'y supplanta pas brusquement. Varron nous apprend que dès le premier siècle de notre ère les Sabins avaient oublié leur langue en parlant latin. Dans l'Italie méridionale et dans la Sicile, bien que le latin fût la langue de la politique et des affaires, la masse de la population y parla toujours le dialecte ionien ou dorien, et le grec s'y conserva jusqu'à la chute de l'empire d'Occident et pendant tout le moyen âge, du moins dans quelques localités : c'est un fait prouvé par Niebuhr. Ainsi, même en Italie le latin ne devint jamais la langue unique, en tant que langue vulgaire. Dans les provinces d'Orient, le latin n'était que la langue de l'administration et du pouvoir; il ne parvint à s'établir qu'en Illyrie, en Pannonie et le long des rives du Danube. Ce fut en Occident qu'il fit les plus brillantes conquêtes, et les provinces où il eut les plus brillantes destinées furent l'Afrique, les Gaules et l'Espagne. En Afrique, il se trouva néanmoins en contact avec le punique, et n'en triompha jamais complétement. En Espagne, les anciennes langues persistèrent sur divers points, même après la chute de l'empire; il en fut de même en Gaule. Quant à la province Narbonnaise, quels qu'y fussent les progrès de la langue latine, les idiomes locaux, et le grec surtout, y persistèrent longtemps dans certaines localités. Le grec était, par exemple, parlé à Arles au sixième siècle de notre ère.

Arriva enfin le moment où la langue latine classique ou urbaine reçut, par suite des événements politiques, des atteintes plus ou moins capitales d'altérer sa pureté, en affaiblissant les caractères qui jusqu'alors l'avaient distinguée du latin rustique. Le premier de ces événements fut la translation du siége de l'empire à Constantinople; le second fut l'invasion des barbares. Les empereurs d'Orient, voulant toujours conserver la qualité d'empereurs romains, ordonnèrent que la langue latine demeurât toujours en usage dans leurs rescrits et dans leurs édits. On peut le voir par les constitutions des empereurs d'Orient, recueillies dans le code Théodosien. Les empereurs de Byzance, obligés de renoncer à l'empire d'Occident, abandonnèrent la langue latine, et permirent aux juges de prononcer leurs jugements en grec. Justinien a composé ses Novelles en grec. L'invasion des barbares fit tomber en Gaule, en Espagne, dans la Grande-Bretagne, et même en Italie, l'usage de la langue latine urbaine; le latin rustique devint bientôt la langue des cours et du clergé d'Occident; et chaque jour de plus en plus altéré par le mélange des idiomes barbares, il donna naissance non pas à une langue romane unique, comme l'a prétendu Raynouard, mais à une diversité d'idiomes qui eurent pour base le latin et l'idiome local, et d'où se sont formées ce qu'on appelle les langues *néo-latines*, le français, l'espagnol, le portugais, enfin l'italien. C'est ce qui a fait dire à l'humoriste Scaliger que les langues française, espagnole, italienne, sont des avortements de la langue latine. Toutefois, un grand homme arrêta pour longtemps encore l'abandon du latin dans les affaires et dans la politique : Charlemagne, devenu empereur d'Occident, ordonna que dans les tribunaux l'on rendît les arrêts en latin, et que les notaires dressassent leurs actes dans la même langue. L'on peut même remarquer que les auteurs de son temps, entre autres Éginhard, ont écrit en beaucoup meilleur latin que ceux des deux siècles précédents. L'usage du latin dans les tribunaux a duré très-longtemps pour une grande partie de l'Europe. François Iᵉʳ l'a aboli en France pour plusieurs ordonnances, entre autres par celle de 1539, dont l'art. 3 porte *que dorénavant tous arrests... soient prononcés, enregistrés et délivrés aux partis en langage maternel français*, et non autrement. La raison qu'il en apporte est qu'il naissait souvent des difficultés sur l'intelligence des mots latins, qui donnaient lieu à de nouveaux procès. Avant lui, tous les actes de justice s'expédiaient en latin. Depuis cette époque, l'usage du latin dans les actes écrits et dans les exercices publics ne s'est conservé en France que dans les universités. La réforme contribua à abolir l'usage du latin en Allemagne, dans la Grande-Bretagne et dans les États du Nord. Du reste, en France comme ailleurs, le latin n'avait jamais cessé d'être la langue de l'Église. Au temps de Grégoire de Tours et depuis on prêchait en latin dans les Gaules. Saint Bernard prêchait au peuple dans la langue franco-romane, et faisait ensuite écrire ses discours en latin. Fidèle à sa discipline antique, l'Église catholique a toujours célébré ses offices en latin; et c'est ce qui la distingue des communions dissidentes.

En Italie, la lutte du latin avec les idiomes populaires fut plus longue et plus disputée. Centre de l'Église catholique, Rome voyait alors et voit encore aujourd'hui le latin être la langue officielle de son gouvernement, non-seulement pour le spirituel, mais même pour le temporel. Les rois barbares, qui après l'invasion, régnèrent en Italie se piquèrent de conserver l'usage du latin, afin que leur cour et leur gouvernement ressemblassent davantage à la cour, au gouvernement impérial. Cassiodore, Boèce, Symmaque, Ennodius, ont jeté un grand éclat littéraire sur le règne de Théodoric le Grand. N'a-t-on pas appelé Boèce le dernier des Latins; et en effet plus d'une page de son livre *De la Consolation* mérite d'être comparée aux plus beaux endroits des *Offices* de Cicéron. Nous avons du reste examiné ailleurs à quelle époque la langue italienne remplaça réellement le latin. CH. DU ROZOIN.

LATINE (Littérature). La littérature latine comme littérature romaine embrasse douze siècles, depuis la fondation de Rome jusqu'à la fin de l'empire d'Occident, et comme littérature latine vit encore après deux mille cinq cents ans, et vivra probablement toujours chez les nations savantes. On a divisé les phases de la littérature romaine en cinq périodes. La *première* embrasse les cinq siècles qui se sont écoulés depuis le commencement de Rome jusqu'à la fin de la première guerre punique. Nous avons déjà indiqué les monuments de cette littérature toute barbare, en rappelant les rares monuments qui nous en restent. La *seconde* période s'étend depuis la moitié du troisième siècle avant J.-C., jusqu'à la mort de Sylla, l'an 78 avant J.-C. C'est l'enfance de la littérature romaine, marquée dans ce période par les noms de Livius Andronicus, d'Ennius, d'Accius, de Nævius, de Plaute, de Térence, de Pacuvius, de Lucilius; dans l'histoire et dans l'éloquence, par ceux de Fabius Pictor, de Caton l'ancien, de Pison, d'Æmilius Scaurus, de Sylla, des Gracques, de Sulpicius Galba, de Crassus, de Marc-Antoine, aïeul du triumvir, etc. Déjà orateur et historien, Caton l'ancien écrivit aussi sur la philosophie, sur l'agriculture et sur la jurisprudence. Plusieurs Scævola furent alors de grands jurisconsultes. Un Tubéron, un Scævola écrivirent aussi sur la philosophie. De tous ces poètes, de tous ces écrivains, nous ne possédons que Plaute, Térence et le traité de Caton *De Re Rustica*. Pour le reste, nous n'avons que des fragments. Toutes les productions de cet âge portent l'empreinte d'une mâle rudesse; on l'appelle *l'âge d'airain* de la littérature romaine. La *troisième* période embrasse peu même un siècle; elle se termine à l'an 14 de J.-C. C'est *l'âge d'or* de cette littérature, c'est le siècle d'Auguste. Dès ce moment a disparu parmi les Romains le mépris qu'affectaient certains hommes de vieille roche pour la littérature grecque. Toute la jeunesse de Rome était instruite par des Grecs ou par des Romains qui avaient fait leurs études en Grèce. Cette période si riche s'ouvre par Lucrèce, ce poète sublime, qui jette dans l'esprit des pauvres Romains des doutes accablants sur la nature des choses. Alors excellèrent Cicéron, Salluste, Cornelius Nepos, le docte Varron, l'architecte Vitruve, l'aimable et savant Pomponius Atticus, Virgile, Horace, Ovide, Tibulle, Properce, Catulle; Sénèque le père et Porcius Latro se distinguaient parmi les rhéteurs tenant école ouverte; Tite-Live composait sa grande histoire, dont nous admirons aujourd'hui le beau style, sans savoir en quoi consiste cette *patavinité*, c'est-à-dire les locutions provinciales que lui ont reprochées ses contemporains. Non moins riche est *l'âge d'argent* de la littérature romaine, qui forme la *quatrième* période, depuis la mort d'Auguste jusqu'au siècle des Antonins. Les écrivains de cette époque, comparés à ceux du siècle précédent, sont regardés comme formant un second ordre, moins sous le rapport du génie que sous celui du goût, dont la décadence commence avec le despotisme introduit par Tibère. Sous les Antonins, la littérature grecque jouit à Rome d'une plus grande estime que la littérature nationale, qui marchait rapidement vers sa décadence. Lucain, Velleius Paterculus, Quintilien, Sénèque le philosophe, les deux Pline, Tacite, Pomponius Mela, Suétone, Pétrone, Juvénal, Martial, Quinte-Curce, etc., appartiennent à cette époque. La plupart de ces noms sont imposants, et prouvent que la littérature romaine était encore assez belle dans sa décadence. La *cinquième* période a vu fleurir les écrivains des trois derniers siècles qui ont précédé la chute de l'empire d'Occident, de l'an 138 à l'an 476 après J.-C. Ils sont nombreux: la décadence et la barbarie n'arrêtaient pas l'amour d'écrire; et c'était déjà quelque chose de gagné sur elles. Ici nous trouvons les cinq auteurs de *l'Histoire Auguste*, puis Ammien-Marcellin, Aurelius Victor, Eutrope, Sulpice-Sévère, le tacticien Végèce, les grammairiens Sextus Pompeius Festus, Agrætius, Arusianus Messus, et une foule d'autres, qui nous ont transmis des fragments d'anciens auteurs; les orateurs panégyristes Mamertin, Eumène d'Autun, etc.; les poètes Ausone, Némésien, Claudien, Rutilius Numantianus, Sidoine-Apollinaire, etc. Il ne faut point omettre Cassiodore, Boèce, Symmaque, qui excellèrent dans plus d'un genre. La littérature sacrée est encore plus riche; elle semble jeune au milieu de la décadence de la vieille littérature profane; et l'Église d'Occident oppose avec orgueil aux Pères grecs ses *Pères latins*, qui d'ailleurs ont eu les mêmes sentiments pour la foi. Saint Justin, Tertullien, Minutius Felix, Arnobe, Lactance, Clément d'Alexandrie, saint Ambroise, saint Augustin, saint Jérôme, Cassien, saint Léon le Grand, Prosper d'Aquitaine, Grégoire de Tours, etc. Après la cinquième période commence ou plutôt continue la barbarie. Jusqu'au seizième siècle, époque de la renaissance, la littérature de tout le monde occidental se cache sous les livrées d'un latin plus ou moins corrompu. A dater du seizième siècle, chaque peuple de l'Europe cut désormais sa littérature; mais l'Europe savante n'abandonna nulle part l'étude et la pratique littéraire de la langue latine. Cette persévérance a porté ses fruits : aujourd'hui encore, malgré les préoccupations qui s'élèvent contre les vieilles études classiques, le latin est écrit avec élégance et facilité par les érudits de l'Allemagne, de la France et de l'Italie. Mais il est à peu près complétement tombé en friche, notre Parnasse latin, que tant de beaux génies ont illustré depuis Théodore de Bèze : car quelle nation pourrait nous opposer autant de poètes latins que la nôtre, qui a produit un Polignac, rival de Lucrèce, un Vanière, un Rapin, si aimables et si vrais dans la peinture des champs et des jardins, un Larue, un Santeuil, modèles du style d'inscription, un Coffin, qui parfois a su prendre la manière d'Horace; enfin, un Lebeau, dont la poésie pompeuse n'a rien à envier aux plus belles pages de Claudien?

Deux mots sur le génie du latin. C'est une langue essentiellement elliptique; on exprime en latin ce qu'on ne saurait rendre en français que par une périphrase. Ce qui concourt encore à cette concision, c'est que le latin admet beaucoup de mots composés et de diminutifs. A l'aide des inversions, on peut facilement éviter en latin cette déplaisante collision de voyelles qu'on appelle *hiatus*. Dans la langue latine, chaque mot avait une harmonie réglée, et souvent il s'y rencontrait une frappante imitation des sons avec les objets qu'il fallait exprimer : de là cette harmonie imitative si fréquente et si facile dans la poésie, et même dans la prose latine. On a dit de cette langue : le *latin* est plus figuré que le français, moins riche que le grec, moins majestueux que l'espagnol, moins délicat que l'italien. Ch. Du Rozoir.

LATINE (Voile). *Voyez* Voile.

LATINI (Brunetto), grammairien et poëte. Né à Florence, au commencement du treizième siècle, il suivit le parti des guelfes. Exilé en 1260, lors du triomphe des gibelins, il vint se réfugier à Paris, où il demeura jusqu'en 1284. Brunetto Latini est surtout connu par son *Trésor*, recueil de traités moraux et scientifiques, traduits ou extraits des auteurs anciens; il écrivit ce recueil en français, et en donne pour raison que cette langue était alors la plus répandue et la plus facile à comprendre. Dante fut son élève, et malgré la tendre amitié que le poëte avait pour son maître, et qu'il lui conserva toujours, il se crut obligé de le mettre dans son *Enfer*, à cause de ses mauvaises mœurs. On doit aussi à Brunetto Latini un poëme intitulé : *Il Tesoretto*, et d'autres petits ouvrages. Il mourut à Florence, en 1294. Sa vie a été écrite en latin par Villani, et traduite en italien par le comte Mazzuchelli.

LATINISATION. C'est l'action de rendre *latin* un mot d'une autre langue. Dans le recueil intitulé *Huetiana*, le docte évêque d'Avranches, sous ce titre : *De la latinisation des noms*, a traité *ex professo* des règles qui devaient guider en cette matière les savants qui voulaient *latiniser* leur nom ou celui de leurs confrères. On sait combien cette manie était alors générale. L'historien De Thou a fait un tel abus de latinisation des noms propres, et d'autres mots techniques, dans son livre, qu'il a fallu faire un dictionnaire tout exprès pour l'entendre. *Latiniser*, chez nos vieux auteurs, signifie *parler latin*. Ch. Du Rozoir.

LATINISME, expression, construction, tour de phrase, propres à la langue latine. Là gît la grande difficulté des traductions d'auteurs latins; elles doivent être exactes, mais exemptes de *latinismes*. Nos anciens auteurs français sont remplis de *latinismes*.

LATINITÉ, manière de parler en latin, qui dépend du tour qu'on donne aux phrases. Cicéron, Virgile, Horace : voilà les auteurs de la plus belle latinité. Il y a dans Salluste des archaïsmes qui, sans déparer sa *latinité*, lui donnent un certain air d'antiquité. La *latinité* du temps de Sénèque n'a plus ce caractère, à la fois naturel et digne, qui distingue les auteurs du temps d'Auguste. On appelle écrivains de la *basse latinité* la plupart des auteurs de la cinquième époque de la littérature romaine. La satire en prose de Boileau, intitulée : *Les Héros de roman* a pour objet de critiquer la *latinité* des modernes qui écrivent dans la langue d'Horace. On a toujours vanté la latinité d'Érasme : son *Éloge de la Folie* passe pour un chef-d'œuvre sous ce rapport. Un des latinistes les plus distingués du siècle de Léon X, le cardinal Bembo, disait que, de peur de corrompre sa belle latinité, il ne lisait ni son bréviaire ni la Bible. En effet, le latin du bréviaire et celui de la Bible ont toujours passé pour assez mauvais. Les vérités de notre religion n'ont heureusement pas besoin, pour produire leurs fruits, d'être soutenues par le prestige d'une belle latinité.

Charles Du Rozoir.

LATINS (Les), *Latini*. Ainsi s'appelait un peuple de l'Italie habitant le Latium. D'où venaient les Latins? Quels étaient les éléments de cette population sur laquelle fut entée en partie la guerrière et politique colonie de Romulus? On croit qu'elle provint du mélange de ces Aborigènes qui chassèrent les Sicules et les Pélasges. La tradition fait ensuite arriver parmi eux des Arcadiens sous la direction d'Évandre, et surtout des Troyens conduits par Énée. Au reste, les critiques qui, sur les documents incomplets de Pausanias et de Denys d'Halicarnasse, ont, après Fréret, bâti un système sur l'origine de la population de l'Italie, s'accordent à dire que toutes les tribus qui y affluèrent, ou de l'Ibérie, ou de la Gaule, ou de l'Illyrie, ou de la Grèce, traversèrent le Latium, ce pays central de la péninsule Italique, et y modifièrent d'une manière ou d'une autre la population.

Jusqu'à sa destruction par le roi romain Tullus Hostilius, Albe la Longue fut le centre de la confédération latine, composée de trente petites républiques des *prisci Latini* (Latins anciens), c'est-à-dire des Albains et des Rutules. Rome succéda à sa rivale pour le commandement de la république du Latium. Néanmoins, dès la seconde année du règne d'Ancus Martius, les Latins ayant formé une nouvelle coalition à Ferentum, attaquèrent de nouveau Rome; mais ils furent vaincus : Politoire, prise et reprise par Ancus, fut détruite; Tellène, Ficane et Medullie tombèrent au pouvoir des Romains; Tarquin l'Ancien emmena comme esclaves les habitants d'Apiole. Cependant Rome accéda à la confédération sous Servius Tullius, latin d'origine. Même elle exerça la suprématie sous Tarquin le Superbe. Pour cimenter cette union, dans laquelle entrèrent 47 villes latines, herniques ou volsques, ce prince institua les *féries latines*, réunion à la fois religieuse, politique et commerciale : il donna sa fille à Octavius Manilius de Tusculum, l'homme le plus puissant de tout le Latium. Toutes les villes latines n'étaient point entrées dans la confédération, témoin Gabies, qui pendant sept années arrêta ses armes jusque alors victorieuses; et Ardée, ville des Rutules, sous les murs de laquelle il reçut le décret qui le bannissait de Rome (509).

Huit ans après, une vaste confédération des villes latines se forma contre la république naissante en faveur de Tarquin le Superbe. On sait quel en fut le résultat. Après six ans de combats, les Latins, battus au lac Régille, demandèrent la paix; on renouvella les anciens traités, et le titre d'allié du peuple romain est rendu aux Latins (495 av. J.-C.) sous le consulat de Spurius Cassius. Bientôt les Herniques accédèrent à cette nouvelle confédération.

Après avoir été pendant plus d'un siècle fidèles au traité, les Latins se lassèrent de vaincre pour les Romains sans partager avec eux les dignités civiles et les commandements militaires. Deux préteurs de leur nation, envoyés vers le sénat, exposèrent les prétentions de leurs concitoyens ; elles furent repoussées avec indignation, et la guerre devint inévitable. Le danger pour Rome était d'autant plus grand qu'elle avait à combattre dans les Latins un peuple qui parlait la même langue qu'elle-même, et qui avait les mêmes armes et les mêmes institutions guerrières. Mais l'enthousiasme patriotique et religieux des Romains l'emporta : les Latins, plusieurs fois défaits, finirent par céder ; et la troisième année de cette guerre (340 à 338), les consuls Mænius et Furius Camillus, maîtres de tout le Latium, purent dire en plein sénat : « Il dépend de vous, pères conscrits, que la nation latine soit ou ne soit pas. » L'heureuse issue de cette lutte assura aux Romains la domination du Latium. Les cités latines furent reçues de nouveau dans l'alliance de Rome, mais à des conditions différentes. Bien que leur conduite durant les hostilités eût été à peu près la même, le sénat voulait, en leur donnant des intérêts séparés, rendre impossible pour l'avenir une coalition générale entre elles. Ainsi, Lanuvium, Aricia, Pedum, Tusculum, reçurent le droit de cité, sans cependant avoir le droit de voter dans les comices de Rome : ce furent les villes ainsi favorisées se nommaient *municipes*. Vélitres, qui s'était souvent révoltée, perdit jusqu'à ses habitants, qui furent transportés ailleurs, et reçut une colonie. Preneste et Tibur (Tivoli), furent dépouillés de leur territoire. Antium, longtemps soumise, mais qui avait donné l'exemple du soulèvement, devint colonie romaine. Une partie de ses vaisseaux furent brûlés, et les *rostres* en furent apportés à Rome, où ils servirent d'ornement à la tribune aux harangues.

Le pays des Volsques, ainsi que le territoire des Au-

LATINS — LATITUDINAIRES

sones, soumis l'an 317, furent réunis au Latium, comme il était déjà arrivé au pays des Èques et des Herniques. Il en résulta que le Latium s'étendit dès lors jusqu'au delà du fleuve Léris (le Garigliano), où le mont Massicus (aujourd'hui *Mondragone*) formait la frontière du côté de la Campanie. Par opposition à l'ancien Latium, on appelait celui-ci *Latium adjectum* ou *novum*. Les populations soumises formèrent un tout composé suivant le bon plaisir des Romains, et qu'on désigna par l'appellation de *Nomen latinum*. Ce qui les distinguait des confédérés italiens proprement dits (*Socii*), avec lesquels ils étaient astreints au service militaire et au payement de l'impôt, comme aussi des étrangers (*Peregrini*), c'est qu'on leur avait accordé les droits de transmission de la propriété et de succession testamentaire tels qu'ils étaient réglés par la loi romaine, par ce que l'on appelait *commercium*. Ces droits, les Romains les accordèrent aussi par la suite à d'autres villes. Ainsi les colonies latines (*coloniæ latinæ*) en furent dotées sur divers points de l'Italie; et c'est de la sorte que se forma le *jus Latii*, moyen terme entre le droit de cité (*jus Quiritium*) et le droit italique (*jus Italicum*).

Le moment vint où les Latins réclamèrent le droit de cité romaine. Après le consul Fulvius, le tribun C. Gracchus appuya cette prétention, qu'élevèrent également tous les peuples de l'Italie devenue romaine. Cette querelle, après avoir longtemps troublé le Forum, produisit la *guerre sociale*. Les Latins n'y prirent point part, mais plusieurs de leurs villes furent saccagées par les alliés. Une loi du consul O. Julius récompensa leur fidélité, et les gratifia du droit de cité romaine (90); bientôt le reste des Italiens obtint la même faveur, et huit tribus nouvelles furent créées pour eux. Dès ce moment surgit sur la place le grand débat entre les nouveaux et les anciens citoyens; mais ces détails appartiennent à l'histoire romaine, car désormais les Latins ne furent plus que des Romains. Il n'avait pas fallu moins de six siècles pour faire que Rome, fille d'Albe, consentît enfin à reconnaître comme sa sœur cette population latine, d'où il paraît à peu près constant qu'elle est issue.

Une catégorie d'affranchis portaient le nom de *Latini Juniani* pour être distingués des *Latini coloniarii*.

LATINUS PACATUS. *Voyez* DREPANIUS.

LATITUDE. En géographie, la latitude d'un lieu est la distance angulaire de ce lieu à l'équateur, comptée sur un méridien. Combinée avec la longitude, elle sert à déterminer la position exacte d'un point quelconque de la surface de la terre. Ces deux mots, *latitude* et *longitude*, en latin *latitudo*, largeur, et *longitudo*, longueur, ont été adoptés par les anciens géographes, qui, bornant la terre à ce qu'ils en connaissaient, lui donnaient beaucoup plus d'étendue d'orient en occident que du nord au midi.

La latitude se compte sur le méridien du lieu, et à partir de l'équateur. Tous les points d'un même parallèle ont la même latitude. Quand on énonce la latitude d'un lieu, il ne faut jamais omettre de désigner dans quel sens elle a été comptée, en allant vers le pôle boréal ou vers le pôle austral. A mesure que l'on s'approche de l'un ou de l'autre pôle, la latitude augmente. La plus grande valeur qu'elle puisse avoir est 90° : le pôle boréal est par 90° N.; le pôle austral par 90° S.

La latitude d'un lieu est égale à la hauteur du pôle au-dessus de l'horizon de ce lieu, car chacune de ces quantités est le complément de la distance du pôle au zénith. Pour déterminer la latitude d'un lieu, il suffit donc d'observer la hauteur du pôle. Rien ne serait plus simple si le point où se trouve le pôle était parfaitement déterminé, ce qui ne pourrait être qu'autant qu'une étoile occuperait invariablement ce point : or, cela n'est pas, car toutes les étoiles dites *fixes* décrivent, ou plutôt semblent décrire autour des pôles des cercles plus ou moins grands suivant les distances où elles sont de ces points; mais toutes celles qui ne se couchent jamais sont propres à servir de guide pour trouver la position exacte du pôle : le plan du méridien d'un lieu quelconque où l'on se trouve passant nécessairement par ce point, qui est le centre du cercle décrit par l'étoile qu'on aura choisie, si on mesure la plus grande hauteur où elle parvient au-dessus de l'horizon, et si l'on mesure ensuite de la même manière la moindre distance qui la sépare du plan de ce cercle, ce qui arrive douze heures après la première observation, on aura la longueur du diamètre par lequel le plan du méridien coupe celui du cercle décrit par l'étoile, lequel diamètre est évidemment égal à la différence des mesures observées. Prenant donc la moitié de la somme des deux résultats, on aura la hauteur du pôle ou la latitude du lieu. Supposons qu'on ait voulu calculer la latitude de Paris, et que pour cela on ait fait choix de l'étoile de la petite Ourse, sa hauteur lors de son passage supérieur par le méridien étant de 50° 39' 47", et de 47° 8' 41" lors de son passage inférieur, la moitié de 50° 39' 47" + 47° 8' 41", ou bien 48° 54' 14", sera la latitude de Paris.

Tout astre dont on connaît la déclinaison peut servir à déterminer la latitude d'un lieu : il suffit d'observer la hauteur méridienne de cet astre, et, suivant le cas, une addition ou une soustraction donne la latitude cherchée.

En astronomie, la *latitude* est la distance d'une étoile ou d'une planète à l'écliptique : elle est mesurée par l'arc d'un cercle (nommé à cause de cela *cercle* de latitude) dont le plan passe par le centre de l'étoile, et qui est en même temps perpendiculaire à celui de l'écliptique, lequel est pour les latitudes célestes ce qu'est l'équateur pour les latitudes terrestres. La *latitude géocentrique* d'une planète est sa distance, vue de la Terre, au plan de l'écliptique; le *latitude* du lieu. Supposons qu'on cercle, la *latitude héliocentrique* d'une planète est la distance où, vue du Soleil, elle serait de l'écliptique, lorsque les planètes sont dans leurs nœuds, c'est-à-dire dans les points où, leurs orbites coupant le plan de l'écliptique, leurs latitudes sont nulles.

Latitude se dit par extension des différents climats, desdiverses régions parrapport à leur température : à la différence des animaux, l'homme peut vivre sous les *latitudes* les plus opposées.

Latitude se prend figurément, au moral, dans le sens d'étendue, d'extension.: ce principe peut avoir une grande latitude d'extension.   TEYSSÈDRE.

LATITUDINAIRES, nom d'une secte qui, en opposition au parti désigné sous le nom de *haute Église* (*voyez* ANGLICANE [Église]), se forma au sein de l'Église épiscopale d'Angleterre à l'époque des troubles religieux auxquels fut en proie le règne de Charles Ier, et dont le foyer était à Cambridge. A la manière des arminiens, ses tendances avaient en vue de réconcilier la raison avec la religion au moyen d'une interprétation plus large et plus libre du dogme, et d'éviter toute polémique irritante. Ils distinguaient entre ce qu'il y a d'essentiel et de secondaire dans les dogmes, maintenant que les choses essentielles doivent être simplement et clairement exprimées, et scellées par la promesse de la vie éternelle. Ils reconnaissaient comme telles la foi en Dieu et en Jésus-Christ; mais ne voyant dans la Trinité qu'un mystère particulier, ils voulaient éviter toute discussion au sujet de la définition à donner de ce dogme. La communion n'était non plus à leurs yeux qu'un moyen de communiquer plus de force à l'esprit, et ils établissaient une différence entre la doctrine écrite, qui instruit assez pour permettre d'arriver au bonheur éternel, et les enseignements de l'Église. Ils acceptaient le symbole apostolique comme concordant avec la doctrine écrite, mais combattaient la crédulité qui fait considérer comme fondamental dans la doctrine de l'Église un article de foi qui, suivant l'Écriture, n'a point un tel caractère, et condamnaient l'emploi du zèle antichrétien qui porte à vouloir convertir bon gré mal gré les hérétiques; enfin, ils enseignaient qu'on peut atteindre au salut éternel même en croyant à l'erreur. C'est en raison de cette si large extension donnée par eux à l'interprétation des dogmes et des doctrines de la foi, qui leur paraissaient avoir si peu d'importance, qu'ils en réduisaient encore le nombre, que les protestants rigoristes les qualifièrent de *latitudinaires*, terme qu'on trouve pour la première fois employé dans l'ouvrage de Jurieu, intitulé : *Religion du Latitudinaire* (Rotterdam, 1696). Plus tard, à propos de la discussion soulevée au sujet de la doctrine des distinctions par rapport aux *dissenters*, leur doctrine fut encore définie par leurs adversaires *la religion du grand chemin*. On ne saurait contester aux latitudinaires le mérite d'avoir été, au dix-septième siècle, les premiers à traiter les questions religieuses avec une grande liberté; et c'est un éloge auquel a droit surtout Burnet. La secte des latitudinaires compta d'ailleurs dans son sein un grand nombre d'hommes distingués, entre autres Chillingworth, Cudworth, Bull, Clarke, etc.; et aujourd'hui son nom est une qualification plus polie donnée par les controversistes aux libres penseurs et aux indifférents.

LATIUM, pays de l'Italie ancienne, habité par les Latins, et dont l'étendue varia à différentes époques. On a dit que le nom du Latium venait de λανθάνω, se cacher (en latin *latere*), parce que là s'était réfugié le vieux Saturne, pour échapper à la poursuite de son fils Jupiter :

*Latium*que vocari
Maluit, his quoniam *latuisset* in oris;

tradition qui peut bien avoir quelque chose de réel en l'attribuant à de très-anciens rois, dont les poètes se sont emparés pour orner la vie de leurs dieux. D'autres prétendent qu'il le doit à son roi Latinus, et qu'auparavant il s'appelait *Œnotrie*. Le vieux Latium, selon Pline, était le pays situé entre l'embouchure du Tibre, le long du littoral de la mer, jusqu'au promontoire de Circé (*monte Circello*); il s'étendait dans les terres jusqu'au pays des Sabins de Cures. Albe, Ardée, Rome, Pétitoire, Tribu, Médullie, Lanuvium, etc., étaient les villes des vieux Latins. Les nouveaux Latins, qui étaient des Volsques, des Herniques, des Èques, des Osques et des Ausones, débris d'une antique et puissante nation, habitaient depuis Fondi jusqu'à l'embouchure du Liris (*Garigliano*). Les villes du Latium étaient petites; elles servaient de lieu de réunion pour les affaires et de refuge en temps de guerre. Les Latins vivaient habituellement dans la campagne.

LATOMIES (du grec λατομία, carrière, prison creusée dans le roc), fameuse prison située près de Syracuse, dans une ancienne carrière. Les latomies avaient un stade de long sur deux cents pas de large. A chaque cachot aboutissait un long tuyau, qui partait d'un cabinet connu sous le nom d'*Oreille de Denys*, d'où l'on prétend que Denys le Tyran pouvait entendre tout ce que disaient les prisonniers. Le poète Philoxène y fut enfermé par ordre de ce prince, pour n'avoir pas voulu louer ses vers. Verrès y fit plus tard emprisonner des citoyens romains. Cet endroit se nomme aujourd'hui *le Tagliate*.

LATONE (en grec Λητώ), fille, selon Hésiode, du Titan Cœus, enfant de la Terre et frère de Chronos et de l'Océan, est une des principales déesses du paganisme. Phœbé, sœur et épouse de ce géant, fut sa mère. Le chantre de l'*Iliade* lui donne le Temps pour père. Eschyle fait Latone sœur de Proserpine et fille de Déméter, la Cérès des Latins. Zeus ou Jupiter fut épris de ses charmes à demi voilés. Hèrè (Junon) manifesta une jalousie implacable contre ces nouvelles amours; elle en poursuivit les fruits jusque dans le sein même de sa rivale, et défendit à la Terre de lui laisser le plus petit coin pour y reposer sa tête. Les convulsions d'un déluge récent agitaient encore le lit de cette mer qui bientôt après s'appela Égée (l'Archipel). Une île flottante surgit tout à coup de son sein volcanique : c'est sur ce triste sol, verdi par les flots, que Neptune donna asile à Latone en travail d'enfant; il fixa à la surface des mers l'île inconstante qu'il avait fait jaillir par la force de son trident, et les Hellènes l'appelèrent *Délos*. Ses aigues furent le berceau de deux jumeaux dont s'y délivra Latone; ils s'appelèrent le premier Phébus (Apollon), et le second Artémise (Diane). Cet événement merveilleux mérita à l'île le titre de reine des Cyclades. Elle porte aussi quelquefois le nom d'Ortygie, ou terre des cailles, à cause de ces oiseaux de passage, qui s'y reposent en grand nombre : les mythologues même prétendent que Latone s'y métamorphosa en cet oiseau, pour mieux échapper, parmi cette foule emplumée, aux perquisitions de Junon. Cette déesse irritée fit naître contre sa rivale le serpent Python : Apollon perça de ses flèches le monstre empesté.

Mais Latone allait toucher au terme de ses maux : elle passa en Lycie, contrée voisine, qu'un volcan, connu sous le nom de *la Chimère*, couvrait alors de ses flammes et infectait de ses reptiles : mourante de soif, elle arriva près d'un étang, des bords duquel de grossiers paysans la chassèrent avec des injures : dans son indignation, dit le mythe, elle les changea en grenouilles. Ces événements se passaient environ cent-vingt ans avant la guerre de Troie. L'antiquité du culte de Latone se manifestait aux yeux des peuples par une statue de bois informe, une espèce de souche sous laquelle elle était adorée à Délos. Quelques auteurs ont prétendu que des Hyperboréens avaient amené cette déesse dans l'île. C'était à Buto en Égypte que se célébrait sa fête annuelle, la plus fréquentée de toutes. C'était une divinité jouissant d'un grand crédit : les femmes en travail l'invoquaient, les laboureurs l'imploraient lors de la mise bas de leurs troupeaux. Elle eut même un temple dans les Gaules; il paraît avoir été situé dans un petit bourg, voisin de Dijon, qu'on nomme encore *Laône*. Les peintres la représentent sous l'embonpoint d'une femme faite, le front calme, où l'on démêle cependant quelques restes d'une ancienne souffrance; ils lui donnent des seins forts et puissants, qui annoncent sa double maternité : quelquefois ils y suspendent ses deux jumeaux, au doux sourire. DENNE-BARON.

LATOUCHE (HENRI DE), ingénieux poète et conteur contemporain, né à La Châtre, en 1790, mort en 1851, à Aulnay près de Sceaux, entra d'abord dans l'administration des droits réunis, alors que Français (de Nantes) en peuplait les bureaux de gens de lettres, dont il assurait ainsi l'existence matérielle à une époque qui n'était rien moins que favorable aux lettres et à ceux qui les cultivaient. En 1816, Henri de Latouche perdit son petit emploi, par suite de l'indépendance de ses opinions; il se mit alors à travailler pour les libraires et pour les journaux. Le *Constitutionnel*, entre autres, le compta assez longtemps parmi ses rédacteurs. Chargé par la *Gazette de France* de rendre compte du procès Fualdès, il eut l'idée d'arranger et de publier les *Mémoires de madame Manson*; et, en raison du rôle important et mystérieux joué par ce témoin dans ce drame ténébreux, un grand et productif succès s'attacha à cette spéculation, qui valut à Latouche plus de 30,000 fr. de bénéfice. Quelques essais dramatiques assez peu heureux, qu'il tenta ensuite sur les scènes secondaires, n'ont point laissé de traces; et le premier ouvrage qui le posa véritablement dans le monde littéraire fut son *Clément XIV et Carlo Bertinazzi* (1827), suivi bientôt de *Fragoletta*, roman en 2 volumes (1829); puis de *Grangeneuve* (1835); de *France et Marie* (1836); de *Léo* (1840); d'*Un Mirage* (1842); et d'*Adrienne* (1845). Par des dates mêmes on voit que, peu pressé de produire, Henri de Latouche n'était point de ces écrivains qui chaque mois enfantent des volumes. La nature piquante de son esprit et la rectitude de ses idées le rendaient particulièrement propre aux fonctions de critique; et l'indépendance ainsi que le sans-gêne avec lequel il s'exprimait au sujet des célébrités contemporaines le faisaient en général plus redouter qu'aimer. La guerre constante qu'il fit aux coteries et aux réputations usurpées lui donna occasion d'enrichir la langue d'un mot nouveau, qui a fait une grande et juste fortune, le mot *camaraderie*, par lequel il désigna une des plaies littéraires et artistiques de notre époque. En 1825 il était devenu l'un des rédacteurs habituels du *Figaro*; et après la révolution de Juillet il fut pendant quelque temps le rédacteur en chef de cette petite feuille satirique, qui jamais ne fut plus avidement recherchée que lorsqu'elle se trouva sous sa direction. Les traits acérés qu'il y lançait aux puissants du jour incommodaient tellement le pouvoir, que celui-ci fit circonvenir les propriétaires du *Figaro*. Ils en retirèrent la direction à Latouche, après avoir traité de leur journal avec la police.

L'année suivante Henri de Latouche publia, sous le titre de *La Vallée aux Loups* (nom du vallon dans lequel était situé son *cottage* d'Aulnay), un recueil d'essais en prose et en vers (1833), qui permet de bien apprécier la nature de son talent fin, délicat et ingénieux. Comme prosateur, il y fait preuve d'une remarquable pureté de style; et dans ses vers il se montre le rival souvent heureux d'André Chénier, dont il a aussi recueilli et publié le premier les poésies. Plus tard, il donna, sous le titre d'*Adieux* (1843) et de *Les Agrestes* (1844), deux nouveaux volumes de vers, qui contiennent des choses charmantes. Ses œuvres posthumes ont paru en 1852, sous le titre de *Encore Adieu*. L'éditeur nous promet en outre un volume de Lettres et Billets.

LATOUR (BAILLET DE), nom d'une ancienne famille noble, qui fleurit encore aujourd'hui en Autriche et en Belgique. Originaire de la Bourgogne, elle s'établit aux Pays-Bas sous le règne de Philippe le Bon, duc de Bourgogne. Elle tire son nom du domaine de *Latour*, dans le pays de Luxembourg, qui fut érigé en comté le 10 mars 1714, et dont le château fut détruit en 1794, à l'époque des guerres de la révolution française.

LATOUR (MAXIMILIEN, comte BAILLET DE), entré très-jeune au service d'Autriche, était général-major en 1789: l'année suivante, il fut chargé de comprimer la révolte des Brabançons, et prit une part active aux campagnes de 1792 à 1799. En 1793 il contribua au gain de la victoire des Autrichiens sous les murs de Famars ; et en 1796 il remplaça Wurmser comme commandant de l'armée du bas Rhin. Après quelques engagements malheureux contre Moreau, il se retira avec l'archiduc Charles, d'abord en Souabe, puis derrière le Lech, et enfin sur la rive droite du Danube. Complétement battu à Friedberg, il put, grâce aux renforts qui lui arrivèrent alors, prendre une forte position derrière Munich, et poursuivit ensuite l'armée française dans sa retraite jusqu'au Rhin. Battu non loin de Biberach, où il avait attaqué l'arrière-garde de Moreau, il opéra dans l'Ortenau sa jonction avec l'archiduc Charles, qui, après la reddition de Kehl, lui remit le commandement de l'armée du Rhin. Après la conclusion de l'armistice, il revint à Vienne, où il mourut en 1806, président du conseil aulique de guerre.

L'aîné de ses fils, le comte *Joseph* BAILLET DE LATOUR, né en 1775, mourut en 1831, avec le grade de colonel dans l'armée autrichienne, laissant un fils, aujourd'hui chef de la branche aînée ou autrichienne de la maison de Latour, le comte *Joseph* BAILLET DE LATOUR, né en 1816, major dans l'armée autrichienne.

Le fils cadet du comte Maximilien, le comte *Théodore* BAILLET DE LATOUR, né en 1780, était quartier-maître général lorsque, dans les journées de mars 1848, il fut nommé ministre de la guerre. Il en remplissait encore les fonctions lorsque, le 6 octobre 1848, il fut massacré par le peuple, à la prise de l'arsenal de Vienne.

LATOUR (Louis, comte BAILLET DE), frère du comte Maximilien, né en 1753, mourut lieutenant général au service de France, laissant un fils, le comte *Georges* BAILLET DE LATOUR, né en 1800, chef actuel de la branche cadette de cette maison, établie en Belgique.

LATOUR (Abbé de), pseudonyme. Voyez CHARRIÈRE (Mme de).

LATOUR D'AUVERGNE (THÉOPHILE-MALO CORRET DE), surnommé *le premier grenadier de France*, descendant d'une batarde de la maison de Bouillon, naquit à Carhaix (Finistère), le 23 novembre 1743, et entra, en 1767, comme sous-lieutenant, dans une compagnie de mousquetaires, d'où, pour pouvoir servir la cause américaine, il se résigna à passer simple volontaire dans l'armée espagnole. Aide de camp du duc de Crillon au siége de Mahon, on le vit, à travers la fusillade, aller chercher un blessé sur le champ de bataille, le charger sur ses épaules, le rapporter au camp des Espagnols et retourner à son poste de combat. On voulut récompenser cette admirable conduite par une pension : Latour d'Auvergne la refusa. En 1789 il se prononce pour le peuple, offre de nouveau ses services à la patrie, et obtient de commander à l'armée des Pyrénées occidentales une avant-garde de 8,000 grenadiers, qui s'immortalisa sous le nom de *colonne infernale*. Après la paix de Bâle, embarqué sur un navire breton, il est fait prisonnier par les Anglais, passe un an sur les pontons, et revient dans sa patrie se livrer à ses chères études de linguistique et d'archéologie.

Au milieu de ses travaux, il apprend que la réquisition va enlever le fils unique de son vieil ami, l'antiquaire Le Brigant; il le remplace sous les drapeaux, et court à l'armée du Rhin, commandée par Masséna. Sur la proposition du ministre Carnot, le premier consul lui donna, en l'an v, le titre de *premier grenadier de la république*, et lui décerna un sabre d'honneur.

Cette distinction fut presque une douleur pour Latour d'Auvergne; il repoussa avec énergie un honneur qu'il n'avait point sollicité. « Parmi nous autres soldats, dit-il au premier consul, il n'y a ni premier, ni dernier. » Il demanda pour toute récompense de pouvoir rejoindre ses frères d'armes, pour combattre encore avec eux, non pas en qualité de premier grenadier, mais comme le plus ancien grenadier de la république. Cette faveur lui fut accordée, mais hélas ! pour peu de jours : le 27 juin 1800, dans un combat sous les hauteurs en avant d'Oberhausen, près de Neubourg (Bavière), il tomba percé d'un coup de lance au cœur; et un grenadier de la 46e demi-brigade, qu'il commandait une dernière fois, tourna son visage inanimé du côté de l'ennemi. Ce fut un jour de deuil solennel pour l'armée; elle décerna au premier grenadier une récompense digne de lui et de lui. Tous les soldats consacrèrent leur solde d'un jour à payer l'urne dans laquelle fut enfermé son cœur. Cette urne fut longtemps portée en tête de la compagnie par un sergent, qui répondait à l'appel du nom de Latour d'Auvergne, conservé sur le registre matricule : *Mort au champ d'honneur* ; plus tard, elle fut déposée au Panthéon, qu'élevait alors à ses grands hommes la reconnaissance de la France. Elle en fut retirée sous la Restauration. Le modeste héritage de Latour d'Auvergne, qui se composait de son livre de solde, son havresac et son sabre, fut recueilli par Mme de Kersausie, sa nièce et sa seule héritière. Il se trouva cependant, quand l'urne qui renfermait son cœur fut enlevée du Panthéon, une famille de Latour d'Auvergne qui s'avisa de faire valoir alors seulement ses droits au modique héritage de celui dont elle prétendait descendre. Un procès s'engagea sur ces prétentions; il fut suivi de la détention par cette famille, non moins précieuse pour les 60,000 francs auxquels elle était estimée que pour la relique qu'elle contenait. Mais la cour royale décida, en février 1837, qu'elle serait rendue à la famille Kersausie. Les ouvrages d'érudition publiés par Latour d'Auvergne sont : *Recherches sur la Langue, l'Origine et les Antiquités des Bretons*, avec un glossaire polyglotte (Bayonne, 1792, in-12), en 1 volume des *Origines gauloises*, (3e édition, Hambourg, 1801). C'est lui qui découvrit, dans le couvent des capucins de Fontarabie, le beau chant cuscarien d'*Altabizar*, ou *de Roncevaux*.

Le roi de Bavière a fait restaurer le monument qui lui avait été élevé à Neubourg; et ses concitoyens, en 1841, lui en ont érigé une autre dans sa ville natale. Enfin, la même année, M. Buhot de Kersein a publié à Paris, en un gros volume in-18, une *Histoire de Latour d'Auvergne*.

LA TOUR DU PIN (Famille de). Elle fait remonter son origine aux dauphins du Viennois. Au nombre de ses branches on compte celles des barons de La Tour, des seigneurs de Ninay, des seigneurs de Clelles, des seigneurs, barons, puis marquis de La Tour du Pin Gouvernet.

Cette dernière branche a donné *René* DE LA TOUR DU PIN, commandant du bas Dauphiné et connu dans les guerres de la Ligue sous le nom de *Gouvernet*. Nous citerons encore parmi les membres de cette branche : *Jean-Frédéric*, comte DE LA TOUR DU PIN GOUVERNET DE PAULIN, né à Grenoble, en 1727, lieutenant général, député aux états généraux et ministre de la guerre sous Louis XVI, mort sur sur l'échafaud, en 1794, et son fils, le marquis *Frédéric-Séraphin* DE LA TOUR DU PIN GOUVERNET, ambassadeur et pair de France, mort en 1837 : il a laissé un fils, *Frédéric-Claude-Aymar*, qui habite en Italie; les marquis DE LA CHARCE, dont étaient le célèbre *Philis* DE LA CHARCE, qui se distingua dans la guerre de Savoie en 1692, et dont Louis XIV fit mettre au trésor de Saint-Denis le portrait, l'écusson et les armes; *Philippe-Antoine-Victor-Charles* DE LA CHARCE, lieutenant général, mort sur l'échafaud, en 1794 : c'est à cette branche qu'appartenait *Louis-Gabriel-Aynard* DE LA TOUR DU PIN GOUVERNET, marquis DE LA CHARCE, lieutenant colonel d'état-major, mort en 1855, des suites de blessures reçues en Crimée; les *La Tour du Pin Chambly de La Charce*, issus de cette dernière branche; les *Latour du Pin Montauban*, marquis de *Soyans*, dont étaient *Hector* DE LA TOUR DU PIN MONTAUBAN, fils puîné de René de La Tour du Pin Gouvernet, et qui fut le dernier chef des protestants du Dauphiné, mort en 1630, maréchal de camp et gouverneur de Montélimart: son fils, *René* DE LA TOUR DU PIN MONTAUBAN, lieutenant général et commandant en chef de la Franche-Comté, mourut en 1687; les *La Tour du Pin de Verclause des Taillades*; les *La Tour du Pin de Verclause-Verfeuil.*

LA TOUR-MAUBOURG (Famille FAY DE). La maison de Fay, d'ancienne chevalerie du Vélay, a pris son nom d'une terre seigneuriale et paroissiale située dans le diocèse du Puy. Ce fief considérable était possédé vers la fin du onzième siècle par Pierre de Capdeuil, qui prit la croix en 1096 avec PONS, son frère ou son cousin. Dom Vaissette, historien du Languedoc, les appelle Pierre et Pons de Fay; mais leurs armoiries ayant été placées au musée de Versailles dans la galerie des croisades, on a inscrit au-dessous le nom de Capdeuil, que les preuves de cour, faites devant Chérin par le chef de la famille, ont établi être leur nom primitif.

Pons de Capdeuil, célèbre troubadour, engagea par ses chants une foule de seigneurs languedociens à suivre Philippe-Auguste en Palestine. Les descendants de ces premiers seigneurs de Fay ont formé cinq à six branches, dont l'aînée s'est perdue dans la maison de Saint-Priest, en 1717, et dont les autres se sont éteintes dans le courant du même siècle, à l'exception de celle des barons, puis marquis de Latour-Maubourg, qui a donné quatre commandeurs de Malte et un maréchal de France.

Jean-Hector DE FAY, marquis DE LATOUR-MAUBOURG, fit ses premières campagnes à l'armée de Flandres en 1701, et passa ensuite à l'armée de Savoie. Il empêcha le blocus de Briançon, et repoussa l'ennemi au delà du mont Genèvre, après avoir franchi un défilé jusque alors inexploré. Il contribua à la soumission de Majorque en 1715, et commanda sur le Rhin en 1743. Le marquis de La Tour-Maubourg fut grièvement blessé à la bataille de Raucoux, et se trouva à celle de Lawfeld et au siège de Maëstricht. Il reçut le bâton de maréchal en 1757, et mourut en 1764, sans postérité.

Marie-Victor-Nicolas DE FAY, comte, puis marquis DE LATOUR-MAUBOURG, cousin du précédent, naquit le 22 mai 1758. Il fut d'abord officier dans les régiments de Beaujolais et d'Orléans, d'où il passa sous-lieutenant dans les gardes du corps. A la journée du 5 octobre 1789, il était de service au château de Versailles, et donna des preuves de dévouement à la famille royale. Le comte de Latour-Maubourg commanda ensuite, comme colonel, un régiment de chasseurs à cheval de l'armée de La Fayette. L'orage révolutionnaire le força d'émigrer en 1792, et il ne rentra en France qu'après le 18 brumaire. Il reprit alors ses épaulettes de colonel, fit partie de l'expédition d'Égypte, comme aide de camp du général Kléber, se signala à Austerlitz, Friedland, Mérida, Cuença et Santa-Martha. En 1812 le comte de Latour-Maubourg, général de brigade, passa à la grande armée de Russie, dans le 3e corps de cavalerie. Sa brillante conduite à la Moscowa, durant la retraite, à Lutzen et à Dresde, mit le sceau à sa réputation. Un boulet de canon lui emporta la cuisse à la journée de Wachau, près Leipzig. La Restauration le retrouva dévoué à sa cause. Louis XVIII le créa pair de France, lui confia l'ambassade de Saxe en 1817 et celle de Londres en 1819. Nommé ministre de la guerre vers la fin de la même année, il céda le portefeuille au maréchal duc de Bellune en décembre 1821, et prit possession du gouvernement de l'hôtel des Invalides, dont il avait été pourvu quelques mois auparavant, à la mort du maréchal duc de Coigny. Il donna sa démission en 1830, et se retira de la chambre des pairs. Il habitait près de Melun, et mourut en 1850.

Marie-Charles-César DE FAY, comte DE LATOUR-MAUBOURG, frère aîné du précédent, était colonel en 1789. Député de la noblesse du Vélay aux états généraux, il fit partie de la minorité qui se réunit au tiers état. Lors de l'arrestation de Louis XVI à Varennes, le comte de Latour-Maubourg fut un des commissaires chargés par l'Assemblée constituante d'accompagner ce prince à Paris. Il quitta l'armée française avec La Fayette, dont il partagea la captivité en Autriche. Mis en liberté en 1797, par l'entremise du Directoire, le comte de Latour-Maubourg rentra en France, et fit partie du corps législatif, puis du sénat conservateur. Créé pair de France en 1814, il fut un moment écarté de la chambre héréditaire pour avoir accepté la même dignité de Napoléon durant les cent jours. Il est mort en 1831. Son fils, le comte *Septime* DE LATOUR-MAUBOURG, élevé à la pairie en 1841, est mort le 18 avril 1845. Le lendemain, le comte *Rodolphe*, frère puîné de Septime, fut appelé à siéger au Luxembourg.

LATRAN, place de Rome, tirant son nom de l'ancienne famille *Lateranus*, qui en fut propriétaire jusqu'au temps de Néron, ainsi que de tous les édifices qui étaient à l'entour. Le fils d'Agrippine fit mettre à mort le dernier propriétaire, Plautius Lateranus, et s'empara de ses biens. C'est de la sorte que le palais des Laterani devint une propriété impériale. Constantin le donna aux évêques de Rome, qui y établirent leur résidence, jusqu'à l'époque où le saint-siège fut transféré à Avignon; mais lors de leur retour à Rome ils choisirent le Vatican pour leur demeure.

La chapelle, dite *San-Giovanni in Fonte*, primitivement bâtie par ordre de l'empereur Constantin, vers 224, près du palais de Latran, fut l'origine de l'église, sous l'invocation de Saint-Jean, qui prit le nom de ce palais. C'est l'église épiscopale du pape, l'église patriarcale d'Occident, la première en rang de toutes celles de Rome, comme l'indique cette inscription qu'on lit au-dessus du portail : *Omnium urbis et orbis ecclesiarum mater et caput*. Elle n'est pas moins remarquable par sa haute antiquité que par son architecture et la richesse de ses reliques. Au-dessus de le portail règne un balcon, au haut duquel le pape donne la bénédiction au peuple. Seul il a le droit d'officier à son maître-autel, qui en contient un second en bois, sur lequel on prétend que saint Pierre a dit la messe. Ce temple possède seize colonnes de marbre rouge, percés au milieu, découvertes dans les bains de Caracalla, et qui n'ont jamais servi, comme on l'assure, à la consécration de seize d'un nouveau pontife (*voyez* JEANNE [Papesse]).

Aujourd'hui encore le pape, quand il a été nouvellement élu, se rend à cheval, en procession solennelle, à cette église, pour en prendre possession. Ce fut Sylvestre, à qui Constantin en fit don, qui la consacra. Elle eut beaucoup à souffrir au quatorzième siècle d'un incendie, dont elle garda les traces jusqu'aux pontificats d'Innocent X et d'Alexandre VII (1654-1667), qui la firent restaurer, telle que nous la voyons, sur les dessins de Borromini. Sa façade, qui, quoique d'un aspect théâtral, n'en est pas moins une des masses d'architecture les plus imposantes en ce genre, est due au Florentin Galilei, qui la construisit à la demande de Clément XII (1730-1740). Au milieu de la place sur laquelle elle s'ouvre se dresse l'obélisque de granit rouge qui, déterré des ruines du Cirque, fut placé en ce lieu par l'architecte Fontana, sur l'ordre de Sixte-Quint. Dans une chapelle qui lui fait face, on voit la *scala santa*, escalier de vingt-huit marches, provenant, dit-on, de la maison de Pilate, et que les fidèles montent à genoux par dévotion. Sa coupole est supportée par huit colonnes de porphyre, les plus belles peut-être de Rome.

Voici du reste ce que l'église de Saint-Jean-de-Latran offre en somme de plus curieux au visiteur : 1° la statue antique de Constantin, sous le portique, en face celle de Henri IV, roi de France; 2° les douze statues colossales des apôtres; 3° la riche chapelle des Corsini, chef-d'œuvre de Galilei; 4° le tombeau de Martin V (1430,) et celui de Clément XII; 5° le tabernacle gothique du maître autel; 6° l'autel du saint-sacrement, de l'architecte Paul Olivier; 7° des tableaux de divers maîtres représentant les prophètes.

Cette basilique est célèbre par les nombreux *conciles* qui s'y sont tenus, et dont plusieurs ont leur importance. Ce fut sans doute à la facilité qu'elle offrait aux papes de les présider, qu'elle dut d'en voir onze se réunir dans son sanctuaire, de 629 à 1512. Sur ces onze, quatre sont œcuméniques ou généraux. Le premier, tenu en 649, sous le pontificat de saint Martin, condamna l'hérésie des monothélites, décision qui attira sur le pape la persécution de l'empereur Constant. Le second eut lieu en 864, sous le pontificat de Nicolas Ier. Dans le troisième, en 1105, Pascal II fit prévaloir, par l'excommunication de quelques seigneurs, la doctrine qui défendait aux princes de donner l'investiture ecclésiastique. Dans le quatrième, en 1112, le même pontife révoqua le privilège des investitures, qu'il avait accordé malgré lui à l'empereur Henri, dont il était prisonnier. Il confirma encore cette résolution dans le cinquième, tenu en 1116. Dans le huitième, en 1167, Alexandre III excommunia l'empereur Frédéric, et, par une usurpation de pouvoir dont Grégoire VII lui avait donné l'exemple, releva ses sujets du serment de fidélité qu'ils lui avaient prêté. Le dernier des conciles non œcuméniques de Latran, tenu en 1512, sous le pontificat de Jules II et de Léon X, n'en a pas moins une grande importance historique. Dans cette assemblée Louis XII rétracta pour ses ambassadeurs l'adhésion qu'il avait donnée aux décrets du concile de Pise; la puissance pontificale reprit quelques-uns des privilèges qu'elle avait perdus, et la *pragmatique sanction* entre la France et le souverain pontife fut abolie. On lui substitua le célèbre concordat de Léon X et de François Ier, qui porta atteinte à plusieurs libertés que la pragmatique avait sanctionnées dans l'Église de France. Le concile resta sourd aux remontrances de plusieurs de ses membres, qui lui signalaient des réformes qu'il était dangereux de différer. La dernière session de ce concile est de 1517. Deux ans après, les prédications de Luther entraînaient l'Allemagne et la séparation de Rome.

Les conciles œcuméniques tenus dans l'église de Saint-Jean de Latran sont au nombre de quatre. Le sixième (neuvième œcuménique) fut célébré sous le pontificat de Calixte II. Il régla quelques différends qui s'étaient élevés entre les évêques et les moines, en abaissant l'orgueil de ceux-ci. Il ordonna à ceux qui, après avoir pris la croix pour le voyage de Jérusalem, l'auraient quittée, de la reprendre, sous peine d'excommunication. Le septième (dixième œcuménique), tenu en 1139, sous le pontificat d'Innocent II, renouvela les anathèmes contre ceux qui reconnaîtraient à d'autres qu'aux papes le droit d'investiture ecclésiastique, défendit les tournois, et condamna les nouveaux manichéens, ainsi que les erreurs d'Arnaud de Bresse, disciple d'Abeilard. Le neuvième, en 1179 (onzième œcuménique), sous le pape Alexandre III, voulant remédier pour l'avenir aux schismes, devenus fréquents dans l'Église durant le onzième et le douzième siècle, régla d'une manière plus précise l'élection des papes. On y fit aussi de sages règlements contre la simonie; on y défendit la pluralité des bénéfices, et l'on y prit des mesures pour que l'instruction fût donnée gratuitement aux pauvres clercs. Enfin, dans le dixième concile (douzième œcuménique) convoqué par le pape Innocent III pour remédier *aux maux de l'Église et à la dépravation des mœurs*, ce sont les propres expressions du pontife, on exposa la foi catholique principalement en ce qui touche les erreurs des manichéens, des albigeois et des vaudois; on appuya principalement sur l'unité et la supériorité du principe du bien, sur les dogmes de la présence réelle et de la Trinité; on fit de sages règlements, sur divers points importants; on défendit aux clercs de juger à mort ou même d'assister à des exécutions sanglantes; on recommanda, comme au précédent concile, l'enseignement gratuit des clercs; on régla les élections et l'on défendit d'établir de nouveaux ordres religieux. Ce fut cette assemblée qui déclara exclu des terres que lui avaient enlevées les croisés, Raimond, comte de Toulouse, et qui donna à Montfort tout le pays dont il s'était emparé.

H. BOUCHITTÉ.

LATREILLE (PIERRE-ANDRÉ), célèbre naturaliste, né le 29 novembre 1762, à Brives (Corrèze), d'une famille honorable, mais peu fortunée, fut élevé au collège du cardinal Lemoine, où la protection du baron d'Espagnac, alors gouverneur des Invalides, le fit admettre comme boursier, et où un certain nombre de ses professeurs il compta le savant Haüy. Destiné à l'état ecclésiastique, Latreille fut ordonné prêtre en 1780. Il se retira alors dans sa ville natale, où il consacra à la culture des sciences naturelles, pour l'étude desquelles il avait témoigné dès son enfance les plus rares dispositions, tout le temps qu'il pouvait dérober aux fonctions de son ministère. Deux années plus tard, il revint à Paris s'y livrer complètement à sa science de prédilection. Admis dans l'intimité des naturalistes les plus célèbres de l'époque, il s'occupa d'abord d'entomologie, et fut chargé, dans l'*Encyclopédie méthodique*, de la rédaction d'un certain nombre d'articles relatifs à cette branche de l'histoire naturelle. Persécuté et même emprisonné dans sa ville natale, où il s'était retiré à l'époque de la terreur, et plus tard, en 1797, comme prêtre et comme *ci-devant*, Latreille ne dut qu'aux actives démarches faites en sa faveur par quelques amis des sciences, entre autres à celles de son noble collaborateur Bory de Saint-Vincent, d'être rendu à la liberté.

Revenu à Paris en 1798, il fut nommé membre correspondant de l'Institut, et obtint un emploi au Muséum d'Histoire naturelle, où il fut chargé du classement méthodique des insectes. En 1820 il fut appelé à remplir dans cet établissement la chaire d'entomologie, après avoir été dès 1814 admis à l'Académie des Sciences, en remplacement d'Olivier. Il mourut le 6 février 1833. Écrivain d'une rare fécondité, on doit à Latreille une foule d'ouvrages justement estimés relatifs à l'histoire naturelle, et surtout à l'entomologie. Nous citerons plus particulièrement de lui : *Histoire des Salamandres* (Paris 1800); *Histoire naturelle des Singes* (2 vol., Paris, 1802); *Essai sur l'Histoire des Fourmis* (Paris, 1802); *Histoire naturelle des Reptiles* (Paris, 1802, 4 vol.); *Genera Crustaceorum et Insectorum* (4 vol., 1806-9); *Considérations sur l'Ordre naturel des Animaux*, etc. (Paris, 1810); *Mémoire sur divers sujets de l'histoire naturelle des insectes, de géographie ancienne et de chronologie* (Paris, 1819); *Familles naturelles du règne animal* (Paris, 1825); et *Cours d'Entomologie* (2 vol., Paris, 1831-33). Latreille est aussi l'auteur de la partie entomologique du *Règne animal* de Cuvier.

BELFIELD-LEFÈVRE.

LA TRÉMOÏLLE — LATTAIGNANT

LA TRÉMOÏLLE ou **LA TRIMOUILLE** (Famille de). Ce nom, qui vient d'une terre située dans le Poitou, est un des plus anciens de France. Suivant les généalogistes, cette maison tire son origine de Pierre de La Trémoïlle, qui vivait en 1040. Toutefois, son illustration ne commence guère qu'au quinzième siècle, avec le fameux capitaine de ce nom.

Louis II, sire DE LA TRÉMOÏLLE, vicomte de Thouars, prince de Talmont, etc., naquit le 20 septembre 1460, de *Louis Ier* DE LA TRÉMOÏLLE et de Marguerite d'Amboise. En 1485 il épousa Gabrielle de Bourbon, fille de Louis Ier de Bourbon, et en secondes noces, le 7 avril 1517, Louise Borgia. A peine âgé de vingt-sept ans, il obtint par l'effet de son mérite, déjà apprécié, le commandement des troupes envoyées par Charles VIII contre François II, duc de Bretagne. La Trémoïlle ne tarda pas à justifier le choix et les espérances du roi : en 1488, il gagna la bataille de Saint-Aubin-du-Cormier, et y fit prisonniers le prince d'Orange et le duc d'Orléans, depuis Louis XII. Le principal effet de cette victoire fut la soumission du duc de Bretagne, qui fut forcé de rendre hommage pour ses États au roi de France. En 1491, on lui confia le commandement d'une expédition nouvelle en Bretagne. Cet habile général mit devant Rennes le siége qui eut pour résultat le mariage de la duchessse A n n e avec C h a r l e s V I I I et la réunion de cette province au royaume. Bientôt les entreprises des Français en Italie y conduisirent La Trémoïlle. En 1495 il se distingua au passage, très-difficile, des Apennins, et contribua puissamment à la victoire de Fornoue, où il commandait le corps de bataille. Ses services furent récompensés par la lieutenance générale du Poitou, de l'Anjou, de l'Angoumois, de l'Aunis et des Marches de Bretagne. Lorsque L o u i s X I I monta sur le trône, on crut que le vainqueur de Saint-Aubin-du-Cormier serait disgracié, et on cherchait à le porter à la vengeance : on connaît la belle réponse que fit le roi. Il ajouta : « Si La Trémoïlle a bien servi son maître contre moi, il me servira de même contre ceux qui seraient tentés de troubler l'État. » Les Français étant rentrés en Italie, ce brave et digne général reçut le commandement de l'armée, conquit la Lombardie, et força Venise à livrer les Sforza. En récompense de ses succès, il fut nommé gouverneur de Bourgogne, amiral de Guyenne, puis de Bretagne.

En 1503, il échoua dans le projet de conquérir le royaume de Naples sur les Espagnols de G o n s a l v e d e C o r d o u e. Quelques années après, en 1509, on le retrouve à la bataille d'Agnadel, accomplissant des prodiges de valeur. A N o - v a r r e, il se laissa surprendre par les Suisses; mais il ne tarda pas à réparer cet affront en leur faisant évacuer la Bourgogne, où ils avaient pénétré. A la journée de M a r i g n a n, il eut la douleur de voir tomber sous le fer ennemi son fils Charles. Le 24 février 1525, il fut tué à la désastreuse bataille de P a v i e. Contemporain et rival de Bayard, La Trémoïlle mérita de lui l'appelât aussi le *chevalier sans reproche*.

François II DE LA TRÉMOÏLLE, son petit-fils, fait prisonnier à la bataille de Pavie, épousa à Vitré (1521) Anne de Laval, fille de Gui XV de Laval et de Charlotte d'Aragon, princesse de Tarente, qui lui apporta ses prétentions sur la couronne de Naples. Il mourut à Thouars, en 1541. Il n'était âgé que de trente-neuf ans.

Henri-Charles DE LA TRÉMOÏLLE, prince de Tarente, arrière-petit-fils de François, né à Thouars, en 1620, rentra dans le protestantisme, que son père avait quitté, et l'abandonna ensuite, plusieurs années après avoir épousé la princesse Amélie, fille du landgrave de Hesse-Cassel (c'est celle que madame de Sévigné appelle la bonne Tarente). Ayant fait la campagne de 1640, il obtint un régiment de cavalerie, et quelques années après figura dans les débats de la Fronde, d'abord pour la cour, puis contre elle. Il paraît que sa conduite politique n'était pas moins versatile que dans ses opinions religieuses. Il mourut en 1672, laissant des *Mémoires* que le jésuite Griffet publia en

DICT. DE LA CONVERS. — T. XII.

1767. *Antoine-Philippe* DE LA TRÉMOÏLLE émigra, et revint peu après en France, pour organiser l'insurrection vendéenne. Arrêté en 1792, comme complice de L a R o u a i - r i e, il s'échappa des prisons d'Angers, rejoignit à Saumur, en avril 1793, l'armée vendéenne, qui le nomma général de cavalerie, se trouva à un grand nombre de combats; et ayant voulu, par dépit, quitter les Vendéens, fut pris à Bazouge-du-Désert, dans l'arrondissement de Fougères, puis exécuté à Laval, à la fin de janvier 1794. Son frère jumeau, *Charles-Auguste-Godefroi*, prince abbé, fut condamné à mort par le tribunal révolutionnaire, le 15 juin 1794. Leur frère aîné, *Charles-Marie-Joseph-Bretagne*, émigra en 1791 avec sa famille, rentra en 1814, fut, par Louis XVIII, promu à la pairie, et mourut à Paris, le 8 novembre 1839. Le dernier représentant de cette famille, *Louis-Charles* duc de la Trémoïlle et de Thouars, prince de Tarente et de Talmont, est né le 29 octobre 1838. Louis Du Bois.

LATRIE (Culte de). *Voyez* CULTE, tome VII, page 27.

LATTAIGNANT (GABRIEL-CHARLES, abbé DE), joyeux chansonnier, qui fut prêtre comme Chaulieu l'avait été avant lui, comme l'étaient de son temps Grécourt et Voisenon, naquit à Paris, en 1697, et de bonne heure fut voué au sacerdoce par raison de famille. Afin de le mettre mieux à l'abri de la contagion des mauvaises mœurs, on lui fit quitter la capitale et on l'envoya à Reims, où, en arrivant, il se trouva pourvu d'un canonicat. Chanoine malgré lui, il ne revint de la surprise de cette vocation forcée que pour chercher à s'en venger. Le scandale fut sa ressource : il se fit chansonnier, par tempérament et un peu par inspiration. Mais à Reims il n'eût été qu'homme d'esprit *in partibus;* il rompit donc brusquement avec son canonicat, et revint à Paris. Là il y eut peine et profit pour sa muse. Partout ses chansons plurent et furent chantées; mais en quelques lieux il en paya durement la malice. Le comte de Clermont, dont il avait célébré les amours en rimes trop transparentes, le fit accommoder par ses gens de la façon dont Moncrif accommoda Roy le Satirique, et comme le chevalier de Rohan fit traiter Voltaire chez la rue Saint-Antoine. En cette rencontre, Lattaignant paya de sa personne; mais une autre fois, pour pareille affaire, la gratification du seigneur mécontent fut endossée par un pauvre chanoine qui avait le malheur de lui ressembler. Le lendemain Lattaignant adressa à son Sosie une lettre de condoléance par laquelle il l'instituait son *receveur*. La vie du joyeux abbé, sauf les accidents, se passa toute dans les plaisirs de la bonne compagnie, et s'égara même aussi parfois, il faut le dire, dans les guinguettes. Il avouait lui-même ses ivresses prises en mauvais lieux; et il disait tout repentant : « J'allume mon génie au soleil, et je l'éteins dans la boue. » Malgré ces hantises populacières, son esprit ne contracta point d'habitudes triviales et obscènes; il sut même, ce qui n'est pas moins héroïque, se tenir en garde contre toute velléité antichrétienne et contre ces saillies licencieuses qui coûtaient si peu à Grécourt et à Chaulieu. Ses ouvrages même ne contiennent rien qu'on ne puisse lire en bonne compagnie. Il était enfin plus galant que débauché, et plus délicat que cynique.

Quand la vieillesse arriva, Lattaignant, tout chansonnier qu'il était, se trouva moins loin que Grécourt et Voisenon du repentir sincère et des pensées qui mènent à une franche conversion. Il dit adieu au monde par quelques couplets, ses meilleurs :

J'aurai bientôt quatre-vingts ans,
Je crois qu'à cet âge il est temps
Que cela finisse.
Aussi je la perds sans regret,
Et je lais gaiement mon paquet.
Bonsoir la compagnie !

Et il entra chez les frères de la Doctrine chrétienne, pour faire pénitence de son passé mondain et des quatre volumes de chansons qu'il laissait à la porte. Quand Voltaire vint à Paris, en 1778, Lattaignant se réveilla de son austérité, et

11

ne put retenir un instant sa muse, qui voulait encore donner signe de vie. Il fit une dernière chanson, qu'il envoya à l'hôte illustre de l'hôtel de Villette, qui y répondit par deux couplets datés du 16. Le 30 le patriarche de Ferney était mort.

Quitte vis-à-vis de Voltaire, Lattaignant voulut l'être envers la religion, et envoya son confesseur au grand homme, qui l'accueillit. C'était l'aumônier des *Incurables*, ce qui fit rire beaucoup. Au reste, l'abbé chansonnier ne survécut pas un an à Voltaire ; il mourut le 10 janvier 1779, laissant quelques vaudevilles : *Bertholde à la ville*, réimprimé dans le *Théâtre d'autrefois* ; *Le Rossignol*, avec Anseaume et Fleury, en 1752 ; cinq volumes de poésies, plus ses œuvres posthumes, publiées en 1779. Étendre en cinq volumes l'esprit léger de Lattaignant, c'était écraser un papillon dans un in-folio. Millevoye le comprit, et il réduisit à un volume in-18 le choix de ses chansons, qu'il publia en 1810.

Édouard FOURNIER.

LATUDE (HENRI MASERS DE), célèbre prisonnier d'État, naquit à Montagnac (Hérault), en 1725. Ses parents l'avaient envoyé à Paris pour y étudier la médecine. Il préféra l'art militaire, et entra dans le génie ; puis, après la paix de 1748, il revint dans la capitale pour y continuer ses études. Mais la vie de plaisirs qu'il y mena eut bientôt épuisé ses ressources ; et alors, pour s'en procurer de nouvelles, il eut recours à une tentative d'escroquerie, dont deux années de prison au plus feraient aujourd'hui ample justice ; tandis qu'on la punit, sans trop savoir pourquoi, par une captivité de trente-sept années. La disproportion évidente entre la peine et le délit intéresse, malgré qu'on en ait, au sort de ce jeune insensé, dont on a fait à tort une victime du despotisme politique, tandis qu'il ne fut que la victime de la sottise administrative.

Latude pensait que s'il pouvait rendre quelque grand service à Mme de Pompadour, la reconnaissance et la protection de la favorite lui seraient acquises ; et voici comment, s'imaginant qu'on le croirait sur parole, il s'y prit pour les mériter. Il mit dans le fond d'une boîte quatre petites fioles, pareilles à celles que les marchands de baromètres vendaient alors aux enfants, et qui éclataient dans la main avec détonnation. Il attacha chacune de ces fioles à un fil assujetti au couvercle de la boîte, qu'il acheva de remplir avec de l'alun, du vitriol et de la poudre d'amidon ; puis il enferma cette boîte dans une autre, écrivit sur celle-ci : « Je vous prie, madame, d'ouvrir le paquet en particulier ; » et sur une seconde enveloppe, cette adresse : « A Mme la marquise de Pompadour, en cour. » Le 28 avril 1749, il porte ce paquet à la poste, et part pour Versailles, où il arriva à minuit. Il parvient à parler au valet de chambre de la marquise, et lui révèle l'épouvantable nouvelle que sa maîtresse doit recevoir le lendemain une boîte contenant un poison subtil. Un heureux hasard lui en a révélé le secret : il a tout appris en écoutant aux Tuileries la conversation de deux inconnus. Après avoir fait cette confidence au valet de chambre, il s'attend à être observé ; il l'est réellement. La boîte mystérieuse est reçue ; l'explosion des fioles ne manque pas son effet. Les poudres sont essayées sur des animaux, et elles ne font aucun mal.

Trois jours après, Latude était arrêté et conduit chez le lieutenant général de police Berryer, et de là à la Bastille. Interrogé par ce magistrat, il répondit avec une entière franchise. Berryer parut s'intéresser à son sort, le plaignit, promit de solliciter et d'obtenir son pardon. Il ne sut vit pas moins enfermer dans une chambre qu'occupait déjà un autre prisonnier, Allègre, qui se disait agent du roi d'Angleterre, et qui peut-être n'était qu'un *mouton*. Il fut, quatre mois après, transféré au château de Vincennes, d'où il parvint à s'évader en plein jour, le 25 juin 1750 : il s'était présenté comme un employé du château au premier factionnaire, et lui avait demandé, en courant, s'il n'avait pas vu l'abbé Saint-Sauveur, aumônier de cette prison, dont un prisonnier mourant réclamait la pieuse assistance : réponse négative du soldat ; même demande, même réponse à un second, à un troisième. Enfin, il avait heureusement franchi la porte extérieure. Il était libre ; mais il va perdre étourdiment tout le fruit de son heureuse hardiesse. Rentré à Paris, il croit qu'en se mettant spontanément à la merci de Mme de Pompadour, il obtiendra son entière liberté. Il lui écrit la cause et les moindres circonstances de son évasion ; il indique l'asile où il s'est réfugié. Bientôt il est repris et ramené à la Bastille, jeté dans un cachot, et soumis à la plus rigoureuse surveillance ; mais l'espoir d'une nouvelle évasion ne l'a pas abandonné. Sa cheminée est traversée, d'intervalle en intervalle, par de forts barreaux ; son cachot sous les combles est à 90 pieds au-dessus des fossés. N'importe ! il sonde le plancher et reconnaît qu'il est double, avec un intervalle de quatre pieds : c'est-là qu'il cachera son échelle. Il a pour compagnon le jeune d'Aligre, autre prisonnier d'État : les deux captifs sont promptement d'accord. Ils ont conservé leurs malles ; leur linge est mis en charpie ; le bois qu'on leur donne pour se chauffer est taillé en échelons ; chaque échelon est couvert d'un nouveau tissu fait avec le linge. Deux amants sont employées à ce travail de tous les instants. Tout est achevé le 25 février 1756.

A l'aide de leur longue échelle, ils descendent de la tour, traînant avec eux un porte-manteau. Parvenus dans les fossés, il leur reste à tenter une dernière escalade ; il faut percer une muraille, et ils sont dans l'eau jusqu'aux aisselles ; ils passent toute la nuit à creuser ce mur. Libres enfin, ils changent de linge et d'habits ; ils se réfugient chez un compatriote de Latude, où ils restent un mois. D'Aligre, déguisé en paysan, parvient sans encombre à Bruxelles. Latude va l'y rejoindre, laisse d'Aligre à Bruxelles, et part pour Anvers. Il apprend en route que d'Aligre a été arrêté à Bruxelles. Plus heureux, il arrive en Hollande, où il est reçu avec la plus bienveillante hospitalité par un ami. Il a pris la précaution de changer de nom ; mais une lettre que son père lui adresse avec un mandat sur un banquier révèle sa retraite : il est arrêté, et les portes de la Bastille se ferment sur lui pour la troisième fois. Là, après une longue et douloureuse captivité, il réussit à intéresser à son sort la sensibilité de deux jeunes blanchisseuses, qui habitent une mansarde en face de la tour où il est enfermé. Une lettre qu'il attache à une pierre, et qui contient l'exposé de ses malheurs, tombe dans leur chambre, et le 18 avril 1764, à neuf heures du matin, il lit sur un grand rouleau de papier déployé à leur fenêtre : *La marquise de Pompadour est morte hier*. Il se hâte d'écrire à M. de Sartine et de réclamer sa liberté : cette lettre, comme toutes les autres, est datée de son cachot et rédigée sur le cul de sa terrine. Point de réponse ! Le 27 juillet il est transféré au donjon de Vincennes, d'où il s'évade le 23 novembre 1765. Un long-temps dans les environs de Paris et de Fontainebleau. Épuisé de fatigue, mourant de faim, il est obligé de s'arrêter chez un paſin chez un paysan : l'imprudent préféra aller se mettre à la merci d'un ministre ; il se présente chez M. du Choiseul, qui a été l'ami intime, le confident et l'agent le plus dévoué de la Pompadour. Il se fait annoncer sous son véritable nom. Un valet lui dit d'attendre, et bientôt deux exempts de police viennent le chercher, pour le conduire, disent-ils, chez le ministre.

On le fait monter dans un carrosse, où il trouve M. de Rougemont, gouverneur de Vincennes, qui le ramène au fatal donjon. Il est transféré le 27 septembre 1775, à Charenton, d'où il retrouve moyen de faire fous son arel d'Aligre, qui ne le reconnaît pas. Le 27 juillet 1777 on lui remet une lettre de cachet qui lui annonce sa mise en liberté ; mais il est presque nu, quelques haillons le couvrent à peine. Conduit chez le lieutenant général de police Lenoir, il y reçoit l'adresse d'une personne chargée de lui remettre une somme de la part de sa famille : il peut se croire libre. Le 12 juillet il prend le coche d'Auxerre ; mais arrivé à Saint-Brix, à deux lieues au-delà, il est arrêté par un exempt, qui le conduit au Châtelet. Le 1er août il est enfermé dans un cabanon de Bicêtre. Il y est depuis six ans, lorsqu'une femme généreuse, qu'il n'a jamais vue, Mme Legros, prend à son sort le plus vif intérêt. Elle ne recule devant aucun obstacle, et, grâce aux efforts de cette généreuse femme du peuple, il se voit libre en 1784. Il se trouvait à Paris en 1789, et dès le lendemain de la prise de la Bastille il réclama et obtint la remise de ses papiers, de son échelle et des outils qu'il avait improvisés pour sa première évasion de la Bastille. Les cordes furent exposées dans la petite cour du Louvre, où tout Paris vint les contempler. L'Assemblée nationale lui alloua, en 1791, un secours de 3,000 francs, et en 1793 il attaqua en justice les héritiers de la Pompadour. La commune de Paris lui avait désigné Chaumette pour défenseur. Les héritiers de sa persécutrice furent condamnés à 30,000 francs de dommages-intérêts. Il mourut à Paris, le 11 nivôse au XIII (1er janvier 1805), à l'âge de quatre-vingts ans. Dufey (de l'Yonne).

LAUBARDEMONT (Jacques Martin, plus connu sous le nom de), conseiller d'État sous le ministère du cardinal de Richelieu, dut son élévation à ses lâches complaisances pour l'homme auquel il s'était dévoué corps et âme. Parvenu à un grade éminent dans la haute administration, il substitua à son nom de famille, Martin, celui de Laubardemont, qu'il devait rendre si fameux par le rôle infâme qu'il allait jouer dans les procès d'Urbain Grandier, de Cinq-Mars et de François-Auguste De T h o u. Lors de l'instruction du premier, il écarta soigneusement tous les moyens de justification, et composa sa commission d'hommes choisis par l'accusateur, l'abbé Mignon, entre les plus fanatiques ennemis du chanoine. Dans le procès de F.-A. De Thou, il appliqua le délit de non-révélation, introduit dans la législation criminelle sous Louis XI, et qu'avait frappé d'une juste réprobation la sagesse des cours souveraines. Il ne reculait devant aucun expédient pour arracher ce qu'il appelait des aveux; sa parole était alors douce et insinuante, il s'apitoyait sur le sort de la victime qu'il brûlait d'immoler. Ce fut par un double mensonge qu'il obtint quelques explications, d'ailleurs vagues et insuffisantes, du jeune De Thou. Il lui affirma que Cinq-Mars avait tout avoué, qu'il ne l'avait pas même épargné dans ses déclarations. Et pour compléter la séduction sur un accusé qui, bien jeune encore, tenait à la vie par les liens les plus forts et les plus doux, il ajoutait que sa liberté serait le prix de ses aveux.

Ces deux procès ont attaché au nom qu'il s'était donné lui-même une flétrissante célébrité. La mort de Richelieu le fit rentrer dans l'obscurité, d'où jamais il n'aurait dû sortir. Il mourut tranquillement dans son lit, disent tous les biographes. Mais s'il put échapper au supplice des remords, il dut sentir s'appesantir sur lui la main de la justice divine. Il fut frappé dans un autre lui-même, dans son fils, sur lequel il avait fondé toutes ses espérances d'orgueil et d'avenir ; mais le fils d'un père aussi corrompu ne pouvait être vertueux. Elevé à l'école du crime et de la plus inique immoralité, le jeune Laubardemont fut ce que l'avait fait l'exemple de son père : il se précipita dans tous les genres de désordres et de crimes, et suivit une carrière non moins coupable, mais plus dangereuse. Il fut tué, en 1651, au milieu d'une bande de voleurs dont il faisait partie. Dufey (de l'Yonne).

LAUD (William), archevêque de Canterbury, né à Reading, en 1573, était fils d'un marchand drapier de cette ville, et annonça dès son entrée dans l'état ecclésiastique de vives répugnances pour l'organisation tout à fait indépendant de l'Eglise presbytérienne d'Écosse, ainsi que pour les tendances réformistes des puritains d'Angleterre. Jacques Ier, qui voyait en lui un des champions les plus zélés de sa politique ainsi que de l'Église épiscopale, lui accorda un évêché. Laud jouit de plus de crédit encore auprès de Charles Ier, lequel, en 1628, le nomma évêque de Londres, et qui, pendant les onze années qu'il négligea de convoquer le parlement, l'employa comme ministre des affaires ecclésiastiques. Laud, tout en déployant une rigueur inopportune pour exiger l'observation scrupuleuse des antiques usages suivis dans la célébration du culte, ne laissa pas que d'en introduire de nouveaux, qui se rapprochaient beaucoup du rite catholique, et s'efforça de faire prévaloir les idées particulières du roi sur toutes les matières ecclésiastiques. Promu, en 1633, à l'archevêché de Canterbury, il put dès lors aider encore plus efficacement au triomphe de la réaction épiscopale. Il modifia la liturgie anglaise, et prétendit imposer ses innovations aux Écossais. Ces violences, dans lesquelles le parti catholique voyait le signe du prochain rétablissement du catholicisme dans la Grande-Bretagne, amenèrent l'insurrection d'Écosse et par suite la révolution d'Angleterre (*voyez* Grande-Bretagne). Membre de la fameuse chambre étoilée, il fut l'un des promoteurs les plus actifs des mesures de restriction prises à l'égard de la liberté de la presse. Quand, en 1640, le parti parlementaire l'emporta, il fut mis en accusation sous l'avis des autres membres du cabinet, emprisonné à la Tour, au mois de décembre suivant. Le procès dura plusieurs années. Ce fut seulement lorsque la haine des presbytériens contre le gouvernement épiscopal eut atteint son apogée, et que la guerre civile sévit avec toutes ses fureurs, que Laud, contrairement aux intentions de la chambre haute, maintenant impuissante, fut condamné à mort, comme coupable de haute trahison, par la chambre des communes, et le 10 janvier 1645 il fut décapité, à Towerhill, quoique le roi l'eût gracié. Laud contribua beaucoup par ses libéralités à enrichir la bibliothèque de l'université d'Oxford. Parmi les ouvrages qu'on a de lui, nous citerons comme important pour l'histoire de son temps son journal, publié par Wharton.

LAUDANUM. C'est ainsi qu'on nomme *l'extrait d'opium*. On a publié un grand nombre de procédés pour l'obtenir dépouillé du principe vireux (narcotine) : le plus ordinaire consiste à couper l'opium en tranches très-minces, à le faire dissoudre au bain-marie dans une petite quantité d'eau, à passer la solution à travers une toile, en l'exprimant fortement; à la décanter quand elle a déposé ses impuretés, et à faire évaporer la liqueur au bain-marie jusqu'à consistance pilulaire : on l'administre à la dose de deux centigrammes jusqu'à dix, et même quinze. Le *laudanum du Codex* de Paris est préparé de la même manière, en substituant du vin blanc à l'eau : ce qui en modifie un peu la composition. Nous ne ferons point mention ici de la préparation dite par *longus digestio* : d'après Baumé, elle exige jusqu'à six mois de temps : elle est inusitée. Le procédé de Corneta consiste à obtenir un laudanum plus gommeux, en redissolvant l'extrait, et le concentrant plusieurs fois pour en séparer le plus de résine possible. C'est dans ce même but que M. Josse conseille de malaxer l'opium sous un filet d'eau, pour obtenir entre les mains la matière glutineuse; la liqueur donne ensuite un extrait moins vireux et très-calmant. La méthode de Cartheuser, rectifiée par Coharé, consiste à traiter l'opium par quatre parties d'eau tiède et à l'entretenir à une température de 25 à 30° centigrades pendant deux jours, en remuant de temps en temps : au bout de ce travail, la liqueur est passée à travers une étamine, et laissée en repos deux autres jours ; on filtre alors pour en séparer la pellicule vireuse qui s'est formée, et l'on réduit la liqueur à moitié par une douce évaporation ; après deux autres jours de repos, on filtre pour en séparer la nouvelle pellicule vireuse qui s'est formée, et l'on concentre en consistance d'extrait. Le laudanum ainsi obtenu est presque entièrement dépouillé de sa résine et de son principe vireux. M. Limousin-Lamothe en sépare la narcotine en traitant l'opium par la résine pure, qui s'unit à celle-ci : on les sépare l'une et l'autre par le lavage, et mieux encore par l'éther.

Robiquet a donné le procédé suivant : Quand l'opium est dissous dans l'eau froide, on évapore la solution claire en consistance sirupeuse; on la verse dans un matras, et on l'agite avec de l'éther sulfurique; on décante la solution éthérée; on répète cette opération avec de nouvel éther, tant

11.

que ce menstrue en extrait des cristaux de narcotine ; les solutions éthérées sont réunies et distillées pour en retirer l'éther, et la liqueur qui a été soumise à son action est évaporée en consistance d'extrait. Le laudanum ainsi obtenu ne contient presque plus de narcotine; aussi est-il plus calmant, et ne produit-il point l'excitation et les spasmes de l'opium.

Le *laudanum par fermentation* de Langelot s'obtient en faisant fermenter 40 grammes d'opium avec 1 litre de suc de coings pendant un mois; au bout de ce temps, on filtre et l'on évapore en consistance d'extrait. M. Deyeux faisait fermenter la solution aqueuse d'opium avec le ferment ou levure de bière ; et quand la liqueur était devenue limpide, il la délayait dans l'eau, la filtrait et la faisait bouillir jusqu'à ce qu'elle eût perdu toute l'odeur vireuse; en cet état, il l'évaporait en consistance d'extrait.

Le *laudanum liquide* (*vin d'opium*, *teinture anodine de Sydenham*) se compose de : Opium 1re qualité, 60 grammes; safran gâtinais, 30 grammes; cannelle et girofle, de chacun 4 grammes; vin d'Espagne, 500 grammes. Après quinze jours de digestion, on décante la liqueur claire. Le docteur Hare dépouille auparavant l'opium de narcotine, en le traitant à plusieurs reprises par l'éther : ce moyen est préférable.

Pour obtenir le *laudanum cydoniatum*, on fait digérer pendant trois semaines 125 grammes d'opium en poudre avec 2 kilogrammes de suc de coings récent : on y ajoute alors 30 grammes de muscades et autant de girofles concassés ; après une semaine d'une nouvelle digestion, on y introduit 30 grammes de safran gâtinais, et 125 grammes de sucre ; vingt-quatre heures après on filtre, et l'on réduit la liqueur au tiers par l'évaporation. Dix gouttes contiennent un demi-décigramme d'opium : les Anglais les nomment *gouttes noires* (*black drops*).

On prépare aussi un laudanum liquide par fermentation, qui est connu sous le nom de *gouttes de l'abbé Rousseau* : 7 de ces gouttes équivalent à 1 demi-décigramme d'opium.

JULIA DE FONTENELLE.

LAUDERDALE, vallée de la Lauder, qui a donné les titres de comte et de duc à l'ancienne famille écossaise Maitland de Thirlestane et Lethington, issue de sir Richard Maitland, qui vivait au troisième siècle.

Sir *William* MAITLAND DE LETHINGTON, secrétaire d'État en Écosse sous la reine Marie Stuart, périt une partie active aux troubles de son temps, et se suicida le 9 juin 1573, pour ne point tomber vivant entre les mains de ses ennemis, lors de la prise de la citadelle d'Édimbourg. Son frère, *John* MAITLAND, fut créé, en 1590, lord Maitland de Thirlestane; et le fils de celui-ci, appelé aussi John, fut créé, en 1624, *comte de Lauderdale*.

John, deuxième comte de Lauderdale, fut d'abord ardent presbytérien, puis royaliste, et sous Charles II entra dans le fameux ministère de la *Cabale*. Créé duc de Lauderdale en 1672, il se rendit odieux en Écosse, à cause de la rigueur avec laquelle il poursuivit les partisans du *Covenant*. Walter Scott l'a dépeint dans son *Old Mortality*. Il mourut en 1682, sans laisser d'héritier mâle; et ses titres passèrent à son frère *Charles*, deuxième duc de Lauderdale.

James MAITLAND, huitième comte de Lauderdale, célèbre homme d'État et économiste, né en 1759, fit ses études à Glasgow, et les compléta par un assez long séjour à Paris. En 1780 il se fit admettre comme avocat au barreau d'Édimbourg, et ne tarda point à être envoyé au parlement par le bourg de Newport. Il s'y fit remarquer comme orateur et comme homme d'opposition, et fut appelé en 1787 à faire partie de la commission chargée de diriger l'accusation intentée contre Warren *Hastings*. Ayant hérité en 1789 du titre de son père, il fut, malgré le ministère, choisi par les pairs d'Écosse pour les représenter à la chambre haute. Il y combattit avec succès le ministère quand celui-ci voulut déclarer la guerre à la Russie à l'occasion de la prise d'Oczakow; il blâma également la politique que le gouvernement anglais adoptait en ce moment à l'égard de la France révolutionnaire ;

et en 1792 il vint même à Paris, où il se mit en relations avec les girondins. Quand son ami Fox entra, en 1806, au ministère, Lauderdale fut nommé pair de la Grande-Bretagne, membre du conseil privé, et lord chancelier d'Écosso, fonctions qu'il perdit au reste aussitôt que le ministère fut renversé. Au mois de juillet de cette même année, il avait été chargé de négocier les bases de la paix avec le gouvernement français; mais il quitta Paris dès que Napoléon ouvrit sa fameuse campagne de Prusse. Depuis lors il ne figura plus dans la chambre des lords que comme membre de l'opposition. En cette qualité, il s'éleva avec force contre les lois d'exception, contre la guerre avec la France, contre l'expédition de Copenhague ; et le 8 avril 1816 il soutint la motion présentée par lord Holland contre la captivité de Napoléon à Sainte-Hélène. Vers la fin de sa vie il déserta ses anciens principes libéraux ; c'est ainsi qu'en 1821, dans le procès de la reine Caroline, il vota dans le sens du gouvernement, et que plus tard il combattit toutes les motions relatives à une réforme du parlement. Aussi en vint-il à être considéré comme le chef des ultra-tories. Lorsqu'il mourut, le 13 septembre 1839, dans son manoir héréditaire de Thirlestane, il y avait déjà longtemps que par suite des infirmités, suites ordinaires de la vieillesse, il avait dû renoncer à la vie politique. Des nombreuses brochures qu'on a de lui, toutes relatives aux affaires de l'Inde ou à celles de l'Irlande, aux lois sur les céréales ou aux finances, la plus remarquable est celle qui a pour titre *An Inquiry into the nature and origin of public Wealth* (Édimbourg, 1804).

Son fils *James*, comte de Lauderdale, né le 12 février 1784, est lord lieutenant du Berwickshire et banneret héréditaire d'Écosse. Un parent du précédent, sir *Frédéric-Lewis* MAITLAND, petit-fils du sixième comte de Lauderdale, né en 1776, se distingua comme officier de marine dans les guerres contre la France. Ce fut lui qui reçut en 1815 Napoléon à bord du vaisseau de ligne *Le Bellérophon*. Il commandait la flotte anglaise de la mer des Indes avec le grade de contre-amiral lorsqu'il mourut, le 30 décembre 1839.

LAUDES, partie de l'office de nuit, qui se dit à la suite des Matines, et ne s'en sépare jamais sans nécessité. Les Laudes se composent de cinq psaumes, dont le quatrième est un cantique tiré de l'Écriture Sainte; d'un capitule, qui est une courte leçon; d'une hymne, du cantique de Zacharie et d'une ou plusieurs oraisons.

LAUDON (GÉDÉON-ERNEST, baron DE). *Voyez* LOUDON.

LAUENBOURG ou **SAXE-LAUENBOURG**, duché de la basse Saxe, faisant partie de la Confédération germanique et appartenant à la couronne de Danemark, tire son nom d'un château appelé *Lauenbourg* et bâti vers l'an 1182, pendant les guerres de Henri le Lion. Habité d'abord par les Polabes, ce pays changea plusieurs fois de maître après la mort de Henri le Lion, et en 1227 passa sous l'autorité d'Albert Ier de Saxe, de la branche ascanienne, lequel, malgré l'opposition de la maison de Brunswick, s'en maintint en possession et jeta transmit à son fils Jean, fondateur de la maison de Saxe-Lauenbourg. En 1639 le duc de Brunswick et le duc de Saxe-Lauenbourg conclurent un traité qui assurait à l'une ou l'autre de leurs maisons l'héritage de celle qui viendrait à s'éteindre ; et aux termes de ce traité, quand la maison de Lauenbourg s'éteignit, le 19 septembre 1689, en la personne du duc Jules-François, ses États firent retour au duc Georges-Guillaume de Brunswick-Celle. L'électeur de Saxe, qui élevait des prétentions à cet héritage, y renonça moyennant une indemnité de 1,100,000 florins, et sous la réserve de ses droits pour le cas où la maison de Brunswick-Lunebourg viendrait à s'éteindre. A la mort du duc Georges-Guillaume, le duché passa à la ligne électorale de la maison de Brunswick ; et ce ne fut qu'en 1716, parce qu'alors toutes réclamations et prétentions contraires élevées par des ayants-droit se trouvaient désintéressées, que le roi Georges Ier reçut l'investiture impériale et un siége dans l'assemblée des princes de l'Empire.

En 1803 le Lauenbourg passa avec le reste des États de

la maison de Hanovre sous la domination française ; mais en 1813 il rentra sous les lois de ses anciens souverains. Plus tard, par lettres patentes en date du 16 juillet 1816, le Hanovre le céda, à l'exception du bailliage de Neuhaus et du pays d'Hadeln situé à l'embouchure de l'Elbe, à la Prusse, qui elle-même le rétrocéda au Danemark, en échange de la Poméranie suédoise, que les traités de 1815 lui avaient allouée comme indemnité de la Norvège.

La population du duché de Lauenbourg, forte de 88,500 habitants, est répartie sur une superficie de 130 kilomètres carrés. Situé sur la rive droite de l'Elbe, il est enclavé entre le Hanovre, le Mecklembourg, le Holstein et les territoires des villes libres de Hambourg et de Lubeck, et partagé en quatre bailliages : *Ratzeburg*, *Lauenburg*, *Schwartzenbeck* et *Steinhorst*. L'élève du bétail, la culture des céréales, des légumes et des fruits, le commerce de transit et le cabotage sur l'Elbe, sont les principales industries des habitants. Les lacs de Mœin, de Ratzeburg et de Schall, l'Elbe, la Bille, la Stecknitz et la Wackenitz, offrent d'avantageux moyens de transport pour les produits du pays, qui possède encore une autre source de richesses dans ses vastes forêts et ses nombreuses tourbières. Les revenus du Lauenbourg sont évalués à 160,000 thalers. Avant la révolution de 1848, le gouverneur chargé de l'administration du duché relevait de la chancellerie des duchés allemands de Schleswig-Holstein et Lauenbourg, dont le siége était à Copenhague. Aux termes d'une proclamation royale, en date du 28 janvier 1852, le Holstein et le Lauenbourg ont été placés sous la direction d'un ministère spécial, n'ayant de comptes à rendre qu'au roi. *Ratzeburg* est le chef-lieu de ce duché et le siége des diverses autorités.

LAUGIER (ANDRÉ), célèbre pharmacien chimiste, naquit à Paris, le 1ᵉʳ août 1770. Son père était trésorier de l'hospice des Quinze-Vingts. Un abus de pouvoir jeta la famille de Laugier dans la position la plus fâcheuse. Heureusement Fourcroy s'intéressa au jeune Laugier, qui était son parent.

En 1793, Laugier reçut la mission de parcourir la Bretagne pour faire descendre et enlever les cloches. Sa mission une fois remplie, il revint à Paris, et s'y fixa, en 1794. Il fut d'abord nommé chef du bureau des poudres et salpêtres au comité de salut public ; mais le 13 vendémiaire lui fit perdre cette place : c'est alors que, fatigué de cette vie aventureuse, il songea à se faire recevoir pharmacien ; il passa ses examens en professeur : la vieille école en a conservé le souvenir. Pendant quelque temps il eut le dessein de s'établir ; mais la réduction des rentes au tiers avait enlevé à son père le reste de sa modique fortune : il renonça à prendre un établissement, et se livra à l'enseignement.

Laugier se fit inscrire comme pharmacien de l'armée d'Égypte ; mais il tomba malade, et l'expédition partit sans lui ; il resta attaché à l'hôpital d'instruction militaire de Toulon. C'est dans cet établissement qu'il commença sa réputation de professeur : ses succès dans la chaire lui valurent l'honneur d'être choisi par le jury d'instruction du Var pour occuper la place de professeur de chimie à l'école centrale de ce département ; enfin, l'inspection de santé, dont il dépendait immédiatement, le nomma professeur à l'hôpital d'instruction militaire de Lille. Fourcroy étant en mission dans les départements de la France, amena Laugier à Paris en 1802, le choisit pour son suppléant au Muséum d'Histoire naturelle, et lui confia le soin de faire des leçons à sa place. Depuis cette époque il fit chaque année, dans le laboratoire du Muséum, un cours de chimie générale, constamment suivi par un grand nombre d'élèves. A la mort de Fourcroy, Laugier fut nommé professeur titulaire.

Lors de l'organisation de l'École de Pharmacie de Paris, en 1803, Laugier fut chargé d'y enseigner l'histoire naturelle ; il n'a quitté cette chaire que pour remplir successivement les places de directeur adjoint et de directeur. Il a laissé dans cette école les traces de son administration, qui ne s'effaceront jamais. La création d'une école pratique et celle de plusieurs nouvelles chaires lui sont dues. Outre ces fonctions importantes, Laugier remplit encore pendant longtemps celles de chef du secrétariat de la direction de l'instruction publique, et organisa avec son cousin Fourcroy la plupart des lycées dont la France s'enorgueillit aujourd'hui.

Les travaux scientifiques de Laugier sont consignés dans près de cinquante mémoires imprimés dans les *Annales du Muséum*, les *Annales de Chimie*, le *Bulletin de la Société Philomatique*. L'excellent cours de chimie qu'il faisait depuis trente ans au Jardin du Roi a été sténographié : c'est un de nos meilleurs ouvrages élémentaires. Laugier est mort victime du choléra, le 18 avril 1832. Adolphe LAUGIER.

LAUNAY (DE). *Voyez* BASTILLE.
LAUNAY (Mˡˡᵉ DE). *Voyez* STAAL.
LAUNCESTON. *Voyez* CORNOUAILLES.
LAUNOY (JEAN DE), surnommé le *Dénicheur de saints*, prêtre et docteur en théologie, né en 1603, à Valdésie, village voisin de Valognes, mort à Paris, en 1678, à l'hôtel d'Estrées, chez le cardinal de ce nom, qui était son protecteur, se fit un nom par des ouvrages où l'érudition la plus variée s'unit à la critique, la plus judicieuse pour faire justice de diverses traditions fausses acceptées jusque alors, telles que l'arrivée de Lazare et Madeleine en Provence, l'apostolat de Denis l'aréopagite dans les Gaules, la cause de la retraite de saint Bruno, fondateur des Chartreux, les priviléges de la bulle Sabbatine, etc. Il étendit encore ses recherches critiques sur bon nombre de prétendus saints, qui figurent on ne sait trop pourquoi dans le calendrier, et insista sur les graves inconvénients qu'entraîne pour la religion cet indigne abus des sentiments les plus respectables. On a prétendu qu'il avait plus déniché de pseudo-saints que dix papes n'en avaient canonisé d'authentiques ; aussi le curé de Saint-Eustache disait-il : « Quand je rencontre le docteur de Launoy, je le salue jusqu'à terre et ne lui parle jamais que le chapeau à la main, fort humblement, tant j'ai peur de le voir quelque jour m'enlever le patron de ma paroisse, qui ne tient qu'à un fil. »

Ses travaux hagiographiques ne pouvaient manquer de lui faire de nombreux ennemis ; car en *dénichant* du ciel une foule de pseudo-saints, inventés par l'ignorance et la superstition, il renversait du même coup la marmite de bon nombre de pieux fainéants qui vivaient fort grassement et fort commodément de ces canonisations usurpations. Les moines intriguèrent si bien contre lui, que sur ses vieux jours il se trouva en butte à toutes sortes de petites persécutions. La rancune monacale et cléricale s'en prit même à son libraire, qui fut tourmenté à l'occasion de la publication de son livre sur la simonie. A Rome, la congrégation de l'Index proscrivit tous ses ouvrages, comme contraires à la religion. Le fait est qu'il y défend avec vigueur les libertés de l'Église gallicane et la juste autorité des évêques contre les entreprises du saint-siège. Ayant refusé de souscrire à la condamnation d'Arnauld, il fut exclu de la Sorbonne. Son style sans doute manque d'élégance ; mais en est amplement dédommagé par la variété des sujets qu'il traite, par l'étendue de son érudition et par une foule de traits ingénieux. L'abbé Granet a publié une édition complète de ses œuvres, en 10 vol. in-fol. (Genève, 1731-1733).

LAURAGAIS (La duchesse de). *Voyez* CHATEAUROUX (Duchesse de).

LAURAGAIS (LOUIS-LÉON-FÉLICITÉ, comte DE), depuis duc DE BRANCAS, appartenant à la branche cadette de la maison de Brancas, l'un des hommes les plus singuliers de son temps, naquit à Paris, le 3 juillet 1733. Il était fils du duc de Villars-Brancas, pair de France et lieutenant général. Quoique passionné pour les plaisirs du monde, et s'y livrant avec excès, il ne s'adonna pas moins aux sciences, et fit en chimie quelques découvertes qui lui ouvrirent les portes de l'Académie des Sciences. Il perfectionna la fabrication de la porcelaine, se livra à des expériences sur l'éther et sur sa miscibilité dans l'eau, étudia enfin, avec Lavoisier, la vraie nature du diamant. Prodiguant l'or à ses opérations chimiques, ne le ménageant pas davantage pour satisfaire ses autres goûts, il finit par se ruiner. De tous les diamants qu'il acheta, une partie fit la fortune de ses maîtresses; l'autre se fondit dans ses alambics. Il n'en devint pas plus triste. Seulement, on l'avait vu jusque là le plus fastueux, le plus magnifique, le plus galant des grands seigneurs; on ne le rencontra plus que mal vêtu, mal peigné, affectant la simplicité du paysan du Danube. Tombant, un matin, chez le comte de Ségur, dans ce costume cynique, mais avec une physionomie rayonnante, « Félicite-moi, lui dit-il, me voilà complétement ruiné; je suis le plus heureux des hommes. Tant que je n'étais que dérangé, je me voyais accablé d'affaires, persécuté, ballotté entre la crainte et l'espérance; aujourd'hui, que je n'ai plus rien, je suis délivré de toute inquiétude et de tout souci. »

Pendant la guerre de sept ans, il commandait un régiment. Au milieu d'une bataille sanglante, il charge trois fois l'ennemi à la tête de son corps, et se distingue par la plus froide et la plus brillante intrépidité. Après le combat, il rassemble ses officiers, et leur ayant distribué de justes éloges, il leur demande s'ils sont contents de lui; on ne lui répond que par une acclamation unanime. « Tant mieux ! s'écria-t-il ; mais moi, qui le suis beaucoup moins, et qui n'ai pas le moindre goût pour le métier que nous faisons, je le quitte. » En effet, dès que la campagne fut terminée, il renonça au service. La plupart des beautés alors en vogue le comptèrent, dès son retour à Paris, au nombre de leurs adorateurs. C'est lui qui porta une plainte criminelle contre le prince d'Hénin, qui voulait, disait-il, le faire mourir d'ennui, ainsi que Mlle Sophie Arnould. Lauragais figura parmi les jeunes seigneurs qui importèrent en France les modes anglaises. Ce fut lui qui le premier fit voir aux Parisiens, dans la plaine des Sablons, une course avec des chevaux et des jockeys anglais. Bravant le pédantisme de la magistrature et les préjugés de la Sorbonne, il fut aussi un des premiers à favoriser en France l'inoculation. Nos théâtres lui durent également une heureuse révolution : jusque là des deux côtés de la scène, en avant des coulisses, on avait vu régner des banquettes, occupées par les élégants de la cour et de la ville. Il fit sentir combien cet usage était ridicule et nuisible à l'illusion; il alla plus loin, il fournit aux acteurs les sommes nécessaires (environ 60,000 fr.) pour le faire cesser, en désintéressant les exclus. Ses conseils ne furent pas moins utiles à la réforme du costume : grâce à lui, on ne vit plus Néron, Brutus, Thésée, en habit à grandes basques, avec une écharpe et des nœuds d'épaule; grâce à lui, Phèdre, Iphigénie, Mérope, ne parurent plus en cheveux bouclés, poudrés, et en robes à paniers. Voltaire, en lui dédiant sa comédie de L'Ecossaise, le félicita d'avoir purgé la scène de ces traditions absurdes. Mais la fantaisie le prit aussi d'être poëte dramatique, et il composa plusieurs tragédies, parmi lesquelles on cite une Clytemnestre et une Jocaste. Voltaire parle encore d'un Oreste, que le comte lui aurait dédié; mais cette pièce est probablement la même que la Clytemnestre. Quoi qu'il en soit, il ne fut pas heureux dans ce nouveau caprice; néanmoins, il se consola facilement de ses infortunes poétiques en disant que les esprits n'étaient point mûrs pour son talent.

Durant les années qui précédèrent la révolution de 1789, il se montra un des plus zélés partisans des innovations du tous genres dont le désir se propageait avec les idées de liberté. Lorsque Necker eut publié son fameux Compte-Rendu, donnant l'exemple d'une opposition hardie, il écrivit contre lui plusieurs pamphlets, qui lui valurent quelques lettres de cachet. Tout préoccupé de la forme du gouvernement anglais, il applaudit d'abord avec enthousiasme aux changements qui semblaient promettre à notre nation un parlement, où il se voyait déjà appelé à remplir le rôle des Chatam, des Pitt, des Fox, des Sheridan; mais il ne tarda pas à se désillusionner.

Le reste de sa fortune lui fut enlevé; sa femme périt sur l'échafaud, et lui-même, jeté dans les prisons de la Conciergerie, ne dut la vie qu'à l'oubli dans lequel on le laissa jusqu'au 9 thermidor. On le vit en 1814, après la Restauration, siéger à la chambre des pairs; mais son âge avancé ne lui permit d'y paraître que peu de temps. Il mourut le 9 octobre 1824.

Bien que le tour de son esprit fût paradoxal, ironique et railleur, il était dans le monde d'un commerce fort agréable ; il avait un excellent cœur, et se montrait obligeant, serviable, bon ami. Il fit généreusement une pension au célèbre grammairien Du Marsais, que le gouvernement délaissait comme janséniste. Prodigue de ce qu'il avait, se passant aisément de ce qu'il n'avait pas, nul ne sut plus supporter plus philosophiquement la pauvreté. Une de ses maîtresses, qu'il avait logée dans une serre chaude, où il la nourrissait très-mal, ne lui donnant que des fruits des tropiques, lui en ayant fait des reproches : « Peux-tu te plaindre, ingrate, lui dit-il, de manquer du nécessaire, lorsque tu jouis du superflu que tout le monde désire? » Il appelait les lettres de cachet qui pleuvaient sur lui sa correspondance avec le roi. Après avoir manqué deux ou trois fois de se rendre chez une dame, où, tout en dînant mal, on médisait beaucoup, il cessa tout à fait d'y retourner. Quelqu'un lui en ayant demandé le motif : « Je suis las, répondit-il, de manger mon prochain sur du pain sec. »

Il a publié : Clytemnestre, tragédie, 1761, in-8°; Mémoire sur l'inoculation, 1765; Observations sur un Mémoire de M. Guettard concernant la porcelaine, 1766; Mémoire sur la Compagnie des Indes, 1770 ; Du Droit des Français, 1771; Jocaste, tragédie en trois actes, 1781 ; Recueil de pièces historiques sur la convocation des états généraux, 1788; Dissertation sur les assemblées nationales, 1788. On trouve en outre dans le recueil de l'Académie des Sciences des Mémoires et Dissertations dont il est l'auteur. Le comte de Lauragais avait été forcé, en 1770, de vendre la riche bibliothèque qu'il possédait. Les amateurs de livres en recherchent encore le catalogue, qui a pour titre : Catalogue d'une collection de livres choisis provenant du cabinet de M. ***.   CHAMPAGNAC.

LAURE, l'amante de Pétrarque. Quelque célèbre que cette femme soit devenue par les poétiques hommages que Pétrarque lui rendit pendant trente années, on ne sait que bien peu de chose sur sa personne, sur la position qu'elle occupait dans le monde et sur les circonstances de sa vie. Pétrarque a contredit lui-même dans les termes les plus positifs une opinion émise déjà par Boccace, contemporain et ami du poète, à savoir que Laure n'était qu'un personnage allégorique sous le nom duquel il avait voulu célébrer la gloire qu'il avait obtenue comme poète. Depuis lors les éditeurs et les biographes ont discuté à l'envi les uns contre les autres pour savoir si Laure avait été mariée ou non, et à quelle famille elle avait appartenu. Les plus anciens biographes de Pétrarque ne disent pas un mot d'elle; et tous ceux du quatorzième et du quinzième siècle sont d'accord pour dire qu'elle vécut dans le célibat. Cette opinion est celle à laquelle se sont rangés plus tard Velutiello, Tomasini dans son Petrarca redivivus (1650), de La Bastie dans les Mémoires de l'Académie des Inscriptions, de même que de nos jours lord Woodhousely dans les Transactions de la Royal Society, et d'autres encore. Les ouvrages de l'abbé Costaing intitulés : La Muse de Pétrarque (1819) et L'Illustre Châtelaine n'ont pas tellement élucidé la question que La Laure de Pétrarque d'Olivier Vitalis (1842).

Cette opinion a été combattue par l'abbé de Sade, dans son grand ouvrage intitulé Mémoires sur la Vie de Pétrarque (1764), où il croit prouver à l'aide d'anciens documents que Laure, fille d'un gentilhomme appelé Audibert de Noves, avait été mariée à un sire Hugues de Sade, et mère de onze enfants ; qu'elle mourut en 1348, de la peste qui ravagea alors

LAURE — LAURÉATS

Avignon, et qu'elle fut enterrée dans l'église des Franciscains de cette ville. A l'appui de ce qu'il avance, l'abbé de Sade invoque l'autorité d'une médaille contenue dans une boîte en plomb trouvée dans le tombeau de Laure de Sade, ouvert au seizième siècle, en même temps qu'un sonnet relatif à Laure. Mais il y a longtemps que tous ces objets ont disparu, et l'église elle-même n'existe plus. Presque tous les écrivains modernes, à l'exception de ceux que nous avons nommés plus haut, ont adopté le système de l'abbé de Sade, quoique l'histoire de cette ouverture de tombeau pratiquée au seizième siècle porte tous les caractères de la fraude et de l'invention, et que dans les ouvrages de Pétrarque il ne se rencontre pas un seul passage où il soit fait allusion à la position de Laure comme femme mariée et mère de tant d'enfants. La seule circonstance qui vienne à l'appui de l'hypothèse du mariage de Laure, mais non du système construit par l'abbé de Sade sur cette hypothèse, c'est qu'il était très-rare en ce temps-là de voir des filles de condition garder le célibat sans entrer au couvent. Une autre circonstance qui combat puissamment le système de l'abbé, c'est qu'il est de notoriété que dès le quatorzième et le quinzième siècle l'opinion générale faisait de Laure une de Sade, tandis que son hypothèse en ferait une de Noves. Quoi qu'il en soit, il y a tout lieu de penser que c'est là une question qui ne sera jamais complétement résolue.

LAURÉAT. Les Latins appelaient *laurea* la couronne de laurier qu'ils donnaient aux athlètes vainqueurs et à ceux qui avaient fait ou confirmé la paix. Ceux qu'elle décorait se nommaient *laureati*, dont nous avons formé le mot français *lauréat*. Ce nom a été donné chez les modernes dans diverses contrées, notamment en Italie et en Allemagne, à des poëtes qui recevaient, soit des princes, soit de corps savants, une couronne de laurier comme signe de leur mérite, de leur supériorité. En Italie, le plus ancien et le plus solennel couronnement de ce genre est celui de Pétrarque, qui eut lieu à Rome, en 1341, le jour de Pâques. Le Tasse allait aussi être couronné; mais il mourut la veille de la cérémonie. En Allemagne, l'empereur Maximilien 1ᵉʳ établit, en 1504, à Vienne un *collége poétique*, chargé de décerner les couronnes; mais les jurés qui le composaient en accordèrent à tant de poëtes médiocres, que le titre de *lauréat* y eut bientôt perdu tout son prestige. Des fronts bien peu poétiques ont souvent ciné le laurier dont nos académies ont orné, mais ceux qu'elles ont favorisés n'en sont pas moins des *lauréats*.

LAURÉATS (Poëtes) en Angleterre. Cette institution, telle qu'elle existe chez nos voisins d'outre-Manche, n'a jamais eu ailleurs son équivalent complet. On peut en faire remonter l'origine aux bardes, qui jouissaient de grands honneurs et de grands priviléges dans le pays de Galles, chez les Pictes, dans les divers clans d'Écosse et dans l'heptarchie saxonne. Le lauréat de ce temps-là avait ses terres libres d'impositions, il recevait un cheval tout équipé, le roi lui donnait des vêtements de laine, et la reine des vêtements de lin aux trois bonnes fêtes de l'année. Il avait encore droit à un bouc et à un bœuf dans le butin conquis à la guerre. D'où l'on voit qu'en adoptant l'étymologie ordinaire du mot *tragédie* (chant du bouc, chant dont un bouc était le prix), les chants des premiers lauréats pourraient être qualifiés ainsi. Mais leurs auteurs avaient encore beaucoup d'autres émoluments. Ils recevaient aux trois bonnes fêtes une harpe du roi et un anneau d'or de la reine, etc., etc. Ceux de nos jours sont à proportion plus mal rétribués. Il est vrai que leurs occupations se bornent à publier annuellement deux odes, l'une pour célébrer l'anniversaire de la naissance du souverain, l'autre sur le nouvel an. Ils reçoivent un traitement annuel de 127 livres sterling. Les 27 livres représentent la valeur du quartaut de vin qu'on leur donnait autrefois en nature. Thomas Warton, poëte lauréat lui-même, sans grand succès, recherche, dans son *Histoire de la Poésie*, l'origine de l'emploi qu'il occupait en Angleterre. John Kay est le premier dont parlent les chroniques. Ce poëte oublié signe la dédicace d'une histoire de Rhodes, offerte au roi : « Le très-humble poëte lauréat de votre majesté. » Une charte latine d'Henri VII, *pro Poeta laureato*, prouve que la même charge existait sous son règne. On ignore le nom des successeurs de John Kay. Gower et Chaucer sont désignés comme lauréats; mais on ignore s'ils étaient attachés à la personne du souverain, ou seulement à celle de quelque grand seigneur.

Enfin, Henri VIII choisit pour son lauréat Skelton, poëte estimable, qui s'acquitta tant bien que mal de ses odes d'anniversaire et de nouvel an, mais qui dut s'estimer heureux de ne pas être condamné par son emploi à composer des épithalames ou des épitaphes pour toutes les malheureuses femmes du despote. Esprit morose, il se vengeait sur le ministre de la contrainte qu'il s'imposait avec le roi. Il reprocha au cardinal Wolsey son despotisme; et le cardinal justifia la satire du poëte en y répondant par un mandat d'arrestation. Skelton, prévenu à temps, se réfugia dans le sanctuaire de Westminster, et brava ainsi dans l'église même le potentat ecclésiastique. Il avait prédit la chute de Wolsey, mais il mourut l'année même de sa disgrâce. Spencer est regardé comme le poëte lauréat d'Élisabeth. La *Vestale assise sur le trône d'Occident* lui accorda une somme de 50 livres sterling pour le récompenser de la dédicace de sa *Reine des Fées*. A Spencer succéda Samuel Daniel, puis Ben Johnson, mort en 1631. Charles 1ᵉʳ voulait lui donner pour successeur Thomas May, qui fut depuis l'historien du long parlement. La reine préféra William Davenant, qui perdit sa charge sous la république, mais à qui la restauration s'empressa de la rendre. Il mourut en 1668, et on fut deux ans à lui trouver un successeur; mais le choix fut bon : John Dryden, une de ses satires et son *Astræa redux* avaient signalé à la cour, obtint le laurier. On sait qu'il fut déposé après la révolution de 1688 et remplacé par Shadwell, avec qui commence la série des poëtes lauréats de la monarchie constitutionnelle.

Après lui vint Nahum Tate. Il a fait des pièces de théâtre oubliées et traduit, dit-on, les Psaumes. Il mourut en 1715, dans une profonde misère. Sa pension lui était mal payée, ou bien ses dettes excédaient son revenu. Il avait été le collaborateur de Dryden, honneur qu'il transforma en ridicule quand il eut la prétention d'*arranger Le Roi Lear* de Shakespeare. Nahum Tate eut pour successeur Nicolas Rowe, poëte dramatique de plus de mérite, et dont on a une édition de Shakespeare. On joue encore la *Bella repentante* et sa *Jane Shore*; sa traduction de *La Pharsale* est justement estimée. Il cumulait avec sa pension de lauréat un emploi lucratif dans les douanes. Son successeur fut un honnête chapelain, du nom de Laurent Eusdin. Deux fragments traduits de Claudien, insérés dans le *Guardian*, prouvent cependant qu'il avait une certaine facilité de traducteur. De la perruque de ce vénérable ecclésiastique de la haute Église le laurier poétique passa sur la tête d'un comédien, Colley-Cibber. Celui-ci mort, un whig lui succéda, Whitehead, dont le titre principal à cette faveur était d'avoir fait l'éducation de l'héritier du comte de Jersey; car il ne vaut pas la peine de parler d'une assez faible tragédie de sa façon, intitulée *Le Père romain*, résumé de tous les lieux communs qui traitent au collége sur la vertu romaine. A Whitehead succéda un poëte lyrique estimable, Warton, auteur d'une Histoire de la Poésie anglaise, restée malheureusement inachevée. Le laurier officiel glaça son front. Poëte du roi, ses odes devinrent aussi plates que celles de ses prédécesseurs. Par bonheur pour lui, Gibbon, qui était son ami, vint à son aide en glissant dans son *Histoire de la Décadence du peuple romain* une phrase sur l'usage ridicule qui condamnait les poëtes lauréats à flagorner périodiquement deux fois par an le chef de l'État en vers; et Georges III, qui comprit, dit-on, pensa désormais Warton de sa poétique corvée. Thomas Warton, mort en 1790, eut pour successeur Henry Pye, qui revint à l'usage des deux odes annuelles. Woolcat, si célèbre en Angleterre sous le nom de *Pierre-Pindare*, équivalant

LAURÉATS — LAURIER

à celui de *Pindare-Tabarin*, avait tourné en dérision le silence du précédent lauréat dans une ode intitulée *Ode on no ode* (Ode sur pas d'ode). Il parodia également les deux odes de Henry Pye; et ses parodies excitèrent les risées universelles. Pitt ayant réveillé les haines nationales, un instant assoupies, les Anglais passèrent d'un premier enthousiasme pour la révolution française à des sentiments tout opposés. Les chansons de Dibdin alimentaient alors l'enthousiasme de John Bull, comme les chansons de Béranger devaient plus tard entretenir les tisons presque éteints du patriotisme français. Pye se piqua au jeu, et voulut imiter Tyrtée en vers anglais; mais il ne fit que prêter de nouvelles armes au ridicule. Pye étant mort en 1813, Robert Southey lui succéda, sur la recommandation de Walter Scott, qui avait refusé le laurier pour lui-même. A la mort de Southey, la charge de lauréat passa à Wordsworth. Le titulaire actuel est Alfred Tennyson.   Amédée Pichot.

LAURENT (Saint), un des plus illustres martyrs de la foi, naquit à Rome, et y gagna l'affection de Sixte II, qui, en 257, l'ordonna diacre, et lui donna, bien qu'il fût le plus jeune, le premier rang parmi les sept attachés à l'église romaine. La garde du trésor papal lui fut également confiée. L'année même de l'élection de Sixte, Valérien ordonna le supplice des évêques, des prêtres, des diacres, et enfin des lévites inférieurs. En allant à la mort, Sixte ordonna à Laurent de vendre les vases sacrés et de distribuer l'argent de l'église aux pauvres. Il avait à peine opéré ce partage que le préfet de la ville, Cornelius Secularis, le fit appeler, et lui commanda de lui remettre les biens de l'église. Laurent, sans s'émouvoir, sollicite un délai, l'obtient, en profite pour rechercher et réunir les membres les plus malheureux de l'église; et quand le magistrat réclame l'exécution de ses ordres, il lui montre assemblés sur la place publique tous les pauvres nourris et entretenus par les fidèles, et lui dit avec une sainte fermeté que la richesse la plus précieuse étant la lumière du ciel, ces aveugles et ces boiteux, ces vierges et ces veuves, tous couverts de haillons, mais instruits dans la vérité, sont la perle de la couronne de l'église et son plus estimable trésor. Une si haute leçon, donnée avec une si courageuse liberté, endurcit le cœur du tyran. Par ses ordres, un gril est placé sur des charbons ardents; le bienheureux y est attaché, après avoir été dépouillé de ses vêtements et battu de verges. Au milieu des tourments d'un si horrible supplice, son visage n'est pas un instant altéré. On sait à quel point il porta la fermeté, comment il brava ses bourreaux jusqu'à la mort, et combien il redoutait peu la douleur. C'est lui qui demanda que son corps fût tourné dans tous les sens, afin de l'exposer à l'action du feu dans toutes ses parties. Quelques sénateurs emportèrent son corps et l'enterrèrent dans le champ de Véran, près du chemin de Tibur, le 10 août 258, jour où l'Église honore sa mémoire.

Sous le règne de Constantin, une église (maintenant Saint-Laurent *extra muros*) fut élevée sur son tombeau : elle est encore une des cinq églises patriarcales de Rome, où sept autres portent le même nom. Les arts ont puisé dans la vie de ce martyr de magnifiques inspirations : on connait, au moins par la gravure, le tableau de Rubens, maintenant dans la galerie du roi de Bavière, et celui de Titien, que possède le musée royal de Madrid.

LAURENTUM, ville du Latium, située à peu de distance de la Méditerranée, entre Ostia et Lavinium, aujourd'hui *Torre di Paterno*, était la résidence de Latinus, roi des Latins. C'est à peu de distance de cette ville que se trouvait *Laurentinum*, domaine appartenant à Pline le jeune.

LAURÉOLE. *Voyez* Daphné (*Botanique*).

LAURIER, genre de plantes, type de la famille des *laurinées*. Ce genre a pour caractères : Fleurs hermaphrodites ou dioïques, petites, de couleur herbacée, un peu jaunâtre, médiocrement pédonculées, réunies en petits paquets axillaires; corolle à quatre ou cinq divisions ovales, renfermant huit à douze étamines, sur deux rangs; baies ovales, bleuâtres ou noirâtres.

Le *laurier commun*, laurier d'Apollon (*laurus nobilis*, Linné), vulgairement *laurier franc*, *laurier à jambons*, et même *laurier-sauce*, est un arbre de grandeur moyenne, qui croît en Orient, dans la région méditerranéenne, etc., et que l'on cultive dans toute l'Europe en l'adossant à des murs ou en l'abritant pendant les grands froids. Ses feuilles lancéolées, veinées, luisantes, un peu ondulées, sont persistantes, et toujours vertes; ses fleurs, quadrifides, sont dioïques. Le laurier d'Apollon, comme presque toutes les espèces du même genre, est aromatique. Ses feuilles, quand on les froisse entre les doigts, répandent une odeur suave très-prononcée; leur saveur est piquante, un peu amère et un peu astringente. Elles servent dans l'art culinaire comme assaisonnement, comme aromate. Elles communiquent aux viandes un goût agréable, une propriété stimulante qui facilite leur digestion. Elles servent encore à aromatiser un grand nombre de comestibles et un grand nombre d'espèces de fruits secs que l'on trouve dans le commerce. Quoique le laurier commun ne soit plus aussi fréquemment employé en médecine qu'il l'était chez les anciens, néanmoins on fait encore usage de ses feuilles pour préparer des infusions excitantes et fortifiantes, des bains aromatiques, etc. Les drupes, que l'on nomme vulgairement *baies de laurier*, entrent dans plusieurs préparations pharmaceutiques, telles que *l'onguent de bates de laurier*, le *baume de Fioravanti*, *l'esprit carminatif de Sylvius*, etc. On en retire aussi une huile volatile et une huile fixe, prescrites encore dans quelques cas de médecine.

Les autres espèces remarquables du genre *laurier* sont le *laurier camphrier* (*voyez* Camphre), le *laurier cannellier*, dont on a fait le genre *cinnamomum*, le *laurier-casse*, le *laurier-cutitaban*, le *laurier-sassafras*, etc.

Clarion.

Les branches du laurier, d'une verdure éternelle, auquel Apollon donna dans l'idiome grec le nom de sa chaste amante, *Daphné*, ont couronné depuis les temps les plus anciens le front des poëtes et des triomphateurs. Jeté dans les flammes, le laurier rendait des petillements fatidiques; suspendu aux portes des maisons, il les préservait des fléaux qui fondent sur les hommes; élevé d'une main pacifique dans l'horreur d'une mêlée, il suspendait l'effusion de sang; attaché à la poupe des vaisseaux, aux images peintes des dieux qui écartaient les tempêtes, il annonçait de loin la joie d'une victoire; enlacé aux faisceaux des dictateurs et des consuls, il racontait aux yeux leurs différents triomphes; sur la tête d'un guerrier mort, il proclamait qu'il était tombé en héros; touffu, il ornait les bocages du dieu de la lyre et son trépied à Delphes; placé sous le chevet d'un lit, il avait la vertu de susciter la fouie des songes, sinistres ou heureux; frais cueilli, de ses baies charmantes il distillait un suc plein de puissance contre les poisons; planté devant les portes magnifiques du palais des empereurs aimés du peuple, il en était le gardien sacré; il cachait sous sa riante verdure et les sublimes soucis du front chauve de César, et la tête brûlée de l'athlète vainqueur aux jeux pythiques. Le laurier charmait le commerce. C'est lui qui de l'obscur reflet de ses feuilles virescentes, et de ses fleurs purpurines (laurier-rose), voilait à demi les admirables charmes d'Hélène se baignant dans les ondes de l'Eurotas, fleuve héroïque, que cet arbuste aimait de prédilection; enfin, comme l'a dit un poëte, c'est le laurier qui

Sauve un front de l'oubli, pire encor que la foudre.

Denne-Baron.

Le laurier, après avoir longtemps couronné chez les anciens, de ses rameaux toujours verts, les vainqueurs en tous genres, est devenu le synonyme métaphorique de *gloire*, *renommée*, etc. C'est ainsi qu'on a dit des grands capitaines, des grands poëtes, qu'ils *cueillaient*, qu'ils *moissonnaient des lauriers*, et quelquefois aussi qu'ils avaient *flétri* les leurs. Piron s'écriait, dans un siècle moins positif que le nôtre, où quelques exemples encore pouvaient rendre la maxime vraie, au moins partiellement :

Le nourrisson du Pinde, ainsi que le guerrier,
A tout l'or du Pérou préfère un beau laurier.

Sous la Restauration et pendant les premières années du règne de Louis-Philippe, les vaudevillistes firent une telle consommation des *lauriers du Permesse* et surtout, vu la commodité de la rime, des *lauriers de nos guerriers*, que cette métaphore est devenue un véritable lieu commun, une de ces expressions poétiques décolorées par un trop fréquent usage, dont il n'est plus permis de se servir, sans risquer de tomber dans le ridicule. OURRY.

LAURIER-CERISE ou LAURIER-AMANDE. *Voyez* CERISIER.

LAURIER-ROSE, arbrisseau de la famille des apocynées et de la tribu des pervenches, le *nerium oleander* de Linné, s'élevant à quatre ou cinq mètres, en formant une touffe plus ou moins garnie, et portant un grand nombre de fleurs roses, panachées, et blanches dans une variété, qui se développent successivement, depuis le mois de juillet jusqu'à la fin de septembre. Il croît dans le midi de la France, en Corse, en Grèce, etc., le long des ruisseaux, sur les côtes de la Méditerranée, jusque dans l'Inde orientale, en Chine, etc.

Les caractères du genre *nerium* sont les suivants : Calice quinquépartite ; corolle infundibuliforme, à limbe quinquépartite, dont les divisions obliques sont munies d'appendices à leur base ; anthères rapprochées et terminées par un long filet pétaloïde ; un seul stigmate tronqué ; deux follicules ; semences terminées par une touffe de poils. L'espèce qui nous occupe a les feuilles ternées, lancéolées, étroites, coriaces, glabres ; les appendices de la corolle sont planes, trifides.

Le laurier-rose est cultivé dans toute l'Europe pour l'ornement des parterres et des jardins. Quoiqu'il soit vénéneux, il a été employé en médecine. Ses feuilles, son écorce et un extrait préparé avec les feuilles, ont été prescrits contre les maladies de la peau, la gale, les dartres vives, etc. Mais les accidents qui peuvent en résulter en font généralement abandonner l'usage. CLARION.

LAURIER-TIN. *Voyez* VIORNE.

LAURIÈRE (EUSÈBE-JACOB DE), né à Paris, le 31 juillet 1659, fit ses études au collége de Clermont, et fut reçu avocat au parlement de Paris, en 1679. Homme de science plutôt que de pratique, poussé vers l'étude abstraite par une irrésistible vocation, De Laurière déserta bientôt les luttes animées et les travaux quotidiens du barreau pour se donner exclusivement aux spéculations érudites du cabinet. Après une étude préliminaire du droit romain et du droit moderne étranger, principalement du droit anglais, dans lequel il retrouvait une grande partie des anciennes coutumes de France, importées par la conquête normande, De Laurière consacra exclusivement le longs et perpétuels travaux de toute sa vie à la recherche assidue et patiente des origines du droit coutumier français. Il mourut en 1728. Il est l'auteur d'un assez grand nombre d'ouvrages, parmi lesquels nous citerons : *Bibliothèque des Coutumes*, rédigée en collaboration avec Berroyer ; *Institutes coutumières de Loisel*, *avec commentaires et notes*, œuvre capitale de notre auteur : il y a déployé d'immenses trésors d'érudition, non moins précieux aux historiens qu'aux jurisconsultes proprement dits ; *Traité des Institutions et Substitutions contractuelles*, en 2 volumes, magnifique collection, qui a été continuée par Secousse, Villevault, Bréquigny, Camus, Pastoret ; *Ordonnances des Rois de France de la troisième race*, etc., etc.

LAURISTON (ALEXANDRE-JACQUES-BERNARD LAW, marquis DE), maréchal et pair de France, était petit-fils de William Law, frère du célèbre contrôleur général John Law, qui resta en France après la disgrâce du célèbre financier, et fils d'un maréchal de camp, gouverneur des possessions françaises dans l'Inde. Né le 1er février 1768, à Pondichéry, il entra de bonne heure dans l'armée, et était déjà parvenu dans l'artillerie au grade de capitaine en 1793 et à celui de colonel en 1795. Bonaparte, qui appréciait son mérite, le choisit en 1800 pour aide de camp lorsqu'il devint premier consul, et bientôt après le créa général de brigade en l'appelant au commandement de l'école d'artillerie de La Fère. En 1801 Lauriston fut chargé d'une mission diplomatique en Danemark, et au mois d'octobre suivant il alla porter à la cour de Londres la ratification du traité de paix. A son retour, il tomba pour quelque temps dans la disgrâce de Bonaparte, qui l'envoya à Plaisance en qualité de commandant du dépôt d'artillerie établi dans cette ville. Mais l'empereur, lui ayant rendu ses bonnes grâces, lui conféra, le 14 juin 1804, la décoration de commandant de la Légion d'Honneur. L'année suivante il était à la tête des troupes embarquées sur l'escadre de l'amiral Villeneuve pour aller essuyer une défaite à T r a f a l g a r. Rappelé d'Espagne en France, il eut le commandement d'une division à la grande armée d'Allemagne. Il fut fait en cette qualité gouverneur général de la place importante de Braunau, reçut, en mai 1806, la mission de présider, en vertu de la paix de Presbourg, à la remise de l'arsenal de Venise, et s'empara, en 1807, de la république de Raguse en représailles de ce que les Russes avaient occupé sans déclaration de guerre les bouches du Cattaro. Contre eux et contre les Monténégrins, il défendit vaillamment ce poste, et c'est un de ses plus beaux titres de gloire.

En 1808 il accompagna l'empereur en Espagne ; l'année suivante il fut chargé, sous les ordres du prince Eugène, d'un commandement en Hongrie, où, après la victoire du 14 juin, il s'empara, le 24, de la ville de Raab. A la bataille de Wagram, Lauriston, chargé du commandement de l'artillerie de la garde impériale, décida du gain de la journée. A la paix, il fut envoyé à Vienne négocier le mariage de l'empereur avec l'archiduchesse Marie-Louise, service que Napoléon récompensa par le titre de comte et par l'ambassade de Saint-Pétersbourg, où il remplaça Caulaincourt. Il ne quitta la cour de Russie qu'en 1812, et prit alors un commandement dans la grande armée. Nommé à la retraite, il fut appelé au commandement du 5e corps sur l'Elbe, occupa Leipzig le jour de la bataille de Lutzen, tourna l'aile droite de l'ennemi à la bataille de Bautzen, et alla prendre possession de Breslau, le 1er juin 1813. A l'affaire de Leipzig, il défendit toute la journée du 19 le faubourg de cette ville, fut fait prisonnier par les Prussiens, et ne recouvra sa liberté qu'à la suite de la paix de Paris.

Louis XVIII le traita avec la plus grande distinction, lui donna successivement la croix de Saint-Louis, le grand cordon de la Légion d'Honneur, et un commandement dans les mousquetaires gris. Comme durant les *cent jours* il s'était tenu éloigné de Napoléon, il le nomma le 16 août suivant pair de France et commandant d'une division d'infanterie de la garde. Le 12 octobre il fut appelé à faire partie de la commission chargée d'examiner la conduite de tous les officiers pendant les cent jours. Créé marquis en 1817, il fut appelé en 1824 à diriger le ministère de la maison du roi. Le 1er mai 1821 il obtint le bâton de maréchal de France, et lors de la campagne d'Espagne de 1823 le commandement par le titre de comte et de la réserve. En 1824 il renonça complétement aux affaires et à la politique, pour ne plus vivre qu'en épicurien. Dans la nuit du 10 au 11 juin 1828, se trouvant en *visite* chez une célèbre danseuse de l'Opéra, il succomba à une attaque d'apoplexie foudroyante. Cette mort, arrivée dans de telles circonstances, fit grand scandale, à une époque où la dévotion, vraie ou fausse, était à l'ordre du jour.

Son fils aîné lui succéda dans la pairie, devint colonel de la garde nationale en 1848, et membre de l'Assemblée législative l'année suivante.

LAUSANNE, chef-lieu du canton de V a u d, est située à 46° 31' 24" $\frac{4}{10}$ de latitude, et à 4° 17' 54" de la longitude

LAUSANNE — LAUZUN

de Paris: elle est bâtie sur le penchant du mont Jorat, sur trois collines inégales, séparées par de petits vallons; elle est élevée de 543 mètres au-dessus du niveau de la mer, et de 163 au-dessus du lac de Genève, dont elle est éloignée de près de deux kilomètres, et où le hameau d'Ouchy lui sert en quelque sorte de port. La ville se divise en cinq quartiers: elle compte près de 18,000 habitants. La plupart des rues sont étroites, tortueuses et en pente; il y a cependant quelques jolies places et des maisons assez élégantes. L'église cathédrale, d'architecture gothique, mérite, par sa grandeur et par sa beauté, l'attention des voyageurs: elle a 900 mètres carrés de surface, 105 de longueur sur 62 de largeur; la voûte du chœur a 33 m. 66 cent. de haut. Cette église a été consacrée en 1275, par le pape Grégoire X, en présence de Rodolphe de Habsbourg; elle contient un grand nombre de tombeaux de personnages illustres, entre autres ceux du pape Félix V, qui avait été duc de Savoie; du chevalier Othon de Grandson, de Henriette Canning, etc. On remarque aussi l'église de Saint-François, où s'assembla, en 1449, le concile qui s'était d'abord réuni à Bâle. Le château, aujourd'hui maison cantonnale, a servi de demeure aux évêques de Lausanne jusqu'en 1536, et aux préfets bernois jusqu'en 1798; il est attenant à l'hôtel de ville, où s'assemble le grand conseil, dans une vaste salle d'où l'on jouit d'une vue admirable sur la plus belle partie du canton. L'académie de Lausanne, fondée en 1537, à la suite de la réformation, est une réunion de professeurs chargés d'enseigner les lettres, les sciences, la philosophie, la médecine, la jurisprudence et la théologie. Les études y sont bonnes et bien dirigées; la théologie surtout compte un grand nombre d'élèves. L'instruction secondaire et primaire est l'objet d'une attention sérieuse de la part du gouvernement; des écoles de charité, fondées depuis plus de soixante-dix ans, ont contribué puissamment à répandre l'instruction parmi les classes pauvres. Ces écoles, établies aujourd'hui dans un bel édifice, construit récemment, aux frais de quelques particuliers généreux, reçoivent plus de 200 élèves des deux sexes. L'académie de Lausanne possède un musée, qui a été enrichi par les dons des citoyens : on y distingue la collection de tous les minéraux et fossiles de l'empire de Russie, donnée par le général de La Harpe, et plusieurs tableaux de Ducros, artiste estimé, originaire du canton de Vaud, qui les avait composés soit à Rome, soit dans sa patrie, depuis son retour. La bibliothèque académique, de 20,000 volumes, celle des étudiants, le cercle littéraire, etc., fournissent à la jeunesse studieuse d'abondantes ressources. Lausanne possède aussi des sociétés d'histoire naturelle, d'agriculture, de bienfaisance, d'utilité publique, de musique; une caisse d'épargne, un institut de sourds-muets, une maison d'aliénés, etc. La nouvelle prison, construite d'après le système pénitentiaire, est un superbe édifice, et se fait aussi remarquer par son habile administration.

Lausanne a été pendant quelque temps le séjour de Théodore de Bèze et du célèbre Conrad Gessner; Tissot, l'ami de Zimmermann et du grand Haller, y a terminé sa vie; Gibbon y a composé la plus grande partie de son *Histoire de la Décadence de l'Empire Romain*; Voltaire y a vécu quelques mois; Court de Gébelin y a fait ses études; elle est la patrie de Crouzas et de quelques hommes de lettres et savants distingués encore vivants. La position admirable de cette ville et la belle végétation de ses environs, couverts de maisons de campagne élégantes et agréables plutôt que somptueuses, font de le rendez-vous et le séjour des étrangers. Les promenades y sont très-nombreuses et très-variées : dans l'intérieur de la ville, la *Terrasse*, auprès de la cathédrale; à la porte, du côté de Genève, *Montbenon*, emplacement destiné aux exercices militaires, et orné néanmoins de plantations fort bien entendues et d'un naturel goût. De là on découvre non-seulement la plus grande partie de la ville, mais encore la chaîne des Alpes, le lac de Genève dans son entier, un grand nombre de villes, de villages, d'habitations qui occupent l'espace entre la chaîne du Jura

et le lac, et surtout les beaux vignobles qui couvrent le canton.
L. VAUCHER.

LAUTREC (ODET DE FOIX, seigneur DE), maréchal de France, était petit-neveu de Gaston IV, duc de Foix, et cousin du célèbre et héroïque Gaston de Foix, aux côtés de qui il combattit à la journée de Ravenne. Il le défendit autant qu'il est possible de défendre un seul homme contre deux mille. Il criait aux Espagnols : « Arrêtez! ne le tuez pas. C'est le frère de votre reine! » Lui-même, percé de vingt coups de pique, fut laissé pour mort auprès de Gaston. Plus tard il servit avec distinction sous le connétable de Bourbon, et contribua beaucoup à la conquête du Milanais, dont il fut fait gouverneur. Lorsque le connétable donna sa démission, François Ier nomma Lautrec son lieutenant général en Italie. Il obtint d'abord quelques succès, reprit Brescia, Vérone, et les Impériaux durent lever le siège de Parme en 1521. Mais l'expérience des précédentes campagnes d'Italie, qui avaient été perdues à cause de l'imprévoyance et de la précipitation française, eut pour résultat de jeter Lautrec dans l'excès contraire. Il perdit tout un mois, dont sut profiter le général de Léon X, Prosper Colonna. En outre, la désertion se mit parmi les Suisses de son armée, auxquels était dû un arriéré de solde de 400,000 écus. Il dut évacuer Milan, et se replia sur l'État vénitien, où il prit ses quartiers d'hiver. La guerre recommença au printemps; mais il ne put faire que de la stratégie avec des troupes toujours prêtes à se mutiner. Enfin, la journée de La Bicoque força les Français d'abandonner toute l'Italie. Lautrec se hâta de revenir en France; mais le roi refusa de le voir. Quelque temps après, pourtant, il put se justifier, et fut nommé gouverneur de la Guienne, et chargé de mettre cette province à l'abri des invasions des Espagnols : il n'eut que le temps de s'enfermer dans Bayonne, contre laquelle échouèrent les efforts des ennemis. En 1525 Lautrec repassa en Italie, et combattit à Pavie aux côtés du roi; il y fut grièvement blessé. Les rois de France et d'Angleterre étant convenus, en 1527, de faire passer en Italie une nouvelle armée, entretenue à frais communs, Henri VIII fit à Lautrec l'honneur de le demander à François Ier pour la commander. Alexandrie capitula; Pavie fut prise d'assaut, et cruellement traitée en représailles de la défaite sanglante que les Français y avaient essuyée deux ans auparavant. Il marcha ensuite sur Naples. Arrivé sous les murs de cette ville le 1er mai 1528, il résolut de la réduire par le blocus au lieu d'en faire le siége avec vigueur. Mais les chaleurs excessives, les privations de toutes espèces, développèrent dans le camp français une maladie contagieuse, qui y fit de grands ravages. Lautrec lui-même fut attaqué par le fléau, et opposa pendant quelque temps au mal qui le consumait une prodigieuse énergie. Il se faisait porter de poste en poste, et maintenait tout le courage de l'armée; mais il succomba enfin le 15 août 1528. En 1556 le duc de Serra, neveu du grand Gonsalve de Cordoue, lui fit élever un tombeau magnifique, à Naples, dans l'église de Sainte-Marie-la-Neuve. « C'étoit, dit Brantôme, un homme excellent pour combattre en guerre, et frapper comme un maistre, mais trop sévère et mal propre pour un gouvernement. D'être hardi, brave et vaillant, étoit-il; mais pour gouverner un État il n'y étoit bon. Madame de Châteaubriant, sa sœur, une très-belle et honnête dame, que le roi aimoit, en rabattoit tous les jours et le remettoit toujours en grâce. Il avoit beaucoup de vanité, et quoiqu'il demandât conseil, il n'en faisoit jamais qu'à sa tête, aimant mieux faillir de par soi que d'être enseigné par les autres. »

LAUZUN (ANTONIN NOMPAR DE CAUMONT), comte puis duc de), de la famille de La Force. L'un des personnages les plus remarquables de la cour de Louis XIV, où il joua un rôle moins honorable que brillant, par l'éclat et la bizarrerie des événements dont il fut le héros et la victime. Le duc de Saint-Simon, son parent, a tracé de lui un portrait qui n'est point flatté. « Lauzun, dit-il, était un petit homme blondasse, bien fait dans sa taille, de physionomie haute, pleine d'esprit, qui imposait ; mais sans agrément dans le visage, à ce que j'ai ouï dire aux gens de son temps. Plein d'ambition, de caprices, de fantaisies, jaloux de tout, voulant toujours passer le but, jamais content de rien, sans lettres, sans aucun ornement ni agrément dans l'esprit. Naturellement chagrin, solitaire, sauvage, fort noble dans toutes ses façons, méchant et malin par nature, encore plus par jalousie ou ambition, et toutefois fort bon ami quand il l'était, ce qui était rare, et bon parent. Volontiers ennemi, même des indifférents, et cruel aux défauts et à trouver et donner des ridicules ; extrêmement brave et aussi dangereusement hardi, courtisan également insolent, moqueur et bas jusqu'au valetage, et plein de recherches et d'industrie, d'intrigues, de bassesses pour arriver à ses fins; avec cela, dangereux au ministère, à la cour redouté de tous, et plein de sel qui n'épargnait personne. » La Bruyère ajoute : « Sa vie est un roman : non, il y manque le vraisemblable. Il n'a point eu d'aventures, il a eu de beaux songes, il en a eu de mauvais ; que dis-je? on ne rêve point comme il a vécu. »

Simple cadet de Gascogne, né en 1633, il quitta sa province pour venir, sous le nom de marquis de *Puyguilhem*, sans aucun bien, tenter fortune à la cour. Il s'établit chez le maréchal de Gramont, cousin germain de son père, fort bien en cour, surtout auprès de la reine mère et de Mazarin. Le comte de Guiche, fils aîné du maréchal, introduisit Puyguilhem dans la société de la fameuse comtesse de Soissons, « de chez laquelle, dit Saint-Simon, le roi ne bougeait, et qui était la reine de la cour ». La comtesse était la dispensatrice des grâces et des honneurs ; le monarque ne lui refusait rien, et le comte de Guiche pouvait tout sur la comtesse. Puyguilhem fit une cour assidue à la favorite, et obtint successivement un régiment de dragons et le grade de maréchal de camp. Louis XIV créa ensuite pour lui la charge de colonel général de dragons. Informé, en 1669, que le duc de Mazarin voulait se défaire de sa charge de grand-maître de l'artillerie, il ne perdit pas un instant pour la demander au roi, qui la lui promit sous la condition du plus grand secret. Il oublia bientôt cette clause, et Louvois fut informé par Nivert, valet de chambre du monarque, des projets du cadet de Gascogne. Louvois, qui haïssait Puyguilhem, qui était ami de Colbert, se hâta d'aller trouver Louis XIV, qui fut aussi surpris qu'irrité de l'indiscrétion du marquis ; et lorsque celui-ci se présenta à lui, il l'accueillit froidement. Puyguilhem, désappointé, courut implorer l'appui de Mme de Montespan, qui lui promit merveille. Cependant, rien n'avançait. Il ne put rester plus longtemps dans cette incertitude, se cacha dans la chambre à coucher de la favorite, et de là entendit, sans en perdre un mot, la conversation du roi et de sa maîtresse. Le monarque était furieux de l'indiscrétion de Puyguilhem : il manifestait la résolution de ne point donner à l'indiscret la charge qu'il lui avait promise, et la favorite, loin de combattre cette résolution, se portait l'accusatrice de Puyguilhem. Il profita d'un moment favorable pour sortir, et revenant au château peu d'instants après, il présenta sa main à la favorite pour l'accompagner à la répétition d'un ballet. Chemin faisant, il lui reprocha durement sa perfidie, et lui répéta mot pour mot sa conversation. Mme de Montespan s'évanouit de dépit. Louis XIV en sut bientôt la cause. Puyguilhem, courtisan hardi, mais maladroit, osa alors sommer le monarque lui-même de tenir sa promesse. Le prince lui rappela la condition qu'il avait violée. Puyguilhem s'écria, avec l'accent de la fureur, qu'il ne servirait de sa vie un roi qui *lui manquait si vilainement de parole*. Là-dessus, il brisa son épée. Louis XIV leva sa canne, puis, par réflexion, la jeta par la fenêtre, en disant qu'il serait fâché d'avoir frappé un gentilhomme, et sortit.

Le lendemain, Puyguilhem était enfermé à la Bastille. Une favorite avait causé sa disgrâce, un favori lui rendit la liberté : son ami intime Guitry, grand-maître de la garde-robe, charge créée pour lui, osa solliciter sa grâce,

et l'obtint. La charge de grand-maître de l'artillerie fut achetée par le duc de Gesvres, capitaine des gardes du corps; et ce dernier poste fut donné à Puygoilhem, qui, sortant de prison, reprit sa place à la cour et dans l'intimité de Louis XIV, sans que les leçons du malheur l'eussent en rien changé. Il était capitaine des gardes du corps, gouverneur du Berry, commandant de la compagnie des cent gentilshommes à bec-de-corbin, lieutenant général des armées, et comte de Lauzun depuis la mort de son père : c'était fort au delà de ce qu'eût pu espérer jamais un cadet de Gascogne : cependant une bien plus grande fortune l'attendait encore. Ayant inspiré à une princesse du sang royal, Mlle de Montpensier, la passion la plus romanesque, il allait devenir son époux; le monarque avait consenti au mariage. Lauzun exigea qu'il fût célébré à la chapelle même de Versailles ; il l'obtint, mais il perdit encore beaucoup de temps à faire fabriquer de nouveaux équipages et une nouvelle livrée. Les princes intervinrent; Louis XIV changea de résolution, et le mariage projeté fut rompu, ou du moins indéfiniment ajourné.

En 1670, le roi alla visiter les places de Flandre ; il était accompagné de toute sa cour; une armée nombreuse et toute sa maison militaire l'avaient précédé. Lauzun commandait en chef. Il s'était entouré d'un brillant état-major, et étalait une magnificence inouïe. Louvois n'avait pu voir sans jalousie son élévation. Il se ligua secrètement avec Mme de Montespan, qui n'avait pas oublié les injures de Lauzun. La favorite et Louvois ne laissèrent échapper aucune occasion de le ruiner dans l'esprit du roi, et sa perte était déjà assurée avant qu'il se fût aperçu des manœuvres de ses implacables ennemis. Le monarque et Mme de Montespan continuaient d'ailleurs à le combler de prévenances. La favorite affectait même de le consulter sur ses nouvelles parures, sur ses ameublements. Comme Lauzun passait pour habile connaisseur en diamants, un message de Mme de Montespan l'appelle à Paris pour avoir son avis sur des pierreries. Il se hâte de se rendre à cette invitation ; c'était à la fin de novembre 1671. A peine arrivé, il est arrêté par le maréchal de Rochefort, capitaine des gardes, et conduit sans autre explication à la Bastille, et de là à Pignerol. Vainement il insista pour voir le roi et Mme de Montespan, ou du moins pour leur écrire. Sa charge de capitaine des gardes du corps fut donnée au duc de Luxembourg, et son gouvernement du Berry au duc de La Rochefoucauld.

A Pignerol, il fut enfermé sous une basse voûte, au secret le plus rigoureux ; il tomba malade : un confesseur fut appelé; il voulut opiniâtrement un capucin : il craignait en effet qu'on ne lui envoyât un prêtre supposé. Comme il était mourant, il fallait le satisfaire ; mais à peine le capucin fut-il près de lui, qu'il le saisit par la barbe, en la tirant de toutes ses forces pour s'assurer qu'elle n'était pas postiche. Il languissait depuis plusieurs années dans son noir cachot, lorsque d'autres prisonniers parvinrent à communiquer avec lui à travers un trou qu'ils avaient pratiqué. Ils le hissèrent jusqu'à leur chambre, et ce fut là qu'eut lieu sa première entrevue avec Fouquet, détenu dans ce château-fort depuis 1661. Mme de Nogent, sœur de Lauzun, avait administré ses biens avec tant d'ordre et d'économie, qu'elle en avait doublé la valeur; elle avait obtenu la permission de le voir. Mlle de Montpensier, dont le temps et l'absence semblaient avoir exalté la passion, fit aussi plusieurs voyages à Pignerol. Louis XIV, la voyant au point de ne reculer devant aucun sacrifice pour obtenir la liberté de son amant, lui proposa de léguer au duc du Maine le comté d'Eu, le duché d'Aumale et la principauté de Dombes. La duchesse avait disposé des deux premières seigneuries en faveur de Lauzun, ainsi que du duché de Saint-Fargeau et du beau domaine de Thiers, en Auvergne ; la donation était régulière. Il fallait faire renoncer Lauzun aux terres d'Eu et d'Aumale. La duchesse ne pouvait se résoudre à cette extrémité; sans cesse obsédée sur ce point par Louvois, par Colbert même, ami de Lauzun, elle céda enfin de guerre lasse. Cependant, pour la validité de la renonciation, il fallait que Lauzun fût libre. Mme de Montespan se chargea de cette négociation : elle prétexta un motif de santé pour aller aux eaux de Bourbon. Lauzun y fut amené, sous l'escorte d'un détachement de mousquetaires ; mais après quelques conférences, il rompit la négociation, et fut ramené à Pignerol. Mme de Montespan tenta un second voyage en 1680 ; elle avait avec elle Barni, ami de Lauzun : celui-ci, conduit à Bourbon comme la première fois, souscrivit enfin à la renonciation qu'on exigeait de lui. Sa captivité fut commuée en un exil à Angers. Il lui fut ensuite permis de parcourir l'Anjou et la Touraine, et il promena ses ennuis dans ces deux provinces pendant quatre ans. Melle de Montpensier ne cessait de réclamer la liberté de son amant, qui lui avait été promise. Elle obtint enfin son retour à Paris, et alors il l'épousa secrètement. Il la traita fort mal, et il y eut maintes fois entre les époux des scènes violentes, si bien qu'à la fin, fatigués l'un de l'autre, ils se brouillèrent une bonne fois pour toutes, et ne se revirent plus jamais depuis. Lauzun chercha des distractions dans le jeu ; sa fortune était considérable, il l'augmenta encore par des gains énormes, surtout en Angleterre, où il fit un assez long séjour.

Après la révolution de 1688, il ramena en France les Stuarts déchus, et obtint la permission de s'établir à Saint-Germain, auprès de la petite cour de Jacques II. Il reçut de ce prince l'ordre de la Jarretière, qui lui fut conféré en grande cérémonie à Notre-Dame, et des lettres de duc, qui furent vérifiées en parlement, en 1692. Louis XIV lui rendit même ses bonnes grâces. Devenu veuf de Mademoiselle, Lauzun épousa la belle-sœur du duc de Saint-Simon. Pour se rapprocher davantage du roi, il fit tous les efforts afin de se concilier les bons offices du ministre Chamillart, et obtenir un commandement dans l'armée : il n'y put réussir. Après la mort de Louis XIV, il continua de tenir un grand train de maison. Il espérait reconquérir sa place de capitaine des gardes : c'était une idée fixe, et il affectait de porter un uniforme qui approchait beaucoup de celui de ce corps. Il ne put supporter l'isolement où il était réduit : sa dernière maladie se déclara par un cancer à la bouche ; se sentant mourir, il se retira dans un petit appartement qu'il avait loué au couvent des Petits-Augustins, voisin de son hôtel, ne recevant que ses neveux et ses beaux-frères, qu'il refusa de voir dans ses derniers jours ; admettant sa femme seule, que même il renvoyait promptement. Il mourut le 19 novembre 1723, dans sa quatre-vingt-onzième-année. Ne laissant point d'enfant de son mariage, il légua son immense fortune à son petit-neveu, le duc de Biron, dont un neveu porta jusqu'en 1788 le nom de duc de Lauzun.

LAUZUN (Armand-Louis de Gontaut-Biron, duc de), né le 13 avril 1747, ne prit le nom de Biron qu'en 1788, après la mort du maréchal de Gontaut-Biron, son oncle, colonel des gardes françaises. Sa vie se divise en deux parties bien distinctes, qui semblent appartenir à deux personnes et à deux époques différentes. Marié fort jeune à une femme qu'il n'aimait point, il chercha des distractions dans le tourbillon des plaisirs et dans les voyages ; c'est ainsi qu'il parcourut l'Angleterre, la Pologne et la Russie. Beau, spirituel, aimable et brave, il trouva partout des plaisirs, des amis et des maîtresses. Sa fortune considérable ne pouvait suffire à ses dépenses : il escomptait gaiment son avenir, et dans des engagements de 100,000 francs pour 5 et 6000 francs, que souvent il n'obtenait pas. Tous ses biens étaient grevés d'hypothèques. Une dernière opération, qu'il regardait comme très-avantageuse, avait consommé sa ruine : il avait abandonné tout ce qu'il possédait de près de Rohan-Guéménée, à la charge d'une rente annuelle de 80,000 francs. Il était en Amérique, combattant pour la liberté de ce pays, lorsque éclata la banqueroute du prince, accablé sous le poids énorme d'une dette de 33 millions. Lauzun, à son retour en France, trouva dans la riche succession du maréchal de Biron de quoi réparer ses pertes. Mais une intrigue de cour lui enleva ce qu'il prisait le plus dans cette succession : l'espé-

rait obtenir le régiment des gardes françaises ; la cour en disposa en faveur du marquis du Châtelet.

Lauzun désirait pour son pays cette indépendance, cette liberté pour laquelle il avait glorieusement combattu en Amérique, et ne dissimulait ni ses affections ni ses espérances ; une disgrâce fut la première cause de son intimité avec le duc d'Orléans, auquel il resta toujours fidèle. Député de la noblesse de Quercy aux états généraux de 1789, il se prononça contre le parti de la cour. L'homme politique avait remplacé l'homme de plaisir ; le grand seigneur s'était fait citoyen. Il parut rarement à la tribune ; mais ses discours se faisaient remarquer par une sage modération, par une rare pureté de principes et par une élégante simplicité. N'ignorant pas la véritable cause du voyage du duc d'Orléans en Angleterre, et sachant que sa prétendue mission à Londres n'était qu'un exil, il réclama son rappel, et motiva fort adroitement sa proposition en demandant qu'il eût à venir rendre compte de sa conduite. Le régiment de hussards de Lauzun s'étant compromis par son insubordination ; il réclama la punition des officiers, et invoqua l'indulgence de l'assemblée pour les soldats. Envoyé en mission à Londres, en 1792, avec Talleyrand, il fut arrêté pour dettes à la requête d'un marchand de chevaux, mais bientôt relâché sous caution. De retour en France, il servit comme général dans les armées commandées par Rochambeau et Luckner, prit le commandement de l'armée du haut Rhin, y maintint le bon ordre après l'événement du 10 août.

Juste envers tous, ferme et impartial dans sa conduite, comme général et comme administrateur, il s'était concilié l'estime et la confiance des officiers et des soldats. Ayant reçu l'ordre d'aller avec son corps d'armée renforcer celui de Custine, qui avait naguère servi sous ses ordres, il se plaça sans la moindre hésitation sous les siens, passa bientôt à l'armée du Var, où il remplaça le général Anselme, et contribua par ses manœuvres, habilement combinées et soutenues, à la conquête du comté de Nice. Une première attaque fut dirigée contre lui à la tribune de la Convention, le 10 avril 1793 : il s'agissait de fixer le lieu de résidence des Bourbons restés en France. La Réveillère-Lepeaux s'opposa à ce qu'ils fussent transférés à Marseille, parce que Biron (le duc de Lauzun) commandait dans cette ville. Marat et Fonfrède demandèrent sa destitution. Peu de temps après, il fut chargé du commandement de l'armée de la Vendée. Cependant, il donna bientôt sa démission. Regnaud, improvisé général, avait compromis l'armée ; il avait été arrêté. Le général Biron (Lauzun) était étranger à cette arrestation ; il n'en fut pas moins dénoncé par Ronsin, par les commissaires et par Vincent, adjoint au ministre de la guerre, ami de l'inepte Rossignol. Une lettre du ministre, du 12 juillet 1793, lui ordonna de se rendre à Paris pour y rendre compte de sa conduite au conseil exécutif. Il obéit sans délai, fut entendu le 20, et conduit immédiatement à Sainte-Pélagie, et de là à l'Abbaye.

Le 4 septembre suivant, il écrivit à la Convention, demandant à être jugé le plus tôt possible. Le 31 décembre 1793 parut devant le tribunal révolutionnaire, et fut condamné, « comme convaincu d'avoir participé à une conspiration contre la sûreté intérieure et extérieure de la république ». Il conserva au moment fatal le sang-froid, l'impassibilité qu'il avait constamment manifestée durant sa longue détention. Les mémoires du duc de Lauzun ont été publiés pour la première fois en 1822. Ils s'arrêtent à son retour de la guerre d'Amérique. Cette publication obtint un grand succès, et donna lieu à un procès contre les éditeurs. Quelques personnes, dont le nom se trouvait compromis dans les scandaleuses révélations de l'auteur, en contestèrent même l'authenticité. Dufey (de l'Yonne).

LAVABO, mot servant à exprimer un acte liturgique du rit catholique : il se dit du moment où le prêtre se lave les mains à l'autel après l'offertoire. Il y avait autrefois pour cette ablution des mains, une piscine placée du côté de l'épître, comme le constatent divers livres traitant du cérémonial de l'église. Aujourd'hui l'officiant se mouille seulement l'extrémité des doigts, pour conserver le souvenir de l'ancienne pratique, symbole, dit saint Cyrille, de la pureté du prêtre lorsqu'il célèbre les saints mystères. On donne encore le nom de *lavabo* au linge dont il s'essuie les doigts et au carton d'autel, qui, placé du côté de l'épître, contient les versets du psaume 25 où se trouve le mot *lavabo*.

Dans le langage ordinaire, c'est un meuble de toilette, muni d'un pot à eau et d'une cuvette.

LAVAGE, action de laver. Le *lavage du linge* constitue le b l a n c h is s a g e. Ce mot s'applique aux aliments, aux breuvages où l'on a mêlé beaucoup d'eau. On dit dans le même sens une médecine en *lavage*.

Le lavage des substances solides se pratique sur des matières insensibles à l'action de l'eau, et dont on sépare ainsi les parties étrangères et les impuretés, qui ont un poids spécifique différent; ou pour obtenir à part les poudres impalpables, qu'on sépare des particules plus grossières par la *trituration* et la *lévigation*. Ce procédé est fondé sur la propriété que les poudres légères ou très-fines ont de rester pendant quelque temps suspendues dans l'eau; et l'on y parvient en répandant dans beaucoup d'eau la poudre, ou en y délayant la pâte obtenue par la lévigation; on laisse déposer pendant un temps suffisant, et jusqu'à ce que les parties les plus grossières se soient rassemblées au fond, et l'on verse alors le liquide, dans lequel les parties plus fines ou plus légères sont restées suspendues. On peut verser de nouvelle eau sur le résidu, et répéter l'opération, ou bien les parties les plus grossières, précipitées au fond, peuvent être *lévigées* une seconde fois. La poudre qui est enlevée avec l'eau en est séparée ensuite, en lui donnant le temps de tomber et de se rassembler complétement; après quoi on décante l'eau avec soin.

En métallurgie, le *lavage des minerais* est une opération préliminaire qu'exigent indispensablement certains d'entre eux. En effet, ou ils sont couverts de boue desséchée et agglutinée, ou leurs interstices, comme cela a lieu principalement pour les minerais caverneux et géodiques, sont remplis de terre, que les instruments dont on fait usage dans le triage ne pourraient atteindre d'une manière expéditive et économique. Le lavage devient de rigueur dans tous ces cas; mais ses procédés doivent varier relativement à la nature du minerai et au degré d'adhésion de la terre qui le souille. Lorsque ces terres sont mélangées avec le minerai en petits fragments, ou qu'elles ne font que d'en recouvrir la surface, qu'elles y sont peu adhérentes, on a recours au simple lavage dans des réservoirs. Pour cela, dans le cours d'un ruisseau, on creuse deux ou un plus grand nombre de bassins, que l'eau traverse en s'écoulant. Ces bassins se tapissent ordinairement dans l'intérieur avec de forts madriers, maintenus par des potelets enfoncés profondément dans le sol. Le minerai est jeté dans le premier bassin : un ouvrier, appelé *laveur*, l'agite continuellement à l'aide d'un rabot ou râteau; l'eau entraîne avec elle toutes les terres plus légères que le minerai et la partie la plus fine de celui-ci, qui se dépose dans le second bassin, tandis que les terres qui continuent d'être en suspension sont entraînées encore plus loin.

Si le minerai n'était souillé avant d'entrer dans les bassins que par la terre ainsi délayée et expulsée, il suffirait du lavage, et on pourrait immédiatement après procéder à la fusion; mais quand en outre il se trouve en mélange avec du sable ou des pierres, il faut les séparer par le tamisage ou le criblage. Ou les matières étrangères sont plus fines que le minerai, et dans ce cas, qui est le plus ordinaire, celui-ci reste sur le tamis ; ou elles sont plus volumineuses que lui, et dans ce cas on ménage les mailles du tamis de manière que ce soit le minerai qui y passe, à l'exclusion des pierres. Quelquefois on fait usage de ce qu'on appelle des *égrappoirs* : c'est une espèce de grillage en fer posé au-dessus d'un réservoir, avec une inclinaison de 30 à 35°. Ce grillage communique avec un canal dans lequel est une trémie : le minerai est dans la trémie ; l'eau en passant l'entraîne sur le grillage, où les pierres sont séparées du minerai ; celui-ci tombe dans le bassin, d'où on le retire pour le laisser sécher avant de l'apporter au fourneau. Quand le minerai est tout à la fois mélangé de sable plus fin que lui et de pierres qui sont plus volumineuses que les grains d'oxyde, on peut avec avantage employer la laverie dite *à gradins*. C'est principalement le cas pour les minerais des décombres, et pour séparer ceux qui se trouvent dans les anciennes *haldes* des mines. Cette laverie consiste en un double grillage, l'un calculé pour les pierres et le second pour le sable. Au lieu de fil de fer pour ces grillages, on peut faire usage de plaques de tôle percées de trous de dimensions voulues.

Mais quand les terres sont fortement adhérentes au minerai, soit qu'elles recouvrent sa surface, soit qu'elles composent une espèce de ciment qui unit entre eux les grains d'oxyde, et quand elles ne se délayent que difficilement et lentement, on favorise l'action de l'eau à l'aide de ce qu'on appelle un *patouillet*. Cet instrument n'est autre chose qu'une auge de bois ou de fonte, que l'on emplit d'eau par le moyen d'un courant. On y jette l'oxyde terreux ; des barres de fer fixées sur un arbre mu par l'eau remuent continuellement le minerai ; l'eau en s'écoulant entraîne la terre délayée et divisée. PELOUZE père.

LAVAL, ville de France, chef-lieu du département de la M a y e n n e, à 246 kilomètres de Paris, avec 19,218 habitants, des tribunaux de première instance et de commerce, une chambre de commerce, un conseil de prud'hommes, un lycée, une école normale-primaire, une bibliothèque publique de 10,000 volumes, trois typographies. C'est une des principales stations du chemin de fer de l'ouest et le siège d'un évêché.

Laval est une ville essentiellement manufacturière et depuis longtemps célèbre pour la fabrication de ces belles toiles dites *toiles de Laval*, qui rivalisent avec celles de Hollande et sont l'objet d'un commerce considérable, non-seulement dans l'intérieur de la France, mais surtout vers l'étranger. Elle possède en outre des filatures de coton, de belles fabriques de calicot, de coutil croisé en fil et en coton, qui vaut presque le coutil anglais, de linge de table en fil ouvré, de basins croisés, de lustrines, de satinoises et de mouchoirs. Le commerce consiste dans la vente des produits de son industrie et dans celle de graines de trèfle, de laine, fer, bois pour la marine, bestiaux, grains.

Cette ville est située dans un vallon, sur les bords de la Mayenne. Au milieu s'élève un énorme et vieux château, surmonté d'une haute tour ronde, qui en forme le donjon. Cet ancien château, demeure des ducs de Laval, puis des ducs de La Trémoille, sert aujourd'hui de prison. Les autres édifices remarquables sont le palais de justice, l'église de La Trinité, celle des Cordeliers, la halle aux toiles, immense construction élevée sous les ducs de La Trémoille. Citons encore la magnifique statue d'Ambroise Paré, par David (d'Angers), qui décore la place de la Mairie, et les jardins de Bel-Air et de Sainte-Périne.

Laval paraît devoir son origine à un château construit par Charles le Chauve pour arrêter les courses des Normands. Le premier seigneur de Laval se nommait *Yves*, et vivait sous le règne de Hugues Capet. Son fils porta le nom de *Guy*, qui paraît être ensuite devenu héréditaire à tous ses descendants. Pendant tout le cours du onzième siècle, six de ces Guy de Laval figurèrent parmi les plus grands seigneurs des provinces du Maine et de Normandie. Ils fondèrent un grand nombre d'églises, et contractèrent les plus belles alliances. En 1170, Guy V de Laval épousa Emma, fille de Geoffroi, comte d'Anjou, et de Mathilde d'Angleterre. Emma de Laval, fille de Guy VI, épousa en premières noces Robert, comte d'Alençon. Mais, n'en ayant eu qu'un fils, qui mourut jeune, elle se remaria, en 1218, à Matthieu II de Montmorency, connétable de France. De ce

174 LAVAL — LAVALETTE

mariage naquit un fils, qui prit le nom de Guy, et qui est la tige des seigneurs de Montmorency-Laval.

Au quinzième siècle la baronnie de Laval fut érigée en comté, et en duché sous Louis XI. La ville fut prise en 1466, par les Anglais que commandait Talbot; mais ils en furent chassés l'année suivante. Ce fut aux environs de Laval que la Chouannerie prit naissance, et l'armée républicaine commandée par Léchelle y éprouva en octobre 1793 une sanglante défaite.

L'origine de l'industrie des toiles à Laval est due à des ouvriers flamands, qui vinrent s'y établir à l'occasion du mariage d'un des anciens seigneurs de cette ville avec une Béatrix de Flandre.

Au nord-ouest de Laval se trouve l'ancienne abbaye de Clairmont, habitée par des religieux trappistes. Un couvent de femmes de la même observance est situé dans la ville.

LAVALETTE, capitale de l'île de Malte, aujourd'hui possession britannique, est bâtie sur un promontoire, et était autrefois le siège de l'ordre de Saint-Jean-de-Jérusalem, autrement dit de Malte. Elle doit son nom au grand-maître Jean de Lavalette, et offre du côté de la mer, en raison de ses nombreux palais et de ses magnifiques églises, le plus bel aspect; elle est d'ailleurs bien bâtie, parfaitement fortifiée et presque imprenable, attendu que la plupart des ouvrages qui la défendent sont taillés dans le roc. Elle est pourvue de deux ports, aussi vastes que sûrs, dont l'un a été déclaré port franc depuis que l'île de Malte a été adjugée à l'Angleterre, et dont l'autre sert de port pour l'observation des quarantaines (*Marsamuscetto*). Comme point stratégique maritime d'une haute importance, Lavalette est devenue le quartier général de la flotte anglaise dans la Méditerranée. Ses rues sont larges et pavées pour la plupart en lave; les quais qui entourent le port sont garnis des plus belles constructions. Parmi les édifices publics, nous citerons l'ancien palais des grands-maîtres, aujourd'hui résidence du gouverneur anglais, le palais des Sept-Langues (ou Provinces de l'ordre de Malte), l'hôtel de ville, la cathédrale et l'arsenal maritime; et en tait d'établissements scientifiques, la bibliothèque publique et l'observatoire. La ville avec ses quatre faubourgs renferme 60,000 habitants, qui s'adonnent à la navigation et au commerce sur une large échelle; elle gagne de jour en jour plus d'importance comme port militaire et marchand de la Méditerranée, à cause des développements toujours plus grands que prend chaque année la navigation à vapeur.

LAVALETTE (JEAN PARISOT DE), quarante-huitième grand-maître de l'ordre de Saint-Jean-de-Jérusalem, né en 1494, élu en 1557. Il s'était déjà signalé en plusieurs occasions par sa bravoure. Après avoir fait rentrer sous son obéissance les prieurs et commandeurs d'Allemagne et de Venise, il s'unit à Jean de la Cerda pour tenter, sans succès, la conquête de Tripoli. Il s'en dédommagea en donnant si vivement la chasse à la marine musulmane, qu'en moins de cinq ans il lui captura plus de cinquante voiles. Irrités de ces continuelles attaques, Soliman II et le célèbre corsaire Dragut vinrent assiéger Malte, que Lavalette sauva par son héroïque défense. Il fit ensuite construire sur l'emplacement du fort Saint-Elme une ville nouvelle, qu'on appela, de son nom, Cité Lavalette, et qui passe avec raison pour une des plus fortes places de l'Europe. Lavalette mourut en 1568.

LAVALETTE (DUCS NOGARET DE). *Voyez* ÉPERNON.

LAVALETTE (LOUIS DE NOGARET, cardinal DE), archevêque de Toulouse, fils puîné du duc d'Épernon, commanda en plusieurs rencontres, de 1635 à 1639, des armées françaises en Allemagne et en Savoie, mais ne fit preuve nulle part de grands talents militaires. Il mourut à Rivoli, en 1639, quelque temps après avoir pourtant battu les Espagnols et s'être emparé de Chivas. C'était, avec le fameux père Joseph, l'une des *deux âmes damnées* de Richelieu, et on l'appelait dérisoirement le *cardinal-valet*, par opposition au cardinal-ministre. Ce fut lui qui releva le courage défaillant du maître lors de la fameuse journée des Dupes. Ses Mémoires ont été écrits par Jacques Talon.

LAVALETTE (Le père ANTOINE), jésuite, supérieur des missions de la Martinique, avait fondé à Saint-Pierre une importante maison de commerce, et avait accaparé avec un juif de la Dominique, son associé, le monopole du commerce de ces îles. En 1753, sur les plaintes des habitants, le gouvernement français lui fit signifier un ordre de rappel. Le révérend père obéit, et revint à Paris. Là il représenta au conseil suprême de la Compagnie de Jésus qu'il n'avait jamais eu en vue que la gloire et la grandeur de la Société, et fit comprendre qu'elle faute ce serait que de renoncer de gaieté de cœur à une entreprise aussi avantageuse pour elle, et qui mettrait d'excellents moyens matériels à la disposition de son influence spirituelle. Les Pères se rendirent à de si bonnes raisons, calmèrent les susceptibilités du gouvernement par l'engagement que prit le père Lavalette de ne plus se mêler de commerce, et le renvoyèrent en Amérique en qualité de supérieur général de toutes les maisons et établissements de la Société dans les îles-sous-le-Vent, avec l'argent nécessaire pour reprendre les affaires et de bonnes lettres de crédit. Mais la guerre avec les Anglais ruina le pieux négociant, qui fut obligé de déposer son bilan et de déclarer un passif de trois millions. Des poursuites furent dirigées contre le père Lavalette et son correspondant le père de Sacy, qui était directeur général des missions à Paris. On obtint contre eux deux sentences, déclarées exécutoires sur toute la Société, qui fut regardée comme civilement responsable; « mais, dit Voltaire, il était aussi difficile de faire payer la Société que de tirer de l'argent de Sacy et de Lavalette. » Les jésuites tâchèrent alors d'atermoyer avec les créanciers de la faillite, et, pour peu qu'on leur accordât du temps, se firent fort de les rembourser intégralement en commerce. Ce moyen de liquidation, fort peu canonique, et qui paraît bizarre au premier abord, était cependant parfaitement praticable. Il eût consisté à *centraliser* et à faire célébrer par des membres de l'ordre les messes que de bonnes âmes commandent chaque jour sur tous les points de la France, et dont le prix eût été versé dans la caisse de l'union des créanciers jusqu'au prorata de leurs créances respectives. C'est à peu près ainsi que procède de nos jours, aux portes même de Paris, à Montrouge, une importante maison d'imprimerie et librairie, qui fournit en bas clergé les livres dont il a besoin, et dont celui-ci s'acquitte en *célébrations de messes* dont le prix est payé au libraire. Les créanciers refusèrent cet arrangement; or le seul résultat du procès qu'ils intentèrent à la Société, et qui occupa le parlement de 1761 à 1762, fut de provoquer un arrêt enjoignant aux Pères de remettre sous trois jours au greffe un exemplaire de leurs fameuses *Constitutions*, que les deux parties invoquaient chacune en sa faveur. Ce fut la cause ou le prétexte de la ruine de la Société; seize mois s'étaient à peine écoulés que les jésuites étaient chassés de France. Quant au père Lavalette, il se retira en Angleterre, où il fut bien accueilli du gouvernement, auquel il avait facilité, en 1760, la conquête de la Martinique. On ignore la date de sa mort.

LAVALETTE (MARIE CHAMANS, comte DE), directeur général des postes sous l'Empire, naquit en 1769, à Paris. Garde constitutionnel du roi Louis XVI, il quitta Paris après le 10 août, s'engagea dans la légion des Alpes, et servit avec distinction aux armées du Rhin et d'Italie, et devint aide de camp de Bonaparte, qui lui fit épouser une nièce de sa femme, Mlle *Émilie-Louise* DE BEAUHARNAIS. Lavalette accompagna Bonaparte en Égypte, fut le 18 brumaire fut nommé commissaire général des postes, fonctions qu'il continua de remplir sous l'Empire, avec le titre de directeur général et celui de conseiller d'État. Au 20 mars 1815, il reprit ce poste de sa propre autorité, faisant en faveur de Napoléon ce que Bourienne s'était précédemment permis dans les intérêts de la maison de Bourbon; acte d'un zèle inconsidéré peut-être, mais qui ne contribua ni au retour, ni à la paisible marche, ni à l'arrivée à Paris de celui qui avait été son bienfaiteur, et cependant à raison de ce fait il fut arrêté le 18 juillet, mis au secret et livré aux assises le 19 novembre.

Après deux jours de débats, un verdict de culpabilité, suivi d'une condamnation à mort, fut rendu contre lui, et son pourvoi fut rejeté. Lavalette se préparait à subir son arrêt, quand le 23 décembre 1815, veille de l'exécution, sa femme le sauva, par un beau trait de dévouement conjugal. Ayant obtenu de passer la journée ainsi que sa fille avec le condamné, elle troqua ses habits contre les siens et demeura à sa place, tandis que Lavalette, cachant ses traits avec un mouchoir qu'il portait à ses yeux, put gagner la rue. Les recherches de la police, quoique immédiates, furent vaines. Lavalette resta quinze jours caché dans les combles du ministère des affaires étrangères; enfin, il put franchir la frontière sous l'uniforme de colonel de l'armée britannique avec l'assistance de trois généreux Anglais, Bruce, Hutchinson et R. Wilson. On sait le procès célèbre qu'ils subirent à cette occasion.

Des lettres de grâce, accordées en 1822, rouvrirent les portes de la France à Lavalette; mais sa femme était devenue folle. Il mourut le 15 février 1830. Madame de Lavalette vécut ou plutôt végéta jusqu'en 1855. En 1831 ont paru à Paris, en 2 volumes in-8°, les *Mémoires et souvenirs du comte de Lavalette*, publiés sur ses manuscrits par sa famille et précédés d'une notice de M. Cuvillier-Fleury.

LA VALLIÈRE (Louise-Françoise de LA BAUME LE BLANC de), première maîtresse déclarée de Louis XIV, naquit en 1644, d'une famille distinguée, originaire du Bourbonnais, et alors établie en Touraine. Elle était encore bien jeune lorsqu'elle perdit son père, gouverneur du château d'Amboise; sa mère s'étant remariée au baron de Saint-Remy, premier maître-d'hôtel de Gaston, duc d'Orléans, elle fut élevée à la cour de ce prince. Quand le frère du roi épousa Henriette d'Angleterre, Mlle de La Vallière fut placée auprès de cette princesse en qualité de fille d'honneur : elle comptait alors dix-sept ans. Avec toute la fraîcheur de la jeunesse, elle avait de fort beaux yeux bleus, une taille élégante, un maintien modeste; elle boitait légèrement, mais cela ne lui allait pas mal ; ses regards , comme toute sa personne, avaient un charme inexprimable ; aussi , parmi tant de jeunes femmes qui peuplaient cette cour galante et livrée à tous les plaisirs, ne tarda-t-elle pas à être remarquée. Les premiers hommages qui s'adressèrent à elle furent ceux de Fouquet, le surintendant des finances, qui lui offrit 200,000 livres. Cette offre fut repoussée avec indignation. Quoique marié depuis un an, Louis XIV ne put voir avec indifférence les charmes de Mlle de La Vallière. De son côté, elle ne fut pas insensible aux soins d'un jeune monarque entouré de tout l'éclat d'une cour brillante. L'admiration involontaire qu'elle éprouva d'abord pour lui devint bientôt un sentiment plus tendre. Sa préférence n'était dictée ni par la vanité ni par l'ambition. « Elle aima le roi, et non la royauté, dit Mme de Caylus, et elle n'aima jamais que lui. »

Leur intelligence commença dès l'année 1661, lors du voyage que la cour fit à Fontainebleau. Pendant deux ou trois ans, Mlle de La Vallière fut l'objet caché de toutes les fêtes qui se donnaient à la cour, soit chez la reine, soit chez Madame. Ces divertissements, ces ballets, étaient mêlés d'intermèdes pour lesquels les poètes composaient des devises, des madrigaux, des allégories, où perçait toujours quelque allusion à une intelligence mystérieuse, qui était comme le génie caché de ces fêtes. Le fameux carrousel de 1662, qui eut lieu devant le château des Tuileries, fut un de ces hommages que Louis XIV adressait à sa jeune maîtresse. Il étala une pompe encore plus magnifique dans une fête donnée, en 1664, à Versailles, où il joua le principal rôle; et parmi tant de regards empressés à lui plaire, il ne distinguait, il ne cherchait que ceux de Mlle de La Vallière. Comment une jeune fille dont le cœur était déjà prévenu aurait-elle résisté à des séductions si puissantes? Ce n'était pas sans de terribles combats qu'elle cédait à sa faiblesse ; mais tout concourait à l'entraîner. Plus d'une fois elle voulut se dérober au péril; Saint-Simon rappelle ses deux fuites de la cour, la première aux Bénédictines de Saint-Cloud, où le roi alla en personne se la faire rendre, prêt à commander de brûler le couvent; l'autre aux filles de Sainte-Marie de Chaillot, où le roi envoya Lauzun, son capitaine des gardes, avec main-forte pour enfoncer le couvent, et qui la ramena. Sa première grossesse fut cachée avec tant de soin, que la cour ne s'en aperçut pas, et que la reine n'en eut aucun soupçon. Elle eut ainsi quatre enfants de Louis XIV ; mais deux seulement vécurent : l'aînée, Marie-Anne de Bourbon, nommée *Mademoiselle de Blois*, née en 1666; et le comte de Vermandois, né en 1667. Quand le roi légitima ses enfants, il érigea en duché la terre de Vaujour, et deux baronnies situées l'une en Touraine et l'autre en Anjou, en faveur de Mme de La Vallière et de la princesse sa fille. Elle fut alors désespérée; car elle avait cru que personne ne savait qu'elle avait eu des enfants.

Cependant le roi, malgré l'amour véritable qu'il avait pour Mme de La Vallière, ne laissait pas de lui faire des infidélités; elles ne furent d'abord que passagères. Mais elle rencontra une rivale plus redoutable dans Mme de Montespan. Celle-ci, en maîtresse peu délicate, vivait avec elle, ayant même table et presque même maison. Elle aima mieux d'abord que le roi en usât ainsi, soit qu'elle espérât par là abuser le public et son mari, soit qu'elle ne s'en souciât pas, ou que son orgueil lui fit goûter le plaisir féminin de voir à chaque instant humilier sa rivale. Là commence pour Mme de La Vallière une époque de tribulations : on comprend en effet ce qu'elle dut souffrir pendant trois ans, combattue Louis XIV; mais deux seulement vécurent : l'aînée par le penchant qui la retenait encore près du roi, quoique n'étant plus aimée de lui, et les tortures de la jalousie, en voyant le triomphe de celle qui lui était préférée. Au moment, au mois de février 1671, elle fit un premier effort pour rompre sa chaîne: elle se retira à Chaillot, dans le dessein d'abandonner la cour et de faire pénitence. Le roi fut ému de ce départ, et envoya Colbert la prier instamment de venir à Versailles, pour qu'il pût lui parler encore. Colbert la ramena. L'entrevue fut touchante; on pleura beaucoup des deux côtés; Mme de Montespan elle-même vint au-devant d'elle les bras ouverts et les larmes aux yeux. Bref, elle reprit sa position habituelle à la cour, et un moment elle s'y retrouva aussi bien qu'elle y avait jamais été. Mais les choses ne tardèrent pas à reprendre leur cours naturel : le roi recommença à négliger Mme de La Vallière, et Mme de Montespan à la traiter en rivale hautaine. Elle revenait alors à ses idées de retraite, et souvent elle disait à Mme Scarron : « Quand j'aurai de la peine aux Carmelites, je me souviendrai de ce que ces gens-là (le roi et Mme de Montespan) m'ont fait souffrir. » Elle dit par la suite à la duchesse d'Orléans que si elle avait supporté si longtemps une position si douloureuse, si humiliante, c'était par esprit de pénitence, pour souffrir ce qui lui était le plus pénible, de partager le cœur du roi et d'être méprisée par lui.

Enfin, en 1674, elle prit irrévocablement le parti de quitter la cour. Elle avait alors trente ans. Au mois d'avril, elle annonça sa résolution, et vint prendre publiquement congé du roi, qui la vit partir d'un œil sec. Elle fit les adieux les plus touchants à la reine, de qui elle avait toujours respectée et ménagée, et lui demanda humblement pardon, prosternée à ses pieds devant toute la cour. Bossuet, alors évêque de Condom, la soutint dans sa résolution et la dirigea de ses conseils. Il ne put cependant prononcer le sermon pour la prise d'habit : ce fut l'abbé de Fromentières, depuis évêque d'Aire; il prit pour texte la parabole de la brebis égarée qui est ramenée au bercail par le bon pasteur. Enfin, le 3 juin 1675 elle fit profession, et reçut le voile des mains de la reine. Elle prit le nom de sœur *Louise de la Miséricorde*. Son frère, gouverneur et grand-sénéchal du Bourbonnais, étant mort le 13 octobre 1676, elle fut supplier le roi de conserver le gouvernement pour acquitter les dettes, sans faire mention de ses neveux. Le roi fit ce qu'elle demandait. En 1680, sa fille, Mlle de Blois, épousa le prince de Conti. En novembre 1683, Bossuet eut à lui annoncer la mort de son fils, le comte de Vermandois, mort à Courtray, à la fin de sa première campagne. A cette triste nouvelle, elle répandit beaucoup de larmes ; puis tout à coup, revenant à elle, elle dit : « C'est trop pleurer la mort d'un fils dont je n'ai pas encore assez pleuré la naissance. » Pendant les trente-six années qu'elle passa dans la retraite, elle vécut dans les plus grandes austérités. Elle avait reporté sur Dieu ce besoin d'affection qui tourmente les âmes tendres. Elle mourut le 16 juin 1710, après avoir beaucoup souffert des infirmités que lui causa le régime du cloître. Bien des années après leur séparation, Mme de Montespan, n'étant plus elle-même à la cour, revint aux Carmélites voir Mme de La Vallière, qui lui prodigua ses conseils et devint pour elle une espèce de directeur. ARTAUD.

LAVANDE, genre de plantes de la famille des labiées, ainsi caractérisé : Calice ovale, nu en dedans, garni de nervures à cinq dents, dont quatre égales, et la cinquième en appendice; lèvre supérieure de la corolle bilobée, lèvre inférieure trilobée. La *lavande véritable* (*lavandula vera*, Duby) est un sous-arbrisseau, d'une forme élégante, et qui croît dans la région tempérée de l'Europe, sur les coteaux et le long des chemins pierreux, mais toujours dans les endroits exposés au sud et à l'est, en dehors de la région des oliviers. Il ne s'élève que de 0^m,60 à 1 mètre. Il a pour caractères particuliers : Tige rameuse, nue supérieurement ; feuilles lancéolées ; bractées cordiformes, acuminées, scarieuses, plus courtes que le calice. Cette espèce est cultivée dans les jardins de Paris; elle est officinale, et fréquemment employée en médecine; les feuilles et les fleurs servent à préparer des bains, des fomentations aromatiques; elles entrent dans un grand nombre de compositions pharmaceutiques. On retire des fleurs une huile volatile très-usitée aussi.

La *lavande aspic* (*lavandula spica*, Duby) mérite aussi d'être citée. Cette espèce se distingue de la précédente à ses feuilles, plus larges, spatulées, à ses bractées, linéaires et peu velues. Elle croît dans le midi de la France, dans la région des oliviers; ses fleurs servent à préparer l'huile volatile d'aspic, qui est employée en médecine, dans l'art de la parfumerie et dans la médecine vétérinaire.
CLARION.

LAVANDE (Huile de). *Voyez* HUILE (*Parfumerie*).
LAVANDIÈRE. *Voyez* HOCHE-QUEUE.
LAVARDIN (Famille de), puissante famille du Maine, branche des Beaumanoir de Bretagne, prit le nom de Lavardin d'une terre érigée plus tard en marquisat.

Charles DE BEAUMANOIR, seigneur DE LAVARDIN, zélé protestant, périt dans le massacre de la Saint-Barthélemy.

Charles DE BEAUMANOIR, maréchal DE LAVARDIN, fils du précédent, se convertit à la mort de son père, et, après s'être attaché quelque temps à la fortune d'Henri de Navarre, fut nommé, en 1580, colonel de l'infanterie française et se distingua à la bataille de Contras. Malgré le zèle qu'il avait montré pour la Ligue, il se rallia, en 1595, à Henri IV, qui cette même année le nomma maréchal de France et gouverneur du Maine; il obtint en 1602 le gouvernement de la Bourgogne. Le maréchal de Lavardin se trouvait dans le carrosse d'Henri IV lorsque ce prince fut frappé par Ravaillac. Il jouit sous Louis XIII de la même faveur que sous le règne précédent, et mourut en 1614.

Henri-Charles DE BEAUMANOIR, marquis DE LAVARDIN, petit-fils du maréchal, se trouvait à Rome en 1687, en qualité d'ambassadeur, au moment du vif démêlé qui eut lieu entre Louis XIV et Innocent XI. Il mourut en 1701.

LAVATER (JEAN-GASPARD), Suisse célèbre, né à Zurich, en 1741, fut prédestiné, par son imagination, sa sensibilité excessive et son enthousiasme, à l'existence la plus tourmentée. Ecclésiastique convaincu et poëte sentimental, il passa sa vie à voyager, à prêcher, à rimer, à composer des sermons, des cantiques sacrés et des chansons patriotiques ; à correspondre, à aimer, à deviner les secrets du cœur, à croire et à converser. Causeur aussi chaleureux que Diderot, et non moins paradoxal, presque aussi attachant narrateur que Lesage et l'abbé Delille, aussi verbeux que Richardson, il sut joindre à l'exaltation de J.-J. Rousseau, à la mysticité de Klopstock et à la pieuse tendresse de Fénelon, ses auteurs favoris, la science équivoque et les superstitions d'Albert et d'Agrippa. Aucun mystère qui ne captivât son génie ; pas de miracle, si controversable que le rendît sa nouveauté, qui n'eût l'humble acquiescement de son esprit : toute erreur avait son adhésion, tout brillant paradoxe sa sympathie. Il avait une émotion pour tout sentiment, pour chaque passion une complaisance; pour les jeunes libertés un vif élan. Quoique consciencieusement orthodoxe et naïvement chrétien, sa malheureuse nature le jetait sans cesse dans quelque puérile absurdité ; si bien qu'on le persécuta comme hérétique, uniquement parce qu'il s'était montré trop dévot et peut-être trop crédule. Il eut beau composer plus de cent-trente mauvais volumes, où dut s'épancher son mysticisme et le trop-plein de ses bizarreries, il fit néanmoins autant de folies que s'il n'en eût jamais écrit. Il s'éprenait si aveuglément pour le merveilleux, et les charlatans comme les fripons le trouvèrent toujours si accessible et si confiant, qu'il crut aux sorciers presque autant qu'aux prophètes, et aux jongleries de Mesmer et de Cagliostro non moins qu'aux Saintes Écritures. Aussi, que de combats, que de controverses, d'injures et de calomnies ! Lavater eut tant à souffrir de ses contradicteurs, et quelquefois même de ses amis ; il avait éprouvé, jeune encore, tant de mécomptes, tant d'injustices et de perfidies, que l'idée lui vint d'apprendre à augurer des hommes d'après leur physionomie , et de puiser dans l'analyse des traits de la figure quelques précieuses révélations sur les caractères et de sûrs préservatifs contre les trahisons. Telle fut l'origine de ce grand et bel ouvrage, l'*Essai de Physiognomonie*, dont le premier volume parut en 1775. Comme Lavater a rempli ce grand traité des observations et des souvenirs de toute sa vie, regrets, repentirs, désillusionnements et déceptions, il n'est pas un village en Europe où sa science et son nom ne soient chaque jour allégués à l'appui d'un pressentiment ou d'un horoscope. Plus heureux et moins tourmenté, il est certain que Lavater eût eu moins de sagacité, et surtout moins de renom ; aux philosophes il faut deux choses : beaucoup de génie et quelques adversités. Lavater mourut à Zurich, le 2 janvier 1801, d'un coup de feu, reçu dans le ventre, de la main d'un soldat qu'il eut l'imprudence de haranguer au milieu d'une émeute populaire. Ainsi, l'enthousiasme causa la mort de ce philosophe, comme il avait causé toutes les tribulations de sa vie, son exil, ses persécutions, ses combats perpétuels. Dr Isidore BOURDON.

LA VAUGUYON (ANTOINE-PAUL-JACQUES DE QUÉLEN, duc DE), de la maison de Bourbon-Carency, né à Tonneins, en 1706, mort en 1772, se distingua à la bataille de Fontenoy, fut nommé lieutenant général, et fit l'éducation des quatre petits-fils de Louis XV, dont les trois derniers furent rois de France, Louis XVI, Louis XVIII et Charles X.

Son fils, *Paul-François* duc DE LA VAUGUYON, né en 1746, mort en 1828, envoyé comme ambassadeur en Hollande, puis en Espagne, fut un des compagnons d'exil et un des ministres de Louis XVIII pendant l'émigration.

Paul, comte DE LA VAUGUYON, fils puîné du précédent, né en 1777, porta d'abord les armes contre la France, dans un régiment d'émigrés, puis entra en qualité de volontaire dans l'armée française, prit part à toutes les guerres de l'empire, et parvint au grade de général de division. Il est mort en 1839, sans laisser de postérité.

LAVE, matière rejetée à l'état de fusion ignée par les volcans. Suivant sa structure, on la nomme *lave ponceuse*, *lave granitoïde*, *lave porphyroïde*, *lave compacte*, etc. Sa composition est variable ; mais le labradorite y domine, uni tantôt au pyroxène, tantôt au feldspath, quelquefois à l'amphigène, au fer, etc. Au moment d'une éruption volcanique, la lave coule comme du plomb fondu. Refroidie par le contact du sol et celui de l'air, elle prend, suivant les circonstances, l'aspect du verre, comme dans l'obsidienne, ou celui de la pierre, comme dans les basaltes, etc.

Dans les contrées à terrain volcanique, les laves sont employées pour des constructions; leur taille facile les rend très-propres à cet usage. Une grande partie des trottoirs de Paris fut exécutée en lave d'Auvergne, à l'époque où M. le comte de Chabrol de Volvic remplissait les fonctions de préfet de la Seine. On fabrique à Naples un grand nombre de camées, vases, statuettes, etc., en lave du Vésuve.

LAVEAUX (JEAN-CHARLES-THIÉBAULT), né à Troyes, en 1749, commença par être professeur de langue française à Bâle et à Stuttgard, puis fut appelé à Berlin par Frédéric II, qui avait entendu parler de lui et sut dignement l'apprécier. Quand éclata la révolution, il rentra en France, et rédigea pendant quelque temps à Strasbourg une feuille révolutionnaire; mais il ne tarda pas à se rendre à Paris, où il devint rédacteur en chef du *Journal de la Montagne*. Après avoir été plusieurs fois arrêté durant la terreur, il entra dans l'administration, fut nommé chef de division, puis inspecteur général des prisons et des hospices du département de la Seine. Privé de sa place à la Restauration, Laveaux se donna tout entier à des travaux de grammaire, dont le plus remarquable est son excellent *Dictionnaire de la Langue Française* (Paris, 1820). Ses autres ouvrages les plus importants sont : le *Dictionnaire raisonné des Difficultés grammaticales et littéraires de la Langue Française* (1818); le *Cours théorique et pratique de Langue et de Littérature françaises, ouvrage entrepris par ordre du roi de Prusse* (Berlin, 1784); le *Dictionnaire Français-Allemand et Allemand-Français*, et une foule de petits traités composés en français ou traduits de l'allemand. Laveaux mourut à Paris, en 1827.

LA VEGA. *Voyez* CONCEPCION.

LAVEMENT, injection d'eau pure ou médicamenteuse dans la partie inférieure du canal intestinal. On en administre soit pour débarrasser le gros intestin des matières fécales qui y sont accumulées, soit pour agir directement sur lui, soit pour introduire dans l'économie certaines substances qu'on ne veut pas confier à l'estomac; l'eau pure, tiède ou froide, constitue le plus simple des lavements. Parfois on y ajoute des substances grasses et émollientes : l'huile, une décoction de graine de lin ou de guimauve, etc. D'autres fois on y ajoute des sels, des acides, des matières résineuses ou extractives. Quand le lavement doit agir comme injection, on rend le liquide *émollient*, *narcotique*, *astringent* ou *irritant*, suivant les circonstances. On emploie aussi des lavements de bouillon et de lait, comme nutritifs. L'usage habituel des lavements peut avoir l'inconvénient d'accoutumer les intestins à l'inertie, et alors ils ne remédient qu'imparfaitement à la constipation; mais ils fournissent un moyen bien simple de remédier sans retard à quelques accidents, tels que les maux de tête, les douleurs d'entrailles, etc.

Quant aux instruments qui servent à administrer ces injections, qu'on appelle encore *clystères* ou *remèdes*, ils sont de plusieurs espèces : il y a d'abord la *seringue*, puis le *clysoir*, le *clyso-pompe*, l'*irrigateur*, etc. [Longtemps messieurs les apothicaires ont été en possession exclusive de l'administration de ces injections. La pompe d'étain refoulante et son usage étaient un privilége de ce docte corps; elle était l'arme parlante de certain blason. Le seringat, venu de l'Inde vers 1624, fut regardé comme la fleur de cette congrégation. Les dames envoyaient alors chercher un *officier* de ce grade, sans plus d'hésitation qu'elles n'en mettent aujourd'hui à livrer un de leurs bras pour se faire saigner. La mode s'empara de ce moyen de santé; il fut de bon goût d'en user souvent pour entretenir le teint. Une marquise, à ce que j'ai entendu raconter à mon aïeul, eut l'imprudence de sortir un soir avant d'avoir accompli les devoirs qu'impliquent ordinairement les conséquences de ce réfrigérant salutaire. C'était une marquise du faubourg Saint-Germain. Surprise par une exigence impérieuse dans une rue fort étroite, la rue des Marais, elle se résigna à obéir, espérant qu'elle aurait la chance de ne voir passer personne près d'elle pendant la courte durée de sa halte. A peine avait-elle tenté un cas si courageux, qu'un homme déboucha de la rue des Petits-Augustins. Il faut avoir du malheur, pensa-t-elle; mais que faire? La pudeur lui conseilla de cacher au moins sa figure contre la muraille pour subir la rencontre qu'elle ne pouvait éviter. Or, elle ne fut pas peu étonnée de voir passer obliquement près d'elle l'ombre d'un chapeau qui la saluait, et d'entendre prononcer respectueusement : « Bonsoir, madame la marquise! — J'ai eu tort de me retourner, soupira la grande dame : il n'y avait peut-être qu'un homme au monde qui pût me reconnaître sur cette face! » Et cet homme était en effet son apothicaire.

Du reste, le clysoir, remplacé déjà, à ce que j'entends dire, par le clyso-pompe et l'irrigateur, était une invention rétrograde. Vous me direz qu'un instrument qui se rapporte à un tel usage a le droit de marcher en arrière. Mais encore est-il vrai qu'avant l'introduction du caoutchouc on employait un agent de forme plus gracieuse. C'était un meuble élégant, un siége d'acajou ou de palissandre, contenant, outre le mécanisme approprié aux besoins, une sorte de serinette, un petit orgue de Barbarie, dont la manivelle mettait en mouvement à la fois l'impulsion hydraulique et le mécanisme musical. On prenait le remède sur l'air le plus approprié aux circonstances ou au goût de la personne. Henri DE LATOUCHE.]

LAVEMENT DES PEINTRES. *Voyez* ÉMÉTIQUE.

LAVEMENT DES PIEDS (Cérémonie du). *Voyez* CÈNE.

LAVEUR DE CENDRES. *Voyez* CENDRES D'OR-FÈVRE.

LAVINIE, fille de Latinus et d'Amata, n'est en réalité que la figure, la personnification de l'union qui se forma entre les Pélasges d'Italie et les Troyens ou étrangers, aussi Pélasges. Quelquefois on la nomme *Launa*, fille d'É-vandre, et elle épouse Hercule; d'autres la nomment *Laurina*, fille du Latinus Œnotrien, et elle épouse Locrus; enfin, on la donne même à Énée sous le nom de *Lauuia*, fille d'Anius. Prenons cependant la version ordinaire. Beaucoup de prétendants se disputaient la main de Lavinie, entre autres Turnus, roi des Rutules, auquel elle fut promise; mais l'oracle du dieu Faune la destinait à un étranger. Énée débarqua en Italie avec les Troyens, et Latinus reconnut en lui son gendre; mais Amata, femme de Latinus, inspirée par Junon, emmena sa fille; et Turnus déclara la guerre à Latinus et aux étrangers. Énée le tua dans un combat singulier, et devint possesseur de Lavinie et du trône de Latinus. Après sa mort, elle donna le jour à Æneas Sylvius, ainsi nommé, parce qu'il avait été élevé dans les bois, d'où il sortit pour succéder à Ascagne, quand celui-ci eut terminé sa vie. Niebuhr voit dans cette tradition tout autre chose que les poètes : il présume que Caton, dans ses *Origines*, représentait Énée comme recevant de Latinus un cadeau de 700 *jugères* de terres; et comme le lot de chaque Romain fut dans la suite de 7 *jugères*, ce savant en conclut qu'Énée, qu'au surplus il n'admet pas comme une personnification, n'avait amené que 100 Troyens. Il rappelle une tradition selon laquelle un cerf favori de Latinus est blessé. Le roi s'unit avec Turnus contre ces odieux étrangers; mais ceux-ci l'emportent, et Lavinie devient le prix de la victoire. P. DE GOLBÉRY.

LAVINIUM ou LAVINIE, ville du Latium. La tradition veut qu'Énée l'ait bâtie pour les Troyens, et nommée du nom de sa femme Lavinie. Il y avait néanmoins chez les Laviniens une autre version : Albe aurait envoyé pour fonder leur ville 600 familles. On veut aussi que cette ville soit le plus ancien siége des trésors sacrés. On rapporte qu'Ascagne avait, en l'abandonnant avec son peuple, emmené les pénates; mais les images des dieux s'étaient deux fois échappées de leurs temples fermés, pour retourner dans leurs murailles désertes. Alors le roi Albain y envoya des colons pour habiter près du sanctuaire. Niebuhr voit dans Lavinium le centre commun des Latins, qui s'appelaient aussi *Lavinii*, comme en Asie *Panionium* était le centre des Ioniens. Du reste, Turnus, Lavinie, etc., ne sont que des désignations de peuples.   P. DE GOLBÉRY.

LAVIS. Ce genre de peinture n'est plus guère en usage que parmi les ingénieurs et les architectes, qui s'en servent pour leurs plans. L'aquarelle a usurpé sa place dans les ateliers de nos artistes. Il faut le dire, cependant, chacun de ces genres de peinture possède son mérite à part. Sans doute l'aquarelle seule a le privilége de réunir ces tons d'une pureté si exquise, d'une chaleur si suave, qui font le charme des connaisseurs. Mais il faut dépenser beaucoup de temps pour arriver à un résultat satisfaisant. Le lavis, au premier aspect, est froid et monotone, et cela se comprend sans peine : une seule couleur suffit à ce genre de peinture; des teintes plus ou moins fortes déterminent seules les clairs et les ombres; mais aussi avec quelle promptitude ne reproduit-il pas l'idée qui nous préoccupe ! Comme la vue d'une simple esquisse lavée nous rend compte d'une composition ! Pour exécuter un lavis, on trace d'abord légèrement le trait au crayon, ou seulement au pinceau, puis, mêlant à l'eau la couleur dont on veut faire usage, on opère ou sur du papier blanc avec du bistre, de la sanguine, de l'encre de Chine, de l'indigo, de l'outremer, et le plus fréquemment de la sépia; ou sur du papier coloré et teinté (dit *papier de pâte*) avec les mêmes couleurs rehaussées par le blanc et la gouache. Il faut coucher ses teintes franchement, sans tâtonner; et elles doivent toujours être hardiment senties. Raphael, Le Brun, Lesueur et Mignard, avant d'entreprendre leurs fresques, en exécutaient les esquisses *au lavis*. On en possède de ces cartons légués par ces grands maîtres. Les peintres d'histoire qui vivaient sous l'empire avaient recours le plus fréquemment à ce genre de peinture pour les esquisses de leurs tableaux. Plusieurs peintres hollandais ont consacré leurs loisirs à produire des lavis qui ne sont pas sans mérite. Nous n'omettrons pas de citer entre autres Van-Ostade, Rugendas, Paul Bril, Ruysdael, Both et Winants.   V. DARROUX.

LAVIS (Gravure au). *Voyez* GRAVURE, tome X, p. 503.

LAVOIR, bassin ordinairement disposé à la naissance d'une source ou sur un cours d'eau, pour y placer le plus commodément possible des laveuses de linge. Cette construction est simple, et en général peu coûteuse. A défaut de cours d'eau naturel, on place le lavoir dans le voisinage d'un puits. Les lavoirs sont ou domestiques et particuliers, ou publics et extérieurs. Dans une grande habitation, le lavoir doit atteindre à la buanderie, si la disposition du cours d'eau le permet. Il convient de lui donner la forme qui souffre le plus grand développement dans son pourtour, afin de se ménager plus de place pour les laveuses, et qu'il soit entouré d'une enceinte couverte, dans laquelle celles-ci se trouvent à l'abri du soleil trop ardent ou de la pluie, qui les forcerait d'interrompre leur travail. On doit pratiquer une petite vanne avec empellement, destinée à maintenir l'eau dans la à la hauteur convenable, lorsque la pelle est baissée, et à pouvoir la tarir lorsqu'elle est levée, soit pour le curage, soit pour la recherche des pièces de linge qui tombent au fond. Tout à l'entour, le lavoir est garni de chevalets placés dans l'enceinte, et sur lesquels on dépose le linge à mesure qu'il est lavé. La convenance d'assurer le jeu des eaux, même dans les temps de crue, doit, en général, faire préférer d'établir le lavoir sur une dérivation du cours d'eau, que sur le cours d'eau lui-même. Le bassin doit être entièrement revêtu en maçonnerie de chaux et ciment, ou construit en béton, pour peu qu'on ait à craindre les infiltrations; mais si ces infiltrations dans les terrains environnants n'offraient aucun inconvénient, il suffirait alors d'un revêtement en pierres sèches, excepté dans le voisinage de la vanne. Quant au couronnement de la maçonnerie, ou margelle, sur lequel les laveuses travaillent, il faut pour cette partie employer de la pierre de taille la plus dure : les dalles seront posées dans l'inclinaison requise pour la facilité du lavage du linge. Lorsqu'on manque de pierres convenables, on y substitue de forts madriers de chêne, solidement contenus dans la maçonnerie inférieure; mais cet emploi du bois, qui est sujet à se déchirer, n'est pas toujours sans inconvénient pour le linge. Le fond du bassin doit toujours être pavé, pour en faciliter le nettoyage sans approfondir le lavoir. On donne communément aux lavoirs domestiques $1^m,20$ de profondeur.

Dans certains établissements, comme les manufactures de laine, les papeteries, etc., il y a aussi des lavoirs. Dans les exploitations minéralogiques, le lavoir est l'endroit où s'opère le lavage des minerais.   PELOUZE père.

Depuis quelques années des lavoirs publics s'étaient établis dans beaucoup de grandes villes, à l'instar des bateaux de blanchisseuses aménagés sous les rivières. Le gouvernement a voulu encourager ces établissements. Des primes ont été accordées aux villes qui en créent à bas prix et qui y joignent des bains à l'usage des classes pauvres.

LAVOISIER (ANTOINE-LAURENT), l'un des créateurs de la chimie moderne, naquit à Paris, le 19 août 1743. Sa famille jouissait d'une fortune considérable, honorablement acquise par le commerce. Le jeune Lavoisier put recevoir une brillante éducation. La physique et surtout la chimie furent les sciences auxquelles il se consacra spécialement. Le jeune chimiste remporta, en 1766, le prix mis au concours par l'Académie des Sciences pour le perfectionnement de l'éclairage de la capitale. En 1768 l'Académie s'associa Lavoisier, dont les travaux scientifiques étaient déjà connus de toute l'Europe, et dont la munificence éclairée ne contribuait pas moins que ses travaux à multiplier et à rendre productives les entreprises qui tendaient au même but. Grâce à ses libéralités, de jeunes talents se développaient ; un laboratoire bien pourvu de tout ce qu'exigent les opérations les plus délicates était à la disposition de Berthollet, de Vauquelin, etc. Mais pour continuer à servir ainsi les sciences, le Mécène s'aperçut bientôt qu'il fallait accroître l'héritage paternel ; et ce fut alors qu'il eut la funeste pensée de devenir fermier général, ce qu'il obtint en 1769. Il put alors réunir autour de lui un grand nombre de savants et se livrer avec eux à d'importantes expériences. C'est à cette époque que La Place et Lavoisier inventèrent leur calorimètre.

En 1778 la théorie de l'oxygène et de ses combinaisons fut terminée et publiée, et la même année Lavoisier sépara de cette théorie générale celle de la formation des acides. Il avait déjà publié, en 1777, une instruction sur les nitrières artificielles, sur la production et l'extraction du salpêtre. Précédemment encore, en 1775, une multitude de mémoires isolés, rassemblés sous le titre d'*Opuscules chimiques*, avaient ébranlé jusque dans ses fondements la chimie de Stahl, Lémery, Macquer, etc. Il semblait que tout le temps de Lavoisier appartenait à sa science favorite ; mais il lui en restait encore assez pour veiller aux intérêts des fermiers généraux. Il est avéré que c'est lui qui conçut et fit adopter le projet d'élever contre les fraudeurs des droits d'entrée la muraille dont Paris est entouré, construction qui excita les haines dont la révolution sut profiter. Cependant, il ne serait pas équitable d'attribuer à l'illustre chimiste les vues étroites et l'égoisme que l'on impute volontiers à un spéculateur sur le produit d'impôts odieux : sa conduite démentirait constamment une accusation fondée sur ce fait unique, et auquel on peut en opposer beaucoup d'autres en sens contraire. On doit dire que Lavoisier contribua puissamment à l'abolition du privilége des salpêtriers, qui les autorisait à bouleverser sans indemnités les habitations où ils espéraient faire une récolte de salpêtre. Il parvint aussi à faire supprimer le droit de péage prélevé sur les israélites dans quelques villes de France. En 1788, la ville de Blois, menacée d'une disette, manquait de fonds pour donner un peu de pain à ses nombreux indigents ; Lavoisier lui fit une avance de 20,000 francs, sans fixer l'époque du remboursement. La confiance qu'il inspirait comme administrateur intègre et judicieux le fit mettre au nombre des inspecteurs de la Caisse d'escompte et des commissaires du trésor public. Des occupations aussi multipliées lui laissèrent encore le temps d'exécuter une des premières entreprises statistiques dont les produits de la France ont été l'objet. Ce grand travail renfermait dans un même cadre tous les objets analogues, et l'ensemble de tous ces tableaux eût donné la mesure des ressources de la France à cette époque. L'auteur y travaillait encore lorsque les orages de la révolution le forcèrent à interrompre ses recherches. Deux ouvrages très-utiles avaient heureusement précédé nos troubles politiques, mais seulement de quelques mois : l'un expose la méthode de nomenclature que les chimistes suivent encore actuellement avec de légères modifications, et l'autre est un Traité élémentaire de Chimie.

Lorsque la proscription vint atteindre un certain nombre de fermiers généraux, Lavoisier se réfugia pendant quelques jours dans un asile qui lui fut disposé par l'ancien concierge de l'Académie des Sciences ; mais lorsqu'il apprit que vingt-huit de ses malheureux associés étaient dans les prisons du tribunal révolutionnaire, il connut le danger auquel il exposait son hôte, et refusa de profiter plus longtemps de son généreux dévouement ; il alla se constituer prisonnier. Il conservait encore quelque espérance : apprenant que sous peu de jours il serait mis en jugement, il osa demander un sursis pour qu'il pût achever un travail dont ses compatriotes recueilleraient tout le fruit : « La république n'a besoin ni de savants ni de chimistes, répondit Fouquier-Tinville, le cours de la justice ne sera pas interrompu. » Le 8 mai 1794 la tête de Lavoisier tombait sur l'échafaud.

FERRY.

LAW (JOHN), si célèbre par ses opérations financières pendant la minorité de Louis XV, était né en 1671, à Édimbourg, en Écosse. Son père, riche orfévre et banquier, acheta le domaine de Lauriston, dont ses descendants prirent le titre. John Law étudia de bonne heure les mathématiques avec ardeur ; et à l'âge de vingt ans, maître d'un riche patrimoine, il se rendit à Londres, où il se lança dans la société des joueurs et des agioteurs, en même temps qu'il y acquit l'intelligence des opérations de commerce et de finances. Un duel, dans lequel il tua son adversaire, le contraignit à se réfugier sur le continent. Après avoir parcouru la France, l'Italie et l'Allemagne, menant en tous lieux la vie élégante du riche oisif, jouant partout fort gros jeu et ne s'en trouvant pas mal, il alla en dernier lieu à Amsterdam. Admis dans l'intimité des plus riches banquiers et négociants de cette ville, il s'y livra à une étude toute particulière du mécanisme des banques et du jeu sur les effets publics. Pour mieux comprendre le système sur lequel était basée la banque d'Amsterdam, il se fit même admettre en qualité de commis chez le résident d'Angleterre en cette ville, personnage moitié diplomate et moitié négociant, comme sont encore de nos jours les agents consulaires de cette puissance ; et il eut ainsi occasion de pénétrer dans les mystères de l'organisation de cette grande institution de crédit, organisation restée jusque alors une énigme pour le plus grand nombre. Revenu vers 1700 en Écosse, défenseur ardent du système, encore assez mal compris alors, du papier de crédit, il proposa au parlement d'Écosse la fondation d'une banque d'un genre particulier, qui émettrait des billets dont la valeur serait représentée par des hypothèques sur propriétés foncières. Son plan ayant été repoussé, Law repassa, en 1707, sur le continent. Il parcourut de nouveau l'Italie et l'Allemagne, jouant toujours partout le plus gros jeu, et avec un bonheur si constant qu'il y gagna une fortune de plus de deux millions. C'est vers 1710 qu'il arriva à Paris. Cette vie de joueur, qui de nos jours n'est plus que celle d'aventuriers de bas étage, n'avait rien de déshonorant dans les idées de l'époque ; c'était, au contraire, l'existence d'une foule d'individus du plus grand monde, où on leur faisait bon accueil précisément parce qu'ils étaient gros joueurs. On l'accusa bien quelquefois de corriger par son extrême adresse les erreurs du hasard ; mais un témoin en qui on peut avoir toute confiance, car il fut dès le début d'une incrédulité complète à l'endroit des brillants résultats qu'on espérait de l'application des idées de Law à l'administration des finances de la France, Saint-Simon, lui rend à cet égard le témoignage le plus honorable. L'habileté de Law au jeu, c'était son impassible sang-froid, qui lui permettait de calculer dans des occasions où le vulgaire des joueurs perd la tête. Il taillait alors d'ordinaire le pharaon chez la *Duclos*, fameuse courtisane de l'époque, qui avait fait de son salon un tripot où se réunissaient des gens de la meilleure et de la plus grande compagnie. Law n'entrait jamais au jeu sans avoir devant lui une somme d'au moins 100,000 livres en or. Recherché par les plus grands seigneurs, autant comme beau joueur, qu'à cause des agréments de sa conversation, il fut même admis dans l'intimité d'un prince du sang, le duc d'Orléans, qui prenait un intérêt tout particulier à l'entendre développer ses idées sur les immenses ressources qu'un État obéré dans ses finances pouvait tirer du crédit public, non-seulement pour faire face à ses engagements, mais encore pour éteindre ses dettes. Law se faisait fort d'amortir la dette publique et de mettre la cour et le peuple dans l'abondance au moyen de la création d'une banque qui émettrait des billets au porteur remboursables à volonté en espèces, et dans les caisses de laquelle viendrait se concentrer tout le capital métallique du pays. Il partait en effet de ce principe, que le banquier privé jouit le plus souvent d'un crédit dix fois supérieur à son capital réel en espèces, crédit grâce auquel il peut faire dix fois plus d'opérations que s'il devait solder en métaux précieux chacune de ses transactions. Or il pensait qu'en concentrant dans les caisses d'une banque tout l'argent monnayé d'un État, un prince pourrait émettre des billets de crédit pour des sommes dix fois plus fortes encore que l'immense capital formé par la centralisation de toutes les richesses métalliques du pays. Avec un tel levier entre les mains d'un gouvernement sachant adroitement s'en servir, il n'y avait plus, suivant lui, de limites à la prospérité d'un pays, car l'argent ne pouvait plus jamais y manquer pour les grandes entreprises publiques, non plus que pour les entreprises privées. Non-seulement Law, notons le bien, faisait ici confusion entre le crédit public et le crédit commercial, mais il commettait encore une autre erreur. Il n'admettait pas que la somme si immense masse de billets de crédit pût jamais se déprécier, ni qu'elle pût jamais affluer à la banque en remboursement ; qu'il pût dès lors jamais y avoir pour cet établissement impossibilité de rembourser ; en un mot, il croyait que, quel que fût le chiffre auquel on arriverait à porter le montant des émissions de papier de crédit, ces émissions ne pourraient se trouver jamais qu'en proportions identiques avec les besoins du commerce et par suite avec la richesse nationale.

Law, comme on voit, poussait jusqu'aux dernières limites de l'exagération les conséquences à déduire d'idées vraies en principe, mais dont il faisait une fausse application. De pareilles idées, si nouvelles en France et développées avec une habileté que de précision par un homme qui se faisait fort, pour peu qu'on lui laissât carte blanche, de remplir pour ainsi dire d'un simple coup de baguette les coffres du trésor, où les malheurs de la guerre de la succession avaient produit un vide effroyable ; par un homme qui promettait de faire refleurir le commerce et l'industrie, aux abois depuis les calamités qui avaient signalé les dernières années du règne de Louis XIV ; ces idées devaient vivement impressionner un prince qui peu de temps auparavant cherchait encore dans les mystères de l'alchimie le secret de la transmutation du métal le plus vil en or le plus pur. Il était donc tout naturel que Philippe d'Orléans parlât

12.

à tout venant et même en haut lieu du magicien qui s'engageait à faire cesser la détresse publique; et en effet il le présenta au contrôleur général comme un homme fécond en ressources, bon tout au moins à consulter. Law de dérouler aussitôt au ministre tous ses plans; mais personne à Versailles n'était alors capable de les comprendre. Louis XIV refusa même de les examiner. A ses yeux, d'ailleurs, Law avait un double tort : il était étranger et huguenot. Bientôt même le train et le genre de vie qu'il menait à Paris le rendirent suspect aux yeux de la cour du vieux roi; et le lieutenant de police lui fit un beau matin intimer l'ordre d'avoir à quitter la capitale dans les vingt-quatre heures et le territoire du royaume sous huit jours.

Ainsi éconduit, Law s'en alla parcourir encore une fois l'Italie et l'Allemagne, où il continua de mener la vie de plaisirs d'un aventurier de haut parage, gagnant toujours au jeu avec un bonheur opiniâtre, mais finissant aussi, il faut bien le dire, par se faire chasser d'à peu près partout. La nouvelle de la mort de Louis XIV et de l'élévation de son ancien protecteur, le duc d'Orléans, à la régence, ne lui parvint pas plus tôt qu'il accourut à Paris. Il y arriva en homme qui n'a rien à demander à personne, car il y apportait encore une somme en espèces qui représenterait aujourd'hui 2,080,000 francs. Il avait alors quarante-cinq ans. Dans la situation où se trouvait à ce moment le trésor, on parlait hautement de la banqueroute comme du seul moyen de tirer l'État d'embarras en présence de dettes énormes et de recettes allant à peine à 150 millions. Law, en homme convaincu qu'il était, remit aussitôt sur le tapis son projet de création d'une banque royale, offrant d'en constituer en grande partie le fonds de roulement avec ses propres ressources; et le régent, qui s'était toujours senti un faible pour ses idées, aplanit facilement tous les obstacles qui s'opposaient à leur réalisation. La France ne possédait point encore de banque. Law fut autorisé à en créer une, en mai 1716. Toutefois cet établissement demeurait une entreprise particulière. Son capital était de six millions seulement, et représenté par 1,200 actions de 5,000 livres. Or, comme les actionnaires ne versaient qu'un quart en espèces, et les trois autres quarts en billets d'État, on voit qu'une somme de 1,500,000 livres en espèces métalliques fut l'unique ressource avec laquelle elle commença ses opérations. Ses bureaux furent établis à l'hôtel de Mesme, rue Sainte-Avoye. Les incessantes variations du titre légal des monnaies étaient alors un des fléaux du commerce. Prendre l'engagement de toujours rembourser les billets de la banque au cours du jour de sa création, ainsi que le fit Law, c'était rassurer tous les intérêts; c'était rendre la monnaie de papier préférable à la monnaie métallique, puisque la valeur en était invariable. Law fit immédiatement savoir qu'il prendrait à l'escompte les bonnes valeurs commerciales au taux de 6 pour 100; et le papier de circulation payable à vue au porteur, qu'il émit en représentation des valeurs à échéances fixes ainsi accumulées dans le portefeuille de la banque, quoiqu'il en eût été en peu de temps jeté dans le commerce pour plus de 50 millions, devint tellement recherché, à cause des facilités et des avantages qu'il offrait pour toutes les transactions de quelque importance, qu'il ne s'en délivra bientôt plus qu'à prime. Des dépôts volontaires décuplèrent bientôt le fonds de roulement de la banque, et permirent d'abaisser le taux de l'escompte à 4 pour 100. Dès l'année suivante, par une décision du conseil, les billets émis par la banque étaient admis comme espèces dans toutes les caisses publiques.

L'événement venait de prouver que Law avait calculé juste. Le développement pris par les opérations de la *Banque générale*, le premier établissement de crédit qu'il y eût encore eu en France, avait puissamment contribué à la reprise des affaires; et les bénéfices considérables réalisés par cette institution au moyen de son seul crédit, furent hausser considérablement (août 1718), comme on peut bien le croire, la valeur des actions représentant son capital de fondation. Ébloui par son succès même, Law ne vit plus de limites à assigner aux développements que pouvait prendre le crédit basé sur ses combinaisons. Il se fit alors autoriser à créer en dehors de la Banque générale, sous le nom de *Compagnie d'Occident* et au capital de 100 millions, une compagnie de commerce ayant pour objet l'exploitation et la colonisation du vaste territoire arrosé par le Mississipi; territoire alors encore assez mal connu, et acquis seulement depuis peu par la France. Grâce à l'influence sans bornes qu'il exerçait maintenant sur l'esprit du régent, il fit successivement pourvoir cette nouvelle Compagnie des plus vastes attributions. Son plan était d'ailleurs de la réunir à la banque générale à la première occasion, car il ne rêvait pas moins que de centraliser dans ses comptoirs tout le commerce, toutes les grandes affaires industrielles de la France. A quelque temps de là, on opéra effectivement la fusion des deux compagnies, qui dès lors n'en formèrent plus qu'une seule, sous la dénomination de *Compagnie des Indes*. On lui abandonna le monopole du tabac, la refonte et la fabrication des monnaies, les grandes fermes; et elle émit 625,000 actions de 500 liv. chacune, dont la vente à prime lui fit réaliser *un milliard* 797,500,000 liv. de bénéfices.

C'est au commencement de l'année 1719 que Law appliqua complètement ce qu'on appelait bien à tort son *Système* ; car il ne fut jamais autre chose qu'un empirique financier. Le moyen qu'il avait imaginé pour libérer le trésor, c'était de faire accepter en payement par les créanciers de l'État des actions de sa Compagnie; actions ne rapportant, il est vrai, qu'un intérêt fixe de 3 pour 100, mais auxquelles les immanquables bénéfices à réaliser dans les diverses affaires et entreprises financières attribuées à la Compagnie donneraient avant peu une valeur bien plus considérable. Ces bénéfices à *réaliser* devaient surtout provenir de l'exploitation du sol encore vierge de tout l'immense bassin du Mississipi ; et sans attendre même qu'on y eût seulement entrepris des défrichements et créé quelques établissements, le gros du public se jeta avec une fureur toute française sur les actions qui représentaient à ses yeux ces immenses mais imaginaires richesses, et qui par l'agiotage auquel elles donnèrent lieu enrichirent à trente-six capitaux pour un.

La France en était à ses débuts dans la carrière de l'agiotage, et le commerce des effets publics n'y était astreint à aucune règle. Il n'existait point encore à Paris de Bourse, à l'instar de celles de Londres et d'Amsterdam; et comme de tout temps le commerce des matières, l'escompte des valeurs commerciales, la vente et l'acquisition des effets publics, avaient eu pour centre la rue Quincampoix, située entre les rues Saint-Denis et Saint-Martin (et qui ne sera bientôt plus qu'un souvenir dans l'histoire de Paris, puisque le tracé du boulevard de Strasbourg la fait disparaître complètement), c'est à la rue Quincampoix qu'on courait acheter ces merveilleuses actions, dont, grâce à des manœuvres de tous genres, les gros détenteurs faisaient arbitrairement fluctuer les cours. Bientôt elles devinrent l'objet de marchés à primes; des opérations fictives, incessamment renouvelées et se soldant uniquement par des différences, créèrent tout à coup d'immenses fortunes. Une foule de propriétaires de la province, cédant à l'exemple et à l'ivresse générale, vendaient leurs propriétés et transformaient leur capital en actions de la Compagnie, non pas pour avoir un placement, mais pour s'enrichir rapidement au moyen du merveilleux mouvement d'ascension donné par l'agiotage à ces actions.

On trouve partout l'incroyable et pourtant très-véridique histoire des scènes dont la rue Quincampoix fut alors le théâtre. C'était un délire, un vertige qui ne se pouvaient comparer à rien. On s'y étouffait, et toute circulation y devenait littéralement impossible depuis le point du jour jusque fort avant dans la nuit. On dut finir même par prendre le parti de la transformer en une véritable bourse et de la clore à ses deux extrémités par des grilles qu'on fermait à minuit, afin que les habitants de cette rue fortunée pussent avoir quelques heures à donner au sommeil. Une chambre au premier ou au second étage s'y louait 50 fr. par jour. C'était 18,000 francs par an ! Chacun a entendu parler de ce jovial et avisé bossu qui, pupitre ambulant, gagna 50,000 écus rien qu'à parcourir les groupes d'agioteurs en prêtant sa bosse pour signer des transferts. On finit par comprendre ce qu'il y avait d'absurde à s'étouffer ainsi dans une ruelle infecte et obscure; et la bourse en plein vent, le grand marché aux actions, furent transférés à la place Vendôme, qui se couvrit de baraques et devint un véritable champ de foire, où l'affluence ne fut pas moindre qu'à la rue Quincampoix. Vers la fin du Système ce fut dans le jardin de l'hôtel de Soissons, dont l'emplacement est occupé aujourd'hui par la halle aux blés et l'ensemble de constructions qui l'entourent, que se réunirent les *Mississipiens*, comme on appela alors les agioteurs. Les plus avisés d'entre eux immobilisèrent sans bruit leurs bénéfices en achetant les maisons ou les terres qu'ils purent rencontrer à vendre, et, à défaut, en faisant des placements à l'étranger. Quand il ne se présenta plus rien à acheter en fait d'immeubles, ils se rejetèrent sur les objets mobiliers et réalisèrent en achetant le plus qu'ils purent de marchandises fabriquées; quelques-uns en vinrent jusqu'à convertir une partie de leurs richesses en meubles d'or et d'argent massifs. Mais ces réalisations ne pouvaient se faire qu'en diminuant le capital en circulation dans le pays, et par suite la réserve métallique de la Compagnie. Vint le moment, et il ne fallut pas plus de sept ou huit mois pour cela, où chacun voulut réaliser. Dès lors commença le discrédit des actions; et le mouvement de baisse fut presque aussi rapide qu'avait été le mouvement ascensionnel.

Les mesures auxquelles Law recourut pour dominer cette crise la précipitèrent encore. Afin d'avoir complétement la haute main dans les affaires, il s'était depuis quelque temps converti au catholicisme, et s'était fait nommer contrôleur général ou ministre des finances. Maintenant, tous ses actes eurent pour but d'arrêter la dépréciation du papier de la Compagnie et de ses actions ; et à cet effet, s'imaginant tout sauver par des lois somptuaires renouvelées du moyen âge, il ne défendit pas seulement l'exportation du numéraire hors de France, mais encore il en vint, d'édit en édit, jusqu'à interdire à chacun de détenir chez soi plus de 500 livres en espèces, comme aussi de posséder aucun meuble meublant en argent. Aucun ouvrage d'or ne dut peser plus d'une once. On détermina le poids de tous les ouvrages d'orfévrerie, celui des plats, des flambeaux. Bientôt il n'hésita point à altérer les monnaies, après avoir lui-même si justement flétri ce moyen inique de liquidation auquel avaient jusque alors constamment recouru tous les gouvernements. Suivant les besoins de la Compagnie, la valeur des monnaies fut haussée ou abaissée arbitrairement, et on interdit l'échange des billets contre de l'or ou de l'argent, sous peine de confiscation. Law se décida même un jour à démonétiser l'or, pour empêcher qu'on ne l'accaparât. Après avoir créé près de sept à huit milliards de valeurs en papier, alors que toute la réserve métallique du pays ne montait à guère plus de 1,200 millions, il persistait à croire de la meilleure foi du monde avoir par cela seulement décuplé la richesse de la France. Il n'avait pas compris que l'on ne crée de richesses réelles que par le travail, et que multiplier comme signe représentatif de la richesse d'un pays la monnaie de papier, tout aussi bien que la monnaie d'or ou d'argent, sans que le développement général du travail national y corresponde, c'est provoquer uniquement l'agiotage et une élévation proportionnelle dans le prix de toutes choses, pour arriver un peu plus tôt ou un peu plus tard à se trouver en face de la réalité, c'est-à-dire du néant, puisque pendant ce temps-là rien n'a été fait pour accroître la force productive du pays. Il ne s'aperçut que trop tard de l'appauvrissement réel causé dans le pays par la diminution de son capital de circulation, suite des nombreuses réalisations faites par les spéculateurs étrangers accourus de tous les coins de l'Europe à Paris, pour venir prendre part aux opérations de la rue Quincampoix. La meilleure preuve qu'on puisse d'ailleurs donner de la confiance qu'il avait lui-même dans la mise en pratique de ses idées financières, c'est qu'il ne songea pas un seul instant à faire passer à l'étranger la moindre partie des richesses énormes que lui avait values le Système; et acheter comme il fit force grandes terres en France même, c'était prouver sa foi entière et absolue dans le résultat final des opérations qu'il avait préconisées.

Toutes les mesures prises par Law pour arrêter la dépréciation des actions et par suite celle du papier émis par la Compagnie étant demeurées impuissantes, il finit par se décider à retirer de la circulation une partie des valeurs qu'il y avait jetées, dans l'espoir de relever ainsi le cours de celles qu'il y laissait. Après avoir, par un arrêté du conseil en date du 5 mars 1720, fixé à 9,000 livres la valeur légale de l'action (émise à l'origine au taux de 500 livres, mais qui pendant longtemps s'était soutenue au cours de 20,000 livres), il abaissa de moitié, quelques jours après, la valeur des billets de banque. C'était la seule chose qu'il y eût raisonnablement à faire; mais dans de telles circonstances la chute de Law et de son système était inévitable. Dès le mois d'avril, en face de la clameur universelle, il était réduit à donner sa démission de contrôleur général. En juillet suivant la banque suspendit complétement le remboursement de ses billets, qui perdirent aussitôt les neuf dixièmes de leur valeur; et les actions de la Compagnie, qui au commencement de 1720 valaient encore 20,000 livres, ne se vendaient plus qu'à grand' peine un louis à la fin de cette même année. Après avoir fait à l'État l'abandon de son immense fortune territoriale, Law se réfugia dans les derniers jours de décembre 1720 à Bruxelles, emportant avec lui à peine 20,000 livres, et poursuivi par les malédictions des innombrables victimes du jeu qui avait eu lieu sur les actions de sa Compagnie. Il y eut alors des ruines éclatantes, et une foule de millionnaires redevinrent aussi pauvres qu'ils étaient avant cette immense orgie financière, mais avec des habitudes de luxe et de jouissances qui leur rendaient cent fois plus leur misère. Le gouvernement, après avoir retiré à la Compagnie l'administration des finances, ordonna un visa de tous les effets, opération dans laquelle plus du tiers de la masse de papier en circulation fut annulée; et le public put convertir le reste en rentes à 1 pour 100.

Dans ce premier essai du crédit public, la nation, par suite de l'ignorance et de la légèreté de l'inventeur du Système et des hommes placés alors à la tête des affaires, avait perdu des sommes immenses. Le commerce et l'industrie restèrent anéantis pendant plusieurs années encore, de même que les finances publiques dans la situation la plus déplorable. Un des jours heureux du Système la nation ne conserva qu'une soif effrénée de luxe et de plaisirs.

Law se fixa plus tard à Venise, où il tomba bientôt dans un état voisin de la misère, et il dut alors se faire de nouveau du jeu une ressource. Lorsqu'il mourut, en mai 1729, il ne laissa pour toute fortune à sa famille qu'un diamant d'une valeur de quarante mille livres, qu'il avait l'habitude de mettre en gage toutes les fois qu'il se trouvait gêné. Consultez l'*Histoire des Finances sous la minorité de Louis XV* (6 vol., La Haye, 1739).

LAW (Édouard). *Voyez* Ellenborough.

LAWFELD ou **LAUFELD**, nom d'un village situé dans les environs de Maëstricht, où le maréchal de Saxe remporta une victoire chèrement disputée en peu décisive sur les Anglais, les Hollandais et les Autrichiens, commandés par le duc de Cumberland, le 2 juillet 1747. Les Français y ont encore remporté un succès en 1794.

LAWRENCE (Sir Thomas), peintre anglais de portraits, né à Bristol, le 13 avril 1769, était le fils d'un pauvre aubergiste, et dès sa première jeunesse annonça les plus remarquables dispositions pour le dessin. En 1787 il se rendit avec sa famille à Londres, où Reynolds devint son modèle, et il ne tarda point à y faire une vive sensation par ses portraits. A la mort de Reynolds il fut nommé, en 1792, peintre de la cour; et à partir de 1800, époque où par ses portraits de lord Thurlow, d'Erskine, de Mackintosh, et de la feue reine Caroline, alors princesse de Galles, représentée avec sa fille, la princesse Charlotte, sa réputation alla toujours croissant; il se consacra exclusivement au portrait. A la mort de West, le roi le nomma président de l'Académie et le créa *baronet*. En 1814 on le chargea de faire les portraits des souverains qui vinrent alors visiter Londres, et des autres rois coalisés contre Napoléon, ainsi que des ministres Metternich, Castlereagh, Hardenberg, Richelieu et Nesselrode pour la galerie du prince régent d'Angleterre. Il peignit ensuite, en 1819, le pape Pie VII, et en 1825, également pour le prince regent, le roi de France Charles X et son fils le dauphin. Son portrait de Georges IV d'Angleterre en habit bourgeois est considéré comme son chef-d'œuvre; il a aussi peint ce prince dans son costume de couronnement. Son dernier travail fut un portrait de la comédienne Fanny Kemble. Il mourut le 7 janvier 1830, et fut enterré dans l'église Saint-Paul, à côté de West. Il ne peignit jamais de portrait en grandeur naturelle à moins de 500 guinées (12,500 fr.), et il fallait lui compter la motié de cette somme dès la première séance. Malgré cela, il ne laissa aucune fortune, parce qu'il était joueur, mais de bien riches collections, notamment en dessins, qui après sa mort se dispersèrent.

LAWRENCE (WILLIAM), l'un des plus célèbres chirurgiens qu'ait produits l'Angleterre, fut nommé en 1816 professeur d'anatomie et de chirurgie au Collége royal, et en 1837 chirurgien extraordinaire de la reine, et chirurgien de l'hôpital Saint-Barthélemy, ainsi qu'opérateur à l'établissement ophthalmique. Parmi les nombreux ouvrages qu'on a de lui, et qui tous jouissent d'une grande réputation, nous citerons : *A Treatise on Ruptures* (3ᵉ édit., 1838); *Lectures on Phisiology, Zoology and the natural History of Man* (7ᵉ édit., 1839); *A Treatise on the venereal diseases on the eye* (1830); *Eighty nine Lectures on Surgery* (1831); *Lectures on Surgery* (1832); *Anatomico-Chirurgical Views of the Nose, Mouth, Larynx and Fances* (2ᵉ édit., 1838), ainsi que ses nombreux articles insérés dans les *Medico-Chirurgical Transactions* de la Société médico-chirurgicale dont il est le président.

LAXATIF (du latin *laxare*, relâcher). On désigne sous ce nom une sorte de médicaments dont l'effet sensible est de relâcher le ventre et de provoquer des évacuations alvines : aussi les a-t-on souvent confondus avec les *purgatifs*. Mais ils diffèrent essentiellement de ceux-ci, et il est surtout très-important de les en distinguer dans la pratique. Les purgatifs appartiennent souvent au règne minéral, les laxatifs sont tous tirés du règne végétal; leur composition varie peu : ce sont toujours des substances mucoso-sucrées ou des huiles fixes : tels sont la *manne*, la *casse*, le *tamarin*, le *miel*, l'*huile de ricin*, etc. Les purgatifs sont des substances tout à fait rebelles à l'action de l'estomac : aussi les donne-t-on à très-petite dose, sans qu'ils soient jamais digérés. Les laxatifs sont des substances dont la digestion est seulement difficile ; et pour qu'ils agissent comme médicaments, il faut les donner à dose un peu forte ; quelques estomacs même les digèrent toujours. Le mode d'action des laxatifs sur l'estomac et les intestins est donc loin d'être le même que celui des purgatifs : ceux-ci agissent en stimulant les organes, en provoquant la sécrétion des humeurs et la contraction des muscles. Les laxatifs au contraire relâchent les tissus vivants, affaiblissent l'action de l'estomac et des intestins, n'augmentent pas la sécrétion de la bile ou des autres humeurs, et ne font qu'entraîner avec eux celles qui se trouvent dans le canal intestinal. Cette différence de nature et d'action indique assez que les purgatifs et les laxatifs doivent être employés dans des cas tout différents. Dans toutes les maladies fébriles, les purgatifs sont dangereux, tandis que les laxatifs peuvent être employés avec avantage, et quelquefois même produisent un effet analogue à celui des évacuations sanguines. L'abus des purgatifs amène l'inflammation et la désorganisation des intestins; le mauvais emploi des laxatifs ne produit que l'affaiblissement des forces digestives et l'atonie de l'estomac.

N.-P. ANQUETIN.

LAXEMBOURG, bourg à marché, avec un château impérial de plaisance et un beau parc, dans le duché de la Basse-Autriche, sur la Schwéchat, à 1 myriamètre de Vienne, et relié à cette capitale par une belle route garnie d'allées d'arbres, ainsi que par le chemin de fer sud de Vienne à Gloggnitz. Les environs en sont délicieux, et on y trouve 900 habitants, une belle église paroissiale, un bureau de poste et un embarcadère du chemin de fer. L'ancien château fut détruit par un incendie en 1377. Le nouveau château, appelé aussi *la Maison-Bleue*, construit en 1600, séjour favori de Marie-Thérèse, de Joseph II et de François Iᵉʳ, et qui aujourd'hui encore sert, alternativement avec Schœnbrunn, de résidence d'été à la famille impériale, renferme une salle de spectacle pouvant contenir 1,200 spectateurs, et un manége. Dans la chapelle on voit un tableau d'autel peint par Van-Dyck, dans la bibliothèque six superbes tableaux du Canaletto, dans la salle de billard la statue de Méléagre par Beyer. Ce château ne brille d'ailleurs ni par l'ampleur de ses proportions ni par son architecture. En revanche, le parc qui l'entoure et qui se compose de dix-sept îles formées par la Schwéchat, est un des plus magnifiques jardins anglais qu'il y ait en Europe. On y admire entre autres le *Franzensburg*, reproduction minutieusement exacte d'un château favori de Maximilien Iᵉʳ dans le Tyrol, achevée en 1801. Ce château, de style gothique, est situé au milieu d'un lac et orné d'une précieuse collection d'objets d'antiquité qu'on y a transférés de différentes abbayes et d'un grand nombre de châteaux d'Autriche.

C'est au château de Laxembourg que fut signé, le 15 juillet 1682, le traité de coalition entre l'empereur et divers princes souverains allemands contre Louis XIV, et en 1725 un traité de paix et de commerce entre l'Espagne et l'Autriche.

LAY. *Voyez* LAI.

LAYA (JEAN-LOUIS), né à Paris, le 4 décembre 1761, d'une famille originaire d'Espagne, mort en 1833, membre de l'Académie Française, a laissé la réputation d'un littérateur estimable, ayant eu un instant, tout comme un autre, sa part au soleil de la célébrité. A bien dire, un hémistiche heureux, mais qui était à lui seul un acte de courage, compose à peu près tout son bagage littéraire, et justifie l'honneur que lui fit l'aréopage littéraire en l'appelant, en 1817, à remplacer dans son sein le comte de Choiseul-Gouffier. C'était en 1793, le 2 janvier, au moment où la Convention jugeait Louis XVI ; les journées de septembre avaient placé la France sous le joug des hommes de la terreur. L'échafaud était en permanence dans la plupart de nos cités ; la république avait été proclamée après la chute du trône au 10 août, et chaque jour le tribunal révolutionnaire ajoutait de nouvelles victimes à ses hécatombes humaines. A ce moment, néanmoins, les théâtres continuaient à regorger de spectateurs; la comédie française, alors à l'Odéon, généralement suspecte d'*incivisme*, donnait, elle, la première représentation d'une comédie réactionnaire en cinq actes et en vers intitulée : *L'Ami des Lois.* C'était l'œuvre d'un jeune poëte, qui avait fait jouer sur la même scène, dès 1789, *Jean Calas*, tragédie en cinq actes, et l'année suivante, *Les Dangers de l'Opinion*, drame en cinq actes, en vers, dans lequel il attaquait le préjugé des peines infamantes. Dans son nouvel ouvrage, il ne craignait pas de proclamer les grandes et éternelles vérités morales que chacun renfermait par peur au fond de son âme; il y avait là de sa part, comme de celle des comédiens, œuvre de conscience et de courage. *Des lois, et non du sang !* s'écriait en effet un des personnages de la pièce, et cette exclamation partie du cœur eut un immense retentissement dans l'opinion publique. Partout on la répéta avec un enthousiasme tenant du délire : c'était protester contre le règne de la guillotine et de ses pourvoyeurs. On se ferait difficilement aujourd'hui une idée de l'accueil fait par le public de 1793 à *L'Ami des Lois*, œuvre au fond des plus médiocres, il faut l'avouer. A Marseille, on en donna le même jour deux représentations pour satisfaire à l'impatiente curiosité de la foule. A Paris, la commune essaya bien d'en interdire la représentation, et fit avancer du canon sur la place de l'Odéon; mais la Convention n'osa point la soutenir dans cette tentative d'intimidation, et cassa l'arrêté qui rétablissait ainsi le règne du bon plaisir et le véto des anciens gentilshommes ordinaires du roi en faveur des sans-culottes.

Cependant Laya était à quelque temps de là mis *hors la loi*, sur un rapport du comité de salut public. L'œuvre d'un proscrit ne pouvait plus figurer au répertoire : elle en fut impitoyablement rayée. Mais le souvenir du formidable succès de *L'Ami des Lois* protégea l'auteur pendant toute sa longue carrière. Condisciple de Demoustier, de Collin-d'Harleville, de Legouvé, il avait publié, au sortir du collége, en collaboration avec le dernier, un volume d'héroïdes intitulé : *Essais de deux Amis*. C'était pâle et sans portée. Resté caché jusque après le 9 thermidor, il put alors, par suite de ses liaisons avec les hommes du parti triomphant, chargé de rédiger le rapport relatif aux papiers trouvés chez Robespierre, et qui parut sous le nom de Courtois. On met encore sur le compte de Laya la motion d'ordre du même Courtois, qui fit fermer le club du Manége, et l'opinion qu'il émit à la tribune sur la restitution des biens des condamnés. Rentré dans les rangs, alors assez clair-semés, des poëtes et des littérateurs, il reprit ses travaux comme critique dans la presse et comme auteur tragique au théâtre. C'est ainsi qu'en 1799 il fit jouer aux Français *Falckland*, drame tiré du roman de Lewis, qui obtint (grâce à Talma) un succès tel, que dans les dernières années de la Restauration les comédiens se décidèrent à le remonter et n'eurent pas trop lieu de s'en plaindre. On lui doit encore *Les Deux Stuarts* et *Une Journée de Néron*. Chargé pendant quinze ans de la critique littéraire dans le *Moniteur*, nommé professeur de rhétorique au lycée Charlemagne, lors de la création de l'université impériale, il passa avec le même titre au lycée Napoléon ; puis, à la mort de Deille, il fut appelé à le remplacer à la Faculté des Lettres dans la chaire d'histoire littéraire et de poésie française.

LAYA (LOUISE-ARABELLA), née DE BOGONVILLE, femme du précédent, est elle-même auteur de pièces de théâtre, de romans et de livres destinés à la jeunesse. Fille d'un ancien employé à la chancellerie d'Orléans, et née en 1786, elle épousa au commencement de ce siècle Laya, déjà arrivé aux deux tiers de la vie ; et, malgré cette disproportion d'âge, elle fit par les qualités de son cœur et par les charmes de son esprit le bonheur de l'homme dont elle avait consenti à devenir la compagne. Veuve avec deux enfants, dont l'aîné, M. *Alexandre* LAYA, né à Paris, en 1809, s'est fait avantageusement connaître par plusieurs ouvrages joués au Théâtre-Français et a longtemps été attaché à la rédaction du *Moniteur*, et dont l'autre, M. *Léon* LAYA, a fait représenter aussi quelques ouvrages dramatiques, Mme Laya, en 1835, a convolé en secondes noces avec M. Achille Comte, jeune savant, né en 1810, auteur de plusieurs ouvrages d'histoire naturelle.

LAYARD (AUSTEN-HENRY), voyageur et archéologue anglais, est né en 1817, et passa sa jeunesse en Italie. Destiné au barreau, il commença à Londres les études nécessaires, qu'il ne tarda point à abandonner pour accompagner un de ses amis dans un voyage au nord de l'Europe. Après avoir fait ensuite un long séjour en Allemagne, il se rendit par l'Albanie et la Roumélie à Constantinople, comme correspondant d'un journal de Londres ; mission qui lui fournit l'occasion de visiter diverses parties de l'Asie et d'apprendre les langues persane et arabe. Il acquit ainsi une connaissance si parfaite des mœurs, des habitudes et des idiomes de l'Orient, que souvent les habitants de ces contrées le prenaient pour un de leurs compatriotes. Dans ses courses, il s'arrêtait de préférence aux lieux où il soupçonnait l'existence de ruines d'anciennes cités. Arrivé à Mossoul, près de l'amas des ruines de Nemrod, il éprouva un irrésistible désir de se livrer à des investigations approfondies sur un endroit auquel l'histoire et les traditions de l'Orient donnent une si grande importance. M. Botta, consul de France, avait déjà fait pratiquer, par ordre de son gouvernement, des fouilles, dont le résultat avait été de remettre en lumière un grand nombre de débris remarquables. Layard conçut le projet d'en pratiquer de semblables, et fit part de son plan à l'ambassadeur d'Angleterre à Constantinople, sir Stratford-Canning, qui promit d'en faire les frais. En conséquence Layard se rendit de nouveau, dans l'automne de 1845, à Mossoul, où il commença immédiatement ses fouilles à un endroit resté inexploré jusque alors, et où il découvrit les merveilleux débris de l'art assyrien qui ornent aujourd'hui les salles du *British Museum*. Il a écrit l'histoire de son voyage et de ses découvertes, sous le titre de *Niniveh and its Remains* (2 vol., Londres, 1848). Les secours de l'administration du *British Museum* le mirent à même de continuer, en 1848, ses fouilles à Kojoundschick et à Babylone ; mais elles furent moins heureuses que les premières. Revenu en Angleterre, il fut nommé par lord Granville sous-sécrétaire d'État au département des affaires étrangères, fonctions auxquelles il dut renoncer à peu de temps de là, par suite de la dissolution du ministère de lord J. Russell, et il refusa de les garder dans l'administration tory qui se constitua alors. Élu bientôt après membre de la chambre des communes par la ville d'Ailesbury, il fut nommé secrétaire de l'administration de l'Inde en décembre 1852, lors de la rentrée des whigs aux affaires. Cependant, il préféra, en mars 1853, accompagner son ancien protecteur lord Stratford à Constantinople, où il espérait être plus utile à son pays, à cause de la connaissance parfaite qu'il possède de l'Orient. Il avait publié auparavant le récit de sa seconde expédition à Mossoul, sous le titre de *Discoveries in the Ruins of Nineveh and Babylon* (Londres, 1853). Depuis la guerre avec la Russie, il a fait une rude opposition à lord Palmerston dans la chambre des communes, s'est élevé contre la constitution aristocratique de l'armée, et a fait une proposition de réforme administrative, que d'ailleurs la chambre n'a point accueillie. Il a aussi publié : *La Campagne de Crimée*.

LAYBACH. *Voyez* LAIBACH.

LAYETIER, fabricant de caisses, de malles, de casseties, de valises, de boîtes, qu'on nommait autrefois *layettes*. Cette industrie est généralement réunie à celle d'emballeur.

LAYNEZ. *Voyez* LAINEZ.

LAŸS (FRANÇOIS LAY, *dit*), célèbre chanteur, né en 1758 ; il fut destiné à l'état ecclésiastique, et reçut une excellente éducation. Il débuta à Paris en 1779, avec le plus grand succès, et fit pendant quarante ans les délices du Grand Opéra. Il avait embrassé avec ardeur les principes les plus avancés de la révolution. Lays quitta le théâtre en 1822, et fut nommé professeur de musique que au Conservatoire ; en 1827 il donna sa démission, pour se retirer à la campagne. Nous ignorons la date de sa mort.

LAZARE, frère de Marthe et de Marie, dont l'histoire est à Béthanie. Jésus l'aimait beaucoup. Étant venu en cette ville quatre jours après la mort de Lazare, il se fit conduire à son tombeau, le fit ouvrir, puis il le cria à haute voix : « Lazare, sors du tombeau ! » Et le mort se leva, les mains et les pieds encore enveloppés des bandelettes funèbres, et le visage couvert du linceul... Que devint ensuite ce transfuge de la mort? Saint Jean dit que les Juifs délibérèrent s'ils le feraient mourir, pour étouffer le bruit du miracle ; mais sa seconde vie est entièrement ignorée. La tradition, qui donne à penser que Marie, sa sœur, vint répandre les larmes de sa pénitence sur les rochers solitaires de la Sainte-Baume, porterait à croire que Lazare fut jeté avec elle dans les Gaules par une violente tempête, et qu'il s'établit à

Marseille, dont il fut le premier évêque; mais cette légende ne mérite aucune foi.

Louis DE SIVRY.

LAZARE, pauvre mendiant, dont il est parlé dans l'Évangile de Saint-Luc, ch. XVI, v. 20 et suiv. Un riche vivait dans toute l'abondance des biens de la terre, et près de sa porte était étendu Lazare, le corps couvert de plaies, implorant en vain la compassion du riche orgueilleux. Les miettes même qui tombaient de sa table lui étaient refusées. Le pauvre mourut, et les anges portèrent son âme dans le sein d'Abraham. Le riche mourut aussi, mais son âme fut plongée au fond des enfers. Là, dit l'Écriture, au milieu des tourments, il leva les yeux au ciel, et vit Abraham et Lazare appuyé sur le sein du patriarche. « Abraham, s'écria-t-il, envoie-moi Lazare, qu'il rafraîchisse ma langue d'une goutte d'eau dans ces flammes où je souffre d'affreux tourments. — Tu as eu tes biens sur la terre, répondit Abraham, et Lazare a eu ses maux; il jouit maintenant de son bonheur, et tu souffres à ton tour. Il y a un abîme infranchissable entre vous, il ne peut descendre jusqu'à toi. » Cette parabole vive et saillante, comme toutes celles de l'Évangile, a trompé quelques-uns des Pères de l'Église, qui ont cru à l'existence de ce personnage parabolique. C'est sur cette autorité qu'est fondée la tradition qui en a fait un saint, et qui le donne pour patron aux lépreux.

L. DE SIVRY.

LAZARE (Ordre de Saint-). Cet ordre, consacré dans l'origine, au soin des lépreux, fut établi par les croisés à Jérusalem, au commencement du douzième siècle, confirmé au milieu du treizième et mis sous la règle de Saint-Augustin. Quand les croisés furent chassés de la Terre Sainte, les hospitaliers de Saint-Lazare vinrent s'établir en France, où Louis le Jeune leur donna la terre de Boigny, près d'Orléans, et, aux portes de Paris, une maison qu'ils convertirent en maladrerie, et où l'on n'admettait que les lépreux nés dans la ville, sauf pourtant les boulangers, qu'on y recevait sans difficulté, de quelque province de France qu'ils fussent, à cause de leur état, qui les exposait plus que tout autre à cette cruelle maladie. L'ordre entier de Saint-Lazare suivit saint Louis à la croisade. A cette époque il s'étendit rapidement en Sicile, dans la Pouille et dans la Calabre, et il jouissait déjà de la protection spéciale des papes. Vers le même temps (1253), Innocent IV abrogea un de leurs statuts, qui voulait que le grand-maître fût lui-même un lépreux, afin de ne pas perpétuer parmi les chevaliers la contagion dont ils devaient chercher à arrêter les ravages. En 1572, le pape Grégoire XIII réunit en Savoie l'ordre de Saint-Lazare à celui de Saint-Maurice, et le 31 octobre 1608 Henri IV le confondit en France avec celui de Notre-Dame-du-Mont-Carmel. Cette réunion fut confirmée par deux édits de Louis XIV, l'un de 1664, et l'autre de 1672. Mais cet ordre était déjà loin de ce qu'il avait été à son origine : les œuvres religieuses n'y entraient plus pour rien, et les nouveaux chevaliers n'y étaient admis que par grâce du roi, après avoir fait preuve de quatre degrés paternels de noblesse. Leur nombre était de cent, y compris les huit commandeurs ecclésiastiques. Après la mort du marquis de Dangeau, grand-maître de l'ordre, Louis XV nomma, en 1720, le duc de Chartres grand-maître des ordres réunis de Saint-Lazare et de Notre-Dame-du-Mont-Carmel, et en 1757 il en donna la grand-maîtrise au duc de Berry, qui depuis fut Louis XVI. Les chevaliers de Saint-Lazare avaient le privilége de pouvoir posséder, quoique mariés, des pensions sur toutes sortes de bénéfices. On comptait en France cinquante commanderies de cet ordre; la commanderie magistrale était à Boigny. La croix était émaillée d'or, à huit pointes, portant d'un côté l'image de saint Lazare, et de l'autre celle de Notre-Dame. Les chevaliers accolaient leurs armes du cordon de Saint-Lazare et du collier de Notre-Dame-du-Mont-Carmel, composé de quatre dizaines de chapelet. Cet ordre, aboli comme les autres pendant la révolution, reparut sous la Restauration.

Louis DE SIVRY.

LAZAREFF, famille noble d'Arménie, établie depuis un siècle en Russie, et à laquelle se rattachent des souvenirs historiques importants. A l'époque de la chute du royaume d'Arménie, au quatorzième siècle, plusieurs princes et seigneurs arméniens avaient conservé une sorte d'indépendance politique, qui parmi ceux qui furent les derniers à se soumettre au joug des infidèles, on cite Manouk Lazariants, dans le commencement du dix-septième siècle. Le schah de Perse Abbas 1er ayant transplanté les populations de la Grande-Arménie dans ses États, Manouk émigra avec elles, et vint s'établir à Djoulfa, faubourg d'Ispahan, que bâtirent alors les Arméniens. Abbas II, petit-fils d'Abbas 1er, nomma *Lazare*, fils de Manouk, son grand-trésorier et chef de la chambre des monnaies. Après la mort de Thamas-Khouli-Khan, plusieurs grandes familles arméniennes furent contraintes de quitter la Perse, pour se soustraire à l'anarchie qui désolait ce pays. Ce fut alors que *Lazare de Lazareff*, petit-fils de Manouk, répondit à l'appel du gouvernement russe, qui lui offrait, avec une nouvelle patrie, des lettres de naturalisation et de lui donner dans le corps de la noblesse russe le même rang qu'il occupait déjà parmi les familles aristocratiques arméniennes. En venant en Russie, Lazare apporta avec lui un riche trésor en argent et en pierreries. Au nombre des pierreries qu'il possédait, se trouvait ce fameux diamant, d'une valeur inappréciable, qui orne aujourd'hui le sceptre impérial de Russie, et que sa famille offrit, par reconnaissance pour la nouvelle patrie qui lui avait été accordée, à l'impératrice Catherine II, pour la faible somme d'un demi-million de roubles en papier (environ 550,000 francs). Bientôt après son arrivée en Russie, Lazare fit un bel emploi de sa fortune, en appliquant une partie de ses richesses aux arts industriels et en érigeant à Moscou plusieurs manufactures de soieries et d'étoffes de coton, dont les produits rivalisèrent avec ceux des meilleures fabriques d'Europe.

Sous le règne de Catherine II, *Jean de Lazareff*, fils de Lazare, appela l'attention du gouvernement sur les belles contrées situées au nord de la mer Noire et de la mer d'Azof, alors presque entièrement désertes, et lui suggéra, comme moyen de les peupler, l'idée d'un appel à ses coreligionnaires d'Asie. Chargé par le gouvernement de réaliser cette idée, Jean vit accourir à sa voix des milliers de familles arméniennes qui, aidées de ses secours, vinrent fonder les villes de Kizlar, de la Nouvelle-Nakhitschevan et de Grégoriapol. Lui et son frère Joachim firent élever à leurs frais à Astrakan, à Nijni-Novogorod, à Moscou et à Pétersbourg, de magnifiques églises affectées au culte arménien, et qu'ils dotèrent de revenus considérables. Ces deux hommes s'imposèrent pour le bien public dans l'estime bienveillante que leur témoignèrent Catherine II, Paul 1er et Alexandre 1er et les honneurs dont ils les comblèrent. Joseph II, lors de son voyage en Russie, éleva Jean de Lazareff à la dignité héréditaire de comte du Saint-Empire Romain.

Joachim DE LAZAREFF, frère et héritier du comte Jean, associa son nom à la fondation de l'Institut arménien des langues orientales, l'un des meilleurs établissements d'instruction publique de Moscou, et pour l'érection duquel un million de roubles fut dépensé. Soixante jeunes gens y sont élevés et entretenus aux frais de la famille de Lazareff.

Joachim, mort en 1826, a laissé trois fils ; les deux aînés, *Jean* et *Christophe* DE LAZAREFF, sont conseillers d'État actuels, et chambellans de l'empereur; le troisième, *Lazare* DE LAZAREFF, colonel de la garde impériale, a servi avec distinction dans les guerres des Russes en Perse et dans la Turquie d'Asie, en 1828 et 1829. Pendant la première de ces guerres, il fut commandant militaire de Tauris et du quartier général du maréchal Paskewitch. Dans l'intervalle il fut chargé par son gouvernement de faire un appel aux Arméniens de Perse pour peupler les nouvelles provinces russes d'Arménie : 40,000 familles chrétiennes émigrèrent par ses soins, et vinrent faire fleurir l'agriculture et le commerce dans des pays que la barbarie musulmane avait rendus stériles et déserts depuis plusieurs siècles. Aujourd'hui les trois frères vivent à la cour de Pétersbourg, consacrent leur immense fortune à des œuvres de bienfaisance, à l'érection et à la dotation d'établissements religieux ou philanthropiques, et à une protection éclairée et généreuse des arts et des lettres.

F. Du Laurier.

LAZARET. Lorsque les croisés allèrent délivrer le sépulcre de Jésus-Christ, plusieurs d'entre eux contractèrent la lèpre, mal endémique en Terre Sainte depuis un temps immémorial. Les Orientaux, considérant, d'après un préjugé traditionnel, cette maladie comme contagieuse, séquestraient les lépreux dans des localités spéciales, ou les exilaient dans des contrées désertes. Les chrétiens adoptèrent cette opinion et tinrent la même conduite, mais avec des modifications suggérées par une religion plus conforme aux intérêts de l'humanité. Les lépreux furent à leurs yeux non des réprouvés, mais des frères dignes de pitié ; ils fondèrent des établissements pour les soigner, non-seulement sur le théâtre de la guerre, mais encore à leur retour en Europe. Ces refuges hospitaliers furent appelés *lazarets*, du nom de L a z a re, patron des lépreux. Le nombre des lazarets devint très-considérable dans la chrétienté; on en comptait, dit-on, deux mille dans la France seule, sous le règne de Louis VIII. Le nombre des individus affectés de la lèpre ayant diminué proportionnellement aux progrès de la civilisation, et à tel point que cette maladie est aujourd'hui à peu près effacée de la liste de nos infirmités endémiques, les lazarets furent abandonnés ; on fonda des établissements plus appropriés au soin des maladies en général. Ces établissements, toutefois, serviront durant quelque temps de refuge obligé aux individus attaqués de la syphilis, et qu'on traita longtemps comme des criminels.

Après la disparition des lépreux en France, le nom de *lazaret* serait probablement tombé dans l'oubli, et aurait même été effacé de notre vocabulaire, sans la nécessité de lieux de séquestre pour prévenir la propagation d'une autre maladie, également endémique sous l'empire du croissant, et plus redoutable que le mal de saint Lazare, la peste enfin, qui à plusieurs reprises avait répandu le deuil et la terreur dans nos provinces méridionales. Les Européens établis comme négociants dans les villes échelonnées le long des rives africaine et asiatique de la Méditerranée avaient appris par leur expérience et par celle, de longue date, des moines cophtes, que l'isolement des personnes et des choses pestiférées peut garantir de ce terrible fléau. Cette connaissance suggéra progressivement les précautions qu'il convient de prendre dans l'intérêt commun des peuples, et dont voici les principales : On exigea que tout vaisseau partant d'un port fût muni d'une licence accordée sur le vu d'une patente constatant l'état sanitaire du lieu de départ. Les vaisseaux arrivants durent, avant d'entrer dans le port, adresser à un bureau spécial leur patente de sûreté, leur journal de mer, et répondre à divers interrogatoires relativement à leurs rencontres et autres circonstances ; l'entrée fut immédiatement permise quand la patente est *nette*, c'est-à-dire qu'elle constate un état satisfaisant sous le rapport de la santé, quand le vaisseau est parti d'un lieu réputé pour être ordinairement exempt de maladies contagieuses, comme le sont les ports d'Europe, et quand il n'a point eu de communications suspectes. Mais les provenances de la Turquie, des États barbaresques et de l'Égypte, foyers habituels de la peste, celles des Antilles et des côtes de l'une et l'autre Amérique, souvent ravagées par la fièvre jaune, les vaisseaux, enfin, dont la patente n'est pas nette ou qui présentent quelques motifs de suspicion de maladies, ne furent admises qu'après avoir satisfait à une condition rigoureuse : les gens de l'équipage, tous les passagers en général, durent se rendre dans un établissement où ils furent soumis durant un temps plus ou moins long à l'examen et à l'observation de médecins préposés à cet effet. Les marchandises et bagages durent être également débarqués, afin d'être purgés. Ces conditions, dont l'ensemble est appelé *quarantaine*, furent rigoureusement exigées ; et toute tentative pour s'y soustraire fut considérée comme un crime : grands et petits durent s'y conformer. Les établissements destinés à l'exécution des règlements précités ont conservé le nom de *lazarets*.

Diverses conditions sont indispensables pour que les lazarets répondent au but de leur institution : ils doivent être établis convenablement sous les rapports de l'air, des eaux et des lieux ; leur enceinte doit être entièrement isolée et contenir des bâtiments assez vastes pour servir d'hôpital, d'hôtellerie et de magasins. Le service de santé exige aussi des hommes expérimentés, très-instruits et discrets.

L'utilité des lazarets en France, irrécusable selon plusieurs, est contestée par d'autres. Les premiers arguent de l'absence de motifs : ceux qui la partagent allèguent que la propriété contagieuse de la peste n'est pas suffisamment démontrée pour être incontestable ; que celle de la fièvre jaune l'est beaucoup moins, et que même elle est contredite par des expériences nombreuses entreprises avec autant de courage que de persévérance ; ils ajoutent que l'Angleterre, où des vaisseaux abordent en beaucoup plus grand nombre qu'en France, et où cependant les lois sanitaires sont peu rigoureuses, n'est pas moins exempte de la peste que notre pays. Cette contradiction est fortement appuyée par les négociants, dont les lazarets gênent les entreprises. Depuis ces derniers temps les prescriptions sanitaires ont été tellement amoindries qu'elles semblent ne plus exister.   Dr Charbonnier.

LAZARI ou LAZZARI (Donato). *Voyez* Bramante.

LAZARISTES. Quand les religieux de Saint-L a z a re furent forcés de quitter la Terre Sainte, Louis VII leur donna près de Paris une maison dont ils firent une *maladrerie*. Après la disparition de la lèpre, cette maladrerie se transforma en hôpital, qui continua à être administré par des religieux soumis au premiers statuts de l'ordre. Mais les richesses de la communauté s'étant fort accrues par les biens des malades, qui lui revenaient de droit après leur mort, le relâchement s'y était peu à peu introduit, quand le prieur Adrien le Bon, à la suite de démêlés intérieurs, se retira, et fit donner la maison de Saint-Lazare à saint V i n c e n t de Paul, qui y établit les *Prêtres de la Mission*, dont il venait de fonder une confrérie. Les nouveaux habitants de la maison de Saint-Lazare en prirent le nom de *lazaristes*, et restèrent chargés de veiller à la conservation de toutes les fondations de saint Vincent de Paul. Ils ne forment point un ordre monastique, mais une agrégation semblable à celle des eudistes et des sulpiciens. Sous le nom de missionnaires, ils parcourent les pays étrangers au christianisme pour y porter sa civilisation religieuse. Ils sont la gloire du clergé français, comme les sœurs de charité, dites *filles de saint Vincent*, sont l'honneur de leur sexe. Leur institution doit beaucoup à Mme de Gondy, épouse du général des galères, chez lequel saint François de Sales avait fait entrer Vincent en qualité de précepteur. Le berceau de l'ordre fut, après la maison de Saint-Lazare, le collège des Bons-Enfants, dont Vincent était devenu principal. Là il commença à agglomérer autour de lui un plus grand nombre de prêtres dévoués, empressés son zèle et ses sentiments pour les pauvres; c'est de là qu'ils partaient en famille pour voler au secours des habitants des campagnes. Le personnel de ces ouvriers évangéliques, croissant de jour en jour, fut bientôt assez considérable pour former une congrégation, qu'en 1632 le pape Urbain VIII approuva, ainsi que les constitutions de son fondateur. L'année suivante, pour exciter encore et récompenser le dévouement des missionnaires, les chanoines réguliers de Saint-Victor leur cédèrent le prieuré de Saint-Lazare, au Faubourg-Saint-Denis, qui devint le chef-lieu de la congrégation. Ce vaste établissement s'est vu changé tour à tour sous leur direction en vastes greniers d'abondance, où les pauvres de la capitale trouvaient d'amples ressources; et en maison de retraite, ouverte à tous les cœurs pénitents qui voulaient cicatriser leurs blessures et chercher un soulagement à leurs maux. Mais, triste retour des choses d'ici-bas, cet asile de la vertu est devenu le séjour du vice ; aux pieux cantiques des enfants de Vincent de Paul ont succédé les chants licencieux de la débauche et de l'impiété : la demeure des lazaristes sert aujourd'hui de prison pour les filles publiques.

La congrégation des lazaristes ne s'est point illustrée, comme tant d'autres, dans la littérature : ce n'était pas là le but de son fondateur; il pensait que la piété est préférable à la science ; en revanche, ses compagnons servaient utilement l'Église en faisant entendre du haut de la chaire de saintes prédications; ils la servaient surtout dans les séminaires. Ils furent des premiers signalés aux coups des anarchistes de 1793 ; et leur général tomba une de leurs premières victimes. Dispersés sous le règne de la terreur, ils ne quittèrent pas cependant le sol de France ; Paris et les provinces environnantes leur fournirent des amis sûrs et fidèles, auprès desquels ils cachèrent leurs vertus jusqu'à des temps meilleurs. Sous l'Empire, ils purent de nouveau se montrer sans crainte, et la Restauration leur permit de se rassembler en corps. A la faveur de legs pieux, ils se sont procuré le nouvel établissement qu'ils occupent à Paris. Ils possèdent les reliques de leur saint fondateur. Les lazaristes célèbrent l'office à la romaine; ils s'occupent toujours, selon le but de leur institution, de missions et de séminaires : c'est à Paris, rue de Sèvres, qu'est leur maison mère; de jeunes élèves y sont instruits et promus aux ordres sacrés, puis envoyés par le général dans les contrées lointaines, en proie à l'idolâtrie. Ils ont des maisons à l'étranger, notamment en Orient, à Constantinople, à Gênes, etc. On évalue aujourd'hui à plus de trente millions la fortune de cette communauté.

LAZES ou **LASES**, habitants du *Lazistân*, contrée turque de l'Asie Mineure, sur la côte sud-est de la mer Noire, bornée à l'est par la Géorgie, dont la sépare un cordon militaire rigoureusement entretenu par les Russes. Ce pays est généralement montagneux. Ce n'est que çà et là, à l'issue de ses fort nombreuses vallées, arrosées par des fleuves (tels que le Tschorouk, qui est navigable) et de petits ruisseaux, qu'on trouve quelques rares plaines, couvertes de la plus luxuriante végétation, mais exposées à leurs inondations, et où des eaux stagnantes et croupissantes en été engendrent des fièvres du caractère le plus pernicieux, en même temps qu'elles fourmillent de tortues, de serpents, de grenouilles et de sangsues. On y cultive le riz, le maïs, les haricots et autres légumes; on y récolte aussi beaucoup de miel et de cire, et les habitants exportent des quantités considérables de bois de construction, d'avelines, et de l'huile donnée par une espèce de dauphin. Ces montagnes sont couvertes de forêts de chênes, de hêtres, de frênes, d'aulnes, de buis, de châtaigniers, de noyers, de mûriers, etc. Les Lazes trahissent moins leur affinité de race avec les populations du Caucase qui les avoisinent par leur conformation physique et les traits de leur visage, qui en général est peu agréable, que par leur langue, qui est un rameau de la famille des langues ibériques, que par la férocité de leurs mœurs et surtout par leurs habitudes exclusives. Aussi sont-ils en très-mauvais renom parmi les Géorgiens et les Turcs. Ils font souvent irruption sur le territoire russe pour s'y livrer au pillage, et par haine du nom russe favorisent la désertion des soldats du cordon-frontière. On comprend dès lors les efforts faits dans ces derniers temps par la Russie pour contraindre la Porte à lui céder le district de Batoum. Tous les centres de population des Lazes témoignent du manque de sécurité de leur pays et des habitudes d'oisiveté de ses habitants. L'un des plus importants est *Tschoroûksou*, avec un port, un bazar et une mosquée, à 10 kilomètres environ des frontières russes.

On récolte un peu de vin dans les environs, et on y construit quelques navires. *Batoum* ou *Batoumi*, place de commerce, est plus considérable encore. Plus loin à l'ouest on trouve sur la côte : *Koppa* ou *Khoppa*, résidence du musselim du Lazistân, *Atina*, *Riseh* ou *Risch*, appelé aussi *Iris*, et *Sûrmeneh*, les plus importantes étapes commerciales en deçà de Trébisonde, toutes visitées par de grands navires, tandis que les autres ports de la côte ne sont accessibles qu'à de petites barques non pontées.

Les Romains nommaient ce pays *Lazica*, probablement à cause des habitants de la partie située au sud du Phase, les *Lazi*, dans le Gourial actuel, qu'habitent les Lazes. Les Romains, qui ne subjuguèrent la Colchide que sous Trajan, donnèrent à ses populations des rois restés leurs tributaires. Les empereurs d'Orient durent attacher une grande importance à maintenir leur influence dans cette contrée, qui leur servait de boulevard contre les irruptions des peuplades caucasiennes du nord ; et les nouveaux rois de Perse, Chosroès Ier notamment, se montrèrent non moins désireux de la posséder. Mais la religion chrétienne, qui avait pénétré dans le pays, rattacha naturellement les Lazes à l'empire de Byzance, duquel la *Lazica* dépendait encore au sixième siècle, à l'époque de Justinien. Celui-ci l'enleva à Chosroès, dans la guerre .lazique. Mais les Arabes ne tardèrent point à s'en emparer, et désormais elle partagea, ordinairement sous les noms de Gourial, d'Imérethi et de Mingrélie, le sort du reste de la Géorgie. Consultez Wagner, *Voyage en Colchide* (Leipzig, 1850).

LAZULITE. Voyez Lapis-Lazuli.

LAZZARI (Donato). Voyez Bramante.

LAZZARI (Théâtre). En 1777, au temps où le boulevard du Temple commençait à devenir à la mode et à se peupler de petits spectacles à parade, un sieur Tessier y fit construire, vis-à-vis de la rue Charlot, une petite salle assez agréablement ornée et distribuée. Tessier voulait faire de son spectacle une sorte de scène d'essai pour les élèves chantants et dansants de l'Opéra. Quatre-vingts élèves, garçons et filles, formèrent tout d'abord le personnel de ce nouveau théâtre, qui ouvrit le 7 janvier 1779, par une tragédie-pantomime en quatre actes, de Lebœuf, *La Jérusalem délivrée*, ou *Renaud et Armide*. Vinrent ensuite *L'Amour enchaîné par Diane*, mélodrame-pantomime de Moline, *L'Anti-Pygmalion*, ou *L'Amour Prométhée*, scène lyrique, par Poullier d'Elmotte, musique de Rochefort, etc. En 1780 Tessier n'administrait déjà plus la scène qu'il avait fondée ; elle était passée aux mains de Parisot, acteur et directeur, qui lui-même, malgré un grand renfort de pantomimes nouvelles et de représentations solennelles, telles que celle qu'il offrit le 18 mai 1780 au fameux Paul Jones, ne payant ni entrepreneurs, ni comédiens, ni auteurs, s'attira un ordre du roi lui ordonnant de fermer boutique. Un officier aux Italiens fut son unique consolation, et la *Salle des élèves de l'Opéra* fut occupée par un industriel montrant des jeux pyrrhiques. C'était une profanation ; elle cessa en 1784, quand les Beaujolais, que le privilège accordé à la M o n t a n s i e r chassait du Palais-Royal, vinrent s'y réfugier et rendre au pauvre théâtre sa première destination artistique ; par malheur, ils n'y parurent que pour cesser d'exister l'année même de leur nouvelle installation. Le *Lycée dramatique* les remplaça, pour tomber en 1792, et faire place aux *Variétés amusantes* de Lazzari. Cet Italien, qui devait laisser son nom au théâtre tant de fois métamorphosé, était un mime charmant, admirable surtout dans les rôles d'arlequin et dans les scènes à travestissements pyrrhiques. Il n'avait de rival que le fameux arlequin du Vaudeville. Il étonnait surtout dans *Ariston*, *L'Esprit follet*, *La Tartane de Venise*, *Le Diable à quatre*, *La Cinquantaine infernale*, ou *la Baleine avalée par Arlequin*, grande pantomime qu'il avait composée lui-même, et dont Gebauër avait fait la musique. Lazzari, pour mieux attirer la foule, avait encore recours aux mélodrames terroristes, aux *sans-culottides* effrénées que lui faisait son régisseur, Gassier-Saint-Amand. Le comédien Nicolaï, dit Clairville, père du vaudeviliiste actuel, était aussi un des fournisseurs du théâtre de Lazzari. Rousseau y fit représenter en 1794 *A bas la Calotte, ou les déprêtrisés*, et Rézicourt, la même année, *Les Vrais Sans-Culotte*, musique de Lemoine.

Pour faire contraste avec ces drames d'un cynisme sanglant, Lazzari les alternait avec de folles arlequinades et de petites pastorales musquées : Destiaux lui donna *L'Ombre de Jean-Jacques Rousseau*, Saint-Firmin *La Jeune Esclave*, et Grétry neveu un joli petit opéra-comique, *La Noblesse au Village*. L'habile directeur ne s'arrêtait pas là : justifiant son titre de *Variétés amusantes*, il faisait brocher sur le tout de gentils vaudevilles poissards, tels que *La Petite Goutte des Halles*, pièce grivoise faite par Guillemain, et que Vadé eût signée. Tout alla bien pour Lazzari jusqu'en 1796 ; mais alors la ressource des pièces révolutionnaires lui manqua tout à fait; et comme il ne fit pas assez tôt volte-face, la réaction le ruina. Un incendie, causé, selon les uns, par la pluie de feu qui faisait le dénoûment du *Festin de Pierre*, mais que d'autres disent avoir été volontaire, vint l'achever, le 31 mai 1798. Il ne put survivre à ce sinistre, et se brûla la cervelle. Sur l'emplacement occupé par son théâtre, on construisit un café-chantant, qui subsista pendant tout l'Empire et les premières années de la Restauration. Enfin, le 5 avril 1821, dans une salle nouvelle, construite avec une rapidité merveilleuse, le baron Taylor et Charles Nodier inaugurèrent un nouveau spectacle, *Le Panorama Dramatique*, qui ferma le 21 juillet 1823. Malgré cette courte existence de deux années, et quoique son ridicule privilége ne lui permît pas d'avoir en scène plus de deux acteurs parlants ou chantants, cette entreprise mérite un souvenir, grâce au nom des deux directeurs fondateurs, grâce à Bouffé, qui y fit ses débuts, grâce enfin au grandiose de la mise en scène et à la splendeur de la salle : la toile d'avant-scène était en glace. Peu de temps après sa fermeture, le théâtre fut démoli, et une maison de six étages prit sa place.

Le nom de Lazzari vit encore au boulevard ; un infime théâtre, bas lieu dramatique, en a fait son enseigne ; ce spectacle du *Petit-Lazzari* existait déjà sous la Restauration et même sous l'Empire. Le grand Bobêche illustrait alors ses tréteaux et faisait sa fortune. Quand il partit, le Petit-Lazzari tomba, et ne s'est pas relevé. Pourtant rien n'y est changé ; on y joue toujours des parades, mais ce n'est plus à la porte.   Édouard FOURNIER.

LAZZARONI, nom dérivé, à ce qu'on croit, du malade Lazare, et sous lequel on désigne une partie de la population de Naples, unique en son genre. Tous sans profession propre, sans occupation régulière, sans domicile fixe et sans travail assuré, passent toute l'année la plus grande partie du jour et de la nuit dans les rues et dans les places publiques, gagnant sans travail pénible, comme commissionnaires, portefaix, etc., le peu dont ils ont besoin pour subsister. Aussi bons que cyniques sous le rapport physique et moral, aussi insouciants que paresseux, ils n'en témoignent pas moins au plus haut degré de la bruyante vivacité du caractère de l'Italien méridional ; et ils ont toujours joué un grand rôle dans toutes les révolutions et agitations politiques dont Naples a été le théâtre, tantôt pour un parti et tantôt pour un autre. Dans ces derniers temps ils se sont toujours montrés dévoués au principe conservateur. Chaque année, à l'instar du peuple de Paris au moyen âge, ils élisent leur propre chef, le *Capo Lazzaro*, que le gouvernement napolitain reconnaît formellement, parce que c'est pour lui le moyen le plus sûr de disposer de cette populace napolitaine, dont le nombre va de 50 à 60,000 individus. Naples réunissant toutes les conditions qui rendent possible une telle existence, un *Lazzarone* ne s'éloigne jamais de cette capitale sans dans les cas de la plus urgente nécessité. Ce n'est que tout récemment que l'amour de la propriété et du bien-être s'est manifesté parmi les lazzaroni et les a portés à faire preuve de plus d'activité.

LAZZI, terme de comédie. Ce mot italien, qui est probablement le pluriel de *lazo* et *lazzo* (plaisanterie , badinage), a été admis dans notre langue et dans la plupart de celles de l'Europe. Riccoboni, dans son *Histoire du Théâtre Italien*, tout en convenant que le véritable sens de ce mot est peu connu, fait dériver *lazzi* de *lacci*, qui dans l'idiome toscan signifie *liens*. Il convient aussi que le *lazzi* est un jeu de scène, qui consiste en signes d'épouvante, ou de toute autre espèce de bouffonneries étrangères à l'action dramatique, par lesquelles un personnage comique interrompt une scène, et l'action elle-même, sauf, quand il a du talent, à la renouer, et à en lier les diverses parties par ces mêmes *lazzi*, sans que les spectateurs s'en aperçoivent. Cette opinion est évidemment erronée et contradictoire ; car Riccoboni ajoute ensuite que les *lazzi* de son temps sont si étrangers à l'action qu'il lui est impossible de la renouer après l'avoir interrompue. Le *lazzi* consiste en jeu muet, en mouvements, en grimaces , en contorsions, plus ou moins risibles. C'était jadis la ressource employée, sans goût et, sans jugement, par les comédiens qui ne se sentaient pas en fonds pour soutenir le dialogue improvisé des pièces italiennes, surtout dans les rôles d'Arlequin. Ceux de Carlin étaient charmants de bonhomie et de simplicité ; ceux de Laporte, au théâtre du Vaudeville, petillaient de grâce et d'amabilité. Les *lazzi* sont naturels, innés chez les farceurs italiens ; mais ils sont réprouvés dans la bonne comédie par nos habitudes dramatiques ; et un acteur qui s'en permettrait sur la scène française, si ce n'est dans les *Sganarelle* et les *Scapin* de Molière, serait honni sans pitié. Au figuré, on appelle *lazzi* les traits et les mots plus ou moins plaisants qui échappent dans la conversation.
                                                  H. AUDIFFRET.

LEADER. On désigne , en Angleterre, par cette qualification, qui signifie au propre *conducteur*, l'homme politique autour duquel viennent se grouper au parlement ceux qui partagent la même opinion et tendent au même but. Cet honneur n'est jamais conféré qu'à l'homme le plus éminent dans le parti qu'il représente. C'est lui qui donne le mot d'ordre et qui est chargé de discipliner son parti.

LÉANDRE. Voyez HÉRO.

LE BAS (PHILIPPE-FRANÇOIS-JOSEPH), membre de la Convention et du comité de salut public, mort à Paris, à la suite de la journée du 9 thermidor, était né en 1765, à Frévent (Pas-de-Calais), où son père remplissait les fonctions de notaire. Il fit ses études à Paris , au collége Montaigu, fut reçu avocat au parlement en 1789, et alla l'année suivante en exercer la profession à Saint-Pol, où il vivait entouré à bon droit de l'estime générale, au moment où éclata la révolution de 1789. Il s'en montra aussitôt l'un des plus fougueux partisans. Administrateur, d'abord, de son district en 1791, puis, après un beau succès au barreau d'Arras, membre, à la fin de l'année, de l'administration départementale du Pas-de-Calais, il était nommé huit mois plus tard par ses concitoyens un de leurs représentants à la Convention nationale, dont il devint un des membres influents, sans cependant y faire preuve de grands talents oratoires, s'abstenant généralement de prendre part aux débats de la tribune, et bornant son activité aux discussions intérieures des comités. Compatriote et ami de Robespierre, il partageait tous ses principes, etlui resta fidèle jusqu'à la fin de sa vie. Il était convaincu de la pureté de ses intentions, et vota , d'ailleurs , d'après sa propre conscience la mort de Louis XVI. Devenu l'hôte et l'ami de Duplay, riche entrepreneur de menuiserie de Paris, chez qui Robespierre l'avait introduit, il avait demandé et obtenu en mariage l'une de ses deux filles. On sait que l'autre était destinée à Robespierre. Coreligionnaires politiques, ils étaient donc déjà en quelque sorte beaux-frères, et cette affinité resserrait encore les liens qui les rattachaient l'un à l'autre. Quand, à la suite du 31 mai, Robespierre se trouva l'arbitre des destinées de la France, Le Bas fut tout naturellement l'un des hommes sur lesquels s'appuya son système. Membre du comité de sûreté générale, il eut donc, avec Saint-Just, mission d'aller faire triompher les principes de la démocratie, d'abord dans le département du Nord, puis dans ceux du Haut et du Bas-Rhin. Les rigueurs qui partout signalèrent les pas des proconsuls doivent-elles peser également sur leur mémoire à l'un et à l'autre? Dans ces derniers temps on s'est efforcé d'en rejeter la responsabilité unique sur Saint-Just, qui, moins heureux que son collègue, n'a pas laissé à un fils le soin pieux d'essayer de réhabiliter sa mémoire. Quoi qu'il en soit, Le Bas s'était trop compromis avec l'opinion pour avoir d'autre alternative que de suivre jusqu'au bout la fortune de Robespierre.

La journée du 9 thermidor lui ayant enlevé la dictature, on l'entendit, au moment où la Convention décrétait Robespierre, Couthon et Saint-Just d'accusation, s'écrier que, loin de vouloir partager l'opprobre d'un tel décret, il demandait que la même mesure lui fût appliquée. On ne saurait nier qu'il n'y eût beaucoup de générosité dans cette audace. La Convention ne recula point devant le défi qui lui était jeté à la face, et comprit Le Bas dans le décret. Celui-ci et ses collègues furent aussitôt envoyés à La Force; mais le peuple vint les y délivrer, et les porta en triomphe à l'hôtel de ville, où siégeait la commune de Paris. Le Bas fit tout dans la journée pour remettre à flot la fortune de Robespierre. Déclaré hors la loi par la Convention dans sa séance du soir, il résolut de se brûler la cervelle, et, plus heureux que son ami, il ne se manqua point.

Sa jeune femme était accouchée six semaines auparavant d'un fils, qui reçut les mêmes noms que son père, et qui est aujourd'hui membre de l'Institut (Académie des Inscriptions et Belles-Lettres) et conservateur-administrateur de la Bibliothèque de l'Université. Choisi par la reine Hortense pour diriger l'éducation de ses fils, dont l'un est aujourd'hui empereur des Français, il ne rentra en France que lorsqu'elle fut terminée.

LE BATTEUX. *Voyez* BATTEUX.

LE BEAU (CHARLES), né à Paris, en 1701, et mort dans la même ville, le 13 mars 1778, est connu par son grand ouvrage intitulé : *Histoire du Bas-Empire, en commençant à Constantin le Grand.* Professeur de seconde au collège du Plessis dans un âge très-jeune encore, plus tard professeur de rhétorique aux Grassins, il succéda à Piat dans sa chaire d'éloquence au Collége de France, en 1752, et se trouvait en 1755 secrétaire perpétuel de l'Académie des Inscriptions et Belles-Lettres. Le Beau avait débuté dans la carrière littéraire par la coordination des matériaux de l'*Anti-Lucrèce*, dont l'avait chargé l'abbé de Rothelin : les soins intelligents qu'il apporta à ce travail lui avaient ouvert les portes de l'Académie des Inscriptions. On a de lui, outre les différents mémoires qu'il a publiés dans le recueil de cette société savante, trois volumes d'œuvres latines, en vers et en prose, qui ont été imprimés en 1782, sous le titre de *Carmina et Orationes*, et en 1816 sous celui d'*Opera latina*. Son grand ouvrage, dont nous avons parlé plus haut, l'*Histoire du Bas-Empire* (22 volumes), est la base de sa réputation littéraire. Elle a été continuée et achevée d'abord par Ameilhon, puis par Saint-Martin.

LEBEAU (JEAN-LOUIS-JOSEPH), homme d'État belge, né le 2 janvier 1794, à Huy, était depuis 1821 avocat à Liége et attaché à la rédaction du journal *Le Mathieu Lænsberg* (devenu plus tard *Le Politique*) quand éclata la révolution de septembre 1830. Il s'était aussi fait connaître par quelques heureuses spéculations de librairie. Nommé d'abord général de la commission de sûreté publique, puis avocat général à la cour d'appel de Liége par le gouvernement provisoire, il fut bientôt après élu député au congrès par sa ville natale, et ne tarda pas à exercer dans cette assemblée une grande influence. Il s'y montra l'adversaire déclaré de la réunion de la Belgique à la France, puis de la candidature du duc de Nemours comme roi des Belges; il appuya au contraire celle du duc de Leuchtenberg; et cette combinaison ayant encore échoué, il proposa de confier les destinées de la Belgique au prince de Ligne. Nommé ensuite ministre des affaires étrangères par le régent Surlet de Chokier, il contribua à fixer le choix de ses concitoyens sur le prince Léopold de Saxe-Cobourg. En 1832 le nouveau roi lui confia le portefeuille de la justice, position dans laquelle il ne tarda pas à être l'arbitre de la politique intérieure de son pays. Plus tard il fut successivement nommé gouverneur de la province de Namur, et, en 1839, envoyé de Belgique près la Confédération germanique, poste dans lequel il s'efforça de réaliser les idées qu'il avait toujours eues relativement à la politique extérieure de son pays, cherchant à l'entraîner de plus en plus dans la sphère des intérêts allemands. Appelé en 1840 au ministère des affaires étrangères, il se trouva bientôt l'objet des plus vives attaques de la part de l'opposition cléricale, si puissante en Belgique, et dut donner sa démission dès l'année suivante, sur le refus opposé par le roi Léopold à sa demande d'une dissolution des chambres. Depuis lors il n'a pas cessé de vivre dans la retraite, sans renoncer pour cela à occuper son siège dans la seconde chambre, où il continue toujours à être l'un des représentants de l'opinion libérale.

LEBEUF (JEAN), sous-chantre et chanoine d'Auxerre, était né dans cette ville, en 1687. Ses innombrables dissertations, qui ne sauraient être indiquées ici, ont jeté un grand jour sur une foule de questions obscures. Sans doute son talent n'est qu'analytique ; il manque souvent, malgré une science immense, de hauteur dans les vues, quelquefois même, il faut l'avouer, de sagacité dans les appréciations. Pourtant, quoi qu'on en restera parmi les plus glorieux scrutateurs des antiquités de la France. En 1740 l'Académie des Inscriptions le choisit en remplacement de Lancelot. Il avait pour lui les prix nombreux qu'il avait remportés et l'exemple des infatigables voyages qu'il faisait dans les archives de province, à pied, avec une seule chemise, qu'il changeait de presbytère en presbytère. Sans emploi lucratif, sans fortune, modeste, simple, économe, il vécut, malgré sa mauvaise santé, de privations au milieu de ses continuels travaux. Les honneurs que lui offrit Benoît XIV ne le tentèrent pas. Il mourut le 10 avril 1760, laissant ses quelques épargnes aux pauvres. Sa collaboration au *Mercure*, au *Journal de Verdun*, à la nouvelle édition de Du Cange ; ses nombreuses dissertations insérées dans les *Mémoires de l'Académie des Inscriptions*, son *Supplément à la Notice des Gaules*, ses travaux à Auxerre et son *Histoire du Diocèse de Paris* sont des titres suffisants pour mériter à son nom d'être honorablement inscrit parmi ceux des historiens de la France.

Charles LABITTE.

LE BLANC. *Voyez* INDRE (Département de l').

LEBON (JOSEPH), conventionnel, était né à Arras, en 1765. Destiné à la carrière ecclésiastique, il donna, étant prêtre de la congrégation de l'Oratoire, des preuves manifestes d'aliénation mentale. Professeur de rhétorique à Dijon, il poussait le fanatisme jusqu'à la folie ; il fut même oisiv enchaîné comme fou. A la suite de démêlés avec ses supérieurs, il rentra dans ses foyers, et fut promu à la cure de Neuville, près d'Arras. Il s'y trouvait quand éclata la révolution, dont il embrassa la cause avec ardeur. Après le 10 août, il fut nommé successivement maire d'Arras, procureur général, syndic du département, et suppléant à la Convention nationale, où il n'entra que le 31 mai. Sa conduite jusqu'à cette époque avait été loin de faire présager les excès auxquels il devait se livrer plus tard. Ainsi, après les journées de septembre, il avait fait expulser d'Arras les commissaires envoyés par la commune de Paris pour faire l'apologie de ces journées et inviter les départements à suivre l'exemple de la capitale. Envoyé en mission dans son département en octobre 1793, il avait fait arrêter les jacobins les plus ardents, et ordonné la mise en liberté des détenus accusés d'aristocratie. Ces mesures le firent dénoncer comme coupable de modérantisme par Guffroy, qui devait plus tard l'accuser de terrorisme. Ce reproche produisit sur lui une vive impression ; et dès ce moment il se montra le plus furieux de tous les partisans de la terreur.

Il outra même arbitrairement ce système, et fit planer sur toutes les têtes sans distinction la crainte du gouvernement. On le vit alors établir à Arras un tribunal révolutionnaire, dont il nommait et destituait, selon son caprice, juges et jurés, et auquel il dictait ses sentences; il s'entoura d'hommes abjects, par lesquels il se laissait mener; il fit preuve enfin publiquement de la cruauté et du libertinage le plus cyniques. « Sans-culotte, s'écriait-il, c'est pour vous qu'on guillotine : si l'on ne guillotinait plus, vous n'auriez plus rien, vous mourriez tous de faim ; il faut que les sans-culotte prennent la place des riches. »

Dénoncé à la Convention peu de temps avant le 9 thermidor, il y est défendu par Barrère au nom du comité de salut public, qui, tout en improuvant ses formes *un peu acerbes*, déclare que les mesures qu'il a prises ont sauvé Cambrai. Robespierre, Couthon et Saint-Just étaient loin d'approuver sa conduite ; car lui-même disait à la tribune de la Convention, six jours après le 9 thermidor : « Il faut, citoyens, que vous sachiez que cet homme infâme (Robespierre) a voulu me faire périr, il y a trois décades. » Accusé dans cette séance par les communes de Cambrai et d'Arras, et par Guffroy, son infatigable ennemi, il se vit décréter d'arrestation provisoire ; et une commission de vingt-et-un membres fut nommée pour examiner sa conduite. Ce ne fut néanmoins qu'en juillet 1795 que cette commission présenta son rapport, où étaient énoncés des faits accablants pour Lebon. Il se défendit sur tous les chefs, et essaya de rejeter la responsabilité de ses actes sur l'ancien comité, dont il avait trompé la bonne foi et auprès duquel il avait calomnié le département qu'il décimait, et sur la Convention elle-même. « Quand, disait-il, je parlais à ces gens-là de Robespierre, Saint-Just, etc., je croyais parler de toutes les vertus personnifiées : j'étais aveuglé sur leur compte... On me fait ici un crime de n'avoir pas été froid, quand vous étiez brûlants.. Quand mes actes étaient rigoureux, les vôtres étaient terribles. » Il nia plusieurs des faits contenus dans le rapport de la commission, et, nous devons le reconnaître avec le *Moniteur*, il atténua de beaucoup les autres. Décrété d'accusation le 17 juillet 1795, il fut renvoyé devant le tribunal criminel de la Somme, qui le condamna à mort, le 9 octobre suivant. Lorsqu'on le revêtit de la chemise rouge, il s'écria : « Ce n'est pas moi qui devrais l'endosser : il faudrait l'envoyer à la Convention, dont je n'ai fait qu'exécuter les ordres. » Napoléon GALLOIS.

LEBRETON (FRANÇOIS), avocat de Poitiers, que son courage et sa fin tragique rendent bien digne d'une courte notice. Témoin des malheurs qui déchiraient la France dans les dernières années du règne de Henri III, ne voyant autour de lui qu'anarchie, massacres, guerre civile et désolation, l'homme de loi eut en la puissance de sa plume une foi naïve ; il exprima avec énergie les sentiments dont il était oppressé ; il se flatta que le cri de la vérité frapperait toutes les oreilles ; il composa trois pamphlets, et, se rendant à Paris, il les fit imprimer clandestinement. Le plus considérable de ces trois opuscules, qui ne formaient qu'un seul corps d'ouvrage, est intitulé : *Remonstrances aux états de France et à tous les peuples chrétiens pour la délivrance du pauvre et des orphelins* (Paris, imprimerie de Gilles Ducarroy, 1586). La seconde partie est intitulée : *Accusation contre le chancelier Brisson*, et dès le titre de la troisième l'auteur signale le peu de succès qu'il obtenait dans le périlleux rôle d'accusateur qu'il avait assumé : *Remonstrance au Roy sur l'accusation qui lui a été présentée, laquelle il n'a onc voulu ouïr*. L'avocat poitevin poussa la témérité jusqu'à adresser au roi lui-même un exemplaire de cet écrit. Henri III fut très-choqué de ce cadeau ; le parlement reçut l'ordre de juger l'audacieux écrivain. Le procès de Lebreton fut bien vite fait et parfait ; le 22 novembre 1586 le malheureux fut pendu dans la cour du palais, après avoir vu son livre brûlé devant lui. Cette destruction a rendu l'ouvrage un des plus rares qui existent ; à peine en connaît-on deux ou trois exemplaires. L'im-

primeur Ducarroy et le compositeur Martin furent condamnés à être battus de verges au pied de la potence et bannis du royaume pour neuf ans. Un écrivain du temps rapporte que Lebreton « endura la mort avec une assurance et une ma-
« gnanimité admirables, et avec un tel regret de tout la
« peuple, que quand on ôta son corps pour le porter à
« Montfaucon, le peuple y étoit à grande foule qui lui bai-
« soit les pieds et les mains ». G. BRUNET.

LE BRIGANT (JACQUES), philologue célèbre, né en 1720, à Pontrieux, mort à Tréguier, en 1804. Il faisait dériver toutes les langues du celtique ; mais ses étymologies sont pour la plupart forcées, et son système devient absurde par l'extension qu'il lui donne. Le cachet dont il se servait pour sa correspondance portait pour inscription : *Celtica negata, negatur orbis*. Il a publié un grand nombre d'ouvrages, parmi lesquels nous ne citerons que ses *Observations fondamentales sur les langues anciennes et modernes* : prospectus d'un grand ouvrage sur la *langue primitive*, qui forme à lui seul un volume curieux, et qui lorsqu'il parut, en 1787, éveilla l'attention générale; et ses *Éléments de la Langue des Celtes Gomélites ou Bretons*, grammaire toute systématique. Le Brigant s'était aussi occupé de minéralogie. Il avait découvert en Bretagne plusieurs carrières de marbre. Marié deux fois, il avait eu vingt-deux enfants, dont plusieurs étaient morts sous les drapeaux ; et il se trouvait seul dans ses vieux jours, lorsque le brave Latour-d'Auvergne, son compatriote, son ami, son élève, s'offrit pour aller prendre la place du plus jeune à l'armée de Sambre et Meuse, où il servait depuis quatre ans.

LE BRUN (CHARLES), peintre français, naquit à Paris, en 1619, et mourut dans la même ville, en 1690. Fils d'un sculpteur, son père lui inspira du goût pour le dessin, et le plaça dans l'école de Simon Vouet, à qui le siècle de Louis XIV est redevable d'un grand nombre d'artistes célèbres. Dès l'âge de douze ans, il fit le portrait de son aïeul, et à quinze ans, pour le duc d'Orléans, deux tableaux représentant *Hercule domptant les chevaux de Diomède*, et le même *Hercule faisant les fonctions de sacrificateur*. Le chancelier Séguier s'intéressait particulièrement au jeune Le Brun, et le suivait dans ses études. Surpris de la beauté d'une copie de la *Sainte Famille* de Raphael, que l'artiste avait peinte dans le cabinet du roi, il l'envoya à Rome, et le mit en pension chez Nicolas Poussin, auprès duquel il perfectionna son talent. De retour à Paris, en 1648, Le Brun fit connaître par plusieurs grands tableaux combien il avait profité de son voyage d'Italie ; s'étant doté de la protection du chancelier, qui l'avait introduit à la cour, il fit proposer par Colbert au monarque ami des arts les projets et les plans qu'il avait conçus pour l'établissement, à Paris et à Rome, d'une académie de peinture. Les plans et les projets de Le Brun, acceptés par le roi, furent confirmés par des lettres patentes, qui le nommaient directeur des deux académies : cette direction à l'avenir devait passer de droit au premier peintre.

Louis XIV choisit Charles Le Brun pour son premier peintre ; il le dota, et lui confia une grande étendue de pouvoirs sur la généralité des arts. Il lui confia en outre la direction de la manufacture de tapis des Gobelins. Le Brun, doué d'une imagination féconde, briguait la gloire d'être l'émule de Nicolas Poussin ; mais, conduit à l'ambition par son caractère et par son esprit, ce vœu ne fut point accompli : il resta en arrière du peintre des Andelys, et ne fut jamais qu'un courtisan. L'histoire du monarque ne pouvait être confiée qu'aux mains du peintre qu'il supposait le plus habile : il le chargea de représenter les principaux événements de son règne. Sous d'ingénieuses allégories, Le Brun sut réunir la fable à l'histoire, et par cet assemblage heureux former une sorte de poëme épique des actions glorieuses du roi, poëme dont a enrichi la superbe galerie de Versailles. Les sujets de cette galerie représentent l'histoire de Louis XIV depuis la paix des Pyrénées jusqu'à celle de Nimègue : il est à regretter que le roi y soit peint à la romaine, coiffé d'une grande perruque qu'on nommait alors un *in-folio*. Le Brun peignit ensuite à Paris, dans la galerie d'Apollon, au Louvre, les *Batailles d'Alexandre*, compositions remarquables par leur étendue et rendues célèbres par les magnifiques gravures de Gérard Audran. On peut dire que la *Clémence d'Alexandre envers la famille de Darius* est la plus belle peinture de l'histoire de ce conquérant. Parmi les chefs-d'œuvre de Le Brun, on cite encore le *Martyre de saint Étienne*, qu'il peignit pour l'église Notre-Dame; le fameux *Crucifix entouré par des anges*, le *Massacre des Innocents*, la *Mort de Sénèque*, et, dans l'église des dames carmélites de la rue d'Enfer, une *Madeleine pénitente*, qu'il fit pour Mme de La Vallière. On voyait encore dans la même église *Jésus dans le désert servi par les anges*, et la *Madeleine aux pieds du Sauveur, chez Simon le Pharisien*. Le tableau de la *Madeleine aux pieds du Sauveur* par Le Brun a été, en 1815, échangé avec l'empereur d'Autriche contre le célèbre tableau des *Noces de Cana* par Paul Véronèse. Il serait trop long de parler ici des nombreuses productions de Le Brun, dont l'imagination brillante fut plus admirée que le génie. Je n'hésiterai pas cependant à placer au nombre de ses chefs-d'œuvre, et même de ceux de l'école française, les plafonds et la galerie qu'il peignit pour le surintendant des finances Fouquet, dans son château de Vaux-le-Vicomte, ainsi que l'*Apothéose* et les *Travaux d'Hercule*, qu'il a représentés à la voûte de la galerie de l'hôtel du président Lambert à l'île Saint-Louis, où les jeunes élèves de l'académie allaient souvent dessiner.

La conduite orgueilleuse et despotique de Le Brun avec les artistes, a dit Watelet, fut expiée par les mortifications qu'il éprouva sur la fin de sa vie, et que lui causa Mignard. Louvois, qui avait succédé à Colbert dans la surintendance des bâtiments, affecta de produire Mignard auprès du roi, par cela seul que Colbert avait été le protecteur le plus zélé de Le Brun. Ce ministre engagea Louis XIV à confier à Mignard la tâche de peindre ce qu'on appelle la *petite galerie de Versailles*. Le roi avait trop de goût pour ne pas apprécier les ouvrages de Mignard ; mais Le Brun était son premier peintre, le peintre de son choix, et, malgré la cabale de Louvois, il faisait à Le Brun un accueil marqué, se plaisant toujours à lui adresser les choses les plus obligeantes sur ses nouvelles productions. Un jour que Le Brun était dans la grande galerie, où se trouvait le roi, jetant un coup d'œil sur les plafonds qu'il avait peints, il dit assez haut pour être entendu, que « les beaux tableaux semblaient devenir plus admirables après la mort de leur auteur. — Quoi qu'on en dise, lui dit Louis XIV avec bonté en allant à lui, ne vous pressez pas de mourir, je vous estime à présent autant que pourra le faire la postérité. »

Ch^{er} Alexandre LENOIR.

LE BRUN (PONCE-DENIS-ÉCOUCHARD), poëte lyrique, élégiaque, épigrammatiste, surnommé trop libéralement le *Pindare français*, né à Paris, le 10 août 1729, et élevé dans la maison du prince de Conti, dont son père était l'un des serviteurs, obtint au collège Mazarin de brillants succès, et composa dès l'âge de douze ans une ode, qui lui attira des éloges exagérés et des critiques injustes. Encouragé d'un côté par la louange, irrité de l'autre par la critique, son talent prit dès lors ce caractère d'audace et d'orgueil que l'âge et l'expérience ne purent modifier. Devenu, à peine sorti du collège, secrétaire des commandements du prince de Conti, ayant conservé auprès du fils, sans en remplir les fonctions, la position qu'il avait eue chez le père, il ne tarda pas à la perdre, ne toucha plus même régulièrement la pension de 1,000 livres qui lui avait été promise, et vit 18,000 livres, seul débris de sa fortune, s'engloutir dans la banqueroute du prince de Rohan-Guémené. Marié à une femme d'une beauté remarquable et d'un esprit distingué, qu'il a célébrée sous le nom de Fanny, il eut le chagrin, après quatorze ans de bonheur, de la voir plaider contre lui en séparation et gagner définitivement son procès au Châtelet et au parlement.

Ainsi trompé dans ses espérances de fortune et dans ses affections de cœur, il se roidit contre les injustices du sort, contre les préjugés et même les usages du monde, contre le respect accordé aux sommités sociales, contre la rectitude des jugements académiques : sans imagination, mais non sans chaleur et sans verve, incorrect dans son style, gonflé sans être précisément vide, souvent obscur, quelquefois étincelant, il a longtemps étonné, et frappé surtout la jeunesse, par une alliance d'expressions insolites, par des traits inattendus, par une abondance stérile parfois, mais vivace et persistante ; enfin, par une richesse d'ornements, de figures, d'images brillantes de clinquant peut-être, mais véritablement éblouissantes. On conçoit que cette sorte de talent a dû lui attirer des admirateurs forcenés et des détracteurs aussi déraisonnables : il en est résulté une guerre d'épigrammes, dans laquelle Le Brun a eu presque constamment l'avantage ; car ce singulier talent fut certes le moins contestable de Le Brun. Il est digne de remarque que presque tous nos poëtes lyriques ont été d'excellents épigrammatistes, témoins Malherbe, J. Racine, et J.-B. Rousseau.

Longtemps en proie à l'infortune, Le Brun trouva dans le comte de Vaudreuil un protecteur zélé, qui le présenta à Calonne au moment où celui-ci arrivait au ministère. Il en résulta pour lui une pension de 2,000 livres sur la cassette du roi, et sa présentation à la cour. Mais cet éclair de bonheur s'évanouit à la chute de Calonne. A l'époque de l'organisation de l'Institut, sous le Directoire, il fut appelé à y siéger, dans la section de poésie, et reçut, après le 18 brumaire, plusieurs gratifications considérables du premier consul, une pension en 1800, et la décoration de la Légion d'Honneur en 1804.

Le Brun, mort âgé de soixante-dix-huit ans et presque aveugle, le 2 septembre 1807, il n'y a pas encore un demi-siècle, est à peine connu de la génération actuelle, parce que l'épigramme est fugitive comme la circonstance qui la fait naître ; parce que de toutes ses odes, qui contiennent souvent des strophes sublimes, aucune n'est irréprochable dans son ensemble, parce que peut-être le soin qu'a pris Le Brun de s'accorder à lui-même son immortalité en a dégoûté les autres ; parce qu'il est surtout difficile de lui assigner un rang parmi nos lyriques. Son style tendu et prétentieux, son enthousiasme forcé, sont aussi éloignés de l'élégance et de la noblesse de Jean-Baptiste, de la grandeur et de l'inspiration de Racine, que de la majesté âpre et quelque peu sauvage de Malherbe. On lui a amèrement reproché d'avoir fait une ode sur l'amour des Français pour leurs rois, d'avoir ensuite célébré la bienfaisance de l'administration du ministre Calonne, puis d'avoir composé depuis la révolution et pendant la terreur des odes républicaines plus que sanguinaires, telles que son défenseur Ginguené a pu cru devoir les comprendre dans ses œuvres complètes imprimées en 1811 ; de s'être enfin prosterné devant le premier consul et devant l'empereur. Mais qui a le droit de lui jeter la première pierre?

VIOLLET-LE-DUC.

LE BRUN (ÉLISABETH-LOUISE VIGÉE, Mme), née à Paris, le 16 avril 1755, morte dans la même ville, le 30 mars 1842, s'est distinguée dans la peinture. Fille de Louis Vigée, peintre d'un talent distingué, elle reçut les premières leçons de son père ; dans la suite, les conseils de Joseph Vernet et de Greuze justifièrent les dispositions de la jeune élève. Son talent se développa en peu de temps d'une façon si extraordinaire, qu'à l'âge de quinze ans elle fit le portrait de sa mère, qu'on regardait comme un chef-d'œuvre. Joseph Vernet, ayant vu le prodige, voulut qu'elle se présentât à l'Académie ; mais son jeune âge fut un obstacle à sa réception. Louis Vigée mourut en 1768 : sa fille avait alors onze ans. Plus tard Le Brun, riche connaisseur et marchand de tableaux. Admise au fauteuil académique en 1783, Mme Le Brun honora la compagnie qui la recevait ; pour son morceau de réception, elle fit le portrait de Joseph Vernet. Le portrait de la reine Marie-Antoinette, qu'elle fit paraître en 1787, produisit la plus grande sensation sur le public ; ceux du musicien compositeur Paesiello à son clavecin, du peintre Robert, ayant sa palette à la main, du comédien Caillot, en habit de chasse, et de la baronne de Crussol, obtinrent le plus brillant succès. Son portrait avec celui de sa fille, qu'elle tient dans ses bras, et qu'elle presse sur son cœur, est un modèle de tendresse maternelle, d'expression, de vérité, de dessin et de coloris : le portrait du dernier roi de Pologne, peint dans ses voyages, est un autre chef-d'œuvre. Mme Le Brun a produit quelques tableaux d'histoire, dans lesquels on trouve une composition spirituelle et heureuse, des poses gracieuses, une exécution facile et agréable. On a vu avec beaucoup de plaisir *La Paix ramenant l'Abondance*, qui est au ministère de l'intérieur, et *L'Innocence se réfugiant dans les bras de la Justice*.

Forcée de s'expatrier à l'époque de notre révolution, Mme Le Brun exécuta à Naples deux très-beaux tableaux pour lady Hamilton, qui dans l'un se fit peindre en *Bacchante*, et dans l'autre en *Sibylle*. A Rome, elle fit un grand nombre de portraits magnifiques, parmi lesquels on cite le sien, où elle s'est représentée peignant la grande-duchesse Élisabeth, et celui de l'impératrice Marie; à Saint-Pétersbourg, la tsarine Catherine II, les grandes-duchesses Alexandrine et Hélène, le marquis de Langeron, etc.; à Berlin, la reine de Prusse, et à Londres le prince de Galles et d'autres personnages de la cour et de la diplomatie. De retour en France, elle exposa le portrait de Marie-Antoinette, Mme Catalani à son piano, Mme de Staël en Corinne, tableau peint à Genève, le roi de Pologne Poniatowski, la duchesse de Clèves avec sa fille, le général Koetioskaï, etc. En 1817 on remarqua au Louvre un *Amphion jouant de la lyre*: En 1824 nous avons eu les portraits de la duchesse de Berry, de la belle duchesse de Guiche et plusieurs autres; mais elle ne fut plus de la nouvelle académie.

Dans ses voyages, Mme Le Brun a retracé au pastel les vues les plus intéressantes des lieux par où elle a passé. Cette femme célèbre, membre des principales académies de l'Europe, a publié ses Mémoires, sous le titre modeste de *Souvenirs de Mme Le Brun*. Elle avait réuni plusieurs de ses tableaux chez elle; elle en légua quelques-uns au Musée du Louvre. Ch^{er} Alexandre LENOIR.

LEBRUN (CHARLES-FRANÇOIS), duc DE PLAISANCE, grand'croix de la Légion d'Honneur, pair de France, membre de l'Académie Française, était né à Saint-Saveur-Landelin, près de Coutances (Manche), le 19 mars 1739, d'une famille noble, originaire de la Bretagne. Son père, Lebrun de La Senière, ne négligea rien pour son éducation. Ses études achevées au collége des Grassins, à Paris, il fit un voyage en Angleterre, et au retour il choisit la carrière du barreau. Lié avec le fils du chancelier Maupeou, il passait alors pour faire les discours et les mémoires de ce premier président. A cette époque Lebrun fut nommé censeur royal. En 1768 il fut fait payeur des rentes, puis quelque temps après inspecteur général des domaines de la couronne, place qu'il perdit quand le duc d'Aiguillon arriva au ministère. Marié en 1773, avec une femme qui lui avait apporté de la fortune, il se retira dans la terre de Grillot, s'occupant de l'étude des lettres et de l'éducation de ses enfants. La traduction de l'*Iliade* et celle de la *Jérusalem délivrée* furent les fruits de ses loisirs. La révolution vint l'arracher à sa retraite, et dès le commencement de 1789 il prit le parti d'une constitution nouvelle dans une brochure intitulée : *La Voix du Citoyen*. Nommé député aux états généraux par le tiers état de Dourdan, il s'y occupa presque exclusivement de finances. Au sortir de l'Assemblée constituante, il fit partie de l'administration du département de Seine-et-Oise, et comme président du directoire de ce département il eut bientôt à interposer son autorité dans les troubles qui y éclatèrent. Au 10 août, il donna sa démission, et rentra dans la vie privée. Un an après, le 1er septembre 1793, il fut mis en état d'arrestation, relâché six mois après, puis repris le 28 messidor an II; il ne fut mis définitivement en liberté que trois mois après le 9 thermidor. Rappelé à la présidence du directoire du département de Seine-et-Oise, il fut nommé, en l'an IV, député au Conseil des Anciens, et s'y consacra de nouveau aux matières de finances.

Après le 18 brumaire, Bonaparte, qui avait pris Cambacérès pour second consul, s'adjoignit Lebrun comme troisième consul, espérant sans doute donner par là des garanties aux deux partis opposés dans la république : à celui de la révolution dans la personne de Cambacérès, à celui de l'aristocratie dans la personne de Lebrun; mais ces deux hommes jouèrent précisément auprès du premier consul chacun le rôle contraire à celui qui lui était destiné. En effet, dans le *Mémorial de Sainte-Hélène*, Napoléon dit qu'il avait choisi en Cambacérès et Lebrun « deux hommes de mérite, deux personnages distingués, tous deux sages, modérés, capables, mais d'une nuance tout à fait opposée. L'un avocat des abus, des préjugés, des anciennes institutions, du retour des honneurs, des distinctions, etc., etc.; l'autre froid, sévère, insensible, combattant tous ces objets, y cédant sans illusion, et tombant naturellement dans l'idéologie. » Quoi qu'il en soit, Lebrun sut dans ce poste éminent se concilier l'estime et la considération. Lors de la création du gouvernement impérial, il fut nommé prince archi-trésorier, duc de Plaisance, et en l'an XIII il se rendit à Gênes, pour organiser les nouveaux départements dont la France devait s'agrandir. En 1807 il installa la cour des comptes, à la formation de laquelle il avait principalement concouru. En 1809, étant allé à Lyon présider le collége électoral du Rhône, il fonda dans cette ville un prix d'encouragement pour l'industrie. Après l'abdication de Louis-Napoléon, roi de Hollande, ce fut Lebrun qui se rendit dans ce pays pour remplacer le frère de l'empereur, d'abord comme lieutenant général, et en 1811 comme gouverneur général. Il y resta jusqu'à la fin de 1813. En 1814, Lebrun, qui était demeuré étranger à l'acte du sénat qui prononça la déchéance de l'empereur, adhéra cependant à celui qui rappelait la famille des Bourbons. Dans les cent jours, Napoléon le nomma grand-maître de l'université, ce qui le fit exclure de la pairie à la seconde restauration. L'ordonnance du 5 mars 1819 le rappela à la chambre haute. Il mourut le 16 juin 1824, à son château de Saint-Mesme, près Dourdan (Seine-et-Oise), non loin d'un village qu'il avait fait construire, et auquel on a donné le nom de *Ville-Lebrun*.

Son fils aîné, *Anne-Charles* LEBRUN, duc DE PLAISANCE, lui succéda dans ses titres. Né à Paris, le 28 décembre 1775, il suivit la carrière des armes, dans laquelle il entra après le 18 brumaire. Aide de camp du général Desaix à Marengo, il reçut ce général dans ses bras, lorsque celui-ci fut frappé d'un coup mortel. Il fit la campagne de 1805. A Eylau, il fut nommé général de brigade sur le champ de bataille, et le 23 février 1812 il passa général de division. A la fin de 1813 l'empereur l'envoya à Anvers pour préserver cette ville de l'invasion ennemie; mais il ne montra pas une grande aptitude à défendre les places fortes, et dès les premiers mois de 1814 Napoléon dut envoyer Carnot réparer les fautes de son prédécesseur. Le général Lebrun adhéra, le 19 avril 1814, au retour des Bourbons, et le 29 juillet le roi lui donna la croix de Saint-Louis. Mais ayant accepté dans les cent jours un commandement militaire et la députation à la chambre des représentants pour la seconde restauration. Appelé à la chambre des pairs par la mort de son père, il y fut reçu le 16 juillet 1824, prêta le serment usité à la royauté de Juillet, et ne quitta son siège qu'après la chute de la pairie. Après le coup d'État du 2 décembre 1851, il fut nommé sénateur, puis créé grand-chancelier de la Légion d'Honneur en 1853. Sa femme, fille du marquis Barbé-Marbois, est morte dans une campagne près d'Athènes, en 1854. L. LOUVET.

LÉCANOMANCIE du grec λεκάνη, bassin, μαντεία,

divination). Sorte de divination pour laquelle on mettait dans un vase rempli d'eau des pierres précieuses, des lames d'or et d'argent, sur lesquelles étaient gravés des caractères magiques. Après certaines évocations, on faisait une question, et le bruit qui sortait du fond de l'eau était censé donner la réponse.

LECAT (Claude-Nicolas), né à Bérancourt (Aisne) en 1700, fut d'abord destiné à l'état ecclésiastique, qu'il quitta pour étudier l'art de la fortification; mais la volonté paternelle le força à embrasser la carrière médicale. Nommé en 1728 chirurgien de l'archevêque de Rouen, il obtint au concours, en 1731, la place de chirurgien en chef de l'hôtel-Dieu de cette ville, et de 1734 à 1738 remporta tous les premiers prix proposés par l'Académie royale de Chirurgie, de sorte que cette illustre compagnie ne trouva d'autre moyen d'écarter de la lice cet obstiné lauréat, que de l'admettre dans son sein. Presque toutes les sociétés savantes de l'Europe suivirent cet exemple. En 1736 Lecat fonda à Rouen un cours public d'anatomie, et en 1750 une académie. Cet habile chirurgien fit surtout sa réputation par ses travaux sur la taille et les perfectionnements qu'il apporta dans cette opération. Il a laissé un grand nombre d'ouvrages sur la médecine opératoire, la physiologie, la physique et même l'archéologie. Son *Traité des Sensations et des Passions en général, et des Sens en particulier* (1766) est connu par quelques idées ingénieuses, et surtout par la bizarrerie et la singularité de ses hypothèses; ses autres ouvrages les plus importants sont : *Traité de la Couleur de la Peau humaine en général*, *et de celle des Nègres en particulier; Cours abrégé d'ostéologie* (1708); *Traité de l'existence et de la nature du Fluide des Nerfs, et de son action dans le mouvement musculaire* (1765). Il avait consacré vingt-cinq ans d'étude à un mémorial, qui fut consumé dans l'incendie de sa bibliothèque, en 1762. Lecat mourut en 1768, sans avoir pu se consoler de cette perte.

LECCE, chef-lieu de la *Terra di Otranto*, l'une des provinces du royaume de Naples, à 10 kilomètres de l'Adriatique, sur le versant des Apennins, dans un beau pays, fertile et bien cultivé, siége d'un évêché, est l'une des villes les mieux construites et les plus considérables de la basse Italie, et entourée de murailles flanquées de tours, avec plusieurs faubourgs. On y trouve une grande et belle place ornée de statues, des rues larges et droites, plusieurs vastes édifices, un château-fort, une cathédrale, un gymnase, un collége noble, un hospice d'orphelins, etc., des manufactures de cotonnades, de dentelles, etc. Sa population, forte de plus de 20,000 âmes, a pour principale ressource la culture de la vigne, du tabac et de l'olivier. L'huile qu'on récolte aux environs de Lecce jouit d'une réputation méritée.

Au moyen âge, Lecce formait un comté, dont une maison normande était en possession. En 1189, le comte Tancrède de Lecce fut proclamé roi de Sicile, et se maintint en possession de ce trône malgré tous les efforts de l'empereur d'Allemagne Henri VI.

LECCO (Lago di). *Voyez* Côme (Lac de).

LECH. Dans la langue slave, ce mot, de même que ceux de *Czech* et de *bojar*, désignait à l'origine le propriétaire libre d'un vaste district; mais plus tard ce nom devint un nom populaire.

La tradition veut que Lech ait été le premier prince de Pologne. Vers l'an 550 de notre ère, il arriva de la Croatie dans les plaines de la Grande-Pologne, où il fonda Gnesen, le premier établissement fixe qu'aient eu les Polonais. Sous le nom de *Lechites* ou de *Lachen*, Nestor désigna d'abord les habitants des fertiles plaines qu'arrose la Vistule et qui de tous temps furent célèbres pour la perfection de leur culture ; mais plus tard on appliqua plus particulièrement cette dénomination aux Polonais.

LE CHAPELLIER (Jean-René-Guy), né à Rennes, en 1754 ou 1755, était fils d'un avocat célèbre au barreau de cette ville, et par ses talents hérita de cette célébrité. Les mesures du ministère de Brienne, qui soulevèrent les parlements, trouvèrent dans l'orateur breton un redoutable adversaire. Une probité sévère, un savoir étendu, une grande facilité d'élocution, une habile dialectique, un caractère ferme et énergique, distinguaient cet orateur, qu'animait un patriotisme non moins ardent qu'éclairé. Ces qualités et sa résistance à un ministère décrédité le firent nommer député du tiers état aux états généraux. Il y prit place, dès les premiers jours, parmi les orateurs le plus influents, et contribua à provoquer les divers décrets qui décidèrent le triomphe de la cause populaire, tels que l'érection de l'assemblée en Assemblée constituante, l'armement des milices nationales, la garantie de la dette publique, l'appropriation aux besoins publics des biens du clergé. Membre du comité de constitution, il concourut à la rédaction et à la discussion de toutes les grandes dispositions dont se composa cette loi fondamentale. Il s'engagea tout d'abord dans la lutte vigoureuse provoquée par une opposition hostile à toutes les réformes jugées nécessaires. Ainsi, il fut l'un des moteurs de la mesure qui abolit la noblesse, et ce fut lui qui présida l'assemblée dans la séance du 4 août 1789, si célèbre par la destruction de tous les priviléges féodaux. Mais la crainte des excès dont les factions aristocratique et démagogique lui paraissaient menacer la France ne tarda pas à le retenir sur la pente où il ne voulait pas se laisser entraîner trop avant. On le vit s'opposer avec Mirabeau au décret qui attribuait au Corps législatif le droit de déclarer la paix ou la guerre. Bientôt la licence toujours croissante de la presse et surtout celle des clubs ou sociétés populaires lui suggérèrent des mesures restrictives. Voulant à la fois affermir la liberté et prévenir ou réprimer l'anarchie, il provoqua la révision de la constitution, et demanda que l'on punît les délits de la presse, que les clubs ne fussent plus que ce qu'ils avaient été à leur origine, c'est-à-dire des moyens de discussion paisible, et non des associations délibérantes ayant des journaux à leurs ordres, des ligues sous le nom de *sociétés affiliées*, rivalisant d'abord avec les pouvoirs publics qu'elles devaient finir par comprimer et les dominant. Le 20 août 1791 Le Chapellier n'hésita pas à attaquer, en le désignant de manière à ne pouvoir être méconnu, un personnage important, que les factieux avides de renverser le régime existant se vantaient d'avoir pour chef. Cette conduite courageuse, inspirée au député breton par des intentions droites et par l'appréhension trop bien fondée d'une nouvelle et terrible révolution, le signalait aux vengeances du parti qu'il avait combattu. Réfugié en Angleterre après la clôture de la session, il eut l'imprudente confiance de revenir, dans le vain espoir de se justifier et de sauver ses biens. Accusé de conspiration contre le peuple depuis 1789, il périt sur l'échafaud, le 22 avril 1794, avec d'Éprémesnil, Thouret et Malesherbes. Il avait été le collaborateur de Condorcet pour la publication en 28 vol. in-8° de la *Bibliothèque de l'homme public*. — Aublet de Vitry.

LECHEVALIER (Jean-Baptiste), érudit archéologue et astronome, naquit le 1er juillet 1752, à Telly (Manche), fut élevé par un oncle, chanoine de Saint-Brieuc, puis, ayant perfectionné ses études dans un séminaire de Paris, professa, de 1772 à 1778, dans les colléges du Plessis, d'Harcourt et de Navarre. Passionné de bonne heure pour l'antiquité, il saisit avidement l'occasion qui lui fut offerte d'accompagner le comte de Choiseul-Gouffier, nommé à l'ambassade de Constantinople. Il vit dans ce voyage le moyen d'étudier sur les lieux les deux poëmes immortels d'Homère. Après avoir visité Londres, Turin, Florence, Rome, Naples, et avoir été retenu sept mois par une maladie grave à Venise, il partit pour la côte nord-ouest de l'Asie Mineure, avec l'intention de vérifier par lui-même le théâtre des combats de l'Iliade et des longs voyages d'Ulysse. De là deux ouvrages dont les voyageurs les plus récents ont loué la minutieuse exactitude, le *Voyage dans la Propontide*, et le *Voyage dans la Troade*, qui témoignent de son talent d'écrivain, de ses hautes connaissances et de sa consciencieuse admiration pour le patriarche des poëtes. Chargé ensuite de diverses missions, il parcourut la Moldavie, la Russie, plusieurs autres États de l'Europe, notamment l'Espagne et le Portugal. Il eût pu siéger honorablement à l'Institut, où l'appelaient son savoir et ses travaux; mais il en fut toujours écarté par une cabale jalouse de ses découvertes. Il était premier conservateur de la Bibliothèque de Sainte-Geneviève, lorsqu'il mourut, le 2 juillet 1836, à quatre-vingt-quatre ans. Il avait clos sa longue carrière en soutenant, dans son *Ulysse-Homère*, que le véritable auteur de l'*Iliade* et de l'*Odyssée* est Ulysse; paradoxe développé d'une manière brillante, œuvre ingénieuse, qui n'a séduit personne en dehors d'un cercle de complaisants amis, mais dans laquelle il a réuni tous les éléments de sa conviction.

CHAMPAGNAC.

LECK (Le). A peine le Rhin pénètre-t-il au milieu des terres basses du royaume des Pays-Bas, qu'on le voit se partager en deux branches : le bras gauche se divise de nouveau, et envoie à la Meuse une partie de ses eaux par un canal qu'on nomme *le Leck*. Le Leck n'est point une rivière, mais un simple bras du Rhin, qui joint ce fleuve à la Meuse. Les contrées qu'il parcourt sont basses, et exposées à de fréquentes inondations; l'industrie des habitants leur a opposé des obstacles: son lit est encaissé entre deux hautes digues, qui arrêtent les débordements. La nature elle-même n'avait probablement pas préparé cette voie à l'écoulement des eaux du Rhin : s'il n'est pas creusé tout entier de la main des hommes, il a été du moins très-élargi, car le Leck n'est autre chose que le canal ouvert par C i v i l i s pour le dégorgement du Rhin. Théogène PAGE.

LECLERC (PERRINET), dit aussi *le Féron*, parce qu'il était fils d'un marchand de fer, établi à Paris au bas du Petit-Pont. Celui-ci, un des quarteniers de la ville, avait la garde des clefs de la porte de Bussy. Dans la nuit du 28 au 29 mai 1418, à l'époque des cruelles guerres civiles qui ensanglantèrent la France sous le règne de Charles VI, Perrinet Leclerc se glissa pendant la nuit dans la chambre de son père, déroba sous son chevet même les clefs de cette porte de la ville, et courut, à deux heures du matin, l'ouvrir aux troupes du duc de Bourgogne. Le motif qui porta ce jeune homme à commettre cet acte de trahison fut, dit-on, le refus du prévôt de lui faire justice des mauvais traitements que lui avaient infligés quelques Armagnacs. Il s'était entendu avec sept ou huit de ses amis mécontents comme lui et avait noué secrètement des intelligences avec l'Isle-Adam, qui commandait à Pontoise une petite troupe de Bourguignons. Les Bourguignons furent introduits dans Paris au nombre de 800 hommes, bien armés; et c'est ainsi que fut consommée la révolution qui renversa la faction d'Armagnac. La corporation des bouchers fit ériger à Perrinet Leclerc une statue au bas du pont Saint-Michel, statue qui fut renversée et mutilée dès que Charles VII se trouva maître de Paris. Mais le tronc en subsistait encore vers le milieu du siècle dernier; il servait alors de borne à une maison faisant le coin de la rue Saint-André-des-Arcs et de la rue de la Vieille-Boucherie. L'histoire est muette sur le sort de Perrinet Leclerc.

LECLERC (VICTOR-EMMANUEL), fils d'un marchand de farines de Pontoise, naquit dans cette ville, en 1772. Volontaire dans le deuxième bataillon de Seine-et-Oise, en 1791, il adopta chaudement les principes de la révolution française. Capitaine au siége de Toulon, il s'y lia d'amitié avec celui qui devait plus tard servir ses mains les destinées de la France. Il fut nommé adjudant général après la prise de cette place, à laquelle il contribua. Après avoir servi à l'armée des Ardennes et pris part à la victoire de Fleurus, il suivit Bonaparte dans ses campagnes d'Italie, en qualité de sous-chef d'état-major, en 1796, et de général de brigade, en 1797. Il se distingua par sa bravoure et son audace dans les journées du mont Cenis, du Mincio, de Salo; aux combats de Borghetto et de Saint-Georges, à la bataille de Roveredo et à celle de Rivoli, où il commandait la cavalerie. Il

DICT. DE LA CONVERS. — T. XII.

fit aussi partie de l'expédition d'Égypte; mais il y brilla peu, si ce n'est au combat de Salahié. En 1797, il épousa une sœur de Bonaparte, Pauline, qui fut depuis princesse Borghèse. Rentré en France avec son beau-frère, à la fortune duquel il s'était attaché, il trempa dans la conjuration du 18 brumaire, et guida contre la représentation nationale le peloton de grenadiers qui la dispersa la baïonnette en avant. Bonaparte l'en récompensa en le nommant général de division et en lui donnant un commandement dans l'armée du Rhin, alors sous les ordres de Moreau. Leclerc passa ensuite au commandement supérieur de plusieurs divisions militaires, puis à celui du corps d'armée envoyé à travers l'Espagne, en 1801, pour soumettre le Portugal. La paix d'Amiens étant venue rendre le calme à l'Europe, Bonaparte jeta les yeux sur Saint-Domingue, et se détermina à y envoyer une expédition pour arracher aux nègres cette colonie. Il parut le 1er février 1802 en vue du cap Samana, avec un immense armement, et soumit en trois mois l'armée noire, à la tête de troupes décimées par la maladie. Cette pacification fut de courte durée : l'enlèvement de Toussaint-Louverture, l'exécution de plusieurs chefs, l'incorporation des troupes vaincues dans les troupes victorieuses, préparèrent une nouvelle révolte, qui éclata à la suite de la fièvre jaune. Affaibli par la désertion et ne recevant aucun renfort, Leclerc mourut le 2 novembre 1802, dans l'île de La Tortue, où il s'était retiré, autant pour combattre les chagrins auxquels il était en proie, que par suite de l'influence délétère d'un climat qui avait déjà moissonné tant de braves. Napoléon faisait grand cas de son beau-frère; mais rien dans la vie de celui-ci n'est venu justifier cette haute opinion.

LECLERC (JOSEPH-VICTOR), doyen de la Faculté des Lettres de Paris depuis 1832, membre de l'Académie des Inscriptions et Belles-Lettres depuis 1836, l'un des hommes qui soutiennent dignement l'honneur de la France dans les champs de l'érudition grecque et latine, est né à Paris, en 1789, débuta le 2 décembre 1808 dans la pénible carrière de l'instruction publique par les humbles fonctions de maître d'études au collége Napoléon, dont il avait suivi les classes, et où dès 1809 il fut chargé d'un cours spécial de langue grecque. En 1811 Fontanes le nommait professeur agrégé de troisième, et en 1815 il succédait à son ancien condisciple, M. Villemain, comme professeur de rhétorique au lycée Charlemagne. Nommé en 1821 maître de conférences à l'École Normale, il fut appelé en 1824 à remplacer à la Faculté des Lettres, comme professeur d'éloquence latine, son ancien professeur De Laplace, dont il occupe encore la chaire. On a de lui un *Éloge de Montaigne*, objet d'une mention honorable de l'Académie Française, et réimprimé en tête de la belle édition de Montaigne publiée par le libraire Lefèvre, la *Chrestomathie grecque* (1812), les *Pensées de Platon* (1818), 2e édition, augmentée d'une *Histoire abrégée du Platonisme* (1824); une nouvelle édition de la *Grammaire latine de Port-Royal* (1819); *Œuvres complètes de Cicéron traduites en français avec le texte en regard, notes et commentaires* (30 vol. in-8°, 1821-25); *Des Journaux chez les Romains* (1838), dissertation curieuse, qui jette un jour tout nouveau sur la vie privée des peuples de l'antiquité. Le *Journal des Débats* doit à M. Victor Leclerc un grand nombre d'articles de savante critique. A la mort de Daunou, l'Académie des Inscriptions, qui l'avait déjà nommé membre de la commission chargée de continuer l'*Histoire littéraire de la France*, le désigna pour le remplacer comme éditeur de cet ouvrage monumental.

LECLERC (MICHEL-THÉODORE), né à Paris, en 1777, entra fort jeune dans l'administration des droits réunis, dont il devint l'un des receveurs à Paris et occupa cette position jusqu'en 1814. Mais alors il donna sa démission, pour se consacrer exclusivement au culte des lettres. Dans sa jeunesse, il avait composé un roman assez médiocre, *Le Château de Duncan*. Libre, il employa ses loisirs à composer, à l'imitation de Carmontelle, quelques proverbes dramatiques, qui

13

LECLERCQ — LECOMTE

obtinrent dans les salons un succès de vogue. Encouragé par cet accueil, il céda aux instances de ses amis, et en fit imprimer deux volumes en 1823. Cette publication ne réussit pas moins à la lecture qu'à l'audition, et jusqu'en 1828 l'auteur publia encore successivement cinq autres volumes, dont le succès fut tout aussi grand. Ce livre lui assure le premier rang dans notre littérature comme auteur de proverbes. En 1828, un spéculateur ayant eu l'idée de fonder la *Revue de Paris*, fit appel au talent de Th. Leclercq, qui consentit à composer de nouveaux proverbes pour ce recueil. Aussi ses œuvres ne forment-elles pas aujourd'hui moins de douze volumes. Dans ses dernières productions Th. Leclercq fait preuve d'autant de finesse et d'originalité que dans les premières. Il mourut en 1851. Il avait été pendant longtemps l'ami intime de Fiévée, qui, en temoignage du vif attachement qu'il lui portait, signait toujours ses articles du *Journal des Débats* de ses initiales, les lettres T. L.

L'ÉCLUSE, ville de Hollande. *Voyez* ÉCLUSE (L').

L'ÉCLUSE ou **LÉCUSE** (Fort de), poste de frontière et fort, dans le département de l'Ain, à 20 kilomètres de Gex, entre Genève et Seyssel, non loin de la perte du Rhône, construit sur un rocher du Jura, à 40 mètres audessus du niveau du Rhône. Il semble n'avoir été bâti que pour protéger l'étroit défilé que forme en cet endroit la route conduisant de Lyon à Genève, car il est complétement dominé par le mont Crédo, haut de 1,735 mètres et par d'autres montagnes voisines. A partir de l'an 1037 le fort de L'Ecluse fit partie des domaines de la maison de Savoie, à qui les Bernois l'enlevèrent à diverses reprises; et à leur tour les Genevois s'en rendirent également maîtres. Au mois de février 1814 le fort de L'Ecluse tombait au pouvoir des Autrichiens, qui un mois plus tard étaient contraints de le rendre à nos troupes. En 1815, les Autrichiens en firent sauter la plus grande partie.

LECOMTE (Pierre). Le 16 avril 1846, vers cinq heures et demie du soir, le roi Louis-Philippe rentrait au château de Fontainebleau, après une longue promenade dans la forêt. Arrivé près du parc d'Avon, deux coups de feu se firent entendre. Personne n'était blessé; mais les franges du char-à-bancs où se trouvait le roi étaient coupées par des chevrotines, et la reine ramassait une bourre qui venait de tomber entre le roi et M. de Montalivet. « Voilà qu'on salue, bon papa, » s'écrie avec ingénuité le jeune prince de Wurtemberg. « C'est la fin de la chasse, » dit Louis-Philippe; et comme les postillons s'étaient arrêtés : « Allons, reprit-il en s'apercevant sans doute qu'on venait de commettre un attentat contre sa vie, allons, Saint-Aignan, en avant; par le chemin accoutumé et au pas ordinaire ! » Cependant des officiers qui suivaient le roi s'étaient mis à la poursuite de l'assassin ; en un instant le parc était cerné. Un palefrenier, montant sur la selle de son cheval, franchit le mur derrière lequel on avait tiré, et parvint à s'emparer d'un individu qui tenait encore un fusil à deux coups dans ses mains. C'était Lecomte, ancien garde général de la forêt de Fontainebleau. « On m'a fait des injustices, dit-il aussitôt, on n'a pas voulu faire droit à mes réclamations pour ma pension de retraite; j'ai voulu tuer le roi. Je me suis trop pressé, c'est malheureux ! J'ai joue gros jeu, et j'ai perdu la partie. Je suis le seul qui ait fait le coup; n'en soyez pas d'autre Le roi n'est pas blessé, tant mieux pour lui ; il est plus heureux que moi. » Conduit à la prison de Fontainebleau, et insulté en route : « Je n'ai eu qu'un tort, disait-il, je ne me suis pas placé ou j'aurais dû , je suis arrivé trop tard ; j'ai tiré, j'ai manqué ; on me blâmera, mais j'ai autant de cœur et d'honneur que tous ceux qui me blâment. » Pierre Lecomte refusa toute nourriture; mais amené à Paris, il consentit en route à prendre quelques aliments. Une ordonnance royale saisit la chambre des pairs du jugement de l'attentat, et le 4 juin Lecomte comparaissait devant cette haute cour.

D'après l'acte d'accusation, Pierre Lecomte était né à Beaumont-sur-Vingeanne (Côte-d'Or), en 1798. Sa famille était pauvre ; son père avait tenu autrefois une petite auberge à Dijon. Lecomte, qui avait reçu néanmoins quelque éducation, s'était engagé en 1815 dans les chasseurs à cheval de la garde royale. Il avait fait la campagne d'Espagne en 1823, avait été décoré le 12 juin et promu au grade de brigadier à la fin de l'année. Libéré du service militaire en 1825, il quittait la France deux années après pour aller prendre du service en Grèce. D'abord sous-lieutenant et officier d'ordonnance du général en chef Church, il fut nommé capitaine le 8 février 1828, et à la fin de cette même année il rentra en France. Il avait fait les campagnes de Morée et de Roumélie, s'était particulièrement signalé au siége d'Anatolico. Le comte de Rumigny, dont il avait sollicité la recommandation, le fit entrer dans les forêts du duc d'Orléans, Les règlements voulaient qu'il fût admis d'abord comme garde à pied; mais dès le mois de janvier 1830 il devenait garde-chef, secrétaire de l'inspection de Compiègne, et une année plus tard garde à cheval à Villers-Cotterets. En 1837 il était nommé garde général dans l'inspection d'Orléans, et en 1839 il passait avec le même grade dans l'inspection de Fontainebleau. Partout Lecomte s'étatt signalé comme un homme actif, intelligent, sévère, mais dur, hautain, orgueilleux, insubordonné, vivant seul, et incapable de supporter la moindre contrariété. Déjà plusieurs fois il avait eu des démêlés avec ses chefs. En 1843 il refusa d'obéir à un sous-inspecteur ; une retenue de 20 francs lui fut infligée. Cette mesure disciplinaire fit naître en lui une vive irritation. Il offrit sa démission, demandant qu'on capitalisât la pension à laquelle il pouvait avoir droit. Mais ce n'était pas l'usage dans la famille d'Orléans, qui n'accordait de pension que pour la durée du règne, n'opérant d'ailleurs aucune retenue sur le traitement de ses employés. La demande de Lecomte fut donc rejetée ; néanmoins, sa démission fut acceptée. Lecomte, exaspéré, écrivit au roi une lettre violente. Il poursuivit M. de Salune, conservateur des forêts royales jusque dans les rues; mais appelé par le préfet de police, et d'abord sur-veillé, il cessa d'inquiéter cet employé supérieur. Son ressentiment monta plus haut. La faible pension qui lui avait été accordée était loin de suffire à ses besoins. Il n'avait de rapports avec personne à Paris, où il vivait retiré. Sa haine s'accroissait dans l'isolement, et la crainte de la misère le poussa jusqu'au régicide. Sa dernière pièce de cent sous, disait-il, était une cartouche. Enfin, le 15 avril, réfugié sous l'auvent d'une marchande de gravures de la place du Carrousel, pour se garantir de la pluie, il entend dire à deux domestiques de la maison royale que Louis-Philippe part pour Fontainebleau ; aussitôt son dessein est formé, il emporte son fusil le soir même, et se cache dans la forêt. Prévoyant que le roi passerait devant le parc d'Avon, il avait amassé des bourrées le long du mur du parc ; mais il n'y en avait pas assez quand il entendit le bruit des chevaux : alors il était monté sur un petit mur de refend, et avait ajusté son arme dans la pensée que le roi se trouverait à gauche. Justement cette place est occupée par M. de Montalivet : Lecomte change alors un peu la direction de son fusil ; cela suffit pour déranger la sûreté du tir, et cette circonstance sauve Louis-Philippe, car Lecomte était un adroit tireur.

Lecomte avait tout préparé pour son évasion ; un tas de fagots réunis à l'autre extrémité du parc lui permettait de franchir ce mur et de s'échapper dans la forêt, si son coup avait réussi, ou si, moins prompts, ceux qui le poursuivaient étaient arrivés un peu plus tard. Avant de partir de Paris, voulant sans doute relever son action en en faisant un crime politique, il avait écrit ces quelques mots, qu'il appela ensuite son *testament* : « Celui qui a commis l'action a autant de cœur que ceux qui pourront le calomnier. Dans sa résolution, il n'a cherché que la réussite, sans s'inquiéter d'aucun danger pour lui. S'il choisit cet endroit, c'est par une inspiration divine. La consolation de son œuvre sainte le suivra jusque dans la fosse. »

Aux débats, Lecomte conserva la même attitude que dans ses premiers interrogatoires. Son crime n'était qu'une vengeance personnelle. Il y avait été conduit d'une manière fatale. Deux fois il avait voulu reprendre du service dans l'armée, toujours on l'en avait empêché. Lecomte prétendait qu'on lui avait dit à l'intendance de la liste civile que sa demande était revenue de chez le roi avec une apostille défavorable. Il avait plusieurs fois écrit au roi, et n'avait reçu d'autre réponse que l'avis du renvoi de son affaire à l'intendance, qu'il croyait lui être hostile. C'était, selon lui, une mystification. Depuis lors il avait résolu de se venger. Cependant il soutint qu'il n'en recherchait pas l'occasion; c'est le hasard qui lui fit apprendre le départ du roi, c'est le hasard qui le conduisit au parc d'Avon, et c'est seulement en entendant le bruit des chevaux du cortège royal que, n'étant plus maître de lui, il se décida à commettre son attentat. Quoique le *Journal des Débats* eût prétendu qu'il n'y avait pas de crimes privés contre le roi, et qu'il semblât même faire remonter la complicité de ce crime jusqu'à ceux qui, en s'élevant à la tribune contre le gouvernement personnel, ôtaient tout prestige à la majesté du trône, et semblaient signaler la personne royale aux coups des assassins, M. Hébert, procureur général, voulut bien reconnaître qu'il n'y avait devant lui qu'un assassin vulgaire, cherchant dans la mort du roi une vengeance personnelle, et espérant peut-être la couvrir d'un manteau politique, mais du reste étranger aux partis. Il se félicitait, dans cette triste cause, de n'avoir pas du moins à combattre ces épouvantables doctrines d'après lesquelles le crime peut devenir une œuvre méritoire. M⁰ Duvergier, défenseur de l'accusé, s'appuyant sur une lettre du docteur Lélut, demanda si Lecomte jouissait bien de la plénitude de ses facultés quand il s'abandonna à son terrible ressentiment. Il cita une lettre de Lecomte à l'abbé Grivel, dans laquelle Lecomte disait que nul n'avait eu plus de dévouement que lui pour le roi; qu'à une autre époque il aurait donné son sang, sa vie pour préserver celle du roi. « Les injustices sont comme les injures, disait Lecomte, elles sont plus ou moins sensibles, cela dépend des personnes qui les éprouvent... L'action que j'ai commise n'était pas dans mes sentiments, je la déplore profondément. » Condamné le 5 juin à la peine des parricides, Lecomte fut exécuté le 8 du même mois, à cinq heures et demie du matin, à la barrière Saint-Jacques, sans avoir proféré d'autres paroles que quelques mots de remerciement pour les personnes dont il avait reçu des soins ou des consolations.
L. LOUVET.

LEÇON, instruction d'un maître à ses disciples; rédaction qu'on fait pour enseigner et pour instruire. Dans les colléges, le mot *classe* est synonyme de *leçons*, mais on dit *leçons* à la Faculté, au Collége de France. Les professeurs de ce dernier établissement ont porté le titre de *lecteurs royaux*, parce que dans l'origine tous lisaient une *leçon* écrite d'avance (*lectio*). Aujourd'hui, le professorat des hautes chaires se partage entre improvisateurs et lecteurs. Les leçons des premiers sont en général plus entraînantes, plus suivies; celles des autres, plus réellement instructives, mais aussi elles se font souvent dans le désert.

Leçon se dit encore de tout enseignement particulier d'un maître à un disciple, ou à un petit nombre d'écoliers, en quelque genre que ce soit, depuis le plus relevé jusqu'au plus trivial.

Leçon se dit encore d'un morceau de prose ou de poésie qu'un professeur donne à apprendre à ses écoliers. Dans les classes, les élèves qui apprennent le plus facilement leurs *leçons* ne sont pas toujours ceux qui ont l'intelligence la plus élevée.

On emploie le mot *leçon* pour exprimer tout avertissement, instruction ou discours, qui a pour but de nous enseigner, de nous corriger. Massillon a osé dire à la cour : « Le silence des peuples est la *leçon* des rois. » Mais il prêchait devant un roi enfant.

On dit proverbialement *faire la leçon* à quelqu'un, pour dire qu'on le réprimande, ou même qu'on lui montre par ses actes qu'il s'est trompé.

Leçon se dit aussi des divers accidents de la vie qui nous apprennent à vivre avec prudence. Le malheur est une excellente *leçon* de patience. « Ah! fait dire Molière à un de ses personnages, que mon mariage est une *leçon* bien parlante à tous les paysans qui veulent s'allier à la maison d'un gentilhomme! »

Les critiques appellent *leçons* les différentes manières de lire (*variæ lectiones*) le texte des auteurs dans les anciens manuscrits. Cette diversité vient des copistes. Il y a bien des *leçons* de la Bible, des poëtes, des prosateurs grecs et latins. On recherche les anciennes éditions où se trouvent ces *leçons*; mais les critiques ont été trop loin dans la correction des manuscrits, et l'on se trouve quelquefois très-bien d'en revenir à la *leçon* primitive.

Leçon, en termes de bréviaire, signifie une petite *lecture* que l'on fait à chaque nocturne des Matines, de quelques extraits de la Bible, des Pères, ou de la légende du saint du jour.
Charles DU ROZOIR.

LE CONQUET. *Voyez* FINISTÈRE (Département du).

LECOURBE (CLAUDE-JOSEPH, comte), général français, né à Lons-le-Saulnier, en 1759, d'un père ancien officier d'infanterie, avait à peine parcouru la moitié du cercle de ses études lorsqu'il s'engagea dans le régiment d'Aquitaine. Libéré après avoir servi huit ans, il rentra dans ses foyers. Élu par acclamation en 1789, à titre d'ancien militaire, commandant de la garde nationale de Ruffey, il ne tarda pas à se voir déférer le commandement du 7ᵉ bataillon du Jura, et partit avec ses jeunes frères d'armes pour l'armée du Rhin, où il fit preuve d'une rare intrépidité en même temps que de talents militaires du premier ordre. Plus tard, aux armées du Rhin, de Sambre et Meuse, de Mayence, de Rhin et Moselle, du Danube et d'Helvétie, partout il se distingue par les plus brillants faits d'armes. A Hondschoote, à la tête de son bataillon, il attaque un corps de cavalerie hanovrienne très-supérieur en nombre, et après en avoir détruit une partie, il fait le reste prisonnier. Au déblocus de Maubeuge, après une lutte de trente-six heures, un fusil à la main, il entre le premier dans les lignes de Wattignies. A la retraite du camp retranché de Mayence, il arrête l'ennemi pendant sept heures. L'ordre de se retirer ne lui étant pas parvenu, il se trouve enveloppé. Toute l'armée le croit prisonnier, quand il reparaît avec ses braves : ils se sont fait jour à travers les colonnes autrichiennes. Général de brigade en 1796, il se distingue aux deux batailles de Rastadt, les 6 et 9 juillet, et commande en 1799 l'aile droite de l'armée française en Suisse.

Les rapports intimes de Lecourbe et de Moreau datèrent de 1800. Le lieutenant général et le général en chef dirigeaient des armées sur les mêmes champs de bataille; cette amitié, inspirée, soutenue par une estime mutuelle, ne devait s'éteindre chez eux qu'avec la vie. Bonaparte, devenu chef du gouvernement, s'offensa de l'affection de Lecourbe pour Moreau, qui fut coupable sans doute, mais dans qui Lecourbe ne voyait qu'un ami malheureux; il suivit avec une exactitude scrupuleuse les débats de son procès, et accompagna souvent Mᵐᵉ Moreau à l'audience. Tombé complètement dans la disgrâce de Bonaparte après l'issue de cette affaire, il se retira à la campagne près de Paris. Mais les injustes préventions du consul, et plus tard de l'empereur, ne changèrent rien à son dévouement à la patrie; et il prouva en 1815 qu'il était toujours le soldat de la France, le volontaire national de 1791. Au retour de l'île d'Elbe, il sort de sa retraite pour courir se joindre aux derniers défenseurs de la France envahie et non conquise. La Restauration avait eu beau lui rendre son rang, des honneurs, lui accorder le grand-cordon de la Légion d'Honneur, qu'il avait si bien mérité, en même temps qu'elle le nommait inspecteur général de l'infanterie dans les 1ʳᵉ et 18ᵉ divisions, la défection de Moreau ne lui avait pas été contagieuse pour lui : il était resté fidèle à ses premières opinions, à ses serments,

13.

à l'honneur. A peine donc a-t-il appris que l'étranger va tenter une nouvelle invasion, qu'il reprend les armes. Son nom est un noble drapeau, autour duquel se rallie à Béfort une petite armée de volontaires. Il défend cette forteresse pendant plusieurs mois, disputant autour de lui pied à pied le terrain, et il y commandait encore lorsqu'il mourut, le 23 octobre 1815, d'une rétention d'urine, maladie dont il souffrait depuis longtemps. Dufey (de l'Yonne).

LECOUVREUR (Adrienne), actrice de la Comédie-Française, naquit à Fismes, en Champagne, en 1690, et mourut à Paris, le 20 mars 1730, à l'âge de quarante ans. Fille d'un chapelier, logée chez une tante, qui lui apprenait son état de blanchisseuse, son goût pour la carrière qu'elle devait parcourir avec succès se manifesta de bonne heure. L'acteur Legrand, l'ayant vue jouer à quinze ans un rôle tragique sur un théâtre de société, crut découvrir en elle le germe d'un talent remarquable, et s'attacha bientôt à le développer par ses leçons. Elle fut ensuite engagée par le directeur de la troupe de Strasbourg, mais reçut l'ordre de revenir à Paris, où elle débuta dans le rôle de *Monime*, à la Comédie-Française. Un mois après elle était reçue, pour les premiers rôles tragiques et comiques, parmi les comédiens ordinaires du roi. Mais sa voix, triste et voilée, l'expression passionnée de ses traits, la puissance de son jeu, qui la rendaient admirable dans la tragédie, se prêtaient difficilement aux allures de la comédie ; on dit même qu'elle échoua toujours dans le rôle de *Célimène* du *Misanthrope*. Son débit était néanmoins simple et vrai, sans trivialité ni affectation du grandiose ; elle *parlait* noblement la tragédie sans la déclamer avec emphase, et se trouvait ainsi naturellement conduite à rompre, quand il le fallait, la monotonie fatigante du vers alexandrin, entraînée qu'elle était par l'émotion qui la dominait. Elle joignait au talent de bien dire celui de savoir écouter. Sous ce double rapport, les conseils du célèbre comédien Dumarsais ne lui avaient pas été inutiles. D'une taille petite, elle savait se grandir par le talent. *Phèdre* surtout fut son triomphe ; ni Melle Dumesnil ni Melle Clairon ne l'y firent oublier. Son âme embellissait sa figure, qui n'était pas très-remarquable. Des lettres bien tournées et de jolis vers révélèrent son esprit, fin et gracieux. Elle fut célébrée par tous les poëtes du temps.

Nous ne parlerons pas de sa vie privée, semblable en tout à celle des actrices de son siècle, vie futile, passée dans ce qu'on appelait alors de *petites maisons*, sur les sofas des grands seigneurs. Le maréchal Maurice de Saxe eut, dit-on, une grande influence sur la sienne : elle mit même en gage ses bijoux et sa vaisselle d'argent pour lui procurer une somme de 40,000 livres, dont il avait besoin pour payer une dette de jeu. Plusieurs des contemporains de Melle Lecouvreur croient qu'elle mourut de chagrin d'avoir été abandonnée par lui ; d'autres attribuent sa mort à une violente hémorrhagie d'entrailles, qui l'enleva en trois jours. Le clergé lui ayant refusé la sépulture, elle fut enterrée de nuit, au coin de la rue de Bourgogne. Dans une assez mauvaise pièce de vers sur cette inhumation clandestine, Voltaire, qu'on soupçonna d'avoir eu plus que de l'amitié pour Melle Lecouvreur, reproche amèrement à la France la *flétrissante injure* qu'on fait des *hommes cruels aux beaux arts désolés*,

En privant de la sépulture
Celle qui dans la Grèce aurait eu des autels.

Elle laissa deux filles, dont l'une fut mariée à Francœur, célèbre musicien, qui devint directeur de l'Opéra. Sa postérité subsiste encore aujourd'hui, dans la personne d'une des femmes-auteurs les plus distinguées de notre époque.
Louis de Sivry.

LECTEUR, celui qui lit, qui fait la lecture.
Dans l'Église romaine les *lecteurs* sont des clercs revêtus de l'un des quatre o r d r e s m i n e u r s. Ils lisent à haute voix les Écritures, soit à la messe, soit aux autres offices. Autrefois ces fonctions étaient remplies par de jeunes enfants se destinant à la prêtrise ; mais il y en avait qui demeuraient lecteurs toute leur vie. Ils étaient encore chargés de la garde des livres saints.

LECTEUR (Avis au), espèce de petite p r é f a c e dans laquelle l'auteur s'adressait familièrement à celui qui devait lire son livre, et qu'il appelait ordinairement : *ami lecteur*, signifie proverbialement et au figuré un conseil, un reproche, exprimé de façon indirecte et générale, avec dessein que telle personne s'en fasse l'application. Il rappelle aussi un événement, un malheur, qui peut servir d'instruction et avertir de prendre garde.

LECTEUR ROYAL. C'est la qualification donnée aux professeurs du Co l l é g e d e F r a n c e dans l'ordonnance par laquelle François Ier fonda cet établissement, et qu'i vient, dit-on, de ce qu'à l'origine ils lisaient leurs l e ç o n s. Tant qu'a duré en France le régime de la royauté, les titulaires des différentes chaires existant dans cette institution ajoutèrent à leur titre de professeur celui de *lecteur royal*, qui n'impliquait nullement des fonctions d'ailleurs qu'ils remplissaient à la cour les fonctions de *lecteurs du roi*, lesquelles n'avaient rien de commun avec le professeur du Collége de France.

LECTICAIRE (de *lectica*, litière, brancard, civière). *Voyez* Doyen.

LECTOURE, ville de France, chef-lieu d'arrondissement dans le département du Gers, sur une montagne dont le pied est baigné par le Gers, avec 6,225 habitants, un collége, des filatures de laine, des fabriques de sucre de betteraves, de cuirs, de sellerie, de serges et de grosses draperies, une industrie agricole, un entrepôt de vin du pays, un commerce de grains, vins, eaux-de-vie, bestiaux et bêtes à laine. C'est une ville ancienne, d'où l'on jouit d'un magnifique coup d'œil, qui s'étend jusqu'aux Pyrénées. Il y existe encore diverses antiquités. L'hospice a remplacé un ancien château où fut enfermé, en 1632, le duc de Montmorency. Une des places publiques de la ville est ornée de la statue du maréchal Lannes.

Lectoure occupe l'emplacement de l'ancienne capitale des *Lectorates*, l'un des peuples de la Novempopulanie. Elle était entourée au moyen âge d'une triple muraille et défendue par un château très-fort ; elle appartenait en toute souveraineté aux comtes d'A r m a g n a c. L'un d'eux, Jean V, y fut assiégé successivement par Charles VII et par l'archevêque d'Albi, général de Louis XI, qui le fit assassiner après la capitulation. L'archevêque livra cette ville à l'extermination, et tous les habitants furent passés au fil de l'épée. Elle resta déserte pendant deux mois, et livrée aux loups et autres animaux carnassiers. Elle se repeupla cependant bientôt ; mais elle eut beaucoup à souffrir des guerres de religion.

LECTURE. On l'a définie avec un grand sens « une conversation que l'on a avec les plus beaux génies et les plus rares esprits de tous les siècles ». La lecture rend l'intelligence plus exercée à recevoir toutes sortes d'idées, plus susceptible de toutes les formes, plus accessible à ce qui lui était nouveau. Swift a dit : « La lecture donne le même tour à nos pensées et à notre manière de raisonner que la bonne et la mauvaise compagnie à nos manières et à notre conversation, sans charger notre mémoire et sans nous rendre sensibles les changements qui s'opèrent en nous. » S'il est un homme qui ne puisse se passer de la lecture et d'une lecture immense et continuelle, c'est l'écrivain ; sans la verve la plus puissante se consumerait en peu de temps, et l'imagination la plus riche deviendrait stérile ou ne produirait que des œuvres absurdes et ridicules.

Cependant, remarque de Jaucourt, la lecture est une peine pour la plupart des hommes ; les militaires qui l'ont négligée dans leur jeunesse sont incapables de s'y plaire dans leur âge mur. Les joueurs veulent des coups de cartes ou de dés qui occupent leur âme, sans qu'il soit besoin qu'elle contribue à son plaisir par une attention suivie.

Combien de gens qui n'ont jamais le temps de lire ! Combien qui négligent leur esprit pour leurs affaires et ne lisent, disait Platon, que comme des esclaves fugitifs qui craignent leur maître.

[C'est peu que de savoir lire, c'est-à-dire de pouvoir rassembler par la pensée et par la parole les lettres d'abord, puis les syllabes, puis les mots, puis les phrases, il faut encore savoir donner à ces mots, à ces phrases, soit par la prononciation, soit par l'intonation, soit enfin par la lenteur ou la rapidité de la diction, la valeur qu'ils doivent avoir; et c'est en cela que consiste l'art de bien lire, c'est ce qui constitue le talent du lecteur. Nous avons entendu dire souvent que pour bien chanter on n'a pas besoin de voix. De ce principe, s'il est vrai, on peut conclure que pour bien lire on n'a pas besoin d'organe. Mais on conviendra du moins qu'à talent égal il vaudrait mieux que le chanteur eût de la voix et le lecteur de l'organe. Sans doute, il peut se rencontrer un lecteur qui, comme le spirituel conteur Andrieux, parvienne, à force d'art, à captiver l'attention d'un auditoire qui cependant l'entend à peine. Dans ses leçons, si suivies, du Collége de France, cet habile professeur trouvait, par la variété, la grâce, le piquant et la séduction de son débit, le secret de faire oublier en lui l'absence complète de l'organe de la voix. Mais si cet exemple prouve qu'on peut bien lire sans organe, il atteste en même temps qu'on ne peut y suppléer que par l'esprit.

L'intelligence est donc la première condition pour un lecteur. Il faut qu'il commence par bien comprendre, afin de bien exprimer; mais si l'esprit peut suppléer à l'organe, le plus bel organe ne peut suppléer à l'esprit. Il n'y a point réciprocité. Comme il est des chanteurs qui chantent faux avec la voix la plus sonore, il se trouve des lecteurs qui lisent faux avec le plus bel organe; et l'oreille et l'esprit en sont choqués également. L'intelligence et l'organe sont deux qualités indispensables à tout bon lecteur, et l'art consiste à mettre d'accord et à faire valoir mutuellement cet organe et cette intelligence. Le travail de l'intelligence s'applique d'abord à pénétrer profondément dans la pensée de l'écrivain, à s'identifier avec lui ou avec le personnage qu'il fait parler. Lorsque tant de passions diverses peuvent être mises en jeu dans un livre, il faut que l'intelligence du lecteur s'attache à les connaître toutes; il faut même qu'elle les devine, lorsqu'elles se cachent. Tous les artifices de style doivent lui être familiers; tous les voiles dont la pensée se couvre, il doit les soulever; et comme il marche dans un pays inconnu, il faut toujours qu'il se tienne prêt à tout brusque changement de son guide, et que son regard s'assure d'avance et de loin de ce qu'il va rencontrer sur sa route.

C'est ensuite à bien exprimer ce que l'intelligence a bien compris que l'organe doit s'étudier, et la prononciation est la première étude de l'organe. Plus nous garde de renouveler ici la scène du maître de philosophie dans *Le Bourgeois gentilhomme*. Molière jette avec raison le ridicule sur ces professeurs de beau langage qui font consister la science dans l'ouverture plus ou moins grande de la bouche, dans l'avancement plus ou moins marqué des lèvres. Il est peu de vices de prononciation qui proviennent de la nature ou des habitudes de l'enfance qu'on ne puisse détruire, ou du moins corriger par l'étude. Le grasseyement, le bégayement, les accents de province peuvent toujours se réformer par un travail opiniâtre. Le justesse de l'intonation est la conséquence de l'intelligence du lecteur : aussi cette partie de l'art de la lecture est-elle celle qu'on peut le moins acquérir. Elle est le résultat d'une inspiration soudaine, et nous avons entendu dire aux plus grands acteurs, comme aux meilleurs lecteurs, que l'étude en ce cas les avait toujours moins heureusement servis que l'impression du moment. Voyez au théâtre, quand un acteur laisse échapper une fausse intonation dans la situation la plus pathétique, l'effet est aussitôt détruit; le rire moqueur du parterre répond seul à l'émotion factice du tragédien. Mais supposez, au contraire, ces rares moments où le génie d'un acteur lui fait trouver soudainement, comme d'inspiration, un de ces accents de vérité, une de ces intonations de nature, qui ont un écho dans toutes les âmes, et vous verrez la masse entière des spectateurs oublier l'acteur pour le personnage qu'il représente, souffrir de ses douleurs et se réjouir de sa joie. Cette vérité dans l'intonation est comme une étincelle électrique qui communique à toute une assemblée sa commotion spontanée. Ce que nous avons dit pour l'acteur devant un public et dans un théâtre s'applique également au lecteur dans un salon et devant un auditoire.

Il est des lecteurs qui font de la lenteur de la diction une règle presque invariable. Cette règle est aussi fausse que celle qui prescrirait la rapidité comme condition principale du débit. La diction ou le débit ne peut avoir qu'une règle : c'est l'obligation pour le lecteur de suivre la pensée de l'écrivain, le mouvement de sa phrase. Tantôt cette pensée court et se précipite comme un torrent rapide, tantôt elle s'avance avec gravité comme un fleuve majestueux. Le lecteur doit se faire torrent ou fleuve selon le moment. Cette diversité de diction ne s'applique pas seulement à la manière de lire un même écrivain; chaque grand écrivain demande à être lu avec un caractère particulier. On ne doit pas lire Corneille comme Racine, ni Bossuet comme Fénelon.

Il nous reste à parler du geste. Si le geste n'est pas naturel, il est complétement ridicule. On ne peut à cet égard indiquer qu'une seule règle. Si le lecteur a l'habitude de gesticuler en parlant, il peut sans grave inconvénient se permettre des gestes en lisant. Si, au contraire, les gestes lui sont peu familiers, malheur à lui s'il s'occupe à en faire dans une lecture! on peut garantir d'avance qu'ils seront faux et prétentieux. Ils rappelleront inévitablement ces mouvements mécaniques et forcés, qui font rire les enfants aux théâtres de marionnettes.

Un livre et un livre utile est à faire sur l'art de la lecture à haute voix. Nous en apportons pour preuve le petit nombre de bons lecteurs que l'on rencontre même parmi les écrivains les plus distingués. Assistez à une séance académique ou d'un corps délibérant, et vous serez convaincu que les meilleurs lecteurs sont plus rares que les bons écrivains.

L'art de bien lire a toujours été un rare privilége et un précieux avantage, dans l'antiquité comme dans les temps modernes. Dans l'antiquité, les Grecs et les Romains avaient tour à tour des chanteurs et des lecteurs qui charmaient la longueur de leurs somptueux festins. Nous en voyons la preuve dans l'*Odyssée*. Juvénal, invitant un ami à souper, lui promet que durant le repas il entendra lire des vers d'Homère et de Virgile. Nous sommes aujourd'hui fort loin de ces mœurs. Ce n'est plus que dans les colléges que se maintient l'usage de lire pendant les repas, et encore ces lectures sont-elles de corvée, personne ne les écoute. Aussi s'inquiètent-ils peu de bien ou mal lire. Cet emploi de lecteur dans les grandes maisons grecques et romaines n'était pas toujours confié à un domestique. Le maître de la maison se faisait souvent lecteur lui-même; l'empereur Sévère ne dédaignait pas cette fonction. Dans combien de pays ne fait-on pas encore tous les soirs des lectures de la Bible, et n'est-ce pas toujours au chef de la famille qu'appartient cet honneur?

A l'exemple des hauts dignitaires de l'Église, les rois ont eu des lecteurs attachés à leur personne ; ils succédaient aux fous, et en cela il y avait certes progrès dans le régime des cours. Nous tenons à grand honneur d'avoir rempli ces fonctions auprès des rois Louis XVIII et Charles X.

Édouard Mennechet.]

LECTURE (Cabinets de). *Voyez* CABINETS DE LECTURE.
LECTURE (Comité de). *Voyez* COMITÉ DE LECTURE.
LECTURE (Méthodes de). L'art d'apprendre à lire aux enfants comporte diverses manières, qu'on peut ramener à trois systèmes principaux : la méthode dite *mécanique*, suivant laquelle on commence par leur faire apprendre, au moyen de tableaux et d'images, des mots tout entiers, avant qu'ils sachent distinguer les lettres les unes des autres ;

la méthode dite *syllabique*, qui consiste à leur faire apprendre des syllabes seulement, au lieu de mots entiers; et enfin la méthode *élémentaire naturelle*, d'après laquelle l'enfant apprend d'abord le nom et la valeur des lettres, puis les réunit pour former des syllabes, et arrive enfin aux mots. Cette méthode, qui fut constamment en usage depuis la plus haute antiquité jusqu'à la fin du dix-huitième siècle, encore bien que vers la fin du seizième siècle quelques doutes eussent été émis sur son efficacité, est aussi appelée *méthode d'épellation*. Elle se concilie parfaitement avec l'emploi des *images*, pour lesquelles les enfants auront toujours du goût, mais qui jouent un rôle beaucoup trop important et surtout beaucoup trop compliqué dans les méthodes à l'aide desquelles on a essayé à diverses reprises de la supplanter. Les deux premières méthodes, préconisées tour à tour par quelques esprits amoureux d'innovations et voulant à toute force en mettre partout, ont surtout le défaut d'être trop mécaniques : objet d'un engouement passager, elles n'ont pas tardé à être oubliées. La modification pratique la plus heureuse qui ait été apportée à l'antique méthode d'épellation consiste à apprendre aux enfants à désigner les consonnes par les sons qu'elles rendent véritablement dans l'usage; il est évident qu'ils épelleront plus facilement quand on leur aura dit que les lettres *f*, *l*, *m*, *n*, *r*, *s*, *x*, s'appellent *fe*, *le*, *me*, *ne*, *re*, *se*, *xe*, que s'il leur faut commencer par les nommer *effe*, *elle*, *emme*, *enne*, *erre*, *esse*, *ix*, pour, dans l'assemblage du son syllabique, tout aussitôt supprimer la première intonation et ne conserver que l'intonation radicale.

LÉDA, célèbre héroïne grecque, fille de Thestius, roi d'Étolie, ou de Glaucus, et de Laophonte ou de Leucippe, épouse de Tyndare, roi de Sparte, était une des plus belles parmi les Hellènes. Comme elle se livrait à la fraîcheur du bain dans les ondes de l'Eurotas, un des Jupiter grecs, celui qui fut père d'Hercule, la vit et en devint subitement épris. Redoutant la rigueur et la fidélité de la fière Spartiate, il ne voulut pas se présenter à elle dans sa dignité royale et divine, il usa de ruse. Il engagea Vénus, l'entremetteuse gratuite de toutes les amours antiques, à se changer en aigle. Quant à lui, il prit la forme d'un cygne, qui, poursuivi par cet aigle, alla se jeter dans les bras de Léda. Elle, sans défiance, effraya l'aigle, caressa, rassura de ses baisers l'oiseau de neige, qui, tout tremblant, y répondit par les battements amoureux de ses ailes. Neuf fois la lune avait miré sa face ronde dans les eaux du fleuve, quand l'époux de Léda trouva un matin dans son lit royal un bel œuf de cygne, dont venait d'accoucher sa vertueuse moitié, adultère sans le savoir. De cet œuf sortirent Pollux et Hélène (la grande lumière et la lune). D'autres mythologues veulent que Leda ait accouché de deux œufs; que de l'un soient nés Castor et Pollux, et de l'autre Hélène et Clytemnestre. Selon Apollodore, Jupiter, dieu-roi, séduit par les charmes de Némésis, aurait changé cette déraide en canne, et se serait métamorphosé en cygne. Némésis, ayant conçu un œuf, en aurait fait un fatal présent à Léda, qui l'aurait couvé : de cet œuf seraient nés Castor et Pollux, dieux secourables, et en revanche, cette Hélène, si belle et si perfide, qui devait incendier et armer l'une contre l'autre l'Europe et l'Asie. Généralement sur les marbres ou pierres antiques les femmes éveillées, caressées par un cygne sont des Léda; celles qui sont endormies ayant cet oiseau sur le sein sont des Némésis. La première de ces deux fables a inspiré Paul Véronèse, Michel-Ange et le Corrège.

DENNE-BARON.

LE DAIN (OLIVIER). Son véritable nom était *Le Diable*. La tradition historique ne le désigne que sous celui de *Le Dain*, que Louis XI avait substitué au nom de famille. On ne l'appelait à la cour que *maître Olivier*. Il était né à Thielt, en Flandre, entre Gand et Courtray. Il quitta son village, et vint chercher fortune en France. Entré dans la domesticité de Louis XI, il devint son barbier. Ce monarque, qui avait fait de son tailleur son unique héraut, de son médecin son chancelier, fit de son barbier Olivier son principal agent diplomatique, l'anoblit, le nomma successivement gentilhomme de sa chambre, capitaine de Loches, gouverneur de Saint-Quentin. Louis XI n'avait point de ministres, mais des agents assez dévoués pour exécuter avec une aveugle résignation les ordres du maître, assez intelligents pour mener à bonne fin les entreprises les plus délicates et tout braver pour réussir. Leur tête répondait du succès, et sur un simple soupçon Louis sacrifiait avec une impitoyable sévérité l'agent traître et celui qui n'avait été que malheureux. Louis XI donna à son premier barbier le comté de Meulant. La plus importante mission qu'il lui confia fut celle qu'il remplit à la cour de Marie de Bourgogne à Gand. Il insistait pour ne parler qu'à la princesse seule. « On lui dit, raconte Commines, que ce n'estoit la coustume, et par *especial* à cette jeune demoiselle, qui estoit à marier; il continua de dire qu'il ne diroit aultre chose sinon à elle. » Maître Olivier s'attendait à un refus, et n'avait insisté que pour cacher le véritable but de son voyage; il voulait se concerter avec quelques Gantois influents pour livrer cette place importante à Louis XI. On ne lui en laissa ni le temps ni les moyens. « Le conseil de la princesse et ceux de Gand le prindrent en dérision, tant à cause de son petit estat que des termes qu'il tenoit, et luy furent faists aucuns tours de moquerie, et puis soudainement s'enfuit de laditte ville, car il fut adverti que s'il ne l'eust fait, il estoit en péril d'estre jeté en la rivière. » Olivier Le Dain avait échoué dans sa mission quant à la ville de Gand; il fut plus heureux à Tournay, et fit preuve d'une habileté et d'un courage plus qu'ordinaires. Cette ville avait conservé une entière neutralité entre le parti de la princesse Marie et celui de Louis XI. Olivier Le Dain manda secrètement la garnison de Saint-Quentin, et quand elle fut arrivée sous les murs, « ledit maître Olivier, accompagné de trente ou quarante hommes, eut bien le *hardement* de faire ouvrir la barrière, demy par amour, demy par force, et mit les gendarmes dedans, dont le peuple fut assez content. » Maître de la ville, Olivier Le Dain fit arrêter les magistrats, et les fit conduire à Paris. « Un plus sage, ajoute Commines, et plus grand personnage que luy eust bien failli à conduire cette œuvre. » Ce trait seul peint le caractère politique d'Olivier Le Dain.

Lorsque Louis XI toucha à son dernier moment, il n'avait encore rien réglé pour l'administration de l'État pendant la minorité de son fils, et personne n'était assez hardi pour prononcer en sa présence le mot de mort. Son médecin Coictier et saint François de Paule lui-même, qui veillait au chevet du moribond, n'osaient l'avertir de sa fin prochaine. Il fallait un homme de dévouement et de courage, qui n'hésitât point entre son devoir et sa perte presque certaine. Cet homme fut Olivier le Dain. Louis XI s'occupa enfin de la régence et de son successeur.

L'élévation d'Olivier Le Dain, les richesses dont le roi l'avait comblé lui avaient fait beaucoup d'ennemis. Moins heureux que Tristan l'Ermite, l'exécuteur des vengeances de Louis XI, Le Dain fut poursuivi, accusé de trahison, de concussion, de crimes horribles. Le Dain fut traduit au parlement de Paris avec Doyac : les mêmes accusations pesaient sur tous deux. On lui reprochait d'avoir abusé d'une femme sous le prétexte de sauver son mari d'une condamnation capitale, et de n'en avoir pas moins fait exécuter ce malheureux. Il peut être permis de douter de la vérité de ce chef d'accusation. Doyac était signalé comme son complice. Tous deux furent condamnés. Olivier Le Dain fut pendu (1484), Doyac fut fouetté, mais bientôt après il obtint grâce entière, et ses biens lui furent rendus.

DUFEY (de l'Yonne).

LEDRU-ROLLIN (PHILIPPE), ancien ministre de l'intérieur à l'époque de la révolution de février 1848, est né à Paris, en 1808. Son grand-père, très-connu au siècle dernier sous le nom de guerre de *Comus*, passait pour le plus célèbre prestidigitateur de son époque. En courant les provinces et en y donnant des représentations de ses tours de passe-passe, variées de scènes de ventriloquie et de fantasmagorie, il amassa une assez belle fortune, grâce à laquelle son fils put faire une certaine figure dans le monde. Son petit-fils Philippe Ledru (car ce n'est que longtemps après ses débuts au barreau qu'il s'avisa d'arrondir son nom, qui ne lui paraissait sans doute pas assez harmonieux) fit de solides études, et il venait d'être reçu avocat au moment où éclata l'insurrection de juin 1832. A cette occasion, il publia un mémoire pour démontrer l'inconstitutionnalité et l'illégalité de la mise en état de siége de la ville de Paris prononcée par le gouvernement après la compression de l'insurrection. Cette publication, qui coïncida avec l'arrêt de la cour de cassation déclarant illégale l'ordonnance de mise en état de siége, posa tout à fait notre jeune avocat dans le parti radical, où l'on n'appréciait pas moins les services qu'il pouvait rendre en raison de sa fortune, que son ardent patriotisme et son talent éminemment déclamatoire. Deux ans après, en avril 1834, les scènes sanglantes dont la rue Transnonain fut le théâtre à la suite du mouvement insurrectionnel tenté alors à Lyon et sur différents points de la France par le parti républicain, lui fournirent le sujet d'un nouveau pamphlet, qui ne fut pas moins bien accueilli dans les rangs de plus en plus nombreux des ennemis de la dynastie d'Orléans. Vers la même époque, il épousa une riche Anglaise, et acheta un des premiers cabinets d'avocat à la cour de cassation et au conseil d'État. Toujours prêt à défendre devant la justice les enfants perdus de son parti, les malheureux qui faisaient feu avant l'ordre ou bien qui tentaient d'assassiner Louis-Philippe, ce fut lui que M. Dupoty, traduit devant la cour des pairs comme prévenu de *complicité morale* dans l'attentat Quénisset, chargea de sa défense; mais malgré toute l'énergie de sa plaidoirie, il ne put préserver son client d'une condamnation, qui d'ailleurs était chose arrêtée et convenue à l'avance. La mort de Garnier-Pagès laissa, en 1841, dans les rangs du parti radical à la chambre un vide que seul M. Ledru-Rollin parut apte à remplir; en conséquence, il fut élu dans la Sarthe en remplacement du défunt, et vint prendre place à l'extrême gauche, où il représenta la nuance du parti radical qui avait pour organe le journal *La Réforme*, publié par M. Flocon, et pour mot d'ordre l'extension du droit électoral. Du reste, les intrigues de la politique n'absorbaient pas tellement tous les instants de M. Ledru-Rollin, qu'il ne trouvât encore le temps de faire marcher les travaux de son cabinet de front avec la publication du grand recueil de jurisprudence connu sous le titre de *Journal du Palais*, et dont il était devenu l'un des propriétaires. Actionnaire zélé du journal de M. Flocon, c'est à lui qu'on s'adressait toujours quand arrivait un de ces contre-temps qui, vingt fois au moins dans l'année, venaient compromettre l'existence du Journal des culotteurs de pipes; et jamais il ne recula devant les sacrifices incessants et de toute nature que lui commandait sa position de chef de file dans le parti ainsi que de patron d'une feuille dont l'existence fut toujours très-besoigneuse. L'agitation organisée en 1847 pour la réforme électorale n'eut pas non plus d'agent plus actif que M. Ledru-Rollin, qui assista à ce fameux banquet donné par les radicaux de Lille où l'on refusa de porter un toast à la santé du roi. Dans la tumultueuse séance du 24 février 1848, M. Ledru-Rollin, doué d'une remarquable force physique, fut un de ceux qui se prononcèrent avec le plus de violence contre l'établissement d'une régence et qui firent décider l'appel au peuple. Nommé le jour même membre du gouvernement provisoire, il reçut alors, avec le portefeuille de l'intérieur, la mission de républicaniser la France, qui gardera longtemps le souvenir des commissaires et sous-commissaires à 40 fr. par jour, recrutés dans les bas-fonds de la démagogie parisienne, quelquefois même, tant on apportait de précipitation à la chose, parmi les forçats libérés; et que le gouvernement provisoire envoyait dans tous les grands centres de population pour y faire l'éducation républicaine du peuple, pour y

présider à l'organisation des clubs et des sociétés populaires. De longtemps aussi on n'oubliera les célèbres bulletins du ministère de l'intérieur, rédigés pour la plupart par Mme Georges Sand. Le but de ces publications était de faire comprendre au pays tout ce qu'il avait gagné au renversement de la monarchie; les doctrines subversives qu'on y prêchait hautement effrayèrent à bon droit tous les intérêts, et firent prendre en dégoût un gouvernement qui ne savait que maladroitement singer les hommes de la plus fâcheuse époque de notre première révolution.

Éloigné du pouvoir à la suite de l'insurrection de juin, M. Ledru-Rollin se jeta alors tête baissée dans le mouvement socialiste et communiste extrême; et quoique réélu encore à la Législative par plusieurs départements à la fois, il ne fit pas longtemps partie de cette assemblée, parce que, compromis dans l'émeute du 13 juin 1849, il fut obligé de se réfugier en Angleterre, où il a toujours continué de résider depuis. En 1850, il fit paraître, sous le titre de *La Décadence de l'Angleterre*, un gros pamphlet en deux volumes, où il annonçait que la dernière heure de cette puissance avait irrémissiblement sonné et qu'avant peu elle deviendrait la proie de la démocratie et du socialisme. M. Ledru-Rollin est très-certainement un orateur distingué, et son talent avait même considérablement grandi à la Constituante; mais force nous est de lui dénier le don de la prédiction. Du temps de la république, les journaux de la contre-révolution faisaient souvent allusion à ce qui lui était advenu lors de cette échauffourée de juin 1849, où, enfermé au Conservatoire des Arts et Métiers, il n'avait réussi à échapper à la force armée qu'en passant à travers un vasistas; exercice gymnastique qui prouvait de sa part une souplesse de mouvements que son état d'obésité n'aurait guère permis d'attendre de lui, mais qui ne laissait pas que de prêter à la plaisanterie et au ridicule. Or, en politique il vaut souvent mieux se faire tuer que de donner à rire à ses dépens.

LE DUCQ (Jan), peintre hollandais distingué, né en 1636, à La Haye, quoique pour ses délicieuses scènes de la vie militaire dans les corps de garde et dans les auberges on peut mettre sur la même ligne que Palamède, et que ses contemporains plaçaient même au-dessus de ce maître. Après avoir pendant quelque temps fréquenté l'atelier de Paul Potter, il embrassa la carrière militaire, et parvint au grade de capitaine. C'est ainsi qu'il eut occasion d'étudier et d'observer d'après nature les sujets qu'il devait plus tard traiter de préférence. On présume qu'il fut tué en 1672, dans la campagne qu'il fit contre les Français à la tête de sa compagnie. Le Ducq a aussi peint des animaux à la manière de Potter, mais sans égaler tout à fait son maître dans ce genre. En revanche, on prise infiniment ses dessins, qu'il exécutait au crayon noir et rouge. Parmi les eaux-fortes qu'on a aussi de lui, on remarque surtout une série de huit planches représentant des chiens, et toutes frappantes de vérité et d'expression.

LEEDS, chef-lieu du *West-Riding* du comté d'York, grand centre de la fabrication et du commerce des draps en Angleterre, bâti sur les bords de l'Aire et relié par le grandiose canal de Liverpool ainsi que par divers chemins de fer aux principales villes de la Grande-Bretagne, compte aujourd'hui avec sa banlieue plus de 190,000 habitants, tandis qu'en 1771 la population n'était encore que de 17,000 âmes. Les rues de la vieille ville sont étroites, sombres et tortueuses; mais la ville neuve est bien bâtie, et offre plusieurs grandes et belles places. *Briggate*, la principale rue de la ville, et qui conduit à l'Aire, rivière navigable, à l'aide de laquelle les bâtiments de 70 tonneaux peuvent remonter jusqu'à Leeds, offre autant de mouvement que la rue de Londres la plus animée. Avec ses nombreuses coupoles et la foule des cheminées pyramidales de ses usines et manufactures, Leeds ressemble de loin à une ville d'Orient ornée de minarets. Les lisserands des environs apportent à Leeds les draps larges et fins (*broad cloth*), quelquefois encore blancs, mais souvent aussi teints en laine, qu'ils vendent dans des marchés aux draps tenus tous les deux jours dans d'immenses locaux construits spécialement à cet usage. Il se tient aussi chaque année à Leeds huit foires importantes pour la vente des cuirs. Après les manufactures de draps, les plus importantes sont celles de toile à voiles, de faïence, de verre, de tapis, de couvertures de laine, de toiles de ménage, de papier, de savon, etc. Tous les environs de Leeds et de Bradford ne forment à bien dire qu'une grande manufacture de draps, où, indépendamment de 60 usines de premier ordre, on compte plus de 5,000 tisserands travaillant à leurs pièces dans leur propre maison, et possédant en outre le plus ordinairement quelques morceaux de terre, une vache, etc. Comme la fabrication des laines est sujette à bien moins de temps d'arrêt que l'industrie cotonnière, il règne bien plus d'aisance dans la population laborieuse de Leeds que dans celle de toute autre ville de fabrique. Parmi les hauts fourneaux du voisinage, le *Low-Moor-Iron Company Work* fournit beaucoup de canons, de boulets, de chaînes et d'ancres.

Le *Leeds-Liverpool canal*, le plus remarquable et le plus grand des canaux existant en Angleterre, construit de 1770 à 1816, avec une dépense de deux millions de livres sterling, a 20 myriamètres de long, traverse les montagnes du Yorkshire, et compte 90 écluses, 135 aqueducs et ponts.

LEEUWENHOEK (ANTOINE), naturaliste micrographe, naquit à Delft (Hollande), en 1632. Il acquit une assez grande réputation comme constructeur de microscopes et de lunettes. Ce n'est pas lui qui inventa le microscope, dont l'origine a été contemporaine des commencements du télescope; mais s'il n'en fut pas l'inventeur, au moins l'a-t-il beaucoup perfectionné et excellait-il à s'en servir. Il en usa surtout pour des recherches d'histoire naturelle et de physiologie qui ont eu un grand éclat et une influence souvent malheureuse. Ce nouveau monde, comme on l'a dit, était connu avant lui; mais il y pénétra plus avant que tout autre, et il rapporta de ce long voyage d'exploration des faits intéressants et curieux, et surtout des opinions étranges, des vues hasardées, comme il convient à un voyageur qui raconte les merveilles d'un pays où il s'est égaré des premiers et sans compagnie. Leeuwenhoëk fit toutes ses recherches au microscope simple, comme en a témoigné Backer, qui avait chez lui les vingt-six microscopes que Leeuwenhoëk avait légués à la Société royale de Londres; société célèbre qui sua envers lui d'une réciprocité magnifique, puisqu'elle fit imprimer à ses frais les divers ouvrages de ce savant. Les microscopes de Leeuwenhoëk ne se composaient point de globules de verre : c'étaient des lentilles bi-convexes, qui communiquaient aux objets une amplification apparente de cent-soixante fois leur volume réel. Les microscopes d'aujourd'hui vont beaucoup plus loin en fait de grossissement.

On a dit de Leeuwenhoëk qu'il était simple, clair et net comme ses lentilles. Il était d'une activité singulière, et fit quelquefois jusqu'à quinze découvertes microscopiques en un jour, une découverte par heure, comme les philologues, sans compter les conjectures. Ce fut lui qui le premier étudia la structure intime des animaux et des végétaux, le parenchyme des organes. Il a été aussi le premier à bien voir les globules du sang, que Malpighi avait mal appréciés. Il en a décrit la forme chez tous les animaux. Il a bien vu la circulation du sang dans les queues d'anguille, et c'est lui qui a découvert les animalcules spermatiques. C'est lui qui a décrit ou le premier montré la communication terminale des artères avec les veines, les globules du froment, la structure intime des muscles et des nerfs, la cristallisation de quelques sels provenant des humeurs, etc. Il a eu pour imitateurs l'abbé Fontana, Prochaska, Della Torre et beaucoup d'autres. Il eut plus d'une fois mailles à partir avec des contradicteurs ou des rivaux, surtout au sujet des animalcules spermatiques, dont Hartsoëker lui contesta la découverte; mais les intérêts de son juste amour-propre ne le firent jamais divorcer d'avec la philosophie et l'urbanité;

sa douceur fut exemplaire comme sa patience. Il fit beaucoup pour l'adoption universelle de la circulation du sang, qu'on contestait encore et que lui seul rendait évidente. Quand Pierre le Grand lui rendit visite, Leeuwenhoëk le paya de sa politesse, et satisfit sa curiosité en lui faisant voir la circulation du sang dans une queue de poisson. On en juge encore mieux dans un mésentère de grenouille. Ce fut lui, à la vérité, qui inspira à Boërhaave sa malheureuse doctrine des *Erreurs de Lieu*, quant au passage des globules rouges du sang dans des vaisseaux ordinairement incolores hormis le cas d'inflammation.

Ses ouvrages, imprimés au fur et à mesure et séparément en hollandais, ont été plus tard réunis dans une traduction latine ayant pour titre : *Arcana Naturæ detecta* (Delft, 1695 à 1699, 4 vol. in-4°); ils furent réimprimés à Leyde de 1719 à 1722, avec les épîtres de l'auteur, sous ce titre : *Opera omnia* (1722, 4 vol. in-4°). Aujourd'hui encore Leeuwenhoëk compte plusieurs disciples très-zélés et très-convaincus. Dr Isid. BOURDON.

LEFEBVRE (TANNEGUY), père de la célèbre Mme Dacier, et plus généralement connu sous le nom latin de *Tanaquilus Faber*, savant philologue français, né à Caen, en 1615, avait été destiné par ses parents à l'état ecclésiastique. Mais ne se sentant pas de vocation pour le ministère sacré, il s'enfuit à Paris, où bientôt, recommandé et présenté au cardinal de Richelieu, il fut nommé inspecteur de l'imprimerie établie au Louvre. A la mort de son protecteur, il se retira à Langres, où il s'instruisit dans les doctrines du protestantisme, qu'il embrassa ouvertement à Preuilly en Touraine. Dans la suite, il fut nommé professeur de théologie à l'académie réformée de Saumur, ville où il mourut, épuisé par les fatigues et les veilles, le 12 septembre 1672, au moment où, par suite d'un grave conflit survenu entre lui et le consistoire, à l'occasion d'une appréciation par trop indulgente de Sapho, il venait de donner sa démission et d'accepter les offres que lui avait faites l'électeur palatin pour le fixer à Heidelberg. On a de lui des éditions de Lucain et de Longin, avec traductions latines. Il a publié également des éditions de Phèdre, de Lucrèce, d'Élien, d'Eutrope, de Justin, de Térence, d'Horace, de Virgile, d'Apollodore, d'Anacréon, d'Aristophane, de Longin et de Sapho. Ses traductions latines sont excellentes; mais on reproche avec raison leur style lourd à ses traductions françaises. Parmi ses œuvres originales, nous citerons *Epistolæ criticæ* (Saumur, 1659); *Vies des Poëtes grecs* (Saumur, 1695); et *Méthode pour commencer les humanités grecques et latines* (Paris, 1731).

LEFEBVRE (FRANÇOIS-JOSEPH), duc DE DANTZIG, maréchal de France, naquit à Rufack (Haut-Rhin), le 25 octobre 1755, s'engagea dans le régiment des gardes françaises, à l'âge de dix-huit ans, et fut bientôt promu au grade de premier sergent dans ce corps. Lors de son licenciement, il fut incorporé avec une partie de sa compagnie dans le bataillon parisien des Filles-Saint-Thomas, dont on lui confia l'instruction. La modération de ses principes lui acquit bientôt l'amitié et la confiance de ses nouveaux camarades; à la tête d'un détachement de son bataillon, il protégea la rentrée au château des Tuileries de la famille royale, menacée par le peuple, et quelque temps après facilita le départ pour Rome des tantes de Louis XVI : il fut blessé dans ces deux circonstances. Les opérations des armées républicaines allaient lui offrir l'occasion de signaler ses talents militaires. Il était capitaine au 13e léger lorsque, le 3 septembre 1793, on lui confia le grade d'adjudant général, et trois mois après celui de général de brigade. Sa brillante conduite aux combats de Lambach et de Giesberg lui valut, en 1794, les épaulettes de général de division. Chargé par Hoche d'assiéger le fort Vauban, dont les Autrichiens s'étaient emparés, il poussa les travaux avec tant d'activité que l'ennemi se vit forcé d'abandonner cette conquête. Immédiatement après, il entre dans le Palatinat, à la tête de dix-sept bataillons, bloque la tête de pont de Manheim, par la rive gauche du Rhin, et concourt aux succès des combats d'Apach, de Sainte-Croix et de Dinant. Il commandait l'avant-garde de l'armée de Sambre et Meuse à la journée de Fleurus, et prit part au gain de cette bataille. Sa division d'avant-garde enfin, après quelques combats, contribua au succès de l'affaire d'Aldenhoven.

La campagne de 1795 s'ouvrit pour lui sous des auspices non moins brillants. C'est sa division qui effectua la première le passage du Rhin, à Dusseldorf. Le 13 septembre, après un combat très-vif, il s'empara des hauteurs retranchées de Blankenberg et entra victorieux dans Wetzlar. Dans la campagne suivante nous le retrouvons à l'armée de Rhin et Moselle aux ordres de Kléber. Au combat d'Altenkirchen, le 4 juin 1796, il enlève une formidable position, et assure ainsi le succès de la journée. Le 15, un mouvement de l'archiduc Charles ayant forcé les avant-postes de Soult à se replier, il se porte rapidement au secours des troupes attaquées; mais bientôt il se voit forcé de se retirer avec une perte de 500 hommes et de quelques pièces de canon. Il ne tarde pas toutefois à prendre sa revanche sur le corps du général Kray, fortifié dans les montagnes de Kaltensich, l'attaque le 4 juillet, et le force, après un combat opiniâtre, d'abandonner ses positions. Il joue aussi un rôle important au passage de la Lahn et à la reddition de Francfort, qui termine la campagne. De nouveaux succès l'attendent au retour des hostilités. Chef d'état-major de l'armée de Sambre et Meuse, il repousse l'ennemi jusque sous les murs de Kœnigshofen, qu'il fait capituler, combat avec une rare intrépidité à Wurtzbourg, et se distingue dans la retraite de l'armée jusqu'au Rhin.

Dans la campagne de 1797, il commande l'aile droite de l'armée aux ordres de Hoche, assiste au passage du Rhin, à Neuwied, enlève à la baïonnette le village et les retranchements de Bendorff, et il va se rendre maître de Francfort, lorsque la nouvelle des préliminaires de la paix de Léoben arrête sa marche et ses triomphes. En 1799, lorsque l'Autriche déclare de nouveau la guerre à la France, il reçoit le commandement de l'avant-garde de l'armée du Danube, dirigée par Jourdan. Blessé grièvement au bras gauche en défendant, avec 8,000 hommes, les positions de Stockach contre 36,000 Autrichiens, il est contraint de rentrer en France, où le Directoire lui confie le commandement de la 17e division militaire (Paris). Au 18 brumaire, il sert avec loyauté la cause de Bonaparte. Avec vingt-cinq grenadiers, il pénètre dans la salle des séances du Conseil des Cinq Cents, transféré à Saint-Cloud, et ramène son président (Lucien Bonaparte), long-temps exposé à la fureur de ses collègues. Au commandement de la 17e division militaire, il réunit bientôt celui des 14e et 15e. Tant de services ne pouvaient manquer d'être récompensés : il fut élu membre du sénat, en avril 1800, et appelé à la dignité de maréchal d'empire, en mai 1804. Pendant la campagne de 1805 contre l'Autriche, Napoléon lui confia le commandement des cohortes de gardes nationales de la Roër, du Rhin-et-Moselle et du Mont-Tonnerre. L'année suivante, après avoir quitté le commandement des troupes alliées cantonnées dans la haute Bavière, il prit, à la bataille d'Iéna, celui de l'infanterie de la garde impériale. Au commencement de la campagne de Pologne, à la tête du dixième corps, il couvrit et protégea les opérations de la grande armée sur la rive gauche de la Vistule, et reçut de l'empereur, après la bataille d'Eylau, l'ordre d'aller investir la place de Dantzig, dont il s'empara après cinquante-et-un jours de tranchée ouverte. Ce siège, l'un des plus célèbres des guerres de l'empire, valut au maréchal le titre héréditaire de duc de Dantzig. En 1808, il quitte l'Allemagne pour aller commander le quatrième corps de l'armée d'Espagne, gagne la bataille de Durango, s'empare de Bilbao, et défait complétement Blake et La Romana sur les hauteurs de Guenès. Après avoir concouru au gain de la bataille d'Espinosa, il retourne en Allemagne prendre le commandement des troupes bavaroises dans la nouvelle guerre contre l'Autriche. C'est à la tête de ce corps qu'il se couvre de gloire à Thann, à Abensberg, à Eckmühl et à Wagram. Lancé à la poursuite des corps de Jellachich et de Chasteller, qui opèrent séparément dans le Tyrol, il les bat, et entre à Inspruck. Pendant la campagne de Russie, c'est lui qui eut le commandement de la garde impériale; et quand la coalition victorieuse envahit le sol français, il se distingua encore à Montmirail, à Arcis-sur-Aube et à Champ-Aubert.

Après la déchéance de l'empereur et le retour des Bourbons, Lefebvre fut nommé pair de France. Comme Napoléon, dans les cent jours, le comprit au nombre des membres de sa chambre des pairs, à la deuxième restauration il fut atteint par la loi d'exclusion rendue contre tous les pairs qui avaient pactisé avec l'usurpation. Mais en 1819 Louis XVIII le confirma dans son grade de maréchal de France, et lui en remit lui-même le bâton. Créé pair de France, le 5 mars 1819, il mourut à Paris, le 14 septembre 1820, sans laisser d'héritiers de son nom.

Lefebvre s'était marié à l'époque où il n'était encore que sergent aux gardes françaises; et il avait épousé la blanchisseuse de sa compagnie, brave femme qui garda dans les grandeurs ses habitudes simples et ses manières sans façon, pour ne pas dire grossières, dont l'empire dès lors put bien faire une duchesse, mais qu'il ne réussit jamais à transformer en grande dame, et qui parlait aux Tuileries comme à la caserne de *La Nouvelle-France*. A diverses reprises des officieux s'entremirent pour conseiller au maréchal de recourir au divorce; mais Lefebvre, refusant noblement de prêter l'oreille à ces avis insidieux, persista à garder la femme qu'il aimait, malgré ses pataquès et ses *liaisons dangereuses*. C'est la duchesse de Dantzig qui, arrivant aux Tuileries avec la duchesse de Montebello, un jour de gala, répondit à l'huissier qui lui demandait qui il devait annoncer : « Dis *leux* que c'est la femme à Lefebvre et *la* celle à Lannes ! »

LEFEBVRE-DESNOUETTES (CHARLES, comte) naquit à Paris, en 1775. Il manifesta dès sa jeunesse un goût prononcé pour l'état militaire, qu'il embrassa aussitôt que son âge le lui permit. Son avancement fut rapide. Il était colonel en 1804. Nommé général de brigade pendant la campagne de Prusse, il passa au service du roi de Bavière, et fut promu en 1808 au grade de général de division. Employé en cette qualité à l'armée d'Espagne, il fut fait prisonnier de guerre et conduit en Angleterre, d'où il parvint à s'échapper. Il prit encore part à la campagne de Russie et à celle de Saxe, où il fut un des prodiges de valeur dans celle de France, où il fut blessé plusieurs fois. Après l'abdication de Napoléon, ce fut lui qu'on chargea de l'escorter jusqu'à Roanne. En 1815, apprenant que l'empereur, débarqué au golfe de Juan, était en marche sur Paris, il tenta, avec les frères Lallemant, de s'emparer de l'arsenal de La Fère et de faire déclarer la garnison de cette ville en faveur de Napoléon. Cette tentative ayant échoué, il se rendit à Lyon, où il rejoignit l'armée impériale, et après l'entrée de l'empereur à Paris, il fut nommé pair de France. Il fit son devoir à Fleurus et à Waterloo; mais la fortune avait abandonné nos aigles. Compris par Louis XVIII dans l'ordonnance du 24 juillet, Lefebvre-Desnouettes fut assez heureux pour se soustraire au sort qui l'attendait en s'embarquant pour l'Amérique. Un jugement du deuxième conseil de guerre de la première division militaire le condamna à mort par contumace, au mois de mai 1816. Sans doute un jour le général eût pu rentrer dans sa patrie; mais en 1822, comme il se rendait en Belgique pour voir sa femme, le navire qui le portait fit naufrage, et il perdit la vie dans ce désastre. L. LOUVET.

LE FÈVRE ou **LE FEBURE** (CLAUDE), peintre et graveur, né à Fontainebleau, en 1633, s'inspira d'abord des chefs-d'œuvre réunis dans le château de sa ville natale, puis vint à Paris étudier sous Le Sueur et Le Brun. Il ne peignit guère que le portrait, et se fit en ce genre une grande réputation, tant en France qu'en Angleterre. Le Fèvre fut reçu membre de l'Académie en 1663, et mourut en 1675. Le Musée du Louvre possède deux de ses portraits.

LE FÈVRE (ROBERT), peintre d'histoire et de portraits, naquit à Bayeux, en 1756. Dominé par le goût de la peinture, il reçut les premiers éléments de dessin d'un peintre médiocre de sa ville natale. Venu à Paris, il fut admis dans l'école de Regnault, et produisit quelques tableaux d'histoire, peu énergiques à la vérité, mais dans lesquels un faire agréable remplace en quelque sorte la perfection. En 1802 il exposa les *Callipyges grecques* et *Vénus désarmant l'Amour*. Ayant obtenu peu d'éloges pour ces ouvrages, notre peintre abandonna le genre historique, et se livra entièrement à la peinture du portrait. Il y excella, et laissa bientôt derrière lui ses devanciers. Disposé naturellement au sentiment du coloris, il fit quelques études d'après Van Dyck, et réussit au point que plusieurs de ses confrères, en voyant les premiers portraits qu'il exposa au salon, le félicitèrent d'avoir si bien compris les beautés du grand peintre flamand. La réputation de Robert Le Fèvre une fois établie, il fit à Paris un nombre prodigieux de portraits. Les plus remarqués furent ceux du peintre Guérin, exposé au salon de 1804 ; de Napoléon sur son trône, en 1806, dont il lui fut commandé plusieurs copies ; en 1808, celui de madame Lætitia, et celui en pied de la princesse Borghèse, pour la galerie de Saint-Cloud. A la même exposition, on vit ceux du général Lé Brun, du sénateur Le Couteux de Canteleux, et du baron Denon. En 1812 il peignit en pied Marie-Louise. Aux expositions qui suivirent la Restauration, il fit paraître les portraits du marquis de Lescure et de la comtesse d'Osmond ; on admira également son tableau d'*Héloïse et Abeilard*. Il exposa aussi un beau portrait en pied de Malherbe, exécuté pour la ville de Caen, patrie du grand poète. La réputation de Robert Le Fèvre allant toujours croissant, son ambition n'eut plus de bornes. Après avoir fait le portrait de la duchesse d'Angoulême, il eut à peindre Louis XVIII en pied, et assis sur son trône. Les éloges que l'on donna à ces ouvrages le déterminèrent à solliciter le cordon de Saint-Michel ; mais il lui fallut se contenter du titre de *peintre du cabinet du roi*.

Ayant à exécuter un tableau d'histoire pour la galerie de Compiègne, Robert Le Fèvre fit *Phocion prêt à boire la ciguë* ; mais notre portraitiste avait perdu cette élévation de style que l'on aime à retrouver dans la peinture historique. Il peignit encore pour les Missionnaires du Mont-Valérien un *Calvaire*, qui fut exposé en 1827. Ce tableau, dans lequel on admirait une couleur fraîche dans les carnations et forte dans les autres parties, a paru être la répétition d'un sujet semblable que Van Dyck avait peint dans la force de son talent. Le tableau livré, les bons pères de la Foi proposèrent à notre peintre, au lieu du prix convenu, une place dans le cimetière de leur église, pourrissoir alors fort en vogue, et très-recherché pour les morts *comme il faut*. C'était la terre promise des dévots, aux yeux de qui le cimetière du Père-Lachaise était un *terrain profane par l'athéisme*. (Ainsi s'exprimait du moins un *Prospectus* répandu avec profusion par les intéressés. Après mûres réflexions, Le Fèvre accepta ; et la révolution de Juillet lui ayant enlevé, à quelque temps de là, les avantages et les faveurs de tous genres dont il jouissait à la cour, on assure que, dans un accès d'aliénation mentale, il mit fin à ses jours, le 3 octobre 1830. Le corps de Robert Le Fèvre n'en fut pas moins transporté au Calvaire et déposé dans le dernier asile qu'il avait cru s'assurer ; mais il n'avait pas compté que les *fortifications de Paris*, non plus que les *forts détachés*. En 1830, après un délai de deux mois laissé aux familles pour *déménager* leurs morts, le couvent des missionnaires et leur cimetière privilégié, d'où l'on était sûr d'aller droit au ciel, furent sans plus de façons métamorphosés en une bastille. Où plaça-t-on les restes de ce pauvre Le Fèvre? C'est ce que nous ne saurions dire.

Ch^{er} Alexandre LENOIR.

LEFÈVRE (JEAN-JACQUES), le Nestor et l'honneur de la librairie française contemporaine, corporation dans laquelle on a bientôt compté aujourd'hui ceux qui ont droit de bourgeoisie dans la république des lettres, est né à Neufchâteau (Vosges), en 1779. Entré dès 1786 comme apprenti dans l'imprimerie de Didot le jeune, il avait à peine seize ans révolus qu'il s'engageait dans la 1re demi-brigade d'artillerie de marine, où il ne tarda pas à obtenir le grade de sergent-major. Les loisirs que lui laissait son service, il les employa courageusement à refaire son éducation, et toutes les petites économies qu'il put faire sur sa solde furent utilisées en acquisitions de livres pour son instruction. Après avoir payé sa dette à la patrie dans les grandes guerres de la révolution et du consulat, il revint à Paris en 1803, résolu de continuer les traditions des Alde, des Vérard, des Estienne, des Griphius, des Elzevier, et il se mit éditeur. Il aimait trop les bons et beaux livres pour en publier d'autres que ceux dont le temps a consacré le mérite, et qui, sous le nom de *classiques*, sont la base et la gloire de toute littérature. S'il nous fallait énumérer ici les écrivains dont M. Lefèvre a reproduit les chefs-d'œuvre, cet article ressemblerait à un catalogue de librairie ; nous nous bornerons donc à dire que dans les cinquante-six années de sa carrière commerciale, il a mis en circulation plusieurs millions de volumes grecs, latins, italiens, espagnols, anglais et français ; et il est aujourd'hui peu de ces volumes qui n'aient tout au moins conservé leur valeur primitive, lorsqu'elle n'a pas doublé. C'est que le nom de *Lefèvre* mis au bas du frontispice est pour l'acquéreur une garantie de la bonne et consciencieuse fabrication matérielle du livre.

Comme exemple des soins qu'il a constamment apportés à ses éditions, nous ne citerons que deux faits d'un intérêt tout particulier pour notre histoire littéraire. En collationnant et en étudiant les textes d'une édition nouvelle qu'il se proposait de donner du *Discours sur l'histoire universelle*, M. Lefèvre reconnut qu'il devait nécessairement s'y trouver une lacune ; lacune commune à toutes les éditions de ce chef-d'œuvre faites depuis un siècle et invariablement copiées les unes sur les autres. En remontant aux sources, il découvrit que l'éditeur de 1721 s'était, sans plus de façons et sans doute par des motifs d'économie, permis de supprimer le 20e *chapitre tout entier* de l'immortel ouvrage de Bossuet. Depuis un siècle, pas la moindre réclamation n'avait été élevée contre cet acte de vandalisme merchantile! De même pour le *Gil Blas* de Le Sage. Depuis plus de cinquante ans les divers éditeurs, sans doute sur la foi d'une date fausse de Ladvocat, qui, dans son dictionnaire historique, fait mourir l'auteur de *Turcaret* en 1741, réimprimaient servilement une édition de 1740 ; tandis que Le Sage en avait publié en 1747, l'année même de sa mort, une édition nouvelle entièrement modifiée et augmentée de plusieurs chapitres importants. La collection de classiques français en 73 volumes in-8°, publiée sous la Restauration par M. Lefèvre et imprimée par Jules Didot, est demeurée l'un des plus remarquables monuments de la typographie. Épuisée depuis longtemps, l'éditeur, malgré son âge avancé et le peu de sympathie de toutes les entreprises rencontrent aujourd'hui auprès du public, a eu le courage de la recommencer. Le *Molière* et le *Racine* ont paru ; le *Corneille*, édition confiée aux soins et aux presses de MM. Firmin Didot et pour laquelle l'éditeur a eu le bonheur de faire des trouvailles du genre de celles que nous signalions tout à l'heure pour Bossuet et pour Le Sage, vient d'être terminé.

LEFORT (FRANÇOIS-JACQUES), favori de Pierre le Grand, empereur de Russie, né le 2 janvier 1656, à Genève, où son père, issu d'une ancienne famille écossaise, exerçait le commerce, suivit d'abord la même carrière. Placé, comme commis, chez un négociant de Marseille, il s'enfuit, à peine âgé de quatorze ans, et alla s'engager simple soldat. En 1674 il passa au service de Hollande, qu'il quitta l'année suivante pour se rendre à Moscou par Archangel. D'abord secrétaire de l'envoyé de Danemark en Russie, il entra peu de temps après au service du czar Féodor, dans les troupes duquel, de 1676 à 1681, il commanda une compagnie et se distingua contre les Turcs et les Tatares de Crimée. Son protecteur étant mort, il fit en 1682 la connaissance du nouveau czar Pierre Alexiewitsch, et obtint sa faveur par une circonstance fortuite. En 1688, lors de la révolte des strélitz, dont il déjoua les perfides projets, il lui rendit d'importants services. Son influence augmentait de jour en jour. Il fut le véritable créateur de l'armée russe, qu'il organisa sur le modèle de l'armée française, et jeta les fondements de la puissance maritime des Russes. En attirant dans ce pays un grand nombre d'officiers étrangers, il réussit à former une armée, qui devint bientôt formidable. Il eut recours à des moyens analogues pour perfectionner l'agriculture et l'industrie, qu'une foule d'ouvriers allemands et français, engagés à grand prix, ne tardèrent pas à enrichir de méthodes et de procédés inconnus. En 1694 il fut nommé grand-amiral et généralissime de l'armée russe, et en 1697 gouverneur de Nowogorod. Lors du voyage que Pierre le Grand entreprit à l'étranger, il était à la tête de l'ambassade russe, dans les rangs de laquelle le czar se trouvait mêlé *incognito*. Quand Pierre, grâce à son retour subit dans ses États, eut triomphé de la révolte qui avait éclaté en son absence, le czar, Lefort et Mentschikof exécutèrent eux-mêmes les coupables. Peu de temps après, le 12 mars 1699, Lefort mourut de la fièvre chaude, vivement regretté de Pierre, qui en apprenant sa mort s'écria : « Je perds le meilleur de mes amis! » Il était doué d'une remarquable intelligence, de beaucoup de jugement, d'une rare présence d'esprit, qualités auxquelles il joignait une grande force de volonté, une intrépidité à toute épreuve et beaucoup de loyauté. Il excellait aussi à tirer parti des hommes qu'il avait à sa disposition, et connaissait mieux que personne le fort et le faible de la Russie. La vérité historique nous force toutefois d'ajouter que les excès auxquels il se livrait avec le czar ne contribuèrent pas peu à hâter sa fin.

LEFRANC DE POMPIGNAN (Jean-Jacques-Nicolas) naquit à Montauban, en 1709, et mourut en 1784. D'abord avocat général à la cour des aides de Montauban, il fut ensuite président de cette cour et conseiller d'honneur au parlement de Toulouse. Il débuta dans la carrière des lettres par une tragédie, *Didon*, jouée en 1734. Mais la rivalité de Voltaire le fit renoncer au théâtre, malgré la faveur avec laquelle on avait reçu *Les Adieux de Mars* et *Le Triomphe de l'Harmonie*. En 1740 il fit paraître le *Voyage en Languedoc et en Provence*, qui ne rappelle guère l'ouvrage charmant de Chapelle et de Bachaumont; il donna ensuite au public des *Poésies sacrées et philosophiques tirées des livres saints*; c'est de ces cantiques que Voltaire a dit :

Sacrés ils sont, car personne n'y touche.

Tout le monde connaît son ode *Sur la mort de J.-B. Rousseau*.

En 1760 Lefranc de Pompignan fut reçu à l'Académie. Dans son discours de réception, il attaqua avec violence le parti philosophique, qui comptait beaucoup de partisans parmi ses nouveaux confrères. Les philosophes s'en vengèrent en vouant son nom au ridicule. Voltaire envoya de Ferney les *Facéties parisiennes*, les *Quand*, les *Pour*, les *Que*, les *Qui*, les *Quoi*, les *Car*, les *Ah!* les *Oh!* Morellet, les *Si* et les *Pourquoi*. Lefranc de Pompignan ne s'en releva pas.

Son frère, *Jean-Georges* Lefranc de Pompignan, né à Montauban, en 1715, mort en 1790, fut évêque du Puy, archevêque de Vienne, député à l'Assemblée constituante, conduisit le 20 juin la majorité du clergé dans la chambre du tiers état, puis fut ministre de la feuille des bénéfices. Il a laissé beaucoup d'ouvrages sur la religion, des mandements, etc.

LÉGALE (Médecine). *Voyez* MÉDECINE LÉGALE.

LÉGALISATION. C'est l'attestation donnée par des fonctionnaires publics qui en ont le pouvoir, de la vérité des signatures apposées à un acte, et des qualités de ceux qui l'ont fait ou expédié, afin qu'il soit ajouté foi à ces signatures. L'effet de la légalisation est d'étendre l'authenticité d'un acte d'un lieu à un autre. Elle tient lieu de l'enquête que l'on ferait pour constater la qualité et la signature du notaire, greffier, ou autre officier public qui a reçu l'acte, parce que le caractère public de ces sortes d'officiers n'est censé connu que dans l'endroit où ils ont leur résidence.

Les actes notariés sont légalisés, savoir : ceux des notaires à la résidence des cours impériales, lorsqu'on s'en sert hors de leur ressort, et ceux des autres notaires lorsqu'on s'en sert hors de leur département. La légalisation est faite par le président du tribunal de première instance de la résidence du notaire, ou du lieu où est délivrée l'expédition.

On ne fait point ordinairement légaliser des actes sous seing privé, parce qu'on peut toujours demander en justice la vérification de la signature. Il y a cependant quelques actes de cette nature que les parties elles-mêmes ont intérêt à faire légaliser; tels sont les certificats constatant des faits dont elles sont tenues de justifier. La législation est donnée alors administrativement par le maire de la commune.

Les actes passés en pays étrangers doivent, lorsqu'on veut s'en servir en France, subir la formalité de la légalisation, sans laquelle la vérité de ces actes ne saurait être reconnue. Il en est de même pour les actes passés en France dont on veut faire usage à l'étranger. Il est nécessaire que les signatures soient vérifiées par les agents diplomatiques chargés des affaires des puissances respectives. En France la signature des consuls elle-même est légalisée par le ministre des affaires étrangères.

LÉGALITÉ. C'est le caractère propre de ce qui est établi par les lois consacrées, la conformité visible, apparente, matérielle, d'un fait avec la prescription de la loi. *Légal* s'entendait d'une manière absolue de ce qui était conforme à la loi de Moïse; regardée comme la loi par excellence. Notre collaborateur M. Laurentie oppose *légalité* à *légitimité*, pour que lequel il rend ce qui est conforme à la loi divine, et fait seulement exprimer à *légalité* ce qui est conforme à la loi humaine. D'après un savant jurisconsulte, la *légalité* est à proprement parler l'obéissance aux lois, à laquelle tous les pouvoirs sont soumis dans un État bien constitué, d'où il suit que les insurrections illégitimes et les coups d'État sont ce qu'il y a de plus franchement opposé à la légalité. « L'expérience de longues révolutions, ajoute M. Taillandier, doit donner aux gouvernements et aux peuples la preuve que le respect pour tous les droits, que la rigoureuse observation des formes légales, est la meilleure garantie d'un long repos et d'une sécurité parfaite. »

LE GALLOIS (César), né vers 1775, à Cherrueix, près de Dol, acquit à être rendu célèbre à jamais par ses *Expériences sur le principe de la vie* (1809), ainsi que par quelques autres travaux pleins d'originalité, ne trouva rien de mieux à faire, dans d'affreux mécomptes, que de terminer brusquement sa vie en s'ouvrant l'artère crurale d'un coup de bistouri. Cette folle ou coupable détermination lui fut, dit-on, inspirée en 1814 par des chagrins domestiques de l'espèce la plus irrémédiable ; mais elle dut être conçue irrévocablement et avec une extrême énergie, puisqu'un de ses doigts fut trouvé roidi et courbé dans la plaie qu'il s'était faite, comme s'il eût appréhendé qu'un caillot de sang ne vînt arrêter la funeste hémorrhagie dont il s'était promis la fin de ses souffrances morales.

Les recherches expérimentales de Le Gallois ont principalement porté sur les attributs de la moelle épinière, et il n'a pas ignoré la participation de cet organe avec ce qui regarde non-seulement les mouvements arbitraires, mais la respiration, la circulation du sang, la chaleur vitale, etc. Il a prouvé que chaque partie du corps a le principe de sa motricité dans la portion de la moelle épinière d'où proviennent ses nerfs. Il prouva surtout très-bien, pourtant moins précisément que M. Flourens, mais beaucoup mieux que Galien et que Lorry, à quel point de la moelle allongée voisin du trou occipital correspond le pouvoir de retirer, comme il le dit, *le principe de la vie*. Il déclare et montre que la mort est instantanée aussitôt qu'on attaque et qu'on détruit cette moelle *vers l'origine des nerfs pneumo-gastriques*. Il est vrai que déjà Lorry avait dit que c'était *entre la première et la deuxième vertèbre cervicale*. M. Flourens a énoncé depuis plus exactement que ce point essentiel est *l'origine même des nerfs pneumo-gastriques*. C'est donc là le point central du système nerveux, et pour ainsi dire le siége du principe de la vie, puisque, lui détruit, la vie cesse. Tant qu'on s'occupera de physiologie, cette belle expérience de Le Gallois sera citée, alléguée, discutée, commentée. D'autres expériences de lui ne sont pas moins célèbres, en particulier celles qui ont pour objet de déterminer le degré d'influence de la moelle épinière sur les mouvements du cœur et sur la circulation du sang. Suivant lui, c'est de toute la moelle épinière, par l'entremise du nerf grand sympathique, que le cœur tient le principe de ses battements, de son action. Qu'une portion de la moelle épinière soit détruite, n'importe laquelle, les battements du cœur n'ont plus la même énergie ni la même régularité, et une artère ouverte ne donne plus les mêmes jets de sang; la respiration elle-même est suspendue ou affectée. Cependant ces deux effets d'affaiblissement du cœur et des agents respiratoires sont d'autant plus marqués que la moelle épinière est frappée plus supérieurement vers le cou et dans une plus grande étendue. Le Gallois montra pareillement que les effets de syncope et d'asphyxie du fait de la moelle épinière atteinte sont d'autant plus prononcés qu'il s'agit d'animaux plus éloignés de la naissance, le besoin de respiration étant toujours moins exprès pour un animal qui naît et qui n'a pu encore respirer, renfermé qu'il était jusque alors dans des lieux inaccessibles à l'air. Buffon avait entrepris des essais analogues en plongeant de très-jeunes animaux dans du lait. Le Gallois prouva par d'autres expériences que la section des nerfs récurrents produit la mort par asphyxie, en occasionnant l'occlusion de la glotte, etc. Nous avons observé en 1819 un fait d'anévrisme de la crosse de l'aorte propre à confirmer les expériences de Le Gallois.

Ses Œuvres complètes ont été publiées en deux volumes in 8° (Paris, 1824), par E. Pariset, secrétaire perpétuel de l'Académie de Médecine. Cet ouvrage renferme les Expériences sur le Principe de la Vie, un Mémoire sur la chaleur animale, un autre sous ce titre : *Le Sang est-il identique dans tous ses vaisseaux?* etc. Pariset a joint des notes à ces mémoires, et cela était nécessaire, car Le Gallois, expérimentateur d'une grande sagacité, ne savait pas encore voir dans ses découvertes toute leur signification philosophique. On a encore de lui un mémoire séparé, ayant pour titre : *Expériences physiologiques tendant à faire connaître le temps durant lequel les jeunes animaux peuvent être privés de la respiration*.

Son fils, le docteur *Eugène* LE GALLOIS, mort en 1831, en Pologne, victime du choléra, qu'il était allé étudier et combattre, s'est fait connaître par plusieurs ouvrages, dont quelques-uns ont eu pour objet, on ne peut plus respectable, de défendre les travaux, les découvertes et la réputation de son malheureux père, qui ne sut pas tirer parti de la protection de Corvisart, ou que ce dernier ne protégea pas assez. Dr Isidore BOURDON.

LÉGAT. Par ce mot on désignait, dans l'ancien droit romain, les délégués de l'empereur ou des magistrats suprêmes. Leurs attributions étaient civiles, judiciaires, militaires ou administratives. Ces délégués étaient membres de la cour impériale, on les appelait *missi a latere*, d'où l'on a fait plus tard *légati a latere*.

Le légat est maintenant un ecclésiastique, vicaire du pape, et qui est chargé de le représenter. L'histoire ecclésiastique fait mention des légats pontificaux qui, tenant la place du pape, présidaient en son nom les conciles, ou généraux ou nationaux. Les vicaires apostoliques perpétuels que le pape établit dans les royaumes ou les provinces éloignées de Rome s'appellent *legati nati*. C'est une prérogative annexée à un siége archiépiscopal. Outre le légat d'Avignon, il y avait en France deux *legati nati* : c'étaient l'archevêque de Reims et celui d'Arles. Les archevêques de Séville et de Tolède en Espagne, celui de Thessalonique en Illyrie, et celui de Cantorbéry en Angleterre (avant le schisme), jouissaient de la même dignité. En Allemagne, cette prérogative est attachée au siége de Mayence. Par la raison que la dignité est annexée au siége, la légation ne finit pas à la mort du pape. Les *legati nati* peuvent conférer des bénéfices, députer des délégués, nommer des juges d'appel. Les légats *a latere* étaient anciennement des ecclésiastiques chargés par le souverain pontife de le représenter dans une affaire déterminée. C'était ordinairement sur des évêques que tombait le choix du pape. Ce sont maintenant des cardinaux envoyés comme ambassadeurs extraordinaires près des cours étrangères. On appelle aussi *legati a latere* les cardinaux chargés du gouvernement de quelque province des États Romains. Si l'ambassadeur du pape n'a pas la dignité de cardinal, il est appelé *nuntius* ou *internuntius*, nonce ou internonce. Quand le pape meurt, les fonctions du légat ou de l'internonce cessent; ils perdent même leur titre, et ne peuvent déléguer ni autorité ni juridiction.

En France, les *legati a latere* ne pouvaient être admis si leurs bulles n'avaient été soumises au parlement : c'était une des libertés de l'Église gallicane; et au temps de Charles le Chauve, un légat ayant été envoyé en France, il lui fut ordonné par le pape de communiquer ses pouvoirs au roi.

Enfin, on appelle aussi *legati* ou vicaires apostoliques des ecclésiastiques qui sont délégués par commission temporaire pour rassembler des synodes chargés de maintenir la discipline de l'Église.

Les *legati nati* et les *legati a latere* ont le droit de faire porter la croix devant leurs voitures, ce qui n'a lieu cependant que dans les occasions solennelles.

Sous les premiers rois de France, on appelait *legati laterales* ou *missi dominici*, les hauts personnages qu'ils chargeaient de quelque mission dans le royaume.

LÉGATAIRE. *Voyez* LEGS.

LÉGATION. On désigne quelquefois par ce mot la charge, les fonctions ou la dignité d'un légat du saint-siége ; quelquefois, on indique ainsi son tribunal, sa juridiction; le territoire même dans lequel il exerce. Il y a des légations ordinaires ou vicariales apostoliques : telle était en France la légation d'Avignon, qui comprenait la Provence, le Dauphiné, le Lyonnais et le Languedoc. Il y a aussi des légations extraordinaires et temporaires, dont le titulaire est chargé de traiter d'affaires particulières.

Dans le langage de la diplomatie, le nom de *légation* s'applique aux représentants que les puissances entretiennent les unes auprès des autres.

Les *secrétaires de légation* assistent l'envoyé de leur cour, et le suppléent en cas de besoin ; ils sont en outre chargés des rédactions, surveillent les archives. Ils ont sous leurs ordres des *attachés* payés ou non payés. Enfin, plusieurs cours du Nord joignent à leurs envoyés des *conseillers de légation*.

LEGATIONS. On désigne sous cette dénomination deux provinces des États Romains gouvernées par des cardinaux revêtus du titre de *legati a latere*. Ces provinces sont celles de Bologne et de Ravenne, ainsi nommées des villes qui en sont les chefs-lieux. Les autres provinces romaines, gouvernées par des prélats ou évêques, sont appelent *délégations*. L'autorité des *legati a latere* n'est soumise à aucun contrôle. Chefs de l'administration de la police, ils ont sous leurs ordres la force armée, et en disposent d'après les instructions qu'ils reçoivent directement de Rome. Dans chaque délégation, il y a un tribunal de première instance ; et dans les légations, un tribunal d'appel. Les procès sont jugés en dernier ressort à Rome, par le tribunal de cassation (*la segnatura*).

LÉGENDE (du latin *legendum*, gérondif du verbe *lego*, à lire, ou qui doit être lu), nom d'abord donné aux versets que l'on récitait dans les leçons des matines, plus tard aux vies des saints et des martyrs, parce qu'on devait les lire dans les réfectoires des communautés : *Quia legendæ erant*. Des monastères les légendes se répandirent parmi les fidèles, enthousiasmèrent leur zèle et le portèrent jusqu'au fanatisme. Tout ce que le peuple avait recueilli dans ses souvenirs, ou poétisé dans son imagination, trouva place dans ces histoires, qui sont la véritable mythologie du christianisme. Les traits d'héroïsme chrétien, qu'on y trouve racontés avec une simple naïveté, réchauffèrent la foi et la charité. Si l'histoire en a rejeté la plupart comme monuments authentiques, elle leur doit à toutes respect profond et reconnaissance.

Le premier légendaire grec est Siméon, surnommé *Métaphraste*, c'est-à-dire glossateur et traducteur. Il vivait au commencement du dixième siècle, à la cour de Constantin-Porphyrogénète, où il remplit de hautes fonctions, entre autres celles de *logothète*, ou contrôleur général des finances. Sa science et son éloquence lui acquirent une haute réputation et de grandes richesses; mais il ne sut pas éviter le mauvais goût de son siècle. A la demande de l'empereur, il écrivit la *Vie des Saints*. La postérité a mis sous son nom un grand nombre de biographies ou de légendes qui sont dues à d'autres écrivains. Allatius, bibliothécaire du Vatican, en a reconnu jusqu'à 539 qui portent faussement son nom ; il n'en admet comme siennes que 122. Siméon écrivit souvent d'après des ouvrages originaux, qui sont perdus. Lorsque les matériaux lui manquaient, il ne craignait pas de donner pour des réalités les produits de son imagination. Aussi Casaubon lui reproche-t-il beaucoup de vanité et peu de jugement, et le savant Bellarmin dit-il nettement qu'il a raconté quelques-unes de ces vies non pas de la manière que les choses ont été, mais telles qu'elles auraient pu être. Après Métaphraste, un grand nombre d'auteurs grecs se sont exercés dans le même système de mensonges pieux et d'amplifications oratoires. La plupart ont été confondus avec lui. Ceux que l'on cite plus particulièrement sont Psellus et Nicéphore Calliste. Le plus ancien légendaire latin est Jacques de Varase, plus connu sous le nom de *Voragine*. Après lui, on cite Flodoard, chanoine de Reims, qui rédigea en quinze livres les vies des saints pour chaque mois de l'année. Il vivait sous les rois Louis d'Outre-Mer et Lothaire. Son ouvrage, qui n'a pas encore été imprimé, est conservé en entier à Trèves, et en fort mauvais état à Reims. Goscelin, moine de l'abbaye de Saint-Bertin, à Saint-Omer, fut appelé en Angleterre, vers la fin du onzième siècle, par saint Anselme de Cantorbéry, qui lui fit écrire un grand nombre de vies de saints, et surtout de saints anglais. Césaire, de l'ordre de Cîteaux, au commencement du treizième siècle, composa en dialogues douze livres de miracles et d'histoires merveilleuses. C'est une compilation faite avec bonne foi des contes que répétait le peuple de l'époque. Pierre Calo, Bernard Guidonis ou de Guy, Pierre Natal ou de Natalibus, etc., etc., ont produit aussi des légendes moins connues. En général, les légendaires ont trop légèrement accepté les traditions populaires; plusieurs ont abandonné le rôle d'historien pour ne suivre que les inspirations d'une imagination déréglée et amie du merveilleux; enfin, quelques légendes qui dans un temps ont eu une grande réputation ne sont que des amplifications de rhétorique, composées comme exercices littéraires par des religieux, et conservées dans les bibliothèques des couvents, parce qu'elles avaient paru remarquables. Ce jugement est celui des savants de Trévoux, des bollandistes, de Bellarmin, de l'Espagnol Vivès, d'Allatius, de Casaubon, et du plus savant de tous, de Baillet. Les bollandistes et Baillet ont, dans leurs ouvrages, séparé le vrai du faux avec un admirable discernement et une science profonde. Ils peuvent être consultés en toute sûreté de conscience.

L'ouvrage intitulé *Légende dorée*, qui a eu dans son temps une immense réputation, est dû au premier légendaire latin, Jacques de Varase, ou de *Varagio*, ou de *Voragine* (du Gouffre), qui mourut archevêque de Gênes, en 1298, à l'âge de quatre-vingt-seize ans. Il a été surnommé *Voragine* par ses ennemis et ses amis, les premiers voyant en lui un gouffre d'erreurs, les seconds un gouffre de science. Il dut en grande partie son succès à la brièveté de ses légendes et au soin qu'il prit de les consacrer aux saints les plus connus. Ce succès fut tel, que l'on ne trouve pas d'ouvrage après la Bible qui ait eu un plus grand nombre de copies, ou d'éditions pendant deux siècles. Mais lorsque la pensée humaine eut dépouillé les langes de la superstition, elle reconnut enfin les absurdités de la *Légende dorée*; et de savants docteurs ou prédicateurs de France et d'Italie la traitèrent avec un mépris égal à l'admiration qu'elle avait inspirée. Vivès s'indigne qu'on ait osé lui donner le nom de *Légende d'Or*, car l'auteur, dit-il, ne peut avoir eu qu'une *bouche de fer* et un *cœur de plomb*. Un autre théologien savant et pieux l'appelle une *légende ferrée de mensonges*. Les bollandistes, qui la traitent avec moins de rigueur, font cependant remarquer le ridicule des étymologies qu'elle donne des noms de saints.

LÉGENDE (*Numismatique*), nom que l'on donne, en général, à toute inscription placée sur des monnaies, médailles, médaillons, jetons, méreaux ou pièces de plaisir. Elles sont ordinairement circulaires, quelquefois en ligne droite ou en sens divers; et se rencontrent aussi sur quelques parties du type, comme sur un bouclier, un cippe, un autel, un cordon, une jarretière, etc. Dans les commencements du monnayage, elles furent d'abord très-courtes, et se bornèrent à la seule indication, souvent abrégée, d'un peuple et d'une ville. Bientôt elles devinrent plus explicites : elles renfermèrent les noms et les titres honorifiques des divinités locales, des magistrats, des rois, quelques notions topographiques et la valeur nominale de la monnaie. Les pièces consulaires romaines offrent les légendes les plus curieuses sur les principales familles de Rome, sur les hauts faits qui les ont illustrées, et sur les traditions auxquelles elles faisaient remonter leur origine. A ces *factums* généalogiques d'une aristocratie qui fut bientôt nivelée par le despotisme succédèrent, après l'établissement du gouvernement impérial, les formules adulatrices de l'esclavage. Les légendes monétaires ne contiennent plus alors d'intéressant que les faits et les dates : si elles donnent des louanges méritées à Trajan, à Antonin, à Marc-Aurèle, elles prostituent les qualifications les plus nobles aux monstres qui déshonorèrent l'empire : on les voit tour à tour prôner la clémence et la modération d'un Tibère, la sécurité dont on jouissait sous un Néron, la piété et le courage d'un Commode, l'équité et l'indulgence d'un Caracalla.

Les légendes sont écrites dans presque toutes les langues, puisque la plupart des peuples ont frappé monnaie; mais le sens de celles qui nous sont restées en langue celtibérienne, osque, samnite, étrusque, punique, nous est inconnu; et nous n'expliquons que très-imparfaitement celles qui sont en caractères persans et sassanides. Les légendes au moyen âge sont presque toujours en latin. Sous les rois de la première race, elles n'offrent que le nom de la ville et celui du monétaire; quelquefois, mais plus rarement, le nom du roi s'y trouve joint; sous les carlovingiens, il n'est plus question de monétaires, et le nom du roi s'y trouve seul, avec la formule : Par la grâce, ou Par la miséricorde de Dieu (*Gratia Dei*; *Misericordia Dei*). Sous la troisième race, elles s'allongent, varient souvent, mais sont toutes plus ou moins religieuses. On voit apparaître dès le douzième siècle sur nos monnaies d'or la fameuse légende : XPC (Christus) *vincit*, XPC *regnat*, XPC *imperat*, qui s'y maintient jusqu'en 1789. Ce fut, dit-on, sur l'ordre de l'armée chrétienne dans une grande bataille livrée contre les Sarrasins sous Philippe 1er. Sous le règne de saint Louis on voit pour la première fois les légendes : *Sit nomen Domini benedictum*; et *Agnus Dei, qui tollis peccata mundi, miserere nobis*; mais la première devient presque européenne, et n'est effacée que par la révolution française, tandis que la seconde partage le sort des agnels et des moutons d'or.

LÉGENDE — LEGENDRE

Le pape Clément VI écrit, en 1266, à l'évêque de Maguelone, en lui reprochant *d'avoir fait frapper monnaie avec le titre de Mahomet et des caractères arabes, ce qui est indigne d'un chrétien catholique.* Henri d'Albret, roi de Navarre, met sur sa monnaie la légende : *Gratia Dei sum id quod sum.* Les rois de Sicile de la maison d'Anjou renouvellent la devise de Constantin : *Hoc signo vinces.* Le Prince Noir fait frapper monnaie à Bordeaux avec la légende : *Deus judex, justus, fortis, patiens.* Tout le monde connaît le fameux écu d'or de Louis XII, avec cette légende contre le pape Jules II, ennemi des Français : *Perdam Babylonis nomen.* Enfin, les légendes des barons et des prélats offrent d'aussi grandes variétés que les types de leurs monnaies.

En 1685 on adopta en France la méthode pratiquée par les Anglais de marquer les monnaies sur la tranche. Depuis cette époque jusqu'en 1789, les écus, indépendamment des légendes de la pile et de la face, en portèrent une troisième, imprimée sur la tranche, et cette légende, qui avait déjà figuré antérieurement sur les monnaies, fut *Domine salvum fac regem.* Par le décret du 11 janvier 1790, l'Assemblée nationale rétablit dans la légende des monnaies le titre de *Roi des Français,* qui datait du règne de Charlemagne, et qui avait été remplacé sous Henri III par celui de *Roi de France.* La légende du revers fut : *Règne de la loi;* celle de la tranche : *La nation, la loi et le roi.* En 1793, le nom du roi fut remplacé par ces mots : *République française;* et sur les pièces de cuivre on mit : *Liberté, égalité. Les hommes sont égaux devant la loi.* Enfin, sur les monnaies du règne de Napoléon, on vit ces deux légendes contradictoires, d'un côté : *Napoléon empereur ;* de l'autre : *République française;* et sur la tranche : *Dieu protège la France.* A la fin les mots *Empire français* remplacèrent ceux de *République française.* La Restauration fit reparaître les titres de *Roi de France et de Navarre* et le *Domine salvum fac regem.* Mais, après la révolution de Juillet, Louis-Philippe 1ᵉʳ prit le titre de *Roi des Français,* et la tranche reprit la légende : *Dieu protège la France,* qu'elle n'a plus quittée, quoique après la révolution de Février on vît reparaître: *République française* et *Liberté, égalité, fraternité.* Après le coup d'État de 1851, on vit successivement *Louis-Napoleon Bonaparte* d'un côté, et *République française* de l'autre ; puis *Napoléon III, empereur,* et *Empire français.*

Il existe un certain nombre de jetons à légendes baroques, vides de sens, qui datent du quinzième siècle, et se continuent jusqu'au milieu du seizième ; personne n'a jusque ici pu réussir à les expliquer ni à en déterminer le but. Une grande partie a été frappée à Nuremberg, et se trouve communément dans nos provinces ; quelques-uns ont des types français, et l'on n'a point encore décidé si c'étaient des contrefaçons nurembergeoises de nos types ou des produits de coins nationaux. Les légendes des jetons des *innocents* et des *évêques des fous* sont également bizarres. M. Rigolot d'Amiens en a fait l'objet d'un travail curieux, qu'il se propose de publier. Les légendes des jetons aux seizième et dix-septième siècles sont ou bibliques, ou mythologiques, ou historiques, ou galantes. Au dix-huitième, elles ont le caractère et le précieux de la mode du temps. Nous ne finirons pas sans citer un jeton de Charles IX, frappé dans la galerie du Louvre, dont la légende : *Pietate et justitia,* devise qui avait été donnée à ce prince par le vénérable chancelier de L'Hospital, offre une épigramme poignante contre l'auteur de la Saint-Barthélemi. Mⁱˢ Éd. DE LAGRANGE.

LEGENDRE (Louis), conventionnel, était né à Paris, en 1756. Il était resté sans se fixer dans cette ville après avoir été matelot pendant dix ans ; dans cette profession et dans celle de boucher, qu'il embrassa ensuite aux approches de la révolution, il avait contracté une grossièreté, une brutalité de langage et de manières, que son manque d'instruction accrut encore. Boucher de la famille Lameth, lors de la convocation des états généraux, il se prononça énergiquement pour l'Assemblée nationale, et assista à tous les mouvements populaires qui précédèrent le 14 juillet : ce jour-là il fut du nombre des orateurs insurrectionnaires qui excitèrent le peuple à envahir l'hôtel des Invalides et à s'emparer des 30,000 fusils qu'on savait y être déposés. Il fut, du reste, toujours en tête des harangueurs de la multitude dans les moments de trouble si fréquents après la prise de la Bastille, et l'on ne le vit pas se porter le dernier à Versailles avec les masses populaires, les 5 et 6 octobre 1790. C'est dans ces grandes agitations qu'il eut occasion de se lier avec les plus ardents révolutionnaires, avec Danton, Camille Desmoulins et Fabre d'Églantine ; il fut bientôt un des chefs des Cordeliers. Après l'arrestation de Louis XVI à Varennes, devenu l'un des principaux instigateurs de la fameuse pétition pour la déchéance, signée au Champ-de-Mars, il dut se cacher quelque temps après la dispersion violente des signataires par la force armée que commandait La Fayette. Cette fuite momentanée ne fit qu'augmenter son républicanisme et son audace ; lors de la journée du 20 juin, il fut un des meneurs qui contribuèrent le plus à mettre le peuple des faubourgs en mouvement et à le lancer contre le château. Il était au nombre de ceux qui envahirent l'appartement du roi, les armes à la main, et c'est lui qui lui présenta le bonnet rouge que le monarque dut placer sur sa tête. Le 10 août il compta parmi les plus braves assaillants des Tuileries.

Élu à la Convention, il alla s'asseoir au milieu de cette députation de Paris à laquelle il appartenait, et se montra l'un des plus acharnés accusateurs de Louis XVI. Au moment où le roi se présentait à la barre de la Convention, il s'écria : « Il ne doit sortir ni des tribunes ni de l'assemblée aucun signe d'approbation ou d'improbation : il faut que le silence des tombeaux effraye le coupable. » Et cette proposition fut convertie en décret. Legendre, bien entendu, vota la mort. Il se montra l'un des plus ardents adversaires des girondins, et appuya toutes les mesures qui furent prises contre eux. Le 28 mai il menaça Lanjuinais, qui attaquait opiniâtrement le décret par lequel, la veille, avait été cassée la commission des douze, de le jeter à bas de la tribune, et le 2 juin il essayait de l'en arracher, irrité des accusations qu'il lançait contre la Montagne. Cependant, il s'était opposé à l'insurrection du 2 juin, dans une séance des Jacobins, prétendant qu'on devait épuiser tous les moyens légaux avant d'en venir aux mesures extrêmes : les clubistes le traitèrent d'endormeur. Il eut ensuite à remplir diverses missions, dans lesquelles il se montra terroriste zélé, comme la plupart des commissaires de la Convention. Il se trouvait à Paris lors de l'arrestation de Danton, et à la nouvelle qui s'en répandit il monta à la tribune de l'assemblée pour prendre sa défense. Mais combattu par Robespierre, il abandonna sa proposition, en disant qu'on le connaissait bien mal si on le croyait capable de sacrifier un individu à la liberté, et qu'il n'entendait défendre personne.

A la suite d'une mission dans laquelle il ne brilla pas, il alla grossir dans la Convention le nombre des ennemis secrets du triumvirat du comité de salut public. Après avoir déclaré aux Jacobins qu'il ferait à Robespierre un rempart de son corps ; après s'être écrié, lors de l'arrestation de Cécile Renaud, « que la main du crime s'était levée pour frapper la vertu, mais que le Dieu de la nature n'avait pas souffert que le crime fût consommé, » il se montra l'un des plus irréconciliables adversaires du terrible dictateur ; « Maximilien, lui cria-t-il, à la suite de la fête de l'Être suprême, j'aime ta fête, mais toi je te déteste. » Après avoir dit, lors de l'arrestation des hébertistes, que pas une des citoyens devaient être prêts, sans aucun égard pour les liens du sang ni de l'amitié, après avoir promis pour sa part de livrer au glaive des lois ses amis les plus chers, s'ils lui étaient désignés comme traîtres, il attaqua sourdement ce comité, lors du vote de la terrible loi du 22 prairial. Ainsi, tout dans sa conduite ne fut qu'inconséquence.

Le 9 thermidor le trouve dans les rangs de ceux que Robespierre a attaqués dans son discours de la veille, et qui ont résolu à leur tour de le renverser. « Le sang de Danton t'étouffe, » lui crie Legendre. Dans la soirée, il s'empare de la salle des Jacobins, et en ferme les portes. Puis il prend en haine cette société, où il a jusque alors joué le rôle d'un énergumène. Quand le timide Lecointre, poussé par ses collègues, hasarde, le 30 août, sa dénonciation contre les membres de l'ancien comité de salut public, Legendre le combat, et se prononce en faveur des trois membres inculpés; mais sa haine contre les jacobins, dont il est également détesté, ne l'en pousse pas moins au premier rang des chefs thermidoriens. Plusieurs motions qu'il fait contre cette société, tendant toutes à sa destruction, sont blâmées par la Convention. Il juge alors que le meilleur moyen de la frapper est d'en attaquer les chefs individuellement : il profite donc, le 3 octobre, des troubles de Marseille pour accuser Barrère, Collot d'Herbois et Billaud-Varennes, et lors du rapport de Saladin, il provoque séance tenante leur arrestation, comme un grand acte de justice et de précaution.

Les journées de germinal et de prairial lui fournissent l'occasion de manifester son courage : il marche à la tête d'une partie des troupes conventionnelles, et participe à la répression des insurrections populaires. Mais bientôt, par un nouveau revirement d'opinion, il abandonne les thermidoriens, quand il s'aperçoit qu'ils vont trop avant dans la voie de la réaction. Le 22 juin 1795 il se plaint vivement des persécutions auxquelles sont en butte les républicains qu'on désigne comme *terroristes*, et continue jusqu'à la fin de la session à attaquer l'esprit de modération qui s'empare de l'assemblée. Le 13 vendémiaire il marcha contre les sectionnaires révoltés. A la mise en activité de la constitution directoriale, il fut élu membre du Conseil des Cinq Cents, où il parla rarement. Il prenait des leçons de latin et de grammaire quand il mourut, en décembre 1797, à peine âgé de quarante-et-un ans. Napoléon GALLOIS.

LEGENDRE (ADRIEN-MARIE), membre de l'Académie des Sciences et du Bureau des Longitudes, naquit à Paris le 16 septembre 1752. Un des élèves les plus distingués de l'abbé Marie, il atteignait à peine l'âge de dix-sept ans lorsqu'il soutint, en présence de savants académiciens, une thèse sur des questions de hautes mathématiques. En 1774 Legendre fut nommé professeur à l'École Militaire, et quoiqu'il donnât plus de temps à l'instruction de ses élèves que Laplace n'avait l'habitude d'en accorder aux siens, il eut encore assez de loisir pour composer des mémoires qui le firent entrer à l'Académie des Sciences, en 1783. L'Académie de Berlin avait déjà décerné à Legendre le prix qu'elle avait proposé sur une question de balistique ; peu de temps après, elle s'associa le géomètre français.

On soupçonnait que la différence de longitude entre l'observatoire de Londres et celui de Paris n'avait pas été mesurée avec assez d'exactitude : il fallait donc recommencer les opérations astronomiques et géodésiques, en employant des instruments perfectionnés, et pousser la rigueur des calculs aussi loin qu'elle peut aller. Ce travail fut entrepris en 1787, et confié à une commission composée de Legendre, Cassini et Méchain. Lorsque les opérations furent terminées, on chargea Legendre d'en rendre compte, et il joignit à son rapport la description de l'instrument qui avait servi à la mesure des angles. Mais les services qu'il rendit alors aux sciences astronomiques seront jugés peu importants si on les compare aux méthodes d'analyse mathématique dont il enrichit la mécanique céleste. La nécanique céleste n'absorba pas cependant toute son activité : il inséra dans les recueils de l'Académie plusieurs mémoires sur la théorie des nombres, qui réunis forment, sous le titre d'*Essai sur la Théorie des Nombres*, un ouvrage où la modestie du titre cache les spéculations de l'analyse la plus élevée. On doit à Legendre des *Éléments de Géométrie*, traduits dans toutes les langues de l'Europe, adoptés par tous les corps enseignants : l'auteur les composa d'après l'expérience qu'il avait acquise comme professeur.

Aussitôt que la tourmente révolutionnaire fut apaisée, Legendre sortit de la retraite où il s'était tenu prudemment à l'écart, asile offert par une généreuse amitié. Le nouveau système de poids et mesures n'était pas encore organisé définitivement, et notre géomètre devint le chef du bureau chargé de ce travail. Lorsque l'Institut remplaça les anciennes académies, Legendre retrouva sa place dans la section des sciences, et continua de diriger les opérations qui lui étaient confiées ; il les soumit toutes à des vérifications poussées jusqu'au scrupule, suivant des procédés qui lui appartenaient, et qu'il a exposés dans un ouvrage spécial sur tout ce qui est relatif au système métrique. Peu de temps après la fondation de l'École Polytechnique, Legendre fut chargé d'examiner sur les sciences mathématiques les élèves qui se destinaient aux différents services publics, et quelques années plus tard on lui confia le même emploi à l'École spéciale de l'Artillerie et du Génie ; il le remplit aussi longtemps que ses forces le lui permirent. Il mourut à Paris, le 9 janvier 1833, et fut enterré à Auteuil, lieu qu'il avait choisi lui-même. FERRY.

LÉGÈRETÉ. Relativement au caractère, c'est l'absence de toute impression forte et durable ; si l'on aime mieux, c'est un genre de mémoire qui manque à l'esprit et l'empêche de recueillir les avantages de l'expérience. En effet, le cachet propre de la légèreté, c'est de traverser toutes les positions, de subir toutes les circonstances sans en devenir plus grave, plus sérieux, de sorte que la vie n'est plus qu'une longue enfance (*voyez* FRIVOLITÉ).

Quand on est élevé dès l'enfance au sein de la fortune et des plaisirs, qu'on n'a jamais eu rien à craindre ni à prévoir, on reçoit en général d'un sort aussi prospère des habitudes de légèreté dont on a beaucoup de peine à se dépouiller. Les hommes nés riches ou grands supportent donc mieux les revers que d'autres ; ils n'exercent pas sur eux la puissance des mauvais sorts : c'est une idée importune qu'ils secouent comme la poussière qui ternit l'éclat de leurs vêtements. La misère et les privations ne les effrayent pas ; c'est pour eux un contraste, qui par sa nouveauté les amuse et les aiguillonne. Rien de meilleur que le premier mouvement des femmes du monde : injustices, malheurs, oppressions, elles ont soif de tout réparer ; mais, au milieu du mouvement qui les entraîne, elles passent si vite d'une impression à l'autre que c'est toujours la dernière qui l'emporte ; la légèreté chez elles devient du bon cœur : il faut en obtenir tout sur-le-champ, car pour elles la même sensation n'a pas de lendemain.

Il y a une très-grande différence entre la légèreté de caractère et celle qu'on apporte dans une conversation rapide et animée : la première se mêle aux actes de la vie, la seconde n'est, à bien dire, qu'un genre d'agrément ; mais on confond l'une avec l'autre, et les habiles en profitent pour voiler leurs desseins. Comme on ne peut croire à rien de sérieux de la part d'un homme qui cause avec tant de légèreté, on ne prend nulle précaution : le succès alors est assuré. SAINT-PROSPER.

LÉGION, élément de formation des armées romaines, sous le rapport de l'organisation et de l'administration. La légion comprenait toutes les armes alors en usage, l'infanterie de bataille, l'infanterie légère et la cavalerie. Plus tard, lorsqu'on adopta l'usage des machines de guerre, les légions furent également pourvues d'une espèce d'artillerie de campagne, servie par des hommes choisis dans leur sein. A toutes les époques, la légion eut les auxiliaires d'administration nécessaires à un corps destiné à pouvoir agir seul, comme fourriers de campement (*metutores*), adjudants pour l'ordre et les rondes (*tesserarii*), sergents-majors chargés des registres d'administration (*notarii*), etc. Le nom de *légion* vient de *legere* (choisir), parce qu'elles étaient en effet composées d'hommes choisis entre tous ceux que la loi appelait au service, et qui étaient inscrits successivement (*conscripti*) sur le registre matricule de chaque légion. C'était ce que nous appelons aujourd'hui une levée par conscription. Mais les bases en étaient différentes de celles adoptées chez nous, parce que la société d'alors différait essentiellement de la nôtre, au moins sous le rapport politique. Les professions vénales, que l'on considérait comme portant atteinte au patriotisme généreux, qu'asphyxient l'esprit de lucre, de spéculation, et comme étouffant le courage et la valeur, étaient à peu près abandonnées aux affranchis, et ceux qui les exerçaient se voyaient relégués dans les quatre dernières tribus, appelées *urbaines*, comprenant la masse de la population de la capitale. Ces quatre tribus, à peu près en dehors du corps actif de la machine gouvernementale, ne pouvaient être appelées à voter que dans le cas où l'on ne parvenait pas à réunir sans elles une majorité absolue, que l'on votât par curies, par centuries ou par tribus. D'après la classification des centuries établies par Servius Tullius, elles ne pouvaient même fournir à l'armée que des troupes légères, les moins estimées dans un temps où les combats se décidaient corps à corps, à l'arme blanche. Le service militaire portant presqu'en entier sur les citoyens aptes à occuper des emplois, et leur vie politique n'étant pas divisée en corps de métiers exercés seulement pour gagner de l'argent, l'éducation militaire n'excluait pas l'éducation civile; l'une au contraire était inséparable de l'autre, puisque le même homme pouvait être et était souvent, ensemble ou successivement, suprême magistrat, juge, général, pontife et orateur public. Nous disons à dessein *orateur public*, afin qu'on ne les confonde pas avec ce qu'on appelle chez nous *avocats plaidants*; les *causidici* des Romains n'étaient ni les Cicéron, ni les Hortensius, ni les Antoine; ils exerçaient obscurément une profession qui les éloignait plus qu'elle ne les rapprochait des emplois publics.

L'organisation de la légion romaine varia dans différents temps. L'on conçoit en effet qu'elle dut subir des modifications résultant : 1° de l'espèce de permanence des armées qui résulta de la mesure prise au siége de Véies (IVe siècle de Rome) de solder les troupes, qui auparavant faisaient la guerre à leurs dépens personnels; 2° de l'augmentation progressive des armées au cinquième et au sixième siècle, et du progrès que fit en même temps l'art de la guerre; 3° du changement de gouvernement survenu sous Auguste, qui créa des armées monarchiques, au lieu des armées nationales qui avaient précédé les guerres civiles. Nous ne nous occuperons point de l'examen du texte de Tite-Live (VIII, 8) relatif à l'organisation des légions, texte évidemment tronqué, transposé par les copistes, encore plus embrouillé, plus surchargé de contre-sens par les rhéteurs et les grammairiens qui s'en sont occupés sans avoir la plus légère connaissance de la matière. Bornons-nous à exposer à nos lecteurs ce qui résulte du récit de Polybe, complété par ce qu'on peut tirer de Végèce, des fragments de Caton, et de l'histoire et de Tite-Live lui-même.

La légion se composait de quatre espèces de troupes : les hastaires (*hastarii*), formant la première ligne; les princes (*principes*), la seconde; les triaires (*triarii*), en troisième ligne; les troupes légères, divisées en *rorarii* et *accenses* dans les premiers temps, réunies plus tard sous le nom de *vélites*. Le système de cette ordonnance était d'engager l'action par les plus jeunes troupes, et de la faire successivement soutenir par de plus exercées. Ainsi, les *princes* étaient plus robustes, plus aguerris que les *hastaires*, et les *triaires* se composaient ordinairement d'hommes d'élite, tels que nos grenadiers actuels. Les hastaires, les princes et les vélites étaient en nombre égal entre eux ; mais il n'y en avait que la moitié de triaires, c'est-à-dire qu'ils formaient environ un septième de la force de la légion. C'est ce qu'exprime Tite-Live, quand il dit : *Tribus ex vexillis constabat ordo : primum vexillum triarios ducebat ; ordo autem* 186 *hominum erat*, version qui a été pitoyablement intervertie. En effet, en prenant pour exemple la légion de quatre mille hommes qu'il a en vue, chaque manipule de triaires avait (y compris le centurion et son lieutenant) soixante-deux hommes, qui avec les cent-vingt-quatre de troupe légère (*rorarii* et *accenses*) faisaient en effet cent quatre-vingt-six. Chacune des trois lignes de bataille était divisée en dix pelotons ou *manipules*, ainsi appelés de leurs enseignes, qui primitivement étaient une poignée de foin, de paille ou d'herbe, selon quelques glossateurs. Mais nous croyons plus naturel d'attacher au mot *manipulus* la même idée qu'on attribue au terme *peloton*, celle d'un petit corps ou d'une *poignée* d'hommes. Chaque manipule était divisé en deux moitiés, appelées *centuries*, dont il faut chercher l'étymologie ailleurs que dans le nombre *cent*, qu'elles n'ont jamais atteint : il est, au contraire, bien plus probable que la *centurie* doit son nom à son chef, appelé *centurion*, non parce qu'il avait cent hommes à ses ordres, mais parce qu'il était chef, *centir* ou *centur*, dans l'élément gaulois qui servit de base à la langue latine.

La division par dix se retrouve dans le classement hiérarchique des centurions, et sert de base à leur avancement ordinaire. En partant de la droite, le premier manipule de triaires, le premier de princes et le premier de hastaires forment le premier *ordre*. Le second manipule de chaque ligne compose le second ordre, et ainsi de suite. Il y a donc dix ordres de centurions dans une légion. Chaque ordre en comprend six, distingués par le nom de la ligne, le numéro du manipule, et dans chaque manipule par les désignations de *prior*, *posterior*, comme on dit aujourd'hui *capitaine en premier*, *capitaine en second*. Le dernier capitaine de la légion est le *decimus hastatus posterior*. L'avancement ordinaire n'a pas lieu dans l'ordre horizontal des lignes de bataille, mais verticalement : ainsi, le second centurion du dixième manipule des hastaires devient premier dans le même manipule; ensuite second dans le dixième des princes, et ainsi de suite jusqu'à premier du dixième manipule de triaires, d'où il passe second centurion dans le neuvième manipule de hastaires. Le premier officier de la légion est ce *primus triarius prior*, autrement appelé *primipilus*, dont le grade peut être comparé à celui de colonel. Chaque légion a en outre six officiers généraux, appelés tribuns légionnaires, dont les fonctions sont mixtes, c'est-à-dire militaires et administratives, à peu près équivalentes à celles de nos généraux de brigade et de nos intendants. Deux seuls d'entre eux sont investis à la fois de fonctions actives, et ils alternent tous les deux mois. Sous les empereurs, les légions sont commandées par les préfets légionnaires, véritables généraux de brigade, réunissant les fonctions administratives aux fonctions militaires, parce qu'on croyait alors que le sort des soldats était bien plus assuré dans les mains de ceux qui partageaient leurs travaux et leurs dangers que dans celles de spéculateurs étrangers, pour qui ils ne sont qu'un moyen de fortune pécuniaire.

L'ordonnance de bataille des légions consistait en un ordre de trois lignes par échelons. Les dix manipules de hastaires étaient rangés en première ligne, avec des intervalles égaux à leur front. Ceux des princes, en seconde ligne, derrière les intervalles de la première. Ceux des triaires de même, en troisième ligne. Les troupes légères de la légion, d'abord déployées devant toute l'étendue du front, autant pour couvrir le déploiement des troupes de bataille que pour engager l'action, repassaient, dès que le signal du combat était donné, par les intervalles des deux premières lignes, et venaient se placer dans les intervalles de celle des triaires. Cette disposition est clairement indiquée par le récit que fait Tite-Live de la bataille du Vesoris. Après la mort du consul Decius, son collègue Manlius, croyant la victoire encore indécise, fait avancer les *accenses* de la troisième ligne. Les Latins, trompés, leur opposent leurs triaires, et lorsque, plus tard, Manlius fait marcher sa véritable réserve, les Latins, n'ayant plus rien à y opposer, sont complétement défaits (liv. VIII, 10). Ceci prouve encore que les *accenses*, ou *rorarii*, ou *vélites*, qu'on ne voit point avoir eu de centurion particulier, étaient attachés aux manipules des triaires, ainsi que l'indique Tite-Live. Quelquefois les hastaires seuls attaquaient la ligne ennemie; s'ils étaient repoussés, ils venaient s'enchâsser dans les intervalles des princes. Si le combat devenait plus pressant, les triaires s'avançaient à leur tour pour remplir les vides. Mais souvent, et surtout lorsqu'on prévoyait d'avance une résistance prolongée, les princes, dès le commencement de l'action, s'avançaient dans les intervalles des hastaires et formaient avec ceux-ci une ligne pleine.

La force de la légion a varié en différentes circonstances de quatre mille à six mille hommes, nombre rond; elle n'a jamais dépassé ce dernier chiffre. Dans la formation à quatre mille, ou plutôt à quatre mille deux cents, chaque manipule de hastaires, princes et vélites, était de cent-vingt soldats et quatre officiers; ceux des triaires de soixante soldats seulement. En même temps qu'on recrutait les légions, on levait pour chacune un corps de cavalerie, d'abord de deux cents chevaux, puis de trois cents, qui servait séparément de l'infanterie, et dont la place de bataille était sur les ailes de l'armée. De là le nom d'*ala*, que portait le détachement de cavalerie de chaque légion. Les alliés de Rome fournissaient à ses armées un nombre de légions égal à celui de la métropole, de sorte que l'armée consulaire, qui comptait pour deux légions, en avait en réalité quatre. Ces légions avaient un tiers d'infanterie de plus que celles des Romains, et le double de cavalerie; mais un quart de l'infanterie et de la cavalerie en étaient détachés sous le titre d'*extraordinaires*: ce détachement campait séparément, autour du prétoire, et servait soit à la garde du camp pendant la bataille, soit comme une seconde réserve, ou à tout autre usage auquel le destinait le général.

Cette ordonnance dura plus de six siècles; mais elle changea lorsque, tous les peuples d'Italie étant devenus citoyens de Rome, il n'y eut plus de légions alliées, lorsque la multiplicité des guerres obligea à augmenter les armées, et que l'expérience eut enseigné que l'ordre par manipule pouvait être trop faible contre de fortes masses, telles que la p h a l a n g e, et même pour agir isolément. Sans renoncer à la mobilité, comme principe tactique, on songea à augmenter la force des éléments agissants. Chaque ordre (*ordo*) devint un corps. Un manipule de hastaires, un de princes et un de triaires, furent réunis dans un corps de bataillon fixe, qui prit de cette réunion le nom de c o h o r t e. Tout en conservant les anciennes centuries et ses trente manipules, l'ordre de bataille de la légion n'eut plus que dix cohortes. Tantôt elles furent rangées sur trois lignes, tantôt sur deux, quelquefois même sur une seule ayant derrière elle les cohortes d'une autre légion. Dans l'origine, la cohorte obéissait sans doute au premier centurion de triaires. Sous les empereurs, il y eut des préfets de cohorte, semblables à nos chefs de bataillon. L'ancien ordre de placement des lignes ne fut cependant pas tout de suite mis en oubli. Chaque manipule avait en dix rangs; la cohorte les conserva, mais les quatre premiers furent composés de hastaires; les quatre suivants, de princes; et les deux derniers, de triaires. Plus tard, surtout sous les empereurs, par une conséquence de l'emploi des machines de guerre dans les batailles, il n'en fut plus question. La profondeur des troupes diminua, et sous Trajan et Adrien nous la trouvons déjà réduite à six rangs.

Gal G. DE VAUDONCOURT.

A des époques où aucun principe d'organisation militaire n'était encore arrêté, où les armes offensives conservaient de la ressemblance avec celles des anciens, il était naturel que les systèmes de composition des troupes fussent plus ou moins équivalants à ceux des peuples classiques de l'antiquité. Il n'y avait pas d'analogie absolue de système, il devait y avoir parité d'appellations, parce qu'aucune loi de nomenclature n'avait encore pris racine. Ainsi, quand les Suisses ressuscitèrent l'infanterie, ils imitèrent la phalange grecque et en prirent les formes; mais ils appelèrent *bataillon* ce que les Grecs avaient appelé *phalange*. Quand les Français, deux siècles plus tard, remirent en honneur l'infanterie, ils imitèrent les Romains, sans s'être positivement rendu compte si c'était chez ceux des consuls ou chez ceux des empereurs qu'ils cherchaient leurs modèles: à la manière latine, ils appelèrent *légions* des corps plus comparables à la légion byzantine qu'à celle des beaux temps de la république. C'est de qui arriva sous François 1er: il créa sept légions provinciales, divisées chacune en six bandes de 1,000 hommes l'une. L'existence de ces corps fut de courte durée. S'ils s'étaient affublés du titre de *légions*, ils n'en avaient pas pris la forme, puisqu'ils ne comprenaient ni grandes armes ni cavalerie. Henri II eut recours de nouveau, en 1558, à une création de légions: il n'y réussit guère mieux que son prédécesseur; mais celles-ci furent la souche de nos r é g i m e n t s, quoique plus anciennement encore il existât des corps de ce nom.

Dans les guerres de 1741 et de 1756, les légions reprirent faveur; il ne s'agissait plus alors d'imiter les Romains autre chose que l'association de troupes à pied, à cheval et à grandes armes, dans un même cadre. Deux motifs poussaient à ces créations: le besoin de lever des troupes légères, dont la France manquait, et le désir d'attirer des volontaires sous les armes par l'appât des innovations, par la singularité du costume, par l'attrait d'un service plus libre. Au retour de la paix, ces corps furent ou dissous ou amalgamés. Par des motifs pareils, ou par une politique de propagande, la guerre de la révolution de 1789 donna naissance à quantité de légions: batave, belge, hanovrienne, de la Loire, de Saint-Domingue, du Cap, de la Vistule, de police, de Rozenthal, des Allobroges, des Alpes, des Ardennes, des Francs, des Montagnes, du Nord; franche, italique, piémontaise, polonaise, portugaise, romaine, etc., etc. Il n'en restait plus sous la Restauration que la légion de Hohenlohe. Le ministre Gouvion travailla à rétablir, en 1817, le système de recrutement provincial et le système légionnaire, c'est-à-dire l'assemblage de fantassins, de cavaliers et d'artilleurs, sous un même drapeau. Ce fut une double erreur: ce ministre, si cette marche ne lui fut pas imposée, montra peu d'habileté en ce genre d'organisation, dans la dissemblance des forces et dans la disparate des cadres; aussi son système dut-il s'évanouir avec son ministère. Aujourd'hui, la France n'a plus à son service que des légions *étrangères*, qui ne sont destinées à servir que hors du territoire continental, et qui ne ressemblent pas plus aux légions romaines qu'aux légions françaises du dernier siècle et qu'aux *légions départementales* de Gouvion: elles ne comprennent que des hommes à pied. Le maréchal Soult regardait ce terme de *légion* comme singulièrement élastique et pouvant embrasser un nombre de bataillons et même de régiments indéterminé.

Sous le règne de Napoléon, les g a r d e s n a t i o n a l e s sédentaires et mobilisées se divisaient en *légions* et en *cohortes*. Sous la Restauration, sous Louis-Philippe et sous la république, certaines agglomérations de gardes nationales conservèrent la dénomination de *légions*; les cohortes prirent le nom de *bataillons*. La g e n d a r m e r i e sédentaire se divise aussi en *légions*. Gal BARDIN.

LÉGION D'HONNEUR. Depuis l'abolition des ordres de chevalerie par l'Assemblée nationale, le 6 août 1791, la France et ses armées étaient demeurées privées de récompenses extérieures et de marques d'Honneur. Deux lois du 3 octobre 1799 et l'article 87 de la constitution de l'an VIII vinrent enfin décerner des récompenses nationales aux militaires qui s'étaient signalés par des actions d'éclat. Elles consistaient en a r m e s d' h o n n e u r. Celles qui furent délivrées avant l'institution de la Légion d'Honneur s'élevèrent à 1,854, dont 787 fusils, 429 sabres, 151 mousquetons, 94 carabines, 241 grenades, 44 haches d'abordage, 6 haches de sapeur, 39 baguettes de tambour, 13 trompettes, 53 sans indications. Enfin Bonaparte, devenu premier consul, institua, le 19 avril 1802, la Légion d'Honneur, pour récompenser les services civils et militaires. Tous

LÉGION D'HONNEUR — LÉGION ÉTRANGERE

les officiers, sous-officiers et soldats ayant obtenu des armes d'honneur en étaient membres de droit. Pour y être admis, il fallait avoir rendu des services majeurs à l'État dans la guerre de la liberté ; avoir contribué par des preuves de talent et de vertu à établir ou à défendre les principes de la république, ou fait aimer et respecter la justice ou l'administration publique. Les fonctions législatives, la diplomatie, l'administration, la justice ou les sciences, étaient également des titres d'admission. Les membres de la Légion devaient être nommés par le grand conseil d'administration. Le premier consul, chef, de droit, de la Légion, présidait le conseil, qui était composé de sept grands-officiers. En temps de guerre, les actions d'éclat faisaient titre pour tous les grades ; en temps de paix, il fallait avoir vingt-cinq années de services militaires. Cette dernière condition fut réduite à vingt ans par ordonnance du 18 octobre 1829. D'après les dispositions aujourd'hui en vigueur, chaque campagne est comptée double aux militaires dans l'évaluation de leurs années de services ; mais on ne peut compter qu'une campagne par année, sauf les cas d'exception qui doivent être déterminés par un décret.

Dans l'organisation primitive, la Légion d'Honneur se composait de seize cohortes, ayant chacune des revenus particuliers, un chef et sept grands-officiers, vingt commandants, trente officiers et trois cent cinquante légionnaires. Ainsi la Légion entière devait avoir 112 grands-officiers, 320 commandants, 380 officiers, 5,600 légionnaires : total 6,412 membres ; mais ce nombre fut successivement augmenté. Plus tard, les étrangers furent admis, mais non reçus.

Les militaires ayant obtenu des armes d'honneur durent être répartis dans les seize cohortes. Outre le conseil d'administration général, un conseil d'administration particulier fut établi dans chaque chef-lieu. Il se composait du grand-officier chef de cohorte, président ; de deux commandants, de trois officiers et de trois légionnaires. On affecta un traitement à chaque grade, savoir : 20,000 fr. au grand-aigle, 5,000 fr. au grand-officier, 2,000 fr. au commandant, 1,000 à l'officier et 250 fr. au légionnaire. On nomma un grand-chancelier et un grand-trésorier, l'un chargé du travail de la chancellerie, l'autre de l'administration des biens affectés à la Légion. On nomma aussi des chanceliers et des trésoriers de cohorte. Un comité de consultation, composé de onze membres fut constitué, sous la présidence du grand-chancelier.

La décoration, dans l'origine comme aujourd'hui, consistait en une étoile à cinq rayons doubles, émaillée de blanc. Le centre, entouré d'une couronne de chêne et de laurier, présentait, d'un côté, l'effigie de l'empereur, avec cette légende : *Napoléon, empereur des Français*, de l'autre, l'aigle française, tenant la foudre, avec cette inscription : *Honneur et patrie*. Elle est en or pour les grands-officiers, les commandeurs et les officiers, en argent pour les légionnaires. On la porte à la boutonnière de l'habit, attachée à un ruban moiré rouge. Les officiers ont une rosette. La grande décoration consiste en un large ruban rouge, passant de l'épaule droite au côté gauche, au bas duquel est attachée l'aigle de la Légion, et une plaque brodée en argent sur le côté gauche des manteaux et habits. Les commandants portent le ruban en sautoir.

La première cérémonie de la prestation du serment eut lieu le 14 juillet, à la chapelle de l'hôtel des Invalides, avec une pompe imposante. Le grand-chancelier, Lacépède, prononça un discours analogue à la circonstance. La seconde eut lieu au camp de Boulogne, le 28 thermidor an XII (16 août 1804), avec la même solennité et plus de faste militaire. Les membres de l'ordre reçurent quelques années après le titre de *chevalier*. Deux maisons impériales furent créées pour l'éducation de leurs filles, et placées le 29 mars 1809 sous la protection d'une princesse de la famille de Napoléon, outre la surveillance du grand-chancelier de l'ordre. Les chapelles étaient et sont encore sous la protection spéciale du grand-aumônier. Les maisons impériales étaient destinées à recevoir, celle de Saint-Denis cinq cents élèves, celle d'Écouen trois cents. Elles avaient cinq succursales : à Paris, aux Loges, à Fontainebleau, à l'abbaye de Pont-à-Mousson, et au mont Valérien. Ces succursales, recevant les orphelines des officiers et des chevaliers de la Légion d'Honneur, étaient desservies par la congrégation des orphelines de la Mère-de-Dieu. Les maisons impériales d'Écouen et de Saint-Denis étaient composées chacune d'une surintendante, d'une inspectrice, d'une trésorière, d'une économe et de trois dépositaires, désignées sous le titre de *dignitaires*. Il y avait en outre dix dames de première classe et vingt de deuxième.

Telle était l'organisation de la Légion d'Honneur, lorsque les événements de 1814 amenèrent la restauration. Louis XVIII, par une ordonnance du 9 juillet, maintint cette institution sous le nom d'*ordre royal de la Légion d'Honneur*, en confirma les statuts et s'en déclara chef souverain et grand-maître, mais la décoration fut changée. A l'effigie de Napoléon on substitua celle de Henri IV, avec l'exergue : *Henri IV, roi de France et de Navarre*. L'aigle impériale fut remplacée par trois fleurs de lis, entourées des mots : *Honneur et patrie*. Les commandants prirent le titre de *commandeurs*, les grands-cordons celui de *grand-croix*. Le nombre des chevaliers demeura illimité : on fixa à 2,000 celui des officiers, à 400 celui des commandeurs, à 160 celui des grands-officiers et à 80 celui des grand'-croix. Les princes de la famille royale, les princes du sang et les étrangers auxquels le roi conférait la décoration n'étaient point compris dans ces évaluations. Pour monter à un grade supérieur, il était indispensable d'avoir passé dans le grade inférieur : pour le grade d'officier, quatre ans dans celui de chevalier ; pour le grade de commandeur, deux ans dans celui d'officier ; pour le grade de grand-officier, trois ans dans celui de commandeur ; enfin, pour le grade de grand croix, cinq ans dans celui de grand-officier. Les membres de l'ordre prétaient serment de fidélité au roi, obéissance à la charte constitutionnelle et aux lois du royaume. Les étrangers auxquels cet ordre était conféré étaient dispensés du serment. La qualité de membre de la Légion d'Honneur se perdait par les mêmes causes que celles qui faisaient perdre la qualité de citoyen français.

Indépendamment des produits assignés à la Légion d'Honneur en rentes sur les chefs-lieux de cohorte, elle possédait des dotations en pays étrangers, sur les monts de Milan et de Naples, sur quelques mines et canaux, sur plusieurs domaines, etc., etc. Ces produits, dispersés depuis les événements de 1814 et 1815, ne consistent plus aujourd'hui qu'en fonds accordés sur les budgets, en rentes sur le grand-livre, en actions sur quelques canaux, en droits sur les majorats, etc., etc. Ces circonstances obligèrent le gouvernement de la Restauration à réduire momentanément de moitié les traitements des membres de l'ordre et à n'en plus accorder aux nouveaux promus. Les sous-officiers et les soldats furent exceptés de cette disposition. Les chevaliers nommés avant le 6 avril 1814 reçoivent intégralement leur traitement. Celui des autres grades doit s'accroître successivement à mesure des extinctions, jusqu'à ce qu'il ait atteint la fixation primitive. Après l'avénement de Louis-Philippe, en 1830, deux ordonnances, des 23 et 25 août, modifièrent la décoration : les fleurs de lis furent remplacées par un fond d'argent, orné de deux drapeaux tricolores. Après la révolution de 1848, la figure du premier consul reparut sur la décoration, qui prit la couronne ; puis en 1852 l'aigle et l'effigie de Napoléon 1er reprirent leur place sur la croix d'honneur. D'après une mesure législative votée sous Louis-Philippe, les nominations doivent être insérées au *Moniteur* et, par un décret de 1853, un droit proportionnel de 12 à 100 fr., est prélevé sur chacune d'elles. Il n'y a plus qu'une maison d'éducation, celle de Saint-Denis, et ses deux succursales, Écouen et les Loges. Elles ont été récemment placées sous la protection de l'impératrice.

LÉGION ÉTRANGÈRE. Peu de temps après la ré-

LEGION ETRANGÈRE — LEGION FULMINANTE

volution de Juillet, la France fut tout à coup inondée d'une foule d'aventuriers, de mécontents, de réfugiés politiques, ayant ou volontairement abandonné leur pays, ou été contraints de le quitter par suite de l'insuccès de leurs machinations révolutionnaires. Le gouvernement français se vit en conséquence forcé d'aviser aux moyens d'assurer l'existence de tous ces individus à tête ardente et de les discipliner en les astreignant à un travail quelconque. La loi interdisant l'admission des étrangers dans les rangs de l'armée française, il présenta aux chambres, le 9 mars 1831, un projet de loi l'autorisant à former hors du territoire de France une légion étrangère, qui ne pourrait non plus être employée que hors du territoire continental du royaume. Au reste, ce nouveau corps était complétement assimilé, pour l'armement, la solde et l'entretien, à l'infanterie de ligne française. Les individus appartenant à une même nation y étaient tenus séparés, mais, autant que possible, groupés par bataillon ; on eut soin d'ailleurs de conférer uniquement à des Français le commandement supérieur de la légion, comme aussi la plus grande partie des grades d'officier et de sous-officier. La formation du premier bataillon, composé d'Allemands, d'Italiens et d'Espagnols, s'opéra si rapidement dans le courant de l'été de 1831, que vers la fin de cette même année on put déjà envoyer 1773 hommes en Algérie, malgré le désappointement de la plupart des enrôlés, qui avaient compté sur une guerre européenne pour ouvrir un bien autre champ à leur activité. Malgré de nombreuses désertions aux Bédouins, la légion étrangère, grâce aux renforts qu'elle recevait incessamment de France, présentait en 1832 un effectif de 4,000 hommes, formant quatre bataillons. Répartie sur divers points de l'Algérie, elle prit part aux faits d'armes les plus importants accomplis par l'armée d'occupation, toujours placée aux postes les plus dangereux, et se distinguant souvent de la manière la plus brillante. En dépit de ses nombreuses pertes sur les champs de bataille et dans les hôpitaux, elle offrait en 1833 un effectif de 4,900, et en 1834 de 5,200 hommes ; accroissement qui s'explique par l'arrivée dans ses rangs d'un grand nombre de réfugiés polonais.

Le secours qu'en vertu du traité de la quadruple alliance la France s'était engagée à fournir à l'Espagne constitutionnelle consista dans l'envoi de la légion étrangère dans ce pays, à la solde duquel elle passa en vertu d'une convention conclue le 28 juin 1835 entre la France et l'Espagne. Licenciée du service de la France par une ordonnance en date du 30 juin, elle n'entra qu'avec une vive répugnance à la solde de l'Espagne, quoique les Français qu'elle comptait dans ses rangs conservassent tous leurs droits civils, et que leurs grades ainsi que leurs droits à l'ancienneté fussent spécialement garantis aux officiers. Le 16 août elle débarquait à Tarragone, et, comprise dans la division du général Pastor, elle prenait part, sous les ordres du colonel Berneile, à dater de septembre 1835, aux opérations militaires qui avaient l'Aragon pour théâtre. L'année suivante elle passait sous les ordres du général Cordova, en Navarre, où son chef, devenu depuis le général Berneile, obtenait le commandement de tout le corps d'opération de cette province. Vers le milieu de cette année, des recrutements opérés à Pau lui procurèrent quelques renforts ; et elle passa sous les ordres du général Lebeau, le général Berneile ayant donné sa démission par suite de ses démélés avec le gouvernement espagnol sur la manière dont il traitait ses hommes. En effet, malgré la part active prise par la légion étrangère à toutes les opérations du corps d'armée de la Navarre, et quoiqu'en toute circonstance elle se fût distinguée par sa bravoure et son intrépidité, le cabinet de Madrid la laissait dans le plus complet dénûment. Il en résulta une grande démoralisation dans ce corps, composé d'éléments si divers et qui avait besoin d'être astreint à la plus exacte discipline. Aussi les désertions et les actes d'insubordination ne firent-ils qu'augmenter dans ses rangs, et ce fut dans ces circonstances que le général Lebeau dut donner sa démission.

Il eut pour successeur, en novembre 1836, le colonel Conrard, vieil officier alsacien, qui avait fait presque toutes les campagnes de Napoléon en Allemagne et en Espagne. Il rendit les plus grands services dans les circonstances les plus difficiles, en maintenant de son mieux la discipline, singulièrement relâchée par le dénûment absolu dans lequel on le laissait ; tâche dans l'accomplissement de laquelle il avait à lutter contre le mauvais vouloir du gouvernement espagnol et contre l'esprit séditieux de ses soldats. Malgré cet état désespéré de la légion, dont l'effectif diminuait incessamment à la suite des combats, des maladies et des désertions, car don Carlos en était venu à pouvoir organiser à son tour une légion étrangère dans son armée, le colonel Conrard fit encore des prodiges de valeur avec les débris de son corps réduit à 2,300 hommes. Toujours aux postes les plus périlleux, son effectif devait nécessairement aller toujours en diminuant. Au combat d'Huesca, le 24 mai, la légion souffrit tellement, que le 1er juin elle ne comptait plus sous les armes que 600 hommes, et l'affaire de Barbastro acheva de l'anéantir. Abandonnée au moment décisif par les troupes de la reine d'Espagne, seule elle tint ferme encore quelque temps ; mais cernée par les carlistes, elle fut hachée en morceaux, à l'exception d'environ 150 hommes, qui réussirent à gagner Pampelune. Conrard se fit tuer à la tête d'une poignée de braves. A Pampelune, dépôt de la légion, il ne se trouvait plus qu'environ 300 hommes, languissant dans de misérables hôpitaux, en proie au plus affreux dénûment. Le cabinet de Madrid ne prenait aucun souci de ces malheureux, blessés à son service ; les menaces comme les prières restaient impuissantes pour le déterminer à remplir ses promesses, et pourtant il refusait toujours de consentir, aux termes de la convention de 1835, à ce que la France rappelât la légion. C'est de la sorte que ses débris, auxquels il était encore redû au 16 juin 1837 non moins de 704,270 francs pour arriéré de solde, durent jusqu'à la fin de 1838 languir sur le sol de la péninsule dans la plus horrible misère. Alors seulement le gouvernement espagnol consentit à la laisser rentrer en France. Le 1er janvier 1839 elle quittait Saragosse, et arrivait le 8 du même mois à Pau. Pendant que la première légion étrangère périssait ainsi en détail au delà des Pyrénées, il s'en formait en Algérie une seconde, qui dès 1836 présentait un effectif de 854 hommes. Après avoir pris une part glorieuse à l'expédition de Constantine, elle comptait en 1838 2,000 hommes sous les armes. Depuis, augmentant sans cesse, elle s'est accrue au point de former deux régiments de quatre bataillons chacun, qui ont pris part vaillamment à toutes les grandes affaires de l'Algérie, et se couvrent encore de gloire en ce moment (1855) dans la Crimée. Pour faire face aux besoins de cette guerre européenne, la France lève de plus, à l'heure qu'il est, sur ses frontières de l'est, une nouvelle légion étrangère suisse, de deux régiments. L'Angleterre en recrute, elle aussi, une considérable en Turquie, en Allemagne et en Italie.

LÉGION FULMINANTE (*Legio fulminatrix*). Diverses inscriptions et médailles remontant à l'époque de Macrin nous apprennent que c'était le surnom sous lequel on désignait la douzième légion ; et en voici l'origine, suivant la tradition chrétienne. En 174, Marc-Aurèle, dans son expédition contre les Marcomans et les Quades, se trouvait cerné par eux, et son armée souffrait horriblement de l'élévation de la température, lorsque tout à coup vint à tomber une pluie bienfaisante, qui rafraîchit les Romains, tandis qu'un orage accompagné de grêle et de tonnerre jetait la terreur parmi les barbares ; ce phénomène leur inspira une telle frayeur que, à peu de temps de là, les légionnaires ayant reçu des renforts, les assaillirent et en eurent bon marché. Les écrivains païens et chrétiens sont d'accord sur les circonstances principales du fait ; mais les premiers l'expliquent par l'intervention d'un magicien nouvel empereur avait à sa suite, ou par les ardentes prières du prince, tandis que les seconds l'attribuent le salut de l'armée qu'aux prières des soldats de la douzième légion, presque tous chrétiens

14.

tiens. Malheureusement la lettre de l'empereur Marc-Aurèle jointe d'ordinaire à la première Apologie de saint Justin, martyr, qui rapporte le fait à l'avantage des chrétiens, est généralement regardée aujourd'hui comme apocryphe. Sur la colonne de marbre élevée en l'honneur de Marc-Aurèle sur une des places de Rome, on a représenté le fait en question. On y voit des soldats romains occupés à recueillir de la pluie et un guerrier en prières.

LÉGISLATEUR (du latin *legis lator*, celui qui porte la loi). On dit le *législateur* pour désigner d'une manière générale l'homme ou le pouvoir de qui émane la loi. La religion est la première loi de toute société qui commence; c'est pourquoi ceux qui ont fondé des religions ont été appelés des législateurs : Moïse a été le législateur des Hébreux, Confucius le législateur des Chinois, Jésus-Christ celui des Chrétiens, Mahomet celui des Musulmans. Le nom de législateur se donne aussi à celui qui fait la loi politique ou civile : ainsi, Lycurgue et Solon ont été les législateurs de la Grèce. Napoléon a mérité le nom de législateur par les grands travaux de législation civile accomplis sous son règne et par sa volonté.

Dans les pays où la loi est faite par le concours de plusieurs pouvoirs, le *législateur* est le nom qui personnifie en quelque sorte l'être collectif chargé de la confection des lois. Montesquieu a dit : « L'esprit modérateur doit être celui du législateur ; le bien politique, comme le bien moral, se trouve toujours entre deux limites. » Le plus grand législateur n'est pas celui qui fait les lois les plus parfaites, mais les plus convenables aux mœurs, au gouvernement, au climat du pays qu'il réglemente. On demandait à Solon si les lois qu'il avait données aux Athéniens étaient les meilleures : « Je leur ai donné, répondit-il, les meilleures de celles qu'ils pouvaient souffrir. »

On oppose souvent l'esprit du législateur à celui du *légiste*. Le législateur consulte les besoins et les intérêts de son pays, il jette les yeux dans l'avenir, et il ordonne. Le légiste consulte la loi écrite, applique et explique cette loi; l'avenir ne lui appartient pas. Dès lors l'esprit du législateur doit être essentiellement progressif, l'esprit du légiste essentiellement attaché à ce qui est. A. GASTAMBIDE.

LÉGISLATIF (Corps). *Voyez* CORPS LÉGISLATIF.

LÉGISLATIF (Pouvoir), c'est-à-dire qui fait la loi. On appelle *pouvoir législatif* ou *puissance législative* l'autorité de qui émane la loi. Dans les États despotiques, le pouvoir législatif réside dans la personne du monarque seul. Dans les monarchies tempérées ou représentatives, ce pouvoir est partagé entre le prince et un ou plusieurs corps délibérants. Dans les républiques, le pouvoir législatif est dans le peuple ou dans ses représentants. Il est généralement admis, dans les États constitutionnels, que le pouvoir législatif ne doit pas être dans les mêmes mains que le pouvoir exécutif. Il serait à craindre que la puissance législative chargée des difficultés de l'exécution ne fît de lois pour chaque circonstance ; il serait à craindre aussi que la puissance exécutive préoccupée des prévoyances de la législation n'appliquât la loi future, au lieu de la loi existante.

A. GASTAMBIDE.

LÉGISLATION. On appelle ainsi un ensemble de lois. On dit la *législation française* pour désigner le corps entier de nos lois. On dit l'*ancienne législation* ou la *législation nouvelle* pour désigner toutes les lois anciennes ou toutes les lois nouvelles. *Législation* s'emploie dans un sens plus étroit lorsqu'on dit, par exemple, la *législation civile* ou *criminelle*, ou bien encore la *législation sur telle matière spéciale*. Ce mot est aussi employé, mais moins fréquemment, pour signifier la puissance de faire des lois (*legis latio*). C'est en ce sens que Montesquieu a dit : « La puissance des tribuns de Rome était vicieuse, en ce qu'elle arrêtait non-seulement la *législation*, mais même l'exécution. » A. GASTAMBIDE.

LÉGISLATION MILITAIRE. *Voyez* MILITAIRE (Législation).

LÉGISLATIVE (Assemblée). Deux assemblées ont porté ce nom en France : la première remplaça immédiatement la première Assemblée constituante, le 1er octobre 1791, et siégea jusqu'au 21 septembre 1792. La seconde succéda à la seconde Assemblée constituante, le 28 mai 1849, et siégea jusqu'au coup d'État du 2 décembre 1851.

Première Assemblée législative. Louis XVI avait assisté, la veille de l'ouverture, à la clôture de l'Assemblée constituante : ainsi, il n'y eut point d'intervalle entre les deux sessions. Celle de la législative fut courte : elle ne dura qu'un au moins dix jours, et fut également remplacée sans intervalle par la Convention. L'Assemblée constituante avait, par un motif plus honorable que politique, décidé que ses membres ne pourraient être élus à la nouvelle assemblée. Cette résolution, inspirée par un noble désintéressement, a été considérée comme une faute politique ; mais les circonstances qui avaient signalé les opérations des assemblées électorales permettent de croire que, lors même que les membres de la Constituante eussent été éligibles, les résultats des élections eussent été, à quelques exceptions près, absolument les mêmes.

La session s'ouvrit par un vote de remerciments à l'Assemblée constituante. Dès sa seconde séance l'assemblée décréta qu'on ne donnerait plus au roi les titres de *sire* et de *majesté*; mais ce décret fut rapporté le lendemain. Le roi se rendit sept jours après à l'Assemblée. Son discours fut ferme et sévère. Il ne dissimula point les symptômes de mésintelligence qui déjà se manifestaient entre l'Assemblée et le pouvoir exécutif.

La première affaire grave dont l'Assemblée eut à s'occuper fut la situation alarmante des départements de l'ouest. Cependant, les émigrations devenaient chaque jour plus nombreuses, des rassemblements armés se formaient à Coblentz et une agglomération inusitée de troupes étrangères se massait sur les frontières du nord. Les démarches des princes émigrés et l'accueil que firent les puissances étrangères à la notification de l'acceptation de la constitution par le roi déterminèrent l'Assemblée à prendre des mesures énergiques pour la défense du territoire. Sur la proposition de Brissot, elle décréta Monsieur, frère aîné du roi, déchu de son droit à la régence si dans le délai d'un mois il n'était pas rentré en France.

L'Assemblée législative se divisait en deux fractions : le parti appelé depuis *girondin*, et qui croyait encore à la possibilité de la monarchie constitutionnelle, mais tendait à des institutions plus avancées ; à ce parti se rattachaient les républicains, trop faibles pour agir seuls ; l'autre parti se composait de ceux qu'on appela depuis *modérés* ou *feuillants*. Quant aux conseillers de la couronne, ils trahissaient leurs espérances par leurs actes et par leurs écrits ; ils comptaient sur un succès infaillible et prochain ; ils avaient pour eux l'appui ou plutôt les promesses de l'étranger. La déclaration de Pilnitz avait reçu une grande publicité. De la cette méfiance de l'Assemblée, son indifférence pour les protestations de dévouement à la cause de la révolution répétées dans tous les actes officiels du gouvernement. De là aussi le peu de foi de la cour aux serments et aux dévouements constitutionnels de l'Assemblée.

Le 9 novembre, après plusieurs jours d'une discussion très-animée, l'Assemblée rendit un décret qui déclarait *suspects* de conjuration tous les Français rassemblés au delà des frontières, portait la peine de mort contre tous ceux qui ne seraient pas rentrés au 1er janvier 1792, ordonnait la séquestration des biens des princes français émigrés, défendait à tous les fonctionnaires de sortir de France sans autorisation. Le roi fut prié de prendre des mesures contre les puissances étrangères qui permettaient les rassemblements des émigrés. Louis XVI refusa de sanctionner ce décret. Mais il fit publier une proclamation contre l'émigration, rédigée par l'abbé de Montesquiou, et deux lettres à ses frères destinées à la publicité, mais que contredisaient des lettres confidentielles. Le refus de sanction souleva toute la presse révolutionnaire. Sur ces entrefaites s'accomplit un événement qui eut une grande influence sur la marche de la révolution. P é t i o n fut élu maire de Paris. L'Assemblée établit un comité de surveillance générale, composé de douze membres. Le 29 novembre fut rendu le premier décret relatif aux troubles excités sous prétexte de religion, et le même jour une députation de vingt-quatre membres se rendit auprès du roi pour l'inviter à requérir les électeurs de Trèves et de Mayence de mettre fin aux attroupements et enrôlements qui se faisaient sur la frontière.

Mais le directoire du département de Paris vota une adresse au roi pour le supplier d'apposer son *veto* au décret relatif aux troubles religieux et aux prêtres. Cette adresse irrita vivement la population de Paris. Le 14 décembre le roi vint à l'Assemblée, et lui fit savoir qu'il s'était conformé à ses vœux au sujet des rassemblements d'émigrés. « Sommation a été faite aux électeurs ; s'ils ne s'exécutent pas avant le 15 janvier, *il ne restera plus qu'à proposer la guerre.* » Cinq jours après le roi fit informer l'Assemblée de son refus de sanctionner le décret sur les prêtres insermentés.

Le 24 décembre le ministre des affaires étrangères communiqua à l'Assemblée un acte de la chancellerie autrichienne par lequel l'empereur Léopold exprimait la résolution formelle de porter aux princes possessionnés en Alsace et en Lorraine tous les secours qu'exigeait la dignité de l'Empire s'ils n'obtenaient pas la réintégration de leurs droits. C'était plus qu'une menace de guerre. L'Assemblée répondit à cet acte d'agression en votant vingt millions pour les frais des préparatifs de guerre.

Dans la séance du 1er janvier 1792, sur le rapport de G e n s o n n é, elle décréta la mise en accusation des deux frères du roi, du prince de Condé, de Calonne, du vicomte de Mirabeau et de Laqueuille. Le 2 du même mois autre décret, portant que l'an IV de la liberté commencerait le 1er janvier 1792, et que tous les actes du gouvernement, les actes civils et judiciaires seraient datés de l'ère de la liberté. En même temps l'Assemblée lançait son ultimatum et traçait autour des puissances armées le cercle de Popilius. Gensonné, dans un rapport sur la situation politique de la France, proposa d'inviter l'empereur d'Allemagne à s'expliquer sur ces deux points : L'empereur s'engage-t-il à ne rien entreprendre contre la France, sa constitution, la nouvelle forme de son gouvernement et son indépendance? S'engage-t-il à la soutenir dans le cas d'attaque et conformément au traité de 1756? Si l'empereur n'avait pas répondu avant le 10 février, ce procédé devait être considéré comme un acte d'hostilé. G u a d e t, dans la même séance, fit décréter infâme et traître à la patrie tout Français qui directement ou indirectement essayerait de porter atteinte à la constitution. Les conclusions du rapport de Gensonné furent adoptées et converties le 25 janvier en décret. Le délai accordé à l'empereur fut porté au 1er mars. Le roi se plaignit que cet acte de l'Assemblée empiétait sur ses prérogatives royales. C'était en effet, sous la forme d'un message, une déclaration de guerre.

La question de la guerre était pour la France une question d'existence. Le message au roi était l'œuvre des députés girondins, qui considéraient la guerre comme un moyen de renverser la royauté et de s'emparer du pouvoir. Les royalistes la voulaient aussi. Ils regardaient la défaite des armées comme infaillible. Les montagnards croyaient la guerre inévitable, mais ils voulaient différer l'ouverture des hostilités jusqu'à ce que le commandement fût déféré à des chefs dévoués à la révolution.

Cependant, l'Assemblée paraissait absorbée par les discussions de finances. Le roi, effrayé des progrès de l'opinion populaire, n'hésita plus à sanctionner le décret relatif au séquestre des biens des émigrés. Le ministre Delessart est mis en accusation et remplacé par Dumouriez.

Le 24 mars 1792, un nouveau décret porte que les gens de couleur, mulâtres, ou nègres libres, jouiront, ainsi que les colons blancs, de l'égalité des droits politiques. Le 30, les biens des émigrés sont affectés à l'indemnité qui sera due à la nation. L'Assemblée prohibe enfin tout costume ecclésiastique. Le 20 avril le roi se présente dans l'Assemblée, et après la lecture d'un rapport qui conclut aux hostilités, il se lève, et dit : « Je viens, aux termes de la constitution, proposer à l'Assemblée nationale la guerre contre le roi de Bohême et de Hongrie (François II n'était pas encore élu empereur). » La proposition du roi est discutée le même jour, à la séance du soir, et décrétée. L'ex-ministre Narbonne est autorisé à se rendre à l'armée. Vingt-cinq millions sont votés au crédit du ministre de la guerre, et six millions pour les dépenses secrètes, à Dumouriez, qui n'en rendra pas compte. Toutes les corporations et congrégations sont supprimées le 28 avril. Cependant, les premières opérations de la guerre sont désastreuses. Cette journée du 28 avril est marquée par la déroute complète du corps d'armée de Dillon. Le cri de trahison, répété par la presse, retentit bientôt dans toute la France. Une députation du club des Cordeliers se présente le 2 mai à la barre pour dénoncer les généraux. L'Assemblée refuse de l'entendre.

Deux décrets d'accusation sont portés, le 3 mai, contre Marat et contre Royou, auteur de *L'Ami du Roi*. Brissot, à la séance du 23 mai, dénonce l'existence d'un *comité autrichien*. Le 27 l'Assemblée décrète que lorsque vingt citoyens d'un même canton demanderont la déportation d'un ecclésiastique insermenté, le directoire du département devra la prononcer, si l'avis du directoire de district est conforme à la pétition. Le roi refuse de sanctionner ce décret. Deux jours après, un nouveau décret, motivé sur l'esprit *d'incivisme* de la garde du roi, et sur les *justes alarmes* excitées par les officiers supérieurs de cette garde, en ordonne le licenciement et la mise en accusation du commandant, Cossé-Brissac. Les sections de Paris et le conseil général de la commune se constituent en permanence. Le 4 juin Servan propose à l'Assemblée que chaque canton envoie à Paris, pour la fête de la F é d é r a t i o n, qui aura lieu le 14 juillet, cinq citoyens armés, équipés, qui formeront ensuite, au nord de la capitale, un camp de 20,000 hommes, proposition qui est décrétée le 8. Dumouriez, qui s'est affublé du bonnet rouge à son avénement inespéré au ministère de la guerre, ne s'occupe que des intérêts de son ambition, se débarrasse de ses collègues girondins, et peuple l'administration de royalistes. Il lit le 13 un factum contre Servan, Narbonne, La Fayette, et sort de la séance escorté des imprécations des girondins, qui le menacent de la haute cour nationale. Le 16 il donne sa démission, qui est acceptée le 18.

Le même jour la fameuse lettre de La F a y e t t e à l'Assemblée contre les jacobins et Dumouriez est lue à la tribune, et, après une orageuse discussion, renvoyée au comité des douze. Le roi profite de l'occasion pour se débarrasser de son ministère girondin. La séance du 19 au soir fit pressentir une insurrection populaire. Une députation des Marseillais s'était présentée à la barre : « Il est temps, disaient les pétitionnaires, que le peuple se lève pour courir sus aux conspirateurs. Législateurs, sa force est entre vos mains, usez-en! » Le lendemain fut le 20 j u i n.

Le 21 des députés de la minorité réclament la mise en jugement des coupables du grand attentat. L'assemblée renvoie ces propositions à une commission des douze, et se borne à décréter que les réunions de citoyens armés ne pourront à l'avenir défiler dans la salle de ses séances. A la première nouvelle des événements du 20 juin, La Fayette a quitté brusquement son armée, et paraît à la barre de l'Assemblée. Il demande la punition des factieux. Guadet s'étonne que le général ait quitté son poste sans ordre. L'adresse de La Fayette est renvoyée à la commission. Ses propositions se reproduisirent dans la fameuse pétition des citoyens de Rouen contre le camp des 20,000, les municipaux de Paris et les révoltés de juin. L'Assemblée, sans délibérer, renvoya cette adresse à la même commission. Le 2 juillet l'Assemblée décrète que les f é d é r é s des départements se rendront, après la solennité du 14, à Soissons, lieu désigné pour le rassemblement de la réserve. Le 8 juillet a lieu la proposition de Lamourette, qui réunit un moment toute l'Assemblée.

Le lendemain une lettre du roi à l'Assemblée annonce la suspension de Pétion, maire de Paris, par un arrêté du directoire du département. Il priait l'Assemblée de statuer elle-même sur cet arrêté. Elle passa à l'ordre du jour.

Sur les fâcheuses nouvelles transmises par Dumouriez, le 11 juillet, l'Assemblée décrète que la patrie est en danger, que dès lors ses séances seront permanentes, que toutes les municipalités, tous les conseils de district et de département siégeront sans interruption et que toutes les gardes nationales seront mobilisées.

Le décret qui proclame la patrie en danger est promulgué solennellement à Paris les 22 et 23 juillet. Un immense drapeau noir flotte à l'hôtel de ville; sur chaque place s'élève une grande estrade supportant une tente ornée de banderoles tricolores. Là un magistrat, ayant pour table un tambour, inscrit les noms des citoyens qui s'engagent à partir pour la frontière; de quart d'heure en quart d'heure, une pièce de 24, placée sur le terre-plein du Pont-Neuf, mêle ses détonations au roulement des tambours, qui battent la générale dans tous les quartiers de la capitale. Dès le 29 juillet mille Parisiens se sont inscrits pour la défense de la patrie.

Chaque séance de l'Assemblée voit se reproduire les accusations contre le *chef du pouvoir exécutif*. Les girondins veulent tenter un dernier effort auprès du roi pour l'engager à rentrer dans les voies constitutionnelles et à choisir ses ministres parmi les hommes qui ont la confiance publique. Un projet d'adresse dans ce sens, proposé par Guadet, est rejeté. D'autre part, les montagnards insistent pour la convocation des assemblées primaires et d'une convention pour juger Louis XVI. La commission des douze est chargée d'examiner quels sont les actes qui peuvent entraîner la déchéance, et si le roi doit être mis en jugement. La publication du manifeste de Brunswick met le comble à l'exaspération; le jour où il est connu les enrôlements volontaires sont plus nombreux. Toutes les sections de Paris ont discuté la question de la déchéance; quarante-sept ont voté pour l'affirmative, une seule pour la négative. Telle est la première réponse au manifeste du général prussien. Déjà l'on a pressenti la journée du 10 août.

Ce jour-là, à la suite d'un combat meurtrier, l'Assemblée sur un rapport de Vergniaud, décrète la convocation d'une Convention, et la suspension provisoire de Louis XVI, jusqu'à ce que la Convention ait prononcé sur les mesures qu'elle croira devoir adopter pour assurer la souveraineté du peuple. Elle décide qu'elle nommera un gouverneur au prince royal, que le roi recevra un traitement et habitera le palais du Luxembourg pendant sa suspension, sous la garde des citoyens et de la loi; enfin, qu'elle nommera elle-même les ministres. Roland, Clavières et Servan sont rappelés. Monge est nommé à la marine, Lebrun aux affaires étrangères, Danton à la justice; l'Assemblée sanctionne les décrets frappés du *veto* royal, envoie des commissaires aux armées, avec pouvoir de suspendre les généraux, et on nomme d'autres pour accélérer la formation d'un camp sous Paris. Le 11 au matin, elle reprend sa séance générale, un instant suspendue, et reste en permanence jusqu'au 22. Mais son pouvoir s'efface devant celui de la commune du 10 août; elle ne fait plus que formuler en décrets les décisions de cette autorité rivale. Ainsi, sans avoir égard au décret du 10, qui fixe la résidence de Louis XVI au palais du Luxembourg, la commune le relègue avec sa famille dans les tours du Temple, converties en prison.

Le 18 l'Assemblée décrète d'accusation La Fayette, coupable d'avoir tenté de faire marcher son armée sur Paris à la nouvelle des événements du 10 août : il passe la frontière dans la nuit du 18 au 19. Tous les prêtres non assermentés sont sommés, par un décret du 26, de quitter sous huit jours le département où ils résident, et dans la quinzaine de sortir de France; ceux qui n'obéiront pas seront déportés à la Guyane. Un autre décret ordonne le séquestre des biens des émigrés.

L'Assemblée apprit le 1er septembre que Verdun était assiégé. Une proclamation fit savoir aux Parisiens les nouveaux dangers de la patrie et l'arrêté de la commune portant que tous les citoyens en état de porter les armes se réuniraient le jour même au Champ-de-Mars, et partiraient immédiatement au secours de Verdun. L'Assemblée vote les propositions de Vergniaud et de Danton. Bientôt tout Paris entend le canon d'alarme, le tocsin et la générale. C'est au milieu de cette agitation convulsive qu'ont lieu les affreux massacres de septembre.

L'Assemblée signale les derniers jours de sa session par une loi d'ordre civil et politique, réclamée depuis longtemps : les naissances, les mariages et les décès ne peuvent plus être légalement constatés que par les magistratures municipales. Les registres de l'état civil leur sont confiés. La même loi établit le divorce dans des cas déterminés par elle. Un autre événement jette un grand éclat sur les derniers jours de cette session : la victoire de Valmy rend à la France la sécurité du moment et l'espoir d'un meilleur avenir.

Dufey (de l'Yonne).

Deuxième Assemblée législative. Le 28 mai 1849 le bureau de l'Assemblée constituante, resté en permanence, avait cédé le pouvoir législatif au bureau de l'assemblée nouvelle, « pour constater, dit le président Marrast, que sous l'empire de la constitution républicaine il ne saurait y avoir d'intermittence dans ce pouvoir ». Une certaine agitation régnait aux alentours du palais Bourbon. A midi eut lieu l'ouverture. M. de Kératry, doyen d'âge, présidait l'Assemblée. Des scènes de tumulte signalèrent la vérification des pouvoirs. Enfin, M. Dupin ainé fut élu président par 336 voix contre M. Ledru-Rollin, qui n'en obtint que 182.

Le bureau étant constitué, un message du président de la république annonça l'entrée au ministère, présidé par M. Odilon Barrot, de MM. Dufaure, de Tocqueville et Lanjuinais. L'Assemblée reçut le 6 communication du message du président de la république, contenant l'exposé de la situation générale. Le premier engagement sérieux entre les partis eut pour cause les interpellations adressées le 7 par M. Ledru-Rollin sur les événements de Rome. Il déposait en même temps sur le bureau un acte d'accusation contre le président de la république et contre ses ministres, s'écriant qu'on défendrait la constitution violée, par tous les moyens *et même par les armes*. La montagne applaudit avec enthousiasme; mais le 11 un ordre du jour pur et simple, voté par 361 voix contre 203, coupa court à ce débat. Tout le parti socialiste poussa le cri de l'insurrection. Dans le sein de l'Assemblée, la mise en accusation du président et du ministère fut repoussée le 12, par 377 voix contre 8; la montagne s'était abstenue.

Le lendemain, 13 juin, une proclamation de la montagne au peuple français déclare hors de la constitution le président de la république, les ministres et la partie de l'Assemblée qui s'est rendue leur complice; elle invite la garde nationale à se lever, les ateliers à se fermer, le peuple à rester debout. Mais les résultats de cette journée trompent les espérances des démocrates. Paris est mis en état de siège; six journaux sont suspendus par arrêté du pouvoir exécutif Un décret rétablit le général Changarnier dans le double commandement des gardes nationales de la Seine et des troupes de la première division militaire. Une loi provisoire présentée par le ministre de l'intérieur suspend les clubs pour un an. En même temps des autorisations de poursuites sont accordées contre un grand nombre de représentants. La majorité apporte ensuite des modifications au règlement de l'Assemblée. Elle crée une peine nouvelle, la censure avec exclusion temporaire de l'Assemblée. Un projet de loi contre la presse est voté le 27 par 400 voix contre 146, après de longs et ora-

LÉGISLATIVE

geux débats. Viennent ensuite une loi sur l'état de siége investissant le gouvernement de pouvoirs exceptionnels, et une autre qui renvoie devant la haute cour nationale les insurgés du 13 juin.

L'Assemblée relève ensuite de la retraite les officiers généraux qu'y avait mis le gouvernement provisoire, et supprime l'école d'administration qu'il avait créée. Ainsi pièce à pièce elle démolit l'œuvre de la révolution. La majorité, rendue plus forte par la défaite matérielle de l'opposition et par la fuite ou l'emprisonnement de trente-trois représentants de la montagne, remporte une nouvelle victoire aux élections du 8 juillet. Les onze candidats de l'Union électorale sont élus à Paris; mais les élections des départements ne produisirent pas identiquement le même résultat. Enfin, l'Assemblée se proroge du 13 août au 30 septembre. L'Assemblée, aux termes de la constitution, doit être représentée pendant la prorogation par une commission permanente de vingt-cinq membres, ayant à sa tête le président de la Législative. L'interrègne parlementaire fut rempli par divers voyages du président de la république, motivés par des inaugurations de chemins de fer. La très-grande majorité des conseils généraux se prononça pour le rétablissement de l'impôt sur les boissons. En même temps Louis-Napoléon écrivait sa fameuse lettre à son aide de camp Edgard Ney et le congrès de la paix se tenait à Paris.

Le 1er octobre l'Assemblée reprit le cours de ses travaux, après une interruption de six semaines. M. Dupin fut réélu président. Une loi ouvrant un crédit à la duchesse d'Orléans pour son douaire fut adoptée le 16, par 421 voix contre 175. L'Assemblée entendit ensuite le rapport de M. Thiers sur la demande de crédits pour les frais de l'expédition de Rome. La discussion amena à la tribune MM. de Tocqueville, Mathieu (de la Drôme), Cavaignac, Victor Hugo, de Montalembert, et les crédits passèrent, grâce à l'union persistante de la majorité.

Sur ces entrefaites, la haute cour de Versailles jugeait les accusés compromis dans la manifestation insurrectionnelle du 13 juin; 11 étaient mis en liberté, 3 condamnés à cinq ans de détention, 17 à la déportation. Puis un changement de cabinet avait lieu : le 31 octobre un message du président de la république annonçait au pouvoir législatif la nomination d'un nouveau ministère, composé de MM. le général d'Hautpoul, de Rayneval (remplacé bientôt par le général de Lahitte), Ferdinand Barrot, Achille Fould, de Parieu, Romain-Desfossés, Bineau, Dumas. Le chef de la police municipale Carlier était nommé préfet de police.

Le manifeste qui accompagnait ce changement de cabinet était significatif. Le président revendiquait, au nom de la constitution, le gouvernement personnel. A la cérémonie de l'installation de la magistrature, qui eut lieu quelques jours après, on remarqua que le siége du président de l'Assemblée se trouvait au-dessous de celui du président de la république.

Bientôt certains actes, empreints d'une personnalité plus manifeste encore, viennent ranimer les susceptibilités et les craintes; entre autres un décret du 4 janvier 1850, élevant le général de division Jérôme Bonaparte, ex-roi de Westphalie, à la dignité de maréchal de France, le traitement qui y est attaché se cumulant avec celui de l'activité et celui de gouverneur des Invalides. Deux journaux, Le Dix Décembre, et plus tard Le Napoléon, ouvrent la porte à des impatiences mal déguisées, d'où résultent d'imprudentes paroles, de vives inquiétudes, de nouveaux bruits de coup d'État. Les tendances de la majorité à se défier du pouvoir se font jour dans plusieurs votes sur des questions importantes. Cependant, l'Assemblée adoptait la proposition de M. Fouquier d'Hérouel augmentant le nombre des circonscriptions électorales. A propos d'un projet de loi de M. de Parieu, qui place provisoirement les instituteurs primaires sous la surveillance des préfets, le gouvernement n'obtient qu'une voix de majorité. M. Dupin n'est également réélu président qu'à une majorité qu'il trouve insuffisante; il donne sa démission; trois jours après, sur 595 voix, il en ob tient 377.

Cependant, le préfet de police Carlier a lancé un arrêté contre les arbres de la liberté parsemés dans Paris, et un journal socialiste, La Voix du Peuple, a menacé de représailles les statues des rois. Il en résulte, les 3 et 4 février, des rassemblements au carré Saint-Martin et dans les rues environnantes; une lutte s'engage : il y a des arrestations et des blessés; le général La moricière et le procureur de la république, M. Victor Foucher, sont quelques instants au pouvoir de l'émeute. Sur ces entrefaites, quelques colléges électoraux étaient convoqués pour remplacer les représentants condamnés par la haute cour. A Paris, la liste socialiste l'emporta tout entière le 10 mars. MM. Carnot, Vidal et de Flotte furent élus. Aussitôt le pouvoir de se fortifier par l'adjonction de M. Baroche, nommé, le 16 mars, ministre de l'intérieur, en remplacement de M. Barrot, et de s'occuper sérieusement de réorganiser à son profit le suffrage universel.

Une nouvelle élection devant avoir lieu à Paris pour remplacer M. Vidal, qui, nommé dans la Seine et le Bas-Rhiu, avait opté pour ce dernier département, la session des clubs se rouvrit dans la capitale. Le gouvernement, effrayé, en fit fermer plusieurs de la ville et de la banlieue. La question de l'illégalité de ces interdictions, portée à la tribune par M. Baune, fut repoussée par le nouveau ministre de l'intérieur. Enfin, l'élection eut lieu, et la liste socialiste l'emporta à une majorité bien plus grande encore : M. Eugène Sue obtint près de 128,000 suffrages.

Les deux fractions de la majorité qui s'assemblaient rues de Rivoli et de Richelieu se réunirent en commun au conseil d'État pour délibérer sur la situation du pays. La révision de la loi électorale ayant été déclarée urgente, une commission fut chargée de rédiger un projet de loi que le gouvernement et la majorité présenteraient de concert. Il fut prêt le 8 mai, et M. Baroche le déposa sur le bureau. Le 31 le projet était voté, à une majorité de 192 voix, après un tournoi parlementaire, dans lequel s'étaient surtout distingués MM. Gustave de Beaumont, Victor Lefranc, Léon Faucher, Cavaignac, Victor Hugo, Lasteyrie, Montalembert, Lamartine, Bedeau, Baroche, Thiers, Jules Favre, Pierre Leroux, Lamoricière, Vatimesnil, Berryer, La Rochejaquelein, etc., etc., Le suffrage universel en sortait étrangement mutilé; mais qu'importait à la majorité, maîtresse de la chambre, sinon du pays?

La réaction ne devait plus s'arrêter qu'à l'abîme : la prorogation de la loi contre les clubs est votée, la presse périodique est de nouveau enchaînée par le cautionnement et le timbre; mais elle est moralisée, dit-on, par l'adoption de l'amendement Tinguy et Laboulie, qui exige la signature des auteurs des articles. En revanche, il est arrêté que les condamnés politiques pourront être déportés aux îles Marquises, malgré les efforts de l'opposition, qui déclare la loi empreinte de rétroactivité. Le 4 juin, le ministre des finances, M. Fould, propose d'élever à trois millions les frais de représentation du président de la république, que la Constituante, ces derniers jours de son existence, a fixés à 600,000 francs. Une majorité de 46 voix adopta ce projet de loi.

Ce fut le dernier acte politique de cette longue session. L'Assemblée décida, le 17 juillet, qu'elle se prorogerait du 10 août au 11 novembre, et nomma pour la représenter pendant son absence la commission de permanence voulue par la constitution. Parmi les vingt-cinq membres élus on put remarquer cette fois bon nombre de noms hostiles à la politique personnelle du président de la république.

Pendant ces vacances parlementaires, les chefs des anciens partis allèrent porter leurs hommages, à Wiesbaden, les autres nirs et leurs espérances les uns à Wiesbaden, les autres à Claremont, cherchant en vain à concilier deux éléments inconciliables. Une circulaire signée par M. de Barthélemy désignait comme mandataires du duc de Bordeaux

MM. les ducs de Lévis et des Cars, le général de Saint-Priest, Berryer et le marquis de Pastoret, aujourd'hui sénateur de l'empire. Le roi Louis-Philippe mourait sur la terre d'exil.

Le président de la république parcourait la France, et disait au peuple de Lyon : « Des bruits de coup d'État sont peut-être venus jusqu'à vous; mais vous n'y avez pas ajouté foi : je vous en remercie. Les surprises et les usurpations peuvent être le rêve des partis sans appui dans la nation; mais l'élu de six millions de suffrages exécute les volontés du peuple, il ne les trahit pas. »

À Besançon et à Strasbourg Louis-Napoléon est reçu froidement, presque hostilement même. Dans cette dernière ville il saisit une fois de plus l'occasion de repousser toute idée de surprise illégale. « J'ai respecté, je respecterai, dit-il dans un banquet de négociants et d'industriels, la souveraineté du peuple, même dans ce que son expression peut avoir de faux et d'hostile. Le titre que j'ambitionne le plus est celui d'honnête homme; je ne connais rien au-dessus des devoirs. » Accueilli avec une sympathie croissante à mesure qu'il se rapproche de Paris par Nancy, Metz, Châlons, Reims, il en repart le 3 septembre, pour visiter la Normandie et les départements de l'ouest. A Cherbourg il demande qu'on fortifie le pouvoir pour écarter les dangers de l'avenir. « Si l'empereur, dit-il, a tant fait pour la France maigre la guerre, c'est qu'indépendamment de son génie, il vint à une époque où la nation, fatiguée de révolutions, lui donna le pouvoir nécessaire pour abattre l'anarchie, combattre les factions et faire triompher à l'intérieur par une impulsion vigoureuse les intérêts du pays. »

De retour à Paris, le président veut avant la réunion de la Législative se rendre compte de l'esprit de l'armée. Il lui donne des banquets, il la passe en revue. A Satory, près de Versailles, les cris de *Vive l'empereur* éclatent, provoqués ou tolérés au moins par le général d'Hautpoul, ministre de la guerre. Puis le rôle joué par la *Société du Dix Décembre* dans des scènes de violence, sur la place du Havre, au retour du président, émeut l'opinion publique.

Le 7 novembre un membre de la commission permanente déclare que dans la soirée du 26 octobre vingt-six individus, parmi lesquels les membres les plus exaltés de la *Société du Dix Décembre*, ont tenu dans un local désigné, minutieusement décrit, une séance extraordinaire, où il a été tiré au sort à qui assassinerait M. Dupin et le général Changarnier. Ces étranges révélations, confirmées par le commissaire de police de l'Assemblée, engagent la commission à charger trois de ses membres de se rendre auprès du ministre de l'intérieur pour lui exprimer son profond étonnement de ce que l'autorité n'a pas prévenu le président de l'Assemblée et le chef de l'armée de Paris du complot tramé contre leur vie. M. Baroche déclare n'avoir eu aucune connaissance de ces faits, qui ne lui paraissent pas fondés. De son côté, le préfet de police frappe d'une suspension de traitement M. Yon, cet officier de police judiciaire détaché pour la police intérieure de l'Assemblée, qui a gardé plusieurs jours le silence sur ce complot et en a saisi la commission permanente sans en prévenir le préfet de police et le procureur de la république.

Heureusement les travaux de la Législative viennent bientôt dissiper les inquiétudes et ramener le calme dans les esprits. Le 12 novembre M. Baroche donne lecture du message présidentiel, qui semble un instant écarter les nuages en faisant appel à la sagesse, à l'abnégation des partis. « Ce qui me préoccupe, dit Louis-Napoléon, ce n'est pas de savoir qui gouvernera en 1852, mais de disposer du temps qui me reste de manière à ce que la transition, quelle qu'elle soit, se fasse sans agitation et sans trouble... Quelles que soient les solutions de l'avenir, entendons-nous, afin que ce ne soit jamais la *passion*, la *surprise*, ou la *violence* qui décident du sort d'une grande nation. »

La concorde sembla donc un instant rétablie; mais cela ne fut pas de longue durée. Le *Moniteur* du 10 janvier 1851 vint annoncer que le ministère était reconstitué avec MM. Baroche, Rouher, Fould, de Parieu, Drouyn de l'Huys, Regnault de Saint-Jean d'Angély, Magne et Bonjean; le général Changarnier était révoqué de ses fonctions; le général Baraguey-d'Hilliers était appelé au commandement de l'armée de Paris, et le général Perrot à celui de la garde nationale. Le 10 janvier M. de Rémusat proposait à l'Assemblée de nommer d'urgence une commission chargée de prendre toutes les mesures que les circonstances pouvaient commander en présence de la révocation du général Changarnier. Malgré les efforts de M. Baroche, la Législative décida qu'elle se retirerait immédiatement dans ses bureaux pour nommer cette commission. Après de violents débats, tout se termina par un ordre du jour motivé contenant un blâme restreint infligé au pouvoir et un mot de reconnaissance à l'adresse du général Changarnier.

Le 17 M. Thiers finit en ces termes un discours véhément : « Le mot viendra quand il pourra, *l'Empire est fait*. » L'effet de cette sortie fut immense. Dès le 18 l'échec du ministère était consommé. Une coalition se formait sur le terrain commun d'un amendement proposé par M. Sainte-Beuve en ces termes : *L'Assemblée déclare n'avoir pas confiance dans le ministère*. Le scrutin s'ouvrit au milieu d'une indicible agitation : 415 voix se réunirent pour l'amendement, 276 seulement contre. Toutefois, la crise ministérielle ne fut terminée que le 24 janvier : le président de la république fit connaître sa résolution par un message annonçant un cabinet de transition composé d'hommes spéciaux, n'appartenant à aucune fraction de l'assemblée. C'étaient MM. le général Randon; Vaïsse, préfet du Nord; de Germiny, receveur général à Rouen; Magne; Brenier, directeur de la comptabilité aux affaires étrangères; de Royer, procureur général près la cour d'appel de Paris; le contre-amiral Vaillant; Giraud, membre de l'Institut, et Schneider, directeur du Creuzot.

La révision de la constitution était un problème effrayant, qui allait soulever et heurter de nouveau bien des intérêts et bien des passions dans la Législative. En attendant, le ministère demandait cette année pour le président de la république une allocation supplémentaire de 1,800,000 francs. Après de violents débats, cette loi, ironiquement appelée *de dotation*, fut rejetée, à la majorité de 102 voix. Le 10 avril un cabinet nouveau se composait, après trois mois de provisoire et de négociations, de MM. Rouher, Baroche, le général Randon, de Chasseloup-Laubat, Léon Faucher, Magne, Buffet, Dombideau de Crouseilhes, Achille Fould. Le lendemain, M. Léon Faucher, sans attendre les interpellations dont il était menacé, montait à la tribune pour exposer la politique du nouveau cabinet, qui était, disait-il, celle de la majorité. Sur un ordre du jour proposé par M. Sainte-Beuve, 52 voix de majorité seulement se prononcèrent en faveur des ministres. C'était un triste début de toute administration qui avait tant besoin de force et d'appui.

Le 31 mars, M. Dupin, dans une lettre adressée à l'Assemblée, avait demandé un mois de congé et s'était démis de ses fonctions de président. La Législative refusa, le 12 mai, d'accepter cette démission, et rappela M. Dupin au fauteuil par 530 contre 85. Un paragraphe de sa lettre de remerciement était comme l'annonce officielle du grand débat qui allait s'ouvrir sur la révision de la constitution. Mais auparavant le terrain fut déblayé par l'ajournement de la loi municipale et départementale. En attendant, le pétitionnement pour la révision de la constitution s'organisait de toutes parts sur une large base.

Le 1er juin, à l'inauguration par le président de la république de la section du chemin de fer de Paris à Lyon comprise entre Tonnerre et Dijon, le prince reçut une ovation populaire, et fut salué des cris de *Vive l'empereur! vive Napoléon!* Le maire de Dijon interpréta favorablement ces cris. Le prince lui répondit qu'il attendait avec confiance les manifestations du pays. « Quels que soient les devoirs qu'il m'impose, ajoutait-il, il me trouvera décidé à suivre sa volonté. La France ne périra pas dans mes mains. »

Ce discours produisit sur l'Assemblée une émotion profonde. Des altérations y avaient été faites, disait-on, avant qu'il parût dans le *Moniteur*. La Bourse baissa. C'était, répétait-on, une déclaration de guerre. Des interpellations fort énergiques eurent lieu; mais le 3 juin l'Assemblée prononça l'ordre du jour, à une grande majorité. Sur ces entrefaites, la commission de la loi de révision était nommée : sur quinze membres neuf étaient favorables à cette révision. Enfin, après une discussion des plus irritantes et force scandales, la loi fut votée le 19 juillet. Jamais le nombre des votants n'avait été aussi considérable : il était de 724. 446 se prononcèrent en faveur de la révision, 278 contre. Aux termes de la constitution, il fallait les trois quarts des voix : la proposition fut donc rejetée. Ce vote hostile amena la démission des ministres; mais le président de la république refusa de la recevoir. L'assemblée, épuisée par tant d'efforts, se proroges du 10 août au 4 novembre. Sur quatre-vingt-cinq conseils généraux, soixante-dix-neuf se prononcèrent en faveur de la révision de la constitution.

Le 27 octobre un nouveau ministère est officiellement annoncé dans les colonnes du *Moniteur* : il est composé de MM. Corbin, procureur général près la cour d'appel de Bourges; Turgot, ancien pair de France; Charles Giraud, membre de l'Institut; de Thorigny, ancien avocat général près la cour d'appel de Paris ; de Casabianca; Lacrosse ; le général Leroy de Saint-Arnaud; H. Fortoul; Blondel. Le préfet de la Haute-Garonne, M. de Maupas, est nommé préfet de police en remplacement de M. Carlier. Le 4 novembre l'Assemblée entend le message, dans lequel, conformément à la constitution, le président de la république expose la situation du pays. Il annonce un projet de loi qui restituera au principe du suffrage universel toute sa plénitude. « La loi du 31 mai, acte politique bien plus que loi électorale, véritable mesure de salut public, a, dit-il, dépassé le but en supprimant trois millions d'électeurs. Rétablir le suffrage universel, c'est enlever à la guerre civile son drapeau, à l'opposition son dernier argument, fournir à la France la possibilité de se donner des institutions assurant son repos, rendre enfin aux pouvoirs à venir toute leur force morale. » Ce message est très-bien accueilli de la gauche, mais salué par les marques de désapprobation et de colère de toute l'ancienne majorité. « C'est, disait-elle, un déplorable abandon de la politique d'ordre. »

La lecture de ce *message* avait été suivie du dépôt d'un projet de loi portant rétablissement du suffrage universel à la seule condition de six mois de domicile. On était au 30 novembre : trois jours après l'Assemblée législative était dissoute (*voyez* DÉCEMBRE 1851 [Journée du 2]).

LÉGISLATURE. Ce mot est employé dans le même sens que *corps législatif*, c'est-à-dire pour désigner la réunion des chambres législatives. On dit : La *législature* est saisie de tel ou tel projet de loi. On se sert encore de cette expression pour indiquer le temps légal d'existence d'une chambre élue. Ainsi, en France, où le corps législatif est nommé pour six ans, la durée légale de la législature est égale à cette période de temps. Si, par l'exercice de la prérogative impériale, elle est dissous avant le terme fixé par la loi, la dissolution a pour effet d'abréger la législature.

A. GASTAMBIDE.

LÉGISTE. On donne ce nom à l'homme d'étude et de haute intelligence qui, remontant à l'origine des sociétés, consulte les institutions de chaque peuple, de manière à pouvoir, par un sens philosophique profond et par des notions exactes, donner des lois à une nation, constituer un Etat politique. Ce qui distingue le *légiste* du *jurisconsulte*, c'est que l'un, esprit pratique et délié, prenant les questions une à une au point de vue souvent étroit de l'actualité, procède en détail dans son examen et sans le secours de ces vues d'ensemble qui prouvent qu'on domine son sujet ; tandis que le *légiste*, planant par la pensée au-dessus

des mœurs et des temps, embrasse tous les intérêts, toutes les nécessités d'une situation, juge du même regard le principe et ses conséquences, et, opérant à cette hauteur, pose pour tous et pour chacun, le jour où il lui est donné de faire une loi, des règles parfaitement appropriées aux besoins des peuples. Celui-ci apprécie les causes, les effets; il en modifie l'enchaînement, il agit sur la société par une pression intelligente et ferme. Celui-là se borne à commenter des textes et à en déterminer le sens exact. Le *légiste* scrute les consciences, interroge la nature de l'homme, de l'être social, et lui sert d'interprète. Le *jurisconsulte*, lui, scrute la loi pour en saisir l'esprit ; mais il ne la fait pas, il ne crée pas, il ne prend pas une haute initiative. Tel fut l'office que remplirent à Rome les puissants légistes chargés officiellement, par un décret de l'empereur, de *répondre sur le droit*. Tels étaient P a p i n i e n, Paul, Ulpien, dont les opinions faisaient loi, sous le nom de *réponse des prudents*, et passaient tout entières dans un rescrit de l'empereur.

P. CoQ.

LÉGITIMATION. La légitimation a pour but et pour effet de donner à l'enfant naturel le rang et la qualité d'enfant légitime et de lui assurer les mêmes honneurs et privilèges que si au moment de sa naissance ses père et mère eussent été unis par les liens du mariage. Elle s'opère par le mariage subséquent de ces derniers, pourvu toutefois que l'enfant ait été reconnu antérieurement ou tout au moins dans l'acte même de célébration.

Le Code sous ce rapport a modifié l'ancienne jurisprudence, qui attachait de plein droit au mariage subséquent les effets de la légitimation, indépendamment de toute reconnaissance antérieure. On a voulu par là enlever aux époux dont l'union aurait été stérile la faculté de se créer une postérité légitime par consentement mutuel, et aussi éviter qu'un des époux, abusant de son influence morale, ne pût forcer l'autre à reconnaître un enfant qui lui serait étranger. Aussi est-il nécessaire que les deux époux aient concouru à la reconnaissance antérieure au mariage. Si un seul avait reconnu l'enfant, la reconnaissance émanée de l'autre depuis la célébration n'opérerait pas la légitimation. Peu importe, du reste, que cette reconnaissance ait eu lieu simultanément et dans un seul et même acte, ou par des actes séparés. La légitimation serait également acquise à l'enfant naturel lors même que ses père et mère, ou l'un d'eux avant de s'unir ensemble, auraient contracté auparavant un mariage intermédiaire.

La légitimation peut avoir lieu même en faveur des enfants décédés qui ont laissé des descendants, et dans ce cas elle profite à ces descendants. La légitimation, que le droit canonique et la jurisprudence française ont empruntée au droit romain, comme une institution salutaire et de nature à exercer une heureuse influence sur les mœurs, est au contraire rejetée en Angleterre, où on la proclame immorale et favorable à la licence.

Les enfants légitimés ont les mêmes droits que s'ils étaient nés dans le mariage. Ils acquièrent ainsi tous les droits de la parenté civile et ceux de la successibilité; mais il est à remarquer que ces droits ne sont ouverts pour eux qu'à dater de cette époque, et qu'ils ne pourraient au préjudice des tiers élever de prétention à aucuns droits qui auraient pris naissance antérieurement.

La loi n'accorde pas aux enfants incestueux et adultérins le bénéfice de la légitimation.

Un effet de la légitimation, que la loi assimile à la survenance d'un enfant, est de révoquer de plein droit toute donation entre vifs par personnes qui n'avaient point d'enfants ou de descendants actuellement vivants dans le temps de la donation, de quelque nature que ces donations puissent être, et encore qu'elles fussent mutuelles ou rémunératoires, même celles qui auraient été faites en faveur de mariage par d'autres que par les ascendants aux conjoints, ou par les conjoints l'un à l'autre.

Le droit romain reconnaissait six moyens différents de

légitimation : la *legitimatio per oblationem curiæ*, qui avait lieu lorsque le père faisait entrer son fils naturel au nombre des décurions d'une cité : ce mode avait été adopté parce qu'on ne pouvait plus trouver personne qui acceptât ces fonctions dispendieuses et la responsabilité qu'elles entraînaient ; la *légitimation par adoption* ; la *légitimation par testament*: elle n'était valable que si le père avait de justes motifs pour ne pas épouser la mère de ses enfants ; la *légitimation par reconnaissance du père*, lorsque le père avait nommé son fils dans un acte sans ajouter la mention qu'il était enfant naturel ; la *légitimation par mariage subséquent* ; enfin, la *légitimation par lettres du prince*. Ce dernier mode était en grand usage dans l'ancienne monarchie. On sait l'abus qu'en fit Louis XIV. Cependant, les enfants ainsi légitimés n'avaient pas ordinairement tous les droits des enfants légitimes.

LÉGITIME, LÉGITIMITÉ. Deux grands mots, très-mal entendus le plus souvent : *légitime* (*legi intimus*), intime à la loi ; *légitimité*, qualité de ce qui est intime à la loi. Sur cette double définition, il y a tout un traité de droit social. Mais de quelle loi est-il ici question ? Est-ce de la loi que font les hommes, et qu'ils défont ensuite ? Non, apparemment. Les hommes ne font pas qu'une chose soit légitime : ils font tout au plus qu'elle soit légale. Or, la légalité est mobile. *Vérité en deçà des Pyrénées, erreur au delà*, dit Pascal. Il ne parle pas de la vérité en elle-même, qui deçà et delà est toujours la vérité, mais de la vérité que font les hommes, de cette vérité semblable à la loi, qui se fait et se défait selon le caprice des législateurs, et quelquefois aussi selon la variété des peuples. C'est donc d'une autre loi qu'il est question, d'une loi fixe, durable, éternelle. Cette loi, c'est la justice suprême ; en un mot, cette loi, c'est Dieu. Mais comment faire ? Pour savoir d'une chose qu'elle est *légitime*, il faut donc aller à Dieu ? Ceci est effrayant pour quelques-uns. Il y a là-dessous tout un système de *droit divin* ! Que nul ne s'épouvante ! On a fait trop de bruit de quelques mots. Il est temps de les mieux entendre.

D'abord, renfermons ce mot de *légitimité* dans son acception politique ou sociale. En chaque constitution de peuple, il y a sans doute un principe réel de *légitimité*, c'est-à-dire une conformité intime avec la loi de justice universelle, qui règle les rapports des hommes entre eux ; ou bien ce serait un état de pure force, par conséquent un état accidentel et passager : ce ne serait pas une constitution sociale. Dans la république, il y a une *légitimité* comme dans la monarchie. La *légitimité* précède les formes extérieures des constitutions. La *légitimité* n'est pas une formule exclusive ; elle est une loi générale de société. Assurément, ce n'est pas Dieu qui, directement et visiblement, a dit aux peuples : A vous la monarchie, à vous la république, à vous le sénat, à vous le *forum* ! Mais à tous il a montré une loi d'équité humaine, qui est aussi une loi de liberté, et à laquelle se subordonne la loi variable de leur existence. De là une *légitimité* de constitution propre aux divers peuples ; de là une admirable conciliation des habitudes naturelles et primitives qui déterminent le caractère et les mœurs de chacun d'eux avec la loi suprême de justice qui régit toute l'humanité. Voilà donc la *légitimité* largement entendue et largement appliquée à tous les États. C'est cette *légitimité* qui fait le droit fondamental des constitutions. C'est cette loi antérieure, universelle, qui fait le crime des usurpations, c'est-à-dire des changements violents apportés de la force à l'existence des peuples, crime égal dans la république et dans la monarchie, et qui dans l'une et dans l'autre blesse la morale humaine aussi bien que la liberté.

Mais dans nos derniers temps le mot de *légitimité* a été entendu dans un sens plus restreint. On l'a appliqué simplement au droit d'hérédité par ordre de primogéniture dans la monarchie, et surtout dans la monarchie de France. Or, des gens se sont trouvés qui, se refusant à accepter ce droit perpétuel d'hérédité dans une race, comme y s'il avait là un enchaînement indéfini de toutes les volontés d'un peuple et une destruction définitive de sa liberté, même dans tout son avenir, ont cru faire preuve d'indépendance en arrêtant avec violence cette transmission ; mais, chose singulière, à l'instant même ils transféraient ailleurs ce même droit de perpétuité, comme pour se donner un démenti à eux-mêmes et assurer à leurs actes un effet tout contraire à leur volonté. En élargissant le sens de ce grand mot de *légitimité*, on eût évité peut-être ces fatales rébellions contre un principe qu'on ne peut exclure sans le rappeler tout aussitôt. L'hérédité n'est pas toute la *légitimité* ; mais elle en est une partie essentielle. Ce qui fait la *légitimité* en France, comme en tout État naturellement constitué, c'est la conformité de la loi politique ou sociale avec les mœurs, les besoins et les croyances de la nation. La *légitimité* embrasse le peuple entier. Elle n'est pas un accident de la constitution, elle est toute la constitution. Et c'est pourquoi ce dogme particulier de l'hérédité ne fut jamais entendu comme constituant un droit au profit d'une race, mais un droit au profit de la nation elle-même. La race royale appartenait au pays comme une représentation vivante de sa constitution. De là lui venait son nom magnifique de *maison de France*. Elle n'en avait pas d'autre. Ainsi le droit royal ou l'hérédité s'absorbait dans la *légitimité* nationale. Rien de plus absurde que d'imaginer que l'hérédité dans la royauté fasse du peuple le domaine d'une famille ; c'est tout le contraire qui est vrai : la famille est le domaine du peuple. Ainsi encore l'hérédité dans la famille est une condition de la *légitimité* dans la nation.

Or, à présent que nous entendons bien le sens de ce mot de *légitimité*, nous ne serons pas trop surpris qu'on l'ait appliqué simplement à l'idée d'hérédité royale. Car cette hérédité tient de si près aux conditions radicales de la constitution qu'elle a dû en être souvent l'expression la plus naturelle. C'est l'hérédité qui conserve la monarchie, et sans l'hérédité il n'y a point d'État, il n'y a qu'une guerre intestine dans le pays. Les théories sociales ont rêvé l'élection comme principe de l'autorité monarchique ; mais la pratique combat éternellement les théories, à moins qu'elle n'en fasse une affreuse anarchie et une succession perpétuelle de meurtres et d'usurpations. L'aristocratie le plus puissamment établie ne réussirait pas même à faire de l'élection royale un principe de force et de durée. La Pologne est un fatal exemple du vice électif dans les monarchies. Avec des vertus, avec du patriotisme, avec de la foi, avec tout ce qui fait les fortes et brillantes nations, elle a péri, non pas seulement par la politique impitoyable des États voisins, mais par sa propre politique, par ses déchirements, par ses partis, par la loi de l'élection enfin, loi devant laquelle tout s'éteint, génie et courage. En France, au contraire, l'hérédité a fait la monarchie, et elle ne l'a pas faite, comme quelques-uns le croient encore, par le privilége ou l'aristocratie exclusive, elle l'a faite pour le peuple entier. C'est par son principe d'hérédité que la maison de France a pu suivre sa belle destinée nationale, destinée d'affranchissement et d'unité, contre laquelle se sont brisées les dominations partielles, tantôt vaincues par la sanglante popularité de Louis XI, tantôt désarmées par le génie despotique de Richelieu, tantôt enchaînées par la superbe autorité de Louis XIV.

Sans l'hérédité, la monarchie de France ne se fût point appartenu à elle-même : elle eût été une proie aux ambitions. C'est l'hérédité du roi qui a fait la grandeur du peuple. Que l'histoire donc explique cet aveuglement des hommes ! C'est lorsque le peuple a eu dans ses mains cette plénitude de liberté pour laquelle la monarchie avait travaillé cent combats huit siècles, c'est alors que le peuple, se trouvant face à face avec la royauté, sa bienfaitrice, s'est mis à la prendre corps à corps, comme une ennemie, et l'a brisée à plaisir pour toute reconnaissance. On parle beaucoup de 89 ! 89 sera un grand mystère dans l'histoire, à moins qu'il ne se trouve des génies dans l'avenir pour faire accepter aux hommes les formidables explications de la Providence ; car dans cette grande bataille du peuple et de la royauté de France il y eut autre chose que de l'ingratitude d'une part et de l'incurie de l'autre, autre chose que des passions ou de la faiblesse, autre chose que du fanatisme ou de l'insouciance ; il y eut un accomplissement d'une loi supérieure à la politique humaine, loi mystérieuse qui de loin en loin vient saisir la société dans sa marche pour réparer ses vieilles corruptions, et que Dieu cette fois fit apparaître au moment où le plus saint des monarques semblait pouvoir tout corriger par sa vertu, comme pour montrer que le sacrifice de la vertu elle-même est nécessaire à l'efficacité des expiations.

Quoi qu'il en soit, à ce moment, où l'œuvre politique de dix siècles semblait accomplie, tout fut brisé. La *légitimité* disparut, et la constitution naturelle de la nation fut remplacée par des constitutions artificielles, qui furent impuissantes à dominer l'immense désordre qui couvrit la France. Alors on vit la *légalité* apparaître, puissance matérielle, avec laquelle on discipline plus ou moins l'anarchie, mais on ne fait pas un empire. Les philosophes avaient dit : La loi est l'expression de la volonté ou plutôt des volontés du peuple. Il résultait de là que le peuple pouvait faire la *légalité*, et on crut qu'il pouvait de même faire la justice, c'est-à-dire la *légitimité*. Grande erreur, qui produisit toutes les autres ! La *légalité* fut variée, infinie, et, dans sa mobilité, elle fut tour à tour cruelle et impuissante, impitoyable et ridicule, atroce et débile. On peut voir, par l'expérience successive de vingt constitutions légales, que la *légalité* ne constitue pas un peuple, qu'elle peut tout au plus l'étouffer sous le poids des législations. C'est que la *légalité* n'a rien de vrai en soi ; la *légalité* est une expression passagère d'idées plus ou moins conformes à la vérité des choses. La *légalité*, par conséquent, ne fait point un état de peuple ; elle le change, au contraire, indéfiniment, et elle peut même le détruire à la longue. Aussi cette parole, qui fut naguère entendue dans une tribune : *La légalité nous tue !* cette parole était vraie, plus vraie que ne le pensait l'orateur. De sa part elle était un cri de frayeur ; mais ce cri se trouva exprimer à son insu une pensée philosophique d'une application universelle. Partout où il n'y a que la *légalité* pour tout principe de constitution, la *légalité* est fatale. Comment ne le pas comprendre ? La *légalité* détruit la *légalité*, et la destruction est toujours *légale* : est-ce que c'est là un ordre naturel de choses ?

Faisons une hypothèse. Supposons que la *légalité*, par un caprice, veuille se conformer de tous points à la *légitimité*, et qu'elle se mette à sanctionner par la législation écrite tous les principes non écrits d'une constitution sociale naturelle. La *légalité* va promulguer *l'hérédité* de la monarchie, la liberté du peuple, l'égalité de la justice, tous les dogmes d'une société régulière enfin. Que s'ensuivra-t-il ? La société sera-t-elle ainsi refaite ? sera-t-elle affermie contre le désordre ? Nullement. La *légalité*, en s'approchant de la vérité sociale le plus possible, ne gardera pas moins son caractère propre, qui est un caractère de mobilité. Donc elle pourra toujours être détruite par elle-même ; donc la *légalité* pure n'est jamais rien autre chose qu'un droit perpétuel de révolution. La *légitimité*, au contraire, ne peut jamais être atteinte. La *légitimité* reste éternellement ce qu'elle est, parce qu'elle est la justice, non point la justice faite par des scrutins, mais la justice conforme à la nature intime des choses. De là vient que dans la constitution *légitime* de la France, il n'est pas plus possible de toucher au droit de la nation qu'à celui du roi. Dans cette constitution naturelle, chaque liberté est sainte, chaque juridiction définie, chaque attribution inviolable. Les conflits viennent sans doute ; ils viennent partout où il y a des hommes et des vanités. Mais le droit *légitime* reste maître, et la constitution n'est pas exposée à être défaite par une loi de majorité. Ainsi ont vécu les grands États. Je parle de la monarchie de France, je pourrais parler de la république de Rome. Tant que sa *légitimité* républicaine fut hors des disputes, Rome fut puissante : ses destinées grandirent, et le monde s'abattit à ses pieds. Dès que la *légalité* eut le dessus, la constitution naturelle disparut. L'épée commença à briller sur ces têtes romaines, si fières et si indomptées. La gloire sanctionna d'abord le despotisme, et puis la servitude alla cacher ses hontes sous la lance d'un prétorien.

De ces observations il résulte que ce mot de *légitimité*, que quelques-uns repoussent comme une expression d'absolutisme, est, au contraire, une expression de liberté ; expression qui s'applique à la constitution naturelle de chaque peuple, quelles que soient ses formes extérieures en politique ; expression large et vraie, qui comprend le droit social en lui-même, et lui subordonne les lois mobiles que les âges amènent selon la mobilité des besoins et le caprice même des opinions. LAURENTIE.

LÉGITIME (*Droit civil*). On appelait ainsi dans l'ancien droit la portion de l'hérédité que la loi transmettait aux héritiers du sang, par sa seule autorité et indépendamment de la volonté du défunt (*voyez* RÉSERVE et QUOTITÉ DISPONIBLE).

LÉGITIME DÉFENSE. *Voyez* DÉFENSE (Légitime).

LÉGITIMISTES, nom que se donnèrent eux-mêmes après la révolution de juillet 1830 les partisans fidèles de la branche aînée des Bourbons, qu'ils regardaient comme la seule légitime. La très-grande majorité des légitimistes confessent le dogme politique du d r o i t d i v i n ; il s'est produit cependant des scissions dans leurs rangs. L'abbé de G e noude, l'inventeur du s u f f r a g e u n i v e r s e l, a été un de ces royalistes révolutionnaires. Les destinées du parti légitimiste, qui au point de vue des influences politiques représente surtout la grande propriété territoriale, ont été singulièrement diverses pendant les vingt-cinq dernières années. A peu près réduit au silence sous Louis-Philippe par les électeurs censitaires, il reparut en masse formidable à l'Assemblée législative. Un instant, au moyen de la fusion entre les deux branches des Bourbons, il put se croire maître de la situation et de l'avenir.

Depuis le coup d'État du 2 d é c e m b r e 1851 ce grand parti semble avoir perdu son homogénéité. Quelques-uns de ses membres les plus fameux se sont ouvertement ralliés à la dynastie napoléonienne, sans cesser sans doute d'être légitimistes, en vertu de cet adage : *Vox populi, vox Dei*. D'autres se contentent d'appuyer le gouvernement dans le sein des conseils généraux, parce qu'ils redoutent avant tout le socialisme et le partage des terres ; d'autres, enfin, se taisent, espèrent et attendent.

LÉGITIMITÉ (*Droit politique*). *Voyez* LÉGITIME.

LÉGITIMITÉ (*Droit civil*). C'est l'état de l'enfant qui a reçu la naissance d'un m a r i a g e. Le mariage est la source unique de la légitimité. Mais la légitimité n'est pas fondée que sur un mariage valable ; s'il est nul, les enfants qui en naissent sont naturels. Cependant, le mariage nul produit des effets civils à l'égard des enfants, lorsqu'il a été contracté de bonne foi, même quand la bonne foi n'existerait que de la part de l'un des époux.

Par exemple, un homme condamné à la mort civile qui sinule cette circonstance, et se marie avec une femme qui l'ignore ; les enfants nés de ce mariage sont légitimes. Le mariage contre lequel on n'aurait que la présomption légale de légitimité. Toutefois, cette présomption n'est pas toujours absolue ; elle peut être détruite en certains cas par le d é s a v e u de paternité.

La légitimité d'un enfant peut être prouvée de trois manières : par les registres de naissance, par la possession d'état, par témoins. De toutes les preuves, l'acte de naissance est la plus incontestable et la plus authentique. A défaut d'acte de naissance, la possession *constante* d'enfant légitime suffit. Cette possession s'établit par une réunion suffisante de faits qui indiquent le rapport de filiation et de parenté entre un individu et la famille à laquelle il prétend appartenir. Les principaux de ces faits sont que l'individu a toujours porté le nom du père auquel il prétend appartenir ; que le père l'a traité comme son enfant, et a pourvu en cette qualité à son éducation, à son entretien, à son établissement dans la société; qu'il a été reconnu pour tel par la famille. Ce sont ces faits que les jurisconsultes ont résumés sous ces trois mots *nomen, tractatus, fama*.

A défaut de titre ou de possession constante, ou si l'enfant a été inscrit soit sous de faux noms, soit comme né de père et mère inconnus, la preuve de la filiation peut se faire par témoins, pourvu qu'il y ait un commencement de preuve par écrit, ou que les présomptions et indices résultant de faits dès lors constants soient assez graves pour déterminer l'admission des témoins. La preuve contraire peut se faire par tous les moyens propres à établir que le réclamant n'est pas le fils de la mère qu'il prétend avoir, ou même, la maternité prouvée, qu'il n'est pas l'enfant du mari de la mère. La légitimité d'un enfant peut être contestée par tous ceux qui y ont un intérêt présent et actuel. En cas de contestation, c'est aux tribunaux civils seuls qu'il appartient de statuer.

LEGOUVÉ (GABRIEL-MARIE-JEAN-BAPTISTE), fils de *Jean-Baptiste* LEGOUVÉ, avocat distingué, plusieurs fois rival des Gerbier et des Target au barreau de Paris, et auteur d'une tragédie d'*Attilie*, non représentée, mais imprimée, naquit dans cette capitale, le 23 juin 1764. Peu de temps après avoir achevé d'excellentes études, il perdit son père, qui lui laissait une assez belle fortune. Épris du goût des lettres plutôt que frappé de leur saint enthousiasme, il s'essaya à la poésie, et traduisit du Lucain ; mais il n'était ni de force ni de verve à lutter avec le jeune et vigoureux poète ibéro-romain. Lié d'amitié et de travaux avec Laya, son condisciple, ils mirent laborieusement au jour, en 1786, un opuscule poétique intitulé : *Essais de deux Amis*. La principale pièce de ce recueil est : *La Mère des Brutus à Brutus son mari, revenant du supplice de ses fils*. Ce singulier sujet appartenait à Legouvé. Déjà il avait composé une tragédie de *Polyxène*, imprimée pour la première fois, dans ses œuvres complètes, treize ans après sa mort. En 1792 fut joué, sur le Théâtre-Français, son drame de *La Mort d'Abel*, tragédie pastorale en trois actes, à laquelle Gessner et Klopstock avaient fourni force images. Cette pièce, tout empreinte d'une suave mélancolie et des charmes de la félicité des âges primitifs, harmonieusement versifiée, et que vainement La Harpe assaillit des froids glaçons de sa critique, eut un grand succès. Malgré son dénoûment, catastrophe la plus lugubre et la plus horrible peut-être qu'ait fournie le genre humain, elle reposait, par des scènes champêtres et patriarcales, les esprits battus par la tourmente révolutionnaire, qui vomissait par centaines des Caïns politiques. Bientôt, en 1793, il donna sa tragédie d'*Épicharis et Néron*. *Quintus Fabius, ou la discipline romaine*, tragédie en trois actes, jouée en août 1795, n'offrit qu'une faible reproduction de la donnée principale de *Brutus* ; aussi la pièce n'eut-elle que peu de représentations. En 1799 il prit à Legouvé l'idée malheureuse de réveiller les cendres des *Frères ennemis* ; mais elles retombèrent dans leur sommeil de fer après la représentation de l'*Étéocle* de Legouvé. Sa tragédie de *Laurence*, avec son action, transportée à Venise sur l'anecdote apocryphe de la passion de l'abbé de Châteauneuf pour sa mère, Ninon de Lenclos, ne put, par quelques scènes empreintes de passion, sauver ce que la donnée avait d'invraisemblable et de révoltant. Sa *Mort de Henri IV* fut représentée sur la scène française le 6 juin 1806. Il y a des situations attachantes et du mouvement dans cette tragédie ; chacun y plaide sa cause avec adresse et subtilité ; la versification en est pure et correcte ; elle eut un certain succès.

Mais le fond du caractère du poëte était la douceur, la bonté, la rêverie : ces paisibles sentiments firent éclore, en 1798, les poèmes de *La Sépulture*, des *Souvenirs*, de la *Mélancolie*. Enfin, en 1801 parut *Le Mérite des Femmes*, poëme qui eut une vogue si prodigieuse qu'il s'en fit successivement un grand nombre d'éditions. Dans cet *elogium* du beau sexe, tous les vers sont sentimentaux, délicats, comme lui ajustés, parés avec soin. Les périodes ont la mollesse, le ton, la couleur, le langage, l'allure du sujet que le poète célèbre. Ce n'est que vertu, sensibilité, dévouement envers pères, mères, maris et enfants, de ce sexe divin, idole d'albâtre, sans tache, devant laquelle le poète nous force tous à nous prosterner, lorsqu'il s'écrie pour corollaire :

Tombe aux pieds de ce sexe à qui tu dois ta mère !

L'honnête et bon Legouvé semblait alors avoir tout à fait méconnu ou peut-être oublié quelles sont aussi les nombreuses et indicibles perfidies de ce sexe enchanteur ; il ne pensait ni à cette Tullie, parricide, criant à son cocher : « Passe, passe, tous les chemins qui mènent au trône sont bons ; » ni aux Julies, ni aux Messalines éhontées, ni aux atroces Frédégondes, ni aux sanguinaires Brunehauts, ni aux Locustes, ni aux marquises empoisonneuses, ni à toutes ces volées de douces et gentilles colombes qui s'abattent sur la capitale, et y enlèvent aux fils de famille le plus pur froment de leurs greniers, ni à toutes ces couleuvres de salon, qui gâtent tout des souillures de leur langue fourchue et calomnieuse.

Legouvé fut admis à l'Institut le 8 octobre 1798. Successivement associé à la publication des *Veillées des Muses* et à celle de la *Bibliothèque des Romans*, chargé en 1807 de la direction du *Mercure de France*, il ne la conserva que jusqu'en 1810. Quelques années avant sa mort il avait été nommé suppléant de Delille à la chaire de poésie latine. La perte de sa femme, à laquelle il ne survécut que de deux années, et des soucis cachés avaient déjà altéré ses facultés intellectuelles. Bientôt une chute qu'il fit à Ivry, chez Mlle Contat, doubla son état maladif, qui dégénéra en affection mentale. Il en mourut, dans une maison de santé, mais d'une mort douce et paisible, le 20 octobre 1812. Il ne laissait qu'un fils, qui marche avec bonheur sur les traces de son père. DENNE-BARON.

LEGOUVÉ (ERNEST-WILFRID), fils du précédent, né à Paris, le 14 février 1807, débuta dans la carrière des lettres par un prix de poésie remporté en 1829 à l'Académie Française, sur ce sujet : *La Découverte de l'imprimerie*. En 1832 parut l'ouvrage intitulé : *Morts bizarres, poëmes dramatiques*. Il s'essaya ensuite dans le conte, le roman, et écrivit *Max, Les Vieillards* et *Édith de Falsen*. Puis il aborda le théâtre par un drame, fait en collaboration avec M. Prosper Dinaux, *Louise de Lignerolles*. En 1845 il donna une tragédie, *Guenero, ou la trahison*. L'*Histoire morale des Femmes* fut accueillie avec faveur : c'est le résumé de leçons gratuites faites par lui au Collège de France. Associant sa verve et son style à l'incomparable savoir-faire de M. Scribe, il obtient coup sur coup deux éclatants triomphes au Théâtre-Français, *Adrienne Lecouvreur*, drame émouvant, où Mlle Rachel était si belle, et *Les Contes de la reine de Navarre*. Une troisième œuvre commune, *Bataille des Dames*, ne fut pas aussi heureuse. Il fit alors pour Mlle Rachel une tragédie, dont le sujet était *Médée* ; mais ce rôle finit par ne pas plaire à la grande actrice, qui refusa de le jouer. Un procès s'engagea. M. Legouvé abandonna à la Société des Auteurs dramatiques et à celle des Gens de Lettres les dommages-intérêts que Mlle Rachel fut condamnée à lui payer. En 1855, le Théâtre-Français joua encore de lui *Par Droit de Conquête*. M. Ernest Legouvé a été élu membre de l'Académie Française le 1er mars 1855, en remplacement d'Ancelot.

Il a collaboré en outre à différents journaux et recueils, à *La Presse*, à *L'Illustration*, au *Dimanche des Enfants*, etc. Il a traduit une tragédie d'Eschyle, *Prométhée enchaîné*.

LE GRAND (Monsieur). A la cour de Versailles, on désignait ainsi le *grand écuyer*. Pour toutes les autres grandes charges de la couronne, l'abréviation n'était pas d'usage, et on disait le *grand-aumônier*, le *grand-chambellan*, etc.

LEGRAND (HENRI). *Voyez* TURLUPIN.

LEGRAND (MARC-ANTOINE), comédien et auteur dramatique, né le 17 février 1673, mort à Paris, en 1728, après avoir mené une vie des plus agitées, n'était point sans talent comme acteur, et réussit à plaire au public malgré la laideur presque exceptionnelle de son visage, à laquelle l'ingrat et exigeant parterre fut longtemps à s'habituer. On a de lui plusieurs comédies, dont l'à-propos fait presque tout le mérite, et qui se maintinrent au répertoire, par exemple, *L'Aveugle clairoyant*, *Le Galant Coureur* et *Le Roi de Cocagne*, farce fantastique, qui eut une suite de représentations. Legrand avait instinctivement deviné le grand art de nos dramaturges contemporains, celui d'exploiter les circonstances. Il profita de la sensation extraordinaire produite dans le public par le procès et le supplice de Cartouche pour composer sur ce sujet une pièce à spectacle, qui fut représentée avant la condamnation de ce grand criminel, et qui fit fureur. Il existe plusieurs éditions du théâtre complet de Legrand. La première est de 1731.

LEGRAND D'AUSSY (PIERRE-JEAN-BAPTISTE), né à Amiens, en 1737. Les jésuites avaient alors le monopole de l'instruction publique. Legrand d'Aussy, d'abord leur élève, entra ensuite dans leur ordre, et fut envoyé comme professeur de rhétorique à Caen. Après l'abolition de la Société, il vint à Paris, où, après avoir longtemps partagé les travaux de Lacurne Sainte-Palaye et du marquis de Paulmy, il obtint la place de garde des manuscrits de la Bibliothèque royale. Il mourut en 1800. La place qu'il occupait dans l'administration de la plus riche bibliothèque du monde le mit à même d'étudier à fond et de connaître tout ce qui nous reste de la littérature du moyen âge, et il en publia les fruits dans les ouvrages suivants : 1° *Contes dévots ; Fables ou Romans anciens* (1751, 4 vol. in-8°) ; 2° *Fabliaux ou Contes du dixième et du douzième siècle* (1779, 3 vol. in-8°) ; 3° *Histoire privée de la Vie des Français* (1782, 3 vol. in-8°). On lui attribue aussi une histoire de la vie d'Apollonius de Thyanes (1808), plusieurs mémoires très-importants insérés dans le recueil de l'Académie des Inscriptions, et un grand nombre d'analyses des œuvres des vieux poètes français dans les *Notices des Manuscrits de la Bibliothèque du Roi*. DUFEY (de l'Yonne).

LEGS. Sous l'empire du Code Civil, toute disposition testamentaire est un legs, quels que soient les termes et la forme de cette disposition. Il existait sur ce point des différences capitales entre le droit coutumier et le droit écrit. Ce dernier n'admettait point de testament sans institution d'héritier. Toute disposition testamentaire est ou *universelle*, ou *à titre universel*, ou *à titre particulier*.

Le *legs universel* est la disposition testamentaire par laquelle le testateur donne à une ou à plusieurs personnes conjointement l'universalité des biens qu'il laissera à son décès. Si le testateur laisse des héritiers *à réserve*, c'est-à-dire au profit desquels la loi rend indisponible une quote-part des biens laissés par lui, ces héritiers seuls sont *saisis* de plein droit de la totalité de la succession, et le légataire universel est tenu de leur demander la délivrance des biens légués, sans que le testateur puisse le dégager de cette obligation : néanmoins, si sa demande en délivrance a été formée dans l'année du décès, la jouissance des biens lui appartient du jour de la mort; sinon, cette jouissance ne commence qu'au jour de la demande. Dans le cas où il n'existe point d'héritiers réservataires, le légataire universel est *saisi* de droit, par la mort même du testateur, exactement comme le serait l'héritier légitimaire : toutefois, même dans cette hypothèse, le légataire universel, s'il est institué par un testament olographe ou mystique, est tenu de se faire envoyer en possession par une ordonnance du président du tribunal civil. Le légataire universel, en concours avec un ou plusieurs héritiers à réserve, est tenu personnellement pour sa part et portion, et hypothécairement pour le tout, des dettes et charges de la succession, mais non point au delà des forces de cette succession, à moins qu'il n'ait confondu les biens du défunt avec les siens propres : dans ce cas en effet il n'est point héritier, puisqu'il a dû demander la délivrance de son legs ; il n'a jamais été le continuateur de la personne du testateur. Il en serait différemment s'il n'y avait point d'héritiers à réserve : le légataire universel étant alors saisi par la mort du testateur, exactement comme le serait l'héritier légitimaire, les dettes et charges de la succession lui deviendraient, par le fait seul de l'acceptation, propres et personnelles, s'il avait omis d'user du bénéfice d'inventaire. Les legs étant une charge de la succession, le légataire universel est tenu de les acquitter tous ; mais dans le cas où le testateur, à réserve, aurait légué plus que la quotité disponible, l'excès de ses dispositions doit être préalablement réduit au moyen des legs particuliers que sur les legs universels.

Le *legs à titre universel* est celui par lequel le testateur lègue une quote-part des biens dont la loi lui permet de disposer, telle qu'une moitié, un tiers, ou la totalité de ses immeubles, ou tout son mobilier; ou une quotité fixe de tous ses immeubles ou de tout son mobilier. Le legs d'une quote-part dans l'universalité des biens, alors même qu'il existe des héritiers réservataires, est également un legs à titre universel. Jamais le légataire à ce titre n'est saisi de droit de la propriété de la chose léguée ; il faut toujours qu'il en demande la délivrance, ou aux héritiers à réserve, s'il y en a, ou aux légataires universels , ou, à leur défaut, aux héritiers appelés dans l'ordre établi au titre des successions , et enfin , à défaut d'héritiers réguliers, aux héritiers irréguliers, c'est-à-dire à l'enfant naturel, au conjoint survivant, et à l'État. Les fruits d'une quote-part de tous les biens et ceux d'une quote-part des biens mobiliers sont dus aux légataires à titre universel à partir du jour du décès si la demande en délivrance est formée dans l'année, à partir du jour de cette demande si elle est formée plus tard , par la raison que toute universalité s'augmente des fruits qu'elle produit , et que le legs à titre universel est d'une quote-part d'universalité. Au contraire, si les biens légués sont immeubles, les fruits ne sont jamais dus qu'à partir du jour de la demande , par la raison que le legs étant immobilier, et les fruits de ces biens devenant mobiliers par le fait seul de la récolte, ils ne sauraient accroître à ces biens. Comme le légataire universel, le légataire à titre universel est tenu des dettes et charges de la succession personnellement pour sa part et portion, et hypothécairement pour le tout, sauf son recours contre les créanciers. Il est également tenu d'acquitter les legs particuliers par contribution avec les héritiers naturels, et proportionnellement à la quotité de la portion à lui léguée, lorsque le legs est d'une quotité de cette portion disponible ; mais s'il est légataire d'une quote-part des biens meubles ou des immeubles, et que le legs particulier soit d'un meuble ou d'un immeuble faisant partie de cette quote-part , il est tenu de l'acquitter seul.

Toute disposition testamentaire qui n'est ni de l'universalité des biens ou de la portion disponible de ces biens, ni d'une quote-part de ces biens ou de la portion disponible, est un *legs particulier*. Ainsi , le legs de toutes mes maisons, de ma vigne, de tous mes prés , d'un cheval, d'une rente, d'une succession ouverte à mon profit, quand même je n'aurais point d'autres biens, forme un legs à titre particulier. Comme le légataire à titre universel , le légataire à titre particulier est obligé de demander la délivrance de son legs aux héritiers à réserve, aux légataires universels, aux héritiers réguliers, aux héritiers irréguliers. Dès le jour de la mort du testateur il a à la chose léguée (au moins quand le legs est pur et simple) un droit acquis et transmissible à ses héritiers ou ayant-cause, les fruits ne lui appartiennent qu'à partir de sa demande en délivrance, à moins toutefois que le testateur n'ait formellement exprimé une volonté contraire, ou que le legs ne soit d'une rente viagère ou pension à titre d'aliment. Les légataires particuliers ne sont point tenus des dettes de la succession, sauf l'action hypothécaire des créanciers sur les immeubles légués, cas auquel le légataire particulier a son recours contre les héritiers ou autres débiteurs de la dette hypothécaire. Les héritiers et tous autres débiteurs des legs particuliers sont tenus de les acquitter personnellement, chacun au *prorata* de sa part dans la succession, et hypothécairement pour le tout, jusqu'à concurrence de la valeur des immeubles de la succession dont ils sont détenteurs; mais si avant ou depuis le testament la chose léguée se trouve grevée d'une hypothèque ou d'un usufruit, ils ne sont point tenus, à moins d'une clause expresse du testament, de la dégager; et le légataire particulier est obligé de la prendre telle qu'elle a été laissée. Charles LEMONNIER.

LÉGUME. Le nom de *légume* a été improprement donné à cette nom de végétaux qui servent à la nourriture de l'homme et des animaux. On ne l'a pas seulement appliqué aux fruits, mais à toutes les parties du végétal, racines, tiges, feuilles, etc. Mais si la classe ignorante n'a point encore séparé des légumes proprement dits ces parties de plantes qui ne doivent point porter ce nom, les savants se sont acquittés de la tâche, et ont réservé le nom de *légumes* aux seuls fruits des plantes de la famille des *légumineuses*.

Si cette dénomination ne doit s'appliquer qu'aux fruits qui servent d'aliment à l'homme, elle n'appartient pas à tous ceux de la famille des légumineuses, parce qu'il en est un grand nombre qui ne sont ni sains ni agréables; mais comme l'origine du mot *légume* vient de *legumen*, qui veut dire *gousse*, il s'ensuit que le mot *légume* est synonyme de *gousse*, et peut par conséquent s'appliquer à tous les fruits de la famille des légumineuses, puisque ces fruits sont tous des gousses d'une forme plus ou moins variable, à quelques exceptions près.

Parmi les légumes qui servent à la nourriture de l'homme, les uns sont sains et d'une digestion facile, les autres, au contraire, d'une digestion laborieuse; mais en général on ne doit pas en faire sa nourriture exclusive. On les transforme en fécule, après les avoir décortiqués. Comme toutes les autres substances végétales, les légumes peuvent être soumis aux procédés de conservation des aliments. C. FAVROT.

LÉGUMINE. *Voyez* GLUTEN et CASÉINE.

LÉGUMINEUSES. De toutes les familles naturelles, celle des légumineuses est la plus utile à l'homme. Il puise dans son fruit sa nourriture, dans ses produits résineux ou ses extraits ses médicaments, dans ses tiges, ses rameaux, etc., les matières colorantes les plus agréables à l'œil et les plus inaltérables: aussi cette famille a-t-elle été l'objet des études les plus approfondies et des recherches les plus exactes. Avant que de Jussieu lui eût donné le nom qu'elle porte aujourd'hui, on la désignait sous celui de *papilionacées*, à cause de l'analogie qui existe entre sa corolle et les ailes d'un papillon. Cette famille est l'une des plus nombreuses du règne végétal. Decandolle y comptait déjà 285 genres, auxquels se rapportaient plus de 3,000 espèces.

Les légumineuses sont des plantes dicotylédonées, dont le calice est d'une seule pièce, diversement divisée. Les pétales qui composent la corolle sont adhérents au calice; leur nombre varie entre cinq et quatre. Dans ce dernier cas, les deux pétales latéraux portent le nom d'*ailes*, le pétale supérieur porte celui d'*étendard*, et le pétale inférieur celui de *carène*, à cause de sa forme particulière: cette carène est quelquefois divisée en deux parties. Les étamines sont au nombre de dix, mais ce nombre n'est pas absolu; elles sont également adhérentes au calice. Le filet des étamines est tantôt distinct, tantôt disposé en deux corps, l'un formé d'un seul filet, appliqué contre la fente d'un tube résultant de la réunion des neuf autres filets autour de l'ovaire. Les anthères sont distinctes, arrondies ou oblongues, et vacillantes. L'ovaire est supère, à style unique et à stigmate simple. Le fruit est très-rarement capsulaire, le plus souvent légumineux, bivalve, tantôt uniloculaire, mono ou polysperme; tantôt divisé dans sa longueur en plusieurs loges monospermes, quelquefois pulpeuses, et formées par des cloisons transversales, comme dans la c a s s e. Les semences sont ordinairement arrondies ou réniformes, ombiliquées, et attachées à une seule suture latérale. Les lobes de l'embryon sont formés d'une substance farineuse très-nourrissante, et se changent le plus souvent en feuilles séminales; quelquefois cependant ils en sont distincts. Quant à la tige, elle est ou herbacée ou ligneuse. Les feuilles sont alternes, simples, ternées, plusieurs fois ailées, avec ou sans impaire. Les fleurs sont hermaphrodites. Quelquefois elles sont diclines par avortement; elles n'ont pas en général de disposition uniforme.

Parmi les principaux genres, on remarque le genre a c a c i a . Les t a m a r i n s et la *casse*, dont la pulpe purgative est d'un si fréquent usage en pharmacie, appartiennent aussi à la famille des légumineuses. Dans le genre *cassia* se trouve encore le s é n é, source de richesse pour les cités d'Alep, de Smyrne et de Tripoli. C'est à cette famille que nous devons le c a m p ê c h e, l'i n d i g o et plusieurs autres matières colorantes; elle nous fournit ces noix de *ben*, d'où nous retirons cette huile si utile à l'industrie; elle nous procure le t r è f l e, la l u z e r n e, le m é l i l o t; ce sont des légumineuses qui laissent exsuder ces g o m m e s dont l'emploi est si multiplié. L'indigent y trouve la réglisse, dont la saveur sucrée diminue l'amertume de ses médicaments. Si cette famille lui donne des remèdes pendant sa maladie, elle lui procure aussi des aliments quand sa santé est revenue: ce sont les pois, les lentilles, les fèves et les haricots. Nous ne finirions pas si nous voulions rappeler ici tous les produits utiles que nous fournit l'intéressante famille des légumineuses: ceux que nous venons de nommer suffisent pour la faire apprécier à sa juste valeur. C. FAVROT.

LEH. *Voyez* LADAKH.
LE HAVRE. *Voyez* HAVRE.
LE HENNUYER. *Voyez* HENNUYER (Jean Le).
LEHMANN (HENRI), peintre d'histoire et de portrait, est né à Kiel, le 14 avril 1814. Élève de son père et de M. Ingres, il se fit remarquer à l'exposition de 1835, par deux tableaux représentant le *Départ du jeune Tobie* et *Tobie et l'Ange*, et par deux portraits. L'année suivante il exposa *Le Cid* et *La Fille de Jephté*, toile qui fut achetée par le duc d'Orléans. En 1837 le salon reçut de lui *Le Mariage de Tobie* et *Le Pêcheur*. *Sainte Catherine portée au tombeau par les anges*, *La Vierge et l'Enfant-Jésus*, et le portrait de Liszt valurent à l'artiste une grande médaille d'or en 1840. Les années suivantes il mit encore au Salon : *La Flagellation de Jésus-Christ*, *Les Filles de la source*, *Mariuccia* (1842); *Jérémie* (1843); *Hamlet*, *Ophélia*, *Océanides* (1846); *Au pied de la croix*, *Sirènes*, *Léonide* (1848); *Désolation des Océanides au pied du roc de Prométhée*, *Consolatrice des affligés*, *Assomption* (1850); *Vénus Anadyomène*, *Laï d'Aristote*, *Le Rêve d'Érigone* (1855), et une grande quantité de portraits. Il a peint en outre de la cire la chapelle du Saint-Esprit à Saint-Méry, et la chapelle de l'Institution des Jeunes Aveugles; puis la galerie des fêtes à l'hôtel de ville, où il a représenté l'histoire de l'humanité. Il est aussi chargé de grandes peintures murales à Sainte-Clotilde. Chevalier de la Légion d'Honneur en 1846, il a été nommé officier en 1853, et a obtenu une médaille de première classe à l'exposition universelle de 1855. A une connaissance habile de la pratique de son art, M. H. Lehmann joint une sentimentalité toute germanique, qui le rattache à la fois à l'école de M. Ingres et à l'école de Cornelius.

Rodolphe LEHMANN, né à Œtensen, son frère et son élève, a obtenu plusieurs fois des médailles aux expositions et une mention honorable à l'exposition de 1855, où l'on remarquait de lui *Graziella*, *Une Fileuse*, *Une Vanneuse*, *Une Pèlerine des Abruzzes*, etc.   L. LOUVET.

LEHON (CHARLES, comte), homme d'État belge, né en 1790, à Liége, où il s'était fait une place honorable au barreau, fut élu dès 1825 par ses concitoyens pour les représenter et pour défendre leurs intérêts dans la seconde chambre des états généraux du royaume des Pays-Bas, tel qu'il avait été constitué par les traités de 1815. Il eût manqué à tous ses engagements s'il n'avait pas été dans cette assemblée l'organe de l'opinion de la ville de Liége, cette cité si éminemment française. Il figura donc tout aussitôt parmi les adversaires les plus prononcés de l'administration hollandaise, et son opposition devint de plus en plus vive, jusqu'au moment où éclata le mouvement insurrectionnel de septembre 1830, qui mit fin à la domination hollandaise en Belgique, mais auquel il ne prit cependant point une part directe. Entré par mariage dans la famille Mosselmann, qui occupait déjà le premier rang dans l'industrie métallurgique du pays, et propriétaire des célèbres mines de zinc de la Vieille-Montagne, il est à présumer qu'avant de se compromettre pour la révolution belge, M. Lehon voulait attendre qu'on en pût juger la portée et l'avenir. Nommé dès la même année membre du congrès national, il prit place dans cette assemblée parmi les hommes à opinions modérées auxquels était réservée la patriotique mission de constituer à l'intérieur comme à l'extérieur le nouveau royaume de Belgique. Membre de la députation chargée de venir offrir la couronne au duc de Nemours, ne tarda pas à le nommer ministre de Belgique près du gouvernement français, position dans laquelle il pouvait rendre plus de services que bien d'autres, à cause de la grande existence que lui permettait de mener à Paris l'immense fortune de sa femme, qui fut longtemps l'une des reines du monde élégant. Les nombreuses récompenses honorifiques obtenues par M. Lehon, qui en 1836 fut créé comte, prouvent qu'il s'acquitta à la satisfaction des deux cours de ce fonctions, qu'il conserva jusqu'en 1843, époque où la déconfiture de son frère (*voyez* l'article ci-après), notaire à Paris, affaire dans laquelle il se trouva plus ou moins indirectement compromis, lui rendit désormais impossible le séjour d'une capitale où à chaque instant il se serait vu exposé aux plus humiliantes mortifications. Il donna donc alors sa démission pour aller s'ensevelir dans l'obscurité au milieu des belles propriétés qu'il possède en Belgique. Sa femme, Mme la comtesse Lehon, n'a point eu le même courage ; elle est restée avec ses enfants à Paris, où depuis lors elle s'est fait construire, au rond-point de la grande avenue des Champs-Élysées, une habitation toute princière, qui, malgré le style un peu lourd de son architecture, contribue à l'embellissement de la plus magnifique promenade de Paris. Depuis 1847 M. Lehon est de nouveau membre de la chambre des représentants de Belgique, où il appartient à l'opinion libérale. Son fils aîné était chef du cabinet de M. de Morny à l'époque du coup d'État du 2 décembre 1851.

LEHON (Affaire). La déconfiture du notaire Lehon, frère du ministre de Belgique à Paris, le comte Lehon (*voyez* l'article qui précède), arrivée en 1843, fut un des grands scandales du règne de Louis-Philippe. On peut dire sans exagération que depuis la banqueroute du jésuite Lavalette au dernier siècle, ou bien encore depuis celle du *vertueux* Billard, contrôleur des postes à la même époque, la société parisienne ne s'était point encore si vivement émue d'un sinistre financier. Dépositaire de fonds considérables, pour lesquels quelques-uns de ses clients l'avaient chargé de trouver des placements hypothécaires, le notaire Lehon les employait à spéculer pour son propre compte ; et presque constamment malheureux, il arriva ainsi, de perte en perte, à se trouver en déficit de plus de cinq millions. L'énormité de ce chiffre s'explique par la confiance absolue qu'il inspirait à toute sa clientèle. Il avait constamment affiché tous les dehors de la piété la plus exemplaire, et était ainsi parvenu à obtenir, dans le monde des sacristies, le surnom de *saint Vincent de Paul* du notariat. Comment se défier d'un officier public ainsi posé, et de plus apparenté comme celui-là ? Vint cependant le moment fatal où Lehon ne put pas plus longtemps dissimuler sa position. Le parquet dut s'en mêler, et il en résulta un vulgaire procès devant la police correctionnelle, qui condamna *saint Vincent de Paul* à cinq années d'emprisonnement.

LEIBNITZ (GODEFROY-GUILLAUME), l'un des génies modernes les plus éclatants par son universalité et par ses découvertes dans les mathématiques et la philosophie, naquit à Leipzig, le 3 juillet 1646, d'un professeur en droit. Dès l'âge de six ans il perdit son père, et n'en fit pas moins dans ses études des progrès si rapides qu'il était la ressource de ses condisciples paresseux, et composait à l'âge de quatorze ans jusqu'à trois cents vers latins dans un jour. Élève de Jacques Thomasius, il s'adonna à la philosophie de son maître et aux mathématiques, en dévorant les ouvrages de Platon et d'Aristote, à vingt ans. Reçu avant l'âge docteur à l'université d'Altdorf, il rechercha à Nuremberg une société d'alchimistes ou rose-croix, et crut qu'ils lui enseigneraient les secrets de la science universelle. Il excita leur admiration à tel point qu'ils l'élurent secrétaire de leur société ; mais le baron de Boinebourg, chancelier de l'électeur de Mayence, lui fit quitter ces vaines recherches pour l'histoire et la jurisprudence, en 1667. De cette époque date son premier écrit sur l'art d'étudier et d'enseigner la jurisprudence : on y rencontre déjà des aperçus profonds et ingénieux. Puis, en 1669, il publia un traité en faveur du prince de Neubourg, compétiteur au trône de Pologne : si ce prince ne fut pas élu, l'écrit de Leibnitz fit sensation, et lui valut le titre de conseiller. C'est alors que Leibnitz conçut le projet de refondre l'*Encyclopédie* d'Alsted sur un plan méthodique, en systématisant toutes les connaissances utiles, et préférant l'ordre des matières à l'ordre alphabétique. Ce grand dessein l'occupa toute sa vie, car il voulait mener de front toutes les sciences : nous ne citerons pas beaucoup de petits traités échappés à sa plume dès cette époque, quoiqu'ils aient agrandi dès lors sa réputation naissante.

La France fixait alors les regards de l'Europe, et Leibnitz brûlait du désir de connaître personnellement à Paris l'élite des hommes illustres de ce siècle ; il y trouva Huyghens, émule de Descartes, de Pascal et de Galilée ; il voulut réformer la machine arithmétique du second. Ensuite, passant en Angleterre, il se lia avec Robert Boyle et Oldenbourg : cependant la mort de l'électeur de Mayence le laissa bientôt sans ressources. Le prince de Brunswick-Lunebourg lui offrit une place de conseiller, avec une pension et la permission de voyager. Alors Leibnitz revint à Paris, comme à la vraie patrie des savants, puis se rendit en Hollande, près de son bienfaiteur. Âgé à peine de vingt-huit ans, il se sentait capable d'atteindre cette haute suprématie qu'il acquit plus tard sur son siècle. Il publia sous un nom supposé (*Cæsarinus Fursterenius*) une sorte de plaidoyer pour les prérogatives des princes de la Confédération germanique, tout en ménageant adroitement la suprématie de l'empereur comme chef temporel, tandis que le pape est chef spirituel. Cet écrit lui valut la bienveillance de l'empereur : il en profita pour visiter le midi de l'Allemagne et l'Italie, où il courut risque dans l'Adriatique d'être jeté à la mer par des bateliers, qui croyaient voir dans cet hérétique luthérien la cause de la tempête qu'ils essuyaient. Heureusement, Leibnitz, qui entendait la langue italienne, prit un gros chapelet, et en son dévot désarma ces mariniers. Il recueillit de ce voyage une immensité de documents pour son *Codex Juris Gentium diplomaticus* (1693 et 1700, deux vol.). La préface remonte aux plus hauts principes du droit naturel et du droit des gens, qui ont commencé la réforme de la jurisprudence sur les bases de la philosophie en accord avec celles de la religion. Il rassembla pareillement les historiens de la maison de Brunswick, en fouillant jusque dans les profondeurs de l'antiquité pour étudier les origines des peuples des bords de l'Elbe et du Weser. Cette histoire devait être précédée de recherches sur l'état primitif du sol de l'Allemagne et sur celui du globe en général. Nous retrouvons une partie de ce monument curieux du génie de Leibnitz dans sa *Protogæa*, ou *Terre primitive* (1693; réimprimée depuis par Scheindius, Gœttingue, 1749, in-4°, fig.). Un autre traité est sa *Disquisitio de Origine Francorum* (Hanov., 1715); il fait venir les Francs du littoral de la mer Baltique, en se fondant sur l'autorité de plusieurs auteurs du moyen âge; mais il a été combattu par divers écrivains français. C'est vers la même époque que Leibnitz entra en correspondance avec Bossuet, dans le but de réunir la communion protestante au catholicisme. Il fit de larges concessions ; toutefois, le prélat français conserva des prétentions si absolues que l'électeur de Hanovre, protecteur de Leibnitz, n'aurait pu accéder à ces concessions sans mécontenter ses peuples et se fermer le chemin au trône d'Angleterre. La négociation fut donc rompue, quoique entamée de bonne foi entre ces deux grands hommes.

Vers 1700, l'électeur de Brandebourg, se disposant à prendre le titre de roi de Prusse, demanda l'avis de Leibnitz pour fonder une académie des sciences à Berlin. Leibnitz en posa les bases les plus sages, tellement que ce roi le nomma président de l'illustre assemblée, sans l'astreindre à résidence. Plus tard, Pierre le Grand, czar de Russie, traversant la Saxe dans ses voyages, consulta aussi Leibnitz sur ses vastes projets pour la civilisation de son empire; enfin, en 1715, à la mort du premier roi de Prusse, Leibnitz se rendit à Vienne pour solliciter de l'empereur Charles VI l'érection d'une académie en faveur des sciences. Son projet ne réussit pas, mais cet empereur combla Leibnitz de bienfaits, et voulut se l'attacher par le titre de conseiller et une riche pension; celui-ci préféra retourner à Hanovre, dont l'électeur venait d'être élevé sur le trône de la Grande-Bretagne.

C'est avant de temps (dans les *Miscellanea Berolinensia*, en 1710) qu'entre d'autres écrits intéressants, Leibnitz publia son *Essai sur l'Origine des Peuples*. Il cherche à la démêler par la filiation des idiomes et à travers leurs altérations ou leurs mélanges; il en établit deux classes, les langues du Nord et celles du Midi; puis il essaye de remonter à la langue primitive du genre humain, et travaille à saisir le fil délicat qui unit les idées aux signes du langage. Pour cet effet, il se plonge dans le chaos obscur des idiomes des différentes nations du globe, compulsant voyageurs, missionnaires, érudits et orientalistes : cependant, il reconnaît souvent lui-même le vide de tant d'étymologies, d'où l'on tire quelquefois des fruits inattendus, comme on ont donné trois grandes chimères : la recherche de la pierre philosophale, la quadrature du cercle et celle du mouvement perpétuel.

Toutefois, en étudiant les sources de tant de langages divers, on peut reprocher à Leibnitz d'avoir négligé sa langue maternelle; il écrivait peu, et même assez mal, en cet idiome; il préférait le français ou le latin; il essaya même de faire des vers dans ces deux dernières langues, mais il n'était pas né poète, car son tour d'imagination était purement philosophique; son style simple et noble, qui s'élève même parfois à la sublimité dans les idées, manque de grâce et d'ornements; il était moins élégant encore dans ses écrits latins, où l'on découvre des gallicismes, ce qui prouve qu'il pensait en français. Jamais il n'offre de traits d'esprit ; il conserve toujours une gravité décente et pleine d'urbanité, même contre ses détracteurs.

Leibnitz avait une taille médiocre, avec des cheveux noirs, une tête assez volumineuse, des yeux petits, la vue courte, mais excellente jusque dans la vieillesse; il écrivait très-menu. Devenu chauve de bonne heure, il avait au synciput une loupe ou excroissance comme un œuf de pigeon ; il marchait la tête penchée en avant, ce qui le faisait paraître bossu. Sa physionomie était gaie, et il conversait facilement; mais souvent il entrait en colère, et s'apaisait bientôt. Il voulait tout lire et tout apprendre. Plutôt maigre que gras, il était fortement constitué, mangeait assez copieusement et buvait peu, se couchait tard, se levait vers sept heures, et, se mettant au travail, il ne s'en arrachait qu'avec peine. Il passait ainsi des semaines et des mois entiers sans sortir, et allait jusqu'à rester plusieurs nuits de suite dans son fauteuil à travailler.

Vers l'âge de cinquante ans, il avait songé à se marier ; cependant la personne qu'il voulait épouser ayant demandé à faire ses réflexions, il fit aussi les siennes, et n'y pensa plus. Ayant peu de besoins et d'occasions de dépenser, il amassa beaucoup d'argent, qu'il entassait dans une cassette sous son lit, ce qui le fit accuser d'avarice; aussi à sa mort, sa nièce, ayant trouvé dans ce coffre plus de 70,000 florins en or, en fut tellement saisie de joie qu'elle en mourut. On a dit que Leibnitz était peu dévot. Qu'il ait négligé les devoirs du culte, on peut le croire ; mais il fut profondément religieux, toute sa philosophie l'atteste. Et non-seulement cela paraît dans son *Systema theologicum*, mais même il défendit contre le Polonais Wissowius le dogme de la Trinité (*Sacro-sancta Trinitas per nova argumenta logica defensa*).

Son genre de vie trop sédentaire devait détériorer sa constitution ; il fut sujet à des attaques de goutte, et un ulcère qui s'ouvrit à une jambe, et qu'il négligea, concourut à miner sa santé ; d'ailleurs, peu confiant dans la médecine, il fit un imprudent usage d'une drogue conseillée par un de ses amis ; il en résulta une attaque de goutte avec des douleurs atroces, qui lui arrachèrent la vie, le 14 novembre 1716, à l'âge de soixante-dix ans. Un simple monument, en forme de petit temple, lui fut élevé près des portes de Hanovre, avec ces mots : *Ossa Leibnitzii*.

Dès l'âge de seize ans Leibnitz écrivit un petit traité, *De Arte combinatoria*, au milieu de ses autres études ; il s'y occupait déjà des nombres dont la succession constitue des séries régulières. Cette voie fut comme le premier jalon des découvertes de son génie. Ayant montré à Oldenbourg, géomètre anglais, ces recherches subséquentes d'arithmétique, en 1673, celui-ci lui dit qu'elles avaient déjà été énoncées en France dans un ouvrage de Mouton, en 1670. Cependant Leibnitz fit voir qu'il avait poussé plus loin les progressions composées de termes ayant l'unité pour numérateur. Dans une nouvelle entrevue, Leibnitz communiqua à Oldenbourg une autre propriété des nombres qu'il avait remarquée : ce dernier lui montra encore qu'elle se trouvait consignée dans la *Logarithmotechnia* de Mercator, mathématicien du Holstein. Il y avait de quoi se désespérer de tant de désappointements, qui poursuivaient Leibnitz dans presque toutes les découvertes mathématiques, puisqu'elles semblaient être des plagiats. Néanmoins, pour se dédommager de ce contre-temps, il trouva une série de fractions exprimant la surface du cercle, comme Mercator avait trouvé la série de l'hyperbole. Huyghens rendit hommage à ce beau travail, que Leibnitz adressa ensuite à son ami Oldenbourg. Par une fatalité remarquable, celui-ci, tout en félicitant Leibnitz de sa nouvelle série, le prévint qu'un M. Isaac *Newton*, de Cambridge, avait découvert de son côté des méthodes nouvelles (non encore publiées) pour obtenir les longueurs et les aires de toutes sortes de courbes, y compris le cercle. Cette série pour le cercle avait été aussi auparavant trouvée par l'Écossais Gregory, qui l'avait communiquée à Collins, savant de Londres. Rien ne démontre que Leibnitz ait eu connaissance de cette découverte avant qu'il l'eût faite lui-même. Il n'est pas étonnant que plusieurs génies mathématiques, à cette époque où tous s'appliquaient à ces hautes méditations, soient parvenus au même résultat, quoique par des voies différentes, qui attestent la vérité des travaux de chacun. En effet, Newton, dont le témoignage est ici irrécusable, félicita lui-même Leibnitz de cette nouveauté, d'autant plus remarquable, disait-il, qu'il connaissait trois méthodes autres que la sienne (2ᵉ lettre de Newton à Oldenbourg, 24 octobre 1676, dans le *Commercium epistolicum*). Exalté par ce succès, Leibnitz se livra de nouveau avec ardeur à des spéculations profondes, et c'est alors qu'il atteignit la fameuse découverte du calcul différentiel ou des infiniment petits. C'est dans la *Lettre de Leibnitz à Newton*, par l'intermédiaire d'Oldenbourg, du 21 juin 1677, qu'il expose sa méthode infinitésimale, avec la notation différentielle et les règles mêmes de cette différentiation, etc. Mais cette lettre répondait à une autre de Newton à Leibnitz, et dans laquelle Newton, sous une espèce d'énigme chiffrée, annonçait posséder une méthode très-générale de ce genre, dont il cachait l'énoncé, en se réservant plus tard de l'interpréter. Cependant, Leibnitz, dans sa lettre du 24 août 1676, à Oldenbourg, destinée à être communiquée à Newton, inséra une exposition chiffrée de sa méthode des *fluxions*, comme on peut le voir dans le *Commercium epistolicum*.

Nous avons insisté sur cette grande découverte de l'esprit humain, qui devint le sujet d'une dispute de priorité entre deux génies du premier ordre, et qui fut envenimée par l'esprit de parti des plus savants géomètres de l'Angleterre et du continent. Barrow, de Cambridge, précepteur de Newton, avait déjà communiqué à Collins un traité abrégé dans lequel Newton, en 1669 (époque de la publication de l'ouvrage de Mercator), annonçait que les aires et les longueurs de toutes espèces de courbes, ainsi que les surfaces et les volumes qui en dérivent, peuvent être déterminés en fonctions de lignes droites données réciproquement. Ce traité ne parut qu'en 1704, sous le titre d'*Analysis per æquationes numero terminorum infinitas*. Newton avait été porté à considérer la génération des lignes et des surfaces par les mouvements composés de différentes vitesses. Au contraire, Leibnitz, par une autre succession également continue d'idées philosophiques plus abstraites, a toujours considéré les différences, dans la génération desquelles il découvre le type distinctif des résultats finis. On voit donc, par cette marche différente, que chacun de ces grands hommes a pu arriver au calcul infinitésimal dans une voie individuelle et indépendante.

La méthode différentielle n'apparut dans le monde savant qu'en 1684, publiée par Leibnitz dans les *Acta Eruditorum* de Leipzig. Newton, dans la première et la deuxième édition de son immortel ouvrage *De Principiis Philos. natur.*, lib. II, *lemme 2, scholium*, reconnut les droits de Leibnitz, qui travailla avec une ardeur nouvelle à l'extension des applications de cette belle méthode, source féconde en découvertes. Tels furent le calcul des fonctions exponentielles et d'autres emplois à des questions de philosophie naturelle. Jean Bernoulli s'associa, comme son frère Jacques, à ces profondes recherches, et défendit la gloire de Leibnitz, qui s'occupa en outre d'une *Arithmétique binaire*, connue des Chinois.

Cependant, après vingt-deux ans d'une gloire mathématique, incontestée par Huyghens, le marquis de L'Hospital, et tous les savants, une imprudente défense de Leibnitz par Jean Bernoulli éveilla la susceptibilité des savants anglais. Déjà Wallis, en 1695, attribuait la méthode des fluxions, si analogue à la méthode différentielle, à Newton seul ; puis, en 1699, Fatio de Duillier récrimina au point d'accuser Leibnitz de s'être approprié la découverte de Newton. La réponse de Leibnitz lui paraissait polie ; mais il parut jaloux de la découverte du système du monde, faite par Newton, car il tenta,dans une dissertation sur les mouvements célestes(*Acta Erud.*, Leipzig, 1689), d'expliquer les cycles planétaires par la circulation d'un fluide ou tourbillon, à la manière de Descartes, auquel il avait également reproché sa jalousie contre Galilée. Leibnitz même parait oublier le plus beau titre de gloire de l'immortel Anglais. A son tour, Newton, publiant son *Optique* en 1704, déclare avoir trouvé la méthode des fluxions bien avant Leibnitz ; et Jean Keill, astronome d'Oxford, redoubla le combat en traitant ouvertement Leibnitz de plagiaire, dans les *Transactions philosophiques*. Tirons le rideau sur ces faiblesses de grands hommes, où l'on voit l'esprit national s'émouvoir à l'occasion de ces hautes productions du génie, et en revendiquer ardemment la propriété intellectuelle. M. Biot a tenté de faire avec impartialité à chacun sa part dans l'histoire de leur vie. Sans doute Leibnitz est plus universel dans ses méditations sur presque toutes les branches des sciences humaines ; Newton avait plus profondément pénétré les secrets de la nature ; et ces magnifiques prérogatives du génie n'ont pu les dérober aux faiblesses de l'humanité.

L'un des plus curieux monuments de Leibnitz dans les sciences physiques est sa *Protogæa*, ou terre primordiale, traité dans lequel, s'élevant à l'origine des mondes, il considère notre globe comme un soleil consumé et éteint, maintenant encroûté, couvert de cendres et de scories à sa surface, contenant encore dans l'intérieur un reste de feu central, qui fait parfois éruption dans les volcans ; puis les eaux se sont précipitées comme un déluge sur ce globe refroidi, en ont détrempé et remué la croûte incinérée (oxydée, diraient de nos jours H. Davy, Hutton, Playfair, etc.). Par l'action prolongée de l'eau, se sont déposées et constituées les différentes couches de terrain, concrétés les roches, les filons métalliques, etc. ; distribués, par l'effet des courants, les bassins des mers, les chaînes des montagnes : de là naquit, une science alors nouvelle, la *géographie naturelle*. Par les résultats des dissolutions aqueuses, se sont ensuite formés les cristaux et les gemmes précieuses, cette *géométrie de la nature inanimée*. Les débris des plantes et des animaux ne sont point des *jeux de la nature*, car la matière n'a point de force productrice. A la suite de ces vues élevées, Leibnitz avait conçu le projet de développer l'origine des êtres et celle du genre humain, à peu près comme l'a tenté plus tard Herder. Mais ce qui le distingue surtout est d'avoir discerné des polypes et autres zoophytes, un règne intermédiaire qui lie l'animalité au règne végétal avant leur découverte, d'après sa loi de continuité ou d'enchaînement des créatures, suivant cet axiome : *Natura non facit saltus*. Telle est cette grande échelle d'organisation successive depuis le minéral jusqu'au végétal, à l'animal et à l'homme, dont le tableau a été déroulé ensuite par Charles Bonnet.

Au dix-huitième siècle, l'Allemagne était d'abord partagée entre le cartésianisme et le spinosisme, qui s'y étaient implantés. Le premier se subdivisait en spiritualisme pur, puis déchut en scepticisme ; le second se perdait dans le panthéisme et l'athéisme. Leibnitz proposa ses principes, qu'on peut réduire à ces trois points suivants : 1° *la raison suffisante*, qui diffère du principe de la causalité ; 2° l'*harmonie préétablie* ; 3° *le système des monades*.

Quand on irait à l'infini dans l'enchaînement des choses, disait Leibnitz, on ne parviendrait jamais à rencontrer une raison qui n'eût pas besoin d'une autre raison. Donc ce n'est que dans une cause générale d'où tous les états successifs émanent, du premier jusqu'au dernier, c'est-à-dire dans une intelligence suprême, qu'il faut chercher la raison pleine et suffisante de toutes choses. Dieu ainsi explique tout ; lui seul est le vrai, le beau, le bon absolu : idées modèles que Dieu contemple de toute éternité, car le monde est son émanation. Il a plu à sa toute-puissance de choisir telle série d'ordre et de faits entre tous les autres dont la matière était susceptible, et si ce monde n'est point exempt d'imperfections, c'est du moins *le meilleur des mondes possibles*. Dans ce système d'optimisme, le mal particulier concourt au bien général, puisque la ruine des uns enrichit les autres. Il n'est pas même vrai qu'il y ait un mal absolu, puisque ces animaux que nous mutilons et sommes immolons pour nos besoins ou nos plaisirs en seront peut-être dédommagés dans une autre existence ; rien n'empêche qu'il n'existe aussi un paradis pour les bêtes. Ici Leibnitz établit sa *théodicée*, qui, passant de la métaphysique à la théologie, cherche à concilier le règne de la nature avec celui de la grâce. Cet optimisme produit néanmoins une morale relâchée, comme l'a remarqué Kant ; car on se fait moins scrupule du mal quand on croit qu'il produira un bien. Du reste, chacun sait avec quelles armes du ridicule Voltaire attaqua, dans son roman de *Candide*, cette partie de la philosophie leibnitzienne. Dérivant en outre le mal moral de l'abus de la liberté chez l'homme, si Dieu le permet, c'est toujours d'après un principe de sagesse et de bonté, en nous laissant la faculté de nous déterminer : ainsi Leibnitz disculpe l'homme plutôt qu'il ne justifie la Providence, car comment accorder la liberté et la fatalité, la dépendance des êtres finis et l'imputation morale? Kant, de même que saint Augustin et tous ceux qui ont traité de la liberté humaine, ont échoué sur cet écueil.

Par l'hypothèse de *l'harmonie préétablie*, Leibnitz pose en principe que les deux mondes, le matériel et l'intellectuel, existent toujours séparés, mais se meuvent simultanément, comme deux horloges marchant toujours d'accord, sans que l'une puisse opérer sur l'autre. Ainsi, tout corps peut être réduit à l'infiniment petit; les germes préexistent : ils ne naissent point et ne meurent point, mais ne font que *se développer ou s'envelopper*, car nulle âme n'est séparable d'un corps, si petit que celui-ci puisse devenir, malgré sa disgrégation appelée *mort*. Toutefois, rien ne meurt réellement : non-seulement l'âme, mais l'animal, sont ingénérables et impérissables. Bien plus, ils ne sauraient être sans quelque perception, d'où s'ensuit la permanence éternelle du *moi* (hypothèse développée dans la *Palingénésie philosophique* de Bonnet).

Nous insisterons peu sur le *principe de la moindre action*, autre hypothèse de Leibnitz, par laquelle Maupertuis a su résoudre diverses questions de cosmologie et de dioptrique. Toutefois, si la nature emploie les moyens les plus simples et les plus directs dans les corps inorganiques, il n'en est point ainsi dans la mécanique animale, par exemple, où les leviers sont de l'ordre le plus désavantageux par nécessité même.

Selon Descartes, la matière, dépouillée de toutes ses qualités qui tombent sous nos sens , l'étendue, la mobilité , la figuration , la coloration , etc., n'est plus qu'un *substratum* ontologique, le *quid* ou la *quiddité* de l'ancienne scolastique, une simple capacité ou possibilité de modification ; mais Leibnitz la définit une *énergie* ou *force*. Selon lui , la dernière raison du mouvement de la matière n'est que *cette force imprimée à la création à tous les êtres*, *force limitée par l'opposition ou la direction contraire des autres êtres*. Car toute matière n'est point, ne peut pas être dans un repos absolu, comme le veulent les cartésiens ; ce principe conduirait à la nécessité d'un panthéisme actif, comme l'a fait voir Spinosa; mais d'après Leibnitz la matière est, comme les substances spirituelles , dans un perpétuel *conatus agendi* ; il ne faut qu'en développer les occasions, comme on l'observe dans les opérations chimiques, où les affinités s'éveillent d'elles seules. Ainsi, Leibnitz veut que toute substance soit force en soi, et que toute force ou être simple soit substance (*de ipsa natura, sive de vi insita*, dans ses œuvres, tom. II, part. II, p. 49-52). Cependant, personne n'a plus que Leibnitz combattu contre le matérialisme ou l'intelligence active dans la matière. Dans son fameux système des monades, la doctrine de ce grand philosophe spiritualise toute la nature et la fait émaner de Dieu. Ainsi , d'après Leibnitz, la *vraie force active* contient en puissance l'action elle-même , bien que l'acte ne soit point effectué, mais c'est une *entéléchie*, un pouvoir capable. L'âme est une m o n a d e , force active et libre , qui possède en elle la conscience de son existence et de son énergie ; le *moi* se sait lui-même, quoique non pas toujours clairement, dans beaucoup de circonstances, mais en germe et obscurément, comme dans le sommeil, la défaillance. En ces états, l'âme , enveloppée , ou , pour mieux dire, rentrée en elle, ne diffère point , quant aux sens extérieurs , de la simple monade d'un animal. Ce n'est qu'une force vivante : le *moi* qui observe les perceptions obscures de cette monade ne la crée pas , puisqu'elles sont déjà antérieures à leur aperception. A titre de simple force physiologique , comme l'en-

tendait Stahl , l'âme s'ignore elle-même ; elle vit sans le savoir, comme dans l'état de fœtus, et cependant elle agit, elle effectue ses tendances instinctives ou animales , qui présentent déjà tous les caractères d'une véritable activité.

Ainsi, Leibnitz, de même que Platon , semble avoir départi à l'esprit humain une faculté primitive, pour qu'il extraye *a priori* ces principes servant de fondement à l'ensemble futur des connaissances humaines qu'il doit acquérir l'individu. Telles sont ce qu'on a nommé les *idées innées*, ou plutôt cette intuition intérieure, ensuite obscurcie et étouffée sous les acquisitions venues du dehors. En effet ces idées primordiales dérivent du principe de force virtuelle qui précède, dans les animaux et dès le sein maternel, leur déploiement au grand jour. Locke lui-même reconnaît dans l'âme des pouvoirs actifs fondamentaux : tout en repoussant les idées innées, il admet celles qui surgissent de nos propres réflexions ou du fond de l'entendement. Aussi n'a-t-il point réfuté l'exception faite par Leibnitz, qui ajoute au grand principe des péripatéticiens : *Nihil est in intellectu quod non fuerit prius in sensu*, ces mots : *nisi ipse intellectus*. En effet, Leibnitz pose l'intellect ou la monade comme une force spirituelle subsistant par elle-même, et capable de dérouler ce qui existe originairement dans son sein (les instincts innés des brutes), même sans rien recevoir du dehors. Or, ces monades ou êtres simples contiennent en eux tous les principes de leurs changements et modifications. Dans ce système , la sensibilité est comme un hors-d'œuvre; tout au plus elle peut, dans les passions, dénaturer ou rendre confuses les idées de l'entendement. C'est pourquoi Leibnitz accusait Locke de *sensualiser* les concepts intellectuels, reproche que Kant adresse en sens inverse à Leibnitz , lorsqu'il accuse celui-ci d'*intellectualiser* la sensation. La monade, d'après Leibnitz, est le miroir dans lequel vient se représenter l'univers. Dieu , qui connaît les rapports de tous les êtres et même les relations d'un seul être avec toute la création , peut voir l'univers entier dans le dernier atome de la nature. Donc une monade , avec ses modifications, représente virtuellement l'univers aux regards de celui qui sait tout ce voit tout. Cette analyse , très-concentrée, suffit pour donner l'esquisse de cette brillante hypothèse , qui mit le comble à la célébrité de Leibnitz.

J.-J. VIREY.

LEICESTER (On prononce *Lest'r*), l'un des comtés du centre de l'Angleterre, enclavé entre ceux de Nottingham, de Lincoln , de Rutland, de Northampton, de Warwick et d'Hereford , compte une population de 235,000 âmes sur une superficie d'environ 27 myriamètres carrés. Son sol, onduleux, traversé çà et là par quelques montagnes , est très-propre à l'agriculture et à l'éducation des bestiaux ; au nord et à l'ouest, il abonde en charbon de terre ; on y rencontre aussi du fer et du plomb, d'excellente chaux, de l'argile, etc. Il est arrosé à son centre par le Soar, petite rivière qui se jette dans la Trent, ainsi que par les canaux de l'Union, de Leicester, d'Ashby, etc., et parcouru par divers chemins de fer. L'excellente race bovine à longues cornes du Leicester, une variété de celle du Lancashire, produit le lait qui sert à fabriquer le célèbre fromage de *Stilton*, dont il s'expédie au loin d'immenses quantités, et qui a son grand centre de fabrication aux environs de Melton-Mowbray (*voyez* HUNTINGDON). La non moins excellente race ovine de ce comté donne en moyenne 3 kilos de laine longue par mouton ; et la chair en est d'un goût parfait. Le Leicestershire est en outre en Angleterre le grand centre de la fabrication des tissus de laine tricotée. Il est divisé en six *hundreds*, contient 216 paroisses, et envoie six députés au parlement.

Son chef-lieu, LEICESTER, sur l'une des plus anciennes villes qu'il y ait en Angleterre. On y compte 61,000 habitants. Elle est le centre d'une immense fabrication de bas de laine et d'objets en laine tricotée, et on y confectionne aussi beaucoup d'étoffes soie et coton. Elle possède un hôtel de ville , cinq églises, une bourse, un théâtre et beaucoup d'antiquités. Cette ville est en effet l'ancienne station romaine de *Ratæ*, dans le pays des *Coritains*; dès l'année 680 elle était devenue siége d'évêché; elle fut entourée de murailles en 914, et devint plus tard la résidence des comtes de Leicester, puis celle des ducs de Lancaster. Il s'y tint des parlements en 1414, 1425 et 1450. Le cardinal Wolsey mourut, en 1530, dans son abbaye, dont la fondation remontait à l'année 1413, et qui est aujourd'hui en ruines.

Parmi les autres localités importantes de ce comté, il faut encore citer *Melton-Mowbray*, non moins célèbre par son grand marché aux bestiaux, le plus fréquenté qu'il y ait en Angleterre, que par les chasses au renard qui ont lieu dans ses environs, et qui a donné son nom à une grande association de chasseurs du comté; *Hinckley*, ville de 10,000 âmes, où l'on fabrique beaucoup de bonneterie grossière en laine; et *Bosworth*, toute petite ville, mais sous les murs de laquelle se livra, en 1485, la fameuse bataille dans laquelle périt Richard III, vaincu par le comte de Richmond, qui devint alors roi sous le nom de Henri VII.

LEICESTER (Robert DUDLEY, comte de), le favori de la reine Élisabeth d'*Angleterre*, né en 1531, était fils du duc de Northumberland, qui plaça Jeanne Gray sur le trône d'Angleterre. Par suite des événements qui conduisirent son père à l'échafaud, le jeune Dudley devait éprouver le même sort; mais la reine Marie, qui l'aimait, lui fit grâce. La reine Élisabeth, dont il avait déjà fait la connaissance à la Tour de Londres, accorda ensuite ostensiblement toute sa faveur à ce jeune et séduisant courtisan. Dudley fut assez ambitieux et assez imprudent pour chercher à exploiter de toutes les manières ses rapports avec cette princesse. Tout aussitôt après l'avénement de sa protectrice au trône, il fut nommé grand-écuyer et, malgré l'exiguité de ses facultés intellectuelles, appelé en outre à siéger au conseil, en même temps que comblé de grâces et de richesses. Dudley aspira même à la main de la reine, et dans ce but il intrigua contre les propositions de mariage faites à cette princesse par l'Autriche et par la France; on l'accuse même de s'être, à l'aide du poison, débarrassé de sa femme, Amy Robsart, qu'il avait épousée en 1550. En 1564, Élisabeth offrit la main de son favori à la reine d'Écosse, Marie Stuart, en même temps qu'elle le créait comte de Leicester et baron de Denbigh; mais elle rompit elle-même bientôt après ces négociations, qui vraisemblablement n'avaient jamais rien eu de sérieux de sa part. Quand, en 1568, Marie Stuart vint chercher un refuge en Angleterre, Leicester parut prendre parti pour elle, et appuya le complot qui avait pour but de lui faire épouser le comte de Norfolk. Mais cette intrigue lui ayant paru devenir dangereuse pour lui-même, il dénonça ses complices à Élisabeth, et s'associa dès lors à ceux qui complotaient la ruine de Marie.

Dudley eut à redouter plus sérieusement les effets du courroux d'Élisabeth quand celle-ci apprit par la cour de France son mariage secret avec la veuve du comte Devereux d'*Essex*, qu'il avait en outre empoisonné. Cependant cette fois encore le rusé courtisan réussit à apaiser la reine par toutes sortes de flatteries. En 1585 elle le nomma commandant en chef des troupes auxiliaires qu'elle envoyait contre l'Espagne aux révoltés des Pays-Bas, et elle lui donna des instructions secrètes ayant vraisemblablement pour but d'amener les états généraux à se reconnaître sujets de la couronne d'Angleterre. Dans ce poste difficile Leicester se comporta avec une arrogance et un arbitraire extrêmes. Il contraignit les habitants des Pays-Bas, au mois de février 1586, à le reconnaître en qualité de gouverneur général et à lui déférer le commandement suprême de toutes leurs forces de terre et de mer; en même temps il ne dissimula nullement qu'il visait au pouvoir absolu. Il eût infailliblement réussi dans son plan, si le prudent Jean d'Oldenbarneveldt, alors grand-pensionnaire de Hollande, ne s'était pas mis à l'encontre. Comme Leicester était aussi incapable de rendre le moindre service aux états généraux sur les champs de bataille que dans les négociations, la méfiance et le mécontentement allèrent toujours croissant contre lui; d'autant plus qu'il s'efforçait de soulever le bas peuple contre les autorités constituées. Élisabeth était loin assurément de désapprouver les moyens employés par Leicester; mais elle finit par reconnaître que son favori n'était point à la hauteur du rôle qu'elle avait voulu lui faire jouer, et en conséquence elle le rappela à Londres, en décembre 1587.

Malgré sa notoire incapacité, elle lui confia encore le commandement de l'armée chargée de défendre Londres lorsque l'Angleterre était menacée d'une invasion espagnole; choix qui à coup sûr eût été fatal à ce pays, si le duc de Parme avait pu réussir à y transporter de Hollande les forces qu'il avait à sa disposition. Au plus fort de la crise, la reine voulut même nommer son favori gouverneur général ou vice-roi d'Angleterre et d'Irlande; heureusement Burleigh et Hatton l'empêchèrent de commettre une telle faute. Leicester mourut le 4 septembre 1588, au milieu du délire de joie provoqué en Angleterre par la destruction de la fameuse *armada*. Quoique de son vivant il eût exercé sur la reine l'empire le plus illimité, qu'il eût pu impunément l'offenser, comme aussi piller la fortune publique et accaparer les plus hautes dignités, Élisabeth l'eut bien vite oublié. Il n'eut pas plus tôt fermé les yeux qu'elle fit vendre publiquement ses biens, pour se rembourser des avances qu'elle lui avait faites. Le comte Robert d'Essex, beau-fils de Leicester, jeune homme de vingt-et-un ans, fut celui qui lui succéda immédiatement dans les bonnes grâces de cette princesse. D'un commerce secret et probablement illégitime avec la veuve de lord Sheffield, de la maison de Douglas, Leicester laissait un fils appelé Robert Dudley. La donnée suivant laquelle il aurait empoisonné sa première femme est le sujet traité par Walter Scott dans son roman de *Kenilworth*.

LEICESTER (Le comte de). *Voyez* COKE (William).

LEININGEN (Les princes de). *Voyez* LINANGES.

LEINSTER (On prononce *Lenst'r*), province formant l'extrémité sud-est de l'Irlande, bornée au nord par l'Ulster, à l'ouest par le Connaught et le Munster, au sud par le canal Saint-Georges, et à l'est par la mer d'Irlande. Ses côtes offrent moins de baies que celles du reste de l'île; les principales sont celles de Dundalk et de Dublin, et les golfes de Wexford et de Waterford. La partie occidentale de cette province est montagneuse, surtout dans le comté de Wicklow, au sud de Dublin, où, au milieu des sites les plus accidentés, s'élève, à 800 mètres au-dessus du niveau de l'Océan, le mont *Lugnaquilla*; à l'ouest, sur les limites du Munster, les *Slieve-Bloom*, les *Galtees* et le *Knockmeledown* forment une longue et étroite chaîne de montagnes; et, enfin, au sud s'élèvent les monts *Kilkenny* et, sur la limite des comtés de Carlow et de Wexford, les monts *Blackstair*. Au nord et au centre, au contraire, s'étendent à perte de vue des plaines immenses, à peine interrompues par quelques massifs de collines et de montagnes, et couvertes soit de terres labourées et fertiles et de belles prairies toujours vertes, soit de vastes marais et des tourbières, que l'on a desséchés en partie dans ces derniers temps. Les lacs sont en grande partie situés au nord-ouest; tels sont, par exemple, les lacs Derreveragh, Hoyle, Ennel et le lac Ree, traversé par le Shannon. Les principaux fleuves du Leinster sont : le Shannon, qui reçoit l'*Inny* et la Brosna, sur la limite du Connaught; le Slaney et ses affluents, le Nore et le Barrow, au sud; à l'est, l'*Ovoca*, dans le comté de Wicklow; la Liffey, dans le comté de Dublin, avec ses affluents, la Boyne et le Blackwater, dans le comté d'East-Meath. De plus, les voies de communication fluviales sont continuées par le canal Royal et le Grand-Canal, qui tous deux coupent le milieu de cette province et relient le Shannon à la ville de Dublin; c'est aussi de cette capitale que part la grande voie ferrée qui va jusqu'à Limerick. Sur les 246 myriamètres carrés de superficie de cette province, un septième environ, composé de

15.

montagnes, de marais et de lacs, est entièrement improductif. La population, qui en 1841 était de 1,973,731 habitants, n'était plus en 1851 que de 1,667,771 habitants; elle avait donc diminué de plus de 15 pour 100; cependant, la diminution de la population a été moindre dans cette province que dans les trois autres dont se compose l'Irlande. Après l'agriculture et l'élève des bestiaux, les habitants s'adonnent surtout à la fabrication des lainages, du coton, de la bière; à la distillation, à l'extraction de la tourbe, et au commerce de la toile, des bestiaux, des viandes salées, du miel et du beurre. Les ports principaux sont : Dublin, qui est en même temps le centre de fabrication le plus important, Dundalk et Wexford. Le Leinster est divisé en douze comtés, à savoir : Louth, East-Meath, Dublin, Wicklow, Wexford, Carlow, Kilkenny, Kildare, le comté de la Reine, le comté du Roi, West-Meath et Longford.

LEIPOGRAMME ou **LIPOGRAMMATIQUE** (de λείπω, je laisse, γράμμα, lettre). Ce sont des pièces dans lesquelles une lettre de l'alphabet a été omise à dessein. Certon en a composé. Pareils tours de force sont renouvelés des Grecs. Nestor de Laranda, écrivain du troisième siècle de notre ère, composa une *Iliade* qui n'a point fait oublier entièrement celle d'Homère, bien que le premier livre soit sans *a*, le second sans *b*, le troisième sans *c*, et ainsi de suite. Tryphiodore, dont il nous reste un petit poëme sur la prise de Troie, écrivit une *Odyssée* dans le goût de l'*Iliade* de Nestor. Lossus d'Herminione, qui fut le précepteur de Pindare, écrivit une ode sans *s*, et son illustre élève daigna l'imiter. Un auteur resté presque ignoré, et qui sans doute avait du temps de reste, Gordianus Fulgentius, avait composé sur les âges du monde et de l'homme (*De Ætatibus Mundi et Hominis*) un ouvrage en vingt-trois chapitres, où manque successivement une lettre de l'alphabet. Il ne s'en est conservé que quatorze chapitres, et encore le dernier, dont l'o est banni, n'est-il pas complet. Dans un recueil de nouvelles œuvres *de los mejores ingenios de España*, publié à Madrid en 1709, par Isidore de Roblès, les cinq premières rejettent chacune à leur tour une des cinq voyelles; et telle est l'opulence de la langue des Castilles que l'on ne s'aperçoit nullement que l'auteur ait dû se mettre à la gêne pour atteindre ce but. Nous pouvons citer dans le même genre le poëme d'Oratio Fidele, *L' R sbandito sopra la potenza d'amore* (Turin, 1633, in-12), écrit de mille six cents vers où la lettre *r* ne se trouve pas une seule fois. G. BRUNET.

LEIPZIG, la seconde ville du royaume de Saxe, et le chef-lieu du cercle du même nom, dans la partie nord-ouest du royaume, à quelques kilomètres seulement de la frontière de Prusse, est située dans une grande et fertile plaine, richement arrosée par l'Elster, la Pleisse et la Parthe, dont les bras baignent en partie les murs de la ville et qui confondent leurs eaux loin de là. Elle doit son origine à l'empereur Henri Ier, qui construisit, dit-on, au confluent de la Pleisse et de la Parthe un château fort, autour duquel vinrent successivement se grouper un certain nombre d'habitations. Son nom slave de *Lep* ou *Lipa*, mot qui dans la langue slave veut dire *tilleul*. La ville se divise en trois quartiers : la *ville intérieure*, les *faubourgs* et les *constructions nouvelles*; elle était jadis entourée de fortifications, qu'on commença à raser dès 1784. Les faubourgs proprement dits sont séparés de la ville par les promenades et l'entourent et qui consistent en belles plantations de tilleuls et de marronniers, bordées de chaque côté d'une rangée d'élégantes habitations. En fait de places publiques, on y remarque surtout la place du Marché, qui forme un carré régulier bordé de chaque côté de maisons à cinq et six étages, la place Augustus, la place de la Bourse, la place Royale, ornée de la statue en pied du roi Frédéric-Auguste Ier, la place du Théâtre, où une statue a été érigée en 1851 à Hahnemann. Tandis que les constructions nouvelles et même en partie les faubourgs sont remarquables par leur caractère tout moderne, on trouve encore dans la ville intérieure un grand nombre de ruelles étroites et tortueuses à côté de quelques grandes rues larges et droites. Le nombre total des maisons est de 2,300. Les rues sont tenues dans un grand état de propreté, bien que d'ailleurs assez mal pavées. La ville et les faubourgs sont éclairés au gaz, et les constructions nouvelles au moyen de lampes à l'hydrocarbure. Il y a d'ailleurs peu de villes en Allemagne qui dans ces vingt-cinq dernières années aient subi une aussi complète transformation. La population a suivi aussi le mouvement constant d'accroissement de la ville, et le 1er décembre 1852 elle atteignait le chiffre de 66,086 habitants, dont la très-grande majorité appartiennent à la confession d'Augsbourg. On n'y compte en effet que 1,630 calvinistes, 1,285 catholiques romains, 306 catholiques-allemands, 50 grecs et 350 juifs.

Leipzig a peu d'édifices à citer qui soient remarquables par l'ampleur de leurs proportions ou par leur mérite architectural. Les plus anciennes églises sont celles de Saint-Thomas et de Saint-Nicolas, datant l'une de 1496 et l'autre de 1525. L'hôtel de ville, situé sur la place du Marché, est d'un assez bel effet : il date de 1556. L'*Augusteum*, siège de l'université, est incontestablement le plus bel édifice de la ville. Sa façade n'a pas moins de 120 mètres de développement. Il faut encore citer la Bourse (1680), la Bourse des libraires (1836), le débarcadère du chemin de fer saxo-bavarois et l'hôtel des Postes. En fait de constructions particulières, on doit surtout mentionner le Grand Restaurant, vaste local où en 1850 il se tint une brillante exposition des produits de l'industrie, la Loge des francs-maçons, les imprimeries de Brockhaus et de Teubner, l'hôtel de Pologne, etc. Parmi les jardins publics, on remarque surtout le jardin Gerhard (ci-devant Reichenbach), où un monument a été élevé à la mémoire de Poniatowski, mort le 19 octobre 1813 en traversant l'Elster.

Les foires annuelles qui se tiennent à Leipzig, et qui ont fait de cette ville le centre commercial le plus important de l'Allemagne après Hambourg, en même temps que l'une des capitales commerciales du monde civilisé, ont surtout contribué à son universelle célébrité. La population est presque exclusivement composée d'industriels et de commerçants. Quoique Leipzig eût dès la fin du douzième siècle des marchés privilégiés, la fondation de ses foires ne remonte qu'au quinzième siècle. En 1548 l'électeur Frédéric le Débonnaire ajouta aux foires de Pâques et de la Saint-Michel celle du nouvel an. Ces trois foires, tenues en vertu de privilèges impériaux qui facilitaient singulièrement les relations commerciales, contribuèrent beaucoup à la prospérité de la ville, qui ne souffrit que passagèrement des désastres et des calamités de la guerre de trente ans. Au commencement du dix-huitième siècle, la ville perdit, il est vrai, son droit d'entrepôt; mais vers la fin de ce même siècle ses foires finirent par l'emporter complétement sur celles de Francfort-sur-l'Oder, qui avaient jusque alors été pour elles une rude concurrence. C'est aussi de cette époque que date l'immense concours de juifs russes et polonais qu'on y remarque, comme aussi l'habitude de plus en plus générale des négociants anglais et français de fréquenter ces foires, et plus particulièrement celle de Pâques. L'accession de la Saxe au système du Zollverein et la création des chemins de fer ont beaucoup contribué à développer l'importance du mouvement commercial de cette place. On estime aujourd'hui à plus de 250 millions de francs l'importance des transactions de la seule foire de Pâques, tandis qu'il y a une vingtaine d'années elle atteignait à peine le chiffre de 80 millions. Rien de plus animé que l'aspect de la ville à ces époques, qui y attirent des négociants de toutes les parties du monde. Depuis 1826 il se tient aussi à Leipzig, au mois de juin, une foire de trois jours, spécialement consacrée aux laines, et qui est toujours extrêmement fréquentée.

La librairie constitue aussi une partie importante du commerce de Leipzig. Les libraires éditeurs, détaillants ou commissionnaires, ont une Bourse spéciale pour y traiter de leurs affaires et de leurs intérêts. Leur nombre, qui en

1716 n'était que de 17, atteignait déjà en 1828 le chiffre de 77; il était de 154 en 1853. Quelques-unes des maisons de librairie de Leipzig occupent un rang distingué parmi les plus grandes maisons de commerce de l'Allemagne. En 1854 on y comptait 34 imprimeries, occupant 81 presses à bras et 45 presses mécaniques ; la plus considérable était celle de Brockhaus, qui occupait 24 presses à bras et 9 presses mécaniques. Les relieurs sont au nombre de 90. On ne pourrait pas d'ailleurs citer à Leipzig d'autres usines ou manufactures d'une importance réelle ; et tous les efforts tentés pour y acclimater la fabrication des soieries ont échoué. Les seules industries qui y soient en voie de prospérité sont la fabrication des toiles cirées et celle des pianos. On y fabrique aussi un peu de fleurs artificielles, de passementerie et de parfumerie.

L'université occupe le premier rang parmi les établissements scientifiques de Leipzig; elle doit son origine à des querelles survenues en 1409, à l'université de Prague, entre les étudiants bohèmes et les étudiants allemands ; querelles par suite desquelles ces derniers se décidèrent à déserter en masse. Son ouverture eut lieu le 4 décembre 1409, et depuis quatre siècles et demi elle est demeurée l'une des plus célèbres écoles qu'il y ait en Allemagne. En 1853 on y comptait : pour la faculté de théologie, 8 professeurs et 2 agrégés; pour la faculté de droit, 8 professeurs et 5 agrégés ; pour la faculté de médecine, 11 professeurs et 10 agrégés; pour la faculté de philosophie (comprenant la philosophie proprement dite, la philologie, les sciences naturelles et les sciences exactes), 19 professeurs et 14 agrégés. Le nombre des étudiants, qui jusque dans ces dernières années avait toujours été de 1300 en moyenne, a sensiblement diminué depuis les *épurations* opérées en 1850 dans le personnel enseignant. Au commencement de 1853 il n'était que de 794 (dont 241 étrangers). Les revenus de l'université s'élèvent pas à moins de 2,800,000 fr., et sont employés tant en bourses gratuites qu'en traitements de professeurs, acquisitions de livres, etc. La bibliothèque de l'université est riche de 150,000 volumes. L'université possède en outre un observatoire, un cabinet de physique, un laboratoire de chimie, un muséum d'histoire naturelle, un jardin botanique, une collection archéologique. A la faculté de médecine se rattachent une école de pharmacie, une école d'accouchement et diverses cliniques faites dans les hôpitaux de la ville. Indépendamment de l'université, il y a encore à Leipzig diverses écoles élémentaires et préparatoires, des écoles commerciales et industrielles, etc., une école des beaux-arts, un conservatoire de musique, fondé en 1843, par Mendelsohn-Bartholdy, etc.

LEIPZIG (Batailles de). Les plaines qui avoisinent Leipzig furent à diverses reprises le théâtre de sanglantes et décisives batailles, parce que la situation de cette ville, les ressources de toutes espèces qu'elle offre à une armée en font naturellement le nœud d'un grand nombre de combinaisons stratégiques. Si d'une part les eaux de l'Elster, de la Pleisse te de la Parthe y offrent une excellente ligne de défense, de l'autre la configuration générale du terrain s'y prête merveilleusement aux grands mouvements de troupes de toutes les armes. Parmi ces batailles, l'histoire en a plus particulièrement enregistré trois, dont les deux premières, appartiennent à la guerre de trente ans, ont été décrites dans notre ouvrage à l'article BREITENFELD. La troisième, livrée en octobre 1813 par les coalisés à Napoléon, et qui dura deux jours, est aussi appelée en Allemagne *la bataille des peuples*.

Au mois d'octobre 1813, Napoléon, instruit de la défection de la Bavière, et craignant une invasion pour nos frontières, dégarnies, songea à tout mettre en œuvre pour empêcher les coalisés de s'emparer de Leipzig et des défilés que cette place défend, et qui lui étaient nécessaires pour se rapprocher de la France. Il y marcha donc en hâte, et y arriva si bien à temps que toutes les armées belligérantes se trouvèrent à peu près réunies le 16 au matin dans les plaines qui s'étendent en avant. Pendant qu'il avait ma-

nœuvré contre le prince de Suède, l'armée austro-russe, débouchant des montagnes de la Bohême, poussait devant elle les corps laissés pour l'observer. Dès le 14 Murat avait été attaqué à Liebertwolkwitz, au sud, à quelques lieues de Leipzig, et, après un combat opiniâtre, tout ce qu'il put faire s'était borné à conserver sa position, désignée ainsi pour être le théâtre d'une bataille devenue inévitable. Là en effet, dans la nuit du 15 au 16, l'empereur déploya son armée. Le centre, composé du corps d'Augereau, du deuxième et du cinquième, appuyé par les quatrième et cinquième de cavalerie, occupa Wachau et Liebertwolkwitz ; la droite, composée du huitième corps (Polonais), s'étendit le long de la Pleisse, pour en défendre le passage ; la gauche, formée par le onzième corps et les premier et deuxième de cavalerie, se plaça en avant de Holzhausen ; la garde impériale à Probsthayde, pour couvrir et défendre le passage et les défilés de l'Elster et de Leipzig ; le quatrième corps, enfin, prit position en avant de Lindenau. L'armée du prince de Suède n'était point en mesure d'arriver ce jour-là sur le champ de bataille, mais elle approchait assez pour qu'on ne pût pas faire abstraction de son existence ; Ney fut chargé de la contenir : en conséquence, le sixième et le troisième corps prirent position à la droite de la Parthe, vers Mœkern, pour couvrir Leipzig avec le cinquième de cavalerie ; le septième (Saxons) devait être placé vers Taucha, et couvrir la lacune qui restait entre les deux moitiés de l'armée.

Napoléon avait été forcé de prendre un ordre de bataille à deux fronts, dont l'un, opposé à l'armée austro-russe, formait un saillant prononcé à Wachau ; et ce fut précisément contre ce saillant que le général des coalisés dirigea ses efforts. Ayant jeté au-delà de la Pleisse et de l'Elster le corps de Giulay, qui avait la mission de forcer Lindenau et de s'emparer de Leipzig, Schwartzenberg enfourna encore le corps de Meerfeld entre ces deux rivières, dans un terrain coupé de bois et de marais, et le chargea de passer la Pleisse de vive force et de se rendre maître de Connowitz, derrière notre droite. Son projet était, à ce qu'il paraît, d'envelopper l'armée française tout entière à Wachau et Liebertwolkwitz. Les corps de Wittgenstein et Kleist, soutenus par les grenadiers et les gardes russe et prussienne, furent chargés de ces deux attaques. A leur droite, le corps de Klenau et les Cosaques de Platow s'étendirent vers Poesana, afin de tourner notre gauche. L'attaque des villages de Wachau et Liebertwolkwitz fut vive et sanglante : avant onze heures les colonnes ennemies avaient été six fois repoussées en désordre. Alors l'empereur songea à prendre l'offensive à son tour. Les deuxième et cinquième corps débouchèrent des deux villages, en même temps qu'une partie de la garde marchait, plus à gauche, contre le corps autrichien de Klenau. Ces deux attaques réussirent : l'ennemi fut enfoncé partout, et ramené à ses premières positions. Plus tard, vers deux heures, le combat se prolongeant par une canonnade meurtrière et sans résultat, Napoléon fit encore déboucher les premier et quatrième corps de cavalerie sur le centre ennemi. Malgré un échec reçu par le quatrième corps, ce centre allait être enfoncé, lorsqu'une partie des réserves ennemies entrèrent en ligne et arrêtèrent nos succès. Peu après, le restant des réserves ennemies étant entré en action, l'attaque des deux villages fut renouvelée sous la protection d'une artillerie formidable. L'empereur, voyant le désastre dont il était menacé, résolut de tenter un dernier effort pour ramener la victoire sous ses drapeaux ; mais la disproportion était trop grande, tout ce qu'il put faire fut d'arrêter l'ennemi jusqu'à la nuit. De l'autre côté de Leipzig, Blücher seul, qui précédait le prince de Suède, entra en action vers midi ; Ney avait eu le tort grave de s'affaiblir en envoyant vers Wachau deux divisions, qu'il rappela mal à propos encore, et qui ne combattirent nulle part. Sa défense fut aussi vaillante et aussi opiniâtre qu'on pouvait l'attendre de lui ; mais, ayant perdu le village de Mœkern, il fut obligé vers le soir de se replier sur la Parthe.

Dans cette journée, qui fut la première de Leipzig, l'honneuf des armes nous resta, puisque cinquante mille hommes en continrent cent cinquante mille ; mais ne s'agissait-il alors que de l'honneur des armes ? Le 17 les armées restèrent en présence et en repos. On a fait à Napoléon un reproche que nous croyons juste, celui de n'avoir pas profité de cette journée soit pour mettre son armée en retraite, dans la nuit du 17 au 18, soit au moins pour se débarrasser de la plus grande partie de son matériel et prendre une position concentrée autour de Leipzig. Il était si loin en effet de compter sur la victoire, qu'il alla lui-même reconnaître les dispositions qui devaient assurer sa retraite. Quoiqu'il en soit, bien que décidé à combattre, il laissa subsister pendant la journée du 17 la grande lacune qui existait depuis Holzhausen jusqu'à Schœnefeld, entre les deux moitiés de son armée. Elle ne fut à peu près remplie que le 18 au matin, par le septième corps, arrivé de Düben, et dont la droite et la gauche se rapprochèrent. La droite, commandée par l'empereur en personne, prit pour centre tactique les hauteurs de Probsthayde ; elles furent occupées par les corps d'Augereau et de Victor ; le corps de Poniatowski était à droite, contre la Pleisse, appuyé par la cavalerie de Kellermann ; à gauche se trouvait le corps de Macdonald, appuyé par la cavalerie de Milhaud et de Latour-Maubourg ; les corps d'infanterie de Lauriston et de cavalerie de Sébastiani couvraient Stælteritz, en première réserve, disposés, au besoin, à contenir celui de Reynier vers Paunsdorf. La garde formait une seconde réserve à Tonberg. La gauche, commandée par Ney, s'était repliée derrière la Parthe, entre Schœnefeld et Santa-Thecla ; la division Dombrowski et la cavalerie d'Arrighi apparaissaient en réserve devant Leipzig. Le corps de Bertrand, occupant Weissenfels et le pont de la Saale, couvrait la plaine de Lutzen. L'armée française comptait enfin sur le champ de bataille environ cent trente mille hommes ; les coalisés en avaient plus de trois cent mille.

A huit heures du matin, l'armée austro-russe, forte de cent cinquante mille hommes, s'ébranla pour attaquer notre droite. Nos postes avancés ayant été emportés avec beaucoup de peine et de perte, Schwartzenberg lança successivement les deux corps de Bianchi et de Klenau contre celui de Poniatowski, afin de s'emparer de Connawitz et de tourner Probsthayde. L'un et l'autre furent battus et réduits à l'impossibilité d'avancer. En même temps Macdonald, attaqué par Beningsen, reçut l'ordre de se rapprocher de Stœlteritz et d'occuper une position où il serait impossible de le forcer. Le corps de Lauriston se rapprocha alors de Probsthayde, devenu centre et point principal de cette partie de la bataille. Vers deux heures après midi, Schwartzenberg, voyant ces deux ailes contenues, se décida à réunir la majorité de ses forces pour emporter le village et les hauteurs de Probsthayde. Plusieurs charges successives furent repoussées avec une perte énorme ; vers cinq heures, Napoléon ayant fait avancer ses réserves d'artillerie, Schwartzenberg se vit obligé de faire replier ses troupes au delà du vallon. A notre gauche, les intelligences que l'ennemi avait dans les troupes saxonnes décidèrent le prince de Suède à passer la Parthe vers Paunsdorf. Mais malgré cette précaution, à mesure que les troupes coalisées se présentaient, les deux divisions saxonnes et la cavalerie de Wurtemberg s'empressaient de nous tourner le dos, avec une si honteuse précipitation que le grand-duc Constantin, à qui leur chef se présenta pour faire valoir leur défection, ne put s'empêcher de le traiter de j... f...... Ney, se voyant pris à revers par sa droite, la fit replier le-champ vers Paunsdorf ; mais bientôt il fut forcé de prendre position derrière le ruisseau de Rendnitz, et ne cessa point d'y être attaqué si vigoureusement que l'empereur dut accourir à son secours avec la cavalerie de la garde. Il parvint cependant à s'y maintenir, avec moins de quarante mille hommes, contre cent cinquante mille.

Ainsi se termina la seconde journée de Leipzig. Nous avions conservé à peu près notre champ de bataille ; mais nous avions joué un jeu d'honneur, et avec l'énorme disproportion de force, ce jeu équivalait pour nous à une perte totale. D'ailleurs, la ligne se trouvait ouverte par la désertion des Saxons ; nous n'avions plus de munitions et notre dernière réserve était à trente lieues de là. Il fallait donc songer à la retraite : elle commença dans la nuit du 18 au 19, dans des circonstances beaucoup moins favorables que le 17. Leipzig devant servir de tête de pont, l'armée s'y concentra. Dès huit heures du matin toutes les colonnes coalisées se présentèrent devant les faubourgs, qu'elles attaquèrent vigoureusement. Les magistrats se portèrent à la rencontre de l'empereur de Russie et du roi de Prusse pour implorer leur clémence en faveur des habitants; mais il fallait du pillage aux soldats coalisés : *Germani ad prædam*, dit Tacite. Leur demande fut repoussée. Le combat fut long et sanglant ; mais la retraite continua en bon ordre sur les ponts. A deux heures l'armée entière eût pu y passer avec tous ses parcs, si, vers midi quelques tirailleurs russes s'étant glissés le long de l'Elster, le pont qui touche à Leipzig n'avait sauté. Le colonel du génie Monfort, chargé de le détruire aussitôt que toute l'armée aurait été sur l'autre rive, en avait, dit-on , chargé à son tour un caporal, qui prit l'épouvante à la vue des premiers ennemis.

Les deux batailles de Leipzig nous coûtèrent vingt mille morts, et trente mille prisonniers, dont les deux tiers blessés. Poniatowski et trois généraux de division furent tués, Ney, Marmont et quatre généraux, blessés: dix-sept généraux, faits prisonniers. Les coalisés eurent quatre-vingt mille hommes hors de combat, parmi lesquels huit généraux tués et onze blessés. Gal G. DE VAUDONCOURT.

LEITH. *Voyez* ÉDIMBOURG.

LEITMERITZ ou **LEUTMERITZ** (en bohème, *Litomiczice*), chef-lieu d'une capitainerie du cercle de Bœhmisch-Lieppa, royaume de Bohême, dans une situation ravissante, sur une hauteur dominant la rive droite de l'Elbe, qu'on y passe sur un pont de 550 mètres de long, et qui arrive là après avoir franchi les montagnes centrales de la Bohême. Leitmeritz était autrefois le chef-lieu d'un cercle du même nom, qu'en raison de l'admirable fertilité de son sol on avait l'habitude d'appeler le *Paradis de la Bohême*. On y compte 4,800 habitants. Cette ville est encore en partie fortifiée ; depuis 1852 on y a construit, pour défendre la tête de pont, trois ouvrages fortifiés isolés, et il paraît qu'on a l'intention de les relier plus tard par une ligne de communication, en y ajoutant des tours et autres ouvrages.

LEITRIM, comté formant l'extrémité nord-ouest de la province de Connaught (Irlande), situé entre les comtés de Sligo et de Roscommon à l'ouest, les provinces de Leinster et d'Ulster au sud et à l'est, et la baie de Donegal au nord. Sur une superficie de 21 myriamètres carrés, dont 8 environ en montagnes, marais et lacs, on y comptait en 1841 155,297 habitants, et en 1851 111,808 seulement ; ce qui fait une diminution de 28 pour 100. Ce comté est montagneux, surtout au nord. Il abonde en excellents pâturages, et toutes ses forêts ont disparu. Le sol est vallée et des plaines est très-fertile, mais mal cultivé, et arrosé par d'abondants cours d'eau, affluents soit du Shannon, qui dans ce comté sort du lac Clean, pour se jeter dans le lac Allen, qu'il traverse, soit du Bonnet et des lacs Melvin et Macnean. Les principaux produits consistent en pommes de terre, lin et avoine. On s'y livre à l'élève des moutons et encore plus à celle du gros bétail, et le commerce du beurre y donne aussi des profits considérables. L'industrie se borne à la fabrication de toiles grossières et de poteries. Le cantrim a pour capitale *Carckir-sur-le Shannon*, petite ville sans importance et dont la population ne dépasse pas 2,000 âmes. Un peu au-dessus de Carckir est situé l'ancien bourg de *Leitrim*, bien déchu aujourd'hui, car on y compte à peine 300 habitants, et voisin d'une mine de houille.

LEKAIN (HENRI-LOUIS), célèbre acteur tragique, était né à Paris, le 3 avril 1729. Son père, qui était orfèvre, le destinait à sa profession : néanmoins, quoique peu fortuné,

LEKAIN — LE LABOUREUR

Il le fit étudier au collège Mazarin, où l'année scolaire se terminait par des représentations dramatiques. Comme les costumes occasionnaient quelques dépenses à ceux qui y jouaient des rôles, le jeune Lekain se bornait à celui de souffleur; il retenait ainsi les pièces par cœur, et ses camarades le prenaient à part pour répéter leurs rôles avec lui. Un peu plus tard, dans l'atelier de son père, il déclamait des tirades de tragédie en travaillant; et les ouvriers l'écoutaient avec curiosité. Son plus grand divertissement était de pouvoir aller le dimanche à la Comédie-Française. Il a raconté lui-même, dans un petit écrit très-court, ce qui occasionna sa liaison avec Voltaire, et ce qui par suite décida sa vocation pour le théâtre. La paix de 1748 ayant ramené le goût des plaisirs, diverses sociétés se formèrent parmi les jeunes gens de Paris pour jouer la comédie entre eux. Lekain se mit à la tête de ces sociétés, qui donnait ses représentations à l'hôtel Jabach, rue Saint-Méry, et sa troupe éclipsa bientôt les autres. D'Arnaud-Baculard lui fit jouer sa comédie du *Mauvais Riche*, et invita Voltaire à la représentation. Celui-ci demanda quel était l'acteur qui avait joué le rôle de l'amoureux : on lui répondit que c'était le fils d'un orfèvre de Paris, lequel jouait la comédie pour son plaisir, mais qui aspirait à en faire son état. Voltaire témoigna le désir de le connaître, et le fit engager à venir le voir le surlendemain. En entrant, le jeune homme, timide, est saisi d'émotion à la vue du poète, qui lui tend les bras, et le rassure en s'écriant : « Dieu soit loué ! j'ai rencontré un être qui m'a ému et attendri, même en récitant d'assez mauvais vers. » Voltaire, après lui avoir adressé des questions sur lui-même et sur ses idées d'avenir, s'efforça de le détourner du projet de se faire comédien. « C'est moi qui vous prédis que vous aurez la voix déchirante, et que vous ferez un jour les délices de Paris; mais, pour Dieu ! ne montez jamais sur un théâtre public. » En même temps il lui offrit de lui prêter 10,000 francs pour s'établir, s'il voulait renoncer à son projet et prendre un autre état. Cela se passait en février 1750. Lekain persistant dans ses idées, Voltaire consentit à faire bâtir, dans son hôtel, un petit théâtre, où le jeune homme jouait avec les nièces du poète et quelques amis; il le défraya même de tout pendant six mois qu'il le garda chez lui; ce sont les propres paroles de Lekain.

Par le crédit de l'auteur de *Zaïre*, le jeune acteur reçut un ordre de début en septembre 1750 ; mais ce ne fut qu'en février 1752, au bout de dix-sept mois de représentations, qu'il parvint à surmonter tous les obstacles et à se faire admettre parmi les comédiens du roi. Dès ce moment, par des études assidues, il travailla à fonder sa réputation, qui grandit tous les jours. Deux ans après, en 1754, il obtenait des applaudissements universels dans le rôle d'Hérode, de la *Mariamne* de Voltaire. En 1765, à la reprise d'*Adélaïde du Guesclin*, qui avait été outrageusement sifflée vingt ans auparavant, la supériorité avec laquelle il créa le rôle de Nemours fit dire qu'il avait partagé la gloire du succès avec le poète.

Les réformes scéniques dont Lekain fut l'auteur, ou auxquelles il contribua, font partie essentielle des services rendus par lui à l'art dramatique. Un vieil usage, qui admettait les spectateurs sur la scène, mêlés et confondus avec les acteurs, devait refroidir singulièrement la représentation. Lekain rédigea, en 1759, un mémoire pour prouver la nécessité de supprimer les banquettes sur le théâtre de la Comédie-Française, en séparant ainsi les acteurs des spectateurs. L'avantage de ce changement était incontestable ; mais il fallait l'acheter par le sacrifice d'une portion de la recette, et cette considération retenait la Comédie. Le comte de Lauragais s'en chargea de l'indemnité, qui s'éleva à 60,000 francs. On dut encore à Lekain les premiers pas faits pour réformer le costume. On voyait César serré dans un bel habit de satin blanc, la chevelure flottante et réunie sous des nœuds de rubans ; ou bien Auguste avec la perruque à la Louis XIV, lardée de feuilles de laurier et surmontée d'un chapeau à plumet ; Bayard était également vêtu d'un habit couleur chamois, sans barbe, poudré et frisé comme un petit-maître du dix-huitième siècle. Lekain ne parvint à faire disparaître qu'en partie le ridicule de ces costumes. On vivait au temps des Boucher et des Vanloo, qui n'étaient pas moins faux, moins maniérés dans l'agencement de leurs draperies que dans la représentation du corps humain. A Talma seul il était réservé de transporter sur la scène la révolution opérée par David dans les arts du dessin.

Lekain eut à lutter aussi contre le vieux système de déclamation, qui n'était qu'une psalmodie continuelle, une triste mélopée. Cependant, il n'osa pas dès le début abandonner entièrement ce chant cadencé, regardé de son temps comme le beau idéal de la déclamation, et que l'acteur conservait même dans les emportements de la passion ; mais chez Lekain cette pompe, cet apprêt solennel se perdaient dans un jeu plein de chaleur et dans des accents pathétiques ou terribles, qui ébranlaient les âmes. « La nature, dit Grimm, lui avait refusé presque tous les avantages que semble exiger l'art du comédien. Ses traits n'avaient rien de régulier, de noble ; sa physionomie, au premier coup d'œil, paraissait grossière et commune, sa taille courte et pesante ; sa voix était lourde, peu flexible. Un seul don de la nature suppléait à tous ces défauts, une sensibilité forte et profonde, qui faisait disparaître la laideur de ses traits sous le charme de l'expression dont elle les rendait susceptibles, qui ne laissait apercevoir que le caractère et la passion dont son âme était remplie et lui donnait à chaque instant de nouvelles formes, un nouvel être..... C'est au charme de sa voix qu'il fut redevable de ses plus grands succès ; elle était naturellement pesante, et même un peu voilée ; à force d'étude et de travail, il corrigea tellement ce défaut qu'il ne lui en resta que l'habitude d'un ton ferme, de régulier et soutenu. En déclamant le cœur, il enchantait toujours l'oreille ; sa voix pénétrait au fond de l'âme, et l'impression qu'elle y laissait, semblable à celle du burin, y laissait des traces profondes et de long souvenirs. »

Il mourut d'une maladie inflammatoire, dans sa cinquantième année, le 8 février 1778, et fut inhumé le jour même où Voltaire rentrait à Paris après vingt-huit ans d'absence. Le prince Henri de Prusse, frère de Frédéric II, avec lequel il était en correspondance, l'avait fait venir à Berlin en 1775. L'accord est unanime sur la noblesse de son caractère : il avait à cœur de rendre à sa profession la considération dont d'injustes préjugés l'avaient dépouillée. Tout ce qu'on cite de lui atteste la conduite et les sentiments les plus honorables. Le recueil de petits écrits qu'on a intitulés *Mémoires de Lekain* ne répond nullement à la curiosité du lecteur ; les seuls morceaux qui offrent quelque intérêt sont les pages que nous avons citées sur sa première entrevue avec Voltaire, et une lettre dans laquelle il rend compte d'un voyage qu'il fit à Ferney. ARTAUD.

LE LABOUREUR (JEAN), né à Montmorency, près de Paris, en 1623, mort dans la capitale, en 1675, fut d'abord gentilhomme servant de Louis XIV. Par la suite, il entra dans les ordres, obtint le prieuré de Juvigné, et devint aumônier du roi, puis commandeur de l'ordre de Saint-Michel. On lui doit divers ouvrages historiques, dont le plus remarquable est l'édition qu'il donna des *Mémoires de Castelnau*, à cause des notes dont il l'a enrichie, et qui jettent une grande lumière sur l'histoire de France sous les règnes de Charles IX et de Henri III. On lui doit aussi l'*Histoire du roi Charles VI*, traduite du latin sur un manuscrit provenant de la bibliothèque de De Thou. Sa relation du *Voyage en Pologne*, où il accompagna la maréchale de Guébriant, offre d'incidents romanesques ; mais l'historien n'y peut guère aller puiser de renseignements. Le Laboureur a écrit la vie du maréchal de Guébriant. On reproche à son *Traité des Armoiries* de manquer d'études. Le mauvais poème de *Charlemagne*, qu'on lui attribue dans quelques recueils biographiques, est de son frère aîné, *Louis* LE LABOUREUR, né en 1619 et mort en 1679.

LELEUX (ADOLPHE), l'un des peintres les plus distingués de l'école contemporaine, est né à Paris, le 15 novembre 1812. Après s'être longtemps occupé de travaux de gravure, il débuta assez obscurément au salon de 1835, par une aquarelle, qui ne fut pas remarquée, et qui peut-être ne méritait pas de l'être. Mais bientôt son originalité se fit jour : il exposa successivement : le *Chasseur de Picardie* (1836); les *Bas-Bretons*, *Le Mendiant* (1838); le *Rendez-Vous des Chasseurs* (1841); *Le Paralytique*, *La Korolte* (1842); *La Posada* (1843); les *Cantonniers*, les *Pêcheurs picards* (1844); les *Pâtres bas-bretons*, le *Départ pour le marché* (1845); les *Contrebandiers espagnols* et *Les Faneuses* (1846). Ces divers tableaux se recommandaient à l'attention de la critique par les mérites les plus sérieux. Observateur naïf et sincère de la réalité, M. Leleux rendait la nature avec une simplicité, une énergie, une hardiesse qui frappèrent tous les juges éclairés. Sa couleur était harmonieuse et vraie; les attitudes de ses personnages, exemptes de déclamation et d'emphase, ne manquaient ni de sévérité ni de caractère. Cependant, peu initié à la science de la lumière, il faisait souvent ses figures trop plates et trop peu détachées de la toile. Mais peu à peu la manière de M. Leleux se modifia; il acquit quelques qualités nouvelles, il perdit quelques-unes de celles qui avaient fait son succès. On vit alors de lui les *Jeunes Pâtres espagnols*, les *Bergers des Landes*, le *Retour du marché*, et son portrait (1847); l'*Improvisateur arabe*, les *Femmes arabes du désert* (1848); la *Danse des Djinns*, *Le Mot d'ordre*, et deux portraits d'enfants (1849); les *Bedouins attaqués par des chiens* (1851); *Le Dépicage des blés en Algérie* (1853), etc. Dans ses derniers tableaux, il semble qu'une préoccupation trop visible de l'œuvre d'un maître illustre ait diminué l'originalité native de l'artiste. Son dessin est devenu très-lâché, sa touche a perdu de sa légèreté et de son esprit. Mais M. Leleux est resté savant dans l'art de grouper ses figures, de les habiller, de leur donner de la couleur et de l'accent. Son portrait et celui, plus récent, qu'il a fait de Melle M.... sont des peintures larges, vigoureuses, excellentes; de très-grands mérites ont également été constatés dans *Le Mot d'ordre*, *La Sortie* et *La Patrouille*. M. Leleux a dessiné avec M. Penguilly un certain nombre d'*illustrations* charmantes pour la *Bretagne* de M. Pitre-Chevalier. La plupart de ses tableaux ont été remarquablement gravés à l'eau-forte. MM. Edmond Hédouin et Chaplin se sont surtout distingués dans ce travail, d'une exécution si difficile et toujours si hasardeuse. M. Adolphe Leleux a été créé chevalier de la Légion d'Honneur à la suite de l'exposition universelle de 1855.
Paul MANTZ.

LELEWEL (JOACHIM), l'un des écrivains les plus influents et le premier historien de la Pologne, né le 21 mars 1786, à Varsovie, est issu d'une famille allemande, celle des *Lœlhœvel*, qui ne vint s'établir en Pologne qu'au dix-huitième siècle. Nommé en 1809 professeur d'histoire au lycée de Krzeminiec en Volhynie, il obtint en 1814 une chaire à l'université de Wilna, et en 1816 une autre chaire dans la nouvelle université fondée à Varsovie. Peu de temps après, cependant, il vint reprendre ses fonctions à Wilna, où par son enseignement il acquit un haut degré l'estime publique; mais on le destitua en 1824, comme soupçonné d'être affilié à des sociétés secrètes. Elu ensuite député à la diète de Varsovie, il fut par ses écrits et ses discours l'un des principaux instigateurs de la révolution du 30 novembre 1830. Il ne fut pas plus tôt éclaté qu'il fut désigné comme l'un des députés chargés d'aller parlementer avec le grand-duc Constantin, et aussi l'un des premiers qu'on appela à faire partie de la commission exécutive; puis on le chargea du portefeuille des cultes, dans le gouvernement provisoire. Mécontent du dictateur Chlopicki, parce que, contrairement à son avis, celui-ci voulait substituer à la convention nationale un gouvernement populaire, il chercha, d'accord avec d'autres nonces, à renverser le dictateur; et quand Chlopicki eut donné sa démission, il fut élu membre du gouvernement national. Malgré cette position officielle, il n'en conserva pas moins la présidence du club démocratique; circonstance qui ne laissa pas alors que de jeter quelque chose d'équivoque sur la loyauté de son caractère.

Après la chute de la Pologne, Lelewel traversa sous un faux nom l'Allemagne et la Belgique, et de là se rendit à Paris, où il demeura jusqu'à la fin de 1832; mais à cette époque le séjour de cette capitale lui fut interdit à l'instigation de l'envoyé russe. Du consentement du ministère, et sous l'engagement de ne point venir à Paris, il s'établit à Lagrange, terre appartenant à La Fayette et située à peu de distance de la capitale. Mais, accusé, au mois de mars 1833, d'avoir manqué à sa parole, il fut immédiatement arrêté et expulsé de France. Il se fixa alors à Bruxelles, où il a longtemps fait des cours à l'université qu'on y a récemment établie. C'est un homme d'une fermeté de caractère vraiment antique, un républicain sincère et pur, un patriote éprouvé, à qui ses concitoyens rendent complétement justice.

Le nombre des ouvrages de J. Lelewel, qui témoignent pour la plupart de recherches aussi profondes que consciencieuses, est considérable. Ils ont surtout trait à l'histoire et à la géographie anciennes, à l'Inde des anciens, à Carthage, à l'antique mythologie du Nord, ainsi qu'à l'histoire et à la littérature polonaises.

LELY (PETER), ainsi appelé d'après le surnom qu'avait pris son père, originaire de la Westphalie et militaire, mais dont le nom véritable était *Van der Faes*, naquit en 1618, à Soest. Comme il annonçait des dispositions pour la peinture, son père l'envoya à Harlem, dans l'atelier de Grebber; et en peu d'années il arriva à surpasser son maître, aussi bien pour le paysage que pour la peinture historique. Toutefois, ce ne fut qu'en Angleterre, où il fut amené par le prince Guillaume d'Orange, en 1641, l'année même de la mort de Van Dyck, dont les œuvres avaient produit sur lui l'impression la plus vive, qu'il se livra à la peinture du portrait, son véritable genre. Ses portraits, qui sont extrêmement nombreux, différent d'ailleurs beaucoup de ceux de son illustre modèle. Cette vérité de nature, qui était si puissante chez le maître, lui fait défaut. La prétention à l'originalité donne à ses portraits de femmes un air de famille qui ne laisse pas que de plaire; mais dans ses portraits d'hommes il réussit généralement à produire des images pleines de caractère, ainsi qu'on témoigne un portrait de Charles Ier, qui est le plus belle peinte en titre, et divers autres encore. Après la mort de Charles Ier, Lely passa au service de Cromwell; et celui-ci, en commandant son portrait à l'artiste, exigea expressément qu'il fût de la plus exacte vérité. Charles II le nomma chevalier et chambellan. Jouissant alors d'un magnifique traitement, il put, à l'instar de Van Dyck, mener la vie artistique la plus grandiose, mais avec une retenue et une dignité qui contrastaient complétement avec l'humeur de son maître. Lely mourut en 1680. La vente de la précieuse galerie qu'il s'était formée produisit une somme de 29,000 liv. st. Les morceaux en faisaient partie se reconnaissent encore à l'estampille P. L., qu'il y faisait apposer.

LE MAIRE (Détroit de). La Terre de Feu, la plus grande des îles de l'archipel de Magellan, est terminée, à son extrémité orientale, par une côte peu large, toute déchiquetée sur ses bords, et dessinant une suite de caps, entre lesquels on trouve de petites baies et une rade assez bonne. Cette côte, dont la pointe septentrionale est basse, borde à l'ouest le détroit de Le Maire; la Terre des États, autre île, qui projette aussi vers sa partie occidentale plusieurs petits caps dans la mer, forme la rive orientale. Le détroit de Le Maire n'a guère que deux myriamètres de long et autant de large; dans son milieu, sur la Terre de Feu, est la baie de Bon-Succès, excellent abri pour les navires que le vent contraire surprend à la sortie du détroit; ils trouvent là des ruisseaux d'eau limpide, des plantes rafraîchissantes pour les marins atteints du scorbut, du bois en abondance et un très-bon fond pour les ancres. Dans tous ces parages, les oiseaux aquatiques sont très-nombreux : ils viennent planer autour des navires que le vent emporte, luttent quelquefois avec eux de vitesse, ou les regardent curieusement passer. La marée y produit de rapides courants, et peut-être aussi pourrait-on y constater un courant général tendant vers l'occident.

La découverte de ce détroit date de 1615 : le passage de Magellan était pratiqué depuis longtemps quand le Hollandais Jacques Le Maire, en atterrissant sur la Terre de Feu, le vit s'ouvrir devant lui, et se lança hardiment dans cette voie inexplorée. Il se trouva alors dans une nouvelle mer libre, l'océan Austral, qu'il traversa pour entrer dans la mer du Sud. Pendant longtemps cette nouvelle route fut regardée comme très-dangereuse; l'amiral Anson recommandait d'éviter le détroit de Le Maire. On le disait difficile à reconnaître, à cause de la ressemblance des deux terres qui le forment. Aujourd'hui on est revenu de cette prévention ; il suffit d'approcher de la Terre de Feu : en la serrant d'assez près, l'entrée du détroit se découvre infailliblement ; seulement, il ne faut essayer de le franchir que quand on a pour soi le vent et la marée et quand la mer n'est pas bouleversée par la tempête, car alors les flots s'y précipitent avec tant de violence qu'ils s'élèvent en montagne les uns sur les autres, et le navire courrait risque d'être broyé dans leur ressac ; la lame qui brise sur la côte monte à une hauteur prodigieuse, et jette bien loin son écume. Dans ce cas, il faut contourner à l'est la Terre des États ; le chemin est plus long, mais plus sûr.

Théogène PAGE, capitaine de vaisseau.

LEMAIRE (Nicolas-Éloi), né à Triancourt (Meuse), en 1767, après de nombreux succès au collége Sainte-Barbe et au concours général, fut nommé en 1792 professeur titulaire au collège du Cardinal Lemoine. Dans le cours de la révolution il fut l'un des orateurs les plus violents de la section des *sans-culotte*, et remplit tour à tour les fonctions de juge suppléant au tribunal du sixième arrondissement et de commissaire du gouvernement près le bureau central de police, à Paris. Sous l'Empire, il publia un grand nombre de vers latins à la louange de Napoléon, et succéda à Luce de Lancival dans sa chaire de poésie latine. Après 1815, Lemaire devint le poëte latin officiel de la Restauration, et fut nommé en 1825 doyen de la Faculté des lettres de Paris. Il mourut en 1832. On lui doit une *Bibliothèque latine*, publiée à grands renforts de souscriptions royales, princières et ministérielles. Lemaire en tira bien plus de profit que la jeunesse studieuse.

LEMAIRE (Philippe-Henri). Bien qu'il soit depuis longtemps membre de la section de sculpture à l'Académie des Beaux-Arts et qu'il ait attaché son nom à une œuvre importante, la réputation de M. Lemaire n'est jamais sortie de ce vague demi-jour qui ressemble plus à l'obscurité qu'à la gloire. Né à Valenciennes, en 1798, et élève de Cartellier, le maître aux formes roides, au style théâtral et glacé, M. Lemaire, qui avait obtenu le prix de sculpture en 1821, se fit connaître au salon de 1827 par deux statues, *Le Laboureur de Virgile* et une *Jeune Fille tenant un papillon*. On peut voir au musée du Luxembourg une *Jeune Fille effrayée par un serpent*, œuvre d'un sentiment simple et non sans grâce (1831). En 1835 M. Lemaire exposa le buste en plâtre de M. Roëhn, et l'année suivante, lorsque le fronton de l'église de la Madeleine fut mis au concours, il présenta un projet qui fut agréé (1836). Ce grand travail devint désormais l'œuvre préférée de M. Lemaire. Dans cette vaste composition (elle n'a pas moins de trente-huit mètres de longueur) l'artiste a représenté le Christ accordant à la Madeleine agenouillée devant lui le pardon de ses fautes. A la droite du Fils de Dieu, l'ange des miséricordes contemple avec joie la pécheresse convertie, et laisse approcher l'Innocence, l'Espérance et la Foi. A gauche l'ange des vengeances célestes repousse les vices : l'Envie, l'Hypocrisie, l'Impudicité s'enfuient devant sa flamboyante épée. L'idée qui a présidé à cette composition est heureuse, mais l'exécution est souvent vulgaire et molle. M. Lemaire a aussi sculpté pour l'église de la Madeleine une statue de saint Marc, placée dans une niche à côté de la porte qui fait face à la rue Tronchet. Depuis 1836, M. Lemaire a exposé au salon un bas-relief de bronze, la *Distribution des Croix au camp de Boulogne* (1843), une *Tête de vierge* (1846), le buste d'Apollodore Callet et la statue d'*Archidamas se préparant à lancer le disque* (1847). Cette figure, qui est aujourd'hui placée dans le jardin du Luxembourg, et pour le dessin de laquelle M. Lemaire a cru songer au style des maîtres florentins, est une œuvre d'une exagération brutale et d'une rare trivialité de formes. M. Lemaire est encore l'auteur d'un groupe en plâtre qui représente la Vierge avec Jésus et saint Jean, et qui décore l'église de Sainte-Elisabeth à Paris. Enfin, le gouvernement de Louis-Philippe lui a fait faire, pour les galeries de Versailles, les statues de Louis XIV et de Kléber, et le buste de Racine, imparfaite imitation de celui que Boizot avait sculpté en 1779. M. Lemaire est entré à l'Institut en 1845. Il représente au corps législatif la circonscription électorale de Valenciennes.   Paul MANTZ.

LEMAISTRE ou **LEMAITRE** (Antoine), avocat au parlement de Paris, naquit dans cette ville, en 1608. Fils d'*Isaac* Lemaistre, maître des comptes, et de Catherine Arnauld, sœur du grand Arnauld, il appartenait à une ancienne et illustre famille de robe. Dès l'âge de vingt-et-un ans, il débuta au barreau, dont il devint bientôt l'une des lumières. En effet il était doué des principales qualités de l'orateur, telles que la chaleur et l'entraînement ; mais il eut aussi les défauts de son siècle, et en est en droit de lui reprocher une singulière affectation d'érudition. Lemaître se retira du monde en 1638 pour entrer à Port-Royal. Il mourut en 1658. On a de lui un *Recueil de Plaidoyers*, un *Traité de l'Aumône* et plusieurs écrits de controverse contre les jésuites.

LE MAISTRE DE SACY (Louis-Isaac), l'un des solitaires de Port-Royal, frère du précédent, et neveu du fameux Antoine Arnauld, naquit à Paris, le 29 mars 1613. Il fit de bonnes études au collège de Beauvais, et montra dès son enfance d'heureuses dispositions pour les lettres. Quoiqu'il se destinât de bonne heure à l'état ecclésiastique, il ne voulut pas que le sacerdoce lui fût conféré avant trente-cinq ans, attendant sagement que l'âge des passions fût passé pour se consacrer à une vie toute de piété, d'abnégation et de travail. Une fois prêtre, Le Maistre fut choisi pour directeur des religieuses de l'abbaye de Port-Royal, et il se retira dès lors dans ce monastère, auquel il fit donation de tous ses biens, ne se réservant qu'une modique pension, sur laquelle il trouvait encore moyen de faire de nombreuses aumônes. La persécution dirigée contre les jansénistes vint atteindre Sacy un des premiers ; en vain, caché dans le faubourg Saint-Antoine, il essaya de se soustraire aux recherches de l'autorité, il fut arrêté et conduit à la Bastille le 13 mai 1666. Ce fut là qu'il entreprit sa fameuse traduction de la Bible, ouvrage qui l'occupa le reste de ses jours, et qu'il n'eut pas cependant la satisfaction de terminer. Ayant recouvré sa liberté le 31 octobre 1669, Le Maistre, présenté au ministre, ne sollicita d'autre grâce que celle de pouvoir adoucir le sort des prisonniers ; depuis, le pieux solitaire de Port-Royal reprit ses travaux, ne se séparant plus de Nicolas Fontaine, son ami et son compagnon de captivité. Il était à peine de retour dans sa retraite favorite, dans cette abbaye si longtemps illustrée par sa présence, que l'autorité vint une seconde fois l'en arracher, et il alla mourir, le 4 janvier 1684, chez le marquis de Pomponne, son cousin, que Colbert et Louvois venaient d'éloigner du ministère.

Le Maistre de Sacy a été regardé avec raison comme une des figures-types de ce jansénisme mort avec les parlements et la congrégation de l'Oratoire. Quoique d'une vertu qui allait presque jusqu'à l'austérité, il était entier et tranchant dans ses opinions, et cette circonstance lui attira beaucoup d'ennemis. Il a composé un grand nombre d'ouvrages, parmi lesquels on remarque des poésies qui méritent d'être lues. Le Maistre avait manifesté de bonne heure un goût prononcé pour la poésie, et il ne cessa de la cultiver, choisissant de préférence des sujets religieux. C'est ainsi qu'il a donné la traduction en vers et en prose du poëme de saint Prosper contre les ingrats, le poëme de l'Eucharistie, la version en vers des hymnes qui se trouvent dans les heures de Port-Royal. Sacy a composé aussi divers ouvrages et donné différentes traductions sous des pseudonymes. De ce nombre est l'*Imitation de Jésus-Christ*, traduite par de Beuil, prieur de Saint-Vaal, traduction tant attaquée par le père Bouhours. Il est encore l'auteur des enluminures du fameux Almanach des Jésuites et des *Lettres spirituelles*. Il avait fait paraître une traduction du Nouveau Testament, à laquelle il avait travaillé, en compagnie de Nicole, d'Arnauld, d'Antoine Le Maistre et du duc de Luynes ; c'est la traduction connue sous le nom de *Nouveau-Testament de Mons*, et condamnée par Clément IX. Mais c'est sa version de la Bible qui a valu à Le Maistre le plus de célébrité, quoique cette version, aujourd'hui si répandue, soit loin cependant d'être exacte et complète. On a généralement attribué à cet écrivain l'histoire de l'Ancien et du Nouveau Testament dit de Royaumont; ce livre n'est pas plus de lui que la *Vie de D. Barthélemy des Martyrs*. Le premier de ces ouvrages a pour auteur Nicolas Fontaine; le second est dû à Thomas du Fossé.

A. MAURY.

LEMAÎTRE (FRÉDÉRICK) est né au Havre, en 1800. En 1819 il entra au Conservatoire, et ses études terminées avec succès, se produisait sur le théâtre des Variétés-Amusantes, dans une pièce à trois personnages, intitulée *Pyrame et Thisbé*; il y remplissait le rôle du lion, faisant ainsi ses débuts à quatre pattes, ce qui ne manquait pas d'originalité. Il passa ensuite aux Funambules, puis au Cirque, et, en qualité de confident tragique, à l'Odéon, où il ne resta que cinq mois. Enfin, il débuta le 2 juillet 1823 à l'Ambigu, dans *L'Auberge des Adrets*. La pièce fut sifflée à la première représentation; mais Frédérick Lemaître la releva le lendemain par sa création si originale du rôle de *Robert Macaire*. Il quitta bientôt l'Ambigu pour la Porte-Saint-Martin. Trente ans, ou la vie d'un joueur, montra son talent sous une face nouvelle; la passion et le désordre échevelés n'avaient jamais eu pareil interprète. Le drame de *Faust* fut pour lui un nouveau triomphe. Tout Paris voulut le voir exécuter sa valse infernale avec ce ricanement satanique qu'avait indiqué Goethe, et qu'il rendait d'une façon sinistre et épouvantable. Il reparut ensuite au Second-Théâtre-Français, dans *Le Maréchal d'Ancre, Les Vêpres Siciliennes, Othello, La Mère et la Fille*, etc. N'ayant pu s'entendre avec Harel, le directeur de la Porte-Saint-Martin, il porta au petit théâtre des Folies-Dramatiques le pendant de *L'Auberge des Adrets, Robert Macaire*, drame fait par lui-même, en collaboration avec MM. Benjamin Antier et Saint-Amant. Puis il rentre encore une fois à la Porte-Saint-Martin, et y crée *Richard d'Arlington* et Gennaro de *Lucrèce Borgia*. Après la faillite de la direction, il monta sur les planches des Variétés. M. Alexandre Dumas venait d'écrire tout exprès pour lui sa pièce de *Kean*. Frédérick Lemaître pouvait mieux que personne représenter ce comédien anglais, dont la vie se résume en deux mots : désordre et génie. M. Victor Hugo le fit engager, en 1836, par le Théâtre de La Renaissance pour jouer son *Ruy Blas*. Parmi les pièces qui ont ont fourni ses dernières créations, nous citerons seulement les suivantes : *Vautrin*, que la police interdit, parce que l'acteur s'était grimé de manière à ressembler à Louis-Philippe; *La Dame de Saint Tropez ; Don César de Bazan; Le Chiffonnier de Paris ; Les Mystères de Paris ; Mademoiselle de La Vallière; Michel Brémond ; Le Docteur Noir ; Tragaldabas*, qu'il ne put sauver d'une chute éclatante; *Toussaint Louverture; Paillasse*, etc., etc.

Le fils de Frédérick, *Charles* LEMAÎTRE, a suivi la même carrière que son père, mais n'annonce pas le même talent.

W.-A. DUCKETT.

LÉMAN (Lac). *Voyez* GENÈVE (Lac de).

LEMBERG ou LÉOPOL (on polonais *Lwow*), chef-lieu du royaume de Gallicie (et Lodomérie), sur les bords du Peltew, l'un des affluents du Bug, compte, y compris ses faubourgs, 80,000 habitants, dont 25,000 juifs. C'est une ville presque entièrement neuve, à rues larges, droites, bien pavées et assez propres. Siége d'archevêchés catholique, grec-uni et arménien, d'un surintendant des églises évangéliques, d'un grand-rabbin, et de toutes les autorités supérieures, tant civiles que militaires, on y compte 23 églises, 9 couvents et 1 synagogue de construction toute récente. L'université (*Alma Franciscea*), fondée en 1784 et reconstituée en 1817, compte aujourd'hui 35 professeurs. Les cours en sont fréquentés par un millier d'étudiants. Elle possède une bibliothèque riche de plus de 40,000 volumes.

A l'époque des troubles de 1848, Lemberg subit le 2 novembre un bombardement, qui causa d'effroyables dévastations dans la ville.

LEMERCIER (NÉPOMUCÈNE-LOUIS), poëte dramatique, membre de l'Académie Française, inaquit à Paris, le 21 avril 1771, d'un père bourguignon, gentilhomme et secrétaire des commandements de la princesse de Lamballe, qui fut sa marraine. Il devait être à la fois un de nos auteurs les plus célèbres et un de nos meilleurs citoyens. Né dans une famille privilégiée, il répudia tous les priviléges. Dépouillé de ses avantages et de sa fortune par la révolution, il en soutint avec chaleur tous les principes. Immuable comme la vérité, dont il fut le constant interprète, il vit toutes les opinions se heurter, triompher et s'évanouir autour de lui. Ce qu'il avait voulu en 1791, il le voulut en 1793, sous le Consulat, sous l'Empire, sous la Restauration, il le voulut toujours : la liberté sous l'égide de la loi, l'équité dans le peuple, la bonne foi dans les gouvernements, voilà les principes que ses talents ne cessèrent de répandre, et que la conduite suivit constamment. Il avait déjà un nom célèbre sous la république. A l'âge où Voltaire avait composé son *Œdipe*, il donnait son *Agamemnon* ; deux débuts de maîtres restés dans les annales littéraires comme des phénomènes de la précocité du génie.

Laborieux, fécond, doué d'un talent varié, les nombreuses productions de cet écrivain se succédèrent rapidement. *Ophis, Le Lévite d'Éphraïm, Le Tartufe révolutionnaire, La Prude, L'Atlantiade, Christophe Colomb, Charlemagne, Pinto, La Panhypocrisiade, Moïse, Frédégonde*, enfin tant d'autres tragédies et poëmes, des épîtres nombreuses, etc., productions toutes si opposées, quoique destinées au même but, attestèrent l'universalité puissante de son esprit élevé.

Dans une carrière de plus de soixante-neuf années, conteur, poëte dramatique, poëte héroïque, moraliste, critique, philosophe, il ne démentit jamais un instant son caractère; le succès ne l'éblouit point, les injustices ne l'abattirent pas. La persécution le trouva sans peur, les caresses du pouvoir le trouvèrent inébranlable : Bonaparte rechercha Lemercier, et quand une foule de complaisants de tous les rangs caressaient sa fortune, Lemercier ne lui montra que le philosophe et l'écrivain digne de ce titre. Obsédé par les prévenances du consul, persécuté par le tribun, il opposa la même résistance aux faveurs et aux menaces ; inaccessible à la crainte, il le fut aux amorces de la vanité : il refusa tous les titres qui lui furent offerts sous tous les gouvernements, persuadé que toute distinction qu'une volonté arbitraire peut accorder ne fait qu'abaisser celui qui la reçoit injustement et n'ajoute rien à celui qui la mérite. Lemercier, qui avait débuté si jeune, fut longtemps plus vieux de célébrité que d'âge ; dans un corps faible, il conservait toute la vigueur de la pensée, il n'avait rien perdu de sa noble énergie :

Jam senior, sed cruda Deo viridisque senectus.

Inscrit le premier sur la liste des membres de l'Académie Française, il l'avait vu renouveler tout entière, et donna toujours à ses nouveaux confrères l'exemple d'un zèle infatigable. Il se plaisait surtout à offrir des encouragements à ces jeunes talents qui tentent de se frayer des routes nouvelles à travers des dangers inconnus. Il semblait leur dire : « Moi aussi j'ai combattu des préjugés, j'ai toujours cherché la vérité : suivez ce but, il mène au succès. » Atteint, presque au sortir du berceau, d'un asthme nerveux qui paralysait en lui toute la partie droite du corps, Lemercier succomba, le 6 juin 1840, à une attaque foudroyante de cette maladie. On lui doit aussi un *Cours analytique de Littérature* (1817, 3 vol. in-8°).

DE PONGERVILLE, de l'Académie Française.

LEMERCIER (LOUIS-NICOLAS, comte), né en 1755, à Saintes, succéda à son père, et fut d'abord lieutenant criminel, puis président du tribunal criminel de cette ville. Il avait été élu député du tiers état aux états généraux, en 1789, et son département l'envoya, en 1798, au Conseil des Anciens, dont il devint secrétaire la même année. Le 18 brumaire, il contribua de tout son pouvoir au succès de Bonaparte, et fut récompensé de son zèle par le titre de membre et peu après de président du sénat conservateur (1804); il reçut, avec la sénatorerie d'Angers, les titres de commandant de la Légion d'Honneur et de comte de l'empire. En 1814 il se rallia un des premiers aux Bourbons, et entra à la chambre des pairs; il se vit enlever cette place aux cent jours, et la recouvra à la seconde restauration. Dans le procès du maréchal Ney, il vota contre la mort; et ensuite il resta toujours fidèle aux principes constitutionnels. Après la révolution de Juillet il prêta serment au nouveau gouvernement, et il siégeait encore à la chambre lorsque éclata la révolution de Février. Il mourut au mois de janvier 1849.

Un de ses fils, *Augustin-Louis* LEMERCIER, né en 1787, ancien officier de l'empire, ancien député, ancien colonel de la 10° légion de la garde nationale de Paris, pair de France en 1845, est aujourd'hui sénateur.

LE MESSIER. *Voyez* BELLEROSE.

LEMIERRE (ANTOINE-MARIN), fils d'un simple artisan, qui dut s'imposer les plus grands sacrifices pour lui procurer le bienfait de l'éducation, naquit à Paris, le 12 janvier 1723. Il débuta par des succès de collége, et obtint en rhétorique le prix de poésie latine pour une pièce sur le *manchon*. Il concourut ensuite pour les prix de l'Académie Française et de l'Académie de Pau, et fut couronné six fois, ce qui contribua singulièrement à faire connaître. Entré, en qualité de secrétaire, chez Dupin, riche fermier général, qui à l'intelligence des affaires joignait l'amour des lettres, il tenta ensuite la carrière du théâtre, et fit jouer successivement *Hypermnestre*, *Térée*, *Idoménée*, *Artaxerxe*, *Guillaume Tell*, *La Veuve du Malabar*, *Céramis*, *Barneveli*; il composa en outre *Virginie*, mais cette pièce ne fut point représentée. Ces tragédies eurent un grand succès, grâce à quelques situations fortes, à quelques belles tirades; mais en général le style en est traînant ou déclamatoire, toujours dur et haché; visant à la force et à l'effet, tombant dans le faux ou l'invraisemblable. *Guillaume Tell*, *Barneveli*, *La Veuve du Malabar*, quoique repris après la mort de l'auteur, ne sont guère connus aujourd'hui que de nom. Les défauts des tragédies de Lemierre se retrouvent plus saillants encore dans ses poëmes : en effet, la rudesse même de son talent pouvait quelquefois prêter de l'énergie à son théâtre; mais dans la poésie didactique, poésie de détails, de formes achevées et de style poli, cette rudesse n'est plus soutenable. Le premier de ces poëmes, *La Peinture*, n'est à peu près qu'un manuel rimé, où se rencontrent çà et là quelques bons vers; *Les Fastes*, *ou les usages de l'année*, auraient pu prêter en certains points à des développements plus heureux. Mais comment éviter dans un semblable sujet la monotonie et la froideur? Au milieu de ses défauts, Lemierre cependant a quelquefois d'heureux éclats; plusieurs de ses vers sont cités encore entre les plus beaux de notre poésie. Lemierre vécut doucement, de la vie littéraire du dix-huitième siècle, et remplaça l'abbé Batteux à l'Académie Française; mais les premières commotions de la révolution portèrent la terreur dans son esprit; sa vie en fut brisée, et il mourut le 4 juillet 1793. Ses œuvres ont été publiées à Paris en 1810, 3 vol. in-8°.

Charles LABITTE.

LEMME (en grec λῆμμα). C'est le nom qu'on donne à la démonstration d'un fait scientifique nécessaire à connaître pour l'entente d'une ou de plusieurs propositions placées à sa suite. Le lemme est surtout destiné à rendre les démonstrations qui le suivent plus courtes et moins embarrassées. Il peut d'ailleurs être placé devant les problèmes comme devant les théorèmes. Ce qui distingue essentiellement le lemme des autres espèces de propositions, c'est qu'il n'est pas nécessairement de même nature que la branche de science où il est introduit : l'on peut dans un traité de géométrie placer un lemme destiné à démontrer ou à rappeler un fait arithmétique. De même on peut dans un traité de mécanique introduire un lemme géométrique.

LEMNISCATE (de ληνίσκος, nœud de rubans), nom donné par les géomètres à une courbe du quatrième degré, dont la forme rappelle celle d'un 8 qu'offrent en effet les nœuds de rubans pendant aux couronnes des anciens. Cette courbe, dont le comte de Fagnano s'est particulièrement occupé, a pour équation :

$$a^2 y^2 = a^2 x^2 - x^4.$$

Son aire totale est $\frac{3}{4} a^2$.

LEMNOS, île située à l'extrémité nord de la mer Égée, entre Ténédos et Phasos, appelée aujourd'hui *Stalimène* ou *Limno* (Limna par les Turcs), dépendant de l'eyalet turc de Djésaïr, avec une population de 8,000 habitants environ, tous d'origine grecque, et dont la superficie est d'environ huit myriamètres carrés.

L'intérieur de Lemnos est entrecoupé de coteaux et de vallons; quelques montagnes plus élevées dominent sa partie septentrionale, et de leurs cimes s'échappent à intervalles des flammes et des tourbillons de fumée. Nulle rivière ne la traverse, mais on y trouve des fontaines et des sources d'eau vive : la terre fournit d'excellent vin, du blé en abondance, du chanvre, du lin, des fèves et beaucoup d'autres légumes : aussi est-elle bien habitée, car là le travail n'a pas à lutter contre une nature ingrate. La civilisation de l'ancienne Grèce n'avait point laissé échapper cette belle île : ses poëtes l'ont chantée, ils l'appelaient *l'île brûlante*, et avaient placé les forges de Vulcain dans les entrailles de ses montagnes, car Vulcain aussi était tombé sur leur sommet quand il fut précipité du ciel. Les Grecs qui prirent Troie avaient laissé sur ses rivages Philoctète blessé au pied par les flèches d'Hercule. Le mythe grec y avait consacré l'un des quatre plus célèbres labyrinthes de l'antiquité, et du temps de Pline on y admirait encore cinquante colonnes gigantesques posées sur pivots, et que l'on pouvait aisément faire mouvoir. Les poëtes anciens avaient remarqué qu'au coucher du soleil le mont Athos projetait son ombre sainte sur cette terre privilégiée.

L'histoire de Philoctète, guéri par une terre particulière qu'on recueille dans les montagnes de l'île, fit naître une superstition qui dure encore : l'antiquité considérait cette *terre limnienne* comme la panacée des blessures. On la récoltait avec de nombreuses cérémonies; elle était mise dans de petits sacs et expédiée chez tous les apothicaires; on la connaît aujourd'hui sous le nom de *terre sigillée*, parce que les Turcs, héritiers de la superstition grecque, la conservent dans des sachets *scellés* au sceau du grand-seigneur.

Limno (la *Myrina* des anciens), chef-lieu de l'île, petite ville avec une citadelle, a environ 1,000 habitants, un évêché et un assez bon port; le commerce y fait quelques constructions navales.

Théogène PAGE, capitaine de vaisseau.

LEMOINE (FRANÇOIS), né à Paris, en 1688, élève de Louis Galloche, remporta le prix de Rome en 1711. Mais l'état des finances ne permettait pas alors d'entretenir des pensionnaires, et ce ne fut qu'en 1723 que Lemoine put visiter l'Italie. A son retour il peignit le chœur de l'église les

Jacobins, et remporta en 1727 un nouveau prix de peinture, qui le fit nommer professeur adjoint. Outre un tableau allégorique pour le salon de la Paix, à Versailles, et la peinture à fresque de la coupole de la chapelle de la Vierge à Saint-Sulpice, on doit à Lemoine la décoration de l'immense plafond du salon d'Hercule à Versailles, qui l'occupa durant quatre ans. De 1732 à 1736, Lemoine fut alors nommé premier peintre du roi, et reçut une pension de 3,500 livres. Mais son caractère était aigri par le chagrin et le travail; et le 4 juin 1737, dans un accès de fièvre chaude, il se perça de neuf coups d'épée. On voit au Louvre son tableau d'*Hercule assommant Cacus*, qu'il peignit en Italie.

LEMONIER (PIERRE-CHARLES), membre de l'Académie des Sciences, naquit à Paris, le 19 novembre 1715. Son père était professeur de philosophie au collége d'Harcourt. Le jeune Lemonier trouva dans la maison paternelle tout ce qu'il fallait pour cultiver ses talents précoces. Dès son enfance on prévit qu'il serait astronome. Il était encore dans sa seizième année lorsqu'il observa l'opposition de Saturne, en 1731. Il amassait en même temps des matériaux pour les ouvrages qu'il publia par la suite. Plusieurs mémoires présentés à l'Académie des Sciences le firent admettre dans cette société savante en 1736, et cette année même il fut adjoint à M a u p e r t u i s et à C l a i r a u t pour aller mesurer un degré du méridien sous le cercle polaire.

De retour à Paris, Lemonier reprit le cours de ses travaux astronomiques. Dans l'espace de quatre ans, de 1738 à 1742, il publia des tables du Soleil, vérifia l'obliquité de l'écliptique, et étendit ses vérifications sur tout le zodiaque, afin d'en construire une carte plus exacte que celles que l'on avait eues jusque alors. Les comètes étaient encore alors une cause de terreurs populaires : dans un traité spécial sur ces corps célestes, Lemonier combattit ces préjugés avec les armes du savoir et de la raison. En 1743 notre laborieux astronome traça la grande m é r i d i e n n e de l'église de Saint-Sulpice, destinée, comme une inscription nous l'apprend, à fixer avec précision le jour de Pâques. Les perturbations que Saturne éprouve par l'effet de l'attraction de Jupiter furent ensuite l'objet de recherches auxquelles Lemonier se livra avec l'ardeur qu'il manifestait dans tous ses travaux.

Lemonier se fit aussi distinguer comme physicien, en publiant plusieurs mémoires sur cette science, et il fut nommé professeur de physique au Collége de France. En 1748, il fit un voyage en Angleterre. Un éclipse de soleil devait être cette année même presque annulaire pour le nord de l'Écosse; il ne manqua pas de s'y rendre, muni de bons instruments, fit l'observation, et profita de cette circonstance pour mesurer le disque de la lune.

Après la suppression des Académies, Lemonier se retira dans une campagne près de Bayeux, où les fureurs du terrorisme ne l'atteignirent point. Quand l'Institut fut créé, Lemonier fut rappelé à Paris. Il mourut à la campagne, d'une attaque d'apoplexie, le 2 avril 1799. FERRY.

Son frère, *Louis-Guillaume* LEMONIER, professa pendant trente ans la botanique au Jardin des Plantes, et fut également membre de l'Académie des Sciences. Il entrevit le premier l'identité de l'électricité et de la foudre. Il mourut en 1799.

LÉMONTEY (PIERRE-ÉDOUARD), membre de l'Académie Française, né à Lyon, le 14 janvier 1762, mort à Paris, le 26 juin 1826. Fils d'un riche épicier, il avait débuté avec distinction comme avocat, quand tout à coup il embrassa la cause des protestants, qui, prévoyant la prochaine convocation des états généraux, réclamaient le droit d'y être admis; car l'édit de 1787, en leur accordant l'état civil, les excluait des droits d'administration publique. Après l'assemblée qu'ils tinrent à cet effet aux Carmes, Andrieux Poulet publia un écrit contre leurs prétentions; mais Lémontey le réfuta victorieusement, dans une brochure intitulée : *Examen impartial des Réflexions sur la question de savoir si les protestants peuvent être électeurs et éligibles pour les états généraux* (Lyon, 1789). Lémontey ne manqua point de contradicteurs, et un jeune avocat, nommé Vernet, attaqua violemment sa brochure; mais les protestants n'en obtinrent pas moins gain de cause. Lémontey avait été chargé de la rédaction du cahier de l'assemblée électorale de Lyon *extra muros*. Lorsqu'aux anciennes autorités furent substitués de nouveaux pouvoirs, émanés de l'élection populaire, il fut nommé membre du comité provisoire de sa ville natale, et bientôt après substitut du procureur de la commune. Il se prononça fortement pour le rappel de Necker, et ce fut sous son influence que Lyon vota dans ce but une adresse au roi : « Nous avons un Henri IV, dit Lémontey, il nous faut un Sully. »

Nommé député à l'Assemblée législative, en 1791, il se fit remarquer par la modération de ses votes. Il ne tint pas à lui que la rigueur de la loi contre les émigrés ne fût bien adoucie; mais les amendements qu'il proposa en faveur des artistes, des voyageurs et des négociants ne furent point adoptés. Plus sévère envers les ecclésiastiques, il proposa, l'Assemblée constituante avait décrétées pour les prêtres non assermentés. Il montra à la même époque la plus grande sensibilité : chargé de lire à l'Assemblée une dépêche où l'on annonçait les massacres commis à Avignon, il ne put retenir ses larmes, et fut forcé de descendre de la tribune. Il était président, et occupait le fauteuil le 14 décembre 1791, lorsque le roi fit annoncer par un message qu'il allait se rendre dans l'Assemblée. Aussitôt, sur la proposition de Lacroix, la majorité décida que comme elle ignorait quel était le sujet de la démarche du roi, le président lui répondrait seulement que l'Assemblée prendrait en considération ses propositions, et lui ferait savoir ses résolutions par un message. Obligé de se conformer à la sécheresse de ce programme, Lémontey répondit à Louis XVI dans les termes qui lui étaient imposés; mais le lendemain il prouva combien il en avait coûté à son cœur, en proposant de commencer ainsi l'adresse en réponse au discours de la veille : « Sire, l'Assemblée nationale vient se soulager du silence auquel l'avait condamnée le désir de rendre l'expression de ses sentiments plus imposante et plus profonde. » Cette phrase parut trop respectueuse à l'Assemblée; obligé de la supprimer, il déclara qu'elle exprimait plutôt ses sentiments que ceux de la majorité de ses collègues.

Sous le régime conventionnel, il revint à Lyon, où il se rangea parmi les défenseurs de cette ville contre les terroristes. Obligé, après le siège, de se réfugier en Suisse en 1793, il ne rentra en France que deux ans après, fut appelé aux fonctions d'administrateur du district de Lyon, et en 1796 député auprès du gouvernement, à l'occasion d'une disette qu'éprouvait cette grande cité. Ici se termine sa vie politique.

En 1797 il se fixa pour toujours à Paris, et commença sa carrière littéraire. L'opéra de *Palma, ou le voyage en Grèce*, musique de Plantade, qu'il donna, en 1798, à Feydeau, eut d'autant plus de succès que le poëte retraçait sous d'autres noms et dans d'autres lieux les ravages exercés par les révolutionnaires sur nos monuments. Dès 1795 il avait publié dans sa ville natale un petit poëme analogue, intitulé : *Les Ruines de Lyon*. En 1801 il signala assez heureusement les ridicules de l'époque dans un recueil d'opuscules ayant pour titre : *Raison, folie; Chacun son mot ; Petit cours de morale mis à la portée des vieux enfants*. L'année suivante il donna un autre ouvrage de critique non moins agréable, intitulé : *Récit extraordinaire de ce qui s'est passé à la société des Observateurs de la Femme, le mardi 2 novembre 1802*. Dans ces deux productions, il se montre souvent heureux imitateur de Voltaire; mais parfois aussi son style est prétentieux et maniéré. L'ordre des avocats ayant été rétabli, en 1804, il fut inscrit sur le tableau à Paris, puis nommé membre du conseil d'administration des droits réunis. Il fut la même année choisi, avec Desfaucherets et Lacretelle jeune, pour la censure des pièces de théâtre, place qu'il conserva jusqu'à sa mort. C'est une récompense que le gouvernement impérial crut devoir lui accorder pour un petit ouvrage de circonstance intitulé : *La Famille du Jura, ou Irons-nous à Paris ?* composé à l'occasion du couronnement de Napoléon. Ce roman fut suivi de *La Vie d'un Soldat, en trois dialogues, composée par un conscrit du département de l'Ardèche, et dédiée à son colonel* ; 1805. Non content d'exprimer en prose son admiration pour le nouveau César, il composa sur la naissance du roi de Rome un poëme héroï-comique sous le titre de *Thibaut, ou la naissance d'un comte de Champagne.*

A la Restauration, s'il cessa de faire partie du conseil d'administration des droits réunis, il conserva la censure dramatique, et fut nommé membre de la Légion d'Honneur. La place de directeur général de la librairie ayant été supprimée, il remplit provisoirement pendant un an cet emploi sans titre, mais non sans traitement. Après le retour de Napoléon, en mars 1815, Fouché, redevenu ministre de la police, conserva Lémontey dans l'emploi de chef de la librairie; mais M. Decazes, successeur de Fouché, ayant rétabli, en 1816, cette direction en faveur de M. Villemain, Lémontey ne conserva plus que la censure dramatique. Il exerçait avec sévérité cette fonction, tout en professant dans la société des opinions libérales. Cependant, il poursuivait avec succès sa carrière littéraire. En 1818 parut son *Essai sur l'établissement monarchique de Louis XIV*, précédé de plus de mille articles que Mme de Genlis avait omis dans son édition des *Mémoires de Dangeau*. L'année suivante il obtint à l'Académie française le fauteuil vacant de l'abbé Morellet. Son discours de réception fut fort applaudi : les opinions philosophiques y dominaient, mais présentées avec une telle mesure que le pouvoir ne put en prendre ombrage. Dans son opuscule des *Trois Visites de M. Bruno*, il seconda parfaitement l'institution des caisses d'épargne.

Rien ne manquait alors à sa fortune littéraire : bien vu dans le grand monde, loué comme écrivain dans les journaux de toutes les opinions, il n'avait contre lui qu'un renom d'avarice, qui donna lieu à cette épigramme, qui a perdu de son sel depuis la suppression du péage des ponts, à Paris :

Lémontey, patron des musards,
Pousse si loin l'économie,
Qu'il passe *sous* le pont des Arts
Pour aller à l'Académie.

Le mot est plaisant; mais si Lémontey était économe, il n'était point avare : plusieurs traits de sa vie prouvent un désintéressement assez rare. En 1818 il fit remettre à l'Académie, sous le voile de l'anonyme, une somme de 1,200 francs pour un prix de poésie sur les avantages de l'enseignement mutuel ; à sa mort, on a acquis la preuve qu'il avait prêté plus de 50,000 francs à ses amis : sa main plus d'une fois fut ouverte au malheur. Enfin, si cet académicien célibataire avait, comme on l'a dit, *un dîner gratuit par journée*, c'est qu'il était fort recherché pour son esprit et son savoir-vivre. Il s'occupait d'une histoire critique de France, dont son *Essai sur Louis XIV* n'était que l'introduction, lorsque la mort vint l'arracher à ce travail. Le gouvernement d'alors s'empara du manuscrit. On colora ce vol du faux prétexte de faire rentrer aux archives des pièces et documents qui en avaient été tirés pour être communiqués à Lémontey. Ses différents ouvrages ont été réunis en six volumes in-8°, Paris, 1829.   Charles Du Rozoir.

LEMOT (François-Frédéric), statuaire, naquit à Lyon, le 4 novembre 1772. Il avait commencé à étudier l'architecture à Besançon, lorsque, dans un voyage à Paris, il rencontra Dejoux, et se livra tout entier, sous la discipline de ce maître célèbre, à l'étude de la sculpture. Très-jeune encore, il venait de remporter le premier prix à l'Académie, lorsque la révolution éclata. Lemot devint soldat. Après avoir servi pendant deux ans dans l'artillerie sous les ordres de Pichegru, il fut rappelé à Paris en 1795 pour travailler à l'érection d'une statue colossale du Peuple français que la Convention avait résolu de faire élever sur le Pont-Neuf; mais il ne fut pas donné suite à cette idée, et bientôt après Lemot fut chargé d'exécuter la figure de Numa Pompilius pour la salle du Conseil des Cinq Cents, celle de Cicéron pour la salle du Tribunat, *Léonidas aux Thermopyles* pour le Sénat, et les statues de Brutus et de Lycurgue pour le Corps législatif. L'antiquité grecque ou romaine était alors l'unique source où l'art aimait à puiser. Au salon de 1801, Lemot exposa une *Bacchante* en marbre, dont le premier consul fit l'acquisition. Il faut encore citer de lui un buste de Jean Bart (1804), le char et les figures de la Victoire et de la Paix qui accompagnaient sur l'arc de triomphe du Carrousel le fameux quadrige de bronze enlevé à Venise (1808), la statue de Murat (1810), celle de Henri IV sur le Pont-Neuf (1818) ; celle de Louis XIV sur la place Bellecour à Lyon, etc. Ainsi Lemot, que l'Empire avait si favorablement traité, ne fut pas oublié par le gouvernement de la Restauration ; il fut successivement nommé officier de la Légion d'Honneur, baron et chevalier de Saint-Michel, et l'Institut l'admit en 1809 au nombre de ses membres. Mais ce qui, mieux que les travaux dont nous avons parlé, caractérise à nos yeux le talent sage et froid de Lemot, c'est le grand bas-relief qui décore le fronton de la colonnade du Louvre. Cette composition fut exécutée en 1810, et fut jugée digne du prix décennal. Lemot y a figuré *Minerve consacrant le buste de Louis XIV*. Ce bas-relief, où manque complétement le sentiment de la vie, est tout à fait en dehors des conditions ordinaires de l'art français. Ce reproche peut d'ailleurs s'appliquer à toutes les productions de Lemot, toujours d'une roideur glaciale ou d'un style solennellement violent, mais sans passion. Habile maître d'ailleurs, il a eu pour élèves Dupaty et Pradier. Lemot est l'auteur d'une *Notice historique sur le château de Clisson* (in-4°, 1817). Il mourut à Paris, le 6 mai 1827.   Paul Mantz.

LEMOYNE (Pierre), vulgairement nommé *le père Lemoyne*, né en 1602, à Chaumont en Bassigny, mort à Paris, en 1671, entra, à dix-sept ans, chez les jésuites, professa la philosophie au collége de Dijon, et se rendit célèbre entre ses contemporains comme orateur sacré. Son poème de *Saint Louis*, publié vers 1650, après avoir été vanté à l'avance, comme celui de *La Pucelle* de Chapelain, et presque à la même époque, partagea la disgrâce de celui-ci avec tous les *Charlemagne*, *Clovis*, *Moïse*, *Childebrand*, *David*, *Jonas*, etc., etc., de la même date. Son style est moins barbare, sans doute, que celui de Chapelain, moins incorrect que celui de Coras, moins plat que celui de Sainte-Garde, moins extravagant que celui de Saint-Amand ; mais l'ensemble de son poëme est moins bien conçu qu'aucun de ceux que nous venons de citer, et dans lesquels l'abus des figures est moins fréquent, les épisodes moins maladroits, les événements mieux amenés, les peintures plus naturelles. Toutefois, il faut convenir que le Père Lemoyne est un très-habile versificateur pour son temps, rien de plus. On a souvent cité de ses vers, et La Harpe l'a fort bien apprécié, quoiqu'en ne le jugeant pas sur des éloges dont il relève l'exagération. Le révérend père a en outre composé en prose la *Galerie des Femmes fortes*, et, en sa qualité de jésuite, *La Dévotion aisée*, etc., etc.   Viollet-Le-Duc.

LÉMURES. C'étaient, chez les Romains, des génies mâles et femelles, qui se contentaient seulement de jeter l'effroi parmi les vivants ; habitants des lambris solitaires de la maison et des lieux silencieux, ils leur apparaissaient seulement et ne faisaient pas seulement entendre gémissements. La chair humaine ne faisait pas leurs délices, ils s'animaient que les fèves, sur lesquelles ils se précipitaient avec une grande avidité. C'était avec ce légume sinistre, odieux à Pythagore, on ne sait trop pourquoi, que le père de famille purifiait sa maison, infectée de lémures, auxquels il jetait, le dos tourné, ces fèves, les plus souvent noires et rouges, qu'il tenait dans sa bouche ; la formule dont il se servait était : « Je me rachète, moi et les miens; sortez, mânes paternels! » C'était à minuit, dans une obscurité profonde, au bord silencieux d'une fontaine, où le chef de la maison se lavait les mains en faisant un léger bruit avec ses doigts, pour écarter les mânes, que se consommait cette pieuse cérémonie, qui ressemblait à notre *jour des Morts*. Leurs fêtes nocturnes, pendant lesquelles les temples étaient fermés et les mariages suspendus, étaient célébrées sous l'appellation de *Lémuries* ou *Lémuralies :* elles remontaient à Rémus, tué par son frère Romulus, à l'ombre duquel les premières expiations furent offertes. Depuis cette époque, les étymologistes prétendent que les ombres des morts ont pris généralement le nom de *Lémures*. Ces esprits errants sans leur corps, dont ils sont séparés, ont été, et sont encore l'objet d'une croyance universelle : elle ne répugnait point à la haute raison des Socrate, des Platon, des Pythagore, des Thalès, des Héraclite, des Zénon, des Philon, et de quelques pères de l'Église.

DENNE-BARON.

LÉMURIES ou **LÉMURALIES**. *Voyez* LÉMURES.

LÉNA (La), l'un des trois grands fleuves de la Sibérie, dans le gouvernement d'Irkoutsk. Sa source est à 235 myriamètres de son embouchure; sa longueur totale est de 420 myriamètres. Elle naît dans les monts Baïkal, à l'ouest du lac Baïkal; à Kirensk, elle est à 366 mètres au-dessus du niveau de la mer, et à 117 mètres seulement à Iakoutsk, où elle coule sur un terrain entièrement plat ; à partir de cette ville son cours devient très-lent, presque insensible, et va s'élargissant toujours jusqu'à la mer Glaciale. A son embouchure dans la mer Glaciale, par 73° de lat. nord, dans les froides régions arctiques, en face du grand archipel de la Nouvelle-Sibérie, ses nombreux bras forment un immense delta. Les principaux affluents de la Léna sont : à droite, le Witim, l'Olekma et l'Aldan ; et à gauche, le Wiloui ; les uns et les autres navigables, d'une largeur et d'un volume d'eau immenses. Les peuples qui habitent les pays arrosés par la Léna, par exemple les Bourètes, les Toungouses et les Iakoutes, vivent du produit de la pêche. On trouve fréquemment sur les bords de ce fleuve des dents et des os de mammouth; en été, les grandes eaux roulent et brisent d'énormes masses de fange glacée, et rejetent sur les rives des débris de races d'animaux qui ont aujourd'hui disparu, et qui dans les premiers âges du monde trouvaient à se nourrir dans ces contrées désertes.

LENA, courtisane. *Voyez* HARMODIUS ET ARISTOGITON.

LENÆUS (du grec ληνός, pressoir), un des surnoms de Bacchus.

LENCLOS (NINON DE). *Voyez* NINON DE LENCLOS.

LENÉES ou **LENŒES**, fêtes de Bacchus à Athènes. *Voyez* DIONYSIAQUES.

LENGLET-DUFRESNOY (NICOLAS). Ce fécond et audacieux écrivain était né à Beauvais, en 1674. Il vint faire à Paris ses études et sa théologie; mais cette dernière lui servit seulement à prendre le manteau et le titre d'abbé, car il n'exerça jamais de fonctions ecclésiastiques : la politique, les travaux historiques et littéraires se partageaient sa longue carrière. Envoyé d'abord par M. de Torcy près de l'électeur de Cologne, notre allié, comme premier secrétaire pour les langues latine et française, il y rendit un service important par la découverte d'un complot tramé contre ce prince. Plus tard, il ne fut pas moins utile au régent pour parvenir à connaître tous ceux qui avaient pris part à la conspiration du prince de Cellamare. Il employa à cet effet un moyen qui n'était pas sans doute d'une extrême délicatesse, et qui n'a été que trop imité depuis : on le mit à la Bastille comme auteur d'un prétendu mémoire du parlement en faveur du duc du Maine, ce qui devait lui attirer la confiance des autres captifs pour la même cause. Il est juste de dire néanmoins que Lenglet exigea d'abord la promesse qu'aucun des coupables qu'il signalerait n'aurait à subir de condamnation capitale. A cet égard, les *moutons* ses successeurs n'ont pas été toujours aussi délicats. Disons aussi qu'il n'y a plus depuis cette époque rien que d'honorable dans le reste de l'existence de notre abbé. Modèle de l'homme de lettres indépendant, il refusa tour à tour les offres brillantes par lesquelles cherchaient à se l'attacher le prince Eugène, le cardinal Passionei et le secrétaire d'État

Le Blanc, pour se livrer exclusivement à ses studieuses occupations : près de quarante ouvrages en furent le résultat, et il n'en est aucun qui ne prouve de vastes connaissances scientifiques ou littéraires. Sa *Méthode pour étudier l'histoire*, son livre *De l'usage des romans*, ses *Commentaires sur le Roman de la Rose*, sur Marot, Régnier, le firent surtout remarquer. Quelques-uns de ces écrits lui valurent des emprisonnements plus sérieux que celui dont nous avons parlé plus haut, à la Bastille, à la citadelle de Strasbourg, à Vincennes, emprisonnements qu'il subit toujours avec une résignation aussi gaie que philosophique. Protestation vivante pour la liberté de la presse sous le pouvoir absolu, Lenglet ne manquait guère de rétablir à l'impression les passages que la censure lui supprimait. Aussi aurait-on pu lui dire, en le visitant à la Bastille, ce qu'un plaisant disait à Bouffiers en le rencontrant pour une grande route : « Je suis bien aise de vous trouver chez vous. » Une fin tragique l'enleva, en 1755, à quatre-vingt-deux ans, à la littérature : s'étant endormi, en lisant, près du feu, il y tomba, et, secouru trop tard, ne survécut pas à cet affreux accident. Il avait eu le projet de joindre à ses nombreux ouvrages des mémoires sur sa vie ; son caractère et son genre d'esprit en auraient fait un livre curieux.

OURRY.

LENNE (PIERRE-JOSEPH), l'un des plus célèbres dessinateurs de jardins de notre époque, est né en 1789, à Bonn, où son père était jardinier de l'Électeur et directeur du jardin botanique de cette ville. Initié de bonne heure à la connaissance de la botanique, il vint en 1811 passer une année à Paris, pour s'y perfectionner, puis visita l'année suivante la Suisse et une grande partie de l'Allemagne pour connaître leurs plus beaux jardins. En 1814 il fut chargé à Vienne de la direction des travaux d'agrandissement et d'embellissement à exécuter par le parc de Laxembourg, et reçut à cette occasion le titre d'*ingénieur jardinier*. C'est en Prusse qu'on peut admirer ses plus beaux travaux. En 1826 le roi le chargea de redessiner complétement les parcs du château de Potsdam, de Sans-Souci et de l'île des Paons; et tous les plans qu'il présenta furent exécutés sous sa direction. Il en fut de même de ceux qu'il présenta pour le parc de Charlottembourg, et pour transformer le *Thiergarten* de Berlin en promenade publique.

LENNOX (Comté de). *Voyez* DUMBARTON.

LENNOX (N...., comte de), né à Paris, vers 1793, n'avait rien de commun avec l'illustre famille écossaise de ce nom, et n'était autre, dit-on, que le fils naturel d'une certaine marquise de Folleville, qui eut le malheur de beaucoup trop faire parler d'elle à la fin du siècle dernier. A son entrée dans le monde, Lennox se donna un nom et un titre, que relevaient encore une éducation distinguée, un ton parfait, des manières élégantes et une fort belle fortune, que personne dès lors ne pouvait être tenté de lui contester, de même que personne ne pouvait avoir intérêt à en vérifier l'authenticité. Admis de bonne heure dans les rangs de l'armée, il était au moment où éclata la révolution de 1830 capitaine instructeur à l'École de Cavalerie de Saumur, qui garda longtemps le souvenir de ses brillants carrousels, et de ses fêtes, plus brillantes encore. De légitimiste zélé, Lennox devint alors subitement orléaniste ardent, et aspira en conséquence aux honneurs de d'ordonnance, le roi des barricades se contenta de le faire passer chef d'escadron dans un régiment de lanciers. Déçu dans ses espérances et surtout blessé dans sa vanité, Lennox se jeta tête baissée dans les conspirations et les complots anti-dynastiques, et ne tarda pas en conséquence à être mis en disponibilité. Actionnaire de *La Révolution de 1830*, journal du soir qui comptait bien plus d'actionnaires que d'abonnés et défendant, sous la direction de M. James Fazy, de Genève, les idées républicaines, il en devint bientôt l'unique propriétaire, et en fit alors l'organe du parti impérialiste, car d'évolution en évolution le commandant Lennox en était arrivé à l'idée bonapartiste. Le duc de Reichstadt vivait encore; il était donc tout naturel que les aventuriers de la politique cherchassent à exploiter les regrets sympathiques demeurés au fond de bien des cœurs pour *le fils de l'homme*, prisonnier des Autrichiens comme son père l'avait été des Anglais. Il faut dire toutefois que les menées de Lennox dans l'intérêt de ses nouvelles convictions n'eurent jamais rien de bien dangereux aux yeux de la police de Louis-Philippe, car elle avait eu la précaution d'aposter auprès de lui, à titre d'homme de confiance, un de ses agents secrets, autorisé pour la circonstance à porter le ruban rouge, afin de mieux ressembler à un ancien militaire de l'empire. Ajoutons que cet homme ne vendait pas seulement son patron à la police, mais qu'il le volait encore de la manière la plus indigne en se faisant remettre par lui chaque soir des sommes plus ou moins considérables, destinées, disait-il, à salarier les individus qu'il chargeait de *chauffer* le public en mêlant des cris de *vive l'empereur!* aux acclamations et aux trépignements des *titis* des différents théâtres du Boulevard, quand ils entendaient les patriotiques refrains des vaudevilles d'alors, où les aigles et les lauriers de l'empire jouaient un grand rôle. On comprend que les procès et les condamnations durent pleuvoir dru comme grêle sur *La Révolution de* 1830 et son gérant responsable. Lennox lui-même fut à plusieurs reprises arrêté et mis en prévention. A ce train-là sa fortune, déjà fortement ébréchée par les carrousels et les fêtes de Saumur, n'avait pas tardé à s'engloutir tout entière. Il expédia donc vers la fin de 1831 aux États-Unis un agent confidentiel chargé de solliciter des secours de Joseph Bonaparte, qui, n'ayant point à ce moment d'argent disponible, mais comprenant la nécessité de faire à temps utile un sacrifice pour la cause de son neveu, remit au négociateur un certain nombre de tableaux de prix, avec mission de les vendre à Londres au profit de *La Révolution de* 1830. Arrivé à Londres avant que Lennox eût été instruit de ce qui se passait, cet agent réalisa sans bruit le plus de tableaux qu'il put, et se garda bien d'en adresser le montant au destinataire. Heureusement pour Lennox, il reçut enfin des avis de New-York, qui le mirent à même de sauver encore une bonne partie de la galerie, dont la vente lui procura une somme assez considérable. Alors, une fois nanti de ce qu'il ne considérait sans doute que comme un simple remboursement de ses avances, notre conspirateur dit adieu à la cause impériale, et ferma purement et simplement la boutique de *La Révolution de* 1830; car il en est de la politique comme du jeu, où tel qui commence par être dupe finit par être fripon.

Lennox s'occupa ensuite avec ardeur de la direction des ballons, et dépensa beaucoup d'argent à la recherche d'une solution de ce problème. Sa mort subite, arrivée au commencement de 1834, donna lieu à de sourdes rumeurs d'empoisonnement. Une Phryné de trottoir, avec laquelle il vivait maritalement dans les derniers temps, et un refugié italien, amant de cette créature, furent accusés d'avoir commis le crime, qui aurait eu pour but de s'emparer du peu d'argent qui restait encore à la victime. Ces bruits prirent tant de consistance que la justice crut devoir intervenir; mais l'exhumation et l'autopsie qu'elle ordonna n'amenèrent aucune découverte qui fût de nature à les confirmer.

LENORMAND (Marie-Anne), née à Alençon, en 1772, fut élevée au couvent des bénédictines de sa ville natale, et y commençant son rôle de prophétesse, se mit à prédire l'avenir à ses compagnes ; cela lui valut une certaine réputation, qui la précéda à Paris en 1790. La vogue et la fortune de cette moderne sibylle ne seront pas auprès de la postérité une démonstration bien édifiante de cette absence de préjugés, de cette haute raison dont se targue notre siècle. Les *devineresses* du temps passé habitaient d'obscurs galetas, et de nos jours même deux *sorciers* ou tireurs de cartes ayant quelque renom, Martin et Moreau, rendaient leurs oracles dans de sombres et antiques maisons du quartier de la Cité. Melle Lenormand jugea mieux son époque : elle sentit ce qui inspirerait le plus de foi en elle, ce serait un extérieur assez *confortable* pour faire bien présumer d'avance aux consultants des produits antérieurs de ses talents en nécromancie. Ce fut donc dans un bel appartement de la rue de Tournon, au faubourg Saint-Germain, que la nouvelle pythonisse ouvrit un antre qui n'avait plus rien de lugubre ni d'effrayant. C'est que pendant de longues années elle reçut les visites d'une foule de dames et de bon nombre d'hommes, tant de la haute que de la moyenne classe, et qu'elle fit le *grand jeu* aux premiers, le *petit jeu* aux seconds, sans toutefois que son tarif descendît jamais au-dessous de six francs. Melle Lenormand avait en outre pour les plus curieux les *tarots*, le marc de café, et

Faisait voir dans un œuf cassé
L'avenir...., comme le passé.

Elle fut consultée plus d'une fois par de grands personnages politiques ; mais l'âge d'or de la *prophétesse* fut l'espace de temps qui s'écoula sous le Directoire et l'Empire, époques où la confiance que lui témoignait l'impératrice Joséphine avait surtout contribué à la mettre à la mode. Toutefois, sa protection ne put la garantir d'une détention, assez courte du reste, que lui fit subir le gouvernement impérial, pour quelques prédictions un peu hardies. Plus tard, cette puissance cabalistique vécut en paix avec la Restauration ; elle fut même très-bien accueillie par l'empereur Alexandre et les autres souverains lorsqu'elle alla, pendant le congrès, faire un voyage à Aix-la-Chapelle. Melle Lenormand ne fut pas seulement prophétesse, elle se mit au nombre de nos femmes de lettres, publia la description de divers ouvrages, entre autres des *Mémoires sur l'impératrice Joséphine*, témoignage de sa reconnaissance pour son auguste cliente. Dans un de ses livres, la sibylle de la rue de Tournon avait prédit qu'elle vivrait plus de cent ans. Sa prophétie ne s'est pas accomplie ; elle est morte en 1843. Ourry.

LE NOTRE (André) naquit à Paris, en 1613. Destiné à la peinture par son père, intendant des jardins des Tuileries, il ne tarda pas à la délaisser, entraîné qu'il était par un goût irrésistible pour l'art de la décoration des jardins. Il débuta dans la carrière toute spéciale où il devait s'illustrer en décorant les jardins du château de Vaux-le-Vicomte, appartenant au surintendant des finances Fouquet. Les ornements nouveaux et pleins de magnificence qu'il y distribua savamment, les portiques, les berceaux, les treillages, les labyrinthes, les grottes dont il les orna en firent un séjour tellement enchanteur que le roi, après avoir visité ces jardins, plaça celui qui les avait ainsi métamorphosés à la direction de tous ses parcs. La France dut à Le Nôtre l'admirable disposition des jardins de Marly, de Trianon, de Chantilly, de Saint-Cloud, celle de l'ancien parc de Sceaux, du parterre du Tibre, à Fontainebleau, et des canaux qui coupent ce lieu champêtre. On lui attribue aussi l'ensemble de la belle composition de l'orangerie de Versailles, dont il aurait suggéré l'ensemble à Mansart, qui en fut l'architecte. La magnifique terrasse du château de Saint-Germain, dont l'étendue est de près de quatre kilomètres, et que l'on ne peut assez admirer, est également son ouvrage. Mais le jardin des Tuileries, tel qu'il existait encore en 1830, est celui des ouvrages de notre artiste dans lequel lui a été fournie l'occasion de révéler toutes les ressources de son génie. Ce fut par les ordres de Colbert que Le Nôtre entreprit en 1665, l'exécution du magnifique plan dont il avait tracé le dessin, plan aussi original que grand, aussi imposant qu'agréable à l'œil. Le Nôtre a joui après ces grands travaux de la satisfaction de voir sa renommée devenue européenne. Il fit en Italie un voyage, dans lequel il se convainquit que la France n'avait plus rien à envier pour les jardins à cette belle et voluptueuse contrée. On suppose que, durant le séjour qu'il fit à Rome, il donna les plans du grand parc de la villa Corsini. Il fut accueilli par le pape de la manière la plus bienveillante et la plus distinguée. Louis XIV avait accordé, en 1675, des lettres de noblesse et la croix de Saint-Lazare à Le Nôtre ; le monarque voulait lui donner des armoiries; le nouvel anobli lui répondit qu'il avait ses armes, qui étaient trois limaces couronnées d'une pomme de chou : « Sire, ajouta-t-il, pourrais-je oublier ma bêche? Combien doit-elle m'être chère ! N'est-ce pas à elle que je dois les bontés dont votre majesté m'honore ? » Louis XIV avait en outre donné à Le Nôtre une charge de conseiller et celle de contrôleur général des maisons royales et manufactures. En 1693 Le Nôtre reçut la croix de Saint-Michel en échange de celle de Saint-Lazare, qui lui fut retirée à la suite de réformes introduites dans ce dernier ordre. Comme homme privé, Le Nôtre était simple, modeste, désintéressé; il réunissait toutes les vertus qui constituent l'homme de bien. Le Nôtre mourut à Paris, en 1700, dans un âge très-avancé.

LENS, ville de France, chef-lieu de canton, dans le département du Pas-de-Calais, sur le Souchez, avec 9,796 habitants, des mines de houille et d'argile, des brasseries, des blanchisseries de fil, des fabriques de dentelle, de sucre de betterave, d'huile, de savon, des distilleries, des filatures de laine, des tanneries, un commerce de blé, lin et chanvre. C'est une station du chemin de fer de Fampoux à Hazebrouck. Lens, que l'on croit être l'ancien *Vicus Heleuve*, était autrefois une place forte. Louis XIV en fit démolir les défenses. C'est près de Lens que le grand Condé battit les Espagnols, le 20 août 1648. Ce fut la seule réponse du héros à la jactance espagnole qui dans la Gazette d'Anvers avait fait demander qu'on lui indiquât où était l'armée française, l'ayant cherchée partout où elle devait être sans avoir pu la trouver. Cette victoire coûta 9,000 hommes à l'archiduc Léopold.

LENTILLE (*Botanique*), genre de plantes de la famille des légumineuses. Par leurs caractères botaniques, les lentilles se rapprochent beaucoup des vesces, dont elles ont le port; mais leurs fleurs et leurs gousses sont plus petites, et leurs semences bien moins nombreuses, puisque le nombre de ces dernières ne dépasse pas quatre par gousse.

La *lentille commune* (*ervum lens*, L.) est une plante annuelle, herbacée, remarquable par ses gousses courtes, larges, obtuses, et contenant deux à trois semences orbiculaires, légèrement convexes et plus ou moins roussâtres, qui portent le même nom que la plante. Ces semences, qui nous viennent en grande quantité du midi de la France, de la Suisse et d'autres parties de l'Europe, se cultivent dans les champs et les jardins; mais celles que l'on récolte dans les champs sont de beaucoup préférables aux autres; elles ont plus de consistance et plus de goût. On les sème à la fin de l'hiver ou au commencement du printemps, lorsqu'on n'a plus à craindre de fortes gelées. Le terrain doit être maigre et quartzeux ; cette nature de terrain rend son épuisement facile; aussi est-il presque impossible de remplacer une récolte de lentilles par une de blé. Les lentilles se sèment ordinairement à la volée, quelquefois en rayons ou par touffes disposées en échiquier, assez éloignées les unes des autres. Comme leur fruit mûrit promptement, on est obligé de le veiller avec soin, pour le préserver des pigeons, qui en sont très-friands; et comme à cette époque les gousses s'ouvrent facilement, les graines tombent et sont perdues pour le cultivateur. Il vaut mieux les récolter avant leur parfaite maturité et les exposer dans un lieu convenable, la lentille y a peu sous les rapports. On trouve dans le commerce deux variétés de cette espèce, la grosse *lentille blonde*, des départements d'Eure-et-Loir et de la Haute-Loire, et la *petite lentille*, d'un brun rougeâtre, nommée aussi *lentille à la reine*. Dans les départements du nord, on la sème avec des pois, des vesces, des fèves, de l'orge et de l'avoine, pour en faire de la *dragée*, excellent fourrage pour les bestiaux. Quelquefois, on l'enterre lorsqu'elle est en pleine floraison; elle devient alors un excellent engrais, qui procure à la récolte suivante des fruits de qualité bien supérieure. La lentille, autrefois très-recherchée par les classes aisées, est devenue maintenant le partage du pauvre et du laboureur. Elle leur fournit une nourriture substantielle, saine et agréable, surtout en purée. En Angleterre, on lui fait subir une sorte de décortication qui en rend la cuisson plus prompte et plus facile.

Après l'espèce que nous venons de décrire, la plus importante est la *lentille ervilie* (*ervum ervilia*, L.), que quelques auteurs rangent parmi les vesces, et qui est connue dans diverses localités sous les noms vulgaires de *ers*, *alliés*, *comin*, *pois de pigeon*, etc. Elle est cultivée comme fourrage dans quelques cantons du midi de la France. Ses fleurs, blanchâtres, sont réunies, au nombre de deux ou trois, sur un pédoncule axillaire. On donne sa graine aux pigeons, mais avec ménagement, car elle les échauffe. On dit que cette graine, réduite en farine et mêlée au pain, occasionne un affaiblissement musculaire très-prononcé; nous ignorons si cette assertion est fausse ou vraie; quoi qu'il en soit, le mariage des céréales avec les légumineuses donne toujours de mauvais résultats. C. Fayrot.

LENTILLE (*Arts mécaniques*). On appelle ainsi une sorte de disque de métal à bords tranchants, et dont les deux faces sont plus ou moins bombées; on donne cette forme à ces disques, afin qu'ils divisent l'air avec plus de facilité lorsqu'ils sont en mouvement. Les pendules qui règlent les mouvements de la plupart des horloges se terminent par des lentilles, formées ordinairement de deux calottes de cuivre, entre lesquelles on coule du plomb. Le centre de gravité d'un pendule est toujours dans l'intérieur de sa lentille.

LENTILLE (*Optique*). Ce nom, donné d'abord à des morceaux de verre de forme lenticulaire, a été étendu par analogie à tous les verres circulaires qui, par la courbure de leurs deux surfaces ou de l'une d'elles, ont la propriété de faire converger ou diverger les rayons lumineux qui les traversent. Nous ne parlerons ici que des lentilles en usage dans les instruments d'optique. Elles résultent toutes de la combinaison de surfaces sphériques entre elles ou avec des surfaces planes. On en distingue de six sortes; 1° les lentilles bi-convexes, dont les deux faces sont convexes et les bords tranchants; 2° les lentilles planes-convexes, planes d'un côté, convexes de l'autre, ayant les bords tranchants; 3° les lentilles bi-concaves, ou concaves des deux côtés; 4° les lentilles planes-concaves; 5° et 6° les lentilles concaves-convexes, dont les propriétés sont différentes suivant que c'est la face convexe qui a le plus grand ou le plus petit rayon de courbure : dans le premier cas, la lentille reçoit le nom de *ménisque convergent*; dans le second cas, celui de *ménisque divergent*. Cette dénomination vient du grec μηνίσκος, petit croissant, dérivé de μήνη, la lune, à cause de la forme sous laquelle nous apercevons cet astre dans certaines de ses phases.

Les deux premières sortes de lentilles et la première espèce de ménisque font converger les rayons lumineux; les trois autres sortes de verres lenticulaires les font diverger. Du reste, pour étudier la marche des rayons lumineux à travers les lentilles, il suffit de regarder leurs surfaces courbes comme formées d'une infinité d'éléments plans infiniment petits, et d'appliquer les lois de la réfraction.

L'axe d'une lentille est la ligne imaginaire qui passe par les centres des sphères, dont les faces concaves ou convexes de la lentille sont des calottes. Le *centre optique* d'une lentille est un point pris dans son intérieur et sur son axe. Tous les rayons lumineux qui passent par le centre optique suivent en sortant de la lentille une direction parallèle à celle qu'ils avaient avant d'y entrer. Le foyer *principal* d'une lentille est le point où se réunissent les rayons qui, partant d'un objet lumineux placé à l'infini, la traversent dans des directions parallèles. L'angle sous lequel l'œil placé au foyer principal voit une lentille se nomme *l'ouverture* de la lentille. Cet angle ne doit pas dépasser 10 ou 12 degrés, car s'il était plus grand, les rayons qui tomberaient sur les parties voisines des bords n'iraient point se réunir au foyer, mais formeraient des caustiques par réfraction, et il en résulterait une sorte de confusion qu'on appelle *aberration de sphéricité*. Comme les miroirs, les lentilles offrent des foyers conjugués. Comme eux, elles donnent des images, les unes réelles, les autres virtuelles. Par exemple, supposons un objet quelconque placé au delà du foyer principal d'une lentille bi-convexe ; de chaque point de cet objet émanent des rayons qui vont se réunir de l'autre côté de la lentille, où il se forme ainsi une image réelle et renversée. Si l'objet est placé entre la lentille et son foyer principal, l'image est droite, virtuelle, et toujours amplifiée : c'est ainsi que l'on emploie les lentilles bi-convexes comme loupes ou microscopes simples. Quant aux lentilles bi-concaves, quelle que soit la position de l'objet, l'image est toujours virtuelle.

Les lentilles entrent dans la construction de la plupart des instruments d'optique, tels que microscopes, lunettes, télescopes, daguerréotypes, lanternes magiques, etc. Par elles on remédie à la myopie, au presbytisme. Mais pour la plupart de ces usages il faut les corriger de l'aberration de réfrangibilité qu'elles offrent. C'est à quoi est parvenu Dollond en construisant des lentilles douées d'un achromatisme presque complet.

Comme il n'est pas aisé de se procurer un morceau de glace assez volumineux sans soufflures, sans gerçures, pour en faire une lentille d'une grande dimension, on construit quelquefois des *lentilles creuses*. Pour cela, on bombe deux tables circulaires de verre, on les dresse et on les polit sur les deux faces, après quoi on les applique et on les fixe l'une contre l'autre, puis l'on remplit le vide qui régnait entre elles d'un liquide bien pur, tel que de l'eau distillée, de l'alcool, etc. On a vu de ces lentilles qui avaient de $1^m,30$ à $1^m,60$ de diamètre, et qui produisaient des effets extraordinaires.

Cette difficulté de construction des grandes lentilles a amené Buffon à imaginer les *lentilles à échelons*, perfectionnées depuis par Fresnel. Elles se composent de plusieurs pièces qui font une lentille plane-convexe, tout autour de laquelle s'adaptent des anneaux de verre concentriques, et qui s'emboîtent exactement : la section de l'un de ces anneaux présente une sorte de triangle rectangle, dont l'hypoténuse serait un arc de cercle. La face intérieure de ces anneaux est dépolie ; et la face courbe est calculée de façon que tous les rayons lumineux qui tombent dessus aillent se réunir au foyer de la lentille centrale. On concevra clairement la composition de ces sortes de lentilles en se représentant les anneaux concentriques comme les bords de lentilles plano-sphériques. Les lentilles à échelons ont de grands avantages sur celles qui sont faites d'une seule pièce. D'abord, on peut leur donner beaucoup plus d'ouverture qu'à celles-ci. Ensuite, comme elles ont peu d'épaisseur, elles absorbent une bien moindre quantité de lumière. Une lentille de cette espèce, de 7 à 8 décimètres de diamètre, concentre les rayons du soleil avec tant de force que les métaux, tels que le cuivre, le fer, etc., que l'on place à son foyer y brûlent à l'instant ; des feuilles d'or, du platine, du quartz même, y fondent. On a pu voir aux expositions des produits de l'industrie des lentilles à échelons dont on a fait des applications aux phares maritimes avec le plus grand succès.

LENTILLE D'ESPAGNE. *Voyez* GESSE.

LENTISQUE, arbrisseau du genre *pistachier*, le *pistacia lentiscus* de Linné. Ses feuilles pinnées, sans impaire, ont huit folioles et un pétiole ailé. Ses fleurs et ses fruits sont rougeâtres ; ces derniers de la grosseur d'un pois. En pratiquant des incisions à la superficie de la tige et des grosses branches du lentisque, il en découle une substance résineuse connue sous le nom de *mastic*. C'est surtout dans l'île de Chio que se pratique cette opération.

LENTULUS, surnom d'une branche de la famille des Cornelius. Parmi ses membres les plus connus nous citerons :

PUBLIUS CORNELIUS LENTULUS SURA, qui devait ce dernier nom à une grossière insulte adressée par lui aux censeurs, qui l'avaient rayé du sénat comme indigne. Il y rentra cependant par la préture, et fut un des complices de Catilina. Lentulus fut étranglé dans sa prison avec les autres conjurés (an 691 de Rome).

PUBLIUS CORNELIUS LENTULUS SPINTHER, consul l'an 700 de Rome, ami de Cicéron, au rappel duquel il contribua beaucoup, suivit le parti de Pompée dans les guerres civiles, et fut gracié par Sévère.

CNEIUS CORNELIUS LENTULUS GETULICUS fut élevé au consulat l'an 26 de J.-C. Il était proconsul dans la Germanie lors de la mort de Séjan. Accusé d'avoir eu dessein de donner sa fille en mariage au fils de ce ministre, Lentulus s'en défendit par une lettre si éloquente, qu'il fit exiler son délateur, et qu'il échappa au danger qui le menaçait. Mais Caligula devint jaloux de l'affection que lui portaient ses soldats, et le fit mourir.

LEO (LEONARDO), compositeur distingué, né à Naples, en 1694, et suivant d'autres en 1701, mourut en 1742, maître de chapelle au conservatoire de San-Onofrio et premier organiste de la chapelle du roi, à Naples. Il a la gloire d'avoir, avec ses élèves Pergolèse, Piccini, Jomelli, Sacchini, Hasse, Traetta, etc., propagé dans toute l'Europe les principes de l'école napolitaine. Il dépassa tous ses prédécesseurs, et on le regarde comme un des plus grands maîtres italiens, parce qu'il perfectionna également tous les genres de composition. Quoique naturellement porté vers le passionné, le grandiose et le sublime, il ne réussissait pas moins bien dans le genre naïf, tendre ou plaisant, comme le prouve son opéra-comique *Il Ciod*. Il est d'ailleurs le premier compositeur qui dans ses opéras-comiques ait employé la forme du rondeau. Ses meilleures partitions d'opéra sont *Sofonisba* (1718), *la Clemenza di Tito* (1735) et *Achille in Sciro*. Il faut encore citer ses deux oratorios *Santa Elena al Calvario* et *La Morte d'Abele*; et parmi ses morceaux d'église, un *Ave Maria* et un *Miserere* qui se distinguent par un style élevé, par une rare perfection d'harmonie et de contre-point, enfin par la noblesse et la clarté.

LEOBEN, chef-lieu d'une capitainerie, dans le cercle de Bruck, duché de Styrie, sur la Mur, avec 2,200 habitants, grand entrepôt des fers de la Styrie, est le siège d'une direction et d'un tribunal des mines, et compte plusieurs fonderies de fer ainsi que de nombreuses briqueteries.

Leoben est surtout célèbre par les préliminaires de paix qui y furent signés le 18 avril 1797, entre l'Autriche et la France, et que suivit six mois plus tard la conclusion du traité de paix de *Campo-Formio*.

LÉOCHARÈS, fondeur et sculpteur de la nouvelle école attique à laquelle Praxitèle donna le caractère distinctif qui lui est propre, florissait entre la 104ᵉ et la 111ᵉ olympiade. Son *Ganymède enlevé par l'aigle* est décrit par les anciens auteurs comme un morceau ravissant. Pline nous dit que la précaution avec laquelle l'oiseau porte Ganymède indique bien qu'il a la conscience de la valeur de son fardeau. Müller regarde comme une copie authentique de ce groupe la statue n° 49 qu'on voit au musée Pio-Clementinum. Léocharès est cité avec d'autres artistes contemporains ayant pris part aux travaux du tombeau de Mausole. On avait de lui des statues d'Amyntas, de Philippe, d'Alexandre, d'Olympias et d'Eurydice, en or et en ivoire. Il avait aussi sculpté un Apollon, qui se trouvait dans la Céramique, en face de celui de Calamis.

LÉON, royaume situé au nord-ouest de l'Espagne, borné au nord par les Asturies, à l'est par la Vieille-Castille, au sud par l'Estramadure, et à l'ouest par le Portugal et la Galice, d'une surface de 653 myriamètres carrés, avec onze cent mille habitants. Le sol en est montagneux et traversé dans toute sa largeur par le Douro. En général, il est peu fertile, et de plus fort mal cultivé. Il fut autrefois conquis par les Romains, puis par les Goths, et après eux par les Sarrasins, qui le possédèrent jusqu'à leur expulsion d'Espagne. Le royaume de Léon forma alors un État indépendant, qui réuni en 1065 à la couronne de Castille, en fut quelque temps séparé, après la mort d'Alfonse VIII, mais y fut joint de nouveau en 1212, et en partagea dès lors toutes les destinées (voyez Espagne). Sous le rapport administratif, il est divisé aujourd'hui en cinq provinces : *Léon*, *Valladolid*, *Palencia*, *Zamora* et *Salamanque*. Les villes les plus importantes sont Valladolid et Salamanque.

La *province de Léon*, située à l'extrémité nord-ouest du royaume, entre les Asturies, la Galice, Palencia, Valladolid et Zamora, compte, sur une surface d'environ 208 myriamètres carrés, une population de 289,000 habitants. Montagneuse au nord, elle offre au sud une suite de plaines ondulées; elle est arrosée à l'est par le Douro et la Pisuerga et ses affluents : le Carrion, l'Esla, la Cea, l'Orbigo, etc. ; et à l'ouest, par les affluents du Miño, et entre autres le Sil. Les principales richesses de ses montagnes, assez déboisées, sont leurs pâturages ; le sud produit du blé, des légumes, un peu de vin, beaucoup de chanvre et de lin. L'industrie du pays se borne à des manufactures de laine, tanneries, papeteries et forges. La capitale de cette province est la ville de *Léon*, l'ancienne *Legio septima gemina* des Romains, qui donna son nom au royaume; elle est située sur la Bernesja et le Torio; sa population est de 8,000 âmes. Siège d'un évêché, elle possède une cathédrale gothique et treize églises, dont les nombreux clochers lui donnent un aspect tout à fait pittoresque, un collège, et un fort bel hôtel de ville. Parmi ses couvents, celui de Saint-Isidore était célèbre, pour avoir longtemps servi de palais aux rois de Léon. On n'y fait guère d'autre commerce que celui des plantes médicinales.

LÉON (*Isla de*), île de 21 kilomètres de long et dépendant de la province de Séville. Située dans l'océan Atlantique, comme le promontoire à l'extrémité nord-ouest duquel est bâtie Cadix, elle n'est séparée du continent que par un étroit bras de mer appelé *San-Pedro*, qu'on traverse sur le pont del Suaza, lequel réunit l'île a la terre ferme.

LÉON. Six empereurs d'Orient ont porté ce nom.

LÉON Ier, dit *le Grand*, né en Thrace, de parents obscurs, entra dans l'armée grecque, où il s'éleva rapidement par son courage et par la protection du général barbare Aspar, qui était alors tout-puissant. A la mort de l'empereur Marcien, il fut appelé à lui succéder en 457, et fut le premier étranger qui s'assit sur le trône de Constantinople. Pour fortifier sa puissance, si nouvelle, et la rendre sacrée aux yeux de ses fiers sujets, il la fit sanctionner par une cérémonie religieuse. Son couronnement par le patriarche est le premier exemple de sacre que présente l'histoire. Léon déploya contre les barbares une grande vigueur. Les Huns, qu'avait affaiblis la mort récente d'Attila, furent battus et refoulés au delà du Danube ; mais une armée grecque, envoyée contre les Vandales, éprouva un échec honteux, et Constantinople vit les Goths à ses portes. Léon persécuta cruellement les eutychéens et les ariens, qui avaient à ses yeux un tort plus grand que leur hérésie, celui d'être protégés par le général Aspar, auquel il devait l'empire, et dont le grand pouvoir lui portait ombrage. Aspar fut assassiné par une infâme trahison. Léon Ier mourut en 474, et fut remplacé par son gendre Zénon.

LÉON II, petit-fils du précédent ne régna que huit mois, sous la tutèle de son père Zénon, depuis la mort de Léon Ier. Il mourut âgé de cinq ans.

LÉON III, *l'Isaurien*, surnommé l'*Iconoclaste*, fut d'abord marchand de bestiaux dans le pays de sa naissance. Une prédiction, par laquelle des Juifs persécutés, proscrits, lui auraient annoncé sa grandeur future, le décida, dit-on, à se faire soldat. Il s'éleva aux plus hauts grades dans les armées de Justinien, et se trouva assez fort, à la mort d'Anastase, pour refuser de reconnaître Théodose III. Aidé des Sarrasins, il s'avança contre Constantinople, où Théodose, effrayé, lui céda la pourpre, et où il fut couronné empereur, le 25 mars 717. Mais les puissants auxiliaires qui avaient fait trompher son ambition voulant imposer des charges trop lourdes à sa reconnaissance, il rompit avec eux, et, assiégé dans Constantinople, il se défendit avec une heureuse énergie. Les Sarrasins furent obligés de se retirer, après la perte de plusieurs flottes et de plusieurs armées. Le feu grégeois, récemment découvert, sauva alors Constantinople. Léon comprima aussi heureusement la révolte de la Sicile, qui s'était choisi un nouvel empereur. Mais il embrassa avec un sauvage fanatisme l'hérésie des iconoclastes. La capitale et les provinces furent ensanglantées par d'horribles persécutions contre le culte des images. Léon s'attaqua même au pape, dont l'influence grandissait de jour en jour, et tenta deux fois de le faire assassiner. L'Italie, indignée, chassa ses lieutenants de Rome et de Naples ; l'exarque de Ravenne fut assassiné, et Ravenne et la Pentapole passèrent sous la domination de Luitprand, roi des Lombards. Depuis lors la suprématie de l'empereur, annulée dans les autres parties de l'Italie, fut purement honorifique dans la petite république dont le pape devint le chef réel. Léon III mourut en 741. Son fils Constantin Copronyme lui succéda.

LÉON IV (*Chazare*), fils de Constantin-Copronyme, lui succéda en 775. Son règne, qui dura cinq ans, fut marqué pas quelques succès sur les Sarrasins et par une violente persécution contre les images. L'impératrice Irène ne fut pas même à l'abri de son fanatisme. Léon mourut en 780. Son fils Constantin VI lui succéda, sous la tutèle d'Irène.

LÉON V, *l'arménien*, était simple général sous Nicéphore, lorsqu'il fut accusé de trahison, battu de verges et enfermé dans un monastère. Michel III lui rendit ses honneurs et son rang, et fut payé de ce bienfait par la plus noire ingratitude. Léon l'aida d'abord contre les iconoclastes et contre les Sarrasins; mais il le trahit ensuite en préparant la perte de la bataille d'Andrinople, livrée contre les Bulgares. Profitant alors de la déconsidération dans laquelle ce revers avait jeté Michel, il le déposa, le relégua dans un monastère, et se fit proclamer empereur en 813. Léon, assiégé par les Bulgares dans Constantinople, entama avec eux de perfides négociations, pendant lesquelles il essaya de faire assassiner leur roi. La Thrace fut horriblement ravagée par les Bulgares, que cette tentative avait exaspérés ; mais l'empereur reprit bientôt le dessus, battit les Bulgares en plusieurs rencontres, les poursuivit jusque dans leur pays, où il les extermina, et vint à Contanstinople profiter de la tranquillité et de la puissance que lui donnaient ses victoires pour persécuter les images. Il chassa de son siège le patriarche Nicéphore, et l'exila en Asie. Il mourut en 820, assassiné par les émissaires de Michel le Bègue, qu'il avait condamné à mort, et qui par ce crime devint empereur. Le patriarche qu'il avait persécuté dit ces belles paroles en apprenant sa mort : « L'Église est délivrée d'un puissant ennemi, mais l'État perd un grand empereur. »

LÉON VI, dit *le Philosophe*, fils de Basile le Macédonien, avait été mis en prison par son père sur une fausse accusation de trahison. Il parvint à se justifier, et succéda à Basile en 886, avec son frère Alexandre, qui n'eut guère que les honneurs de son rang. Son premier soin fut de faire rendre les honneurs funèbres à Michel, assassiné par Basile, et de déposer le célèbre patriarche Photius; son ennemi secret, et aux trames duquel il avait dû sa courte captivité. Digne de régner dans un meilleur siècle et sur un peuple plus courageux, il fit de grands mais inutiles efforts contre les ennemis de l'empire ; mais ses armées furent successivement battues par les Sarrasins en Asie, en Italie, dans l'Archipel, et par les Bulgares en Macédoine. Les Russes, qui avaient nouvellement fondé leur empire à Kief, vinrent assiéger Constantinople, et furent repoussés par le feu grégeois et par des promesses. Trop abandonné à la volupté, Léon épousa successivement quatre femmes, et eut quelques démêlés avec l'Église pour son quatrième mariage, que prohibaient alors les canons. Léon a mérité le surnom glorieux de *Philosophe*, pour les grands travaux de législation. Le corps de droit commencé par Basile, et dit *Basiliques*, fut réformé, amplifié, mis dans un meilleur ordre. Un grand nombre de *Novelles*, remarquables par un esprit de justice rare à cette époque, furent publiées par lui. Il composa aussi quelques ouvrages sur l'art militaire. Sa mort est rapportée à l'année 911.

LÉON. On compte douze papes de ce nom.

LÉON Ier était fils d'un Romain, appelé Quintien : il naquit sous le règne de Théodose. Envoyé en Afrique par le pape Zosime, pour y porter la condamnation des pélagiens, il s'y lia avec saint Augustin, évêque d'Hippone; et, revenu à Rome en 419, sous Boniface, fut nommé diacre par Célestin Ier, qui le fit son ministre. Il fut élu enfin, quoique absent de Rome, en 440, à la place de Sixte III. Son premier soin fut de rétablir la discipline dans le clergé de la Sicile et de l'Afrique, que ravageaient alors les Vandales de Genséric. Des volumes y furent écrits par ce pontife. La persécution des manichéens et des pélagiens lui fait moins d'honneur, car il y montra une barbarie indigne de son caractère. Le supplice de Priscillien et de ses adhérents lui donna une nouvelle occasion de la manifester. Son ambition était sans bornes, et tout lui servait à la satisfaire. Par la déposition d'Hilaire, évêque d'Arles, et à l'aide du faible Valentinien III, il abattit les libertés de l'Église des Gaules. Il se servit de la querelle d'Eutychès avec le siége de Constantinople pour essayer d'établir sa suprématie sur les églises d'Orient ; et après avoir, en 449, pris le parti de cet abbé contre l'évêque Flavien, il se prononça contre lui six mois après, par cela seul que le concile d'Éphèse avait déposé les premiers juges malgré les légats du saint-siége. Le concile de Chalcédoine lui donna raison, en 450, et rétablit les évêques déposés par le premier. Mais ce même concile ayant accordé au siége de Constantinople des prérogatives qui le mettaient sur le même pied que celui de Rome, Léon Ier se révolta contre cette prétention du nouveau patriarche Anatolius, qui n'en resta pas moins en possession de sa dignité. Le saint-siége et la chrétienté étaient menacés par un ennemi plus redoutable. Attila ravageait la haute Italie et marchait sur Rome. Léon s'avança vers lui, à la tête de son clergé ; le Fléau de Dieu, frappé de ce spectacle, atterré par l'éloquence du pontife, n'osa passer outre, et supposa un miracle pour calmer l'indignation de ses capitaines, qui lui reprochaient d'avoir reculé devant un prêtre. Moins heureux contre Genséric. La capitale de l'Occident fut cette fois vainement défendue par sa parole évangélique. Les Vandales ne la quittèrent qu'après un pillage de quatorze jours. On attribue divers règlements à ce pontife, l'extension de la loi du célibat aux sous-diacres, la défense de consacrer des religieuses avant l'âge de quarante ans, la suppression de la confession publique, l'invention de la confession secrète, l'établissement des Rogations et des Quatre-Temps. Tout cela lui valut le titre de saint et le surnom de grand. Quelques annalistes lui font honneur d'un acte assez étrange. Il se serait coupé la main pour se punir d'avoir senti une émotion charnelle au moment où elle était baisée par une belle dévote; et ils font remonter jusque là l'usage de baiser les pieds du pape. D'autres assignent une autre cause à cette mutilation, et ils ajoutent que cette main lui fut rendue par la sainte Vierge. Léon Ier s'occupa de réparer les dégâts causés par les Vandales. Il mourut le 11 avril 461. Il a laissé, entre autres ouvrages, 96 sermons sur les principales fêtes de l'année, un grand nombre de lettres et des livres de controverse.

LÉON II fut, en 682, le successeur d'Agathon. Il était fils d'un nommé Paul, qui exerçait la médecine à Cédelle, petite ville de l'Abruzze Ultérieure. Constantin Pogonat, qui gouvernait alors l'empire d'Orient, lui défèra quelques affaires ecclésiastiques; et le nouvel évêque de Rome saisit avec empressement cette occasion de signaler sa suprématie, en excommuniant l'évêque d'Antioche, Macaire, et d'autres monothélites condamnés par le sixième concile de Constantinople. Il traduisit lui-même du grec en latin les actes de ce concile, qui avait flétri la mémoire du pape Honorius Ier, et les adressa à toutes les églises d'Occident. La soumission de l'archevêque de Ravenne au saint-siége et la fondation de quelques églises de Rome complètent ce pontificat, de dix-huit mois. Léon II mourut en 683, et un deuil universel fut la récompense de ses vertus évangéliques et privées.

LÉON III succéda au premier des Adrien, le 26 décembre 796, le jour même des funérailles de son prédécesseur. Il était Romain, et prêtre du titre de Sainte-Suzanne ; la voix unanime du peuple, des grands et du clergé le porta sur le trône de saint Pierre. La reconnaissance de Charlemagne comme souverain de Rome fut le premier acte de son pontificat ; la soumission du roi des Merciens Quenulf au saint-siége fut le second. L'amour du peuple ne le garantit point des conspirations et des violences de quelques méchants. Deux parents du pape Adrien, Pascal et Campule, le surprirent, en 799, au milieu d'une procession, le traînèrent dans la boue, le couvrirent de blessures et l'enfermèrent dans un monastère. Son camérier Albin et le duc de Spolète Vinigise l'aidèrent à fuir de sa prison; et Léon III courut implorer l'assistance de Charlemagne, qui le fit ramener dans Rome par une armée. Lui-même y vint l'année suivante, écouta les plaintes des conjurés, qui prétendaient justifier leurs attentats par d'infâmes calomnies, les condamna à un exil perpétuel ; et le pape lui en témoigna sa reconnaissance en le couronnant empereur dans la basilique de Saint-Pierre. Il s'établit entre ces deux souverains une réciprocité de déférences qui a servi plus tard de prétexte aux saint-siége pour humilier les rois. Mais une conférence tenue entre le pape et les envoyés de Charlemagne sur l'addition du filioque au Symbole prouve que même en matière de foi l'autorité séculière était encore consultée. La mort de son royal appui exposa Léon III à des conspirations nouvelles ; il en éclata deux en 815 : la première fut terminée par le supplice des conjurés; faut-il attribuer à Louis le Débonnaire l'occasion de défendre ses prérogatives, en reprochant au pape d'avoir fait justice sans en référer à son tribunal; la seconde fut comprimée par le duc de Spolète et le roi d'Italie Bernard. Léon III n'y survécut que d'une année. Il mourut le 11 juin 816, honoré de tous pour son éloquence, sa charité, son courage et la pureté de ses mœurs.

LÉON IV était fils d'un Romain, appelé Rodoald. Fait sous-diacre par Grégoire IV et prêtre par Sergius II, il fut élu en 847, avant que ce dernier fût enseveli. Les Sarrasins qui ravageaient les côtes de l'Italie furent défaits dans les environs d'Ostie en 849 ; et un grand nombre des leurs vinrent travailler aux murailles dont le pape faisait entourer l'église de Saint-Pierre. Les richesses de cette basilique s'accrurent encore de ses offrandes ; d'autres églises reçurent aussi des témoignages de sa libéralité. C'est lui qui donna la couronne impériale à Louis le Germanique, fils de Lothaire, et qui fit achever le quartier de Rome appelé la Cité Léonine, commencé par le pape Léon III. Il établit une colonie de Corses dans la ville de Porto, et fonda celle de Léopolis pour la population fugitive de Centumcelles. Il tint, en 853, un concile pour la discipline de l'Église, et mourut le 17 juillet 855. Les écrivains sont partagés sur son caractère : les uns vantent sa libéralité, les autres l'accusent d'une avarice insatiable. C'est après lui que les ennemis du saint-siége ont placé la prétendue papesse Jeanne.

LÉON V, d'Ardée, fut, en 903, le successeur de Benoît IV, malgré la faction des marquis de Toscane, et fut renversé la même année par Christophe, son chapelain, qui le fit mourir en prison.

LÉON VI, Romain, ne régna pas plus longtemps : élu en 928, à la place de Jean X, il mourut sept mois après. Platine assure qu'il employa ce court espace de temps à essayer de pacifier les troubles de l'Italie et de réconcilier ses concitoyens entre eux. Mais la mort ne répondit point à ses charitables intentions.

LÉON VII, Romain aussi, fut ordonné en 936, à la place de Jean XI. Le chroniqueur Flodoard, son contemporain, vante ses mœurs et sa piété ; mais sa justice était un peu brutale, car il eût fait couper les mains à un paysan qui avait menacé Odon, abbé de Cluny, si cet abbé n'avait imploré la

16.

grâce du coupable. Ce voyage d'Odon à Rome et une lettre de Léon VII à Gérard, archevêque de Saltzbourg, sur quelques abus introduits dans les églises de Bavière, sont tout ce que l'histoire raconte de ce pontificat de trois ans. Léon VII mourut en juillet 939.

LÉON VIII, fils de Jean, protoscriniaire de l'Église, était protoscriniaire lui-même quand il fut élu en décembre 963 par le concile qu'avait assemblé à Rome l'empereur Othon pour la condamnation du pape Jean XII. Baronius le considère comme un antipape ; mais les auteurs contemporains et le père Mainbourg reconnaissent la justice et la validité de cette élection. Jean XII ne pensa point ainsi : les trésors qu'il avait gardés furent répandus à profusion dans Rome, et dès le mois de janvier 964 éclatèrent des conspirations contre Léon VIII et l'empereur. Repoussés et châtiés une première fois par Othon, les partisans de Jean, et surtout ses puissantes maîtresses, rétablirent cet indigne pontife peu de jours après le départ de ce monarque. Léon VIII, déposé à son tour, se réfugia dans le camp de son protecteur, qui, après la mort de Jean, marcha contre le successeur que les Romains lui avaient donné, sous le nom de Benoît V ; et un nouveau concile remit Léon sur le saint-siége, le 23 juin de la même année. La paix fut un moment rétablie dans Rome ; mais ce vieux pontife ne jouit pas longtemps de son triomphe : il mourut dans les premiers jours d'avril 963. Aventin assure qu'il avait permis aux évêques de Bavière de se marier.

LÉON IX succéda à Damase II vers la fin de 1048. Il se nommait *Brunon*, et était évêque de Toul, issu de la maison d'Alsace, et parent de l'empereur Henri III, qui le fit élire à Worms par les prélats et seigneurs de Germanie. Il hésita longtemps à accepter la tiare, et ne céda qu'aux instances de ses amis ; mais sa modestie ne suffit point au fougueux Hildebrand, qui ne pouvait tolérer une élection de pape faite par un empereur. Brunon, docile aux conseils de cet ambitieux, ne fit le voyage de Rome que sous les habits d'un pèlerin, et ne reprit la pourpre, le 12 février 1049, que lorsque le clergé et le peuple romain eurent confirmé par leurs acclamations le choix de l'empereur. Aucun autre n'en eût été plus digne. Son désintéressement, la pureté, la simplicité de ses mœurs, contrastaient avec les vices qui avaient depuis longtemps déshonoré le saint-siége. On ne peut lui reprocher que sa manie des voyages. On le voit dès la première année de son pontificat tenir un concile à Rome, un autre à Pavie, confirmer à Cluny l'institution de la fête dite le *Jour des Morts*, célébrer la Saint-Pierre à Cologne avec l'empereur, faire la dédicace de l'église de Saint-Remi à Reims, le 1er octobre, ouvrir un concile deux jours après dans la même ville, visiter le monastère de Saint-Maurice, dans le Valais, et tenir un autre concile à Mayence. Toutes ces assemblées de prélats n'avaient pour but que de porter remède à la dépravation du clergé. Leurs canons ne parlent que de simonie, d'adultères, de concubines, et prononcent l'excommunication des coupables. Dans un cinquième, qu'il tint à Rome, le 15 avril, fut condamné et frappé d'anathème l'archidiacre Bérenger, qui soutenait que dans le sacrement de l'eucharistie le pain et le vin ne changeaient pas de nature. Là furent aussi excommuniés comme simoniaques tous les évêques de Bretagne.

Après avoir, en septembre, renouvelé le premier de ces décrets dans le concile de Verceil, Léon IX reprit le chemin de la Lorraine et de l'Allemagne ; puis assista à la translation dans Toul des restes de saint Gérard, évêque de cette ville, pendant qu'un synode, assemblé à Paris le 16 octobre par le roi Henri 1er, confirmait la condamnation de Bérenger. Un nouveau concile tenu à Rome, en 1051, par ce pape punit l'évêque de Verceil comme adultère, et statua qu'à l'avenir les femmes qui se prostitueraient à des prêtres seraient adjugées comme esclaves au palais de Latran. Un troisième voyage de Léon IX en Allemagne, en 1052, eut pour prétexte la réconciliation d'André, roi de Hongrie, avec l'empereur, et pour but une demande de secours contre les Normands établis en Italie. Il ne revint à Rome que l'année suivante, pour ouvrir d'autres conciles et sommer les Normands de restituer les terres qu'ils avaient, disait-il, usurpées sur le saint-siége. Une armée d'Allemands, auxiliaire de ses anathèmes, fut, malheureusement pour lui, défaite le 18 juin dans les environs de Bénévent. Lui-même fut pris et conduit dans cette ville, où les Normands le retinrent jusqu'au 12 mars 1054. C'est pendant cette captivité qu'il adressa plusieurs lettres aux évêques d'Afrique, à ceux de Constantinople et d'Antioche, où il essayait d'établir sur ces derniers la supériorité de son siége, et à l'empereur Constantin Monomaque pour l'engager à le secourir contre ses vainqueurs. Ces occupations, l'étude du grec, à laquelle il se livrait avec ardeur, le respect même dont l'entouraient les Normands, ne purent le distraire de ses chagrins ; et le comte Humfroi ne le rendit aux Romains que miné par une maladie mortelle. Il expira dans l'église de Saint-Pierre, le 10 avril de cette même année.

LÉON X (JEAN MÉDICIS), un des papes les plus célèbres, était fils de Laurent le Magnifique et de Clarice des Ursins. Ange Politien, Bolzane et Chalcondyle avaient instruit son enfance ; Innocent VIII l'avait revêtu de la pourpre à l'âge de quatorze ans, et à trente-six il succédait au pape Jules II, le 11 mars 1513, jour anniversaire de la bataille de Ravenne, qu'il avait perdue contre les Français avec sa liberté. Son couronnement égala en magnificence le triomphe des consuls romains. Il lui coûta cent mille ducats, et, contre l'usage de ses prédécesseurs, qu'on portait sur une chaise à brancards, il voulut y paraître sur le cheval turc qu'il avait monté dans la bataille. L'Italie était en proie aux étrangers, qui s'en disputaient la possession. Louis XII, fortifié par l'alliance de Venise, avait envoyé La Trémouille dans le Milanais, et le nouveau pape était aussi embarrassé du roi Ferdinand d'Aragon, son allié, que du roi de France, son ennemi. Ce fut pourtant contre ce dernier qu'il tourna toutes les manœuvres de sa politique, mais il ne put ni détacher les Vénitiens de l'alliance française, ni se venger de leur opiniâtreté, car ses troupes furent battues par cux devant Crème. Les armées impériales et l'alliance des Suisses lui furent plus favorables. La Trémouille fut chassé du Milanais, qui rentra sous la domination de Sforza ; et la journée de Guinegatte, ou des Éperons, ouvrit la Flandre aux armées de Henri VIII et de Maximilien.

Léon X avait à la cour de France un autre auxiliaire dans Anne de Bretagne, dont la piété ne pouvait souffrir la mésintelligence de son royal époux avec la cour de Rome. Louis XII s'humilia devant le saint-siége, abjura le concile de Pise, qui avait suspendu le pape Jules II, et que la France avait toujours soutenu ; envoya les cardinaux de Sainte-Croix et de Saint-Séverin se jeter aux genoux du pape et faire acte de soumission au concile de Latran, qui frappait d'anathème les adhérents du premier. Cette réconciliation n'était pas sincère ; mais Louis XII ayant fait sa paix avec Henri VIII, et prolongé la trêve qu'en dépit de Rome il avait conclue avec Ferdinand d'Aragon, Léon X, dont ces événements contrariaient la politique, eut la velléité de se venger du roi d'Espagne en attirant sur le royaume de Naples les armes de la France. C'est à son frère, Julien de Médicis, qu'il destinait cette couronne, dont l'empereur lui promettait l'investiture. Mais ni Maximilien ni Louis XII n'avaient envie de servir cette ambition de famille. Léon X ne fut pas plus heureux dans le projet de réunir tous ces princes contre les Turcs. Les croisades avaient fait leur temps.

La mort de Louis XII un terme aux variations politiques du pape. Les prétentions de François Ier sur le Milanais le poussèrent d'abord dans la ligue que venaient de conclure l'empereur, le roi d'Espagne, Ferdinand et les Suisses. Mais après la bataille de Marignan il se hâta de faire sa paix avec le vainqueur. Léon X et François Ier se rencontrèrent à Bologne, et se jurèrent alliance aux dépens du duc d'Urbin, dont les biens furent donnés à Laurent de Médicis, et des libertés de l'Église gallicane. C'est là que fut commencée la négociation achevée depuis par Duprat, et d'où résulta la substitution du concordat à la pragmatique. Mais Léon X n'était déjà plus français. L'empereur Maximilien avait dit, en apprenant sa réconciliation avec le roi de France : *Si Léon ne m'eût pas trompé, il aurait été le seul pape dont j'aurais eu lieu de louer la bonne foi*. Son armée avait appuyé son épigramme, et Léon X, allant toujours au dernier qui le menaçait, s'était empressé de traiter avec l'empereur. Au milieu de ces embarras politiques, se prolongeait le concile ouvert à Latran par Jules II, le 3 mai 1512, pour le rétablissement des mœurs et de la discipline. Les quatre dernières sessions furent tenues par Léon X, qui sanctionna plusieurs règlements sur le temporel et le spirituel du clergé. C'est dans le onzième que fut approuvée la bulle d'abolition de la pragmatique, qui depuis Charles VII troublait l'ambition de la cour de Rome. Ce concile fut enfin terminé le 16 mars 1517, par une imposition de décimes, sous le vain prétexte d'une croisade nouvelle, et par un discours du fameux Pic de la Mirandole contre la dépravation des prélats, « qui avaient, disait-il, changé la chasteté en dissolution, la libéralité en luxe, et l'épargne en avarice. »

Cette même année fut découverte une conjuration contre le pape, formée par les cardinaux Petrucci et Bandinelli ; elle causa la mort du premier et l'emprisonnement perpétuel du second. Un complot plus vaste éclata contre le saint-siége. L'augustin Luther, jaloux des dominicains, qui avaient le privilége de vendre les indulgences, se souleve contre la papauté, et les persécutions de Léon X font de cette querelle une réforme puissante, qui en produit une foule d'autres, et qui enlève à l'obédience du saint-siége un tiers de l'Europe chrétienne. La sanglante querelle qui divisa en 1520 Charles-Quint et François 1er vint distraire Léon X des attaques de Luther. Il négocia presqu'en même temps avec les deux rivaux, et leur promit tour à tour l'investiture du royaume de Naples. Mais si l'historien Jean Cerespin a dit vrai, son alliance avec l'empereur lui coûta la vie, car il mourut de joie, le 1er décembre 1521, en apprenant que les Français avaient été chassés de la Lombardie. D'autres historiens attribuent cette fin précoce d'un pape de quarante-quatre ans aux suites de ses débauches ; Paul Jove, après avoir vanté sa continence pendant sa jeunesse, ne peut se dispenser de signaler sa dépravation, son luxe effréné pour la table, sa passion extrême pour la chasse, et son goût désordonné pour les bouffons, auxquels il se mêlait sans scrupule et sans réserve. La postérité le révère cependant pour sa libéralité envers les savants, les artistes et les poëtes. Le siècle de Léon X rappela ceux d'Auguste et de Périclès. Il protégea l'Arioste, fit jouer les comédies de Plaute, celles de Machiavel, et fit rechercher à grands frais les manuscrits des anciens. Ce fut enfin sous son pontificat de huit ans que Raphaël enrichit le Vatican de ses tableaux, que fleurirent le Corrége, Léonard de Vinci, Michel-Ange et Bramante, et que fut continuée la magnifique basilique de Saint-Pierre. Il est juste de dire que ces grands hommes lui avaient été pour la plupart légués par Jules II, et qu'il les transmit à ses successeurs. Mais on doit le louer de la protection éclatante qu'il leur accorda. Quant à sa gloire d'homme d'État, nous [dirons que si Guichardin le présente comme le plus grand de son siècle, Voltaire voit en lui plutôt un intrigant qu'un grand politique ; et nous sommes de l'avis de Voltaire.

LÉON XI (ALEXANDRE-OCTAVIEN MÉDICIS) était de la même maison. La légation de France, qu'il avait occupée pendant deux ans, comme cardinal de Florence, lui avait attiré la vénération de la cour et du royaume ; les Romains, charmés de sa magnificence, l'avaient surnommé l'*ornement de la cour pontificale*. Il fut élu à soixante-dix ans, en avril 1605, à la place de Clément VIII, dans un conclave fameux par les intrigues de la faction aldobrandine et de la faction espagnole. L'allégresse générale que produisit en Europe son exaltation ne fut pas de longue durée. Il ne donna que des espérances, que la mort ne lui laissa pas le temps de réaliser. Il expira vingt-cinq jours après son élection.

LÉON XII (ANNIBAL DELLA GENGA) succéda à Pie VII, le 28 septembre 1823. Né aux environs de Spolète, le 2 août 1760, il s'était fait remarquer dans sa jeunesse par le pape Pie VI, qui l'avait nommé à trente ans chanoine de Saint-Pierre et nonce en Bavière. Sa modération et son désintéressement éclatèrent dans toutes les fonctions qui lui furent confiées. Il vint en France en 1815, comme ambassadeur du saint-siége auprès de Louis XVIII ; mais le climat de Paris ne lui convint pas. Dès son retour à Rome, Pie VII lui donna l'évêché de Sinigaglia, avec le chapeau de cardinal ; bientôt il le nomma cardinal vicaire, fonctions qu'il remplit avec tant de sainteté et de prudence, que l'héritage de Pie VII lui fut adjugé par le conclave. Des dames romaines avaient, depuis deux ans, devancé le suffrage des cardinaux. Elles se trouvaient en assez grand nombre dans un salon, où aucun homme n'était entré de la soirée, et ne sachant que faire, elles s'avisèrent de faire un pape. Les scrutins furent recueillis par la doyenne, et toutes les voix se portèrent sur le cardinal della Genga. La répression des brigands qui désolaient la campagne de Rome et la restauration des monuments de la capitale du monde chrétien occupèrent les premiers moments de son pontificat. Il fut le protecteur des lettres, qu'il avait cultivées dans sa jeunesse, créa une commission de cardinaux pour surveiller et propager l'instruction publique, et une école d'arts et métiers, où les pauvres sans ouvrage furent obligés de se rendre. C'est ainsi que les mendiants disparurent du pavé de Rome ; et cependant les impôts furent diminués, et son administration résolut le grand problème de l'accroissement du trésor papal et de l'allégement des charges publiques. Il mourut le 10 février 1829.

VIENNET, de l'Académie Française.

LÉON DE BYZANCE était né dans cette ville. Il avait étudié sous Platon. C'est à tort que Suidas a prétendu qu'il avait été disciple d'Aristote, car dès l'an 406 avant J.-C. Léon était déjà en grande réputation et chargé des affaires de la Grèce contre le roi Philippe de Macédoine. Ce prince, à l'ambition duquel Léon était un puissant obstacle, parvint à le rendre suspect aux Byzantins. Il souleva contre lui un parti nombreux. Léon, pour se soustraire sous les coups des séditieux excités contre lui, s'étrangla. Il ne reste de ses ouvrages que les trires de quelques-uns, dont huit livres des affaires des Byzantins et du roi Philippe, des Béotiques, un traité des séditions, et quelques livres sur les fleuves.

DUFEY (de l'Yonne).

LÉON le Grammairien, historien byzantin. Tout ce qu'on sait de lui, c'est que ce fut en 1013 qu'il termina sa *Chronique de ce qui s'est passé sous les derniers empereurs*. Cette histoire, dépourvue de critique et d'intérêt, s'étend de l'an 813 à l'an 929 ; elle a été traduite en latin par J. Goar, à la suite de la Chronique de saint Théophane, en 1655, et en français par le président Cousin, en 1672, dans son *Histoire de Constantinople*.

LÉON Diacre, né à Caloé, en Ionie, vers le milieu du dixième siècle, embrassa la carrière ecclésiastique, et suivit l'empereur Basile II pendant la guerre que ce prince fit aux Bulgares. De retour à Constantinople, Léon écrivit l'histoire des événements dont il avait été le témoin. Cette histoire, qui va de 959 à 975, est diffuse, souvent obscure, mais cependant d'une importance incontestable. La publication de cet ouvrage, qui se trouve en manuscrit à la Bibliothèque impériale, commencée sous Louis XIV par le père Combefis, a été reprise et terminée par M. Hase en 1819 (un vol. in-folio).

LÉON (JEAN), dit l'*Africain*, né à Grenade, fut emmené par ses parents en Afrique, après la prise de cette ville, en 1492. Léon parcourut à plusieurs reprises toute l'Afrique et une partie de l'Asie. Dans un de ces voyages, il fut pris par des corsaires chrétiens (1517), conduit à Rome et donné en présent au pape. Il abjura entre les mains de Léon X, et quitta le nom d'*Al-Hasan*, qu'il avait porté jusque là, pour prendre celui de son noble protecteur. Léon apprit alors l'italien et le latin, ouvrit un cours d'arabe, et publia dans cette langue son grand ouvrage de la *Description de l'Afrique*, qu'il traduisit lui-même en italien. C'est cet ouvrage qui a fait donner plus tard à Jean Léon le surnom d'*Africain*. On croit qu'après la mort de Léon X, Léon retourna à Tunis, où il se fit de nouveau mahométan, et qu'il y mourut. Outre son grand ouvrage sur l'Afrique, qui fait encore autorité aujourd'hui, on doit à Léon l'Africain un petit livre sur les savants célèbres qui ont écrit en arabe, quelques traités d'histoire et de grammaire, et des recueils de poésie, qui pour la plupart sont perdus.

LÉONARD ARÉTIN. *Voyez* BRUNI (Léonard).

LÉONARD DE VINCI. *Voyez* VINCI (Léonard DE).

LÉONCE, empereur d'Orient, naquit dans le septième siècle : sa famille était originaire d'Isaurie. Entré fort jeune dans la milice de l'empire, il se distingua par son courage, et ne tarda pas à arriver aux premiers grades. Mais Justinien II, soupçonnant sa fidélité, le jeta dans une prison où il demeura trois ans. Puis il lui rendit sa faveur, et le nomma gouverneur de la Grèce. Aussitôt Léonce se souleva contre l'empereur, se fit décorer de la pourpre dans une assemblée tenue tumultueusement à l'hippodrome, en 695, et s'empara de l'autorité souveraine. Léonce conserva la vie à Justinien, et entreprit une guerre dont l'objet était de reconquérir l'Afrique, guerre d'abord glorieuse, mais inutile dans ses résultats. Une sédition éclata contre lui, en 698, et ses troupes proclamèrent empereur Tibère Absimare, qui lui fit couper le nez et les oreilles, et l'enferma dans un monastère. Sept ans après, Justinien, ayant été rétabli sur le trône, livra Léonce au bourreau.

Un autre LÉONCE, patrice d'Orient, se fit proclamer empereur sous le règne de Zénon, en 485, et fut mis à mort trois ans après par Théodoric, général de cet empereur.

LÉONIDAS, roi de Sparte, monta sur le trône après la mort de son père Anaxandride, l'an 491 av. J.-C.; et quand le roi de Perse Xerxès envahit la Grèce à la tête d'une immense armée, ce fut lui qu'on chargea de défendre les défilés des Thermopyles, avec 300 Spartiates et environ 6,000 hommes de troupes auxiliaires (an 480 av. J.-C.). Il disposa son monde avec tant d'art et d'habileté, que les Perses, reconnaissant, à leur arrivée devant ce passage difficile, combien ils avaient encore à vaincre d'obstacles avant de triompher dans leur entreprise, cherchèrent à le gagner à leur cause en lui promettant de l'établir roi de toute la Grèce. Ces ouvertures ayant été repoussées, Xerxès envoya un héraut d'armes sommer les Grecs de mettre bas les armes. « Viens les prendre! » lui fit noblement répondre le roi de Sparte. A trois reprises les Perses essayèrent inutilement de forcer le passage du défilé, et y perdirent à chaque fois beaucoup de monde. Mais pendant ce temps-là le perfide Éphialte avait servi de guide à une troupe d'élite de 10,000 Perses, qui par des chemins détournés était parvenue à franchir la montagne, et qui s'en vint prendre Léonidas et sa petite troupe par derrière. Voyant qu'il n'y avait plus d'espoir, Léonidas, à la tête de ses 300 Spartiates, de 700 Thespiens et de 400 Thébains, se précipita sur les masses perses qui entraient dans le défilé et qui ne purent le franchir qu'en foulant aux pieds les cadavres de leurs héroïques adversaires.

LÉONIDAS II, de la branche aînée des rois de Sparte, succéda à Arée II, l'an 256 avant J.-C. En 243 il fut déposé, par suite des intrigues d'Agis III et de son propre gendre, Cléombrote III, qui occupa le trône à sa place. Il fut rétabli en 239, et mourut l'année suivante.

LÉONIN (Côn). *Voyez* CÔNE (*Histoire naturelle*).

LÉONIN (Contrat). Cette locution vient de cette fable si ancienne. *La Génisse, la Chèvre, la Brebis et le Lion,* qui se trouve dans Ésope, dans Phèdre et dans La Fontaine. Le contrat léonin est celui dans lequel une des parties s'est fait *la part du lion*, et la loi intervient pour l'annuler. Il y a contrat léonin toutes les fois que les chances de perte ne sont pas corrélatives aux chances de gain ; c'est surtout dans les actes de société que s'introduisent de semblables clauses, et trop souvent la loi est impuissante contre elles.

LÉONINS (Vers). On nomme ainsi des vers latins rimés tant à l'hémistiche qu'à la fin du vers ; on les a surtout adoptés pour les hymnes d'église. Leur dénomination vient de *Léonius*, chanoine de Saint-Victor à Paris, qui les mit en vogue au douzième siècle. On trouve de véritables exemples de vers léonins aux meilleurs temps de la poésie latine, surtout dans les vers pentamètres des poëtes élégiaques, Virgile en offre lui-même un grand nombre d'exemples, comme celui-ci :

Grandiaque effossis mirabitur ossa sepulchris.

On connaît aussi le fameux vers de Cicéron où la consonnance est triplée :

O fortunatam natam, me consule, Romam.

Ces reproductions de sons se rapprochent évidemment de la rime moderne.

LÉONTIASE ou **LÉONTIASIS**. *Voyez* LÈPRE.

LÉONTIUM, hétaïre d'Athènes, célèbre par sa beauté et par son esprit, fut l'amie et l'élève d'Épicure et de Métrodore, le plus aimé de ses disciples. On dit qu'elle composa pour défendre contre Théophraste la doctrine d'Épicure un livre qui prouvait la profonde sagacité de son esprit. Le poëte Thermésianax a célébré ses charmes dans plusieurs poëmes érotiques qui portent le titre de *Léontium*.

LÉOPARD, animal du genre *chat*. L'histoire de ce mammifère est encore, pour ainsi dire, dans l'enfance. Jusqu'au grand Cuvier, tous les naturalistes avaient confondu le léopard avec la panthère; Buffon lui-même a décrit sous ce nom une panthère d'une petite taille. Quoique Georges Cuvier ait parfaitement distingué le léopard de la panthère, nous savons encore si peu de chose sur cet animal que nous ne pouvons que décrire les caractères généraux, qui lui sont propres. Sa taille est moyenne; la longueur de son corps varie de 1 mètre à 1^m,15. Sa hauteur est de 0^m,70 environ. Son pelage est jaune sur le dos, blanc sous le ventre; la tête, le cou et les jambes sont couverts de taches petites et rapprochées confusément; celles du reste du corps sont disposées par groupes circulaires en forme de roses. Il a sous le ventre de longues taches noires; celles de la partie inférieure de la queue sont en demi-cercles; il en porte également de noires et très-larges derrière les oreilles.

Le Sénégal et la Guinée sont les localités où l'on trouve le léopard; les fourreurs lui donnent le nom de *tigre d'Afrique* ; sa peau est très-estimée. La chasse au léopard se fait à la sagaye ou à la fosse. Dans le premier cas, l'animal, quoique blessé mortellement, se défend jusqu'au dernier soupir. Dans la chasse à la fosse, les sauvages les prennent en leur donnant pour appât une bête morte, qu'ils placent sur des branches recouvertes de terre; quand l'animal est dans la fosse, ils l'étranglent avec des lacets ou le tuent avec la sagaye.

Le léopard est d'un naturel féroce; on ne le prive que difficilement, et jamais on n'a pu le dresser à la chasse comme plusieurs autres espèces de la grande famille des chats.

C. FAVROT.

LÉOPARD (*Blason*). Dans les armoiries, le léopard *lionné* celui qui est rampant; de même un *lion léopardé* est celui qui, au lieu d'être dans sa situation ordinaire (rampant), est posé comme un léopard.

LEOPARDI (GIACOMO, comte), poëte et littérateur italien, né à Recanati, le 29 juin 1798, d'une vieille famille de la marche d'Ancône, apporta en naissant une constitution chétive et maladive. Malgré la faiblesse de sa santé, il mit assez d'ardeur dans ses études pour faire en quelque sorte lui-même son éducation et acquérir sans le secours d'aucun maître une connaissance approfondie de la langue grecque. L'étude raisonnée qu'il fit ainsi du vieux monde contribua singulièrement à augmenter la douleur que lui causait l'état où il voyait sa patrie. Un premier poëme qu'il dédiait à l'Italie (1818), à l'occasion d'un monument qu'il était question d'élever au plus grand de ses poëtes, produisit une vive sensation. Ses observations sur la Chronique d'Eusèbe (Rome, 1823), publiée en 1818 par Angelo Maï et J. Zorab, témoignèrent de l'étendue de ses connaissances philologiques. Bientôt après parurent ses vers à Angelo Maï à l'occasion de sa découverte des livres de Cicéron *De Republica*, l'un des plus beaux morceaux de poésie lyrique qu'on puisse citer dans la littérature italienne. Vers la fin de 1822, Leopardi se rendit à Rome, où il poursuivit ses études et où il rédigea le catalogue de la bibliothèque Barberini. Niebuhr, alors ministre de Prusse à Rome, s'entremit pour lui faire obtenir une chaire à l'université de Berlin ; mais Leopardi refusa de s'éloigner de sa patrie bien aimée, et d'ailleurs ses douleurs physiques ne lui eussent pas permis d'entreprendre un si lointain voyage. Bientôt son état empira tellement, qu'il fut forcé de retourner à Recanati et de renoncer presque à tout travail. A cette époque, éclata une vive mésintelligence entre lui et son père, lequel désapprouvait les tendances politiques et littéraires de son fils. De cette mésintelligence, qui aggraya encore son état de souffrance et de maladie, date surtout la teinte d'amère tristesse jointe à la douleur que lui inspire l'état d'abjection où il voit réduite sa patrie, qu'on remarque dans ses vers. Cependant sa réputation allait toujours grandissant. Dans le courant de 1825 parut la première collection de ses *Canzone* (Bologne, 1826), qu'il fit suivre d'un choix d'œuvres mêlées sous le titre de *Operette morali* (Milan, 1827). Réduit à vivre du produit de sa plume, il donna une Anthologie italienne, et publia les poésies lyriques de Pétrarque enrichies d'un précieux commentaire. Ensuite il s'occupa d'une édition choisie de ses *Canti* (Florence, 1830). En 1833, cédant aux instances de son ami A. Ranieri, il se rendit à Naples, dans un état déjà à peu près désespéré, et il y succomba à une hydropisie de poitrine, le 14 juin 1837.

LÉOPOL. *Voyez* LEMBERG.

LÉOPOLD. L'Allemagne compte deux empereurs de ce nom.

LÉOPOLD Ier, deuxième fils de l'empereur Ferdinand III, né en 1640, fut élu roi de Hongrie en 1655, roi de Bohême en 1658, et enfin, en 1659, empereur d'Allemagne, en dépit de toutes les intrigues de Louis XIV, qui visait alors pour lui-même à la couronne impériale. Destiné d'abord à l'Église, il prit goût dès sa première jeunesse aux travaux de l'intelligence, et étudia les langues ainsi que les sciences ; direction d'idées que favorisa de son mieux son gouverneur, le prince Portia, en lui préconisant les charmes de la retraite et de la solitude, dans l'espoir de gouverner un jour sous son nom. Quelque pacifique que fût le naturel de Léopold, son long règne devait être une suite non interrompue de troubles, de luttes et de guerres. Tout au début du nouveau règne, le cabinet impérial, par suite de son imprudente intervention dans les troubles de la Transylvanie, se vit entraîner dans une guerre contre les Turcs, qui en 1662 envahirent la Hongrie, s'emparèrent de Grosswardein et de Neuhæusel, et poussèrent jusqu'en Moravie et en Silésie. Léopold obtint enfin à la diète tenue en 1663 à Ratisbonne, où il se rendit en personne, que les princes de l'Empire vinssent à son secours. La France et la Suède ellesmêmes lui envoyèrent des troupes ; les États d'Italie, et le pape notamment, lui fournirent aussi des subsides ; de sorte que Montecuculi réussit à mettre en complète déroute les Turcs, le 1er août 1664, à la bataille de Saint-Gotthard, livrée sur les rives de la Raab. Au lieu de savoir profiter de cette victoire, Léopold, aux termes de la trêve signée pour vingt ans à Vasvar, consentit à ce que le prétendant Apafi, qu'appuyait la Porte, restât prince souverain de Transylvanie, et à ce que les Turcs conservassent Grosswardein et Neuhæusel.

La guerre recommença lorsque Léopold recourut à des mesures violentes pour accroître ses droits et ses prérogatives de souverain en Hongrie. On parvint bien, il est vrai, à découvrir les trames secrètes nouées avec les Turcs par quelques magnats mécontents ; et en 1671 les comtes Nadasdy, Zriny, Frangipani et Tettenbach payèrent de leur vie leur participation à ces intrigues. En 1682 éclata enfin la lutte acharnée de la nationalité hongroise et protestante contre les partisans allemands et catholiques de la maison d'Autriche en révolte ouverte, à la tête de laquelle se plaça Tœkœly. En 1683, excités d'un côté par Louis XIV, et de l'autre appelés par les révoltés, les Turcs envahirent la Hongrie ; leur armée, forte de 200,000 hommes et commandée par le grand vizir Kara-Mustapha, pénétra jusque sous les murs de Vienne, qu'elle tint assiégée depuis le 14 juillet jusqu'au 12 septembre. Tandis que le comte de Stahremberg défendait résolûment cette capitale avec une faible garnison et l'assistance de la population, en dépit de la famine et de la contagion, une armée de l'Empire aux ordres des électeurs de Saxe et de Bavière et une armée de 26,000 Polonais commandée par le roi Jean Sobieski accouraient à son secours. Le 12 septembre, ces deux armées, après avoir opéré leur jonction avec celle de l'empereur, remportaient à Kalemberg une victoire si décisive sur les Turcs, que ceux-ci étaient réduits quelque temps après à évacuer le sol de la Hongrie. La plupart des engagements qui eurent lieu ensuite avec les Turcs se terminèrent à l'avantage des armes impériales ; et quand Charles de Lorraine eut battu les Turcs d'abord à Neuhæusel, puis encore, quand il leur eut repris Ofen, à Mohacz, le 11 septembre 1697, intervint, le 29 janvier 1699, la paix de Carlovicz, qui restitua l'Esclavonie, la Transylvanie et le reste de la Hongrie à l'empereur. Pendant ce temps-là les Hongrois, eux aussi, à la suite d'une série de mesures sanglantes adoptées par le gouvernement autrichien, et notamment à la suite des horribles exécutions qui avaient eu lieu à Éperiès, avaient été contraints de se soumettre en 1637 à l'empereur, dans une diète solennelle tenue à Presbourg, et de consentir à ce que leur monarchie, jusque alors élective, devînt un royaume héréditaire constitué en faveur de la maison d'Autriche.

Léopold Ier fut moins heureux dans les nombreuses guerres qu'il eut à soutenir contre Louis XIV. La première, qui fut entreprise en 1672, par Léopold d'accord avec l'Empire, l'Espagne et l'électeur de Brandebourg, à l'effet de venir en aide aux Hollandais, attaqués par la France et l'Angleterre coalisées, ne fut d'abord menée que fort mollement par Lobkowitz, lequel en laissa les effroyables dévastations qu'elle attira sur diverses contrées de l'Allemagne riveraines du Rhin ; mais en 1675 Montecuculi, ayant battu les Français à Jassbach, put franchir le Rhin et même envahir à son tour le sol français. Toutefois, par suite du manque d'énergie de Léopold, la paix conclue en 1679 à Nimègue ne valut à l'Allemagne que des pertes de territoire ; c'est ainsi notamment qu'elle adjugea à la France la possession de Fribourg en Brisgau et de toute la Lorraine. Peu satisfait de ces conquêtes, non-seulement Louis XIV retint bon nombre de villes qu'il aurait dû restituer ; mais encore il institua des tribunaux spéciaux, appelés *chambres de réunion*, qui rendirent des arrêts en vertu desquels il s'empara d'un grand nombre de localités et même de principautés allemandes tout entières. L'Empire, qui n'avait pas la force nécessaire pour agir, et Léopold, qui avait alors les Turcs sur les bras, se tinrent pour satisfaits en voyant Louis XIV consentir une trêve de vingt ans à la Réunion, en échange de l'acquiescement donné à ses rapts. Cependant Louis XIV recommença la guerre dès 1688, à propos de la succession de l'électeur palatin, et, après avoir dévasté le Palatinat, ses armées pénétrèrent jusqu'en Souabe. A ce moment enfin, à l'excitation de Guillaume d'Orange, l'empereur, l'Empire, l'Angleterre, la Hollande, et plus tard l'Espagne ainsi que la Savoie, se coalisèrent contre la France; et la guerre, commencée en 1688 et poursuivie avec une remarquable vigueur sur le Rhin, dans les Pays-Bas, en Italie, dans les Pyrénées et sur mer, fut en général heureuse pour la coalition et se termina en 1697, par le traité de paix de Riswyck. Léopold entreprit en 1701 une troisième guerre contre la France; elle est connue dans l'histoire sous le nom de *guerre de la succession d'Espagne*, et avait pour but d'assurer au fils de l'empereur, l'archiduc Charles, la succession au trône d'Espagne, revendiquée pour son propre petit-fils, Philippe duc d'Anjou, par Louis XIV. Allié à l'Angleterre, à la Hollande, à la Prusse et à l'Empire, qu'il eut également l'art de décider à prendre fait et cause pour ses prétentions, Léopold vit son armée aux ordres du prince Eugène remporter d'abord les victoires de Carpi et de Chiari; mais le roi des Romains, Joseph, ne tarda point à être rejeté de l'autre côté du Rhin, en même temps que le margrave de Bade essuyait diverses déroutes, et que l'ennemi, après s'être emparé de tout le Tyrol, remportait la victoire de Hochstadt. En même temps les Hongrois, sous les ordres de Ragoczy et de Caroli, avaient de nouveau levé l'étendard de la révolte et obtenu de tels avantages, qu'ils menaçaient sérieusement les États héréditaires de la maison d'Autriche. Toutefois, les victoires remportées par Marlborough et Eugène à Donauwaerth et à Hochstædt (1704) venaient de changer complètement la situation, quand Léopold mourut, à Vienne, le 5 mai 1705, des suites d'une hydropysie de poitrine.

Petit de taille, Léopold avait le regard sombre et chagrin; et son visage était tout à fait défiguré par une énorme lèvre inférieure pendante sur son menton. Bon père et bon époux, il poussait la dévotion jusqu'à la bigoterie. Son respect pour les droits de l'humanité ne l'empêchait ni d'être d'une intolérance extrême en matières de religion, ni d'apporter dans la répression des délits politiques une dureté allant souvent jusqu'à la cruauté. Versé dans la connaissance des sciences et des lettres, il aimait aussi la musique avec passion. Très-dévoué aux jésuites, dont il avait été l'élève, il se laissa toujours mener par eux et par ses ministres jusqu'au moment où il s'aperçut que Lobkowitz entretenait de secrètes intelligences avec Louis XIV. Alors il voulut tout diriger par lui-même. Simple dans ses manières et ami de la solitude, il attachait une immense importance à l'observation rigoureuse d'une étiquette tout espagnole; et la vie s'écoulait tristement dans la monotone répétition des mêmes actes. Voulant tout décider par lui-même, les affaires s'entassaient devant lui sans recevoir de solution; et il en résultait de notables préjudices pour ses sujets. C'est lui qui rendit la diète de l'Empire permanente. Marié trois fois, il eut plusieurs fils, dont deux seuls lui survécurent : Joseph I*er*, son successeur, et Charles VI, élu empereur d'Allemagne en 1711.

LÉOPOLD II, l'un des meilleurs princes de la maison d'Autriche, né le 5 mai 1747, devint en 1765, à la mort de son père, l'empereur François I*er*, grand-duc de Toscane, pays qu'il gouverna pendant vingt-cinq ans avec autant de sagesse que de sollicitude pour le bonheur de ses sujets. Il fit fleurir l'agriculture, le commerce et l'industrie, améliora les voies de communication, abolit en 1787 l'inquisition, établit des pénitenciers et par son excellent code criminel améliora sensiblement les mœurs publiques dans ses États. Bien avant son frère Joseph II, mais avec plus de prudence que lui, il entreprit d'utiles réformes dans l'Église (voyez RICCI). D'accord avec son ministre Gianina, il avait aussi arrêté le plan complet d'une constitution représentative dont il voulait doter la Toscane. La mort de l'empereur Joseph l'appela à ceindre la couronne impériale et à monter sur le trône d'Autriche à une époque de graves complications politiques, tant à l'intérieur qu'à l'extérieur. Sachant observer un sage milieu entre la condescendance et la sévérité, il réussit bientôt à rétablir la tranquillité dans ses États. Les Brabançons révoltés, qui n'acceptèrent point les propositions de Léopold II, furent contraints d'obéir par une armée autrichienne qui entra victorieuse à Bruxelles, le 3 décembre 1791. Cependant Léopold ne leur en accorda pas moins tous leurs anciens priviléges, de même que le rétablissement d'un grand nombre d'établissements religieux qui avaient été supprimés. Il apaisa de même par sa douceur et par sa fermeté les troubles qui avaient éclaté en Hongrie. Le 27 juillet 1790 il signa avec la Prusse, qui menaçait l'Autriche à ce moment, la convention de Reichenbach, par suite de laquelle intervint avec les Turcs un armistice, suivi bientôt après, le 4 août 1791, de la paix de Szistowa, aux termes de laquelle l'Autriche restitua à la Porte toutes ses récentes conquêtes. La paix une fois rétablie, Léopold II s'occupa aussitôt d'apporter de notables améliorations dans l'administration de la justice et de la police, ainsi que dans l'instruction publique. Toutefois, partageant les terreurs que la révolution française inspirait aux autres monarques de l'Europe, il introduisit dans ses États une police secrète et apporta des restrictions à la liberté de la presse. Les progrès de la révolution et sa sympathie pour le sort de Louis XVI le déterminèrent à avoir avec le roi de Prusse, le 27 août 1791, à Pilnitz, une entrevue dans laquelle les deux monarques annoncèrent publiquement l'intention où ils étaient de contribuer de tous les moyens en leur pouvoir à la délivrance du roi de France. Mais Léopold II mourut subitement, le 1*er* mars 1792, après avoir dans ce but signé, le 7 février précédent, un traité d'alliance offensive et défensive avec la Prusse.

LÉOPOLD I*er* (GEORGES-CHRÉTIEN-FRÉDÉRIC), roi des Belges, fils du feu duc François de Saxe-Cobourg, est né le 16 décembre 1790. Par suite du mariage de sa sœur Juliane avec le grand-duc Constantin, la maison de Cobourg se trouvant alliée à celle des Romanof, il entra au service de Russie avec le grade de général; et plus tard il accompagna l'empereur Alexandre au congrès d'Erfurt. En 1810, les mesures de rigueur dont Napoléon menaçait d'user à son égard purent seules le déterminer à borner sa sphère d'activité aux intérêts et aux affaires de sa maison. C'est ainsi qu'en 1811 il négocia à Munich un traité de délimitation de territoires. En 1812 il vint à Vienne, et voyagea ensuite en Italie et en Suisse. Quand en 1813 l'état des choses se trouva complétement modifié en Allemagne, le prince Léopold, qui dès le mois de février s'était rendu en Pologne auprès de l'empereur Alexandre, suivit constamment l'armée russe jusqu'à Paris. En 1814, il accompagna les monarques alliés en Angleterre, et au mois de février il alla assister au congrès de Vienne. Au retour de Napoléon de l'île d'Elbe, il rejoignit l'armée, et, après la prise de Paris, fit quelque séjour dans cette capitale, d'où il gagna Berlin. Il se trouvait encore dans cette ville quand il reçut l'invitation de venir à Londres. L'héritière du trône d'Angleterre, la princesse Auguste-Charlotte, née le 7 janvier 1796, conçut de l'affection pour lui, et le 16 mars 1816 un message du prince régent annonça aux deux chambres du parlement le prochain mariage de sa fille avec le prince Léopold, qui en vue de cette union fut naturalisé Anglais par un acte du parlement, en date du 27 mars 1816. Il reçut à cette occasion le titre de *duc de Kendal*, avec droit de préséance sur tous les ducs et grands-officiers de la couronne d'Angleterre, la dignité de feld-maréchal britannique et un siége dans le conseil privé. Le mariage fut célébré le 2 mai 1816; mais cette union ne devait pas durer longtemps, et le 6 novembre 1817 la princesse Charlotte mourait en couches, emportant au tombeau les espérances que la nation anglaise avait fondées sur son union avec le prince Léopold. Celui-ci vécut alors à Londres, et continua à recevoir du gouvernement britannique une pension de 50,000 livres sterling (1,250,000 francs) par an.

Les Grecs l'avaient déjà, à plusieurs reprises, invité à venir se mettre à la tête de leur gouvernement, lorsque, le 3 février 1830, les trois cours unies pour la pacification de la Grèce lui offrirent formellement le titre de prince souverain héréditaire de Grèce; toutefois, après l'avoir accepté le 11 du même mois, il le refusa définitivement, le 21 mai suivant (*voyez* GRÈCE). Il vécut alors de nouveau dans la vie privée jusqu'au moment où le congrès national réuni à Bruxelles l'eut élu roi des Belges, le 4 juin 1831. Après avoir d'abord, le 26 juin, accepté cette couronne conditionnellement, puis sans réserves le 12 juillet suivant, il fut proclamé roi le 21 juillet 1831 (*voyez* BELGIQUE). En montant sur le trône de Belgique, le prince Léopold déclara que tant qu'il resterait roi des Belges, il renoncerait à la pension qu'il touchait de l'Angleterre, sous la seule réserve que le gouvernement anglais continuerait à payer les pensions accordées par lui ou par sa femme et à faire les frais d'entretien du domaine et du parc de Claremont. Il contracta ensuite, en 1832, un second mariage, avec la princesse Louise d'Orléans, née le 3 avril 1812, fille aînée du roi des Français, Louis-Philippe, de laquelle il a eu trois fils, l'aîné, mort peu de temps après sa naissance, *Léopold*, prince royal et duc de Brabant, né le 9 avril 1834, *Philippe*, comte de Flandres, né le 24 mars 1837, et une fille, la princesse *Marie-Charlotte*, née le 7 juin 1840.

A l'article BELGIQUE nous avons raconté tout le règne de ce monarque, qui a su habilement triompher des difficultés de sa position, et qui, par la franchise avec laquelle il a accepté le rôle de roi constitutionnel, a réussi à consolider la nationalité indépendante du peuple qui lui avait confié ses destinées. On en a eu la preuve en 1848, après la *surprise* de février. On pouvait croire que la Belgique, habituée à graviter dans l'orbite de la France, allait aussi contrefaire notre journée du 24 février et proclamer la république. Sans doute l'émotion fut grande un instant à Bruxelles lorsqu'on y apprit les événements de Paris; mais le roi Léopold, avec une décision et une franchise qui l'honorent en même temps qu'elles sauvèrent sa couronne, mit fin à toute incertitude et empêcha tout conflit d'éclater. Il réunit autour de lui les chefs des différentes fractions parlementaires pour leur rappeler dans quelles circonstances il avait accepté la couronne, et leur déclarer qu'il était prêt à en faire le sacrifice si maintenant la nation pensait devoir être plus heureuse en adoptant pour son gouvernement la forme républicaine; ajoutant que s'il en était ainsi, il était inutile de recourir à la violence, et qu'il s'en retournerait philosophiquement dans sa retraite de Claremont faire des vœux pour le bonheur d'une nation aux destinées de laquelle il avait eu l'honneur de présider pendant dix-sept années. La noble franchise de cette démarche triompha de toutes les hésitations. La nation belge comprit avec un admirable bon sens qu'il n'y avait pour elle ni gloire ni profit à essayer une ridicule contrefaçon de ce qui venait de se passer en France, et que le moindre des inconvénients qui pouvaient en résulter pour elle serait de voir au premier jour sa nationalité indépendante, dont elle a tant raison de s'enorgueillir, absorbée dans celle de ses puissants voisins. Elle se groupa comme un seul homme autour des institutions qu'elle s'était librement données en arrivant à l'indépendance politique. Les entrepreneurs d'émeutes et de républiques, les casseurs de réverbères et les déterreurs de pavés, expédiés de Paris par la propagande dont le ministère de l'intérieur était alors le foyer en furent donc pour leurs frais de route et aussi pour l'immense ridicule que projeta sur leur cause l'avortement de la fameuse affaire de *Risquons tout*.

Le roi Léopold aura un jour une belle page dans l'histoire. Elle dira de lui qu'il resta honnête homme sur le trône; qu'il crut à la sainteté du serment; qu'après avoir juré solennellement d'observer la constitution libre que s'était donnée la nation belge, il ne songea jamais à lui escamoter ses libertés, non plus qu'à briser ses institutions par la force; qu'il fut un prince constitutionnel, dans la belle acception du mot, enfin qu'il épousa loyalement, sans arrière-pensées, les intérêts de la nation qui l'avait appelé au trône. Rappeler l'immense développement pris dans ces vingt-cinq-dernières années par la prospérité de l'industrie, du commerce et de l'agriculture de la Belgique, c'est faire le plus bel éloge d'un règne qui certes n'aura pas été sans éclat, et pendant toute la durée duquel la nation belge aura été libre et heureuse.

Il est aujourd'hui en Europe bien peu de princes aussi populaires que Léopold 1er, popularité de bon aloi et qui n'a pas pour base de vaines piperies ou d'habiles démonstrations de police. Rien de plus simple que la vie intérieure de ce monarque. La famille royale habite ordinairement le château de Laeken près Bruxelles, ou bien le vaste domaine privé d'Ardenne, près de Dinant. La liste civile du roi monte à 2,751,322 francs, et est presque tout entière employée en œuvres utiles, en actes de bienfaisance, ou en encouragements donnés aux arts et aux sciences.

En octobre 1850, le roi Léopold a eu le malheur de perdre sa femme, la reine Louise d'Orléans, et les regrets universels du peuple ont pu seuls alléger la douleur qu'une telle perte a causée à ce prince et à ses enfants. Le 9 avril 1853, le prince royal ayant été déclaré majeur, le roi son père entreprit avec lui un voyage en Allemagne, pendant lequel il reçut partout l'accueil sympathique et empressé dû à son noble caractère. C'est dans ce voyage que fut arrêté le mariage du duc de Brabant avec l'archiduchesse Marie-Henrica-Anna, née le 23 août 1836, fille de feu l'archiduc palatin Joseph-Antoine (mort en 1847); alliance à laquelle la nation belge attache à bon droit une grande importance politique.

LÉOPOLD (CHARLES-FRÉDÉRIC), grand-duc de Bade (1830-1852), né à Carlsruhe, le 29 août 1790, était le fils aîné du grand-duc Charles-Frédéric, mort en 1811, et issu du second mariage que ce prince contracta avec Caroline, baronne Geyer de Geyersberg, élevée plus tard au titre de comtesse de Hochberg. Avant d'avoir été reconnu prince héréditaire de Bade, il porta le titre de comte de Hochberg. Son père ayant décidé qu'en cas d'extinction de la ligne aînée de la maison de Bade, le droit de succession passerait à la ligne cadette, cette décision, par suite du consentement des agnats, qu'elle obtint en 1806, fut érigée en statut de famille. Il en résulta qu'en 1817 le grand-duc Louis-Frédéric assura à ses trois oncles, les comtes *Léopold*, *Guillaume* et *Maximilien*, en qualité de légitimes héritiers de son grand-père, comme étant issus de son second mariage, le droit de succession dans les États de Bade, qu'à titre de princes de la maison de Bade il leur accorda la qualification d'*Altesse Royale*. Cet arrangement de succession ayant obtenu la garantie de la Confédération germanique, le prince Léopold, devenu prince héréditaire de Bade, épousa, le 25 juillet 1819, sa cousine, *Sophie-Wilhelmine*, née le 21 mai 1801, fille du roi de Suède Gustave-Adolphe IV. Soigneusement tenu éloigné des affaires politiques par son frère consanguin le grand-duc Louis, il vécut uniquement pour l'étude, dans l'intimité de sa famille, jusqu'à la mort de ce prince, arrivée le 30 mars 1830, époque où il monta sur le trône grand-ducal. Son avénement fut le signal d'un complet changement de système politique; et sous son règne le grand-duché de Bade adopta franchement le gouvernement constitutionnel avec toutes ses conséquences, en même temps qu'on put remarquer dans tous ses actes une tendance de plus en plus visible à se séparer de la diète germanique. Les troubles révolutionnaires dont il fut le théâtre en 1848 et 1849 furent bien moins la suite des fautes du pouvoir que l'inévitable contre-coup de la révolution qui avait éclaté en France le 24 février. Quand l'intervention d'un corps d'armée fédérale en eut comprimés, Léopold conserva une haine vivace de cet avant jour avant ces tristes événements (*voyez* BADE). Il mourut le 24 avril 1852, laissant sept enfants. Son fils aîné, *Louis*, s'étant trouvé incapable de diriger les affaires de l'État, par suite de l'affaiblissement de ses facultés intellectuelles, la régence a été déférée, de l'assentiment de tous les agnats, à son fils cadet, *Frédéric-Guillaume-Louis*, né le 9 septembre 1826.

LÉOPOLD II (Jean-Joseph-François-Ferdinand-Charles), grand-duc de Toscane depuis 1824, archiduc d'Autriche, né à Florence, le 3 octobre 1797, est le second fils du grand-duc Ferdinand III, qui fut chassé de ses États par les Français en 1799, et obtint en dédommagement, par la paix de Lunéville, l'évêché de Saltzbourg, qu'on sécularisa à cet effet, et qu'il échangea plus tard, aux termes de la paix de Presbourg, contre l'évêché de Wurtzbourg, érigé en grand-duché. Après avoir reçu une éducation distinguée, le jeune prince revint à Florence en 1814. En 1817 il épousa la princesse *Anne*, fille du prince Maximilien de Saxe, et le 17 juin 1824 il succéda à son père. Les sages principes de politique et d'administration mis en pratique par son grand-père, Léopold Ier, empereur d'Allemagne sous le nom de Léopold II, avaient fait de la Toscane l'un des États les plus florissants de l'Italie; lui et son père tinrent à honneur de suivre cette glorieuse tradition. Un progrès calme et régulier, la satisfaction successive de tous les besoins réels des générations nouvelles et l'introduction dans le pays de toutes les innovations dont l'expérience avait signalé l'utilité, tel fut constamment le caractère de son administration; et l'on peut dire en toute vérité que, de tous les gouvernements italiens, c'est celui de Léopold II qui a toujours été le plus libéral. En 1847, quand l'Italie tout entière se trouva tout à coup en proie à une agitation politique qui devait être bientôt suivie des plus sanglantes convulsions, le gouvernement de ce prince fut un des premiers à donner à l'opinion publique les satisfactions les plus larges (*voyez* Toscane). Les événements ultérieurs, c'est-à-dire le triomphe complet du parti démocratique, la nécessité où le grand-duc se trouva de prendre part aux conflits militaires du moment, et aussi de subir un ministère républicain, le déterminèrent à prendre la fuite. Ils eurent aussi pour résultat de jeter la Toscane, jusque alors si heureuse et si paisible, dans une tout autre direction d'idées. Mais par ses excès le parti ultra-révolutionnaire s'aliéna complètement l'opinion publique : aussi, à son retour dans ses États, le grand-duc y fut-il accueilli avec tous les témoignages de la joie la plus vive. Il est à regretter toutefois que, par suite de la réaction si naturelle qui eut lieu alors contre l'idée révolutionnaire, confondue à tort avec l'idée libérale, ses ministres aient compris beaucoup d'améliorations réelles dans la même suppression que les innovations absurdes introduites dans l'administration et les lois par le parti démocratique et socialiste; que depuis lors le grand-duc Léopold se soit complétement abandonné à l'influence des traîneurs de sabre et à celle des jésuites, ces ennemis nés des utiles institutions que la Toscane avait le bonheur de posséder depuis plusieurs siècles.

L'édition des *Opere di Lorenzo de Medici* (4 vol. in-fol., 1825), publiée à Florence par le grand-duc, alors prince héréditaire, témoigne de l'étendue de ses connaissances littéraires, artistiques et scientifiques. Après la mort de sa première femme, arrivée le 24 mars 1832, Léopold se remaria, le 7 juin 1833, avec la princesse *Antoinette* de Naples, née le 19 décembre 1814. Le seul de ses enfants du premier lit aujourd'hui vivant est la princesse *Augusta*, née en 1825, mariée en 1845 au prince Luitpold de Bavière. De sa seconde femme, il a eu le prince héréditaire *Ferdinand*, né le 10 juin 1835, le prince *Charles*, né en 1839, ainsi que les princesses *Isabelle*, née en 1834, et *Marie*, née en 1838.

LÉOPOLD (Ordres de). L'ordre *belge* de Léopold, fondé en 1832, remplace chez nos voisins l'ordre de la Légion d'Honneur; la forme de la décoration et la couleur du ruban sont à peu près les mêmes. Cet ordre, ontre le grand-maître, qui est le roi des Belges, se compose de grands-cordons, grands-officiers, commandeurs, officiers et chevaliers.

L'ordre *autrichien* de Saint-Léopold, fondé en 1808 par l'empereur François Ier, compte trois classes : les grands-croix, les commandeurs et les chevaliers. Cet ordre peut se conférer à tout le monde, sans autre condition que le mérite : il donne droit à la noblesse, sur la demande de ses membres. La décoration consiste en une croix à huit pointes, d'émail rouge, avec liseré blanc, surmontée de la couronne impériale, et anglée de feuilles de chêne et de glands. D'un côté on lit, dans l'écusson intérieur de la croix : F. I. A. (*Franciscus Imperator Austriæ*), avec l'exergue : *Integritati et merito*; et de l'autre, au milieu d'une couronne de chêne, la devise : *Opes regum corda subditorum*. Le ruban est rouge, avec un liseré blanc.

LÉOPOLD ROBERT. *Voyez* Robert (Léopold).

LÉOTADE (Louis Bonafous, en religion, *frère*), né à Monclar (Aveyron), en 1812, comparut en 1848, devant le jury de Toulouse, sous la double accusation de viol et d'assassinat commis sur la personne d'une jeune fille, nommée Cécile Combettes, dont le cadavre avait été trouvé le 16 avril 1847 dans le cimetière Saint-Alban de Toulouse, auprès du mur qui séparait ce lieu de repos de la propriété des frères de la Doctrine chrétienne. Les vêtements de la jeune fille étaient tachés de boue, de sang, de matières fécales et portaient des traces d'autres souillures. Des tiges de trèfle desséché adhéraient aux matières fécales, et les vêtements retenaient aussi des brins de paille tachés de sang. L'état de la tête, la compression de la tempe gauche, les ecchymoses de la figure indiquaient une lutte violente de la victime avec son assassin. Un bâillon avait pu être employé. Le viol n'avait d'ailleurs pas été consommé. Cette jeune fille était employée chez un relieur, nommé Conte, qui travaillait pour les frères. Elle était venue la veille dans la maison de ceux-ci, vers neuf heures du matin, et on ne l'avait pas revue depuis. A la première rumeur, le frère Léotade fit porter les soupçons sur Conte ; celui-ci fut arrêté, mais il put positivement établir un alibi, et il fut enfin renvoyé de la plainte. Les frères furent également soupçonnés, et une visite dans leur établissement amena la découverte de pas allant vers le lieu où le cadavre avait été relevé ; près du mur on voyait encore la trace des pieds d'une robe, une chemise, dont on ne put connaître le porteur, avait des taches de sang et de matières fécales analogues à celles de la chemise de Cécile Combettes. Le caleçon du frère Léotade ne put être retrouvé. Plusieurs frères furent arrêtés et mis au secret. On était alors à la fin du règne de Louis-Philippe. Les passions politiques s'agitaient. Les uns reprochaient au gouvernement de mettre trop de mesure dans ses poursuites contre les frères ; on s'indignait de voir reparaître ces principes jésuitiques suivant lesquels le mensonge et le parjure seraient permis pour la plus grande gloire de Dieu, et l'on disait que l'État accordait ces tendances par ses avances au clergé. Les autres, au contraire, accusaient le gouvernement de nuire au mouvement qui se manifestait en faveur de la religion en se ligant avec les révolutionnaires pour poursuivre avec tant d'acharnement un innocent, tout simplement parce qu'il portait l'habit religieux. Après différents appels rejetés par la cour de cassation, l'affaire arriva devant la cour d'assises de Toulouse dans les premiers jours de février 1848. Elle avançait lentement, grâce aux difficultés soulevées par la gent dévote, quand la nouvelle de la révolution la fit renvoyer à une autre session, et le 16 mars suivant Léotade reparut devant le jury.

Un frère avait été arrêté comme faux témoin ; une femme ayant affirmé qu'elle avait vu le frère Léotade, le 15 avril 1847, hors de la maison, se rétracta, et déclara qu'elle avait menti à la justice croyant servir ainsi la religion. Les frères montrèrent un dévouement singulier à leur collègue ; ils soutinrent son innocence par tous les moyens : ils ne voulurent donner aucun éclaircissement, ils n'avaient rien vu , ils ne savaient rien ; l'un d'eux déclara que les empreintes de pas remarquées dans le jardin provenaient de son fait, etc. Les avocats Gasc et Saint-Grosse, défenseurs de Léotade, mirent beaucoup d'aigreur dans leur système de défense et d'interpellations. Le président des assises, M. Labaunie, dut apporter beaucoup d'énergie dans la conduite des débats ; plusieurs frères appelés comme témoins perdirent toute mesure, et répondirent d'une manière goguenarde. Les quelques aveux qu'avait pu laisser échapper le frère Léotade, il les rétracta, les attribuant à la rigueur du secret auquel il avait été soumis. Enfin, les débats n'amenèrent aucun éclaircissement. Mais de l'examen des lieux il résultait que le corps avait dû être jeté par-dessus le mur de la maison des frères, où Cécile Combettes était entrée le 15 avril sans que personne l'eût vue en sortir; aucune trace de pas ou autre ne se faisait remarquer dans le cimetière, tandis que le mur était ébréché à l'endroit où se trouvait le cadavre; le crime avait dû être commis dans une grange, où se trouvait du foin et de la paille semblables aux débris qui étaient restés attachés aux vêtements de la jeune fille. Enfin, les vêtements du frère Léotade portaient des maculatures qui se rapportaient trop à celles des vêtements de la victime pour qu'il ne fût pas regardé comme le vrai coupable. Sans doute, ne pouvant triompher de la jeune fille et craignant d'être accusé par elle, il l'avait tuée à coups de poing ou en lui frappant la tête sur la muraille. La nuit venue, on l'avait portée à l'extrémité du jardin et jetée par-dessus le mur. Les parents de Cécile Combettes se constituèrent parties civiles.

Après plusieurs jours d'audience, le jury rendit le 4 avril un verdict qui déclarait le frère Léotade coupable de tentative de viol sur la personne de Cécile Combettes, alors âgée de moins de quinze ans, crime suivi d'homicide volontaire sur la même personne; le jury admettait des circonstances atténuantes, et le frère Léotade fut condamné aux travaux forcés à perpétuité. Plus tard, la cour condamna le frère Léotade à 12,000 fr. de dommages-intérêts envers la partie civile. L'arrêt fut attaqué en cassation, et le frère Philippe, supérieur de la congrégation, crut alors devoir déclarer publiquement que rien dans les statuts de l'ordre ne défendait aux frères de dire la vérité en justice. L'arrêt de Toulouse fut maintenu, et le frère Léotade subit sa peine au bagne de Toulon; mais le parti dévot continuait à voir en lui un martyr, et tous les moyens furent employés pour le soulager. Il mourut en 1850, protestant encore de son innocence. Un avocat de Toulouse, M. Cazeneuve, publia bien en 1849, 1852 et 1855, des brochures pour prouver l'innocence du frère Léotade; mais on jugment par défaut le condamna en un mois de prison et 1,000 fr. d'amende pour attaque à l'autorité de la chose jugée et offenses envers les magistrats. L. LOUVET.

LÉOTYCHIDES, roi de Sparte, de la famille de Proclès, régna après la chute de Démarate, à partir de l'an 491 av. J.-C., conjointement avec Cléomène d'abord, puis avec Léonidas. Il contribua beaucoup à la victoire navale remportée sur les Perses à Mycale, l'an 479 av. J.-C.; mais, accusé de corruption à l'occasion d'une expédition entreprise par lui contre les Thessaliens, qui avaient manqué à la foi promise, il mourut en exil, après avoir servi Sparte pendant vingt-deux ans.

LÉPANTE, chef-lieu de l'éparchie du même nom, dans la province grecque d'Étolie-Acarnanie, appelée par les Grecs modernes *Epacto*, et par les Turcs *Ainabekti* ou *Ainabachti*, est située sur le *golfe de Lépante* ou *de Corinthe*, qui sépare le Péloponnèse du reste de la Hellade; à 7 kilomètres environ de son entrée en arrivant par le golfe de Patras; étroite entrée défendue par ce qu'on appelle les *Petites Dardanelles*, deux châteaux forts, nommés, l'un *Kasteli Roumelias*, et l'autre *Kasteli Moreas* (répondant à l'*Antirrhion* et au *Rhion* des anciens). La ville, mal bâtie et d'un aspect misérable, est le siége d'un archevêché grec, et possède un bon port. On y compte trois mille habitants. Elle a été construite sur les ruines de l'ancienne *Naupacta*.

Au moyen âge l'empereur de Byzance Emanuel céda cette ville aux Vénitiens, qui la fortifièrent si bien qu'en 1477 une armée de 30,000 Turcs l'assiégea inutilement pendant quatre mois, et que ce ne fut qu'en 1499 qu'elle succomba sous les efforts du sultan Bajazet, lequel était venu l'assiéger à la tête d'une armée de 150,000 hommes. Mais le souvenir historique le plus important qui se rattache à ce nom de Lépante est celui de la grande victoire navale que don Juan d'Autriche y remporta sur les Turcs, le 7 octobre 1571.

[Selim II avait porté bien haut le pouvoir des Othomans; l'Europe ne prononçait le nom des Turcs qu'avec un sentiment de terreur : ils menaçaient d'envahir l'Occident, qui n'avait pas de légions à opposer aux bandes glorieuses des janissaires; leurs flottes, plus nombreuses que celles des plus grandes nations maritimes, semblaient leur assurer la domination de la Méditerranée; il s'agissait d'une lutte entre deux religions, du triomphe de la croix ou du triomphe du croissant. Venise chancelait; ses armées reculaient pied à pied devant celles du sultan; la suprématie spirituelle du pape était en péril, sa puissance temporelle tremblait sur ses bases. Pie V occupait alors le trône pontifical; il prêcha une croisade contre ces Musulmans qui tenaient en échec la chrétienté. Tous les rois de l'Europe, occupés de divisions intestines, restèrent sourds à cet appel; le roi d'Espagne seul, le très-catholique Philippe II, accourut au secours de l'Église tremblante; il envoya toutes ses galères, auxquelles se réunirent les galères de Venise et celles du pape. Le célèbre bâtard de Charles-Quint, don Juan d'Autriche, commanda les flottes combinées. Ce fut le 7 octobre 1571, à deux heures après midi : chrétiens et mahométans s'étaient rencontrés dans le golfe de Lépante et avaient rangé en bataille leurs armées navales ; 205 galères chrétiennes étaient disposées sur une ligne courbe en face de 260 galères turques, serrées en forme de croissant ; front contre front, aile contre aile, tout était semblable dans la disposition des deux armées. Don Juan d'Autriche, généralissime des chrétiens, occupait le centre de la flotte avec la galère capitane; le pavillon rouge du pacha Pertau, grand-amiral des Turcs, flottait au centre de toute la ligne en face du grand étendard de Castille. André Doria, le plus illustre marin de cette époque, commandait l'aile droite; Uluchiali, gouverneur d'Alger, marin illustre aussi chez les Turcs, était son antagoniste ; l'amiral vénitien Veniero, avec l'aile gauche, était opposé au pacha Ali.

Les deux flottes couraient l'une sur l'autre à force de rames; des deux côtés s'élevaient d'épouvantables clameurs, quand l'explosion d'un canon partie de l'avant d'une galère extrême fut répétée dans toute l'étendue des deux lignes, et les détonations de l'artillerie se mêlèrent aux voix de 50,000 hommes. Les flottes enveloppées de fumée ne se distinguaient plus : on eût cru voir deux nuages porteurs de la foudre rouler, se heurter au milieu de la mer, et se confondre enfin avec un horrible fracas. L'aile droite de la flotte turque fut la première enfoncée; ses galères brisées s'enfonçaient sous l'eau, et souvent entraînaient dans le même naufrage turcs et chrétiens, qui, acharnés encore alors même que le navire manquait sous leurs pieds, s'égorgeaient en se débattant dans les flots. Balles, boulets et flèches se croisaient dans les airs; armes anciennes, armes nouvelles, concouraient au massacre, car cette bataille marqua souvent la transition de la tactique navale moderne : elle fut la dernière où la galère combattit comme vaisseau de ligne. Puis les deux corps de bataille se joignirent dans l'ancien système de guerre navale; ces combats étaient sanglants, car on se saisissait corps à corps, la sabre au poing, dès qu'on pouvait s'aborder. Les Turcs se battaient avec rage, mais ils devaient succomber : leurs galères, armées par des esclaves chrétiens, portaient la trahison dans leurs flancs; quand le combat était échauffé, les forçats prisonniers brisaient leurs chaînes et se joignaient à l'ennemi, qui sautait à l'abordage. La mer fut bientôt couverte des débris de la flotte turque; les janissaires se jetaient à la mer le sabre aux dents, et tentaient de gagner le rivage; ils étaient égorgés ou assommés à coups d'aviron par les chrétiens, car nulle humanité n'adoucissait la haine religieuse; les flots étaient rouges de sang et berçaient les carcasses fumantes des galères incendiées. On peut aisément se représenter quelles scènes d'horreur eurent lieu alors. Les Turcs furent défaits. Leur général Pertau fut tué, au moment où il cherchait à fuir sur un brigantin; le seul Uluchiali, voyant la déroute, fit une trouée à travers le corps de bataille, et sauva trente

LÉPANTE — LÉPIDE

galères de la destruction. Les historiens évaluent à 130 le nombre des galères perdues par les Turcs; quant au nombre des tués et blessés, ils l'ont tellement exagéré qu'il faut le diminuer de moitié et l'évaluer à une vingtaine de mille.

Les résultats de cette affaire furent pour les Turcs la destruction presque totale de leur marine, la perte de leur suprématie dans la Méditerranée; les janissaires ne se crurent plus invincibles. Les vainqueurs ne surent pas profiter de la victoire; ils n'étaient pas assez forts pour faire une guerre offensive. Don Juan d'Autriche y acquit une gloire éclatante.

Théogène PAGE, capitaine de vaisseau.]

LEPAUTE (JEAN-ANDRÉ), célèbre horloger du dix-huitième siècle, naquit à Montmédy, en 1709; il était fort jeune encore quand il se rendit à Paris, où il devait trouver des ressources de toutes espèces pour se perfectionner dans l'art qu'il se proposait d'exercer. Il se lia d'amitié avec Clairaut, l'astronome Lalande, et, qui plus est, il eut le bonheur d'épouser Nicole-Reine Etable de Labrière, une des femmes les plus savantes du règne de Louis XV. Elle lui fut d'un grand secours pour la rédaction des ouvrages qu'il publia sur l'horlogerie. Ce fut en 1753 qu'il exécuta, pour le palais du Luxembourg, la première horloge horizontale qu'on eût vue jusque alors. On appelle ainsi les horloges dont la cage est couchée et dont les roues sont placées les unes à la suite des autres. Lepaute est aussi l'inventeur de l'é c h a p p e ment à chevilles, qui passe pour un des meilleurs. Le même artiste présenta au roi Louis XV, en 1751, une horloge qui n'avait qu'une seule roue; il fit aussi une horloge dont le pendule était entretenu en mouvement par les impulsions qu'il recevait des queues des marteaux lorsque l'horloge sonnait. Les oscillations du pendule faisaient marcher les aiguilles. Il convient lui-même que ces machines, dont il donne la description dans son *Traité d'Horlogerie*, publié en 1755, remarquables par leur simplicité, ont le défaut de ne pas marcher avec régularité. Dans le même ouvrage on trouve la description d'une horloge qui n'a jamais besoin d'être remontée; et toutefois, ce n'est pas un mouvement perpétuel dans la stricte acception du mot : un courant d'air faisait tourner un moulinet, lequel imprimait le mouvement à un engrenage qui remontait le poids de l'horloge. Le même artiste avait composé une horloge qu'il appelait *polycamératique*, parce qu'elle donnait l'heure dans les divers appartements d'une maison. Lepaute rendit de grands services à l'horlogerie; il fut du petit nombre de ceux qui joignent à la pratique de cet art les théories des sciences physiques et mathématiques; on voit par ses ouvrages qu'il avait fait de bonnes études, et qu'il avait lu tout ce qu'on avait écrit avant lui concernant les machines propres à mesurer le temps. Son *Traité d'Horlogerie*, écrit avec clarté et précision, mérite encore d'être lu, quoiqu'il ait été surpassé par les ouvrages laissés par Ferdinand Berthoud sur le même sujet. Lepaute mourut à Saint-Cloud, le 11 avril 1789.

LEPAUTE (JEAN-BAPTISTE), frère cadet du précédent, embrassa la même profession, dans laquelle il obtint de grands succès; la belle horloge de l'hôtel de ville de Paris, qui passe pour un chef-d'œuvre, est son ouvrage; c'est à lui qu'on doit l'heureuse idée de pratiquer les trous destinés à recevoir les pivots des arbres des roues dans des bouts de cylindres qu'il appelle des *bouchons*, et qui entrent à vis dans les barres formant la cage d'une horloge, de sorte qu'en dévissant ces bouchons on a la faculté d'enlever telle roue que l'on veut, sans déplacer ni démonter la cage. Cet artiste mourut en 1802. TEYSSÈDRE.

L'ÉPÉE (L'abbé de). *Voyez* ÉPÉE (Charles-Michel de l').

LEPELETIER (LOUIS-MICHEL), comte DE SAINT-FARGEAU, baron DE PERREUZE, etc., né à Paris, le 29 mai 1760, président à mortier au parlement de Paris, député à l'Assemblée constituante et à la Convention. Sa famille, une des plus anciennes de la magistrature, était alliée à celle des Lamoignon. Il écrivit à neuf ans une *Vie d'Épaminondas*. Il n'avait que dix-huit ans lorsqu'il perdit son père. Livré à lui-même, maître d'une très-grande fortune, il se voua à l'étude des lois et de l'histoire. Il s'était formé une magnifique bibliothèque. Peu d'années après la mort de son père, il fut nommé avocat général au parlement de Paris, et à vingt-cinq ans il était président à mortier de la même cour. Son père s'était fait remarquer par son énergique opposition aux projets de Maupeou. « Faites tomber la tête du président de Saint-Fargeau, disait ce ministre à Louis XV, et je réponds du reste. » Le vieux président, accablé d'années et d'infirmités, avait été exilé dans les montagnes de l'Auvergne. Michel Lepeletier suivit les traditions de sa famille, et contribua pour beaucoup à provoquer la convocation des états généraux de 1789.

Député de l'ordre de la noblesse à cette assemblée, il ne se réunit pas d'abord avec la minorité au tiers état; mais même avant que la fameuse séance royale eût révélé les projets de la cour, il n'hésita plus, et n'attendit pas le décret du 4 août pour renoncer à ses titres de noblesse et à ses droits seigneuriaux. Il n'abordait la tribune qu'avec timidité et lorsque son devoir l'y appelait. Rapporteur du nouveau code pénal, il insista pour l'abolition de la peine de mort; mais il pensa qu'il fallait la maintenir contre les accusés de haute trahison. « La peine de mort, disait-il, doit être abolie pour tous, hors pour les chefs de parti, dont on ne peut prolonger la vie sans conserver un germe dangereux de dissensions et de maux. » Après la session de la Constituante, il se retira à Saint-Fargeau ; les suffrages des électeurs de l'Yonne l'investirent de la présidence de l'administration de ce département, et il fut, en 1792, appelé à la Convention par les votes de deux départements. Il opta pour l'élection de l'Yonne).

Michel Lepeletier fut à la Convention ce qu'il avait été à la Constituante, tout entier à ses devoirs, toujours consciencieux et indépendant dans ses votes. On lui a supposé à tort une grande influence. Il n'était l'homme d'aucun parti. Il n'allait aux Jacobins que rarement, n'avait point ce réunion chez lui et n'en fréquentait aucune. Il vota la mort de Louis XVI : on lui en fit un crime; il n'avait pourtant obéi en cela qu'à ses convictions. Le jour où il émit ce vote fut le dernier de sa vie. Il dinait tous les soirs à l'issue de la séance chez Février, restaurateur au Palais-Royal. Le 20 janvier 1793, à cinq heures du soir, il se trouvait seul à table dans un cabinet au fond d'un petit couloir. Un inconnu entre, lui demande s'il a voté la mort du roi, et sur sa réponse affirmative, cet inconnu, qui n'était autre que Pâris, ancien garde du corps du roi, lui plonge son sabre dans le corps en disant : « Scélérat, voilà ta récompense ! » L'assassin put s'échapper. A une heure du matin Lepeletier n'était plus.

La Convention vota une prime de dix mille francs pour celui qui arrêterait Pâris. Le corps de Lepeletier fut embaumé, et porté avec pompe au Panthéon. En février 1793, un individu porteur des papiers de Pâris, arrêté par la gendarmerie à Genève, se fit sauter la cervelle d'un coup de pistolet. Cependant d'autres personnes crurent reconnaître Pâris beaucoup plus tard en Suisse. Félix Lepeletier, frère cadet de la victime, raconta qu'un de ses parents lui avait affirmé, en 1814, que Pâris était mort en Angleterre en 1813. La fille unique de Michel Lepeletier, depuis Mme la comtesse de Mortfontaine, avait, par un décret de la Convention, été proclamée fille adoptive de la république. Les œuvres de Michel Lepeletier et les mémoires de sa vie furent publiés à Bruxelles, en 1826. On y trouve ses discours, ses rapports à la Constituante et à la Convention, quelques fragments historiques assez intéressants et un plan d'éducation nationale. DUFEY (de l'Yonne).

LÉPIDE (MARCUS ÆMILIUS LEPIDUS). Issu de l'illustre maison *Æmilia*, Marcus Lepidus parvint de bonne heure aux premiers emplois de la république. Grand-pontife, il occupait dès l'an 705 (49 avant J.-C.) la place de préteur; en 707 (47 avant J.-C.), il devint le collègue de César au consulat, et fut encore revêtu de cette dignité en 709 et

713. Nommé grand-maître de la cavalerie, il contribua à faire proclamer Jules César dictateur, et celui-ci, à son départ pour l'Espagne, lui laissa, comme marque de sa reconnaissance, le commandement de Rome. A la mort de César, il se sauva de Rome, dans la crainte d'être arrêté par les conjurés; mais, rassuré par Antoine, il prit dès le lendemain le commandement d'une légion stationnée dans l'île du Tibre, et occupa le Champ de Mars; plus tard, il entretint tour à tour des relations secrètes avec le sénat et avec Brutus et Cassius, Antoine et Octave, afin de pouvoir en tout état de cause se déclarer pour le parti vainqueur; mais les événements en décidèrent autrement. Lorsque Antoine eut été déclaré par le sénat ennemi de la patrie, surpris et embarrassé, entreprenant et timide à la fois, toujours disposé à commencer des troubles, à former des projets auxquels il était obligé d'associer de plus habiles gens que lui, il fit des ouvertures à Lépide, qui commandait dans la Gaule cisalpine. Celui-ci, que le sénat avait cru s'attacher en lui élevant une statue dorée, répondit à Antoine qu'il éviterait avec soin les occasions de le combattre. Mais bientôt ses soldats le forcent de se joindre à lui. Quelque temps après, Octave, Antoine et Lépide se partageaient le pouvoir suprême pour cinq ans, sous le titre de *triumvirs*. Lépide eut pour sa part l'Espagne; mais ses collègues, connaissant son peu de valeur et de capacité, ne lui donnèrent aucune part dans la guerre qu'ils allaient entreprendre. Il lui laissèrent pendant leur absence l'autorité souveraine en dépôt, persuadés qu'ils seraient toujours à même de se défaire de lui dès qu'ils le jugeraient convenable. Le partage de l'empire fait, les triumvirs dressèrent leurs listes de proscription. Lépide sacrifia aux vengeances de ses collègues son propre frère. Mais il ne jouit pas longtemps du triumvirat. Sa perte ne coûta à Octave qu'un prétexte. Méprisé de ses soldats, il s'en vit abandonné; alors il s'humilia devant son collègue, qui par grâce lui laissa l'Afrique, avec seulement deux légions. Plus tard il contribua à la défaite de Sextus Pompée en passant en Sicile avec ses troupes; mais, ayant voulu garder cette province malgré Octave, ses légions passèrent de nouveau sous les drapeaux du fils de César : il n'eut plus d'autre ressource que d'implorer son pardon et la vie. Octave les lui accorda, et lui assigna pour résidence Circéies, petite ville d'Italie (718 de Rome, 36 av. J.-C.) ; mais peu de temps après il le dépouilla du pontificat. Le reste de la vie de Lépide, dont le fils périt plus tard victime d'Auguste, s'écoula dans l'obscurité, dans l'opprobre; et, comme le remarque Montesquieu, « on est aise de l'humiliation d'un homme sans honneur et sans âme, et qui avait été l'un des plus méchants citoyens de la république ». Paterculus, en parlant de Lépide, dit « qu'il n'avait mérité par aucune vertu la longue indulgence de la fortune à son égard ». Lépide mourut l'an 741 de Rome, treize ans avant J.-C.

LÉPIDOKROKITE. *Voyez* GOETHITE.

LÉPIDOPTÈRES (de λεπίς, écaille, et πτερόν, aile). Réunis en ordre par Linné et désignés par Fabricius sous le nom de *glossates*, les lépidoptères forment dans la distribution méthodique de Latreille le neuvième ordre de la classe des insectes, et présentent pour caractères distinctifs et essentiels un appareil proboscidiforme roulé en spirale dans la bouche (*spiritrompe* de Latreille, *anthlia* de Kirby et Spence), et quatre ailes membraneuses recouvertes d'écailles, qui se détachent sous forme de poussière furfuracée. Ces insectes proviennent, sans exception aucune, de larves, qui se distinguent de ce qu'elles n'ont jamais plus de seize, jamais moins de dix pattes : ces larves, issues d'œufs, et que l'on nomme *chenilles*, parvenues au terme de leur croissance, se transforment en chrysalides, lesquelles, à leur tour, se transforment en insectes parfaits, semblables en tout à ceux qui leur ont donné naissance.

Comme chez tous les insectes parfaits, le corps des lépidoptères est profondément divisé en trois sections distinctes, la tête, le thorax, et l'abdomen. La tête, généralement arrondie, comprimée antérieurement, plus large que longue, et toujours plus étroite que le thorax, offre trois ordres d'organes, sur lesquels l'attention doit surtout se fixer : ce sont les yeux, les antennes, et l'appareil buccal. Les yeux sont simples ou composés. Les yeux simples, ou *stemmates*, n'existent pas chez toutes les espèces; ils sont communément situés sur le vertex, et cachés sous des écailles, de manière à ne devenir visibles que par la dénudation de la tête. Les yeux composés, situés à la partie latérale de la tête, existent au contraire constamment, et offrent une multitude de facettes, dont le nombre s'élèverait, suivant le calcul de Dupuget, à 17,000 chez quelques papillons : ces yeux sont de couleur variable, verts chez les *érybias*, bruns chez les *sphinx*, rougeâtres chez les *satyres*, etc. Assez généralement ils sont bordés de cils qui accomplissent probablement les fonctions de paupières, et qui empêchent que la surface de la cornée ne soit ternie par le pollen des fleurs.

Les antennes, situées au bord interne de chaque œil, et de formes très-variables, sont toujours composées d'un grand nombre d'articles : chez les espèces *diurnes*, elles sont simples et terminées par un renflement plus ou moins considérable; elles deviennent fusiformes chez les espèces *crépusculaires*; et chez les espèces *nocturnes* elles ressemblent à un fil de soie, tantôt simple, tantôt pectiné, tantôt plumeux. Toutefois, ces propositions générales sont loin d'être absolues; beaucoup de genres leur échappent complétement. Ainsi, les antennes sont prismatiques chez quelques *sphingides*, linéaires chez les *sésiaires*, contournées en cornes de bélier chez les *zygænas*, arquées chez les *ægocérides*, etc.

L'appareil buccal des lépidoptères, ainsi que l'ont démontré Savigny et Latreille, se compose essentiellement des mêmes parties que celui des insectes broyeurs; mais ces parties ont été étrangement modifiées, dans le but d'en former un appareil propre à puiser dans la corolle des fleurs les sucs qu'elle renferme, et qui constituent la nourriture exclusive de la plupart des lépidoptères. Ainsi, les deux mâchoires, s'allongeant en forme de filets tubulaires, se réunissent par leurs bords internes pour former une trompe, dont l'intérieur présente trois canaux, et à laquelle les palpes labiaux, garnis de poils et d'écailles, forment une espèce d'étui; les palpes maxillaires, au contraire, sont devenus presque imperceptibles, et les mandibules, qui chez la larve phytophage étaient puissantes et cornées, n'existent plus chez l'insecte parfait qu'à l'état rudimentaire. A l'état de repos, la trompe est toujours roulée en spirale entre les palpes labiaux; sa longueur varie beaucoup dans les différentes espèces : ainsi, chez quelques *sphinx* elle est souvent trois fois aussi longue que le corps, tandis qu'elle mesure à peine quelques lignes chez les *géomètres*, et que chez quelques *bombyx* elle n'existe qu'à l'état rudimentaire.

Le thorax, composé de trois segments intimement unis entre eux, est généralement de forme ovalaire; ses dimensions varient sensiblement dans les différentes espèces : gros et long chez les *charaxes* et les *sphinx*, allongé, mais grêle, chez les *géomètres* et les *satyrides*, il est large, quadrangulaire, caréné chez les *xilinas*, arrondi et presque globuleux chez les *zenzérides* et les *bombicines*, etc. Assez généralement sa couleur est celle des ailes supérieures, mais son premier segment offre souvent des caractères particuliers, des taches jaunes ou rouges chez les *papilionides*, les points blancs chez les *danaïdes*, des bandes polychromes chez les *cyrestes*, etc. A la partie latérale et supérieure du thorax s'attachent deux paires d'ailes qui ne manquent jamais, si ce n'est dans quelques rares espèces dont les femelles sont aptères. Ces ailes sont composées de membraneuses et transparentes, entre lesquelles s'interposent, comme une charpente osseuse, de nervures cornées, qui s'étendent en se ramifiant de l'angle d'insertion vers la périphérie de l'aile, nervures que M. Leach a dénommées *pterygostia*, et dont MM. Jones et Boisduval ont longuement exposé la disposition variable dans les différentes espèces. D'innombrables écailles, en général oblongues, tronquées et dentelées à leur extrémité libre, sont implantées dans ces lames membraneuses au moyen d'un pédicule, imbriquées les unes sur les autres, et disposées symétriquement comme les tuiles d'un toit : en dépouillant une aile de ses écailles, les points d'insertion de celles-ci apparaissent en nombre tellement considérable que Leuwenhoeck a évalué à 400,000 le nombre des écailles d'une aile de phalène de ver à soie. Chez aucune espèce les ailes ne sont complétement dépourvues d'écailles, mais chez quelques-unes ces écailles sont tellement petites que les ailes apparaissent complétement transparentes, et chez d'autres espèces elles adhèrent si peu à la lame membraneuse qu'elles se détachent par milliers dans le vol, et que les ailes paraissent toutes parsemées de taches pellucides. Les ailes des lépidoptères offrent des couleurs aussi éclatantes et des teintes aussi variées que les corolles des fleurs; mais cette coloration siège exclusivement dans les paillettes squameuses dont les lames membraneuses et essentiellement incolores des ailes sont revêtues; et les reflets moirés, l'éclat métallique, les scintillations brillantes de ces petites écailles donnent à quelques lépidoptères des beautés de couleur que ne présente aucune autre création du règne animal. Les espèces diurnes, qui étalent au soleil toute la pompe de leurs ailes, sont celles qui offrent les plus grandes richesses de couleurs ; les espèces crépusculaires et nocturnes se distinguent plutôt par l'étrangeté du dessin que par la vivacité de la nuance. Comme chez les plantes, on remarque aussi que chez les lépidoptères certaines nuances sont plus spécialement affectées à certains genres particuliers : les *piéris* sont blanches, les *xanthidias*, les *colias*, sont jaunes, les *argus* sont bleues, les *melitæas* fauves, les *crébias* noires, etc. Le dessin ou la disposition relative des couleurs sur la surface de l'aile offre des caractères plus constants encore ; et dans quelques cas ces caractères valent plus pour la classification naturelle des espèces que la forme et la disposition des antennes et des palpes : toutefois, il ne faudrait point donner à ces caractères une valeur exclusive, car dans certains cas les mêmes nuances et les mêmes dessins se reproduisent avec une grande fidélité dans des espèces fort éloignées : mais, ce qui est très-remarquable, ces espèces, éloignées les unes des autres par leur organisation et rapprochées par la couleur de leurs ailes, se rapprochent encore et par leurs mœurs et par leur *habitat*.

A la partie inférieure ou ventrale du thorax s'articulent trois paires de pattes, plus ou moins velues ou écailleuses, et quelquefois garnies d'épaisses touffes de poils. Chez un grand nombre de lépidoptères ces pattes sont d'égale longueur ; mais dans quelques genres les deux pattes antérieures sont assez petites pour être impropres à la marche, et chez quelques autres elles avortent complétement. Cet avortement des pattes antérieures, quand il arrive, a généralement lieu chez les deux sexes de la même espèce ; mais quelquefois aussi la femelle est *hexapode*, et le mâle seul est *tétrapode*.

L'abdomen est ovale allongé ou presque cylindrique chez la majorité des lépidoptères ; il se compose de sept segments, eux-mêmes formés de deux anneaux réunis entre eux par une membrane : à son extrémité postérieure, il offre une scissure beaucoup plus prononcée chez le mâle que chez la femelle, et qui souvent forme le seul caractère distinctif des deux sexes. Dans les femelles, l'oviducte ne s'annonce généralement par aucune saillie extérieure ; mais dans quelques espèces, dont les chenilles xylophages doivent vivre dans le bois comme les larves de quelques coléoptères, dans les *dianthæcias*, qui déposent leurs œufs au sein de la corolle des caryophyllées, pour que les larves qui en éclosent se nourrissent de l'ovaire de ces plantes, dans toutes ces espèces, l'oviducte est très-prononcé, et l'abdomen se termine en une queue longue, grêle, rétractile, en une espèce de tarière. La couleur de l'abdomen participe assez fréquemment de celle des ailes inférieures : chez les *chetoniaires*, il est paré des couleurs les plus vives; il est saupoudré de taches jaunes et rouges chez plusieurs *papillons*;

chez les *macroglosses* et les *sésiaires*, il est annelé de vives couleurs, et terminé par un faisceau de poils roides étalés en queue d'oiseau.

Les deux sexes, chez les lépidoptères, ne diffèrent souvent que par le développement de l'abdomen, qui chez la femelle est distendu par les œufs : cependant, la femelle est en général plus grande que le mâle ; ses couleurs sont moins brillantes, mais leur dessin est mieux arrêté. Quelquefois aussi les différences de couleur sont tellement grandes dans les deux sexes qu'il est difficile de croire que les individus appartiennent à la même espèce ; les mâles des *argus* sont bleus, et leurs femelles sont brunes ; le mâle du *satyrus phryné* est brun , et sa femelle est d'un blanc de lait ; le mâle de la *chetonia mendica* est noir, et sa femelle est d'un blanc d'argent, etc. L'existence des lépidoptères à l'état parfait est en général courte. La plupart d'entre eux se nourrissent en pompant le suc des fleurs ; d'autres préfèrent les liquides qui exsudent des plaies des arbres; quelques-uns se réunissent au bord des ruisseaux , et sucent, pour se désaltérer, la terre humide; une multitude de nocturnes ne vivent que de la miellée qui suinte , à certaines époques, de la feuille des arbres ; enfin , quelques rares espèces recherchent la partie liquide des excréments et même des charognes.

La femelle dépose en général ses œufs sur la feuille de la plante qui doit nourrir sa progéniture de chenilles; quelquefois elle recouvre ces œufs des poils de son abdomen ; quelques-uns elle enduit d'une substance blanche et écumeuse, d'autres fois elle les distribue avec une rare symétrie sur les rameaux des arbres, etc. Quant aux œufs eux-mêmes, leur forme, leur couleur, leur volume, varient du tout au tout, suivant les différentes espèces ; leur nombre n'est pas moins variable, car tandis que quelques papillons en pondent à peine une centaine, d'autres en déposent plusieurs milliers. Enfin, la résistance vitale de ces œufs est extrêmement grande, car des œufs de ver à soie peuvent endurer une dessication complète et un froid de 60 degrés centigrades sans que le germe soit détruit chez eux.

BELFIELD-LEFÈVRE.

LÈPRE, LÉPREUX. La Bible nous familiarise avec cette maladie, et nous en fait concevoir une idée qui épouvante l'imagination. La lèpre se trouve liée à l'histoire des Hébreux : nous savons cette nation en être affligée durant sa longue captivité en Égypte et l'emporter après sa délivrance. Les lois de Moïse nous montrent l'horreur que ce mot inspirait au peuple de Dieu, puisqu'elles commandaient le séquestre des malheureux qui en étaient atteints. Les paroles de Job, de type de toutes les misères et de la patience humaine, nous en tracent un horrible tableau : couché sur un fumier, il s'écriait en différents temps : « Ma peau ulcérée, noircie, desséchée, n'a plus de chairs pour le soutenir, et elle adhère à mes os; d'atroces douleurs ne me laissent reposer ni le jour ni la nuit; l'infection de mon haleine fait de moi un objet de dégoût et d'effroi pour ma femme; mon logis est un enfer.... » Le Nouveau Testament nous fait aussi entrevoir les lépreux comme des hommes châtiés par Dieu, subissant un arrêt lentement exécuté, rongés par un mal irrémédiable, à moins d'un miracle, et encore aggravé par la réprobation publique, par un sentiment de terreur qui abolissait la pitié. Ce mal, on l'appelait poétiquement, en ces temps antiques, *le fils aîné de la mort*. Au moyen âge, en retournant en Terre Sainte sur les pas des croisés, nous renvoyons encore la lèpre considérée par les musulmans comme une condamnation à l'abjection et à la mort dans l'isolement, ainsi qu'elle l'avait été chez les Juifs, les Perses et autres nations.

En ce même temps nous voyons la religion du Christ tempérer par des secours hospitaliers l'horreur que les lépreux inspirent. Nous entendons les chrétiens appeler la lèpre *mal de saint Lazare*, parce qu'ils la regardaient comme étant la maladie qui avait causé la mort du frère de Marie et de Marthe, ressuscité par Jésus, et parce qu'ils confinaient ces malades aux chevaliers de l'ordre de ce même nom. En les entendant appeler aussi la lèpre *malandrie* et *ladrerie*, par comparaison à des maladies des chevaux et des porcs, nous comprenons combien elle est hideuse. Quand les historiens nous ramènent d'Orient avec les zélateurs de la croix, ils nous montrent la lèpre très-répandue en Europe. En nous bornant à jeter les yeux sur la France, nous voyons des mesures adoptées envers les lépreux qui ne font qu'accroître l'épouvante que ce nom nous inspire. Aussitôt qu'un cas de lèpre était signalé par les médecins, et c'était pour eux un devoir rigoureusement exigé de le faire connaître, le malade était condamné au séquestre par les juges et livré aux prêtres : ceux-ci venaient s'en emparer, revêtus de surplis, d'étoles, et précédés de la croix ; ils l'emmenaient à l'église en chantant les versets destinés aux enterrements ; arrivé devant l'autel, on lui ôtait ses habits, pour le recouvrir d'une robe noire, et il entendait la messe des morts entre deux tréteaux : on ne lui épargnait pas les aspersions d'eau bénite ; enfin, on le conduisait au lazaret, maison destinée à renfermer ces malheureux, ou, à défaut de cet établissement, on lui assignait pour demeure une cabane, dans un lieu isolé, avec défense d'entrer dans une église, dans un moulin, dans les lieux où on cuisait le pain ; de se laver les mains dans les fontaines et les ruisseaux ; on lui ordonnait de ne toucher aux denrées ou aux objets qui lui étaient nécessaires qu'avec une baguette ; il ne devait jamais quitter la robe qui servait à le désigner de loin, etc. Il est difficile, d'après ces notions, d'imaginer un sort plus affreux.

Avec les progrès de la civilisation, nous voyons la lèpre cesser en Europe, au point que les cas en sont devenus très-rares parmi nos contemporains, si ce n'est en quelques localités, où encore elle n'est plus appelée du même nom. Mais en Afrique, en Asie et en Amérique, on la retrouve encore. La civilisation seule peut l'extirper. L'horreur attachée à ce mal a survécu chez nous à sa disparition, et le mot *lèpre* aujourd'hui est l'emblème d'une cause de dégradation abjecte, dont l'action est lente, incessante et finalement destructrice.

Après toutes les observations que nos devanciers ont eu occasion de recueillir sur la lèpre, qui ne croirait que cette maladie est parfaitement connue ? Il n'est cependant rien : le vulgaire la considère comme une infirmité commune, et il appelle de ce nom toute maladie de peau largement développée et incorrigible, comme il appelle *catarrhe* toute toux opiniâtre et accompagnée de crachats abondants. Cette maladie est même pour la plupart des médecins un objet confus, parce que les descriptions qui ont été publiées par différents auteurs offrent] des nuances trop incohérentes pour former une figure arrêtée par le dessin et la couleur. En ces derniers temps on s'est cependant appliqué à établir des caractères propres à faire distinguer cette maladie.

Les premiers symptômes de la lèpre sont trop légers pour alarmer quiconque n'est pas assez familiarisé avec les maladies cutanées pour en prévoir le développement : ce sont des taches jaunes, rouges ou blanchies, qui apparaissent sur la surface du corps, et qu'on peut confondre avec d'autres affections. Ces changements sont accompagnés d'une diminution graduelle de la sensibilité sur le siège des taches, ainsi qu'aux pieds et aux mains ; la peau s'épaissit, prend assez souvent une teinte obscure ou noirâtre ; les traits de la face grossissent ; l'haleine contracte une odeur désagréable ; la voix s'altère ; les cheveux tombent et les sourcils se dégarnissent. Ces changements se succèdent avec lenteur, et quelquefois par une progression qui dure plusieurs années ; durant ce temps, on peut confondre la lèpre avec des dartres, et même avec des accidents syphilitiques. Au delà de ce stade, les taches se multiplient, s'agrandissent, se couvrent d'écailles ou de croûtes, la peau se dessèche, se raccornit et devient de plus en plus insensible. Tantôt les malades maigrissent considérablement, et semblent se dessécher ; tantôt le tissu cellulaire, au lieu de s'affaisser se tuméfie, s'engorge,

s'abcède, et devient le foyer de nombreux ulcères, surtout sur les lieux occupés par les taches ; le visage se couvre de tubercules, particulièrement sur le front, et prend une teinte d'un rouge violet ; le nez se gonfle ; la physionomie en général perd son modelé, et devient difforme. Des tubercules s'élèvent aussi sur d'autres parties du corps ; les membres deviennent souvent informes par leur gonflement, et les ongles tombent. Dans les dernières périodes, les malades ne peuvent plus se mouvoir qu'avec peine, ou se voient condamnés à une immobilité entière. Si le tact est émoussé ou aboli chez eux, ils n'éprouvent pas moins fréquemment des douleurs internes, qui sont très-vives. Quant à leur situation morale, on peut concevoir dans quel affreux désespoir ces malheureux doivent tomber s'ils ne deviennent pas abrutis. Cette lente destruction, si hideuse au dehors, s'étend au dedans ; les cavités du nez et la gorge s'ulcèrent, les viscères s'altèrent ; les os mêmes perdent leur solidité, et quelquefois les membres se détachent du tronc comme dans la gangrène, mort locale, avec laquelle la lèpre, dans ses résultats extrêmes, a de grands rapports. A tant de peines se joignent souvent une soif inextinguible et des désirs luxurieux qui sont indomptables. La mort met enfin un terme à cette horrible situation ; mais elle est un bienfait trop tardif, et il n'est pas étonnant de voir assez souvent des lépreux recourir au suicide.

Dans cette série d'accidents on reconnaît évidemment une dépravation de la fonction intra-capillaire, dont dépend la nutrition des organes. Les actes par lesquels la trame des organes se répare et s'entretient étant dénaturés, il doit en résulter des difformations variées et des cas plus ou moins considérables : la vaste étendue du tissu capillaire explique pourquoi la dégradation et la destruction de l'organisme s'opèrent si lentement ; les différences qu'on observe dans la répartition des divers tissus organiques révèlent aussi pourquoi le tableau de la lèpre est variable au point de présenter des états si opposés en apparence qu'on a pu croire à des différences réelles ; ainsi, les lépreux chez lesquels le système capillaire est peu développé présenteront une maigreur extrême, leur peau sera desséchée et squameuse ; ceux chez lesquels ce système prédomine présenteront un état contraire : tantôt leur face se tuméfierait ou se déformera au point d'offrir les gros traits qu'on remarque sur la physionomie d'un lion, circonstance assez commune, qui a fait appeler la lèpre *léontiase* ou *leontiasis* ; d'autres fois, ce seront les extrémités qui se gonfleront au point de devenir analogues à celles des éléphants, autre occurrence assez commune aussi, qui a fait appeler la lèpre *éléphantiase* ou *elephantiasis*. Ce sont ces noms, employés pour désigner des nuances aussi remarquables, qui ont obscurci les idées qu'on doit se faire de la lèpre.

Les causes principales qui pervertissent dans le système capillaire les actions par lesquelles la nutrition, l'inhalation et l'exhalation, etc., s'accomplissent, sont la malpropreté, l'usage habituel des substances butyreuses, huileuses et grasses pour l'alimentation ; l'exposition à l'air froid et humide, surtout pendant la nuit et après des journées brûlantes. Ces conditions, qui se rencontrent éminemment en Afrique, et notamment en Abyssinie, expliquent pourquoi la maladie qui nous occupe est endémique dans cette partie du monde. Les bienfaits de la civilisation dans la plus grande partie de l'Europe ayant fait cesser les causes d'insalubrité que nous avons indiquées, la lèpre n'y est plus qu'une affection très-rare ; toutefois, elle n'a point disparu de quelques contrées. Une maladie commune et endémique dans le royaume lombardo-vénitien, et qu'on nomme la *pellagre*, paraît être une nuance de la lèpre ; on trouve toujours des lépreux à Vitroles et à Martigues, en France ; le *mal des Asturies* en Espagne, le *radesyge* en Suède et en Norvège, sont encore des affections du même genre. A des circonstances locales qui entretiennent la lèpre dans ces contrées, on doit ajouter le mariage, qui perpétue le mal comme un héritage.

Le traitement de la lèpre serait déplacé dans cet ouvrage ;

nous n'aurions d'ailleurs que peu de documents vraiment utiles à consigner : la médecine, sous le rapport des moyens de guérir cette maladie, n'est guère plus avancée qu'au temps de Moïse. Dr Charbonnier.

Au temps de Moïse, la lèpre était arrivée à son plus haut degré de violence. Pour la prévenir ou pour en empêcher la communication, voici les mesures que prend le sage législateur des Juifs : tous les objets dans lesquels on supposait quelque principe malsain, les cadavres, les ossements, les pierres des tombeaux, et toute personne affligée d'une éruption soudaine à la peau, ou de quelque autre affection appréciable à l'œil, étaient impurs ou insalubres. Les personnes ou les choses qui se trouvaient en contact avec les objets dont nous venons de parler contractaient cette impureté, que les immersions dans l'eau faisaient disparaître. Mais il fallait de plus que l'individu s'abstint de communiquer avec autrui pendant un ou plusieurs jours. Lorsqu'un homme était soupçonné de la lèpre, on le conduisait devant les prêtres, qui l'examinaient avec soin. S'ils n'apercevaient aucun des symptômes indiqués par la loi, ils le renvoyaient. S'il restait quelque doute, on le tenait enfermé pendant sept jours; durant cet intervalle, les accidents venaient-ils à disparaître, ils le rendaient à la société, après lui avoir fait laver ses vêtements; si, au contraire, les symptômes continuaient, ils le déclaraient impur. Dès lors il était obligé d'habiter hors de la ville et du camp, dans le lieu réservé aux lépreux, et nommé pour cela *léproserie* ; et s'il lui arrivait de parcourir la cité, il était obligé de revêtir des habits qui indiquaient son état, et d'avertir de sa propre bouche ses concitoyens du mal cruel qui l'affligeait et dont ils devaient se garantir. J.-G. Chassagnol.

LÈPRE ou MEUNIER, maladie des plantes. *Voyez* Blanc (*Botanique*).

LEPRINCE DE BEAUMONT (Marie), née à Rouen, en 1711, d'une bonne famille bourgeoise, et sœur du peintre Jean Leprince, épousa à Lunéville, à l'âge de trente ans, un M. de Beaumont, dont elle fut trop heureuse de se séparer en 1745, grâce à un vice de forme dans son contrat de mariage. En 1748, elle fit paraître à Nancy son premier ouvrage, *Le Triomphe de la Vérité*, qui reçut quelques encouragements du roi Stanislas. Mme de Beaumont passa à cette époque en Angleterre, où elle s'occupa d'éducation pratique et surtout théorique, par la publication de nombreux *Magasins* très-propres à former l'esprit et le cœur des enfants, et dont le plus justement célèbre est le *Magasin des Enfants*. Après avoir passé dix-sept ans à Londres et fait imprimer près de soixante-dix volumes, elle quitta l'Angleterre pour jouir de la retraite et se consacrer à l'éducation de six enfants qu'elle avait eus d'un second mariage, contracté avec un Français établi à Londres, nommé Thomas Pichon. Madame de Beaumont mourut paisiblement, en 1780, âgée de près de soixante-dix ans, dans sa petite propriété de Chavanod, près d'Annecy, en Savoie. On a publié de son vivant ses *Œuvres mêlées*.

LEPSIUS (Charles-Richard), savant archéologue contemporain, est né en 1813, à Naumbourg sur la Saale. Venu à Paris pour y perfectionner ses études, l'Institut lui décernait en 1834 le prix Volney pour sa *Paléographie comme moyen d'étudier les langues* (Berlin, 1834). L'année suivante il adressait de Paris à l'Académie de Berlin une dissertation paléographique sur l'arrangement et l'affinité des alphabets sémitiques, indous, ancien persan, ancien égyptien et éthiopien, et il la fit suivre bientôt après d'une autre dissertation sur l'origine et l'affinité des noms de nombre dans les langues indo-germaniques, sémitiques et copte. En 1833 il se rendit en Italie pour y étudier ce que les bibliothèques contenaient de plus intéressant relativement à l'Égypte et à ses hiéroglyphes. A Rome, où il arriva en 1836, il se lia intimement avec le ministre prussien Bunsen. Sa *Lettre à M. Rosellini sur l'alphabet hiéroglyphique*, et ses autres dissertations sur le style architectural des Égyptiens ainsi que sur divers monuments de l'art égyptien, dissertations insérées dans le recueil de l'Institut archéologique, produisirent la plus vive sensation. Quelques années plus tard, le gouvernement prussien, sur la recommandation de M. de Humboldt, de M. Bunsen, du ministre Eichhorn et de l'Académie des Sciences, se décidait à faire les frais d'une expédition scientifique en Égypte dont Lepsius avait formé le plan, et qu'il fut chargé de mettre à exécution. Commencée à la fin de 1842, cette expédition dura un peu plus de trois ans, et au commencement de 1846 Lepsius était de retour à Berlin, où l'Académie des Sciences l'admit alors au nombre de ses membres. Depuis lors il continue à publier dans cette capitale, sous le titre de *Monuments de l'Égypte et de l'Éthiopie*, le grand ouvrage de luxe, et imprimé aux frais du roi de Prusse, qui contient les résultats scientifiques de cet important voyage. En 1853 il en avait déjà paru 41 livraisons, contenant 410 planches grand in-folio. On y remarque les savantes recherches de l'auteur sur l'époque la plus reculée de l'histoire d'Égypte, alors que ce pays était occupé par des peuples pasteurs (4,000 à 2,000 av. J.-C.); une dissertation dans laquelle l'Éthiopie se trouve pour la première fois étudiée à fond et scientifiquement, depuis la seconde cataracte du Nil jusqu'au fleuve Bleu et au Sennaar ; des observations sur la construction des pyramides; la détermination de l'emplacement du labyrinthe. C'est de l'expédition de Lepsius en Égypte que proviennent la plus grande partie des précieux objets d'antiquités égyptiennes qui ornent aujourd'hui le nouveau musée de Berlin.

LE PUY. *Voyez* Puy (Le).

LERIDA, province d'Espagne qui forme la partie occidentale de la Catalogne, et compte 198,000 habitants. Au nord et à l'est, elle est en partie couverte par les ramifications et les premières assises des Pyrénées ; mais au sud-ouest on y trouve des plaines considérables. Arrosée par le Sègre et ses affluents, la Noguera Pallaresa et la Noguera Ribagorzana, par le Llobregat et par de nombreux canaux, elle produit en abondance des céréales, du chanvre, du lin, de l'huile, du vin et toutes espèces de fruits et de légumes. Son chef-lieu, Lerida, vieille ville fortifiée, sur la rive droite du Sègre, dans une contrée magnifique, irrégulièrement construite, sur le versant d'une montagne que domine la citadelle, est le siége des autorités administratives et d'un évêque. Elle possède une cathédrale, trois églises paroissiales, un collège, de belles promenades, et 17,000 habitants. Diverses antiquités y rappellent encore aujourd'hui l'époque romaine, de même que le palais des anciens rois d'Aragon est un souvenir du moyen âge. En effet Lerida est l'*Ilercta sur le Sicoris* des anciens, la riche et forte cité des Ilergètes, dont les derniers princes, Mandonius et Inctibilis, furent vaincus par Scipion, l'an 206 av. J.-C. César s'en rendit maître et y battit, l'an 49 av. J.-C., les légats de Pompée, Afranius et Petreius. Sous la domination des Visigoths il s'y tint un concile, en l'an 524. En 713 les Arabes prirent Lerida, et la conservèrent jusqu'en 1117, époque où les chrétiens la reprirent à l'Almoravide Abdallah de Cordoue. Raimond d'Aragon, s'étant emparé de cette ville en 1149, en fit sa résidence de même que celle de l'évêque de Roda et de Balbastro. Les Français, qui s'étaient emparés de Lerida en 1642, l'assiégèrent inutilement en 1646 et 1647. En 1707 ils la prirent d'assaut, et la livrèrent au pillage. Le 13 mai 1810, après avoir subi un mois de siége, cette ville était forcée d'ouvrir ses portes au corps d'armée aux ordres du maréchal Suchet.

LERMA (François de Roxas de Sandoval, duc de) porta d'abord simplement le titre de marquis de DENIA ; attaché à la personne de l'infant don Philippe en qualité d'écuyer, quand ce prince monta sur le trône, en 1598, il fut nommé son premier ministre, et jouit jusqu'à sa mort d'une faveur et d'une puissance sans bornes. Il fut créé duc de Lerma à l'avénement de Philippe III, et plus tard cardinal ; son fils reçut le duché d'Uzeda et son petit fils le duché de Cea. Il se retira du ministère en 1618, et fut remplacé par son fils. Mais à la mort de son royal protecteur, il vit se déchaîner contre lui tous les ennemis qu'il s'était faits par ses exactions, son insolence et l'insolence, plus insupportable encore, de son secrétaire, Rodrigue Calderon; ses biens furent confisqués, son fils éloigné des affaires, et lui-même mourut de honte et de chagrin, en 1625. Lesage, dans *Gil Blas*, nous a laissé les portraits de ce ministre et de son secrétaire : celui du duc de Lerme est légèrement flatté.

LERMINIER (Jean-Louis-Eugène), ancien professeur au Collége de France, né à Paris, le 29 mars 1803, embrassa d'abord la profession d'avocat. Après d'heureux débuts au barreau de Paris, il abandonna, en 1826, la plaidoirie pour se vouer à l'enseignement. S'étant interrogé lui-même, il reconnut, dit-il quelque part, que *la nature et l'élan d'un esprit généralisateur l'entraînaient vers la science et l'étude des théories*. Afin de se préparer au professorat, il publia, en 1827, sous le titre suivant : *De Possessione analytica Savignianeæ Doctrinæ Expositio*, une thèse pour le doctorat, où il exposait les doctrines de M. de Savigny sur ce point capital des lois romaines. Les jurisconsultes accordèrent leurs suffrages à cet essai. En 1828, M. Lerminier se servit de son grade de docteur pour ouvrir un cours public, dont il consigna les résultats dans un livre intitulé : *Introduction générale à l'histoire du Droit* (Paris, 1829, in-8°). Après la révolution de 1830, il passa parmi les adeptes de Saint-Simon, et il continua de participer à la rédaction du *Globe*, devenu l'organe de la nouvelle doctrine. Une chaire avait été créée pour lui au Collége de France ; au mois d'avril 1831, il y commença l'enseignement de l'histoire générale et philosophique des législations comparées. Les principes de ce cours sont consignés dans un ouvrage intitulé *Philosophie du Droit*, qui parut en 1831, 2 vol. in-8°. Pendant huit ans il continua son cours avec un succès croissant. Sa tendance républicaine le faisait aimer de la jeunesse, avide d'entendre sa parole. Les *Lettres philosophiques écrites de Paris à un Berlinois*, publiées en 1833, in-8°, avaient déjà paru en grande partie dans la *Revue des Deux Mondes*, dont M. Lerminier était un des principaux collaborateurs. La même année il fit paraître un livre ayant pour titre : *Influence de la Philosophie du dix-huitième siècle sur la Législation et la sociabilité du dix-neuvième* (in-8°), livre dans lequel on trouve un sentiment profond de la liberté moderne, fondée sur l'intelligence et la pensée. En 1834 il publia le second volume de ses *Études d'Histoire et de Philosophie*, en tête duquel il mit un discours sur l'enseignement des législations comparées, où, de son aveu même, on peut rencontrer des études peu pratiques et d'une application rebelle. Bientôt après parut *Au delà du Rhin*, étude neuve et hardie sur les mouvements de l'esprit allemand.

Lancé dans le journalisme, il contribua à répandre des idées selon lui plutôt démocratiques que républicaines, distinction dont on ne sentit pas bien la finesse, quand l'arrivée de M. Thiers à la direction des affaires sembla rallier M. Lerminier à la monarchie de Juillet. « Le peuple ne doit songer aujourd'hui à détrôner personne, disait-il en 1835, mais à s'instruire et à s'éclairer lui-même. » L'avénement de M. Thiers l'amena à penser que le fait de la démocratie n'était pas le seul qui fût nécessaire à la société et, qu'il y avait d'autres éléments avec lesquels la cause démocratique devait, dans l'intérêt même de ses droits légitimes, chercher à conclure une intelligente alliance. Dans un article intitulé : *Du nouveau Ministère et de la Nation*, M. Lerminier écrivit qu'en se plaçant avec fermeté au centre gauche du pays et de la chambre, M. Thiers pourrait rendre un glorieux et durable service. L'année suivante, il applaudissait à la politique conciliatrice de MM. Molé et Montalivet. Cette conversion du professeur journaliste fut récompensée par le titre de maître des requêtes en service extraordinaire. Pour formuler plus nettement ses dissentiments avec le séparaient de l'opposition, il fit paraître une lettre *Sur la presse*, qui lui attira l'animadversion de toute la presse libérale, et il fut

loin de se réconcilier avec elle en publiant encore un fragment intitulé : *Des Théories et des Affaires*. Désormais la jeunesse lui était aliénée. Quand M. Lerminier voulut rouvrir son cours, le 2 décembre 1839, des trépignements, des cris, des coups de sifflet, le forcèrent au silence ; il dut abandonner cette chaire, où il a tenté vainement de remonter depuis. C'est alors qu'il publia une brochure intitulée : *Dix ans d'enseignement* (1839), dans laquelle il avoue qu'il se rallie complétement à la dynastie d'Orléans. En 1849 M. Lerminier fonda, sous le nom de *Tablettes européennes*, une revue qui, avec beaucoup de prétentions, eut peu de succès, et qui en tous cas ne répondait guère au sentiment qu'on pouvait avoir d'une œuvre à laquelle M. Lerminier prêtait son nom. L. Louvet.

LERMONTOFF (Michail Jurjewitsch), poète russe de l'école de Pouschkin, descendait d'une famille noble et considérée et était né en 1811. Entré de bonne heure dans les pages, il en sortit officier dans la garde impériale. Un poëme qu'il composa à l'occasion de la mort de Pouschkin déplut en haut lieu ; en conséquence il fut exclu de la garde, et envoyé au Caucase, où il passa les quatre dernières années de sa vie. Il mourut en duel, en 1841, âgé de trente ans à peine. Dans le grand monde où il vivait, on le regardait comme blasé, parce qu'il ne trouvait plus aucun charme dans les jouissances raffinées, qui d'abord avaient eu tant d'attraits à ses yeux. Sa volupté soudaine, c'était maintenant de chasser à travers les steppes monté sur un cheval fougueux, ou bien de donner le change dans les périls du champ de bataille à ce dégoût de la vie qui quelquefois l'accablait. Ce n'était ni de la gloire ni des distinctions qu'il recherchait dans les combats, mais seulement des émotions et des distractions. Son cœur s'emplit de la plus vive admiration pour la nature grandiose et sauvage des régions du Caucase ; aussi lui a-t-elle inspiré ses plus beaux vers, et jamais poëte ne l'a décrite avec autant de vérité et de vigueur que lui. Lermontoff a d'ailleurs de ces poëtes dans les œuvres desquels le moi joue un grand rôle ; alors même qu'il met en scène des personnages étrangers en qu'il traite des sujets sans aucun rapport avec son individualité, ce sont toujours ses propres pensées, ses propres sensations qu'il exprime. Parmi ses meilleures productions on cite : *Le Chant du czar Ivan Wassiliewitsch*, *Le Jeune Tscherkesse*, *Ismaïl-Bey*, etc. Son ouvrage en prose, *Le Héros de notre époque*, est un roman remarquable à tous égards et qui a eu de nombreux imitateurs. Une troisième édition de ses *Œuvres complètes* a paru à Saint-Pétersbourg en 1852.

LERNE (Hydre de). *Voyez* Hydre de Lerne.

LÉROT, animal du genre *loir*. Un peu plus petit que le loir de Buffon, le lérot (*myomis nitela*, Gm.) est en dessus d'un beau gris roux vineux. Les parties inférieures du corps et le bas des membres antérieurs sont d'un blanc jaunâtre. Le dessus de la tête est fauve isabelle ; une large bande noire, prenant en arrière du museau, passe sur l'œil, puis sous l'oreille, et se termine en arrière de celle-ci. La queue, d'abord d'un fauve roux, puis noire en dessus, est blanche aux parties inférieures et sur presque toute son extrémité, que de longs poils terminent. Telles sont du moins les couleurs des adultes, car les jeunes sont gris.

Le lérot est moins sauvage que le loir proprement dit. Il fixe sa retraite près des lieux habités, et fait de grands dégâts dans les vergers. Sa chair n'est pas bonne à manger.

LEROUX (Pierre), l'un des grands-pontifes de la nouvelle doctrine religieuse, philosophique et politique, désignée sous le nom de *socialisme*, est né à Rennes, en 1799, et, après avoir pendant quelques années suivi les classes du collége de sa ville natale, fut placé en apprentissage chez un imprimeur ; plus tard il vint à Paris travailler de son état. Toutefois, il finit par renoncer à la composition pour s'en tenir à la correction des épreuves, genre de travail moins lucratif, mais qui s'alliait mieux avec ses habitudes ainsi qu'avec la direction de ses idées. Il travaillait comme prote dans l'imprimerie où fut fondé, en 1824, par M. P. F.

Dubois, *Le Globe*, journal philosophique et littéraire, qui ne tarda pas à devenir l'organe de cette partie de l'opposition qu'on appelait les *doctrinaires*. M. Dubois avait été autrefois le condisciple de M. Pierre Leroux; après s'être longtemps perdus de vue, le hasard les rapprochait de nouveau. M. Dubois avait besoin d'un collaborateur actif, pour faire ce que, en termes du métier, l'on appelle *la cuisine* du journal; il jeta tout naturellement les yeux, pour remplir ces fonctions, sur le prote de son imprimeur, et M. Pierre Leroux eut ainsi l'honneur insigne de voir son nom, encore obscur et inconnu, accolé à celui des fondateurs d'une œuvre qui, grâce au savoir-faire du plus grand nombre, ne tarda pas à devenir le centre d'une petite église ayant ses officiants, ses acolytes, ses fidèles, et surtout ses thuriféraires. M. Pierre Leroux fut l'un des rédacteurs du *Globe* qui adoptèrent pour spécialité la discussion des matières philosophiques, discussion dans laquelle ils s'efforcèrent d'introduire et de populariser les idées allemandes et surtout la forme vague et nuageuse sous laquelle les docteurs d'outre-Rhin aiment à voiler leur pensée.

La révolution de 1830 une fois opérée, la rédaction du *Globe* se trouva toute disloquée : en effet, les rédacteurs s'étaient partagé les chaires de facultés, les ambassades, les bibliothèques, les préfectures, les places au conseil d'État ou de chefs de division dans les ministères. Ces messieurs étaient tous nantis. Le moyen dès lors de continuer à faire de l'opposition ! On décida donc tout d'une voix dans le cénacle que *Le Globe* serait vendu aux enchères, avec sa clientèle de mille à onze cents abonnés; et une petite coterie politico-philosophique qui s'agitait dans le vide et dans l'ombre depuis quelques années, celle des adeptes de la doctrine de *Saint-Simon*, s'en rendit adjudicataire.

M. Pierre Leroux d'embrasser alors avec ardeur les doctrines saint-simoniennes, et s'il ne devint pas tout au moins *cardinal* dans la hiérarchie nouvelle établie par MM. Bazard et Enfantin, qui se déclarèrent *papes*, c'est, suivant toute apparence, qu'il préférait encore le rôle odieux de dissident, de sectaire, à celui de dupe ou de flatteur de médiocrités aussi vaniteuses qu'ambitieuses. Avec M. Jean Reynaud, il prit la direction de la *Revue encyclopédique*, recueil mensuel fondé en 1819, dont ils s'efforcèrent alors de faire l'organe officiel, la tribune du *néo-saint-simonisme* (1832-1835), mais qui mourut d'inanition entre les mains de ses nouveaux éditeurs. En 1833 M. Pierre Leroux fonda encore, avec son collaborateur de la *Revue encyclopédique*, l'*Encyclopédie nouvelle*, recueil dont on se promettait un grand succès, à cause des images sur bois dont on *illustrait* les textes, qui devait contenir le dernier mot de la science humaine en toutes choses, et à l'aide duquel on ne se proposait rien moins que de révolutionner complétement le monde philosophique, religieux, littéraire et politique, pour le rééditer sur les bases du *néo-saint-simonisme*. Mais le public se montra rebelle à des enseignements présentés le plus souvent dans une langue qu'il ne comprenait pas, et qui, lorsqu'ils étaient intelligibles, consistaient dans la prédication des doctrines démocratiques les plus avancées, sans compter des attaques directes contre toutes les idées morales et religieuses généralement acceptées. Vainement on mit l'*Encyclopédie nouvelle* en commandite au capital de 500,000 fr. Cette somme une fois dévorée, il ne se rencontra plus d'actionnaires assez dévoués pour risquer une troisième épreuve. Il en résulta que l'ouvrage capital de MM. Pierre Leroux et Jean Reynaud resta au quart de sa route et attend encore aujourd'hui depuis plus de vingt ans le capitaliste généreux et dévoué qui le mènera à fin.

Les soins donnés par M. Pierre Leroux à cette entreprise n'absorbaient pas d'ailleurs tellement tous ses moments qu'il ne trouvât encore le temps d'enrichir de ses élucubrations philosophiques la *Revue des Deux Mondes*, à laquelle pendant tout le temps qu'elle affecta des tendances démocratiques, c'est-à-dire pendant les six ou sept premières années du règne de Louis-Philippe, il fut en possession de fournir le morceau de résistance à l'usage et à l'adresse des têtes fortes, des *penseurs*. L'*éclectisme* étant arrivé sous la monarchie de la branche cadette à être la religion philosophique de l'État, M. Pierre Leroux s'attaquait en toutes occasions à la philosophie éclectique en possession des chaires de facultés et surtout des traitements, assez *confortables*, qui y sont attachés. Ce rôle plaça naturellement M. P. Leroux au nombre des têtes fortes du parti qui s'efforçait de renverser le gouvernement de Juillet. Vint cependant l'instant où la *Revue des Deux Mondes* déserta avec armes et bagages le camp de la république et du socialisme et se convertit à l'optimisme ministériel. M. P. Leroux refusa de la suivre dans cette brusque évolution; bientôt même il se trouva des spéculateurs qui, avec l'appui de son nom et de celui de Georges Sand, essayèrent de créer, en concurrence à la *Revue des Deux Mondes*, un recueil propre à leur servir de levier pour remuer le monde des idées, et surtout celui des tripotages politiques et littéraires. Le *Revue indépendante* fut donc fondée ; mais après avoir dévoré plus de 100,000 fr. en une couple d'années, elle disparut de l'horizon, malgré les dissertations philosophiques de M. Leroux et les romans démocratiques par l'auteur d'*Indiana* dont elle régalait ses lecteurs dans chacun de ses numéros.

Quand éclata la révolution de 1848, M. P. Leroux était établi depuis près de deux années comme maître imprimeur à Boussac (Creuse), et consacrait son activité industrielle et littéraire à la fabrication et à la mise en circulation dans les campagnes du centre d'une foule de petits traités destinés à populariser ses idées *humanitaires*. Nous nous apercevons que nous n'en avons rien dit encore. On a pu nous croire distrait, et nous n'étions que prudent ! Bien habile en effet serait celui qui pourrait se flatter d'expliquer ce que veut ce *penseur*. De plus habiles que nous y ont depuis longtemps jeté leur langue *aux chiens*, comme eût dit Mᵐᵉ de Sévigné. Nous n'essayerons donc pas d'analyser un système dans lequel nous suffise de dire que la base du *système* de M. Leroux est la TRIADE. Qu'est-ce que la *triade*? Voici ce qu'il nous apprend lui-même à cet égard : « Tout être humain, pour
« être *libre*, *frère* et *égal*, doit être associé avec d'autres
« êtres humains conformes à ses *prédominances* et à ses at-
« traits légitimes. La base et la loi de l'amitié, c'est la *triade*.
« La *triade* est *organique* ou *naturelle*. La *triade natu-*
« *relle*, réalisant par *trois êtres humains* l'union de *trois*
« *prédominances* différentes, réalise la véritable loi morale.
« La *triade organique* est l'association de *trois êtres hu-*
« *mains* représentant chacun en prédominance l'une des
« *trois faces* de notre nature, l'une la sensation, l'autre le
« sentiment, la troisième la connaissance, dans une fonction
« sociale quelconque. » Est-ce clair ? Or, n'oubliez pas que l'illustre auteur a écrit huit ou dix gros volumes tout dans ce goût-là ! Voulez-vous de l'anacréontique ? Voici une définition de l'amour, oui, de l'amour, car les *penseurs* de la nouvelle école en font une prodigieuse consommation : ils ont l'amour du progrès, l'amour de la liberté, l'amour de l'égalité, l'amour de la fraternité, sans compter l'amour du bien d'autrui. Apprenez donc que ce que vous et moi nous appelons tout bêtement *amour*, « c'est l'idéalité de la réalité
« d'une partie de la totalité de l'être infini réuni à l'objection
« du moi et du non-moi, car le moi et le non-moi, c'est
« lui. » Et voilà !

Quand on a l'*ars triplex circa intellectum* nécessaire pour sonder les abîmes de tous ces amphigouris philosophiques et rechercher la pensée réelle qui se cache au fond de ces amalgames de mots huilant d'effroi à ne pas si étrangement accouplés, on ne trouve que les hallucinations d'un immense et injustifiable orgueil, que le sentiment d'une incurable médiocrité cherchant à se faire illusion à elle-même pour mieux tromper les autres. Dans sa *Voix du Peuple*, le *citoyen* Proudhon, démolissant avec une impitoyable logique le système humanitaire dont M. Pierre Leroux est l'inventeur, a traité sans façons ce grand réformateur de l'humanité d'*insigne charlatan* ; et beaucoup de gens sont de son avis.

M. Pierre Leroux, depuis longtemps l'une des notabilités du parti démocratique, ne pouvait manquer de voir en 1848 son nom sortir de l'urne électorale pour l'assemblée qui avait mission de donner à la France sa dixième ou onzième constitution. Mais s'il y arriva précédé d'un grand renom, il est, en revanche, peu d'exemples d'une chute aussi complète que celle qu'il y éprouva. La tribune fut pour ce grand citoyen une autre roche tarpéienne, et il n'y eut pas plus tôt paru que sa réputation tomba engloutie dans l'abîme sans fond au-dessus duquel cette tribune était élevée. Ce n'est pas que cet orateur n'ait fait preuve d'un certain courage, puisqu'il vint un jour y développer longuement un amendement ayant pour but de faire insérer dans le préambule de la constitution le fameux principe de la *triade*. Un immense éclat de rire accueillit sur tous les points du pays cette proposition sangrenue; ce qui n'empêcha pas M. P. Leroux de la reproduire encore à diverses reprises, et toujours au milieu des huées de l'assemblée. Un autre *dada* humanitaire de ce philosophe, c'est l'*émancipation politique et sociale* de la femme, qu'il voudrait voir assimilée en tout à l'homme : il essaya donc aussi à diverses reprises de faire prévaloir dans l'assemblée ces idées, qui ne lui appartiennent pas d'ailleurs en propre, renouvelées qu'elles sont du saintsimonisme, mais toujours présentées dans des discours où le vague de la parole répondait à l'incohérence de la pensée. On peut dire que dans toute sa carrière parlementaire il ne remporta qu'un seul triomphe oratoire. Ce fut le jour où, au milieu des ironiques acclamations de ses collègues, il fit décider que l'époux convaincu d'adultère serait privé à tout jamais de l'exercice de ses droits politiques. Le coup d'État du 2 décembre 1851 a rendu M. P. Leroux aux lettres et à la philosophie. Il habite aujourd'hui Jersey.

On a de lui une traduction du *Werther* de Gœthe, avec une étourdissante préface de G. Sand. Le merveilleux de ceci, c'est que M. Pierre Leroux n'a jamais su un mot d'allemand. Il n'y a que la littérature française pour offrir l'exemple de pareils tours de force.

LEROY (Drogue ou Médecine), l'un des purgatifs drastiques les plus violents. Il y a deux sortes de drogues Leroy : l'une, dite *purgatif de quatre degrés*, offre une composition analogue à celle de l'eau-de-vie allemande, sauf l'élévation dangereuse de la dose de jalap ; l'autre, dite *demi-purgatif*, a pour bases principales le séné et l'émétique, ce dernier entrant encore à dose beaucoup trop haute.

Sur la demande de l'autorité, l'Académie royale de Médecine déclara, en 1823, que la drogue Leroy devait être interdite dans l'intérêt de la santé publique. Le rapport de la commission de l'Académie a signalé plusieurs accidents d'empoisonnement produits par la drogue Leroy.

LE ROY D'ÉTIOLLES (Jean-Jacques-Joseph), né en 1798, est l'un des chirurgiens les plus habiles et les plus inventifs de nos jours. Il a pris la plus grande part à l'invention de la lithotritie. C'est lui qui imagina la pince à trois branches, dont on se servit jusqu'à l'invention de la pince à deux branches ou *litholabe*. En 1825 l'Académie des Sciences reconnut ses droits, et lui décerna une mention honorable pour avoir *imaginé* les instruments de lithotritie, les avoir fait exécuter et avoir fait connaître des perfectionnements essentiels, fruits de ses essais réitérés. En 1826 une récompense de 2,000 fr. lui fut accordée pour avoir publié en 1825 un ouvrage de lithotritie et avoir le premier fait connaître, en 1822, les instruments qu'il avait inventés. En 1828 l'Académie des Sciences déclare encore que l'idée première du procédé de l'*évidement* appartient à M. Le Roy d'Étiolles, déjà connu de l'Académie comme le premier inventeur des instruments lithotriteurs. En 1831, nouvelle récompense de 6,000 fr. à M. Le Roy d'Étiolles pour « l'application qu'il a faite à la lithotritie de la pince à trois branches, instrument jusque alors tellement essentiel, que sans lui la lithotritie ne se serait jamais élevée au degré de perfection qu'elle a atteint ». Au nombre de ses productions, M. Le Roy d'Étiolles compte une multitude de mémoires et de brochures, qui ne pêchent jamais par un excès de retenue. Il a publié pour la Société des Naufrages et *sur les noyés*, de même que sur la lithotripsie, contre M. Civiale ou contre M. Heurteloup et d'autres confrères, des écrits qui ont les ardentes saveurs du pamphlet. Son ouvrage, si original, *sur les angusties* (rétrécissement de l'urètre) est un livre presque aussi nouveau que le mot même d'angustie, qui pour la première fois en indique le sujet. Les lettres qu'il a fréquemment adressées soit à l'Institut, soit à d'autres Académies, sont d'une franchise singulière et quelquefois plus spirituelles que blessantes.   D' Isidore BOURDON.

LEROY DE SAINT-ARNAUD. *Voyez* Arnaud.

LESAGE (Alain-René), né le 8 mai 1668, à Sarzeau, dans la presqu'île de Rhuys, près de Vannes, était fils de Claude Lesage, notaire et greffier. Resté de bonne heure orphelin, et confié à la tutelle d'un oncle qui ne prit aucun soin de son patrimoine, le jeune Lesage fut envoyé chez les jésuites de Vannes, et y fit de brillantes études, encouragé et soutenu par l'amitié du père Bochard, directeur de cette maison. A sa sortie du collège, Lesage obtint une place dans les fermes; et ayant perdu cette place, on ignore pour quels motifs, il se rendit à Paris, en 1692, pour faire sa philosophie et chercher un nouvel emploi. Avec le double mérite de dehors agréables et d'un esprit orné, il devint bientôt un homme presqu'à la mode; et après quelques aventures galantes, il finit par épouser, le 28 septembre 1694, Élisabeth Huyart, fille d'un bourgeois de Paris. Lesage débuta dans la carrière des lettres en 1695, par une traduction des *Lettres galantes d'Aristénète*, entreprise d'après les conseils de son ami Danchet. Cet ouvrage insignifiant n'eut aucun succès. Cependant Lesage, fixé à Paris par son mariage, se faisait recevoir avocat au parlement, et trouvait dans l'abbé de Lyonne un protecteur et un ami, bien moins précieux par les légères faveurs qu'il lui fit obtenir que par la connaissance qu'il lui donna de la langue et de la littérature espagnoles : on peut dire que dès lors sa véritable vocation lui fut révélée. Ses premiers essais furent : *Le Traître puni*, comédie en cinq actes, imitation d'une pièce espagnole de F. de Roxas; *Don Félix de Mendoce*, tiré d'une pièce de Lopez de Vega, et une pièce en cinq actes, *Le Point d'Honneur*, jouée, toujours sans grand succès, d'abord au Théâtre-Français, le 3 février 1702, et plus tard, en 1725, au Théâtre-Italien, sous le titre de *L'Arbitre des Différends*, en trois actes seulement. Lesage publia dans l'intervalle de 1704 à 1706 *Les nouvelles Aventures de Don Quichotte*, traduction du froid ouvrage d'Avellaneda. Enfin, en 1707, parut *Le Diable boiteux*, dont *El Diablo cojuelo*, de Luis Velez de Guevara, lui fournit le titre et l'idée primitive. Déjà la critique de mœurs que contient ce joli ouvrage est si vive, si animée, le style en est si correct, les anecdotes sont contées avec tant d'esprit, que ce livre suffirait pour placer son auteur au premier rang des écrivains satiriques. Ce roman eut un succès prodigieux; deux gentilshommes s'en disputèrent le dernier exemplaire l'épée à la main. *Le Diable boiteux* eut tout de suite les honneurs du théâtre. Dancourt donna d'abord à la Comédie-Française une pièce sous le même titre, et ensuite *Le Second Chapitre du Diable boiteux*. Dix-neuf ans après la publication de ce roman, Lesage en fit paraître une deuxième édition, augmentée d'un volume, que la critique accusa à tort, selon nous, de faire tache dans l'ouvrage, et auquel il ajouta l'*Entretien des Cheminées de Madrid*.

Cette même année 1707, *César Urbin*, imité de Calderon au Théâtre-Français; mais la comédie en un acte de *Crispin rival de son maître* fut accueillie avec des transports d'enthousiasme. Après ces deux ouvrages de théâtre et la publication du *Diable boiteux*, qui leur est postérieure, Lesage s'occupa de *Turcaret*, dont la représentation éprouva mille difficultés. Il avait malheureusement divulgué le sujet de sa pièce, et s'était livré au plaisir de la faire applaudir dans quelques salons. Tous les financiers, effrayés, caba-

17.

lèrent contre lui. Lesage lutta longtemps avec désavantage contre des adversaires aussi puissants que rusés, et les força enfin à plier : on lui offrit cent mille francs pour retirer sa pièce, il refusa. Lesage montra partout la même droiture et la même indépendance de caractère. Un jour, il devait lire sa pièce chez la duchesse de Bouillon, et se trouva un peu retardé par un procès qu'il venait de perdre. La duchesse se plaignit avec aigreur d'avoir perdu deux heures : « Je vous ai fait perdre deux heures, répondit Lesage, rien n'est plus simple que de vous les faire regagner, je ne vous lirai pas ma pièce. » Et il s'en alla. *Turcaret* fut enfin représenté le 14 février 1709. Jamais la maltôte ne reçut un plus rude coup. La pièce pèche par l'action, sans doute; mais le défaut de mouvement semble avoir admirablement servi l'auteur, qui a eu toute carrière pour faire briller la finesse de son observation. Il a peut-être eu tort de rendre tous ses personnages si vils et si dégradés, mais on ne peut douter de leur ressemblance.

Il est à regretter que la mauvaise volonté des comédiens français ait fait renoncer Lesage à écrire pour notre grande scène. Le motif de cette rupture fut le retard de *La Tontine*, petite huette assez bien écrite et bien dialoguée, qui, quoique reçue en 1708, ne fut jouée qu'en 1732, sur le Théâtre-Français. Après *La Tontine*, Lesage corrigea le style de la traduction des *Mille et un Jours*, faite par François Petit de La Croix, son ami. Enfin, en 1715, parut *Gil Blas de Santillane*, qui mit le sceau à la gloire de l'auteur du *Diable boiteux*. On a prétendu que Lesage ne devait pas être considéré comme l'inventeur de l'auteur de son roman; on l'a accusé (et Voltaire fut un de ses détracteurs) de l'avoir tiré de l'espagnol. M. François de Neufchâteau a prouvé que rien dans la langue espagnole ne rappelait pour la forme et le fond le chef-d'œuvre de Lesage, qui est peut-être le chef-d'œuvre du genre. Nul n'a écrit avec plus de vérité, ni possédé à ce point la puissance de faire agir et parler ses personnages. Tout dans *Gil Blas* est vie, mouvement et couleur. « Si Molière, dit La Harpe, eût écrit un roman, c'est été *Gil Blas*. » C'est en relisant ce livre qu'on regrette que Lesage ait renoncé au Théâtre-Français. Il avait quitté notre première scène pour les tréteaux des foires de Saint-Laurent et de Saint-Germain. Il écrivit pour ces théâtres forains 101 opéras-comiques, prologues ou divertissements, le plus grand nombre en compagnie de Fuzelier, d'Orneval, d'Autreau, de Lafond, de Piron, de Fromaget... Ces pièces eurent toutes un grand succès, quoique le bon goût y soit souvent blessé; mais il ne faut pas oublier à quel parterre elles étaient destinées.

Lesage traduisit, en 1717, l'*Orlando inamorato*. L'auteur de *Gil Blas* s'était efforcé de rendre raisonnable l'œuvre de Bojardo, c'est-à-dire qu'il la défigura. En 1732 parut *Guzman d'Alfarache*, imité d'Aleman, et peu de temps après, *Les Aventures du chevalier Beauchêne*, qui ne sont point une fiction, mais une véritable histoire; et enfin *Le Bachelier de Salamanque*, la dernière et la plus faible des œuvres de Lesage.

Longtemps heureux dans son ménage, il jouissait d'un sort paisible, entouré des soins de ses quatre enfants. Il destinait l'aîné de ses trois fils au barreau; il se fit comédien, ainsi que le troisième, au grand désespoir de leur père. Le second obtint un canonicat à Boulogne-sur-Mer. Lesage finit par se raccommoder avec son aîné, qui avait pris le nom de *Montménil*, sous lequel il s'est fait une réputation qui est venue jusqu'à nous. Lesage ne le quitta point; et lorsque Montménil allait répéter ou remplir un rôle, le vieillard l'attendait dans un café, rue Saint-Jacques, où un nombreux auditoire l'accueillait avec autant de respect que d'empressement. Montménil mourut d'un mal subit, en 1743. Sa mort fut un coup de foudre pour son père, qui alla se fixer chez son fils le chanoine, à Boulogne-sur-Mer, et là, entre sa femme et sa fille, il s'éteignit doucement, le 17 novembre 1747. A. GENEVAY.

LESBIE. *Voyez* CATULLE.

LESBOS, île turque de la mer Égée, près de la côte d'Asie, d'une superficie de huit myriamètres carrés (appelée aussi aujourd'hui *Metelino* ou *Metelin*, et par les Turcs *Midilli*, d'après son ancienne capitale Mitylène), située à l'extrémité septentrionale de l'Archipel, compte environ 50,000 habitants, d'origine grecque pour la plupart. La tradition veut que ce nom de *Lesbos* lui vienne d'un fils de Lapithe qui, d'après les conseils de l'oracle, y conduisit une colonie appelée d'abord *Pelasgia*. Elle abondait en marbre et en pierres précieuses, en bois, en céréales, en vin, en huile, en olives et en figues; et ces objets constituent encore aujourd'hui ses principaux produits. Parmi les neuf florissantes villes qu'on y comptait jadis, les plus célèbres étaient Mitylène, Pyrrha, Méthymna, Arisba, Eressus et Antissa. Aujourd'hui on y compte environ 120 bourgs et villages.

D'abord monarchie sans importance, Lesbos finit par devenir une démocratie puissante, qui ne fit pas seulement des conquêtes sur le continent, dans l'ancien territoire de Troie, mais qui, en l'an 606 av. J.-C., résista aux Athéniens eux-mêmes. Elle passa ensuite sous la dépendance de Samos; puis, inquiétée sans cesse par les Perses, elle dut se reconnaître leur vassale jusqu'à l'an 479 av. J.-C., époque où la victoire de Mycale la mit en état de secouer le joug des Perses et de s'allier avec les Athéniens. Dans la guerre du Péloponèse, Lesbos abandonna plusieurs fois le parti d'Athènes, qui toujours réussit à la faire rentrer dans le devoir. Pour satisfaire une vengeance particulière, un des principaux habitants de Mitylène dénonça ses concitoyens comme ayant conclu une alliance avec Sparte; en conséquence de quoi les Athéniens entreprirent contre cette île une lutte qui eut pour résultats la démolition des remparts de Mitylène, l'enlèvement de ses vaisseaux et la mise à mort de plus de mille d'entre ses plus riches habitants. En outre, Lesbos, sauf le territoire de Méthymne, qui alors n'avait point encore pris les armes contre Athènes, fut divisée en 3,000 parts, dont 300 furent attribuées au service des dieux, et le reste partagé entre les citoyens d'Athènes, qui les donnèrent à ferme aux anciens propriétaires. Toutefois, les villes de Lesbos ne tardèrent pas à se relever.

Dès la plus haute antiquité les Lesbiens étaient en assez mauvais renom pour ce qui était des mœurs; en revanche, on vantait fort le haut degré d'instruction et de civilisation auquel ils étaient parvenus. L'école de musiciens de Lesbos était particulièrement célèbre. On en faisait remonter la fondation jusqu'aux traditions d'Orphée. On y remarque surtout Amphion de Méthymne, et Therpandre d'Antissa, de même qu'Alcée et Sapho occupent la première place parmi ses poètes lyriques. C'est aussi dans l'île de Lesbos que naquirent les sages et les philosophes Pittacus, Théophraste et Théophane, ainsi que l'historien Hellanicus. Des savants étrangers la prirent souvent aussi pour résidence, par exemple Épicure et Aristote, qui y fit pendant quelque temps des leçons publiques.

Vers le milieu du quatorzième siècle, les empereurs de Byzance cédèrent Lesbos à la famille génoise Gateluzo, qui s'empara en outre des îles d'Imbros, de Lemnos, de Samothrace et de Thasos. En 1462 Mahomet II enleva l'île de Lesbos au dernier duc qu'ait eu cette maison. Les Vénitiens remportèrent dans les eaux de Lesbos deux victoires navales contre les Turcs, l'une en 1690 et l'autre en 1698. Le 21 juin 1821, les Grecs y mirent en déroute la flotte du capitan-pacha.

Le chef-lieu de l'île est aujourd'hui *Castro*, ville de 10,000 habitants, avec deux ports et deux châteaux forts, d'importants chantiers de construction et un commerce assez considérable.

LESCOT (PIERRE), architecte célèbre, naquit à Paris, de parents riches. Il tenait de fort près à la famille d'Alissy, considérable dans la noblesse de robe. Abbé commendataire de Clagny- et chanoine de l'église de Paris, il était de la *truelle crostée*, selon les termes du poète Ronsard. Les rois François Ier, Henri II, François II, Charles IX, admirent Lescot en leur conseil. Les œuvres qu'on lui attribue sont la fontaine des Innocents et cette portion du Louvre qui fait l'angle à partir de la porte donnant sur le quai jusqu'au pavillon de l'Horloge. Félibien croit qu'il prit part à d'autres travaux exécutés sous François 1er; mais il n'indique que Fontainebleau. Ce que nous connaissons des monuments de Pierre Lescot suffit pour sa gloire. Il mourut à Paris, en 1571.

LESCURE (Louis-Marie, marquis de), naquit en Poitou, le 13 octobre 1766. Destiné à la carrière des armes, on le fit entrer à treize ans à l'École Militaire. Trois ans après il quitta cette école, et eut bientôt à ressentir toutes les inquiétudes qui marchent à la suite d'une fortune obérée : son père mourut laissant quatre-vingt mille livres de rente, mais sur lesquelles il fallait payer huit cent mille francs de dettes. Au bout de quelques années ces dernières étaient presque toutes éteintes. A vingt-cinq ans, il épousa sa cousine Mlle Donnissan, devenue depuis Mme de La Rochejaquelein. Lors des premiers troubles de 1789, la conviction de Lescure, qui venait d'obtenir une compagnie dans le royal-Piémont, le poussait à émigrer; mais il revint bientôt à Paris, et la reine lui commanda de ne plus quitter la France. Au 10 août, il aurait été massacré sans la présence d'esprit et le sang-froid qu'il déploya. De retour avec sa femme dans le Poitou, il fut d'abord emprisonné ; les Vendéens, par suite de leur première victoire, le délivrèrent. Il fut bientôt revêtu d'un commandement, et compta sous ses ordres jusqu'à vingt-cinq mille hommes.

Dans cette guerre, que Napoléon appelait la *guerre des géants*, il déploya les nombreuses qualités qui lui étaient propres : une valeur à toute épreuve, une douceur et une humanité qui ne se démentirent jamais. Un soldat républicain le visa un jour à bout portant; il écarta l'arme, et dit : *Qu'on emmène cet homme!* Les malades, les blessés, il les faisait traiter comme s'ils eussent servi sous son propre drapeau. Le combat terminé, il avait horreur du sang. Plus d'une fois il se déclara le protecteur d'hommes hostiles à ses opinions, que les hasards de la guerre avaient fait tomber dans ses mains; il ne les regardait plus alors que comme des frères : aussi l'avait-on surnommé *le saint de Poitou*. Il se signala à la prise de Thouars : on le vit traverser *seul*, à deux reprises, un pont sur lequel il voulait que ses soldats le suivissent; ses habits furent criblés de balles. A Fontenai, il se précipite encore *seul* sur une batterie de six pièces : son éperon gauche est emporté, sa botte droite déchirée, mais il ne reçoit aucune blessure; il combat enfin à Saumur comme un véritable grenadier. Au courage le plus intrépide il joignait le mérite, plus rare, de combiner des plans qu'il exécutait avec sang-froid et audace. Son coup d'œil était prompt, sûr et étendu; mais avait-il conseillé une attaque, il savait s'y précipiter le premier. Lescure fut atteint au combat de la Tremblaie d'une balle à la tête : il tomba de cheval, pour être traîné sur un brancard à la suite de l'armée. En proie aux douleurs les plus vives, il dut repasser la Loire avec les siens, et rendit le dernier soupir près de Fougères, le 3 novembre 1793, à vingt-sept ans, laissant une femme enceinte.   Saint-Prosper.

LESCZINSKI. *Voyez* Leszczinski.

LESDIGUIÈRES (François de Bonne, duc de), pair, maréchal et connétable de France, né à Saint-Bonnet, dans le haut Dauphiné, en 1543. Sa famille était une des plus anciennes de la noblesse dauphinoise. « Ce connétable, dit Brantôme, à son commencement s'adonna aux lettres, et s'il eût continué, il y eût été aussi grand homme comme il fut sur la fin homme de guerre. » Destiné à la magistrature par ses parents, il étudia le droit, et fut même reçu avocat au parlement de Grenoble ; mais il se dégoûta bientôt de cette profession, et s'enrôla en 1562 comme simple archer dans une compagnie. Il avait dès son jeune âge embrassé la religion réformée. Ses talents militaires l'élevèrent bientôt aux premiers rangs dans l'armée protestante, dont il devint le généralissime en 1575. Henri IV, parvenu au trône de France, nomma Lesdiguières lieutenant général de ses armées de Piémont, de Savoie et de Dauphiné. Lesdiguières envoya demander au roi le gouvernement de Grenoble. C'était en 1591 : Henri n'était pas encore maître de Paris ni d'autres grandes villes. La Ligue était encore très-puissante. La demande de Lesdiguières fut accueillie avec des murmures par quelques courtisans : le roi hésitait. « Sire, lui dit Biron, donnez-lui le gouvernement de Grenoble à Paris, s'il peut les prendre. » Le roi n'hésita plus. Grenoble fut prise; et Saint-Julien, secrétaire de Lesdiguières, arriva à la cour pour faire expédier les brevets du gouvernement promis. Les officiers catholiques se récrièrent encore contre *les prétentions exorbitantes d'un huguenot*. Henri IV n'osait pas les contredire. Saint-Julien sortit, et rentra un instant après. « Messieurs , dit-il , votre réponse imprévue m'a fait oublier un mot. C'est que, puisque vous ne trouvez pas bon de donner à mon maître le gouvernement de Grenoble, vous advisiez aux moyens de le lui ôter. » Cette réponse hardie décida la question : le gouvernement fut accordé sans nulle autre difficulté. Une victoire éclatante, remportée près d'Avalon contre l'armée du duc de Savoie, vint ajouter un nouveau lustre à la haute réputation de Lesdiguières. En 1597, le même duc de Savoie faisait bâtir un fort à Barreaux, sur le territoire de France, et en présence d'une armée française, et cette armée était commandée par Lesdiguières. Le roi de Savoie faisait le général ne fit aucun mouvement pour s'opposer à cette insolente entreprise : la cour même s'en émut. Le roi s'en plaignit : « Sire, lui dit avec calme le général, votre majesté a besoin d'une bonne fortification pour tenir en bride la garnison de Montmeillan. Puisque le duc de Savoie en veut faire la dépense, il faut le laisser faire, et dès qu'il ne manquera ni canons ni munitions, je me charge de la prendre sans aucun secours d'argent. » Il tint parole : il reçut en 1608 le bâton de maréchal.

Après la mort de Henri, il servit le fils avec le même dévouement qu'il avait servi le père. Il accompagna Louis XIII aux sièges de Saint-Jean-d'Angély, de Montauban et d'autres places. Il s'exposait en soldat : « Il y a soixante ans, disait-il à ceux qui s'étonnaient de son intrépidité, que les mousquetaires et moi nous nous connaissons; ne vous en mettez pas en peine. » Le nom de Lesdiguières se rattache à tous les principaux faits de cette époque, où chaque jour marquait par de nouveaux combats. Lesdiguières avait d'incontestables droits à la première dignité militaire; sa croyance religieuse était le seul obstacle à sa promotion à la charge de connétable : il abjura en 1612, dans l'église de Saint-André de Grenoble. En sortant de l'église, le maréchal de Créqui, son gendre, lui présenta l'ordonnance royale qui le nommait connétable. La reine Élisabeth d'Angleterre faisait le plus grand cas de ce guerrier. « S'il y avait deux Lesdiguières en France, disait-elle, j'en demanderais un. »

La vie du connétable avait été plusieurs fois exposée au fer des assassins. Guillaume Avanson, archevêque d'Embrun, ligueur fanatique jusqu'à la férocité, avait déterminé Platel, domestique de Lesdiguières, à assassiner son maître. Lesdiguières, averti du péril qui le menaçait, ordonna à celui-ci de s'armer d'une épée , puis s'arma lui-même, et lui dit : « Puisque tu as projeté de me tuer, essaye maintenant : ne perds point par une lâcheté la réputation de valeur que tu as acquise. » Platel jeta son arme, tomba aux pieds de son maître, obtint son pardon, et continua à le servir avec une constante fidélité. On blâmait cet acte de générosité : « Ce valet, disait Lesdiguières, a été retenu par l'horreur du crime, il le sera encore plus par la grandeur du bienfait. »

Lesdiguières mourut les armes à la main, en Dauphiné, le 28 décembre 1626, âgé de quatre-vingt-quatre ans. Il avait été marié deux fois ; mais il n'eut qu'un seul fils, qui mourut à l'âge de sept ans ; sa fille épousa le maréchal Charles de Créqui. Le connétable demeurait dans le quartier Saint-

Antoine : l'hôtel qu'il avait acheté de l'aventurier Zamet a donné son nom à la rue où il était situé. Un des pavillons du Louvre sur la Seine porte le nom de Lesdiguières.

DUFEY (de l'Yonne).

LESDIGUIÈRES (FRANÇOIS DE BONNE DE CRÉQUI, duc de). *Voyez* CRÉQUI.

LÈSE (BENOZZO DI). *Voyez* GOZZOLI.

LÈSE-MAJESTÉ. On distinguait deux sortes de crimes connus sous cette dénomination : 1° le crime de *lèse-majesté divine*, qui embrassait l'apostasie, le sacrilége, l'hérésie, etc.; 2° le crime de *lèse-majesté humaine*, c'est-à-dire tout attentat commis contre le souverain ou contre l'État. On distinguait encore plusieurs *chefs* ou *degrés* dans le crime de lèse-majesté. Le crime de lèse-majesté au premier chef était toute espèce d'attentat contre la personne du souverain ou contre celle des enfants de France ; les conspirations ou entreprises contre l'État étaient rangées au même degré. La désertion, la rébellion, etc., étaient des crimes de lèse-majesté au seccond chef. Le péculat, la concussion, les malversations, étaient d'un degré inférieur. Chez les Romains, les criminels de lèse-majesté au premier chef étaient condamnés à être dévorés par les bêtes féroces ou à être brûlés vifs. En France, la peine de ce crime était d'être tenaillé vif avec des tenailles rouges, et d'être tiré à quatre chevaux. Pierre Barrière, Jean Châtel, Ravaillac, Damiens, ont subi ces affreux supplices. Les lois de 1791 abolirent la dénomination de crime de lèse-majesté. Le Code Pénal de 1810 avait appelé crime de lèse-majesté l'attentat contre la vie ou la personne du souverain ; mais depuis la révision de ce Code, en 1832, cette expression a disparu de notre législation.

Montesquieu cite plusieurs exemples de l'abus qu'on a fait dans tous les temps et dans tous les pays des définitions vagues du crime de lèse-majesté. Une loi d'Angleterre, passée sous Henri VIII, déclarait coupable de lèse-majesté tous ceux qui prédiraient la mort du roi : aussi dans la dernière maladie de ce roi, les médecins n'osèrent dire qu'il fût en danger, et le laissèrent mourir. Denys de Syracuse fit mourir un homme pour avoir rêvé qu'il lui coupait la gorge, disant qu'il n'y aurait pas songé la nuit s'il n'y eût pensé le jour. « Les paroles, dit Montesquieu, ont été souvent punies comme crime de lèse-majesté au premier chef ; cependant, elles ne deviennent des crimes que lorsqu'elles préparent, qu'elles accompagnent, ou qu'elles suivent une action criminelle. On renverse tout si l'on fait des paroles un crime capital au lieu de les regarder seulement comme le signe d'un crime capital. »

A. GASTAMBIDE.

LESGHIENS, LESGHIS ou DIDOS, peuple du Caucase, qui, divisé en tribus nombreuses, habite la plus grande partie du Daghestan, pays qu'ont mieux fait connaître les guerres dont il a été dans ces derniers temps le théâtre entre ses populations et les Russes. Les Lesghiens sont les habitants aborigènes de ce pays de montagnes pelées, déchirées en tous sens par d'effroyables abîmes et par de profondes fondrières, et au sol assez généralement ingrat. Exposés de tous temps aux horreurs de la guerre, ils se sont retirés dans de grands villages (*aoule*) qui comptent parfois plusieurs milliers d'habitants. D'ordinaire ces villages sont construits dans des localités d'un accès difficile, de manière à pouvoir être promptement transformés en autant de forteresses. Grâce au courage sauvage et à l'habileté des Lesghiens dans le maniement des armes, les Russes ont dû toujours payer par les sacrifices les plus sanglants les moindres progrès qu'ils ont pu faire dans leur pays. Parmi les peuples tribus ou seigneuries dont se compose la nation lesghienne, les plus importantes sont le khanat d'Avarie (ces Avares lesghiens n'ont aucun rapport avec les Avares de la grande migration des peuples), avec sa capitale *Chunsach*, aujourd'hui en ruines ; la confédération de Dargo ; le haut et le bas Karakaïtah ; le khanat de Kasykoumik, avec une population des plus industrieuses.

On estime d'ordinaire le nombre total des Lesghiens à 400,000 âmes, dont il n'y a guère que 72,000 qui dépendent en réalité de la Russie. Quoique le christianisme ait été à diverses reprises introduit dans le Daghestan, il n'a laissé que de bien faibles traces parmi les Lesghiens. La religion dominante du pays est l'islamisme, auquel Chamyl a donné une forme nouvelle. Il se peut qu'à l'origine tous les Lesghiens n'aient parlé qu'une seule et même langue ; mais par suite des fractionnements qui se sont opérés dans la nation et des isolements qui en ont été la conséquence, elle s'est divisée en de nombreux dialectes, qui avec le temps sont arrivés à former autant de langues bien distinctes. Les *Koubatschi* qui habitent au milieu des Lesghiens parlent une langue différant tout à fait par ses racines et par ses formes grammaticales de celle des Lesghiens. Les Koubatschi s'appellent eux-mêmes *Frengis*, et prétendent provenir d'Europe. Ils jouissent d'une grande réputation parmi les montagnards, à cause de leur habileté à fabriquer des armes.

LESGHIS. *Voyez* LESGHIENS.

LÉSINERIE. Ce mot n'est pas tout à fait synonyme d'*avarice*. Le premier implique un côté ridicule, au second s'attache un sens odieux. Il peut arriver que l'avare croie de son intérêt de se montrer prodigue pour un jour. Une fois son parti pris, il fait les choses aussi largement que possible, mais en se réservant bien de *lésiner* sur les détails, dans l'espoir de rattraper ainsi une partie de sa dépense. Dans ce cas c'est encore un vice du cœur. Elle n'est plus qu'un défaut de l'esprit lorsqu'elle provient uniquement de la sotte vanité de l'homme dont la fortune est médiocre et qui, pour singer le riche, affecte les dehors de l'opulence. La lésinerie, il faut le dire, est le vice ordinaire des parvenus, des enrichis de la veille. Ce vice est beaucoup plus rare chez ce que l'on appelle l'homme *né*, parce que l'orgueil domine sans rival dans son cœur. Il se ruinera noblement dix fois plutôt que de *lésiner* une.

LÉSION (*Médecine*). Ce mot sert à désigner l'ensemble des altérations dont l'organisme est passible : sous plusieurs rapports, il est analogue, pour les médecins, au mot *affection* ; mais son acception est restreinte aux accidents morbides sans en spécifier aucun, comme les mots *blessure*, *fracture*, *luxation*, etc. Le sujet dont nous nous occupons comprend la liste des maladies qui peuvent affliger l'espèce humaine ; en les partage en deux séries : les unes, dites *lésions vitales*, sont toutes les perversions des propriétés élémentaires de la vie, dont les conditions immatérielles échappent à nos sens, et qu'on ne peut mesurer que par le mouvement et le sentiment ; elles composent le domaine de la pathologie interne, ou médecine. Les autres, dites *lésions organiques*, comprennent toutes les anomalies qui surviennent dans les conditions matérielles des organes, comme la forme, la couleur, etc. ; celles-ci sont les objets de la chirurgie et de l'anatomie pathologique. Ces deux divisions sont rationnellement inséparables, parce qu'elles se confondent, comme les points d'un cercle, et on doit les admettre comme moyen d'étude seulement.

D' CHARBONNIER.

On appelle *congéniales* les lésions qui datent de la naissance, qu'elles aient été transmises héréditairement par les parents, ou qu'elles se soient développées spontanément chez le fœtus pendant la vie intra-utérine.

LÉSION (*Droit*), dommage souffert par suite d'une convention. Il faut que la lésion soit appréciable, c'est-à-dire que le dommage ait une certaine importance dans chaque espèce de contrat déterminée par la loi, pour que la partie qui l'a subie soit admise à demander la rescision de l'acte. Il n'y a qu'en faveur des seuls mineurs que ce principe souffre exception et que la simple lésion, pourvu qu'elle soit évidente, quelles que soient ses proportions, peut autoriser la rescision du contrat.

Pour tous autres il ne peut y avoir de lésion que dans certains contrats seulement, tels que contrats de vente, actes de partage et acceptations de succession.

Quant aux contrats d'échange et aux transactions, la lésion qu'on y peut éprouver ne saurait être appréciée, parce qu'on manquerait de bases certaines pour établir entre les choses objet du contrat une relation absolue de valeur, et qu'il eût été trop dangereux de permettre aux parties de revenir sur leur première appréciation.

Dans les actes de partage, il ne peut y avoir de lésion qu'au sujet des meubles et des immeubles seuls susceptibles d'une appréciation variable, et il faut pour l'établir que celui qui a souffert préjudice prouve qu'il a été privé de plus du quart de ce qui devait lui revenir.

Dans la vente l'action en rescision pour cause de lésion est autrement restreinte; elle n'a lieu qu'à l'égard des ventes d'objets immobiliers, pourvu qu'elles n'aient pas été faites en justice, publiquement et aux enchères; elle n'a pas lieu en faveur de l'acquéreur qui a acheté librement; enfin, il faut que le vendeur ait été lésé de plus des sept douzièmes dans le prix de l'immeuble par lui vendu.

LESLIE (Sir JOHN), célèbre physicien anglais, né à Largo, en Écosse, dans le comté de Fife, le 16 avril 1766, excita dès l'âge de onze ans, par les rares dispositions qu'il annonçait déjà pour la géométrie, l'attention du professeur John Robinson; circonstance qui, jointe aux secours que leur valut la protection du comte de Kinnoul, engagea ses parents à le faire étudier à l'université de Saint-Andrews; il se rendit à Édimbourg, où il acheva le cours ordinaire des études, et de là à Londres, où il s'occupa de travaux littéraires, et où, entre autres ouvrages importants, il entreprit pour des libraires une traduction de l'*Histoire naturelle des Oiseaux* de Buffon (9 vol., Londres, 1793). Quelque temps après, il accompagna en Amérique un membre de la famille Randolph. A son retour en Angleterre, il parcourut, avec Ch. Wedgewood, diverses parties du continent. On manque de renseignements précis sur l'époque où il commença à s'occuper plus spécialement de la science où il devait se faire un nom. Ce qui a le plus contribué à l'illustrer et à le populariser, c'est l'invention du thermomètre différentiel, qui a pour but d'indiquer les moindres variations de la température, avec celles de l'hygromètre, du photomètre, et enfin son procédé pour congeler artificiellement de l'eau à l'aide de la machine pneumatique, procédé dont l'industrie s'empara tout aussitôt pour répandre l'usage de la glace dans les pays chauds. Nommé, en 1804, professeur de mathématiques à l'université d'Édimbourg, il succéda, en 1819, à Playfair dans sa chaire d'histoire naturelle, et mourut le 10 décembre 1832. Il était membre correspondant de l'Institut. La *Revue d'Édimbourg* et l'*Encyclopédie britannique* contiennent de lui un grand nombre d'articles. On a aussi de lui: *Recherche expérimentale sur la nature et la propagation de la chaleur* (1804, in-8°), où il développe les lois du rayonnement de la chaleur; *Cours de Mathématiques* (1809); *De la Philosophie naturelle* (1 vol., 1823), et *Discours sur les progrès des sciences physiques et mathématiques pendant le dix-huitième siècle*, etc. BELFIELD-LEFÈVRE.

LESPARRE. *Voyez* GIRONDE (Département de la).

L'ESPINASSE (CLAIRE-FRANÇOISE, et, suivant d'autres biographes, JULIE-JEANNE-ÉLÉONORE DE) naquit en 1732. Elle était fille d'une femme d'un grand nom, qui vivait séparée de son mari. Jusqu'à l'âge de quinze ans, elle ignora le secret de sa naissance : sa mère ne le lui apprit qu'à son lit de mort. Entourée, jusqu'à cette fâcheuse révélation, faite à de si tristes moments, des soins les plus aimants et des caresses les plus tendres, avouée publiquement pour sa fille, élevée dans le grand monde, Mlle de L'Espinasse se trouva à cet âge privée de toute affection, n'ayant pour ressource qu'une excellente éducation et une chétive pension, seul débris de la fortune qui lui avait été léguée, et dont un abus de confiance la priva. Elle se retira d'abord dans un couvent, puis, sur les instances de l'époux de sa mère, elle entra chez lui en qualité de gouvernante de ses enfants. Abreuvée d'humiliations, elle y commença l'apprentissage du malheur, qui pesa sur toute sa vie. Mme Du Deffant la vit dans cette maison, s'intéressa vivement à son sort, et, lui trouvant des sentiments et des manières au-dessus de sa position, elle l'attira chez elle, et lui offrit généreusement son amitié. Mlle de L'Espinasse, par les grâces de son esprit, se vit bientôt recherchée de la société nombreuse et choisie qui affluait dans le salon de l'amie d'Horace Walpoole. Aussi, quand elle se brouilla avec Mme Du Deffant, un grand nombre des visiteurs se rangèrent-ils de son côté, et sa retraite devint le rendez-vous des gens d'esprit. On n'a jamais su à quoi attribuer cette rupture; mais les torts, à en juger par l'irritabilité du caractère, devaient être du côté de Mme Du Deffant. Quoi qu'il en soit, Mlle de L'Espinasse ne parla jamais qu'en termes fort reconnaissants de sa bienfaitrice devenue son ennemie, et Mme Du Deffant fut loin d'imiter la modération de son ancienne protégée.

D'Alembert avait été, chez Mme Du Deffant, l'un des admirateurs déclarés de Mlle de L'Espinasse : il avait été séduit, comme tant d'autres, par sa spirituelle conversation et la bonté de son cœur, et, de plus que les autres, il se sentait attiré vers elle par la conformité de sa naissance. Il la suivit, et se fixa près d'elle pour toujours. Cette amitié tendre de D'Alembert se changea bientôt en un profond amour, qu'il aurait toujours cru partagé si, en mourant, Mlle de L'Espinasse ne lui eût avoué ses torts et ne lui eût donné la clef de sa conduite envers lui pendant les huit dernières années de leur liaison. Ce silence si longtemps gardé, et que l'approche de la mort rompit seule, fut la cause pour l'un et pour l'autre de tristes mécomptes et de malheurs cachés. D'Alembert lui pardonna néanmoins : il sut trouver encore après cette dernière et douloureuse explication des paroles tendres et passionnées pour louer sa mémoire; mais cette découverte le frappa au cœur. Rien de plus touchant que ses deux discours aux mânes de Mlle de L'Espinasse. Le rival préféré à D'Alembert était un jeune gentilhomme espagnol, le comte de Mora, fils de M. de Fuentes, ambassadeur d'Espagne. Il mourut à Bordeaux, en 1774, deux ans après s'être séparé de Mlle de L'Espinasse, à qui il avait fait la promesse d'un mariage à son retour. Jusqu'en 1811 on avait attribué la mort de Mlle de L'Espinasse à la perte de son amant; mais la publication faite à cette époque de ses *Lettres écrites depuis l'année 1773 jusqu'à l'année 1776* nous a complétement désabusés. Au comte de Mora, et même de son vivant, avait succédé le comte H. de Guibert. Comment justifier l'amour de Mlle de L'Espinasse pour un pareil homme pendant l'absence et après la mort du comte de Mora? C'est là une de ces énigmes du cœur qu'il est difficile de pénétrer. Faut-il l'expliquer par la coquetterie, par la légèreté? Non, le caractère bien connu de Mlle de L'Espinasse repousse de telles suppositions. Il faut s'en prendre à sa nature tout exceptionnelle, à son âme ardente, toujours en haleine, toujours tourmentée du besoin d'aimer. Sa vie et sa conduite étranges sont tout entières dans ce cri qui lui échappe : « J'aime pour vivre, et je vis pour aimer. » Comment ne pas reconnaître là cette sensibilité nerveuse dont parle Marmontel, qui consumait Mlle de L'Espinasse et détruisait sa *faible machine?* Pour comprendre sa conduite, il faut lire ses lettres toutes brûlantes d'amour et de regrets : on sent que c'est une part, que ce sont des désirs à part, et des mœurs qui sortent de la ligne ordinaire; l'expression manque pour les caractériser. Mlle de L'Espinasse mourut le 26 mai 1776, vivement regrettée de ses nombreux amis, et surtout de D'Alembert, qui la pleurait en l'accusant. Ses lettres seraient pour le monde un modèle de style, quand bien même on n'y verrait pas comme nous l'exemple d'un de ces rares mystères du cœur qui confondent toutes les lois et les idées reçues. JONCIÈRES.

LESSER (CREUZÉ DE). *Voyez* CREUZÉ DE LESSER.

LESSING (GOTTHOLD-EPHRAÏM), l'un des plus grands écrivains de l'Allemagne, naquit à Kamenz (Saxe), le 22 janvier 1729, et mourut le 15 février 1781. Son père était un pauvre pasteur, chargé d'une nombreuse famille. Il avait

LESSING

à un haut degré le sentiment du devoir, et il s'imposa de longues et amères privations pour élever ses enfants d'une manière convenable ; mais les goûts studieux et les talents précoces d'Éphraim durent l'encourager dans ses efforts. Son père l'envoya à l'école de Meissen, qui jouissait alors d'une grande réputation, et de Meissen il entra à l'université de Leipzig. Ses parents désiraient qu'il étudiât la théologie ; mais cette science n'avait pour lui aucun attrait, il y renonça. Ses goûts littéraires commençaient à se développer : la poésie et le théâtre exerçaient sur lui une forte attraction. Il n'essaya pas de la combattre. Il s'abandonna à son penchant, et quitta peu à peu les livres religieux pour les répertoires dramatiques et les leçons de ses maîtres pour une société d'auteurs.

Une fois engagé dans cette nouvelle voie, il s'y jeta avec enivrement. Il oublia les devoirs auxquels il était naguère encore si scrupuleusement attaché, et vécut d'une vie vagabonde et étourdie. La pension qu'il recevait de ses parents ne lui suffisait plus, et pour subvenir à ses besoins il traduisit l'*Annibal* de Marivaux, il écrivit quelques articles dans le *Journal de Hambourg*, et composa une petite pièce de théâtre, *Le Jeune savant*, qui fut jouée à Leipzig. Cependant, son père apprit tout ce qui se passait, et entra dans une colère violente. Lessing partit au milieu de l'hiver pour aller lui demander pardon, et quand on le vit arriver transi de froid, sur une mauvaise charrette, personne n'eut la force de lui adresser un reproche. Il passa quelques mois dans sa famille, et s'en alla à Berlin. Il sentait sa vocation littéraire, et il voulait la suivre. A Berlin, il étudia avec ardeur les poètes anglais et espagnols. Il traduisit le livre de Huarte sur l'*Aptitude des Intelligences*. Il entreprit avec son ami Mylius une publication périodique sous le titre de : *Documents pour l'histoire du théâtre*. Plus tard il s'adjoignit à Mendelsohn et à Nicolai pour composer la *Bibliothèque des Sciences*. En 1753 il publia ses premiers essais poétiques : c'étaient des fables, des élégies, des odes anacréontiques. Ce recueil obtint du succès ; et ce début heureux réconcilia son père avec la vie littéraire.

Peu de temps après parut la tragédie de *Miss Sara Sampson*, imitée du *Marchand de Londres*. Ce drame bourgeois était une innovation hardie pour l'Allemagne, qui n'admirait alors que les œuvres pompeuses du théâtre français et les œuvres, plus pompeuses encore, de Gottsched et des hommes de son école. Mais *Sara Sampson* ébranla le public. On l'accueillit sur la foi par des applaudissements unanimes. C'était un premier pas hors des vieilles routines, un premier indice d'une grande réforme littéraire, qui ne devait point tarder à s'accomplir.

La réputation de Lessing grandissait ; mais c'était une réputation stérile, et, après ses succès de critique et ses succès de poète, il se trouvait presque aussi gêné qu'il l'avait été autrefois à Leipzig. Un riche marchand nommé Winkler voulait faire un voyage d'agrément en Angleterre et en Italie ; il désirait avoir un compagnon. Lessing se présenta, et fut accepté. Ils partent tous deux ; mais à peine sont-ils en Hollande que la guerre de sept ans éclate. Winkler a peur pour ses propriétés ; il revient à la hâte en Allemagne, et Lessing revient aussi, trompé dans ses espérances, frustré dans ses prétentions. Il resta à Leipzig jusqu'en 1759, et y passa une vie laborieuse. A cette époque, il coopérait activement à la *Bibliothèque des Sciences*, il publiait avec Nicolai et Mendelsohn les *Lettres sur la Littérature du jour* ; il écrivait son *Emilia Galotti*, et traduisait le *Théâtre de Diderot*. Tant de travaux épuisèrent ses forces. Il tomba malade, et fut obligé, pour sortir de la fâcheuse situation où il se trouvait, d'accepter une place de secrétaire auprès du général Tauenzien. Cette place lui devint en quelques jours insupportable. Il la quitta pour prendre la direction du théâtre de Hambourg. C'est là qu'il écrivit sa *Dramaturgie*, l'un des meilleurs ouvrages de critique théâtrale qui aient jamais été faits. La *Dramaturgie* paraissait chaque semaine par cahiers : le premier date du 1er mai 1767, le dernier du 19 avril 1768. A Hambourg, Lessing éprouva plusieurs contrariétés pénibles, qui lui donnèrent envie de voyager. Il avait fait de grandes études d'art ; il avait écrit son *Laocoon*, il voulait visiter l'Italie.

Tandis qu'il en était à calculer ses ressources, le duc de Brunswick lui fit offrir la place de bibliothécaire à Wolfenbüttel. Lessing accepta avec joie, mais à la condition cependant que ses ouvrages seraient affranchis de toute censure. Là commence pour Lessing une nouvelle carrière. Il fouille avec ardeur dans les trésors littéraires qui lui sont confiés. Il étudie la philosophie, l'histoire ecclésiastique, l'art, la poésie du moyen âge. Un jour il découvre le manuscrit de Béranger de Tours sur la *Transsubstantiation*, et il l'imprime. Cette publication fit grand bruit. Ses adversaires parvinrent à faire révoquer le privilége de non-censure que le duc lui avait accordé, et Lessing quitta sa bibliothèque. Le prince héréditaire le rejoignit à Vienne, et l'emmena en Italie. Ce voyage, après lequel le poëte avait si longtemps soupiré, lui rendit la santé et l'énergie. A son retour, il publia son livre sur l'*Éducation du genre humain*, ses *Dialogues sur la franc-maçonnerie*, et sa belle pièce de *Nathan le Sage*. Quelques années après le duc de Brunswick mourut, et son fils accorda à Lessing tous les priviléges littéraires qu'il pouvait désirer. Mais alors des chagrins de famille, des inquiétudes domestiques, empoisonnèrent son existence, altérèrent sa santé. Ses ennemis le poursuivaient sans cesse. Sa femme et son fils unique moururent, et lui mourut peu de temps après eux, le 15 février 1781, à Brunswick. Il n'avait que cinquante-deux ans.

Comme poète lyrique, Lessing n'occupe pas un rang très-élevé : ses odes sont d'une nature trop frivole ; mais ses fables sont charmantes : c'est maintenant en Allemagne une œuvre classique. Comme poète tragique, Lessing a le premier indiqué la fausse voie dans laquelle les écrivains de son temps s'égaraient et la route qu'ils devaient prendre. Sa *Minna de Barnhelm*, son *Emilia Galotti*, ont été pendant longtemps les meilleurs drames de l'Allemagne. Les pièces de Goethe et de Schiller les ont surpassées, mais sans jamais les faire oublier. Comme philosophe, Lessing a exprimé des idées larges, généreuses, fécondes, qui ont fait bien des prosélytes. Comme critique, il a détruit le vieil échafaudage des fausses théories et formulé les vrais principes de l'art de la poésie. L'Allemagne vénère Lessing. Elle doit le vénérer sans cesse. C'est lui qui a réformé sa littérature ; ce que Goethe a glorieusement achevé, Lessing l'avait pressenti. L'un a été le Messie d'une nouvelle ère poétique, l'autre en était le précurseur. X. MARMIER.

LESSING (Charles-Frédéric), l'un des peintres les plus célèbres qu'il y ait aujourd'hui en Allemagne, né le 8 février 1808, à Breslau, avait d'abord été destiné à l'architecture, qu'il vint étudier à Berlin, en 1821, mais se sentit peu de dispositions pour cette occupation. L'étude du dessin avait au contraire pour lui les plus grands charmes, et, d'après les conseils du professeur Kœsel, il céda d'abord à sa passion pour le paysage. Malgré l'opposition formelle de son père, qui tenait à faire de lui un architecte, Lessing se décida à rester fidèle à la peinture ; et, son premier tableau, *Le Cimetière*, produisit une vive sensation. Attiré à Dusseldorf par Schadow, qui le décida à se livrer à la peinture historique, il ne tarda pas à être considéré comme l'un des peintres les plus distingués de la jeune école. Le carton de *La Bataille d'Iconium*, *Le Château sur les bords de la mer*, mais surtout *Le royal couple en deuil* et le célèbre *Cloître dans la neige* (ce tableau orne aujourd'hui le musée de Cologne), lui valurent une véritable popularité. La première époque du développement de son talent, si on peut parler ainsi, se termine avec la scène de *Lénore* et des *Brigands* (1832).

De consciencieuses études faites depuis lors dans le paysage par cet artiste lui permirent de mieux reproduire les scènes et les secrets de la nature, de même que dans la peinture de genre et dans la peinture historique il parvenait à une intelligence plus profonde des caractères, en même temps qu'une poétique élévation de la pensée apparaissait dans ses œuvres et ajoutait plus de vérité à son mode d'exposition. On a des preuves frappantes de ce que nous disons là dans son *Paysage pris dans l'Eifel* et dans son *Sermon des Hussites* (1835), l'une des productions de l'art allemand qui ont fait époque. Un voyage entrepris en 1836 dans la forêt de Soleny lui fit comprendre tout ce qu'il y a de poésie dans la vie des bois, pour la reproduction des scènes de laquelle il n'a plus eu désormais d'égal. Des vues de forêts et de fondrières, de châteaux, de couvents et de plaines, poétiquement ornées de charmants épisodes, devinrent à partir de ce moment ses sujets favoris. Ce ne fut qu'en 1838 qu'il aborda de nouveau le genre historique. Il avait pris pour sujet la *Captivité du tyran Ezzelin repoussant les exhortations de deux moines*. On aurait pu croire, en voyant cette toile, que Lessing avait atteint l'apogée de son talent; mais l'expérience a prouvé qu'il y avait encore beaucoup à attendre de ce pinceau si original et si habile. En 1842, il termina son *Huss devant le concile de Constance*, et une toile de dimension moindre, ayant pour sujet la *Capture du pape Pascal II par l'empereur Henri V*. Le premier de ces tableaux est un chef-d'œuvre plein de profondeur et de richesse d'exécution; le second est surtout remarquable par la vigueur des tons et par une conception éminemment dramatique. On a encore de cet artiste, comme pendant du son *J. Huss devant le concile*, *J. Huss marchant au bûcher*, composition grandiose, pleine de richesse de motifs et d'effets, terminée en 1850 et achetée à un prix fort élevé par un amateur de New-York. Une autre grande toile, représentant une scène de l'histoire de la Réformation, *La Bulle pontificale contre Luther brûlée publiquement par le bourreau*, lui a été commandée en 1853 pour la même distination.

LESSIVE (du latin *lixivia*). En chimie, ce mot est presque synonyme de *lavage*. C'est ainsi qu'on dit indifféremment *lessiver* des matières quelconques pour en extraire les sels et autres substances solubles à l'eau à diverses températures, et *laver*, principalement quand il s'agit du traitement des poudres ou des précipités. On donne alors à la liqueur obtenue dans ces opérations soit le nom de *lessive*, soit celui de *lavage*.

Dans les arts, on connaît un produit sous le nom spécial de *lessive des savonniers*. C'est une dissolution d'alcali rendue caustique par la chaux et amenée au point de concentration nécessaire pour être rendue propre à la prompte saponification des huiles ou autres corps gras.

Dans l'économie domestique, la lessive est une eau plus ou moins chargée d'alcali, rendue plus ou moins caustique par la chaux, dans laquelle on trempe, selon les modes qui varient, le linge sali par les émanations graisseuses et ammoniaco-savonneuses qui s'exhalent de la peau. La lessive achève de saponifier les graisses, les rend solubles par conséquent, déterge les tissus et les débarrasse de toute impureté. On donne le nom de *buanderie* au local dans lequel s'exécutent les principales opérations du lessivage. Indépendamment de l'action saponifiante de la lessive alcaline sur les corps gras qui enveloppent et retiennent dans les tissus beaucoup d'autres souillures, elle en exerce encore une puissante sur toutes les autres matières de la transpiration, sur le mucus nasal et toutes les autres excrétions des corps animaux : les boues, les poussières, le plus grand nombre des matières colorantes végétales ou animales et même minérales cèdent à son action détersive bien ménagée. Le degré de force des lessives qu'on emploie doit être subordonné à celle du tissu sur lequel on opère, et aussi à la quantité de corps gras dont il est imprégné; d'où résulte la nécessité de faire un triage du linge et de le partager au moins en trois lots, savoir : le linge fin, le linge de couleur et celui de cuisine.

Pour lessiver le linge, on a un grand cuvier placé sur un trépied : ce cuvier est percé à sa partie inférieure latéralement d'un trou, qu'on bouche avec un tampon de paille; on dispose dans l'intérieur le linge pièce à pièce, en commençant par le linge fin, et on recouvre le tout d'une grosse toile appelée *charrier*, qui déborde le cuvier; on met sur cette toile une certaine quantité de cendres de bois. Le sous-carbonate de potasse contenu dans ces cendres, sur lesquelles on verse de l'eau chaude qui les pénètre, se dissout et s'infiltre successivement à travers le linge, et finit par gagner la partie inférieure, d'où il s'écoule par l'ouverture dont il a été parlé, imparfaitement bouchée par la paille, dans un baquet placé au-dessous de cette ouverture. On reprend le liquide ainsi écoulé, on le reverse sur les cendres, et l'on réitère cette manipulation un certain nombre de fois : c'est là ce qu'on appelle *couler la lessive*. On peut s'éviter l'embarras du coulage à bras en faisant usage d'un moyen très-facile et très-ingénieux, qui consiste à mettre le cuvier en communication, haut et bas, avec une chaudière de même élévation : cette chaudière est placée sur un fourneau; on verse l'eau, et le liquide se met de niveau dans les deux vases. On en ajoute jusqu'à ce que l'eau arrive un peu au-dessous du tuyau de communication supérieur entre le cuvier et la chaudière ; alors on chauffe la chaudière : le liquide se dilate; la partie la plus échauffée, qui devient ainsi la plus légère, arrive à la surface pour se déverser par le tuyau sur le cuvier au linge; la hauteur du liquide dans le cuvier augmente, et une quantité égale de lessive froide s'écoule par le tuyau inférieur du cuvier dans la chaudière : il s'établit par conséquent un courant continu de l'un des vases à l'autre, et le *coulage de la lessive* se fait bien également, et sans aucune peine.

Le mode de blanchissage à la vapeur remplace avec beaucoup d'économie de temps, de main-d'œuvre, de combustible surtout, et en évitant beaucoup de fatigue, l'ancien procédé.

Le coulage à froid consiste à verser de l'eau sur la charge du charrier, à la recueillir à mesure qu'elle a passé à travers la masse du linge, et à reverser de nouveau la même eau sur le charrier. Le bon effet du premier coulage à froid a été constaté. Il paraît qu'après l'échangeage, le linge reste encore imprégné en partie d'une matière analogue à l'albumine, susceptible par conséquent de se coaguler à un certain degré de chaleur. Cette matière peut être enlevée par une lessive alcaline à froid; mais si avant que le linge en soit totalement débarrassé on verse dessus de la lessive bouillante, la coagulation a lieu, et il devient désormais impossible de nettoyer complétement le tissu. Les lessiviers soigneux de leur travail disent que pour en assurer le succès il faut, dans le cas d'une opération en grand, prolonger le coulage alcalin à froid pendant vingt-quatre heures, et ne procéder à chaud qu'en augmentant successivement et par degrés la température de la lessive. Après cet intervalle, on procède au coulage à chaud, qui dure à peu près le même temps que le coulage à froid. Dans les six dernières heures, on tâche d'opérer à la plus haute température possible.

Quand le coulage à chaud a cessé, on laisse le linge dans le cuvier au moins vingt-quatre heures sans y toucher : c'est ce que les lessiveuses appellent le *ressuage du linge*, et ce séjour du linge dans le cuvier est d'un très-bon effet, que sans doute il faut attribuer à ce que une partie de l'eau de lessive dont le linge est imprégné se réduit en vapeur, qu'elle distend et pénètre plus intimement dans les mailles du tissu, qu'elle détend et prépare d'autant mieux au savonnage. Le retirage succède au coulage à chaud : le linge retiré du cuvier est passé à l'eau ; il est alors ce qu'on appelle *blanc de lessive*. Le savonnage puis le second dégorgeage, qui y succède, complètent le travail du blanchisseur proprement dit. Pelouze père.

On fait la lessive avec différents ingrédients. Pour 50 kilogrammes de linge on emploie ordinairement 3 kilogrammes de sel de soude, ou 1 kilogr. 250 grammes de potasse de Russie, ou 4 kilogrammes de soude brute. On fait dis-

soudre ces substances dans 45 litres d'eau si le linge n'a pas été échangé, et 25 litres seulement si le linge a été passé à l'eau.
TEYSSÈDRE.

LEST, LESTAGE. C'est aux peuples du Nord que la marine française est redevable de ce mot : ils disaient *last*, nous avons alors dit *lest*. Le *lest* est la réunion de tous les poids embarqués à bord d'un navire en sus de son chargement, pour le maintenir sur l'eau dans la position la plus favorable à sa marche et à la sécurité de la navigation. Voici le principe qui en détermine la quantité : tous les corps flottant à la surface de l'eau sont assujettis à de certaines lois hydrostatiques, qu'il est important de connaître dans les constructions navales, car la stabilité est la première condition d'existence d'un navire, c'est-à-dire que si une cause quelconque, bouffée de vent ou vague de la mer, l'écarte de sa position d'équilibre, il doit tendre à y revenir; autrement, il *chavirerait* à la moindre brise et disparaîtrait sous l'eau. Cet équilibre stable est d'autant plus assuré que le centre de gravité est plus bas au-dessous de la ligne de flottaison. Cependant, cet abaissement a une limite : s'il était trop grand, le navire, revenant brusquement à sa position d'équilibre, secouerait et ébranlerait rudement la mâture. La position du centre de gravité dépend de la nature et de la répartition des poids : si le chargement se compose de corps lourds et peu encombrants, on pourrait, en descendant ces poids au fond de la cale, abaisser assez le centre de gravité pour que le bâtiment portât bien la voile; mais si la cargaison consiste en objets de peu de poids sous un grand volume, le centre de gravité se trouve trop élevé : pour l'abaisser et faire équilibre au chargement des parties supérieures, on embarque des pierres, des *gueuses* ou parallélipipèdes en fonte de fer, dans le seul but de faire contre-poids : c'est le *lest*. Sa quantité varie avec le chargement à bord des navires marchands; il est plus fixe sur les navires de guerre; il est déterminé par le devis du constructeur. La marine militaire n'emploie guère pour lest que des gueuses en fonte : on les arrime au fond de la cale par plans superposés, qui suivent les contours intérieurs de la carène. La quantité de lest a un rapport direct avec le nombre des canons, car ceux-ci, placés dans les parties hautes du navire, exhaussent le centre de gravité, et exigent un contre-poids dans les fonds. La nouvelle construction navale, en augmentant le nombre des pièces d'artillerie et leur élévation au-dessus de l'eau, s'est vue contrainte d'augmenter aussi le poids du lest : à bord de nos vaisseaux à trois ponts de 120 canons, ce poids s'élève jusqu'à 875 tonneaux (875,000 kilogr.).

Le *lestage* est l'action de lester.
Théogène PAGE, capitaine de vaisseau.

Dans le commerce, *naviguer sur lest*, c'est naviguer sans avoir à transporter une cargaison de marchandises quelconques, c'est naviguer avec des cailloux, du sable, des pierres et autres objets sans valeur dans sa cale. Tout voyage sur lest n'amène aucune recette en compensation des dépenses qu'il occasionne. C'est donc une opération onéreuse, et lorsqu'elle se renouvelle souvent, les intérêts de la marine marchande se trouvent sensiblement lésés. La proportion que présentent les expéditions de navires sur lest en comparaison de celles des bâtiments chargés est un sujet curieux d'étude. En France, près de la moitié des bâtiments étrangers qui viennent apporter dans nos ports les produits de leur nation sont forcés de s'en retourner *vides*. C'est un fait très-grave. Il provient de ce que notre pays manque d'articles encombrants et à bon marché qu'il puisse envoyer au dehors. Il reçoit des cotons, des tabacs, des bois, des métaux, des masses toujours croissantes de houille; il donne en général en retour des produits d'un prix assez élevé et qui occupent peu de place. A l'entrée, toutes les navires arrivant sur lest viennent de l'Angleterre, de l'Espagne et des États sardes. A la sortie, l'Angleterre et la Norvège figurent en première ligne; beaucoup de navires partent également sans autre cargaison que des cailloux pour aller chercher des grains en différents pays et pour retourner aux États-Unis.

L'ESTOCQ (JEAN-HERMANN), favori de l'impératrice Élisabeth de Russie, né en 1692, à Celle, dans le pays de Hanovre, était le fils d'un réfugié français, barbier chirurgien de son état, qui lui enseigna les premiers éléments de la chirurgie et de la médecine. En 1713 il se rendit à Saint-Pétersbourg, où il ne tarda pas à entrer en qualité de chirurgien au service de Pierre le Grand, dont il obtint la confiance, et qui plus tard l'exila à Kasan. Catherine Ire le rappela à la mort de son mari, et le nomma chirurgien de la cour de sa fille Élisabeth. Complètement dévoué à cette princesse, il lui offrit ses services à la mort de Pierre II, quand elle songea à se placer sur le trône ; mais ses plans furent alors repoussés. Toutefois, onze ans plus tard, en 1740, sous le règne du mineur Ivan et l'administration de sa mère Anne, une nouvelle occasion de les exécuter s'étant présentée, ses propositions furent accueillies. Prudent et habile, il dirigea toute cette audacieuse entreprise; et dans les instants les plus critiques il ne perdit jamais son sang-froid. Élisabeth, étant montée sur le trône le 24 novembre 1741, le nomma conseiller intime, premier médecin et directeur de tous les établissements sanitaires et médicaux de l'empire. De son côté, le roi de Pologne lui conféra le titre de comte. Toutefois L'Estocq, pour complaire à l'impératrice, dut se mêler d'affaires qui n'étaient pas de sa compétence; cette circonstance, jointe à sa franchise, ne fit qu'accroître encore le nombre de ses ennemis et de ses envieux, qui réussirent à le perdre dans l'esprit de l'impératrice. En 1748 L'Estocq fut arrêté, et conduit à la forteresse de Saint-Pétersbourg pour y être jugé. Dans les premiers moments, il supporta avec une courageuse gaieté ces revers de la fortune ; mais la menace de la torture le contraignit à s'avouer coupable des diverses accusations portées contre lui. En 1753 il fut dépouillé de tous ses biens, titres et emplois, puis banni d'abord à Ouglitsch, où il passa trois ans, et ensuite à Oustjoug Welicki, où il resta pendant neuf ans, soumis à la plus rigoureuse surveillance. Sa troisième femme, *Marie-Aurore*, née baronne de Mengden, partagea avec un admirable dévoûment le sort de son mari. A l'accession au trône de Pierre III, L'Estocq fut rappelé et réintégré dans ses titres et emplois. Catherine II, elle aussi, lui laissa son traitement, mais le tint constamment éloigné des affaires. Il mourut en 1767, sans avoir eu d'enfants.

L'ESTOILE. *Voyez* ESTOILE.

LESTRIGONS (*Lestrigones*), peuple anthropophage, les premiers habitants de la Sicile avec les Cyclopes. Ils occupaient au sud-est de l'île le territoire des Léontins, sur les rives du fleuve Térias. Comme les Cyclopes, ils ignoraient l'agriculture; ils mangeaient la chair de leurs troupeaux et en buvaient le lait. Tous deux races de géants, l'un de ces peuples, les Lestrigons, se choisissait un roi ; l'autre, les Cyclopes, vivait en république. Bien avant la guerre de Troie, un chef lestrigon, du nom phénico-grec de *Lamus* (le gosier, ou le dévorateur), était venu s'établir avec une troupe de ses monstrueux sujets sur les côtes riantes de la Campanie, non loin du lieu où fut depuis Terracine; il appela Lamus, puis Lestrigonie, deux villes qu'il y fonda. Quelques compagnons d'Ulysse ayant mis pied à terre sur cette plage funeste, l'un d'eux fut atteint par le roi des Lestrigons, qui le dévora aussitôt. Les autres se mirent à fuir à toutes jambes vers la flotte grecque, quand tout un peuple de géants sortit de leur cité ou en fut connu de leur barbare souverain, et coula bas sous une grêle de roches un des vaisseaux grecs, puis dîna de ses matelots : c'est une des tristes aventures d'Ulysse dans l'Odyssée.
DENNÉ-BARON.

LESUEUR (EUSTACHE), l'une des gloires du règne de Louis XIV, naquit à Paris, en 1617 ; il fut élève de Vouet et condisciple de Charles Le Brun. Ses parents, qui nous sont inconnus, découvrirent ses heureuses dispositions pour la peinture, et les secondèrent autant qu'il leur fut possible. Né pour parvenir au rang le plus distingué dans l'art qu'il avait embrassé, Lesueur, poussé par l'ardent amour qui fait vaincre tous les obstacles, ne tarda pas à être en état de travailler pour son maître et à partager avec lui les travaux qu'il avait à produire. Vouët l'avait distingué de ses autres élèves, et lui avait donné sa confiance. Les premiers essais qu'il fit paraître sont huit grands tableaux, destinés à être exécutés en tapisserie, et dont les sujets sont tirés du *Songe de Polyphile* : ils établirent sa réputation, et on jugea qu'il se placerait un jour sur la ligne des plus grands peintres connus. Nommé peintre de la reine mère, cette princesse le chargea de peindre, pour la Chartreuse de Paris, la *Vie de saint Bruno*, qu'il divisa en vingt-deux tableaux : il les exécuta dans le couvent même. De cette collection de chefs-d'œuvre, on admire surtout le *Sommeil* du saint fondateur, son *Refus de la dignité épiscopale*, la *Prédication du chanoine Raimond*, et la *Mort de saint Bruno*, tableau magnifique, qui termine le dernier acte du poëme que notre grand artiste a légué à la postérité. Retiré dans ce *cœnobium* de paix, Lesueur se fit admirer par la simplicité de son caractère, par sa candeur et par une piété douce; ce ne fut qu'après avoir terminé son travail qu'il rentra dans le monde, laissant dans l'asile solitaire qu'il quittait ses immortels ouvrages et le souvenir de sa vertu. Ces tableaux sont mis au nombre des plus beaux de l'école française qui décorent le musée du Louvre. Cependant, il faut le dire, une main téméraire, conduite par la jalousie d'un condisciple, son supérieur en dignité, armée d'un couteau, osa les frapper dans l'intention d'en faire disparaître les plus beaux visages.

Lesueur, avec ses pinceaux ou son crayon, possédait l'art de remuer l'âme ; les larmes coulent sans efforts, on s'identifie avec le sentiment du peintre. Que de beautés supérieures n'admire-t-on pas dans le tableau de la *Condamnation de saint Gervais et de saint Protais*, qu'il fit pour l'église paroissiale de ce nom ! Mais où le talent de Lesueur est plus admirable encore, c'est dans le tableau de *Saint Paul prêchant et convertissant à Éphèse les gentils, qu'il excite à brûler leurs livres*, tableau qu'il fit pour l'église Notre-Dame, à l'occasion du vœu des orfèvres, qui s'exposait le 1er de mai. Ce grand peintre, d'une santé délicate, a généralement mis peu de force dans ses conceptions pittoresques ; mais, doué d'un sentiment fin et porté à la mélancolie, il a laissé des peintures douces et sagement ordonnées ; ses expressions sont belles et peu énergiques, son coloris est suave, doux, harmonieux. En voyant ses tableaux, qu'on compare aux productions de Raphael, on se demande : Comment Lesueur, sans avoir été en Italie, peut-il, dans sa peinture, ressembler au célèbre peintre du Vatican, et cela au point de supposer, en voyant son tableau, qu'il a été son élève? Aussi fut-il unanimement glorifié du titre de *Raphaël français*. On remarque encore l'analogie qui existe dans la courte durée de la vie de ces deux peintres, morts au même âge, et aussi une ressemblance singulière dans la pureté des traits de leur visage, sur lequel se peint la douceur de leur belle âme.

Il serait trop long de décrire ici la totalité des grandes et belles productions dont nous sommes redevables au génie d'Eustache Lesueur. Les peintures dont il décora trois salles de l'hôtel Lambert sont remarquables par la poésie et pour la finesse des pensées. Cette belle suite, composée de dix-neuf pièces, est connue sous le nom de *Cabinet des Muses*. On y voyait les neuf Muses peintes sur bois, que l'on a retirées de l'hôtel par ordre du roi, quelques années avant 1789. Puis le *Salon de l'amour* et l'*Appartement des bains*, qui fut son dernier ouvrage. Il mourut à l'âge de trente-huit ans, en 1655. De Piles rapporte que Charles Le Brun, étant venu le visiter dans les derniers instants de sa vie, dit en s'en allant : « La mort va me tirer une grosse épine du pied. »

Cher Alex. Lenoir.

LESUÉUR (Jean-François), né le 15 février 1763, mort en 1837, membre de l'Institut, l'un des compositeurs qui ont le plus contribué à la gloire de la musique française, avait vu le jour au hameau du Plessiel, sur les frontières de la Picardie et de l'Artois. A l'âge de six ans, occupé de quelques soins champêtres, Lesueur entend près de lui la musique d'un régiment qui suivait la grande route voisine; l'enfant semble frappé par une *baguette magique*; en extase, il s'écrie : « Quoi ! plusieurs airs à la fois ! » Tout entier au sentiment qui l'agite, il oublie ses jeux, il oublie la maison paternelle, il s'oublie lui-même, ou plutôt il prend une autre existence. Cet enfant, destiné par la nature à la mélodie, reçoit tout à coup la révélation de ses facultés : maîtrisé, entraîné à son insu, il suit le régiment. Chaque fois que les sons mélodieux retentissent, son extase redouble, et il éprouve le désir impérieux de les entendre encore. Il a déjà cheminé pendant plus de cinq heures, il ne s'en aperçoit pas ; mais bientôt enfin ses faibles jambes chancellent, ses pieds sont meurtris ; haletant, il s'arrête enfin, et se couche à regret sur le bord de la route; il approche instinctivement son oreille de la terre, afin de recueillir encore quelques-uns de ces sons qui venaient de lui imprimer une vive nouvelle. Ses parents, inquiets, le cherchent; ils suivent les traces du régiment, et trouvent leur enfant étendu sur l'herbe, immobile de fatigue ; mais sa physionomie est toute rayonnante d'enthousiasme. Ramené à la maison paternelle, il refuse de se livrer à ses soins accoutumés; il ne le veut plus, il ne le peut plus : la fièvre musicale le bouleverse, il s'écrie souvent : *Plusieurs airs à la fois ! plusieurs à la fois !* Livré à une espèce de délire, tantôt avec la voix, tantôt avec des pipeaux qu'il façonne lui-même, il essaye d'imiter les sons dont son oreille est restée charmée; ces sons le suivent partout et le bercent dans le sommeil.

Ses parents, ne devinant pas le miracle du génie, voient avec douleur cet enfant atteint d'une manie qui leur fait craindre pour sa raison. Un vieux voisin, qui avait leur confiance, leur dit : « Votre enfant éprouve une singulière crise; mais qui sait ce que cela annonce? Puisqu'il s'obstine à ne plus faire autre chose que de chanter, faites-le placer à la maîtrise des chanoines d'Abbeville : là il chantera tout à son aise, et plus qu'il ne le voudra, peut-être. » Le conseil fut suivi. On conduit le petit Lesueur à la ville; malheureusement le maître le refuse, les élèves sont trop nombreux. « Ah ! s'écriait le père, dans sa naïve douleur, si vous l'entendiez chanter ! chante, enfant, chante ! » Mais le jeune Orphée picard ne put amollir un cœur de chanoine. « Prenons courage, dit le père : il est refusé à la maîtrise d'Abbeville, peut-être ne le sera-t-il pas à celle d'Amiens ; il faut faire un trajet de douze lieues, n'importe. » On s'achemine, on arrive chez le maître de chant de la cathédrale : il n'y a point de place non plus ; mais les instances du père et de l'enfant cette fois ne sont pas vaines ; la noble et belle figure du jeune Lesueur, sa vocation précoce et si vivement prononcée touchent le maître du chapitre, il le reçoit. Les progrès de l'enfant sont extraordinaires. On le voit avec étonnement se distinguer à la fois dans l'étude de la musique et des langues anciennes; l'amabilité de son caractère, la vivacité originale de son esprit, l'essor de ses talents, le font estimer et chérir de tout le chapitre. On lui procure l'emploi de maître de chapelle, et, dans un concours remarquable, il obtient bientôt la maîtrise de la chapelle de Tours. Là son génie musical se manifeste avec éclat : ses *motets*, attiraient un auditoire immense, et le rendaient célèbre parmi les Tourangeaux.

Averti par la conscience de son talent qu'il était destiné à de plus importants succès, mais retenu par une excessive modestie, qui lui faisait craindre de s'abuser, il envoya à Grétry l'un de ses *oratorios*, en priant l'illustre arbitre qu'il se choisissait de lui déclarer avec franchise s'il le jugeait digne de figurer parmi les artistes de la capitale. Grétry, étonné de l'immense talent que révélait la composition du maître de chapelle, se hâta de lui répondre : « Venez à Paris : votre place est marquée parmi les grands compositeurs. » La prophétie s'accomplit. Lesueur fit bientôt représenter son opéra de *La Caverne*, et l'on admira les chœurs où son génie inventif employa pour la première fois les notes syllabiques. L'année suivante, il obtint un nouveau succès dans *Paul et Virginie*. La tragédie lyrique de *Télémaque*, représentée en 1796, produisit une vive sensation. En 1805, l'opéra des *Bardes* mit le sceau à la réputation de Lesueur. Paesiello, qui assistait à la première représentation, disait : « Tout y est vrai, original, sublime. » Napoléon, qui jusque là avait exclusivement aimé la musique italienne, avoua que la musique de Lesueur était celle qui lui faisait éprouver les plus profondes émotions : il le nomma maître de sa musique. A la seconde représentation des *Bardes*, Lesueur fut appelé dans la loge de l'empereur. Napoléon le félicita et le retint près de lui. Le lendemain, un chambellan lui apporta de la part de l'empereur une tabatière d'or, dans laquelle se trouvaient douze billets de banque, qui n'étaient que le payement anticipé de la pension annuelle que lui accordait l'empereur.

Quatre ans plus tard, Lesueur donna son opéra de *La Mort d'Adam*. Le compositeur, dans sa poétique mélodie, reproduisit la majestueuse simplicité des premiers jours du monde : on y retrouva l'inspiration miltonienne. Beethoven, devant lui exécuta cette partition, s'écria : « Cette musique semble guérir mes maux. Lesueur a donc trouvé l'un des archets que les anges, témoins de la création, ont laissés tomber des cieux? » Lesueur composa depuis un opéra qu'il ne fit point représenter ; son titre est : *Alexandre à Babylone*. Il donna à la musique impériale un grand nombre d'*oratorios*, de *marches*, de *motets*, de *Te Deum*, où l'on retrouve le cachet inimitable de son génie original et puissant. Professeur au Conservatoire de Paris, Lesueur a formé des élèves distingués. Possédant la profonde science de son art, il a fourni de nombreux articles au *Dictionnaire musical de l'Académie des Beaux-Arts*.

Une statue en bronze, due au ciseau de M. Rochet, lui a été élevée à Abbeville, en 1852.

PONGERVILLE, de l'Académie Française.

LESURQUE (Affaire). La cause criminelle connue sous ce nom fournit un exemple déplorablement fameux des fatales et irréparables erreurs que la justice des hommes est parfois exposée à commettre. En 1796, des malfaiteurs, au nombre de six, arrêtèrent le courrier de Lyon sur la grande route de Paris à Lyon, près de Melun, et, après l'avoir assassiné, volèrent les valeurs qui se trouvaient dans sa voiture : 14,000 francs en numéraire, et *sept millions* en assignats représentant alors au plus 15 à 18,000 francs. Le crime qui venait d'être commis, pour ainsi dire aux portes de Paris, était entouré de circonstances d'une audace telle, qu'il produisit une sensation extraordinaire, et la police déploya une activité extrême pour arriver à en découvrir les auteurs. Le malheureux courrier avait vendu chèrement sa vie et lutté avec énergie contre ses assassins, dont les signalements furent donnés, avec beaucoup de précision, par deux femmes que le hasard avait rendues témoins du crime, sans qu'elles pussent en empêcher la perpétration. L'instruction judiciaire, commencée tout aussitôt, se poursuivait avec rapidité ; et déjà trois individus prévenus d'avoir pris part à l'assassinat, les nommés Couriol, Bernard et Richard, avaient été arrêtés.

Les choses en étaient là quand, un jour, le nommé Lesurque vient à la préfecture de police en compagnie d'un sieur Guesno, son ami, pour une de ces mille affaires d'administration qui amènent Parisiens et provinciaux. Le hasard veut que cette affaire ressorte d'un officier de police judiciaire, appelé Daubenton, qui se trouve être en même temps celui que le préfet a chargé de suivre l'instruction sur l'assassinat du courrier de Lyon. Cet officier de paix reçoit, en ce moment même, les déclarations des individus appelés à déposer dans cette affaire, au nombre desquels figurent les deux femmes témoins de la perpétration du crime ; elles attendent dans l'antichambre leur tour d'admission. Suivant l'usage des bureaux, Lesurque et son ami Guesno prennent aussi leur tour d'attente. Mais en les apercevant ces deux femmes croient les reconnaître ; il leur semble qu'elles ont devant les yeux deux des coupables dont elles ont déjà donné les signalements ; bientôt elles n'en doutent plus. Admises enfin auprès de l'officier de police judiciaire Daubenton, elles lui déclarent aussitôt que deux des assassins sont dans son antichambre. Elles persistent dans leur déclaration avec tant d'assurance, que l'officier de police veut se convaincre par ses propres yeux. Ce magistrat constate alors que le signalement donné se rapporte effectivement de tous points à Lesurque, dont la ressemblance avec l'un des auteurs du crime est frappante. Lesurque et Guesno sont en conséquence arrêtés, malgré leurs énergiques protestations d'innocence, et décrétés d'accusation avec un nommé Bruer, ainsi que les trois individus déjà placés sous la main de la justice.

Né à Douai, en 1763, Joseph Lesurque, après avoir servi honorablement dans le régiment d'Auvergne, était rentré dans ses foyers, où il avait obtenu une place de chef dans les bureaux de l'administration du district. Mais, riche de 18,000 fr. de rente, il était venu depuis quelques mois se fixer à Paris pour surveiller de plus près l'éducation de ses enfants. Le nombre des individus signalés à la justice comme les assassins du courrier de Lyon étant de six, c'était donc pour une somme de cinq mille francs au plus qu'un homme dans une position sociale pareille à celle qu'occupait Lesurque, et n'ayant en jusque alors que les antécédents les plus honorables, aurait risqué sa vie ! Quelque improbable que fût une pareille supposition, la fatalité, au coin de laquelle furent marqués tous les détails et tous les incidents de ce mémorable drame judiciaire, voulut qu'on ne s'arrêtât pas même à la discuter, tant le témoignage de ces deux femmes, témoignage d'ailleurs complètement désintéressé et qu'on devait croire dicté par le seul cri de la vérité, était invariable et concluant. Elles affirmaient reconnaître parfaitement dans Lesurque l'un des auteurs du crime commis sous leurs yeux. Mais Guesno, qu'elles croyaient aussi d'abord avoir parfaitement reconnu, invoquait un *alibi*, dont l'existence fut démontrée. En vain, deux artistes de Paris déclaraient avoir dîné avec Lesurque le jour même de l'assassinat et ne l'avoir quitté qu'à onze heures du soir ; en vain les registres de la garde nationale constataient qu'il avait monté sa garde ce jour-là dans sa section, les préventions subsistaient toujours, tant ces deux femmes apportaient d'assurance imperturbable à soutenir leur dire.

Cependant les convictions des jurés commençaient à hésiter en présence des nombreux témoignages qui venaient de toutes parts attester la haute probité de Lesurque. C'est ainsi que quatre-vingts notables de Douai firent *à leurs frais* le voyage de Paris. A ce moment, et par une nouvelle fatalité, Lesurque se ressouvient que le jour de l'assassinat il a acheté une cuiller d'argent et changé une boucle d'oreille au Palais-Royal. Cette circonstance, qu'il avait depuis longtemps oubliée, il croit utile de la rappeler comme une preuve nouvelle à l'appui de l'*alibi* qu'il invoque. Les deux bijoutiers appelés en témoignage attestent le fait ; mais le tribunal exige l'appui de leurs livres à l'appui de leur déclaration... La date en était surchargée !... L'un de ces négociants avait indiqué par erreur une date fausse et l'avait rectifiée ensuite !... Juges et jurés interprètent autrement cette circonstance, et par eux tous les témoins à décharge ont été subornés. Et puis, le moyen de douter de sa culpabilité de Lesurque, quand on entendait une des femmes lui dire : « L'éperon qu'on vous représente là, et qui a été trouvé sur « la route, non loin du théâtre du crime, je vous ai vu le « raccommoder, je vous ai même prêté du fil pour en rat- « tacher les chaînons ! » ; quand d'autres témoins encore affirmaient avoir vu, quatre jours après l'assassinat, Lesurque dîner en tête-à-tête avec ses coaccusés Couriol et Bernard !

En vain la défense fit valoir toutes les circonstances qui militaient en faveur de Lesurque, en vain ce dernier protesta toujours hautement de son innocence, niant énergiquement qu'il connût aucun de ses prétendus complices. Les déclarations invariables des autres accusés, qui corroboraient ses dénégations, on les attribua à l'ascendant qu'il exerçait sur eux. Le 5 août 1796, Lesurque, Courriol et Bernard furent condamnés à mort. Richard, qui avait prêté des chevaux aux assassins, fut condamné aux fers. Guesno et Bruer furent acquittés. Le pourvoi des condamnés ayant été rejeté par la cour de cassation, le jour de l'exécution fut fixé. Jusqu'au dernier moment, Lesurque protesta qu'il était victime d'une erreur de ressemblance. On allait partir pour l'échafaud, lorsque Courriol, pris de pitié pour cet innocent, qui allait périr, demanda à faire des révélations. Il fut en conséquence sursis à l'exécution. Courriol avoua alors sa culpabilité : « Lesurque, ajouta-t-il, est en effet victime de la fatale et frappante ressemblance qu'offrent tous ses traits et jusqu'à sa taille avec ceux d'un contumax, le nommé Dubosc, qui dans la perpétration du crime a pris la part que les témoins prêtent à celui-ci. »

Cette révélation était appuyée de détails si précis et fortifiée de tant d'indices propres à modifier l'opinion des premiers juges, que le Directoire, auquel la constitution n'avait pas donné le droit de grâce, adressa sur-le-champ un message au Conseil des Cinq-Cents. Ce message sollicitait de l'assemblée une dérogation spéciale à la règle qui enlève tout recours contre les arrêts confirmés par la cour suprême. Une commission fut chargée d'examiner la question; mais les mêmes préventions auxquelles avaient cédé les jurés agirent sur l'opinion des membres de cette commission. Les révélations de Courriol furent considérées comme le résultat d'engagements pris par Lesurque qui aurait récompenser largement la famille ou la maîtresse de son complice. On refusa de croire à l'existence du contumax que le révélateur signalait comme le vrai coupable; on invoqua le principe tutélaire du respect dû à la chose jugée, de la nécessité sociale et politique de s'incliner devant l'infaillibilité des verdicts du jury. La commission proposa en conséquence l'ordre du jour, qui fut adopté. Le gouvernement, convaincu qu'il y avait dans l'espèce une évidente confusion de personnes, adressa à l'assemblée un nouveau message, qui n'eut pas plus de succès que le premier.

L'instrument du supplice se dressa donc pour les condamnés.... Lesurque mourut en protestant de nouveau qu'il était innocent et en pardonnant à ses juges. Jusqu'au dernier moment Courriol proclama l'innocence de Lesurque. Leurs têtes tombèrent sous l'inflexible couperet de la guillotine, et leurs cadavres furent jetés dans une commune fosse, en même temps que les enfants de la victime étaient dépouillés de l'héritage paternel et condamnés à la misère, en vertu de la loi d'alors, qui ajoutait la confiscation aux peines prononcées contre un criminel.

A quelque temps de là, l'arrestation de Dubosc vint confirmer la sincérité des révélations de Courriol. Confrontée avec Dubosc, la femme dont la déposition si positive avait accablé le malheureux Lesurque reconnut tout de suite sa méprise, et demanda pardon à Dieu et aux hommes d'avoir fait répandre le sang de l'innocent. C'était ce Dubosc qui avait perdu sur la grande route l'éperon représenté aux débats comme pièce à conviction; c'était lui qui l'avait fait raccommoder par cette femme !

On s'imagine aisément le sentiment de consternation générale qui s'empara du public quand ces circonstances furent connues. L'opinion réhabilita tout aussitôt moralement la mémoire du malheureux Lesurque; mais il nous en coûte d'ajouter que cette réhabilitation morale est, avec la restitution des biens de la victime, la seule réparation qu'aient encore obtenue les héritiers Lesurque. Les différents gouvernements que la France a eus depuis lors, obéissant à ce principe social et politique, l'infaillibilité du verdict d'un jury, se sont toujours refusés à ce qu'un arrêt solennel de réhabilitation judiciaire vînt constater que la justice s'était trompée.

LESZCZYNSKI (Les), illustre famille polonaise, originaire de Bohême, et qui a fourni à sa patrie un grand nombre de personnages distingués.

Raphael LESZCZYNSKI, après avoir parcouru la plus grande partie de l'Europe, reçut du roi Sigismond III, qui faisait de lui en cas tout particulier, diverses châtellenies et starosties, puis fut nommé par ce prince waiwode de Belz. Il était alors l'un des hommes les plus savants qu'on citât en Pologne, et se montra partisan zélé des doctrines de la réformation.

Les fondateurs véritables de l'illustration de cette famille furent son petit-fils, *Raphael* LESZCZYNSKI, grand-trésorier et général de Pologne, mort en 1703, dont on a un poëme historique intitulé *Chocim* (1773), et son fils, le roi *Stanislas* LESZCZYNSKI, en qui le nom s'éteignit. La fille unique de ce dernier, *Marie* LESZCZYNSKA, née en 1703, épousa en 1725 le roi Louis XV, et mourut en 1768. Toute sa vie elle avait su rester étrangère aux coteries qui divisaient la cour de France, qu'elle avait édifiée en lui donnant l'exemple de toutes les vertus de la femme et de la reine.

LE TELLIER (Famille). L'illustration de cette famille date seulement du chancelier *Michel* LE TELLIER, fils d'un simple conseiller à la cour des aides ; c'est lui qui fit entrer dans sa famille le titre de *marquis de Louvois*, par l'achat de la seigneurie de Louvois, érigée en marquisat en 1624. Nous lui consacrons ci-après une notice particulière.

L'aîné des fils du chancelier Le Tellier fut le ministre L o u v o i s ; le second , *Charles-Maurice* LE TELLIER, né à Turin, en 1642 , devint archevêque de Reims en 1671, et joua un rôle important dans les affaires ecclésiastiques de son temps. A sa mort, arrivée en 1710 , il légua à l'abbaye de Sainte-Geneviève sa riche bibliothèque, composée de cinquante mille volumes. Il est souvent fait mention de ce prélat dans les Mémoires du temps, et surtout dans les lettres de Mme de Sévigné.

Michel-François LE TELLIER, marquis de COURTANVAUX, fils aîné du ministre Louvois, né en 1663 , obtint en 1684 la survivance de la charge de secrétaire d'État , qu'avait eue son père, et mourut en 1721, sans l'avoir exercée. Il avait eu de son mariage avec la sœur du dernier maréchal duc d'Estrées :

1° *François-Marie* LE TELLIER, marquis de LOUVOIS, mort en 1719, père de *François-César* LE TELLIER, marquis de COURTANVAUX, duc DE DOUDEAUVILLE, né en 1718 , mort en 1781. Savant modeste et généreux protecteur des sciences , le marquis de Courtanvaux entra en 1764 à l'Académie des Sciences, et fit de remarquables travaux sur la chimie, la mécanique et l'astronomie : son éloge a été écrit par Condorcet.

2° *Louis-César* LE TELLIER, duc d'Estrées, maréchal de France et ministre d'État , né en 1695 , mort en 1771.

Le second fils du ministre Louvois, *Louis-Nicolas* LE TELLIER, marquis de SOUVRÉ, maître de la garde-robe et lieutenant général au gouvernement de Navarre et de Béarn, mort en 1725, eut pour fils *François-Louis* LE TELLIER, marquis DE SOUVRÉ, comte DE RABENAC, qui succéda à toutes les charges de son père, et laissa plusieurs enfants, dont un seul , qui fut colonel du régiment royal-Roussillon, perpétua la famille dans la personne de *Auguste Michel-Félicité* LE TELLIER, marquis DE LOUVOIS, né en 1783, mort en 1844, nommé par Louis XVIII lieutenant des gardes du corps et pair de France.

Le troisième fils de Louvois , *Louis-François-Marie* LE TELLIER, marquis DE BARBEZIEUX, né en 1668, remplaça son père au ministère, et mourut en 1701, sans postérité mâle (*voyez* BARBEZIEUX).

Le dernier des fils du célèbre ministre fut *Camille* LE TELLIER, plus connu sous le nom d'*abbé* DE LOUVOIS, né en 1675, grand-maître de la librairie, conservateur de la Bibliothèque royale et intendant du Cabinet des Médailles, membre de l'Académie Française, de l'Académie des Inscriptions et Belles-Lettres, et de l'Académie des Sciences , mort en 1717.

LE TELLIER (Michel), chancelier de France. Louis XIV a eu des ministres habiles et des ministres serviles : c'est au nombre de ces derniers surtout que doit être rangé le chancelier Le Tellier. Il était né le 19 avril 1603, et fut nommé procureur du roi au Châtelet en 1631, sous le ministère du cardinal Richelieu. Il travailla avec le chancelier Seguier et Talon, procureur général, aux procédures contre les séditieux de Normandie. Plus tard, en 1640, il exerça les fonctions d'intendant en Piémont. Il avait été présenté à Louis XIII par le cardinal Mazarin, qui le fit nommer secrétaire d'État de la guerre après Desnoyers. Dans les troubles de la Fronde, il resta toujours attaché au parti de Mazarin. Ce fut lui qui fut chargé de toutes les négociations que la cour eut à suivre avec les princes, et notamment avec Gaston d'Orléans et le prince de Condé, et ce fut par son entremise que le traité de Ruel fut conclu. Après avoir été ministre de la régente Anne d'Autriche, il continua à servir Louis XIV dans la même qualité, lorsque ce prince prit les rênes du gouvernement, après la mort de Mazarin. Il travailla, de concert avec Colbert, à la perte du surintendant Fouquet, et il vit seul avec le roi les lettres qui se trouvèrent dans la cassette du ministre disgracié. Il ne tint pas à ces deux ennemis que Fouquet ne perdît la vie. En 1666 il fit accorder la survivance de la charge de secrétaire d'État à son fils, le marquis de Louvois, alors âgé de vingt-cinq ans. A la mort du chancelier d'Aligre, le 29 octobre 1677, Michel Le Tellier fut nommé chancelier et garde des sceaux ; c'est alors qu'il céda à Louvois le ministère de la guerre. Il avait à ce moment soixante-quatorze ans. Il a laissé la réputation d'un caractère dur, impitoyable. On disait de lui que lorsqu'il sortait du conseil, il ressemblait à une hyène qui, tout en léchant ses lèvres sanglantes, flaire déjà son prochain repas. Ce fut lui qui signa la révocation de l'édit de Nantes, dont il avait été un des plus ardents promoteurs : et prêt à descendre dans le tombeau, il se fit, avec un zèle fanatique, l'application du Cantique de Siméon ; particularité qui nous a été conservée par Bossuet, dans l'Oraison funèbre du chancelier. Il mourut le 28 octobre 1685, trois semaines après la signature de l'édit de révocation.
ARTAUD.

LE TELLIER (Michel), jésuite et confesseur de Louis XIV, peut être considéré comme le mauvais génie de ce prince dans ses dernières années. Ce fut lui en effet qui raviva les persécutions contre les protestants, et qui fut le principal promoteur des querelles religieuses léguées par Louis XIV à son successeur. Né en Basse-Normandie, le 16 décembre 1643, il était fils d'un procureur de Vire. Après avoir fait ses études à Caen, chez les jésuites, il entra lui-même dans leur société en 1661, et fut envoyé au collège de Louis-le-Grand à Paris. Il prit part à la controverse sur les cérémonies chinoises, et publia divers écrits, assez médiocres, dirigés contre le jansénisme, entre autres une *Histoire des cinq Propositions de Jansenius*, en 1699, et *Le père Quesnel séditieux et hérétique* (1705). Le père Lachaise, confesseur du roi, étant mort, en 1709, le père Le Tellier lui succéda, et fut chargé de la feuille des bénéfices. A peine nommé à cette place importante, il fit éclater ce caractère âpre, dominateur, implacable, persécuteur, qui l'a rendu généralement si odieux. Le premier instant où il parut à la cour annonça ce qu'on devait attendre de lui. Il n'avait pas la faiblesse de rougir de sa naissance. Le roi lui ayant demandé, sur la ressemblance du nom, s'il était parent de Le Tellier de Louvois : « Moi, sire, « répondit le confesseur en se prosternant, je ne suis que « le fils d'un paysan, qui n'a ni parents ni amis. » Il commença par afficher une vie retirée et presque farouche ; il sentit que pour exercer une domination absolue il lui suffirait de subjuguer son pénitent, et il n'y réussit que trop.

Le premier acte éclatant qui signala son crédit fut la destruction de Port-Royal. Il représenta ce roi cette maison comme le foyer du jansénisme et de l'esprit républicain. Louis XIV, jaloux de son autorité, et prévenu contre les jansénistes, croyait expier les péchés de sa jeunesse par une dévotion outrée. Cependant, il hésitait encore à sacrifier Port-Royal, en pensant au grand nombre d'hommes célèbres sortis de cette maison : on vantait d'ailleurs beaucoup la vie régulière de ces pieux solitaires. Le Tellier revint à la charge, et fit tant qu'il obtint l'ordre fatal. Le lieutenant de police d'Argenson fut chargé de cette exécution militaire. Port-Royal fut détruit avec la fureur qu'on eût déployée contre une ville rebelle.

Les moindres faits donnent une idée de l'empire funeste que ce terrible confesseur exerçait sur la conscience de son pénitent. En 1710, l'épuisement des ressources publiques nécessita l'établissement de l'impôt extraordinaire du *dixième* de tous les revenus. Louis XIV résista longtemps à cette proposition. Le Tellier le voyant triste et rêveur, lui en demanda le sujet. Le roi lui dit que la nécessité des impôts ne l'empêchait pas d'avoir des scrupules, qu'il sentait redoubler au sujet du *dixième*. Le Tellier lui dit que ces scrupules étaient d'une âme délicate, mais que pour soulagement de sa conscience il consulterait les casuistes de sa Compagnie. Peu de jours après, l'intrépide confesseur lui protesta qu'il n'y avait pas matière à scrupules, parce que le prince était le vrai propriétaire, le maître de tous les biens du royaume. « Vous me soulagez beaucoup, « dit le roi, me voilà tranquille. » Et sur la décision du jésuite, l'édit fut publié.

La révocation de l'édit de Nantes avait eu lieu depuis vingt-cinq ans, lorsque le père Le Tellier fut nommé confesseur ; la persécution se calmait par intervalles. Mais à peine eut-il paru à la cour qu'on remarqua une nouvelle recrudescence. Ce fut lui qui établit pour maxime de gouvernement la fiction inique et dérisoire qu'il n'y avait plus de protestants en France, maxime en vertu de laquelle on se porta aux dernières extrémités contre ceux que l'on découvrait.

Dans son humeur intolérante, il appelait les anathèmes de l'Église et la disgrâce du roi sur tous les ennemis des jésuites. Non content d'avoir détruit Port-Royal, il fomentait toutes les cabales propres à rendre sa compagnie arbitre absolu de la doctrine catholique en France. Il arracha au pape Clément XI la fameuse bulle *Unigenitus*, qui condamnait le livre des *Réflexions morales* du père Quesnel. Le roi, ayant reçu la bulle, lui donna force de constitution, et en ordonna l'enregistrement à tous les parlements du royaume. Les parlements, à qui Louis XIV, dans sa jeunesse, avait ôté le droit de remontrances, reprirent, au milieu des désastres qui attristaient sa vieillesse, le courage de protester contre la constitution, contraire à l'esprit du clergé français et aux opinions généralement reçues ; ils refusèrent de l'enregistrer, si on ne la modifiait. Le Tellier aurait voulu qu'on tint un lit de justice pour contraindre les parlements à l'obéissance. Le roi aima mieux mander les chefs de la compagnie pour s'entendre avec eux. La plupart étaient vendus aux jésuites ; mais la France avait les yeux sur D'Aguesseau, procureur général, le plus instruit des magistrats du royaume, et un des hommes les plus honnêtes de son temps. D'Aguesseau n'avait pas autant d'énergie que de probité, et sa femme, craignant qu'il ne se laissât intimider par la crainte de la disgrâce, lui dit : « Allez, oubliez devant le roi « femme et enfants ; perdez tout, hors l'honneur. » Le procureur général parla avec tant de force et de fermeté, que Louis XIV ajourna toute entreprise contre le parlement. Le Tellier, irrité par les obstacles, monta alors un coup d'État, auquel il voulut forcer le roi ; il demanda qu'on suspendît D'Aguesseau, qu'on emprisonnât le cardinal de Noailles, archevêque de Paris, janséniste. Mme Chausserais, que le roi avait prise en affection dans ses derniers jours, et qui lui donnait les distractions que l'austérité, de plus en plus triste, de Mme de Maintenon ne savait plus lui procurer, déjoua toute cette intrigue avec quelques douces paroles, où la politique se cachait sous les apparences de la plus indifférente frivolité.

A l'approche de la mort du roi, le père Le Tellier avait pris une part très-active à la cabale qui voulait faire décerner la régence au duc du Maine, à l'exclusion du duc d'Orléans. Dès que celui-ci fut reconnu pour régent, le père Le Tellier fut exilé d'abord à Amiens, puis à La Flèche, où il mourut, le 2 septembre 1719. A la séance publique de l'Académie des Inscriptions et Belles-Lettres qui suivit sa mort, son éloge se borna à mentionner la date de sa naissance, celle de sa nomination comme confesseur du roi, et le jour de sa mort.
ARTAUD.

LÉTHALITÉ (du latin *lethalis*, mortel, qui cause la mort). Cette expression est plus particulièrement en usage en médecine légale, quand il s'agit d'apprécier des blessures ayant pu ou dû occasionner la mort. Le jugement à intervenir à l'occasion d'un crime dépendant en grande partie du résultat qu'a eu ce crime, il est d'une haute importance pour le juge de savoir jusqu'à quel point la blessure qu'on remarque sur un cadavre a pu être la cause du décès de l'individu. Aussi la justice pose-t-elle fréquemment au médecin chargé de constater l'état du corps la question de savoir si telle blessure a été ou non capable d'amener la mort. Quoique pour répondre à une pareille demande il suffise seulement d'un examen attentif du cas dont il s'agit, corroboré par l'expérience résultant de faits analogues précédemment observés, c'est là une tâche quelquefois si délicate, supposant une si profonde pénétration, en même temps qu'elle implique d'un autre côté une si grave responsabilité, que, depuis que l'usage s'est introduit de poser de semblables questions aux médecins, on a eu soin de fixer les règles précises que doit observer celui qui a mission d'y répondre. Mais on a reconnu qu'à cet égard les résultats ne répondaient souvent que fort imparfaitement aux efforts faits pour arriver au but désigné.

Le point incontestablement le plus difficile à décider en pareille matière, c'est si telle blessure, qui certainement dans telles circonstances données aura entraîné la mort, l'entraînera aussi dans d'autres. Il s'agit donc de décider quelles sont les blessures qui entraînent nécessairement la mort, celles qui ne sont mortelles que dans des circonstances données, enfin quelles sont les circonstances desquelles résulte pour ces blessures un tel caractère. Sans entrer ici dans les détails de toutes les distinctions que les professeurs de médecine légale, surtout ceux du dix-huitième siècle, ont proposé d'établir, nous nous bornerons à mentionner celle qui est plus généralement en usage aujourd'hui, à savoir : les blessures qui doivent nécessairement avoir entraîné la mort et qui portent en elles-mêmes l'indication des causes ayant amené la mort, et celles qui ne l'ont causée qu'accidentellement et auxquelles on ne peut dès lors attribuer qu'indirectement la mort. Dans la catégorie des blessures entraînant nécessairement la mort on a classé toutes celles que la physiologie de même que la chirurgie s'accordent à déclarer être inconciliables avec la continuation de la vie. On range dans l'autre catégorie celles que l'expérience indique comme n'ayant pas dû nécessairement amener la mort certaines circonstances étant données. Dans ce dernier cas, la *léthalité* est ou *nécessaire*, alors qu'il faut tenir compte de la constitution physique de l'individu blessé, de son âge, de son sexe, de son caractère, de ses habitudes, etc.; ou bien *accidentelle*, comme lorsque des circonstances indépendantes de la volonté de l'auteur de la blessure, par exemple le manque des secours de l'art, des moyens de transport peu rationnels, etc., etc., ajoutent tellement aux chances de mortalité, que la mort peut être considérée comme en devant nécessairement résulter. Ces différentes gradations, qui doivent toutes être prises en considération par le juge quand il lui faut dans une cause criminelle se prononcer sur une question de culpabilité, forment ce qu'on appelle les *degrés de léthalité*.

La division ainsi établie sur cette matière, et aux termes de laquelle certaines questions sont posées, dans diverses législations modernes, au médecin à qui la justice confie un mandat de cette espèce, questions auxquelles il est tenu de répondre explicitement, satisfait sans doute aux exigences de la théorie; mais elle ne facilite que bien faiblement, en raison de l'infinie variété des cas, la décision à rendre sur la nature et la portée possibles d'une blessure. Aussi est-ce là toujours une tâche extrêmement pénible et délicate pour un médecin. Le développement des motifs par lesquels il lui faut appuyer son opinion ne suppose pas en effet seulement une science profonde, elle exige encore autant de sagacité et de pénétration que de logique. C'est ainsi qu'il arrive souvent, dans des cas difficiles, de soumettre la décision des questions de *léthalité* à des corporations savantes et à des facultés.

LÉTHARGIE (du grec ληθαργία, sommeil profond). La léthargie a pour signe caractéristique un assoupissement profond accompagné de la suspension des sens, de tout mouvement volontaire et de tout ce que les fonctions vitales offrent d'apparent; celui qui en est atteint est dans un état de *mort apparente*. Après l'asphyxie, il est peu de maladies qui offrent autant d'exemples d'inhumations précipitées que celle-ci. Le réveil, ou la cessation de cet état morbifique, est caractérisé par l'oubli des impressions reçues, et parfois même des connaissances qu'on avait antérieurement acquises. Ce caractère n'est pas toujours constant : en effet, les *Mémoires de l'Académie royale des Sciences* parlent d'un homme qui, après avoir passé six mois dans un état de léthargie, demanda à son valet si les ordres qu'il lui avait donnés avant son attaque avaient été exécutés. Sauvages avait établi un genre pour cette maladie, de l'ordre des *comata* ou affections *soporeuses* : Pinel ne l'a considérée que comme un symptôme. En étudiant les signes qui la caractérisent, on voit qu'elle tient le milieu entre le *carus* et le *coma somnolentum*.

La durée de la léthargie est plus ou moins longue, elle peut être même de plusieurs mois ; en voici des exemples : Un jurisconsulte de Vesoul, dans la crainte de manquer un mariage, cachait avec soin qu'il était sujet à des attaques de léthargie. Cependant, de peur d'être enterré vivant, il en fit confidence au prévôt de la ville. Après la conclusion de son mariage, il fut longtemps en bonne santé, ce qui le porta à ne point faire confidence à sa femme de cette maladie. Il en résulta qu'à la première attaque qu'il en éprouva, celle-ci, le croyant mort, le fit mettre dans le cercueil; mais le prévôt, instruit de cet événement, arrive, l'en fait sortir, et grâce à lui le prétendu défunt vécut seize ans de plus. Bruhier raconte que Besse, maître en fait d'armes à Lyon, se trouvant aux eaux de Balaruc, pour une paralysie de la langue, eut une attaque de léthargie qui le plongea dans un état de mort subite. Sa femme s'opposa à son enterrement, et désira de le faire transporter dans son pays pour l'y faire enterrer. Les secousses de la voiture produisirent un tel effet sur Besse, qu'un soupir qu'il poussa fut le signal de sa résurrection. Il survécut à cet état de mort, qui avait duré trois jours. On lit dans un ouvrage, qui a pour titre les *Principaux Phénomènes de la Nature*, qu'un abbé, dans un accès de léthargie, fut cru mort et enfermé dans un cercueil avec un chat qu'il avait beaucoup aimé, et qui miaulait de toutes ses forces autour de la bière. Pendant qu'on portait le corps à son dernier asile, le léthargique revint à lui, et, se sentant lié en même temps qu'il entendait chanter les prières pour les morts, il devina son affreuse position ; après des efforts inouïs, il arrivait à dégager ses mains et pinça fortement le corps qui pesait sur sa poitrine : c'était le chat, qui se mit à miauler d'une manière épouvantable. Le convoi, qui s'arrête; l'on ouvre en tremblant le cercueil : le chat s'élance au dehors, et le ressuscité s'enfuit à toutes jambes vers la maison, traînant le drap mortuaire dont on l'avait enveloppé. Homberg, célèbre par ses travaux chimiques, lut, en 1707, à l'Académie royale des Sciences l'extrait d'une lettre hollandaise contenant l'histoire d'une léthargie extraordinaire. Le chagrin y donna lieu : l'assoupissement fut précédé d'une affection mélancolique de trois mois ; cet assoupissement dura ensuite six mois sans interruption, et pendant ce temps aucune marque de mouvement volontaire ni de sentiment. Au bout de ces six mois, cet homme, qu'on nomma *le dormeur de Hollande*, se réveilla, s'entretint avec tout le monde, et se rendormit vingt-quatre heures après. Les Mémoires de l'Académie royale des Sciences publiés en 1716 font mention de l'observation suivante sur un sieur Imbert Tatry, âgé de quarante-sept ans, d'un tempérament sec et robuste, qui, apprenant qu'un ouvrier avec lequel il avait eu une querelle s'était tué en tombant d'un bâtiment, se prosterna contre terre, et tomba en léthargie. Le 26 avril 1715 il fut transporté à La Charité, où il resta jusqu'au 27 août (quatre mois). Les deux premiers mois, il ne donna aucune marque de mouvement ni de sentiment volontaire ; ses yeux nuit et jour restaient fermés ; souvent il remuait les paupières ; sa respiration était libre, aisée, son pouls petit, lent, mais égal ; quand on mettait ses bras dans une position, ils la conservaient. Les saignées des pieds, des bras, l'émétique, les purgatifs, les vésicatoires, les sangsues, etc., ne produisirent d'autre effet que celui de pouvoir parler un jour entier à sa famille; il retomba ensuite dans son assoupissement, qui dura deux autres mois. Cette espèce de léthargie peut être considérée, suivant nous, comme un *carus* ou *sommeil cataleptique*.

La léthargie cesse parfois sans aucun secours de l'art; mais comme elle offre les apparences de la mort pendant un temps plus ou moins long, et qu'elle peut donner lieu à des inhumations de personnes vivantes, il est bon d'y remédier. On doit chercher à réveiller l'action vitale en plaçant le corps dans un endroit frais, on le frictionnant sur tous les points, principalement sur la colonne vertébrale, avec une brosse ou un morceau de laine rude. On doit chatouiller les lèvres, les narines et le gosier avec la barbe d'une plume ; faire respirer l'ammoniaque et le vinaigre très-fort, sans cependant insister trop sur ces deux moyens; les aspersions d'eau froide sur le visage et la poitrine sont très-utiles. Les sinapismes, les vésicatoires, le moxa, les commotions électriques, les secousses, la musique, les conclamations, peuvent opérer de bons effets; mais il faut que ces moyens soient longtemps continués.

JULIA DE FONTENELLE.

LÉTHÉ (du grec λήθη), fleuve d'*oubli*, ainsi que son nom l'indique, avait sa source dans les enfers des païens. C'était le seul, entre les fleuves de feu, de fange ou de larmes dont l'horreur ajoutait à celle du pays des ténèbres, qui coulât doux, indolent, sans bruit, comme une nappe d'huile ; le seul où les ombres aimassent à se plonger et à boire l'oubli des maux. Il séparait le Tartare des Champs Elysées. C'était sur la rive fleurie et verdoyante qui bordait ces plaines fortunées que les ombres après mille ans venaient boire les longs oublis des peines de leur vie passée, pour recommencer une nouvelle existence, ou plutôt une nouvelle épreuve, de nouvelles infortunes, au milieu de la perversité humaine, toujours croissante ; lamentable palingénésie, cercle éternel de douleurs renaissantes, triste destinée de l'homme. Le mélancolique Virgile met cette réflexion affligeante dans la bouche d'Énée, descendu vivant sur les bords du fleuve d'oubli : « Hélas ! dit-il à Anchise, son père, est-il possible que ces insensés désirent avec tant d'ardeur de revoir la lumière et qu'ils aient tant d'amour pour cette malheureuse vie ! »

Il y avait aussi une rivière d'Afrique du nom de *Léthé*, qui se jetait dans la Méditerranée et se perdait entre les sables des Syrtes. Comme à une certaine distance de sa source cette rivière s'enfonçait sous terre pour reparaître non loin de la ville de Bérénice, on la croyait une onde infernale. En Béotie, des voyageurs ont pensé avoir retrouvé le fameux antre du devin Trophonius, et avec lui le ruisseau Léthé, dont les eaux, bues par les consultants, effaçaient de leur esprit toute idée profane.

La Crète eut aussi son Léthé, dont les ondes firent oublier à Hermione ses infortunes, celles de sa famille et de Cadmus, son mari. Enfin, il y avait en Espagne, dans la Bétique, un fleuve de ce nom, et un autre dans la Lusitanie : le premier se nomme Guada-Létg, en arabe *gua* signifiant *fleuve*. Il se jette dans la baie de Cadix. On pense que le Léthé du Portugal est le Lima, qui passe à Puente, entre le Minho et le Douro. Les soldats de D. Brutus, qui mit sous la domination romaine la Lusitanie jusqu'à l'Océan, épouvantés du nom sinistre de ce fleuve, refusèrent de le traverser. Brutus, saisissant une enseigne, s'y jeta le premier, et fit voir à ces superstitieux que cette rivière n'avait d'infernal que son nom.

DENNE-BARON.

LETHIÈRE (GUILLAUME-GUILLON), né à Sainte-Anne (Guadeloupe), en 1760, vint très-jeune à Paris, étudia la peinture sous Doyen, et au concours de 1784 fut envoyé à Rome, quoiqu'il n'eût obtenu que le second prix. A son retour, il fonda sa réputation en France par quelques bons tableaux, dirigea pendant dix ans l'École de Rome, et ouvrit à Paris, en 1822, un atelier qui fut suivi par de nombreux élèves. Lethière est mort en 1832; il avait été nommé membre de l'Institut en 1825, et peu de temps après professeur à l'École des Beaux-Arts. Le Musée du Louvre possède son meilleur tableau, *Brutus condamnant ses fils à la mort*.

LÉTHIFÈRE (du latin *lethum*, la mort, et *fero*, je porte), qui donne la mort. *Voyez* DÉLÉTÈRE, POISON et TOXICOLOGIE.

LETOURNEUR *de la Manche* (CHARLES-LOUIS-FRANÇOIS-HONORÉ), né à Granville, en 1751, entra en 1768 dans le génie militaire, où il obtint rapidement le grade de capitaine et la croix de Saint-Louis. Quand éclata la révolution, il en embrassa avec ardeur les principes, et fut envoyé par son département à l'Assemblée législative en 1791, et à la Convention en 1792. Comme député, il s'occupa surtout de l'organisation de l'armée et de l'administration militaire, et fut un des plus utiles auxiliaires de Carnot. Dans le procès de Louis XVI, il vota d'abord pour l'appel au peuple, puis pour la mort du roi et le rejet du sursis. Dans les différentes missions dont il fut chargé à cette époque, il se distingua par sa modération, et montra toutes les qualités d'un bon administrateur. Au mois d'octobre 1796, il fut appelé à faire partie du Directoire exécutif, dont il devint président, et donna sa démission en 1797, par complaisance, dit-on, pour ses collègues. Nommé alors inspecteur général de l'artillerie, il fut mis en non-activité après le 18 fructidor. En 1800, on lui donna la préfecture de la Loire-Inférieure, qui lui fut retirée en 1804, après quelques discussions avec Bonaparte. Letourneur fit partie de la cour des comptes en qualité de conseiller, de 1810 à 1814; destitué lors de la première Restauration, il recouvra sa place aux cent jours, fut banni en 1816 comme régicide, et mourut l'année suivante, en exil, à Laeken, près de Bruxelles.

LETRONNE (JEAN-ANTOINE), savant philologue et antiquaire français, membre de l'Académie des Inscriptions, mort le 14 décembre 1848, directeur des Archives nationales, était né à Paris, le 25 janvier 1787. Son père, graveur sans renom, le destina d'abord à la carrière des arts, et l'envoya dès l'âge de sept ans à l'atelier de David ; puis, s'apercevant qu'il montrait plus d'aptitude pour l'étude des sciences, il le poussa à l'École Polytechnique, et lui fit faire les travaux préparatoires qui y conduisent. Mais la mort prématurée de ce père, qui laissait sa jeune famille sans ressources, força Letronne à renoncer encore à cette direction, en le mettant dans la nécessité de travailler pour vivre avant de travailler pour étudier. Mentelle lui tendit alors une main secourable, lui procura des leçons en ville et lui assura un fixe de 300 francs par an pour faire des recherches relatives à la géographie, science dont à cette époque il avait en France la spécialité et en quelque sorte le monopole. Avec ces faibles ressources, Letronne trouva moyen non-seulement de secourir sa mère et son jeune frère, mais encore de perfectionner son éducation. Il était l'un des auditeurs les plus assidus des cours du Collége de France, notamment de celui de Gail, s'initiant ainsi à la connaissance de la langue et de la littérature grecques, qui devaient lui dévoiler les secrets de l'antiquité. Grâce aux relations toutes scientifiques et littéraires qu'il s'était ainsi créées, le jeune Letronne, recommandé, à l'âge de vingt-trois ans, à un riche et savant étranger pour remplir auprès de lui les fonctions de secrétaire, l'accompagna pendant les années 1810, 1811 et 1812 dans un voyage en Italie, en Suisse, en Allemagne et en Hollande.

A son retour à Paris il reprit ses studieuses habitudes, mais pour recommencer en quelque sorte son éducation et se perfectionner dans la connaissance des langues classiques et des mathématiques. L'année suivante, il publiait le premier fruit de ses longs travaux : *Essai sur la topographie de Syracuse* (Paris, 1813), qui le signala immédiatement à l'attention du monde savant; et bientôt on l'accabla de travaux, de missions et d'emplois littéraires. En 1815, le gouvernement le chargea d'achever la traduction de Strabon, commencée par Laporte du Theil; et l'ordonnance royale qui, en 1816, réorganisa l'Institut, le comprit dans la classe des Inscriptions et Belles-Lettres. En 1819 il était nommé inspecteur général de l'université, fonctions qu'il remplit jusqu'en 1832, époque où il fut appelé à celles de conservateur du Cabinet des antiques à la Bibliothèque royale et de président du Conservatoire de cet établissement. En 1831 il avait été appelé à la chaire d'histoire du Collége de France, qu'en 1838 il échangeait contre celle d'archéologie; et en 1840 il succédait à Daunou dans les fonctions de garde général des archives du royaume. De tous les ouvrages dont on est redevable à ce savant, celui qui produisit la plus vive sensation à l'étranger est son *Mémoire sur la statue vocale de Memnon*, considérée dans ses rapports avec l'Égypte et la Grèce (in-4°, 1833). Nous citerons encore : *Recherches géographiques et critiques sur le livre du moine Dicuil, intitulé* De Mensura orbis Terræ (Paris, 1814); *Recherches pour servir à l'histoire de l'Égypte pendant la domination des Grecs et des Romains* (1823); *Observations critiques et archéologiques sur l'objet des représentations zodiacales qui nous restent de l'antiquité* (1824); *Tabulæ octo numerorum, ponderum, mensurarum apud Romanos et Græcos* (1825); *Fragments des Poèmes géographiques de Scymnus de Chio et du faux Dicéarque* (1840); *Recueil des inscriptions grecques et latines de l'Égypte* (5 vol. in-4°). On doit aussi à Letronne une édition complète des œuvres de Rollin (30 vol. in-8°; Paris, 1820), enrichie de précieux commentaires historiques.

LETTRE (du latin *littera*). On appelle ainsi les caractères de l'alphabet, les signes de l'écriture, les éléments représentatifs des émissions de la parole. L'histoire de ces signes est l'histoire de l'écriture.

On les divise en *voyelles* et en *consonnes*. La manière de les articuler les fait distinguer en *labiales*, *linguales*, *gutturales*, *sifflantes* et *chuintantes*.

Dans l'imprimerie et dans les manuscrits, on distingue les lettres *majuscules* et les lettres *minuscules*; les *lettres de deux points*, les *lettres ornées*, les *lettres blanches*, les *lettres grises*, les *lettres perlées*, etc. (*voyez* CARACTÈRE [*Typographie*]).

Avant l'invention des chiffres arabes, les lettres servaient aussi à marquer les nombres. On les emploie encore quelquefois à cet usage; notamment celles qui constituent les *chiffres romains*, et dans ce cas, on les nomme aussi *lettres numérales*.

Dans un grand nombre de cas, le mot *lettre* est employé au figuré ou proverbialement. Ainsi, quand on a négligé d'expliquer une chose suffisamment, on dit qu'il faut au lecteur *à la lettre* pour la comprendre, c'est-à-dire qu'il faut y ajouter du sien, pour en faciliter l'intelligence. De même, quand quelqu'un, en lisant, en dit plus qu'il n'y a dans le livre, on dit de lui qu'il ajoute *à la lettre*. *Lettre* se prend souvent par opposition à *esprit*. *A la lettre* se dit en parlant du sens, de la pensée, que contiennent des caractères. Saint Augustin a fait un traité sur la Genèse *à la lettre* : *De Genesi ad litteram*. Dans le même sens on a dit et répété qu'il est bien difficile d'expliquer toute l'Écriture *à la lettre*, *au pied de la lettre*. Il en est de même de ces paroles de Fléchier : « On s'attache aux dehors, on se tient *à la lettre*, et l'on ne va point jusqu'à l'esprit de la loi. » Enfin, cette locution s'emploie en parlant du sens littéral, par opposition au sens figuré, comme lorsque saint Paul dit : La *lettre* tue; mais l'esprit vivifie.

[Depuis l'origine de l'art monétaire, on rencontre sur les monnaies de presque tous les peuples une ou plusieurs lettres isolées, dont l'interprétation a exercé la sagacité des savants. Les lettres qui se trouvent sur les pièces grecques les plus anciennes sont une abréviation des noms des peuples, villes ou rois qui les ont fait frapper. Sur les monnaies impériales, en potin ou en bronze, fabriquées à Alexandrie, les lettres numérales marquent l'année du règne de l'empereur dont l'image y est représentée. Les grands et les moyens bronzes romains se distinguent des monnaies coloniales de la même époque par les deux lettres S. C. (*senatus consulto*), formule qui servait à les légitimer, et relatif, l'autorisation du sénat. Parmi les monnaies consulaires d'argent, il existe certains types qui portent toujours une lettre dans le champ, et qui reproduisent successivement toutes celles de l'alphabet : on en a réuni des séries complètes. Ces lettres ont donné lieu à beaucoup d'explications diverses, dont aucune n'a paru satisfaisante. L'hypothèse la plus plausible est qu'on peut les considérer comme des numéros d'ordre pour désigner le coin, l'atelier ou l'ouvrier. Les lettres isolées qui apparaissent sur les petits bronzes du Bas-Empire, et qui se montrent bientôt après sur l'or, l'argent et le billon, sont également un problème dont la solution jetterait beaucoup de lumière sur la numismatique de cette époque. Plus tard, ces lettres se groupent, et l'on peut reconnaître les nombreux ateliers monétaires qui se formaient dans les provinces de l'empire : ceux des Gaules sont établis à Arles, à Lyon et à Trèves, et se distinguent par les initiales A R, L V G, T R. Depuis le règne de Constantin, les empereurs chrétiens placent dans le champ de leurs monnaies l'A et l'Ω, symbole du Dieu qu'ils adorent, et cet usage se conserve longtemps, car on le retrouve non-seulement sous la première et sous la seconde race de nos rois, mais même jusque sous la troisième. Lorsque l'usage commence à se perdre d'indiquer sur les monnaies le nom des lieux où elles sont frappées, on en conserve du moins les initiales; mais cet usage n'est pas toujours observé, et les maîtres des monnaies, afin de pouvoir altérer librement le titre des pièces de leur fabrication, s'abstiennent de tout ce qui servirait à en constater l'origine.

François 1er, pour remédier à ces abus, ordonne, le 14 janvier 1539, de mettre pour toutes les pièces que l'on frappera à l'avenir une lettre de l'alphabet, tant du côté de la croix que du côté de la pile. Les différents hôtels des monnaies existants alors eurent chacun une lettre conventionnelle et particulière. Cet usage s'est perpétué jusqu'à nos jours.

Mis DE LAGRANGE, sénateur.]

Dans un autre sens, on entend par *lettres* en général les écrits en prose que l'on envoie à ses connaissances, pour s'entretenir un moment avec elles, répondre à des choses qu'elles nous ont demandées, ou leur faire part de quelque nouvelle. Les lettres dans ce cas sont une sorte de conversation entre personnes absentes. Les *épîtres*, les *dépêches*, les *missives*, les *circulaires* sont autant de variétés de lettres (*voyez* ÉPISTOLAIRE [*Genre*]).

Les lettres des particuliers sont transportées par l'administration générale des postes dans toute l'étendue de l'empire moyennant l'acquittement d'une taxe fixe, qui depuis 1854 est de 30 centimes pour toute la France et de 15 centimes pour la correspondance intérieure de Paris. L'af-

LETTRE — LETTRE DE CACHET

franchissement, qui est facultatif, réduit encore cette taxe à 20 et à 10 centimes ; le but de cette prime accordée à la lettre affranchie est de généraliser un usage qui a produit d'immenses résultats en Angleterre et en Belgique. En outre les lettres dont le poids dépasse 7 grammes et demi payent le double de la taxe ; le triple depuis 15 grammes jusqu'à 30, etc. Les lettres *chargées*, c'est-à-dire revêtues d'une formalité qui offre aux correspondants une garantie exceptionnelle, doivent être affranchies préalablement et payer une surtaxe de 20 centimes. Une indemnité de cinquante francs est attachée à la perte par l'administration d'une lettre chargée.

La correspondance des citoyens entre eux doit être une chose sacrée. Les magistrats seuls ont le droit de faire ouvrir les lettres à la poste. La cour de cassation a en outre reconnu ce droit au préfet de police comme officier de police judiciaire.

Lettre s'est dit aussi autrefois de toutes sortes d'actes. Il nous en est resté l'expression de *contre-lettres*.

LETTRE (Avant la). *Voyez* ÉPREUVE (*Beaux-Arts*).

LETTRE CLOSE. On appelle ainsi une lettre du chef de l'État et scellée de son sceau. Les députés sont convoqués par lettres closes. Les *lettres de cachet* se nommaient primitivement *lettres closes*, ou *clauses*. On emploie encore ce mot figurément pour exprimer certaines choses qu'on ignore, ou un secret qu'on ne peut ou qu'on ne doit pas pénétrer.

LETTRE DE CACHET. On donnait jadis ce nom à toutes les lettres revêtues du cachet particulier du roi. On les appelait aussi *lettres closes*, pour les distinguer des *lettres patentes*, scellées par le chancelier du grand sceau de l'État. Mais ce mot devint au dix-septième siècle synonyme de *détention arbitraire*. Les lettres de cachet, d'abord appliquées à l'administration judiciaire et dont l'effet était d'entraver le cours de la justice, eurent pour effet de rendre impuissantes les lois qui punissaient les actes de violence qualifiés crimes ou délits. Un gentilhomme pauvre, *mais bien en cour*, voulait-il s'enrichir par un mariage, il enlevait une jeune et opulente héritière ; une lettre de cachet imposait silence à la puissance paternelle et sanctionnait cette double violation des droits de propriété et de famille : et il était si facile d'obtenir de semblables lettres, toujours à la disposition d'un chambellan, dépositaire du cachet royal ! Nos recueils de législation sont remplis d'ordonnances qui frappent de nullité les lettres closes ou de cachet. Cependant cet abus se perpétua de règne en règne une fois et effrayante progression. Les états généraux d'Orléans s'occupèrent de la réformation de cet abus. L'article 3 de l'ordonnance *touchant la noblesse* dispose : « Et parce qu'aucuns, abusant de la faveur de nos prédécesseurs, par importunité ou plutôt subrepticement, ont obtenu quelquefois des *lettres de cachet*... en vertu desquelles ils ont fait séquestrer des filles, et icelles épouser ou fait épouser contre le gré et vouloir des pères et mères, parents, tuteurs et curateurs, chose digne de punition exemplaire, enjoignons à tous juges procéder extraordinairement et comme en crime de rapt, contre les impétrants et ceux qui s'aideront de telles lettres, sans avoir aucun égard à icelles. » Les lettres de cachet ne furent jamais plus multipliées que sous le ministère du cardinal de Fleury. On a évalué à 80,000 celles qui ont été lancées sans jugement, sans la même aucune espèce de poursuite judiciaire contre les jansénistes et les convulsionnaires. On en a d'abord abusé, comme nous l'avons dit, pour favoriser des mariages contre le gré des jeunes filles et de leurs parents, puis pour exiler, emprisonner, proscrire les dissidents en matière de croyance religieuse ; enfin, contre les gens de lettres, et souvent pour satisfaire les vengeances et les passions particulières. Ce n'était pas assez des pénalités injustes prononcées contre les protestants par l'édit de révocation, des dragonnades et de tous les actes de violence autorisés par cet édit, les lettres de cachet mirent le comble à tant d'iniques vexations. Par lettres de cachet les enfants étaient enlevés à leurs parents et renfermés dans les couvents pour être convertis, les épouses séparées de leur époux. Malheur aux domestiques dont les maîtres redoutaient l'indiscrétion ! C'était aussi avec des lettres de cachet que l'on proscrivait en masse toute la haute magistrature, les parlements, les membres les plus influents des pays d'états. Les registres des ministres étaient autant de tables de proscription où se confondaient chaque jour les noms les plus illustres et les plus obscurs ; point de courtisan qui n'eût dans sa poche son lot de lettres de cachet signées en blanc ; et les malheureuses victimes arrachées brutalement à leurs familles, à leurs amis, aux objets de leurs plus chères affections, s'écriaient : *Ah ! si le roi le savait !* Mais les ministres, les courtisans et les favorites avaient persuadé aux monarques que les lettres de cachet étaient nécessaires pour sauver l'honneur d'une famille compromis par *un mauvais sujet* ou par *l'imprudence* d'une femme adultère, ou par les plaintes d'une jeune victime de la séduction. Ainsi, on ne craignait pas d'accuser les lois d'impuissance. Les rois n'ont pas ignoré l'usage scandaleux que de perfides courtisans faisaient de leur signature. Le duc de Vivonne osa révéler à Louis XIV les déplorables conséquences du plus monstrueux des abus, et Louis XIV s'était borné à lui répondre : « On en a ainsi usé dans tous les temps. » Le même ministre qui avait le département des lettres de cachet en 1723 conserva son portefeuille jusqu'en 1775. Il n'y a pas d'exemple d'une aussi étonnante et aussi désastreuse longévité ministérielle. Ce ministre émérite était M. de La Vrillière. Sa maîtresse, qu'il avait fait marquise de Langeac, tenait avec le chevalier d'Arc bureau ouvert de lettres de cachet à 25 louis chacune ; c'est un fait attesté par tous les mémoires de l'époque. Malesherbes n'osa pas effectuer l'abolition absolue et irrévocable des lettres de cachet ; il essaya seulement d'établir un bureau composé de quelques magistrats pour l'examen des *demandes* de lettres de cachet. Mais il ne put pas même réaliser ce projet, de l'aveu de Sénac de Meilhan, son ami, leur nombre se réduit *à deux*. Le baron de Breteuil, l'un de ses successeurs, crut y suppléer par une circulaire aux intendants des provinces. On y remarque les exceptions proposées par Malesherbes en faveur des familles qui, pour prévenir leur *déshonneur*, demanderaient des lettres de cachet. On retrouve encore les mêmes dispositions dans une lettre de Vergennes au lieutenant général de police, pour soustraire à la juste sévérité des lois, à l'autorité des magistrats, un homme accusé publiquement de rapt, de vol et d'assassinat, « pour éviter, dit le ministre, le déshonneur que sa famille n'a que trop lieu de redouter. » Une lettre de cachet confina le coupable à Bicêtre, où il ne resta que peu de temps ; et l'on s'entretenait encore du triple crime qui lui était imputé quand on le vit se promener à Paris en pleine liberté (1785). . Ce *scélérat*, comme l'appelle avec raison M. de Vergennes, avait obtenu sa liberté pour prix des services qu'il rendit à la police. Ce fut aussi pour l'honneur de sa famille et du corps des officiers de la maison du roi, que le seigneur de Montchenu, mestre de camp de cavalerie, écuyer du roi, fut mis à la Bastille par une lettre de cachet : il avait tué d'un coup d'épée son valet de chambre, en 1744. Sa détention fut de courte durée ; il reprit son grade et sa place à la cour, et le 6 mars 1750 une seconde lettre de cachet le ramena à la Bastille : il avait tué son nouveau valet de chambre ; il ne resta pourtant que quelques jours à la Bastille : entré le 6 mars, il en sortit le 20.

Toutes les lettres de cachet étaient formulées dans les mêmes termes, avec une seule variante ; elles indiquaient le nom du lieu d'exil ou celui de la prison : citer les termes d'une seule, c'est citer les termes de toutes : « Monsieur le marquis de Launay, je vous fais cette lettre pour vous dire de recevoir dans mon château de la Bastille le sieur...... et de l'y retenir jusqu'à nouvel ordre de ma part. Sur ce, je prie Dieu qu'il vous ait, monsieur le marquis de Launay, en sainte garde. » Suivent la date et la signature de sa majesté.

Il n'a fallu rien moins qu'une révolution pour abolir les lettres de cachet et délivrer toutes les victimes du despotisme ministériel; la France ne les avait pas oubliées, et tous les cahiers des assemblées électorales de France imposèrent aux députés aux états généraux le devoir de *supprimer* par une loi irrévocable les lettres de cachet : ce mandat est consigné dans les cahiers des trois ordres. Ce fut aussi une des premières affaires dont s'occupa l'Assemblée nationale. Elle créa un comité spécial chargé de se faire rendre compte de tous les détenus par lettres de cachet. Une loi du 15 janvier 1790 en ordonna l'abolition et la mise en liberté de tous ceux qui en avaient été frappés. Toutes les détentions arbitraires ont été formellement abolies par toutes les constitutions qui se sont succédé.

DUPEY (de l'Yonne).

LETTRE DE CHANGE. La *lettre de change* est le titre d'une délégation en vertu de laquelle une personne (le *tireur*) transporte à une autre une somme d'argent payable par un tiers (le *tiré*), dans un autre lieu et à une époque fixée. Ce transport s'accomplit par une simple *acceptation* sous seing privé, timbrée, du tiers au débiteur.

« La lettre de change, dit le Code de Commerce, est tirée d'*un lieu sur un autre;* elle doit être datée; elle doit énoncer la somme à payer, le nom de celui qui doit payer, l'époque et le lieu où le payement doit s'effectuer, la valeur fournie en espèces, en marchandises, en compte ou de toute autre manière. » Le transport d'une lettre de change s'opère par une simple mention au dos de la lettre, signée par le propriétaire, et le nouveau cessionnaire peut la transmettre à son tour. Tous les débiteurs d'une lettre de change, négociants ou non, sont solidaires envers le porteur, peuvent être poursuivis collectivement, et sont tous soumis à la contrainte par corps; enfin, ces lettres ont la même authenticité que les actes publics notariés. Ainsi entourées de garanties, on ne sera point étonné qu'elles soient devenues de véritables signes représentatifs de la monnaie et un moyen de circulation puissant et prompt.

L'échéance de la lettre de change peut être à une époque fixe, ou à tant de jours, à tant de mois, à tant d'*usances de la date*. Elle peut être aussi *à vue* ou à tant de jours, tant de mois ou d'usances de vue, ou *en telle foire*. L'*usance* est un délai de trente jours, non compté celui de la date de la lettre de change. Les mois se comptent d'après le calendrier grégorien. Ainsi, des lettres à un mois de date, du 28, du 29, du 30 ou du 31 janvier sont également à échéance le 28 février dans les années bissextiles. La lettre de change *à vue* est échue et payable dès sa présentation. L'échéance d'une lettre à un ou plusieurs jours, à un ou plusieurs mois, à une ou plusieurs usances *de vue*, court du lendemain de sa présentation, constatée par l'acceptation du débiteur ou par le protêt qui contient son refus. Une lettre payable *en foire* est échue la veille du jour de la clôture de la foire, ou le jour même de la foire si elle ne dure qu'un jour. Si l'échéance d'une lettre de change est à un jour férié légal, elle est payable la veille. Celui qui paye une lettre de change avant son échéance est responsable de la validité du payement. S'il l'a payée à son échéance et sans opposition, il est présumé valablement libéré. Le porteur d'une lettre de change ne peut être contraint d'en recevoir le payement avant l'échéance; mais il doit en exiger le payement le jour même de son échéance. Le refus de payement doit être constaté le lendemain du jour de l'échéance, par un acte que l'on nomme *protêt faute de payement*. Si ce jour est un jour férié légal, le protêt est fait le jour suivant. Dans le cas de faillite de l'accepteur d'une lettre d'échéance, le porteur peut faire protester et exercer son recours. C. PECQUEUR.

Les lettres d'enchaînement n'ont pas été connues des anciens. C'est aux juifs qu'on en attribue l'invention. On prétend que, s'étant réfugiés en Lombardie, après avoir été chassés de France sous les règnes de Philippe-Auguste, en 1181,
et de Philippe le Long, en 1316, ils donnèrent à des voyageurs des lettres, portant ordre aux dépositaires des fonds qu'ils n'avaient pu emporter de les remettre à ces voyageurs, qui leur en avaient compté la valeur; d'autres l'attribuent aux Florentins, chassés d'Italie par les gibelins. Les Florentins réfugiés en France y introduisirent en effet l'usage des lettres de change, que les négociants de Lyon paraissent avoir été les premiers à adopter. Aujourd'hui les négociants qui ont des dettes à payer dans les lieux éloignés achètent ou prennent des lettres de change aux personnes auxquelles il est dû des fonds dans ces mêmes lieux, et ils y envoient ces lettres en payement de ce qu'ils y doivent. Par ce moyen, l'argent que les négociants d'un pays quelconque doivent dans l'étranger ne sort pas de ce pays, et sert à payer les dettes qui y ont été contractées par les étrangers sur lesquels ils prennent des lettres de change, et réciproquement ces derniers, en acquittant les lettres tirées sur eux, acquittent dans leur pays les dettes que les étrangers y avaient contractées. Edmond DEGRANGE.

LETTRE DE CRÉANCE. *Voyez* CRÉANCE.

LETTRE DE CRÉDIT. *Voyez* CRÉDIT (Ouverture, Lettres de).

LETTRE DE GAGE. *Voyez* CRÉDIT FONCIER.

LETTRE DE MARQUE. On appelle ainsi un acte du gouvernement contenant l'autorisation donnée à un particulier d'armer et équiper en guerre un navire pour courir sur les vaisseaux des puissances ennemies. Les lettres de marque ne peuvent être accordées que par le ministre de la marine, si ce n'est dans les colonies, où les gouverneurs ont aussi le même droit. Elles ne doivent être délivrées qu'à des nationaux du gouvernement qui les donne, et pour une durée déterminée. Les bâtiments ainsi armés en c o u r s e sont réputés bâtiments de guerre, et ont le droit d'invoquer les lois de la guerre. La lettre de marque fait la différence du c o r s a i r e au p i r a t e.

LETTRE DE RECRÉANCE. Lettre qu'un prince envoie à son ambassadeur ou ministre pour la présenter au prince d'auprès duquel il le rappelle. Les lettres qu'un prince remet à l'ambassadeur, au ministre plénipotentiaire ou au chargé d'affaires, qui prend congé de lui en vertu d'ordres de son souverain, et qui sont adressées à ce souverain, sont également des *lettres de recréance*.

LETTRE DE SERVICE. On donne ce nom à la lettre ministérielle par laquelle un officier en disponibilité est appelé à remplir les fonctions de son grade.

LETTRE DE VOITURE. C'est l'écrit constatant les conditions auxquelles doit être effectué le transport des choses dont un voiturier est chargé. La lettre de voiture doit être datée. Elle doit exprimer la nature et le poids ou la contenance des objets à transporter, le délai dans lequel doit être fait le transport, le domicile du commissionnaire par l'entremise duquel le transport s'opère s'il y en a un, le nom de celui à qui la marchandise est adressée, le domicile du voiturier. Elle énonce le prix de la voiture, l'indemnité due pour cause de retard. Elle est signée par l'expéditeur ou le commissionnaire. Elle présente en marge les marques ou numéros des objets à transporter. Elle est copiée par le commissionnaire sur un registre coté et paraphé, sans intervalle et de suite.

LETTRES, BELLES-LETTRES. On appelle *belleslettres* la grammaire, l'éloquence et la poésie. L'histoire, la critique, etc., rentrent à quelques égards dans le domaine des belles-lettres. « Les lettres, dit Cicéron, forment la jeunesse et font les charmes de l'âge avancé. La prospérité en est plus brillante, l'adversité en reçoit des consolations, et dans nos maisons, dans celles des autres, dans les voyages, dans la solitude, et les lettres, en tous lieux, elles font la douceur de notre vie. » Les lettres et les sciences ont entre elles l'enchaînement le plus étroit. Celles-ci servent de clef à celles-là, et les sciences de leur côté concourent à la perfection des lettres, qui ne feraient que bégayer si l'esprit philosophique ne les animait pas. (*voyez* LITTÉRATURE.)

On appelle *république des lettres* le corps des gens de lettres en général, considérés comme s'ils faisaient une nation.

LETTRES (Faculté des). *Voyez* FACULTÉS (*Enseignement*), tome IX, p. 249.

LETTRES (Hommes de), GENS DE LETTRES. La désignation d'*hommes de lettres* est d'origine romaine, mais, ainsi que la plupart des mots fréquemment employés parmi nous, elle a subi de grandes modifications. Les premiers hommes de lettres chez les Romains furent des Grecs, des rhéteurs. On sait quelle fut leur mission au milieu de ce peuple soldat. Leur influence devint plus grande à mesure qu'avança la décadence. Néron, Claude, Caligula étaient des hommes de lettres. Julien le fut aussi. Dans le nouveau monde chrétien, les gens de lettres, mêlés au clergé, servirent la cause de la civilisation tout en perpétuant l'antique tradition des sophistes. Sous le règne de la force féodale, on vit les lettres se réfugier dans les couvents et les monastères, ou vivre dans les châteaux pour amuser les loisirs des jouvencelles et des suzeraines et tenir l'étrier des barons. De là ce caractère théologique ou servile qui se mêle bientôt à la nouvelle littérature de l'Europe; position sans indépendance et sans honneur, qui se continue à travers les siècles. Les gens de lettres appartiennent à ceux qui les nourrissent, comme les anciens esclaves appartenaient à leur maître. Pour qu'un homme littéraire comptât dans l'ordre social, il fallait qu'il se rangeât sous la bannière de l'Église : alors le prix qu'il acquérait venait non pas de lui, mais du corps puissant dont il devenait membre. Sous Louis XIII on disait encore : *Voiture est à M. un tel*. Les beaux esprits de Richelieu vivaient autour de lui, dans une sorte de domesticité. Louis XIV rendit leur position plus éclatante, mais non plus sûre; et lorsque, sous les règnes suivants, ils s'aperçurent que le peuple les écoutait et les suivait, mais qu'ils n'avaient aucune part au pouvoir et à la richesse publique, ils se courroucèrent; ils demandèrent la révolution à grands cris. Le tiers état renforça la population des gens de lettres, qui depuis cette époque acquièrent en France une influence considérable : tout la monde aspira à cette distinction de l'esprit, à cette supériorité, vraie ou prétendue, des facultés intellectuelles. Il fallait encore des pensions, on avait encore des désirs. Bonaparte tint les gens de lettres sous sa main, comme Richelieu les y avait tenus. Avec la liberté, la condition des gens de lettres s'éleva à une hauteur qu'elle n'avait jamais connue. Le cours de ces trente dernières années nous les montre grandissant toujours en prestige et portés par l'opinion au premier échelon de l'ordre social. En même temps la rémunération du talent de l'écrivain, grâce au savoir-faire industriel du siècle, devenait prodigieuse, excessive même parfois. Véritables puissances dans l'État, les gens de lettres partageaient alors les splendeurs du journalisme, qui semble aujourd'hui les avoir enveloppés dans sa décadence, au moins quant au crédit et à l'autorité dans les choses publiques. Est-ce un mal? Est-ce un bien? Faut-il s'en affliger ou s'en réjouir? Il ne nous appartient pas de prononcer. Mais puisse cette situation ne pas aboutir précisément à celle du Bas-Empire, où la grammaire et la rhétorique triomphaient sur les débris du corps social en poudre! Philarète CHASLES.

LETTRES APOSTOLIQUES, nom que l'on a donné aux lettres des papes, appelées plus communément depuis plusieurs siècles *rescrits*, *brefs*, etc.

LETTRES DE GRÂCE. *Voyez* GRÂCE (Droit de).

LETTRES DE NATURALISATION. *Voyez* NATURALISATION.

LETTRES DOMINICALES. Substituées par les premiers chrétiens aux lettres nundinales des Romains, les *lettres dominicales* servent, dans le calendrier, à marquer le jour du dimanche tout le long de l'année. De là leur nom de *dominicales* (*Dominicus dies*, jour du Seigneur). Ces lettres sont les sept premières de l'alphabet, et il est évident que dans les années communes celle de ces lettres qui correspond au premier dimanche de l'année correspond également à tous les autres. Dans les années bissextiles, il y a nécessairement deux lettres dominicales, l'une servant depuis le 1er janvier jusqu'au 1er mars, et l'autre pour le reste de l'année.

D'une année à l'autre, les lettres dominicales, A, B, C, D, E, F, G, se succèdent dans un ordre rétrograde. En effet, l'année commune se compose de 365 jours, c'est-à-dire de 52 semaines plus un jour. Si donc le premier jour d'une année est un dimanche, le premier jour de l'année suivante est un lundi, et la lettre dominicale, qui était A dans le premier cas, devient G dans le second.

Au bout d'un *cycle solaire*, période de vingt-huit ans, les lettres dominicales se reproduisent dans le même ordre, du moins dans le calendrier Julien. Mais la réformation Grégorienne a apporté quelque changement à cet ordre, en supprimant trois années bissextiles par quatre siècles.

LETTRES DU SAINT-SÉPULCRE. *Voyez* ASSISES DE JÉRUSALEM.

LETTRES NUNDINALES. Les Romains nommaient ainsi les huit premières lettres de l'alphabet, dont ils se servaient dans leur calendrier, en les répétant successivement, depuis le premier jusqu'au dernier jour de l'année. Une de ces lettres marquait les jours de marché ou d'assemblée (en latin *nundinæ*, de *novem dies*, parce qu'il revenait tous les neuf jours). *Voyez* LETTRES DOMINICALES.

LETTRES PATENTES. On a désigné sous ce nom certains actes émanés de la personne du souverain, scellés du grand sceau, et contre-signées d'un secrétaire d'État. Le caractère spécial des *lettres patentes*, c'est qu'elles étaient autrefois délivrées ouvertes, à la différence des lettres closes ou de cachet, qu'on ne pouvait lire sans les ouvrir. Les lettres patentes étaient la forme la plus usitée par laquelle les rois témoignaient leur munificence ou rendaient la justice. C'est ainsi que se conféraient les titres nobiliaires, les dignités et récompenses, les grâces accordées aux villes, communes ou corporations, etc. La dénomination de *lettres patentes*, restreinte à un petit nombre de cas, s'applique encore à certains actes du pouvoir exécutif; elles offrent cette différence avec les lettres patentes de l'ancien droit, qu'elles ne sont plus sujettes à la vérification des tribunaux supérieurs.

LEUCADE, nom ancien d'une île du golfe de Venise, sur les côtes de la Livadie. Elle s'appelle maintenant *Sainte-Maure*, et n'est séparée du continent que par un canal de cent pas environ. On dit qu'elle tenait d'abord à la terre ferme : les Corinthiens, d'après cette version, auraient coupé l'isthme qu'i'y rattachait et bâti au bord du canal une ville qu'ils auraient nommée *Leucade*. Elle était célèbre dans l'antiquité par une cérémonie bizarre, connue sous le nom de *saut de Leucade*. Sur le promontoire était un temple d'Apollon; et une ancienne coutume voulait que tous les ans, à la fête du dieu, un criminel fût précipité du haut du rocher pour racheter les crimes du peuple et détourner les maux qui le menaçaient. Afin de rendre moins dangereuse la chute du malheureux, on enveloppait son corps de plumes, on y attachait quantité d'oiseaux ; de petites barques se rangeaient en rond au bas, et on tâchait d'y recevoir le patient. Si l'on parvenait à le sauver, on lui laissait la vie : on se contentait de le bannir.

Mais ce qui rendit surtout fameux le rocher de Leucade, c'est l'opinion répandue dans l'antiquité qu'en se précipitant du haut de ce rocher on se délivrait des tourments de l'amour. On l'appela pour cette raison *le Saut des Amoureux*. Vénus, disait-on, ne pouvant se consoler de la perte d'Adonis, et le chercher par toute la terre, l'avait trouvé enfin à Argos dans l'île de Chypre, au fond d'un temple d'Apollon. Le dieu la conduisit au haut du promontoire, et l'engagea à se précipiter de là. Après l'expérience, la déesse, se trouvant guérie de son amour, voulut en savoir la cause, et Apollon, en qualité de devin, lui apprit que Jupiter, toutes les fois qu'il sentait son amour pour Junon se rallumer avec trop d'ardeur, allait, pour en calmer la violence, s'asseoir sur ce rocher. Un grand nombre d'amants malheureux de l'un ou de l'autre sexe tentèrent ainsi de se guérir de leurs peines. Sapho est célèbre entre tous ceux qui eurent recours à ce moyen. Avant elle, Céphale, passionné pour Ptaola, avait tenté l'essai de ce périlleux remède. Deucalion même, s'il faut s'en rapporter à un poëte ancien, ne pouvant toucher le cœur de Pyrrha, aurait sauté du haut de Leucade, et se serait trouvé guéri de son amour, en même temps que l'indifférente Pyrrha aurait commencé de l'aimer. Calice, éprise d'un jeune homme nommé Évathlus, ayant prié Vénus de le lui donner pour époux, et voyant ses prières sans effet, alla se précipiter aussi du haut du rocher fatal. Il est à remarquer que parmi ceux qui se décidèrent à cette hasardeuse expérience il se trouve moins d'hommes que de femmes. Des auteurs ont prétendu qu'on faisait aussi ce saut pour apprendre des nouvelles de ses parents. Quelques-uns ont avancé que des gens donnaient ce spectacle à ceux qui voulaient les payer. Enfin, il paraît certain qu'on s'engageait par vœu à sauter du haut de ce promontoire.

LEUCHTENBERG, seigneurie de 28 kilomètres carrés, avec 6,500 habitants, située dans le haut Palatinat (Bavière), avec la petite ville de *Pfreimdt* pour chef-lieu, était autrefois un landgraviat, dont le titulaire avait, comme prince de l'Empire, siége et voix à l'ancienne diète, et qui en 1707 passa par héritage dans la maison de Bavière. En 1817 le roi Maximilien-Joseph de Bavière le céda avec une partie de la principauté d'Eichstædt, le tout formant une superficie d'environ 7 myriamètres carrés, avec une population de 24,000 âmes, à son gendre, Eugène Beauharnais, ancien vice-roi d'Italie, qui prit alors le titre de *duc de Leuchtenberg* et *prince d'Eichstædt*, en faisant abandon à la couronne de Bavière, en échange de ces domaines, de l'indemnité de cinq millions de francs à lui due par le royaume des Deux-Siciles pour ses dotations à Naples. Le duc obtint pour lui et ses successeurs, par ordre de primogéniture, le titre *d'altesse royale*; les autres membres de sa famille portent le titre de prince et de princesse, avec la qualification *d'altesse sérénissime*. La maison de Leuchtenberg prend rang en Bavière immédiatement après la famille royale, et en cas d'extinction de la ligne mâle elle arrive à la couronne par représentation de la ligne féminine.

De son mariage avec *Amélie-Auguste*, fille aînée du roi Maximilien-Joseph de Bavière, née le 21 juin 1788 et morte le 13 mai 1851, Eugène Beauharnais avait eu quatre fils, dont deux moururent en bas âge, et quatre filles. L'aînée de celles-ci, *Joséphine*, née en 1807, a épousé en 1822 le prince Oscar, aujourd'hui roi de Suède; la seconde, *Eugénie*, née en 1808, morte en 1847, avait épousé le duc de Hohenzollern-Hechingen ; la troisième, *Amélie*, est veuve de l'empereur du Brésil dom Pedro; la quatrième, *Théodelinde*, née en 1814, a épousé, en 1841, le comte Guillaume de Wurtemberg.

L'aîné des fils d'Eugène, *Charles-Auguste-Eugène-Napoléon*, né à Milan, en 1810, avait épousé, en 1835, la reine de Portugal dona Maria, et mourut à Lisbonne, du croup, le 28 mars de la même année, deux mois à peine après son mariage.

Le cadet, devenu chef de sa maison à la suite du décès de son frère aîné, *Maximilien-Eugène-Joseph-Napoléon*, était né le 2 octobre 1817, à Munich, et sous la direction, aussi sage qu'éclairée, de sa mère avait reçu l'éducation la plus solide. En 1837, son oncle, le roi Louis de Bavière, l'envoya assister aux grandes manœuvres de cavalerie exécutées par ordre de l'empereur Nicolas dans les plaines de Wossnosensk. Il y fut accueilli avec une extrême distinction par la famille impériale, et l'année suivante, ayant eu occasion de rencontrer à Kreuth, près de Tegernsée, l'impératrice de Russie et sa famille, des rapports plus intimes s'établirent de part et d'autre. Le 16 octobre, le prince partit pour Saint-Pétersbourg, où, le 4 novembre, il se fiança avec la grande-duchesse Marie, fille aînée de l'empereur. Son mariage fut célébré le 14 juillet 1839 ; et le lendemain parut un manifeste impérial accordant au duc, petit-fils adoptif de Napoléon, le titre *d'altesse impériale*, le grade de général-major dans l'armée russe, et constituant à la jeune duchesse et à ses descendants un riche apanage.

Après avoir longtemps souffert d'une maladie de poitrine, gagnée dans un voyage aux monts Oural, le jeune duc mourut, à Saint-Pétersbourg, le 20 octobre 1852. Les enfants issus de ce mariage sont *Maria-Maximilianofna*, née en 1841 ; *Nicolas Maximilianowitsch*, né en 1843; *Eugenia Maximiliowna*, née en 1845; *Eugène Maximilianowitsch*, né en 1847; *Sergéi Maximilianowitsch*, né en 1849; *Georges Maximilianowitsch*, né en 1852. Tous ces enfants ont été élevés dans la religion grecque et portent le titre *d'altesse impériale*. Comme membres de la famille impériale de Russie, l'empereur leur a en outre accordé depuis 1852 le nom de ROMANOFFSKI. Le duc de Leuchtenberg avait fait une étude toute particulière de la minéralogie. Il possédait de riches collections relatives à cette science, sur laquelle il a aussi écrit plusieurs dissertations, qui ont été publiées dans les Mémoires des Académies de Munich et de Saint-Pétersbourg, dont il était membre.

Son fils aîné, *Nicolas*, porte le titre de prince ROMANOFFSKI, *duc de Leuchtenberg* et *prince d'Eichstædt*, et siége en cette qualité dans la chambre des pairs de Bavière. Les possessions de la maison de Leuchtenberg qui étaient situées dans les États de Bavière ont été vendues au gouvernement pontifical pour une vingtaine de millions de francs, somme dont il a été fait immédiatement remploi en acquisition de la terre de Tamboff, située en Russie. Après de longues négociations, les domaines que cette maison possédait en Bavière ont été également revendus au gouvernement bavarois. Elle est donc devenue aujourd'hui complètement russe.

LEUCIPPE, philosophe de l'antiquité grecque, célèbre par l'invention du système des atomes. On ne connaît pas exactement le lieu de sa naissance, car Diogène de Laerte hésite entre Élée, Milet ou Abdère ; toutefois, on a donné la préférence à cette dernière ville, et on en fixe l'époque à l'an 370 avant l'ère vulgaire. S'il entendit dans son enfance les leçons de Pythagore, d'après le récit de Jamblique, ou s'il devint d'abord le disciple de Mélisus et de Zénon d'Elée, certes, il ne paraît guère avoir profité de leurs principes sur la cause première, puisque ces philosophes étaient théistes, tandis que Leucippe passe non-seulement pour l'un des fondateurs du matérialisme, mais pour un athée, comme Straton et Diagoras. Néanmoins, le stoïcien Posidonius refusait à Leucippe la gloire de l'invention du *système des atomes*, en prétendant que cette hypothèse philosophique appartenait à un Phénicien sous le nom de Mochus ou Moschus, lequel ne serait autre que Moïse, d'après Théodoret, Seldenus et autres. Épicure lui-même, qui tire son principal mérite de la philosophie atomique, voulut s'emparer de cette découverte, en soutenant que Leucippe n'était qu'un personnage imaginaire. A la vérité, les écrits de Leucippe ont été perdus, et il ne nous reste aucun moyen de constater l'authenticité de sa philosophie. Cependant, outre l'histoire de Diogène de Laerte, qui en donne un précis, nous avons celui que nous a transmis Plutarque (*De Placitis Philosophorum*, liv. 1er) sur la cosmogonie de Leucippe et des anciens atomistes. Tous le reconnaissaient dans l'univers les simples lois du mécanisme.

Leucippe surtout proclame la nécessité du vide et l'infinité des mondes, ainsi que leurs modifications ou transformations perpétuelles dans l'éternité. Il admet la nécessité d'atomes crochus, qui s'unissent entre eux diversement par leurs mouvements en tombant dans les espaces. Il établit aussi que la terre tourne, mais sans se faire une juste idée de la distance des astres et de celle du soleil ; en sorte que s'il a connu par Pythagore le vrai système du monde, il ne paraît pas l'avoir bien compris. Selon Leucippe, Démocrite, Épicure et Métrodore, les atomes, quoique *insécables*, ont plusieurs formes et grandeurs ; ils sont infinis en nombre, au milieu d'un espace sans limites possibles, et dans leur mouvement, que rien ne peut arrêter, ils constituent et détruisent des mondes, sans fin ni terme possible, par leur réunion et leur dispersion. J.-J. VIREY.

LEUCITE, LEUCOLITHE. Ces deux noms, dérivés, l'un de λευκός, blanc, l'autre du même mot grec et de λίθος, pierre, ont été donnés à l'amphigène, que l'on a aussi appelé *grenat blanc*.

LEUCORRHÉE (du grec λευκός, blanc, et ῥέω, je coule), nom que l'on donne en médecine à un écoulement blanc des parties génitales qui affecte un grand nombre de femmes, surtout celles des villes. Cette affection a été aussi appelée *catarrhe utérin*, *fleurs* ou *flueurs blanches*. Elle survient particulièrement chez les femmes d'une constitution lymphatique, pâles et mal réglées ; chez celles qui habitent des lieux humides privés de soleil, qui respirent habituellement un air malsain, font usage d'une mauvaise nourriture, etc., etc. L'écoulement qui provient du catarrhe utérin est loin d'être toujours blanc, comme l'indique la dénomination de *flueurs blanches* : il présente des nuances très-variées, selon qu'il dépend d'une irritation locale, d'une disposition constitutionnelle, ou de toute autre cause. C'est, du reste, une maladie fort anciennement connue, puisque Hippocrate en décrit jusqu'à dix espèces dans son livre sur les maladies des femmes. Les modernes, plus sobres de distinctions, n'admettent guère que deux variétés de flueurs blanches, l'une constitutionnelle et l'autre accidentelle, reléguant d'ailleurs dans la classe des maladies syphilitiques les écoulements blanc jaunâtre, verdâtre, qui ont une origine suspecte ou virulente.

Les flueurs blanches particulières aux jeunes filles s'observent spécialement chez celles qui sont issues de parents faibles, vivant dans la pénurie et habitant des localités humides où le soleil ne pénètre point. Celles qui attaquent la femme peuvent dépendre de causes différentes, comme l'absence des règles, l'abus des jouissances vénériennes, les accouchements laborieux, la masturbation, l'âge critique. On reconnaît encore comme causes de flueurs blanches chez les femmes la suppression d'une dartre, d'une hémorrhagie habituelle, l'application d'un pessaire, l'abus des bains, l'usage d'aliments relâchants, peu nutritifs, des chagrins profonds, des fausses couches répétées, les métastases de la sécrétion laiteuse, des coups portés sur l'abdomen ou sur les parties génitales, etc., etc.

Cette maladie s'annonce presque toujours par quelques phénomènes préliminaires, tels que des douleurs sourdes dans la région hypogastrique, des envies d'uriner plus fréquentes qu'à l'ordinaire, un prurit plus ou moins incommode aux parties génitales extérieures, quelquefois un sentiment d'ardeur et de sécheresse des mêmes parties ; il peut se joindre à cela divers symptômes généraux, comme de la fièvre, des douleurs dans différentes parties du corps, des lassitudes, etc. Bientôt il s'écoule par le vagin un fluide muqueux, clair, peu abondant, variable par sa consistance, sa quantité et sa couleur. Le prurit, la difficulté d'uriner augmentent beaucoup ; les douleurs, d'abord concentrées dans l'hypogastre, s'étendent quelquefois aux reins, à la fosse iliaque, à la partie interne des cuisses, etc. ; les parties extérieures de la génération se tuméfient ; il survient parfois de la fièvre, etc. Ces symptômes sont susceptibles de divers degrés d'intensité, et peuvent avoir une marche aiguë ou chronique. La durée de l'état aigu est d'environ quatre ou cinq semaines ; cet état n'est bien intense et bien dessiné que dans les écoulements blancs syphilitiques, dont il n'est pas question ici.

Les flueurs blanches constitutionnelles qui ont une marche chronique sont d'une grande irrégularité dans leur développement progressif : il y a absence totale ou retour irrégulier d'irritation aux parties génitales, une tendance insensible ou nulle vers la guérison, ou bien la durée de la maladie est illimitée (c'est le cas le plus ordinaire). Elle s'accompagne le plus souvent alors d'une langueur et d'une pâleur générale, d'un tiraillement singulier et fort connu de l'estomac ; la face devient bouffie, blafarde, les yeux languissants, les mouvements lents. Quelquefois le ventre, ainsi que les membres inférieurs, se tuméfient et s'infiltrent ; la digestion est lente et difficile ; il survient même des vomissements ou au moins des nausées, du dégoût et des caprices dans le choix des aliments, la transpiration est presque nulle, etc.

Les flueurs blanches ont presque toujours une fâcheuse influence sur la santé, et sont la source d'une multitude d'accidents secondaires, dont les femmes ont beaucoup à souffrir ; souvent même il en résulte une morne tristesse et une teinte de mélancolie qui dénaturent le caractère moral. D'un autre côté, les organes génitaux peuvent s'altérer à la longue, par suite du séjour du flux leucorrhéique sur la membrane muqueuse du vagin, du col utérin et des grandes lèvres. Quand les flueurs blanches attaquent les jeunes filles, elles disparaissent souvent à la première menstruation ; chez les femmes, on les a vues cesser à la suite d'un accouchement et d'abondantes lochies, de sueurs très-fortes, etc. On a vu parfois la stérilité coïncider avec le catarrhe chronique utérin, ou même en être la suite ; plus communément les enfants qui naissent de mères leucorrhéiques sont frêles, rachitiques et d'une santé chancelante.

Le traitement préservatif des flueurs blanches est intimement lié à la stricte observance des principes de la morale, de l'éducation et de l'hygiène ; pour se convaincre de la réalité de cette assertion, il suffit de faire observer que la population des campagnes, qui respire un air pur, se livre journellement à des exercices indispensables aux travaux rustiques, dont les mœurs sont simples, la vie occupée, est généralement exempte de flueurs blanches ; au contraire, elles' affectent souvent les habitants des villes populeuses logés dans des quartiers humides, livrés de bonne heure à la licence des mœurs ou à des travaux insalubres qui excèdent leurs forces. Les riches n'en sont pas toujours exempts : une vie molle, une éducation efféminée, une jeunesse trop précoce, promptement flétrie, entraînent trop souvent la même infirmité, ternissent la beauté des jeunes personnes les plus intéressantes, et parfois même les rendent stériles. Pour éviter cette triste incommodité, qui empoisonne la vie des femmes et flétrit trop souvent leur jeunesse, on ne peut trop recommander tout ce qui peut éloigner les causes dont nous avons parlé. D'un autre côté, il importe de fortifier par une éducation physique bien entendue, un régime substantiel, les jeunes filles faibles, pâles, qui ont à redouter les flueurs blanches : il faudra les loger, les vêtir sainement, les soumettre à des exercices réguliers, les préserver d'une précocité qui fait naître des désirs prématurés, réagit d'une manière fâcheuse sur les organes de la génération et la sensibilité générale. Quant au traitement médical des flueurs blanches, il se composera, dans le principe, d'adoucissants, en boissons, en bains, en injections ; on condamnera à un repos absolu les organes malades ; on fera usage d'aliments doux. Plus tard, lorsque la période aiguë est passée, le traitement change de nature : c'est alors qu'il faut recourir aux toniques, aux aromatiques, ainsi qu'aux balsamiques, aux astringents résineux, aux eaux minérales ferrugineuses, à un régime restaurant, à des exercices qui augmentent la transpiration et provoquent les sueurs. Il faut y joindre quelquefois, avec ménagement, les purgatifs et les irritants dérivatifs de la peau, etc. D' BRICHETEAU.

LEUCOSE (de λευκός, blanc), dégénération blanche, qui atteint le pelage et le plumage de plusieurs quadrupèdes et oiseaux , soit pendant toute leur vie, soit par l'influence du froid en hiver (les martres zibelines, les lièvres de Sibérie, les lagopèdes et tétras, l'ortolan de neige, etc.). Les albinos, nègres à têtes blafards, ou dont la peau est d'un blanc mat pâle (couleur de mort), avec l'iris des yeux rougeâtre, faible ou incapable de supporter l'éclat du grand jour, des cheveux soyeux blancs, offrent le même genre de dégénération, observé pareillement chez des lapins, des chiens et des chats, des chevaux, des souris, des pigeons, poules, paons, corbeaux, etc. De semblables dégénérations, soit totales, soit partielles, se remarquent dans les plantes à variétés blanches ou panachées, tachetées. La vieillesse, le froid, sont des causes de cette blancheur qui n'est pas l'étiolement, puisqu'elle a lieu malgré la vive lumière, tandis que l'obscurité est la principale cause qui prive de coloration les plantes et les animaux qui sont véritablement étiolés. Mais la leucose reconnaît pour cause le défaut de production d'une matière colorante (*pigment*) sous le réseau muqueux de l'épiderme; cette absence de pigment dénote une faiblesse radicale du tempérament chez les êtres où elle se manifeste. J.-J. VIREY.

LEUCOTHÉE. *Voyez* INO.

LEUCTRES, lieu situé, selon toute apparence, dans la Béotie méridionale, entre Thespies et Platée, a donné son nom à l'une des batailles les plus décisives que mentionne l'histoire. Elle eut lieu le 8 juillet (d'autres disent le 5 juin) de l'an 371, entre les Spartiates, ayant à leur tête leur roi Cléombrote, et les Thébains, commandés par Épaminondas et Pélopidas. Les plaines de Leuctres étaient célèbres par l'outrage que des Spartiates y avaient fait éprouver aux filles de Scedasus, dont les tombeaux, encore subsistants, semblaient appeler une vengeance éclatante sur les compatriotes de ces malfaiteurs. Les forces thébaines ne s'élevaient qu'à 6,000 hommes; Cléombrote, qui remplaçait Agésilas, retenu malade à Sparte, réunissait sous son commandement 11,000 Lacédémoniens et 13,000 alliés. Épaminondas, employant une tactique nouvelle, porta la majeure partie de ses forces à son aile gauche, et ne laissa au centre et à l'aile droite qu'une ligne très-étroite, qu'il étendit pour déborder Cléombrote. Ce prince, appréciant ces dispositions, voulut changer son ordre de bataille, et tenta d'étendre son aile droite, dans le dessein d'envelopper Épaminondas; mais Pélopidas, profitant du désordre de ce mouvement, l'attaqua rapidement à la tête du bataillon sacré, et commença à mettre les Spartiates en désordre. Épaminondas, de son côté, s'ébranla vers l'aile gauche, et décida la victoire. On fit un affreux carnage des Lacédémoniens. Cléombrote, ses principaux officiers et l'élite de ses soldats périrent dans la mêlée. Comme on se disputait avec acharnement le corps du roi, Épaminondas fit cesser la lutte sur ce point, et, s'étant porté sur l'autre aile avec le gros de ses troupes, il la tailla en pièces. La cavalerie thébaine acheva la déroute. On évalua la perte des Lacédémoniens à 4,000 hommes, et à 400 seulement celle des Thébains. Cette journée mémorable fit perdre à Sparte sa haute et longue prépondérance sur les destinées de la Grèce. L'armée de Pélopidas et d'Épaminondas, grossie des nombreux auxiliaires que la victoire lui avait attirés, vint porter la guerre jusque dans les faubourgs de cette cité. A. BOULLÉE.

LEUDES. Les *leudes*, *antrustions* ou *fidèles* succédèrent aux *compagnons* des chefs germains. Ces mots expriment la même idée. Les *leudes* étaient les hommes de leur chef : ils lui juraient fidélité (*treue*, *trust*) : on les appela *antrustions* ou *fidèles*; seulement le nom d'*antrustions* paraît plus spécialement réservé aux *fidèles* du roi. Par l'établissement territorial, l'association primitive des chefs et de leurs compagnons fut dissoute ou ne se renouvela plus que comme un désordre, et en même temps aucune des conditions matérielles et morales que requiert absolument l'existence d'une société à la fois stable et étendue ne put être remplie. Les individus dispersés ne pouvaient ni demeurer dans cet état d'isolement ni se reformer en corps de nation. Les grands propriétaires devinrent le centre d'associations nouvelles, fondées sur les engagements d'homme à homme, et ce fut par la foi donnée et reçue entre le supérieur et ses leudes que recommença la société. Les concessions de bénéfices étaient le principal moyen d'acquérir des leudes; mais ce n'était pas le seul, les emplois publics et les charges de cour avaient les mêmes effets. Car l'organisation du palais des empereurs romains avait charmé la vanité novice des rois barbares : un comte du palais, un grand-référendaire, un grand-sénéchal, un grand-maréchal, un grand-échanson, un grand-portier, des boutilliers, des fauconniers, des chambellans, furent bientôt à leurs yeux le cortége nécessaire de la royauté, et ils s'en servirent avec succès pour attacher à leur personne les hommes les plus importants. Les grands propriétaires agissaient dans leur sphère par les mêmes moyens : eux aussi avaient des bénéfices à distribuer; eux aussi tenaient une cour. Leur maison, organisée à peu près comme celle du roi, exerçait dans leur contrée la même puissance d'attraction, et devenait aussi le centre d'une société particulière, fondée sur les engagements d'homme à homme et sur les services personnels. Tout concourait donc à attirer vers la condition des leudes tous les hommes de quelque importance. Leurs avantages, c'étaient les chances de fortune et de pouvoir; leurs priviléges, c'était la supériorité de fait qu'ils acquéraient sur leurs concitoyens : que fallait-il de plus pour exciter l'ambition des individus?

Montesquieu a cherché l'origine de la noblesse et de ses priviléges dans la qualité de leude; suivant MM. de Boulainvilliers et de Montlosier, la noblesse appartenait à la qualité de barbare libre, non à celle de leude du roi. Voici tout ce qu'on peut affirmer : d'une part, c'est dans la classe des leudes plutôt que dans celle des Francs que la noblesse moderne a pris naissance; d'autre part, il n'existait du cinquième au dixième siècle aucune noblesse véritable, puisque l'origine des Francs ne leur garantissait point la perpétuité des prééminences réelles sur lesquelles la noblesse se fonde, et que les leudes ne les possédaient encore ni depuis un temps assez long ni d'une manière assez stable pour que leur supériorité de fait fût devenue un droit héréditaire, avoué des peuples et sanctionné par les lois. Là du moins se faisait, au gré d'une multitude d'accidents, l'amalgame de la nation conquérante et de la nation vaincue : non-seulement des Romains riches et libres, mais des affranchis, des esclaves même, prenaient place parmi les leudes du roi. Leudaste, Andarchius, Condo, sortis de la plus basse servitude, acquirent une fortune immense et s'élevèrent aux plus hautes dignités de l'État. Bien peu de temps après la conquête, il semble que les deux peuples disparaissent; l'histoire générale de la France n'est plus que celle du roi et de ses leudes, l'histoire de chaque localité celle du chef dont l'influence y domine et des leudes qui se sont ralliés autour de lui. C'est par les leudes enfin qu'a commencé la société féodale : ils sont placés entre les compagnons errants des chefs germains et les vassaux du moyen âge, comme les bénéfices entre les présents de chevaux ou d'armes et les fiefs.
F. GUIZOT, de l'Académie Française.

LEUK. *Voyez* LOUECHE.

LEURRE, expression métaphorique tirée du langage de la fauconnerie, est proprement une espérance que l'on fait briller aux yeux de quelqu'un pour le tromper; c'est ainsi que le *leurre* attire et trompe le faucon, qui croit s'abattre sur une proie vivante et ne trouve que la grossière image d'un oiseau. De là aussi le verbe *leurrer*, *se leurrer*.

LEUTHEN, village de la basse Silésie, à deux myriamètres à l'ouest de Breslau, est célèbre par la bataille que Frédéric le Grand y gagna contre le prince Charles de Lorraine. Après la victoire de Rosbach, le roi, à la tête de vingt-huit escadrons de cavalerie et de neuf bataillons d'infanterie, accourut en Silésie pour y arrêter les progrès des Autrichiens. En route, il apprit la prise de Schweidnitz, la défaite du duc.de Bevern à Breslau, et la reddition de cette place au prince Charles, qui, à la tête d'une armée de quatre-vingt-douze mille hommes, avait établi un camp retranché sous le canon de Breslau. Ces nouvelles, loin d'abattre le courage du roi, ne firent, au contraire, que le confirmer davantage dans la résolution

LEUTHEN — LEVAIN

qu'il avait prise d'attaquer l'ennemi. Arrivé le 28 novembre à Parchwitz, il accorda d'abord quelques jours de repos à ses troupes, épuisées par une marche forcée des plus rapides. Pendant ce temps, il donnait ordre aux débris du corps de Bevern de venir le rejoindre, et le 4 décembre, à la tête de son armée, ne présentant guère qu'un effectif de 33,000 hommes, il résolut d'attaquer l'ennemi dans la direction de Neumarkt. Le 5, à la suite d'une légère escarmouche de cavalerie, il reconnut de Borna toute la ligne de bataille de l'ennemi. Le roi eut bientôt arrêté son plan de bataille. Appliquant de nouveau son fameux ordre oblique, renouvelé des anciens, comme on sait, il attaqua d'abord avec son aile droite l'aile gauche de l'ennemi en cherchant à l'entourer, tandis qu'il gardait son aile gauche en arrière. L'armée s'avançait toujours sur sa droite, tandis que l'avant-garde débusquait les Autrichiens des villages situés sur sa gauche. Cette manœuvre fut exécutée avec une admirable précision, et l'ennemi ne tarda pas à être débordé, tourné, et sa gauche complétement battue. En vain Daun fit avancer les régiments composant sa réserve; ils furent, eux aussi, débordés avant d'avoir pu se déployer, pris en flanc par l'artillerie et taillés en pièces. Charles de Lorraine fit alors tous ses efforts pour se maintenir au moins à son centre. Sa réserve fut postée dans le village de Leuthen, et notamment dans le cimetière, qui était entouré d'un mur. Mais après une demi-heure de sanglant combat, dans lequel il fallut emporter d'assaut chaque maison, chaque mur, chaque haie, le cimetière fut enfin enlevé par la garde aux ordres de Mœllendorf. Alors le feu cessa, et les Autrichiens durent évacuer en toute hâte le village. Aussitôt l'aile gauche des Prussiens, restée jusqu'à ce moment inactive, attaqua l'aile droite ennemie, qui, pour échapper au danger d'être culbutée et entraînée, dut se retirer en désordre, vivement poursuivie par la cavalerie prussienne. Les résultats de cette bataille furent 21,500 prisonniers, dont trois cent sept officiers, cent trente-quatre pièces de canon, quatre mille transports et cinquante-neuf drapeaux, la presque complète dissolution de l'armée autrichienne et la reprise de possession de la Silésie, à l'exception de Schweidnitz. Les Autrichiens avaient en sept mille morts et blessés, les Prussiens seulement trois mille.

LEUWENHOECK. Voyez LEEUWENHOCK.

LEVAILLANT (FRANÇOIS), célèbre voyageur, né à Paramaribo, dans la Guyane hollandaise, en 1753, était fils d'un riche négociant, consul à cette résidence, et originaire de la ville de Metz. A l'âge de dix ans il revint en Europe avec sa famille, séjourna quelque temps en Hollande et en Allemagne, parcourut la Lorraine et les Vosges, et vint enfin se fixer à Paris en 1777. Il y passa trois ans à étudier avec ardeur l'histoire naturelle ; mais en 1780 la passion des voyages, avec laquelle il était né et que son éducation avait encore développée, le décida à s'embarquer pour le Cap de Bonne-Espérance, où il arriva le 29 mars 1781. Son dessein était de pénétrer dans l'intérieur de l'Afrique. A peine était-il arrivé, que les Anglais, alors en guerre avec la Hollande, pénétrèrent dans le port, et brûlèrent tous les vaisseaux qui s'y trouvaient, entre autres celui de notre voyageur. Levaillant demeura sans ressources; heureusement, il avait su déjà s'attirer la sympathie des principaux habitants de la colonie, et grâce à leur généreuse coopération, il put mettre son projet à exécution et s'enfoncer dans l'intérieur des terres. C'était le 18 décembre 1781. Son premier voyage, Levaillant longea la côte orientale, pénétra dans la Cafrerie, et revint heureusement au Cap, après plus d'un an d'absence. Le 15 juin 1783 Levaillant se remettait en route, avec une caravane considérable, des chariots, des troupeaux, ce qui, joint à son costume magnifique et bizarre, à son adresse au tir et à son courage, lui donnait l'air et l'autorité d'un roi, au milieu de son escorte et des peuplades africaines. Il parvint au-delà du tropique du Capricorne, à l'O. du 14° méridien oriental, et revint au Cap en novembre 1784. Levaillant, impatient de jouir du fruit de ses fatigues, s'embarqua aussitôt pour la France, et arriva en 1785 à Paris, où il s'occupa de la publication de ses ouvrages. Mais, loin de recevoir quelque récompense, il ne trouva partout que des envieux et des incrédules; tout tourna contre lui : il fut arrêté comme suspect en 1793; le 9 thermidor lui rendit la liberté, mais il traîna une vieillesse douloureuse dans sa petite propriété de Lanoue, sans autre consolation que de travailler sans cesse à la révision et à l'embellissement de ses ouvrages, sans autres dignités que la croix de la Légion d'Honneur, que lui fit obtenir Lacépède. Il parvint ainsi à sa soixante-onzième année, et mourut, presque inconnu, le 22 novembre 1824. Outre son premier *Voyage dans l'intérieur de l'Afrique*, de 1781 à 1783 (Paris, 1790), et son second *Voyage* dans la même contrée, 1783 et 1784 (Paris, 1795), il avait fait paraître successivement 12 volumes, presque tous in-folio, sur l'histoire naturelle des oiseaux d'Afrique, avec des planches magnifiques, dues au dessinateur Barraband.

LEVAIN. On donne les noms de *levain*, *levûre* ou *ferment*, à la substance qu'on ajoute à la pâte pour la disposer à la fermentation que Fourcroy a nommée *panaire*. C'est principalement au gluten, combiné avec le levain, que la pâte doit sa panification, ou, si l'on veut, sa faculté de lever, et c'est au dégagement du gaz acide carbonique que le pain doit sa légèreté, sa porosité et ce qu'on nomme ses *yeux*. Le pain sans levain est dépourvu de ces précieuses qualités.

Dans le nord de l'Europe, le levain qu'on emploie pour faire monter la pâte destinée à faire du pain, c'est la *levûre de bière*, dans la proportion de 1 litre de celle-ci pour 50 kilogrammes de farine. Quand on n'a plus de levûre, on peut s'en procurer en faisant bouillir pendant dix minutes 2 kilogrammes de farine dans 3 litres d'eau; on en décante ensuite 2 litres, que l'on conserve dans un lieu chauffé. La fermentation commence à s'établir au bout de trente heures; alors on y verse 4 litres d'une décoction semblable de malt. Quand la fermentation recommence, on y en ajoute autant ; ainsi de suite jusqu'à ce qu'on ait obtenu une quantité de levûre suffisante. En France, on comprend sous le nom de *levûre* non-seulement l'*écume* mais encore les fonds de bière. Les levûriers les achètent aux brasseurs, en font écouler la bière dans des sacs, qui servent aussi à les laver, en les tenant dans un courant d'eau; après cela, on les fait sécher au soleil. La levûre proprement dite est séchée de même; elle est alors plus facile à transporter. Sa couleur est jaunâtre, brune ou grise; on doit rejeter celle qui est noire et amère. Sa cassure doit être nette ; elle ne doit point céder à la pression des doigts. Lorsqu'on la fait dissoudre dans l'eau chaude, et qu'on en verse quelques gouttes dans l'eau bouillante, la levûre doit venir à la surface.

A Édimbourg, les boulangers s'approvisionnent de levain de la manière suivante : ils mélangent 5 kilogrammes de farine avec 9 litres d'eau bouillante, et couvrent cette bouillie pendant environ huit heures; après le temps, ils y ajoutent 2 litres de la levûre obtenue la veille, et au bout de six à huit heures on obtient une quantité nouvelle de levûre au levain suffisante pour 240 kilogrammes de farine. En Hongrie, ils préparent de la même manière un levain qu'ils peuvent conserver toute l'année. On fait bouillir dans l'eau pendant l'été une certaine quantité de son de froment et de houblon. Cette décoction ne tarde pas à fermenter ; on y ajoute alors une suffisante quantité de son pour en faire des boules très-épaisses, qu'on fait sécher à une douce chaleur. Lorsqu'on veut s'en servir, on en brise quelques-unes, qu'on fait infuser dans l'eau bouillante; on décante cette eau, et l'on s'en sert pour pétrir le pain. Les Romains préparaient leur levain en faisant avec du vin en fermentation et de la farine de millet une pâte épaisse, dont ils confectionnaient également des boules, qu'ils faisaient sécher.

Dans la plus grande partie de la France, le levain n'est autre chose que de la pâte qui a subi une fermentation plus ou moins avancée, ce qui le fait désigner par les noms de *levain jeune, levain fort* et *levain vieux* : le *levain jeune* n'a encore subi qu'un commencement de fermentation ; le *levain fort* en a subi une plus avancée, qui le met dans toute sa force fermentative ; le *levain vieux* est celui qui, en termes de l'art, a passé son apprêt, c'est-à-dire qui est dans un état de fermentation avancée ; il communique au pain une saveur aigre. Le levain jeune n'imprime à la pâte qu'un commencement de fermentation : aussi le pain qui en résulte est mat et pesant. Le levain fort et au point convenable est celui qui mérite la préférence.

Dans la boulangerie, on donne aussi aux levains des noms suivant la partie de la pâte avec laquelle ils ont été formés et leur degré de fermentation : nous allons les faire connaître. Le *levain de chef* se compose d'un morceau de pâte malaxée avec les ratissures du pétrin, et un peu de farine, le tout réduit en pâte ferme, qu'on met dans une corbeille revêtue en dedans d'une toile qui se replie sur la pâte. Ce levain, pour être au point convenable de fermentation, doit avoir acquis un volume double, et offrir une surface lisse et bombée, nager sur l'eau et répandre une odeur vineuse. On le nomme *de chef*, parce que c'est avec lui qu'on fait les autres. Le *levain de première* se compose du levain de chef, d'un poids double de farine et de suffisante quantité d'eau. La pâte résultant de ce mélange doit avoir de la consistance, de la ténacité, et doit être travaillée avec force et vivacité. Quand le levain est arrivé au point que nous avons indiqué ci-dessus, on le rafraîchit, c'est-à-dire qu'on en augmente la masse de moitié en y ajoutant de la farine et de l'eau. On répète cette opération jusqu'à trois fois, surtout par les temps chauds. Par ce moyen, on élève à la pâte son aigreur et sa force, en la rendant plus spiritueuse. Le *levain de seconde* se fait comme le premier, c'est-à-dire qu'on le met dans une fontaine, et qu'en le mélangeant avec de la farine et de l'eau on augmente encore son volume d'un tiers : la pâte doit être un peu moins ferme que celle du premier levain ; aussi elle a besoin d'être travaillée davantage ; il exige aussi beaucoup plus d'attention. Les garçons boulangers, qui négligent parfois le premier et le deuxième levain, donnent la plus grande attention au *troisième levain*, ou *levain de tous points* : de celui-ci dépend en partie la qualité du pain. On le prépare comme les deux précédents, mais en été son volume doit être de la moitié de la fournée, et en hiver au moins du tiers. Ce levain, après avoir passé par trois états différents, doit, pour peu qu'il ait été manipulé et pris au degré de sa fermentation, être dépouillé de toute aigreur, et ressembler, à peu de chose près, à la pâte au moment où elle va être mise au four. La pâte de ce levain doit être bien plus travaillée que celle des autres.

La fermentation des levains dépendant particulièrement des variations de l'atmosphère et des saisons, il est difficile de déterminer positivement le temps nécessaire pour leur préparation. Les farines ont aussi beaucoup d'influence sur les effets des levains : ainsi, l'on doit se servir d'un levain jeune et pris en grande quantité pour les farines sèches et celles qu'on nomme *revêches*, parce qu'elles sont plus abondantes en matières glutineuses. Les farines humides ou fraîchement moulues veulent du levain fort et en dose considérable ; il est également reconnu que les farines les plus blanches sont celles dont la fermentation est plus lente, mais en revanche plus complète.

JULIA DE FONTENELLE.

LEVANT. L'étymologie de ce mot n'est pas difficile à trouver. En astronomie, il désigne l'un des quatre points cardinaux, celui opposé au couchant ; il est synonyme d'*orient* (*voyez* EST). On nomme *levant* la partie du monde vers laquelle le soleil semble se lever : telles sont pour nous les contrées littorales de la Méditerranée, situées au delà des îles Ioniennes ; la Méditerranée elle-même prend le nom de *mer du Levant*, dans le langage des marins de l'Océan. La flotte que nous faisons stationner en Grèce, à Smyrne, à Alexandrie, est notre escadre du *Levant*.

Le Levant a toujours été le principal but du plus riche commerce du monde : ses ports portent le nom d'*échelles du Levant*. C'est là que l'on doit chercher, dit-on, le berceau du genre humain ; c'est de là que proviennent les sciences et les arts et la civilisation ; les religions qui se partagent aujourd'hui le monde y ont pris naissance. Maintenant, c'est de l'Occident que partent les lumières qui éclairent l'univers ; le Levant, plongé dans les ténèbres, n'a plus ni religion pour nos âmes ni philosophie pour nos esprits. Son avenir occupe cependant tous les esprits (*voyez* ORIENT).

Th. PAGE.

LEVANT (Pierre du). *Voyez* DOLOMIE.

LEVASSOR (PIERRE) est né à Fontainebleau, en 1808. Il fut d'abord commis-voyageur pour le commerce des soieries, et débuta en 1831 au Théâtre des Nouveautés. Mais la faillite de ce théâtre le rendit à ses premières occupations. La recommandation de Mlle Déjazet le fit entrer l'année suivante au Palais-Royal. Il débuta dans le *Conseil de Révision*, et réussit bientôt à créer quelques rôles importants dans *Les Chansons de Desaugiers*, *La Marquise de Prétintaille*, *Bobêche et Galimafré*, *Les Deux Nourrices*, *L'Hôtel des Haricots*, *Les Trois Dimanches*, *Manon Giroux*, etc. Il excellait déjà dans les rôles à travestissements ; il se montrait inimitable dans les charges d'Anglais et dans les chansonnettes. Après huit ans passés au Palais-Royal, Levassor abandonna ce théâtre pour les Variétés. Il y débuta par le rôle de Guillaume dans *La Meunière de Marly*, et s'y fit encore applaudir dans *La Descente de la Courtille*, *Langeli*, *Un Bas-bleu*, *La Nuit aux Soufflets*, *L'Enlèvement de Déjanire*. Enfin, il reparut, en septembre 1843, sur la scène qui avait vu ses premiers succès, et il lui est resté fidèle depuis. *Le Brelan de Troupiers*, sa pièce de rentrée, est une admirable création. Il représente à lui seul, dans cette pièce, trois générations, le grand-père, le père et le fils, l'invalide centenaire, le troupier vieilli sous les drapeaux et le conscrit imberbe. *La Marquise de Carabas*, *Indiana d'Chartemagne*, *Les Pommes de terre malades*, où il chargeait l'escamoteur Robert Houdin à s'y méprendre, *Le Lait d'Ânesse*, *Deux vieux Papillons*, *Un Garçon de chez Véry*, *L'Amour pris aux cheveux*, pochade où il remplissait sept rôles sans quitter la place, *Sir John Esbrouff*, *Otez votre fille s'il vous plaît*, *Les Binettes contemporaines* et *L'Art de paliatre*, ont depuis cette époque marqué ses plus grands succès. Les chansonnettes qu'il chante sur le théâtre et dans les salons, il peut s'en dire en quelque façon l'auteur, car il en fait tout le succès. Nous rappellerons *Le Postillon de m'ame Ablou*, *Lolo à la correctionnelle*, *Le Père Trinquefort*, *Le Petit François*, *Le Petit Cochon de Barbarie*, *L'Entracte au Paradis*, *Geneviève de Brabant*, *L'Anglais et le Ramoneur*, *Le Marchand d'Images*, *Le Chanteur et le Choriste*, *La Mère Michel aux Italiens*, *Le Renard et le Corbeau*, *Le Père Bonhomme*, etc.

LEVÉ DES PLANS. Lever le plan d'un terrain, c'est tracer une figure semblable à celle que déterminent son contour et ses autres lignes ou points remarquables. Mais cette application suppose le terrain horizontal, ou tout au moins offrant une surface plane. S'il n'en est pas ainsi, le levé du plan proprement dit doit être précédé d'un nivellement ; car alors ce qu'on se propose de faire, c'est de représenter simplement la projection sur un plan horizontal du terrain que l'on a en vue. Les procédés sont employés pour mesurer les longueurs et les angles qu'offre cette projection constituent le *levé des plans*. Ces longueurs et ces angles étant notés sur le croquis de l'opérateur, il ne reste plus qu'à *rapporter* le plan, c'est-à-dire à l'exécuter avec précision. Différentes méthodes permettent d'atteindre ce résultat.

Dans le *levé au mètre*, on se borne à mesurer, avec une règle en bois, soit avec la chaîne d'arpenteur, des longueurs en nombre suffisant pour avoir tous les éléments nécessaires à la construction de la figure. Mais la mesure directe des longueurs est quelquefois très difficile, à cause des accidents du terrain. Le *levé au graphomètre* est plus commode et donne des résultats plus exacts : il suffit alors de mesurer avec le plus grand soin possible une base, c'est-à-dire une droite quelconque tracée sur le terrain (à l'aide de jalons, s'il le faut), et des deux extrémités de laquelle on peut apercevoir les points remarquables du terrain qu'il s'agit de lever ; on place le graphomètre à l'une des extrémités de la base, et l'on mesure les angles que forment avec cette base les directions dans lesquelles se trouvent les divers points que l'on veut représenter ; on répète cette opération, en transportant le graphomètre à l'autre extrémité de la base ; ces données suffisent pour construire le plan à l'échelle que l'on a choisie. Ce procédé, connu sous le nom de *méthode par intersection*, se trouve en défaut lorsque des obstacles ne permettent pas d'établir une base remplissant les conditions voulues ; on peut alors prendre deux ou trois bases reliées entre elles par des observations bien faites. Mais il vaut souvent mieux recourir à la *méthode par cheminement*, qui consiste à suivre le contour du terrain en mesurant successivement ses côtés et ses angles.

Le *levé à la planchette* permet de lever et de rapporter le plan tout à la fois. Mais si ce procédé est plus rapide que les autres, il n'offre pas le même degré de précision. Du reste, c'est sur le terrain que l'on reconnaîtra la méthode que l'on doit suivre, suivant les circonstances. Aussi, dans l'art de lever les plans, rien ne peut suppléer à l'expérience que fait acquérir la pratique. Une foule de traités sur la matière ont paru, depuis surtout que les *nouveaux programmes* l'ont introduite dans l'enseignement des lycées. Nous citerons seulement les *Études pratiques sur les mathématiques appliquées*, publiées par M. Castelnau (Paris, 1856).

E. MERLIEUX.

LEVÉE, élévation de terre ou de maçonnerie en forme de digue ou de berge pour retenir les eaux d'un canal, d'une rivière, pour servir de chemin à travers un marais, etc. Les levées de la Loire ont une certaine célébrité.

LEVÉE EN MASSE. Cette mesure désespérée, à laquelle on n'a recours que quand la patrie court les plus grands dangers, fut employée à plusieurs reprises dans les premiers temps de notre histoire ; elle était à peu près tombée en désuétude quand on s'en servit en 1789 pour la formation de la garde nationale ; mais ce fut en 1793 qu'on l'appliqua dans toute son énergie. Les armées coalisées menaçaient sur tous les points d'envahir la France ; soixante départements étaient en révolte ouverte contre la Convention ; « la république n'était plus qu'une grande ville assiégée, il fallait que la France ne fût plus qu'un vaste camp ». Le décret du 24 février ordonna la levée en masse de tous les Français de dix-huit à quarante ans, non mariés ou veufs sans enfants, et par un autre décret, du 14 août de la même année, la Convention appela sous les armes tous les jeunes gens de dix-huit à vingt-cinq ans. Ces mesures exceptionnelles ne durèrent que jusqu'en 1798, et firent place à cette époque au renouvellement régulier des armées par la conscription.

LEVÉES ou **LEVADES** (Pierres). *Voyez* DOLMEN.

LEVER ET COUCHER DES ASTRES. On appelle *lever* d'un astre son apparition au-dessus de l'horizon, *coucher* d'un astre sa disparition au-dessous de l'horizon. Les astronomes distinguent le lever et le coucher *apparents* du lever et du coucher *vrais*. Le lever vrai d'un astre a lieu au moment où le centre de cet astre se trouve dans le plan de l'horizon rationnel ; mais il résulte de la réfraction astronomique que l'astre est aperçu avant ce moment, et que par suite il paraît avoir atteint l'horizon quand il est encore réellement au-dessous. La même observation s'applique au coucher. L'instant du lever apparent précède donc toujours celui du lever vrai ; le contraire a lieu pour le coucher. En consultant les tables de réfraction, on voit que le soleil, par exemple, est encore à plus de 33' au-dessous de l'horizon quand nous commençons à apercevoir son bord supérieur.

L'astronomie fournit des moyens expéditifs pour calculer l'heure du lever ou du coucher d'un astre pour un jour et un lieu donnés. Du reste, la *Connaissance des Temps* et les diverses éphémérides publiées chaque année renferment tous les éléments nécessaires pour faire ces calculs. Nous remarquerons seulement, quant aux étoiles, que sous l'équateur toutes se lèvent et se couchent en semblant décrire des cercles dont le plan est perpendiculaire à l'horizon. Mais si l'on se rapproche de l'un des pôles, on cesse d'apercevoir les étoiles les plus voisines du pôle opposé, toutes celles dont la distance polaire est moindre que la latitude du lieu d'observation ; en revanche, une zone égale d'étoiles situées autour du pôle élevé reste constamment au-dessus de l'horizon. Enfin, si un observateur pouvait se placer à l'un des pôles, il n'y aurait pour lui ni lever ni coucher des étoiles, un hémisphère céleste étant continuellement visible pour lui, et l'autre invisible.

Les anciens auteurs distinguent encore *trois* sortes de levers et de couchers des astres. Le *lever héliaque* d'une étoile a lieu lorsque, après être disparue dans les rayons du soleil, elle s'en dégage de nouveau et redevient visible ; le *coucher héliaque* se produit lorsque, au contraire, l'étoile disparaît dans les rayons solaires. Le *lever* et le *coucher cosmiques* (ou du matin) ont lieu lorsqu'une étoile se lève ou se couche au lever du soleil. Enfin, le *lever* et le *coucher acronyques* (ou du soir) sont ceux d'une étoile qui se lève ou se couche en même temps que le soleil se couche. Comme ce sont surtout les poëtes, tels que Hésiode, Virgile, etc., qui font mention de ces phénomènes, ils ont reçu le nom de *levers et couchers poétiques*. Cependant le lever et le coucher héliaques ont servi de bases à certaines observations égyptiennes (*voyez* SOTHIAQUE [Période]).

LEVER DU ROI. Le *Dictionnaire de l'Académie*, dans son abandon officiel, nous apprend que *lever* se dit du moment où le roi reçoit dans sa chambre, après qu'il est levé : c'est là un bien pauvre éclaircissement. Cherchons ailleurs ! Le monarque, en quittant son lit, voyait apparaître à son chevet un noble seigneur, préposé tous les matins à ces fonctions, lequel lui présentait de l'eau bénite, pour qu'il se signât. Puis il passait lui-même sa chemise, pendant que deux seigneurs de la garde-robe étalaient, pour le cacher, sa robe de chambre. On lui mettait successivement ses jarretières, ses boucles de souliers, son cordon bleu, son épée, etc. Les tapissiers du roi qui étaient de semaine devaient assister tous les matins à son lever. Le *petit lever* était celui auquel on admettait les privilégiés jouissant de leurs petites entrées ; le monarque. C'était en quelque sorte une première audience familière, au saut du lit, une espèce de réunion tout amicale, où les bons mots, les propos malins, les bruits de la ville et de la cour avaient accès, et que briguaient avec insistance les plus favorisés du palais, ceux avec lesquels S. M. s'entretenait le plus volontiers. Le *grand lever* avait quelque chose de plus solennel ; il s'environnait de plus d'apparat, il annonçait moins de liberté de la part du roi et de ceux qui l'approchaient. Des huissiers veillaient à ce qu'on ne parlât pas trop haut et à ce que l'on s'écartât sur le passage du roi.

Par ce qui précède on voit que le lever du roi n'était autre chose que ce que nous, simples particuliers, appellerions aujourd'hui notre réception du matin. Entre autres anecdotes, racontées au sujet de cette minime fraction de l'étiquette, n'oublions pas celle des courtisans de Henri IV, fort contrariés d'assister au spectacle très-bourgeois d'un monarque mettant lui-même des braies que le temps et l'incurie avaient colorées d'un jaune sale et mal odorant, et endossant très-modestement un pourpoint usé par les deux coudes. Pour redire le fait avec la force originelle du narrateur auquel il est emprunté, nous ajouterons que le lever du Béarnais formait le contraste le plus saillant avec celui de son petit-fils Louis XIV. Tout chez le grand roi respirait cette magnificence qui a tant coûté à la France. Après avoir été réveillé et encore au lit, il se lavait les mains avec de l'esprit de vin, prenait de l'eau bénite, disait pendant un quart d'heure l'office du Saint-Esprit, choisissait une des perruques que lui présentait son barbier, et sortait du lit. Quand il était arrivé près du fauteuil où il devait s'habiller, le *petit lever* commençait, et les personnes jouissant des premières entrées étaient admises. Quand le monarque était peigné et rasé, il demandait *sa chambre*, et alors commençait *le grand lever*. Le roi prenait un bouillon, ou de l'eau rougie, et s'essuyait avec la serviette que lui présentait le dauphin ou un haut personnage; ainsi de la chemise, qui lui était présentée par un de ses proches ou un grand seigneur. Il désignait lui-même la personne qui devait tenir le flambeau à deux branches lorsqu'il se levait avant le jour. Aussitôt qu'il était habillé, son épée agrafée et qu'on lui avait passé son cordon bleu, il retournait dans la ruelle de son lit et s'agenouillait, ayant près de lui un aumônier, qui disait à voix basse l'oraison *Quæsumus, omnipotens Deus*, etc. Quand le roi donnait audience au nonce ou à quelque membre du corps diplomatique, il revenait à son fauteuil. Les ambassadeurs introduits s'approchaient en le saluant trois fois. Il se couvrait, ainsi que les princes du sang, pour leur répondre. Le tapissier à cette occasion ôtait toutes les housses de taffetas couvrant les meubles, et jetait une courte-pointe sur le lit, qui n'était point fait et dont les rideaux étaient ouverts. C'était ordinairement au *lever* du monarque que ceux que leurs charges obligeaient au serment le prêtaient entre ses mains. Les princes avaient aussi leur *lever* réglé par les lois d'une étiquette particulière.

A ceux qui voudraient s'initier plus à fond dans l'historique des levers royaux, nous conseillerons de lire avec attention certains passages qui les satisferont complètement dans les *Mémoires* de Saint-Simon ou, à défaut, dans les prétendus Mémoires de la marquise de Créqui.

LEVER L'ACQUIT, terme de compagnonnage.

LEVERRIER (URBAIN-JEAN-JOSEPH), astronome français, professeur à la Faculté des Sciences de Paris, membre de l'Académie des Sciences et du Bureau des Longitudes, directeur de l'Observatoire impérial de Paris, sénateur, est né à Saint-Lô, le 11 mars 1811. Il fit ses études successivement au collège de Saint-Lô, à la Faculté de Caen, puis à Paris (au collége Louis-le-Grand, dans la classe de M. Richard). Reçu à l'École Polytechnique en 1831, il obtint à sa sortie une place dans l'administration des tabacs. En 1837 il écrivit deux mémoires *Sur les combinaisons du phosphore avec l'hydrogène et avec l'oxygène*, et donna quelques articles au *Dictionnaire de la Conversation*. C'est vers cette époque qu'il fut nommé répétiteur à l'École Polytechnique et qu'il se maria. Ses *Tables de Mercure*, plusieurs mémoires *Sur les inégalités séculaires*, publiés dans la *Connaissance des Temps*, tels furent les titres qui lui ouvrirent en janvier 1846 les portes de l'Académie des Sciences; il succédait au dernier Cassini.

La grande réputation de M. Leverrier date de cette année 1846, lorsque, sans le secours des observations, par la seule puissance du calcul, il indiqua une nouvelle planète. Nous dirons à l'article NEPTUNE quelle marche suivit l'astronome. Seulement nous ne pouvons nous dispenser d'établir dès à présent deux faits qu'on a trop perdus de vue : le premier, c'est que le modeste Bouvard soupçonnait l'existence de cette planète; le second, c'est que l'orbite déterminée par M. Leverrier est loin de se confondre avec la courbe décrite par Neptune; il arriva, heureusement pour lui, que ces deux courbes se coupaient en plusieurs points, et que lors de la lecture de son mémoire à l'Académie des Sciences la planète se trouvait dans le voisinage d'un de ces points d'intersection. Ce savant mémoire eût été écrit vingt ans plus tôt ou vingt ans plus tard, que l'on eût vainement cherché l'astre nouveau au point désigné; la valeur intrinsèque de M. Leverrier eût toujours été la même..., mais eût il recueilli de sa patience les mêmes fruits?.. A quoi tiennent nos destinées!...

Jamais en effet on ne vit un concert d'éloges plus retentissant que celui qui accueillit la découverte de Neptune. Les félicitations des astronomes étrangers ne manquèrent pas à M. Leverrier. Mais le témoignage qui dut lui être le plus flatteur, ce fut celui d'Arago, qui, ayant reçu les glorieuses fonctions de parrain de la nouvelle planète, déclara, dans son enthousiasme, ne vouloir jamais l'appeler que du nom de *Leverrier*. Nous voudrions pouvoir ajouter que le jeune astronome paya tous les bons offices d'Arago d'un peu de reconnaissance...... Nommé astronome adjoint au Bureau des Longitudes, M. Leverrier vit créer pour lui une chaire d'astronomie mathématique à la Faculté des Sciences. Plusieurs académies s'empressèrent de l'appeler dans leur sein. Une des rues de Saint-Lô voulut porter son nom, et le collége de sa ville natale s'enrichit du buste en marbre de son ancien élève devenu célèbre. L'Angleterre lui décerna la grande médaille d'or de Copley. Le grand-duc de Toscane lui fit présent des *Œuvres de Galilée*, etc., etc. C'était à qui exprimerait son admiration avec le plus d'éclat. Jusqu'à ce pauvre M. Cunin-Gridaine, alors ministre, qui, voulant faire comme tout le monde, ne trouva rien de mieux que d'envoyer à l'astronome comblé un magnifique exemplaire de la *Statistique de la France*.

Tout cela devait bien faire tourner la plus forte tête. Aussi, s'il faut en croire la chronique du temps, l'astronome, enivré de son succès, fut-il exposé plus d'une fois à recevoir certaines boutades en pleine poitrine. On raconte que M. Leverrier ayant été nommé officier de la Légion d'Honneur, et voulant se faire immédiatement présenter au roi, regrettait amèrement de n'avoir pas encore les insignes de son nouveau grade; Arago, survenant alors, lui aurait dit : « Choisissez dans ce coffre : toutes ces croix sont neuves, *je ne les ai jamais mises*. » Ce qu'il y a de certain, c'est que M. de Salvandy écrivait au roi à ce propos : « J'ose faire une demande au roi au sujet de M. Leverrier, l'admirable inventeur des planètes, dont le cœur fond de joie et de reconnaissance sur cette croix d'officier, qui a produit, sire, le meilleur effet dans le public. Votre majesté se à appris l'ambition à ce jeune savant. Il a celle d'être admis à l'honneur de mettre aux pieds du roi sa reconnaissance et sa confusion de vos bontés. Il y a si peu de mathématiciens et de géomètres pensant si bien, que je supplie le roi de consentir à le voir, ou le matin ou le soir, ou à présent ou plus tard. Votre majesté s'enchaînera une conquête vraiment digne d'elle. »

M. Leverrier fut présenté à Louis-Philippe. Mais ce fut tout, et les espérances de M. de Salvandy ne se réalisèrent sans doute pas. En 1849 il fut nommé par le département de la Manche représentant à l'Assemblée législative. Il fut un des premiers, il donna son adhésion au coup d'État du 2 décembre 1851. Il fit aussitôt partie de la commission consultative, et entra au sénat dès sa formation.

Après la mort d'Arago, un décret impérial, du mois de janvier 1854, éleva M. Leverrier au rang de simple adjoint à celui d'astronome du Bureau des Longitudes. Un autre décret du même jour, ayant pour objet la *réorganisation* de l'Observatoire de Paris, lui conférait le titre de directeur de cet établissement. Jamais Arago n'avait voulu recevoir une position analogue que de ses collègues. Depuis que M. Leverrier occupe le poste éminent que son prédécesseur a rendu si difficile à remplir, il s'est surtout occupé de créer en France un réseau d'observatoires météorologiques. Du reste, la science ne pourrait dire ce qu'il a fait. Son traité a été augmenté, et il prépare sans doute quelque grand travail. Disons seulement que jadis on se plaignait quelquefois de la tyrannie qu'exerçait Arago à l'Observatoire; si le bon La Fontaine n'eût entendu les mécontents d'alors exhaler leurs plaintes, il n'eût pas manqué de leur dire avec juste raison :

De celui-ci contentez-vous,
De peur d'en rencontrer un pire.

E. MERLIEUX.

LEVESON-GOWER. Voyez GOWER et ELLESMERE.

LÉVI, troisième fils de Jacob et de Lia, né en Mésopotamie, vécut de 1748 à 1611 avant J.-C. Sa sœur Dina ayant été enlevée par Sichem, fils d'Hémor, roi des Sichémites, il s'unit à Siméon, son frère, pour venger cette injure, et pendant que les habitants du pays étaient encore dans la douleur de la circoncision à laquelle ils venaient de se soumettre, eux entrèrent en armes dans leur ville, la pillèrent, en massacrèrent les habitants mâles, délivrèrent leur sœur, et firent périr le roi et son fils. Dans leur colère, ils se livrèrent à mille dévastations, enlevèrent les troupeaux, et emmenèrent les femmes et les enfants en captivité. Jacob leur reprocha vivement ces violences. On voit même qu'il ne les avait pas oubliées à l'heure de la mort. Dans les paroles prophétiques qu'il adresse à ses enfants réunis autour de lui, il dit, en parlant de Lévi et de Siméon : « Vases d'iniquités, toujours disposés à la guerre! que mon esprit n'entre point dans leurs conseils, que ma gloire ne se trouve point au milieu de leurs assemblées, parce que dans leur colère ils sont devenus homicides... Maudite soit leur fureur, parce qu'elle n'a point connu de bornes! maudite soit leur colère, que rien n'a pu arrêter! Je les diviserai parmi les enfants de Jacob, je les dispersai au milieu d'Israel. » Lévi mourut dans la terre de Geisen, en Egypte, à l'âge d'environ cent trente-six ans. Moïse et Aaron étaient ses arrière-petits-fils.

J.-G. CHASSAGNOL.

LÉVIATHAN. On trouve dans le livre de Job la description poétique d'un grand animal aquatique, en ces termes : *Pourrez-vous prendre le léviathan à l'hameçon? Lierez-vous sa langue avec une corde? Placerez-vous un anneau dans ses narines, et percerez-vous sa mâchoire?* etc. Ces expressions du chapitre XL, comparées à celles du chapitre suivant, semblent plus convenir à la baleine qu'au crocodile, qui est, d'après l'érudit Samuel Bochart (dans son *Hierozoicon*), l'animal dont parle Job. D'ailleurs, il est dit dans *Isaïe*, chap. XXVII, que le léviathan habite dans la mer, ce qui ne convient pas au crocodile, qui se tient dans l'eau des fleuves, comme les caïmans et les alligators, en Asie et en Amérique, mais ce qui se rapporterait plutôt à un cétacé de l'Océan. De plus, le prophète applique le terme de *léviathan* à deux espèces de dragons ou de serpents marins. Enfin, les rabbins modernes qui expliquent le *Talmud* considèrent le léviathan comme une espèce de baleine. Dans ce livre, au traité du sabath, le *cabith*, qu'on croit être un squale ou chien marin, est représenté comme étant la terreur du léviathan. Il est bien vraisemblable que les grands requins ou squales, tels que la scie de mer (*squalus pristis*), peuvent attaquer des cétacés ou baleines, ainsi qu'on l'annonce dans plusieurs ouvrages sur l'histoire naturelle de ces animaux. Mais Bochart, soutenant son opinion, que le léviathan est le crocodile, l'avait fait prévaloir parmi les érudits de son siècle; il affirme que le *cabith* n'est autre que l'ichneumon, mammifère carnivore (*viverra ichneumon*, L.), détruisant les œufs du crocodile.

Autrefois, ces questions ardues partageaient les savants, et le philosophe publiciste Hobbes avait intitulé l'un de ses ouvrages politiques du nom de *Léviathan* : il y qualifiait ainsi la force brutale et indomptée du peuple, qu'il prétendait soumettre à un gouvernement despotique, aussi dévorant que cette bête féroce. Aujourd'hui de pareilles questions ne sont plus débattues; mais comme elles se trouvent dans des livres célèbres, elles peuvent encore se rencontrer. Ainsi, l'on recommandait jadis en médecine, contre la dyssenterie et les flueurs blanches, la poudre du membre génital du léviathan, ce qui serait expliqué aujourd'hui autrement sous le nom de *sperma ceti*, ou de blanc de baleine.

La plante léviathan a été désignée comme l'analogue du *crocodilion* de Théophraste. Elle diffère du *crocodilium* de Dioscoride, quoiqu'elle paraisse appartenir à un genre voisin de la famille des composées cinarocéphales. Ainsi, d'après Fuchs et Adanson, la première serait l'*echinops vitro*, herbe épineuse. Le *crocodilium* de Dioscoride se rapporterait plutôt, d'après Linné, à la *centaurea crocodilium*, plante horriblement hérissée d'épines et croissant au bord des eaux.

Au total, le terme de léviathan représente plutôt quelque être monstrueux par sa force, sa grandeur ou son pouvoir de mal faire, capable d'épouvanter, comme les êtres fantastiques et cruels de diverses mythologies.

J.-J. VIREY.

LEVIER. Dans les arts, on donne ce nom à une barre, de matière et de forme quelconques, dont on se sert pour soulever un poids en employant moins de force que si l'on agissait directement sur lui, ou encore pour modifier la vitesse d'un corps, ou même pour faire équilibre à une résistance donnée (tel est le cas de la balance). En mécanique, on considère le levier comme une barre rigide et inextensible, droite, coudée ou brisée, s'appuyant sur un point fixe, autour duquel elle est sollicitée à tourner en sens contraire par deux forces parallèles ou concourantes, et on le range parmi les trois principales machines simples. La force qui agit comme moteur sur le levier est la *puissance*; l'autre est la *résistance*. Suivant la position du *point d'appui*, on distingue trois genres de levier : le *levier de premier genre*, où le point d'appui est placé entre la puissance et la résistance; le *levier de second genre*, où la résistance est entre le point d'appui et la puissance; le *levier de troisième genre*, où la puissance est entre le point d'appui et la résistance. Dans tous les cas, on nomme *bras de levier* les distances du point d'appui aux directions de la puissance et de la résistance.

Quand on veut soulever une pierre qui repose sur le sol, on engage le plus ordinairement une barre de fer sous cette pierre; on place derrière la barre de fer, et très-près de son extrémité, un corps solide résistant, et on appuie de tout le poids de son corps sur l'autre extrémité de la barre de fer; on fait usage alors d'un levier de premier genre. Si, au contraire, la barre de fer ayant été engagée horizontalement sous la pierre, on soulève son extrémité libre, on opère à l'aide d'un levier de second genre; il en est de même quand un homme transporte un fardeau sur une brouette. Enfin la pédale du rouet à filer, celle du rémouleur, nous offrent des exemples du levier de troisième genre.

Ce dernier est particulièrement employé dans les cas où l'on a besoin de produire un mouvement très-rapide, et où l'on dispose d'un excès de force. Cela résulte des lois de l'équilibre du levier, qui sont les suivantes : Pour l'équilibre du levier, il faut et il suffit 1° que la puissance et la résistance soient dans un même plan avec le point d'appui; 2° que ces deux forces tendent à faire tourner le levier en sens contraires; 3° que les moments de ces forces par rapport au point d'appui soient égaux, c'est-à-dire qu'en nommant P la puissance et p son bras de levier, R la résistance et r son bras de levier, on ait $P \times p = R \times r$. De cette dernière loi il résulte : 1° que dans le levier de premier genre, la puissance a d'autant plus d'avantage que son bras de levier est plus long; 2° que dans le levier de second genre la puissance a toujours de l'avantage; 3° que le contraire a lieu dans le levier de troisième genre.

Un levier peut être sollicité à la fois par plus de deux forces. On compose alors ces forces suivant les lois de la mécanique, et on établit les conditions d'équilibre. Ainsi, jusqu'ici nous n'avons pas tenu compte du poids du levier. Dans la pratique, on devra toujours considérer l'effet résultant de l'action de la pesanteur.

Les conditions d'équilibre de la balance, de la romaine, du peson, de la poulie, etc., se déduisent immédiatement de celles de levier.

[La structure du corps d'un très-grand nombre d'animaux offre très-souvent des systèmes de leviers de toutes espèces : les os en forment les bras, les muscles en sont les agents ou la puissance; dans le corps humain, par exemple, on trouve des applications bien caractérisées des trois genres de leviers.

On observe un levier du premier genre dans la combinaison des pièces qui font lever ou baisser la tête, laquelle reçoit dans la cavité occipitale l'extrémité de l'atlas, la plus élevée des vertèbres de la colonne vertébrale (épine du dos) : c'est sur l'atlas qu'est le point d'appui ; le poids de la tête ou sa tendance à pencher en avant est la résistance ; les muscles *splenius* et *complexus*, qui la font tourner en arrière, représentent la puissance; d'autres muscles la font pencher en avant quand une force quelconque tend à la faire dresser malgré la volonté de l'individu dont elle fait partie.

Une application du levier du second genre se voit dans l'organisation du pied : le point d'appui est sur la pointe du pied ; la résistance qu'il faut vaincre est le poids qui agit par l'extrémité inférieure du tibia ; la puissance est représentée par les muscles qui, en se contractant, rapprochent plus ou moins le talon du tibia.

Les applications du levier du troisième genre sont plus nombreuses; les mouvements des doigts, de l'avant-bras, des jambes, s'exécutent au moyen d'appareils organisés sur les propriétés de ce levier : lorsque par exemple on veut porter vers la tête un objet pesant que l'on tient dans la main, en exécutant ce mouvement, on fait jouer un levier dont le point d'appui est dans l'articulation du coude, la résistance dans le poids de l'objet que l'on tient dans la main ; les muscles qui amènent l'avant-bras proprement dit en font la puissance; le point d'attache de ces muscles se trouve entre l'articulation du coude et la main, dont il est très-éloigné, eu égard à la longueur de l'avant-bras.

Levier s'emploie aussi figurément : l'éloquence est un puissant *levier* pour remuer la multitude. TEYSSÈDRE.]

LÉVIS (Famille de). En dépit des efforts de certains généalogistes complaisants qui ont prétendu faire descendre cette famille de Lévi, fils du patriarche Jacob, GUY DE LÉVIS, qui tirait son nom d'une terre située dans le Hurepoix, près de Chevreuse, est regardé comme le fondateur de cette maison, qui a fourni à la France bon nombre d'officiers et de magistrats distingués, mais dans laquelle le titre de duc n'existe que depuis 1784. Ce Guy de Lévis figurait au douzième siècle parmi les croisés enrôlés pour convertir ou exterminer les Albigeois; et dans les dépouilles des vaincus il eut pour sa part la terre de Mirepoix, avec d'autres biens situés en Languedoc. Aussi dans cette ligne l'aîné portait-il, depuis, le titre de *maréchal de la foi*, qui avait été conféré au premier de la race dans cette circonstance. Les autres branches principales après les Mirepoix étaient les Montbrun, les Permes, les Lautrec, les Quélus, etc.

Le titre de duc fut accordé à *François* DE LÉVIS, maréchal de France, gouverneur du comte d'Artois, mort en 1787. Son fils, *Pierre-Marc-Gaston*, DUC DE LÉVIS, né en 1755, mort pair de France en 1830, avait émigré en 1792 et n'était rentré en France qu'après le 18 brumaire. Il y vécut alors complètement en dehors des affaires publiques, ne s'occupant que de littérature et d'économie politique. A la restauration, Louis XVIII le nomma membre de son conseil privé, et le comprit en 1816 dans l'ordonnance par laquelle il combla les vides de l'Institut par une mesure d'épuration qui en élimina un certain nombre de membres. Le duc de Lévis fut alors appelé à faire partie de l'Académie Française. On a de lui : *Maximes et Réflexions sur différents sujets* (1808, in-12); *Suite des quatre Facardins* (in-8°, 1812); *L'Angleterre au commencement du dix-neuvième siècle*; *Considérations morales sur les finances* (in-8°, 1816); *Des Emprunts* (1822); *Considérations sur la situation financière de la France* (in-8°, 1834).

La famille de Lévis est divisée aujourd'hui en deux branches : les Lévis-Mirepoix et les Lévis-Ventadour.

LEVITA (ÉLIAS), dont le véritable nom était *Elia Levi Ben Ascher*, surnommé *Bachour*, l'un des plus célèbres grammairiens qu'aient eus les Juifs, et dont les savants travaux ont enseigné la langue hébraïque à tout le monde chrétien, était né en 1472, au midi de l'Allemagne, ou en Italie, d'une famille allemande. Il s'appliqua de bonne heure à l'étude de l'Écriture Sainte, de la langue hébraïque et de la Mazora. De Padoue, où il enseignait dès 1504, il se rendit, en 1509, après avoir perdu dans le sac de cette ville tout ce qu'il possédait, à Venise, et de là, en 1512, à Rome, où le cardinal Egidio devint son élève et son protecteur. En 1527, il eut encore le malheur d'être pillé après la prise de cette ville par les Impériaux, et revint alors de nouveau à Venise, refusant les invitations de divers princes ecclésiastiques et séculiers, et même celle du roi de France. Cependant, en 1540, il accepta celle de Paul Fagius, et se rendit auprès de lui à Iéna, où il composa et fit imprimer divers ouvrages. Peu d'années après, il retourna au sein de sa famille à Venise, où il mourut, en 1549.

Ses ouvrages les plus importants sont : *Bachour*, grammaire hébraïque ; *Meturgeman*, dictionnaire pour la connaissance du targoum, et *Masoret-ha-Masoret*. La plupart de ses livres furent traduits de son vivant même, en latin, par Munster, Fagius et autres.

LÉVITES, c'est-à-dire descendants de Lévi. L'Écriture nomme trois enfants de ce patriarche, Gerson, Caath et Mérari. C'est d'eux que viennent les prêtres et les autres fonctionnaires hébreux attachés au service des autels. Le sacerdoce demeura dans la famille de Caath, aïeul de Moïse et d'Aaron. Les enfants de Gerson et de Mérari, qui prirent le nom commun de *lévites*, devaient aider les prêtres dans leurs fonctions, mais sans être jamais élevés à la dignité sacerdotale. Les familles sacerdotales et lévitiques, dispersées sur tout le territoire de la Judée, se succédaient pour le service des autels, et, après avoir rempli leur saint ministère, entraient dans les villes qui leur avaient été assignées pour résidence. Les prêtres et les lévites jouent un grand rôle dans la constitution juive. Chargés d'étudier plus spécialement la loi, de l'enseigner au peuple, et de la conserver pure et intacte, ils surveillent le souverain, l'avertissent lorsqu'il s'écarte de la voie tracée par Moïse, et empêchent ainsi les empiétements de son autorité. Mais la science de ceux entre les mains desquels est remis le dépôt de la loi pourrait leur donner une influence fâcheuse ; le législateur, qui a vu en Égypte tous les abus du pouvoir sacerdotal, sent combien est pesante la tyrannie qu'il impose. Pour qu'il n'arrive rien de pareil au peuple qu'il organise, il rend les lévites et les prêtres dépendants de toutes les tribus, les exclut du partage des terres, les dissémine sur toute la surface du royaume, pour qu'ils puissent partout enseigner et empêcher l'idolâtrie, les oblige enfin à ne vivre que des dîmes qu'ils reçoivent des autres tribus. De cette manière, la liberté publique est mise à l'abri de toute atteinte de la part des chefs religieux. Aussi, les prêtres et les lévites ne sont-ils jamais appelés au commandement de la nation; et s'ils y arrivent quelquefois, ce n'est pas en vertu de leur dignité sacerdotale, mais par l'élection et par le concours de circonstances graves. J.-G. CHASSAGNOL.

LÉVITIQUE, un des cinq livres de Moïse, ainsi appelé de ce que, entre les 27 chapitres qui le composent, il y a la moitié renfermant les règles à suivre pour les cérémonies du culte, et de ce que les lévites étaient exclusivement chargés de ces cérémonies. Les autres chapitres contiennent des règles d'hygiène à suivre pour la conservation de la santé et de la vie ; dans les pays chauds, et surtout dans les régions qu'habitaient les enfants d'Israël, différentes espèces de viandes et de poissons pouvaient engendrer des maladies : toutes sont indiquées dans le Lévitique ; et il est défendu aux Juifs de manger de ces viandes, sous peine d'être criminels devant Dieu. Cette crainte seule était capable d'arrêter la voracité d'un peuple qui regretta souvent l'esclavage de l'Égypte à cause de la bonne chère qu'on faisait dans ce pays. Dans ce livre, non-seulement Moïse donne les moyens de préserver les maladies, mais il apprend encore à guérir la plus affreuse de toutes pour les races de l'Orient, la lèpre ; deux chapitres sont consacrés à l'indication du traitement à suivre. Tous ces préceptes de morale et d'hygiène sont empreints d'une grande sagesse, et, malgré les railleries de certains philosophes, le Lévitique sera toujours regardé comme le code le plus approprié aux mœurs et aux besoins du peuple qu'il devait régir.

LÈVRES. On désigne par ce nom les deux bords de la bouche, organes fort importants chez les animaux et surtout chez l'homme. La plus élevée se nomme *lèvre supérieure*, l'autre se nomme *lèvre inférieure*. Semblables aux paupières, qui servent à voiler et à découvrir les globes oculaires, elles forment deux rideaux mobiles, étendus devant la partie antérieure des arcades dentaires; elles ouvrent et referment la voie par laquelle diverses fonctions s'accomplissent; elles servent à la préhension des aliments liquides et solides; c'est principalement dans la première enfance, où la digestion commence par la succion, qu'on reconnait leur utilité. Elles concourent à l'admission dans la poitrine de l'air, qui est une autre condition indispensable à l'entretien de la vie, et servent à l'émission des sons, qui établissent entre les hommes une si grande puissance de rapports; leur action, dans la parole comme dans le chant, se manifeste par des mouvements qui peuvent même suffire pour exprimer les mots sans le secours de la voix, au point que les sourds entendent par les yeux. Outre ce concours d'action dans les fonctions les plus essentielles, elles prennent une grande part à l'expression des passions qui nous émeuvent si diversement. Elles contribuent aussi beaucoup à l'embellissement du visage, quand elles offrent une teinte de corail et des contours gracieux, qui reflètent l'état et un nombre des principaux attributs de la beauté. En considérant les lèvres sous ce dernier rapport, elles manifestent la prééminence d'une race humaine sur les autres et, bien plus, sur les animaux. La dégradation de ces parties de la bouche, signal de l'infériorité du nègre, devient de plus en plus significative à mesure qu'on descend les degrés de l'échelle zoologique. Enfin, ces organes procurent à notre espèce, dans l'exercice des passions affectives, des sensations que les poètes n'ont pas cessé de célébrer avec une chaleur qui démontre leur inspiration. Qu'on jette les yeux sur une mère qui colle ses lèvres sur celles de son enfant, on comprendra tous les délices d'un baiser.

Lavater a fait servir les lèvres à ses inductions, moins rationnelles que celles de Gall, et qui cependant ne peuvent être récusées dans leur ensemble, car les lèvres étant agitées, leurs nerfs doivent refléter l'état du cerveau, et le système des physionomistes est naturellement l'ombre de celui des phrénologistes. Il y a d'ailleurs plusieurs vérités dans les assertions de Lavater, comme il y en a nécessairement dans tous les produits de l'observation. Des lèvres sans exagération ni de volume ni de proportions respectives, un peu entr'ouvertes, sans aucune contraction des traits de la face, sont pour le vulgaire l'indice souvent fidèle de la bonté et de la candeur, tandis que des lèvres plates, minces, qui forment, comme on dit, un bouche serrée, annoncent un caractère méchant et dissimulé. Ce n'est toutefois qu'avec réserve qu'on doit se fier à de semblables annonces. Les organes reflétant jusqu'à un certain point le cerveau, dans l'état de maladie comme dans l'état de santé, les anomalies de mouvements qu'elles présentent fournissent aux médecins des renseignements précieux.

Les lèvres sont sujettes à diverses lésions et surtout à des affections inflammatoires, en raison de leur situation, de leur sensibilité et de la quantité de sang qui les baigne. Toutes les plaies un peu graves de ces parties réclament l'intervention d'un chirurgien; quant aux boutons dont elles sont fréquemment le siège, nous ne pouvons trop recommander de ne pas les traiter sans connaissances suffisantes, lorsqu'ils persistent quelque temps : on les irritant, on risque de les faire passer à l'état cancéreux, accident trop commun et trop souvent irrémédiable. Ce n'est pas non plus sans danger qu'on contracte l'habitude de les mordre, comme ce n'est pas sans inconvénient qu'on les colore avec diverses teintures, afin d'aviver leur couleur : ce moyen détruit à la longue le velouté et la finesse de l'épiderme qui les recouvre; cet artifice dérange d'ailleurs l'harmonie qui existe dans le coloris de l'ensemble de la face, et ressort comme un désaccord qui est toujours ridicule. En ceci, les coquettes sont punies en arrivant à un but tout opposé à celui auquel elles aspiraient.

Les lèvres chez les animaux mammifères ne servent guère qu'à la préhension des aliments; toutefois, chez quelques-uns, chez les chevaux surtout, elles expriment des passions. Chez les insectes, les lèvres n'ont de commun avec celles de l'homme que leur situation et leur usage.

L'acception de ce mot a été étendue aux contours de l'ouverture de quelques fleurs appelées en conséquence *labiées*. On désigne aussi par ce nom des parties de quelques *coquilles*. Les ouvertures béantes d'une blessure ont aussi reçu le nom de *lèvres*. Enfin, au figuré, les lèvres servent à caractériser diverses nuances morales qui rappellent le lien qui unit intimement ces organes avec le cerveau : ainsi, on dit que l'hypocrite n'honore Dieu que *du bout des lèvres*; avoir un nom *sur le bord des lèvres*, c'est un souvenir qui échappe au moment où il allait renaître; avoir le *cœur sur les lèvres*, c'est être sincère et franc ; rire *du bout des lèvres*, c'est un rire simulé, etc.

Dr CHARBONNIER.

LÉVRIER, race de chiens de la famille des mâtins. Le lévrier se distingue de ses congénères par des formes plus svelte, plus minces, plus effilées; par son museau, plus allongé que dans aucune autre race ; son pelage, essentiellement composé de poils soyeux. Il y en a d'ailleurs de tailles et de couleurs fort différentes. On en voit dont la peau est nue comme celle du chien turc. Il est peu intelligent, s'attache peu à son maître, et recherche les caresses du premier venu. Sa vue est d'ailleurs excellente, sa course rapide, et lorsqu'il est de grande taille, il est très-bon pour la chassé *à courre*, principalement pour celle du lièvre et du lapin.

DEMEAU.

LÉVRIERS (*Astronomie*). *Voyez* CHIEN (*Astronomie*).

LÉVRIERS (*Ichthyologie*). *Voyez* BROCHET.

LEVROUX. *Voyez* INDRE (Département de l').

LEVÛRE. Ce mot, souvent employé comme synonyme de *ferment*, sert à désigner des substances qui, telles que le levain, déterminent la fermentation.

M. Cagnard de Latour a eu recours au microscope pour étudier la fermentation de la bière et pour rechercher les causes de ce phénomène. A cette occasion, voici les choses curieuses qu'il a observées :

La levûre de bière, regardée jusque alors comme une matière simple, est au contraire, composée d'une multitude de corps organisés sans mouvements spontanés. Ce sont, à en croire MM. Turpin et Cagnard de Latour, des végétaux en miniature. Et non-seulement ces petites plantes existent comme individus, mais elles se reproduisent, et c'est ainsi que la levûre va toujours s'épaississant, et toujours reengendrant ses propriétés fermentescibles. Mais cette reproduction singulière, quel en est le mode, quels en sont les moyens? Est-ce une génération cachée ou cryptogamique, comme celle des truffes et des champignons, ou une génération sexuelle, comme celle des plantes à fleurs visibles ou phanérogames? Ces corps, à ce qu'il parait, se reproduisent et s'accroissent par de simples dragons, à peu près comme les artichauts ou comme les polypes, de ceux dont Trembley a raconté l'histoire célèbre. Dans une cuvée de bière, dont il fut retiré 43 kilogrammes de levûre pour 6 kilogrammes qu'on y avait jetés, M. Cagnard de Latour a retrouvé toutes ces petites plantes simplifiées, sans articles ni rejetons, ce qui semble prouver que les jeunes végétaux s'étaient tous respectivement isolés de leur souche mère, et que les enfants étaient devenus des êtres adultes. Voilà pourtant où conduit le microscope! Comment n'en pas médire?

Dr Isidore BOURDON.

LEVÛRE DE QUARTIER. *Voyez* FRANC-QUARTIER.

LEVYNE. *Voyez* CHABASIE.

LEWIS (MATTHIEU-GRÉGOIRE), célèbre romancier et

dramaturge anglais, naquit en 1773. Son père, sous-secrétaire au département de la guerre, avait fondé sur son avenir de grandes espérances. Celui qui devait écrire un jour *Le Moine* commença par être diplomate. Il lui arriva, comme à la plupart des hommes extraordinaires, d'être jeté dans une route contraire à ses inclinations et à sa nature. Élevé à Westminster, on l'envoya ensuite en Allemagne, terre classique des hautes doctrines philosophiques, et où il étudia la langue du pays. Un emportement invincible, une fougue poétique, une ardeur passionnée, qui tenait plus aux sens qu'à l'âme, caractérisaient ce jeune homme, qui ne tarda pas à oublier la diplomatie pour étudier les contes fantastiques de l'Allemagne. Il entrait dans le secret d'un monde plein de surprises, et prenait goût aux sombres et redoutables images de la poésie allemande. De retour en Angleterre, il composa brusquement, et dans des dispositions toutes confuses, son célèbre roman du *Moine* (*The Monk*), bizarre production, qui offre le pressentiment vague d'une série entière d'œuvres d'art et de poésie, qui devait plus tard répandre en Angleterre et en France des flots de colère funèbre et de violente amertume. Lewis est le précurseur de tous les apostats de la morale publique. *Le Moine* éclata comme la foudre au milieu de la société anglaise, dont la pudeur religieuse s'effaroucha. Blâmé par les hommes graves, il fit les délices d'une race entière de lecteurs, qui voulait à tout prix avoir l'âme remuée et l'esprit ému. Pour conjurer l'orage qui s'amassait, il promit de remanier son roman, de le faire incontestablement moral : on ne sait s'il était sincère, mais il ne fut pas exact. *Le Moine* est demeuré tel qu'il était : un livre de verve et de fougue, plein de licence et d'éclat, mais conçu d'une si étrange manière qu'on ne sait ce que l'auteur a prétendu. *Le Moine* contient, souvent en germe et quelquefois en pleine séve, la maladie funèbre à laquelle la vie intellectuelle des peuples d'Europe est en proie. Le merveilleux, que Waiter-Scott ne pardonne pas à Hoffmann, a chez ce dernier une innocence puérile, une saveur d'enfance et d'ingénuité qui rappelle le faible de la Fontaine pour *Peau d'âne*. Dans Lewis, la magie, la vengeance du diable, l'intervention de Dieu, sentent le sacrilège et l'anathème. Tumultueuse et puissante, cette création eut son écho lointain. Mille fois on a voulu en reproduire la magnificence et l'horreur. A Lewis se rattachent Anne Radcliffe et Maturin, dont l'école est aujourd'hui usée; mais du temps de Lewis la veine ne faisait que de s'ouvrir ; il l'a épuisée. Il est curieux de le suivre dans un grand nombre de drames et de romans, oubliés, il est vrai, mais peu inférieurs au *Moine*. La décadence progressive du goût public pour ce genre lugubre et faux a replongé dans l'obscurité non-seulement Lewis, mais tous ces ouvrages qui contiennent un sourd et profond anathème contre Dieu et le monde. Chose remarquable ! Lewis, ainsi que Maturin, était homme de plaisir : c'est un fait mémorable dans l'histoire de l'art et du cœur des conceptions les plus désolantes, les plus hideuses, les plus meurtrières, soient l'œuvre d'hommes à qui l'on pourrait tout envier. *Le Brigand de Venise*, *Les Tyrans féodaux*, romans ; *L'Amour du gain*, poème ; *Les Vertus du Village*, *Le Spectre du Château*, drames ; *Rolla*, *Alfonse*, *Le Ministre*, tragédies ; *Les Habitants des Indes orientales*, comédie ; des *Contes terribles* et des *Contes romantiques*; *Timour le Tartare*, mélodrame ; *Le Riche et le Pauvre*, opéra-comique, ouvrages de Lewis, n'ajoutent rien à sa réputation. A peine avait-il atteint sa vingtième année qu'il fut élu membre du parlement par le bourg de Hendon ; il partit ensuite pour les Indes occidentales, où il fit un long séjour : le résultat de ce séjour est consigné dans un excellent ouvrage, qui est, avec *Le Moine*, le vrai titre de Lewis à la gloire littéraire. Il mourut en 1801.
Philarète CHASLES.

LEXICOGRAPHIE, LEXICOLOGIE. *Voyez* LEXIQUE.

LEXINGTON, ancienne et importante ville du Kentucky (États-Unis), à 12 myriamètres de Cincinnati, avec 12,000 habitants, est le siége de l'université de Transylvanie, établissement doté d'une riche bibliothèque et d'un amphithéâtre d'anatomie. Cette ville possède quelques beaux édifices publics, et de grandes manufactures de cotonnades, de lainages, de quincaillerie, etc.

Une ville du même nom, située dans le Massachusetts, est célèbre par la victoire que les Américains y remportèrent sur les troupes anglaises, le 19 avril 1775.

LEXIQUE (du grec λεξίκον). C'est le titre général sous lequel les anciens comprenaient les dictionnaires et vocabulaires en tous genres. Les Grecs s'en servirent d'abord pour désigner les recueils d'explications sur les mots anciens ou rarement usités, ou bien encore pour désigner les vocabulaires relatifs à l'interprétation de certains auteurs ou de toute une classe d'auteurs, par exemple celui d'Homère par le sophiste Apollonius, celui d'Hippocrate par Érotien, celui de Platon par Timée, celui des Orateurs par Harpocration, quelquefois, enfin, aussi pour désigner les recueils ayant pour but de faire distinguer les mots du dialecte attique de ceux du dialecte ordinaire, par exemple ceux d'Hérodien, de Mœris, etc. (*voyez* DICTIONNAIRE, GLOSSAIRE et ONOMASTICON).

Voilà pourquoi on appelle *lexicologie* l'art ou la science de convenablement réunir et ranger le trésor de mots d'une langue, et *lexicographie* l'aperçu des travaux littéraires déjà accomplis en ce genre.

LEXIVIAL ou LEXIVIEL. *Voyez* LIXIVIEL et ALCALI.

LEYDE, grande et belle ville de la province de Hollande (Pays-Bas) comprise de nos jours dans le gouvernement de la Hollande méridionale, avec de larges rues et un grand nombre de canaux, est située sur le Vieux Rhin et compte environ 38,000 habitants. En fait d'édifices publics, on y distingue surtout l'église Saint-Pancrace ; l'église Saint-Pierre, contenant les tombeaux de Boerhaave, de P. Camper, de Scaliger, de Spanheim, etc. ; l'hôtel de ville, orné de belles peintures par Lucas de Leyde, Cornelis Engelbrechtsen, Van Brie, etc. Du vieux château, autrefois citadelle, construit sur une petite éminence, on jouit d'une belle vue sur toute la ville. Les imprimeries et les fabriques de drap de Leyde étaient autrefois au nombre des principales sources de la prospérité de cette ville, qui aujourd'hui encore fait un grand commerce de laines et de lainages. C'est à Leyde qu'était établie la célèbre imprimerie des Elzevier. L'une des gloires de Leyde est son université, dont la fondation fut accordée aux habitants, en 1575, en dédommagement des calamités de toutes espèces qu'ils avaient éprouvées pendant le siége de leur ville, l'année précédente. On y compte 500 étudiants, et elle possède une riche bibliothèque avec des manuscrits du plus grand prix, une précieuse collection d'histoire naturelle, un beau cabinet d'anatomie, un amphithéâtre de dissection et un jardin botanique.

Leyde est l'ancien *Lugdunum Batavorum*, et s'appelait au moyen âge *Lugduin* ou encore *Leydis*. Elle fut réduite aux plus cruelles extrémités pendant le siége qu'y vinrent mettre les Espagnols, du 31 octobre 1573 au 24 mars 1574 ; et ils la tinrent encore étroitement bloquée jusqu'au 3 octobre de la même année, époque où le prince Guillaume d'Orange, en rompant les digues de la Hollande septentrionale, les contraignit enfin à déguerpir.

LEYDE (Bouteille de). *Voyez* BOUTEILLE DE LEYDE.

LEYDE (JEAN DE). *Voyez* JEAN DE LEYDE.

LÉZARD, genre de reptiles de la famille des Lacertiens de Linné et des sauriens de Brongniart. Les anciens naturalistes avaient réuni dans un seul genre une foule d'animaux assez semblables aux lézards au premier abord, mais qui, examinés avec soin, en diffèrent considérablement : tels sont, par exemple, les *crocodiles*, les *dragons*, les *scinques*, etc. Mais les naturalistes modernes ont, après une étude approfondie, classé chaque espèce dans le genre qui lui convient ; et c'est ainsi que le genre *lézard*, quoique très-nombreux encore, a été séparé de tous ces reptiles, qui ne lui ressemblent ni par les mœurs ni par les formes.

Le lézard a longtemps été regardé comme *ovipare*, mais d'après quelques observateurs certaines espèces seraient également *vivipares*. Le lézard est remarquable par sa tête triangulaire aplatie, couverte de grandes écailles qui forment un bouclier, et qui sont dues à un prolongement des os du crâne; ses yeux sont vifs, couverts de paupières mobiles; sa bouche est grande, formée de deux mâchoires longues et armées de petites dents fines, crochues et tournées vers le gosier. Sa langue est plate, longue, et divisée en deux parties vers son extrémité. Quelques auteurs prétendent qu'elle est garnie de poils fins et rudes, que l'animal peut coucher ou dresser à volonté pour retenir l'insecte qu'il vient de saisir. Le corps des lézards est allongé, d'une couleur très-variable; leurs pieds, au nombre de quatre, sont armés d'ongles fins et crochus qui leur donnent la facilité de se retenir aux arbres et aux murs; leur queue est formée d'articulations que le moindre effort peut séparer. Cette queue présente un phénomène que nous ne pouvons passer sous silence : c'est qu'elle repousse lorsqu'elle a été coupée; mais elle n'est point comme la précédente : c'est un bouton grisâtre, dépourvu d'écailles, qui s'allonge et s'élargit jusqu'à ce qu'il ait atteint les dimensions du tronçon de la première queue.

Prompt comme la flèche, le lézard s'élance d'un lieu à un autre, soit pour atteindre sa proie, soit pour échapper à son ennemi. Sa vie, qui, au dire de quelques naturalistes, se prolonge pendant plusieurs lustres, est une suite continuelle de ruses pour trouver sa nourriture et d'attentions pour sa compagne; modèle de constance, il ne s'attache qu'à une seule femelle; il prend sa défense lorsqu'on l'attaque, et l'étreint si fortement dans ses embrassements que les deux reptiles semblent n'en faire qu'un seul. Mais si le lézard est un modèle d'amour conjugal, ce n'est point celui de l'amour maternel : en effet, à peine la femelle a-t-elle déposé ses œufs, qu'elle les abandonne; la chaleur du soleil les fait éclore, et les petits ne connaissent jamais leur mère; étonnante singularité, chez un animal susceptible d'un attachement qui lui a mérité le nom d'ami de l'homme.

Cette affection du lézard se porte jusque sur sa demeure, qui est ordinairement la fente d'un rocher, la crevasse d'un mur : s'il est poursuivi, il se dirige tout de suite de ce côté, et ne s'arrête sous les feuilles ou dans d'autres cavités que jusqu'à ce que le danger soit passé; il reprend bientôt sa course, et lorsqu'il est arrivé, il défend l'entrée de son habitation avec courage. Malgré la petitesse de sa taille, il lutte avec le serpent, à la lèvre duquel il s'attache et qu'il ne lâche, malgré les secousses de son ennemi, que lorsque ce dernier l'a écrasé sur la terre, car le malheureux lézard, maigré son intrépidité, succombe presque toujours dans ce combat inégal. On a cru longtemps que la morsure du lézard était venimeuse, il n'en est rien; elle est, il est vrai, un peu longue à guérir, mais elle n'occasionne aucun accident.

Cet animal ne présente pas dans toutes les saisons cette agilité surprenante et ce courage que nous admirons ; ce n'est que dans les chaleurs de l'été, lorsque le soleil vient réveiller ses sens engourdis , qu'il offre cette vigueur qui le distingue. Pendant l'hiver, il reste dans un état de torpeur et d'anéantissement complet; la vie semble éteinte chez lui : on peut le couper en morceaux sans qu'il fasse un mouvement pour se défendre. Pendant toute la durée de ce temps, il ne prend aucune nourriture. Il peut supporter des jeûnes vraiment extraordinaires. Ce reptile présente encore dans son organisation un phénomène remarquable ; c'est que chaque partie de son corps semble avoir une vie qui lui appartienne. En effet, lorsqu'on divise sa queue en plusieurs morceaux, chaque partie semble douée de sentiment; l'irritabilité musculaire est portée à un point tel qu'elle semble ressentir une douleur nouvelle si on vient à la piquer. Il en est de même du corps et de la tête séparés l'un de l'autre; ce sentiment dure même plusieurs jours.

Le lézard se nourrit d'insectes, de vers et d'œufs d'oiseaux. Parmi les espèces qui composent ce genre, la plus commune est le *lézard gris* ou *lézard des murailles* (*lacerta muralis*, Dugès); sa nuance varie à l'infini. Comme il change de peau, il peut aussi changer de couleur ; c'est avec lui que les enfants jouent; ils lui font sucer la salive qui est sur leurs lèvres : ce lézard en est très-avide ; mais il est rare que dans ces jeux le pauvre reptile ne laisse pas sa fragile queue, que la gent écolière se plaît souvent à lui arracher. Le *lézard ocellé*, *grand lézard vert* de Lacépède (*lacerta ocellata* , Daud.), est de toutes les espèces la plus belle et la plus élégante ; son corps présente sur un fond vert les nuances les plus variées ; il réunit toutes les couleurs de l'arc-en-ciel, et produit lorsqu'il est au soleil un effet magique ; sa longueur peut aller jusqu'à 60 centimètres; il fréquente les rochers et les prairies, où il se joue parmi les fleurs , avec lesquelles il semble lutter d'éclat et de coquetterie.

FAVROT.

L'HASSA (c'est-à-dire *demeure des dieux*), la populeuse capitale du Thibet, a un circuit d'environ 7 kilomètres, mais n'a point de murailles d'enceinte, comme c'est ordinairement le cas pour les villes chinoises. Dans ses faubourgs on voit une foule de jardins plantés de grands arbres, qui encadrent la ville de la manière la plus gracieuse. Les principales rues sont très-droites et tenues avec assez de propreté; en revanche, il n'y a rien de comparable à l'horrible malpropreté de ses faubourgs. Les maisons sont hautes, bâties pour la plupart en pierres et en briques ; il n'y en a qu'un très-petit nombre qui ne soient qu'en terre. Mais toutes sont peintes en blanc avec tant de soin , qu'elles paraissent être construites de la même façon. Dans l'un des faubourgs on voit tout un quartier dont les maisons sont entièrement construites en cornes de bœufs et de moutons. Ces constructions bizarres sont de la plus grande solidité, et ne déplaisent pas trop à l'œil. Le palais du dalaï-lama mérite à bon droit la réputation dont il jouit. Au nord de la ville , au milieu d'une large vallée , se trouve une montagne rocheuse de forme conique et sur laquelle est bâti ce palais du dieu corporel. Ce magnifique édifice se compose de la réunion de plusieurs temples différant de beauté et de grandeur. Celui qui se trouve au centre , haut de trois étages et dominant tous les autres, est terminé par une coupole entièrement couverte de plaques d'or , et est entouré par un large portique dont les colonnes sont dorées également. C'est là que siège le dalaï-lama. Du haut de son trône il voit l'innombrable foule de ses adorateurs accourir les jours de fête dans la plaine et se précipiter la face contre terre au pied de la sainte montagne. Les palais du second rang qui se trouvent groupés autour du temple sont habités par les lamas de divers ordres, chargés de servir le Bouddha vivant.

LHERMINIER. *Voyez* LERMINIER.

LHOMME (MARTIN), malheureux libraire chez lequel on trouva quelques exemplaires d'un écrit intitulé *Épître au Tigre de la France*, et qui pour ce fait fut pendu par arrêt du parlement. Comme on le menait au supplice, arriva un marchand de Rouen, qui, sans savoir de quoi il était question , témoigna quelque pitié pour l'infortuné qu'on traînait à la potence. Aussitôt il fut attaqué par la populace, battu, arrêté, conduit en prison, et, sans autre forme ni figure de procès, pendu et étranglé à la place Maubert, au même gibet où venait de périr le libraire. Pareils exemples durent singulièrement effrayer le public; le pamphlet si rudement puni : aussi n'est-il pas surprenant qu'il n'en existe de nos jours qu'un seul exemplaire, découvert depuis quelques années, et devenu la propriété du savant auteur du *Manuel du Libraire*, M. J.-Ch. Brunet. Ce fut Charles Nodier qui, dans un article de journal, signala le premier , en 1835, l'intérêt réel que présentait cet opuscule dont plusieurs auteurs, Bayle entre autres , avaient parlé sans l'avoir vu. M. Taillandier a, de son côté, inséré dans le *Bulletin du Bibliophile* (numéro de mai 1842) un extrait des arrêts du parlement dans l'affaire du malheureux Martin Lhomme. L'arrêt qui le condamne, en date du 13 juillet 1560, porte que c'est pour avoir imprimé des *épîtres*, *livres et cartels diffamatoires*, *pleins de sédition*, *schisme et scandale*.

Il est fort douteux que l'*Épître au Tigre* fût réellement sortie d'une presse parisienne, car l'impression porte tous les caractères d'une officine étrangère, et la similitude des caractères donne lieu de croire que ce fut à Bâle ou à Strasbourg que cette éloquente invective vit le jour.

Ce pamphlet, imprimé en 1560, est une éloquente invective dirigée contre le cardinal de Lorraine, alors tout-puissant ; c'est une imitation pleine de verve de la première Catilinaire. On l'a attribuée au célèbre Hotman, mais il n'est nullement démontré qu'il en soit l'auteur. Les premières lignes indiquent clairement quel modèle s'est proposé l'écrivain : « Tigre enragé, vipère venimeuse, sépulcre d'abominations, spectacle de malheur, jusques à quand sera-ce que tu abuseras de la jeunesse de notre roi? Ne mettras-tu jamais fin à ton ambition démesurée, à tes impostures, à tes larcins?... Je connois ta jeunesse, si envieillie en son obstination, et tes mœurs si dépravées que le récit de tes vices ne te sauroit émouvoir... Tu fis tant par tes impostures que, sous l'amitié fardée d'un pape dissimulateur, ton frère aîné fut fait chef de toute l'armée du roi. Tu fais profession de prêcher de sainteté, toy qui ne connois Dieu que de parole, qui ne tiens la religion chrestienne que comme un masque pour te déguiser, qui fais ordinaire trafic, banque et marchandise d'éveschez et de bénéfices, qui ne vois rien de saint que tu ne souilles, rien de chaste que tu ne violes, rien de bon que tu ne gastes. » Il va sans dire que ce terrible écrit fut publié aussi clandestinement que possible. « Si le galant auteur eust esté appréhendé, quand il eust en cent mil vies, il les eust toutes perdues, » dit Brantôme. L'auteur resta inconnu.

Le pamphlet en prose fut suivi d'une imitation en vers ; mais celle-ci n'a jamais été imprimée, ou du moins il n'en est resté que des copies manuscrites ; elles ont pour titre : *Le Tigre*, *satyre sur les gestes mémorables des Guysards*; 1561. Un bibliophile éclairé, M. G. Duplessis, a fait, en 1842, imprimer à 25 exemplaires seulement la satire dont nous venons de parler; cette rareté typographique est, à juste titre, recherchée des amateurs.   G. BRUNET.

LHOMOND (CHARLES-FRANÇOIS), grammairien, né en 1727, à Chaulnes (Somme), mort à Paris, le 31 décembre 1794, est un de ces hommes à réputation modeste dont le souvenir ne périra point. Après avoir fait ses études dans la capitale, comme boursier au collége d'Inville, il de vint principal. Nommé professeur de sixième au collége du cardinal Le Moine, il interrompit ses exercices pour la licence, et dès ce moment se consacra exclusivement à l'éducation des élèves des classes inférieures, sans jamais vouloir accepter les classes supérieures, qui lui furent offertes plus d'une fois. Cette modestie peu commune, ce goût décidé, qui lui attachait de prédilection à l'instruction de la plus tendre enfance, le suivit dans la retraite à laquelle, au bout de vingt années, lui donna droit l'éméritat. C'est alors qu'il charma ses loisirs par la composition de différents ouvrages destinés à l'instruction de la jeunesse, qui lui valurent de la part de l'assemblée du clergé une gratification qu'il n'avait point recherchée, et que personne même n'avait sollicitée pour lui. Simple dans ses goûts, l'abbé Lhomond ne voulut point accepter les bénéfices et honneurs ecclésiastiques auxquels lui donnaient droit son mérite et ses services. Ses écrits prouvent en lui ce jugement simple et droit qui fait la première qualité de l'instituteur. Grammaire, histoire sainte, histoire romaine, histoire ecclésiastique, morale religieuse, il a dans ses livres, si courts et si substantiels, embrassé tout ce qui peut former le cœur et l'esprit de la jeunesse. On a pu faire autrement que lui, on a même fait plus savamment, personne n'a surpassé la clarté concise de ses grammaires latine et française. Grâce à ce mérite, chez lui si éminent,

que de larmes n'a pas épargnées à notre première entrance ce bon instituteur, qui, dans une de ses préfaces, compare naïvement l'esprit des jeunes écoliers à une vase qu'on ne peut remplir qu'en y versant l'eau avec modération! Le *De viris illustribus urbis Romæ*, l'*Epitome historiæ sacræ*, ne sont ni moins connus ni moins utiles que ses deux grammaires : on ne saurait en énumérer les diverses éditions. Lhomond a publié en outre : 1° *Doctrine chrétienne*, 1 vol. in-12 ; 2° *abrégée de l'Histoire de l'Église*, 1 vol. in-12 ; 3° *Histoire abrégé de la Religion avant la venue de Jésus-Christ*, un vol. in-12. La date de cette dernière publication (1791) prouve que les influences révolutionnaires n'avaient modifié ni les opinions ni le langage de ce vénérable universaliste. Les hommes de la terreur violèrent sa retraite : incarcéré en 1793, il fut rendu à la liberté par la protection du conventionnel Tallien, son ancien disciple. Il ne faut pas oublier que certaines personnes ont taxé de jansénisme les livres de Lhomond sur la religion; mais ils n'en sont pas moins demeurés classiques. En 1855, une commission s'est formée à Amiens pour élever une statue à Lhomond.   Charles DU ROZOIR.

L'HOSPITAL ou L'HOPITAL (MICHEL DE), chancelier de France, naquit près d'Aigueperse, petite ville d'Auvergne, en 1505. Jean de L'Hospital, son père, était médecin du connétable de Bourbon, dont il partagea l'exil. Le jeune Michel suivit son père en Italie, et y acheva ses études. Après avoir obtenu à Rome une charge d'auditeur de rote, il revint en France en 1534, et s'attacha au barreau de Paris. Il s'y fit bientôt remarquer par son savoir et sa droiture, et il obtint en mariage la fille du lieutenant criminel Morice, avec une charge de conseiller pour dot. Michel de L'Hospital porta dans les fonctions judiciaires une intégrité sans reproche, une érudition profonde, une exactitude exemplaire. Au bout de neuf ans de judicature, il fut nommé ambassadeur du roi au concile de Trente. Marguerite de Valois, duchesse de Berry, sœur de Henri II, le choisit ensuite pour son chancelier particulier. Bientôt la protection puissante du cardinal de Lorraine le fit nommer surintendant des finances à la cour des comptes. Dans cette charge il eut pour adversaires tous ceux qui vivaient de la dilapidation des deniers de l'État. En même temps il perdait l'appui du parlement par sa participation à un édit qui, sous prétexte de réformer l'abus des épices, bouleversait la constitution de ce corps, en le divisant en deux sections qui devaient siéger alternativement. Cependant Henri II reconnaissait ses services par le don de la terre de Vignay, près d'Étampes, et par l'autorisation de faire passer à son gendre cette charge de conseiller au parlement, qui était l'unique dot de sa fille, comme elle l'avait été de sa femme. La surintendance des finances n'avait pas grossi son patrimoine.

Livré aux distractions pures de la vie des champs, aux jouissances intimes de l'amitié, L'Hospital célébrait en vers latins élégants ce bonheur qui dérive plus de la paix de l'âme que des circonstances extérieures, lorsque la duchesse de Montpensier lui fit donner les sceaux de l'État, vacants par la mort du chancelier Olivier, son ami. Le premier soin de L'Hospital ce fut d'écarter le projet du cardinal de Lorraine d'établir en France l'inquisition, en proposant d'attribuer aux évêques eux-mêmes la connaissance des accusations d'hérésie. Tels furent l'esprit et l'objet de l'édit de Romorantin (1560), qui ne réservait aux juges séculiers que l'application de la peine. L'Hospital fit ensuite adopter aux princes lorrains la réunion d'une assemblée de nobles et de prélats, pour aviser aux réformes nécessaires dans l'administration de l'État et aux moyens d'extirper l'hérésie. Les notables se réunirent à Fontainebleau, le 21 août, et présentèrent en effet l'assemblée des états généraux. Ils prescrivirent aussi de suspendre toute poursuite pour crime d'hérésie. L'Hospital recueillit avec joie ce premier succès de son plan de pacification. Les états d'Orléans répondirent mal pourtant aux espérances du chancelier. Cependant, il fit successivement approuver par la reine

19

deux édits, dont l'un rendait à la liberté tous les hommes détenus pour cause d'hérésie, dont l'autre permettait aux religionnaires exilés de rentrer dans le royaume, sous la condition d'y vivre en catholiques. Au mois de juillet 1561, il fit promulguer une autre déclaration, qui garantissait aux protestants toutes les libertés extérieures, hors celle de tenir des assemblées publiques. Malgré l'insuccès du colloque de Poissy, ce grand homme, dont rien ne décourageait la constance, réussit à faire partager ses vues pacifiques à une assemblée de membres choisis dans tous les parlements du royaume. L'édit de janvier 1562 sortit de cette nouvelle réunion : cet édit établissait enfin la liberté de conscience, et autorisait, sous plusieurs restrictions plus ou moins onéreuses, les protestants à se réunir partout, excepté dans les villes. C'était un grand pas de fait. Mais le massacre de Vassy amena l'explosion de la guerre civile.

Après la mort du duc de Guise, le chancelier présenta un édit qui assurait divers avantages à la noblesse réformée, et qui accordait aux protestants le droit de tenir des assemblées dans un certain nombre de villes. Puis il fit attaquer par le célèbre jurisconsulte Dumoulin la validité des décrets du concile de Trente contre les hérétiques, et s'occupa de doter la France de lois bonnes et durables sur l'organisation judiciaire et consulaire, sur le luxe de la table et des habillements. Pénétré de l'espoir d'imposer aux factions par l'aspect de la majesté royale, L'Hospital engagea Charles IX et sa mère à parcourir les provinces que la guerre civile avait ravagées. Mais ce voyage, heureusement commencé, eut un résultat funeste, celui de mettre l'artificieuse Médicis en rapport avec le duc d'Albe, cet impitoyable destructeur des protestants en Hollande. Catherine revint tout imbue des maximes de la politique espagnole, et L'Hospital put prévoir dès lors que sa disgrâce était prochaine. La belle ordonnance de Moulins, qui réduisait les substitutions et traçait des règles utiles à la prompte répression des délits, fut, en quelque sorte, le dernier témoignage de sa puissance. Un mémoire par lequel il démontra avec force les injustices des deux partis, les dangers de la lutte sanglante qui se préparait, peut être considéré comme le testament politique de cet homme si supérieur à son siècle. Sa vertu n'était plus désormais qu'une barrière impuissante contre des factions avides de se replonger dans les agitations et les alternatives de la guerre civile. Ses ennemis étaient même parvenus à le rendre suspect d'hérésie pour avoir voulu épargner le sang des calvinistes, et l'on répétait proverbialement qu'*il fallait se garder de la messe du chancelier*.

La reine donna les sceaux à Morvilliers, évêque d'Orléans, homme probe, ami de L'Hospital. Ce dernier attendit avec calme, dans une retraite ennoblie par les vertus domestiques et la culture des lettres, l'explosion qui lui semblait inévitable. Cette explosion fut la Saint-Barthélemy. Les éclats de cette sanglante journée, qui consommait la ruine de ses espérances, rejaillirent jusque sur sa paisible solitude. Une populace furieuse investit sa maison ; on lui demanda s'il fallait s'armer : « Non, non, dit-il ; si la petite porte n'est bastante pour les faire entrer, qu'on leur ouvre la grande. » Mais la reine mère, inquiète sur son sort, envoya un détachement de cavalerie pour veiller à sa sûreté. Le chef de cette sauvegarde, moitié protectrice, moitié oppressive, ayant assuré L'Hospital qu'on lui pardonnait son ancien zèle pour les hérétiques : « J'ignorais, répondit le chancelier, que j'eusse jamais mérité ni la mort ni le pardon. » Ce fut le dernier hommage rendu à cette vertu si intrépide et si pure. L'Hospital survécut peu aux horreurs de la Saint-Barthélemy. Il mourut à Vignay, le 13 mars 1573, à soixante-huit ans. Ses cendres, déposées dans l'église de Champmoteux, furent profanées en 1793 ; son mausolée fut transporté plus tard au musée des Petits-Augustins. Sa statue décore aujourd'hui le péristyle du palais du corps législatif, parallèlement à celle du chancelier d'Aguesseau. Les œuvres complètes de L'Hospital ont été publiées pour la première fois en 1824, en 7 vol. in-8°, avec un essai sur sa vie par Dufey (de l'Yonne). Elles se composent de ses poésies latines, de son testament, d'un beau *Traité sur la réformation de la justice*, et de harangues parlementaires, remarquables par une diction à la fois énergique et familière, et par une érudition souvent intempestive, seul tribut peut-être que ce grand homme ait payé à l'époque frivole et tumultueuse où il vécut. A. BOULLÉE.

L'HOSPITAL (GUILLAUME-FRANÇOIS-ANTOINE), marquis de Saint-Mesme et de Montellier, comte d'Entremont, né à Paris, en 1661, fut, vers la fin du dix-septième siècle, à cette époque si féconde en grandes et utiles découvertes mathématiques, le digne représentant de la France dans la mémorable lutte qui sembla alors engagée entre les savants de tous les pays. Il était encore enfant que déjà il faisait preuve des plus étonnantes dispositions pour l'étude des sciences exactes. C'est ainsi qu'à l'âge de quinze ans il résolut le problème de la cycloïde, auquel Pascal seul avant lui avait pu trouver une solution ; et quand, à l'exemple de son père, qui était lieutenant général, il entra au service dans un régiment de cavalerie, où il obtint le grade de capitaine, il n'abandonna pas pour cela ses études de prédilection. Forcé plus tard par la faiblesse de sa vue de renoncer à la carrière militaire, il se voua complètement aux mathématiques et à la philosophie, et parvint bientôt à se placer au premier rang parmi les mathématiciens de son siècle. Il mérita surtout de son pays en unissant ses efforts à ceux de Jean Bernoulli pour y propager et y populariser le calcul différentiel que Leibnitz venait d'inventer. Son *Analyse des infiniment petits*, ouvrage capital, dans lequel il s'aida également des travaux de Bernoulli, fit faire d'immenses progrès aux mathématiques ; et les travaux postérieurs de l'illustre Lagrange ont pu seuls le faire oublier. Le *Traité analytique des sections coniques*, ouvrage posthume qu'on a de lui, est aussi un beau travail, quoique la méthode qu'il y suivit ait vieilli. Épuisé par les travaux excessifs auxquels il n'avait cessé de se livrer, il mourut à Paris, le 2 février 1704. Lié avec Malebranche, Huyghens et la plupart des savants ses contemporains, il avait été reçu, en 1693, membre libre de l'Académie des Sciences.

LI, nom d'une mesure chinoise, dont la dimension a varié suivant les époques. Aujourd'hui le *li* est d'environ 360 pas géométriques, et on en compte 200 au degré de l'équateur. Les Japonais ont reçu des Chinois cette mesure de longueur, comme toute leur civilisation ; mais ils prononcent *ni*.

LIA, première femme de Jacob. Celui-ci avait servi Laban pendant sept ans dans l'espoir d'obtenir sa seconde fille Rachel ; mais le soir des noces Laban introduisit dans la chambre de Jacob sa fille aînée, Lia, qui était chassieuse, et que son cousin, méconnaissant dans l'obscurité, prit pour épouse. Le lendemain, pour apaiser Jacob, Laban lui promit Rachel, lorsqu'il aurait passé une semaine avec sa sœur aînée, mais à condition qu'il le servirait sept ans encore. Jacob accepta, et devint ainsi l'époux de Lia et de Rachel. Il ne partagea pas également son affection entre ses deux femmes, et le Seigneur, pour consoler Lia de la préférence accordée à sa sœur, la rendit féconde : elle devint mère de six fils et d'une fille. Elle ne transmit pas à ses fils sa patience, et la jalousie que leur inspira Joseph, enfant de Rachel, troubla longtemps le repos de Jacob. L'Écriture, qui rapporte la mort de Rachel, ne parle plus de Lia après la séparation de Jacob d'avec son beau-père Laban.

C^{sse} DE BRADI.

LIADIÈRES (PIERRE-CHARLES), ancien député, chef de bataillon du génie, ancien officier d'ordonnance de Louis-Philippe, est né en 1792, à Pau, où son père faisait le commerce. Élevé au collège de sa ville natale, il entra en 1810 à l'École Polytechnique, après avoir suivi pendant quelque temps les cours de mathématiques du lycée Napoléon, à Paris. En 1812 il fut admis dans l'arme du génie, et assista à la bataille de Leipzig. Nommé lieutenant en 1813, il fut fait prisonnier en

Hollande, par suite de la capitulation de Gorcum, au commencement de 1814, et ne put rentrer en France qu'après la conclusion du traité de Paris. Il était employé à Bayonne lorsque Napoléon revint de l'île d'Elbe ; aussitôt il acclama le drapeau tricolore, et fut attaché au corps que commandait le général Clausel. De retour dans ses foyers à la seconde restauration, il se vit placé pendant un an sous la surveillance de la haute police. En 1818 il fut rétabli sur les cadres de l'armée avec le grade de capitaine et employé successivement à Bayonne, à Grenoble, à Saint-Omer, à Amiens. Au commencement de 1830, il fut appelé à Paris. Lorsque éclata la révolution de Juillet, il embrassa la cause du peuple. Chef du génie dans la capitale, à l'époque du choléra il rendit quelques services, et devint alors officier d'ordonnance du roi. Élu député par le collége électoral d'Orthez en 1833, il ne cessa plus de faire partie de la chambre jusqu'en 1848. Toujours du parti qu'on appelait de la cour, il fut membre d'une foule de commissions, et parla souvent, notamment sur les incompatibilités, la conversion des rentes, etc. Chaque année il discutait l'adresse, et soutenait la politique conservatrice beaucoup plus que les ministres eux-mêmes n'osaient le faire. Ses discours étaient pimpants, divertissants, vifs, sautillants, interrompus et pourtant écoutés. Il n'avait pas toujours pensé de même, car on cite une profession de foi de 1831, dans laquelle il s'élevait contre le cumul des fonctions publiques et du mandat de député. En 1841 il fut promu chef de bataillon, et en 1846 il fut nommé conseiller d'État en service ordinaire. M. Liadières s'était toujours occupé de littérature. Sous la Restauration il orna, dit-on, de ses vers les arcs de triomphe et les transparents d'Amiens lorsque Charles X vint visiter cette ville. A l'Odéon il fit jouer *Frédéric et Conradin* (1820), *Jean sans Peur* (1821), et *Jane Shore* (1824). En 1829, le Théâtre-Français donna de lui *Wulstein*. En 1844 il apporta au même théâtre une comédie politique intitulée *Les Bâtons flottants*, dans laquelle il cherchait à peindre nos mœurs constitutionnelles ; la censure n'en permit pas la représentation sous Louis-Philippe ; mais cette pièce fut enfin jouée le 24 juin 1851.

M. Liadières est en outre auteur d'un poëme dithyrambique, *Dioclétien aux Catacombes de Rome*, qui lui mérita une couronne académique à la Société littéraire d'Amiens (1824). Il a fait aussi quelques chansons. Il nous semble même qu'il a chanté les *bornes*. On lui a attribué aussi une chanson, qui eut un certain succès, contre le gouvernement de la république de 1848. En 1849 il fit paraître une brochure acerbe : *Dix mois et dix-huit ans*, dans laquelle il compare le gouvernement républicain avec le gouvernement constitutionnel. En 1851 il réimprima ses *Œuvres littéraires*, et en 1855 il a fait paraître des *Souvenirs historiques et parlementaires* qui contiennent, outre sa brochure de 1849, ses discours et des portraits qu'il appelle *profils parlementaires*. M. Liadières se met aujourd'hui sur les rangs pour remplacer le comte Molé à l'Académie Française. Qu'il soit heureux ! L. LOUVET.

LIAISON. Considéré d'une manière absolue et indépendante, le mot *liaison* n'exprime que l'union, la jonction de deux ou plusieurs corps. Ce sens propre a été transporté métaphoriquement à un sens figuré, en choses morales, nous nommons *liaison* l'amitié, la bonne intelligence, qui unissent les personnes entre elles. Il y a des liaisons dangereuses. *Liaison* signifie aussi rapport, suite, connexité. En grammaire, on appelle *liaisons* certains mots qui lient les périodes, comme *et*, *mais*, *cependant*. Employées à propos, les *liaisons* rendent le style plus doux et plus coulant ; mais dans la chaleur de l'improvisation, les *liaisons* et les particules ne servent qu'à énerver le discours, en ralentissant son impétuosité.

En calligraphie, on désigne sous ce nom les traits déliés qui unissent les lettres, ou les parties d'une même lettre ; et en musique, les traits recourbés qui joignent les notes qui doivent être liées.

Une maçonnerie en *liaison* est celle où les pierres sont posées les unes sur les autres, où les joints sont de niveau, en sorte que le joint du second lit pose sur le milieu de la pierre du premier.

Les gastronomes, enfin, en ont enrichi l'argot culinaire : des jaunes d'œuf délayés servent à faire les sauces que l'on nomme *liaisons*.

LIAMONE (Département du). *Voyez* CORSE.

LIANCOURT, chef-lieu de canton dans le département de l'Oise, avec 1550 habitants, des filatures hydrauliques de laine et de coton, fondées par le vénérable duc de la Rochefoucauld, une fabrique de limes et de râpes, de cardes, de faïence, de bas et de sabots, un commerce de grains, légumes et fruits à noyaux. C'est une station du chemin de fer de Paris à Amiens. Liancourt était une seigneurie qui passa au dix-septième siècle dans la maison de La Rochefoucauld, et fut plus tard érigée en duché-pairie. On y voit encore le château, célèbre depuis plus d'un siècle par ses jardins, son parc et ses eaux.

LIANE. Dans les colonies françaises de l'Amérique, et par suite dans celles de l'Inde, on désigne sous le nom de *liane* toute plante sarmenteuse dont les tiges longues, flexibles, débiles, choisissent pour support des végétaux plus puissants, et, gravissant le long de leurs troncs, s'enlacent dans leurs branches, et finissent quelquefois par les étouffer dans les étreintes d'une végétation plus puissante encore que la leur. Assez généralement elles tournoient en spirale autour du tronc de l'arbre qu'elles ont choisi pour soutenir leur faiblesse ; elles l'enserrent étroitement à mesure qu'elles s'élèvent, et, acquérant à chaque tour une nouvelle puissance, elles finissent par interrompre, sous leur compression sans cesse croissante, le cours de la séve, et empêchent ainsi l'accroissement de l'arbre qu'elles ont choisi pour appui, alors même qu'elles ne compromettent pas son existence. D'autres fois elles grimpent sur l'écorce des arbres comme le lierre de nos forêts ; d'autres fois, moins étreignantes encore, elles s'élancent de branches à branches, comme les liserons et les clématites de nos haies, et enlacent d'inextricables guirlandes toute la végétation d'une forêt ; quelquefois, enfin, les lianes sont seulement accrochantes comme des ronces. Aussi, les ronces, la clématite, les liserons, la brione, le lierre, transportés dans les Antilles, dans les forêts vierges du Brésil ou de l'Amérique intertropicale, seraient-ils de véritables *lianes* ; seulement, aucune de ces plantes de nos buissons et de nos haies n'atteindrait jamais la gigantesque puissance des lianes de la Guyane et de l'île Mascareigne.

Un grand nombre de plantes, diverses de genre et même de famille, sont confondues sous cette dénomination commune de *liane* ; il en existe parmi les herbes et les arbustes : quelques fougères même rampent en lianes ; et les gluméfères sont presque les seuls végétaux qui n'en adoptent jamais les formes : aussi nous bornerons-nous à citer, parmi les genres qui fournissent le plus grand nombre de ces plantes sarmenteuses, les genres *bignone*, *banisteria*, *aristoloche*, *paullinia*, etc. BELFIELD-LEFÈVRE.

LIARD, petite monnaie française de la valeur de trois deniers. Les auteurs varient sur l'étymologie du mot *liard* ; Ménage et Clérac le font dériver de *hardi* (li hardi pour le hardi), dénomination commune que plusieurs espèces de monnaies conservèrent en Guienne au temps des Anglais, qu'elles dussent ce nom originairement soit à Philippe-le-Hardi, soit à leur type ordinaire, qui représentait un buste de face couronné et l'épée à la main. D'autres ont trouvé dans le sens du mot *liard*, adjectif qui en langue romane signifie *gris brun* ou *noir*, la qualification de *monnaie noire*, par laquelle on avait coutume de désigner les pièces de billon, en opposition avec celles d'argent, appelées *monnaie blanche*. Toujours paraît-il constant, d'après une ordonnance de Louis XI, que fort anciennement on était dans l'usage de frapper des pièces de trois deniers sous le nom de *hardis* en Guienne, et sous celui de *liard* en

Dauphiné. Louis XI continua cet usage dans sa monnaie royale pour ces deux provinces ; mais pour empêcher l'exportation du numéraire, il fut obligé d'élever les liards et les hardis au taux de quatre deniers. Sous Charles VIII, ils reprirent leur valeur primitive. Louis XII fit faire des liards et des hardis en billon comme ses prédécesseurs ; sous François 1er, ces deux espèces semblèrent se confondre, parce qu'elles avaient toujours la même valeur. Depuis cette époque jusqu'au règne de Charles IX, il n'est plus question de liard ni de hardi, mais sous le règne de ce dernier roi les liards reparurent seuls : ils ne portent plus à la vérité ni le type de Guienne, ni celui du Dauphiné, mais un type purement royal, tel qu'un C ou un K couronné, et au revers une croix fleurdelisée ou fleuronnée. Le marc d'argent haussant toujours, le liard de billon diminuait de grandeur dans la même proportion. Sous Henri III et Henri IV, on en frappa fort peu, quelques-uns avec le dauphin, d'autres avec le Saint-Esprit. Sous Louis XIII, il ne fut point fabriqué de liards, mais des tournois et des doubles tournois. Enfin, en 1649, on frappa pour la première fois des liards en cuivre pur avec cette légende : *Liard de France*. Ils étaient de soixante-six au marc, et avaient cours pour trois deniers. Depuis ce temps, on a continué à en fabriquer avec de légères variations dans leur titre, jusqu'à l'époque où notre système monétaire a été établi sur de nouvelles bases. Après la refonte des monnaies de cuivre, les liards et les tournois devront disparaître de la circulation comme les pièces de six liards ont disparu à l'époque de la démonétisation des monnaies de billon. La suppression des liards se fait par les caisses publiques. Mis Ed. DE LAGRANGE.

LIAS. On désigne sous le nom de *lias*, terme technique emprunté aux mineurs anglais, un système de roches calcaires, argileuses et quartzeuses, qui se présente assez fréquemment dans l'écorce du globe comme intermédiaire entre les terrains keupriques et jurassiques, et qui offre le plus souvent une stratification concordante avec celle de ces dernières roches.

Trois roches principales constituent le système *liasique* ; mais il n'existe entre ces trois roches diverses aucun ordre de superposition constant : elles semblent alterner indéfiniment entre elles, et souvent l'une d'elles se développe et s'isole à l'exclusion presque complète des deux autres. Cette discordance perpétuelle entre le caractère minéralogique et la position sériaire a engagé quelques géologues à rechercher dans ces caractères géologiques des signes différentiels plus constants : aujourd'hui, les géologues penchent à admettre que l'assise supérieure du lias se caractérise par la prédominance des belemnites, l'assise moyenne par celle des gryphées, et l'assise inférieure par celle des plagiostomes.

Quoi qu'il en soit, le système *liasique* est aujourd'hui bien déchu de la haute position dont il jouissait naguère parmi les roches constitutives de l'écorce du globe : d'abord érigé en terrain indépendant, le lias n'est plus envisagé que comme système subordonné à la grande formation jurassique. On peut l'étudier dans la basse Normandie, dans le Luxembourg, dans les environs de Lons-le-Saulnier, dans les Cévennes, à Lyme-Regis en Angleterre. Le lias est extrêmement riche en débris organiques fossiles, depuis les reptiles sauriens jusqu'aux mollusques conchylifères ; le lias de Lyme-Regis a surtout fourni de magnifiques échantillons de ces gigantesques reptiles qui ont maintenant complétement disparu de la surface du globe, les ichthyosaures et les plésiosaures. Il renferme également quelques métaux, notamment, et souvent en grande abondance, du fer sulfuré, soit disséminé, soit réuni en nodules ; du plomb, du zinc sulfurés ; de la strontiane, de la baryte sulfatées ; enfin, on y rencontre quelques lignites ternes et solides, mais presque constamment disséminés en fragments épars, et bien rarement réunis en amas un peu considérables.

BELFIELD-LEFÈVRE.

LIBAGES. On appelle ainsi, en termes d'architecture, des quartiers de pierres dures, qu'on emploie brutes dans les fondations où elles servent de plate-forme pour asseoir la maçonnerie de pierres de taille ou de moellons.

LIBAN, appelé chez les Grecs et les Romains *Libanus*, chez les hébreux *Libanon*, et aujourd'hui encore chez les Arabes *Djebel-Libân* (c'est-à-dire le mont Blanc, ou le mont de la neige, parce que ses pics les plus élevés sont couverts de neige ; peut-être bien aussi à cause des nombreuses roches calcaires qu'on y trouve), montagne de la Syrie qui fait partie du système commençant au groupe du Sinaï et de l'Horeb, dans la péninsule située entre l'isthme de Suez et Akaba, et se prolongeant au nord à travers l'Arabie Pétrée, la Palestine et la Syrie proprement dite, parallèlement à la côte orientale de la Méditerranée, pour se rattacher au mont Taurus au fond du golfe de Skanderoum ou d'Alexandrette. Le Liban, qui forme le plateau moyen de ce système de montagnes, s'élève à peu près par 33 1/2° de latitude nord, du fond de la vallée du Nahr-Kasmieh ou Nahr-al-Thani (le *Leontes* des anciens), qui le sépare du système de la Galilée, se dirige ensuite au nord avec une largeur moyenne d'environ 28 kilomètres et avec une hauteur moyenne d'environ 2,300 mètres pendant un parcours de près de 14 myriamètres, en s'abaissant en pente insensible à l'est du côté de la Célé-Syrie et à l'ouest du côté de la Mediterranée, jusqu'au 34° de latitude septentrionale, où il devient brusquement une plaine, continuation du littoral. La partie médiane de la montagne, le *Djebel-Libân* des Arabes proprement dit, forme un plateau qui va toujours en s'élevant sur une étendue de 42 kilomètres et ayant pour contre-forts, au sud le *Djebel-Sanin*, haut de 2,670 mètres, et au nord le *Djebel-Makmel*, haut de 2,929 mètres. Au pied de cette dernière montagne, la route de Tripoli à Damas franchit le mont Liban, en atteignant à son point vertical une altitude de 2,381 mètres. A environ 433 mètres au-dessous de ce point, non loin de Bescherre, autour d'une petite chapelle de Maronites et dans un endroit à peu près dépouillé de toute autre trace de végétation, se trouvent les derniers débris des magnifiques forêts de cèdres qui étaient autrefois l'un des ornements de cette contrée et contribuaient beaucoup à la puissance maritime de ses habitants, mais qui ne consistent plus aujourd'hui, d'après Russegger et Dictrici, les derniers voyageurs qui les aient visitées (1853) qu'en un tout petit bois contenant à peine 300 pieds d'arbres, dont 12 au plus fort anciens. Il est difficile de conjecturer quel est leur âge. Les habitants croient pieusement que ce sont les restes de la forêt dont le bois servit à la construction du temple de Jérusalem et du palais de Salomon, il y a trois mille ans. Tous les ans le jour de la Transfiguration, les Maronites, les Grecs et les Arméniens célèbrent une messe au pied d'un de ces cèdres vénérables, sur un autel de pierre informe.

Les parties centrales de la montagne se composent de masses calcaires, qui ici n'affectent point les formes coniques et aiguës particulières à cette formation, et présentent des couches de minerai ferrugineux disposées en étages et d'une immense étendue. Elles sont recouvertes de couches de grès carbonique contenant des gisements houilliers, dont quelques-uns sont en exploitation. Ces deux formations de roches sont traversées par des filons de diorite déterminant dans le système des couches des modifications du plus haut intérêt. Les pentes du Liban se composent de craie, de marne crayeuse et de grès rougeâtre. La montagne est extrêmement tourmentée à sa surface, couverte de blocs de rochers et de pierres roulées, et peu boisée. Elle contient un grand nombre d'affreux précipices, d'horribles fondrières, de sources, de ruisseaux et de petites rivières, mais en même temps beaucoup de vallées, fertiles quoique étroites ; et partout où elle est accessible, ses industrieux habitants l'ont disposée en terrasses, où ils cultivent le froment et le tabac, où ils ont établi des plantations de vignes, d'arbres fruitiers et d'oliviers. Toutes ses ramifications et ses parties basses sont couvertes de villages et de couvents. Quoique quelques-uns des gisements houilliers que contient le Liban soient exploités, ce ne sont pourtant pas les trésors minéraux de cette montagne qui en constituent la richesse, mais bien plutôt les immenses plantations de mûriers qui en couvrent le versant occidental. Ces plantations favorisent singulièrement la sériciculture, qui forme la ressource la plus importante des habitants de la montagne.

Parallèlement au Liban s'étend l'une de ses ramifications, l'*Antiliban*, le *Djebel-el-Wast* ou *el-Schark* des Arabes, formant l'extrémité septentrionale de la grande chaîne occidentale des montagnes d'Arabie. Elle s'étend au nord le long de la mer Rouge depuis le détroit de Bab-el-Mandeb, puis parallèlement à la chaîne partant du Sinaï, sur le côté oriental de l'Arabie Pétrée, jusqu'à l'Antiliban, qui par 33° 20' de latitude septentrionale s'élève brusquement au-dessus de cette chaîne arabe occidentale et, comme le Liban, s'étend jusqu'au 34° 45' de latitude nord. Il a à peu près la même largeur, mais non pas la même élévation moyenne. Comme il s'élève d'ailleurs d'un plateau assez haut, il paraît encore plus petit comparativement au Liban qui s'élève des bords de la mer. En revanche, son point culminant, le grand Hermon, le *Djebel-el-Scheick* ou *Djebel-el-Teldsch* (c'est-à-dire montagne de neige) des Arabes, qui fut gravi pour la première fois, dit-on, en 1852, par le missionnaire Porter, est plus élevé que le Liban. Il a, à ce que l'on prétend, 3,000 mètres de hauteur, et reste couvert de neiges pendant la plus grande partie de l'année. De son sommet s'offre un des plus beaux spectacles de la nature. A l'occident l'œil découvre la vaste mer étincelante de lumière, l'île de Chypre, qui flotte comme un nuage à l'horizon ; à l'orient, la délicieuse vallée de Becka, formant comme une longue route entre deux chaînes de montagnes, les ruines de Balbeck ou de la ville du Soleil ; puis la cité de Damas, et au delà le désert au sable jaune; au midi, les collines irrégulières de la Galilée, la célèbre Saint-Jean-d'Acre et la plaine du Carmel ; au nord, les hauteurs de Laodicée et d'Antioche, villes non moins fameuses ; la chaîne du Taurus ; enfin, de tous côtés, des montagnes couvertes de longues ceintures de neige. C'est aux environs de Balbeck qu'est située le point vertical de cette vallée qui de là se dirige au nord et au sud et où l'Orontes (aujourd'hui *Nahr-el-Asi*) et le Leontes prennent leur source, l'un coulant au nord, l'autre vers le sud, entre les deux chaînes de montagnes de la vallée. Sur le versant oriental de l'Antiliban commence le grand plateau de la Syrie.

Le nombre des habitants du mont Liban est évalué à 400,000 âmes. Les principales tribus sont : 1° celle des *Ansarieh* ou *Anseiris*, forte d'environ 60,000 têtes, établie dans la partie septentrionale de la montagne, d'origine inconnue, parlant arabe, ne professant point de religion positive, et, sauf le tribut annuel qu'elle paye à la Porte, vivant dans l'indépendance ; 2° celle des Druses, dont une partie habite le nord et l'autre le sud ; 3° et les Maronites chrétiens au sud. Ces deux dernières sont les tribus dominantes. Elles vivent toutes deux sous la suzeraineté de la Porte, forment deux États distincts placés chacun sous l'autorité d'un kaïmakam (émir), et payent ensemble à la Porte un tribut annuel de 3,500 bourses (410,150 francs), et sont d'ailleurs presque complètement indépendantes. Les deux kaïmakamats sont divisés en vingt-quatre districts, ou *moukatds*, présidés chacun par un moukatadji, qui avec l'assistance d'un *wakil* est exclusivement chargé de l'administration. Chacun de ces districts comprend au delà de sept cents villages, grands et petits, indépendamment d'un grand nombre de couvents. Les villes les plus importantes sont Beïrout, Tarabiæs ou Tripoli, Saïda ou Sidon, Dar-el-Kamar et Djessin. Les deux États n'ont point de force militaire organisée ; mais en cas de guerre tout homme en état de porter les armes est astreint à la levée en masse et tenu de se présenter armé d'un fusil, d'une paire de pistolets et d'un long coutelas. C'est ce qui explique comment en temps de guerre ils peuvent disposer de forces considérables, et comment dans la dernière guerre les Maronites ont pu mettre sous les armes jusqu'à 70,000 combattants et les Druses 30,000. Indépendamment de l'agriculture et de la sériciculture, la chasse, la pêche, l'éducation des moutons et celle des chèvres offrent encore d'autres ressources aux habitants, qui sur quelques points possèdent même des fabriques de soieries. Le commerce est plus particulièrement dirigé vers les côtes de la Méditerranée et vers Damas ; mais des routes le plus souvent périlleuses, d'ailleurs mal faites et mal entretenues, en entravent singulièrement les communications.

En 1842 la Porte se crut en état de mettre un terme aux incessantes guerres des Maronites et des Druses, en intervenant entre eux à main armée et en établissant Omar-Pacha en qualité d'administrateur turc du mont Liban. Mais les procédés arbitraires de ce fonctionnaire déterminèrent les deux tribus à se coaliser pour se révolter ouvertement contre la Porte. Après la victoire qu'elles remportèrent le 13 octobre 1842 au village d'Elden, au-dessous du bois de cèdres, la Porte, cédant aux représentations des grandes puissances, rappela Omar-Pacha et ses troupes, régla l'administration des deux kaïmakamats par un hatti-schérif en date du 7 décembre 1842; et de même encore, en 1844, toujours d'après les observations des puissances, elle accorda par l'intermédiaire d'Halli-Pacha diverses concessions aux Maronites. Toutefois, dès le mois d'avril 1845 la lutte recommençait, plus acharnée que jamais, entre les deux tribus ; et les débuts en furent d'abord favorables aux chrétiens. Mais les troupes du pacha turc s'étant réunies à celles des Druses, les Maronites essuyèrent défaite sur défaite. Au bout de deux mois cent soixante-dix de leurs villages avaient été incendiés ; 12,000 de leurs guerriers avaient succombé, et un tout aussi grand nombre s'étaient vus contraints par la misère à se débander. A la demande des grandes puissances, la Porte intervint encore une fois en armes. Une armée turque de 12,000 hommes envahit le Liban, et quarante d'entre les chefs des Druses et des Maronites furent faits prisonniers. Après quoi une constitution nouvelle fut accordée au pays, en avril 1846. Une assemblée consultative permanente fut adjointe à chacun des deux kaïmakams. Elle dut être composée de représentants de chacune des sectes religieuses existant au Liban (deux Maronites, deux Druses, deux Grecs unis et deux Grecs non unis, deux Turcs et un Metuali), à avoir des membres recevant un traitement, et s'occuper spécialement de la répartition de l'impôt, des décisions judiciaire à rendre en matières civiles, comme aussi de l'instruction des affaires criminelles, ne s'occuper pas des affaires qui lui seraient expressément soumises par le kaïmakam et n'accepter aucune espèce d'émoluments directs. Cependant les hostilités entre Druses et Maronites n'en continuèrent pas moins sans interruption ; les nouvelles tentatives faites par les grandes puissances à la fin de 1847 pour y mettre un terme demeurèrent inutiles, en raison de l'extrême complication des intérêts qui s'y trouvaient en présence, le clergé catholique comme propriétaire foncier d'un grand nombre de couvents, les différents partis religieux, les riches propriétaires, les fonctionnaires, les divers cabinets européens, etc., etc., cherchant uniquement les uns et les autres leur profit particulier.

LIBANIUS, spirituel et savant sophiste du quatrième siècle, était né à Antioche, en Syrie, et fut amené à Athènes par son amour pour les sciences. Plus tard, il se rendit à Constantinople, où, écarté par l'intrigue, d'une chaire publique qui lui avait été promise, il fonda une école particulière ; mais les haines et les persécutions des autres sophistes le forcèrent bientôt de la fermer. Vers l'an 340, il alla à Nicomédie, où il eut également à lutter contre de semblables cabales ; mais après y avoir séjourné pendant cinq ans, il lui fut enfin donné, grâce à la protection des empereurs Julien, Valens et Théodose, de trouver à Constantinople un calme et une sécurité que troublèrent seulement, dans les dernières années de sa vie, des chagrins domestiques. Il mourut vers l'an 393. Dans ses nombreux ouvrages, parvenus presque tous jusqu'à nous, on remarque une reproduction assez fidèle de la forme gracieuse de l'art antique. Ils se composent de harangues, de déclamations, d'exercices oratoires, de narrations, de commentaires analytiques de Démosthène et de lettres. L'édition la plus complète de ses harangues et déclamations est celle de Reiske (4 volumes; Leipzig, 1791).

LIBATION, effusion de liqueurs consacrées dans les cérémonies religieuses, solennelles, riantes ou funèbres, et dans les sacrifices que faisaient aux dieux les peuples de l'antiquité. L'Hymen, Comus, le dieu des banquets, au commencement et à la fin, l'Aurore et le Crépuscule, les génies tutélaires, qui présidaient aux voyages, aux affaires douteuses ou difficiles, avaient leur part des libations offertes aux grands dieux avec une pompe digne de leur puissance. Ce mot vient du grec λείβω (verser et sacrifier); il comprend aussi les offrandes de viandes, mais raréfient. Il n'y avait point, au reste, de sacrifices sans libations; elles consistaient en coupes remplies d'eau, de vin, de lait, d'huile, de miel, épandues sur un foyer ardent, sur un autel, ou sur un tombeau. Un cratère était creusé au centre de l'autel pour les recevoir, un orifice pratiqué sur le côté pour laisser écouler la liqueur sacrée. Une espèce de coupe était aussi fouillée dans l'abaque des tombeaux, mais sans larmier, afin que les mânes avides de ces effusions commémoratrices pussent s'en désaltérer. Les parfums et le vin leur étaient surtout agréables. L'ombre de Cynthie, redoutant l'oubli ou l'indifférence de Properce, manifeste ainsi ses craintes dans une apparition nocturne à son amant :

Des vents sur mon bûcher appelas-tu l'haleine ?
Sur mes os, que la flamme a consumés à peine,
As-tu versé le nard ? ou les as-tu rougis
De quelques flots d'un vin achetés à bas prix ?

Dans les sacrifices solennels, la coupe, que tenait élevée le grand-prêtre, était toujours couronnée de fleurs; les voluptueux, dans les banquets, la festonnaient de roses, image de la brièveté de la vie. Dans l'*Iliade*, les Troyens, entendant tonner durant une nuit ténébreuse, au milieu de laquelle ils se livrent à la joie d'un festin, épanchent aussitôt, dans leur frayeur, leurs coupes pleines de vin, pour apaiser le maître de la foudre. Nous voyons dans Homère Achille faire placer aux deux côtés du bûcher de Patrocle des urnes pleines d'huile et de miel, particulièrement consacré aux morts, et faire ensuite des libations avec une coupe d'or à Borée et à Zéphyre, pour qu'ils viennent enflammer de leur souffle opposé le bûcher de son ami. Des libations étaient offertes aux Lares, protecteurs des foyers; aux génies attachés au sort des hommes, à Mercure, dieu du larcin et des bonnes fortunes et conducteur silencieux des ombres. L'eau était consacrée à ce dernier : emblème de la raison qu'il faut conserver dans les affaires de la vie, elle était quelquefois mêlée au vin, répandu en l'honneur de Bacchus lui-même, pour marquer que son dangereux nectar a souvent besoin d'être tempéré par la fraîcheur des naïades.

Plaute appelait les divinités subalternes auxquelles ces effusions domestiques étaient offertes *dii patellarii* (les dieux des plats). L'une des plus riantes et des plus anciennes de ces fêtes était celle où les prémices du printemps, de l'été et de l'automne, présentées aux dieux des campagnes, étalaient sur les autels rustiques de Flore, Vertumne et Pomone, leurs vives couleurs, et mêlaient leurs parfums aux flots de vin odorant, de miel ambré, de lait sans tache, que le laboureur, pénétré de reconnaissance, épanchait aux pieds de ces divinités de la nature. Le Soleil, la Lune et les nymphes préféraient le miel mêlé avec de l'eau. Mais les dieux sinistres des enfers étaient plus exigeants: ils avaient des goûts bien éloignés de cette innocence: ils aimaient le sang. Ulysse, dans l'*Odyssée*, a toutes les peines du monde à écarter avec la pointe de son épée les mânes qui, aux confluents des fleuves infernaux, se penchent sur une fosse pleine du sang d'une génisse stérile et d'une brebis noire qu'il a égorgées. Enfin, les libations étaient en usage dans les négociations et les traités.

Les libations chez les Hébreux étaient de même nature : le Seigneur se plaint de Jérusalem, qui a offert aux idoles l'huile, le pain et le miel qu'il lui a donnés pour sa nourriture. Ailleurs il défend qu'on lui présente des offrandes de miel. On n'offrait point au Dieu d'Israël de sacrifices solennels où l'on ne fit des effusions de vin. Parmi les Gentils voisins de Sion, c'était aussi l'usage. Dans Daniel, les prêtres de Bélus disent au roi de Babylone : « Seigneur, mêlez vous-même le vin et mettez les viandes sur l'autel de Baal. » Dans la cérémonie de l'expiation ou hostie pour le péché, le grand-prêtre, après avoir égorgé la victime, en portait le sang dans le tabernacle, faisait avec son doigt sept aspersions du côté du voile qui séparait le saint-des-saints du sanctuaire, teignait d'un peu de sang les cornes de l'autel des parfums, puis versait le reste au pied de l'autel des holocaustes.

DENNE-BARON.

LIBAU, après Mittau, la ville la plus importante de la Courlande, à l'embouchure du lac de Libau dans la Baltique, conserve encore une certaine importance comme port de mer et comme place de commerce ; mais l'ensablement toujours croissant de son port l'a fait singulièrement déchoir de ce qu'elle était autrefois. A coup sûr elle reverrait bientôt renaître son ancienne prospérité si l'on exécutait le canal depuis longtemps projeté, qui, au moyen de la Windau, la mettrait en communication avec le Mémel; car elle se trouverait de la sorte directement reliée aux provinces de la Russie qui produisent du chanvre et des céréales.

La ville est pourvue d'un phare, construit en 1821 ; on y trouve un établissement de bains de mer très-fréquenté par la noblesse courlandaise, quatre églises, une synagogue, deux maisons de refuge pour les pauvres, un hôpital, un hospice d'orphelins, un hôtel de ville et un théâtre. Les maisons en sont pour la plupart construites en bois. Le chiffre de la population dépasse 12,000 âmes. Les graines de chanvre et de lin y constituent les principaux articles de commerce.

LIBAVIUS (ANDRÉ), médecin célèbre, naquit à Halle (Saxe), dans la seconde moitié du seizième siècle. Il fut l'un des plus ardents promoteurs de la t r a n s f u s i o n du sang. Il se distingua aussi comme chimiste, en se rangeant parmi les adversaires de Paracelse. C'est de lui que vient le nom de *liqueur fumante de Libavius*, encore employé quelquefois pour désigner un chlorure d'étain. Libavius publia de nombreux ouvrages sur la chimie et l'alchimie. Il mourut à Cobourg, en 1616.

LIBELLE, LIBELLISTE (du latin *libellus*, petit livre). Depuis l'invention du j o u r n a l i s m e, il n'y a plus guère de libelles ni de libellistes. Aujourd'hui le libelle est abandonné aux peuples arriérés. On ne se sert guère du mot *libelliste* que pour caractériser en mauvaise part quelque cuistre aux expédients, qui cherche un gagne-pain dans d'obscures brochures, où il distille l'injure et la calomnie sous le voile de l'anonyme. Le dernier écrivain traité ouvertement de libelliste fut Fréron, qui ne méritait certes pas ce titre. Quand Voltaire l'attaqua, dans l'*Écossaise*, avec cette âpreté que vous savez, il en fait moins un journaliste qu'un libelliste : le portrait de Fréron ne peut convenir en rien au journaliste, mais il représente le libelliste au naturel.

Si nous ne craignions d'assigner au journal une origine peu noble, nous l'attribuerions sans difficulté au libelle ; car le libelle existe avant la gazette. La gazette n'est la plupart du temps qu'une feuille d'annonces officielles, traitant les sujets religieux, littéraires et scientifiques. Elle ne juge pas les affaires du temps ; la politique lui est interdite, ou, si elle l'effleure, c'est en termes vagues, en aperçus généraux, qu'elle appelle même *vues philosophiques*, pour détourner l'attention. Le libelle blâme, attaque d'estoc et de taille, à droite et à gauche, sans rien respecter, sans rien épargner, protégé qu'il est par l'anonyme. Il nous fait assez l'effet du Parthe lançant sa flèche d'une main sûre, et échappant par la fuite aux poursuites de ses ennemis. Le libelle est toute la polémique avant le journal. Les ouvrages de longue haleine, destinés à la réfutation d'une erreur ou d'un principe, s élaborent lentement, et ce retard indispensable amortit le coup qu'ils préparent : le libelle au contraire est sans cesse sur la brèche, dans tous les partis, sous tous les drapeaux ; tantôt dans la vérité, tantôt dans le mensonge, mais toujours dans la passion et dans l'injure. La caricature et le libelle sont les deux armes offensives et défensives de l'esprit de parti, leurs deux moyens de protestation contre la tyrannie, la faiblesse ou le mauvais vouloir de la puissance.

Et cependant, il ne faut pas croire que le libelle ait une origine plébéienne et ne puisse être manié que par le peuple. Il est, au contraire, comme le poignard du *lazzarone*, à l'usage de quiconque a une injure à venger, un intérêt à servir, souvent même un caprice à contenter. Les grands ne s'en faisaient pas défaut pour se déchirer les uns les autres ; les gens de lettres y avaient recours en maintes occasions. L'Église elle-même ne dédaigna pas, dans ses controverses, ce genre d'attaques ; et comme c'était elle qui possédait l'instruction et les lumières, c'est à elle que l'on doit le plus grand nombre de libelles.

Dans toutes les questions religieuses, elle mettait au jour par milliers des libelles aigre-doux, qui entretenaient l'animosité sans faire beaucoup avancer la solution. On ne saurait évaluer d'une manière même approximative le nombre de libelles sortis de la plume des gens d'église, et qu'ils intitulaient invariablement : *Réponse à......*

Bien peu ont survécu : ils ont disparu avec la passion du moment qui les avait fait naître ; ceux qui sont parvenus jusqu'à nous traitent de matières politiques, et sont fort curieux à consulter : on y trouve, ainsi que dans les mémoires, des faits secondaires négligés par l'histoire, et qui n'en sont pas moins d'un très-grand intérêt ; car c'est surtout aux époques tumultueuses que les libelles ont eu une certaine influence. Ainsi, au temps de la ligue et de la fronde, le libelle étant une arme commune à tous, chacun devenait libelliste, suivant la circonstance, pour son propre compte ; cependant, quelques écrivains de mauvaise renommée s'en firent souvent une profession : on avait recours à leur plume, comme dans certains cas on avait recours aux presses des pays étrangers. L'Angleterre, et surtout la Hollande, dans les derniers siècles, spéculaient sur cette passion enracinée chez nous, d'attaquer, de jeter le ridicule et la calomnie ; passion que les imprimeurs français craignaient souvent de satisfaire. Il y avait à l'étranger des officines de libelles. La Hollande nous a envoyé autant de libelles que de fromages ; elle s'épargnait ainsi les frais de papier et d'enveloppe. A Rome, comme on sait, les statues de Pasquin et de Mariorio serviront longtemps à afficher de nuit les libelles lancés contre le pape et les cardinaux.

JONCIÈRES.

LIBELLULE. Les *libellules*, ou *demoiselles*, forment un genre distinct dans l'ordre des n é c r o p t è r e s, et sont différenciées des autres genres du même ordre par leur tête, qui est globuleuse, et dont les yeux composés, extrêmement développés, occupent presque toute la surface ; par leurs antennes, qui sont courtes et sétacées ; par la forme de leur bouche, que recouvre complètement une lèvre inférieure monstrueuse, par la position de leurs ailes membraneuses et diaphanes, qui à l'état de repos sont toujours étalées dans un même plan horizontal.

Les demoiselles proviennent toutes de larves, petites, agiles, vives, munies de longues pattes grêles ; larves qui ne vivent et ne se peuvent développer que dans l'eau, et qui offrent, dans la singulière disposition qui transforme chez elles l'appareil de la respiration en un appareil de locomotion, une particularité presque unique dans l'histoire naturelle des insectes. Quand on élève des larves de demoiselles pour en observer les allures et les mœurs, on remarque que les pointes qui terminent leur abdomen s'écartent périodiquement les unes des autres, et l'on voit en même temps les petits corpuscules qui nagent dans le liquide environnant, entraînés par un mouvement rapide d'absorption dans l'intérieur du ventre de l'insecte, pour en être bientôt rejetés par un véritable mouvement d'expiration. On observe encore que lorsque l'insecte veut se mouvoir avec rapidité, il absorbe une quantité plus considérable de liquide, qu'il rejette avec violence par l'ouverture postérieure de son abdomen ; et le choc de la colonne d'eau ainsi rejetée contre les couches immobiles du liquide dans lequel l'insecte se meut imprime au corps de l'insecte un mouvement de translation en sens opposé, absolument de la même manière qu'une fusée s'élève dans l'air par la pression qu'exerce sur les couches atmosphériques la colonne de gaz qui s'échappe de son extrémité inférieure. La cavité intestinale dans laquelle l'eau est introduite présente douze rangées longitudinales de petites taches noires, rapprochées par paires, et qui ressemblent assez à des feuilles pinnées : étudiées au microscope, chacune de ces taches paraît composée d'une multitude de petites trachées coniques, qui aboutissent à six grands troncs régnant dans toute la longueur du corps, et qui vont distribuer à tous les appareils organiques de l'insecte un fluide aériforme et oxygéné. Les larves des libellules sont extrêmement carnassières ; elles se tiennent sans cesse à l'affût, guettant quelque victime : assez généralement, elles se cachent à moitié dans la vase, ou bien elles se revêtent de toutes les substances étrangères qu'elles rencontrent dans leurs eaux, et qu'elles fixent aux poils nombreux dont leur tégument est couvert.

Après avoir vécu une année environ dans l'eau, après avoir subi plusieurs mues complètes et s'être transformé de larve en nymphe, l'insecte sort de l'eau et va se cramponner à quelque tige de jonc, quelque branche d'arbre, où il se sèche pendant quelques henres au soleil, et où il opère sa dernière et sa plus douloureuse transformation. Les mouvements par lesquels la libellule prépare sa métamorphose sont intérieurs, et le premier effet qu'ils produisent est de fendre le fourreau sur le corselet : c'est par là que la libellule dégage sa tête et ses pattes, et, pour achever de se libérer de son ancienne enveloppe, elle se renverse d'abord la tête en bas ; puis, après être restée quelque temps dans cette posture, elle se retourne, saisit avec les crochets de ses pattes la partie antérieure de son fourreau, s'y cramponne et achève d'en extraire la partie postérieure de son corps : sans cet état, ses ailes sont étroites, humides, opalines, et plissées comme les feuilles non encore développées d'un arbre, et l'insecte conserve une parfaite immobilité, ne pouvant point froisser leur délicate structure ; mais bientôt ces ailes se déplissent et s'étendent ; elles se dessèchent au soleil, et prennent leur consistance et leur apparence épidermique, et la libellule, après avoir essayé ses forces en faisant vibrer ces quatre rames membraneuses, brillantes, réticulées, transparentes, s'élève en tournoyant dans les airs.

Cependant, la demoiselle parvenue à l'état parfait ne s'éloigne pas beaucoup des lieux où elle a vécu à l'état de larve : c'est toujours dans les lieux humides, au bord des rivières, des étangs et des marais, qu'on la rencontre ; car, bien qu'elle ne vive plus que dans les plaines de l'air, bien qu'elle vole avec une rapidité extrême, et qu'elle poursuive à travers champs les insectes ailés dont elle fait sa proie, elle est constamment retenue dans le voisinage des eaux par la nécessité où elle est d'y déposer ses œufs. Les libellules sont parmi les insectes ce que les éperviers sont parmi les oiseaux ; douées d'une grande force musculaire dans les ailes, elles saisissent au vol les insectes dont elles se nourrissent, et les dévorent en planant dans les airs. Au dire de Geoffroy, ces insectes doivent leur nom de *demoiselle* à leurs formes élancées et sveltes, à leurs ailes de gaze, à leur taille allongée, à leur allure preste et sémillante : le nom de *libellules* leur vient de ce que la plupart de ces insectes tiennent leurs ailes écartées comme les feuillets d'un livre ouvert ; enfin, dans quelques contrées, ils ont été appelés *prêtres*, à cause des nervures dont les membranes de leurs ailes se trouvent maillées comme les volants d'un surplis.

L'union des deux sexes se fait suivant un mode insolite, que Linné décrit ainsi en son style laconique : *Mas, visa socia, ut amplectatur, caudæ forcipe prehendi feminæ collum; quo vero illa vinci nolens volensve, liberetur, cauda sua vulvifera repellit procipectus, in quo maris arma latent: sic unitis sexibus obvolitat propria lege.*

H. BELFIELD-LEFEVRE

LIBER. On désigne sous ce nom latin francisé, qui veut dire *livre*, la partie de l'écorce la plus voisine du bois dans les végétaux dicotylédonés. On lui a donné ce nom parce qu'elle est formée de plusieurs feuillets minces réunis les uns avec les autres, comme ceux d'un livre. En examinant avec soin le liber, il ressemble à une étoffe composée de fils tissés en long et en large. C'est dans cet organe que réside la force vitale du végétal ; c'est lui qui aspire l'humidité du sol et la conduit dans les vaisseaux. A mesure que le végétal grandit, le liber se durcit et vient augmenter l'épaisseur de l'écorce : c'est à cette époque qu'il cesse ses fonctions pour en prendre de nouvelles ; il garantit alors le végétal du froid ou des animaux qui pourraient lui nuire. Quelques anciens botanistes, et avec eux Mirbel, avaient avancé que le liber se changeait chaque année en bois, et que cette couche faisait place à une nouvelle, qui venait bientôt s'ajouter à la précédente ; mais cette opinion, combattue par d'autres botanistes, a été abandonnée, même par ses partisans, qui ont reconnu leur erreur, car le liber ne se change pas en bois, mais en écorce. Ce qui avait entraîné Mirbel, c'est qu'il n'avait pas remarqué d'abord qu'il y a entre le bois et le liber une couche mucilagineuse nommée *c a m b i u m*, qui se développe à deux époques de l'année, au printemps et à l'automne. C'est lui qui produit une nouvelle couche de bois et un nouveau feuillet de liber. On ne conçoit pas de prime abord comment une substance mucilagineuse peut venir séparer deux matières de consistance fibreuse et éminemment résistantes ; mais cette objection tombe bientôt lorsqu'on remarque qu'à l'époque de la floraison et à la chute des feuilles le liber s'élargit en se transformant en écorce, et l'écorce elle-même est soumise à cet élargissement ; alors le cambium, trouvant un espace vide, vient s'y placer, et y subit les transformations qui lui sont assignées par la nature. C. FAYROT.

LIBÉRAL, LIBÉRALISME, LIBÉRALITÉ. La *libéralité* est une disposition de l'âme qui fait trouver du plaisir à donner, qui porte à partager ce que l'on possède avec des amis, de simples connaissances, même avec des inconnus, sans examiner quels sont les partageants, ni ce qu'une telle générosité produira. Cette disposition à donner n'est pas incompatible avec une sage économie ; mais dès qu'elle la dépasse, elle tend à dégénérer en pro digalité. La bienfaisance et la libéralité different trop essentiellement l'une de l'autre pour qu'elles proviennent d'une source commune. La bienfaisance réserve ses dons pour les infortunés ; elle les varie suivant la nature des maux qu'elle s'efforce de soulager ; un tact délicat, des observations attentives, dirigent toutes ses démarches, président à toutes ses œuvres, alors le cambium, trouvant un par goût, pour satisfaire une sorte de besoin qui le tourmenterait s'il n'était pas satisfait. La bienfaisance est toujours une vertu ; la libéralité est une qualité toujours aimable, souvent digne d'estime, mais qui n'a rien de *vertueux*. « Sois humain avant d'être juste ; sois juste avant d'être *libéral*; » ce précepte de Kong-Fou-Tsé (Confucius) a reçu l'approbation universelle comme l'autorité d'une loi morale.

On dit qu'une éducation est *libérale* lorsqu'elle tend à former des hommes *libres* et dignes de l'être, lorsqu'elle s'attache à faire sentir le prix d'une noble indépendance, à exciter et à fortifier les sentiments élevés, généreux, et que l'intelligence est cultivée avec autant de soin que la source des affections morales. On ne parle plus guere d'arts *libéraux*, non plus que d'*h u m a n i t é s* : ces expressions scolastiques sont presque entièrement tombées en désuétude. On voit qu'elles ne faisaient que préparer le passage du mot *libéral* du dictionnaire de la morale dans celui de la politique.

Ce mot n'y fut admis définitivement que vers la fin de 1790, lorsque les défenseurs des droits du peuple se lassèrent d'être appelés *démocrates* par l'ancienne aristocratie et par les partisans qu'elle avait encore dans le *tiers état*. Les amis dévoués, les fondateurs de la liberté en France comptaient, eux, dans leurs rangs l'élite de la nation ; ils avaient certainement le droit de se dire *libéraux*, et cette dénomination ne leur fut pas même contestée par leurs adversaires. Le sens du mot fut fixé à cette époque par la profession de foi politique de la majorité de l'Assemblée constituante. La prudence lui conseillait à cette époque de prolonger ses sessions pendant quelques années ; les plus chers intérêts de la patrie lui en imposaient le devoir. Si elle ne l'avait point méconnu, la France entière serait devenue *libérale* dans le sens et suivant l'esprit de la constitution qu'elle avait fondée. Malheureusement, la voix de Robespierre fut plus puissante que celles de la patrie et de la raison. En peu de temps, le sens du mot *libéral* fut altéré, et ceux qui osaient lui conserver sa première signification ne furent pas mieux traités que les *aristocrates*. Sous l'Empire, les libéraux de toutes les nuances ne formèrent plus qu'une secte timide et silencieuse ; le culte de la liberté fut confiné dans le secret de la pensée, dans les épanchements d'une confiance mutuelle. Après le rétablissement de l'ancienne dynastie, les doctrines libérales ne craignirent plus de se produire au grand jour, mais comme théories politiques, sans prétendre à aucune application. Cette réserve ne rassura point les ardents sectateurs des doctrines monarchiques ; leur zèle crut apercevoir dans l'éloignement une nouvelle république française, et reconnaître des éclaireurs dans les écrivains qui osaient soutenir la cause de la liberté politique. Une guerre de plume fut déclarée, mais le parti libéral ne prit jamais l'offensive, laissant à ses adversaires tous les avantages de l'attaque.

Ce fut alors que le mot *libéralisme* devint une expression de haine, qui fut beaucoup plus employée par les passions que par le raisonnement. Ceux qui faisaient profession d'un attachement religieux pour la monarchie et réclamaient pour elle tout ce que la révolution lui avait fait perdre ne voyaient dans les doctrines libérales qu'une tendance au régime républicain, à l'abolition de la royauté ; on ne craignit point de les calomnier, en les accusant d'avoir dressé les échafauds de la terreur. Les suites des révolutions de Juillet et de Février donnèrent quelque apparence à cette accusation. Des hommes sans instruction, sans expérience, sans aucun droit à la confiance de leurs concitoyens, se crurent appelés à gouverner la France ; et le *libéralisme*, tel que les ennemis des libertés politiques se plaisent à le définir fut mis en cause avec les nouveaux républicains, et condamné par l'opinion publique, sans que l'on prit la peine de séparer les doctrines libérales, qui se concilient si bien avec toutes les formes que peut prendre un bon gouvernement, selon les peuples, les lieux, les circonstances.

FERRY.

LIBÉRATION, action de se libérer envers un particulier d'une dette, d'une obligation, et envers l'État du service militaire. La *libération* en droit s'opère surtout par le payement, la novation et la remise volontaire. La *libération* du service militaire a lieu, soit quand le conseil de révision a reconnu la validité des droits que l'on a fait valoir à l'exemption de service, soit quand on a été remplacé sous les drapeaux et que les conditions exigées en ce cas par la loi ont été remplies dans toute leur étendue, soit enfin quand on a été renvoyé dans ses foyers après parfait accomplissement du temps fixé pour le service, ou pour infirmités contractées au service de l'État. L'éxonération moyennant finances tiendra lieu maintenant du remplacement.

LIBÉRAUX (Arts), par opposition aux *arts mécaniques*, sont ceux dont le succès dépend des facultés de l'âme et surtout de l'imagination ; de là la prééminence des arts libéraux sur les arts mécaniques, qui ne demandent que des facultés communes, telles que la force du corps, l'adresse de la main et une industrie facile à acquérir par l'exercice et l'habitude. Souvent le même art peut être à la fois dans certaines de ses parties un art libéral et dans d'autres un art mécanique. Telle est, par exemple, la différence qui existe entre l'architecte et le maçon, entre le statuaire et le fondeur. La classification des arts qui doivent être dits *libéraux* a changé suivant l'état de la civilisation et les progrès de l'esprit humain. Les anciens n'admettaient comme arts libéraux que la grammaire, la rhétorique, la dialectique et la géométrie ; au moyen âge, on comprenait sous le nom des *sept arts libéraux* la grammaire, la rhétorique ou dialectique, la géométrie, la géographie, l'arithmétique, la musique et l'astronomie.

Jusqu'en 1789 le titre de *maître ès arts* était le premier des grades universitaires ; il se conférait après un cours régulier d'études dans une université. Il fut de tous temps nécessaire dans les facultés de théologie, et plus tard seulement dans celles de droit et de médecine, pour qu'on pût obtenir les grades supérieurs de bachelier, de licencié et de docteur.

LIBÈRE (MARCELLINUS FÉLIX LIBERIUS) est le seul pape de ce nom qui ait occupé le saint-siége. Romain de naissance, il fut, après une vacance assez longue, élu à la place de Jules I*er*, en 352. Le monde était alors troublé par l'hérésie d'Arius. L'évêque de Rome s'était déclaré l'appui de ce saint Athanase, qui sous le pontificat de Jules était venu chercher un asile dans cette capitale. Mais quand, sous prétexte des nouvelles accusations portées contre lui, Libère le fit sommer de comparaître pour y répondre, Athanase ne répondit que par un refus ; et les évêques d'Égypte l'ayant soutenu contre les anathèmes de Rome, le nouveau pape eut encore le déplaisir d'être contraint de démentir cette velléité de suprématie. Cependant la querelle d'Athanase et des ariens faisait trop de bruit dans la chrétienté pour que le pontife consentît à ne point s'en mêler. Les deux partis essayaient d'ailleurs de l'attirer à eux. Après avoir fait examiner cette affaire dans le concile d'Arles, il eut le courage de résister à l'empereur Constance, protecteur des ariens, et d'adopter l'opinion des soixante-quinze évêques d'Égypte qui défendaient leur patriarche. L'empereur ordonna la convocation d'un autre concile à Milan, y fit condamner Athanase, et persécuta les prélats qui ne voulurent pas souscrire à cette condamnation. Le pape fut d'abord ménagé par les ariens. Ils lui envoyèrent même des présents considérables, qu'il fit jeter hors de l'église. Cette insulte ayant irrité l'empereur, Léonce, gouverneur de Rome, eut ordre d'arrêter le pontife et de l'envoyer à la cour de Milan. « Quelle portion du monde chrétien êtes-vous donc, demanda Constance, pour protéger seul un impie ? — Quand je serais seul, répondit le fier Libère, la cause de la foi ne serait point perdue. » L'exil fut le prix de cette réponse, et la colère de l'empereur s'accrut encore par le refus que fit le saint-père de recevoir l'argent de son persécuteur.

Cette fermeté néanmoins ne tint pas contre les ennuis du bannissement et la douleur de voir un nouvel évêque sur son siége. Les dames se désolaient de son absence, et le pape Félix, que lui avaient substitué les ariens, leur était insupportable. Les sénateurs ne résistèrent point aux prières de leurs femmes. L'empereur lui-même se laissa fléchir ; mais ce ne fut qu'en exigeant de Libère une profession de foi en faveur de l'arianisme. Le désir de retourner au milieu des grandeurs de Rome l'emporta dans son cœur sur ses propres convictions. Entraîné par les conseils de Fortunatien, évêque d'Alexandrie, il signa les décisions ariennes du troisième concile de Sirmium, souscrivit à l'anathème prononcé contre saint Athanase, et s'excusa même dans sa lettre aux Orientaux d'avoir soutenu ce prélat. Ce fut cet acte de faiblesse que les orthodoxes appelèrent la chute de Libère. Saint Hilaire, évêque de Poitiers, souleva dès lors contre lui toutes les églises d'Occident, le traita de prévaricateur, et l'exclut de la communion des fidèles. Mais Libère rentra dans Rome, et les acclamations de ses amis étouffèrent les reproches de sa conscience. Son erreur fut, au reste, de peu de durée. L'audace toujours croissante des ariens le ramena à des sentiments plus orthodoxes. L'empereur ayant, sur sa demande, assemblé, en 359, un nouveau concile à Rimini, le pape y fit confirmer le symbole de Nicée, et les ariens, qui s'y trouvaient en grand nombre, formulaire, dont les expressions captieuses séduisirent une grande partie des évêques d'Occident, Libère se prononça hautement contre ces demi-ariens. Les ariens eux-mêmes, toujours protégés par les maîtres de l'empire, hâtèrent l'extinction de cette nouvelle secte en la persécutant. Le formulaire de Rimini fut abandonné par les Occidentaux, et Libère, qui avait besoin d'indulgence pour lui-même, se réjouit avec eux de leur retour à la foi catholique. Ce fut le dernier incident de ce pontificat de quatorze années. Libère mourut le 24 septembre 366 : il fut vengé des reproches de certains orthodoxes par les éloges de saint Basile et de saint Ambroise. Son nom a été cependant rayé par Baronius du martyrologe romain, où saint Jérôme l'avait admis.

VIENNET, de l'Académie Française.

LIBÉRÉS. On donne ce nom aux réclusionnaires et aux forçats qui ont subi leur peine, et qui sont sous la surveillance de la haute police. Un décret du 1er janvier 1807 mettait les forçats libérés à la disposition du ministre de la police générale. Mais l'article 44 du Code Pénal donnait seulement à l'administration le droit de déterminer certains lieux dans lesquels il était interdit au condamné, mis sous la surveillance de la haute police, de paraître après qu'il avait subi sa peine.

Le décret du 16 avril 1852, corroboré par la loi du 30 mai 1854, a entièrement changé la législation à l'égard de ces derniers. Les forçats libérés dont la peine est inférieure à huit ans de travaux forcés sont tenus, à l'expiration de ce terme, de résider à la Guyane française pendant un temps égal à la durée de leur condamnation. Si la peine était de huit années et au delà, ils sont tenus de résider dans la colonie pendant toute leur vie. En cas de grâce les libérés ne peuvent être dispensés de l'obligation de la résidence que par une disposition spéciale des lettres de grâce. Toutefois, ils peuvent quitter momentanément la colonie en vertu d'une autorisation expresse du gouverneur, mais sans pouvoir être autorisés à se rendre en France. Des concessions provisoires ou définitives de terrain peuvent leur être faites. Les condamnés libérés en France peuvent obtenir d'être transportés à la Guyane à la condition d'y être soumis à ce régime. Tout libéré astreint à résider à la Guyane, et qui quitte la colonie sans autorisation, est envoyé aux travaux forcés pendant une durée de un à trois ans. Leurs infractions, crimes et délits sont jugés par le premier conseil de guerre de la colonie, faisant fonctions de tribunal maritime spécial, et auquel sont adjoints deux officiers du commissariat de la marine.

LIBERIA, d'abord colonie de nègres libres, et depuis 1847 *république* de nègres, située sur la Côte de-Poivre de la haute Guinée, qui s'étend depuis le Mana, au delà du cap Mesurado, jusqu'à l'embouchure du grand Sestros. A l'ouest, elle n'est séparée de la colonie anglaise de Sierra-Leone que par le district des Gallinas, fameux jusqu'à présent comme le grand marché du commerce des esclaves. A l'est, elle confine à *Maryland-in-Liberia*, autre colonie de nègres libres fondée par les États-Unis. Le développement de ses côtes est de 53 myriamètres, la profondeur moyenne de son territoire de 63 kilomètres, et sa superficie totale de 490 myriamètres carrés. La colonie de *Liberia* doit son origine aux efforts faits par les États composant l'Union Américaine du Nord pour procurer à leurs nègres affranchis une existence assurée et agréable, et fut fondée le 31 décembre 1816, sur la proposition de Cadwell et par un comité fondé à Washington sous la présidence de Henri Clay, membre du congrès, à l'effet de créer un établissement colonial destiné à servir de refuge aux noirs et aux gens de couleur affranchis. Le comité, après avoir acheté d'un chef de nègres le territoire que nous avons déterminé plus haut, fournissait à chaque colon qu'il y envoyait, indépendamment du passage gratuit, une maison, trente acres de terre, et les instruments de travail nécessaires pour les mettre en valeur. La colonie nouvelle ne compta d'abord que deux seuls blancs, un médecin et l'agent du comité, à qui il fut spécialement recommandé de laisser les nègres s'arranger comme ils voudraient. On eut d'abord à triompher d'obstacles et de périls de toutes espèces; mais on en vint à bout à force de persévérance et d'énergie, et le 25 avril 1822 l'étendard américain flottait enfin sur les hauteurs du cap Mesurado.

Le nom de *Liberia*, donné à la colonie nouvelle, devait rappeler son origine et son but. Sa capitale, appelée *Monrovia*, en l'honneur du président Monroe, bâtie sur le cap Mesurado, possédait déjà en 1825 des maisons construites en pierres, un fort, des chapelles, des écoles, un hôpital et une imprimerie. En même temps on commença la mise en culture du territoire, qu'agrandirent encore de nouvelles acquisitions faites aux chefs nègres du voisinage, et l'arrivée de nouveaux colons permit de construire une seconde ville, *Cadwell-on-Mesurado*, puis successivement divers villages et établissements nouveaux dans le pays de Bassa, territoire d'acquisition récente. En 1834 on fonda à l'embouchure du Saint-John la ville d'*Edina*, ainsi appelée en l'honneur d'Édimbourg, où s'était formé un comité pour seconder les efforts des colons. L'année suivante on fondait sur l'autre rive du Saint-John, en face d'Edina, la ville de *Bassa-Cora*, dont les premiers habitants furent 128 nègres affranchis, choisis avec soin par les habitants de la Pensylvanie parmi leurs nègres habiles dans tous les métiers manuels dont l'utilité peut se faire sentir dans de pareils établissements. En 1839 les développements pris par la colonie, tant au moyen de l'arrivée de nouveaux colons arrivés des États-Unis que par l'association volontaire d'un grand nombre de nègres du voisinage qui avaient témoigné le désir d'en faire partie, firent sentir le besoin de lui donner une constitution politique, dont la mise en activité eut effectivement lieu le 25 avril de la même année. Cette constitution était calquée sur les constitutions locales des États-Unis. *Liberia* comptait alors neuf villages, vingt-et-une églises desservies par trente prêtres, dix écoles, et quatre imprimeries, des presses desquelles sortaient deux journaux ; cependant la population ne dépassait guère encore le chiffre de 4,000 âmes.

Les Anglais de la colonie de Sierra-Leone s'étant refusés à acquitter certains droits mis par le gouvernement de la colonie nouvelle sur certaines matières, refus fondé sur ce qu'une association particulière n'avait pas le droit d'établir des impôts, la colonie de *Liberia* se déclara, le 29 avril 1847, république indépendante, avec une constitution politique calquée encore sur celle des États-Unis. Le président, qui est élu pour deux ans seulement, doit être âgé d'au moins trente-cinq ans, résider depuis cinq ans dans le pays, et posséder un revenu de 500 dollars. Pour pouvoir être élu sénateur, il faut avoir vingt-cinq ans, résider dans le pays depuis trois ans, et posséder un revenu de 200 dollars. Les conditions électorales pour être représentant sont de résider depuis deux ans, d'être âgé de vingt-trois ans et de posséder un revenu de 50 dollars.

Dès 1847 les États-Unis reconnaissaient l'indépendance de *Liberia*; autant en firent l'Angleterre en 1848, la France en 1849, et plus tard la Belgique et la Prusse. En même temps l'Angleterre conclut avec le nouvel État un traité de commerce sur la base de la complète égalité de droits, et lui fit don d'un cutter de guerre portant quatre canons. La France lui donna des armes, et un de ses vapeurs de guerre secondé par une corvette américaine et un brick anglais contribua à la prise et à la destruction de *New-Sestros*, grand centre du commerce des esclaves dans ces parages. Depuis lors les institutions de la jeune république ont toujours été en se consolidant; et si elle n'a pas fait de progrès plus rapides, il ne faut l'attribuer qu'à l'apathie des nègres et à l'absence chez eux de ce sentiment de dignité qui fait l'homme libre. Un fait incontestable, d'ailleurs, c'est que la colonisation de la côte de *Liberia* a plus contribué que tous les blocus et toutes les escadres à la répression de la traite et à la propagation de la civilisation parmi les peuplades barbares de la Guinée. D'après un rapport officiel soumis au congrès des États-Unis, en date du 14 septembre 1850, une population indigène de 300,000 âmes est aujourd'hui groupée sur le territoires de *Liberia* et de *Maryland*. Plus de 50,000 indigènes ont appris à s'exprimer en anglais. En 1849 on y comptait vingt écoles, dont les classes étaient fréquentées aussi par des nègres du voisinage, plusieurs sociétés de bienfaisance, une école normale d'instituteurs primaires et vingt-huit églises. Le climat n'est point excessivement chaud ; il varie entre 16° et 24° Réaumur, et est au total assez sain. L'agriculture n'y a point encore pris tous les développements désirables. Le caféier, qui y croît spontanément, donne de riches récoltes, et il en est de même du cacaotier. On cultive aussi un peu la canne à sucre, le coton, la cassave, l'yam, la pomme de terre et le riz. Les principaux objets du commerce d'exportation sont : l'huile de palme, l'ivoire, la poudre d'or, les bois de teinture, la cire, les cuirs, le riz.

A l'est de la république de *Liberia* et des deux côtés du cap Palmas, est situé le territoire du second établissement colonial fondé sur la côte d'Afrique par les États-Unis avec des nègres affranchis, *Maryland-in-Liberia*. Il s'étend depuis le fleuve le grand Sestros jusqu'au San-Pedro ou Saint-André. On en doit l'établissement à un comité spécial de colonisation fondé en 1831 dans le Maryland. La création de cette colonie date de 1833, et eut lieu sous la direction d'un certain docteur Hall ; et comme son aînée, elle est destinée à former quelque jour une autre république indépendante. En 1850 le nombre des colons qu'on y avait envoyés d'Amérique était de 904. L'influence directe ou indirecte de cette colonie s'étendait déjà sur plus de 100,000 individus des peuplades nègres du voisinage. Les frais de cette création ont été minimes, et de 1831 à 1850 la dépense totale n'avait été que de 285,066 dollars.

LIBERTÉ. La *liberté psychologique* est la mère de toutes les autres. En psychologie, la liberté est cette faculté que nous avons de prendre possession de nous-même, de nous arrêter afin de délibérer, de nous déterminer à la suite d'une délibération et d'agir à la suite d'une détermination. C'est sur cette liberté première que reposent non-seulement toutes les autres, mais que se fonde la véritable puissance de l'homme, la v o l o n t é. Sans la liberté, point de volonté. On a dit que la liberté était une volonté qui ne dépendait d'aucune autre. Mais, d'abord, la liberté n'est pas la volonté, puisque la liberté est la volonté ce que la cause est à l'effet. Ensuite, il n'existe dans l'univers qu'une seule volonté qui ne dépende d'aucune autre ; c'est celle de Dieu, de laquelle toutes les autres sont des reflets ou des créations, quelque indépendantes qu'elles puissent être dans la sphère, petite ou grande, que la volonté *première* ait pu leur assigner. Dans ces sphères, petites ou grandes, tous les êtres sont doués d'un degré de liberté proportionné à la mission qu'ils doivent remplir. L'animal est libre autant qu'il convient à sa nature et à sa destinée qu'il le soit. Il a l'instinct de cette liberté, quoiqu'il n'en ait pas la conscience. Aussi, il défend cette liberté tant qu'il peut. Dans la servitude, il perd quelques-unes de ses plus belles qualités. Il s'abrutit dans l'esclavage. Le végétal lui-même a sa sphère de liberté. En vertu des lois de sa nature, il doit et il veut se développer sans entraves. En vertu de ces mêmes lois, il résiste aux caprices qu'on lui oppose et se redresse contre les violences qu'on lui fait subir. Mais nulle liberté n'est absolue, hormis une seule, celle qui est la source de toutes les autres. A toutes les autres sont données des lois qui les règlent, des motifs qui les sollicitant, des restrictions qui les bornent. Dieu seul est libre au point de n'avoir pas même besoin de délibérer pour se déterminer.

Cependant cette nécessité où nous sommes de prendre possession de nous pour délibérer, cette obligation où nous nous trouvons de peser nos raisons et de balancer nos motifs, et cette impossibilité qu'il y a pour nous de nous déterminer sans ces motifs et sans ces raisons, ne prouvent-elles pas précisément que nous ne sommes pas libres, et ne constituent-elles pas un immense assujettissement? On a nié la liberté de l'homme. On a dit qu'étant déterminé par des motifs, et ne pouvant pas, être raisonnable qu'il est, se déterminer d'une façon autre qu'il ne fait, il n'était pas libre. Mais est-ce bien aux motifs les plus raisonnables que nous donnons réellement et constamment la préférence? N'est-ce pas souvent à d'autres que nous cédons? Et n'est-ce pas nous, dans tous les cas, qui apprécions tous genres de motifs, et qui donnons à ceux qui l'emportent la force avec laquelle ils pèsent dans la balance? On a dit encore que, Dieu ayant prévu de toute éternité nos déterminations, et les prévisions de l'être parfait étant infaillibles, nos déterminations n'étaient plus que les conséquences de ses prévisions, et ne pouvaient plus avoir que des apparences de liberté. Mais nous n'agissons pas de telle façon ou de telle autre par la raison que Dieu a prévu nos actes; Dieu a prévu nos actes par la raison qu'il n'a pas pu ne pas prévoir à quels motifs nous donnerions la préférence. Notre préférence, pour avoir un spectateur, n'en est pas moins libre.

On a nié la liberté humaine en substituant à la prévision divine une sorte de destin aveugle ou une simple fatalité, en vertu de laquelle tout se succéderait en ce monde, actes, motifs et pensées, sans l'intervention d'aucune volonté rationnelle, ni divine ni humaine. A cette hypothèse, qui n'est ni un système, ni une doctrine, qui n'est qu'une superstition, digne de l'apathique Orient, on en a substitué une autre, celle d'une c a u s a l i t é en vertu de laquelle tout s'enchaînerait des phénomènes moraux comme dans les phénomènes de la nature, de telle sorte qu'il n'y aurait pas de d é l i b é r a t i o n réelle, qu'une délibération réelle serait une interruption dans ce grand enchaînement de causes, dont chacune est accusée par une cause antérieure. Dans ce système, une délibération véritable serait une violation des lois de la nature, et ressemblerait à la fixation du soleil par Josué. En d'autres termes, une délibération serait un miracle. Cette hypothèse, qu'on a décorée du nom de d é t e r m i n i s m e, a fait aussi peu fortune que toutes les autres qui nient la liberté.

La liberté ne peut se nier. Elle nous est donnée dans notre c o n s c i e n c e. Soit que nous délibérions, soit que nous agissions après avoir délibéré, soit que nous examinions après avoir agi, nous savons parfaitement ce que nous faisons dans chacun de ces moments. Nous savons que nous sommes libres de prendre tel parti ou tel autre, et même, le plus souvent, d'agir ou de ne pas agir. Notre satisfaction d'avoir bien fait ou bien choisi, et nos regrets d'avoir mal fait ou mal choisi, attestent au même point notre liberté. Admettons un instant que nous ne soyons pas libres, que nos délibérations ne soient qu'une illusion d'amour-propre, et nos préférences qu'une obéissance déguisée à des cas, que seront nos actions et que vaudront-elles? D'abord, ce ne seront pas les nôtres; ce seront celles de Dieu, on celles du destin, ou celles de la cause première. Puis, bonnes ou mauvaises en elles-mêmes, elles ne seront pour nous ni bonnes ni mauvaises: elles seront au compte de celui dont nous aurons été les instruments. N'est-ce pas à dire que, sans la liberté, il n'y a pas de moralité? Or, en ôtant à l'espèce humaine la moralité de ses actes, on en change la nature et la destinée, on en tue la gloire. Si dans nos actes nous ne sommes qu'instruments, autant vaut n'être pas même instruments, s'abstenir et se livrer à ce stupide immobilisme que l'Asie barbare puise dans ses tristes superstitions. Mais c'est là nous dégrader; c'est frapper de mort notre cœur et notre raison; c'est tarir dans leur source nos pensées les plus généreuses, nos plus sublimes affections; c'est abjurer notre noblesse. On le voit, les hypothèses qui tendraient à nous disputer la liberté de nos d é t e r m i n a t i o n s, ou le libre a r b i t r e, se réfutent par les conséquences les plus absurdes. Faits de détail et considérations générales puisées dans l'ordre du monde, tout nous enseigne le libre arbitre de l'homme.

Les actions faites en vertu du libre arbitre se nomment *actions libres*. Nos actions peuvent ne pas l'être. Notre volonté peut être dominée par d'autres volontés, notre liberté peut subir toutes sortes de violences. Elle subit même dans la règle mille modifications. Nous l'avons dit, loin d'être absolue, elle est essentiellement relative. En principe, elle est subordonnée à notre r a i s o n, régulatrice suprême de toutes les autres facultés de notre être et de toute notre personne. En effet, elle est forcée dans ses jugements par l'évidence et maîtrisée dans ses actions par le sens commun. Devant l'é v i d e n c e et le s e n s c o m m u n, la liberté cède à bon droit. Elle cède souvent à de pires conditions. Tout ce qui trouble notre être au point de l'empêcher de se posséder, l'i v r e s s e, l e d é l i r e, et même les p a s s i o n s impétueuses, trouble aussi notre délibération et notre détermination. La nature elle-même, par notre organisation morale et physique, tantôt met des entraves à notre liberté et tantôt la suspend provisoirement. Le s o m m e i l et les maladies l'interrompent ou la restreignent. Les h a l l u c i n a t i o n s, l e c r é t i n i s m e et l'i m b é c i l l i t é la tuent. Notre liberté a d'autres bornes. Son domaine est naturellement limité, puisque l'intelligence humaine n'est pas infinie. Sur ce domaine si borné, notre liberté est encore paralysée, dans l'action, par l'insuffisance de nos forces ou la supériorité de forces contraires. Cependant ces restrictions mêmes attestent la liberté : on ne peut restreindre que ce qui est.

Notre liberté est le point délicat qu'elle est toute notre dignité, car nous sommes faits libres afin d'être moraux. Dans la liberté, point de responsabilité, partant point de moralité. Par la liberté, la vie humaine acquiert son importance véritable, sa mission morale; par la liberté, nos pensées et nos actions prennent une valeur impérissable; par la liberté, nous entrons dans cet ordre religieux du monde qui est éternel et inviolable comme Dieu lui-même. L'enthousiasme avec lequel nous entrons dans cette région sublime n'est autre chose que le sentiment profond de notre liberté. Sentir la faculté de vouloir cette destinée si haute, c'est sentir celle de pouvoir l'atteindre.

Cependant nous ne sommes pas seuls au monde; notre existence, *subordonnée* à une seule, est *coordonnée* avec beaucoup d'autres. Notre liberté en reçoit de nouvelles modifications. Nous ne sommes pas en un lieu quelconque, en un monde idéal ; nous sommes dans une condition déterminée, entourée de milliers d'êtres qui sont nos semblables, et avec lesquels nous avons des destinées communes, des relations suivies, des rapports qui modifient notre existence et jusqu'à nos pensées. Ces rapports se nomment la *vie sociale*. La vie sociale est notre état naturel, et néanmoins elle demande impérieusement le sacrifice ou la modification de plusieurs de nos libertés naturelles.

Il y a des *libertés inaliénables*, c'est-à-dire des droits dont la loi suprême de notre être demande le maintien, parce que l'homme, pour quelque condition qu'il se trouve, en a besoin pour ses fins morales. Le droit primordial se décompose en plusieurs autres, qu'on appelle les *droits de la nature*. Ce sont ceux de la liberté extérieure de notre personne, de l'égalité avec nos semblables, de la liberté de la pensée, de la parole et de la conscience, de l'inviolabilité de notre honneur, de la propriété de nos biens, de la sûreté de notre personne, de la sainteté des conventions et des traités. Mais si, en principe, nulle de ces libertés que nous appelons *naturelles* ne peut être aliénée sans danger pour la dignité humaine, chacune est modifiée aussitôt que nous entrons dans l'état social, qui est pourtant sans contredit notre *état naturel*. On voit aisément par un exemple la nécessité de ces modifications. L'inviolabilité de notre honneur modifie la liberté de parole dont jouissent naturellement nos semblables à notre égard; et, à son tour, cette liberté, qui ne peut leur être contestée entièrement, modifie notre inviolabilité. L'état social n'est autre chose qu'une transaction entre les sacrifices possibles et les sacrifices impossibles, entre les libertés aliénables et les libertés inaliénables. Cette transaction réalisée constitue le droit social. Le droit social est un fait, le droit naturel n'est qu'une théorie. Le droit social fait place à la *liberté naturelle* fait place à la *liberté sociale*.

La liberté sociale se distingue en *liberté civile* et *liberté politique*. La liberté civile, réglée par la loi civile, est la part de liberté qui revient au citoyen dans ses rapports publics avec ses concitoyens, car nulle loi positive ne doit intervenir dans les rapports privés, auxquels continue de présider la seule loi naturelle. La seconde, la liberté politique, réglée par la constitution de l'État, assure d'abord l'indépendance de l'État à l'égard des autres États; elle fait ensuite aux citoyens en général la part de liberté publique et de droits politiques que peut concéder l'État. La vraie mesure de la liberté individuelle, liberté politique ou liberté civile, est l'intérêt de la société. Devant cet intérêt s'efface celui de l'individu. Sans doute il importe d'assurer la liberté individuelle, et, dans les législations avancées, des lois spéciales ont pour but de garantir cette liberté, mais la tâche est difficile.

On a dit que la liberté est le despotisme de la loi. Si cela était, il suffirait que la loi fût exécutée pour que la liberté régnât. Mais si la loi est despotique elle-même, son règne ne serait que le despotisme du despotisme. On le voit, ce mot si fameux n'est qu'une de ces prétentieuses niaiseries qui infectent encore nos théories politiques, et qui appartiennent à cette époque d'enthousiasme où l'on faisait des institutions par voie de sentences et des doctrines par voie d'oracles. La liberté sociale n'est pas dans le despotisme de la loi, mais dans sa bonté. La bonté de la loi, c'est sa plus grande conformité à l'intérêt social. Mais quel est cet intérêt? Là est toute la question. Cette question se résout suivant l'idée qu'on se fait du but de la société. On sait combien cette idée varie. Il est des temps où les lois se préoccupent des intérêts matériels, il en est d'autres où dominent les intérêts moraux. Il n'y a pas de formule générale sur le but de la société, et il n'en est pas besoin, l'état de la civilisation générale et la situation spéciale des esprits en tiennent lieu. On a essayé de nos jours de déterminer le but social dans une théorie générale, et applicable dans toutes les circonstances. On n'a rien fait qui vaille. On a dit en général que le but de la société est d'assurer le plus haut développement moral d'une nation par le plus haut développement de sa prospérité matérielle. Mais d'abord cette formule n'apprend rien en politique; ensuite, c'est une question pour le moraliste de savoir si le second terme exprime le moyen d'assurer l'objet du premier. Tout ce qu'on peut dire à cet égard, c'est que le développement moral est de droit impérissable, et qu'il ne peut jamais être négligé impunément par la loi sociale.

Quoi qu'il en soit, la loi sociale établie, la liberté politique prime la liberté civile. Elle va jusqu'à priver de sa liberté individuelle le citoyen qui contrevient à cette loi; elle a cela de commun avec la loi civile. L'une et l'autre vont même plus loin : le cas échéant, elles privent l'individu de tous les droits civils et le citoyen de tous les droits politiques. A toutes les peines qu'elles lui infligent au nom de la société, elles ajoutent celle de le retrancher du corps social, de le déclarer civilement et politiquement mort. Et nulle société ne peut exister sans cette terrible fiction de mort. Nulle ne peut-elle exister non plus sans avoir un droit plus terrible encore, celui de passer de la fiction à la réalité, et d'ôter la vie à celui qu'elle en juge indigne. L'État, après avoir retiré tous les droits qu'il a donnés, peut-il prendre jusqu'à ceux qu'il n'a pas donnés ? Détruire un ouvrage de Dieu, briser un anneau de cette grande chaîne qu'a faite le Créateur pour des desseins qui sont au-dessus de notre intelligence, n'est-ce pas commettre une infraction aux lois de la Providence, et la société n'a-t-elle pas usé de tous ses droits quand elle a prononcé, soit la réclusion absolue, soit l'expulsion de son sein? C'est là une des plus grandes questions de la civilisation moderne; elle est même trop grande pour être résolue par nos lois dans l'état actuel de nos mœurs. *Voyez* MORT (Peine de).

En général, il s'en faut que toutes les libertés naturelles soient devenues des libertés sociales placées hors de discussion. L'humanité, quelques progrès qu'elle ait déjà faits, est encore bien peu avancée. Sans doute la liberté de la pensée et celle de la conscience ne doivent plus être mises en question. Mais la liberté de manifester la pensée par la parole, l'écriture et le dessin, c'est-à-dire la liberté absolue de la tribune, de la presse et de la caricature, est une question qui sans cesse se débat encore. Elle est résolue en principe, mais en fait elle subit mille modifications. Il en est de même de la l i b e r t é d e c o n s c i e n c e . La conscience est libre de ses convictions; mais cette liberté entraîne-t-elle, outre celle de choisir parmi les cultes légalement établis la faculté d'établir toute espèce de culte, y compris tels dogmes et telles cérémonies qu'on voudra? Cette liberté sera-t-elle jamais écrite dans une charte quelconque à tel point absolu qu'on irait jusqu'à tolérer le scandale et l'absurdité? Non, sans doute. Elle devra toujours transiger avec l'intérêt social.

D'autres libertés bien moins périlleuses, et que les lois de la nature semblent nous assurer également, subissent dans la société des modifications non moins nécessaires. Celle de contracter des liens de famille par la voie du m a r i a g e est sans doute donnée par la nature; elle est cependant subordonnée, dans toutes les législations, à la surveillance de l'État ; et il est des gouvernements qui ne l'accordent qu'à ceux qui ont certains moyens d'existence. La liberté d'association pour tel but que ce puisse être ne saurait être donnée sans contrôle; elle doit toujours être primée par les intérêts de la grande association, celle de l'État, et l'État demeure éternellement juge de toute association secondaire. Le choix des carrières doit être libre, et il n'est plus lié en France. Il l'était autrefois dans tous les pays du monde par des droits de c o r p o r a t i o n . Dans l'antiquité, il existait même à cet égard des privilèges de c a s t e s . Aujourd'hui encore, et même dans les pays les plus avancés, le choix des carrières est nécessairement influencé encore par mille considérations puisées dans les mœurs. Le travail est libre en principe, mais la fabrication et la vente de toute espèce de produits ne sauraient l'être. L'industrie et le commerce, même pour les articles autorisés, sont non-seulement assujettis à des droits, ils sont encore modifiés dans l'intérêt des inventions et des découvertes, c'est-à-dire du progrès, par des monopoles et des privilèges nombreux.

Il est sans doute, dans chaque État, des intérêts qui demandent sous ce rapport une liberté absolue; il en est d'autres qui demandent des restrictions et des droits protecteurs. La question est de savoir de quel côté sont les intérêts majeurs, si c'est du côté de la liberté absolue ou de la restriction modérée. Où est l'intérêt de la majorité, là est l'intérêt de l'État. L'État oppose la même modification à la liberté absolue de la circulation. Il la reconnaît en principe et dans la situation normale des mœurs; mais la pratique il la restreint suivant les nécessités des temps. Il est des États qui pour raison de police, et afin de prévenir des communications qu'ils redoutent, modifient et la libre circulation des nationaux et celle des étrangers. En France, la circulation est libre dans la commune, dans le canton, dans l'arrondissement, dans le département. Là expire la liberté du circulation pour les nationaux ; là commence pour eux la nécessité d'une autorisation spéciale (voyez Passe-Port). Mais l'autorisation est acquise de droit à tout honnête homme pour la France entière et pour toute la terre. La France est ouverte à tous les étrangers ; mais elle n'est pas, de droit général, une terre d'asile pour tous les fugitifs et tous les bannis (voyez Réfugiés). Elle règle son hospitalité.

La mer est, en principe, à tous. Elle n'appartient à personne, et chacun est libre d'y faire ce qu'il veut et d'y suivre la route qui lui convient. Nul n'y prend possession de rien ; cependant, en fait, la liberté des mers a ses restrictions. Non-seulement les côtes et les pêcheries des côtes appartiennent aux continents, mais en cas de guerre la liberté des mers est suspendue ; même dans l'état de paix, nul n'en jouit jamais s'il n'est assez fort pour se l'assurer, et cela précisément parce que nulle autre loi que celle d'une liberté absolue n'y domine.

Il est des sociétés où les lois permettent de confisquer jusqu'à la liberté personnelle. Cette privation constitue l'*esclavage* si elle est absolue, le *servage* si elle est partielle, la *servitude* si elle est volontaire. L'esclavage serait volontaire qu'il serait encore illégitime ; il est nonseulement contraire aux droits inaliénables de l'homme, il est contraire à ses devoirs les plus impérieux. Il est immoral. L'homme n'est moral qu'autant qu'il est lui-même ; il n'est lui-même qu'autant qu'il est à lui, de condition libre. Le servage n'a qu'une partie des inconvénients de l'esclavage ; il en a trop cependant pour être légitime. La servitude n'étant que l'aliénation ou la vente volontaire du travail, et laissant entière la liberté morale, est une des conditions les plus normales de l'état social.

Mais, on le voit, il n'est aucune des libertés naturelles que l'état social puisse concéder absolues. Demander des libertés absolues, c'est rêver des utopies ; car vivre à la fois dans ce qu'on appelle l'état de nature et l'état social est chose impossible. Tout ce que peut demander le partisan le plus enthousiaste de la liberté, c'est qu'entre les libertés que donne la nature et les sacrifices que réclame la société, on trouve une transaction qui donne à l'État assez de pouvoir pour qu'il puisse atteindre à ses fins, au citoyen assez d'indépendance pour qu'il puisse arriver aux siennes. La est le problème des sciences politiques. Ce problème est difficile ; il embrasse toute la situation intellectuelle et morale d'une nation. Aussi le débat est-il ouvert depuis l'origine de la société. Il ne sera jamais clos. Il est animé en Europe depuis trois siècles. Il n'a cessé de l'être en Grèce et à Rome. Le moyen âge n'a pu le suspendre entièrement. Depuis trois siècles, il a fait quelques progrès ; cependant, il est peu avancé encore. Des excès l'ont compromis. Au lieu de faire les réformes indiquées par la raison, on a fait des révolutions conseillées par les passions. Ainsi sont devenues suspectes d'un côté toutes les modifications les plus indispensables que l'homme est forcé d'apporter aux libertés naturelles, d'un autre côté toutes les libertés les plus inaliénables que l'état social est obligé de réclamer. La liberté elle-même est devenue, par ses parodies, un objet de terreur dans son nom et dans ses symboles.

Les mœurs modifient la liberté naturelle, comme elles modifient les lois. On donne le nom de *liberté d'esprit*, *de langage* et *de façon* à des manières à la fois familières et aisées, et qui tiennent à la facilité de la pensée, à l'indépendance de la parole et à l'ingénuité des mœurs. La liberté d'esprit est l'absence de toute préoccupation ; la liberté de langage est tantôt de la franchise, tantôt de la hardiesse. Ce qui vaut mieux que l'une et l'autre, c'est la liberté de caractère et de conduite, car celle-là est à la fois la condition première d'une haute moralité et le plus puissant moyen d'une action profonde. Elle est rare. MATTER.

LIBERTÉ (*Mythologie*). Les Grecs et les Romains en avaient fait une divinité. Hygin la fait fille de Jupiter et de Junon. Tiberius Gracchus lui bâtit le premier, du produit des amendes, un temple à Rome, sur le mont Aventin : c'était dans la galerie de ce temple qu'on déposait les archives de l'État. La déesse y était représentée en citoyenne romaine, vêtue de blanc, tenant d'une main un sceptre brisé, et de l'autre une pique surmontée d'un bonnet, ayant à ses pieds un chat, animal ennemi de toute contrainte. Le bonnet faisait allusion à l'usage qu'avaient les Romains d'en imposer un à celui de leurs esclaves qu'ils voulaient affranchir. On trouve la Liberté ainsi gravée sur quelques médailles. Le temple du mont Aventin était soutenu par des colonnes de bronze, et orné de statues très-belles. La Liberté y paraissait escortée des deux déesses, ses suivantes, Adéone et Abéone, symboles du pouvoir qu'a la liberté de venir d'où il lui plaît, d'aller où elle veut.

En France, les statues des rois que l'on remarquait sur les places de la capitale et de nos grandes villes des provinces avaient été renversées après la journée du 10 août 1792. On y substitua ensuite des statues de la Liberté, en pierre et en plâtre. Les statues ont partout éprouvé le sort des arbres de la liberté. Celle qui s'élevait au milieu des belles allées de l'esplanade à Montpellier avait un véritable caractère monumental. Mme Roland, montée sur l'échafaud, et arrêtant ses derniers regards sur la statue colossale élevée sur l'emplacement qu'occupait naguère la statue équestre de Louis XV, s'était écriée : « O liberté, que de crimes on commet en ton nom ! » On vit à cette époque des femmes figurer dans les solennités publiques sous le costume de déesse de la liberté et de déesse de la raison.

LIBERTÉ (Arbres de la). *Voyez* Arbres de la Liberté.
LIBERTÉ (Bonnet de la). *Voyez* Bonnet rouge.
LIBERTÉ (Déesse de la). *Voyez* Déesses et Liberté (*Mythologie*).

LIBERTÉ COMMERCIALE ou LIBERTÉ DU COMMERCE. Colbert, le grand ministre, interrogeait un jour une députation de négociants sur les meilleures mesures que pût prendre le gouvernement à l'effet de faire prospérer le commerce. « Laissez faire, monseigneur ! » lui fut-il, dit-on, répondu. Dans cette réponse se trouve l'une des définitions qu'on peut donner de la liberté commerciale, à savoir qu'elle consiste dans l'affranchissement absolu de la tutelle de l'État. En effet, l'expérience a démontré que les mesures législatives les mieux calculées pour régulariser les rapports intimes du commerce agissent en général de la manière la plus désastreuse.

On donne encore aux mots *liberté commerciale* un autre sens, et on la définit la faculté d'importer ou d'exporter libres de tout droit de douane, ou seulement sous l'acquit de droits très-minimes, toutes espèces de denrées ou de produits manufacturés. Dans le premier de ces cas, on se sert aussi de l'expression de *libre échange*.

Il est peu de questions à l'égard desquelles les opinions soient aussi divergentes que sur celle de savoir si la liberté du commerce est utile ou nuisible au bien-être général. Il est évident que toutes les nations seraient beaucoup plus heureuses si chacune d'elles, sans mettre aucune entrave à l'autre dans la culture de son sol, dans le développement de son industrie et de son commerce, apportait dans ses propres travaux toute l'ardeur et toute la sagacité dont elle est capable, et si aucune espèce d'obstacles n'était mise au libre échange des divers produits de ce vaste travail de l'humanité. Dans cette donnée, on raisonne dans l'hypothèse suivant laquelle n'existerait point déjà de pays possédant un capital assez considérable pour lui permettre d'exploiter toutes les branches d'industrie, de les faire arriver aussi près que possible de la perfection, et de produire non-seulement toutes les denrées de la culture desquelles son sol est susceptible, mais encore de les préparer et façonner de la manière la plus convenable pour les vendre dans les contrées les plus éloignées de la terre. Il est certaines branches d'industrie pour lesquelles quelques peuples se trouvent placés dans de meilleures conditions que d'autres. S'ils y appliquent de préférence leur travail et leur capital, il est immanquable qu'ils arrivent dans cette voie à la réalisation de la plus grande somme de bénéfices possible. Que s'il y a possibilité de tirer de l'étranger certaines marchandises à meilleur compte qu'on n'est en mesure de les fabriquer soi-même, il est naturellement plus avantageux de les obtenir par voie d'échanges contre des marchandises qu'on produit à meilleur marché que l'étranger, que de s'obstiner à les fabriquer à perte. On objecte, il est vrai, qu'un État ne pourrait accepter le principe de la liberté commerciale absolue qu'à la condition que tous les autres États feraient comme lui. Mais c'est là une vérité qui ne paraît rien moins que démontrée. En tous cas, on peut citer force exemples où l'État qui apporte des restrictions à la liberté commerciale y perd plus qu'il n'y gagne, ou bien où l'État qui met en pratique le principe de la liberté commerciale y gagne plus que s'il usait de représailles avec ses voisins. Souvent en effet ces représailles ne lui sont pas moins nuisibles que les prohibitions des autres États.

Au point de vue du droit, on ne saurait prétendre que la liberté commerciale soit imprescriptible; et à la question de savoir quand et comment on doit y apporter des limites, il n'y a que la politique qui puisse répondre pertinemment. Toutefois, il est du devoir des gouvernements d'en faire un axiome administratif, un principe duquel on doit se tenir aussi près que possible et ne s'éloigner qu'en cas d'absolue nécessité. On doit surtout s'attacher à le faire prévaloir dans les rapports internationaux.

LIBERTÉ D'ASSOCIATION. C'est le droit qu'ont les citoyens de s'unir dans un but déterminé, de mettre en commun leurs efforts pour obtenir ce qu'ils désirent. En France, la liberté de s'associer, quel que soit le but qu'on se propose, n'existe pas. Toute association de plus de vingt personnes ne peut se former qu'avec l'agrément du gouvernement et sous les conditions qu'il plaît à l'autorité publique d'imposer à la société. La loi du 10 avril 1834 prévit le cas où les associations seraient partagées en sections d'un nombre moindre de vingt personnes.

LIBERTÉ DE CONSCIENCE. C'est le droit qu'a chacun d'adopter les opinions religieuses qu'il croit conformes à la vérité et de ne pouvoir être contraint à faire des actes en opposition avec ses croyances. Ce droit, qui semble pourtant naturel, est plus ou moins limité, suivant les pays. En France on a bien le droit de croire ce que l'on veut, et même de ne rien croire du tout ; mais on n'a pas le droit de manifester sa croyance, si l'on ne se rattache à l'un des cultes reconnus par l'État ; et encore dans ce cas faut-il l'autorisation de l'autorité pour se réunir.

LIBERTÉ DE LA PRESSE. *Voyez* PRESSE (Liberté de la).

LIBERTÉ DE L'INDUSTRIE. L'industrie est libre quand tout citoyen a le droit de déterminer lui-même le prix de ses produits et de ses services, et d'échanger les résultats de son travail à l'intérieur ou à l'extérieur au mieux de ses intérêts. La liberté de l'industrie ne saurait subsister sans la concurrence et la liberté des échanges ou liberté du commerce. Presque aucune industrie n'est libre en France ; les unes sont soumises au régime des brevets, les autres constituées en corporations, comme la boucherie et la boulangerie dans certaines villes ; d'autres sont exploitées par le gouvernement, d'autres constituées en monopoles au profit de l'impôt.

LIBERTÉ D'ENSEIGNEMENT. *Voyez* ENSEIGNEMENT et ÉCOLE.

LIBERTÉ DES CULTES. C'est le droit que les sectateurs des diverses religions ont d'exercer leur culte et d'enseigner leur doctrine, sous la surveillance de l'autorité publique, qui peut légitimement restreindre toutes les manifestations de nature à troubler l'ordre ou à attenter aux droits d'autrui. Ce droit est loin d'être reconnu dans tous les pays, même pour les religions exercées sans trouble dans d'autres. C'est ainsi qu'il n'est pas permis de se faire protestant en Toscane, ni catholique en Suède. C'est ainsi que les renégats sont poursuivis dans beaucoup de pays musulmans. En France, on ne peut célébrer un culte public, même dans les religions reconnues, qu'avec l'assentiment de l'autorité ; mais du moins les cultes acceptés y jouissent d'une certaine protection.

LIBERTÉ D'EXAMEN. C'est la liberté humaine considérée au point de vue de l'exercice de la raison. C'est le droit que nous avons de chercher, au moyen de notre raison individuelle, le redressement ou la confirmation de nos opinions, particulièrement de nos croyances religieuses. La religion catholique, qui admet en principe le droit d'examen, l'élude par les mille exceptions de foi et d'autorité qu'elle lui oppose à chaque instant. La Réforme, aspiration puissante de l'esprit humain vers la liberté de penser, proclama la première la libre recherche de la vérité en matière religieuse. Les esprits, d'abord timides et comme effrayés d'une audace si nouvelle, s'attaquèrent peu à peu aux dogmes, qu'ils ébranlèrent, et prirent corps à corps les saintes Écritures, où se répandirent les clartés d'une critique toute profane, savante, hardie, souvent même irrespectueuse. Le libre examen a toujours marché de front avec les progrès de l'esprit humain et de la science, et c'est grâce à lui que l'on voit de nos jours, nous ne disons pas seulement chez les protestants, mais chez tous les hommes éclairés, une tendance bien prononcée à professer la partie rationnelle et philosophique de la religion du Christ. C'est la différence entre les catholiques, qui admettent l'autorité en matière de religion, et les protestants, qui la rejettent, qui est la véritable raison de l'unité de la foi catholique et de la diversité des confessions protestantes, diversité naturelle et logique.

LIBERTÉ DU COMMERCE. *Voyez* LIBERTÉ COMMERCIALE.

LIBERTÉ INDIVIDUELLE. C'est le droit qu'a chaque citoyen de n'être privé de la liberté de sa personne que dans les cas prévus et selon les formes déterminées par la loi. La liberté individuelle est de droit naturel. Le principe de la liberté individuelle a été consacré dans une loi par l'Assemblée constituante ; mais les passions politiques tinrent peu de compte de cette disposition formelle, et les pouvoirs qui se succédèrent ne laissèrent pas de trouver mille moyens de violer ce principe sacré, bien que toutes nos constitutions l'aient successivement reconnu. Malheureusement la liberté individuelle manque en France de la plus puissante des garanties : une loi sur la responsabilité des agents du pouvoir. La conséquence de la liberté individuelle, c'est que nul ne peut être distrait de ses juges naturels.

E. DE CHABROL.

Une loi récente a étendu les garanties de la liberté individuelle en réduisant le nombre et la durée des détentions préventives (*voyez* LIBERTÉ PROVISOIRE [Mise en]). En Angleterre, la liberté individuelle est garantie par l'acte d'*Habeas corpus*.

LIBERTÉ PROVISOIRE (Mise en). Elle peut avoir lieu de deux façons, sous caution ou sans caution. Au premier cas, elle ne peut être ordonnée qu'en matière correctionnelle seulement, par décision de la chambre du conseil, et sous la condition formelle que le prévenu donnera une caution, en argent ou en immeubles, qui ne pourra être moindre de 500 francs. Elle ne peut pas être accordée aux repris de justice. Une loi, votée par le corps législatif en 1855 et promulguée au mois d'avril de la même année, rectifiant l'article 91 du Code d'instruction criminelle, porte que dans le cours de l'instruction le juge pourra, sur les conclusions conformes du procureur impérial, donner mainlevée de tout mandat de dépôt, à la charge par le prévenu de se représenter à tous les actes de la procédure et pour l'exécution du jugement aussitôt qu'il en sera requis (*voyez* PRÉVENTION).

LIBERTÉS DE L'ÉGLISE GALLICANE. *Voyez* GALLICANE (Église).

LIBERTIN, LIBERTINAGE. L'espèce humaine semble,

parmi tous les êtres sensibles, la plus disposée aux vices du libertinage, comme étant une prérogative de son indépendance et de sa liberté; les animaux, soumis à leur instinct, se renferment dans le cercle de leurs besoins, cercle qui trace pour eux leurs devoirs naturels. Ils sont limités dans leurs fureurs amoureuses par un temps déterminé, par des goûts simples, uniformes, qui les astreignent à leur unique espèce, et même par une conformation d'organes sexuels qui prévient à peu près tous les écarts de la débauche et toutes les causes de débilitation, tandis que la nature donne à l'homme, par une alimentation abondante à toute époque, par une imagination vive, par le voisinage habituel ou la promiscuité des sexes et par leurs rapports sociaux, avec le désir mutuel de se plaire l'un à l'autre, de plus fréquentes occasions de jouissances. Bientôt leur facilité, en amenant la satiété chez lui, appelle à son secours la nouveauté, la variété, pour ranimer des désirs épuisés. N'est-ce pas une preuve qu'en le comblant de désirs par delà sa puissance, la nature a donné à l'homme tant de liberté originelle pour les assouvir qu'il y trouve même la licence? car il y a un libertinage d'idées et d'intelligence qui déprave encore plus que les actes eux-mêmes. N'est-ce pas un témoignage surabondant qui prouve qu'à mesure qu'un être jouit d'une plus entière indépendance, il a besoin davantage de fortifier sa raison, comme un contre-poids nécessaire à ses appétits effrénés, et qu'il ne possède la plénitude de sa liberté qu'à condition de la circonscrire entre les lois morales et sociales conservatrices de la santé et de la vie? Contemplez ces squelettes ambulants sortis des clapiers de la débauche, des repaires de la prostitution, traînant sur terre les inutiles débris de leurs corps! que peuvent-ils désormais, sinon languir énervés, exprimés à sec jusqu'à la moelle? Il ne leur reste plus qu'à renfermer dans la tombe ces lambeaux d'organes qu'auraient bientôt dévorés de cruelles maladies.

Passant à l'historique de ce vaste sujet sur tout le globe, nous avons ouvert les fastes des nations dans l'Orient et dans l'Inde, asiles éternels des voluptés, terres de dévergondage et d'impudicité, de tout temps flétries sous cet aspect, tandis qu'elles brillent de toutes les splendeurs de la fécondité :

Nequitias tellus scit dare nulla magis.

De là cette nécessité des sérails, ces résections d'organes féminins exubérants, ce mépris de la chasteté, cette préférence de voluptés illicites ou infâmes au lieu des plaisirs conformes à la nature. Les divinités, les religions elles-mêmes, s'enveloppent sous les emblèmes de l'impudicité. De l'Orient, puis de la Grèce antique, le libertinage envahit Rome triomphante.

*Savior armis
Luxuria incubuit victumque ulciscitur orbem.*

Nous n'invoquerons ici ni les souvenirs de Juvénal ni les épigrammes de Martial; tout le monde sait à quels débordements horribles ce grand empire était en proie quand le christianisme apparut comme la rédemption du genre humain sur la terre. On ne peut nier que la religion ne se soit montrée chaste et pudique au milieu des impuretés les plus dégoûtantes de l'idolâtrie; qu'elle n'ait incarné par le mariage, par une indissoluble monogamie, un tout autre ordre social dans l'espèce humaine. C'était revenir vers la simplicité de la nature, c'était rétablir, par l'innocence des mœurs, la force et la dignité originelle de notre race, à tel point que la civilisation s'est maintenue uniquement parmi les nations chrétiennes, tandis que la barbarie a dégradé les autres peuples, corrompus dans le polythéisme. Sans doute le libertinage ne fut pas complétement aboli par l'esprit de chasteté qu'enseigne la religion chrétienne; on en vit même renaître d'infâmes exemples jusque autour de ses sanctuaires avec le luxe et l'opulence, continuons toujours funestes à la pureté des mœurs. Mais l'irruption des nations pudiques et froides du Nord tempéra de leurs glaces et de leur insensibilité innée ces feux d'impudicité émanés des régions ardentes du Midi.

Nos pères, dans leur piété sincère, qualifiaient de *libertins* les esprits peu dévots : Orgon soupçonne de *libertinage* ceux qu'il ne voit pas fréquenter les églises.

J.-J. VIREY.

LIBERUM VETO (c'est-à-dire *liberté de s'opposer*), droit qu'avait tout noble polonais d'arrêter par sa protestation, fût-elle la seule, les décisions prises par les *pacta conventa*. Mis pour la première fois en usage en 1651, ce droit, ou plutôt cet abus, fut consacré par la diète en 1718. Ce fut l'origine de bien des querelles sanglantes; pour sortir des interminables embarras où jetait le *veto* d'un seul membre, on eut souvent recours à un moyen logique, mais barbare, de supprimer les oppositions : ce fut de supprimer les opposants. C'est ainsi que, dans une délibération où les votes étaient unanimes, un seigneur polonais, ayant passé sa tête hors de l'ouverture d'un poêle, où il s'était tenu caché, et ayant prononcé son *veto*, vingt sabres furent tirés à la fois et la tête du malheureux roula sur le plancher : de cette façon l'unanimité des voix fut rétablie. On trouva moyen d'échapper, par une subtilité, au *liberum veto* dans la diète de 1788-1792, en changeant le nom de *diète* en celui de *confédération;* de sorte que les règlements en vigueur pour les diètes ne purent plus s'appliquer au mot nouveau de confédération.

LIBITUM (Ad). *Voyez* AD LIBITUM.

LIBOURNE, ville de France, chef-lieu d'arrondissement dans le département de la Gironde, à 27 kilomètres de Bordeaux, sur la rive droite de la Dordogne, à son confluent avec l'Isle. On y compte 12,650 habitants. C'est une station du chemin de fer de Paris à Bordeaux. Cette ville possède un tribunal civil et un tribunal de commerce, une bourse, une école impériale d'hydrographie, un collége, une société d'agriculture, un athénée, une bibliothèque publique riche d'environ 3,000 volumes, un musée, un jardin des plantes, un bureau de douanes, un dépôt d'étalons, deux typographies. Libourne, qui est l'entrepôt du commerce de Bordeaux, fait des affaires considérables, surtout en vins, eaux-de-vie, sel, grains et bois de merrain. Son industrie consiste dans la fabrication de petites étoffes de laine, d'objets d'équipement militaire et dans quelques tanneries, clouteries et corderies. On y construit aussi des petits navires de 50 à 200 tonneaux. C'est une jolie ville, bien bâtie, fondée en 1286 par Édouard Iᵉʳ, roi d'Angleterre, à une petite distance de l'ancienne ville romaine de *Condate portus*. On y voit de belles casernes de cavalerie et un remarquable pont sur la Dordogne. Les environs offrent d'agréables promenades. Libourne fit partie au quatorzième siècle de la petite république de Bordeaux. Elle a été assiégée successivement par Duguesclin, Dunois et Talbot.

LIBRAIRIE, LIBRAIRE. Le libraire est un marchand qui vend des livres, et qui peut les imprimer, s'il réunit les brevets exigés pour l'exercice de ces deux professions, que l'on cumulait autrefois plus souvent qu'à présent. Le commerce de la librairie, à l'époque qui précéda la découverte de l'imprimerie, était et devait être très-restreint. Cependant, avant ce temps-là les libraires de Paris formaient déjà une communauté, sous le titre de *libraires jurés de l'université*. Ils étaient obligés par leurs statuts de soumettre aux députés des facultés les copies des manuscrits originaux, qu'ils faisaient transcrire par des écrivains publics appelés *calligraphes*. Ils ne pouvaient mettre ces copies en vente que lorsqu'elles avaient été *revues* et *approuvées* par les membres de l'université. Ces libraires étaient en général instruits : ils recevaient, après plusieurs examens, le titre de *clercs libraires*. Les ventes des manuscrits originaux ou des copies s'opéraient avec les mêmes formalités que celles des valeurs immobilières. Le plus ancien contrat de ce genre cité par les historiens universitaires remonte au quatorzième siècle. Les termes dans lesquels il est formulé attestent l'importance que l'autorité publique attachait à ce genre de commerce. Par ce contrat, de 1332, Geoffroy de Saint-Leger, clerc libraire, déclare « avoir vendu et transporté, sous l'hypothèque de tous ses biens et garantie de son corps, un livre intitulé *Speculum historiale in consuetudines parisienses*, divisé et relié en quatre tomes, couverts de cuir rouge, à noble homme messire Gérard de Montagu, avocat du roi au parlement, pour la somme de quarante livres parisis, dont ledit libraire se tient pour content et bien payé. » La livre parisis valait un cinquième de plus que la livre tournois, ce qui équivalait à une livre pesant d'argent. Le contrat n'indique point si ce livre vendu était un original ou une copie.

Avant cette époque, le commerce des livres se faisait en commission par des courtiers (*stationarii*), qui étaient aussi sous la dépendance de l'université. Il leur fut enjoint, par une décision universitaire du 2 décembre 1275, sous la foi du serment, de ne pas acheter de livres pour leur compte avant l'expiration d'un délai fixé, pendant lequel ils étaient tenus d'afficher les titres des livres qu'ils avaient commission de vendre et leur prix. Ils ne pouvaient exiger qu'un droit de courtage de quatre deniers, sous peine de destitution. En 1323, un autre décret universitaire obligea les libraires à prêter serment et à fournir un cautionnement de cent livres pour sûreté des manuscrits originaux, ou copies, qu'ils étaient chargés de vendre; et quatre d'entre eux, par eux choisis, devaient être chargés, sous leur responsabilité personnelle, de veiller à l'exécution des règlements. Le prix d'un livre variait suivant le degré de perfection de l'écriture des copistes et du travail des enlumineurs. On n'écrivait que sur du parchemin, dont la vente n'avait lieu qu'une fois l'an, à la foire du Landy, qui se tenait au mois de juin à Saint-Denis.

Les corps savants qui possédaient des bibliothèques permettaient rarement le déplacement de leurs livres. Louis XI, ayant désiré emprunter à la faculté de médecine les œuvres de Larès, ne l'obtint qu'en se soumettant à cet égard aux exigences du règlement de la faculté : la consignation d'une somme considérable et le cautionnement d'un bourgeois de Paris. Gutenberg et ses associés avaient établi à Paris un dépôt de livres sortis de leurs presses. Le commis chargé de gérer leur *boutique* mourut. Il était étranger : la librairie, suivant le droit d'aubaine, appartenait au fisc royal. Gutenberg et ses associés réclamèrent et obtinrent des princes allemands de pressantes recommandations auprès de Louis XI, pour revendiquer ce qu'ils regardaient avec raison comme leur propriété, et qui formait une notable partie de leur fortune. Mais le roi, qui comprenait toutes les conséquences d'une infraction à une loi fiscale relative à l'une des branches les plus productives de ses revenus, laissa vendre la librairie, dont le prix s'éleva à 24,000 livres, somme énorme à cette époque. Il paya lui-même cette somme, et, par un acte de pure libéralité, il fit remettre aux libraires allemands tous les livres vendus, qui restèrent dans le même local.

La Bible, des traités de théologie, des livres de piété, composèrent dans l'origine la partie principale du commerce des livres imprimés, puis les auteurs classiques grecs et latins. La librairie prit un accroissement remarquable au seizième siècle. La lutte était engagée entre les catholiques et les huguenots, la langue française s'était formée : les ouvrages d'Amyot, de Charron, de La Boétie, de Montaigne, l'avaient perfectionnée. Le commerce des livres s'agrandit. De savants libraires s'associèrent au progrès par le perfectionnement de leurs travaux d'art, et se placèrent au rang des premiers auteurs de leur époque : il suffira de citer Henri et Robert Estienne. Bientôt la librairie française soutint une honorable concurrence avec les Elzevier, les Alde, etc.

Les rois pressentirent qu'une puissance nouvelle se dressait devant la puissance royale. Le trône et l'Église s'en alarmèrent, et François Ier sentit la nécessité de la surveiller, d'en diriger le développement et de lui imposer des limites qu'elle ne pourrait franchir. L'exorbitante sévérité des peines donne la juste mesure des craintes qu'inspiraient les progrès de la presse. Ces pénalités frappaient également l'auteur du livre suspect, le typographe qui l'avait imprimé et le libraire qui le vendait. La législation de presque toutes les époques a assujetti ce commerce aux mêmes restrictions, à la même censure, aux mêmes pénalités. Cette histoire de la législation des écrits publiés ou destinés à la publicité se divise en trois époques : 1° depuis l'invention de l'imprimerie jusqu'au règlement de 1723 ; 2° depuis 1723 jusqu'à la révolution de 1789 ; 3° depuis 1789 jusqu'à nos jours.

L'opinion la plus générale fixe à 1470 l'usage de l'imprimerie en France. Le plus ancien règlement fut établi par un édit de François Ier sur la discipline de la librairie. On sait que ce prince, qu'on a surnommé *le père des lettres*, avait réuni à Paris le savant Budée et d'autres professeurs distingués pour y enseigner les langues anciennes et la philosophie. Quelque temps après, le commerce de la librairie, qu'il avait d'abord paru encourager, fut prohibé par lui, et un édit ordonna la fermeture de toutes les librairies, sous peine de la hart (la potence). Un édit postérieur permit de les rouvrir. Mais la peine de mort fut rétablie par Henri II, et confirmée par Charles IX en 1563, contre les libraires, imprimeurs, ou tous autres, qui vendraient ou distribueraient des livres sans avoir préalablement obtenu un privilège spécial. A l'époque du supplice d'Anne Dubourg, deux marchands genevois furent pendus pour avoir apporté à Paris des livres de prières à l'usage des calvinistes. L'ordonnance de Moulins de 1566 modifia les pénalités, mais en abandonna l'application à l'arbitraire des juges. La polémique de la presse et la guerre civile rivalisaient d'audace. Les restrictions pénales établies par l'ordonnance de Moulins parurent insuffisantes ; de part et d'autre, on massacrait ceux qu'on ne pouvait convaincre : l'intolérance politique et religieuse n'avait rien perdu de son intensité. L'avènement d'un prince huguenot converti à la foi catholique romaine semblait devoir être une époque de réconciliation ; mais dès 1626 la peine de mort, commuée par l'ordonnance de 1566, fut rétablie contre les auteurs ou distributeurs d'ouvrages établi contre la religion et les affaires de l'État. Aucun cas n'était précisé par cette loi nouvelle ; tout était vague, confus, et la librairie resta sous le coup des mêmes prescriptions.

Le règlement de 1723, sans rien changer au système des pénalités, apporta du moins d'utiles réformes dans l'organisation de la librairie et de l'imprimerie. Rien ne fut négligé pour s'assurer de la capacité des candidats qui se destinaient à cette profession : ils furent soumis à des examens sévères. Ce règlement n'a été maintenu en partie dans presque toute la France que par tolérance : il n'a jamais été considéré comme loi de l'État. C'était l'ouvrage du conseil, les parlements refusèrent de l'enregistrer. Un nouvel arrêt du même conseil de 1744, qui rendit le règlement commun à tout le commerce de la librairie en France, n'eut pas plus de force. Malesherbes, appelé à la direction générale de la librairie, convient, dans ses excellents mémoires sur cette importante spécialité, que le règlement de 1723 était tombé en désuétude. L'édit de 1767 ne modifia que les pénalités ; elles restèrent constamment arbitraires, et la librairie comptait toujours quelques victimes dans les prisons d'État. Les parlements, qui s'étaient arrogé le pouvoir législatif, avaient aussi publié des arrêts de règlement *sur le fait* de la librairie. Ces règlements différaient entre eux dans leurs principales dispositions. L'histoire et la législation n'offrent qu'un pêle-mêle d'arbitraire et d'ombrageuse et implacable partialité, depuis la prohibition des *Psaumes de David*, par Clément Marot, jusqu'à celle des plus beaux ouvrages des philosophes, des publicistes et des poètes du dix-huitième siècle.

Nous ne citerons que les dates des principaux arrêts du conseil relatifs à la librairie appartenant à cette seconde période. 2 mai 1744, arrêt qui nomme Feydeau de Marville lieutenant de police pour connaître de l'exécution des règlements sur la librairie. Il prononçait seul et en dernier ressort, sauf le recours au conseil d'Etat. Le 30 août 1777, six nouveaux arrêts du conseil : le premier et le troisième organisent les chambres syndicales sur un nouveau plan, et prescrivent un nouveau mode pour la réception des libraires. Le quatrième établit pour la vente des fonds et des priviléges par la chambre syndicale deux ventes publiques par an durant chacune quinze jours. Le cinquième a pour but la répression des contrefaçons; il porte amnistie pour le passé, soumet seulement les livres contrefaits à la formalité d'une estampille, et prescrit une amende de six mille francs pour l'avenir. Le sixième, remarquable par des dispositions nouvelles relatives aux droits des auteurs, maintient à *perpétuité* le droit de ceux qui n'auront pas cédé à des tiers leur propriété ou privilége, et restreint la durée du droit de propriété des libraires à la vie des auteurs. On n'a pas oublié la part du fisc pour l'obtention des priviléges : le tarif est réglé par le garde des sceaux. Quelques dispositions additionnelles, provoquées par une polémique incessante et très-animée, furent ajoutées par un dernier arrêt de règlement du grand conseil du 30 juillet 1778. L'édit de 1786 termine la nomenclature des lois sur la librairie jusqu'en 1789.

La révolution établit liberté entière pour l'exercice de la profession de libraire. Cette branche importante de commerce ne fut soumise qu'à la condition d'une patente. Jusqu'alors les prohibitions, les restrictions inspirées par la législation antérieure, n'avaient opposé aux grandes entreprises bibliographiques que des entraves impuissantes : les ouvrages dont la publication eût été légalement impossible en France étaient exécutés par des presses étrangères. La Convention, par son décret du 19 juillet 1793, maintint les droits des auteurs, mais n'apporta aucune restriction à l'exercice du commerce de la librairie. La propriété des œuvres posthumes fut réglée par un décret impérial du 1er germinal an XIII. Le 7 du même mois fut rendu un autre décret pour l'impression et la vente des livres d'église. L'empereur Napoléon réunit dans un seul décret, du 5 février 1810, tout le système réglementaire de la librairie et de l'imprimerie. Le nombre des imprimeurs fut limité. Les libraires furent assujettis à la double formalité d'un brevet et d'un serment spécial. Le nombre n'en fut pas fixé. Ceux qui à l'avenir voudraient embrasser cette profession devaient justifier de leurs bonne vie et mœurs ainsi que de leur attachement à la patrie et au souverain. L'importation des livres imprimés à l'étranger ne put avoir lieu sans l'autorisation préalable du directeur général de la librairie; elle fut soumise à des droits de douane. Les autres dispositions sont relatives aux droits des auteurs, de leurs veuves et héritiers, à la spécification des délits en matière de librairie. Un journal officiel de la librairie fut établi par décret du 14 octobre 1811. Les prohibitions prescrites par l'arrêt de règlement du 16 avril 1785 furent maintenues.

Tout ce système de législation fut encore remanié et subit de nouvelles restrictions sous la Restauration. Les tendances du gouvernement au rétablissement des anciennes ordonnances et aux priviléges politiques et religieux vinrent compliquer les embarras du commerce de la librairie. Le règlement de 1723 fut remis en vigueur dans ses dispositions de police les plus sévères : ce caractère d'intolérance domine toute la législation de cette époque. Le besoin d'une législation fixe et invariable se faisait vivement sentir. La révolution de 1830 fit en partie justice de restrictions que réprouvaient nos mœurs politiques, l'équité, et les intérêts de la science et de la civilisation. Et cependant le commerce de la librairie a subi les chances funestes de déviations qu'il est plus aisé de concevoir que de justifier. La plupart des publications n'ont plus qu'une direction toute financière. Une large voie est ouverte à tous les genres de spéculations. Il n'y a pour les nouvelles entreprises qu'un mot de changé : les nouveaux libraires s'appellent *éditeurs*, et se fait éditeur qui veut.

Dans la langue du seizième, et même jusqu'à la fin du dix-

DICT. DE LA CONVERS. — T. XII.

septième siècle, on appelait *librairies* les bibliothèques particulières. L'hospital s'exprime ainsi dans son testament, à propos du legs qu'il fait de ses livres à son petit-fils. La tour de l'ancien Louvre, où étaient renfermés les livres du roi, se nommait *tour de la librairie*. DUFEY (de l'Yonne).

LIBRATION (du latin *libra*, balance). La lune exécutant sa rotation sur son axe dans le même temps qu'elle emploie à effectuer sa révolution autour de la terre, il résulte de là que nous apercevons toujours le même hémisphère de notre satellite. Cependant l'observation des taches qui apparaissent à sa surface a fait reconnaître que la lune nous présente tantôt plus, tantôt moins de cette surface, d'un côté ou de l'autre, comme si elle balançait sur son axe, tantôt de l'orient à l'occident et tantôt de l'occident à l'orient. Ce phénomène a reçu le nom de *libration*, qui peint bien les oscillations observées, mais qu'il ne faudrait pas prendre à la lettre, parce que ces oscillations ne sont qu'une illusion d'optique. Il a pour résultat de rendre invisibles quelques parties du bord de la lune qui se cachent dans le côté de la lune qu'on ne voit pas, pour redevenir ensuite visibles. La cause de ce phénomène est l'égalité du mouvement de rotation de la lune sur son axe et l'inégalité de son mouvement dans son orbite. En effet, si la lune se mouvait dans un cercle dont le centre fût le même que celui de la terre, et qu'en même temps elle tournât autour de son axe dans le temps précis de sa période autour de la terre, le plan d'un même méridien de la lune passerait toujours par la terre, et cet astre tournerait vers nous constamment et exactement la même face. Mais comme le mouvement réel de la lune se fait dans une ellipse dont la terre occupe le foyer, et que le mouvement de la lune sur son propre centre est uniforme, c'està-dire que chaque méridien de la lune décrit par ce mouvement des angles proportionnels au temps, il en résulte que ce n'est pas toujours le même méridien de la lune qui vient passer par la terre.

Outre cette première sorte de libration, découverte par Hevelius et Ricioli, et nommée par les astronomes *libration en longitude*, il en existe deux autres : la *libration en latitude* et la *libration diurne*.

La *libration en latitude* provient de l'inclinaison de l'axe de la lune sur le plan de son orbite. Il résulte de cette inclinaison que nous voyons tantôt plus, tantôt moins de l'une ou l'autre région polaire de cet astre. Il n'en serait pas ainsi si l'axe était perpendiculaire au plan de l'orbite lunaire. Du reste, cette libration est peu considérable, car l'inclinaison n'est que d'un peu plus de cinq degrés.

La libration en latitude a été constatée par Galilée, ainsi que la *libration diurne*. Celle-ci n'existerait pas pour un observateur placé au centre de la terre ; mais l'observateur étant à la surface de la terre, le rayon visuel mené au centre de la lune rencontrera des points différents de ce globe à mesure qu'il s'élevera dans le ciel ; ce rayon ne coïncidera avec la ligne des centres que lorsque la lune sera parvenue au zénith. De là résultera qu'au moment du lever de la lune, une partie de son hémisphère occidental invisible du centre de la terre, et au moment de son coucher une portion de l'hémisphère oriental pareillement invisible du centre de la terre. Cette libration diurne est égale à la parallaxe horizontale de la lune.

Lagrange, dans un mémoire couronné en 1761 par l'Académie des Sciences, exposa la théorie complète du phénomène de la libration, dont Dominique Cassini avait donné le premier une explication satisfaisante.

LIBRE ARBITRE. *Voyez* ARBITRE (Libre).

LIBRE CONCURRENCE. *Voyez* CONCURRENCE (Libre).

LIBRE ÉCHANGE. Sous ce nom une nouvelle doctrine d'économie politique importée d'Angleterre fit il y a quelques années grand bruit dans le monde des idées ; et aujourd'hui encore ses partisans, qui se donnent eux-mêmes la qualification de *libres-échangistes*, constituent une petite Église

20

dont les adeptes affectent de se poser en martyrs de la vérité et en appellent à l'avenir, à un avenir même très-prochain, pour le triomphe d'un principe qui doit détruire toutes les causes de rivalité entre les nations. Ces docteurs pensent que les temps sont venus d'en finir avec tous les droits de douane, avec tous les systèmes de prohibition ou de protection, et que de la lutte toute pacifique des intérêts qui s'engagera immédiatement on verra résulter une immense amélioration dans la condition matérielle des populations de tous pays. Au moyen de l'échange avec les produits des pays étrangers qui leur manquent, des produits soit de leur sol, soit de leur industrie, désormais affranchis de toute espèce de prélèvement *ad valorem* exercé au nom de l'État, tant au départ qu'à l'arrivée, ces populations, nous disent-ils, trouveront des ressources capables de décupler la force de production de chaque État et par suite la somme de bien-être afférente à chacun des membres de la communauté.

Ainsi, pour rendre plus frappant par des exemples le principe préconisé par les docteurs du *libre échange*, la France devrait admettre, sans aucune espèce de droits à l'entrée les fers de la Suède, parce que la Suède, plus riche que nous en minerai, est en mesure de nous le livrer à meilleur marché que nos producteurs ; de même l'Angleterre pour ses houilles, ses cotonnades, ses aciers, etc., etc.; la Pologne et la Russie méridionale, pour leurs blés, et ainsi du reste. En échange de quoi nos vins, nos articles de luxe, exempts en Suède et en Pologne, par une juste réciprocité, de toute espèce de droit à l'entrée, y trouveraient un bien plus vaste débit qu'aujourd'hui. On ne nous dit pas, du reste, comment nos vins et nos articles de luxe soutiendraient de la concurrence que continueraient à leur faire les vins d'Espagne et de Portugal, etc., et les articles de luxe fabriqués en Angleterre, en Belgique, en Allemagne, etc. Au fait, c'est la une considération tout à fait secondaire. Mais ce qui ressort évidemment de l'espèce que nous posons là, c'est que dans ce système nos hauts fourneaux seraient immédiatement frappés de mort, par cela seul qu'ils ne sont pas placés dans les mêmes conditions de production et de fabrication que ceux de la Suède; nos manufactures de coton condamneraient immédiatement leurs métiers à l'inaction, parce que l'Angleterre est en mesure de fabriquer à meilleur compte que nous ; l'Angleterre, qui nous inonderait de ses produits manufacturés si la douane n'y mettait pas bon ordre en les frappant ou de prohibition absolue ou de droits élevés qui protégent nos manufacturiers contre une concurrence désastreuse.

On le voit, le libre échangiste fait du cosmopolitisme, ou, si on aime mieux, de l'économie *cosmopolite* au lieu d'économie *politique*. Il ressemble à ces philanthropes qui n'aiment tant le genre humain en masse que pour être dispensés d'aimer leur prochain. En prônant la *liberté commerciale*, l'abolition de tous les droits protecteurs et de toutes les prohibitions, le libre échangiste ne considère que l'humanité et les individus, et ne prend aucun souci des nations. Pour que entre deux nations d'une civilisation avancée la libre concurrence pût être aussi avantageuse à l'une qu'à l'autre, il faudrait qu'elles se trouvassent toutes deux à peu près au même degré de développement industriel et surtout qu'elles fussent placées toutes deux dans des conditions de production parfaitement identiques. Où trouver réunies ces conditions? Il suffit de jeter les yeux sur la première carte venue pour comprendre que la réponse à cette question ne peut qu'être négative.

Comme il n'est pas de paradoxe qu'on ne puisse soutenir moyennant une certaine dépense d'esprit, le *libre échange* et ses prôneurs eurent, comme toute chose en France, leur moment de vogue. Mais le bon sens public ne tarda pas à faire justice des belles phrases et des raisonnements des apôtres de la doctrine nouvelle, dès qu'on s'avisa d'en rechercher l'origine et le point de départ. Il suffit de savoir que c'était une provenance anglaise, échappant malheureusement à tout système restrictif ou prohibitif de douanes, pour qu'on s'en défiât aussitôt instinctivement. Et de fait, en allant au fond des choses il ne fut pas difficile aux partisans de l'économie politique proprement dite, c'est-à-dire de celle qui a pour base et pour principes les intérêts de nationalités, la grandeur, la prospérité et la puissance des peuples, de reconnaître, sans nier d'ailleurs les droits de l'avenir et de l'humanité, que la mise en pratique des doctrines du libre échange ne pouvait être utile qu'à une seule nation. La question dès lors fut résolue; et *Vous êtes orfèvre, monsieur Josse*, fut la seule réponse qu'on se contenta de faire désormais aux habiles avocats des intérêts manufacturiers de l'Angleterre.

LIBRES PENSEURS. On désigne sous cette qualification, et les penseurs que leurs convictions particulières rendent indépendants des enseignements de l'Église, et ceux qui rejettent la doctrine de la révélation, de même que toute foi positive. Dans le premier cas, on se trouve en face du *déisme*, dans le second cas en face de l'*incrédulité*. Ce dernier sens attaché à la qualification de *libres penseurs* provient des Anglais, parmi lesquels il s'éleva au dix-huitième siècle un certain nombre d'adversaires du christianisme, traitant d'*esprits faibles* tous ceux qui avaient la foi, et se regardant, à titre de libres penseurs, comme leur étant de beaucoup supérieurs en intelligence. Aussi les *libres penseurs* français se désignèrent-ils eux-mêmes par la qualification d'*esprits forts* ou de *philosophes*. De penser librement en matière religieuse à attaquer la foi des autres, la pente était irrésistible; et quand la foi essaya de se défendre, ses adversaires en vinrent tout aussitôt à l'attaquer avec les armes de la raillerie et du ridicule. En Angleterre, ce fut le déplorable état où se trouvaient l'Église et la religion, situation critique, signalée par une foule d'écrivains, sous Jacques II et sous Guillaume III, qui donna naissance aux *libres penseurs*, lesquels commencèrent par tourner en ridicule certains dogmes et toute la constitution ecclésiastique. Dodwell, Steele, Ant. Collins, qui par son *Discourse of freethinking* (Londres, 1713) introduisit le premier cette expression comme nom d'un parti, et John Tolland, furent les coryphées des *libres penseurs* en Angleterre, où dès 1718 parut un recueil hebdomadaire intitulé *The freethinker, or essays of wit and humour*, etc. Tyndal, mort en 1733, Morgan et Bernard Mandeville, furent les premiers *libres penseurs* qui abordèrent les questions morales; mais Bolingbrocke et Hume atteignirent les dernières limites de la liberté de penser. En France, elle fut provoquée par l'oppression qu'exerçait l'Église dominante. Après avoir d'abord dissimulé son but et porté ses coups dans l'ombre, elle ne tarda pas à pénétrer profondément dans les diverses classes de la société. On attaqua la religion, quoi le plus souvent ou affecta de confondre avec le papisme, comme un préjugé; et on vit un grand nombre d'intelligences se perdre dans les misères de l'athéisme. Voltaire et les encyclopédistes D'Alembert, Diderot, Helvétius et d'Holbach semèrent l'ivraie qui produisit la révolution, et qui pendant quelque temps projeta ses racines en Allemagne, sous la protection de Frédéric II.

LIBRETTO. *Voyez* POËME.

LIBRI-CARRUCCI DELLA SOMMAIA (GUILLAUME-BRUTUS-ICILE-TIMOLÉON, comte), mathématicien distingué et *bibliophile* fameux, ex-membre de l'Académie des Sciences de Paris, né à Florence, le 2 janvier 1803, est le fils d'un aventurier italien, appelé le *comte* LIBRI DE BAGNANO, qui, après s'être rendu coupable de divers faux dans sa patrie et y avoir été condamné aux travaux forcés par contumace, réussit à se faire une position de *réfugié politique* en Belgique pendant les dernières années de la domination hollandaise dans ce pays, où il devint un des agents les plus audacieux et en même temps les plus compromettants de la politique toute personnelle du roi Guillaume. Il rédigeait en dernier lieu à Bruxelles un journal intitulé *Le National*, que la violence de ses attaques et de ses insultes à l'adresse des membres de l'opposition catholique et libérale, par l'exagération maladroite de son zèle, ne contribua pas peu à attiser les colères populaires dont la révolution de septembre 1830 provoqua l'explosion. La maison où étaient situés les bureaux et les presses du *National* fut saccagée de fond en comble, et notre condottiere politique n'échappa pas sans peine aux dangers qu'accumulaient alors autour de lui les haines profondes qu'il avait provoquées parmi les populations belges. Libri de Bagnano réussit toutefois à s'évader de Belgique et à regagner le sol de l'Italie, où il mourut obscurément, à peu de temps de là.

Les fautes du père n'avaient pas d'ailleurs rejailli sur le fils, que des travaux scientifiques d'une haute importance, notamment son *Histoire des Sciences mathématiques en Italie*, avaient de bonne heure signalé à l'attention du monde savant. Quand le contre-coup de la révolution de Juillet se fit sentir de l'autre côté des Alpes, Libri fils, âgé de vingt-huit ans à peine, était déjà professeur à l'université de Pise, membre des Académies des Sciences de Turin et de Berlin et correspondant de l'Académie des Sciences de Paris. Compromis alors dans les mouvements révolutionnaires dont la péninsule fut un instant le théâtre, il fut forcé d'abandonner la Toscane et de se réfugier en France, où sa qualité bien authentique de victime du despotisme autrichien, sa brillante réputation de savant, le rendirent l'objet des sympathies les plus utiles. A ce double titre F. Arago s'éprit pour lui d'une si chaleureuse amitié que sa protection fut pour beaucoup dans la rapide et brillante fortune qu'il fit alors parmi nous ; n'oublions pas, pour la moralité de l'histoire, de noter en passant que Libri le paya ensuite de la plus noire ingratitude. Un des premiers soins du réfugié florentin avait été de se faire naturaliser français, et tout aussitôt après les portes de l'Academie des Sciences s'étaient, à la grande voix d'Arago, ouvertes à deux battants pour recevoir comme membre titulaire l'auteur de l'*Histoire des Sciences mathématiques en Italie*. Il y fut élu en 1833, en remplacement du célèbre Legendre. Mais à quelque temps de là le protégé d'Arago désertait scandaleusement les rangs de l'opposition puritaine et républicaine, passait avec armes et bagages dans le camp ministériel, et essayait d'organiser au sein même de l'Académie une opposition régulière et systématique contre la dictature qu'y exerçait l'illustre secrétaire perpétuel. Une chaire d'analyse à la faculté des sciences de Paris, la place d'inspecteur général de l'instruction publique et d'inspecteur général des bibliothèques publiques de France, une part à la rédaction du *Journal des Savants*, furent les récompenses dont le ministère paya cette éclatante défection. Libri devint aussi un des rédacteurs du *Journal des Débats* et en outre un des fournisseurs attitrés de la *Revue des deux Mondes*.

Quelques jours après la révolution de février 1848, on apprit que Libri était subitement parti pour Londres, à la suite d'un avis officieux qui lui avait été donné à la séance même de l'Académie, et par lequel on le prévenait qu'il allait être arrêté. Voici à quel propos. Après la fuite honteuse de Louis-Philippe, ses ministres et de ses serviteurs les plus dévoués, les nouveaux occupants des divers hôtels ministériels avaient bien vite mis la main sur tous les papiers et documents qui s'y trouvaient. C'est ainsi qu'à l'hôtel des affaires étrangères on avait trouvé la minute d'un rapport adressé par M. Boucly, procureur du roi, au garde des sceaux Hébert, et communiqué par celui-ci à son collègue, sans doute pour que M. Guizot eût à décider ce qu'il fallait faire. Ce rapport, daté du 4 *février* 1848, contenait l'exposé des recherches faites pour arriver à la connaissance de la vérité sur certaines dénonciations anonymes adressées à diverses reprises à la justice pour lui signaler de nombreux et importants détournements de livres et de manuscrits précieux, commis dans diverses bibliothèques de France par Libri, agissant dans l'exercice de ses fonctions officielles. Ces dénonciations évaluaient à plus de 500,000 fr. la valeur des livres ainsi détournés de nos diverses bibliothèques. En remontant à l'origine de tous ces bruits, le procureur du roi prévenait le garde des sceaux que la justice avait reconnu qu'ils n'étaient pas sans fondement. Des détournements nombreux, importants, avaient en effet été commis dans les bibliothèques d'une foule de villes de province, telles que Grenoble, Carpentras, Montpellier, Troyes, Poitiers et Albi, ou bien encore dans les bibliothèques Mazarine et de l'Arsenal à Paris ; et toujours on ne s'en était aperçu qu'après que Libri, venu pour les inspecter ou pour en dresser les catalogues, était de retour à Paris. On remarquait en même temps que dans l'espace de cinq années seulement, de 1842 à 1847, l'inspecteur général des bibliothèques de France avait trouvé moyen de tirer une somme de plus de 400,000 fr. des diverses ventes partielles de sa bibliothèque particulière, dont la richesse semblait inépuisable. C'est ainsi qu'en 1846 il avait vendu au seul libraire Boad de Londres, moyennant 8000 liv. st. (200,000 fr.), une collection de manuscrits devenus aujourd'hui la propriété de lord Ashburton.

Cette découverte inattendue était une véritable bonne fortune pour les hommes de Février, qui trouvaient ainsi le moyen d'ajouter un scandale de plus aux si nombreux scandales de toutes espèces qui s'étaient produits pendant la durée du règne de l'élu des 221.

La cour d'appel de Paris évoqua aussitôt l'affaire, et après une longue et minutieuse instruction suivie en l'absence du prévenu, qui ne jugea point à propos de se présenter devant la justice, la cour d'assises de la Seine le condamna à dix ans de détention comme coupable de divers vols et détournements commis dans des dépôts publics pendant l'exercice de ses fonctions officielles.

Les amis de Libri ont fait grand bruit de cette condamnation, et n'ont rien négligé pour le présenter comme un martyr du parti vaincu en février, comme l'innocente victime des implacables rancunes d'Arago. Dans le nombre de ces audacieux essais de réhabilitation tentés à la face des magistrats, qui avaient souverainement prononcé sur le fait de culpabilité, on remarqua surtout un long et violent factum publié dans la *Revue des deux Mondes* par M. Mérimée, inspecteur général des monuments de 1834 à 1848, et aujourd'hui sénateur. La cour s'en émut, et à la requête du procureur général des poursuites eurent lieu contre le signataire du factum, qui fut condamné à un mois d'emprisonnement pour insulte envers la magistrature.

LIBURNIE (*Liburnia*). Ainsi s'appelait dans l'antiquité, et encore au moyen âge, une contrée située en Illyrie, entre l'Istrie et la Dalmatie, et s'étendant jusqu'à l'Adriatique, qui en cet endroit prenait aussi le nom de *mer Liburnienne*. Elle comprenait la partie occidentale de la Croatie actuelle et la partie septentrionale de la Dalmatie, avec un certain nombre de petites îles voisines de la côte.

LIBYE. C'est le plus ancien nom qu'ait porté l'Afrique, et il en est déjà mention dans Homère. Dans son sens le plus restreint, il comprenait la région septentrionale qui s'étend en passant par l'Egypte jusqu'à l'entrée du golfe d'Arabie, qui se termine en pointe vers le mont Atlas, et qu'on redoutait surtout à cause des bêtes féroces dont elle était infestée. Dans une acception plus large, la Libye comprenait tout ce que les anciens connaissaient de cette partie de la terre. On sait qu'à cet égard leurs notions n'allaient pas au delà des côtes septentrionale et occidentale et d'une faible partie du bassin du Nil ; tandis que l'intérieur et la partie méridionale du continent sont appelés par Hérodote le *pays des Éthiopiens*. D'après une division postérieure, la Libye fut partagée en *Libye extérieure*, comprenant la Cyrénaïque et la Marmarique, et en *Libye intérieure*, située au sud et au delà de la Cyrénaïque, enfin *Libye Maréotide*, située entre l'Égypte et les Syrtes.

Les *déserts de la Libye* sont cette vaste région déserte et sablonneuse qui traverse diagonalement l'Afrique et que dans une acception plus restreinte on appelle le désert du Sahara.

LIBYQUE (Désert). *Voyez* AFRIQUE, tome 1er, p. 161.

LICE. On entend par ce mot un lieu préparé pour les

20.

LICE — LICENCE

combats, un **champ clos**. Mais ce n'était pas seulement pour les combats, **tournois** et autres exercices de ce genre, que la lice s'ouvrait; elle était encore un lieu destiné aux courses de tête et de bague. Du langage ordinaire, dans lequel elle ne présente plus qu'un mot désignant une chose morte, la lice a passé dans le langage figuré, où elle est devenue l'expression équivalente de *discussions*, de *contestations*, soit publiques, soit privées, soit verbales, soit écrites : deux académiciens entrent en *lice* l'un contre l'autre quand ils en viennent aux prises, littérairement parlant, et qu'ils se combattent à coups de discours, de pamphlets, d'apostrophes, etc. Celui des deux qui a raison sort vainqueur de la *lice*. Enfin, par une de ces figures dont abonde notre rhétorique, on a fait figurément revenir le mot *lice* à son acception primitive, et il désigne alors les lieux où se livrent les combats de la parole : c'est dans ce sens qu'on a dit que le barreau était la *lice* ouverte au talent oratoire, comme la représentation nationale a été longtemps la *lice* où venait s'essayer l'éloquence parlementaire.

Le mot *lice* s'emploie encore pour désigner cette femelle d'un chien de chasse qu'on destine à la reproduction. Une des plus jolies fables de La Fontaine a pour titre *La Lice et sa Compagne*. Les poètes peu chastes des quinzième et seizième siècles l'ont aussi donné parfois comme sobriquet aux femmes galantes.

LICE ou **LISSE**. Ces mots ont en technologie plusieurs acceptions. On donne le nom de *lices* à des pièces mobiles d'un **métier**, au moyen desquelles, à l'aide des pédales, les fils de la chaîne d'un tissu s'ouvrent pour laisser passer la **navette** et le fil de la trame. Les ouvriers qu'on appelle *liceurs* font des lices de plusieurs manières. Les plus ordinaires sont formées de deux lisses ou tringles de bois qu'on dispose parallèlement, et auxquels on donne pour longueur la largeur des tissus qu'on fabrique. On enlace au milieu de la distance des deux baguettes les fils de chanvre, de lin, de laine, etc., et puis ils s'enveloppent et se fixent sur ces mêmes baguettes, de manière à former dans toute leur longueur une suite de mailles que recouvrent les fils de la chaîne. On fait des lices en fil de laiton, d'acier ou de fer.

Les draperies, les toiles ordinaires, les calicots, n'exigent que deux lices, dont l'une monte pendant que l'autre descend, et cela au moyen du jeu des pédales du métier : une de ces lices reçoit les fils pairs, et les autres les fils impairs de la chaîne. Ces fils se croisent et se décroisent, et, dans ce jeu alternatif, la navette passe et joue. On emploie plusieurs paires de lices pour les tissus sergés ou croisés. S'il s'agit d'étoffes façonnées, damassées ou brochées, les lices alors ne sont pas fixées à des tringles; elles sont isolées et attachées à des fils qui aboutissent, soit au mécanisme à la Jacquart, soit à la tire.

On dit *basse-lice* quand le fond est couché horizontalement, et *haute-lice* quand le fond est tendu du haut en bas. C'est ainsi qu'on exécute un grand nombre de tableaux à la manufacture des Gobelins. On appelle *lices à grand colisse* celles qui servent à passer les fils de poils dans les étoffes riches, et *lices à petit colisse* les petites boucles qui ne servent qu'aux étoffes unies.   V. DE MOLÉON.

LICENCE. Ce mot s'emploie suivant des acceptions très-différentes en morale, en politique, dans les lettres, dans les arts, dans les usages de la vie, dans l'industrie, le commerce, la navigation et, enfin, dans la hiérarchie universitaire.

En morale, on appelle *licence* tout ce qui franchit la limite du devoir, limite tracée par des lois inviolables. En morale, la *licence* est donc synonyme de *faute*, de *péché*, de *crime*, et pour qu'il y ait *licence* il n'est pas besoin qu'il y ait action, volonté réfléchie, délibération mise en exécution, il suffit d'une parole, d'un geste, d'un regard, d'une pensée ; en un mot, d'une intention que proscrit la loi morale, cette loi qui doit être d'autant plus délicate qu'elle constitue notre gloire la plus pure, notre ressemblance avec la Divinité, à l'image de laquelle l'homme est fait. Un ouvrage peut être licencieux même par de simples allusions.

En politique, la *licence* est ce qui franchit la limite tracée par toute loi connue ; mais il n'y a pas *licence* dans la désobéissance : qui s'abstient n'est pas licencieux. Il n'y aurait pas *licence* non plus dans la violation d'une loi qui serait contraire aux principes de la morale ou à ceux de la constitution du pays. En politique, la *licence* aime à se produire surtout quand déjà il y a **liberté**. En effet, plus la liberté est grande, plus elle aspire à être illimitée, à rompre toutes les entraves. La *licence* est pourtant la mort de la liberté, puisque la liberté n'existe que par la loi sociale, et que la *licence* est la dissolution de l'état social. La dissolution de l'état social conduit à l'état de nature, c'est-à-dire à l'état de guerre de chacun contre tous. L'organe dont la *licence* abuse le plus volontiers, c'est le plus puissant organe de la liberté même, la parole, parole écrite, parole imprimée ou parole figurée. Mais bientôt, à la parole elle joint l'action, car la *licence* est essentiellement active et violente.

Dans les lettres, il y a *licence* lorsqu'il y a violation, apparente ou réelle, d'une règle admise. Cependant, dans les lettres, il est convenu que la violation de la règle doit être une grâce, une beauté. Quand elle est tout simplement une faute, elle ne prend plus le nom de *licence*, elle garde celui de *faute*, ou prend celui de *tache*.

En grammaire, la *licence* est barbarisme ou solécisme. Les *licences* qui ont de la grâce, et qu'on appelle *heureuses*, paraissent d'autant plus belles qu'elles ont l'air plus négligé : ce sont les créations ou les saillies du génie. On ne les rencontre que dans les poètes supérieurs, dans les orateurs éminents. On a prétendu que les critiques ont élevé au rang de beautés certaines négligences et même certaines fautes échappées aux grands maîtres : c'est une insurrection des critiques modernes contre les critiques anciens.

La *licence* dans les arts est l'analogie de ce qui est *licence* dans les lettres. On prend des *licences* en musique comme en peinture, en architecture comme en sculpture. Tout le monde comprend qu'il ne saurait y avoir de *licences* dans les sciences, où tout est exact et précis.

Il y a dans les usages de la vie sociale, dans le langage, dans les manières et dans la tenue, un degré de liberté qu'on appelle liberté grande, et liberté trop grande ; celle-là touche à la *licence* morale, puisqu'elle est presque immorale.

Dans l'industrie, dans le commerce et dans la navigation, on appelle *licences* les autorisations accordées par l'État pour certaines exploitations ou certaines exportations. Dans ce sens, ce mot, emprunté à l'Angleterre, équivaut à celui de *patente* constituant un privilége. On voit qu'en ce sens il rentre dans la catégorie générale : car la *licence* ici n'est qu'une exception à la règle ; cependant, elle constitue un droit.

C'est dans ce dernier sens que la hiérarchie universitaire prend aussi le mot de *licence*. Dans cette hiérarchie, la *licence* confère certains droits et priviléges. Elle constitue dans les diverses facultés dont se compose une académie une grade intermédiaire entre le **baccalauréat** et le **doctorat**. Les règlements universitaires déterminent les épreuves que doivent subir les candidats qui veulent obtenir la *licence* dans chacune de ces facultés. Le grade de *licencié* existe dans toutes les **facultés**, sauf celle de médecine.
MATTER.

En temps de guerre, les gouvernements, pour remédier en partie à l'interruption du commerce, accordent des *licences* pour l'échange de divers produits. Cela arriva notamment à l'époque du **blocus continental**. L'Angleterre entra la première dans cette voie, en novembre 1808, en accordant aux navires de toutes les nations, à l'exception des navires français, des *licences* valables pour un an, à la condition d'importer des grains en Angleterre ; mais à partir de 1809 elle y ajouta la condition d'exporter des produits anglais manufacturés ou des denrées coloniales. La France de son côté se mit aussi alors à vendre des *li-*

cences, dans le but surtout de se procurer de la sorte les approvisionnements nécessaires à sa marine. Enfin, le 2 septembre 1810 l'Angleterre accorda des *licences* à ceux même des navires étrangers qui étaient déjà pourvus de *licences* françaises, sous l'obligation d'exporter pour un tiers de leur chargement en marchandises anglaises et avec autorisation d'importer quantité égale de marchandises françaises. Alors la France accorda aussi de son côté des *licences* pour exporter des marchandises françaises, et importer en retour des denrées coloniales (par navires américains). A partir de 1811 la Russie accorda pareillement des *licences* pour faire le commerce avec l'Angleterre et la Suède depuis 1812.

LICENCE (Droit de). *Voyez* Boissons (Impôts sur les).

LICENCE POÉTIQUE. On appelle ainsi une irrégularité du langage permise en faveur de l'harmonie du vers. Les anciens prenaient en poésie de grandes libertés, les Grecs surtout, qui pouvaient élider ou ne pas élider, à leur choix, les voyelles finales, se passer souvent de césure, remplir les vides avec des particules explétives, et employer les différents dialectes, suivant qu'ils avaient besoin d'une longue ou d'une brève. Ces libertés étendues, qui naquirent avec la poésie grecque, durèrent aussi longtemps qu'elle. Les poëtes latins, moins libres, se bornèrent à un petit nombre de *licences*, telles que des élisions plus ou moins hardies, celle de l'*s*, par exemple, très-fréquente chez les anciens poëtes :

Folito vivo, per ora virum;

l'absence d'élision, là où elle serait nécessaire :

Ter sunt conati imponere Pelion Ossa ;

l'irrégularité des césures et l'emploi de quelques formes vieillies. Nos vieux poëtes français fourmillent de *licences poétiques*, ou, pour mieux dire, d'incorrections, que des lois sévères n'avaient pas encore interdites à la poésie; à chaque page on rencontre des hiatus :

O roi amoureux des neuf sœurs ;

et des élisions forcées :

Dieu gard' ma maîtresse et régente.

La poésie moderne a conservé quelques *licences*, qu'autorisent, dans une sage mesure, la difficulté de notre versification et le besoin de faire quelques sacrifices à l'harmonie ou à l'effet. Les *licences* les plus communes sont : 1° des élisions passées dans l'usage, *encor*, *dénûment*, *devoûra*, *je voi*; 2° des changements de genre, *rive* amour; 3° des *ellipses*, qui sortent des règles de la syntaxe; 4° des constructions irrégulières :

Et pleurés du vieillard, il grava sur leur marbre
Ce que je viens de raconter;

5° des inversions peu forcées, mais qui, n'ayant point pour excuse dans la prose la nécessité du nombre, de la rime et de la mesure, y paraîtraient gratuitement employées :

Le cours ne fut pas long d'un empire si doux ;

6° la création de mots nouveaux ou l'heureux emploi d'un mot ancien dans un sens inusité :

Et monté sur le faîte, il aspire *à descendre ;*

7° l'emploi de rimes insuffisantes, dont quelques-unes cependant sont autorisées par l'usage, *couronne* et *trône*, *travaux* et *repos*; mais les lois qui concernent la rime sont beaucoup plus rigoureuses aujourd'hui qu'aux dix-septième et dix-huitième siècles; 8° enfin, le déplacement de la césure. Cette dernière *licence*, dont abusent la plupart de nos poëtes contemporains, a donné à bien peu de vers de la couleur, de l'effet ou de l'harmonie imitative, mais, en revanche, en a produit beaucoup de ridicules.

LICENCIÉ *Voyez* Licence.

LICENCIEMENT. *Licence* ne s'est pas toujours pris en mauvaise part, comme le prouvent les *licences* commerciales. De ce mot pris en bonne part, signifiant *permission*, provient le mot *licenciement*. C'est ce que les Latins appelaient *missio*. Originairement, le licenciement s'appliquait aux militaires considérés individuellement; il ne se dit plus que des corps de troupes. Originairement, il donnait l'idée d'une libération; il était synonyme de *congé absolu*; maintenant, il signifie *dislocation* d'un corps, mais non absolument avec libération, puisque le plus ordinairement les corps licenciés sont versés ou amalgamés dans d'autres cadres. Ainsi, après s'être pris en bonne part, il se prend en mauvaise, parce que les congédiements en masse ont moins pour objet de dissoudre une troupe organisée que d'en modifier la forme ou d'en changer l'esprit. Autrefois, le verbe *casser* n'emportait pas, comme aujourd'hui, l'idée d'un châtiment: *licencier* et *casser* étaient synonymes. Actuellement, *licencier* renferme sous une forme adoucie une pensée qui se rapproche du terme *casser*. Ce n'est pas toujours, mais c'est quelquefois, sinon par châtiment, du moins par punition, que le licenciement s'accomplit. Il n'y a eu de licenciement que depuis l'existence des aventuriers de Louis XI ; leur rassemblement n'était que la conséquence d'un contrat mensuel. Nos rois, de Louis XI à Henri IV, passaient leur temps à recruter et à licencier. Quand ils étaient mécontents d'une troupe, et qu'ils la cassaient, ils ne brisaient le contrat qu'en se privant, pour un très-petit nombre de jours, du service des stipendiaires, dont ils devançaient la libération. Mais quand depuis Henri IV une armée permanente de soldats à terme plus prolongé eut été sur pied, l'intérêt du roi et de la monarchie n'était pas de renoncer sans de puissantes et majeures raisons aux services que l'enrôlement en vertu de primes promettait à l'État. Il existait très-peu de cadres où les troupes licenciées pussent être convenablement incorporées ; de là l'espèce de note de défaveur qui était l'accompagnement et la conséquence d'un licenciement. Après la paix de Verdun, Henri IV avait licencié presque toute son infanterie ; il n'en avait dispensé que quelques vieux corps. Plus tard, les vieilles bandes et même les petits-vieux furent regardés comme exempts de la mesure du licenciement. Il en a été ainsi jusqu'à la célèbre et admirable armée de la Loire, licenciée par mesure de châtiment ou exigence d'une inexorable politique. Cette fois-là il n'y eut plus ni vieux corps ni petits-vieux sur lesquels le niveau de la mesure ne s'étendît. La France soldait par le licenciement de son armée ses comptes avec la sainte-alliance. Gal Bardin.

LICHAVENS. Les monuments druidiques qui s'appellent ainsi sont de véritables portes. Ce sont deux pierres plantées, l'une à une plague de porte cochère de l'autre, et surmontées d'une troisième, en forme d'architrave. On les appelle aussi *trilithes*. Près de Maintenon, en Beauce, un lichaven porte le nom de *pierre frite*.

LICHEN. On désigne sous ce nom une vaste famille de végétaux, qui renferme un grand nombre de genres et une foule d'espèces. Toutes les plantes qui la composent sont cryptogames, et se rapprochent beaucoup des algues et des champignons. Les anciens botanistes la désignaient sous le nom de *végétaux imparfaits*, parce que, malgré l'attention la plus scrupuleuse, on n'a pu y reconnaître d'une manière certaine les organes de la reproduction : ainsi, Linné pensait que la poussière que l'on remarque sur le plus grand nombre des lichens est l'organe femelle, tandis que d'autres botanistes la regardent comme l'organe mâle, ou comme un véritable pollen ; il serait assez difficile d'affirmer que le premier ou les seconds aient raison. Parmi les principaux auteurs qui ont étudié avec soin les lichens, nous citerons Decandolle, Achard et Fée. Ces trois botanistes ont donné chacun une méthode particulière pour classer avec ordre ces cryptogames et en faciliter l'étude et la distinction. M. Fée a émis sur la manière dont se reproduisent les lichens

LICHEN — LICHTENAU

une opinion qui, malgré son manque de preuves, ne laisse pas d'avoir quelques chances de probabilité ; il pense que ces végétaux se reproduisent par des *gongyles*, espèces de *seminules* que les vents transportent à des distances plus ou moins éloignées.

Les lichens sont abondamment répandus dans la nature : partout où il y a de l'air et un support, il peut croître des lichens ; la terre, le bois, les métaux eux-mêmes, leur servent de point d'appui ; mais ces plantes ne sont point parasites, c'est-à-dire qu'elles ne vivent point aux dépens de celui qui leur sert de soutien ; l'air et l'humidité sont les seules substances qui entretiennent leur vie et servent à leur développement. Ces curieux végétaux se plaisent dans tous les pays et sous tous les climats ; on en rencontre dans les déserts brûlants de l'Afrique et sous les neiges de la Sibérie. Il paraît, d'après des observations très-intéressantes, que les lichens sont susceptibles de changer de couleur et de forme, suivant leur âge, leur exposition et la nature de leur support ; c'est ce qui a contribué à augmenter le nombre des genres, parce qu'un même végétal a souvent été décrit plusieurs fois.

Pendant l'été les lichens se dessèchent, mais dès que l'humidité revient ils se présentent avec tout leur éclat et sous toutes les formes.

Malgré leur petitesse, les lichens sont cependant très-utiles à l'homme : dans quelques pays, les habitants s'en servent comme aliment dans les temps de disette ; ils en font une pâte avec des pommes de terre. Les animaux en font aussi leur principale nourriture dans l'hiver ; leur instinct les porte à creuser la neige pour y rechercher des cryptogames, et jamais ils ne se trompent : les lichens sont sous ce rapport d'une incontestable utilité aux peuples de la Laponie et de la Sibérie, qui en nourrissent leurs rennes. Là ne se bornent point les services que ces végétaux rendent à l'homme : ils servent encore à son luxe, en lui fournissant des matières colorantes douées d'un éclat magnifique, comme l'orseille, par exemple ; il en tire encore parti dans ses maladies : les uns sont astringents, les autres sont drastiques, vermifuges, etc.

Parmi les principales espèces, on remarque le *lichen d'Islande* (*cetraria Islandica*), qui se trouve sur les rochers et dans les lieux arides, soit en Europe, soit dans l'Amérique septentrionale. La médecine s'en sert dans différentes affections de la poitrine, telles que catarrhes opiniâtres, crachements de sang, etc. Il est très-abondamment employé pour faire des gelées, des pâtes, des sirops ; mais comme il contient toujours un principe amer, désagréable, on le lui enlève, soit à l'aide de l'ébullition dans l'eau, soit au moyen du carbonate de potasse ; dans ce dernier cas, il faut avoir soin de le bien laver avant d'en préparer le médicament auquel on le destine.

Le *lichen pulmonaire* est ainsi nommé à cause d'un grand nombre de taches pâles qu'il présente dans quelques parties, taches plus ou moins semblables à celles qu'on observe sur les poumons dans la phthisie pulmonaire : ce lichen est employé en Sibérie, à cause de sa grande amertume, pour remplacer le houblon dans la préparation de la bierre. On en retire en Angleterre une matière colorante brune ; on en fait un fréquent usage contre la toux et contre toutes les maladies de poitrine.

Le *lichen tartareux* donne à la teinture une belle couleur rouge ; il croît sur les côtes méridionales de la Suède ; les habitants ne le récoltent pas en entier, afin d'en rendre la reproduction plus rapide.

Le *lichen parelle* est blanc ; il croît sur les rochers volcaniques ; on le connaît dans le commerce sous le nom d'*orseille d'Auvergne* : il est très-commun aux environs de Paris.

Le *lichen pixidé* ou *en entonnoir* a été préconisé pour expulser les graviers de la vessie et pour guérir la coqueluche chez les enfants.

Le *lichen rocelle* est celui d'où l'on extrait l'orseille,

matière colorante, autrefois très-employée dans les arts : c'est de ce lichen que Robiquet a retiré l'*orcine*, principe colorant, d'abord jaunâtre, qui devient rouge-brun par son contact avec l'ammoniaque.

C'est encore dans la grande famille des lichens que l'on doit placer l'*usnée humaine*, que l'on trouvait sur le crâne des hommes attachés depuis longtemps au gibet : cette substance, que l'on disait douée de propriétés merveilleuses, se payait jusqu'à mille francs l'once ; mais aujourd'hui le bon sens public a fait justice de ces panacées, fruit de l'ignorance et de la superstition. C. FAVROT.

LICHÉNINE. Ce corps, qui présente des propriétés identiques à celles de l'amidon, a été découvert par Berzélius dans le lichen d'Islande. Soumise à l'action de l'acide sulfurique étendu et bouillant, la lichénine se transforme en sucre.

LICHNOWSKI, maison princière établie en Autriche et en Prusse, et qui fait remonter son origine à la maison de Granson, dans la haute Bourgogne. En 1702, elle obtint le titre de *baron* de l'Empire, en 1727 celui de *comte*, en 1760 celui de *prince* en Prusse, avec droit de primogéniture, confirmé en 1824 par l'empereur d'Autriche. Ses possessions comprennent en Autriche une superficie de 28 kilomètres carrés, et en Prusse de 40 kilomètres carrés. Elle a pour résidence habituelle le château de Graetz, près Troppau, dans la Silésie autrichienne.

Le prince *Édouard-Marie* LICHNOWSKI, né le 19 septembre 1789, marié en 1813 à la comtesse Éléonore de Zichi, mort à Munich, le 1er janvier 1845, est avantageusement connu comme auteur d'une histoire de la maison de Habsbourg (8 vol., Vienne, 1844). Il laissa en mourant cinq fils, dont l'aîné, le prince *Félix* LICHNOWSKI, né le 5 avril 1814, entra de bonne heure au service de Prusse, qu'il quitta en 1837 pour passer à celui du prétendant espagnol Don Carlos, avec le grade de général de brigade. A son retour d'Espagne il publia des *Souvenirs des années* 1837-39 (Francfort, 1842), qui lui attirèrent avec le frère du général Montenegro un duel, dans lequel il fut grièvement blessé. Un voyage qu'il fit en Portugal en 1842 lui fournit aussi matière à un volume de réflexions et d'observations sur ce pays (Mayence, 1843). A son retour de Portugal, insulté à Barcelone comme ancien chef carliste, ce ne fut qu'en l'arrêtant et en l'emprisonnant, que l'autorité locale réussit à le soustraire aux vengeances de la populace. Il mourut le 18 octobre 1848, à Francfort, misérablement assassiné dans les émeutes qui ensanglantèrent cette ville à la suite de la révolution de Février. Élu à Ratibor député à l'Assemblée nationale allemande, il était l'un des membres les plus distingués de la droite.

LICHTENAU (Mme RIETZ, comtesse DE), née à Postdam, en 1754, était la plus jeune des trois filles d'Elie Henke, maître de chapelle du grand Frédéric. Le prince royal de Prusse, qui avait eu pour maîtresse sa sœur aînée, s'éprit pour elle d'une vive passion, et la lui prouva par de folles dépenses. L'économie du vieux roi s'alarma, et Mlle Henke fut forcée de s'éloigner ; mais Frédéric ne tarda pas à s'apercevoir que le plus sage était de la faire revenir à Charlottembourg, où elle revit tous les jours le prince royal, en eut trois enfants, et, pour sauver du moins les apparences, épousa un de ses valets de chambre, nommé Rietz. A l'avénement de Frédéric-Guillaume II, la faveur de sa maîtresse ne fit que de bornes ; en 1797, aux eaux de Pyrmont, où s'était rendu le roi, elle tint une véritable cour, et lors de la maladie à laquelle il succomba elle s'enferma avec lui dans le palais de marbre, où la famille royale même ne pouvait pénétrer. A la mort du roi, ses ennemis l'accablèrent ; ses biens furent confisqués, et elle-même jetée dans la forteresse de Glogau, dont elle ne sortit qu'au bout de dix-huit mois, avec une modique pension. Napoléon lui fit rendre ses biens en 1809, et elle mourut oubliée, à Berlin, en 1820. Nous ne parlerons pas de ses nombreuses galanteries, que ne purent réprimer ni les conseils de la prudence et la crainte de déplaire à son royal amant, ni plus tard son âge avancé.

LICHTENBERG (Figures de). *Voyez* ÉLECTRICITÉ, tome VIII, page 463.

LICHTENSTEIN (Principauté de), le plus petit des États dont se compose aujourd'hui la Confédération germanique, est bornée à l'ouest par le Rhin, à l'est par le Vorarlberg, au sud par le canton suisse des Grisons, et se compose de la seigneurie de *Vaduz*, appelée aujourd'hui Lichtenstein, et du comté de Schellenberg. Elle comprend une superficie d'environ 16 kilomètres carrés, avec une population de 6,400 habitants, professant la religion catholique. L'administration est confiée aux soins d'un grand-bailli, qui rend la justice en première instance et, avec un receveur de finances et quelques employés subalternes, représente tout le gouvernement de la principauté. On en appelle, en matière judiciaire, des décisions rendues par ce grand-bailli à la chancellerie du prince, à Vienne. Depuis 1816, la cour supérieure criminelle et d'appel d'Inspruck connaît des causes en troisième instance; aussi les lois autrichiennes ont-elles été rendues obligatoires dans la principauté de Lichtenstein, qui pour les affaires ecclésiastiques relève de l'évêché de Coire. Le prince de Lichtenstein a une part de la seizième voix à la diète, et la vingt-huitième place avec voix *virile* dans le *plenum*. Il doit fournir à l'armée de la Confédération un contingent de cinquante-cinq hommes, qui fait partie du onzième corps. La constitution octroyée à ses sujets par le prince Jean de Lichtenstein, le 9 novembre 1818, est modelée sur la constitution provinciale des États allemands de l'Autriche. Les revenus de la principauté s'élèvent à 5,000 florins, et ceux du domaine à 17,000 florins. Elle a pour capitale *Vaduz*, aujourd'hui appelée *Lichtenstein*, bourg de 700 âmes, situé à peu de distance du Rhin, avec un château bâti sur un rocher à pic.

Indépendamment de cette principauté souveraine, la maison de Lichtenstein possède en Autriche, en Moravie, en Silésie, en Lusace, en Hongrie et en Styrie des domaines d'une superficie totale de près de 75 myriamètres carrés, avec une population de 600,000 âmes et un revenu de 1,480,000 florins. Le majorat affecté à la ligne cadette se compose aussi de domaines considérables, avec une population de 60,000 âmes et un revenu de 300,000 flor.

Cette maison est l'une des plus anciennes qu'il y ait en Autriche, et a fourni à l'histoire un grand nombre d'hommes distingués.

LICINIUS, nom d'une famille romaine plébéienne, dont il est fait mention dès les premiers temps de la république.

Dès l'an 493 avant J.-C., on trouve un *Caius Licinius* parmi les premiers tribuns du peuple. *Publius Licinius Calvus* fut le premier plébéien qui, en l'an 400, parvint au consulat, et *Caius Licinius Calvus* le premier qui, en 398, obtint la dignité de maître de la cavalerie.

Mais de tous les membres de cette famille, le plus célèbre est *Caius Licinius Calvus* surnommé *Stolo*, parce que, agronome distingué, il coupait sans pitié les bourgeons sauvages (en latin *stolones*). Il est l'auteur d'une célèbre loi agraire, et fut en outre élevé deux fois au consulat, l'an 364 et l'an 361.

A une époque postérieure, on voit devenir illustres les familles des *Crassus* et des *Lucullus*, issues de celle des Licinius, dont le poëte *Archias*, ami des Lucullus, portait aussi le nom.

A la même famille appartenaient : *Caius Licinius Macer*, qui, l'an 73 avant J.-C, se rendit fameux comme tribun du peuple par la haine ardente qu'en toute occasion il témoigna contre l'aristocratie. Accusé de concussion, en l'an 66, après avoir administré une province prétorienne, il mourut de la douleur que lui causa sa condamnation, prononcée par Cicéron, en qualité de préteur. Il est du nombre des historiens romains qu'on désigne sous le nom d'*annalistes*.

Son fils, *Caius Licinius Macer Calvus*, né en 82, ami de Catulle, et qui se porta accusateur de Publius Patinius,

que défendit Cicéron, fut un poëte et un orateur distingué; mais il mourut de bonne heure.

Lucius Licinius Murena, préteur l'an 65, fut accusé, l'an 63, d'avoir eu recours à des moyens illégaux à l'effet de gagner des suffrages pour le consulat. Mais acquitté sur le plaidoyer de Cicéron, il exerça le consulat conjointement avec Decius Junius Silanus, l'an 62.

Caius Flavius Licinius Licinianus, empereur romain, né en Dacie, de parents de basse extraction, fit sa fortune dans les camps. Élevé, l'an 307 de J-C., au rang d'Auguste par Galère, il fut vaincu, en l'année 323, par Constantin le Grand, et mis à mort en 324.

LICITATION. On peut définir la *licitation* un acte par lequel les copropriétaires par indivis d'une chose la font mettre aux enchères pour être adjugée et appartenir au dernier et plus fort enchérisseur, à la charge par celui-ci de payer à chacun des copropriétaires une part du prix proportionnelle à la part indivise qu'il avait dans la chose licitée avant l'adjudication. A quelque titre que les colicitants soient propriétaires, comme héritiers, comme acquéreurs, comme donataires, légataires, associés, conjoints, etc., etc., pourvu qu'il y ait entre eux indivision et communauté de propriétés, ils ont le droit, si la chose n'est point partageable commodément et sans dépréciation, ou si, dans le cas d'un partage de gré à gré, aucun d'eux ne consent à la prendre, d'en provoquer la licitation. La licitation découle donc, comme le partage, du principe que nul ne peut s'être contraint à demeurer dans l'indivision ; elle supplée au partage quand celui-ci n'est pas possible, ou, pour dire plus juste, elle est elle-même une sorte de partage qui a pour objet de diviser entre les copartageants le prix de leur propriété commune, lorsque le partage direct et en nature de cette chose elle-même ne se peut faire commodément, et sans nuire aux intérêts de tous ou de l'un d'eux. Le caractère essentiel de la licitation est donc le caractère du partage, et non point celui de la vente ; et ce caractère primitif ne lui est enlevé que lorsque l'adjudication, en transportant la propriété de la chose sur la tête d'un étranger, c'est-à-dire d'un autre que l'un des colicitants, en fait une véritable vente. Toutefois, le législateur a vu la licitation avec moins de faveur que le partage proprement dit : il faut une impossibilité de partage bien constatée et en outre la demande formelle de l'un des copropriétaires pour que le juge ordonne la licitation ; mais ces deux circonstances réunies l'obligent à la prononcer : son pouvoir à cet égard n'est point discrétionnaire.

Les formes de la licitation varient suivant qu'elle est *amiable* ou *judiciaire*. Elle peut avoir lieu à *l'amiable*, lorsque tous les copropriétaires sont majeurs, jouissant de tous leurs droits civils, présents ou dûment représentés, et d'accord entre eux. La loi ne leur prescrit alors aucune forme particulière. Ils peuvent à volonté liciter, bien que la chose commune soit partageable, commodément et sans perte ; s'abstenir de la licitation, quand même le partage de la chose serait reconnu incommode et onéreux ; céder amiablement à l'un d'eux ou la vendre à un étranger. S'ils licitent, ils peuvent le faire entre eux seulement et sans appeler les étrangers ; mais l'admission de ceux-ci est de droit dès qu'un seul des colicitants la réclame : dans le premier cas, la publicité de l'acte n'est point nécessaire, elle est au contraire exigée dans le second.

La licitation est forcément *judiciaire* 1° lorsque tous les copropriétaires ne sont pas majeurs, présents ou dûment représentés et maîtres de disposer de leurs droits ; 2° lorsqu'ils sont majeurs, présents ou représentés et capables, mais non d'accord. Si l'un d'eux est mineur, les étrangers sont toujours admis à enchérir ; si tous les colicitants sont majeurs, ils peuvent renoncer à leur présence, aussi bien devant la justice que dans la licitation amiable. Les formalités de cette procédure sont réglées par le Code de Procédure, au titre vi du livre II de la deuxième partie. Les *effets* de la licitation sont différents, selon que l'adjudication est faite au profit de l'un des copropriétaires, ou au profit d'un étranger : dans le premier cas, elle constitue un véritable partage, et en produit tous les effets : ainsi, l'adjudicataire étant censé avoir succédé seul et immédiatement à la totalité des biens à lui adjugés, il en résulte : 1° que l'hypothèque consentie par l'un des copropriétaires avant la licitation se restreint à la portion qui lui échoit, les autres en demeurant affranchies ; 2° si l'immeuble hypothéqué par lui lui échoit, l'hypothèque subsiste sur la totalité de cet immeuble, ou s'il n'avait hypothéqué que sa part indivise, sur cette part seulement ; 3° si l'immeuble échoit à un autre colicitant, l'hypothèque s'évanouit; 4° les colicitants ne sont tenus envers l'un d'eux, adjudicataire, que de la garantie du partage et non de celle de la vente; 5° à défaut de payement du prix, ils n'ont point contre lui l'action résolutoire donnée au vendeur; 6° la licitation peut être rescindée pour cause de lésion de plus du quart. Si au contraire l'adjudication est faite au profit d'un étranger, la licitation devient une vente et en produit tous les effets; l'acquéreur reçoit la chose avec toutes les charges dont l'ont grevée les colicitants pendant l'indivision. Ceux-ci lui doivent la garantie de la vente, et en revanche ont contre lui le privilége du vendeur avec et dans toutes ses conséquences. Charles LEMONNIER.

LICORNE. Trois animaux différents sont fréquemment mentionnés par les anciens naturalistes comme portant une corne unique implantée au milieu du front : l'*oryx d'Afrique*, que Pline décrit comme semblable par les formes aux chèvres et aux cerfs, dont la taille égale celle du bœuf, ou du rhinocéros suivant Oppien et Hérodote, et auquel Aristote assigne en même temps et des pieds fourchus et du poil dirigé à contre sens ; l'*âne des Indes*, si recherché pour les merveilleuses propriétés médicinales de sa corne, si redouté pour sa force prodigieuse, ses penchants carnivores, sa férocité sans exemple ; enfin, le *monoceros* proprement dit, auquel Pline (*Des Animaux terrestres*, liv. VIII) accorde la tête d'un cerf, les pieds d'un éléphant, la queue d'un sanglier, la forme générale d'un cheval, et qui porte sur la ligne médiane du front, une corne aiguë, noire et longue de deux coudées. Comme l'*oryx*, le *monoceros* habite les terres centrales de l'Afrique, et si la plupart des anciens naturalistes, Aristote, Oppien, Philostorge, Élien, Pline, Strabon, Hérodote, Onésicrite, se sont plu à nous transmettre les récits les plus fantastiques sur ce singulier animal, aucun d'eux, que nous sachions, n'a songé à révoquer en doute son existence.

Les traditions recueillies par les naturalistes grecs et romains ont passé, presque sans altération, dans les écrivains du moyen âge ; les seuls changements qu'ils y aient introduits portent non sur les caractères zoologiques de la licorne, mais sur son histoire naturelle proprement dite : ainsi, l'on n'admet plus que la licorne soit, telle que Pline nous la décrit, la plus furieuse bête de toutes les bêtes qui tussent de son temps chez les Orsiens, aux pays des Indes, ou, suivant Strabon, chez les Prasiens, au royaume de Marsinge, et cela parce qu'en divers endroits des Saintes Écritures le Fils de Dieu est comparé au fils de la licorne : *dilectus quemadmodum filius unicornium*. Mais on admet, en revanche, que la licorne aime la chasteté en telle sorte qu'elle ne se peut prendre qu'en envoyant une jeune vierge aux lieux où elle a coutume d'aller boire et se repaître, à laquelle elle court aussitôt qu'elle l'aperçoit, et, penchant la tête sur ses genoux, s'y endort d'un sommeil si calme qu'il est facile aux chasseurs de la prendre. La corne du *monoceros*, longue et droite, suivant Pline, est faite en croix suivant Justin, martyr ; mais en changeant de forme elle n'a rien perdu de ses merveilleuses propriétés, car « pour transformer en antidote toutes les eaux d'une source il suffit que la licorne, en s'y désaltérant, y ait trempé la pointe de sa corne ».

Les récits de quelques voyageurs plus modernes tendent encore à donner de l'authenticité à ces fabuleuses légendes. Cependant, l'existence de la licorne est ou révoquée en doute ou formellement niée par la totalité des zoologistes modernes. Examinons ce qu'il peut y avoir de raisonnable dans ces légendes. Remarquons d'abord que tous les anciens naturalistes ne se sont pas uniformément accordés à faire de l'*oryx d'Afrique* un animal unicorne : Oppien lui attribue des cornes en nombre variable, et Élien lui en assigne positivement quatre ; or, Pallas a parfaitement observé que chez les antilopes le nombre des cornes est loin d'être constant, et que quelques individus en portent trois, tandis que d'autres sont réduits à une corne unique ; il a en outre remarqué que parmi les antilopes il en existe une espèce, l'antilope à cornes droites (*antilope oryx*, Gmelin), dont l'histoire rappelle étrangement les légendes transmises par les anciens sur l'*oryx d'Afrique*. Comme l'*oryx* de Pline, l'antilope de Pallas habite les plaines sablonneuses de l'Afrique et s'avance jusqu'aux confins de l'Égypte ; sa taille égale celle du bœuf ; ses formes sont celles du cerf ; son poil dorsal se dirige vers la tête ; ses cornes forment des armes terribles, droites et acérées comme des lances, dures comme du fer ; et son pelage, d'un blanc fauve, est strié, à la face, de bandes noires. Que parmi les antilopes à cornes droites, il se soit rencontré quelques individus unicornes par accident ou par anomalie, et l'*oryx d'Afrique* n'est plus un être fabuleux, et les discordances que l'on remarque dans les écrits de Pline, d'Aristote, d'Élien et d'Oppien quant au nombre des cornes s'expliquent aisément. Remarquons encore qu'il existe sur les monuments égyptiens un grand nombre d'animaux dessinés de profil avec une telle exactitude que l'une des moitiés de l'animal masque complétement l'autre : parmi ces animaux, il en est beaucoup qui réunissent tous les caractères de l'*antilope*, et qui, n'offrant qu'une jambe devant et une derrière, ne présentent également qu'une seule corne, laquelle, dans ces figures taillées dans la pierre, s'insère nécessairement au milieu du front : or, cette circonstance a pu confirmer singulièrement les anciens naturalistes dans leur croyance à un *oryx* unicorne, et bien probablement les grossières figures sculptées sur les rochers du pays des Hottentots n'ont pas d'autre origine. Il nous paraît donc extrêmement probable que l'*oryx* unicorne de Pline et d'Aristote n'est autre que l'antilope à cornes droites de Pallas, si mal à propos désigné par Buffon sous le nom de *pasan*. Quant à l'*âne des Indes*, il est presque démontré que ce monstrueux animal n'est autre que le rhinocéros ; car, ainsi que le remarque Cuvier, tout ce que les anciens ont dit sur les propriétés anti-vénéneuses de la corne de leur *âne des Indes* est copié textuellement sur des traditions hindostanes encore existantes, et qui se rapportent à la corne du rhinocéros ; tout ce qu'ils ont écrit sur sa férocité, sa force, sa grandeur informe, convient parfaitement au même animal, et la dénomination d'*âne des Indes*, donnée par les Grecs au rhinocéros, est exactement aussi bien motivée que le nom de *bœuf de Lucanie*, donnée par les Romains à l'éléphant. Ces choses posées, il nous paraît très-probable que le *monoceros* proprement dit, le troisième des trois animaux unicornes décrits par les anciens, n'est qu'un être fictif, créé sur des histoires incomplètes, rapportées tantôt de l'Inde, tantôt de l'Égypto, et dans lequel dominent, suivant le caprice du naturaliste, tantôt les caractères zoologiques de l'antilope, tantôt ceux du rhinocéros : voilà pourquoi le *monoceros* de Pline a la forme générale et la tête d'un cerf, la grandeur d'un cheval, le pied d'un éléphant, la queue d'un sanglier, et une corne droite et longue de deux coudées implantée au milieu de l'os frontal.

En devise, la licorne est le symbole de la force et de la stabilité, parce que sa corne n'est point caduque : *Monocerotis cornu non est deciduum*; et c'est en ce sens que les papes Clément VII et Paul III l'ont adoptée pour emblème et non pas pour armoiries, comme quelques-uns l'ont cru : en armoiries, la licorne sert tantôt de pièce principale et tantôt de cimier ou de support, comme dans les armes d'Angleterre ; elle se représente ou *passante*, action ordinaire de ces animaux, ou *rampante*, « et lorsqu'elle est en cette action, on la dit saillante : » c'est du moins ce que nous apprend maître Pierre Paillot, en sa *Vraie et parfaite Science des Armoiries*, folio 1664. BELFIELD-LEFÈVRE.

LICORNE (*Astronomie*), constellation australe située près d'Orion, entre le grand et le petit Chien.

LICORNE (Corne de). *Voyez* DENT DE NARVAL.

LICORNE DE MER. *Voyez* NARVAL.

LICTEURS, huissiers, sergents et bourreaux chez les Romains. Les licteurs, qui tiraient leur nom du latin *ligare* (lier), marchaient à la file les uns des autres et non en groupe, devant les premiers magistrats de Rome ; ils étaient armés d'une hache enveloppée et liée dans un fai s c e a u de verges. Institués selon les uns par Romulus, et selon les autres par le vieux Tarquin, les jugements de ces magistrats étaient exécutoires sur-le-champ : telle était la terrible formule de la sentence : *I, lictor, colliga manus, expedi virgus, plecte securi.* » Va, licteur, lie les mains, délie les verges, frappe de la hache. » Les licteurs devaient être libres ou affranchis. Une de leurs fonctions était de faire la police dans le Forum, de contenir les flots du peuple assemblé, les tribus dans leur poste, et les mutins dans l'ordre. Violents et durs exécuteurs de la tyrannie royale ou républicaine, ils étaient insupportables au peuple. Cet office, dans la langue des Romains, s'appelait *submotio* (l'action d'écarter la foule). Mais il était expressément défendu aux licteurs de toucher à filles, femmes ou matrones, sur la voie publique. Les licteurs, du geste et de la voix, avertissaient aussi le peuple de l'arrivée des magistrats, afin que chacun leur rendit les marques d'honneur et d'humilité dues à leur rang. Cet office se nommait *animadversion* (l'action d'avertir). Le plus noble office des licteurs était, dans la joie universelle, de précéder avec leurs faisceaux, ceints de laurier, le char du triomphateur montant au Capitole. Huissiers, comme les alcades, ils portaient des baguettes; elles servaient à faire ouvrir soudain les portes des maisons où un magistrat voulait pénétrer. Au temps des empereurs, si ce n'est sous les premiers, ce ne furent plus des licteurs qui arrêtaient les coupables et leur tranchaient la tête ; des légionnaires étaient chargés de cette horrible office. Sur un bas-relief antique, des licteurs sont représentés couronnés de laurier et sans barbe : le sujet représente un sacrifice de Titus, et de Titus victorieux sans doute ; leur tunique, très-ample, et leur manteau, jeté par dessus, sont retenus sur la poitrine par une agrafe, et rehaussé d'un gland ou d'une houppe; c'est le *sagum* ou casaque des soldats, qu'ils portaient hors de Rome, lorsqu'ils précédaient ou les consuls ou les généraux ; dans l'enceinte des murs, ils reprenaient la *togula*, ou toge courte.

DENNE-BARON.

LIDDESDALE (Chevalier de). *Voyez* DOUGLAS.

LIEBENSTEIN, village du duché de Saxe-Meiningen, situé entre Eisenach et Meiningen, dans une des plus belles parties de la Thuringe, sur le versant méridional de l'Inselsberg, haut de trois cent douze mètres au-dessus du niveau de la mer, possède une source minérale (7° Réaumur) dont les eaux, claires et incolores, sont au nombre des eaux salines et ferrugineuses les plus puissantes que l'on connaisse, et ont un goût piquant assez agréable. On les emploie surtout pour bains dans les cas d'affaiblissement des parties solides ou de mélange de sang vicié, ainsi que dans les maladies qui en proviennent. Au nombre des curiosités qu'offrent les environs de Liebenstein, nous citerons les ruines du vieux château de ce nom, détruit dans la guerre des paysans ; la grotte d'Altenstein, si célèbre par ses stalactites, l'Inselsberg, la Wartburg, etc., etc.

LIEBFRAUENMILCH (Vin de), nom d'un vin du Rhin fort en renom, qui se récolte autour de l'église Notre-Dame de l'évêché de Worms, en grande partie parmi les décombres des anciens faubourgs et dans ce qu'on appelle le *Jardin des Capucins*. Il se vend ordinairement 1500 florins (3500 fr.) la pièce.

LIEBHART. *Voyez* CAMERARIUS.

LIEBIG (JUSTUS, baron DE), l'un des plus grands chimistes de notre époque, est né le 8 mai 1803, à Darmstadt. Placé d'abord par son père, en 1818, dans l'officine d'un pharmacien de Darmstadt, il n'y resta guère que dix mois. Il alla étudier ensuite à Erlangen et à Bonn, de 1819 à 1822. A la fin de cette même année 1822, il vint à Paris, aux frais du gouvernement grand-ducal, et il y continua ses études jusqu'en 1824. Un mémoire qu'il soumit à l'Académie des Sciences, sur la nature des fulminates, attira sur lui l'attention de M. Alex. de Humboldt, lequel le mit en rapport avec *Gay-Lussac*. L'influence de M. de Humboldt lui ouvrit en outre les portes de la carrière de l'enseignement, et ne contribua pas peu à le faire nommer dès 1824 professeur extraordinaire, et en 1826 professeur titulaire de chimie à Giessen. Depuis lors M. Liebig n'a pas un seul instant cessé de remplir cette chaire, et avec l'appui du gouvernement grand-ducal il est parvenu à rendre cette petite université un foyer de lumière et un point central d'activité pour l'étude de la chimie, où se pressent une foule de jeunes disciples, accourus non pas seulement de tous les coins de l'Allemagne, mais encore des diverses régions du nord de l'Europe et surtout d'Angleterre. C'est à lui qu'est due l'impulsion féconde donnée en Allemagne aux études chimiques. Les distinctions honorifiques les plus nombreuses et les plus flatteuses sont venues le trouver dans son laboratoire, pour le récompenser des services de tous genres qu'il avait rendus à la science ; et c'est ainsi qu'en 1845 le grand-duc de Hesse-Darmstadt l'a créé baron sans qu'il eut le moins du monde sollicité cette faveur.

Indépendamment des *Annalen der Pharmacie*, le recueil le plus important qui soit consacré en Allemagne à la chimie organique, et contenant tous ses derniers travaux pratiques, dont la plupart sont exposés aussi dans les *Annales françaises de Chimie et de Physique*, il a commencé, en 1836, en collaboration avec Poggendorf, un grand dictionnaire de chimie qui vient d'être tout récemment terminé. Indépendamment de la part importante prise par lui à la nouvelle édition du *Manuel de Pharmacie* de Geiger (Heidelberg, 1839), dont la partie relative à la chimie organique a été traduite en anglais et en français, et peut être considérée comme un véritable manuel de chimie organique, nous mentionnerons ici surtout ses deux ouvrages intitulés : *La Chimie organique dans ses Applications à l'Agriculture* (Brunswick, 1840 ; 7e édition, 1845) et *La Chimie organique dans ses Applications à la Physiologie et à la Pathologie* (Brunswick, 1842 ; 2e édition, 1845). Tous les travaux chimiques de M. Liebig sont d'une haute importance ; toutefois, c'est plus particulièrement de la chimie organique qu'il a bien mérité. Il a perfectionné la méthode de l'analyse organique, examiné les fulminates et presque tous les acides organiques les plus importants, l'acide urique et les produits de sa décomposition, le cyanure de soufre et les produits de sa décomposition, les produits de l'oxidation de l'alcool, et, en société avec Wœbler, l'huile d'amandes douces et ses combinaisons. Ces différents travaux l'ont conduit aux vues théoriques les plus larges sur les radicaux organiques et la nature des acides organiques, enfin sur les phénomènes de la fermentation et de la décomposition spontanée, ainsi que sur les métamorphoses de la nature organique en général. Dans ces dernières années, M. Liebig s'est surtout occupé de l'application de ces divers résultats, et de beaucoup d'autres encore provenant d'observations nouvelles sur la partie chimique de la physiologie végétale et animale, ainsi que d'une réforme totale de ces sciences dans leurs rapports avec l'agriculture et la pathologie. L'accueil fait aux écrits qu'il a publiés sur ce sujet prouve qu'il a atteint son but, qui était de démontrer la nécessité d'une réforme et d'exciter l'esprit de recherche dans la voie nouvelle qu'il ouvrait. M. Liebig admet lui-même qu'à la suite des discussions qu'il provoque, beaucoup de conséquences déduites de ses thèses seront modifiées. Son individualité, qui offre beaucoup de charme, son enthousiasme ardent pour le but qu'il croit juste, enthousiasme que ne peut retenir aucune considération, tout en lui, jusqu'à son extrême irritabilité, le rend éminemment propre à accomplir sa mission scientifique toute d'initiative. Que si, en s'en acquittant, il ne ménage pas assez certains intérêts personnels et blesse même certains amours-propres, s'il s'est livré à beaucoup d'attaques n'ayant aucun caractère scientifique, enfin s'il a mêlé bon nombre d'erreurs à quelques vérités, il n'en demeure pas moins avéré qu'il a enrichi la science de beaucoup trop d'observations et de faits d'une importance capitale pour qu'ils ne fassent pas oublier quelques erreurs et quelques torts de détail et ne transmettent pas son nom à la postérité comme celui d'un des savants qui méritèrent le mieux de la chimie.

LIECHTENSTEIN. *Voyez* LICHTENSTEIN.

LIEDER, pluriel du mot allemand *lied*, qui répond au mot français *chanson* et au mot italien *canzone*. Les principaux auteurs de *lieder* sont Gœthe, Gleim, Voss, Weisse, Hœlty, Burger, Arndt, Kœrner, Ruckert, Heine, Gubel, etc.

LIÈGE, substance assez connue de tout le monde par sa légèreté, son élasticité et son imperméabilité à l'eau. D'après Dutrochet, il se compose d'une multitude de cellules disposées en séries transversales, qu'on peut se représenter comme des paquets de poils cloisonnés et agglutinés ensemble. Aussi ce célèbre observateur le considère-t-il comme une production tout-à-fait analogue aux poils, aux ongles et aux autres productions cutanées qui se voient sur les corps des animaux. Le liége se développe entre l'épiderme et l'écorce d'une espèce de chêne, le *quercus suber*. Son accroissement s'opère chaque année du côté de l'écorce par la formation d'une nouvelle quantité de cellules qui poussent au dehors celles des années précédentes comme autant de productions mortes et desséchées. L'épaisseur de la couche du liége augmente donc annuellement, et peut ainsi devenir énorme, pour fournir au besoin du commerce. Dutrochet a encore observé que le *quercus suber* n'est pas le seul végétal qui produise le liége; il trouve cette substance avec la même origine et les mêmes propriétés dans l'intérieur des aiguillons des rosiers, sur les jeunes branches d'une variété de l'orme et sur une plante monocotylédone étrangère à nos climats; mais ce n'est que sur le *quercus suber* qu'elle se rencontre en assez grande abondance, du moins sur les troncs d'un âge déjà avancé.

Les usages du liége ne sont pas moins connus que la substance elle-même : chacun sait qu'on en fait des bouchons pour boucher les bouteilles, que les pêcheurs s'en servent pour soutenir leurs filets, et les chirurgiens pour divers instruments employés dans l'exercice de leur art. Et tous ces usages découlent naturellement de ces propriétés caractéristiques, la légèreté due à son faible volume, l'élasticité des parois de cellules et l'imperméabilité qui résulte de la non-communication d'une cellule à une autre. L'analyse chimique y a fait reconnaître, indépendamment de plusieurs principes colorants, la présence de plusieurs substances résineuses, de quelques sels à base de fer, analogues à la cire appelée *sérine*, puis d'une autre, encore dominant lieu à la formation d'un acide particulier par sa combinaison avec l'acide nitrique : c'est la *subérine*, dont le tissu du liége est presque entièrement composé. La réaction de toutes ces substances diverses pendant la combustion du liége à vase clos donne pour résultat le noir d'Espagne employé dans la teinture.

F. PASSOT.

LIÈGE (en flamand *Luyk*, en allemand *Luttich*), province du royaume de Belgique, de 36 myriamètres carrés, avec une population de 467,345 habitants, pour la plupart Wallons d'origine et professant la religion catholique, bornée au nord par le Limbourg, à l'est par la Prusse Rhénane, à l'ouest par les provinces de Brabant et de Namur, au sud par le Luxembourg et la province de Namur. Elle se compose de parties de l'ancien évêché de Liége, et du duché de Limbourg, ainsi que de l'ancienne Abbaye de Stanlot, qui au temps de la domination française faisaient partie du département de l'Ourthe. Après la Meuse, les principaux cours d'eau qui l'arrosent sont l'Ourthe et ses affluents, la Vesdre et l'Amblève. Le sol est pierreux et montagneux à l'est et au sud, où il forme une continuation des Ardennes; tandis qu'à l'ouest c'est une fertile plaine. La récolte en céréales, surtout au sud, ne suffit point aux besoins de la consommation locale, et on y supplée par des pommes de terre. En revanche, on y élève beaucoup de bestiaux, et il s'y fait une grande production de beurre et de fromages. Cette province est riche en houille, en calamine, en alun, en fer, en chaux, en pierres à bâtir, à aiguiser, à feu, et en beau marbre. On y trouve aussi diverses sources minérales, parmi lesquelles celles de Chaudfontaine et de Spa sont surtout célèbres. Elles est le centre d'une importante fabrication d'étoffes de coton et de laine, de chapeaux de paille, de cristaux, d'articles de toutes espèces en acier et en fer, de clous, de couteaux, d'instruments de chirurgie, d'épingles et d'aiguilles, de rails pour chemins de fer, de bateaux et de machines à vapeur, de locomotives, et surtout de canons d'armes à feu. En 1861, on y comptait 97 houillères en exploitation (occupant 12,615 ouvriers et produisant 1,294,000 tonnes de houille,d'une valeur de 9,221,325 f.), 72 hauts fourneaux (381 ouvriers; produit 59,000 tonnes; valeur, 243,895), 13 mines de zinc, entre autres la célèbre mine de la *Vieille Montagne* (1,932 ouvriers; produit, 79,544 tonnes; valeur 2,276,572 fr.). L'exploitation des mines de plomb produisait 2,860 tonnes, d'une valeur de 485,672 fr. On estimait à 25,700,000 le produit total des houillères, hauts fourneaux, fonderies de fer, de plomb, de zinc, etc.

L'ancien évêché de Liége, qui faisait partie du cercle de Westphalie, et dont les évêques étaient princes de l'Empire, fût occupé en 1794 par les Français, à qui la paix de Lunéville le céda définitivement, et qui en firent les départements de l'Ourthe, de la Meuse-Inférieure et de Sambre-et-Meuse. Par une décision du congrès de Vienne et en vertu d'un traité particulier en date du 23 mars 1815, il fut abandonné avec toutes les autres provinces flamandes du sud, et à titre de principauté souveraine, au roi des Pays-Bas; et après un remaniement de territoire, par suite duquel il reçut du Hainaut, du Limbourg et de la province de Namur, à peu près l'équivalent de ce qu'il leur abandonna, il fut érigé en province du royaume des Pays-Bas, dont il a continué de faire partie jusqu'à ce que la révolution de Juillet l'eut adjugé au nouveau royaume de Belgique.

Cette province est divisée aujourd'hui en quatre arrondissements : *Huy*, *Liège*, *Verviers* et *Waremme*. On y compte sept villes et 324 communes.

LIÈGE, chef-lieu de la province du même nom, siége d'un évêque, d'un gouverneur, d'une cour d'appel et d'une université, avec 81,765 habitants, est située dans une magnifique vallée de la Meuse, où l'Ourthe vient se jeter, un peu au-dessus de la ville, entre deux montagnes, dont la plus élevée, le mont Saint-Waldburgis, est surmontée d'une forte citadelle,dont le système de défense a été fort augmenté dans ces derniers temps. Les rues de cette ville sont généralement sombres et étroites, garnies de hautes maisons dont les façades sont toutes noircies par la fumée du charbon de terre; mais elle a sur la Meuse un beau quai, garni de belles maisons. Ce fleuve divise la ville en deux parties : la ville haute, ou la vieille ville, et la ville basse, ou la nouvelle ville, sans compter neuf faubourgs. Parmi ses nombreuses églises il faut plus particulièrement citer Saint-Jacques, chef-d'œuvre du genre gothique fleuri; Saint-Barthélemy, basilique du douzième siècle, avec un remarquable baptistère en bronze du onzième siècle; Saint-Martin, construite vers le milieu du seizième siècle, et dont on admire les magnifiques vitraux. Citons aussi le palais de justice, autrefois palais épiscopal.

L'université de Liège, dont la fondation remonte à 1817, compte environ 500 étudiants. Son personnel enseignant répond à l'importance qu'a prise tout aussitôt cet établissement.

Les Liégeois, anciens Éburons, quoique réunis à la Belgique depuis plus de quarante ans, et bien que Belges au fond du cœur, montrent dans leur vie politique une énergie toute municipale et un enthousiasme un peu exclusif. On sent qu'ils ont formé pendant longtemps une nation séparée, et que l'idée d'exister par eux-mêmes flatterait encore leur amour-propre. L'histoire de la province de Liège est très-intéressante, quoique resserrée dans d'étroites limites. Jamais le principe démocratique ne s'est montré plus fort, plus opiniâtre, et souvent aussi plus tumultueux. Gouverné par des princes ecclésiastiques depuis le huitième siècle, ce pays obtint de ses souverains des lois qui aujourd'hui même passeraient pour très-libérales. Liège brava la puissance colossale de la maison de Bourgogne. Jean sans Peur et Charles le Téméraire exercèrent contre elle les plus épouvantables vengeances. Mais l'indomptable cité sortit bientôt de ses ruines, et sembla croître en courage et en audace. Le règne de Ferdinand de Bavière fut un des plus agités. Liège préluda comme la Belgique à la grande révolution française par une révolution en miniature, et se vit réunie quelque temps après à la nouvelle république. M. Dewez, savant estimable, mais sans verve et sans génie, en a écrit la chronique, publiée avant lui en français barbare par le carme Bouille, et en latin plus correct par le jésuite Foullon. Chapeauville, de son côté, avait réuni les historiens liégeois du moyen âge. Plus heureux, M. de Gerlache, premier président de la cour de cassation, à Bruxelles, a retracé avec talent un des épisodes les plus animés des annales de Liège.

LIEGNITZ, chef-lieu de l'arrondissement du même nom dans la Silésie prussienne, au confluent du Schwarzwasser et de la Katzbach, dans une contrée agréable, compte une population de 18,000 âmes. On y voit un château royal, siége du gouvernement, une église où se trouvent les tombeaux des derniers ducs de Liegnitz et de Brieg, de la maison de Piast, deux églises évangéliques, une académie noble fondée en 1708 par l'empereur Joseph Ier et transformée, depuis 1810, en collége pour les enfants des classes supérieures de la bourgeoisie, sous la réserve d'un certain nombre de bourses gratuites en faveur de la noblesse, un gymnase, une école d'arts et métiers, un institut de sourds et muets et un théâtre de construction toute récente. La fabrication de la poterie et des draps, la culture des légumes dans les jardins et marais situés près de la ville, et dont les produits, d'une importance annuelle de plus de cent mille écus, s'expédient au loin, constituent les principales ressources de la population. C'est aux environs de Liegnitz, à Wahlstatt, que se livra, le 9 avril 1241, la grande bataille des Mongoles. La ville fut livrée au pillage, mais la citadelle tint bon. Le 15 août 1760, Frédéric le Grand battit non loin de Liegnitz, le général London. En 1634, Arnheim avec ses Saxons avait battu à Lindenbusch, autre village voisin de Liegnitz, les Impériaux commandés par Colloredo.

En 1824, quand le roi de Prusse, Frédéric-Guillaume III, épousa morganatiquement la comtesse Augusta de Harrach, il lui accorda le titre de *princesse de Liegnitz*.

LIEN, ce qui sert à lier, à attacher, à unir. La paille et l'osier tressés sont d'excellents *liens*. *Lien* se dit aussi des chaînes ou des cordes avec lesquelles sont attachés les prisonniers. Le premier jour d'août l'Église célèbre la fête de Saint-Pierre-aux-*Liens*, en commémoration du miracle qui brisa les *liens* de l'apôtre et le sauva de la tyrannie d'Hérode.

Figurément, *lien* signifie esclavage, dépendance, engagements, liaisons. Le *lien conjugal*, c'est le mariage; les amants ne parlent que de leurs *liens* et de la douceur de leur captivité. On appelle *lien religieux* l'engagement contracté par ceux qui sont dans les ordres sacrés ou qui ont prononcé des vœux monastiques. Le *double lien* (con-*sanguinitas*) est un terme de jurisprudence, qui exprime la parenté entre personnes issues d'un même père et d'une même mère ; le *lien simple*, c'est la parenté entre frères et sœurs qui ont un père ou une mère différents.

LIÉOUKIÉOU, groupe d'îles situé entre l'île Taiwan ou Formose et le Japon, et se dirigeant vers le nord-est. Il a été diversement désigné par les indigènes, par les peuples voisins et par les voyageurs européens. Une partie de cet archipel, celle qui se trouve dans le voisinage de Formose, et qui se compose de sept îles, porte le nom de *Madjiko-Sima* (*Sima* en Japonais veut dire île); une seconde partie ne porte pas de nom général ; la troisième, qui est la plus considérable, et qui renferme le plus grand nombre d'îles, est appelée par ses habitants *Lioutschiou* ou plus communément *Doutschou*; les Chinois l'appellent *Liéoukiéou* et les Japonais *Nioukiou* ou bien encore *Okino-Sima*. Les Européens la nomment *Liqouii*; c'est le nom que lui donne le Portugais Odoardo Barbosa, qui le premier en fit mention (en 1518); on l'appelle aussi *Lequeso*, *Liqueo*; enfin, on lui donne encore plusieurs autres noms, mais le plus répandu est celui qu'ont adopté les Anglais : *Lootschoo* (prononcez *Loutschou*). Ces îles sont au nombre de trente-six. La plus considérable porte le nom de *grand Liéoukiéou*: c'est la résidence du roi de tout l'archipel. *La résidence*, car elle n'a pas d'autre nom que celui-là (*Kingtsching* ou *Schéouli* en chinois, et *Siouri* en japonais), est la ville la plus peuplée de l'île, et n'est éloignée que d'environ 7 kilomètres du port de Napakiang, où s'arrêtent ordinairement les vaisseaux qui viennent d'Europe. Le groupe de Liéoukiéou appartient au système des hautes îles, et offre généralement une enceinte de roches calcaires. Toutes ces îles sont traversées par des montagnes dont les sommets s'élèvent de cent à cent cinquante mètres au-dessus du niveau de la mer, et sont des volcans en partie éteints. Le climat en est sain et tempéré. La neige et la pluie même, il fait du vent et de la pluie, mais d'ordinaire le temps est beau et l'air est purifié et éclairci par une agréable brise du nord-est. Ces dons heureux de la nature exercent une influence bienfaisante sur les habitants, qui, par leur langue et leurs caractères physiques, appartiennent à la race japonaise. Ils sont aimables, polis, modestes, courageux et loyaux au dernier point. On dit qu'il existe dans ces îles des livres qui traitent de l'histoire de ces peuples, et qui donnent des détails sur leur origine et leur civilisation, laquelle, à ce qu'il semble, vient du Japon. La religion est la même qu'au Japon et en Chine ; le bouddhisme y est fort répandu, et y fut introduit, dit-on, il y a plus de mille ans. C'est vers cette époque que les Chinois commencèrent aussi à avoir des rapports plus fréquents avec ces îles, qui leur étaient déjà connues sous les règnes de Han et de Wei. Mais ce fut sous la première fois au commencement de la dynastie Ming, dans la seconde moitié du quatorzième siècle, que les souverains des îles Liéoukiéou envoyèrent des ambassadeurs en Chine et se reconnurent tributaires de l'Empire du Milieu. Depuis la seconde moitié du quinzième siècle, les rois de Liéoukiéou envoyèrent aussi des ambassadeurs au Japon, offrirent de riches présents au Seogum, et eurent avec les Japonais d'étroites relations commerciales. Un prince de Satsoûma, Etat situé à l'extrémité S.-O. de l'île japonaise de Kiousiou, remporta, en 1609, une victoire sur le roi de Liéoukiéou, et le força à reconnaître la suzeraineté du Japon. Depuis cette époque les insulaires payèrent donc double tribut. Mais ils s'y soumirent volontiers, à cause des avantages considérables qu'ils retiraient de leur commerce avec les deux peuples, Chinois et Japonais. Dans ces dernières années, les Japonais, de peur que les étrangers, sous prétexte de faire du négoce à Liéoukiéou, ne cherchassent à s'introduire dans leur propre pays, ont beaucoup restreint leurs relations avec ces îles; tandis que le commerce de Liéoukiéou avec la Chine a pris plus d'extension depuis la dernière guerre des Chinois avec les Anglais. Les îles Liéoukiéou possèdent un comptoir à elles à Foutschéou, capitale de la province de Fokien. Malheureusement pour eux, ces peuples ne peuvent manquer d'avoir des relations de plus en plus étroites avec la race anglo-saxonne, c'est-à-dire avec l'Angleterre ou l'Amérique du Nord. Les vaisseaux de guerre et les navires de commerce de ces deux nations font chaque année des visites de plus en plus fréquentes au port de Napakiang; déjà, en 1851, ils y ont amené un missionnaire, et un médecin, le docteur Bettlehelm, qui a introduit la vaccine à Liéoukiéou.

LIERNE. Ce terme d'architecture a reçu plusieurs significations. On désigne ainsi d'abord une nervure dans une voûte d'ogive, aboutissant de la clef de cette voûte à la jonction des tiercerons. Les deux *tiernes* forment une croix dont la clef est le centre. Les charpentiers donnent ce nom à toute pièce de bois posée horizontalement dans un comble d'un poinçon à un autre, pour les entretenir et porter le faux plancher d'un grenier. C'est encore, en termes de charpentier, toute pièce de bois courbe suivant le pourtour d'un dôme ou d'une coupole qu'on pose de niveau et à différentes hauteurs, où elles sont assemblées à tenons et à mortaises, avec les chevrons courbes; ou bien encore toute pièce de bois servant à entretenir tous les pieux d'une palée avec chacun desquels elle est boulonnée. *Lierner*, c'est garnir un comble, une palée, de *liernes*.

LIERRE, genre de plantes de la famille des araliacées. L'espèce la plus intéressante de ce genre est le *lierre grimpant* (*hedera helix*, L.), arbrisseau dont la tige, qui atteint ordinairement de 10 à 15 mètres, quelquefois jusqu'à 30 mètres, s'accroche par des crampons aux troncs des arbres ou aux pierres des murs. Cette tige porte des feuilles pétiolées, coriaces, luisantes, à cinq lobes, excepté dans le voisinage de la fleur où elles deviennent ovales. Vers la fin de septembre apparaissent en ombelées simples des fleurs jaunâtres ou verdâtres, secrétant un liquide sucré. Des fruits charnus leur succèdent : ce sont des baies d'un goût amer. Si nous tentions d'énumérer les qualités médicinales du lierre, nous ressusciterions de vieilles erreurs, car, malgré les vertus tant vantées de la gomme de lierre, qu'on employait jadis dans les onguents comme résolutif, en dépit de toutes les applications qu'on faisait autrefois des baies de la plante comme purgatif, de ses feuilles bouillies dans du vin, pour guérir de la teigne, tuer les poux et nettoyer les anciens ulcères, la médecine légale a fait justice de ces faux remèdes ; et les herboristes aujourd'hui ne vendent plus les feuilles de lierre que pour rafraîchir les cautères.

Le nom latin *hedera*, qu'on a donné à cette plante, provient, dit-on, d'*hædus* (chevreau), parce que les anciens croyaient que les chèvres, qui en broutaient les feuilles, donnaient plus abondamment du lait à leurs petits. Les Grecs appelaient le lierre κισσός, de leurs mythologues ont fait Cissus, favori de Bacchus, qui fut changé en lierre. C'était en raison de cette étymologie que l'on consacrait le lierre au dieu du vin, et que les bacchantes aimaient à se parer de lierre ; Thalie, la Muse de la comédie, en tressait aussi sa couronne ; et cette plante formait encore un des attributs d'Osiris, le Bacchus des Égyptiens.

Les poètes prennent souvent le lierre comme emblème de l'amitié et de l'amour, lorsque, cessant de ramper sur le sol, ses verts rameaux s'enlacent autour du chêne, s'attachent à son vieux tronc, pour vivre et mourir avec lui. Les peintres paysagistes ont toujours tiré bon parti du lierre, lorsqu'ils ont eu occasion d'introduire dans leurs compositions de vieux murs, d'antiques manoirs ou de nobles ruines. Partout on rencontre le lierre, sur la chaumière rustique et sur les monuments des âges passés, dans la grotte solitaire et au milieu des sombres forêts. Cette plante porte avec elle un caractère romantique, et devance l'œuvre du temps, en donnant aux constructions modernes un vernis de vétusté. Sur les vieux édifices, elle dissimule les dégradations, pénètre à travers les décombres, et vient ranimer de sa verdure les espaces dévastés. Vrai protée végétal, le lierre est à la fois herbacé, ligneux, rampant, rameux, volubile ou grimpant selon les lieux qu'il habite et les voisinages où il se trouve placé. Dans nos jardins, les horticulteurs lui font prendre mille formes diverses, le pliant à leur guise, l'étalant pour le faire croître à plein vent; ses feuilles sont sujettes alors à des altérations bizarres, et c'est de là sans doute que sont provenues certaines variétés que les phytographes ont gratuitement érigées en espèces : par exemple les *hedera arborea, sterilis, variegata, poetica, dionysia*, etc.

S. Berthelot.

LIESTALL, chef-lieu du canton suisse de Bâle-Campagne, bâti sur l'Ergolz et agréablement situé entre des vignobles et des prairies, est le siége du conseil du gouvernement et du tribunal supérieur du canton. On y compte plus de 3,000 habitants, dont l'industrie manufacturière est la principale ressource.

LIEU. Il y a peu de mots dont notre idiome ait plus étrangement abusé que de celui-ci ; cependant, en général, partout où ce mot est employé dans un sens figuré, plus il est éloigné de son origine, moins on est exposé à se méprendre sur sa valeur réelle, sur la part qui lui appartient dans l'expression des pensées. Mais s'il est pris dans le sens propre, s'il exprime la *situation* des êtres matériels dans l'univers composé de leur ensemble, ou dans un espace plus resserré, la position respective de quelques-uns de ces êtres qui forment un groupe naturel, comme une planète, etc., ou même en rapprochant encore les limites, un pays, une maison, une chambre, etc., c'est alors que la lumière s'affaiblit, que l'incorrection du langage devient plus remarquable, plus choquante, et que la logique la condamne plus sévèrement. Des métaphysiciens très-subtils ont dit que le *lieu* d'un corps n'est pas autre chose que l'*espace* qu'il occupe, ce qui a fait distinguer le *lieu interne*, espace mesuré dans l'intérieur du corps, et le *lieu externe*, surface qui enveloppe le lieu interne. Nous conseillons à nos lecteurs de s'en tenir à ces définitions, et de ne pas tenter de pénétrer dans les régions ténébreuses où ils s'engageraient en lisant les dissertations écrites sur ces deux sortes de *lieux*.

Ferry.

Le *lieu* d'un astre est le point du ciel auquel répond la position de cet astre. Pour ceux qui ont une parallaxe appréciable, il faut distinguer le *lieu véritable* du *lieu apparent*. On qualifie aussi quelquefois les lieux astronomiques des termes d'*héliocentrique, géocentrique*, etc.

LIEU. (*Géométrie*). Voyez Lieu géométrique.

LIEUE, nom d'une mesure itinéraire, qui fut usitée en France jusqu'à l'adoption définitive du système métrique. Cependant, ce nom a encore été conservé pour désigner une distance d'environ quatre kilomètres.

La lieue de poste de 2,000 toises (3,898 mètres) était la seule légale : c'était celle des environs de Paris, et, malgré l'assertion de Rabelais, elle n'était pas la plus courte de toutes celles que l'on avait admises en France, puisque, dans le Gâtinais, sa longueur était réduite à 1,700 toises. Mais il faut convenir, avec l'historien de *Gargantua* et de *Pantagruel*, que les lieues devenaient plus longues à une grande distance de la capitale ; près des frontières méridionales, cette mesure équivalait à deux lieues de poste.

En géographie, on divisait le degré en vingt-cinq lieues pour la terre, vingt lieues pour la mer : celles-ci de 5,556 mètres, et les autres de 4,444 mètres. Les divisions adoptées par les marins ont été consenties parce qu'elles offrent cet avantage, que leur lieue répond exactement à trois minutes d'un degré de grand cercle terrestre, ce qui fait exactement une minute par m 1 le marin.

Presque tous les peuples de l'Europe donnent à leur mesure itinéraire le nom de *mille*; la France, l'Espagne, le Portugal et le Brabant ont seuls conservé le nom de *lieue* (*legua* en espagnol). Ce mot dérive du celtique *leg*; et quoique notre langue laisse moins apercevoir son origine, les vestiges n'en sont pas encore méconnaissables. Dans la péninsule espagnole, il y a encore autrefois chez nous une mesure légale de la lieue, et d'autres purement locales; la lieue légale d'Espagne est plus grande que notre ancienne lieue de poste ; on lui donne 5,000 *varas*, ou 4238 mètres. En Portugal, la lieue, de 18 au degré, vaut 6173 mètres. Enfin, la lieue de Brabant est de 6556 mètres. FERRY.

LIEU GÉOMÉTRIQUE. Les géomètres donnent ce nom, et quelquefois simplement celui de *lieu*, à une ligne ou à une surface dont tous les points jouissent d'une propriété commune, à l'exclusion des autres points de l'espace. Si, par exemple, on demande de trouver un point également distant de deux points donnés, et situé dans un plan donné passant par ces deux derniers points, le problème est indéterminé, et, au lieu d'un point, on a pour solutions une infinité de points dont l'ensemble forme une ligne droite, qui est la perpendiculaire élevée dans le plan au milieu de la droite de jonction des deux points donnés : cette perpendiculaire est le lieu géométrique des points qui satisfont aux conditions posées. Si dans cette question on supprime la seconde condition, c'est-à-dire si l'on demande seulement de trouver un point également distant de deux points donnés sans l'astreindre à être situé dans quelque place que se soit, le lieu géométrique d'un tel point est alors le plan mené perpendiculairement au milieu de la droite qui unit les deux points donnés. On voit, par ce qui précède, que la c i r c o n f é r e n c e peut être regardée comme le lieu géométrique des points situés à une distance donnée (rayon) d'un point fixe (centre) dans un plan donné; de même que la surface de la s p h è r e est le lieu des points qui satisfont seulement aux deux premières de ces conditions, etc.

La géométrie analytique permet de déterminer les lieux géométriques des points dont les propriétés sont suffisamment définies. Mais, si précieux que soient ses procédés, nous devons remarquer que l'équation d'une c o u r b e n'est en général qu'une transformation de l'énoncé des propriétés caractéristiques de ses points. Pour écrire cette équation, il faut introduire des c o o r d o n n é e s dans le calcul, et souvent ces coordonnées viennent compliquer d'une manière fâcheuse l'expression analytique. C'est en partie pour obvier à cet inconvénient que plusieurs géomètres modernes ont tenté, en revenant à la méthode des anciens, heureusement généralisée, de rendre à la géométrie pure une plus grande part dans ses recherches. Leurs efforts ont déjà été couronnés de succès. E. MERLIEUX.

LIEU PUBLIC. Cette expression n'a pas été définie par la loi. Elle a deux sens différents, suivant qu'elle s'applique aux endroits que l'autorité est chargée de surveiller, ou qu'elle sert à caractériser la d i f f a m a t i o n et l' i n j u r e. Sous le premier rapport les lieux publics sont ceux qui sont destinés à la réunion du public, tels que les foires, marchés, réjouissances et cérémonies publiques, spectacles, jeux, cafés, églises, etc. Les corps municipaux sont spécialement chargés d'y maintenir le bon ordre ; les maires et officiers de police peuvent toujours y entrer, ainsi que dans les lieux livrés notoirement à la débauche. Sous le rapport de la publicité en matière de diffamation et d'injures, la jurisprudence a donné plus d'extension à la dénomination de lieu public. Ainsi, sont réputés lieux publics : une place, une rue, une auberge, une école, une salle de spectacle, les bureaux d'une administration publique, etc.

LIEUTENANCE. On nomme *lieutenance* le grade qui donne le titre de l i e u t e n a n t. Obtenir une lieutenance, c'est passer du grade de sous-lieutenant à celui de lieutenant.

LIEUTENANT (du latin *locum tenens*, tenant lieu, suppléant). Dans la hiérarchie militaire, il y a des lieutenants de toutes sortes; mais ce titre se trouve spécialement au bas de l'échelle des officiers, dont le *sous-lieutenant* occupe le dernier et le *lieutenant* l'avant-dernier degré. Divers corps spéciaux ont des lieutenants en premier et des lieutenants en second. Ailleurs il y a des lieutenants de première et de deuxième classe. Le grade de lieutenant, en France, est à peu près de la même origine que celui de c a p i t a i n e. En 1445 on comptait 32 lieutenants sur 16,000 hommes : en 1516, 2 sur 1,070; de nos jours, environ 1 sur 80. Le lieutenant, comme l'indique son titre, aide le capitaine dans ses fonctions, et le remplace en cas d'absence. Ce grade, supprimé par Charles IX, fut rétabli par Henri IV. Depuis il n'a plus cessé de figurer dans les cadres de l'armée française. Plusieurs fonctions s'y rattachent : il y a des lieutenants aides de camp, des lieutenants officiers payeurs, des lieutenants porte-drapeau, etc., etc. Ces officiers ont l'épaulette à gauche et la contre-épaulette à droite. Chez quelques puissances de l'Europe, ils n'ont pas pour marques distinctives que l'écharpe ou des chevrons au bas des manches, tels qu'en portent en France les officiers de hussards.

Le mot *lieutenant* a aussi une signification plus élevée. L'officier général revêtu du commandement d'une armée ou d'un corps d'armée prend quelquefois ce titre : c'est dans ce sens qu'on dit, par exemple, que Labienus était le lieutenant de César. On sait combien les lieutenants de Napoléon Ier acquirent de renommée et de gloire pendant les guerres du consulat et de l'empire.

LIEUTENANT CIVIL, second magistrat de la juridiction du C h â t e l e t de Paris. Il présidait à l'audience du parc civil, recueillait les opinions des conseillers, lors même que le p r é v ô t de Paris, dont il n'était dans ce cas que le substitut, siégeait à l'audience. Il jugeait à huis clos, dans son hôtel, les contestations relatives à l'apposition ou à la levée des scellés et aux inventaires. Les procès-verbaux d'assemblées de famille pour les affaires des mineurs, les interdictions, les demandes en séparation, étaient dressés dans son hôtel. Là aussi étaient représentés les testaments cachetés, pour y être, après le décès des testateurs, ouverts en sa présence et celle des parties intéressées. La finance de cette charge était de 500,000 livres. Le lieutenant civil jouissait d'une grande autorité. Des droits considérables et d'importants priviléges étaient attachés à l'exercice de sa charge. DUFEY (de l'Yonne).

LIEUTENANT-COLONEL. Dans tous les régiments de l'armée française, ce grade est immédiatement au-dessous de celui de c o l o n e l. Lorsqu'en 1582 le duc d'Épernon posséda la charge de colonel général de l'infanterie, il créa dans chaque corps de cette arme une compagnie à laquelle on donna le nom de *colonelle*. Elle était la première du régiment, et son capitaine prenait le titre de lieutenant-colonel (lieutenant du colonel général). Cet emploi n'était donné qu'aux officiers instruits et d'une valeur éprouvée. La seconde compagnie appartenait au colonel, et portait le nom de *compagnie mestre-de-camp*, grade qui équivalait alors, dans l'infanterie, à celui de colonel. La dignité de colonel général ayant été supprimée, la compagnie du mestre-de-camp remplaça la première et en prit le titre et le rang ; la colonelle devint la seconde. Les chefs de corps ayant cessé d'avoir des compagnies, en 1779, on accorda aux capitaines des colonelles des prérogatives plus étendues et plus rapprochées de celles du colonel : ils cessèrent de monter la garde concurremment avec les capitaines, donnèrent des ordres aux majors, et devinrent les seconds officiers supérieurs des régiments. Telle est la véritable origine, en France, du grade de lieutenant-colonel. En 1791 on plaça un lieutenant-colonel dans chaque bataillon ; mais ce grade, supprimé en 1793, fut remplacé par celui de c h e f d e b a t a i l l o n. En 1803 le premier consul créa dans les corps de toutes armes, sous la dénomination de *major*, un grade intermédiaire entre celui de colonel et celui de chef de bataillon. Ces officiers furent chargés du détail du régiment, de l'inspection, de la tenue, de la discipline, de la comptabilité et de la surveillance des contrôles. Lors de l'organisation des légions départementales, en 1815, les majors de la création de l'empereur, qu'il ne faut pas confondre avec les majors actuels, prirent le titre de *lieutenant-colonel*. Aux termes des règlements en vigueur, le lieutenant-colonel commande en second le régiment sous les ordres du colonel, lorsque celui-ci est présent, et le remplace en cas d'absence. Le grade de lieutenant-colonel existe chez presque toutes les puissances de l'Europe ; mais les attributions en différent dans les diverses armées étrangères.

318 LIEUTENANT-COLONEL — LIEUX COMMUNS

LIEUTENANT CRIMINEL, magistrat du Châtelet de Paris. Il prononçait sur tous les crimes et délits commis à Paris, dans la banlieue, et dans un rayon plus étendu qui comprenait toutes les communes composant l'ancien vicomté de Paris. Il jugeait sans le concours d'aucun conseiller, et assisté d'un avocat du roi, toutes les petites causes que nous appelons de *simple police*, telles que celles qui sont maintenant de la compétence du tribunal de police municipale. Le lieutenant criminel du Châtelet avait toujours près de lui, dans l'intérieur du tribunal, un exempt de la compagnie de robe courte avec dix archers en uniforme, pour faire exécuter ses ordres immédiatement. La finance de cette charge avait été fixée, en 1690, à 250,000 livres. Mais Louis XV, pour en faciliter l'acquisition à M. de Sartines, qui depuis fut lieutenant général de police de Paris et ministre de la marine, réduisit le prix, en 1754, à 100,000 livres. Il y avait un lieutenant criminel dans toutes les juridictions royales de l'ancienne France.

Dufey (de l'Yonne).

LIEUTENANT DE ROI, titre qu'on donnait aux officiers généraux ou officiers supérieurs commandant une ville de guerre. L'origine de ce grade remontait à l'époque de l'institution des gouverneurs et des lieutenants de roi de province. Les lieutenants de roi, supprimés par décret de l'Assemblée nationale, du 25 février 1791, furent remplacés par des *commandants temporaires*, qui prirent les noms de *commandants d'armes* ou de *commandants de place*. Ils conservèrent ce dernier titre jusqu'à la fin de 1814. Pendant la Restauration ils reprirent leur première dénomination. Le 31 mai 1829 elle fut de nouveau échangée contre celle de commandant de place, encore en usage.

LIEUTENANT DE VAISSEAU, grade de la marine au dessus de celui d'enseigne de vaisseau et au-dessous de celui de capitaine de frégate, et qui répond en France au grade de capitaine dans l'armée de terre. Il y a des lieutenants de vaisseau de deux classes.

LIEUTENANT GÉNÉRAL. Ce titre, donné souvent sous l'ancienne monarchie à des particuliers auxquels le roi déléguait momentanément une partie de son autorité, était devenu très-commun à la fin du siècle dernier. La Convention, en restreignant, en 1791, le nombre des lieutenants généraux, substitua à ce nom la dénomination, plus juste, de général de division. A l'époque de la Restauration, les généraux de division prirent le titre de lieutenants généraux, que le gouvernement provisoire remplaça définitivement, en 1848, par celui de général de division.

LIEUTENANT GÉNÉRAL DE POLICE. Cette charge, de la plus haute importance, ne fut établie qu'en 1667. Avant cette époque, la police de la capitale était dans les attributions du prévôt de Paris et du lieutenant civil. Elle fut créée à l'occasion des *nouvelles à la main*, qui se multipliaient avec une rapidité toujours croissante, et dont l'autorité royale s'alarma. Les attributions de cette nouvelle magistrature, subordonnée en tout aux exigences ministérielles, furent d'abord bornées à la recherche des publications clandestines, des libelles, des pamphlets, et spécialement des nouvelles à la main, aux précautions de salubrité, de sûreté; à la vérification des poids et mesures; à la visite des hôtels garnis, des tripots, des maisons de jeu, des cafés, et de tous les lieux ouverts au public; aux règlements des arts et métiers; à l'éclairage des rues, et enfin à tout ce qu'on appelle la voirie. Il rendait compte chaque année au parlement de l'état moral et sanitaire de la capitale. On connaît cette réponse d'un premier président à l'un des derniers lieutenants généraux de police. « La cour vous recommande sûreté, clarté, propreté : ces trois mots résument tous les devoirs de votre charge. » C'était, en fait, une véritable dictature. Ce magistrat disposait de la liberté de tous les citoyens de Paris et des étrangers. Louis XV recevait chaque soir de sa main le bulletin de la chronique scandaleuse de la capitale. La favorite assistait presque toujours en tiers au compte-rendu du magistrat. La police de Paris, l'éclairage de la ville et de toute la route de Versailles, l'entretien du corps des pompiers, du guet et de toute la garde à pied et à cheval, coûtaient ordinairement 2,100,000 livres. La caisse royale faisait une subvention de 21,000 livres par trimestre. C'est le chiffre porté dans les registres authentiques de Louis XV et de Louis XVI. Lyon avait aussi un lieutenant général de police, mais ses attributions étaient moins étendues.

Dufey (de l'Yonne).

LIEUTENANT GÉNÉRAL DU ROYAUME. Cette dignité, essentiellement temporaire, équivalait à celle de régent. Le duc de Guise fut revêtu de cette dignité, en 1558, par Henri II, après le désastre de Saint-Quentin, et y fut appelé de nouveau, en 1560, à la suite de la conjuration d'Amboise. Charles IX, en 1567, institua son frère le duc d'Anjou, depuis Henri III, lieutenant général du royaume. En 1589, première année du règne de Henri IV, le duc de Mayenne fut proclamé par le conseil de l'*Union*, qui dirigeait les affaires de la Ligue, *lieutenant général de l'État royal et couronne de France*. Louis XIII, en 1629, nomma le cardinal de Richelieu son lieutenant général, pour représenter sa personne et commander ses armées en France et à l'étranger. Gaston d'Orléans, pendant la minorité de Louis XIV, réunit à son titre de régent celui de lieutenant général du royaume. Un décret du sénat de Napoléon Ier, daté du 14 avril 1814, déféra le gouvernement provisoire de la France, sous le titre de lieutenant général du royaume, au comte d'Artois, depuis Charles X, qui fut investi de l'autorité royale jusqu'au retour de Louis XVIII, son frère. Enfin, en 1830, après la révolution de juillet, Louis-Philippe, duc d'Orléans, fut invité par la réunion des députés rassemblés au palais Bourbon à se rendre à Paris pour y remplir les fonctions de lieutenant général du royaume. Il se vit en même temps revêtu de cette haute dignité et par ordonnance de Charles X et par le gouvernement provisoire établi à l'hôtel de ville. Le titre de *roi des Français*, que lui déférait la chambre des députés, fut accepté par lui le 9 août suivant.

Dufey (de l'Yonne).

LIEUTENANT PARTICULIER, nom que l'on donnait, à l'ancien Châtelet de Paris, à des magistrats qui remplaçaient au besoin le lieutenant civil ou le lieutenant criminel. Ces deux magistratures subirent un démembrement sous le règne de Henri III. Les assesseurs que ce prince leur avait adjoints furent supprimés en 1664 et 1665. Les lieutenants particuliers, rétablis dans leurs attributions, présidaient de mois en mois, l'un à la chambre du conseil, l'autre au présidial ; tous deux remplaçaient au besoin, dans leurs fonctions, les lieutenants civils, criminels et de police.

Dufey (de l'Yonne).

LIEUX COMMUNS (traduction littérale du terme latin *locus communis*). On donne ce nom à des maximes générales, composées à loisir par les orateurs, et qu'on applique à propos au sujet qu'on traite, en envisageant sa nature, ses circonstances, ses suites, sa conformité ou son opposition avec tel ou tel autre sujet. Ces différentes sources d'où naissent les *lieux communs* sont nommées *lieux* ou *chefs d'argument*. On divise les *lieux communs* par rapport aux trois genres d'éloquence : 1° en ceux qui servent à persuader ou à dissuader ; 2° ceux qui ont pour but la louange ou le blâme ; 3° ceux qu'on emploie pour accuser ou pour défendre. Cicéron recommandait aux orateurs de faire provision de *lieux communs*, d'exordes et de péroraisons toutes faites, et même de discours entiers, écrits d'avance, aux noms et aux circonstances près. L'éloquence moderne a renoncé à cette ressource, qui ne peut que déguiser, dans une improvisation, le manque de travail ou de talent, et qui ne pouvait guère servir qu'aux esprits médiocres qui faisaient à Rome et à Athènes le trafic de l'éloquence.

En littérature, on appelle *lieux communs* ces généralités rebattues et ces phrases toutes faites qui ont la prétention de dissimuler l'absence de pensées : ce sont les *chevilles* d'un ouvrage.

LIEUX D'AISANCES. Lieux pratiqués dans une maison pour y satisfaire les besoins naturels. La *situation des lieux d'aisances* et leur disposition intérieure méritent une sérieuse attention. Il faut veiller à ce qu'ils ne soient point trop éloignés, ce qui est souvent une cause de malaise; ils doivent être entretenus avec la plus grande propreté, afin que ces cabinets, établis à presque tous les étages de nos maisons, ne deviennent point des foyers pestilentiels. On doit veiller aussi à ce que le siége puisse se fermer bien hermétiquement, et bien aérer le cabinet tout entier. Du reste, cette partie de l'architecture, qui intéresse à un si haut point la santé publique, a fait de nos jours de grands progrès : le premier date de l'usage des *lieux* dits *à l'anglaise*, introduit en France vers la fin du siècle dernier. Jusque là les *lieux d'aisances* étaient généralement demeurés à l'état primitif, tels qu'on les trouve encore dans beaucoup de nos villes de province; ils étaient restés ce qu'étaient les *retraits* du moyen âge. C'est surtout dans les grands établissements, les hôpitaux, les casernes, les collèges, que la disposition des *lieux d'aisances* a une grande importance dans les questions d'hygiène, et que malheureusement elle est le plus négligée; c'est là seulement qu'on retrouve ces vastes gouffres d'ordures qu'on appelle *latrines*. Les anciens, qui n'avaient point de fosses particulières dans l'intérieur de leurs maisons, avaient des lieux publics nommés *latrinæ* ou *lavatrinæ* (de *lavare*, laver), où se rendaient ceux qui n'avaient point d'esclaves pour vider et laver leurs bassins. Ces *latrines* publiques, nombreuses à Rome, où on les appelait aussi *sterquilinia* (de *stercus*, ordure, fumier), étaient garnies d'éponges : les immondices tombaient dans des fosses profondes, d'où les entraînaient les eaux du Tibre, amenées par des conduits souterrains.

LIEUX SAINTS. On donne ce nom à la partie de Jérusalem où l'on croit que s'est accomplie la mort de Jésus-Christ. L'église du Saint-Sépulcre en est le sanctuaire. On sait qu'en 1807 le feu dévora en partie la chapelle principale. Les Grecs la firent reconstruire, et les Latins, n'ayant pu contribuer pour leur part à sa reconstruction, perdirent par le fait leurs anciens priviléges. Les Grecs se rendirent peu à peu maîtres des lieux saints, à l'exclusion des autres communions. Dès 1819 et 1820 des négociations s'ouvrirent entre la France, la Russie et la Turquie pour régler des questions de priviléges et de juridiction à Jérusalem. En 1852, M. le marquis de Lavalette fut envoyé à Constantinople pour demander la concession de quelques droits nouveaux pour les Latins. Le divan vit d'abord avec répugnance s'agiter ces questions. Vers la même époque, un firman du sultan permit au vaisseau français *Le Charlemagne* d'entrer dans le Bosphore, et l'empereur ottoman put voir par lui-même ce magnifique vaisseau mixte. Bientôt la France obtenait quelque chose. Il était accordé aux Latins une clef de la grande porte de l'église de Bethléem, semblable à celles que possédaient les Grecs ; cette clef, à la vérité, leur donnait simplement le droit de passer par cette église, qui ne cessait pas d'appartenir aux Grecs ; mais enfin les Grecs n'étaient plus seuls à en avoir une. La Russie s'émut aussitôt. Le sultan revint tant qu'il put sur ce qu'il avait fait ; et quand le prince Menschikoff arriva à Constantinople en 1853, le divan rendit de nouveaux firmans par lesquels il était entendu que la surveillance exclusive des travaux de reconstruction de la grande coupole de l'église du Saint-Sépulcre appartenait au patriarche grec de Jérusalem. La Russie elle-même paraissait satisfaite des nouveaux arrangements; mais elle demanda des garanties pour l'avenir, elle voulut qu'un droit plus grand de protection sur ses coreligionnaires lui fût accordé. Pendant qu'elle négociait, elle faisait des préparatifs de guerre. Son attitude menaçante amena les flottes anglaise et française dans les eaux des Dardanelles ; puis le passage du Pruth et l'attaque de Sinope par les Russes décida la guerre d'Orient.
L. LOUVET.

LIEVEN (Famille de). Les *barons* de Lieven sont une ancienne maison dont les propriétés sont situées en Livonie et en Courlande, et dont il existe deux lignes : l'une établie en Suède, où elle obtint le titre de *comte*, l'autre en Russie, où en 1826 elle fut élevée au rang de *prince*.

Jean Henri, comte DE LIEVEN, né en 1670, mort en 1719, accompagna le roi de Suède Charles XII dans toutes ses campagnes.

Charlotte Carlowna, princesse DE LIEVEN, née de Bosse, veuve du général-major russe *André Romanowitsch* DE LIEVEN, ancienne institutrice des enfants de l'empereur Paul Ier, fut nommée en 1794 dame d'honneur de l'impératrice, et élevée en 1799 au rang de *comtesse*. A son avénement au trône, l'empereur Alexandre la nomma grande-maîtresse de sa cour, et, lors de son couronnement, l'empereur Nicolas lui accorda le titre de *princesse*. Elle mourut en 1828.

Christophe Andréjewitsch, prince DE LIEVEN, lieutenant général, d'abord ambassadeur de Russie à Berlin, puis à Londres de 1813 à 1834, prit une part importante aux négociations qui eurent pour objet la pacification de la Grèce et à celles qui amenèrent la fondation du royaume de Belgique. Il mourut à Rome, en 1839. Sa veuve, *Dorothée*, princesse DE LIEVEN, née de Benkendorff, nommée dame d'honneur de l'impératrice en 1828, femme très-distinguée, remarquable par la finesse de son esprit et la souplesse de ses relations, a attaché à son char la plupart des hommes d'État contemporains, depuis M. de Metternich jusqu'à M. Guizot, dont elle a été longtemps, comme on sait, l'Égérie. Fort supérieure pour l'intelligence des affaires à son mari, c'était elle qui, en réalité, dirigeait l'ambassade ; et toujours elle sut se maintenir dans la faveur des whigs aussi bien que dans celle des tories. Aussi liée avec Castlereagh qu'avec Canning, elle eut en même temps au nombre de ses intimes lord Grey, qui lui écrivait tous les matins de son lit, selon son habitude, un billet moitié galant, moitié politique, parfumé d'ambre et de patchouli. Peu après la révolution de Juillet, Mme de Lieven ouvrit à Paris un salon où se réunirent toutes les cailettes politiques de l'Europe passant par cette capitale, espèce de bureau d'adresses, de renseignements, où le corps diplomatique allait se pourvoir d'anecdotes ramassées depuis les antichambres des Tuileries jusqu'aux coulisses de l'Opéra ; véritable terrain neutre, d'ailleurs, où l'on voyait M. Thiers et M. Guizot à côté de M. Molé; club de M. d'Appony condoyait Martinez de la Rosa; lord Granville y donnait une poignée de main au général Cass; lord Canterbury, lord Lyndhurst, lord Lowther s'y promenaient bras dessus bras dessous avec le colonel Caradock ; avec M. Ellice ou M. Bowring; enfin, Mme Thiers y était assise à côté de Mme de Flahaut, pairesse d'Angleterre. Lord Palmerston est le seul ministre avec lequel Mme de Lieven n'a jamais pu s'entendre. Aussi est-elle devenue son ennemie la plus intime. Il répondait à quelqu'un qui lui demandait la cause de son indifférence pour la princesse : « J'ai été dans les cabinets tories, et je sais ce que valent ses services. » Après avoir pendant quelque temps gardé rancune à la révolution de Février, à la suite de laquelle elle se *réfugia* à Londres, Mme de Lieven était revenue trôner à Paris, où elle habitait l'ancien hôtel Talleyrand, quand la guerre actuelle l'a contrainte, à se *réfugier* à Bruxelles.

LIEVENS (JAN), peintre et graveur hollandais distingué, né à Leyde, en 1607, fut élève de Georges van Schooten et de Pierre Lastmann. Dès l'âge de dix-huit ans il s'était fait une brillante réputation comme portraitiste. En 1631, il alla en Angleterre, où il fit les portraits de Charles Ier, de la reine et de beaucoup des grands seigneurs ; mais il revint en Hollande en 1645. Il y a à Bruxelles et à Anvers plusieurs tableaux d'église de lui, et on montre à l'hôtel de ville de Leyde l'une de ses meilleures toiles, *La Con-*

tinence de Scipion. Ses dessins au crayon ont une grande valeur, ainsi que ses gravures, dont les unes sont à l'eauforte et les autres terminées au burin, à la manière de Rembrandt. Sa planche la *Résurrection de Lazare* est plus estimée que celle de Rembrandt sur le même sujet. Le nombre de ses gravures est d'environ soixante. On ignore la date précise de sa mort.

LIÈVRE, genre de mammifères de l'ordre des rongeurs, partagé par M. I. Geoffroy Saint-Hilaire en deux subdivisions, les *lièvres* proprement dits, et les *lapins*. L'espèce la plus importante, et la mieux connue de la première de ces subdivisions, est le *lièvre commun* (*lepus timidus*, L.), que nous allons décrire.

Les dents incisives doubles à la mâchoire inférieure ; les molaires formées comme de lames verticales ; la tête oblongue et arquée depuis l'extrémité du museau jusqu'aux oreilles ; la lèvre supérieure fendue jusqu'aux narines ; de longues moustaches de chaque côté de la bouche ; des yeux grands ouverts, ovales et saillants ; les oreilles démesurément grandes comparées au reste du corps ; les jambes de derrière beaucoup plus longues que celles de devant ; cinq doigts aux pieds de devant, quatre à ceux de derrière ; la queue presque nulle et recourbée ; enfin, six mamelons sur la poitrine et six sur le ventre, mamelons très-peu développés chez le mâle, et dont le nombre est souvent incomplet dans plusieurs individus : tels sont les traits principaux de la conformation extérieure du lièvre. La nuance mélangée de son pelage, qui communément est d'un gris tirant sur le roux, est produite par les trois teintes dont se colorent tous les poils du dos, qui, blancs à leur racine, se rembrunissent vers le milieu, et deviennent roux-fauves à leur extrémité. Le ventre et le dessous de la mâchoire inférieure sont blancs ; la queue, noire en dessus, est blanche en dessous, et le bout des oreilles est noir.

De tous les animaux, le plus inoffensif peut-être, et cependant le plus persécuté, c'est le lièvre : poursuivi tour à tour par les embûches et le plomb meurtrier de l'homme ; à toute heure exposé à la dent du chien, du renard et du loup, cet être doux et timide, ne pouvant opposer à ces périls multipliés que la rapidité de sa fuite, voit terminer bientôt une vie de terreur et d'angoisses. Aussi, sa disposition à la peur est-elle excessive. Regardez, il est sans défiance ; il court, saute et bondit ; il s'arrête ; assis sur ses pattes de derrière, il frotte vivement les côtés de sa tête et de son museau avec celles de devant ; mais un bruit, celui de la chute d'une feuille, a été perçu par ses longues oreilles, toujours aux aguets : il s'effraye, il fuit ; et bien souvent la crainte d'un danger imaginaire le précipite dans un danger réel. Le lièvre, cependant, ne manque pas d'instinct pour sa conservation. Il est solitaire et silencieux ; on n'entend sa voix que quand on le saisit avec force ou qu'on le blesse ; alors il pousse des cris rauques, qui ont quelque ressemblance avec la voix humaine. Très-ardentes en amour, les femelles n'ont pas de saison marquée pour produire ; toutefois, c'est depuis le mois de décembre jusqu'en mars qu'elles sont le plus recherchées par les mâles et qu'il naît le plus de *levrauts*. Elles ne portent que trente ou trenteet-un jours ; elles produisent un, deux, trois ou quatre petits, qu'elles mettent bas au pied d'une bruyère ou d'un buisson, et qu'elles allaitent pendant vingt jours seulement. Dès qu'elles ont mis bas, elles reçoivent le mâle ; elles souffrent aussi son approche lorsqu'elles sont pleines.

Il paraît que, malgré leurs grands yeux, les lièvres ont la vue faible : tapis pendant le jour dans leurs gîte, c'est-à-dire entre deux mottes de terre, qui ont la couleur de leur corps, et qu'ils arrangent de manière à ce qu'ils y reçoivent l'hiver le soleil du midi, et l'été la brise du nord, ils dorment beaucoup et les yeux ouverts. C'est pendant la nuit, au clair de la lune, qu'ils paissent et s'accouplent ; leurs querelles d'amour sont souvent sanglantes, et la conquête en litige est le prix du vainqueur. Les lièvres se nourrissent d'herbes, de racines, de feuilles, de fruits et de grains : on sait que l'influence du terroir et du climat, qui apporte de grandes différences à leur taille et à leur couleur, en apporte aussi à la saveur de leur chair, qui, quoique noirâtre, n'en est pas moins délicate et recherchée. Ainsi, les lièvres *ladres*, ceux qui habitent les lieux fangeux, ont la chair blanchâtre et insipide ; ceux qui habitent le fond des bois ne sont pas comparables à ceux qui se tiennent dans les champs ou dans les vignes, et ceux qui paissent le serpolet et les autres herbes fines sur les collines élevées ont sur tous les autres une supériorité incontestable. Les Romains, bons juges en gastronomie, recherchaient ces derniers avec empressement, et c'est d'eux que Martial a dit :

Inter quadrupedes, gloria prima lepus.

Les lièvres sont communs en Angleterre, en Suède, en Allemagne ; l'Autriche fournit tous les ans un million de peaux, et la Bohême 400,000. Ils abondent également en Russie ; en Crimée, le débit de leurs peaux est immense, et les fourrures qu'on en fait, nommées *korelkas*, coûtent jusqu'à deux piastres. La Grèce, l'Asie Mineure, la Syrie, l'Égypte en élèvent par milliers ; le sol de notre France seul se fait tous les jours plus inhospitalier pour eux, et ce n'est qu'à leur grande fécondité qu'ils doivent d'y être préservés d'un anéantissement total.

Il y a cinq manières de prendre ou de chasser le lièvre : la première *aux chiens courants*, la deuxième *au fusil*, la troisième *à l'affût*, la quatrième, mais peu usitée, *à l'oiseau de proie*, et la cinquième *au collet, au lacet* et autres pièges. Le temps le plus favorable à ces différentes chasses est depuis la mi-septembre jusqu'à la mi-avril ; il est bon de savoir que pendant l'été les lièvres se tiennent assez dans les champs, dans les vignes pendant l'automne, et pendant l'hiver dans les buissons et dans les bois.

La femelle du lièvre s'appelle *hase* ; le mâle qui a pris tout son accroissement s'appelle *bouquin*, et on donne le nom de *trois-quarts* au grand levrant prêt à devenir *bouquin* ou *hase*. Le *bouquin*, quand il est chassé par des chiens courants, perce en avant, fait de grandes *randonnées*, c'est-à-dire de longs circuits, aux environs du même lieu ; la *hase* s'écarte moins et revient plus souvent sur ses pas ; le *bouquin* a aussi plus de jambe et de talon que la *hase*. On voit qu'un lièvre commence à se lasser quand ses allures sont *courtes* et *déréglées* ; son pied s'élargit, il n'appuie que du talon ; ses oreilles sont basses et écartées ; il *porte la hotte*, disent les chasseurs ; ses forces l'abandonnent, et bientôt il est *forcé*.

Les lièvres et les lapins ne sympathisent pas entre eux, et on les voit rarement se multiplier dans un voisinage réciproque.

[Dans le langage figuré le mot *lièvre* s'emploie souvent. Ainsi on dit proverbialement *lever le lièvre* pour être le premier à proposer un avis, à faire une ouverture. *Il est dangereux de chasser deux lièvres à la fois* ; *qui court deux lièvres n'en prend-point* ; c'est-à-dire qu'il est souvent d'un très-faux calcul de poursuivre la réalisation de deux projets, qui peuvent, en divisant l'attention et les forces, se neutraliser l'un par l'autre. Veut-on exprimer le peu de confiance qu'inspire la mémoire de quelqu'un, on dit qu'il a *une mémoire de lièvre*. On appelle *bec-de-lièvre* une déformation, naturelle ou accidentelle, qui consiste à avoir la lèvre supérieure fendue. *C'est là que gît le lièvre* signifie, C'est le secret, le nœud de l'affaire.

La timidité et lièvre est passée dans le langage proverbial. Les Grecs disaient, en parlant d'un homme continuellement agité d'inquiétudes : *Il vit la vie d'un lièvre*, expression dont a profité la langue latine : *Vivere vitam leporis*. De même, chez nous : *Être peureux comme un lièvre*, c'est avoir atteint le dernier degré de la pusillanimité. Le ridicule qu'un triste préjugé attache aux disgraces de la fortune a fait donner le nom de *gentilshommes à lièvres* à ceux que l'insuffisance de leurs revenus réduisait presque à vivre uniquement du produit de leur chasse.

Cet animal, dans lequel on peut voir si l'on veut un symbole de fécondité, était devenu dans les hiéroglyphes égyptiens un emblème de franchise. Dans l'art héraldique, où il figure encore, on le représente ordinairement de profil et courant, quelquefois aussi arrêté et assis sur ses jambes : dans cette position, on l'appelle *lièvre en forme*. Enfin, en termes de marine, on donne le nom de *lièvre* ou *saisine-beaupré* à plusieurs tours de corde qui attachent l'aiguille de l'éperon au mât de beaupré. E. PASCALLET.]

LIÈVRE (*Astronomie*), constellation située dans l'hémisphère austral, et composée d'un nombre d'étoiles que le catalogue de Ptolémée fait monter seulement à douze, celui de Tycho-Brahé à treize, et que le catalogue des Anglais évalue à dix-neuf. Placée entre l'Éridan et l'Hydre, cette constellation est une de celles qui sont visibles à Paris.

LIÈVRE DE MER. *Voyez* APLYSIES.
LIÈVRE DES PAMPAS. *Voyez* AGOUTI.
LIÉVRITE. *Voyez* ILVAÏTE.

LIGAMENT (*Anatomie*). Les *ligaments* sont des corps fibreux, blanchâtres, un peu élastiques et fort résistants, placés autour des articulations pour maintenir en rapport les surfaces assujetties à pivoter l'une sur l'autre. Destinés principalement à parer au défaut de continuité des os, les ligaments participent en partie à leur solidité et à leur insensibilité : c'est à tel point que leurs extrémités se ramifient dans le tissu osseux et paraissent en être la continuation. Cependant, l'insensibilité n'a lieu que dans le cas où le ligament ne souffre point de tension extraordinaire. Lorsqu'il est tendu, et que sa rupture peut devenir le résultat de l'action de la force qui le sollicite, alors il jouit de l'admirable propriété d'avertir l'animal du danger qui le menace ; et c'est à ce mode de sensibilité des ligaments qu'il faut principalement attribuer les douleurs vives qui accompagnent la production des luxations ; celles, plus cruelles, qu'on fait éprouver aux malades dans les extensions nécessaires pour réduire ces luxations, surtout lorsqu'on est obligé d'employer des forces considérables ; les intolérables souffrances du supplice qui consiste à tirer un malheureux à quatre chevaux ; le sentiment pénible que font naître les entorses, etc., etc. Les ligaments jouissent en outre de la faculté de se cicatriser rapidement, dans le cas de lésion partielle ; l'activité vitale s'y montre exactement en proportion de leur utilité. Aussi les douleurs provenant de leur inflammation ou de toute autre cause y sont très-variables, et les douleurs rhumatismales surtout passent avec une promptitude étonnante d'un endroit à l'autre. Ce sont les conséquences naturelles de la rapidité des altérations et du rétablissement du tissu ligamenteux. Ajoutez à cela de nombreuses liaisons sympathiques avec les autres organes, indispensables pour suppléer au besoin à leur trop faible sensibilité habituelle, et vous aurez une série de phénomènes découlant naturellement de la destination des ligaments. Il est seulement fâcheux que leur participation à la nature des os les amène avec l'âge à un état de roideur qui s'oppose à la facilité des mouvements. Les articulations se prêtent dans l'enfance à des écarts que la perte de la souplesse des ligaments rend impossibles dans la suite. On sait que c'est dans le jeune âge que les faiseurs de tours commencent à s'exercer. Jamais ils ne pourraient parvenir à exécuter les mouvements extraordinaires qui nous frappent, si l'habitude n'entretenait chez eux depuis l'enfance la facilité de ces mouvements. Mais enfin les lois de la nature finissent par l'emporter sur les bons effets de l'exercice, et l'affaiblissement de la force musculaire vient prêter son concours à la solidification des ligaments, pour ramener tous les mortels au même niveau.
F. PASSOT.

LIGAMENT (*Conchyliologie*). *Voyez* COQUILLE, tome VI, p. 490.
LIGAMENTS DU FOIE. *Voyez* FOIE.

LIGARIUS (QUINTUS), sénateur romain et partisan de Pompée, résidait, depuis l'année 51 avant J.-C., avec le titre de légat, en Afrique, lorsque les adhérents de son parti qui vinrent s'y réfugier l'élurent pour leur chef. Quoiqu'il eût refusé de la manière la plus positive ce périlleux honneur, il fut publiquement accusé de rébellion contre César par le fils de Lucius Ælius Tubéron, qu'on avait envoyé de Rome en Afrique pour prendre l'administration de la province. C'est cette accusation que Cicéron combattit victorieusement, l'an 47 avant J.-C., en présence de César lui-même, dans sa harangue *pro Ligario*, que les anciens reconnaissaient déjà pour un de ses plus beaux titres oratoires. Complétement acquitté et gracié, Ligarius prit tard n'en prit pas moins part à la conspiration qui aboutit à l'assassinat de César, et périt lui-même dans les événements qui amenèrent la ruine de la république.

LIGATURE (du latin *ligatura*, *ligatio*), mot par lequel on désigne un cordonnet, ordinairement composé de plusieurs brins de fil, destiné particulièrement à exercer une constriction plus ou moins forte sur les vaisseaux, pour y suspendre le cours du sang. L'invention de la ligature pour arrêter l'hémorrhagie des gros vaisseaux, surtout après l'amputation des membres, paraît remonter au premier temps où la chirurgie commença à être exercée avec quelque méthode : ainsi, il est vraisemblable que ce moyen hémostatique fut employé du temps d'Hippocrate et autres médecins grecs après lui, bien qu'on n'en découvre aucun indice dans leurs ouvrages ; il faut arriver au règne de Trajan pour trouver les premières traces irrécusables de ligatures appliquées immédiatement sur les gros vaisseaux, pour prévenir ou arrêter l'hémorrhagie dans l'amputation d'un membre. Il paraît bien évident qu'on doit cette découverte à Archigène, Syrien d'origine et médecin de cet empereur. Tout annonce que cette ligature se faisait avant l'amputation et, d'après Dujardin, on commençait par faire sur le trajet de la principale artère, dont on sentait les pulsations, une incision aux téguments, à travers laquelle on passait, avec les précautions convenables pour ne point l'entamer, une aiguille courbe armée de fil, à l'aide duquel on embrassait ce vaisseau et on l'étreignait, à l'instar de la ligature qu'on pratiquait encore à la fin du siècle dernier sur l'artère axillaire, lorsqu'on voulait amputer le bras à l'épaule, opération peu commune avant la guerre de la révolution.

Certes, ce mode de ligature offrait de grands inconvénients, en ce que l'on comprenait presque toujours dans l'anse du fil, avec les principaux vaisseaux du membre, les nerfs qui les accompagnent, des portions de muscles et même les tendons ; d'où résultait fréquemment des accidents très-graves, tels que le *tétanos*, etc. Néanmoins, ce mode de ligature, que l'on croit avec raison avoir d'abord été imaginé par les Grecs, se conserva longtemps, à quelques modifications près, chez les Romains ; il passa ensuite chez les Arabes, qui le transmirent aux médecins européens dans les croisades. L'inscription suivante, traduite en français, qu'on trouva dans les ruines d'Athènes au commencement du seizième siècle, ne laisse pas le moindre doute sur la vérité de cette assertion : « Caristème perdait son sang par une blessure glorieuse ; il eût son salut au savant Évelpide. Monument de reconnaissance. » Cependant, l'art de lier les vaisseaux paraît s'être perfectionné graduellement ; et c'est bien certain, qu'il avait pris naissance dans la Grèce, ce fut aussi là qu'il fit le plus de progrès. Évelpide, chirurgien grec et sectateur d'Érasistrate, objet de cette inscription, fut le premier qui apporta cette méthode à Rome ; elle était déjà devenue usuelle chez les médecins de cette capitale du monde lorsque Celse écrivait sur l'art de guérir ; elle fut surtout propagée par les Triphon père et fils, et ensuite par Antistius, celui qui fut chargé d'examiner les plaies de César après la mort de ce dictateur. Nous allons rapporter un passage, tiré des œuvres de Celse, qui fait connaître ce procédé opératoire : *Quod si illa quoque profluvia vincuntur, venæ quæ sanguinem fundunt apprehendendæ, circaque id quod ictum est duobus locis*

21

deligandæ, intercidendæquesunt, ut et in se ipsæ coeant, et nihilominus ora præclusa habeant (liv. v, cap. 26).

On voit évidemment que déjà à cette époque on pratiquait deux ligatures pour une plaie d'artère, et que l'on coupait le vaisseau entre ces deux ligatures. Cette méthode une fois établie, elle ne subit par la suite que de légères modifications.

Galien a parlé de la ligature des vaisseaux à peu près dans les mêmes termes; mais entre Celse et Galien il ne faut pas omettre de parler de Rufus d'Éphèse, qui dans les lésions des artères voulait ou qu'on liât le vaisseau, ou qu'on le divisât complétement, afin de faciliter sa rétraction et son occlusion (vid. *Act.*, lib. xiv, cap 52).

Aetius aussi a parlé de la double ligature et de l'excision de la poche intermédiaire dans l'opération de l'**anévrisme**: cette méthode fut adoptée par les médecins arabes, et elle passa successivement en Italie. Mais, peu de temps après, cette opération, comme toutes les opérations sanglantes, fut en quelque sorte suspendue en Europe par le concile de Tours, qui interdisait toute effusion de sang; il faut arriver à la fin du treizième siècle pour retrouver, dans la chirurgie de Gui de Chauliac, la ligature des vaisseaux telle qu'elle a été décrite : les médecins italiens et allemands la mirent en pratique, et la transcrivirent dans leurs ouvrages. Il est bien étonnant que depuis ce célèbre chirurgien aucun de ses successeurs en France n'ait parlé de cette ligature; Ambroise Paré lui-même n'y porta son attention que vers la fin de sa carrière. On est surpris de voir que ce grand génie chirurgical n'eût pas imaginé l'emploi de ce moyen simple, et si efficace sur les champs de bataille, pour arrêter l'hémorrhagie des gros vaisseaux, après l'amputation des membres. Enfin, Paré fit, avec son ami Étienne Larivière, les deux premières épreuves du procédé qu'il venait de concevoir, ou duquel il avait eu connaissance par la lecture qu'il avait faite des anciens auteurs, surtout de Gui de Chauliac, qu'il connaissait parfaitement; le succès inattendu qu'il obtint lui fit abandonner la cautérisation, qu'il avait employée jusqu'alors, et bientôt tous les chirurgiens distingués de Paris, ceux appelés *à longue robe*, suivirent un si bel exemple. Paré, pour faire cette ligature, se servait d'une pince qu'il appelait *bec-à-corbin*, au moyen de laquelle il saisissait l'extrémité du vaisseau, qu'il faissait ensuite embrasser, par un aide, avec une anse de fil qui opérait la constriction.

Cette méthode fut reconnue si simple, d'une si facile exécution et si parfaite, qu'elle ne tarda pas à être suivie par tous les chirurgiens de l'Europe. Cependant, on lui fit subir des modifications : la crainte sans doute d'une rupture prématurée du bout de l'artère, fit imaginer à quelques chirurgiens timides d'embrasser avec le vaisseau une partie des tissus ambiants, espérant pouvoir offrir à la ligature une plus forte résistance; en conséquence, on substitua au bec-à-corbin d'Ambroise Paré une aiguille courbe, armée d'un cordonnet de fil aplati en forme de ruban.

Tandis que cette dernière méthode était préconisée en France, celle de Paré fut exclusivement suivie en Italie et en Angleterre; et il n'a rien moins fallu que le grand génie et la fermeté de Desault, l'un de nos maîtres, pour faire connaître les grands inconvénients de la ligature médiate opérée avec l'aiguille courbe, qu'il réforma, et faire ressortir les avantages de la ligature immédiate, exécutée non avec le bec-à-corbin de Paré, mais avec une pince à disséquer à mors mousses et assez longs. Ses nombreux disciples l'introduisirent dans l'armée à l'invasion de la guerre de la révolution; elle y a été pratiquée depuis sans interruption, et toujours avec le succès qu'on avait lieu d'en espérer. Des armées françaises, cette méthode passa rapidement chez les nations voisines, et elle fut généralement répandue.

Les travaux et les expériences des grands anatomistes du dix-huitième siècle, tels que les Prochaska, les Soemmering, les Scarpa, les Hunter, Éverar Home, Vicq-d'Azir et Bichat, ont prouvé que les vaisseaux jouissent d'une propriété contractile ou d'un resserrement élastique tel, que lorsqu'ils sont débarrassés du sang qu'ils renferment, et qui les tient dans un état de distension ou de dilatation, leurs parois se rapprochent, s'entre-touchent et contractent une inflammation adhésive; l'ouverture de l'artère, en la supposant coupée dans tout son diamètre, s'oblitère, se fronce sur elle-même, et il s'opère ainsi une occlusion complète. On peut expliquer ce resserrement par la contraction des fibres spiroïdes qui forment la tunique moyenne de ces vaisseaux et une sorte d'allongement et de torsion qu'elles éprouvent lorsqu'elles sont libres. Le caillot ou *coagulum* sanguin dont parlent quelques auteurs ne contribue en rien à la suppression de l'hémorrhagie. D'après cet aperçu, le moyen le plus expéditif et le plus efficace pour obtenir cette oblitération est la ligature immédiate de l'artère; dans ces derniers temps on a voulu lui substituer la torsion; mais à l'armée elle ne peut entrer en parallèle avec cette ligature, telle que nous l'avons pratiquée pendant une trentaine d'années de guerres.

Quelques réflexions maintenant sur la ligature comme moyen curatif des anévrismes. Aujourd'hui on est généralement convenu de lier l'artère d'après la méthode d'Anel, dite de Hunter, c'est-à-dire au-dessus de la poche anévrismale, et cette ligature se fait de différentes manières. En Angleterre, où cette opération se pratique fréquemment, parce que les anévrismes, surtout ceux traumatiques, y sont plus communs que partout ailleurs, on passe autour du vaisseau isolé un cordonnet rond de fil ou de soie, qu'on étreint au degré convenable, pour intercepter totalement le cours du sang et faire oblitérer les parois de l'artère; en général, nous pouvons dire, comme ayant été témoin de plusieurs de ces opérations, et ayant vu un grand nombre d'individus, dans les principales villes de l'Angleterre, de l'Irlande et de l'Écosse, affectés de cette maladie, que cette méthode a un succès remarquable dans les mains des médecins de la Grande-Bretagne. Cependant, en Italie et en France, où les sujets sont peut-être plus sensibles et plus irritables, les chirurgiens n'osent et ne se sont presque jamais écartés du précepte de Scarpa, dans la crainte que cette ligature anglaise, coupant trop promptement le vaisseau, n'expose le malade à une hémorrhagie consécutive : ce précepte consiste à passer dans l'angle extérieur de l'anse de fil (aplati comme un ruban) qui embrasse l'artère, un petit rouleau de sparadrap de quatre ou cinq lignes de longueur, et à exercer sur ce petit protecteur la constriction de la ligature et l'oblitération du vaisseau. Ce moyen offre sans doute plus de sécurité, et bien que ses effets soient un peu plus lents que ceux de la méthode anglaise, nous croyons devoir lui donner la préférence; l'expérience nous a d'ailleurs fait vérifier les avantages que les premiers chirurgiens français et italiens lui accordent.

On peut dans quelques cas ne pas attendre que la portion étranglée du vaisseau soit coupée par l'effet d'une escharre et de son exfoliation : telles sont par exemple les petites tumeurs anévrismales, certaines plaies récentes des artères; enfin, lorsque l'on croit utile de conserver le calibre du vaisseau sur lequel on pose la ligature; après avoir obtenu dans ces cas l'inflammation adhésive dont nous avons parlé, ce qui suppose trois, quatre ou cinq jours d'une constriction bien faite, selon l'âge des sujets, on peut alors lever la ligature et laisser cicatriser la plaie. Nous avons plusieurs exemples de succès obtenus par cette ligature temporaire, conseillée pour la première fois par Scarpa. Cependant, un grand nombre d'expériences, que notre célèbre confrère le baron Percy avait faites sur les animaux, confirmaient à l'avance les avantages de cette ligature temporaire dans les cas que nous avons supposés. Nous nous dispenserons d'entrer dans aucun détail sur le mode de ligature ou les modifications qu'on peut lui faire éprouver pour chaque tumeur anévrismale, selon son siège, sa forme, son volume et l'état de la région où elle est établie.

Pour terminer cet article, nous parlerons de la ligature du cordon ombilical. Aussitôt l'enfant sorti du sein de la mère, il est instant de rompre les liens qui le retiennent encore attaché à ses entrailles. Ce besoin a été senti par les animaux comme par l'homme, car les femelles de tous les mammifères savent couper ce cordon, et de manière à n'avoir point d'hémorrhagie : elles le meurtrissent ou le déchirent graduellement avec leurs dents, jusqu'à son entière séparation. Certains peuples sauvages, du nouveau et de l'ancien continent, procèdent à la rupture de ce cordon absolument de la même manière. Dans certaines contrées lointaines, on se sert de petits instruments tranchants, faits avec des pierres dures ou des portions de coquillage ; après en avoir fait la section, on pratique une ligature avec une corde à boyau, ou l'on cautérise l'extrémité coupée du cordon avec un fer rouge. Chez les nations civilisées, on coupe le cordon avec un petit couteau ou de bons ciseaux; cette section est précédée ou accompagnée de l'application d'une ligature faite à trois ou quatre travers de doigt du ventre de l'enfant : telle est la coutume généralement adoptée chez toutes les nations civilisées ; néanmoins cette opération ou section a eu ses antagonistes et ses partisans, les premiers s'étayant de ce qu'après la naissance, les fonctions circulatoires cessant immédiatement de la mère à l'enfant, et de celui-ci à la mère, les vaisseaux du cordon ombilical perdaient aussitôt leur action et ne pouvaient plus produire d'hémorrhagie. Mais comme on a vu plusieurs enfants être victimes de ce défaut de ligature, c'est-à-dire qu'ils périssaient d'hémorrhagie consécutive, le second système a prévalu, et aujourd'hui cette ligature se pratique généralement partout. Le petit bout de cordon qui est resté se flétrit et se sépare au niveau de la peau par un travail d'exfoliation du septième au neuvième jour. Pour rendre solide la cicatrice de l'ulcération qui est résultée de la chute de ce cordon, et prévenir la hernie qui se forme fréquemment par l'ouverture aponévrotique qui y correspond, il est prudent de maintenir sur cette petite plaie un emplâtre de diapalme, et de conserver un certain temps la ceinture qui comprime le pourtour du ventre de petit individu.

Bon LARREY,
ancien chirurgien en chef de la grande armée.

LIGE (Hommage). *Voyez* FOI ET HOMMAGE, et FÉODALITÉ, tome IX, page 343.

LIGE-ÉTAGE. *Voyez* ÉTAGE.

LIGNAGE, LIGNAGER. Le mot *lignage* est synonyme de ceux de *race*, de *famille*. Il a vieilli ; on dit pourtant encore un *haut*, un *illustre lignage*. Son adjectif *lignager* est tout à fait hors d'usage. Il se disait des personnes du même lignage.

LIGNAGER (Retrait). *Voyez* RETRAIT.

LIGNE (du latin *linea*). En géométrie, c'est une quantité qui n'a qu'une dimension, qui est la longueur. On suppose qu'une ligne quelconque est engendrée par le mouvement d'un point, ou, ce qui revient au même, on conçoit une ligne comme figurant la trace qu'un point en mouvement laisserait derrière lui. On distingue deux sortes de lignes principales, qui sont les *droites* et les *courbes*. La ligne droite est celle qui peut tourner sur elle-même, sans qu'aucun des points qui la composent change de place : c'est la moins mauvaise de toutes les définitions qu'on a données jusque ici de cette ligne, que du reste l'esprit comprend fort bien. Il ne peut y avoir qu'une espèce de ligne droite. Au contraire, il peut y avoir une infinité d'espèces de lignes courbes, car il est possible de parcourir des détours à l'infini pour se rendre d'un lieu dans un autre.

Pour évaluer la longueur d'une ligne quelconque, on est convenu de la rapporter à celle d'une ligne droite que l'on a prise pour terme de comparaison, et dont on énonce la longueur par les mots *mètre*, *pied*, *toise*, etc. Pour mesurer les lignes courbes, qu'il est impossible de comparer directement à une ligne droite, on les suppose rectifiées, c'est-à-dire ramenées autant que possible à la ligne droite.

Des lignes tirées dans le même plan sont, relativement à leur direction mutuelle, parallèles, perpendiculaires ou obliques.

Ligne, en termes de géographie, est synonyme d'é q u a - t e u r.

En perspective, on distingue la *ligne de terre*, par laquelle le plan géométral (de terre) et celui du tableau se coupent ; la *ligne verticale*, par laquelle le plan vertical coupe le tableau ; la *ligne visuelle*, celle qui part de l'œil de l'observateur et aboutit à l'objet qu'il considère.

En gnomonique, les *lignes horaires* sont les intersections des cercles horaires (méridiens qui divisent la sphère en vingt-quatre parties égales) avec le plan du cadran. La *ligne sousstylaire* passe par le pied du style, et représente la section du cadran par un cercle horaire qui est perpendiculaire à son plan. La *ligne équinoxiale* est l'intersection d'un cercle parallèle à l'équateur avec le plan du cadran.

En astronomie, on distingue la *ligne des apsides*, qui passe par les points *apogée* et *périgée*, *aphélie* et *périhélie* de l'orbite d'une planète ; la *ligne des syzygies*, qui passe par les centres du soleil, de la terre et par celui de la lune, lorsque celle-ci est en conjonction ou en opposition. La *ligne des nœuds* est celle par laquelle le plan de l'orbite d'une planète coupe celui de l'écliptique. Pour la *ligne méridienne*, *voyez* MÉRIDIEN.

Dans les instruments d'astronomie et de mathématiques, la *ligne de foi* est celle qui passe par le centre d'un instrument circulaire, et par le point extrême de l'alidade, qui répond à une division du limbe. La ligne de foi représente le rayon mobile et mathématique de l'instrument.

Ligne est aussi le nom d'une ancienne mesure, la douzième partie du pouce, équivalant en millimètres à 2^{mm},256. En hydraulique, une *ligne d'eau* est une ouverture circulaire d'une ligne de diamètre, percée dans une paroi plane, par où s'écoule l'eau d'un réservoir dont la surface est élevée de sept pouces au-dessus de cette ouverture. Les *lignes d'eau*, en termes de marine, sont les coupes horizontales de la partie submergée de la carène du vaisseau, parallèlement à la *ligne de flottaison* (*voyez* DÉPLACEMENT [*Hydrostatique*]), qui est elle-même la plus haute des *lignes d'eau* sur le plan de ce vaisseau.

L'hydrographie distingue aussi des *lignes de partage* des eaux des *lignes de rive*, des *lignes de plus grande pente*, etc. (*voyez* BASSIN [*Hydrographie*]).

Les *lignes de douanes* sont des postes et des bureaux de d o u a n e s placés le long d'une frontière pour percevoir les droits et empêcher la contrebande. Les *lignes télégraphiques* sont des suites de télégraphes correspondant entre eux, et transmettant les nouvelles, les communications publiques ou particulières d'un lieu à un autre.

Ligne, en généalogie, signifie suite de descendants d'une race, d'une famille : *ligne* directe, droite, collatérale, masculine, féminine. Le vieux mot *lignée* s'emploie dans le même sens.

Ligne se dit particulièrement des traits ou plis de la main, dont le principal est appelé vulgairement *la ligne de vie*. Les intrigants qui se mêlent de c h i r o m a n c i e observent souvent ces *lignes*. En manège, *ligne* est l'espace droit ou circulaire que parcourt le cheval, soit au cercle, soit au pilier, soit sur le carré du manège : *ligne* de la volte, *ligne* du carré. En escrime, on appelle absolument *ligne* celle qui est directement opposée à l'adversaire, et dans laquelle doivent être les épaules, le bras droit et l'épée. En peinture, sculpture, et architecture, *ligne* est l'effet général produit par la réunion et la combinaison des diverses parties d'une composition. En écriture et en imprimerie, on entend par *ligne* les caractères tracés sur une *ligne* droite dans une page. Mettre un mot à la *ligne*, c'est commencer par ce mot un alinéa. Mettre en *ligne* de compte, c'est comprendre dans un compte, et, au figuré, mentionner, rappeler.

Ligne se dit du cordeau, de la ficelle, dont les maçons, les charpentiers, les jardiniers, se servent pour disposer leur ouvrage : Tirer une *mouraille* à la *ligne*. En termes de corderie, c'est un petit cordage à trois torons, d'une ligne à une ligne et demie de diamètre, qui sert à un grand nom-

21.

bre d'usages dans la marine : *ligne* d'amarrage, de sonde, de loch.

Suivre la *ligne* du devoir, de l'honneur, c'est tenir une conduite conforme à l'honneur, au devoir. Marcher sur la même *ligne*, c'est, pour deux écrivains, pour deux artistes, être égaux en mérite, en réputation; être en première *ligne*, c'est tenir le premier rang; hors de *ligne*, c'est s'être placé dans un ordre supérieur, dans un ordre à part. Teyssèdre.

LIGNE (*Art militaire*). *Ligne*, en termes de guerre, signifie la direction générale de la position des troupes, soit pour combattre, soit pour s'exercer aux grandes manœuvres. Se porter sur la *ligne*, c'est se diriger vers le point qu'on doit y occuper. Entrer en *ligne*, c'est s'y placer. Rompre la *ligne*, c'est s'y tenir trop en avant ou trop en arrière : dans le premier cas, on force la *ligne*; dans le second, on la refuse. La *ligne* de direction est celle qu'un corps doit suivre pour se porter d'un lieu à un autre ; la *ligne* d'opération, celle qu'une armée doit, par ses manœuvres, chercher à rallier sans cesse pour concourir à une grande opération donnée. *Ligne* signifie encore dans le même sens le rang d'une armée en ordre de bataille ou de campement, suite de bataillons ou d'escadrons placés sur la même *ligne*, et faisant face du même côté. La *ligne* pleine, dans cette acception, est celle où la droite d'un corps s'appuie à la gauche d'un autre corps, par opposition à la *ligne* par intervalles, qui laisse vide un assez grand espace entre la gauche d'un corps et la droite d'un autre. Marcher en *ligne*, c'est conserver en marchant cet alignement général et partiel, et non marcher en échelons. Par pelotons ou par sections en *ligne*, commandement en vertu duquel une troupe en marche par le flanc se divise et s'échelonne en pelotons ou en sections. La troupe de *ligne* est celle qui combattait originairement en *ligne*, par opposition à la troupe légère ou irrégulière. On dit de même : *infanterie de ligne*, *régiment de ligne*, et absolument et collectivement la *ligne*. On appelle aussi *cavalerie de ligne* la grosse cavalerie, les dragons, les lanciers, par opposition à la cavalerie légère, les chasseurs, les hussards.

Dans la tactique navale, *ligne* s'applique à toute réunion de bâtiments de guerre rangés ou gouvernant sur un même rumb de vent : *ligne* de combat, d'échiquier, de marche, de convoi. Former, serrer, ouvrir, couper, doubler, rompre, enfoncer la *ligne*. La *ligne du plus près* est celle de bâtiments de guerre qui forme un angle de 67° 30′ avec le lit du vent. On la nomme *ligne du plus près tribord* quand les bâtiments qui la forment reçoivent le vent par la droite, et *ligne du plus près babord* quand ils le reçoivent par la gauche. Le *vaisseau de ligne* est un grand vaisseau ayant au moins cinquante pièces de canon. On dit dans un sens analogue *équipage de ligne*.

Ligne, en termes de fortification (*voyez* Circonvallation), signifie retranchement : attaquer, combler les *lignes*. Il s'applique plus spécialement à une suite d'ouvrages de fortification, permanents ou passagers, destinés à couvrir une armée, un corps, un camp ; à fermer un débouché, à protéger les approches d'une place : les *lignes* de Weissembourg. Les *lignes continues* diffèrent des *lignes à intervalles* en ce qu'elles se suivent sans interruption entre les ouvrages qui les composent. Les *lignes parallèles* ou simplement les *parallèles* sont des *lignes* que font les assiégeants pour lier leurs tranchées, les protéger et garder leurs batteries.

LIGNE (*Pêche*). Cet instrument, que tout le monde a pu voir, se compose d'une canne ou long bâton de quatre à six mètres, formé le plus souvent de plusieurs pièces de matières solides, souples et légères, telles que bambou, jonc marin, etc. La grosseur et la force de la canne varient suivant la grosseur des poissons que la *ligne* doit extraire de l'eau. La *ligne* proprement dite, et que l'on attache au bout de la canne, se fait avec des crins blancs, des fils de soie ou de toute autre matière souple et tenace. Comme celle de la canne, la grosseur de la *ligne*, qui en quelque sorte en est le prolongement, doit diminuer progressivement à partir du point d'attache, et se terminer près de l'hameçon par un crin ou deux. Comme les mouvements que l'on imprime à la *ligne* peuvent effaroucher le poisson, il convient de la teindre d'une couleur qui approche, autant que possible, de celle des eaux dans lesquelles vivent les poissons que l'on veut prendre : la couleur verte est celle qu'on emploie généralement avec le plus de succès.

On appelle aussi *lignes* des cordes que l'on tend dans les eaux, et auxquelles on attache un certain nombre d'hameçons. Teyssèdre.

LIGNE (Baptême de la). *Voyez* Baptême de la Ligne.

LIGNE (Maison de), ancienne famille de Belgique, originaire du Hainaut. Herbrand, descendant des comtes souverains d'Alsace, passa vers 1000 dans le Hainaut, où il épousa Hermingarde, sœur de Dietrich, sire de Leuze, et tira de ses armoiries, qui étaient d'une bande de gueules, le nom de *Ligne*. Plusieurs siècles après, cette famille donna naissance à différentes branches, d'où sortirent les maisons d'Aremberg, de Chimay, et de Barbançon, et produisit des barons, qui s'illustrèrent comme guerriers, comme maréchaux du Hainaut, et comme chevaliers de l'ordre de la Toison d'Or. Par un diplôme daté de 1497, l'empereur Maximilien Ier accorda à Jean, baron de Ligne, son conseiller et son chambellan, et à tous ses descendants, le privilége d'être traité de *cousin* dans tous les écrits, brefs et patentes, adressés à leur famille par les empereurs d'Autriche et les souverains des Pays-Bas. *Antoine* de Ligne, surnommé *le grand Diable*, comte de Fauckenberg, fut créé, en 1513, prince de Mortagne par le roi d'Angleterre Henri VIII et par Charles-Quint, alors seulement roi d'Espagne. Devenu empereur, celui-ci nomma *comte* son fils *Jacques*, prince de Mortagne, chevalier de la Toison d'Or. L'empereur Rodolphe II éleva au rang de prince d'Empire, pour tous ses descendants des deux sexes, *Lamoral*, comte de Ligne, grand-bailli du Hainaut, souverain de Fagnolles, prince d'Épinoy, du chef de sa femme. Le mariage de Florent de Ligne avec Louise de Lorraine, sa nièce et fille de la femme de Henri III, roi de France, fit passer la principauté d'Amblise et des terres considérables de la maison de Lorraine dans celle de Ligne. En 1643 un de ses membres, le prince *Claude Lamoral*, vice-roi de Sicile, était revêtu de la dignité héréditaire de grand d'Espagne de première classe. *Claude Lamoral* II, vice-roi de Sicile, grand d'Espagne de première classe, mourut en 1766. Il fut le père du célèbre feld-maréchal autrichien prince de Ligne, si connu au dernier siècle par ses ingénieuses reparties.

Charles-Joseph, prince de Ligne, fils de Claude Lamoral II, naquit à Bruxelles, le 29 mai 1735. Son père et son grand-père avaient déjà été feld-maréchaux au service d'Autriche. Entré en 1752 dans un régiment de dragons, il passa bientôt capitaine, et se distingua maintes fois dans la guerre de sept ans. Après la bataille de Hochkirch, il obtint le grade de colonel, et à son avénement au trône l'empereur Joseph II le fit passer général-major. En 1771 il le promut lieutenant général. Dans la guerre de la succession de Bavière, c'est lui qui commandait l'avant-garde de l'armée autrichienne. Au rétablissement de la paix, le prince de Ligne, sentant le besoin de perfectionner son éducation première, se livra à une étude approfondie des littératures anciennes et modernes, puis entreprit des voyages en Allemagne, en Italie et en France. Accueilli dans toutes les cours avec une distinction extrême, à cause du charme tout particulier de sa conversation, pétillante de verve et d'esprit, il se lia avec les hommes les plus distingués de son siècle, et entretint des relations littéraires suivies avec Voltaire, Rousseau, La Harpe, Frédéric le Grand, etc. Envoyé à diverses reprises en mission diplomatique à Saint-Pétersbourg, il y obtint la faveur la plus complète de l'impératrice Catherine II, qui lui fit don d'un important domaine en Crimée en même temps qu'elle le créa feld-maréchal russe. En 1788 l'empereur Joseph II lui accorda la dignité de grand-maître de l'artillerie, et l'envoya en mission près du prince Potemkin, qu'il seconda dans les opérations du siége d'Oczakow.

L'année suivante il commanda sous les ordres de Loudon un corps d'armée, et il dirigea glorieusement les opérations de l'artillerie au siége de Belgrade. La mort de l'empereur Joseph mit un terme à son activité comme militaire. Quoiqu'il blamât ouvertement la révolte des Brabançons, il put d'autant moins échapper aux soupçons et aux défiances de l'empereur Léopold, que son fils aîné avait ouvertement pris parti pour les patriotes. Après avoir eu le malheur de perdre ce fils, tué en Champagne, le 14 septembre 1792, dans les rangs des coalisés, lors de l'invasion de la France par l'armée aux ordres du duc de Brunswick, il vit les Français, devenus maîtres de la Belgique, lui confisquer toutes ses propriétés. Il consacra alors à des travaux littéraires le long espace de temps pendant lequel il resta sans emploi. En 1807 l'empereur François Ier le nomma bien capitaine des trabans de sa garde, et en l'année suivante il le créa même feld-maréchal, mais sans lui donner de commandement dans l'armée. Quand, en 1803, Napoléon leva le sequestre mis sur les immenses propriétés de la maison de Ligne, le prince céda ses droits à son fils, *Louis Lamoral*, mort le 10 mai 1813. A la même époque il obtint de l'Empire d'Allemagne, à titre d'indemnité pour les domaines qui lui furent enlevés, par suite des remaniements de territoire effectués à cette époque, l'ancienne abbaye princière d'Edelstetten, qu'il vendit l'année suivante au prince Esterhazy. Il poussa sa carrière jusqu'à quatre-vingts ans, et vit le fameux congrès de Vienne. « S'il ne marche pas, du moins *il danse*, disait-il spirituellement ; » et il ajoutait qu'à cette foule de spectacles et de distractions de tous genres, offerts aux nombreux diplomates réunis alors à Vienne il ne manquait plus que le convoi d'un feld-maréchal, et qu'il se chargeait de leur procurer ce divertissement. Effectivement il mourut à Vienne, le 13 décembre 1814.

Le prince de Ligne a beaucoup écrit. De 1795 à 1811 il publia en 34 volumes la collection de ses œuvres, sous le titre de *Mélanges militaires, littéraires et sentimentaires* : à ce bagage, déjà assez lourd, il faut encore ajouter 6 volumes d'*Œuvres posthumes*. Mme de Staël a rendu à l'auteur l'éminent service d'extraire de cette volumineuse collection, où le fatras abonde, et qu'on ne lit plus depuis longtemps, deux charmants volumes de *Lettres et Pensées* (Paris, 1809), qu'on lira toujours avec plaisir.

Le prince de Ligne actuel, *Eugène Lamoral* DE LIGNE, prince d'Amblise et d'Epinoy, né le 28 janvier 1804, petit-fils du précédent, est marié depuis 1836, en troisièmes noces, avec la princesse Hedwige Lubormiska. Lors de la séparation de la Hollande et de la Belgique, en 1830, il y eut un parti qui songea à lui pour le trône de Belgique; mais il refusa les offres qui lui furent faites, et se montra même assez peu favorablement disposé pour le nouvel ordre de choses. Son opposition ne cessa que lorsqu'il accepta, en 1838, la mission d'aller représenter la Belgique au couronnement de la reine Victoria. De 1842 à 1848, il remplit les fonctions d'ambassadeur du roi Léopold à Paris. Il fut ensuite chargé jusqu'à la fin de 1849 de diverses missions près quelques petites cours d'Italie. Créé en 1851 membre du sénat, ce corps l'élut pour président l'année suivante. De ses quatre fils, l'aîné, *Henri*, né en 1824, a épousé la fille du comte de Talleyrand. Le château de *Bel-Œil* en Hainaut est la résidence d'été des princes de Ligne.

LIGNE DE DÉMARCATION. *Voyez* DÉMARCATION (Ligne de).

LIGNEUX (de *lignum*, bois), qui est de la nature et de la consistance du bois. Le tissu spécial qui forme l'élément essentiel et constitutif du bois a reçu le nom de *tissu ligneux* ; il semble composé de fibres continues, les fibres étant figurées par une suite de cellules allongées intimement juxtaposées par leurs extrémités et taillées en biseau. La distribution de ces fibres dans les tiges des végétaux est très-différente, suivant qu'ils sont dicotylédonés ou monocotylédonés.

M. Payen donne le nom de *ligneux* à cette substance dure, cassante, amorphe, déposée en couches plus ou moins épaisses dans les cellules du tissu ligneux. Plus abondant dans le cœur du bois que dans l'aubier, le ligneux en accroît la dureté et la densité. Il est souvent coloré de diverses nuances. Il est plus riche en carbone et en hydrogène que la cellulose, dont est formé le tissu ligneux.

Dans les végétaux dicotylédonés, on nomme *couche ligneuse* une tranche mince de bois dépouillée d'écorce, la section étant faite perpendiculairement à la direction de l'axe de la tige ou de la branche à laquelle cette tranche appartient. Une couche ligneuse se compose de tissu ligneux, de vaisseaux réunis et de tissu utriculaire (*voyez* TIGE).

LIGNICOLE (Coquille), de *lignum*, bois, et *colere*, habiter. *Voyez* COQUILLE.

LIGNITE. L'anthracite, la houille, le lignite et la tourbe ne désignent, à vrai dire, que des modifications d'une même transformation charbonneuse, à laquelle ont été soumises les substances végétales qui, à diverses époques géologiques, ont été enfouies dans les terrains qui forment la partie corticale de notre globe. Le lignite diffère de la houille : 1° en ce qu'il est formé presque exclusivement, ou du moins en grande majorité, des débris de phanérogames gymnospermes, monocotylédonés ou dicotylédonés; et 2° en ce que ces débris n'ont pas subi intégralement la transformation charbonneuse, soit parce qu'ils n'ont pas été soumis d'une manière aussi complète à l'action des causes qui déterminent cette transformation, soit parce que la texture des plantes phanérogames résiste mieux que celle des cryptogames à l'influence modificatrice de ces causes. Le lignite est donc une substance d'origine végétale, provenant de la décomposition de plantes pour la plupart phanérogames, et dans laquelle on remarque de nombreuses variétés qui dépendent 1° de la nature des espèces végétales qui ont été accumulées en une même point et soumises à la décomposition charbonneuse ; 2°de la décomposition plus ou moins complète que ces espèces végétales ont subie ; 3° des substances terreuses qui ont été mélangées aux détritus végétaux ; 4° des modifications transformatrices que le lignite a pu subir postérieurement à sa formation, sous l'influence de divers agents géologiques. Cela posé, nous nous bornerons à décrire les variétés les plus communes du lignite.

Ainsi que l'indique son nom, le *lignite piciforme* à l'aspect noir et luisant de la poix, et se présente en masses compactes, qui donnent en se cassant des surfaces conchoïdes ; quelquefois il se divise en feuillets ou en fragments parallélipipèdes, qu'il devient alors fort difficile de distinguer de quelques variétés de houille ; quelquefois encore, mais bien plus rarement, ce lignite conserve à l'extérieur de quelques-uns de ses fragments la texture fibreuse du bois dont il tire primitivement son origine. A la variété désignée sous le nom de *piciforme* appartient le jayet ou jais.

Le *lignite terne*, d'un noir plus ou moins foncé, mais toujours d'un aspect mat et terne, répand en brûlant une fumée épaisse, âcre et fétide. Cette variété ne se boursoufle pas comme la houille, elle ne coule pas comme les bitumes solides; elle laisse après la combustion une cendre pulvérulente, assez semblable à celle du bois, mais souvent plus abondante, plus terreuse, plus ferrugineuse, et qui, suivant M. Mojon, renferme souvent jusqu'à 3/100 de potasse. Les mines de Sainte-Marguerite et les gîtes du Soissonnais, en France ; les exploitations de Leipzig, en Allemagne, et celles de Tœplitz, en Bohême, fournissent au commerce des quantités considérables de lignite terne, dont les usages sont assez variés : lorsqu'il se présente en masses solides, et qu'il n'est pas imprégné d'infiltrations pyriteuses, on l'emploie avec avantage à la préparation de la chaux ; lorsqu'au contraire il manque de cohérence, et que les pyrites qu'il renferme se décomposent facilement à l'air, on l'utilise dans la fabrication des sulfates de fer et d'alumine; lorsque, enfin, il a été employé dans les arts, on peut encore s'en servir comme d'un engrais pour bonifier quelques terres stériles, comme à Sainte-Marguerite et dans le Soissonnais.

Les deux variétés de lignite que nous venons de décrire et

toutes les innombrables nuances que ces deux variétés peuvent revêtir affectent toutes les mêmes gisements ; mais le *lignite terne* ou *terreux*, dans ses nombreuses modifications, se présente seul en masses assez puissantes pour former une roche proprement dite, un élément constitutif important d'un terrain ou d'une formation ; les autres variétés du lignite, les lignites piciforme, fibreux, etc., ne se rencontrent jamais que disséminés en masses peu importantes, et ne forment jamais à eux seuls des couches entières. Le lignite apparaît pour la première fois dans le terrain filicifère, qui succède presque immédiatement aux terrains de transition ; du moins ne pensons-nous pas que l'on puisse encore contester aujourd'hui la présence dans les couches de houille de fragments de plantes phanérogames ayant l'aspect, la toxture et tous les autres caractères du jayet. Toutefois, si le lignite existe dans les terrains houilliers, sa présence n'y est en quelque sorte qu'accidentelle ; et le lignite n'apparaît réellement comme roche indépendante que dans le calcaire marneux, intermédiaire entre les calcaires oolithique et alpin, et que l'on peut rapporter à la formation liasique. Dans ce calcaire, le lignite se présente en amas disséminés dans des lits de marnes argileuses, et mélangés de coquillages fossiles d'huîtres, d'ammonites, etc., qui souvent sont unis aux lignites par une gangue pyriteuse. Le calcaire jurassique oolithique compacte, qui succède à cette formation, paraît ne pas renfermer de traces de lignite ; mais à un étage plus élevé, dans la glauconie marneuse et crayeuse, le lignite reparaît de nouveau, tantôt en masses peu importantes, tantôt, au contraire, en amas puissants : les débris végétaux que ce lignite renferme, et qui n'ont point subi une décomposition complète, appartiennent presque tous aux plantes dicotylédonées ; les fucoïdes y sont également très-abondants, tandis que les phanérogames monocotylédonées y font presque complétement défaut. Il ne paraît pas exister de véritables dépôts de lignites dans les formations crayeuses ; mais immédiatement au-dessus du terrain crétacé, au-dessous du calcaire grossier du bassin de Paris, et dans des gisements qui répondent exactement, suivant Alex. Brongniart, à l'argile plastique, se présentent les puissants dépôts du lignite connu des géologues sous le nom de *lignite du Soissonnais*. Ce lignite forme de vastes couches, qui alternent avec des grès, des sables, des marnes, des argiles, et qui s'étendent sur de vastes surfaces dans les terrains qui sont immédiatement superposés à la craie ; souvent il est mélangé d'argile et de sable, de telle manière que l'on ne reconnaît plus que difficilement son origine végétale, et qu'il semble avoir été produit par la trituration de parties charbonneuses, lentement précipitées du liquide qui les tenait en suspension. Parmi les espèces minérales que ce lignite renferme, il faut citer les sulfures de fer et de zinc, le gypse en cristaux, la chaux carbonatée, la strontiane sulfatée, le quartz hyalin. Les fossiles végétaux et animaux qui l'accompagnent sont variés et nombreux : parmi les premiers on ne rencontre ni les plantes marines ni les fougères arborescentes qui caractérisent les véritables terrains houilliers, mais bien des plantes terrestres, continentales et marécageuses ; des troncs d'arbres volumineux, de grands végétaux phanérogames, dont les tiges et les branches, généralement couchées, se croisent en tous sens. Les coquilles qui y sont disséminées se rapportent presque toutes à des mollusques d'eau douce : ce sont surtout des planorbes, des paludines, des physes, des mélanies, etc. Enfin, il existe des dépôts de lignite superficiels, des amas de bois charbonneux, plus ou moins altéré, qui, sans présenter les caractères de la tourbe, appartiennent évidemment à des époques plus récentes que le lignite soissonnais. Ces lignites forment des amas, quelquefois considérables, parfois entiers accumulés les uns sur les autres, et pétris dans une gangue de limon sablonneux, qui renferme et enchâsse des coquilles d'eau douce, des débris d'insectes aquatiques, des ossements d'animaux, des fruits, etc, quelquefois semblables à ceux qui vivent et se développent à la surface de notre globe, et quelquefois aussi appartenant à des espèces aujourd'hui détruites, ou qui du moins n'existent plus dans les régions où ces dépôts se sont amoncelés.

Beudein-Lefèvre.

LIGNY (Bataille de). Ligny est un village de Belgique, à 20 kilomètres de Namur, où Napoléon battit les alliés le 16 juin 1815. Cette affaire est aussi connue sous le nom de *bataille de Fleurus*. Instruit que l'armée anglaise était dispersée dans les environs de Bruxelles, et que les Prussiens, séparés de Wellington par un assez large intervalle, occupaient les pays de Liége et de Namur, Napoléon forma le dessein de passer entre les deux, de laisser un corps d'observation sur sa gauche, et de tomber avec ses principales forces sur les cantonnements de Blücher. Ce plan fut dévoilé par d'infâmes transfuges. Le général prussien, averti à temps, rallia toutes ses divisions, et les porta vivement sur Fleurus, tandis que l'armée anglaise, se concentrant du côté de Nivelles, se disposait à joindre ses alliés par la route de Namur. L'empereur, trompé dans ses espérances, se flatta toutefois de prévenir ou d'empêcher la jonction de ses deux ennemis et d'anéantir les Prussiens avant l'arrivée des Anglais. Le maréchal Ney eut ordre de se porter aux Quatre-Bras avec le 2ᵉ corps, qu'il commandait, et le 1ᵉʳ, qui était commandé par le comte d'Erlon. Cette aile gauche était chargée d'observer les mouvements de Wellington, tandis que le centre et la droite, dirigés par l'empereur en personne, attaqueraient les positions prussiennes. Le corps de Ziéthen, avant-garde de Blücher, fut rencontré le 15 au village de Fleurus, et repoussé en désordre sur Ligny. C'est là qu'étaient postés leurs 90,000 hommes. Un ravin escarpé, bordé de haies et de clôtures, en protégeait les abords. A droite et en avant étaient les villages de Bry et de Saint-Amand, défendus par des retranchements et des forces imposantes. Napoléon reconnut que Ligny était la clef de toutes ces positions, et toutes ses combinaisons tendirent à s'en emparer. Le 3ᵉ corps, commandé par Vandamme, et le 4ᵉ, par Gérard, furent d'abord chargés de les attaquer de front ; les lanciers de Colbert, les hussards de Domon, les dragons d'Exelmans, appuyaient et flanquaient ces corps d'infanterie, tandis qu'une forte division de cavalerie, sous les ordres de Pajol, s'établissait à Onoz, pour l'extrême droite, pour empêcher l'ennemi de tomber sur les flancs de l'armée française. La division Lefol, du corps de Vandamme, s'empara d'abord, à la baïonnette, du village de Saint-Amand, et réussit à s'y maintenir. Mais les escarpements de Ligny devinrent le théâtre d'une lutte sanglante. Pris et repris huit fois par Gérard et Blücher, ce village fut couvert de cadavres. De son côté, l'ennemi tenta vainement de quitter ses positions pour déborder notre droite. Les charges d'Exelmans, la contenance de Pajol et l'intrépidité d'un bataillon du 50ᵉ de ligne, placé entre ces deux corps de cavalerie, paralysèrent sur ce point toutes les manœuvres des Prussiens.

Ce n'était pas assez pour Napoléon et pour la victoire. Il fallait à tout prix chasser Blücher de ses positions, le rejeter au loin sur Namur, se donner le temps de retomber sur les Anglais ; et les 60,000 combattants que l'empereur avait sous la main ne lui suffisaient plus. Il envoya au comte d'Erlon, qui appuyait les mouvements de Ney sur Nivelles, l'ordre de revenir à la hâte sur Sombref, de s'emparer du village de Bry, et de prendre à revers les positions de Ligny, tandis qu'il les attaquerait lui-même avec sa garde. Mais il arriva malheureusement que le maréchal Ney avait rêvé un plan de campagne différent de celui de son chef. Il croyait que la principale opération de la journée était la défaite des Anglais, et plein de cette idée, ou trompé par de faux avis, il pensa que leur armée entière lui disputait la position des Quatre-Bras. Là régnait en effet, y était assez opiniâtre, et le brave Kellermann, à la tête de sa cavalerie, eut à fournir plusieurs charges, qui ajoutèrent à sa gloire. Confirmé dans ses illusions par la vigueur de cette résistance, le maréchal arrêta la marche du comte d'Erlon, et celui-ci, harcelé plusieurs fois par des ordres contradictoires, resta flottant, avec ses 20,000 hommes, dans ce large espace de trois lieues qui séparait l'aile gauche du gros de l'armée française.

L'impatience de Napoléon était à son comble. La journée avançait ; les 3ᵉ et 4ᵉ corps s'épuisaient dans une lutte sanglante ; il ne voulait donner avec sa réserve qu'au moment où le canon du comte d'Erlon se ferait entendre du côté de Bry ; et à chaque instant des troupes fraîches venaient ravitailler les retranchements de Blücher. L'empereur rappela une division de Ney, que celui-ci avait laissée à Hépignies pour lier la communication des deux ailes, et il la lança comme les autres sur les escarpements de Ligny. Le général Girard fut blessé mortellement dans cette attaque, qui fut aussi vaine que les autres ; et d'Erlon ne donnait aucun signe d'existence. Napoléon prit le parti de s'en passer. Il groupa sa cavalerie sur sa droite pour tourner la position ennemie, et marcha de front aux escarpements à la tête de sa garde. Tout fut enlevé au pas de charge, 30 pièces de canon restèrent en son pouvoir. Blücher, enfoncé par son centre, coupé de Namur par la cavalerie qui chargeait ses bataillons, fut contraint de se replier sur Wavres. C'en était fait de cette armée si le premier corps eût intercepté ce point de retraite en s'emparant des villages de Bry et de Sombref.

Une seconde bataille d'Iéna nous eût été nécessaire, et ce ne fut pour les résultats qu'une ligne de redoutes chèrement achetée. Napoléon et Ney s'accusèrent réciproquement d'avoir paralysé leurs manœuvres respectives. Mais le maréchal oublia qu'il était en sous-ordre, et que la direction principale appartenait à l'empereur. Par une fatalité déplorable, cette faute de l'aile gauche, renouvelée le surlendemain, à Waterloo, par l'aile droite, eut des conséquences plus fâcheuses, et, par un singulier caprice de la fortune, le drapeau tricolore vint succomber avec Napoléon dans les mêmes plaines d'où, vingt-et-un ans auparavant, il était parti pour la conquête de l'Europe.

Viennet, de l'Académie Française.

LIGORISTES. Voyez Ligoori.

LIGUE, union, traité de confédération entre des princes ou des États pour attaquer un ennemi commun ou s'en défendre, quand ils ont le même intérêt de religion et de politique. Les croisades n'étaient que des ligues saintes faites par les princes chrétiens contre les infidèles. Le commencement du règne de Louis XI fut marqué par une révolte des princes et des grands du royaume, qui intitulèrent leur entreprise *ligue du bien public*. Que de ligues politiques ne se forma-t-il pas pendant les guerres d'Italie au quinzième siècle ! On peut citer, en 1508, la ligue de Cambray contre Venise, dans laquelle entrèrent le pape Jules II, l'empereur Maximilien, le roi de France Louis XII et la plupart des princes d'Italie ; puis, trois ans après, la *sainte ligue*, ameutée par ce même Jules II contre la France. La réforme de Luther donna naissance à deux ligues, la ligue catholique formée à Ratisbonne, en 1524, et renouvelée à Dessau deux ans après, puis la ligue protestante de Torgau, en 1526. Sept ans plus tard, les protestants se rassemblèrent à Smalkalde, en 1531 et y conclurent une *ligue défensive*, pour résister aux prétentions de Charles-Quint.

En politique, *ligue* dit à la fois plus et moins qu'alliance et confédération. Elle est nécessairement plus active que l'alliance et la confédération, mais elle suppose moins de durée, car une ligue politique a nécessairement un but prochain. C'est une union de desseins et de forces pour exécuter, par un concours d'opérations combinées, une entreprise commune et en partager le fruit. On se confédère pour agir, on se ligue pour triompher. C'est en ce sens que La Fontaine a plaisamment intitulé un de ses apologues : *La Ligue des Rats*. Dans l'alliance, il y a accord avec ou sans action : dans la confédération, il y a concert ; dans la ligue, impulsion commune. Toutefois, il a existé en Suisse trois ligues permanentes : la *ligue des Grisons*, ou *ligue grise* ; la *ligue caddée*, ou de la *maison de Dieu* ; enfin, la *ligue des dix juridictions*. On a appelé aussi *ligue héréditaire* celle que, dans les premières années du seizième siècle, l'empereur Maximilien fit avec les Suisses.

Ligue se dit aussi des complots et des cabales que des particuliers font pour quelque dessein.

Charles Du Rozoir.

Les actes de violences dont la ville libre impériale de Donauwœrth fut la victime en 1607 et diverses autres infractions du traité de Passau déterminèrent, le 4 mai 1608, les principaux princes protestants de l'Allemagne réunis au couvent d'Ahausen, dépendance du pays d'Anspach, à conclure pour la défense de leur foi et de leur territoire une *ligue* ou union, qu'on annonçait d'ailleurs n'avoir aucun caractère hostile pour l'empereur non plus que pour l'Empire. Plus tard l'électeur palatin Frédéric V fut considéré comme le chef de cette ligue. De leur côté les États catholiques de l'Empire, notamment les évêques de Wurtzbourg et d'Augsbourg, de Constance, de Ratisbonne, etc., etc., formèrent une *contre-ligue*, dont le membre le plus actif fut le duc devenu plus tard l'électeur Maximilien 1ᵉʳ de Bavière, lequel en devint le chef. Cette *sainte ligue*, à laquelle adhérèrent encore les électeurs de Mayence, de Trèves et de Cologne, fut signée à Munich, le 10 juillet 1609. Dans cet antagonisme des deux religions en Allemagne se trouvait déjà en germe la guerre de trente ans, bien qu'elle n'ait éclaté que longtemps après.

LIGUE. Ce fut une grande association des partis bourgeois, municipal, populaire et catholique, pour se défendre contre le mouvement armé de la réforme calviniste ; elle n'eut rien d'odieux, elle fut le produit naturel de l'opinion du peuple ; la vieille école du dix-huitième siècle, quand elle donna un sens fanatique et ridicule à la ligue, n'avait pas assisté comme nous au grand mouvement des masses ; elle n'avait pu expliquer la vive action des partis. La longue lutte de la réforme et du catholicisme aboutit en France à la fatale exécution de la Saint-Barthélemy. Cette scène sanglante préparée entre le corps municipal en Grève, la bourgeoisie et la multitude, donna Paris au parti catholique ; le pouvoir étant alors pleinement dans ses mains, il n'eut pas à se liguer pour se défendre. Ceci dura pendant tout le règne de Charles IX. Il y eut bien quelques plaintes contre le jeune roi : les ardents catholiques ne trouvaient pas qu'il marchât assez hardiment dans le sens de leur opinion ; mais les griefs n'étaient pas assez puissants pour motiver l'institution d'un gouvernement en dehors de la royauté. Le commencement du règne de Henri III fut également plein de zèle pour la grande opinion catholique, et ce n'est pas sans but politique que le jeune monarque passait sa vie dans les actes de dévotion, sorte de témoignage et d'adhésion aux idées et aux principes de la société religieuse, étroitement confondue avec la société politique à cette époque. Mais lorsque Catherine, forcée par les événements de laisser les demandes modérées, traita avec les huguenots à Champigny, les catholiques, mécontents de ce milieu pris par la royauté, songèrent à se créer un gouvernement eux-mêmes : le roi ne leur était plus absolument dévoué, ils cherchèrent un pouvoir qui pût les protéger. Ce pouvoir était d'autant plus nécessaire que la révolution des barricades venait d'éclater à Paris. Le peuple, la bourgeoisie ardente, avait secoué le joug d'une royauté qui n'alliait plus à ses opinions. Ce ne fut pas le duc de Guise qui prépara la révolution ; ce fut la multitude qui éleva le duc de Guise, parce qu'il était à son image et qu'il répondait à ses desseins. Le premier acte qui constata l'existence de la ligue fut la mission de l'avocat David à Rome ; la ligue devint bientôt populaire.

Cette pensée d'une association catholique était ancienne ; elle formait comme une réaction au mouvement de la réforme ; de 1570 à 1575, on en trouve des modèles pour toutes les provinces. Puis vint le projet de centraliser toutes ces ligues particulières dans une vaste résistance : cette idée simple, naturelle confédération des provinces, fut l'œuvre de l'avocat David, un des chefs de la bonne bourgeoisie de Paris, un des parleurs des assemblées municipales. Chéri des confréries et des halles, il leur avait démontré en fort bons termes, ainsi qu'aux universitaires et à ceux du parlement, qu'il était impossible de marcher plus longtemps avec une royauté qui pactisait sans cesse avec les huguenots. Ne pouvait-on élire un chef, un conducteur de la sainte ligue catholique? L'avocat David proposait de faire le voyage de Rome pour mettre la pieuse entreprise sous la conduite de notre saint-père le pape. Dans une petite assemblée, au parloir des bourgeois, il communiqua aux plus influents des quarteniers le projet qu'il avait rédigé dans l'intérêt de l'opinion catholique. Selon lui, le duc de Guise n'était encore que le chef de fait de la royauté catholique; le pouvoir était provisoirement conservé à Henri III. Depuis, on alla plus loin : puisqu'on élevait le duc de Guise chef salué d'un grand parti, qui était le peuple, pourquoi ne placerait-on pas la couronne sur sa tête? Pour ôter aux Valois et aux Bourbons le prestige de l'hérédité, on commença, dans une suite de pamphlets, à parler de l'usurpation de la race capétienne sur la carlovingienne, dont la noble expression vivait encore dans la maison de Lorraine, héritière de Charlemagne.

Les hésitations de Henri III décidaient de plus en plus les catholiques de province à s'affilier au vaste projet de la ligue générale. Mais s'il y en avait de bons, cherchant à entraîner le roi à favoriser la pieuse religion de ses ancêtres, il y en avait de mauvais aussi, poussant au trône M. de Guise sur la ruine des Valois. Par la marche naturelle des partis, la faction de Lorraine domina : active en effet comme un complot, elle n'en marchait pas moins simplement et paisiblement comme une amélioration. Les causes qui motivaient l'union catholique n'avaient pas cessé de se développer depuis son origine ; l'incertitude de Henri III dans toutes les questions de foi et d'intérêt religieux, le refus qu'il renouvelait de recevoir le concile de Trente, base et charte de la grande Église romaine ; les espérances de la maison de Guise, la guerre de Flandre, qui compromettait les droits de l'Espagne, tous ces motifs rapprochaient les zélateurs ardents du catholicisme. La ligue formait un corps, jetait les principes de son gouvernement ; ses actes circulaient surtout parmi la bourgeoisie de Paris et dans la plupart des provinces ; Henri III s'était placé un moment à sa tête, mais quelle confiance pouvait-on avoir en ce roi qui négociait avec le Navarrais et ménageait les huguenots au point d'accorder la liberté de conscience, les places de sûreté et le culte public à l'hérésie? La maison de Guise était la seule fervente, la seule dévouée, la seule qui offrît des garanties au parti qui se fiait à elle.

La ligue, considérée comme gouvernement organisé, pouvait être envisagée sous deux points de vue : 1° dans ses rapports avec le propre parti qu'elle dirigeait, c'est-à-dire avec les villes municipales, la bourgeoisie, les métiers, les confréries; 2° dans ses relations avec l'étranger : car la pensée catholique, embrassant l'universalité des peuples, devait dominer les négociations qui existaient entre eux. La ligue s'était étendue dans les provinces à une petite fraction de noblesse unie à la maison de Guise ; elle plaisait au peuple surtout. Dans les villes, on avait signé la charte d'union que les prédicateurs annonçaient en chaire comme le seul moyen de résistance contre les tentatives des hérétiques, gentilshommes territoriale dévoués aux doctrines calvinistes. Ces menées étaient déjà publiques et avouées ; le parti catholique était assez fort pour ne pas se déguiser.

La ligue une fois organisée, Henri III devait opter entre elle et le roi de Navarre. Il existait en effet un parti du milieu, composé de parlementaires et de catholiques modérés, qui ne voulaient ni des huguenots ni de la ligue : ce parti, si fortement poursuivi par le peuple de la sainte union, faisait la force des Valois. Dévoués au principe de l'hérédité, les *politiques* cherchaient surtout à lever le grand obstacle de la religion, qui s'opposait à l'avénement du roi de Navarre et à la légitime succession de la couronne : à sa tête étaient le maréchal Damville, de la haute famille des barons de Montmorency ; les maréchaux de Matignon, Biron, et au-dessus d'eux tous dans les faveurs du roi, Lavalette, duc d'Épernon, dont le dévouement aux idées de transaction était calomnié par les ligueurs. C'est contre lui qu'éclataient les pamphlets et les caricatures; on le dépeignait sous les traits du diable soufflant dans l'oreille de Henri III toutes les résolutions contre la sainte-ligue. Dans le parti politique il fallait comprendre les parlementaires, grands négociateurs de cette époque, presque tous présidents ou conseillers au parlement, chargés des ambassades, préparant les rapprochements entre les partis, hommes de science et de ménagements, pour la plupart. Les *politiques* étaient en majorité très-attachés au catholicisme ; seulement, ils n'avaient point adhéré à la sainte-ligue, les uns par simple dévouement au roi, les autres à cause de leurs liens de famille et de leurs affections pour quelques hommes du parti huguenot. Henri III lui-même avait conservé de nombreux rapports avec le roi de Navarre. Dans la position que la ligue lui avait faite, il ne pouvait tout à fait se séparer de la chevalerie calviniste : c'était une aide, un secours, dont il ne fallait pas mépriser la puissance. Dans cette alternative, et voyant toujours le parti de la ligue grandir sous le duc de Guise, Henri III se déclara pour la grande association municipale et catholique.

La ville de Paris, chef et tête de la sainte union, s'organisait pour prendre l'initiative dans le mouvement que se préparait sous le duc de Guise : sa vieille constitution municipale s'adaptait parfaitement à tout projet populaire. Les tentatives de centralisation essayées par Louis XI avaient eu pour résultat de fortifier l'autorité du prévôt, officier désigné par le roi ; mais les magistrats de ville restaient encore à l'élection du peuple et des confréries bourgeoises, des corporations et des métiers : tels étaient les prévôts des marchands, les quarteniers (chefs de quartier, au nombre de seize), les colonels ou centeniers, les officiers de la garde bourgeoise et du guet, désignés sous le nom de *dixainiers*. Tous avaient un grand crédit sur la multitude, qui se réunissait dans ses parloirs ou assemblées de prévôté. L'autorité des magistrats de Paris s'exerçait sans contrôle ; ils convoquaient les bourgeois, rassemblaient la garde de la ville, fermaient et ouvraient les portes, dressaient les chaînes, et quand au son de la trompette ou du tambour, on lisait un ordre de messires les échevins, il n'était homme, manant ou habitant, qui ne se hâtât d'accorder obéissance. L'esprit tout catholique de Paris l'avait jeté dans la ligue, et quand les agents du duc de Guise se présentèrent pour obtenir signature à la sainte union, toutes les confréries, tous les corps de métiers s'étaient empressés d'adhérer à la belle pancarte où l'on se liguait pour la sainte foi du pape et de la messe.

Du reste, l'organisation de la ligue était merveilleusement adaptée à l'esprit du système municipal. Le conseiller d'État de Lezeau, bon ligueur, qui nous a laissé de si précieux détails sur le mouvement populaire de Paris, s'exprime ainsi à ce sujet : « Les premiers qui travaillèrent à cette affaire de la ligue furent les sieurs de Rochlibond, bourgeois de Paris, homme très-vertueux et d'ancienne famille ; Jean Prévost, curé de Saint-Severin ; Jean Boucher, curé de Saint-Benoît, et Matthieu de Launoy, chanoine de Soissons. Puis adjustèrent à leurs confédérations et assemblées plusieurs autres, entre lesquels ils en choisirent *seize*, qui ils ordonnèrent et distribuèrent dans les seize quartiers de Paris, et pour ce, depuis, les plus zélés et affectionnés au parti furent appelés les *seize*, pour veiller au bien, advancement d'iceluy, et attirer à eux ceux qu'ils croyoient en être capables ; se donnant bien de garde de s'ouvrir à homme vivant, que premièrement le conseil n'eust examiné sa vie, ses mœurs et sa bonne renommée. Les noms de ces premiers *seize* estoient La Bruyère, lieutenant particulier au Chastelet ; Crucé, procureur ; Bussy-Leclerc, procureur ; le commissaire Louchard ; de La Morlière, notaire ; Senault, commis au greffe du parlement ;

le commissaire Débart; Drouart, advocat; Alviguin; Emenot, procureur; Sahlut, notaire; Messier; Passart, colonel; Audineau, prétendant à la charge de prévost de l'hostel; Letellier; Morin, procureur au Chastelet. Outre les personnes de médiocre condition, ils attirèrent encore à leur parti quelques personnages de grande famille; mais ceux-ci ne paroissoient et ne vouloient point assister aux assemblées, de peur d'estre descouverts, mais sous main faisoient ce qu'ils pouvoient et subvenoient à la cause de leurs conseils et moyens, de sorte que le tout se gouvernoit avec grand zèle, amitié, grande consolation, grande fidélité et prudence. Un homme influent dans chaque état, dans chaque corporation, s'étoit chargé d'entraîner aux intérêts de l'union le corps dont il faisoit partie. Et se pratiquoient de la façon suivante : ceux de la chambre des comptes, par La Chapelle-Marteau; ceux de la cour, par le président Le Maistre; les procureurs d'icelle, par Leclerc et Michel; les clercs du greffe de la cour, par Senault; les huissiers, par Le Leu; la cour des aydes, par le président de Neuilly; les clercs, par Chouin; les généraux des monnoies, par Holland. Les commissaires avoient aussi pratiqué la plus grande part des sergents à cheval et à verge, comme aussi la plupart des voisins et habitant leurs quartiers, sur lesquels ils exerçoient quelque puissance. Le lieutenant particulier La Bruyère avoit charge de pratiquer ce qu'il pourroit des conseillers du siége du Chastelet, comme aussi Crucé, qui a pratiqué la plupart des procureurs et une grande partie de l'université de Paris. Debart et Michelet ont aussi pratiqué tous les mariniers et garçons de rivière du côté de deçà, qui font nombre de plus de 500, tous mauvais garçons. Toussaint Poccart, potier d'étain, avec un nommé Gilbert, charcuitier, ont pratiqué tous les bouchers et charcuitiers de la ville et faubourgs, qui font nombre de plus de 1,500 hommes. Louchard, commissaire, a pratiqué tous les marchands et courtiers de chevaux, qui montent à plus de 600 hommes; à tous lesquels l'on faisoit entendre que les huguenots vouloient couper la gorge aux catholiques, et faire venir le roi de Navarre à la couronne, ce qu'il étoit besoin d'empêcher, et que s'ils n'avoient des armes, on leur en fourniroit. Ce qu'ils avoient tous juré et promis se tenir prests quand l'occasion se présenteroit. »
De ce qui précède il résulte qu'il ne s'agissait pas d'un petit fanatisme de sacristie, mais d'une véritable association municipale de la bourgeoisie et des principales notabilités de Paris et des provinces. Henri III se proclama le roi de cette grande confédération; mais le faisait-il de bonne volonté? Non. C'est au contraire malgré lui qu'il se dessinait de la sorte; la nécessité seule l'avait poussé à se jeter dans la ligue; les parlementaires le savaient bien, et Pasquier écrivait à Sainte-Marthe : « Le roy est venu en personne le 18 juillet, faire publier l'édict au parlement. Le bruit est que, s'y acheminant, il a dict au cardinal de Bourbon qu'il avoit fait deux édicts de pacification entre ses subjets, l'un, en 1577, contre sa conscience, par lequel il avoit toléré l'exercice de la nouvelle religion, mais toutefois à lui très-agréable, car il avoit pourchassé le repos général de toute la France; que présentement il en alloit faire publier un autre selon sa conscience, auquel il ne prenoit aucun plaisir, comme prévoyant qu'il apporteroit la ruine de son Estat. » Dès l'instant que les ligueurs connurent le peu de franchise de Henri III et de Catherine de Médicis, qui conservaient tous leurs rapports avec les *politiques* et les huguenots, ils résolurent de se séparer de la royauté pour constituer leur propre gouvernement : c'est dans ce but que fut arrêtée la journée des barricades de 1588, qui expulsa Henri III de sa capitale.

La ligue, après la journée des barricades, fut maîtresse de Paris : elle y établit son gouvernement politique, indépendamment de la royauté. Ses premières opérations furent toutes municipales; le conseil de ville s'épura de tous les royalistes dévoués à Henri III. On se hâta de placer partout dans les fonctions de la cité de fervents catholiques, dont la sainte union pût être assurée. Le peuple n'avait pas été satisfait de tout son conseil municipal; plusieurs échevins s'étaient entendus avec le roi avant la journée des barricades; quelques-uns des colonels et dixainiers avaient secondé secrètement les gardes suisses et françaises. Pouvait-on répondre de ce conseil une fois le roi hors de Paris? Plusieurs, d'ailleurs, avaient quitté la ville par suite de leur fidélité à Henri III; d'autres ne voulaient plus se rendre en l'hôtel de Grève pour délibérer. On dut prendre une mesure, afin d'organiser la grande cité. La ligue devint dès lors une véritable république fédérative, qui s'associait toutes les provinces de la monarchie; elle eut aussi des relations à l'extérieur : elle se mit immédiatement en rapport avec Philippe II d'Espagne par la même raison qu'Henri IV s'unissait à Élisabeth et aux Anglais. Tous les efforts de la ligue tendaient alors à la convocation des états à Blois; les élections furent toutes très-prononcées dans le sens des villes liguées. Le catholicisme, si puissant d'opinion publique, devait avoir la majorité dans ces états, et faire ratifier, par la solennelle représentation des provinces, les deux principes qu'il avait posés dans son manifeste : 1° la proscription de l'hérésie, 2° la réforme des abus. La ligue était un grand contrat d'union et d'assurance mutuelle; elle avait son gouvernement et ses ramifications dans chaque province; elle agissait par une seule pensée et sous une seule direction; la plupart des villes municipales étaient entrées dans ses intérêts. Dès le principe, le duc de Guise et le conseil de l'union sainte eurent l'assurance que les états de Blois seraient entièrement à leur disposition.

Ces états en effet furent hardis dans le sens de l'union municipale : ils demandèrent l'entière expulsion de l'hérésie; et peut-être seraient-ils allés jusqu'à un changement de dynastie; ils auraient surtout imposé la lieutenance générale du duc de Guise : l'assassinat des princes de la maison de Lorraine à Blois mit fin à tous ces projets. La séparation de Henri III d'avec la ligue fut complète; il n'y eut plus d'alliance possible entre la sainte union et la royauté des Valois. La nouvelle du coup d'État de Blois, de la cruelle exécution du duc et du cardinal de Guise, arriva au bureau municipal de Paris comme à vol d'oiseau, « par un nommé Verdureau, qui eschappa avant qu'on fermast les portes de la ville de Blois; et depuis a tant couru qu'arriva ledict jour, sur les sept à huit heures du soir ». Non-seulement le noble chef de l'opinion catholique, le vainqueur des reistres, et son frère, le saint, le martyr, le cardinal, avaient été lâchement égorgés à coups de pertuisane; mais le bon prévôt de Paris, les échevins députés aux états, étaient captifs, gardés ès prisons royales. Le messager porteur de cette triste nouvelle était vêtu de noir; il allait parcourant les rues, criant d'une voix lugubre : « Messers les bourgeois et manants, nous n'avons plus nostre sainct et brave protecteur Henri de Guise, et monseigneur le cardinal, son illustre frère. » A minuit, les échevins, assemblés au bureau de la ville, se hâtèrent d'écrire à la famille de Guise pour lui communiquer le funèbre message. Impossible de peindre l'émotion que cette nouvelle produisit dans toute la sainte union. Incontinent la ligue prononça la déchéance de Henri III; les pamphlets les plus horribles furent publiés contre lui; on le nommait que chansons, complaintes, contre le *tyran* et *parricide*. Dès ce moment une révolution fut tentée contre les *politiques*; le duc de Mayenne fut nommé lieutenant général du royaume, et le résultat de ce mouvement fut l'assassinat de Henri III par Jacques Clément, à Saint-Cloud. La ligue, comme toute grande opinion triomphante, fit son chef et son roi, et c'est sur cette élection qu'elle se partagea. Il y avait trois fractions dans la ligue : le *parti peuple*, qui voulait le gouvernement municipal des seize quartenfiers et de l'*infante*; le *parti bourgeois*, qui portait le cardinal de Bourbon; le *parti de Guise*, qui voulait mettre la royauté dans les mains de la maison de Lorraine. Ce fut le parti bourgeois qui l'emporta, et c'est ce qui perdit la ligue. La bourgeoisie, craintive, intéressée, attaqua les *seize*, qui étaient la force et l'énergie du parti populaire : ceux-ci avaient cherché à se défendre par la mort de Brisson et des parlementaires. Quand les *seize* furent détruits et la ligue réduite aux mains bourgeoises, elle alla de décadence en décadence. A quoi aboutissait ce nouvel ordre administratif institué à Paris, cette proscription de tout ce qui avait le cœur haut et la main ferme? A l'inévitable transaction avec Henri IV. La bourgeoisie se séparait du peuple; elle voulait avoir son gouvernement, gouvernement sans force, qui tôt au tard devait passer aux gentilshommes batailleurs, sous leur roi Henri de Navarre. C'est une des conditions de la bourgeoisie, de ne pouvoir jamais longtemps seule établir son gouvernement politique. Elle doit, par la force des choses, ou s'unir au peuple, qui est son origine, ou se jeter dans les bras des hautes classes. Quand elle n'a voulu ni de la multitude ni des gentilshommes, elle a fondé sous ne savons quoi de faible et de honteux, qui a duré tout juste le temps de tomber de mépris.

La ligue, organisation municipale, enlaça toutes les provinces, elle retentit aux deux extrémités de la France; mais dès qu'elle sortit des formes populaires pour se faire bourgeoise, elle perdit son énergie, et tomba tout à fait dans le tiers parti. On peut donc poser les deux termes de sa durée à l'année 1575, époque où l'avocat David en conçut le projet écrit, jusqu'à la contre-révolution bourgeoise contre les *seize*, en 1591. Il survit encore un esprit ligueur qui s'agite même sous Henri IV; mais l'association est dissoute, ou, si elle existe encore, elle ne se manifeste plus par des actes publics. Elle n'est en quelque sorte qu'une société secrète qui se produit par les tentatives d'assassinat contre Henri IV. S'il fallait juger les dernières phases de la ligue, on remarquerait diverses nuances qui en distinguent la durée. Après les barricades, toutes les classes de la population prennent part au mouvement. Un grand enthousiasme salue l'expulsion du roi, et l'organisation d'un large système municipal. La bourgeoisie tout entière partage les sentiments des masses : l'hôtel de ville agit, gouverne, arme les citoyens, défend les remparts; les quarteniers convoquent le peuple, qui manie de bonnes arquebuses, de longues coulevrines au service de sa religion et de la cité. Dans la seconde période, la bourgeoisie se fatigue; cette énergie d'un moment se calme devant les intérêts. Les bourgeois avaient fait une émeute, ils n'avaient pas voulu une révolution. Les parlementaires, associés d'abord au mouvement populaire, se placent en tête de cette opinion mixte. Ici commencent les démarches du tiers parti, que les catholiques considèrent comme une trahison. De là les mesures fortes et sanglantes des seize quarteniers, expression de la ferveur et du dévouement de la multitude : c'est la période démocratique de la ligue. Le peuple est maître de toute l'autorité, il l'exerce avec ses violences. Il y a dès lors des résistances énergiques, une guerre de courage et de fanatisme. Le duc de Mayenne, qui s'est posé en tête du parti bourgeois et parlementaire, vient au secours de la classe moyenne; il prépare, avec l'appui de ses hommes d'armes, une sorte de contre-révolution au profit des esprits modérés, des classes de transaction, contre le peuple ardent. Plusieurs des seize quarteniers sont livrés au bourreau. Le conseil municipal choisit d'autres chefs; la ligue lui-même sous l'empire des idées de modération. La ligue existe encore, les villes restent unies par des liens puissants; mais le peuple est hors de question, il est gouverné et ne gouverne plus.

Les états généraux de 1593 viennent atténuer l'énergie du mouvement de la ligue. Les députés, fervents catholiques, arrivent avec le désir de mettre un terme aux tourmentes du beau royaume de France; s'ils n'ont aucune prédilection pour Henri de Navarre, ils n'ont pas de répugnances invincibles. Ils ne lui demandent plus qu'une adhésion absolue aux lois générales et constitutives de la société, et Henri IV défère à ce vœu des députés sous son abjuration. Henri IV une fois catholique, la ligue n'avait plus d'objet.

CAPEFIGUE.

LIGUE ACHÉENNE. *Voyez* ACHÉENNE (Ligue).
LIGUE CADÉE ou DE LA MAISON DE DIEU, LIGUE DES DIX DROITURES, LIGUE GRISE. *Voyez* GRISONS.
LIGUE DES PRINCES. *Voyez* CONFÉDÉRATION DES PRINCES.
LIGUE DU BIEN PUBLIC. *Voyez* BIEN PUBLIC (Ligue du).
LIGUE HANSÉATIQUE. *Voyez* HANSE.
LIGUORI (ALPHONSE-MARIE DE), fondateur de l'ordre des Ligoristes ou Rédemptoristes, né à Naples, le 26 septembre 1696, se consacra d'abord à l'étude de la jurisprudence, puis entra dans les ordres, et fut consacré prêtre en 1722.. Il s'affilia bientôt à la propagande fondée à Naples, et se consacra, comme missionnaire, à répandre l'éducation parmi les habitants de la campagne. Ensuite, en 1732, avec l'agrément du pape, dans l'ermitage de Sainte-Marie, à Villa Scala, dans la principauté Citérieure, une confrérie dont les membres, sous la dénomination d'ordre du Rédempteur (*Santo Redentore*), se vouaient à la défense et à la propagation de la vraie foi catholique ainsi qu'à l'éducation de la jeunesse. En 1762, Liguori fut nommé évêque de Sainte-Agathe-des-Goths, dans la principauté Ultérieure, fonction dont, à sa demande, Pie VI le déchargea en 1776, parce que, vieux, maladif, épuisé par les jeûnes et les macérations, il ne se sentait plus la force de bien remplir ses devoirs épiscopaux. Il se retira donc au siège de la congrégation qu'il avait fondée, à Nocera de Pagani, où il mourut, le 1er août 1787. Le 26 mai 1839, il fut canonisé par le pape Grégoire XVI.

LIGURIE, le pays des Ligures. Tout ce qu'on sait de l'origine de ce peuple, c'est qu'il n'appartenait ni aux Ibères ni aux Celtes. Divisés en un grand nombre de petites peuplades, les Ligures habitaient dans les temps reculés, au midi de la France et au nord de l'Italie, depuis le golfe de la Méditerranée, un espace s'avançant beaucoup plus en avant dans l'intérieur des terres qu'ils ne le firent plus tard, à une époque où ils furent refoulés vers le sud par les Celtes, et même durent complètement à l'ouest du Rhône, où ils vivaient mélangés avec des Ibères. A l'est du Rhône, des tribus ligures, celle des Salyens ou Salluviens notamment, restèrent longtemps encore fort redoutées des Massiliens, jusqu'à ce que les Romains les eurent subjuguées, en l'an 125 avant J.-C., et que leur pays forma le commencement de la province des Gaules. En Italie, le territoire situé au sud du Pô supérieur, et habité par les *Anani*, resta ligurien; et il y avait même encore des Ligures, les *Taurini*, dans la Gaule Cisalpine, près des Alpes Cottiennes. Lors de la décadence de la puissance étrusque, des peuplades liguriennes avaient aussi pénétré au nord de l'Étrurie. Ces derniers ainsi que les habitants de la Méditerranée furent subjugués par les Romains entre la première et la seconde guerre punique. Mais le peuple ne dut guerroyer pendant plus de cinquante ans contre les autres, qui habitaient les Alpes maritimes et les Apennins, avant de parvenir à les dompter. Auguste fut le premier qui donna à la Ligurie, comme dénomination géographique, des délimitations positives, notamment à l'ouest du côté de la Gaule Narbonnaise, le fleuve appelé Varus (le *Var*) et les Alpes jusqu'au mont Vesulus; au nord, du côté de la Gaule Transpadane, le Pô jusqu'à Placentia; à l'est, du côté de la Gaule Cispadane, un embranchement de l'Apennin près de la Trebia, et du côté de l'Étrurie, le fleuve Macra, qui se jette à l'est du *Portus Lunæ* (*Golfo de Spezia*); et enfin au sud, la Méditerranée, sur les bords de laquelle s'élevaient *Nicæa* (Nice) et *Portus Herculis Monæci* (Monaco), d'habitants massiliens, et Gênes. Dans l'intérieur se trouvaient *Dertona* (Tortona), *Aquæ Stattielorum* (Acqui), *Polentia* (Pollenza) et *Asta* (Asti). Les produits les plus importants du pays étaient le bétail, le bois et le marbre. Les habitants sont députés comme fallacieux et pillards, et en même temps comme laborieux et sobres, vigoureux, braves et habiles. Ils étaient très-estimés comme soldats, notamment pour les petites guerres, par les Carthaginois, à la solde desquels ils entrèrent à l'époque de la guerre de Sicile et de la première guerre punique. Plus tard encore, ils eurent le même renom parmi les Romains.

LIGURIENNE (République). C'est le nom que prit la république de Gênes lorsque, en 1797, pendant l'invasion française, elle dut changer sa constitution aristocratique contre une constitution démocratique. Lors des conquêtes de Bonaparte et de la fondation de nouvelles républiques, Gênes avait observé une stricte neutralité. Cependant, à la suite des menaces du général français, le gouvernement se vit contraint de conclure avec lui, le 6 juin 1797, une convention qui introduisait à Gênes une nouvelle constitution politique, calquée sur la constitution française. Le nouvel État prit le nom de *République Ligurienne*, parce que son territoire correspondait à celui de la Ligurie des Anciens. La liberté, l'égalité et la souveraineté du peuple étaient les bases de la constitution nouvelle. Le territoire fut divisé en vingt-cinq *juridictions*. Tout citoyen âgé de vingt-cinq ans et inscrit sur le registre d'une commune avait le droit de prendre part, dans les assemblées primaires, à l'élection des citoyens chargés d'élire les membres du corps législatif. Le corps législatif se composait d'un conseil des anciens et d'un conseil des soixante. Ce dernier avait le droit d'initiative législative ; et c'était aux membres des premiers, qui devaient être âgés d'au moins quarante ans, qu'il appartenait d'approuver ou de rejeter les projets de loi soumis à sa sanction. A la tête de l'administration était placé un Directoire composé de cinq membres, nommés par les conseils, et assisté de ministres. Indépendamment d'une armée de 2000 hommes et d'une garde nationale, l'État devait aussi avoir une marine militaire. Un traité d'alliance offensive et défensive assura à la nouvelle république la protection de la France contre ses ennemis intérieurs ou extérieurs. Mais dès 1802 cette constitution fut modifiée en ce qu'au Directoire on substitua un magistrat unique, qui prit le titre de doge. Enfin, en 1805 la République Ligurienne manifesta par l'organe de son doge le désir d'être réunie à l'empire français. Son territoire servit à former trois nouveaux départements, et l'acte de réunion fut confirmé par un sénatus-consulte, en date du 16 vendémiaire an XIV. Pour opérer cette révolution il avait suffi de la volonté de Bonaparte. L'incorporation déjà opérée du Piémont avec la France et la guerre avec l'Angleterre en faisaient une nécessité politique.

LIGURITE, substance minérale, qui paraît être une modification du titane calcaréo-siliceux ou *sphène*, et qui est composée ainsi qu'il suit : Silice 60, chaux 20, alumine 8, magnésie 3, oxyde de fer 3. La ligurite est infusible au chalumeau, transparente, translucide ou opaque, de couleur verte, fragile, à cassure vitreuse. Sa forme est celle du prisme rhomboïdal. On l'a trouvée dans les Apennins, où elle a pour gangue une roche talqueuse. Elle est sans usages.

D' SAUCEROTTE.

LILAS, genre d'arbrisseaux de la famille des jasminées et de la diandrie monogynie du système de Linné. Le botaniste suédois lui a donné le nom latin de *syringa*, appliqué jusque alors au genre qui a conservé parmi les jardiniers celui de *seringat*. Le genre *syringa* de Linné est ainsi caractérisé : Calice court, à quatre dents inégales ; corolle hypocratériforme, à quatre lobes ; deux étamines, renfermées dans le tube de la corolle ; ovaire supérieur ; un style, surmonté d'un stigmate bifide ; capsule oblongue, comprimée latéralement ; chaque valve à deux lobes, séparés par une cloison, renfermant chacun une ou deux semences oblongues, bordées d'une aile membraneuse. Deux espèces de ce genre sont aujourd'hui répandues dans tous les jardins.

Le *lilas commun* (*syringa vulgaris*, L.), originaire du Levant, fut apporté à Vienne, vers la fin du seizième siècle, par l'ambassadeur Busbecq. De là il se répandit rapidement dans toute l'Europe. En effet, cet arbuste se reproduit avec une grande facilité par les nombreux rejetons qui s'é- chappent de ses racines. Les pieds venus de semis poussent moins de rejets que ceux qui proviennent de drageons. Le lilas n'est pas délicat sur la nature du terrain ; il vient aussi bien dans une terre siliceuse et dans la fente d'un vieux mur que dans le sol le plus fertile. Les feuilles de lilas sont douées d'amertume, mais elles ne le sont pas au point d'être entièrement rejetées par les animaux herbivores ; j'en ai vu brouter par une chèvre. Les Turcs se servent du bois de lilas pour faire des tuyaux de pipe, après en avoir extrait la moelle : ce bois a une couleur grise ; il est très-dur, susceptible d'un beau poli, mais il se fend aisément. Les fleurs de lilas, disposées en grappes paniculées, n'ont pas toutes une même couleur : il en est de blanches, de roses, de pourpres et de panachées en jaune ou en blanc, selon les variétés ; malheureusement, on n'a pu jusque ici retirer l'huile volatile à laquelle est due cette odeur si agréable qu'elles répandent : elle est si fugace qu'on ne peut la fixer. Le lilas sert à décorer nos jardins, à faire des bosquets et des charmilles ; mais sa fleur si belle n'a qu'un instant de vie, et le même soleil qui la fait éclore bientôt vient la flétrir.

Le *lilas de Perse* (*syringa persica*, L.), dont le nom nous indique l'origine, introduit en Europe vers 1640, est plus bas que le lilas commun. La fleur, de couleur purpurine, est blanche dans une variété. Le tube de leur corolle est plus grêle que dans l'espèce précédente. Enfin, les feuilles sont plus petites, lancéolées, aiguës au sommet. Un horticulteur de Rouen, M. Vatrin, en a obtenu une variété, qui porte le nom de *lilas Vatrin*, et qui est cultivée dans les plates-bandes du Luxembourg. Taillé en boule, le lilas Vatrin produit un très-bel effet lorsqu'au printemps il se couvre de fleurs plus grandes, plus nombreuses et d'une plus belle couleur que celles du lilas de Perse ordinaire.

On désigne également sous le nom de *lilas* une couleur que l'on fixe sur les étoffes, et que l'on produit au moyen d'un mélange de rouge et de bleu ; il y a trois moyens de teindre les étoffes en lilas : ces moyens sont en raison de la teinte que l'on veut obtenir : ainsi, l'on connaît en teinture un lilas *petit teint*, un *grand teint* et un *bon teint*; on emploie pour ces différentes nuances, soit du campêche et de l'acétate de cuivre, soit de la cochenille et de l'indigo, soit de la garance et du bleu de Prusse. Quelquefois on ajoute simplement les étoffes ; d'autres fois on y ajoute des mordants plus énergiques. Le lilas est une couleur qui a peu de fixité : elle pâlit facilement, et finit par disparaître ; elle se rapproche beaucoup en cela de la fleur dont elle porte le nom.
C. FAVROT.

LILAS DES INDES. *Voyez* AZEDARACH.

L'ILE-ADAM (VILLIERS DE). *Voyez* VILLIERS DE L'ILE-ADAM.

LILIACÉES, jolie famille de plantes monocotylédonées, parmi lesquelles on remarque les genres *tulipe*, *fritillaire*, *lis*, *aloès*, *yucca*, *muscari*, *jacinthe*, *scille*, *ornithogale*, *ail*, *asphodèle*, *hémérocalle*, etc. Ces plantes ont une racine quelquefois bulbeuse, d'autres fois fibreuse ; leurs feuilles, toutes radicales, sont tantôt minces, planes, ou cylindriques et creuses, tantôt épaisses et charnues. Il y a quelques genres qui ont une tige, mais le plus grand nombre n'en a pas ; les fleurs sont alors portées sur une hampe nue, simple ou rameuse. Ces fleurs ont ou solitaires et terminales, ou disposées en épis ; il en est qui sont supportées par un pédoncule, d'autres qui n'en ont pas, et par conséquent sont dites sessiles. La couleur des fleurs de la famille des liliacées est aussi variable que leur disposition : il en est de blanches, comme le lis, de rouges, comme quelques espèces de tulipes, etc. Ces fleurs sont souvent enveloppées dans une spathe, composée d'une ou plusieurs folioles ; le calice est coloré, les pièces qui le composent sont pétaloïdes, rarement libres, le plus souvent soudés de manière à former une espèce de tube : trois se trouvent dans l'intérieur et trois à l'extérieur. Ces sépales sont égaux, et donnent le plus fréquemment des fleurs régulières; ils renferment six étamines, insérées tantôt au-dessus, tantôt au-dessous de l'ovaire, qui est libre, à trois loges, contenant un nombre variable d'ovules. Le style, simple, est marqué de trois sillons longitudinaux; le stigmate est rarement sessile, mais il est toujours trilobé. Le fruit est quelquefois charnu, mais le plus souvent il est sec et déhiscent. Les genres qui composent cette jolie famille sont très-nombreux; mais en général tous renferment des plantes d'un bel aspect, soit par la vivacité de leur teinte, soit par l'éclat de leur couleur. Quelques-unes ont une odeur agréable, mais il en est qui en possèdent une repoussante : nous citerons en particulier l'ail. Il y a quelques liliacées employées en médecine, le lis, par ses oignons, la scille, par ses bulbes, l'aloès, par le suc résineux que l'on extrait de ses immenses feuilles.

C. FAVROT.

LILLE (en flamand *Ryssel*), ville de France, grande, belle et forte, située sur la moyenne Deule, à la limite nord de la France, à 236 kilomètres de Paris. Elle tient le septième rang parmi les principales villes de l'empire, et le premier parmi les places fortes. Le terrain sur lequel Lille est assise est bas, humide, et un peu marécageux. Le sol domine à peine la mer de 20 mètres marée basse.

Vers 1050, Lille n'était encore qu'un château fortifié, où succomba Lambert de Lens, oncle de Godefroy de Bouillon, en disputant le passage aux troupes impériales qui allaient attaquer Tournay. Peu d'années après, l'église collégiale de Saint-Pierre est fondée près de ce château, par les soins du comte de Flandre, Baudoin le Débonnaire. En 1066, un roi de France, Philippe Ier, pupille du comte de Flandre, assiste à la dédicace de l'église. Ce fut à une époque un peu plus récente que s'établit la justice échevinale. Le véritable auteur des franchises communales de cette ville, c'est la comtesse Jeanne, qui, après l'avoir dotée de plusieurs établissements précieux, régla, en 1235, la loi échevinale par un diplôme dont le texte est conservé dans les célèbres archives du département du Nord et dans celles de la mairie de Lille. Lille, dès les premiers temps, souffrit des chances de la guerre. Vers 1070, la comtesse Richilde s'y vit assiégée par Robert le Frison. Guillaume Clitou essaya vainement de la prendre à son compétiteur Thierry d'Alsace. Après la bataille de B o u v i n e s, Lille fut mise dans la main du roi pour gage de la rançon du duc Fernand. Lille était dès lors une grande et riche commune, qui entretenait au loin des relations commerciales, et dont les bourgeois rivalisaient d'opulence avec les grands et le clergé. Philippe le Bel s'en empara; mais une insurrection populaire la lui fit perdre presque aussitôt. Il la prit une seconde fois, en 1304, et elle fut cédée à la France, qui la rendit à la fin du quatorzième siècle au comte Louis de Male, lors du mariage de sa fille avec Philippe le Hardi, duc de Bourgogne. Lorsque ce prince fut devenu comte de Flandre, une ère de splendeur commença pour Lille. C'est là dans la collégiale de Saint-Pierre, qu'il tint le premier chapitre de la Toison-d'Or; c'est là qu'il reçut les cinquante envoyés de l'empereur d'Orient, qui venaient implorer son secours contre l'invasion musulmane; c'est là, enfin, qu'il donna ce merveilleux banquet du *faisan*, où lui et tous les chevaliers jurèrent de marcher contre l'ennemi de la foi. En 1476 Lille passa à la maison d'Autriche. Lorsque éclatèrent les troubles des Pays-Bas, les Lillois, aigris par les vexations du soldat espagnol, adhérent d'abord au célèbre traité d'union; mais voyant bientôt que les confédérés veulent détruire à la fois l'autorité royale et la religion catholique, ils se soumettent à Philippe II.

Toujours de plus en plus prospère et importante, la ville fut agrandie deux fois au commencement du dix-septième siècle. Un peu plus tard, quand Turenne et Condé, unis ou rivaux, vinrent désoler le pays, Lille n'ouvrit ses portes ni à l'un ni à l'autre. Elle attendait que Louis XIV vint en personne lui demander les clés. Il parut devant ses murs, le 10 août 1667. Pour suppléer à la faiblesse de la garnison, qui n'était que de 2,400 hommes, les dix-huit compagnies bourgeoises prirent les armes: les arbalétriers de Saint-Georges, les archers de Saint-Sébastien, les tireurs d'armes de Saint-Michel et les canonniers de Sainte-Barbe firent bravement leur devoir contre les Français. Il fallut enfin céder à la force : on capitula, et Louis, entré dans Lille le 28 août, jura le même jour de respecter les franchises de la ville.

Lille, depuis la conquête de 1667, n'a été prise qu'une fois; le duc de Bouflers, qui la défendait contre le prince Eugène, capitula, après soixante-dix jours d'une glorieuse défense, le 22 octobre 1708. Remise à la France en 1713, par suite du traité d'Utrecht, Lille témoigna sa joie dans des fêtes pompeuses. La ville fut de nouveau investie par les armées impériales, en 1792. Tout le monde connaît l'héroïque et sublime résistance des Lillois aux attaques formidables du duc Albert de Saxe. La Convention décréta qu'ils avaient *bien mérité de la patrie*; et le nom de Lille fut donné à l'une des rues de Paris.

La population de Lille est de 75,795 habitants. Lille est le chef-lieu de la troisième division militaire et du département du Nord. La ville possède un tribunal de première instance, une chambre et un tribunal de commerce, un conseil des prudhommes, une bourse, une succursale de la Banque de France, un comptoir d'escompte, une faculté des sciences de l'académie de Douai, etc. C'est une station du chemin de fer du nord. Lille qui dépendait jadis du diocèse de Tournay, est comprise aujourd'hui dans celui de Cambray; la ville renferme six paroisses, dont cinq avec titre de décanat, une église consistoriale de la confession d'Augsbourg, et une synagogue. Les établissements de bienfaisance y sont nombreux, et ils doivent l'être dans une ville qui compte près de 40,000 indigents, c'est-à-dire plus de la moitié de sa population totale. On se rappelle les révélations faites par Blanqui aîné sur l'horrible détresse des classes ouvrières de Lille et sur ces caves, tombeaux malsains et froids, où tant de malheureux vivent entassés comme des animaux immondes.

Quinze cent vingt personnes habitent l'hospice général; l'hopital Saint-Sauveur a trois cents lits; celui des Vieux-Hommes et Bleuets est occupé par soixante vieillards et soixante orphelins; l'hospice Gantois reçoit cent douze vieilles femmes. Soixante jeunes filles sont élevées jusqu'à l'âge de vingt ans dans l'hospice des Stapart_s; enfin, des indigentes, frappées d'aliénation mentale sont reçues et traitées dans une maison spéciale. La ville est en outre, pour la distribution des secours publics, divisée en six arrondissements, qui ont chacun un bureau de charité. Elle possède une société de charité maternelle pour assister les femmes en couches, trois salles d'asile, une caisse d'épargne, etc.

Quand on a vu le bel arc triomphal qui forme la porte des Malades ou de Paris, la citadelle, coup d'essai et chef-d'œuvre de Vauban, l'esplanade, les casernes, destinées à recevoir dix mille hommes, le grand-corps-de garde de la place d'armes, et les fortifications qui ceignent la ville, on a une idée de ce que l'architecture militaire a fait à Lille de plus remarquable. En fait de bâtiments civils, il y a à peine lieu de mentionner l'hôtel de ville, ancien palais de Rihour; le théâtre, ouvrage de l'architecte Lequeux, élevé en 1785; le pont neuf, construit, en 1701, par Voland, à qui l'on doit aussi la porte de Paris; la bibliothèque communale, la salle de concert, qui passe pour l'une des plus belles de France; l'hôtel de la monnaie, d'un style pur et régulier; l'hôpital général, d'une architecture imposante et noble.

Ce que Guillaume Le Breton disait de Lille, il y a six cents ans, lui est encore très-applicable aujourd'hui :

Insula, villa placens, callida lucra sequenda,
Insula, quæ, nitidis se mercatoribus ornans,
Regna coloratis illuminat extera pennis,
Unde reportantur solidi quibus illa superbit.

Entrepôt des denrées coloniales que reçoivent les ports de Dunkerque, Boulogne, Calais et même Le Havre, Lille étend son commerce aussi loin qu'aucune autre ville de France ; elle exporte toutes les productions du sol, les produits de ses fabriques aussi bien que de celles de Roubaix et de Tourcoing. Elle possède de grandes filatures de coton et de lin, des fabriques de fils à coudre et à dentelle, de sarraux, de mouchoirs d'indiennes ; de nombreuses huileries et distilleries, un commerce considérable de toiles, fils, lins, dentelles, café-chicorée. L'arrondissement dont cette ville est le chef-lieu est peut-être le pays de France où l'agriculture est le plus florissante. La couche végétale varie d'épaisseur depuis 33 centimètres jusqu'à 82 centimètres; on n'y connaît pas de grandes fermes.

Le Glay, archiviste du département du Nord.

LILLEBONNE, chef-lieu de canton , dans le département de la Seine-Inférieure, avec 5,144 habitants, d'importantes fabriques d'indiennes et de calicots, des filatures hydrauliques de coton, des blanchisseries de toile, etc. Lillebonne est une ville très-ancienne, capitale des *Calètes* de la Celtique. Elle fut embellie par Auguste, qui lui donna le nom de *Juliobona*, en l'honneur de sa fille Julie. Mentionnée par Ptolémée et l'*Itinéraire* d'Antonin, c'était une importante position militaire où venaient aboutir plusieurs voies romaines. On y a découvert de nombreuses antiquités. On y voit encore les restes d'un château gothique bâti par Guillaume le Conquérant, qui y fit décider, dans une assemblée des grands de son duché de Normandie, l'expédition contre l'Angleterre. Aux environs est situé le château d'Harcourt, l'un des plus curieux monuments de la Normandie.

LILLIPUT, nom donné par Swift dans ses *Voyages de Gulliver*, et après lui par quelques autres humoristes satiriques à un petit pays imaginaire dont les habitants, les *Lilliputiens*, n'ont guère qu'un pouce de haut. Cette fable est une imitation assez ingénieuse de celle des *pygmées* de l'ancienne mythologie.

LILLY (William), fameux astrologue anglais, né en 1602, à Diseworth, dans le Leicestershire, s'en vint, fort jeune encore, chercher fortune à Londres. En 1624 il entra, en qualité de teneur de livres, chez un marchand qui ne savait ni lire ni écrire, et dont plus tard il épousa la veuve, qui lui apporta en dot une fortune de 1000 liv. st. (25,000 fr.). A partir de 1632 il s'occupa d'astrologie, et se procura un exemplaire de l'*Ars notoria* de Cornelius Agrippa, où il apprit la théorie des cercles magiques et de l'évocation des esprits. A quelque temps de là il obtint du doyen du chapitre de Westminster l'autorisation de se livrer, de concert avec un horloger et un individu qui se disait fort habile à manier la baguette divinatoire, à la recherche d'un trésor qu'on prétendait être caché dans l'abbaye. Ils se mirent à l'œuvre au milieu de la nuit; mais ils furent frappés de terreur par une violente et subite tempête que plus tard Lilly attribua à la puissance des esprits infernaux, qu'il prétendait avoir conjurés. A partir de l'an 1644 jusqu'à sa mort, il publia régulièrement chaque année son almanach intitulé *Merlinus Anglicus*. Quand éclata la guerre civile, il embrassa le parti du parlement, et sut accommoder avec beaucoup d'adresse ses prédictions astrologiques à la crédulité de ses contemporains. En 1648 on l'envoya, lui et un autre astrologue, appelé Rooker, au camp de Colchester pour encourager les soldats par leurs prédictions; et l'on fut si content de la manière dont il s'acquitta de cette mission, qu'on lui accorda une pension. En 1659 le roi de Suède, dont il avait parlé avec éloge dans un de ses *Almanachs*, lui envoya une chaîne d'or. Après la Restauration, il fut arrêté par ordre du parlement, parce qu'on le croyait au courant des secrets du parti républicain. On l'interrogea aussi pour apprendre de lui par qui Charles Ier avait été exécuté ; et il déclara alors tenir de Robert Savin, secrétaire de Cromwell, avec qui il avait dîné ce jour-là , que le roi avait été exécuté par un certain Joyce. A peu de temps de là Lilly fut gracié, et se retira à la campagne ; mais en octobre 1666 il fut encore interrogé par un comité de la chambre des communes, parce que de certains signes hiéroglyphiques, qu'il avait placés cette année-là dans son almanach, on induisit qu'il était parfaitement renseigné sur les causes de l'effroyable incendie qui un mois auparavant avait réduit en cendres une grande partie de la ville de Londres ; et lui, sans admettre qu'il en eût jamais rien su, prétendit toujours avoir fort clairement prédit cette catastrophe dans ses ouvrages. Il adopta pour fils, sous le nom de *Merlin junior*, un tailleur, nommé Henri Coley, qui devint lui-même célèbre comme astrologue et publia des almanachs et des livres astrologiques, notamment une *Clef de l'Astrologie*. Lilly mourut de paralysie, en 1681. Il a laissé beaucoup d'ouvrages. Ses *Observations sur la Vie et la Mort de Charles*, *dernier roi d'Angleterre*, si on en écarte les absurdités astrologiques qu'il y a mêlées, peuvent être consultées avec profit, Lilly ayant non-seulement été bien renseigné, mais encore ayant su rester strictement impartial. Il a aussi écrit sa propre biographie : c'est un livre des plus amusants, où il sait constamment se tenir avec beaucoup d'habileté entre la vérité et le mensonge, donnant rarement à celui-ci au delà de ce qu'exigeait le soin de sa réputation.

LILYBÉE (Cap), *Lilybæum*. C'est ainsi que les anciens appelaient le promontoire occidental de la Sicile, aujourd'hui *Capo Boco*, près de la ville de Marsala. Il se trouve encore à 15 milles géographiques du Cap Bon, le promontoire de la côte d'Afrique le plus proche. Donc ce que racontent les auteurs anciens d'un homme doué d'une vue si longue que de là il pouvait voir les vaisseaux entrer dans le port de Carthage paraît n'être qu'une fable. Vers l'an 350 avant J.-C., les Carthaginois fondèrent près du cap Lilybée une ville qui porta le même nom, et dont la population était presque entièrement grecque d'origine. Fortifiée avec soin et pourvue d'un excellent port, aujourd'hui bien délabré, cette ville était considérée par les Carthaginois comme la base première de leur domination en Sicile. Les Romains l'assiégèrent dans la première guerre punique, mais ils n'en obtinrent la possession qu'à la paix ; et comme elle passait à bon droit pour le point d'embarquement le plus favorable afin de passer en Afrique, elle jouit longtemps d'une grande prospérité.

LIMA, capitale de l'ancienne vice-royauté espagnole du Pérou, et aujourd'hui de la république du même nom (Amérique du Sud), est située sur la côte de l'océan Pacifique, dans une vallée assez bien cultivée et dont le climat est très-doux, sur les bords du Rimac, dont l'embouchure est à 7 kilom. au-dessous de la ville, qui compte 80,000 habitants. Si l'on excepte ses 65 églises, dont l'architecture n'est nulle, et qui n'ont d'autre mérite que d'être surchargées d'ornements d'or et d'argent et de pierres précieuses, on y voit peu de monuments remarquables; les seuls qui méritent d'être signalés sont le palais du gouvernement, celui de l'archevêque, l'Université, l'hôpital Saint-André, la Monnaie, le Théâtre, et le Cirque destiné aux combats de taureaux. Elle est célèbre par une foule d'établissements scientifiques; mais cette réputation repose plutôt sur des noms pompeux que sur un mérite réel. On y trouve une université, fondée en 1553 par Charles-Quint, la première qu'il y ait eu en Amérique, cinq collèges, une école navale, plusieurs autres établissements d'instruction publique et trois bibliothèques, dont la plus riche est la Bibliothèque nationale. Lima est aussi le siége d'un archevêché, le plus ancien de l'Amérique du Sud, du congrès et de l'administration politique de la république. Cette ville est la plus riche des cités espagnoles de l'Amérique du Sud , quoique son opulence ait bien diminué depuis que cette partie de l'Amérique a adopté la forme républicaine et que les richesses métalliques du pays ont commencé à s'épuiser ; cependant, elle est toujours le centre d'un commerce important, qui dans le pays même, avec l'intérieur du Pérou, soit par Callao, avec tous les ports de la mer du Sud et de l'Europe.

[A partir de Tumbez, la côte du Pérou, n'offre à l'œil, dans un espace de plusieurs centaines de lieues, qu'une vaste et profonde plaine. A l'est, la vue s'arrête contre la chaîne

LIMA — LIMACE

des Cordillières, immense muraille dont la cime, hérissée de pics neigeux, étincelle aux rayons du soleil comme une bannière de diamants; à l'ouest, son horizon se perd au point où l'azur du ciel se confond avec celui de la grande mer du Sud : c'est le pays des *Vallées*. Une d'elles, aux temps antiques, fut célèbre. On l'appelait *la Vallée du Rimac*. L'idole du Rimac y rendait des oracles redoutés sur les bords de la rivière qui l'arrose, et donnait son nom au fleuve et à la vallée. En 1535 François Pizarre jeta, à cinq milles de son embouchure, les fondements d'une ville qu'il appela *Ciudad de los Reyes* (*Cité des Rois*); le peuple la nomma *Rimac*, et ce nom, trop dur pour les colons espagnols, se transforma en celui de *Lima*.

Située sous la zone torride, elle en ignore la dévorante chaleur; le vent de la mer la rafraîchit sans cesse, et s'il suspend un instant son haleine, un voile épais s'étend sur la terre, l'enveloppe et la défend des ardeurs du soleil. Jamais le tonnerre n'y éveille les échos, les nuages semblent d'airain, et ne s'y résolvent point en pluie; mais les nuits ont des rosées, et les neiges de la montagne envoient aux vallées d'innombrables filets d'eau, qui détrempent et fertilisent le sol. Les Indiens avaient sillonné la terre de canaux d'irrigation; les Espagnols conquérants ont fait de même : aussi la plaine de Lima, arrosée et verdoyante comme un marais à peine comblé, se pare-t-elle d'une luxuriante végétation; elle a de gras pâturages; les oliviers y forment d'épaisses forêts; leurs branches, entrelacées, s'arrondissent en voûtes impénétrables aux feux du soleil; tous les fruits de l'Europe et des tropiques embellissent ses jardins; les orangers y poussent en pleine terre, et elle est tapissée des plus riches fleurs des contrées équinoxiales. Les bandes d'oiseaux qui s'abattent par nuées sur ses plages lui assurent un infaillible et puissant engrais.

Lima fut bientôt une ville importante : elle devint le centre du commerce des contrées intérieures, la grande capitale de l'Amérique méridionale. A deux milles de ses murailles, la nature a creusé une rade sûre et magnifique, le *Callao*, la plus belle de toute la côte occidentale du Nouveau-Monde; par là elle devint aussi le foyer de circulation entre le Pérou et l'univers. Mais cette ville, en apparence si favorisée du ciel, repose sur un volcan : à chaque instant la terre tremble sous elle, et de violentes secousses la bouleversent quelquefois de fond en comble. Aussi Lima peut-elle fournir plus d'un chapitre à l'histoire des révolutions du globe. Parmi les tremblements de terre qui l'ont tant de fois ruinée, celui de 1746 fut accompagné des plus effroyables catastrophes; le souvenir en est encore vivant : en moins de quatre minutes la ville entière ne fut plus qu'un amas de décombres. Le vieux Callao, renversé d'abord par l'ébranlement du sol, fut ensuite abîmé avec tous les vaisseaux qu'il contenait, par une immense ondulation de la mer. Des 4,000 habitants qu'on y comptait, deux seulement échappèrent à cette épouvantable catastrophe. Non loin de l'emplacement où était situé le vieux Callao, on a construit, en 1747, la petite ville de *Bella-Vista*, avec un fort qui protège la baie, au milieu de laquelle se trouve l'île de San-Lorenzo, détachée du continent par ce grand tremblement de terre. C'est là que jettent l'ancre tous les bâtiments qui arrivent des différents ports de la mer du Sud, et tout récemment on y a établi des chantiers de construction et une fonderie de fer.

Malgré ses bases mouvantes, ses fréquents renversements, Lima est une belle et grande ville; elle a la forme d'un triangle, dont les deux côtés s'appuie sur le Rimac. Un mur de briques séchées au soleil l'entoure; mais cette enceinte, flanquée de trente-quatre bastions, ne sert seulement à l'abri d'un coup de main de la part des *montaneros* ou habitants des montagnes. La grande place est l'une des plus belles du monde : elle est belle surtout les jours de fête, quand, à la sortie de la cathédrale, un peuple entier se disperse, paré d'étincelants habits, car les habitants portent le luxe des vêtements jusqu'à la frénésie; toutes les physionomies se mêlent, le Castillan de pur sang, descendant des héros de la conquête, au teint pâle et blême, à la démarche lente et fière, et l'Européen de toutes les nations, estampillé au cachet de son pays; et le nègre de Guinée, et le métis, et le mulâtre à l'allure incertaine et cauteleuse; et le Péruvien de race frêle, l'œil terne, fixe, presque hagard, d'une insouciance profonde. La république a passé, dit-on, son niveau sur toutes les classes; cette idée d'égalité n'est que ridicule dans un pays espagnol : l'orgueil des castes règne dans toute sa force. Au milieu de tous ces hommes, les femmes apparaissent couvertes de riches dentelles, de soie, de pierreries; leur pied est à peine perceptible à travers la gaze de leur robe : on ne peut dire si elles touchent la terre, tant leur démarche est légère. Elles jettent à droite et à gauche des regards plongeants; elles savent à la fois répondre à l'homme dont elles ont pris le bras, lancer une œillade à l'amant qui touche en passant leur écharpe, saluer de la main une connaissance indifférente, critiquer une rivale et lui disputer sa conquête. Elles exagèrent tous leurs moyens de séduction à l'époque des foires : alors la *Plaza mayor* se couvre des plus riches produits de l'industrie de l'univers; à chaque pas le luxe tend à la fragilité féminine d'irrésistibles guetapens. Ainsi s'engouffrent, au gré d'un caprice, de colossales fortunes, car dans ce voluptueux climat l'amour règne en souverain. On y sacrifie peu à l'hymen, mais les liaisons étrangères au mariage sont habituelles; tout homme comme il faut a sa maîtresse, pour laquelle il prodigue des trésors : heureux quand sa fortune seule en est ébréchée !

Lima possède de belles promenades; la nouvelle Alameda, sur la route même du Callao, suit, pendant plus d'un mille, le bord de la rivière. Un double rang de saules ombrage à droite et à gauche les trottoirs des piétons et la route où les calèches défilent par milliers. Sur le Rimac on a jeté un superbe pont, qui réunit à la ville le faubourg San-Lorenzo, rendez-vous du monde élégant pendant l'été. Les rues sont régulières, les maisons peu élevées : un petit nombre seulement comptent trois étages. Leur extérieur, frappe par un air de luxe : on les croirait bâties en pierre; mais ces murs imposants sont de simples cloisons en cannes revêtues de plâtre; le rez-de-chaussée seul est en briques. Les poutres sont à coulisse dans leurs mortaises. Quand la terre tremble, tout tremble : si la maison était un corps compacte et sans élasticité, la moindre secousse la démolirait. Le Liménien est comme son sol, il tremble : dès que le moindre frémissement s'est fait sentir sous ses pieds, il fuit, nu, habillé, n'importe. Il se jette dans la rue, par la porte, par la fenêtre : c'est un élan général qui déconcerte l'étranger. Les commotions politiques, aussi fréquentes que les tremblements de terre, le trouvent aussi épouvanté. Qu'une poignée de pitoyables soldats, poussés par un sous-lieutenant ivre, s'avise de jeter un cri de révolte, *de se prononcer*, comme ils disent, et de parcourir la ville en hurlant *libertad !* toutes les portes se ferment, on a peur. Vingt gredins en guenilles, armés de mauvais fusils, changent le gouvernement à la face de 80,000 habitants stupéfaits, qui ne savent que se cacher et trembler.

Théogène PAGE, capitaine de vaisseau.]

LIMACE, genre de mollusques gastéropodes, très-voisin du genre *hélice*, dont il se distingue par l'absence de coquille extérieure. Les limaces ont le corps ovale, allongé, plan en dessous, convexe en dessus, offrant à sa partie antérieure une sorte d'écusson charnu, qui renferme presque toujours dans son épaisseur une petite lame de matière calcaire. La tête est à peine distincte du reste de l'animal par un étranglement qui ressemble à un col. Elle est surmontée de quatre tentacules, semblables à ceux des bêches. Comme les hélices encore, les limaces sont douées d'hermaphrodisme incomplet.

Les lieux frais et humides sont recherchés par les limaces. Ces animaux s'enfoncent dans la terre pour y fuir la rigueur de l'hiver, ou encore la trop grande chaleur des étés des tropiques. Les matières végétales ou animales, surtout celles en putréfaction, leur servent indistinctement de nourriture. Les limaces causent de grands dégâts dans les cultures. On a proposé plusieurs moyens de les détruire : la chaux, le sel marin, la cendre de bois paraissent les meilleurs.

Sur une trentaine d'espèces que l'on connaît de ce genre, nous nous bornerons à citer la *limace cendrée* (*limax cinereus*, L.), qui est d'un gris bleuâtre, avec des lignes noires interrompues, et se trouve sous les écorces des arbres pourris, et la *limace des caves* (*limax flavus*, L.), de couleur roussâtre plus ou moins sale.

LIMAÇON. *Voyez* HÉLICE (*Malacologie*).

LIMAGNE. *Voyez* AUVERGNE et PUY-DE-DÔME (Département de).

LIMAN. Ce terme est l'opposé de celui de delta. Quand un fleuve a une large embouchure et s'étend en un vaste bras de mer, on donne à cette embouchure le nom de *liman*; d'ordinaire on trouve à son entrée un grand nombre de petites îles. Cette forme particulière est fréquente au nord et au sud de la Russie, à l'embouchure des fleuves arctiques et de ceux de la mer Noire et de la mer d'Azof. Le Kouban, le Don, le Dniepr et le Bog, ainsi que l'Onega, la Dwina, le Mesen, la Petchora, l'Ob, le Taz, le Jenisëi et la Katanga, donnent des limans à leur embouchure; on doit ranger aussi dans la classe des fleuves à limans la Neva, qui se jette dans le golfe de Finlande, et deux fleuves du grand Océan, l'Anadir et l'Amour.

LIMANDE, poisson appartenant au genre *plie*, de la famille des pleuronectes. La forme de la *limande* (*platessa limanda*, L.) est rhomboïdale, comme celle de son congénère le carrelet. Comme dans les autres plies, ses dents sont sur une seule rangée; mais elles sont moins larges, presque linéaires. Le côté des yeux est bien clair, avec quelques taches effacées, brunes et blanchâtres. On remarque entre les yeux une ligne saillante. Enfin, le nom de *limande*, donné à ce poisson, dérive du latin *lima*, lime, et rappelle l'âpreté de ses écailles. Plus petite que le carrelet, la limande est plus estimée des gourmets.

LIMBE (du latin *limbus*, venant de *limen*, seuil de la porte). Les opticiens appellent de ce nom le bord des instruments circulaires qui, divisés en degrés, minutes, etc., servent à mesurer la grandeur des arcs de cercle, l'ouverture des angles, etc.

LIMBE (*Botanique*), contour du sommet d'un calice ou d'une corolle.

LIMBE (*Conchyliologie*). *Voyez* COQUILLE.

LIMBES (*Théologie*), mot dont on se sert pour désigner le lieu dans lequel les âmes des justes de l'ancienne loi étaient détenues avant que Jésus-Christ vînt leur ouvrir les portes de la béatitude éternelle. Cette expression ne se trouve ni dans les livres sacrés ni dans les saints Pères, mais on l'a employée pour éviter de se servir du mot *enfer*, qui emporte l'idée de damnation, quoiqu'il ne signifie que *lieux bas* ou *inférieurs*. On ne sait pas le premier s'est servi de cette expression.

Des théologiens, contre l'opinion de saint Augustin et d'autres Pères, pensent que les enfants morts sans baptême sont dans les *Limbes*. Au reste, peu importe le lieu où sont ces malheureux enfants, puisqu'il est généralement admis que non-seulement ils souffriront pas les tourments des réprouvés, mais qu'ils sont dans un état bien préférable à la non-existence. Les poëtes ont aussi tiré parti des limbes : Dante y place les hommes vertueux du paganisme, Socrate, entre autres. J.-G. CHASSAGNOL.

LIMBOURG, ancien duché qui confinait au nord et à l'est au duché de Juliers, à l'ouest et au sud-ouest à l'évêché de Liége, dont la Meuse le sépare, et au sud-est au Luxembourg. Indépendamment des bailliages de Baelen, Herve, Montzen, Wallhorn et Sprimont, il comprenait encore sous le nom de *pays d'outre-Meuse*, les comtés de Daelhem, de Falkenberg et de Rolduc. En 1530 on y comprit aussi la ville de Maestricht, jusque alors dépendant de l'évêché de Liége. La paix de Munster partagea le Limbourg entre les États Généraux et l'Autriche, de telle sorte que les premiers eurent les comtés de Daelhem et de Falkenberg. Après la réunion des Pays-Bas à la France, en 1794, les bailliages de Limbourg et de Daelhem et une partie de l'évêché de Liége servirent à former le département de l'Ourthe, tandis qu'avec le reste du territoire, ainsi qu'avec diverses parties du pays de Liége et de la Gueldre, on constituait le département de la Meuse-Inférieure. Après 1814, ce dernier département forma, sous le nom de Limbourg, la troisième province du royaume des Pays-Bas. En 1830, à l'exception de la ville de Maestricht, elle embrassa le parti de la révolution belge, et demeura réunie à la Belgique jusqu'en 1839, époque où, par suite de l'acceptation du traité du 15 novembre 1831 par le roi des Pays-Bas, il s'effectua un partage du Limbourg dans lequel la partie du territoire située sur la rive droite de la Meuse avec la ville de Maestricht et sa citadelle, ainsi que les bailliages de Weerdt, Haelen, Horn, Kessel, Horts, etc., situés sur la rive gauche de ce fleuve, échurent à la Hollande. En dédommagement de la cession faite en 1839 par la Hollande à la Belgique d'une partie du grand-duché de Luxembourg appartenant à la Confédération germanique, le Limbourg hollandais, sauf les villes de Maestricht et de Venloo, a été déclaré partie intégrante de la Confédération.

La *province hollandaise de Limbourg*, comprise entre le Brabant septentrional, la Gueldre, la Prusse Rhénane et les provinces belges de Limbourg et de Liége, compte sur une surface de 28 myriamètres carrés environ 197,000 habitants, catholiques pour la plupart. Le sol en est généralement fertile; cependant au nord, de même qu'à l'ouest de la Meuse, on y rencontre beaucoup de landes et de tourbières. Ses villes sont Maestricht, Ruremonde (6,000 habitants), les forteresses Venloo (6,130 habitants), Weert et Sittard. On y compte 120 communes.

La *province belge de Limbourg*, la plus petite du royaume de Belgique, bornée par le Brabant méridional, le Limbourg hollandais, la province de Liége, le Brabant méridional et Anvers, contient une surface de 241,315 hectares, dont 75,000 sont encore en friche, avec 188,198 habitants répartis en 199 communes et 4 villes, à savoir : *Hasselt*, chef-lieu (9,784 habitants), *Saint-Trond* (11,009 habitants), *Tongres* (6,555 habitants), et *Masseyck* (4,498 habitants). Les principales branches d'industrie sont la distillerie des eaux-de-vie de grains, le raffinage des sucres et la fabrication des chapeaux de paille. L'agriculture et l'élève du bétail y sont dans l'état le plus florissant.

LIME (du latin *lima*), outil le plus ordinairement d'acier trempé, dont les faces sont hérissées d'une multitude de dents que l'on forme en relevant, au moyen d'un ciseau, la matière avant qu'elle soit trempée. Pour qu'une lime coupe bien, il faut que ses dents fassent des angles aigus avec l'axe (la direction) de l'outil; il faut en outre que ces dents soient coupées de distance en distance par des entailles qui, divisant les coupants des dents, font que celles-ci sont plus propres à détacher la matière. Quant à la forme, la plupart des limes, celles surtout qui servent à dégrossir, ont quatre faces égales deux à deux, et présentent des figures de losanges tronqués. Les limes qui n'ont que trois faces, et dont les coupes transversales présentent des triangles équilatéraux, s'appellent *tiers-points*: elles servent à aiguiser les dents des scies. Les limes dites *bâtardes douces* sont en général petites, et leur taille est plus fine que celle des grosses limes; leur forme est très-variée : il y en a de côniques : on les appelle *queues-de-rat*; d'autres sont courbées en divers sens.

Lime s'emploie figurément en parlant des ouvrages d'esprit : ainsi on dit, *passer*, *repasser la lime* sur un ouvrage de prose ou de poésie ; donner le *dernier coup de lime* à un écrit, c'est le corriger, le perfectionner.

TEYSSÈDRE.

LIME (*Malacologie*), genre de mollusques acéphales, monomyaires, de la famille des pectinides. Les limes, très-voisines des peignes, avec lesquelles on les avait confondues jusqu'à ce que Bruguière les en eut distinguées, habitent presque toutes les mers. Elles nagent avec une grande rapidité, en battant leurs valves l'une contre l'autre, ce qui a fait comparer leur mouvement au vol des papillons. On en connaît environ une vingtaine d'espèces vivantes et plus de cent fossiles.

LIME DOUCE, fruit du limettier.

LIMERICK, comté d'Irlande, dans la province de Munster, séparé du comté de Clare par le Shannon, d'une étendue d'environ 35 myriamètres carrés, dont le septième en landes. Sa population est de 300,000 âmes. Sauf au sud, à l'ouest et au sud-ouest, le sol en est plat et presque partout très-fertile, notamment le long du Shannon, grand réservoir où viennent se jeter les cours d'eau, d'ailleurs peu importants, du pays. On y récolte beaucoup de blé et d'avoine, et le bétail que l'on y élève est à bon droit en grand renom.

Le chef-lieu est LIMERICK, ville reliée par des chemins de fer à Dublin, à Cork, et à Waterford; elle est située à 155 kilomètres de l'embouchure du Shannon, dans un pays plat, et s'élève en partie sur la rive gauche du Shannon, et en partie sur une île de ce fleuve; elle se compose de trois principaux quartiers, qui communiquent les uns avec les autres par des ponts; les deux plus anciens, *Irishtown* et *Englishtown*, sont étroits et malpropres; mais la partie neuve de la ville, *Perrytown* ou *Newtown Perry*, a de beaux et larges quais, de jolies maisons et de brillants magasins. En 1841 sa population était de 48,300 habitants, et en 1851, de 55,300. En fait d'édifices, l'on y remarque surtout le Palais de Justice, la Douane, la Bourse, la Halle à la toile, la nouvelle prison du Comté, l'Hôpital et le palais de l'archevêque. Limerick est le siège de deux évêchés, l'un anglican et l'autre catholique; on y compte quatre églises catholiques, trois couvents d'hommes, un couvent de femmes, une cathédrale anglicane, quatre temples protestants et des chapelles pour les presbytériens, les indépendants, les quakers et les méthodistes, et de remarquables établissements de bienfaisance; ses fabriques de toile, de gants de peau fine (*Limerick gloves*), de souliers, d'eau-de-vie (*wisky*) et de papier ont une certaine importance. Il s'y fait un grand commerce d'exportation, dont les principaux articles, outre ceux que nous venons de nommer, sont le blé, le beurre, les viandes salées, les jambons, le lard, les cuirs et les draps; les principaux articles d'importation sont le sucre, le rhum, le tabac, le vin, le sel, la graine de lin, les bois de charpente, la chaux et la tourbe. Limerick fut fondée au neuvième siècle, par le Norvégien Ivor, et avait encore au douzième siècle des rois d'origine norvégienne. C'était autrefois une place forte; elle fut en 1174 prise d'assaut par les Anglais, et en 1651 par les troupes du parlement, après une courageuse résistance; en 1690, elle fut inutilement assiégée par le roi Guillaume III, et ne se rendit qu'en 1691, au général Ginckel, après une capitulation aussi honorable qu'avantageuse pour les catholiques, connue sous le nom de *capitulation de Limerick*.

LIMETTIER, arbre du genre *citrus* (*voyez* CITRONNIER), ayant pour caractères : Pétioles nus, feuilles ovales-arrondies, dentées en scie; fleurs à 30 étamines environ; fruit globuleux, couronné par un mamelon obtus, à écorce ferme, à pulpe douce. Ce fruit porte les noms vulgaires de *lime douce* en France, et de *limetta*, *bergamotte*, *peretta*, en Italie, où il est cultivé. Originaire d'Asie comme le limonier, auquel il ressemble beaucoup, le limettier (*citrus limetta*, Risso) en diffère par la complète blancheur de ses fleurs.

LIMFJORD, LIMFJORD ou LYMFJORD. C'était primitivement un détroit qui séparait de la terre ferme l'extrémité septentrionale de la presqu'île du Jutland (Danemarck), c'est-à-dire presque tout le diocèse d'Aalborg, qui, au douzième siècle il fut fermé à l'ouest par un banc de sable, et changé en une lagune ou *fjord* de 14 myriamètres de long. En 1824 et en 1825, à la suite de violentes marées, la mer du Nord se fraya de nouveau passage à travers cette digue de sable, la première fois sur le territoire de la paroisse de Harbö-öre, la seconde près du village d'Agger; et aujourd'hui encore il y a communication entre la mer du Nord et le Limfjord au moyen du canal d'Agger. Dans son intérieur le Limfjord forme un vaste bassin, aux côtes vivement accidentées et offrant à chaque instant des promontoires et des îles, par exemple, dans le bailliage de Thisted, l'île de Mors, qui a plus de 4 myr. carrés et renferme le port et la ville de *Nynkjöbing*.

LIMIER. Ce chien s'emploie à la chasse du lièvre et des grandes bêtes fauves; mais on ne s'en sert guère que pour faire l'enceinte et découvrir le gibier; pour cela, on le tient toujours en laisse. Le limier (*canis sagax*, Linné) appartient à la section des épagneuls. Il ressemble au chien courant; mais il est plus grand, plus robuste; son nez est plus gros; ses oreilles sont très-longues, très-larges, très-pendantes et assez plissées; ses lèvres sont un peu pendantes.

LIMITE (du latin *limes*, borne). Ce mot est pour le vulgaire synonyme de *borne*. En mathématiques, on appelle ainsi toute grandeur dont une autre grandeur peut approcher à l'infini ou différer d'une quantité aussi petite que l'on voudra sans pouvoir jamais l'égaler exactement : soit par exemple la fraction décimale $0,9999.....$ Il est évident que si l'on écrivait 9 un nombre infini de fois à sa droite, sa valeur approcherait sans cesse de celle de l'unité, et cependant, on n'aurait jamais $0,999... = 1$: cela est évident. Soit encore la progression géométrique décroissante $1 : \frac{1}{2} : \frac{1}{4} : \frac{1}{8}$, etc.; on conçoit que le dernier terme de cette progression, quelque prolongée qu'elle fût vers la droite, ne saurait jamais devenir égal à zéro; mais l'on comprend aussi que sa valeur pourrait en différer d'une quantité inassignable, de sorte donc que zéro serait la limite des termes d'une telle progression.

En algèbre, les limites sont deux quantités entre lesquelles sont comprises les racines réelles d'une équation : si, par exemple, on a $x^2 = 13$, x égalera la racine carrée de 13, laquelle se trouve entre 3 et 4. Les limites d'un problème sont les quantités entre lesquelles toutes les valeurs qui satisfont à la question sont comprises. Si par exemple l'on demande quel est le nombre entier qui ajouté à x égale 5, la valeur de x étant inconnue, on peut supposer qu'elle est 0, 1, 2, 3.... 5, d'où l'on tirerait les équations :

$$x + 5 = 5, \; x + 4 = 5, \text{ etc.}$$

0 et 5 sont les limites du problème.

En géométrie, il se présente souvent des lignes droites ou courbes qui sont les limites de toutes celles qui peuvent en approcher indéfiniment, sans jamais parvenir à se confondre exactement avec elles. Le cercle est la limite de tous les polygones qui lui sont inscrits et circonscrits; car si l'on multiplie indéfiniment le nombre des côtés de ces polygones, ils se rapprocheront sans cesse du cercle, sans que jamais il puisse arriver que le polygone inscrit l'égale et soit, à plus forte raison, plus grand que lui, ni que le contour du polygone circonscrit devienne plus petit que la circonférence du cercle. La tangente à un cercle est la limite de toutes les circonférences plus grandes que ce cercle, et qui lui sont tangentes au même point de ce cercle. La théorie des limites est la base métaphysique du calcul différentiel.

En astronomie, on appelle *limites* d'une planète les deux points de son orbite qui sont les plus éloignés du plan de l'écliptique : ces deux points sont nécessairement à 90 degrés des nœuds. L'arc qui mesure l'inclinaison de l'orbite d'une planète passe nécessairement par les points des limites. L'imagine deux sortes de limites, l'une australe et l'autre boréale, etc. TEYSSÈDRE.

LIMMAT, nom que prend l'émissaire de l'embouchure du lac de Zurich. Cette rivière limpide et assez large traverse la ville de Zurich, et reçoit un peu au-dessous les eaux de la Sihl, petit cours d'eau qui vient du canton de Schwytz. La Limmat se jette dans l'Aar, à Windish, non loin de Brugg, canton d'Argovie, où elle forme une chute assez puissante;

circonstance qui, jointe aux roches dont est parsemé son lit, en rend la navigation difficile. Un chemin de fer construit le long de ses rives, le premier qu'ait eu la Suisse, en a encore diminué l'importance comme voie de communication.
LIMNO ou **LIMNA**. *Voyez* LEMNOS.

LIMOGES, chef-lieu du département de la Haute-Vienne, avec cour impériale, évêché, dont le diocèse comprend les départements de la Creuse et de la Haute-Vienne, tribunaux d'arrondissement et de commerce, conseil de prud'hommes, académie universitaire, collége, école normale primaire, bibliothèque publique, riche de 12,000 volumes, cinq typographies et une chambre consultative des manufactures, hôtel des monnaies, etc. On y compte 41,630 habit. Bâtie sur la pente d'une colline, au pied de laquelle coule la Vienne, elle est remarquable par son site riant et pittoresque.

L'origine de cette ville remonte à une époque très-reculée. Limoges fut une des soixante cités qui, au rapport de Strabon, élevèrent un autel à Auguste sous les murs de Lyon, au confluent de la Saône et du Rhône, et qui obtinrent la permission de prendre le nom de ce prince (*Strab*., lib. IV, cap. 3). Limoges fut appelée en conséquence *Augustoritum*; elle garda ce nom jusqu'à la fin du quatrième siècle. A cette époque, elle prit le nom du peuple dont elle était la capitale. Elle est appelée *Civitas Lemovicum* ou *Lemovices* dans la notice de l'empire dressée en 401. Sous les premiers empereurs, la cité de Limoges devint la résidence d'un proconsul romain. On y percevait les tributs qu'une grande partie de la Gaule payait aux vainqueurs. Cette ville s'embellit d'une foule de monuments utiles ou magnifiques : elle eut un capitole, un théâtre, un amphithéâtre, des temples, des palais. Elle était le centre de plusieurs routes, qui lui ouvraient de faciles communications avec les autres principales villes des Gaules. Elle déchut à partir de Domitien; elle perdit la recette des impôts et les priviléges que lui avait accordés Auguste. Après la chute de l'empire d'Occident, elle vit disparaître jusqu'aux dernières traces de son antique splendeur. Elle passa successivement sous la domination des Visigoths, des rois francs de la première race, des ducs d'Aquitaine, et fut réunie à la couronne de France par Pepin le Bref. Sous les rois de la deuxième et de la troisième race, elle fut possédée tour à tour par les ducs d'Aquitaine, par les rois d'Angleterre ; elle passa, par mariages, dans la maison de Bretagne et dans celle d'Albret, et rentra enfin, par Henri IV, dans le domaine des rois de France, pour n'en plus sortir. Toutefois, en passant d'un sceptre à un autre, elle conserva toujours ses gouverneurs particuliers, décorés d'abord du titre de *comte*, et plus tard de celui de *vicomte*, et dont l'autorité ne s'étendait que sur la ville même et dans les bornes, assez resserrées, de son territoire.

Dans le cours de tant de révolutions, la ville de Limoges éprouva de grandes calamités. Prise par les Goths, assiégée par les Vandales, saccagée par Théodebert, fils de Chilpéric, détruite par Pepin, rétablie bientôt après, et pillée de nouveau par les Normands, désolée à diverses reprises par les Anglais, livrée aux dissensions civiles, elle fut réduite plusieurs fois en ruines. Tombée, en 1370, au pouvoir du prince de Galles, elle vit dix-huit mille de ses habitants passés au fil de l'épée, ses remparts et ses édifices abattus, et tout ce qui avait échappé à l'avidité des gens de guerre devoré par les flammes : elle ne fut, disent les anciennes chroniques, de longtemps habitée que par des meuniers et quelques pêcheurs. Le voyageur qui visite cette ancienne cité ne doit pas s'étonner qu'après tant de ravages elle offre si peu de monuments antiques a sa curiosité. Tous les ouvrages dont les maîtres du monde s'étaient plu à l'orner ont péri sous les efforts des barbares ou de princes ambitieux, plus barbares encore. Ce qui avait échappé à leur fureur a été insensiblement détruit par le temps; ou enfoui sous des constructions nouvelles, sans que l'autorité municipale, il faut bien le dire, se soit mise en peine, à aucune époque, d'en assurer la conservation. Il

n'existe plus rien qui puisse attester ce que fut autrefois la capitale des *Lemovices*, si ce n'est quelques vestiges des nombreuses voies romaines dont elle était le point de réunion.

Au moyen âge, Limoges célèbre pour la fabrication des émaux, l'était aussi par son négoce. A la faveur de quelques sacrifices pécuniaires, elle s'était affranchie de la gêne et des embarras des douanes intérieures. Aussi les négociants de cette ville allaient-ils vendre dans toutes les parties de la France les marchandises de l'Inde achetées par eux aux ventes annuelles de l'Orient , et que l'exemption des droits intérieurs leur permettait d'établir à des prix avantageux. Leur négoce prit tant d'accroissement, et leur réputation d'habileté et de probité était si répandue, que Louis XI , voulant vivifier le commerce de la ville d'Arras, en 1479, fit demander à Limoges deux négociants capables de créer des établissements utiles et d'ouvrir cette source de prospérité dans la capitale de l'Artois. André Roger et Élie Dinematin y envoyèrent leurs enfants pour s'y fixer. Pour remédier à la décadence de ce commerce intermédiaire avantages avait fait négliger jusque alors. On y voit aujourd'hui des filatures de laine et de coton, des teintureries, des étendoirs, des machines à fouler, à presser, à tondre les étoffes de laine, des blanchisseries de toile, de cire, des papeteries, des tanneries, des chapelleries, des tréfileries, des martinets à cuivre, des fabriques de bougies, de cardes, des manufactures de siamoise, de basin, de droguet, de flanelle, de serge commune ; un atelier pour la fabrication des machines nécessaires à l'industrie; douze fabriques de porcelaine, dont les produits, confectionnés avec toute la perfection désirable, sont très-recherchés.

ANDRIEUX (de Limoges).

LIMON. Par ce mot, dérivé du latin *limus*, qui signifie boue, fange , on désigne des dépôts terreux formés par les eaux et composés le plus souvent de molécules argileuses et calcaires, mêlées à des débris de végétaux et de matières animales. Le limon provenant du dessèchement des terrains marécageux ou envahis par les eaux est employé pour l'agriculture comme un amendement d'une grande puissance. Les îles, toujours si nombreuses dans les fleuves et les rivières , proviennent de l'accumulation successive du limon charrié par leurs eaux. Elles sont toujours d'une remarquable fertilité.

LIMON, fruit du limonier.

LIMONADE. L'origine de ce nom vient certainement des limons, avec lesquels on faisait autrefois exclusivement les limonades. Aujourd'hui l'on désigne ainsi toute boisson acidulée : que ce soit au moyen des limons, des citrons ou des acides minéraux, elles portent toutes le même nom ; elles sont rafraîchissantes et toujours agréables. Nous ne décrirons point avec détails toutes les espèces de limonades, nous dirons seulement qu'on peut en faire de gazeuses et de non gazeuses : si l'on veut rendre une limonade gazeuse, il suffit d'y introduire de l'acide carbonique ; pour cela, on peut préparer dans un verre un mélange de sucre et d'eau dans la proportion suffisante pour dissoudre le sucre ; on ajoute une goutte d'essence de citron , et l'on verse par-dessus de l'eau gazeuse; puis on boit rapidement. C'est sans contredit la boisson la plus agréable que l'on puisse prendre ; on remplace l'essence de citron par un peu de sirop d'orange ou de limon.

Quand on veut une simple limonade, on remplace l'eau gazeuse par de l'eau simple. On prépare aussi fréquemment des limonades gazeuses artificielles, c'est-à-dire que l'on produit l'acide carbonique en décomposant le bicarbonate de soude au moyen d'un acide; c'est ordinairement l'acide tartrique.

Ces boissons, quoique fort agréables, ont cependant l'inconvénient de laisser un goût salé, qui déplaît; elles tiennent en outre le ventre un peu trop libre, car elles produisent souvent la dyssenterie, lorsqu'on en fait un usage trop fréquent. Le *soda-water* est une espèce de limonade gazeuse.

En médecine, on prescrit fréquemment aux malades une limonade faite en versant de l'eau bouillante sur quelques tranches de citrons, qu'on laisse infuser pendant une heure, que l'on sucre ensuite et que l'on passe : cette limonade n'est pas très-agréable. On prescrit aussi quelquefois des limonades sulfuriques, chlorhydriques ou nitriques : ce sont des dissolutions de sucre acidulées au moyen de ces acides minéraux. C. FAVROT.

LIMONADIER, celui qui tient un café, qui y fait faire et y vend de la limonade, de l'orgeat, des liqueurs, du café, du chocolat, des glaces, etc.

LIMONEUX (Terrain). *Voyez* CLYSMIENS (Terrains).

LIMONIER, arbre du genre *citrus* (*voyez* CITRONNIER), ayant pour caractères : Pétioles légèrement ailés; feuilles oblongues, aiguës, dentées; fleurs à 35 étamines, souvent agynes; fruit oblong, à écorce mince, à pulpe très-acide. Le fruit, ou *limon*, est terminé par un mamelon obtus, plus ou moins volumineux. Son suc est employé pour la préparation des l im on a d e s. Originaire d'Asie, le limonier (*citrus limonum*, Risso) forme un arbre assez haut, à fleurs blanches en dedans, violacées en dehors.

LIMONITE, variété de fer hydroxydé, s'offrant en masses concrétionnées ou amorphes, brunes ou jaunâtres. C'est à la limonite que se rapportent presque tous les minerais de fer des terrains de sédiment, et la plupart de ceux de la France. On distingue parmi ses sous-variétés : la *limonite fibreuse*, mamelonnée ou en stalactites (dite *hematite brune*), à surface brune ou noire, recouverte d'un enduit luisant et irisé; la *limonite compacte*, d'un brun foncé, qui se présente en couches assez puissantes ; la *limonite geodique*, ou globulaire creuse, dite *œtite* ou *pierre d'aigle*; la *limonite pisolithique*, mine de fer en grains, en globules libres, ou réunis par un ciment argileux; la *limonite terreuse* (*fer limoneux, fer d'alluvion*), de formation moderne, et exploitée en plusieurs lieux, principalement dans la basse Silésie. Cette dernière variété est en masses ocreuses, d'un jaune de rouille, et c'est elle qui a valu le nom de *limonite* à la variété tout entière.

Le fer en grains est pour la France une source inépuisable de richesses; il forme un dépôt presque superficiel, généralement de mince épaisseur, mais qui recouvre des provinces entières. Il est commun surtout dans les départements de la Haute-Saône, de la Haute-Marne, du Haut-Rhin et de la Moselle. C'est lui qui alimente les usines de la Normandie, du Berry, de la Bourgogne, de la Franche-Comté, et entre autres la célèbre fonderie du Creus ot.

LIMOUSIN. Cette ancienne province de France avait pour frontières le B e r r y au nord, l'A u v e r g n e à l'est, le Quercy au sud, le Périgord, l'Angoumois et le Poitou à l'ouest. On divisait ordinairement cette province en haut et bas Limousin, capitales L i m o g e s et T u l l e. Son territoire forme aujourd'hui les départements de la Haute-Vienne et de la Corrèze.

Les peuples qui habitaient cette province, les *Lemovices*, opposèrent une résistance assez vive aux armes romaines. Ils mirent sur pied dix mille combattants, qu'ils envoyèrent sous les murs d'*Alesia*, pour obliger César à lever le siége de cette ville. L'histoire du Limousin est à très-peu de chose près celle de l'A q u i t a i n e, dont il faisait partie.

Les habitants du Limousin, race douce, aux passions peu développées, ont senti le besoin de suppléer à l'infertilité de leur territoire par l'industrie et le commerce. Ceux de quelques contrées sont accoutumés à des émigrations périodiques, et vont exercer divers métiers dans les différentes parties de la France. Cependant, les beaux pays où ils promènent leur laborieuse industrie leur font rarement oublier celui qui les a vus naître; ils conservent toujours pour leurs montagnes un attachement et une prédilection qui les y ramènent tous les ans dans la saison de l'hiver. Alors ils viennent porter à leur famille le produit de leurs épargnes et acquitter leurs contributions.

Le Limousin est sis sur un immense plateau, dont la hauteur moyenne au-dessus du niveau de la mer est de 565 mètres. Le pays est sillonné de l'est à l'ouest, sur presque toute sa surface, de nombreux cours d'eau non navigables et d'un grand nombre de chaînes de collines, qui sont des embranchements des montagnes de l'Auvergne, et qui s'abaissent à mesure qu'elles s'avancent vers l'occident. Ces hauteurs se présentent sous la forme de mamelons, qui, par leur forme arrondie, décèlent le principe granitique qui les constitue. Quelques-unes sont frappées d'une éternelle stérilité; les autres sont couvertes de bois ou ombragées, ce qui donne au pays une teinte sombre et quelquefois un aspect sauvage. La base du sol est formée de roches granitiques, qui ont pour principes constituants le feld-spath, le quartz et le mica. Les différentes agrégations de ces principes produisent plusieurs variétés de pierres, telles que les granits proprement dits, les gneiss, les porphyres, etc. On y trouve aussi plusieurs espèces de terres argileuses, entre lesquelles on distingue le kaolin, ou terre à porcelaine. La nature du sol, l'élévation et la direction des montagnes, la multiplicité des sources et le grand nombre des ruisseaux rendent la température du Limousin froide et humide, et font que sa constitution météorologique éprouve de fréquentes variations. Cette variabilité de l'atmosphère est non-seulement nuisible à la prospérité de la végétation, mais elle produit encore de pernicieux effets sur le genre animal, en occasionnant des maladies inflammatoires et tous les accidents que cause la suppression de la transpiration insensible.

La nature du terrain , qui n'est presque partout qu'un maigre détritus de granit et de schiste décomposés, sous lequel on trouve le tuf ou le rocher à peu de profondeur, oppose de grandes difficultés au cultivateur limousin. A une époque qui n'est pas encore bien loin de nous le Limousin produisait à peine de quoi suffire pendant la moitié de l'année aux besoins de sa population.

ANDRIEUX (de Limoges).

LIMOUSINE. *Voyez* BLOUSE.

LIMOUSINS (Chevaux). *Voyez* CHEVAL.

LIMOUX, ville de France, chef-lieu d'arrondissement dans le département de l'Aude, à 29 kilomètres au sud-ouest de Carcassonne, sur la rive gauche de l'Aude, avec 7,776 habitants, des tribunaux de première instance et de commerce, un collège, d'importantes manufactures de draps, des filatures de laine, des tanneries, des teintureries, un commerce considérable de vins, principalement d'excellents vins blancs légers appelés *b l a n q u e t t e* de Limoux, d'huile d'olive, de blé, de fourrages, de produits manufacturés.

L'origine de Limoux remonte au neuvième siècle. Simon de Montfort la fit raser en 1209; rebâtie peu après, elle fut érigée en évêché par Jean XXII. Mais ce même pape transféra ensuite ce siége épiscopal à Alais. Du temps des guerres de religion elle fut saccagée à plusieurs reprises.

LIN. Ce genre de plantes, de la pentandrie pentagynie, compris jusqu'à Decandolle dans la famille des caryophyllées, a donné son nom à une famille nouvelle, celle des *linées*, qu'il forme seul avec le petit genre *radiola*. Sur près de cent espèces que renferme le genre *lin*, il en est une qui mérite une étude spéciale; c'est le *lin commun* (*linum usitatissimum*, L.), qui a la tige droite, cylindrique, grêle, rameuse à son sommet, et haute de 0^m,45 à 0^m,60; ses feuilles sont sessiles, linéaires, d'un vert foncé, glabres, rangées de trois centimètres environ ; ses fleurs, bleues, solitaires, sur des pédoncules terminaux ou axillaires, offrent un calice à cinq folioles, cinq pétales, dix étamines, dont cinq stériles; cinq styles ; capsule à dix loges. Les produits que fournit le lin forment une branche de commerce très-importante; le fil qu'on retire de son écorce sert à fabriquer les belles toiles, les batistes et la dentelle; sa graine donne une huile qui se mange lorsqu'elle est fraîche, mais qui est surtout employée pour l'éclairage et la peinture. La médecine trouve dans la graine de lin une des espèces émollientes les plus précieuses.

La culture du lin est dans les Pays-Bas, en Angleterre, en Russie, dans le nord et au midi de la France, une source de richesses; elle exige une terre fraîche, fertile et pourvue d'engrais abondants. Le *lin froid*, ou *grand lin*, le *lin chaud*, ou *têtard*, et le *lin moyen*, sont les trois variétés le plus cultivées. Le lin se sème à deux époques différentes de l'année, en septembre et octobre : c'est le *lin d'hiver*; en avril et mai : c'est le *lin d'été*. Laquelle de ces deux époques est préférable? C'est au cultivateur à résoudre cette question; la nature de sa terre plus ou moins exposée à l'humidité, aux gelées, le climat et la situation particulière, sont les données qui doivent le guider. Une gelée forte après des pluies abondantes fait périr le lin; la sécheresse et les chaleurs prolongées ne lui sont pas moins funestes. Il faut se rappeler toutefois que plus le lin reste en terre, plus sa filasse gagne en quantité et en qualité, plus sa graine s'enrichit de principes huileux. La graine de lin se sème à la volée; elle se recouvre à la herse ou au râteau, de manière à ce qu'elle soit à peine enterrée de 12 à 18 millimètres; elle ne tarde pas à lever lorsque la terre est humide; le jeune plant doit être sarclé avec soin dans les premiers temps de la croissance. L'époque de la maturité est nécessairement fort variable, selon les années, la nature du sol, l'espèce de la graine, etc. Elle approche lorsque les tiges jaunissent, qu'une partie des feuilles tombent et que les capsules commencent à s'entr'ouvrir. S'il y a inégalité dans la maturité, il est bon de faire la récolte à deux ou trois reprises.

Le desséchement, l'égrenage, la mise en bottes, le rouissage, le broyage, etc., se pratiquent comme pour le chanvre. Le lin, comme le chanvre, demande des terres de premier choix; c'est une des plantes qui épuisent le plus : aussi est-ce une mauvaise spéculation que de le faire reparaître plusieurs fois de suite sur le même champ.

Le *lin vivace* (*linum perenne*, L.) résiste au froid de l'hiver, et peut être cultivé dans les régions les plus exposées aux gelées. Il diffère du lin commun par la grosseur de ses racines, noueuses, par la multiplicité et l'élévation de ses tiges; il donne une filasse moins belle que l'espèce usuelle, mais ses produits sont plus abondants; il prospère d'ailleurs dans une terre moins fertile.

Le mucilage abondant qui existe surtout dans la partie corticale de la graine de lin donne à l'eau dans laquelle on la fait bouillir l'aspect et la consistance des blancs d'œuf crus. Aussi lorsqu'on prépare avec cette semence la tisane émolliente et mucilagineuse si usitée dans les inflammations des organes génito-urinaires, doit-on avoir soin de ne l'employer qu'en petite quantité (une demi-cuillerée dans un litre d'eau), et de ne pas pousser l'ébullition au delà d'un quart d'heure. La farine sert à préparer des cataplasmes. L'huile n'a pas plus que celle des autres plantes la propriété spéciale de détruire les vers intestinaux.

P. GAUBERT.

LIN (Saint), seul pape de ce nom, le second de la nomenclature, en comptant saint Pierre, dont il fut le successeur immédiat. Ce rang lui a été contesté. Des historiens ont prétendu que saint Lin, saint Clet, ou Anaclet, et saint Clément, avaient été les coopérateurs de saint Pierre et de saint Paul à Rome, et qu'après la mort de ces deux apôtres ils avaient gouverné tous trois en commun l'église chrétienne. Cette version était trop contraire à l'unité de la foi et du saint-siège pour ne pas être combattue; mais les premiers écrivains ecclésiastiques ne furent point d'accord sur la question de savoir auquel des trois pontifes appartenait la priorité. Après une discussion fort insignifiante, il parut pour constant que saint Clément s'était retiré devant saint Lin, de peur que les partisans de celui-ci ne voulussent pas le reconnaître, et qu'Anaclet ayant suivi cet exemple, saint Lin avait été le premier successeur de saint Pierre. Il était Toscan d'origine, et son père s'appelait Herculanus. Platine a fixé l'époque de son avénement à la dernière année du règne de Néron; le Pontifical de Damase le fait remonter à la seconde année, c'est-à-dire à 56; mais il ne le présente alors que comme le coadjuteur du prince des apôtres. On n'est pas plus d'accord sur la durée de son pontificat : les uns le terminent à l'an 67, et en fixent la durée à douze années; les autres, notamment Le Sueur, historien de l'Église et de l'Empire, le précisent davantage. Ce dernier affirme que saint Lin gouverna l'Église onze ans huit mois et cinq jours. La date et le genre de sa mort sont également controversés. Des écrivains le font mourir même avant saint Pierre; selon d'autres, il ne lui aurait survécu que d'un ou de deux ans. Le père Pagi, s'étayant de l'autorité de Damase, assure qu'il fut martyrisé pendant la persécution de Néron. Il va même jusqu'à dire qu'il fut condamné par le consul Saturninus, malgré le service qu'il lui avait rendu en délivrant sa fille d'un diable dont elle était possédée. Mais comme ces sortes de possessions sont évidemment des inventions du moyen âge, le miracle doit faire tort au martyre, et Baillet dit positivement qu'il n'est nullement prouvé; il l'attribue à une opinion du neuvième siècle, accréditée par Adon et Usuard, et rappelle que pendant les huit premiers siècles de l'Église il a passé pour incontestable que saint Téiesphore fut, en l'an 154, le premier des papes morts par le glaive. L'opinion qui a prévalu est celle qui fixe la mort de saint Lin à l'an 78.

Platine lui attribue sans preuves l'ordination de onze évêques et de dix-huit prêtres. D'autres prétendent qu'en vertu de ses réglements les femmes ne parurent dans les assemblées de l'église que la tête voilée. Tout cela est incertain. On se demande enfin si ce pontife est le même Linus dont saint Paul a parlé à la fin de sa seconde épître à Timothée. Nous ne saurions ni l'affirmer ni le nier; mais comme cette épître paraît avoir été écrite de Rome même, il resterait à décider si le pape saint Lin a été fait sur ce témoignage, ou si le témoignage a confirmé la tradition.

VIENNET, de l'Académie Française.

LINANGES ou **LEININGEN**, l'une des plus anciennes familles de comtes de l'Empire, qui fut médiatisée en 1806. Ses domaines sont placés partie sous la souveraineté du grand-duc de Bade, et partie sous celle du roi de Bavière.

Son chef actuel, le prince *Charles*, qui réside à Amorbach, né le 12 septembre 1804, succéda à son père, *Emich-Charles*, le 4 septembre 1814, sous la tutelle de sa mère, Victoria, née princesse de Saxe-Cobourg, qui plus tard se remaria avec le duc de Kent, de qui elle eut une fille, *Victoria*, aujourd'hui reine d'Angleterre. Le prince de Linanges réside alternativement à Munich et à Londres. En 1848 il fut président du ministère de l'Empire, depuis le 9 août jusqu'au 5 septembre.

Il existe plusieurs lignes collatérales de la maison de Linanges. Un comte Charles de Linanges-Westerburg, né le 11 avril 1819, fut fusillé le 10 octobre 1849, à Pesth, en raison de la part qu'il avait prise à la révolution de Hongrie.

LINCEUL. Ce mot, qui avait autrefois un sens très-étendu, et qui désignait en général toute espèce de linge, ne s'applique plus aujourd'hui qu'au drap dont on enveloppe les morts avant de les ensevelir. Les anciens se servaient de linceuls d'amiante dans les funérailles de personnages distingués.

LINCOLN, le plus grand comté de l'Angleterre après le Yorkshire, et le premier pour la fertilité des terres et leur bonne culture. Son étendue est d'environ 80 myriamètres carrés, dont 76 en terres cultivées, prés et pâturages; sa population s'élève à 400,000 habitants. Il est divisé en trois districts : *Lindsey*, *Kesteven* et *Holland*, qui comprennent 33 *hundreds* et 656 paroisses. Le Lindsey, qui s'étend depuis Foss-Dyke (nom d'une baie du Wash) et depuis le Witham au nord-ouest jusqu'à l'Humber, forme plus de la moitié du comté de Lincoln, et comprend aussi l'île

22.

LINCOLN — LIN DE LA NOUVELLE-ZÉLANDE

d'Ancholme, vaste étendue de terrains marécageux, formée le long de la côte par le Trent, l'Idle et le Don. Le Kesteven, qui est la partie la plus sèche et la plus fertile du comté, se trouve au sud-ouest, et le Holland au sud-est du Wash. Ce dernier district ne se compose guère que de marches et de marais, et a besoin d'être protégé par de fortes digues contre l'invasion des eaux de la mer et les inondations du Glen, du Welland et de quelques autres cours d'eau. Dans quelques endroits le sol marécageux a conservé son état primitif, mais presque partout ailleurs on est parvenu par des travaux de desséchement et de drainage à le transformer en champs fertiles et en excellents pâturages. Au delà des marais le sol s'élève, légèrement onduté, surtout dans la partie nord du comté. Ceux qui aiment les beaux paysages n'en rencontreront point dans le Lincolnshire. Les eaux y sont saumâtres, et le climat humide et malsain. En revanche, il produit de riches récoltes en céréales, choux, navets, etc., et on y élève peut-être plus de bestiaux que dans toute autre partie de l'Angleterre. Le mouton du comté de Lincoln n'a pas de cornes ; il a la tête blanche, la toison longue, et fournit avec ceux des comtés de Kent et de Leicester la meilleure laine anglaise. On doit aussi mentionner parmi les produits de ce comté la volaille, et surtout les oies. Les fabriques et les manufactures y sont au contraire sans aucune importance. Le principal cours d'eau est le Witham, que l'on a rendu navigable depuis Boston jusqu'à Lincoln; à partir de cette ville la communication par eau avec le Trent est établie par la Foss-Dyke, et, à l'intérieur du comté, le Wash est joint à l'Humber par un grand canal, où aboutissent plusieurs canaux latéraux. En 1848 a eu lieu l'ouverture du chemin de fer de Lincoln à Hull, qui met ces deux villes en communication avec Boston, Nottingham, etc.

Le chef-lieu du comté, LINCOLN, est aussi le siége d'un évêché anglican. Cette ville est située sur le Witham, où s'étend au pied et sur la pente d'une colline ; c'est l'ancien *Lindum* ou *Lindum Colonia* des Romains. La ville est généralement étroite ; mais dans la partie haute on trouve une foule de beaux édifices. Le plus remarquable est sans contredit la cathédrale, bâtie sur la colline escarpée qui domine la ville, et après celle d'York la plus grande qu'il y ait en Angleterre. Elle fut construite en 1086-1283, dans le style normand-gothique, en forme d'une double croix, avec deux tours carrées, à arêtes plates, de 60 mètres, et une tour centrale de 100 mètres d'élévation, qui renferme une énorme cloche, surnommée *le gros Thomas de Lincoln*. Sur la principale tour sont les statues en pierre, et de grandeur naturelle, de onze rois normands ; le côté où se trouvent ces statues est orné d'une foule d'enjolivements, de flèches, de rinceaux, de têtes d'hommes et d'animaux. Il faut encore citer une vieille tour, *Newport-Gate*, l'une des restes les plus intéressants et les mieux conservés de l'architecture romaine qu'il y ait en Angleterre.

LINCOLN'S INN. *Voyez* BARRISTER, GRANDE-BRETAGNE, tome X, p. 461, et INNS OF COURT.

LIND (JENNY), l'une des plus célèbres cantatrices de notre époque, est née le 6 octobre 1821, à Stockholm, où sa mère tenait une école de jeunes filles. Les remarquables dispositions que de bonne heure elle annonça pour le chant déterminèrent ses parents à la destiner au théâtre. Elle s'était déjà tirée avec bonheur de divers petits rôles d'opérascomiques, lorsqu'elle enleva tous les suffrages par la manière dont elle joua le rôle d'Agatha dans le *Freischutz*. Elle n'avait alors encore que seize ans. Quatre ans plus tard elle voyait à Paris, pour y perfectionner sa méthode sous la direction du célèbre Garcia ; mais ce fut bien inutilement qu'elle chercha à se faire entendre sur notre grande scène lyrique. A ce moment Mme Stoltz y régnait despotiquement, et n'y souffrait point de rivale. M. Léon Pillet, directeur de l'Opéra, était trop le très-humble et très-dévoué serviteur de sa belle pensionnaire pour oser lui déplaire en accordant quelques minutes d'attention à la jeune étrangère qui s'en venait frapper sans façons à la porte de son théâtre. S'il consentait, pour la forme, à lui faire la charité d'une audition *au foyer*, comme il eût pu faire pour quelque premier sujet de Pontoise ou de Quimper-Corentin, il n'eut garde de daigner y assister. Justement blessée de la grossièreté de ce procédé, Jenny Lind jura que de sa vie elle ne se ferait entendre dans une ville où les artistes étaient à la discrétion complète d'un pacha de coulisses; et jusqu'à ce jour, au grand chagrin des *dilettanti* parisiens, elle a tenu sa promesse. Si le directeur de l'Opéra avait refusé d'assister à l'audition de Jenny Lind, de peur d'encourir la colère de sa *prima dona*, Meyer-Beer, mieux avisé, n'y avait pas manqué, lui; aussi s'empressa-t-il de faire à l'artiste ainsi éconduite les plus brillantes propositions au nom de l'Opéra de Berlin. Mais, esclave de sa parole, Jenny Lind, dont l'absence de Suède ne devait pas se prolonger au delà d'une année, s'en revint d'abord à Stockholm remplir loyalement les engagements qui la liaient avec l'Opéra de cette capitale. On lui fit en Suède l'accueil le plus enthousiaste; et une fois libre, elle s'en alla à Berlin, où sa réception tint réellement du délire. Elle y fit surtout fureur dans *Le Camp de Silésie* de Meyer-Beer et dans *La Fille du Régiment* de Donizetti. Après un séjour de plus de deux années à Berlin, elle entreprit une tournée en Allemagne, visita Vienne et diverses autres grandes villes, objet partout des ovations les plus enthousiastes. C'est en 1847 qu'elle débuta à Londres. Elle y revint encore en 1849 ; et l'histoire de l'art n'offre rien d'analogue aux succès éblouissants qu'elle y obtint. La reine et sa cour ne manquèrent pas une seule de ses représentations. Chaque fois, malgré le prix élevé des places, la salle était comble; et la recette dépassait toujours 2,000 liv. st. La saison finie, Jenny Lind entreprit dans les provinces de l'Angleterre une excursion vraiment triomphale ; et comme elle consacrait à des œuvres de charité la plus grande partie de l'énorme produit des représentations qu'elle donnait dans les villes où elle s'arrêtait, on vit en maints endroits les populations, reconnaissantes, dételer ses chevaux et la promener en triomphe.

En 1850 Jenny Lind traita moyennant une somme presque fabuleuse avec le fameux Barnum, le grand entrepreneur américain, pour un certain nombre de représentations à donner de l'autre côté de l'Atlantique. C'est là qu'elle a rencontré l'homme qui devait toucher et captiver son cœur, celui qu'elle devait épouser après avoir repoussé les hommages d'une foule de princes, de barons et de banquiers allemands, russes, polonais, hollandais, anglais, etc., mettant à l'envi à ses pieds des fortunes plus colossales les unes que les autres. Cet heureux mortel n'était autre que le pianiste loué par Barnum pour tenir le piano dans les concerts donnés par la grande cantatrice, un certain M. *Goldschmidt*, né en 1828, à Hambourg, par conséquent âgé de sept ans moins qu'elle. A leur retour en Europe, M. et Mme Goldschmidt se fixèrent à Dresde; et on affirma alors que Jenny Lind était bien déterminée à ne plus remonter sur les planches ; cependant dans l'hiver de 1855 elle a encore donné un certain nombre de représentations à Londres.

LIN D'AMÉRIQUE, nom vulgaire de l'agave d'Amérique.

LINDAU, ancienne ville libre impériale du cercle de Souabe en Bavière, bâtie sur deux îles du lac de Constance et reliée à la terre ferme par un pont en bois de 102 mètres de longueur, ainsi que par un chemin de fer construit dans le lac même. Appelée autrefois la *Venise de la Souabe*, elle est le grand centre du commerce entre la Bavière et la Suisse et au moyen de la navigation entretient de multiples relations avec les autres villes riveraines du lac de Constance. On y compte 3,300 habitants, protestants pour la plupart.

LIN DE LA NOUVELLE-ZÉLANDE, nom vulgaire du *phormium tenax*, l'espèce la plus intéressante du genre *phormium*, de la famille des liliacées. Le genre *phormium* a pour caractères : calice monophylle, à six découpures; six étamines; capsule oblongue, à trois loges polyspermes. L'espèce qui nous occupe offre des feuilles ensiformes, un peu épaisses, fermes, glabres. Elle a été rapportée par Aiton, en 1800, de la Nouvelle-Zélande, où elle croît spontanément, et où on la récolte surtout au bord de la mer, dans les crevasses de rocher. Sous notre climat, on peut la cultiver en pleine terre. Les fibres du *phormium tenax* donnent un tissu assez fin, mais peu solide.

LINDET (JEAN-BAPTISTE-ROBERT) était avocat à Bernay (Eure), quand éclata la révolution française. Successivement procureur-syndic de son district et député à l'Assemblée législative, puis à la Convention, il fut chargé par la commission des vingt-et-un, dont il était membre, de rédiger le rapport sur les crimes dont était accusé Louis XVI, et vota la mort sans appel et sans sursis. Lors de l'organisation du tribunal révolutionnaire, il présenta un projet qui ne fut pas adopté. En 1793 il entra au comité de salut public, et fut envoyé plusieurs fois en mission dans le Calvados, l'Eure, le Finistère, et à Lyon. Partout il montra une grande modération. Lors des événements du 9 thermidor, retiré, jour et nuit, dans les bureaux du comité de salut public, il ne prit aucune part à la lutte. Quand, plus tard, la Convention décréta d'accusation plusieurs de ses collègues du comité, en 1795, il demanda que tous les membres des anciens comités de gouvernement encore existants fussent jugés collectivement, et se justifia lui-même, sans pouvoir sauver ses collègues. Après les journées de prairial, il fut décrété d'accusation, et ne dut sa liberté qu'à l'amnistie que proclama la Convention, au moment de se séparer; du moins il eut la satisfaction de voir les villes de Caen, du Havre, de Mantes, etc., et surtout la petite ville de Conches, dont il avait sauvé la municipalité, réclamer vivement sa mise en liberté. En 1796 il fut compromis dans la conspiration de Babeuf, mais acquitté, quoique contumace. Lors de la réaction démocratique du 30 prairial, ses talents, sa probité et son infatigable activité le firent appeler au ministère des finances, qu'il quitta après le 18 brumaire, plus pauvre qu'avant d'y entrer. Robert Lindet ne reparut plus dès lors sur la scène politique, et mourut à Paris, le 17 février 1825, à un âge très-avancé.

LINDLEY (JOHN), célèbre botaniste anglais et professeur à l'université de Londres, est né vers 1790, et se consacra de bonne heure à l'étude de la botanique. Après avoir débuté par quelques ouvrages spéciaux, tels que la *Rosarum Monographia* (Londres, 1820), la *Digitalium Monographia* (1821) et son *Orchidearum Sceleton* (1826), il publia son *Introduction to the natural System of Botany* (3ᵉ édit., 1839) et son *Natural System of Botany* (1835), où il développe le système qui porte son nom. Il admet sept tribus comme divisions naturelles, et dans la première tribu, qui contient les dicotylédones, il établit encore sept classes, qu'il réduit cependant à deux quand il s'agit d'énumérer les familles. Afin de présenter un tableau plus facilement appréciable des familles, il compose plusieurs sous-groupes intermédiaires, et les réunit ensuite en groupes supérieurs. Ses *Elements of Botany* (7ᵉ éd., 1852) sont aussi d'une grande utilité pratique. Parmi ses nombreux écrits nous citerons encore; *Collectanea Botanica* (1821); *Genera and Species of Orchideous Plants* (1830-1833); *Illustrations of Orchideous Plants* (1830-1838); *Sertum Orchidaceum* (1838); *Theory of Horticulture* (1844); *Flora medica* (1844); *The vegetal Kingdom* (1846), etc., etc. Cet infatigable savant publie en outre la partie botanique du *Gardener's Chronicle*. Beaucoup de ses mémoires et dissertations se trouvent dispersés dans les *Mémoires de l'Horticultural Society* et autres recueils périodiques. En reconnaissance des services rendus par lui à la science, on a nommé *lindleya* un genre de plantes de la famille des bixacées.

LINDPAINTNER (PIERRE-JOSEPH), maître de chapelle, à Stuttgard, est né en 1791, à Coblentz, et fit preuve de bonne heure de remarquables dispositions pour la musique. A Munich, où il était venu se perfectionner sous la direction de Winter, il écrivit son premier opéra, *Démophoon*, et diverses compositions religieuses. Il accepta alors les fonctions de chef d'orchestre au théâtre de la porte d'Isar (Munich), et les conserva jusqu'en 1819, époque où il fut appelé à Stuttgard. Que si sous le rapport de la vigueur et de l'originalité de l'invention, de même que sous celui de la profondeur de la science, il est impossible de ranger Lindpaintner parmi les grands maîtres de l'art, on doit, sans conteste, le compter au nombre des talents les plus faciles et les plus féconds, comme aussi des musiciens pratiques les plus habiles de notre époque. Les services qu'il a rendus, surtout à la musique instrumentale, sont incontestables. Non-seulement sa chapelle est considérée comme l'un des meilleurs orchestres de l'Allemagne, mais encore il a fait vraiment progresser l'exécution instrumentale en écrivant, à l'usage des artistes exécutants, des œuvres, secondaires sans doute si on les juge sous le rapport de l'effet qu'elles peuvent produire dans un concert, mais qui n'en ont pas moins un mérite hors ligne quand on les considère comme des compositions à l'usage des virtuoses, en raison surtout de la part qu'y est faite aux instruments à vent, toujours assez maltraités en général par les compositeurs. Lindpaintner a écrit un grand nombre d'œuvres instrumentales, d'ouvertures, de solos et de symphonies concertantes pour des instruments à vent, qui ne brillent sans doute pas par la profondeur de la pensée, mais qui n'en charment que plus par leurs formes soigneusement travaillées, par la clarté et la limpidité de l'exécution, ainsi que par leur délicieuse instrumentation. Lindpaintner est un talent fécond, sachant tirer de nouvelles formes et de nouvelles combinaisons du riche trésor du passé, mais impuissant à l'augmenter ou à lui ouvrir des voies nouvelles. Ceci s'applique surtout à ses opéras, dont le nombre est considérable, et qui, à l'exception de *Jocko*, ballet, et du *Vampire*, n'ont eu peu de retentissement. Tout récemment, cependant, il a donné avec beaucoup de succès *La Génoise* à Vienne, et *Les Vêpres siciliennes* à Stuttgard. On a aussi de lui divers morceaux de musique sacrée, des oratorios, des messes, des psaumes, etc., d'une instrumentation pour le *Judas Machabée*, toutes œuvres qui se rattachent à ses débuts dans la carrière.

LIN ÉTOILÉ. Voyez LYSIMACHIE.
LINFARDS. Voyez AVENTURIERS.
LIN FOSSILE, LIN MINÉRAL, LIN INCOMBUSTIBLE, LIN DES FUNÉRAILLES. Voyez AMIANTE.
LINGAM. C'est dans la langue sanscrite la dénomination du phallus, qui parmi les Hindous est le symbole de la force universelle de production et de création de la nature, représentée par les parties sexuelles de l'homme et de la femme dans leur réunion. Toufois, l'adoration du *lingam* est assez récente dans l'Inde, où elle ne s'introduisit qu'à la suite des orgies qui accompagnent le culte de Siwa.

LINGARD (JOHN), historien anglais, naquit à Winchester, le 5 février 1771. Élevé au collège des jésuites de Douai, il passa quelque temps à Paris, et vécut ensuite comme prêtre de l'église catholique à Newcastle sur Tyne, dans le Northumberland. Son début comme écrivain date de 1805, époque où il fit paraître un ouvrage intitulé *Catholic Loyalty vindicated*, dans lequel il défendait le patriotisme de ses coreligionnaires contre les attaques des écrivains protestants. Il ne tarda pas d'autre but en publiant encore deux brochures intitulées, l'une : *Documents to ascertain the sentiments of British Catholics in former ages* (Londres, 1812), et l'autre : *Strictures on Dr Marsh's comparative View of the Churches of England and Rome* (1815). Elles donnèrent lieu à une controverse des plus animées, et par suite de laquelle Lingard fut conduit à faire des antiquités et à l'histoire d'Angleterre une étude approfondie, dont le premier fruit fut l'ouvrage qui a pour titre *Antiquities of the Anglo-Saxon Church* (dernière édition, 1845). Enfin, en 1819 parut à Londres son *Histoira* d'*Angleterre*, dont il s'occupa exclusivement pendant treize ans, et qui ne fut terminée qu'en 1832 (5e édition, 10 vol.; Londres, 1849-1850; traduite en français par le baron de Roujoux). Les sources où l'auteur a puisé sont indiquées avec une scrupuleuse exactitude. Il est facile de voir qu'il a discuté avec soin toutes ses autorités, et qu'il a mûrement pesé les motifs de ses déterminations sur les points douteux. Il indique souvent les opinions contraires à la sienne ; il fait même connaître les documents, les faits, les chroniques qui les appuient; mais aucun historien ne peut être absolument irréprochable : on est homme avant d'être écrivain ; on professe les doctrines de sa croyance, et l'influence des positions, bien qu'inaperçue, n'en est pas moins constante. Le but évident de l'*Histoire d'Angleterre* de Lingard est de défendre l'Église catholique romaine contre les écrivains protestants de la Grande-Bretagne; et on ne saurait nier que dans l'accomplissement de cette tâche difficile il n'ait fait preuve de beaucoup de talent. Son style, nerveux et concis, n'est jamais affaibli par d'oiseuses épithètes, jamais embarrassé de phrases inutiles ; il a toute la clarté de Robertson, avec plus d'images et de liberté; toute la parure de Gibbon, sans son affectation et son obscurité ; une nouveauté de caractère, une teinte d'originalité qu'on ne rencontre dans aucun autre historien de l'Angleterre. Après avoir terminé ce beau livre, Lingard vint visiter le continent, et alla passer quelque temps à Rome, où il fut reçu avec la plus grande distinction. Léon XII lui offrit même le chapeau de cardinal; mais l'extrême modestie de Lingard le porta à refuser cet honneur. A son retour en Angleterre, il s'occupa d'une traduction du Nouveau Testament en anglais, qui parut en 1835. Il passa les dernières années de sa vie à Hornby, près de Lancaster, où il mourut, le 13 juillet 1851.

LINGE. Le linge, à proprement parler, c'est-à-dire les tissus de substances végétales textiles que nous plaçons entre le corps et les habits, et même le linge de lit, de table, etc., etc., sont des *conforts* des temps modernes, restés inconnus à nos premiers pères, comme ils lo sont encore aujourd'hui au luxe asiatique, mais dont l'habitude nous a fait un impérieux besoin. L'usage en est aussi favorable à la santé qu'à la propreté.

Nous connaissons généralement le linge de coton, de chanvre et de lin. Le premier envahit rapidement aujourd'hui la place des deux derniers. Les propriétés dont jouit le coton le recommandent fortement comme article de vestiaire, dans les pays chauds tout comme dans les pays froids, surtout si la comparaison s'établit que par rapport au chanvre et au lin. A quelques égards, cependant, la toile de lin présente une certaine supériorité; elle offre un tissu ferme, uni et d'une grande beauté, dont l'usage est fort agréable dans les climats tempérés ; mais dans les pays froids et dans les pays très-chauds les étoffes de coton sont préférables et incomparablement plus favorables à la santé de ceux qui en font usage. Le coton, par comparaison avec le lin, étant mauvais conducteur de la chaleur, conserve au corps un degré plus égal de température. Les fonctions de la peau, au moyen de la transpiration, sont un puissant véhicule de la santé, dues au maintien du corps à l'égalité constante de température, malgré les vicissitudes de l'atmosphère : or, le lin, comme tous les bons conducteurs du calorique, occasionne facilement la condensation des vapeurs de la transpiration, et accumule la moiteur sur la peau : la toile humectée se refroidit, glace le corps et interrompt la perspiration, ce qui occasionne non-seulement le malaise de l'individu, mais nuit essentiellement à sa santé, tandis que le calicot, étant mauvais conducteur, ne condense que peu de vapeur, et lui donne passage à l'état aériforme. D'ailleurs, si la perspiration devient assez abondante pour produire de l'humidité, le calicot en absorbera une bien plus grande proportion que la toile de lin : le calicot jouit donc du double avantage de produire moins d'humidité et d'en absorber plus. D'après ces considérations,

il devient évident que dans les climats froids, ou pendant le froid de la nuit dans les climats tropicaux, les vêtements en coton sont meilleurs pour conserver la chaleur du corps. Dans les climats chauds, le calicot favorise aussi une transpiration plus libre, et qui contribue essentiellement au bien-être des individus et à la conservation de leur santé.

Il existe d'ailleurs une cause de malaise très-fréquente pour les corps vivants, et qu'en général on n'apprécie pas assez, c'est celle qui naît de l'influence électrique : or, le calicot est, comparativement avec la toile, aussi mauvais conducteur de l'électricité que du calorique ; un corps couvert de coton perdra donc moins facilement la dose d'électricité qui le tient dans un état d'excitation convenable pour lui procurer la vie et une énergie suffisante.

Pour le blanchissage du linge, *voyez* BLANCHISSAGE, LESSIVE, etc.

LINGE DE TABLE. Les tables de marbre, d'ivoire, d'argent, de citronnier, où recouvertes de lames d'or, des anciens Romains, n'étaient pas faites pour être cachées par une nappe. Il fallait en étaler toute la richesse aux regards. Cependant, il paraît qu'à Rome l'on convrait quelquefois les tables d'un tapis appelé *mappa*, si l'on ne donnait pas plutôt ce nom à des espèces d'essuie-mains, qu'on ne tenait point devant soi, comme nos serviettes, mais que des esclaves présentaient aux convives. Quelquefois ceux-ci essuyaient leurs doigts à la chevelure frisée et parfumée de jeunes valets couchés à leurs pieds. Juvénal, parlant des festins qui dégénéraient en bacchanales, dit que les invités étaient réduits à étancher avec la *mappa* le sang de leurs blessures : *rubra deterges vulnera mappa*. C'était avec une serviette qu'on donnait le signal des jeux mégalésiens :

Interea megalesiacæ spectacula mappæ
Idæum solemne colant.

Les nappes étaient connues au moyen âge, mais les serviettes ne furent qu'assez tard consacrées à l'usage auquel nous les employons aujourd'hui. Alain Chartier, dans son *Quadrilogue invectif* (Œuv., Par., 1617, in 4°, p. 451), attribue à Bertrand du Guesclin l'introduction de la coutume de faire *trancher la nappe* devant ceux qui avaient forfait à l'honneur. Peu de temps après la mort du connétable, Charles VI avait à sa table, le jour de l'Épiphanie, plusieurs convives illustres, entre lesquels était Guillaume de Hainaut, comte d'Ostrevant. Tout à coup un héraut vint *trancher la nappe* devant le comte, en lui disant qu'un prince qui ne portait pas d'armes n'était pas digne de manger à la table d'un roi. Guillaume, surpris, répondit qu'il portait le heaume, la lance et l'écu, ainsi que les autres chevaliers. « Non, sire, cela ne se peut, reprit le plus vieux des hérauts. Vous savez que votre grand-oncle a été tué par les Frisons, et que jusqu'à ce jour sa mort est restée impunie. Certes, si vous possédiez des armes, il y a longtemps qu'elle serait vengée. » Cette terrible leçon, observe Le Grand d'Aussy, opéra son effet : depuis ce moment le comte ne songea plus qu'à réparer sa honte, et bientôt il en vint à bout.

DE REIFFENBERG.

LINGENDES (JEAN DE), poète français, né à Moulins, vers 1580, mort en 1616, contemporain de Henri IV et ami de D'Urfé, ainsi que de Colletet, se fit un nom par des compositions poétiques, dont le principal mérite consiste dans la douceur et la facilité. C'est le premier de nos poètes à qui le véritable four du sentiment et l'expression de la tendresse aient été connus. On a retenu de lui les vers suivants, que ne désavoueraient pas nos meilleurs auteurs :

Si c'est un crime de l'aimer,
On n'en doit justement blâmer
Que les beautés qui sont en elle :
La faute en est aux dieux,
Qui la firent si belle,
Et non pas à mes yeux.

On a de Jean de Lingendes des *stances* et une *élégie* sur l'exil d'Ovide, imitée de l'élégie latine d'Ange Politien, et imprimée en tête de la traduction des œuvres de ce poète par Renouard. Ses œuvres poétiques eussent mérité d'être réunies, car « il a dans ses vers, dit Melle de Scudéry, un air amoureux et passionné qui plaira à tous ceux qui auront le cœur tendre ; » mais elles ne le furent jamais. Il faut les chercher dispersées dans les recueils du temps.

Un membre de la même famille, contemporain de Louis XIII, a laissé une certaine réputation comme orateur sacré. Ses sermons, ses oraisons funèbres eurent un grand succès ; et ce succès durerait peut-être encore s'il avait employé à les perfectionner en français le temps qu'il perdit à les traduire en latin.

LINGERIE. Ce mot s'applique à la confection et à la vente des différents tissus de fil et de coton que l'on emploie dans l'habillement des hommes et des femmes, et surtout de ceux qui sont destinés à la parure. C'est Paris qui est pour la province et l'étranger l'entrepôt de toute la *lingerie* de luxe. Les chemises d'hommes forment depuis quelque temps une branche particulière et très-importante de la *lingerie*. On appelle aussi *lingerie* les salles où l'on serre et où ou répare le linge, dans les grands établissements, les hôpitaux, les colléges, etc.

LINGOT, barre ou morceau de métal fondu, qui n'est ni monnayé ni ouvragé ; il se dit principalement en parlant de l'or et de l'argent. Pour apprécier la valeur d'un lingot, il est nécessaire de déterminer d'abord son titre, ce qui se fait au moyen de l'essai.

On appelle *lingot fourré* un lingot dont l'intérieur renferme un morceau de métal de moindre valeur.

Lingot, en termes de chasse, est un petit morceau de fer ou de plomb, de forme cylindrique, dont on charge quelquefois le fusil au lieu de balle.

LINGOTIÈRE, morceau de fer creux et long destiné à recevoir le métal en fusion qui doit former le lingot.

LINGUE ou **MORUE LONGUE**, espèce du genre *lotte*, de la famille des gades. La *lingue* (*gadus molua*, L.) est un poisson de 1 mètre à 1^m,50 de longueur, d'une couleur olivâtre en dessus, argentée en dessous. Elle est aussi abondante que la morue. On la sale, et on la conserve de la même manière.

LINGUET (Simon-Nicolas-Henri). Cet homme, qui gâta un beau talent par des excès de fougue, de jactance, de bizarrerie, naquit à Reims, en 1736 ; son père, ancien professeur de l'université, exilé dans cette ville pour cause de jansénisme, lui fit faire ses études à Paris, dans le collège de Beauvais, auquel il avait été attaché : il en profita si bien qu'il remporta à quinze ans les trois premiers prix du concours. Ensuite il fut emmené d'abord en Pologne par le duc de Deux-Ponts, puis en Portugal par le prince de Beauvau, qui tous deux avaient apprécié ses brillantes dispositions. Ce dernier voyage lui fournit l'occasion d'apprendre l'espagnol pendant son séjour à Madrid, et d'en retirer plus tard l'avantage de nous faire connaître le premier les meilleurs ouvrages du théâtre de cette nation. Un ouvrage dramatique assez faible, une parodie de la tragédie d'*Hypermnestre*, ayant pour titre : *Les Femmes Filles*, fut le début littéraire de Linguet. En 1759, deux ou trois ans après, il entra avec plus de succès dans la carrière historique, en publiant successivement son *Histoire du Siècle d'Alexandre*, celle des *Révolutions de l'Empire Romain* et celle du *seizième Siècle*. Toutes trois furent accueillies avec faveur, quoique l'on reproch*at avec raison à la première un style prétentieux et trop épigrammatique, à la seconde des assertions très-paradoxales, et un assez malheureux essai de réhabilitation de Néron et de Tibère. Cette détermination de se mettre en hostilité contre les opinions reçues se manifesta bien plus encore dans sa *Théorie des Lois civiles*, où il présentait ses compatriotes comme beaucoup plus libres que les Anglais, et faisait un impudent éloge du despotisme. On ne s'étonnera pas qu'il ait pris également parti pour les jésuites lors de leur suppression. Son *Histoire* soi-disant *impartiale* de cet ordre fameux fut du moins le plaidoyer le plus habile qui eût paru en leur faveur. Le livre fut brûlé par arrêt du parlement ; mais l'auteur ne fut point inquiété, car une permission tacite du chancelier en avait autorisé l'impression.

A cette époque Linguet commençait à joindre à son titre d'écrivain frondeur et ingénieux celui d'avocat éloquent et passionné. Par déférence pour le vœu de sa famille, à vingt-huit ans, il était entré dans cette nouvelle carrière. Ses succès y furent encore plus rapides : bientôt les causes les plus importantes lui furent confiées ; celles du comte de Morangiès et du duc d'Aiguillon lui firent surtout honneur, sinon sous le rapport moral, du moins sous celui de l'habileté et du talent oratoire. Mais cette double carrière ne suffisait pas encore à son activité et à son ardeur de polémique, et il ouvrit à toutes deux un nouveau débouché par la création de son *Journal politique et littéraire*. Il y attaquait sans ménagement la secte philosophique, l'Académie et même quelques grands seigneurs : tout cela fut toléré, grâce sans doute à la secrète protection de Maupeou, dont il avait, conséquent avec son système, exalté les opérations dans plusieurs pamphlets. Malheureusement pour lui, Linguet, qui pouvait dire plus justement encore que Beaumarchais : *Ma vie est un combat*, par suite d'un procès soutenu pour une de ses clientes, Mme de Béthune, se livra envers ses confrères, et surtout contre le célèbre Gerbier, à des attaques dont le résultat lui devint funeste : rayé du tableau des avocats, par une délibération de son ordre, confirmée par le parlement Maupeou, et qu'avait en vain suspendue un arrêt du grand conseil, il vit, malgré tous ses efforts, cette exclusion rendue définitive par une sentence de l'ancien parlement. Réintégré dans ses fonctions lors de l'avénement de Louis XVI, une autre infortune vint le frapper : son journal ayant indisposé le comte de Maurepas, premier ministre, le privilége lui en fut enlevé, et, pour comble de disgrâce, transféré à La Harpe, l'un de ceux qu'il y avait le plus maltraités. Si, quelque temps après, la faculté de recommencer ses publications périodiques lui fut rendue par le comte de Vergennes, elle ne servit qu'à lui attirer ensuite une punition plus rigoureuse de ses audacieux écarts. Enfermé pendant près de deux ans à la Bastille, il eut le loisir d'y réfléchir aux bienfaits de ce pouvoir absolu dont il avait fait autrefois le panégyrique.

Rendu enfin à la liberté, il fixa son séjour à Bruxelles, où il put sans crainte reprendre sa plume mordante et continuer son journal, sous le titre d'*Annales politiques et littéraires*. Il obtint même, par quelques éloges adroits, la faveur du prince alors souverain de ces contrées, de l'empereur Joseph II, qui l'appela à Vienne et lui accorda deux choses faites pour flatter sa cupidité et son orgueil : une gratification pécuniaire et des lettres de noblesse. Mais bientôt des articles favorables aux insurgés du Brabant indisposèrent contre lui l'empereur, qui, au commencement de notre révolution, l'expulsa de ce pays. Linguet, rentré en France, voulut s'y montrer fidèle à ses anciens principes : on le vit, en 1791, se présenter à la barre de l'Assemblée constituante pour y défendre les droits de l'assemblée coloniale de Saint-Domingue. C'était tous les genres de proscription ajouté à ceux que le genre de ses écrits avait déjà accumulés sur sa tête. Arrêté à Mareuil (Seine-et-Oise), il comparut, le 27 juin 1794, devant le tribunal révolutionnaire, qui refusa d'entendre sa défense, comme s'il eût craint que les accents de cette voix éloquente ne trouvassent encore dans l'auditoire et parmi ses juges quelques sympathies. Condamné pour n'avoir pour avoir, suivant le singulier amalgame de son arrêt, « encensé les *despotes* de Vienne et de Londres », il monta sur le supplice avec courage. Ses *Plaidoyers et Mémoires*, base la plus solide de sa renommée, forment 7 volumes in-12. Sa prodigieuse facilité a produit, pendant une existence de soixante-huit ans, agitée par tant d'événements, plus de soixante autres ouvrages, parmi lesquels on doit distinguer la collection, en 19 volumes in-8°, de ses *Annales*, qui, paradoxes, préventions et inimitiés à part, renferment

beaucoup d'articles remplis de sens et d'idées originales et spirituelles.
Ourry.

LINGUISTIQUE. C'est la connaissance grammaticale et lexicographique des l a n g u e s mortes et vivantes, et elle prend des formes diverses suivant le but qu'elle se propose et la manière dont elle est traitée. Si elle doit spécialement comprendre les littératures, afin de pouvoir, à l'aide de ces littératures et aussi par des études scientifiques des langues y relatives, acquérir la connaissance du génie particulier et de l'histoire du développement de certains peuples, elle entre au service de la p h i l o l o g i e et même reçoit alors le nom de *philologie formelle*, ou simplement de *philologie*. Celui qui la cultive est appelé *philologue*. La connaissance philologique des langues ne considère donc les langues que comme un moyen d'arriver au but qu'elle a en vue; elle n'a pas nécessairement besoin d'aller au delà de la connaissance scientifique d'un certain nombre de langues; elle peut se contenter de la méthode de la grammaire particulière; et d'ordinaire elle donne la préférence marquée aux langues qui possèdent une riche littérature, sur celles qui n'en ont qu'une très-pauvre ou bien qui n'en ont pas du tout. Si, au contraire, elle a pour but de rechercher de combien de manières diverses l'esprit humain a exprimé ses pensées et ses idées au moyen de la langue, de connaître ces diverses formes d'expression dans leur essence et dans leur signification, la science des langues prend alors le nom de *linguistique*; et le *linguiste* a pour mission de recueillir toutes les formes d'expression existant dans toutes les langues, de les passer au crible et de les classer. La manière de les traiter scientifiquement, la science comparée des langues, est la base de la science générale et philosophique des langues. La littérature alors ne conserve plus qu'une valeur historique secondaire, capable de tellement s'amoindrir sous l'empire de certaines circonstances données, qu'une langue n'ayant que quelques feuilles imprimées, ne pouvant même montrer aucune littérature écrite, peut l'emporter de beaucoup sur une autre langue possédant une littérature d'une richesse relative. La langue étant un attribut essentiel de la nature humaine, le premier et le plus important produit de l'esprit humain, mais en même temps produit constamment déterminé par le monde extérieur et réagissant sur celui qui parle de même que sur ceux qui l'entourent, la linguistique scientifiquement traitée fournira des explications de la plus haute importance sur l'histoire du développement de l'esprit humain en général, et des associations humaines, des peuples, en particulier; et à l'égard de ceux-ci, non pas seulement sur leurs origines et leurs affinités, mais encore sur l'état de leur civilisation, de leurs notions religieuses et juridiques, etc., comme aussi sur les causes qui ont produit cet état, sur leur manière de penser et d'agir. Si donc la connaissance des langues en général et la linguistique en particulier forment la base nécessaire de l'ethnographie, ou science des peuples, dans le sens le plus large et le plus élevé, elles sont aussi au nombre de ses instruments les plus essentiels.

On ne saurait croire combien de temps et de travail il en a coûté avant qu'on fût parvenu, au commencement de ce siècle, à avoir des idées justes sur les rapports réciproques des différentes l a n g u e s entre elles, et à fonder ainsi la linguistique; car il y avait encore plus de difficultés à triompher des différents préjugés qui s'opposaient au progrès, qu'à découvrir la vérité elle-même. Embarrassé dans une interprétation littérale des récits du déluge auquel Noé et ses trois fils auraient seuls échappé, et de la confusion des langues lors de la construction de la tour de Babel, de même que dans l'idée de l'origine divine de la langue, on ne songea même point pendant longtemps à faire des recherches sur l'origine des langues en général et sur leurs développements. Le plus ordinairement on se bornait à demander quelle langue avait été parlée dans le paradis comme don immédiat de Dieu; et à cette question on répondait, suivant les caprices particuliers des érudits qui se livraient à ces subtiles investigations, que ç'avait dû être le chinois, le grec, le latin, le syriaque, l'abyssinien, le scythe, le suédois et même le hollandais; mais l'opinion du plus grand nombre était pourtant en faveur de l'hébreu. En conséquence, les recherches étymologiques consistaient généralement à dériver au hasard et sans plan de mots hébreux certains mots de quelques langues modernes, du grec, du latin, et encore de telle ou telle des langues sémitiques; et pour cela on se dirigeait uniquement d'après la consonnance, ou bien encore d'après des théories arbitraires et extrèmement aventureuses. La comparaison ne servait jamais qu'aux familles de mots; personne ne songeait aux formes de la flexion et de la dérivation. Quant aux langues placées en dehors de ce cercle étroit, Antonio Pigafetta, l'un des compagnons de Magellan, avait bien communiqué au commencement du seizième siècle quelques échantillons recueillis dans ses voyages, et d'autres voyageurs suivirent aussi son exemple; mais de pareilles collections de mots, toujours faites au hasard, ne pouvaient servir à grand'chose. C'est pourquoi l'on conçut l'idée de réunir les formules ou les mots nécessaires pour exprimer dans diverses langues un certain nombre d'idées de la nature la plus simple : telle fut l'origine d'une série d'oraisons dominicales et du grand Dictionnaire de Catherine II, qui devait comprendre toutes les langues de l'univers (*Linguarum totius Orbis Vocabularia comparativa* [2 vol., Petersbourg, 1787-1789; 4 vol. 1790 1791]). Mais déjà Adelung pouvait à bon droit qualifier de *cabinets de curiosités* des collections de ce genre, bonnes tout au plus à satisfaire les goûts particuliers de quelques amateurs, encore bien que lui-même dans son *Mithridate* (Berlin, 1806), ouvrage d'ailleurs d'un si grand mérite, et qui avait pour but de présenter une science générale des langues, ne fût guère parvenu qu'ou vague pressentiment de la vérité. Cependant, ces collections eurent du moins cela d'utile, qu'elles mirent en saillie le besoin d'un principe pour la classification des échantillons de mots, qu'elles provoquèrent ainsi un goût plus vif pour une étude vraiment comparée des langues, et débarrassèrent de toutes considérations accessoires les recherches relatives à leurs rapports d'affinité. L'activité déployée par les missionnaires, qui pour convertir les idolâtres durent non-seulement apprendre à fond un grand nombre de langues étrangères, mais encore les employer à la traduction d'ouvrages chrétiens, notamment de la Bible (traduite aujourd'hui dans plus de 130 langues), et les rendre ainsi accessibles aux philologues dans une exposition complète et positive, eut des résultats plus utiles. Enfin, quand on eut acquis la connaissance de la littérature sanscrite, Bopp, Grimm et G. de Humboldt découvrirent et proclamèrent les principes de la grammaire comparée, de la grammaire historique et de la grammaire générale; et la linguistique, désormais fondée, développa dès lors une activité aussi pratique que féconde en résultats. Beaucoup de savants en firent l'objet unique de leurs investigations. Les gouvernements et des associations privées favorisèrent ses progrès, et on entreprit même de grands voyages de découvertes uniquement dans l'intérêt de cette science nouvelle. Cependant quelque importants que soient les résultats déjà obtenus par la linguistique, eu égard au peu de temps qui s'est écoulé depuis son origine, elle n'a encore pu dans un espace de temps si circonscrit que poser des principes et parvenir à de vagues suppositions sur les rapports d'un grand nombre de familles des langues de la terre. En effet, pour émettre des jugements raisonnés et certains sur le degré d'affinité des langues, il faudrait posséder une connaissance bien autrement complète et approfondie des matériaux des langues, de leurs ressources et surtout des lois vocales qui les régissent.

LINIÈRES (François Payot de), surnommé de son temps *l'Athée de Senlis*, né dans cette ville, en 1628, mort à Paris, en 1704, appartenait à une famille riche et considérée, et fut d'abord militaire. Très-lié avec Boileau et avec Mme Deshoulières, doué de beaucoup d'esprit naturel et de certaines qualités poétiques, il ne s'en servit que pour composer des couplets satiriques, et surtout des chansons, dans lesquelles il s'efforçait de déverser le ridicule sur la religion, ses dogmes et ses ministres. Ses œuvres n'ont jamais été réunies ; il faut les aller chercher disséminées dans les volumes de poésies publiés de son temps par Serlé. La plupart sont même restées manuscrites ; jamais en effet on n'eût osé imprimer alors, par exemple, une abominable critique qu'il avait entreprise du Nouveau Testament. Suivant Charpentier, la parodie du *Cid*, qu'on trouve dans les œuvres'de Boileau, et qui est dirigée contre Chapelain, serait de lui. Impie et débauché, Linières ne tarda pas à perdre dans une vie crapuleuse le peu de génie poétique qu'il tenait de la nature, et finit par mourir dans la misère. Boileau lui-même ne lui avait pas, dans différentes circonstances, ménagé les plus dures vérités, et avait prétendu un jour qu'*il n'avait de l'esprit que contre Dieu*. Il l'avait cependant cité déjà dans sa neuvième satire comme un critique judicieux. Plus indulgente, Mme Deshoulières s'est efforcée de le justifier de l'accusation d'impiété, dans les vers suivants :

On le croit indévot, mais, quoi que l'on en die,
Je crois que dans le fond Tircis n'est pas impie.
Quoiqu'il raille souvent des articles de foi,
Je crois qu'il est autant catholique que moi.

On aurait pu répondre à cette muse si tolérante que sa défense de l'orthodoxie de Linières ne prouvait pas grand' chose, et était seulement de nature à faire douter de la sienne. Voici du reste le portrait que Linières a pris la peine de tracer de lui-même :

La lecture a rendu mon esprit assez fort
Contre toutes les peurs que l'on a de la mort,
Et ma religion n'a rien qui m'embarrasse ;
Je me ris du scrupule et je hais la grimace.

LINIMENT. Ce mot désigne des médicaments liquides qu'on administre par frictions sur la surface de la peau ; c'est un remède qui, sous le rapport de son application, ne diffère point essentiellement de la f o m e n t a t i o n et de l'o n c t i o n. Le nom *liniment*, dérivé de *linimentum* et de *lenire*, qui signifient en latin *adoucissement*, *adoucir*, suggère l'idée d'un lénitif, ou au moins d'un médicament dont l'action est exempte de douleur. On se tromperait cependant si on adoptait cette induction naturelle : les étymologies sont trompeuses ainsi que les étiquettes des sacs. Parmi les substances employées comme liniments, les unes sont réellement adoucissantes, mais d'autres sont irritantes, et même au point de rubéfier la peau : il y a donc abus dans l'adoption de ce mot. On peut néanmoins le défendre en disant que ce remède, quelle que soit sa composition, mérite toujours sa dénomination , s'il annihile ou tempère la douleur.

En pharmacie, l'acception du mot *liniment* est bornée à des préparations liquides, dont les huiles sont les bases principales ; mais les médecins en font un usage plus étendu, et s'en servent pour désigner des compositions purement aqueuses ou alcooliques, de sorte que le nom est plutôt admis parmi eux pour spécifier la médication que le médicament. La liste de ces préparations est nombreuse et variée, et elle doit s'accroître proportionnellement aux progrès présumables de la médecine iatraleptique. Les maladies pour lesquelles on fait usage de ces médicaments sont en général des douleurs nerveuses et principalement des rhumatismes chroniques. On procède à leur application à l'aide d'un morceau de laine imbibée du liniment, et avec lequel on frictionne la partie malade. C'est une opération qu'il faut faire lentement et longtemps, à l'exception des cas pour lesquels on emploie des substances irritantes, car on doit éviter d'enflammer la peau. Il convient aussi, après la friction, de couvrir la partie avec l'étoffe humide. Ces préparations doivent être tenues dans des vases fermés avec beaucoup de soin, surtout celles qui contiennent des principes volatils : sans cette attention, elles perdraient promptement leurs qualités médicinales.

Dr CHARBONNIER.

LINKOEPING, chef-lieu de la province du même nom (Suède), d'une étendue de 140 myr. carrés, avec 215,000 habitants. Cette ville, siége de l'évêque et du gouverneur de l'Ostgothland, est située dans une contrée fertile, sur le Stong, qui se jette un peu plus loin au nord dans le lac Roxen, et partage la province en deux parties. Elle est régulièrement bâtie, et compte 5000 habitants ; la plupart des maisons sont en bois ; on y trouve de beaux marchés, de grandes places publiques, trois églises, entre autres la cathédrale, édifice construit dans le style gothique du douzième siècle, renfermant les tombeaux de plusieurs personnages célèbres. En 1567 Linkœping fut brûlée par les Danois, et le 28 septembre 1598 il s'y conclut une trêve entre le duc Charles et le roi Sigismond, qui avait été vaincu trois jours avant à Stongebro, c'est-à-dire au pont du Stong.

LINLITHGOW ou **WEST-LOTHIAN**, l'un des plus petits comtés de l'Écosse méridionale, d'une étendue d'environ 4 myriam. carrés, dont les trois quarts sont cultivés, avec 30,000 habitants. Le sol est partout inégal, sans être précisément montagneux , son point extrême d'altitude étant, à *Cavin-naple*, haut de 466 mètres au-dessus du niveau de la mer. Il est arrosé par l'Avon et l'Amond ; ses collines sont boisées et riches en pâturages ; et dans ses parties plates on trouve beaucoup de marais et de tourbières, notamment au sud-ouest. Quoique couvert par endroits d'une couche de sable et d'argile, l'industrie de ses habitants a su en tirer parti, partout où la culture était possible , pour y faire croître du lin, du blé , des légumes et des pommes de terre. Le climat y est assez froid. On y élève beaucoup de chevaux et de gros bétail , et on y exploite surtout les mines de houille. Les habitants se livrent aussi avec profit à la construction des vaisseaux ; mais les manufactures y sont en très-petit nombre.

Le chef-lieu du comté, LINLITHGOW , bourg royal, bâti au bord d'un petit lac, est relié à Édimbourg et à Glasgow par le canal de l'Union et le chemin de fer ; on y compte 4,200 habitants , et on y trouve des tanneries, des fabriques de chaussures et des distilleries de wisky. A l'extrémité septentrionale de cette ville s'élèvent sur une hauteur les ruines d'un château royal bâti par Édouard Ier, détruit par les Écossais, rétabli et embelli par Jacques V et Jacques VI, mais qui fut incendié en 1746 et ne fut pas relevé depuis cette époque. Il fut pris d'assaut, en 1311 , par Robert Bruce. C'est là que Darnley épousa, en 1542, Marie Stuart ; que fut assassiné, en 1569, le régent Murray, et que fut jeté au feu, en 1652 , le traité d'Union. La chapelle gothique qui en dépendait a été réparée dans ces derniers temps.

A 7 kilomètres au nord de Linlithgow est situé le vaste et excellent port de *Boness* ou *Borrowstowness*, petite ville assez malpropre, sans habitants, dans les mines de houille et des fabriques d'acide sulfurique et d'ammoniaque.

LINNÉ (CHARLES), ou *Linnæus*, suivant l'usage où étaient encore alors les lettrés suédois de latiniser leur nom, anobli plus tard, fut l'une des gloires de l'histoire naturelle. Né le 24 mai 1707, de Nils (Nicolas) Linnœus, ministre du village de Roesbult, en Smoland, son père l'envoyait, vers l'âge de dix ans , à l'école latine de la petite ville de Vexioe, dans son voisinage ; mais, déjà dominé par la passion de la botanique, l'élève courait les champs pour étudier les fleurs. Le vieux pasteur, irrité de ce qu'il prenait pour du libertinage, mit Charles en apprentissage, en 1724, chez un cordonnier, tant ce génie était méconnu ; et telle fut la détresse affreuse de sa jeunesse, que plus d'une fois il se vit obligé de raccommoder les vieux souliers de ses camarades pour ses propres besoins. Heureusement , le médecin Rothmann , ayant remarqué l'esprit observateur du jeune Linné, le réconcilia avec son père et le recommanda à Kilian Stobæus, qui professait l'histoire naturelle à l'université de Lund. D'abord celui-ci ne l'employa que comme copiste , puis , l'ayant surpris à travailler pendant la nuit , il lui ouvrit sa bibliothèque. Quoique soutenu de ce professeur par quelques secours d'argent, le jeune Linné n'aurait pu subsister à l'université d'Upsal, où il accourut d'abord , s'il n'eût pas donné à d'autres élèves des leçons de latin , qu'il ne savait guère encore; mais un professeur de théologie, Olaus Celsius, travaillant à son *Hiero-Botanicon*, trouva dans Linné un botaniste capable de l'aider dans ses recherches; il le vanta surtout au vieux Olaus Rudbeck, professeur de botanique à Upsal. Bientôt Linné reçut la direction du jardin, et même il suppléa le maître dans ses leçons, à l'âge de vingt-trois ans.

Dès lors les idées de Linné s'agrandissent; il pose déjà les fondements de la réforme immense qu'il projette dans le règne végétal et dans toute l'histoire naturelle. Envoyé aux frais de l'Académie des Sciences d'Upsal en Laponie pour en étudier les productions, et continuer des travaux déjà entrepris par Celsius le père, en 1695, par ordre du roi Charles XI, mais consumés dans un incendie en 1702, à l'exception d'un premier volume publié, Linné partit en 1732 pour ces vastes déserts du pôle. Ce n'est pas sans des fatigues horribles qu'il en parcourut les montagnes glacées, qu'il redescendit par la Laponie norvégienne aux bords de la mer, pour suivre le contour du golfe de Bothnie, puis retourner à Upsal par la Finlande et les îles d'Aland. Lui-même se représente couvert d'un vêtement court et d'un léger pantalon, portant un haversac avec une boite pour les plantes rares, un large chapeau, unique abri contre le soleil ou la pluie; son bâton ferré à la main, marchant gaiement avec peu d'argent, s'accommodant de toute nourriture sous la hutte du Lapon, recueillant plantes, insectes, minéraux, prenant note de toutes choses. Dans sa stature courte, mais robuste et agile, avec un visage plein et ouvert, de petits yeux pétillants de génie, partout il portait la gaieté, la confiance. Mais en revenant chargé de trésors de science, il trouva l'inévitable jalousie. Le professeur Rosen l'abreuva de dégoûts, en l'empêchant de donner des leçons publiques. Linné se retirant en Dalécarlie, dans la petite ville de Fahlun, célèbre par ses mines, y aurait végété tristement d'une chétive pratique de médecine, si la fille du docteur More, dont il devint amoureux, ne lui avait pas procuré les moyens d'aller se faire recevoir médecin avant de l'accepter pour époux. Il partit alors pour la Hollande, et déjà à Hambourg ses faibles ressources étaient presque épuisées; cependant, il parvint à gagner Leyde et à se présenter devant le grand Boerhaave. La fortune changea désormais pour Linné. Au sein de sa haute renommée et de son opulence, Boerhaave reconnut le génie malheureux; il adressa Linné à Georges Cliffort, l'un des plus riches citoyens de la Hollande, qui honorait sa brillante fortune par le culte de la botanique et des arts : il avait des serres, un cabinet et une bibliothèque magnifiques. Quel bonheur pour Linné, pour Cliffort lui-même, qui lui doit aujourd'hui son immortalité! car si ce dernier accueillit avec générosité l'infortuné Suédois, celui-ci, dans sa reconnaissance, dédia à son bienfaiteur Cliffort plusieurs ouvrages publiés sous ses auspices; il fit pour la première fois fructifier le bananier de ses serres aux yeux de l'Europe étonnée. C'est dans cette fortunée retraite de Hartecamp que fleurirent en même temps les grandes idées de Linné sur l'ensemble des êtres, et qu'il jeta les premières semences de son *Système de la Nature*, en douze pages (Leyde, 1735, fol.), à l'âge de vingt-huit ans. Voilà l'origine de ce vaste tableau des trois règnes, maintenant immense par le nombre presque infini des espèces d'animaux, de végétaux et de minéraux qu'on y a successivement classées dans leur ordre.

Personne encore n'avait embrassé d'un coup d'œil plus élevé et plus harmonieux la chaîne des créatures, quoique beaucoup de savants ouvrages, depuis ceux d'Aristote et de Pline, eussent été publiés à la renaissance des lettres sur diverses branches des sciences naturelles. On n'avait point défini exactement les espèces, ni bien établi leur coordination sur des caractères d'organisation et de génération. On ignorait l'art méthodique qui rapproche leurs ressemblances naturelles : on les distribuait arbitrairement, sans égard à leurs affinités. Seulement, Conrad Gesner, Césalpin et quelques autres avaient entrevu dans les organes de fructification des végétaux des caractères fixes et communs pour constituer des familles; notre Tournefort avait établi des genres. Après quelques grandes divisions zoologiques signalées par Aristote, Jean Rajus, en Angleterre, avait tracé des classifications utiles parmi le règne animal, ainsi que Charleton. Cependant, la structure intérieure des animaux restait trop peu étudiée encore pour qu'on pût bien séparer les cétacés des poissons, les reptiles des vrais quadrupèdes, les insectes des mollusques, etc. Linné lui-même réunit dans sa classe des *vermes* les êtres les plus disparates, qui n'ont été bien distribués que par les travaux modernes de Lamarck et G. Cuvier. Quant au règne minéral, Linné l'avoue lui-même : *cristas mihi non erigot*. Quoique né dans la patrie de la minéralogie, il doit céder la palme à Cronstedt, à Vallerius, à Bergman et surtout à un illustre compatriote plus moderne, Berzelius. Il est vrai que la chimie, son indispensable auxiliaire, était alors trop peu avancée. Cependant, par cet instinct qui toujours inspira Linné, il avait entrevu dans les formes cristallines des minéraux leur *floraison* et leurs moyens de classification, si bien développés depuis par Romé de Lille et par Haüy.

Ce fut surtout dans ses *Fundamenta Botanica* (Amsterdam, 1736, de 26 pages in-8°), brochure si concise et si compacte du plus profond savoir, résumé de sept ans de méditations et de l'examen de huit mille plantes, que Linné reconstitua toute la botanique, en 365 aphorismes. C'est aussi le germe essentiel de sa *Philosophia Botanica*, livre prodigieux, et qui opéra une révolution pour les sciences naturelles. Certes, avant Linné, Zaluziani et Millington à Oxford, Bobart à Paris, en 1681, puis Grew et Rai, enfin notre Vaillant, avaient bien reconnu la sexualité des plantes, déjà soupçonnée par l'antiquité dans les palmiers, ensuite niée plus tard ou mise en doute, même par quelques personnes de nos jours. En fondant sur le système sexuel, le nombre ou la disposition des étamines et des pistils, la distribution des plantes, Linné proclama haut cette brillante vérité, sut éblouir les imaginations par les analogies curieuses de ses *Sponsalia Plantarum*; charmer par la description poétique de ces noces des fleurs. Il représente les plus doux mystères de leur couche nuptiale, voilés par les rideaux pompeux et parfumés de leurs brillantes corolles. En fain on objectait qu'il déchirait ainsi plusieurs affinités naturelles, dans les graminées, par exemple, que la variation du nombre des étamines dispersait même les espèces de quelques genres (*phytolacca*, etc.) : il triompha partout en Europe, et ce n'est que depuis peu d'années, en France principalement, qu'on vit remplacer cet ingénieux système par la profonde et philosophique méthode naturelle, ébauchée après Tournefort par Adanson et les deux illustres Jussieu (Bernard et Antoine-Laurent). C'est également en France, par l'anatomie comparée de Daubenton, et de Cuvier principalement, que la zoonomie put établir des bases certaines de classification parmi les animaux, car Linné ne les avait guère fondées que sur des caractères extérieurs, dès lors insuffisants. Même pour son temps, c'était encore un progrès prodigieux, puisqu'il avait mieux saisi déjà les traits essentiels de la hiérarchie zoologique que ses prédécesseurs. On a peu changé dans ses classes *mammalia*, *aves*, *amphibia*, *pisces*. On a subdivisé davantage ses *insecta*, mais les sections principales furent dès lors indiquées par son esprit investigateur dans les grands genres *cancer* et *aranea*, devenus des classes. Il était excusable, à son époque, d'avoir entassé dans la classe des *vermes* les mollusques, les annélides, les zoophytes, et tout ce qu'on regardait comme des races imparfaites avant leur anatomie, et avant que notre Lamarck eût débrouillé ce chaos.

Linné s'était lié d'amitié en Hollande avec Artedi, son compatriote, qui s'occupait de l'histoire naturelle des poissons, mais qui eut le malheur de se noyer dans un canal d'Amsterdam. Linné perfectionna le manuscrit laissé par son ami, et put soin de glorifier sa mémoire dans son *Ichthyologie*, qu'il publia à Leyde, en 1738, in-8°. Tant de travaux furent clos en Hollande par sa réception de docteur en médecine dans la petite université de Hardervick en Gueldre, toute fière d'un si grand homme. Linné n'a pas laissé en médecine des marques aussi éclatantes de son génie qu'en histoire naturelle. Il s'y est signalé cependant par une classification des maladies, tant il avait l'esprit de méthode, et ensuite par d'ingénieuses recherches sur la diététique, sur des affections contagieuses qu'il attribuait à des animalcules ; sur la matière médicale et les propriétés de plusieurs médicaments, leurs saveurs, leurs odeurs, les qualités des aliments, etc. Ses travaux ne sont pas à dédaigner sur ces objets.

Avant de rentrer dans sa patrie, Linné voulut visiter l'Angleterre ; mais ni les plus glorieuses recommandations de Boerhaave, ni sa propre célébrité, déjà étendue dans le monde savant, ne purent déterminer Hans Sloane et Dillon, naturalistes anglais renommés, à le bien accueillir. Bientôt il quitta cette île, et vint à Paris, où il fut reçu avec transport par Bernard de Jussieu. Une anecdote curieuse raconte ainsi leur connaissance. Linné arrive, ignoré encore, dans une de ces herborisations où Jussieu désignait à ses élèves les plantes des champs. Pour tenter le savoir de leur maître, de jeunes botanistes forment une plante de pièces rapportées d'autres végétaux, et la lui présentent. Il hésite à prononcer : un inconnu déclare le nom véritable d'une plante d'Amérique, qu'aussitôt reconnait Jussieu en s'écriant : *Linné seul ou moi pouvions découvrir cette fraude*. En effet, c'était Linné. Qu'on juge de l'union étroite et durable d'hommes de ce mérite, si supérieurs à toute jalousie : aussi fut-elle cimentée par les plus nobles souvenirs, et la dédicace du genre *jussiœa* rappelle à la postérité que cette amitié doit à jamais fleurir sur la terre.

Quoique Linné eût pu se fixer en Hollande, il retourna en Suède pour s'unir à celle qui avait deviné son génie et qui lui garda cinq ans sa foi, la fille du docteur More. Mais la fortune ne secondait guère ses hauts talents, et il se livrait tristement à la médecine avec peu d'espoir, lorsque le baron Charles de Geer, illustre entomologiste, et le comte de Tessin, sénateur et gouverneur du prince royal, prirent une haute idée de son mérite, et le firent tendre affection pour sa personne. Linné, du reste, leur témoigna pendant toute sa vie son dévouement. Nommé, par l'influence de ce dernier seigneur, médecin de la flotte, en 1738, puis médecin du roi et président de l'Académie des Sciences instituée à Stockholm en 1739, Linné obtint enfin le comble de ses vœux, la chaire de botanique à l'université d'Upsal, en 1741. Heureux dans ce poste, aussi bien rétribué que considéré, nous allons voir ce grand homme remplir pendant trente-sept ans le monde savant de ses travaux et de sa gloire.

Bientôt, entouré d'élèves nombreux, dont il exaltait l'âme, dont il fit de fervents apôtres des sciences, c'est de ce foyer que partirent ces illustres naturalistes qui ont éclairé l'univers : Kalm en Amérique, Hasselquist en Palestine et en Égypte, Toren aux Indes orientales, Osbeck en Chine, Loefling en Espagne, Forskahl en Arabie, Solander dans les mers du Sud, Thunberg au Japon, Sparrmann au cap de Bonne-Espérance, les Gmelin en Tartarie, Rolander, Ternstrœm, Kochler, et tant d'autres, qui s'élancèrent, par le seul amour des découvertes, ou périrent, non sans honneur, sur des plages lointaines, correspondant tous avec leur maître, dont ils propageaient en tous lieux la méthode et le savoir, ils enrichissaient de leurs moissons cette illustre école d'Upsal, et Linné faisait retentir leur renommée dans le monde savant. Lui-même fit, aux frais et par ordre des états de Suède, de nouveaux voyages en Œland et en Gothland vers 1741, en Vestrogothie l'an 1746, dans la Scanie en 1749, et il publia en langue suédoise. Non-seulement les productions naturelles de ces provinces y sont décrites, mais l'auteur y concentre les plus riches documents sur les mœurs, les usages des habitants, l'agriculture, l'économie domestique, les antiquités, avec ces idées pittoresques qui étincellent partout dans ses écrits. Cette connaissance des végétaux et des animaux de la Suède le mit en état de publier sa *Faune* et sa *Flore* de ce royaume. Linné ne négligeait pas en même temps les plus belles productions étrangères réunies dans des collections. C'est ainsi qu'il publia la *Flora Zeylanica* de Burmann, le *Museum* du comte de Tessin, ceux du roi et de la reine de Suède (*Musœum Adolphi Frederici*, *Musœum Ludovicœ-Ulricœ*). Le monument le plus brillant et le plus ingénieux en ce genre, selon nous, est son recueil des *Amœnitates academicœ* (Stockholm, 1749-1763, d'abord en 6 volumes), auquel Schreber a joint, dans son édition d'Erlang, en 1785, d'autres dissertations des élèves de Linné, qui toutes furent soutenues sous sa présidence. Il suffit de lire les dissertations : *Œconomia naturœ* ; *Miracula insectorum* ; *Metamorphosis plantarum* ; *Somnus plantarum* ; *Calendarium Florœ* ; *Migrationes avium* ; *Animalia composita*; *Politia naturœ* ; *Prolepsis plantarum*; *Mundus invisibilis* ; *Pandora insectorum* ; *Anthropomorpha*, etc., pour connaître les fécondes observations, les curieuses remarques de ce brillant génie.

Des détracteurs, qui n'ont jamais compris ce grand homme, ont affecté de le regarder comme un simple nomenclateur, ayant trouvé le secret de classer les êtres, de les ranger sous des termes génériques, modifiés pour chaque espèce par un nom trivial facile à établir. N'était-ce donc rien que de créer pour les sciences naturelles cette nomenclature qui leur manquait ? Et ne trouve-t-on pas les traces du génie dans la simplicité de cette combinaison de termes génériques et spécifiques qui permet de désigner une espèce quelconque à l'aide de deux mots seulement ? On regrette de rencontrer les Haller, les Adanson, les Buffon, au nombre des censeurs de Linné, qui jamais ne répondit à leurs critiques. Il est vrai qu'il s'était moins appliqué à l'ordre naturel des familles végétales qu'Adanson, quoiqu'il en ait offert de beaux fragments dans sa *Philosophie botanique*. Il était moins érudit et moins anatomiste que Haller ; enfin, il ne déploie pas les vastes hypothèses et les grandes conceptions de Buffon ; son mérite consiste plutôt dans la profondeur et la délicatesse des détails ; sa concision nerveuse exprime tout, peint tout en peu de mots. Ses prolégomènes du *Systema Naturœ* sont un tableau magnifique ; il remonte jusqu'à la Divinité. Linné fut éminemment religieux ; partout il recherche et découvre comme Newton les vestiges d'une sagesse infinie et suprême. Son âme est tout empreinte de poésie : s'il décrit les papillons et autres lépidoptères, il se représente les dieux de la fable sous ces éclatants emblèmes ; s'il traite des coquillages et des productions marines, il rappelle les divinités d'Amphitrite, ou Vénus sortant des ondes, et la théogonie des dieux, des nymphes du vieil Hésiode. Lorsque vous étudiez péniblement une plante, il vous ranime par l'image des muses (*musa sapientum*) ou du sang d'Adonis. Les palmiers s'élèvent couronnés de frondes, comme les princes du règne végétal, tandis que les graminées rampent à leurs pieds comme l'humble villageois, plus utile que brillant. Son esprit net et rapide trouve le mot qui peint un être, qui lui donne la vie. Ses successeurs ou imitateurs ont souvent échoué, et les uns par la diffusion des termes, les autres par une sécheresse indigente. S'il établit en principe que les genres sont naturels et ne doivent point être arbitrairement divisés, qu'il a-t-il fondé sur des types profonds, et qui sont devenus des caractères de familles naturelles, comme on l'a vu pour l'entomologie et le règne végétal dans notre temps.

Bientôt tous les naturalistes d'Europe tournèrent leurs regards vers cet astre du Nord qui lançait tant de lumière ; de toutes parts on lui adressait des plantes, des animaux et autres productions. Les rois eux-mêmes ne crurent point déroger en communiquant avec lui ; et de sa main Louis XV recueillit des graines à Trianon pour les lui adresser. Décoré de l'Étoile-Polaire, par le roi de Suède, pour avoir découvert l'art de produire des perles (en perçant la coquille de moules nacrées) ; sollicité par les rois d'Espagne et d'Angleterre pour lui confier ies plus beaux établissements, associé à presque toutes les académies, il voyait s'élever partout à grands frais des jardins botaniques, des musées, en Autriche, en Russie, en Danemark, à l'imitation de la Suède. Cependant, inaccessible, dans sa simplicité et sa bonhomie primitives, aux splendeurs, il conserva au milieu de ses élèves et de sa famille, composée de quatre filles et un fils, ses goûts modestes et ces pures jouissances de l'étude, vrais biens du sage. Il aima sans doute la gloire et fut sensible aux louanges; prompt à s'émouvoir comme à s'apaiser, sa conversation était pleine d'une douce gaieté et de charmes ; il ne dédaignait pas même les jeux et les danses des simples paysans, tant il était ennemi de tout orgueil et de la morgue! Cependant, il était devenu riche, et la peine qu'il avait eue à le devenir rendait sa vieillesse économe.

Ayant vécu sobre et sain pendant la plus grande partie de son existence, il sentit vers 1773 un affaiblissement de sa mémoire qui lui présageait d'autres accidents. Frappé ensuite de plusieurs attaques d'apoplexie, il succomba enfin à la suite d'un ulcère à la vessie, le 10 janvier 1778, à l'âge de soixante-et-onze ans. Gustave III de Suède déplora cette perte devant les états de son royaume, et composa lui-même son oraison funèbre. Aujourd'hui la cathédrale d'Upsal renferme son tombeau, et un monument lui a été élevé, ainsi qu'une statue en marbre, dans l'université où il faisait ses cours. Des médailles ont été frappées en son honneur ; on a placé son buste dans une multitude d'établissements d'histoire naturelle; il s'est érigé plusieurs sociétés *linnéennes*, dont la plus célèbre est celle de Londres, qui publie les plus intéressants mémoires. Richard Pulteney a publié en anglais une *Revue générale des écrits de Linné*, laquelle a été traduite en français par Millin, 2 vol. in-8°. Ses herbiers et ses manuscrits ont été acquis en Angleterre par le docteur Smith.

Le fils de Linné (aussi nommé *Charles*), né à Falhun, en 1742, succéda à son père dans la chaire de botanique ; mais il mourut jeune (à Upsal, en 1783), sans enfants, après avoir ajouté quelques suppléments aux travaux paternels, et Thunberg le remplaça. Gronovius a dédié une petite plante du Nord, sous le nom de *linnæa*, à sa mémoire. Une des filles de Linné, *Élisabeth-Christine*, découvrit des lueurs électriques, le soir, sur la capucine, observation confirmée depuis par d'autres plantes.   J.-J. VIREY.

LINOIS (Charles-Alexandre-Léon, comte DURAND DE), vice-amiral, né à Brest, en 1761, entra au service en 1776, et prit rang parmi les lieutenants de vaisseau en 1791. Forcé en 1794 de se rendre aux Anglais, il subit une première captivité, qui dura dix mois. A son retour en France, il fut nommé capitaine de vaisseau, servit sous les ordres de l'amiral Villaret, et tomba de nouveau au pouvoir des Anglais. Au bout de deux mois il fut échangé et nommé chef de division des armées navales, en 1796 ; il fit partie en cette qualité de l'expédition d'Irlande. Nommé contre-amiral en 1799, il mit le comble à sa réputation par le combat d'Algésiras, où, sans autres forces que trois vaisseaux et une frégate, il soutint pendant dix heures l'attaque de six vaisseaux anglais et d'une frégate, força l'ennemi à la retraite et lui enleva un vaisseau de soixante-quatorze canons. Il reçut à cette occasion un sabre d'honneur, avec le commandement des forces navales françaises dans les mers à l'est du cap de Bonne-Espérance. En 1806, après une défense héroïque, il fut fait prisonnier par les Anglais, et ne fut délivré qu'en 1814. Pendant sa captivité Napoléon le nomma comte de l'empire. Chargé du gouvernement de la Guadeloupe, au commencement de la Restauration, il ne put empêcher les Anglais de s'emparer de cette colonie; il revint en France, et fut enfermé à l'Abbaye en attendant la décision d'un conseil de guerre. Il fut acquitté et réintégré dans toutes ses fonctions ; mais il ne les garda que quelques mois, et prit sa retraite en 1816. Il se retira à Versailles, avec le titre honoraire de vice-amiral, et y mourut, en 1848.

LINON, espèce de toile de lin, très-fine et très-claire qui se fabrique dans le département du Nord. Autrefois le linon était d'un grand usage pour les barbes de bonnet et les coiffes de religieuses; aujourd'hui il est généralement remplacé par des mousselines empesées appelées *linon de coton*, et on ne s'en sert plus que quand on a besoin d'un tissu plus clair que la batiste.

LINOTTE, genre d'oiseaux de l'ordre des passereaux, famille des conirostres, créé par Bechstein aux dépens du grand genre *fringilla* de Linné. Leur bec, parfaitement conique, court, sans renflement à la base, ne suffirait pas pour autoriser cette nouvelle coupe générique ; mais ici on a dû prendre en considération les habitudes de ces oiseaux, différentes de celles des moineaux, des pinsons, etc., leurs congénères dans la classification linnéenne. Sous ce rapport, les linottes se rapprochent plutôt du chardonneret, surtout par leur haut instinct de sociabilité. Excepté à l'époque de la reproduction (depuis avril jusqu'en juillet), elles vivent par bandes nombreuses. Quand un canton ne leur offre plus de ressources suffisantes, elles l'abandonnent toutes à la fois, volant très-rapprochées les unes des autres lorsqu'il fait froid. Les femelles entourent leur progéniture des plus grands soins. Au printemps, le chant des linottes est très-agréable. Enfin, leur nourriture consiste en graines de chanvre, de navette, etc., et surtout de lin ; de là vient le nom de *linotte* (*linaria*).

La *linotte ordinaire* ou *linotte des vignes* (*linaria cannabina*), longue d'environ quinze centimètres, est commune en France, en Angleterre, en Italie, en Allemagne, dans les provinces méridionales de la Russie et en Grèce. Son front et sa poitrine sont rouges au printemps ; sa gorge blanchâtre grivelée; son bec noirâtre ; ses rémiges primaires largement bordées de blanc, ses tectrices alaires unicolores. Les saisons amènent quelques modifications à cette livrée ; observation qui s'applique également aux autres espèces. On rencontre aussi quelquefois des individus à plumage isabelle, mais plus fréquemment offrant un albinisme ou un mélanisme total ou partiel.

La *linotte de montagne* ou *linotte à bec jaune* (*linaria montium*) habite les régions polaires de l'ancien continent. Elle est de passage en France et en Allemagne. Un bec jaune, un croupion d'un brun rouge dans le mâle, une seule bande blanche à l'extrémité des grandes tectrices alaires, tels sont ses caractères spécifiques les plus constants.

La *linotte cabaret* (*linaria rufescens*) appartient aux mêmes climats que la précédente, et se trouve de plus dans les pays tempérés de l'Europe et de l'Amérique du Nord. Son plumage est généralement roussâtre, avec le dessus de la tête d'un rouge cramoisi, la gorge noire, la poitrine et le croupion d'un rouge clair : sur cette dernière partie se montrent des traits bruns.

Citons encore la *linotte sizerin* ou *linotte boréale* (*linaria canescens*), propre au nord de l'Europe et de l'Amérique. Son plumage est blanchâtre, avec le dessus de la tête et le front d'un rouge sanguin; le croupion d'un rouge rose au printemps et d'un blanc pur l'hiver.

On prend les linottes de toutes les espèces aux *nappes*, avec des appelants, qu'il faut avoir soin de cacher entre des tas ou sous des feuillages à ce destinés. Comme ces oiseaux descendent sur les miroirs à alouettes, on peut aussi y avoir recours. On peut prendre encore des linottes au moyen de gluaux, soit à l'arbret, soit en les posant autour d'une cage d'appelants, ou bien autour d'une chouette, soit enfin aux abreuvoirs, etc. ; on emploie aussi à cet usage les raquettes.

Siffler une linotte, c'est lui apprendre à répéter des airs. *Tête de linotte* est un vieux proverbe populaire. Il signifie tantôt *boire plus que de raison*, tantôt *être en prison*. On dit encore d'une personne qui a peu de jugement et dont l'esprit est léger : C'est une *tête de linotte*.

LINTEAU, c'est la partie supérieure de la baie d'une porte ou d'une fenêtre fermée, ou par une pièce de bois sur laquelle reposent les constructions supérieures, ou par une barre de fer qui aide les voussoirs à se soutenir lorsque la baie est fermée par une voûte plate. Dans ce dernier cas, chacun des bouts de la barre de fer est scellé dans les pieds-droits, afin d'empêcher leur écartement.

Linteau est aussi le nom que dans les fortifications on donne à la traverse sur laquelle sont fixés les pieux d'une palissade à un demi-mètre au-dessus de leur pointe supérieure. DUCHESNE aîné.

LINUS, de Thèbes, célèbre chanteur et musicien de l'âge mythique, que l'on fait d'ordinaire vivre vers 1280 av. J.-C., était, suivant la tradition, le fils d'Apollon, et donna des leçons de musique à Orphée et à Hercule. Celui-ci, irrité de ce que son maître le plaisantait au sujet de quelques fausses notes qui lui étaient échappées, lui brisa la tête avec sa cithare; suivant d'autres, ce fut Apollon lui-même qui le tua, en punition de ce qu'il avait osé se comparer à lui pour son habileté sur la cithare.

LINZ, chef-lieu de la province d'Autriche au-dessus de l'Ens, bâtie dans une ravissante contrée, sur la rive droite du Danube, qu'on y passe sur un pont en bois de 566 mètres de long, compte 28,000 habitants, non compris une nombreuse garnison. C'est le siége d'un évêché et de diverses autorités supérieures, tant administratives que militaires. Ses édifices les plus remarquables sont la cathédrale, construite en 1670 et pourvue d'un orgue de toute beauté; l'église paroissiale, construite en 1726; l'église des Capucins, contenant le tombeau en marbre du comte Montecuculi, l'église évangélique, l'hôtel de ville, etc. Quand les Turcs s'en vinrent mettre le siége devant Vienne, en 1783, ce fut au château de Linz que l'empereur Léopold Ier vint s'établir. Ce château est aujourd'hui transformé en maison de correction. Linz est une ville fort industrieuse : on y trouve des manufactures de tapis, de draps, de casimirs, de cotonnades, de cuirs, de cartes à jouer. Son commerce est aussi des plus actifs. Un chemin de fer faisant le fer à cheval relie cette ville, d'un côté à Budweis, et de l'autre à Gmunden, en même temps qu'un service quotidien de bateaux à vapeur la met en communication avec Vienne et Ratisbonne.

Les nouvelles fortifications de Linz ont fait époque dans l'art moderne, et ont été maintes fois imitées depuis. Elles consistent en trente-deux tours se couvrant mutuellement, que l'archiduc Maximilien d'Este fit construire de 1803 à 1836, et dont vingt-trois sont situées sur la rive droite, et neuf sur la rive gauche du Danube. Le point le plus élevé, appelé le *Pœstlingsberg*, a cinq tours reliées en un seul et même ouvrage, et constitue pour ainsi dire la citadelle de tout le camp fortifié qui fait de Linz une place forte de premier ordre.

LION. Le plus célèbre et le plus beau des animaux féroces, le *lion* (*felis leo*, L.) appartient au genre *chat*. « Sa taille est si bien prise et si bien proportionnée, dit Buffon, que le corps du lion paraît être le modèle de la force jointe à l'agilité..... » Cette grande force musculaire se marque au dehors par les sauts et les bonds prodigieux que le lion fait aisément, par le mouvement brusque de sa queue, qui est assez forte pour terrasser un homme; par la facilité avec laquelle il fait mouvoir la peau desa face, et surtout celle de son front, ce qui ajoute à sa physionomie, ou plutôt à l'expression de la fureur, et enfin par la faculté qu'il a de remuer sa crinière, laquelle non-seulement se hérisse, mais se meut et s'agite en tous sens lorsqu'il est en colère. Les individus mâles de la plus grande taille ont environ 2m,60 à 3 mètres de longueur, jusqu'à l'origine de la queue, qui est longue de 1m,30. Ces grands lions ont environ, 1m,30 de hauteur. Ceux de petite taille ont à peu près 1m,85 de longueur sur 1 mètre de hauteur, et la queue longue d'un peu moins de 1 mètre. La *lionne* est dans toutes ses dimensions d'environ un quart plus petite que le lion. Le pelage du lion est fauve en dessus, d'un fauve blanchâtre sur les côtés et sous le ventre; la queue est terminée par un flocon de poils. Il porte une épaisse crinière, qui lui couvre la tête, le cou et les épaules, qui est d'autant plus longue qu'il est plus avancé en âge. La lionne diffère du lion par l'absence totale de crinière. « Sa tête n'est point ornée, dit Lacépède, de ces poils longs et touffus qui entourent la face du lion, et se répandent sur son cou en flocons ondulés; elle a moins de parure, mais, douée des attributs distinctifs de son sexe, elle montre plus d'agréments dans ses attitudes, plus de souplesse dans ses mouvements. Plus petite que le lion, elle a peut-être moins de force; mais elle compense par sa vitesse ce qui manque à sa masse. Comme le lion, elle ne touche à la terre que par l'extrémité de ses doigts; ses jambes, élastiques et agiles, paraissent, en quelque sorte, quatre ressorts toujours prêts à se débander pour la repousser loin du sol et la lancer à de grandes distances; elle saute, bondit, s'élance comme le mâle, franchit comme lui des espaces de douze ou quinze pieds; sa vivacité est même plus grande, sa sensibilité plus ardente, son désir plus véhément, son repos plus court, son départ plus brusque, son élan plus impétueux. »

Les lions étaient autrefois répandus dans les trois parties de l'ancien monde, et ils ont été très-connus des anciens. On en a vu paraître jusqu'à cinq cents à la fois dans les cirques de Rome · et on les apprivoisait quelquefois au point de pouvoir les atteler. Marc-Antoine, par exemple, se montra, comme on le sait, au peuple romain dans un char traîné par deux lions. De nos jours on ne rencontre plus ces animaux que dans quelques parties de la Perse et de l'Inde, dans l'Arabie, et surtout en Afrique, où ils sont très-nombreux, depuis l'Atlas jusqu'au cap de Bonne-Espérance, et depuis le Sénégal et la Guinée jusqu'aux côtes de l'Abyssinie et de Mozambique. C'est ordinairement la nuit que le lion quitte sa tannière pour chercher sa proie ou se livrer à l'amour. Il dort, au contraire, pendant le jour. Sa voix, connue sous le nom de *rugissement*, et qui est semblable dans les deux sexes, est composée de sons prolongés, assez graves, mêlés de sons aigus, et d'une sorte de frémissement; elle varie tant en force qu'en durée, et aussi pour la hauteur ou la gravité des tons, suivant l'âge de l'animal, les affections qui l'animent, les besoins qui le pressent, les variations même de la température, la présence ou l'absence d'un écho. Quand le lion sent les premières atteintes de la colère, il commence à agiter la queue, et la rapidité comme l'étendue de ce mouvement croît avec sa fureur; mais il est faux qu'il s'en serve comme d'une arme offensive : ses griffes et ses dents lui rendent d'ailleurs tout à fait superflu le secours d'un pareil moyen. La vie de ces animaux peut s'étendre jusqu'à quarante ans, et ce n'est qu'à cinq ou six ans qu'ils sont en état de se reproduire. La durée de la gestation est de cent et quelques jours ; et le nombre des petits est de deux ou trois pour chaque portée. Les lions nouveau-nés, mâles et femelles, se ressemblent entièrement. Le fond de leur pelage, d'un roux grisâtre, est coupé par un grand nombre de petites bandes brunes transversales, et une ligne noirâtre règne tout le long de l'épine. A un an, ils sont de la grandeur d'un chien de moyenne taille, et c'est à la troisième année seulement que la crinière des mâles commence à pousser. On a vu plusieurs fois le lion produire en captivité.

Quelque terrible que soit cet animal, on ne laisse pas de lui donner la chasse avec des chiens de grande taille, et bien appuyés par des hommes à cheval. Mais il faut que ces chiens, ainsi que les chevaux, soient bien aguerris d'avance, car sans cela ils frémissent et s'enfuient, comme presque tous les animaux, à la seule odeur du lion. Sa peau, quoique d'un tissu ferme et serré, ne résiste point à la balle. Un officier de spahis, nommé *Gérard*, s'est fait de nos jours une réputation dans ce genre de chasse; et ses nombreux exploits, dont ont été témoins les gorges de l'Atlas, lui ont mérité le surnom de *tueur de lions*. Souvent aussi on prend les lions comme nous prenons les loups, en les faisant tomber dans une fosse profonde, légèrement recouverte de branchages au milieu desquels on attache un animal vivant. Quand on voyage dans les pays habités par des lions, on allume des feux la nuit pour les écarter ; mais on aurait grand tort de trop compter sur ce moyen, qui, quoique habituellement efficace, est loin d'être infaillible. DÉMEZIL.

Les naturalistes reconnaissent plusieurs variétés de l'espèce *lion*. Ce sont : le *lion jaune du Cap* ; le *lion brun du Cap*, le plus féroce et le plus redouté de tous ; le *lion de Perse et d'Arabie*, à crinière épaisse et pelage isabelle pâle ; le *lion sans crinière*, dont l'existence douteuse ne repose que sur la relation du voyageur Olivier, qui l'aurait rencontré vers les confins de l'Arabie ; le *lion du Sénégal*, à crinière peu épaisse et pelage un peu jaunâtre ; le *lion de Barbarie*, à pelage brunâtre, avec une grande crinière dans le mâle. A cette liste, Aristote ajoute le *lion à crinière crépue*, que représentent les anciens monuments ; et Élien, le *lion des Indes*, noir et hérissé, qu'on dressait, dit-il, à la chasse. Les voyageurs modernes n'ont trouvé aucune trace de ces deux dernières variétés.

LION (*Astronomie*), cinquième signe du zodiaque. Placée entre la Vierge et l'Écrevisse, au dessus du Sextant, cette constellation se trouve au-dessous de celle à laquelle Hévélius a donné le nom de *Petit Lion*. Cette dernière est comprise entre le Lion et la Grande Ourse.

LION (*Mœurs*). Ce nom, d'origine anglaise, désigne les rois du boulevard, les héros du sport. Avant la révolution, pour être un homme à la mode, il fallait être bien né, de belle tournure, avoir la jambe bien prise et l'œil brillant, s'être battu pour la Clairon ou pour l'indépendance de l'Amérique, avoir fait un bouquet à Chloris et soupé avec des philosophes ; toutes ces conditions remplies, on était un gentilhomme accompli. Quelques années après, le gentilhomme accompli était devenu un in croyable ; à l'incroyable succéda le muscadin ; on sent percer sous ce nom la familiarité impertinente d'une époque guerrière pour une élégance toute civile. Lors du triomphe de la révolution bourgeoise, le *lion* moderne entra vainqueur dans le royaume de la mode, avec sa vanité, ses écus et son éducation de boutique : adieu jabot, manchettes et poudre ; adieu fine épée d'acier, canne haute et manchon, adieu pour toujours ! plus de musc, mais l'odeur du cigare, qui fait mal aux femmes ; plus de danseuses, des lorettes ; le lorgnon insolent a remplacé les grâces délicates de la tabatière, et la barbe, la perruque ; plus de ces conversations d'autrefois, spirituelles et polies, mais des termes d'écurie ; et surtout moins d'honneur et plus d'or. La femme elle-même, pleine de ces idées bruyantes d'émancipation et de femme libre, a renoncé aux abbés galants et à la broderie au tambour ; elle s'est faite *lionne* ; digne rivale du roi du boulevard, plus elle s'éloigne de son sexe, plus son éloge est complet.

Comme dans la fable de La Fontaine, le *rat* est souvent l'ami du *lion* ; mais rarement il le délivre des filets de Clichy ; d'ordinaire il ronge à belles dents les mailles de sa bourse.

LION D'AMÉRIQUE ou LION DES PÉRUVIENS. *Voyez* COUGUAR.

LION DE MER ou LION MARIN. *Voyez* PHOQUE.

LION DORMANT (Association secrète du). C'est le titre que prit une des sociétés politiques qui s'organisèrent à Paris à la fin de 1815. Celle-ci eut pour fondateur et pour chef un certain Hotteville, employé dans la manufacture Richard Lenoir : elle se réunissait dans le logement qu'il y occupait. Il résulte de la procédure instruite contre Hotteville et ses principaux affidés, qu'elle avait pour but le renversement du trône des Bourbons et le rétablissement du régime impérial. Les nouveaux initiés étaient reçus avec un appareil analogue à celui de la franc-maçonnerie. Le récipiendaire était présenté par un *patron*, déjà initié, qui répondait de sa fidélité, de sa discrétion, de son dévouement. Après avoir traversé les yeux bandés plusieurs pièces, il était introduit dans une salle très-éclairée, où se trouvaient réunis les membres du bureau armés d'une épée. Là, après avoir subi plusieurs épreuves, il était placé, en face d'un squelette humain, une pointe de baïonnette effleurant sa poi-

trine ; et c'est dans cette position qu'il prêtait serment de fidélité à Napoléon et à son fils. Cette association, qui se réunissait au milieu de la partie la plus populeuse et la plus fréquentée du faubourg Saint-Antoine, dans un établissement devenu l'objet de la plus active surveillance, ne pouvait échapper aux investigations incessantes de la police. Hotteville, prévenu, se hâta de convoquer ses co-associés, et indiqua une réunion extraordinaire à l'auberge de la Tourelle, à l'entrée du bois de Vincennes. Le motif de cette réunion n'était pas exprimé dans sa circulaire ; il avait pris, en outre, la double précaution de ne signer que d'un de ses prénoms et de l'intituler : *dons patriotiques*. Mais la police, suivant l'habitude, fut avertie par de faux frères, qui s'empressèrent de dénoncer les principaux chefs de la société. Cugnet-Montarlot, qui était en même temps membre d'une autre société secrète, connue sous le nom de *Francs régénérés*, fut arrêté en janvier 1816. Il se renferma dans un système de complète dénégation, même après avoir été confronté avec ses dénonciateurs, dont un avait été admis dans la société sur sa présentation. Hotteville, découvert et mis en jugement quelque mois plus tard, avoua l'existence de la société, s'en déclara le fondateur, mais en affirmant qu'elle avait cessé d'exister et qu'il en avait lui-même provoqué et consommé la dissolution. Plusieurs des principaux initiés, pour échapper aux poursuites, s'étaient réfugiés en pays étrangers.

Traduits en juillet 1816 devant le tribunal correctionnel de Paris, Hotteville, Cugnet-Montarlot et quelques autres, eurent à se défendre contre les *révélations* de leurs co-prévenus. Il résultait de l'instruction, « qu'à la fin de 1815 et au commencement de 1816 une association de plus de vingt personnes s'était formée, sans l'autorisation du gouvernement, ayant pour but de se réunir à certains jours fixes, afin de s'occuper d'objets politiques, ce que dans les assemblées il avait *été fait* des proclamations *tendantes à des complots et attentats pour le détruire* ; mais qu'il n'était pas prouvé que la résolution en eût été concertée et que des actes eussent été commis pour arriver à *l'exécution de ces crimes* ; qu'Hotteville avait agi comme chef de l'association... Cugnet, Saugé, Cassard, Vigolre, Malaguin, etc., comme directeurs et administrateurs, etc..... » Au reste, il ne put pas être légalement prouvé que l'attentat eût été formellement résolu ni qu'il eût reçu un commencement d'exécution. Aussi tous les prévenus furent-ils acquittés. Aucun registre, aucune liste n'avaient été saisis. Hotteville avait déclaré avoir brûlé tous les papiers dont il était dépositaire, les regardant comme inutiles, par le fait même de la dissolution. Les prévenus ne jouirent pas d'ailleurs longtemps de leur liberté : la plupart furent ramenés en prison comme impliqués dans les procès de l'*Épingle noire* et des *Patriotes* de 1816. Cugnet-Montarlot fut le plus malheureux de tous. Poursuivi comme éditeur d'un pamphlet périodique intitulé *L'Homme gris*, il était parvenu à franchir la frontière. Quelques années plus tard, en 1820, il figura dans le mouvement insurrectionnel de l'île de Léon, devint aide de camp de Riego, et après la restauration espagnole de 1823 fut condamné à mort et exécuté sans procès général. DUFEY (de l'Yonne).

LIOUVILLE (FÉLIX), né à Toul, le 31 octobre 1803, appartient à une honorable famille de Lorraine. Son père a glorieusement servi son pays, et a été décoré à la bataille d'Austerlitz. Félix Liouville se prépara par de fortes études à l'exercice de la profession d'avocat. Il ne se contenta point du grade de licencié en droit, et se fit recevoir docteur. Il ne se borna point à apprendre la théorie, il voulut se familiariser avec la pratique des affaires. En quittant, en 1824, les bancs de l'école, il entra chez un avoué, y passa cinq années, devint maître clerc, et ne se fit inscrire au tableau, en 1829, qu'après avoir passé par toutes les initiations qui devaient lui assurer dans sa carrière les grands et légitimes succès qu'il y a obtenus. Liouville a plaidé bien moins souvent au criminel qu'au civil ; mais toutes les fois qu'il a paru sur ce théâtre des grandes émotions, il a fait preuve d'une véritable éloquence. Nous l'avons entendu défendre, aux assises, un homme accusé d'outrage aux mœurs pour la publication d'un livre. Il est impossible de présenter l'analyse d'un ouvrage avec une plus grande élévation de pensée et un plus grand bonheur d'expression qu'il ne l'a fait en cette circonstance. Nous rappellerons encore l'affaire de l'accident arrivé sur le chemin de fer de la rive gauche, comme un de ses plus beaux triomphes oratoires.

LIOUVILLE (JOSEPH), mathématicien distingué, frère du précédent, est né à Saint-Omer, le 24 mars 1809. Il avait déjà publié dans le *Journal de l'École Polytechnique* plusieurs mémoires importants sur des questions de géométrie, de mécanique et de calcul intégral, lorsqu'il fit paraître le premier cahier du *Journal de Mathématiques pures et appliquées*, qu'il n'a pas cessé de diriger depuis le 1er janvier 1836. Ce recueil mensuel renferme de nombreux travaux de M. Liouville sur les parties les plus difficiles des différentes branches des sciences mathématiques. Appelé en 1839 à remplacer Lalande dans la section d'astronomie de l'Académie des Sciences, M. Liouville a été nommé géomètre du Bureau des Longitudes en 1840. D'abord répétiteur à l'École Polytechnique, il devint professeur à la même école, et fut nommé professeur de mathématiques au Collége de France en 1851, à la place de M. Libri.

LIPARI (Îles), les *Îles Éoliennes* des anciens. Au nombre de douze et situées dans la Méditerranée, au nord de la Sicile, elles dépendent de la province de Messine du royaume des Deux-Siciles, et comptent environ 20,000 habitants. Les principales sont *Lipari, Volcano, Panaria, Stromboli, Salina, Felicudi, Alicudi et Ustica*. Toutes paraissent d'origine volcanique ; aussi les poètes de l'antiquité y plaçaient-ils les ateliers de Vulcain ainsi que la demeure d'Éole. Elles produisent en abondance du vin, des raisins secs, des figues et du coton. On y trouve aussi beaucoup de perdrix, de lapins, de poissons, de soufre et de pierre-ponce.

Lipari, la plus considérable de toutes, et qui à elle seule n'a pas moins de 15,000 habitants sur 35 kilomètres carrés, possède des eaux thermales et produit un excellent vin de Malvoisie, dont il ne s'exporte pas moins de 2,000 feuillettes à année commune. Elle fait, en outre, un commerce très-considérable en fruits secs, surtout en raisins et en figues. Son chef-lieu, appelé aussi *Lipari*, est le siège d'un évêché. On y trouve deux ports et un château fort construit sur une hauteur voisine.

On trouve à *Stromboli* et à *Volcano* des montagnes qui vomissent le feu. Le volcan de Stromboli notamment projette pendant toute l'année des flammes et des pierres brûlantes. *Felicudi*, la plus haute de toutes les îles Lipari, s'élève à 954 mètres au-dessus du niveau de la mer. La pierre-ponce blanchâtre qu'on trouve en couches nombreuses sur le *Campo-Bianco*, haute montagne de forme conique, constitue un objet de commerce.

LIPOGRAMMATIQUE. *Voyez* LEIPOGRAMMES.

LIPOTHYMIE (du grec λείπω, j'abandonne ; θυμός, l'esprit). *Voyez* SYNCOPE (*Pathologie*).

LIPPE ou LIPPE - DETMOLD, principauté souveraine allemande, d'une superficie d'environ 15 myriamètres carrés, est bornée dans sa plus grande partie, c'est-à-dire au nord, à l'ouest et au sud par la Prusse, à l'est par le comté de Schaumbourg, dépendance de la Hesse-Electorale, par le Hanovre, par le comté de Pyrmont, dépendance de la principauté de Waldeck, et par le duché de Brunswick. Il en dépend encore quelques parties isolées, situées en Prusse, à savoir : les bailliages de Liperode et de Kappel, et le village de Grevenhagen. Quant à la petite ville de Lippstadt, que les princes de Lippe possédaient en commun avec le roi de Prusse, un traité l'a complétement cédée à ce souverain en 1851, moyennant l'obligation de servir aux princes de Lippe une rente annuelle de 9,000 thalers. Ce petit pays est coupé du sud-est au nord-ouest par la chaîne de montagnes appelée le *Teutoburgerwald*, d'où sortent plusieurs rivières. Celles qui s'échappent du versant nord de la montagne vont se jeter dans le Weser, qui forme en partie la frontière septentrionale du pays. Celles qui s'échappent du versant sud sont des affluents du Rhin. Le chiffre de la population est de 106,615 habitants, dont la très-grande majorité appartient à l'Église réformée ; on y rencontre aussi quelques milliers de catholiques, qui ont des chapelles à Lippstadt, à Lemgo et dans le bailliage de Swalenberg, ainsi qu'un millier de juifs. Quoique le sol de ce pays soit d'une fertilité médiocre, les habitants savent le féconder à force de travail et d'industrie. La principauté de Lippe est, en outre, une des contrées les mieux boisées de l'Allemagne, et la culture forestière y est l'objet de soins tout particuliers. Les toiles qu'on y fabrique, connues sous le nom de *toiles de Bielefeld*, parce qu'elles sont de même qualité que celles qu'on fabrique à Bielefeld, petite ville de Prusse voisine de la principauté, sont l'objet d'un grand commerce. Il existe depuis 1826 à Lemgo une *condition* des lins, qui rend de grands services à l'industrie des toiles, en garantissant la pureté des matières premières employées à leur fabrication. L'émigration de la partie pauvre de la population au temps de la moisson, et surtout pour aller travailler dans les tuileries et briqueteries des contrées voisines, contribue beaucoup à l'aisance générale du pays. Les revenus de la principauté s'élèvent à 200,000 thalers, et ceux du domaine privé à 700,000 thalers. La dette de l'État est de 325,000 thalers. Le prince souverain de Lippe, qui dans le *plenum* de la Confédération germanique possède la 16e place, fournit à l'armée fédérale un contingent de 721 hommes. Sa capitale est *Detmold*, ville de 5177 habitants ; *Lemgo* est ensuite la ville la plus peuplée : on y compte 4,033 habitants.

Il est à présumer que ce pays tire son nom de la rivière de Lippe. Les ancêtres de la maison aujourd'hui régnante appartenaient dès le douzième siècle aux plus riches dynasties de la Westphalie.

Les comtes de Lippe furent élevés, par un rescrit de l'empereur Charles VI, en date de 1720, au rang et au titre de *princes de l'Empire*, qui leur furent ensuite formellement confirmés par l'empereur Joseph II. Admise en 1808 à faire partie de la Confédération du Rhin, la principauté de Lippe devint État souverain indépendant, et accéda, en cette qualité, à la Confédération germanique.

LIPPE-SCHAUMBOURG. *Voyez* SCHAUMBOURG.

LIPPI (Fra FILIPPO), l'un des peintres les plus remarquables du quinzième siècle, naquit à Florence, en 1412. A l'âge de dix-sept ans il s'enfuit de son couvent, et à quelque temps de là, dans une partie de plaisir, il fut pris en mer par des pirates, qui le vendirent comme esclave sur les côtes de Barbarie. Il avait passé ainsi dix-huit mois, lorsqu'un jour il lui arriva de faire avec tant de ressemblance, sur une muraille, le portrait de son maître, que celui-ci lui rendit la liberté et le renvoya dans son pays. Ce qu'on raconte ensuite de sa vie a tout l'air d'un roman, et les aventures amoureuses y jouent un grand rôle. Ce qu'il y a de certain, c'est qu'elles avaient pour lui au moins autant de charmes que l'art ; car pour ne pas le contraindre à s'en occuper, il fallut souvent que son célèbre protecteur, Cosme de Médicis, prit le parti de le retenir en étroite prison, à la chambre privée. Il mourut subitement, du poison que lui auraient administré, dit-on, les parents de sa maîtresse, Lucretia Buti. Florentin de naissance et Masaccio pour modèles, Filippo Lippi copia d'abord ce maître avec la plus grande habileté. Mais plus tard sa manière propre et plus sensuelle l'emporta, et l'entraîna vers la grâce et la délicatesse, en même temps qu'elle le fit lutter contre la vulgarité et la bassesse des formes. Les fresques du chœur de la cathédrale de Prato sont l'ouvrage capital de ce peintre ; il y a représenté l'histoire de saint Étienne, de même que de saint Jean-Baptiste et de plusieurs saints. Cette vaste composition, qui révèle les défauts et les qualités de l'artiste, témoigne d'une intelligence de la vie sous son côté joyeux. Le musée de Berlin possède de lui une belle Madone adorant l'Enfant-Jésus couché sur des fleurs ; sujet gracieux, que Filippo Lippi a maintes fois traité. Les églises, l'Académie et *gli Uffizi* de Florence possèdent de lui beaucoup de tableaux ; et il en existe aussi dans les galeries de Paris, de Munich, etc.

LIPPI (FILIPPINO), fils du précédent et de Lucrétia Buti, né en 1460, mort en 1505, apprit son art dans l'atelier de Sandro Botticelli, élève de son père, et surpassa de beaucoup son maître, qu'il accompagna à Rome et qu'il seconda dans ses travaux à la chapelle Sixtine. Il peignit aussi dans Santa-Maria-sopra-Minerva la chapelle Carafa, où il représenta l'assomption de la vierge Marie et celle de saint Thomas d'Aquin. A son retour à Florence, il peignit à Santa-Maria-Novella l'histoire des apôtres saint Jean et saint Philippe, toiles d'une exécution éminemment dramatique. Le plus beau tableau de chevalet de Filippino Lippi est à la Badia de Florence. Il représente saint Bernard, que la sainte Vierge, entourée d'anges, vient surprendre le soir devant son couvent, en plein air.

LIPPITUDE. Voyez CHASSIE.

LIPSE (JUSTE) ou plutôt *Jœst* LIPS, grande renommée philologique du seizième siècle, laquelle forma avec Joseph Scaliger et Casaubon un véritable triumvirat littéraire. Au moment où il parut, la philologie allait traverser l'âge du formalisme, pour s'attacher de préférence à la discussion matérielle des textes, sans négliger les détails archéologiques. Pour elle, le moment de l'enthousiasme était passé, et celui d'une critique large n'était pas encore venu. Elle devait dépenser dans des recherches arides et minutieuses un immense savoir, de hautes capacités, et en s'efforçant de rendre aux modèles du goût leur pureté primitive, s'exposer à contracter la passion des petites choses et à tomber dans une frivolité lourde et sérieuse. Mais en même temps le scepticisme se mêlait à ses investigations, et son respect pour l'antiquité ne l'empêchait point de douter du témoignage des anciens, ni même d'en établir quelquefois la fausseté. Un des hommes les plus influents de cette époque fut sans contredit Juste Lipse, dont les défauts même fortifièrent l'autorité. Son jugement avait plus d'étendue que de profondeur, son érudition plus de luxe peut-être que de véritable richesse. Son style, capricieux et affecté, a principalement donné prise à ses nombreux adversaires. Il s'imaginait l'avoir calqué sur Tacite, dont il avait fait une étude particulière, et dont il a donné une édition, encore aujourd'hui la meilleure, quoi qu'en dise le père Bouhours; mais au lieu de pénétrer le génie de Tacite, il semble n'avoir vu dans cet écrivain que de petites phrases rapides et hachées. Quant à son caractère, on est en droit de lui reprocher beaucoup de versatilité. Placé dans un siècle où s'accomplissaient de grandes révolutions, il semble avoir pris pour modèle de sa conduite l'inconstance des événements, et ne s'être pas mis en peine de demeurer d'accord avec lui-même, quand le monde avait cessé d'y être.

Juste Lipse naquit le 18 octobre 1574, à Over-Issché, entre Bruxelles et Louvain. Après une éducation dont il déplore lui-même les défauts, il songea à voyager; mais avant de partir il publia, à l'âge de dix-neuf ans, trois livres de *Leçons diverses*, qu'il dédia au célèbre cardinal de Granvelle. Flatté de cet hommage, Granvelle l'emmena avec lui à Rome, où pendant deux ans Lipse put se livrer à l'étude de l'antiquité. Ce fut là qu'il fit la connaissance de Marc-Antoine Muret. Les années suivantes il était à Louvain, à Dôle, à Vienne et à Iéna. Ayant reçu dans cette dernière ville la nouvelle des troubles qui agitaient sa patrie, il y accepta une chaire d'éloquence et d'histoire, qu'il conserva de 1572 à 1574. Il se maria vers ce temps à Cologne. En 1579 il fut nommé professeur d'histoire à l'université de Leyde. Il y resta treize ans, calviniste en Hollande, comme il avait été luthérien à Iéna. Enfin, il rentra dans le giron de l'Église catholique, par le ministère des jésuites, et, refusant les offres flatteuses que lui faisaient le pape Clément VII, le sénat de Venise, Ferdinand de Médicis, le roi de France, Henri IV, il revint enseigner l'histoire à Louvain. Le 24 mars 1606 termina sa carrière. Il mourut comblé de marques de considération, en dépit des attaques de ses ennemis, qui, entre autres reproches, lui adressaient celui d'avoir réduit en maxime politique l'intolérance religieuse, lui qui avait tant à gagner à l'indulgence. Ses principaux ouvrages sont des éditions de Tacite et de Sénèque *le philosophe*, des traités sur l'art militaire des Romains et sur la philosophie des stoïciens, une histoire de Louvain, et des lettres nombreuses, où se trouvent une foule de faits littéraires curieux.

Frappé des abus de l'enseignement, Juste Lipse voulait y remédier en y faisant entrer l'art d'enseigner, et en créant des espèces d'écoles normales, telles à peu près qu'on en a institué de nos jours. On lui a violemment reproché de ne savoir pas le grec, sa haute réputation poussant ses ennemis à lui chercher quelque côté vulnérable. Il est à présumer que cette critique signifie tout au plus que ses connaissances comme helléniste n'étaient pas comparables à celles qu'il possédait dans le reste de la philologie, et qu'il n'égalait sous ce rapport ni les Scaliger ni les Casaubon, qu'on lui opposait sans cesse. Enfin, on lui a fait un grand crime de prétendus larcins qui ne sont que des emprunts permis dans un travail de pure compilation, et qui même souvent n'ont aucune apparence de réalité. Un des volumes de *l'Année littéraire* offre un singulier parallèle de Fréron entre Juste Lipse et Voltaire. DE REIFFENBERG.

LIQUATION (du latin *liquatio*, fusion), opération métallurgique, qui consiste à séparer par la fusion un métal moins fusible d'un autre qui l'est plus : c'est ainsi qu'on sépare le plomb combiné avec certains minerais de cuivre, l'argent (voyez t. Ier, p. 787) du cuivre, etc.

LIQUÉFACTION, phénomène pendant lequel un corps solide passe à l'état liquide (voyez FUSION).

LIQUEUR. Sous cette dénomination on comprend, en général, les boissons que l'on extrait artificiellement de certains végétaux ou de leurs produits, tels que le raisin, les cerises, la mélasse, etc., ou que l'on compose en combinant les liquides spiritueux, tels que l'alcool, avec les sucs provenant de la canne à sucre, des fleurs de l'oranger, etc.

La fabrication des liqueurs est une des parties les plus productives de l'art du charlatan distillateur. Depuis un temps immémorial, on a tout tenté, tout fait, dans cette branche d'industrie, pour obtenir les boissons les plus capables de stimuler la gourmandise des gastronomes de toutes les classes de la société. Les peuples sauvages ou demi-barbares sont sous ce rapport à la hauteur de la corruption des nations civilisées. Cependant, les liqueurs spiritueuses sont les plus perfides, les plus nuisibles de toutes les boissons : on doit en user avec la plus grande modération ; l'abus en est souvent mortel. On doit s'abstenir surtout de celles qui contiennent un grand nombre de composants : les moins mauvaises sont les plus simples. TEYSSÈDRE.

LIQUEUR (Vins de). Voyez VIN.

LIQUEUR DES HOLLANDAIS. Voyez HYDROCÈNE.

LIQUEUR DE VAN SWIETEN, aussi nommée *eau de Van Swieten*, est un soluté aqueux du deutochlorure de mercure (voyez CHLORURE), préparé dans la proportion de 26 milligrammes de ce sel pour 30 grammes d'eau distillée. Le plus souvent on y fait entrer l'alcool à 36°, à la dose d'un seizième de la masse totale du liquide; mais cette addition n'ajoute rien aux propriétés thérapeutiques, et n'offre qu'un seul avantage, celui de communiquer à ce composé une odeur et une saveur qui permettent, dans les officines, de le distinguer d'une autre préparation appelée *lotion mercurielle*, formée des mêmes éléments, mais dans des proportions bien différentes. Cette eau est fréquemment usitée dans le traitement des maladies syphilitiques à la dose de 15 à 30 grammes mêlés à un véhicule adoucissant. D'après Virey, les Tatars auraient les premiers employé ce médicament, et le docteur Sanchez, en ayant eu connaissance en Russie, en aurait donné la formule à Van Swieten, qui la publia. P.-L. COTTEREAU.

LIQUEUR D'HOFFMANN. *Voyez* ÉTHER et HOFFMANN.

LIQUEUR FUMANTE DE LIBAVIUS. *Voyez* CHLORURE et LIBAVIUS.

LIQUIDAMBAR. C'est un baume produit par le *liquidambar styraciflua*, arbre de la famille des amentacées, originaire du Mexique et de la Virginie. On en connaît deux espèces dans le commerce, l'un mou, blanc et opaque, l'autre liquide et transparent comme une huile. Ce dernier, qui est le plus pur, est obtenu directement par des incisions faites à l'arbre, et reçu dans des vases où il est exactement fermé. Cependant, on est obligé au bout d'un certain temps de le décanter, afin d'en séparer une matière solide qui s'y dépose. Cette matière est le liquidambar mou, semblable à la poix de Bourgogne. Le baume liquide contient une grande quantité d'acide benzoïque, qui lui donne des propriétés acides très-prononcées ; il a une odeur de s t y r a x , une saveur âcre et aromatique. Ce baume, autrefois employé pour parfumer les gants, a été rejeté, à cause de son odeur trop forte. Il a la consistance d'une huile, une couleur jaune ambré.

Le liquidambar mou provient de l'action de l'air sur le précédent; il ressemble à de la poix ramollie ; son odeur et sa saveur sont analogues à celles du liquidambar liquide. Sa consistance augmente avec sa vétusté; il perd un peu de son acide benzoïque, qui vient s'effleurir à sa surface ; il ressemble alors au baume de Tolu, mais sa saveur amère le distingue toujours de ce dernier, qui ne l'acquiert jamais, quelle que soit sa vétusté et malgré son exposition à l'air.

Le bois de l'arbre qui produit le liquidambar ne peut être employé à aucun usage. Quand on le brûle, il répand beaucoup de fumée et pas de flamme ; son peu de dureté ne lui permet pas de résister à l'action de l'air ; les nègres seuls en font quelquefois des baquets. C. FAYNOT.

Une autre espèce du genre *liquidambar* croît à Java, où elle porte le nom de *rosa molla*. De cet arbre découle un suc balsamique, le *storax liquide d'Orient*, employé dans l'Inde.

LIQUIDATION. En jurisprudence aussi bien qu'en matières commerciale et financière, ce mot désigne l'opération ou la série d'opérations par lesquelles on rend certains et déterminés des droits et des intérêts d'une étendue incertaine et indéterminée. Toutes fois, par exemple, qu'une chose est possédée en commun, et qu'il s'agit de procéder au p a r t a g e de cette chose, il y a lieu à *liquider*, c'està-dire à fixer d'abord en quoi consiste précisément la chose à partager, puis, par suite, à déterminer la part à délivrer à chacun des co-propriétaires. Qu'un ouvrier ait fait un certain ouvrage à la mètre, il est sûr qu'un prix lui est dû ; mais la quotité de ce prix reste indéterminée jusqu'au moment où le nombre de mètres étant régulièrement et certainement connu, la somme à laquelle il a droit se trouve par là même fixée ; voilà une liquidation. On comprend que l'i n d i v i s i o n est la source la plus abondante des liquidations ; ainsi, les successions, les dissolutions de communauté entre époux, et de sociétés civiles ou commerciales, nécessitent des liquidations souvent longues et compliquées.

En matière de procédure, la loi a posé les règles de la *liquidation des d o m m a g e s - i n t é r ê t s*, lorsque le jugement ne les a pas lui-même déterminés. Dans le cas où une *restitution de fruits* est ordonnée, la *liquidation* s'en opère toujours au moyen d'une reddition de compte préalable, à laquelle il est procédé de la même manière qu'à tous autres comptes rendus en justice.

Quant à la *liquidation des f r a i s et d é p e n s*, en matière sommaire, elle est faite par le jugement même qui adjuge les frais et dépens, c'est-à-dire que l'avoué qui a obtenu la condamnation remet au greffier tenant la plume à l'audience l'état des dépens adjugés ; après vérification faite par le président, le greffier exprime le montant total des frais dans la minute du jugement qui prononce la condamnation. En *matière ordinaire*, les dépens sont liquidés par l'un des juges qui ont assisté au jugement, bien qu'avant cette liquidation le jugement puisse être levé et signifié. L'a-

voué remet au greffe son état de frais avec pièces justificatives ; le juge taxe chaque article en marge de l'état , somme au bas le total, signe et met le *taxé* sur chaque pièce justificative avec paraphe. Lorsque le montant de la taxe, signé du juge et du greffier, n'a pas été compris dans l'expédition de l'arrêt ou du jugement , il en est délivré exécutoire par le greffier.

Il suffit de la définition générale que nous avons donnée de la *liquidation* pour faire comprendre quel est, en *commerce* et en *finance*, le but et la nature de cette opération. Toutes les fois que des hommes de négoce ou de finance arrêtent, soldent, balancent des comptes, ils font une liquidation ; car ces opérations ont toujours pour effet de déterminer des droits incertains. L'i n v e n t a i r e annuel auquel le Code de Commerce assujettit les négociants est également une liquidation, puisque cet inventaire détermine d'une manière exacte le résultat favorable ou défavorable de leurs opérations pendant l'année. Les liquidations les plus difficiles et les plus importantes auxquelles donnent lieu les opérations du commerce sont celles qui suivent la dissolution des s o c i é t é s de commerce. Nous en dirons rapidement quelques mots. Le premier effet de la dissolution d'une société est de donner à chacun des associés ou à leurs héritiers le droit de provoquer le partage des choses communes ; mais comme il est impossible que les affaires d'une société soient réglées avec tant d'exactitude que dès l'instant de sa dissolution tout ce qui lui est dû et tout ce qu'elle doit soit rigoureusement déterminé, qu'il n'y ait ni contestations à essuyer ni vérifications à faire, il faut procéder à la détermination exacte de ses droits et de ses dettes, c'est-à-dire à sa *liquidation*. Le liquidateur ou les liquidateurs sont ordinairement des associés, nommés soit par l'acte de société lui-même, soit par l'acte de dissolution , soit par la suite de la liquidation en fournissant ce cautionnement. Le liquidateur est tenu des obligations du mandataire, et sa responsabilité est à peu près celle d'un gérant ; l'habitude est qu'un inventaire général de l'actif et du passif de la société précède son entrée en fonctions, afin qu'on puisse plus tard juger sa gestion ; ses devoirs sont de recouvrer les dettes actives et de vendre les marchandises jusqu'à concurrence des sommes nécessaires pour acquitter les dettes passives, frais de la liquidation sont supportés par la société. Il est bon que de temps à autre le liquidateur dresse des états de situation, signés et certifiés par lui ; le dernier de ces états de situation et de répartition, signé de tous les associés , contient la décharge du liquidateur. Ajoutons que , suivant les circonstances, la liquidation, qui reste toujours la même quant au but et aux résultats, varie nécessairement dans ses modes d'exécution. Charles LEMONNIER.

LIQUIDATION, terme de Bourse. *Voyez* BOURSE (Opérations de).

LIQUIDE, substance matérielle dont les molécules visibles sont en contact entre elles et peuvent néanmoins se mouvoir avec une certaine liberté.

L'agent le plus puissant qui fait passer les corps solides à l'état de liquide, est le c a l o r i q u e. Lorsque ce fluide s'insinue dans un corps à l'état solide, il en écarte les molécules ; et ce corps commence d'abord par augmenter de volume, sans cependant cesser de former une masse continue, dont toutes les parties adhèrent entre elles avec une certaine force : telle est, par exemple, une barre de fer rougie au feu. Si la quantité de calorique qui se répand dans la masse est suffisante, les particules qui composent celle-ci se détachent les unes des autres , ou du moins elles n'adhèrent que faiblement entre elles, au point qu'elles ont la liberté de se mouvoir ; alors le corps est à l'état liquide.

Toutes les matières sans exception peuvent être amenées

à l'état liquide : 1° en élevant suffisamment la température de celles qui, comme les roches, les métaux, les bois, etc., sont naturellement à l'état solide : cette opération est connue dans les arts sous le nom de *fusion* : le fer et le verre fondus ne sont autre chose que des liquides de fer, de verre ; 2° l'air et les autres gaz passeraient à l'état liquide si leur température baissait jusqu'à un degré suffisant. Il serait superflu de faire observer que les corps exigent, suivant leur nature, des degrés de chaleur différents pour passer à l'état liquide : l'eau, les huiles, les vins..... s'y maintiennent à la température ordinaire ; le plomb, l'étain, etc., y passent plus facilement que le fer ; il faut une chaleur bien plus violente pour fondre le nickel, le platine, etc. Il y a des matières qui se liquéfient sans que leur température varie sensiblement : tels sont les sels qui sont exposés dans un lieu humide, ou bien ceux qu'on jette dans l'eau, même froide. Dans ces opérations, l'humidité, ou le liquide, agit sur le solide comme dissolvant. A la rigueur, on pourrait considérer le calorique comme un dissolvant.

Les liquides en général sont peu compressibles, et par conséquent peu élastiques ; ils transmettent faiblement les sons ; ils sont bons pour transmettre le mouvement, servir de moteurs : l'eau en est un exemple.

En médecine, les *liquides* sont le sang, la bile, les urines, etc.

En grammaire, on appelle *liquides* les lettres l, m, n, r, qui employées à la suite d'une autre consonne, dans une même syllabe, se prononcent distinctement, sans sifflement.

Liquide, en termes de finances, est synonyme de *net*, *clair*, qui n'est sujet à aucune contestation. Ainsi, l'on dit : à vingt mille francs d'argent sec et *liquide*.

LIQUORISTE, celui qui vend des liqueurs. A Paris, sa boutique, transformée maintenant en un brillant cabaret où se débite force alcool sucré, a toujours un assez mauvais renom. Aussi le fabricant de liqueurs a-t-il grand soin de se dire *distillateur*, de peur d'être confondu avec l'industriel qui se charge de vendre ses produits au détail, et qu'autrefois on appelait tout bonnement *rogommiste*.

LIROCONITE, variété de cuivre arséniaté cristallisant en octaèdres rectangulaires, aplatis comme des lentilles. Elle a été trouvée avec d'autres variétés de la même espèce minéralogique à Redputh (Cornouailles). La couleur des cristaux de liroconite varie entre le bleu céleste et le vert d'herbe.

LIRVELLE. *Voyez* Conceptacle.

LIS, genre de plantes de la famille des liliacées de Jussieu et de l'hexandrie monogynie de Linné. Ce genre a pour caractères : Périanthe campanulé, à six divisions profondes ; six étamines, insérées à la base du périanthe ; filets subulés au sommet ; anthères linéaires, obtuses ou échancrées à leur extrémité ; ovaire allongé ; style cylindrique, terminé par un stigmate épais, à trois lobes ; capsules trigones, marquées de six sillons ; graines nombreuses, bordées d'une aile large. Les lis présentent tous une bulbe d'où s'élève une tige simple, droite, feuillée, que terminent plusieurs belles et grandes fleurs.

L'espèce la plus répandue de ce genre, le *lis blanc* (*lilium candidum*, L.), est originaire du Levant. Sa tige, haute d'un mètre environ, diminue de grosseur depuis la base jusqu'au sommet. Ses feuilles sont épaisses, ondulées sur leurs bords, et leur grandeur se proportionne à la grosseur de la tige. Ses belles fleurs blanches ornent nos jardins depuis le commencement de juin jusqu'au milieu de juillet. Le lis blanc, que l'on multiplie par ses caïeux, réussit très-bien en pleine terre. Dans quelques parties de l'Asie, ses bulbes sont utilisées comme aliment. Parmi les variétés de cette belle espèce, on remarque le *lis ensanglanté*, dont les fleurs sont marquées extérieurement de lignes rouges.

Le *lis bulbifère* (*lilium bulbiferum*, L.) est aussi très-répandu dans nos jardins. Il s'élève à peu près à la même hauteur que le précédent. Sa tige est brunâtre. Ses fleurs, qui se montrent vers le mois de mai, sont peu nombreuses, grandes, de couleur rouge orangé, pubescentes à leur face externe, et présentent à leur face interne des sortes de caroncules, saillantes et plus colorées. On en possède quelques variétés à fleurs doubles, à feuilles panachées.

Le *lis orangé* (*lilium croceum*, Chaix) nous vient de l'Italie. Il ressemble au précédent, mais sa fleur, plus petite et plus pâle, est marquée extérieurement de taches noires.

Le *lis de Philadelphie* (*lilium philadelphicum*, L.), originaire de l'Amérique septentrionale, ne s'élève guère qu'à 0^m,70. Ses fleurs, de couleur rouge orangé, présentent un fond jaune parsemé de points noirs. On cultive cette plante dans de la terre de bruyère mélangée.

Le *lis martagon* (*lilium martagon*, L.) croît spontanément dans les montagnes de l'Europe méridionale et aussi dans l'Altaï. Sa tige est luisante, généralement tachetée, haute d'un mètre. Ses feuilles sont verticillées. Sa fleur, rougeâtre dans le type, ponctuée de pourpre foncé ou de noir, est devenue, dans certaines variétés, blanchâtre ou tachetée de pourpre.

Le *lis superbe* (*lilium superbum*, L.), ou *lis martagon du Canada*, s'élève quelquefois à plus de deux mètres. Ses fleurs sont renversées, d'un bel orangé rouge, tachetées de points pourpres-bruns, à périanthe révoluté ; elles sont de grandeur moyenne, souvent réunies au nombre de trente à quarante en une magnifique grappe pyramidale.

Le *lis tigré* (*lilium tigrinum*, Gawl.) est originaire de la Chine et du Japon. Sa tige, haute d'un mètre à un mètre et demi, est violacée et revêtue de poils laineux. Ses fleurs, en grappe paniculée, qui en renferme quelquefois quarante, sont de couleur rouge minium, parsemées intérieurement de points noirs et pourpre foncé ; leur périanthe présente à sa face interne, vers sa base, des caroncules ou papilles jaunâtres.

Le *lis pompon* (*lilium pomponium*, L.), ou *lis turban*, croît en Sibérie et en Orient. Sa tige, haute d'un peu plus d'un demi-mètre, porte trois ou quatre fleurs pendantes, d'un rouge ponceau très-beau.

Le *lis des Pyrénées* (*lilium pyrenaicum*, Gouan) a ses feuilles bordées de blanc. Le périanthe est jaunâtre, parsemé de points noirâtres ; les anthères sont d'un rouge vif. Les fleurs du lis des Pyrénées exhalent une odeur de bouc très-forte et très-désagréable.

[Parmi toutes ces espèces, celle dont l'odeur est le plus suave, c'est le lis commun, le *lis blanc*. Les anciens attribuaient son origine au lait de Junon : une plante aussi belle ne pouvait avoir une source vulgaire : aussi les poètes l'ont-ils fait descendre des dieux. Le lis était autrefois l'un des ornements de la couronne de France ; il a suivi dans l'exil la branche aînée des Bourbons. On raconte qu'un roi de Navarre, étant tombé dangereusement malade, fut guéri par l'image miraculeuse d'une madone trouvée, dit-on, dans une fleur de lis, et qu'en reconnaissance d'un si grand bienfait il institua l'ordre de *Notre-Dame-du-Lis*. Saint Louis avait pris pour devise une marguerite et un lis, la première faisant allusion à la reine, et le second aux armes de France ; et il avait inscrit sur la devise : *Hors cet annel pourrions-nous trouver amour ?* On conserve encore de nos jours cette vénération qu'avaient nos pères pour cette belle fleur ; nos poètes ne s'en servent encore comme emblème de la candeur et de l'innocence, et chaque jour nous entendons dire d'une belle jeune fille qu'elle réunit sur son teint la blancheur du *lis* et l'éclat de la *rose* ; et cependant cette fleur, qui est si belle dans nos parterres, et dont le parfum embaume l'air qui l'environne, devient quelquefois mortelle, lorsqu'on l'enferme dans un appartement ; mais il faut pour cela qu'il y en ait une assez grande quantité ; toujours est-il que l'odeur qu'elle exhale cause souvent des maux de tête et des vertiges : il faut donc avoir le plaisir de le voir les lis d'une chambre à coucher.   C. Favrot.]

LIS (Fleurs de). *Voyez* Fleurs de Lis.
LIS (Ordre du). *Voyez* Fleurs de Lis.
LIS ASPHODÈLE. *Voyez* Hémérocalle.
LISBONNE, *Lisboa*, capitale du Portugal, dans la

province d'Estramadure, sur la rive droite du Tage, large en cet endroit de 9 kilomètres, et à 28 kilomètres de son embouchure. Cette ville est bâtie sur trois collines, dans une contrée romantique, et offre du côté de la mer une des plus belles vues qu'il soit possible de voir, et qui en fait la rivale de Naples et de Constantinople. En y comprenant les faubourgs de *Junquiera* et *d'Alcantara*, elle a plus de 7 kilomètres de long, sur environ 3 kilomètres 1/2 de large. C'est une cité ouverte, sans murs ni portes, qui n'est défendue que par un vieux château, situé sur sa plus haute colline et maintenant en ruines; mais son magnifique port, aussi vaste que sûr, est protégé par quatre forts situés le long du fleuve, les forts *San-Julião*, *Torre-de-Bugio*, *Belem* et *San-Sebastian*. Beaucoup de rues montent et descendent, à cause des irrégularités du terrain ; les plus belles se trouvent le long du Tage. La partie occidentale de la ville, appelée *O Mejo*, celle qui souffrit le plus de l'effroyable tremblement de terre du 1er novembre 1755, est le plus beau quartier, celui où les rues sont les plus droites et les plus régulièrement construites ; on y voit de belles maisons et des places magnifiques, tandis que dans la partie orientale de la ville, qui fut épargnée dans cette terrible catastrophe, ce ne sont que ruelles étroites, tortueuses, avec de vieilles maisons hautes de cinq à six étages. Parmi les maisons particulières il n'y en a point qui mérite d'être mentionnée, et les habitations des grands ne se font remarquer que par leur étendue. Quoique dans ces derniers temps on ait beaucoup fait pour rendre la ville plus sûre, et qu'on y ait, par exemple, introduit l'éclairage des rues, elle laisse encore beaucoup à désirer pour ce qui regarde la sécurité et la commodité de la circulation. Parmi les places publiques, on remarque la *place du Commerce*, ornée de la statue du roi Joseph Ier, et la place *Rocio* ou *Roscio*, où avaient lieu autrefois les auto-da-fé, et dont le palais de l'Inquisition, édifice bâti dans le goût moderne, forme l'un des côtés. De toutes les églises, la plus belle est celle que l'on nomme l'église Neuve ; c'est en même temps le plus fastueux des monuments élevés depuis le tremblement de terre. L'église des Patriarches, bâtie sur une hauteur, étale aussi à l'intérieur un faste incroyable ; elle possède un riche trésor et une foule d'objets précieux. L'église de Saint-Roch, où se trouve la chapelle construite par Jean V, dont les murs sont ornés de mosaïques en pierres précieuses; l'église du Sacré-Cœur-de-Jésus, celle des Jésuites et celle de San-Loreto, sont des monuments d'un goût plus original qu'élégant. On compte d'ailleurs à Lisbonne quarante églises paroissiales et un nombre considérable de couvents. Cette ville est le siège des principales autorités politiques du royaume, d'un patriarche et d'un archevêque. Sa population était en 1841 de 241,500 habitants, et doit s'élever maintenant à près de 300,000. Elle est mêlée de beaucoup d'étrangers, de nègres, de mulâtres, de créoles; et on n'y compte pas moins de 30,000 *Galegos*, ou Galiciens, qui émigrent de la Galice (Espagne) pour venir gagner leur vie à Lisbonne, comme portefaix, porteurs d'eau, etc.

Parmi les curiosités de Lisbonne, on ne doit pas oublier le grand aqueduc, terminé en 1743, d'une longueur totale de 28 kilomètres, atteignant sur un point 70 mètres d'élévation, et traversant, sur 35 arches d'une hardiesse extrême, la vallée d'Alcantara. Il résista à la violence du tremblement de terre de 1755, quoique ses clefs de voûte se fussent abaissées de quelques centimètres. Nous citerons aussi les palais royaux de *Bemposta* et de *Necessidades*, l'hôpital Saint-Jacques, où entrent annuellement 16,000 malades environ, et l'hospice des Enfants-Trouvés, qui reçoit tous les ans 1,600 enfants. Entre autres établissements scientifiques, cette ville possède une Académie royale des Sciences, plusieurs sociétés savantes et d'utilité publique, un collége royal des nobles, plusieurs séminaires, une école de commerce, un observatoire, un cabinet royal d'histoire naturelle, plusieurs bibliothèques publiques, dont la plus importante est la Bibliothèque Royale, riche de 80,000 volumes. On y compte fort peu de manufactures, et le nombre des gens de métiers n'est même pas en rapport avec les besoins de la ville. En revanche, Lisbonne possède d'importants chantiers de construction et est le grand centre du commerce portugais avec l'Europe et avec les colonies portugaises. Ses charmants environs sont encore embellis par une foule de maisons de campagne, appelées ici *quintas*. Dans son voisinage immédiat sont situés le bourg fortifié de *Belem* et le château de plaisance de *Ramalhao*. A deux lieues on trouve le château de *Queluz*, qui de 1755 à 1807 fut la résidence ordinaire de la famille royale de Portugal.

Lisbonne, l'*Olisippo* ou *Ulisippo* des anciens, désignée plus tard, comme colonie romaine et comme ville municipale, sous le nom de *Felix Julia*, appelée par les Visigoths *Olisippona*, et par les Arabes *Lischbuna* ou *Aschbuna*, tomba au pouvoir de ces derniers en 712. Les Normands y débarquèrent en 843, et au dixième siècle elle fut prise et rasée par Ordogno III. Mais peu de temps après les Maures la rebâtirent. Elle leur fut enlevée en 1092 par Sanche, roi de Léon, et au commencement du douzième siècle, par don Henrique. Mais les infidèles l'enlevèrent à ce dernier, et en demeurèrent en possession jusqu'au 25 octobre 1147, jour où, à la suite d'un siège qui avait duré quatre mois, elle tomba, grâce au secours des croisés français, anglais, allemands et flamands, qui en firent de nouveau une ville chrétienne. On y rétablit en 1148 le siége de l'évêché de l'archidiocèse de Merida, qui y avait été fondé dès le cinquième siècle, et qu'on érigea en archevêché en 1390, puis en patriarcat en 1716. Sous l'administration des rois chrétiens, Lisbonne prit rapidement de l'étendue et de l'importance. Au quatorzième siècle, Ferdinand Ier l'entoura de solides remparts, protégés par 77 tours; ce qui n'empêcha pas, en 1373, Henri de Castille de s'en emparer. Sous Emmanuel elle devint la résidence des rois de Portugal, et le point de départ des expéditions maritimes des Portugais. Lisbonne était alors la ville de commerce la plus importante de l'Europe, et en quelque sorte le grand marché du monde; mais sa prospérité déclina rapidement quand elle eut été prise par l'armée espagnole aux ordres du duc d'Albe (1580), qui y maintint l'échafaud en permanence ; et ce ne fut qu'en 1640 que les Portugais parvinrent à s'affranchir du joug de l'Espagne.

Souvent affligée par des tremblements de terre, Lisbonne fut presque entièrement détruite par celui de 1755, dans lequel périrent plus de 20,000 de ses habitants. Elle reçut en 1807 une garnison française; mais les Anglais la délivrèrent l'année suivante, et la protégèrent contre les Français par de formidables lignes de fortifications. Depuis 1815 jusqu'à nos jours, Lisbonne, en sa qualité de capitale du royaume, a été le théâtre de luttes incessantes de partis, de même que de nombreuses révolutions, qui ont eu une influence désastreuse sur son bien-être et surtout sur la prospérité de son commerce.

Les fameuses *lignes de Lisbonne*, fortifications redoutables établies en 1809 et 1810 par Wellington, s'étendaient à travers les monts Cintra jusqu'au Tage, et commençaient à quelques myriamètres au nord du cap Roca, à l'embouchure du Zizandro, se paralisant ensuite vers l'est jusqu'à *Torres Vedras*, d'où leur vient le nom de *Lignes de Torres Vedras*, qu'elles portent également, et aboutissaient, du côté du sud-est, à Alhandra sur le Tage, se développant sur une longueur totale de 38 kilomètres. On tira parti de l'escarpement des rochers; on tailla à pic les hauteurs qu'il eût été possible de gravir, et on les flanqua de solides ouvrages ; la première ligne en comptait 32, et la seconde 65. Les bords du fleuve, en aval d'Alhandra jusqu'à Lisbonne, furent aussi solidement fortifiés. Le 10 octobre 1810, Masséna avec un armée de 78,000 hommes dut reculer devant ces redoutables lignes.

LIS DE SAINT-JACQUES. *Voyez* AMARYLLIS.
LIS DES ÉTANGS. *Voyez* NÉNUPAR.
LIS DES INCAS. *Voyez* ALSTRŒMÉRIE.
LISERON, genre de plantes de la famille des convolvu-

23.

lacées, comprenant près de deux cents espèces, la plupart exotiques, dont les unes sont des herbes et les autres des arbrisseaux, communément à tiges grimpantes et sarmenteuses. Il a pour caractères : Calice persistant, à cinq divisions, oblongues, corolle monopétale, régulière, en cloche ou en entonnoir; cinq étamines inégales ; un ovaire supérieur, un style, deux stigmates.

Le *liseron des champs* (*convolvulus arvensis*, L.) est une plante très-agréable par ses jolies fleurs, de couleur blanche rose ou purpurine en dehors, souvent panachées d'un blanc pur en dedans, à anthères pourpres ou rougeâtres. Très-répandue dans toute l'Europe, où elle fleurit pendant l'été, on la rencontre rampant sur la terre ou s'attachant aux végétaux qu'elle rencontre. Elle est recherchée par tous les bestiaux; mais les cultivateurs la regardent comme très-nuisible, par la rapidité de sa multiplication.

Le *liseron tricolore* ou *liseron de Portugal* (*convolvulus tricolore*, L.) est cultivé dans nos jardins, sous le nom de *belle de jour*.

La racine de la plupart des liserons renferme une substance purgative: mais la vertu de cette substance, faible dans les espèces européennes, est très-développée dans plusieurs espèces étrangères, parmi lesquelles il faut placer au premier rang celles qui fournissent le jalap et la scammonée.

Le *convolvulus jalapa*, qui produit la première de ces résines, a été retiré par M. Choisy du genre *convolvulus*, pour former un genre nouveau (*batatas*) avec quelques autres espèces, dont la plus importante est la *batate comestible* (*convolvulus batatas*, L.; *batatas edulis*, Choisy), vulgairement nommé *patate*.

Le genre *convolvulus* avait précédemment été démembré par R. Brown, qui en a retiré les espèces offrant deux bractées opposées situées dans le calice et enveloppant la fleur pendant sa jeunesse. Tels sont, en France, notre *liseron des haies* (*convolvulus sepium*, L. ; *calystegia sepium*, R. Br.), dont les grandes fleurs, d'une blancheur de lait, seraient, a-t-on dit, les rivales des lis si elles en avaient l'odeur; et le *liseron soldanelle* (*convolvulus soldanella*, L.; *calystegia soldanella*, R. Br.), qui croît abondamment dans nos sables maritimes, et dont M. Loiseleur Deslongchamps présente la racine comme succédanée du jalap.

On donne vulgairement le nom de *liseron* à une espèce du genre *pharbitis*, le *volubilis* des jardiniers.

LISET. *Voyez* BELLE DE JOUR.

LISFRANC (JACQUES), chirurgien d'une grande réputation, naquit le 2 avril 1790, à Saint-Paul en Jarret (Loire), d'une famille de médecins. Après quelques études ébauchées au milieu des mines, parmi le fer et la houille, Lisfranc vint à Lyon, où il étudia la médecine, en suivant avec assiduité les hôpitaux. Il y fut nommé interne. Quelque temps après, il vint à Paris, et s'enrôla après concours à l'hôtel-Dieu, où Dupuytren lui servit de maître et d'abord de protecteur. Dupuytren avait alors la ferveur de la jeunesse et du génie et le degré de bienveillance compatible avec sa nature; Lisfranc, l'admiration et le dévouement d'un disciple enthousiaste. A cette époque, où les âges et les rôles étaient trop inégaux pour que la discipline et la hiérarchie eussent à souffrir d'aucune atteinte, élève et professeur vécurent dans la meilleure intelligence. Mais ces relations, d'abord si sympathiques, l'étroitesse de Paris dut les rompre, et deux fiévreuses ambitions finirent par les changer en une inimitié mutuelle, des plus implacables.

Reçu docteur en chirurgie en 1813, et âgé de vingt-trois ans, Lisfranc eut à peine passé sa thèse inaugurale, qu'il prit du service dans les armées comme chirurgien. Il fut aussitôt dirigé vers l'Allemagne, où son bistouri ne resta pas inactif. Licencié avec l'armée en 1814, il s'établit chirurgien à Paris, et, selon le goût du temps, prit le nom de *Lisfranc de Saint-Martin*, sans doute en mémoire d'un petit bourg voisin de son lieu natal. D'autres prétendent qu'il emprunta ce surnom ridicule de la rue Saint-Martin, où il avait pris domicile. Toujours est-il que ce surnom d'apparence nobiliaire eut peu d'effet sur les malades, dont Lisfranc était impatient d'attirer la foule. Ce fut alors que pour se constituer des partisans, il résolut de professer son art et d'ouvrir école aux élèves connaissant déjà son esprit contempteur ainsi que son habileté opératoire. Ces leçons mi-publiques, et rétribuées à l'anglaise et à la prussienne, eurent bientôt un succès de vogue ; la foule s'y porta. Un fougueux cynisme l'y retint. Lisfranc avait quelques-unes des qualités de l'orateur ; de son corps robuste, haut de près de six pieds et d'une carrure colossale, sortait une voix sonore et vibrante, qu'un tempérament non fatigué rendait puissamment accentuée. Aux descriptions il mêlait des injures; dans l'éloge adressé à un ancien maître, il prenait souvent occasion de stigmatiser quelque rival survivant, et c'était pour lui un double bonheur, car ses élèves applaudissaient. Comme chirurgien opérateur, Lisfranc avait une grande supériorité. Au milieu du sang versé, et quels que fussent les cris du patient, il restait calme, judicieux, maître de lui et presque toujours du péril. Il finit par avoir un autre et immense mérite : il opérait peu et comme à son corps défendant, pensant, comme l'Anglais Hunter, que guérir au prix d'un organe utile ou d'un membre, c'est mentir à son art, puisque c'est mutiler avec danger de mort ce qu'il eût fallu sauver intégralement. Il fut chargé du service chirurgical à La Pitié, où sa parole ardente et son profond diagnostic ne cessèrent jamais d'attirer la foule ; et cet hôpital fut desservi par lui pendant près de trente ans avec un zèle si constant, que l'administration publique a ordonné que son buste en marbre y fût inauguré.

Lisfranc ne fut pas heureux dans les concours, où il ignorait l'art de se modérer et de se dominer. Il s'y montrait trop hostile à ses compétiteurs, trop prompt à déprécier leur mérite, d'un scepticisme outré et outrageant, trop plein d'amertume dans la controverse; et quant à lui, trop présomptueux, trop absolu, paradoxal et redondant, semblant constamment s'arroger le triomphe. M. de Chabrol, préfet de la Seine, lui rendit donc un service signalé en le nommant sans concours, et pour prix d'une heureuse cure, chirurgien des hôpitaux. Il ne pardonna ni à Blandin ni à Auguste Bérard de l'avoir supplanté dans les concours pour le professorat. Ses échecs à l'Institut, où lui furent préférés MM. Breschet, Velpeau et Lallemand, lui devinrent encore plus sensibles que ses précédents mécomptes. On s'était peut-être trop souvent des sobriquets, encore plus insolites qu'insultants, qu'il *décernait* à ses confrères. C'est ainsi qu'il appelait Blaudin, *Blandiri*, *Blandior* ; et Dupuytren, le *Brigand* ou l'*Infâme du bord de l'eau* ; celui-ci l'appelant par représailles, mais seulement en petit comité, un *Brutus solliciteur*, ajoutant que sous une *enveloppe* de sanglier on portait parfois un cœur de *chien couchant*. Pures aménités chirurgicales !

Depuis de longues années, Lisfranc s'était fait une spécialité des affections de la matrice, et principalement de ce qu'il appelait des *engorgements*. Il avait adopté en le modifiant le *speculum* inventé par Récamier ; il s'en servait pour examiner le col utérin, comme aussi pour porter sur l'organe présumé malade des médicaments, des applications et quelquefois le fer rouge ou des instruments. On est maintenant convaincu que Lisfranc a commis sous ce rapport une multitude d'erreurs. On pense généralement aujourd'hui (et deux de ses élèves les plus intimes ont donné l'exemple du reniement de ses doctrines), on pense que Lisfranc s'attribuait faussement à des engorgements de l'utérus de simples déplacements de cet organe, et qu'il abusait, au préjudice de ses clientes, soit des lotions adoucissantes, soit du repos et des mutilations, en des personnes plutôt fatiguées d'explorations blessantes que malades en réalité.

Atteint de la pierre à l'entrée quarante et cinquante ans, Lisfranc fut lithotritié par M. Civiale, dont l'opération réussit. Mais après ses concours et ses échecs, sa santé s'altéra profondément; il comptait trop sur son énergie native pour prendre soin de ses souffrances commençantes et alors qu'elles étaient guérissables. Il mourut à Paris, le 12 mai 1847. Il était chirurgien en chef de La Pitié, officier de la Légion d'Honneur et membre de l'Académie de Médecine, où il avait été élu dès 1824. Il avait été chirurgien du premier dispensaire philanthropique, où il nous a été donné, comme collègue, d'apprécier son désintéressement et son parfait dévouement pour les malheureux.

Indépendamment de quelques mémoires sur des procédés nouveaux d'amputation du pied, du bras et de la cuisse, dont les premiers furent publiés conjointement et en collaboration avec le docteur Champesme, son compatriote, on a de Lisfranc les ouvrages suivants : *Leçons cliniques sur les Maladies de l'Utérus*, éditées par le docteur Pauly (Paris, 1836, in-8°); *Application du Stéthoscope à l'étude des fractures* (in-8°, 1823); *Diverses Méthodes pour le Traitement des Anévrysmes*, etc. (in-8°, 1834); *An eadem varias urethræ coarctionis species medela ?* (Parisiis, 1824, in-8°); *Clinique chirurgicale de l'hôpital de La Pitié* (Paris, 1841-1843, 3 vol. in-8°); *Précis de Médecine opératoire* (Paris, 1846-1847, 3 volumes in-8°), ouvrage qui est resté imparfait : il n'a paru que deux livraisons du tome III.

Dr Isidore BOURDON.

LISIÈRE. Dans son acception la plus usitée, ce mot représente la partie d'une étoffe qui en termine la largeur des deux côtés. C'est la partie où la trame se boucle par le retour de la navette sur elle-même ; elle est ordinairement d'une couleur autre que celle de l'étoffe à laquelle elle appartient, et d'un autre tissu : ce tissu est plus serré que celui du fond, parce que la chaîne y a plus de fils. Les lisières de drap sont assez souvent employées, dans les habitations modestes, en manière de bourrelet et clouées aux portes et aux fenêtres pour empêcher le vent de pénétrer dans les appartements.

Par extension, on a appelé *lisières* les bandes d'étoffe, les cordons que l'on attache aux robes des petits enfants qui apprennent à marcher, ou qu'on leur passe sous les bras, et avec lesquels on les soutient dans leurs premiers pas. C'est de là qu'on a dit figurément d'une personne qui se laisse mener, qu'elle est à la *lisière*, qu'on la conduit par la *lisière*.

Enfin, revenant à sa première signification de bordure, d'extrémité, *lisière* s'emploie pour désigner les parties d'un pays qui sont limitrophes d'un autre. Dans le même sens, on dit encore : La *lisière* d'un bois, d'une forêt, d'un champ.

LISIEUX, ville de France, chef-lieu d'arrondissement dans le département du Calvados, sur la rive droite de la Touques, près de son confluent avec l'Orbiquet. Lisieux possède 11,754 habitants, des tribunaux d'arrondissement et de commerce, une chambre consultative des arts et manufactures, un collège, un séminaire, une bibliothèque de 4000 volumes, une caisse d'épargne, deux typographies. Son industrie, fort active, comprend de nombreuses fabriques de toile dite *cretonne*, de drap, flanelle, molleton, couvertures de laine, etc. ; des blanchisseries de toile, des tanneries, des filatures, des fabriques de coton, des teintureries, des poteries d'étain et de terre. C'est une station du chemin de fer de Paris à Cherbourg. Placée au centre de la Normandie, entre les sillons productifs du Lieuvin et les gras pâturages de la Vallée d'Auge, à peu de distance de la mer et des ports du Havre et de Honfleur, cette cité est jolie ; on y remarque la cathédrale, édifice du treizième siècle, d'un bon style gothique, et l'ancien palais épiscopal avec de très-beaux jardins. Lisieux était, sous le nom de *Neomagus* ou *Noviomagus*, la capitale de la république des Lexoviens. On trouve encore à l'ouest, et à un kilomètre de la ville actuelle, des traces importantes de la ville antique, qui fut détruite dans le cinquième siècle par les barbares du Nord. Ce ne fut que pendant le siècle suivant que le christianisme pénétra sur le territoire lexovien et y fonda un évêché, dont le titulaire était comte. La ville actuelle fut rebâtie vers cette époque, et avait déjà acquis quelque importance lors de l'invasion de Rollon, fondateur du duché de Normandie, en 912. Lisieux ne tarda guère à reprendre une partie de son ancienne importance. Les ducs normands, devenus rois des Anglais, y convoquèrent, sous le nom de *conciles*, plusieurs assemblées d'états, auxquelles ils assistèrent en personne, notamment en 1106, 1108 et en 1119.

Très-fortifiée, cette ville fut plusieurs fois assiégée et prise; elle fut livrée aux flammes par les Bretons, le 29 septembre 1136 ; en 1203 elle se rendit à Philippe-Auguste, en 1449 aux généraux de Charles VII, en 1590 à Henri IV ; elle avait en outre été prise et pillée en 1368 par Charles le Mauvais. L'inquisition française, qui avait conservé toute sa férocité, fit brûler à Lisieux plusieurs infortunés, sorciers ou hérétiques, en 1463 et encore en 1547 ; mais les protestants à l'époque de la Saint-Barthélemy y échappèrent au massacre, malgré l'influence de l'évêque Le Hennuyer.

Louis DU BOIS.

LIS JAUNE. *Voyez* AMARYLLIS.
LIS JONQUILLE. *Voyez* HÉMÉROCALLE.
LIS ORANGÉ. *Voyez* LIS et HÉMÉROCALLE.
LISSE (*Technologie*). *Voyez* LICE.
LISSOIR, LISSAGE. Le *lissoir* est un instrument dont se sert le *lisseur* (ouvrier dont l'occupation consiste à unir ou à polir la surface d'une étoffe ou d'un papier afin de la rendre brillante) pour exécuter l'opération qu'on désigne, dans certains arts, par le mot *lissage*, et qui est le dernier apprêt que l'on donne à ces diverses substances avant de les livrer au commerce. Dans la fabrication des toiles peintes, avant qu'on eût généralement adopté l'usage du laminoir pour donner le dernier apprêt aux étoffes et ce glacé qui flatte tant l'œil, cette opération se faisait à l'aide du *lissoir*. Dans les localités où les dégraisseurs chargés de remettre les étoffes à neuf n'ont point de laminoir à leur disposition, ils se servent toujours du lissoir. Si le papetier et l'imprimeur ont depuis longtemps cessé d'employer le *lissoir* pour donner à leur papier cet éclat qui résulte d'une pression exercée sur toute sa surface, résultat auquel on arrive aujourd'hui par le *satinage* et le *glaçage*, le marbreur de papier et le fabricant de papiers peints continuent à s'en servir. La forme de cet instrument varie au reste suivant la nature des différentes industries qui y ont recours pour arriver à un but déterminé, et on comprend aisément que les *lissoirs* du cartier, du cartonnier, du chaudronnier, du cordonnier, du corroyeur, du gainier, du paulmier-raquetier, de la lingère, de la blanchisseuse de bas de soie, du fabricant de poudre à canon, etc., ne sont pas et ne peuvent pas être le même outil.

LIST (FRÉDÉRIC), célèbre économiste allemand, né en 1781, à Reutlingen, en Wurtemberg, fut le promoteur le plus actif et le plus zélé du vaste système de chemins de fer que l'Allemagne possède depuis longtemps déjà et en quelque sorte le père du *zollverein*, ou association douanière allemande. Le premier en effet il émit cette grande et féconde pensée, et il réussit à la populariser par ses écrits avant qu'elle passât dans le domaine de l'application.

D'abord professeur d'économie politique à l'université de Tubingen, il réussit médiocrement dans cette direction, parce qu'il n'avait pas le don de la parole et qu'il était plutôt né pour être tribun du peuple et chef de parti que personnage universitaire. Dès la fin de 1818 il se décidait donc à donner sa démission de ces fonctions pour se vouer exclusivement à l'étude des questions de commerce et d'industrie. Élu en 1820 par sa ville natale député à l'assemblée des états de Wurtemberg, le rôle d'opposition qu'il y prit tout aussitôt décida le gouvernement à le mettre en état d'accusation à propos d'une pétition lithographiée relative à une réforme radicale du système judiciaire, financier et administratif en vigueur dans le Wurtemberg ; pétition qu'il avait fait circuler et pour laquelle il avait recueilli de nombreuses signatures. Sa mise en accusation eut pour résultat de le faire éliminer de l'assemblée. La cour de justice saisie de l'affaire le condamna, le 6 avril 1822, après une instruction qui avait duré près de deux années, à dix mois de détention dans une forteresse. List se réfugia alors en Alsace, dans l'espoir de voir mitiger sa peine ; mais après deux années et demie passées tant en Alsace qu'en Suisse, il revint se constituer prisonnier, en octobre 1824. Les portes de sa prison ne se rouvrirent pour lui qu'en janvier 1825, et seulement parce qu'il annonça l'intention d'émigrer aux États-Unis, où en effet il s'établit, en Pensylvanie. Il y reprit ses études économiques, et y écrivit ses *Outlines of a new System of political Economy* (Philadelphie, 1827), où il attaquait les théories d'Adam Smith, à qui il reprochait d'avoir à tort confondu les valeurs d'échange avec les forces productives, et opposait à son cosmopolitisme les principes d'une économie politique nationale. En même temps il étudiait avec ardeur le vaste système de chemins de fer qu'on s'occupait alors de créer aux États-Unis, et il entrait à ce sujet en correspondance avec divers hommes spéciaux résidant en Allemagne. Sur ces entrefaites, la découverte qu'il fit de riches gisements houillers eut pour résultat de lui assurer désormais une position de fortune tout à fait indépendante. Il acheta une partie du sol, et forma avec de riches capitalistes une société pour exploiter ses acquisitions. A quelque temps de là un chemin de fer et deux villes (*Port-Clinton* et *Tamaqua*) existaient dans une contrée naguère inculte et déserte. Mais l'Allemagne était toujours restée la terre de ses prédilections ; aussi saisit-il avec empressement la première occasion qui s'offrit à lui de revenir en Europe. Depuis longtemps lié avec les hommes d'État les plus importants des États-Unis, il fut nommé, en 1830, consul de cette république à Hambourg, fonctions que d'ailleurs il n'exerça jamais. Après avoir passé quelque temps à Paris, il retourna aux États-Unis, bien déterminé dès lors à venir se fixer définitivement dans l'ancien monde. Ce projet, il put le réaliser en 1832 ; et il partit alors pour l'Europe avec le titre de consul des États-Unis à Leipzig, où il arriva en 1833, et tout aussitôt il s'occupa d'entreprises industrielles de la nature la plus diverse.

Accueilli d'abord avec défiance et incrédulité, il combattit les petits et mesquins préjugés de localité qui s'opposaient à l'établissement d'un vaste réseau de chemins de fer pour l'Allemagne, et publia à ce sujet plusieurs mémoires pleins de vues aussi profondes qu'originales. Bien que vivement attaqué par les intérêts égoïstes que froissaient ses idées et ses théories, et quoique médiocrement récompensé pour sa participation à la création et à l'organisation des premiers chemins de fer de l'Allemagne, en même temps que des sinistres commerciaux lui enlevaient la plus grande partie de sa fortune, restée aux États-Unis, il ne perdit pas courage pour cela, et persista au contraire à organiser dans sa patrie un mouvement d'*agitation* en faveur de l'établissement d'un système général de voies ferrées par toute l'Allemagne. A cet effet, il traita toutes les grandes et importantes questions qui s'y rattachaient, dans une série d'articles adressés à la *Gazette d'Augsbourg*. Combattant le système d'Adam Smith avec l'énergie et le ton provocateur d'un *agitateur* et d'un chef de parti, il établissait qu'il est du devoir d'une nation de développer autant que possible ses ressources intérieures, garantie de son indépendance, et que l'accomplissement de ce devoir doit l'emporter sur toute espèce de considération cosmopolitique, quelque élevée qu'elle puisse être. Il pensait en outre que tant que l'industrie d'un peuple n'a pas atteint un certain degré de développement, il appartient au gouvernement de la protéger par un système prohibitif ; et que le développement durable des forces productives d'un pays doit l'emporter de beaucoup sur les intérêts pécuniaires de quelques individus. En d'autres termes, List se posait en adversaire des doctrines du *libre échange*, récemment importées d'Angleterre sur le continent.

Mettant à profit la vive sensation produite par ses écrits, il chercha à provoquer parmi les industriels de l'Allemagne la création d'une grande association ayant pour but la défense des intérêts communs de l'industrie. Il s'établit à cet effet à Augsbourg, où il fonda la *Feuille du Zollverein* (1843), dans laquelle il fit de la propagande au profit de l'union douanière de l'Allemagne. Un voyage qu'il eut occasion de faire dans l'automne de 1844 en Autriche et en Hongrie, en même temps qu'il lui valut l'accueil le plus distingué de la part des hommes les plus éminents dans toutes les opinions, lui fournit le sujet de quelques articles sur la situation politique et économique de la Hongrie, qui resteront comme un monument de sa sagacité et de la justesse de son coup d'œil. List, dans sa polémique industrielle, touchait à trop d'intérêts pour ne pas blesser souvent ses adversaires de la manière la plus vive. Il était d'ailleurs agressif et tranchant ; et s'il était arrivé à être une puissance dans la vie intellectuelle de l'Allemagne, ce n'avait été qu'au prix de son repos et de sa santé. Après une tournée faite en 1846 en Angleterre, il revint encore en Allemagne, plus souffrant que jamais. Croyant qu'une tournée dans les Alpes lui ferait du bien, il l'entreprit ; mais arrivé à Kufstein, en Tyrol, son mal empira, et, dans un accès de fièvre chaude, il se brûla la cervelle, le 30 novembre 1846. Après cette mort tragique du grand agitateur économique de l'Allemagne, ses adversaires eux-mêmes lui rendirent la justice qu'ils lui avaient refusée de son vivant, et reconnurent tout ce qu'il y avait eu de patriotique désintéressement dans le rôle dont il s'était chargé.

LISTE CIVILE, expression d'origine anglaise, et dont on se sert dans les monarchies constitutionnelles afin de désigner les sommes annuellement allouées par la législature au chef de l'État et à sa famille pour leurs dépenses personnelles.

En France, dans l'ancienne monarchie, tous les revenus de l'État appartenaient au monarque ; la liste civile de la royauté ne date que de la révolution. L'Assemblée nationale alloua à Louis XVI une somme annuelle de 25 millions pour soutenir l'honneur et la dignité de sa couronne. Jusqu'au 10 août 1792, il entra chaque mois plus de 2 millions dans les caisses de la liste civile, en sorte que ce cadavre, déjà décomposé, de la monarchie absorba encore une somme de 80 millions environ pour ses frais de représentation. Le chiffre qui avait été fixé par l'Assemblée constituante pour la liste civile du roi Louis XVI fut aussi celui qu'adopta pour la liste civile de Napoléon, empereur des Français. Toutefois, il ne faut pas oublier qu'à ce moment la France comptait plus d'une vingtaine de départements en sus de ceux dont elle se composait en 1790. Aussi, lors de la présentation aux chambres du budget de 1815, Napoléon s'offrit spontanément réduire le chiffre de sa liste civile à un peu moins de 14 millions. La Restauration adopta les évaluations fixées pour la liste civile de Louis XVI, mais en ayant soin de faire voter des apanages particuliers à chacun des princes de la famille royale ; au moyen de quoi, la dotation de la royauté s'élevait à la somme ronde de 31 millions, non compris le revenu du domaine particulier de la couronne, évalué de 3 à 4 millions par année. Mais pendant tout le temps que dura l'occupation étrangère, c'est-à-dire jusqu'à la fin de 1818, le roi fit au trésor public un abandon annuel de *dix millions* sur sa liste civile, et pour soulager les contribuables les princes de sa maison consentirent à des sacrifices proportionnels. La monarchie issue des barricades avait demandé aux chambres une dotation de 18 millions ; ce chiffre fut réduit à 12, non pas sans avoir préalablement beaucoup bataillé et marchandé. Comme on avait continué à abandonner à la nouvelle liste civile la jouissance du domaine de la couronne, le chiffre réel de la somme annuellement allouée à Louis-Philippe pour ses frais de royauté était de 16 millions, somme évidemment suffisante, quand bien même ce prince n'y aurait pas encore ajouté le revenu de sa fortune privée, dont le chiffre seul allait au moins à la moitié de cette somme. Le sénatus-consulte du 12 décembre 1852 a fixé la liste civile de l'empereur et la dotation de la couronne.

En Angleterre autrefois, indépendamment du revenu des

domaines de la couronne, on n'accordait au roi qu'une certaine somme supplémentaire à l'effet de subvenir à l'excédant des dépenses de sa cour et aussi des dépenses du gouvernement. Sous Charles II, cette somme fut portée à 1,200,000 livres sterling, puis à 1,900,000 livres sterling, sous Jacques II, non compris les revenus particuliers de la couronne. Le voluptueux Charles II se contentait de 30 millions de francs pour ses menus plaisirs ; le dévot Jacques II exigeait 47,500,000 francs pour ses œuvres pies! Après la révolution de 1688, comme on était en défiance à l'endroit des goûts belliqueux de Guillaume III, on fit distraction du budget de la couronne des sommes spécialement affectées à l'entretien des forces militaires du pays, sommes qui furent reportées au compte général des dépenses de l'État ; et sous la dénomination de *liste civile*, qui apparaît alors pour la première fois dans le langage de la législation, on assigna au roi, pour subvenir aux dépenses de sa cour, certains revenus évalués à 700,000 livres sterling (17,500,000 francs) et portés plus tard à 800,000 livres sterling. Sous la reine Anne, ces revenus ne s'élevaient qu'à 691,000 livres sterling ; sous Georges II, on les évalua à 750,000 livres sterling, puis ils furent portés à 850,000. Georges III fit abandon au trésor public de tous les droits perçus au nom de la couronne et de tous les revenus assignés à la liste civile, contre une somme annuelle de 800,000 livres sterling, portée en 1777 à 900,000, en 1812 à 1,028,000 livres sterling, enfin en 1818 à 1,057,000 livres sterling. A diverses époques, les dettes contractées par la liste civile furent en outre acquittées par le parlement ; et de 1760 à 1784 près de 2,200,000 livres sterling (55 millions de francs) furent ainsi absorbés. A l'avénement au trône de Georges IV, sa liste civile fut fixée a 850,000 livres sterling pour la Grande-Bretagne et à 207,000 pour l'Irlande. Le gouvernement anglais est trop éminemment un gouvernement de progrès et d'améliorations pour qu'on n'ait pas reconnu la nécessité de mettre les dépenses de la liste civile plus en harmonie avec les habitudes incontestablement moins fastueuses, plus modestes, qu'en tout pays l'aristocratie et la royauté ont dû adopter par suite du changement profond intervenu dans les mœurs publiques et privées. Aussi la liste civile de la reine Victoria, y compris les 750,000 francs d'apanage du prince Albert, son époux, ne s'élève-t-elle aujourd'hui qu'à 14 millions de francs.

En Bavière, la liste civile est de 2,350,380 florins ; dans les Pays-Bas, depuis la séparation de la Belgique, de 1,425,000 florins ; en Belgique, de 3,313,608 francs ; en Suède et en Norvège, de 4,500,000 francs ; en Saxe, de 2,500,000 francs ; en Wurtemberg, de 2,000,000 francs ; dans le grand-duché de Bade, de 1,400,000 francs ; en Danemark, de 2,000,000 fr. ; en Grèce, de 3,000,000 drachmes.

LISZT (Franz) , célèbre pianiste contemporain, et après P a g a n i n i le plus grand virtuose de notre époque, est né le 22 octobre 1811, à Reiding, village de Hongrie. Son père, comptable du prince Esterhazy, était lui-même assez bon musicien pour pouvoir diriger les premiers développements de ce jeune talent. Grâce à l'appui généreux des comtes Amadé et Sapary, qui entendirent à Presbourg le jeune Liszt, son père put le conduire à Vienne, où C z e r n y entreprit son éducation musicale, et où S a l i e r i, qui s'intéressa aussi en sa faveur, lui donna des leçons d'harmonie et de composition. Au bout de dix-huit mois d'études assidues, son père le conduisit à Paris dans le but de lui faire terminer son éducation musicale au Conservatoire ; mais C h e r u b i n i refusa de l'y admettre, parce qu'il était étranger. Le talent de notre virtuose était de ceux qui font eux-mêmes leur carrière. Liszt fit admis à jouer en présence de la famille d'Orléans, et bientôt, par son aplomb et son esprit précoce, l'enfant merveilleux devint la coqueluche du grand monde parisien. Dans son père, dont l'inflexible sévérité exigeait de lui qu'il exécutât sans cesse ni relâche des exercices, il est même assez vraisemblable que le talent alors naissant de l'enfant se fût complétement étiolé dans une atmosphère de perpétuelles flatteries et de *farniente*.

Après deux voyages en Angleterre, où son succès ne fut pas moindre, le jeune Liszt, enivré par les louanges qui l'assaillaient de toutes parts, ne douta plus qu'il n'y eût en lui le talent et l'étoffe d'un autre Mozart. Ces prétentions furent prises au sérieux par la direction de l'Opéra d'alors. Elle mit à sa disposition un poëme ayant pour titre : *Don Sanche*, ou *le Château de l'amour*, et s'empressa de monter l'ouvrage dès que Liszt en eut achevé la partition. La première représentation eut lieu le 17 octobre 1825 ; mais le public s'aperçut bien vite qu'il était indignement mystifié. *Don Sanche*, tant prôné à l'avance, était une production d'une nullité désespérante. Liszt eut alors le bon esprit de renoncer à continuer la tradition des Beethoven et des Mozart. Il n'eut plus qu'une ambition, ce fut d'être surnommé le *Paganini* du piano ; et il y est parvenu. Après une excursion en Suisse, il entreprit en 1827 un troisième voyage en Angleterre avec son père, que le mauvais état de sa santé força bientôt d'aller prendre des bains de mer à Boulogne. Liszt eut la douleur de perdre dans cette ville ce père si zélé, qui avait tant fait pour son avenir et sa réputation, et se trouva ainsi, à l'âge de dix-sept ans à peine, complétement abandonné à lui-même et maître de ses actions. Une grande dame, réduite, aujourd'hui que les amours ont fui, que son nez, jadis si charmant, est tout barbouillé de tabac, et que ses doigts, autrefois de rose, sont tout tachés d'encre, une noble comtesse, disons-nous, maintenant réduite depuis longtemps à l'avilissant métier de *bas-bleu* industriel et révolutionnaire, se chargea, comme on disait sous Louis XV, *de son éducation*. Nar. guant le scandale et se souciant fort peu du *qu'en dira-t-on*, elle abandonna mari et enfants pour s'y vouer exclusivement ; et les progrès de son élève furent rapides, car peu de temps après le saint-simonisme citait avec orgueil le nom de Liszt au nombre de ses plus enthousiastes adeptes. C'est à cette époque qu'il composa une symphonie révolutionnaire, dont on fit grand bruit dans un certain monde, mais que l'auteur, dégrisé plus tard des doctrines saint-simoniennes, s'est bien gardé de publier.

Liszt avait vingt ans alors ; l'enfant s'était fait homme, et continuait d'être le *lion* du jour. A quelque temps de la il se rencontra dans le monde avec Georges Sand , et bientôt une liaison des plus intimes s'établit, malgré la disparité de leurs âges, entre lui et l'écrivain qui se cache sous ce pseudonyme, et dont la réputation était encore naissante, tandis que déjà celle du virtuose était arrivée à son apogée. Ainsi lancé, entouré , soutenu par ce que l'on est convenu d'appeler les *notabilités*, les *illustrations* de la littérature, le jeune Liszt eut bientôt ressaisi le sceptre du piano, qu'il avait paru momentanément déposer.

En lisant dans les journaux du temps le récit des ovations qui lui ont été décernées par des admirateurs forcenés et enthousiastes, à la suite de diverses tournées artistiques accomplies de 1835 à 1845 dans les villes les plus importantes de notre continent et même en Amérique, on est souvent tenté de se demander si l'on n'est point sous la puissance de quelque rêve trompeur ; car jamais triomphateur romain, de retour dans la ville éternelle après avoir ajouté quelque nouvelle province, quelque autre lointain royaume au territoire de la république, ne fut l'objet de tant de démonstrations honorifiques. Il faut reconnaître d'ailleurs que par son caractère personnel, autant que par son talent incontestable , l'artiste méritait une bonne partie des flatteuses distinctions qui lui arrivaient ainsi de toutes parts, et qu'il ne pouvait empêcher de toucher quelquefois au ridicule. Qui ne se rappellera à ce propos le fameux *sabre d'honneur* que, à la suite d'un concert où il les avait électrisés par son jeu, quelques magnats hongrois s'avisèrent de voter d'enthousiasme à leur compatriote ; sabre qui fut si longtemps en possession de défrayer la verve de nos journaux satiriques ?

Comme virtuose, le doigté de Liszt est ferme, vigoureux, facile, et d'une surprenante agilité ; mais on lui reproche avec assez de raison de sacrifier le plus souvent la grâce à la hardiesse et de parvenir ainsi moins à charmer qu'à étonner.

Ses compositions, quoique toujours riches d'effet, n'ont point de valeur réelle. En revanche B a c h, Hœ n d el, Beethoven et Weber n'eurent jamais de plus éloquent interprète, encore bien qu'il ne soit pas tout à fait exempt du reproche de trop souvent aspirer à substituer sa propre pensée à celle de ces grands maîtres. Ajoutons, pour être complétement juste envers cet éminent artiste, qu'il ne consacre pas égoïstement à s'enrichir les facultés musicales dont il est doué, et que partout où il y a une infortune à soulager, une institution utile à créer, on peut toujours compter non-seulement sur le productif appui de son talent, mais encore sur sa généreuse contribution.

LIT (du latin *lectus*). A en donner une définition littérale, le lit est un *meuble meublant* préparé pour le repos de l'homme, ou, pour mieux dire, c'est tout ce qui constitue le meuble destiné au coucher. Un lit bien garni est composé d'un châlit ou *bois de lit*, d'un fond sanglé, d'une paillasse ou d'un sommier, d'un *lit* de plume, espèce de matelas rempli de fin duvet, d'un ou deux matelas, d'un traversin, d'une paire de draps, d'une couverture, d'un couvre-pieds, etc.; il est d'ordinaire surmonté d'un ciel et entouré de rideaux. Après cette description, que tout le monde est à même de vérifier, qu'on nous permette d'entrer dans quelques détails historiques indispensables. Dans le principe, le lit fut chez les Romains un meuble aussi humble que simple : les mœurs de ces hommes, quittant pour la première fois la paille, les feuilles sèches ou les peaux de bête, ne comportaient pas une couche d'une richesse même médiocre; aussi la dureté et la grossièreté des premiers lits ne contrastaient-elles nullement avec la dureté et la grossièreté des habitudes et du *confortable* du peuple-roi. Mais ces mœurs s'effacèrent à mesure que Rome se trouva en contact avec les peuples contre lesquels elle guerroyait, et les choses eurent, elles aussi, à subir des modifications qui durent les mettre en harmonie avec la mollesse des citoyens. Les *lits* prirent une nouvelle physionomie : nos lits de repos actuels peuvent en donner une idée : cependant, ils en différaient par le dossier, s'étendant le long d'un des côtés, et régnant également aux pieds et à la tête du lit, qui ne se trouvait ainsi ouvert que par devant; ces lits étaient, en outre, d'une hauteur telle qu'on ne pouvait y monter qu'à l'aide d'un tabouret ou de gradins. Bientôt, le luxe augmentant de jour en jour, les lits devinrent somptueux; l'ébène, l'érable, le citronnier, ne furent plus trouvés assez beaux; on bigarra ces bois précieux de marqueterie et de figures en relief; aux matelas de laine commune furent substitués d'élégants matelas de laine de Milet et du plus fin duvet. L'ostentation effrénée fut portée à tel point que l'on vit des lits d'ivoire et d'argent massif, dont les couvertures, teintes de pourpre, étaient rehaussées d'or; l'on vit même quelques lits qui étaient entièrement d'or massif.

Dans les temps modernes il n'y a plus cette magnificence, aussi folle qu'ambitieuse, dans les matières constitutives de nos lits : plus élégants par leur forme, ils cadrent parfaitement avec les meubles qui les entourent; leur élévation moyenne les a ramenés à de justes proportions. L'acajou, le citronnier, l'érable, sont les bois dont on construit les plus riches, ceux du meilleur goût; les rideaux, les ciels, les couvre-pieds, qui les entourent, achèvent de flatter la vue, en y laissant pénétrer un demi-jour agréable et discret. Dans une sphère moins aisée, le noyer remplace l'acajou et le citronnier; enfin, le pauvre se contente d'un pliant, ayant un fond sanglé ou de serge, sur lequel on jette un matelas, et qui forme ce qu'on nomme un *lit de sangle*.

En revenant sur nos pas, nous trouverons chez les Romains une espèce de lit que nous pourrions appeler *privilégié*; nous voulons parler du lit nuptial, que Properce appelle *adversum lectum*, parce qu'on le plaçait vis-à-vis de la porte, mais qui plus communément s'appelait *genialis*, consacré qu'il était au Génie, à ce dieu de la nature, qui présidait aux naissances. Le lit nuptial se dressait pour la nouvelle mariée dans la salle située à l'entrée de la maison; c'était dans cette salle, décorée des portraits des ancêtres du mari, que devait se tenir ordinairement la nouvelle épouse. Le lit nuptial était l'objet d'un grand respect, que la mort de la femme ne diminuait pas : si le mari venait à renoncer au veuvage, il devait en faire tendre un autre. Le lit nuptial est chez nous l'objet du même respect; et c'est là pour la famille un sentiment fort naturel. D'après notre législation, le lit nuptial est insaisissable; dans le cas de saisie-exécution, le lit du débiteur et ceux de ses enfants le sont également, si ce n'est pour aliments fournis au saisi, pour sommes dues à ceux qui les ont vendus ou qui ont prêté de l'argent pour les acheter, fabriquer ou réparer, et enfin pour loyer des lieux servant d'habitation personnelle au débiteur.

Les anciens avaient des *lits de table*. C'était un usage que les Grecs empruntèrent à l'Asie, et que les Romains adoptèrent à leur tour, quand Scipion l'Africain revint de Carthage, où ils l'avait trouvé établi. Les lits de table (*lectus triclinaris*), moins larges et moins hauts que les lits à dormir (*lectus cubicularis*), étaient du côté de la table exhaussés de trois ou quatre coussins; leur forme se dessinait tantôt en carré, tantôt en croissant, tantôt en ovale, suivant le caprice de la mode; ils pouvaient servir de siége à une, deux, trois et même quatre personnes, jamais au delà. D'un lit commun, rembourrés de paille ou de foin, et recouverts de simples peaux de chèvres ou de mouton, lors de leur importation à Rome, les lits de table furent bientôt ornés avec ce luxe insensé qu'on déployait pour les lits destinés au sommeil; les pieds, le bois étaient couverts d'écaille, d'ivoire, de lames d'argent et d'or; les perles, les pierreries, y brillaient de toutes parts. Les matelas étaient de pourpre brochée en or, sur laquelle étaient dessinées des fleurs et des feuilles de toutes couleurs; les coussins qui les exhaussaient, et sur lesquels s'appuyaient les convives, étaient d'une magnificence proportionnée. Enfin, les personnes riches poussaient l'attention pour leurs convives jusqu'à recouvrir ces lits de dais somptueux, dans le but, disaient-ils sérieusement, d'empêcher la poussière du plancher de tomber sur la table. On plaçait autour de la table le nombre de lits nécessaire aux convives, qui s'élevait rarement à plus de trois; les Romains n'étant jamais plus de douze à table, ces lits tenaient d'ordinaire trois personnes. Le lit du milieu était considéré comme la place la plus honorable; venait ensuite celui de gauche; celui de droite, ou du bas bout de la table, passait en dernière ligne. Ce dernier lit était occupé par le maître de la maison, qui réservait au-dessus de lui une place pour quelque convié, et donnait celle au-dessous à sa femme ou à quelque parent. La place la plus distinguée était la dernière sur le lit du milieu; aussi l'appelait-on *place consulaire*. Les femmes mangeaient d'abord sur le bord des lits, mais au temps des premiers Césars elles mirent de côté les motifs de pudeur qui les astreignaient à cette obligation volontaire : elles se couchèrent comme les hommes : celle qui venait avec son mari était placée à son côté, et inclinée parallèlement à lui. Les seuls jeunes gens qui n'avaient pas encore la robe virile s'asseyaient au bord du lit, quand on les admettait à table. Les conviés mangeaient de la main droite, appuyant la partie supérieure du corps sur le bras gauche, la tête un peu élevée, les membres inférieurs pliés, de manière que les pieds du premier fussent derrière le dos du second, ceux du second derrière celui du troisième; le dos des conviés était soutenu par des coussins. Les jours de la fête des dieux, ou leur donnait des lits demi-circulaires, dont la forme pour le festin public qui l'accompagnait; dans ces repas, on faisait également manger le peuple romain sur des lits; au festin que César donna au peuple, après ses triomphes, vingt-deux mille lits à trois places furent dressés. Sous les empereurs, un lit immense, de forme demi-circulaire, fut substitué aux trois lits de la salle des festins : ce lit portait le nom de *sigma*, du nom de cette lettre grecque, qui s'écrivait alors comme un C. Ajoutons, pour compléter ces notions, que l'usage où étaient les Romains de se baigner avant le repas dut beaucoup contribuer à la faveur dont jouirent les lits de table dans le principe, et à leur propagation. Rien ne flattait plus les habitudes paresseuses des Romains que de se jeter sur le lit au sortir du bain, et d'y prendre leur repas sans se déranger : c'est ce qui nous explique pourquoi chez eux la salle des festins et celle des bains étaient toujours contiguës.

On nomme *lit de parade* celui qui n'est dressé dans une chambre que pour l'ornement, ou sur lequel on expose, dans une chambre ardente, le corps des princes, des hommes illustres ou des rois, au moment de leur rendre les honneurs funèbres. Le *lit-de-camp* est un petit lit portatif, se démontant aisément, ou encore une espèce de couche de bois à demeure, existant dans les corps-de-garde : elle se compose de planches inclinées, sur lesquelles on jette depuis quelque temps une paillasse et une couverture.

Lit se dit quelquefois pour désigner seulement le *bois de lit*. D'autres fois, il désigne tout lieu où l'on peut se coucher pour se reposer : un *lit* de gazon, de verdure; par analogie, on appelle *lit* le canal dans lequel coule une rivière, un fleuve. *Lit* signifie encore la même chose que couche ou étage d'une chose quelconque étendue sur une autre : c'est dans ce sens que l'on dit un *lit* d'argile, de sable, de fumier, etc., etc. Figurément, *lit* se prend dans la signification de mariage : les enfants d'un premier *lit*, d'un second *lit*; cette femme a souillé le *lit* de son époux.

Comme on fait son lit on se couche signifie proverbialement qu'il faut s'attendre à recueillir les choses, le bien ou le mal par exemple, selon qu'on les a préparées par sa conduite ou par ses mesures.

LITANIES, mot grec qui signifie proprement *prière*, *rogation*, employé par les écrivains ecclésiastiques pour désigner certaines prières publiques accompagnées de jeûne ou d'abstinence et de processions, destinées à apaiser la colère de Dieu, à détourner quelque fléau, à demander une grâce ou à remercier de celles qu'on a reçues. On a donné le nom de grandes *litanies* aux prières et aux processions qu'on fait pendant les trois jours qui précèdent l'Ascension. Mamert, évêque de Vienne, les établit en 470, à l'occasion des grands fléaux qui ravageaient son diocèse. Elles devinrent bientôt générales dans toutes les Gaules sous le nom de *rogations*, et passèrent de là dans les autres églises. Diverses litanies ont été établies depuis, mais celles des *rogations* ont toujours conservé la prééminence. Dans ces cérémonies, après s'être adressé à Dieu, on avait la coutume de l'intercéder par l'entremise de tous les bienheureux qui jouissent de la gloire après avoir triomphé dans les combats. C'est pour cela que ces prières reçurent le nom de *litanies des saints*. A l'exemple de ces litanies, l'on en a composé d'autres particulières, comme celles du saint nom de Jésus, du saint sacrement, de la sainte Vierge, de la Providence; mais elles sont moins anciennes que les litanies des saints, dont on trouve des vestiges dans les monuments ecclésiastiques du huitième et du neuvième siècle.

J.-G. CHASSAGNOL.

LIT DE JUSTICE, séance extraordinaire des parlements où le roi et les pairs de France assistaient en personne. Le roi y prenait place sur un trône recouvert d'un dais, et formé de cinq coussins; il était assis sur l'un; un second lui servait de dossier; il appuyait ses bras sur deux autres, et posait ses pieds sur le dernier. Le monarque y déployait tout l'éclat de son rang, les maréchaux, les gouverneurs de province, le grand-chambellan, le grand-écuyer, le prévôt de Paris, le coupaient à ses pieds sur les degrés. Les princes du sang et les pairs siégeaient sur les hauts bancs; le chancelier, les présidents et les conseillers du parlement dans le parquet et sur les bancs d'en bas. Tous les officiers du parlement étaient en robe rouge.

Dans l'origine on ne tenait de lit de justice que lorsqu'il s'agissait d'affaires d'État, déclaration de majorité du souverain, jugement des grands-feudataires de la couronne, ou bien encore dans le but d'honorer la justice et les magistrats qui la rendaient. Plus tard les lits de justice servirent la politique du prince, et furent employés pour faire fléchir devant sa puissance suprême l'autorité du magistrat. Ce fut le chancelier de L'Hôpital qui imagina ce retour aux anciens usages pour emporter de haute lutte la sanction d'un édit relatif aux calvinistes. Ce lit de justice est du 27 mai 1563. Il fut suivi d'un grand nombre d'autres, et ce devint une maxime fondamentale de l'État, sous l'ancien régime, que l'enregistrement d'un édit par le roi commandait une obéissance absolue. Voici comment les choses se passaient. On lisait à l'assemblée les articles, voire même seulement le titre de l'édit qu'il s'agissait d'enregistrer. Après les conclusions des gens du roi, le chancelier faisait le simulacre de recueillir les avis, qui étaient censés conformes à la volonté du prince, et disait à haute voix : *Le roi en son lit de justice a ordonné et ordonne qu'il sera procédé à l'enregistrement des lettres sur lesquelles on a délibéré.*

Si les lits de justice ont eu pour effet la plupart du temps de faire accepter des luttes injustes et des mesures tyranniques, il en est quelquefois résulté des lois bonnes et utiles, dont l'initiative appartenait à la royauté, et contre lesquelles s'élevaient les préjugés ou les intérêts de ces corps délibérants. Au nombre des lits de justice dont l'histoire a gardé le souvenir, nous rappellerons celui du 17 août 1563, où Catherine de Médicis déclara la majorité de Charles IX devant le parlement de Rouen; celui du 22 octobre 1652, où Louis XIV entra dans la grand-chambre du parlement de Paris avec un imposant cortége militaire, et qui mit fin à la Fronde; celui du 1667, qui supprimait le droit de remontrances; celui du 12 septembre 1715, qui confirma au duc d'Orléans la régence que le parlement lui avait attribuée; celui du 3 avril 1730, qui eut pour objet l'enregistrement définitif et sans restriction de la bulle *Unigenitus*; celui du 15 avril 1771, où Maupeou brisa ce grand corps; enfin, le dernier fut celui du 8 mai 1788.

LITHARGE, l'une des variétés du protoxyde anhydre de plomb. Lorsqu'on maintient du plomb en fusion avec le contact de l'air, il ne tarde pas à se couvrir d'une pellicule grise, qui se renouvelle à chaque fois qu'on l'enlève. Il est possible de transformer ainsi toute la masse du plomb en une poudre d'un gris jaunâtre, qui lavée et refondue donne par le refroidissement une masse divisible en petites écailles d'un éclat argentin ou doré. Celle-ci est la litharge. Elle se forme en grand sur les masses de plomb argentifères soumises à la fusion pour en retirer l'argent pur par la conversion du plomb en protoxyde de ce métal. Et comme toutes les mines de plomb contiennent plus ou moins d'argent, on recommence toujours par les traiter pour en obtenir le métal le plus précieux. De sorte que c'est de la litharge redécomposée par les charbons en combustion que nous vient tout le plomb du commerce. La litharge a de nombreux usages dans les arts. Tenue en suspension dans un bain d'huile suffisamment chauffé, elle communique à celle-ci la propriété de se sécher promptement à l'air; elle la rend siccative. L'huile dissout une partie de la litharge, en décompose une autre partie pour se combiner avec son oxygène, et se montre ensuite avec la propriété de faire vernis, et même de se figer par le refroidissement, si la quantité de litharge est trop considérable. La même oxyde, chauffé avec d'autres matières grasses, donne l'*emplâtre diapalme*, l'*onguent de la mère*, etc. Il est encore employé à préparer l'acétate de plomb, fort en usage dans la teinture des toiles peintes et en médecine.

De certaines marchands s'en servent aussi quelquefois pour adoucir le goût trop acide d'un vin aigri; mais c'est un procédé condamnable, parce que cet oxyde forme dans le vin un sel toujours capable d'affaiblir au moins la santé, s'il ne produit pas aussitôt de graves accidents. On reconnaît la présence de la litharge dans du vin en versant quelques gouttes de ce vin dans une dissolution de chromate de potasse, et si la transparence du réactif se trouble en jaune, la falsification est hors de doute.

F. PASSOT.

LITHINE (de λίθινος, pierreux). Cette substance, ainsi

nommée parce qu'on la rencontre essentiellement dans le règne minéral (principalement dans la tourmaline verte, le lépidolithe, l'amblyganite, etc.), est assez rare dans la nature; on l'a cependant trouvée dans quelques eaux minérales, telles que celles de Carlsbad et d'Eger en Bohême. Dans tous les cas, la lithine se présente toujours à l'état d'hydrate, comme la soude, avec laquelle elle a d'ailleurs assez de ressemblance pour qu'Arfwedson ait d'abord confondu ces deux corps. Cependant, en 1817, il reconnut les caractères particuliers de la lithine, dont l'un des principaux est de communiquer à la flamme de l'alcool une belle couleur purpurine. Sa saveur est caustique, comme celle des autres alcalis, mais elle se dissout moins facilement qu'eux dans l'eau. L'action de l'air transforme la lithine en carbonate. Portée à la chaleur rouge, la lithine entre en fusion, mais il faut avoir la précaution de la fondre dans des vases d'argent, car elle attaque ceux de platine.

La lithine est composée d'un équivalent de lithium et d'un équivalent d'oxygène.

LITHIUM, corps simple métallique, séparé par Davy de la lithine, au moyen de la pile. Il ressemble au sidium. Quoiqu'il ne s'enflamme pas au contact de l'eau, il la décompose; il se dégage de l'hydrogène, et il se forme de la lithine, qui reste en dissolution. La rareté du lithium est une suite de celle de la lithine.

LITHOCHROMIE (du grec λίθος, pierre; χρῶμα, couleur). D'après la composition de ce mot, on serait fondé à croire qu'il s'agit de l'art de colorier la pierre, tandis que la lithochromie est le plus simple des nombreux procédés de coloriage des estampes. La *lithochromie*, avant d'être appliquée à toute espèce d'estampe, ne fut d'abord employée que pour le coloriage des lithographies, où ses résultats sont le plus satisfaisants; et c'est pour conserver dans la formation du mot l'idée de cet emploi spécial qu'on y a introduit le mot *litho*. Ce procédé a aussi été nommé *isochromie*. Pour colorier une estampe au moyen de la *lithochromie*, on rend d'abord le papier transparent, ce que l'on obtient facilement avec un vernis gras; puis derrière l'image on étend des couleurs à l'huile, par couches égales et épaisses, en n'employant jamais qu'un seul ton pour chacune des parties qui sont à peindre. Il est facile de comprendre que l'image étant transparente, les lumières et les ombres qui s'y trouvent, modifient le ton uniforme de la couleur et lui donnent les demi-tons nécessaires pour le modelé. On colle ces images sur des toiles à peindre, au moyen d'une couche de blanc de céruse, et on passe un vernis sur la surface extérieure. On obtient ainsi, presque mécaniquement, des tableaux agréables à l'œil et imitant tant bien que mal les tableaux à l'huile.

LITHOGRAPHIE (du grec λίθος, pierre, γράφω, j'écris). La lithographie est l'art de multiplier au moyen de l'impression les caractères ou les dessins tracés avec un corps gras sur une pierre calcaire dite *pierre lithographique*.

L'art de tracer en creux des caractères sur la pierre a été connu de tous temps, et nous admirons encore en ce genre les travaux merveilleux des Égyptiens, qui remontent à la plus haute antiquité; mais l'art de graver sur la pierre des caractères en relief au moyen d'un acide dénote un état de civilisation très-avancé, et n'a été employé qu'assez tard et dans de rares circonstances. On voit, par exemple, dans un des musées de Munich, une astrolabe fait au moyen de ce procédé, et qui date de 1580; et, venant d'une époque plus reculée, une table ronde en pierre calcaire de Solenhofen, sur laquelle sont gravés en relief, au moyen d'un acide, les portraits des anciens ducs de Bavière, avec des inscriptions. Du reste, on connaît le procédé populaire et bien ancien de graver des caractères sur des coquilles d'œuf, qui sont de la même nature que les pierres calcaires, en traçant ces caractères avec du suif, et en plongeant l'œuf dans du vinaigre. On trouve dans les *Mémoires de l'Académie des Sciences* de 1728 un long mémoire du savant Dufay où il explique en détail la manière de graver en relief sur le marbre ou sur toute autre espèce de pierre, à l'aide d'un acide. Mais ce qui constitue la découverte de la lithographie, c'est précisément d'avoir renoncé à la gravure en relief sur pierre pour y substituer un mode de reproduction des dessins tracés sans creux ni relief, grâce à l'observation antérieure de certaines affinités chimiques et d'attractions moléculaires. Cette découverte, comme presque toutes les découvertes, est due à de nombreuses observations et à de longs travaux de tâtonnement, couronnés enfin par un hasard heureux. Nous raconterons l'histoire de l'invention de la lithographie et des laborieuses recherches de son auteur.

Aloys Senefelder, né à Prague, en 1771, et fils d'un acteur du théâtre de la cour à Munich, débuta lui-même sur ce théâtre dans les humbles fonctions de comparse. Le pauvre diable était tourmenté de la fureur d'écrire, et, après avoir vu tomber deux ou trois de ses pièces, *Mathilde d'Allenstein*, *Les Goths d'Orient*, etc., il résolut d'en appeler au jugement de la postérité. Il fallait pour cela faire imprimer ses œuvres. Mais l'auteur était pauvre, chargé de famille, sans protecteur. Il parvint cependant à faire imprimer une de ses pièces, et profita de cette occasion pour étudier à fond tous les détails de l'art typographique. Pour le reste de ses œuvres, il résolut de les imprimer lui-même. Franklin en avait fait autant; mais Franklin était typographe : la chose allait de soi. Senefelder fut forcé d'avoir recours à des moyens inusités ou de son invention. Sa première idée fut de graver les lettres en creux sur un poinçon d'acier et de s'en servir ensuite pour graver les mots en relief sur le côté d'une lame de bois; puis il imagina de substituer à cette lame de bois une pâte molle, et une fois les caractères imprimés, d'y couler de la cire à cacheter pour en avoir l'empreinte. Tous ces essais, bien qu'ingénieux, lui donnaient beaucoup de peine et peu de résultats. Il résolut alors d'imiter les graveurs à l'eau forte, d'écrire sur une plaque de cuivre avec du vernis et de donner du relief à l'écriture en abaissant le niveau du reste de la planche avec de l'acide nitrique. Il fallait savoir écrire à rebours; Senefelder se mit à l'œuvre avec une ardeur opiniâtre, et devint bientôt assez habile à copier à la main la forme approchée des caractères d'imprimerie. Pour pouvoir corriger les fautes qu'il faisait, les lettres oubliées ou mal réussies, il fit un vernis soluble, composé de cire, de savon et de noir de fumée, délayé dans de l'eau, dont il recouvrait les passages qu'il devait corriger, pour récrire par-dessus. Mais les plaques de cuivre coûtent cher, et il ne pouvait les accumuler; de plus, il fallait souvent les nettoyer, et, sans compter qu'elles s'usaient ainsi rapidement, Senefelder ne pouvait les polir qu'imparfaitement, de sorte que leur surface restait toujours rugueuse. Il songea alors à continuer ses essais d'écriture sur des pierres à surface bien polie; justement, une carrière voisine de Munich lui en fournit à bas prix. Ces pierres étaient alors employées pour faire des dalles; elles étaient d'un grain serré, faciles à polir, et sur leur surface unie plume ou crayon courait facilement. Seulement, comme il fallait nécessairement une encre particulière, il en fabriqua une de même composition que son vernis, qui était grasse et suffisamment consistante. Un jour qu'il écrivait sur une de ces pierres, il reçut la visite de sa blanchisseuse; pour ne pas se déranger, il écrivit sur sa pierre, avec l'encre de sa composition, qu'il avait sous la main, la note du linge qu'il lui remettait. Il lui vint à ce moment l'idée d'essayer si, en versant sur la pierre l'acide qu'il employait pour ses plaques de cuivre, il ne donnerait pas à l'écriture un relief suffisant pour pouvoir tirer des épreuves à l'impression. Il se souvenait d'avoir vu dans la cathédrale de Munich une pierre funéraire gravée en relief de cette manière, à l'aide d'un acide. Cet essai réussit. Senefelder chercha aussitôt à obtenir des épreuves par la presse; mais il était difficile de ne pas empâter cette surface presque plane; il substitua un tampon plat au rouleau des typographes. La presse ordinaire ne convenait pas non plus à ce genre de tirage; il la remplaça par une presse analogue à celle dont on se sert aujourd'hui pour l'impression lithographique. Senefelder, dans cette nouvelle direction de ses travaux, ne tarda pas à s'apercevoir que s'il mettait une pierre blanche sous la presse, l'encre d'imprimerie s'étendait également sur toute sa surface, surtout si cette surface avait été préalablement enduite d'un corps gras; que si la pierre était humide, l'encre d'imprimerie ne prenait pas; et qu'enfin si certaines parties de la pierre avaient été enduites d'un corps gras, et d'autres parties mouillées, l'encre d'imprimerie s'attachait aux traces des corps gras et laissait blanches les parties humides. Senefelder en conclut que le relief était inutile; qu'il suffisait de tracer sur la pierre des caractères avec un corps gras, de décomposer ce corps gras au moyen d'un acide, d'humecter la pierre, afin que l'encre d'impression ne s'attachât pas là où il n'y avait pas eu de caractères tracés, et enfin de placer sur la pierre un papier qui enlevât, au moyen de la pression, l'encre d'imprimerie, et par conséquent les caractères tracés. La lithographie était vraiment inventée. Ceci se passait en 1799.

Avant d'avoir complété son invention, Senefelder avait appliqué (en 1796) son procédé de gravure en relief sur pierre à l'exécution des planches de musique, et fondé, avec Gleissner, musicien attaché à la cour de Bavière, un établissement important. On avait commencé déjà à lui disputer sa découverte, et un M. Schmidt avait revendiqué vivement, mais sans aucune preuve sérieuse, la priorité de cette invention. En 1799 le roi de Bavière accorde à Senefelder et à Gleissner un privilége exclusif pour quinze ans. MM. André, d'Offenbach, éditeurs de musique, lui font des offres brillantes, et Senefelder fonde avec leur concours, à Offenbach, un établissement lithographique dont le succès est rapide. Senefelder prend des brevets à Londres, en 1800, à Paris, en 1802, à Vienne, en 1806, et établit à Munich, avec Gleissner et le baron d'Aretin, une imprimerie lithographique, où parurent pour la première fois une foule d'œuvres d'art et surtout de reproductions des grands-maîtres, sous la direction de Mitterer et de Manlich. Senefelder, plus heureux que la plupart des inventeurs, put jouir de l'immense extension que prit sa découverte, et put avant sa mort (arrivée à Munich, en 1834) la voir parvenir à son entier développement.

La France fut longtemps hostile à la nouvelle découverte. Malgré les beaux dessins lithographiques envoyés à plusieurs reprises à l'Institut par MM. Mitterer, Manlich, et Thiersch, les frères André ne purent obtenir d'encouragement pour introduire en France les procédés lithographiques. Le comte de Lasteyrie, voulant doter sa patrie de cette invention, fit dans ce but plusieurs voyages en Allemagne, poussa le zèle jusqu'à s'astreindre aux travaux d'un simple ouvrier, et sacrifia des sommes considérables. Enfin, de retour à Paris, il y fonda la première imprimerie lithographique, et presque aussitôt étendit le domaine de cet art nouveau par l'invention de l'*autographie*. Presqu'en même temps Engelmann fondait une imprimerie lithographique d'abord à Mulhouse, en 1814, et deux ans après à Paris; et Marcel de Serres publiait dans les *Annales des Arts et Manufactures* les résultats des recherches qu'il avait faites en Allemagne sur les procédés lithographiques, par ordre du gouvernement. En 1818 l'autorité commença à délivrer un grand nombre de brevets d'imprimeries lithographiques; et aujourd'hui il n'est pas une ville de France, même de troisième classe, qui n'ait la sienne.

Cette heureuse découverte, qui devait faire presque une révolution dans les arts, ne fut d'abord acceptée qu'avec défiance par ceux à qui elle devait le plus profiter. Les artistes hésitaient de confier leurs productions à un art nouveau, dont ils ne s'expliquaient pas bien la marche et les effets; de plus, dans les premiers débuts, les épreuves ne venaient pas toutes correctes et ne représentaient qu'imparfaitement le travail du dessinateur. Cependant, quelques-uns finirent par s'enhardir; les progrès se succédèrent; d'année en année les résultats devinrent plus satisfaisants, et, grâce aux constants efforts de praticiens intelligents, entre lesquels on doit citer en première ligne M. Lemercier, de Paris, on arriva, si on peut le dire, à la perfection; en sorte que cinquante ans à peine séparèrent l'invention de cet art de son apogée. Qui n'a vu et admiré les dessins poétiques ou grotesques, pleins de couleur, d'énergie et de finesse, des Charlet, des Gavarni, des Grevedon, des Mouilleron, des Lemud, des J. Férat, des Nanteuil, des Daumier, des Léon Noël, des Lasalle et de tant d'autres! La lithographie a pris son rang dans l'art; elle figure à nos expositions, dans nos musées, et a valu à ses maîtres éminents de légitimes récompenses.

Nous allons exposer les procédés actuels de l'art lithographique proprement dit, puis nous parlerons de ses différentes applications et de ses progrès les plus récents.

Les pierres lithographiques dont on se sert le plus communément sont celles du comté de Pappenheim, en Bavière, dites *pierres de Munich*; elles sont calco-argileuses, et offrent un grand avantage pour la facilité de leur exploitation, celui de se trouver par couches d'une épaisseur égale, et d'être naturellement unies sur toutes leurs faces. Les pierres de Châteauroux sont excellentes pour l'écriture; celles de Bellay et de l'Aube leur sont fort inférieures. Les meilleures pierres lithographiques sont les pierres de Munich gris-perle. Pour qu'une pierre lithographique soit de bonne qualité, il faut qu'elle soit sans tache, d'un ton uniforme, pesante et compacte. Quand la pierre est tirée de la carrière, la première opération consiste à arrondir ses angles, puis on passe à son *dressage*; dans ce but on la place sur une table et, avec un tamis, on la couvre de grès légèrement humecté; sur cette première pierre ainsi disposée on en place une seconde, de même dimension, et on frotte les deux pierres par un mouvement circulaire jusqu'à ce que le grès soit usé; alors on les lave; on recommence cette opération une dizaine de fois. Il est nécessaire de marquer d'un signe commun les deux pierres que l'on dresse ensemble, car si on les dressait ensuite avec d'autres, il pourrait arriver qu'elles ne fussent plus droites. Si on destine la pierre à l'écriture, on la polit; si on la destine au crayon, on la graine. La pierre se polit au moyen de la pierre-ponce; on la graine à peu près de la même manière dont on a opéré le dressage, seulement on emploie du grès plus fin : c'est par le même procédé qu'on efface les pierres. La meilleure encre lithographique est composée de savon, de suif desséché, de mastic en larmes, de sous-carbonate de potasse et de noir de fumée, fondus ensemble à un feu vif; elle doit être soluble dans l'eau, liquide et très-noire. Les crayons sont composés d'un mélange à chaud de suif épuré, de cire jaune, de savon blanc, de sel de nitre, et de noir calciné et tamisé; cette composition se verse dans des moules où elle prend la forme de crayons.

L'artiste lithographe doit prendre garde que la pierre ne reçoive de la poussière ou ne se tache au contact de l'haleine. Il commence son travail en décalquant son dessin sur la pierre avec du papier végétal et de la sanguine. L'encre lithographique se dissout dans un godet avec de l'eau, comme l'encre de Chine. Les plumes sont d'acier très-mince; on les taille avec un canif ou des ciseaux. Les crayons sont portés par un porte-crayon; on les taille avec un canif et on affile la pointe avec du papier-verre. Le lithographe a besoin en outre d'un grattoir en acier, pour faire des blancs vifs et nettoyer les marges de la pierre, d'un blaireau pour l'époussetter et de petits pinceaux de blaireau pour donner à l'encre des touches de vigueur.

La pierre une fois dessinée et bien lavée, on procède au tirage; nous décrirons cette opération à l'article Presse. L'encre d'impression est composée d'huile de lin brûlée, de noir de fumée et de résine calcinée. Le tirage demande de grandes précautions. Il faut surtout avoir soin de mouiller souvent la pierre, afin que l'encre ne s'attache pas aux parties blanches. Si la pierre s'empâte, on enlève les dessins ou les écritures qui s'y trouvent, avec de l'essence de térébenthine, et après avoir enlevé l'essence, on passe de nouveau le rouleau. Du reste, on lave parfaitement les pierres avec une solution d'eau de gomme et d'acide.

Zincographie. Senefelder avait déjà cherché à remplacer les pierres lithographiques par une matière moins coûteuse, et y avait substitué le zinc. C'est le zinc *dur* qu'on emploie à cet effet. On soude à l'une des surfaces d'une planche de zinc des feuilles de papier ou de carton, au moyen de la céruse ; puis on la dresse, en la soumettant à l'action d'une presse, et on la graine. On se sert aussi avec avantage d'une mince plaque de zinc laminé que l'on fixe à une planche de cuivre, en retournant simplement les angles du zinc. On écrit ou on dessine à la manière ordinaire ; seulement, on lave bien la planche avec une décoction de noix de galle qui se fixe sur les parties non dessinées.

On a employé aussi dans un but d'économie, au lieu de pierre lithographique ou même de zinc, diverses compositions artificielles pierreuses et calcaires.

Gravure sur pierre en creux à la pointe sèche. Après avoir humecté la pierre avec de l'eau acidulée, on en gomme la surface et on la rougit avec de la sanguine ; puis on fait son décalque avec une pointe ou un burin ; on grave alors son dessin, dont les traces paraissent en blanc. Une fois le dessin terminé, après s'être bien assuré que la pierre n'est pas humide, on prend de l'encre composée d'un léger vernis, et on la passe sur la surface de la pierre avec une brosse à peindre ; puis on enlève, en la frottant avec de la flanelle, la gomme rougie, et le dessin se détache en noir sur un fond blanc.

A l'aide de la *machine à guillocher,* on trace sur pierre des lignes d'une régularité mathématique, qui réussissent parfaitement pour les fonds, les moirés, etc.

Gravure sur pierre, en relief, par un acide. On écrit ou on dessine sur la pierre à la manière ordinaire, puis on couvre les traits avec un vernis qu'on attaque par un acide, et on obtient ainsi assez de relief pour pouvoir tirer des épreuves à la presse.

Dessin sur pierre au lavis. On étend une couche de gomme sur les endroits où l'on veut ménager des blancs ; puis on applique successivement différentes teintes dégradées, au moyen d'un tampon couvert d'encre lithographique mêlée à de la térébenthine de Venise ; on essuie ce tampon sur une pierre jusqu'à ce qu'il offre la teinte que l'on cherche. Une fois les teintes générales de fond obtenues, on passe dessus de la gomme, et on revient aux teintes des premiers plans, que l'on veut avoir plus vigoureuses, et que l'on tamponne jusqu'à ce qu'elles présentent l'effet voulu. On lave alors la pierre pour enlever la gomme et on donne de la précision et de la vigueur aux contours avec le crayon ou l'encre lithographique, en dessinant par-dessus les teintes tamponnées.

Une seconde méthode consiste à étendre uniformément de l'encre lithographique sur toute la pierre et à affaiblir ensuite les teintes autant qu'on veut en les usant avec un chiffon de flanelle.

On peut aussi employer le procédé suivant : on applique sur le dessin terminé sur pierre un papier végétal, et on trace avec une pointe de bois le contour des parties que l'on veut blanchir ; on frotte alors vivement dans l'intérieur de ces contours, pour que le crayon qui s'y trouve s'attache au-dessous du papier ; on enlève le papier et avec lui le crayon qui s'y est attaché ; on prend une nouvelle feuille de papier végétal, et on recommence jusqu'à ce que les blancs que l'on voulait obtenir soient suffisamment enlevés.

Dessin sur pierre à la manière noire. On couvre la pierre de crayon, et on dégrade les teintes jusqu'au clair, avec la flanelle, l'égrainoir et des pointes de bois ou d'ivoire.

Dessin sur pierre à l'estompe. Sur une pierre lithographique bien polie, et lavée préalablement avec de l'acide nitrique et une décoction de noix de galle, on dessine avec une estompe de papier frottée d'un crayon composé de bougie stéarique et de noir de fumée.

Dessin sur pierre au frottis. On décalque son esquisse sur la pierre ; on étend sur le décalque un vernis transparent composé de suif et de vernis gras au copal ; puis on dégrade les blancs avec un grattoir, et on fait mordre avec l'acide nitrique. Pour obtenir les fonds clairs, on se sert de pierre-ponce en poudre, et on modèle avec l'estompe.

Transport des écritures ou dessins à la plume. Cette application des procédés lithographiques a été mise en usage dès 1643, par Abraham Bosse. Voici la meilleure manière de procéder. On tire des épreuves des planches mères, à l'encre grasse ; on fixe ces épreuves sur du papier *autographique*, que l'on colle sur une feuille de papier ordinaire ; on les porte alors sur la pierre lithographique ; le décalque et les autres opérations se font comme dans la lithographie ordinaire.

Pour obtenir des contre-épreuves, on compose de l'encre avec du savon de Venise, de la cendre de bois de chêne et de la chaux vive ; le tout bouilli. On frotte l'estampe dont on veut avoir la contre-épreuve avec une plume trempée dans cette liqueur ; on prépare une feuille de papier blanc que l'on humecte un peu ; on applique cette feuille sur l'estampe, et on tire à la presse de taille-douce.

On a même trouvé le moyen d'obtenir au moyen de la gélatine des contre-épreuves plus petites ou plus grandes que l'estampe originale ; ce procédé est fondé sur la propriété qu'a la gélatine de gonfler dans l'eau froide et de rétrécir dans l'esprit-de-vin.

Nous avons décrit les procédés de l'*autographie* à ce mot.

Chromolithographie ou *Lithographie en couleur.* On fait d'abord le trait sur la pierre, puis on fait autant d'épreuves qu'on a besoin d'employer de couleurs. On transporte chaque épreuve de trait sur une pierre différente, puis on modèle chaque couleur de manière à produire les effets désirés, en combinant les couleurs de manière qu'elles tombent les unes sur les autres. On voit que, quand les couleurs et les teintes sont nombreuses, ce procédé est très-minutieux et très-long. M. Lemercier est parvenu à le simplifier considérablement.

Lithographie photographique. Cette application de la lithographie à la photographie laisse encore beaucoup à désirer ; elle consiste à substituer au papier préparé pour la photographie une pierre lithographique, de manière à tirer de l'image photographique fixée sur la pierre, un nombre quelconque d'exemplaires, selon les procédés ordinaires de la lithographie.

LITHOGRAPHIQUES (Pierres). *Voyez* LITHOGRAPHIE.

LITHOMANCIE (du grec λίθος, pierre, μαντεία, divination), sorte de divination qui se pratiquait au moyen de certaines pierres précieuses. Suivant un poëme d'Orphée, Apollon donna à Hélénus le Troyen, une pierre précieuse qui avait le don de la parole. Cette pierre s'appelait *sidérités.* Quand Hélénus voulait en employer la vertu, il s'abstenait du lit conjugal, des bains publics, de la viande des animaux, faisait des sacrifices, puis après avoir placé la pierre dans une fontaine, l'enveloppait pieusement, et la portait dans son sein. Pour l'exciter à parler, il la prenait à la main, l'interrogeait sur ce qu'il voulait savoir, et en recevait des réponses certaines. C'est ainsi qu'Hélénus prédit la ruine de Troie, sa patrie. Il est fait mention, dit-on aussi, dans les prétendus oracles de Zoroastre d'une pierre, que Pline nomme *astroïte,* qui avait la vertu d'évoquer les génies et d'en tirer les réponses qu'on souhaitait. Les Chananéens et les Phéniciens consultaient certaines pierres comme des oracles. Ces pierres ainsi divinisées étaient connues dans toute l'antiquité sous le nom de *bœtiles* ou pierres animés. Il faut aussi rapporter à la lithomancie la superstition de ceux qui pensent que *l'améthyste orientale* a la vertu de leur faire connaître par les songes les événements futurs.

LITHONTRIPTIQUES (du grec λίθος, pierre, et τρίβω, je brise), épithète employée pour désigner les agents propres à diviser les calculs dans la vessie. Ces agents sont chimiques, physiques ou mécaniques.

On a proposé d'attaquer les pierres de la vessie en portant dans cet organe un agent chimique propre à les dissoudre : ainsi, on a voulu faire agir sur elles un alcali, lorsqu'elles sont composées d'acide urique pur ou combiné avec l'ammoniaque. On a conseillé d'opérer, au contraire, par un acide, dans le cas où les pierres sont formées de sels phosphatiques ou d'oxalate de chaux. Deux voies sont ouvertes pour faire arriver un agent chimique sur un calcul de la vessie, la voie de l'estomac et celle de l'urètre. Par l'estomac, l'agent ne peut parvenir sur le corps étranger qu'après avoir perdu beaucoup de sa force ; par l'urètre, il exige l'emploi d'une sonde, et l'introduction de celle-ci expose à de la douleur, à de l'irritation. Néanmoins, on peut recourir à la voie de l'estomac sans grand inconvénient tant que cet organe n'est point fatigué. C'est de cette manière qu'on donnait dans un temps le remède de Mlle Stéphens, et qu'on administre encore l'acide carbonique, l'acide hydrochlorique très-étendu d'eau, l'acide lactique également affaibli, les carbonates alcalins, notamment le bi-carbonate de soude et les eaux minérales, comme celles de Vichy et de Contrexeville. Quant à la voie de l'urètre, on peut aussi passer par-dessus les inconvénients attachés à l'introduction d'une sonde. On emploie de la sorte, soit avec une sonde simple, soit avec une sonde à double courant, l'eau de chaux et la lessive de potasse contre les calculs d'acide urique et d'urate d'ammoniaque ; l'acide hydrochlorique et l'acide lactique, tous les deux affaiblis, contre les calculs phosphatiques ; l'acide nitrique, suffisamment étendu d'eau, contre ceux d'oxalate de chaux. Mais pour agir avec avantage par l'une ou l'autre voie, la première chose est de savoir la nature du calcul, et c'est ce que l'on ignore souvent. Du moins on n'a la plupart du temps que des probabilités sur ce point. Aussi a-t-on proposé d'apprécier la nature du calcul en l'attaquant mécaniquement, de manière à en recueillir quelques parcelles, et de le combattre ensuite par tel ou tel agent, selon le résultat de l'exploration. Mais l'action des moyens mécaniques est bien plus efficace, bien plus prompte que celle des moyens chimiques ; et lorsqu'on a fait tant que de les mettre en œuvre pour connaître la composition d'une pierre, il est convenable d'en continuer l'emploi pour obtenir la guérison.

Une autre raison doit rendre réservé dans l'injection des dissolvants chimiques : il faut qu'ils aient une certaine énergie pour opérer sur le calcul, et alors il y a à craindre qu'ils n'agissent sur les parois de la vessie, en les irritant, et qu'ils ne déterminent une cystite, qui complique d'une manière fâcheuse la maladie première. Enfin, ces réactifs peuvent agir sur l'urine elle-même, et favoriser ainsi la précipitation de quelques-uns des éléments qui entrent dans sa composition. Ces raisons ont fait renoncer presque généralement à l'emploi des moyens chimiques contre les calculs de la vessie, malgré les espérances qu'en avaient conçues d'abord de grandes autorités, Fourcroy et Vauquelin entre autres.

Quelques chirurgiens, notamment MM. Gruithuisen et Jules Cloquet, ont proposé d'agir sur les pierres vésicales avec de l'eau distillée, en lavant la vessie à grande eau ; mais ici encore il faut introduire une sonde dans l'urètre, et l'action de l'eau est extrêmement lente, en supposant même qu'elle soit bien réelle. Je ne pense pas qu'aucun malade ait le courage de se soumettre à cette pratique durant le temps nécessaire pour arriver à la guérison. Plusieurs personnes, MM. Bouvier, Desmortiers et Gruithuisen entre autres, ont eu l'idée de dissoudre les calculs au moyen d'un courant galvanique. Cet agent a été appliqué ensuite sur un chien, par MM. Prévost et Dumas, à l'aide d'une canule de gomme élastique et de deux fils de platine. Il a paru atteindre le but, mais avec une lenteur extrême. De sorte que pour arriver par ce moyen à la destruction désirée, les instruments devraient rester très-longtemps dans les voies urinaires. Et puis, il faut encore, pour agir de cette manière, que le corps étranger soit embrassé par les deux conducteurs, c'est-à-dire que la principale difficulté des moyens mécaniques soit surmontée. Il est donc plus naturel d'utiliser ceux-ci pour la division directe de la pierre.

L'application de ces agents forme l'objet d'un art tout nouveau, connu sous le nom de *lithotritie*, l'une des plus belles branches de la chirurgie instrumentale ; un article spécial lui est consacré ci-après. Dr SÉGALAS.

LITHOTOMIE (de λίθος, pierre, et τέμνω, je coupe). *Voyez* TAILLE.

LITHOTRITIE ou **LITHOTRIPSIE** (de λίθος, pierre ; τρίβω, je broie). C'est l'art de broyer les pierres dans la vessie. Dès la plus haute antiquité on avait eu l'idée d'extraire, sans recourir à la taille, les pierres de la vessie. Ces essais isolés, dont le plus ancien exemple remonte à Ammonius d'Alexandrie, surnommé le *coupeur de pierres*, furent repris sans grands succès, notamment au commencement de l'ère chrétienne, par Philagrius, au seizième siècle, par Ambroise Paré, et complétés enfin de nos jours par d'habiles chirurgiens, et en première ligne par MM. Amussat, Civiale et Le Roy d'Étiolles. Après que M. Amussat eut prouvé, par une étude approfondie de la structure de l'urètre, qu'une sonde droite peut pénétrer dans la vessie, M. Le Roy inventa sa pince à trois branches, le premier de tous les plus grand des perfectionnements apportés à la lithotritie, et M. Civiale fit heureusement sur des malades la première application de cet instrument.

Plus tard le *litholabe*, ou pince à deux branches, fut inventé, et devint d'un usage général. Après cela vinrent des perfectionnements secondaires, que se partagèrent, avec plus ou moins d'inégalités et de contestations, MM. Gruithuisen, Jacobson, Ségalas, Heurteloup, Tanchou, Guillon, Pravas, etc.

Grâce aux progrès continuels qu'ont faits de nos jours toutes les parties de la chirurgie, on distingue dans la lithotritie trois méthodes principales, qui sont : 1° l'usure progressive, 2° l'éclatement, 3° l'écrasement.

La méthode de *l'usure progressive* comprend tous les instruments qui perforent la pierre, et qu'à cause de leur mode d'action on appelle *perce-pierre*. Cette méthode offre deux procédés : l'un par lequel on use la pierre en la creusant du centre à la circonférence ; et l'autre, dit de *grugement*, qui consiste à réduire la pierre en la creusant de la circonférence au centre.

La méthode *d'éclatement* consiste à faire éclater la pierre une fois qu'elle a été pressée au moyen des instruments perforateurs.

La méthode *d'écrasement*, la plus usitée, comprend un grand nombre d'instruments. Les principaux sont : le *brise-pierre à pression*, le *brise-pierre à percussion* et le *brise-pierre à pression et à percussion*. Au moyen de ces différents instruments on broie la pierre entre les mors du brise-pierre qui l'a saisie.

Pour que les instruments lithotriteurs puissent agir dans la vessie, il est nécessaire de donner au préalable à la cavité vésicale une dilatation suffisante ; on l'obtient au moyen d'injections d'eau tiède et par l'introduction d'une sonde de forme particulière, qui sert en même temps à préciser le gisement de la pierre. On introduit alors le lithotriteur, et lorsqu'il est parvenu dans l'intérieur de la vessie, on ouvre et on ferme à plusieurs reprises les branches de l'instrument, en lui imprimant différentes directions. Quand la pierre se trouve saisie par les branches de l'instrument, on procède au broiement, puis on referme les branches et on retire le lithotriteur avec précaution. On procède à l'expulsion des fragments de la pierre dans une autre séance.

Cette opération, malgré l'habileté et la prudence des chirurgiens, n'est pas sans danger, à cause de la délicatesse des organes que l'on attaque et de la dilatation forcée qu'ils doivent subir. Elle se pratique également sur les deux sexes; mais sur les femmes elle est plus facile, parce que chez elle le canal de l'urètre a moins de profondeur et offre une largeur relative plus considérable.

LITHUANIE, autrefois grand-duché relevant de la couronne de Pologne, qui se composait avant le partage de la Pologne, de trois groupes de territoire : 1° la Lithuanie proprement dite, ou *Litwa*, qui formait les woïwodies de Wilna et de Troki; 2° le duché de Samogitie; et 3° la Russie lithuanienne, ou les woïwodies que les Lithuaniens avaient autrefois enlevées à la Russie, à savoir : l'ancienne Polésie, la Russie-Noire ou Nowogrodek et la Russie Blanche ou Minsk, Mcislaw, Witebsk, Smolensk, Polotsk et la Livonie polonaise. Lors du partage de la Pologne, ce territoire, comprenant une superficie d'environ 3,500 myr. carrés, fut partagé entre la Russie et la Prusse, de telle sorte que la Russie eut pour sa part les cinq gouvernements de Wilna, Grodno, Mohilew, Witebsk et Minsk, tandis que les acquisitions faites par la Prusse en Lithuanie forment aujourd'hui la plus grande partie du gouvernement de Gumbinnen de la Prusse orientale. Les Lithuaniens, race à laquelle appartiennent aussi les Lettes de Livonie, les Coures de Courlande, et les anciens habitants de la Prusse orientale, sont probablement des peuples slaves dont le caractère originel se sera effacé avec le temps par suite du mélange des races. De bonne heure ils guerroyèrent contre la Russie, à laquelle ils étaient primitivement soumis, mais dont ils parvinrent à secouer le joug au douzième siècle. Ringold, premier grand-duc de Lithuanie, monta sur le trône vers 1235. Un siècle plus tard, ce pays acquit une grande importance. Le grand-prince Gedimin enleva aux Russes, en 1320, toute la Volhynie, la Kijowie (Kiew), la Seworie (Nowgorod Sewersk) et la Czerniechovie (Tschernigoff); et son successeur, Olgerd, parvint à trois reprises jusqu'aux portes de Moscou. Le fils de ce dernier, Jagello, tige de la dynastie des Jagellons, lorsqu'il monta sur le trône de Pologne, en 1386, réunit à ce royaume la Lithuanie, en stipulant pour les rois de Pologne le droit d'élire les grands-princes de Lithuanie; et à la diète tenue à Lublin en 1569, sous le règne de Sigismond-Auguste, on convint à l'unanimité que les deux pays n'en formeraient plus désormais qu'un seul. Cette convention a été abrogée en fait par les différents partages de la Pologne, et surtout par les deux derniers, ceux de 1793 et de 1795.

Le climat de la Lithuanie est sain et tempéré : l'air y est pur; le pays est plat et entrecoupé de marais, de bruyères et de terrains sablonneux; on y trouve, cependant, des cantons fertiles et bien cultivés. La Düna, le Dniepr, le Niémen, le Przypiec et le Boug sont très-poissonneux. On connait de réputation les chevaux de Lithuanie, qui sont petits, mais pleins de vigueur et de feu, et les élans ou aurochs, qui existent encore dans les forêts de cette contrée, notamment dans la lande de Bialowicz, où l'on trouve aussi des ours, des loups, des lynxs, des renards, des sangliers, des castors, des aigles, des tortues, etc. Les marais les plus célèbres sont ceux de Pinsk et de Rokitno, vastes et tristes déserts, où le voyageur n'aperçoit pendant une étendue de 130 werstes que le ciel et des marécages couverts de roseaux, et ne rencontre que de loin en loin quelques traces d'êtres humains. Le blé, le lin, le chanvre, l'élève du bétail, l'éducation des abeilles et la chasse forment les principales ressources des habitants.

LITIGE (du latin *lis*, *litis*, procès). Une chose est en *litige* quand elle est l'objet d'une contestation, d'un procès. Du substantif on a tiré les adjectifs *litigant* et *litigieux*. On appelle *litigant* celui qui conteste en justice, et on dit les *parties litigantes*. Les *co-litigants* sont ceux qui dans un procès ont le même intérêt et plaident conjointement contre une tierce partie. Le mot *litigieux* s'applique à ce qui est l'objet d'une contestation ; et on appelle *droits litigieux* tous droits contestés.

LITISPENDANCE (des deux mots latins *lis*, *litis*, litige, et *pendens* pendant). Ce mot se prent pour la durée du litige, le temps consacré à l'instruction de la cause.

LITOTE (de λιτότης, petitesse). Ce trope, qu'on appelle aussi *diminution* ou *exténuation*, qui est tout le contraire de l'*hyperbole*, consiste à se servir, ou par modestie, ou par égard, ou tout autre motif, de mots qui, pris à la lettre, paraissent affaiblir une pensée, tandis que les idées accessoires qu'ils réveillent ont pour objet d'en faire sentir toute la force. Quand on emploie la litote, on articule *le moins*, mais on sait que *ce moins* jaillira l'idée *du plus*. Ainsi lorsque Virgile fait dire à Alexis : *Nec sum adeo informis*. « Je ne suis pas à ce point difforme », il emploie ce trope. Le berger, loin de vouloir se déprécier, donne, au contraire, à entendre que sa personne ne manque pas d'agréments, ou que du moins telle est son opinion. Ainsi, quand Chimène apostrophe Rodrigue de ces mots : *Va, je ne te hais point*, elle lui dit bien plus qu'ils ne semblent signifier. De même, tous les jours, sans nous en douter, nous recourons à la litote, lorsque nous écrivons : *Cet auteur n'est point à dédaigner*, c'est-à-dire *il mérite d'être estimé* ; *ce livre n'est pas mal écrit*, c'est-à-dire *il est d'un bon style* ; *je ne puis vous approuver*, c'est-à-dire *je blâme votre conduite*; *la musique ne me déplaît pas*, c'est-à-dire *je la trouve infiniment agréable*; *Napoléon n'était point un homme ordinaire*, c'est-à-dire *Napoléon était un grand homme*, etc., etc. De tels exemples se rencontrent très-fréquemment dans les poètes, dans les orateurs, dans toutes les conversations. CHAMPAGNAC.

LITRE (du grec λίτρα), mesure fondamentale de capacité suivant le système métrique, et dont la contenance est équivalente au volume d'un décimètre cube. Un litre d'eau distillée prise à son maximum de densité pèse donc un kilogramme (*voyez* GRAMME). La capacité du litre est à celle de la pinte des anciennes mesures, qu'elle remplace pour les liquides, comme 1,07375 est à 1. Mais le litre sert à mesurer encore les matières sèches, telles que les graines, les farines, etc. La forme du litre est celle d'un cylindre dont la hauteur est double du diamètre de la base dans le litre destiné aux liquides, et égale à ce diamètre dans le litre pour les matières sèches. On le divise en *décilitres*, ou dixièmes du litre, *centilitres*, centièmes. Ses multiples sont : le *décalitre*, valant 10 litres; l'*hectolitre*, valant 100, *litres*; le *kilolitre*, valant 1,000 litres.

Employé au féminin, *litre* signifie encore une grande bande ou ceinture noire qu'aux obsèques des princes, des grands, des dignitaires, on tend autour de l'église ou de la chapelle, en dedans ou en dehors, et sur laquelle sont appliquées ou peintes les armoiries du défunt. Le droit de *litre* était le droit qu'avaient les seigneurs patrons-fondateurs et les seigneurs haut justiciers de faire peindre leurs armoiries au dedans ou au dehors des églises ou des chapelles.
TEISSÈDRE.

LITRON, mesure de capacité anciennement en usage en France : il en fallait 16 pour faire le boisseau; sa capacité était de 36 pouces cubes, équivalant à 0,8125 litre.

LITTA (POMPÉO, comte), historien italien, issu de la famille des Litta-Biumi, naquit à Milan, le 27 septembre 1781. Après avoir terminé ses études, il entra au service de France comme simple soldat, en 1804, obtint les épaulettes de lieutenant dans l'artillerie de la garde impériale, peu de temps après la bataille d'Austerlitz, et passa capitaine à la bataille de Wagram. Plus tard, il fut nommé chef de bataillon et commandant des garde-côtes d'Ancône. Rentré dans la vie civile, en 1814, il se livra à l'étude de l'histoire, de celle de sa patrie surtout. En 1819 il commença la publication de ses *Famiglie celebre italiene*, ouvrage écrit dans le style le plus élevé et brillant en outre par la plus scrupuleuse exactitude historique. L'auteur le continua sans interruption jusqu'à sa mort, arrivée le 17 août 1852. Il en a paru en tout 75 parties, en 155 livraisons, contenant l'histoire de 75 des plus illustres familles nobles d'Italie. Le luxe avec lequel il est imprimé n'a pas permis de le répandre dans le commerce de la librairie, et il n'a pu être propagé qu'au moyen de souscriptions particulières. Les premières parties sortirent des presses de Giulio Ferrari, imprimeur à Milan; mais ensuite le comte Litta établit dans son propre hôtel une imprimerie uniquement consacrée à l'impression de son livre.

A l'époque de la révolution de 1848, le gouvernement provisoire de Milan appela l'inoffensif savant aux fonctions de ministre de la guerre, puis lui confia le commandement en chef de la garde nationale milanaise. Si, en raison de son âge avancé, le comte Litta ne répondit dans aucune de ces deux positions aux espérances qu'on avait fondées sur lui, il n'en mérita pas moins l'estime de tous les partis par sa loyauté et par la fermeté de son caractère.

La famille Litta est l'une des plus riches, mais non des plus anciennes et des plus illustres familles nobles de la Lombardie.

LITTÉRATEUR. *Voyez* AUTEUR, ÉCRIVAIN, LETTRES (Homme de) et LITTÉRATURE.

LITTÉRATURE. On se fait une idée fausse et étroite de la littérature lors qu'on la considère isolément, sans tenir compte de ses rapports nécessaires avec les autres éléments de la vie sociale. Ce fut un préjugé longtemps accrédité, de ne voir dans les travaux littéraires qu'un délassement innocent des esprits oisifs, ne se rattachant à aucun des intérêts sérieux qui occupent l'existence de l'homme. Assurément, si l'on envisage la littérature factice de certaines époques, roulant tout entière sur de petits vers faits pour les boudoirs, ou sur la pompe des lieux communs académiques, on concevra que des esprits graves n'aient vu là qu'un hors-d'œuvre dans la société. Mais au-delà de cette littérature oisive des boudoirs il y a ce qu'on peut appeler une littérature active, mêlée à tous les événements de la vie humaine, à tous les intérêts et à toutes les passions de la société. C'est au sein même de la réalité qu'il faut la surprendre; c'est surtout dans la mêlée des grands intérêts qui animent le monde politique. Ainsi, les discours prononcés à la tribune ou dans les camps, les enseignements des ministres de la religion, les spéculations de la philosophie, comme les chants du poète, les pamphlets, les lois, les traités, les documents publics sur les actes du gouvernement, les récits de l'histoire, les mémoires qui retracent la vie privée, et jusqu'aux épanchements d'une correspondance familière, tels seront les immenses matériaux de la littérature.

En ce sens, la littérature est la voix d'un peuple : c'est l'organe par lequel il manifeste tous les besoins de son existence morale et intellectuelle; c'est le dépôt des idées, des sentiments, des passions qui ont agité les hommes. Lien commun des esprits, interprète des opinions, des goûts, des préjugés de chaque génération, elle en lègue le dépôt aux âges suivants, comme un miroir fidèle qui réfléchit l'image des siècles qui les ont précédés. Ainsi, cette proposition si générale et si vague, que *la littérature est l'expression de la société*, prend un sens clair et précis; en d'autres termes, la littérature et les arts d'un peuple sont l'expression de sa vie morale et intellectuelle, c'est-à-dire de tous les besoins les plus relevés de sa nature : besoins de l'imagination, qui conçoit et réalise le beau dans les arts; besoins de l'intelligence, qui cherche le vrai dans la conscience humaine par la philosophie, et dans le monde extérieur par les sciences physiques; besoins de l'être moral, qui tend à pratiquer le bien, à symboliser l'infini dans la religion, et à faire passer l'idée de la justice dans les institutions politiques et dans les relations des hommes entre eux.

A défaut d'une action directe, le tableau du passé offre à l'homme une vaste carrière, où il se transporte et se meut en esprit; c'est le principal charme des traditions nationales : l'histoire nous plait précisément parce qu'elle nous montre le champ de la vie humaine sur une plus grande échelle; elle donne le change à ce besoin d'agir refoulé dans nos âmes, en nous retraçant les époques remarquables qui ont mis en jeu les passions ardentes et les grands caractères qui ont joué un rôle dans les événements publics. Enfin, l'imagination, comme une fée bienfaisante, vient en aide aux pauvres humains, en leur ouvrant un monde idéal, meilleur que le monde réel, où ils trouvent à leur disposition des êtres plus parfaits et une série d'aventures qui rompent la monotonie de leur vie inactive. De là le plaisir que nous font les romans et les représentations dramatiques. Celui qui a dit que le principe des beaux-arts, c'est l'ennui, a entrevu une vérité profonde; mais si, au lieu de se contenter de faire une épigramme, il avait creusé plus avant, il aurait dévoilé le secret des beaux-arts, qui en effet se rattache aux mystères intimes de la nature humaine. Cet ennui, d'où vient-il, sinon de ce que rien ici-bas ne suffit à l'homme? De là ce besoin inextinguible du mieux, d'un ordre de choses plus parfait, en un mot, de l'*idéal*. Ce besoin d'échapper au monde réel est ce qui fait pour nous l'attrait du théâtre. Le théâtre est la représentation agrandie des chances de la vie humaine : c'est un supplément à cette existence monotone à laquelle l'état social nous condamne. Toutes les passions fortes que la société interdit ou comprime, les sentiments généreux dont elle fait des exceptions, se réfugient dans ce monde imaginaire, dont le poète dispose avec une autorité souveraine. Le riche, blasé par des jouissances trop faciles, et le bourgeois, fatigué de ses journées laborieuses, vont demander au théâtre les sentiments les plus élevés que peut concevoir la nature humaine, l'héroïsme, le dévouement, la tendresse, le pur amour, la force d'âme. Ils sont donc bien coupables, les auteurs qui, au lieu de profiter de ces dispositions dans un but moral, ne font que souiller les âmes par le dévergondage de leurs peintures corruptrices.

Le charme qu'ont pour nous les bons romans tient aussi à ce qu'ils nous présentent une image embellie de la vie, à ce qu'ils nous transportent dans un monde où les facultés de l'homme agissent avec plus de liberté, où les êtres déploient plus de vigueur pour le bien comme pour le mal, et où les événements, sortant de la sphère étroite de nos habitudes, ouvrent une plus vaste carrière à l'activité humaine. Là tous les rêves de l'imagination se réalisent, là on trouve des cœurs faits pour l'amour et pour l'amitié, là nulle gloire ne paraît inaccessible. Enfin, les coups même de l'adversité ont quelque chose d'attrayant, en ce qu'ils font ressortir la résolution et la force du caractère : l'éclat de la lutte nous soutient, et l'âme, aux prises avec de grandes infortunes, se console du moins par le sentiment délicieux de son énergie.

Tels sont les bienfaits de l'imagination et de la poésie, fille de l'imagination. Envisagée de ce point de vue, la littérature prendra plus d'importance. Si elle est l'expression des besoins moraux d'un peuple, il devient impossible de l'apprécier sans connaître d'abord jusqu'à quel point la vie morale a été développée chez ce peuple. La littérature, étant le produit variable et changeant de chaque société, est soumise aux mêmes chances que les nations; elle n'échappe pas plus que les autres éléments de la vie sociale aux révolutions de l'esprit humain : elle est contrainte de le suivre dans sa marche, de se transporter sous l'horizon où il se transporte, de réfléchir les idées et les passions qui agitent les hommes, et de prendre part aux intérêts qui les préoccupent. Il sera donc impossible d'apprécier les produits de la littérature et des arts sans les confronter avec la société dont ils sont une émanation, et dont ils doivent reproduire l'image. Étudier la littérature d'un peuple, ce sera la comparer avec l'existence de ce peuple dans toutes ses manifestations, c'est-à-dire sa philosophie, sa religion, ses mœurs, ses institutions, son histoire. La véritable critique consistera donc à distinguer dans la chartre littéraire les articles fondamentaux et les articles réglementaires, les uns invariables comme la nature humaine, les autres mobiles comme les mœurs et la société; elle devra apprécier les ouvrages de l'art sur cette double mesure, le type éternel et vivant du cœur humain, et la condition changeante de l'homme aux différents siècles.

On voit maintenant comment la littérature entre aussi pour sa part dans le grand travail de notre époque, occupée à ressusciter le passé, à le comprendre et à construire la philosophie de l'histoire. Ce qui nous intéresse aujourd'hui dans l'histoire, c'est de connaître la vie réelle de l'homme, la destinée de notre espèce aux divers âges du monde, et surtout sa condition morale. En rapprochant ainsi le caractère propre à chaque société, la physionomie particulière à chaque peuple, l'histoire devient une série d'expériences que le genre humain fait sur lui-même, et dont le philosophe n'aura plus qu'à tirer les conclusions. Le grand service que peut nous rendre l'histoire littéraire, c'est donc de nous révéler les divers états par lesquels ont passé l'âme et l'imagination de l'homme, transformations dont la littérature et surtout la poésie ont successivement gardé l'empreinte.

Cette nouvelle direction des études littéraires doit inévitablement donner un nouveau caractère et une direction nouvelle à la critique. Si l'horizon du poète s'est déplacé, le point de vue de la critique a dû changer aussi. En recherchant quel était le caractère de la critique au dix-huitième siècle, on trouvera dans la lecture de Marmontel et de La Harpe qu'une seule idée la domine, qu'une seule mesure préside à ses jugements, c'est le *goût*, c'est-à-dire la conformité des ouvrages de l'art avec certaines bienséances reconnues, avec certains usages sanctionnés par le temps, l'observance de conventions plus ou moins arbitraires, mais admises par les deux classes qui composaient le public d'élite auquel les auteurs s'adressaient alors, les doctes et les gens comme il faut, l'Académie et la cour. Pendant toute cette époque, le goût est le pivot de toutes les théories littéraires : Voltaire, Montesquieu, D'Alembert et tous les critiques de ce temps-là s'attachent à déterminer les règles du goût. On reconnaît là l'influence dominante de l'esprit de société, qui alors imposait son joug aux écrivains comme aux autres artistes. Sans doute le goût, dans son sens le plus général, est le sentiment du beau, le discernement vif et prompt des beautés comme des défauts dans les ouvrages de l'esprit et dans les productions des arts ; mais ce tact délicat, que l'on ne formaient les salons d'alors, était par-dessus tout esclave des convenances ; il consistait à démêler ce qui était reçu de ce qui choquait les préjugés du beau monde. Le goût ainsi discipliné est ennemi de tout ce qui est énergique ; il efface tout ce qui est saillant, en vertu de la loi des convenances ; il fait peser sur tous un niveau qui maintient les grands esprits dans certaines régions intermédiaires, sans leur permettre ni de s'élever, ni de descendre dans les régions inférieures, où sont enfouis quelquefois des trésors de bon sens, de sentiments généreux et de beautés naïves.

Aujourd'hui, que les auteurs s'adressent à un public plus étendu et plus indépendant, la critique, devenue plus libre, doit prendre une autre bannière, se devise est la *vérité* ; la règle de ses jugements, la nature humaine. Au lieu de s'arrêter à la forme extérieure, à ce qu'il s'inquiétera beaucoup plus du fond. Au lieu de juger les ouvrages du poète et de l'artiste uniquement d'après leur conformité avec certaines règles écrites, expression généralisée des ouvrages anciens, elle s'efforcera de pénétrer dans l'esprit intime des productions littéraires, et d'aller jusqu'à l'idée qu'elles représentent. La vraie critique confrontera continuellement la littérature et l'histoire ; elle commentera l'une par l'autre, en contrôlera les productions des arts par l'état de la société. Elle jugera les ouvrages du poète et de l'artiste, en les comparant avec le modèle de la vie réelle, avec les passions humaines, et les formes changeantes dont l'état divers de la société peut les revêtir. Elle devra tenir compte dans cet examen du climat et de l'aspect des lieux, de l'influence des gouvernements, de la singularité des mœurs, et de tout ce qui peut donner à chaque peuple une physionomie originale. C'est ainsi que la critique se fait contemporaine et compatriote des écrivains qu'elle entreprend de juger ; elle devient tour à tour grecque, romaine, anglaise, allemande, espagnole ; elle adopte momentanément les idées, les usages, les préjugés de chaque pays, pour mieux entrer dans leur esprit, non qu'elle abdique ses lumières propres et se soumette sans réserve aux civilisations diverses qu'elle interroge ; mais, au milieu de ces métamorphoses successives, elle reste toujours indépendante et conserve le droit de juger ce qu'elle a commencé par comprendre. Du reste, chaque nation transporte dans la critique, c'est-à-dire dans sa manière de juger les ouvrages de l'esprit et les productions des arts, son point de vue particulier : les Anglais cherchent toujours le côté politique et pratique ; les Allemands le point de vue divin, ou le rapport des choses avec l'infini ; les Français le point de vue social.

Aux yeux de la critique nouvelle, telle que nous venons de la définir, une littérature aura d'autant plus de vie et d'originalité qu'elle conservera une empreinte plus fidèle du caractère national. Et le caractère national, elle le reproduira d'autant mieux qu'elle sera plus populaire. Il ne faut pas qu'elle concentre son public dans quelques classes privilégiées, et qu'elle s'adresse exclusivement aux gens comme il faut : alors, resserrée dans un cercle trop étroit, elle finit par s'accommoder à un goût mesquin à force de recherche. Elle doit faire parler tous les sentiments de la nature humaine et réfléchir toutes les affections de la multitude, qui, en définitive, est le meilleur juge, non des procédés de l'art, mais de ses effets. On peut dire en effet qu'il en est de la littérature comme du gouvernement : l'un et l'autre doit avoir ses racines au sein même de la société, afin d'y pulser continuellement la sève et la vie. Il faut que la libre circulation des idées mette en contact et le public et les écrivains, comme il faut qu'une communication active rattache les pouvoirs à toutes les classes sociales. C'est ainsi que les besoins, les opinions, les sentiments du plus grand nombre pourront à chaque instant se faire jour, se manifester, et réagir sur ceux qui prennent la haute mission d'éclairer les esprits ou de diriger les intérêts généraux. Malheur aux littératures comme aux gouvernements qui se placent en dehors de la nation, ou du moins qui ne s'adressent qu'à des classes privilégiées et ne répondent qu'à une petite minorité ! Intérieurement animé d'un principe de vie qui ne s'arrête jamais, le genre humain ne poursuit pas moins sa marche ; les gouvernements et les académies restent en arrière. Bientôt arrive un moment où la disposition des esprits et les opinions généralement adoptées ne sont plus d'accord avec les institutions et les habitudes. Alors il faut tout renouveler : c'est l'époque des révolutions et des réformes. La poésie doit donc s'adresser à tout un peuple et le représenter tout entier, comme le gouvernement doit être le résumé de toutes les forces sociales, l'expression de tous les besoins, le représentant de toutes les supériorités. C'est à ces conditions qu'une littérature est vraiment nationale.

Si l'on cherchait dans l'histoire la société qui se rapproche le plus de ce type idéal, et qui offre le développement le plus libre et le plus harmonique des facultés humaines, c'est à la nation grecque qu'il faudrait la demander. En Grèce, où rien ne gênait le libre essor de l'activité, la poésie, comme les arts, comme la philosophie, suivit un cours unique, une marche naturelle. Toutes les branches de la civilisation y fleurirent à la fois : les arts de la guerre et de la politique s'y perfectionnaient en même temps que les lettres, la statuaire, la peinture, l'architecture : Eschyle, après avoir combattu à Marathon, remportait le prix de la tragédie. Aussi retrouve-t-on une certaine ressemblance et comme un air de famille entre les poètes, ces orateurs, ces philosophes, ces artistes. Platon, Phidias, Sophocle, Démosthène, à travers les différences de leur art et de la diversité des objets auxquels ce génie s'appliquait, ont entre eux une physionomie commune, l'empreinte du caractère national. Une telle société pourrait être regardée comme le modèle d'une civilisation parfaite, si l'on n'avait à lui reprocher l'esclavage domestique. Cette admirable nation grecque, et en particulier le peuple athénien, doué d'organes délicats et d'un goût exquis, où les derniers artisans se montraient sensibles aux beautés de la poésie et de la sculpture, où une marchande d'herbes reconnaissait Théophraste pour étranger, à la pureté trop recherchée de son langage attique, ce peuple voyait encore ces dons heureux du ciel favorisés par les débats et l'activité de la vie publique, par une religion qui animait toute la nature, et dont les cérémonies étaient des fêtes populaires; par les solennités des jeux olympiques, où vingt républiques rivales faisaient trève à leurs querelles pour célébrer en commun les triomphes des arts et du génie. Alors la poésie faisait partie essentielle de leurs mœurs et presque de leur langage : elle avait une foi réelle aux dieux qu'adorait le culte public; elle était vivante, et ce n'était pas seulement un langage de convention.

Cette mythologie païenne, qui n'est pour nous qu'une tradition morte, et dont notre poésie a dérobé des lambeaux pour s'en affubler comme d'un habit de cérémonie, n'était pas pour eux un assemblage de vains noms et de fictions sans réalité. Lorsque Eschyle mettait en scène les Furies poursuivant Oreste parricide, lorsque Sophocle représentait Œdipe cherchant un asile dans les bois consacrés aux Euménides, ils montraient des personnages et des objets qui répondaient à toutes les croyances, à toutes les habitudes, et qui, sans cesse présents à leurs yeux ou à leur pensée, faisaient partie de leur existence. Ces souvenirs, ces traditions de leur mythologie, ils les invoquaient même dans leurs transactions politiques. Démosthène, répondant à une fameuse accusation que lui avaient intentée des ennemis acharnés, commençait et finissait sa défense par une invocation à tous les dieux et à toutes les déesses de l'Olympe. Ailleurs, proposant au peuple un décret pour l'engager à rechercher l'alliance des Thébains, il rappelle les anciens services rendus par les Athéniens aux descendants d'Hercule, qu'ils ramenèrent dans le Péloponnèse; il cite encore l'accueil et l'asile qu'Athènes offrit à Œdipe et à ceux qui partagèrent sa mauvaise fortune. On retrouve là tous les caractères d'une littérature native, originale, puisant ses inspirations dans le sein même de la société qui lui donnait la vie.

Chez nous autres modernes, la civilisation n'a pas été une œuvre aussi simple; l'état social au moyen âge offrait l'image du chaos : héritiers des siècles antérieurs et des peuples qui nous ont précédés, nous avons subi le joug des coutumes qu'ils nous imposaient. On sait combien la fusion entre des éléments si contraires fut lente et difficile, que de temps et d'efforts il fallut pour débrouiller ce désordre. De la maint anachronisme, mainte association contradictoire dans les diverses parties du système social. Ces disparates se glissèrent dans notre religion, dans nos mœurs, nos arts, notre gouvernement, et s'y incorporèrent. Notre littérature en garda longtemps l'empreinte originelle. C'est de nos jours qu'une insurrection s'est déclarée dans la république des lettres contre les principes qui avaient exercé si longtemps une autorité souveraine. Tout en applaudissant aux efforts tentés pour briser des entraves inutiles et pour donner au génie plus d'indépendance, il est bien permis de ne pas approuver sans réserve les témérités et le dévergondage de ceux qui se sont donnés pour novateurs.

Le goût des lettres est un besoin que l'homme de tous les pays, de tous les siècles, a voulu satisfaire, soit en communiquant sa propre pensée par écrit, soit en s'inspirant par la lecture d'une pensée étrangère. Ce désir de gloire et d'émotions, commun à tous les peuples, a cependant varié autant par le principe qui le faisait naître que par la forme qui le reproduisait : ainsi, chez les nations orientales et méridionales l'exaltation de ce sentiment se manifeste le plus habituellement sous la forme poétique; au nord, où les intempéries avertissent journellement l'homme de sa misère et de son néant, où il se replie davantage sur lui-même, la littérature prend un caractère plus positif et plus sérieux.

ARTAUD.

De là les deux grandes *écoles littéraires* qui partagent l'Europe et la France, dont la littérature participe de la position intermédiaire que son sol occupe géographiquement. L'un de ces systèmes, venu originairement d'Orient, amélioré par les Grecs, adopté par les Latins, a été imposé par cette nation belliqueuse aux peuples qu'elle parvint à soumettre, et a donné naissance à l'*école classique*. L'autre, né dans les glaces du Nord, où il a été de nouveau refoulé par l'invasion romaine, fait encore ressentir à de longs intervalles son influence grave, sombre et farouche, aux esprits avec lesquels il se trouve avoir quelque analogie. Sur ce système est fondée l'*école romantique*.

Il est vrai que l'espèce de persécution que cette littérature a longtemps éprouvée, que son caractère rude et mélancolique, que son principe de l'éternité des âmes, semblent lui donner plus d'analogie avec la religion chrétienne qu'avec les brillantes fictions du paganisme mythologique. Aussi les nations du Nord ont-elles adopté cette doctrine littéraire vague, indéterminée, parce qu'elle n'a été consacrée par aucun ouvrage didactique, ne pouvant pas l'être; tandis que les nations du Midi, sans se conformer rigoureusement aux préceptes des Grecs, constatés par Aristote, ont du moins adopté ses principes généraux, parmi lesquels l'observation de la beauté est le plus important. Une autre cause s'opposait encore à l'adoption populaire de la doctrine d'Aristote chez les nations du Nord. Tandis que les dieux d'Homère, que la mythologie, gouvernaient la plus belle partie et la seule civilisée de l'Europe, la Gaule septentrionale, la Bretagne, la Germanie, la Scandinavie, suivaient presque uniformément une autre croyance depuis les siècles les plus reculés. La religion celtique, peut-être encore originaire de l'Inde, transmise et modifiée par l'*Edda*, fut immédiatement remplacée, dans les contrées du nord de l'Europe, par le christianisme. Elles restèrent conséquemment étrangères à la mythologie, et leur religion première perce encore aujourd'hui dans l'opposition qui n'a cessé de se manifester chez les nations contre le système d'Homère et l'autorité d'Aristote.

Ces deux grandes écoles se sont ensuite subdivisées en écoles particulières, selon la direction donnée par les maîtres : on dit l'*école de Schiller et de Gœthe*, de *Corneille* et de *Racine*, etc. En France, où nous bornerons exclusivement nos recherches, l'*école gauloise* fut abandonnée pour l'imitation des anciens, sous François Ier, précisément au moment où ce souverain exigeait que les actes publics fussent écrits en français au lieu de continuer à l'être en latin; ce qui peut paraître contradictoire. Mais c'est que la langue se formait; que le style gaulois s'oubliait, et que les ouvrages écrits en cette langue n'étaient plus même compris, puisque Marot prit la peine de mettre le *roman de la Rose* en *beau langage*. Ronsard, suivant les préceptes consignés par son ami Joachim du Bellay dans L'*Illustration de la Langue française*, porta le dernier coup à la littérature gauloise, et fit école. L'*école de Malherbe*, à son tour, fit oublier et mépriser celle qu'avait fondée Ronsard ; et nous voyons dans la *Défense de la Poésie et du Langage des Poètes*, composée par Mlle de Gournay, et publiée en 1626, les regrets qu'elle manifeste de cet abandon. L'école de Malherbe fut remplacée par celle de Boileau, qui fut remplacée par celle de Voltaire, puis de Delille, etc., etc. Nous ne perdrons pas de vue les poètes, parce que la différence qui existe entre leurs ouvrages est plus tranchée que celle qui se fait remarquer entre les prosateurs.

Il est évident qu'en suivant les progrès que fait chaque société, des changements s'opèrent non-seulement dans le langage, mais même dans le cours des idées ; les hommes apprennent à déguiser leurs passions ; les mœurs modèlent les caractères non moins que la manière de les développer, la science empiète sur l'imagination, qui s'appauvrit à mesure que l'art s'enrichit de moyens nouveaux ; alors *la forme* prend une importance qu'elle n'avait pas dans l'origine, le *but* primitif de l'art disparaît, et l'on s'arrête au *moyen* :

24

c'est à-dire qu'après avoir remarqué que les écrivains, considérés comme modèles, avaient réussi à l'aide de certaines formes, on s'est appliqué à reproduire ces mêmes formes; l'espèce de perfection monotone qu'acquièrent par la suite des temps des auteurs attentifs à reproduire de la même manière les mêmes qualités, les mêmes *effets* de style, amène la satiété : on cesse d'étudier les modèles dont on oublie le but, et l'on forme une *nouvelle école*.

Quant à la nécessité de suivre une école quelconque, elle est inévitable : le mépris de toute doctrine, méthode ou système, qu'affecte l'écrivain qui a la prétention de s'y soustraire, équivaut à celle de tout savoir sans avoir jamais rien appris. L'acception détournée de son vrai sens, que l'on a voulu donner au nom d'*école romantique*, c'est-à-dire *absence de toute école*, est un non-sens. Quel inconvénient d'ailleurs y a-t-il à suivre une école? La médiocrité qui s'astreint à des préceptes évite les écarts où elle tomberait si elle était livrée à elle-même; et le génie qui commence par s'y soumettre les modifie bientôt, et devient à son tour chef d'école. Aujourd'hui qu'avec un si grand désir d'indépendance et de progrès, des auteurs ont dédaigné la route ouverte par les maîtres pour en ouvrir d'autres, en ont-ils été plus originaux pour cela? Non, Nous venons tard. La pensée a été tellement exploitée, et ses formes si diversement reproduites, qu'une idée entièrement neuve serait complétement inintelligible. Aussi, qu'est-il arrivé jusque ici ? Que, sous le prétexte d'obéir à sa seule inspiration, on a négligé l'étude de tout ce qui nous avait précédés, et que par l'effort de son génie on a *inventé* ce qui avait été dit cent fois, et ce qui avait été autant de fois oublié, de sorte qu'au lieu de faire un pas en avant on a rétrogradé. En étudiant et en adoptant une doctrine quelconque, on evit éviter ce danger, peut-être, il est vrai, pour tomber dans un autre, mais moins grave. Un homme de génie prend, s'approprie ce qui lui est convenable chez les auteurs qui l'ont précédé, ou ce que le hasard, ses recherches, lui ont fourni dans la nature; mais il n'est pas le premier qui l'ait attentivement observée, il le sait : il dissimule son larcin, il le présente sous une forme qui lui est propre, il l'individualise, il *fait* enfin *école*; on l'imite bientôt, car le génie, comme le talent, attire toujours des singes à sa suite. Celui qui l'imite immédiatement peut omettre une des observations faites par son modèle ; un imitateur de ce premier en oublie une autre ; ceux qui imiteront le dernier s'en écarteront encore plus, et tous cependant prétendront suivre l'école du modèle primitif. Ils ne feront faire aucun progrès à l'art, ils resteront stationnaires. Du reste, cette déplorable manie d'imitation servile et sans discernement, ainsi amèrement reprochée aux partisans de l'antiquité, n'est pas spéciale à l'école classique, et elle s'appliquera d'autant plus inévitablement aux écoles du Nord ou romantiques que leur doctrine est moins arrêtée, moins régulièrement fixée.

Si l'on en vient ensuite à confondre, à mélanger dans un seul corps de doctrine les préceptes opposés de ces diverses écoles, il en résultera pour les ouvrages composés dans ce nouveau principe, ou, ce qui est équivalent, sans principe, un défaut d'unité, un désordre que je ne saurais désigner autrement que par les mots d'*anarchie littéraire*. L'*éclectisme* en littérature est certes une bonne chose, puisqu'il satisfait au goût de chacun ; mais ne l'employons pas pour la composition d'un même ouvrage.

Maintenant qu'il ne nous appartient plus de créer de nouveaux systèmes, et que nous ne pouvons faire autre chose que de suivre les routes tracées et même déjà battues, il ne nous reste qu'à choisir entre celles qui ont été ouvertes par les Grecs ou tentées par les écrivains romantiques. La première de ces écoles, poétique, élevée, aidant à l'imagination, admettant ses créations, les colorant avec richesse et pureté, aimant la beauté, la choisissant dans le monde moral, physique et idéal, négligeant tout ce qui ne saurait agrandir ou plaire. L'autre école, savante et grave, aimant la vérité, la recherchant et la peignant sans choix, telle qu'elle se présente, doutant de ce qu'on ne saurait prouver, ne voulant plaire ni consoler, mais instruire, et repoussant enfin toute illusion. C'est-à-dire qu'il dépend de nous d'être poétiques et toujours beaux ou vrais, et souvent laids. La question de prééminence entre ces deux grandes écoles ne s'étend pas plus loin.
Viollet Le Duc.

LITTÉRATURE FACILE. *Voyez* Facile (Littérature).

LITTLE-ROCK ou **ARKOPOLIS**. *Voyez* Arkansas.

LITTORAL. *Voyez* Côte (*Hydrographie*).

LITTORAL (Le). On désigne ainsi le pays de côtes, autrefois dépendance du royaume de Hongrie, et compris aujourd'hui dans la Croatie, qui se prolonge sur une étendue d'environ 42 kilomètres, le long de la mer Adriatique, à l'extrémité nord de la Dalmatie, et dont Fiume au nord et Novi au sud forment les limites, et qui, sur une superficie de 45 kilomètres carrés, contient une population de 50,000 âmes. Il a pour chef-lieu Fiume. Comme ports francs, on doit mentionner les villes de *Buccari* et de *Porto-Ré*. Celle-ci compte 1,700 habitants, et son port est défendu par deux châteaux forts. Le *Littoral* appartenait autrefois au district militaire de la Croatie. L'empereur Joseph II le réunit en 1776 à la Hongrie, et y établit un gouvernement civil, afin de faire prospérer le commerce de la Hongrie en assurant un débouché maritime à ses productions. De 1809 à 1814 le *Littoral*, enclavé dans l'Illyrie et la Dalmatie, fut soumis à la domination française et fit partie des provinces illyriennes. Rendu à l'Autriche en 1814, il ne fut incorporé de nouveau à la Hongrie qu'en 1823. Mais lorsque la constitution donnée à l'empire d'Autriche en 1849 eut promis de séparer la Croatie et l'Esclavonie de la Hongrie et eut en conséquence constitué avec ces deux royaumes un domaine particulier de la couronne (*Kronland*), on y incorpora également le Littoral et la ville de Fiume avec son territoire, à titre de comitat croate particulier, mais auquel on ajouta bientôt après l'arrondissement de Delnicze et quelques autres territoires; de telle sorte que sa superficie totale est aujourd'hui de 15 myriamètres carrés, avec 87,000 habitants.

LITTROW (Joseph-Jean de), célèbre astronome, naquit le 13 mars 1781, à Bischoff-Teinitz, en Bohême. En 1802 il servit pendant quelque temps dans la légion bohème créée par l'archiduc Charles. Plus tard il se consacra à l'étude des mathématiques et de l'astronomie, et, sans avoir d'autres maîtres que lui-même, il parvint à acquérir une connaissance si profonde de ces deux sciences, qu'en 1808 il fut appelé à occuper la chaire d'astronomie de l'université de Cracovie, qu'il échangea l'année suivante contre celle de l'université de Kasan ; et peu de temps après il fut élu membre de l'Académie des Sciences de Saint-Pétersbourg. Revenu de Russie en 1816, il fut d'abord nommé directeur du nouvel observatoire d'Ofen en Hongrie, puis, l'année 1819, directeur de l'observatoire de l'université de Vienne. Des hommes d'un âge mûr et une foule d'étrangers venaient chaque année, à Vienne, suivre ses cours d'astronomie. L'empereur d'Autriche l'anoblit en 1837, et le nomma la même année directeur du chemin de fer de Ferdinand. Il mourut le 30 novembre 1840.

Littrow était doué d'une facilité d'exposition qui rappelait celle d'Euler. Sous le rapport de la fécondité, il est peu de mathématiciens qu'on puisse lui comparer. Le plus important de ses nombreux ouvrages est celui qui a pour titre : *Merveilles du Ciel* (4e édition; Vienne, 1853), l'un des meilleurs traités d'astronomie populaire qui existent.

LITTROW (Charles-Louis de), fils aîné du précédent, né en 1811, à Kasan, fut adjoint à son père dès 1831, et lui a succédé dans la direction de l'observatoire de Vienne. Il s'était déjà fait connaître du monde savant par une dissertation sur l'observation du passage de Vénus en 1769 par Hell ; travail d'après lequel Encke put rectifier sa célèbre détermination de la distance du soleil à la terre. Il avait aussi fourni, comme son père, un grand nombre d'articles au Dictionnaire de Physique de Gehler. Sous sa direction les *Annales de l'Observatoire de Vienne* sont devenues l'un des plus célèbres recueils scientifiques de notre époque.

LITURGIE (de λιτή, prière, et ἔργον, œuvre). A proprement parler, la *liturgie* n'est autre chose que le culte rendu publiquement à la Divinité, culte aussi ancien que la religion, puisque c'est une des premières leçons que Dieu a données à l'homme en le créant. Nous ne nous occuperons ici que de la *liturgie* chrétienne, ou du culte divin tel qu'il a été institué par Jésus-Christ et les Apôtres. Il est démontré qu'aucune liturgie n'a été écrite avant le cinquième siècle, excepté celle qui est renfermée dans les constitutions apostoliques, et qui date de la fin du quatrième siècle. Elles étaient conservées par tradition dans les différentes églises, et fidèlement transmises par les évêques à ceux qu'ils élevaient au sacerdoce. C'était un mystère qu'on dérobait aux regards des païens, mais que les pasteurs se confiaient mutuellement. Les Pères des premiers siècles parlent très-souvent de ce secret observé dans les cérémonies ; et l'on voit qu'ils croyaient qu'on ne pouvait rien y changer, parce qu'elles venaient des Apôtres. A l'époque où les liturgies des églises furent écrites, il fut facile de s'assurer qu'elles étaient conformes pour le fond. Le style des prières est différent, mais le sens est toujours le même, et il y a peu de variété dans les cérémonies. Dans toutes on retrouve les parties essentielles, la lecture des livres de l'Ancien et du Nouveau Testament, l'instruction dont elle était suivie, l'oblation des dons sacrés faits par le prêtre, la préface ou exhortation, le *Sanctus*, la prière pour les vivants et pour les morts, la consécration faite par les paroles de Jésus-Christ, l'invocation sur les dons consacrés, l'adoration et la fraction de l'hostie, le baiser de paix, l'oraison dominicale, la communion, l'action de grâces, la bénédiction du prêtre. Telle est la marche à peu près uniforme des *liturgies*, tant en Orient qu'en Occident. Cette conformité et les paroles des Pères des quatre premiers siècles sur cette matière prouvent que les *liturgies* ont une origine commune et remontent jusqu'aux Apôtres.

L'autorité des *liturgies* est plus grande que celle des autres écrits : car, quel que soit le nom qu'on leur donne, c'est moins l'ouvrage de tel auteur que le monument de la croyance et de la pratique d'une Église entière ; il a l'autorité non-seulement d'un saint personnage, mais la sanction publique d'une société nombreuse de pasteurs et de fidèles, qui l'ont constamment suivie. Dans les premiers siècles, les sectes hérétiques, en se séparant de l'Église, ne changeaient rien à la *liturgie*. Les nestoriens sont les premiers auxquels on adresse ce reproche. On sait que les protestants ont été obligés de modifier les liturgies pour les mettre en harmonie avec leurs dogmes. Les communions les plus avancées, celles qui n'ont pas craint de tirer les dernières conséquences du principe de Luther, en sont même venues à n'avoir plus, pour ainsi dire, aucune *liturgie*. En Orient, on compte plusieurs liturgies : les plus remarquables sont celles des *cophtes*, des *syriens*, des *nestoriens* et *arméniens*, et enfin les *deux grecques*. Les Églises d'Occident ne reconnaissent que quatre *liturgies* anciennes, à savoir : celles de Rome, de Milan, des Gaules, de l'Espagne. Cette dernière a reçu le nom de *mozarabique*, à cause du mélange des chrétiens avec les Maures ou Arabes. La messe gallicane, qui a été en usage dans les Gaules jusqu'à l'an 758, a beaucoup plus de ressemblance avec les *liturgies* orientales qu'avec l'ordre romain. On attribue ce fait aux premiers apôtres des Gaules, qui, venus de l'Orient, établirent une *liturgie* semblable à celle à laquelle ils étaient accoutumés. L'église de Milan a conservé son ancienne *liturgie*, qu'elle attribue à saint Ambroise, et qui pour cela porte le nom de *rit ambroisien*. On a en vain essayé mille fois d'y introduire l'usage de Rome. J.-G. CHASSAGNOL.

LIVADIE. C'est ainsi qu'on appelle aujourd'hui, d'après la ville de *Livadia* ou *Lebadea*, dans l'ancienne Béotie, au pied de l'Hélicon, l'ancienne **H e l l a d e** ou Grèce centrale. Elle est bornée au nord par la Thessalie, au sud par le golfe de Corinthe et d'Égine, à l'est par la mer Égée, et à l'ouest par la mer Ionienne. Elle comprend les anciennes provinces de l'**A t t i q u e**, de la **Mégaride**, de la **Béotie**, de la **P h o c i d e**, de la **D o r i d e**, de l'**É t o l i e** et de l'**A c a r n a n i e**, et forme aujourd'hui la partie septentrionale et continentale du royaume de Grèce.

LIVADIE ET TOPOLIE (Lac de). *Voyez* COPAÏS.

LIVAROT (Fromage de). *Voyez* FROMAGE.

LIVERPOOL, après Londres la ville commerciale la plus importante de la Grande-Bretagne, et la troisième de l'Angleterre sous le rapport de la population, est située dans le comté de Lancastre et bâtie sur la rive droite de la Mersey, large en cet endroit de près de deux kilomètres, et à trois kilomètres environ de l'embouchure de ce fleuve dans la mer d'Irlande. Elle s'élève en amphithéâtre sur un plan doucement incliné et est entourée d'une foule de belles maisons de campagne. On y compte 255,000 habitants, et même près de 400,000 si on y comprend la population de sa banlieue et les marins appartenant à son port. Le commerce et la navigation sont leurs principales occupations ; mais ils se livrent aussi aux industries les plus variées, telles que la construction des navires, la fabrication des montres marines et des chronomètres, des toiles à voile, des ancres, des chaînes-câbles, des articles d'acier, des machines à vapeur, des cristaux, du tabac, de la céruse, du vitriol, des pipes, du biscuit de mer, du sucre, etc., etc. La seule filature de coton qu'on y trouvait a été détruite en 1853 par un incendie. Des services réguliers de paquebots à vapeur mettent Liverpool en communication avec tous les ports de quelque importance de la Grande-Bretagne et de l'Irlande, ainsi que de l'Europe, avec les deux Amériques, les Indes occidentales et orientales et la Chine ; et des canaux ou bien des chemins de fer la relient à toutes les grandes villes manufacturières de l'intérieur. L'un des cinq chemins de fer qui y aboutissent, le premier qu'ait eu l'Angleterre (1830), conduit à Manchester, dont elle est en même temps le port de mer. Un embranchement du canal de Bridgewater conduit aussi de Liverpool à Manchester ; et le célèbre canal de Leeds et de Liverpool, le plus grandiose et le plus remarquable qui existe en Angleterre, la relie à Liverpool. Par ses immenses relations avec l'Amérique, relations pour lesquelles sa situation géographique la rendait plus propre que Londres, et comme port des riches comtés manufacturiers de Lancastre et d'York, elle forme le grand centre de l'importation des cotons et des autres produits de l'Amérique ; et le tonnage réuni des navires qui y entrent annuellement dépasse celui des navires qui arrivent à Londres. En même temps Liverpool est avec Londres le grand centre du commerce avec la Chine, d'où elle reçoit d'immenses quantités de soie grége et de thé. C'est en outre de tous les ports de la Grande-Bretagne celui qui fait le plus de commerce avec l'Irlande, dont le bétail, la poix, la viande salée, les farines, le beurre et les toiles arrivent pour la plus grande partie dans les eaux de la Mersey. De 1818 à 1843 le mouvement commercial du port de Liverpool a quadruplé, et depuis lors il est toujours en progrès. En 1848 les bâtiments qui y étaient entrés ou étaient sortis étaient au nombre de 25,848, et jaugeaient ensemble 5,486,212 tonneaux. Ils avaient produit à la douane une recette brute de 3,481,796 liv. st. Dans ces derniers temps le cabotage et les expéditions d'émigrants y ont pris aussi les plus vastes proportions. En 1846 la ville possédait en propre 1486 navires à voiles, jaugeant ensemble 380,808 tonneaux, et 55 bateaux à vapeur, jaugeant 6,200 tonneaux. Depuis lors ces chiffres se sont encore considérablement augmentés. La construction des navires irait également toujours en augmentant à Liverpool, s'il y avait assez de place pour les chantiers. En présence de tels résultats, il est impossible de ne pas être frappé de surprise, surtout quand on songe que, à proprement parler, Liverpool n'a point de port. Située, ainsi que nous l'avons dit, à l'embouchure de la Mersey, sans abri pour les navires, qui, étant exposés aux ouragans, très-fréquents dans le

24.

canal Saint-Georges, couraient d'autant plus de dangers qu'à la marée basse ils reposaient sur la vase, il lui fallut, pour avoir un port, le créer. La nécessité éveille le génie. On imagina de creuser au milieu des terres de vastes bassins où l'eau de mer arrive et est retenue par des écluses : ce furent les *docks*. Le premier date de 1699 ; c'est aussi le premier qu'ait eu l'Angleterre, mais on le combla en 1825, pour y construire la nouvelle douane. Avec lui commença la construction, depuis lors non interrompue, de nouveaux ports artificiels, chefs-d'œuvre d'hydraulique, auxquels Liverpool est redevable des développements gigantesques de son commerce, et qui n'ont leurs pareils dans aucun autre pays de la terre. On ne saurait trop admirer la police qui les régit. A chacun d'eux est assignée une destination spéciale, pour la facilité du service. Mais quelque avantage qu'en retirât le commerce de Liverpool, il ne fallut pas moins d'une expérience de cent années pour que le commerce de Londres se décidât à imiter son exemple.

Aujourd'hui Liverpool ne possède pas moins de douze docks, qui, avec leurs digues de granit et leurs murailles colossales, avec leurs bassins et leurs cuves en maçonnerie, se prolongent sur les rives du fleuve pendant l'espace d'environ trois kilomètres et occupent une superficie de 180 acres; sans compter les docks gigantesques construits depuis 1844, aux frais d'une société d'actionnaires, sur la rive méridionale de la Mersey, dans le comté de Chester, et dont la création a eu pour résultat de transformer le petit village de *Birkenhead* en ville comptant déjà plus de 10,000 habitants. Les plus beaux docks de Liverpool sont ceux de *Clarence*, de *Wellington*, et surtout celui du *Prince Albert*, dont la construction a coûté un million de liv. st. Près des docks se trouvent de gigantesques hangards et d'immenses magasins ayant souvent douze et même treize étages. Entre le fleuve et les murailles qui entourent les docks se trouve ordinairement un quai ou promenade, avec vue sur la Mersey et la côte du Cheshire. Le plus beau quartier de la ville est la partie orientale, où se trouve la belle promenade appelée *Mount Pleasant*, et de laquelle on découvre la ville, le port et toutes les maisons de campagne des environs. Dans l'intérieur de la ville on voit d'immenses places et des rues larges et bien aérées, mais où débouchent aussi d'étroites, obscures et sales ruelles, où s'agite le petit commerce et où la misère étend ses haillons. Plus du cinquième de la population habite de petites caves humides et obscures, ou bien ce qu'on appelle des cours (*courts*), petites places bâties des quatre côtés et où l'on entre par des passages voûtés. La rue d'Écosse (*Scotland road*), longue de près de trois kilomètres, est constamment remplie par une foule compacte, et garnie sur toute son étendue de boutiques et de magasins. Sous le rapport de l'art, Liverpool n'offre rien de remarquable; ses monuments sont froids et lourds : les ornements y sont prodigués sans discernement et sans goût. On dirait d'un peuple à son premier âge, qui n'est frappé que par le bizarre et pour qui l'élégance, la grâce sont lettres closes. On n'y compte pas moins de 162 églises, temples, chapelles ou synagogues. Tous ces édifices sont d'une grande simplicité. Les plus considérables sont l'église Saint-Paul (1769), ornée d'un portail soutenu par des colonnes, et l'église Saint-Georges, bâtie en 1732, sur les ruines d'un ancien château fort, puis reconstruite en 1821, et pourvue d'un toit en fer avec un toit, des fenêtres, des piliers, une chaire, des galeries et une nef entièrement en fer fondu. Les édifices les plus remarquables sont ensuite : la douane, l'hôtel de ville, la bourse, le grand marché Saint-Jean, construit en 1821, pour la vente de la viande, du poisson, des légumes, du beurre, etc., la halle aux blés, les hôtels des différentes banques et de la caisse d'épargne. Citons encore le grand entrepôt construit en 1841, dans la rue de Waterloo. C'est le plus grand qu'il y ait en Angleterre ; il occupe une superficie de cinq acres, et a nécessité la démolition de 150 maisons. En 1849 la construction de l'important embarcadère du chemin de fer situé dans la rue de Tithebarn a également nécessité la démolition de 50 maisons et d'une église. La ville possède de nombreuses institutions scientifiques et littéraires, entre autres la *Mechanic Institution*, qui jouit d'un revenu de 70,000. liv. st., et dont le jardin botanique passe pour le plus riche qu'il y ait en Angleterre. On y trouve deux théâtres et un amphithéâtre, spectacle à l'usage du peuple. Les institutions de bienfaisance, les asiles pour les enfants pauvres y abondent. L'une des plus originales et des plus utiles est le *Night-Asylum for the houseless poor*. Il fut fondé en 1830, en grande partie par les soins de sir Egerton Smith. On y reçoit les pauvres et les étrangers qui se trouvent momentanément sans gîte pour la nuit. Plus de 6,000 individus y passent annuellement cinq nuits, terme moyen. Au dessus de la porte du charitable établissement, on lit ces touchantes paroles de saint Luc : *Frappez, et on vous ouvrira*. Mentionnons aussi les hôpitaux flottants à l'usage des matelots, dont un plus spécialement destiné à recueillir les marins invalides, leurs femmes et leurs enfants; une maison d'aliénés, une institution de sourds-muets, une institution de jeunes aveugles, etc. Les revenus de la ville s'élèvent aujourd'hui à 320,000 liv. st. De 1801 à 1850 elle a dépensé en travaux d'utilité publique plus de 1,600,000 liv. st.

Liverpool n'était à l'origine qu'un petit village de pêcheurs. En 1561, sous le règne d'Élisabeth, on n'y comptait encore que 138 propriétaires de maisons ou de chaumières, lesquels possédaient en outre 12 bâtiments, jaugeant ensemble 223 tonneaux et montés par 75 matelots. En 1644 la petite ville fut entourée d'une haute et épaisse muraille, flanquée d'un donjon. Le 26 juin de la même année cette *crapaudière* fut prise par les royalistes commandés par le prince Ruprecht, et tous ceux des habitants qui essayèrent de résister furent passés au fil de l'épée. Son importance ne date que de l'an 1699, époque où elle fut érigée en paroisse et où on y construisit le premier *dock* ; mais à partir de ce moment la ville s'agrandit dans toutes les directions. En 1710 elle possédait 84 navires, et 131 en 1723 ; on y comptait 5,000 habitants en 1700, 12,000 en 1736, 26,000 en 1760, 34,000 en 1773, et 56,000 en 1790. De 1801 à 1821 le chiffre de sa population s'éleva de 77,700 à 119,000 habitants; elle était en 1841 de 225,000 âmes, et même de 300,000 en y comprenant la population de la banlieue et des marins.

La cause première de ces immenses développements, c'est l'impossibilité où se trouva, par suite de la guerre de succession, la compagnie espagnole de l'*Assiento* de continuer à pourvoir les diverses colonies espagnoles d'esclaves nègres dont elles avaient besoin. Les marchands de Liverpool s'emparèrent donc du commerce de la traite, qui se pratiqua de la Jamaïque à Cuba. C'est ainsi que Liverpool fut le premier port d'Angleterre où l'on arma pour la traite. Les négociants de cette ville y rattachèrent aussi le commerce de contrebande avec l'Amérique espagnole, forcée, en vertu du monopole concédé à beaux deniers comptants à une compagnie privilégiée par le gouvernement, de payer tous les objets nécessaires à sa consommation trois fois plus cher que leur valeur réelle. Les bâtiments négriers de Liverpool ouvrirent donc aux villes manufacturières de l'Angleterre, et notamment à Manchester, des marchés sans limites pour l'écoulement des produits de leur industrie ; ils transportèrent des nègres aux Antilles et rapportèrent en échange du rhum, du sucre, du tabac, de l'or et des joyaux. La prospérité de ce commerce dura jusqu'en 1740, époque où une répression plus vigilante de la part du gouvernement espagnol le rendit plus difficile, sans pouvoir cependant entièrement le détruire. On calcule que de 1730 à 1770 environ, 2,000 bâtiments négriers firent voile de Liverpool pour l'Amérique, et que dans l'espace de onze années seulement ils introduisirent aux Antilles 304,000 esclaves, dont la vente produisit une somme de 16 millions de liv. st., sur laquelle les armateurs réalisèrent 50 p. 100 de bénéfice. En 1771 il ne sortit du port de Liverpool que 106 bâtiments négriers, jaugeant ensemble 110,000 tonneaux. La concurrence avait déjà singulièrement diminué les profits; et quand, en 1787, commença la croisade de l'humanité contre la traite, cette révolution dans les idées ne lésa que fort peu les intérêts des marchands de Liverpool. Déjà leurs spéculations s'étaient dirigées avec une incomparable énergie sur d'autres articles de commerce; aussi quand, en 1806, Wilberforce fit adopter par le parlement sa célèbre motion relative à l'abolition de la traite des nègres, la totalité des navires de Liverpool employés à ce trafic ne représentait plus que 25,000 tonneaux. C'est en réalité de cette époque que date le développement de plus en plus grand des spéculations entreprises dans le Nouveau Monde par les armateurs de Liverpool avec les divers produits des manufactures nationales. Exclus du commerce de la Chine et des Indes orientales par le monopole concédé à une puissante compagnie, ils concentrèrent dans leurs docks tout le commerce de l'Angleterre avec les États-Unis, commerce qui, par suite des succès inespérés de la culture du coton dans ce pays et de l'industrie cotonnière à Manchester, en vint bientôt à prendre des proportions gigantesques. Aujourd'hui, que le monopole de la Compagnie des Indes orientales a été supprimé, les opérations des négociants de Liverpool n'embrassent pas seulement l'Amérique, mais encore les Grandes-Indes, la Chine, l'Australie et l'Europe.

LIVERPOOL (CHARLES JENKINSON, baron HAWKESBURY, comte DE), homme d'État anglais, né le 10 mai 1727, dans le comté d'Oxford, et fils du colonel Jenkinson, se rendit de bonne heure célèbre comme poëte et comme publiciste, et obtint la place de secrétaire particulier de lord Bute, lequel, à son entrée au ministère, en 1761, le nomma sous-secrétaire d'État. Jenkinson fut élu en même temps par le bourg de Cockermouth membre du parlement. Il fut ensuite nommé trésorier de l'artillerie, puis secrétaire de la trésorerie, fonctions qu'il résigna quand, en 1765, Rockingham devint ministre dirigeant. Comme l'un des membres les plus remuants de la camarilla occulte de Georges III, il devint l'objet de la haine toute particulière de l'opposition. C'est à sa secrète influence qu'on attribue la politique adoptée à l'égard des colonies d'Amérique et la guerre qui en résulta. En 1778 il fut chargé du portefeuille de la guerre, qu'il conserva jusqu'en 1782, époque où le cabinet dont il faisait partie dut se dissoudre. Sous l'administration de Pitt, il fut nommé chancelier du duché de Lancastre, créé baron Hawkesbury et président du conseil supérieur du commerce en 1786, puis enfin comte de Liverpool en 1796. En 1801 il dut renoncer à ses fonctions, par suite de l'affaiblissement de sa santé. Il mourut le 17 décembre 1808. On a de lui, entre autres ouvrages, une collection des traités de paix depuis 1648 jusqu'en 1783.

LIVERPOOL (ROBERT-BANKS JENKINSON, baron HAWKESBURY, comte DE), fils du précédent, né le 7 juin 1770, entra à la chambre des communes en 1791, et fut appelé en 1796 aux fonctions de membre du conseil privé et du *board of trade* (conseil supérieur du commerce). En cette qualité, il défendit avec une grande habileté la politique de Pitt. Sous le ministère Addington, lord Hawkesbury (c'est le titre qu'il portait alors) prit le département des affaires étrangères, et après la signature du traité de paix d'Amiens celui de la guerre et des colonies. Quand Pitt revint aux affaires, en 1804, il lui confia le portefeuille de l'intérieur, qu'il conserva jusqu'à la mort de son ami, arrivée en 1806. Il ne prit aucune part aux ministères Addington et Grey, qui succédèrent au cabinet disloqué par la mort de Pitt; mais en 1807, sous l'administration de Portland, il accepta de nouveau le ministère de l'intérieur, et en 1809, après la rupture survenue entre Castlereagh et Canning, il remplaça ce dernier aux affaires étrangères. Il hérita de la pairie et du titre de comte de Liverpool. Quand, par suite de l'assassinat de Perceval (1812), il y eut lieu de réorganiser le cabinet, il devint le chef de la nouvelle administration. L'entrée de Canning dans ce cabinet (1815), en modifia le caractère politique; mais on n'assura du concours de lord Liverpool en ajournant la solution des grandes questions de politique intérieure, telles, par exemple, que l'émancipation des catholiques. Une attaque d'apoplexie, qui le frappa en 1827, le mit hors d'état de continuer à s'occuper d'affaires, de sorte que Canning fut appelé à lui succéder au gouvernail de l'État. Il mourut le 4 décembre 1828, dans son domaine de Combewood, sans laisser d'enfants. Ses titres et ses dignités passèrent à son frère, *Charles-Cecil-Cope* JENKINSON, né en 1784, nommé en 1841, grand-maître de la maison de la reine, et mort en 1851, sans laisser d'héritiers.

LIVES. *Voyez* FINNOIS et LIVONIE.

LIVIE (LIVIA-DRUSILLA), femme de l'empereur Auguste, était fille de Livius Drusus Claudianus, qui vraisemblablement, à la suite de son adoption par Marcus Livius D r u s u s, fut nommé tribun du peuple, l'an 91 avant J.-C., après avoir quitté la famille des Claudius pour entrer dans celle des Livius, et qui, proscrit en l'an 43, se donna la mort après la bataille de Philippes. Auguste, épris des charmes de Livie, l'épousa après avoir répudié sa première femme, Scribonia, et après avoir contraint son mari, Tiberius Claudius Nero, qui avait eu d'elle deux enfants (dont l'un devint plus tard empereur, sous le nom de Tibère, et dont l'autre fut Néron Claude Drusus), à divorcer d'avec elle. Orgueilleuse, rusée, impérieuse, Livie exerça une grande influence sur Auguste, influence qui ne fit que s'accroître après la mort d'Octavie, d'Agrippa et de Mécène. Son but était d'assurer la succession à l'empire à ses fils, d'abord à Drusus, mort l'an 9 avant J.-C., et ensuite à Tibère : et elle ne recula devant aucun moyen pour l'atteindre. Déjà on lui attribuait la mort de Marcus Claudius Marcellus, cousin et neveu d'Auguste, arrivée l'an 23 avant J.-C. J u l i e, fille d'Auguste et de Scribonia, fut bannie à son instigation, l'an 2 avant J.-C. Elle se débarrassa par le poison des deux fils que laissait cette Julie, Lucios et Caïus César, l'un en l'an 2, l'autre en l'an 4 après J.-C.; puis elle décida Auguste à faire entrer Tibère par adoption dans la famille Julia. Agrippa Posthumius, fils de Julia et que l'empereur avait adopté, fut banni à sa sollicitation. Accusée de n'avoir pas non plus été étrangère à la mort d'Auguste, arrivée l'an 14 de J.-C. qu'elle tint secrète jusqu'à ce qu'elle eût eu le temps de faire proclamer Tibère pour son successeur, elle entra dans la famille Julia en vertu du testament de l'empereur, qui instituait Tibère et elle ses principaux héritiers, et elle prit en conséquence, à partir de ce moment, le nom de *Julia Augusta*. Tibère, quoiqu'il n'eût que de la haine pour elle, n'osa rien entreprendre contre Livie. Elle l'aida, en l'an 19 de J.-C., à se débarrasser de G e r m a n i c u s, son petit-fils par Drusus, et demeura puissante jusqu'à sa mort, arrivée l'an 29. Elle avait quatre-vingt-six ans.

Sa petite-fille, Livie ou *Livilla*, fille de Drusus, épousa d'abord Caïus César, puis Dr u s u s, fils de Tibère, que, d'accord avec Séjan, son amant, elle assassina en l'an 29. Plus tard, elle fut enveloppée dans la chute de Séjan, et périt du dernier supplice, en l'an 31 de J.-C.

LIVINGSTON (ÉDOUARD), célèbre jurisconsulte américain, né en 1764, était le plus jeune de neuf enfants. Sa jeunesse s'écoula au milieu des impressions profondes produites par les phases diverses de la guerre d'indépendance, et il ne commença l'étude approfondie du droit qu'à la paix. Déjà il avait fait preuve de talent comme avocat à New-York quand, en 1794, ses concitoyens l'envoyèrent au congrès, où il prit place parmi les démocrates. Quand ce parti l'emporta, dans la lutte de la nomination de Jefferson aux fonctions présidentielles, il fut nommé procureur général de l'État de New-York, en 1802. Forcé par des revers de fortune de reprendre sa place au barreau, il alla en 1804 s'établir en Louisiane, où il fit de l'agriculture, tout en exerçant en même temps comme avocat à la nouvelle-Orléans. Lors de l'invasion des Anglais, il échangea la toge contre la cuirasse, et devint l'aide de camp de son ami le général Jackson; mais à la paix il reprit encore une fois l'exercice de la profession d'avocat.

En 1821 l'assemblée législative de la Louisiane le chargea de préparer un projet de code pénal. Ce code, d'une extrême simplicité, et basé sur le droit anglais et français, a été aussi adopté partiellement par le Brésil, et complétement par la République de Guatemala. Il se distingue surtout par l'abolition de la peine de mort et par l'introduction du système pénitentiaire. Livingston fut ensuite nommé à diverses reprises député au congrès, et quand Jackson arriva à la présidence, celui-ci l'appela aux fonctions de secrétaire d'État. En 1833, nommé ministre plénipotentiaire à Paris, il poursuivit auprès du gouvernement de Louis-Philippe le payement de la fameuse indemnité de 25 millions réclamée à la France par les Etats-Unis, sous pretexte de pertes causées du temps de l'empire au commerce de l'Union par des corsaires français. La mollesse apportée par le gouvernement de Louis-Philippe dans les négociations relatives au payement d'une dette que le gouvernement de la branche aînée de la maison de Bourbon avait toujours éludé de reconnaître figura pendant longtemps au nombre des plus graves griefs élevés par l'opposition contre le gouvernement de la branche cadette.

Cette négociation difficile une fois terminée, Livingston revint aux Etats-Unis, où il mourut peu de temps après, le 23 mai 1836, dans son domaine de Montgommery.

C'est son frère aîné, *Robert* LIVINGSTON, né en 1746, et mort en 1813, qui vint à Paris en 1801 comme ministre plénipotentiaire négocier avec le premier consul la cession de la Louisiane aux Etats-Unis. Il rencontra pendant son séjour en France son compatriote Fulton, l'inventeur de la navigation à vapeur, et le ramena avec lui en 1805 aux Etats-Unis, où Fulton put enfin appliquer des idées dont l'administration française n'avait pas même daigné prendre connaissance.

LIVIUS, nom d'une famille plébéienne romaine, dont une branche portait le surnom de Drusus. Indépendamment de ce Drusus, on cite parmi les hommes célèbres qui en sont issus Marcus Livius, surnommé *Salinator*, parce qu'il augmenta le prix du sel pendant qu'il remplissait les fonctions de censeur. Consul sous Lucius Æmilius Paulus, l'an 219 avant J.-C., il vainquit les Illyriens; mais, accusé devant le peuple de malversations dans le partage du butin, il fut condamné. En 207 on le rappela de la campagne, où il s'était retiré profondément blessé, pour lui conférer le consulat, qu'il n'accepta qu'avec répugnance et uniquement dans l'intérêt de la république. Alors, avec son collègue C. Claudius Nero, il réussit à battre, sur les rives du Métaure, Asdrubal, qui accourait au secours de son frère Annibal. Nommé, avec le même Claudius Nero, censeur, en 204, non-seulement il survint entre ces deux anciens amis une brouille telle qu'ils se décernèrent réciproquement les peines de la censure, mais que Livius, pour se venger de l'injure qui lui avait été faite précédemment, plaça toutes les tribus de citoyens romains, à l'exception d'une seule, qui n'avait point voté pour sa condamnation, dans la catégorie des *Ærarii*.

Livius Andronicus, le père de la poésie romaine, était son affranchi.

LIVIUS (Titus). *Voyez* Tite-Live.
LIVIUS ANDRONICUS. *Voyez* Andronicus Livius.
LIVONIE, ainsi appelée du nom de ses premiers habitants, les *Lives*, était autrefois un duché indépendant; elle forme aujourd'hui à elle seule le gouvernement russe de Livonie, qui comprenait auparavant l'Esthonie et une partie de la Courlande. La Livonie actuelle a pour limites la mer Baltique, l'Esthonie, le lac Peipus, et les provinces de Pskow, de Witebsk et de Courlande. Ses habitants se divisent en Livoniens, c'est-à-dire en Russes et Allemands, qui forment la noblesse et la bourgeoisie, et en Lettons ou Lettes et Esthoniens, qui composent la population des campagnes, et qui, malgré l'abolition du servage, sont encore astreints aux plus rudes corvées. Les Esthoniens sont de race finnoise; les Lettes, ainsi que les Lithuaniens et les Coures (habitants primitifs de la Courlande) appartiennent au rameau Prusso-Lithuanien dq la race slave, dont le caractère et la langue se sont considérablement altérés par la suite des temps. Il reste encore en Livonie quelques débris des aborigènes, les Lives, qui sont aussi de race finnoise. La religion dominante est la religion protestante; la religion réformée, le catholicisme et le rite grec y comptent aussi quelques adhérents. Comme la Livonie, sur une étendue de 593 myriamètres carrés, ne compte que 814,100 habitants, on peut dire que c'est un des pays de l'Europe les moins peuplés. Ce gouvernement est actuellement divisé en cinq cercles : *Riga* , *Wenden*, *Dorpat*, *Pernau*, et l'île d'*Œsel*, avec la ville d'Arensbourg. On y compte onze villes, à savoir : le chef-lieu Riga, avec un port, et protégé par la forteresse de Dunamunde; *Schlock*, *Wenden*, *Wolmar*, *Lemsal*, *Fellin*, *Walk*, *Werro*, *Pernau*, *Dorpat* et *Arensbourg*. Le pays est plat et sablonneux le long des côtes, plus élevé à l'intérieur, et généralement fertile; aux environs de Wenden et de Dorpat, on voit de belles et pittoresques collines. Le point le plus élevé de cette province est le *Muna Mæggi*, c'est-à-dire le *mont aux œufs*, haut d'environ 350 mètres et situé au sud de Werro. Après le lac Peipus, dont la superficie est de 15 myriamètres carrés, son lac le plus considérable est le grand lac de Wirzjœrff, d'une superficie de 35 kilomètres carrés, et traversé par l'Embach.

La Livonie renferme beaucoup de forêts, de scieries, de verreries et de tuileries; elle est fertile en blé, mais particulièrement en orge, chanvre et lin; la graine de lin de Riga a une grande réputation. Ses richesses minérales consistent en chaux, plâtre, albâtre, marbre, silex; on y trouve de la tourbe en abondance. On y rencontre aussi, et plus particulièrement dans le pays de Wenden, surnommé par les Allemands qui l'habitent la *Suisse Livonienne*, beaucoup de ruines remontant aux chevaliers Porte-glaive de Livonie.

L'Europe n'entendit pour la première fois parler de la Livonie que par les relations qu'en donnèrent des marchands de Brême, qui en se rendant, en 1158, à Wisby, dans l'île de Gothland, firent naufrage sur les côtes de cette province. Trente ans plus tard, le moine Meinhard venait y prêcher l'Evangile. En 1200 l'évêque Albert fonda la ville de Riga, et l'année d'après l'ordre des chevaliers Porte-glaive de Livonie, qui plus tard se confondit avec l'ordre Teutonique (1237-1520), lequel, après que le pays eut été pendant quelque temps soumis au Danemark, subjugua la Livonie, la Semgalle, la Courlande et l'Esthonie. Les luttes que l'ordre eut à soutenir contre Ivan Wasiljewitsch II amenèrent la ruine de sa puissance; et en 1561 il ne possédait plus que la Courlande et la Semgalle sous la suzeraineté des rois de Pologne; l'Esthonie et la Livonie étaient devenues des provinces suédoises et polonaises. Après la mort du dernier grand-maître de l'ordre Teutonique, Gotthard Kettler, qui déjà avait régné en qualité de duc séculier, la Russie, la Pologne et la Suède se disputèrent tour à tour la Livonie. Aux termes de la paix d'Oliva (1660), elle fut réunie à l'Esthonie comme province suédoise, et, en 1721, le traité de Nystadt plaça ces deux pays sous la domination de la Russie, qui plus tard s'empara également de la Courlande et de la Semgalle pour en faire la troisième de ses provinces riveraines de la Baltique. Consultez Debray, *Essai sur l'histoire de la Livonie* (Dorpat, 1817); Kruse, *Necrolivonica* (Dorpat, 1842); le même, *Histoire primitive des Provinces de la Baltique* (en allemand, Moscou, 1846).

LIVOURNE (*Livorno*), la première ville commerçante de l'Italie, et après Florence la plus florissante du grand-duché de Toscane, faisait autrefois partie du territoire de Pise; c'est aujourd'hui un gouvernement particulier, qui, avec l'île Gorgona, renferme une population de 85,000 habitants, sur une superficie d'environ 11 kilomètres carrés. Située sur la côte de la Méditerranée, dans un terrain bas, que l'industrie de ses habitants est parvenue à dessécher, elle a environ 3 kilomètres, et est presque partout coupée par des canaux qui amènent les marchandises à l'entrée des magasins. Les rues en sont droites et bien pavées, mais étroites et obscures, à cause de la hauteur des maisons. La plus belle de toutes est la *Strada Ferdinanda*, qui, traversant l'immense place appelée *piazza d'Armi* (place d'Armes), partage la ville en deux parties, et va aboutir au port. Les maisons sont construites en pierre; mais comme la prospérité de cette ville est toute récente, si l'on excepte le palais ducal, on n'y voit point de ces beaux palais que l'on admire dans toutes les autres villes d'Italie. La ville est séparée de ses faubourgs par une belle promenade appelée *gli Sparti*; cependant celle qu'affectionne le beau monde est l'*Ardenza*, sur la côte de la Méditerranée. Le port, appelé *la Darsena*, n'est pas grand, mais la rade est très-vaste. Elle est protégée par deux tours fortifiées, situées sur des rochers qui s'élèvent dans la mer, et par un château fort; on y a également construit un phare. Autour du port s'étend un môle en maçonnerie de 600 pas de longueur. Sur la place qui est devant le fort s'élève la statue colossale du grand-duc Ferdinand Ier. Un pont relie le port à la rade, où s'arrêtent la plupart des vaisseaux. Livourne a, outre sept églises paroissiales, des temples protestants, grecs et arméniens, une synagogue et une mosquée, ainsi que plusieurs théâtres, un arsenal, et, hors de la ville, des bâtiments pour la quarantaine et trois lazarets. Parmi les habitants on compte environ 5,000 juifs, qui jouissent d'une entière liberté, mais qui habitent cependant un quartier particulier; on y trouve aussi des Grecs, des Arméniens et des Turcs. Livourne est le siège d'un évêché, et renferme un grand nombre d'établissements scientifiques et d'utilité publique. On y voit de grands magasins de sel, de tabac, et des entrepôts d'huile parfaitement disposés; des fabriques de corail, des distilleries de rosoglio, des tanneries, des teintureries, des fabriques de tabac et de papier. La production des fabriques de corail dépasse à elle seule chaque année une somme d'environ 800,000 francs. Le commerce, qui se fait surtout avec le Levant, est généralement entre les mains des étrangers, surtout des Anglais; les Arméniens et les juifs y font le courtage. Port libre, Livourne étend le cercle de ses importations dans la plus grande partie des États de l'Église, et en même temps sert presque exclusivement d'intermédiaire au commerce de la Toscane avec l'étranger. Le chiffre des affaires s'y élève chaque année à des sommes très-considérables. Les vaisseaux qu'on y construit ne sont guère que des navires de transport pour le cabotage. L'eau qu'on boit dans la ville provient de Pise, et ce service est fait tous les jours par de petits navires.

Livourne était encore à la fin du treizième siècle une ville ouverte; mais après la destruction du port de Pise, elle commença à prendre de l'importance, surtout lorsqu'elle fut devenue une des possessions de la république de Florence, en 1421. Alexandre de Médicis la fortifia et y construisit une citadelle; Cosme Ier l'érigea en port franc. Depuis cette époque, sa prospérité alla toujours croissant; et sous le règne du grand-duc Ferdinand Ier, au commencement du dix-septième siècle, elle devint une ville tout à fait importante.

Sous la domination française, Livourne était le chef-lieu du département de la Méditerranée.

LIVRAISON. Ce mot s'entend dans l'usage du commerce et dans celui de la jurisprudence commerciale la remise, la tradition, la délivrance que le débiteur d'une marchandise, et en général d'une chose quelconque, en fait au créancier de cette chose. Ces expressions *prendre*, *refuser*, *offrir livraison* reviennent donc à celles-ci : *accepter*, *refuser*, *offrir la remise d'une marchandise*.

De tous les contrats, la vente est celui qui donne le plus souvent naissance à l'obligation réciproque d'offrir et de prendre livraison. Il importe toujours de connaître avec précision le *temps* et le *lieu* auxquels la livraison d'une chose due doit être faite, à cause des effets que produit cette opération. Aucune difficulté quand le lieu est indiqué par la convention; mais à défaut de cette indication, il faut, pour le déterminer, distinguer si l'obligation est de délivrer un *corps certain* ou *des choses indéterminées* : au premier cas, la livraison se doit faire au lieu même où se trouvait la chose au moment du contrat; dans le second, si les circonstances, l'interprétation de la convention, et surtout l'usage local, laissent subsister l'incertitude, le lieu de la livraison est celui de la demeure du débiteur. Quant au *temps*, la livraison est due au terme convenu, et si aucun terme n'a été fixé, aussitôt que le prix a été payé, sauf toute cause légitime de retard. Charles LEMONNIER.

LIVRAISON. C'est, en termes de librairie, la portion détachée d'un livre qui se publie ainsi pour rendre au public son acquisition plus facile. Les livraisons se débitent le plus souvent avec une couverture numérotée; le nombre de feuilles qui les composent est variable : il y en a d'un quart de feuille, d'une demi-feuille, d'une, de deux, de cinq, de dix, etc. Ces feuilles sont quelquefois cousues ensemble et brochées. Le mode de publication par livraisons, dont l'usage est si général aujourd'hui, est très-anciennement connu; le mot seul est moderne. On disait autrefois *cahiers*.

LIVRE (en latin *liber*). Ce mot n'est pas absolument synonyme d'ouvrage imprimé; l'idée qu'il représente est plutôt celle d'un travail d'esprit ou d'une composition écrite jetée sur le papier pour être communiquée au public, et parvenir quelquefois à la postérité; la distinction qui existe entre le m a n u s c r i t et le livre gît tout entière dans la plus grande publicité donnée au second. Les plus anciens livres étaient écrits sur des peaux apprêtées et découpées en feuilles collées bout à bout, et roulées autour d'un cylindre ou bâton appelé *umbilicus*. Quelquefois, ce qui nous semblera difficile au premier abord, les Romains formaient des bibliothèques de ces livres en rouleaux : les titres étaient mis à un des bouts du bâton ou cylindre, et on les rangeait dans une armoire de manière à les avoir tous sous les yeux. Lorsque l'usage du parchemin se fut répandu, les livres prirent la forme carrée que nous leur connaissons aujourd'hui. L'invention de l'i m p r i m e r i e et celle du p a p i e r aida davantage encore à leur propagation. Grâce à l'activité de la presse, les livres sont devenus aujourd'hui la branche la plus importante des connaissances utiles, en même temps qu'ils forment une branche considérable d'industrie (*voyez* LIBRAIRIE).

Au premier titre, ils ont longtemps éveillé l'attention du gouvernement absolu vers 1789 a fait tomber en France : une c e n s u r e sévère veillait à ce qu'aucun principe antigouvernemental ou anti-religieux ne s'y glissât, et à ce prix l'on passait sur mainte peccadille contre les mœurs et la chasteté; la liberté illimitée de la p r e s s e n'a duré que fort peu de temps, et les livres ont dû être soumis à toutes les exigences, à toutes les restrictions d'une législation tracassière.

Il nous reste à examiner les livres sous divers points de vue. Comme ouvrages d'esprit, ils se divisent en nombreuses catégories, par rapport à leur origine, à la matière dont ils traitent, à leur destination, à leur esprit, à leurs auteurs, à leur publicité. Le examinant d'abord au point de vue de leur origine, nous en trouverons deux classes : les *livres sacrés* et les *livres profanes* Les anciens avaient aussi leurs livres sacrés : logiquement, il est permis de faire rentrer dans cette classe les *livres sibyllins*, dont tout le monde connaît l'histoire; mais chez eux la lecture n'en était point permise au peuple, et ils étaient soigneusement conservés à l'abri de tout regard mortel. Les livres profanes sont ceux qui ne passent pas pour avoir été inspirés ou dictés par la Divinité.

Relativement aux matières dont ils traitent, nous remarquerons plus spécialement les *livres élémentaires*, les *livres classiques*, les *livres spirituels*, etc. Par livres élémentaires on entend ceux qui contiennent et apprennent les éléments d'un art ou d'une science quelconque; par livres classiques ceux qui servent à l'instruction de la jeunesse dans les classes, et il faut remarquer que bien des livres élémentaires rentrent par leur nature dans cette seconde division ; on appelle aussi *livres classiques* ceux qui, par leur mérite et l'excellence des matières qu'ils renferment, ont reçu la sanction et l'approbation des temps : c'est dans ce sens que les œuvres de Molière, de Corneille, sont réputées *classiques*. Les livres *spirituels* traitent spécialement de l'existence spirituelle ou chrétienne et de ses exercices; ils inspirent la méditation, portent à la contemplation, et font naître une dévotion réelle. Les livres de saint François de Sales, de sainte Thérèse, de Rodriguez, de Grenade, sont des livres spirituels ; les livres de prières et les livres de dévotion appartiennent à la même catégorie.

Relativement à leur destination, les livres sont : 1° de bibliothèque, lorsque leur grande étendue ne permet pas de les lire d'un trait, et qu'on les conserve en dépôt pour les consulter au besoin : les grandes encyclopédies, par exemple, sont des livres de bibliothèque ; 2° *populaires*, quand leur volume, leur format, leur prix, les mettent à la portée de tout le monde, et en permettent à tous l'acquisition et la lecture : les petits formats sont *populaires*, les grands sont plutôt des formats de bibliothèque ; 3° *d'église*, quand ils sont plus particulièrement consacrés aux ecclésiastiques et au culte : les antiphoniers, missels, rituels, graduels, processionnels, etc., sont des livres d'église. Les livres ecclésiastiques prenaient généralement leur nom de la partie de la liturgie qui y est imprimée. Ainsi, celui qui contient toutes les prières que doit faire le prêtre pendant l'administration des sacrements et le saint sacrifice de la messe s'appelle *sacramentaire*; l'*antiphonier* doit son nom à ce qu'il renferme tout ce qui doit se chanter; le *lectionnaire* comprend toutes les leçons, l'*évangéliaire* tous les évangiles, le *psautier* tous les psaumes, l'*ordre* toutes les règles ou rubriques à observer dans la pratique, le *bréviaire* toutes les prières que le prêtre doit réciter chaque jour, etc.

Par rapport à leur esprit, les livres sont graves ou légers : les ouvrages historiques, philosophiques, scientifiques, théologiques, etc. ; les ouvrages dramatiques qui rentrent dans la spécialité de la tragédie, de la haute comédie, du drame, peuvent être regardés comme des livres sérieux. Les romans, les contes, les fables, les poëmes et les poésies, les pièces de théâtre autres que celles dont nous avons parlé ci-dessus forment la classe des livres légers, quelque sérieux que soient d'ailleurs les enseignements qu'on y puise maintes fois.

Par rapport à leurs auteurs, les livres sont ou avoués, ou a n o n y m e s, ou pseudonymes. Les livres avoués sont ceux que leurs auteurs n'ont pas craint de signer.

Relativement à leur publicité, les livres sont tolérés ou prohibés : les livres tolérés sont ceux dans lesquels les lois ne trouvent rien à reprendre, et contre lesquels nul motif n'autoriserait des poursuites ; ceux qui sont prohibés rentrent dans la catégorie contraire.

Sous l'ancien régime, il y eut des livres condamnés au feu, c'est-à-dire à être brûlés de la main du bourreau.

Dans une acception toute différente de celle sur laquelle nous venons de nous arrêter un instant, on appelle *livres* les divisions d'un ouvrage embrassant une certaine période ou une partie déterminée, et qui sont elles-mêmes susceptibles de subdivisions en chapitres. Le *Digeste*, par exemple, renferme cinquante livres; le *Code* en renferme douze seulement. La Bible est divisée en livres.

Figurément et proverbialement, on dit d'une personne fort ignorante qu'elle n'a jamais mis le nez dans un *livre*; on dit, au contraire, de celle qui s'est adonnée à leur lecture avec une grande assiduité, qu'elle sèche, qu'elle pâlit sur les *livres*. Parler *comme un livre* se prend tantôt en bonne, tantôt en mauvaise part : dans le premier cas, il se dit de quelqu'un dont la conversation est facile et savante, dans le dernier, de quelqu'un qui parle avec affectation, qui vise à l'effet. Expliquer, lire, traduire à *livre ouvert*, lire la musique à *livre ouvert*, veulent dire à la première vue et sans besoin de préparation.

LIVRE (du latin *libra*, fait du grec λίτρα). Ce nom appartenu à la fois à une unité pondérale et à une unité monétaire, sans nul doute parce que chez les Romains l'a s primitif avait exactement le poids d'une livre : Mais cette égalité de la livre poids et dè la livre monnaie n'existait déjà plus dès la première guerre punique.

Avant l'établissement du système métrique en France, la même confusion régnait parmi les mesures pondérales que dans toutes les autres ; la livre n'était pas la même dans nos diverses provinces. A Paris elle équivalait à 489^{gr},5. Elle se subdivisait en 2 marcs, chaque marc en 8 onces, chaque once en 8 gros, chaque gros en 3 deniers ou scrupules, et enfin chaque denier en 24 grains. Transitoirement un décret du 12 février 1812 conserva cette division de la livre, mais éleva la valeur de celle-ci à 500 grammes. Depuis, on n'a plus admis comme égales que les subdivisions décimales du kilogramme.

Quant à nos anciennes livres monétaires, les deux principales étaient la *livre tournois* (de Tours) et la *livre parisis* (de Paris). Chaque livre se subdivise en vingt sous, chaque sou en quatre liards, chaque liard en trois deniers, Mais la livre parisis valait 25 sous tournois. La livre tournois représentait 0 fr. 9876, ou, en d'autres termes, 81 livres tournois équivalaient à 80 francs.

Beaucoup d'autres peuples ont donné le nom de *livre* à leurs unités monétaires. En Angleterre, on trouve encore la *livre s t e r l i n g*, valant 26 fr. 20 de notre monnaie. Les Anglais ont aussi conservé le nom de *livres* à diverses unités pondérales; les principales sont la *livre troy impériale* (373 grammes) et la *livre avoir du pois* (453 gr. 4).

LIVRE D'OR, registre officiel de plusieurs villes d'Italie, sur lequel étaient inscrits les noms de toutes les familles patriciennes. Sur celui de Gènes figuraient les Doria , les Frégose, les Fiesque; sur celui de Bologne se lisait le nom de Bonaparte ; Lucques, Milan et Florence avaient le leur. Mais le plus célèbre était celui de Venise, créé à la suite de la révolution aristocratique de 1297, et qui devint dès lors dans cette république la source unique du patriciat et du pouvoir. C'est le doge Gradenigo qui le fonda, pour assurer aux familles nobles le droit exclusif d'élection et d'éligibilité à toutes les magistratures. On y inscrivit les noms de tous les magistrats alors en fonctions et de tous les citoyens qui avaient exercé des fonctions publiques pendant les quatre années précédentes. Bientôt le Livre d'Or divisa la noblesse vénitienne en 4 classes. La 1re comprenait les descendants des tribuns qui avaient gouverné les lagunes avant l'institution des doges ; c'étaient les Contarini , les Faliéri , les Dandoli. La 2e se composait de noms dont l'illustration ne datait que du Livre d'Or : on y remarquait les Foscari, les Loredani. La 3e renfermait ceux qui , dans les guerres contre les Turcs, avaient acheté la noblesse à prix d'argent ; c'étaient pour la plupart des fils de marchands ou d'artisans. Dans la 4e, enfin, on rangeait les membres étrangers à qui la république accordait le titre de noble. On y comptait, outre la plupart des maisons papales et princières d'Italie, celles de Lorraine, de Savoie, de Brunswick, plusieurs familles françaises, les Lusignan, les Richelieu, les La Rochefoucauld, et par-dessus tout, les Bourbons : Henri IV avait demandé cette faveur pour lui et ses descendants. En 1796, le sénat vénitien, ayant appris que Masséna marchait sur Vérone, se hâta d'enjoindre à *Monsieur*, depuis Louis XVIII , de sortir du territoire de la république. Ce prince habitait Vérone. Il demanda que le Livre d'Or lui fût apporté pour y rayer le nom desa famille, et qu'on lui remit la riche épée qu'Henri IV avait donnée au sénat. Le sénat répondit à cette seconde proposition en réclamant douze millions que la république avait prêtés au chef de la dynastie des Bourbons sur des nstans dont cette épée faisait partie. Le prince se mit en route pour aller rejoindre l'armée de Condé. Le Livre d'Or de Venise fut détruit, ainsi que celui de Gênes, dans les guerres d'Italie en 1797. Il n'en existe que des copies. Dupey (de l'Yonne).

LIVRÉE. Ce mot, fort ancien, a eu plusieurs acceptions, suivant les temps et les usages auxquels il se rapporte. Appliqué aux habillements, il date du huitième siècle. Pepin, chef de la race carlovingienne, établit la cour plénière aux fêtes de Noël et de Pâques. Les prélats et tous les seigneurs du royaume y assistaient. Le roi donna à chacun d'eux des habits qu'on appelait *livrées*, et les admit à sa table. Cet usage fut conservé jusqu'en 1789. Seulement, au lieu d'habit, les grands officiers de la couronne recevaient les livrées en argent comptant. Louis IX, en 1244, fit faire pour tous les seigneurs de sa cour des livrées sur lesquelles il avait fait broder une croix, et les leur distribua, suivant l'usage, aux fêtes de Noël. C'était des capes fourrées. Ceux qu'il honorait de cette faveur devaient s'en revêtir en les recevant, et accompagner ensuite le monarque à la messe de minuit. Il avait ordonné de n'éclairer les appartements qu'autant qu'il le fallait pour se conduire, et en entrant dans l'église, qui était splendidement éclairée, les seigneurs furent surpris d'être croisés à leur insu. Ce trait valut au pieux monarque le surnom d'*habile pêcheur d'hommes*. Sous le règne de Louis XIV, c'était encore une distinction recherchée par les courtisans que la permission du roi de porter ce qu'on appelait le *juste-au-corps à brevet*, véritable *livrée*, aussi bien que les habits brodés des chambellans et de gentilshommes de la chambre.

Les chevaliers ne se présentaient au carrousel et au tournoi qu'avec la livrée de leurs dames. C'était ordinairement une écharpe de la couleur qu'elles affectionnaient le plus. Ces présents d'amour et de courtoisie se renouvelaient si souvent pendant les joûtes que les dames se trouvaient dépouillées de leurs plus beaux atours. Les chevaliers firent porter aux écuyers et valets qui les accompagnaient dans ces solennités la livrée de leur dame. De là est venu l'usage des livrées que portent les domestiques des maisons titrées. L'écusson était brodé sur les galons des habits. La vénalité des charges et des titres de noblesse les avait tellement multipliées, que les grands seigneurs de race ne faisaient plus porter la livrée à leurs domestiques que lorsqu'ils allaient à la cour et dans les cérémonies obligées.

Le mot *livrée* est aussi employé collectivement pour désigner tout ce qui compose la domesticité. L'entrée des spectacles et des jardins publics était jadis interdite à la *livrée*. La livrée du roi se divisait en grande et en petite : la grande était en galons de soie. La livrée impériale est vert et or. Une ordonnance du préfet de police, rendue en 1853, interdit à toute autre personne de prendre ces couleurs.

Dans la coutume de Bretagne, on évaluait en livrée le revenu des terres. Ainsi, 100 livrées de terre signifiaient *cent livres de rente* en valeur mobilière. En termes de vénerie, la *livrée* se dit du poil de certains animaux, qui est marqueté jusqu'à un certain âge.

LIVRE ROUGE, registres secrets des dépenses de Louis XV et de Louis XVI, dont l'authenticité et même l'existence ont été longtemps et vivement contestées. Mais tant de gens tenaient à honneur de prendre part aux libéralités royales que la vanité leur fit rompre le silence imposé par la reconnaissance. Tous les courtisans savaient d'ailleurs que les pensions, les gratifications, étaient exactement enregistrées sous les yeux du roi, et souvent même écrites, corrigées et annotées par lui-même. On parlait hautement du livre rouge avant l'ouverture des états généraux. Le comité des pensions de l'Assemblée nationale en demanda la communication ; Necker, alors contrôleur général des finances, après de longues hésitations, en communiqua une partie, qui fut publiée. Tous les journaux en chargèrent leurs colonnes. On s'apercevait aisément que la communication n'était pas complète, mais nul moyen légal n'existait pour obtenir la partie que le ministre avait cru devoir soustraire aux investigations de l'Assemblée et aux exigences incessantes de l'opinion. L'attention publique, distraite par l'importance toujours croissante des événements, ne s'occupait plus du livre rouge ; ce n'était plus qu'un souvenir vague et confus : il fallait un de ces événements qui échappent aux prévisions humaines pour amener la découverte de ce document historique, presque entièrement oublié. On ne conçoit pas comment Louis XVI, ses ministres et les hommes qui lui étaient dévoués n'ont pas songé à faire disparaître, à détruire même, ces registres, qui étaient sans utilité réelle pour le prince, et dont la découverte et la publicité pouvaient avoir pour lui les plus funestes conséquences. Ils étaient restés à Versailles. Nulle tentative ne fut faite sans doute pour les retirer du cabinet du roi. Depuis les journées d'octobre 1789, et surtout lorsque le voyage de Varennes eut été convenu, rien n'était pourtant plus facile. Quelle que soit la cause de cette inexplicable imprévoyance, ils furent découverts par les autorités administratives de Versailles : cette découverte était devenue inévitable après les événements du 10 août.

Les scellés avaient dû être apposés sur tout le mobilier des résidences royales, et des inventaires avaient dû être dressés. Les autorités de Seine-et-Oise s'empressèrent d'en constater l'identité, et la Convention décréta immédiatement « que les livres rouges trouvés dans un cabinet secret de Versailles par les administrateurs de Seine-et-Oise et les commissaires du pouvoir exécutif seraient apportés au bureau pour y être cotés et paraphés par les secrétaires, déposés aux archives et livrés à l'impression sur une copie collationnée et paraphée conforme aux originaux par le président et les secrétaires de la Convention. » Ces registres se composaient de trois volumes in-4°, reliés en maroquin rouge, dont un seul était garni d'une petite serrure. Necker, autorisé par l'Assemblée constituante ou par le comité, avait soustrait à l'examen plusieurs feuillets, qu'il avait scellés d'une bande de papier. Ces feuillets appartenaient aux dépenses des dernières années de Louis XV. Les empreintes du cachet qui arrêtait cette bande subsistaient encore lors du dépôt fait au bureau de la Convention le 10 avril 1793, plus de deux mois après la mort de Louis XVI. Les trois volumes furent cotés et paraphés par les secrétaires de la Convention. L'impression en fut faite sur une copie dans laquelle on mentionna exactement toutes les ratures, dont quelques-unes peuvent permettre de lire les articles raturés. Les transpositions de dates sont du fait des secrétaires chargés d'inscrire les dépenses.

Le premier livre commence au 10 janvier 1750 et finit au 7 janvier 1760 : il contient quatre-vingt-quatorze feuilles remplies et trois blanches. Le second commence l'année 1760 et finit par un article numéroté 345 : il contient cent vingt feuilles remplies et deux blanches. Le troisième commence au 10 janvier 1773 ; la partie qui appartient à Louis XVI, et qui fut publiée par l'Assemblée constituante, a été réimprimée par ordre de la Convention, avec cette différence, que les articles sont groupés par ordre de matières : il finit au 16 avril 1789. Les articles les plus importants ont été reproduits dans beaucoup d'ouvrages historiques. La dernière année ne contient que dix articles, dont le plus saillant est relatif aux embellissements de Saint-Cloud. Toutes les causes de dépenses, tous les noms des *parties prenantes* n'y sont pas énoncés ; ce ne sont ceux à qui incombent les sommes les plus considérables qu'on y passe sous silence. Ces articles portent seulement ces mots : *par ordre du roi*. Ceux de la pension mensuelle de Mme Dubarry ne portent que ces mots : *pour on à Madame la Comtesse, 300,000 francs* : c'était son traitement mensuel ; mais les bons au porteur se reproduisent à chaque page. M. Pasquier, conseiller au parlement et rapporteur du procès de Bailly, reçoit une gratification de 60,000 francs une fois payée et une pension de 6,000 francs. Il est impossible d'énumérer les subsides payés aux puissances étrangères ; les dépenses secrètes de la diplomatie, les frais d'établissement et d'entretien des ambassadeurs sont énormes et nombreux. Une ordonnance de deux millions six cent mille francs payés au comte d'Artois est du 10 février 1788. C'est la dernière et la moins élevée de celles qui sont affectées aux sommes allouées à ce prince. Celles qui concernent Monsieur, comte de Provence, sont plus rares, mais le chiffre est beaucoup plus élevé.

Le livre rouge, dont l'authenticité ne saurait être sérieusement contestée, appartient à l'histoire de la seconde moitié du dix-huitième siècle ; il contient, au milieu de beaucoup d'articles qui ne sont que scandaleux, d'utiles documents sur nos relations diplomatiques, sur l'administration intérieure et principalement sur celle des domaines de la couronne et des domaines engagés. Il se trouve, ou doit se trouver, dans les archives de toutes les administrations publiques ; il a été réimprimé par plusieurs administrations départementales ; mais la seule édition authentique est celle de l'Imprimerie impériale. DUFEY (de l'Yonne).

LIVRES APOCRYPHES. *Voyez* APOCRYPHE.

LIVRES CANONIQUES. *Voyez* CANONIQUES (Livres).

LIVRES DE COMMERCE, TENUE DES LIVRES.
Le Code de Commerce (article 8) prescrit ce qui suit :
« Tout commerçant est tenu d'avoir un livre-journal qui présente jour par jour ses dettes actives et passives, les opérations de son commerce, ses négociations, acceptations ou endossements d'effets, et généralement tout ce qu'il reçoit et paye, à quelque titre que ce soit, et qui énonce mois par mois les sommes employées à la dépense de sa maison, le tout indépendamment des autres livres usités dans le commerce, mais qui ne sont pas indispensables. Il est tenu de mettre en liasse les lettres missives qu'il reçoit, et de copier sur un registre celles qu'il envoie. Il est tenu de faire tous les ans, sous seing privé, un inventaire de ses effets mobiliers et immobiliers, et de ses dettes actives et passives, et de les copier, année par année, sur un registre spécial à ce destiné. Le livre-journal et le livre des inventaires seront paraphés et visés une fois par année (aujourd'hui il faut qu'ils soient timbrés et paraphés par un juge du tribunal de commerce ; mais ils ne sont plus soumis au visa). Le livre de copies de lettres ne sera pas soumis à cette formalité. Tous seront tenus par ordre de dates, sans blancs, lacunes, ni transports en marge. » Le Code ne prescrit d'ailleurs aucune manière de tenir le journal ; on pourrait donc se borner à y écrire de simples notes, qui relateraient toutes les circonstances de chacune des opérations, ce qui réduirait l'art des teneurs de livres à celui de rédiger un journal d'affaires de commerce. Mais une comptabilité bien faite est soumise à certaines règles, que nous allons exposer, en traitant d'abord de la *comptabilité en partie simple* et en suite de la *comptabilité en partie double*.

De la comptabilité en partie simple. Les livres fondamentaux d'une comptabilité quelconque sont le *journal* et le *grand-livre*. Le journal est un livre sur lequel on doit écrire toutes les affaires à mesure qu'elles ont lieu, jour par jour ; c'est de là que lui vient le nom de *journal*. Comme tous les articles d'écriture y sont confondus dans l'ordre seul de leur date, on a besoin d'un second registre pour les classer dans un ordre plus méthodique, et qui offre avec plus de clarté des résultats faciles à saisir. Ce registre est appelé grand-livre, et n'est pour ainsi dire qu'une copie du journal, faite dans un autre ordre. Le journal et le grand-livre sont spécialement destinés aux écritures principales, mais ils ne dispensent point de tenir des livres appelés *auxiliaires*, pour y consigner certains détails qu'il serait trop long ou trop minutieux d'écrire sur les deux livres principaux. Quant à ces livres auxiliaires, dont la forme varie à l'infini, tout ce qu'on peut en dire, c'est qu'on y inscrit de simples notes par ordre de dates, pour soulager la mémoire, comme les fonds entrés en caisse et sortis, les effets à recevoir, entrés en portefeuille et sortis ; les effets à payer, donnés en payement et acquittés ; enfin, les différentes natures de valeurs dont on fait la recette et le versement. Ces divers livres auxiliaires sont appelés : *Livre de caisse; Entrée et sortie des effets à recevoir; Livre d'achats; Livre de ventes ou de factures; Carnet d'échéance; Copie de Lettres*, etc. On conçoit que ces registres peuvent offrir l'exemple d'une infinité de modifications et de détails, et varier de nom comme les objets pour lesquels ils sont créés ; mais, quoique leur forme dépende uniquement du goût et de la volonté de celui qui les établit, ou de la nature particulière des opérations qui les rendent nécessaires, comme ils ne sont au fond que des recueils écrits dans les termes les plus simples, à mesure que les opérations ont lieu, ils ne peuvent offrir en eux-mêmes aucune difficulté, et il suffit de les voir pour être capable de les tenir aussitôt. Le journal et le grand-livre sont les seuls registres de la partie simple qui soient soumis à des formes et à des règles dont on ne s'écarte point.

On ne passe au journal en partie simple que les articles relatifs aux affaires faites à terme. Les achats et les ventes au comptant, les payements des billets, les dépenses, etc., n'y paraissent pas. On n'en prend note qu'au livre de caisse, au carnet d'échéances et au livre de marchandises. Les articles que l'on passe au journal pour les affaires faites à terme sont d'une extrême simplicité. Il ne s'agit que de débiter la personne qui doit l'objet dont il faut passer écriture, ou que de créditer celle à qui cet objet est dû. On débite la personne qui doit par cette formule : DOIT JEAN, pour tel objet, etc. Ainsi, le nom du débiteur est précédé du mot *doit*, et le reste n'est que l'explication de ce qu'il doit. On crédite le créancier en employant cette formule : AVOIR PIERRE, pour tel ou tel objet, etc. Ainsi, le nom du créancier est précédé du mot *avoir*, qui signifie : il est dû à tel ; et le reste de l'article n'est que l'explication de ce qui lui est dû. On conçoit que pour écrire des notes sur des principes aussi simples il n'est besoin d'aucun précepte ni d'aucune étude ; car écrire au journal : *doit un tel*, ou *avoir un tel*, et la raison pour laquelle il est débiteur ou créancier, ne peut présenter la moindre difficulté.

On ouvre au grand-livre en partie simple un compte par *doit et avoir* aux personnes qui sont débitées ou créditées au journal ; et on porte au débit du compte de chaque personne au grand-livre les sommes dont elle est débitée au journal, et au crédit celles dont elle est créditée sur le même livre. En résumé, ce que l'on appelle la tenue de livres en partie simple n'est pas une méthode, mais bien une manière incomplète de tenir les livres, qui fournit à peine la moitié des renseignements nécessaires. Un autre motif qui devrait suffire pour la faire rejeter, c'est qu'elle ne satisfait pas au vœu de la loi. Le Code de Commerce prescrit aux commerçants d'écrire dans leur journal leurs achats, recettes, payements et recouvrements, leurs dépenses et revenus, leurs bénéfices et pertes en tous genres, et même les endossements ou cautionnements, en un mot leurs opérations de toutes natures : or, ces notes étant disséminées sur différents livres, le journal en partie simple ne présente que les achats et les ventes à terme ; il n'est donc point conforme à la loi, qui ordonne tacitement la tenue des livres en partie double, puisqu'elle satisfait seule à toutes ses dispositions. En effet, le Code, qui admet les livres comme preuve entre commerçants, doit prescrire cette méthode, puisque, par sa nature et les contrôles continuels qu'elle renferme, on n'y peut mêler aucune fraude, au lieu que dans la partie simple elle s'y glisse aisément ; il est même facile en vingt-quatre heures de substituer de nouveaux livres frauduleux, sans que le système de comptabilité soit en rien dérangé. Aussi les entreprises d'un ordre élevé et les administrations publiques ont-elles généralement adopté les parties doubles.

De la comptabilité ou tenue des livres en partie double. Pour qu'une comptabilité soit complète, elle doit remplir deux conditions essentielles : la première, qu'on puisse voir chaque jour sa situation avec ses correspondants ; la seconde, qu'elle fournisse les moyens de se rendre compte à soi-même du mouvement des valeurs qu'on administre ; qu'elle fasse connaître les gains partiels, enfin les bénéfices nets ou la perte résultant des opérations générales, et son état de situation exact au moment où on veut le connaître. La partie simple, qui exige beaucoup de livres auxiliaires, n'est point propre à les centraliser, et ne peut offrir en résumé que des détails incohérents et incertains. Voici comment la partie double obtient le double but proposé : Non-seulement elle ouvre un compte par débit et par crédit à chaque individu avec lequel on est en rapport d'affaires, mais encore elle établit un compte pour chaque sorte d'objets, de valeur et même de circonstances particulières au commerce dont il s'agit ; en un mot, elle crée des comptes pour les choses comme pour les personnes. Ainsi, on ouvre des comptes non-seulement à Pierre, à Paul, à Jean, mais aussi à *Caisse*, à *Effets à recevoir*, à *Marchandises*, etc., etc. On aura donc deux genres de comptes. Les premiers, qui ne concernent que la personne à laquelle ils sont ouverts, se nomment *comptes personnels* ; les seconds sont appelés *impersonnels* ou *généraux* : ils représentent le négociant ou l'administration dont on tient les livres, et servent à le débiter ou créditer sous d'autres noms que le sien.

Dans toute opération de commerce, il y a deux personnes qui contractent, dont l'une reçoit une valeur quelconque et l'autre la fournit. Dans la tenue des livres en partie double, le principe fondamental est de débiter (*débiter* quelqu'un, c'est écrire ce qu'il doit) celui qui reçoit et de créditer (*créditer* quelqu'un, c'est écrire ce qu'on lui doit) celui qui donne. Ce principe est en effet justifié par le raisonnement. Supposons, par exemple, que je donne à Paul 12,000 fr. ; il résulte évidemment de ce fait que Paul est le débiteur et moi le créancier. Mais pourquoi Paul est-il le débiteur? C'est uniquement parce qu'il a reçu de l'argent ; car on ne peut être débiteur que d'une valeur qu'on a reçue. Et moi, pourquoi suis-je créancier? Parce que je l'ai donnée ; car on ne peut être créancier que d'une valeur qu'on a fournie. Or, il est clair que dans tous les cas il en sera de même, et par les mêmes raisons. Donc on a dû conclure qu'en général il fallait toujours débiter celui qui reçoit, et créditer celui qui fournit. Cette double opération s'exécute dans le même article, qu'on écrit au journal sous la formule suivante, toujours la même : Tel doit à tel pour tel objet ; exemple :

J'ai compté à Paul. . . . . fr. 12, 000
Michel m'a remis 10,000 fr. d'effets à recevoir. . . 10,000

D'après le principe que nous venons de poser, voyons comment il semble qu'il faudrait passer écriture en partie double, sur le journal, de ces deux opérations :

Paul doit à M........ (négociant ou administrateur dont on tient les livres) 12,000 fr., comptés en espèces à Paul.
. . . . fr. 12,000
M...... doit à Michel 10,000 fr. pour les effets ci-après, que Michel a remis. . . . . fr. 10,000

On doit remarquer qu'en passant les écritures de cette manière, le comptable dont on tient les livres serait débité ou crédité dans chaque article de son journal, puisque, dans ses propres affaires, il est toujours une des parties qui contractent. Ces articles ainsi passés sur le journal, il faudrait les rapporter sur le grand-livre, c'est-à-dire, si on se rappelle ce que c'est que le grand-livre, il faudrait les y recopier dans un autre ordre ; voici comment : on ouvre sur le grand-livre un compte à tous ceux qui figurent au journal, par débit et par crédit, pour rapporter au débit de chacun les articles dont il est débité au journal, et à l'avoir ou crédit tous ceux dont il est crédité ; de cette manière, les articles concernant Paul, par exemple, qui étaient disséminés et confondus dans le journal, se trouvent réunis à son compte au grand-livre. Il suffit donc pour savoir sa situation avec lui d'ouvrir le grand-livre à son compte de Paul ; un tableau qui présente d'un côté, au débit, ce que doit Paul, et de l'autre, au crédit, ce qui lui est dû.

Mais le compte du négociant au grand-livre serait très-compliqué, et aussi long que le journal lui-même, puisque nous avons remarqué qu'au journal il était débité et crédité à chaque article ; tout y serait confondu, argent, billets, profits et pertes, etc. Ce compte n'offrirait donc aucun résultat clair et précis, et n'aurait que l'inconvénient de multiplier les écritures. C'est alors qu'on a senti la nécessité, au lieu d'avoir un seul compte dans la confusion, ouvert au négociant dont on tient les livres, de lui en ouvrir plusieurs, et qu'on est convenu qu'il aurait différents noms, tels que *Caisse, Effets à recevoir, Profits et pertes*, etc., pour le débiter et créditer sous d'autres noms que le sien : sous le nom d'*Effets à recevoir*, si l'opération dont il s'agit de passer écriture a pour objet des effets ; sous le nom de *Caisse*, s'il s'agit d'argent, et ainsi de suite, pour tout autre compte d'une dénomination différente.

Avant de passer outre, il convient de faire remarquer combien cette ingénieuse convention introduit d'ordre dans la comptabilité et répand de clarté dans les écritures D'abord, en donnant des noms différents selon la nature de l'opération dont on doit passer écriture, toutes les affaires se trouvent nécessairement classées par nature d'opérations : les articles d'espèces seront au compte de Caisse, les articles d'effets à recevoir au compte d'Effets à recevoir, les gains et les pertes au compte de Profits et pertes, et ainsi de suite. En second lieu, puisque nous avons posé en principe qu'il faut *débiter* celui qui reçoit et *créditer* celui qui donne, toutes les fois que le négociant recevra de l'argent, il sera débité sous le nom de Caisse, et lorsqu'il en donnera, il sera crédité sous ce même nom ; le débit de la Caisse ne se composera donc que de l'argent reçu, et le crédit que de celui qui est payé. Appliquant le même raisonnement aux autres comptes généraux, le débit sera l'entrée et le crédit la sortie. Ainsi, ces comptes généraux, qui représentent le négociant dont on tient les livres, et qui ne sont autre chose que des subdivisions de son compte général, ont pour but de classer les affaires, qui s'y trouveraient confondues, d'abord par nature d'opérations, et ensuite par débit et par crédit, ou, en d'autres termes, par entrée et sortie, ce qui donne les moyens de suivre tous les mouvements des valeurs sur lesquelles on opère.

Ainsi, les opérations précédentes ne doivent plus être passées comme nous l'avons indiqué précédemment, mais comme il suit :

Paul doit à Caisse francs 12,000, comptés à Paul en espèces. . . . . fr. 12,000

Effets à recevoir doivent à Michel fr. 10,000, pour les remises ci-après qu'il m'a faites. . . . . fr. 10,000

Voici le raisonnement à faire pour passer écriture de la première proposition : Qui est-ce qui reçoit? Paul : je débite donc à Paul. — Qui est-ce qui donne? Le négociant sous le nom de Caisse, ou plus brièvement la Caisse : je crédite donc Caisse, et j'écris Paul à Caisse.

Pour résumer tout ce qui précède, voici à quoi se réduit le principe fondamental de la tenue des livres, exprimé d'une manière générale : il faut débiter le compte qui reçoit, et créditer le compte qui donne, que ce soit un compte personnel ou général. Après avoir reconnu ce principe, sur lequel repose la partie double, il ne s'agit plus pour tenir des livres quelconques que de connaître le nombre des comptes généraux ouverts et d'avoir une idée exacte des cas où il faut les créditer ou les débiter.

Edmond Degrange.

LIVRES ÉLÉMENTAIRES. *Voyez* Éléments.
LIVRES SAINTS (Les). *Voyez* Écriture Sainte.
LIVRES SAPIENTIAUX. *Voyez* Sapientiaux.
LIVRES SYMBOLIQUES. *Voyez* Symbole.
LIVRE STERLING. *Sterling* est le nom d'une monnaie qui devint d'usage en Angleterre vers la fin du douzième siècle. Il provient, dit-on, du mot *easterling*, qui signifiait *venant de l'est*, parce que ce furent des artistes allemands, ajoute-t-on, qu'on employa à la fabrication de cette monnaie. La tradition qui veut que le roi Richard Ier ait fait venir en Angleterre des monnayeurs étrangers et qu'il y ait

introduit de nouvelles monnaies offre beaucoup de vraisemblance. Comme il entrait 240 de ces *easterlings* à la livre de douze onces, l'usage s'établit en Angleterre de compter par *pound* (livre) *easterling*. De cet usage il ne s'est conservé que l'expression de *livre sterling*, dont la valeur tomba peu à peu au tiers de ce qu'elle était primitivement et varie aujourd'hui entre 24 fr.50 c et 26 fr. 25 c.

La *livre sterling* était autrefois une monnaie d'argent, mais les échantillons en sont devenus d'une rareté extrême, et ne se trouvent plus que dans quelques cabinets. Depuis 1816 on la frappe en or, et comme *monnaie d'or* elle porte le nom de *sovercign* (souverain).

LIVRET, petit livre ou petit registre dont les ouvriers, les domestiques et les militaires sont pourvus.

L'institution du *livret des ouvriers* remonte à l'ancien régime. La loi organique du 22 germinal an XI ne fit que le rétablir, en le rendant plus conforme au principe, consacré par la révolution, de la liberté du travail et de l'industrie. L'arrêté consulaire du 9 frimaire an XII et la loi du 14 mai 1851 complètent en cette matière la législation, qu'une loi récente, du 22 juin 1854, est venue définitivement fixer.

L'obligation de se munir d'un livret existe pour les ouvriers de l'un et l'autre sexe attachés aux manufactures, usines, mines, carrières, chantiers et ateliers. Elle n'existe pas pour les personnes qui travaillent accidentellement ou sans continuité dans un de ces établissements ; mais elle s'étend à une catégorie d'ouvriers fort nombreux à Paris, aux ouvriers en chambre. Les livrets sont délivrés moyennant un prix fixe de 25 centimes, par le préfet de police à Paris et dans le ressort de sa préfecture, par le préfet du Rhône à Lyon, et par les maires dans toute autre commune. Les chefs d'établissements ne peuvent employer d'ouvrier attaché à leurs établissements, sans qu'ils soit porteur d'un livret en règle. Ils doivent, au moment où ils le reçoivent, y inscrire la date de son entrée et le remettre ensuite aux mains de l'ouvrier. A la sortie, ils inscrivent encore celle de sa sortie et l'acquit des engagements. Ils y ajoutent le montant des avances dont l'ouvrier pourrait rester débiteur envers eux ; mais ils n'y peuvent faire aucune annotation favorable ou défavorable. Si l'ouvrier travaille habituellement pour plusieurs patrons, chaque patron est tenu de faire sur le livret les mentions prescrites.

Le livret, visé gratuitement par le préfet de police, ou par le préfet du Rhône ou par les maires, tient lieu de passeport à l'intérieur. La forme, la délivrance, la tenue et le renouvellement des livrets ont été déterminés par le décret du 30 avril 1855. Les contraventions en cette matière se poursuivent devant le tribunal de simple police. Dans la plupart des cas la pénalité consiste en une amende de 1 à 15 francs. Il peut de plus, suivant les circonstances, être prononcé un emprisonnement de un à cinq jours.

Pour le livret des domestiques, *voyez* DOMESTIQUES.

Les livrets des militaires leur sont remis à dater du jour de leur entrée au service ; ils contiennent leurs nom, prénoms, âge, profession ancienne, domicile, lieu de naissance, signalement, ainsi que la désignation du corps, du bataillon ou escadron, et de la compagnie à laquelle ils appartiennent, la note successive des effets d'équipement et d'habillement qui leur sont livrés, des retenues à eux faites pour la masse, etc. En tête de ces livrets se trouve le Code Pénal militaire.

En arithmétique, on donne le nom de *livret* à la table de Pythagore.

LIVRET. *Voyez* POËME.

LIVRON. *Voyez* DRÔME (Département de la).

LIXIVIATION (de *lixivia*, lessive), opération chimique, qui consiste à faire macérer des cendres dans l'eau, puis à séparer le produit liquide qui en résulte, et qui contient les sels solubles ; d'où le nom de *sels lixiviels*, que l'on donnait autrefois aux alcalis fixes obtenus du lavage de la cendre des végétaux.

LIXIVIEL. On qualifiait autrefois ainsi les substances obtenues par la lixiviation.

LLANOS. On appelle ainsi, au nord de l'Amérique du Sud, les vastes steppes, ou plaines, tantôt couvertes d'herbe luxuriante, tantôt uniquement composées de sable mouvant, qu'habite d'ordinaire une race de vigoureux pasteurs, les *llaneros*, et servant de retraite à de nombreux troupeaux de toutes espèces. Elles ressemblent aux *Pampas* du Sud et aux *Savannes* de l'Amérique du Nord ; car l'œil n'y peut découvrir au loin que le bétail paissant, et par ci par là quelques palmiers, ou de petits monticules sur lesquels les bestiaux se réfugient lors des inondations. On les rencontre sur le territoire de la république de Venezuela, où elles s'étendent depuis le pied du versant méridional des monts Caracas, qui courent parallèlement à la côte du nord, jusqu'aux forêts de la Guyane et jusqu'à l'Orénoque ; les *llanos* de Casanarre, que traversa de Humboldt, en sont la continuation sur une superficie de 9,900,000 kilomètres carrés. C'est improprement que d'anciens historiens non espagnols donnent ce nom aux vastes plaines qui s'étendent au centre de l'Amérique méridionale, sur les rives du Marañon, du Rio-Negro, de l'Ucayale, et dont une partie se déroule très-loin encore à l'ouest, par exemple les *llanos* de San-Juan, découvertes en 1541 par Gonzalo Ximenès Quesada, mais qui toutes ne sont rien moins que des steppes, puisqu'elles sont couvertes d'épaisses forêts primitives.

LLOBREGAT, rivière de Catalogne, qu'on nommait autrefois *Rubricatum*, à cause de la teinte rose de ses eaux, qui roulent sur un sable rougeâtre. Elle se jette dans l'Èbre, près de Mequinenza, au moment où ce fleuve quitte le royaume d'Aragon, qu'il traverse dans toute sa longueur.

LLORENTE (Don JUAN-ANTONIO), historien espagnol, né en 1756, à Rincon-del-Solo, près de Calahorra en Aragon, entra de bonne heure dans les ordres. Attaché au saint-office dès 1785, il passait en 1789 premier secrétaire de l'inquisition ; mais il ne tarda pas à être privé de ces lucratives fonctions, comme suspect de sympathiser en secret avec les idées de la révolution française. Quelques tentatives qu'il fit sous le ministère de Jovellanos pour décider cet homme d'État à modifier l'organisation du saint-office laissèrent des traces dans les bureaux. On lui en fit un crime après la chute de Jovellanos, et on le condamna à un mois d'arrêts forcés dans un couvent. Il resta ensuite dans une disgrâce complète jusqu'en 1805. Rappelé alors à Madrid, il obtint l'année suivante un canonicat à Tolède, et en 1807 la décoration de l'ordre de Charles III. En 1808 il se rendit par ordre de Murat à Bayonne, où il prit part aux travaux de la commission chargée de doter l'Espagne d'une constitution nouvelle. Exilé en 1814 comme *afrancesados*, il vécut jusqu'en 1822 en France, où il se livra à d'importants travaux littéraires. Nous citerons entre autres son *Histoire critique de l'Inquisition d'Espagne* (4 vol., Paris, 1815-1817) ses *Mémoires pour servir à l'Histoire de la Révolution d'Espagne* (3 vol., 1815-1819), ouvrage qui jette une vive lumière sur la révolution dont la Péninsule fut le théâtre en 1808 ; enfin, quelques traductions françaises d'ouvrages, tant publiés de Las Casas. Il venait de publier ses *Portraits politiques des Papes*, ouvrage qui provoqua dans le parti cléricale les plus vives colères, lorsqu'un ordre du gouvernement français lui enjoignit d'avoir à quitter Paris sous trois jours et le territoire du royaume dans un délai de huit jours. Malgré la rigueur inaccoutumée de l'hiver, Llorente dut obéir ; mais les fatigues de ce voyage l'épuisèrent tellement, qu'il mourut le 5 février 1823, peu de jours après son arrivée à Madrid, où les hommes placés alors à la direction des affaires lui avaient fait l'accueil le plus distingué.

LLOYD AUTRICHIEN, dénomination sous laquelle est connue, depuis 1833, une société de commerce existant à Trieste, et née du besoin qu'éprouvent les différentes compagnies d'assurances maritimes de cette place d'avoir une administration centrale chargée de veiller à leurs intérêts communs, d'entretenir à cet effet dans tous les ports étrangers de quelque importance des agents ayant pour mission de recueillir toutes les nouvelles de nature à intéresser le commerce et la navigation de Trieste, et notamment les assureurs, enfin de tenir registre, dans les ports où ils sont établis, de toutes les entrées et sorties de navires. Les renseignements ainsi obtenus n'étaient dans l'origine communiqués qu'aux seuls membres de l'association; mais plus tard on les livra aussi à la connaissance du public, toutes les fois qu'ils en valaient la peine, au moyen d'un journal de la nature du *Lloyd's List* de Londres, et auquel on donna le titre de *Giornale del Lloyd austriaco*. Au moment de la fondation du Lloyd autrichien, les communications de Trieste avec tout le Levant étaient des plus irrégulières. On n'y recevait souvent les nouvelles des ports de Turquie ou d'Égypte que par la voie de Livourne, de Marseille ou même encore de Londres. Pour remédier à un tel état de choses, si nuisible à la prospérité du commerce de cette ville, la direction du Lloyd autrichien résolut d'en faire le centre d'une grande entreprise de communications régulières par bateaux à vapeur avec tous les ports les plus importants du Levant. Les fonds nécessaires furent faits par une réunion d'actionnaires; et, l'on fit construire à Londres un certain nombre de *steamers*. Ce fut le 16 mai 1837 que fut ouverte la première ligne mise en activité, celle de Trieste à Constantinople. En 1853 la société était déjà propriétaire de 56 bateaux à vapeur, dont 10 à hélice, jaugeant ensemble 26,775 tonneaux, avec une force de 9,080 chevaux. Elle dessert aujourd'hui tous les points importants des côtes de l'Adriatique, ainsi que les principales villes commerciales du Levant. Par ses traités avec le gouvernement autrichien, c'est elle qui est chargée aujourd'hui du service des postes avec tous les points où ses navires font escale.

La société du *Lloyd autrichien* comprend trois sections : la première, qui se compose de 29 compagnies d'assurances, a dans son ressort tout ce qui se rapporte aux assurances, et est dirigée par un comité de cinq délégués, élus tous les ans; la seconde, que constitue la compagnie des bateaux à vapeur, est régie par un conseil de directeurs responsables de leur gestion, dont ils rendent comptent à l'assemblée générale des actionnaires, qui se réunit une fois par an ; la troisième, enfin, fondée aussi par actions, sous le nom de *section des lettres et des arts*, possède le beau salon de lecture attenant à la nouvelle bourse, une imprimerie avec un atelier de gravure sur bois et un établissement artistique pour le perfectionnement de la gravure sur cuivre et sur acier. Elle a fait paraître un grand nombre de journaux et de publications relatifs aux sciences et aux lettres.

LLOYD'S COFFEE-HOUSE, c'est-à-dire *café du Lloyd*, nom d'un café restaurant, établi dans le local même de la Bourse de Londres, et qui dès le commencement du dix-huitième siècle devint le rendez-vous habituel des principaux négociants, assureurs et courtiers d'assurances. Le nombre considérable des habitués de cet établissement a fini par y rendre nécessaires certaines divisions, et il n'y a plus aujourd'hui qu'une très-petite partie du local primitif où le public continue à être admis comme dans tout autre café : dans les autres parties, on n'est admis qu'autant qu'on est abonné. On y tient les listes les plus exactes de l'arrivée et du départ des navires dans toutes les parties du monde, et on y trouve constamment, pour les besoins des assurances, une classification des navires anglais servant de régulateur dans tous les ports anglais, tant en Europe que dans les autres parties du monde. La société reçoit directement dans tous les ports de quelque importance des agents chargés de l'informer de ce qui, dans leur cercle de relations et d'affaires, arrive d'important pour le commerce et la navigation. Les renseignements qu'ils transmettent sont tout aussitôt affichés, et quand cela est utile, publiés dans un journal spécial intitulé *Lloyd's List*. Il ne paraissait d'abord qu'une fois par semaine, mais il est devenu quotidien depuis 1800.

LLOYD'S LIST. *Voyez* LLOYD'S-COFFEE-HOUSE.

LOBAU (Combats de l'île). *Voyez* ESSLING et WAGRAM.

LOBAU (Comte DE). *Voyez* MOUTON.

LOBE. En anatomie, on donne ce nom à toute portion arrondie et saillante d'un organe. Le f o i e , le p o u m o n , présentent des lobes. Le lobe ou lobule de l'oreille est une éminence molle et arrondie qui termine inférieurement la circonférence du pavillon de l'oreille, et qu'on a coutume de percer pour y suspendre des anneaux. Chaussier appelle *lobes du cerveau* les hémisphères cérébraux.

En botanique, on nomme quelquefois *lobes* les cotylédons d'une graine, mais plus souvent on appelle de ce nom les parties du bord d'une feuille séparées par des incisions plus profondes que celles qui concourent à la formation des dents.

LOBEIRA ou LOVEIRA (VASQUEZ), né à Porto, vers 1270, mort en 1325, se distingua au service de Ferdinand IV, roi de Castille : il est généralement regardé comme le premier auteur du fameux roman d'*A m a d i s de Gaule*, qu'il n'écrivit primitivement qu'en quatre livres, mais que des continuateurs intarissables ont trouvé le moyen d'augmenter de vingt livres. On connaît les vers de Fontenelle :

Quand je lis d'Amadis les faits inimitables,
Tant de châteaux forcés, de géants pourfendus,
De chevaliers occis, d'enchanteurs confondus,
Je n'ai point de regrets que ce soient là des fables.

LOBENSTEIN, chef-lieu de la seigneurie et de la principauté du même nom, sur le Lemnitz, jadis résidence de la famille princière de Reuss-Lobenstein, aujourd'hui éteinte, et appartenant maintenant à la ligne de Reuss-Ebersdorf (*voyez* REUSS). On y voit un château avec parc, et un vieux château fort. Les 3400 habitants ont pour principale industrie la fabrication des toiles.

LOBINEAU (Dom GUI-ALEXIS), bénédictin de la congrégation de Saint-Maur, né à Rennes, en 1666, mort à l'abbaye de Saint-Jagut, près de Saint-Malo, en 1727, consacra la plus grande partie de sa vie à des recherches et des travaux historiques d'une grande portée. Il termina l'*Histoire de Paris* de dom F é l i b i e n , que ce religieux avait laissée fort avancée, et acheva pareillement l'*Histoire de Bretagne*, à laquelle le Père Legallois avait longtemps travaillé, mais que l'*Histoire des Saints de la Bretagne*, par dom Morice a fait oublier. Il traduisit, en outre, l'*Histoire des deux Conquêtes de l'Espagne par les Maures*, de Michel de Luna (2 volumes; Paris, 1708), et prit une part active à la publication de la nouvelle édition du *Glossaire* de Du Cange (10 volumes in-fol.). Il a laissé en outre plusieurs ouvrages manuscrits, entre autres une traduction du théâtre d'Aristophane, avec une préface des plus curieuses, dont une grande partie a été publiée dans le *Magasin encyclopédique* (2ᵉ année, tome Iᵉʳ), et une nouvelle histoire de la ville de Nantes. C'est bien à tort qu'on lui a attribué, dans quelques biographies, les *Aventure de Pomponius*, chevalier romain, roman satirique et licencieux qui est de dom Labadie, bénédictin défroqué.

LOBKOWITZ, nom d'une ancienne famille noble de Bohême, qui prétend dater du neuvième siècle et forme aujourd'hui deux lignes. L'aînée possède 450,000 florins de revenus, provenant de terres dont la superficie totale est de 27 myriamètres carrés. Elle a pour chef le prince *Ferdinand* de LOBKOWITZ, grand-trésorier héréditaire de la couronne de Bohême, né en 1797 ; l'un de ses frères est feld-maréchal lieutenant dans l'armée autrichienne. La ligne cadette ne possède que 150,000 florins de revenus, avec des terres d'une superficie de 7 myriamètres carrés. Son chef, le prince *Georges* de LOBKOWITZ, né le 14 mai 1835, succéda à son père en 1842, sous la tutelle de sa mère.

LOBOS, groupe d'îles du grand Océan situées à peu de distance de l'extrémité septentrionale du Pérou, qui étaient restées absolument désertes jusque en 1845, mais où depuis lors on va à la recherche du g u a n o , ce précieux engrais que la nature a accumulé par masses immenses sur les côtes du Pérou et de la ceinture d'îles, d'îlots et d'écueils,

382 LOBOS — LOCKE

qui semblent placés là tout exprès pour le défendre contre les envahissements de la grande mer.

En 1850, sous l'administration du président Webster, les Américains du Nord, alléchés par les bénéfices considérables qu'on retirait déjà de l'extraction du guano, essayèrent de créer des établissements fixes aux îles Lobos, qu'ils affectèrent de considérer comme une terre appartenant au premier occupant. Mais le Pérou réclama énergiquement contre cette prétention ; et après de longues négociations, les Etats-Unis, sous l'administration du président Fillmore, reconnurent de la manière la plus explicite la souveraineté du Pérou sur les îles Lobos et sur les autres îles voisines de la côte ou se trouve le guano.

LOBULE, diminutif de lobe, petit lobe. Chaussier appelle *lobules du cerveau* (lobes du cerveau de la plupart des anatomistes) les éminences que présente la face inférieure des hémisphères cérébraux. Vicq-d'Azyr appelle *lobule du nerf vague* une petite éminence qu'on trouve au côté externe et antérieur du plus antérieur des lobes internes du cervelet.

LOCAL, LOCALITÉ. Un local est un lieu considéré par rapport à sa disposition et à son état. Local est aussi adjectif ; c'est ainsi qu'on dit : mémoire *locale*, couleur *locale*, etc. *Localité* est, en général, synonyme de *lieu* ; toutefois, il s'emploie plus spécialement pour désigner un lieu habité. Il s'emploie aussi par opposition à la généralité du pays : on dit, par exemple, que telle commune cherche à faire prévaloir l'intérêt de localité sur l'intérêt général.

LOCATAIRE, LOCATEUR. C'est celui qui prend à loyer soit une maison, soit un appartement. Celui qui prend à loyer une terre s'appelle ordinairement *fermier*. Celui qui prend à loyer une maison tout entière pour la sous-loner par parties s'appelle *principal locataire*. Le locataire est tenu de deux obligations principales, qui consistent à user du local loué en bon père de famille et à payer le prix du loyer aux termes convenus. Il ne peut pas l'employer à une destination autre que celle qui lui est assignée par le bail. Il doit le garnir de meubles suffisants pour répondre du prix du loyer, à moins qu'il ne donne des sûretés propres à en garantir le payement ; à défaut, il peut en être expulsé. Il est tenu des réparations locatives, et les risques locatifs sont à sa charge.

Le propriétaire qui donne à loyer soit une terre, soit une maison, soit un appartement, est quelquefois désigné, en style de jurisprudence, sous le nom de *locateur*.

LOCATAIRERIE PERPÉTUELLE. *Voyez* BAIL.

LOCATELLI (DOMINIQUE), venu à Paris vers 1645, y joua dans la troupe italienne les rôles de *primo zanni* (premier intrigant), sous l'habit et le masque d'arlequin, mais sans batte ; il céda depuis cet emploi à Biancolelli, et se rendit si fameux dans celui de Trivelin, qu'il n'est guère connu que sous ce nom. Il mourut en 1671 ; son talent tenait plus de l'art que la nature.

LOCATION, action de donner à loyer ou à ferme. Ce mot s'applique le plus souvent au contrat de louage d'une maison. L'acte de location n'a pas de forme déterminée par la loi. S'il a été fait sans écrit et n'a encore reçu aucune exécution, et si l'une des parties le nie, la preuve n'en peut être reçue par témoins, quelque modique qu'en soit le prix et quoiqu'on allègue qu'il y a eu des arrhes données.

LOCH. Depuis que la science navale existe, la plus importante question qu'elle se soit proposé de résoudre est celle-ci : déterminer la vitesse absolue, ou, comme l'on dit, le *sillage* d'un navire sous voiles. S'il était possible d'apprécier rigoureusement, sans l'intervention des astres, par un simple moyen mécanique, le chemin que l'on fait à chaque instant sur mer, la navigation ne serait plus qu'un jeu. Mais à cet égard la science est restée impuissante, et c'est dans le ciel encore que le marin doit chercher la vraie trace du sillon que son navire creuse sur les flots. Et pourtant elle a imaginé bien des instruments, tenté bien des moyens pour atteindre ce résultat ; mais tous sont restés plus ou moins défectueux. Le plus ancien et le plus en usage est le loch. Sa construction repose sur l'idée de jeter à la surface de la mer un point fixe, et de mesurer la vitesse avec laquelle le navire s'en éloigne. Ce point fixe est une planchette, en forme de triangle isocèle ou plutôt de secteur circulaire ; on lui assure dans l'eau une position verticale en ajustant à sa base de petites masses de plomb, sans cependant lui donner un poids spécifique plus grand que celui de l'eau de mer : cette planchette se nomme *bateau de loch* ; la résistance que l'eau oppose à son mouvement horizontal est censée la maintenir fixe. Une corde attachée par trois branches à ses trois angles, et divisée en parties égales par des nœuds, indique l'espace dont le navire s'en éloigne dans un temps donné ; l'intervalle des deux divisions s'appelle aussi *nœud* ; la longueur de chacun d'eux est ordinairement la cent-vingtième partie d'un mille marin. Si, dans l'espace d'une demi-minute, ou dans la cent-vingtième partie d'une heure, le navire s'est écarté de son bateau de loch de la distance d'un nœud, on conclura, par une simple proportion, qu'en une heure, il s'en écarterait de l'espace d'un mille, en supposant que pendant cette heure sa vitesse restât constante. La principale cause d'erreur de cet instrument réside dans la supposition que le bateau de loch reste fixe, tandis qu'effectivement les courants et les flots l'emportent dans l'espace. La navigation à l'aide du loch est dite *navigation par l'estime* ; la route ainsi estimée a besoin d'être souvent corrigée par des observations astronomiques. Théogène PACC.

LOCHE, genre de poissons malacoptérygiens abdominaux, de la famille des cyprinoïdes, ayant pour caractères principaux : Tête petite, aplatie ; corps cylindrique, très-court, et revêtu de petites écailles enduites d'une matière gluante ; une seule dorsale ; ventrales très en arrière ; bouche sans dents, pourvue de lèvres propres à sucer, et entourée de barbillons.

La *loche franche* (*cobitis barbatula*, L.), dont la chair est de bon goût, est commune dans nos ruisseaux ; sa taille dépasse rarement 8 ou 9 centimètres ; sa lèvre supérieure porte six barbillons. La *loche d'étang* (*cobitis fossilis*, L.) ne vaut pas à beaucoup près la précédente ; elle vit dans la vase, et sa chair en acquiert le goût ; elle a de plus que la loche franche quatre barbillons à la lèvre inférieure, et acquiert une taille de 30 à 40 centimètres. La *loche de rivière* (*cobitis tænia*, L.), longue de 15 centimètres au plus, offre ces mêmes quatre barbillons ; mais elle en a deux seulement à la lèvre supérieure ; on la reconnaît aussi à l'épine fourchue qu'elle offre auprès de chacun de ses yeux ; sa chair est peu recherchée. Ces trois espèces, les seules que l'on connaisse dans le genre *loche*, ont généralement le corps brun jaunâtre.

C'est aussi le nom vulgaire des espèces du genre *limace*.

LOCHES, ville de France, chef-lieu d'arrondissement dans le département d'Indre-et-Loire, avec 5191 habitants, un collège, un tribunal de première instance, deux typographies, une fabrication de toile et de grosse draperie, des papeteries, des tanneries, des teintureries, des corderies, une filature hydraulique de laine cardée, un commerce de vins, bois, laines et bestiaux. Loches est une ville très-ancienne, bâtie en amphithéâtre sur la rive gauche de l'Indre, dont les bras sont traversés par des ponts qui la font communiquer avec le bourg de *Beaulieu*, situé vis-à-vis. Loches est dominée par les ruines d'un ancien château fort, qui servit de résidence à Charles VII. Le cœur d'Agnès Sorel est déposé dans une de ses tours. Converti en prison d'État par Louis XI, ce château renferma successivement La Balue, le duc d'Alençon, Charles de Melun, Philippe de Comines et Ludovic Sforza. On y voyait encore avant la révolution les cellules basses et les cages de fer, que réservait Louis XI aux grands criminels d'État. Les environs de Loches sont embellis par une vaste forêt.

LOCKE (JEAN), naquit à Wrington, en Angleterre, le 29 août 1632. Après avoir fait ses études à Londres et à Oxford, il étudia la médecine. Puis, en qualité de secrétaire, il accompagna Swan en Allemagne, où il était ambassadeur. Il suivit le duc de Northumberland en France, et fut successivement conseiller de lord Ashley, précepteur de son fils et de son petit-fils, Shaftesbury, l'écrivain moraliste ; secrétaire, à la chancellerie, de la présentation des bénéfices, secrétaire d'une commission de commerce. A cause des animosités politiques, il alla, avec Shaftesbury, habiter la Hollande, d'où, à la révolution de 1688, il revint dans son pays, sur la flotte qui y conduisait la princesse d'Orange. Il fut l'un des commissaires des appels. Sur ses derniers jours, il se retira à Oates, près de Londres, dans la maison de campagne de Masham, gendre de Cudworth, auteur du *Système intellectuel*, et y mourut, le 28 octobre 1704.

« Voici, cher lecteur, dit-il, en commençant son *Essai sur l'Entendement humain*, ce qui a fait le divertissement de quelques heures de loisir que je n'étais pas d'humeur d'employer à autre chose.... S'il était à propos de faire ici l'histoire de cet *Essai*, je vous dirais que cinq ou six de mes amis, s'étant assemblés chez moi, et venant à discourir sur un point fort différent de celui que je traite dans cet ouvrage, se trouvèrent bientôt poussés à bout par les difficultés qui s'élevèrent de différents côtés. Après nous être fatigués quelque temps, sans nous trouver en état de résoudre les doutes qui nous embarrassaient, il me vint dans l'esprit que nous prenions un mauvais chemin, et qu'avant de nous engager dans ces sortes de recherches, il était nécessaire d'examiner notre propre capacité et de voir quels objets sont à notre portée, ou au-dessus de notre compréhension. Je proposai cela à la compagnie, et tous l'approuvèrent aussitôt. Sur quoi l'on convint que ce serait là le sujet de nos premières recherches. Il me vint alors quelques pensées indigestes sur cette matière, que je n'avais jamais examinée auparavant. Je les jetai sur le papier ; et ces pensées formées à la hâte, que j'écrivis pour les montrer à mes amis, à notre prochaine entrevue, fournirent la première occasion de ce traité, qui, ayant été commencé par hasard, et continué à la sollicitation de ces mêmes personnes, n'a été écrit que par pièces détachées, et après l'avoir longtemps négligé, je le repris selon que mon humeur ou l'occasion me le permettait. »

Et il s'agit d'un traité sur l'entendement humain ! On ne parlerait pas autrement de la composition de quelques contes pour les enfants, ou de la pièce de vers la plus frivole. A un tel début, il ne reste qu'à jeter le livre. Qu'espérez-vous y trouver sur la matière la plus haute, la plus ardue, que puisse aborder notre intelligence, lorsqu'on vous le dit écrit *par divertissement, par pièces détachées*, au gré de *l'humeur* ou de *l'occasion*, et *sans avoir auparavant jamais examiné cette matière?* Ce travers n'est point particulier à Locke ; et ce n'est point par une jactance étourdie qu'il dit avoir composé l'*Essai sur l'entendement* sans étude préalable. C'est un fait qu'attestent l'emploi de sa vie, absorbée par les affaires, et surtout les inepties qui fourmillent dans cet ouvrage, lesquelles le placent au-dessous de tout, excepté peut-être de la *grande restauration des sciences* de Bacon. Où donc avait-il la tête lorsqu'il consacrait son premier livre à combattre les idées innées, poursuivant sous ce nom les idées actuellement connues de l'esprit ? Il a lu Descartes, puisque Leclerc, son panégyriste, nous apprend que c'est le seul des écrivains philosophes qu'il ait trouvé de son goût. Comment n'a-t-il pas appris de lui, au moins à l'égard de l'idée de Dieu, que cette idée est innée en nous, non en ce sens que nous l'ayons toujours perçue et que nous la percevions toujours, mais en ce sens qu'elle est immanente hors l'âme, qui a la propriété de représenter Dieu, soit que cette représentation ou idée de Dieu fasse actuellement l'objet de la pensée, soit qu'elle ne le fasse point ni ne l'ait encore fait. Mais lui, qui se récrie si fort contre les idées gravées dans l'âme, ne dit-il pas, dans son *Gouvernement civil* (ch. III, art. 1, note), que *les lois de la raison sont tracées dans le cœur de l'homme*

du doigt même de la Divinité. Ces lois ne sont autre chose que les idées, et il ne saurait probablement entendre que chaque homme en ait, depuis le premier jusqu'au dernier instant de son existence, une perception non interrompue. Peut-il exister une pareille inconséquence, une semblable étourderie ? Il y met le comble lorsqu'il déclare, en commençant le deuxième livre, que, bien qu'il n'y ait point d'idées innées, nos idées ont deux sources, l'une extérieure, la *sensation*, l'autre intérieure, la *réflexion*, ou le retour de l'âme sur ses propres opérations ; car ces idées que l'âme découvre en elle-même, par le travail de la réflexion, que sont-elles, sinon les idées innées ? Nous savons bien que Locke les réduit à de pures conceptions ; mais il ne s'agit point ici du plus ou du moins de réalité qu'il leur accorde, il s'agit de leur source ; il la pose dans l'âme, ce qui fait que l'école é c o s s a i s e le revendique comme l'un de ses chefs ; il reconnaît donc des idées innées.

Après avoir traité de l'origine des idées dans le premier livre, Locke prétend examiner dans le deuxième comment nous arrivons à la connaissance de chacune de nos idées fondamentales. C'était une belle et utile entreprise, qui comblait une lacune dans l'étude de la pensée. Quoiqu'il n'y eût point une idée essentielle dont quelque philosophe n'eût montré de quelle manière elle nous est suggérée, cependant il n'existait point d'ouvrage qui, pour toutes, l'exposât méthodiquement. Après l'*Essai* et les imitations qu'il a produites, il reste encore à faire, et Locke est ici demeuré, s'il est possible, au-dessous de lui-même.

Locke semble n'avoir écrit l'*Essai sur l'Entendement humain* que pour contredire Descartes, tout en lui prenant furtivement la seule bonne chose qu'offre cet *Essai*, nous voulons dire le principe de remonter toujours aux idées simples ou premières, prises de la nature des choses, et de ne raisonner que sur celles qui sont claires et distinctes. Aux yeux de Descartes, la pensée est la substance même de l'âme ; Locke veut qu'elle n'en soit que l'action. Il détruit ainsi la spiritualité de l'âme ; car qu'est-ce qu'une substance spirituelle qui n'est pas essentiellement pensante ? Et qu'est-ce que la matière, si elle n'est pas une substance spirituelle ? Mais lui, il ne s'en aperçoit pas. Descartes regarde la matière comme étant exclusive de la pensée ; Locke, sous le respectable prétexte de ne pas limiter la puissance divine, soutient que la matière peut devenir pensante.

Nous ne parlerons pas du troisième et du quatrième livre de l'*Essai* : l'un roule sur les mots, l'autre sur la connaissance en général ; tous les deux n'offrent qu'un ramas d'observations triviales, puériles ou fausses. « Pour rendre, dit de Maistre, cet ouvrage de Locke de tous points irréprochable, il suffirait d'y changer deux mots : il est intitulé : *Essai sur l'Entendement humain* ; écrivons seulement : *Essai sur l'Entendement de Locke* ; jamais livre n'aura mieux rempli son titre. L'ouvrage est le portrait entier de l'auteur, et rien n'y manque. L'*Examen de l'opinion de Malebranche*, que nous voyons *tout en Dieu*, est de la même force. On y trouve cependant une observation sensée. M a l e b r a n c h e, qui enseigne que notre âme voit en Dieu toutes choses, nie qu'elle y voie l'idée d'elle-même. Locke lui demande fort à propos *pourquoi elle n'y verrait point cette idée aussi bien que celle du triangle, par exemple*. Dans un ouvrage posthume sur la *Conduite de l'esprit dans la recherche de la vérité*, il donne des conseils généralement bons, sages ; ce qui n'était pas difficile, après le *Discours sur la Méthode* de Descartes, qui de plus a donné l'exemple, sans lequel les meilleurs préceptes demeureront toujours stériles. Locke a voulu être aussi théologien. A-t-il écrit sur la théologie, comme sur la philosophie, par divertissement et sans étude préalable ? Son *Christianisme raisonnable*, ainsi appelé, avec raison, par antiphrase, ne permet guère d'en douter. Il a intention d'y combattre deux opinions : l'une qui prétend que *la postérité d'Adam est condamnée à des supplices éternels et infinis à cause du péché de ce premier homme* ; l'autre qui, ne pouvant digérer cette pensée, qu'elle juge incompatible avec la justice et la bonté d'un être suprême et infini, aime mieux soutenir que la révélation n'est pas nécessaire (chap. 1ᵉʳ). Contre la première, il veut établir qu'Adam n'a légué à ses descendants que la mort du corps, et non point la mort de l'âme ou la corruption morale, de façon que les vices de l'homme viennent de sa faiblesse naturelle, indépendante du péché d'Adam, et que partant sa damnation n'a rien de commun avec la chute originelle. Contre la seconde, il prétend que la rédemption chrétienne consiste dans la vie du corps, que Jésus-Christ rendra aux hommes à la résurrection. Par là et par les avantages que la révélation nous a procurés en nous tirant des ténèbres de l'idolâtrie, et qu'elle nous procure toujours en nous fournissant une excellente règle de conduite, il tâche de montrer qu'elle est nécessaire. Du reste, le symbole dont elle chargerait notre foi n'est pas long : pour être chrétien, il suffit de croire que Jésus-Christ est le Messie, et encore sans expliquer s'il est ou non fils de Dieu.

N'est-il donc rien sorti de lui qui vaille la peine d'être lu? Ses *Lettres sur la tolérance*, dont il a exposé les vrais principes, inspirent un vif intérêt. La première, qui est la principale, fait même éprouver de l'admiration. Son style, ordinairement lourd, languissant, commun, s'anime, s'ennoblit, s'élève jusqu'à l'éloquence, lorsque, dans sa généreuse et sainte indignation, il nous peint les intolérants poursuivant, le fer et la flamme à la main, quiconque a le malheur de ne pas penser comme eux, et couvrant de leur coupable indulgence les plus ignobles dépravations et les plus criants scandales de leurs co-religionnaires. On jouit en voyant cette détestable hypocrisie démasquée, flagellée, par la main d'un honnête homme. Ne reprochons pas à Locke de ne point venger l'État qui admet la liberté religieuse de l'imputation de matérialisme et d'athéisme : cette imputation stupide, l'intolérance n'a l'avait pas encore inventée. Mais l'*Éducation des Enfants* et le *Gouvernement civil* sont ses deux ouvrages les plus considérables. Le premier, si inférieur à l'*Émile* de Rousseau sous le rapport du style, lui est préférable en quelques-unes de ses parties pour les choses. Sur l'éducation physique, les deux écrivains ont les mêmes vues : ils condamnent de concert l'usage d'étreindre l'enfant dans ses langes et ses vêtements : ils regardent comme indispensable à son développement et à sa santé la pleine liberté des membres, un grand exercice, une nourriture simple, une couche dure. À l'égard de l'éducation morale, qui comprend, d'un côté, la connaissance et la pratique du devoir, de l'autre l'instruction, ils se séparent. Rousseau veut qu'on fasse jaillir d'une nécessité produite par des circonstances fortuites, ou jugées telles par l'enfant, la notion et l'accomplissement du devoir; de cette nécessité aussi le désir de l'instruction et les efforts pour l'acquérir. Un pareil procédé est aussi vain qu'inexécutable. Celui de Locke, quant à la partie de l'éducation relative aux devoirs, consiste à les faire apprendre et pratiquer à l'enfant par l'idée d'obligation, que soutiennent la crainte et le respect de Dieu, la crainte et le respect des parents, l'honneur, la honte. Cela est visiblement plus conforme à la nature du devoir, et d'ailleurs consacré par l'expérience. On regrette que Locke ne l'applique pas à l'instruction, et qu'il se persuade qu'elle doit s'obtenir par forme d'amusement.

Dans le *Gouvernement civil*, Locke enseigne le principe de la société moderne, que l'homme s'appartient ; de même que Rousseau, dans le *Contrat social*, professe le principe de l'ancienne société, que l'homme est la propriété de l'État. C'est pourquoi, tandis que le second exige que nous nous renoncions pour entrer dans la société, et que nous soyons fondus en elle, comme une partie dans le tout, le premier ne veut y voir entrer que pour mettre sous l'égide des lois notre personne, notre liberté, nos biens, c'est-à-dire la jouissance de nos droits naturels. Et il remarque très-bien que « l'état de nature n'est point l'état de licence, que la liberté a ses limites fixées par la saine raison, que le Créateur a donnée à tous les hommes, et dont chacun porte les lois tracées dans son cœur du doigt même de la Divinité » ; d'où il suit que l'homme en passant de l'état de nature à l'état social n'éprouve aucun changement dans ses droits, et qu'il ne fait qu'appeler la puissance publique à les protéger et à prêter main forte à la raison, trop faible contre les passions. Aussi Locke borne-t-il la mission du gouvernement, considéré comme frein, à maintenir au dedans les lois protectrices de ces droits ; à prévenir ou à réprimer au dehors les injures étrangères, et déclare-t-il hautement que dans le peuple réside toujours le pouvoir souverain de se délivrer de ses chefs, s'ils viennent à être assez fous ou assez méchants pour former des desseins contre ses libertés et ses propriétés. Le temps n'a rien ajouté à ces principes fondamentaux de la société libre. Quoique au-dessous d'Aristote, Locke a cependant avec lui des traits de ressemblance qui reportent l'attention sur ce dernier. Tous deux, misérables en métaphysique, sont supérieurs dans la partie de la politique et de la morale qui tient à l'observation.

BORDAS-DEMOULIN.

LOCKHART (JOHN GIBSON), littérateur anglais, né à Glasgow, vers 1790, avait été destiné au barreau par sa famille, mais préféra suivre la carrière des lettres, dans laquelle il débuta par une traduction d'anciennes ballades Espagnoles (*Ancient spanisch Ballads* [4ᵉ édit.], Édimbourg, 1853]) et par une remarquable biographie de Cervantès. Dans ses *Peter Letters to his kinsfolk*, série de portraits empruntés à la société d'Édimbourg, dans le sein de laquelle elles produisirent un vif scandale, il annonça de remarquables dispositions pour le genre satirique. Introduit en 1818 près de Walter Scott, il obtint l'amitié du célèbre romancier, qui, en 1820, lui donna en mariage sa fille aînée. Après avoir publié *Valerius* (1821), roman emprunté aux premiers temps de l'empire romain; où il faisait preuve de beaucoup d'invention et de talent de style, puis *Adam Blair* (1822), tableau des mœurs écossaises, *Reginald-Walton* (1823) et *Matthew-Wald* (1824), la plus faible de ses productions, il prit en 1825, par suite de la maladie de Gifford, la rédaction en chef du *Quaterly-Review*, qui le contraignit à venir se fixer à Londres, et qu'il conserva jusqu'à sa mort, arrivée le 25 novembre 1854, à Abbotsford, en Écosse. Sa femme, Sophie Scott, était morte dès 1837 ; et son fils unique, *Walter Scott* LOCKHART, qui, comme héritier du majorat d'Abbotsford, avait pris le nom de *Lockhart-Scott*, était mort le 10 janvier 1853.

Par sa position de rédacteur en chef du *Quaterly-Review* Lockhart avait acquis beaucoup d'influence politique, et, pour se l'attacher, Robert-Peel, pendant son ministère, lui avait conféré la lucrative sinécure d'auditeur du duché de Lancaster. Parmi les nombreux articles fournis par lui au *Quaterly-Review*, on remarqua surtout une notice nécrologique sur son collaborateur Théodore Hook. On a aussi de lui une Vie fort estimée de Robert Burns (1828 ; 5ᵉ édit., 1853). Mais le meilleur de ses ouvrages est encore sa biographie de son beau-père, intitulée *Life of Walter Scott* (7 vol., 1838).

LOCLE, grand bourg du canton de Neufchâtel, à peu de distance de La Chaux-de-Fonds, situé dans une haute et agreste vallée, compte 6900 habitants, qui s'occupent surtout de la fabrication des montres. Les femmes y font aussi beaucoup de dentelle. Le Bied, ruisseau qui parcourt la vallée, se perd sous un rocher situé à quelque distance du bourg. Au commencement de ce siècle, l'écoulement en a été régularisé au moyen d'une galerie de 266 mètres de long, de sorte qu'aujourd'hui il va se jeter dans le Doubs, rivière qui forme sur ce point la limite des territoires suisse et français. C'est au voisinage de ce gouffre qu'on voit les célèbres moulins souterrains du Cul-des-Roches, au nombre de quatre, construits par Sandor. Un seul courant met en mouvement quatre rangs de roues verticales posées sur un abîme de 66 mètres de profondeur. De grandes cavernes naturelles latérales y sont utilisées comme ateliers.

LOCMAN. *Voyez* Pilote.

LOCO (de l'italien *loco*, à la place). Placé près un passage que l'on a exécuté en montant ou en descendant d'une octave, le mot *loco* indique qu'il faut reprendre les notes suivantes telles qu'elles sont écrites et sans transposition.

LOCOFOCOS, sobriquet sous lequel on désigne aux États-Unis le parti ultra-démocratique. Comme ce mot est aussi le nom qu'on donne en Amérique aux allumettes chimiques, peut-être y a-t-il là une allusion à l'extrême inflammabilité des passions existant dans un parti qui ne supporte qu'impatiemment le joug de la loi et qui est toujours disposé à s'insurger contre ses prescriptions.

LOCOMOBILE. Ce genre de machine, très-connu en Amérique, a été importé depuis trois ou quatre ans en Angleterre, et commence à se répandre en France. C'est une machine à vapeur mobile, comme l'indique la terminaison de son nom. Elle consiste en une chaudière horizontale, cylindrique et munie de tubes à l'intérieur tout à fait comme celles des l o c o m o t i v e s ; un système ordinaire de roues, soit en bois, soit en fer, la supporte et donne la faculté d'y atteler des chevaux pour l'amener là où le travail est requis. Un cylindre de diamètre variable, où agit de la vapeur à haute pression, imprime, par le moyen des organes habituels (c'est-à-dire un piston, sa tige, une bielle et un arbre coudé), un mouvement rotatoire à un arbre horizontal placé en travers de la locomobile. Une large roue de fer à jante plate, assez lourde pour faire volant, est fixée sur cet arbre, et tourne avec lui. Sur sa circonférence s'enroule une courroie de renvoi qui unit le moteur proprement dit et la machine que l'on veut faire travailler. Cette dernière peut être soit une scie, soit une batteuse, soit le volant d'une pompe, soit enfin tout autre système dont l'action requiert l'application d'une force. Ainsi, dans la *moissonneuse* d'Atkins, qu'on a pu voir à l'exposition universelle de 1855, le mouvement de translation de la machine sur les roues fait marcher à la fois d'un côté une scie qui fauche le blé et la couche sur une plate-forme, et de l'autre un râteau qui saisit la gerbe et la dépose sur le sol. Les batteuses, que nous citions tout à l'heure, séparent d'une manière complète les divers produits de la gerbe. Enfin, l'emploi des locomobiles semble devoir redonner une nouvelle impulsion à l'agriculture, en la faisant profiter des immenses progrès accomplis dans l'industrie. Seulement, les outils de culture appropriés à cet usage sont encore d'un prix trop élevé.

LOCOMOTION. Dans son acception industrielle et commerciale, ce mot désigne le transport, d'un lieu à un autre, d'objets de commerce, ou de voyageurs, quel que soit le mode de transport qui a produit le déplacement : ainsi, la *locomotion* est également effectuée par un bateau ou par une voiture, par une charrette traînée par des chevaux ou par une machine à vapeur.

Les physiologistes donnent le nom d'*appareils de la locomotion* à l'ensemble des organes qui permettent aux animaux d'aller d'un lieu à un autre.

Les divers procédés dont l'industrie se sert pour la locomotion sont aussi appelés *appareils locomoteurs*.

LOCOMOTIVE. Une *machine locomotive*, ou, plus brièvement, une *locomotive*, est une m a c h i n e à v a p e u r montée sur un bâti portant des roues que la force de la machine met en mouvement. La première locomotive fut exécutée en France, et la gloire de son invention appartient à M o n t g o l f i e r, qui avait fait construire un petit char à vapeur dans lequel il promenait sa famille dans les allées de son jardin. Quelque temps après, en 1770, un autre Français, Nicolas-Joseph Cugnot, ingénieur militaire, présenta à M. de Choiseul le modèle d'une voiture à trois roues portant une machine à vapeur destinée à la mettre en mouvement, que ce ministre fit exécuter à l'arsenal de Paris, aux frais du trésor. Les premiers essais n'ayant pas paru satisfaisants, cette invention fut bientôt abandonnée avec cette légèreté trop commune au caractère français. La locomotion à la vapeur sur les routes ordinaires présentait d'ailleurs des difficultés qui ne sont pas encore résolues. Cependant, en 1804, une voiture à vapeur, construite par Olivier Evans, circulait dans les rues de Philadelphie. La même année, une épreuve semblable était tentée par Trévitick et Vivian, en Angleterre. Mais on ne pensait pas encore à appliquer la vapeur au transport des convois sur les c h e m i n s de f e r; ou plutôt on regardait cette application comme impossible, par le défaut d'adhérence des roues avec les rails. Cependant Blenkinsop construisit, en 1811, des locomotives faisant un service régulier sur le chemin de fer de Middleton à Leeds, mais en ayant recours à des roues dentées et à une crémaillère. Ce ne fut qu'en 1813 que Blakett triompha de l'opinion générale, en montrant que l'adhérence des roues était suffisante. L'année suivante, Georges Stephenson apporta de nouveaux perfectionnements à la machine. Il fut bientôt dépassé par Hacworth et Robert Stephenson.

Dans cet intervalle, la locomotion à la vapeur avait repris faveur en France. Les Anglais, plus persévérants que nous, s'en étaient emparés, l'avaient perfectionnée, et nous l'avaient rendue, comme ils l'ont fait de tant d'autres découvertes. En 1827 M. Séguin ainé imagina les tuyaux b o u i l l e u r s, dont l'emploi augmente d'une manière considérable la surface de chauffe.

Dans les machines actuelles, une locomotive se compose de trois parties : la chaudière, l'appareil moteur et le véhicule. Le *tender*, ordinairement attelé à la suite, n'en est qu'un accessoire; c'est un magasin d'eau et de combustible.

La chaudière, dont on ne voit que l'enveloppe, se compose d'un foyer, de tuyaux bouilleurs, d'une boîte à fumée et d'une cheminée. Le foyer reçoit à sa partie inférieure la grille qui supporte le combustible. Celle de ses parois qui se trouve vers l'arrière de la machine offre une porte par où l'on introduit la houille. La paroi opposée est percée de trous dans lesquels s'engagent les bouilleurs ; cette paroi reçoit de là le nom de *plaque tubulaire*. La boîte à fumée sert de communication entre ces tuyaux que traversent les produits de la combustion et la cheminée par où ils s'échappent. Celle-ci est un simple cylindre en tôle, ordinairement surmonté d'un clapet ou capuchon mobile, que l'on abaisse durant les stationnements pour détruire tout tirage. En France, les règlements de police exigent que la boîte à fumée ou la cheminée soit munie d'une toile métallique propre à arrêter les flammêches qui pourraient occasionner des incendies. C'est dans le même but, et aussi pour recueillir les e s c a r b i l l e s, que le foyer est généralement accompagné d'un cendrier.

Les chaudières des locomotives sont munies d'appareils de sûreté qui consistent en un m a n o m è t r e, un tube en verre indiquant le niveau de l'eau, des robinets d'épreuve, et deux s o u p a p e s de sûreté. Elles portent, en outre, des robinets de vidange, quelquefois des robinets de purge, et enfin des robinets réchauffeurs. L'alimentation d'eau est assurée par deux pompes correspondant à chacun des cylindres à vapeur.

Les pièces principales de l'appareil moteur sont deux cylindres à vapeur en fonte à double effet et à distribution par tiroirs. Dans chacun d'eux se meut un piston. A chaque cylindre correspondent deux excentriques, l'un pour la marche en avant, l'autre pour la marche en arrière.

Le véhicule est un bâti porté par l'intermédiaire de ressorts sur les essieux de roues. Il est terminé de chaque côté par des t a m p o n s de c h o c rembourrés en chanvre, feutre ou caoutchouc. Les accessoires sont des chasse-pierres, une plateforme pour le mécanicien, un garde-corps, des marchepieds, etc.

Les locomotives se divisent en trois classes, qui, par la nature de leur service, sont de formes et de dimensions très-différentes. La première, affectée au transport des voyageurs, doit donner une vitesse moyenne de 45 kilomètres à l'heure, non compris les temps d'arrêt. La seconde, qui remorque les trains mixtes et omnibus, c'est-à-dire ceux qui s'arrêtent à toutes les stations et conduisent à la fois des voyageurs et des marchandises, doit arriver à 35 kilomètres. Enfin, la troisième, entièrement consacrée aux wagons du trafic, marche à la petite vitesse, c'est-à-dire environ 25 kilomètres. Celles des deux premières classes ont en général six roues, dont deux motrices (c'est-à-dire mues directement par la machine à vapeur) pour la première et quatre pour la seconde. Dans ce dernier cas, la deuxième paire ne devient motrice que par sa liaison avec la première au moyen de bielles. Dans la troisième classe, les roues sont en général toutes égales, d'un petit diamètre et autant que possible *couplées ensemble*, ce qui signifie se communiquant de l'une à l'autre le mouvement de rotation. Leur nombre varie beaucoup : ordinairement de 6 ou 8, il atteint quelquefois 14, comme dans certains appareils allemands.

LOCRES. Deux siècles environ après l'arrivée des compagnons d'Ajax dans la Grande-Grèce, c'est-à-dire dans l'Italie méridionale, des Locriens-Ozoles, conduits par Évanthus, fondèrent *Locres* (787), qui se fit néanmoins toujours honneur de regarder le fils d'Oilée comme son premier fondateur. Locres devint bientôt florissante, et dut cet avantage aux lois que Zaleucus lui donna, vers l'an 660, et à sa constitution, que Platon préférait à celle de toutes les républiques grecques. Elle était aristocratique; l'administration était concentrée entre les mains de cent familles. Le magistrat suprême se nommait *cosmopolis*. Le sénat, ou conseil de la nation, se composait de mille membres, qui possédaient le pouvoir législatif.

La ville de Locres, sans égaler en richesses Crotone, Tarente ou Sybaris, ses voisines et ses rivales, se distinguait par de bonnes mœurs et par les inclinations pacifiques de ses habitants, qui savaient pourtant, au besoin, défendre leur constitution et leur territoire. Cette heureuse cité se maintint libre jusqu'au temps de Pyrrhus, roi d'Épire, qui y mit, l'an 275, une garnison.

Deux ans après (271), les Romains s'en emparèrent, et elle demeura depuis lors dans la dépendance de Rome, avec le titre de ville alliée. Aujourd'hui l'emplacement de Locres s'appelle *Motta di Bursano*. Charles Du Rozoir.

LOCRIDE, LOCRIENS. La Locride, province située dans la Grèce propre, se divisait en trois petits peuples : les Locriens-Ozoles, les Locriens-Opuntiens, et les Locriens-Épicnémidiens.

La Locride des *Ozoles*, nom donné à ses habitants parce qu'ils portaient pour vêtements des peaux de mouton non tannées, et par conséquent *puantes*, était située sur la mer Ionienne, au midi de la Doride et à l'occident de la Phocide. Elle renfermait les villes d'Amphissa et de Naupacte (aujourd'hui Lépante).

La Locride *Opuntienne*, située à l'orient de la Phocide, sur la mer Égée, prenait son nom d'*Opous*, sa capitale.

La Locride-Épicnémidienne, ainsi nommée du mont *Cnémis*, était dans la même situation relativement à la Phocide et à la mer Égée; mais plus au nord, où elle confinait à la Thessalie, elle renfermait *Thronium*, *Cnémides*, *Parasopias*, les *Thermopyles*, défilé à jamais fameux par le dévouement de Léonidas. La Locride fut originairement peuplée par les *Lélèges*, tribu pélasgique. Lors de la formation du conseil des Amphictyons, vers 1522, les Locriens furent compris dans les douze nations qui formaient le conseil général de la Grèce. Parmi les héros qui se signalèrent le plus au siége de Troie étaient Ajax, fils d'Oilée, roi des Locriens-Opuntiens. Au retour de cette expédition, une partie de ses vaisseaux fut poussée sur la côte d'Afrique, non loin des Syrtes. Les Locriens y formèrent un établissement dont le lieu précis n'est pas connu. D'autres abordèrent dans le Brutium, au midi de l'Italie, et y prirent le nom de *Locriens-Épizéphyriens*, à cause du cap Zéphyrium, auprès duquel ils se fixèrent (1269). Au temps des guerres médiques, la Locride subit les invasions de Darius et de Xerxès; mais ses habitants secondèrent les efforts généreux de Sparte et d'Athènes (481). Au temps de la guerre du Péloponnèse, une partie des Locriens embrassa la cause de Lacédémone; Athènes eut pour elle les Locriens de Naupacte (431). Sparte, victorieuse, chassa les Messéniens de Naupacte et de Céphalénie, et les força de chercher un asile en Sicile et dans la Cyrénaïque (403). Un demi-siècle après (356), éclata la *guerre sacrée* contre les Phocidiens. Les Locriens, qui y prirent part, éprouvèrent bien des désastres; Thronium, Amphissa furent prises. Enfin, Philippe, roi de Macédoine, intervint, sous prétexte de châtier les Phocidiens, et occupa la Locride. En 338, une seconde guerre sacrée fut déclarée aux Locriens d'Amphissa, qui perdirent leur indépendance. Depuis cette époque, la Locride, plus ou moins directement sujette de la Macédoine, ne recouvra une liberté illusoire que pour être dominée par la confédération étolienne, jusqu'à ce que, l'an 148, elle fut, avec toute la Grèce, réduite en province romaine.

Charles Du Rozoir.

LOCUSTE, empoisonneuse célèbre sous les règnes de Claude, Néron et Galba. Elle avait déjà été condamnée pour ses crimes, lorsque Agrippine la chargea de préparer le poison qu'elle fit administrer à Claude. On le mêla à des champignons, mets que l'empereur aimait beaucoup : l'effet fut si prompt, qu'il fallut l'emporter de table. L'année suivante, Néron se servit, à son tour, des détestables connaissances de Locuste pour faire périr Britannicus. Dans la suite, quand ce monstre couronné fut obligé de fuir à l'approche de Galba, il se fit donner par elle un poison qu'il renferma dans une boîte d'or. Après sa chute, le nouvel empereur fit conduire Locuste au supplice; et le peuple salua cet acte de justice d'universelles acclamations.

P. de Golbéry.

LOCUTION (du latin *locutio*, terme, expression, qui fait partie d'un discours) ; assemblage, construction de mots, manière de parler, bonne ou mauvaise; façon de s'énoncer, propre ou impropre. Telles sont les diverses acceptions du mot *locution*. On emploie communément ce terme dans le genre didactique. On dit qu'une locution est *vicieuse* quand les mots dont elle se compose se trouvent, par leur combinaison, en désaccord avec les règles de la grammaire ou avec celle de la logique. Une locution est *impropre* si elle offre une autre idée que celle qu'elle est chargée de présenter; elle est *triviale*, lorsqu'elle est commune, usée, rebattue. Il est facile de comprendre que, pour qu'une locution puisse être déclarée correcte, convenable, distinguée, il faut qu'elle soit précisément le contraire de ce que nous venons de dire. Les écrivains de génie créent quelquefois des locutions. Ces sortes d'inventions sont consacrées par le bon goût, si elles ont pour objet la nécessité, l'utilité, la beauté réelle. Il est d'un esprit sage de se tenir en garde contre la manie de former des locutions nouvelles. Quand les locutions reçues suffisent à rendre clairement et convenablement ce qu'on veut dire, pourquoi ne pas s'en contenter? Il y a souvent bien de la puérilité à se croire éminemment original, parce que l'on s'efforce de dire toutes choses autrement que les autres (*voyez* Élocution, Expression, etc.). Champagnac.

LODÈVE, ville de France, chef-lieu d'arrondissement dans le département de l'Hérault, située au pied des Cévennes, dans un joli vallon, au confluent du Solondre et de la Lergue, avec 11,238 habitants, des tribunaux d'arrondissement et de commerce, un conseil de prudhommes, un collége, deux typographies, de nombreuses et importantes fabriques de draps, de grandes filatures de laine à la mécanique, des tanneries et des fabriques d'eaux-de-vie, d'huiles d'olive, d'amande, et de savon. Lodève, autrefois siége d'évêché, est une ville très-ancienne.

LODI, chef-lieu de la province de Lodi et Crema (15 myriamètres carrés et 220,000 habitants) du royaume Lombardo-Vénitien, siége d'un évêché, est situé à environ 28 kilomètres au sud-est de Milan, sur une hauteur et sur la rive droite de l'Adda, qu'on y passe sur un pont de 150 mètres de long. C'est une ville généralement bien bâtie, où l'on trouve plusieurs grands palais et dix-neuf églises, pour la plupart richement ornées. La grande place du marché est entourée d'arcades. Après la cathédrale, édifice à façade gothique, il faut mentionner la chapelle dite *Incoronata*, dont on attribue la construction à Bramante, ornée de fresques et de tableaux par Castillo Piazza, et surmontée d'une coupole qui a été récemment restaurée, ainsi que l'église de San-Francisco, construite en 1287 par le chef des guelfes Fissiraga. Citons en outre le palais épiscopal, un grand et beau théâtre, ainsi qu'un château construit par Barnabo Visconti et transformé de nos jours en hôpital.

La ville, y compris ses huit faubourgs, compte environ 20,000 habitants. On y trouve un séminaire, un lycée, deux collèges, un célèbre couvent de dames anglaises, une bibliothèque publique, un hospice civil, une maison de travail, de nombreuses filatures de soie, une grande fabrique de produits chimiques. Les ouvrages en faïence dite *majolique* qu'on confectionne à Lodi sont surtout célèbres, de même que son fromage de Parmesan, qui donne lieu à un grand commerce d'exportation. Malgré la dénomination sous laquelle il est généralement connu hors d'Italie, ce fromage ne se fabrique point à Parme, mais bien à Lodi et dans ses environs; aussi son véritable nom est-il *formaggio lodigiano* ou encore *formaggio di Grana*. On élève beaucoup de bétail aux environs de Lodi, et on y nourrit plus de 30,000 vaches pour la préparation du fromage. Le vin de Brianza, qu'on récolte aux environs de San-Colombano, est un des meilleurs vins de la Lombardie.

A trois kilomètres environ de la ville on trouve le vieux Lodi (*Lodi Vecchio*), que les Milanais détruisirent en 1158. C'était l'antique cité appelée du temps des Romains *Laus Pompeii*, en l'honneur du père du grand Pompée, qui l'avait érigée en municipe romain. La ville actuelle doit son origine à un château-fort qu'y construisit, en 1162, l'empereur Frédéric Barbe-Rousse, après la destruction de Milan. L'empereur y fut attaqué à diverses reprises, en 1159 et 1160; et en 1167 le bourg qui s'était insensiblement formé au pied du château-fort fut contraint d'accéder à la ligue des villes Lombardes. Le 5 avril 1414 un traité de paix y fut conclu entre les villes de Milan et de Venise. C'est à Lodi que l'évêque Landriani (1418-1427) découvrit le plus ancien manuscrit qu'on connaisse des œuvres oratoires de Cicéron.

Dans les temps modernes, une victoire remportée le 10 mai 1796 par Bonaparte sur les Autrichiens commandés par Beaulieu est venue attacher au nom de la ville de Lodi un impérissable souvenir.

Après avoir passé le Pô, et battu les Autrichiens à Fombio, Bonaparte s'était mis en marche vers Lodi, le 16 mai. Beaulieu avait réuni plusieurs divisions sur ce point, en même temps qu'il occupait la rive gauche de l'Adda jusqu'à son confluent de manière à en défendre avantageusement le passage. Il n'avait pas en le temps de couper le pont, long de près de deux cents mètres; mais il y dirigeait une nombreuse artillerie, qui le balayait, et son armée était rangée en bataille à l'issue de ce pont. A neuf heures du matin, l'avant-garde rencontra l'ennemi, qui défendait la chaussée et les abords de Lodi : il fallut manœuvrer et perdre quelques heures pour culbuter cette arrière-garde de grenadiers autrichiens, qui se retira en désordre. Les Français entrèrent pêle-mêle avec eux dans Lodi, et les Autrichiens, traversant le pont, se retirèrent derrière la ligne de bataille de Beaulieu, qui comptait seize à dix-sept mille hommes et une trentaine de pièces de canon. Le général français résolut aussitôt d'étonner l'ennemi par une opération hardie. Sur les cinq heures du soir, il ordonna à la division Beaumont d'aller passer l'Adda à un gué peu éloigné et de prendre aussitôt l'ennemi en flanc. Toute l'artillerie disponible fut placée au débouché du pont et sur la rive droite, afin de répondre aux canons de l'ennemi qui enfilaient le pont : cette manœuvre avait pour but principal d'empêcher les efforts qui pourraient être tentés par l'ennemi, pour le couper. La canonnade fut très-vive pendant plusieurs heures, qui donnèrent à l'armée française le temps d'arriver.

Dès que le feu de l'artillerie ennemie fut ralenti, et que celui de la division Beaumont commença à inquiéter Beaulieu, Bonaparte fit battre la charge; la tête de la colonne, par un simple à gauche, se trouva sur le pont, qui fut traversé au pas de course. Voici en quels termes Bonaparte, dans un de ses rapports, décrit cette opération, aussi habile qu'audacieuse. « L'armée se forma en colonne serrée, le deuxième bataillon en tête, et suivie par tous les bataillons de grenadiers au pas de charge et aux cris de : *Vive la république!* L'on se présenta sur le pont : l'ennemi fit un feu terrible; la tête de colonne paraissait même hésiter. Un moment d'hésitation eût tout perdu. Les généraux Berthier, Masséna, Cervoni, Dallemagne, le chef de brigade Lannes et le chef de bataillon Dupat, le sentirent, se précipitèrent à la tête, et décidèrent le sort encore balancé. Cette redoutable colonne renversa tout ce qui s'opposa à elle; toute l'artillerie fut sur-le-champ enlevée, l'ordre de bataille rompu; elle sema de tous côtés l'épouvante, la fuite et la mort; dans un clin d'œil, l'armée ennemie fut éparpillée. Les généraux Rusca, Augereau et Bayrand achevèrent de décider la victoire... La cavalerie ennemie essaya, pour protéger la retraite de l'infanterie, de charger nos troupes; mais elle ne les trouva pas faciles à épouvanter. La nuit survint. L'extrême fatigue des troupes, dont plusieurs avaient fait dans la journée plus de dix lieues, ne permit pas de s'acharner à leur poursuite. Les Autrichiens perdirent vingt pièces de canon, deux à trois mille hommes, blessés, morts et prisonniers. » Plusieurs drapeaux restèrent en notre pouvoir. Quand à notre perte, elle ne fut pas de plus de deux cents hommes, grâce à la prudence et à l'habileté admirables avec lesquelles fut conduite l'action.

La bataille de Lodi assura aux Français la possession du Milanais. C'est après cette sanglante affaire que nos vieux soldats, adoptant le singulier usage de décerner un grade à leur jeune général à chaque victoire qu'il remportait, l'acclamèrent *caporal* à sa rentrée au camp.

LODOMÉRIE, nom latin de l'ancienne principauté indépendante de Wladimir, chef-lieu Wladimir, en Volhynie. Après le premier partage de la Pologne, l'empereur d'Autriche prit le titre de *roi de Gallicie et de Lodomérie*, qu'André II de Hongrie avait déjà porté au treizième siècle.

LODS ET VENTES, terme de notre ancien droit féodal; il désignait la redevance pécuniaire que l'on payait à un seigneur pour la vente d'un héritage mouvant de lui, soit en fief soit en censive. L'acquéreur finit par être seul chargé d'acquitter ce droit auquel auparavant le vendeur était également soumis. Pour les biens de roture, la quotité en était généralement du douzième; pour les fiefs, il variait, suivant les localités, depuis la cinquième partie du prix jusqu'au treizième. Ces deux mots *lods* et *ventes* n'étaient point partout synonymes. Ainsi, dans plusieurs coutumes, on entendait par *lods* les droits payés par les acquéreurs, et par *ventes* ceux qu'acquittaient les vendeurs.

LOEWE-WEIMAR (A...), feuilletoniste et conteur contemporain, était né à Paris, le 26 avril 1801, selon M. Quérard (date que nous reporterions, nous, à cinq ou six années plus haut), de parents allemands d'origine et israélites de religion, qu'il suivit à Hambourg après les événements de 1814. D'abord employé dans une maison de commerce de cette place, il renonça au bout de quelques années à la carrière commerciale, se convertit au christianisme et s'en revint, ainsi nanti, chercher fortune à Paris, où la connaissance qu'il avait acquise des langues et des littératures du Nord lui fut d'une grande utilité pour se faire une position dans la littérature. Successivement attaché à la rédaction de *l'Album*, de Magalon, de la *Revue encyclopédique*, du *Figaro*, etc., il fit connaître au public français un grand nombre de productions de la littérature d'Outre-Rhin, dont il publia même en 1826 une *Histoire sommaire* dans la Bibliothèque du dix-neuvième siècle. La traduction des romans de Van-der-Velde, qu'il donna ensuite, et celle de quelques contes de Zschokke obtinrent une immense circulation et achevèrent de populariser son nom. En 1829 il fut l'un des jeunes talents que M. Véron groupa autour de lui pour fonder la *Revue de Paris*, à laquelle il donna quelques articles d'esthétique et des nouvelles. A la fin de 1830 l'éditeur du *Temps* lui confia la rédaction du feuilleton des théâtres dans ce journal, en remplacement d'Imbert, l'auteur des *Mœurs administratives*, qu'il eut bientôt fait oublier par ses comptes-rendus piquants, fins et ingénieux. Sous sa plume, le feuilleton du *Temps* devint tout de suite une puissance dans les coulisses; aussi, pour se concilier ses sympathies et ses éloges, M. Véron, devenu dans l'intervalle directeur-entrepreneur de l'Opéra, lui offrit-il une part d'intérêt dans l'exploitation de ce théâtre. Inutile d'ajouter qu'aux yeux du feuilletoniste la manière dont était dirigée notre première scène lyrique ne mérita plus que les éloges les plus chaleureux.

Un an après ce fut la *Revue des deux Mondes*, alors dans l'opposition la plus avancée, qui vint prier Lœwe-Weimar de se charger de la rédaction de sa chronique politique; et celui-ci s'acquitta de sa tâche avec un bonheur et une adresse remarquables. Il piquait au vif et flagellait sans miséricorde les comédiens de la grande politique, tout comme il avait habitude de faire à l'égard des amours-propres et des vanités de coulisses; si bien qu'un jour un ministre, pour en finir avec les bourdonnements importuns de cette guêpe, se décida à lui ouvrir la petite porte de la diplomatie, et l'envoya se promener sur les bords de la Newa avec une mission spéciale et temporaire près le gouvernement de l'empereur Nicolas, mission qui entraîna pour le budget du département des affaires étrangères une dépense extraordinaire de 60,000 francs. La preuve que l'apprenti diplomate s'en tira à la satisfaction de ses nouveaux patrons, c'est que peu de temps après son retour en France, il fut nommé consul de France à Bagdad. Un des premiers soins des hommes que la révolution de Février appela aux affaires fut d'enlever cette brillante position au renégat de l'opposition quasi-républicaine; mais quand Lœwe-Weimar arriva, à Paris la réaction triomphait déjà sur toute la ligne : aussi ne lui fut-il pas difficile d'obtenir la réparation de l'injustice dont il était victime, et sa nomination au consulat général de Caracas. Lœwe-Weimar se rendit bien vite à son nouveau poste; mais, redoutant avec raison le séjour d'une ville où la fièvre jaune est endémique, il se fit accorder un congé, grâce auquel il put revenir à Paris solliciter son changement de résidence. Il venait d'être nommé consul général à Lima, lorsqu'il mourut, à Paris, le 7 novembre 1854. La mort dut le surprendre en papillotes; car sa toilette, le soin de sa personne et surtout celui de sa blonde chevelure, avaient été constamment la grande préoccupation de sa vie. A ce propos on raconte que le premier dividende qu'il toucha pour sa part d'intérêt dans l'exploitation de l'Opéra, il le consacra à l'acquisition... d'une toilette complète en vermeil ciselé, du prix de 25,000 francs. Une *torette* n'eût pas mieux fait. On ne sera donc pas surpris d'apprendre que, bien pris de sa personne et toujours *jeune*, il ait fini par épouser dans son automne une riche étrangère. Il s'était fait en outre *baroniser* par Louis-Philippe; un jour même il se passa la fantaisie de pouvoir placer ses armoiries si neuves sur un manteau d'hermine surmonté de la couronne ducale; il se fit donc *enducaillier* moyennant finances et au plus juste prix par le gouvernement espagnol. Indépendamment des ouvrages déjà cités, on a de lui des *Scènes contemporaines* publiées sous le pseudonyme de la *comtesse de Chamilly*. Le libraire Ladvocat imprima aussi en 1840, sous le titre homérique de *Nepenthes*, un choix de ses articles de journaux et de revues.

LŒWENDAL (Ulrich-Frédéric-Woldemar, comte de), arrière-petit-fils naturel du roi de Danemarck Frédéric III, né en 1700 à Hambourg, était le fils du baron Woldemar de Lœwendal, mort en 1704, à Dresde, grand-maréchal de la cour et ministre du cabinet. Il débuta dans la carrière militaire en 1713 comme simple soldat, et fit partie de l'armée que l'empereur envoya alors en Pologne; et dès l'année suivante il était promu au grade de capitaine. Plus tard il entra en qualité de volontaire dans l'armée danoise; mais dès 1716 on le retrouve au service de l'empereur, où il se distingua d'une manière toute particulière à la bataille de Peterwardein ainsi qu'aux sièges de Temeswar et de Belgrade. Il prit ensuite part, en Sardaigne et en Sicile, à toutes les affaires qui signalèrent la guerre de 1718 à 1721. Lœwendal fit la paix à profit pour se livrer à une étude spéciale de tout ce qui a trait à l'artillerie et au génie, et entra ensuite au service du roi Auguste de Pologne, qui le nomma feld-maréchal et inspecteur général de l'infanterie saxonne. La mort de ce monarque, arrivée en 1733, lui fournit l'occasion de se distinguer par sa courageuse défense de Cracovie, et en 1734 et 1745, il commanda en chef les troupes saxonnes sur le Rhin. Il passa alors au service de Russie, et rendit de tels services en Crimée et en Ukraine, qu'on lui confia le commandement supérieur de ces provinces.

Toutefois, Louis XV ne tarda point à lui faire proposer d'entrer à son service. En 1743 il fut donc créé lieutenant général dans l'armée française; et l'année suivante il fit preuve de la plus brillante bravoure aux sièges de Menin, d'Ypres et de Fribourg. En 1745 c'est lui qui, à la bataille de Fontenoy, commandait la réserve, et il prit la part la plus glorieuse au succès de la journée. Ensuite il s'empara successivement de Gand, d'Oudenarde, d'Ostende et de Nieuport, puis l'année d'après, de l'Écluse, du Sas de Gand et des autres places fortes de la Flandre hollandaise, en même temps qu'il prenait toutes les dispositions nécessaires pour défendre Anvers. Le 16 septembre 1747, lorsque la tranchée venait à peine d'être ouverte, il emportait d'assaut Berg-op-Zoom, place forte réputée imprenable jusque alors, défendue par une nombreuse garnison et protégée par une armée plus nombreuse encore, qui campait sous ses murs. Le lendemain, Louis XV lui fit envoyer le bâton de maréchal de France.

Lœwendal mourut en 1755. Il possédait des connaissances extrêmement étendues dans tout ce qui est relatif au génie, à la géographie et à la tactique, et parlait avec une égale facilité les langues latine, allemande, anglaise, italienne, russe et française. Tous ces avantages étaient encore rehaussés par une grande modestie et une rare bonté de cœur. De même que Maurice de Saxe, son ami le plus intime, il savait allier l'étude approfondie de l'art de la guerre avec toutes les jouissances d'une vie de plaisirs et de dissipations.

LŒWENHAUPT (Adam-Louis), général suédois, né le 15 avril 1659, en Séelande, au camp devant Copenhague, fit ses études à Lund et à Upsal, et plus tard à Wittemberg et à Rostock. Ayant échoué dans ses efforts pour obtenir en Suède un emploi convenable, il entra au service de l'Électeur de Bavière, et fit la campagne de Hongrie contre les Turcs en qualité de capitaine. Ce ne fut qu'en 1697 qu'il revint dans sa patrie, où Charles XII lui donna le commandement d'un régiment de création récente. Les brillants succès qu'il obtint contre les Russes dans la guerre du Nord, lui valurent le grade de général d'infanterie. Mais en 1708, chargé d'amener au roi un corps de 16,000 hommes de renfort, il fut battu par Pierre le Grand à Slop, sur le Dniepr. Il parvint bien, à la vérité, à se frayer passage à travers les rangs de l'armée russe, et à rejoindre Charles XII; mais après la journée de Pultawa (1709) il fut forcé de signer une capitulation aux termes de laquelle les débris de l'armée suédoise durent déposer les armes et furent considérés comme prisonniers de guerre. Il resta lui-même dix ans à ce titre en Russie, et fut nommé conseiller d'État par la reine Ulrique à son avénement au trône; mais il mourut le 12 février 1719, avant d'avoir eu la joie de revoir le sol de la patrie.

LŒWENHAUPT (Charles-Émile, comte de), né en 1692, fut condamné à mort, en raison de la capitulation d'Helsingfors, qu'il signa, en 1742, comme général commandant en chef les troupes suédoises en Finlande ; et après une inutile tentative faite pour s'échapper, il eut la tête tranchée de la main du bourreau.

LOEWENSTEIN (Les princes de), ancienne famille allemande possessionnée dans le royaume de Wurtemberg, où elle possède la dignité héréditaire de grand-chambellan, dans le grand-duché de Bade, en Bavière, dans le grand-duché de Hesse, et qui, après avoir fait partie des États de l'Empire, fut médiatisée en 1806. Elle forme diverses branches, distinguées chacune par le nom du manoir particulier où réside leur chef.

LOF. Ce mot vient de l'anglais *loof*, *luff*, et signifie la joue du vaisseau. Les Français l'ont adopté, et disent : *Ce vaisseau a un beau lof*. On n'a pas tardé à désigner par cette expression la joue du côté du vent ; ensuite, on l'a appliquée au côté du vent et même au point du vent des basses voiles. On dit, le *grand lof*, le *lof de misaine* : aussi, quand on crie au timonnier de venir au vent, on le lui commande par ce seul mot *lof*, ou bien *au lof*. *Lof pour lof*, c'est virer vent arrière. On dit, *virer lof pour lof*, *arriver lof pour lof*. *Loffer*, c'est venir au vent. *Étoffée* ou *auloffée*, lan dans le vent, transport du vaisseau quand il vient au vent. Un vaisseau ardent fait beaucoup d'éloffées : on les prévient, on les arrête, on les commande ; on les provoque même avec le gouvernail, si elles sont nécessaires, soit dans une évolution, soit pour doubler au vent un objet quelconque. On dit au timonnier, *Déflez l'éloffée*, quand on la craint; on lui dit *Rencontrez l'éloffée*, quand on veut qu'il l'arrête.

LOFFODEN ou LOFODEN, archipel composé de sept grandes îles et de quelques petites, situé entre le 67 et le 69ᵉ degré de latitude nord, près de la côte septentrionale de la Norvège, dont il est séparé par un bras de mer appelé le *Westfjord*. Ces îles n'offrent guère que des rochers et des montagnes couvertes de neige, et en quelques rares endroits, de vertes prairies, où il croît un peu de chanvre, de blé et de pommes de terre ; on n'y voit pas d'arbres ; la population est peu nombreuse. On ne connaît guère ces îles que par les dangereux courants qui les avoisinent, et par la pêche considérable qui s'y fait depuis les temps les plus reculés. L'île formant l'extrémité méridionale de cet archipel se nomme *Rœst;* puis viennent *Borœe*, *Moskenœs*, *Flagstad* et les deux grandes îles d'*Ostvaage* et de *Westvaage*. Cette dernière île a 70 kilom. de circuit ; on y voit les hautes montagnes d'Himmeltind, Guratind et Sicetind ; et c'est une des plus fertiles. Plus loin se trouvent au nord les trois grandes îles d'*Hindœen*, *Langœen* et *Andœen*, que l'on met au nombre des Loffoden. Entre les îles Moskœe et Moskenœs est le gouffre fameux de *Mœlstrom* ou *Moskœstrom*. Le centre de cette pêche, qui, en retour de ses fatigues et de ses dangers, offre des bénéfices certains et inépuisables, est surtout dans les deux îles *Vaage*, où se réunissent plus de la moitié des pêcheurs qui viennent de la côte nord de Norvège ; les poissons dont la pêche est la plus importante sont les *skreys*, espèce de grosses morues, les harengs et les saumons ; on y prend aussi beaucoup d'huîtres et de homards. Au temps de la pêche, la population fixe dans les îles Loffoden s'élève à plus de 15,000. Ils y prennent tous les ans plus de 15 millions de morues ; on y recueille, en outre, de 30 à 40,000 tonnes de foie de morue et une grande quantité de frai. L'air froid et sec de ces contrées est très-favorable à la dessiccation du poisson.

LOGARITHMES (de λόγος, rapport, proportion, et ἀριθμός, nombre). Si l'on suppose deux progressions, l'une géométrique et commençant par l'unité, l'autre arithmétique et commençant par zéro, et si l'on écrit ces deux progressions de manière que les termes se correspondent, un terme quelconque de la progression arithmétique est dit le *logarithme* du terme correspondant de la progression géométrique. Prenons, par exemple, les deux progressions :

$$\div 1 : 2 : 4 : 8 : 16 : 32 : 64 : 128...$$
$$\div 0 . 3 . 6 . 9 . 12 . 15 . 18 . 21...$$

0 est le logarithme de 1 ; 3 le logarithme de 2 ; 6 celui de 4 ; etc.

Les deux progressions précédentes peuvent s'écrire de la manière suivante :

$$\div 2^0 : 2^1 : 2^2 : 2^3 : 2^4...$$
$$\div 3 \times 0 . 3 \times 1 . 3 \times 2 . 3 \times 3 . 3 \times 4...$$

et l'on voit clairement que, si loin qu'on les prolonge, les termes se correspondent de telle sorte que les exposants de la raison (2) de la première progression seront respectivement égaux aux coefficients de celle (3) de la seconde. D'où il suit qu'au produit de deux termes quelconques de la première correspond la somme des termes correspondants de la seconde. Pour que deux progressions jouissent de cette propriété caractéristique, il suffit que les conditions que nous avons énoncées soient remplies.

La somme des logarithmes de deux nombres est donc le logarithme de leur produit ; c'est-à-dire que pour multiplier 4 par 16, par exemple, il faut ajouter leurs logarithmes 6 et 12, et que le nombre 18 résultant de cette addition nous donne 64 pour le produit cherché. Mais l'emploi des logarithmes ne se borne pas à substituer l'addition à la multiplication : la division est de même transformée en soustraction, l'élévation aux puissances en multiplication, l'extraction des racines en division. Toutes ces conséquences découlent du principe fondamental que nous venons de poser, et l'on a :

Log. $a\, b\, c\, d...$ =Log. a + Log. b + Log. c + Log. d +...

Log. $a^m = m$ Log. a.

Log. $\dfrac{a}{b}$ =Log. a — Log. b.

Log. $\sqrt[m]{a} = \dfrac{\text{Log. } a}{m}$

Une table qui renferme en face de chaque nombre entier, jusqu'à une certaine limite, le logarithme de ce nombre, est dite *table de logarithmes*, et avec elle on peut exécuter très-rapidement des calculs qui faits par d'autres méthodes présenteraient une longueur rebutante : telles sont les tables de Borda, de Lalande, de Callet, de Véga, etc. Pour construire ces tables, il faut que la progression géométrique renferme tous les nombres entiers depuis l'unité jusqu'à la limite que l'on s'est posée. Or, imaginons qu'on ait inséré simultanément entre les termes consécutifs des deux progressions un même nombre de moyens (géométriques pour la première, arithmétiques pour la seconde) ; ce nombre de moyens étant suffisamment grand, on resserrera en quelque sorte chaque nombre entier entre deux de moyens de la première progression, qui en différeront d'aussi peu que l'on voudra ; à ces deux moyens géométriques correspondront deux moyens arithmétiques qui en seront les logarithmes, et entre lesquels se trouvera compris le logarithme du nombre considéré ; on aura ainsi ce logarithme avec une approximation d'autant plus grande que l'on aura inséré plus de moyens.

Ce que nous venons de dire a uniquement pour but de faire concevoir l'existence des logarithmes. Pratiquement, cette méthode de construction des tables serait inabordable. On emploie des procédés plus expéditifs, que nous indiquerons tout à l'heure.

Jusque ici nous avons considéré les termes des deux progressions comme étant complétement arbitraires. Cependant il a fallu faire un choix pour calculer les tables ; et on a ainsi différents systèmes de logarithmes ; le nombre qui, dans un système, a l'unité pour logarithme a reçu le nom de *base* de ce système. Jean Neper, le célèbre inventeur des logarithmes, avait adopté pour base un nombre irrationnel, que les algébristes désignent ordinairement par la lettre *e*, et qui est égal à 2,71828182.... Mais dans un appendice à son *Logarithmorum Canonis Constructio* (publié par son fils, Robert Neper, en 1620) il dit qu'il serait plus commode pour les usages ordinaires de prendre pour base le nombre 10. C'est ce que fit Henri Briggs, et c'est dans ce système que sont calculés les *logarithmes vulgaires*.

Du reste, une table étant construite dans un système quelconque, il suffit, pour changer de base, de multiplier tous les logarithmes de la table calculée par l'inverse du logarithme de la nouvelle base; ce facteur constant reçoit le nom de *module*.

Ce dernier principe, que nous ne démontrerons pas, se déduit, comme un grand nombre d'autres, d'un nouveau point de vue sous lequel nous allons considérer les logarithmes. Posons l'équation exponentielle :

$$y = b^x.$$

En passant aux logarithmes, on trouve
Log. $y = x$ Log. b,
ou simplement Log. $y = x$,
en supposant les logarithmes calculés dans le système dont la base est b. On voit donc que le logarithme d'un nombre est la puissance à laquelle il faut élever la base pour obtenir ce nombre.

Mais cette nouvelle considération, qui relie ensemble les expressions logarithmiques et exponentielles, ne nous donne pas encore une méthode expéditive pour la construction des tables. Il a fallu recourir au développement en série, et le premier résultat qui s'est présenté a été celui-ci :

$$\text{Log.}\left(1+x\right) = \text{M}\left(x - \frac{x^2}{2} + \frac{x^3}{3} - \frac{x^4}{4} + \ldots\right),$$

M désignant une indéterminée. En prenant $M = 1$, on a les *logarithmes naturels* ou *logarithmes népériens*. On voit ici ce qui avait guidé Neper dans le choix de son système.

La série qui précède n'est pas convergente pour les valeurs de x supérieures à l'unité; par des transformations successives, on obtient :

$$L.\left(x+1\right) = L. \, x + 2\left(\frac{1}{2x+1} + \frac{1}{3(2x+1)^3} + \frac{1}{5(2x+1)^5} + \ldots\right),$$

où L indique qu'il s'agit de logarithmes népériens. Cette série est très-convergente, et les logarithmes qu'elle donne étant calculés, on aura les logarithmes vulgaires par la formule :

$$\text{Log. } N = L. \, N \times \frac{1}{L.\,10}.$$

La construction des logarithmes des lignes trigonométriques n'offre pas de difficultés particulières. Nous n'entrerons dans aucun détail à ce sujet; et nous nous abstiendrons également d'indiquer la manière de se servir des tables : ces sortes d'ouvrages sont ordinairement précédés de tous les renseignements nécessaires. Nous répéterons seulement qu'à l'aide des logarithmes les calculs les plus longs se trouvent incomparablement simplifiés, que l'arithmétique leur doit de pouvoir atteindre les questions les plus compliquées d'intérêts composés, d'annuités; que la trigonométrie en fait un usage continuel, et qu'enfin leur emploi journalier dans une foule d'applications de la géodesie, de l'astronomie, de la navigation, etc., économise un temps précieux. Neper n'allait donc pas trop loin lorsqu'il donnait à son livre le titre de *Mirifici Logarithmorum Canonis Descriptio*.
E. MERLIEUX.

LOGARITHMIQUE, ligne courbe, ainsi appelée parce que ses ordonnées représentent les logarithmes des abscisses. Son équation est y Log. x. Pour $x = 0$, on a $y = \infty$, d'où l'on voit que l'axe des ordonnées est asymptote à la courbe.

LOGARITHMIQUE (Spirale). *Voyez* SPIRALE.

LOGE (de l'italien *loggia*). Par cette expression, on entend généralement une petite hutte, *un petit logement destiné à l'habitation d'un portier*, situé ordinairement au rez-de-chaussée, près de la porte de la maison, et placé de manière à pouvoir surveiller tous ceux qui y entrent ou en sortent. La loge du portier est quelquefois à l'entre-sol. On appelle aussi *loge* la petite niche qu'on élève quelquefois dans les cours ou dans les jardins, et qui sert de couche et d'habitation à un chien de garde. On nomme *loge* de foire les petites boutiques en planches que se bâtissent les marchands forains; *loge* des animaux, la petite salle bien fermée, bien murée, solidement grillée sur le devant, dans laquelle on enferme les bêtes féroces d'une ménagerie.

Dans le langage architectural, on appelle *loge* ce que les Italiens nomment *loggia* : c'est tantôt un portique couvert que forment des colonnes ou des arcades au rez-de-chaussée d'un palais, tantôt une galerie découverte aboutissant aux appartements, tantôt une suite de portiques formant galerie continue dans une cour, tantôt ce que nous nommons *balcon*, tantôt, enfin, une espèce de belvéder ou de donjon. On voit par cette énumération que le mot *loggia* est appliqué à nombre de parties les plus remarquables des grands bâtiments : nous ne l'appliquons à ces mêmes parties que lorsque nous parlons d'édifices italiens; car notre langue architecturale s'est contentée de le traduire sans le naturaliser.

Chez nous, l'on nomme *loges de théâtre* de petits cabinets séparés par de minces cloisons qui se prolongent le long d'une salle de spectacle : il y a d'ordinaire plusieurs rangs ou étages de loges dans un théâtre et le nombre en est proportionné à la grandeur de la salle. Quelquefois les loges ne forment qu'un balcon continu, divisé par de petites cloisons à hauteur d'appui. En Italie, les loges sont de petites pièces closes, de petits cabinets particuliers, d'où l'on peut tout voir sans être vu : chaque rangée de loges présente une suite de cabinets séparés par des cloisons formant dans toute leur hauteur des supports pour chaque étage, de sorte que ces étages n'offrent pas, comme chez nous, l'aspect défectueux d'une saillie qui n'est soutenue par rien. La disposition des loges impose donc à nos architectes une bien plus grande difficulté qu'aux architectes italiens. Les autorités ont toujours des loges aux théâtres; la loge du chef de l'État est quelquefois en face, plus souvent aux avant-scènes. C'est là aussi que se trouve ordinairement la loge du directeur.

À droite et à gauche de l'avant-scène de nos théâtres s'élèvent en effet de somptueuses loges, avidement recherchées par une certaine classe de spectateurs, quoiqu'on y voie fort mal, ou plutôt qu'on y voie trop, puisque de là l'œil plonge dans les coulisses, ce qui souvent nuit à l'illusion. Ce sont là cependant les places que les entrepreneurs louent le plus cher. Depuis longtemps la bonne compagnie abandonne ces loges où une femme comme il faut ne se montrera jamais, mais qu'affectionnent une certaine classe de *dames* aux mœurs faciles, qui se placent le moins pour voir que pour être vues.

Nous allions oublier de dire qu'il existe une espèce particulière de loges qu'on appelle *grillées* : ce nom leur vient d'un treillis ou grillage se fermant à volonté, et permettant ainsi aux personnes qui s'y trouvent de se rendre invisibles aux spectateurs sans être privées de la vue du spectacle. Les loges grillées jouissent auprès de certaines gens d'une très-grande faveur : nombre de bonnes fortunes y ont pris naissance; nombre de vertus sont venues y succomber, au milieu du tumulte d'un entre acte, ou de la péripétie d'un dénouement tragique. Les loges se louent à l'année, ou pour certains jours fixes de l'année, de la semaine, etc.

Loges, au pluriel, se dit quelquefois des spectateurs qui sont dans les loges : Le parterre sifflait, les *loges* ont applaudi. Les chambres ou cabinets particuliers où s'habillent les acteurs et actrices prennent aussi le nom de *loge*.

Ce mot s'applique aussi à certains établissements de commerce ou comptoirs formés en Asie, en Afrique, etc, par des Européens.

Les cellules où l'on enferme les fous, dans les maisons de santé qui leur sont consacrées, prennent encore le nom de *loges*.

Enfin, en botanique, on désigne ainsi de petites cellules ou cavités, séparées d'ordinaire par des cloisons, et qui contiennent les pepins de quelques fruits.

La franc-maçonnerie se divise en *loges*.

Pour les *loges du Vatican*, voyez GALERIE et VATICAN.

LOGEMENT. On entend par ce mot le local qu'on habite. Il est synonyme d'*appartement*, si l'on veut. Cependant, il représente l'idée d'un local moins vaste, moins riche et moins cher. Le décret du 22 janvier 1852 affecta une somme de dix-millions à l'amélioration des *logements d'ouvriers*. Un rapport adressé à l'empereur le 5 avril 1854 par le ministre de l'intérieur, F. de Persigny, a fait connaître qu'à cette date 3,892,082 fr. de subvention avaient été accordés à différentes compagnies de Paris, de Marseille et de Mulhouse qui avaient fait construire ou s'étaient engagées à faire construire des cités ouvrières et autres habitations destinées à la classe laborieuse.

La loi du 13 avril 1850 s'est occupée de l'assainissement des logements insalubres.

LOGEMENT (*Art militaire*). Les militaires appellent également *logement* et un lieu d'habitation ou de gîte, et un ouvrage de campagne à la fois offensif et défensif. S'agit-il du logement sous l'acception primitive et générale, du logement où l'on s'installe pour un temps plus ou moins long et sans qu'il se joigne à cette idée une idée de guerre, ce logement est ou de résidence, ou de passage, ou de route ; s'agit-il du logement de route, il peut être l'objet de deux définitions : dans le premier cas, il signifie action de s'établir dans un *gîte* et situation matérielle de ce *gîte* ; dans le second, l'ensemble des militaires qui partent à l'avance pour préparer ou faire le logement de leur corps. C'est en ce sens qu'on dit : Être de *logement*, partir avec le *logement*, escorter le *logement*. S'agit-il du logement élevé à la hâte par les troupes d'un siége offensif, celui-ci aurait dû, pour plus de clarté, s'appeler, depuis l'invention de la poudre, *logement à feu*.

Dans les armées de Rome et de Byzance, les fonctionnaires chargés de la direction et des soins des logements militaires, soit passagers, soit à demeure, se nommaient *mensenrs, métateurs, comtes du logement* (*comes mansionarius*). Jadis en France la direction, la haute main en cette partie dépendait du grand-sénéchal ; plus tard, du connétable et du grand-maître des arbalétriers, du roi des ribauds, du grand-prévôt, et des commissaires à la conduite. Suivant les pays, ces fonctions sont remplies dans les temps actuels par des commissaires, des membres de l'intendance, des quartiers-maîtres, des porte-drapeau, des officiers de logement, des maréchaux-des-logis, des fourriers, des autorités civiles. Les mesures diffèrent s'il s'agit de logement chez l'habitant, de logement dans les établissements publics ou de campement. L'Angleterre est le seul pays où le logement soit l'objet d'une sorte de ministère exercé par un fonctionnaire de haut rang ; il s'appelle *quartier-maître général*, titre emprunté aux armées des États du Nord. L'usage de marquer à la craie les logements se trouve à chaque page des histoires militaires ; mais ce qu'elles ne disent pas, c'est la grande différence de la craie jaune et de la craie blanche : cette dernière était réservée aux marqueurs de la maison du roi. Quiconque, dans les marches, dans les établissements momentanés, eût effacé le blanc, ou l'aurait surchargé de jaune, se serait exposé à recevoir du grand-prévôt de l'hôtel une sévère leçon : cette juridiction le regardait, et il prononçait sans appel.

Un tout autre logement est celui des logements à feu. Il est reconnu que dans le cours d'un siége offensif, dans ce qu'on appelle le *cheminement*, l'assiégeant ne s'avance qu'on se ménageant à mesure les moyens de combattre à couvert, puisque c'est à couvert que combat l'assiégé. Ce sont des espèces de logements que les lignes, les tranchées, les places d'armes, les zigzags qu'il creuse en se remparant avec la terre ; mais ce sont surtout les constructions qu'il élève comme parapets, là où il ne peut plus fouir la terre, qu'on appelle *logements* : ainsi, maître du chemin couvert, il y construit un *logement* ; maître d'une brèche qu'il a gravie, et sur laquelle il serait foudroyé par une arrière-défense, par les feux d'une retirade, il s'empresse d'élever un *logement* à l'aide de gabions, de saucissons, de claies, de blindes, de sacs à terre, qui lui permettent de garder la position, de s'y *loger*, et d'en faire un point à la fois offensif et défensif.

Gal BARDIN.

LOGIQUE, partie de la philosophie qui apprend à bien diriger la raison en matière de sciences. Quand nous disons la raison, nous entendons cette faculté de l'esprit humain qu'on oppose d'ordinaire à la sensibilité et à la volonté, et qui porte aussi le nom d'*intelligence*. Si nous évitons d'employer ce dernier mot, plus usité en pareil cas, c'est afin de marquer dès l'abord que la logique enseigne la direction, non pas de cette intelligence inférieure qui est commune aux hommes et aux animaux, mais de cette intelligence, plus relevée, qui est capable de s'intéresser à la vérité en soi, et qui doit faire donner à l'homme le nom d'*intelligence raisonnable*, expression qui équivaut à celle d'*animal raisonnable*. L'homme en effet n'a point ici-bas le privilège exclusif de l'intelligence, mais il a celui de la raison. Si les animaux ont assez d'intelligence pour satisfaire les besoins qui se rapportent à leur conservation et à leur reproduction, ils ne peuvent point, comme l'homme, se soustraire à ces besoins, s'intéresser à la vérité en soi, poursuivre un idéal de vérité, aspirer à un vrai spéculatif et indépendant de l'utilité qui en peut résulter pour la satisfaction des appétits. C'est pourquoi les animaux n'ont point de science, point de raison, point de logique. Moyennant cette explication du mot *raison*, on ne sera point tenté de confondre la définition que nous donnons de la logique avec cette autre, justement critiquée par Port-Royal : *La logique est l'art de raisonner*. L'art de raisonner serait plutôt la dialectique, et lion de confondre ces deux choses, nous croyons devoir insister tout particulièrement sur leur distinction.

Dans la langue usuelle, *logique* et *dialectique* signifient également cette partie de la philosophie qui enseigne à bien raisonner, à bien user de sa raison en matière de sciences. *Logique* vient du grec λόγος, discours, pensée, raison ; *dialectique*, du grec διαλέγεσθαι s'entretenir, discourir, non pas, comme on l'a prétendu, parce que les premiers traités de logique furent écrits sous forme de dialogues, mais parce que les philosophes qui demandaient à la *dialectique* les règles du raisonnement pensaient que c'est par la dispute seule qu'on parvient à découvrir la vérité. Quoi qu'il en soit, il résulte déjà de l'étymologie de chacun des deux mots cette première différence que la logique enseigne le bon usage de la raison, en tant que celle-ci recherche solitairement la vérité, au lieu que la dialectique apprend à bien diriger sa raison dans les entretiens, dans la dispute, dans la transmission de la vérité. La logique est donc, pour ainsi dire, la dialectique individuelle, comme la pensée est un discours qu'on s'adresse à soi-même, et la dialectique est une logique sociale, comme le discours consiste à penser tout haut. Un penseur retiré en lui-même poursuit seul ses réflexions, et les expose ensuite au public telles qu'il les a conçues dans sa solitude ; il peut bien être qualifié de bon ou de mauvais *logicien*, mais non de bon ou de mauvais *dialecticien*. Jean-Jacques dit, en parlant de Berkeley : « On n'a point encore répondu à ce terrible *logicien ;* » *dialecticien* ici serait impropre. Descartes, dont l'autorité est décisive en ces matières, confirme pleinement cette distinction par le passage suivant, où il professe que la logique apprend à bien conduire sa raison pour découvrir les vérités qu'on ignore, et la dialectique, les moyens de faire entendre à autrui les choses qu'on sait : « Il faut aussi, dit-il, étudier la *logique*, non pas celle de l'école, car elle n'est à proprement parler qu'une dialectique qui enseigne les moyens de faire entendre à autrui les choses qu'on sait, ou même aussi de dire sans jugement plusieurs paroles touchant celles qu'on ne sait pas, et ainsi elle corrompt le bon sens plutôt qu'elle ne l'augmente ; mais celle qui apprend à bien conduire sa raison pour découvrir les vérités qu'on ignore. »

La logique s'occupant de la recherche, et la dialectique devant s'occuper uniquement de la démonstration de la vérité, l'une est plus relative au fond, l'autre à la forme; l'une aux idées, l'autre à la manière de les présenter. Un bon logicien a l'esprit juste et pense juste ; un bon dialecticien est habile à manier le raisonnement, ou plutôt son instrument, et dispute bien : l'un sait trouver la vérité, l'autre sait présenter ses idées de manière qu'elles paraissent vraies. Il y a une logique naturelle, qui appartient aux esprits nés avec un jugement droit et sûr ; il n'y a pas de dialectique naturelle : la dialectique est tout artificielle et s'apprend tout entière. On peut, sans être obligé à changer son propre avis, reconnaître dans un antagoniste un bon dialecticien, mais non pas un bon logicien. La différence de la *logique* à la *dialectique* est à peu près celles du vrai à la vraisemblance. Et comme la dialectique ne consiste qu'en formes flexibles, applicables au faux comme au vrai, ce mot entraîne par lui-même une idée presque toujours défavorable : la dialectique est adroite, disputeuse, subtile, captieuse, sophistique; elle invite à se tenir sur ses gardes. Tout au contraire, le mot *logique* est rarement pris en mauvaise part : un homme qui a de la *logique* est un homme de jugement, qui a le sens droit. Si la dialectique doit s'occuper uniquement de la communication des connaissances qu'on possède, elle équivaut à l'argumentation ou à la syllogistique ; car on a prouvé mille fois que celles-ci sont impuissantes par elles-mêmes à faire découvrir la plus petite vérité qu'on ignorerait tout à fait. Puis donc que dans les cours ordinaires de logique on accorde vers la fin une certaine place à l'argumentation, on joint proprement la dialectique à la logique, qu'elle complète, ou, si l'on veut, dont elle est une partie. C'en est dans tous les cas une partie bien distincte, et il y a telle science, par exemple la rhétorique, qui, ne se proposant pas la recherche solitaire de la vérité pour elle-même, mais la communication de vérités trouvées, et tout au plus une recherche en commun par la voie de la discussion, comprend l'étude de la dialectique sans comprendre celle de la logique.

« La *logique*, dit M. Guizot, est une science qui a pour objet la recherche de la vérité. » Cette définition n'est peut-être pas suffisamment précise ; car toutes les sciences ont pour objet la recherche de la vérité, et la logique est la science qui prescrit à toutes des méthodes pour y arriver.

« La dialectique, ajoute-t-il, est un art qui sert de moyen à la logique dans cette recherche. » Nous doutons que ce soit là le rôle de la dialectique, qui selon nous, ou plutôt suivant l'étymologie et suivant Descartes, indique les moyens de faire connaître aux autres ce que la logique nous a appris à trouver. Mais bornons-nous à l'assertion que la logique est une science, et la dialectique un art. La logique nous semble tout à la fois une science et un art : en tant que science, elle établit une théorie, un ensemble d'idées générales sur la certitude, sa légitimité, ses espèces, les moyens que nous avons pour y arriver ; en tant qu'art, elle prescrit des règles, des méthodes qui font qu'on y arrive promptement et sûrement par ces moyens. Quant à la dialectique, peut-être y pourrait-on, à la rigueur, marquer deux points de vue analogues, mais dans tous les cas la dialectique est plutôt un art qu'une science ; il n'est guère possible en effet de donner une idée purement théorique du syllogisme et de ses différentes formes : par cela même qu'on les décrit, on les prescrit.

La scolastique, qui ne connaissait d'autre moyen d'arriver à la vérité que la dispute, ne donnait d'autre nom à la science philosophique dont nous nous occupons que celui de *dialectique*. A quelle époque celui de *logique* y fut-il substitué? C'est ce qu'il n'est guère possible de déterminer avec précision. Seulement, il est à remarquer que tous les novateurs qui combattirent la philosophie des écoles au moyen âge la traitèrent de *dialectique* et lui opposèrent la *logique*. Déjà même Abeilard voyait dans la *logique*, qu'il appelle de ce nom, contrairement à l'usage de son temps, une science sérieuse, qui va au fond des choses, et il la regarde comme divine, par une raison assez singulière pour mériter d'être rapportée. « Le mot *logique*, dit-il, vient de *logos*, le *Verbe*, seconde personne de la Trinité, de laquelle vient aussi le nom de *chrétien*, que nous portons nous ; de sorte que nous devons également nous glorifier et d'être logiciens et d'être chrétiens : l'un de ces titres n'est pas moins sacré, pas moins respectable que l'autre. » Nonobstant son étrange étymologie, les docteurs chrétiens de son temps, qui ne la goûtèrent que médiocrement, à ce qu'il paraît, continuèrent à persécuter en lui le *logicien*.

La logique est de toutes les parties de la philosophie la moins cultivée en France. On peut dire en toute rigueur que depuis l'excellent traité de Port-Royal il n'a paru chez nous en ce genre aucun travail important ; car ce qu'on appelle la *logique* de Condillac est proprement un recueil de considérations idéologiques très-partielles, qui laissent sans réponse la plupart des questions de la logique. Ce n'est pas pourtant que cette science n'ait aussi un certain genre d'utilité. Il en est d'elle comme de la rhétorique et de la grammaire : assurément un homme peut bien raisonner, être éloquent, parler convenablement sa langue sans avoir appris les règles de la logique, de la rhétorique et de la grammaire; celui-là néanmoins qui posséderait ces avantages connaîtrait en même temps ces règles l'emporterait de beaucoup sur le premier : il ferait bien en connaissance de cause, sachant pourquoi ; il serait moins exposé à s'égarer. Il se peut qu'un habile maçon sache parfaitement quels matériaux il faut employer dans telles ou telles circonstances, et donner, sans s'y tromper jamais, au mur qu'il bâtit la largeur et la hauteur convenables; il y a pourtant quelque différence entre lui et l'architecte, qui connaît les raisons des choses, qui sait, conformément aux règles de son art, qu'on emploie tels matériaux pour la construction de telles parties d'édifice parce qu'elles doivent durer plus ou moins de temps et résister à des influences plus ou moins destructrices. Telle est à peu près l'utilité générale de la logique. La dialectique elle-même n'est point à dédaigner. Ses règles servent à faire découvrir le défaut de certains arguments embarrassés et à disposer ses pensées d'une manière plus convaincante. Elle nous fournit des termes commodes pour marquer avec concision quelques-uns des vices de raisonnement qui trompent le plus aisément dans la chaleur d'une dispute de vive voix. Benjamin LAFAYE.

LOGOGRAPHES. On appelle ainsi les plus anciens historiens de la Grèce, ceux qui les premiers rédigèrent en prose les traditions, notamment celles qui avaient trait à la fondation des villes, en opposition aux poètes épiques. Prosque tous, et parmi eux les plus remarquables, par exemple Cadmus, Dionysius et Hécatée de Milet, Charon de Lampsaque, Xanthus le Lydien, Phérécyde de Syros et Hellénicus de Mitylène, appartiennent à l'Ionie, et vivaient à la fin du sixième ou au commencement du cinquième siècle avant J.-C., de sorte qu'Hérodote forme la transition naturelle entre eux et les historiens proprement dits. Müller a donné (Paris, 1841) l'édition la plus complète des fragments qu'on possède encore de leurs livres, sous le titre : *Historicorum Græcorum Fragmenta*.

LOGOGRAPHIE, LOGOGRAPHE (de λόγος, parole, discours, et de γράφω, j'écris). C'est l'art de fixer instantanément sur le papier, sans recourir à des signes abréviatifs, les paroles d'un orateur. Lorsque les premiers débats de l'Assemblée constituante introduisirent parmi nous un nouveau genre d'éloquence, on était loin de posséder en France les moyens, depuis longtemps en usage au parlement d'Angleterre, pour reproduire dans les journaux un tableau fidèle des discussions législatives. La *sténographie* de Bertin et ses imitations nombreuses étaient encore à naître. Le *Moniteur* ne donnait encore qu'une analyse raccourcie des débats les plus remarquables. On sentit le besoin de reproduire *in extenso* les discours improvisés, et l'on eut pour cela recours à une invention aussi simple qu'ingénieuse. Une vaste loge était pratiquée derrière le fauteuil du président, en face de la tribune des orateurs. De jeunes scribes, au nombre de quatorze, ou de douze au moins, se rangeaient autour d'une table ronde. Chacun avait devant soi une provision de bandes longues et étroites de papier, divisées par des raies dans un même nombre de compartiments, et portant chacune un numéro d'ordre correspondant au rang des collaborateurs. Quelques mots de la première phrase du discours prononcé à la tribune étaient saisis par l'écrivain n° 1, qui par un coup de coude, ou tout autre signal, avertissait le n° 2 de recueillir les mots suivants. Le numéro 2, après avoir exécuté sa tâche, transmettait le signal à son camarade numéro 3, qui prenait son contingent et avertissait le numéro 4, ainsi de suite jusqu'au numéro 14 et dernier. Alors le numéro 1 remplissait la seconde ligne de la même bande de papier, et ses camarades en faisaient autant. Les premières bandes étiquetées de 1 à 14 étant épuisées, on prenait les deuxièmes bandes, puis les troisièmes, jusqu'à ce que l'improvisateur, faisant place au lecteur d'un discours écrit, les écrivains logographes pussent se reposer d'un travail assidu, et qui exigeait une grande contention d'esprit.

A mesure que les bandes se trouvaient remplies, on les passait à des copistes, qui les mettaient au net, en corrigeaient autant que possible les erreurs, et les livraient à l'impression. Si l'on eût connu alors le secret des presses mécaniques, on aurait pu une heure après la séance en distribuer la relation complète et fidèle. Mais ce double travail, fait avec tant de précipitation, entraînait beaucoup d'inexactitudes, surtout au milieu des débats tumultueux, les plus importants à retracer dans leurs moindres détails. C'était la liste civile qui défrayait cette institution fort dispendieuse. Elle commença en octobre 1790, sous la direction de Roussel, à qui succéda Lehaudey de Saint-Chevreuil. La logographie subsistait encore le 10 août 1792, lorsque Louis XVI et sa famille vinrent chercher un asile au sein de l'Assemblée législative. Ils occupèrent la loge du logographe, dont l'entreprise cessa dès ce moment. En 1795, lorsque des débats eurent lieu à la Convention entre Polverel, Santhonax, anciens commissaires du gouvernement à Saint-Domingue, et les délégués des colons, on les recueillit par un procédé analogue à celui du logographe. Comme il ne s'agissait que d'une analyse très-substantielle, au lieu de quatorze collaborateurs, il n'y en eut plus que six.

Bientôt on exécuta avec bien plus de succès ce qu'on avait tenté par la logographie. On n'employa pas l'écriture usuelle, mais la *sténographie*.

Il serait très-difficile, pour ne pas dire impossible, de rétablir aujourd'hui la logographie, telle qu'elle existait dans l'origine, à cause de l'espace nécessairement circonscrit qui dans les assemblées délibérantes, et surtout dans les cours de justice, peut être accordé aux rédacteurs de journaux. D'ailleurs, la logographie, outre les inconvénients qui lui étaient propres, calquait, pour ainsi dire, toutes les incorrections de langage avec une fidélité désespérante pour la plupart des orateurs. Les *sténographes* intelligents suppléent à l'incohérence des phrases improvisées, et satisfont quelquefois d'autant moins les orateurs, qu'ils rendent la pensée plutôt que la diction expresse, en y ajoutant les interruptions et les mouvements de l'assemblée elle-même, qui échappaient presque toujours à la logographie.

Breton.

LOGOGRIPHE (du grec λόγος, discours, γρῖφος, énigme). C'est une énigme qui donne à deviner non pas une chose, mais un mot, par l'analyse du mot lui-même. Quelquefois, dans le logogriphe, on aide à la lettre en désignant la chose, et alors il tient de l'énigme, comme celui-ci, par exemple :

Je fais presqu'en tous lieux le tourment de l'enfance.
Est-on jeune, on m'oublie ; est-on vieux, on m'encense.
Je porte dans mon sein mon ennemi mortel :
Il veut m'anéantir ; et mon malheur est tel

Qu'en le perdant je perds presque toute existence.
Déjà de mes dix pieds huit sont en sa puissance ;
Mais il m'en reste deux, qui dans le même sens
L'un à l'autre accolés seront pris pour deux cents.

Le mot est *catéchisme*, qui renferme *athéisme* ; et les deux *cc*, qui en chiffres romains expriment le nombre deux cents.

La langue latine se prête mieux à la décomposition, qui est l'artifice du logogriphe :

Si quid dat pars prima mei, pars altera rodit.
(Do-mus.)
Nil erimus, totas si vis existere partes ;
Omnia (scinde caput), lector amice, sumus.
(S-omnia.)
Primum tolle pedem, tibi fient omnia fausta ;
Inversum, quid sim dicere nemo potest.
(N-omen.)

Ne riez pas de l'importance que j'attache à ces jeux de l'esprit. Ouvrez le *Mercure* de 1758, vous y trouverez la *Poétique du Logogriphe* : La Condamine en est l'auteur. Voyez avec quelle indignation il se déchaîne contre les modernes, qui ont avili ce genre et fait tomber dans le mépris ce qui était en honneur chez les anciens : voyez avec quelle piété il rappelle les logogriphes ingénieux du père Porée, son régent de rhétorique ; lisez surtout l'admirable logogriphe fait de sa façon, qu'il ajoute à la théorie de l'art, et que nous ne citons pas par galanterie pour les dames. Nous avons parlé du père Porée, rien n'est charmant comme l'un de ses logogriphes, dont le mot est *muscipula*. Le père Porée y trouvait *mus*, *musca*, *mula*, *lupa*, etc. Habile homme, qui faisait d'une souricière l'arche de Noé !

Jules Sandeau.

Ne perdons pas cette occasion de dire qu'on assure que le premier logogriphe du *Mercure* parut dans le second volume du mois de décembre 1727. L'auteur était un Angevin nommé La Guesnerie, Angevin titré, car il était marquis ; la priorité lui fut disputée (*Mercure* de juillet 1728) par Le Cloustier, né aux Andelys. Au reste, il est douteux que ces logogriphes soient les plus anciens de notre langue, car la pièce suivante, qui est de Dufresny, est bien un logogriphe :

Sans user de pouvoir magique,
Mon corps, entier en France, a deux tiers en Afrique.
Ma tête n'a jamais rien entrepris en vain ;
Sans elle, en moi tout est divin ;
Je suis assez propre au rustique,
Quand on me veut ôter le cœur,
Qu'à vu plus d'une fois renverse le lecteur.
Mon nom bouleversé, dangereux voisinage,
Au Gascon inprudent peut causer le naufrage.

Le mot est *orange*, où l'on trouve : *Oran*, *or*, *ange*, *orge*, *Garone*.

Louis Du Bois.

LOGOMACHIE (du grec λογομαχία, composé de λόγος, mot, et μάχομαι, je lutte), combat de paroles, dispute du mots. Les dissertations sur les matières métaphysiques, celles où le bel esprit se donne carrière, souvent même les discussions politiques, dégénèrent en véritables logomachies. Alors on pourrait croire qu'il n'est question que d'un assaut de paroles qui s'entre-choquent, se croisent, se pressent tumultueusement comme dans une bataille. La manie de bâtir, la gloriole de ne pas céder, enfantent de part et d'autre des légions de mots qui prolongent le combat sans pouvoir décider la victoire. Que conclure en effet au milieu d'une telle mêlée ? Ceux qui ont à cœur d'éclairer, d'instruire les autres, de leur faire voir nettement une vérité, de ne pas leur laisser le moindre doute sur leur manière de penser, doivent surtout éviter de tomber dans la logomachie. Avec ses distinctions subtiles, avec ses phrases alambiquées, avec son intarissable verbiage, la logomachie n'est bonne qu'à parler sans rien dire, ou à ne dire que des choses vaines et superflues, presque toujours vides de sens ou contradictoires, et bonnes seulement à amuser le tapis. Elle est la négation de toute clarté ; elle étouffe toutes les idées; son obscurité seule se fait jour dans la confusion qu'elle répand autour d'elle; l'ennui et la fatigue sont les accompagnements fidèles de son langage, ou plutôt de son caquet hargneux et disputeur,

D'où le raisonnement a banni la raison.

En un mot, la logomachie, à certains égards, est à l'éloquence ce que le *marivaudage* est au véritable art dramatique. Comme le marivaudage, elle semble peser des riens avec des balances de toile d'araignée. CHAMPAGNAC.

LOGOS (λόγος), signifie en grec la *parole* et toute la série des attributions ou des opérations de l'intelligence que présuppose la parole : intelligence virtuelle et absolue (*entendement, intellect, raison, sagesse*); intelligence s'exerçant sur un objet (*conception, jugement, science*); intelligence se manifestant au dehors (*parole*). C'est, comme on le sait, le mot dont saint Jean se sert pour désigner la seconde personne de la Trinité, au premier chapitre de son Évangile. Pour le traduire en latin, saint Jérôme ne trouva d'autre terme que *verbum*, dont nous avons fait le mot *verbe*, à défaut de l'expression *adéquate* du mot grec.

LOGOTHÈTE (du grec λόγος, compte, et τίθημι, régler : rendre des comptes), titre que dans le Bas-Empire on donnait à certains employés chargés d'une gestion financière ou préposés à certaines perceptions. Il y avait en effet les *logothètes* ou administrateurs du domaine, des postes, de l'armée, du trésor, etc. Ce nom correspondait au titre latin de *cancellarius*, dont nous avons fait *chancelier*. Sous Andronic II, au treizième siècle, on créa à Byzance la charge de *grand-logothète*, qui répondait assez bien à celle d'*archi-chancelier* de notre premier empire. C'était une charge civile et une des plus hautes dignités de la cour byzantine. Un des premiers ministres de l'empire, le grand-logothète était gardien suprême des lois et des revenus publics. Sa charge était d'ailleurs de création plus récente que celle des logothètes.

LOHENGRIN, poëme allemand en strophes de dix vers, composé, à ce qu'il paraît, vers la fin du treizième siècle, par deux poëtes demeurés inconnus, et qui tire son nom de son principal héros. Il se rattache à la seconde partie du poëme sur la guerre de la *Wartburg*; et le fabuleux Wolfram d'Eschenbach, qui y figure contre Klinsor, est censé le narrateur du récit. On y retrouve la légende des chevaliers du Cygne, que Conrad de Wurtzbourg a prise également pour sujet d'un poëme, et dont les différentes traditions sont exposées dans les *Légendes allemandes* des frères Grimm, entremêlée à celle du *Saint-Graal* et aux récits fabuleux des exploits du roi des Allemands Henri Ier. Il se termine par un aperçu des événements arrivés depuis Henri 1er jusqu'à Henri II.

LOI. Ce mot, pris dans son acception la plus étendue, ne pourrait guère recevoir d'autre définition que celle que Montesquieu lui donne dans son *Esprit des Lois* : *Tout rapport nécessaire qui dérive de la nature des choses.* Dans ce sens absolu, la Divinité elle-même obéit à des lois : aussi Plutarque dit-il *que la loi est la reine de tous mortels et immortels*; mais c'est dans un sens plus restreint, et par conséquent plus usuel, plus pratique, qu'il convient d'envisager ce sujet.

Rien de plus éloquent et de plus précis n'a été encore écrit dans notre langue sur les lois diverses qui gouvernent l'humanité que le paragraphe suivant de Montesquieu :
« L'homme, comme être physique, est, ainsi que les autres corps, gouverné par des lois invariables; comme être intelligent, il viole sans cesse les lois que Dieu a établies, et change celles qu'il établit lui-même. Il faut qu'il se conduise, et cependant il est un être borné; il est sujet à l'ignorance et à l'erreur, comme toutes les intelligences finies; les faibles connaissances qu'il a, il les perd encore. Comme créature sensible, il devient sujet à mille passions. Un tel être pouvait à tous les instants oublier son Créateur : Dieu l'a rappelé à lui par les lois de la religion. Un tel être pouvait à tous les instants s'oublier lui-même : les philosophes l'ont averti par les lois de la morale. Fait pour vivre dans la société, il y pouvait oublier les autres : les législateurs l'ont rendu à ses devoirs par les lois politiques et civiles. »

C'est un fait immense, que Montesquieu n'a pas assez remarqué, que cette division des lois en lois religieuses, morales, politiques et civiles. Nous n'admettons pas, comme cet illustre publiciste, qu'il ait existé des lois dites *de nature*, lois qu'on ne pourrait retrouver qu'en considérant l'homme avant l'établissement des sociétés. Cette sociabilité qui caractérise l'homme est une condition inhérente à sa nature; elle ne peut en être dégagée, même abstractivement : l'exemple fort équivoque que Montesquieu cite, d'un sauvage de l'Aveyron, ne peut donner un démenti à l'expérience de tous les temps, de tous les pays, qui nous représente partout et toujours l'homme en société. Cet état de société est pour l'homme l'état de nature; les lois qui régissent la société humaine sont donc des lois parfaitement naturelles.

Mais ce qui est vrai, c'est que plus on remonte vers l'origine des sociétés, plus la loi est une et invariable; plus au contraire on s'éloigne de cette origine, plus la loi se divise, plus elle devient temporaire et accidentelle. Ainsi, chez les peuples de la plus haute antiquité la même loi régit les rapports de l'homme avec Dieu, les rapports de nation à nation, la vie publique du citoyen, et même jusqu'aux pratiques de la vie civile et privée, et cette loi, elle émane de la Divinité elle-même, elle est invariable comme le souffle divin qui l'a inspirée. Si un tel état de choses eût pu se maintenir dans toute sa pureté, les destinées de l'humanité se trouvant invariablement fixées, plus de révolution sociale, mais aussi plus de civilisation progressive. De toutes les nations de l'antiquité, celle chez laquelle cette universalité de la loi religieuse était la plus absolue, c'était l'Égypte : ce fut aussi celle chez laquelle la civilisation fut frappée de plus d'immobilité. La théocratie égyptienne s'étendit à la Grèce, mais elle s'y modifia; la loi religieuse y fut moins universelle : ses organes furent pris dans toute la société, et non dans une caste. Aussi la civilisation y fut-elle moins enchaînée. A Rome, l'admission de tous les dieux étrangers, la confusion du ministère religieux et des charges civiles, durent affaiblir encore cette puissance, cette universalité de la loi religieuse, et préparer cette immense révolution que le christianisme vint opérer, en séparant en deux la puissance religieuse et la puissance civile, la loi qui régit les devoirs envers Dieu et la loi qui régit la cité.

A côté de cette grande révolution, une autre s'est accomplie, mais dans un sens inverse : Mahomet était conquérant et souverain par les armes; la religion fut pour lui un drapeau : il triompha pour elle et par elle. Il la fit asseoir au-dessus de lui sur le trône. Il en fit la loi universelle, le droit des gens, le droit public et privé de ses co-religionnaires. De là deux civilisations, l'une ayant pour base une théocratie absolue, l'autre la séparation de la loi religieuse et de la loi civile; l'une nécessairement stationnaire, l'autre progressive. Ces deux civilisations se sont longtemps disputé la domination de l'Europe. Nous assistons aujourd'hui à l'agonie de la civilisation mahométane. Débordée par tous les côtés, par l'Asie, l'Europe, l'Afrique, elle est travaillée dans son sein même d'un besoin de mouvement et de transformation, qui détend et fait craquer de toutes parts le réseau théocratique dans lequel elle dormait depuis tant de siècles.

Tous les efforts, tout le travail de la papauté, avec cette grande et puissante organisation catholique que nous admirons encore alors qu'elle a perdu ses plus puissants leviers, au moyen âge de défaire ce que la mission de Jésus-Christ avait si merveilleusement, si providentiellement opéré, d'anéantir la division de la loi civile et de la loi religieuse, du pouvoir spirituel et du pouvoir temporel. De là les longues luttes de l'Église pour envahir, absorber, tantôt le droit de prononcer dans les conflits des nations, tantôt celui de donner et changer les couronnes, tantôt les juridictions civiles et pénales, sous ce prétexte, si merveilleusement trouvé, que toute faute est un péché, et ressort par cela même de la justice de Dieu. Si elle avait réussi complétement dans cette œuvre, c'en était fait de notre civilisation européenne. Il est difficile d'assigner le temps où elle aurait brisé ses liens; mais ce qui est certain, c'est qu'elle n'aurait pu les briser que par une révolution religieuse qui aurait ramené l'humanité au principe pur de l'Évangile, c'est-à-dire à la séparation des deux lois et des deux pouvoirs.

Notre révolution de 1789 a tranché de plus en plus cette séparation ; elle a purgé la loi politique, les lois pénales et civiles de tout mélange avec la loi religieuse. Cet effet de la législation a amené un des plus sanglants conflits qui aient affligé l'humanité; mais l'œuvre a été consommée : vainement la Restauration a-t-elle voulu timidement et sur certains points rétablir cette confusion : cette séparation doit être considérée désormais comme un fait accompli et irréfragable.

La loi en France est purement civile et temporelle : elle est essentiellement mobile et variable, comme toutes les œuvres de l'humanité. Quelles seront les conséquences extrêmes de ce grand fait ? On ne peut se dissimuler que ce caractère de mobilité et de variabilité imprimé à nos législations modernes, s'il est un élément de progrès et d'améliorations indéfinis, a eu aussi pour résultat inévitable d'affaiblir le sentiment de respect des peuples pour la loi et de compromettre ainsi le plus puissant des liens sociaux. La loi n'est plus cette voix solennelle de Dieu qui se révèle à Moïse au milieu des éclats du tonnerre, ni cette inspiration divine que la nymphe Égérie transmet à Numa; nous savons son origine toute terrestre, nous assistons à sa confection, nous gémissons sur les passions, les entraînements, les intérêts, souvent très-peu nobles, qui l'ont dictée. Après qu'elle est faite, nous avons encore le droit de la discuter, parce que nous avons celui d'en provoquer le changement. Et cependant cette loi, que trop souvent notre conscience et notre raison désavouent, il faut lui obéir; il faut être prêt à verser son sang pour lui assurer la soumission de tous. Il y a de l'existence même de la société : chacun le sait et le sent. C'est là qu'est la force de nos lois nouvelles; c'est cette conscience universelle du besoin de conservation qui donne à ces lois comme une autre sanction religieuse.

Conservons à nos lois leur caractère terrestre et temporaire ; nous voudrions faire autrement que nous ne le pourrions pas : on remonte pas le cours des temps; nous le pourrions que nous ne le voudrions pas, car le progrès avec tous les dangers de la mobilité vaut mieux encore que l'immobilité avec tout le calme et toute la sécurité qu'elle peut donner. Mais que tous les efforts des législateurs tendent à fortifier, à sanctifier pour ainsi dire le respect pour la loi, qui a son principe dans l'intérêt de tous et de chacun; que la confection des lois soit environnée de toutes les formes, de toute la solennité qui doit en garantir la sagesse et la maturité; qu'elle ait pour source la volonté nationale, l'autorité la plus sainte après celle de Dieu; qu'elle ne blesse ni la justice, ni la morale, ni aucun de ces sentiments intimes qui, dans le cœur de l'homme, dominent toutes les autres influences; qu'enfin cette grande fiction qui fait de la loi la plus haute et la plus pure expression du droit pris dans son sens le plus absolu, c'est-à-dire de tout ce qui est bien et bon dans ce monde, puisse être acceptée par tous les citoyens sans aucune révolte de leur bon sens ni de leur conscience. A cette condition, la loi sera respectée, quoique purement humaine; elle conciliera les avantages du progrès avec ceux de la stabilité; la liberté et la sociabilité, la volonté et la conscience, le ciel et la terre seront d'accord : ainsi peut être résolu le plus grand problème de nos sociétés modernes.   Odilon BARROT.

Les plus anciennes lois dont l'histoire fasse mention sont celles que Dieu donna aux Hébreux sur le mont Sinaï, et que Moïse a recueillies dans le Pentateuque. A Sparte, les premières lois furent celles de Lycurgue. Nous ne parlerons point des différentes lois que donnèrent aux Athéniens Dracon, Thésée, Solon, Démétrius de Phalère, etc. ; nous ne nous occuperons que de la formation de la loi chez ce peuple. Celles que présentaient les simples citoyens étaient soumises d'abord aux prytanes, adoptées ensuite par le sénat, exposées au public pendant un certain temps, afin qu'il en prît connaissance, et enfin votées par le peuple. Les lois se divisaient en *nomos*, ou loi perpétuelle et générale, et en *psephisma*, ou temporaire et particulière. Toutes les lois étaient annuellement soumises à une révision générale : les modifications proposées devaient être votées par le peuple. Les lois étaient écrites sur des tablettes triangulaires ou à quatre faces; plus tard, quand le règne des trente tyrans eut pris fin, elles étaient gravées sur les murs du portique royal.

A Rome, on appelait proprement *lois* les résolutions votées par le peuple entier (*populus*), c'est-à-dire par les patriciens et les plébéiens réunis dans les comices par centuries. Le sénat avait l'initiative des lois. On distinguait des lois les plébiscites et les sénatus-consultes; sous l'empire, les lois sont l'œuvre du souverain, et s'appellent constitutions. On désignait ces lois : 1° par le nom de celui qui les avait proposées : c'est ainsi que l'on disait : *la loi Canuleia*, la loi *Petilia*, etc. ; 2° par la désignation de la matière dont elles traitaient : les *lois judiciaires*; 3° par celle des crimes qu'elles punissaient : les *lois de péculat*, *concussion*, etc. Quelquefois on établissait entre des lois d'autres distinctions : on les appelait *consulares*, *prætoriæ*, *tribunitiæ*, selon que les magistrats qui les avaient proposées étaient des consuls, des préteurs ou des tribuns.

En France, les lois aux termes de la constitution de 1852, sont l'œuvre commune du pouvoir exécutif, qui en a l'initiative et les promulgue, du conseil d'État, qui les élabore, du corps législatif, qui les vote, et du sénat, qui déclare ne pas s'opposer à leur promulgation. Bien des décrets et des ordonnances ont force de loi, ainsi que les décrets et ordonnances rendus en exécution des lois.

Par *loi naturelle* on s'accorde à entendre les règles de justice, de bienveillance, d'équité, imprimées dans le cœur de tous les hommes par l'Être suprême, personnifié sous le nom de *nature*, règles qui ont présidé à la formation des sociétés, et sans lesquelles elles ne sauraient subsister longtemps. Peu de questions ont été plus controversées par les philosophes, et, pour rappeler plusieurs systèmes à ce sujet, nous dirons quel est le premier principe que plusieurs et des plus célèbres ont assigné à cette loi naturelle. Hobbes dit que c'est celui de la conservation, et conséquemment celui de la défiance mutuelle, de la précaution; Thomasius le voit dans le bonheur propre : on remarque que la différence entre ces deux systèmes est imperceptible ; Puffendorf le trouve dans la sociabilité, Valentin dans la persuasion que nous avons d'être l'image de Dieu, Henri et Samuel Coceius dans la volonté de Dieu, Grotius dans la droite raison, etc., etc., etc.

Les lois qui règlent les rapports des nations entre elles constituent le *droit des gens*. Les *lois politiques* ont pour objet exclusif la conservation de l'État. Les *lois civiles* règlent les droits et les devoirs, les intérêts et les rapports des citoyens entre eux. Les *lois criminelles* ont pour objet la répression et la punition des crimes. Les *lois pénales* sont celles qui prononcent quelque pénalité ; les *lois fiscales*, celles qui règlent le mode de perception et de répartition des contributions ; les *lois municipales*, celles qui règlent l'administration des communes.

Loi signifie quelquefois autorité, puissance : c'est dans ce sens que l'on dit que la *loi du plus fort* est toujours la meilleure; il est encore synonyme de caprice : être sous les *lois* d'une femme, subir *la loi* de quelqu'un. *Loi* se dit, enfin, de quelques règles ou obligations volontaires auxquelles nous sommes astreints : les *lois* de l'honneur, de la politesse. C'est également en se conformant à cette signification que l'on dit : Les *lois* de la grammaire, de la mécanique, etc.

LOI (Homme de). *Voyez* Homme de loi.

LOI COMMUNE (en anglais *common law*). On appelle ainsi en Angleterre la réunion des règles de droit reconnues comme lois avant qu'aucun statut eût été rendu par le parlement pour les modifier. La *loi commune* est fondée sur les coutumes générales du royaume, qui comprennent la loi naturelle, la loi de Dieu, et les principes et maximes du droit. On peut dire que c'est le droit commun naturel que possède le sujet pour sauvegarder et défendre non-seulement son bien, ses propriétés et ses richesses, mais encore sa femme, ses enfants, sa vie, son honneur, etc. On prétend que la *loi commune* fut réunie en corps de lois peu après l'heptarchie, par divers rois d'Angleterre qui ordonnèrent qu'elle fût observée dans toute l'étendue de leurs États. Elle reçut, dit-on, la dénomination de *loi commune* parce qu'elle était commune à toute la nation, et non point à l'usage de telle ou telle partie de la nation ; aussi primitivement l'appelait-on le droit unique, *sole right*, c'est-à-dire le droit du peuple.

La *loi commune* d'Angleterre est à proprement parler la *coutume* de ce royaume, laquelle à la suite des temps y a acquis force de loi. La bonté d'une coutume tient à son usage immémorial, ou, pour employer l'expression consacrée par la jurisprudence anglaise, à ce que la mémoire des hommes ne fournit pas d'exemples de précédents contraires. C'est ce caractère qui lui donne du poids et de l'autorité, et c'est celui qui distingue les maximes et coutumes dont se compose la loi commune, ou *loi non écrite*, de l'Angleterre. On y distingue trois parties : 1° les coutumes générales, constituant la règle universelle du royaume et formant la loi commune dans son acception la plus stricte et la plus usuelle ; 2° les coutumes particulières, lesquelles pour la plupart ne régissent que les habitants de certains districts ; 3° quelques lois particulières, que l'usage a fait adopter et employer par certaines cours de justice exerçant une juridiction assez étendue.

LOI DU TALION. *Voyez* Talion.

LOI MARTIALE. *Voyez* Martiale (Loi).

LOINTAIN. Ce mot sert à désigner des objets éloignés de nous ; mais il a deux acceptions, bien différentes suivant l'emploi qu'on en fait. Ainsi, dire qu'un voyageur a visité des pays *lointains*, c'est annoncer qu'il a été dans des lieux immensément éloignés de nous, et on pourrait presque dire à peine connus. Lorsque dans les arts on se sert du mot *lointain*, on ne l'emploie que pour désigner des objets à une distance relative, suivant l'étendue du pays que représente le tableau, mais toujours à portée de la vue, et par conséquent seulement à une distance qui varie d'un kilomètre à quatre ou cinq myriamètres. Les *lointains* dans un tableau se composent de tous les objets qui approchent de l'horizon ; mais on ne se sert de cette expression que pour les paysages, et non pour les tableaux historiques, encore moins pour les intérieurs. Ducuesne ainé.

LOIR, genre d'animaux mammifères, de l'ordre des rongeurs nocturnes, où ils font partie de la grande division des rats.

Le loir de Buffon (*mus glis*, Gm.), espèce type du genre, a environ 12 centimètres depuis le bout du museau jusqu'à l'origine de la queue, longue d'environ 10 centimètres ; sa tête a quelque rapport avec celle du rat, mais elle est plus large à la hauteur des yeux, plus pointue vers le mufle et moins longue ; ses oreilles sont plates, simples dans leur conformation, demi-membraneuses, peu velues, susceptibles d'une grande contraction et collées près de la tête comme celles de l'homme ; ses yeux sont ronds, presque noirs, peu saillants, bordés d'un cercle brun foncé, et disposés dans des plans divergents. La pupille en est tellement contractile, que l'animal peut à son gré la réduire à un point presque imperceptible. Le loir n'a point de dents canines ; il est pourvu seulement de deux incisives à chaque mâchoire et de quatre dents molaires ou mâchelières ; un pli transversal sépare son mufle de son museau, dont la partie supérieure est presque entièrement velue. Ses narines sont oblongues, garnies sur le bord de petits poils clair-semés. Ses lèvres sont charnues, épaisses, velues, et d'une conformation différente, la lèvre supérieure étant fendue par le milieu en façon de bec-de-lièvre, tandis que la lèvre inférieure forme une espèce de gaîne d'où semblent sortir les incisives de la mâchoire inférieure. Le loir a deux mains et deux pieds ; ceux-ci sont beaucoup plus longs et autrement conformés que les deux membres antérieurs. Chaque main est munie de quatre petits doigts presque égaux, assez allongés, membraneux à leur base, armés d'ongles arqués, comprimés et pointus. On remarque à l'intérieur du carpe un vestige de pouce, ou gros tubercule, garni à sa base d'un rudiment d'ongle plat. Quant à ses pieds, ils se terminent par cinq doigts également armés d'ongles, mais plus inégaux entre eux que ceux de la main. La robe du loir est aussi agréable à l'œil qu'au toucher ; sa fourrure, soyeuse, est nuancée de couleurs harmonieusement distribuées. Tout le dessus du corps est d'une belle couleur gris perlé mêlé de noir, et très-brillante dans certaines parties ; le dessous, au contraire, est d'un beau blanc jaunâtre, tirant tantôt sur le fauve clair, tantôt sur le gris bleu clair, légèrement cendré, donnant des reflets argentés. Le poil du loir est, comme celui de l'écureuil, d'égale longueur par tout le corps, à l'exception de la queue, où il est beaucoup plus long, surtout vers l'extrémité. On rencontre souvent des individus chez qui la touffe de très-longs poils qui garnit cette extrémité se partage en deux bouquets.

Le loir a l'œil vif, les mouvements brusques, l'allure agitée, l'air inquiet, et une façon de vivre qui lui est particulière. Il habite les forêts, les rochers et les lieux les plus solitaires, recherchant une température douce et les endroits les plus secs, le moins exposés au nord. Aussi ne le trouve-t-on que dans le midi de l'Europe, en Espagne, en Languedoc, en Provence, en Italie, en Suisse, en Allemagne, en Grèce, et dans quelques régions de l'Afrique ou de l'Asie dont le climat se rapproche du nôtre. Ne sortant que la nuit, il a soin, avant de s'éloigner de sa demeure, de la débarrasser de toute ce qui pourrait l'encombrer ou la rendre malsaine, et d'observer si rien à l'extérieur ne compromet sa sûreté. Ces précautions prises, il gagne à la hâte les grands arbres, dont les fruits le nourrissent, et sur lesquels il rencontre ses compagnons. Lorsque sa première faim est apaisée, il se livre aux jeux de l'amour et à mille petits exercices. Mais ces amusements cessent par intervalles, et alors chacun profite d'un moment de loisir pour porter à son logis de nouvelles provisions. Le jour est pour eux le temps du sommeil. Quand le soleil est prêt à paraître, la troupe nocturne se sépare, et chacun rentre dans son gîte jusqu'à la nuit tombante. C'est ordinairement dans le creux des arbres ou des rochers que le loir se tapit. Il dispose sa demeure de manière à s'y trouver à l'aise et à pouvoir y élever une famille. Tout y respire l'ordre et la commodité : ici c'est le nid, composé de mousse, d'herbe et de feuilles sèches ; là, le magasin aux vivres. Le loir se nourrit, comme l'écureuil, de noix, de noisettes, de faînes, de glands, de châtaignes, de toutes sortes de fruits pulpeux, dont il est fort avide. Quoi qu'il ne soit point naturellement carnivore, il attaque parfois les nids des oiseaux, pour en dérober les œufs et les petits. Il mange assis, se faisant un point d'appui de sa queue, qu'il étend de toute sa longueur dans la direction de la branche sur laquelle il est placé, ou qu'il roule autour de cette branche quand elle est très-mince ; et il se sert de ses mains pour tenir et porter à sa bouche la noix ou le fruit qu'il a dérobé.

La femelle du loir lui ressemble en tout ; elle a même taille, même pelage, même allure. Buffon lui a trouvé sous le ventre dix mamelles, cinq de chaque côté ; mais Cuvier, dans son *Règne animal*, n'en a reconnu que huit, quatre pectorales et quatre ventrales. L'accouplement de ces animaux a lieu vers la fin du printemps. La femelle met bas au bout de six semaines, environ quatre à cinq petits, qu'elle dépose avec soin dans le nid qu'elle a préparé avec de la mousse, des matières cotonneuses et le poil qu'elle a enlevé autour de ses mamelles, pour donner à ses petits plus de facilité dans l'allaitement. Elle ne fait qu'une portée par an. Le mâle partage avec elle les soins de la famille, qui vit en commun jusqu'au printemps, où chacun se sépare pour former de nouvelles familles.

Le loir redoute singulièrement le froid ; l'hiver est souvent pour lui une saison funeste : aussi le voit-on, à l'approche de l'automne, s'occuper des moyens de se préserver des dangers qu'il aura à courir. Ce n'est point dans un état de sommeil léthargique, comme on l'a prétendu à tort, que le loir passe l'hiver, mais dans un engourdissement complet, qui lui ôte à la fois tous ses mouvements et le prive de tous ses sens. On le dirait mort si, à des intervalles réguliers, on n'apercevait quelques légers signes de respiration. Ce phénomène a été l'objet de recherches fort curieuses : les observateurs ont reconnu que dans le loir la chaleur moyenne du sang est de dix degrés; ils ont également constaté que cet animal tombe dans l'engourdissement toutes les fois que le thermomètre descend à 7 degrés au-dessus de zéro, et qu'il reste dans cet état tant que la température atmosphérique n'est point inférieure à 3 degrés au-dessous; enfin, ils ont remarqué que le loir sort de cet état de torpeur toutes les fois que les indications du thermomètre sont au-dessus ou au-dessous de ces deux limites: c'est alors qu'il fait usage des provisions qu'il a amassées. Il meurt si le froid devient trop intense ou s'il vient à passer trop subitement de son état d'engourdissement à une chaleur trop vive.

Les anciens estimaient beaucoup la chair du loir. Apicius nous apprend que c'était pour les Grecs un mets exquis. Les Romains en consommaient beaucoup. Aussi voyons-nous dans Varron le loir élevé chez eux dans la domesticité, et tenu en garenne pour être engraissé. Aujourd'hui on ne recherche le loir que pour sa fourrure, dont les dames font usage dans leur toilette d'hiver, et qui fournit aux marchands de couleurs de petits pinceaux pour la gouache, le lavis et l'aquarelle. On chasse ce petit animal tantôt à l'aide de pièges, tantôt en le saisissant engourdi au fond de sa retraite, roulé sur lui-même, le museau entre les pattes de derrière, la queue lui recouvrant la tête et une partie du corps. On pratique encore pour le prendre des fosses profondes, couvertes de feuilles et de mousse.

On compte plusieurs espèces de loirs : le loir proprement dit, que nous venons de décrire; le *murin*, qui est le fléau des jardins potagers et des vergers; le *lérot*, dont l'espèce est très-commune au Sénégal et dans l'Amérique méridionale; le *muscardin* et le *loir muscardin*, le plus petit de tous, qui répand une odeur semblable à celle du musc. On plaçait autrefois dans la famille du loir l'*échimys* et ses variétés ; mais M. Geoffroy Saint-Hilaire en a fait un genre à part.   Jules SAINT-AMOUR.

LOIR (Le), rivière de France, qui prend sa source dans l'étang de Cernay (Eure-et-Loir); elle passe à Bonneval, Châteaudun, Fréteval, Vendôme, les Roches, Château-du-Loir, Le Lude, La Flèche, Durtal, et se jette dans la Sarthe, au-dessous de Briolay (Maine-et-Loire). Le Loir commence à être flottable à Poncé et navigable à Coësmont, près du Château-du-Loir (Sarthe). Dans son cours, qui est d'environ 270 kilomètres, il reçoit l'Ozanne, la Conié, la Braye, le Long, l'One, et plusieurs autres petites rivières. Il donne son nom aux départements d'Eure-et-Loir et de Loir-et-Cher.

LOIRE (La), l'un des principaux fleuves de la France par l'étendue de son cours. Le bassin de la Loire est circonscrit à l'est par les montagnes du Charolais et une partie des Cévennes; au sud, par les montagnes de la Margeride, le Cantal et le Mont-Dore; au sud-ouest, par les hauteurs de Gâtine; et au nord, par les collines qui forment le plateau de la Beauce, et qui vont se rattacher à la chaîne armorique. Ce fleuve prend sa source au mont Gerbier-des-Joncs, dans le département de l'Ardèche, et se dirige à peu près du sud-est au nord-ouest, depuis sa source jusqu'à Orléans; au-dessous de cette ville, il prend son cours directement à l'ouest. La Loire n'offre pas de bassin constant pour la navigation ; le déplacement des sables d'un bord sur l'autre fait varier à chaque crue le chemin que doivent suivre les bateaux. Les eaux de ce fleuve étant en général peu encaissées, il a fallu, dans le double but de les réunir en temps de sécheresse et de les contenir lors des grandes crues et des débâcles de glaces, construire à droite et à gauche de son lit des digues ou *levées* qui en dirigent le cours et opposent une barrière à ses inondations. Ces levées n'étaient dans l'origine qu'une suite de faibles digues faites à la hâte pour se préserver des inondations imprévues; il est certain qu'elles n'ont eu d'autre direction que le cours même du fleuve; plus tard on en fit l'heureuse idée d'utiliser doublement les digues de la rive droite en y établissant la voie publique. Le premier fondateur de cette levée fut Louis le Débonnaire, qui accorda aux habitants de grands priviléges pour accélérer ces travaux importants. Trois siècles après, en 1150, une violente éruption des eaux de la Loire détruisit ces ouvrages; quelques années plus tard, Henri II, duc d'Anjou et roi d'Angleterre, fit venir des troupes pour travailler avec les habitants à l'achèvement de cette grande entreprise. Plusieurs successeurs de Henri perfectionnèrent ce bel ouvrage, et la reine de Sicile surtout vint y mettre la dernière main. Ces levées ont communément six mètres de hauteur, huit mètres de largeur à leur sommet, et sont revêtues, dans les parties les plus exposées au choc des eaux de mouvements en pierres sèches. Le milieu de la chaussée est pavé dans presque toute sa longueur, et offre une des plus belles routes que l'on connaisse.

La Loire commence à être flottable à Retournac (Haute-Loire), et navigable à La Noirie (Loire). La longueur de la partie flottable est de 51 kilomètres; le flottage se fait en trains, et sert au transport de sapins destinés à la construction des bateaux. La longueur de la partie navigable est de 812 kilomètres; mais depuis La Noirie jusqu'à Roanne, sur une étendue de 72 kilomètres, la navigation n'a lieu qu'à la descente. La Loire passe à Roanne, Digoin, Nevers, La Charité, Pouilly, Cosne, Neuvy, Bonny, Châtillon-sur-Loire, Briare, Gien, Château-Neuf, Jargeau, Orléans, Meun, Beaugency, Blois, Amboise, Tours, Langeais, Saumur, Saint-Mathurin, les Ponts-de-Cé, Chalonne, Ingrande, Varades, Ancenis, Nantes, Basse-Indre, Paimbœuf et Saint-Nazaire, et se jette dans l'océan Atlantique, au-dessous de cette dernière ville. Elle se grossit, dans son cours, des eaux de cent douze rivières, qu'elle reçoit immédiatement. Les principales sont, à droite : le Lignon, la Furend, l'Arroux, la Nièvre, le Maine; à gauche l'Allier, le Loiret, le Cher, l'Indre, la Vienne, la Sèvre-Nantaise et l'Achenau. Le cours de ce fleuve, rapide et majestueux à la fois, respecte ordinairement les limites que la nature lui a données; mais en hiver, lorsque la toute des neiges amène les eaux grossies ses flots, c'est un torrent irrité, qu'aucun obstacle n'arrête; il inonde les plaines qui le bordent, et les énormes glaçons qu'il charrie occasionnent souvent les plus grands désastres. Ce fleuve a près de 13 kilomètres de large à son embouchure, entre Paimbœuf et Saint-Nazaire, où il forme une rade immense, presque toujours couverte de vaisseaux de toutes les nations, que le peu de profondeur de ses eaux en plusieurs endroits empêche de remonter jusqu'à Nantes. L'énorme quantité de sable que la Loire entraîne avec elle dans son cours, et que lui portent les rivières affluentes, principalement l'Allier, donne naissance à un grand nombre de bancs de sable fixes ou mobiles, qui gênent la navigation et l'interrompent même tout à fait pour les grands bâtiments pendant l'été. Dans le siècle dernier, on songea à maintenir la navigation de la Loire en réunissant les eaux du fleuve dans un seul canal; mais ce projet, qu'on essaya de mettre à exé-

cution, à coûté des sommes immenses sans qu'on ait éprouvé des améliorations sensibles. Des communications régulières par bateaux à vapeur existent entre Moulins et Nantes par l'Allier et la Loire. Le charbon de terre est le principal chargement à la descente, et les denrées coloniales à la remonte.
Aug. SAVAGNER.

LOIRE (Département de la), département de la France centrale, formé de l'ancien Forez, entre ceux de l'Isère et du Rhône à l'est, de la Haute-Loire et de l'Ardèche au midi, Puy-de-Dôme et de l'Allier à l'ouest, du Rhône, de Saône-et-Loire et de l'Allier au nord. Il a été démembré en 1793 de l'ancien département de *Rhône-et-Loire*.

Divisé en 3 arrondissements, 28 cantons et 321 communes, sa population est de 472,586 individus. Il envoie trois députés au corps législatif, est compris dans la huitième division militaire, l'académie, le diocèse et le ressort de la cour d'appel de Lyon. Il possède un lycée, trois institutions, deux pensions, trois écoles ecclésiastiques, une école normale primaire.

Sa superficie est de 477,018 hectares, dont 248,104 en terres labourables; 85,632 en prés; 63,462 en bois; 37,340 en landes, pâtis, bruyères; 13,897 en vignes; 3,926 en étangs, mares, canaux d'irrigation; 3,614 en jardins, pépinières; 2,201 en propriétés bâties; 11,933 en routes, chemins; 3,913 en rivières, lacs, ruisseaux, etc. Il paye 1,490,722 francs d'impôt foncier.

Ce département appartient en presque totalité au bassin de la Loire, sauf une petite partie au sud, qui se rattache à celui du Rhône et est arrosée par ce fleuve, qui lui sert de limite. Le sol offre une configuration assez variée ; ses deux extrémités de droite et de gauche sont formées par deux chaînes parallèles des Cévennes, mais sur les bords du fleuve, qui coule entre ces deux rangées de hauteurs, il y a de vastes plaines couvertes d'étangs et assez malsaines. Le reste du pays jouit d'un climat salubre et tempéré, quoique déjà trop froid pour certains végétaux, tels que l'olivier; la vigne ne garnit même que les coteaux exposés au midi. Le sol est d'ailleurs peu fertile, et ne donne qu'une quantité insuffisante de céréales. Ses autres productions consistent en pommes, dont on fait du cidre, en châtaignes et marrons dits *marrons de Lyon*, en chanvre, en vins, parmi lesquels on recherche les vins rouges de Luppé, Chuynes, Chavanay et Saint-Michel, et le vin blanc de Château-Grillat. Mais les deux principales sources de la richesse du département de la Loire se trouvent dans l'éducation du bétail et l'exploitation de la houille et du fer. La volaille y est abondante, et les dindes de Saint-Chaumont, engraissées aux châtaignes, forment un produit tout aussi recherché que les fromages de Roche et de Barrassin. Ses mines de charbon de terre sont les plus productives de la France, après celles des riches dépôts du nord. Elles alimentent de grandes et nombreuses usines, où l'on transforme le fer en acier, en armes, en objets de quincaillerie de toutes espèces. Saint-Étienne est surtout le grand centre de cette industrie, et ailleurs on exploite le granit, le marbre, la pierre à fusil, la pierre à chaux et l'argile. De riches manufactures donnent sur commerce des draps communs, des rubans de soie, du cordonnet, des lacets, des toiles fines et communes, du papier, du cuir, du coton filé, etc. Le chanvre, le bétail, les fromages, les châtaignes, les planches de sapin alimentent les exportations. Six routes impériales, onze routes départementales, 4,224 chemins vicinaux sillonnent ce département, qui possède en outre deux canaux, celui de Roanne à Digoin et celui de Givors, et trois chemins de fer, celui de Saint-Étienne à Lyon. Le premier construit en France, celui de Saint-Étienne à Andrezieux et celui d'Andrezieux à Roanne. Son chef-lieu est *Saint-Étienne*. Les villes et endroits remarquables sont: *Montbrison; Roanne; Rive-de-Gier; Saint-Chamond; Saint-Symphorien-de-Lay*, une hauteur au pied de laquelle coule le Gand, avec 4,236 habitants; c'est une station du chemin de fer de Saint-Étienne à Roanne; *Le Chambon*, sur la Dordaine-Vachery, avec des eaux excellentes pour la trempe, et 3,868 habitants; *Bourg-Argental*, sur la Draume, avec 2,539 habitants : on y remarque une jolie église. *Saint-Jean-de-Bonnefond*, avec des mines à fer et 6,357 habitants, etc.
Oscar MAC-CARTHY.

LOIRE (Département de la HAUTE-). Formé de tout l'ancien Velay, d'une partie de l'Auvergne, de quelques communes du Vivarais et du Forez, il est borné au nord par ceux du Puy-de-Dôme et de la Loire; à l'est, par ceux de la Loire et de l'Ardèche; au sud, par ceux de l'Ardèche et de la Lozère; et à l'ouest, par celui du Cantal. Divisé en 3 arrondissements, 28 cantons et 256 communes, sa population est de 304,615 habitants. Il envoie deux députés au corps législatif. Il est compris dans la vingtième division militaire, l'académie de Clermont et le ressort de la cour d'appel de Riom. Il forme le diocèse du Puy.

Sa superficie est d'environ 495,714 hectares, dont 226,072 en terres labourables; 90,239 en landes, bruyères; 79,432 en prés; 74,030 en bois; 5,855 en vignes; 3,792 en vergers, pépinières; 1,507 en propriétés bâties; 11,454 en routes, chemins; 5,131 en rivières, lacs, etc. Il paye 1,028,334 francs d'impôt foncier.

Ce département, situé tout entier dans le bassin de la Loire et placé au point de séparation des deux principales branches des Cévennes, est couvert de montagnes froides, sur lesquelles la neige persiste pendant plus de six mois de l'année. Un grand nombre d'anciens volcans, de rochers basaltiques des formes les plus singulières, ajoutent à son aspect pittoresque. Au reste, la différence de température résultant de la différence de hauteur de ses diverses parties est telle, que l'époque des semailles et celle des récoltes y varient de plus de deux mois, selon les cantons. Dans quelques endroits on voit mûrir le raisin, tandis qu'il y en a d'autres où le seigle jaunit à grand'peine. En général, le sol est peu fertile, et l'agriculture assez arriérée. On y recueille cependant plus de blé qu'il n'en faut pour la consommation, et des pommes de terre en quantité suffisante. C'est surtout des excellents pâturages qu'offrent ses vallées profondes que le département tire ses principales ressources : on y élève beaucoup de mules et de mulets et une grande quantité de bétail. L'exploitation minérale est peu importante. Il y existe cependant des mines de houille, d'antimoine, des carrières de marbre, de pierres de taille et de pierres meulières. L'industrie manufacturière y a pour objet la fabrication de dentelles, surtout au Puy et dans ses environs ; de rubans de soie, de soies organsinées, de couvertures et autres tissus de laine, tels que drap; de papiers, de cuirs et peaux, de tuiles, de briques, de poterie, et d'outres pour mettre le vin. Son principal commerce consiste en articles manufacturés, bois, houille et bétail. Toutes ces ressources sont cependant loin de suffire à l'alimentation de la population, et plus de 3,000 ouvriers, scieurs de long, colporteurs, terrassiers, ramoneurs et commissionnaires, s'éloignent annuellement de leurs foyers.

Six routes impériales, douze routes départementales, 3,806 chemins vicinaux sillonnent ce département, dont le chef-lieu est *Le Puy*; les villes et endroits remarquables sont : *Brioude; Yssingeaux*, chef-lieu d'arrondissement, bâti sur une colline rocailleuse, au pied d'un affluent du Lignon : on y compte 7,020 habitants, et l'on exploite dans ses environs une riche mine de plomb; *Monistrol*, sur un affluent et près de la la rive droite de la Loire, avec 4,619 habitants et un petit séminaire : une fabrique de rubans a été établie dans l'ancien château des évêques du Puy ; *Tence*, sur le Lignon, avec 6,200 habitants ; *Langeac*, sur l'Allier, avec 3,024 habitants et des mines de houille.
Oscar MAC-CARTHY.

LOIRE-INFÉRIEURE (Département de la), département de la France occidentale, sur les côtes de l'océan Atlantique, formé d'une partie de la Bretagne, et limitrophe de ceux du Morbihan et d'Ille-et-Vilaine au nord, de la Mayenne et Maine-et-Loire à l'est, et de la Vendée au sud. Divisé en 5 arrondissements, 45 cantons et 206 com-

LOIRE-INFÉRIEURE — LOIRET

munes, sa population est de 535,664 individus. Il envoie quatre députés au corps législatif. Il est compris dans la quinzième division militaire, l'académie et le ressort de la cour d'appel de Rennes; il compose le diocèse de Nantes.

Sa superficie est d'environ 687,441 hectares, dont 321,602 en terres labourables; 129,382 en landes, bruyères; 105,062 en prés; 33,076 en bois; 29,346 en vignes; 10,985 en vergers, jardins; 2,927 en propriétés bâties; 2,289 en étangs, canaux d'irrigation; 25,847 en routes, chemins; 15,416 en rivières, lacs; 4,447 en forêts, domaines non productifs, etc. Il paye 1,654,090 francs d'impôt foncier.

La surface de ce département est plate ou du moins légèrement ondulée, mais plus au nord qu'au midi. La Loire la divise en deux parties, et la Vilaine cotoie sa lisière septentrionale. Elle est en outre arrosée par divers affluents de ces deux courants, tels que l'Èdre, la Sèvre-Nantaise, le Don, l'Isac, l'Élier et l'Achenau, qui sert d'écoulement au lac de Grand-Lieu. Ce lac, le seul de quelque importance que renferme la France, couvre 7,000 hect. de terrain. Près de 600 étangs sont répandus dans toutes les directions, mais surtout dans l'arrondissement de Châteaubriant. Entre Guérande et Pont-du-Château s'étendent de vastes marais. Les côtes sont découpées et parsemées d'une foule d'îlots et de rochers. La température de ce département est plus douce que celle des contrées qui s'étendent en arrière sous la même latitude, ce qui est dû au voisinage de l'Océan; mais il est par cela même plus humide et plus exposé à l'influence des vents d'ouest. Le sol est classé parmi les terres de bruyères ou de landes. Il est du reste fertile, assez bien cultivé, et donne des récoltes de froment, de seigle, de sarrasin et de millet suffisantes pour la consommation; de l'avoine, de l'orge, des légumes et du lin. Un produit agricole fort important est le vin; les vignobles s'étendent surtout sur la rive gauche de la Loire, tandis que du côté opposé c'est le pommier à cidre qui domine. On sont pour la plupart des vins blancs médiocres, et que l'on convertit presque tous en eau-de-vie. Les pâturages sont excellents et nourrissent de très-beau bétail, des chevaux petits, mais bien faits et ardents. Dans les fermes, la volaille abonde et l'abeille est l'objet de beaucoup de soins. Les forêts servent de refuge à des sangliers, des cerfs, des chevreuils et des loups. La masse la plus remarquable est celle du Gâvre. Toutes les eaux sont très-poissonneuses : la pêche est très-importante sur les côtes, surtout celle de la sardine. En fait de productions minéralogiques, on exploite le sel marin, la tourbe, la houille et le fer. On trouve aussi du granit, du marbre, de la pierre à chaux, des ardoises, de l'argile et du kaolin. Ce département a dans son chef-lieu un grand centre d'industrie manufacturière; celle du pays même livre pour produits des toiles, des tissus de coton et autres étoffes; du papier, du fer sorti de nombreuses forges et usines. Le commerce consiste en eaux-de-vie, vins, bois, en poisson et objets manufacturés.

Quatorze ports de mer, six rivières, qui sont presque toutes navigables, six grandes routes impériales, 5,550 chemins vicinaux, un canal, celui de Nantes à Brest, facilitent les rapports entre ses diverses parties.

Nantes est son chef-lieu ; les villes et endroits remarquables sont : *Paimbœuf; Ancenis; Châteaubriant; Clisson*, dans une position très-pittoresque, sur la Sèvre-Nantaise, qui y reçoit la Moine, avec 2,748 habitants, une fabrication de toiles, mouchoirs et futaines, des papeteries, un commerce de grains. On y voit les ruines magnifiques de l'ancien château des sires de Clisson. C'était autrefois une place très-forte, construite au treizième siècle. Cette ville souffrit beaucoup des guerres de la Vendée; elle fut alors presque détruite par l'armée de Mayence; *Guérande*, ancienne ville murée, célèbre par le traité de 4365, qui assura la Bretagne à Jean de Montfort. On y fabrique des toiles de lin et de coton; et on y compte 8,048 habitants; *Saint-Nazaire*, sur la rive droite de l'embouchure de la Loire, avec une bonne rade et 5,318 habitants; *Savenay; Mache-*

coul; Le Croisic, petit port de mer, avec une école impériale d'hydrographie, une pêche de harengs, sardines et maquereaux, des salines, et 2,524 habitants; *Le Loroux-Bottereau*, avec une belle église, un commerce de vins et bestiaux, et 5,932 habitants. Oscar Mac-Carthy.

LOIRE, rivière de France, affluent de la rive gauche de la Loire. C'est un large courant, formé par l'eau que jettent deux gouffres appelés le Bouillon et l'Abîme, situés à quatre kilomètres au sud d'Orléans, dans le parc du château de la Source. Cette petite rivière offre une particularité assez singulière. Elle a pour affluent un autre petit courant appelé l'Huy ; mais pendant une partie de l'année, au lieu de le recevoir, une partie de ses eaux remontent avec lui pour se précipiter dans le Gèvre, autre gouffre, qui paraît avoir une communication souterraine avec la Loire. Le cours du Loiret n'est que de 10 kilomètres ; et comme il ne gèle jamais en hiver, sa partie inférieure sert de gare aux bateaux d'Orléans. Il donne son nom au département ci-dessous.

LOIRET (Département du). Formé d'une partie de l'Orléanais et du Gâtinais, il est placé entre ceux d'Eure-et-Loir, de Seine-et-Oise et de Seine-et-Marne au nord, de l'Yonne à l'est, de la Nièvre, du Cher et de Loir-et-Cher au sud, et à l'ouest de Loir-et-Cher et d'Eure-et-Loir. Divisé en 4 arrondissements, 31 cantons et 348 communes, il compte 341,029 habitants. Il envoie deux députés au corps législatif, est compris dans la première, division militaire, l'Académie de Paris, le diocèse et le ressort de la cour d'appel d'Orléans.

Sa superficie est d'environ 676,512 hectares, dont 304,591 en terres labourables ; 39,475 en bois; 56,820 en landes, bruyères ; 39,860 en vignes ; 24,464 en prés ; 5,965 en vergers, pépinières et jardins ; 4,620 en étangs, canaux d'irrigation ; 2,872 en propriétés bâties ; 2,872 en oserales, saussaies ; 17,451 en routes, chemins ; 14,225 en forêts, domaines non productifs; 6,220 en rivières, ruisseaux. Il paye 1,885,032 francs d'impôt foncier.

Ce département s'étend sur les bassins de la Loire et de la Seine, seulement séparés par de faibles hauteurs, qui couvrent sa partie centrale, et sur lesquelles s'étend la grande forêt d'Orléans; partout ailleurs on ne parcourt que de vastes plaines, tantôt fertiles et donnant d'abondantes moissons de blé, tantôt stériles et sablonneuses, comme au midi, où commence le sol ingrat de la Sologne. La Loire traverse le pays d'un bout à l'autre, et y reçoit nombre de petits affluents, le Loiret, le Cosson, le Beuvron, etc. Au nord il est arrosé par le Loing et l'Essonne, affluents de la Seine. Les rives du fleuve sont bordées de vignobles, dont les produits, connus sous le nom de *vins d'Orléans*, sont en partie convertis en eau-de-vie et en vinaigre recherchés. Le safran des districts septentrionaux, formés d'une portion du Gâtinais, est très-recherché. On recueille en outre une grande quantité d'avoine et de grains, du colza, du chanvre et du lin. L'éducation du bétail est très-suivie ; les moutons anglais et les mérinos que l'on y a importés ont très-bien réussi. La volaille y est abondante, ainsi que le gibier. Huit cents étangs donnent assez de poissons pour approvisionner même les contrées environnantes. Les abeilles y sont très-nombreuses, et donnent un miel fort estimé. L'exploitation minérale se borne à celle des carrières ; ses produits sont les pierres de taille, la pierre à chaux et la terre à potier. L'industrie manufacturière y est très-active. On y fabrique des couvertures et autres étoffes de laine, des bonneteries, des toiles, et il y a de nombreuses distilleries, des filatures de coton, des papeteries, des tanneries, des raffineries de sucre. La Loire, le canal de Briare et celui d'Orléans, les canaux du Loing et de Briare à Digoin, qui unissent le nord et le midi de la France, neuf routes impériales, quatorze routes départementales, 12,102 chemins vicinaux, les chemins de fer du Centre et de Bordeaux, sillonnent ce département et donnent à son commerce une extension peu ordinaire. On en exporte surtout des vins rouges et blancs, vins d'Orléans; des grains, des fruits, des eaux-de-vie, du vinaigre, du safran, du bétail, beaucoup de bois, du miel, de la cire.

Son chef-lieu est *Orléans*; les villes et endroits remarquables sont : *Montargis*; *Gien*, chef-lieu d'arrondissement, sur la Loire, avec un tribunal de première instance, un commerce de poteries et de laine, et 5,349 habitants. On y voit un beau pont sur la Loire et un ancien château, propriété du département, où Charles VII, Anne de Beaujeu, François Ier et Louis XIV résidèrent successivement. Gien remonte à une haute antiquité; quelques-uns croient que le *Genabum* de César est Gien et non pas Orléans; *Meung*, chef-lieu de canton sur la Loire, avec 4,646 habitants, des fabriques de draps et de couvertures de laine, des moulins à farine, à tan et à foulon, des blanchisseries, d'importantes tanneries et corroieries, des taillanderies, des fours à plâtre et à chaux. C'est une station du chemin de fer de Bordeaux; *Briare*, chef-lieu de canton sur la rive droite de la Loire, à la prise d'eau du canal auquel il donne son nom. On y compte 3,477 habitants; *Châteauneuf-sur-Loire*; *Cléry-sur-Loire*, remarquable par la haute église qui la domine, et où se trouve la tombe de Louis XI : on y compte 2,746 habitants; *Châtillon-sur-Loing*, etc.

Oscar MAC-CARTHY.

LOIR-ET-CHER (Département de). Il est borné au nord par le département d'Eure-et-Loir, au nord-ouest par le département de la Sarthe, au nord-est par celui du Loiret, au sud par celui de l'Indre, au sud-est par celui du Cher, et au sud-ouest par celui d'Indre-et-Loire. Il est formé du B l a i s o i s, de la Sologne et d'une partie du pays Chartrain, et tire son nom de deux rivières, le Loir et le Cher, qui y coulent, la première du nord à l'ouest, et la seconde de l'est à l'ouest. Divisé en 3 arrondissements, 24 cantons, et 296 communes, il compte 261,892 habitants; il envoie deux députés au corps législatif, est compris dans la dix-huitième division militaire, l'académie de Paris, le diocèse de Blois et le ressort de la cour d'appel d'Orléans.

Sa superficie est d'environ 653,100 hectares, dont 369,627 en terres labourables; 80,096 en landes, pâtis, bruyères; 70,210 en bois; 31,635 en prés; 26,521 en vignes; 9,529 en étangs, abreuvoirs, mares, canaux d'irrigation; 5,883 en vergers, pépinières, jardins; 2,457 en propriétés bâties; 403 en oseraies, aulnaies, saussaies; 13,458 en routes, chemins, rues; 11,461 en forêts, domaines non productifs; 4,296 en rivières, lacs, ruisseaux, etc. Il paye 1,328,116 francs d'impôt foncier.

Son territoire, généralement uni, est divisé par la Loire en deux parties, où les terres ne jouissent pas d'une égale fécondité. Au nord de la Loire, elles produisent beaucoup plus qu'au midi de ce fleuve, où des landes, des marais et des forêts couvrent les trois quarts du sol. La culture y est assez avancée. Ses principaux produits sont des céréales, des fruits, du chanvre, et quelques bons vins. Les bêtes à laine et les volailles y abondent; un peu de fer y est exploité, et les silex des collines crayeuses sont presque une branche importante de commerce, où y fabrique divers tissus avec assez de succès. On y fait le commerce de grains, vins, eaux-de-vie dites d'Orléans, vinaigre, bois de merrain et de chauffage, bétail, fer. Les principales rivières qui arrosent le département sont la Loire et le Cher (qui y sont navigables), le Loir, le Beuvron, le Cosson et la Sauldre; six routes impériales, quatorze routes départementales, 2,274 chemins vicinaux, un canal, celui du Berry, un chemin de fer, celui d'Orléans à Tours.

Le chef-lieu est *Blois*. Les villes et endroits remarquables sont : *Vendôme*; *Romorantin*; *Mer*, sur le parcours du chemin de fer d'Orléans à Tours, avec une église consistoriale et 4,213 habitants; *Montrichard*, avec un port sur la rive droite du Cher et 2,654 habitants. On y voit les ruines d'un château fort pris par Philippe-Auguste. *Pont-le Voy*; *Saint-Aignan*; *Selle-Sur-Cher*, avec 4,544 habitants, etc.

LOIS AGRAIRES. *Voyez* AGRAIRES (Lois).
LOI SALIQUE. *Voyez* SALIQUE (Loi).
LOIS D'EXCEPTION. *Voyez* EXCEPTION (Lois d').
LOISEAU (CHARLES). *Voyez* LOYSEAU.
LOISEL (ANTOINE), avocat au parlement de Paris. Né à Beauvais, en 1536, il fit ses études à Paris. Au sortir du collége, il voulut se livrer à la médecine. Son père, qui avait pour lui plus d'ambition que lui-même, comme il arrive souvent, s'y opposa en lui disant qu'un médecin ne pouvait jamais être qu'un médecin, tandis qu'un avocat pouvait devenir président et chancelier. Quoi qu'il en soit, Loisel alla étudier le droit à Toulouse; il avait alors dix-huit ans. Il eut le bonheur d'assister aux dernières leçons de Cujas, « lequel fut cause qu'il ne quitta point cette science du droit, dont les autres docteurs le dégoûtaient à cause de leurs barbaries ». Il suivit son professeur à Cahors, puis à Bourges, où il fit la connaissance de Pithou, l'ami de toute sa vie. « Il me souvient, dit Loisel, que la première cognoissance que j'eus de lui fut en la boutique d'un libraire, en disputant d'un passage de Papinien. » Ensemble ils accompagnent leur maitre à Valence, et là, « sans s'amuser aux gloses, ni aux docteurs, étant accoutumés de se retirer les soirs après souper dans la bibliothèque, ils étudioient jusqu'à deux ou trois heures après minuit, ne se mettant au lit que lorsqu'il falloit, par manière de dire, réveiller les autres ». Loisel, à peine âgé de dix-neuf ans, mérite que Cujas s'étonne de ses connaissances et de sa vaste érudition.

Les études achevées, Loisel vint au barreau de Paris. Lorsqu'il eut plaidé quelquefois, l'avocat du roi Dumesnil le remarqua, l'admit dans son intimité, et lui fit épouser sa nièce, Mlle de Goulas. En même temps il l'attacha au parquet comme substitut du procureur général. Ce n'était point encore un office véritable; c'était tout simplement une adjonction d'avocats pour consulter dans les affaires graves. Au reste, Dumesnil lui-même « l'admonesta de ne se point amuser à cette charge, disant que le parquet trompoit son maitre, et qu'un écu gagné en l'état d'avocat valoit mieux que dix gagnés au parquet ». Il avait deviné la gloire future du jurisconsulte. Loisel, peu recherché de l'ordinaire des procureurs, était l'avocat des affaires difficiles et des personnages éminents. Son éloquence, peu éclatante, était nourrie de faits et forte de sens. Il dit lui-même quelque part : « Je désire en mon avocat le contraire de ce que Cicéron requiert en son orateur, qui est l'éloquence en premier lieu, et puis quelque science de droit : car je dis tout au rebours que l'avocat doit surtout être savant en droit et en pratique, et médiocrement éloquent, plus dialecticien que rhéteur, et plus homme d'affaires et de jugement que de grand ou long discours. » Il traçait ainsi son portrait à lui-même. Il fut bientôt l'avocat de Monsieur, de Catherine de Médicis, de la maison de Montmorency, du duc d'Anjou et d'autres. Aux *grands jours* de Poitiers, où se trouvaient toutes les illustrations du barreau, Loisel figura au premier rang.

Au temps de la ligue, Loisel, étranger à tous les partis, voulut se retirer à Beauvais, son pays, pour y travailler en repos; mais il y trouva le désordre et la perturbation, comme à Paris, et finit par revenir dans cette dernière ville. A plusieurs reprises, on voulut l'attacher à la magistrature. Avocat du roi en Guienne pendant quelques années, plus tard il fut nommé procureur général à Limoges; mais les circonstances ne permirent pas qu'il exerçât ses fonctions. La mort de Pithou, qu'il aimait comme un frère, affligea sa vieillesse et le détermina à la retraite. C'est alors qu'il composa son *Dialogue des Avocats*, destiné à servir d'instruction, et où l'on trouve de si curieuses recherches sur les antiquités du barreau et sur les mœurs du palais. Loisel, actif et laborieux jusqu'à la fin, partageait ses derniers jours entre les travaux sérieux et les doux loisirs de la famille. Il s'éteignit dans les bras de ses enfants, en 1617, à l'âge de quatre-vingt-un ans.

Parmi les écrits de Loisel nous indiquerons *La Guienne*, contenant huit harangues prononcées par lui en qualité d'avocat du roi; *L'Homonoce, ou de l'accord et union des sujets du roi;* ses *Institutes coutumières*, ouvrage fort admiré, recommandé par D'Aguesseau à l'étude des jurisconsultes, et qu'on lit encore avec fruit; l'*Histoire de Beauvais*, qui fut son dernier ouvrage. A. GASTAMBIDE.

LOIS SOMPTUAIRES. *Voyez* SOMPTUAIRES (Lois).

LOKI. C'est, dans la doctrine des *Ases*, la personnification du feu dans son caractère nuisible, dans les tremblements de terre, etc., etc. Bien fait et beau de sa personne, distingué par ses connaissances et sa ruse, il met souvent les dieux dans l'embarras, mais il les en tire bientôt. C'est à proprement parler, dans la mythologie scandinave, l'élément du mouvement. Par sa malice, il occasione la mort de Baldour, et en est cruellement puni par les dieux. Pour le distinguer d'*Out-garda-Loki*, roi des géants, dont l'empire touche aux dernières limites de la terre, on l'appelle *Asa-Loki*; mais ces deux mythes s'accordent souvent dans les détails. On peut aussi le comparer à Prométhée. De même que ce descendant d'une antique race de dieux, il s'était rattaché à la dynastie nouvelle; comme lui, il est persécuté par celle-ci, et enchaîné à un rocher; comme lui, enfin, il prévoit qu'une ruine complète est le sort réservé un jour à ses cruels oppresseurs.

LOKMAN, philosophe arabe, dont il serait assez difficile de bien préciser l'époque, mais dont il est fait mention déjà dans les légendes arabes les plus antiques de même que dans le Coran. Il est demeuré célèbre par sa grande sagesse et par la longue durée de sa vie. La tradition fait d'ailleurs de lui tantôt un roi de l'Yémen, tantôt un prophète qui vivait chez les Adites, quelquefois encore un esclave d'Abyssinie contrefait. Son nom figure en tête d'un petit recueil de fables arabes, qui très-certainement sont d'origine grecque, et qui, provenant suivant toute apparence d'une traduction syriaque, furent connues des Arabes vers la fin du moyen âge. Elles ne sont rien moins qu'ingénieuses, et écrites en outre d'un style fort négligé. On les a souvent réimprimées pour servir d'exercice à ceux qui commencent l'étude de la langue arabe, quoique, en raison de leur mauvais style, elles soient peu propres à un pareil usage. La première édition est celle qu'en donna Erpenius (Leyde, 1615).

LOLA MONTES. *Voyez* MONTÈS.

LOLLAND. *Voyez* LAALAND.

LOLLHARDS ou **LOLLARDS**, nom d'une confrérie de laïques qui avait beaucoup d'analogie avec une congrégation monacale, et qui se consacrait au service des malades ainsi qu'à l'ensevelissement des morts. Elle se constitua d'abord vers 1300, à Anvers. On appela ses membres tantôt *matemans*, à cause de leur vie modeste et de leur extérieur nécessiteux, tantôt *Alexiens* ou *frères de Saint-Alexis*, à cause du bienheureux sous l'invocation duquel ils s'étaient placés, tantôt *cellites* (*fratres cellitæ*), parce qu'ils habitaient des cellules, ou encore *lollhards*, du plat-allemand *lollen* ou *lullen*, qui signifie chanter à voix basse, parce que lors des enterrements ils faisaient entendre un chant lent et lugubre et qu'en général ils chantaient beaucoup dans tous leurs exercices de piété. Ils se répandirent dans les Pays-Bas et en Allemagne, parce que, en raison des épidémies si fréquentes à cette époque, ils étaient les bien-venus dans toutes les villes. Toutefois, ils se tachèrent pas à être confondus avec les *beghards* par le clergé et par les moines mendiants, dont ils diminuaient les revenus, et à être persécutés comme tels, jusqu'à ce que, en 1374 et 1377, le pape Grégoire XI eut autorisé l'existence de leur congrégation, sauf diverses restrictions. Au dix-huitième siècle, il existait encore dans les Pays-Bas et à Cologne des associations pieuses descendant des lollards, mais qui s'étaient complétement éloignées de leur but originel. Les noms de *lollards* et *beghards* étaient devenus dans les Pays-Bas et en Allemagne des sobriquets dont les partisans de l'Église dominante faisaient des applications diverses, on stigmatisa aussi en Angleterre du nom de *lollards* les disciples de Wiclef.

LOMBARD, maison de prêt sur nantissements des marchands de Lombardie, qui vinrent s'établir à Paris à la fin du douzième siècle, dans la rue qui porte encore le nom de ces étrangers, quoique la plupart d'entre eux ne fussent pas de ce pays et appartinssent tout simplement au judaïsme. Bientôt ils eurent dans la rue Saint-Denis leur *hôtel de la boîte aux Lombards*, et l'on s'habitua à donner ce nom de *lombards* aux prêteurs sur gages et aux maisons où ils exerçaient ce genre de spéculation. Ces établissements, toujours prohibés par nos lois, et jamais détruits, ne peuvent plus exercer leur industrie qu'en s'environnant du plus grand mystère, depuis l'organisation légale et privilégiée des *monts-de-piété* (*voyez* BANQUE, tome II, page 457).

LOMBARD (PIERRE, dit *le*), célèbre philosophe scolastique, était originaire d'un village voisin de Novare, en Lombardie, d'où le surnom sous lequel il est connu. Disciple d'Abeilard, dont les leçons attiraient des élèves de tous les points de l'Europe, il fut le premier, dit-on, qui obtint le titre de docteur en théologie dans l'université de Paris. Après avoir longtemps été professeur de théologie, il finit par devenir, en 1159, évêque de Paris, et mourut dans cette capitale, en 1164. Il fut enterré dans l'église Saint-Marcel, et pendant longtemps une pierre tumulaire y indiqua l'endroit du chœur où ses restes mortels avaient été déposés. Son ouvrage intitulé *Sententiarum Libri IV* a été l'objet d'innombrables commentaires, parmi lesquels on doit une mention spéciale à celui de saint Thomas d'Aquin. Ce livre, jusqu'à l'époque de la réformation, fut constamment regardé comme classique parmi les théologiens : il expose, sous divers titres, mais un ordre assez arbitraire, les opinions des Pères, et notamment de saint Augustin, sur les différents dogmes de l'Église, en y ajoutant les objections qu'elles ont soulevées, ainsi que la réfutation de ces mêmes objections par d'autres autorités ecclésiastiques, ne se permettant jamais un jugement à lui propre. Cette méthode dogmatique n'empêcha pas Pierre Lombard de tomber plus tard dans la disgrâce de l'Église, à cause de certaines propositions mal sonnantes que contient son Livre des Sentences. Il s'était surtout attaché à exposer la théorie des sept sacrements. On l'appelle souvent aussi le Maître des Sentences, *Magister Sententiarum*, du titre de son ouvrage.

LOMBAIRE (Région). *Voyez* LOMBES.

LOMBARDES (Écoles). *Voyez* ÉCOLES DE PEINTURE, tome VIII, p. 313.

LOMBARDIE. On appelait ainsi autrefois la partie de la haute Italie dont les Lombards s'étaient emparés en 568 et dont ils demeurèrent en possession jusqu'à la chute de leur domination en Italie (774). Dans les temps les plus reculés cette contrée était habitée par les anciens Gaulois, qui étaient venus s'y établir sous le règne de Tarquin l'Ancien. Elle fut plus tard conquise par les Romains, qui la possédèrent sous le nom de *Gallia Cisalpina* jusqu'à la dissolution de l'Empire d'Occident. Elle n'échappa à leur domination que pour passer sous celle d'Odoacre d'abord (476-493), puis des Ostrogoths (493-553), ensuite des empereurs grecs (553-568), et enfin des Lombards (568-774), qui durent l'abandonner à Charlemagne. A partir de 843 il se créa un nouveau royaume d'Italie, des débris duquel ne tardèrent point à se former des duchés et des marquisats indépendants, tels que Frioul, Mantoue, Suse, etc., ou bien des républiques, comme Venise, Gênes et Milan. Enchaînés à l'Allemagne par les liens de la féodalité, ces États engagèrent avec les empereurs de fréquentes et le plus souvent d'inutiles luttes pour parvenir à l'indépendance. Divisés entre eux, morcelés, tour à tour le jouet de la politique de l'Espagne et de la France, le plus grand nombre ne parvinrent jamais à se rendre indépendants. Une fois que la maison d'Autriche se fut emparée des duchés de Milan et de Mantoue, on désigna ces provinces sous le nom de Lombardie autrichienne. Cette dénomination disparut à son tour lorsque, en 1797, Bonaparte eut constitué, avec les territoires que nous avons indiqués et quelques autres encore, une république appelée d'abord *Cisalpine*, puis *Italienne*, et qu'il érigea ensuite *en royaume d'Italie*, en s'en attribuant la souveraineté. Aux termes du traité de paix signé à Paris le 30 mai 1814 et des stipulations de l'acte du congrès de Vienne en date du 9 juin 1815, l'Autriche ne recouvra pas seulement ses anciennes possessions en Lombardie ; on y adjoignit en outre toute la partie de la haute Italie qui dépendait autrefois de la république de Venise ; et depuis lors ces divers territoires réunis ont été compris dans la monarchie autrichienne sous le nom de royaume Lombardo-Vénitien.

LOMBARDO-VÉNITIEN (Royaume), l'une des dépendances de la monarchie autrichienne. Il comprend le territoire de l'ancienne république de Venise en Italie, à l'exception de l'Istrie, qui dépend du royaume d'Illyrie, la partie autrichienne du duché de Milan et le duché de Mantoue, de petites parties de Parme, de Plaisance et du territoire pontifical, ainsi que les provinces de la Valteline, de Worms (*Bormio*) et de Clefen (*Chiavenna*), jadis dépendances de la Suisse. Il est entouré par la Suisse, l'Allemagne, la mer Adriatique, les États de l'Église, Modène, Parme et les États Sardes, et comprend une superficie de près de 584 myriamètres carrés, avec 5,008,000 habitants, Italiens pour la plupart. Cependant, dans les quarante-et-une villes du royaume, de même que dans la partie du territoire de Venise désignée sous le nom de *Sette Communi* (les Sept Communes) et dans celle du territoire de Vérone appelée *Tredeci Communi* (les Treize Communes), on trouve aussi sur le littoral de l'Adriatique beaucoup d'Allemands, de même que des Slowènes (*Wendes* et *Carniols*). A quoi il faut encore ajouter 7,700 juifs, et un petit nombre de Grecs, d'Arméniens et d'autres étrangers. La très-grande majorité de cette population appartient à la religion catholique. Le nord du royaume est occupé par des ramifications des Alpes Centrales, le nord-est par des ramifications des Alpes Carniennes et Juliennes, dont les points culminants sont le *Monte della Disgracia* (3,728 mètres) et le *Pizzo Scalino* (3,316 m.), tous deux situés sur le versant des Alpes Rhétiennes, qui fait saillie dans la vallée de l'Adda, le *Monte Tonale et Adamello* (3,332 m.), dans la continuation méridionale de l'Orteles, le *Monte Gavio* (3,676 m.), près de la source de l'Oglio, le glacier de *Marmolata* (3,600 m.), dans les Alpes Trentaises et leurs célèbres défilés du Splugen, et enfin le *Stilfser Joch*. En outre, deux groupes isolés de montagnes, les Monts Beri et les Monts Euganéens, atteignent une élévation, les premiers de 400 mètres au sud de Vicence, et les seconds de 600 m. au sud-ouest de Padoue, les uns et les autres généralement d'origine volcanique. Le reste du pays est une immense plaine horizontale, d'au moins 286 myriamètres carrés, qui se prolonge depuis le pied des Alpes jusqu'au Pô, limite méridionale du royaume, et depuis le Tessin, limite occidentale de la Lombardie à l'égard des États Sardes, jusqu'au pied des Alpes Juliennes, sans autre interruption que les deux groupes mentionnés ci-dessus et sans offrir d'autres beautés naturelles que celles résultant de l'extrême diversité d'aspect d'un sol cultivé de toutes les manières possibles, regardé à bon droit comme l'un des plus féconds qu'il y ait en Europe, et plus richement arrosé que tout autre pays de la terre. L'infatigable industrie de ses habitants a su l'entrecouper d'un épais réseau de canaux, utilisés par le commerce et par l'agriculture, et dont l'avantage pour la prospérité matérielle du pays est inappréciable. Les principaux cours d'eau sont le Pô, ses nombreux affluents, tous descendant des Alpes, tels que le Tessin, l'Olona, l'Adda, l'Oglio et le Mincio ; l'Adige, la Brenta, le Bacchiglione, la Piave, la Livenza et le Tagliamento, qui tous sont navigables et vont se jeter dans l'Adriatique, appelée aussi sur ce point *Golfe de Venise*, ayant des côtes fort basses, et donnant naissance à un grand nombre de marais et de lagunes, mais formant en même temps une foule de petites baies, de ports et de rades. Cette contrée est en outre ornée des plus beaux lacs alpestres qu'on puisse voir, et dont les plus grands et les plus célèbres sont le lac Majeur, le lac de Côme et le lac Garda. Le climat, plus froid dans les contrées du nord et avoisinant les Alpes, est dans le reste du pays tempéré, chaud et sain, sans toutefois être exempt de froids sensibles et de gelées. Aussi l'oranger n'y peut-il pas croître en pleine terre. A Milan, à Padoue, à Venise, la température moyenne est de 10° 1/2 R., tandis que dans les montagnes elle descend à 8° et même à 7°. Certaines localités, mais plus particulièrement les marécages qui entourent Colico et Mantoue, même encore aujourd'hui ceux de Venise, sont très-malsaines et engendrent des fièvres. Sous le rapport de la culture du sol et de la richesse des produits, le royaume Lombardo-Vénitien est une des contrées les plus favorisées entre toutes celles que possède l'Autriche ; il abonde en mines de cuivre, de plomb, de fer, de houille, de sel, et fournit en outre du marbre, de l'albâtre et des pierres précieuses. Parmi les sources minérales qu'on y rencontre, celle d'Albano est surtout célèbre. La culture du sol produit une grande quantité de grains, notamment du maïs, du froment et du riz, dont la plus grande partie s'exporte en Allemagne ; toutes espèces de légumes et de fruits, comme marrons, amandes, figues, oranges, citrons, et surtout des olives, avec lesquelles on fabrique, année commune, au delà de cent douze mille quintaux d'huile. La viticulture a aussi beaucoup d'importance. Les meilleurs vins sont le *Vino-Santo*, sorte de vin blanc qu'on récolte aux environs de Brescia et de Mantoue, et qui peut se conserver pendant plusieurs années ; le vin de *San-Colombano*, qu'on récolte aux environs de Lodi, le vin de *Val-Policella*, près de Vérone ; le capiteux vin de *la Riviera*, près de Brescia ; le vin blanc sucré de *Breganza*, dans l'État Vénitien, et le vin de *Conegliano*, près de Trévise. Plus des cinq sixièmes de la superficie totale du sol sont cultivés, et on en évalue la production annuelle à plus de 350 millions de francs. Le règne animal fournit au pays une excellente race bovine, qui est pour lui une grande source de richesses, parce que la fabrication des fromages y a atteint un haut degré de perfection et pris d'immenses développements. On vante à bon droit le fromage fabriqué aux environs de Lodi et de Codogno, connu sous le nom de *fromage de Parmesan*, puis le fromage blanc appelé *stracchino*, qui se fabrique à Gorgonzola, près de Milan. En 1848 la production de la Lombardie fut de 160,000 quintaux de fromage, et 55,000 quintaux de beurre. On y élève aussi des chevaux, des ânes, des mulets, des moutons à laine fine, surtout dans la contrée de Venise, des porcs, etc.

Une autre branche d'industrie, qui est pour le pays la source de grands profits, c'est la sériciculture. Les meilleures soies qu'on récolte sont celles de la Brianza, près de Lodi, des environs de Bergame, de Brescia, de Côme et de Varese. En 1848 la Lombardie produisit à elle seule 4,800,000 quintaux de feuilles de mûrier, qui donnèrent 12,000 quintaux de cocons ou 2,400,000 kilogrammes de soie. En ce qui touche l'industrie manufacturière, c'est la fabrication des étoffes de soie qui a pris le plus de développements. On compte aujourd'hui en Lombardie 546 filatures de soie, et 140 dans l'État Vénitien. Bergame et Milan sont en possession de fournir les soies de meilleure qualité ; c'est là aussi que se trouve le grand centre de ce commerce, bien qu'on fabrique beaucoup d'étoffes de soie à Côme, à Brescia, à Vérone, à Mantoue, à Venise et à Udine. En 1825 la production de la soie était officiellement évaluée à environ un million de kilos ; à 1,500,000 kilos, en 1833 ; et à 2,500,000 kilos, en 1852. Toutefois, il faut reconnaître que le progrès de l'industrie séricicole dans la Lombardie autrichienne n'a eu lieu que sous le rapport de la quantité. Sous le rapport de la qualité, l'avantage est resté à la France et au Piémont, pays dont la concurrence nuit à la fabrication des belles étoffes, tandis que celle de la Chine et de l'Inde nuit à la fabrication des étoffes communes. On trouve sur les bords du lac Garda des filatures de lin et de laine, aux environs de Monza des filatures de coton, à Côme des manufactures de drap fin, presque partout des manufactures de soieries de tous genres, de même que sur tous les points de la Lombardie on fabrique de beaux meubles en bois d'ébénier, de noyer, de châtaignier et de cyprès. Venise a la spécialité des toiles à voiles et des dentelles; Brescia celle des tapis et des tapisseries, Vicence et Marostica celle des porcelaines, Venise et Vérone celles des huiles de noix et des savons, Trieste celle des savons extraits de l'huile. La fabrication des objets en fer et en acier a pour centre Brescia, celle des objets d'orfévrerie Venise et Milan. Crémone a conservé sa vieille réputation pour les violons, les flûtes et les luths. L'industrie manufacturière fournit encore à la consommation d'excellent papier, des fleurs artificielles, de la pommade, des confitures, des fruits candis, des pâtes, des essences et des saucissons. Le commerce, qui consiste tant dans la vente des produits du sol que dans leur expédition, est favorisé par de bonnes routes, par un vaste système de navigation à vapeur, par des chemins de fer. Le gouvernement autrichien a beaucoup amélioré l'instruction populaire. Il existe des universités à Padoue et à Pavie; mais dans ces derniers temps les cours en ont été fermés, par suite de l'état d'agitation révolutionnaire régnant dans tout le royaume. On n'y compte pas moins de 11 académies ou écoles supérieures, tant spéciales que pour les beaux-arts, de 21 séminaires, de 36 chaires de philosophie, de 88 colléges (dont 64 pour la seule Lombardie), de 17 écoles spéciales, de 1208 écoles pour l'enseignement général, de 5,615 écoles primaires, de 1,220 écoles de filles, etc., etc. Les jésuites, expulsés de l'empire d'Autriche en 1848, purent dès 1850 rentrer dans les provinces italiennes de la monarchie et y reprendre la direction de leurs maisons d'éducation.

Quoique ne faisant qu'un tout avec l'empire d'Autriche, le Royaume Lombardo-Vénitien avait eu jusqu'à la dernière révolution sa constitution particulière. Il était gouverné alors par un vice-roi, qui habitait Milan, capitale du royaume, et formait deux divisions administratives, celle de Milan, ou la Lombardie proprement dite, et celle de Venise. Mais par suite de la révolution de 1848 il n'a conservé, aux termes de la constitution de l'empire du 4 mars 1849 et des lettres patentes du 31 décembre 1851, de son organisation propre que son ancienne organisation municipale. Conformément aux lettres patentes du 31 décembre 1851, une administration politique (relevant de l'autorité supérieure de Vienne) est placée à la tête du gouvernement du pays. Elle se compose du gouverneur général du royaume (c'est aujourd'hui le feld-maréchal Radetzki, lequel réside à Vérone) et de deux gouverneurs préposés à la direction supérieure des affaires dans les deux parties distinctes du royaume, à savoir le territoire lombard et le territoire vénitien (ces deux fonctionnaires sont aujourd'hui le comte Strassoldo à Milan, et le chevalier de Toggenburg à Venise). La section civile du gouvernement général se compose d'un chef de section, de deux conseillers ministériels, d'un conseiller de section et de six conseillers ministériels. Chacune des divisions administratives est partagée en provinces ou délégations, à savoir : La *Lombardie* (131 myriam. carrés, avec 2,726,000 habitants), en 9 provinces : Milan, Bergame, Brescia, Côme, Crémone, Lodi, Mantoue, Pavie, et Sondrio (la Valtiline); et le *territoire vénitien* (141 myr. carrés, 2,282,000 hab.), en 8 provinces : Venise, Bellune, Padoue, Rovigo (Polesina), Trévise, Udine, Vérone et Vicence. A la tête de l'administration de chaque province est placé un *délégué*, résidant au chef-lieu. Dans les districts sont de même composé chaque province, les fonctions analogues sont remplies par des *commissaires*, immédiatement subordonnés aux délégués. En ce qui touche l'administration de la justice, l'organisation judiciaire française, qui avait été maintenue jusque alors, a été remplacée par le nouveau code pénal en date du 27 mai 1852, commun à toute la monarchie, et qui est en vigueur depuis le 1er septembre de la même année. Il y a deux cours d'appel (*corti di apello*), à savoir : à Milan, avec un sénat à Brescia; et à Venise, avec un sénat à Vérone; plus, dix-sept cours de justice (*corti di giustizia*), ou tribunaux de première instance, dans chacun des chefs-lieux des différentes provinces que nous avons énumérées plus haut; puis deux tribunaux de commerce (*tribunali mercantili*), à Milan et à Venise; enfin cent-soixante tribunaux d'arrondissement, ou *prétures*, soit quatre-vingts pour chacune des grandes divisions territoriales.

Après la Hongrie, le Royaume Lombardo-Vénitien est des diverses parties dont se compose la monarchie autrichienne celle qui dans ces derniers temps a exercé la plus décisive influence sur tout le développement politique de l'empire, et pour la conserver l'Autriche a dû faire les plus douloureux sacrifices. Au moment où nous écrivons (janvier 1856), la situation des esprits est telle dans cette contrée, que c'est seulement à l'aide du régime militaire le plus rigoureux qu'on parvient à y maintenir la tranquillité publique (*voyez* AUTRICHE et ITALIE).

LOMBARDS, corruption du mot latinisé *longobardi*, dérivé lui-même de l'allemand *lang*, long, et *baert*, barbe, vraisemblablement parce qu'à l'origine ces peuples portaient la barbe extrêmement longue. Quelques auteurs le font aussi dériver de leur longue hache d'arme, *parta* ou *barte*, étymologie qui peut admettre, en raison de l'affinité assez grande existant entre les consonnances finales.

Ainsi s'appelait une peuplade germaine peu nombreuse, mais très-brave, d'origine suève, et qui, suivant les documents des temps reculés, habitait vers la venue de Jésus-Christ les contrées riveraines de l'Elbe inférieur, probablement sur la rive gauche de ce fleuve, dans le pays qu'on appelle aujourd'hui le Lunebourg, à l'est des Semnons et peut-être d'autres tribus suèves, au sud des Hermundures, à l'ouest des Chérusques, au nord des Haroudes et des Chauces. C'est là que Tibère vint les trouver et ravager leurs terres l'an 5 de Jésus-Christ, lors de son expédition en Germanie. Plus tard, en l'an 17, ils allèrent, sous les ordres de Marbod, rallier les bandes de Chérusques commandées par Armin (Herman), et un peu plus tard encore ils rétablirent en qualité de roi des Chérusques Italicus, exilé. L'histoire garde ensuite pendant longtemps le silence à leur égard.

C'est, suivant toute apparence, dans le cours du quatrième siècle que commença le mouvement d'émigration qui, à la suite de longues pérégrinations et de nombreuses luttes contre les peuplades de la Germanie orientale, de même que contre les tribus de Slaves et de Huns voisines de celles-ci, les conduisit dans les contrées riveraines du Danube, où ils se trouvèrent en contact avec l'Empire d'Orient et adoptèrent le christianisme tel que l'enseignaient les Ariens. Longtemps opprimés par les puissantes peuplades qui les avoisinaient, ils finirent par devenir les maîtres de la Pannonie, par suite de la destruction de l'empire des Hérules (512 environ), dont ils avaient été jusque alors tributaires, puis de celui des Gépides (566 ou 567), et se trouvèrent ainsi l'une des peuplades les plus riches et les plus puissantes de ces contrées. Leur roi Alboin, chef d'armée entreprenant, chanté au loin et pendant longtemps dans les poëmes, et, à l'instar de Chlodwig et de Théodorich, esprit éminemment politique, jeta alors les yeux sur l'Italie, pays, épuisée par la longue guerre des Goths, par la peste et la famine, et hors d'état désormais de recevoir des secours de Byzance, était bien connue des Lombards, puisqu'ils y avaient déjà envoyé à Narsès un corps auxiliaire contre les Goths. En 569 Alboin entra en Italie, et ses bandes indisciplinées en inondèrent bientôt toute la partie septentrionale, appelée depuis *Lombardie*; elles pénétrèrent même jusqu'aux environs de Rome, tandis que lui-même, ne s'avançant qu'avec une prudence extrême, cherchait avant tout à s'assurer la possession des lacunes, comment le littoral, de même que les places fortes, telles que Padoue, Crémone, Mantoue, Ravenne, Rome, Gênes, Venise, etc., lui résistèrent, les unes pendant

26.

de longues années encore, les autres toujours. Indépendamment de l'esprit d'insubordination des seigneurs, l'obstacle à la création d'un grand et durable empire sur ce point provint surtout du défaut d'unité intérieure, attendu qu'il ne se trouvait pas là un corps unique de nation. En effet, les Lombards, demeurés toujours assez peu nombreux, n'avaient réussi à opérer leur conquête qu'en faisant appel à l'adjonction de nombreuses bandes recrutées chez divers autres peuples, tels que les Bulgares, les Sarmates, les Pannoniens, les Noriciens, les Alemans, les Suèves, les Gépides et les Saxons, dont les uns étaient constamment en état de guerre intestine, et dont les autres étaient traités avec si peu d'égards par les Lombards, qu'on vit un jour 20,000 Saxons laisser là leurs alliés et s'en retourner chez eux, parce qu'on prétendait les empêcher de vivre en Italie suivant leurs propres lois, et une autre fois un duc d'Alemans défectionner pour passer dans les rangs des Romains. Alboin lui-même fut la victime de ces dissensions intérieures, et périt assassiné par des Gépides de sa suite. Sur ce fait la légende a brodé une romantique histoire de vengeance, dans laquelle Rosamunde, femme d'Alboin, est représentée l'égorgeant, pour le punir de l'avoir contrainte à boire dans le crâne de son père Kunimund, le roi des Gépides, qu'il avait tué de sa propre main. Son successeur Klegh, appartenant à l'une des plus grandes familles lombardes et appelé au trône par l'élection, eut le même sort, après dix-huit mois de règne; et la confusion devint encore plus grande quand les trente-cinq ducs lombards, n'écoutant que leurs instincts cupides, s'emparèrent des domaines royaux et laissèrent le trône vacant. Pendant dix ans (de 575 à 585) les Lombards parcoururent la basse Italie en y portant en tous lieux le pillage et la dévastation ; ils s'aventurèrent même dans les Gaules, sans avoir encore achevé la conquête de la haute Italie. Mais alors les défaites réitérées qu'ils essuyèrent, et les dangers dont ils se voyaient menacés, tant du côté de la Gaule que du côté de Byzance, les contraignirent à élire de nouveau un roi, qu'ils dotèrent de la moitié de tout ce qu'ils possédaient Authari, leur nouveau roi (585-590), qui n'était autre que le fils de Klegh, après de vaines négociations entamées avec les Francs et avec les Byzantins, s'allia avec les *Baiwarii*, peuple fixé au nord de ses États, et épousa la fille de leur roi, Théodelinde, princesse catholique, dont l'influence sur son époux eut les conséquences les plus salutaires pour le nouvel empire.

C'est de cette époque seulement, c'est-à-dire dix-huit ans après la conquête, que date la création d'un État politique et régulier. Lors de la première prise de possession du pays, on avait bien mis en pratique le principe consistant à faire trois parts du sol conquis ; principe relatif à l'organisation de la propriété foncière qu'on retrouve en vigueur chez les peuples grecs, italiens et germains, et que des lois impériales maintinrent même pour les fournitures et corvées à faire à l'armée romaine dans ses hospices ou quartiers. A l'instar de ce que les Romains, et plus tard Odoacre et ses Visigoths, avaient fait jadis dans leurs conquêtes, les Lombards s'attribuèrent le tiers du sol ou de ses produits. Mais, quoique devenus chrétiens, ils étaient toujours demeurés si sauvages, si barbares, que Narsès se vit réduit à congédier un corps auxiliaire qu'ils avaient fourni à son armée, mais dont il ne pouvait tirer aucun parti, à cause de la farouche indiscipline des hommes qui le composaient. La dévastation systématique du pays, l'extermination complète de ses habitants, ou seulement d'une certaine classe de la population, avaient beau ne pas être dans les intentions des envahisseurs ; une foule de localités se trouvaient en réalité tellement épuisées, que la contrée, incessamment livrée au pillage, n'était plus qu'un vaste désert. La conquête une fois achevée, et lorsque l'établissement des Lombards dans la haute Italie fut devenu fixe, le pays resta encore en proie à l'arbitraire le plus tyrannique et à l'oppression la plus humiliante de la part de ses nouveaux dominateurs. Mais à cette heure, en raison de la situation si critique des Lombards, il y avait pour leur roi Authari la plus impérieuse nécessité de se concilier les anciens habitants romains du pays en leur accordant tout au moins l'avantage d'une législation fixe et régulière. En conséquence, il régularisa la position de chacun au moyen d'un nouveau partage du sol, qui naturellement, ainsi qu'il était déjà arrivé précédemment, s'opéra aux dépens des propriétaires fonciers, c'est-à-dire des vieilles familles sénatoriales ou de la grande et riche noblesse territoriale, des corporations municipales (dont faisaient partie notamment les *curiales* ou *décurions*) et de l'Église ; tandis que les *possessores* ou petits propriétaires libres, dont le nombre avait déjà été diminuant de plus en plus sous la domination romaine, devenaient encore moins nombreux, comme partout ailleurs à cette époque, jusqu'au moment où ils finirent par ne plus être que des colons ou des serfs, se souciant médiocrement de savoir si le seigneur dont ils se trouvaient les tenanciers et les tributaires était Romain ou Lombard. Authari prit en outre le titre de *Flavius*, qu'avaient porté les princes de la famille de Constantin et les empereurs subséquents ; au moyen de quoi il se trouva complètement substitué aux droits et prétentions de l'ancien souverain romain, par conséquent investi de tous ses privilégiés fiscaux, comme aussi de son droit de propriété sur toute terre n'ayant point de possesseur, en même temps qu'il devenait le protecteur de ses sujets romains, alors que, comme roi des Lombards, il n'était toujours que le premier de sa noblesse. Il se forma donc autour de lui une cour, composée de dignitaires dont les titres et les fonctions correspondirent à un tel état de choses. Toutefois, l'administration lombarde était fort simple, dès lors bien moins onéreuse aux populations que l'administration romaine ; circonstance d'une grande importance, eu égard à l'appauvrissement du pays, attendu que, par suite de l'anéantissement du commerce et de l'industrie, tous les capitaux avaient déserté l'Italie et s'étaient réfugiés dans les villes de l'empire byzantin, qui continuaient à être protégées dans le développement de leur activité. C'est ce qui explique comment on voit si souvent à cette époque des Romains eux-mêmes venir se fixer au milieu des Lombards, pour échapper à l'écrasante oppression de la bureaucratie romaine. Il n'avait pas été difficile d'organiser l'administration lombarde conformément aux besoins réciproques des deux nations. Les *gastalden* étaient les fonctionnaires royaux, directement chargés de sauvegarder les intérêts du fisc, d'administrer les domaines, d'y remplir les fonctions de juges, et ils étaient à bien des titres les représentants de la population romaine. Après eux venaient hiérarchiquement les *ducs* (*duces*), dignitaires suprêmes des sujets lombards, nommés à vie par le roi comme chefs d'armée, juges (*judices*) et administrateurs ; puis les *sculdasii* (maires), comme juges d'arrondissement, et enfin les *decani* (dizainiers), et les *saltarii* (lieutenants criminels et intendants des forêts). La constitution des villes ne reçut pas d'abord de modifications essentielles, parce que de l'adoption des villes romaines sur les droits du souverain découla le droit d'autorité suprême et de protection sur les villes, que les *gastalden* exercèrent alors au nom du roi ; toutefois, les ducs et les évêques en arrivèrent bientôt à avoir aussi une importance propre et toujours croissante. Quant aux anciennes libertés des villes romaines et à leur autonomie, il n'en subsistait plus depuis longtemps que de faibles vestiges, qui, avec les corporations encore existantes, conservèrent pourtant les faibles germes d'où, par suite du réveil des droits municipaux, du commerce et de l'industrie, ainsi que sous l'influence de causes de la nature la plus diverse, mais dont on ne peut déjà constater l'existence vers la fin de l'époque lombarde, se développa une vie nouvelle, qui précisément dans les villes de la haute Italie provoqua des fruits si hâtifs, si vigoureux et si divers.

L'invasion des Lombards amena une confusion extrême dans les affaires de l'Église, parce que les évêques s'enfuirent à l'approche de ces hérétiques ariens, quoique les Lombards, tout en ne faisant point de distinction entre les propriétés spirituelles et temporelles quand il s'agissait de pillage et de dévastation, ne se livrassent à aucune espèce de persécution religieuse. Cette crise ne laissa pas pourtant que d'être précisément la cause de l'organisation unitaire de l'Église d'Italie et l'un des plus puissants moyens qui favorisèrent le développement de la papauté, dont Grégoire le Grand (590-604), contemporain d'Authari, posa précisément alors les bases pour l'avenir. Il en résulta une puissance de fait qui, en face de l'autre puissance romaine existant en Italie, celle du gouverneur impérial, dont la résidence était à Ravenne, s'accrut toujours en proportion de l'antagonisme national et religieux ainsi que de la répugnance existant en Italie pour Byzance. En s'appuyant sur cette base, Grégoire le Grand, héritier du vieux génie de Rome, apporta dans la conception et l'exécution de ses plans une habileté, une énergie et une constance vraiment admirables. C'est grâce à lui que le pape fut désormais considéré comme le protecteur, comme l'appui de l'Église romaine et de l'État Romain. Partout où cela lui fut possible, il soutint par ses conseils et ses actions la guerre contre les Lombards; puis, toutes les fois que l'occasion s'en présenta, il se porta médiateur entre eux et l'empereur, agissant dans ces occasions en puissance indépendante, et traité comme tel par les rois lombards. Il surveillait les fonctionnaires impériaux, autant que faire se pouvait, s'attachant à prévenir les abus et les excès de pouvoir. Mais il s'efforça surtout (sans se faire grands scrupules pour le choix des moyens) de propager l'Église catholique et son organisation unitaire sous l'autorité du siège de Rome. Politique habile, Grégoire sut se faire parmi les Lombards une alliée zélée de Théodelinde, qui déjà détermina son second mari Agilolfe (mort en 615) à restituer au clergé catholique une partie de ses richesses et de sa considération. Elle construisit la magnifique basilique de Saint-Jean-Baptiste de Monza, à Milan, où l'on conserva plus tard la couronne des rois lombards, appelée *couronne de fer* parce qu'il s'y trouvait un des clous de la croix de Jésus-Christ. A partir de ce moment la conversion des Lombards au catholicisme fut d'autant plus rapide, qu'une partie de leurs auxiliaires, les habitants de la Norique et les Pannoniens, par exemple, professaient déjà depuis longtemps cette religion; résultat que favorisa singulièrement aussi le *connubium* ou mariage légalement permis entre Lombards et Romains avec complète égalité de droits pour les époux. La série des rois lombards catholiques commence déjà avec Aribert (mort en 663), neveu de Théodelinde, qui succéda aux rois Ariovald (mort en 636) et Rothari (mort en 652) tous deux maris de sa fille Gundeberge. La famille de Théodelinde se maintint sur le trône, du consentement du peuple, jusqu'en 702; et pendant tout ce temps-là il n'y eut d'interruption dans la succession régulière des souverains que par l'usurpation de Grimoald, duc de Bénévent (662-671). Mais des divisions de partis, les rébellions et les révoltes des ducs ne permirent pas au royaume d'acquérir plus de force et d'unité à l'intérieur, non plus que de s'agrandir sensiblement à l'extérieur. Agilolfe seul réussit à s'emparer de quelques villes enclavées dans l'État lombard et restées jusque alors insoumises, entre autres de Padoue, de Crémone et de Mantoue; et Rothari conquit le littoral de la Tuscie jusqu'aux frontières franques. Une autre entreprise de Rothari, qui eut des résultats bien plus durables et plus importants, ce fut le code des lois lombardes, dont par son ordre la rédaction eut lieu en langue latine, et qui fut promulgué le 22 novembre 643, sous le nom d'*Edictum*. Relevée, agrandie, continuée plus tard par les rois Grimoald (668), Liutprant (713-744), Ratchis (746), Astolfe (748-756) et Didier (756-768), cette législation ne survécut pas seulement pendant plusieurs siècles à la ruine du royaume lombard, mais devint la base du réveil de l'étude de la jurisprudence au moyen âge, en Allemagne surtout. A Pavie, siége de la cour palatine impériale, on peut distinctement suivre jusqu'au dixième siècle, c'est-à-dire jusqu'à l'époque d'Othon 1er, les traces d'une école de jurisprudence qui

dans ses débuts n'offre guère que des noms allemands, et qui revit, amenda, compléta et agrandit celle législation en ajoutant aux édits des rois lombards les lois postérieures des Carlovingiens, des ducs Guido et Lantpert de Spolète et des empereurs saxons et saliens, ainsi que les matériaux fournis par les décisions du tribunal palatin. Toutefois, ce n'est naturellement pas à cet ordre d'idées qu'appartient le droit féodal lombard rédigé au dixième siècle, qui sous le nom de *Consuetudines* ou de *Liber Feudorum* était également en usage à Bologne, et que l'éclat projeté par l'école de Bologne contribua aussi à propager plus tard en Allemagne (consultez Merkel, *Histoire du Droit Lombard* [en allemand; Berlin, 1850). La législation de Rothari, extrêmement importante pour l'histoire du droit allemand, et surtout pour la connaissance du droit de famille des Germains, était dans ses parties essentielles, pour la forme de même que pour le contenu, complétement germanique, et effectivement ne fut d'abord en vigueur que pour les allemands habitant le pays, mais sans distinction de races, et à titre de droit lombard ; tandis que dans les autres États germains d'origine les individus appartenant aux diverses races jouissaient de leur droit propre à titre de privilége personnel et héréditaire. En outre, le droit romain demeurait en vigueur, tout au moins en affaires de droit civil, et notamment en matière de juridiction volontaire, pour les sujets d'origine romaine. Ce ne fut que dans l'art, lorsque la fusion des deux populations ainsi juxtaposées devint de plus en plus complète, que le droit romain et le droit canon acquirent une influence de plus en plus créatrice et décisive sur la formation du droit populaire. Dans les législations locales postérieures on voit toujours les traces d'éléments tantôt germaniques, tantôt romains, suivant que la majorité de la population de la localité où elle était en vigueur appartenait à la race lombarde ou à la race romaine. Malgré toute l'énergie de leur système de centralisation, les Lombards durent bientôt succomber à la *romanisation*, et diverses causes y concoururent à la fois : le nombre relativement minime de la nation ; le *connubium* ; l'adoption de la foi catholique; l'accroissement d'importance politique que résulta pour les Lombards des troubles continuels auxquels était en proie la population romaine, parce que ce fut sur eux que, dans leurs luttes intestines, les grands durent naturellement chercher à s'appuyer; le triomphe de la langue latine, suite nécessaire d'un pareil état de choses, et devant laquelle la langue allemande avait complétement disparu dès le dixième siècle; enfin, la prééminence de la civilisation romaine, que les Lombards adoptèrent bien vite et à tel point qu'ils en vinrent à protéger et à pratiquer eux-mêmes les arts et les sciences, ainsi qu'en témoignent suffisamment, et sans qu'il soit nécessaire d'invoquer l'autorité d'auteurs exemples, les magnifiques monuments élevés par Théodelinde, ainsi que l'activité littéraire déployée par un Paul diacre. Il n'existe plus de traces d'une littérature lombarde, composée dans la langue nationale germanique, puisque les magnifiques légendes lombardes, rédigées autrefois en vers, ne sont parvenues jusqu'à nous que traduites en latin. Nous sommes dès lors réduits à puiser nos connaissances relativement à leur langue uniquement dans les quelques mots et noms allemands qui se rencontrent dans les lois, les documents et les chroniques; et tout ce qu'on en peut conclure, c'est que la langue lombarde appartenait à la famille du haut allemand.

Après les dix années de confusion anarchique qui succédèrent à l'extinction de la famille de Théodelinde, les Lombards eurent de nouveau un roi fort et énergique, en la personne de Luitprand (713-744), qui porta le royaume lombard à l'apogée de sa puissance et de sa prospérité, qui étouffa les révoltes à l'intérieur et visa ouvertement à soumettre toute l'Italie à ses lois. En revanche, c'est contre lui que s'exerça pour la première fois la politique, toujours si perfide, des papes, qui à partir de ce moment s'appliquent constamment à mettre obstacle aux tendances unitaires de l'Italie et à faire de ce pays le théâtre des querelles de quelques puissants princes étrangers. Par suite de cette politique machiavélique et faute de l'existence d'un droit fixe et déterminé d'accession à la couronne, un siècle à peine se fut écoulé après que le royaume lombard eut atteint l'apogée de sa puissance, que déjà il n'existait plus. Le pape Grégoire II (715-731) venait précisément, grâce à l'appui des Lombards, et à propos de la querelle des images, de s'affranchir, après une longue lutte, de la dépendance des empereurs d'Orient, lorsqu'il se ligua avec les ducs de Spolète et de Bénévent contre leur roi, afin d'arrêter celui-ci dans ses conquêtes. Luitprand vainquit les ducs rebelles; mais, cédant aux représentations tout à la fois politiques et religieuses du pape, il leur accorda aussitôt la paix. Grégoire III (731-741) imita en 740 la conduite de Grégoire II, puis, tremblant à l'approche du roi des Lombards, qui marchait contre lui à la tête d'une armée, il implora le secours du maire du palais des rois francs, Charles Martel, à qui il remit avec les clefs du tombeau de saint Pierre le droit de protection sur Rome. Tous deux, Grégoire aussi bien que Charles Martel, moururent avant que la querelle eût pu recevoir une solution ; et le pape Zacharie II (741-752) réussit même, par ses négociations avec les Lombards, à obtenir une paix avantageuse. Il parvint en outre à déterminer le successeur de Luitprand, Ratchis, duc de Frioul (744-749), non-seulement à renoncer à la guerre de conquêtes qui avait éclaté de nouveau, mais encore à abdiquer la couronne et à aller prendre le froc à l'abbaye du Mont-Cassin. Tout au contraire, il ne tarda point à consolider sur la tête de Pepin, maire du palais des rois francs, la couronne que celui-ci avait usurpée, en le faisant sacrer roi par le missionnaire anglais Boniface, l'apôtre de l'Allemagne. Astolfe, l'entreprenant frère et successeur de Ratchis (749-756), ayant repris l'exécution des anciens projets des rois lombards pour la conquête de l'Italie, et ayant sommé à cet effet Rome de reconnaître son droit de suzeraineté et de lui payer tribut, le pape Étienne II (752-757) s'en vint trouver en personne Pepin, qu'il sacra encore une fois, en même temps que ses fils Charles et Carloman, auxquels il décerna le titre de *patrices des Romains*, ce qui, dans le sens attaché alors à ces termes, voulait dire qu'il leur confiait le gouvernement du duché de Rome, qui depuis quelque temps ne dépendait plus que du pape, lequel en était en même temps titulaire. Pepin céda aux supplications du pape, et contraignit, à la tête d'une armée, le roi Astolfe (754) à s'abstenir de toutes conquêtes ultérieures, et dans une autre expédition il le força à renoncer en outre à diverses villes dont il s'était emparé. Le roi franc abandonna alors ces villes au pape à titre de donation faite à l'Église de Rome et à la république de Rome, se servant à cette occasion de termes vagues et équivoques. C'est ce qu'on appelle la *donation de Pepin*, laquelle donna peu à peu naissance aux États de l'Église. Le pape Paul Ier (757-767) se ligua de nouveau avec les ducs de Spolète et de Bénévent contre Didier (*Desiderius*), duc de Tuscie, successeur d'Astolfe (756-774) ; et celui-ci l'ayant emporté dans la lutte, le pape obtint encore de lui la paix en recourant à la médiation franque. Le pape Étienne III (768-772) fut débarrassé de ses ennemis intérieurs et affermi dans la possession de la chaire de saint Pierre par Didier ; mais il ne reconnut les services signalés que venait de lui rendre le roi des Lombards qu'en cherchant à provoquer des haines et des hostilités entre ce prince et les rois francs. Il y réussit effectivement ; et une haine implacable ayant éclaté entre les deux maisons royales, parce que Charlemagne répudia et renvoya à son beau-père sa femme, fille de Didier, et parce que celui-ci à son tour accueillit dans ses États la veuve et les enfants de Carloman, frère défunt de Charlemagne, privés par leur oncle de leurs droits de succession, le pape Adrien Ier (772-795) commença d'abord par se refuser à couronner les enfants de Carloman suivant la demande qui lui en était faite par Didier. Puis, pour se défendre contre l'armée que Didier faisait marcher sur Rome, il invoqua l'assistance du roi Charles, lequel arriva en Italie dans l'automne de 773 et

au mois de mai de l'année suivante mit fin, par la prise de Pavie, à l'existence du royaume des Lombards, qui durait depuis 205 années. Didier termina ses jours dans un cloître. La donation de Pepin fut confirmée au pape et agrandie encore par le vainqueur. Une révolte que tentèrent ensuite quelques ducs lombards provoqua, en 776, une nouvelle expédition de Charles, qui supprima alors les derniers vestiges des anciennes institutions lombardes, confisqua les duchés et les subdivisa en comtés, où il introduisit le système d'administration des Francs. Enfin, (803), la conquête fut formellement légitimée par un traité intervenu entre l'empereur d'Occident et l'empereur d'Orient Nicéphore, traité par lequel les deux monarques se partagèrent la domination de l'Italie. Toutes les ci-devant possessions lombardes, ainsi que Rome, l'exarchat de Ravenne, l'Istrie et une partie de la Dalmatie, furent adjugés à l'Empire d'Occident ; et les îles de la Vénétie, les villes maritimes de la Dalmatie, Naples, la Sicile et une partie de la Calabre, à l'Empire d'Orient.

LOMBES ou RÉGION LOMBAIRE, espace compris entre la dernière vertèbre dorsale et la première pièce du sacrum. C'est ce qu'on nomme vulgairement *les reins*, sans cependant que cette partie du corps ait la moindre similitude avec les reins véritables, glandes sécrétant l'urine. Les lombes sont formées des cinq vertèbres lombaires, les plus épaisses et les plus vastes des vertèbres, et dont les apophyses transverses jouent le rôle de côtes, les côtes véritables s'arrêtant à la région dorsale, qui compte douze vertèbres, et de chaque côté douze côtes. Chez les animaux, les lombes correspondent au *filet* ou *rable* (dans le lièvre), aux côtelettes du filet (dans le mouton). Aux lombes se termine la moelle, en un volumineux faisceau de *nerfs* (nerfs destinés aux membres inférieurs, aux organes génitaux, à la vessie et au périnée), dont l'ensemble a reçu le nom de *queue de cheval*, tant ils sont nombreux et confondus. C'est aux lombes que Le Gallois, en détruisant transversalement la moelle épinière, a constaté que même cette partie terminale de la moelle était nécessaire à l'intégrité des mouvements du cœur. C'est là aussi qu'on s'est assuré que dès que la moelle épinière a perdu son étui osseux, son réceptacle et son appui, l'animal lui-même se soutient à peine et perd presque toute sa sensibilité. C'est dans la moelle lombaire qu'on a paru démontrer les deux pouvoirs de motricité et de sensibilité sont isolés l'un de l'autre, non-seulement dans les cordons de cette moelle, mais dans la double racine formant l'origine ou l'aboutissant des nerfs qui s'y rattachent ou en naissent. Les cordons antérieurs de la moelle et la racine antérieure de chaque nerf président au mouvement, tandis que les cordons et les racines postérieures ne vaquent qu'à la sensibilité. Cette vue originale, cette découverte, présentement contestée, a fondé la réputation et la célébrité du physiologiste anglais Charles Bell, et inspiré le renom de quelques Français qui ont interprété l'auteur et confirmé le fait.

C'est aux lombes, ou, comme on dit, *aux reins*, que se font sentir les grandes fatigues, la courbature. C'est quelquefois là le siège de vives douleurs, soit que les fibres musculaires se soient rompues dans des efforts, soit que les muscles lombaires soient enflammés ou affectés de rhumatisme ; là se fixe le *lumbago*, douleur quelquefois insupportable. On voit également chez les femmes des douleurs sympathiques survenir dans cette région lombaire, soit quand la menstruation est pénible, soit dans quelques affections de l'utérus, soit dans l'enfantement. C'est aux lombes qu'on applique par préférence les irritants destinés à réveiller l'action engourdie des membres inférieurs ou de la vessie. La carie des vertèbres lombaires, leur état tuberculeux, leur ramollissement, a quelquefois compromis le mouvement des parties basses, et quelquefois donné lieu à des abcès par congestion que la mort seule tarit, et que les gens expérimentés se préservent d'ouvrir, sachant que la vie est intéressée à ce qu'il ne leur soit donné aucune issue. Cependant un chirurgien militaire a rendu ce cas moins grave par des injections iodées. Les abcès des lombes, même sans altération des vertèbres, sont toujours dangereux, à cause du voisinage du péritoine, à cause de l'accès de l'air, et parce que le pus peut fuser dans le bassin ou même rompre le péritoine, ramolli par l'inflammation. Les plaies des lombes, les contusions, les commotions, les chutes où elles sont compromises, ont toujours de la gravité. Il peut en résulter la paralysie de la vessie et du rectum, des rétentions d'urine de l'espèce la moins curable, et d'ailleurs la *paraplégie*, qui est la paralysie du train de derrière, des cuisses et des jambes. Il a quelquefois suffi d'une simple blessure du pied ou d'une douleur du genou ou de la hanche pour occasionner une déviation durable de la région lombaire et, par ricochet d'équilibre, une déviation inverse du dos et semblable du cou. Dr Isidore BOURDON.

LOMBEZ. *Voyez* GERS.

LOMBRIC, vulgairement *ver de terre*, genre d'annélides chétopodes, ainsi caractérisé par Dugès : Corps généralement arrondi dans son quart antérieur, dont les anneaux sont beaucoup plus grands et plus renflés, souvent anguleux dans le reste de son étendue, terminé par deux extrémités atténuées, la postérieure assez brusquement, l'antérieure plus graduellement, par des branchies ; bouche infère ; anus terminal ; organes génitaux consistant en deux valvules bilabiées, situées, suivant Müller, toujours sur le quatorzième ou seizième anneau ; renflement charnu, nommé *selle*, *bât*, ou *ceinture*, occupant un espace un peu plus postérieur. Les lombrics présentent l'hermaphrodisme incomplet. Dugès et M. Léon Dufour ont établi leur oviparité.

Les espèces très-nombreuses du genre *lombric*, longtemps confondues, ont été distinguées par M. Savigny. Toutes celles qui sont terrestres vivent dans les lieux humides, où elles se nourrissent d'humus. Quelques-unes sont phosphorescentes. Les plus communes servent d'appât aux pêcheurs.

LOMÉNIE DE BRIENNE (ÉTIENNE CHARLES) naquit à Paris, en 1727. Comme les puînés de famille noble destinés aux prélatures, il fit, après avoir terminé ses études classiques, son cours de théologie en Sorbonne. Nommé grand-vicaire à Pontoise en 1760, et bientôt après évêque de Condom, il n'était à la tête de ce diocèse que depuis quatre ans quand il fut promu à l'archevêché de Toulouse. Cette éminente dignité lui ouvrait l'entrée aux états du Languedoc. Il y obtint une influence, méritée par son infatigable activité en faveur de ses diocésains. Toulouse lui doit ses plus beaux monuments, le quai magnifique qui porte son nom, et sa bibliothèque, qu'il dota de précieuses collections de livres et de manuscrits. Il fonda dans le même local des cours de chimie et de physique expérimentale. Le beau canal par lequel il joignit celui de Riquet à la Garonne est le digne complément du plus bel ouvrage d'art du siècle de Louis XIV. Son exécution honore le patriotisme éclairé de l'assemblée des états de cette grande province. La reconnaissance publique a donné le *canalet* le nom de *Brienne*, qu'il a conservé. D'autres établissements utiles signalèrent son administration comme archevêque. L'Académie des Sciences et celle des Jeux Floraux l'admirent dans leur sein. Il fut nommé à l'Académie Française en 1770. Heureux s'il se fût borné à administrer son diocèse et à y encourager par ses libéralités et ses actes l'étude des sciences, des lettres et des arts ! En 1788 il fut nommé archevêque de Sens. Les séductions de la cour, l'attrait d'une fausse gloire, l'entraînèrent dans une carrière pour laquelle il n'était point fait. Il s'associa aux systèmes, aux intrigues des économistes, et fréquenta les cercles des encyclopédistes : il se crut un homme politique, fait pour être à la tête de la réforme gouvernementale. Mais il n'avait point de plan arrêté, point de principes fixes. Frondeur sans frein et sans capacité, il se jetait tête baissée dans toutes les utopies. De faisant tout à tous, il avait pour lui, à Versailles, le parti de la reine et celui de *Monsieur* ; à Paris, celui des novateurs. Aussi étourdi, aussi présomptueux que Calonne, moins homme ambitieux, plus homme de plaisir et de bruit qu'homme d'État et de capacité, il devait, une fois placé sur le même terrain, subir le même sort, rencontrer les mêmes obstacles, et reculer devant les mêmes difficultés. Il n'avait d'autre avantage sur le premier ministre qu'il voulait supplanter que ses honorables antécédents dans le Languedoc : il n'était point, comme Calonne, incessamment assailli par les accusations accablantes des états de Bretagne et de tous les parlements. Néanmoins, parvenu à son but, il lui fut impossible de s'y maintenir. Il essaya des moyens d'intimidation et tenta la voie hasardeuse des enregistrements forcés, mais le temps des coups d'État était passé.

Son ministère fut court et orageux. Il s'est vanté d'avoir proposé et fait accepter la convocation des états généraux ; mais c'était déjà une inévitable nécessité, c'était depuis deux ans de toute la France. Pendant les deux premières années de l'Assemblée constituante, il ne donna aucun signe d'existence politique, si ce n'est à l'occasion de la constitution du clergé, qu'il appuya de son serment ; mais il refusa le siège métropolitain de Toulouse, qui lui fut proposé au nom des électeurs de la Haute-Garonne. Brienne était le seul archevêque qui eût prêté le serment. Le pape Pie VI répondit à la lettre qu'il lui écrivit par une accusation d'hérésie. Le cardinal lui renvoya sur-le-champ sa barrette. Sa renonciation à la pourpre romaine fut acceptée par le saint-père, qui le déclara déchu du cardinalat. Il se retira à Sens. Plus tard, il se présenta, mais sans succès, comme candidat pour la députation de l'Yonne à l'assemblée législative, et rentra dans sa retraite : il y fut arrêté en 1794 pour être conduit dans les prisons de Paris ; mais une attaque d'apoplexie foudroyante termina sa vie, la nuit même qui suivit son arrestation, le 16 février 1794. Il a publié une *Oraison funèbre du Dauphin* ; *Le Conciliateur*, ou *lettre d'un ecclésiastique à un magistrat* ; 1754, brochure réimprimée à Paris en 1778 et 1791 ; des *Considérations sur les Procès-verbaux de l'Assemblée constituante* ; *sur le Bouleversement du globe* ; *sur la Liberté* ; *Lettre d'un Mandarin à Condorcet sur la vie de Voltaire* ; un *Plan historique et abrégé de la Religion* ; un *Discours à l'ouverture de l'assemblée du clergé de 1762*, *sur la liaison entre la religion et la liberté* ; des *Lettres pastorales* ; des *Sermons* ; *Consolation à Nanine* (il appelait ainsi sa mère) ; un *Compte-rendu au roi*, en 1789 ; etc.

DUPEY (de l'Yonne).

LOMONOSOF (MICHEL WASSILJEWITSCH), le père de la littérature russe moderne, né en 1711, dans le gouvernement d'Archangel, était fils d'un paysan de la couronne. Pendant l'hiver, où il y avait cessation du travail, il apprenait à lire chez un sacristain. La traduction des psaumes par Siméon et la Bible furent les premières lectures qui éveillèrent en lui l'esprit poétique et l'amour des lettres. Ayant entendu dire qu'à Moscou on pouvait apprendre le grec, le latin, l'allemand et le français, il s'échappa secrètement de la maison paternelle, et se rendit dans la capitale. Il entra à l'école de Saïkonospaski, et l'ardeur qu'il y montra pour l'étude et ses rapides progrès lui firent des protecteurs, avec l'appui desquels il put d'abord aller étudier à Kief, puis, en 1734, suivre les cours de l'Académie de Saint-Pétersbourg. Deux ans plus tard, il alla en Allemagne étudier les mathématiques à Marbourg et l'exploitation des mines à Freiberg. Une ode fut le premier ouvrage qui attira sur lui l'attention de l'impératrice Anne. Obligé de fuir de Freiberg, par suite de quelques dettes qu'il avait contractées, il fut enrôlé de vive force à Brunswick dans l'armée prussienne. Mais il ne tarda pas à s'échapper, réussit à gagner la Hollande, et de la revint, en 1741, à Saint-Pétersbourg, où il fut nommé membre adjoint de l'Académie et directeur du cabinet de minéralogie. Professeur de chimie en 1746, conseiller de collège en 1751, il obtint en 1752 un privilège pour l'établissement d'une manufacture de verre et de perles fausses. Il fut ensuite, en 1760, la direction des collèges et universités, fut créé conseiller d'État en 1764, et mourut le 4 août 1765. Catherine II le fit ensevelir en grande pompe dans l'église du couvent de Saint-Alexandre-Newsky.

On a de lui deux volumes d'odes ; et, outre quelques

poésies religieuses et profanes, *La Pétréide*, poëme héroïque en deux chants en l'honneur de Pierre le Grand, ainsi que des tragédies dans le goût classique des Français. Le plus important de ses ouvrages est sa grammaire, le premier livre dans lequel la langue russe proprement dite l'ait emporté décidément sur la langue d'église. Il écrivit aussi un grand nombre d'ouvrages sur la minéralogie, la métallurgie et la chimie. L'édition la plus récente de ses œuvres est celle qu'a donnée Smirdin (3 volumes; Pétersbourg, 1847). Polewoi a écrit l'histoire de sa vie. En 1825 un monument à sa mémoire a été élevé à Archangel.

LONDONDERRY ou **DERRY**, appelé aussi COLERAINE ou KRINE, comté de la province d'Ulster en Irlande, d'une superficie de 27 myriamètres carrés, dont 10 environ couverts de montagnes, de marais et le lacs. Le sol est tantôt montagneux et tantôt plat. Ses points culminants sont le *Benyevenagh* au nord, le *Slieve Gallion* et les monts *Carntogher* au sud. A l'est il est arrosé par le Bann et ses affluents, le Mayola et le Clady, à l'ouest par la Foyle et ses affluents le Faughan et le Roe, qui tous deux se jettent dans l'Océan Atlantique. Près des deux cinquièmes du comté consistent en plaines et vallées, et sont au total assez fertiles. En revanche, la région montagneuse est sauvage et infertile, remplie de fondrières marécageuses et impénétrables. Les principaux produits du sol sont l'avoine, les pommes de terre et le lin; tout récemment on y a aussi essayé la culture de l'orge et même celle du froment. Les forêts qu'on y rencontre çà et là servent plus à embellir la contrée qu'on n'en tire d'utilité; et par suite de la rareté des pâturages l'élève du bétail y est insignifiante. On y trouve presque partout du fer, en certains endroits du cuivre, du plomb et de la houille; mais ces richesses minérales restent inexploitées. L'industrie se borne à la fabrication des toiles et de quelques étoffes de laine et de coton. Le recensement de 1851 a donné pour ce comté un chiffre de 191,744 habitants. C'était une diminution de 30,430 habitants sur le recensement de 1841. Toute la partie du sol qui n'appartenait point à l'Église ou à des corporations fut abandonnée par le roi Jacques 1er à des compagnies de Londres, qui la possèdent encore et l'afferment avec des baux héréditaires.

LONDONDERRY ou DERRY, chef lieu de comté, dans une contrée montagneuse, est située sur la rive gauche de la Foyle, navigable sur ce point pour des navires de 300 tonneaux, et qu'on y passe, à trois kilomètres environ de son embouchure dans la baie du même nom, sur un beau pont en bois suspendu de 333 mètres de long, construit en Amérique. Siége d'évêchés catholique et protestant, c'est un des ports d'Irlande où le commerce a le plus d'activité. Depuis 1614 cette ville possède une épaisse enceinte bastionnée servant de promenade publique. On y compte 10,000 habitants, dont la majorité sont protestants; et il s'y fait un important commerce d'expédition en toiles et viandes salées pour l'Amérique et les Indes occidentales. Elle est célèbre dans l'histoire par le siége qu'elle soutint en 1088 pendant sept mois, sous le commandement de l'évêque Walker et du major Baker, contre toutes les forces de Jacques II.

LONDONDERRY (CHARLES-WILLIAM VANE, marquis DE), précédemment connu sous le nom de *sir Charles* STEWART, homme d'État anglais, naquit le 17 mai 1778. Entré de bonne heure dans les rangs de l'armée, il parcourut rapidement les grades inférieurs, et, colonel de hussards pendant la guerre d'Espagne, se distingua par diverses actions, qui lui valurent l'amitié toute particulière de Wellington. A partir de 1813 il ne servit plus son pays que dans la diplomatie, et figura cette année-là en qualité de plénipotentiaire britannique à la fameuse convention de Reichenbach. Commissaire militaire attaché à l'armée des coalisés, il fut, en 1814, l'un des signataires de la paix de Paris. On récompensa alors ses services par le titre de *lord Stewart*, le grade de lieutenant général et la pairie. En 1819 il épousa la belle Lady Vane, riche héritière dont il substitua désormais le nom de famille au sien propre. A la mort de son frère consanguin Castlereagh, il devint marquis de Londonderry et fut nommé ambassadeur à Vienne. Mais les sympathies qu'il y manifesta pour les idées de 'la sainte alliance déterminèrent les ministres Liverpool et Canning à le rappeler; et pendant la courte administration de Canning en 1827, il fut un des plus violents adversaires de ce premier ministre. Fidèle à ses principes tories, il combattit en 1839 l'émancipation catholique, bien que proposée par un ministre tory; et plus tard il se montra en tout et partout l'ennemi de la révolution de Juillet et de ses conséquences. En 1834 le ministère tory de Peel et de Wellington lui confia l'ambassade de Russie; mais cette nomination excita tellement les colères de l'opposition, que le ministère prit le parti de l'annuler. En 1837 le marquis de Londonderry fut créé général de cavalerie, et entreprit alors un voyage à Saint-Pétersbourg, où l'empereur Nicolas le traita constamment avec la plus flatteuse distinction, puis de là à Constantinople et en Orient. Il mourut au commencement de l'année 1854, laissant un fils, qui héritait de ses titres et de l'immense fortune immobilière qui y est attachée comme majorat. Quant à sa fortune personnelle, montant à 8 millions 375,000 francs, il l'avait léguée à sa veuve.

Dans les derniers temps de sa vie, le marquis de Londonderry s'était surtout fait remarquer par l'ardeur de ses démarches pour obtenir la liberté d'Abd-el-Kader, alors détenu au château d'Amboise, et qu'il alla même y visiter. En 1852 il avait reçu le ruban de la Jarretière devenu vacant par la mort de Wellington. On a de lui une *History of the War in Spain* (1829), ouvrage qui n'est pas sans intérêt pour l'appréciation des événements dont la péninsule fut le théâtre de 1808 à 1814, mais entaché d'esprit de parti; et un *Narrative of the late War in Germany and France* (1833). Son *Steam Voyage to Constantinople* contient un grand nombre de détails intéressants, parce que le rang et le caractère de l'auteur lui ont donné l'accès de cercles qui restent fermés aux voyageurs vulgaires.

LONDONDERRY (HENRI ROBERT STEWART, marquis DE). *Voyez* CASTLEREAGH.

LONDRES, capitale de la Grande-Bretagne, sur les deux rives de la Tamise, à 8 myriamètres de son embouchure dans la mer du Nord, la plus grande et la plus importante ville du monde, centre commun où le commerce amène et réunit les peuples de la terre les plus éloignés les uns des autres. Cette ville gigantesque se trouve à cheval sur quatre comtés d'Angleterre : *Middlesex, Surrey, Kent* et *Essex*, et forme en outre avec sa *City* un comté à part. A l'origine elle ne se composait que de la *City*, qui en est encore aujourd'hui le centre, et qui se trouve située sur la rive septentrionale de la Tamise, où elle occupe une étendue de moins de quatre kilomètres. Grâce à l'énergie et à l'activité toute particulière déployées pendant plus de mille ans par la population de ce petit point central, devenu avec le temps l'entrepôt général du commerce de l'univers, la ville a pu prendre les immenses développements que chacun sait et son étendue augmenter continuellement avec une incomparable rapidité. Londres a déjà absorbé successivement 100 villes et bourgs, et chaque année elle enlève dans toutes les directions leur existence propre à plusieurs localités, transformant tantôt des villages en villes, tantôt des villes en verdoyantes campagnes, en parcs et en jardins. Et cependant, en s'identifiant ainsi à ce grand tout, chacun de ses nouveaux membres conservait son indépendance communale, de sorte qu'aujourd'hui le mot *Londres* ne comprend pas moins de 147 communes particulières. Indépendamment de la désignation qui leur est devenue générique, toutes ces parties distinctes ont d'ailleurs conservé la dénomination locale qui leur était propre à l'origine, et qu'il faut rappeler dans des actes officiels ou bien sur la suscription des lettres (Par exemple : *Paddington*, LONDRES; ou encore, *Kentishtown*, LONDRES, etc.).

La *City*, cœur de la commune, est une véritable collection modèle d'antiques franchises, priviléges et particularités provenant des époques les plus diverses. Elle est gouvernée et administrée par un conseil municipal, composé d'un l o r d m a i r e élu annuellement, de deux *sheriffs*, de 26 *aldermen* et de 268 *common councilmen*; à quoi il faut encore ajouter 81 corps de métiers, *guildes* et corporations. Le lord maire est chef de cette remarquable organisation municipale; et dans l'étendue de sa juridiction il est même au-dessus du roi, chef suprême de l'État, puisque celui-ci, pas plus que la force armée, ne saurait entrer dans l'enceinte de la *City* sans son autorisation préalable. C'est dans la *City* que les maisons, les hommes et les véhicules de toutes espèces se trouvent le plus pressés les uns contre les autres; et cependant, quelque étrange que le fait puisse paraître, la *City* est une des parties les plus salubres de Londres, de même qu'à son tour Londres, pris dans son ensemble, est la plus salubre de toutes les grandes villes de la terre. Elle est donc la preuve la plus frappante de la toute-puissance qu'exercent la civilisation, la propreté et la bonne nourriture sur la situation naturellement la plus malsaine, sur les brouillards, la fumée, les maisons étroites et l'agglomération extrême de la population. La partie la plus élevée de la *City* est au nord, et de là le sol s'abaisse toujours en pente insensible vers la Tamise. Au moyen d'un puissant système de courants d'eau, toutes les immondices sont constamment enlevées de chaque maison et expulsées dans d'énormes tubes en fonte hermétiquement fermés, et portées jusqu'à la mer par la Tamise, fleuve qui en cet endroit est encore sujet à l'action régulière de la marée. Les rues et les maisons sont tenues dans un état de propreté extrême. Le *macadam* produit peu de poussière, parce qu'on peut sans peine l'arroser constamment. La *City* est le grand centre commun où vient aboutir la circulation métallique de toutes les nations du globe. Depuis 1825 on citerait à peine deux ou trois faillites parmi les banquiers de la *City*, et on a calculé qu'il n'y a pas en Europe un seul État (la France exceptée) qui puisse contracter un emprunt de dix millions de livres sterling sans leur assistance. Il n'y a pas dans tout l'empire britannique de maison de commerce quelque peu importante qui n'ait un comptoir ou tout au moins une agence dans la *City*; et pourtant il n'y a peut-être pas un seul négociant en gros qui l'habite. Cette population si active fournit en effet le plus remarquable exemple de l'intelligente combinaison de la vie de campagne et de la vie citadine. De neuf à onze heures du matin les omnibus, les bateaux à vapeur, les chemins de fer y amènent par milliers les négociants, de leurs *villas* et de leurs résidences de familles, groupées plus particulièrement aux abords des stations de chemins de fer, et dont le nombre, la grandeur et la beauté, vont toujours croissant. Puis de quatre à six heures toute cette foule si active, si occupée, déserte tout à coup la *City* pour s'en aller vivre de la vie de famille et jouir de la vue de la verdure. Ce flux et reflux perpétuel entre la campagne et la ville maintient le caractère propre de la *City*; et le bon marché, la rapidité et l'organisation ingénieuse des moyens de communication (à l'aide de *season-tickets*, billets valables pour une période de temps déterminée et donnant droit à la *correspondance* entre les diverses lignes et compagnies) tendent à lui donner des proportions de plus en plus grandes. Dans ces trente dernières années il a été beaucoup fait pour l'embellissement de la *City*; et depuis 1852 surtout le conseil municipal a ordonné la mise à exécution des plans les plus grandioses. Les rues étroites sont élargies, attendu que le sol, malgré sa fabuleuse cherté, est encore moins précieux que le temps que l'on perdre les interruptions partielles qui surviennent forcément dans la circulation par suite d'encombrement de la voie publique. C'est ainsi qu'on projette l'établissement d'une grande voie de communication reliant l'ouest et l'est de la *City*, de même que la création d'un embarcadère central des chemins de fer. Déjà les travaux préparatoires sont en voie d'exécution. La *City*, qui occupe une surface de 753 *acres*, contient un peu moins de 15,000 maisons et environ 129,000 habitants.

La seconde capitale de Londres est *Westminster*, situé à l'ouest de *Temple-Bar*, nom d'une porte encore demeurée debout de la *City*, qui jadis était entourée de fortifications, siège du gouvernement et des grands pouvoirs de l'État, habité par les familles aristocratiques avec les différents genres de commerce et d'industrie qu'elles attirent à leur suite. Dans cette partie de la ville les rues sont généralement droites et larges; les riches hôtels y foisonnent; mais l'architecture en est rarement remarquable par le bon goût, quoique la richesse y domine. En tant que commune, *Westminster* a de même beaucoup d'institutions qui lui sont propres, des lois locales et une juridiction particulière (*High Steward, High Bailiff*, seize *Burgesses*), mais moins de franchises que la *City*.

La troisième des grandes divisions de Londres, provenant de l'adjonction et de la réunion successives de diverses localités isolées, est *Southwark*; elle est située également entre trois rives de la Tamise au sud, ce fleuve l'entourant dans trois directions qui forment à peu près les trois côtés d'un carré. *Southwark* est une plaine basse, constamment enveloppée de nuages et de fumée, encombrée de manufactures et de fabriques de tous genres, mues toutes par la vapeur, au milieu desquelles habitent principalement les classes laborieuses, dans un dédale de rues tantôt larges, tantôt étroites, où des théâtres à un penny, des marchés de nuit et des lieux publics de divertissement offrent le tableau le plus animé de la vie populaire. Il est relié aux quartiers de la ville situés sur l'autre rive du fleuve par sept ponts magnifiques, aboutissant à de grandes et larges rues, qui convergent toutes sur un point central (*l'Obélisque*) et l'auberge appelée *Elephant and Castle*, et de là se séparent de nouveau dans diverses directions pour conduire chacune à de magnifiques groupes de *villas* et de maisons de campagne, par exemple, dans la direction du sud, au superbe parc de *Sydenham*, où le *Palais de Cristal*, transformé en temple populaire de la culture, avait déjà, avant même d'être terminé, provoqué la création d'une grande et belle rue, aussi animée que commerçante.

La partie occidentale de *Southwark* s'appelle *Lambeth*. A *Southwark* et à Lambeth se rattachent, à peu près sans solution de continuité, *Newington, Bermondsey, Kennington, Walworth, Rotherhithe, Stockwell, Camberwell, Peckham* et *Peckham-Newtown, Hatcham, Deptford, Greenwich, Wandworth, Clapham, Brixton*, etc. etc., au moyen d'une suite de grandes et larges rues (*roads*), qui, à mesure qu'elles deviennent plus larges, se couvrent davantage de verdure, de riches hôtels et de parcs, notamment à partir de Camberwell.

Sur l'autre rive de la Tamise, à la *City* et à Westminster succèdent, à travers des vallées, des collines, des prairies et des parcs, les villes et quartiers de Londres dont suit l'énumération: en venant de l'extrémité occidentale de la Tamise *Little-Chelsea*, *Chelsea* et *Pimlico*; plus loin au nord, *Kensington, Kensington-Newtown* et *Brompton*; puis au-dessus de Hyde-Park, *Bays-water, Paddington, Portland-Town, Kilburn* et *Hampstead*; au sud de Regent's Park, *Mary-le-Bone*; de là dans la direction du nord, à l'est de High-Gate et de Holloway, *Kentish-Town, Cambden-Town, Pancras, Somers-Town, Pentonville* et *Lower-Holloway, Islington, Hoxton, Hoggerstone, Dalston* et *Shaklewell*, formant une longue ligne au nord de la *City*; à l'est de celle-ci, en venant de la Tamise, *Whitechapel, Linehouse, Poplar, Blackwall, Bethnal-Green, Stepney, Globe-Town, Bow, Stratford, Bromley, West-Ham, Hackney, Homerton* et *Clapton*.

Pour établir un peu d'ordre dans l'administration et la police de cette masse de villes et bourgs arrivés par leurs agrandissements incessants à ne plus former qu'un même tout, on l'a partagée en quatre grandes divisions : 1° la *Holborn-Division*, comprenant la partie de la ville située à l'ouest de Westminster, appelée aussi à cause de cela *West-End*, bien qu'on emploie plutôt cette dénomination pour désigner l'opposition sociale existant entre ce quartier, habité par l'aristocratie et les gens de loisir, et la *City*; 2° *Finsbury*, au nord de la *City*, habitée en partie par la population la plus pauvre et la plus compacte; 3° *Tower-Hamlets* (tout à l'extrémité orientale de la ville), habitée par des masses de matelots, d'ouvriers des ports, de portefaix, et de manœuvres en tous genres; 4° la partie de la ville située de l'autre côté de la Tamise, dans le comté de Surrey, forme la *Brixton-Division*.

Londres n'ayant point de limites artificielles et s'étendant sans cesse, au contraire, dans toutes les directions, on ne pourra jamais indiquer d'une manière bien précise où il commence et où il finit. Le mieux est de s'en rapporter aux données de la plupart des derniers plans de cette ville, suivant lesquels elle a de *Bow* à *Hammersmith* douze *milles* anglais de longueur et une largeur de neuf à dix. En 1854 on évaluait sa surface à 78,000 acres, le nombre de ses maisons à 306,000, et celui des habitants entre 2,750,000 et 3,000,000. Il est vrai que plusieurs centaines de milliers d'individus compris dans ces évaluations n'habitent Londres qu'une partie de la belle saison ou même n'y viennent pas du tout, bien qu'ils y aient des résidences attitrées, le plus souvent simples *pieds-à-terre* ou locaux d'affaires. En général les maisons, construites en briques, d'une manière uniforme, qui leur donne tout à fait l'apparence de nos fabriques, présentent avec leurs croisées à guillotine un aspect assez triste et accusent une absence à peu près complète de goût en architecture. Chaque maison est d'ailleurs toujours tenue très-strictement fermée et pourvue d'un inévitable marteau, séparée en outre de la voie publique par une grille en fer et un fossé assez profond, sur lequel prennent jour les fenêtres des cuisines, offices, etc. Ce n'est guère que dans les quartiers tout à fait modernes qu'on trouve des fenêtres en glace et des formes architectoniques satisfaisant mieux les exigences du goût. La verdure la plus récréante, les lierres les plus touffus et le marbre ou le grès le plus blanc, placés à l'entrée de chaque habitation, annoncent déjà une richesse intérieure qui doit être d'autant plus grande que l'Anglais n'aime point à briller extérieurement. La foule d'édifices publics et de riches hôtels qu'on voit à Londres sont plus célèbres par les souvenirs historiques qu'ils rappellent que par leur architecture. Il faut dans le nombre mentionner plus particulièrement, le *Palais Buckingham*, situé entre Green-Park et Saint-James-Park, habitation de ville de la reine Victoria, à l'agrandissement et à l'embellissement duquel on a dépensé des sommes immenses sans avoir pu réussir à satisfaire mieux qu'autrefois aux exigences du bon goût; le *Palais de Saint-James*, au nord de Saint-James-Park, dont on ne saurait non plus nombrer les grands et petits appartements, et dont la décoration intérieure prouve par sa richesse extrême la magnificence dont s'entouraient les rois d'Angleterre, auxquels il servait d'ordinaire de demeure depuis 1695 ; *Whitehall*, au nord de Saint-James-Park, immense bâtiment quadrangulaire, résidence des rois jusqu'à Charles Ier, qui y fut décapité, servant aujourd'hui de demeure au commandant en chef de l'armée (*horse-guards*), et dont l'extrémité méridionale (*Downing street*) est occupée par les bureaux du ministère des affaires étrangères; le *Palais de Kensington*, autrefois résidence du duc et de la duchesse de Kent, où est née la reine Victoria; *Marlborough-house*, ancienne demeure de l'illustre guerrier de ce nom, transformée aujourd'hui en musée, avec des tableaux (surtout de Hogarth) et des curiosités de toutes espèces, et siège d'une école royale de dessin ; près du palais de Saint-James, dans la rue de Pall-Mall, qui réunit dans son voisinage un si grand nombre de palais et d'hôtels remarquables, occupés surtout par des clubs aristocratiques ; la grande salle et l'abbaye de *Westminster*, avec le nouveau bâtiment du Parlement, immense mais assez peu heureuse construction de style gothique, s'étendant le long de la Tamise près du pont de Westminster; l'*Opéra Royal* ; la *Galerie Nationale* et l'*Hôtel de la Trésorerie* (*Treasury*). Londres voit chaque année s'accroître le nombre de ses hôtels, comme aussi celui des véritables palais où s'installent des clubs portant les dénominations les plus diverses et rendez-vous habituels des classes d'élite de la société anglaise. Les clubs forment même, avec leur luxe vraiment royal, un côté tout à fait caractéristique de la vie de Londres ; nous nous bornerons à mentionner ici l'*Union club*, l'*United-Service club*, l'*Athenæum club*, le *Traveller's club*, le *Reform club*, le *Carlton club*, le *Naval and Military club*, tous situés dans Pall-Mall; le *Conservative club*, le *County-Service club*, l'*Oriental club*, le *Boodle's club*, le *Brooke's club*, etc., sans parler de cent autres dont le luxe et la magnificence ne sont pas moindres. En fait d'hôtels particuliers, il faut citer *Apsley house*, demeure du duc de Wellington, les hôtels des ducs de Northumberland, de Bedford, de Sutherland, du comte Spencer, des marquis de Westminster et de Lansdowne, *Bridgewater house*, *Burlington house*, etc.

Le point le plus important de la *City* est la place située devant la Banque royale et la Bourse (*Exchange*), reconstruite dans le goût moderne après l'incendie qui l'avait détruite en 1838, avec le *Lloyd's coffee house*, où aboutissent dix des principales rues, grandes artères de la circulation. En face de la Banque se trouve *Mansion house*, résidence du lord-Maire, non loin de *Guildhall*, hôtel de ville de la *City*. On y remarque en outre l'hôtel des Monnaies, l'hôtel des Postes, la direction générale des Douanes (*Custom house*), sur les bords de la Tamise; l'hôtel de la Compagnie des Indes (*East-India house*), avec un musée de curiosités asiatiques et une riche bibliothèque ; enfin le *Temple*, à l'entrée de la *City* par Temple-Bar, ancienne résidence des Templiers, aujourd'hui siège de diverses corporations judiciaires. A l'extrémité orientale de la *City*, et près de la Tamise, s'élève la *Tour de Londres*, ancienne résidence des rois, puis d'une foule de victimes de la politique, formant aujourd'hui une espèce de place forte, dont les habitants ont conservé non-seulement leurs vieux usages, leurs vieilles cérémonies, mais aussi leurs antiques costumes. Sur les bords de la Tamise on trouve encore, du côté de Westminster, *Somerset house*, aujourd'hui siège de l'administration générale des contributions, et plus loin, sur la rive du comté de Surrey, l'antique palais des archevêques de Canterbury, *Lambeth house*.

Parmi les prisons et maisons de détention, nous nous bornerons à citer : *Old-Bailey*, où l'on renferme les individus condamnés aux peines les plus graves; l'énorme bâtiment sexangulaire servant de dépôt pour les condamnés à la déportation (*Penitentiary*), sur les bords de la Tamise, la nouvelle et gigantesque prison modèle dans *Caledonian road*, *Lower-Halloway*, organisée pour l'emprisonnement cellulaire; et enfin *King's Bench*, maison d'arrêt pour dettes.

L'administration de l'assistance publique à Londres forme à elle seule toute une armée, son personnel ne s'élevant pas à moins de 45,000 individus, répartis dans une foule innombrable d'hôpitaux et hospices, de maisons de refuge, de maisons de secours et distributions gratuites d'aliments, de fondations charitables répondant à tous les besoins, à toutes les misères imaginables, d'écoles pour les pauvres, etc., etc. On n'évalue pas à moins de 6,000 le nombre des maisons, établissements et sociétés consacrés à ce service. Parmi les 250 grands hôpitaux, on remarque surtout les magnifiques palais de *Greenwich* et de *Chelsea*, consacrés aux invalides de terre et de mer; et le colossal vaisseau de guerre *Dreadnought* (N'ayez pas peur), stationné au milieu de la Tamise et organisé en hôpital flottant à l'usage des marins de toutes les nations, et même de leurs femmes quand elles tombent malades. Viennent ensuite les hôpitaux de Saint-Barthélemy, de Saint-Thomas, de Saint-Luc, de Bedlam pour les aliénés, et l'hospice des orphelins. Le nombre des maisons d'aumône et de travail correspond à celui des paroisses, dont chacune est obligée de nourrir ses pauvres. Il en résulte cet abus, que ce sont précisément les paroisses les plus pauvres qui sous ce rapport supportent les plus lourdes charges. Dans ces dernières années, les maisons de travail ont reçu tant de développements, qu'elles peuvent contenir aujourd'hui plus de 300,000 individus; mais chaque année le concours y devient moindre. Les proportions les plus grandioses ont également été données aux maisons d'école et aux maisons d'éducation, qu'on a récemment créées pour les enfants pauvres. Ils y sont logés, nourris, habillés et instruits gratuitement, et n'en sortent qu'après avoir appris un métier, avec un petit trousseau neuf et un petit pécule. Si pendant un temps déterminé leur conduite a été sans reproche, ils obtiennent encore une fois des secours assez importants, destinés surtout à faciliter leur établissement. Toutes ces institutions, qui occupent d'immenses superficies de terrain et possèdent de grandes richesses, sont des créations produites par l'énergie toute particulière de la charité privée, et suffisent pour expliquer à elles seules les progrès admirables et toujours croissants de la moralité dans les classes inférieures. Comme curiosité archéologique, il faut aussi mentionner l'hôpital du Christ (*Blue-coat-School*), où sont élevés et instruits 600 enfants, appartenant pour la plupart à des bourgeois aisés. Les élèves de la maison portent encore aujourd'hui l'antique costume ecclésiastique en usage du temps de Henri VI. Les classes laborieuses les plus intelligentes subviennent presque à tous leurs besoins, au moyen d'associations, de caisses d'épargne et de banques à un penny, institutions dont le nombre va toujours croissant et dont la plupart sont parfaitement organisées. Toutefois, l'existence à Londres de plus de cinq mille maisons de prêt sur gages (on les reconnaît à un écusson placé audessus de la porte, et duquel pendent trois boules dorées) prouve combien est encore grande dans cette ville la masse d'individus incapables d'apporter de l'ordre et de la régularité dans leurs habitudes privées.

Sur environ sept cents églises et chapelles servant au culte de toutes les confessions, sectes et associations religieuses (la plupart de ces dernières accomplissent aussi leurs dévotions sur la place publique), le plus grand nombre et les plus vastes sont situées dans la *City*. Il ne faudrait pas inférer de là que la population de cette partie de la ville est bien plus zélée en matière de religion que celle des autres quartiers : cela tient simplement à ce que la population s'est déplacée, tandis que les églises sont demeurées là où elles se trouvaient. D'après ce que nous avons dit des habitudes actuelles des habitants de la *City*, il est aisé de comprendre que le dimanche, jour de prêche, les églises doivent être à peu près vides, ce qui n'empêche pas messieurs les curés de toucher les gros revenus attachés à leurs cures, devenues avec le temps *sans charges d'âmes*. Jusqu'à ce jour les efforts tentés pour mettre un terme à cette choquante anomalie ont toujours échoué contre l'esprit étroit et mesquin des corporations. Le plus colossal de ces temples est l'église *Saint-Paul*, longue de 170 mètres, large de 66 et recouverte par une coupole mesurant 113 mètres 33 centimètres d'élévation et 48 mètres 66 centimètres de diamètre, dont la toiture en verre éclaire une foule de monuments relatifs à l'histoire d'Angleterre. L'église *Saint-Étienne* est considérée comme le chef-d'œuvre de Wren, architecte auquel le Londres moderne est en grande partie redevable de sa physionomie. Il faut mentionner ensuite l'abbaye de Westminster, *Saint-Martin*, *Saint-James*, *Saint-Georges*, Sainte *Mary-le-Bow* (*Bow church*, dans Cheapside), avec un carillon célèbre. Tout individu qui naît dans la circonscription que peut atteindre le son de ce carillon est consi déré comme *cockney*, mot que nous traduisons par celui de badaud, et qui voudrait plutôt dire *enfant de Londres*. Puis encore *Cripple-Gate church* (*City*), *Saint-Saviours* (*Southwark*), remarquable édifice datant de l'époque de Guillaume le Conquérant. En 1853 on a commencé dans Holborn les travaux de construction d'une magnifique cathédrale catholique dans le style des basiliques.

On retrouve l'église anglicane, avec les immenses capitaux dont elle dispose, à la tête d'une foule innombrable d'institutions charitables, comme aussi à celle des hôpitaux, des écoles, etc. La Société pour la propagation de la religion chrétienne (fondée en 1795) embrasse aujourd'hui l'univers entier dans son activité. La Société Biblique a déjà fait traduire la bible dans cent cinquante-huit langues, qui ne possédaient pas encore d'alphabet, par conséquent qu'on ne pouvait encore ni écrire ni imprimer.

Il existe également à Londres un nombre infini d'institutions et d'associations pour la culture des sciences, des lettres et des arts. Dans le nombre, il en est beaucoup qui ont acquis un renom universel. A leur tête se place l'*université de Londres*, fondée en 1828, au moyen de souscriptions particulières, dans le but de faire concurrence aux universités de Cambridge et d'Oxford, placées sous le patronage exclusif de la haute Église. La théologie est exclue de l'enseignement de cette université, afin qu'il reste accessible à la véritable science. En antagonisme à cette création de l'esprit de liberté, le parti dévot anglican fonda bientôt après à Londres le *King's college*, qui jusqu'à présent n'a guère réussi à briller. Dans le *Sion college* et dans le *Gresham college* l'enseignement a également pour base la rigoureuse orthodoxie anglicane. Parmi les collèges ou lycées, *Charter house*, *Westminster's school*, *Merchant-Tailor's school* et *Saint-Paul's school* occupent le premier rang. Une autre classe d'établissements d'une nature toute particulière, ce sont les institutions en forme de corporations existant pour certaines sciences ; telles sont les *Inns* (*voyez* INNS OF COURT) et le *Temple*, pour l'enseignement et la pratique de la jurisprudence ; les écoles pour les pharmaciens, médecins et chirurgiens, où l'esprit de corporation et de monopole lutte avec opiniâtreté depuis longues années contre l'esprit de progrès et le besoin de liberté. La médecine et la chirurgie pratiques sont d'ailleurs parvenues à l'apogée de la perfection, grâce au grand nombre d'hôpitaux existant à Londres et tous montés avec une extrême richesse de moyens et de ressources. On en peut dire autant de toutes les sciences relatives à la vie pratique, notamment de toutes les sciences naturelles, pour lesquelles existent tant d'associations, de chaires d'enseignement, de cours, de collections, de galeries de modèles, d'expositions, qu'on ne saurait les énumérer. Nous ne mentionnerons que les écoles publiques de marine et d'art militaire de Greenwich, de Chelsea et de Sandhurst; puis la *London-Institution*, l'école royale pour les arts du dessin (*Government school of ornamental Art*, dans Marlborough et Somerset house). En tête des institutions et sociétés savantes se placent la Société Royale pour les Sciences exactes, l'une des plus anciennes académies de l'Europe ; l'Académie Royale et la Nouvelle Académie de Peinture ; la Société Linnéenne, qui possède le plus riche herbier qu'on puisse voir et une bibliothèque pourvue des ouvrages les plus précieux ; l'Institut Royal de la Grande Bretagne, fondé en 1799, pour rendre pratiques les sciences exactes ; la Société Zoologique, propriétaire des plus riches jardins zoologiques qu'il y ait au monde, dans *Regent's Park* et *Surrey Gardens*; la Société pour les découvertes à faire dans l'intérieur de l'Afrique, dont les travaux ont déjà obtenu de si beaux résultats ; la Société de Géographie ; la Société d'Horticulture, avec un magnifique jardin dans Regent's Park, de 18 acres, où on s'occupe avec le plus grand succès de l'acclimatation des plantes exotiques ; la Société de Géologie ; la Société Royale astronomique, avec son célèbre observatoire modèle de Greenwich et l'organisation de ses horloges électro-magnétiques, répandues sur tout le royaume ; la Société Asiatique, qui a mis en lumière une grande partie de l'histoire de l'Asie antique, notamment de l'Assyrie, etc. etc.

Parmi les musées et les galeries de Londres, la ville du monde où se trouvent peut-être le plus grand nombre de collections particulières, le *British Museum* occupe le premier rang et est peut-être l'établissement de ce genre le plus grandiose et le plus riche qu'il y ait au monde. La masse d'objets relatifs à la littérature, aux arts, à l'archéologie, aux sciences, est si énorme que trente années de travail assidu n'ont pas suffi à une société de savants pour les cataloguer complétement. Le *Soane's Museum*, contenant vingt-quatre salles (antiquités de toutes espèces, entre autres le fameux sarcophage en albâtre provenant des ruines de Thèbes); le Muséum de Chirurgie; le Muséum de Medecine; le Muséum géologique de Saull; le Muséum d'Antiquités de Londres (riche surtout en médailles remontant jusqu'à l'époque romaine); le Muséum Entomologique; le Muséum Zoologique; le Muséum de l'Académie Royale (cartons de Raphael, toiles de Rubens, etc., etc.); la Galerie nationale; la Galerie Vernon, dans *Marlborough's house*, riche surtout en tableaux d'artistes anglais. Mentionnons aussi le *Colosseum* (Regent's Park), presque aussi vaste que le Panthéon de Rome ; le Cyclorama, le Diorama, le Panorama de Burford, la Salle Égyptienne, et beaucoup d'autres grandes et belles expositions du même genre.

Le grand centre de la littérature est dans la *City*, où se publient tous les grands journaux (dans *Fleet street* et aux environs), et où se trouvent les plus grandes librairies du royaume (plus particulièrement dans *Paternoster row*, derrière la place de l'église Saint-Paul). Le nombre des libraires s'élève à plus de 1000, et on ne compte pas moins de 700 imprimeries, tant typographiques que lithographiques.

En fait de théâtres, dont on compte dix-huit de premier ordre, indépendamment d'une foule de théâtres à un penny et d'un théâtre de marionnettes qui est des plus courus, nous ne nommerons que *Her Majesty's Theatre*, pouvant contenir de 2,500 à 3,000 spectateurs; l'Opéra royal italien (*Covent-Garden*); *Drury-Lane* (3,600 places); *Hay-Market*; *Saint-James*; *Sadler's Wells*, la seule scène où l'art élevé soit encore cultivé et où l'on joue les pièces de Shakespeare. L'amphithéâtre d'Astley, avec ses incomparables pièces équestres, est l'un des lieux de divertissement les plus fréquentés. En fait de sociétés musicales et de salles de concert, il faut citer en première ligne *Hanover square Rooms*, où l'on interprète les chefs-d'œuvre de Mozart et de Beethoven, et la société Philharmonique.

C'est au parfait entretien de ses *parks* et de ses *squares*, dont il existe plus de cent, disséminés dans toutes les parties de la ville, que Londres doit en grande partie ses excellentes conditions-hygiéniques. Les *parks* les plus célèbres sont *Saint-James Park*, *Green Park* et *Hyde Park*, bordés, sur une étendue de plus de trois *milles*, d'édifices publics ou de riches hôtels ; *Kensington Gardens*, *Regent's Park* ; à l'est de la ville, *Victoria Park*, et à l'ouest sur la rive gauche de la Tamise du côté de Surrey, *Battersea Park*. Les jardins de Vauxhall et les jardins de Cremorne, où l'on donne les fêtes publiques, surpassent en étendue, en magnificence et en variétés tous les établissements du même genre existant en Europe.

Non-seulement beaucoup de *squares*, mais encore beaucoup de places livrées tout entières à la circulation, sont ornées de monuments. Ainsi, dans *Fishstreet-Hill* on voit une colonne d'ordre dorique haute de 67 mètres 33 centimètres, élevée par C. Wren en commémoration du grand incendie de Londres. Un escalier intérieur de trois cent quarante-cinq marches en marbre, conduit à une plateforme garnie d'une balustrade en fer, et du haut de laquelle on jouit de la vue la plus belle qui se puisse imaginer sur la *City* et sur la Tamise ; citons encore la colonne du duc d'York, placée à l'entrée de *Saint-James Park*, haute de 41 mètres 33, pour le fût, et 4 mètres 45 centimètres pour la statue; *Trafalgar square*, où s'élève la statue de Nelson. Les autres places offrent des statues de rois, de reines, de ministres et de lords, mais surtout celle de Wellington, exécutées toujours sans goût et sans esprit.

Le marché de *Smithfield*, situé dans la Cité, a été pendant des siècles fameux dans l'histoire, et aussi comme marché aux bestiaux (en 1852 il s'y est vendu plus de 2,300,000 animaux pour la boucherie). Depuis qu'on a pris le parti de reculer aux extrémités de Londres le marché aux bestiaux, il a été décidé que l'emplacement qu'il occupe actuellement à Smithfield serait utilisé pour la construction de l'embarcadère central des chemins de fer. Il y a d'ailleurs pénurie de grands emplacements pour marchés; aussi le commerce des denrées alimentaires s'est-il en grande partie réfugié dans de grandes halles particulières et dans diverses rues. L'immense développement pris par la vie populaire a rendu célèbres les *Marchés de nuit* de New-Cut (Southwark), de *White Cross street* (City), de *Seven Dials* (Holborn), etc., ainsi que les foires annuelles de Greenwich, de Stepney, de Chalk-Farm, de Blackwall, etc. Il en est de même du marché aux poissons de *Billing's Gate*, du marché à la viande de *Newgate*, et surtout du marché aux fleurs, aux fruits et aux légumes de *Covent-Garden*, constamment pourvu en abondance de produits de toutes les saisons et de toutes les zones (provenant surtout de Kew, le jardin potager de Londres), enfin du marché au charbon et de la bourse des charbonniers, où il se vend annuellement plus de 150 millions d'hectolitres de charbon.

Au *tunnel* et aux *docks*, qui sont au nombre des merveilles de la terre, se rattachent des magasins, des hangars et des caves, assez vastes pour renfermer certaines petites villes tout entières. La cave au vin de Porto, qui contient constamment près de 80,000 fûts, est traversée par des voies ferrées. Au-dessus se trouve ce qu'on appelle *Queen's Pipe* (la pipe de la reine), immense fournaise constamment allumée et où l'on brûle les articles de contrebande, que l'on peut mettre la main, tous objets qui n'ont pas été réclamés dans les délais voulus, jusqu'à des jambons, des gants, des montres, etc., représentant chaque année une valeur de plusieurs millions, et qu'on détruit pour qu'ils ne puissent pas par la concurrence faire baisser les prix de l'industrie nationale.

La partie sud et la partie nord de Londres sont reliées entre elles par neuf magnifiques ponts jetés sur la Tamise, la plupart chefs-d'œuvre de l'architecture hydraulique, à savoir : les ponts de Londres, de Southwark, de Black-Friars, de Waterloo, de Hungerford, de Westminster, de Vauxhall, de Battersea, ainsi que le nouveau pont suspendu de Chelsea, généralement considéré comme un tour de force de l'art d'assouplir le fer; et on en projette encore d'autres pour relier les embarcadères des chemins de fer situés dans Southwark à l'embarcadère central des chemins de fer. Le pont de Waterloo, avec ses neuf arches, chacune de 40 mètres d'envergure, et long de 336 mètres, ouvrage d'un ingénieur français appelé Dupin, est un monument digne d'un Sésostris ou d'un César. Au nombre des édifices les plus grandioses et les plus hardis qu'on puisse voir à Londres, il faut encore citer l'embarcadère du grand chemin de fer du nord (*King's Cross*), d'où il part journellement 300 trains, et dont l'administration ne comprend pas moins de 11,000 employés de tous genres.

Avec ses douze embarcadères de chemins de fer, dont les voies passent au-dessus des maisons et des rues, et plus de 100 stations dans l'intérieur même la ville ; de avec ses 12,000 omnibus, *cabs* et *hackneys* (fiacres à deux roues et à quatre roues); avec les trois cents bateaux à vapeur remontant ou descendant continuellement la Tamise, avec les milliers de charrettes, de tombereaux et de chariots qui encombrent les rues depuis le matin jusque bien avant dans la nuit; avec ses 15,000 barques, bateaux et bachots servant à décharger les navires ou bien à se rendre à leur bord ; avec les 5 à 12,000 bâtiments au long cours et les 8,000 bâtiments caboteurs qui chaque année entrent ou sortent du port de Londres (*Pool*) et des *Docks*; avec son innombrable quantité de bâtiments à vapeur arrivant à chaque instant de la haute mer, ou bien s'y rendant, Londres offre un tableau à nul autre pareil et qu'on ne saurait décrire. Cette ville est devenue le foyer du commerce de toutes les nations de la terre, représentées pour la plupart dans la *City* par un certain nombre de maisons de commerce fondées par leurs nationaux. L'industrie manufacturière, malgré ses gigantesques usines marchant par la vapeur et comprenant toutes les branches du travail humain, le cède cependant encore au commerce. Les plus importantes de ces usines sont consacrées à la fabrication de la bière ou à celle des sucres; les produits des premières sont recherchés dans le monde entier; les secondes emploient le plus généralement des allemands pour travailleurs. On compte à Londres cent dix brasseries de premier ordre, parmi lesquelles on remarque surtout celle de Barclay, Perkins et compagnie, qui livre chaque année plus d'un million de tonneaux de bière à la consommation.

Le montant des importations et des exportations de la seule place de Londres est évalué aujourd'hui à près de 100 millions sterling par an (2 *milliards* 500 *millions* de francs). On n'a pas de données précises sur la fortune réelle des marchands de la *City*, dont les lettres de change, les marchandises et les propriétés foncières se trouvent disséminées sur tous les points de la terre. Quant à leur capital en espèces, on l'évalue à 300 millions sterling (7 *milliards* 500 *millions* de francs). La Compagnie des Indes orientales et d'innombrables sociétés de commerce par actions, la bourse des fonds publics, la bourse des céréales, le Lloyd, plus de cinquante compagnies d'assurances, constituent les plus importants instruments du commerce intérieur et extérieur. Les compagnies créées pour la distribution du gaz et de l'eau ont été de la plus grande utilité pour la ville de Londres. Les compagnies de gaz, au nombre de douze, fournissent chaque nuit à la ville plus de 100,000 becs de gaz et aux particuliers au delà de 500,000. Indépendamment des tuyaux à gaz et des fils électriques qui parcourent dans toutes les directions le sol souterrain de Londres, il existe encore sur une longueur de plusieurs centaines de *milles*, d'épais aqueducs en fonte, à l'aide desquels dix compagnies fournissent constamment d'eau pure toutes les maisons (du moins dans la *City*), et enlèvent souterrainement toutes les immondices. Sous ce rapport, de même que pour le pavage et la propreté de la voie publique, Londres peut être citée comme une ville modèle. Il faut en dire autant de sa police, création de Peel, qui protège jour et nuit la propriété des citoyens et sait admirablement prévenir toute perturbation dans la circulation. Elle comprend un personnel de 5,492 individus, dont 1 surintendant en chef, 18 surintendants, 129 inspecteurs, 691 sergents et 4,742 *constables*, divisés en trois classes, dont la paye varie de 81 liv. st. 18 sh. (2,052 fr.) à 44 liv. st. 4 sh. (1,105 fr.). Son entretien entraîne une dépense de 390,662 liv. st. (9 millions 766,550 fr.), y compris le traitement des commissaires et des tribunaux de police.

Londres était déjà une ville considérable à l'époque des Romains, avant la naissance de J.-C., et il en est fait mention dans les auteurs latins sous diverses appellations (*Augusta Trinobantum*, *Legio secunda Augusti Lundinium*, *Londinium*). Constantin le Grand l'entoura de murailles, qui renfermaient un espace d'environ deux *milles*. Après l'introduction du christianisme, elle devint le siège d'un évêché, et sous Alfred le Grand la capitale de son royaume. Lors de la conquête d'Angleterre par le Normand Guillaume, celui-ci trouva déjà Londres (la *City*) en possession de nombreux privilèges, qu'il confirma et qui se sont maintenus à travers les siècles, soit par le consentement des rois, soit à la suite de luttes victorieuses soutenues par la ville. En 1210 le roi Jean érigea les franchises de Londres en une constitution municipale, dont les principales dispositions sont encore aujourd'hui en vigueur. Des épidémies, des pestes, des révoltes, des incendies ravagèrent et dépeuplèrent Londres à plus de vingt reprises différentes ; mais toujours il se releva de ses ruines et de ses cendres plus grand et plus puissant qu'il n'avait encore jamais été, et à travers ces péripéties la *City* réussit à conserver toujours ses institutions et franchises particulières. En 1588 déjà elle était en état d'armer 20,000 hommes et d'équiper trente-huit navires de guerre pour combattre l'*Armada*. Quoique sous Élisabeth Londres et Westminster fussent encore deux villes séparées l'une de l'autre, la reine ne vit pas sans une secrète inquiétude les développements toujours croissants de la capitale, et chercha à les entraver par des défenses prohibitives. Depuis lors son étendue a décuplé, sans que le gouvernement la redoute en quoique ce soit. Ce qui fait sa grandeur, c'est qu'elle unit étroitement la ville et la campagne, et que son agrandissement correspond toujours à l'agrandissement des villes les plus éloignées du royaume; corrélation de laquelle résulte pour elle un principe de vie tout nouveau.

Après avoir résisté à la grande peste de 1665, qui y enleva plus de 68,000 individus, et au grand incendie qui l'année suivante y dévora 13,200 maisons, elle prit dès lors toujours plus d'accroissement. Mais ce qui fait aujourd'hui son importance et ce qui tend encore à l'accroître indéfiniment, ce qui en a fait le grand marché de l'univers, et tendra toujours de plus en plus à lui assurer ce caractère, c'est la science pratique, c'est l'instruction générale des masses, c'est l'esprit d'entreprise et la richesse de la population qui aujourd'hui ne dispose plus seulement de la vapeur, cette force irrésistible et illimitée, mais encore de l'électricité, cet agent mystérieux de la civilisation moderne qui a supprimé les distances. La situation géographique de l'Angleterre et de sa capitale les a admirablement disposées pour un tel rôle. Or, ce sont précisément ces incessantes relations avec tous les points du globe qui expliquent comment la diminution de la misère et de l'immoralité y est en proportions constantes avec l'accroissement gigantesque de la richesse. Notons pourtant, en terminant, un danger auquel l'Angleterre et Londres en particulier se trouvent bien inopinément exposés par suite de la découverte des régions aurifères de l'Australie; pour mettre en mouvement les machines, on commence à y manquer de bras, de travailleurs : dans cette ville qui compte près de trois millions d'habitants, on commence à manquer d'hommes. Consultez Allen, *History of London* (4 vol., Londres, 1823).

LONDRES (Conférences de). *Voyez* CONFÉRENCES DE LONDRES.

LONGANIMITÉ (du latin *longanimitas*), grande patience ; mais tandis que la *patience* consiste à se soumettre par raison à ce qu'on ne saurait empêcher, la *longanimité* est cette qualité du cœur qui fait que l'on se soumet par bonté à de mauvais traitements, quoique l'on ait la force nécessaire pour les faire cesser.

LONGCHAMP. Près de la rive droite de la Seine, à un kilomètre de Bagatelle, et vis-à-vis une des portes du bois de Boulogne, était l'abbaye de Longchamp, fondée au treizième siècle par Isabelle de France, sœur de saint Louis. Elle y finit ses jours, en 1269, pendant la croisade du roi son frère. Deux autres princesses moururent religieuses dans cette maison, Blanche, fille de Philippe V, qui y décéda lui-même, en 1321, en venant voir sa fille, et Jeanne de Navarre. Les religieuses de cette abbaye étaient appelées *sœurs mineures*, et suivaient la règle de Saint-François. En 1543 leurs mœurs et leur discipline commencèrent à se relâcher. Elles portaient des bijoux, des vêtements de couleur, et abandonnèrent le costume de la maison. Elles sortaient et recevaient des jeunes gens au parloir. Enfin, le scandale devint tel, comme on le voit par une lettre de saint Vincent de Paul au cardinal Mazarin, qu'on entreprit, en 1652, de les réformer : on n'y réussit qu'en partie; l'esprit mondain se perpétua dans cette abbaye jusqu'à l'époque de la révolution.

Ce fut vers la fin du règne de Louis XVI que le pèlerinage de Longchamp devint surtout à la mode. On y allait entendre une cantatrice célèbre, Mlle Lemaure, qui y avait fait profession. La supérieure trouvant son compte au concours de monde qu'attirait la novice se mit en quête de belles voix, et tout naturellement en demanda aux chœurs de l'Opéra.

La curiosité y attirait une foule de Parisiens, qui venaient le mercredi, le jeudi et le vendredi de la semaine sainte, sous prétexte d'y entendre l'office des Ténèbres : les uns allaient pour voir, les autres pour être vus. Les femmes s'y montraient couvertes de pierreries ; mais elles étaient souvent éclipsées par les courtisanes, les *impures*, qui elles-mêmes l'étaient par la richesse et l'élégance de leurs voitures, de leurs livrées et de leurs équipages. On a vu leurs chevaux ornés de marcassites et autres pierres précieuses. Les princes y guidaient leurs coursiers, et dès ce temps on remarquait la rivalité entre les maisons d'Artois et d'Orléans. On réservait pour ces jours-là tout ce qu'il y avait de plus nouveau, de plus frais. Les tailleurs, les couturières, les marchandes de modes, les bijoutiers, les carrossiers, les maquignons, etc., se piquant d'émulation, établissaient souvent leur réputation par ce qu'ils avaient inventé ou fourni dans cette occasion. Les boutiquiers, les ouvriers, en habits du dimanche, s'y rendaient à pied ; les jeunes gens à cheval lorgnaient toutes les femmes. Les fiacres délabrés, avec leurs rosses eflanquées, faisaient ressortir la richesse et l'élégance des voitures de maîtres. Le peuple buvait et s'enivrait ; l'église était déserte, les cabarets étaient pleins : c'est ainsi qu'on pleurait la passion de Jésus-Christ. L'archevêque de Paris crut arrêter le scandale en interdisant la musique aux religieuses. On vint dans leur église pour entendre leurs belles voix, et on finit par ne plus y entrer.

La promenade de Longchamp, qui attirait une si grande affluence dans les allées du bois de Boulogne, cessa en 1792. L'église fut démolie peu d'années après ; mais les bâtiments du couvent existaient encore lorsqu'en 1796 les *incroyables*, en habit carré et coiffés en caniche, et les *merveilleuses* en costume grec, des pieds jusqu'à la tête, rétablirent non pas le pèlerinage, mais la promenade de Longchamp. Ce fut là qu'on vit pour la première fois, l'année suivante, des jeunes gens ayant les cheveux coupés à la *Titus* ou à la *Caracalla*. La file des voitures entrait par la porte Maillot, traversait le bois de Boulogne jusqu'à Longchamp, sans s'arrêter, et sortait par une autre porte. Cette promenade, assez insipide, se continue encore tous les ans dans la grande avenue des Champs-Élysées. Un hippodrome a été récemment établi par la ville de Paris sur les terrains de Longchamp. H. AUDIFFRET.

LONG COURS (Voyages au). Ils constituent une des trois sortes de navigation maritime. L'article 377 du Code de Commerce, modifié par la loi du 14 juin 1851, porte : « Sont réputés voyages de long cours ceux qui se font au delà des limites ci-après déterminées : au sud le 30° degré de latitude sud ; au nord le 72° degré de latitude nord ; à l'ouest, le 15° degré de longitude du méridien de Paris ; à l'est le 44° degré de longitude du méridien de Paris. »

LONGÉVITÉ. Les forces vitales qui régissent le système organique et les organes qui constituent ce système tendent à s'accroître d'abord, pour diminuer ensuite et s'éteindre. Les causes accidentelles, dépendantes des différentes conditions d'existence, peuvent prolonger ou abréger la vie, bien qu'il y ait un terme qu'elle ne franchit que rarement. Ainsi, la longueur de la vie est proportionnelle à la durée de l'accroissement du corps, à la dose de vitalité que l'individu a reçue et à celle qu'il dépense. Citons un exemple : le voyageur De La Haye naquit avec une constitution robuste ; il mena une vie laborieuse, mais réglée, ne fut adulte que longtemps après l'époque commune, se maria, devint père à soixante-dix ans, et vécut jusqu'à sa cent-vingtième année. Au commencement de ce siècle, Esparron, dans son *Essai sur les âges de l'homme*, a prouvé par un raisonnement plein de doctrine que la faculté reproductive partageait la vie en trois portions distinctes. Dans la première, cette propriété n'existe pas ; dans la seconde, elle est en activité ;

dans la troisième, elle est nulle. La durée de la première période détermine ordinairement celle des deux autres, et l'on peut établir en règle générale qu'une puberté précoce n'est jamais l'indice d'une longue vie. Buffon a fait le premier l'observation que l'existence des mammifères se prolonge environ six fois au delà du temps qu'ils emploient pour devenir adultes, et il formulait ainsi sa pensée : « La durée totale de la vie peut se mesurer en quelque façon par celle du temps de l'accroissement. » Mais les comparaisons qu'on voudrait fonder sur cette donnée doivent se rapporter toujours aux générations de notre époque ; car, si nous remontions aux premiers âges, tous nos calculs se trouveraient en défaut. La longévité des patriarches appartient sans doute à des temps privilégiés : c'était alors l'âge d'or de la vie : elle coulait dans toute sa plénitude, et le Seigneur semblait prendre soin d'en diriger le cours. Mais, dans cet âge de fer, nous ne sommes plus le peuple de Dieu, et il faudrait un miracle de la Toute-Puissance pour vivre aujourd'hui autant qu'Abraham. Toutefois, on remarque encore de loin en loin des cas de longévité extraordinaire : Henri Jenkins, mort le 8 décembre 1670, dans le Yorkshire, était âgé de cent-soixante-neuf ans, et vécut par conséquent six ans de moins que le patriarche. Cet homme était pêcheur, et traversait encore les rivières à la nage vers sa centième année ; appelé en témoignage pour un fait passé depuis cent quarante ans, il se présenta avec ses deux fils, déjà centenaires. De pareils exemples sont bien rares, surtout si on les compare aux résultats déduits de la masse des faits. En embrassant en effet de grandes séries d'existences, on voit que la vie moyenne n'atteint pas vingt-neuf ans pour les femmes, et vingt-quatre ans pour les hommes.

Parmi les animaux, les poissons et les oiseaux peuvent prolonger leur existence bien au delà du terme des autres classes. Plusieurs physiologistes ont tenté d'apprécier les causes de cette longévité, mais leurs raisonnements sont souvent contradictoires. Pour les poissons, ils font entrer en première ligne l'égalité de température des milieux où ils vivent, leur mode de respiration branchiale, la flexibilité de leur organisation, la nature huileuse de leur chair et la viscosité de leur enveloppe. Pour les oiseaux, on a basé leur longue et puissante vitalité sur la force de leur constitution musculaire, sur l'étendue et l'énergie de leur système de respiration, sur la facilité et la promptitude de leur digestion ; enfin, le duvet et les plumes qui garantissent leur corps des intempéries de l'atmosphère ont été aussi mis au nombre des avantages dont la nature les a dotés.

Un brochet de 6^m,33, pesant 175 kilogrammes, fut pris, en 1497, à Kaiserslautern ; la date de l'inscription qu'il portait sur un anneau suspendu à ses opercules faisait remonter l'existence de ce poisson monstre à plus de deux cent soixante-sept ans. Buffon cite de ces carpes de cent-cinquante, qui n'avaient pas encore atteint toute leur croissance. Klin assure avoir gardé un aigle en cage pendant plus d'un siècle. Que n'eût-il pas vécu en liberté ! Mais parmi les exemples de ce genre le plus curieux est celui que rapporte M. de Humboldt. Ce célèbre voyageur nous apprend que les Aturès formaient un peuple de l'Amérique méridionale dont la race s'est éteinte il y a beaucoup plus d'un siècle. Des squelettes entassés dans les cavernes d'Ataruipé, au-dessus des cataractes de l'Orénoque, sont maintenant les uniques restes des Aturès ; mais l'on doit à une singulière circonstance la conservation de quelques mots du dialecte de ce peuple anéanti. Les Indiens de Maypuré possèdent un vieux perroquet, qu'on ne comprend pas, parce qu'il parle, disent-ils, l'ancienne langue des Aturès.

Parmi les insectes, la durée de la vie est réduite à un court espace ; on pourrait comparer l'existence de ces petits êtres à celle des plantes herbacées, presque toutes annuelles ou bisannuelles, à moins que quelque circonstance, dépendant de leur organisation ou de causes extérieures, ne vienne retarder leur propagation et prolonger leur vie jusqu'à ce que le vœu de la nature soit satisfait. Il est des insectes qui ne durent que quelques heures, d'autres vivent plusieurs années ; mais il faut comprendre dans cette existence le temps qu'ils passent en état de larve, de ver ou de chrysalide ; car leur vie est alors tout à fait passive, et ressemble à l'engourdissement hivernal des végétaux.

Puisque nos comparaisons nous ont conduit à parler des plantes, disons un mot de cette classe importante. Ce qui distingue le plus les végétaux des autres êtres de la création, c'est leur impassibilité au milieu des influences destructives de tous les agents extérieurs. Ils vivent, croissent et ne sentent rien. Cette existence sans locomotion, sans fatigue, sans aucun sentiment extérieur qui en altère le cours, doit nécessairement produire une grande uniformité dans les différentes phases d'une vie qui semble se renouveler incessamment. Chaque année, de nouvelles pousses régénèrent le végétal ; la jeune branche du chêne le plus vieux est aussi fraîche et vigoureuse que celle de l'arbuste qui vient de naître. La qualité du bois et sa texture influent beaucoup sur la durée des grands arbres.

Dans les considérations sur la longévité, celles qui se rapportent à la vie humaine doivent nous intéresser davantage, surtout lorsque le hasard ou les circonstances accumulent autour de nous tout ce qui peut concourir à abréger sa durée. A Paris plus qu'ailleurs ces causes de perturbation se pressent et se renouvellent avec plus de fréquence : on use la vie sans s'en apercevoir. Toutefois est-il des prévisions capables de prolonger l'existence? Oui, sans doute, et l'hygiène en indique plusieurs que bien des gens connaissent et ne suivent pas. Quelques-uns, faisant un abus des moyens conservateurs, se droguent dans l'espoir de prolonger leurs jours, et meurent plus tôt que les autres. Les deux extrêmes sont également pernicieux. Laissons faire la nature, et soumettons-nous à ses lois ; ne dérangeons pas, par notre intempérance et l'abus des passions, l'équilibre de la vie, et nous conserverons la paix du cœur, la tranquillité de l'âme et la santé du corps. Alors, quand viendra notre heure, nous pourrons dire avec un vieux poète :

J'ai vécu sans nul pensement,
Me laissant aller doucement
A la bonne loi naturelle.

S. BERTHELOT.

M. Flourens a récemment publié sous ce titre : *De la Longévité humaine et de la quantité de vie sur le globe*, un livre où il pose ce principe : *La durée normale de la vie d'un homme est d'un siècle*. « Peu d'hommes, il est vrai, ajoute l'auteur, arrivent à ce grand terme ; mais aussi combien d'hommes font-ils ce qu'il faudrait faire pour y arriver? Avec nos mœurs, nos passions, nos misères, *l'homme ne meurt pas ; il se tue*.... » Et M. Flourens cite l'exemple de Ludovico Cornaro, dont un de nos collaborateurs a si bien raconté l'histoire. La rare sobriété du noble vénitien lui paraît être le moyen le plus propre à prolonger la vie. Sans vouloir mettre en doute les avantages de la sobriété, si M. Flourens n'empruntait des arguments à des considérations d'un autre ordre, on pourrait opposer à Cornaro cet ivrogne dont parle M. Joncourt dans sa *Galerie des Centenaires*, et dont la tombe portait pour épitaphe : « Sous cette pierre gît Brawn, qui, par la seule vertu de la bière forte, sut vivre cent vingt hivers. Il était toujours ivre, et dans cet état, si redoutable, que la mort elle-même le craignait.... »

Mais M. Flourens part du principe pris par Buffon. Seulement, il donne le signe certain qui marque le terme de l'accroissement : c'est, dit-il, la réunion des os à leurs épiphyses. Il est clair, en effet que cette réunion opérée, l'accroissement en longueur cesse forcément. M. Flourens observe alors que chez l'homme, qui vit quarante ans, cette réunion se fait à huit ans ; dans le cheval, qui vit vingt-cinq ans, elle se fait à cinq ; à quatre chez le lion, qui vit vingt ans, etc. ; et, remarquant que le rapport de la durée de la vie à celle de l'accroissement est constamment égal à cinq, il ne lui reste plus qu'à constater que la réunion des os aux épiphyses de l'homme s'opère à vingt ans pour conclure la durée séculaire de notre vie.

LONGFORD, comté d'Irlande formant l'extrémité nord-ouest de la province de Leinster et d'une superficie d'environ 14 myriamètres carrés. Il est couvert dans sa partie septentrionale par les monts Cairnclonhugh, riches en fer et en houille, qui avec quelques lacs et marais occupent une superficie de plus de 3 myriamètres et demi, mais plat partout ailleurs et fertile, à l'exception des terrains marécageux riverains du Shannon, qui sont exposés chaque année aux inondations de ce fleuve. On y récolte beaucoup d'avoine ; mais l'élève du bétail constitue la grande industrie du pays. On y fabrique aussi un peu de toile. En 1841 sa population était de 115,941 habitants, et en 1851 seulement de 83,198 : diminution 28 p. 100.

Le chef lieu, LONGFORD, est une jolie ville, située dans une belle contrée, sur les bords du Camlin, avec une caserne d'artillerie, un palais de justice, un marché, un hôpital, et 4,000 habitants.

LONGHI (JOSEPH), célèbre graveur italien, né le 13 octobre 1766, à Monza, était fils d'un marchand de soie. Il apprit son art à Milan, dans l'atelier du Florentin Vicenzo Vangelisti, et se livra en même temps à l'étude de la peinture. Plus tard il alla à Rome, où il se lia d'amitié avec Morghen. Revenu en 1797 à Milan, Bonaparte le chargea de graver son portrait peint par Gros. Le vice-roi Eugène Beauharnais le nomma professeur à l'Académie des Beaux-Arts. Longhi mourut à Milan, le 2 janvier 1831.

Aucun artiste contemporain n'a aussi bien réussi à donner, rien qu'avec l'aide du poinçon, de la vie à la chair ; et dans la gravure au burin, il a surpassé tous les grands maîtres précédents. Parmi ses plus remarquables productions, on doit citer surtout son *Philosophe en méditation*, d'après Rembrandt, et son *Dandolo*, d'après Mettrini. Sa *Madeleine*, d'après le Corrége, reproduit avec une fidélité presque incroyable la délicatesse et la transparence des teintes de l'admirable original. On ne doit pas moins d'éloges à sa *Galatée portée sur les flots dans une conque*, d'après l'Albane, à sa *Vision d'Ezéchiel*, d'après Raphael, et à son *Spozalizio*, c'est-à-dire mariage de la sainte Vierge, d'après Raphael. Son dernier ouvrage, *Le Jugement dernier*, d'après Michel-Ange, en deux feuilles, d'après le dessin du peintre romain Minardi, est resté inachevé. Parmi ses élèves, on c'te P. Anderloni, Garevaglio, Felsing, Kruger, Gruner et Steinla.

LONGIN (CASSIUS LONGINUS), célèbre rhéteur. L'année de sa naissance n'est pas plus connue que sa patrie, que l'on fait naître à Emésa, en Syrie, et les autres à Athènes ; toujours est-il qu'il florissait vers la fin du troisième siècle de notre ère, et qu'il professait avec éclat l'art oratoire à Athènes, lorsque Zénobie, reine de Palmyre, le fit venir à sa cour, pour lui enseigner le grec et la philosophie. Découvrant en lui des talents supérieurs, elle en fit son premier ministre. Ce fut lui qui l'encouragea à résister aux armes de l'empereur Aurélien : il lui dicta la fière réponse que'elle adressa à ce prince, et que l'historien Vopiscus nous a conservée : cette lettre coûta la vie à Longin. Aurélien, maître de la ville de Palmyre et de Zénobie, réserva la reine pour son triomphe, et envoya au supplice Longin, qui mourut avec courage.

Il avait composé neuf ouvrages, dont Suidas nous donne les titres, divers traités *Sur Homère*, un *Lexique de locutions attiques*, une *Rhétorique*, des *Scolies sur le Manuel d'Héphestion*, des traités *Du Bien et du Mal*, *De l'Ame*, *De l'Origine des Choses*, un *Commentaire sur le Phédon et le Timée de Platon*, dont Olympien et Proclus nous ont conservé des fragments, un traité, en plus de vingt livres, *Sur les Auteurs classiques de l'Antiquité*. Disciple d'Ammonius Saccas, d'Alexandrie, il appartient, comme philosophe, à l'école des néo-platoniciens ; mais il sut, par la rectitude de son esprit, se préserver des erreurs de son chef, et ne pas tomber dans le mysticisme. Aussi Plotin, autre disciple fanatique d'Ammonius, qui enchérissait encore sur les doctes fantaisies de son maître, ne daigna pas reconnaître Longin pour philosophe, et le relégua dans la classe des simples philologues. L'ouvrage de ce dernier, *Du souverain Bien*, était dirigé contre Plotin, qu'il traitait, au reste, avec beaucoup d'égards. La préface nous a été conservée par Porphyre dans la *Vie de Plotin*, où se trouve également rapporté le fragment d'une lettre de Longin à Porphyre. Mais c'est principalement comme rhéteur que Longin nous est connu. Ses *Prolégomènes sur Héphestion* nous ont été conservés, ainsi que son *Traité du Sublime*. Longin ne s'est pas contenté, comme tant d'autres rhéteurs, de donner des préceptes dépouillés d'ornements. Évitant le défaut qu'il reproche au sophiste Cécilius, qui avait, dit-il, « écrit du sublime en style bas, » il a employé toutes les finesses du style, en traitant des beautés de l'élocution. Souvent en parlant du sublime, il est lui-même sublime, mais avec tant d'à-propos et de convenance qu'on ne saurait l'accuser de sortir jamais du style didactique. Partout, dans son ouvrage, se manifeste le caractère d'un écrivain vertueux; et ses sentiments indiquent l'âme la plus noble et la plus élevée. La traduction du *Traité du Sublime* par Boileau est la seule qui existe en français : elle laisse à désirer sous le rapport de l'exactitude et de la précision; Boileau s'était mépris sur le but principal de l'ouvrage : il n'avait pas vu que Longin traitait surtout de ce que les rhéteurs appellent le style sublime, par opposition au style simple et au style tempéré. Cette première erreur a conduit le traducteur à faire violence au texte de l'auteur, pour le ramener à son sens, qui consistait à ne voir que le sublime de pensées indépendamment de la pompe des mots. Le *Traité du Sublime* a trouvé de nombreux éditeurs et commentateurs, depuis l'édition *Princeps* de Bâle, 1544, in-8°, jusqu'à celle que Weiske a donnée à Leipzig en 1809, en s'entourant des secours de tous ses devanciers. On doit peu s'étonner de cet empressement des hellénistes pour ce court et précieux ouvrage, que Casaubon, dans son enthousiasme, appelait *un livre d'or*.

Charles Du Rozoir.

LONGINUS. *Voyez* Dlugosz.
LONGIROSTRE. *Voyez* Gavial.
LONGIROSTRES. G. Cuvier a donné ce nom à une famille d'oiseaux de l'ordre des échassiers, renfermant les genres *ibis*, *courlis*, *bécasse*, *combattant*, *chevalier*, etc. Ces oiseaux sont caractérisés par un bec grêle, long et faible, qui ne leur permet guère que de fouiller dans la vase pour y chercher les vers et les petits insectes.

LONG-ISLAND (c'est-à-dire *Ile longue*), nom commun à plusieurs îles.

La plus célèbre est celle qui se trouve située sur la côte méridionale de l'État de New-York (États-Unis); c'est en même temps la plus grande île de l'océan Atlantique qui fasse partie de l'Union. Elle a 18 myriamètres de long; sa superficie totale est de 32 myriamètres carrés, et ses côtes offrent un grand nombre de ports et de baies. Avec la côte qui lui fait face elle forme le *détroit de Connecticut* ou de *Long-Island*, golfe dont la navigation est aussi sûre que commode, ayant à l'est une étendue d'une plus de 14 kilomètres, et où l'on n'arrive du côté du sud-ouest que par une passe fort étroite appelée *Hell-Gate* (Porte d'Enfer), dont la navigation est dangereuse, à cause du grand nombre de rochers et de rapides qu'on y trouve, et communiquant avec *East-River*, comme on appelle le bras oriental de l'Hudson à son embouchure. Ce dernier sépare l'île de Long-Island de l'État de New-York; les *Narrows*, comme on appelle la passe étroite par laquelle on gagne la haute mer, la séparent de la petite île appelée *Staten-Island*; et à son tour celle-ci est séparée du continent par le *Raritonbay*. Ces deux îles présentent aujourd'hui une population de plus de 750,000 habitants, dont 97,000 pour la ville de Brooklyn et 31,000 pour celle de Williamsburg, deux localités qui ont pris les plus rapides développements, et qu'on considère comme ne formant plus aujourd'hui avec New-York qu'une seule et même ville. La côte méridionale de Long-Island, où se trouve située la *Baie de la Jamaïque*, tout entourée d'îlots, est plate, sablonneuse et couverte de marais salants. Elle ne laisse pas cependant que d'être sur quelques points fertile en céréales, et surtout en maïs. La côte septentrionale est montagneuse. Le sol en est gras et fertile. La côte orientale se partage en deux grands promontoires, enserrant la *Gardner's-Bay*, sur la côte méridionale de laquelle se trouve le port de *Sag-Harbour*. Outre les céréales, on y cultive beaucoup de lin et le chanvre. On s'y livre aussi à l'éducation du bétail et des chevaux, et on y pêche beaucoup de poissons, de homards, d'huîtres, etc. Dans la belle saison, c'est sur la côte orientale de Long-Island que les habitants de l'État de New-York vont prendre des bains de mer.

LONGITUDE. En géographie la longitude d'un lieu est la distance angulaire du méridien de ce lieu au premier méridien. On peut la mesurer par l'arc de l'équateur compris entre ces deux méridiens. La longitude est *orientale* ou *occidentale* suivant que le lieu dont il s'agit est à l'est ou à l'ouest du premier méridien; sa plus grande valeur est 180°.

Dans l'estimation des latitudes, on compte à partir de l'équateur, cercle donné par la nature ; il n'en est pas de même pour les longitudes, et le premier méridien est pris arbitrairement. Ainsi, Ptolémée comptait les longitudes à partir des Iles-Fortunées. Plus tard, les navigateurs arabes employèrent un premier méridien qui coïncidait avec le quatre vingt-dixième degré des Grecs, et qui reçut le nom de *coupole d'Arine*. Louis XIII publia un édit qui fixait pour premier méridien celui qui passe par l'île de Fer. Depuis, la plupart des peuples de l'Europe ont choisi pour premier méridien celui de leur observatoire principal : Paris pour les Français, Greenwich pour les Anglais, Cadix pour les Espagnols, etc. Il en résulte que les tables de longitudes publiées dans différents pays ne concordent qu'autant qu'on tient compte de cette diversité de premiers méridiens, opération toujours facile, du reste, car elle se borne à une addition ou à une soustraction, suivant le cas.

Mais aujourd'hui que les peuples, encore divisés par la politique, sont du moins unis par la science, il importe d'établir avec le plus d'exactitude possible les longitudes des divers premiers méridiens les uns par rapport aux autres. Ce travail a été déjà exécuté pour Paris et Greenwich par MM. Leverrier et Airy, et, grâce au secours de la télégraphie électrique, on a pu, en déterminant simultanément l'heure vraie des deux observatoires, conclure avec toute la précision désirable la différence de longitude qu'il importait de connaître.

Pour la longitude de deux points du globe terrestre, il suffit en effet de connaître la différence des heures que l'on compte au même instant dans les deux lieux donnés. Comme la révolution diurne apparente du soleil dure 24 heures, ou, pour nous exprimer plus commodément, comme cet astre parcourt 360° dans ce laps de temps, il parcourt 15° par heure, 15' par minute, 15'' par seconde, etc. Si donc à un chronomètre donné il est 7ʰ 35ᵐ du matin dans un lieu A, et 9ʰ 36ᵐ du matin dans un lieu B, la différence, 2ʰ 1ᵐ, convertie en degrés, nous apprend que le lieu B est à 30° 15' E. du lieu A.

Ce qui précède nous fait concevoir la possibilité de déterminer les longitudes à la mer. Supposons un bâtiment quittant un port; il est muni d'un chronomètre qui indique, par exemple, l'heure de Paris. En un point quelconque de la traversée, l'officier de route cherche l'heure du lieu, à l'aide d'un calcul d'angle horaire; si cette heure coïncide avec celle qu'indique au même moment le chronomètre, le bâtiment est sur le méridien de Paris; autrement, il n'y a qu'à convertir la différence des heures comme ci-dessus, pour connaître la longitude cherchée.

Mais cette méthode suppose que l'on ait un excellent

chronomètre, qui ne se dérange jamais. Or, si perfectionnées que soient nos montres marines, on a dû chercher des procédés pouvant suppléer à leur absence, ou tout au moins pouvant servir à des vérifications. L'observation des éclipses de Soleil et de Lune atteint ce but ; mais ces phénomènes sont trop rares pour répondre à des besoins journaliers. On leur a donc substitué les éclipses des satellites de Jupiter, et enfin la détermination des distances de la Lune à une planète ou à une étoile (*voyez* HYDROGRAPHIE).

En astronomie, la longitude d'un astre est l'arc de l'écliptique compris entre le point équinoxial du printemps et le cercle de latitude de l'astre. Cette longitude se compte depuis 0° jusqu'à 360° en allant vers l'Orient.

E. MERLIEUX.

LONGITUDES (Bureau des). *Voyez* BUREAU DES LONGITUDES.

LONGOBARDS, LONGOBARDIE. *Voyez* LOMBARDS et LOMBARDIE.

LONGOMONTANUS (CHRISTIAN-SEVERIN), savant astronome, né en Danemark, en 1562, dans le village de Longbjerg, nom qu'il adopta en le latinisant, suivant l'usage du temps. C'est par erreur que Vossius l'appelle *Christophe*. Fils d'un pauvre paysan, nommé *Severin*, il eut à souffrir pour faire ses études toutes les peines qu'on peut imaginer, divisant son temps, comme le philosophe Cléanthe, entre la culture de la terre et les leçons qu'il recevait d'un ministre du pays. A la fin, vers la quinzième année de son âge, il abandonna sa famille, et s'en alla à Wiborg, où il y avait un collége, dans lequel il passa onze ans ; et quoiqu'il fût obligé de gagner sa vie comme il pouvait, son extrême application à l'étude lui permit de faire de grands progrès dans les sciences, et particulièrement dans les mathématiques. De là Longomontanus partit pour Copenhague, où les professeurs de l'université conçurent bientôt une si haute opinion de lui qu'ils le recommandèrent à Tycho-Brahé, avec lequel Longomontanus vécut huit ans à Uranienburg, lui rendant de grands services dans ses observations et ses calculs. Il l'accompagna aussi à Prague. Enfin, comme il désirait ardemment obtenir une chaire de professeur en Danemark, Tycho-Brahé consentit, après beaucoup de difficultés, à se séparer de lui, lui donnant liberté entière avec de hauts témoignages de son estime, et lui fournissant même l'argent nécessaire pour faire un voyage en Allemagne. Nommé plus tard, en 1605, à une chaire de mathématiques à l'université de Copenhague, Longomontanus en remplit les fonctions avec honneur jusqu'à sa mort, arrivée en 1647.

Longomontanus a laissé plusieurs ouvrages, qui prouvent ses grandes connaissances dans les mathématiques et l'astronomie. Le plus remarquable est son *Astronomia danica* (Copenhague, 1622), oublié aujourd'hui tout comme ses Tables de la Lune et des planètes. Malgré tout son savoir, il ne put jamais se soustraire à l'influence des idées de son siècle. C'est ainsi qu'il croyait encore à l'astrologie, qu'à ses yeux les comètes étaient les signes avant-coureurs des plus terribles catastrophes, et qu'il chercha longtemps la quadrature du cercle.

LONG PARLEMENT. C'est le nom qu'on a donné, dans l'histoire d'Angleterre, au dernier parlement qui s'assembla sous Charles Ier, en 1640, et qui prolongea révolutionnairement ses pouvoirs jusqu'en 1653. La chambre des communes établit d'abord fortement sa puissance. La chambre des pairs voulut résister ; elle dut céder bien vite. Charles Ier lutta plus longtemps, et finit par vouloir arrêter des membres de la chambre des communes, qu'il accusait de haute trahison ; il échoua. Deux ans après la réunion du long parlement, la guerre civile éclata ; et l'on sait quelles en furent les suites. La chambre des communes eut aussi à lutter contre l'armée, où Cromwell était tout-puissant. Elle gouvernait de fait, mais elle obéissait elle-même à quelques agitateurs, sous la pression desquels elle ordonna, le 6 janvier 1649, la mise en accusation du roi. Une haute cour de justice fut constituée, et Charles Ier périt sur l'échafaud, le 30 janvier. Beaucoup de royalistes éprouvèrent le même sort ; la pairie fut abolie, ainsi que la royauté. Des révoltes éclatèrent ; elles furent comprimées, et Cromwell gouverna la république. Mais las à son tour de ce corps politique qui se croyait encore souverain, il se mit, le 20 avril 1653, à la tête de quelques soldats, vint disperser les récalcitrants et fermer les portes de cette assemblée, qui avait reçu le surnom de *parlement croupion*, depuis l'élimination d'un bon nombre de ses membres, opérée déjà le 6 décembre 1648 et appelée *purge de Pride*, du nom du colonel qui l'exécuta.

LONGUEUR, une des trois dimensions des corps, l'étendue d'une surface considérée dans sa plus grande dimension, par opposition à largeur. Dans le sens où *long* est opposé à *court*, la *longueur* désigne l'étendue d'un objet considéré d'une extrémité à l'autre. *Longueur* se dit aussi en parlant de la durée du temps.

Ce mot s'applique aux ouvrages d'esprit considérés sous le rapport de l'étendue, ou sous celui du temps qu'on met à les lire, à les réciter, à les entendre : Ce poëme est d'une *longueur* assommante. Il signifie encore ce qui est superflu, ce qui surabonde :

L'ouvrage le plus court peut avoir des *longueurs* ;
Le plus long, n'en avoir aucune.

Chamfort a dit d'un distique : « Il y a des *longueurs*. »
Enfin, *longueur* est souvent synonyme de *lenteur*.

LONGUEVILLE (Maison de). Cette famille descendait de Dunois. Elle doit son nom à un bourg du pays de Caux, *Longueville la Giffard*, situé à 30 kilomètres de Dieppe, et qui compte aujourd'hui de 500 à 600 habitants.

François II, petit-fils de Dunois, comte de Longueville, fut créé duc, en 1505, par Louis XII. Charles IX et Louis XIV accordèrent aux ducs de Longueville le titre de princes du sang, mais en omettant toujours de soumettre leurs ordonnances à la formalité de l'enregistrement, qui seule eût pu leur donner force de loi.

Louis Ier, frère de François II, lui succéda en 1512. Par mariage, il devint prince souverain de Neufchâtel ; souveraineté que plus tard ses descendants joignirent à celle du comté de Valengin.

Henri II, duc de Longueville, prince de Neufchâtel et de Valengin, né le 27 avril 1595, partageant la haine de la noblesse pour Richelieu, accéda à la conspiration tramée contre la vie de ce ministre, dans la conférence tenue à Fleury, en 1626. En 1637 il commanda un corps d'armée dans la Haute-Bourgogne, et fit la guerre avec succès, les années suivantes, en Lorraine, en Alsace, sur le Rhin et en Italie. Mazarin l'envoya, en 1645, au congrès de Munster ; mais blessé de voir que sa mission réelle était bien moins de négocier que de briller par son nom et son luxe, il se retira du parti de la cour, tout disposé à faire cause commune avec ses beaux-frères, les princes de Condé et de Conti, dans l'exécution de leurs ambitieux projets. Toutefois, lorsque commencèrent les troubles de la Fronde, les meneurs essayèrent bien de l'éloigner de la direction des affaires, parce qu'ils lui reprochaient de manquer de résolution. La paix conclue le 11 mars 1649 lui permit de reparaître à la cour. Arrêté en 1650 en même temps que ses beaux-frères, il ne tarda pas à être remis en liberté, grâce aux actives démarches de sa seconde femme, *Anne-Geneviève de Bourbon-Condé*, qu'il avait épousée en 1642. Il renonça alors à toutes les intrigues politiques, et mourut dans ses terres, le 11 mai 1663. Nous consacrons ci-après un article particulier à cette duchesse de Longueville.

Le plus jeune de ses fils, *Charles-Paris*, duc DE LONGUEVILLE, connu précédemment sous le nom de *comte de Saint-Paul*, hérita, à la mort de ses aînés, des biens et des dignités de sa famille. Il se distingua, en 1667, dans la campagne des Pays-Bas, en 1668, dans celle de Franche-Comté, et après la paix d'Aix-la-Chapelle alla au secours de Candie, assiégée par les Turcs. Quand un parti puissant en Pologne songea à détrôner le roi Wisnowicki, on entra, sur la proposition de Sobieski, en négociations avec le duc de Longueville, le prince le plus beau et le plus aimable de son époque, pour lui faire accepter la couronne. Mais la mort du duc, arrivée le 12 juin 1672, fit échouer ce projet. Il périt, au passage du Rhin, à Tollehuys, en marchant intrépidement contre les Hollandais.

La maison de Longueville s'éteignit en 1707, avec Marie d'Orléans, duchesse de Nemours, fille de Henri II, duc de Longueville.

François II d'Orléans, marquis DE ROTHELIN (*Rœtheln*, en Souabe), laissa un fils naturel, *François*, bâtard de Rothelin, lequel mourut en 1600, et fut le fondateur d'une ligne collatérale, qui s'éteignit en la personne d'*Alexandre de Rothelin*, mort en 1764, lieutenant général.

LONGUEVILLE (ANNE-GENEVIÈVE DE BOURBON-CONDÉ, duchesse DE), l'une des femmes les plus brillantes et les plus remarquables du dix-septième siècle, naquit le 29 août 1619, au château de Vincennes, où son père, Henri II de Bourbon-Condé, premier prince du sang, était prisonnier d'État. Sa mère (Charlotte-Marguerite de Montmorency) la présenta de bonne heure à la cour, où son extrême beauté, jointe à la grâce et à la finesse de son esprit, attira sur elle, dans sa jeunesse, l'attention générale, qu'elle devait bientôt occuper d'une autre manière, par l'agitation de sa vie et son influence politique. Elle avait reçu une éducation profondément religieuse, et voulut même à quatorze ans entrer au couvent des carmélites du faubourg Saint-Jacques, fondé par deux princesses de sa famille. Bien que le monde eût triomphé de cette sainte résolution, elle garda sous cet humble toit de douces amitiés, qu'elle n'abandonna jamais. A l'âge de vingt-trois ans, après avoir été promise au prince de Joinville, qui mourut en Italie, elle épousa le duc de Longueville, qui avait quarante-sept ans, et qui était veuf de la fille du comte de Soissons. Les divisions qui éclatèrent en France à l'occasion de la rupture du parlement avec le cardinal Mazarin l'appelèrent à jouer dans la Fronde un des premiers rôles. Poussée par l'ambition et par le goût des négociations politiques, qu'elle avait puisé aux conférences de Munster, où son mari avait rempli les fonctions de plénipotentiaire, elle se précipita dans les désordres, qu'elle voulait diriger à son gré. Et cependant, s'il faut en croire le cardinal de Retz, qui partagea alors sa fortune, la duchesse de Longueville avait plus le caractère d'une certaine nonchalance, une sorte d'indécision habituelle, qui s'alliaient fort peu aux qualités d'un chef de parti : mais elle avait aussi, au milieu de cette langueur naturelle, ce qu'il appelle des *réveils lumineux et surprenants*. Elle entraîna avec elle son frère, le prince de Conti (Condé, son autre frère, s'était à cette époque rangé du côté du roi), et le prince de Marsillac, qui fut depuis le duc de La Rochefoucauld, auquel elle avait inspiré une violente passion.

Pendant que l'armée royale assiégeait Paris, la duchesse de Longueville, pour inspirer confiance aux parlements et au peuple, se laissa conduire par le coadjuteur à l'hôtel de ville, où elle accoucha d'un fils, le 29 janvier 1649. Cet enfant, tenu sur les fonts de baptême par le prévôt des marchands et les échevins, reçut les prénoms de *Charles-Paris*. Pendant les trois mois que dura le blocus, la duchesse de Longueville fut l'âme de son parti. Elle présidait à toutes les délibérations, à toutes les assemblées, à tous les jeux, à toutes les fêtes; car on sait que dans cette guerre, au moins singulière, de la Fronde, le plaisir ne fut pas la moindre affaire. Après la paix, qui fut signée le 11 mars 1649, dans ses appartements, elle reparut à la cour, ou la froideur que la reine et le cardinal lui montrèrent lui firent voir que son influence n'était point pardonnée. Elle ne put supporter patiemment cette injure : sa haine contre Mazarin s'en accrut. Elle n'eut pas de peine à ranimer celle du prince de Conti, et elle parvint à détacher du parti du roi le prince de Condé, qui avait pour elle une si vive tendresse fraternelle que la calomnie ne craignit pas de la représenter sous des dehors infâmes. Bientôt l'arrestation des princes fut décidée par Mazarin, tout-puissant alors, et désireux de se venger. Elle fut mise à exécution le 18 janvier 1650, au Palais-Royal même, et le duc de Longueville fut compris dans la mauvaise fortune de ses beaux-frères.

On avait eu aussi l'intention d'arrêter la duchesse ; mais, avertie à temps par la princesse Palatine, elle quitta Paris à la hâte, et se réfugia en Normandie, dont son mari était gouverneur, et où elle croyait pouvoir, grâce à son influence, opérer un soulèvement. Son espérance fut déçue : Mazarin avait travaillé sous main les esprits, et les avait gagnés à sa cause. Bientôt même la duchesse fut réduite à se cacher : elle erra sur les côtes, cherchant les moyens de s'embarquer, et se dérobant sous différents déguisements à la vigilance des agents du cardinal ; enfin, elle se fit conduire du Havre à Rotterdam. Le prince d'Orange l'accueillit merveilleusement, et lui fit des offres de séjour à La Haye. Elle aima mieux se rendre à Stenay, quartier général du vicomte de Turenne, qui s'était jeté dans la Fronde pour *plaire à ses beaux yeux*, comme le duc de La Rochefoucauld, bien, au reste, que le coup d'œil de la duchesse fût loin d'être aussi bienveillant pour lui qu'il l'était pour le duc de La Rochefoucauld. A Stenay, elle travailla de concert avec Turenne à amener la délivrance des princes. Elle entretint d'actives correspondances avec tous ses amis pour obtenir des envois d'hommes et d'argent, et pour combattre par tous les moyens le pouvoir toujours croissant de Mazarin, qui, irrité de ces menées, alla jusqu'à signifier par une déclaration royale, en date du 7 mai 1650, que la duchesse et ses partisans seraient regardés comme criminels de lèse-majesté si au bout d'un mois ils ne faisaient leur soumission. Servie fidèlement par des amis dévoués, la princesse rentra en grâce malgré le cardinal, et les princes furent élargis après trois mois de détention.

Elle revint à Paris, et pendant tout le cours de son voyage elle reçut les hommages les plus empressés. Le roi et la reine mère l'accueillirent dans la capitale avec beaucoup de distinction. Au milieu de ce retour de faveur, elle s'occupa avec empressement de faciliter la conclusion de la paix générale, selon la promesse qu'elle en avait faite aux Espagnols. Son séjour à Paris fut marqué par les plus brillantes réunions ; elle ouvrit ses salons à toutes les gloires, à toutes les célébrités politiques et littéraires; son hôtel fut capable de lutter avec l'hôtel Rambouillet, dont elle était un des ornements. Mais la paix ne devait pas être de longue durée : de nouvelles divisions éclatèrent entre la reine et la maison de Condé. La duchesse se rendit à Bourges, chef-lieu du gouvernement de son frère, et de là à Bordeaux, où se trouvait la princesse de Condé. Malgré ses efforts, elle ne put parvenir à vaincre dans cette ville l'influence du cardinal, influence que secondait encore la mésintelligence survenue entre quelques membres de sa famille.

C'est à peu près à cette époque que se termine la vie politique de la duchesse de Longueville. A partir de ce temps on la voit peu à peu renoncer aux intrigues et aux négociations au milieu desquelles elle avait vécu. Elle se retira insensiblement de la scène, où elle avait joué un rôle si actif, ne s'y montrant plus qu'à de rares intervalles, et laissant le prince de Condé continuer la lutte qu'il avait engagée. Plus tard, quand tous les troubles furent calmés, elle rentra en grâce avec lui, et chercha des distractions dans les hommages que lui valurent sa grâce, son aménité, son amour des lettres, et les nobles qualités de son cœur. Des années plus tranquilles encore vinrent rendre le calme à son âme, éprouvée par tant de vicissitudes : elle se livra dans la retraite à l'éducation de ses enfants, consacrant à la religion les instants qu'elle lui laissait. La dernière partie de sa vie fut tout entière donnée à l'accomplissement de ses devoirs de piété, et son goût pour la solitude s'accrut encore par la douleur que lui causa la mort de son fils. Elle mourut à l'âge de cinquante-neuf ans, le 15 avril 1679. Son cœur fut porté à Port-Royal, pour lequel elle avait une grande prédilection, et qu'elle avait toujours protégé contre les persécutions. JONCIÈRES.

LONGUE-VUE. Voyez LUNETTE.

LONGUS, sophiste et poëte érotique grec, qui florissait au quatrième ou au cinquième siècle de notre ère, et dont on a un roman pastoral en quatre livres, intitulé en grec Ποιμενικά, c'est-à-dire *Pastorales*, où les amours de Daphnis et de Chloé sont racontées de la manière la plus gracieuse et dans un style qui pour l'époque ne laisse pas que d'avoir un grand mérite. Après l'édition première des Junte (Florence, 1598), celle de Villoison (Paris, 1778), de Schœfer (Leipzig, 1803) et de Seiler (Leipzig, 1835), il faut mentionner plus particulièrement celle qu'en donna à Rome, en 1810, Paul-Louis Courier; édition réimprimée en 1830 par M. de Sinner. Pour la première fois, une lacune qui existait dans le premier livre y était comblée au moyen d'un manuscrit florentin, où Courier affirmait avoir retrouvé le passage qui avait manqué jusque alors. Malheureusement, quand on voulut comparer le texte avec le manuscrit dont s'était servi Courier, il se trouva que l'endroit d'où il disait avoir tiré le passage en question était couvert d'une tache d'encre qui le rendait illisible. Courier fut alors accusé d'avoir inventé et fabriqué lui-même le passage qu'il restituait à Longus; et pour se défendre de cette accusation de supercherie littéraire, il lui fallut soutenir une polémique aussi longue qu'irritante.

L'oubli avait enveloppé ce petit trésor des lettres grecques de ses ténèbres jusqu'au règne de Charles IX, où Amyot s'en procura un manuscrit, on ne sait où ni comment, et le traduisit dans le langage de l'époque. Cette traduction vit le jour en 1559 : c'est la première qui ait été faite de Longus, et la seule qui, inimitable, survivra à toutes les autres.

Le régent a dessiné de sa main les situations les plus intéressantes du roman de *Daphnis et Chloé* : gravées par Audran, elles ont eu et ont encore une grande célébrité. L'édition qu'elles ornent est fort recherchée.

LONGWY, ville forte et ancienne, située sur la rive droite du Chiers, dans le département de la Moselle, est une place de guerre de quatrième ordre, avec 4,200 habitants, qui fabriquent de la faïence, des pipes en terre, des chapeaux, de la bonneterie et des lainages, et qui expédient beaucoup de jambons à Paris. Réunie au treizième siècle au comté de Bar, elle forma plus tard un comté particulier incorporé ensuite dans le duché de Lorraine. Vers le milieu du dix-septième siècle, les Français s'en emparèrent, et en rasèrent les fortifications. Le traité de Nimègue l'adjugea définitivement à la France, en 1679; et alors Louis XIV la fit entourer de nouvelles fortifications, d'après les plans de Vauban. Le 23 août 1792 elle se rendait par capitulation aux Prussiens; mais les Français la leur reprirent dès le mois d'octobre suivant. A la fin de juin 1815 les Prussiens, commandés par le prince Louis de Hesse-Hombourg vinrent l'investir : mais des sorties effectuées par les garnisons de Metz et de Thionville les contraignirent à plier bagages. Les Prussiens n'osèrent revenir que lorsqu'ils eurent reçu d'importants renforts; et ils contraignirent alors les habitants à capituler, le 11 septembre. Il y avait déjà deux mois que le drapeau blanc flottait partout ailleurs en France.

LONS-LE-SAUNIER, jolie ville, située au milieu d'une plaine arrosée par la Vaille. Des champs de blé et de maïs, des collines couvertes de vignes l'entourent de tous côtés. Au printemps, quand la plaine a reverdi, quand les arbres sont couverts de feuilles, tout ce paysage est charmant; et quand du haut de Montaigu on regarde cette ville, qui s'efface entre les allées d'arbres et les ceps de vigne, on dirait d'un château de plaisance bâti au milieu d'un grand jardin. A 12 kilomètres de là est la célèbre abbaye de Baume-les-Missions, où Watteville vint mourir. Elle est située au milieu d'une gorge profonde, fermée de chaque côté par un rempart de roc. C'est sans contredit l'un des points de vue les plus pittoresques, les plus étranges qu'il soit possible de trouver. A deux kilomètres de Lons-le-Saunier sont les salines de Montmorot. Le puits d'eau salée a dix mètres de profondeur. L'eau est élevée sur des bâtiments de graduation, et de là elle filtre goutte à goutte sur des faisceaux d'épines étagés comme une muraille. Elle acquiert ainsi par l'évaporation un dégré de force supérieur, et retombe ensuite dans de vastes chaudières où le feu la cristallise. Au-dessus de ces salines s'élevait jadis le château des sires de Montmorot. Ce n'est plus maintenant qu'une ruine, que l'on dirait placée là tout exprès pour clore dignement le paysage.

Lons-le-Saunier est le chef-lieu de la préfecture du Jura. Elle possède un tribunal de première instance et un tribunal de commerce. La ville est élégante et bien bâtie; les rues sont larges, et on y remarque plusieurs édifices, entre autres la préfecture, l'hôpital, l'église des Cordeliers, et le séminaire, construit depuis quelques années. Il y a à Lons-le-Saunier une société d'émulation, une bibliothèque, une collection d'antiques, un musée, un cabinet de physique, un collège et une salle de spectacle. On y compte 9,410 habitants, et on y trouve des fabriques de bas et de bonnets, de nombreuses tanneries, des teintureries. Dans la montagne il se fait une fabrication considérable de fromages façon Gruyères. Le commerce est important, et consiste en grains, fer, tôle, clouterie, fils de fer, bois de construction, ustensiles de ménage, bois de sapin, bois de sellerie.

Lons-le-Saunier doit son existence et son nom à la source d'eau salée qui fait encore aujourd'hui sa richesse. Quoique les propriétés de ces puits d'eau salée fussent connues des anciens, c'est au comte Guillaume de Bourgogne, au dixième siècle, que l'on doit les premières tentatives faites pour les exploiter en grand. Autrefois, la ville était fortifiée. Elle faisait partie de la Haute-Bourgogne, et soutint, en 1395, un siège contre les Français; elle fut reprise en 1500, par Maximilien, et retomba au pouvoir des Français en 1637. Maintenant ses remparts sont convertis en promenades. X. MARMIER.

LOOCH. Ce mot, emprunté à l'arabe, est employé en pharmacie pour désigner des potions dont les médecins font usage dans les affections des organes de la respiration. Ces préparations, composées d'eau, d'huile, de sucre ou de miel, de gomme ou de mucilage, ont une consistance demi-sirupeuse, et elles exercent une action adoucissante. On en fait un emploi banal dans les rhumes, la grippe, etc.

Le *looch blanc* se prépare avec une émulsion d'amandes douces, auxquelles on en mêle quelques amères, du sucre, de la gomme adragante et un peu d'eau de fleurs d'oranger. En employant des pistaches au lieu d'amandes, on aurait le looch vert, vieille invention qu'on reproduira peut-être. On ajoute souvent 30 grammes de sirop diacode à cette potion, et quelquefois un décigramme de kermès minéral : ces additions augmentent notablement sa puissance.

On emploie aussi avec avantage le looch suivant dans les rhumes, et il exige la même condition : prenez une pincée de fleurs de coquelicot et autant de fleurs de pas-d'âne ou tussilage; faites-les infuser dans 180 grammes d'eau bouillante; dissolvez avec cette infusion 15 grammes de gomme arabique en poudre, ainsi qu'un décigramme de kermès minéral, et ajoutez 30 grammes de sirop diacode. On composera facilement une boisson pectorale de quelque valeur, et analogue aux loochs, en faisant infuser deux poignées des fleurs indiquées ci-dessus dans de l'eau de graine de lin demi-visqueuse, et en l'édulcorant avec du miel ou du sucre.

On peut encore préparer dans les ménages une autre boisson de l'espèce qui nous occupe, en triturant plusieurs jaunes d'œuf avec du sucre, et en y ajoutant petit à petit de l'huile d'amandes douces, ou d'olive, et de l'eau, ou une infusion de fleurs pectorales. Cette composition se nomme aussi *lait de poule* ou *oleo saccharum*.

Les loochs ne peuvent se conserver longtemps; il faut les préparer à mesure qu'on en use, et les tenir dans un lieu frais : c'est ordinairement par cuillerées qu'on les administre; mais ces doses sont trop minimes, surtout quand il n'y entre pas d'opium. Dr CHARBONNIER.

LOOTSCHOO. *Voyez* LIÉOUKIÉOU.

LOOZ ET CORSWAREM, ancienne famille catholique, issue des comtes de Henneberg, qui obtint d'abord le titre de prince de l'Empire, puis celui de duc, et qui depuis le douzième siècle se divisa en sept lignes, dont celle de Looz-Corswarem est la seule qui subsiste encore en Belgique. Cette ligne fut élevée en 1778 à la dignité de *duc*, comme l'avait déjà été une autre branche en 1734. Le comté de Looz était une mouvance immédiate de l'Empire, et ses seigneurs, plusieurs fois reconnus princes de l'Empire, particulièrement par l'empereur Frédéric II, en l'an 1241, avaient siége et voix délibérative dans les reunions de la diète de l'Empire. Les possessions de cette maison situées dans les Pays-Bas, et qui avaient été mises en séquestre, furent en 1800 restituées au duc *Charles*. En dédommagement de ce qu'elle perdait ainsi, un recez de la députation de l'Empire accorda à la famille de Looz le duché de Rheina-Wolbeck, ancienne dépendance de l'évêché de Munster, avec une superficie de douze myriamètres carrés et une population de vingt-et-un mille âmes; mais il fut médiatisé dès 1806 et placé sous la souveraineté du grand-duc de Berg, puis en 1810 incorporé purement et simplement à l'empire français. Le congrès de Vienne rétablit les ducs de Looz en leur qualité de seigneurs médiatisés, et plaça le duché de Rheina-Wolbeck en partie sous la souveraineté de la Prusse et en partie sous celle du Hanovre.

Le duc *Charles* DE LOOZ ET CORSWAREM, dont il a été question ci-dessus, mort en 1822, avait été déshérité en 1803 par son père, pour avoir contracté mariage avec une femme qui n'était pas de son rang, et son frère cadet *Joseph*, appelé à recueillir le majorat, avait été reconnu par le roi de Prusse. Le duc *Charles* intenta, il est vrai, un procès, mais sans succès. Toutefois, il resta en possession des biens de sa maison situés en Belgique, et à sa mort, arrivée en 1822, il les transmit à son fils *Charles*, né en 1804, tandis qu'à la mort de duc *Joseph*, décédé en 1827, sans laisser d'enfants, le duché de Rheina-Wolbeck passa, par transaction sur procès entamé, au comte Napoléon Lannoy de Clervaux, allié de la maison par les femmes, et qu'ensuite le roi de Prusse éleva, en 1840, au rang et titre de duc de Rheina-Wolbeck.

LOPE DE VEGA. *Voyez* VEGA.

LOPEZ (NARCISO), aventurier politique, connu par la triste fin de l'expédition qu'il tenta en 1851 pour soustraire l'île de Cuba à la domination espagnole, était né en 1799, dans l'État de Venezuela (Amérique du Sud), d'un père riche négociant. Dès 1814 il avait figuré dans les rangs des colons insurgés pour la cause de l'indépendance; mais plus tard il s'était rallié aux intérêts de la métropole, et était entré au service d'Espagne. Il avait ensuite fait avec l'armée royale dans son pays natal la plus grande partie de la guerre de l'indépendance, vers la fin de laquelle il avait obtenu, quoique âgé de vingt-trois ans à peine, le grade de colonel, en récompense de la bravoure brillante dont il avait donné des preuves dans maintes rencontres avec les insurgés. Lorsque l'armée espagnole fut réduite à évacuer le sol de Venezuela, Lopez, au lieu de rester dans sa patrie, alla s'établir à Cuba, où il ne tarda point à se faire remarquer par ses tendances et ses opinions vraiment libérales. Se trouvant en Espagne au moment où les armées victorieuses du prétendant don Carlos mettaient gravement en péril la stabilité du trône d'Isabelle, Lopez prit du service dans l'armée constitutionnelle, et devint aide de camp du général Valdès. Plus tard il fut nommé gouverneur de Madrid, puis élu sénateur par la ville de Séville. Mais les députés de Cuba, sa patrie d'adoption, ayant été à quelque temps de là expulsés des cortès, Lopez en conçut une telle irritation, qu'il donna sa démission et repartit pour Cuba, où il occupa encore plusieurs emplois importants, sous l'administration de son ancien général et ami Valdès, alors gouverneur général de cette belle colonie. Lopez ne tarda point, toutefois, à sympathiser avec les projets qui se faisaient alors et se font encore publiquement aux États-Unis pour amener de gré ou de force l'adjonction de la reine des Antilles au territoire de l'Union. Dès 1849 il se rendait dans ce but aux États-Unis, où il organisa successivement trois expéditions, qui absorbèrent à peu près tout ce qu'il possédait. La première, désignée ordinairement sous le nom d'*expédition de Round-Island*, eut lieu dans cette même année 1849, et échoua; la seconde, entreprise en mai 1850, et appelée l'*invasion de Cardeñas*, avorta également; la troisième, tentée en août 1851, eut encore une issue plus triste pour son auteur. Débarqué à Marillo, non loin de La Havane, à la tête d'une bande de 2 à 300 flibustiers, recrutés dans les ports de l'Union et en grande partie parmi les réfugiés allemands, italiens et hongrois que les événements de 1849 et 1850 avaient forcés de franchir l'Atlantique, Lopez, au lieu de se voir accueilli en libérateur, avait bien vite pu s'apercevoir qu'il s'était trompé sur les véritables dispositions de la population, et il avait été réduit à se jeter dans les montagnes pour se dérober aux poursuites des troupes espagnoles lancées à la poursuite de sa bande. Suivant les uns, il aurait été pourchassé et découvert par des chiens, ainsi que faisaient autrefois les Espagnols à l'égard des Caraïbes; suivant d'autres, entré dans une habitation pour y demander du pain et un asile momentané, il aurait été traîtreusement saisi et garrotté pendant son sommeil, et ainsi livré aux autorités espagnoles. Lopez, condamné à la peine de mort, périt, le 1er septembre, du supplice de la garrotte, qui n'est autre chose, comme on sait, que la strangulation. En présence de la mort, il montra le plus grand courage, et sa fermeté ne se démentit pas un seul instant pendant les lugubres apprêts de l'horrible supplice qui devait mettre fin à son existence. « Je meurs pour ma chère Cuba! » s'écria-t-il en présentant son cou à l'exécuteur. Quand la nouvelle de sa capture était parvenue à La Havane, il y avait eu dans cette ville trois jours de réjouissances publiques.

LOPEZ (Don JOAQUIN-MARIA), ministre espagnol, né en 1802, à Villena, dans la province d'Alicante, où son père, ancien avocat à Madrid, s'était retiré. Devenu avocat lui-même dans la capitale, après avoir terminé ses études juridiques à l'université d'Orihuela, il embrassa la cause de la constitution avec tant d'ardeur qu'en 1823 il dut quitter l'Espagne, et il se fixa alors à Montpellier, où il vécut jusqu'en 1825, époque où il obtint l'autorisation de rentrer dans ses foyers. Quand, à la suite de la publication de l'*Estatuto real*, les cortès furent convoquées, la province d'Alicante l'élut pour *procurador*, et il figura tout aussitôt au milieu du parti qui s'efforça d'élargir de toutes manières les limites tracées à la liberté politique par l'*Estatuto real*; rôle que lui facilitait une fort belle élocution brillante. Aux cortès de 1835, il fut de nouveau élu représentant par la ville d'Alicante. Lorsqu'à la suite de l'insurrection de la Granja, la constitution de 1812 fut remise en vigueur, Calatrava l'appela, le 11 septembre 1836, à tenir le portefeuille de l'intérieur dans le cabinet dont il avait la présidence. Mais Lopez resta toujours démagogue, comme il l'avait été depuis ses débuts dans la vie politique, et on vit alors se voir prise le ministre de l'intérieur prêcher les doctrines du radicalisme le plus absolu. Les cortès ayant nommé une commission chargée de proposer les mesures extraordinaires à prendre pour en finir avec la guerre civile, Lopez insista sur la création d'un tribunal révolutionnaire; mais ses collègues réussirent à faire échouer cette partie de son programme. Lopez ne tarda pas à comprendre que l'impopularité du ministère Calatrava retombait pour une bonne part sur lui-même. Après avoir à diverses reprises offert sa démission, il la reçut le 26 mars 1837, et reprit sa place dans la chambre des députés, pour faire tout aussitôt la plus violente opposition au cabinet. En 1836 la province de Madrid l'élut pour son représentant, et elle lui renouvela son mandat, en 1842. Dans cette session, il fut appelé à former un cabinet, que le régent Espartero ne tarda pas à renvoyer. En 1843 il joua un rôle actif dans le soulèvement général de l'Espagne contre ce même Espartero, à la chute duquel, en juillet 1843, il fut nommé premier ministre. Mais dès la même année il était obligé de céder sa place à O l o z a g a. Les événements ultérieurs, qui remirent le pouvoir aux mains du parti modéré, le firent retomber dans son obscurité première; cependant, il a tout récemment été appelé de nouveau à siéger aux cortès.

LOPHIE, genre de poissons acanthoptérygiens à pectorales pédiculées, dont la principale espèce est la *lophie-baudroie*, ou simplement *baudroie*, encore vulgairement appelée *baudreuil, pescheteau, diable de mer* ou *grenouille de mer*. La baudroie se trouve dans toutes les mers d'Europe, et atteint plus de 2 mètres de long sur 33 centimètres de large. Ses caractères consistent à avoir un très-grand nombre de dents aiguës; une seule ouverture branchiale de chaque côté du corps; les nageoires pectorales attachées à des prolongations en forme de bras. Sa tête est énorme, déprimée et comme circulaire. Elle est pourvue d'une gueule de la plus grande dimension. Une queue conique, surmontée d'une dorsale basse et courte, termine le corps de ce poisson, que la bizarrerie ou plutôt la laideur de sa forme a rendu célèbre. Ce poisson, dit Lacépède, n'ayant ni armes défensives dans ses téguments, ni force dans ses membres, ni célébrité dans sa natation, est, malgré sa grandeur, contraint d'avoir recours à la ruse pour se procurer sa subsistance, de réduire sa chasse à des embuscades, auxquelles d'ailleurs sa conformation le rend très-propre. Il s'enfonce dans la vase, se couvre de plantes marines, se cache entre les pierres, et ne laisse apercevoir que l'extrémité de ses filaments, qu'il agite en différents sens et auxquels il donne toutes les fluctuations qui peuvent les faire ressembler davantage à des vers ou autres appâts. Les autres poissons, attirés par cette apparente proie, s'approchent et sont engloutis, par un seul mouvement de la lophie-baudroie, dans son énorme gueule, et y sont retenus par les innombrables dents dont elle est armée. Quoique la chair de ce poisson soit facile à digérer et d'un goût qu'on compare à celle de la grenouille, les pêcheurs qui par hasard le prennent dans leurs filets ou à leurs hameçons le rejettent bien vite, à cause du dégoût qu'inspire sa forme.

Le nom de ces poissons est dérivé du grec λοφιά, et signifie *crinière*. Il leur a été donné parce que leur tête et leur corps sont garnis de barbillons allongés, qui paraissent comme des crins pendants.

LOPHOBRANCHES (de λόφος, aigrette, et βράγχια, branchies), ordre de poissons établi par Cuvier, et qui rentre dans ceux que Duméril nomme *entéropompe* et *ostéoderme*. Chez ces poissons, les branchies, au lieu d'être en lames pectiniformes, comme chez les acanthoptérygiens et les malacoptérygiens, sont divisées en petites houppes disposées par paires le long des arcs branchiaux. Cet ordre renferme les genres *syngnathe*, *hippocampe*, *solénostome* et *pégase*.

LOPIN, vieux mot resté dans le langage du peuple et surtout des paysans, signifie un morceau de quelque chose qui se mange ou toute portion de quelque chose qui était à partager, surtout une portion de terrain, d'héritage.

Pour l'acception de ce mot dans le travail du fer, *voyez* FORGES (Grosses).

LOQUACITÉ (du latin *loqui*, parler). On appelle ainsi le besoin de parler beaucoup devenu une habitude. C'est le fléau de la tribune et surtout du barreau. A Athènes on avait déjà eu recours à des règlements qui interdisaient aux avocats de parler plus de trois heures, et à Rome plus de deux heures. Sous Valentinien un décret ordonna que les avocats se tiendraient debout toute le temps qu'ils parleraient. En 1789 on voulut introduire des règlements de ce genre à la Constituante, et on proposa sérieusement, on adopta presque, la célèbre *motion du sablier*, qui aurait eu pour effet de fixer à cinq minutes la durée du plus long discours. C'était un moyen certain d'écarter la loquacité, mais malheureusement aussi l'éloquence et la logique.

LOQUE, morceau d'une étoffe usée et déchirée. En termes de jardinage, on appelle *loques* de petits morceaux de drap, avec lesquelles on attache sur les murailles chaque branche d'un arbre en espalier; les *loques* sont fixées dans le mur par des clous.

LOQUE (*Botanique*). *Voyez* DOUCE-AMÈRE.

LORD, mot anglais dérivé de l'anglo-saxon *hlaford*, et qui au propre signifie *seigneur*. Voltaire n'y a pas fait attention, lorsqu'il a ri aux dépens de Shakspeare, qui a introduit des *lords* dans ses pièces dont les sujets étaient empruntés à l'antiquité classique. *Seigneur* et *madame* sont tout aussi ridicules chez les Grecs ou les Romains de Corneille et de Racine que la noblesse et *mylady* chez ceux de ce *sauvage iere*, de ce *Gilles de la foire*, qui a osé mettre en scène devant la cour érudite d'Élisabeth, comme devant la canaille de Londres, Coriolan et Jules César. La Bible, traduite en anglais, appelle aussi *Jéhovah* le *lord*, le seigneur ; la liturgie anglicane dit encore *mylord* à Dieu, comme l'Angleterre catholique appelait la Vierge *Lady* (Notre-Dame). *Lord*, synonyme de *maître* (*herus*, *dominus*), désigne un supérieur, quelquefois un chef légitime, quelquefois un tyran, suivant le sens de la phrase. En poésie, et même en prose, une femme appelle son mari son *lord*. Pope emploie *lord* dans ce sens en traduisant Homère ; Voltaire a oublié de se moquer de Pope.

Dans son sens plus restreint, *lord* est une désignation générale pour les membres de la chambre haute, qu'on appelle la *chambre des lords* : tout membre de la pairie anglaise est un *lord*. Mais tous les lords en Angleterre ne sont pas pairs, car on appelle aussi *lord* un baron qui n'a pas de titre plus élevé : les fils des ducs sont *lords* du vivant de leur père. Enfin, le nom de *lord* se donne comme titre honorifique à certains fonctionnaires de l'administration et de la justice : Il y a les *lords de l'amirauté* et les *lords de la trésorerie*. On dit le *lord* grand-juge (*chief justice*), le *lord* prévôt d'Écosse, le *lord* avocat. En Écosse tous les membres des tribunaux supérieurs reçoivent ce titre par brevet; ce qui n'est pas le cas en Angleterre, bien que l'usage soit de le leur donner dans l'exercice de leurs fonctions.

Dans la langue d'argot, un *lord* signifie un *bossu*, et l'on fait remonter cette plaisanterie au règne de Richard III, qui créa pairs quelques gentilshommes dont tout le mérite était, dit-on, d'être bossus comme le roi. Peut-être bien aussi sous ce règne quelques lords se donnaient-ils volontiers l'apparence de cette difformité pour plaire au monarque. On voit bien d'autres mascarades à la cour. Amédée PICHOT.

LORD MAIRE, titre que portent à Londres et à Dublin les chefs du corps municipal, élus chaque année par les habitants.

La charge de *lord maire de Londres* date du treizième siècle. Dès l'année 1202 il en est fait mention dans une ordonnance. En 1214 le roi Jean signa une charte en vertu de laquelle les citoyens de Londres eurent le pouvoir d'élire annuellement un maire ou de maintenir d'année en année dans ses fonctions celui qu'ils auraient élu.

Tout candidat à la charge de lord maire doit être membre libre de l'une des douze corporations principales de la cité, et avoir rempli les fonctions de shérif : de la ce dicton populaire : *Il veut être maire avant d'être shérif*, pour signifier qu'un homme est bien au-dessous de ses prétentions; il faut de plus qu'au temps des élections il fasse l'office d'a l d e r m a n dans l'un des quartiers de la cité. L'élection du lord maire a lieu à G u i l d h a l l ; c'est là que, le jour de la Saint-Michel, les corporations se rassemblent, sous la présidence des shérifs. Tous les aldermen qui ont passé par le shérifat sont proposés successivement à la candidature par ordre d'ancienneté. Les corporations donnent leur suffrage en levant la main, et les deux membres qui en réunissent le plus grand nombre sont signalés dans un rapport à la cour des aldermen, qui décident du choix à faire. Ce choix est cependant soumis à l'approbation du roi, ou, en sa place, au lord chancelier ; mais ce n'est guère plus qu'une formalité, et l'on ne cite pas d'exemple du *veto* royal depuis la révolution de 1688. Le lord maire est très-souvent de l'opposition. L'assentiment du roi obtenu, le maire prononce le serment de bonne et fidèle administration, le 8 novembre, en présence des citoyens réunis à Guildhall; il est définitivement installé dans ses fonctions, le lendemain, par les barons de l'échiquier à Westminster, et salué du titre de *très-honorable lord*, attaché à cette magistrature depuis le règne d'Édouard III.

Comme gouverneur civil de la cité de Londres, il est l'arbitre suprême sans le concours duquel aucun acte de la corporation ne saurait être valide. *Coroner* perpétuel, premier juge de toutes les cours et de toutes les commissions de la Cité, président de l'élection des aldermen, conservateur de la Tamise, il cumule une multitude de droits, de privilèges et de juridictions; enfin, sous le rapport de l'autorité militaire, il est investi des mêmes pouvoirs que les lords lieutenants des comtés. La magnificence de son costume répond à sa haute dignité : comme insignes habituels de sa charge, il porte constamment à son cou une double chaîne d'or ou un riche collier de pierreries. Dans les circonstances solennelles, il est vêtu d'une robe de velours cramoisi, à peu près semblable à celle du lord chancelier. Son costume ordinaire est en hiver une robe d'un drap fin écarlate, avec un capuchon de velours; en été, une robe de soie bleue doublée de fourrure. Dans toutes les processions, où sa présence est officiellement requise, on porte devant lui l'épée et la masse d'armes, soit en or, soit en argent, distinction qui n'est accordée à aucune autre cité d'Angleterre, la ville archiépiscopale d'York exceptée. S'il est à pied, un page soutient la queue de sa longue robe; s'il va en voiture, c'est dans un carrosse d'apparat relevé d'or en bosse, orné de reliefs et de peintures emblématiques, et traîné par quatre chevaux splendidement caparaçonnés.

La personne du lord maire était primitivement sacrée et inviolable; l'outrager était un crime de lèse-majesté puni de mort. En 1399 Thomas Haussart et Jean le Brasseur, ayant ouvertement résisté dans une émeute au maire et aux shérifs, et repoussé par la violence les mesures prises par ces magistrats pour empêcher le désordre, furent arrêtés, jugés à Guildhall, condamnés à mort et décapités dans Cheapside. Cet acte de rigueur irrita, il est vrai, les esprits, et l'agitation fut lente à se calmer. Édouard III, pour en écarter les suites, à son retour de France, déclara par lettres patentes que les actes du lord maire, comme premier magistrat de Londres et son représentant, ne seraient à l'avenir sujets à aucune enquête ni récrimination. C'était conférer aux maires une dictature, dont aucun d'eux n'abusa; mais la vénération pour ces hauts personnages fut portée à un tel degré de fanatisme qu'en 1479 un nommé Richard Byfield fut condamné à une amende de cinquante livres sterling pour s'être agenouillé trop près de sa seigneurie, devant la châsse de saint Erkenwald, dont elle implorait avec tout le peuple un adoucissement aux ravages de la peste qui désolait Londres.

Un chapelain, un archiviste, un porte-épée, un chasseur, des écuyers tranchants, des huissiers de la chambre et une suite assez nombreuse d'officiers de divers emplois et grades, composent la maison du lord maire. Dans les premiers temps, il avait, comme le roi, son poète lauréat et son bouffon, qui l'accompagnaient dans les grandes cérémonies.

Quoique les cérémonies actuelles de l'installation d'un lord maire rappellent assez le moyen âge pour faire sourire le bon bourgeois d'un des douze arrondissements de Paris qui se hasarde à passer le détroit, elles ne sont plus que le pâle reflet de ce qu'elles étaient jadis : c'est ce que le vieux chroniqueur Gaston disait déjà de son temps. Mais il y a cent-cinquante ans elles donnaient encore occasion à des divertissements ridicules, et quelquefois barbares, dont les curieux trouveront les détails dans tous les recueils du temps. Ce serait d'ailleurs se faire une idée aussi fausse qu'imparfaite des anciennes fêtes municipales de Londres que de les juger toutes d'après certaines d'entre elles, dont le récit semble emprunté à la relation de quelque voyageur arrivant d'une contrée encore inconnue de l'Afrique centrale ou de la Polynésie. En effet, les divers programmes qui en ont été conservés dans les archives présentent aussi des tableaux où le bon goût s'unit parfois à la splendeur. Aussi bien, ces sortes de spectacles finirent par tomber en désuétude. En 1760 la municipalité essaya de les renouveler pour l'amusement du peuple et de la cour; mais cette tentative fut la dernière.

L'inauguration du premier magistrat de la Cité donne encore lieu, cependant, à de belles cérémonies, dégagées des accessoires mythologiques et burlesques des temps anciens. Vers midi, le lord maire nouvellement élu, son prédécesseur, les aldermen, les shérifs et les autres dignitaires civils, après avoir assisté au service divin qui se célèbre dans l'église paroissiale de Saint-Laurent, se rendent, dans leurs carrosses, de Guildhall au bord de la Tamise. Là un élégant pont-levis leur donne passage sur une vaste barque décorée richement : les couleurs nationales, les armes de la Cité, flottent en bannières et en banderolles au sommet d'un mât qui s'élève du milieu. Toutes les corporations de Londres prennent place dans des barques particulières, et se rangent en longues files, ouvrant la marche de ce cortége nautique, emblême de la souveraineté du lord maire sur les eaux de la Tamise, qu'accompagnent les symphonies des meilleurs corps de musique fournis par les régiments de la garde du roi. La multitude et l'ordre de ces barques, le mouvement cadencé de leurs rames, la variété de leurs couleurs et de leurs ornements, les costumes de fête de tous les mariniers de la Tamise, qui suivent par derrière dans de petits canots, et répondent par leurs chants joyeux aux fanfares et aux symphonies que les bateaux-orchestres promènent le long des eaux; l'affluence de la population sur les ponts, sur les rives, sur le fleuve même, tout cela forme un spectacle aussi pittoresque qu'émouvant. On débarque en vue de Westminster; l'enceinte de la vieille abbaye, témoin de tant d'événements politiques, s'ouvre au corps de la magistrature et aux députés des corporations. Le serment, prononcé à haute voix par le lord maire, est reçu par le roi, qui sanctionne et ratifie le choix des citoyens en présence de ses plus nobles lords. La cérémonie achevée, le cortège reprend majestueusement le chemin du fleuve; on se rembarque; la flottille civique redescend jusqu'au pont des Blackfriars; le lord maire et sa suite sont reçus par la compagnie des armuriers, qui dès ce moment prend le pas, et, précédée par plusieurs chefs à cheval, revêtus d'armures éclatantes, se dirige vers Guildhall. Les autres compagnies, distinguées par les insignes de leur profession, suivent processionnellement ; le lord maire, les aldermen et les shérifs, avec un cortège d'officiers civils en grand costume, ferment la marche dans de superbes carrosses, que traînent des chevaux fringants richement harnachés. Au retour, un somptueux dîner est préparé dans le Guildhall : un prince du sang, quelquefois le roi lui-même, les ministres de la couronne, les ambassadeurs étrangers, les personnages les plus marquants de la noblesse et de la bourgeoisie l'honorent de leur présence, et la soirée se termine par un grand bal, que la *lady mayoress* préside. Les dépenses de l'installation du lord maire vont de 15 à 16,000 livres sterling, dont plus du tiers à la charge personnelle du nouvel élu, et le reste à la charge des diverses corporations.

La résidence du lord maire devrait être à Guildhall; mais on lui a élevé, au bout du pont de Londres, un grand hôtel moderne, appelé *Mansion-House*. C'est là qu'il s'&ge

pour entendre les plaintes des citoyens. De beaux appartements, une suite de salons richement décorés, et deux galeries, lui servent pour ses réceptions particulières, ses dîners et ses bals ; mais c'est à Guildhall que se donnent ordinairement les grandes fêtes de la Cité.

Amédée PICHOT.

LORDOSIS (du grec λόρδωσις, courbure). *Voyez* CAMBRURE.

LORENS (JACQUES DE), poëte français du seizième siècle, né aux environs de Mortagne, vers l'an 1550, doit à une épigramme, souvent citée, l'espèce de célébrité qui dérobe son nom à l'oubli dans lequel sont tombés ses autres ouvrages. Malheureux en ménage, en dépit de l'aisance dont il jouissait et qui lui permettait de satisfaire son goût pour les tableaux et les objets d'art, malheureux parce qu'il avait épousé une femme d'un caractère acariâtre et querelleur, il lui composa, après sa mort, cette épigraphe :

Ci-gît ma femme : Oh qu'elle est bien,
Pour son repos et pour le mien !

LORETTE (*Loreto*), jolie petite ville de la délégation de Macerata (États de l'Église), bâtie sur une belle colline bien plantée, dans une contrée très-fertile, à environ trois kilomètres de l'Adriatique, sur la route d'Ancône à Rome. Siége d'un évêque qui est en même temps titulaire de l'évêché de Recanati, elle ne se compose que d'une seule rue, et compte environ 8,000 habitants, n'ayant guère d'autre industrie que d'héberger les pèlerins qui viennent chaque année faire leurs dévotions à la *Casa-Santa*, qu'on prétend n'être autre que la maison habitée par la sainte Vierge à Nazareth, que des anges auraient transportée, en l'an 1291, de Galilée à Tersate en Dalmatie, puis, en 1294, de là en Italie dans un petit bois de lauriers (*Laureto*) voisin de Recanati, enfin en 1295 de ce dernier endroit aux lieux où on la voit aujourd'hui. Cette *Casa-Santa*, placée au centre d'une magnifique église dont la construction fut commencée en 1404, par Paul II, et terminée en 1587, par Sixte-Quint, est bâtie en bois d'ébène et en briques, et revêtue de marbre à l'extérieur : elle a 10 mètres 66 centimètres de long, 4 mètres 88 centimètres de large et 6 mètres 66 centimètres d'élévation, et est ornée d'un grand nombre de pierres précieuses, tant à l'intérieur qu'à l'extérieur. On y entre par une porte avec une grille en argent, derrière laquelle on voit une statue de la sainte Vierge avec l'Enfant-Jésus. Autrefois l'église possédait un trésor immense, provenant des libéralités des pèlerins. Les revenus de la *Casa-Santa* étaient évalués, non compris le casuel des offrandes, à 30,000 scudi, et le nombre des pèlerins à 100,000 chaque année. Entre autres curiosités, on montrait la fenêtre par laquelle l'ange Gabriel entra chez la Vierge, pour lui annoncer la naissance du Sauveur. Un tableau de Raphael, *La Vierge jetant un voile sur l'Enfant-Jésus*, fixera sans doute davantage l'attention du voyageur. Lors de l'invasion des États Pontificaux par l'armée française, en 1798, on se hâta de mettre en sûreté et la *Casa-Santa* et ses richesses. Quant à la *Casa*, elle fut bien rapportée en grande pompe à Lorette et remise à son ancienne place, le 9 décembre 1802. Mais les bijoux, les pierres précieuses et autres richesses qui l'ornaient auparavant, en avaient disparu, et n'ont jamais pu être retrouvées depuis.

LORETTES. Il y a une vingtaine d'années que M. Nestor Roqueplan, alors rédacteur du *Figaro* et depuis directeur de l'Opéra, créa ce mot pour parler honnêtement dans son journal de cette population flottante de filles entretenues de haut et bas étage qui s'étaient aujourd'hui en robes de velours et en cachemires aux avant-scène de nos théatres, qui demain peut-être pleureront leurs péchés à Saint-Lazare, et dont le faubourg Montmartre et le quartier Bréda sont le quartier général. On venait d'ouvrir à l'extrémité de la rue Laffitte une nouvelle église sous l'invocation de Notre-Dame-de-Lorette. Les peintures et les dorures prodiguées dans cet édifice, d'assez mauvais goût, y attiraient un grand concours de curieux. M. Roqueplan crut s'apercevoir qu'aux fidèles qui encombraient la maison du Seigneur se mêlaient bon nombre de Madeleines dont les physionomies lui étaient connues pour les avoir rencontrées dans de tout autres lieux ; et à la première occasion qui se présenta de parler dans son journal des mœurs et des habitudes de cette classe de femmes, il les désigna par le nom de *lorettes*, abréviation de : *habituées de Notre-Dame-de-Lorette*, appellation restée depuis en usage, et dont on abuse comme de tout. La littérature contemporaine a beaucoup trop poétisé la *lorette* : il n'a pas tenu qu'à elle de réhabiliter cette classe de femmes sans cœur et sans mœurs, dont le roman de Gavarni a si heureusement reproduit les habitudes. Mais la conscience publique a fait bientôt justice de ces ridicules paradoxes d'écrivain hors d'haleine ou novices, se battant les flancs pour créer du neuf à tout prix. Des gens enclins à la malignité ont même été tentés de penser que ces plaidoyers si chaleureux en faveur de la prostitution élégante et parée n'étaient pas complétement désintéressés. Les bals masqués de l'Opéra en hiver, Mabille, le Ranelagh, Asnières en été, sont le triomphe de la *lorette*, qui y trône dans toute sa gloire et dans toute son impudeur. C'est là qu'elle fait d'ordinaire ses plus productives rencontres; aussi mettra-t-elle vingt fois son cachemire au mont-de-piété plutôt que d'en manquer un seul.

LORGES (GUY-ALDONCE DE DURFORT DE DURAS, duc DE), maréchal de France, père du maréchal Jacques Henri de Duras, naquit en 1630, et fit ses premières armes sous Turenne, son oncle maternel. S'étant signalé en Flandre, en Hollande et surtout au siège de Nimègue, il était lieutenant général lorsque ce grand homme fut tué. Il sauva alors l'armée découragée, par une habile retraite; ce qui lui valut le bâton de maréchal. Il commanda depuis en Allemagne, prit Heidelberg et chassa les Impériaux de l'Alsace. La ville de Quintin en basse Bretagne fut érigée pour lui en duché sous le titre de Lorges-Quintin. Il mourut en 1702.

LORGNETTE, petite lunette d'approche dont on se sert pour voir les objets peu éloignés : lorgnette de spectacle, lorgnette achromatique. Les lorgnettes portant un oculaire ou un objectif ajusté aux deux bouts d'un tuyau composé d'un certain nombre de pièces qui s'emboîtent les unes dans les autres : cet instrument est trop commun pour qu'il soit nécessaire d'en donner une description détaillée.

Disons un mot d'une lorgnette avec laquelle celui qui la dirige devant soi peut voir des personnes qui sont assises à ses côtés : cet instrument, dans toute sa simplicité, se compose d'un tube de bois, de métal, au fond duquel est fixé un petit miroir dont le plan fait un angle plus ou moins grand, celui de 45 degrés, par exemple, avec l'axe (la direction) du tube, sur le côté duquel est percée une ouverture qui répond au miroir, lequel, recevant les rayons visuels qui entrent par cette ouverture, les réfléchit vers l'œil du spectateur, placé à l'orifice ouvert du tube. On sait qu'à tort ou à raison il était défendu avant 1789 de lorgner la reine au spectacle. L'art déjoua les sévères prohibitions de la police, et, par une simple combinaison d'optique, un amateur pouvait tout à son aise examiner les traits de sa majesté sans bouger en ligne directe sa lorgnette de sa loge royale ; ces instruments s'appelèrent *lorgnette à la reine*.

On a donné les noms de *binocles*, de *jumelles* à des lorgnettes à tube double, inventées pour le spectacle. Les lorgnettes d'autrefois fatiguaient l'organe visuel ; elles ne s'appliquaient qu'à un œil, et on était obligé de cligner l'autre. Cette contraction forcée faisait grimacer les plus jolis visages. Le succès des binocles a été rapide et complet.

Lorgner, c'est regarder en tournant les yeux de côté, et comme à la dérobée. Il signifie aussi regarder avec une lorgnette. *Lorgner une femme*, c'est la regarder de près et à faire croire qu'on a du goût pour elle. TEYSSÈDRE.

LORGNON, petite lunette à un seul verre, qu'on porte ordinairement suspendue au cou par un cordon. La garniture des lorgnons est ordinairement en or, en argent, en cuivre doré, en acier, en écaille, en imitation, etc. Quelques-uns sont tout en verre : Il y en a qui s'ouvrent et présentent deux verres : on les appelle *faces à mains*.

LORI. Plusieurs espèces de perroquets portent ce nom. Elles ont généralement le fond du plumage rouge et la queue un peu cunéiforme.

Le *lori* de Buffon (*psittacus lori*, L.), que cet auteur appelle encore *lori tricolore*, justifie ce dernier nom par les trois couleurs dominantes qui ornent son plumage. Il a en effet le devant et les côtés du cou, les flancs, la partie inférieure du dos, le croupion et la moitié de la queue d'un beau rouge ; le dessous du corps, les jambes et le haut du dos bleu d'azur ; les ailes vertes, ainsi que le milieu de la queue. Cet oiseau habite les Moluques.

Le *lori unicolore* (*psittacus unicolor*, L.), originaire des mêmes localités que le précédent, a le plumage entier d'un rouge cramoisi, plus interne sur le dos, le croupion et la queue, les pennes des ailes sont d'un noir brun à la pointe.

Le *lori à collier* (*psittacus domicella*, Gm.), également des Moluques, a l'aile verte, le haut de la tête noir, le pli de l'œil d'un beau bleu, un demi-collier jaune au bas du cou ; tout le reste du plumage est d'un rouge de sang. Cette espèce est très-recherchée.

Le *lori noir* (*psittacus garrulus*, Gm.) a tout le corps rouge ; les ailes, l'extrémité de la queue et les jambes sont vertes ; le haut du dos et le poignet sont jaunes. Cette livrée ne justifie nullement l'épithète de *noir*, dans laquelle il faut sans doute voir une corruption du nom de *noria*, que porte cet oiseau à Ternate et à Java, où il est indigène. Le lori noir est d'une douceur et d'une familiarité extrêmes.

Le *lori à queue bleue* (*psittacus cyanus*, Shaw), originaire de Bornéo, a la queue, les scapulaires et l'abdomen bleus, les rémiges et les tectrices d'un noir brun, tout le reste du plumage d'un rouge foncé.

LORICAIRE ou **LORIQUÉ**. Cette épithète, dérivée de *lorica*, cuirasse, est employée en histoire naturelle comme synonyme de cuirassé (*voyez* CUIRASSE [*Zoologie*]). Linné a aussi donné le nom de *loricaire* à un genre de poissons malacoptérygiens abdominaux, de la famille des siluroïdes, à cause des plaques anguleuses et dures qui couvrent entièrement leur corps et leur tête. Lamouroux a décrit sous ce même nom des polypes bryozoaires, qui forment le genre *gemicellaria* de Blainville.

LORIENT. En 1666, la Compagnie des Indes, nouvelle création due au génie de Colbert, afin de rendre plus directes ses relations avec l'Orient, arrêta la fondation d'un établissement sur les côtes de l'Océan. Le site choisi à cet effet se trouvait au confluent du Blavet et du Scorf, rivière qui se jette à 2 kilomètres de là dans la mer, et dont l'embouchure se voit vis-à vis de l'île Groix. Pendant longtemps l'aspect désert de ces lieux ne témoigna que trop de l'existence si traversée de la Compagnie. Mais au commencement du dix-huitième siècle, à la suite de l'apparition de Law, l'entreprise ayant pris une nouvelle vie, la chétive colonie devint une florissante cité ; on s'y installa définitivement ; de beaux et nombreux établissements s'y élevèrent, et en 1738 18,000 âmes s'y trouvaient rassemblées. Six ans après, elle était fortifiée. Enfin, comme c'était l'Orient qui lui avait donné naissance, ce fut l'Orient qui lui donna son nom. C'est une ville régulière et fort propre, espèce d'oasis au milieu des sales bourgades de la Bretagne ; c'est une œuvre de la civilisation au sein de la grossière simplicité de sa population, à moitié sauvage. Le voyageur, après avoir traversé le cours de Chazelles, qui la sépare de son faubourg, jette un regard sur l'église, la juive salle de spectacle, les bâtiments de la boucherie et de la poissonnerie, les quais et le pont qui traverse le Scorf, et va s'arrêter avec intérêt sur les travaux du port. Celui-ci, qui a 1,200 mètres de long sur 600 de large, est sûr et d'une entrée facile. Il est bordé de beaux quais, où les plus gros navires peuvent effectuer leur chargement, et précédé d'une superbe rade. C'est l'un des premiers chantiers de construction navale de France. Il possède une cale couverte, un bassin pour la réparation des navires, un atelier pour la fabrication des machines à vapeur, des fonderies, des forges, des presses hydrauliques pour l'essai du feu, une machine à mâter d'une hardiesse et d'une élévation remarquables, une citerne contenant 6,000 hectolitres d'eau. Dans sa partie méridionale, il y a une tour d'observation d'où l'œil distingue Belle-Isle et annonce l'apparition des bâtiments à cinquante kilomètres de là. Mais ce qui attire surtout l'attention, ce sont les beaux bâtiments de l'arsenal maritime, où se trouvent des casernes pour 1,800 hommes, de beaux logements avec jardins pour le préfet maritime, l'école d'hydrographie et l'école d'artillerie de la marine, dont le vaste polygone s'étend à deux kilomètres de là vers l'ouest. Lorient possède encore un collège, établissement vaste et parfaitement disposé, une institution préparatoire pour les écoles du gouvernement, une société d'agriculture, des tribunaux de première instance et de commerce, une chambre de commerce, une bibliothèque, un observatoire, et divers établissements d'instruction publique. La statue de l'enseigne de vaisseau Bisson orne une des places de la ville. Il n'y a qu'un petit nombre de fabriques ; mais son commerce, quoique bien loin d'être aussi florissant qu'avant la révolution, n'en est pas moins assez actif. Quelques armements pour les colonies, l'exportation de produits manufacturés, de cire, miel, beurre, bétail, grains, en sont l'aliment. Les sardines de cette partie de l'Océan sont particulièrement recherchées, et la pêche en est assez active. Cette ville, qui est le chef-lieu d'un arrondissement du département du Morbihan, et le chef-lieu du troisième arrondissement maritime, est à 51 kilomètres de Vannes et 485 kilomètres de Paris. Sa population est de 25,694 habitants. Au milieu de la rade est située l'île Saint-Michel, sur laquelle on a construit un lazaret, qui jouit d'une vue magnifique. Oscar MAC-CARTHY.

LORIOL. *Voyez* DRÔME (Département de la).

LORIOT, genre d'oiseaux de l'ordre des passereaux. Ce genre, auquel les ornithologistes modernes ont apporté de nombreuses modifications, ne renferme plus que les espèces qui ont pour caractères : Bec convexe, robuste, comprimé vers le bout, qui est échancré de chaque côté, à arête entamant les plumes du front; narines ovales, percées dans une membrane ; tarses courts, robustes, fortement dentelés; queue moyenne, échancrée. Le type du genre est le *loriot d'Europe*, le seul qui nous décrirons.

Le *loriot d'Europe* (*loriolus galbula*, L.) a tout le corps, la tête et le cou d'un jaune éblouissant, qui est remplacé par un beau noir sur les ailes et sur une partie de la queue, il a le bec rouge-brun, l'iris rouge, les pieds de couleur cendrée ; sa grosseur est à peu près égale à celle du merle. Chez la femelle, le noir prononcé du mâle devient brun, et se colore d'une teinte verdâtre ; le jaune est moins vif et se nuance de traits bruns sous le corps. Dans leur première jeunesse, les mâles ressemblent à leur mère, mais sont plus mouchetés qu'elle ; ce n'est qu'à la seconde mue que le jaune olivâtre et le brun noirâtre de leurs plumes fait place à un beau jaune sans mélange et à un noir luisant et lustré. Vers le milieu du printemps les loriots abandonnent l'Afrique pour visiter nos contrées. Sans perdre le temps à de longs préliminaires d'amour, le mâle et la femelle se conviennent dès leur arrivée, et l'hymen est promptement conclu. Leur nid, chef-d'œuvre de patience et d'adresse, se balance mollement, suspendu par quelques brins de racine, à la bifurcation d'une des branches basses d'un arbre élevé; l'intérieur, garni de laine, de toiles d'araignée, de plumes fines et déliées, forme un coussin moelleux, tissu de la manière la plus intime, et sur lequel les œufs reposent comme sur de l'édredon. L'incubation dure à peu près vingt-un jours. La mère a pour ses petits l'attachement le plus vif, et les défend avec intrépidité ; il n'est pas rare de la voir, prise avec le nid, continuer de couver en cage et mourir sur ses œufs.

A leur arrivée, les loriots vivent de scarabées, de vers et de chenilles ; la grande consommation qu'ils font de ces dernières balance bien, par l'efficacité du résultat, le peu de mal qu'ils occasionnent dans les vergers ; en effet, ces oiseaux patients purgent une multitude d'arbres de tout insecte nuisible, et avant d'en chercher sur d'autres ils retournent tous les jours sur les mêmes, jusqu'à ce qu'ils soient entièrement nettoyés. Les premières brises d'automne chassent les loriots de nos bocages.

Le loriot est défiant et très-difficile à élever ; on peut cependant l'attirer en sifflant comme lui, mais au moindre coup de sifflet donné à faux, il s'éloigne, et alors il faut se résoudre à le suivre d'arbre en arbre pendant des heures entières avant de pouvoir le tirer. Son chant est assez connu, et a trouvé une quantité d'interprètes : les uns lui font prononcer *oriot*, *loriot* ou *compère loriot* ; plusieurs lui font dire *louisot bonnes merises* ; d'autres, enfin, ont cru entendre : *C'est le compère loriot qui mange les cerises et laisse les noyaux*.

LORIQUE (du latin *lorica*, cuirasse, qui vient lui-même de *lorum*, courroie), sorte de cuirasse ou de cotte de mailles. Les loriques étaient en usage dès la plus haute antiquité ; elles furent d'abord simplement faites de bandes de cuir et plus tard à Rome, sous les empereurs, de mailles de fer ou d'acier ou de plaques de fer poli.

LORIQUÉ. *Voyez* CUIRASSÉ (*Zoologie*) et LORICAIRE.

LORIQUET (Le père). Ainsi s'appelait un disciple de Loyola dont il fut énormément question sous la Restauration, et qui mourut dans les dernières années du règne de Louis-Philippe. Né vers 1770, à Épernay, le père Loriquet, dès qu'il fut entré dans les ordres, s'affilia à la congrégation des Peres de la Foi, pseudonyme sous lequel les jésuites, solennellement bannis par divers arrêts du parlement, avaient trouvé moyen de rentrer chez nous. Nommé, sous l'Empire, professeur au petit séminaire que les révérends pères, grâce à la protection du cardinal Fesch, avaient obtenu la permission d'établir à L'Argentière, dans le diocèse de Lyon, il perdit cette position quand Napoléon s'apercevant qu'on l'avait trompé, ordonna la clôture immédiate de cette jésuitière. Les étrangers nous ayant ramené, en 1814, les Bourbons et les jésuites, qui cette fois n'eurent plus besoin de prendre un faux nom, le P. Loriquet fut nommé directeur de la maison qu'ils établirent aussitôt à Aix. Les rigueurs qu'il exerça contre quelques élèves ayant soulevé le public contre lui, le père provincial lui confia la direction de la maison d'éducation que l'ordre avait créée à Saint-Acheul, près d'Amiens. Cet établissement, patroné par le clergé de France, en vint à compter plus de huit cents élèves : il ne tarda pas à devenir de mode parmi les fonctionnaires publics, désireux de monter en grade, de faire élever leurs enfants dans cette benoîte institution, au lieu de les placer dans les collèges de l'université royale de France, source de *pestilence* et de *corruption*, puisque l'enseignement n'y était en grande partie donné que par des laïcs. Le père Loriquet se trouva donc être en peu de temps un homme d'une importance réelle et même d'une incontestable puissance. L'administration, dans ses diverses branches, ne se recruta guère pendant les douze dernières années de la Restauration, que d'élèves sortis de sa maison, ou d'hommes munis de sa recommandation expresse. Un certificat d'études faites à Saint-Acheul ouvrait à un jeune homme toutes les carrières, et le faisait rapidement parvenir aux emplois les plus élevés. C'étaient entre les mains des RR. PP. de commodes instruments et d'utiles espions.

Le père Loriquet ne bornait pas d'ailleurs son activité à diriger la maison de Saint-Acheul et à en faire les honneurs aux étrangers : il refaisait la plupart des livres employés tant dans l'instruction primaire que dans l'instruction secondaire. L'étiquette A. M. D. G., abréviation des mots latins : *ad majorem Dei gloriam*, pour la plus grande gloire de Dieu,

devise des jésuites, leur servait de passe-port pour entrer triomphalement dans tous les établissements d'instruction publique de l'un et l'autre sexe placés sous l'influence du clergé. On se fera une idée des bénéfices énormes produits par cette spéculation politico-religieuse, entreprise sous le manteau de libraires, eux-mêmes jésuites de robe courte, quand on saura que c'est par *trois et quatre cent mille* exemplaires que beaucoup de ces petits livres s'écoulaient chaque année, et qu'il n'y en avait pas un seul dont la vente annuelle ne s'élevât au moins à *quarante mille*. Les travaux historiques du père Loriquet à l'usage de la jeunesse et *ad majorem Dei gloriam* eurent surtout un certain retentissement, à cause du parti pris chez l'auteur d'y faire subir à l'histoire ancienne et moderne les plus étranges transformations. C'est ainsi qu'on citera longtemps son *Abrégé de l'Histoire de France*, dans la première édition duquel on lisait, assure-t-on, qu'en 1809 *M. le marquis de Buonaparte, lieutenant général des armées du roi, était entré à Vienne, en Autriche, à la tête d'une armée de 80,000 hommes*. Il ne reste plus aujourd'hui vestige de cette première édition d'un livre à l'usage des classes les plus élémentaires ; car, averti par le succès pyramidal de cette phrase ridicule, les bons pères eurent soin de la faire disparaître dans les éditions subséquentes.

LORME (PHILIBERT DE). *Voyez* DELORME (Philibert).
LORME (MARION DE). *Voyez* DELORME (Marion).
LORNSEN (UWE-JENS), l'un des hommes qui contribuèrent le plus au réveil de la nationalité allemande dans les duchés de Schleswig-Holstein, était né le 18 novembre 1793, dans la petite ile de Sylt, où s'était retiré son père, ancien capitaine au long cours. Après avoir fait ses études à Gœttingue, il obtint un emploi à la chancellerie allemande, à Copenhague ; et en 1830 il fut appelé à remplir dans l'île de Sylt des fonctions analogues à celles de nos sous-préfets. L'ébranlement général causé dans les esprits par la révolution de Juillet provoqua la plus vive agitation dans les duchés de Schleswig-Holstein ; et Lornsen, en publiant un ouvrage sur la constitution représentative qu'attendaient ses concitoyens, toucha à des questions qui alarmèrent tellement le gouvernement danois, que l'auteur fut arrêté et traduit devant la haute cour de justice, qui le condamna à être privé de son emploi et à un an d'emprisonnement. A l'expiration de sa peine, Lornsen, dont la santé avait singulièrement souffert pendant sa captivité, se rendit en Amérique, où il passa quatre ans à Rio de Janeiro, les yeux constamment fixés sur sa patrie et suivant avec le plus vif intérêt les progrès incessants qu'y faisait l'esprit public. Revenu en Europe par Marseille, en avril 1837, il gagna de là les bords du lac de Genève, où il mourut, au mois de mars de l'année suivante. On a comparé avec raison sa brochure sur la constitution à Sieyès intitulée : *Qu'est-ce que le tiers état ?* L'une et l'autre elles contenaient en germe une révolution, parce qu'elles révélaient toutes deux à une nation opprimée l'étendue de ses droits.

LORRAIN (CLAUDE). *Voyez* GELÉE (Claude).

LORRAINE, ancienne province de France. Bornée au nord par le duché de Luxembourg et l'ancien électorat de Trèves, au nord-est par le duché de Deux-Ponts et le Palatinat du Rhin, à l'est par l'Alsace, au sud par la Franche-Comté, elle avait à l'ouest la Champagne pour limites. Lors de la réunion de cette province à la France, elle forma avec le duché de Bar le grand gouvernement de Lorraine et Barrois. Elle comprenait en outre les deux petits gouvernements de Metz, Toul et Verdun ; Nancy en était la capitale. Elle se divisait aussi en Lorraine propre, Lorraine allemande, pays des Vosges, et duché de Bar. La Lorraine proprement dite était bornée par les Vosges au midi et à l'est, par la Meuse et le Toulois à l'ouest ; le pays de Metz au nord : la Meurthe et la Moselle arrosaient cette partie, dont les principales localités étaient Nancy, Lunéville, Vézelize, Badonvilliers, Neufchâteau, Rosières-aux-Salines, Château-Salins, Nomeny, Blamont et Saint-Nicolas de Port. La Lorraine allemande, bornée à l'est par la basse Alsace et le duché de Deux-Ponts, au nord par le Palatinat et par l'électorat de Trèves, au sud et à l'ouest par le Messin, était arrosée par la Sarre et ses principaux affluents, la Blise et la Nied. Sarreguemines, Dieuze, Bouloy, Bouzonville, Bitche, Lixheim, Sarrebourg, Fenestrange, en étaient les principales localités. Jusqu'en 1748 l'idiome allemand, ou plutôt une espèce de dialecte tudesque, y était employé dans tous les actes publics; ce n'est qu'à dater de cette époque qu'ils furent rédigés en français. La Lorraine comprend aujourd'hui les départements de la Meuse, des Vosges, de la Moselle, de la Meurthe et quelques cantons du Bas-Rhin. Une petite partie, en outre, en a été cédée à la Prusse.

La Lorraine doit son nom au royaume formé en 855 au profit de Lothaire II, par son père Lothaire Ier, lorsqu'il partagea son vaste royaume entre ses trois fils. Du nom de Lothaire on fit *Lotor-Reich*, *Lotharii regnum*, *Lotharingia*, d'où les vieux mots français *Loherrenne*, *Lorrène*, et enfin *Lorraine*. Ce royaume s'étendait entre la Meuse, l'Escaut et le Rhin jusqu'à la mer ; il comprenait les villes d'Utrecht, Cologne, Tongres, Trèves, Toul, Verdun, Cambray, Strabourg, etc. Metz était sa capitale. La possession de ces États, après la mort de ce prince, donna lieu à des contestations, à des luttes, à des partages nombreux. Charles le Chauve et Louis le Germanique, ses oncles, s'en emparèrent. Elle passa ensuite à Louis III du Saxe et à Charles le Gros. Après la déposition de ce prince, elle devint la possession de l'empereur Arnoul, qui, en 895, en investit son fils Zwentibold. A la mort de celui-ci, les Lorrains se divisèrent en deux partis, dont l'un reconnut Charles le Simple pour souverain, pendant que l'autre se soumit à Conrad Ier, élu empereur en 912. A la suite de bien des déchirements, suites inévitables d'un tel partage, la Lorraine se soumit à Henri l'Oiseleur, qui en donna le duché à un puissant seigneur, nommé Gigelbert, époux de sa fille. Ravagée et mise à feu et à sang par les Hongrois, elle fut donnée, en 953, par l'empereur Othon, à son frère Brunon de Saxe, archevêque de Cologne, qui prit le titre d'archiduc et partagea la Lorraine en deux duchés, celui de *haute Lorraine* ou *Lorraine moscllane*, et le duché de *basse Lorraine* ou *Lothie*. Ce n'est qu'en 1044 que la séparation des deux États fut définitive ; ce dernier comprenait le Brabant, la Gueldre, le Cambresis et l'évêché de Liége. Les territoires de Metz, Toul et Verdun et la plupart des comtés des deux duchés continuèrent à relever directement de l'empereur.

En 1046 l'empereur Henri III donna le duché de haute Lorraine à Albert, comte d'Alsace, et à la mort de ce prince, arrivée en 1048, il érigea la haute Lorraine en duché héréditaire, qu'il donna à Albert. Gérard d'Alsace mourut empoisonné, en 1070. Tierry II le Vaillant (1070-1115), après avoir disputé sa couronne à son frère puîné Gérard, tige des comtes de Vaudemont, prit le parti de l'empereur dans la guerre contre les Saxons et dans la querelle des investitures. Son fils Sigismond ou Simon régna de 1115 à 1139. Mathieu Ier (1136-1170) fut excommunié à deux reprises pour s'être emparé des domaines de seigneurs partis pour la croisade. C'est lui qui le premier fit de Nancy la résidence des ducs de Lorraine. Simon II (1176-1205), toujours en lutte avec son frère Ferry, finit par lui céder le trône (1205), que Ferry laissa au bout d'un an à son fils Ferry II (1206-1213). Thibaut Ier (1213-1220) essaya de se soustraire à la suzeraineté de Thibaut, comte de Champagne, que son fils Matthieu II devait au contraire défendre avec ardeur. C'est sous Matthieu II que les actes publics commencèrent à être rédigés en langue vulgaire. Ferry III (1251-1304) soutint avec la noblesse de longues luttes, et favorisa les communes. C'est à lui qu'on attribue la constitution des états de Lorraine. Thibaut II, son fils, régna de 1304 à 1312. Ferry IV (1312-1328) fait prisonnier à la bataille de Mühldorf, par l'em-

pereur Louis de Bavière, mourut en combattant pour la France à la bataille de Cassel. Raoul (1328-1346), après avoir porté secours au roi de Castille, Alphonse X, contre les Maures, accompagna Philippe de Valois dans son expédition en Bretagne, et fut tué à la bataille de Crécy. Jean Ier (1346-1394), fidèle allié de la France, comme ses deux prédécesseurs, prit part aux batailles de Poitiers, d'Auray et de Rosbecq. Dans les deux premières il fut fait prisonnier. Charles Ier, le Hardi (1391-1431), accompagna Charles IV dans siége de Bourges, et reçut, en 1418, de la faction d'Orléans, l'épée de connétable, que lui retira plus tard le roi Charles VII. En 1421, Isabelle, fille aînée et héritière de Charles Ier, apporta la Lorraine en dot à son mari, René d'Anjou, qui fut reconnu par les états de Lorraine, contrairement à la loi salique, invoquée par son concurrent, Antoine de Vaudemont. René Ier eut à soutenir de longues guerres avec ce rival turbulent, fut fait prisonnier par lui et fut fort heureux de sortir de sa captivité pour aller prendre possession de la couronne de Naples, qui venait de lui échoir en héritage. Il ne reparut plus dès lors en Lorraine, et ceda même ce duché, en 1453, à son fils aîné, Jean, duc de Calabre, qui, suivant l'exemple de son père, ne parut en Lorraine que pour lever les troupes et l'argent nécessaires à ses guerres en Italie, en France et en Espagne. Après le court règne de Nicolas (1470-1473), René II, fils de Yolande et de Ferry, comte de Vaudemont, petit-fils par sa mère de René Ier, qui l'appela à lui succéder, se rendit célèbre surtout par la sanglante victoire qu'il remporta, en 1477, sur le duc de Bourgogne, Charles le Téméraire, qui voulait lui enlever ses États. Cette guerre sanglante laissa longtemps des traces dans le pays. Son fils Antoine lui succéda, en 1508, et François, fils aîné de celui-ci, en 1544 ; Charles II, fils de François, et Henri le Bon, l'aîné de celui-ci, furent successivement ducs de Lorraine en 1545 et 1608. A la mort de ce dernier, arrivée en 1624, sa postérité masculine se trouvant éteinte, ses États appartinrent à Nicole, sa fille, qui avait épousé son neveu Charles IV. Celui-ci en fut privé, durant la guerre de trente ans, par les Français, contre lesquels il s'était prononcé. Rentré dans ses droits en 1659, il abandonna, par un traité exigé trois ans plus tard, la Lorraine à la France, à la seule condition que tous les princes de sa maison seraient mis au rang des princes du sang : mais il fut encore obligé de quitter le pays, en 1670, et il eut la douleur de le voir dévaster et démembrer. Le titre de duc de Lorraine, qu'il laissa à son neveu Charles V, ne fut pour celui-ci qu'un titre *in partibus*; jamais il n'y rentra, ne voulant point souscrire aux humiliantes conditions du traité de 1682. Léopold, son fils, qui lui succéda en 1690, fut reuni, dans l'année 1697, en possession de l'héritage de ses pères, que les Français avaient occupé pendant vingt-sept ans. Son fils, François-Étienne, père de l'empereur Joseph II, lui succéda en 1729 ; mais la Lorraine, envahie par les Français en 1733, fut cédée en 1736, par le traité de Vienne, à l'ex-roi de Pologne Stanislas, beau-père de Louis XV, à la mort duquel elle fut réunie à la France, en 1766.

LORRAINE (Maison de). La maison de Lorraine, qu'une tradition populaire faisait descendre à la fois de Clovis et de Charlemagne, est une des plus anciennes maisons princières de la France. Outre la maison impériale d'Autriche, à laquelle elle a donné naissance, et ses alliances illustres avec la plupart des maisons souveraines de l'Europe, elle a produit les maisons des comtes de Vaudemont, des ducs de Mercœur, des marquis de Moy, des ducs de Guise et de Chevreuse, des ducs de Mayenne, des ducs d'Aumale, d'Arcourt, d'Armagnac, d'Elbeuf, des comtes de Lillebonne, des comtes de Marsan, des marquis de Beduez, des seigneurs de Feizins et de Cusac. Les aînés de la famille ducale prenaient le titre de comtes de *Vaudemont*, et après leur mariage celui de ducs de *Bar*.

LORRAINE (Le cardinal de). *Voyez* GUISE (Charles de).
LORRIS (GUILLAUME DE). *Voyez* GUILLAUME de Lorris.

LORRY (Anne-Charles), médecin distingué, docteur régent de l'ancienne Faculté de Paris, et membre associé de la Société royale de Médecine, naquit à Crosne, le 10 octobre 1726. Livré de bonne heure à la pratique de la médecine, il fut heureux dans ses cures, et son érudition le fit briller parmi ses rivaux. Il avait étudié sous Ferrein et sous Astruc. Sans titres distinctifs et à peu près sans brigue, sa réputation le poussa chez les grands et jusqu'à la cour. Il avait pour protecteur le maréchal Maurice de Noailles et pour client le maréchal de Richelieu. Ce fut lui qui traita Louis XV de plusieurs indispositions et finalement de la petite vérole dont ce roi mourut. Atteint lui-même de la goutte quelques années plus tard, il fut assez mal inspiré pour demander guérison aux eaux de Bourbonne, si peu indiquées dans ce genre de maux, qu'exaspèrent la plupart des eaux thermales, souvent même celles de Vichy, quoi qu'on en dise. Il mourut à Bourbonne-les-Bains, le 18 septembre 1783.

Quoiqu'il n'ait vécu que cinquante-sept ans, Lorry a publié des ouvrages assez nombreux et marqués presque tous par un esprit excellent et d'un cachet essentiellement littéraire, qui les a maintenus jeunes jusqu'à nos jours. Son *Traité des Aliments* (1754) contient des préceptes diététiques dignes d'Hippocrate. Son livre *De Melancholia*, etc. (1765, 2 vol.), est encore consulté avec fruit et cité avec estime. Lorry combattait la mélancolie au moyen de l'ellébore et du quinquina. Il a traduit les ouvrages du docteur anglais Mead; publié une édition estimée des *Aphorismes* de Sanctorius (1770), et une édition judicieusement annotée des *Aphorismes* d'Hippocrate. Il a servi d'éditeur à Astruc, pour ses mémoires concernant la Faculté de Montpellier, et lui-même a eu pour éditeur son célèbre neveu, le docteur Hallé, professeur à la Faculté de Paris et au Collége de France et membre de l'Institut, en ce qui regarde son livre intitulé *De Morborum Mutationibus et Conversionibus* (in-12; Paris, 1784). Enfin, aucun de ses ouvrages ne le recommande à l'estime de la postérité autant que son travail si connu, si prisé, tant de fois traduit, cité, pillé, imité, ayant pour titre : *Tractatus de Morbis cutaneis* (Paris, 1777, in-4°). Il est des médecins qui encore aujourd'hui mettent sans hésitation le livre de Lorry fort au-dessus de celui d'Alibert et d'autres ouvrages issus de ce dernier. Mais le souvenir de sa mémorable expérience sur la moelle allongée survivra vraisemblablement à tous ses ouvrages. Lorry a mérité que Vicq-d'Azyr fît son éloge. Dr Isidore Bourdon.

LOSANGE (du grec λοξός, oblique), nom du quadrilatère dont les quatre côtés sont égaux entre eux et qui a deux de ses angles obtus et les deux autres aigus.

Ce mot, masculin en géométrie, devient féminin dans la science héraldique. En termes de blason, la losange est un meuble de l'écu qui diffère de la fusée, en ce que celle-ci est plus ramassée au milieu et moins aiguë aux bouts.

Dans notre vieux langage, *losange* est également employé au féminin comme synonyme de mensonge, flatterie.

LOT (Le). Ce fleuve prend sa source à l'est de Bleymard, dans le département de la Lozère. Il traverse ensuite les départements de l'Aveyron, du Lot et de Lot-et-Garonne, passe successivement à Bagnols, Mende, Saint-Geniès, Espalion, Estaing, Entraigues, Livignac, Cahors, Clairac, Villeneuve-d'Agen, Aiguillon, se jette dans la Garonne, un peu au-dessous de cette dernière ville, à la Pointe-de-Rebaquet. Souvent torrentueux et rapide dans les monts d'où il tire sa source, le Lot coule ensuite avec lenteur, à cause des nombreuses sinuosités de la longue et pittoresque vallée qu'il parcourt. Ses flots sont presque toujours bourbeux, ses berges souvent escarpées et difficiles. La fonte des neiges en fait quelquefois un torrent dévastateur. Le Lot n'est réellement navigable qu'au sortir du département de l'Aveyron. D'Entraigues jusqu'à Cahors la navigation n'est possible que pour de très-légères embarcations, et plus loin, dans toute la partie de l'ancien Agenais qu'il traverse, elle n'a lieu qu'à l'aide de travaux d'art et d'écluses; encore faut-il diminuer la charge des barques pendant les basses eaux. Ses principaux affluents sont à droite la Coulagues, la Truyère, la Selle; à gauche, la Dourdon et la Diège.

Chev^{er} Alexandre du Mège.

LOT (Département du). Il a été formé de la plus grande partie du Q u e r c y. Ses limites sont au nord le département de la Corrèze, au levant ceux du Cantal et de l'Aveyron, au midi celui de Tarn-et-Garonne, au couchant ceux de Lot-et-Garonne et de la Dordogne.

Divisé en 3 arrondissements, 29 cantons et 314 communes, il compte 296,224 habitants. Il envoie deux députés au corps législatif. Il est compris dans la douzième division militaire, l'Académie de Toulouse, le diocèse de Cahors et le ressort de la cour d'appel d'Agen.

Sa superficie est d'environ 398,406 hectares, dont 232,543 en terres labourables; 87,255 en bois; 71,284 en landes, pâtis, bruyères; 58,627 en vignes; 30,890 en cultures diverses; 25,825 en prés; 2,293 en propriétés bâties; 1,671 en vergers, pépinières, jardins; 10,345 en routes, chemins, etc.; 4,446 en rivières, lacs, etc. Il paye 1,260,554 francs d'impôt foncier.

La plus grande partie du département est formée par un plateau calcaire, recouvert, d'espace en espace, par des dépôts argileux et siliceux. Des chaînes de collines courent dans toutes les directions sur ce plateau, qui s'appuie à l'orient sur le sol primitif formé par le prolongement des monts du Cantal. Le relief du terrain présente trois ressauts : les grandes vallées comprenant le premier, les plateaux calcaires le second, les chaînes primitives le troisième : la hauteur moyenne de ce dernier au-dessus du second est de 300 mètres; celle du second au-dessus des parties les plus basses, de 250 mètres; le sol primitif est hérissé de montagnes. Elles dessinent trois chaînes principales : c'est dans la première qu'existent les plus hauts sommets. La Dordogne, la Cère, la Bave, le Célé et le Lot sont les principaux cours d'eau qui arrosent ce département. Le pays est à peu près exclusivement agricole; cependant la culture y est très-arriérée; ses principaux produits sont les grains avec le maïs et le millet, les vins, le chanvre, le tabac, les châtaignes, les fruits, et des vins rouges et noirs dits *vins de Cahors*, employés seulement dans les mélanges. On élève beaucoup de moutons, de porcs et de volailles. L'exploitation minérale est sans importance; les produits sont du fer, du granit, du grès, des marbres, de belles pierres de taille, de la pierre à chaux, des pierres meulières et des pierres lithographiques, de la terre à creusets et à poterie. Les moulins à farine sont les établissements industriels les plus importants; après eux viennent les forges à fer, les tuileries, les poteries et les fours à chaux, quelques fabriques de ratines, cardes et bonneterie de laine. Le commerce consiste en vins, farines, grains, toiles, laine, chanvre, porcs gras, volailles, truffes.

Quatre routes impériales, dix-neuf routes départementales, 5,500 chemins vicinaux sillonnent ce département, dont le chef-lieu est *Cahors*, les villes principales : *Gourdon*, chef-lieu d'arrondissement, avec un tribunal civil, des fabriques d'étoffes communes de laine et des filatures de coton : c'est une petite ville, bâtie sur une butte sablonneuse, adossée à un rocher de grès quartzeux, sur lequel on voit les ruines d'un vieux château fort; la population est de 5,060 habitants; *Figeac*, chef-lieu d'arrondissement, avec un tribunal civil et un collége, sur le bord du Célé : ses rues sont étroites, ses places petites; un monument y a été élevé en l'honneur de Champollion; on y compte 7,433 habitants, des fabriques de toile et d'étoffes de coton, des teintureries, des tanneries, une exploitation de plomb, un commerce de bétail; Figeac doit son origine à une abbaye fondée par Pepin, en 755; vainement pendant 1568 ses calvinistes, elle fut prise et pillée par eux en 1576; *Martel*, chef-lieu de canton sur le Lot, avec un collége et 3,150 habitants.

Chev^{er} Alex. du Mège.

LOTE ou **LOTTE**, genre de poissons malacoptérygiens subbrachiens, de la famille des gadoïdes, joignant aux ca-

428 LOTE — LOTERIE

ractères des gades proprement dits deux nageoires dorsales, une anale, et des barbillons plus ou moins nombreux. On en connaît deux espèces, la lingue ou morue longue, et la lote commune ou lote de rivière (gadus lota, L.). Cette dernière, longue de $0^m,35$ à $0^m,65$, est jaune marbré de brun. C'est le seul poisson de cette famille qui remonte assez avant dans les eaux douces. Non moins agréable au goût que le merlan, la lote est moins facile à digérer. Son foie, singulièrement volumineux, est très-estimé.

LOTERIE, jeu de hasard, dans lequel le plus ordinairement aujourd'hui l'État s'établit croupier et banquier, et dont il tire de gros profits sans le moins du monde se soucier de savoir si la source en est honnête. On pourrait chercher bien loin des origines à cette institution, puisqu'à Rome, pour célébrer les Saturnales, on avait déjà imaginé quelque chose d'assez semblable, en distribuant aux convives des billets qui toujours faisaient gagner quelque objet de prix ou bien de la simple agrément. C'était là un moyen comme un autre d'égayer un long repas, en raison des bizarres répartitions de lots qu'opérait quelquefois le sort parmi les convives. Dans les fêtes qu'on célébra pour l'éternelle durée de l'empire, Néron étala la plus grande magnificence en ce genre de divertissements. Héliogabale perfectionna même, dit-on, la chose, en s'avisant de distribuer moitié billets heureux et moitié billets malheureux, ou ne donnant droit qu'à des lots ridicules; ainsi, à côté d'un billet qui faisait gagner six esclaves, s'en trouvait un avec lequel on gagnait six mouches.

On distingue deux espèces de loteries : la loterie de classes, appelée aussi loterie de Hollande, loterie de Hambourg, de Francfort, etc., et la loterie de Gênes.

La loterie de classes était déjà en usage vers la fin du moyen âge; mais à l'origine, et même pendant encore toute la durée du seizième siècle, on n'y avait recours que dans des vues de bienfaisance ou d'utilité publique. Le produit de la première loterie qu'on organisa à Londres, en 1569, était destiné à exécuter d'urgentes réparations dans divers ports d'Angleterre. Dans ce genre de loterie, le nombre de même que l'importance des mises, toujours égales, et des lots, toujours inégaux, sont fixés conformément à un plan indiqué d'avance; et le sort décide ensuite de la répartition des lots entre les mises représentées par des numéros. Ainsi, la loterie dite de Hambourg se compose d'un nombre fixe de 12,000 numéros du prix d'environ 240 fr. chacun. Tous sortent également de la roue de fortune, mais dans l'ordre que détermine le hasard; et tous donnent droit à un lot. Seulement, il y a les lots malheureux (bien entendu, c'est de beaucoup le plus grand nombre), qui montent à peine au quart de la mise primitive, et les lots heureux, qui la décuplent, la centuplent, etc. Le plus ordinairement aussi, pour rendre la participation aux chances de la loterie de classes chose plus facile aux joueurs, on répartit entre diverses époques et diverses classes le tirage successif des lots qui y sont attachés, de telle sorte qu'il leur est loisible de n'acquitter le prix de leurs billets que par fractions, au fur et à mesure des tirages, sans que rien ne les contraigne à pousser leur jeu jusqu'au bout; mais pour les y déterminer on a soin de n'attacher le gros lot qu'à la dernière classe, celle dont les numéros sortent en dernier lieu de la roue de fortune. Dans les loteries de classes le nombre des billets émis et l'importance des lots sont toujours très-considérables; mais il n'y a là aucune combinaison, aucun calcul possible de la part du joueur, et le hasard seul y décide de tout. Le bénéfice de l'entrepreneur, alors même que cet entrepreneur est l'État, consiste uniquement dans un droit fixe de tant pour cent qu'il déduit du montant des lots, et qui varie de 8 à 16 p. 100. Lorsque la totalité des numéros n'a pas été prise, l'entrepreneur ou l'État est obligé de garder pour son compte les numéros implacés ; et il court ainsi le risque, soit de payer de ses propres fonds les lots gagnants, soit d'en bénéficier lui-même. Cette espèce de loterie a toujours été en grande faveur dans le Nord, mais surtout en Autriche, où pendant longtemps le gouvernement accorda à des gentilshommes ruinés l'autorisation de mettre leurs terres en loterie de classes, afin d'en tirer ainsi un prix autrement avantageux que s'ils avaient dû les vendre directement, soit aux enchères, soit à l'amiable.

Dans l'autre espèce de loterie, dite loterie de Gênes, du lieu où elle prit naissance, cinq numéros sur quatre-vingt-dix gagnent, et forment des combinaisons diverses de deux, trois, quatre et cinq chiffres, le nombre des mises de même que celui des joueurs restant illimités. Elle a pour origine l'usage où était le grand conseil de Gênes, composé, comme on sait, de quatre-vingt-dix membres, de se renouveler par éliminations successives de cinq de ses membres à la fois, et que le sort désignait. Peu à peu des paris s'établirent dans le public sur les chances qu'avait tel ou tel membre du grand conseil d'être éliminé ; et la passion du jeu trouvant ainsi un aliment dans une combinaison qui d'abord était uniquement politique, on finit par la régulariser au profit de l'État. Cette espèce de loterie a plus particulièrement réussi dans les contrées méridionales de l'Europe, où les esprits sont généralement trop ardents pour réfléchir aux déceptions que cache son apparente simplicité, de même qu'ils se laissent séduire par l'énormité des gains qu'elle promet et qui semblent si aisés à réaliser. A cette loterie celui-là joue l'extrait simple, qui parie que tel numéro sera du nombre des cinq qui sortiront de la roue de fortune; il joue l'extrait déterminé, quand il désigne à l'avance l'ordre que ce numéro occupera dans le tirage. Lorsqu'il désigne deux numéros, il joue l'ambe simple; et s'il indique à l'avance l'ordre dans lequel sortiront les deux numéros, il joue l'ambe déterminé. Désigne-t-il trois, quatre, cinq numéros, il joue alors le terne, le quaterne, le quine. Ces trois derniers ne se déterminent pas. Notons ici, en passant, que les joueurs sages et prudents, s'il pouvait s'en rencontrer, ne devraient jamais jouer que l'extrait simple, jeu où ils n'ont en définitive contre eux que 89 chances, tandis que le nombre en est de 449 contre 1 quand ils jouent l'extrait déterminé. Toute loterie de Gênes, si elle n'avait affaire qu'à des joueurs d'extraits simples, écrasée par ses frais généraux, serait bientôt réduite à fermer boutique. Mais le joueur ne calcule pas que pour une chance favorable lorsqu'il joue l'ambe simple il en affronte 4,004 contraires, et 80,009 lorsqu'il joue l'ambe déterminé, 117,479 lorsqu'il joue le terne, 2,555,189 lorsqu'il joue le quaterne, enfin 43,949,268 lorsqu'il joue le quine. Pour que toutes chances fussent égales entre lui et la direction de la loterie, l'extrait, l'ambe, le terne, etc., devraient lui être payés autant de fois qu'il a dû vaincre de chances contraires; tandis que s'il gagne, par impossible, l'extrait simple ne lui est payé que 15 fois sa mise; l'extrait déterminé que 70 fois, l'ambe 270 fois, et l'ambe déterminé que 5,100 fois; le terne que 5,500 fois, et le quaterne que 75,000 fois. Le quine se payait un million de fois la mise; mais toutes les loteries ont fini par refuser d'admettre ces enjeux. On peut bien jouer le quaterne sur cinq numéros à la fois ; mais s'ils sortent tous, on n'a gagné que cinq quaternes, c'est-à-dire 375,000 fois sa mise, au lieu du million qui se donnait autrefois dans ce cas-là. Pour espérer gagner jamais dans de telles conditions, et quand on se trouve en face d'administrations qui se permettent des actes que la justice n'hésiterait pas à qualifier d'escroqueries s'ils étaient le fait de simples particuliers, ne faut-il pas vraiment être insensé? Aveuglé par sa funeste passion, le joueur croit que le moyen infaillible de s'enrichir tient d'un coup et peut-être bien de parvenir à faire sauter la banque, comme on dit en termes de tripot, c'est de nourrir, toujours en martingalant, si faire se peut, trois ou quatre numéros, qui, se dit-il, devront bien finir un jour ou un autre par sortir de la roue, et qui le récompenseront alors amplement de tous les sacrifices qu'il se sera imposés. Les chiffres que nous avons cités tout à l'heure à propos des chances contraires qu'il affronte pour une seule chance favorable démontrent l'absurdité d'un tel raisonnement. Hâtons nous d'ailleurs de prévenir le joueur sage et prudent, qui s'acharnerait après l'extrait, qu'il peut tout aussi bien se ruiner à ce jeu-là qu'à poursuivre le quaterne. Au temps où *florissait* encore la loterie royale de France, on citait un extrait qui depuis plus de trente-cinq années n'était pas sorti une seule fois à la loterie de Paris. Plusieurs générations de joueurs, ou d'*actionnaires*, comme on disait alors, par euphémisme, avaient donc vainement attendu la sortie de cet insaisissable numéro, demeuré toujours dans la roue pendant plus de 1,260 tirages successifs, alors que pour rendre à usure à ses victimes l'intérêt de leurs sacrifices, il n'avait pourtant à triompher chaque fois que de 89 chances contre 1.

La loterie nous arriva en France d'Italie, et sous le nom de *blanque*, au seizième siècle; mais les parlements la traquèrent en tous lieux, et annulèrent successivement tous les priviléges de ce genre accordés par l'autorité royale. Elle rencontra moins d'obstacles en Angleterre, et surtout en Hollande, où elle devint une véritable fureur. La contagion de l'exemple la ramena chez les nations même qui l'avaient tout d'abord repoussée. On était parvenu à persuader aux princes que les loteries pourraient suppléer aux impôts, aux emprunts, et servir à éteindre les dettes nationales. Les entrepreneurs de ces jeux n'osèrent de longtemps faire la moindre tentative en France; ils s'enhardirent cependant sous le ministère de Mazarin. En 1658 on accorda des lettres patentes pour l'établissement d'une loterie de marchandises; mais les six corps des marchands s'étant opposés à l'enregistrement des lettres patentes, le parlement, par un arrêt du 16 janvier 1658, fit droit sur l'opposition. La première loterie royale tirée en France le fut à l'improviste, dans un moment d'enthousiasme occasionné par le mariage de Louis XIV et la publication des fêtes de la paix. Le parlement autorisa cette loterie sans qu'on pût s'en prévaloir à l'avenir; mais les conséquences qu'il n'avait pas su prévoir, observe Dussaulx, furent promptes et immédiates. La moitié de la nation, se voyant privée des loteries publiques, recourut aux loteries étrangères; et on en forma de particulières de tous les côtés. Maitres et valets en organisèrent de proportionnées à leurs moyens : on en fit de bijoux, de meubles, d'ustensiles, et, afin que tout le monde pût y jouer, il y en eut à cinq sous le billet. Le gouvernement sentit la nécessité de prohiber toutes ces loteries subalternes : le parlement et la police les supprimèrent à diverses reprises, en remontrant toujours que la première n'avait été permise « qu'en vertu d'une réjouissance extraordinaire, pour célébrer l'heureux mariage du roi ». Depuis cette époque le gouvernement créa en différents temps plusieurs autres loteries. Nous citerons entre autres la loterie de cinq millions accordée aux Sulpiciens pour la reconstruction de leur église de Saint-Sulpice, et le bureau était chez le curé même de cette paroisse; scandale encore inouï, que plusieurs théologiens attaquèrent avec une énergie extrême, et qui nous a valu quelques-uns des ouvrages les plus solides qu'on ait écrits contre les loteries. Plus tard encore, une loterie-monstre fournit les fonds nécessaires pour construire l'École Militaire de Paris. De progrès en progrès, la loterie en vint à peu près partout à prendre un caractère éminemment fiscal, et chez nous elle finit même par être érigée en administration publique et régulière, sous la dénomination de *loterie royale de France*. Elle se tirait deux fois par mois, et produisait à l'État un revenu annuel de dix à douze millions; supprimée en 1793, elle fut rétablie le 9 vendémiaire an IV. D'abord, il n'y avait eu qu'une seule loterie, qu'on tirait deux fois par mois ; mais depuis le commencement de ce siècle (1800) jusqu'au moment où on abolit enfin cette exécrable institution, elle eut cinq roues établies, à Bruxelles (sous l'Empire, et à Lille sous la Restauration), à Bordeaux, à Strasbourg, à Lyon, à Paris, chacune desquelles faisait un tirage tous les dix jours; l'opération se faisait dans un lieu public; les numéros étaient extraits de la roue, sous la surveillance spéciale de l'autorité, par un enfant qui avait les yeux bandés, pour qu'il ne fût commis aucune fraude. Afin de diminuer autant que possible la grandeur du mal produit par la loterie, on commença d'abord par la supprimer dans vingt-huit départements, et plus tard on éleva le minimum des mises à 2 fr. Mais ce n'étaient toujours là que d'impuissants palliatifs ; enfin, la loterie fut totalement abolie à partir du 1er janvier 1836.

Les entrepreneurs de loteries étrangères, surtout de celles d'Autriche, de Bohême et de Hongrie, dont le gros lot consiste toujours en une terre d'une étendue fabuleuse, ornée d'un château magnifique, avec plusieurs milliers de paysans prêts à aller processionnellement au-devant du nouveau seigneur et maître qu'il plaira à la loterie de leur donner, exploitèrent alors à qui mieux mieux ce faible pour le jeu qui est insurmontable dans le cœur du commun des hommes. Ils trouvèrent de complaisants complices dans la vénalité et le mercantilisme des journaux français, qui naguère pourtant, à propos des inconvénients et des dangers des loteries pour la morale publique, ressassaient périodiquement dans leurs *premiers paris* les lieux communs qui traînaient partout depuis un siècle. En moins de deux ans, le fameux Reinganum, *banquier et receveur général* à Francfort-sur-Mein, dépensa à lui seul, dans les journaux de Paris, plus de 150,000 fr. pour faire savoir au public qu'en lui envoyant la bagatelle de *vingt francs* on recevrait courrier pour courrier et *franco* un coupon représentant un dixième d'action dans la *mise en vente* de la magnifique seigneurie de ***, ensemble ses châteaux, parcs, lacs, forêts, fermes, moulins et paysans valant de deux à trois millions.

Le commerce de Reinganum et consorts alla si bien et prit une telle extension, que la loi dut intervenir pour interdire de la manière la plus absolue à nos seigneurs les journalistes l'annonce patente ou déguisée de toute loterie étrangère, comme aussi de toute maison de roulette ou de pharaon tenue à l'étranger. Ils ont pu se soustraire à cette dernière interdiction grâce à la rédaction jésuitique des annonces par lesquelles ils invitent tous les jours leurs lecteurs à entreprendre dans l'intérêt de leur santé le voyage de Bade ou de Hombourg, *où l'on trouve toujours les mêmes distractions que par le passé et avec les mêmes avantages* ; mais l'annonce des seigneuries mises en loterie ou en *actions* a complétement disparu de leur quatrième page.

En même temps que la loi de 1835, faisant enfin droit aux incessantes réclamations non-seulement des moralistes, mais encore des magistrats, avait supprimé définitivement les maisons de jeu, et la loterie royale de France, pépinière du vol domestique et ruine du pauvre peuple, elle accordait sagement au gouvernement le droit d'autoriser, sous sa responsabilité, des loteries particulières, dites de *bienfaisance*, et ayant pour but de venir en aide à des établissements charitables ou à des fondations pieuses, soit de soulager des misères locales, créées par quelque désastre imprévu. Certains scandales survenus à propos de concessions de ce genre octroyées à des *faiseurs*, et dans lesquels la justice avait même dû intervenir, avaient rendu le gouvernement de Louis-Philippe très-circonspect dans l'usage d'une prérogative dont il usait avant tout, comme on pense bien, dans des intérêts électoraux. Mais de *politique* qu'elle était avant 1848, la loterie, toujours habile à se masquer suivant les circonstances, s'est faite *religieuse*; et vous la voyez qui construit aujourd'hui sur tous les points de la France des chapelles, des couvents, des églises, avec l'argent des joueurs. Il y en a constamment cinq ou six en voie de tirage ; toutes promettent à leurs dupes une fortune pour un franc, et quelques-unes d'entre elles s'occupent même du salut éternel des joueurs, à qui elles assurent, par-dessus le marché, le bénéfice de *messes à perpétuité*.

Le clergé reste muet en présence de ces énormités, sans doute parce que certains docteurs sont parvenus à lui persuader qu'il s'agit ici de la plus grande gloire de Dieu, et que dès lors la fin justifie les moyens. S'il ne s'arrête pas à temps sur la pente où il est fatalement entraîné, notre France offrira bientôt le même spectacle que Naples la catholique, où les billets de loterie se vendent publiquement à la porte des églises. Ce qui autorise à le penser, c'est la difficulté de plus en plus grande qu'éprouvent toutes ces pieuses loteries à placer leurs billets. Le bon sens public commence à faire justice de ces piperies de sacristie ; aussi les messes à perpétuité ont-elles baissé de 95 pour 100 sur la place.

En attendant, le produit le plus net de toutes ces loteries, placées à l'envi aujourd'hui sous le patronage de saints du Paradis qu'il s'agit de loger ici-bas d'une manière plus décente, est pour les journaux de Paris, qui, grâce à leur monopole et à leurs priviléges en matières de poste et de timbre, peuvent offrir aux entrepreneurs des avantages *tout exceptionnels*, et comme publicité et comme prix de revient, et qui se sont dès lors constitués les croupiers de ce pieux trafic. En échange des indulgences et des messes à perpétuité qu'ils n'ont garde de refuser sans doute, car ils en ont grand besoin pour pouvoir avoir la conscience tranquille, ils consentent en faveur de chacune de ces affaires, qui seraient impossibles sans leur concours et leur dévouement, des rabais de plus de 50 pour 100 sur leur tarif, et s'arrangent encore de façon cependant à encaisser pour leur propre compte environ 40 pour 100 de leur produit brut. C'est là à vrai dire une *subvention* d'une nature particulière qui leur est faite par le pouvoir, et. il y aurait de l'ingratitude de leur part à ne pas lui en savoir gré. Aussi ne les voyez-vous jamais risquer la moindre observation critique à propos de cette intrusion du jeu dans les choses saintes. Ils sont trop avisés, vraiment, et surtout trop bien payés pour cela !

Cet article paraîtrait sans doute incomplet si, en terminant, nous ne disions pas un mot de la fameuse *loterie du lingot d'or*, au capital de sept millions représenté par sept millions de billets, avec un lingot d'or massif de 400,000 fr. pour gros lot, qu'on monta dans le courant de l'année 1850, en pleine république, et dont le produit était destiné à favoriser le passage en Californie d'un certain nombre d'*émeutiers* dont on ne savait plus que faire sur le pavé de Paris. Cette loterie tenait à la fois du journal de Paris *deux cent mille francs* d'annonces ; et l'incorruptible organe du parti républicain ne trouva le temps de la blâmer, tant dans son idée première que dans son exécution, que lorsque le capital en eût été complètement réalisé. N'était-ce pas de sa part *jouer* de malheur ? Au reste, la meilleure preuve que la loterie des *lingots d'or* était une grande et féconde idée, c'est qu'on a décoré ensuite tous ceux des membres de la commission administrative à la boutonnière desquels manquait encore le bout de ruban rouge de rigueur aujourd'hui pour constituer un homme de mérite. Consultez Dussaulx, *Essai sur la Passion du Jeu* (Paris, 1779) ; le comte Petitti de Roreto, *Del Guioco del Loto ne suoi effetti morali, politici ed economici* (Turin, 1853).

LOT-ET-GARONNE (Département de). Il tire son nom des deux principales rivières qui l'arrosent, et est borné au nord par celui de la Dordogne, à l'est par ceux du Lot et de Tarn-et-Garonne, au sud par celui du Gers, à l'ouest par ceux des Landes et de la Gironde. Formé d'une partie du Condomois, de quelques portions des diocèses de Cahors, de Bazas, de Lectoure, et de presque tout l'ancien Agenais, il est divisé en 4 arrondissements, 35 cantons et 312 communes. Sa population est de 341,345 individus. Il envoie trois députés au corps législatif. Il est compris dans la quatorzième division militaire, l'académie de Bordeaux, le diocèse d'Agen et le ressort de la cour d'appel de la même ville.

Sa superficie est d'environ 534,628 hectares, dont 286,101 en terres labourables ; 69,349 en vignes ; 68,613 en bois ; 42,322 en prés ; 29,652 en landes, bruyères ; 3,996 en cultures diverses ; 2,760 en vergers, pépinières, jardins ; 2,107 en propriétés bâties ; 9,528 en routes, places publiques ; 5,051 en rivières, lacs, etc. Il paye 3,256,572 francs d'impôt foncier.

On a représenté le sol de ce département comme un vaste plateau, sillonné, à différentes profondeurs, par des vallées dont la longueur, la largeur et la direction ont varié comme la masse et la rapidité des eaux qui les ont creusées. Au-dessus de ce plateau s'élèvent cependant quelques chaînes de hauteur assez remarquable, et qui, lorsqu'elles forment les parois des vallons où des cours d'eau considérables ont exercé leur puissance, affectent une inclinaison qui approche plus ou moins de la perpendiculaire. Une grande partie du département offre l'aspect d'un jardin admirablement cultivé. Plus des cinq huitièmes de son étendue présentent l'image de la fécondité et les cultures les plus variées et les plus appropriées au sol ; mais vers le nord et le sud, des terrains stériles, des déserts, des *landes*, qui se prolongent au loin, attristent les regards et indiquent la pauvreté des peuplades qui habitent ces contrées désolées. L'œil n'y aperçoit que des plaines sans fin, formées d'un sable aride, quelques buttes au lieu de collines, des marais dont l'évaporation remplit l'air de gaz délétères, des champs qu'un travail opiniâtre force à porter quelques épis dégénérés, de maigres pâturages, où languissent des troupeaux aussi faibles que les pasteurs qui les conduisent ; un horizon couronné par un rideau de pins et de chênes-liéges, dont la triste et monotone verdure ressemble bien plus à une tenture funèbre qu'à ces bocages qu'on aime tant à retrouver dans les campagnes. Dans ces contrées, une population faible, petite, pâle et livide, tombe dans la caducité alors que ses voisins jouissent encore de tous les biens d'une santé vigoureuse. Dans les *landes* de ce département, les animaux partagent la faiblesse de l'homme. A une médiocre distance des coteaux qui bordent la fertile vallée de la Garonne, et que couvrent de riches vignobles, on voit l'habitant des landes cultiver, comme objet de luxe, deux ou trois ceps, qu'il étend péniblement en treille. De vastes *pignadas* séparent les habitations ; aucune route n'y ouvre de communications de peuplade à peuplade et n'y établit des courants d'air utiles à la santé des hommes. Au reste, dans ces lieux, l'aménagement irrégulier et mal disposé des bois, l'extraction trop précoce et trop abondante de la résine, ne sont peut-être que l'effet d'un sentiment qui avertit l'homme des landes qu'il doit se hâter de recueillir, de jouir... Il ne faut pas croire d'ailleurs que tous les coteaux de l'Agenais soient en général fertiles : leur sommet, presque partout dénué de bois, n'offre le plus souvent que des terres médiocres, lavées par les pluies, la plupart incultes ou stériles. Vers la partie orientale, à peu de distance des bords de la Garonne et du Lot, ces coteaux deviennent arides, et ne sont formés que de rocailles calcaires, où l'on voit échouer toutes les ressources de l'agriculture. Mais la fertilité des plaines et des vallées, la culture du prunier, source de richesse pour cette contrée ; celle du tabac, vers Tonneins ; du chanvre, dans beaucoup de lieux ; la bonté des céréales, et même des vins, placent ce département au nombre de ceux que l'agriculture enrichit. De nombreux cours d'eau le traversent, la Garonne, le Lot, la Baïse, etc. Le principal produit de l'exploitation minérale est le fer ; on exploite encore de belles pierres de taille, du gypse et de la marne. L'industrie y est assez active. On y trouve de nombreuses et importantes distilleries d'eau-de-vie, des usines à fer, des martinets à cuivre, de belles manufactures de toile à voiles, des corderies, des fabriques de bouchons et des papeteries.

Six routes impériales, 16 routes départementales, 9,129 chemins vicinaux sillonnent ce département, dont le chef-lieu est *Agen* et les villes principales *Marmande*, *Nérac*, *Villeneuve-sur-Lot*, *Villeneuve-d'Agen*; *Tonneins*, chef-lieu de canton avec 7,549 habitants, un commerce considérable de cordages, de chanvre et de prunes sèches, une manufacture impériale de tabac. C'est une station du chemin de fer de Bordeaux à Cette. Chev^{er} A. DU MÈGE.

LOTH, neveu d'Abraham, suivit son oncle dans la terre de Chanaan, et l'accompagna dans un premier voyage en Égypte ; il ne se sépara ensuite de lui pour que leurs troupeaux trouvassent plus facilement leur pâture et pour couper court aux querelles qui s'élevaient entre leurs bergers. Il choisit les belles plaines de Sodome et de Gomorrhe, à l'orient du Jourdain ; la paix ne l'y suivit pas. Fait prisonnier par Codorlahomor et ses alliés, il avait été conduit

LOTH — LOTION

en esclavage avec les siens, lorsque Abraham vint le délivrer.

Il continua d'habiter Sodome, dont la corruption était arrivée à un tel point, que la justice céleste décréta la ruine totale de cette ville. Cependant deux anges, sous la figure de voyageurs, se présentent à la porte de Sodome, et Loth les presse d'accepter chez lui l'hospitalité. Il les a à peine recueillis, que les habitants s'attroupent et demandent à grands cris qu'on les leur livre. Vainement l'Hébreu leur représente l'horreur de leur conduite, vainement il consent à sacrifier aux devoirs de l'hospitalité ses deux filles, objet de ses plus chères affections ; on aurait triomphé de ses efforts, sans le pouvoir qu'eurent ces étrangers de frapper d'aveuglement cette populace brutale. Soudain ils déterminent Loth à fuir avec toute sa famille, en leur défendant de regarder derrière eux. Dans la vallée où étaient bâties les cinq villes infâmes, on rencontrait, observent les livres sacrés, d'innombrables crevasses, au fond desquelles bouillonnaient des matières bitumineuses. Au moment de la catastrophe, une fumée épaisse comme celle d'une fournaise sortit de la terre; des torrents de soufre et de feu tombèrent sur les cinq villes, et les anéantirent. Dans sa fuite, la femme de Loth, entraînée par une curiosité fatale, voulut contempler l'effrayant spectacle que présentait ce pays en feu : elle se retourna, et au moment même un tourbillon de vapeurs sulfureuses, arsenicales..., l'enveloppa tout entière, l'étouffa, et son corps, imprégné de ces substances diverses, se pétrifia : elle fut changée en *statue de sel*, dit l'Écriture. Lorsque les filles de Loth furent arrivées dans la caverne qui devait leur servir de retraite, elles s'imaginèrent, dans leur effroi, que tous les hommes avaient péri, et osèrent partager la couche de leur père, après l'avoir enivré pour qu'il ne se refusât pas à leurs désirs. Elles conçurent toutes deux. L'enfant de l'aînée, du nom de *Moab*, qui signifie *fils de mon père*, fut le fondateur de la peuplade moabite établie à l'orient du Jourdain ; le fruit de l'autre, du nom de *Ammon, fils de mon peuple*, fut le père des Ammonites.   J.-G. CHASSAGNOL.

LOTHAIRE Ier, empereur d'Occident. Lothaire, né en 795, était fils aîné de Louis le Débonnaire; il avait à peine deux ans, lorsque ce prince l'associa à l'empire en lui assurant la Neustrie. Lothaire se fit plus tard couronner par le pape, et prit le titre de *roi des Lombards* en 820 ; mais les dispositions nouvelles que son père se proposait de faire envers le jeune fils issu d'un second mariage, Charles (dit le Chauve), le poussèrent à la révolte ainsi que ses frères, Louis le Germanique et Pepin. Deux fois il le renverse, et deux fois il se voit contraint de lui rendre sa couronne. Enfin, il lui succède sur le trône impérial, s'allie à l'un de ses frères contre les deux autres, et vaincu à Fontenay, signe le traité de Verdun (843), qui lui conserve le titre d'empereur, l'Italie et les provinces situées entre le Rhin, le Rhône, la Saône, la Meuse et l'Escaut. En 855 il se retira à l'abbaye de Prum, dans les Ardennes. Il mourut six jours, d'autres disent six mois après.

LOTHAIRE II était fils de Gebhard, comte d'Arnsberg. Devenu duc de Saxe par mariage, il fut élu empereur à la mort de Henri V, en 1125. Il avait pour concurrents Conrad de Franconie et Frédéric de Souabe, desquels, dit-on, l'éloquence de Suger le fit triompher. Il eut longtemps à combattre contre Conrad, et n'en triompha qu'avec l'appui du pape Innocent II et du duc de Bavière Henri le Superbe. Il mourut en 1137, à Bretten, près de Trente, au retour d'une expédition en Italie contre Roger roi de Sicile, l'adversaire du pape, son allié.

LOTHAIRE, roi de France, fils de Louis d'Outre-Mer et de Gerberge, sœur de l'empereur Othon Ier, n'avait encore que onze ans lorsque, en 952, son père l'associa à la couronne. Appelé à porter seul cette couronne dans après, sous la tutelle d'Hugues le Grand, son règne n'est marqué que par une guerre contre Othon II, au sujet de la Lorraine. Il mourut en 986. Son fils Louis V lui succéda.

LOTHAIRE, roi de Lorraine, deuxième fils de l'em-

pereur Lothaire, monta sur le trône en 855. Il commença son règne en s'alliant à son frère l'empereur Louis II contre son oncle Charles le Chauve, et avec celui-ci contre Louis II. Il répudia sa femme, Térulberge, pour épouser sa concubine Valdrade ; mais le pape le força, sous peine d'excommunication, de reprendre sa première femme. Il mourut en 869, en revenant de Rome, où il était allé pour fléchir le pape.

LOTHAIRE, fils de Hugues de Provence, roi d'Italie, fut associé au trône de son père en 931, et fut détrôné avec lui par Bérenger, marquis d'Ivrée. Ce dernier cependant dut bientôt lui rendre la couronne ; mais cinq ans après il le faisait empoisonner, et lui succédait.

LOTHIAN. On appelle ainsi une partie de l'Écosse située entre le Mont Pentland au sud et le golfe de Forth au nord, et célèbre à cause de sa fécondité. Elle forme les trois comtés d'*East*-, de *West*-, et de *Mid-Lothian* (Lothian central).

LOTION. On désigne ainsi toute opération qui a pour but le lavage d'un corps ; cependant elle exprime, suivant les cas dans lesquels on la pratique, une idée assez différente ; et elle s'exécute de manières très-diverses. En chimie, par exemple, on entend par *lotion* l'opération par laquelle on lave un corps, pour en séparer les parties hétérogènes, qui le salissent ou nuisent à sa pureté. Quelquefois ces parties sont solubles, et c'est ce qui a lieu dans le plus grand nombre de cas ; alors le véhicule agit comme dissolvant, et permet de séparer les substances étrangères, soit au moyen du filtre, soit par la décantation. Quand on opère sur de petites quantités de précipité, on peut laver sur un filtre ; mais quand il s'agit de grandes masses, il vaut mieux employer la *décantation*, qui lave beaucoup mieux, et dans un temps moins long. Si les substances hétérogènes sont insolubles, on profite alors de leur différence de densité ; c'est ainsi que l'on prépare le bleu d'outre-mer ; on laisse précipiter d'abord les parties les plus denses, et l'on sépare celles qui, plus légères, sont restées en suspension dans le véhicule.

En pharmacie, on désigne sous le nom de *lotion* une opération semblable à celle que nous venons de décrire et celle qui a pour but d'enlever des impuretés à la surface des racines, des gommes, etc. Le mode d'opérer est vraiment si simple, qu'il est inutile de le décrire.

En médecine et en chirurgie, la *lotion* a souvent un double but : d'abord de laver les parties du corps sur lesquelles on l'applique, ensuite d'agir sur les parties malades comme médicament externe ou topique : ainsi, les bains sont de véritables lotions ; d'autres fois, on se contente d'appliquer sur la partie malade des linges imprégnés de l'un autre véhicule approprié ; tantôt c'est avec des décoctions de plantes émollientes, des macérations ou des infusions de végétaux très-divers, et alors les lotions prennent des noms en rapport avec les propriétés des matières qui les composent : c'est ainsi que l'on connaît des *lotions émollientes, détersives, toniques, astringentes*, etc.

La lotion se pratique, soit à froid, soit à chaud, sur les enfants qui viennent de naître, pour leur enlever cette mucosité qui adhère à la surface de leur corps ; et dans les cas chirurgicaux, pour enlever les caillots de sang qui empêcheraient la ligature des vaisseaux et la cicatrisation de la plaie. On emploie fréquemment les lotions toniques et astringentes pour les ulcères dont la suppuration est fétide et de mauvaise nature.

On peut encore nommer *liqueurs pour lotions* cette foule d'essences ou de liquides auxquels le charlatanisme voudrait faire croire à des propriétés nombreuses, qui devraient éclairer le public sur leurs véritables propriétés : tels sont la *liqueur à la maréchale*, *l'eau céleste*, le *lait virginal*, poisons secrets, qui rongent peu à peu en se cachant sous un éclat emprunté, qu'une coquetterie aveugle emploie avec profusion, et qui ne laissent après eux que des rides, une vieillesse prématurée, et quelquefois des maladies incurables.   C. FAVROT.

LOTO (Jeu de). Ce jeu, de hasard dans toute la force du terme, se compose de vingt-quatre cartons bariolés de diverses couleurs. Chacun de ces cartons contient trois rangées transversales de dix compartiments, cinq colorés, et cinq à fond blanc; sur ces derniers sont inscrits les numéros 1 à 90, sans autre ordre que de mettre ceux de 1 à 10 dans la première colonne, ceux de 10 à 20 dans la seconde, etc. Ainsi, chaque carton présente quinze numéros, et chacun des nombres se reproduit quatre fois sur la totalité. Les joueurs font une poule d'un taux convenu en pièces de monnaie, en fiches ou en jetons. On tire successivement d'un sac de peau des boules hémisphériques, au nombre de 90, comme à la défunte loterie. A l'appel de chaque numéro, les joueurs qui le trouvent sur un ou plusieurs de leurs cartons le marquent avec un jeton d'os coloré, ou, encore mieux, avec un jeton de verre transparent. Un seul numéro sur la même ligne fait un extrait, deux font un ambe, trois un terne, quatre un quaterne, cinq un quine. On convient quelquefois que pour ces chances diverses on prendra au panier renfermant la poule une quantité déterminée de jetons ou de fiches; le reste du panier appartient à celui qui a le quine. Mais le plus communément, les ambes, les ternes, les quaternes, ne prennent aucun avantage particulier, et c'est au premier quine qu'est adjugée la totalité de la poule. On fait alors une nouvelle distribution de cartons, et l'on commence une autre poule. BRETON.

Le jeu de loto n'est pas très-ancien, car il ne remonte pas plus haut que l'édit de création de la loterie royale, en 1776. Cependant, il a prodigieusement vieilli. Sa déplorable réputation tient bien moins aux chances rapides de ruine qu'il offrirait aux pontes, pour peu que les enjeux fussent élevés, que par l'espèce de culte qu'il conservera longtemps encore chez les individus des deux sexes assez naïfs, assez primitifs, pour faire consister leur suprême bonheur dans un pique-nique organisé avec le produit d'une cagnotte. (Ici nous devons, pour l'intelligence du texte, ouvrir une énorme parenthèse et apprendre au lecteur que chez les naturels du Marais, de l'île Saint-Louis et de la rue Copeau, on appelle cagnotte le produit total des gains faits par une association libre de joueurs pendant un certain nombre de parties de piquet ou de loto, produit qu'on consacre à couvrir les frais d'un dîner chez le traiteur avec accompagnement de spectacle.) C'est vraisemblablement quelque rancune de cagnotte qui aura inspiré à M. de Ségur les vers suivants :

Le loto, quoi que l'on en dise,
Sera fort longtemps en crédit ;
C'est l'excuse de la bêtise
Et le repos des gens d'esprit.

C'est ici le lieu de présenter quelques données philologiques, qui par leur nature rentrent tout à fait dans la spécialité d'un lexicographe de notre force, et dont pourront du moins profiter les étrangers égarés dans les parages de l'Arsenal et de la rue de la Cerisaie. Rivés à une table de loto, quel ne serait pas en effet leur embarras, si d'avance nous ne venions à leur aide, en entendant le joueur chargé de tirer les numéros du sac de fortune appeler tout à coup : i! chapeau d'évêque! la barrière du Trône! les deux cocottes! les deux bossus! bout ci, bout là! les paires de lunettes! termes que, n'était la vénérable compagnie où ils se trouvent, ils pourraient être tentés de croire appartenir à la langue argotique, et qui ne sont pourtant que d'ingénieux tropes inventés de temps immémorial comme synonymes des numéros un, quatre, onze, vingt-deux, trente-trois, soixante-neuf et quatre-vingt-huit.

Rappelons encore qu'on nomme tombola un mode particulier de jouer le loto, suivant lequel chaque joueur ne peut avoir qu'un seul carton. Mais alors la poule, formée de toutes les mises des joueurs, appartient non pas à celui qui le premier a le quine, c'est-à-dire cinq numéros placés sur la même ligne, mais à celui qui le premier entend appeler tous les quinze numéros de son carton. C'est par une tombola que se terminent d'ordinaire toutes les parties de loto; les émotions nouvelles qui en résultent toujours pour les joueurs, que la monotonie de la méthode ordinaire commence à fatiguer après une séance de trois ou quatre heures, suffisent aux habitudes placides des amateurs de loto. Bien rarement donc ils s'avisent de jouer le loto-dauphin, inventé, dit-on, pour amuser l'enfance du malheureux fils de Louis XVI; mode d'après lequel il y a des gains pour les ternes et les quaternes, et qui a dès lors l'inconvénient de multiplier beaucoup trop les chances aléatoires d'un jeu où le plus grand nombre ne cherche que ce que l'on est convenu d'appeler une *honnête distraction.*

En 1820 l'administration des jeux de Paris, non contente d'exploiter la roulette, le trente et quarante, le creps, etc., s'avisa d'établir au Palais-Royal *une partie de loto.* La banque y avait tant d'avantages, que la police, ordinairement si tolérante en pareille matière, dut intervenir et, dans l'intérêt de la morale publique, enjoindre au fermier des jeux d'avoir à se renfermer strictement dans son cahier des charges.

LOTOPHAGES, mot dérivé du grec et signifiant *mangeurs de lotos*. Les anciens avaient donné ce nom à une peuplade paisible et hospitalière, qui habitait vraisemblablement la côte de la Libye ou la petite Syrte (côte tripolitaine), à cause du fruit doux et odorant de l'arbre particulier à cette contrée, et dont elle faisait sa principale nourriture. Homère y fait aborder Ulysse, qui, jeté sur la côte par la tempête, envoie d'abord deux de ses compagnons reconnaître le pays. Les habitants les accueillent de leur mieux et songent à les retenir auprès d'eux en leur faisant manger de leur lotos, fruit délicieux qui faisait perdre à ceux qui en avaient une fois goûté le souvenir de leur pays.

LOTOS ou **LOTUS**, nom donné par les anciens à des plantes fort différentes et dont la détermination desquelles planait beaucoup d'obscurité avant que le professeur Fée n'eût, dans sa *Flore de Virgile,* débrouillé leur histoire. Il est reconnu aujourd'hui, depuis le travail de ce savant botaniste, que sous le nom de *lotos* on a désigné un arbre et deux espèces de plantes, l'une terrestre, l'autre aquatique. L'arbre auquel Homère et Théophraste ont appliqué ce nom est, dit M. Fée, le *rhamnus lotus* de Linné, le *zizyphus lotus* de Wildenow, espèce de jujubier de la taille d'un petit poirier, et dont le fruit, de la grosseur d'une olive, a la saveur d'une datte et une odeur des plus suaves. C'est l'arbre des *lotophages* qui faisait oublier aux étrangers leur patrie, et qui, célébré par Homère, a été vanté chez les Hébreux sous le nom de *doudaïm.*

Le lotos aquatique comprend trois espèces de *nymphæa :* l'une, qui forma la coiffure des sphynx et la parure d'Isis, était le *nelumbium speciosum*, magnifique plante en grand honneur dans la loireligion des brahmes, et qui fut longtemps connue sous le nom de *fève d'Égypte*, à cause de son fruit, qui renferme dans ses alvéoles des espèces de fèves propres à servir d'aliment. Un autre lotos, le *lotos d'Hérodote* (*nymphra lotus* de Linné), remarquable par sa belle fleur blanche semblable à un lis, croissait aussi en Égypte. On mangeait ses graines et sa racine. Enfin, Homère mentionne encore une espèce de lotos, que M. Fée croit être le *melilotus officinalis.* Dr SAUCEROTTE.

LOTTE. *Voyez* LOTE.
LOTUS. *Voyez* LOTOS.
LOUAGE. On distingue en droit le louage des choses et le louage des services. Le louage des choses prend différents noms, selon les objets auxquels il s'applique. Ainsi, le louage des maisons et des meubles s'appellent *baux à loyer*. Le louage des héritages ruraux prend le nom de *bail à ferme*. On appelle *bail à cheptel* le louage des animaux dont le profit se partage entre le propriétaire et le locataire. Le louage des services embrasse également plusieurs espèces de contrats : 1° le louage des gens de travail, ouvriers ou domestiques qui s'engagent au service de quelqu'un; 2° celui des voituriers par terre ou par eau, qui se

chargent du transport des personnes ou des marchandises; 3° celui des entrepreneurs d'ouvrages par suite de devis ou marchés. Le louage des services s'appelle aussi *loyer* : on dit également bien l'un et l'autre. En général, le louage des choses est un contrat par lequel l'une des parties s'oblige à faire jouir l'autre d'une chose pendant un certain temps et moyennant un certain prix que celle-ci s'oblige à lui payer. Le louage des services est un contrat par lequel l'une des parties s'engage à faire quelque chose pour l'autre, moyennant un prix convenu entre elles.   A. GASTAMBIDE.

LOUANGE. C'est le discours, l'écrit ou l'action par lesquels on relève le mérite d'une action, d'un ouvrage, d'une qualité, d'un homme ou d'un être quelconque. Tous les hommes désirent la louange, ou parce qu'ils ont des doutes sur leur propre mérite, et qu'elle les rassure contre le sentiment de leur faiblesse, ou parce qu'elle contribue à leur donner promptement le plus grand avantage de la société, c'est-à-dire l'estime du public. Il faut louer les jeunes gens, mais toujours avec restriction : la *louange*, comme le vin, augmente les forces, quand elle n'enivre pas. Les hommes qui louent le mieux, mais qui louent rarement, sont ceux que le beau, l'agréable et l'honnête frappent partout où ils les rencontrent; le vil intérêt, pour obtenir des grâces, la plate vanité, pour obtenir grâce, prodiguent la louange, et l'envie la refuse. L'honnête homme relève dans les hommes ce qu'il y a de bien, ne l'exagère pas, et se tait sur les défauts et sur les fautes ; il trouve, quoi qu'en dise La Fontaine, qu'on peut trop louer.   DIDEROT.

LOUCHE se dit d'un individu dont le globe de l'œil ou des deux yeux est détourné de sa situation habituelle et normale (*voyez* STRABISME).

Ce mot s'emploie aussi au figuré pour désigner ce qui n'est pas clair (*voyez* ÉQUIVOQUE).

LOUDÉAC, ville de France, chef-lieu d'arrondissement dans le département des Côtes-du-Nord, à 37 kilomètres au sud de Saint-Brieux. Cette ville possède un tribunal civil et une chambre consultative des manufactures. On y compte 6,367 habitants. Loudéac n'offre rien de remarquable, si ce n'est une importante fabrication de toiles dites de Bretagne, qui occupe plus de 4,000 ouvriers.

LOUDON ou **LAUDON** (GÉDÉON-ERNEST, baron DE), l'un des plus célèbres généraux qu'ait eus l'Autriche, né en 1716, à Trotzen, en Livonie, descendait d'une ancienne famille écossaise venue au quatorzième siècle s'établir en Livonie. En 1731 il entra au service russe comme cadet, assista au siège de Dantzig, et fut promu lieutenant dans la campagne contre les Turcs et les Tatares. Réformé à la paix de 1739, il se proposait d'aller solliciter son admission dans les rangs de l'armée autrichienne, lorsque, en passant par Berlin, plusieurs de ses camarades, congédiés comme lui, l'engagèrent à offrir ses services à Frédéric II. Ses cheveux rouges et sa figure déplurent au roi, auprès de qui il eut beaucoup de peine à être admis, et qui repoussa sa demande en disant à son entourage : « La physionomie de cet homme ne me revient pas. » Loudon se rendit alors à Vienne, où, en 1742, il fut nommé capitaine dans le corps de pandours du partisan Trenck, avec qui il fit la campagne de Bavière et du Rhin. C'est à l'affaire de Zabern qu'il fut blessé pour la première et unique fois de sa vie; et il y fut en outre fait prisonnier. Après son échange, il assista dans la seconde guerre de Silésie aux batailles de Hohenfriedberg et de Sorr, livrées contre Frédéric II ; puis alors, par suite des récriminations élevées contre lui par Trenck, il dut donner sa démission. Mais à Vienne il prouva que Trenck l'avait calomnié et le seul auteur des atrocités dont il voulait faire peser sur lui la responsabilité. Néanmoins, demeuré sans emploi, il se trouva dans cette capitale en proie à une profonde misère, jusqu'au moment où ses amis lui firent obtenir un emploi de major dans un régiment en garnison en Hongrie sur les frontières de Turquie. Il y épousa la fille d'un officier croate, abjura le protestantisme pour le catholicisme, et se livra dès lors avec

DICT. DE LA CONVERS. — T. XII.

une ardeur extrême à l'étude des mathématiques de la géographie militaire.

Lorsque éclata la guerre de sept ans, Patazzi, général qui commandait en Croatie, le raya arbitrairement de la liste des officiers qu'on avait désignés à Vienne pour faire la campagne. Loudon, outré de cette injustice, se rendit sans permission dans la capitale, où, grâce à l'appui d'un ancien camarade devenu employé supérieur de la chancellerie, il put triompher des préventions créées contre lui par les rapports de son chef. Promu lieutenant-colonel, il fut incorporé dans l'armée principale, qui, après la bataille de Lobositz, marcha contre Frédéric. Loudon ne tarda pas à s'y distinguer, notamment aux affaires de Teschen, de Hirschfeld, à la bataille de Prague, et surtout dans la poursuite des Prussiens après la bataille de Kollin, et déploya une habileté toute particulière dans la conduite de la petite guerre. Placé ensuite sous les ordres du prince d'Hildburghausen, il assista à la surprise de l'armée autrichienne à Gotha, par Seidlitz, et à la défaite de Rossbach, sans pouvoir y porter remède. Le brevet de général que la cour de Vienne lui envoya alors étant venu à tomber au pouvoir des Prussiens, Frédéric II le lui renvoya aussitôt, en y joignant dans une lettre ses félicitations personnelles. Un an après, en 1758, à la suite de la délivrance d'Olmütz, à laquelle il avait pris une part essentielle, il fut promu feld-maréchal lieutenant. Il contribua ensuite puissamment au gain de la bataille de Hochkirch, fait d'armes que l'impératrice récompensa par le titre de baron. En 1759 il décida seul, par une attaque faite en moment opportun, de la victoire de Kunersdorf, et nommé alors général d'artillerie, il fut chargé du commandement d'un corps de 30,000 hommes, à la tête duquel il prit Glatz d'assaut et investit Breslau, mais sans pouvoir se rendre maître de la citadelle, vigoureusement défendue par Tauenzien. Après la bataille de Liegnitz, il couvrit si admirablement bien la retraite de Daun, que Frédéric II s'écria : « C'est notre maître à tous dans l'art des retraites. A le voir quitter son champ de bataille, on dirait toujours qu'il est vainqueur ! » La campagne de 1761 lui offrit peu d'occasions de se distinguer. En revanche, il fit preuve de beaucoup d'habileté dans les difficiles négociations suivies avec le général en chef russe Butturlin.

Accablé de décorations et de présents par l'impératrice après la paix de Saint-Hubersbourg, il se rendit à Karlsbad pour y rétablir sa santé, altérée. Il accompagna aussi Joseph II dans son voyage en Gallicie et en Lodomérie, provinces provenant du premier partage de la Pologne. Nommé feld-maréchal au moment où éclata la guerre de succession de Bavière, il fut appelé au commandement d'une armée ; mais son rôle se borna à empêcher les Prussiens de rien entreprendre d'important. Après la paix de Teschen, il resta en inactivité jusqu'au moment où Joseph II, malheureux dans sa campagne contre les Turcs, recourut à l'expérience du vieux guerrier ; et tout aussitôt la fortune des armes passa sous les drapeaux autrichiens. Dubicza fut pris et un corps turc battu sous les murs de cette place ; Belgrade fut enlevé d'assaut et Semendria occupé. L'empereur, pour le récompenser de la prise de Belgrade, lui accorda avec la plaque fut enlevé d'assaut et Semendria occupé. L'empereur, pour le récompenser de la prise de Belgrade, lui accorda avec la plaque et brillants de l'ordre de Marie-Thérèse le titre de généralissime de ses armées, auquel étaient attachés des privilèges illimités, ainsi que n'avait possédé qu'en Autriche depuis le prince Eugène. C'est par cette campagne que se termina la carrière militaire de Loudon ; il venait de prendre le commandement d'une armée concentrée en Moravie pour marcher contre la Prusse, lorsque la mort le surprit, le 14 juillet 1790, à son quartier général de Neurtitzschein.

Indépendamment des talents éminents qu'il possédait comme général, Loudon était doué d'une infatigable activité, d'un invincible amour pour les sciences, et d'autant de modestie que de modération.

LOUDUN, ville de France, chef-lieu d'arrondissement dans le département de la Vienne, à 50 kilomètres au nord-

28

LOUDUN — LOUIS

ouest de Poitiers, avec 4,587 habitants, un tribunal civil, un collège, un commerce de grains de toutes espèces, de cire jaune, de vin blanc, d'eau-de-vie, d'huiles de noix, de lin et de chènevis, de truffes, de fruits cuits, de chanvre, de laine, de dentelles communes. Loudun est une ancienne ville, autrefois chef-lieu d'un petit pays appelé le *Loudunois*. Elle est célèbre par les synodes qu'y tinrent les réformés en 1611 et 1612 et par le procès d'Urbain Grandier. On y remarque de jolies promenades.

LOUDUN (Possession des Ursulines de). *Voyez* GRANDIER.

LOUÈCHE (en allemand *Leuk*), chef-lieu de l'arrondissement du même nom, dans le canton du Valais (Suisse), sur la rive droite du Rhône, est célèbre par des sources minérales situées dans ses environs. Elles sont au nombre de vingt, et sourdent dans une vallée située à 1,500 mètres au-dessus du niveau de la mer, au pied du mont Gemmi, et arrosée par la Dala, torrent sauvage qui s'échappe des montagnes. Toutes assez semblables sous le rapport de la température et de la composition, elles rentrent dans la catégorie des eaux sulfuro-ferrugineuses, et sont efficaces dans les maladies invétérées de la peau et dans les douleurs du bas-ventre. On les emploie extérieurement et intérieurement. Les sources les plus fréquentées sont celles du *Lorenzo*, ou la grande source (40° Réaum.), du *Goldbrunnlein*, de la *Kotzgulle* (ainsi nommée à cause de ses qualités vomitives), et la source du fond de la vallée. Les bains se prennent soit dans les maisons particulières, soit dans quatre établissements publics, où l'eau arrive par des conduits refroidie à 30 et même à 29° Réaumur. Dans ces établissements ou prend des bains de toutes espèces. Pour les bains entiers, on y trouve de vastes bassins, où les baigneurs, enveloppés dans de grands manteaux de laine, se trouvent réunis sans distinction de sexe. Comme après les premiers bains on reste dans l'eau quatre et même six heures de suite, on y lit, on y déjeûne sur des tables flottantes et on y boit de l'eau minérale. On ne trouve à Louèche qu'un fort petit nombre de distractions en usage aux eaux, et les baigneurs doivent les remplacer par la contemplation des beautés grandioses de la nature alpestre.

LOUGRE. Les romanciers ont fait la fortune de ce petit navire : son nom est connu partout. Un pirate mystérieux paraît-il sur la côte, frappant inopinément et s'évanouissant comme une brume légère, soyez sûr qu'il monte un lougre armé jusqu'aux dents. Un audacieux contrebandier vient-il se jouer des douanes et des navires de guerre, glissant le long du rivage comme l'écume de la mer, pénétrant sans crainte dans toutes les criques, tantôt se blotissant invisible derrière le moindre rocher, tantôt élevant dans l'air une mâture élancée comme la flèche d'un paratonnerre, c'est un lougre qu'il a sous les pieds. Le lougre est le navire obligé du forban et du flibustier. Du reste, il justifie la prédilection du romancier et du pirate. Comme le chasse-marée de nos côtes, il a deux mâts, portant deux grandes voiles trapézoïdales ; parfois il en dresse un troisième sur l'arrière, en pousse d'autres au-dessus des deux premiers, et se couvre de toile : alors il a des ailes comme un goéland, et on le voit de loin planer sur la mer; mais s'il veut échapper à l'œil du guetteur de mer, ses hautes voiles disparaissent : il rase les rochers, avec lesquels il semble se confondre. Il a une voilure pour le beau temps, une autre pour le mauvais. Vous le voyez d'abord au loin ressemblant à un brick; tout à coup il se déguise, il n'est plus brick, il n'est plus chasse-marée, il n'est plus même plus lougre: vous le prendriez pour une goélette légère, pour un honnête yacht de plaisance, promenant sur la côte une réunion de fashionables.

Il n'est point né sur nos plages , conum même cet étranger ; il fut importé chez nous par les pirates normands, et les siècles ont passé sans qu'il changeât son nom ni pris sa destination primitive. Éclos au milieu des pirates, il est resté le navire des pirates. Dès l'origine son histoire est illustre ; il était fier de côtoyer les rivages rocailleux de la Norwège, quand il conduisait les expéditions des Danois aux Orcades, en Islande, et jusqu'aux bords glacés du Groënland; les *kæmpes* (gardes des rois de mer) le rendaient invincible, et tous les *wikingues* (écumeurs de mer) enviaient l'honneur d'embarquer sur le lougre du *roi des flots*, du *sœkongar*; car au jour du combat il s'avançait le premier, tout bardé de fer, au sommet de l'angle de la colonne d'attaque, et frayait à travers l'ennemi le chemin de la gloire; ses *kastalis* (tours de poupe) dominaient toute la flotte, et renfermaient les plus fameux *berserkers* (guerriers frénétiques). Les *vierges aux boucliers*, les héroïques *skoldmoi*, avaient les yeux sur lui, et les *génies des mers*, les *trolls*, aïeux du *sœkongar*, couvraient de leur amour le lougre aussi bien que le casque de leur petit-fils. Aujourd'hui que la piraterie est à peu près morte sur la plupart des mers, le lougre a perdu son importance : renégat effronté, il s'est même fait l'auxiliaire des navires de guerre, et se montre, quoique de plus en plus rarement, au milieu des flottes, sur les ailes, comme éclaireur, pour annoncer l'approche de l'ennemi.

Théogène PAGE, *capitaine de vaisseau.*

LOUHANS. *Voyez* SAÔNE-ET-LOIRE.

LOUIS. Ce nom a été porté par quatre empereurs d'Allemagne. Le premier compte parmi les rois de France, où nous le retrouverons.

LOUIS II , fils de Lothaire Ier, né vers 822, fut envoyé à Rome par son père en 844, pour intervenir dans la contestation pendant entre les papes Serge et Jean, intronisa le premier comme pape légitime, et se fit couronner par lui roi des Lombards. Associé dès 850 au gouvernement par son père, il lui succéda en 855 dans la possession de l'Italie et de la couronne impériale , tandis que son frère cadet, *Lothaire*, recevait en partage le territoire situé entre le Rhin, la Meuse et l'Escaut, avec une partie de l'Helvétie et de la Bourgogne, et le plus jeune, *Charles*, la Provence avec Lyon. Au temps où s'évissait en Allemagne la guerre des frères, les Sarrasins avaient fait en Italie d'importantes conquêtes, et un grand nombre de seigneurs italiens s'étaient rendus indépendants. Non-seulement Louis battit les premiers, en 848, à Bénévent, et leur reprit la forteresse de Bari après une résistance opiniâtre, mais encore il sut humilier les seconds et les faire rentrer dans le devoir. De même il sut défendre contre les machinations et les efforts des Grecs le titre d'empereur d'Occident, que ceux-ci, d'accord avec un parti puissant à Rome, voulaient de nouveau réunir au trône de Constantinople. Quand Charles de Bourgogne mourut, en 863, sans laisser d'enfants, ses deux frères se partagèrent ses États, et Lothaire étant mort aussi à quelque temps de là, Charles le Chauve et Louis le Germanique profitèrent des embarras de Louis en Italie pour s'emparer de la Lorraine, au mépris de ses droits. Les deux frères ne partagèrent aussi le pays, le 9 août 870, à Marsan ; mais à peu de temps de là , en 872, Louis le Germanique restitua sa part de l'héritage à son neveu Louis II, qui avait épousé sa fille Ingelberge , et il n'en reprit possession que lorsque Louis vint à mourir, le 13 août 875, sans laisser d'héritiers mâles. Charles le Chauve s'empara du reste de ses États.

LOUIS III, dit *l'Enfant*, fils du roi allemand Arnoul, obtint en l'an 900, quoiqu'il n'eût encore que six ans, la couronne royale d'Allemagne, à l'instigation du duc de Saxe Othon, du margrave d'Autriche Luitpold et de l'archevêque de Mayence Hatto, parce que ces hommes voulaient régner sous le nom de cet enfant, auquel ils devaient servir de tuteurs; et en 908 il prit le titre d'empereur. Sauf la réintégration de la Lorraine au nombre des dépendances de l'Empire après qu'Arnoul l'eut donnée au cruel Zwentibold, aucun événement heureux ne signala la courte durée de ce règne. Des guerres privées continuelles eurent pour résultat d'inspirer toujours plus d'insolence et d'audace aux vassaux de l'Empire; et par leurs nombreuses irruptions les Hongrois commirent les plus effroyables dévastations dans diverses provinces. Dès l'an 907 les Hongrois avaient envahi la Bavière et y avaient vaincu le duc Liutpold, venu à leur rencontre en même temps qu'ils exterminaient son armée. L'année d'après ils portèrent le fer et le feu au cœur même de la Thuringe, et en 909 et 910 dans la Souabe et la Franconie. Ce ne fut qu'en s'engageant à leur payer tribut que l'Allemagne put se débarrasser de ces hôtes incommodes. Louis l'Enfant mourut au milieu de ces désastres et de ces calamités, en 911, sans laisser de postérité; et avec lui s'éteignit en Allemagne la race carlovingienne (*voyez* CARLOVINGIENS). Le besoin de se donner un prince énergique pour chef détermina alors les princes à lui donner pour successeur le duc de Franconie, Conrad Ier.

LOUIS IV, dit *le Bavarois*, fils de Louis le Sévère, duc de Bavière, né en 1286, fut élu empereur, à la mort de Henri VII (1314), par cinq électeurs, tandis que les autres donnaient leurs voix au duc Frédéric d'Autriche. Élevé à Vienne avec ses parents, les fils du duc Albert d'Autriche, il succéda à son père, en 1294, sous la tutelle de sa mère, Mathilde de Habsbourg. En 1300 il devint co-régent de son frère aîné, et lors du partage effectué en 1310 il eut pour son lot les contrées situées sur la rive gauche de l'Isar. Par suite de la double élection au trône impérial, qui venait d'avoir lieu, une guerre civile ne tarda point à éclater entre les deux anti-empereurs, et ravagea l'Allemagne pendant huit années. La glorieuse victoire remportée en 1322 à Muhldorf, en Bavière, par Seifried Schweppermann, capitaine aussi brave qu'expérimenté, qui à cette occasion fit même Frédéric prisonnier, ne mit point fin à la lutte, parce que le pape et Léopold, frère de Frédéric, continuèrent avec plus d'ardeur que jamais à guerroyer contre Louis le Bavarois. Dans l'intervalle, Louis avait, en 1317, pris possession des domaines de son frère, Rodolphe du Palatinat, qui, jaloux de son élévation à l'Empire, avait embrassé le parti de l'Autriche. Cependant, après la mort de ce prince, en 1320, il se détermina à conclure avec ses héritiers un traité qui leur rendit leur héritage et qui déclara qu'à l'avenir la dignité d'électeur appartiendrait alternativement à la Bavière et au Palatinat. En même temps, pour augmenter la puissance de sa maison, il octroyait à son fils aîné Louis, en 1322, la Marche de Brandebourg, tombée en déshérence ; puis, afin de mettre obstacle aux progrès de la puissance pontificale dans la haute Italie, il prenait parti pour les Visconti, réduits en ce moment à la situation la plus critique, mais qui grâce à son appui l'emportèrent bientôt sur les guelfes. Alors le pape Jean XXII, dont l'aversion pour Louis ne pouvait que devenir plus violente par suite même de ces succès, non-seulement l'excommunia, mais encore excita les Polonais et les Russes à envahir le Brandebourg, en même temps qu'il concluait un traité secret avec l'Autriche et la France contre l'empereur. Pour pouvoir mieux se défendre contre tant d'ennemis, Louis se détermina à faire la paix avec Frédéric et à lui rendre sa liberté moyennant qu'il renonçât au trône et qu'il lui restituât les villes qu'il occupait encore, ainsi que les domaines impériaux situés dans la Souabe. En même temps un traité imposa au roi Jean de Bohême l'obligation de faire la guerre aux Polonais, peuple qui était l'objet tout particulier de sa haine. Mais Frédéric s'étant trouvé dans l'impossibilité de remplir ses engagements par suite du refus absolu de son frère Léopold de souscrire à la transaction conclue entre lui et l'empereur, revint se constituer le prisonnier de Louis, qui, touché de ce noble exemple de fidélité à la parole donnée, voulut alors partager la souveraineté avec son généreux rival ; mais les électeurs s'y opposèrent. Bientôt après, en 1327, Louis entreprit au delà des monts une expédition pendant laquelle il se fit couronner à Milan en qualité de roi d'Italie, et à Rome comme empereur, en même temps qu'il tirait vengeance des trahisons de Galeas Visconti, qu'il intronisait Nicolas V comme pape en remplacement de Jean XXII, enfin, seconde par une flotte sicilienne, il commençait une guerre contre les Florentins et le roi de Naples. Mais une révolte des Romains et d'autres mouvements menaçants qui écla- tèrent sur divers points de l'Italie, joints à l'affaiblissement toujours croissant de son armée, décimée par les maladies, le déterminèrent, en 1329, à se retirer d'abord dans la haute Italie, puis, en 1330, à s'en retourner précipitamment en Allemagne. La nouvelle qu'il y reçut de la mort de son rival Frédéric lui porta à essayer de se réconcilier avec les autres ducs d'Autriche ; et comme le duc Léopold, jusque alors son ennemi le plus irréconciliable, était mort en 1326, tous y consentirent moyennant une indemnité pour les frais de la guerre. Ce traité fut dû à l'intervention du roi Jean de Bohême, qui voulut prouver de la sorte à Louis sa reconnaissance pour le titre de vicaire de l'Empire en Italie qu'il lui avait conféré. Jean de Bohême fut moins heureux dans ses efforts pour amener une réconciliation entre le pape Jean XXII et l'empereur, quelque ardemment que celui-ci la souhaitât. L'influence de la politique française sur les papes, qui maintenant résidaient à Avignon, déjoua toutes les tentatives faites pour amener un accord pacifique avec Benoît XII ; de telle sorte que les plus humbles avances de l'empereur étant demeurées inutiles, les électeurs prirent le parti de lever eux-mêmes l'excommunication dont le pape l'avait frappé ; et à la diète de l'Empire tenue le 15 juillet 1338 à Rense sur le Rhin, ils déclarèrent à l'unanimité et érigèrent en loi de l'Empire que « quiconque avait été élevé au trône impérial par la majorité des électeurs, et d'une manière légitime, devait dès lors être tenu pour le véritable et légitime empereur et roi, sans que pour cela il fût besoin du consentement et de la confirmation du pape ». Désormais rassuré de ce côté, Louis le Bavarois s'occupa alors d'agrandir sa puissance, sans reculer pour arriver à ce but devant l'arbitraire ni la violence. Indépendamment du Brandebourg, il s'empara encore en 1341, sans avoir égard aux droits de ses cousins, des domaines de Henri de la Basse-Bavière ; puis il maria la fameuse Marguerite Maultasche, que de sa propre autorité il fit divorcer d'avec son mari, Jean Henri de Bohême, à son fils le margrave Louis de Brandebourg ; mariage qui fit entrer le Tyrol dans sa famille. Enfin, du chef de sa femme Marguerite, sœur du comte Guillaume de Hollande, il acquit la Hollande, la Zélande, la Frise et le Hainaut à la mort de ce prince, qui ne laissait pas d'héritiers directs. Que si déjà l'acquisition illégitime du Tyrol lui avait fait un ennemi irréconciliable dans la maison de Luxembourg, que la Bohême rendait si puissante, la mort de Benoît XII, suivie tout aussitôt après de l'élection de Clément VI, lui valut un adversaire d'une hostilité encore plus acharnée que Jean XXII. Celui-ci, non content de lancer solennellement contre lui les foudres de l'excommunication, le jeudi saint de l'an 1346, somma encore les électeurs d'avoir à procéder à l'élection d'un nouvel empereur, déposa l'archevêque de Mayence parce qu'il était favorablement disposé pour Louis le Bavarois, et adjugea l'archevêché, ainsi déclaré vacant, au comte Gerlach de Nassau. En même temps il agit avec tant d'habileté sur les autres électeurs, que le 11 juillet 1346 ils élurent empereur, en remplacement de Louis le Bavarois, le margrave de Moravie, qui prit le nom de Charles IV. Charles ne put pas, il est vrai, se faire reconnaître, et Louis, en Brandebourg l'expulsa même du Tyrol, dont il avait essayé de s'emparer ; mais Louis le Bavarois, qui se préparait à une nouvelle expédition contre Rome, mourut subitement sur ces entrefaites, le 13 octobre 1347, dans une grande chasse aux ours faite à Furstenfeld, près de Munich.

LOUIS. La France a eu dix-huit rois de ce nom. Le premier était en même temps empereur d'Occident.

LOUIS Ier, dit *le Débonnaire*, roi des Francs et empereur d'Occident. Louis ou plutôt *Lodhuwig*, à qui sa dévotion valut le surnom de *Pius* ou le *Pieux*, mal traduit chez nos historiens par l'épithète de *Débonnaire*, né en 778, était le troisième fils de Charlemagne. Il n'avait encore que deux ans lorsque son père l'emmena à Rome, lui fit donner l'onction royale par le pape Adrien Ier, et le proclama roi d'Aquitaine. Louis fut élevé dans son royaume, par ordre

28.

de Charlemagne, qui voulait affectionner à cet enfant les Gallo-Aquitains, récemment conquis et sujets indociles de l'empire franc. La sage politique du monarque porta ses fruits : Louis, nourri parmi les Aquitains, s'en fit chérir lorsqu'il fut en âge de les gouverner comme le lieutenant couronné de son père. Secondé par le fameux Guillaume ou Guilhem de Toulouse (le Guillaume au Court-Nez des romans), il enleva aux musulmans d'Espagne la Catalogne et tous les pays en deçà de l'Ebre, contint les indomptables Basques ou Wascons des Pyrénées occidentales, et administra son royaume à l'intérieur avec beaucoup de douceur et de modération, tandis qu'il en étendait ainsi les frontières.

Cependant, la mort de ses deux frères, Charles et Pepin, l'avait rendu le seul fils légitime de Charlemagne. Ce grand homme, se sentant près de sa fin, manda Louis près de lui à Aix-la-Chapelle, et, du consentement de tous les grands, laïques et ecclésiastiques, déclara Louis son successeur à l'empire. Charlemagne mourut au mois de février 814, et Louis s'assit à cette place, que nul homme sur terre n'était capable de remplir après le grand Charles. Louis, qui avait été un excellent préfet d'Aquitaine, ne fut qu'un faible et impuissant empereur : il avait bien régi un peuple, il ne sut point en retenir vingt sous la loi sévère de l'unité politique, contre laquelle luttaient à la fois les instincts locaux des populations et les intérêts des grands. Les premières années de son règne furent d'abord prospères : il continua les mesures d'ordre public et de réforme ecclésiastique établies par son père, comprima diverses révoltes aux extrémités de l'empire, défit les Bretons, qui lui refusaient le tribut, et associa son fils aîné, Lothaire, à l'empire. Bernard, fils de son frère Pepin, qui était roi de Lombardie sous la suzeraineté impériale, se révolta à la nouvelle de l'association de Lothaire à l'empire : la rébellion fut aisément comprimée, et Bernard vint à Châlons-sur-Saône implorer le pardon de son oncle. Traduit devant le mall ou assemblée judiciaire des barons francs, il fut condamné à mort : on ne le décapita point; mais on lui creva les yeux, et il en mourut (818). Ce fut pour Louis un remords de toute sa vie : il se soumit à une pénitence solennelle, afin d'expier le supplice de son neveu; mais ce repentir, qui l'honore aux yeux de la postérité, ne lui valut que le mépris de ses farouches contemporains. Au reste, la tendresse de Louis pour son plus jeune fils lui fut plus fatale que sa rigueur envers son neveu : l'empereur avait donné le gouvernement d'Italie à Lothaire, son futur successeur à l'empire; et ses deux puînés, Pepin et Louis, étaient, le premier, roi d'Aquitaine, le second, roi des Bavarois, toujours sous la suzeraineté impériale. Mais l'empereur, ayant eu d'un second mariage un autre fils, appelé Charles (le Chauve), voulut pourvoir à son tour ce dernier-né en démembrant le territoire franc, l'héritage de Lothaire. Ces partages étaient chose tout ordinaire dans les vieilles mœurs franques ; mais les partisans de la civilisation, les anciens conseillers de Charlemagne, les évêques surtout, qui ne séparaient pas dans leur pensée l'unité politique de l'unité religieuse, virent du plus mauvais œil un acte par lequel l'empereur leur semblait déroger à ses devoirs sociaux, et servirent le mécontentement de Lothaire, sans être arrêtés par le scrupule d'encourager la révolte d'un fils contre son père.

Nous ne pouvons raconter ici toutes les vicissitudes de ces tristes luttes où les deux fils puînés de l'empereur, Pepin et Louis, combattirent tour à tour pour leur frère aîné contre leur père, et pour leur père contre leur frère. Après trois ou quatre ans de troubles, le pape Grégoire IV, saisissant l'occasion de s'établir juge des débats entre les puissances temporelles, se joignit à Lothaire et l'accompagna en Gaule : Pepin et Louis s'étaient derechef associés à leur aîné ; l'empereur tenta d'opposer la force à la force, mais son armée l'abandonna tout entière, et les leudes, tumultueusement rassemblés dans une plaine appelée depuis *Lugenfeld*, ou le *Champ-du-Parjure*, déclarèrent Louis déchu du trône (833).

Lothaire voulut assurer son triomphe en élevant une barrière entre son père et le monde, et dans un concile ou synode ecclésiastique, tenu à Compiègne, il fit condamner Louis par un certain nombre d'évêques et d'abbés à la *pénitence canonique* pour le reste de ses jours (les canons interdisaient aux pénitents de porter les armes et de participer aux affaires publiques). Le malheureux Louis se soumit sans résistance à l'arrêt de ses juges, qui ne l'avaient pas même mandé ni entendu, et il prit publiquement le cilice et la robe grise des pénitents, dans l'abbaye Saint-Médard de Soissons, où on l'enferma.

Mais Lothaire ne garda pas longtemps le pouvoir qu'il avait acquis d'une manière si odieuse. Le pape et les personnages les plus éclairés du clergé s'étaient bientôt repentis d'avoir donné les mains à l'élévation de ce prince, dont la conduite souleva bien des haines. Pepin et Louis levèrent l'étendard pour délivrer leur père, après avoir contribué à le détrôner : une révolte presque générale des Francs et des peuples vassaux força Lothaire à relâcher l'empereur détrôné et à implorer son pardon. Louis le Pieux lui laissa le gouvernement d'Italie, puis convoqua à Thionville un nouveau concile, qui cassa les actes du synode de Compiègne, annula la pénitence viagère imposée à l'empereur, et lui rendit la couronne impériale (835). Louis profita de ce retour de fortune inespéré pour exécuter ses projets en faveur du dernier et du plus aimé de ses fils ; il démembra la terre franque, et, dans un plaid national à Quiersy-sur-Oise, il proclama le jeune Charles roi de toute la France neustrienne ou occidentale, de l'*Allemagne* (Souabe), de la Rhétie, d'une partie de l'Austrasie et de la Burgondie.

L'impératrice Judith, mère de Charles, qui dominait entièrement le faible monarque, n'était pas encore satisfaite. Pepin, roi d'Aquitaine, venait de mourir : Judith poussa l'empereur à dépouiller les enfants de ce prince pour ajouter l'Aquitaine au royaume de Neustrie. Les Aquitains refusèrent de reconnaître Charles, et s'armèrent au nom du fils aîné de Pepin : l'empereur marcha contre eux en personne; mais tandis qu'il entrait en Aquitaine, il apprit que Louis, roi de Bavière, s'était révolté de nouveau et envahissait le duché d'Allemagne. Cette nouvelle accabla le vieil empereur, déjà gravement malade : il retourna d'outre Loire vers le Rhin ; le fils rebelle s'enfuit en Bavière, mais l'empereur ne le poursuivit point : le chagrin et la maladie avaient épuisé le reste de ses forces. Louis le Pieux languit quelque temps dans une maison d'été, située dans une île du Rhin, près de Mayence, et expira le 20 juin 840, quittant avec joie un sceptre trop lourd pour sa main débile et une existence pleine de trouble et d'amertume.

LOUIS I, dit *le Bègue* et *le Fainéant*, fut roi de France après la mort de son père Charles le Chauve, en 877. Ce prince, faible de corps et d'esprit, ne fit que passer sur le trône au milieu des orages qui accompagnèrent l'établissement de la féodalité. Harcelé de tous côtés par les révoltes des grands, il tomba malade à Troyes, comme il marchait vers le midi pour combattre le rebelle Bernard, marquis de Gothie (Languedoc), se fit reporter à Compiègne, et y mourut, le 10 avril 879, laissant pour héritiers deux fils adolescents, Louis et Carloman.

LOUIS III. Après Louis le Bègue, ses deux fils, Louis et Carloman, furent sacrés conjointement rois, ce qui ne s'était point encore vu. Le roi Louis de Germanie, leur cousin, profita des embarras de leur avénement pour les obliger à lui céder la Haute-Lorraine, tandis que leur grand-oncle maternel, le duc Boson, soustrayait à leur obéissance son vaste duché, qui comprenait une partie du cours de la Saône, avec tous les pays situés entre la rive gauche du Rhône, les Alpes et la Méditerranée, et se faisait élire roi de Provence par un synode d'évêques méridionaux. Louis et Carloman, qui s'étaient partagé le reste de l'héritage paternel, attribuant à Louis la Neustrie, à Carloman l'Aquitaine et la Burgondie ou Bourgogne septentrionale, s'efforcèrent de recouvrer le royaume de Provence. Ils obtinrent des succès contre Boson, mais bientôt Louis fut rappelé en Neustrie par les horribles ravages qu'y exerçaient les pirates normands : il livra aux brigands du Nord un combat très-sanglant à Saucourt en Vimeu, et le konong, ou chef principal des Normands, resta sur le champ de bataille, mais Louis survécut peu à cette journée, où il avait déployé un grand courage, et il fut emporté à vingt-deux ans par une maladie, suite de ses excès (882).

LOUIS IV, dit d'Outre-Mer. Ce prince n'avait que trois ans lorsque son père, le malheureux Charles le Simple, fut définitivement renversé du trône, et fait prisonnier en trahison par le comte Héribert de Vermandois, qui le retint captif jusqu'à sa mort (923). La reine Odgiwe, femme du roi détrôné, s'enfuit en Angleterre, sa patrie, avec son jeune enfant, qui fut élevé à la cour des rois anglosaxons. Après la mort de Raoul de Bourgogne, à qui les seigneurs avaient déféré la couronne enlevée à Charles le Simple, les deux seuls grands barons qui pussent aspirer à succéder à Raoul, le duc de France et le comte de Vermandois, y renoncèrent d'un commun accord, soit qu'aucun des deux ne voulût céder la dignité royale à l'autre, soit qu'ils dédaignassent également l'onéreux fardeau d'un sceptre impuissant. Quoi qu'il en soit, le duc Hugues et le comte Héribert s'entendirent pour rappeler d'Outre-Mer, le fils de Charles le Simple, alors âgé de seize ans : de concert avec les autres grands, ils allèrent le recevoir à Boulogne, et le ramenèrent à Laon, où Louis fut sacré par Artauld, archevêque de Reims (936). Mieux eût valu pour le jeune prince vivre et mourir obscurément chez les Saxons, que de subir la royauté dérisoire que la féodalité avait faite aux héritiers de Charlemagne : un titre sans pouvoir, une couronne sans domaines, le dénûment et presque la misère sur le trône, voilà le triste présent qu'on décernait à Louis. L'horizon de quelques lieues qu'on embrasse du haut de la montagne de Laon bornait le territoire laissé au descendant du grand empereur d'Occident. Louis, trop brave et trop actif pour se résigner à son sort, usa toute son orageuse carrière à lutter contre une fatalité politique plus forte qu'aucune force individuelle : il employa tous les moyens, légitimes ou non, pour relever le pouvoir royal, se signalant, dans ce siècle de fraude et de tricherie universelles, par sa cautèle autant que par son courage; il arma les seigneurs les uns contre les autres, afin de profiter de leurs discordes, et remporta quelques avantages; mais il fut bientôt accablé par le duc de France et le comte de Vermandois, ceux même qui l'avaient porté au trône, et il eût peut-être éprouvé le sort de son père sans l'intervention du pape Étienne et du roi Othon de Germanie, qui le réconcilièrent avec les vainqueurs (942).

Louis se rejeta dans de nouveaux périls en s'efforçant de spolier son pupille, le petit Richard, duc de Normandie (Richard sans Peur), qui venait de succéder à Guillaume Longue Épée. Une flotte de Normands païens, conduits par Harold, roi de Danemark, arriva au secours de Richard; la petite armée du roi fut mise en déroute, et Louis tomba au pouvoir des Normands. Il ne recouvra sa liberté qu'en renonçant à toute prétention sur le duché de Normandie, et en cédant au duc de France la ville de Laon, sa dernière place forte (846). A peine libre, il rompit un traité si onéreux, et appela à son aide Othon le Grand, roi de Germanie, qui entra en France avec une puissante armée. Les ennemis de Louis furent chassés de Reims et de Laon; le duché de France et la Normandie furent envahis, mais l'host germanique fut battu devant Rouen, et, après une guerre acharnée, Louis s'estima heureux de conserver Laon à la paix (950). Il ne survécut que quatre ans à ce nouveau traité, et mourut à Reims, le 10 septembre 954, des suites d'une chute de cheval qu'il avait faite en poursuivant un loup au bord de la rivière d'Aisne. Il n'était âgé que de trente-quatre ans.

LOUIS V, dit le Fainéant, dernier roi de France de la dynastie carlovingienne, était le petit-fils de Louis d'Outre-Mer et le fils de Lothaire, successeur de ce prince. Il avait environ dix-neuf ans à la mort de Lothaire (2 mars 986). Les événements de son court règne sont mal connus : depuis longtemps la maison ducale de France dominait la maison royale, et ne faisait, pour ainsi dire, que la tolérer sur le trône; Hugues Capet, fils de ce Hugues le Grand qui jadis avait dédaigné la couronne, n'avait point hérité des sentiments paternels à cet égard, et jugeait le temps venu d'asseoir sa race au sommet de l'édifice féodal; il s'était habilement préparé la voie de longue date, surtout en gagnant l'appui du clergé. Il ne s'opposa point toutefois au couronnement de Louis, mais au bout de quinze mois le jeune prince mourut à Compiègne (21 mai 987), tout à fait à propos pour Hugues, qui fut aussitôt proclamé roi, à Noyon, par une assemblée de grands barons et d'évêques. La voix publique accusa la reine Blanche, fille d'un comte aquitain, d'avoir empoisonné son mari, Louis : un vieil historien prétend que Hugues Capet épousa Blanche en secondes noces. Les monuments historiques de cette époque sont trop rares et trop peu explicites pour qu'on puisse discuter avec quelque connaissance de cause l'accusation vague et terrible qui pèse sur le fondateur de la dynastie capétienne. Henri MARTIN.

LOUIS VI, surnommé le Gros, cinquième roi de la dynastie capétienne, né vers 1080, associé au trône par son père, Philippe Ier, en 1099 ou en 1101, roi en 1108, mort en 1137. A l'âge de dix-huit ou vingt ans, Louis était déjà un chevalier accompli. Par opposition à l'indolence du roi son père, ses vassaux le désignaient sous le nom de Louis l'Éveillé. Personne ne savait mieux dompter un coursier et manier la lance et l'épée. Il était brave, actif, loyal, et gagnait les cœurs par sa franchise, son amour de la justice et sa ferme détermination de protéger les opprimés. La lutte dans laquelle il consuma toute sa vie contre les barons du duché de France n'avait pas d'autre but : il voulait les forcer à renoncer au brigandage et à laisser les communications entre Paris et Orléans libres aux marchands et aux voyageurs, que ces fiers châtelains faisaient prouesse et métier de détrousser. Louis, après avoir fait ses premières armes contre Guillaume le Roux, roi d'Angleterre, qui voulait subjuguer le Vexin, commença la guerre contre les seigneurs qui relevaient immédiatement du roi dans le duché de France, et qui avaient profité de la faiblesse de Philippe pour secouer son autorité. Chacun de ces barons égalait le roi en force militaire; et réunis, il lui auraient été infiniment supérieurs. Louis se garda donc d'éveiller la jalousie et de provoquer les coalitions, en faisant valoir contre eux les prérogatives du roi son père. Il se présenta seulement comme le défenseur des églises, dont les barons dévastaient les domaines : ainsi, ce fut sous la bannière de l'abbaye de Saint-Denis qu'il combattit Burchard, seigneur de Montmorency. Il fit ensuite contre d'autres barons la campagne des champions des églises d'Orléans et de Reims, et les succès qu'il obtint tournaient au profit de l'autorité royale : tous les opprimés dans le duché de France commençaient à voir en elle un refuge et une protection assurés.

Ces succès acquirent au jeune prince l'estime générale, mais agirent contre lui sa belle-mère Bertrade. Pendant un voyage que Louis fit en Angleterre pour assister au couronnement de Henri Ier, elle fit parvenir au nouveau roi une lettre portant le sceau de son mari, et par laquelle il était prié d'arrêter le jeune prince et de le jeter dans une prison perpétuelle. Henri Ier avertit Louis du danger dont il était menacé : celui-ci n'hésita pas à se rendre auprès de son père, qui désavoua toute part à cet odieux message. Louis chercha une occasion pour faire poignarder Bertrade, et celle-ci le fit empoisonner par des clercs magiciens. Un médecin qui avait étudié chez les Arabes sauva la vie au jeune prince, qui conserva sur son visage, tout le reste de sa vie, une pâleur mortelle. Une réconciliation eut lieu entre Bertrade et Louis, à qui le roi Philippe Ier céda le gouver-

438 LOUIS

nement du Vexin, avec les villes de Pontoise et de Mantes (1103). Depuis cette époque, l'héritier présomptif du trône de France put administrer sans obstacle intérieur l'héritage paternel.

Devenu roi en 1108, il continua de montrer cette activité qu'on n'avait encore vu déployer à aucun des successeurs de Hugues Capet. Pendant les huit années qui s'écoulèrent depuis son sacre jusqu'à son mariage avec Adélaïde, fille d'Humbert II, comte de Maurienne ou de Savoie (juillet 1115), il eut constamment les armes à la main, tantôt contre ses barons, savoir, son frère Philippe de Mantes, le seigneur du Puiset, Thomas de Marne, fils d'Enguerrand de Coucy, et Aymon de Bourbon; tantôt contre le roi d'Angleterre et le comte de Champagne. Ne pouvant disposer que de faibles armées, il combattait lui-même à la tête d'une poignée de chevaliers, portant et recevant de rudes coups, habile surtout à user de stratagèmes. A la surprise d'une place, il s'y introduisait, lui vingtième, avec ses braves guerriers, sous le déguisement de bons moines. Dans la seconde partie du son règne, de 1115 à 1125, il eut surtout à combattre Henri Ier, roi d'Angleterre et duc de Normandie. La possession du château de Gisors avait été l'occasion de leur première guerre (1109), que la *pacification de Gisors* avait terminée en 1114. La captivité de Guillaume II, comte de Nevers, arbitrairement détenu par le comte de Blois, vassal de Henri II, amena une seconde rupture (1116). Louis proclama hautement les droits de Guillaume Cliton, neveu de Henri, et que son oncle avait injustement dépouillé de son apanage. Les hostilités se multiplièrent sans résultat: l'action la plus mémorable est le combat de Brenneville, où Louis, vaincu, pensa tomber au pouvoir de l'ennemi. « Le roi est pris ! » criait un Anglais qui tenait la bride de son cheval. « Ne sais-tu pas, s'écrie Louis, qu'au jeu d'échecs, on ne prend jamais le roi ? » Et d'un coup il l'étend mort à ses pieds. L'étendard de France et 140 chevaliers restèrent au pouvoir de Henri (119). Un traité fut alors conclu par l'entremise du pape Calixte II, qui était venu en France chercher des partisans contre l'empereur Henri V. De huit années après, en 1124, éclata une nouvelle guerre entre Louis VI et Henri II, qui obtint l'appui de son gendre, l'empereur d'Allemagne. Henri V entra en France à la tête d'une armée formidable, sous prétexte d'anéantir la ville de Reims, où récemment un concile, présidé par Calixte II, l'avait excommunié.

Faible dans ses querelles particulières, Louis VI se trouva fort dans une guerre nationale : on se leva en masse pour la défense du royaume; et ce roi, qui naguère avait peine à réduire quelques châtelains, se vit à la tête de plusieurs centaines de mille hommes, dont la seule approche repoussa sans combat l'étranger. Il n'y eut point d'action entre les deux armées; mais les démonstrations hostiles de l'empereur servirent à constater combien, sous le règne de Louis, la puissance royale avait fait de progrès.

La troisième et dernière partie de ce règne (1125 à 1137) est marquée par de nouvelles guerres féodales. Ce fut surtout pour la protection de Guillaume Cliton que, dans cette période de sa vie, on vit Louis VI, malgré son extrême corpulence, déployer la même activité que dans ses jeunes années. Le comté de Flandre étant devenu vacant par le meurtre de Charles le Bon (1127), Louis se rendit à Arras avec une armée, et fit élire comte son protégé, qui, ayant mécontenté ses nouveaux sujets, périt l'année suivante, des suites d'une blessure reçue au siège d'Alost. Toujours occupé d'attaquer avec vigueur et de réduire ses vassaux indociles, Louis VI se fatigua tellement au siège de Saint-Briçon, que frappé de dyssenterie et d'un anéantissement total, il se crut à sa dernière heure, et se fit transporter à Saint-Denis, pour y mourir sous l'habit de Saint-Benoît : il en réchappa, mais ne fit plus dès lors que languir. Vieux avant l'âge (car il avait à peine cinquante-sept ans), victime d'une obésité due en partie à une voracité peu commune, il reçut à son lit de mort l'offre d'une souveraineté qui s'étendait des bords de l'Adour à ceux de la Loire, et qui allait doubler la puissance de son fils et de son successeur Louis VII, par la réunion du duché d'Aquitaine à la couronne de France. Ainsi se trouvaient couronnés tous les travaux d'un règne de trente années.

On a dit à tort que Louis le Gros commença l'émancipation des c o m m u n e s; il ne fit que confirmer l'existence municipale que plusieurs villes de ses domaines avaient reconquise sur leurs seigneurs. Son règne mérite encore d'être signalé comme une époque de réveil pour l'intelligence humaine. L'université de Paris était florissante. Pierre A b e i l a r d , S u g e r , saint B e r n a r d , jetaient alors une vive lumière. La langue française se formait. La chevalerie dans les châteaux inspirait de vertus nouvelles; alors enfin, sous un roi vraiment chevalier, se développaient la courtoisie et la loyauté françaises.

LOUIS VII, surnommé *le Jeune*, fils et successeur de Louis le Gros, né en 1110, monta sur le trône en 1137, et mourut en 1180. Comme son père, il fit rude et bonne guerre à ses barons insubordonnés, et confirma l'affranchissement de plusieurs communes. Ayant eu, dans un expédition contre Thibaut IV, comte de Champagne, le malheur d'incendier V i t r y , dont les habitants périrent dans les flammes (1144), le remords d'une cruauté qu'il n'avait point ordonnée toucha si profondément son cœur qu'il ne crut pouvoir réparer ce désastre qu'en prenant part à la seconde c r o i s a d e. Il partit, laissant pour régent du royaume S u g e r , abbé de Saint-Denis, qui s'était opposé non à la croisade, prêchée par saint B e r n a r d , mais à ce qu'un roi de France abandonnât son trône pour aller guerroyer en Terre Sainte (1147-1149). On sait les malheurs qui dans cette expédition accablèrent Louis VII, et comme général, et comme époux. Son excessive dévotion, qui même en ce siècle passait pour monacale, était peu du goût de la vive et galante É l é o n o r e de Guienne, maîtresse femme s'il en fut : elle s'abandonna durant la croisade à quelques amours légers, qui eurent trop d'éclat. De retour en France, Louis voulait divorcer; mais comme il fallait en même temps rendre les riches provinces de l'Éléonore avait apportées en dot, Suger eut assez de crédit sur son maître pour l'engager à patienter. Ce sage conseiller mourut en 1152; Louis fit alors casser son mariage : deux mois après, Éléonore donnait sa main et ses États à Henri Plantagenet, qui, sous le nom de H e n r i II, devait, en 1154, ajouter à ses titres héréditaires et à son titre matrimonial de duc d'Aquitaine, ceux de roi d'Angleterre et de duc de Normandie.

Tout le règne de Louis VII fut rempli par une lutte inévitable contre son trop puissant vassal ; les hostilités, souvent interrompues par des trêves, n'amenèrent aucun résultat. Si Henri avait sur son rival la double supériorité du talent et de la puissance, il était son vassal, et à ce titre il n'aurait pu faire sur son suzerain de conquêtes sans soulever contre lui tous les représentants de la féodalité. L'épisode le plus remarquable de ces guerres fut la protection que Louis accorda à Thomas B e c k e t , archevêque de Cantorbéry, que Henri II avait chassé d'Angleterre, à cause de son inflexibilité à défendre les immunités ecclésiastiques. Ainsi, dans cette circonstance, la dévotion fit embrasser à Louis VII la cause de l'Église contre la prérogative royale. Les historiens contemporains nous montrent dans ce monarque un homme d'une douceur extrême pour ses sujets, et plus simple qu'il n'aurait convenu à un prince. D'Alix de Champagne, sa première femme, il eut P h i l i p p e - A u g u s t e , type du grand et puissant monarque féodal.

LOUIS VIII, surnommé *le Lion*, fils et successeur de P h i l i p p e - A u g u s t e , fut un prince vaillant, mais d'une capacité aussi médiocre que son aïeul Louis VII. Il fut le père de Louis I X , voilà toute sa gloire. Né en 1187, il était dans la force de l'âge lorsque les barons anglais, après la déposition de J e a n s a n s T e r r e , l'élurent roi d'Angleterre (1216). Louis alla prendre possession de cette couronne. Mais, à la mort de Jean, les enfants de celui-ci, innocents des crimes de leur père, trouvèrent grâce devant les barons anglais. L'aîné fut proclamé sous le nom de Henri III, et Louis, après une vaine résistance, fut obligé d'abandonner l'Angleterre. Louis prit aussi part, du vivant de son père, à la croisade contre les albigeois. Philippe-Auguste désapprouvait cette guerre au fond du cœur, et il n'y envoya son fils que par condescendance pour le pape Innocent III. Philippe-Auguste étant mort en 1223, Louis parut d'abord suivre la politique de son père et achever l'expulsion des Anglais; mais après s'être emparé, sur Henri III, du Limousin, du Périgord et de quelques places dans le Poitou, entraîné par un zèle aveugle, il interrompit tout à coup ses conquêtes pour tourner ses armes contre Raimond VII, comte de Toulouse, dont le légat du pape lui avait adjugé les domaines. Raimond se tint sur une sage défensive, et laissa l'armée royale se consumer dans un pays dévasté. Elle fut atteinte d'une maladie contagieuse devant Avignon, et le roi, frappé lui-même, alla mourir à Montpensier en Auvergne, le 8 novembre 1226, dans la trente-neuvième année de son âge, après un règne d'un peu plus de trois ans. Ainsi fut accompli ce qu'avait dit Philippe-Auguste : « Les gens d'église engageront mon fils à faire la guerre aux albigeois : il ruinera sa santé à cette expédition; il y mourra, et par là le royaume demeurera entre les mains d'une femme et d'un enfant. » Heureusement, cette femme était Blanche de Castille! Charles Du Rozoir.

LOUIS IX. A la mort de Louis VIII, une grande question s'agita en France. A qui allait appartenir la régence? Le roi n'avait que onze ans, et jusqu'à sa vingtième année les lois ne lui permettaient pas de gouverner par lui-même. Blanche de Castille, sa mère, ne laissa pas longtemps la question indécise. Elle s'appuya sur le témoignage de trois évêques, qui avaient entendu Louis VIII à son lit de mort lui déférer la régence ; elle convoqua toute la noblesse, alla faire sacrer son fils à Reims, et dans ce royaume de France, où il était de principe qu'une femme ne pouvait gouverner, elle prit à la face de tous les rênes de l'État. La sagesse et la haute portée politique de la reine fut mise à l'épreuve aussitôt que la cathédrale de Reims eut vu sacrer le roi. La noblesse protesta de tous les coins de la France contre l'usurpation de cette femme espagnole et de son favori, le cardinal romain de Saint-Ange. En tête de la ligue étaient le comte de Boulogne, oncle du roi, et qui revendiquait la régence, le comte de la Marche, le comte Thibaut de Champagne, le comte de Toulouse. La reine ne fut pas intimidée par cette coalition imposante de ces grands vassaux, de ces princes du sang. Elle rassembla les troupes du roi, usa habilement de la séduction de ses grâces et de sa beauté, accorda presque toutes les demandes des mécontents, excepté celles qui tendaient à lui ôter la régence, délivra le comte Ferrand, qui depuis la bataille de Bouvines languissait dans la tour du Louvre, et le mit à la tête des troupes. L'armée royale, que suivaient la reine et son fils Louis, se mit en marche contre le comte de Champagne. A la vue de Blanche, ce seigneur sentit se réveiller en lui cette passion qu'il avait vainement nourrie sous le règne de Louis VIII. « Adonc, dit la grande chronique de France, le comte, regardant la reine, qui tant étoit belle et sage, s'écria, tout ébahi de sa grande beauté : « Par ma foi, madame, mon cœur et toute ma terre est à votre commandement, et n'est rien qui vous puist plaire que je ne fisse volontiers : et jamais contre vous et les votres n'irai. » « D'illec se partit tout pensif, et lui venoit souvent en remembrance le doux regard de la reine et sa belle contenance. Lors, si entroit dans son cœur la douceur amoureuse; mais quand il lui souvenoit qu'elle étoit si haute dame et de si bonne renommée, et de sa bonne vie et nette, se muoit sa douce pensée en grande tristesse. »

Le comte de Champagne fut ainsi attaché au parti de la reine, la secourut et la protégea toujours, et ne se sépara jamais de cet amour triste et sans espoir. On ne doit point reprocher à Blanche de n'avoir point étouffé cette flamme qui s'alimentait de son regard et de sa parole. Cette demi-teinte de coquetterie fut une des ressources les plus puissantes de sa politique. Quelques escarmouches avaient eu lieu, et les rebelles comprirent que leur unique ressource était de s'emparer de la personne du jeune roi. Heureusement, il fut averti à temps, et se réfugia à Montlhéry, où Paris vint tout entier, en armes, l'entourer de sa protection et de son amour. Différentes batailles eurent lieu, et partout l'avantage resta au roi et au comte de Champagne; les rebelles furent forcés, et un de leurs chefs les plus puissants, le comte de Boulogne, fit sa soumission. On prête aux conjurés le ridicule projet d'avoir voulu nommer roi Enguerrand de Coucy ; on ajoute qu'il refusa cet honneur : ces deux suppositions sont également dénuées de fondements historiques. Trois ans s'écoulèrent pendant lesquels Blanche de Castille développait par ses leçons et par une éducation sévère et religieuse les admirables dispositions de son fils. Elle était presque parvenue à pacifier le royaume. Après avoir mis fin à la guerre des albigeois, son attention fut appelée d'un autre côté. De tous les vassaux de la couronne, le comte de Bretagne était le plus insoumis. En 1230 il poussa plus loin que jamais cet esprit de révolte qui le dévorait sans cesse. Il passa en Angleterre, et osa faire hommage au roi Henri de son duché de Bretagne. Celui-ci, à la tête de la plus imposante armée anglaise qu'on eût encore vue en France, débarqua à Saint-Malo, et vint prendre possession de sa nouvelle province. Mais bientôt il se retira en Guienne, et ensuite repassa la mer avec ce que la débauche et les maladies qui en résultent lui avaient laissé de tous ces hommes qui étaient venus pour combattre. Une assemblée de la noblesse eut lieu à Compiègne. Les chefs révoltés se soumirent à Louis, et le pardon fut accordé à tous, excepté au comte de Bretagne, qui en avait tant abusé qu'il n'en était plus digne.

Au milieu de ses occupations, déjà saintes, pendant qu'il protégeait les juifs, d'un côté, d'un autre côté, il s'efforçait de déraciner l'usure de cette nation; pendant qu'il bâtissait de ses mains la basilique de Saint-Denys et l'abbaye de Royaumont, les années faisaient un homme de Louis. En 1233 il avait atteint sa dix-neuvième année. Il était beau et bien fait; sa mère résolut de le marier. Elle envoya des ambassadeurs dans la cour de Provence, qui accueillit avec enthousiasme l'idée d'une telle alliance. Le comte de Provence avait quatre filles : l'aînée, Marguerite, avait quatorze ans; elle était d'une beauté loyale et fine, dit un ancien auteur. Le comte lui assura vingt mille livres en dot. Le mariage fut célébré splendidement dans la cathédrale de Sens, et Louis jura à sa jeune épouse une fidélité que la pureté de son cœur et la sainteté de sa vie devaient l'empêcher de jamais démentir. Du reste, ce mariage avait quelques-uns des mystères d'une union secrète. Cet amour, aucun des deux jeunes époux n'osait le proclamer, et ils ne pouvaient se voir que lorsque la régente leur en accordait la permission. Louis eut bientôt à châtier une nouvelle révolte du comte de Bretagne. Il mit deux ans à le punir et à le vaincre entièrement. Le roi avait atteint sa majorité : la régente cessa de signer les édits et les ordonnances; mais son fils n'en gouverna pas moins d'après ses conseils, et c'était toujours, dans le fait, la volonté de Blanche qui prédominait en France. Une révolte plus sérieuse vint occuper le roi. Le comte de Champagne avait recueilli la succession de don Sanche, roi de Navarre. Il trouva, en montant sur le trône, dix-sept cent mille livres dans les coffres de son prédécesseur. Une fortune si tout à coup venue exalta l'orgueil du roi de Navarre : il rompit un traité fait avec Louis. Prêt à combattre contre son suzerain, il eut honte de ce qu'il allait faire, et vint se mettre à genoux devant Louis. Le roi le releva, et l'emmena à Paris. A la cour, il revit Blanche de Castille, toujours belle à ses yeux. Son amour devint si violent, et il la cachait si peu, que Blanche lui ordonna de partir. Thibaut se consola de cet ordre avec ses chansons.

Peu de temps après, le ciel préserva Louis d'une mort qui paraissait à peu près certaine. On avait répandu en Europe le bruit que le roi de France préparait une grande croisade. Cette rumeur pénétra jusque chez les Assassins. Deux de ces fanatiques traversèrent l'Europe pour porter à Louis des coups rarement incertains. Le ciel, qui protégeait Louis, changea en dispositions bienveillantes la haine que lui portait le Vieux de la montagne. Il lui envoya des émirs qui lui révélèrent tout, et ces deux assassins, vêtus de blanc, furent ainsi arrêtés dans leur projet. En mémoire de cette protection divine, Louis fit élever à côté de son palais la Sainte-Chapelle; il y plaça la couronne d'épines de Jésus-Christ, qu'il acheta sur parole d'un Vénitien en qui il avait toute confiance. Les deux frères du roi, Alfonse et Robert, se marièrent peu de temps après. On déploya dans cette occasion, à Paris, la pompe chevaleresque et souvent sanglante des tournois. Mais bientôt le pape excommunia ces jeux sanglants, et saint Louis les défendit par la suite sur la nouvelle de la défaite des chrétiens d'Orient par les infidèles. Cependant, la sagesse du roi de France commençait à se répandre en Europe. Il résista noblement à une des plus puissantes séductions qui se soient jamais offertes à un roi. Grégoire IX envoya des députés en France annoncer qu'il avait déposé l'empereur Frédéric II, et qu'il offrait sa couronne à Robert, frère de Louis. Le roi répondit aux légats « qu'il n'appartenait pas au saint-père de déposer un souverain dont la conduite était sans reproche, et que pour lui il resterait toujours son allié et son ami ».

Louis eut bientôt occasion de prouver que son bras était aussi fort que son esprit était ferme et loyal. Le comte de la Marche, Hugues le Brun, avait épousé la veuve de Jean sans Terre : celle-ci ne pouvait se résoudre à reconnaître son suzerain Louis et à oublier qu'elle avait été reine. Louis entreprit de l'y forcer. Le comte avait déjà éprouvé un échec, quand le roi d'Angleterre porta à sa mère un tardif secours. Les deux armées se rencontrèrent au pont de Taillebourg, en Saintonge (1242). Louis combattit de sa personne, s'exposa aux plus grands dangers, et décida la victoire. Le comte et les Anglais, battus de nouveau à Saintes et à Blaye, se retirèrent en désordre. Au sortir de la bataille, des assassins soldés par la comtesse attendirent Louis, qui trouva assez de générosité dans son cœur pour épargner les vaincus et pour pardonner à ceux qui avaient voulu l'assassiner.

Ce n'était pas une dévotion aveugle et timorée que celle de Louis ; il eut une grande occasion de le montrer. Un nouveau pape s'était assis sur le trône pontifical. Tant qu'il n'avait été que le cardinal de Fiesque, il avait été l'ami de l'empereur; une fois pape, il devint son ennemi le plus furieux. Frédéric eut bientôt le dompter, et le réduire à fuir de l'Italie. Alors, Innocent, implorant partout un asile qui lui était refusé, envoya ses cardinaux demander à Louis l'hospitalité pour le pape sur la terre de France. Louis ne faiblit pas devant le caractère auguste de cette prière. Il redouta d'ouvrir son royaume à une autorité aussi absolue, à un esprit aussi intrigant que celui d'Innocent IV, et, d'après les avis de ses barons, il refusa la demande du saint-père. Une nouvelle épreuve était réservée au roi, ou plutôt à la France. Louis tomba malade à Pontoise, et bientôt on perdit l'espoir de le sauver : ce fut un moment solennel que celui où toute la France, à l'époque la plus glorieuse et la plus fervente de son catholicisme, attendait à genoux dans les églises que le ciel prononçât sur les jours d'un roi si aimé. Louis revint cependant, et en mémoire de sa guérison fit vœu de se croiser et d'aller en Terre-Sainte, malgré les sages objections de Guillaume d'Auvergne, évêque de Paris.

Plusieurs événements se succédèrent encore pendant que Louis faisait les préparatifs de sa croisade. Le plus important est l'entrevue que Louis eut à Cluny avec le pape, qui l'avait choisi pour arbitre dans sa querelle avec l'empereur.

Louis eut la gloire sinon d'éteindre, au moins d'amortir la querelle.

Les préparatifs de la croisade se faisaient toujours ; et ce fut la seule occasion où Louis résista aux prières, aux larmes de sa mère. Il se croyait invinciblement lié par sa promesse : il semblait que la main de Dieu le poussât vers l'Orient. Au mois de mai tout fut prêt ; mais le roi, qui ne voulait laisser aucun prétexte à l'injustice derrière lui, fit publier par tous les prédicateurs du royaume que si quelqu'un avait à se plaindre de ses officiers, il vint à lui, et qu'il serait dédommagé sur ses propres domaines. L'armée qui allait s'embarquer était imposante et nombreuse; le roi était accompagné de sa femme, de ses deux frères, Robert et Charles, et de toute la noblesse. Il s'embarqua à Aigues-Mortes, laissant la régence à sa mère. Le 25 septembre suivant, il arriva à Chypre. Qu'on ne juge pas trop sévèrement cette nouvelle et désastreuse croisade : indépendamment des motifs qui peuvent absoudre Louis, si ce fut une faute, ces expéditions eurent un résultat immédiat et heureux. En emmenant à sa suite tous ses nobles, tous ses vassaux, Louis délivra la France des mille guerres civiles qui la dévoraient, et commença ainsi à déraciner le système féodal.

Cette armée religieuse et enthousiaste, qui s'était embarquée en chantant le Veni Creator, arriva en Chypre sans avoir à déplorer aucune perte. L'hiver se passa en Chypre. Il y avait pour l'ouverture de la campagne deux partis à prendre : ou l'armée se dirigerait sur Saint-Jean-d'Acre et Ptolémaïs, et de là sur Jérusalem, et on irait rétablir et protéger le culte du Christ sur le théâtre de sa sublime prédication ; ou on irait sur la terre d'Égypte attaquer le mahométisme, aux lieux mêmes où il était le plus vivace et le plus puissant. Ce dernier plan fut suivi : on envoya défier le sultan d'Égypte, Melech-Sala. Celui-ci, à demi mourant, retrouva un peu de sa force et de sa fierté pour répondre au message du roi. Il dit « que Dieu se mettait toujours du côté des faibles et des opprimés : que ce n'étaient pas les Égyptiens qui étaient venus porter la ruine et la guerre parmi les rois de la chrétienté, et que le roi de France verrait bientôt ce que c'est que de venir attaquer injustement un peuple pacifique et inoffensif ». Le sultan aussitôt employa ce qui lui restait de vie à préparer une défense formidable. Pendant que Louis faisait avec ses troupes la traversée de Chypre en Égypte, une tempête horrible vint assaillir la flotte ; le roi fut sauvé ; mais de deux mille huit cents chevaliers qu'on avait comptés au départ, on n'en retrouva que sept cents au débarquement. Que cette proportion effrayante fasse juger du désastre éprouvé par les soldats. L'arrivée de Guillaume de Ville-Hardouin et du duc de Bourgogne, qui amenaient tous deux un renfort imposant, vint le réparer en partie; et Louis se remit avec confiance à la tête de cette armée, déjà si éprouvée avant le combat.

La ville de Damiette, devant laquelle la flotte française mit à l'ancre, était située à une demi-lieue de la mer, entre deux bras du Nil. Quand le roi vit de la plage cette ville aux mosquées étincelantes, aux dômes dorés, un saint enthousiasme s'empara de lui ; il découvrit sa tête blonde, montra la ville à ses troupes, et du tillac de son vaisseau harangua tous ceux qui avaient pu l'entendre : « Et vous promets, dit Joinville, que onques si bel homme armé ne vis ; car il paroissoit par-dessus tous, depuis les épaules en amont. On avait été dire au sultan qu'on découvrait en mer une forêt de mâts et de voiles. Il envoya à la découverte quatre galères, suivant l'expression de Joinville. Trois furent coulées à pic par les machines des vaisseaux français ; la quatrième alla porter à Damiette la nouvelle de la terrible invasion. Le sultan ne faillit pas aux circonstances. Sur un bras du Nil, sa flotte pavoisait le ciel de ses bannières ; sur le rivage, l'armée de terre, commandée par lui-même, attendait en bon ordre les troupes françaises. Le sultan « portoit des acmes de fin or, si très reluisantes que quand le soleil y frappoit, il sembloit proprement que ce fust astre lui-même. » La plage retentissait du bruit des cors recourbés des Égyptiens, si énormes que deux faisaient la charge d'un éléphant. Les Français répondirent par le vieux cri : Montjoie et Saint Denys ! L'attaque fut immédiatement résolue. Quand Louis vit son oriflamme arborée sur le rivage, il se précipita de son vaisseau, et suivi de six hommes d'armes il gagna la terre, ayant de l'eau jusque sur les épaules, et se précipita devant cette masse étincelante d'or et de fer, « l'écu au cou, son heaume en la tête, et son glaive au poing ». Son exemple fut promptement suivi : princes et chevaliers, hommes d'armes et soldats, chacun se sentit pénétré du même enthousiasme et se précipita sur la route qu'avait suivie Louis. Les bataillons furent rapidement formés. Une grêle de flèches les accueillit; les archers français firent des prodiges d'adresse et de courage, et nettoyèrent la plage de Sarrasins. Baudouin de Reims, le sénéchal de Champagne, aux côtés du roi, se montrèrent dignes émules de son héroïsme. La flotte égyptienne résista peu. Partout un champ de bataille glorieux et sanglant fut laissé aux Français. Les Égyptiens se replièrent sur la ville; peu de temps après, elle était en flammes. On avait répandu le bruit que le sultan avait été tué, et les Égyptiens n'avaient voulu laisser que des cendres à leurs ennemis. On se rendit, après de longs efforts, maître de l'incendie; le roi et les princes entrèrent nu-pieds dans la ville conquise, et bientôt les voûtes de la mosquée retentirent d'un Te Deum triomphant.

Après la prise de Damiette, ce qui restait à faire était de marcher sur le Caire et Alexandrie avant que le débordement du Nil eût rendu le pays impraticable. Tel était l'avis du roi et de ses plus sages conseillers. Mais l'armée française sous un ciel brûlant, qui engourdissait son activité belliqueuse, cédait aux faciles voluptés de l'Orient. Le jeu, le vin qu'on tirait de Chypre, les jeunes Égyptiennes, étaient des séductions qui captivaient l'armée croisée et amollissaient tous les courages. La débauche devint telle que des lieux de prostitution étaient tenus par des gens du roi à côté de son pavillon. L'armée ne sortit de sa longue orgie qu'au mois de novembre 1249, où le comte de Poitiers vint rejoindre le roi son frère avec un puissant renfort. Les croisés suivirent les bords du Nil, sur lequel leur flotte voguait; de ce Nil qui, au dire de Joinville, descend du paradis terrestre, et auquel les superstitions égyptiennes immolaient autrefois une jeune fille. On se rendait au Caire. Mais la route était interceptée par le Thanis, qui ne paraissait pas guéable. Déjà les vivres commençaient à manquer, et on parlait de retourner à Damiette, quand un Bedouin, gagné par cinquante besans d'or, enseigna un gué par où les chevaux pouvaient passer. Le comte d'Artois s'élança le premier. Emporté par son ardeur, il poursuivit jusqu'à la Massoure un gros d'Égyptiens qu'il trouva sur la rive : il était déjà entré en vainqueur dans la ville, quand les ennemis, ralliés par un de leurs chefs, Bondocdar, s'aperçurent du petit nombre des assaillants, et les attaquèrent vivement. Cette ville de la Massoure, que les Français avaient trouvée d'abord déserte et désolée, s'anima tout d'un coup sous la vengeance, et la mort sortit sous toutes les formes de ces maisons qu'on avait crues inhabitées : des pierres, des poutres, des flèches volaient du haut des terrasses, aux cris de Allah! et de Mahomet! des hommes, animés du zèle musulman, frappaient, par devant, par derrière, les Français étourdis de cette défense inattendue et furieuse. Presque tous périrent avec le comte d'Artois, qui combattit et mourut en digne frère de saint Louis. De nouveaux périls attendaient les Français à mesure qu'il traversaient le Thanis. Les Égyptiens, fiers de leur premier succès, revinrent en bondissant sur le corps d'armée où commandait le roi. Il faut lire dans Joinville le récit des grands coups d'épée, de la bravoure héroïque du saint roi. L'action fut longue et sanglante; l'exemple du roi enflamma les croisés, et les infidèles prirent la fuite. Louis pleura longtemps le comte d'Artois, et, suivant sa coutume, s'humilia devant Dieu, pour cette nouvelle victoire, entre-

mêlée d'un désastre. Le lendemain nouvelle bataille. Les Sarrasins arrivaient de tous les côtés, et enveloppaient l'armée croisée. Mais ni le feu grégeois ni la grande supériorité en nombre ne purent faire lâcher pied aux Français, qui eurent la gloire de remporter deux victoires en deux jours. Tant de succès, tant de courage, eurent peu de résultats. L'armée chrétienne était déjà diminuée de moitié. La disette, la peste, le scorbut, vinrent désoler ce qui en restait. Le roi lui-même fut longtemps malade d'une dyssenterie. On repassa le Thanis. Pendant que cette armée de mourants regagnait lentement le chemin de Damiette, les Sarrasins s'étaient rassemblés sous un nouveau sultan. Il ne leur fut pas difficile d'envelopper les croisés, et malgré le courage de ceux qui pouvaient combattre, malgré l'héroïsme de Chatillon, les Sarrasins furent vainqueurs. Le roi fut fait prisonnier. Quand cette désastreuse nouvelle fut connue, le désespoir s'empara de ces hommes affaiblis par la maladie. Partout on déposa les armes, et les Sarrasins se débarrassèrent, en les égorgeant, de tous ceux dont ils ne pouvaient espérer de rançon. La reine Marguerite, cette jeune et courageuse femme, était restée à Damiette pour faire ses couches. Ses angoisses furent horribles quand elle apprit la captivité du roi. Elle était au lit, et avait un délire presque continuel. Un chevalier de quatre-vingts ans veillait seul auprès d'elle. Quand elle se désolait trop, il venait lui prendre la main, et la rassurait de son mieux. Une nuit elle l'appela près d'elle, et lui parla ainsi : « Me promettez-vous, bon chevalier, de faire ce que je vous demanderai? — Sur l'honneur, je vous le promets, madame. — Eh bien, si les Sarrasins entrent dans Damiette, vous me tuerez : vous le jurez? — J'y pensais, madame, répondit le chevalier ; et je le ferai. » Peu de temps après, la reine mit au monde un fils, qu'on surnomma Tristan.

Le sultan Almoudan, quand il vit que les menaces, que les outrages ne pouvaient rien sur la fermeté de Louis, commença à parler de rançon. Il demandait un million de besans d'or pour tous les captifs. « Les rois ne se rachètent pas avec de l'or : je donnerai Damiette pour ma rançon, répondit le roi, et le million pour celle des autres. » Un de ces événements si communs en Orient faillit coûter la vie au roi : Almoudan fut tué. Ses meurtriers se présentèrent devant Louis, le glaive rouge de sang ; son courage, sa résignation touchèrent ces barbares, et le successeur d'Almoudan accepta les conditions qu'il avait faites. Il n'est ni vrai ni possible, comme l'on prétendit dans le temps, que les Sarrasins, touchés des grandes qualités du roi, lui aient proposé le trône d'Égypte. Des vaisseaux génois ramenèrent à Saint-Jean-d'Acre les six mille hommes qui avaient survécu à la croisade. Le roi resta en Terre Sainte jusqu'à ce que la mort de la régente (21 nov. 1252), eut rendu sa présence nécessaire : il disait que le service de Dieu et l'honneur de la France exigeaient qu'il protégeât Jérusalem et qu'il fît ce qu'il pourrait pour les chrétiens de la Syrie. Pendant ce long séjour, sa justice, sa piété, excitèrent souvent l'admiration de ces peuples qu'il était venu combattre. Il fit plusieurs traités de paix avec les Égyptiens, rebâtit magnifiquement la ville de Gaza; il entretint autour de lui une armée encore imposante et formidable. Tout l'Orient se demandait si ce n'était pas le plus grand roi de la terre que celui qui payait si loyalement sa rançon, et qui ensuite subvenait à de telles dépenses. La douleur du roi en apprenant la mort de sa mère fut profonde, mais religieuse et soumise. Joinville raconte qu'il vit aussi à cette occasion pleurer la reine Marguerite : « On voit bien, lui dit-il, qu'il ne faut pas croire les femmes quand elles pleurent, car la personne que vous aimiez le moins était auparavant la régente. — Ce n'est point pour elle, répondit Marguerite, c'est pour le roi que je pleure. La haine que Marguerite avait vouée à Blanche, et qu'elle eut le courage de dissimuler toute sa vie, venait de l'extrême sévérité de la reine mère. Elle ne permettait pas que les époux se vissent. Quand Louis se rendait dans l'appartement de sa femme, il recommandait à un de ses gens de faire aboyer les chiens, quand sa mère paraîtrait, afin qu'il eût le temps d'être averti. Un jour la reine Marguerite était malade; Louis était près d'elle tenant ses mains. La reine le surprit : « Retirez-vous, mon fils, lui dit-elle, vous ne faites rien ici. — Mon Dieu, madame, dit en pleurant Marguerite, ne permettrez-vous jamais que je le voie, ni on la vie ni en la mort? » Ce n'était pas cruauté chez la reine Blanche, c'était excès de tendresse. Elle aimait tant son fils qu'elle était jalouse de l'amour qu'il avait pour sa femme et du temps qu'il lui donnait, et le saint roi cédait avec une soumission un peu enfantine à ce que ses ordres avaient d'arbitraire.

Tout rappelait Louis en France : le roi d'Angleterre, qui était en Guienne, la guerre qui ravageait la Flandre. Il s'embarqua à Saint-Jean-d'Acre, et le 10 juillet suivant il mouilla aux îles d'Hyères. Paris reçut avec transports on souverain : la joie du peuple ne fut tempérée que lorsqu'il vit une croix sur ses habits, preuve certaine que la croisade n'était que différée. Louis se déroba bientôt aux fêtes de son peuple, pour s'occuper de son bonheur. C'est ici qu'il convient de parler de saint Louis comme législateur et comme administrateur, c'est-à-dire de ses deux plus beaux titres de gloire, si le titre de chrétien parfait n'était encore au-dessus. Ses établissements sont un beau monument de son génie. Louis interdit les guerres privées, les combats judiciaires, les duels, et substitua, autant qu'il le put, la juridiction civile au droit du glaive. Il modifia les usages et les supplices cruels, qui étaient trop profondément entrés dans les mœurs des nations européennes pour qu'il pût les abolir. Il établit les appels à la justice royale, et fit des *missi dominici* de Charlemagne une magistrature qui devint permanente, sous le titre, depuis si glorieux, de *parlement*. Non-seulement il développa tout ce qu'avaient fait pour les c o m m u n e s, pour l'abolition de la servitude, Louis VI, Louis VII et Philippe-Auguste, mais il indiqua et prescrivit en quelque sorte à ses successeurs tout le bien qu'il restait encore à faire. Son petit-fils, Philippe le Bel, accomplit avec un assez méchant caractère ces grandes améliorations que Louis IX avait conçues dans l'intégrité de son droit sens et de ses vertus religieuses. L'administrateur vigilant et judicieux secondait en lui les vues du législateur profond. On ne s'aperçoit pas que son peuple eut beaucoup à souffrir ni de ses malheureuses croisades, ni de la forte rançon qu'il eut à payer. Son économie réparait toutes les brèches, et pourtant elle restait compatible avec la magnificence royale, qu'il ne déployait que dans des occasions peu fréquentes; ses largesses pour les pauvres, ses nombreuses fondations d'hospices, étaient dirigées avec un profond discernement, et surveillées avec le soin du plus judicieux père de famille. Il est peut-être, entre nos monarques, le seul qui ne fut pas entraîné à des concessions imprudentes par sa piété et son zèle catholique. Ce fut lui qui contribua le plus à éteindre non-seulement les foudres de Rome, mais celles que les évêques et de simples curés lançaient souvent sur leurs diocèses et sur leurs ouailles; en contredisant les papes, il les forçait à respecter une sainteté dont la leur n'approchait pas. Il fit par ses vertus ce que des empereurs violents, guerriers et victorieux, n'avaient pu obtenir. Si pendant sa minorité l'inquisition fut établie en France, comme un moyen d'éteindre la guerre des Albigeois, Louis ne cessa de modérer les rigueurs et d'infirmer les décisions de l'exécrable tribunal. Il dirigea contre l'autorité judiciaire des barons celle des baillis, qu'il protégea et encouragea toujours, et auxquels il adressait des lettres sous cette formule : *Ludovicus amicis et fidelibus suis bailivis*. Il venait souvent au jardin, à Paris, rendre lui-même la justice à tous ceux qui l'imploraient, et la forêt de chênes de Vincennes a conservé le souvenir des jugements évangéliques que ce roi, que ce patriarche, que ce saint, rendait sous son majestueux ombrage.

La justice de saint Louis ne fut pas invoquée seulement par ses sujets : le roi Henri III et ses barons lui soumirent la querelle qui les agitait depuis si longtemps. A peu près à la même époque son frère, Charles d'Anjou, venait d'être investi par le pape du royaume de Sicile.

Quand Louis eut donné à tout le royaume son code judiciaire, quand il eut fondé la Sorbonne, qu'il vit la France calme, pacifique de tous les côtés, avec une jeune noblesse qui s'était renouvelée depuis les croisades, et qu'il était important d'occuper, alors il se permit d'écouter de nouveau cette voix intérieure qui lui parlait de l'Orient. L'homme religieux et dévot ne se montrait jamais en lui que quand l'homme d'État n'avait plus rien à faire. Il n'était plus assez fort pour combattre comme autrefois : à peine pouvait-il supporter le cheval : n'importe, il guiderait son armée de la tête; et c'était un besoin impérieux pour le saint que de mourir les yeux sur le tombeau du Christ. Il écrivit au pape, qui eut s'en repentant bientôt, l'encouragea par les espérances les plus séduisantes et par une dîme qu'il fit lever en Italie et en France pour le soutien de la croisade. Ce fut à Tunis qu'on résolut de la diriger. Louis avait deux motifs en agissant ainsi : l'un, qu'il lui semblait que la conquête de ce pays lui ouvrirait le chemin de l'Égypte, sans lequel on ne pouvait garder la Palestine; l'autre, qu'il pourrait facilement rendre les côtes de l'Afrique tributaires de son frère, Charles d'Anjou, roi de Sicile. Il suffisait de prononcer le mot croisade pour réveiller l'enthousiasme en France (1270). De tous les côtés on venait se croiser. Le rendez-vous général était à Aigues-Mortes. L'administration du royaume avait été laissée à Matthieu, abbé de Saint-Denys, et au comte de Nesles. Des vaisseaux génois transportèrent l'armée française, qui, après une traversée assez difficile, débarqua à trois lieues de Tunis. On vit d'abord quelques tribus qui couraient se réfugier dans les montagnes, et dans le lointain une armée immense de Sarrasins qui, infanterie et cavalerie, attendaient l'ennemi en assez bon ordre. Mais à peine les croisés eurent-ils mis pied à terre que cette masse s'ébranla, et s'en alla comme ces volées d'oiseaux sauvages effrayés par des chasseurs. L'aumônier du roi fit le cri public qui marquait la prise de possession et l'autorité souveraine : « Je vous dis le ban de N. S. Jésus-Christ et de Louis roi de France, son sergent. » L'armée croisée se porta ensuite sur Carthage. Il ne restait de cette ville si historique qu'un château fortifié, qui commandait tout le pays. On s'en empara sans beaucoup de peine; mais une fois que les chrétiens furent enfermés dans le château et quelques barraques à l'entour, les Sarrasins changèrent leur tactique. Ils environnaient la ville, et tombaient impitoyablement sur les Français qui s'aventuraient dans la campagne. Une chaleur horrible, une eau malsaine et brûlante, qu'on puisait goutte à goutte dans quelques citernes, un sable fin que les Sarrasins soulevaient avec leurs machines, et que le vent rapportait à Carthage, une nourriture corrompue, et qui commençait à devenir rare, tous ces maux assaillirent à la fois les croisés. La dyssenterie exerça bientôt de cruels ravages, et le roi en fut lui-même atteint. Dès que ce malheur horrible fut connu, le désespoir s'empara des Français ; Louis avait beau diriger les opérations avec le même ordre, montrer une même résignation chrétienne, chacun se disait qu'avec le roi la campagne était perdue, et tout le monde prévoyait sa mort dans celle de ce père adoré. Les hommes étaient consternés en contemplant sous ce saint allait échapper à son fils Philippe : on sent à chaque ligne que l'esprit du ciel l'animait déjà. Faible et à demi mourant il s'agenouilla devant son lit, et reçut le saint viatique. Ensuite, étendu sur une couche de cendre, les bras croisés sur sa poitrine, les yeux au ciel, le 25 août 1270, à cinquante-six ans, il mourut, chantant ce verset de psaume : « Seigneur, j'entrerai dans votre temple, et je glorifierai votre nom ! »

Ch. LACRETELLE, de l'Académie Française.

[LOUIS X, dit *le Hutin*, surnom qui a beaucoup fait

travailler l'imagination des historiens, né en 1289, proclamé en 1314, mort le 5 juin 1316. Louis X était l'aîné de ces trois fils de Philippe le Bel qui devaient régner tous trois sans laisser d'héritier mâle. Louis X était le mari de cette adultère Marguerite de Bourgogne, qu'il fit mourir un an après être monté sur le trône. Il épousa ensuite Clémence de Hongrie. Louis X avait réuni à la couronne de France celle de Navarre, qu'il tenait du chef de sa mère. Son règne fut marqué par une réaction de la féodalité contre le pouvoir royal; il fut obligé de remettre aux seigneurs du nord et du centre de la France les droits de régale. Cependant il proclamait la liberté native de l'homme : *Selon le droit de nature, chascun doit naistre franc* (déclaration royale du 3 juillet 1315); et en conséquence il la vendit à beaux deniers comptants aux serfs du domaine royal. En même temps il rappelait les juifs expulsés par son père, et faisait pendre l'intendant des finances, Enguerrand de Marigny.

Bientôt il mourait, empoisonné à ce que l'on croit, après une inutile expédition en Flandre. Il laissait sa veuve enceinte ; mais le fils qu'elle mit au monde, et qu'on nomma Jean, mourut presque aussitôt. Son frère Philippe V lui succéda.]

LOUIS XI, né à Bourges, en 1423, était fils de Charles VII et de Marie d'Anjou.

Les dernières années de Charles VII furent pleines d'angoisses et de malheurs. Son fils, Louis, en accumulant les mensonges et les perfidies, avait lassé son pardon. Il l'avait exilé dans le Dauphiné, et ce génie précoce pour l'intrigue osait faire du roi le but de ses conspirations et de ses sourdes menées. Du sein de son puissant apanage, il traitait avec plusieurs souverains. Le duc de Milan se liguait avec lui, et il contractait un mariage sans l'aveu de son père. Vaincu, le duc de Bourgogne lui accorda une magnifique et dispendieuse hospitalité. Cinq ans se passèrent dans cet exil de Bourgogne, et le roi pendant tout ce temps eut moins à redouter son formidable vassal le duc de Bourgogne que l'hôte dangereux qu'il avait reçu. Enfin, Charles VII, le Victorieux, se laissa mourir de faim, persuadé que son fils voulait le faire empoisonner. Louis à cette nouvelle ne sut pas modérer les transports de sa joie. Il monta à cheval, suivi du duc de Bourgogne, du comte de Charolais, et de tous les gentilshommes qui allaient saluer la nouvelle royauté, et se fit sacrer à Reims par Juvénal des Ursins. A la tête de 12,000 hommes, il fit au mois d'août son entrée à Paris. Il n'avait ni dignité ni aisance dans ses manières. Son habit de bure, court et étroit, sa notre-dame de plomb sur sa barrette, firent mauvais effet sur un peuple habitué à la magnificence et à la fierté de ses rois. Il défit tout ce que son père avait organisé, changea les officiers de la couronne, et punit par la prison tous ceux qui s'étaient attiré la faveur de Charles VII. Ensuite, avec 400,000 écus, il racheta à la Bourgogne toutes les places de la Somme, et alla faire reconnaître sa suzeraineté dans les Pays-Bas. Il refusa à son frère le duché de Normandie, qu'il s'était engagé à lui remettre, et défendit au duc de Bretagne de s'intituler *duc par la grâce de Dieu* et de battre monnaie. Ces préliminaires de despotisme annonçaient aux puissants vassaux qui se partageaient une partie de la France à quel suzerain ils avaient affaire... Aussi la noblesse se détournait déjà de cette royauté, comme si elle prévoyait qu'elle dût lui être fatale.

La reconnaissance était un sentiment inconnu à Louis; les inspirations d'une froide politique le dominaient déjà : il oublia cette terre de Bourgogne dont il sortait à peine, ce duc qui avait épuisé pour lui sa bourse et ses conseils, ce comte de Charolais qu'il avait traité cinq ans de compagnon et d'ami. La Bourgogne était une proie qu'il dévorait sans cesse des yeux ; il brûlait de rattacher à la couronne ce riche et puissant apanage : que lui importaient les souvenirs? Il essaya de lui imposer la gabelle. Il protégea ouvertement le comte d'Étampes, accusé d'avoir conspiré contre la vie du duc et de son fils. Il envoya des agents secrets qui excitaient les villes à la révolte. Les archers de sa garde, les gentilshommes de sa maison, parcouraient ouvertement les Pays-Bas et y semaient la révolte, promettant l'assistance du roi en cas de malheur. Le vieux duc était indulgent et bon; mais son fils, le comte de Charolais, était un jeune taureau qu'il ne fallait pas trop harceler pour le faire bondir dans l'arène. Il parla ouvertement de guerroyer contre la France, et répondit aux ambassadeurs de Louis qu'avant un an le roi se repentirait de sa conduite. Et en effet, une fois la première étincelle lancée, l'incendie se propagea. Les ducs de Bourbon et d'Alençon, princes du sang ; le maréchal de Danmartin, qui s'était sauvé de la Bastille par un trou, presque tous les gentilshommes se réunirent aux ducs de Bourgogne et de Bretagne, et à Monsieur, frère du roi, et formèrent la ligue dite *du bien public*. Le comte de Charolais en prit le commandement général. Les deux armées se rencontrèrent à Montlhéry, près Paris. La journée fut indécise; mais le champ de bataille resta au comte de Charolais. L'armée royale s'était retirée à Paris, où le roi, qui savait adroitement, quand il en avait besoin, se regagner une popularité bientôt perdue, soupa avec les dames de la ville, se mêla à la bourgeoisie, et fit sur les impôts des réductions, qu'il devait bientôt révoquer, et qui furent reçues avec acclamations. Le Bourguignon traversa la Seine, fut rejoint en route par le duc de Lorraine, et vint à Conflans mettre devant Paris un siège qui dura trois semaines, et où il n'y eut que des escarmouches insignifiantes. Louis avait reçu des secours de François Sforze, *condottiere* florentin, qu'il avait placé sur le trône ducal de Milan. François savait donner des conseils pleins de l'astuce et de la perfidie italiennes. « Traitez avec les princes, avait-il dit au roi : il sera toujours temps, une fois le traité conclu, de ne pas l'exécuter. Donnez la Normandie à Monsieur, l'épée de connétable au comte de Saint-Pol, les villes de la Somme au Charolais. Après, en excitant les uns contre les autres tous ces vassaux si dangereux, vous aurez détruit la ligue, et vous les dompterez tous individuellement. D'ailleurs, le plus redoutable d'entre eux, le comte de Charolais, aura de quoi s'occuper avec ses villes de Flandre, et votre frère est un enfant, que vous amuserez avec des promesses. » Les conseils de l'Italien furent suivis : Louis joua la confiance. Après quelques conférences dans la Grange-aux-Merciers, il se rendit presque sans escorte dans l'armée de Bourgogne, et négocia à Conflans un traité suivant les bases conseillées par le duc de Milan. Le résultat fut tel qu'il l'avait prévu : l'apanage de Normandie ne fut pas donné à Monsieur ; Liége se souleva, et, ce qui importait le plus à Louis, cette ligue formidable de cent mille hommes fut dissoute.

Si le roi Louis XI avait une physionomie de tyran assez curieuse à observer, il y avait autour de lui, dans son château de Plessis-lès-Tours, sa résidence habituelle, quelques figures non moins dignes d'attention. Les conseillers, les familiers de cet homme sinistre, avaient tous le caractère sombre, bas et trivial de leur maître. D'abord, un barbier, Olivier Le Dain, qui fut depuis le comte Olivier, homme souple, rampant, habile observateur des vices de son maître, et qui en faisait l'instrument de son élévation ; puis Tristan l'Hermite, le grand-prévôt de l'hôtel, c'est-à-dire le bourreau en chef, et enfin celui qui les dominait tous, le cardinal La Balue, dont on connaît la punition terrible.

Cependant le comte de Charolais avait succédé à son père, Philippe le Bon. Entre Louis et le duc il y avait toujours assez de sujets de discordes, qui ne demandaient qu'à se changer en batailles réglées. Louis, à ce qu'on prétend, d'après les derniers conseils qu'il reçut de La Balue (conseils qui devaient perdre celui qui les donnait), manqua complètement à sa politique, rusée et prévoyante, et se rendit à Péronne, où était la cour de Bourgogne, sous le prétexte de quelques dissentiments à l'Hermite. L'hospitalité qu'il y reçut d'abord fut cérémonieuse, mais froide; elle se ressentait de la mauvaise grâce que pouvait mettre un vassal de cette sorte à plier le genou devant son suzerain. Presqu'au moment de l'arrivée du roi, vint au duc de Bourgogne la nouvelle qu'une de ses villes de la Flandre, Liége, venait de se soulever et de chasser ses troupes. Le duc de Bourgogne savait que Louis entretenait des intelligences secrètes et alimentait l'esprit de révolte chez les Liégeois. Transporté de fureur, il fit son prisonnier de ce roi qui s'était ainsi livré à lui, et le fit enfermer dans le château de Péronne. Qu'allait devenir Louis, livré à un ennemi fougueux et irréfléchi, comme l'était le duc de Bourgogne? Dans cette même tour où il était prisonnier, un des rois de France, Charles le Simple, avait été assassiné par Hébert, comte de Vermandois. Son adresse ne lui fit pas défaut. Il y avait à la cour de Bourgogne un homme remarquable, et qui usait grandement de cette influence que la réflexion et la pensée ont sur des intelligences brutes et dures comme le fer, Philippe de Comines était un des conseillers les plus écoutés du duc de Bourgogne. Louis sut le gagner, vanta en lui l'annaliste, l'homme d'État, et s'en fit un ami. Philippe de Comines passa même peu après au service de la France. Ce manége sauva le roi : en effet, d'après les conseils de Comines, le duc de Bourgogne se calma peu à peu, et fut moins exigeant dans les conditions qu'il mit à la délivrance de son prisonnier. Il demanda les villes de la Somme, l'assistance de Louis contre les Liégeois, et l'investiture de Monsieur dans son duché de Normandie. Des promesses ne coûtaient rien à Louis : il consentit à tout. Avant de rentrer en France, le roi, traîné par le duc de Bourgogne, fut obligé d'aller mettre le siége devant Liége. Ce fut la seule de ses promesses qu'il accomplit. Quand il ne resta plus de cette ville que des cendres, quand l'humiliation de Louis fut complète, le Bourguignon lui permit de retourner en France. Le roi s'en alla, heureux de payer à si bon marché la plus grande imprudence que le plus fin des rois eût jamais faite.

Ce qui affligeait le plus le roi Louis, dans les conditions qu'on lui avait imposées à Péronne, c'était la nécessité où il allait se trouver de céder à Monsieur, non plus fictivement, mais en réalité, le duché de Normandie. A l'aide de son favori le seigneur de Lescun, qu'il avait gagné, il lui fit accepter en échange la Guienne, « car ledit monseigneur Charles, dit Comines, estoit homme qui peu ou rien faisoit de luy ; mais en toutes choses estoit manyé et conduit par autres, combien qu'il fust âgé de vingt-cinq ans et plus. » Pendant que ces intrigues se passaient à la cour, ou se moquait à Paris de la déconvenue qu'avait subie le roi auprès de son cousin de Bourgogne; on avait appris aux perroquets à dire Péronne, Péronne! La guerre recommença avec la Bourgogne; guerre insignifiante du reste, et dont l'unique résultat fut la prise de Saint-Quentin par le connétable Aublé. Sur ces entrefaites, le jeune frère du roi mourut empoisonné. Où les soupçons de cet assassinat doivent-ils s'arrêter? Iront-ils chercher un complice dans un frère, dans un roi de France? Les preuves manquent à l'histoire pour accuser directement Louis; mais elle doit constater que l'instruction du procès se fit lentement, et que l'assassin, Jean d'Angély, fut étranglé dans sa prison. « Qui pourrait dire, s'écrie Mézeray, quelle rage saisit le duc de Bourgogne quand il apprit la mort du duc de Guienne? Il entra en Picardie une épée dans une main et une torche dans l'autre. Il brûla et il renversa tout sur son passage, comme un instrument de terre. Toute la plate campagne devint un bûcher. Il semblait qu'il voulût punir sur le sol les crimes du souverain. Sa vengeance ne fut arrêtée que devant Beauvais, par le courage d'une femme, Jeanne Hachette. »

Louis cherchait par tous les moyens possibles à perdre et à ruiner cet ennemi terrible. Le duc de Bourgogne avait quelques comtés et quelques provinces en Allemagne. Louis envoya un ambassadeur à l'empereur Frédéric pour lui conseiller de s'emparer des terres que le duc avait en Allemagne, lui disant que lui, de son côté, en ferait autant en France. Cet empereur était un vieillard d'un bon sens très-solide. Il se contenta de répondre à l'ambassadeur par la fable de l'ours et des chasseurs. Cependant, le 6 juin 1475 le roi d'Angleterre Édouard IV, qui avait toujours été l'allié et quelquefois même le protégé du duc de Bourgogne, débarqua à Calais à la tête d'une armée imposante. Les inquiétudes que lui donnaient les fréquentes insubordinations de son connétable, le comte de Saint-Pol, et le duc de Bourgogne, ceignant toutes les frontières de la France avec son armée imposante, tout détermina Louis à tenter une négociation. Le traité fut facilement accepté par les Anglais : Louis paya d'abord 75,000 écus d'or; ensuite, il promit à Édouard que le dauphin épouserait sa fille. Les deux rois eurent une entrevue sur le pont de Péquigny; le traité y fut ratifié, et quand l'armée anglaise eut bu trois cents chariots de vin, que le roi Louis lui avait envoyés, elle repassa la mer très-contente du vin qu'on buvait en France et de l'or qu'on y donnait.

Cependant, deux ans après, pendant que Louis continuait ses intrigues et ses cruautés domestiques; pendant qu'un échafaud dressé en Grève le vengeait du connétable de Saint-Pol, le duc de Bourgogne, de conquête en conquête, marchait à sa ruine et trouvait enfin la mort sous les murs de Nancy. La seule héritière du duc de Bourgogne était Marie, qui avait dû épouser Monsieur, frère du roi. Il ne fut pas difficile à Louis de la déposséder d'une partie de ses États et de réunir à la France toute la province de Bourgogne. Les gouverneurs des villes, les serviteurs les plus dévoués du duc, en tête desquels était Desquerdes, comte de Crèvecœur, ne tinrent pas contre les séductions habiles ou contre la crainte des vengeances du roi. Il entra en maître dans cette province, d'où tant de fois étaient sorties des armées qui l'avaient fait trembler. Quant aux villes de Flandre, une grande partie restèrent fidèles à Marie de Bourgogne. Pour les autres, les négociations de Louis échouèrent ; il fallut employer la force, et elles ne restèrent pas longtemps sous la suzeraineté de la France. Enfin, toute cette affaire de la succession du duc de Bourgogne se termina par le mariage de Marie avec Maximilien, fils de l'empereur Frédéric, lequel était si pauvre, dit-on, que ce fut sa fiancée qui fit tous les frais de la noce.

Louis était venu de nouveau se renfermer à Plessis-lès-Tours. Voici quelques anecdotes sur sa vie privée, qui contrastent avec les traits de cruauté sanglante si fréquents dans son histoire. Nous avons dit qu'il aimait à se populariser partout, et qu'il ne craignait pas de se mêler à la domesticité Un jour, dans ses promenades, il rencontra un petit garçon dont la figure lui plut : « Que gagnes-tu? lui demanda-t-il. — Autant que le roi, répondit l'enfant; lui et moi nous gagnons notre vie. Dieu le nourrit, et le roi me nourrit. » Cette réponse fit sa fortune; le roi le retira de son emploi servile, et l'enrichit par la suite. Louis rencontra une fois l'évêque de Chartres monté sur une superbe mule avec un harnais d'or. « Ah! monseigneur l'évêque, nous ne sommes plus au temps de la primitive Église, quand les évêques montaient sur une ânesse garnie d'un licol. — Vous avez bien raison, sire ; mais c'était le temps où les rois étaient bergers. » Quelquefois il trouvait le moyen d'élever et en même temps d'abaisser la noblesse. Un riche marchand lui demanda de l'anoblir : cette grâce obtenue, il se présenta devant le roi vêtu avec une magnificence ridicule. Louis lui tourna le dos, lui disant : « Vous étiez le premier marchand de mon royaume, et vous avez préféré être le dernier gentilhomme : avez-vous gagné au change? » On pourrait citer à l'infini de ce roi des traits de bonhomie apparente, car souvent c'était une de ses finesses de jouer l'homme sans façon et sans malice. Mais ces bons mots si spirituels, ces naïvetés qu'il préparait, ne sont que des esquisses légères dans un tableau fortement sinistre, et dans cette histoire il n'y a guère que les perfidies et les ruses qui vous distrayent des gibets et des échafauds.

Il y avait en effet quelque chose dans Louis que rien ne domptait : c'est un trait de son caractère, que ni les succès, ni les désastres, ni la politique n'effaçaient. Que des provinces, comme la Bourgogne et une partie de la Flandre, vinssent se réunir à la France, et qu'elles soient dues à la politique habile ou aux armées victorieuses de son souverain, la passion qui dominait toutes les autres chez Louis, c'était celle de la vengeance, et souvent même celle de la cruauté gratuite. Ainsi, au moment où il parcourait la Bourgogne, où tant de victoires faciles lui ouvraient les portes des villes, il aimait à se dire que sur la Grève, à Paris, un échafaud dressé assouvissait une de ses haines les plus invétérées. Jacques d'Armagnac, duc de Nemours, avait pris parti contre lui dans les guerres du bien public. Il fit tomber sa tête. Par un raffinement horrible de cruauté il voulut que les fils du duc de Nemours fussent attachés sous l'échafaud, et que le sang du père retombât sur ses enfants. Louis avait essayé dans un procès de rendre infâme la mémoire du dernier duc de Bourgogne : Maximilien, qui avait épousé sa fille, entreprit de le venger. Déjà il avait remporté quelques victoires peu importantes sur les armes du roi de France. Un choc plus décisif eut lieu près du village de Guinegatte, en Flandre. Desquerdes, qui commandait l'armée royale, fut battu par Maximilien. Louis ne chercha pas à réparer cette défaite, car il rappela ses troupes et laissa à Maximilien tout l'honneur et tout le profit de la victoire.

Cependant, l'héritier du trône languissait dans une ignorance honteuse. Louis semblait croire que le pouvoir ne lui échapperait jamais, et ne passerait point à son fils. L'enfant ne savait de latin que ces cinq mots, que son père lui avait appris : *Qui nescit dissimulare, nescit regnare*. Cette incurie ne s'explique que par une défiance extrême chez un roi qui craignait son fils, parce que lui-même s'était fait craindre de son père. Or, pendant qu'il se préparait tranquillement pour de longues années de tyrannie, une maladie étrange vint le saisir. Il était à dîner, aux forges près de Chinon, quand tout d'un coup il perdit la parole : il resta longtemps sans connaissance. Lorsqu'il fut tiré de cette espèce de sommeil, il demanda avidement quels étaient ceux parmi ses officiers qui l'avaient cru mort, et il les destitua sur-le-champ ; il revint s'enfermer au château du Plessis-lès-Tours, plus sombre, plus cruel, plus tyran que jamais. Sans croire tout ce qu'on a raconté d'étrange et de féroce sur les derniers actes de ce Tibère malade et volontairement prisonnier, sans prétendre qu'il prenait des bains de sang d'enfants, que des jeunes filles venaient danser dans sa chambre des danses lascives, il est certain que sa cruauté et sa défiance redoublèrent aux approches de la mort. Voici ce que rapporte de ses précautions Comines, son serviteur et son défenseur habituel : « Tout à l'environ de la place dudit Plessis, il fit faire un treillis de gros barreaux de fer, et planter dedans sa muraille des broches ayant plusieurs pointes, comme à l'entrée par où l'on eust pu entrer aux fossés dudit Plessis. Aussi fit faire quatre moyneaux tous de fer bien espays, en lieu par où l'on pouvoit bien tirer à son ayse, et estoit chose bien triomphante, et cousta plus de 20,000 fr.; et à la fin y mit quarante arbalestriers, qui jour et nuict estoient en ces fossés, avec commission de tirer à tout homme qui en approcheroit, jusqu'à ce que la porte fust ouverte le matin. » De plus, Louis donnait 10,000 écus par mois à son médecin. Il entremêlait toutes ces défiances de la superstition habituelle et de quelques repentirs. Il fit venir pour le confesser François de Paule ; il délivra La Balue, enfermé depuis quatorze ans. Il ordonna des prières publiques pour que le vent de bise qui l'incommodait s'arrêtât. Il alla en pèlerinage à Saint-Claude, auquel ses gens l'avaient voué : il était accompagné de 6,000 hommes de guerre, et faisait, dit Mézeray, de terribles coups par le chemin. Ensuite, de peur qu'on ne le tint pour mort, son activité politique redoublait. On parlait plus que jamais du roi Louis dans le royaume ; et en effet il venait de rendre un important service à la France : il sut, par des manœuvres habiles, attirer à lui la succession du roi René, et la Provence depuis ne fut plus distraite du royaume. Puis, comme si la mort n'avait jamais dû l'atteindre, le malade triomphait de celle de Marie de Bourgogne, de celle d'Édouard d'Angleterre. Lui qui ne portait jamais que des habits vieux et usés, il ne paraissait plus en public que vêtu de satin et d'or. Enfin, il semblait, à force de précautions, d'activité, vouloir terrasser la mort, qui l'atteignit cependant le 30 août 1483, à l'âge de soixante ans, et après un règne de vingt-deux ans. Il fut enterré à Notre-Dame-de-Cléry.

Ainsi mourut Louis XI, fourbant avec Dieu comme il avait fourbé avec les hommes. Quels furent les résultats politiques de son règne ? Il porta les coups de hache les plus fermes et les plus retentissants au système féodal, et par là délivra la France d'un régime cruel et brutal ; mais à la cruauté se joignit l'ingratitude, puisque la noblesse venait de délivrer la France du joug étranger. Louis XI abattit l'arbre de la féodalité, parce qu'il avait peur d'en être écrasé. C'est un bûcheron qui porte la coignée dans un chêne pour profiter de ses dépouilles, mais non pas pour fertiliser le terrain qui est stérile sous son ombrage. Il inventa la poste, mais comme un nouveau moyen de despotisme. Il tenta de réunir dans un code unique les mille réseaux des coutumes qui enlaçaient la France dans des replis de chicane et d'interprétation ; mais c'était pour tenir dans une de ses mains toute la justice du royaume, et Dieu sait comme il l'administrait. Il fit périr plus de quatre mille personnes sur l'échafaud. L'historien de Louis XI, Duclos, termine par ces mots : au résumé, *ce fut un roi*. On ne sait si Duclos a voulu faire un éloge ou une satire.

Louis XI avait été marié deux fois : la première, en 1436, à Marguerite d'Écosse ; la seconde, en 1457, à Charlotte de Savoie.   LACRETELLE, de l'Académie Française.

LOUIS XII, arrière-petit-fils de Charles V, naquit à Blois, le 27 juin 1462, de Charles, duc d'Orléans, et de Marie de Clèves. Il se trouva, à la mort de Louis XI, premier prince du sang. Sa conduite jusqu'alors n'avait pas donné de lui des idées favorables. Il n'avait, à la vérité, aucune passion dangereuse ; mais une éducation négligée et le goût des plaisirs frivoles l'avaient fait prendre pour un esprit médiocre. Pendant la minorité de Charles VIII, il essaya vainement de disputer la régence à Anne de Beaujeu. Les états généraux, convoqués à Tours en 1484, confirmèrent l'autorité de cette princesse. On arrêta, il est vrai, que les princes du sang auraient droit de siéger au conseil, et qu'en l'absence du jeune roi, le duc d'Orléans en serait président ; mais Louis, ne voulant pas reconnaître un pouvoir qui lui était odieux, quitta le royaume et se retira en Bretagne. Le duc François II prit son parti : alors le duc d'Orléans, aidé des Bretons et d'une troupe d'Anglais, commença une courte guerre civile. La dame de Beaujeu, pendant ce temps, convoqua un fil de justice, et y fit juger le duc d'Orléans comme rebelle. Il répondit en marchant contre les troupes du roi ; il les rencontra à Saint-Aubin, où il fut défait en 1488, et pris par Louis de La Trémoïlle (26 juillet 1488). Louis fut enfermé près de trois ans dans la tour de Bourges. Sa captivité et les rigueurs qu'il y subit développèrent sa sensibilité naturelle ; l'oisiveté le rendit laborieux : il profita de sa retraite forcée pour exercer et éclairer son esprit : ainsi, ses fautes mêmes servirent à sa grandeur. Enfin, au bout de trois ans, il sortit de prison, à la prière de Dunois et par la bonté de Charles VIII, qui l'aimait. Jeanne, femme de Louis, alla se jeter aux pieds du roi pour obtenir la liberté de son époux ; le monarque lui accorda sa demande ; il se rendit à la prison de son cousin, et le fit mettre en liberté. La réconciliation fut entière et sincère, et le duc d'Orléans fut nommé gouverneur de la Normandie, où l'on craignait une descente des Anglais. A cette époque, Charles VIII força le duc de Bretagne à lui donner sa fille et ses États. Le duc d'Orléans aimait la princesse Anne de Bretagne et en était aimé. Il fit le sacrifice de sa passion à la paix et à la grandeur de la France. En 1495 il accompagna Charles VIII dans son expédition d'Italie, et y fit preuve de courage et d'habileté. Chargé par Charles des commissions les plus importantes, il se montra digne de cette confiance généreuse. Voulant assurer la retraite du roi, il fut sur Novarre une entreprise qui échoua. Il se laissa enfermer dans cette ville, et, quoique malade, il y soutint un siège pénible. Il revint en France avec le roi, et était auprès de lui quand il mourut au château d'Amboise, le 7 avril 1498. Ce prince ne laissant point d'enfants, le duc d'Orléans devait lui succéder. Il prit le nom de Louis XII, et l'on ne saurait trop rappeler ses belles paroles en parvenant au trône : « Le roi de France ne venge pas les querelles du duc d'Orléans. »

A peine monté sur le trône, il tenta une entreprise difficile, mais qui lui réussit. La crainte l'avait uni à Jeanne de France, fille de Louis XI ; pendant vingt ans il avait supporté cette union : il voulut alors écouter l'amour et la politique. Il demanda au pape Alexandre VI et obtint de lui son divorce, et épousa aussitôt Anne de Bretagne.

La première année du nouveau règne fut consacrée à des réformes utiles dans les institutions et dans l'administration. La cour de l'échiquier, en Normandie, fut érigée en parlement. Un autre parlement fut créé en Provence. La taille fut diminuée, et Louis annonça qu'il se contenterait de la somme accordée à ses prédécesseurs par les états de Tours. Une ordonnance régla la durée des procès, le nombre des instances, les frais de la procédure. Afin qu'on pût s'assurer de la capacité des juges, on les fit passer par des examens sérieux. Les troupes furent soumises à une discipline sévère, et pendant ce règne les soldats n'auraient osé piller et rançonner le laboureur, comme ils l'avaient fait jusque alors. Le roi confirma dans leurs charges tous ceux qui avoient été nommés par son prédécesseur, et il donna toute sa confiance à Georges d'Amboise, qu'il fit premier ministre.

Cependant, au milieu des travaux pacifiques par lesquels il commença son règne, Louis méditait et préparait une expédition en Italie. Il voulait faire valoir sur le Milanais les droits qu'il tenait de son aïeule, Valentine Visconti, et tenter de nouveau la conquête de Naples. Ses droits sur le royaume étaient les mêmes que ceux de Charles VIII. Il commença par gagner le pape Alexandre VI, en comblant d'honneurs le fils de ce pape, l'infâme César Borgia. Il mit dans ses intérêts les Vénitiens, qui devaient avoir une partie des dépouilles du Milanais. L'empereur Maximilien, occupé ailleurs, ne pouvait contrarier la France. Ainsi, tout conspirant à favoriser les desseins de Louis XII, il fait passer les Alpes à son armée. Nous n'oublierons pas de rappeler que, sur le point d'entreprendre une guerre qui présentait de grandes difficultés, les impôts furent diminués. Mais le roi vendit les offices des finances, et reçut des traitants acquéreurs des avances dont le remboursement devait se faire sur la perception des impôts. Plus tard, il sentit le danger de cet expédient, et mit tout en œuvre pour rembourser ces avances ; mais l'exemple qu'il avait donné ne fut que trop suivi depuis.

L'armée française, commandée par Trivulce, d'Aubigny et le comte de Ligny, s'était mise en marche (1499). Le duc de Savoie lui ouvre le passage des Alpes. Le duc de Milan, Louis le Maure, avait assemblé une armée aussi considérable que celle de ses rivaux ; mais nulle part elle ne tint ferme. Les Français s'emparèrent en vingt jours de l'État de Milan et de celui de Gênes, tandis que les Vénitiens occupèrent le Crémonais. Alors Louis XII fit son entrée dans Milan (6 octobre 1499) ; il reçut les félicitations des princes italiens, et retourna en France, après avoir nommé gouverneur du pays le maréchal Trivulce, seigneur milanais. Ce choix que fit le roi lui aliéna tous les esprits. Louis le Maure profita habilement de ces dispositions. Il prit à sa solde un corps considérable de Suisses, et descendit avec eux dans les plaines du Milanais. Les Français perdirent leur conquête comme ils l'avaient gagnée : en peu de jours, Louis le Maure rentra en possession de tous ses États. Mais les Français firent un nouvel effort ; ils reparurent dans le Milanais avec des forces plus considérables. Les Suisses de l'armée de Louis XII corrompirent ceux qui servaient Louis le Maure. Ces derniers composèrent avec des Français. Tout ce que le duc de Milan put obtenir, ce fut de se sauver habillé à la suisse, une hallebarde à la main. Mais ceux qui l'avaient vendu le firent reconnaître ; il fut pris, et conduit au château de Loches, en Berry, où il passa le reste de ses jours. Maître du Milanais et de Gênes, le roi de France forma le projet d'attaquer Naples. Pour mieux réussir, il s'unit avec Ferdinand le Catholique, roi d'Espagne, comme il s'était uni avec les Vénitiens pour conquérir le Milanais. Ferdinand le Catholique conclut avec le roi de France un traité par lequel il se réservait la Pouille et la Calabre, et abandonnait le reste aux Français. Presque en même temps il faisait en secret un autre traité, avec son cousin Frédéric de Naples. L'événement montra que son intention n'avait été que de les trahir tous les deux. Le pape promit l'investiture aux rois de France et d'Espagne (1500).

Les Français arrivent à Naples sous les ordres de Stuart d'Aubigny. L'armée espagnole arrive sur une flotte brillante : elle est commandée par le fameux Gonsalve de Cordoue. Il va accabler Frédéric, à qui le roi Catholique, son parent, avait promis son appui. L'infortuné monarque, trahi et abandonné des siens, vient se remettre entre les mains de Louis XII, qu'il connaît généreux ; il passe en France, où il reçoit du roi une pension considérable. Il fixa son séjour en Touraine ; on dit qu'il y oublia dans les douceurs de la vie privée ses grandeurs passées et ses infortunes, et qu'il se consola des injustices des hommes par la culture des arts et de la poésie, qu'il aimait. Bientôt la guerre éclata entre les vainqueurs, qui voulaient chacun s'emparer du tout. La mauvaise foi de Ferdinand, trop bien secondée par la ruse et l'habileté de Gonsalve de Cordoue, assura l'avantage à l'Espagne. C'est lui qui disait que la toile d'honneur doit être grossièrement ourdie. Toute sa conduite en cette conjoncture prouva qu'il était fidèle à ce principe. Il bat à Cérignoles le duc de Nemours, qui est tué en combattant (1503). Une nouvelle armée française est envoyée par Louis XII pour punir la perfidie du roi Catholique. Mais le cardinal d'Amboise, qui veut se faire élire pape, arrête cette armée près de Rome, pour intimider les cardinaux et leur arracher son élection. Il échoue dans sa tentative, et fait en même temps échouer les projets de son maître. Gonsalve dissipe cette nouvelle armée, et le royaume de Naples est perdu entièrement pour la France. La paix, qui fut conclue bientôt après, assura à l'Espagne la possession de sa conquête, et elle lui fut confirmée par le mariage de Ferdinand le Catholique avec Germaine de Foix, nièce de Louis XII, qui lui céda en dot ses prétentions sur le royaume de Naples (12 octobre 1505). Par ce même traité, Louis s'engageait à donner au petit-fils de Ferdinand, Charles de Luxembourg, sa fille aînée, à qui il assurait pour dot la Bretagne, la Bourgogne et le Milanais. Ce traité, qui mettait la France à la merci de la maison d'Autriche, ne fut heureusement pas exécuté ; les états généraux, convoqués à Tours l'année suivante (1506), prononcèrent la nullité de cet engagement. Ces états sont célèbres dans notre histoire ; ils décernèrent à Louis XII le titre de *Père du peuple*. Le roi maria sa fille au duc de Valois (depuis, François Ier). La cérémonie fut célébrée en présence des députés des états. L'année suivante (1507), les Génois essayèrent de secouer le joug des Français, auxquels ils s'étaient soumis eux-mêmes. Ils commencèrent à se livrer à des atrocités qui ont trop souvent déshonoré les causes même les plus justes, dans ces temps encore voisins de la barbarie. Louis XII entreprit d'aller les châtier en personne. Il entra dans Gênes l'épée au poing, et à la tête des archers de sa garde la lance en arrêt. Les habitants, épouvantés, lui demandèrent miséricorde : il les fit tous désarmer ; il leur laissa la vie, mais il exigea une amende de 300,000 ducats. Pour cette expédition, il avait été obligé d'imposer de nouvelles taxes ; il les leva au moins de rigueur possible, et ne prit l'argent de ses sujets que lorsqu'il eut épuisé ses revenus ordinaires. Les courtisans, qui n'aiment dans le prince que la facilité à donner, ne trouvant rien à gagner avec la sage économie de Louis, le taxèrent d'avarice ; quel ques-uns osèrent même le railler sur ce sujet. Ils applaudirent à des traits de satire lancés contre lui sur le théâtre de Paris. Mais le roi, loin d'en montrer du ressentiment : « J'aime mieux, dit-il, faire rire les courtisans de mon avarice que de faire pleurer le peuple de mes profusions. » On le pressait de punir les comédiens : « Non, répondit-il : ils peuvent nous apprendre des vérités utiles. Laissons-les se divertir, pourvu qu'ils respectent l'honneur des dames. Je ne suis pas fâché que l'on sache que sous mon règne on a pris cette liberté impunément. »

Cependant, la paix semblait solidement établie en Italie, et elle aurait duré encore longtemps sans l'ambition d'un homme qui mit tout en combustion. C'était le fameux Jules II, qui venait d'être élevé au trône pontifical. L'unique pensée, la seule préoccupation de cet altier pontife fut de chasser de l'Italie les barbares, comme il les appelait. Dans ce dessein, il entreprit d'armer les uns contre les autres tous les étrangers qui en affectaient la possession, de les mettre aux prises, et de les rejeter au delà des montagnes quand il le verrait épuisés. C'est là que tendirent tous ses efforts, et peut-être aurait-il réussi si la mort ne l'eût enlevé au milieu de ses projets et de ses succès. D'abord, il forma contre la seule république de Venise cette ligue de Cambray, où figurèrent réunies pour la première fois tant de puissances qui jusque alors ne s'étaient rencontrées que pour se combattre. Cette ligue se trouva si promptement en état d'agir, que le pape lui-même en fut presque effrayé. Louis XII se mit le premier en campagne : il rencontra l'armée vénitienne près de la rivière d'Adda, et la détruisit à la célèbre journée d'Agnadel (1509). Alors chacun des prétendants se jeta sur son partage. Jules II entra dans la Romagne, dont il s'empara. Venise, consternée, n'eut de recours qu'à implorer la miséricorde des vainqueurs. Elle demanda pardon au pape. Elle obtint sans peine ce pardon de Jules II, qui déjà songeait à diriger ses coups contre les Français. Sous le plus léger prétexte, il forma avec l'Espagne, les Suisses et Venise, une nouvelle ligue contre la France; il la nomma sainte ligue. Le pape et les Vénitiens ne voulaient que chasser les Français d'Italie; mais Ferdinand le Catholique voulait faire la conquête de la Navarre espagnole. Pour être secondé, il attira dans la ligue le roi d'Angleterre, Henri VIII. Au lieu de gagner de vitesse sur ses ennemis, Louis XII assembla un concile à Pise, et essaya inutilement d'y faire déposer le pape; Jules lança l'interdit sur Pise et sur toute la république de Florence. Alors il fallut combattre. La victoire de Ravenne, où périt le jeune général Gaston de Foix, ouvrit une série de revers pour les troupes du roi de France. Chassées de Milan par les Suisses, ses troupes furent battues à Novarre (1513). A peu près à la même époque, la Navarre fut envahie par Ferdinand le Catholique. En même temps Henri VIII entra dans l'Artois, et y remporta la victoire de Guinegatte, et les Suisses arrivèrent en Bourgogne.

Louis XII se serait peut-être difficilement tiré d'une pareille situation, si la mort de Jules II ne fût venue heureusement à son secours (21 février 1513). Le nouveau pape, Léon X, s'étant réconcilié avec Louis XII, qui abjura le concile de Pise, la sainte ligue fut dissoute. La paix ne fut pas difficile à conclure. On laissa à Ferdinand ce qu'il avait gagné à la guerre, le royaume de Navarre. Le Milanais resta à Maximilien Sforce, à qui les Suisses l'avaient donné; ceux-ci gardèrent les bailliages de Lugano, Locarno, Mendrissio et Valmaggia. Henri VIII reçut un million pour rendre Boulogne et Tournay, qui avaient cédé au pouvoir de ses armes, et Louis épousa sa sœur, la jeune et belle Marie. Anne de Bretagne était morte depuis un an. Ainsi fut rétabli le repos après lequel Louis soupirait ardemment; mais il n'en jouit pas longtemps. Il avait cinquante-trois ans quand il épousa la princesse anglaise. La passion qu'il prit pour elle lui fit changer toutes ses habitudes. Marie aimait les fêtes, les plaisirs de son âge; le roi voulut les partager avec elle : « Le bon roi, dit l'historien de Bayard, avait changé à cause de sa femme toute sa manière de vivre, car où il souloit (avait coutume) dîner à huit heures, il convenoit qu'il dînât à midi; et où il souloit se coucher à six heures du soir, il se couchoit à minuit. » Il avait à peine vécu six semaines de cette manière qu'il fut attaqué d'une dyssenterie, qui en peu de jours l'enleva. Il mourut le 1er janvier 1515, ne laissant de son mariage avec Anne de Bretagne que deux filles, Claude, mariée à François 1er, et Renée, qui épousa Hercule II d'Est, duc de Ferrare.

La mort de ce prince fut une véritable calamité publique. Le duc d'Angoulême avait depuis longtemps laissé voir ses dispositions à la prodigalité et au faste, et Louis XII disait souvent à ses confidents : « Hélas ! nous travaillons en vain, ce gros garçon gâtera tout ! »

Louis XII aimait les sciences, et il encouragea de tout son pouvoir les littérateurs de son siècle. Il appela à sa cour les savants italiens les plus célèbres, et les y retint par de fortes pensions. Il enrichit la bibliothèque de Blois de celles des rois de Naples et des ducs de Milan, et il chargeait ses ministres dans les cours étrangères d'acheter ce qu'ils trouvaient de meilleur. Il aimait à lire, et il jugeait sainement des livres. Il disait « que les Grecs n'avaient fait que des choses médiocres, mais qu'ils avaient eu un merveilleux talent pour les embellir ; que les Romains en avaient fait de grandes, et qu'ils les avaient dignement écrites ; que les Français en avaient fait d'aussi grandes, mais qu'ils avaient manqué d'écrivains pour les raconter ». Il voulut y remédier; mais ceux qu'il chargea de ce travail , Paul-Émile, Robert Gaguin et Jean d'Auton, ne justifièrent point le choix du monarque. Son modèle était l'empereur Trajan, et son auteur favori Cicéron. Il se plaisait à s'entretenir familièrement de ses lectures avec ses favoris ; et il en causait avec agrément, car il avait le don de l'éloquence et beaucoup d'enjouement dans l'esprit. Cet enjouement du roi tempérait la rigidité qu'Anne de Bretagne aurait fait régner à la cour. Jamais prince ne montra plus de zèle que Louis XII pour la justice. « Quand il séjournait à Paris , dit un historien , il se rendait familièrement au palais, monté sur sa petite mule, sans suite et sans s'être fait annoncer. Il prenait place parmi les juges, écoutait les plaidoyers et assistait aux délibérations. Deux choses le désolaient : la prolixité des avocats et l'avide industrie des procureurs. On vantait les grandes les talents oratoires de deux fameux légistes : « Oui, dit-il, ce sont d'habiles gens; je suis seulement fâché qu'ils fassent comme les mauvais cordonniers , qui allongent le cuir avec les dents : rien n'offense plus ma vue que la rencontre d'un procureur chargé de ses sacs. » Un jour, ayant trouvé deux conseillers qui jouaient à la paume, il leur fit de grands reproches de ce qu'ils profanaient la dignité d'un si auguste sénat, et les menaça de leur ôter leur charge et de les mettre au rang de ses valets de pied s'ils y retournaient.
Oa.

LOUIS XIII naquit à Fontainebleau, le 27 septembre 1601 ; il monta sur le trône le 14 mai 1610, et fut sacré le 17 octobre de la même année. Sa majorité fut déclarée dans l'année 1614. Le règne de ce prince fut, surtout dans ses commencements, rempli de séditions et de difficultés, qui, heureusement vaincues, eurent pour résultat d'affermir la monarchie en éprouvant sa force. Il est difficile qu'un seul règne suffise à consolider une dynastie. Le fondateur se soutient par son propre poids, mais celui qui vient après lui, rentrant dans les conditions ordinaires, ne peut mander de voir contester son droit d'hérédité, qui n'est encore qu'une fiction non consacrée par le temps et l'habitude. Bien que le roi Henri IV eût été appelé au trône par son droit de naissance, on peut cependant considérer la branche des Bourbons comme une race nouvelle. En effet, tant de générations les séparaient de la grande souche capétienne, son avènement était si imprévu et fut si violemment combattu , non-seulement par les armes , mais encore rationnellement, non-seulement par des ambitions particulières , mais aussi par une opposition nationale, qui repoussait des princes entachés depuis longues années d'hérésie et de sédition, que la conquête, on doit le reconnaître, fut nécessaire pour retremper une légitimité que les grands ne voulaient pas admettre et que le peuple ne pouvait apprécier.

Chose étrange et fatale! ce furent les protestants, ces novateurs dont les doctrines hardies, après avoir ébranlé l'autel, devaient naturellement s'attaquer au trône, ce furent eux qui alors aidèrent la royauté. Ainsi, la république de la réforme se trouvait entée au cœur de la monarchie, non comme vassale, mais plutôt comme suzeraine, libre de dogmatiser et de promulguer son funeste principe d'examen, dont chacun était libre de faire l'application suivant la tendance de son esprit et l'opportunité des circonstances. C'était là un vice radical, qui devait réagir sur toute la politique des Bourbons, un ver rongeur inséparable des destinées de cette famille, devenues celles du royaume.

Soit que Louis XIII eût senti en effet le péril de cette situation, soit qu'il ait agi seulement sous l'inspiration des sentiments de piété et d'affection pour l'Église, qui le dirigèrent pendant toute sa vie, toujours est-il qu'il manifesta promptement sa volonté de rompre avec les huguenots, et d'oublier le roi de Navarre pour ne rester que le roi très-chrétien. Il exigea la restitution complète des biens ecclésiastiques que les protestants avaient usurpés sous le règne précédent, et dont il leur avait été fait une sorte de concession tacite. La religion, comme se nommait alors lui-même le parti réformé, ne regarda cette ordonnance que comme une déclaration de guerre et n'y répondit que comme une puissance répond dans ce cas à une autre puissance, par un déploiement de forces. Elle avait des généraux et des amiraux, une armée organisée et bien pourvue. Mais les partis où domine un principe ne guerroient point témérairement comme ceux où commande un homme. Pour ceux-ci une défaite est le plus souvent une ruine, toute leur force résidant dans le prestige d'un nom et dans un entraînement passager, qui une fois interrompu n'a plus où se rattacher. Pour les premiers, au contraire, forts de toute la puissance d'une idée invulnérable, qui ne peut être tuée qu'après sa complète incarnation, un revers n'est que l'ajournement d'un triomphe, et ne fait bien souvent que leur préparer une nouvelle voie. Dans la guerre qu'elle soutint contre le roi Louis XIII, la réforme combattit sous le bouclier de la noblesse française, qui, s'il ne lui fut pas aussi utile que l'avait été naguère l'étendard royal, détourna cependant la plus grande partie des coups. Les Montmorency, les La Rochefoucault, les Rohan, les La Force, les Soubise, tous les plus glorieux noms de France sont inscrits dans les fastes de cette révolte; mais, par un retour singulier, le duc de Mayenne fut tué en combattant dans les rangs de l'armée royale.

Les grands seigneurs, qui avaient vu la maison de Bourbon presque à leur niveau, ne pouvaient avoir pour elle une soumission bien profonde. Leurs habitudes de turbulente indépendance, quelque temps comprimées par la main gantelée de fer du Béarnais, devaient donc se relever avec toute leur élasticité sous la main indécise d'une régente ou d'un jeune roi. C'était un prêtre qui devait faire rentrer sous le joug cette noblesse, assez appauvrie de sang pour qu'on n'eût plus à redouter ses rébellions et aussi pour qu'on n'eût plus de secours bien énergiques à en attendre dans un temps de péril. La réforme remportait véritablement un succès en amenant l'affaiblissement d'une institution qui devait un jour se rencontrer sur son chemin, et dont elle se faisait ainsi la perfide alliée, avant de se déclarer son ennemie acharnée. Ce succès était peut-être assez important pour compenser la perte de la puissance matérielle du parti. Les deux campagnes de 1620 et de 1621, où Louis XIII commanda en personne, avaient fort avancé ce résultat. Les villes de Saumur, Sancerre, Nérac, Sainte-Foix, Pons, Castillon, Bergerac, furent réduites militairement. Les remparts de Saint-Jean-d'Angély furent rasés; mais la ville de Montauban arrêta le cours de ces succès, et ce ne fut qu'en l'année 1628 que la guerre fut terminée d'une manière décisive, par la prise de La Rochelle. C'était la capitale de la révolte, le dernier boulevard des huguenots. Ce siége, à part son importance politique, fut marqué par des circonstances qui l'ont rendu célèbre : le cardinal de Richelieu, déjà ministre de Louis XIII à cette époque, fit construire devant le port un barrage qui eut pour but d'arrêter les Anglais venus au secours de leurs co-religionnaires, de les réduire par un rôle de spectateurs et au chagrin de ne pouvoir profiter de nos discordes intestines pour remettre de nouveau le pied sur le sol de la France.

Nous avons anticipé sur les événements pour faire saillir dès l'abord les deux faits principaux de ce règne : la fusion du parti protestant avec la masse de la nation, et l'inféodation du corps de la noblesse aux lois du royaume, faits dont les conséquences les plus funestes pour la royauté. Il eût mieux valu sans doute séquestrer les réformés dans leurs places de sûreté, les y resserrer peu à peu, et faire ainsi tourner contre eux les précautions qu'ils avaient prises contre le pouvoir; il eût mieux valu agir ainsi que de leur laisser, après les avoir vaincus, la liberté de répandre leurs doctrines. Il eût mieux valu aussi, comme jadis Louis XI, jeter, mais en vertu de son autorité royale et absolue, un nombre encore plus grand de nobles têtes à la hache du bourreau, que de laisser abaisser et entamer par les favoris, les premiers ministres et les légistes, une institution nationale, nécessaire pour servir d'intermédiaire au peuple et de défense à la couronne.

L'importance des faits accomplis sous ce règne se trouve peu d'accord avec la sorte d'ombre qui recouvre toujours dans la pensée cette partie de notre histoire, et dont il faut sans doute chercher la raison dans le caractère privé de Louis XIII. Entre les deux grandes figures d'Henri IV et de Louis XIV, entre le fier conquérant à la roide moustache, à l'armure éclatante, et le pompeux monarque à la grande perruque, aux habits brodés de diamants, ce prince, vêtu de noir, sérieux et taciturne, se trouve naturellement effacé. Les qualités brillantes sont peut-être aussi nécessaires à un roi que les qualités plus essentielles. Il est certain que celles-ci manquèrent moins à Louis XIII que les autres. Son éducation avait été imparfaite, comme elle devait être entre les mains d'une mère et de courtisans. Les préceptes germent mal sous un front prématurément couronné, et l'autorité est nécessaire à l'enseignement. Le jeune roi avait appris cependant beaucoup de choses, de celles même que l'on peut regarder comme superflues lorsqu'elles ne sont pas spéciales; mais on avait négligé de former son caractère et d'élever ses idées à la hauteur du rang qu'il devait occuper. Au reste, ses vertus et ses qualités lui appartenaient en propre, et ses défauts sont presque tous motivés par les circonstances où il vécut. Il aimait la guerre et la faisait bien : dans toutes les occasions où il mit personnellement l'épée à la main, il se montra le digne fils du chevaleresque Henri IV; cependant, il ignora toujours l'art de s'attacher le cœur des hommes, de guerre. Il ne savait ni leur parler ni s'identifier avec eux, et l'on ne citerait pas une seule parole belliqueuse, un seul mot héroïque de ce prince, bien qu'il ait livré autant de combats que nul autre.

Louis XIII porte dans l'histoire le surnom de Juste : en effet, la raison d'État fut toujours son mobile principal, dans la clémence et dans la colère. Cette froideur d'âme, bien préférable dans un souverain à une sensibilité dont on chercherait perpétuellement à abuser, était unie chez Louis XIII à une grande rectitude de jugement; cependant, soit timidité, soit ennui des affaires, produit par le vide de son éducation ou par sa mauvaise santé, son règne fut celui des favoris et des ministres, système qui tendait à introduire dans une monarchie héréditaire toutes les fluctuations d'une monarchie élective. Ce fut sans doute cette dernière considération qui porta toujours Louis XIII à conserver sa faveur au connétable de Luynes et au cardinal de Richelieu, même après qu'ils eurent perdu son amitié, donnant ainsi la preuve d'une force d'âme bien singulièrement placée, et à laquelle on doit regretter qu'il n'ait pas joint un esprit plus actif et plus vaste. Si sa rigidité s'exerça souvent au détriment de personnes que l'on doit considérer comme revêtues d'un caractère inviolable, il est évident aussi qu'il ne craignait pas de se mortifier lui-même. Sa conduite envers la reine Marie de Médicis, sa mère, a été l'objet des reproches les plus graves, qu'il serait difficile d'écarter par d'autres raisons que celles de la politique. Louis XIII se croyait obligé de choisir entre l'influence de sa mère et celle du cardinal : ce fut ainsi qu'en voulant seulement bannir la reine mère des affaires de l'État, il parut la sacrifier à son ministre, à un valet, comme disait la veuve de Henri IV. Malgré les troubles et les désordres que cette princesse avait excités en France, on souffre de la voir, fugitive sur une terre étrangère, et dépouillée de tout l'éclat de son rang, tendre vainement des mains suppliantes et terminer ses jours dans le désespoir et l'isolement.

Louis XIII épousa Anne d'Autriche en 1615 : cette princesse n'eut jamais d'influence sur l'esprit du roi. Ce fut sans fruit qu'elle tenta de lutter avec Richelieu : elle fut obligée de se soumettre, et le roi permit qu'une perquisition fût faite dans les appartements de sa femme, jusque dans ses cassettes, pour chercher si elle n'entretenait point de correspondance hostile au cardinal. On ne saurait disconvenir que le zèle de Richelieu pour l'agrandissement du pouvoir monarchique ne fût souvent mal calculé dans ses moyens ; il oublia qu'il ne suffit point de soutenir l'arche sacrée, qu'il faut surtout ne point la profaner. L'alliance de Louis XIII avec une princesse de la maison d'Autriche n'amena donc point de trêve entre la politique française et la politique espagnole, qui se heurtaient depuis tant d'années sur le continent européen. Henri IV, qui avait des raisons personnelles pour être l'ennemi du colosse espagnol, avait attendu pour l'attaquer de front que la France pacifiée pût lui prêter l'appui de toute sa force. La mort de ce grand prince, aussi sage politique que hardi guerrier, interrompit l'exécution très-prochaine de ce vaste projet, qui, s'il ne fut pas repris sous son successeur dans toute sa vigueur, ne fut pourtant pas compromis par l'adoption d'un système opposé. Les convulsions intérieures qui agitèrent le royaume sous la régence de Marie de Médicis et pendant les premières années du règne réel de Louis XIII ne permettaient guère de songer à porter la guerre à l'extérieur. Mais en 1629 Louis XIII, voulant soutenir les prétentions du duc de Nevers sur le duché de Mantoue, que lui disputait le duc de Savoie, appuyé par les Espagnols, passa lui-même en Italie, força, au milieu d'un hiver des plus rigoureux, le Pas-de-Suze, chassa les Espagnols de la ville de Casal, prit Pignerol, dicta le traité de Quérasque, qui mettait son allié en possession du duché qu'il revendiquait, et revint en France décoré du titre de libérateur de l'Italie.

Les campagnes suivantes furent, sinon plus glorieuses, du moins plus avantageuses pour la France. Tandis que Gustave-Adolphe, roi de Suède, avec qui une alliance avait été contractée, prenait l'Empire d'Allemagne à revers, et que la maison de Bragance chassait les Espagnols du Portugal, pendant ce temps la Catalogne, le Roussillon et la Lorraine étaient conquis par nos armes. Ainsi commençait ce système d'agrandissement progressif qui, poursuivi énergiquement et constamment par les rois Bourbons, a donné à la France tant de provinces, qu'il fallut enfin amenée à se revêtir de ses limites naturelles, sans les plaies de son organisation intérieure. Cette guerre, que l'on nomme ordinairement la guerre de *trente ans*, et où la France vit toute la ligne de ses frontières se hérisser de combats, ne fut pas sans quelques revers ; mais ils furent glorieusement réparés. Dans l'année 1636, les Espagnols envahirent la Picardie ; ils s'emparèrent des villes de Corbie et de La Capelle. Des partisans, détachés de leur armée, vinrent battre

DICT. DE LA CONVERS. — T. XII.

la campagne jusqu'à quelques lieues de Paris, où la consternation fut extrême. Le cardinal de Richelieu proposa au roi de se retirer au delà de la Seine, résolution qui eût eu pour résultat de laisser le champ libre à l'audace espagnole, et qui eût peut-être produit le démembrement du royaume, sinon sa ruine totale. Loin de céder à ces suggestions, peu dignes de la réputation guerrière qu'ambitionnait le cardinal, Louis XIII, dans cette occasion, montra toutes les qualités d'un roi. Il annonça sa volonté d'aller lui-même repousser les ennemis, et rappela autour de lui les seigneurs qu'il avait exilés. L'énergie du maître se communiqua rapidement à tous les ordres de la nation, qui contribuèrent noblement aux besoins de l'expédition. Corbie fut reprise le 14 novembre, après un mois de blocus et huit jours de tranchée ouverte. Le cardinal de Richelieu, pendant ce temps, fit faire le procès aux gouverneurs qui avaient laissé prendre ces villes aux Espagnols. Ils furent condamnés, par contumace, au supplice des criminels de lèse-majesté, et leur tête mise au prix de 20,000 écus. Ce fait, rapproché du conseil que le ministre avait donné au roi, d'abandonner sa capitale, peut se passer de commentaire.

Le parlement commençait déjà à donner l'essor à ses orgueilleuses prétentions, qui causèrent depuis tant de désordres. Au milieu de l'élan général, il eut la honteuse audace de vouloir nommer douze délégués pour veiller à ce que les subsides extraordinaires que l'on avait fournis au roi fussent bien employés ; mais le roi, ayant envoyé chercher les grands présidents, les réprimanda de façon à les faire rentrer dans le devoir, leur défendant de se mêler à l'avenir d'autre chose que de jurisprudence. Dans une occasion moins sérieuse, on vit, vers la même époque, ce corps de magistrats donner, ainsi qu'une autre compagnie, des preuves de cet emportement et de cet oubli des convenances qui se remarquent souvent chez les faiseurs de lois. Dans l'église de Notre-Dame, la question de la préséance suscita entre le parlement et la chambre des comptes un conflit qui ne se borna point aux paroles. La sagesse du roi apaisa le scandale de cette affaire.

Il serait long d'énumérer toutes les révoltes qui éclatèrent sous le règne. La plupart, produites par des mécontentements particuliers et promptement vaincues, sont sans importance politique, depuis la guerre que fit le duc d'Épernon pour la reine mère et depuis la grande sédition de 1632, à la tête de laquelle figurait le frère du roi, et qu'appuyaient les Espagnols, jusqu'à la conspiration de Cinq-Mars, déplorables triomphes, qui furent achetés par le meilleur sang de la France, et à la suite desquels on vit s'élever, non des trophées et des arcs de triomphe, mais des échafauds, où vinrent tomber tour à tour les têtes des maréchaux de Marillac et de Montmorency, du grand-écuyer Cinq-Mars et de l'historien de Thou, du vaillant Saint-Preuil et de tant d'autres seigneurs illustres. Heureux encore ceux qui évitaient l'infamie du supplice de la roue ! Le duc de La Valette était exécuté en effigie. Le duc d'Angoulême, en qui Louis XIV, le grand roi, respecta toujours le dernier rejeton des rois Valois, passait quatorze ans sous les verroux de la Bastille. Cramail, Vitry, Bassompierre, ne sortirent qu'à la mort du ministre de cette prison, que le peuple détruisit en 1789, sans réfléchir qu'elle n'avait guère renfermé que des membres de la noblesse. On ne voit pas que Louis XIII ait tenté d'arrêter ce carnage, bien qu'il, apprécialt les services de ses gentilshommes ; mais il paraît qu'il s'était fait une loi de ne jamais entraver par son droit de grâce le cours de la justice. Sa faute fut de ne point voir assez avant dans l'avenir. Il y eut encore, sur la fin de son règne, quelques soulèvements populaires, résultat ordinaire de la misère produite par les longues guerres. Une jacquerie des croquans ou paysans toucha les provinces du milieu de la France ; mais ils furent bientôt soumis, et le chancelier fut envoyé pour enquêter contre eux.

Louis XIII n'eut point de part à l'établissement de l'Académie Française : en considérant le peu de services que ce

29

corps a rendu à la langue et aux lettres, il est permis de dire que sa gloire y perdit peu. Il montra, au reste, plus de goût pour les arts, qu'il cultivait lui-même avec succès. Jacques Callot et Claude Dernet furent honorés de sa protection. Le premier, né sujet du duc de Lorraine, refusa au roi lui-même d'employer son talent à retracer l'entrée de l'armée française dans la ville de Nancy, disant énergiquement qu'il aimerait mieux se couper le poing que de rien faire de contraire à l'honneur de son prince et de sa patrie. Louis XIII sut apprécier cette fierté d'un artiste. Le cardinal de Richelieu mourut le 4 décembre 1642. « C'était un grand politique », dit le roi en apprenant sa mort, et la postérité a confirmé ce jugement. Nous avons vu cependant que, pour ce qui est de sa politique intérieure, on peut l'accuser d'avoir manqué de vues étendues, d'avoir sacrifié à ses passions, à son ambition l'intérêt du trône, et d'avoir ébranlé la monarchie dans ses fondements. Quant à sa politique extérieure, sans se laisser séduire par l'éclat de nombreuses victoires et par les conquêtes qui datent de son ministère, on doit considérer que, lorsqu'il mourut, tout était encore en question, que les frontières étaient assiégées par des armées redoutables, que la France languissait épuisée d'hommes et d'argent. Enfin, rien ne saurait laver le cardinal du crime d'avoir été pour quelque chose dans la catastrophe du roi Charles Ier. Ce n'était point par de semblables moyens que la France devait se venger des maux que lui avait faits l'Angleterre. Ainsi, le ministre que l'on a si souvent présenté comme un des plus puissants soutiens de la royauté se trouve avoir trempé dans un crime qui devait servir d'antécédent au supplice du roi Louis XVI et à la consommation de la ruine du trône de France! Dans le court intervalle qui sépara la mort du roi de celle du ministre, il n'y eut aucun changement dans le système du gouvernement. Ceux que Richelieu avait placés aux affaires continuèrent à les diriger d'après ses instructions et l'impulsion qu'il leur avait imprimée.

Louis XIII termina sa vie à Saint-Germain en Laye, le 14 mai 1643, après avoir régné trente-deux ans. Sa mort n'excita point de regrets dans le peuple, ce qui s'observe beaucoup plus communément que le contraire, et ne prouve pas toujours contre les princes. Honoré DE BALZAC.

LOUIS XIV était âgé de cinq ans lorsqu'il succéda au roi Louis XIII, son père. Il était né le 16 septembre 1638, après vingt-trois années d'un mariage stérile, singularité que quelques historiens se sont crus obligés d'expliquer, ne réfléchissant pas sans doute que les suppositions injurieuses qu'ils avaient dessein de repousser présentaient encore plus d'étrangeté. La minorité de ce prince, destiné à occuper une place si glorieuse parmi les souverains de la France, fut remplie de troubles, comme celle du roi précédent; mais ces troubles, quoique mieux combinés et plus habilement entretenus par les hommes illustres qui s'en firent les chefs, ne présentent plus le caractère dangereux d'une guerre de religion. Ce n'est plus qu'une question d'hommes, c'est une émeute pour obtenir le renvoi d'un ministre, une émeute qui dure des années, qui compte parmi ses coryphées des princes du sang et une bonne partie de la noblesse, émeute qui envoie un boulet tomber au pied du jeune roi, obligé, ainsi que la reine sa mère, d'abandonner sa bonne ville de Paris, mais qui ne touche point aux institutions fondamentales de la monarchie, et qui ne pouvait amener aucune concession pernicieuse. Il n'y eut d'important dans la guerre de la Fronde que les griefs qui prirent les parlements. La reine Anne d'Autriche avait encore exalté l'orgueil de ce corps en s'adressant à lui pour obtenir la régence pure et simple. C'était mettre le trône en tutelle, et l'on devait d'autant plus se garder des empiétements de la magistrature, qu'il est toujours difficile d'arrêter l'astuce par la force. Bientôt on vit le parlement promulguer un arrêt, nommé l'arrêt d'union, par lequel il s'arrogeait le droit d'examiner les édits et de contrôler le gouvernement; puis soulever le peuple lorsque l'on arrêta quelques-uns de ses membres les plus factieux,

mettre à prix la tête d'un ministre honoré de la confiance de la reine régente; renouveler les liaisons des ligueurs avec l'Espagne, et donner enfin l'exemple d'un esprit de sédition et de violence déplorable chez ceux qui sont chargés de faire respecter les lois.

Le cardinal Mazarin, attaqué personnellement avec tant de fureur, et ayant d'ailleurs à défendre les prérogatives de la couronne, se comporta habilement, sinon toujours dignement. Il ne combattait point à armes égales : sa qualité d'étranger, celle de créature du cardinal de Richelieu, rendaient sa position des plus difficiles. Il était parvenu à changer en une extrême confiance la méfiance naturelle que la reine Anne d'Autriche avait dû concevoir dès l'abord pour lui; mais cette princesse ne pouvait lui prêter l'appui de toute l'autorité souveraine, qui n'existe jamais en entier qu'entre les mains auxquelles elle appartient en propre. Mazarin fut donc parfois obligé de plier sous l'orage. Deux fois il se vit obligé de sortir du territoire français; mais il ne cessa jamais d'exercer son influence sur les affaires du royaume et de faire prédominer dans les décisions du conseil son esprit de modération et de sagesse. Loin d'imiter Richelieu et de vouer à l'échafaud les chefs de la rébellion, qui pour la plupart avaient autrefois vaillamment servi la France et pouvaient la servir encore, il ménagea une amnistie générale, qui effaça de la guerre de la Fronde tout vernis d'héroïsme, et prévint, mieux qu'un éclatant châtiment, le renouvellement de ces coupables actes. Les rebelles étaient d'ailleurs las de leurs désordres; nul enthousiasme ne les portait à reprendre les armes et à continuer jusqu'à extinction une guerre où il n'y avait pas même de gloire à recueillir. La pacification eut lieu au mois d'octobre 1652. Le cardinal de Retz, le plus turbulent et le plus dangereux, par ses talents, des chefs de la faction parlementaire, avait été emprisonné à Vincennes. Le prince de Condé s'était exilé lui-même dans le camp espagnol, n'ayant recueilli que la haine du peuple pour prix de sa révolte.

Cependant Mazarin était toujours hors de la France. Il n'y rentra qu'au mois de février 1653. Le roi alla lui-même à la rencontre du ministre, qui revit, au milieu des acclamations et de la joie générale, cette ville de Paris, où son nom n'était prononcé naguère qu'avec exécration. Le parlement en corps vint complimenter l'homme qu'il avait à plusieurs reprises condamné et banni. Les princes et les grands vinrent rejoindre Mazarin; une fête magnifique lui fut donnée à l'hôtel de ville; un logement royal, des honneurs royaux, l'attendaient dans le palais du Louvre. Si au premier coup d'œil ce triomphe paraît excessif et blessant pour la majesté du trône, peut-être en y réfléchissant trouvera-t-on que c'était seulement un juste dédommagement pour l'ingratitude dont le ministre avait été l'objet. En effet, tandis que d'une main il déjouait les menées de ses ennemis et les trames des rebelles, de l'autre il savait maintenir au dehors la prééminence de la France. La guerre contre l'Autriche avait repris. Mazarin avait rompu les négociations que Richelieu avait entamées avec cette puissance. Il attendait que les victoires de Rocroy, de Fribourg, de Nordlingen, de Lens, remportées par le duc d'Enghien, et les succès moins éclatants, mais plus solides peut-être, du vicomte de Turenne, eussent mis la France en position de dicter ses conditions. Le traité de Munster, conclu le 24 octobre 1648 entre la France et l'Empire, nous donna Brissac et toute l'Alsace, et nous confirma dans la possession des Trois-Évêchés. Il garantit en même temps l'existence des petits États, et imposa un frein aux envahissements de la maison d'Autriche. L'Espagne continua la guerre.

Les troubles qui déchirèrent la France depuis 1645 jusqu'en 1652 donnaient de grandes chances de succès à ses ennemis. Tandis que Condé et Turenne allaient tour à tour prêter l'appui de leur épée à ces drapeaux espagnols qu'ils avaient tant de fois vaincus, c'était un Italien, un homme détesté, qui, banni et poursuivi, veillait sur la monarchie française. Durant son second exil, il eut la gloire de faire sortir de la Picardie une armée espagnole qui y avait pénétré sous les ordres du comte de Fuensaldagne, en persuadant à ce général ennemi que la reine Anne et le prince de Condé allaient conclure une trêve et se réunir pour l'écraser.

Peut-être y a-t-il lieu de reprocher à Mazarin son alliance avec Cromwell, et surtout la condescendance qu'il témoigna à cet usurpateur en protégeant, à sa requête, les protestants du Languedoc. Tout ce qu'on peut dire pour l'excuser, c'est qu'il était urgent d'empêcher l'union de l'Angleterre avec l'Espagne. Enfin, il recueillit le fruit de ses longs efforts. L'Espagne fut contrainte de céder. La paix des Pyrénées, où il traita en personne avec le premier ministre de cette puissance, assura à la France les provinces du Roussillon et de l'Artois, lui rendit Condé, lui donna une reine, et en même temps des droits éventuels à la succession de la monarchie espagnole. Cette paix des Pyrénées couronna la carrière du cardinal : il mourut environ deux ans après, à la fin de février 1661. Il était aussi aimé, aussi respecté des peuples qu'il avait été abhorré et vilipendé. Avant de mourir, il donna à Louis XIV le conseil de gouverner lui-même, et lui laissa non plus un ministre pour diriger l'État, mais des secrétaires d'État pour l'administration des affaires. Le roi porta le deuil du cardinal : c'était le dernier trait ajouté à la gloire de cet homme.

Maintenant, c'est Louis XIV qui règne, c'est à lui qu'il faut s'adresser, comme il le dit lui-même le lendemain de la mort du ministre. Si l'énergie et la capacité que déploya ce prince dès cette époque, où il n'avait encore que vingt-trois ans, montrent que la nature l'avait royalement doué, d'autre part son application au travail et la promptitude avec laquelle il démêlait les affaires justifient pleinement Mazarin du reproche d'avoir à dessein négligé son éducation. Il possédait vraiment l'instruction d'un roi. Sans pratiquer les lettres ni les arts, il les sentait, il les appréciait bien, et rien ne lui échappait de ce qui pouvait contribuer à la grandeur et à l'éclat de son règne. Il avait connu dans ses jeunes années l'adversité et presque le malheur : ce fut sans doute à cette circonstance qu'il dut cette perspicacité, cette science des hommes, qui le distinguèrent presque constamment. De la prodigieuse série de conquêtes, de batailles, de sièges, de combats, d'actions éclatantes dans laquelle nous entrons maintenant, et qui composent quarante années du règne de Louis XIV, il nous est impossible de donner même un sommaire. Nous nous bornerons à indiquer la pensée qui dirigea ces entreprises militaires, et les résultats qu'elles produisirent. La première partie du règne réel de Louis XIV semble procéder, pour la politique extérieure, du cardinal Mazarin. Hugues de Lionne, élève de ce ministre, le remplaça au ministère des affaires étrangères, et s'y conduisit d'après ses plans. Il avait pris une part active aux négociations de la paix des Pyrénées. C'est à lui qu'appartient celles qui eurent lieu pour obtenir satisfaction de l'insolence que l'ambassadeur d'Espagne avait montrée en prenant violemment le pas sur notre ambassadeur à Londres dans une solennité publique. Ce fut encore lui qui obtint du pape une éclatante réparation de l'insulte que la duc de Créqui, ambassadeur à Rome, avait reçue des Corses de la garde papale. Enfin, c'est à lui que revient l'honneur d'avoir racheté des Anglais pour quelques millions la ville de Dunkerque, qui avait été engagée à Cromwell pour qu'il nous laissât écraser l'Espagne.

Après avoir refoulé l'Autriche et l'Espagne chez elles et leur avoir fait éprouver des pertes dont elles devaient être longtemps à se remettre, Louis XIV visa à reculer les frontières du royaume jusqu'à ses limites géographiques. La mort de son beau-père lui fournit bientôt un prétexte pour prendre les armes. Il demanda à la place de la dot de la reine, que l'Espagne avait négligé de lui payer, les provinces de Franche-Comté et de Flandre, qui furent conquises en peu de temps, et qui, restituées presque en totalité par le traité d'Aix-la-Chapelle, devinrent enfin provinces françaises par la paix de Nimègue, signée en 1678. La Lor-

raine resta également en notre pouvoir, sans que la cession en eût été stipulée. Les Pays-Bas et la Hollande avaient été entièrement envahis par nos armes : c'était ainsi que Louis XIV préludait à des conquêtes définitives. Sa volonté était certainement d'étendre sa domination jusqu'au Rhin, comme l'avait fait Charlemagne, comme plus tard devait le faire Napoléon. Aucun des deux grands hommes n'était dans une position aussi favorable que Louis XIV pour établir sur des bases inébranlables l'exécution de cette pensée, qui leur fut commune. Mais Louis XIV commit la faute de diviser ses forces : les conseils de Colbert le portèrent à faire marcher le commerce de pair avec la richesse territoriale. De là l'obligation de créer à grands frais une marine considérable pour protéger et escorter au loin les navires marchands. De là le bombardement d'Alger et celui de Gênes, expéditions stériles, comme le furent aussi les batailles navales livrées aux flottes de la Hollande. De là l'ordonnance qui permit à la noblesse de se livrer au commerce sans déroger, ce qui la détournait de la guerre, son occupation naturelle. Louvois combattit de toute son influence celle de Colbert ; mais sous Louis XIV deux ministres ne pouvaient que se balancer et non l'emporter définitivement l'un sur l'autre.

On voit avec regret Louis XIV, aidé par des ministres sortis de la classe des anoblis, poursuivre avec persévérance, non plus par la violence, mais par l'habileté, l'œuvre commencée par le cardinal de Richelieu, l'abaissement et la dislocation du corps de la noblesse. Il attira ses grands seigneurs à la cour ; il sut les emmaillotter dans les langes dorés de l'étiquette, et donner pour tout but à leur ambition, jadis si orgueilleuse, de vaines distinctions et une faveur stérile. Des officiers de fortune remplacèrent dans leur autorité les gouverneurs de provinces, dont les titres ne furent plus qu'honorifiques. Ainsi, les seigneurs cessèrent d'habiter les provinces où se trouvaient leurs domaines, d'y être connus, d'en faire partie, pour ainsi dire. Ils n'en furent plus les représentants auprès du trône, et la nation cessa de respecter une institution superflue. Louis XIV avait, il est vrai, de puissants motifs pour craindre l'esprit altier et séditieux de sa noblesse ; il avait plus d'une vengeance à exercer contre elle, puisque deux fois elle avait aidé à le chasser de Paris ; mais cette turbulence ne demandait qu'à être occupée, et les occasions n'en manquèrent pas durant son règne. Comment put-il d'ailleurs oublier le rôle bien plus perfide et plus dangereux qu'avaient joué dans la Fronde les parlements, et leur laisser poursuivre leurs empiétements ? On s'indigne, avec Saint-Simon, en voyant les présidents s'asseoir au-dessus des ducs et pairs, qui tenaient le premier rang dans l'État, comme dignitaires politiques.

La révocation de l'édit de Nantes est un fait qui appartient tout entier à Louis XIV. Richelieu n'avait comprimé les protestants que comme des révoltés : il avait fait tomber la tête de leurs chefs, mais il avait laissé subsister leurs priviléges. Mazarin leur avait été plutôt favorable qu'hostile ; Colbert les protégeait, parce qu'ils s'adonnaient au commerce. Mais Louis XIV, depuis qu'il avait pris en main les rênes du gouvernement, s'était convaincu de la nécessité de bannir du royaume cette secte réformatrice, ennemie de tout pouvoir absolu. Autant cette intolérance serait inhumaine et dépourvue de sens au temps où nous vivons, autant elle était sage et bien entendue à cette époque, puisqu'elle avait pour but de prévenir le renouvellement des troubles et la pervertissement de l'esprit public. Dès l'année 1670 les protestants, déclarés inhabiles à posséder les emplois, quittent ou se retirer de leurs rangs les nobles qui leur avaient prêté un appui formidable ; peu à peu leurs priviléges furent restreints ; la tolérance se changea en persécution, non pas sanglante, mais oppressive. Enfin, le mois d'octobre 1685 vit paraître un édit qui défendait l'exercice du culte réformé dans toutes les provinces, à l'exception de l'Alsace. Tous les historiens ont sévèrement blâmé cette mesure : ils ont déploré les scènes de violence qui en marquèrent l'exécution, et la perte que fit la France de soixante mille citoyens qui portèrent leur industrie chez nos voisins. N'oublions pas cependant que les évêques, les magistrats, les hommes d'intelligence, que toute la nation enfin prit part au bannissement des protestants, en y applaudissant, comme elle avait pris part à la Saint-Barthélemy par le massacre. Qui sait ce qu'eût pu faire la réforme pendant les désastres de la vieillesse de Louis XIV? Qui sait comment elle eût profité de l'époque critique de la régence et des mécontentements produits par le règne faible et désordonné de Louis XV? Ceci suffirait pour démontrer que le coup qui frappa les protestants ou plutôt le protestantisme, lors de la révocation de l'édit que leur avait accordé Henri IV, fut nécessaire. Peut-être nous apercevrons-nous plus tard qu'il fut tardif.

La guerre recommença peu de temps après. L'Europe entière se souleva contre Louis XIV, qui lui fit face, et sur terre et sur mer. Le trésor royal, enrichi par une sage administration des finances, n'était point encore épuisé, et la France ne s'était point lassée de ses victoires fructueuses. Les Pays-Bas furent de nouveau envahis; mais nos armes y trouvèrent alors un ennemi digne d'elles, Guillaume d'Orange. Tandis qu'une partie de nos forces s'égarait en Italie et en Espagne, que se heurtait inutilement aux flottes combinées de l'Angleterre et de la Hollande, ce prince parvenait, par sa constance, à neutraliser les revers que nous lui faisions essuyer. C'était un ennemi qu'il fallait écraser chez lui au lieu de chercher à lui ôter le trône inattaquable de l'Angleterre, qu'il venait d'usurper sur son beau-père. Cette seconde époque militaire du règne de Louis XIV, où ne dominent plus la grande pensée et la haute sagesse qui présidèrent à la première, fut cependant glorieuse pour la France, bien que les victoires y soient déjà mélangées de quelques échecs; mais les victoires ne conquirent rien et les défaites furent fatales à nos finances. La paix de Ryswick fut la première depuis un siècle qui n'ajoutât rien aux possessions françaises. Le génie de Mazarin ne présidait plus aux négociations. L'esprit orgueilleux et barbare de Richelieu semble revivre dans le vain déploiement de puissance auquel se livrait alors Louis XIV et dans des exécutions comme l'incendie du Palatinat.

Le roi d'Espagne, Charles II, mourut le premier novembre 1700. Son testament appelait au trône espagnol le duc d'Anjou, second fils du dauphin de France. L'œuf de la paix des Pyrénées était enfin éclos. Quelles que soient les démarches secrètes qui préparèrent ce legs, il était certainement conforme aux lois de la politique la plus saine, sinon dicté par elle. C'était le sceau d'une alliance durable entre les deux grandes monarchies qui depuis deux siècles avaient ensanglanté l'Europe dans leurs terribles chocs. Le sang que devait encore coûter leur jonction n'était rien, comparé à celui qu'elle épargnait sans doute aux siècles à venir. Louis XIV accepta le testament, et, certain de voir toutes les puissances jalouses s'armer pour le déchirer, chercha des alliés, car il sentait ses forces affaiblies. C'est ici la troisième époque du grand règne, époque féconde en désastres de toutes sortes, où de grandes batailles furent perdues par les généraux inhabiles qui avaient succédé aux élèves de Turenne et de Condé, où les frontières dont Louis XIV avait ceint la France furent envahies et entamées, où Louis XIV enfin demanda la paix. Ce prince, au reste, dans son adversité resta toujours digne du titre de *grand*, que l'histoire lui a conservé. Sa vieillesse, digne et austère, couronne bien sa brillante jeunesse et les magnificences de son âge mûr. Il repoussa les conditions avilissantes que l'on voulait lui imposer, et déclara qu'il s'ensevelirait plutôt sous les ruines de la monarchie que de déshonorer sa couronne. La France fut reconnaissante des grands sentiments de son roi : elle lui gagna encore des batailles, lui reprit des villes, assura l'Espagne à son petit-fils, et déploya une énergie et des forces qui abaissèrent l'insolence de ses ennemis. La paix d'Utrecht fut le résultat de ces efforts généraux. La France ne fit d'autre sacrifice que celui du port de Dunkerque, qui dut être démoli. Ses anciennes conquêtes lui restèrent. Le nouveau roi d'Espagne perdit seulement quelques possessions lointaines. La politique de Louis XIV durant toute cette guerre avait été également digne et habile : ses résultats le prouvent. Les malheurs qu'elle amena furent l'effet de la violence de l'orage ainsi que de l'épuisement de la France.

Louis XIV mourut sans avoir eu la douleur de voir la France descendre du rang où il l'avait élevée. Il descendit au tombeau tranquille, mais triste. La gloire de son règne était acquise : il survivait à tous ceux qu'il y avait associés, comme pour la sceller en quelque sorte. Mais il devait jeter un œil inquiet sur l'avenir du règne qui allait naître de sa mort. Il connaissait les périls d'une régence, ceux qui entourent un roi enfant, et il ne laissait point aux affaires de ministre comme Mazarin. Un enfant de cinq ans et un prince chez lequel le vieux monarque avait démêlé une certaine capacité au milieu de ses déréglements allaient hériter du fardeau de gloire et de difficultés amassées par cinquante ans de guerre. Ce fut le premier septembre 1715 que Louis XIV ferma les yeux. Il avait vu mourir son fils et tous ses petits-fils. Il sentit ces pertes en père, mais aussi en roi. Frappé de la possibilité que la famille royale s'éteignît, il fit déclarer ses enfants illégitimes habiles à succéder à la couronne à défaut des branches légitimes. Cet acte, qui révolta l'orgueil des grandes familles, fut conseillé par Mme de Maintenon. Son plus grand vice était de ne pouvoir être respecté. Les insinuations de la dernière compagne de Louis XIV furent quelquefois plus nuisibles par les choix d'hommes peu capables qu'elles déterminèrent. Ce fut la première et seule femme qui eût une influence dans les affaires pendant tout ce règne. Après avoir vu Louis XIV résister à l'entraînement de la jeunesse, et, séparant le roi du l'homme, faire régner ses maîtresses à la cour, mais non dans l'État, on déplore de le voir, dans un âge avancé, se laisser maîtriser par un besoin d'intimité au point d'associer presque à la couronne la veuve du cul-de-jatte Scarron, du burlesque auteur du *Roman comique*, et, plus que cela, l'amie de Ninon de Lenclos. Cette page de l'histoire de Louis XIV inspire une mélancolie profonde; elle révèle bien tristement les ennuis de la grandeur et de la gloire.

Louis XIV agit toujours envers les gens de lettres et les artistes précisément comme avec les femmes. Il les favorisa, les rechercha, mais sans les ôter de leur place. On a fait honneur à Colbert de la grande partie des bienfaits répandus pendant son ministère sur les savants, les poètes et tous les hommes dont les talents ajoutent à l'éclat présent et futur d'une époque; mais Colbert, qui n'admirait rien tant que les prodiges de la calligraphie, ne faisait que suivre l'impulsion que lui avait donnée le roi. Il serait aussi long de nombrer tous les monuments élevés, toutes les institutions établies durant le grand règne que de narrer tous les combats qu'il vit finir. L'établissement des Invalides, qui comporte à la fois une institution et un monument, est un des titres de gloire les plus brillants de Louis XIV. Des autres institutions, il en est qui, par la suite, ont pu devenir superflues, mais toutes avaient été appropriées aux besoins du siècle. Parmi les monuments, il y en a beaucoup d'utiles, il y en a qui ne sont qu'éclatants, si toutefois cela peut être. On a fort reproché à Louis XIV Versailles et les sommes énormes qu'il y jeta comme dans un gouffre. Ne semble-t-il pas que l'industrie de la France n'ait point profité de toutes ces dépenses, et que des palais puissent être produits par une simple transmutation du numéraire en murailles et en lambris? Au surplus, on trouverait difficilement un peuple que les bâtiments aient ruiné. Honoré de Balzac.

LOUIS XV était fils du duc de Bourgogne, ce prince austère et sage dont la mort prématurée assombrit si douloureusement la vieillesse de Louis XIV, et jeta la nation dans le deuil. Il était né à Fontainebleau, le 15 février 1710. Jusqu'à l'époque de sa majorité, l'histoire de son règne appartient au nom de Philippe d'Orléans, dont la régence forme une décade aussi importante peut-être et à coup sûr aussi tranchée que le grand siècle. C'est une époque qui surgit tout à coup du drap mortuaire de Louis XIV avec ses mœurs nouvelles, sa langue nouvelle, ses fantaisies étranges, ses idées de désordre et de destruction, qu'elle agite comme un enfant fait d'une arme mortelle, sans en connaitre le danger : c'est bien l'enfance d'un siècle de révolution et de ruine. La banqueroute de Law est la première secousse de la terrible éruption de 1793. Ce fut le 15 février 1723 que Louis XV atteignit sa majorité, et que le régent lui remit solennellement les pouvoirs déposés entre ses mains. Le sacre eut lieu peu de temps après. Louis XV ne pouvait, au reste, songer à gouverner par lui-même. Son éducation, plus suivie et plus complète que celle du roi son bisaïeul et son prédécesseur, n'avait point subi la trempe de l'adversité ; son caractère ne s'était point mûri dans les agitations de la guerre civile. Ce n'était plus les armes à la main que les anarchistes agissaient, et leurs attaques sourdes, plus dangereuses pour le trône, n'arrivaient cependant pas jusqu'au roi. Le duc Philippe continua de diriger l'État jusqu'à sa mort, qui arriva dans un délai fort court. Il fut remplacé dans le rang de premier ministre, par le duc de Bourbon. Ce choix, déterminé par l'âge et la qualité de ce prince, était contraire à la politique qu'avait toujours suivie Louis XIV, en éloignant les princes de toute participation aux affaires du royaume, et n'était point de nature à satisfaire la nation.

Un des premiers actes du nouveau ministre fut le mariage du roi avec Marie Lesczinska, fille du roi de Pologne, que le sort des armes avait banni de ses États, et auquel il restait peu d'espoir de les recouvrer. Ce choix, parfaitement insignifiant pour l'intérêt de la couronne et du pays, était fort bien entendu pour les intérêts du duc de Bourbon, qui espérait, avec raison, trouver un appui constant dans une princesse à qui il avait procuré la plus haute et la plus inespérée fortune. Malgré la reconnaissance de la reine et l'attachement du roi pour elle, le duc de Bourbon ne garda que trois ans le gouvernement. Louis XV, cédant à la plainte publique et surtout aux suggestions du modeste et ambitieux Fleury, son précepteur, exila le prince à Chantilly. Durant les trois années de son ministère, les signes révolutionnaires ne s'étaient point effacés. Les Paris-Duverney, qui dirigeaient les finances, avaient pensé à assujettir à l'impôt les biens de la noblesse et du clergé. Les parlements avaient fait des remontrances justes, il est vrai, et que l'on ne pouvait réprimer, mais qui, par cela même, étaient funestes et pouvaient servir de prémisses à des prétentions audacieuses. L'évêque de Fréjus, Fleury, succéda au duc de Bourbon dans son pouvoir, mais non dans le titre de premier ministre. Jamais l'ambition ne s'enveloppa de dehors plus simples et de manières plus douces, plus gracieuses que celles de ce vieillard, qui administra le royaume jusqu'à sa mort, c'est-à-dire durant un espace de dix-sept ans.

On ne peut refuser au cardinal de Fleury le titre de sage administrateur. La diminution progressive des impôts, la suppression de taxes arbitraires et nouvelles, la protection mesurée qu'il accorda au commerce, l'ordre qu'il rétablit dans les finances, lui donnent des droits incontestables à ce titre encore glorieux. Sous un roi expérimenté et énergique, Fleury eût été un habile secrétaire d'État ; mais le fardeau du gouvernement était trop lourd pour ses forces et pour ses forces. Il semblait ne s'appliquer qu'à engourdir la France dans ses limites, et il est l'un des premiers qui aient gouverné par la paix et l'économie. Il oubliait que la vie des nations, comme celle des individus, doit se composer d'intervalles de repos et d'agitation, et que si cette agitation ne se jette point au dehors, elle ne peut produire qu'une pernicieuse réaction. Ce fut en effet sous le ministère de tolérance de Fleury que s'élaborèrent les théories philosophiques et philanthropiques qui devaient un jour se formuler par les actes d'une sanglante démence. Le ministre ferma les yeux sur les tentatives de ces factieux de la pensée, et le roi n'imita que trop bien cette égoïste insouciance. Dans une occasion, cependant, Louis XV se ressaisit de toute la hauteur royale : ce fut lorsqu'il ordonna, en deux mots, le silence au premier président du parlement de Paris qui venait faire des remontrances au sujet des jansénistes. Mais il se montra toujours peu jaloux d'exercer son autorité. N'ayant point été initié de bonne heure aux affaires, il se reposait sur son ministre, qui, malgré son air de désintéressement, ne peut être disculpé d'avoir entretenu cette nonchalante disposition du monarque.

Fleury se garda même de suivre l'exemple de Richelieu, et de faire envier au roi la gloire militaire. Il semblait craindre d'éveiller en lui la moindre velléité de commandement. La guerre de 1733, que la France soutint avec l'Autriche, n'apporta aucun changement à la situation de l'Europe. La cession définitive de la Lorraine, stipulée par la paix de Vienne en 1735, est comme un fruit tardif des batailles et des négociations du règne précédent. Le calme qui régna ensuite en France et dans toute l'Europe fut interrompu par la mort de l'empereur Charles VI, arrivée à la fin de 1740. Une conflagration générale jaillit de cet événement. Louis XV se laissa séduire par l'impatience belliqueuse de ses courtisans, honteux de voir leurs épées rouillées dans le fourreau. Malgré les conventions du traité de Vienne, qui assuraient à Marie-Thérèse, fille de l'empereur défunt, la succession paternelle, il favorisa les envahissements de Frédéric, roi de Prusse, et de l'électeur de Bavière. Les armées françaises s'élancèrent jusqu'en Bohême. Les Alpes furent de nouveau franchies. Les Pays-Bas et la Hollande subirent une invasion qui dut les faire frémir en leur rappelant celle de Louis XIV. Mais que pouvait-il résulter d'une guerre entreprise sans but politique, continuée sans direction uniforme, où les Français éparpillaient leurs forces comme à plaisir, et semblaient ne songer qu'à rompre des lances ? Avec la gloire d'avoir remporté les batailles de Dettingen, de Fontenoi, de Raucoux, de Laufeld et de Coni ; d'avoir pris vingt places fortes et tracé des lignes dans tous les pays qui l'entourent, la France ne recueillit qu'une paix où elle ne gagnait pas un pouce de terrain ni la moindre prépondérance. Les finances étaient de nouveau grevées, la marine anéantie, et la Provence avait été envahie par les Impériaux. Ainsi, l'injustice de cette guerre n'était couverte ni par un but d'agrandissement national ni par une issue avantageuse. Le cardinal de Fleury, qui n'avait jamais su opposer qu'une voix impuissante à l'erreur belliqueuse où le roi s'était laissé aller, et qui était d'ailleurs inhabile à la rectifier, était mort dès l'année 1743. Louis XV, bien qu'il n'eût pris qu'une part secondaire et passagère aux nombreux faits d'armes qui marquèrent ces années, s'était noblement montré, et la nation lui continuait l'amour qu'elle lui avait voué dans son berceau royal et solitaire.

Tout à coup, ce prince, comme si quelque révélation mystérieuse lui eût découvert l'abîme creusé sous la monarchie, sembla abdiquer en lui-même et ne conserver sa couronne que comme une fortune particulière. Il se sentit impuissant pour réparer le mal qui était fait. Il regarda autour de lui, et ne vit personne en qui il pût avoir confiance : alors, il détourna la tête, et, calculant les chances vitales qui restaient au royaume, il pensa qu'il aurait encore le temps de vivre et de mourir tranquillement. Renonçant au droit souverain de la volonté, il reprit à la place celui de l'égoïsme, qui appartient aux particuliers. On ne peut nier que Louis XV n'ait souvent témoigné de sinistres prévisions sur l'avenir de la France et de celui qui devait après lui occuper le trône. Pour nous, il est peu de rois dans notre histoire dont la figure nous apparaisse plus mélancolique que celle de Louis XV, en dépit de son entourage de frivolités, de femmes, de fleurs, de dorures, de petites choses et de petitesses. Nous dirons plus, malgré ses dissipations, malgré son asservissement à Mme de Pompadour, malgré le Parc-aux-Cerfs et la présentation de la Dubarry à la cour, il en est peu qui nous inspirent autant d'intérêt. Les destinées sanglantes ne sont point les seules qui soient fatales. Sans vouloir excuser les fautes de Louis XV, nous ferons observer combien de circonstances concoururent à changer ses penchants en vices : l'âge auquel la couronne lui arriva, l'exemple des désordres de la régence, son mariage avec une princesse plus âgée que lui de six ans, le défaut d'éducation politique, l'absence de ministres et de conseillers, et enfin l'envahissement général et irrésistible des principes désorganisateurs des philosophes, voilà ce qui put jeter dans le libertinage et amener à une inaction désespérée un prince essentiellement bon, sage et spirituel, mais qui ne se sentait point capable de soutenir et de rétablir sur ses bases le monde qu'il voyait s'écrouler.

Enfermé dans ses petits appartements, il étourdit sa pensée en des chuchotements galants : de temps en temps, il jette un regard inquiet sur ce peuple, qui marche fier et joyeux, sans avoir à sa tête son roi, son guide accoutumé; sur cette génération qui tournoie égarée loin du centre autour duquel ont gravité les générations qui l'ont précédée, il se laisse ensuite retomber sur son sofa, dont il a éloigné l'étiquette et le faste de Louis XIV; il semble n'avoir pour désir que de se faire oublier et de s'oublier soi-même. Paris, dont il a compris la formidable influence, l'effraye, et il n'y paraît plus que de loin en loin. Aussi, la ville a-t-elle cessé d'être le reflet et l'écho de la cour. Les germes destructeurs laissés par le protestantisme et échappés à la sévérité de Louis XIV ont vigoureusement germé. Les idées réformatrices se sont généralisées, et, comme il arrive toujours, elles ont été exagérées par leurs adeptes jusqu'aux derniers excès. Il ne s'agit plus que de l'anéantissement de tous les principes qui ont jusque là régi les sociétés. La ridicule monstruosité de ses doctrines est comme un bouclier pour la nouvelle secte; car c'est bien une véritable secte avec ses chefs, ses affiliations, ses enthousiastes, ses martyrs, sa perfidie et sa vitalité puissante; singulière secte, toutefois, dont la doctrine n'est qu'une négation de toutes les autres ! On se demandait ce qu'ils feraient quand ils auraient tout détruit, comme si ceux qui détruisent pouvaient jamais rééditier. On peut rire des utopies créatrices, mais non des autres. Comme autrefois le protestantisme, la secte philosophique avait su conquérir le patronage de la noblesse. C'était dans les châteaux et les hôtels appartenant aux petits-neveux des compagnons de Coligny que les théories nouvelles, écloses sous la lampe et dans la poudre des cabinets des penseurs, venaient revêtir un vernis de bel air et se mettre à la mode. Les nouveaux prêcheurs savaient aussi persuader aux grands que tout l'honneur des réformes serait pour eux.

C'est ainsi qu'ils obtinrent l'abolition de la Société des Jésuites, dont nous ne pouvons réviser ici l'interminable procès, mais qui se recommandait par les connaissances universelles dont elle était dépositaire. Ces religieux avaient élevé, pour ainsi dire, toute la génération d'alors; mais l'ingratitude ne devait point effrayer les hommes du dix-huitième siècle, et la condamnation que les jésuites subirent est presque une absolution aux yeux des hommes réfléchis. Les parlements concoururent aussi à la chute de cette société puissante; cependant, ils n'étaient point les alliés constants des philosophes, par lesquels ils se trouvaient dépassés; dans cette circonstance, ils n'avaient été dirigés que par une opposition dogmatique.

Pendant le règne de Louis XV, l'attitude indécise de la magistrature est non moins remarquable. Elle aussi a senti la monarchie s'ébranler dans ses fondements : tantôt elle poursuit son système d'opposition et de patient agrandissement, cherchant à se soumettre toutes les autres institutions du royaume; tantôt, voyant ces institutions menacées, elle sent que si elles sont renversées, elle périra elle-même, et alors elle se présente pour les défendre. Malgré son maintien agissant, l'institution des parlements fut la première qui tomba, et ce fut le pouvoir royal qui la renversa, se privant ainsi lui-même d'une barrière puissante contre des ennemis plus dangereux, barrière dans laquelle il devait seulement se garder de s'emprisonner. Les philosophes battirent des mains quand ils virent la chute de ce formidable corps. C'est à la fin de l'année 1770 que fut frappé ce coup d'État, déterminé par des querelles particulières, et non par une pensée politique. Louis XV, à cette occasion, fit preuve d'une vigueur qu'on regrette de ne pas l'avoir vu déployer plus souvent et dans des occasions plus importantes.

Les finances, dont la situation est l'indice le plus certain de celle du pays, étaient dans un grand désordre. L'abbé Terray, contrôleur général, homme de mœurs et de caractère justement décriés, mais administrateur habile et profond financier, vint à bout d'épargner à la France une banqueroute totale, au moyen de savantes et audacieuses extorsions. On doit savoir quelque gré à cet homme d'avoir bravé l'indignation publique pour préserver l'État de l'ébranlement subit et fatal qu'eût produit une banqueroute générale. Il respecta d'ailleurs les anciens privilèges, et s'il ne put rétablir les finances, il mit du moins de l'ordre dans le désordre, si l'on peut s'exprimer ainsi. Les insouciantes prodigalités de Louis XV, la rapacité des ministres et des favorites, les malheurs ou l'inutilité des guerres, avaient amené le résultat déplorable que nous venons de voir. Les traditions de la politique de Henri IV, si vigoureusement soutenues par Louis XIII, Mazarin et Louis XIV, furent entièrement oubliées par les ministres de Louis XV. Le caprice seul présida sous son règne à la paix et à la guerre. Une flatterie que l'impératrice Marie-Thérèse adressa à la marquise de Pompadour fut la première cause de la guerre de sept-ans, où les armées françaises combattirent contre le roi de Prusse, leur ancien allié, dont l'ambition, quoique fort active, ne pouvait être redoutable à la France. De déplorables désastres, mêlés de quelques vains succès, signalèrent notre coopération à cette guerre. Les rois et les ministres prédécesseurs de Louis XV durent être troublés dans leurs tombeaux par cette alliance avec l'Autriche, qui compromettait l'œuvre de tant de méditations et de campagnes. On ne sait vraiment si le succès n'eût pas été encore plus fatal à la France que des revers, puisqu'elle n'y eût gagné que de relever la puissance de son ennemie naturelle.

Ce fut à cette époque que l'on put apprécier à quel point l'esprit national était déchu en France. La nouvelle d'une défaite n'excitait plus, comme aux nobles temps de la monarchie, le deuil et la colère publiques, mais plutôt une joie maligne. La nation avait fait scission avec la couronne : le roi n'était plus l'État. Dès que les choses étaient ainsi, la nation et le roi devaient être ennemis, jusqu'au jour où l'un des deux disparaîtrait devant l'autre. Tous les anciens ressorts étaient brisés; chacun, sentant vaguement qu'une dissolution générale était proche, avait jeté là les préjugés et les idées antiques que ses pères lui avaient transmis, et dont ses fils auraient pu répudier, de gré ou de force, l'héritage. Les prêtres avaient oublié la religion, les militaires la discipline, les magistrats la justice, et les femmes la pudeur. La noblesse, à laquelle il eût appartenu de rappeler le roi et la nation à leurs devoirs respectifs et de reconstituer la monarchie, ne formait plus un corps assez compacte et assez puissant pour rien tenter. A part quelques protestations isolées, on voit les seigneurs se laisser maîtriser entièrement par leurs habitudes, et se borner à rester à la tête du mouvement qui s'opère, sans examiner où ils vont et sans réfléchir que pour être les premiers, ils ne donnent point inévitablement l'impulsion. La monarchie recueillait les fruits des mesures prises par Richelieu et Louis XIV pour l'abaissement du corps de la noblesse. Par leurs alliances et par leurs habitudes citadines, les gentilshommes s'étaient trouvés confondus avec la bourgeoisie et les anoblis, sans conserver aucune démarcation, ni politique ni morale. Ils n'avaient donc plus droit à des privilèges et à des distinctions devenus purement traditionnels. Leur position était des plus difficiles, également insoutenable pour eux et pour la nation. En faisant alliance avec les hommes d'intelligence et d'idées, ils avaient eux-mêmes commis une faute contre leurs propres intérêts. Ils ne virent point qu'ils n'étaient pour ceux-ci qu'un instrument. Après avoir aidé à ruiner toutes les institutions dont ils étaient les défenseurs nés, et sur lesquelles ils s'appuyaient, pensaient-ils qu'on les épargnerait? Cherchaient-ils en la raillant à se faire pardonner leur domination, réelle autrefois et devenue depuis honorifique? Espéraient-ils conserver des insignes qui cessaient d'exprimer des idées et des faits? Ou bien pensaient-ils que toute cette guerre si active n'était qu'un jeu et comme un tournois de la pensée, qui remplaçait pour leur caractère inquiet les tournois de la lance et de l'épée?

Cette dernière idée fut sans doute la plus générale; c'était celle qui devait dominer, mais bien souvent interrompue par de terribles pressentiments. A voir cette société brodée, poudrée et musquée, dont Watteau nous a laissé un si aimable portrait, qui eût pu croire qu'elle portât dans ses flancs la plus grande et la plus furieuse révolution que l'histoire puisse raconter? Comment tant d'énergie et de colère pouvaient-elles couver sous cette enveloppe d'esprit, de galanterie et de gaieté? Mais on eût frémi peut-être en écoutant plus sérieusement les discours avinés et parfumés qui se tenaient dans les petites maisons, dans ces jolis appartements dorés et soyeux, entre une débauche des tables et une débauche amoureuse. Quelle audace dans la parole des gens d'esprit, comme on les appelait alors! Quelle imprudente folie dans les applaudissements des seigneurs! Et souvent aussi, que de haine dans le persiflage mielleux des premiers! et que de dédain dans la familiarité des seconds! les bourreaux et les martyrs auraient déjà pu se deviner.

Au milieu de ce conflit de théories, les questions de politique actuelle n'avaient qu'une importance secondaire. Les querelles de Diderot et de Rousseau, de gens qui logeaient au quatrième étage, causaient plus d'émoi dans le public que les dissensions des ministres et même que la perte d'une flotte ou d'une possession coloniale. La France vit sous Louis XV presque toutes ses colonies lui échapper. Pondichéry et le Canada tombèrent au pouvoir des Anglais, qui régnèrent en souverains sur les mers. La paix de Paris, qui en 1763 mit fin à la guerre de sept ans, consacra l'humiliation extérieure de la France. La seule acquisition que le royaume fit sous ce règne fut celle de l'île de Corse, dont on acheta aux Génois le droit de faire la conquête. C'est à la fin du ministère du duc de Choiseul que ce fait se rattache. Ce ministre, qui gouverna la France pendant douze ans, et dont le plus beau titre de gloire est d'avoir conclu avec l'Espagne le traité qui, sous le nom de pacte de famille, assura à la France l'alliance de cette puissance, seule capable de nous aider à résister à l'Angleterre, à la Prusse et à la Russie réunies, ce ministre, disons-nous, fut un homme de transition, et se conduisit envers les partis qui s'élevaient comme on fait vis-à-vis des partis qui s'effacent. Il fut disgracié en l'année 1770, parce qu'il soutenait les parlements contre Mme Dubarry, et offrit le singulier phénomène d'un ministre fêté et courtisé dans l'exil. Le nom de Choiseul fut un des premiers dont l'opposition se fit un drapeau contre le trône. Le roi, fidèle à son système d'insouciance, laissa le nom favori les marques de dévouement qu'on voulut lui prodiguer. Ce fut le chancelier Maupeou qui devint alors premier ministre jusqu'à la mort du roi, qui eut lieu le 10 mai 1774.

Comme Louis XIV, Louis XV avait survécu à la plupart des siens; comme lui, il avait jeté, en descendant dans la tombeau, jeter un regard inquiet sur l'avenir de la France. A la vérité, il ne laissait point sa couronne à un enfant en bas âge. Pour la première fois depuis trois règnes, le royaume allait passer à un nouveau roi, sans être obligé de traverser une régence. Mais quelle expérience eût été capable de réparer les maux qui désolaient la France? Quelle main eût été assez puissante pour imposer un frein à toutes les passions qui avaient germé et grandi depuis cinquante ans? Le successeur de Louis XV avait son royaume à reconquérir, et cette conquête était plus difficile que celle qu'avait accomplie Henri IV. Louis XV eut au reste peu de temps pour réfléchir au passé et à l'avenir : il fut en quelque sorte surpris par la mort. Il fit peu pour les artistes et les gens de lettres. Il pouvait bien les tolérer, mais non les aimer. Son esprit vif et perçant lui avait découvert combien ils étaient dangereux, quoique, par apathie, il ne voulût jamais prendre contre eux de mesures répressives.

Honoré DE BALZAC.

LOUIS XVI, né à Versailles le 23 août 1754, troisième fils du dauphin fils unique de Louis XV et de Marie Josèphe de Saxe, était âgé seulement de vingt ans lorsqu'il succéda au roi Louis XV. Depuis quatre ans déjà, il avait épousé Marie-Antoinette d'Autriche, fille de l'impératrice Marie-Thérèse, alliance qu'il est inutile de qualifier d'impolitique. De grandes démonstrations de joie, qui allèrent jusqu'à l'indécence, accueillirent son avènement au trône. Le jeune prince n'y répondit que par un silence froid et digne; mais il ne s'en crut pas moins obligé de céder à la voix publique et de bannir du gouvernement les hommes qui l'avaient occupé pendant les dernières années du règne précédent, et parmi lesquels il s'en trouvait que l'on eût dû conserver peut-être, la connaissance parfaite qu'ils possédaient de la situation délabrée des affaires les rendant seuls capables d'y appliquer les remèdes nécessaires. Ils furent remplacés par des hommes désignés par l'opinion populaire, qui dans les temps de corruption et de désorganisation sociale ne devrait jamais faire loi. Quand une nation est en voie de prospérité et d'agrandissement, on peut faire droit à ses exigences, car elle ne demande que des choses utiles au but où elle tend; mais lorsqu'elle aspire à une révolution et à sa ruine, lorsque le vertige s'est emparé d'elle, la sagesse ne peut conseiller de céder à tous ses caprices maladifs et pernicieux. Le roi Louis XVI était trop jeune pour savoir faire cette distinction, et le comté de Maurepas, sur les conseils duquel il se guidait, n'était rien moins que l'incarnation de la sagesse politique. On vit donc paraître successivement aux affaires l'encyclopédiste Turgot, homme de chiffres et non de gouvernement; le philosophe Malesherbes, en qui le mélange de sentiments monarchiques individuels et d'idées réformatrices prouve au moins quelque absence de logique; le cardinal de Loménie, athée en chapeau rouge ; Saint-Germain, autre matérialiste militaire, et enfin le banquier protestant Necker, véritable type de l'aristocratie d'argent.

Ainsi, toutes les nuances du parti novateur eurent successivement des représentants au ministère. La monarchie était désormais à la discrétion de ses ennemis, qui n'eurent plus besoin de mettre dans leurs manœuvres un hypocrite ménagement. Les parlements furent rétablis sur leurs anciennes bases, sans que l'on prit aucune précaution contre leur esprit d'opposition, encore aiguisé par la vengeance et par le triomphe qu'ils obtenaient. On ne tarda pas à retrouver les membres de cette compagnie toujours prêts à favoriser les factieux et à compliquer les difficultés où la couronne était engagée. La première faute du gouvernement de Louis XVI, faute capitale, et d'où dérive directement la catastrophe qui le termina, fut de s'égarer dans une foule de réformes, ou, pour mieux dire, de changements partiels, avant d'avoir ressaisi l'autorité souveraine et rétabli la haute administration du royaume. On ne faisait par là qu'encourager les prétentions des conspirateurs, sans s'être assuré les moyens de les réprimer. L'énergie n'était point d'ailleurs une qualité du caractère du roi Louis XVI. Tout concourait donc à exagérer l'audace des révolutionnaires, qui déjà succédaient aux philosophes, ne faisaient au reste qu'appliquer les doctrines. Poussés tour à tour par cette opinion publique dont Louis XVI s'était imposé de suivre toutes les phases, les ministres qui paraissaient sur la scène des affaires pour en descendre au bout de quelques mois apportaient chacun leur petite réforme, suivant la direction de leur esprit; mais tous encourageaient l'effervescence démocratique de la nation.

Tandis que l'on changeait le mode de perception des impôts, que la royauté renonçait aux lettres de cachet, arme qui eût été utile contre les chefs des factions; que l'on détruisait la maison du roi, dont la loyauté faisait contraste avec l'esprit de beaucoup d'autres corps; tandis que l'on méditait la ruine du clergé français, cet antique et magnifique monument, si monarchique et si national à la fois, tandis que l'on abolissait la torture, tombée depuis longtemps en désuétude, et qu'on s'amusait à rechercher les vestiges de corvées et de servitudes qui existaient encore, afin de les effacer, on laissait aux écrivains et aux parleurs liberté entière d'imprimer et de colporter les principes les plus immoraux et les plus subversifs. On les laissait préconiser le culte de la raison (nous répétons cette expression philosophique, sans vouloir l'expliquer), poser comme base de leur système politique l'égalité (nous ne faisons encore que répéter), et arriver à mettre les faits à la place du droit. La royauté en était venue à se déclarer elle-même les entrailles : on vit paraître une déclaration royale portant qu'une colonie, pour s'affranchir de tout tribut vis-à-vis de la métropole, n'avait besoin que de se déclarer indépendante. Cette déclaration fut proclamée à propos de la guerre de l'Amérique et de l'Angleterre. Dans cette guerre, la France, fidèle à son nouveau principe de guerroyer sans but, épuisa ses finances, et prodigua le sang de sa jeune noblesse pour s'acquérir la haine redoutable de l'Angleterre et l'amitié, assez équivoque et fort inutile, des Américains. L'honneur d'avoir combattu victorieusement ne pouvait d'ailleurs compenser le mal que devait causer en France l'importation des idées républicaines. Les jeunes seigneurs compagnons de Washington durent préconiser à leur retour ce qui était en quelque sorte l'âme de leur gloire. Le dogme de la souveraineté du peuple sortit nécessairement de ces faits et de cette conduite.

On ne doit plus s'étonner lorsqu'on voit une autre déclaration royale, provoquée par le cardinal de Loménie, appeler les gens de lettres à proposer le meilleur mode pour la convocation des états généraux. On se plaçait ainsi dans le lit même du torrent. C'est encore le parlement qui poussa le gouvernement à convoquer les états généraux, mesure formidable, que l'on ne devait peut-être employer qu'à des époques de crise extérieure, et lorsqu'un intérêt commun et évident ralliait la nation autour du trône, mais non pas, certes, lorsque les institutions de la monarchie auraient eu besoin d'une protection dictatoriale. Le ministre des finances, Calonne, avait au préalable assemblé les notables; mais les factieux parvinrent, par leurs manœuvres, à neutraliser l'effet qu'eût pu produire cette assemblée, composée en grande partie de membres du clergé et de la noblesse, et il n'en résulta que la divulgation de la faiblesse du pouvoir et du désordre des affaires. Ce fut alors que les parlements, qui s'étaient jetés à la tête du parti réformateur, intriguèrent pour faire assembler les états généraux, où ils espéraient dominer par la connaissance de la jurisprudence et l'habitude de la parole. Cette mesure était présentée comme le seul moyen de satisfaire la nation et de tirer la royauté des difficultés où elle se perdait. Elle fut adoptée, comme nous venons de le dire. La monarchie n'allait point à sa perte pas à pas, elle semblait n'y pouvoir arriver assez vite. En convoquant les états généraux suivant les formes anciennement usitées, on eût encore excité des troubles, mais en donnant au tiers état un nombre de représentants égal à celui des représentants du clergé et de la noblesse réunis on rendait un bouleversement général inévitable. Les princes du sang protestèrent en vain contre cette innovation.

La première assemblée des états eut lieu le 5 mai 1789. Les députés du tiers état, laissant bien en arrière toutes les prétentions des parlements, se constituèrent tout d'abord en assemblée nationale (*voyez* Constituante), et la révolution commença. Le pouvoir ne sut prendre d'autre mesure contre cette déclaration, plus que menaçante, que de faire suspendre les séances et fermer la salle où elles se tenaient. Le tiers état répondit à cette dérisoire répression par le serment du *jeu de paume*. On ne peut comprendre que cette éclatante rébellion n'ait pas enfin désillé les yeux du monarque; qu'il n'ait pas vu à ce moment qu'il n'y avait plus d'accommodement possible, et qu'il ne se soit pas résolu à défendre ses droits à force ouverte. Son malheur fut de ne pas comprendre que le bonheur de la nation dépendait du maintien des institutions monarchiques, et de croire que le roi peut gouverner ses sujets sous leur propre tutelle. Après une lutte de quelques jours, soutenue d'une part avec une modération déplorable et des concessions ruineuses, de l'autre avec une insolence sans bornes et des exigences impitoyables, l'Assemblée prétendue nationale resta maîtresse du terrain. Le clergé et la noblesse reçurent ordre de se réunir au tiers état. Louis XVI déclara qu'il ne voulait pas qu'un seul homme pérît pour sa querelle. Et c'était le sort de dix générations peut-être qu'il compromettait par son aveugle faiblesse ! L'ancien mode de délibération par ordre fut rejeté bien loin : il n'y eut dans l'assemblée d'autre division que celle des partis, qui, partagés par des vues d'ambition et d'intérêt personnel, se réunissaient pour le renversement des anciennes institutions. Les faibles étaient entraînés, les bons étaient écrasés par la véhémence des factieux. La *Déclaration des droits de l'homme*, rejetée dans les bureaux, fut adoptée par l'assemblée réunie. Tandis que l'anarchie régnait parmi les gouvernants, il était difficile que l'ordre se conservât parmi les masses. Tandis qu'on abolissait à l'Assemblée nationale la constitution monarchique, il était difficile que le peuple conservât pour le monarque et pour les grands le respect qui leur était dû.

A la vue des périls matériels qui menaçaient la France, Louis XVI eut une dernière velléité d'énergie : le maréchal de Broglie, qui était à la tête de quarante mille hommes de bonnes troupes, fut mandé à Paris. La populace de Paris n'eut besoin, pour faire retirer cette mesure, que de se soulever, de s'emparer de la Bastille, de piller les arsenaux et de massacrer quelques citoyens fidèles. A partir de ce moment, Louis XVI se prépara au martyre, et ne songea sans doute plus à se montrer en roi. Il se prêta à tout ce qu'on exigea de lui, se mit complétement à la merci des constituants, se laissa mener en triomphe à Paris, dépouillé de ses gardes et décoré de la cocarde aux trois couleurs, signe de ralliement des factieux. Le président de l'Assemblée nationale lui adressa par forme de compliment ces paroles : « Henri IV, votre aïeul, avait conquis son peuple; c'est le peuple aujourd'hui qui a conquis son roi. » Peu de mois après, un soulèvement des Parisiens alla de nouveau l'arracher au palais de Versailles : il fut ramené à Paris avec toute sa famille, et emprisonné dans le palais des Tuileries. Les circonstances les plus hideuses accompagnèrent cet enlèvement. L'Assemblée nationale, comme un essaim de vautours acharnés sur leur proie, se transporta à Paris, à la suite du malheureux roi. Dès lors, on ne suit plus ce dont ou doit le plus s'étonner, ou de la résignation du monarque, ou de la fureur de ses ennemis. Celui-là n'était jamais las de faire des concessions nouvelles, espérant, dans son aveuglement, épargner le sang de ses sujets, en sacrifiant les lois qui les protégeaient ; ceux-ci, cependant, retenus par des considérations extérieures et par une habitude de respect héréditaire, n'osaient encore abolir complétement la royauté, et s'en dédommageaient par le supplice continuel auquel ils avaient voué le roi. Le trône était en effet tout ce qui restait du royaume de France. Les parlements, le clergé, la noblesse, la législation, l'armée, les finances, le système de la propriété, tout le reste était anéanti, et, par une dérision amère, on demandait au roi, pour tous les décrets, une approbation qu'il ne pouvait refuser.

Nous ne parlerons pas des divers ministères qui se succédèrent à cette époque aux affaires, et qui tous n'étaient que des reflets de l'Assemblée constituante. Ce terrible pouvoir, émané de lui-même, et ne relevant de rien ni de personne, ne pouvait être de longue durée; il éprouva la réaction du mouvement destructeur qu'il avait opéré en France; il fut obligé de s'effacer et de faire place à une Assemblée législative qui devait rétablir un autre état de choses à la place de celui qu'on avait renversé, mais qui ne pouvait en réalité que continuer l'œuvre inachevée de la révolution et sanctionner la souveraineté de l'anarchie. Les princes avaient depuis longtemps quitté la France; ils avaient pris ce parti à la prière du roi lui-même : beaucoup de membres de la noblesse et des classes de la société qui s'y rattachaient avaient aussi émigré. Les partisans de la monarchie n'avaient de choix à faire qu'entre la fuite ou le martyre. La résistance était impossible. Le roi la défendait absolument, il s'y opposait de tout le pouvoir qui lui restait; et lorsque l'autorité royale était ainsi méconnue et attaquée, il était difficile aux citoyens fidèles de refuser au roi leur obéissance, fût-ce même dans son propre intérêt. Ce fut alors que l'on put voir combien en nivelant la noblesse Richelieu et Louis XIV avaient affaibli la monarchie. Les grands seigneurs s'étaient appauvris et corrompus dans l'existence oisive et luxueuse de la cour. Au lieu de s'endurcir les bras et d'aguerrir leur esprit, comme leurs pères, dans les périls, dans les révoltes et les conspirations quand la guerre manquait, ils se rapetissaient et s'amollissaient en des intrigues mesquines. Au lieu d'avoir des partisans et de marcher entourés de jeunes gentilshommes, ils portaient des broderies et des diamants; ils avaient des voitures et des laquais dorés. Si la France n'eût été composée que de nobles, c'eût été à merveille; mais derrière eux se trouvait le peuple, qui, dressant la tête par-dessus la noblesse à mesure qu'elle s'affaiblissait, devait tôt ou tard être saisi d'une de ces fureurs qu'il puise dans le sentiment de sa force matérielle et dans l'ignorance de son impuissance morale, et qui se résolvent par le massacre et la dévastation.

Quand la nouvelle jacquerie éclata, on n'avait plus pour l'arrêter à sa naissance ces escadrons de chevaliers puissants par leurs armes, plus puissants encore par l'esprit commun qui les animait. Beaucoup de seigneurs de la cour, de ceux-là même pour qui les Bourbons avaient le plus fait, abdiquèrent leur qualité et se confondirent dans les rangs des démagogues. La noblesse de province, demeurée pour la plupart fidèle, ne trouva aucun grand nom pour lui servir de drapeau et de signal de réunion; ce grand corps, qui comptait dans son sein quatre-vingt mille familles, s'écroula sans opposer de résistance, faute de point d'appui. L'armée de Condé et Quiberon appartenaient aux corps d'officiers de terre et de mer. L'héroïque protestation de la Vendée appartient à l'esprit religieux et au peuple. La noblesse n'existait plus comme corps politique ; ce fait, lentement accompli, s'était seulement révélé quand une commotion avait assailli l'État. Les gentilshommes ne se devaient plus dès lors de compte qu'à eux-mêmes. Ceux qui ne désespéraient pas de l'avenir allaient dans l'exil attendre des jours meilleurs, gardant précieusement dans leur sein le souvenir d'une patrie qui ne devait offrir désormais qu'un tombeau aux plus heureux d'entre eux. Les autres, ceux qui pensaient que tout était fini, et qui voulaient s'ensevelir sous les ruines de la monarchie, après avoir vu leurs châteaux réduits en cendres, montaient sur les échafauds, jetaient sur la foule un regard tranquille, dédaigneux, et laissaient prendre leur tête au bourreau. C'était ainsi qu'ils mouraient ! L'assassinat ne les prenait pas plus au dépourvu qu'une exécution publique.

Quant à ceux qui se jetèrent dans le parti révolutionnaire, il nous est difficile de retrouver dans ce fait une tradition des anciennes révoltes nobiliaires, des guerres de la Ligue ou de la Fronde, dans lesquelles la noblesse agissait collectivement et ne combattait l'autorité royale qu'à son profit, tandis qu'à l'époque de la révolution de 1789 les Noailles, les La Rochefoucauld, les Montesquiou, les Lauzun, enfin tous les seigneurs qui se réunirent au tiers état, ayant renoncé à leurs titres et à leurs privilèges, n'étaient mus que par l'intérêt de la nation, si-

non par des vues d'ambition personnelle. Il furent au moins coupables d'impéritie. Le moment arriva où les assassins organisés qui campaient dans Paris, dignes satellites de ceux qui gouvernaient la France, se sentirent assez aguerris au crime pour attenter à la personne du roi. Quand on voit vingt mille hommes armés envahir les Tuileries dans un but meurtrier, briser les portes avec la hache, traîner des canons dans les appartements, et s'arrêter devant la majesté royale, toute dépouillée qu'elle leur apparaisse, on peut conclure de là quel respect l'autorité et le nom du roi s'étaient acquis en France, et quels longs souvenirs de bienfaits et de gloire s'y rattachaient. C'est le 20 juin 1792 qu'eut lieu cette attaque, organisée par ceux qui disposaient du pouvoir, et qui, ayant manqué son but, demeura impunie. Deux mois ne s'étaient pas écoulés qu'un nouveau soulèvement, plus formidable encore, se rua sur le palais des Tuileries. Un combat s'engagea entre les hordes des factieux et quelques bataillons de la garde nationale et des gardes suisses, que conduisaient des serviteurs fidèles. Le succès dans cette circonstance ne pouvait sans doute réparer tous les maux causés par la faiblesse du prince; mais il était de son devoir de s'attacher à la moindre chance de salut. Alors, comme auparavant, Louis XVI ne jugea point ainsi. La clémence absorbait en lui toutes les qualités royales. Il alla lui-même rassurer les députés qui tremblaient sur leurs bancs en entendant les coups de fusil retentir, et qui craignaient que les soldats, vainqueurs des sicaires, ne voulussent aussi en finir avec les chefs. Le roi envoya l'ordre à ses défenseurs de cesser le combat (*voyez* AOUT 1792 [Journée du]). L'assemblée reconnut cet acte de bonté en prononçant trois jours après la déchéance du monarque, qui fut conduit avec sa famille à la prison du Temple.

C'en était assez pour l'Assemblée législative, qui céda la place à la Convention. La Constituante avait dépouillé la royauté du cortège d'institutions qui la soutenaient ; la Législative l'avait anéantie. Il fallut une troisième assemblée pour sceller du meurtre du roi l'abolissement du pouvoir royal. On s'est étonné et indigné de l'attitude passive que conserva toute l'Europe en présence de cette grande perturbation. Les gouvernements furent effrayés de l'énergie que déployait la nation française ; ils la laissaient s'épuiser et se déchirer elle-même, confondant cette révolution avec les révolutions accidentelles, attendant le moment favorable pour une invasion, et rêvant le partage de notre territoire. Ils ne se crurent point intéressés dans la question, et ne purent déplorer bien sincèrement la chute d'une maison royale qui avait arraché quelques fleurons à presque toutes les couronnes de l'Europe. Les faibles tentatives de la Prusse pour venir au secours de Louis XVI ne firent que fournir un prétexte aux bourreaux de ce malheureux prince. Déclaré en état d'accusation comme coupable d'attentat à la sûreté du peuple français, il fut mandé à la barre de la Convention, dont il ne récusa pas la compétence. Chose étrange ! la Convention accueillit avidement cette suprême concession de Louis XVI. Nous ne donnerons point de détails sur ce procès, nous ne le qualifierons point ainsi, nous ne discuterons pas non plus (à Dieu ne plaise !) la compétence d'une nation à juger son chef : les résultats de ce fait en ont suffisamment démontré l'iniquité. C'est le 17 janvier 1793 que fut prononcée cette sentence de mort qui couvait depuis si longtemps dans le cœur des juges. Elle fut exécutée le 21 janvier. Le roi se montra en présence du supplice ce qu'il avait toujours été au milieu des hurlements d'une multitude furieuse et sous les outrages de son emprisonnement. Il fut sublime de calme, de résignation et de courage. Sa fermeté auguste ne l'abandonna, ni pendant ses adieux à la reine et à ses enfants, ni sur le faîte de l'échafaud. Il protesta de son innocence, et pria Dieu de ne point faire retomber son sang sur la France. Sa voix n'arrivait qu'aux oreilles endurcies des soldats qui de toutes parts entouraient l'échafaud. Le bruit des tambours la couvrit bientôt. La tête de Louis XVI tomba, et fut présentée à la foule

par la main du bourreau. Des cris de *vive la république !* s'élevèrent alors du sein du morne silence qu'avait gardé le peuple pendant l'exécution. On eût pu croire qu'il cherchait à s'étourdir et qu'il invoquait l'avenir pour oublier le passé.
Honoré DE BALZAC.

LOUIS XVII naquit à Versailles, le 27 mars 1785, et porta jusqu'à la mort de son frère aîné le titre de *duc de Normandie*. Ce fut en 1789 qu'il devint dauphin. La révolution commençait à éclater : souvent le jeune prince dut interrompre ses jeux enfantins aux hurlements farouches d'une tourbe sanguinaire pour aller se réfugier dans le sein maternel, d'où l'étiquette ne le bannissait plus, comme aux jours de tranquillité. A peine âgé de cinq ans, on conspirait déjà contre sa vie. On voulait égorger le *louveteau*. C'était ainsi que ce royal enfant, héritier de toute la beauté bourbonienne, était nommé par ces fougueux Cannibales, par ces monstres éclos, on ne sait comment, dans l'orage révolutionnaire, et qui n'avaient pas même la figure humaine. Pendant les journées du 5 et du 6 octobre, il courut les plus grands périls. La reine le tenait dans ses bras lorsqu'elle se présenta au peuple sur son balcon. Point d'enfants ! s'écria-t-on. Ce cri était un horrible présage pour l'avenir du dauphin et pour celui du trône. Il ne s'accomplit que trop bien. Trop enfant encore pour partager les angoisses morales auxquelles étaient soumis ses augustes parents, le jeune prince eut bientôt à souffrir les privations physiques qui sont si funestes dans un âge tendre. Il lui arriva de demander vainement du pain. Il lui fallut aussi dire adieu aux bosquets et aux pelouses de Trianon, et demeurer toute la journée renfermé dans les appartements des Tuileries. Peut-être a-t-on le droit de reprocher à Louis XVI de n'avoir pas tout tenté pour mettre son fils à l'abri de la fureur populaire ; mais il est certain que jusqu'au dernier moment ce monarque, dans sa bonté excessive, méconnut l'audace des factieux. Que n'eût-on pas dû attendre d'un prince qui, doué des qualités les plus nobles et les plus heureuses, eût été instruit à de telles épreuves ?

Enfermé dans la prison du Temple avec le roi et la reine, le jeune *Louis-Charles* hérita, le 21 janvier 1793, des droits de son père à la couronne de France. Tandis que ce pauvre enfant grelotait sous les voûtes sombres et humides de sa prison, et que, tout ému du souvenir des derniers et solennels baisers de son père, il essuyait dans un douloureux silence les larmes de sa mère, son oncle, le comte de Provence, depuis Louis XVIII, proclamait son avénement au trône de ses ancêtres. Louis XVII était reconnu par toutes les puissances de l'Europe, et les Vendéens prenaient les armes en son nom. Le jeune prince ne pouvait comprendre ni toute la magnificence de ses droits ni tout le malheur de sa destinée. La Convention, qui avait assuré à Louis XVI, près de mourir, que la nation française, toujours magnanime, pourvoirait au sort de sa famille, ordonna, pour première preuve de sa sollicitude, que Louis fût séparé de sa mère. Marie-Antoinette s'opposa énergiquement à cette nouvelle atrocité, et ne céda que sur la menace que les municipaux lui firent de tuer le prince dans ses bras si elle ne le laissait emmener. Alors commença le martyre du royal enfant. La Convention le remit entre les mains du cordonnier Simon et de sa femme, qu'elle qualifia dérisoirement de titres d'*instituteur* et de *gouvernante*. C'étaient là les plaisanteries de la révolution. Ces exécrable couple se montra digne de la confiance de la nation représentée par les comités conventionnels, et mit tout en œuvre pour dégrader les facultés morales et physiques du fils de Louis XVI. On frémit en lisant le récit individuel des traitements barbares et infâmes auxquels il fut soumis. Non content de lui faire subir la faim, le froid et l'humiliation, de l'accabler de coups, de le priver d'air, de distraction, d'exercice, et de le laisser dans le dénûment le plus pénible, Simon prenait plaisir à lui faire boire des liqueurs fortes et à lui enseigner des chansons et des propos obscènes. Mais sa barbarie servait d'antidote à son immoralité. Le jeune prince donna plusieurs fois des preuves d'une élévation de sentiments et d'idées bien étonnante pour son âge, et dont la perversité de son gardien n'avait pu détruire au moins le germe. Simon lui ayant demandé ce qu'il ferait si les Vendéens le délivraient :
« Je vous pardonnerais, » répondit-il.

Le marasme fut le résultat naturel de la malpropreté et des souffrances continuelles où vivait le prince. Pendant plus d'un an, il fut privé de linge et dépourvu des soins les plus indispensables. Le temps pendant lequel il résista prouve combien il était fortement constitué. Comme beaucoup de ses aïeux, il eût réuni toutes les qualités favorables pour occuper noblement le trône. La révolution du 9 thermidor, qui ouvrit tant de prisons et rendit à la société tant de victimes déjà désignées au bourreau, ne changea rien au sort du jeune roi. La Convention, qui savait faire tomber les têtes des rois, ignorait comment on élevait leurs enfants ; et en conséquence elle infligeait à ces enfants une agonie de plusieurs années. Nous ne craignons pas de le dire : la mort lente et ténébreuse du jeune Louis XVII est une tache plus horrible pour la France que la mort sanglante et éclatante du vertueux Louis XVI. Ce ne fut que lorsque l'état du prince fut désespéré que les comités songèrent à lui envoyer un médecin, qui déclara qu'on avait trop tard eu recours à lui. Ce médecin était le célèbre Dussault. Il mourut peu de jours après. Du Mangin et Pelletan, qui le remplacèrent, partagèrent son opinion. Louis XVII expira le 8 juin 1795. Il était âgé de dix ans et deux mois. Pendant la dernière année de sa vie, il avait gardé presque toujours le silence. On assure qu'il prit l'étonnante résolution de ne plus parler depuis le jour où on lui fit signer de force une déposition contre la reine sa mère. Des commissaires nommés par la Convention constatèrent la mort du prince et les causes naturelles de cette mort. Quelques mois étaient sans doute une prescription suffisante pour tous les mauvais traitements,qui avaient conduit au tombeau cet innocent héritier de tant de rois. Il fut enterré dans la fosse commune du cimetière de la paroisse Sainte-Marguerite, où le roi son oncle fit en vain rechercher ses restes en 1815. Un monument expiatoire à sa mémoire fut voté en 1816 par les deux chambres, sur la demande de Châteaubriand.

Le voile qui couvrit les derniers moments de Louis XVII, le petit nombre de personnes qui y assistèrent, la circonstance bien simple de ses restes qui n'ont pu être retrouvés, ont paru à quelques gens des faits suffisants pour révoquer sa mort en doute. Les uns ont cherché dans cette idée un aliment pour leur malignité. Les autres, cerveaux étroits, imaginations dérangées, l'ont adoptée de bonne foi. Qui de nous n'a vu de vieilles femmes, des gentilshommes provinciaux, chuchoter ou branler mystérieusement la tête au nom de Louis XVII? Des intrigants et des insensés, qui pouvaient même réunir ces deux qualités, songèrent bientôt à exploiter la crédulité de ces bonnes gens, ou se laissèrent tourner la tête par de coupables mystifications. Hervagault, Bruneau, Naundorf, Richemont, se donnèrent tour à tour pour le vrai Louis XVII. Bicêtre, Charenton et les autres maisons d'aliénés ont souvent contenu à la fois quelques Louis XVII. Il y eut même une époque où ces faux Dauphins furent assez nombreux pour qu'on eût pu en former une classe particulière. C'est ainsi que, par une triste et dernière fatalité, le nom sacré et touchant du jeune martyr est devenu le synonyme de maniaque et d'imposteur.
Honoré DE BALZAC.

LOUIS XVIII (STANISLAS-XAVIER) naquit à Versailles, le 17 novembre 1755, et porta d'abord le nom de *comte de Provence*. Après l'avénement du dauphin au trône, il ne fut plus désigné que par le titre de *Monsieur*. Depuis le règne de Louis XIII l'usage s'était introduit, d'après l'exemple royal, de nommer ainsi le frère aîné du roi. Le comte de Provence se fit remarquer de bonne heure par la sagesse de son jugement et par la finesse de son esprit, qui n'était pas exempt d'un certain mélange de causticité. A ces qualités, qu'il tenait de son aïeul, il joignait le goût de l'étude et beaucoup de fermeté de caractère. Il étudia l'histoire ainsi que le gouvernement du royaume de France, et, conformément aux traditions, se posa comme chef de l'opposition. Ç'a été de tout temps, dans une monarchie, le rôle du premier prince du sang, qui groupe ainsi autour de lui les mécontents, modère leurs ressentiments à l'égard du pouvoir royal, demande hautement des améliorations à l'état du peuple et se crée ainsi une position élevée et unique, une magistrature princière avantageuse pour tous, pour le roi comme pour la nation. C'est assurément là un but d'ambition très-légitime; mais le prince qui trahit la confiance de son roi et qui couvre d'un voile de patriotisme des projets d'agrandissement coupables mérite une flétrissure éternelle. On peut assurer, ce nous semble, que le comte de Provence ne mérita jamais les reproches que quelques personnes lui ont faits en ce sens. S'il se tint un peu à l'écart des plaisirs de Versailles que présidait la reine, sa belle-sœur; si quelquefois il parut jeter un regard de censure grave sur les jeux de cette cour si brillante et si rieuse, c'est que son esprit sagace et réfléchi lui avait montré combien l'époque était sérieuse, c'est qu'il savait combien de menaces grondaient autour de cette insouciance. S'il se montra zélé promoteur des réformes provoquées par l'opinion publique, si à l'assemblée des notables, comme lors de la convocation des états généraux, il favorisa toujours le tiers état, c'est qu'il ne pouvait prévoir les fautes et la faiblesse de la couronne. Il voulait qu'on fit de justes concessions, il demandait des changements nécessités par le mouvement des mœurs et des idées; mais il ne crut jamais sans doute que la souveraineté dût passer aux mains du peuple. Jamais il ne prostitua sa dignité pour acquérir de la popularité, popularité qui lui fut ravie, au reste, dès les premiers excès que commit la révolution.

Le 21 juin 1791, Monsieur partit de Paris, et plus heureux que le roi son frère, il parvint à franchir la frontière. Son premier soin fut de provoquer l'intervention des puissances du continent européen. Il avertit Louis XVI du résultat favorable de ses efforts, il l'engagea à refuser son adhésion à la constitution nouvelle, protestant en son nom, comme en celui de tous les princes, contre tout ce qui avait été fait et tout ce qu'on pouvait faire d'attentatoire aux lois et aux traditions du royaume. Le 11 septembre 1792, ce prince, à la tête des émigrés français rassemblés en corps, rentra en France par Verdun, et rejoignit l'armée prussienne, qui déjà y avait pénétré. Il eut bientôt la douleur de se voir forcé, par la retraite des troupes coalisées, de renoncer à délivrer le roi son frère. Le 13 novembre, l'armée des princes fut licenciée. Le comte de Provence apprit au château de Ham la mort de Louis XVI. Par une proclamation datée du 28 janvier, il reconnut Louis XVII pour roi de France, et prit le titre de *régent du royaume*. Le comte d'Artois reçut de lui le titre de *lieutenant général*. Après la mort du roi son neveu, Monsieur se proclama lui-même roi de France. Une proclamation adressée aux Français promit le pardon à tous ceux qui reconnaîtraient l'autorité du roi. Louis XVIII, par cette déclaration, voulait établir hautement les droits qu'il tenait de sa naissance et sa résolution de les maintenir; mais il ne pouvait attendre qu'elle eût un résultat immédiat.

Bien différent de la plupart des rois sans royaume, pour qui l'exil est aussi une abdication, Louis XVIII conserva toujours sa dignité présente et ne négligea jamais l'occasion de se montrer royalement. Les uns qu'il passa à errer de rivage en rivage furent une longue et puissante protestation. Obligé par le gouvernement vénitien de quitter Vérone à l'approche de l'armée française, il se fit apporter le Livre d'Or, registre de la noblesse vénitienne, y effaça de sa main son nom et celui des rois ses prédécesseurs qui s'y trouvaient inscrits, et redemanda l'armure dont Henri IV, son aïeul, avait fait présent à la république de Venise, alors libre et redoutée, et maintenant servile et déchue. A Dillingen, lorsque la balle d'un assassin fit couler le sang de son front,

ses premiers mots furent ceux-ci : « Quelques lignes plus bas, et le roi de France s'appelait Charles X. » Enfin, lorsque Bonaparte, victorieux partout et maître de la France, lui fit proposer, à Varsovie, dans les termes les plus respectueux, de renoncer au trône de France et d'exiger la même renonciation de tous les princes de la maison de Bourbon, lui promettant pour lui et pour sa famille des indemnités magnifiques (car il fut même question de la couronne de Pologne), Louis XVIII attendit pour répondre qu'un mois fût écoulé, afin qu'il fût manifeste que son refus partait d'une résolution profonde et inébranlable, et aussi pour laisser aux princes qui résidaient loin de lui le temps de lui faire parvenir leur déclaration. C'est le 26 février 1803 que l'envoyé du premier consul avait été admis chez le roi, et le 28 mars il lui fut remis la lettre suivante : « Je ne confonds point monsieur Bonaparte avec ceux qui l'ont précédé; j'estime sa valeur, ses talents militaires; je lui sais gré de plusieurs actes d'administration, car le bien qu'on fera à mon peuple me sera toujours cher. Mais il se trompe s'il croit m'engager à transiger sur mes droits : loin de là, il les établirait lui-même, s'ils pouvaient être litigieux, par la démarche qu'il fait en ce moment. J'ignore quels sont les desseins de Dieu sur ma race et sur moi; mais je connais les obligations qu'il m'a imposées par le rang où il lui a plu de me faire naître. Chrétien, je remplirai ces obligations jusqu'à mon dernier soupir; fils de saint Louis, je saurai, à son exemple, me respecter jusque dans les fers; successeur de François Iᵉʳ, je veux au moins pouvoir dire comme lui : Nous avons tout perdu, fors l'honneur. » Suivaient les adhésions du frère et des neveux de Louis XVIII.

Cette réponse, aussi noble que ferme, et le manifeste que Louis XVIII adressa, en 1804, à tous les souverains d'Europe, lorsque le consul Bonaparte devint l'empereur Napoléon, valurent au monarque fugitif d'être souvent troublé dans les asiles que lui accordait une hospitalité intimidée par l'ascendant du conquérant. Cette persécution devint impuissante en 1809, lorsque Louis XVIII se décida à passer en Angleterre, où il habita jusqu'en 1814 le château d'Hartwell. Pendant son exil, il entretint constamment des intelligences avec la France. La fortune de Napoléon devait lui interdire l'espoir d'être rétabli sur le trône de ses ancêtres par une nouvelle conjuration de Pichegru ou bien par une guerre de Vendée. Le génie de l'empire eût facilement réprimé des tentatives qui avaient échoué devant celui de la république. Louis XVIII attendait tout du temps, et cependant il se faisait informer de la marche de l'esprit public en France. Il eut le bonheur, que n'ont pas souvent les princes, même dans l'adversité, de rencontrer des agents fidèles et véridiques; car il posséda toujours une parfaite intelligence de la tendance, des idées et des besoins de l'époque. En même temps, il étudiait les diverses constitutions des États de l'Europe, et méditait sur les ouvrages des écrivains politiques anciens et modernes. C'était ainsi que lentement et secrètement s'édifiait dans l'esprit du roi Louis XVIII la charte, ce grand et auguste monument, son plus beau titre de gloire.

Le 6 avril 1814 Louis XVIII fut reconnu comme roi de France par le sénat français. Le 26 avril il débarquait à Calais. Quelques jours après, il recevait à Compiègne et à Saint-Ouen les félicitations des grands dignitaires et des premiers corps de l'État; il voyait se presser autour de lui les compagnons d'armes et les courtisans de Bonaparte; mais, après les épreuves qu'il avait subies, il n'avait pas besoin du témoignage de cette éclatante et universelle désertion pour apprécier les dévouements des hommes au pouvoir. Si trop de confiance dans les apparences est un mal chez un roi, peut-être aussi n'est-il pas bon qu'il arrive au trône avec un désillusionnement complet; car l'égoïsme ne peut manquer d'en être le résultat. Nous aurons à examiner si Louis XVIII n'a pas un peu sacrifié la monarchie à son règne, comme avait fait Louis XV. Ce fut du château de Saint-Ouen que fut datée la déclaration royale qui consacrait la restauration par le rétablissement de toutes les libertés qu'avait détruites le gouvernement impérial, et qui accordait une amnistie générale. Le 4 juin le roi tint une séance royale au Corps législatif. Le chancelier Dambray annonça la charte octroyée par le roi sous le nom d'*ordonnance de réformation*, formule qui rappelait un peu les traditions de la vieille monarchie, mais qui n'était pas plus despotique que les décrets de l'empereur et roi. La charte de Louis XVIII a soulevé dans tous les partis des agresseurs. Cependant, il eût été difficile de trouver à cette époque un système de conciliation mieux combiné, ni chez aucun peuple de ce temps un ensemble d'institutions plus larges et plus précises. Les anciens et les nouveaux éléments de gouvernement s'y trouvent mélangés dans une savante proportion. Tous les intérêts y sont également ménagés. Assurément la promulgation de la charte ne suffisait point pour réédifier la monarchie; mais elle était propre à raffermir le terrain que l'on devait occuper. Devant elle en effet la confiance devait naître et les passions s'effacer. L'article 14 permettait au roi de faire les règlements et ordonnances nécessaires pour l'exécution des lois et la sûreté de l'État. Le pouvoir royal devait trouver là toute la force et l'étendue nécessaires pour se maintenir contre l'influence variable de l'aristocratie flottante d'un pays constitutionnel. C'est donc à tort que l'on a reproché à Louis XVIII d'avoir sacrifié les droits et les prérogatives de la couronne. Ce prince fit aussi tout ce qu'il pouvait faire pour la noblesse après une si longue proscription, en lui rendant ses titres et en lui promettant une indemnité pour les biens dont elle avait été iniquement dépouillée. En créant une pairie héréditaire, il jetait d'ailleurs les fondements d'une nouvelle aristocratie, non plus seulement honorifique et privilégiée, mais active et puissante, ayant enfin cette valeur politique sans laquelle la noblesse, comme institution, est un véritable non-sens. Le tort qu'eut peut-être Louis XVIII, ce fut de s'endormir sur le premier volume de son œuvre, et de ne pas se soucier si le système de conciliation et d'équilibre, de *bascule*, comme l'ont nommé les oppositions, où il engageait la royauté, pourrait subsister après lui. Il est difficile de supposer qu'avec son esprit juste et perçant, il n'eût pas compris les difficultés qu'il léguait à son successeur, si celui-ci se laissait, soit par lui blessé, soit par impéritie, dominer par une des deux tendances absolutiste ou libérale que l'habileté du monarque législateur pouvait seule maintenir de niveau. Louis XVIII ne fut pas non plus entièrement à l'abri de l'erreur commune à tous les princes qui, privés de leurs États par une révolution, y sont fortuitement rappelés après une longue interruption : ils oublient qu'ils ne sont point dans la même position que leurs ancêtres, et que leurs droits de naissance, affaiblis par la suspension de leur puissance, ont besoin d'être régénérés par un règne énergique ou éclatant. Contents d'être remontés sur leur trône, ils se bornent à s'y installer commodément : aussi leurs restaurations ne sont-elles que des ricochets de l'ancienne domination de leur famille.

L'épisode sanglant des Cent Jours, qui vint interrompre bientôt le règne de Louis XVIII, appartient à l'histoire de Napoléon. On a voulu faire une distinction entre la première et la seconde rentrée des Bourbons; on a prétendu qu'en 1814 ils avaient été rappelés par le vœu de la nation, mais qu'en 1815 ils avaient été ramenés par les baïonnettes étrangères. En vérité, ceci n'est autre chose qu'une de ces sottises perfides, très-propres au reste à égarer la raison naïve du peuple, un de ces sophismes de mots familiers à toutes les oppositions, mais particulièrement à l'opposition libérale sous la Restauration. Les campagnes de Russie, d'Allemagne et de Champagne, qui renversèrent le gouvernement de Napoléon, furent bien pour quelque chose dans le rappel de Louis XVIII; la charte et la conduite toute clémente du roi, après son premier retour, ne pouvaient lui avoir aliéné, en 1815, les suffrages qu'il avait obtenus, sans être connu, en 1814; enfin, les désastres de Waterloo n'étaient pas faits pour diminuer la lassitude amenée par les guerres de l'empire, lassitude qui se traduisait en sentiments de haine, ou tout au moins de répulsion pour l'auteur de ces guerres. Les Cent Jours furent l'œuvre de l'armée, qui ne put résister à l'enthousiasme qu'elle éprouva en revoyant son glorieux chef. Le ressentiment contre les étrangers vint en aide à la passion militaire, qui avait pourtant causé l'invasion des alliés. Une défaite suffit pour anéantir sans ressources la puissance de Napoléon. La nation française, dans ses besoins de paix et de liberté, ne pouvait rester attachée à un homme tout despotique et guerrier.

Louis XVIII, dès qu'il fut de nouveau rentré en France, instruisit ses sujets par une proclamation datée de Cambray, de ses royales et paternelles intentions. La charte et les libertés de la nation étaient consacrées par sa promesse, la promesse d'un prince qui n'avait jamais rien promis en vain. L'oubli devait couvrir tout ce qui s'était passé depuis le jour où, en quittant Lille, il avait dégagé les fonctionnaires civils et militaires de leurs obligations envers sa personne, jusqu'au jour de son retour : mais (et, quelle que soit la sympathie qui s'attache à des victimes illustres ou intéressantes, on ne peut nier que ce ne fût juste et légal) le roi exceptait du pardon ceux dont la trahison avait de nouveau renversé le trône et ramené les étrangers en France. La France devait une éternelle reconnaissance à cette famille, qui deux fois venait la préserver sinon d'une ruine totale et d'un démembrement, du moins d'une lutte qui eût achevé de l'épuiser d'hommes et de biens. C'est sous ce point de vue qu'il eût été juste d'envisager la rentrée des Bourbons en 1815. Louis XVIII resta spectateur de la campagne de Belgique, et ne pouvait pas qu'aucun prince de sa famille, qu'aucun des fidèles serviteurs qui l'avaient accompagné, se rangeât parmi les ennemis. On ne peut pas dire assurément que la nation entière fût favorable à Napoléon. L'armée française seule était en guerre avec les armées alliées, et s'interposait entre le roi et ses sujets. Les hommes qui, pendant quinze ans, ont battu en brèche la Restauration avec les souvenirs de l'empire étaient pour la plupart opposés à l'empereur en 1815, tout autant qu'aux Bourbons, et ils ne l'adoptèrent qu'après sa mort. Il n'était plus pour eux qu'un moyen.

Le congrès de Vienne, qui établit la situation politique de l'Europe telle qu'elle est encore aujourd'hui, du moins géographiquement, n'avait point été interrompu par le dernier coup de foudre de l'aigle impériale. Les délégués du roi de France, imitant, non pas Richelieu et Louis XIV, mais Mme de Pompadour et Napoléon, y préférèrent l'alliance de l'Angleterre et de l'Autriche à celle de la Russie. On refusa l'union du duc de Berry avec une sœur du Czar. Peut-être la maison de Bourbon ne trouva-t-elle pas la descendante des ducs de Moscovie, la petite-fille de Catherine II, d'une maison assez ancienne et assez honorable pour prétendre à son alliance. Elle aima mieux resserrer le pacte de famille et s'unir aux Bourbons de Naples. Malheureusement les rois oublient souvent les liens du sang et leurs intérêts généraux pour l'intérêt du moment. Louis XVIII conserva en présence des Français mécontents et des étrangers enorgueillis la dignité dont il avait fait preuve dans l'exil. Il refusa de changer les couleurs de sa famille pour capter la bienveillance de l'armée. Quand l'Autriche osa redemander des provinces dont la possession était assurée depuis longues années à la France par une suite de traités, il déclara qu'il en appellerait à ses armes. Une guerre eût réuni tous les partis; les Vendéens et l'armée de la Loire eussent marché ensemble pour défendre le territoire. L'Autriche fut contrainte de céder. Ce fut avec la même énergie qu'il défendit les monuments de Paris contre la fureur des soldats prussiens. S'il n'empêcha point qu'on reprît les chefs-d'œuvre que la république et l'empire avaient enlevés des pays conquis, c'est que la force seule eût pu s'y opposer, et ce n'était pas le cas de faire couler le sang. Nous ne nous arrêtons point sur les désordres qui eurent lieu en 1815 dans le midi, et dont on a voulu, en les exagérant, rendre le gouvernement de la Restauration responsable. Ce sont des crimes qui appartiennent à la nation, comme la Saint-Barthélemy et la Terreur. Quand la royauté pardonnait aux régicides, elle pouvait bien aussi jeter le voile sur des excès commis par ses partisans ; ce qu'elle ne fit point cependant dans les cas vraiment graves.

Le 7 octobre eut lieu l'ouverture de cette chambre de 1815, objet de tant d'attaques et de sarcasmes, et à laquelle on doit en grande partie le calme dont la France a joui pendant la Restauration. Encore mal initiés aux rubriques parlementaires, on vit ces députés, sans respect pour l'esprit systématique, qui est le mobile du gouvernement représentatif, se ranger aux représentations d'un membre de l'opposition et proclamer l'inamovibilité de la magistrature, principe nécessaire pour assurer le respect dû aux lois et aux décisions de la justice. En même temps, ils mettaient tous leurs soins à consolider le trône. Ils essayèrent de rendre au clergé et à la noblesse, ces deux colonnes de la royauté, une partie de leur ancienne solidité ; mais ils ne procédèrent pas avec assez de ménagements ; ils indisposèrent le roi et la chambre des pairs en paraissant se méfier d'eux. Ils oubliaient ce que Louis XVIII eut constamment présent à l'esprit, savoir : qu'un roi ne doit être d'aucun parti, s'il ne veut tomber dans le mépris. En effet, ce n'est plus lui qui règne, mais le parti. D'un autre côté, la chambre des pairs, du haut de son hérédité, fut blessée de l'attitude tranchante des députés, et rejeta une loi d'élections qui eût rapproché la chambre représentative des anciennes assemblées de notables, en admettant les fonctionnaires de l'État parmi les électeurs. Une ordonnance du roi, du 5 septembre 1816, prononça la dissolution de la chambre et garantit l'intégralité de la charte. Quelques conspirations obscures, quelques intrigues ministérielles, occupèrent la surface des années suivantes.

Le règne de Louis XVIII était bien établi ; mais l'opposition parlementaire grossissait aussi, et rassemblait habilement tous les principes antimonarchiques qui existaient en France, pour former un parti puissant. La chambre de 1824 entrava quelque temps ces menées ; mais la mort du roi, qui arriva le 15 septembre 1824, laissa aux factions souterraines, qui déjà minaient la monarchie à peine relevée de ses ruines, une plus grande latitude. Un changement de règne produit toujours une secousse dans l'État ; il est surtout dangereux pour un trône autour duquel fermentent encore des idées destructives. L'assassinat du duc de Berry, en qui seul reposait l'espoir de la famille royale, avait tristement marqué l'avant-dernière année du règne de Louis XVIII. « On n'assassine pas dans notre famille, on y est assassiné, » avait dit le roi en 1815, lorsqu'on lui proposa de faire périr l'empereur. Cette parole eût mérité de servir de talisman et non d'augure pour ce qui arriva. Un autre événement, bien différent, la guerre d'Espagne, avait dû pourtant inspirer au monarque quelques réflexions pénibles sur l'avenir de sa famille ; car l'opposition que rencontra cette expédition, les railleries indécentes qui accompagnèrent les succès rapides du duc d'Angoulême, ne purent manquer d'arriver à ses oreilles et de lui prouver que le progrès de la propagande révolutionnaire l'emportait sur le vieil esprit national.

Honoré DE BALZAC.

LOUIS Ier, dit *le Germanique*, roi de Germanie, troisième fils de Louis le Débonnaire, était le frère puîné de Lothaire, empereur d'Occident. Il reçut d'abord en partage la Bavière : il s'associa à presque toutes les entreprises de ses frères contre leur père, et sa dernière révolte causa sa mort. Après la bataille de Fontenay, il se composa avec la Saxe, la Thuringe, la Pannonie, le pays des Grisons et la Lorraine, acquise postérieurement, un royaume qui prit le nom de royaume de Germanie. Il mourut en 876, laissant trois fils, Carloman, Louis, et Charles le Gros.

LOUIS II, roi de Germanie, second fils du précédent, battit en 876, près d'Audernach, son oncle Charles le Chauve, qui avait envahi l'Allemagne. Après la mort de celui-ci, il entra lui-même en France pour faire valoir ses droits à son héritage, mais il n'y réussit pas. Vainqueur une première fois des Normands en Neustrie, il fut complètement battu par eux à Ebsdorf, et s'en alla mourir de chagrin à Francfort, en 882.

LOUIS dit *l'Aveugle*, fils de Boson, roi de Provence, et d'Hermengarde, fille de l'empereur Louis le Jeune, né en 880, n'avait que deux ans quand il succéda à son père. Il passa en Italie, l'an 900, pour défendre ses droits contre Béranger, qui lui disputait l'Empire. Après l'avoir battu deux fois, il se fit couronner empereur à Rome par le pape Benoît IV ; mais surpris dans Vérone par son rival, celui-ci lui fit crever les yeux, et le renvoya en Provence, où il mourut, vers 923.

LOUIS Ier, roi de Hongrie et de Pologne, surnommé *le Grand*, pour ses conquêtes, son amour des lettres et la sagesse de son règne, naquit en 1326. Il était de la maison d'Anjou, fils et successeur de Charles Robert. Il monta sur le trône de Hongrie en 1342, fit la guerre avec succès aux Tatares, aux Turcs et aux Vénitiens, auxquels il prit Zara et toute la Dalmatie. Il soumit également les Transylvaniens et les Croates révoltés, et vengea la mort de son frère André, roi de Naples, par deux expéditions en Italie contre Jeanne, sa veuve. A la mort de son oncle Casimir III, arrivée en 1370, Louis fut élu roi de Pologne. Il mourut en 1382, laissant deux filles, Marie et Hedwige, qui portèrent, l'une la Hongrie à Sigismond, l'autre la Pologne à Jagellon. Louis Ier avait aboli la pratique du combat judiciaire et du jugement de Dieu.

LOUIS II, roi de Hongrie et de Bohême, naquit en 1505, et succéda à Ladislas, son père, en 1516. Il fut tué à la bataille de Mohacs, gagnée par Soliman II (1526). Il avait épousé Marie, sœur de Charles-Quint, et n'eut pas d'enfants.

LOUIS Ier (CHARLES-AUGUSTE), ex-roi de Bavière (1825-1848), né le 25 août 1786, succéda à son père, le roi *Maximilien-Joseph*, le 13 octobre 1825 (*voyez* BAVIÈRE). Comme prince royal, il avait vécu entièrement éloigné des affaires, ne s'occupant que d'art, de sciences et de littérature. En montant sur le trône, il réalisa d'assez importantes réformes administratives et accorda aux beaux-arts une protection aussi active qu'éclairée. La construction de divers beaux et grands monuments, la création du canal de Louis, qui relie le Danube au Rhin, témoignent de son goût tout particulier pour les travaux d'utilité publique ; et on peut dire que son règne fut en Bavière celui de tous les arts du dessin. Ce prince eût donc infailliblement vu s'attacher une grande et juste popularité à son nom, si en même temps qu'il se montrait l'ami éclairé des arts et des lettres, il ne s'était pas mis ostensiblement à la tête de la violente réaction religieuse et politique qui, à partir de 1830, éclata en Bavière. On vit alors des couvents se rétablir de tous les côtés ; et le clergé catholique, toujours favorisé par le pouvoir séculier, se montrer de plus en plus intolérant à l'égard des dissidents. Au commencement de 1847, le parti ultramontain perdit subitement, il est vrai, toute son influence sur les affaires ; mais comme cette révolution intérieure n'avait a été cause qu'une intrigue de boudoir, dont l'héroïne était une danseuse espagnole appelée Lola Montes, et pour laquelle le vieux roi s'était tout à coup et publiquement épris de la passion la plus violente et la plus sotte, l'opinion publique ne sut aucun gré à Louis Ier de ce brusque revirement survenu dans la nature de ses idées gouvernementales. Les insolences de tous genres que se permit publiquement cette créature, à laquelle son royal amant avait donné le titre de *comtesse de Landsfeldt*, provoquèrent même dès les premiers jours de février 1848, à Munich, des scènes tumultueuses, à la suite desquelles la maîtresse du roi fut enfin obligée de quitter la capitale et bientôt après la Bavière, après environ deux ans de règne. Quelques semaines plus tard, la Bavière, que le scandale public des amours adultères de son roi en cheveux blancs avec cette *lorette* de bas étage avait vivement émue, recevait en outre le contre-coup de la violente commotion produite en Allemagne par notre révolution du 24 Février. En présence des dangers de toutes espèces qui résultaient de cette situation, non pas seulement pour le pays, mais encore pour la dynastie, Louis Ier ne se montra pourtant rien moins que disposé à consentir aux réformes administratives et politiques que réclamait de lui l'opinion, et plutôt que d'y faire droit il préféra abdiquer la couronne au profit de son fils aîné, le 20 mars 1848. Depuis lors, ce prince a toujours vécu dans une profonde retraite, et a tâché de trouver dans la culture des lettres et des arts des adoucissements aux cuisants regrets que doivent nécessairement faire naître en lui les honteux souvenirs des deux dernières années de son règne. On a de lui un volume de *Poésies*. Marié en 1810 à une princesse de Saxe-Hildburghausen, il a eu quatre fils : *Maximilien II*, aujourd'hui roi de Bavière ; *Othon*, roi de la Grèce ; *Luitpold*, né en 1821, marié à l'archiduchesse Auguste, fille du grand-duc de Toscane ; *Adalbert*, né en 1828, désigné pour succéder à son frère Othon, s'il meurt sans laisser de postérité ; et quatre filles.

LOUIS I-III, ducs d'Anjou. *Voyez* ANJOU.

LOUIS (ANTOINE), secrétaire de l'Académie de Chirurgie et membre de l'Académie des Sciences, né à Metz, en 1723, d'abord chirurgien major dans l'hôpital militaire de cette ville, se rendit à Paris, et obtint au concours la place de chirurgien de la Salpêtrière ; il fut quelque temps chirurgien major consultant de l'armée du haut Rhin, en 1761. Après une carrière remplie par l'étude et l'amour de l'humanité, il mourut en 1792, et voulut être enterré dans le cimetière de l'hôpital de la Salpêtrière, au milieu des pauvres qu'il s'était plu à soulager. Ses principaux ouvrages sont : *Cours de Chirurgie pratique sur les plaies d'armes à feu* (1747, in-4°) ; *Positiones anatomico-chirurgicæ de capite* (1749, in 4°) ; *De partium externarum generatione in mulieribus* (1754, in-4°) ; *Une traduction des Aphorismes de Boerhaave*, et un grand nombre de mémoires. C'est Louis qui fut chargé de la partie chirurgicale de l'*Encyclopédie*.

LOUIS (JOSEPH-DOMINIQUE, baron), ancien ministre des finances, naquit à Toul, le 13 novembre 1755, d'une famille de magistrature. Quoiqu'il eût reçu les ordres sacrés, il acheta, à l'âge de vingt-quatre ans, une charge de conseiller clerc au parlement de Paris, et s'y fit bientôt remarquer par ses connaissances en matière de finances. Partisan des idées nouvelles, il parut avec avantage, en 1788, à l'assemblée provinciale d'Orléans, et il allait entrer à la grand'-chambre du parlement, quand ce corps fut détruit par la révolution. L'abbé Louis n'en donna pas moins une solennelle adhésion à la nouvelle constitution de la France, en assistant, comme diacre, l'évêque d'Autun, à la cérémonie religieuse qui fut célébrée au Champ-de-Mars, le 14 juillet 1790, pour la fête nationale de la Fédération. Le roi lui donna quelques missions et le nomma ensuite ministre plénipotentiaire en Danemark ; mais la chute de la monarchie l'empêcha de prendre possession de ce poste, et ce fut comme exilé que l'abbé Louis quitta la France. Réfugié en Angleterre, il étudia la constitution financière et économique de ce pays, et partit pour la Hollande, où il dirigea avec succès une importante maison de commerce.

Le consulat rouvrit les portes de la patrie à l'abbé Louis, qui rentra bientôt dans la carrière des emplois publics. D'abord il fut chargé par le ministre Dejean de la liquidation des dépenses arriérées du ministère de la guerre et de l'organisation de la comptabilité de la Légion d'Honneur. Le 26 juin 1806 Louis fut nommé maître des requêtes au conseil d'État, et à la fin de la même année l'un des administrateurs du trésor public. L'empereur, content de ses services, le créa baron en 1809, et le chargea en 1811 de la liquidation de la dette hollandaise, et en 1812 de la dette westphalienne. La première de ces missions lui valut le titre de conseiller d'État en service ordinaire, et au retour de la seconde il fut attaché à la section des finances. Les travaux intérieurs du conseil d'État l'occupèrent exclusivement jusqu'à la chute de Napoléon, dont il avait pourtant éveillé les justes défiances par ses relations avec le prince de Talleyrand et le duc de Dalberg. Quoi qu'il en soit, le baron Louis dut sans doute à l'influence de ces deux personnages d'être nommé, le 3 avril 1814, commissaire pour les finances, le trésor, les manufactures et le commerce, par le gouvernement provisoire dont ils faisaient partie. Une ordonnance du roi l'institua définitivement, le 13 mai 1814, ministre secrétaire d'État aux finances. Les difficultés étaient grandes : des charges énormes pesaient sur l'État, les caisses publiques étaient vides, le comte d'Artois avait promis l'abolition des droits réunis. La France. Sur ses instances, Louis XVIII reconnut solennellement les droits des créanciers de l'État, et déclara que tous les impôts existants devaient être respectés et maintenus. Dans le cours du mois de juillet les chambres furent saisies, par les soins du baron Louis, d'un projet de loi destiné à fixer le budget des années 1814 et 1815, et à créer les moyens d'acquitter l'arriéré des dépenses antérieures au 1er avril 1814. On offrit aux créanciers des inscriptions de rentes 5 pour 100, ou des obligations du trésor à ordre payables à trois ans d'échéance, avec un intérêt de 8 pour 100. Le produit de la vente de 300,000 hectares de bois de l'État fut affecté à l'acquittement de ces obligations. Ce projet devint la loi du 23 septembre 1814.

Au 20 mars 1815 le baron Louis suivit le roi à Gand, et reparut au ministère des finances le 9 juillet. Les difficultés étaient bien plus grandes que lorsqu'il l'avait quitté. Les charges étaient augmentées, les ennemis exigeaient une rançon, les anciens émigrés demandaient une indemnité. Le baron Louis combattit ces diverses prétentions ; mais n'ayant pu faire triompher ses idées, il résigna ses fonctions à la fin de septembre, n'ayant eu que le temps de préparer des mesures pour assurer l'accomplissement des engagements de l'État dont il avait derechef proclamé l'inviolabilité. En sortant du ministère, il vint prendre place à la chambre des députés, où il n'avait été élu par les deux départements de la Seine et de la Meurthe. Il reprit pour la troisième fois le portefeuille des finances dans le cabinet dont le général Dessoles était le président. Il en sortit le 19 novembre 1819, avec Dessoles et Gouvion Saint-Cyr, à propos de modifications proposées dans le système électoral. Son passage aux affaires fut signalé cette fois par la création de livres auxiliaires du grand-livre dans les départements et par un dégrèvement important sur la contribution foncière. Réélu député en 1821, par le département de la Meurthe, il échoua aux élections générales de 1824, mais il fut rappelé à la chambre en 1827, par les électeurs de la Seine et de la Meurthe, et siégea sur les bancs de l'opposition. Il vota l'adresse des 221, et fut réélu par le département de la Seine, au mois de juillet 1830.

Le 31 juillet, la commission municipale le nomma commissaire provisoire au département des finances. Malgré son grand âge, il accepta ; et il conserva ce poste sous Louis-Philippe. Le cabinet dont il faisait partie se retira le 2 novembre ; mais le 13 mars 1831 il rentra aux affaires avec Casimir Périer. A sa demande, la chambre des députés prescrivit une enquête sur notre situation financière, et les résultats en furent solennellement apportés à la tribune. Cette enquête révélait de grands dangers, mais sa présence seule calmait bien des inquiétudes, et grâce à la politique adoptée par Louis-Philippe, on pouvait espérer de triompher de toutes les difficultés, si rien ne venait troubler le gouvernement. Le 11 octobre 1832 le baron Louis remit le portefeuille des finances à M. Humann, et le même jour il entrait à la chambre des pairs. Il prit part aux travaux de la chambre haute jusqu'à sa mort, arrivée à Try-sur-Marne, le 27 août 1837. L. LOUVET.

LOUIS (P.-C.-A.), médecin honoraire de l'hôtel-Dieu de Paris, membre de l'Académie de Médecine, est né vers 1795. Après sa réception doctorale, il voyagea en Russie, et ne revint à Paris que vers 1823. Il entra sans titre et sans fonctions obligatoires à l'hôpital de La Charité, n'usant de son indépendance que pour se fortifier dans l'art du diagnostic et pour apprendre par ses yeux et ses dissections l'anatomie pathologique, qu'il ignorait. On lui doit : *Mémoires ou Recherches d'anatomie pathologique sur l'estomac, sur les intestins, le foie, le péricarde, les morts subites et imprévues, les morts lentes et prévues, mais inexplicables*, etc. (in-8°, 1826) ; *Documents recueillis sur la fièvre jaune à Gibraltar* (2 vol. in-8°, 1830). M. Louis avait partagé cette mission avec les docteurs Chervin et Trousseau. Il a encore publié : *Examen de l'Examen de M. Broussais, relativement à la phthisie pulmonaire et à l'affection typhoïde* (in-8°, 1824). M. Louis a puissamment concouru, par ses écrits et ses études, à la chute de la doctrine de Broussais. Il n'y a pas jusqu'à l'expression de *fièvre typhoïde*, qu'il a créée, qui n'ait beaucoup nui à l'admission routinière de la *gastro-entérite* du médecin célèbre du Val-de-Grâce. Ses *Recherches sur la Phthisie* (in-8°, 1825-1843) ont le plus fait pour le renom et la vogue de M. Louis; citons encore : *Recherches sur la maladie connue sous les noms de fièvre typhoïde, putride, adynamique, ataxique, bilieuse, muqueuse, et de gastro-entérite, de dothinentérie,* etc., *comparée avec les maladies aiguës les plus ordinaires* (2 vol. in-8°, 1841). Si cet ouvrage donne un démenti continuel au système erroné de Broussais, il ne prouve pas moins combien Broussais fut heureusement inspiré le jour où il ramena à l'unité les différentes fièvres dites *essentielles*. Il ne subsiste de désaccord qu'en ce qui concerne la localisation du siège et le mode de traitement; et c'est en ce dernier point que Broussais a été vaincu. Ajoûtons, enfin, les *Recherches sur les effets des saignées,* etc., *et sur l'action de l'émétique et des vésicatoires dans la pneumonie* (in-8°, 1835).

Dr Isid. BOURDON.

LOUIS, monnaie d'or devenue en usage en France depuis Louis XIII, et qui doit son origine à l'abus qui s'était propagé même en France de falsifier, de rogner, etc., l'or. Les pièces d'or alors en circulation en furent retirées et remplacées par une monnaie d'or avec un bord et le buste du roi. A l'origine le revers de la pièce portait une croix composée de quatre ou de huit fleurs de lys, mais sous Louis XV un écu généralement ovale, et à partir de Louis XVI un écu à angles. Aussi les pièces de ces deux rois sont-elles connues sous le nom de *louis d'or à l'écu*. Les louis d'or de Louis XVI, qui sur le revers portent l'écu avec les lis et les chaines de Navarre, sont d'ordinaire appelés *louis neufs*. Il y a aussi des pièces doubles de tous ces modules, appelées *doubles-louis* ou *doublons*. Mais les quadruples et les décuples louis d'or ne doivent être considérés que comme des médailles. Quelques louis d'or frappés sous Louis XV portent encore des noms spéciaux ; par exemple : les *Noailles*, frappés pendant la minorité du roi par le duc de Noailles, ministre des finances ; les *mirlitons*, frappés de 1723 à 1726, appelés ainsi à cause de leur couleur particulière ; les *chevaliers* ou *croix de Malte*, ainsi appelés à cause de la croix de l'ordre de Saint-Louis, fondé par Louis XIV en 1693 ; les *louis aux deux L*, ainsi nommés à cause des deux L qui s'y trouvent; les *louis au soleil* sont une espèce de louis particuliers frappés sous Louis XIV.

Depuis 1795 on ne frappe plus en France que des pièces d'or rentrant dans le système métrique.

En Allemagne on continue encore à appeler abusivement *louis d'or* les monnaies d'or frappées dans les divers États et d'une valeur à peu près égale à notre ancien *louis d'or*.

LOUIS (Code) ou CODE DE LOUIS XIV ; CODE DE LOUIS XV. *Voyez* CODE.

LOUIS BONAPARTE, comte DE SAINT-LEU, ancien roi de Hollande, troisième frère de N a p o l é o n, né à Ajaccio, le 2 septembre 1778, vint fort jeune encore en France, et fut élevé à l'École d'Artillerie de Châlons. Il accompagna Napoléon dans sa première campagne d'Italie, puis en Égypte, mais dans des grades subalternes et sans trouver l'occasion de se faire remarquer d'une manière particulière. En 1799 Napoléon l'expédia d'Égypte en Europe avec des dépêches pour le Directoire; puis, après la journée du 18 b r u m a i r e, il lui confia une importante mission auprès de Paul Ier ; mais la nouvelle de la mort inattendue du tsar l'arrêta en route, à Berlin. Plus tard il fut promu au grade de général de brigade; et à l'établissement de l'empire, Napoléon exhuma pour lui l'ancien titre de *connétable*, oublié depuis longtemps en France, en même temps qu'il le créait colonel général des carabiniers. En 1805 il le nomma gouverneur général du Piémont, mais jamais Louis Bonaparte n'en remplit les fonctions ; et quand Murat passa roi de Naples, il le remplaça comme gouverneur de Paris. L'armée de réserve réunie à Boulogne l'eut aussi pendant quelque temps pour général en chef. Quand le grand pensionnaire de Hollande Schimmel-Penninck annonça l'intention de se démettre de ses fonctions, il n'agit que sous la pression de Napoléon, qui déjà avait résolu d'ériger la Hollande en royaume au profit de l'un de ses frères. En vain Louis, pour se dérober à un tel honneur, allégua la mauvais état de sa santé, sa vive répugnance pour le climat humide et froid sous lequel il lui faudrait vivre désormais; Napoléon n'admit point ces excuses, et exigea de lui une obéissance absolue. On peut le dire en toute vérité, Louis Bonaparte n'accepta qu'à regret la couronne que son frère le condamnait à porter : la responsabilité que les rois assument sur leur tête l'effrayait, et les injonctions péremptoires de son frère ne triomphèrent pas sans peine de ses répugnances prophétiques (5 juin 1806).

Honnête homme avant tout, Louis essaya de se dévouer complétement au bien-être et à la prospérité de sa patrie adoptive; mais il ne tarda pas à reconnaître avec douleur que son frère n'avait jamais voulu faire de lui autre chose qu'un préfet couronné. Il n'avait pas les pouvoirs nécessaires pour mettre un terme aux fausses mesures fiscales et administratives par lesquelles les autorités françaises avaient jusque alors blessé sans ménagements les mœurs et les susceptibilités nationales des populations sur lesquelles on l'avait appelé à régner; et il avait à lutter contre l'impopularité toujours croissante d'un état de choses dont le système c o n t i n e n t a l était la base. Aussi faut-il savoir gré à Louis Bonaparte de ses sincères efforts pour mériter et obtenir les sympathies de la nation dont les destinées lui étaient confiées. Il refusa avec dignité la couronne d'Espagne, que Napoléon lui offrit à quelque temps de là, déclarant que depuis qu'il était monté sur le trône de Hollande il était devenu hollandais et qu'il entendait rester tel désormais. Les armements imposés à la Hollande par la France, joints aux résultats funestes que le système continental avait pour le commerce du pays, ne pouvaient qu'y tarir successivement toutes les sources de la prospérité publique et aggraver de plus en plus le déplorable état des finances; cependant, à force d'ordre et d'économie, le roi Louis parvint à écarter le danger d'une banqueroute nationale ; et au milieu des pénibles tiraillements d'une situation politique singulièrement compliquée par les exigences impérieuses de la diplomatie française, il trouva encore le temps de doter sa patrie adoptive d'un nouveau code civil et d'un nouveau code pénal, calqués sans doute sur les codes français, mais du moins appropriés aux antiques coutumes et aux mœurs de la nation hollandaise, ainsi que d'un système de poids et mesures introduisant enfin l'unité et l'homogénéité en pareilles matières, et imité également du système métrique dont la Convention nationale avait doté la France.

Dans le cercle de son activité personnelle, le roi se montrait simple, bon, humain, généreux, aussi prompt à récompenser le mérite qu'à oublier les injures. Son cœur ne pouvait que saigner toujours à l'aspect fatal journellement témoin des désastreux effets du système continental pour un peuple qui n'existe et ne peut exister que par le commerce; il se décida donc à se départir en secret de la rigueur des instructions qu'on lui envoyait de Paris lui enjoignaient d'apporter dans l'observation du blocus continental, et à faciliter en dessous mains les expéditions du commerce maritime, la source la plus féconde, pour ne pas dire la source unique de la richesse nationale. Napoléon ne tarda point à être instruit par sa police de ces encouragements clandestins donnés par le roi Louis au commerce maritime hollandais ; dans sa colère, il manda aussitôt à son frère d'avoir à venir se justifier à Paris. Pour conserver du moins à la Hollande une existence indépendante, le roi Louis dut promettre d'être à l'avenir plus ponctuel dans l'exécution des ordres qui lui seraient transmis ; mais de retour dans ses États, la force même des choses le contraignit encore à se montrer moins sévère que l'aurait voulu Napoléon. Bientôt donc la mésintelligence des deux frères fut complète. Alors, apprenant qu'un corps d'armée aux ordres du maréchal Oudinot avait reçu l'ordre d'envahir le sol hollandais à l'effet d'y prêter main-forte à l'observation rigoureuse du blocus continental, le roi Louis, qui reconnaissait l'impossibilité de lutter davantage, et qui pourtant ne voulait pas non plus s'associer même passivement à des mesures funestes au peuple hollandais, prit une résolution qui excita l'admiration générale de l'Europe et que l'histoire a enregistrée au nombre des plus belles actions dont elle ait mission de conserver le souvenir. Il avait accepté le titre de roi d'une nation libre et indépendante : dès qu'une armée envahissait le sol de cette nation pour lui imposer les lois d'un autre souverain, continuer à ne régner qu'à la condition d'être gardé à vue dans son propre palais par des baïonnettes étrangères et de signer sans observations les décrets qu'on lui enverrait tout rédigés de Paris ou de Saint-Cloud, lui parut indigne de son caractère; et le 1er juillet 1810 il abdiqua en faveur de son fils, qui jusqu'à sa majorité devait rester sous la tutelle de sa mère, instituée régente aux termes de la constitution. Puis, au lieu de se rendre en France, le roi Louis se retira dans les États de l'empereur d'Autriche, à Gratz en Styrie, où il se consacra philosophiquement à la culture des lettres. En descendant du trône, il avait pris le titre de comte de Saint-Leu, qu'il continua dès lors de porter jusqu'à sa mort.

Le peuple hollandais garda longtemps le plus sympathique souvenir de cet étranger, que les caprices de la fortune lui avaient donné un instant pour roi, qui pourtant n'avait pas craint de défendre sa nationalité et son indépendance contre le maître de l'Europe, et qui plutôt que d'être l'instrument du despotisme de Napoléon, avait préféré renoncer à une couronne. On sait le peu de compte que Napoléon tint de cet acte d'abdication volontaire. Louis Napoléon n'avait évidemment fait que prévenir le décret qui devait le rayer purement et simplement de la liste des rois ; en effet, la Hollande fut alors réunie sans autres explications à l'empire français et fractionnée en un certain nombre de préfectures. Louis s'éloigna de la Hollande plus pauvre qu'il n'y était arrivé ; il refusa de toucher le douzième échu de sa liste civile, et ne réclama aucune espèce d'apanage ni de dotation. Toutefois, Napoléon assigna spontanément à la reine Hortense, sa femme, un revenu de deux millions, et lui fit don du beau domaine de Saint-Leu près Paris. Quand l'heure de l'adversité sonna enfin pour l'empereur, Louis n'hésita point à se mettre à la disposition de son frère. À diverses reprises, en 1813, il lui offrit d'user de son influence personnelle pour empêcher les populations hollandaises de faire cause commune avec la coalition ; mais Napoléon repoussa durement toutes ses ouvertures, sans doute parce que pour y donner suite il eût fallu rétablir l'indépendance de la Hollande telle qu'elle existait tout au moins au commencement de 1810, et aussi parce que l'orgueilleux despote refusait encore de s'avouer à lui-même les périls que lui avait créés son insatiable ambition.

Une fois que la Hollande eut rappelé dans son sein les princes de la maison d'Orange, Louis Bonaparte se crut dégagé de toute espèce d'engagement à l'égard du pays sur lequel il avait régné pendant quatre années, et le 1er janvier 1814 il arrivait à Paris. L'entrevue que Marie-Louise ménagea alors entre lui et Napoléon fut froide et cérémonieuse. Malgré l'accueil glacial que lui fit son frère, Louis l'exhorta avec la plus chaleureuse sincérité à traiter de la paix pendant qu'il en était temps encore, et le 30 mars il suivit loyalement l'impératrice à Blois. À quelque temps de là, il se retirait à Lausanne, d'où il se rendit à Rome au mois de novembre 1814. Pendant les cent jours, l'empereur, qui le comprit dans sa chambre des pairs, l'invita vainement à revenir en France.

En 1802, déférant aux désirs impérieux de Napoléon, Louis Bonaparte avait épousé Hortense de Beauharnais, fille du général Beauharnais et de Joséphine Tascher de la Pagerie, devenue plus tard femme du général Bonaparte, devenue plus tard impératrice des Français. Ce mariage, qui rompait une tendre liaison dans laquelle Louis se trouvait déjà engagé, pouvait difficilement être heureux, et ne le fut pas non plus. En 1810, à Rome, Louis se fit juridiquement séparer de sa femme, aux soins de laquelle il remit aussi l'éducation de ses enfants ; et à partir de 1826 il vint s'établir à Florence, qu'il habita toujours depuis et où il vécut constamment dans un grand isolement. Il avait eu d'Hortense de Beauharnais trois enfants : l'aîné, *Napoléon-Louis-Charles*, né en 1803, mourut le 5 mars 1807 ; le second, *Louis-Napoléon*, né en 1804, devenu prince royal de Hollande à la mort de son frère aîné et créé en 1809 par son oncle l'empereur Napoléon grand-duc de Clèves et de Berg, avait épousé la princesse *Charlotte*, fille unique de son oncle Joseph, et mourut à Forlo, le 17 mars 1831 ; le plus jeune, *Charles-Louis-Napoléon*, né à Paris le 20 avril 1808, prit le nom de *Napoléon-Louis*, à la mort du duc de Reichstadt, conformément à un décret de Napoléon qui a réglé l'état civil de la famille impériale et ordonné que l'aîné et représentant de sa maison portât toujours pour premier prénom le nom de *Napoléon*. C'est lui qui règne aujourd'hui en France sous le nom de *Napoléon III*.

En 1845 Louis-Bonaparte, sentant sa fin s'approcher, fit supplier le gouvernement de Louis-Philippe de permettre au dernier survivant de ses enfants, qui depuis cinq ans expiait au château de Ham sa tentative de Boulogne, de venir lui fermer les yeux. Cette dernière consolation lui fut refusée ; et lorsque l'année suivante, le 26 mai 1846, Louis-Napoléon, trompant la surveillance de ses geôliers, s'échappait de sa prison et parvenait à gagner le sol hospitalier de l'Angleterre, le gouvernement français s'entremit activement pour lui faire refuser par tous les gouvernements les passe-ports sans lesquels il ne pouvait songer à essayer de se rendre en Italie. Le comte de Saint-Leu mourait deux mois après, à Livourne, le 25 juillet 1846. Par son testament, qui porte la date du 1er décembre 1845, il léguait à son fils tout ce qui à l'époque de sa mort constituerait son héritage, comme biens meubles et immeubles, actions et créances, etc., et lui témoignage particulier de son affection, tous les objets qui lui avaient été envoyés de Sainte-Hélène et qui avaient appartenu à son frère l'empereur Napoléon ; objets renfermés dans un meuble construit à cet effet.

L'ex-roi de Hollande avait publié divers ouvrages. Son roman, *Marie, les peines de l'amour, ou les Hollandaises* (3 vol., Paris, 1814), qu'il composa à Grætz, contient une peinture des mœurs de la Hollande. On trouvera d'importants renseignements sur les affaires de sa maison, et plus particulièrement sur la manière dont la Hollande était administrée de son temps, dans les *Documents historiques et réflexions sur le gouvernement de la Hollande par Louis Bonaparte, ex-roi de Hollande* (3 vol., Londres, 1821). On a en outre de lui une *Histoire du Parlement anglais* (Paris, 1820), et des *Observations de Louis Bonaparte, comte de Saint-Leu, sur l'histoire de Napoléon par M. de Norvins* (Paris, 1834).

LOUISE DE SAVOIE, duchesse d'Angoulême, fille de Philippe, comte de Bresse, puis duc de Savoie, et de Marguerite de Bourbon, naquit en 1476, à Pont-d'Ain, et épousa, à l'âge de douze ans, Charles de Valois, duc d'Angoulême, à qui elle n'apporta en dot qu'une somme de 35,000 francs, et qui la laissa veuve, à dix-huit ans, avec deux enfants.

L'un fut notre roi François Ier; l'autre, Marguerite de Valois. Douée d'une beauté remarquable, d'un esprit souple et insinuant, mais avide de domination et de richesses, la duchesse d'Angoulême passa dans la solitude de son château de Cognac les dernières années du sombre règne de Louis XI, ainsi que tout le règne du faible Charles VIII, uniquement occupée de l'éducation de ses enfants. Elle ne parut à la cour de Louis XII que lorsque ce prince, désespérant désormais d'avoir d'Anne de Bretagne, sa femme, un héritier mâle, se décida à donner sa fille unique, Claude, en mariage au jeune duc d'Angoulême, après lui le représentant direct de la maison de Valois, et par conséquent héritier présomptif de la couronne. Celui-ci lui succéda sur le trône, en 1515; et tout aussitôt il donna à sa mère les preuves les moins équivoques de l'affection qu'elle lui avait inspirée. En 1518 il avait acheté aux portes de Paris, à peu de distance des fossés du Louvre, un domaine dit les *Tuileries*, à cause des tuiles qu'on fabriquait dans le voisinage. Sa mère trouvant malsain le séjour de l'hôtel des Tournelles, qu'elle habitait, François Ier lui fit don de sa nouvelle acquisition. Tant qu'elle vécut, Louise de Savoie fut la véritable reine de France. Quand François Ier se disposa à partir pour son expédition du Milanais, ce fut à elle qu'il délégua les pouvoirs de régente de son royaume, au mépris des droits de la reine Claude, sa femme, princesse bonne et vertueuse, qui n'exerça jamais sur son volage époux la moindre influence. Les plus déplorables souvenirs se rattachent à l'administration de Louise de Savoie, qui donna alors l'exemple d'une grande dépravation de mœurs ainsi que d'une cupidité sans égale, et qui trouva dans l'exercice du pouvoir suprême les moyens de satisfaire ses viles passions, aidée en cela par le chancelier Duprat, sa créature, qui lui livrait les trésors de l'État et servait de docile instrument à ses vengeances. Le connétable de Bourbon fut l'une de ses victimes. Après avoir refusé à ce jeune prince sa fille Marguerite en mariage, elle s'éprit pour lui de la passion la plus vive, lorsqu'elle le vit veuf de Suzanne, fille de Pierre II, duc de Bourbon; et malgré ses quarante-six ans bien comptés, elle lui fit offrir sa main. Le refus par lequel le connétable, alors âgé seulement de trente-trois ans, repoussa sa proposition, la blessa au cœur; et elle résolut de se venger à tout prix de l'homme qui avait dédaigné son amour. Secondée, comme toujours, par le vil Duprat, elle lui fit intenter des procès qu'elle gagna, grâce aux juges serviles auxquels le chancelier déféra la contestation, et le dépouilla judiciairement de la plus grande partie de ses biens. Le connétable, poussé à bout, se décida à sortir de France et à aller mettre son épée au service de Charles-Quint. Cause directe des calamités de toutes espèces que cette fatale défection attira sur la France, Louise de Savoie fut encore une fois investie des pouvoirs de régente par son fils au moment où ce prince partit pour sa seconde expédition du Milanais. C'est à elle qu'après la perte de la bataille de Pavie, François Ier manda ce grand désastre par une lettre où se trouve cette phrase célèbre : *tout est perdu, madame, fors l'honneur!* traduction un peu libre, il est vrai, du texte original. La régente eut du moins le mérite de ne point désespérer du salut de la France, parce que le roi son fils était au pouvoir de l'ennemi. Elle prit, au contraire, les mesures les plus propres à assurer la tranquillité du pays, s'occupa du soin de créer à la France de nouveaux alliés à l'étranger, et réussit l'année suivante, au moyen de négociations activement suivies à Madrid, à faire remettre son fils en liberté, moyennant une rançon que la France oublia toujours de payer.

Louise de Savoie, depuis onze ans, avait été trop mêlée aux affaires pour que le retour du roi dans ses États lui fit perdre son influence. On la vit, tout au contraire, en 1529, présider aux négociations qui amenèrent la conclusion du traité de Cambray, dit aussi *la paix des dames*, parce que les véritables négociatrices lui furent, pour la France, la mère de François Ier, et pour l'Espagne, Marguerite d'Autriche, régente des Pays-Bas, avec la reine douairière de Portugal,

DICT. DE LA CONVERS. — T. XII.

Éléonore d'Autriche, devenue l'année suivante la seconde femme de François Ier.

Le 29 septembre 1532, Louise de Savoie, duchesse d'Angoulême, mourut à Grez en Gâtinais, des suites d'une épidémie qui ravageait la France. Sa fin fut hâtée par la terreur superstitieuse que lui inspira l'apparition d'une comète, dans laquelle elle vit un signe avant-coureur de sa mort, malgré tous les efforts des médecins pour la persuader que son état n'était point aussi désespéré qu'elle se l'imaginait. Brantôme rapporte qu'ayant aperçu, pendant la nuit, une vive clarté dans sa chambre, elle fit tirer le rideau et ouvrir la fenêtre, et qu'ayant reconnu que cette clarté extraordinaire était projetée par une comète, elle s'écria : « Ah! voilà un signe qui n'est pas fait pour une personne de basse qualité. Dieu le fait paraître pour nous, grands et grandes. C'est une comète qui m'annonce la mort; il s'y faut donc préparer! » Quelques jours plus tard, elle expira, après avoir rempli ses devoirs religieux, circonstance qui autorise à croire que si elle avait eu un instant des velléités de protestantisme, elle avait fini par y renoncer. On trouva dans ses coffres la somme énorme de 1,500,000 écus d'or. Cette princesse, malgré ses vices, aimait et protégeait les lettres. Les calamités que valut à la France son immixtion dans les affaires publiques n'empêchèrent pas qu'il ne se rencontrât une pléiade de poètes pour célébrer à l'envi ses louanges. Leurs vers ont été recueillis, et forment un gros volume. Louise de Savoie a laissé elle-même, en forme d'éphémérides, un journal qui va de 1501 à 1522, où l'on trouve des faits historiques et des détails domestiques assez curieux, ainsi que des particularités sur sa vie et celle de ses enfants, auxquels elle paraît avoir voué de tout temps un attachement des plus vifs, quoique d'ailleurs fort peu éclairé.

LOUISE (Auguste-Wilhelmine-Amélie), *reine de Prusse*, épouse de Frédéric-Guillaume III, née le 10 mars 1776, à Hanovre, où son père, le duc Charles de Mecklembourg-Strélitz, était commandant de place, perdit à six ans sa mère, née princesse de Hesse-Darmstadt, et fut élevée sous la direction éclairée de sa grand'mère, la landgrave de Hesse-Darmstadt. A la suite des commotions politiques qu'amenèrent les guerres de la révolution française, elle se rendit avec sa sœur aînée, *Charlotte* (morte en 1818, épouse du duc Frédéric de Saxe-Hildburghausen), à Hildburghausen, où elle séjourna jusqu'en mars 1793. A Francfort-sur-le-Mein, elle fit, à Francfort-sur-le-Mein, la rencontre du roi de Prusse, Frédéric-Guillaume III, alors prince royal; et celui-ci fut tout aussitôt tellement frappé de sa beauté et de sa grâce, que lorsqu'il eut occasion de la revoir, les rares qualités de son esprit et de son caractère firent sur lui une impression aussi profonde que durable. Il se fiança avec elle, à Darmstadt, dès le 24 avril 1793; mais leur mariage ne fut célébré que le 24 décembre suivant. Les nobles qualités de la princesse royale ne tardèrent pas à être généralement appréciées par la nation prussienne; et lorsque son mari monta sur le trône, en 1797, elle fut l'occasion de la cérémonie du couronnement les preuves les plus manifestes de l'attachement et de la confiance du peuple. L'élévation de sa belle âme se manifestait en toute occasion, et chaque jour l'admiration générale dont elle était l'objet s'accroissait. Pendant la campagne de 1806, elle accompagna le roi son époux en Thuringe et, après la perte de la bataille d'Iéna, à Kœnigsberg. Quand les batailles d'Eylau et de Friedland eurent enlevé à la Prusse ses dernières espérances, surmontant les justes répugnances que devait lui inspirer un souverain qui, dans ses bulletins, avait été assez peu généreux pour l'insulter à la face de l'Europe et pour la livrer aux risées de son armée, la reine Louise se rendit au quartier général de Napoléon à Tilsitt, dans l'espoir d'obtenir du vainqueur, par son intervention personnelle, des conditions plus favorables pour son pays. Mais elle échoua dans ses efforts, et se rendit ensuite avec le roi à Memel. Elle supporta toutes les douleurs qu'une série d'infortunes inouïes accumulait sur

30

elle, avec une résignation qu'elle ne pouvait puiser que dans une piété sincère. Le 15 janvier 1808 elle revint avec le roi à Kœnigsberg, et vers la fin de la même année elle entreprit avec lui un voyage à Saint-Pétersbourg. Le 23 décembre 1809 elle rentra à Berlin en même temps que Frédéric-Guillaume. Pendant une visite qu'elle était allée rendre à son père, elle tomba malade au château de Hohenzierietz, et elle y rendit le dernier soupir, le 19 juillet 1810, dans les bras de son mari, accouru à la première nouvelle de sa maladie. Ses restes mortels furent déposés dans le parc de Charlottembourg, où un monument a été élevé à sa mémoire et où une belle statue en marbre de Rauch reproduit ses traits, si nobles et si gracieux.

LOUISETS (Les). *Voyez* Éluse (Petite).

LOUISE-ULRIQUE, reine de Suède, sœur de Frédéric le Grand, née le 24 juillet 1720, épousa, en 1744, Adolphe-Frédéric, alors prince royal et plus tard roi de Suède. Quand, en 1751, son époux fut monté sur le trône, elle témoigna le zèle le plus ardent pour la prospérité des arts et des sciences. En 1753 elle fonda l'Académie de Littérature et d'Histoire de Stockholm, ainsi que la bibliothèque et le cabinet d'arts du château de Drotningholm, dont Linné, son protégé, fut chargé par elle de rédiger le catalogue, et enfin le musée de Stockholm. Elle employa des sommes considérables à l'embellissement de ses palais, sans que sa magnificence diminuât en rien les secours qu'elle savait accorder à l'industrie et au malheur. Douée d'une âme fière et magnanime, elle s'efforça de rendre son époux plus indépendant de la diète, conduite qui lui fit beaucoup d'ennemis parmi les seigneurs suédois. Après la mort de son mari, en 1771, elle chercha à exercer sur ses deux fils Gustave III et Charles XIII la même influence que sur leur père. Mais le nouveau roi s'y étant soustrait de la manière la plus positive, il en résulta entre lui et sa mère une mésintelligence telle que jusqu'à sa mort, arrivée le 16 juillet 1782, elle ne parut plus que de loin en loin à la cour. Une intelligence toute virile, une éloquence persuasive, l'amour des lettres et des sciences, et une force d'esprit qui ne se démentit pas même à l'approche de la mort, telles furent les qualités qui caractérisèrent cette princesse.

LOUISIANE, un des États-Unis de l'Amérique du Nord, d'une superficie totale de 1,465 myriamètres carrés, borné au sud par le golfe du Mexique, est séparé du Texas à l'ouest par la Sabine, de l'État d'Arkansas au nord par le 33° degré de latitude septentrionale, et de l'État du Mississipi, à l'est, par le Mississipi, et plus loin par la rivière des Perles. De son principal cours d'eau, le Mississipi à l'embouchure duquel se trouve une énorme barre de sable et de limon), se détachent à l'ouest, au dessous du *Red-River*, un grand nombre de bras appelés *Bayous* dans la langue locale, tels que l'*Atchafalaya*, *la Fourche*, etc., qui divisent la partie sud-ouest de la Louisiane en un grand nombre d'îles entourées soit par les eaux du fleuve, soit par celles de la mer. Le bras le plus important du Mississipi à l'est, est l'*Iberville*, communiquant par les lacs Maurepas, Pont-Chartrain et Borgne, avec le golfe du Mexique, et délimitant avec l'Atchafalaya le grand delta du Mississipi. Une grande partie de ce delta est exposée à des inondations annuelles. Le terrain d'alluvion formant les deux rives du fleuve, indiqué sur une grande étendue au moyen de levées parallèles au cours du Mississipi, est d'une merveilleuse fécondité, couvert d'une foule de belles plantations, le plus ordinairement destinées à la culture de la canne à sucre, qui donnent à toute la contrée un aspect ravissant, et produisent aujourd'hui, année commune, pour plus de 50 millions de francs de sucre. La partie sud-ouest de la contrée, celle qui avoisine le golfe, se compose de marais salants. Plus loin, dans l'intérieur du pays, commencent ces îles, Prairies, dont quelques-unes s'élèvent à environ 16 mètres au-dessus du niveau des plus grandes eaux. Entre le Mississipi, l'Iberville et la rivière aux Perles, le sol est plat et utilisé pour la culture de la canne à sucre et du coton. Le nord est onduleux et boisé. Au nord-ouest, le *Red-River* atteint le territoire de la Louisiane, où il envoie à droite et à gauche un grand nombre d'embranchements formant des lacs, des îles et des marais, reçoit les eaux de la Washita et traverse une région au sol plantureux et fertile. La fin de l'été et l'automne sont des saisons malsaines à la Louisiane, et la fièvre jaune sévit régulièrement chaque année sur la côte et dans le delta. L'hiver est doux et agréable, mais variable et même parfois très-rude. L'agriculture est la grande industrie de la population, et partout ce ne sont que plantations. La canne à sucre, dont la culture y fut introduite en 1751, constitue l'article le plus important des productions du sol; vient ensuite le coton. On y récolte aussi, en quantités immenses, du riz, du maïs, des fruits de toutes espèces, du tabac et même du vin. Les épaisses forêts de la partie supérieure du pays fournissent beaucoup de bois de construction, et même diverses espèces de bois précieux. L'éducation du bétail n'a pris des développements considérables que sur quelques points. Les vastes prairies de l'intérieur nourrissent une grande quantité de bêtes à cornes, de chevaux et de porcs. Les animaux sauvages, tels que ours, loups, daims, alligators et porcs-épics, y sont aussi très-nombreux. Les produits du règne minéral sont le fer, l'argent, la houille, l'alun, le sel, la pierre meulière, la chaux, l'argile. L'industrie se borne jusqu'à présent à peu près à l'affinage des produits bruts. En revanche le commerce, le commerce extérieur surtout, y a pris les plus immenses développements. Le centre presque unique du commerce avec l'étranger est la Nouvelle-Orléans, ville qui est au sud-ouest et à l'ouest de l'Union ce que New-York est à l'est. Les exportations consistent en sucre, coton, tabac, riz, maïs, farine, poix, goudron, térébenthine, chanvre, voiles et cordages, bois de construction, viande de porc salé, jambon, lard, suif et cuir. Divers chemins de fer et canaux favorisent les relations du commerce intérieur. Les habitants de la Louisiane sont aujourd'hui une race métisse, produit du mélange de toutes les nations, mais plus particulièrement de Français et de leurs descendants, d'Espagnols, d'Anglo-Américains, d'Écossais, d'Irlandais et d'Allemands. Leur nombre, qui en 1810 ne s'élevait qu'à 76,556, était déjà en 1850 de 352,411, dont 25,502 hommes de couleur libres et 168,452 esclaves. En 1850 il était de 511,074, dont 255,416 blancs, 239,021 esclaves, et 17,537 hommes de couleur libres. La grande majorité de cette population professe la religion catholique. Le nombre des établissements d'instruction publique est encore très-minime. En 1849 on a fondé à la Nouvelle-Orléans une université de la Louisiane. L'État possède en outre des collèges à Bâton-Rouge et à Saint-Charles; depuis 1838 et depuis 1830, le *Centenary College*, à Jackson, et le *Franklin College* à Opelousas. Il existe un séminaire catholique au Grand-Coteau. Aux termes de la constitution de 1812, qui a été révisée en 1845, la puissance législative est exercée par un sénat de 32 membres élus chacun pour quatre ans et renouvelés par moitié tous les deux ans, et par une chambre de représentants du peuple composée d'au moins 70 et d'au plus 100 membres élus pour deux ans. Les sessions de la législature ne peuvent durer en plus que quatre-vingt-dix jours. Elle se réunissait autrefois à Donaldsonville, mais elle alterne maintenant tous les deux ans avec Bâton-Rouge, ville de 4,200 habitants, chef-lieu du pays, et située à 21 myriamètres au nord de la Nouvelle-Orléans. La puissance exécutive est confiée à un gouverneur élu pour quatre ans, et recevant un traitement annuel de 6,000 dollars. Tout blanc âgé de plus de vingt-et-un ans, jouissant depuis deux ans du titre de citoyen des États-Unis, et domicilié depuis deux ans dans l'État ou depuis un an seulement dans l'arrondissement où a lieu l'élection, a le droit de prendre part aux élections pour la représentation nationale.

La Louisiane fut découverte en 1541, par les Espagnols. Elle fut ensuite visitée par des Anglais, puis colonisée, à partir de 1682, par des Français, qui la nommèrent ainsi en l'honneur de Louis XIV. Mais cette colonie française, fondée au voisinage du Mississipi, ne tarda point à périr, par suite de l'insalubrité du climat. Un riche négociant français, appelé Crozat, obtint ensuite, en 1712, le privilége exclusif du commerce de la Louisiane, qu'il céda, en 1717, à Law, lequel créa pour le commerce du Mississipi une société de commerce à la tête de laquelle il se plaça. En 1764 la France céda toute la Louisiane jusqu'au Mississipi à l'Espagne, qui la lui rétrocéda en 1802. Mais comme cette contrée, en raison de sa situation, de son climat et de la richesse de son sol, pouvait devenir, sous l'impulsion d'un gouvernement fort et énergique, un dangereux voisinage pour l'Union Américaine, le congrès des États-Unis s'opposa à cet échange; et à la suite d'une négociation suivie avec la France par l'intermédiaire de Barbé-Marbois et de Livingston, un traité signé le 30 avril 1803 adjugea aux États-Unis, moyennant une indemnité de 15 millions de dollars, la souveraineté tant du territoire de la Nouvelle-Orléans que de toute la Louisiane, dans l'état où l'Espagne l'avait jusque alors possédée. Consultez Barbé-Marbois, *Histoire de la Louisiane* (Paris, 1828).

Le caractère le plus saillant de l'histoire de la Louisiane, c'est la persistance de l'esprit français à travers les révolutions qui ont changé son gouvernement. Les premiers aventuriers étaient des chasseurs indomptés; ils vivaient de chasse; la chasse seule alimentait leur commerce : la chasse est restée dans les mœurs ; c'est presque une rage à la Louisiane. Les premiers colons étaient de gais voyageurs, leurs femmes de joyeuses danseuses, le bal est encore une frénésie chez les dames et les demoiselles. Quand la Nouvelle-Orléans n'avait pas de trottoirs, pendant la saison pluvieuse, ses rues n'étaient que de vraies mares de boue : eh bien, dames et demoiselles couraient au bal nu-pieds, dans la fange jusqu'à la cheville, et chaussaient le soulier de satin dans une antichambre pédiluve. L'émigration de Saint-Domingue, qui a jeté dans la Louisiane tant de familles dépossédées, a renforcé le caractère originel. Le français est encore la langue de la société ; les mœurs moroses de l'austère *Yankee* n'y peuvent percer. En dépit du sabbat, le dimanche est le jour des plaisirs ; sur les rives du fleuve, les voisins se rendent visite ce jour-là ; chacun apporte sa part au banquet ; on chante, et le moindre instrument, violon, galoubet, tambourin, devient l'âme de toute réunion.

LOUIS NAPOLÉON BONAPARTE. *Voyez* NAPOLÉON III.

LOUIS-PHILIPPE, roi des Français depuis le 7 août 1830 jusqu'au 24 février 1848, naquit à Paris, le 6 octobre 1773. Il était le fils aîné de Louis-Philippe-Joseph, duc d'Orléans, et de la princesse Louise-Marie-Adélaïde de Penthièvre. Connu d'abord sous le titre de *duc de Valois*, il prit celui de *duc de Chartres* à la mort de son aïeul. A trois ans (1776) il avait reçu les provisions de gouverneur du Poitou. Son éducation fut commencée par le chevalier de Bonnart, homme de cour, d'un esprit agréable et cultivé; mais en 1782 le duc de Chartres donna pour *gouverneur* au duc de Valois et à ses jeunes frères, MM. de Montpensier et de Beaujolais, Mme de Genlis; choix bizarre assurément, et qui donna lieu à bien des médisances, mais que cette femme célèbre justifia, il faut le reconnaître, par les soins qu'elle prit pour former le cœur et orner l'esprit de ses élèves. Le système d'éducation qu'elle suivit répondait de tous points aux idées de l'époque; il fut plutôt philosophique que religieux. Elle fit apprendre de bonne heure à ses élèves les principales langues modernes, en même temps qu'elle les habituait à mépriser toute espèce de mollesse, à coucher sur la dure et à braver les intempéries des saisons. Quand bien même les relations de leur père avec la cour n'eussent pas été des plus hostiles, les jeunes princes eussent été naturellement portés par leur éducation à sympathiser avec toutes les grandes et généreuses idées au nom desquelles s'opérait la révolution de 1789. Le duc de Valois, devenu déjà duc de Chartres depuis quelques années, en embrassa les principes avec enthousiasme. Dès le 9 février 1790, lui et ses deux frères se rendirent en uniforme de la garde nationale au district de Saint-Roch. Le duc de Chartres, prenant la plume pour signer, vit qu'on avait chargé le registre de tous ses titres ; il les raya, et inscrivit à la place *citoyen de Paris*. Il concourut ensuite pour la place de commandant du bataillon de Saint-Roch ; mais il échoua dans sa candidature. Un boucher obtint sur lui la préférence. Le 1er novembre 1790, montrant en cela l'exemple de son père, il se fit recevoir membre du *Club des Amis de la Constitution*, devenu plus tard le fameux *Club des Jacobins*. En 1791, après avoir été prendre le commandement du 14e régiment de dragons, stationné à Vendôme, il fut envoyé tenir garnison à Valenciennes, où il passa l'hiver en remplissant les fonctions de commandant de place ; et quand le Boussu, de Quaragnon et de Quiévrain. Le grade de maréchal de camp fut la récompense de ce brillant début militaire (7 mai 1792). Chargé du commandement d'une brigade de cavalerie sous les ordres de Luckner, il assista à la prise de Courtray, et passa lieutenant général quatre mois après (11 septembre 1792). A quelques jours de là il prenait une part glorieuse à la fameuse canonnade de Valmy, sous les ordres de Kellermann. Il fut ensuite appelé à faire partie de l'armée de Belgique, commandée par Dumouriez, et le 6 novembre il gagna avec lui la célèbre bataille de Jemmapes, pendant laquelle il commanda le centre, et où, en ramenant sur le champ de bataille de nombreux régiments qui fuyaient, il rétablit le combat et changea tout à coup une honteuse déroute en une brillante victoire. Il y avait déjà quelque temps que, à la suite de la journée du 10 août, le jeune prince avait, comme se père, renoncé à tous ses titres et pris le nom d'*Égalité*. Quand la Convention rendit un décret de bannissement contre tous les membres de la famille de Bourbon, il y eut une exception formelle faite en faveur du père et du fils ; et celui-ci, qui s'était momentanément éloigné pour aller conduire en Belgique sa sœur Adélaïde, déclarée émigrée, et dès lors frappée de proscription, pour avoir entrepris vers ce temps-là en Angleterre une tournée, reparut bientôt à l'armée, où il se distingua encore au siège de Maëstricht sous les ordres de Miranda. Le 18 mars 1793 il commandait le centre de l'armée française à la malheureuse bataille de Neerwinde. Il opéra sa retraite en bon ordre, et par sa belle contenance il empêcha que ce grave revers ne devînt encore plus désastreux. Mais il ne tarda pas alors à se trouver dans la position la plus embarrassante, par suite de ses relations bien connues avec Dumouriez. Il est avéré aujourd'hui que Dumouriez était l'âme d'une intrigue ayant pour but de renverser la république, qui ne faisait encore que de naître, et de la remplacer par une monarchie constitutionnelle à l'anglaise, ayant pour chef le jeune duc de Chartres. Il est certain aussi que ce projet comptait déjà de nombreux partisans, surtout dans les rangs de l'armée que parmi les modérés de l'intérieur ; mais il n'est rien moins que prouvé que le duc de Chartres fut pour rien dans ce complot, dont la Convention eut d'ailleurs bientôt connaissance par diverses dénonciations.

Suspect à bon droit en quelque sorte, battu à Neerwinde, Dumouriez n'avait que l'alternative de se laisser arrêter à la tête de son armée ou de fuir; et c'est ce dernier parti qu'il prit avec les généraux signalés comme lui aux soupçons de la Convention. Treize jours après la déroute de Neerwinde (31 mars 1793), Dumouriez abandonnait son armée et se rendait au quartier général autrichien à Mons, où le duc de Chartres arriva, de son côté, le 4 avril. Le prince obtint de l'archiduc Charles un passe-port à l'aide duquel il put gagner la Suisse, où déjà mademoiselle d'Orléans s'était rendue avec Mme de Genlis. Il les rejoignit à Schaffhouse ; mais à Zurich, à Zug et dans d'autres endroits encore, les autorités locales refusèrent de laisser séjourner

30.

les proscrits, qui se faisaient passer pour une famille irlandaise, dès que leur véritable nom leur fut connu. Le duc de Chartres, reconnu partout par des émigrés, comprit alors la nécessité de se séparer de sa sœur; grâce à l'intervention de M. de Montesquiou, retiré à Bremgarten, il réussit à faire entrer sa sœur avec sa gouvernante au couvent de Sainte-Claire, dans le canton d'Argovie; et encore lui fallut-il pour cela cacher avec le plus grand soin leurs véritables noms. Quant à lui, déférant aux avis de M. de Montesquiou, il prit le parti d'errer çà et là pendant quelque temps dans les montagnes, de ne séjourner nulle part, et d'attendre, en continuant cette triste manière de voyager, que les circonstances fussent devenues plus favorables. Il parcourut à pied les divers cantons de la Suisse, réduit aux ressources pécuniaires les plus exiguës, mais utilisant ses pénibles courses pour perfectionner ses connaissances. M. de Montesquiou mit enfin un terme à cette vie errante, en lui procurant au collége de Reichenau, près Coire, une place de professeur des langues française et anglaise, de géographie, d'histoire et de mathématiques ; modestes fonctions qu'il remplit pendant huit mois sous le nom de *Chabaud-Latour*, et dans l'exercice desquelles il sut inspirer aux habitants de Reichenau une telle estime, qu'ils le nommèrent leur député à l'assemblée cantonale de Coire. C'est là qu'il apprit la fin tragique de son père. Peu de temps après, le nouveau duc d'Orléans quitta Reichenau, et se rendit à Bremgarten, auprès du général Montesquiou, qui le fit passer pour l'un de ses anciens aides de camp, et chez qui il demeura sous le nom de *Corby* jusqu'à la fin de 1794.

Mademoiselle d'Orléans ayant obtenu un asile en Hongrie, auprès de sa tante la princesse de Conti, le nouveau duc d'Orléans, qui n'avait plus dès lors à veiller sur la sûreté de a sœur, résolut de passer aux États-Unis; et chaos ce but il se rendit à Hambourg. Mais des obstacles insurmontables s'opposèrent à la réalisation de son projet ; et muni d'une faible lettre de crédit sur un banquier de Copenhague et d'un passe-port qui le désignait comme un gentilhomme suisse, il entreprit en compagnie du comte Gustave de Moujoye un voyage d'études dans les contrées scandinaves. Il visita tour à tour les plus belles parties du Danemark, de la Norvège, où il s'avança jusqu'au cap Nord, de la Suède et de la Finlande. Il était de retour à Hambourg en 1796, et s'était fixé dans un petit village du Holstein voisin de cette grand ville, où il vécut pendant quelque temps dans un état de pénurie extrême.

Pendant son voyage dans le nord de l'Europe, sa mère, la duchesse douairière d'Orléans, et ses deux frères, les ducs de Montpensier et de Beaujolais, qui étaient restés incarcérés en France pendant la terreur, avaient été remis en liberté. Mais le Directoire n'avait consenti à faire cesser leur captivité qu'à la condition que le jeune duc d'Orléans abandonnerait le territoire de l'Europe pour se retirer aux États-Unis. En conséquence, celui-ci s'embarqua, le 21 octobre 1796, à Hambourg, à bord d'un bâtiment marchand qui faisait voile pour Philadelphie. À la suite de la journée du 18 fructidor, les biens de la famille d'Orléans, qui lui avaient été restitués quelque temps auparavant, venaient d'être confisqués de nouveau. La duchesse douairière, à laquelle le Directoire assigna une pension de 100,000 fr., eut ordre de se retirer en Espagne ; et ses deux fils cadets, partis de Marseille en décembre 1796, ne purent rejoindre leur aîné aux États-Unis que dans le courant de février 1797. Tous trois, accompagnés d'un seul domestique, visitèrent ensemble, à cheval, les divers États de la confédération américaine et même quelques tribus sauvages. Arrivés par l'Ohio et le Mississipi en février 1798 à la Nouvelle Orléans, laquelle alors comme toute la Louisiane sous les lois de l'Espagne, ils essayèrent vainement de se rendre à la Havane ; les autorités reçurent même d'Espagne l'ordre de les faire reconduire sur le territoire de l'Union. Après avoir visité quelques-unes des Antilles anglaises, ils revinrent s'embarquer à New-York pour Falmouth. Arrivés à Londres, les trois princes se rapprochèrent des princes de la branche aînée de la maison de Bourbon, et une lettre de respectueuse et loyale soumission adressée par le duc d'Orléans au chef de sa famille, au roi Louis XVIII, alors réfugié à Mittau en Courlande, eut pour résultat l'oubli, le pardon du passé, et la complète réconciliation des deux branches de la famille royale exilée de France.

Après une tentative inutile faite par le duc d'Orléans pour aller revoir sa mère, qui vivait retirée à Figuières, et dont il était séparé depuis si longtemps, tentative qui échoua parce qu'il survint alors une déclaration de guerre entre l'Angleterre et l'Espagne, les trois princes d'Orléans vécurent pendant sept ans à Twickenham, village voisin de Londres, sans autres ressources que les économies réalisées par leur mère sur sa pension. En mai 1807, le duc de Montpensier mourut à Twickenham, d'une maladie de poitrine. Pour comble de douleur, le duc d'Orléans vit son jeune frère, Beaujolais, atteint des mêmes symptômes ; et alors, de l'avis des médecins, il le conduisit sous le ciel, plus chaud, de Malte, où il arriva au mois de mai 1808. Mais le séjour de Malte sembla encore aggraver l'état du malade, qui en effet ne tarda point à y rendre le dernier soupir. Le duc d'Orléans s'empressa de quitter cette île funeste, et sur l'invitation du roi des Deux-Siciles, Ferdinand Ier, rendu alors à Palerme, où il fut parfaitement accueilli, et où bientôt il s'éprit d'amour pour la seconde fille du roi, la princesse Marie-Amélie. Un mariage fut arrêté ; mais avant d'accomplir cette heureuse union, le roi Ferdinand IV désira que le duc d'Orléans accompagnât en Espagne l'un de ses futurs beaux-frères, le prince Léopold de Salerne, qui allait y réclamer les droits que la famille croyait avoir sur cette couronne depuis que Napoléon l'avait usurpée au profit de son frère Joseph. Il s'agissait de défendre l'indépendance d'un peuple généreux; le duc d'Orléans n'hésita point à accepter cette mission. Les deux princes arrivèrent à Gibraltar ; mais le gouvernement anglais fit reconduire à Londres le duc d'Orléans sur la même frégate qui les avait amenés de Palerme, et retint à Gibraltar pendant deux mois le prince Léopold, dont la junte de Séville repoussa d'ailleurs les prétentions. Arrivé à Londres, en septembre 1808, le duc d'Orléans n'obtint pas sans peine l'autorisation de s'en revenir en Sicile ; et le commandant de la frégate qu'on chargea de le reconduire à Malte eut pour instruction expresse du gouvernement anglais la recommandation de ne point s'approcher des côtes d'Espagne. Avant de s'embarquer à Portsmouth, il y fut rejoint par Mme d'Orléans, sa sœur, qui le suivit à Malte, où tous deux arrivèrent au commencement de 1809.

Le comte de Toreno, dans ses Mémoires, nous apprend qu'à ce moment plusieurs hommes éminents du parti national en Espagne avaient conçu le projet d'appeler le duc d'Orléans à se mettre à leur tête. On paraissait compter sur la possibilité d'un soulèvement des départements du midi de la France, où la désaffection pour le système napoléonien allait toujours croissant ; et on pensait que l'arrivée d'un prince de la maison de Bourbon sur la frontière avec quelques troupes espagnoles en hâterait l'explosion. La Catalogne était naturellement le point où cet essai d'insurrection devait être tenté. Il est probable d'ailleurs que la politique ombrageuse de l'Angleterre, dont les défiances susceptibilités à l'égard du rôle que le duc d'Orléans pouvait être encore appelé à jouer en politique venaient d'apparaître au grand plus grand secret, dont suivant toute apparence le duc d'Orléans était instruit, mais dont l'exécution fut empêchée par l'invasion des troupes françaises en Andalousie à la suite de l'affaire d'Ocaña. C'est alors que le duc d'Orléans se décida à quitter Malte pour revenir à Palerme épouser celle qui devait être désormais la compagne fidèle et dévouée de sa vie. Avant la célébration du mariage, il alla chercher à Minorque sa mère, qu'il eut la satisfaction de voir bénir, le 25 novembre 1809, son union avec la princesse des Deux-Siciles Marie-Amélie. Six mois après ce mariage, qui même aux yeux des émigrés les plus rancuneux conférait au duc d'Orléans comme un nouveau baptême de prince et effaçait la tache faite à son nom par les crimes monarchiques de son père, le prince se vit recherché de la manière la plus ostensible par la junte de Séville, qui remit sur le tapis les plans de descente et d'insurrection en Catalogne dont il avait déjà été question l'année précédente. Le duc d'Orléans accepta alors le commandement et la mission qui lui étaient officiellement offerts. Il partit de Palerme le 21 mai 1810, et arriva quelques jours plus tard à Tarragone, où il fut accueilli avec enthousiasme, mais où il ne trouva pas l'ombre d'une armée. Aussi bien l'insurrection contre les forces de Napoléon n'avait en ce moment aucune chance de succès, par suite de la prise de Lérida et des défaites réitérées que l'armée nationale venait d'éprouver en Catalogne. Les diverses autorités militaires n'avaient point reçu non plus du gouvernement central les ordres en vertu desquels elles auraient dû remettre le commandement en chef au duc d'Orléans aussitôt après son arrivée. Il ne put donc que se rembarquer pour Cadix, où la junte de Séville venait de se réfugier. Il est à croire que cette fois encore les défiances du gouvernement anglais furent pour beaucoup dans le refus du gouvernement national espagnol de remplir les engagements pris en son nom avec le duc d'Orléans, et les cortès, nouvellement réunies, l'invitèrent même formellement à s'éloigner. Il était de retour à Palerme le 3 octobre 1810, peu de jours après la naissance de son fils aîné.

Les années qui s'écoulèrent ensuite furent pour le duc d'Orléans une époque de calme et de bonheur domestique, que ne réussit point à troubler une mésintelligence marquée qui éclata entre lui et sa belle-mère, la reine Marie-Caroline, au sujet de la politique à suivre tant à l'intérieur qu'à l'extérieur. Le duc ne pouvait qu'improuver les mesures de rigueur auxquelles le gouvernement eut alors recours pour sacrifier la Sicile aux exigences de l'émigration napolitaine. Ces mesures excitèrent des troubles, par suite desquels une armée anglaise dut débarquer en Sicile. Le vieux roi remit l'exercice de l'autorité royale au prince héréditaire, tandis que la reine Marie-Caroline se retirait en Autriche, et qu'une constitution libérale était octroyée à la Sicile sous la protection et la garantie de l'Angleterre.

Tout n'était encore que trouble et qu'anarchie en Sicile, lorsque le 23 avril 1814 un vaisseau anglais apporta à Palerme la nouvelle inattendue de la restauration des Bourbons sur le trône de France. Le duc d'Orléans, libre enfin de revoir le sol de sa patrie, accourut aussitôt à Paris, et le 17 mai il se présentait aux Tuileries en uniforme de lieutenant général. Il n'y fut pas reçu sans un certain sentiment de défiance, provenant moins peut-être des souvenirs de sa participation à la révolution que de celui du rôle équivoque que naguère encore il avait essayé de jouer en Espagne. Aussi bien Louis XVIII ne lui témoigna jamais grande affection : on serait même tenté de croire que le vieux roi avait comme le vague pressentiment de la révolution qui seize ans plus tard devait placer la couronne de France sur la tête de ce cousin, qui s'opposait que la réserve et les respects aux boutades désobligeantes du railleur et rancunier monarque. Toutefois, on ne lui refusa les honneurs dus à ce haut rang qui lui avait valu un si long exil, et il fut nommé colonel général des hussards. Quelques semaines après, le duc d'Orléans alla chercher à Palerme sa famille; et vers la fin d'août il eut la joie de l'établir au Palais-Royal, l'ancienne demeure de ses pères, où il vécut dans un isolement qu'expliquent les haines dont il continuait à être l'objet.

Le débarquement de Napoléon à Cannes, en mars 1815, fut un coup de foudre qui opéra un rapprochement subit et notable entre le duc d'Orléans et les princes de la branche aînée des Bourbons. Vaincu par la spontanéité et la franchise des déclarations du duc d'Orléans, qui d'ailleurs voyait son avenir et celui des siens anéantis par le rétablissement de l'empire, Louis XVIII l'envoya à Lyon soutenir les opérations que son frère le comte d'Artois était chargé de diriger pour arrêter la marche triomphante de l'empereur. Les deux princes, dans un conseil de guerre auquel assista le maréchal Macdonald, ayant reconnu l'impossibilité d'empêcher Napoléon d'entrer dans la seconde ville du royaume, repartirent pour Paris afin de rendre compte au roi du véritable état des choses. Le danger commun sembla alors amener une réconciliation franche et complète entre les deux branches de la maison de Bourbon. C'est dans la voiture même du roi que, le 16 mars, le duc d'Orléans se rendit à la chambre des députés à l'effet d'y prêter, dans une séance solennelle, serment de fidélité à la Charte constitutionnelle en même temps que les autres princes de la famille royale. Trois jours après il assistait aussi à un grand conseil, tenu aux Tuileries, pour décider de quel côté le roi effectuerait sa retraite; et il y combattit fortement l'opinion de ceux qui conseillaient à Louis XVIII de se retirer sur les bords de la Loire, afin d'y essayer de la guerre civile. Chargé le soir même d'aller prendre le commandement du département du Nord, il ne quitta Lille que deux jours après le roi, le 24 mars, pour aller rejoindre en Angleterre sa famille, qui déjà l'avait précédé à Twickenham. Les journaux anglais publièrent à ce moment diverses protestations et professions de foi attribuées au duc d'Orléans et tendant à le placer tout au moins dans une fausse position vis-à-vis de la branche aînée; mais le prince s'empressa de les démentir. La journée de Waterloo ayant ramené une seconde fois les Bourbons en France, le duc d'Orléans revint à Paris dans les derniers jours de juillet 1815, mais n'obtint pas sans quelque difficulté la levée du séquestre que pendant les cent jours Napoléon avait fait mettre sur ses biens. C'est que les soupçons dont il était l'objet depuis vingt-cinq ans de la part de la branche aînée avaient trouvé de nouveaux éléments dans les marques d'estime qui lui avaient été données au sein de la chambre des représentants, lorsque, après l'abdication de l'empereur, il s'était agi de savoir si on lui donnerait pour successeur son fils Napoléon II ou tout autre candidat au trône.

Une ordonnance royale en date du mois de septembre ayant appelé les différents princes de la famille royale à siéger à la chambre des pairs, le duc d'Orléans, dans la discussion de l'adresse, y fit entendre quelques paroles de modération qui transpirèrent bien vite au dehors et soulevèrent de nouveau contre lui les haines les plus vives et les soupçons les plus injurieux dans les rangs des hommes de la terreur blanche. Le 23 octobre il jugeait donc prudent non-seulement de s'abstenir de reparaître à la chambre des pairs, mais encore de mettre le détroit entre lui et les furieux qui gouvernaient la France: pour la troisième fois donc il revit alors Twickenham, qu'habitait encore sa famille. Il ne revint en France qu'au commencement de l'année 1817, quand par la force même des choses le gouvernement de Louis XVIII en .fut arrivé à suivre une politique plus modérée. Une ordonnance avait dans l'intervalle retiré aux princes de la famille royale le droit d'assister aux séances de la chambre des pairs; tout rôle politique public leur était désormais interdit. Le duc d'Orléans le comprit, et eut le bon esprit de ne se montrer à la cour que le plus rarement possible, seulement dans les circonstances solennelles et indispensables, et s'enterrer pendant quelques années dans la gestion d'une fortune que son habileté, ses habitudes d'ordre et d'économie, jointes au recouvrement de domaines non vendus et à la large part qu'il obtint plus tard dans le milliard de l'indemnité, contribuèrent à augmenter singulièrement.

On a accusé le duc d'Orléans d'avoir été pendant les quinze années de la restauration en état perpétuel de conspiration flagrante contre la branche aînée, et d'avoir constamment convoité le trône. Qu'il ait vivement désiré le pouvoir suprême, nous le voulons bien, nous le croyons même ; mais nous nions qu'il y ait eu de sa part conspiration dans le sens positif et rigoureux du mot. En effet, le nom du prince ne fut pas une seule fois mêlé aux nombreux complots qui de 1816 à 1822 éclatèrent sur divers points de la France contre un gouvernement justement impopulaire. Tous avaient, comme on sait, des racines bonapartistes ; et au commencement de l'année 1822, c'est encore sur Eugène Beauharnais, duc de Leuchtenberg, qu'une fraction considérable du parti libéral, rompant avec la *légitimité impériale*, jetait les yeux pour en faire le chef d'une nouvelle dynastie. Sans doute à la naissance du duc de Bordeaux on avait encore vu les journaux anglais insérer un document présenté comme émanant du duc d'Orléans et dans lequel il protestait, en sa qualité de premier prince du sang, contre la sincérité des procès-verbaux relatifs à l'accouchement de la duchesse de Berry, et par suite contre la légitimité du fils posthume du prince assassiné par Louvel ; mais il s'était empressé de désavouer cette pièce apocryphe, en l'attribuant à l'intrigue et à la calomnie. Cette survenance si tardive et si inespérée d'un héritier direct du trône avait pu contrarier singulièrement les vues d'avenir que la mort du malheureux duc de Berry avait créées au duc d'Orléans pour sa propre descendance ; mais rien ne prouve que même dans cette circonstance il se soit départi de la réserve qu'il s'était imposée. En effet, il avait reconnu que la voie la plus sûre qu'il eût à suivre pour voir ses rêves d'ambition se réaliser, c'était de rester à l'écart de toutes menées occultes et de laisser les événements s'accomplir, sans essayer de les provoquer. En envoyant ses fils suivre comme externes les classes du collège, en les faisant ainsi se mêler aux enfants de la riche bourgeoisie parisienne, il flattait sans doute adroitement les vaniteux instincts d'une classe qui, sous tous les pouvoirs aspiré à s'élever, à *s'aristocratiser*, et dont à ce moment l'orgueil enté sur des sacs d'écus avait fort à souffrir des insolences de la caste noble ; mais en cela le duc d'Orléans ne faisait tout bonnement que suivre d'anciens usages de la maison de France. Henri IV, son aïeul, avait été *escolier* du collège de Navarre ; il y était même interne, et son père, Antoine de Bourbon, ne l'y envoyait pas chaque matin dans une voiture armoriée, en compagnie de son précepteur et flanqué de trois ou quatre valets de pied en grande livrée ; *réclame* roulante à l'adresse des badauds et assez semblable à un procédé dont font usage certains industriels pour achalander leurs boutiques. Les bourgeois du seizième siècle ne s'ébahissaient pas en voyant un prince de la maison royale partager au collège les jeux et les travaux de leurs enfants. De son côté, la cour, si ombrageuse pourtant, de Catherine de Médicis, trouvait la chose toute simple. C'est aussi ce que fit le gouvernement de la Restauration, sans se soucier de savoir s'il y avait là ou non une spéculation de popularité. Ce n'était pas conspirer que sympathiser par ses goûts et par ses habitudes avec la bourgeoisie ; et si en agissant ainsi il y avait de la popularité à acquérir, la faute ên est au gouvernement assez aveugle pour s'aliéner à ce point les masses, qu'il fut possible de les séduire à si bon marché. De nos jours il n'y a plus que les niais qui conspirent ; car les habiles savent que les conspirations avortent toujours, ou déjouées par la délation ou réprimées par la force, et que le pouvoir puise dans de pareilles crises une force et une vitalité nouvelles. Ce sont les choses aristocratiques et théocratiques de la branche aînée qui seules conspirèrent en faveur de la branche cadette ; pour en profiter, le duc d'Orléans n'eut qu'à en rester spectateur impassible. Peu à peu, cependant, et par la seule force des choses, ses salons devinrent le rendez-vous des artistes les plus en renom, des gens de lettres les plus éminents du parti libéral et des membres des deux chambres qui voulaient le gouvernement constitutionnel dans toute sa sincérité, de ces hommes dont le général Foy avait si bien formulé les tendances politiques en ces mots : « la Charte, toute la Charte, rien que la Charte ! » Nous ne contesterons pas d'ailleurs que quelques impatients ne songeas-

sent dès lors au duc d'Orléans pour la couronne : la fameuse *Lettre* que lui adressa M. Cauchois-Lemaire le prouverait au besoin ; mais la vérité est que le prince feignit jusqu'au dernier moment de ne point entendre. Sous ce rapport quelques écrivains ont donc eu le droit de lui reprocher assez aigrement *de ne pas avoir été de son parti.*

L'avénement de Charles X au trône valut au duc d'Orléans le titre d'*Altesse royale*, tandis qu'il n'avait porté jusque là que celui d'*Altesse sérénissime*. Louis XVIII s'était toujours fait un malin plaisir de le tenir à distance, faisant donner à la duchesse d'Orléans les *grandes entrées* à la cour comme *Altesse royale*, tandis que la porte ne s'ouvrait qu'à un seul battant pour son mari, simple Altesse sérénissime. Charles X fit cesser cette choquante inégalité, qui souvent permettait à des principules allemands de prendre le pas aux Tuileries sur un petit-fils de Henri IV. Plus tard le roi consentit même à ce que le duc de Bourbon disposât par testament de son immense fortune en faveur de l'un des fils de M. le duc d'Orléans et au détriment de ses héritiers naturels, les princes de Rohan. Cette phase de la vie du prince qui nous occupe est peut-être celle qui a donné lieu contre lui aux plus vives accusations ; et il est impossible de nier qui pour assurer à sa maison ce riche héritage le duc d'Orléans s'abaissa à des manœuvres et à des démarches indignes de son rang. Cette affaire de l'héritage des Condé eut bientôt le retentissement le plus déplorable, en raison des circonstances au milieu desquelles s'ouvrit cette succession. Si Louis-Philippe n'avait pas vu dans l'argent un moyen d'action tout-puissant ; si, comme fondateur de dynastie, il avait moins cru à la nécessité politique d'assurer à tous ses enfants de riches établissements, il eût répudié pour le plus jeune de ses fils cette fortune dont la calomnie s'empressa tout aussitôt d'empoisonner la source. Les intrigues auxquelles donna lieu la rédaction du testament du duc de Bourbon étaient d'ailleurs encore peu connues dans la masse du public, quand éclata la révolution de Juillet.

Ici commence le rôle du roi acclamé sur les barricades. La vie de Louis-Philippe appartient dès lors à l'histoire de France. Tous les faits essentiels qui s'y rattachent ayant déjà été appréciés à l'article FRANCE, nous devons, pour éviter les répétitions, y renvoyer le lecteur. Du même lit trouvera raconté fort en détail sous une foule de rubriques diverses, et notamment sous celles de JUILLET 1830 (Révolution de), JUIN 1832 (Journées de), AVRIL 1834 (Journées d'), JUILLET 1840 (Traité du 15), FÉVRIER 1848 (Révolution de), etc., les épisodes les plus saillants de ce règne de dix-huit ans. Ce fut celui de la bourgeoisie, et l'impartiale histoire dira qu'il ne fut pas sans gloire. Il n'ouvrit pas seulement l'ère de la vraie liberté sous l'égide de la loi ; il provoqua en outre dans le pays le développement d'une prospérité matérielle inouïe jusque alors ; et longtemps encore il y aura un danger pour le présent dans les souvenirs de ce passé déjà si loin, mais qui a laissé après lui des regrets si nombreux et si sympathiques. Louis-Philippe voulut être *roi constitutionnel*, et sans aucun doute il l'eût été dans l'acception la plus large du mot s'il y avait eu plus de sincérité, plus de probité, parmi les hommes politiques de son temps.

Six mois à peine s'étaient écoulés depuis le jour où les Deux-cent-vingt-et-un lui avaient décerné la couronne, que déjà Louis-Philippe recueillait le fruit de la faute immense, irréparable, qu'il commit en ne soumettant pas immédiatement l'élection du 7 août 1830 à la ratification du peuple. Il eût dû le mettre en demeure quinze jours après, au plus tard, d'avoir à se prononcer sur la légalité et la légitimité de la révolution qui venait de s'accomplir à Paris. Si Louis-Philippe en avait aussitôt appelé au suffrage universel pour faire solennellement consacrer un fait accompli du consentement de tous, au grand jour et sans violences, son élévation au trône eût été sanctionnée par douze millions au moins de suffrages, irrécusables, car ils auraient été bien librement donnés, et cette fois sans abstentions, sans ces

lâches et égoïstes protestations de la peur et de l'indifférence.
A Paris même, aujourd'hui encore le grand centre d'action du parti républicain, de ce parti qui en décembre 1852 y passait une dernière revue de ses forces disponibles en déposant dans l'urne environ 90,000 *non* contre la résurrection de l'empire; à Paris même il n'y aurait pas eu deux cents voix opposantes (à cet égard nous en appelons aux souvenirs de tous les témoins de la merveilleuse révolution des trois jours). A ce moment en effet personne ne songeait encore à la république, et pas une voix non plus ne s'était élevée pendant ou après les trois jours pour rappeler les droits de Napoléon II, solennellement reconnus pourtant et proclamés en 1815 à la face de la coalition par la représentation nationale. Ce que voyant, ceux-là même que l'empereur avait comblés d'honneurs et de richesses, et qui s'étaient trouvés trop compromis par ses faveurs pour être accueillis par les Bourbons de la branche aînée, avaient déserté en masse la cause de son fils, et mendiaient déjà avec le plus cynique empressement des places dans la domesticité du nouveau roi. Un appel franc et loyal au suffrage universel eût donc immanquablement donné à la royauté des barricades une force qui lui manqua toujours. Il eût empêché de contester la légalité même de son origine; et le prince acclamé roi du consentement unanime de la nation ne se fût pas trouvé ensuite constamment à la discrétion de quelques centaines d'intrigants, cherchant à tirer le parti le plus avantageux pour eux-mêmes de la fausseté de sa position et prétendant lui vendre leur appui de plus en plus cher.

Une autre lourde faute, ce fut l'acte en date du 7 août 1830 par lequel Louis-Philippe, déjà lieutenant général du royaume, passait sur la tête de ses enfants, avant d'accepter la couronne qu'on lui offrait, la nue propriété de tous ses biens, qui, d'après les antiques lois de la monarchie, eussent dû être aussitôt confondus avec le domaine de la couronne; acte entaché de nullité dès l'origine, puisque les frais d'enregistrement n'en furent acquittés que quelques années plus tard. Sans doute l'administration consentit, vu l'importance exceptionnelle des droits à percevoir, à l'enregistrer en *débet*, c'est-à-dire à crédit; mais qui ne voit que cette complaisance illégale viciait radicalement la donation? Dans cette *précaution* on ne peut méconnaître la prudence du bon père de famille; elle était peu digne d'un homme appelé par une grande nation à l'honneur de diriger ses destinées. On sait à quoi elle a servi. Dans ces deux déterminations décisives de la vie du roi Louis-Philippe se trouvent en germe une bonne partie des fautes successives qui devaient dix-huit ans plus tard lui faire échanger le trône contre l'exil.

Ce fut sur les deux heures après midi, le 24 février, que Louis-Philippe, qui avait abdiqué à dix heures, quitta Paris dans un humble fiacre en se dirigeant sur Saint-Cloud. De là il gagna Dreux, où il passa la nuit, puis les côtes de Normandie, où il erra pendant huit jours avec la vertueuse reine Marie-Amélie, et non sans courir des dangers de toutes espèces. Enfin, le 2 mars il réussit à s'embarquer à Trouville, à bord du vapeur l'*Express*, mis à sa disposition par le gouvernement anglais; et le lendemain, 3, le malheureux couple royal débarquait à New-Haven. La plus grande partie de sa famille avait déjà réussi à atteindre le sol hospitalier de l'Angleterre. Louis-Philippe, qui prit alors le titre de *comte de Neuilly*, s'établit au château de Claremont, propriété de son gendre le roi des Belges, Léopold; et ce n'est que justice que de reconnaître qu'il sut supporter avec autant de calme que de dignité l'une des infortunes les plus retentissantes dont l'histoire pourra jamais faire mention. Dans l'hiver de 1849, des raisons de santé le déterminèrent à s'établir à Richmond; mais dès le mois de mars 1850 il était revenu habiter Claremont; et c'est là que la mort le frappa, dans la matinée du 26 août de la même année.

Consultez Douglas, *Life and times of Louis-Philippe* (Londres, 1848); Montalivet, *Le roi Louis-Philippe*, etc. (Paris, 1851); Ed. Lemoine, *Abdication du roi Louis-Philippe, racontée par lui-même* (Paris, 1851).

LOUIS-PHILIPPE (Terre de). Cette terre fut découverte par *L'Astrolabe* et *La Zélée*, pendant le voyage de Dumont-d'Urville. Le 26 février 1838, nous étions près du volcan de Bridgman, et les canots furent expédiés pour l'explorer. J'étais de la partie; mais la houle déferlait avec tant de violence qu'il nous fut impossible de débarquer... Vainement nous fîmes le tour de l'îlot pour chercher une petite crique abritée; à chaque détour nous étions accueillis par les chapitres de pingouins se tenant debout sur leurs larges pattes palmées; et en glissant par le nord de l'îlot, nous vîmes s'échapper de sa paroi presque verticale d'abondantes fumeroles : c'est là un des volcans les moins élevés du globe, et malgré sa petite étendue et sa modeste hauteur, la glace et le feu semblent s'en disputer la possession. C'est près de là aussi que surgit au milieu des flots le fameux volcan *Déception*, qui peut-être a déjà poussé à l'air ses agitations dernières. Il peut avoir de 40 à 50 kilomètres de circonférence, et la hauteur de ses parois circulaires est à peu près de soixante à quatre-vingts mètres. Sa partie inférieure est une vaste bassin dans lequel les flots se sont frayés un passage et ont lutté victorieusement contre le bitume et la lave, qu'ils ont étouffés. Ainsi, près du pôle, le feu et la glace sont en guerre permanente, le premier pour bâtir un nouveau monde, la seconde pour l'engloutir. Nous passâmes assez près du cratère pour remarquer que des couches de glaces et de cendres superposées formaient comme des étages ou des échelons de cette île, la plus curieuse qu'aient vomie les océans. En piquant plus au sud-ouest, nous nous trouvâmes de nouveau en face de la banquise courant est et ouest, et par-dessus celle-ci on apercevait une terre du même gisement; nous la côtoyâmes les jours suivants. Au loin, de hautes montagnes dont les arêtes seules se montrent à découvert; près des rivages, des rochers détachés et d'énormes blocs de glace se reposant sur leurs accores. C'est à cette terre que nous avons imposé le nom de *Terre-Française*, ou *Terre Louis-Philippe*; et chacune de ses pointes, de ses anses, fut baptisée du nom des officiers des corvettes. Jacques ARAGO.

LOUISVILLE, ville des États-Unis (Kentucky), sur la rive gauche de l'Ohio. Cette ville, fondée en 1780, ne comptait en 1800 qu'une population de 600 habitants, qui s'élevait déjà en 1840 à 21,210. C'est la plus considérable et la plus commerçante des villes du Kentucky; en 1836 on évaluait à 145 millions de francs la valeur des transactions commerciales qui s'y opéraient. Cette ville est le siège d'un évêché catholique, qui y a été établi en 1843.

LOUKNOW. *Voyez* AUDH.

LOULÉ (Le marquis de), favori de dom Jean VI, roi de Portugal, né à Lisbonne, en 1785, fils aîné du comte Val de Reis, fut dès sa jeunesse lié de l'amitié la plus intime avec le prince qui devait être plus tard son protecteur. Créé marquis *de Loulé* en 1807, et partisan zélé de Napoléon, il leva à ses frais un corps de 8,000 hommes, qu'il amena à l'empereur, lequel l'érigea en *légion lusitanienne* et lui en laissa le commandement. Il se distingua ensuite aux batailles de Wagram et de Smolensk. Pendant les cent jours, il suivit Louis XVIII à Gand. Plus tard, il se rendit au Brésil, où dom Jean VI le nomma son grand-écuyer. En 1821 il revint avec ce prince en Portugal, où, par ses opinions constitutionnelles, il prit toujours plus d'empire sur lui, en même temps qu'il devenait de plus en plus l'objet de la haine du parti absolutiste, et surtout de dom Miguel. Comme il s'était opposé de la manière la plus énergique au projet de placer le roi sous la tutelle d'un conseil de famille, il fut assassiné dans sa propre demeure, le 1er mars 1824. Son fils, né en 1801, épousa en 1827, après avoir été créé *duc* l'année précédente, l'infante Anna du Jesus-Maria de Portugal.

LOUP, animal de la classe des mammifères, tribu des digitigrades, genre *chien*. On en connaît plusieurs espèces : celle de nos contrées (*canis lupus*, L.) ne se distingue du matin que par sa queue et ses oreilles droites, et par une certaine obliquité dans le regard. Son pelage est gris (fauve, avec une raie noire sur les jambes de devant. On le trouve depuis l'Egypte jusqu'à la mer Glaciale ; il habite le fourré des bois et des forêts, d'où il sort de temps en temps pour porter la désolation dans nos campagnes. Il vient y enlever les moutons, malgré les efforts combinés des chiens et des bergers : il attaque même les plus grands animaux domestiques. Réunis en troupes, les loups sont plus hardis, plus entreprenants : ils se jettent quelquefois sur l'homme. Cependant, on ne peut attribuer à l'espèce ce qui dépend de l'association fortuite et toujours momentanée des individus. Le loup est et sera toujours un animal d'une extrême méfiance, ne manifestant que par intervalles le courage et l'instinct de la destruction. Il arrive bien quelquefois que, poussé par la faim, il s'aventure dans une entreprise hasardeuse ; mais presque toujours il combine ses moyens avec soin, appelle la ruse à son secours, et parvient, grâce à la finesse extrême de son odorat, à saisir sa proie sans danger. Le loup peut engendrer vers l'âge de deux ans, et la durée de sa vie est de quinze à vingt ans. La femelle met bas au bout de soixante-trois jours ; elle fait le plus souvent quatre à cinq petits, quelquefois huit ou dix. Pendant tout le temps qu'elle est obligée de pourvoir à leurs besoins, elle est plus audacieuse, et se livre à son instinct carnassier. Pris jeune, le loup s'apprivoise aisément, s'attache à celui qui le soigne, et le reconnaît après une longue absence. Sa voix est un hurlement prolongé.

Le *loup noir* (*canis lycaon*, L.) habite l'Europe ; il est uniformément noir, plus féroce que le loup commun : il ne vient pas, comme ce dernier, dans le voisinage des habitations. Le *loup rouge* (*canis mexicanus*, L.), de même grosseur, à peu près, que les précédents, d'un beau roux-cannelle, avec une courte crinière noire, se tient dans les marais de toutes les parties chaudes et tempérées de l'Amérique. Le *loup odorant* (*canis nubilus*, Say.), plus grand que notre loup ordinaire, auquel il ressemble, habite les immenses plaines du Missouri, dans l'Amérique septentrionale ; son nom lui vient de l'odeur forte et fétide qu'il exhale.

Nous faisons au loup une guerre acharnée (*voyez* LOUVETERIE) ; nous l'attaquons ou par la force ou par la ruse. La grande chasse, très-dispendieuse, se fait à grand renfort de chiens et de piqueurs ; là si la bête n'est pas tuée au lancé, on la force ; mais souvent elle s'échappe après avoir étranglé plusieurs chiens. La chasse à traquer est plus sûre, si l'on parvient à entourer le bois d'un nombre suffisant de tireurs habiles. Les pièges et embûches, tels que l'hameçon, le hausse-pied, le traquenard, la fosse, etc., réussissent rarement.

Partout le chien se montre l'ennemi naturel du loup, ou du moins est devenu son ennemi-né sous l'influence de l'homme. Cependant on a des exemples assez nombreux du rapprochement de ces deux espèces, dont il est résulté des métis tenant plus du loup que du chien, et qui pouvaient produire en s'accouplant soit entre eux, soit avec des chiens ou des loups. P. GALBERT.

LOUP (*Ichthyologie*). *Voyez* BROCHET.
LOUP (*Métallurgie*). *Voyez* FORGE (Petite).
LOUP (Saint), évêque de Troyes, né à Toul, vers le milieu du cinquième siècle, fut élevé à la dignité épiscopale vers le mois d'août 426, après la mort de saint Ours (*Ursus*). Il alla dans la Grande-Bretagne avec saint Germain, évêque d'Auxerre, pour y combattre le pélagianisme. Lors de l'invasion d'Attila en Gaule, il sut fléchir ce farouche conquérant, à la ville métropolitaine fut préservée de la dévastation et de la ruine. Le patrice Aétius, vainqueur d'Attila, l'accusa de trahison, et il fut obligé de s'éloigner de son siège épiscopal. Il y revint au bout de deux ans, et mourut en 478, le 29 juillet, jour où l'Eglise célèbre sa mémoire.
Charles Du Rozoir.

LOUP (Saint), évêque de Lyon, passa sa jeunesse dans la vie monastique, succéda au siège épiscopal de saint Vivent ol vers 523, et assista, vers 534, au concile d'Orléans, tenu contre un hérétique qu'on croit avoir été Grec de nation, et qui avait embrassé les erreurs des monothélites. Il mourut l'an 542. Charles Du Rozoir.

LOUP (SERVATUS LUPUS), abbé de Ferrières, en Gâtinais, né en 805, fut l'un des plus savants hommes du neuvième siècle. Il parut avec éclat au concile de Verneuil, en 844, et en dressa les canons. Sous sa direction, l'école de Ferrières soutint et agrandit sa réputation. Charles le Chauve, qui s'occupait des lettres et favorisait les hommes qui les illustraient, chargea Loup de réformer tous les monastères en France. Il accomplit cette mission avec le célèbre Prudence, évêque de Troyes, qui était aussi une des lumières du clergé français. On ne trouve dans l'histoire aucune trace du savant abbé de Ferrières après 862 ; d'où l'on a conclu qu'il était mort vers cette époque. Il fonda une bibliothèque très-belle pour son temps, et fit copier un grand nombre de manuscrits. La faveur dont il jouissait auprès de Charles le Chauve, et l'éclat de son enseignement, tant à Fulde, où il avait débuté, qu'à Ferrières, où il termina sa carrière, lui donnèrent une sorte d'influence politique, et le mirent en correspondance avec la plupart des souverains de l'époque. On a de lui plusieurs ouvrages : 1° *Lettres* (*Liber Epistolarum*) : elles sont au nombre de 134, et jettent un grand jour sur les événements contemporains ; 2° une *Dissertation* dirigée contre le moine Gœteschal, sur trois questions théologiques : la prédestination, le libre arbitre, le prix de la mort de Jésus-Christ ; on y voit que cette grande querelle, qui troubla toute la chrétienté, Loup prit parti pour le docte archevêque Hincmar, l'arbitre du clergé ; 3° des *Hymnes* ; 4° une *Histoire des Empereurs*, qui est perdue.
Charles Du Rozoir.

LOUP-CERVIER. *Voyez* LYNX.
LOUP-CERVIER, expression figurée, créée par M. Dupin et dont on se sert pour désigner certains spéculateurs de la Bourse. Le loup-cervier est de la famille de l'usurier, mais il est de son époque ; il ne prête plus aux fils de famille, il prête aux États qui mangent plus que leurs revenus. Il vit des dépouilles de ceux qui viennent se ruiner à la Bourse, à jouer sur les fonds publics. Cette industrie l'enrichit vite. Avec la fortune arrive *illico* la considération, et le loup-cervier peut prétendre alors à tout, si mieux il n'aime, en vrai philosophe, se borner à cultiver les *espaliers* de l'Opéra.

LOUP DE FOURNEAU. *Voyez* FONTE.
LOUPE (*Médecine et Botanique*). On désigne par ce nom des tumeurs de nature différente, qui se développent sur diverses parties du corps. Dans l'acception ordinaire, c'est une excroissance extérieure, molle, arrondie ou oblongue, avec ou sans changement de couleur de la peau.

Pour les médecins, cette expression est plus étendue ; elle comprend un grand nombre de productions anormales, naissant tant à l'intérieur qu'à l'extérieur, renfermant des matières diverses, contenues ou non dans des enveloppes ou kystes, et distinguées par des noms particuliers. Ainsi, on appelle *meliceris* une tumeur enkystée, qui renferme une substance semblable au miel ; *athérome*, celle où le contenu est analogue à une bouillie blanche et peu consistante ; *stéatome*, *lipome*, les loupes formées par une matière analogue à la graisse, au lait, qui n'a point d'enveloppe propre, qui est recouverte seulement par la peau.

Ces tumeurs se développent dans le tissu cellulaire, et il n'y a guère de partie à la surface du corps que la paume des mains et la plante des pieds où l'on n'en ait pas rencontré ; il s'en forme sur les membranes du cerveau, sur le cœur, etc. A l'extérieur, on en voit souvent se développer sur la tête, où presque toujours elles sont enkystées. En règle générale, il faut se garder de faire disparaître les loupes ; car ces tumeurs peuvent facilement passer à l'état cancéreux.

Les excroissances ligneuses des troncs de certains arbres sont aussi appelées *loupes*. Dr CHARBONNIER.

LOUPE (*Optique*, *Technologie*). Les opticiens donnent ce nom à une lentille de verre enchâssée dans un cercle d'ivoire, d'ébène, etc. Une loupe ayant toutes les propriétés d'une lentille bi-convexe est fort utile pour grossir les objets que l'on regarde de près : c'est un microscope dans toute sa simplicité. Les ouvriers en montres et tous ceux qui exécutent des ouvrages très-déliés et très-fins ont coutume d'armer leur œil d'une loupe qu'ils tiennent de la main, ou qui est montée sur une sorte de chandelier, muni d'une allonge qui permet d'amener la loupe sur tel objet que l'on veut. On peut faire une loupe en remplissant d'eau pure un verre concave.

Loupe, en termes de joaillier, se dit d'une pierre précieuse que la nature n'a pas achevée : *Loupe* de saphir, de rubis, etc. TEISSÈDRE.

LOUPE (*Métallurgie*), masse de fer fondue et pétrie sous le marteau (*voyez* FORGES [Grosses]).

LOUPE (La). *Voyez* EURE-ET-LOIR.

LOUP-GAROU. C'est dans l'opinion du peuple des campagnes un esprit malin, très-dangereux, travesti en loup, qui court les champs et les rues pendant la nuit. L'idée superstitieuse que les hommes pouvaient être changés en loup et reprendre ensuite leur forme est des plus anciennes; *hominem in lupos verti, rursumque restitui sibi ! falsum existimare debemus*, dit Pline, liv. VIII. Cependant, cette idée extravagante a subsisté longtemps dans les classes les plus élevées. La Roche-Flavin et Bodin rapportent un arrêt du parlement de Dôle, en date du 18 janvier 1594, condamnant au feu Gilles Garnier, qui s'était donné au diable et avait été changé en loup-garou. Aujourd'hui on dit d'un homme insociable : C'est un *loup-garou*.
 Ch^r DE JAUCOURT.

LOUP-MARIN, *Voyez* PHOQUE.

LOUPS (Les). *Voyez* COMPAGNONNAGE.

LOUQSOR ou **LUXOR**, bourg habité par quelques milliers de malheureux Fellahs, sur la rive droite du Nil, à 5 kilomètres environ de Karnak, aux lieux où s'élevait autrefois la puissante ville de *Thèbes*, est remarquable par son magnifique temple, construit par Aménophis III, continué par Rhamsès II, et qui était relié aux temples de Karnak par une longue galerie. C'est des *Pylônes* de Rhamsès que proviennent deux magnifiques monolithes en granit rose, dont l'un, mesurant 25 mètres d'élévation, a été transporté à Londres, et l'autre, d'une hauteur de 21 mètres seulement, orne depuis 1836 la place de la Concorde à Paris.

LOUSTIC (de l'allemand *lustig*, joyeux). C'était le nom donné aux bouffons chargés d'égayer les compagnies de régiments suisses qui existaient en France avant la révolution : on en comptait un par compagnie. Ils avaient mission de prévenir ou de dissiper par leur gaieté le mal du pays, qui, on le sait a tant d'empire sur des soldats suisses. Les fonctions de *loustic* de société, pour être gratuites, n'en sont pas moins vivement recherchées.

LOUTH, le plus petit des comtés d'Irlande, à l'extrémité septentrionale de la province de Leinster, sur la côte orientale, séparé du comté de Down, au nord, est, par la baie de Carlingford, présente une superficie de 11 myriamètres carrés, montagneuse au nord, onduleuse partout ailleurs, généralement fertile et arrosée par le Creaghan, le Dane, le Lagan, le Dee, et à son extrémité méridionale par la Boyne ainsi que par le canal de Drogheda. L'agriculture y a fait de remarquables progrès, et il produit surtout du froment, de l'avoine, des pommes de terre, du lin, etc. La population, qui en 1841 montait à 111,979 habitants, n'en comptait plus en 1851 que 91,615 : diminution, 18 pour 100. Drogheda, port de mer sur la Boyne, est une *city*, et passe pour un comté à part.

Le chef-lieu est DUNDACK, bourg de plus de 10,000 habitants, situé à l'embouchure du Creaghan, siége d'un évêché protestant, et centre d'un commerce fort actif, notamment en avoine et en froment, en bestiaux, heurre et toiles. On y trouve aussi diverses manufactures de toile, de batiste et de mousseline, des distilleries, des fabriques de savon, des mégisseries, etc. La première fabrique de batiste y fut fondée en 1737, par des Français : c'est la plus ancienne de l'Irlande. Au fond de la baie de Carlingford, l'une des plus belles de la mer d'Irlande et où 1,000 vaisseaux pourraient être abrités, on trouve la petite ville de *Carlingford*, avec les ruines d'une abbaye, des carrières de chaux, et 1,500 habitants.

LOUTHERBOURG (PHILLIPPE-JACQUES), excellent peintre de paysages, de batailles et de marines, né en 1740, à Strasbourg, fut élève de son père et de Casanova. Ses principales toiles sont *L'Assaut de Valenciennes en juillet 1793*, action à laquelle il assista, dans les rangs de l'armée anglaise, la *Victoire remportée par Howe en 1794*, et la *Bataille du Nil*. Il avait été nommé, en 1768, membre de l'Académie des Beaux-Arts et peintre du roi Louis XV ; mais plus tard il se fixa à Londres, qu'il continua d'habiter jusqu'à sa mort, arrivée en 1812, et où une partie de ses tableaux ont été gravés.

LOUTRE, genre de mammifères de l'ordre des carnassiers, tribu des digitigrades, famille des mustéliens. On en distingue plusieurs espèces, dont les plus communes sont la *loutre du Kamtschatka* (*lutra marina*, Steller), la *loutre d'Europe* (*lutra vulgaris*, Erxl.), la *loutre du Cap* (*lutra inunguis*, Fr. C.), et la *loutre d'Amérique* (*lutra bresiliensis*, Ray).

La loutre participe des martes par la forme allongée de son corps, par son système dentaire, par deux glandes situées près de l'anus; mais elle commence à se rapprocher des amphibies par le peu de développement de ses membres, par la palmure qui réunit les doigts des pieds, par l'aplatissement de la queue, par une forme du crâne qui rappelle plutôt celui des phoques que celui des martes, et surtout par la faculté de séjourner longtemps dans l'eau sans y perdre la vie. La brièveté des membres de la loutre ainsi que la palmure de ses doigts s'opposent à une grande rapidité dans la marche de cet animal hors de l'eau; elles favorisent, au contraire, admirablement sa natation. La forme allongée du corps le fait participer aux avantages de celle des poissons. La membrane disposée entre les doigts de ses pattes, comme celle d'un canard, remplit l'office de rame, tandis que la queue, aplatie, lui fournit amplement les moyens de se diriger au milieu de l'eau, à peu près comme celle des oiseaux dans les airs. Du reste, cet animal n'est pas entièrement carnassier, comme les animaux entre lesquels son organisation le place dans l'échelle zoologique. L'aplatissement de ses dents molaires lui permet de broyer au besoin des herbages et de jeunes branches pour en assouvir son appétit. Cela ne l'empêche pas d'être un fléau dans les étangs et les rivières qu'il fréquente, par la destruction qu'il y fait du poisson. Il se loge toujours assez à proximité de l'eau pour pouvoir s'y jeter dans toutes les circonstances favorables à la pêche ou critiques pour lui. Quelquefois même il prend son domicile dans les espaces vides des piles de bois à flotter. Le plus souvent, cependant, son habitation consiste en un terrier composé de différentes loges, étagées au-dessus les unes des autres, afin d'avoir, dans les grandes crues, une retraite assurée et bien au sec; il pratique au sommet du terrier une petite ouverture pour laisser un passage à l'air. On aussi observé que cet animal, pour mieux cacher son asile, a soin de ne percer ce petit orifice qu'au milieu de quelque épais buisson. L'entrée de cette ingénieuse habitation est ordinairement sous l'eau, afin que la loutre puisse encore y descendre sans faire trop de bruit par une chute capable de trahir sa présence. Et une fois plongée dans l'eau, elle y reste assez longtemps avant de sentir le besoin de venir respirer à sa surface. Mais c'est une erreur de croire qu'elle puisse y séjourner indéfiniment, comme les poissons; car lorsqu'il lui arrive de s'engager dans des nattes à la poursuite de ceux-ci, on l'y trouve toujours noyée.

La loutre, malgré son naturel carnassier et sauvage, est cependant susceptible d'éducation. On a vu des hommes l'élever et s'en faire suivre comme d'un chien. On a même vu des pêcheurs en dresser des individus à rapporter le poisson. Mais de tels résultats sont très-difficiles à obtenir. La principale utilité de la loutre est dans sa fourrure, d'un brun plus ou moins foncé, dont la chapellerie sait tirer un parti si avantageux. Et encore toutes les espèces n'offrent-elles pas des fourrures de même prix. La loutre du Kamtchatka est la plus précieuse sous ce rapport. Sa fourrure, de presque 1^m,15 de long, composée de poils laineux, est généralement d'un beau brun-marron lustré, dont la nuance varie suivant la disposition du poil, avec la tête, la gorge, le dessous du corps et le bas des membres d'un gris brunâtre argenté. Sa douceur, son moelleux, son éclat, en font l'une des plus précieuses pelleteries qui soient dans le commerce. Aussi entre-t-elle comme objet de luxe dans le costume des habitants de la Chine et du Japon, qui se la procurent par l'entremise des marchands russes et anglais.

F. Passot.

LOUVAIN, ville de la province du Brabant méridional (royaume de Belgique), sur la Dyle, qui en traverse une partie, et à la prise d'eau d'un canal qui la fait communiquer avec le Rupel, de sorte qu'elle se trouve reliée à Malines et à l'Escaut. Elle a environ 6 kilomètres de circuit, mais n'est pourtant qu'un lieu très-désert, parce que plus des deux tiers de sa superficie sont en culture. On n'y voit régner un peu d'animation qu'aux abords de la grande place, où se trouvent aussi situés ses principaux édifices. Dans le nombre on distingue surtout l'hôtel de ville, l'un des monuments les plus remarquables qu'on puisse citer dans le dernier style gothique, terminé seulement en 1493, orné de riches sculptures, et à l'intérieur d'une décoration toute moderne (consultez Van Even, *Les Artistes de l'hôtel de ville de Louvain* [Louvain, 1852]) ; l'église Saint-Pierre, construite de 1358 à 1460, dans le plus beau style gothique, avec un grand portail en bois sculpté, et contenant à l'intérieur de magnifiques tableaux et autres objets d'art. Citons encore la *Maison des Brasseurs*, édifice du style de la renaissance, appartenant à cette corporation ; et dans une rue latérale à la grande place, les Halles, construites en 1317, par la corporation des tisserands, mais cédées en 1679 à l'université, et qui témoignent encore aujourd'hui du goût et de la richesse de leurs fondateurs. Il existe aussi quelques belles toiles dans les autres églises de Louvain. Les étrangers ne doivent pas non plus manquer d'aller visiter la galerie de M. Van den Schrick ; elle est peu considérable, mais en revanche les tableaux en sont tous de premier choix. La population de Louvain dépasse aujourd'hui 30,000 âmes. Une de ses principales industries est la brasserie, qui exporte annuellement plus de 150,000 tonneaux de bière. On trouve également dans cette ville des fabriques de tabac, de dentelles et de poteries, des raffineries de sel, des distilleries ; il s'y fait un grand commerce de grains.

L'université de Louvain, fondée en 1426, par le duc de Brabant Jean IV, avec une riche bibliothèque, l'une des plus considérables qu'il y ait dans tout le royaume, et disposée dans une vaste salle, ornée de boiseries richement sculptées, possède aussi un jardin botanique, un amphithéâtre d'anatomie, et passait au seizième siècle pour la première de l'Europe, sa faculté de théologie surtout. On n'y comptait pas alors moins de 6,000 étudiants. Fermée pendant quelque temps sous Joseph II, puis supprimée par suite des événements de la révolution française, elle fut rétablie en 1817, par le gouvernement hollandais. Avant la révolution de 1830, le nombre des élèves qui fréquentaient ses cours était d'environ 700 ; mais il a bien diminué depuis. A cette époque on supprima le *collége philosophique*, que le roi Guillaume Ier y avait fondé, à l'usage des prêtres catholiques, et qui était l'un des grands griefs du clergé belge contre le gouvernement hollandais, les évêques refusant d'admettre dans leurs séminaires et d'ordonner prêtres les élèves qui en avaient suivi les cours. En 1834 l'État renonça à faire les frais de son entretien ; mais dès l'année suivante le clergé catholique la réorganisait avec ses propres ressources. L'université de Louvain est donc aujourd'hui un établissement libre, comme celle de Bruxelles ; mais, à la différence de celle-ci, elle est ordinairement désignée par l'épithète de *catholique*. En 1852, on y comptait 602 étudiants. La ville de Louvain possède en outre un collège communal, une école des beaux-arts, un musée et divers établissements particuliers d'éducation.

Vers l'an 942 Louvain fut avec Bruxelles, Vilvorde, Nivelles et autres localités, érigée en comté, au profit de Lambert Ier ; en 1165 on entoura la ville de murailles, et en 1361 on l'agrandit considérablement. Le comte de Louvain, Henri IV, prit le titre de *comte de Brabant*, échangé en 1190 contre celui de *duc*. Au commencement du quatorzième siècle, époque où Louvain, capitale du duché de Brabant, comptait 150,000 habitants, il ne s'y trouvait pas moins de 4,000 métiers à fabriquer le drap. En 1382 les tisserands, jaloux de la noblesse, comme dans les autres villes de la Flandre, se révoltèrent ouvertement, et précipitèrent par les fenêtres de l'hôtel de ville dix-sept membres du conseil municipal. Vaincus par le duc Venceslas, beaucoup de ces ouvriers abandonnèrent une ville où ils étaient maintenant en proie à l'oppression ta plus dure, et transportèrent en Angleterre leur industrie. De cette époque date la décadence de Louvain.

LOUVEL (Pierre-Louis), assassin du duc de Berry, était né à Versailles, en 1783. Garçon sellier, d'abord dans les écuries de Napoléon, ensuite dans celles de Louis XVIII, il déclara avoir nourri depuis six ans le dessein d'exterminer à lui seul toute la famille royale. Aussi pour l'accomplir crut-il devoir commencer par celui de ses princes qui lui paraissait devoir la perpétuer. Le 13 février 1820, le duc de Berry sortait de l'Opéra, où il comptait rentrer, et conduisait la duchesse à sa voiture, quand Louvel se glissa entre le factionnaire et un officier du prince, saisit le duc par l'épaule gauche, lui plongea dans le sein droit un fer aigu, qu'il laissa dans la plaie, et prit la fuite. Sans un garçon limonadier, l'assassin disparaissait sous l'arcade Colbert, au milieu des voitures. Après trois mois de recherches, cinquante commissions rogatoires et l'audition de douze cents témoins, il fut prouvé, par l'admirable rapport de M. de Bastard, et reconnu par le procureur général Bellart lui-même, que Louvel n'avait pas de complices. Aux débats de la cour des pairs, il s'indigna sérieusement de n'être pas cru sur parole : il avouait tout en effet, avec un orgueil et un sang-froid imperturbables : « J'avais voyagé, disait-il, pour me distraire des idées qui me poursuivaient... Il ne faut voir en moi qu'un Français qui se sacrifie... La religion n'est pas un remède à mon crime... Si je m'étais sauvé, j'aurais tué le duc d'Angoulême : j'y étais obligé, pour empêcher que d'autres fussent soupçonnés : c'est bien naturel. J'en voulais à tous ceux qui ont trahi la nation ; en les y faisant tous passer, je serais venu à bout de me faire découvrir. » La veille de son exécution, il pria M. de Sémonville, grand-référendaire de la chambre des pairs, de lui faire donner des draps fins pour sa dernière nuit. Cette nuit, il écrivit des lettres d'adieu à sa famille, fit peu d'attention aux consolations religieuses, et monta tranquillement à l'échafaud.

Louvel avait raison ; il était isolé comme son crime. Hors de la nature et de la société, il n'avait ni le sentiment ni de la crainte ni du remords. Il était arrivé par une route inconnue, solitaire, à être sous le poids d'une vocation invincible, non pas celle de tuer un homme, mais celle de tuer le duc de Berry. Louvel était un poignard marqué du nom de sa victime. Il osa dire à la cour : « J'ai la consolation de croire en mourant que je n'ai point deshonoré la France ni ma famille. » Cet étrange meurtrier laissa dans l'esprit de la nation l'idée et l'horreur du passage d'une exception féroce, d'un monstre social, d'une apparition malfaisante et spontanée, d'un être neutre, unique au milieu de la civilisation. Mais le *privilège* se saisit avec ardeur de cet attentat d'un homme pour en faire celui d'une conspiration, dont l'opposition tout entière était la complice. Tous les *introuvables* reparurent, tous les *immobiles* s'a-

gitèrent, tous ils se livrèrent à une fureur de réaction, qui pouvait faire croire que c'était plutôt pour eux que Louvel avait tué le duc de Berry. L'un d'eux, membre de la chambre élective, osa accuser de complicité le comte Decazes, président du conseil des ministres, dont le sacrifice fut imposé au roi, qui, pour fiche de consolation, le nomma duc, le combla de biens et lui donna l'ambassade de Londres.
J. DE NORVINS.

LOUVERTURE (TOUSSAINT). Ce noir extraordinaire naquit vers 1743, de parents esclaves, sur l'habitation Bréda, appartenant à la famille de Noé. Petit, laid, mal fait même pour un nègre, sous cette hideuse enveloppe il cachait des facultés puissantes, la pénétration la plus vive, une ténacité indomptable, une dissimulation profonde. D'abord il voulut savoir lire et écrire; un autre esclave lui apprit à comprendre le *papier qui parle*; le gérant de l'habitation fit de lui son cocher. Ayant lu dans l'abbé Raynal « qu'un jour un noir paraîtrait avec mission de venger sa race outragée, » il s'écria : « Raynal est prophète à moi ! » En 1791 il prit part aux premiers massacres des blancs, dirigés par les noirs Jean-François et Biassou, servant en qualité de médecin dans les bandes d'égorgeurs qu'ils commandaient. Plus tard il passa en qualité de colonel au service du roi d'Espagne. Cependant, après le décret de la Convention qui proclamait l'abolition de l'esclavage, il entama des négociations avec le général en chef des troupes françaises, Laveaux. Un dimanche, à la tête d'une troupe dévouée, il égorge les Espagnols, force leurs retranchements et apporte à Laveaux la soumission des points les plus importants. C'est alors qu'il reçut du commissaire Polverel le surnom de *Louverture*, glorification de son parjure. Bientôt une insurrection triomphante au Cap, et qui s'est emparée de la personne du général en chef, donne à Toussaint l'occasion de se servir de la fidélité comme il s'était servi de la trahison. Il marche sur le Cap, s'en empare, délivre Laveaux, qui l'élève au grade de général de division et en fait son lieutenant.

Dès lors Toussaint se trouvait être le chef des hommes de sa couleur dans toute l'étendue de Saint-Domingue. Il songea à se rendre maître de la colonie. D'abord il employa toute son activité et son crédit à organiser et à discipliner une armée noire, et il y parvint. Il affranchit le nord et l'ouest de l'île de la domination des Anglais. Ses victoires lui donnent une popularité immense, dont il se sert pour faire élire Laveaux au corps législatif. Il se débarrasse ensuite du commissaire de la république, S a n t h o n a x , en l'embarquant par force. Cependant, il garde auprès de lui son collègue, le mulâtre Raimond, afin de sauver les apparences, et il envoie ses deux fils aux écoles de Paris.

Le Directoire admira fort cette action, toute romaine, d'un vieux père qui lui envoyait ses enfants en otage de sa fidélité. On ferma les yeux sur les étranges abus de pouvoir qu'il avait commis et sur ses allures dictatoriales. Toussaint fut proclamé le sauveur de Saint-Domingue, et on lui vota des armes d'honneur. Ses fils furent élevés aux frais de l'État. Toutefois le Directoire comprit qu'il importait d'avoir un représentant direct auprès du noir tout-puissant. Son choix tomba sur le général Hédouville.

Pendant ce temps-là Toussaint Louverture contraignait le général anglais Maitland, demeuré maître du sud, d'évacuer la colonie. Les proclamations d'Hédouville furent mal accueillies. Un soulèvement des noirs éclata au Cap, et Toussaint en profita pour forcer l'embarquement du lieutenant du Directoire. Délivré de tout contrôle, le noir ambitieux touchait à la réalisation de ses projets; mais il fallait pour asseoir sa domination exterminer les mulâtres, qui reconnaissaient pour chef le général Rigaud. En 1799 ce dernier quittait Saint-Domingue, et Toussaint se trouvait réellement souverain du pays.

L'avénement de Bonaparte au consulat fut notifié à Toussaint par une proclamation, qui le confirmait, en outre, dans son grade de général en chef. Bientôt, à l'imitation du premier consul, Toussaint se donna une maison militaire, des gardes, des palais dans ses deux capitales, et des maisons de plaisance. « Me voici, disait-il, le Bonaparte de Saint-Domingue; » et il lui écrivait : *Le premier des noirs au premier des blancs.*

Mais il ne recevait pas de réponse à ses lettres. Il faisait, lui aussi, sa constitution, se nommait président à vie avec droit de choisir son successeur. C'était se déclarer indépendant de la république. Il le savait, et répondait aux donneurs d'avis, qui n'y revenaient plus : « C'est affaire à moi. » Ce fut la belle époque de son gouvernement. Saint-Domingue se relevait de ses ruines. La partie espagnole de l'île, cédée à la France par la paix de Bâle, accepte sans coup férir sa domination. Mais cette domination touche à sa fin. Une flotte considérable amène une armée française, commandée par le général L e c l e r c , beau-frère de Bonaparte. Le Cap est pris ; mais Toussaint, avant d'évacuer la ville, le réduit en cendres. Leclerc lui envoie ses deux fils avec des lettres du premier consul pour l'engager à faire sa soumission. Mais le vieux noir refuse tout accommodement, et fait reconduire ses enfants au Cap. Le général français toute encore de vaincre son obstination; ses fils retournent auprès de lui, mais ils ne reviennent plus, et Toussaint est déclaré rebelle, mis hors la loi. L'armée entre sur-le-champ en campagne ; les insurgés essayent en vain d'arrêter ses succès par le massacre des blancs, les incendies des récoltes et des villages. Deux mois après tous les généraux noirs avaient fait leur soumission, Christophe lui-même. Celle de Toussaint ne se fit pas attendre.

Bientôt arriva la fatale époque de la fièvre jaune, qui moissonna l'armée expéditionnaire. On comprit alors le sens horrible d'un mot de Toussaint : « *Moi , compter sur la Providence !* » C'était le nom du cimetière du Cap. Nombre de soldats noirs et de cultivateurs désertèrent alors les cantonnements pour se faire dans les mornes. Des lettres interceptées révélèrent qu'il était l'auteur de ces rassemblements et qu'il entretenait des intelligences dans toute la colonie en vue d'un soulèvement général. Son arrestation fut résolue. Le général Brunet l'invita à se rendre à son quartier général pour y conférer ; l'astucieux Toussaint fut la dupe de son amour-propre. « Ces messieurs blancs, dit-il, se sauront tout, sont forcés de consulter le vieux nègre. » Et il s'y rendit. A peine arrivé, il fut arrêté, et jeté à bord de la frégate *La Créole* , malgré le serment qu'il avait fait de ne jamais mettre le pied sur un de nos bâtiments. Arrivé au Cap, il fut transféré sur *Le Héros* , débarqua à Landernau, d'où il fut conduit à Paris, au Temple, et de là au fort de Joux (Doubs). Le premier consul lui avait inutilement fait demander dans quelle partie de Saint-Domingue il avait caché ses trésors. Le 17 germinal an XI (27 avril 1803) , le chef de bataillon Amiot, commandant le fort de Joux , le trouva au coin de son feu frappé d'apoplexie foudroyante. Peu de jours auparavant, le chef noir lui avait avoué avoir fait enterrer 15 millions dans les mornes , par des nègres dont il s'était défait, et il s'occupait de dresser, d'après ses souvenirs , le plan des lieux où ces trésors était enfoui, quand la mort le frappa. Sa famille , transportée en France avec lui, avait fixé sa résidence à Agen, où mourûrent sa femme et l'un de ses fils. L'autre décéda à Bordeaux, en 1850, béni des pauvres, qu'il soulageait par ses abondantes aumônes.
J. DE NORVINS.

LOUVET DE COUVRAI (JEAN-BAPTISTE) , né à Paris , dans la rue Saint-Denis , d'un marchand à l'enseigne du *Bras d'Or*, le 11 juin 1760, mort le 25 août 1797 , fut très-célèbre de son vivant, et , après avoir fait le plus grand bruit littéraire de son temps , s'éteignit dans l'oubli et le silence. Il avait commencé par être un assez habile garçon libraire, et à force de vendre ces petits livres obscènes et spirituels dans lesquels excellait le dix-huitième siècle agonisant, il finit par en composer un lui-même, qui fut le dernier mot de ce genre de livres, que personne ne pourrait ressusciter aujourd'hui. Ce genre de littérature, nous l'avons déjà dit, nous paraît triste et misérable, quoiqu'il demande beaucoup d'imagination dans la tête, beaucoup de grâce dans le style, et un grand vide dans le cœur. Louvet donc, encouragé par tout ce dévergondage public et privé qui faisait partie de la belle société, de la grande philosophie et du bel esprit de son temps, voyant les plus belles dames venir dans la boutique de son maître, et, sans rougir, acheter publiquement *Les Bijoux indiscrets*, *Les Liaisons dangereuses*, *La Pucelle*, *Candide*, *Acajou*, *Les Confessions du comte de **** , que sais-je encore? tant de livres écrits et signés par des hommes bien posés à la cour, dans les académies, au parlement, et, qui plus est, dans l'admiration des hommes, se mit à écrire *Les Amours de Faublas*, un terrible petit livre, qui pour le scandale, pour le vice, pour les tours de force les plus incroyables, laissait bien loin tous les petits livres ses devanciers.

Figurez-vous en effet une interminable histoire d'alcôve et de boudoir, dans lesquels sont traînés impitoyablement les grands seigneurs et les bourgeois, les soubrettes et les duchesses, les magistrats et les mousquetaires, obscène histoire du vice sans voile et sans robe nuptiale. Dans ce livre, les hommes se ruent sur les femmes, les femmes sur les hommes; on se prend, on se quitte, on se choisit, on ne se choisit pas, on fait l'amour sur les toits, dans les cours, dans les murs, hors des murs, dans la petite maison et dans le couvent, dans l'écurie et dans le salon, dans la voiture armoriée et dans l'ignoble fiacre. La scène se passe à ce moment solennel du dix-huitième siècle quand enfin toute cette élégante société, fatiguée de luxe, d'esprit, de scepticisme et de plaisirs, se met à comprendre quelle est la vanité cachée sous toute cette joie, quel ver rongeur dévore et perce ces volages amours et quel coup de foudre va venir de là haut pour éclairer tous ces nuages, incendier tous ces palais, briser ce trône chancelant, réduire en poudre toute cette monarchie fondée sur la noblesse, sur la beauté, sur les fortunes, sur les grâces, sur le courage, sur la politesse. Car c'est là justement ce qui fait un peu l'intérêt du roman de Louvet. Le philosophe s'arrête sur ces débris du vieux vice français, et, dans une contemplation mélancolique, il cherche à recomposer ce beau monde dont Voltaire, Buffon, Diderot, Beaumarchais, Gresset, le roi Louis XV, le duc de Richelieu et Mme de Pompadour sont les représentants les plus avancés, pendant que Crébillon fils, Laclos, Piron, Marmontel, Mme la comtesse Dubarry, en sont aussi les représentants à leur manière. Évidemment *Faublas* appartient à cette partie déjà perdue et gangrénée du dix-huitième siècle. *Faublas* résume tout à fait non pas l'esprit, non pas la philosophie, non pas la poésie, non pas la pensée-intelligence du dix-huitième siècle, mais bien le vice, le scandale, la débauche, la nudité, l'oubli de tous les devoirs, la sensualité brutale de cette époque, qui fut tout à la fois si grande et si misérable, que nul ne saurait dire toutes ses misères et toutes ses grandeurs.

Comme témoignage irrécusable, complet, incroyable, d'une horrible décadence, le livre de Louvet mérite d'être parcouru, même par les honnêtes gens, qui n'ont pas pour ces sortes de choses licencieuses et puériles la fugitive excuse de la jeunesse. Otez à ce livre cet intérêt que lui donne le temps dans lequel et pour lequel il a été écrit, vous ne trouvez plus qu'un obscène récit sans vraisemblance et sans style, bon tout au plus à charmer les loisirs des marchandes de modes les plus avancées de nos commis-voyageurs les plus poétiques. Quoi qu'il en soit, le roman de Louvet eut parmi nous un de ces éminents succès qui déshonorent toute une époque. La France dévora *Les Amours de Faublas* comme l'Angleterre avait dévoré les *Lettres de Clarisse Harlowe*! Clarisse et Faublas, qu'est-ce à dire, sinon que la nation qui faisait ses délices de cette obscène et ignoble peinture de la société parisienne était aussi près d'une révolution que les admirateurs de *Clarisse Harlowe* en étaient loin.

Le succès de *Faublas* durait encore que la révolution française marchait à bride abattue. En 1791 la révolution, qui avait déjà usé plus d'un grand esprit, plus d'un grand orateur et plus d'un noble courage, commença à recruter ses adeptes parmi les esprits du rang inférieur. Alors, pour la première fois, l'auteur de *Faublas* fut pris au sérieux. Le club des Jacobins trouva un beau jour de l'éloquence à cet homme, qui s'agitait et se démenait avec toutes sortes de violences. Un des premiers, Louvet, excité par ce nouveau succès, se proclama républicain; il se présenta donc à l'Assemblée législative, et là, s'abandonnant à toute sa violence contre ces *vagabonds* de nobles, il demanda qu'on en fît une nouvelle justice, désignant à la colère de l'assemblée plusieurs petits gentilshommes qui avaient échappé à la proscription. Louvet fut le bien-venu à cette barre, qui commençait à ne plus rien savoir refuser aux volontés du peuple. Ceux qu'il accusait furent décrétés d'accusation. Il demandait la guerre, on lui répondit par des cris de guerre. Le 10 août n'était pas loin; Roland était ministre, Louvet fut chargé par ce ministre de rédiger une feuille ambulante, *La Sentinelle*, espèce de pilori où la royauté était attachée chaque matin et couverte des plus grandes insultes.

Après le 10 août Louvet fut nommé député du Loiret, et alors commença la partie honorable de sa vie. C'était un homme mobile et changeant, qui n'eût pas mieux demandé que de jouer un beau rôle. Il fut frappé de l'attitude des girondins; il en adopta les principes, et les défendit vivement et courageusement à la tribune; il osa, lui, le chroniqueur de *Faublas*, prendre corps à corps cet horrible Robespierre, dont un geste faisait tomber les têtes les plus hautes. Le discours de Louvet accusant Robespierre est un modèle de clarté, d'énergie, de raison, de courage. Robespierre y répondit le lendemain par quelques phrases banales, et plus tard par une proscription en masse. Louvet eut l'honneur d'être proscrit avec les chefs de la Gironde; mais, comme eux, il n'attendit pas la mort: il s'enfuit en Bretagne, et y mena une vie inquiète, misérable, remplie de dangers, jusqu'au 8 thermidor, beau jour de tant de délivrances. Sept mois après la mort de Robespierre, Louvet, que soutenait la Fronde, fut rappelé dans le sein de la Convention. Il y rentra comme il en était sorti, républicain. Il fut un des chefs les plus zélés de la réaction thermidorienne. Il fut élu ensuite aux Cinq Cents. Ici s'arrête sa vie politique. Tour à tour dévoué à la Convention, au Directoire, à tous ces pouvoirs éphémères qu'il soutenait de sa plume, il ne fut bientôt plus compté que comme un écrivain, qui n'avait plus ni courage ni puissance.

Il se maria; il se fit libraire au Palais-Royal. La foule se porta à son magasin, non pour acheter des livres, mais pour lorgner sa femme, que les *beaux* de ce temps-là appelaient *Lodoïska*. Alors le ridicule s'empara du pauvre homme, pour ne plus le quitter. Cela parut une plaisanterie de bon goût à la jeunesse dorée, de rire aux dépens d'un homme qui avait joué son rôle dans les violents débats de la république et qui avait condamné à la mort le roi Louis XVI. Le ridicule est plus difficile à éviter que la proscription, Louvet l'éprouva. Il fut accablé de toutes parts par l'ironie et le sarcasme : c'était chaque matin des huées sans fin et sans cesse, auxquelles le pauvre homme répondait sans esprit et avec colère, si bien qu'il se fit condamner comme diffamateur, pour avoir répondu avec trop de violence à l'un des assassins jacobins. Alors, réduit aux abois, oubliant les feuilles imprimées dont il avait couvert sans pitié les murailles de la ville, il demanda qu'on mît un frein à la liberté de la presse; et les huées recommencèrent de plus belle. Pour comble de malheur, il écrivit sa fameuse réponse à M. *Perge! sequar!* Il avait pris ces deux mots latins pour la signature d'un nom propre : vous jugez des éclats de rire et du triomphe de Suard, l'auteur du *Perge! sequar!* Ainsi bafoué, moqué de toutes parts, payant par le ridicule la dette de vengeance que tant d'autres avaient payée de leur tête, accablé d'ennuis, d'injures, de malédictions dites en riant; insulté et cherchant en vain quelques restes de sa vieille gloire, de son antique renommée, de son influence politique, ce vieil invalide mourut sans trop savoir pourquoi ; il mourut bien simplement, faute d'un peu d'esprit pour répondre aux quolibets, faute d'un peu d'intelligence pour comprendre le 18 fructidor et les événements qui allaient venir. Mais pour résister à toutes ces secousses, à tous ces prodiges, à toutes ces révolutions sans pareilles, après avoir vu déjà et subi tant de secousses, tant de prodiges et tant de révolutions, il fallait une autre tête, il fallait un autre cœur que le cœur et la tête de l'auteur de *Faublas*.

Voilà tout ce qu'on peut dire de cet homme, qui a mis un nom au livre le plus lu de son temps après *La Pucelle* de Voltaire. On trouve dans les *Mémoires* de Mme Roland un magnifique éloge de Louvet, que la postérité eût confirmé peut-être si Louvet fût mort à temps, avec les chefs de la Gironde. Louvet avait beaucoup écrit, et il serait bien difficile de dire tous les livres qu'il a laissés : *Faublas* ; *Émilie de Valmont*, ou *le divorce nécessaire* ; *Paris justifié* ; *Réponse au courageux rapport de Mounier sur les crimes des* 5 *et* 6 *octobre* 1789; *Second Discours sur la guerre* (à Robespierre) ; *Accusation contre Robespierre*, 1792; *A la Convention nationale* ; *Plaidoyer contre Isidore Langlois* ; *Récit de mes Périls* ; et enfin deux ou trois comédies, dont une *jouée plusieurs fois*. Jules Janin.

LOUVETERIE, LOUVETIER. Les ravages qu'exerçaient les l o u p s dans nos campagnes firent sentir de bonne heure la nécessité de mesures propres à arrêter la propagation de ces malfaisants animaux. Un grand nombre de dispositions des lois des Bourguignons et aussi des Capitulaires ont trait à la destruction des loups, et offrent des récompenses à ceux qui en prendront, en recommandant de chercher et de prendre les louveteaux au mois de mai. Charlemagne établit deux *louvetiers* dans chacun des gouvernements de son empire, et ordonna à tous les comtes de lui envoyer chaque année les peaux des loups tués sur leur territoire. La prime allouée aux louvetiers était de deux deniers par loup et trois deniers par louve, payables par chaque feu de village, à deux lieues à la ronde de l'endroit où l'animal avait été pris. François 1er créa en 1520 la charge de *grand-louvetier* de France. Cet officier, qui portait à ses armes deux têtes de loup au-dessus de l'écu, avait sous sa juridiction les divers louvetiers ; et le nombre en était devenu considérable, puisqu'on avait fini par en établir près de chaque forêt. Il entretenait en outre aux frais du roi un équipage de *louveterie* ou de chasse au loup qu'on transportait aux environs de la capitale partout où on signalait la présence des loups. Il s'en fallait beaucoup que ce fût là une fastueuse sinécure. Le *Journal de Paris*, sous Charles VII et Charles VIII, rapporte plusieurs exemples d'individus dévorés la nuit dans les rues de Paris par des loups affamés, et le *Journal de L'Estoile* fait encore mention d'un enfant dévoré par un loup près de la place de Grève, en plein Paris, dans la nuit du 11 au 12 août 1595, par conséquent sous le règne même de Henri IV. On peut juger par là de l'effrayante multiplication à laquelle ces redoutables animaux étaient parvenus, en dépit des mesures administratives prises pour la combattre et des louvetiers chargés de les appliquer. En 1789 le marquis de Flamarens avait le titre de *grand-louvetier* de France. En 1814 tout ce qui concernait la louveterie fut placé sous les attributions du *grand-veneur* ; mais en 1818 on le réunit, par une plus juste intelligence des principes du gouvernement constitutionnel, à la direction générale des forêts, dépendant du ministère des finances. La prime allouée aujourd'hui pour la destruction des loups est de 6 fr. par louveteau, 12 fr. par loup, 15 fr. par louve non pleine, et 18 fr. par louve pleine. Les préfets ordonnent en décembre et en mars, partout où besoin est, des battues ; et à ces moyens on ajoute encore l'emploi de pièges, de traquenards et d'appâts empoisonnés.

LOUVIER (Ile). Il n'y a pas quinze ans on voyait encore à Paris, à l'extrémité orientale de l'île Saint-Louis, un îlot dépourvu de toute espèce de construction et uniquement occupé par des chantiers de bois à brûler. Cette île, dont le nom de *Louvier* provenait de ce qu'elle avait été possédée au quinzième siècle par une famille noble ainsi appelée, n'était séparée de l'arsenal que par une route longtemps appelée *le Mail* et par un bras étroit de la Seine, qui restait à sec une bonne partie de l'année, et qui, en raison de la vase qu'il contenait, devenait au temps des fortes chaleurs un foyer d'émanations putrides. Ce canal a été comblé, les chantiers ont disparu ; mais aucune construction ne s'est encore élevée sur leur emplacement, occupé depuis 1848 par un camp baraqué. La ville de Paris, propriétaire de l'île *Louvier* depuis 1671, époque où elle l'acheta à un sieur d'Entragues, eut toutes les peines du monde à en déloger les marchands de bois ses locataires, lesquels avaient fini par s'en regarder comme les quasi-propriétaires. Ils n'en déménagèrent qu'après avoir parcouru tous les degrés de juridiction et épuisé toutes les ressources de la chicane pour se maintenir en jouissance indéfinie de leurs baux.

LOUVIERS, ville de France, chef-lieu d'arrondissement dans le département de l'E u r e, à 22 kilomètres au nord d'Évreux, sur l'Eure, qui s'y divise en plusieurs bras. Cette ville compte 10,577 habitants, et possède des tribunaux civil et de commerce, un conseil des manufactures, un conseil de prud'hommes, une bibliothèque publique, deux typographies, d'importantes manufactures de drap, qui emploient de 8 à 9,000 ouvriers et qui sont très-remarquables, par le bel ensemble des machines qu'elles présentent. La manufacture de draperie de Louviers fut créée en 1681, par arrêt du conseil. On y trouve encore de belles filatures de laine, une filature de coton, des teintureries, des tanneries. Outre ses articles de place, son commerce consiste en laine, grains, lin, bois et charbon. L'église paroissiale, qui est fort ancienne, est un édifice assez remarquable. On y voit aussi une maison du douzième siècle, qui a appartenu aux Templiers. Louviers eut beaucoup à souffrir de la guerre de cent ans ; en 1432 elle fut prise par les Anglais et ses murs rasés.

LOUVOIS (FRANÇOIS-MICHEL LETELLIER, marquis DE), principal ministre de Louis XIV, né à Paris, le 18 janvier 1641, mort le 16 juillet 1691. Son père, Michel L e t e l l i e r, depuis chancelier, avait été ministre de la guerre. Il avait obtenu du roi, en 1654, la survivance de ce ministère pour son fils, qui n'avait alors que treize ans. Il le présenta à Louis XIV, en 1665, comme un jeune homme dévoué, laborieux, intelligent, d'un sens droit, mais timide, sans expérience, pouvant devenir néanmoins un habile administrateur, si le roi l'honorait de ses avis. Le vieux courtisan connaissait son maître : en flattant sa vanité, il était sûr de l'avenir de son fils. L'élève se montra docile et reconnaissant. Ses progrès furent rapides, et Louis se félicitait de l'heureux résultat de ses leçons. Il s'était persuadé que ce que faisait le jeune marquis était son propre ouvrage; et après deux ans d'essai, il lui confia le portefeuille de la guerre, dont son père resta titulaire jusqu'en 1677, époque de sa promotion à la dignité de chancelier. Le père et le fils parent dès lors se dire : « A nous deux le gouvernement du royaume de France ! » Dès lors en effet le roi ne fut plus que le docile instrument de leur ambition. Il croyait toujours commander, mais il avait cessé de gouverner. Jusque alors les généraux avaient correspondu directement avec le monarque ; Louvois exigea qu'ils ne correspondissent plus qu'avec le ministre. Il n'éprouva d'opposition à ce changement que de la part d'un seul général : T u r e n n e refusa hautement de se soumettre à cet ordre, et continua de ne rendre compte de ses opérations qu'au roi. Tous les historiens le disent. Il est cependant certain que lors de la guerre de Flandre, Vauban correspondait directement aussi avec Louis XIV ; une lettre originale de ce général, sous la date de 1692, annotée en marge par Louis XIV, le prouve surabondamment.

Chargé du ministère le plus important, de celui dont les travaux réclamaient toute l'activité, tous les instants de l'homme d'Etat le plus actif et le plus laborieux, Louvois ne refusait à son ambition aucune charge nouvelle ; il se fit nommer surintendant général des postes, en 1668. Chancelier des Ordres du roi, grand-vicaire des ordres de Saint-Lazare et du Mont-Carmel, il donna à ces différents ordres une forme nouvelle, et ce fut par son conseil que Louis XIV fit bâtir l'hôtel des Invalides, monument plus fastueux qu'utile. Les frais des bâtiments, de leur entretien, d'une administration dispendieuse et compliquée, auraient été mieux employés à doter les vétérans invalides de pensions suffisantes pour vivre au sein de leur famille. Louvois fut mieux inspiré quand il conçut l'établissement de plusieurs académies militaires dans les places frontières, où la jeune noblesse qui se destinait à la profession des armes fut admise gratuitement et apprit les éléments de l'art de la guerre. En 1683 il succéda à Colbert dans la charge de surintendant des bâtiments, arts et manufactures. Il introduisit dans les armées une discipline sévère et un ordre régulier dans l'administration des subsistances. On lui doit l'établissement de magasins spéciaux pour les munitions de guerre et de bouche, une meilleure organisation du service des transports et des étapes. Partout où se dirigeaient les armées, les approvisionnements étaient prêts, les logements marqués, les marches soumises à un itinéraire régulier. Il avait débarrassé les convois de ces gros bagages dont les officiers se faisaient accompagner, de ce luxe d'équipement et de toilette que ne peut admettre l'austère simplicité de la vie guerrière. Un officier ayant paru en robe de chambre à une alerte, il la fit brûler à la tête du camp comme une superfluité indigne d'un homme de guerre. Un fait sur mille suffira pour faire apprécier la sévérité du ministre envers les chefs de corps. Les colonels étaient alors propriétaires de leur régiment. Un seigneur (Nogaret) avait, suivant l'usage, levé une compagnie. Louvois la trouva mal composée et mal tenue. Le Nogaret était plus homme de cour qu'homme de guerre. « Votre compagnie, lui dit-il, est en fort mauvais état ; il faut prendre un parti, monsieur : ou demeurer courtisan, ou s'acquitter de son devoir quand on est officier. »
Au reste, s'il comptait pour quelque chose la vie du soldat dans les camps, il en faisait bon marché ailleurs. Il employa toute une armée aux travaux entrepris pour conduire à Versailles les eaux de l'Eure: les malheureux soldats périssaient par milliers sous les yeux du ministre ; il les voyait d'un œil sec succomber à la fatigue, à la contagion, qui décimait leurs rangs. « Qu'ils meurent, disait-il, en remuant la terre devant une place ennemie ou en la remuant dans les plaines de la Beauce, peu importe : c'est toujours pour le service du roi ! » Aucune partie du service n'échappait à son attention : il suivait pour toutes les armes le même système d'ordre et de prévoyance. Chargé des fonctions de grand-maître de l'artillerie, il fit pourvoir de pièces et de munitions toutes les places, et y établit des magasins d'armes et d'équipements. Les règlements qu'il rédigea pour tous les genres de service et d'administration en temps de paix et de guerre sont encore observés en grande partie. Partout il agissait en maître et en maître absolu. A la cour comme au camp, il ne supportait aucune contradiction. On le vit au siège de Mons déplacer des gardes que le roi avait placées lui-même. Le roi se bornait à dire à ses entours: « N'admirez-vous pas Louvois ! il croit savoir la guerre mieux que moi. » Avant son arrivée au pouvoir, les ministres, en écrivant aux ducs, leur donnaient du monseigneur. Louvois s'affranchit de cette formalité, et l'exigea pour lui-même.

La désastreuse guerre de 1688, cette grande faute politique et l'une des plus déplorables calamités de la dernière partie du règne de Louis XIV, n'eut d'autre cause qu'un mouvement de vanité et de dépit du tout-puissant ministre. Louis XIV faisait bâtir Trianon, et visitait les nouvelles constructions avec Louvois, alors surintendant des bâtiments ; il lui fit remarquer une fenêtre qui avait moins d'ouverture que les autres. Louvois soutint le contraire ; le roi persista, et en présence des ouvriers, contre son habitude, il traita durement son ministre favori. Louvois, rentré dans son appartement, ne put contenir sa fureur, et s'écria : « Je suis perdu si je ne donne de l'occupation à un homme qui s'emporte sur une misère ; il n'y a que la guerre pour le tirer des bâtiments. Morbleu ! il en aura, puisqu'il en faut à lui ou à moi. »

La ligue d'Augsbourg se formait alors, mais il était encore possible de la rompre sans employer la force. Louvois alluma l'incendie qu'il lui eût été facile d'éteindre, et toute l'Europe fut embrasée parce qu'une fenêtre de Trianon était trop large ou trop étroite ! La guerre fut déclarée ; Louvois la voulut cruelle, impitoyable. Il écrivait au maréchal de Bonflers : « Si l'ennemi brûle un village de votre gouvernement, brûlez-lui-en dix. » Le Palatinat sortait à peine de ses ruines. Les villes incendiées pendant le cours de la guerre précédente avaient été rebâties, les forêts repeuplées par de nouvelles plantations ; tout allait encore être détruit. Un ordre signé Louvois enjoignit de tout réduire en cendres. Les généraux français, dit Voltaire, firent signifier, dans le cœur de l'hiver, aux bourgeois de toutes ces villes si florissantes, si bien réparées, aux habitants des villages, aux seigneurs de plus de cinquante châteaux, qu'il fallait quitter leurs demeures, qu'on allait livrer aux flammes. On commença par Manheim, séjour des électeurs : leurs palais furent détruits comme les maisons des simples citoyens ; leurs tombeaux même furent ouverts par les soldats, qui croyaient y trouver des trésors, et leurs cendres dispersées. C'était pour la seconde fois que le Palatinat était dévasté par Louis XIV ; mais les flammes des deux villes et des vingt villages brûlés par Turenne dans ce pays n'étaient que des étincelles en comparaison de ce dernier incendie : l'Europe en eut horreur. Les officiers qui l'exécutèrent rougissaient d'avoir été les instruments de ces cruautés. On les rejetait sur le marquis de Louvois, devenu de plus en plus inhumain par cet endurcissement de cœur que produit un long ministère.

Ce n'est pas tout : bientôt il traita les protestants de France comme il avait traité les Allemands du Palatinat. Son père avait provoqué, rédigé et signé le funeste édit de la révocation : Louvois l'exécuta avec une impitoyable rigueur. Il avait fait réunir à son département ministériel les affaires de la religion : les protestants, partout proscrits, traqués, poursuivis comme des bêtes fauves, portèrent à l'étranger leur industrie, leurs capitaux ; ceux qui ne purent se déterminer à abandonner le sol natal furent jetés dans les cachots et les châteaux forts ; les pasteurs furent pendus ou envoyés au bagne. Le commerce français fut anéanti, et le nom de Louvois se rattache à tous les désastres, à tous les crimes politiques de cette époque. Colbert avait prévu toutes les conséquences de cette sanglante persécution, mais il n'était plus ; et l'édit fatal fut le premier acte de son successeur, qui n'avait que trop bien réussi à miner son crédit.

Mais si l'histoire reproche à Louvois l'horrible incendie du Palatinat et la proscription des protestants français, elle a aussi enregistré ce qu'il fit pour l'encouragement et les progrès des arts et des sciences. Colbert n'avait pu qu'ébaucher l'institution des Académies des Sciences, de Peinture et d'Architecture : il mit la dernière main à son œuvre. Louvois, qui était demeuré insensible aux plaintes des Français qu'il avait injustement et impitoyablement proscrits, ne put survivre à l'idée d'avoir encouru la désaffection de son roi. Au sortir d'un conseil où Louis XIV l'avait froidement accueilli, il rentra dans son appartement, où bientôt il rendit le dernier soupir. Cette mort soudaine, inattendue, ne parut point naturelle : on parla hautement de poison. Mme de Sévigné, écrivant à l'abbé de Coulanges cette étonnante nouvelle, devançait le jugement de la postérité sur ce ministre. « Le voilà donc mort, ce grand ministre, cet homme si considérable, qui tenait une si grande place, dont le moi (comme dit M. Nicole) était si étendu ; qui était le centre do tant de choses ! Que d'affaires, que de desseins, que de projets, que de secrets, que d'intérêts à démêler ! que de guerres commencées ! que de beaux coups d'échec à faire et à conduire ! — Ah, mon Dieu ! donnez-moi un peu de temps. Je voudrais donner un échec au duc de Savoie, un mat au prince d'Orange. — Non, non, vous n'aurez pas un moment. — Faut-il raisonner sur cette étrange aventure? Non, en vérité, il faut y réfléchir dans son cabinet. »

Barbezieux, son troisième fils, lui succéda au ministère de la guerre; il n'avait que vingt-trois ans : il en avait eu la survivance, comme son père avait eu celle de son aïeul. Ce ministère resta plus de soixante ans dans la famille Letellier.   Dufey (de l'Yonne).

LOUVOIS (Théâtre). Le décret de l'Assemblée constituante qui avait proclamé la liberté des théâtres valut à la ville de Paris la construction de plusieurs salles de spectacle dont il ne reste plus guère de traces. Le théâtre Louvois, né dans ces circonstances, était situé sur un des côtés de la rue dont il portait le nom, à quelques pas seulement de la vaste et magnifique salle que le Montansier, trop à l'étroit désormais dans sa bonbonnière du Palais-Royal, berceau de ses succès et de sa réputation, s'était fait construire rue de Richelieu, n° 75, juste en face de la Bibliothèque impériale. On sait que cette salle, où le grand opéra fut transféré en 1794, rosée à la suite de l'assassinat du duc de Berry par Louvel, en 1820, a été depuis remplacée par une place plantée d'arbres et ornée d'une gracieuse fontaine, à la grande joie des bibliophiles, qui toujours redoutaient pour le grand dépôt des richesses littéraires du pays le voisinage immédiat d'un théâtre. La salle Louvois, comme si on eût voulu multiplier les chances d'incendie de la Bibliothèque nationale, était en outre juxtaposée à un édifice qui sert encore aujourd'hui de magasin de décors à l'Opéra. Les travaux, commencés en 1791, ne furent terminés qu'en 1793 : l'ouverture eut lieu le 1er juillet. Fermée pendant quelques années, à cause de la déconfiture des entrepreneurs, elle se rouvrit en 1801, sous la direction de Picard, que le premier incendie de l'Odéon avait forcé d'y venir abriter sa troupe, et qui y demeura jusqu'en 1808, époque où l'Odéon, reconstruit, devint le *Théâtre de S. M. l'impératrice*. Fermé alors de nouveau, le théâtre Louvois ne se rouvrit que sous la Restauration, époque où il recueillit la troupe des Italiens, fuyant les déserts glacés de l'Odéon pour se rapprocher des quartiers où sera toujours la vie de Paris. Ils y restèrent jusqu'en 1827, époque où le gouvernement fit l'acquisition de la salle Favart pour les y transférer. La salle Louvois fut alors démolie.

LOUVOYER. Qu'on n'aille point décomposer ce mot pour lui trouver une étymologie grecque ou latine; il est entré formé d'une seule pièce dans la langue des marins français avec l'évolution qu'il représente; le temps et l'usage ont fait subir plusieurs changements à sa prononciation, mais il a conservé sa physionomie originale, le type primitif que lui avaient imprimé les navigateurs du Nord, qui l'ont créé. *Louvoyer* appartient spécialement à la marine. Si parfois on le retrouve à demi civilisé dans le langage de la conversation, c'est que l'image qu'il représente est tellement frappante, et a tant d'analogies dans les habitudes ordinaires de la vie, qu'il a pu servir à les caractériser. L'histoire semble attester que c'est aux marins de la Baltique, à ces audacieux pirates, rois des mers par la grâce de leur dieu Odin, que nous sommes redevables de la manœuvre actuelle des vaisseaux. La mer était leur patrie ; ils s'aventuraient sans cesse au milieu de ses plus rudes tempêtes : luttant sans cesse contre le vent, ils durent bientôt apprendre à s'en jouer, et ils trouvèrent le moyen d'employer sa force, sa violence même, à marcher contre lui, à *courir dans ses dents*. Aujourd'hui, la science rend aisément compte de ce fait, qui jadis semblait mystérieux aux peuples ignorants qui le voyaient exécuter. *Louvoyer*, dans le langage des marins, signifie remonter le lit même du vent, en faisant des routes alternativement inclinées à droite et à gauche, d'une certaine quantité sur sa direction. Essayons de faire comprendre ce mouvement. Qu'on se figure un navire sous voiles ; une partie de sa carène plonge dans l'eau; sa mâture et sa voilure offrent une large surface sur laquelle le vent exerce une pression ; les forces qui agissent simultanément sur ce corps flottant sont donc l'action du vent et la résistance de l'eau. Eh bien, c'est la résultante de ces forces qui dans certaines circonstances pousse le navire dans un sens opposé à celui du vent. Voici comment cela a lieu : les voiles, ayant la propriété de tourner autour des mâts, s'offrent au vent sous divers angles d'inclinaison; tant qu'elles sont disposées de telle sorte que l'impulsion de celui-ci s'exerce sur leur surface qui régarde l'arrière du navire, la force qui en résulte peut être décomposée en deux, l'une qui est perpendiculaire à sa longueur, ou à la ligne suivant laquelle il marche, l'autre qui lui est parallèle. La première, qui est la plus forte, pousse le navire transversalement à sa route, mais elle est détruite presque entièrement par la résistance de l'eau, dont la réaction se fait sentir sur toute la longueur de la partie plongée de la carène. Il ne reste donc plus à considérer que la seconde, la plus faible, il est vrai, mais qui, ne trouvant dans l'eau qu'elle heurte qu'une résistance d'autant moindre que les formes de la proue sont mieux disposées pour diviser le fluide, n'éprouve qu'une diminution peu considérable, et agit, à chaque instant, comme puissance accélératrice pour faire avancer le navire. On peut donc, par un problème de dynamique bien simple, déterminer jusqu'à quel point l'avant du navire s'approchera de la direction du vent, en satisfaisant à la condition que l'impulsion contre les voiles, décomposée suivant la parallèle à la quille, conserve encore assez de force pour la mettre en mouvement. On a trouvé que dans nos grands navires l'angle le plus petit que la route puisse faire avec la direction du vent, soit d'un côté, soit de l'autre, c'està-dire en recevant le vent, soit par tribord, soit par babord, est d'environ 65°. La route ainsi faite est dite *route au plus près du vent*. C'est en suivant cette route en zigzag, tantôt à droite, tantôt à gauche du vent, qu'on parvient à s'élever en un point situé vers l'origine même de la brise. Marcher ainsi s'appelle *louvoyer*. Combien d'hommes politiques ont imité l'allure tortueuse du navire qui *louvoie* !   Théogène Page, capitaine de vaisseau.

LOUVRE (Palais du). Son origine se perd dans les premiers temps de notre monarchie. C'était alors probablement une maison, un rendez-vous de chasse situé au milieu des bois et des marais qui couvraient cette rive de la Seine. Son étymologie est également incertaine; son nom vient-il de *lupara*, à cause des loups qui infestaient ces lieux sauvages, ou de *leower* (prononcez *loure*), mot saxon traduit dans un vieux glossaire par *castellum*, ou de *rouvre* (*roboretum*, forêt de chênes) ?

Philippe-Auguste, trouvant la position du Louvre favorable, comme étant hors des murs de Paris, mais à l'une de ses portes, fit construire dans l'enceinte du Louvre une grosse tour de 31 mètres de hauteur, dont les murs avaient 4 mètres d'épaisseur ; et l'année même de sa construction (1214), Ferdinand, comte de Flandre, pris à la bataille de Bouvines, y fut renfermé. Les rois successeurs de PhilippeAuguste ne firent pas plus que lui leur résidence au Louvre; ils n'y venaient que pour recevoir l'hommage de leurs vassaux : c'était de la tour du Louvre que relevaient les tenanciers des fiefs de la couronne. Charles V, dit *le Sage*, fut le premier qui non-seulement ajouta aux constructions de Philippe-Auguste, mais encore qui l'embellit et le rendit logeable pour le temps ; en élargissant l'enceinte de Paris, il y renferma le Louvre. Ce fut dans le style gothique que furent faits les embellissements de Charles V. La grosse tour de Philippe-Auguste devint le milieu d'une enceinte de 118 mètres de long, sur 113 mètres de large, la longueur parallèle à la rivière : cette enceinte, fermée d'un fossé qui tirait ses eaux de la Seine, contint le château proprement dit, formé de quatre corps de logis, comme aujourd'hui, de basses-cours et de jardins. La cour circonscrite entre ces quatre bâtiments avait 66 mètres de long, sur 62 mètres de large, et la grosse tour au milieu. Les bâtiments des quatre côtés, percés de fenêtres placées sans ordre extérieur, n'avaient de symétrie entre eux que celle de la grandeur. Ces fenêtres devaient être la plupart en ogive, de forme allongée et semblables à des meurtrières. Chaque portion d'un édifice était alors conçue et élevée indépendamment de ce qui l'entourait, surchargée de petites tourelles construites hors œuvre et en encorbellement; or, suivant ce qu'en rapporte Sauval, les bâtiments du Louvre étaient comme hérissés de tours rondes, carrées, et en fer à cheval. Du côté du nord, Charles V réunit la grosse tour au bâtiment par une galerie en pierre, étroite et élevée; car, indépendamment des fossés extérieurs, des fossés entouraient encore la grosse tour du milieu : ce qui devait considérablement diminuer la grandeur de la cour. Ces fossés étaient revêtus de pierre et servaient de vivier.

Philippe-Auguste avait fait de la tour du Louvre une prison d'État et un arsenal; Charles V en fit une bibliothèque; il y réunit 909 manuscrits, nombre considérable pour le temps. Cette collection de livres, la seule qui existât alors, devint le noyau de la Bibliothèque du Roi. Un escalier en vis, chef-d'œuvre de construction et de sculpture, construit par Raimond du Temple, conduisait à cette légère galerie à jour, qui du bâtiment principal communiquait à la tour par le moyen d'un pont-levis pratiqué à son extrémité. Ce bel escalier, considéré comme une merveille, ne fut détruit que sous Louis XIII. Enfin, Charles V orna l'extérieur du Louvre d'une horloge dont le cadran était vu de la rivière, fit des treillages en fil doré aux croisées, *pour éviter l'entrée des pigeons dans les appartements*; de terrasses et de jardins; l'intérieur contint une chapelle, des appartements, des salles de bains, un cabinet des joyaux, une bibliothèque, etc., etc. Ce luxe était prodigieux, si on le compare au mobilier du Louvre sous Philippe-Auguste, mobilier qui consistait tout bonnement en gerbes de *fouarre* (de paille), que l'on envoyait à l'université quand le roi quittait son palais.

Charles VI augmenta les fortifications du Louvre; il transforma les jardins en bastions, et cette demeure splendide de Charles V fut convertie en forteresse sous les règnes de Charles VII, Louis XI, Charles VIII et Louis XII. Mais ce ne fut pas en vain que les arts atteignirent à un haut degré de perfection sous François Ier et Henri II. Le Louvre, abandonné depuis cent cinquante ans, eut besoin de réparations considérables pour être rendu digne de recevoir Charles-Quint en 1539. Ces changements, qui n'étaient que partiels et provisoires, inspirèrent à François Ier le désir d'apporter au Louvre de nombreuses perfectionnements. Pour donner aux appartements éclairés sur la cour intérieure plus d'air et de lumière, la grosse tour fut démolie; l'entrée principale, qui était du côté de la rivière, fit face à Saint-Germain-l'Auxerrois; néanmoins, ces travaux parurent insuffisants pour donner au Louvre la perfection désirée par François Ier; car, vers 1540, de nouveaux plans, présentés par Pierre Lescot, furent approuvés, d'après lesquels les parties neuves à construire étaient bien plus considérables que celles qui devaient être conservées; mais la majeure partie de ces travaux ne furent exécutés que sous Henri II. Il paraîtrait même que pendant ce règne Lescot n'exécuta, aidé de Jean Goujon et de Paul Ponce, qu'une portion de la face de la cour regardant le levant, depuis le pavillon qui forme angle vers la rivière, jusqu'au pavillon du milieu, dit *de l'Horloge*; car ce pavillon, formant milieu, paraît être de Lemercier; mais l'architecture de Lescot fut respectée et reproduite pour la partie qui s'étend de ce pavillon de l'Horloge, à l'angle opposé. Cette même architecture se continuait à la partie faisant face au nord, jusqu'au pavillon du milieu; mais l'attique et le couronnement en antefixes furent changés lors de la continuation des travaux

sous l'empire. D'après ce plan de Lescot, le Louvre se serait terminé au pavillon de l'Horloge d'une part, et de l'autre à l'entrée actuelle sur la rivière. Dans le même temps à peu près, Serlio, architecte de Bologne, construisait le rez-de-chaussée de l'aile en retour sur le jardin de l'Infante et la galerie sur la rivière jusqu'au campanille dont le guichet ouvre aujourd'hui sur le Carrousel.

Henri IV fit donner à la cour du Louvre la dimension qu'elle a aujourd'hui (169 mètres); il fit exhausser la galerie de Serlio donnant sur le jardin de l'Infante, et alors couverte d'une terrasse. Dans ce surexhaussement fut ménagée la galerie d'Apollon, qui ouvre une communication avec la grande galerie sur la rivière; il forma le projet de prolonger cette galerie jusqu'au palais des Tuileries, palais alors hors de la circonvallation, « afin, dit Sauval, d'être à la fois hors et dedans Paris ». Il fit élever ces constructions d'après les plans d'Androuet Du Cerceau, ou d'Étienne du Perrac, ou de Métezeau; il n'existe aucun document certain à ce sujet. Ce fut Louis XIV qui termina cette galerie à partir du pavillon de Lesdiguières, comme l'indique la figure du soleil, principal ornement des frontons. Du côté de Saint-Germain-l'Auxerrois subsistaient encore à cette époque les murs de Charles V, ou peut-être même de Philippe-Auguste; ce ne fut que sous Louis XIII, et sur les plans de Lemercier, que l'on travailla aux deux ailes faisant face intérieurement au midi et au couchant. Il surexhaussa le pavillon de l'Horloge, mais il ne put élever que les étages inférieurs de ces deux côtés de la cour; c'est alors que les dernières constructions de Philippe-Auguste et de Charles V disparurent entièrement; cependant il est probable que le mur de la salle des Cariatides, côté des Tuileries, est encore une des constructions de Philippe-Auguste.

Le 1er janvier 1664 Colbert, nommé surintendant des bâtiments du roi Louis XIV, eut ordre de procéder à l'achèvement du Louvre. Déjà le soubassement de la façade du côté de Saint-Germain-l'Auxerrois était élevé de quelques pieds hors de terre, lorsque l'on trouva que le projet de l'architecte du roi, Leveau, n'était pas digne du monument. De nouveaux projets furent demandés aux architectes les plus célèbres ; le médecin Claude Perrault se mit sur les rangs; il présenta un dessin qui réunit les suffrages presque universels. Cependant, la réputation que le cavalier Bernin s'était acquise à Rome fit désirer au roi de le consulter : il fut mandé, et vint à Paris; mais les plans dont il proposa l'exécution auraient exigé la reconstruction complète de toutes les parties du Louvre déjà bâties. Colbert n'y put consentir, et Bernin s'en retourna à Rome comblé d'honneurs et d'argent.

Du projet de Bernin il ne subsista que l'idée de réunir le Louvre aux Tuileries en conservant libre tout l'espace qui s'étend entre les deux palais. « Que mettrez-vous entre le Louvre et les Tuileries? » lui demandait-on; et il répondait : « Rien. » Ce *rien* était une conception grandiose.

Mais que de difficultés offrait son exécution! Étudiez le plan de Paris dressé par Gomboust quinze ans auparavant: vous voyez ce vaste espace occupé par toute une ville d'hôtels, de maisons et de jardins, et quels hôtels ! l'hôtel de Rambouillet, l'hôtel de Chevreuse. Vous y distinguez trois églises, l'hospice des Quinze-vingts et le rempart de la ville depuis l'ancienne porte Saint-Honoré jusqu'à la Porte-Neuve sur le quai.

Le projet présenté par Perrault fut mis à exécution, à peu de chose près tel qu'on le voit aujourd'hui, relativement à la colonnade; mais cette façade, principale entrée du palais des rois et des arts, était sans aucune analogie avec le reste du bâtiment qu'elle annonçait; son extrême élévation surpassait de beaucoup celle des constructions de Pierre Lescot. Pour pallier cet inconvénient, il fallut changer l'architecture de la face adossée à la colonnade d'abord, puis les deux ailes y attenant; on remplaça l'attique de Lescot par un étage et un troisième ordre de colonnes, son couronnement en antéfixe par une balustrade, les pavillons du milieu par des frontons; on respecta cependant les portions faisant face au levant dans l'intérieur de la cour, commencées par Lescot et continuées par Lemercier; mais l'unité et la symétrie, si désirables dans toutes les parties d'une même construction, furent détruites. Ces immenses travaux empêchèrent Louis XIV d'habiter le Louvre. Les dépenses énormes que Versailles, Trianon, Marly, etc., entrainaient, ne permirent pas sans doute d'apporter à l'achèvement du Louvre toute l'activité nécessaire; et les désastres de la fin de ce grand règne en firent abandonner heureusement les travaux. Heureusement ! car si les plans de Perrault eussent été rigoureusement exécutés, la grande cour du palais eût été divisée en cinq parties séparées par des bâtiments aboutissant aux corps de logis principaux, de manière à former une cour ronde au milieu, et une dans chacun des angles; il est à présumer que la façade originale et pittoresque de Lescot et que les sculptures de Jean Goujon eussent été perdues pour nous.

De ce moment jusqu'en 1755, c'est-à-dire pendant soixante-dix ans, le Louvre fut non-seulement abandonné, mais dévasté. Des constructions particulières furent adossées et appuyées tout autour; des logements accordés par la faveur à quelques artistes et à beaucoup de protégés, grands seigneurs et subalternes, furent distribués dans l'intérieur; cinq écuries occupèrent une portion du rez-de-chaussée, notamment sur la rivière. Lorsque M. de Marigny, nommé surintendant des bâtiments, en 1754, obtint de dégager le Louvre de toutes les constructions étrangères qui l'obstruaient et de reprendre les travaux pour son achèvement, l'architecte Gabriel acheva les trois façades commencées par Perrault. Soufflot termina le vestibule du côté de la rue Marengo. Louis XVI n'hérita toutefois de son prédécesseur que d'un bâtiment en construction, dont il voulut poursuivre les travaux; les siens se bornèrent au déblaiement de la cour, dont le terrain, formé de décombres, s'élevait en de certaines parties jusqu'au premier étage, et à l'ouverture d'une entrée, du côté de la Seine. Brebion fit les dessins de ce vestibule. Cependant les projets ne manquèrent pas sous ce règne; on songea à y transférer l'opéra, les ministères, la Bibliothèque du Roi. La révolution interrompit encore ces tentatives d'achèvement.

Le Louvre, devenu propriété nationale, fut traité en place conquise : les pièces qu'il contenait furent morcelées, les étages coupés par des planchers, les gros murs percés; les tuyaux de poêle et de cheminée passèrent par les fenêtres. Des corridors obscurs, des escaliers infects, conduisaient à des ateliers où une jeunesse turbulente se livrait à ses travaux et à ses jeux. Ce désordre n'eût pu durer longtemps : on ne savait où placer les conquêtes de la guerre en Italie. Le Louvre fut désigné, et Raimond, architecte, chargé de disposer des locaux dignes de les recevoir. En 1803 le premier consul Bonaparte chargea Percier et Fontaine de reprendre ces travaux. C'est à ces artistes distingués que l'on doit le grand escalier du Musée, les salles des Antiques, les grands escaliers à chaque extrémité de la colonnade, le musée égyptien, les salles du conseil d'État, destinées aujourd'hui à contenir les dessins de toutes les écoles ; la salle où est renfermé le musée de marine, etc., etc. En 1806 l'empereur ordonna que la réunion du Louvre aux Tuileries serait le sujet d'un concours entre tous les architectes. Les projets affluèrent de tous côtés ; mais les plans de MM. Percier et Fontaine furent préférés; une galerie transversale devait diviser en deux la cour du Carrousel.

Les Bourbons se bornèrent à faire gratter partout les N impériaux. Sous la monarchie de Juillet, M. Thiers demanda aux chambres une subvention de 18 millions, moyennant laquelle la liste civile s'engageait à terminer la galerie transversale en quatre ans et tout le Louvre en dix ans. Mais ce projet fut repoussé au Palais Bourbon. VIOLLET-LE-DUC.

Nous sommes arrivés à l'époque qui devait voir enfin terminer le Louvre. Dès le 25 février 1848 le gouvernement provisoire en ordonnait l'achèvement et la prolongation de la rue Rivoli (voyez PARIS). Le décret du 24 mars 1848, qui en prescrivit les travaux, est ainsi conçu. « Considérant qu'il convient à la république d'entreprendre et d'achever les grands travaux de la paix ; que le concours du peuple et son dévouement donnent au gouvernement provisoire la force d'accomplir ce que la monarchie n'a pu faire; qu'il importe de concentrer dans un seul et vaste palais tous les produits de la pensée qui sont comme la splendeur d'un grand peuple, décrète : 1° le Palais du Louvre sera achevé ; 2° Il prendra le nom de *Palais du Peuple* ; 3° Ce palais sera destiné à l'exposition de peinture, à l'exposition des produits de l'industrie, à la bibliothèque nationale ; 4° Le peuple des travailleurs est appelé tout entier à concourir aux travaux de l'achèvement du Louvre. »

Toutefois, l'exécution de ce plan, arrêtée par le manque d'argent, resta à l'état de projet jusqu'au décret du 12 mars 1852.

Une loi du 12 décembre 1848 affecta du moins un crédit de deux millions à la restauration du vieux Louvre, œuvre délicate, qui fut confiée au talent éprouvé de M. Duban. La galerie d'Apollon, écrasée sous une charpente de construction vicieuse et dont les fondations avaient été jadis maladroitement assises sur un vieux mur du château de Philippe-Auguste, menaçait ruine. La façade en fut reprise pierre à pierre en sous-œuvre, depuis le quai jusqu'au portique central sur le jardin de l'Infante. On conserva les fondations primitives, à cause de l'homogénéité que le temps leur avait donnée; mais on les enveloppa d'une épaisse ceinture de béton dans toute leur hauteur, afin d'empêcher tout écartement et de les garantir des eaux de la Seine. Le comble fut refait tout entier, et l'air y circule librement au moyen de lucarnes. A l'intérieur, la décoration de la voûte fut confiée à MM. Eugène Delacroix, Guichard et Charles Muller, qui, s'inspirant de l'idée première de Le Brun, ont peint, le premier *le Triomphe d'Apollon, Le Triomphe de Cybèle* et *L'Aurore. Le Triomphe d'Amphitrite*, peinture murale, qu'on croit être de la main de Le Brun a été habilement retouchée. On a complété le nombre des douze médaillons qui représentent les mois de l'année, et M. Cavelier a sculpté, d'après Marot, sur le fronton extérieur la figure de la Renommée assise entre deux Termes.

La galerie d'Apollon, en un mot, nous est rendue plus belle et plus complète qu'elle ne l'a jamais été sous Louis XIV, grâce à cette restauration patiente, à cet harmonieux achèvement. Les travaux de décoration du grand salon carré, par M. Simart, n'ont pas été aussi généralement goûtés ; et l'on peut critiquer les cariatides polychromiques de la salle des Sept-Cheminées, dont on a, du reste, amélioré le jour, comme on a mieux éclairé aussi les travées sombres de la grande galerie.

Enfin, la décoration sculpturale et l'achèvement de la façade du midi sont une des œuvres qui honorent le plus le plus de notre époque. Sur tout le développement de cette immense façade qui n'a pas moins de 133 mètres d'étendue depuis le pavillon de Charles IX jusqu'au pavillon de Lesdiguières, tout, excepté la charmante frise du soubassement enrichie de petits génies et des attributs marins, et qui est due au ciseau de Pierre et de François L'Heureux, excepté encore quelques moulures dans les cadres qui offraient un intermédiaire et quelques chapiteaux de l'ordre supérieur, tout était à refaire. En effet, pendant la révolution, les emblèmes qui pouvaient rappeler la royauté, les couronnes, les sceptres, les fleurs de lys, les astrologues, les cordons et les médaillons de Saint-Michel, le monogramme H. G. (*Henri, Gabrielle*) avaient disparu sous le ciseau ou avaient été dissimulés avec un mastic. M. Duban devait composer les frontons supérieurs, les chutes d'attributs entre les pilastres, les frises, les niches, et il sut heureusement s'inspirer des indications retrouvées et des œuvres du temps. Partout le monogramme royal, accompagné de deux sceptres a été rétabli. Le couronnement de la partie centrale, que tout semblait indiquer dans la disposition de l'édifice, représente des trophées d'armes et d'attributs des arts et des sciences soutenus par des Génies

31

portant des palmes. Dans la frise inférieure, un cartouche contenant les armes de France et de Navarre, avec l'épée à la devise *Duos protegit unus*, s'appuie sur deux cornes d'abondance d'où s'échappent les fruits de la terre, et dans un coin la fameuse *poule au pot*. Des bannières fleurdelysées, le sceptre et la main de justice encadrent la composition principale. Un fossé et une grille ont été établis au pied de cette façade. De la sorte, tout en conservant au quai sa hauteur nécessaire, on a obtenu un dégagement qui rend à cette partie du Louvre son aspect primitif, en même temps qu'on a prévenu le renouvellement des dégradations qui avaient si gravement altéré le soubassement de la galerie.

La cour du Louvre a été pavée, éclairée de candélabres d'une forme regrettable et divisée en compartiments de verdure et d'asphalte qui réjouissent médiocrement les yeux. Une statue équestre de François Ier par M. Clésinger doit être placée au milieu. Enfin, le terrain vague qui bornait l'édifice du côté de Saint-Germain-l'Auxerrois a été abaissé, converti en plates-bandes et entouré d'une grille dorée qui se relie avec le jardin de l'Infante sur le quai, et avec celui qui lui fait aujourd'hui pendant sur la rue de Rivoli.

Un espace de cinq années et une somme de 25,679,453 fr. furent jugés nécessaires, en 1852, pour achever le Louvre, et on chargea le célèbre architecte Visconti de l'exécution de cette grande entreprise.

La galerie commencée sur la rue de Rivoli a été continuée jusqu'à l'alignement de la façade ouest du Louvre et reliée à ce palais par une aile correspondant à la galerie d'Apollon. Toute la façade sur la rue de Rivoli et surtout le grand pavillon du milieu sur la place du Palais-Royal ont été revêtus d'une splendide décoration sculpturale. Deux lignes de constructions nouvelles se sont élevées parallèlement à la galerie du bord de l'Eau et à celle de la rue de Rivoli jusqu'aux pavillons de Lesdiguières et de Rohan, auxquels elles se rattachent par des bâtiments en façade sur la place du Carrousel. Des pavillons dont les masses balancent ceux du Louvre et des Tuileries marquent le centre et les angles de ces nouveaux bâtiments. Des arcades règnent au rez-de-chaussée sur toute la ligne des façades, établissant de tous côtés une circulation à couvert. Le portique est décoré d'un ordre corinthien ; un stylobate continu supporte les colonnes et forme le piédestal d'une série de statues qui se détachent sur le vide de chaque arcade. Voici la nomenclature de ces statues : Galerie sur le Carrousel, près le pavillon de Rohan : La Fontaine, B. Pascal, Mézeray, Molière, Boileau, Fénelon, La Rochefoucauld et P. Corneille. Galerie sur le Carrousel, près le pavillon Lesdiguières : Rigault, Bernard de Palissy, Ph. Delorme, Bruant, Cambiche, Le Brun, J. Bullant et Pierre Lescot. Galerie de l'aile du nord : Grégoire de Tours, Rabelais, Malherbe, Abeillard, Colbert, Mazarin, Buffon, Froissard, J.-J. Rousseau et Montesquieu. En face, sur l'aile du midi : D'Aguesseau, Mansard, Poussin, Audran, J. Sarrazin, Coustou, Lesueur, Cl. Perrault, Ph. de Champagne et Puget. Le premier étage en retrait sur les terrasses sera décoré de gaines et de bustes d'hommes célèbres. La frise est enrichie de guirlandes, et l'attique terminée par un riche couronnement.

Les constructions nouvelles entre la rue de Rivoli et la place Napoléon renfermeront les ministères d'État et de l'Intérieur, la direction des lignes télégraphiques, la bibliothèque impériale du Louvre et les salles destinées à une exposition permanente des beaux-arts. De l'autre côté de la place Napoléon les nouveaux bâtiments qui s'étendent depuis l'entrée actuelle du Musée jusqu'à la place du Carrousel comprendront les galeries affectées à l'exposition périodique des artistes vivants. Le bâtiment central entre la galerie du quai et celle qui fait face à la place Napoléon renferma la salle des états mise en communication avec les Tuileries par la galerie du Musée. C'est cette salle que, lors de l'ouverture des sessions législatives et dans d'autres circonstances solennelles, les grands corps de l'empire pourront se rassembler.

Le pavillon Lesdiguières a été mis en rapport, du côté du Carrousel, avec le pavillon de Rohan, auquel il fait face. Sur le quai, vis-à-vis du pont des Saints-Pères, le bâtiment à droite du pavillon Lesdiguières a été élevé d'un étage pour faire pendant au pavillon du grand salon carré.

La place du Carrousel a été abaissée et nivelée, ainsi que la place Napoléon. On a dessiné sur celle-ci deux squares qui serviront à intercepter le rayon visuel du vestibule du Louvre à l'arc de triomphe et à masquer le défaut de parallélisme entre les deux façades du Louvre et des Tuileries. Les statues équestres de Louis XIV et de Napoléon doivent décorer le centre de chacun de ces squares. Enfin, les places Napoléon et du Carrousel seront éclairées dans tout leur pourtour d'un double rang de candélabres.

Cet ensemble gigantesque de travaux a été terminé en moins de cinq ans. La première pierre avait été posée le 25 juillet 1852. La dépense totale s'est élevée à 29,657,763 fr. 97 cent., dépassant ainsi de 3,988,310 fr. 97 cent. les prévisions primitives. M. Lefuel avait été chargé de la direction des travaux après la mort de Visconti.

W.-A. DUCKETT.

LOVELACE. Ce nom, formé en anglais de deux mots qui signifient *lien d'amour*, a été donné par Richardson à un héros de roman, qui est devenu le type du séducteur ardent et passionné. L'amant de Clarisse Harlowe n'est en effet ni un roué, comme le Valmont des *Liaisons dangereuses* de Laclos, ni un aimable libertin, comme le Faublas de Louvet ; c'est un tentateur irrésistible, tant ses ruses lui sont inspirées par le cœur.

LOWE (Sir HUDSON). *Voyez* HUDSON-LOWE.

LOXODROMIE (de λοξός, oblique, et δρόμος, course). Lorsqu'un navire suit constamment un même rumb de vent, sa route rencontre les méridiens successifs suivant un angle invariable. Cet angle étant supposé différent de zéro et de 90°, la direction du navire forme une courbe à double courbure, qui prend le nom de *loxodromie*. Comme cette courbe est représentée sur les cartes plates et réduites par une ligne droite, plus court chemin d'un point à un autre sur le plan , on pourrait croire qu'elle se confond avec un arc de grand cercle, plus court chemin d'un point à un autre sur la surface de la sphère. Il est facile de se convaincre du contraire, car la loxodromie indéfiniment prolongée s'approche sans cesse des pôles sans jamais pouvoir les atteindre ; autrement, il lui serait impossible de faire le même angle avec tous les méridiens, à moins que cet angle ne fût droit, ce qui est contre l'hypothèse. La loxodromie est donc une sorte de spirale tracée sur la surface de la sphère, et ayant ses deux pôles pour points asymptotes.

Dans les deux cas que nous avons exceptés, la loxodromie se réduit à un arc de cercle : si l'on court sur la ligne nord et sud, l'angle du rumb de vent est nul et la courbe décrite est un arc de méridien ; si l'on suit la ligne est et ouest, l'angle du rumb de vent est droit, et la route est un arc de parallèle, ou , si la latitude est nulle, un arc de l'équateur.

Mais dans toutes les positions intermédiaires à celles-ci un navire maintenu dans la même rumb de vent se dirige suivant une loxodromie, et par conséquent ne suit pas le chemin le plus court. On abrégera donc les longues traversées en s'écartant le moins que possible du grand cercle, et en décrivant de petits arcs loxodromiques dans le voisinage de cette route directe. Seulement, il faudra à chaque instant changer de rumb de vent, et ce mode de navigation exige des connaissances plus étendues : sur les cartes marines, l'arc de grand cercle n'est plus, comme la loxodromie, représenté par une simple ligne droite ; il se transforme en une courbe dont la construction demande un certain soin.

E. MERLIEUX.

LOYAUTÉ, garantie la plus précieuse de tous les rapports qui existent entre les hommes ; c'est la conscience une fois engagée , produisant à l'égard des tiers une certitude indestructible. On se repose plein de calme sur la loyauté ; ce qu'elle promet ou jure, elle l'exécutera, à moins que des obstacles insurmontables ne l'arrêtent ; et encore dans ce dernier cas elle périt presque toujours à la peine. Il y a dans les affaires privées une multitude de circonstances où tout se fait de bonne foi ; si l'on exigeait des promesses écrites, des vérifications de détail, on n'arriverait jamais à temps : on croit donc sur parole celui qui affirme.

L'importance de la loyauté s'accroît encore en politique : c'est le ciment qui lie toutes les parties du corps social. Une crise survient-elle, on comprend alors l'importance de la loyauté. Ne se montre-t-elle plus qu'à titre d'exception, la foule déserte ses devoirs pour se cramponner à des intérêts : de là des révolutions continuelles, qui tôt ou tard condamnent un peuple à la perte de sa nationalité. Il n'y a plus de résistance possible du moment où l'on ne peut pas compter sur ses défenseurs ; or, un gouvernement, s'il appartient à la civilisation, combat sans cesse ; la liberté qu'il distribue donne des armes aux passions malfaisantes ou à l'impatience des passions généreuses : il faut donc qu'il ait sous ses ordres un certain nombre d'agents loyaux l'aidant à se faire obéir. Dans toutes les grandes révolutions il y a toujours le parti des *loyaux* comme celui des ambitieux : Caton portait les armes contre César. Les *loyaux* souffrent beaucoup, parce que dans les troubles publics la majorité des hommes préfère ce qui rapporte à ce qui honore. Ils sont accablés par le nombre, mais l'estime de la postérité les dédommage des maux contemporains, et avec le temps leurs défaites sont plus glorieuses que les triomphes de leurs adversaires.

SAINT-PROSPER.

LOYER. Généralement on appelle ainsi le prix payé par le locataire pour prix de la chose ou du service qui lui est loué. Ainsi, le locataire d'une maison ou d'un appartement paye un loyer. Le locataire d'un héritage paye également un loyer, qui alors prend le nom de *fermage*. On dit aussi qu'un homme de service touche des loyers ou des gages. Le mot *loyer* est surtout consacré en ce sens pour désigner les gages donnés aux matelots et gens d'équipage. Les matelots s'engageant au mois ou au voyage, leurs loyers sont également stipulés au voyage ou au mois. Le loyer de l'ouvrier s'appelle plus volontiers *salaire* ou *journée*, le loyer de l'employé *appointements*, le loyer de l'avocat ou du médecin *honoraires*. Indépendamment de cette acception, le mot *loyer* s'emploie aussi pour désigner le *louage* du travail ou du service.

A. GASTAMBIDE.

LOYOLA (IGNACE DE), dont le véritable nom était *Inigo Lopez de Ricalde*. Voyez IGNACE DE LOYOLA.

LOYSEAU (CHARLES), l'un des jurisconsultes les plus habiles du droit coutumier et féodal, naquit à Nogent-le-Roi, près Chartres, en 1566, d'un père lui-même avocat distingué. D'abord avocat au parlement, Loyseau fut bientôt nommé lieutenant particulier du présidial de Sens, dont il prépara la soumission à Henri IV. Il ne resta pas longtemps dans cette place, qu'il laissa pour aller occuper le bailliage de Châteaudun. C'est dans ces fonctions nouvelles des maux continuels que Loyseau déploya toute sa science de jurisconsulte et qu'il s'acquit une grande réputation. Après dix années de séjour dans cette ville, il reprit la profession d'avocat, et mourut à Paris, le 27 octobre 1627, à l'âge de soixante-trois ans. Loyseau, au milieu des occupations pratiques de la magistrature, publia différents traités très-estimés, tels que celui Des *Seigneuries*, *Des Ordres et simples Dignités*, *Du Déguerpissement et délaissement par hypothèque*, *De la Garantie des rentes et abus de la justice des villages*. Loyseau appartient à l'école de Charles Dumoulin, et se distingue surtout par le mélange judicieux qu'il fit du droit romain avec le droit des coutumes. Cette habile fusion se fait surtout remarquer dans son traité *Du Déguerpissement*, qui passe à juste titre pour son chef-d'œuvre. Esprit à la fois profond et indépendant ; Loyseau, dans ses traités, s'est souvent élevé à la hauteur du publiciste : en rendant compte des traditions du passé, il en signale franchement les vices avec une passion qui n'est pas toujours d'accord avec la mission du savant.

E. DE CHABROL.

LOYSEAU (JEAN-SIMON), jurisconsulte moderne, naquit en Franche-Comté, et fit ses études à la faculté de droit de Dijon ; on ne sait s'il se rattachait par sa généalogie au précédent. Il est loin d'avoir laissé dans la science la même réputation que son homonyme. Ses travaux eurent pour objet les codes que nous a légués l'empire. Il débuta d'abord par quelques œuvres de compilation ; mais celle qui lui assure une place honorable parmi les auteurs ayant écrit sur le Code Civil, est son traité *Des Enfants naturels, adultérins, incestueux et abandonnés* (Paris, 1811). Cet ouvrage, sans être profond, témoigne cependant de beaucoup de savoir, et est cité avec estime par les auteurs modernes. Loyseau était avocat à la cour de cassation ; il mourut le 22 décembre 1822, à l'âge de quarante-six ans.

E. DE CHABROL.

LOYSEL. Voyez LOISEL.

LOZANGE. Voyez LOSANGE.

LOZÈRE (Département de la). Ce département, formé du Gévaudan et d'une partie du Languedoc, tire son nom d'une des principales sommités de la chaîne des Cévennes, qui s'élève à près de 1,500 mètres au-dessus de l'Océan. Il est situé entre ceux du Cantal et de la Haute-Loire au nord, de l'Ardèche à l'est, du Gard au midi, et de l'Aveyron à l'ouest.

Divisé en 3 arrondissements, 24 cantons et 193 communes, sa population est de 144,705 individus ; il envoie un député au corps législatif. Il est compris dans la dixième division militaire, l'académie de Montpellier, le ressort de la cour d'appel de Nîmes, et il compose le diocèse de Mende.

Sa superficie est de 516,666 hectares, dont 208,660 en terres labourables ; 179,033 en landes, bruyères ; 44,589 en bois ; 35,166 en prés ; 29,026 en cultures diverses ; 9,594 en routes, chemins, etc. ; 5,625 en rivières, ruisseaux, etc. Il paye 593,228 francs d'impôt foncier.

Placé sur le nœud des Cévennes, à l'endroit où la chaîne se divise pour projeter au loin ses ramifications, le département de la Lozère est couvert de montagnes serrées, sur lesquelles la neige persiste longtemps, entrecoupées de vallées généralement profondes, et dont les eaux s'écoulent dans toutes les directions, vers l'Océan à l'ouest et au nord, vers la Méditerranée à l'est et au midi. On en voit sortir l'Allier, la Trueyre, le Lot, le Tarn, le Gard. La configuration tourmentée du sol y rend la température très-variable. Au nord, l'hiver dure six mois, et quelquefois neuf ; au midi, on a souvent à souffrir de la sécheresse. Les seigles d'Arles sont déjà dans la grange, que les seigles de Mende ne sont pas encore un pied hors de terre ; au mois de juin, il n'y a quelquefois ni cerises ni fraises. En général la température est humide, les hivers rigoureux, les printemps pluvieux, l'été orageux et les automnes beaux, mais seulement vers la fin ; car l'équinoxe amène des pluies désastreuses. Le hêtre et le sapin sont les deux principales essences des forêts, qui servent de refuge à des loups nombreux. Sous le rapport de la culture, le pays offre trois divisions distinctes. D'un côté, ce sont les *montagnes*, où la nature granitique et schisteuse du sol, son élévation, permettent la culture du seigle, à peine celle de l'orge et de l'avoine, mais donnent d'abondantes récoltes de pomme de terre et de châtaignes. On y cultive aussi le mûrier pour l'éducation des vers à soie, qui est de quelque profit. De l'autre les *causses* (terres calcaires), quelquefois ingrates et rebelles, se couvrent aussi de froment, d'orge, d'avoine, et de nombreux arbres fruitiers ; c'est la partie la plus fertile du pays. Toutefois, les grains ne sont pas en rapport avec les besoins ; l'habitant a heureusement d'autres ressources. Les vallées sont couvertes d'excellents pâturages, et le sein de la terre recèle de grandes richesses minéralogiques. Dans quelques cantons, on se livre à des cultures particulières : celle du chanvre est assez suivie. Le lin vient bien dans le canton de Marvejols, et le tabac réussit

31.

dans les montagnes d'Aubrac. Quant à la garance, qui croît spontanément, on l'a délaissée comme aussi la culture du safran. Au midi la vigne prospère assez bien, quoique ses produits soient insuffisants. L'olivier y apparaît rarement et comme dépaysé. Ce pauvre pays voit chaque année une partie de ses enfants l'abandonner pour aller, à l'époque de la moisson, louer leurs bras dans les riches cantons de la Provence, bras qui vont faire tomber sous la faulx les brillantes moissons de ses plaines. Quant à l'habitant sédentaire, il se livre à l'éducation du gros bétail et des moutons, à la récolte des châtaignes et à la préparation de ce fruit pour la marine, à l'exploitation des mines de plomb argentifère, de cuivre, d'antimoine et de fer, des carrières de marbre, de plâtre, de pierre à bâtir; à la fabrication des toiles, des petits lainages désignés sous le nom générique de cadisserie et à la filature du coton. Le commerce, alimenté par les produits de ces diverses industries, y est nécessairement de peu d'importance, quoique l'on compte cinq routes impériales et vingt-et-une départementales. Mais au milieu de ce pays haché les communications sont difficiles, et il n'y a aucune rivière navigable.

Son chef-lieu est *Mende*, et ses principaux endroits *Marvejols*, petite et ancienne ville, dans un beau vallon, planté d'arbres fruitiers, sur la rive droite de la Cologne, avec 5,000 habitants ; *Langogne*, petite ville sur l'Allier, avec 2,300 hab.; *Florac*, autre petite ville dominant un vallon agréable, qu'arrose le Tarnon avant de se réunir au Tarn ; les fruits de son territoire sont estimés : on y compte 2,300 habitants ; *Saint-Chély*, ville avec diverses fabriques de toile et de lainages et 1,582 habitants.

LUBECK, principauté dépendant du duché d'Oldenbourg, située le long de la Trave et à l'entour du lac d'Eutin, dans le district du Holstein qu'on appelle *Wagrie*. Elle a pour origine un évêché fondé en Holstein par l'empereur Othon Ier ; mais dès 1162 la résidence de l'évêque titulaire avait été transférée à Eutin. En 1530 l'évêque et l'évêché embrassèrent la réformation, et l'évêque devenu *prince de l'Empire*. Ce prince-*évêque* n'avait d'ecclésiastique que le nom et surtout les gros revenus. Comme la maison de Holstein avait rendu de nombreux services au chapitre et à l'évêché, il intervint, en 1647, entre elle et ce chapitre une convention aux termes de laquelle les six évêques qu'il y aurait successivement lieu d'élire devaient être choisis parmi les princes de Holstein. Ce traité amena bien quelques difficultés avec le Danemark, mais elles furent aplanies, en 1667, par la paix de Gluckstadt ; et le Danemark donna alors son acquiescement à cet arrangement.

Une nouvelle querelle surgit pourtant en 1701, à propos de l'élection d'un évêque, douze voix s'étant alors prononcées en faveur du prince Charles de Danemark, tandis que l'*administrateur* du duché de Holstein, le duc Christian-Auguste, n'en obtenait que neuf. L'intervention de l'Angleterre et de la France amena un compromis, par suite duquel l'*administrateur* resta en possession de l'évêché, tandis que le prince Charles de Danemark recevait une indemnité en argent. Le choix du duc Frédéric-Auguste de Holstein-Gottorp en qualité de *prince-évêque* de Lubeck, ayant terminé la série d'élections imposées par le traité de 1667, le chapitre élut en 1756 le prince Frédéric de Danemark, fils du roi Frédéric V, en qualité de *coadjuteur*. Mais celui-ci se désista en 1772 de tous ses droits en faveur de Pierre-Frédéric, fils de l'*évêque* Frédéric-Auguste dont il a été question plus haut ; et à son tour celui-ci les céda quatre ans plus tard à son cousin, le prince Pierre-Frédéric-Louis, qui régna comme *évêque* à partir de 1785, et devint en même temps *administrateur* du duché d'Oldenbourg. En 1802 le grand-duc d'Oldenbourg, en dédommagement des pertes et des sacrifices que lui avait valus la guerre, obtint qu'on érigeât pour lui en principauté non-seulement tout l'évêché, mais encore tout le territoire qui avait jusque alors dépendu directement du chapitre, dont quelques domaines propres furent attribués en même temps en toute propriété à la ville libre de Lubeck.

La principauté de Lubeck compte aujourd'hui, sur une superficie de 56 kilomètres carrés, 22,146 habitants, et comprend, outre la ville d'Eutin, un bourg à marché et 82 villages. En 1852 les revenus publics étaient de 118,600 thalers, et les dépenses de 134,000. Représentée à la diète générale du grand-duché d'Oldenbourg, la principauté de Lubeck a en outre ses propres états provinciaux.

LUBECK, une des quatre villes libres hanséatiques qui font partie de la Confédération germanique, est située dans une belle contrée, sur une colline de médiocre élévation, entre la Trave et la Wacknitz. Ses anciennes fortifications ont été rasées en 1805 et transformées en promenades. Il est fait mention d'elle dans le onzième siècle, où elle obéissait à un prince wende appelé Gottschalk (1043-1066) ; mais elle était alors située un peu plus au nord. La ville actuelle fut fondée en 1143, par le comte Adolphe II de Holstein-Schaumbourg. Quinze ans plus tard, en 1158, elle passait sous les lois du duc de Saxe, Henri le Lion, qui en 1163 y transféra l'évêché d'Oldenbourg. Quand Henri eut été mis au ban de l'Empire, elle fut érigée, en 1181, en ville impériale et pourvue à cette occasion de privilèges importants, que confirmèrent les Danois, devenus maîtres de la ville (1202). La Nordalbingie ayant réussi à secouer le joug de l'étranger, Lubeck se plaça sous la protection de l'empereur Frédéric II, qui, on 1226, l'érigea à tout jamais en ville libre impériale. Elle maintint dès lors avec succès son indépendance contre tous les efforts des Danois ; et bientôt le commerce florissant dont elle devint le contre la rattacha avec les autres villes du nord de l'Allemagne à la grande Hanse des marchands allemands, dont à partir du commencement du quatorzième siècle elle dirigea les intérêts avec autant de prudence que de succès. Ses flottes étaient maîtresses de la Baltique, et la mettaient à même d'exercer une prépondérance décisive sur les États du Nord. Mais quand les rois ses voisins devinrent plus puissants, son influence ainsi que son commerce allèrent toujours en déclinant ; et les événements de la guerre de trente ans, à laquelle elle se trouva forcément mêlée, achevèrent de lui enlever son ancienne importance politique. A la suite de la bataille d'Iéna, Blucher s'y jeta avec une partie des débris de l'armée prussienne ; mais les Français vinrent l'y assiéger, et le 6 novembre 1806 ils prirent la ville d'assaut et la livrèrent au pillage. Elle continua d'être occupée par une garnison française jusqu'en 1810, époque où Napoléon l'incorpora à l'empire français. Les trois années qui s'écoulèrent ensuite furent pour ses habitants une époque de calamités et de misères sans nom. Occupée par un corps russe au commencement de 1813, elle retomba encore une fois au pouvoir des Français, qui n'en furent définitivement chassés que le 5 décembre de la même année. Les Suédois, victorieux, lui rendirent son antique indépendance, que garantit encore son accession définitive à la Confédération germanique à titre de ville libre. Depuis lors, grâce à une sage administration et à des tarifs de douane modérés, elle a vu renaître sa prospérité et son commerce. La construction du chemin de fer de Lubeck à Buchen, terminée en 1851, la relie maintenant directement à Hambourg, et ne peut que contribuer à favoriser les développements, toujours plus importants, de son commerce. Les travaux considérables exécutés pour améliorer le cours de la Trave ont eu pour résultat de permettre aux navires tirant seize pieds d'eau, et même aux bateaux à vapeur des plus fortes dimensions, d'arriver jusque sous les murs de la ville, tandis qu'autrefois ils étaient obligés de s'arrêter à T r a v e m u n d e. Le chiffre de la population est aujourd'hui d'environ 30,000 âmes, dont la très-grande majorité appartient à la religion luthérienne. Parmi ses cinq églises principales on distingue surtout l'église Notre-Dame, avec ses deux tours, hautes de 145 mètres, un orgue célèbre, un autel et une chaire en marbre, une horloge astronomique, une d a n s e m a c a b r e, et autres objets d'art. L'hôtel de ville est aussi un édifice d'un effet très-pittoresque, quoique de mauvais goût. On trouve à Lubeck une bibliothèque publique riche de 40,000 volumes, un musée des beaux-arts et un cabinet d'histoire naturelle, divers établissements d'instruction publique, une école de navigation, et un grand nombre d'institutions de bienfaisance. Ses négociants possèdent 78 bâtiments employés au long cours ; et plus de 1,000 bâtiments entrent, année commune, dans son port, qui est en outre le centre d'une navigation à vapeur des plus actives. Des services réguliers de bateaux à vapeur existent en effet entre Lubeck et Copenhague, Stockholm, Swinemunde, Norkœping, Malmœ, Gothembourg; et avant la guerre dont la Baltique est aujourd'hui le théâtre, il y avait également des communications fixes et régulières par bateaux à vapeur entre ce port et Riga, Pétersbourg, Abo et Helsingfors. Lubeck fait un grand commerce en vins, céréales, cuirs, chanvre, suif, huile, goudron, bois de construction, potasse, tabac, cordages, colza, peaux, fers, denrées coloniales, etc. Ses principales relations sont avec les États du Nord, avec la France, l'Angleterre et les ports de la Méditerranée; et la moyenne de ses importations est de plus de 40 millions de marcs. On y trouve des fabriques d'articles en cuivre et en laiton, de cuirs,· d'huile, de savon, de papier, de tabac, de cigares, d'instruments de musique, de passementerie, de cordes métalliques, de cartes à jouer, de bougies, de boutons, de machines, de quincaillerie ; une fonderie de cloches, une verrerie, une fonderie de fer ; et un grand nombre de bâtiments sortent chaque année de ses chantiers de construction.

Le territoire particulier dépendant de Lubeck comprend une superficie d'environ 4 myriamètres carrés, avec une population de 46,200 habitants, dont 500 juifs (la plupart habitent le village de Moisling), 52 villages et 32 hameaux. En fait également partie la petite ville de Travemunde. La ville possède en outre en commun avec Hambourg la petite ville de Bergedorf et les *Vierlande*. Son contingent fédéral fait partie de la seconde division du dixième corps de l'armée fédérale.

LUBECK (Droit de). C'est l'une des plus importantes législations municipales ayant pour origine l'autonomie dont jouissaient au moyen âge diverses villes de l'Allemagne. Le manuscrit le plus ancien qu'on en possède date de l'an 1235, et la dernière révision qui en ait été publiée est de l'an 1586.

LUBLIN ou LJUBLIN, chef-lieu du gouvernement du même nom (400 myriamètres carrés et 1,004,000 habitants), royaume de Pologne, situé sur la Bistrzyca et une colline, dans une ravissante et fertile contrée, entourée de lacs et de montagnes, après Varsovie la plus grande et la plus belle ville du royaume, est le siège des autorités supérieures et d'un évêque, et compte, non compris la garnison, 15,000 habitants, dont près de la moitié sont des juifs. On y trouve des rues larges et droites, six places publiques, un grand pont en pierre de taille, un vieux château fort, les débris d'antiques fortifications, une grande nombre de vastes et beaux édifices, une belle cathédrale, dix-sept autres églises, dont une église protestante et une église grecque, plusieurs couvents d'hommes et de femmes, divers établissements d'instruction publique et de bienfaisance, un théâtre et une imprimerie. La fabrication des étoffes de laine est la principale industrie des habitants, qui font en outre un grand commerce en drap, en grains et en vins de Hongrie. Il s'y tient deux foires annuelles, dont l'une dure un mois. Au temps des Jagellons, alors que tout le commerce de la Podolie, de la Volhynie et de la Russie-Rouge s'y trouvait concentré, elle était beaucoup plus considérable que de nos jours, et renfermait, dit-on, plus de 70,000 habitants. C'est dans la diète tenue à Lublin en 1569, sous le règne de Sigismond-Auguste, que fut résolue la réunion de la Lithuanie avec la Pologne. En 1705 il s'y forma une confédération en faveur d'Auguste II contre Charles XII, qui au mois de janvier de l'année suivante la fit rançonner par Meyerfeld.

LUC (Saint), l'un des quatre évangélistes, nommé par quelques anciens *Lucas*, *Lucius* ou *Lucanus*, était Syrien, natif d'Antioche et médecin de profession. On ne sait s'il était juif ou païen avant sa conversion. Ainsi fidèle et compagnon dévoué des voyages et de la prédication de saint Paul, il l'accompagna à Rome, lorsque l'apôtre des Gentils y fut envoyé prisonnier. L'époque et le genre de sa mort sont inconnus ; et plusieurs savants modernes soutiennent, malgré l'autorité de quelques martyrologes, qu'il ne fut point martyr. Sur une tradition assez répandue dès les premiers siècles, on a cru communément qu'il était peintre, et même on montre en certains lieux des tableaux de la Vierge de sa façon, ou du moins des copies prises sur des portraits de sa main (*voyez* IMAGE). Il nous a laissé un *Évangile* et les *Actes des Apôtres*. Le premier de ces ouvrages n'est probablement que la rédaction écrite de ses prédications aux Gentils, et c'est pour cette raison que plusieurs anciens l'appellent l'*Évangile de Saint Paul*. Les Actes contiennent une grande partie de la vie de saint Pierre et de saint Paul depuis l'ascension du Sauveur jusqu'à l'arrivée de saint Paul à Rome, c'est-à-dire pendant un espace de vingt-huit à trente ans. Après avoir décrit dans son Évangile les actions du Sauveur, il voulut laisser à l'Église la vie, les œuvres des premiers apôtres et la manière prodigieuse dont s'était formée l'Église. Ces Actes furent composés pour opposer une véritable histoire aux faux actes et aux fausses histoires que l'on commençait à en répandre dans le monde. Rien de plus beau que la peinture simple et fidèle que saint Luc trace de la vie admirable des premiers chrétiens. Outre ces ouvrages, quelques auteurs lui attribuent la traduction, ou même la composition, quant au style, de l'*Épître aux Hébreux*, et la dispute de Jason et de Papisque, ouvrage perdu, mentionné par Clément d'Alexandrie. Les marcionites n'admettaient que le seul Évangile de saint Luc ; encore le tronquaient-ils, suivant la remarque de Tertullien, puisqu'ils en rejetaient plusieurs passages, entre autres les deux premiers chapitres. Saint Luc a écrit en grec, et tous les docteurs reconnaissent que son style est bien plus pur que celui des autres évangélistes : mais on ne laisse pas d'y remarquer bon nombre d'expressions propres aux Juifs hellénistes, et divers traits qui tiennent du génie de la langue syriaque, et même de celui de la langue latine, suivant Grotius.

J.-G. CHASSAGNOL.

LUCAIN (MARCUS ANNÆUS LUCANUS), poëte brillant, mais d'un génie incomplet, et qui ouvre une époque de décadence. Né à Cordoue, l'an 38 de J.-C., il était naturellement enclin à l'enflure et à l'exagération que les écrivains espagnols ont importée dans la littérature latine. Son père, Annæus Mella, chevalier romain, était frère de Sénèque. Le jeune Lucain, peu de temps après sa naissance, fut amené à Rome, et élevé dans la cour de Claude, sous les auspices de son oncle, alors précepteur de Néron. Au milieu de la monstrueuse corruption du palais impérial, qu'on se figure par quel travail une âme bien née pouvait concilier l'obséquiosité du courtisan avec les sentiments de liberté qui ont parsemé la *Pharsale* d'héroïques élégies sur la chute de la liberté. Lucain reçut à la source même l'éducation la plus savante des maîtres alors les plus célèbres dans la philosophie, la grammaire et la rhétorique; mais les déclamations ou lectures publiques étaient à la mode, et propageaient le goût de la fausse éloquence des rhéteurs. Lucain, doué d'une imagination vive, ardente, et d'un esprit facile, se laissa prendre à la séduction de ces succès éphémères. Néron, qui préluda à ses cruautés par des goûts de saltimbanque, encourageait de son pouvoir et de son exemple ces représentations théâtrales, auxquelles il prenait part comme poëte, comme musicien et même comme acteur. Son jeune condisciple jouit d'abord auprès de lui d'une faveur marquée. Lucain fut nommé questeur avant l'âge prescrit par les lois, et il fit donner pendant sa questure un magnifique spectacle de gladiateurs. Bientôt après, il fut nommé augure. Aussi, quand l'empereur faisait à son tour quelque lecture en public, Lucain était-il au premier rang des courtisans empressés de l'entendre : il donnait le signal des applaudissements.

Cependant, cette bonne intelligence ne pouvait être durable entre deux jeunes poëtes à la vanité irritable, dont l'un luttait par la supériorité du talent contre l'ascendant que donnait à l'autre la souveraine puissance. Leur rivalité ne tarda pas à dégénérer en haine implacable. Dans ces jeux littéraires que Néron avait institués, il voulut disputer le prix à Lucain; il chanta la métamorphose de Niobé, et Lucain la descente d'Orphée aux enfers. Lucain fut proclamé vainqueur par les juges du concours. L'empereur ne lui pardonna pas sa défaite. Lucain ayant, par la suite, composé un poëme sur l'incendie de Troie, et un autre sur l'incendie de Rome, Néron lui défendit de lire ses ouvrages en public et sur le théâtre. Exaspéré par cette persécution, le poëte ne garda plus de mesure; et lorsqu'une conspiration se forma pour Pison contre la vie de l'empereur, il s'y jeta avec toute la vivacité d'un ressentiment personnel, dit Tacite. Mais un affranchi ayant révélé le complot, des conjurés furent arrêtés, mis à la torture, et dénoncèrent leurs complices. Lucain, par peur de la mort, dénonça ses amis et même sa mère. Cette lâcheté ne lui sauva pas la vie, elle lui valut seulement la faveur de choisir son supplice. Au moment de mourir, il recouvra sa fierté. Il se fit ouvrir les veines, et pendant que le sang coulait, sentant le froid gagner ses pieds et ses mains, et la vie se retirer peu à peu des extrémités, tandis que le cœur conservait encore la chaleur et le sentiment, il se ressouvint d'un passage où il avait décrit avec les mêmes circonstances la mort d'un soldat blessé, et se mit à réciter les vers : ce furent ses dernières paroles. Il mourut l'an 65 de J.-C., âgé de vingt-sept ans. Il était consul désigné pour l'année suivante.

Il avait composé beaucoup de poésies qui ne nous sont point parvenues, des silves, une tragédie de Médée, un chant sur la descente d'Énée aux enfers, deux autres sur l'incendie de Troie et sur celui de Rome, etc. Le sujet de La Pharsale est la guerre civile entre César et Pompée. Bien que Voltaire loue beaucoup l'auteur d'avoir donné l'exemple d'une épopée philosophique à peu près dénuée de merveilleux, on ne peut méconnaître les graves défauts qui déparent ce poëme; les principaux sont la froideur, la déclamation, l'enflure dans les images, et souvent l'obscurité du style. Mais on ne lui rendrait pas justice si l'on n'ajoutait qu'il se relève par la noblesse des sentiments, par de beaux traits d'éloquence, et par quelques morceaux vraiment poétiques. Parmi les anciens, Quintilien, après avoir loué dans Lucain une rapidité brûlante et l'éclat des pensées, est d'avis de le compter parmi les orateurs plutôt que parmi les poëtes. Stace, qui dans un chant lyrique a célébré la muse brillante de Lucain et sa mort prématurée, place La Pharsale au-dessus des Métamorphoses d'Ovide et presque à côté de l'Énéide de Virgile. Nous n'avons pas besoin de relever ce qu'il y a d'excessif dans la bienveillance de ce jugement. On sait que Corneille avait un goût décidé pour Lucain, et qu'il l'a imité plus d'une fois. La Pharsale a été traduite en vers par Brébeuf, dont la boursouflure semblait appropriée aux qualités comme aux défauts de son modèle. Il y a, toutefois, dans ce travail des passages remarquables par la vigueur poétique autant que par la fidélité. On ne perdra plus du travail de Marmontel pour réhabiliter l'un et l'autre. ARTAUD.

LUCANE, genre d'insectes coléoptères pentamères de la famille des lamellicornes. Dejean y range sept espèces, dont trois sont propres à l'Europe, trois à l'Amérique, et une à Java. Deux des espèces européennes, les lucanus cervus et capreolus, sont connues sous les noms vulgaires de cerf-volant, comme mâles, et de biche, comme femelles.

LUCANIE. Contrée assez montagneuse de l'Italie inférieure, qui était bornée à l'est par le golfe de Tarente, à l'ouest par la Campanie et la mer Tyrrhénienne, au sud par le Brutium (aujourd'hui la Calabre), et habitée à l'origine par les Œnotriens, auxquels vinrent plus tard s'adjoindre des colons grecs qui fondèrent le long de ses côtes *Pæstum, Héracléa, Sybaris* et *Élée* ou *Velia*.

LUCAS (PAUL), voyageur, naquit à Rouen, le 31 août 1664. Il paraît que son père, marchand dans cette ville, donna peu de soins à l'éducation de son fils, qui n'apprit que le commerce de la joaillerie. Tourmenté de bonne heure par le besoin de voyager, il se rendit à Constantinople, qu'il quitta pour visiter la Syrie et l'Égypte. Peu après, engagé dans les troupes vénitiennes, il assista, en 1688, au siège de Négrepont, et finit par obtenir un commandement à bord des bâtiments de la république, en guerre contre les Turcs. Il revint en France en 1696. Dans le cours de ses voyages, il avait fait une nombreuse collection de médailles, de pierres antiques, de manuscrits, qu'il déposa au Cabinet du Roi. Ce fut dans le but d'ajouter de nouvelles pièces à cette précieuse collection qu'il quitta de nouveau la France pour un voyage dont il nous a laissé le récit. Parti de Paris le 18 juin 1699, il s'embarqua à Marseille, prit terre à Malte, se rendit à Alexandrie, remonta le Nil, visita la haute Égypte. En quittant l'Égypte, il voit Chypre, Tripoli, Balbec, Damas, Alep, traverse l'Arménie, demeure quelques jours à Ispahan, d'où il se rend à Bagdad. Dans cette ville on le dépouille presque complétement des choses précieuses qu'il a acquises et trouvées. De Constantinople, il réclame vainement les objets de prix qui lui ont été dérobés. En 1702, aux approches de la France, il est pris par un corsaire de Flessingue.

De retour en 1703 à Paris, il reçoit de Madame l'accueil le plus bienveillant. C'est à cette princesse qu'il dédie le récit de ses voyages. Le roi lui ordonne d'entreprendre un nouveau pèlerinage scientifique dans le Levant. Il quitte en conséquence Marseille, le 15 octobre 1705. Après mainte aventure et un nouveau vol commis par un bâtiment anglais, dont il ne peut avoir justice, il revient dans sa patrie vers la fin de 1708. Satisfait de son courage et de sa persévérance, le roi le nomme un de ses antiquaires, et lui enjoint de continuer le cours de ses explorations dans le Levant. Cette fois, en 1714, il visite avec soin une partie de la Grèce, la Syrie, Jérusalem, la Palestine, l'Égypte, et reçoit là un ordre qui le rappelle à Paris, où il arrive en 1717. Louis XV, l'accueillant avec beaucoup de distinction, l'engage à ne plus s'exposer. Pendant quelque temps, il obéit; mais sa passion s'étant réveillée, il quitte, malgré son grand âge, la France pour l'Espagne, où il espère faire une riche moisson. Philippe V le reçoit à merveille; mais le sort met un terme à ses projets, et il meurt en 1737, quelques jours après son arrivée à Madrid.

Quoique inexact, Paul Lucas mérite d'être consulté sur certaines parties de la Grèce et de la haute Égypte. On a de lui : un *Voyage dans le Levant*; *Voyage dans la Grèce, l'Asie Mineure, la Macédoine et l'Afrique*; *Voyage dans la Turquie, l'Asie, la Syrie, la Palestine, la haute et basse Égypte*, en tout 7 volumes, avec cartes et figures.
A. GENEVAY.

LUCAS DE LEYDE, dont le véritable nom était *Lucas Damess* ou *Dammetz*, l'un des plus grands peintres de l'école hollandaise du seizième siècle et contemporain de Durer, de Holbein et de Kranach, né à Leyde, en 1494, reçut d'abord des leçons de son père et plus tard celles de Cornélius Engelbrechtsen, peintre distingué et élève de Van-Eyck. Dès l'âge de neuf ans il commença à graver sur cuivre, et à douze ans il frappa de surprise tous les connaisseurs par un saint Hubert peint en détrempe. A quinze ans il publia plusieurs planches composées et gravées par lui-même, entre autres la *Tentation de saint Antoine* et la *Conversion de saint Paul*, véritables chefs-d'œuvre sous le rapport de la composition, de l'expression caractéristique de chaque figure, de l'emploi et du maniement du burin. Depuis lors il exécuta une foule de tableaux à l'huile, en détrempe et sur verre, ainsi que quantité de gravures qui répandirent partout son nom et qui lui assignèrent le premier rang parmi les graveurs de son époque avec Marc-Antoine et Albert Durer. Il était particulièrement lié avec Mabuse ; et Albert Durer, qui vint le voir à Leyde, resta depuis lors son ami. Pour rétablir sa santé, délabrée par des excès de travail, il entreprit dans les Pays-Bas un voyage dans lequel Mabuse l'accompagna ; mais ce remède fut impuissant pour guérir l'hypocondrie dont il était atteint. Il s'imaginait avoir été empoisonné par des peintres jaloux de son talent et de ses succès, garda le lit pendant près de six années consécutives, mais sans cesser pour cela ses travaux, et mourut en 1533.

On pourrait appeler Lucas de Leyde un Albert Durer profane. Non-seulement la peinture de genre, que le premier il sut convenablement traiter, occupe une place essentielle parmi ses créations, mais ses sujets sacrés sont eux-mêmes empreints aussi d'un caractère qui tient de la peinture de genre et même souvent de la bambochade. Les directions de la vie de son époque et notamment de la vie de ses compatriotes, le gros bon sens et le fantastique qui s'y mariaient à toute heure, y sont admirablement reproduits. Ce qu'il y a surtout de remarquable chez lui, c'est la diversité des caractères, quoiqu'il lui arrive rarement de s'élever jusqu'à la dignité. Il ne faut pas chercher dans ses ouvrages un pinceau moelleux, l'art des draperies, non plus que la correction du dessin ; mais il a donné beaucoup d'expression à ses figures, ses attitudes sont naturelles, et il a choisi un bon ton de couleur. Dans ses dernières toiles, par exemple son *Jugement dernier*, qu'on voit à l'hôtel de ville de Leyde, il y a une tendance véritable à s'assimiler le style des Italiens. Ses gravures sur cuivre et sur bois témoignent du soin extrême et de la rare habileté avec lesquels il maniait le burin. Elles sont très-estimées et devenues extrêmement rares. Les planches dans l'exécution desquelles il lutta avec Albert Son offrent surtout un intérêt particulier. En effet, ils s'envoyaient réciproquement leurs ouvrages, et, par pure émulation, travaillaient souvent concurremment sur les mêmes sujets. Albert dessinait mieux que Lucas, mais ce dernier mettait plus d'unité dans ses ouvrages ; et comme il les finissait extrêmement, il a porté dans sa nation ce goût pour le fini dont elle est demeurée toujours éprise. L'école hollandaise lui est également redevable de la magie du clair-obscur, qu'elle a si bien perfectionnée depuis. Les plus belles collections de ses œuvres sont celle de la bibliothèque impériale de Vienne et celle de l'archiduc Charles. Les plus rares et les plus chères de ses planches sont celles qui représentent le *Repos de la sainte Famille, Agar* et l'*Espiègle (Eulenspiegel)*. Ses tableaux sont dispersés dans plusieurs galeries ; mais les principaux se trouvent à Leyde, à Vienne, à Dresde, à Munich et à Florence. Ses dessins sont presque aussi rares que ses toiles.

LUCAYES (Iles). *Voyez* Bahama.

LUCCHESI-PALLI (Famille). Ce nom était complétement inconnu en France, lorsque, au mois de mai 1833, madame la duchesse de Berry déclara que le père de la fille dont elle venait d'accoucher dans sa prison de Blaye était le comte *Hector* de Lucchesi-Palli, dont les princes de Campo-Formio, avec qui elle avait convolé morganatiquement en secondes noces dix mois auparavant. On apprit alors que M. de Lucchesi-Palli, né vers 1805, était fils du grand-chancelier des deux-Siciles, ancien premier ministre de la vice-royauté de Palerme, et que sa famille faisait remonter son origine aux anciens ducs souverains de Bénévent. Son oncle avait été longtemps ambassadeur de Naples à Madrid. Attaché lui-même à l'ambassade napolitaine au Brésil, il était revenu avec dom Pedro en Europe, et avait alors été envoyé en Espagne, où il avait bientôt exercé auprès de la reine Marie-Christine une influence dont Calomarde s'était montré vivement jaloux et inquiet. De cette antagonisme était résulté pour lui la nécessité de quitter Madrid, et le roi son maître l'avait ensuite envoyé à La Haye. C'est en se rendant à son nouveau poste qu'il aurait rencontré à Massa madame la duchesse de Berry, laquelle se disposait en ce moment à tenter un débarquement en France, à l'effet de soulever la Vendée contre le gouvernement de Louis-Philippe. Le mariage du jeune comte avec la princesse aurait été célébré à la hâte, mais tenu secret ; et il n'aurait pas fallu moins que la trahison de Deutz et la captivité de la duchesse de Berry à Blaye pour le divulguer. Le côté romanesque de la déclaration de la duchesse de Berry trouva dans le temps beaucoup d'incrédules, même dans son parti ; cependant, comme son mariage avec M. de Lucchesi-Palli a eu pour résultat depuis cette époque de la rendre mère à diverses reprises, il a bien fallu finir par se rendre à l'évidence. Une fois qu'elle n'a plus été que la comtesse de Lucchesi-Palli, la mère du comte de Chambord a cessé d'être un personnage politique.

LUCE ou **LUCIUS**. Trois pontifes de ce nom ont occupé le saint-siége.

LUCE Ier, successeur de saint Corneille en 253, évêque de Rome sous le règne des empereurs Gallus et Volusien, était Romain de naissance et fils de Porphyre. Exilé peu de temps après son élection, il fut consolé de cette disgrâce par une lettre de saint Cyprien, qui lui en écrivit une seconde pour le féliciter de son retour. Cet exil ne fut point en effet de longue durée ; mais sa mort suivit de près son rétablissement. Une troisième lettre de l'évêque de Carthage, contredite cependant par une quatrième, a fait croire que saint Luce avait souffert le martyre ; mais des écrivains très-orthodoxes ont élevé des doutes à cet égard, comme sur la durée de son pontificat. Cette durée a cependant été fixée à sept mois par le père Petau, malgré l'autorité de Platine, qui le fait régner trois ans trois mois et trois jours. Les *Pontificaux* lui attribuent un règlement en vertu duquel un évêque devait être toujours accompagné de deux prêtres et de trois diacres pour éclairer sa conduite.

LUCE II succéda, le 10 mars 1144, à Célestin II ; c'était un prêtre nommé Gérard, et natif de Bologne. Honorius II l'avait pris parmi les chanoines réguliers pour le faire cardinal du titre de *Sainte-Croix en Jérusalem* et bibliothécaire de l'Église romaine. Innocent II y ajouta le titre de chancelier, et lui conféra, en mourant, la dignité de camérier, qui lui donnait l'administration des biens ecclésiastiques. Dès la première année de son règne, il termina le long différend des archevêques de Tours et des évêques de Dol, qui se disputaient l'obédience des évêques de Bretagne, en adjugeant cette juridiction aux premiers. L'archevêque de Tolède fut confirmé en même temps dans la primatie que le pape Urbain II lui avait conférée cinquante-six ans auparavant. Les prédications d'Arnaud de Brescia bouleversaient alors les têtes romaines ; le peuple avait rétabli le sénat et contestait la puissance temporelle des papes depuis le pontificat d'Innocent II ; il poussa ses entreprises jusqu'à la nomination d'un patrice dans la personne de Jourdain, fils de Pierre de Léon, et se soumit à lui comme à son prince. Luce II fut sommé par les factieux d'abjurer toute juridiction séculière : sur refus, appuyé des protestations du sacré collège, ils envoyèrent une ambassade à l'empereur Conrad pour l'inviter à venir reprendre à Rome l'autorité des anciens Césars. Le pape envoya, de son côté, des lettres et des ambassadeurs. Mais son impatience n'ayant pu attendre la réponse de Conrad, et l'ayant poussé à attaquer les sénateurs dans le Capitole, il fut renversé d'un coup de pierre à la tête des assaillants, et mourut peu de jours après, en 1145, des suites de sa blessure.

LUCE III était né à Lucques, et se nommait *Hubaud* ou *Ubalde*. Il était cardinal du titre de *Sainte-Praxède* quand Adrien IV l'envoya pour négocier la paix avec le roi Guillaume de Sicile. Il devint bientôt évêque d'Ostie, et fut élu le 1er septembre 1181 à la place d'Alexandre III. L'anarchie régnait encore dans Rome : l'esprit de mutinerie et d'indépendance qu'y avait fomenté les arnauldistes lutta violemment contre l'autorité du nouveau pontife. Il avait juré de ne pas souffrir ces atteintes et de réprimer les désordres ; il fut chassé de son palais par une révolte armée en 1183. Les Romains pillèrent, incendièrent ses terres, et le poursuivirent de forteresse en forteresse. Christian, archevêque de Mayence, vint le soutenir avec une armée, mais la mort surprit ce prélat guerrier à Tusculum, et les Allemands se débandèrent. Luce III ne put calmer cette sédition qu'à force d'argent, que le roi d'Angleterre, Henri II, lui envoya. Mais une paix achetée ainsi ne fut qu'une trêve honteuse. Le peuple recommença ses violences, ses incendies. Le pape fut contraint de quitter une seconde fois sa capitale, et se retira à Vérone, où l'empereur Frédéric Barbe-Rousse vint le rejoindre.

L'anarchie ne connut plus alors de bornes. Tous les prêtres saisis par les rebelles eurent les yeux crevés. Sur cent on n'en laissait qu'un de borgne, et il était chargé de conduire les autres au saint-père. Les anathèmes étaient les seules armes qui lui restaient, et ces armes furent impuissantes. Frédéric lui-même ne descendait pas en Italie pour le soutenir, mais pour réclamer les terres que la comtesse Mathilde avait léguées au saint-siége. Le concile de Vérone, chargé de vider ce différend, ne décida rien. On y renouvela seulement les excommunications lancées contre les arnaudistes, les joséphins, les passagins et les pauvres de Lyon, hérétiques divers, qui allaient se confondre dans la dénomination de *Vaudois*. Le pape et l'empereur ne s'accordèrent pas davantage sur le choix de l'archevêque de Trèves. Frédéric en investit le prévôt Rodolfe; le pape soutint l'archidiacre Volmar, et se vengea de l'empereur en refusant de couronner son fils Henri. Ce fut dans ce concile de Vérone que les ambassadeurs de Baudouin IV, roi de Jérusalem, vinrent implorer les secours de la chrétienté contre les Sarrasins. Cette ambassade était composée d'Arnaud, grand-maître des templiers; de Roger, grand-maître des hospitaliers de Saint-Jean de Jérusalem et du patriarche Héraclius, le successeur et l'empoisonneur de Guillaume de Tyr. Mais Frédéric ne songeait encore qu'à rétablir son autorité en Italie, et Luce III ne put accorder d'autres secours à ces envoyés de Jérusalem que des lettres pour les rois de France et d'Angleterre. La réponse dilatoire de ces deux souverains affligea le pape, et, croyant être plus heureux avec les ennemis de la chrétienté, il écrivit à Saladin lui-même et à Saphadin son frère pour leur demander la paix. Cette étrange négociation aurait tout au plus abouti à un échange de prisonniers. Elle fut rompue par la mort de Luce III, qui trouva dans Vérone le terme de sa vie agitée, le 24 novembre 1185. On grava sur son tombeau ce jeu de mots en guise d'épitaphe :

Luca dedit lucem tibi Luci, pontificatum
Ostia, papatum Roma, Verona mori.
Immo Verona dedit verum tibi vivere; Roma
Exitium, curas Ostia, Luca mori.

VIENNET, de l'Académie Française.

LUCE DE LANCIVAL (JEAN-CHARLES-JULIEN), poëte de l'époque impériale, naquit en 1764, à Saint-Gobain (Aisne). Élève distingué et lauréat, à diverses reprises, de l'ancienne université de Paris, il faisait sur les bancs du collége des vers latins que n'eussent point désavoués Vanière ou La Rue. Un poëme latin qu'il composa (1780) à l'occasion de la mort de Marie-Thérèse lui valut de flatteurs éloges de la part de Frédéric II et une pension de l'empereur Joseph II. La paix de 1783 lui inspira un autre poëme, *De Pace Carmen* (1784), où sa myriade d'un beau talent, et qui justifia sa nomination à la chaire de rhétorique du collége de Navarre (1786), quoiqu'il eût vingt-deux ans à peine. Mais bientôt, renonçant à la carrière de l'enseignement malgré l'éclat peu commun de ses débuts, il entrait dans les ordres à la demande de M. de Noé, évêque de Lescar, dont il suivit dans son diocèse et dont il devint le grand-vicaire. Quand la révolution eut brisé le trône et renversé les autels, Luce de Lancival, par une nouvelle inconséquence, se regarda comme délié de tout engagement à l'égard de l'Église, dont il était devenu indélébilement l'un des ministres, et se mit à travailler pour le théâtre. *Mucius Scævola, Hormidas, Archibald, Fernandez* et *Périandre*, tragédies jouées sur la scène du Théâtre-Français pendant les premières années de la tourmente révolutionnaire, sont des pièces froidement pompeuses. La chute de sa comédie du *Lord impromptu*, empruntée à un roman de Cazotte, prouva qu'il était encore moins appelé à prendre rang parmi les disciples de Molière.

Lors de la réorganisation de l'université sous l'empire, il obtint la chaire de rhétorique au lycée impérial (aujourd'hui Louis-le-Grand), et refusa ensuite de la quitter pour une place plus avantageuse. Parmi les élèves distingués qu'il forma à cette époque, on peut citer M. Villemain. En 1809 l'empereur assista à la première représentation d'*Hector*, tragédie en cinq actes. Il en fut si satisfait que le lendemain il envoya à l'auteur la décoration de la Légion d'Honneur et le brevet d'une pension de 6,000 fr. Luce de Lancival ne put malheureusement pas en jouir longtemps. L'abus des plaisirs avait eu pour lui les résultats les plus funestes ; en 1794 on avait dû lui faire l'amputation d'une jambe. La gangrène se mit en 1810 à celle qui lui restait, et quand il mourut, le 15 avril, il venait de remporter le prix offert à l'auteur du meilleur poëme latin sur le mariage de Napoléon et Marie-Louise. La veille même, un page était venu de la part de l'empereur lui apporter la grande médaille d'or décernée à son œuvre. Chénier parle avec éloge de son *Achille à Scyros*, poëme imité de l'Achilléide de Stace.

LUCERNE, canton situé au centre de la Suisse, et qui dès 1332 accéda à la confédération des trois pays, compte une population de 133,000 habitants sur une surface d'environ 20 myriamètres carrés, divisée en cinq arrondissements. C'est un pays fertile en grains et en fruits, où l'on élève beaucoup de bétail, et où l'on se livre à l'industrie fromagère des Alpes à Entlibuch et sur quelques autres points du sol fort élevés. Les habitants sont allemands de race, et professent la religion catholique, à l'exception d'environ 1,200 protestants, qui n'ont obtenu qu'en 1828 le libre exercice de leur culte. Lucerne faisait partie de ce qu'on appelait les *cantons régénérés*, et sa constitution politique de 1831 portait le caractère d'une démocratie représentative d'où l'élément ochlocratique proprement dit se trouvait exclu. Lorsque plus tard le parti ultramontain acquit de plus en plus la prépondérance, il finit par faire substituer à cette constitution une constitution nouvelle, dans laquelle se trouvaient conservés sans doute quelques-unes des principales formes de l'ancienne, mais qui par l'introduction du *veto*, par la limitation apportée à la représentation des villes, par les restrictions qu'elle mettait à l'exercice de la liberté de la presse, par l'inexistant pris au nom, enfin par les immunités qu'elle assurait au clergé, rentrait dans la catégorie des constitutions théocratiques et ochlocratiques. Le rappel des jésuites en 1844 jeta ce canton ainsi que toute la Suisse dans une série de complications et d'embarras politiques, et plaça Lucerne à la tête des cantons du Sonderbund. Après la terminaison de la guerre du Sonderbund et le renversement du gouvernement des jésuites, la constitution de 1841, sous son droit de *veto* concédé au peuple, fut, il est vrai, maintenue dans ses principales dispositions ; mais on soumit à une révision la législation de cette époque relative à la presse et à l'instruction publique. La guerre du Sonderbund avait eu pour résultat de grever le canton de Lucerne d'une dette de 2,300,000 fr. Pour l'éteindre un décret du nouveau gouvernement soumis au veto du peuple ordonna soit la dissolution, soit la suppression absolue des diverses congrégations religieuses, entre autres celle du riche couvent de Saint-Urban; mesure qui fut effectivement mise à exécution.

LUCERNE, chef-lieu du canton du même nom , à l'embouchure du Reuss dans le lac des Quatre Cantons, qui prend ici le nom de *lac de Lucerne*, est une des plus jolies villes de la Suisse, parfaitement pavée, et d'une étendue considérable à cause des vastes jardins qu'elle renferme. C'est ordinairement la résidence du nonce. La rivière la partage en divers quartiers réunis par des ponts. On y compte 10,100 habitants, et on y trouve divers établissements d'instruction publique, une bibliothèque publique et un musée. A peu de distance de la ville on voit un monument élevé en 1820, d'après un modèle fourni par Thorwaldsen, à la mémoire des Suisses massacrés le 10 août 1792 en défendant le château des Tuileries. Il représente, sculpté dans un quartier de roche, un lion de taille colossale, et mourant en protégeant encore les lis de la France.

LUCHON, qu'on nomme souvent *Bagnères de Luchon*, parce qu'en effet on y prend des bains comme à l'autre Bagnères, est une petite ville qui occupe la belle vallée de Luchon, entre la Pique et le Go, et assez près du confluent de ces deux rivières, à douze kilomètres de Saint-Béat et à environ huit kilomètres des frontières d'Espagne. Cette vallée de Luchon est sans contredit l'une des plus pittoresques, des plus populeuses et des plus productives des Pyrénées. Les montagnes qui l'environnent sont couvertes de pâturages et de forêts, et occupées çà et là par de riches habitations et de jolis villages. Le sol de la contrée a tant de fertilité qu'il donne quelquefois deux récoltes dans la même année. Luchon n'est guère qu'à 610 mètres au-dessus du niveau de la mer. Aussi la température de l'air y est-elle d'une douceur si parfaite et si égale, que beaucoup de malades passent toute l'année dans la ville. L'hiver, au reste, n'y est jamais rigoureux.

Fort attentivement perfectionné dans ces dernières années, l'établissement de Luchon est un des plus beaux de la France. Les bains sont alimentés par huit ou dix sources différentes, dont la température n'est pas la même, et qu'on désigne par les noms suivants : 1° La grotte Supérieure, qui marque 60° centigrades ; 2° la grotte Inférieure ou des Romains , 60° ; 3° la source Richard, 50° ; 4° la source Ferras , 33° 75° ; 5° la Reine, 49° ; 6° la source aux Yeux, 38° 75° ; 7° la source Blanche, 30° ; 8° la source Froide ou la Douce, 31° 25°. Toutes ces sources jaillissent du pied rocailleux de la montagne, très-près l'une de l'autre, et de manière à former par leur réunion comme un fer à cheval.

Les eaux de Luchon sont limpides et incolores : si plusieurs paraissent noires, c'est un effet de leur parfaite transparence, qui permet de voir à distance les galets noirs et les ardoises qui occupent le fond des fontaines. La fontaine *Blanche* est la seule dont les eaux soient habituellement louches, à peu près comme celle de Bagnoles. Elles ont le goût et l'odeur des eaux de Baréges. De toutes les eaux des Pyrénées, celles-ci sont les plus chargées de principes, les plus saturées de sulfure de sodium. Il en faut pourtant excepter la source Blanche, qui est la moins saturée des Pyrénées, si on fait abstraction de la source *Mainvielle* des Eaux-Chaudes, encore plus faible qu'elle. Ces eaux contiennent beaucoup de sulfure de sodium , plus même que celles de Baréges ; un peu de sulfate de soude et de sulfate de chaux ; un peu de muriate de soude ; des traces d'acide hydrochlorique ; de la silice, de même que du carbonate de soude , élément rare dans cette sorte d'eaux minérales. Un phénomène assez singulier pour être remarqué, c'est que l'eau des sources de la Reine et de la grotte Supérieure, quand on la mêle à beaucoup d'eau provenant soit de la source Blanche, soit de la source Froide, donne fréquemment un mélange trouble et louche, ressemblant à l'effet immédiat de certains réactifs. Cette liqueur mixte paraît tenir en suspension un précipité prêt à se déposer ; on la prendrait pour du *lait virginal*, résultant de quelques gouttes de teinture de benjoin ou de myrrhe qu'on aurait laissées tomber dans un verre d'eau limpide. On ramène la transparence dans un bain ainsi composé de deux espèces d'eau en ajoutant une plus grande quantité de l'eau de la grotte Supérieure. Les sources de la Reine et de la grotte Supérieure laissent sublimer du soufre sur leurs parois.

On fait usage des eaux de Luchon sous toutes les formes et de toutes les manières : en boisson, en bains entiers, en demi-bains, en fomentations ; comme collyre, dans les maux d'yeux ; en injections, dans les cas de fistules profondes , de même que pour certaines maladies de l'oreille ; en douches, en lotions, en vapeurs , etc. On en prescrit l'usage particulièrement pour les maladies scrofuleuses, pour les affections graves de la peau , dans certaines paralysies qui ne proviennent point d'altérations de cerveau, et aussi dans les rhumatismes chroniques et les vieux ulcères. On a vu s'améliorer, à Luchon , des dartres de différentes espèces , des engorgements glanduleux , ainsi que beaucoup de ces accidents que le public a coutume d'attribuer à un *lait répandu*. On en a pareillement obtenu de bons résultats dans les douleurs rhumatismales très-anciennes , dans les ophthalmies invétérées, dans les caries des os, dans les écoulements d'oreille, dans les accidents déterminés par une gale mal traitée ou trop subitement guérie , mais surtout dans les engorgements indolents et scrofuleux des articulations , dans les tumeurs blanches du genou, etc. Elles ont aussi réussi dans les vieux catarrhes de la poitrine , qui ont si souvent l'apparence de la phthisie , de même que dans les catarrhes chroniques de la vessie ; mais elles ne conviennent qu'à des personnes grasses et peu sensibles. Pour peu que les nerfs soient susceptibles, que le sang soit abondant ou la faiblesse prononcée, les eaux de Luchon deviendraient dangereuses ; car il n'en est pas d'aussi excitantes, pas même celles de Baréges. Il est certain d'ailleurs que les eaux de Baréges, quoique plus faibles, sont pourtant plus efficaces que celles de Luchon contre les maladies de la peau déjà anciennes , de même que pour combattre des douleurs succédant à des blessures. Elles s'attaquent de préférence , et avec succès, aux infirmités les plus invétérées. Il faut, au contraire, des maux plus récents, mais sans irritation ni fièvre, à celles de Luchon. Il est rare qu'on prenne par jour plus de deux à trois verres de ces eaux si excitantes, et même beaucoup de malades se bornent à en faire usage extérieurement. Pour les boire , on les coupe presque toujours avec le lait ; on les tempère pour en composer des bains.

Luchon est après Vichy l'établissement de France qui reçoit le plus de baigneurs. La plus grande affluence des étrangers est ordinairement depuis juillet jusqu'à la mi-septembre. Les sources de Luchon appartiennent à la commune, qui les afferme. Ces eaux s'altèrent beaucoup par le transport. Il est essentiel de les prendre à la source.

D' Isidore BOURDON.

LUCIEN naquit à Samosate, vers l'an 120 de J.-C., de parents pauvres et d'une condition médiocre. Après avoir appris aux écoles publiques les premiers éléments des lettres , il fut mis en apprentissage chez son oncle , qui était statuaire . Un accident le fit sortir de l'atelier : dès le premier jour, ayant brisé un marbre qu'on lui avait donné à dégrossir, il fut frappé par son oncle , qu'il abandonna sans retour. Il raconte lui-même cette anecdocte d'une manière charmante , dans une harangue qu'il a intitulée *Songe de Lucien*. Quelle fortune l'attendait au sortir de chez son oncle ? comment acheva-t-il son éducation ? sous quel maître se forma-t-il dans l'art de penser et d'écrire ? A ces questions, si intéressantes, l'histoire ne nous donne aucune réponse ; nous savons seulement que, devenu avocat, il alla se fixer à Antioche, capitale de la Syrie, où il plaida plusieurs causes. Les fourberies et les clameurs inséparables de la chicane le firent bientôt renoncer à la profession d'avocat pour celle de rhéteur. Ce fut alors qu'il parcourut une partie de l'Asie, ainsi que la Grèce, l'Italie et la Gaule, promenant, comme jadis les rhapsodes, de ville en ville ses improvisations , et vivant du salaire de ses auditeurs. Après avoir séjourné dans les Gaules, que l'on regardait comme une pépinière d'orateurs, il vint en Italie visiter la capitale du monde, dont il a flétri la corruption. Il quitta Rome pour revoir sa belle patrie, et c'est à cette époque sans doute qu'il faut rattacher la publication de quelques pièces, telles que *Le Médecin*, *Zeuxis*, *Les Dipsades*, *Les Bains d'Hippias*, *Bacchus*, *Hercule*, *Le Scythe*, *L'Éloge de la* patrie, *L'Éloge de la Mouche*. Dans tous ces opuscules, la forme est déjà correcte et même élégante, mais l'écrivain ne s'élève pas encore à la hauteur qu'il doit atteindre plus tard. Il vécut quelque temps à Athènes, dans l'intimité du philosophe Démonax, et vit l'apostat Peregrinus se brûler tout vivant aux jeux olympiques de l'an 163. Lucien fut nommé préfet en Égypte, ce qui prouve que la réputation de son talent commençait à s'étendre.

Alors, renonçant au métier de rhéteur, il s'abandonna enfin à son véritable génie, et devint le premier satirique de l'antiquité. Il écrivit la satire comme on ne l'a jamais écrite avant ni après lui. Son style est délicieux, sa critique amusante, et si l'obscurité et l'irréligion se glissent quelquefois sous sa plume, s'il se complaît dans des scènes licencieuses, s'il se joue des choses réputées saintes par le vieux monde et par nous, il faut reconnaître qu'il vivait dans une époque étrangement propre à l'immoralité et au doute. Derrière lui tombait le vieux paganisme; Rome s'éteignait dans la débauche, tandis que le christianisme, mal connu des Grecs et des Romains, n'était encore qu'une espérance. On a prétendu, pour flétrir Lucien, qu'admis au temple du vrai Dieu, il l'aurait ensuite déserté : c'est une erreur; Lucien ne fut d'aucune religion, d'aucune secte. Il ne vit dans les disciples de Jésus-Christ que de nouveaux cyniques, qu'il attaqua comme tous les autres : il loue même le désintéressement, la charité, le mépris de la mort des chrétiens. Les *Dialogues des dieux et des morts*, *Le Tyran*, *Timon*, *Le Jupiter tragique*, *Le Jupiter confondu*, *Charon*, *Les Ressuscités*, *L'Assemblée des dieux*, *Ménippe*, *Le Coq*, *Les Lapithes*, *Les Vœux*, *Les Sectes à l'encan*, etc., sont des ouvrages d'une originalité, d'une verve incomparables. La satire de Lucien se montre souvent chaleureuse et dramatique. Le *Dialogue des Courtisanes* est charmant. M. Boissonade dit qu'Aristophane l'eût avoué. Le *Peregrinus* a été mis à l'index par le Vatican. Malgré quelques imperfections de style, l'*Éloge de Démosthène* est digne et de l'orateur grec, et de Lucien, auquel appartiennent aussi *Charimède*, *Les Amours*, l'*Histoire véritable*, la *Manière d'écrire l'histoire*, le conte de *L'Ane de Lucius de Patras*, que l'auteur des dialogues paraît avoir abrégé.

On ne connaît pas au juste l'époque de la mort de notre satirique ; on sait seulement qu'il finit sa carrière dans un âge fort avancé. Il succomba, à ce que l'on croit, à une attaque de goutte, maladie dont il s'était spirituellement raillé.
A. GENEVAY.

LUCIEN BONAPARTE, prince de CANINO, frère puîné de Napoléon, né à Ajaccio, en 1775, fut placé d'abord au collége d'Autun, puis à l'école militaire de Brienne, et enfin au séminaire d'Aix. Ses études terminées, il revint en Corse. En 1793, quand Paoli eut livré l'île aux Anglais, le jeune Lucien alla habiter avec sa famille la Provence, où, à l'âge de vingt ans, il épousa la fille d'un aubergiste de Saint-Maximin, mademoiselle Christine BOYER. En 1796 il obtint une place de commissaire des guerres, et l'année suivante le département de Liamone le députa au conseil des Cinq-Cents. Ses premières apparitions à la tribune furent marquées par des succès : toutefois, à cette époque Lucien rêvait déjà pour sa famille de prochaines grandeurs. Il recevait les confidences épistolaires du jeune conquérant de l'Égypte, qui avait su apprécier son frère, et qui comptait plus sur ses talents que sur ceux de Jérôme, de Louis et même de Joseph. Il paraît que c'est d'après les avis secrets de Lucien que Napoléon quitta brusquement l'Égypte, le 5 fructidor (août 1799), et accourut à Paris, où sa présence inattendue frappa de consternation les membres du Directoire. Alors les deux frères se hâtèrent de préparer, d'abord secrètement, puis presque à découvert, le succès du 18 brumaire. Soit au fauteuil, par la manière dont il dirigea les délibérations ; soit à la tribune, par ses discours pleins d'éloquence et de courage, le jeune député prit une part active au hardi coup d'État que Paris étonné accepta et consacra par son silence, le 19 brumaire.

Après cette mémorable journée, Lucien s'occupa, comme membre d'une commission législative nommée par les consuls, de jeter les bases d'une constitution nouvelle, dite *constitution de l'an VIII* ; et son zèle ne tarda pas à être récompensé par sa nomination au ministère de l'intérieur. Élevé à cette position brillante, il se montra digne du choix qu'on avait fait de lui ; les lettres et les arts refleurirent un peu sous sa bienveillante protection ; il apporta de grandes améliorations dans le système d'instruction publique que la France possédait à cette époque et dans l'organisation de l'école de Saint-Cyr ; enfin, il eut l'honneur de créer des institutions qui, si elles n'existent pas aujourd'hui tout entières, si elles ont subi depuis lors d'importantes modifications, ont du moins laissé quelques traces. Cependant, il devint l'objet de violentes critiques, que sa jeunesse et son inexpérience justifiaient peut-être un peu ; car dans de semblables positions le talent ne supplée pas toujours à la maturité de l'âge et à une longue expérience des affaires publiques. Il paraît que vers ce temps un désaccord profond, dont on ignore la cause, éclata entre Napoléon et lui ; et Lucien dut quitter la France pour se rendre en Espagne en qualité d'ambassadeur. Il ne resta pas au-dessous de ses nouvelles fonctions ; son habileté insinuante donna bientôt à la France un allié utile dans le roi Charles IV, et substitua en Espagne notre influence à celle de l'Angleterre. Il contribua beaucoup aussi à la création du royaume d'Étrurie ainsi qu'à la cession à la France des duchés de Plaisance, de Parme et de Guastalla ; et le 29 septembre 1801, d'accord avec Godoy, duc d'Alcudia, dont il avait eu l'art de se faire un ami intime, il signa la paix de Badajoz entre l'Espagne et le Portugal. Aux termes d'un article secret du traité, le prince régent de Portugal paya pour les frais de la guerre une indemnité de trente millions de francs, que se partagèrent l'Espagne et la France. On dit que sur la somme afférant à la France dans ce partage Lucien Bonaparte reçut cinq millions, comme récompense de sa participation à ces diverses négociations, dont l'éclatant succès le réconcilia complétement avec son frère aîné. Lucien avait déjà réussi à se faire une très-grande fortune, que ce revenant-bon diplomatique ne laissa pas que d'arrondir sensiblement.

A son retour à Paris, en 1802, Lucien rentra au Tribunat, dont il était sorti pour prendre le portefeuille de l'intérieur. Il y eut bientôt rajeuni son ancienne réputation d'orateur éloquent. Le 18 mai de cette année, il y soutint avec éclat à la tribune le projet de loi qui créait l'institution de la Légion d'Honneur, et peu de temps après il fut nommé grand-officier de l'ordre, et membre du sénat, dans lequel il fut pourvu de la sénatorerie de Trèves. Tous ces titres flattèrent moins son orgueil que celui de membre de l'Institut (classe de langue et littérature françaises), qu'il reçut environ à la même époque, le 3 février 1803. Mais c'est là que finit l'histoire de ses prospérités. L'opposition qu'il fit aux projets que Napoléon annonçait hautement avoir conçus pour s'emparer de l'autorité souveraine à titre de monarque héréditaire amena entre lui et son aîné une mésintelligence toujours croissante. Devenu veuf de sa première femme, Mlle *Boyer*, il refusa la main de la reine douairière d'Étrurie, que lui offrit Napoléon ; et à quelque temps de là le second mariage qu'il contracta, malgré son frère, avec *Alexandrine-Laurence* DE BLESCHAMPS, née en 1778, et veuve d'un agent de change de Paris, appelé Jouberthon, provoqua à la fin de cette même année 1803 une seconde et éclatante rupture entre lui et Napoléon, qui déjà rêvait pour sa famille des alliances avec les premières maisons de l'Europe. Aussi Lucien se vit-il dans la nécessité de renoncer au séjour de Paris ; il partit pour Milan, puis alla à Rome, où il eut avec le pape des relations assez intimes, que ce dernier n'oublia jamais. Ce n'est qu'à la suite de la paix de Tilsitt qu'il revit son frère, à Mantoue; et là encore ils ne purent s'entendre. Napoléon lui offrit la couronne d'Italie ou celle d'Espagne, à son choix ; mais il exigeait impérieusement la dissolution du mariage qui causait leur mésintelligence; à cette condition, il offrait des dédommagements éclatants à l'épouse abandonnée; mais Lucien refusa de lui faire un si grand sacrifice, et ils se séparèrent irrités l'un contre l'autre. C'est alors qu'il laissa échapper des plaintes énergiques contre l'ambition démesurée de son frère, à laquelle il avait imprudemment prêté son aide, mais qui avait dépassé, disait-il, ses premières prévisions. Peu après, il quitta Rome, et alla se fixer aux environs de Viterbe, dans la terre de Canino, que le pape érigea pour lui en principauté. Plus tard encore il refusa de marier sa fille aînée, *Charlotte*, née de son mariage avec Mlle Boyer, au prince des Asturies. Napoléon témoigna dès lors contre lui une irritation si vive, que Lucien, à qui revinrent quelques propos tenus sur son compte par son aîné, dut sérieusement craindre pour sa liberté. Il prit donc, en août 1810, le parti d'aller se réfugier aux États-Unis; mais il fut pris en route par deux frégates anglaises, qui le conduisirent à Malte, où il demeura quatre mois, et qui l'emmenèrent ensuite en Angleterre, où, à la suite de quelques débats dans le parlement, il fut considéré comme prisonnier de guerre, sous prétexte qu'il était toujours sénateur, mais où on le traita avec beaucoup d'égards et de distinction. Retiré dans le Shropshire, il appela sa famille auprès de lui, et se fit un séjour brillant et commode dans la terre de Lomgrave, dont il fit l'acquisition. Depuis près de quatre ans il oubliait dans la retraite les préoccupations qui avaient agité les commencements de sa vie politique, quand il apprit les éclatants revers de son frère, sa chute et son exil à l'île d'Elbe. La liberté n'en profita que pour retourner en Italie, où le pape lui fit l'accueil le plus distingué. Autant il avait déployé d'indépendance et d'énergie lors des prospérités impériales, autant il montra de dévouement pour les malheurs du grand homme déchu. Quand Napoléon revint de l'Ile d'Elbe en France, Lucien, cédant aux sollicitations de sa sœur Pauline Borghèse, vint trouver en France son aîné pour se réconcilier franchement avec lui, mais avec la ferme dessein de s'en retourner tout aussitôt après dans sa terre de Canino. Napoléon voulut le retenir auprès de lui. Lucien refusa, et se dirigea encore une fois vers l'Italie. Mais un ordre de Napoléon l'arrêta en route, et ne lui permit pas de passer la frontière. Après être resté vingt-deux jours à Genève, il lui fallut venir malgré lui à Paris, où il arriva le 9 mai 1815. Les appartements du Palais-Royal l'attendaient. Il refusa d'abord le titre de prince français et celui de pair; et comme il venait d'être élu représentant, il demanda à siéger parmi les représentants du peuple français; mais l'ombrageux Napoléon, qui soupçonnait alors son frère d'aspirer à jouer un rôle personnel, le força de prendre place à la chambre des pairs. Peu de temps avant le départ de l'empereur pour l'armée, il se tint aux Tuileries un conseil privé, auquel assistèrent entre autres Joseph Bonaparte, le cardinal Fesch, Fouché, etc., et où Lucien, dans son incorrigible franchise, fit trois propositions qui blessèrent vivement les susceptibilités de son frère. Il proposa 1° que Napoléon abdiquât en faveur du roi de Rome; 2° que la régence fût déférée à Marie-Louise, et qu'on plaçât les droits du fils de Napoléon sous la protection de son grand-père, l'empereur d'Autriche; 3° que Napoléon se rendît à Vienne comme otage de l'exécution des conditions stipulées. Napoléon parut d'abord agréer ces propositions, mais le lendemain il avait changé d'avis.

Après le désastre de Waterloo, Lucien fut le seul qui conserva son sang-froid. Il conseilla et recommanda vivement alors à son frère de dissoudre les chambres et de se saisir de la dictature. Lors de la création du gouvernement provisoire, il se retira à Neuilly : et après la seconde restauration de Louis XVIII, il partit pour l'Italie; mais il ne put franchir les limites du Piémont : on l'arrêta à Turin, par ordre du comte Bubna, et il fallut toute l'influence du pape pour lui faire rendre la liberté dans le courant de septembre. Le pape dut en outre s'engager à ne jamais le laisser sortir des États de l'Église, non plus que tout autre membre de sa famille. C'est par suite de ces stipulations qu'en 1817 Lucien Bonaparte ayant de nouveau témoigné l'intention de se retirer aux États-Unis avec sa famille, le gouvernement pontifical lui fit refuser des passe-ports. A la suite des événements de 1830 cette interdiction fut levée, et Lucien alla alors passer quelque temps en Angleterre, d'où il se rendit, en 1838, en Allemagne. Plus tard il retourna encore en Italie. Il mourut le 30 juin 1840, à Viterbe. On trouvera à l'article BONAPARTE (Maison de) des renseignements sur les dix enfants qu'il a laissés.

Lucien fut incontestablement après Napoléon le membre le plus distingué de la famille Bonaparte. Comme littérateur, il ne manquait pas d'un certain talent. Il avait commencé par écrire un roman intitulé *Stellina* (Paris, 1799). Pendant le premier séjour qu'il fit en Angleterre, il y composa son *Charlemagne, ou l'Église délivrée* (Londres, 1814), poème en vingt-quatre chants, magnifiquement imprimé et dédié au pape, où il attaque son frère et exalte les Bourbons, mais au total froid et des plus médiocres. Plus tard il publia encore un autre poëme héroïque, *La Cyrnéide, ou la Corse sauvée* (Rome, 1819), dont le sujet est l'expulsion des Sarrasins de la Corse. A la réception d'Aignan à l'Institut, le 18 mai 1815, il vint lire une ode sur l'Odyssée, où il défendait Homère contre ses détracteurs.

A. GUY D'ACDE.

LUCIFER (du latin *lux*, lumière, et *ferre*, porter : porte-lumière, en grec φωσφόρος). C'est le nom qu'on donne à la planète *Vénus* lorsqu'elle se lève le matin avant le soleil; on l'appelle *Hesperus* comme étoile du soir. C'était dans la mythologie des Grecs un fils de Jupiter et de l'Aurore; c'est à lui et aux Heures qu'était confié le soin des chevaux et du char du Soleil.

On donne aussi le nom de *Lucifer* au prince des ténèbres. En effet, au moyen d'une interprétation allégorique donnée par les Pères de l'Église d'un chapitre d'Isaïe (9, 22) où le roi de Babylone est comparé à l'étoile du matin, on entend par là le démon.

LUCILIUS (CAIUS ENNIUS), chevalier romain, né l'an 149 avant J.-C., à Suessa, dans la Campanie, mort à Naples, vers l'an 103, était le grand-oncle de Pompée du côté maternel, l'ami intime de Lælius et de Scipion, sous les ordres de qui il fit sa première campagne contre Numance. On peut le regarder comme le créateur de la satire romaine, en ce sens que le premier il lui donna la forme, qui fut perfectionnée plus tard par Horace, Perse et Juvénal, en même temps que ses essais informes d'un Ennius et d'un Pacuvius. La meilleure édition des fragments qu'on possède des satires de Lucilius est celle qu'en a donnée Gerlach (Bâle, 1846).

On attribue à un autre *Lucilius*, qui vécut beaucoup plus tard et fut l'ami de Sénèque, un poëme didactique intitulé *Ætna*, où l'on trouve une explication des éruptions de ce volcan. D'autres lui donnent pour auteur *Cornelius Severus*, et d'autres encore *Manilius*.

LUCINE, divinité latine; elle présidait aux accouchements; son nom vient de *lux* (lumière), parce qu'elle aidait les mères à mettre leurs enfants au jour. Les Romains la créèrent à l'imitation des Égyptiens et des Grecs, chez lesquels Bubaste, parmi les premiers, et Diane-Ilithyie, ou mieux Ilithyie, parmi les seconds, remplissaient le même office. Quelquefois *lucina* n'était qu'une épithète ajoutée aux noms de déesses dont les fonctions bienveillantes étaient d'aider aux femmes en travail. On disait en ce sens *Juno Lucina, Diana Lucina*. A l'invocation des femmes en mal d'enfant, à ces cris de détresse : *Casta, fave, Lucina ! Juno Lucina, fer opem; serva me, obsecro !* (Chaste Lucine, sois-moi favorable ! Junon-Lucine, viens à mon secours; sauve-moi, je t'en supplie), l'une de ces divinités descendait aussitôt de l'Olympe. Pour attirer des destinées riantes sur son nouveau-né, la mère, un peu avant l'enfantement, couronnait sa tête de fleurs, épandait des herbes embau-

LUCINE — LUCQUE

mées, délices, sur la terre, de la déesse libératrice, qui y accourait rayonnante à ses côtés, avec les Parques, ces fées du paganisme, dotant, selon leur bon plaisir, l'enfant dans son berceau. *Genitalis*, *Natalis*, *Opigène*, étaient les surnoms que les Latins donnaient encore à Lucine; celui d'*Olympienne* lui venait d'un temple qui lui avait été consacré en Élide. La Lucine agenouillée en avait un à Tégée d'Arcadie. Dans un autre, que lui éleva la ville d'Egium, un habile statuaire messénien, Damophon, eut l'heureuse idée de représenter cette divinité secourable avec un voile diaphane qui lui descendait jusqu'aux pieds, une main étendue, l'autre tenant un flambeau. Le voile transparent est le symbole de la science et de la discrétion, la main qui s'étend celui de l'office rendu, le flambeau l'image du bel astre du our dont va jouir une nouvelle créature sur la terre. Pausanias la nomme *Lucine porte-flambeau*.

DENNE-BARON.

LUCKNER (NICOLAS, baron DE), maréchal de France, né en 1722, de parents pauvres, à Kampen, en Bavière, quitta un régiment de hussards hanovriens pour passer au service de Prusse, où par sa bravoure il eut bientôt gagné le grade de colonel. Dans la guerre de sept ans, il commandait un petit corps de partisans, à la tête duquel il fit beaucoup de mal aux Français durant la campagne de 1757, et notamment à la bataille de Rosbach. Au rétablissement de la paix, mécontent d'avoir été congédié, il accepta les offres du roi de France, et entra à son service, le 20 juin 1763, avec le grade de lieutenant général; mais il attendit inutilement pendant trente ans l'occasion de s'y distinguer. Quoique sans convictions politiques, il embrassa chaudement en 1790 les intérêts de la révolution; il en fut récompensé par la conservation de ses pensions, et il fut même promu, le 28 décembre 1791, à la dignité de maréchal de France. Après la déclaration de guerre contre l'Autriche, on lui confia, sur la recommandation du ministre de la guerre Narbonne, qui disait de lui *qu'il avait le cœur plus français que l'accent*, le commandement en chef de l'armée réunie sur la frontière du nord. Ses premières opérations furent assez heureuses. Il s'empara de Menin et de Courtray; mais après avoir été forcé d'évacuer cette ville, le 30 juin 1792, il fut appelé à partager avec La Fayette la défense de la ligne du Rhin. La Fayette lui communiqua ses plans pour la délivrance du roi. Le vieux Luckner, affaibli par l'âge et qui versait des larmes en cédant aux exigences des divers partis entre lesquels il flottait incessamment, futinvité par l'Assemblée nationale à venir à Paris lui rendre compte de sa conduite et de ses opérations à l'armée; tâche dont il ne s'acquitta qu'en compromettant beaucoup de ses collègues.

A la suite de la journée du 10 août et de la fuite de La Fayette à l'étranger, il eut ordre de remettre à Kellermann le commandement en chef du corps d'armée, fort de 20,000 hommes, avec lequel il se trouvait à Metz, et fut relégué dans un camp de seconde ligne, établi à Châlons-sur-Marne, avec mission de former un corps de réserve composé de recrues. Perpétuellement en butte à des insultes et à des calomnies de toutes espèces, il prit le parti de venir à Paris se justifier des accusations dont il était l'objet. La Convention l'accueillit assez bien, tout en décrétant qu'il ne pourrait pas sortir de Paris tant qu'elle n'aurait pas prononcé à l'égard des divers reproches et accusations élevés contre lui. Le fait est que, malgré tous ses efforts pour faire croire à son républicanisme, les jacobins se défiaient instinctivement de lui, à cause de son titre de baron allemand; et le plus grand nombre en était même venu à douter de sa capacité militaire. Toutefois, le maréchal, quoique prisonnier sur parole à Paris, eût sans doute échappé à la Terreur, dont les hommes l'oublièrent complétement pendant toute l'année 1793; mais au commencement de 1794 il s'avisa de réclamer au ministère de la guerre l'arriéré de ses pensions. C'était rappeler son existence à ses ennemis. Décrété d'arrestation, il fut traduit immédiatement devant le tribunal révolutionnaire, qui le condamna à mort avec la rapidité et la simpli-

cité de formes qui caractérisaient les procédures de cette époque, et le 4 janvier 1794 il mourait guillotiné, à l'âge de soixante-douze ans.

LUCKNOW. *Voyez* AUDH.
LUÇON. *Voyez* MANILLE.
LUÇON, ville de France, chef-lieu de canton dans le département de la Vendée, avec un collége et 4,810 habitants. C'est le siége d'un évêché suffragant de Bordeaux. Elle est située au bord des marais et sur le canal de son nom, à 15 kilomètres de la baie d'Aiguillon, qui favorise l'exportation des riches produits de la plaine. Sa cathédrale, bel édifice gothique, est surmontée d'un clocher élevé de plus de 60 mètres. Elle doit son origine à une antique abbaye, érigée en évêché en 1317, et fut à plusieurs reprises dévastée durant les guerres de religion.

LUCQUES (en italien *Lucca*), duché d'Italie, autrefois souverain et réuni depuis 1847 à la Toscane, borné par la Méditerranée et le duché de Modène, forme aujourd'hui dans le grand-duché de Toscane un *compartimento* d'environ 14 myriamètres carrés, avec une population de 205,000 âmes. Ses frontières touchent aux Apennins; le seul cours d'eau qui l'arrose est le *Serchio*, rivière non navigable, et qui n'est utilisée que pour le flottage. Le sol n'est pas, il est vrai, également fertile partout, mais il est cultivé partout avec le plus grand soin. Les principaux produits sont les fruits de toutes espèces, les olives, les châtaignes, les amandes, les oranges, les citrons et les figues; on y cultive beaucoup aussi le mûrier. Par contre, la récolte en céréales ne répond pas aux besoins de la consommation. On y fait d'ailleurs d'excellent vin, et l'huile de Lucques est la meilleure de toute l'Italie. La culture de la soie et l'élève du bétail y donnent aussi d'importants produits. On peut donc, au total, dire que c'est là un riche pays.

A l'époque où ce duché était indépendant, la constitution en était monarchique; mais aux termes de la loi organique de 1805 l'autorité du souverain était limitée par les pouvoirs d'un sénat composé de trente-six membres, exerçant la puissance législative, et qui devait être convoqué tous les ans. On y comptait encore plus de vingt couvents et une quarantaine d'écoles; mais les établissements d'éducation pour femmes y faisaient défaut. Les revenus publics s'élevaient à environ 2,775,000 fr. La liste civile était de 350,000 fr., et la dette publique de 600,000 *scudi*. La force armée consistait en 713 hommes et une garde municipale de 498 hommes; la marine se composait d'une goëlette de 12 canons et de quelques chaloupes canonnières.

Le territoire de Lucques était à l'origine une colonie des Romains, qui après la destruction du royaume des Lombards par Charlemagne, en 774, passa sous la domination franque, et qu'en 962 Othon le Grand assujettit à l'Empire d'Allemagne. Depuis cette époque il fut gouverné tour à tour par diverses familles. En 1327 Louis le Bavarois nomma duc de Lucques le brave Castruccio Castracani, qui augmenta beaucoup la puissance de cette ville. Vendu à Florence après de nombreux changements de souverains, le duché de Lucques, en 1370, obtint enfin de l'empereur Charles IV son indépendance, qu'il conserva jusqu'en 1737, malgré les quelques guerres qu'il eut à soutenir contre Florence; mais à cette époque il tomba au pouvoir des Français, qui lui imposèrent une constitution nouvelle. En 1805 il fut réuni sous le titre de principauté à Piombino, et Napoléon en fit don à son beau-frère Bacciochi; puis, en 1815, il fut occupé par les Autrichiens. Le congrès de Vienne l'adjugea alors à l'infante Marie-Louise, fille du roi d'Espagne Charles IV, et veuve de l'ex-roi d'Étrurie, ainsi qu'à ses enfants, pour en jouir en toute souveraineté jusqu'au moment où ils rentreraient en possession de Parme, donné roialement à Marie-Louise, femme de Napoléon. Dans ce cas, de même que si Marie-Louise d'Étrurie venait à s'éteindre, il était stipulé que Lucques ferait retour à la Toscane, laquelle céderait au duché de Modène certains districts de Lucques et de la Toscane; ce ne fut toutefois qu'en 1818, lorsque la réversion de Parme eut été complétement assurée à l'infante, qu'elle prit les rênes du gouvernement. Elle eut pour successeur, le 13 mars 1824, l'infant Charles, sous l'autorité duquel, de même que sous celle de sa mère, le pays jouit d'un repos non interrompu, quoique ce prince voyageât presque constamment à l'étranger. Les plaintes qui éclatèrent en 1840 au sujet du déplorable état des finances et des désordres de toutes espèces introduits dans l'administration du trésor par le ministre des finances Ward, Anglais de naissance et ancien domestique du comte de Lœwemberg, n'eurent pas d'autres suites. Mais lorsqu'en 1847 commença à se manifester l'agitation italienne, non-seulement les voix des mécontents se firent entendre de nouveau à Lucques, mais encore la surexcitation des esprits y prit bientôt le caractère le plus sérieux. Les Lucquois demandèrent une constitution, la création d'une garde nationale, la mise en liberté des détenus politiques et la liberté de la presse; toutefois, le duc refusa de leur faire la moindre concession. Aux termes d'un traité, publié le 13 janvier 1847, entre Lucques et la Toscane, l'administration des revenus de Lucques fut prise par la Toscane, qui s'engagea à payer à Lucques une indemnité de 304,000 *francesconi*; et la ligne de douanes existant entre les deux pays fut supprimée. Tandis que par un *motu proprio*, en date du 21 juillet 1847, le grand-duc de Toscane s'engageait à remplir autant que possible les vœux formulés par ses sujets, le duc Charles, dans un manifeste portant la même date, faisait une déclaration tout opposée et ordonnait d'assez nombreuses arrestations. Le mécontentement populaire qui depuis lors se manifesta hautement à diverses reprises éclata enfin le 31 août en révolte ouverte. Le 1er septembre, à la suite de cet événement, le conseil d'État envoya une députation au duc Charles, qui habitait sa résidence d'été; et en route une foule nombreuse vint grossir les rangs du cortége. Les choses en étant venues à ce point, le duc accorda toutes les réformes qui venaient d'être promises à la Toscane. Pendant que le peuple s'abandonnait à l'ivresse produite par cette bonne nouvelle, le duc s'éloignait de son duché, le 15 septembre, et se rendait avec sa famille auprès duc de Modène pour ne plus revenir jamais à Lucques. Par un acte officiel d'abdication, il renonça à l'exercice de la souveraineté, et le 11 du même mois le grand-duc de Toscane en prit possession. C'est ainsi qu'après une séparation de trente années Lucques se trouva réuni de nouveau à la Toscane. Sur ces entrefaites, le 8 décembre 1847, mourut l'archiduchesse Marie-Louise; et conformément aux stipulations ci-dessus relatées, le duc Charles II lui succéda sur le trône de Parme, dont les possessions furent immédiatement augmentées des territoires de Montignoso, de Minucciano, de Galliano et de Castiglione (11,469 hab.), dépendances du pays de Lucques, et de ceux de Lunigiana on Pontremoli, Bagnano, Filatierra, Groppoli et Lusuolo, dépendances de la Toscane, en même temps que le duché de Parme abandonnait Fivizzano à Modène.

LUCQUES, chef-lieu du duché, ville de 25,000 âmes (et de 65,000, si on comprend la population de sa banlieue ou *Campagna*), siége d'évêché, sur le Serchio, dans une plaine fertile, environnée de montagnes, à environ trois kilomètres de circuit, et est entourée de remparts qui forment une belle promenade. La plupart des rues sont étroites et tortueuses, mais bien pavées. Les maisons sont généralement assez vastes, les édifices publics et les églises ne manquent pas non plus de magnificence. La cathédrale de San-Martino est grande et antique, mais sans valeur artistique. Le palais, qui jusque dans ces derniers temps servait de résidence au souverain, ne vaut pas la peine d'être visité; en revanche, le château de plaisance *villa di Martia* est un magnifique édifice. L'université, qui n'a jamais fait beaucoup parler d'elle, a été enrichie d'un observatoire et possède une riche bibliothèque. L'*Accademia degli Oscuri*, fondée en 1584, fut réorganisée en 1805, par le prince Bacciocchi, sous la dénomination d'*Accademia Lucchese di Scienze, Lettere ed Arti*. Un bel aqueduc, commencé par la princesse Bacciocchi, a été continué plus tard. La ville possède des manufactures de soieries, de lainages, de cotonnades et de draps, et fait un grand commerce en soie grége et en huile. Parmi les antiquités de *Lucca*, ville d'abord ligurienne, et qui ne passa sous la domination romaine qu'à l'époque de la seconde guerre punique, on remarque surtout les ruines d'un vaste amphithéâtre de fort bon style et de cinquante-quatre arcades à chaque étage. C'est du port appelé *Viareggio* que s'expédient par mer le plus grand nombre de blocs de marbre de Carrare. Aux environs de Lucques on trouve une foule de villas magnifiques, et à une distance de deux à trois myriamètres les célèbres sources thermales et minérales de Lucques, qui attirent chaque année tant de baigneurs. Elles sont au nombre de dix, dont la chaleur varie entre 35° et 40° Réaumur. La source principale est celle de *Ponte-Seraglio*, qui alimente aussi, entre autres, l'élégant établissement désigné sous le nom de *Bagno alla Villa*.

LUCRE. C'est le profit que l'on retire des professions qui ont pour objet l'intérêt, et non l'honneur. Le mot de *lucre* emporte avec lui une idée désavantageuse, celle d'un *gain* excessif ou acquis trop facilement, aux dépens de la conscience. C'est le nom dont se servent les poëtes pour flétrir les profits déshonnêtes.

LUCRÈCE, fille de Spurius Lucretius Tricipitinus, illustre Romain, et femme de Tarquin Collatin, inspira par sa beauté une passion criminelle à Sextus Tarquin, fils de Tarquin le Superbe, qui mit vainement en usage toutes espèces de moyens pour s'en faire aimer. Enfin, résolu d'obtenir par la crainte ou la force ce que ne pouvait lui donner la séduction, il s'introduisit de nuit près d'elle, pendant l'absence de son époux, et lui déclara non-seulement qu'il l'égorgerait si elle ne consentait pas à ses désirs, mais que, pour lui faire perdre la réputation avec la vie, il tuerait ensuite un de ses esclaves, qu'il placerait à côté d'elle dans son lit. La constance de Lucrèce ne put résister à la crainte de l'infamie. Le jeune prince, ayant assouvi sa passion, revint chez lui comme en triomphe. Le lendemain, Lucrèce envoya prier son père et son époux de la venir trouver sur l'heure, accompagnés chacun d'un ami fidèle : les accoururent suivis de P. Valerius et de Brutus. En les voyant entrer, elle fondit en larmes, leur raconta son malheur, et, après les avoir suppliés de tirer vengeance de l'attentat, elle se plongea un poignard dans le sein. Aussitôt, Brutus et ses amis jurent de la venger en exterminant les tyrans. Ils exposent le corps de Lucrèce à la vue du sénat. Les Romains, déjà las du despotisme des Tarquins, les bannissent à perpétuité, et substituent la république à la monarchie, l'an de Rome 245 (509 avant J.-C.). Arnault, en 1792, et M. Ponsard, en 1843, ont mis en scène le malheur de Lucrèce.

LUCRÈCE (TITUS LUCRETIUS CARUS). Il est des époques où l'esprit humain, lassé des entraves qu'il supporta longtemps, les brise enfin, et se cherche bientôt à remplir le vide de ses illusions détruites. Les masses, entraînées par une ardente réaction, s'étonnent d'errer sans frein, et, presque effrayées d'être libres, sont en invoquant la vérité, se précipitent vers des erreurs nouvelles. Quelquefois, au milieu de la tourmente, un homme se lève : de son regard dominateur il aperçoit le but, il l'indique, il y marche, et sent il fend, sans dévier, les flots de la multitude étonnée, qui le regarde passer et roule en sens contraire. Mais si ces géants de la pensée n'ont pas été universellement compris, ils ont laissé au monde le flambeau de leur génie pour éclairer la route de la vérité. A cette puissance de raison Lucrèce joignit la puissance du talent : les vérités aperçues par les philosophes ses prédécesseurs reçurent de lui une empreinte immortelle. Il ne nous resterait aujourd'hui d'Épicure, de Zénon, d'Anaxagore, d'Empédocle, que leurs grands noms, si le poëme de Lucrèce n'avait rendu la vie à leurs œuvres; la poésie est la sauve-garde des trésors du génie. A l'époque où brilla le poëte philosophe, la mythologie avait perdu son pouvoir réel ; elle subissait le sort de toutes les œuvres humaines. Les oracles étaient muets, les prêtres étaient forcés de vivre de leurs pieux subterfuges. Les dieux n'étaient plus pour l'élite des peuples que les emblèmes des diverses puissances de la nature : voilà les divinités que Lucrèce frappa avec la foudre du génie ; mais en leur ravissant l'empire, en démasquant les idoles, il se prosterna devant la véritable piété. Adversaire intrépide du hasard et de la fatalité, il ne reconnut de Providence que dans l'ordre infini de la nature ; il la vit dans la nécessité des effets de chaque cause, dans leur invariable enchaînement, et sur cette base éternelle il fonda les principes d'une morale immuable, nécessairement liée aux actions de l'homme. Lucrèce s'attache à prouver qu'on ne peut être heureux sans modération et sans vertu, que le bonheur n'est que le fruit d'une sage conduite, que le mal conduit au mal et punit son auteur, que l'homme doit respecter l'homme, que toute tyrannie est un crime. Ces maximes, exprimées avec l'accent du génie, retentirent dans le monde entier, devenu l'admirateur de Lucrèce. Quand le poëte parut, la liberté fougueuse, la plus redoutable des tyrannies, dégradait les Romains. Les factieux foulaient aux pieds toutes les lois. Bientôt le génie de César invoqua le principe monarchique, et Rome respira sous l'unité du pouvoir suprême. Lucrèce mourut, et sa renommée grandit sans cesse. Octave alors accoutumait le peuple-roi à fléchir les genoux devant lui ; il aimait et cultivait les lettres, mais la fière indépendance de Lucrèce déplut au chef rusé qui dans les sanglants débris des factions recueillait l'héritage de César. Aussi les poëtes adulateurs de sa fortune, chargés de distraire les Romains par leurs chants et de les apprivoiser au joug, ne proclamèrent jamais le nom de Lucrèce, jamais ils n'adressèrent le moindre éloge au grand poëte dont ils empruntèrent tant de fois les images, les pensées et les vers ; Ovide seul osa, un peu plus tard, lui manifester une admiration prophétique :

Carmina sublimia tunc sunt peritura Lucreti
Exitio terras quum dabit una dies.

Le silence des écrivains du siècle d'Auguste a privé la postérité de faits précis sur la personne de Lucrèce. On ne connaît avec certitude que l'époque de sa naissance et l'époque de sa mort, qui arriva le jour même où Virgile prenait la robe virile. Lucrèce naquit à la fin de la 171e olympiade, environ cent-cinquante ans après la mort d'Ennius ; il fut le contemporain, l'ami de Catulle, d'Atticus, de Cassius, de Brutus, de Cicéron et de Memmius, à qui il dédia son poëme. L'histoire, d'ailleurs, n'a pu nous transmettre aucun autre détail sur sa vie, puisqu'il ne prit aucune part aux affaires publiques, où cependant l'appelait sa naissance, car on le croit de la famille de Spurius Lucretius, père de la fameuse Lucrèce, immortalisée par son pudique suicide ; on le croit aussi beau-frère de Cassius, dont il était l'ami, et qui mérita le titre glorieux de *dernier des Romains*. Lucrèce, comme tous les jeunes patriciens destinés à s'instruire, voyagea dans la Grèce à l'époque où s'y trouvait le grammairien Nicétas ; il put suivre à Athènes les leçons de Zénon, dont l'école était alors florissante. Ce fut là sans doute qu'il s'inspira du génie d'Épicure, adopta son système, et conçut le dessein de le transmettre à sa patrie dans le langage des Muses. Aucune intolérance religieuse ne troubla son triomphe ; Rome conservait du moins la liberté de penser. Cependant, au milieu de sa glorieuse carrière, à l'âge de quarante-quatre ans, il se donna la mort. On prétend qu'il voulut ainsi se soustraire aux douleurs causées par un philtre que Lucilia, sa femme, lui donna dans l'espoir de ranimer en lui un amour languissant. Ceci ressemble à une fable ; mais le suicide du poëte, qui ne peut être révoqué en doute, ouvrit le vaste champ des conjectures ; la plus absurde fut de le supposer atteint de folie : on alla jusqu'à prétendre qu'il composa son poëme dans les repos lucides que lui laissait une démence furieuse. Il est bon de remarquer que cette étrange assertion ne fut répandue que dans les premiers siècles chrétiens, à l'époque où l'ancien et le nouveau culte, se faisant de mutuelles concessions, s'alliaient et se confondaient dans un même but. On allégua l'autorité de Stace, qui a dit : *Docti furor arduus Lucreti*. Comme s'il était possible d'interpréter le *furor arduus* autrement que par la véhémence audacieuse du poëte, qui élevait ses coups jusqu'au puissant Olympe. Comment put-on imaginer que l'œuvre poétique dont l'enchaînement de toutes ses parties, l'élévation du sujet, exigent le développement perpétuel et progressif des plus puissantes facultés de la pensée, fût enfantée entre les accès de la folie ? La folie peut devenir l'éclipse du génie expirant sous ses propres efforts, elle n'est jamais l'intervalle de ses prodiges.

Après tout, la colère des religieux ennemis de cet Hercule de la pensée est-elle juste ? Lucrèce, en dotant le monde de son chef-d'œuvre philosophique, a-t-il véritablement coopéré au renversement des dieux de la fable ? Leur règne était déjà passé : ces dieux touchaient à cette période où l'on ne pouvait ni hâter ni prévenir leur chute. Seulement Lucrèce exprimait en poëte la pensée de l'élite de ses contemporains ; mais en même temps il leur présentait une morale plus divine que les divinités de l'Olympe : César, en plein sénat, avait nié les dieux et l'immortalité de l'âme ; Cicéron examinait en sceptique la nature des dieux, et se moquait de leurs prêtres. Les écrivains, les orateurs, proclamaient hautement et sans périls la même incrédulité. Un peu plus tard, Auguste se crut intéressé à propager les croyances religieuses ; mais son absolutisme ne put rendre à leur culte que la pompe, et non le pouvoir, puisque Sénèque le tragique faisait applaudir sur la scène ces passages de sa *Troade* :

Est-il vrai ? n'est-ce point une fatale erreur
Pour asservir le faible au joug de la terreur ?
Ah ! quand dans le tombeau la mort me fait descendre
Un esprit fugitif survit-il à ma cendre ?
. . . .
Où gisons-nous, dis-moi, dans ce nouveau séjour ?
Où gisent les mortels qui doivent naître un jour ?
Le temps nous engloutit, le néant nous réclame,
La mort, du même coup, frappe le corps et l'âme.
Les monstres du Tartare, et ses hideux fléaux,
Et le triple gardien des gouffres infernaux,
Et leur roi ténébreux, ne sont que de vains songes,
Ou du fourbe ou du sot méprisables mensonges.

Lucrèce ne détruisit donc point une religion déjà renversée, et dont le maître de l'empire n'avait pu relever que le fantôme. Mais il rendit le fanatisme odieux, signala les abus d'une aveugle crédulité, et propagea des principes de justice, de morale, d'ordre universel, d'autant plus durables qu'il les déduisait de la marche invariable des choses, des rapports nécessaires des individus soumis à des devoirs mutuels. Il s'empara des esprits par le charme de la poésie, il les disposa à concevoir, en l'absence des croyances religieuses, qu'un pouvoir unique, invariable, infini, régissait l'univers. Les esprits élevés ne séparèrent pas ce pouvoir de la nature, de peur de les affaiblir ou les divisant ; on les vit donc, réunis, occuper le trône où bientôt devait monter une nouvelle divinité ; elle s'annonça comme la faible aurore d'un jour douteux : presque inaperçue, elle éleva lentement ses autels parmi les ruines de l'antique civilisation ; le monde changeait de face ; le nombre, trop immense, des opprimés pesant sur les oppresseurs rompait l'équilibre de l'ordre social ; les fondements abandonnaient l'édifice. Les masses luttaient incertaines entre le passé et le présent ; le nouveau culte les rallia, leur devint sympathique et les appela à son aide ; l'aristocratie céleste fut sagement remplacée par la plus parfaite égalité ; la divinité se fit peuple. Le culte, dans ses autels abaissements, descendu jusqu'à la folie de la croix (*stultitia crucis*, a dit un père de l'Église), s'enracina profondément dans la plèbe, et, de sa mystérieuse humilité se relevant radieux, marcha sur la tête des rois. Ce culte, après un règne de seize siècles dans des empires en décadence, sur des peuples incultes, tantôt esclaves, tantôt victorieux, et toujours fanatiques, ce culte, après avoir servi de prétexte aux oppresseurs et de consolation aux victimes, prêché la concorde et versé des flots de sang, vieillit, se modifia avec les mœurs, s'affaiblit par ses controverses, subit des réformes; en lui imposant des sacrifices, la philosophie respecta sa morale ; mais pour combattre des abus qui semblaient en ternir la pureté, on emprunta à Lucrèce les armes dont il avait frappé les croyances mythologiques, à l'époque où elles cessaient d'être en harmonie avec la haute civilisation.

Lucrèce reçut donc sa part de la haine de ces hommes routiniers qui refusent opiniâtrément les concessions exigées par le temps. On le réprouva comme un complice de la philosophie du dix-huitième siècle, et dans une proscription en masse il fut enveloppé avec les encyclopédistes et l'auteur du *Dictionnaire philosophique*. On ne lui tint compte ni de son antériorité sur le culte moderne, ni de la différence des systèmes religieux de son époque et de la nôtre. En vain prêche-t-il la morale la plus pure, en vain excite-t-il à la haine du vice, à l'amour de la vertu ; son sublime ouvrage fut impitoyablement écarté de l'instruction publique ; on priva la jeunesse d'une étude indispensable à la parfaite intelligence de la langue et de la poésie latine. Quel est donc son crime ? en quoi est-il plus dangereux que les poètes ses contemporains ? Il représente les dieux sommeillant enivrés de nectar et de voluptés ; mais Ovide les peint effrénés dans leurs impurs désirs, et tout souillés de vices. Lucrèce affirme que la nature doit être affranchie de leur tutelle aveugle, et qu'il existe pour elle un autre maître. Lucrèce compose l'âme de diverses parties élémentaires, qu'il suppose destructibles, il est vrai, dans leur union, quoique éternelles dans leurs éléments constitutifs; mais tous les anciens ont varié sur le système de ce principe de vie, et n'en ont jamais déterminé avec précision la nature : aucune de leurs opinions n'est conforme aux croyances modernes. Quant à la théorie de Lucrèce sur le phénomène de la reproduction des êtres, qu'on lui a si vivement reprochée comme un outrage à la pudeur, on n'y peut trouver qu'un élégant et ingénieux traité de physiologie. Le poète, toujours moraliste en explorant les sources du plaisir, signale leurs dangers et met en garde contre leurs abus. Les poètes anciens et modernes sont très-souvent loin de cette réserve. Si l'on admire avec raison le tableau charmant des deux premières créatures auteurs de la race humaine, si l'Écriture Sainte et un poète divin les ont offerts avec tant de charmes, peut-on ne point leur opposer les scènes des races primitives que Lucrèce trace d'un pinceau si hardi et si vrai ? Le poète ne semble-t-il pas avoir reçu les confidences de la nature et assisté à l'accomplissement de ses œuvres ? Si dans la théorie des sciences physiques de son époque, il se trompe sur les moyens, il ne se trompe point sur les faits : il les constate, et son génie, qui semble le précurseur de tant de découvertes récentes, devine les grands secrets du monde.

On peut analyser son vaste système en peu de mots. L'erreur est dangereuse, quels que soient son but et sa forme; l'homme ne doit pas croire sans l'évidence des sens ; rien ne se fait de rien ; il est impossible que le plus faible atome s'anéantisse : il n'est point de hasard ; le destin, c'est la nécessité. Le temps et l'espace sont infinis.

La nature est sans borne, et son empire immense
Nulle part ne finit, nulle part ne commence.

Si l'on supposait un lieu marqué pour sa limite, là faites voler un trait :

Qu'il s'arrête à l'obstacle ou glisse dans les airs,
Le trait n'a point touché le bout de l'univers :
Mais laissons-le voler dans ces plaines profondes,
Où des mondes sans fin s'entassent sur des mondes :
Un obstacle est offert, l'obstacle est écarté,
Et l'espace recule avec l'éternité.

Ces idées justes et sublimes ont été adoptées, répétées par de grands écrivains modernes; mais Pascal, et Locke, et Descartes n'ont eu quela gloire de les remettre en circulation. Lucrèce affirme que tout ce qui est doué de forme a nécessairement commencé, et périra : tel sera le sort de notre globe ; le globe n'est pas vieux, témoin les fastes historiques, qui remontent à peine à quelques siècles ; des races d'animaux ont précédé celles qui existent, celles-ci disparaîtront à leur tour; les espèces et les hommes, et la terre elle-même, périront. Les dieux dorment indifférents au sort des êtres, étrangers aux actes de la nature. La variété, la puissance productive, le mouvement, étant inhérents à l'ensemble des choses, au grand tout, il n'a pas besoin de régulateur qui arrange, maintienne et prévoie; tout est nécessaire. Il n'y a point de cause finale, puisqu'il ne peut y avoir ni but ni intention dans les moyens : c'est parce que la jambe marche, c'est parce que l'œil voit, qu'on s'imagine qu'ils ont été formés pour voir et pour marcher. S'ils ne remplissaient pas ces fonctions, ils se modifieraient, et en rempliraient d'autres. Le globe n'a reçu que les conditions indispensables à son existence ; il n'y a ordre et désordre que pour les individus, selon qu'ils se trouvent jouir ou souffrir. Il n'y a sans doute aucune intelligence bienfaisante qui gouverne notre globe, car le mal y abonde, et son ensemble est défectueux, sa marche remplie de contradictions ; à moins qu'il n'existe une certaine puissance impénétrable (*vis abdita quædam*) qui dérobe à tous les regards les mystérieux desseins de sa sagesse. Mais le désordre, pour l'être intelligent, c'est le mal qu'il fait endurer à ses semblables; l'ordre, c'est la modération, la sagesse et la pratique des vertus. Le principe des choses, les moyens, l'action, le but, le pouvoir divin, sont inhérents à la nature. Il est impie, il est absurde de les diviser.

Tels sont les points principaux du système de Lucrèce ; si parfois il unit à l'exactitude de la vérité les rêves ingénieux de la poésie; si parfois, trop absolu dans certaines définitions, il substitue l'hypothèse à l'expérience; en un mot, si le philosophe se trompe, le poète philosophe reste toujours infaillible : nul n'a élevé et ne soutint si haut le vol de la pensée. Le temps, l'espace, la nature, rien ne lui fait obstacle ; son regard embrasse l'infini, et il faut avouer que la nature ne parut jamais plus sublime qu'aperçue avec les yeux de Lucrèce. Que le voile du préjugé étendit longtemps sur les beautés du poète se soulève maintenant. D'autres poètes viendront peindre les mœurs, saisir les nuances modifiées par la marche sociale; ils paraîtront plus vrais que leurs devanciers en créant des formes plus assorties aux goûts de leur siècle ; à leur tour, ils seront effacés par leurs successeurs. Lucrèce, immuable dans son élévation, paraîtra toujours nouveau, comme la nature, dont il est l'interprète.   De Pongerville, de l'Académie Française.

LUCRÈCE BORGIA. *Voyez* Borgia (Lucrèce).

LUCULLUS (Lucius-Licinius) naquit vers l'an 115 avant J.-C. De bonne heure il étudia les langues, la philosophie, les lettres et l'art oratoire. Un trait de piété filiale signala sa jeunesse : il fit réhabiliter l'honneur de son père, condamné pour ses concussions. Sylla, sous lequel il fit ses premières armes, le chargea, pendant qu'il assiégeait Athènes (l'an 87 avant J.-C.), d'aller chez les rois et les peuples alliés de Rome demander des vaisseaux et de rassembler une flotte. Ptolémée Latyre le reçut avec les plus grands honneurs, mais sans lui accorder aucun secours. Cependant, il put rassembler un grand nombre de vaisseaux, que lui fournirent les villes maritimes, et battit d'abord la flotte de Mithridate près de Lectum, promontoire de la Troade, et celle de Néoptolème, son lieutenant, dans la rade de Ténédos. Il fut ensuite chargé du soin de lever la taxe de 20,000 talents que Sylla avait imposée à l'Asie, et dans cet emploi il sut se montrer doux et humain.

De retour à Rome, il fut nommé consul, et ayant obtenu le gouvernement de la Cilicie, il partit pour conduire la guerre contre Mithridate. Il usa d'abord de temporisation, et laissa la famine consumer le camp ennemi ; puis à la tête de deux légions il mit en pleine déroute un corps d'armée

LUCULLUS — LUDLOW

qui opérait sa retraite sur la Bithynie. Enfin, il atteignit près du Granique le gros des troupes de Mithridate, qui venaient de lever le siége de Cyzique, et remporta sur elles une victoire éclatante. Il détruisit ensuite successivement dans les parages de Ténédos et de Lemnos deux flottes du roi de Pont, qui se préparaient à faire une diversion sur l'Italie.

La Bithynie étant évacuée, Lucullus porta la guerre au cœur des États de Mithridate, qui battu dans deux rencontres se retira auprès de Tigrane, son gendre, roi d'Arménie (71 avant J.-C.). La victoire des Romains fut complète : toutes les richesses de l'armée ennemie tombèrent entre leurs mains, et le royaume de Pont se soumit à leur domination. Lucullus, retournant sur ses pas, s'empara alors d'Amisus et d'Eupatoria, deux places fortes qui résistaient encore. Il traita la première de ces villes, qui avait été réduite en cendres, avec la plus grande douceur, et s'appliqua à rétablir par de sages règlements le bon ordre et la tranquillité dans l'Asie.

On le voit ensuite partir, à la tête de 12,000 hommes, pour aller attaquer Tigrane dans ses États. Après avoir passé l'Euphrate et le Tigre, il marcha sur Tigranocerte. Au premier engagement les troupes arméniennes furent taillées en pièces. Tigrane, effrayé, abandonna sa capitale, et se retira vers le mont Taurus, pour assembler toutes les forces dont il pouvait disposer. Lucullus mit alors le siége devant Tigranocerte. Tigrane s'avança pour la défendre avec 200,000 hommes d'infanterie et 60,000 hommes de cavalerie. Le général romain, partageant son armée, laissa Murena devant Tigranocerte avec 6,000 hommes de pied, et prenant avec lui le reste de l'infanterie, qui ne se montait guère à plus de 10,000 hommes, toute sa cavalerie, et ses gens de trait au nombre d'environ 1,000 hommes, il attaqua vivement l'ennemi, qui ne put supporter ce choc. La cavalerie bardée de fer se débanda, et mit le désordre dans le reste de l'armée, qui prit la fuite avec Tigrane. La conséquence de cette victoire fut la prise et le pillage de Tigranocerte, où, entre autres richesses, se trouvaient 8,000 talents d'argent et d'or monnayé (69 avant J.-C.).

L'année suivante, les troupes de Tigrane et de Mithridate réunies, évitant une action générale, incommodaient beaucoup les Romains, en les harcelant sans cesse par des combats partiels. Lucullus eut recours au même moyen qu'il avait déjà employé pour forcer Tigrane à une action générale : il repassa l'Euphrate et marcha devant Artaxate, l'une de ses villes royales, qui renfermait ses femmes et ses enfants. Celui-ci, se portant aussitôt à la rencontre du consul, vint camper sur les bords de l'Arsanias ; on en vint aux mains, et l'infanterie romaine eut bientôt décidé de la victoire. Lucullus voulait achever la conquête des vastes États du roi d'Arménie ; mais l'hiver l'en empêcha. Forcé de céder aux volontés séditieuses de ses soldats révoltés, il repassa le Taurus, et se dirigea sur la Mésopotamie, où il établit ses quartiers d'hiver. Dès ce moment ses affaires changèrent de face ; ses soldats, aigris par son caractère fier et inexorable, refusèrent de marcher sous lui. Profitant de son inaction forcée, Tigrane rentra dans l'Arménie, et Mithridate parvint à reconquérir une partie de ses États.

Accusé à Rome d'une avidité insatiable de commander et de s'enrichir, Lucullus reçut pour successeurs Marcius Rex et M. Acilius Glabrio, qui furent bientôt remplacés eux-mêmes par Pompée. De retour en Italie, il fut en butte aux cabales d'un tribun du peuple, qui retarda son triomphe pendant trois ans. Lorsque enfin cette cérémonie eut lieu, le vainqueur de Mithridate et de Tigrane étala les trésors immenses qu'il avait apportés d'Asie, et donna au peuple des festins magnifiques. Rentré dans la vie privée, il employa ses richesses à faire construire de superbes édifices, des jardins délicieux ; à recueillir de toutes parts, et à grands frais, des tableaux, des statues, et des livres que sa libéralité mettait à la disposition de chacun. Ami des lettres, il accordait une noble hospitalité à tous les Grecs qui se trouvaient à Rome. Tout le monde connaît son luxe, son intempérance, ses profusions. Cicéron et Pompée lui ayant demandé à souper, il s'en défendit d'abord, et les pria de renvoyer son invitation à un autre jour, afin d'avoir le temps de se préparer à les recevoir. Ils insistèrent, arrivèrent sur-le-champ chez lui, et ne le quittèrent plus, afin qu'il ne pût donner aucun ordre à ses esclaves. Seulement, avec l'autorisation de ses convives et en leur présence, il dit à son maître d'hôtel qu'il voulait souper dans la salle d'Apollon, et par là trompa leur vigilance, car chaque salle chez lui avait sa dépense marquée. La dépense pour un repas dans la salle d'Apollon était de 50,000 sesterces, ou 25,000 francs. Pompée et Cicéron furent émerveillés de la magnificence du service et de la promptitude de l'apprêt. Sur la fin de ses jours, il tomba en démence, soit par maladie, soit par l'effet de quelque breuvage qu'un de ses affranchis lui avait donné : il fallut que Marcus Lucullus, son frère, devînt son curateur et se chargeât de l'administration de ses biens et de sa personne. Il mourut l'an 57 environ avant J.-C. C'est à lui que l'Europe est redevable du cerisier.
Édouard Dulaurier.

LUCUMONS, dénomination générique des nobles et des grands personnages en Étrurie, parmi lesquels, après l'abolition de la royauté, l'usage s'établit dans les douze républiques ou villes confédérées, de choisir les magistrats annuels, qu'entourait une grande pompe de costume et d'insignes, qui marchaient escortés de douze licteurs et qui remplissaient en même temps les fonctions sacerdotales.

LUDEN (Henri), célèbre historien allemand, mort le 23 mai 1847, professeur d'histoire à l'université d'Iéna, était né en 1780, près de Brême. Appelé en 1806 comme professeur suppléant de philosophie à Iéna, il s'y occupa plus particulièrement de l'enseignement de l'histoire, dont il obtint la chaire en 1810. Ses leçons ont contribué puissamment à exciter parmi la jeunesse allemande le goût des études historiques et politiques, et ses ouvrages l'ont placé au premier rang parmi les historiens et les écrivains politiques de notre époque. Nous citerons plus particulièrement ici ses *Réflexions sur la Confédération du Rhin* (1808), la première protestation vigoureuse qu'on eût encore essayé de faire contre la nouvelle organisation de l'Allemagne ; son *Histoire universelle des Peuples et des États de l'antiquité* (1814) ; son *Histoire universelle des Peuples et des États du moyen âge* (1821) ; enfin, son *Histoire du Peuple allemand* (12 vol., 1827-37), ouvrage demeuré inachevé, et qui s'arrête à l'année 1237, considéré par les uns comme un véritable monument national, et vivement critiqué par d'autres dans ses détails.

LUDLOW (Edmond), l'un des chefs les plus distingués du parti républicain à l'époque des guerres civiles d'Angleterre, naquit en 1620, à Maiden-Bradley, dans le comté de Wilts, et après des études préparatoires faites à Oxford, se consacra à la jurisprudence. Il servait avec distinction dans l'armée parlementaire quand la disposition législative qui interdisait aux membres du parlement d'occuper des emplois militaires le contraignit à donner sa démission pour rester à Westminster, où il continua à représenter le comté de Wilts. Les projets ambitieux de Cromwell, devenus désormais manifestes, trouvèrent en lui un adversaire décidé. Dans l'intention d'établir une république, il se rendait à l'armée qui marchait contre le parlement, lorsque celle-ci déclara que les concessions du roi étaient une base acceptable pour une réconciliation. Ludlow fut un des juges de Charles Ier. Pour le tenir à distance, Cromwell le nomma commandant de la cavalerie en Irlande, où il se distingua par sa bravoure et son habileté. Quand Cromwell se fit nommer protecteur, Ludlow usa de toute son influence sur l'armée pour la soulever contre lui ; mais il ne tarda pas à être rappelé et arrêté. Quoiqu'il refusât de prendre l'engagement de rien entreprendre contre le gouvernement établi, il obtint la permission de venir à Londres, où dans un entretien avec Cromwell il exprima franchement ses opinions républicaines. Ayant persisté dans son refus de donner caution de sa soumission, on lui assigna pour résidence la ville d'Essex, où il resta jusqu'à la mort du protecteur. Quand Richard Cromwell fut appelé à exercer le pouvoir suprême, Ludlow alla trouver les chefs de l'armée, et contribua activement à faire rétablir le *long parlement*, dans lequel il reprit son siége. Cependant la restauration arrivait à grands pas. Quand Ludlow reconnut l'impossibilité de lutter davantage contre le mouvement, il se retira à Genève et plus tard, avec d'autres réfugiés, à Lausanne, où un républicain fut assassiné à quelque temps de là par un Anglais royaliste fanatique. Des tentatives analogues eurent lieu contre sa personne, mais il y échappa par sa prudence et aussi grâce à la vigilante protection des magistrats. Après la révolution de 1688, il fit un voyage en Angleterre; mais son séjour n'y fut que de courte durée : il revint bien vite en Suisse, par suite d'une motion présentée au parlement par les meneurs du parti tory à l'effet de provoquer son arrestation. Il mourut à Vevay, en 1693. C'était un des caractères les plus purs et les plus honorables du parti républicain; il n'avait ni fanatisme ni hypocrisie. Ses *Mémoires*, rédigés d'un style extrêmement nerveux, contiennent de précieux renseignements sur l'histoire de son temps; ils furent traduits en français dès 1699, et ont été compris par M. Guizot dans sa *Collection de Mémoires relatifs à la révolution d'Angleterre*.

LUDWIGSBURG, dans le cercle du Neckar, la seconde résidence du roi de Wurtemberg et la plus belle ville de ce pays, fut fondée en 1700, par le duc Eberhard-Louis, d'après un plan grandiose et avec de larges rues bien régulières. On y compte quatre églises, sept places publiques, huit portes et un palais magnifique avec un parc ravissant. La population ne dépasse d'ailleurs pas 7,000 âmes. On y trouve un arsenal, une fonderie de canons et une école militaire. C'est aux environs de Ludwigsburg que sont situés les châteaux de plaisance *Monrepos*, bâti sur les bords d'un lac artificiel; *Favorite* et *Salon*, tous deux entourés de beaux parcs, et enfin *Solitude*.

LUETTE. On désigne ainsi un appendice conoïde, libre et flottant, situé à la partie moyenne du bord inférieur du voile du palais. La forme de la luette se rapproche assez de celle d'un grain de raisin, et c'est même à cause de cette ressemblance qu'elle a reçu les noms latins de *uva* ou *uvula*. La longueur et la largeur de ce prolongement palatin varient selon les individus; sa structure est peu compliquée, car il est entièrement charnu, et formé par les deux muscles *palato-staphylins*, qui sont tantôt distincts, tantôt complétement confondus en un seul, et recouverts par la membrane muqueuse, qui tapisse la cavité buccale et pharyngienne. La luette, qui renferme de toutes parts un grand nombre de glandules muqueuses, peut ne pas exister; quelquefois elle est très-courte; plus rarement, elle est bifurquée, et sa division peut se prolonger dans toute la hauteur du voile du palais. Cette division de la luette, qui rend toujours difficile la déglutition des aliments, a aussi l'inconvénient de s'opposer à la formation des sons du *fausset* et à l'articulation des mots, qui alors est sourde, nasillonnée, désagréable, et souvent inintelligible.

Lorsque la sensibilité de la luette est mise en jeu par une irritation un peu vive, il se manifeste des nausées, et même des vomissements, déterminés par l'étroite sympathie qui existe entre cet appendice et l'estomac. La luette est sujette à plusieurs maladies, et souvent elle acquiert un développement qui double ou triple son volume et sa longueur ordinaires. Lorsque les inflammations de la luette se renouvellent fréquemment, l'organe conserve un volume considérable, qui dépend d'une hypertrophie des glandules muqueuses, ou quelquefois d'une sorte d'œdème sous-muqueux. Quand il en est ainsi, on éprouve une gêne continuelle dans la gorge; la voix n'est plus ou moins altérée; la langue est toujours péniblement titillée à sa base, d'où il résulte des mouvements continuels et involontaires de déglutition. Pour combattre cette affection uvulaire, on a recours d'abord à des gargarismes styptiques et astringents, puis à des cautérisations légères, mais fréquentes, et pratiquées au moyen d'une solution concentrée de nitrate d'argent. Lorsque la providence de la luette, qui peut causer une aphonie complète, et même la phthisie laryngée, résiste aux moyens que nous venons d'indiquer, on procède à une opération qui consiste dans l'excision de la partie exubérante. De cette opération peu douloureuse, et presque nullement sanglante, résulte une petite plaie qui est promptement cicatrisée. Ce moyen extrême est toujours le plus sûr et le plus efficace pour obtenir une guérison radicale de l'affection.

Le nom de *luette vésicale* a été donné à un petit tubercule situé à la partie intérieure du col de la vessie, correspondant à l'angle antérieur du trigone vésical. Ce tubercule est souvent peu développé, mais quelquefois il présente un volume assez considérable. Dr COLOMBAT (de l'Isère).

LUEUR, lumière affaiblie, clarté terne et fugitive : La *lueur* sinistre de la foudre et des éclairs, la *lueur* pâle et tremblante du crépuscule, d'une veilleuse, la *lueur* trompeuse d'un feu follet, la *lueur* homicide des armes. Ce mot s'emploie aussi au figuré, et signifie rayon, apparence : Au milieu de ce fatras indigeste de phrases compilées et décousues, on entrevoit bien parfois une *lueur* de raison, mais jamais une *lueur* d'esprit. Tant qu'il reste une *lueur* d'espérance, on chemine courageusement dans la vie.

LUGANO, ville de Suisse, l'une des trois capitales du canton du Tessin, sur la rive nord du lac de Lugano, à 18 kilomètres sud-est de Locarno, et 24 kilomètres sud de Bellinzona. Population, 4,000 âmes. Ses environs produisent du vin, des fruits, de la soie et du tabac. Grand commerce de transit par le Saint-Gothard.

LUGANO (Lac de), situé à 294 mètres au-dessus du niveau de la mer, dans le canton suisse du Tessin, sur les frontières de la Lombardie, tire son nom de l'industrieuse petite ville de Lugano, qui l'avoisine. Il a environ 2 myriamètres de long sur 4 kilomètres de large, et abonde en poissons, notamment en truites. Tout à l'entour s'élèvent abruptement des rochers qui lui donnent l'aspect le plus romantique, en même temps que les nombreuses baies formées par leurs échancrures offrent les points de vue les plus accidentés et les plus pittoresques.

LUGANSKI, écrivain populaire russe. *Voyez* DAHL.

LUINI ou **LUVINO** (BERNARDINO), le plus grand peintre de l'école milanaise, naquit vraisemblablement dans le bourg du même nom, situé sur le lac du Majeur, dans la seconde moitié du quinzième siècle. Tout ce qu'on sait de lui, c'est que la plupart de ses ouvrages furent exécutés entre les années 1500 et 1530, et que, suivant toute apparence, il n'alla jamais à Rome. Au style docile et tendre de l'ancienne école milanaise s'associe chez lui l'influence exercée par Léonard de Vinci, dont il fut le plus remarquable élève. Ce n'est que des derniers temps qu'on a su rendre complète justice à son mérite; et aujourd'hui son nom est placé à bon droit sur la même ligne que celui des premiers maîtres des autres écoles, car il réunit dans ses compositions la naïveté la plus délicate avec la beauté la plus élevée. Son coloris est riche et chaud, même dans ses fresques; sa composition et son dessin sont irréprochables, son expression souvent ravissante et gracieuse. C'était l'un des peintres les plus laborieux de son époque. Au nombre de ses premiers ouvrages figurent beaucoup de fresques exécutées à Saronno dans le Milanais et quelques toiles dans la Brera de Milan. Ses deux chefs-d'œuvre sont un *Saint Jean enfant jouant avec l'agneau*, dans l'Ambrosia, à Milan, et une *Hérodiade*, dans la Tribuna, à Florence. Ses fresques se trouvent presque toutes à Milan et dans les environs. Ses principaux tableaux sont une *Flagellation du Christ*, à San-Giorgio; un *Couronnement d'épines*, à San-Sepolcro (achevé en trente-huit jours); une *Adoration des Mages*, à San-Eustorgio; une *Madone*, à San-Maria delle Grazie; enfin, un grand nombre de fresques, dans la Brera et le palais du duc Litta, et surtout une *Madone* et un *Christ crucifié*, de grandeur colossale, dans l'église de San-Maria degli Angeli, à Lugano Son fils, *Aurelio* LUINI, fut, lui aussi, un peintre distingué; mais il demeura cependant inférieur à tous égards à son père.

LUKNOW. *Voyez* AUDH.

LULLE (RAIMOND). Elle est étrange, la vie de cet homme qu'on s'accorda à surnommer le *docteur illuminé*, et qui, livré d'abord à la dissipation et au libertinage, renonce subitement aux plaisirs, dans lesquels la plus grande partie de sa jeunesse s'est consumée, pour se jeter à jamais dans les idées théologiques et se livrer avec ardeur à l'étude de la philosophie des Arabes. Raimond Lulle naquit à Palma, capitale de l'île Majorque, en 1236. On raconte que passionnément amoureux d'une jeune fille, du nom d'Éléonore, il en était repoussé avec une froideur qui ne lui sembla pas naturelle, et dont il s'enquit un jour. La jeune fille lui avoua alors qu'elle était affligée d'un mal horrible, d'un cancer. Lulle n'eut point de repos qu'il n'eût trouvé un remède au mal de son amante, et ses efforts furent couronnés de succès. C'est de cette époque qu'il s'adonna à l'étude des sciences, et se livra aux méditations extatiques. Il entra dans le tiers ordre de Saint-François. Après un pèlerinage à Santiago (en Galice), Raimond se retira dans la solitude la plus complète, et y médita le projet d'une croisade spirituelle pour la conversion des musulmans et l'affranchissement du saint-sépulcre, au moyen d'une institution de chevaliers chrétiens. Ce projet, il ne l'abandonna jamais; mais ce fut en vain qu'il sollicita de plusieurs papes et d'un concile sa mise à exécution.

Après s'être fortifié dans la théologie, dans la philosophie, dans la langue arabe, il fit paraître l'ouvrage qui à lui seul lui a valu une réputation, l'*Ars generalis, sive magna*, qui a tant exercé la sagacité des commentateurs. Cet ouvrage est le développement de la méthode d'enseignement connue depuis sous le nom de *doctrine lullienne*, laquelle tendait à démontrer par le raisonnement la vérité des dogmes du christianisme, et que Giordano Bruno devait renouveler plus tard. Ce ne fut qu'après d'incroyables efforts que Lulle parvint à répandre en Europe sa doctrine de la foi prouvée. Cependant, grâce au patronage de Jacques II d'Aragon et de Philippe le Bel, elle fut publiquement enseignée en 1298; mais elle ne fut point appréciée, même dans les trois siècles qui suivirent; les vues du philosophe étaient trop au-dessus du temps dans lequel il vivait, et ne pouvaient faire naître qu'une vaine et futile admiration. Un autre ouvrage, assez remarquable, de Lulle parut vers la même époque, et fut dédié à Philippe le Bel, sous le titre de *Libri XII Principiorum Philosoph., contra averroïstas*. Quelques années avant sa mort, Lulle s'était rendu à Tunis, pour y combattre, avec les principes répandus dans cet ouvrage, les philosophes contre lesquels il avait écrit; plusieurs averroïstes se convertirent à la foi chrétienne. Nonagénaire, il se rembarqua pour la suite barbaresque, qui cette fois ne rendit qu'un cadavre à sa patrie. Lulle y fut lapidé, suivant l'opinion la plus commune; ses restes, recueillis sur le rivage, furent transportés à Majorque, dont les habitants l'honorent comme un martyr.

L'opinion publique a placé Raimond Lulle au rang des adeptes de l'alchimie et des sciences occultes. L'édition de ses œuvres publiée à Mayence, en 1721 (10 vol. in-fol°), sous le titre de *Lulli Opera omnia*, a même été grossie par l'éditeur de plusieurs livres d'alchimie, qu'aucun motif ne permet d'attribuer à Raimond Lulle; il n'avait fait en cela que se conformer au préjugé accrédité sur cet auteur. Cette édition comprend les traités du docteur illuminé sur la théologie, la morale, la médecine, la chimie, la physique, le droit, etc. Le style dans lequel ils sont écrits est en harmonie avec la barbarie du siècle qui les vit naître, et les expressions s'y présentent aussi confuses et aussi obscures que les idées.

LULLI (JEAN-BAPTISTE) naquit à Florence, en 1633. Son père était meunier; un cordelier prit soin de son éducation, lui donna quelques leçons de musique, et lui apprit à jouer de la guitare. Lulli commença par cet instrument, qui était fort à la mode en Italie; il préféra plus tard le violon, et parvint aisément à exécuter les gigues et les sarabandes sur lesquelles s'exerçaient les ménestrels de son temps. Le chevalier de Guise voyageait; mademoiselle de Montpensier l'avait prié de lui amener un petit Italien s'il en rencontrait un joli. Singulière recommandation : elle a pourtant servi à faire connaître un homme de génie. A son passage à Florence, le chevalier trouva un petit garçon de treize ans, bien fait et gentil, le décida à quitter sa patrie, et le présenta à Mademoiselle. La princesse ne le trouva pas du tout joli, et le plaça dans sa cuisine en qualité de sous-marmiton.

Dans ses moments de loisir, le jeune Lulli prenait un violon, et jouait bravement des menuets avec accompagnement obligé de pilons et de casseroles. Le comte de Nogent l'entendit en traversant la cour du palais, et dit à Mademoiselle que son marmiton s'escrimait fort bien de l'archet. La princesse désira le revoir, et fut satisfaite des heureuses dispositions de Lulli. Elle lui donna un maître de français, et le marmiton virtuose quitta la cuisine pour passer au service de la chambre. C'était déjà de l'avancement; il fallut encore que le vent de fortune le lançât dans une mer plus vaste, digne de son talent et de son ambition ; ce vent ne tarda pas à souffler. Un soupir que mademoiselle fit dans son intérieur, et que la vigueur, la franchise de l'exécution portèrent au loin, causa l'heureuse disgrâce de Lulli. La boutade sourde de la princesse fit beaucoup de bruit dans le monde; les plaisants de la cour s'en amusèrent; il coururut des vers sur ce burlesque sujet, et Lulli, témoin auriculaire, s'avisa de les mettre en musique, avec tournures imitatives. Son air et les paroles se chantèrent partout; Mademoiselle congédia sur-le-champ, et sans récompense, l'impertinent compositeur. Qu'importe? la chanson était à la mode, et son auteur aussi. Louis XIV voulut voir, entendre l'auteur de la fameuse chanson; il trouva ses airs délicieux, fut enchanté de son exécution; et comme il n'y avait pas de place vacante dans sa troupe sonnante et râclante, il créa tout exprès une nouvelle bande, que Lulli put former, et qu'on appela à sa fantaisie. On la nomma les *petits violons*; ils surpassèrent bientôt les *grands violons* : c'est ainsi qu'on désignait l'ancienne bande des vingt-quatre.

Métra, Roberdet et Giganti lui enseignèrent le clavecin et la composition. Lulli n'apporta d'Italie que son nom et son organisation musicale; son talent appartient à la France. C'est bien à tort que l'on a prétendu que ce maître avait naturalisé chez nous la musique et le goût italiens.

Lulli composa d'abord la musique des ballets que l'on représentait à la cour; l'Opéra n'était pas encore établi. Le roi aimait beaucoup la musique; Lulli se rendit si agréable à ce prince, qu'il le nomma surintendant de sa musique. L'abbé Perrin et Cambert avaient fait représenter *Pomone* au jeu de paume de la rue Mazarine : c'est le premier opéra français qui ait été exécuté en public. *Pomone* fut joué pendant huit mois avec un succès prodigieux : les auteurs de cette pièce eurent pour leur part 60,000 francs. Le marquis de Sourdéac avait inventé les machines; sons prétexte des avances qu'il avait faites, il s'empare du théâtre, et quitte Perrin pour Gilbert, qui lui donne un autre opéra, dont Lulli fit la musique.

Ce fut le début de ce compositeur dans la carrière dramatique. Comme il avait autant d'adresse que d'esprit et de talent, il profita de la division qui régnait entre les directeurs associés, et obtint, par le crédit de Mme de Montespan, que Perrin lui cédât son privilège. Une fois maître, Lulli congédia Gilbert, abandonna Sourdéac et ses actionnaires, en prit de nouveaux, et fit élever un théâtre au jeu de paume de la rue de Vaugirard, où l'on joua *Les Fêtes de l'amour et de Bacchus*, en 1672. Cette pièce était de Quinault. Lulli fut si content de son *parolier*, qu'il travailla presque toujours avec lui. Molière étant mort en 1673, le roi donna à

Lulli la salle du Palais-Royal, où l'opéra est resté jusqu'en 1781.

Lulli était chanteur, violoniste, acteur, danseur même; il forma lui-même ses acteurs, son orchestre, ses baladins. On peut le regarder comme le premier qui ait fait usage des instruments à vent et de percussion. On lui doit une innovation non moins importante : à la représentation de son opéra *Le Triomphe de l'Amour*, des danseuses parurent sur le théâtre. Les rôles de femme dans les ballets étaient remplis auparavant par des hommes travestis et masqués ; c'était un véritable triomphe de l'amour. L'histoire ne dit pas si Lulli avait préparé cette pièce pour justifier son heureuse innovation, que d'anciens préjugés n'avaient pas permis de tenter encore. Intrigant plein d'audace, habile courtisan, Beaumarchais de la musique, Lulli ne laissait échapper aucune occasion de plaire à Louis XIV, qui le combla de faveurs. Ce compositeur poursuivit sa carrière avec autant de gloire que de bonheur, et la termina, en 1686, par *Armide*, son chef-d'œuvre. Il mourut le 22 mars 1687, des suites de la gangrène : il s'était, l'année précédente, blessé un doigt de pied, et n'avait pas voulu en souffrir l'amputation.

On cite une infinité de saillies spirituelles, insolentes de Lulli. Il était conteur agréable, fécond, parfait quelquefois ; bon, mais brusque ; il n'avait pas la politesse que l'on aurait désirée dans un homme qui vivait à la cour. Il aimait le vin, la table, et avait gardé l'inclination pour l'avarice. Aussi laissa-t-il plus de 300,000 livres dans ses coffres, et de grandes propriétés.

On peut voir dans les Mémoires contemporains et dans les Lettres de Mme de Sévigné jusqu'à quel point s'étaient élevés l'admiration et l'enthousiasme pour la musique de Lulli. *Atis, Isis, Armide*, étaient des prodiges, des opéras merveilleux, enchanteurs, ravissants. Mme de Sévigné, sortant d'une répétition de *Cadmus*, écrit : « Il y a des endroits de la musique qui m'ont déjà fait pleurer. Je ne suis pas seule à ne pouvoir les soutenir ; l'âme de Mme de La Fayette en est tout alarmée. » Cette bonne dame craignait de se damner en se laissant séduire par les airs de Lulli, qui serviraient aujourd'hui à nous faire gagner les indulgences.
CASTIL-BLAZE.

LUMACHELLES (Marbres), de l'italien *lumaca*, limaçon. On appelle ainsi, d'après les Italiens, les marbres qui renferment des débris de coquilles ou de madrépores, tantôt confusément entassés les uns sur les autres, tantôt disséminés dans une pâte plus ou moins homogène. Il en existe un grand nombre de variétés, parmi lesquelles on distingue : le *drap mortuaire* à fond noir, avec des coquilles coniques blanches ; la *lumachelle de Narbonne*, fond noir et belemnites blanches ; le *petit granite* à fond noir, si employé pour les meubles, et qu'on tire généralement des carrières voisines de Mons ; la *lumachelle d'Astracan*, à pâte peu abondante, avec coquilles nombreuses, d'un jaune orangé, marbre des plus recherchés, mais qui ne se trouve dans le commerce que par petites plaques.

Les Italiens appellent *lumachella dorata antica* ou *cinerea* une espèce de marbre très-commune dans leur pays, d'un gris de cendre mêlé quelquefois d'une teinte de jaune.

LUMBAGO (du latin *lumbi*, reins). Douleurs rhumatismales qui ont leur siège dans les reins.

LUMIÈRE. La lumière, cet agent subtil qui pénètre et se répand partout, qui fait la splendeur du jour, et qui procure à l'homme de si vives et si profondes jouissances, est aussi nécessaire à sa santé et à celle des animaux qu'elle est indispensable à la végétation des plantes. Elle joue le plus grand rôle dans presque tous les phénomènes de la nature ; et chaque jour, à mesure que le domaine de la science s'étend et s'enrichit, on découvre l'action immédiate qu'elle exerce dans les combinaisons de la matière morte et dans les mouvements de celle qui végète ou qui s'organise. Transportée avec la chaleur à travers l'espace, elle active en tous lieux la vie et la joie. Sans elle, l'homme s'étiole et végète; sans elle, les plantes pâlissent, et ne poussent que des rejetons grêles et à faible contexture. Aussi les anciens poètes, qui sous leurs ingénieuses fables cachaient toujours quelque vérité révélée à leur esprit par la contemplation de la nature, avaient-ils fait de l'astre de la lumière un des plus puissants dieux ; aussi presque tous les peuples à l'enfance des religions ont-ils adoré le Soleil comme le père de la nature, comme le dieu de la vie. C'est la lumière qui nous fait juger nettement de la forme des corps, dont le toucher ne peut nous donner qu'une idée confuse ; c'est elle qui nous indique la présence des corps placés hors de notre atteinte, et qui nous fait apprécier leurs distances et leurs situations. Sans elle, nous ne pourrions avoir du mouvement qu'une perception indécise, et nous ne pourrions jouir de ces mille phénomènes de coloration que la nature nous présente si riches et si variés.

La lumière affecte le plus parfait de nos organes, celui qui nous procure le plus de sensations, et qui nous fournit les notions les plus complètes. Pour l'ouïe, pour le toucher, pour le goût, pour l'odorat, tout est plus ou moins vague et confus ; pour la vue, tout est exact, géométrique, susceptible de mesures précises.

Considérée par la physique, la lumière est un des trois agents impondérables dont cette science étudie les effets sans en connaître les causes. Nous allons dire en peu de mots les faits généraux qui s'y rapportent.

Les anciens pensaient que nous avions conscience de la lumière, ou que la vision s'opérait par une sorte d'émanation ayant lieu de l'œil vers l'objet. S'il en était ainsi, il n'y aurait jamais d'obscurité pour nous, à moins d'admettre que l'absence de certaines corps, tels que le soleil, les étoiles, une lampe, enlèvent à notre organe la propriété de fonctionner comme en leur présence. Mais il est bien plus simple de supposer que la vision s'effectue par une certaine transmission qui s'opère du corps qui est en présence vers l'œil qui reçoit la sensation. Parmi les corps, les uns sont lumineux par eux-mêmes, comme le Soleil, la flamme d'une bougie, etc., etc. ; les autres restent invisibles dans l'obscurité, quoique nos yeux se dirigent vers eux. Les premiers sont dits *lumineux par eux-mêmes*, les seconds sonts dits *obscurs* ou *non lumineux*. Tous les corps sont pourtant susceptibles d'agir sur l'organe de la vue, dans des circonstances convenables. Ainsi lorsqu'une bougie est introduite dans un espace non éclairé, ce n'est pas elle seule que nous voyons, nous apercevons aussi les corps environnants, qui acquièrent eux-mêmes, sous l'influence de la bougie, la propriété d'affecter l'organe de la vue, et même d'éclairer les autres corps, quoique d'une manière beaucoup plus faible. C'est ce qui a lieu pour la Lune, que nous n'apercevons dans l'obscurité des nuits que parce qu'elle reçoit de la lumière du Soleil ; et pourtant elle éclaire, à la surface de la Terre, comme un corps qui serait lumineux par lui-même.

On voit donc que certains corps ont par eux-mêmes la propriété de faire éprouver des sensations à la vue, et que tous les autres corps reçoivent des premiers la même propriété, à un degré plus ou moins élevé. Mais il est encore une autre propriété des corps : les uns, tels que le verre, l'eau pure, l'air, etc., sont traversés par la lumière, tandis que les autres l'arrêtent complètement. Les premiers sont appelés *transparents* ou *diaphanes*, et les seconds *opaques*. Ces derniers sont ceux qui produisent de l'ombre. Ainsi, en plaçant un disque de papier, ou un autre corps que la lumière ne traverse pas, entre la flamme d'une lampe et la muraille, on y aperçoit une place obscure, de même forme que le disque, qui est due à l'absence des rayons lumineux, qui, arrêtés par le papier, ne peuvent atteindre les points de la muraille où l'ombre est marquée.

Nous avons dit que nous apercevons un corps lumineux par transmission de lui à nous ; mais suivant quelle loi s'opère-t-elle, et ne faut-il pas un certain temps pour qu'elle ait lieu? D'un point lumineux à notre œil la lumière se

32.

transmet en ligne droite ; c'est-à-dire que l'œil ne pourra pas apercevoir un point qui lui envoie de la lumière s'il se trouve sur la ligne droite tirée de l'œil à ce point un objet opaque interposé. Ce fait est parfaitement démontré par l'expérience, et personne ne doute qu'un objet ne se trouve réellement dans la direction où on l'aperçoit ; d'ailleurs , comme un point lumineux est visible de quelque côté qu'on le regarde, il faut admettre qu'il transmet de la lumière dans l'espace dans toutes les directions ; et l'on donne le nom de *rayons lumineux* aux lignes droites suivant lesquelles s'opère cette transmission. De plus, cette transmission demande un certain temps pour s'opérer. Ainsi, lorsque l'œil est tourné vers un objet lumineux caché par un corps opaque, si l'on retire ce corps , il se passera un certain temps entre le moment où l'objet est à découvert et celui où l'œil l'aperçoit. Cet intervalle, qui est toujours excessivement petit pour des distances telles qu'on les rencontre à la surface de la Terre augmente avec l'éloignement, et devient sensible lorsqu'on considère l'immense étendue des régions célestes. Il faut donc un certain temps à la lumière pour traverser l'espace ; mais sa vitesse est immense : elle parcourt environ 308,000 kilomètres par seconde. On conçoit qu'une vitesse si énorme , et dont l'esprit ne peut se faire que bien difficilement une idée, n'a pu être mesurée que par des observations astronomiques ; mais c'est un des faits scientifiques les mieux établis. Malgré cette prodigieuse vitesse, il faut à la lumière 7 minutes et demie pour franchir la distance qui nous sépare du Soleil ; et l'astronomie démontre que la lumière ne peut arriver en moins de 3 ans ½ de l'étoile fixe la plus voisine de la Terre. Que l'on se figure , au moyen de ces indications, ce que sont les dimensions de la Terre par rapport aux dimensions de l'espace qui l'entoure, et quelle est son insignifiance dans le système de l'univers.

Maintenant que nous avons parlé de la transmission de la lumière provenant d'un corps lumineux , nous dirons un mot des changements qu'éprouve sa marche à la rencontre d'un corps non lumineux. Que ce corps soit opaque ou transparent, que sa surface soit polie ou ne le soit pas, une partie de la lumière sera réfléchie (*voyez* Réflexion), et une autre partie disséminée de toutes parts autour du corps. De plus , si le corps est transparent, une autre partie de la lumière tombée sur le corps, et à laquelle on donne le nom de *lumière incidente*, pénétrera dans son intérieur en vertu de la réfraction. La proportion suivant laquelle se fait cette répartition de la lumière dépend de l'inclinaison de la lumière incidente, de la nature particulière du corps, de la contexture de sa surface et de sa forme. La lumière disséminée est celle qui nous fait apercevoir la surface des corps, excepté dans des cas particuliers. Cette lumière provient des réflexions qui ont lieu sur toutes les particules de la surface, et qui produisent ainsi une diffusion irrégulière.

Plus une surface transmet à l'œil de lumière disséminée, plus on dit que cette surface est éclairée. Une même surface est d'autant plus éclairée par un objet lumineux qu'elle en est plus rapprochée ; et les physiciens ont démontré que, l'objet lumineux restant le même , la clarté d'une même surface varie en raison du carré de sa distance à l'objet, c'est-à-dire qu'une feuille de papier, par exemple, éclairée avec une certaine intensité à la distance d'un mètre sera quatre fois moins éclairée à la distance de deux mètres, neuf fois moins à la distance de trois mètres, et ainsi de suite.

La lumière est soumise encore à d'autres lois importantes, qui se manifestent par des phénomènes dont les plus remarquables sont la dispersion (*voyez* Spectre solaire) et la polarisation.

Deux systèmes ont été proposés pour l'explication des phénomènes lumineux. Le système de l'émission, dû à Newton , suppose que le corps lumineux envoie dans toutes les directions des particules d'une substance excessivement ténue, dont la subtilité s'oppose à ce qu'on puisse constater leur poids ou les chocs infiniment petits qu'elles doivent causer aux corps qu'elles atteignent. Ces molécules se meuvent dans l'espace en ligne droite, avec la vitesse de transmission de la lumière, et à une distance assez grande les unes des autres, pour qu'il n'y ait jamais de chocs entre elles ; elles traversent les corps transparents sans que leurs mouvements soient ralentis, et sont arrêtées par les corps opaques. L'hypothèse des ondulations, formulée pour la première fois par Huyghens, ne suppose aucun transport de molécules lumineuses. Dans ce système, la lumière naîtrait des vibrations propres des corps lumineux , communiquées à un fluide subtil et élastique, répandu partout et nommé *éther*. La nature et la transmission de la lumière auraient alors de l'analogie avec la nature du son et sa transmission à travers les fluides et les corps pondérables. Chacune de ces deux hypothèses explique avec la plus grande netteté certains phénomènes et hésite devant d'autres ; mais cependant l'avantage semble être décidément à l'hypothèse des ondulations. Celle de l'émission, longtemps soutenue par le grand nom de Newton, et par les idées brillantes dont cette tête puissante savait éclairer ses créations, a été frappée d'un irrésistible coup par les découvertes du docteur Young et les magnifiques recherches de Fresnel , de Malus et d'Arago. Maintenant, beaucoup de faits scientifiques sont complétement inexplicables par l'émission, tandis que les ondulations les expliquent tous d'une manière plus ou moins satisfaisante (*voyez* Interférence).

Le mot *lumière* est souvent employé au figuré ; on en fait même dans certains cas un usage si fréquent et si vulgaire qu'il est presque impossible de parler des phénomènes de l'intelligence sans employer ce mot ou quelques-uns de ceux qui se rattachent à l'idée qu'il exprime. Tous les faits qui se rapportent à la perception des idées par l'esprit, à leur combinaison, à la nette conception des rapports qu'elles ont entre elles, ou aux différences qu'elles présentent, sont exprimés le plus souvent , et de la manière la plus exacte, par des images empruntées à la lumière : il y a l'optique de l'esprit comme il y a l'optique des yeux. On désigne plus particulièrement par l'expression *trait de lumière* un indice soudain qui donne à l'intelligence la conscience d'un fait jusque là douteux pour elle. *Lumière* s'applique aussi à la publicité donnée à un fait plus ou moins ignoré ; c'est ainsi que l'on dit : Rendre à la *lumière* une œuvre longtemps cachée. *Lumière*, dans son sens figuré et poétique, désigne encore la vie. Enfin , *lumières*, écrit au pluriel et énoncé de la manière la plus générale, représente l'ensemble des connaissances humaines : c'est ainsi que l'on dit : La diffusion et la propagation des *lumières* ; les *lumières* de la Grèce antique ne sont pas comparables à celles que nous possédons. Du reste, il est visible que toutes ces acceptions figurées rentrent dans celle que nous avons d'abord définie.

Par le mot *lumière*, on entend en peinture non pas la lumière elle-même , mais la représentation, l'imitation de ses effets dans un tableau. Les peintres distinguent la lumière en deux classes, en *lumière naturelle*, et en *lumière artificielle*. La première est celle du Soleil et de la Lune, ou celle produite par l'atmosphère terrestre , lorsque ces astres sont cachés sous des nuages ou sous l'horizon ; la seconde est celle que fournit un corps enflammé, tel qu'une lampe , un feu de bois ou de paille, etc. On distingue encore la lumière en *lumière directe* et *reflétée*. La première est celle qui arrive à l'objet qu'elle éclaire directement et sans avoir subi de réflexion ; la seconde, au contraire, est celle qui n'arrive à l'objet qu'après une ou plusieurs réflexions sur les objets qui l'entourent. La partie ombrée d'un corps contient toujours de la lumière reflétée transmise par la partie éclairée des objets situés derrière lui. Enfin, dans un tableau il peut y avoir une lumière *principale* et des lumières *accidentelles*. La lumière principale est celle qui éclaire la majeure partie des objets de tableau représente. Cette lumière peut s'offrir aussi bien une lumière artificielle qu'une lumière naturelle. La lumière accidentelle est celle qui n'éclaire qu'une faible partie des objets représentés. Ces lumières doivent toujours être moins vives que la principale. L'étude de la décroissance de la lumière suivant les plans qu'elle éclaire, et des modifications qu'elle éprouve dans ses effets, en se reflétant ou traversant les corps transparents qui se trouvent sur son passage, constitue la science du *clair-obscur* et de la *perspective aérienne*.

Enfin, le mot *lumière* est souvent employé dans les arts : *Lumière* de canon, de fusil. On désigne ainsi le trou cylindrique ou cônique percé vers la culasse de ces deux armes, et qui sert à faire pénétrer jusqu'à la poudre contenue dans la cavité intérieure la flamme qui doit en déterminer l'explosion. L.-L. VAUTHIER.

LUMIÈRE CENDRÉE. *Voyez* LUNE.

LUMIÈRE ÉLECTRIQUE. Cette lumière a les mêmes sources que l'électricité, et diffère essentiellement soit de la lumière astrale, soit de celle qui provient de la combustion. On la voit se produire tantôt artificiellement, dans les expériences de laboratoire, alors qu'on interrompt le cours du fluide électrique par l'interposition d'un corps non conducteur ; tantôt naturellement, quand il fait de l'orage ou de grandes chaleurs. Dans le premier cas, ce sont des étincelles peu visibles ailleurs que dans l'obscurité, mais que signale un bruit de crépitation ; dans l'autre, ce sont des éclairs fugitifs, dont la forme et l'intensité sont variables, et auxquels succède ordinairement une détonation plus ou moins forte et durable.

Pour obtenir la lumière électrique, on met en contact deux cônes de charbon de coke bien calcinés, adaptés aux deux électrodes d'une pile électrique. Aussitôt que l'on fait passer le courant, le point de contact prend un éclat éblouissant, qui s'étend peu à peu à une certaine distance des pointes de charbon. On peut alors écarter les deux charbons sans que le courant soit interrompu ; l'intervalle qui les sépare est occupé par un arc lumineux, nommé *arc voltaïque*. Suivant la force du courant, la longueur de cet arc varie : elle peut atteindre jusqu'à sept centimètres. L'arc voltaïque est produit par le courant électrique, qui transporte du pôle positif au pôle négatif des molécules incandescentes de charbon volatilisé.

L'expérience de la lumière électrique fut faite pour la première fois, en 1801, par Davy. Mais ce savant faisait usage de charbon de bois, qui, brûlant très-vite à l'air, l'obligeait d'opérer dans le vide d'une espèce d'œuf électrique. Aujourd'hui on peut se dispenser de cette précaution, car on emploie un charbon dur et compacte, qui provient des résidus des cornues à gaz, et qui ne brûle que très-lentement.

L'usure des charbons faisant varier l'intervalle qui les sépare, on n'aurait qu'une lumière de moins en moins vive, si on n'avait inventé des appareils régulateurs, propres à maintenir constante la distance des charbons. Parmi ces appareils, on distingue ceux de MM. Foucault, Duboscq et Deleuil. Deux de ces derniers, fonctionnant chacun avec cinquante couples Bunsen nouveau système et grand modèle, ont éclairé pendant quatre mois consécutifs les ouvriers qui travaillaient à la construction des docks Napoléon. La dépense était par soirée et par appareil, de 14 fr. 55 c.

La lumière électrique agit sur le chlorure d'argent comme la lumière solaire. Elle possède en outre la propriété d'être attirée par un aimant. Le prisme la décompose en un spectre semblable au spectre solaire, et où on retrouve des raies analogues aux raies de Fraünhofer, mais qui, au lieu d'être obscures, sont brillantes. Enfin, M. Bunsen a trouvé, en expérimentant avec 48 couples, et en éloignant les charbons de 7 millimètres, que la lumière obtenue équivalait à celle de 572 bougies. M. Despretz recommande de se garantir contre les effets de la lumière électrique portée à une certaine intensité. La lumière de 100 couples, dit-il, peut occasionner des maux d'yeux très-douloureux. Avec 600, un seul instant suffit pour que la figure soit brûlée comme par un fort coup de soleil.

Comme la lumière électrique ne résulte point de la com-

bustion, comme elle ne comporte point l'intervention de l'oxygène, et qu'elle ne saurait brûler l'hydrogène carboné, qui sous le nom de *grisou* cause fréquemment dans les mines de si funestes déflagrations, on a naturellement proposé d'employer ce feu électrique dans les mines, afin de conjurer, grâce à lui, ces affreuses catastrophes qui remplissent de deuil toute une contrée. M. Boussingault en a déjà fait l'essai dans ses propres mines, et il faut espérer que l'usage finira par s'en généraliser. En cela, il y aura beaucoup plus de sécurité qu'à recourir à la lampe de sûreté de Davy.

LUMIÈRE ZODIACALE. *Voyez* ZODIACALE (Lumière).

LUNAIRE, ce qui appartient à la Lune : Mois, année, cycle, influences, atmosphère, cadran *lunaires*.

LUNAISON. *Voyez* LUNE.

LUNATIQUE, qui est soumis aux influences de la Lune. Il ne s'emploie guère au propre qu'en parlant d'un cheval sujet à une fluxion périodique sur les yeux, fluxion dont la diminution et l'augmentation ont été mal à propos attribuées au cours de la Lune. Il se dit figurément et familièrement pour *fantasque*, *capricieux*, atteint de folie.

LUND (*Londinum Gothorum*), dans la province de Scanie, au sud de la Suède, dans une plaine fertile, avec 7,000 habitants, siège d'une université et d'un évêché, est l'une des villes les plus anciennes de toute la Scandinavie, et l'histoire en fait mention dès l'an 920. Son nom, qui répond à celui de *bois*, indique que de bonne heure Lund fut un centre religieux pour la Scanie, qui passa pour la plus riche province du Danemark jusqu'à ce que cette puissance l'eut définitivement cédée à la Suède. Lors de l'introduction du christianisme en Danemark, cette ville devint le siége d'un évêché, érigé plus tard (1104) en un archevêché, dont la juridiction spirituelles'étendait sur le Danemark, la Suède et la Norwège. Fréquemment habitée par les rois de Danemark et considérée comme leur capitale, Lund fut pendant longtemps la ville la plus importante et la plus peuplée de tout le nord de l'Europe. Indépendamment de la cathédrale, on y comptait alors vingt-deux églises paroissiales et sept couvents richement dotés. En 1452 elle fut prise d'assaut et incendiée par le roi de Suède Charles VIII Knutson ; la cathédrale et le palais épiscopal furent les seuls édifices qu'on épargna. La décadence de cette ville date de ce désastre ; et elle ne fit qu'aller toujours en augmentant, quand on eut supprimé son archevêché, en 1533, en même temps que l'on confiscuait tous les biens de l'Église. A quelque temps de là, le roi fit démolir les églises et les couvents ; et il n'existe plus aujourd'hui une seule des vingt-deux églises qu'on y comptait au moyen âge.

Quand, en 1685, le Danemark céda à la Suède les provinces de Scanie, de Blekingen et de Halland, le gouvernement suédois, pour opérer plus complètement la fusion de ces nouvelles acquisitions avec le reste de la Suède, et aussi pour effacer tout souvenir de la domination danoise, fonda à Lund une université, qui fut en grande partie dotée avec les revenus du chapitre et de son ancienne école. On y compte aujourd'hui 25 professeurs, dont les cours sont suivis par environ 500 étudiants. Elle possède une bibliothèque de 80,000 volumes et d'un grand nombre de manuscrits précieux, un cabinet d'histoire naturelle, de médailles, de modèles en plâtre, et de physique, un observatoire, un jardin botanique, un amphitéatre d'anatomie.

La cathédrale, bâtie vers la fin du douzième siècle, le cède peut-être en grandeur aux cathédrales postérieurement construites à Upsal et à Drontheim (cette dernière n'est plus aujourd'hui qu'une ruine), mais n'en est pas moins l'un des monuments les plus remarquables de l'architecture chrétienne, qu'on puisse voir dans toute la Scandinavie.

En 1525 les paysans de la Scanie, qui avaient pris parti pour le roi Christian II, furent vaincus par les partisans du roi Frédéric Ier, dans une grande bataille livrée sous les murs de Lund. Une victoire longtemps disputée, qu'y remporta en 1676 le jeune roi Charles XI, fit avorter la tentative des Danois de reconquérir les provinces que leur avait enlevées la paix de Rœskilde; et ce fut à Lund qu'on signa le nouveau traité qui s'ensuivit entre les deux États. A son retour de Turquie, Charles XII résida à Lund jusqu'au moment où il partit pour la Norvège.

LUNDI. C'est le second jour de la semaine. Il a été ainsi nommé du latin *dies lunæ*, *lunæ dies*, d'où l'italien *lunedi*, et enfin notre mot français *lundi*. L'Église appelle ce jour la *deuxième férie*, et Paul Damien le représente comme dédié aux anges et aux morts. Le lundi par lui-même est assez peu remarquable, mais il est tellement voisin du dimanche, qui le précède, qu'il en a conservé un air de repos, de paresse, une demi-teinte de fête. Le lundi est funeste à la bourse des ouvriers, qui le chôment assez volontiers, et trop souvent au cabaret. L'année offre quelques lundis qui priment sur leurs confrères des autres semaines : ce sont le *lundi gras*, où les folles joies du carnaval, près de finir, prennent un nouveau degré de vivacité; le *lundi saint*, le lundi de Pâques, le lundi de la Pentecôte, etc.

LUNE. La Lune, satellite de la Terre, est, après le Soleil, le plus remarquable de tous les astres ; elle décrit dans l'espace une ellipse dont la Terre occupe un des foyers : l'extrémité du grand axe de cette ellipse, la plus voisine de la Terre, s'appelle le *périgée*, l'extrémité opposée porte le nom d'*apogée*; le périgée et l'apogée sont aussi désignés par le nom d'*apsides*. Outre son mouvement diurne, la Lune a un mouvement propre, qui se fait en sens contraire, c'est-à-dire vers l'orient, et qui est d'environ 13 degrés par jour; il en résulte qu'elle complète sa révolution autour du ciel en 27 jours 7 heures 43 minutes, et par rapport au Soleil, en 29 jours 12 heures 44 minutes. Les diverses apparences de sa lumière pendant cet espace de temps ont reçu le nom de *phases* : ainsi, après avoir disparu quelques jours, la Lune commence à se montrer le soir du côté de l'occident, peu après le coucher du soleil, sous la forme d'un filet de lumière en forme d'arc, et qu'on appelle *croissant*, parce qu'en effet il croît continuellement; les pointes de ce croissant sont élevées et à l'opposite du Soleil ; il prend au bout de cinq ou six jours la forme d'un demi-cercle, et la partie lumineuse est alors terminée par une ligne droite : c'est le *premier quartier* ; on dit que la lune est en *quadrature*. A mesure qu'elle s'éloigne du Soleil, sa lumière devient de plus en plus circulaire, et après 7 ou 8 jours son disque entier brille pendant toute la nuit : c'est le jour de la *pleine lune* ou de l'*opposition*. Ensuite arrive le décours, qui donne les mêmes phases ou les mêmes figures : lorsque la Lune reparaît sous la forme d'un demi-cercle, elle est à son *dernier quartier*; puis elle diminue de plus en plus : son croissant devient chaque jour plus étroit ; elle se rapproche du Soleil, et se perd enfin dans ses rayons : c'est ce qu'on appelle la *nouvelle lune* ou la *conjonction*, autrefois la *néoménie* (νέα μήνη, *nova luna*).

La néoménie servit de bonne heure à régler les assemblées, les sacrifices, les exercices publics. On se réunissait sur les hauts lieux ou dans les déserts pour l'observer; et elle était annoncée par le bruit des trompettes : chez tous les peuples anciens, nous retrouvons cet usage, et au moyen âge les astronomes arabes ont publié un grand nombre de traités sur la *nouvelle Lune*. Il se passe 29 j 12 h 44 m d'une nouvelle Lune à l'autre : c'est ce qu'on appelle *mois lunaire*, *lunatson*, ou révolution synodique de la Lune. Cette lunaison fut la plus ancienne mesure du temps; on en composa 12 années lunaires de 354 j. 8 h. 48 m, etc.

Les **éclipses** de Soleil apprennent que la Lune était un corps opaque, et qu'n'a point de lumière par lui-même ; on vit en effet qu'après avoir intercepté la lumière du Soleil en plein jour, elle paraissait absolument noire, et on comprit par là qu'elle ne brillait qu'autant qu'elle était éclairée. On aperçoit distinctement, après la nouvelle lune, que le croissant qui en fait la partie la plus lumineuse est accompagné d'une lumière faible, répandue sur le reste du disque; elle nous fait entrevoir toute la rondeur de la Lune : et c'est ce qu'on appelle la *lumière cendrée*. Cette lumière secondaire provient de la lumière du Soleil réfléchie par la Terre ; elle paraît beaucoup plus vive quand on se place de manière que quelque toit cache la partie lumineuse de la Lune : on peut alors distinguer ses grandes taches, surtout vers le troisième jour de la Lune. La lumière cendrée présente un autre phénomène d'optique, fort sensible : c'est la dilatation apparente du croissant lumineux, qui semble d'un diamètre plus grand que le disque obscur de la Lune : cela vient de la force d'une grande lumière placée à côté d'une petite : l'une efface l'autre. Le croissant paraît enfin par un débordement de lumière qui s'éparpille dans la rétine de l'œil, et élargit le disque de la Lune ; l'air ambiant éclairé par la Lune augmente encore cette illusion. La lumière de la Lune ne semble accompagnée d'aucune chaleur ; on a calculé qu'elle était trois cent mille fois moindre que celle du soleil, en comparant l'une et l'autre avec la lumière d'une bougie placée dans l'obscurité.

Nous avons dit que la lune faisait le tour du ciel en 27 jours et un tiers environ ; c'est ce qu'on appelle *mois périodique*. Comme pendant ce temps le Soleil, vu de la Terre, paraît avoir fait lui-même 29 degrés par son mouvement propre d'orient en occident, la Lune ne se retrouve en conjonction avec cet astre qu'après avoir traversé 360 degrés plus 29 ; et elle emploie pour compléter cette révolution à peu près 29 jours et demi : c'est ce qu'on appelle le *mois synodique* ou *lunaire*. Mais la lune n'a pas toujours un mouvement égal et uniforme : de là ses grandes inégalités (*voyez* ÉQUATION DU CENTRE, ÉVECTION, NUTATION, VARIATION).

Nous avons énuméré les diverses *phases* de la Lune ; quand elle est *pleine*, c'est-à-dire lorsqu'elle nous présente toute sa face éclairée, elle est en opposition avec le Soleil ; quand elle est *nouvelle*, ou invisible pour la Terre, elle est en conjonction ; on donne à ces deux positions le nom de *syzygies* : c'est alors qu'ont lieu les éclipses de Lune et de Soleil. Lorsque la Lune est à son premier ou à son dernier quartier, on dit qu'elle est en *quadrature* ; et les points intermédiaires entre les quadratures et les syzygies se nomment *octants*. Le plan de l'orbite de la Lune est incliné sur celui de l'écliptique de 5° 8' 47" 9'"; les points d'intersection de ces plans s'appellent les *nœuds* : l'un *ascendant*, lorsque la Lune s'élève vers le pôle boréal ; l'autre *descendant*, lorsqu'elle s'abaisse vers le pôle austral. On a remarqué que ces nœuds ont un mouvement propre vers l'occident de 19° par an, et qu'ils font par conséquent le tour du ciel en dix-huit ans et demi ; de là la *révolution synodique du nœud*.

La distance moyenne de la Lune à la Terre est de 350,000 kilomètres, ou d'environ 60 rayons terrestres; son diamètre est à peu près le quart de celui de la Terre, et son volume la cinquantième partie de celui de cette dernière. Elle a un mouvement de rotation égal à son mouvement de révolution, de sorte qu'elle présente toujours à la Terre la même face ; on sait pourtant qu'elle se montre quelquefois un peu plus d'un côté, quelquefois un peu moins, comme si elle avait un léger balancement : c'est ce qu'on appelle sa *libration*. Elle a la forme d'un sphéroïde aplati par les pôles, et pourrait être comparée à un œuf dont on aurait aplati les côtés, indépendamment de son allongement primitif.

On s'est beaucoup occupé de la description du disque apparent de la Lune, de ses taches, de ses points lumineux ; on a dressé des cartes de la pleine Lune très-complètes. On a cru souvent y apercevoir une espèce de figure humaine, puis l'image de l'océan et de la Terre, comme par la réflexion d'un miroir ; mais un examen attentif fait reconnaître qu'il n'y a aucune forme décidée. Les irrégularités que l'on observe à l'œil nu, vues au moyen d'un fort télescope, paraissent se composer de points lumineux, qui s'agrandissent à mesure que le soleil les atteint, et derrière lesquels se projette une ombre épaisse. On ne peut douter que ce ne soient de hautes montagnes, dont les sommets reçoivent les rayons solaires avant les parties moins élevées ; et les points obscurs, des vallées ou cratères, où le soleil n'arrive pas directement.

La Lune n'a point d'atmosphère sensible ; elle ne jouit pas de la variété des saisons, attendu que, son axe étant presque perpendiculaire à l'écliptique, le soleil ne sort pas de son équateur ; et comme elle ne tourne sur son axe qu'une seule fois pendant son mouvement de révolution, chacun de ses jours et chacune de ses nuits sont de 15 fois 24 de nos heures ; une de ses moitiés se trouve éclairée par la Terre pendant l'absence du soleil, et n'a pas de nuit, tandis que l'autre en a une de 15 jours. Si l'on suppose que la Lune ait des habitants, notre planète doit leur sembler 13 fois plus grande que la Lune ne nous paraît à nous-mêmes ; la Terre n'est constamment visible que pour une moitié de son satellite.

Des savants, frappés de l'opinion d'un peuple ancien qui prétendait que ses ancêtres avaient habité la Terre avant qu'elle eût un satellite, avaient imaginé que la Lune était une ancienne comète, qui, en parcourant son orbite elliptique autour du Soleil, était venue dans le voisinage de la Terre, et s'était trouvée entraînée à circuler autour d'elle. L'absence de toute atmosphère autour de la Lune, l'aspect brûlé de ses hautes montagnes, des profondes vallées, du peu de plaines qu'on y observe, faisaient supposer que la comète, étant passée fort près du disque solaire, avait perdu toute trace d'humidité, et étaient cités comme des preuves à l'appui de l'origine cométaire de notre satellite. Mais ces raisonnements ne peuvent se soutenir : la Lune a bien réellement l'aspect brûlé, si par là on entend que presque tous les points de sa surface présentent des traces manifestes d'anciens bouleversements volcaniques ; mais rien n'indique quelle température la Lune a jadis subie par l'action des rayons solaires : ces deux phénomènes n'ont entre eux aucune connexité.

C'est par l'existence de volcans dans la Lune que Laplace a cherché à expliquer la chute des aérolithes ; c'est en effet la seule opinion qui satisfasse complétement à tous les phénomènes observés ; mais ce n'est encore qu'une simple hypothèse.

On ne peut mettre en doute l'influence que la Lune exerce sur notre planète ; les lois de l'attraction nous ont donné l'explication de phénomènes dont on ne connaissait pas la cause : on sait aujourd'hui que la grandeur des marées de l'océan dépend des positions angulaires relatives du Soleil et de la Lune, des déclinaisons de ces deux astres, de leurs distances rectilignes à la Terre. Ainsi, les marées des syzygies surpassent les marées des quadratures ; ainsi, parmi les marées inégales des syzygies, le *maximum* s'observe lorsque la Lune est au *périgée*, lorsqu'elle est près de la Terre ; et le *minimum* arrive quand l'astre atteint le point opposé de l'orbite, quand il est à l'*apogée*.

On a également supposé que la Lune exerçait quelque influence sur la pluie, et les tables de M. Schubler, de Tubingen, tendent à le démontrer. Quant aux changements de temps, qu'on fait dépendre des *phases* de la Lune, c'est une erreur populaire, qu'on retrouve, il est vrai, chez les plus anciens auteurs, mais qui ne repose sur aucun fondement : d'abord, on ne voit pas par quelle action la Lune pourrait produire de pareils résultats, et les observations les plus exactes faites sur une longue échelle donnent un démenti formel à cette supposition ; les changements de temps ne sont pas plus fréquents aux passages de la Lune d'un quartier à l'autre qu'à toute autre époque. On ne doit pas s'arrêter davantage sur les pronostics empruntés à certains aspects de la Lune, qui n'ont rien de commun avec la théorie des prétendues influences lunaires : cette théorie est évidemment née de la méprise qu'on a faite en prenant sans cesse pour *causes* ce qui avait été seulement proposé comme *signes*. Quant à l'action exercée par la Lune sur la nature organique, sur les maladies, etc., il faudrait un volume pour analyser toutes les opinions populaires qui s'y

rattachent ; à côté des présomptions les plus favorables dans certains cas, on peut opposer d'imposantes autorités, qui repoussent complétement ces prétendus effets merveilleux : ce sont des questions qui réclament un plus ample examen ; nous en sommes maintenant au même point que Plutarque, à qui l'on demandait pourquoi les poulains qui ont été poursuivis par le loup deviennent meilleurs coureurs que les autres. C'est, répondit-il, parce que *peut-être* cela n'est pas vrai. Il faudrait même la plupart du temps, comme le disait spirituellement Arago, retrancher le mot *peut-être*.

L.-A. SÉDILLOT.

Lune s'emploie quelquefois comme synonyme de *satellite* : on dit les *lunes* de Jupiter, de Saturne, d'Uranus.
Proverbialement, vouloir prendre la *Lune* avec les dents, c'est chercher à faire une chose impossible. Faire un trou à la *Lune*, c'est s'en aller furtivement, et sans payer ses créanciers. Une *Lune*, un visage de *pleine Lune*, sert à désigner un visage trop plein, trop large. Avoir des *lunes*, signifie être sujet à des caprices, à des fantaisies.
Poétiquement, *lune* est synonyme de *mois* : Depuis six lunes. La *lune de miel* est le premier mois du mariage.
Les alchimistes donnaient à l'argent le nom de *lune*.

LUNE (Montagnes de la), en arabe *Djebel-el-Komr*. On avait ainsi appelé jusqu'à présent, sur l'autorité de Ptolémée, qui fait provenir le Nil d'une montagne de ce nom, une montagne qu'on disait former le revers septentrional du plateau de l'Afrique méridionale, s'étendant diagonalement depuis le cap Gardafui dans la mer des Indes, à travers toute cette partie de la terre dans la direction de l'ouest, jusqu'à la baie de Benin, dans l'océan Atlantique. Mais cette chaîne de montagnes n'a vraisemblablement jamais existé que dans l'imagination des faiseurs de cartes géographiques, attendu que toute la contrée qu'on leur fait traverser est aujourd'hui parfaitement connue des voyageurs et des géographes. En revanche, en 1848, le missionnaire Rebmann, se rendant de la côte de Zanguébar dans l'intérieur du sud de l'Afrique, aperçut dans l'intérieur le pays des *Mono-Mœzi*, par environ 3° de latitude méridionale et 53°-54° de latitude orientale, une gigantesque montagne toute couverte de neiges et nommée *Kilimandjaro*, ou mieux *Kilimadja-aro*, c'est-à-dire *grande montagne*, dont il estime la hauteur à 6,266 mètres, et dans les flancs de laquelle pourrait bien se trouver, à ce qu'on suppose, la source la plus méridionale du Nil.

Comme *moesi*, dans la langue des indigènes, signifie *lune*, la version de Ptolémée suivant laquelle le Nil prend sa source dans les montagnes de la lune se trouverait ainsi confirmée ; mais cette masse de montagnes n'est, suivant toute apparence, que la continuation d'une chaîne qui va toujours en s'élevant ou l'on trouve, au nord, jusque dans la montagneuse contrée appelée A by s s i n i e ; chaîne entourant le plateau central de l'Afrique méridionale vers la mer des Indes, de telle sorte que la montagne de la Lune nouvellement découverte en formerait le revers oriental, et non septentrional. Au reste, cette montagne de la Lune est encore trop peu connue pour qu'on puisse bien préciser le caractère qui lui appartient comme montagne.

LUNE (Pierre de). *Voyez* FELDSPATH.

LUNE (PIERRE DE). *Voyez* BENOÎT XIII, antipape.

LUNEBOURG, ancienne principauté de la basse Saxe, aujourd'hui l'un des gouvernements (*Landrosteien*) du royaume de H a n o v r e, comprend, avec deux bailliages du duché de Lauenbourg, attribués en 1816 au Hanovre, une superficie de 141 myriamètres carrés, avec 335,000 habitants, pour la plupart protestants. Le sol en est généralement aride et sablonneux et entrecoupé de tourbières.

Ce gouvernement a pour chef-lieu la ville du même nom, jadis résidence des ducs de Brunswick-Luneburg, et bâtie au milieu de vastes landes, sur l'Ilmenau, rivière qui y devient navigable, et qui va se jeter à deux myriamètres plus loin dans l'Elbe. Sa population est de 13,500 habitants ; elle trouve dans l'exploitation d'une des plus riches salines

que l'on connaisse un puissant élément de prospérité.
Les autres cours d'eau qui traversent la partie septentrionale de ce territoire, tous affluents de l'Elbe, sont la Seeve, l'Elste, la Schwinge et l'Oste. L'Ocker, la Fuse, la Leine et la Bœhme, affluents du Weser, le traversent dans sa partie méridionale. Comprise de 1807 à 1810 dans le royaume de Westphalie, la principauté de Lunebourg y formait les départements de l'Aller, de l'Elbe-Inférieur et du Nord. Réunie en 1810 à l'empire de Napoléon, elle faisait partie des départements des Bouches-de-l'Elbe et des Bouches-du-Weser.

LUNE CORNÉE. Les alchimistes donnaient ce nom au chlorure d'argent.

LUNEL, ville de France, chef-lieu de canton dans le département de l'Hérault, près de la rive droite de la Vidource, avec 6,392 habitants et un collège. On y récolte d'excellents vins muscats fins. Elle fait un commerce très-actif au moyen du canal de son nom, qui communique au Rhône et à la Méditerranée, ainsi qu'au canal du Languedoc. Ce commerce consiste principalement en vins du cru, raisins secs, en esprits et eaux-de-vie provenant des nombreuses distilleries qui y sont en activité, et en grains et farines. C'est une station du chemin de fer de Tarascon à Cette. Lunel fut prise pendant les guerres de religion par les protestants, qui démolirent tous ses édifices religieux. Les juifs y avaient anciennement une synagogue renommée.

LUNEL (Vin de), un des meilleurs vins muscats avec ceux de Frontignan, et après ceux de Rivesaltes (Pyrénées-Orientales). Les vins de Frontignan se distinguent par leur douceur, beaucoup de goût, un goût de fruit très-prononcé et un parfum des plus suaves; ils gagnent beaucoup en vieillissant, se conservent très-longtemps et supportent parfaitement le transport. Les vins de Lunel jouissent de la même réputation que ceux de Frontignan : ils sont plus précoces et plus fins; mais ils ont moins de corps, un goût de fruit plus prononcé, et ne se conservent pas aussi longtemps. Le vin muscat de Lunel se récolte sur le territoire de Lunel-Viel; mais ce n'est qu'une faible partie du produit des vignobles de Lunel, qui fournissent une grande quantité de vins rouges que l'on convertit en eaux-de-vie.

L. LOUVET.

LUNE ROUSSE. On sait que la crédulité a attaché à la *lune rousse* une grande influence sur les phénomènes de la végétation; les jardiniers appellent *rousse* la lune qui, commençant en avril, devient pleine, soit à la fin de ce mois, soit, plus ordinairement, dans le courant de mai ; suivant eux, les jeunes feuilles, les bourgeons, qui sont exposés à la lumière de la lune des mois d'avril et de mai, *roussissent*, c'est-à-dire se gèlent, quoique le thermomètre se maintienne dans l'atmosphère à plusieurs degrés au-dessus de zéro. Ils ajoutent encore qu'il suffit, dans des circonstances de température d'ailleurs toutes pareilles, que des nuages, ou même des écrans artificiels, arrêtent les rayons de l'astre et les empêchent d'arriver jusqu'aux plantes, pour que les bourgeons demeurent parfaitement intacts. Ces phénomènes pourraient faire croire que la lumière de notre satellite est douée d'une vertu frigorifique quelconque; mais il n'en est rien : au temps de la *lune rousse*, comme l'a si bien expliqué Arago, la température n'est souvent que de 4, 5 et 6 degrés au-dessus de zéro, et l'on sait que les plantes perdent la nuit, par voie de *rayonnement*, une partie du calorique qu'elles ont reçu pendant le jour : cette déperdition peut aller jusqu'à 8 degrés, lorsqu'il n'y a point de nuages pour arrêter ce rayonnement ; il en résulte que la température des plantes, qui n'était que de 4 ou 5 degrés pendant le jour, pourra descendre à plusieurs degrés au-dessous de zéro : les plantes gèleront ; et comme il faut que le temps soit parfaitement serein pour que le rayonnement ait lieu, on a bien à tort attribué à la lune une influence qu'elle n'a pas. On a aussi prétendu que la lumière putréfiait les substances animales; et de fait, si l'on expose un morceau de viande aux rayons de la lune, il se gâte plus tôt qu'un autre morceau garanti par un écran ou un couvercle; mais c'est encore par l'effet du rayonnement, qui le refroidit et le charge d'une plus grande humidité : or, l'eau est un principe de décomposition pour les matières animales, car on la sèche pour les conserver.

L.-A. SÉDILLOT.

LUNETTE. Les lunettes, ces instruments précieux, qui ont été si utiles aux développements de l'astronomie, qui ont rendu si facile et si exacte l'investigation des corps célestes, ont été découvertes par hasard, vers le commencement du dix-septième siècle. On connaissait déjà, depuis l'an 1300 environ, l'art de fabriquer ces lunettes portant un seul verre, pour chaque œil, et que l'on nomme aussi *besicles*, lorsqu'en 1608 ou 1609 le fils d'un certain Jacques Metius, fabricant de besicles à Alkmaër, dans la Nord-Hollande, eut l'idée, par amusement de les faire remonter à Roger Bacon. Quoi qu'il en soit, depuis leur découverte, leur composition a reçu, tant sous le rapport de la pratique que sous celui de la théorie, de grands perfectionnements. Les lunettes les plus employées sont au nombre de trois : la *lunette astronomique*, la *lunette de Galilée*, et la *lunette terrestre*.

La *lunette astronomique* est particulièrement destinée à l'observation des corps célestes. Elle se compose d'un long tube de cuivre, armé à ses deux extrémités de deux verres lenticulaires (*voyez* LENTILLE), tous deux convergents. L'un de ces verres se nomme *objectif*, et l'autre *oculaire*. L'objectif est celui qu'on tourne vers l'objet à examiner; il est toujours biconvexe, et il doit avoir une grande ouverture, pour réunir le plus de lumière possible. Les rayons lumineux qui traversent l'objectif vont former en un point de la lunette l'image de l'objet que l'on fait envoie, et l'oculaire est destiné à faire voir à la distance convenable cette image, qu'il grossit en même temps. L'oculaire doit être doué d'un mouvement de va-et-vient pour s'adapter à toutes les vues. Pour que cette lunette puisse être bien exactement dirigée vers les objets que l'on veut observer, le tube est traversé, à l'endroit où l'image vient se peindre, par un *réticule*, c'est-à-dire par deux fils en croix qui se coupent dans son axe; on en met quelquefois un plus grand nombre, suivant l'usage auquel on la destine. Le grossissement produit par l'oculaire peut être rendu plus ou moins considérable; mais à mesure qu'il augmente, l'intensité de lumière de l'image qu'on observe va en décroissant, et l'on ne peut pas alors pousser ce grossissement au delà de certaines limites. Dans les meilleures lunettes astronomiques connues, le grossissement ne dépasse pas 1000 à 1200.

La lunette astronomique donne des images renversées; aussi n'est-elle pas propre à l'observation des objets terrestres. La *lunette de Galilée* n'offre pas cet inconvénient. Elle se compose d'un objectif convergent et d'un oculaire divergent. Cette lunette est très-courte, et par suite très-portative. Elle absorbe peu de lumière ; mais, à cause de la divergence des rayons émergents, elle a peu de champ. C'est avec elle que Galilée découvrit les montagnes de la lune, les satellites de Jupiter et les taches du soleil. C'est elle qui est employée comme lorgnette de spectacle. On la nomme *jumelle* lorsqu'elle est double, de manière à former une image dans chaque œil, ce qui augmente l'éclat.

L'ensemble des objets qu'on peut apercevoir avec la lunette de Galilée étant très-restreint, c'est pour remédier à cet inconvénient, et pour faire voir en même temps les objets droits, qu'a été inventée la *lunette terrestre*, que l'on nomme aussi *longue-vue*. Elle se compose de quatre verres deux d'entre eux sont l'objectif et l'oculaire, dont nous avons parlé plus haut ; les deux autres, placés dans l'intervalle, sont destinés à redresser l'image. Cette lunette est la plus souvent employée comme lunette d'approche, et c'est elle aussi dont on se sert dans les opérations trigonométriques et géodésiques. On y emploie pourtant aussi quelquefois les lunettes astronomiques. L.-L. VAUTHIER.

LUNETTE (*Fortification*). Ce sont des espèces de demi-lunes ou des ouvrages composés de deux faces qui présentent un angle saillant vers la campagne. Elles se construisent généralement auprès des glacis et vis-à-vis les angles rentrants du chemin couvert. Les lunettes sont défendues par un parapet, et protégées par un fossé.

Lunette désigne encore des espèces de places d'armes retranchées, que l'on construit quelquefois dans les angles rentrants du fossé, des bastions et des demi-lunes.

L.-L. VAUTHIER.

LUNETTES ou **BÉSICLES** (de *bis oculi*). On donne ces noms à un ensemble de deux verres lenticulaires maintenus dans une monture commune, le plus souvent garnie de branches qui se placent sur les oreilles, de manière à ce que chaque verre se trouve en face d'un œil. Les lunettes ont pour but le plus général de remédier à la myopie et au presbytisme. Pour les myopes, leurs verres doivent être divergents ; c'est le contraire pour les presbytes. Mais suivant le degré de myopie ou de presbytisme, la divergence ou la convergence des verres doit être plus ou moins grande : c'est pourquoi on grave ordinairement sur des verres des numéros qui marquent en pouces leur distance focale. Autrefois on faisait uniquement usage de verres bi-convexes pour les presbytes et bi-concaves pour les myopes. Wollaston proposa, le premier, de remplacer ces verres par des lentilles concaves-convexes, qu'on place de manière que leurs courbures soient de même sens que celle de l'œil. Ces verres faisant voir plus nettement les objets éloignés qui entourent l'axe optique, on leur a donné le nom de *verres périscopiques* (de περί, autour, et σκοπέω, je regarde.)

Quelquefois les lunettes sont garnies de verres plats, mais colorés en bleu ou en vert, et reçoivent le nom de *conserves*. Elles n'ont alors d'autre but que de protéger les yeux sensibles contre une trop grande quantité de lumière.

LUNÉVILLE, ville de France, chef-lieu d'arrondissement dans le département de la Meurthe, sur la rive gauche de la Vezouze et près de l'endroit où cette rivière se jette dans la Meurthe. Elle possède 15,607 habitants, un collége, une typographie, de grandes manufactures de faïence, de belles fabriques de gants de peau, des fonderies, des fabriques de chaînes d'acier, de calicots, de broderies, de bonneterie de soie, de fil et de coton ; des manufactures de papiers peints, de peignes, etc., des brasseries, des tanneries, des usines à plâtre et des fours à chaux dans les environs. C'est une station du chemin de fer de Paris à Strasbourg.

Excepté le château ducal, bâti par le duc Léopold, sur les plans du célèbre Boffrand, et incendié en 1849, il doit tous ses édifices et ses embellissements au roi Stanislas. On y remarque la belle église de Saint-Jacques, avec ses tours élégantes, et qui renferme le tombeau de la marquise Du Châtelet; les promenades et les jardins établis sur l'emplacement d'un marais desséché ; le Champ-de-Mars, la place Neuve, ornée d'une belle fontaine à huit jets ; l'hôpital et un superbe manége couvert. Le 23 novembre 1849, un incendie détruisit une grande partie du château ; la salle des Trophées et le donjon furent épargnés. L'origine de Lunéville n'est pas antérieure au dixième siècle. Elle fut prise en 1476, par Charles le Téméraire, et encore emportée d'assaut plusieurs fois sous le règne de Louis XIII.

C'est à Lunéville que fut signé, en 1801, le premier traité de paix conclu entre la république française et l'Autriche. L'empereur fut amené à déposer les armes par les victoires de Marengo et de Hohenlinden; on négocia sur les bases de Campo-Formio, en augmentant les avantages de la France. La rive gauche du Rhin et les provinces belges lui furent de nouveau assurées ; l'indépendance des républiques Cisalpine, Ligurienne, Helvétique et Batave fut reconnue. Le pape fut rétabli dans ses États; la Toscane fut enlevée au grand-duc Ferdinand III, pour en former le royaume d'Étrurie, au profit d'un prince de la maison de Bourbon, l'infant de Parme.

Enfin, il fut convenu que le grand-duc et les princes dépossédés sur la rive gauche du Rhin prendraient leurs indemnités en Allemagne sur les souverainetés ecclésiastiques. On ne fit aucune mention du roi de Sardaigne. Les négociateurs avaient été pour l'Autriche le comte de Cobenzl, pour la France Joseph Bonaparte.

LUNULE. En géométrie, on appelle ainsi une figure plane, terminée par deux arcs de cercle qui se coupent, et dont la concavité est dans le même sens, de sorte que cette figure offre la forme d'un croissant. Les lunules diffèrent suivant la relation qui existe entre les rayons des arcs de cercle, et aussi avec la position de leurs centres. Quelques-unes ont acquis une certaine célébrité, particulièrement la *lunule d'Hippocrate*, ainsi nommée du géomètre qui le premier donna sa quadrature.

Construisons un triangle rectangle isocèle et décrivons une demi-circonférence sur chacun de ses côtés comme diamètre, de manière que celle de ces demi-circonférences décrite sur l'hypoténuse passe par le sommet du triangle et que les deux autres aient leurs courbures dirigées dans le même sens. Le demi-cercle qui a l'hypoténuse pour diamètre est alors égal à la somme des deux autres. En retranchant les parties communes, on voit que le triangle construit est égal à la somme de deux lunules ; et comme celles-ci sont égales, l'une d'elles équivaut à la moitié du triangle ou au carré construit sur la moitié de l'un des côtés de l'angle droit. Tel est le théorème d'Hippocrate de Chio. Cette proposition est surtout célèbre parce que, offrant l'exemple de la quadrature d'une surface terminée par des arcs de cercle, elle entretint longtemps l'espérance de trouver un jour celle du cercle lui-même.

En conchyliologie, on nomme *lunule* ou *anus* un espace situé en avant des crochets des coquilles.

E. MERLIEUX.

LUPERCALES, fêtes qui se célébraient à Rome, le 15 février, troisième jour des fêtes de Faune ou de Pan. Venues, suivant les uns, d'Arcadie avec Évandre, elles auraient été, d'après une autre opinion, instituées par Romulus et Rémus, en mémoire de ce qu'ils avaient été nourris par une louve (*lupa*). On s'abandonnait dans ces fêtes à une licence éhontée : les prêtres, nommés *luperques*, couraient nus dans les rues, armés de lanières de la peau des chèvres qu'ils avaient sacrifiées; ils en frappaient sur le dos et sur le ventre les femmes mariées et enceintes; celles-ci recevaient ces coups comme le gage assuré d'une heureuse fécondité. Dans une des cérémonies, deux luperques se barbouillaient le visage de sang, deux autres l'essuyaient avec de la laine trempée dans du lait, ce qui prêtait beaucoup à rire au peuple.

La course des luperques commençait au figuier Ruminal, sous lequel Romulus et Rémus avaient été, suivant la tradition, exposés et allaités par une louve On donnait plusieurs raisons de ces courses : les luperques, disaient les uns, imitaient Faune, qui passait sa vie à courir nu sur les montagnes. L'origine de cet usage, racontaient les autres, se rapportait à une aventure assez plaisante arrivée à ce dieu, et dont Ovide a fait un récit agréable : Hercule et la belle Omphale s'étaient arrêtés dans une caverne, résolus d'y passer la nuit. Faune, épris d'Omphale, l'avait suivie, dans l'espoir qu'à la faveur de l'ombre il pourrait sinon satisfaire sa passion, du moins hasarder quelque heureux larcin. Les plaisirs de la journée et le vin ayant plongé dans le sommeil toute la suite de la belle Lydienne, le dieu ne douta pas qu'elle ne fût également endormie. Comme elle devait le lendemain offrir un sacrifice à Bacchus, son lit était séparé de celui de son amant : tout favorisait donc les projets de Faune. Il s'avance à tâtons, dans les ténèbres, et heurte un lit couvert d'une peau de lion : il recule d'effroi, à l'idée du péril où il allait s'exposer en s'adressant à Hercule; plus loin, il trouve sur l'autre lit des vêtements de femme : ses désirs s'enflamment, il croit toucher au moment du bonheur. Il se glisse auprès de l'objet de ses feux; mais un terrible coup de coude le précipite aussitôt à bas du lit, et il reconnaît qu'il n'a pas affaire à Omphale. Il ne savait pas, le pauvre dieu, que pendant la soirée Omphale avait, par plaisanterie, changé de vêtements avec Hercule. Au bruit de la chute de Faune, on accourt avec des torches; et l'on rit beaucoup de sa déconvenue. Le dieu ne la trouva pas aussi plaisante, et depuis cette nuit, en haine des vêtements qui l'avaient trompé, il voulut que ses prêtres n'en portassent point dans les cérémonies ; aussi n'avaient-ils qu'une peau de mouton qui leur couvrait le milieu du corps. Ovide raconte encore qu'un jour Romulus et Rémus célébraient la fête de Faune et s'amusaient à différents exercices avec la jeunesse des environs. Des voleurs, profitant de l'occasion, leur enlevèrent leurs bestiaux. Dès qu'on apprit ce vol, tous les jeunes gens accoururent nus, comme ils étaient en luttant, pour s'opposer à cette violence ; Rémus et ses compagnons, les Fabiens, arrivèrent les premiers, et, trouvant les broches garnies de viandes préparées pour la fête, s'en emparèrent en vainqueurs, après avoir éloigné les brigands. Romulus et les Quintiliens arrivèrent trop tard. Les courses des luperques nus rappelaient, dit-on, cet événement. Ces fêtes eurent lieu jusqu'au cinquième siècle de l'ère chrétienne, même après l'abolition du paganisme.

Les luperques, les plus anciens prêtres de Rome, formaient trois colléges : le premier était celui des Fabiens ou Faviens, le deuxième celui des Quintiliens, et le troisième celui des Juliens, établi par César ou ses amis, ce qui contribua, dit Suétone, à le rendre odieux. Quoiqu'on choisît ces prêtres dans les familles patriciennes, ils étaient peu considérés. Auguste défendit que ces gens encore imberbes pussent être luperques, ou qu'ils courussent nus avec eux.

Les lupercales se nommaient en Arcadie, *lycées* (de λύκος, loup), de même que celles de Rome avaient emprunté leur nom à la louve de Romulus. Quelques auteurs prétendent que Pan était le soleil, et que λύκος ou λύκη, en ancien grec, signifiait *loup* et *lumière*, d'où serait venu une double explication. Le loup était d'ailleurs consacré au Soleil.
Th. DELDARE.

LUSACE (en allemand *Lausitz*), contrée de l'Allemagne appartenant aujourd'hui partie à la Saxe et partie à la Prusse, qui, divisée autrefois en *haute* et *basse Lusace*, formait deux margraviats indépendants et comprenait une superficie de 140 myriamètres carrés. Elle était bornée au sud par la Bohême, à l'ouest par la Misnie et l'ancien cercle électoral saxon, au nord par le Brandebourg, et à l'est par la Silésie, et traversée dans la direction de sud au nord par la Sprée et par la Neisse. Depuis la grande migration des peuples, elle fut toujours habitée par des tribus slaves placées sous l'autorité de chefs indépendants, qui ne devinrent qu'en 929 tributaires de l'empereur d'Allemagne Henri Ier, et qu'on ne l'empereur Othon Ier convertit au christianisme. Conquise, vers la fin du onzième siècle, par le duc Wratislas de Bohême, la Lusace fut pendant plusieurs siècles un sujet de contestations continuelles entre les souverains de ce pays et les margraves de Misnie et de Brandebourg, qui s'en arrachaient alternativement des lambeaux et même la possession tout entière. Pendant la guerre des hussites la Lusace demeura fidèle à la fortune des rois de Bohême, mais en revanche elle fut en proie aux plus horribles dévastations de la part des hussites. En 1459 elle reconnut, il est vrai, Georges Podiebrad pour roi; mais en 1467 elle se donna au roi de Hongrie Mathias, à qui elle demeura définitivement attribuée, aux termes de la paix d'Olmutz, conclue en 1479.

C'est de cette époque que datent les dénominations de *haute* et de *basse Lusace* employées pour la partie méridionale et la partie septentrionale du pays. En 1476 et 1480 les villes de la haute Lusace renouvelèrent aussi la confédération particulière qui les unissait entre elles, et constituèrent ce qu'on appela jusque dans ces derniers temps les *Six Villes* (Bautzen, Gœrlitz, Zittau, Laubau, Kamenz et Lœbau), et qui avaient obtenu des empereurs et des rois de Bohême des immunités semblables à celles des villes impériales. Elles entretenaient des corps armés permanents; et dans les nombreuses guerres de ce temps, on les voit souvent guerroyer pour leur propre compte. A la mort du roi Mathias de Hongrie (1490), les deux margraviats restèrent une dépendance de la couronne de Bohême, et passèrent avec elle, en 1526, sur la tête de Ferdinand Ier d'Autriche, qui les opprima cruellement, à cause de l'introduction du protestantisme. Les Six Villes en particulier furent dépouillées de la plus grande partie de leurs priviléges, et pour les obtenir de nouveau durent faire de grands sacrifices d'argent. Par suite de l'élection de l'électeur palatin Frédéric en qualité de roi de Bohême, la Lusace, qui refusa de le reconnaître, eut sa part des calamités de la guerre de trente ans. En 1620 l'électeur de Saxe, Jean-Georges Ier, l'occupa au nom de l'empereur ; puis, aux termes de la réconciliation intervenue en 1633 entre lui et ce prince à la suite de leurs démêlés, il la garda en nantissement d'une somme de 72 tonneaux d'or qu'il réclamait pour les frais de la guerre; et la paix conclue à Prague, le 30 mai 1635, lui en adjugea définitivement la possession avec tous droits de souveraineté, à titre de fief héréditaire relevant de la couronne de Bohême. Depuis cette époque la Lusace, qui forma toujours une partie indépendante de l'électorat de Saxe, ne relevant d'aucun cercle de l'Empire, partagea toujours les destinées de la Saxe jusqu'en 1815, époque où par suite du partage de ses États le roi de Saxe dut abandonner à la Prusse toute la basse et la plus grande partie de la haute Lusace.

La haute Lusace, pays au sol onduleux, est une des plus belles et des plus riches contrées qu'on puisse voir ; la basse Lusace est un pays plat, mais extrêmement boisé. Quoique l'agriculture y soit partout fort avancée, c'est encore l'industrie qui y occupe le plus de bras. Dans les villes, c'est la fabrication des draps et de la bonneterie qui domine ; tandis que dans les bourgs et villages situés dans les montagnes de la haute Lusace, et dont la population va quelquefois de 3,000 à 5,000 habitants, c'est la fabrication des toiles en tous genres qui constitue la grande industrie. Les toiles damassées de Gross-Schœnan, bourg de 5,000 habitants, voisin de Zittau, soutiennent avantageusement la comparaison avec ce qui se fait de plus beau en ce genre. Le commerce des toiles en gros, qui jadis était immense en haute Lusace, a beaucoup perdu aujourd'hui de son importance ; on ne fait plus guère d'affaires avec l'Italie, la Russie et l'Amérique qu'en linge de table. Les Wendes, qui existent encore dans le pays au nombre d'environ 30,000, ne se livrent qu'aux travaux de la terre et à l'éducation des bestiaux.

La *haute Lusace saxonne* est le grand centre de l'industrie de la Lusace, et plus particulièrement la contrée voisine de Zittau. Depuis la nouvelle division administrative du royaume de Saxe, elle forme la plus grande partie du cercle de Bautzen (31 myr. carrés et 300,000 habit.), et comprend les quatre villes de Bautzen, Zittau, Kamenz et Lœbau. Bautzen est le siége des autorités administratives supérieures et d'une cour d'appel.

La *haute Lusace prussienne* (44 myr. carrés et 200,000 habit.) se compose des cercles de Gœrlitz, Rothenburg, Hoyerswerda et Laubau, et fait partie de l'arrondissement de Liegnitz, province de Silésie.

La *basse Lusace*, qui appartient tout entière aujourd'hui à la Prusse, est divisée en six cercles, Luckau, Sorau, Guben, Kalau, Sprenberg et Kottbus, et comprise dans l'arrondissement de Francfort, province de Brandebourg. Sa superficie totale est de 93 myr. carrés, et sa population de près de 310,000 âmes. Elle était autrefois, comme la haute Lusace prussienne, en possession d'une organisation municipale particulière, qu'elles ont perdue toutes deux en passant sous les lois de la Prusse.

LUSIADES (Les). *Voyez* CAMOENS.

LUSIGNAN (Maison de), une des plus anciennes familles de France. Elle tire son nom d'une petite ville de 2,500 âmes, chef-lieu de canton, dans le département de la Vienne, qui possédait anciennement un vaste château fort, bâti par la fée Mélusine suivant les romanciers et les poètes, par Hugues II de Lusignan ou par Geoffroy à la Grande Dent suivant les historiens. Ce château souffrit beaucoup des guerres de religion, et fut enfin détruit sous Louis XIII, en 1622. Bertrand de Goth s'y était fait proclamer pape, en 1305. Il avait ensuite successivement servi de prison à Jacques Cœur et au duc d'Orléans, depuis Louis XII.

La maison de Lusignan est issue des comtes souverains du Forez. Elle a produit d'innombrables rameaux : des rois de Jérusalem, de Chypre et d'Arménie, les seigneurs de Die, de Valence, de Lezay, de Marais, de Saint-Valérien, les comtes d'Angoulême, de La Roche foucauld, de Saint-Gelais, d'Eu, de Saint-Severin, les Parthenay, les Châteauroux, les comtes de Pembroke en Angleterre, etc. Elle reconnaît pour chef *Hugues I*er, dit *le Veneur*, qui vivait au dixième siècle. Parmi ses descendants, qui portèrent tous le titre de sires de *Lusignan*, nous citerons *Hugues II*; *Geoffroy à la Grande Dent*, qui prit la croix avec *Guy*, son frère, souche des Lusignan de la Terre Sainte; *Hugues IX*, qui devint comte de la Marche par son mariage avec Mathilde, comtesse d'Angoulême; *Hugues X*, comte d'Angoulême par son mariage avec Isabelle, héritière de ce comte et veuve de Jean sans Terre, roi d'Angleterre, qui fit la guerre contre saint Louis; enfin, *Hugues XIII*, qui céda son comté de la Marche à Philippe le Bel et mourut sans postérité.

GUY DE LUSIGNAN épousa Sibylle, fille d'Amaury, roi de Jérusalem, et succéda au trône de son beau-père, qui lui fut enlevé deux ans après par Saladin. Il acheta alors de Richard, roi d'Angleterre, en échange de ses droits sur le royaume de Jérusalem, l'île de Chypre, qu'il érigea en royaume. Après avoir invité tous les Francs de Syrie à venir repeupler cette île, il y donna des fiefs à un grand nombre de chevaliers et des terres à plusieurs bourgeois qui se rendirent à son invitation; il répara les places, augmenta les fortifications, construisit plusieurs beaux édifices, établit des évêques et des prêtres latins dans l'île, et mourut en 1194, sans laisser d'enfant.

Son frère, *Amaury*, lui succéda au trône. Il demanda à l'empereur Henri VI la confirmation de son titre de roi. L'évêque d'Hildesheim fut envoyé pour le couronner, et il fit hommage-lige de sa couronne à l'empereur. En 1197 Amaury épousa Isabelle, veuve de Henri, roi de Jérusalem, et réunit ainsi sur sa tête deux couronnes. A la sollicitation de sa femme, il fixa sa résidence en Palestine, laissant aux chevaliers de l'Hôpital le soin de gouverner l'île de Chypre. Amaury mourut en 1205. Il avait épousé en premières noces Eschive, fille de Baudouin d'Ibelin. *Hugues*, l'aîné de ses enfants de sa première femme, et seigneur d'Ibelin, lui succéda. Celui-ci épousa Alix, fille de Henri de Champagne, roi titulaire de Jérusalem, et mourut en 1219.

Son fils, *Henri*, dit *le Gros*, n'avait que neuf mois; la régence fut dévolue à sa mère, Alix, et aux seigneurs d'Ibelin, ses oncles; Henri fut couronné à sept ans. Bientôt Alix dut quitter l'île, et des barons attachés à cette princesse appellent Frédéric II, qui allait à la Terre Sainte. L'empereur s'empare de toute l'île, et y laisse des garnisons allemandes; mais Jean d'Ibelin, ayant équipé une flotte à Arc, en 1232, défit les étrangers, et rendit Henri paisible possesseur de son royaume. A la mort de Jean d'Ibelin, la reine mère, Alix, reparut à la cour; mais la prudence et la fermeté d'Henri l'obligèrent à repasser en Palestine, où elle mourut, en 1239. Henri reçut Louis IX dans son île, le suivit en Égypte, où il fut fait prisonnier avec lui, et revint mourir dans ses États, en 1253. Il laissait un fils en bas âge, de Plaisance, fille de Boémond V, prince d'Antioche, qu'il avait épousée en troisièmes noces. *Hugues II* gouverna sous la régence de sa mère, qui mourut avant qu'il fût majeur; puis sous celle de Hugues, petit-fils, par Henri, son père, de Boémond IV, et de Hugues I*er*, roi de Chypre, par sa mère Isabelle. Il succéda à son pupille en 1267. En 1269 *Hugues III* se fit couronner à Tyr roi de Jérusalem. Mais Marie, fille de Boémond IV, prince d'Antioche et femme de Frédéric, bâtard de l'empereur Frédéric II, lui disputa ce titre. En 1272 il fut forcé de conclure avec le sultan Bibars un traité qui réduisit le royaume de Jérusalem à la ville d'Acre et au chemin de Nazareth, et il mourut en 1284. *Jean I*er, l'aîné de ses fils, succéda à ses deux couronnes, et mourut l'année suivante. Son frère *Henri II* se fit aussi couronner roi de Jérusalem. Mais en 1591 le sultan Kalil-Ashraf vint mettre fin, avec une armée formidable, à ce royaume; Acré tomba en son pouvoir, et Henri II se vit enlever le gouvernement par son frère Amaury, qui ne lui laissa que le titre de roi. En 1309 Amaury l'envoya au roi d'Arménie, son beau-frère, qui le retint prisonnier; mais, après la mort de l'usurpateur, Henri recouvra son royaume; il mourut en 1311.

Son neveu, *Hugues IV*, lui succéda. Ce prince conclut, en 1343, avec le pape Clément VI, les Vénitiens et les chevaliers de Saint-Jean, une ligue contre les Turcs, dont le seul résultat fut la prise de Smyrne. En 1360 Hugues abdiqua en faveur de *Pierre*, son fils aîné, et mourut l'année suivante. Pierre avait juré dès sa jeunesse une haine implacable aux musulmans. Par un hardi coup de main il s'empare de Satalié, oblige les petits princes de Cilicie à lui payer tribut, prend et démantèle Smyrne. L'année suivante il va trouver le pape Urbain V, à Avignon, où il rencontre Jean, roi de France, qui se croise avec lui; il parcourt ensuite l'Allemagne, les Pays-Bas, l'Angleterre, excitant les princes et les peuples à la croisade. De retour en Chypre, en 1365, avec les ressources qu'il amenait, il conduit peu après une flotte en Égypte; débarque au port d'Alexandrie, prend d'assaut une partie de la ville, la pille pendant quatre jours, y met le feu, et revient en Chypre avec un immense butin. Secondé des Génois et des Rhodiens, il fit voile, en 1366, vers Tripoli, qu'il emporta d'assaut; il prit et brûla Tortose, Laodicée et autres villes de la côte de Syrie. Il était à Rome en 1368, sollicitant de nouveaux secours, quand les Arméniens lui déférèrent le trône vacant de leur monarchie, réduite presque'à rien. Pierre envoya Jacques, son frère, prendre possession de cet autre sceptre brisé, et mourut assassiné, en 1369.

Son fils, *Pierre II*, monta sur le trône à l'âge de treize ans. Son oncle Jean fut nommé régent, à l'exclusion de sa mère. Au couronnement de ce prince, qui se fit le 10 octobre 1369, il y eut une dispute de préséance entre les bailes de Venise et les Génois. La cour décida en faveur des premiers. Les Génois, pour se venger, s'emparèrent de l'île, tuèrent le roi, le commandement de l'amiral Frégose, en 1373. Le roi fut fait prisonnier, mais rendu quelque temps après à la liberté. Il mourut en 1382, à l'âge de vingt-six ans, sans laisser d'enfant. *Jacques I*er, son oncle, lui succéda. Il était prisonnier des Génois, qui lui imposèrent les plus dures conditions. Il fut couronné en 1384; neuf ans après il fut couronné roi de Jérusalem, à Nicosie; peu après, la couronne d'Arménie lui échut par la mort de Léon V, son cousin; mais ce nouveau trône était aussi illusoire que celui de Jérusalem. Il mourut en 1398. Son fils, *Jean II*, lui succéda à l'âge de vingt-quatre ans. En 1402 il voulut tenter une entreprise sur Famagouste, dont les Génois s'étaient précédemment emparés; mais le grand-maître de Rhodes le fit consentir à un traité que le maréchal Boucicault, alors gouverneur de Gênes, ratifia. Jean fit plusieurs descentes en Égypte, où il ramassa un butin considérable. Mais le soudan d'Égypte équipa une flotte, qu'il conduisit en Chypre, prit et pilla l'amagouste, revint avec de plus grandes forces, en 1426, battit le roi, le fit prisonnier, et l'emmena en Égypte. L'année suivante, Jean obtint sa liberté, moyennant 12,000 besants et un tribut annuel ; il mourut en 1432. Son fils, *Jean III*, qui n'avait que dix-sept ans, fut mis en possession des trois royaumes de son père, par un même couronnement. Sa mère, Charlotte de Bourbon, sous la régence de laquelle il gouverna, mourut en 1434, et l'année suivante il perdit encore son épouse, Aimée de Montferrat. Il prit pour seconde femme Hélène, fille de Théodore Paléologue, despote de Morée. Cette princesse ambitieuse força son mari à la déclarer régente. Attachée au rite grec, elle travailla à abolir le rite latin ; ce qui causa des troubles et des soulèvements. Hélène mourut en 1458, et Jean la suivit de près au tombeau. Jean ne laissait d'enfant légitime que *Charlotte*, veuve alors de Jean de Portugal. Devenue reine de Chypre, Charlotte épousa Louis, comte de Genève, second fils du duc de Savoie. Jacques, frère naturel de la reine, alla au Caire, et obtint du soudan, comme suzerain de Chypre, la couronne de cette île et une armée navale avec laquelle il vint débarquer, en 1468. Charlotte et son époux se renfermèrent dans Cérines, qui soutint un siège de quatre ans. Mais Louis, perdant courage, se retira en Savoie. Charlotte se réfugia ensuite à Rhodes, et *Jacques II* resta maître de l'île. Puis il fit exterminer en un jour les musulmans qui l'avaient mis sur le trône. Toutefois, son gouvernement ne satisfit pas ses sujets. Il se forma des conspirations, dont la dernière termina ses jours, en 1473. Jacques avait épousé Catherine Cornaro, fille d'un sénateur vénitien. Il en eut un fils, qui naquit après la mort de son père, et qui ne vécut que deux ans. Catherine fit alors cession de ses droits à la république de Venise.

Th. Delbare.

LUSIGNAN (Étienne de), né à Nicosie, en 1537, fut nommé évêque de Limisso par le pape Sixte-Quint, et mourut en 1590. Il nous reste de lui plusieurs ouvrages, dont les principaux sont : *Description et histoire abrégée de l'île de Chypre depuis Noé jusqu'en* 1572 (en italien ; Bologne, 1573). Il en donna quelques années plus tard, en 1579, une nouvelle édition, augmentée d'une première partie, sous le titre de : *Histoire générale des royaumes de Hiérusalem, Cypre, Arménie, etc.*, depuis le *déluge jusqu'en l'an* 1572 ; *Traité des soixante-sept maisons descendues de Mélusine* : c'est un roman ; *Généalogie de la maison de Bourbon* (in-fol., Paris, 1580), ouvrage inexact.

L. Brion.

LUSIGNAN. Plusieurs personnages de ce nom ont figuré dans nos assemblées législatives, depuis la révolution.

Le marquis de Lusignan, député de la noblesse de Paris aux états généraux de 1789, colonel du régiment de Flandre, infanterie, fut un des premiers de son ordre à se réunir au tiers état. Il contint dans une complète neutralité son régiment, en garnison à Versailles lors des fameuses journées des 5 et 6 octobre, émigra bientôt après, rentra en France en 1800, après le 18 brumaire, se renferma dès lors dans l'obscurité de la vie privée, et mourut en 1813.

Un autre marquis de Lusignan, député aux états généraux de 1789 par la noblesse de la sénéchaussée de Gascogne, ne prit la parole dans cette assemblée que pour annoncer que ses commettants avaient changé leurs pouvoirs impératifs en pouvoirs illimités.

Un troisième marquis de Lusignan fut nommé pair de France par le roi Louis-Philippe, le 7 novembre 1839, et mourut en 1844. Dufey (de l'Yonne).

LUSITANIE. *Voyez* Portugal.

LUSSAN (Marguerite de), née à Paris, vers 1682, morte en 1758, auteur de romans et d'ouvrages historiques dont le succès fut très-grand à leur publication, et dont aujourd'hui même on lit encore la plupart avec plaisir, était, dit-on, la fille naturelle du comte de Soissons, frère du prince Eugène de Savoie, et d'une courtisane. Fort mal partagée sous le rapport des avantages physiques, elle nous est représentée comme rachetant une laideur disgracieuse par les plus heureuses qualités du cœur et de l'esprit. Introduite de bonne heure dans le grand monde, grâce à la protection de son père, qui lui avait permis de porter les armes de la maison de Savoie, elle fréquenta la société élégante et polie du dix-septième siècle, qui la rechercha toujours beaucoup , et ne se maria point. Elle avait vingt-cinq ans quand elle fit la connaissance du célèbre Huet, évêque d'Avranches ; c'est ce prélat, juste appréciateur de son talent et de la direction de ses idées, qui l'engagea à écrire des romans. Il est probable que douée d'une âme tendre, sensible, et ayant eu, par-ci par là, quelques faiblesses à se reprocher, par conséquent à se faire pardonner, elle suivit volontiers les conseils de l'évêque, dans l'espoir de présenter ainsi elle-même sous le voile de la fiction, sinon l'apologie, tout au moins l'excuse des égarements dans lesquels avait pu l'entraîner un cœur trop aimant. Ce ne fut toutefois que lorsque l'âge des amours eut depuis longtemps fui pour elle, c'est-à-dire à quarante-huit ans bien sonnés, qu'elle publia son premier essai, ayant pour titre *Histoire de la comtesse de Gondès*, qui parut en 1731 et obtint un succès tel, que l'envie s'efforça de contester à Mlle de Lussan le droit de s'en dire l'auteur, pour l'attribuer à Ignace de Lasserre, son amant, homme de goût et d'esprit sans doute, qui après avoir perdu au jeu 25,000 francs de rente, s'était mis à faire des vers pour se consoler, qui composa quelques opéras et donna au Théâtre-Français une tragédie d'*Artaxerce*, mais qui n'avait aucune des qualités de style qu'on remarque dans les œuvres de Mlle de Lussan. Après *la Comtesse de Condès*, vinrent, en 1733, les *Anecdotes de la Cour de Philippe-Auguste*, le meilleur ouvrage de l'auteur; en 1741, les *Veillées de Thessalie*, les *Mémoires secrets* en 1745 ; *les Intrigues de la Cour de France sous Charles VIII* ; en 1747, l'*Histoire de la Révolution de Naples* ; en 1749, les *Anecdotes de la Cour de François Ier* ; en 1749, *Marie d'Angleterre* ; en 1753, les *Anecdotes galantes de la Cour de Henri II* et l'*Histoire de la vie et du règne de Charles VI, roi de France* ; en 1755, l'*Histoire du règne de Louis XI* ; et en 1756, la *Vie du brave Crillon*. De ces livres, les uns sont des œuvres de pure imagination, les autres des romans historiques, quelques-uns même des travaux d'histoire, quoique, à cause des habitudes particulières de l'auteur, le roman y domine toujours à son insu.

LUSTRALE (Eau). *Voyez* Eau lustrale.

LUSTRALES (du grec λούω, laver, dont les Latins firent *lustro*, purifier), fête expiatoire célébrée très-anciennement à Rome, même dès le temps de Tullius Hostilius. Quand Servius Tullius établit le cens, l'an de Rome 187 (566 avant J.-C.), il ordonna, dit Tite-Live, qu'il serait terminé par les Lustrales. L'espace de temps qui s'écoulait d'une fête à l'autre se nommait *lustre*, et en général il était pris pour cinq ans. On voit cependant par les auteurs, et par les fastes du Capitole, qu'il s'écoula toujours plus de cinq ans d'un lustre à l'autre. Dans les cérémonies des Lustrales, le censeur, suivi des pontifes, des vestales et des magistrats vêtus à la gabienne, ou à l'antique, adressait des vœux aux dieux pour la prospérité de la république ; il purifiait le peuple par plusieurs sacrifices, entre autres par les *suovetaurilia*, dans lesquels on immolait une truie, une brebis et un taureau. Il employait dans les Lustrales l'eau de la mer, des branches d'olivier, de laurier, de verveine et des œufs. On purifiait les flottes à peu près de la même manière. Les Romains avaient, en outre, des jours lustraux : c'était le huitième jour après la naissance des filles et le neuvième après celle des garçons. Cependant, des auteurs prétendent que c'était le cinquième pour tous les enfants, ou même le dernier de la semaine dans laquelle l'enfant était né : pour le purifier, on le portait trois fois autour du foyer, en l'aspergeant avec de l'eau ; après qu'on lui avait donné un nom, il était reçu dans la famille et mis sous la protection des dieux. Si c'était un garçon, on couronnait la porte de la maison de feuilles d'olivier ; si c'était une fille, on ornait cette porte d'écheveaux de fil. Le sel qu'on met dans la bouche des enfants qu'on porte au baptême des chrétiens, l'aspersion de l'eau qu'on fait sur leur tête, les noms de saints qu'on leur impose, ne sont-ils pas des réminiscences ou des imitations des cérémonies des Lustrales. Th. DELBARE.

LUSTRATIONS. Les purifications publiques ou particulières appelées *lustrations* étaient toujours précédées de sacrifices chez les anciens. Lorsqu'on purifiait une ville, un temple, un champ, une flotte, on en faisait faire trois fois le tour à la victime ; on brûlait dans l'endroit du sacrifice des parfums composés de laurier, de genièvre, d'olivier et de sabine. Dans les lustrations particulières, on employait le feu ou le soufre allumé, les parfums, de l'eau lustrale, ou bien on agitait l'air avec un crible autour de la chose qu'on voulait purifier. L'eau de mer servait toujours aux lustrations ; on y faisait usage aussi d'œufs et de petites figures nommées *oscilles*. En avril on faisait les lustrations des brebis, en mai celles des moissons. Nos processions des Rogations, qui se font dans les campagnes la veille de l'Ascension, ne semblent-elles pas être aussi des espèces de lustrations? Le but du moins en est le même : ce sont des prières pour la prospérité des moissons. Th. DELBARE.

LUSTRE. Dans le sens propre, le mot *lustre* (*lustrum*) est un terme de supputation, jadis en usage chez les Romains, qui s'en servaient pour désigner un espace de cinq ans. Varron le fait dériver de *luere* (payer), parce que, en vertu d'une coutume établie par Servius Tullius, on payait au commencement de chaque cinquième année le tribut imposé par les censeurs ; d'autres veulent qu'il vienne de *lustrare* (passer en revue), le recensement de l'armée et le dénombrement du peuple romain ayant lieu tous les cinq ans. Pris dans cette acception, le mot *lustre* a cependant vieilli. Boileau, interrogé sur le nombre de ses années, répondait que son âge

Allait bientôt frapper à son neuvième lustre.

En revanche, nous en faisons un fréquent usage pour désigner l'éclat, le brillant, que le polissoir ou une préparation chimique donnent aux objets. Ainsi, nous disons : Le *lustre* d'une étoffe, du satin, du taffetas. Les ébénistes, les chapeliers, les pelletiers, les peletiers, donnent également le nom de *lustre* à la composition dont ils se servent pour lustrer ou vernisser les différents produits de leur industrie.

Au figuré, *lustre* signifie *éclat*, *splendeur*, *relief* : C'est dans les positions éminentes que la valeur et la vertu brillent de tout leur *lustre*.

Enfin, par le mot *lustre*, on désigne un chandelier, un quinquet de cristal, de cuivre ou de bronze à plusieurs branches, suspendu à un plafond, et notamment au milieu d'une salle de spectacle. Les théâtres ont des lustres généralement éclairés au gaz. Des cristaux taillés en ornent ordinairement le tour, et reflètent la lumière de mille couleurs. On cite parmi les plus beaux lustres de spectacle celui de l'Opéra. Un magnifique lustre en véritable cristal de roche, et datant de Louis XIII, s'est vendu à Paris aux enchères, en 1856, 31,000 fr.

LUSTRE (Chevaliers du). *Voyez* CLAQUE, CLAQUEURS.

LUSTRE D'EAU, CHARAGNE, nom vulgaires d'un genre de plantes cryptogames, qui forme à lui seul la famille des *characées* de L. C. Richard, placée par M. Ad. Brongniart entre les fougères et les mousses. Ce genre, que Vaillant et Linné ont bien caractérisé par une capsule monosperme, se compose de végétaux aquatiques, que l'on rencontre presque partout dans les eaux douces. Les tiges des *chara* (nom scientifique du genre) sont articulées, cloisonnées, simples ou composées de plusieurs cellules tuberculeuses parallèles. Ces tiges, sur lesquelles ont été faites les premières observations relatives à cette circulation intra-cellulaire connue sous le nom de *mouvement giratoire*, portent des rameaux verticillés. A l'extrémité de ces rameaux, ou encore sur leur côté supérieur, se trouvent des organes reproducteurs, les uns mâles, les autres femelles, souvent accompagnés de bractéoles. E. MERLIEUX.

LUT (du latin *lutum*, boue). On appelle ainsi, en termes de chimie, toute matière servant à garantir des fuites de gaz les jointures des vases, tubes, et cornues. Le lut le plus généralement en usage est composé de farine de lin et de colle d'amidon. Quand les jointures doivent être soumises à une température élevée, on se sert à cet effet d'argile mélangée de sable. *Luter* un vase, c'est le garnir de lut.

LUTATIUS CATULUS (QUINTUS), descendant de L. Lutatius Catulus qui vainquit les Carthaginois aux îles Égades, exerça d'abord, à l'exemple des jeunes Romains des plus illustres familles, la profession d'avocat. Il avait beaucoup de littérature, une grande douceur de langage, de mœurs, de caractère, et une diction pure. Crassus disait que l'éloquence de Catulus était telle qu'il méritait qu'on le nourrit d'ambroisie. Après avoir obtenu et exercé l'édilité et la préture, il brigua le consulat en l'an 106 avant J.-C. ; mais il échoua. Collègue de M a r i u s, lors de son quatrième consulat, en 660, il se joignit à lui pour repousser l'invasion des C i m b r e s et des T e u t o n s, qui menaçaient l'Italie. Pendant que Marius allait camper au confluent de l'Isère et du Rhône, pour s'opposer aux Teutons et aux Ambrons, Catulus se fortifia sur l'Adige et y bâtit un pont. Mais l'arrivée des barbares Cimbres jeta l'épouvante dans son armée, et ses soldats commencèrent à déserter. Dans cette extrémité Catulus montra qu'il préférait à sa propre gloire celle de ses concitoyens : il ordonna à celui qui portait l'aigle de marcher en avant, puis, se mettant lui-même à la tête des fuyards, il aima mieux que la honte de cette retraite tombât sur lui seul, et que les Romains semblassent plutôt suivre leur général que prendre la fuite. Cependant Marius, plus heureux, avait taillé en pièces les Teutons. Il rejoignit Catulus, et c'est alors qu'ils remportèrent cette fameuse victoire sur les Cimbres dont on attribua tout l'honneur à Marius, bien qu'au témoignage de Valère Maxime et de Plutarque, qui écrivait d'après les mémoires de Sylla et de Catulus, la plus grande part en revint à ce dernier. Du produit du butin enlevé aux Cimbros, Lutatius Catulus fit construire sur l'emplacement de la maison du tribun M. Fulvius Flaccus, qui avait été rasée par ordre du sénat, un portique d'une grande magnificence, et qui garda son nom.

Après avoir figuré dans la g u e r r e s o c i a l e en qualité de simple lieutenant, Catulus embrassa contre Marius le parti de Sylla, son ancien lieutenant devenu son général et presque son maître. Cette conduite, il la paya de sa vie, lorsque Marius, vainqueur et livré à la vengeance, entra dans Rome. L'homme qui avait eu l'audace de lui disputer sa gloire militaire ne pouvait attendre de grâce. Catulus pourtant essaya de fléchir et lui fit demander pour lui, par ses amis, la liberté de sortir de Rome et de s'exiler. Mais toutes les prières qu'on fit à Marius n'en purent tirer que cette seule parole, répétée par lui plusieurs fois : « Qu'il meure ! » Alors Catulus ayant fait enduire sa chambre de chaux vive, la chauffa à grand feu, s'y renferma, et y mourut étouffé, en 87 avant J.-C. Charles NISARD.

LUTÈCE. *Voyez* PARIS.

LUTÉOLINE (de *luteolus*, jaunâtre). *Voyez* GAUDE.

LUTETIA, nom donné par Arago à une petite planète découverte à Paris, le 15 novembre 1852, par un artiste peintre nommé H. Goldschmidt. C'est en poursuivant une étude du ciel étoilé qu'il faisait depuis quelque temps au moyen d'une carte stellaire de Berlin, et à l'aide d'une simple lunette de poche, qu'il aperçut de sa fenêtre, située rue de Seine, le nouvel astre, à dix heures et demie du soir ; ne le trouvant pas sur sa carte, il en constata le lendemain un déplacement dans sa situation ; le surlendemain, 17, il détermina approximativement la position de cette étoile errante par des procédés graphiques. La nouvelle planète traversait la constellation du Bélier ; elle avait l'apparence d'une étoile de neuvième ou dixième grandeur ; elle s'approchait dans sa marche de l'écliptique. S'étant assuré que son astre ne pouvait se confondre avec les autres planètes du même ordre, l'auteur apporta sa découverte à l'Observatoire. Là on examina la nouvelle planète le 18 et le 20 novembre, et on détermina son ascension droite et sa déclinaison. On lui attribua une distance solaire moyenne de plus de 370 millions de kilomètres. On fixa sa révolution sidérale à 3 ans 281 jours 19 heures : on reconnut que son diamètre est plus petit que celui de Mercure, et que l'inclinaison de son orbite sur l'écliptique est de 2° 57'. M. Goldschmidt prit goût à ce qu'il paraît, à ces recherches; car, en 1854, il a encore trouvé *Pomone*. L. LOUVET.

LUTH, instrument de musique à cordes, qui n'est plus en usage. Vers le milieu du dix-septième siècle, il fut détrôné par le théorbe, que la guitare a remplacé. Quelques étymologistes font dériver le mot *luth* de l'allemand *Laute*, dont la signification est la même, ou de *lauten*, traduction de *sonare*. Joseph Scaliger et Bochard le font venir de l'arabe *allaud*. Le manche de cet instrument était garni de touchettes, comme l'est celui de la guitare, dont le luth différait en ce que sa partie arrière était arrondie en forme de côtes de melon, dites *éclisses* par les luthiers. Le luth était monté de cordes de boyau, qu'on touchait avec les doigts des deux mains. On pinçait les cordes de la main droite, et de la gauche on appuyait sur les touches. Il fallait plus de temps pour accorder un luth que pour en jouer. Les concertos se faisaient avec des dessus et des basses de luth. Le luth n'avait d'abord que six rangs de cordes doubles. Plus tard, on en ajouta quatre, cinq, jusqu'à six, pour faire les basses. Quelques luthiers avaient même tenté d'y introduire jusqu'à vingt rangs de cordes. Le luth était composé de quatre parties, de la table de sapin ou de cèdre, du corps, consistant en neuf ou dix éclisses, qu'on appelait le *ventre* ou la *donte*; du manche, qui avait neuf touches ou divisions marquées avec des cordes de boyaux, et de la tête ou de la crosse, où étaient les chevilles qu'on tournait pour monter les cordes aux tons convenables. Il y avait aussi une rose au milieu de la table, par où sortait le son; un chevalet, où étaient attachées les cordes, et un filet ou morceau d'ivoire, qui était entre le manche et la tête, sur lequel les cordes portaient par l'autre extrémité. On appelait *tempérament du luth* l'altération qu'on était obligé de faire subir aux intervalles, tant à l'égard des consonnances que des dissonnances, pour les rendre plus justes sur l'instrument.

Les luths de Bologne étaient les plus estimés pour la qualité du bois, qui produisait le plus beau son. Un auteur digne de foi rapporte qu'on vit à Paris, vers le commencement du dernier siècle, un luth d'or qui coûtait 32,000 écus. Les musiciens qui touchaient du luth portaient le nom de *luthériens*. Les plus fameux appartenaient à la famille Gauthier, qui s'était fait une réputation dans cette spécialité musicale. Cet instrument était d'une harmonie étendue et gracieuse, mais la difficulté d'en bien jouer et son peu d'usage dans les concerts l'ont fait abandonner.

Luth, comme *lyre*, s'employait jadis fréquemment dans certaines phrases figurées. Il désignait l'inspiration, la verve poétique à un degré moins élevé.

LUTHER (MARTIN), moine de l'ordre des Augustins, réformateur puissant, qui ébranla la vieille et grande croyance catholique. Sa prédication au seizième siècle est un des faits les plus imposants de l'histoire moderne; elle amena une véritable révolution politique. Sa réforme, moins morale et philosophique que territoriale, fut un retour vers le pouvoir féodal et civil, une nouvelle invasion des hommes d'armes ou des souverains dans le pouvoir et les biens de l'Église. En Angleterre, en Suède, en Danemark, en Allemagne, les princes, les barons, adoptèrent la réformation, parce qu'ils purent attacher leurs chevaux de bataille dans les vieilles maisons abbatiales et séculariser les ordres monastiques. C'était l'époque où la grande querelle de Indulgences divisait les monastères et les universités; les Dominicains avaient été préférés pour cette prédication; les Augustins, spécialement protégés par Frédéric, électeur de Saxe, et délaissés pour les papes, en conçurent une violente jalousie. Jean Staupitz, leur supérieur, un des membres de la noblesse de Saxe, porta plainte à l'électeur, et lui peignit, dans les termes les plus vifs, l'abus de la prédication des dominicains. Frédéric encouragea le supérieur à faire écrire contre ces excès, et Jean Staupitz s'adressa à un de ses frères, professeur à l'université de Wittenberg. Son nom était Martin Luther : sa réputation de science l'avait lié à toute la partie éclairée des universités d'Allemagne.

Les deux sectes rivales ont beaucoup écrit sur l'origine de Luther; elles l'ont abaissé ou élevé, selon leurs croyances. On lit même dans un vieil et naïf historien catholique, tout occupé d'astrologie (Florimond de Remond, *Histoire de l'Hérésie*), qu'il naquit de l'union fortuite et damnable d'un esprit cube et incube, sous la maligne constellation du scorpion. Les documents de l'école sérieuse fixent son entrée dans la vie au 10 novembre 1483, à minuit, dans le comté de Mansfeld; son père s'appelait Jean Lauther ou Lotter, et travaillait aux mines; sa mère avait nom Marguerite Lindermann. Leur fils reçut une éducation savante, et fut admis maître ès arts en 1503. Les traditions rapportent que n'ayant aucune vocation religieuse, il y fut entraîné par un de ces événements soudains, extraordinaires, qui décident d'une destinée : la foudre tua un de ses compagnons à ses côtés, au moment qu'ils philosophaient ensemble dans la campagne : ce phénomène terrible le décida à embrasser l'état monastique; il entra dans un couvent d'augustins. Bientôt sa science l'appela au professorat. Il apprit le grec et l'hébreu. Ses livres de prédilection étaient les grandes œuvres de saint Augustin; il s'en nourrissait l'esprit et le cœur. Avant qu'il eût été question de la querelle des indulgences, il avait prêché au peuple des doctrines hardies, mais confuses encore, telles qu'elles nous sont reproduites par ses dix *Préceptes*. Son savoir seul le désigna à son supérieur pour engager la lutte des indulgences : il arrivait d'un voyage à Rome, où il était allé défendre les privilèges de son ordre; il avait été doublement frappé de la magnifique puissance de la capitale du monde catholique et de la licence des mœurs du clergé italien.

Il ne faut pas confondre toutes les époques de la prédication de Luther : la première est encore toute catholique; il ne fait qu'adopter le simple progrès des idées, le mouvement des esprits opposés aux indulgences. Il y a répulsion dans les têtes pour l'abus de leur prédication, il s'en empare : aussi sa première thèse est-elle toute théologique; elle n'entre point encore dans le mouvement plus large de la philosophie; elle contient quatre-vingt-quinze articles, adressés à Albert, archevêque de Mayence, auquel il semble les soumettre. Voici cette thèse : « Les indulgences sont un abus qui porte le peuple à croire que l'argent sauve les âmes; elles ne sont et ne peuvent être qu'une relaxation des peines canoniques pour les vivants; le pape ne les accorde point en vertu du pouvoir des clés, mais par manière de suffrages. L'indulgence n'est pas à mépriser, mais l'étrange abus qu'on en fait doit à la fin détruire toute foi. N'est-ce pas une impiété de voir soutenir que l'indulgence peut sauver celui même qui aurait violé la mère de Dieu? Et n'est-il pas naturel que les peuples, qui reconnaissent dans le pape le pouvoir de libérer toutes les âmes du purgatoire, se demandent enfin pourquoi il n'en use pas au profit de l'universalité catholique? » Il ne faut point s'étonner des hésitations de Luther devant cette immense figure du pape, qui domina toute la moyen âge ; la papauté était la domination morale et intellectuelle pendant les siècles de guerre et de ténèbres; un pauvre moine s'élevait la tiare sur la tête pour arrêter les violences des rois, des barons, des hommes d'armes; l'Église, c'était la bourgeoisie, le peuple, le serf émancipé, qui luttaient contre la féodalité et la force matérielle. Il faut lire dans les écrits de Luther lui-même toutes ces émotions de crainte et d'hésitation devant cette grande figure de la puissance pontificale qu'il attaquait : « J'étais seul et jeté dans cette affaire sans prévoyance. Qu'étais-je, pauvre misérable moine, pour tenir contre la majesté du pape, devant lequel les rois de la terre, que dis-je, la terre même et l'enfer tremblent! Ce que j'ai souffert la première et la seconde année, dans quel abattement je me suis trouvé, ah! ils ne le savent point, les esprits confiants qui depuis ont attaqué le pape avec tant de force et de présomption ! Si j'avais alors bravé le pape comme je le fais aujourd'hui, je me serais imaginé que la terre se fût à l'heure même ouverte, ainsi que pour Coré et Abiron. Lorsque j'entendais le nom de l'église, je frémissais, et offrais de céder. »

Les thèses de Luther, quoique renfermées dans l'étroite enceinte d'une université, n'avaient pas moins un grand retentissement dans ce monde d'érudition et de science qui prédominait surtout en Allemagne. Sa cause n'était point encore devenue celle de la liberté et des lettres, de la philosophie rationnelle et indépendante contre l'autorité d'Aristote; mais déjà une secrète sympathie lui rattachait toute l'école philosophique : Mélanchthon, Karlstadt, Amsdorff, tous les professeurs de l'université, prenaient parti pour la querelle, et y entraînaient Frédéric de Saxe, leur protecteur. Par contre, les vieilles rivalités d'école appelèrent Jean de Eck, doyen d'Ingolstadt, à soutenir une thèse opposée à celle de Luther; il commença par appuyer la doctrine de Tetzel ; il ajoutait même que la contrition ne suffisait pas pour remettre la peine, qu'il fallait encore la satisfaction, laquelle arrivait seulement par l'indulgence. Luther répondait : « Si vous croyez fermement que vous êtes absous, dès ce moment vous l'êtes, et peu importe que le prêtre vous donne l'absolution sérieusement ou en se moquant. »

Au reste, jusque ici aucun des partis en querelle ne niait l'autorité du pape, et sa suprême puissance dominait encore les discussions. Luther lui-même adressait à Léon X son livre de controverses, et lui écrivait : « Bienheureux père, je me prosterne à tes pieds, et je m'offre à toi avec tout ce que je puis et tout ce que j'ai ; dónne la vie ou la mort, approuve ou réprouve, j'écouterai ta voix comme celle de Jésus-Christ. » Et dans une autre lettre postérieure, il disait encore : « En qualité de docteur, n'ai-je pas le droit de disputer dans les universités? Ces thèses n'étaient que pour l'école, comment les a-t-on répandues dans l'univers ? On veut donc me rendre odieux ! Ce n'est que par force que j'ai été jeté dans le monde, et c'est pour appuyer un adversaire que je publie mes explications sous la protection de ta sainteté. Si j'étais tel que l'on me dépeint, est-ce que l'électeur de Saxe me souffrirait dans son université ? »

La querelle était vivement engagée. La lutte prit un caractère politique lors de la réunion de la diète d'Augsbourg, où vint siéger le légat Cajetan. En secret dans cette ville, le cardinal manda Luther pour conférer avec lui et l'inviter à rétracter les erreurs qu'il avait avancées. Le docteur s'y rendit pauvre et à pied ; mais l'entrevue n'eut pas de résultat, quoique Cajetan l'eût reçu avec assez de douceur. Le légat développa la théorie des dominicains sur l'absolue puissance de Rome ; Luther soutint les principes qu'il avait avancés, en appelant au pape mieux informé et en soumettant à son jugement. Deux conférences inutiles furent ainsi essayées : « J'allai à ces conférences secrètes, écrit Luther. Un certain clerc italien vint me voir pour me séduire ; il me dit : » « Est-ce que tu penses que l'électeur Frédéric prendra les armes pour te défendre ? — Je ne le « voudrais en aucune manière, répondis-je. — Eh bien, « où habiteras-tu ? — Sous le ciel. » Puis, il ajouta : — Si « tu avais en ton pouvoir le pape et les cardinaux, qu'en « ferais-tu ? — Je les traiterais avec honneur et révérence. » « Alors il fit un signe avec le doigt, à la manière des Italiens, en s'écriant : « Hem ! hem ! » Depuis, je ne l'ai pas revu. »

C'est à cette diète d'Augsbourg que la prédication de Luther devint une affaire politique. Il s'était placé sous la protection de l'électeur ; lorsque la diète redemanda à Frédéric de le lui livrer, le prince répondit « que plusieurs gens très-habiles des universités avaient jugé que la doctrine de Luther n'était pas erronée, qu'il ne voulait pas priver sa grande école de Wittemberg d'un si savant homme, et qu'il le protégerait tant qu'on ne l'aurait pas convaincu d'erreur et d'hérésie. » Mélanchthon, Karlstadt, Nicolas Amsdorff, Juste Jonas, affichaient publiquement une adhésion complète aux nouveautés de la prédication luthérienne ; l'université de Wittemberg les avait adoptées solennellement ; Mélanchthon surtout jouissait en Allemagne d'une grande renommée de science ; il venait d'être appelé à professer le grec dans l'université, par l'électeur de Saxe, « sans doute, dit Luther, afin que je l'eusse comme associé à mes travaux de théologie. Ses ouvrages annoncent assez tout ce qu'il a fait ; Satan et ses affreux satellites en ont rougi. »

Mais notre réformateur visait à une plus grande conquête : le chef et le flambeau des écoles d'érudition était alors Érasme ; l'universalité de ses études, son esprit mordant, la haine qu'il portait aux moines, ses sarcasmes amers contre les prédicateurs des indulgences, toute cette vie de disputes et de science faisaient croire à Luther qu'Érasme entrerait dans le vaste mouvement de la réforme, et qu'il l'appuierait de l'autorité de son nom ; il se décida à lui écrire : « Mon cher Érasme, vous qui faites tout notre honneur, et à qui nous espérons, quoique nous ne vous connaissions point encore, adoptez-moi comme un frère en Jésus-Christ, qui vous aime et vous estime, mais dont l'ignorance est si grande qu'il ne mérite que d'être caché dans un coin ignoré du ciel et de la terre. » Quelque délicates que fussent ces flatteries, quelque modestie que manifestât Luther, Érasme comprit bien qu'il ne serait qu'en seconde ligne dans un mouvement qui proclamait un autre chef et se groupait autour d'une autre popularité scientifique : il prit une place mitoyenne ; il se plaça à la tête d'un tiers parti. Son penchant le portait bien aux nouveautés, mais Luther allait trop loin, et c'était en le modérant qu'Érasme pouvait avoir quelque son importance : « Ne prêchez point, lui répondit Érasme, contre la personne et l'autorité des papes ni des princes ; mais élevez-vous fortement contre ceux qui trompent leur confiance. Ne dites rien avec arrogance, ni par esprit de parti ; prêchez Jésus-Christ, et rien que lui seul ; dénoncez surtout ces prédicateurs ignorants qui ne débitent que des fables et ne parlent que de quêtes dans leurs sermons. »

Quand la prédication de Luther fut ainsi entrée dans le mouvement politique et philosophique, une grande révolution s'opéra ; les intérêts de territoire se mêlèrent aux simples prédications morales : c'est alors que Luther publia en allemand sa Diatribe contre les papes : « Combien de guerres meurtrières n'ont-ils pas soutenues, s'écriait-il, pour relever leur autorité? Quel est ce faste, cette triple couronne qu'on nomme leur tiare? Vicaires d'un Dieu crucifié, ne doivent-ils pas renoncer à toutes ces pompes qui corrompent l'Église? Je propose à toutes les nations une grande réforme : je demande que les empereurs et les princes aient sur les ecclésiastiques le même pouvoir que les papes, et que ceux-ci, ainsi que les évêques, soient soumis à l'empereur. » Par ce pamphlet, l'habile novateur cherchait à s'opposer aux mesures que Léon X venait de prendre contre ses prédications. Ces mesures étaient violentes ; Luther se trouvait hérétique déclaré par une bulle, où il était dit de droit public et canonique alors qu'aucun ne pût prêter aide et asile à un excommunié. Le pape avait envoyé en conséquence un nouveau légat en Allemagne, Aleander, esprit plus cultivé que ceux qui jusque alors avaient été délégués pour arrêter la prédication luthérienne. Celui-ci s'adressa à l'empereur pour la convocation d'une diète à Worms, afin de faire condamner par le corps entier des princes germaniques les doctrines frappées de l'excommunication papale. Mais tout surtout était d'appeler des peines temporelles sur Luther et ses adhérents, comme on en avait agi il y avait déjà un siècle avec Jean Huss et Jérôme de Prague. Mais la puissance du novateur avait grandi ; ce n'était plus un simple sectaire, rêvant dans l'isolement et la retraite une idéologie religieuse. La population savante le protégeait, et, quelle que fût la persistance d'Aleander à soutenir que la diète n'avait point à appeler Luther pour l'entendre, sa doctrine ayant été condamnée par le pape, l'empereur, d'après l'avis des électeurs, déclara qu'il devait lui envoyer un sauf-conduit, afin que tout se fît avec prudence et réflexion, après avoir tenté inutilement la conversion du professeur de Wittemberg. Le sauf-conduit portait que, sur la route, Luther ne pourrait élever la voix et parler au peuple; mais le laborieux et tenace professeur ne put résister : et lorsqu'il arriva chez les augustins d'Erfurt, qui lui donnèrent l'hospitalité, la multitude lui ayant demandé la manne du ciel, Luther s'écria : « O mes frères ! ne vous livrez point, pour votre salut, aux actions humaines : l'un bâtit un temple, l'autre va en pèlerinage à Saint-Jacques ou à Rome ; un troisième jeûne, prie, marche nu-pieds : tout cela ne sert à rien, tout cela doit être détruit, car tout ce qui vient du pape n'est que pour obliger à donner. » Et le peuple applaudit.

Quand il vint à Worms, une suite de chevaliers de l'ordre Teutonique l'accompagnait : il s'abrita dans leur vaste manoir ; le lendemain il parut devant la diète. « Êtes-vous l'auteur des livres qui se publient sous votre nom, lui demanda Jean de Eck, organe éloquent de l'Église catholique, et persistez-vous dans les doctrines qu'ils expriment ? » Luther, après avoir obtenu un jour de réflexion, répondit : « Sur la première question, je ne fais aucune difficulté de reconnaître que les ouvrages qu'on m'attribue sont bien de moi ; si mes ennemis y ont ajouté quelque chose, je n'en suis pas responsable. Quant aux doctrines, peut-on nier que les lois du pape, fondées sur les traditions humaines, ne tiennent l'Allemagne et une partie du monde chrétien sous le joug ? Si l'on n'y met ordre, l'univers subira cette tyrannie. Sujet au péché, je puis me tromper sans doute dans ma doctrine ; c'est pourquoi je conjure tous ceux qui pourront me convaincre, mais *par l'Écriture*, de le faire. Au reste, prenez garde, auguste empereur, de condamner une parole sainte, et qui vient *de Dieu* : c'est pourquoi je ne me rétracterai sur ce que j'ai écrit ou enseigné, que si l'on réussit à me convaincre par les deux Testaments et par des preuves évidentes. » Cet auguste empereur était Charles-Quint, qui présidait la diète d'Augsbourg : préoccupé des destins du monde, il voulait calmer à tout prix les querelles qui agitaient son empire. Il professait une sorte d'indifférence pour les opinions religieuses. Cependant, il n'osait affronter ouvertement l'Église catholique ; il quêta un à un les suffrages des électeurs, et, la résistance s'accroissant, il arrêta de sa propre autorité une résolution contre Luther, ses doctrines et ses adhérents. Il déclara que, conformément à la bulle du pape, il tenait Luther pour hérétique, séparé de la communion des fidèles, et qu'en conséquence il défendait à tout membre du corps germanique de le protéger, soit en lui donnant asile, soit en écoutant ses prédications, sous peine d'être mis au ban de l'Empire ; tous ses complices devaient être privés de leurs fiefs, tous ses livres brûlés, ainsi que les abrégés de sa doctrine et les estampes qui, en reproduisant ses principes, insultaient la foi, les mystères et le souverain pontife ; enfin, défense était faite d'imprimer désormais un livre quelconque sans la permission de l'évêque diocésain. Cet édit émanant bien de la volonté de l'empereur; mais telle était la constitution de la vieille Germanie, que chaque électeur conservait la plénitude de sa souveraineté : Luther pouvait donc échapper facilement aux persécutions qu'on lui réservait par l'édit.

Alors enfermé au château de Wartbourg, qu'il appelait, dans son exaltation mystique, son île de Pathmos, il redoubla de travail, d'activité, et écrivit, avec toute la verve de la solitude, son traité *De la Confession auriculaire*, la rejetant, non d'une manière absolue, mais comme une inutilité : « Devant Dieu, nous devons nous tenir coupables de nos péchés cachés ; mais à l'égard de ses ministres, il faut seulement confesser ceux qui nous sont connus, et que nous sentons au fond de notre cœur. » Infatigable dans ses veilles et ses labeurs, il composa un nouveau traité contre les vœux monastiques : « Chrétiens, s'écrie-t-il, ces vœux sont nuls, et directement contraires à la liberté des enfants de Dieu. » Puis il composa un livre très-développé contre la messe privée. Dans cet ouvrage toute l'exaltation de son âme se transforme en superstition ; lui qui en appelle à la raison contre l'autorité et le système romain, il donne comme dernier argument contre les messes privées une entrevue avec le démon, qu'il peint, à l'instar des peintres du moyen âge, comme le principe du mal. « Luther, lui aurait dit le diable, docteur très-savant, tu sais que depuis quinze ans tu célèbres des messes privées : que dirais-tu en apprenant que ces messes privées sont de l'idolâtrie ; que le corps et le sang de Jésus-Christ n'y figurent en rien ? » Il se réveille de cette vision, trempé de sueur, les membres brisés de fatigue, car il ne doute pas que son péché n'ait été très-grand et ne mérite la damnation et la mort.

C'est à cette époque surtout, et dans cette exaltation de la solitude, que Luther prit ce style hautain, injurieux, qui ne pardonnait point à ses ennemis. Ses livres, ses épîtres, furent des pamphlets dans le style d'école, avec le caractère de la polémique des universités : Mélanchthon, son disciple modéré, l'homme qui tempérait par la douceur de ses opinions la fougue du maître, s'en plaignait déjà. Érasme lui écrivait en quelque sorte, au nom de l'école philosophique : « Ce qui me blesse dans Luther, c'est que tout ce qu'il entreprend, il le pousse à l'excès ; si on le prévient, il marche à des excès plus grands encore. Je connais son caractère par ses écrits aussi bien que si je vivais auprès de lui : c'est Achille, impitoyable dans ses colères ; et puis joignez à cela un grand succès, l'orgueil de paraître sur un si vaste théâtre : n'y a-t-il pas assez pour rendre superbe la modestie elle-même ? »

Les intérêts de Charles-Quint se liaient alors à la cause du catholicisme ; il venait de faire élever au souverain pontificat Adrien VI, son vassal, et il se crut assez fort pour faire convoquer par Ferdinand son frère, archiduc d'Autriche, une diète à Nuremberg. Cette diète avait deux objets : la défense du royaume de Hongrie contre l'invasion des Turcs, et par-dessus tout l'extirpation de la secte nouvelle, que le pape recommandait à son légat, l'évêque Cheregar, député auprès de l'empereur. Le résultat en fut tout à fait opposé à ce que Charles-Quint et le pape espéraient. Au lieu de seconder le mouvement catholique, l'assemblée déclara ● que les livres de Luther avaient persuadé beaucoup de peuples ; que la cour de Rome avait causé des maux infinis aux diverses nations germaniques ; qu'on ne pouvait dès lors souscrire à la sentence portée contre les doctrines de la réforme ; car s'il en était ainsi, on s'imaginerait dans toute l'Allemagne qu'on n'agissait que pour détruire la vérité du pur Évangile, et ce serait peut-être fomenter la guerre civile? » En résumé, la diète formula cent articles de griefs en forme de protestation authentique. Le tiers parti universitaire, ayant dominé dans cette assemblée, y avait fait éclore des germes de réforme philosophique. Pour conjurer le mouvement populaire, on arrêta les points suivants : plus de redevances pour les dispenses de parenté ; plus de prédications d'indulgences ou d'évocation au saint-siége ; plus d'annates, plus d'abstinence ; diminution du nombre des fêtes ; les vœux et le célibat restreints. Ainsi, la résistance contre la papauté s'organisait complètement ; la réforme était dans les esprits, le mouvement était produit : le Danemark, la Suède, la Suisse sous Zwingle, se séparaient de l'Église de Rome ; un changement dans la propriété s'opérait en Allemagne ; enfin, l'Angleterre, sous Henri VIII, constituait sa propre Église ; mais bientôt, comme conséquence de tout mouvement de réforme, il se manifesta des prédications exagérées : les calvinistes, les luthériens, les anabaptistes surtout, annoncèrent des doctrines qui allèrent bien au delà de celles de Luther.

Ces mille divisions au sein de la réforme préoccupaient tristement Luther. Dans ces scènes populaires, il était douloureux pour le chef d'une si grande révolution de voir son œuvre périr en se morcelant; il s'en exprimait à tous ses amis avec douleur : « Luther, s'écrie Mélanchthon, me cause de grandes peines par les longues plaintes qu'il me fait de ses afflictions. Il est abattu : on ne le ménage pas, dans des écrits qu'on ne dit pas méprisables ; dans la pitié que j'ai de lui, je me trouve attristé au dernier point des troubles universels de l'Église. Le vulgaire, incertain, se partage en des sentiments opposés; et si le Christ n'avait promis d'être avec nous jusqu'à la consommation des siècles, je craindrais que la religion ne fût tout à fait détruite. » Cette époque de tristesse et de découragement moral, le grand réformateur l'appelle le temps de ses sombres et pénibles tentations. Jamais théorie religieuse n'avait si puissamment agrandi l'action du diable; c'est toujours cet esprit que Luther fait intervenir et parler quand il veut combattre ses adversaires ou peindre le désordre de son âme : « O mon ami, écrit-il à Juste Jonas, je te conjure de ne point cesser de prier pour moi, afin que Jésus-Christ ne m'abandonne pas, et qu'il ne permette pas que les tourments que j'endure soient ceux des impies, mais ceux dont il éprouve ses enfants. » La pensée de sa mission le préoccupe de telle sorte que tout ce qui tend à entraîner le mouvement de la réforme hors du cercle que lui-même lui a tracé jette son esprit altier dans le délire et dans la fureur. Souvent, dans l'exaltation de son dépit, il fait un retour vers l'Église romaine. « J'avoue, s'écrie-t-il, que sous la papauté il s'est fait des choses bonnes et chrétiennes, que nous avons retenues. C'est sous la papauté que se sont conservés la vraie Écriture, le vrai baptême, le vrai sacrement de l'autel, la vraie absolution des péchés, les vrais ministres, le vrai catéchisme. On dira peut-être que je flatte le pape; mais s'il peut souffrir ces paroles, je déclare que je veux lui obéir comme son fils, être bon papiste, et révoquer tout ce que j'ai écrit contre lui. » C'était moins un profond désir de rentrer dans le catholicisme qui poussait Luther à ces concessions que la douleur qu'il éprouvait de se voir dépasser par d'autres opinions. Il voulait imposer ses idées, et la popularité qui saluait les doctrines de Zwingle, d'Œcolampade, de Calvin même, fatiguait ses veilles.

Le luthéranisme avait mis un soin particulier à se maintenir en parfaite harmonie avec le pouvoir des princes et des magistrats civils; aucun de ses actes n'avait touché à ce pouvoir, il l'avait même défendu contre le soulèvement des multitudes qui partout avaient accompagné la prédication de la réforme. Toutefois, ce grand ébranlement des esprits jetait dans la société une masse désordonnée de systèmes, qui dans l'avenir menaçait d'un changement radical les constitutions vieillies de toutes les souverainetés de l'Europe.

Deux principes avaient été posés, féconds en résultats, l'empire de la raison humaine et la substitution de l'esprit d'examen aux croyances : or, en faisant passer dans le creuset de ces opinions nouvelles l'état politique des pouvoirs institués, il devait en résulter une incertitude dans la conviction des peuples; l'obéissance désormais allait se raisonner; on discuterait l'autorité avant de se soumettre à sa loi; on pourrait se former des principes plus sérieux sur la dignité de l'homme, sur la souveraineté publique. Après avoir fortement lutté contre les exagérations de son parti, Luther organisa politiquement et militairement la réforme : tel fut le but de la ligue de Smalkalde. C'est par son conseil qu'elle s'opposa à l'élection du roi des Romains et s'unit avec François Ier. A cette époque, le grand réformateur devint le confident et le flatteur du pouvoir civil. Comment justifier l'étrange condescendance qui lui fit signer une consultation pour autoriser la polygamie du landgrave de Hesse? Cet acte, également signé de Mélanchthon et de Bucer, était conçu en ces termes : « Nous avons lu, dans les instructions que nous a fait parvenir votre altesse, la peine de corps et d'esprit dans laquelle elle se trouve; mais elle doit comprendre la différence qu'il y a entre une dispense pour un cas particulier et une loi générale qu'on établirait en principe : si donc votre altesse a résolu d'épouser une seconde femme, nous jugeons qu'elle doit le faire secrètement, c'est-à-dire qu'il n'y ait que la personne qu'elle épousera et pas d'autres fidèles qui le sachent. Au reste, les consciences prudentes aimeront toujours mieux cette vie modérée que les actions brutales et l'adultère public. C'est ainsi que nous l'approuvons, et dans les seules limites que nous venons de tracer; car l'Évangile n'a ni défendu ni révoqué ce qui a été permis dans la loi de Moïse à l'égard du mariage. » Les autres points de la consultation tendent à détourner le landgrave de la vie scandaleuse, qui blesse la pudeur des peuples. Luther cherchait à conserver sa popularité. La croisade contre les Turcs retentissait alors dans l'Allemagne : il entonna sa prédication, déclarant « qu'aussitôt que les magistrats proclameraient l'État menacé, tout le monde devrait prendre le glaive et n'épargner ni ses biens ni sa personne. Mais, l'entendez-vous bien? s'écriait-il, il faut que ce soit l'empereur, et non le pape, qui vous convoque; il s'agit de protéger l'Évangile contre le Coran, de défendre les peuples contre la tyrannie : le pape n'a rien à y voir. »

Luther cependant s'affaiblissait à vue d'œil; sa force de logique se changeait en irascibilité; il marquait la dernière année de sa vie par un esprit plus tenace, plus hautain que jamais. Sa polémique revêtait un caractère âcre et méprisant; la pressante logique qui couvrait avec présidé à ses larges ouvrages de théologie avait tout à fait disparu. Ce n'était plus qu'insultes, outrages de mauvais goût, soit qu'il s'adressât aux catholiques purs, soit qu'il attaquât la réforme dissidente, les sacramentaires particulièrement. Dans le dernier livre qu'il dirigea contre la papauté, il dessina de sa main la figure du souverain pontife revêtu de ses habits de pompe, avec deux énormes oreilles d'âne. Autour de lui sont rangés, dans un ordre qui se rapproche beaucoup de celui du conclave, différentes figures de démons, tous affublés de mitres, et offrant au pape les divers attributs de son pouvoir, tandis que d'autres l'entraînent en enfer avec des cordes nouenées. La faculté théologique de Louvain avait attaqué sa doctrine en trente-deux articles; Luther rédigea contre elle un pamphlet furieux et déclamatoire. Elle prend sous sa plume le nom de *vaccultas*, qui la rapproche de la vache; l'Église catholique n'est que *cacolica*; les docteurs de la faculté sont des *rustrolli magistralli*, des *bruta magistrallia*. Le raisonnement est diffus et rare dans ces thèses, où il semble abandonner ses formes didactiques. Du reste, il survécut peu à ces derniers ouvrages, si peu dignes de lui; appelé à Eisleben, chez les comtes de Mansfeld, pour régler entre eux quelques points de succession, il y prêcha, selon son habitude, avec cette entraînante parole, avec cet esprit enflammé qui le caractérisaient. Pris tout à coup d'une grande fatigue d'estomac, et, usant à peine de quelques précautions, il se mit à prier, « parce que, disait-il, le souverain pontife préparait d'effroyables choses contre l'Évangile dans le concile de Trente ». Le lendemain, son mal redoublant, il sentit que la vie allait le quitter, répéta sa prière fervente, et se prépara sans crainte à la mort, qui l'atteignit le 18 février 1546, à soixante-trois ans.

Le nom de Luther se mêle si intimement à la réforme qu'il serait impossible de ne pas faire entrer ce puissant caractère dans les mobiles qui précipitèrent le mouvement des esprits ; on ne saurait trop le répéter, ce mouvement était opéré lorsque Luther s'en empara ; son mérite fut de le pousser de son bras indomptable, de lui imprimer une direction prononcée, en foulant aux pieds toute espèce de ménagements. En cela, son esprit servit à séparer définitivement la réforme et l'Église catholique. Dans les différents efforts que l'on put faire pour les réunir, il empêcha la fusion qu'aurait préparée le caractère liant et modéré de Mélanchthon. C'était, au reste, un esprit supérieur, doué de résolutions énergiques et d'immenses facultés. Quand une société tombe en pièces, une volonté tenace est la force autour de laquelle on se réunit : Luther fut cette force au milieu des dissidences et des hésitations religieuses du seizième siècle. Aucun écrivain dans cette ère de rénovation n'a possédé, à l'exception d'Érasme, cette faculté de pensées et d'expressions à un plus haut point; il poursuit, il harcelle sans relâche toute idée, tout homme qui s'oppose à lui; sa phrase est claire, sans être élégante ni correcte; elle affecte cependant une large liberté de mots nouveaux : il les jette à pleines mains, pour agrandir sa pensée ou pour ridiculiser le système qu'il combat. Ses pamphlets en vieux allemand vont droit au but, qui est de parler au peuple : peu de ces citations si multipliées dans la scolastique; l'examen, la raison : examen subtil souvent, raison superbe, mais n'agissant qu'avec elle et par elle ; puis du mauvais goût, goût d'école et de son siècle particulièrement. En résumé, capacité active et prodigieuse, s'élevant de son monastère pauvre et craintive pour gouverner ensuite la moitié de l'Europe; de telle sorte qu'il ne se fait pas une affaire en Allemagne, pendant trente années, sans que l'on consulte Luther ! Et cet esprit était emprisonné dans un corps chétif et sans dignité. Ses traits n'avaient rien de ces grandes formes qui dénoncent le génie; sa tête, absorbée sous le bonnet de docteur, sous cette calotte que la simplicité de Louis XI avait introduite comme une mode d'université, n'exprime que les veilles et le travail; c'est l'homme de son temps, l'expression des études fortes et vastes, de cette vie de solitude et de halles, de monastère et de peuple, d'université sérieuse et d'agitation sociale; de ce seizième siècle enfin, l'époque la plus méditative et la plus turbulente de toutes pour l'esprit humain. CAPEFIGUE.

LUTHÉRIEN, nom que l'on donne aux sectateurs de la doctrine de Luther, c'est-à-dire aux protestants de la confession d'Augsbourg; ils forment l'immense majorité des populations de la Suède, du Danemark et du nord de l'Allemagne; ils ont leurs ministres, leurs consistoires, leurs temples, et la religion catholique ou les sectes dissidentes n'y sont qu'en faible minorité. Les luthériens, moins rigides que les calvinistes, ont néanmoins d'excellentes mœurs de famille, une éducation sérieuse, une industrie active; leurs terres sont parfaitement cultivées. En France, si l'on en excepte l'Alsace, on compte bien moins de luthériens que de calvinistes, et cela s'explique par l'origine toute française de Calvin et l'influence de Genève. Le luthéranisme est germanique.

LUTHIER. C'est l'ouvrier, le commerçant ou l'artiste qui confectionne ou vend les instruments à cordes qui ont remplacé le luth, tels que les violons, les violoncelles, les lyres, les guitares, etc. L'Allemagne est la contrée qui a produit longtemps les plus habiles luthiers. Depuis quelques années, la France lutte glorieusement avec elle dans cette branche difficile de l'art musical.

LUTIN, esprit malin, inquiétant, nuisible, qui ne paraît que de nuit, pour tourmenter et faire du mal, du dégât, du désordre. Autrefois chaque ville de France avait son lutin particulier; c'était le *Moine bourru* à Paris, la *Mala Bestia* à Toulouse, le *Mulet Odet* à Orléans, le *Loup-garou* à Blois, le *Roi Hugon* à Tours, *Forte Épaule* à Dijon. On faisait de ces noms ridicules le canevas de mille fables absurdes; et il fallait bien que cela fût très-répandu, puisque le grave De Thou n'a pas dédaigné d'en parler dans son histoire. Ch^{er} DE JAUCOURT.

LUTTE (du latin *lucta*, *luctatio*). La lutte était un des principaux exercices gymniques des Grecs et des Romains. Lucien, dans un dialogue, où il met en scène Anacharsis et Solon, nous en a laissé une piquante description : « *Anacharsis*. A qui en veulent ces jeunes gens de se mettre si fort en colère, de se donner des crocs-en-jambe et de se rouler dans la boue comme des pourceaux, en tâchant de se suffoquer ? Ils s'huilaient, se rasaient d'abord paisiblement l'un l'autre ; mais tout à coup, baissant la tête, ils se sont entre-choqués comme des béliers ; puis, l'un élevant en l'air son compagnon, le laisse tomber à terre par une secousse violente, et, se jetant sur lui, l'empêche de se relever, lui pressant la gorge avec le coude, et le serrant si fort avec les jambes que j'ai peur qu'il ne l'étouffe, quoique l'autre lui frappe sur l'épaule pour le prier de le lâcher comme se reconnaissant vaincu. Il me semble qu'ils ne devraient point s'enduire ainsi de boue après s'être huilés, et je ne puis m'empêcher de rire quand je vois qu'ils esquivent les mains de leurs antagonistes comme des anguilles que l'on presse... *Solon*. La difficulté qui se trouve à colleter un adversaire lorsque l'huile et la sueur font glisser la main sur la peau met en état d'emporter sans peine, dans l'occasion, un blessé, ou un prisonnier, hors du champ de bataille. Quant au sable et à la poussière dont on se frotte, on le fait pour une raison différente, c'est-à-dire pour donner plus de prise, afin de s'accoutumer à esquiver les mains d'un antagoniste malgré cet obstacle; en outre, cela sert non-seulement à essuyer la sueur et à décrasser, mais encore à soutenir les forces en s'opposant à la dissipation des esprits, et à fermer l'entrée à l'air en bouchant les pores dilatés par la chaleur. »

Ce tableau reproduit parfaitement la *lutte perpendiculaire* et la *lutte horizontale*; mais il y en avait encore une troisième, nommée *acrochirisme* (d'ἄκρος, extrême, haut, et de χείρ, la main) : dans celle-ci, les athlètes ne se prenaient que par l'extrémité de la main et par les poignets, se les tordaient, et tâchaient ainsi de se renverser.

L'exercice de la lutte remonte à l'antiquité la plus reculée; on croit généralement que Thésée et Hercule, qui le suivirent en vogue en même temps aux jeux isthmiques et olympiques, l'avaient emprunté à l'Arcadie, où Lycon avait été le premier fondateur de cette sorte de combats. A Sparte, où la plus belle était le prix du plus brave, Lycurgue employa la lutte comme un puissant ressort de législation; les jeunes Lacédémoniennes, toujours vêtues si légèrement qu'on les appelait *montre-hanches*, paralysaient nues dans l'arène, et le spectacle de leurs luttes séduisantes, en enflammant l'imagination des jeunes guerriers, les rendait capables des entreprises les plus hardies. Peu à peu la lutte tomba en désuétude, et ne reparut qu'à la 18e olympiade, plusieurs années après le rétablissement des jeux olympiques par Iphitus. Elle est retombée en oubli, et l'on en voit à peine une faible trace dans les jeux de nos hercules.

Lutte s'emploie figurément pour *guerre*, *dispute*, *controverse*.

LUTZEN, petite ville de 1,800 habitants, dans l'arrondissement de Mersebourg (Saxe prussienne), est célèbre dans l'histoire par deux grandes batailles livrées sous ses murs, l'une à l'époque de la guerre de trente ans, l'autre en 1813, par Napoléon aux coalisés.

Première bataille (novembre 1632). Après avoir levé son camp devant Nuremberg, Gustave-Adolphe, pour continuer ses conquêtes, avait marché sur la Bavière, tandis que Wallenstein se dirigeait vers la Saxe, à l'effet d'employer au besoin la force pour déterminer l'électeur, toujours irrésolu et hésitant, à embrasser le parti de l'empereur, et de couper aux Suédois la retraite vers le nord de l'Allemagne. Holk et Gallas marchaient à l'avant-garde, et Wallenstein venait ensuite avec le gros de l'armée. A ce moment, Gustave-Adolphe, qui se disposait à mettre de nouveau le siège devant Ingolstadt, reçut courrier sur courrier de l'électeur, qui le pressait d'accourir à son secours. Prenant son chemin par Nuremberg et Arnstadt, le roi opéra sa jonction avec le duc Bernard de Saxe-Weimar; puis il se dirigea par Erfurt sur Naumbourg, pour lâcher de rejoindre aussi les Saxons, et il s'y retrancha dans un camp fortifié. Aussitôt Wallenstein de marcher jusqu'à Lutzen à la rencontre du roi ; mais celui-ci prit pour fortifier son camp des dispositions qui, en raison de l'état avancé de la saison, semblaient annoncer qu'il considérait la campagne comme terminée. Rassuré par cette circonstance, Wallenstein détacha Pappenheim vers le Rhin pour porter secours à l'électeur de Cologne contre les Hollandais, puis avec ce qui lui restait de troupes il vint prendre, aux environs de Lutzen, des cantonnements très-resserrés.

Gustave-Adolphe ne fut pas plus tôt instruit du départ de Pappenheim, qu'il renonça à l'idée d'opérer sa jonction avec l'électeur de Saxe, Jean-Georges, et qu'il marcha droit sur Lutzen, où il arriva le 5 novembre dans la soirée, bien déterminé à attaquer Wallenstein.

Surpris par l'arrivée des Suédois, Wallenstein massa en toute hâte son armée, et expédia des estafettes à Pappenheim avec ordre de s'en revenir incontinent de Halle. En même temps, dans la nuit et pendant la matinée, il se fortifia de son mieux dans sa position, et disposa son armée de telle façon que son aile droite, aux ordres de Holk, s'appuyait à la petite ville de Lutzen, et que son aile gauche, aux ordres de Gallas, s'étendait jusqu'au ruisseau qui coupe la plaine entre Markranstædt et Lutzen. Son front était tourné vers la route, dont Wallenstein fit creuser et garnir de grosse artillerie les fossés. Derrière étaient placées deux lignes de fusiliers et une ligne de Croates, chargés de tirer du haut de leurs chevaux par-dessus les deux premières lignes et d'exposer de la sorte l'ennemi à un triple feu. Une batterie de sept pièces de canon placée en avant du front de l'armée avait mission de protéger ces troupes; et une seconde batterie, de quatorze pièces, fut établie sur une hauteur dominant la contrée, près des moulins à vent, de façon à pouvoir balayer une grande partie de la plaine. Sa ligne de bataille proprement dite, disposée sur deux rangs, se tenait à environ trois cents pas derrière la grande route; l'infanterie, divisée en quatre grands carrés hors d'état de s'entr'aider, et commandée par Schaffgotsch et Schaumbourg, formait le centre; la cavalerie était postée aux deux ailes. L'aile droite de cavalerie avait également un carré à son centre.

L'ordre de bataille adopté par les Suédois était le même que celui qui l'année précédente avait fait gagner à Gustave-Adolphe la bataille de Leipzig. Le roi avait entremêlé son infanterie de petits escadrons de cavalerie; elle était placée en avant de sa cavalerie, puis venaient encore des mousquetaires; mais instruit par l'expérience de la bataille de Leipzig, il lui avait adjoint de l'artillerie de campagne, afin qu'elle pût mieux résister aux charges de cavalerie. Toute son armée formait deux lignes. Son aile gauche s'étendait jusqu'à Lutzen, et sa droite jusque par delà le ruisseau. Devant son front s'étendait la grande route de Leipzig, derrière lui le ruisseau entourait l'armée de ses replis sinueux. Sa cavalerie était placée aux ailes, et son infanterie, massée en huit divisions, occupait son centre. L'aile droite était commandée par le roi en personne, l'aile gauche par le duc Bernard de Saxe-Weimar, le centre par le comte de Kniphausen. L'artillerie des Suédois se composait de cent bouches à feu. Sur ce nombre il s'en trouvait vingt-six du plus gros calibre placées en batterie devant l'aile gauche. Il y en avait en outre vingt autres d'un calibre inférieur devant chaque aile, et cinq en avant de chaque masse d'infanterie.

C'est ainsi rangées que les deux armées se trouvèrent en présence au point du jour, le 6 novembre; mais un épais brouillard répandu sur toute la plaine fit différer l'attaque. Les Suédois, agenouillés, récitèrent leurs prières aux accents de leurs corps de musique; puis le roi parcourut à cheval les rangs de ses troupes pour exciter leur courage et leur inspirer pleine confiance dans le succès de la journée. Vers midi, le soleil ayant enfin dispersé le brouillard, le roi donna le signal de l'attaque, en s'écriant d'une voix retentissante : « En avant! A la grâce de Dieu! Jésus, Jésus, viens-nous en aide aujourd'hui pour faire triompher ton saint nom! » *Le Seigneur est avec nous !* était le mot d'ordre des Suédois; *Jésus, Marie*, celui des Impériaux. Le régiment bleu et jaune marcha résolûment à l'encontre de l'ennemi, qui, appuyé par le ruisseau et par le parapet, par des mousquetaires, des cuirassiers et de la grosse artillerie, l'accueillit avec un feu terrible. Repoussés d'abord, en même temps que des vides énormes s'étaient faits dans leurs rangs, les Suédois recommencèrent l'attaque quand ils virent leur roi se mettre à leur tête, chassèrent les Impériaux des fossés, enlevèrent la batterie qui s'y trouvait placée et s'avancèrent au pas de course contre les carrés. Le premier fut immédiatement rompu; autant en arriva au second après une lutte acharnée, et le troisième courait grand risque d'éprouver le même sort, quand Wallenstein accourut à son secours avec les cuirassiers de Holk, qui culbutèrent les Suédois, et qui reprirent la batterie dont ceux-ci venaient de s'emparer. Pendant ce temps-là les escadrons suédois, qui n'avaient pas pu suivre l'infanterie dans sa marche si rapide, et dont la fuite répandit bientôt le désordre dans le reste de la cavalerie impériale. A ce moment on vint apprendre au roi que son infanterie avait été repoussée au delà des fossés, et que son aile droite, foudroyée par l'artillerie ennemie placée en batterie près des moulins à vent, avait également fléchi et se retirait en désordre. Confiant au général Horn le soin de poursuivre sa victoire, Gustave-Adolphe, à la tête du régiment de Stenbock, courut bien vite de ce côté au secours de ses troupes compromises. Accompagné d'une poignée de cavaliers, parmi lesquels se trouvait le duc François de Lauenbourg, il précédait de loin ses escadrons, se dirigeant vers le lieu où ses Suédois se trouvaient le plus en péril, afin de reconnaître par lui-même le point où l'ennemi pouvait donner prise. S'étant avancé trop loin, il fut d'abord blessé au bras par un coup de mousquet parti des rangs des Impériaux; puis, ayant tourné bride, il reçut dans les reins un second coup de feu, par suite duquel il perdit connaissance et tomba de cheval. A l'aile droite le duc Bernard avait opéré un mouvement de conversion avec tant d'habileté qu'il pouvait à la tête de quelques régiments prendre l'ennemi en flanc, quand la nouvelle de la mort du roi se répandit dans ses rangs. Prenant tout aussitôt le commandement en chef, il courut de division en division ranimer le courage des troupes consternées. Les Suédois combattirent alors comme de véritables lions furieux; ils culbutèrent tout ce qui se rencontra sous leurs pas, franchirent de nouveau le fossé, enlevèrent encore une fois la batterie qu'ils avaient reperdue, ainsi que celle qui se trouvait placée près des moulins à vent, et se précipitèrent sur les carrés des Impériaux, qu'ils écrasèrent. Déjà les Impériaux, dont presque toute la cavalerie, et surtout la grosse cavalerie, se trouvait anéantie, se disposaient à prendre la fuite, quand dans ce moment critique arriva sur le champ de bataille Pappenheim à la tête de huit régiments de cavalerie, toutes troupes fraîches, avec lesquelles il était parti de Halle en précédant son infanterie; et la mêlée de recommencer alors plus terrible que jamais. Il réussit à rallier quelques bandes de fuyards, et s'en vint attaquer les Suédois avec sa cavalerie, à laquelle Piccolomini s'était joint.

L'aile droite des Suédois, attaquée la première, céda à l'impétueuse attaque de Pappenheim. Il en arriva successivement autant au centre et à l'aile gauche. En vain le régiment bleu et jaune opposa la plus héroïque résistance; il fut haché en morceaux. Les Impériaux reprirent leur batterie, et rejetèrent les Suédois par delà les fossés. Mais ici la seconde ligne de l'armée suédoise, commandée par Kniphausen, attaqua vigoureusement les Impériaux et les empêcha de pousser plus avant. A cet instant Pappenheim, atteint de

33.

LUTZEN

deux coups de feu, tomba mortellement blessé, et il fallut l'emporter du champ de bataille. Consternée par cet accident, sa cavalerie prit la fuite entraînant pêle-mêle avec elle une partie de l'aile droite des Impériaux. Le duc de Saxe-Weimar, réunissant la première et la seconde ligne en une seule, marcha alors de nouveau sur l'ennemi; et après un affreux carnage les fossés furent derechef franchis par les Suédois, en même temps qu'il s'emparait pour la troisième fois de la batterie qui y avait été établie. Cette effroyable lutte dura longtemps encore sans que la victoire se décidât pour l'une ou l'autre des armées en présence, et qui combattaient avec toute l'énergie du désespoir; l'obscurité de la nuit put seule y mettre un terme. Les Suédois purent cependant se dire les vainqueurs, puisque Wallenstein, qui avait à redouter l'arrivée des troupes saxonnes, abandonna en toute hâte le champ de bataille, où il laissa son artillerie; et dans la nuit même il battit en retraite sur Leipzig, d'où il ramena son armée en Bohême.

La Saxe se trouvait délivrée de la présence de l'ennemi, et l'indépendance de la foi protestante était désormais sauvée. Il y avait eu de part et d'autre plus de 9,000 hommes morts ou grièvement blessés. Au nombre des premiers figuraient Gustave-Adolphe et Pappenheim. Pappenheim mourut à Leipzig, des suites des graves blessures qu'il avait reçues dans l'action. Le duc de Saxe-Weimar fit rechercher le cadavre de Gustave-Adolphe; on le retrouva non loin d'une grande borne, sous un monceau de cadavres, déjà complétement dépouillé, et tellement foulé aux pieds par les chevaux qu'il en était devenu presque méconnaissable. Cette simple borne, surnommée la *pierre du Suédois*, et qu'on entoura de peupliers et de bancs, rappela longtemps encore le souvenir de l'héroïque monarque. Elle a été remplacée en 1837, à l'occasion du deuxième anniversaire séculaire de cette mémorable bataille, par un monument en fer fondu.

[*Deuxième bataille* (2 mai 1813). Cette bataille, que l'empereur Napoléon Ier gagna contre les souverains de Russie et de Prusse, a reçu en Allemagne le nom de *Gross-Gœrschen*. Toutes les forces dont pouvait disposer la France à la suite des désastres de la Bérésina étaient loin de se trouver en mesure d'entrer en campagne. Quatre corps seulement furent formés entre le Rhin et la Saale. Le troisième, commandé par le maréchal Ney, se composa de 30,000 hommes des cohortes de la garde nationale ou des réserves des vieilles conscriptions; dans le quatrième, commandé par le général Bertrand, entrèrent les nouvelles levées faites en Italie. Raguse prit le commandement du premier, que formèrent les vieilles troupes d'artillerie de la marine, au nombre de seize bataillons, et deux régiments d'infanterie; le deuxième, composé de Bavarois et de quelques bataillons français, se rassembla sous les ordres d'Oudinot.

Napoléon arriva le 28 avril à Naumbourg, sur la Saale, où deux divisions de sa garde l'avaient précédé, sous le commandement de Roguet et de Dumoutier. Le prince Eugène n'était alors entre Querfurth et Magdebourg, avec les corps de Lauriston et de Macdonald. Une avant-garde ennemie, conduite par Wintzingerode, essayait de le tourner par sa droite, quand celle de Ney vint annoncer à ce dernier, en le refoulant sur le défilé de Poserna, que l'empereur allait reprendre l'offensive. En comptant le corps de Vandamme, qui se formait au bas de l'Elbe, l'armée française ne présentait au 1er mai qu'un effectif de 166,000 hommes; et sur le point où les deux partis allaient s'entre-choquer il s'en trouvait à peine 85,000. Napoléon n'avait pas choisi la plaine de Lutzen pour champ de bataille; c'est dans Leipzig qu'il comptait opérer sa jonction avec Eugène, et Ney se dirigeait sur cette ville quand il rencontra Wintzingerode. Cette avant-garde ennemie se replia derrière le Stoss-Graben, après un combat qui eût été sans importance si Bessières n'y eût trouvé la mort, en poussant une reconnaissance sur le village de Rippach. Mais l'éveil fut donné au roi de Prusse et à l'empereur Alexandre. Ils pressentirent l'arrivée de Napoléon et, loin de l'attendre à Leipzig, Wittgenstein prit sur-le-champ la résolution de surprendre les Français dans leur marche, de les couper de la Saale en culbutant leurs dernières colonnes, et en lançant sur eux les 25,000 chevaux qu'il avait à sa disposition.

Pour exécuter cet audacieux projet, un corps de 107,000 hommes quitta les environs de Leipzig dans la nuit du 1er au 2 mai, et arriva, par une marche forcée, à Pégau. Les défilés de l'Elster furent franchis avant le jour, et l'aurore trouva ces troupes en bataille sur la rive gauche de cette rivière, entre Werben et Grühna. Wittgenstein leur donna quelques heures de repos pour laisser aux Français le temps de s'enfoncer dans le défilé de Lindenau, et retarda jusqu'à onze heures le signal de l'attaque. Blucher et les Prussiens contraints de céder au nombre, au moment où la cavalerie prussienne débouchait du village de Starfiedel pour la prendre à revers. Ney envoya la division Girard au secours de Souham : cette cavalerie fut heureusement repoussée, et l'effort simultané des deux divisions françaises les remit en possession de Gross-Gœrschen, de Rahna et de Kaya.

Napoléon s'avançait pendant ce temps sur la route de Leipzig, sans se douter qu'il eût à livrer une bataille. Cette canonnade arrêta sa marche; et bientôt de nombreux messages lui firent connaître le danger de son centre et de son aile droite. Ses mesures furent prises à l'instant. Raguse reçut l'ordre de soutenir Ney, Bertrand et le quatrième corps celui d'attaquer l'extrême gauche de la ligne ennemie. Eugène et Macdonald firent en même temps un changement de front, et se portèrent à la hâte sur le nouveau champ de bataille, pendant que Lauriston suivait son mouvement sur Leipzig, pour observer les troupes que l'ennemi y avait laissées. Napoléon se dirigea enfin de sa personne vers le canon qui tonnait sur les villages de Klein-Gœrschen et de Kaya. Les Prussiens d'Yorck et de Bluscher les attaquaient avec fureur, tandis que Wintzingerode tournait le flanc droit du corps de Ney pour s'emparer de la route de Weissenfels avec la réserve de la cavalerie russe. Quatre divisions, Souham, Girard, Ricard, et Brenier, étaient successivement entrées en ligne; mais, malgré des prodiges de valeur, après trois heures d'un combat opiniâtre, le nombre l'avait emporté; et ces braves faisaient de vains efforts pour reprendre encore une fois les villages occupés par les troupes de Blucher, lorsqu'à deux heures les colonnes du sixième corps arrivèrent du défilé de Poserna et se portèrent dans la plaine en bataillons carrés. La division Compans rencontra la cavalerie de Wintzingerode, et la repoussa sur son infanterie; le village de Kaya devint le centre d'une lutte nouvelle. Napoléon et Wittgenstein tenaient l'un et l'autre à la possession de ce point du champ de bataille, qui couvrait la ville de Lutzen et la grande route de Leipzig. La division Bonnet établie près celle de Compans, et leurs carrés, formés des vieilles troupes d'artillerie de marine, soutinrent avec une froide intrépidité les charges réitérées de l'innombrable cavalerie que l'ennemi avait lancée dans la plaine.

Wittgenstein combina dès lors un vigoureux effort sur le centre, que dominait le village de Kaya, pris et repris quatre fois dans la journée. La garde prussienne et les réserves de l'infanterie russe vinrent appuyer et seconder l'attaque simultanée des corps de Blucher, d'Yorck et de Wintzingerode. Une formidable artillerie, démasquée tout à coup par ces masses de cavalerie qui avaient simulé une nouvelle charge, porta la mort dans les carrés du sixième corps, mais sans y porter le désordre. Forcées à la retraite, les vieilles bandes de marine se repliaient à pas lents vers la grande route, et Bonnet leur servit d'exemple en se tenant constamment entre leurs carrés et l'artillerie russe. Ailleurs, dans les rangs de Ney, Girard, malgré plusieurs blessures, s'obstinait à rester sur le champ de bataille en s'écriant que pour tous les Français qui avaient du cœur le moment était venu de vaincre ou de périr. Cependant, nos colonnes reculaient, et l'empereur pressait l'arrivée des corps de Bertrand et d'Eugène. Déjà la division Morand, du premier de ces corps, attaquait le flanc gauche de Wintzingerode; mais la division russe de Bern, accourant à son aide, rétablit sur ce point l'égalité du nombre. Napoléon fait alors avancer sa réserve. Les seize bataillons de sa jeune garde occupent les intervalles des divisions de Ney et de Raguse. La vieille garde appuie ce mouvement, que dirige Trévise ; Drouot et Dulauloy amènent en même temps quatre-vingts bouches à feu, les déploient en face de Starfiedel et de Kaya, et foudroient les colonnes qui débouchent de ces villages.

Cependant, toutes les réserves des alliés n'étaient pas encore engagées, et le prince de Wurtemberg pénétrait avec ses troupes dans les villages d'Hohenlohe et de Kitzen pour déborder la gauche de l'armée française. Heureusement pour elle, c'était sur ce point que s'était dirigé le prince Eugène. Il avait laissé le corps de Lauriston à Leipzig, et le onzième, commandé par Macdonald, arrivait avec lui sur le champ de bataille. C'est à quatre heures du soir que le prince déboucha en trois colonnes entre les villages d'Eisdorf et de Kitzen. Soixante pièces de canon le précédaient : elles annoncèrent son attaque. Les Prussiens d'Yorck, poussés sur Eisdorf, y furent vigoureusement soutenus par le corps du prince de Wurtemberg et par treize bataillons de gardes russes ; mais les deux villages furent emportés par les divisions Fressinet, Charpentier et Gérard, avec une irrésistible impétuosité. Napoléon profita habilement de cet avantage. Des aides de camp parcoururent toute la ligne pour annoncer l'arrivée du vice-roi d'Italie et le gain de la bataille : les divisions de Ney et de Marmont se portèrent en avant ; le corps de Bertrand appuya vivement cette dernière attaque. L'ennemi fut culbuté de toutes parts, et chassé des villages ensanglantés qu'il nous avait disputés toute la journée. Il se replia en désordre derrière le Stoss-Graben, vers la position qu'il avait occupée la nuit précédente. Cependant, vers neuf heures du soir, à la faveur de l'obscurité, un détachement de cavalerie russe tenta de surprendre l'aile gauche des Français ; mais toutes les troupes étaient encore sous les armes, et ce ne fut qu'une alerte sans résultat.

Les alliés perdirent 15,000 hommes dans cette affaire, en comptant 2,000 prisonniers, dont le nombre eût été plus considérable si la cavalerie de Napoléon avait eu le temps d'arriver. Quelques divisions n'atteignirent Lutzen que pendant la nuit, et le 3, au point du jour, elles parcoururent le front de bandière pour ajouter à l'enthousiasme de l'infanterie, qui avait eu les honneurs de la journée. Notre perte fut estimée à 12,000 tués ou blessés. Mais le résultat moral de cette victoire fut immense. La France s'était relevée du plus grand désastre qu'elle eût jamais éprouvé. Ceux qui la croyaient perdue sans ressource passèrent rapidement de l'espoir à la crainte, et n'osèrent pas attendre leurs vainqueurs. Ils franchirent de nouveau l'Elster le lendemain, et se retirèrent sur Dresde par les routes de Borna et de Frohberg. Dans cette bataille, le génie de Napoléon brilla de tout son éclat ; loin de se laisser déconcerter par une attaque imprévue, qui bouleversait ses dispositions, il devina toutes les combinaisons de son ennemi et les déjoua par la rapidité de ses manœuvres. Il passa la Pleisse le 4 à la suite des vaincus, la Mulda le 5, et l'Elbe le 8 par Dresde et Meissen, sur les ponts de bois que le génie substituait partout aux ponts de pierre détruits par l'ennemi.

VIENNET, de l'Académie Française.]

LUXATION (en latin *luxatio*, de *luxare*, débotter, faire changer de place), état dans lequel les surfaces articulées des os perdent en tout ou en partie leurs rapports naturels, soit par l'effet d'une violence extérieure, soit à la suite d'une altération des parties qui constituent l'articulation : dans le premier cas, les luxations sont *accidentelles* ; dans le second, elles prennent la dénomination de *spontanées* ou *consécutives*. Presque tous les os peuvent être déplacés dans leurs articulations. On a observé pourtant que les articulations orbiculaires couraient risque plus que les autres d'être luxées, à cause de l'étendue de leur mouvement et de la laxité de leurs ligaments. En revanche, les luxations sont fort rares dans les articulations dont les surfaces sont maintenues en rapport par des substances fibreuses intermédiaires, comme on l'observe dans les vertèbres. Rarement aussi arrivent-elles sans f r a c t u r e s. Les luxations peuvent avoir lieu pour chaque articulation dans plusieurs sens : ainsi, le bras, de l'épaule au coude, se luxe dans son articulation supérieure, en bas, en avant, en arrière ; la cuisse, la jambe, se déplacent dans quatre sens. Il faut distinguer dans les luxations le déplacement primitif, effet de la violence extérieure, d'avec le déplacement consécutif, qui n'arrive que plus tard, et dépend de l'action musculaire, du poids des membres. L'étendue du déplacement varie dans les luxations. Quand les os ont perdu tous leurs rapports articulaires, la luxation est *complète* ; elle est *incomplète* seulement lorsqu'ils conservent encore quelques-uns de ces rapports. Il y a aussi des différences à observer dans le plus ou moins d'ancienneté des luxations, dans leur plus ou moins de simplicité ou de complication. Dans les luxations, les ligaments sont déchirés en tout ou en partie, les capsules synoviales ouvertes, les muscles voisins souvent allongés, déchirés, les vaisseaux rompus ; et quand la luxation n'a pas été réduite à temps, il survient dans les parties lésées des changements capables de la rendre irréductible.

Les signes des luxations sont les uns rationnels, tels que la douleur, la difficulté ou l'impossibilité des mouvements ; les autres sensibles, tels que les changements dans la forme, le membre allongé ou raccourci, sa direction changée, ses mouvements altérés, son articulation et son entourage déformés. Les pronostics varient. Ordinairement, quand une luxation n'a pas été réduite et qu'elle est ancienne, sa réduction devient impossible, et le malade reste estropié. Le traitement consiste à réduire les os déplacés, à les maintenir réduits, à prévenir les accidents, à les combattre lorsqu'ils sont développés. Pour réduire les luxations, il faut employer une force supérieure à celle des muscles et des autres parties qui retiennent les os déplacés. On établit la contre-extension sur la partie supérieure du membre ou sur le tronc ; l'extension, appliquée à sa partie inférieure, doit être d'abord dirigée suivant le sens du déplacement de l'os luxé, et opérée ensuite de telle sorte que cet os parcoure en sens inverse, pour rentrer dans sa cavité, la même route qu'il s'est frayée pour en sortir. Le chirurgien provoque la coaptation en portant les surfaces osseuses déplacées l'une vers l'autre. A l'instant où la réduction est complète, on entend d'ordinaire un bruit produit par la rencontre des surfaces articulaires. Déjà le membre a repris sa forme, sa direction, sa longueur, ses mouvements ; les douleurs ont en grande partie disparu. On maintient ensuite les os réduits en appliquant des bandages appropriés à chaque espèce de luxation ; puis on combat les complications par des moyens différents, suivant leur nature.

LUXE, somptuosité, excès de dépense dans le vêtement, la table, l'ameublement, etc. Ce mot vient du latin, *luxus*, dérivé de *luxuriari*, être trop fertile, trop abondant. Suivant le *Dictionnaire de Trévoux*, au contraire, *luxe* et *luxure* viendraient de ce que l'un et l'autre énervent le corps, et lui enlèvent force et vigueur : *luxant membra*. Luxe se dit figurément, au physique et au moral, pour *grande abondance, profusion, superfluité*.

Le luxe a généralement pour cause première le mécontentement de la position où l'on est et le désir de l'améliorer, désir, au reste, commun à tous les hommes. Il y a du luxe dans tous les états, dans toutes les sociétés ; le sauvage a son hamac, qu'il échange contre des peaux de bête ; l'Européen son divan, son lit drapé ; nos femmes se couronnent de diamants et se couvrent de cachemires ; le sexe, dans la Floride, sa barbouille de bleu, et s'embellit avec des verroteries. Les moralistes ont censuré le luxe avec plus de morosité que de lumière ; les économistes l'ont exalté plus en marchands qu'en philosophes. Ils ont dit que le luxe contribuait à la population ; mais l'Italie, sous les Romains, à l'époque de sa grandeur et de son luxe, était de moitié moins peuplée que lorsqu'elle fut divisée en petites républiques, presque sans luxe et sans industrie. Ils ont dit que le luxe enrichissait les États ; mais la France est aujourd'hui une des nations où règne le plus grand luxe et où il y a pourtant, toute proportion gardée, le moins de personnes riches. Ils ont dit que le luxe adoucissait les mœurs et répandait les vertus privées ; mais il y avait plus de vertus privées, plus de mœurs dans Rome et dans Athènes au temps de leur pauvreté qu'au temps de leur luxe. Ils ont dit que le luxe était favorable aux progrès des sciences et des arts ; mais quels progrès les sciences et les arts avaient-ils faits chez les Sybarites et chez les Lydiens? Ils ont dit, enfin, que le luxe augmentait à la fois la puissance des nations et le bonheur des citoyens ; mais les Perses sous Cyrus avaient peu de luxe, et ils subjuguèrent les riches Assyriens. Les Perses, devenus riches à leur tour, furent subjugués par les pauvres Macédoniens. Si le luxe accroît les commodités et les plaisirs, vous verrez, en parcourant l'Europe et l'Asie, que ce n'est pas chez le plus grand nombre.

Les détracteurs du luxe sont également contredits par les faits. Ils disent qu'il n'y a jamais de luxe sans une extrême inégalité dans les richesses, sans que le peuple soit dans la misère et un petit nombre d'hommes dans l'opulence ; mais cette disproportion existe en Pologne, où il y a moins de luxe qu'à Berne et à Genève, où le peuple vit dans l'abondance. Ils disent que le luxe fait sacrifier les arts utiles aux arts agréables, et qu'il ruine les campagnes en rassemblant les hommes dans les villes ; mais en Flandre il y a du luxe, des arts, de l'industrie, de belles villes, et les laboureurs y sont riches, les campagnes cultivées et peuplées. Ils disent que le luxe contribue à la dépopulation ; mais le luxe et la population de l'Angleterre augmentent à la fois. Ils disent, enfin, que le luxe amollit le courage et éteint les sentiments d'honneur et d'amour de la patrie; mais sous les ordres de Luxembourg, de Villars, du comte de Saxe, de Napoléon, le peuple du plus grand luxe connu, les Français, se sont montrés aussi comme le peuple le plus courageux. Sous Sylla, sous César, sous Lucullus, le luxe des Romains n'avait rien ôté à leur courage ; et Romains et Français à ces grandes époques n'étaient pas insensibles, croyons-nous, à la voix de la patrie et de l'honneur.

Éloges et censures, tout est donc contredit par l'histoire. A Dieu ne plaise, néanmoins, que, suivant les philosophes du dernier siècle de conséquence en conséquence, nous prétendions, à leur exemple, faire éviter à l'homme les inconvénients du luxe, en le rejetant dans les bois, en le ramenant à certain état primitif qui n'a jamais été et qui ne peut être ! Ce qu'il y a de certain, c'est qu'en étudiant les progrès et la décadence des empires, on voit le luxe s'élever par degrés avec les nations, les mœurs se corrompre, et les empires s'affaiblir, décliner, -tomber. Chez les Égyptiens, chez les Perses, chez les Grecs, chez les Romains, le luxe augmente avec la grandeur des nations ; il arrive à son apogée, puis il arrache peu à peu aux nations leurs vertus et leur puissance. Le luxe tire les peuples de leur faiblesse, de leur obscurité ; il leur donne force, consistance, richesse, arts, industrie, commerce ; puis vient l'instant de la maturité. Parvenu au sommet de l'échelle, il faut se résoudre à descendre : c'est la loi de la nature ; c'est l'histoire de toutes les nations comme de tous les individus. En somme, le luxe est contraire ou favorable à la richesse des peuples, selon qu'il consomme plus ou moins le produit de leur sol et de leur industrie, plus ou moins le produit du sol et de l'industrie de l'étranger ; le luxe doit avoir un plus grand nombre ou un plus petit nombre d'objets, selon que ces nations ont plus ou moins de richesse ; il est à cet égard le même pour les peuples en général que pour les hommes pris individuellement ; il faut que la multitude des jouissances soit proportionnée aux moyens de jouir. Le luxe désordonné se détruit lui-même ; il épuise ses ressources, il tarit ses canaux. Le luxe bien entendu, le luxe répandu proportionnellement dans les classes de la société, contribue à la grandeur et à la force des États. Il faut l'encourager, l'éclairer, le diriger.

Quant aux lois somptuaires, nous n'en connaissons qu'une espèce qui ne soit pas absurde, c'est celle qui chargerait d'impôts une branche de luxe qui viendrait de l'étranger, une branche de luxe qui favoriserait trop un genre d'industrie aux dépens de plusieurs autres ; il y a même des temps où cette loi pourrait être dangereuse. Toute autre loi somptuaire est inutile : avec des richesses inégales, de l'autorité dans les hautes classes et peu d'esprit patriotique, le luxe passera d'un abus à un autre. Vous lui ôterez un de ses moyens, il le remplacera par un autre, également contraire au bien-être général. On s'en est pris arbitrairement tantôt à un objet de luxe, tantôt à un autre. On n'a jamais voulu comprendre que ce n'est pas le luxe qui fait les mœurs, mais qu'il en prend le caractère et l'empreinte.

Si maintenant nous venons à considérer le luxe sous l'aspect exclusivement catholique, la question changera de face, et nous serons forcés de convenir qu'une religion qui prêche la mortification, l'amour de la croix et des souffrances, l'abnégation de soi-même, comme autant de vertus absolument nécessaires au salut, ne peut pas approuver le luxe ou la recherche des superfluités. Jésus-Christ a condamné le luxe par ses leçons et ses exemples ; il a voulu naître, vivre et mourir dans l'indigence, dans la privation des commodités de la vie : grand sujet de consolation pour les pauvres, sujet de graves réflexions pour les riches qui ne refusent rien à leur sensualité. « Malheur à vous, riches ! a-t-il dit, parce que vous trouvez votre félicité sur la terre (saint Luc). » Les Pères de l'Église n'ont rien rabattu de la sévérité des maximes de l'Évangile ; les plus anciens sont ceux dont la morale est la plus austère ; ils condamnent sans pitié toute espèce de luxe.

Certes, si les riches employaient à soulager les pauvres ce qu'ils consomment en folles dépenses, le nombre des malheureux diminuerait de moitié ; mais l'habitude du luxe étouffe la charité, et rend les riches impitoyables. Ils ne se rappellent plus la belle maxime de saint Paul : « Que votre abondance supplée à l'indigence des autres, afin de rétablir l'égalité. » C'est aux ecclésiastiques surtout que les canons défendent toute espèce de luxe. Comme leur conduite doit être plus modeste, plus exemplaire, plus sainte que celle des autres hommes, toute superfluité leur est encore plus sévèrement interdite.

LUXEMBOURG (Grand-duché de), ancienne dépendance de l'Empire d'Allemagne, qui eut longtemps ses souverains particuliers, et dont le territoire se trouve situé entre le pays de Liège, le Limbourg, les pays de Juliers, de Cologne et de Trèves, la Lorraine, la Champagne et le pays de Bouillon, fut longtemps gouvernée par des comtes, puis par des ducs, et qui depuis 1815 fait partie de la Confédération germanique avec le titre de grand-duché. Avant le partage qui en a été fait à la suite de la révolution belge, il avait une étendue de 86 myr. carrés, avec environ 315,000 habitants. Situé sur la limite extrême de l'Allemagne occidentale et dans les Ardennes, il est borné à l'ouest et au nord-ouest par le royaume actuel de Belgique, au sud par la France, à l'est et au nord-est (où la Moselle et la Sarre forment avec l'Aire la ligne de démarcation entre les deux territoires) par la Prusse rhénane. Le sol en est pour la plus grande partie couvert par des chaînes richement boisées des Ardennes, dont les points culminants y atteignent une élévation de 600 à 700 mètres. Peu propre à l'agriculture, il produit surtout du chanvre et du lin. On récolte aussi un peu de vin sur les bords de la Moselle, entre autres le vin de Wormelding, et les forêts donnent beaucoup de bois de construction. L'élève du bétail s'y fait sur une large échelle, et on y trouve beaucoup de gibier et même des loups. Parmi les produits du règne minéral figurent en première ligne le fer, puis de l'ardoise et de l'argile. Les habitants sont en partie allemands, mais plus généralement de race wallone, parlant un français corrompu et professant la religion catholique. L'industrie se borne à la fabrication des toiles, qui a pris de très-larges proportions, des fers, des cuirs, des draps, etc. On y trouve aussi beaucoup de manufactures de papier. Le commerce y est extrêmement actif, parce qu'on n'y manque ni de rivières navigables, ni de bonnes routes, ni de canaux ; un chemin de fer relie d'ailleurs Luxembourg à Namur et à Bruxelles. Le chef lieu du grand-duché est Luxembourg, forteresse appartenant à la Confédération germanique.

Le *Luxembourg hollandais*, auquel on a ajouté, comme État faisant partie de la Confédération germanique, une portion du Limbourg (28 myriam. carrés), se compose de 33 myriamètres carrés, avec 186,500 habitants. Il comprend 8 communes urbaines et 112 communes rurales. Depuis 1848 il est administré, comme duché particulier, par un lieutenant du roi (le prince Henri), un administrateur général et une chambre des députés. Dans le petit conseil de la Confédération germanique, il occupe la onzième place, et possède trois voix dans le *plenum*. Son contingent fédéral, qui fait partie du neuvième corps, est de 2,536 hommes.

Le *Luxembourg belge*, chef-lieu Arlon (5,671 hab.), comprend une superficie de 56 myriam. carrés et une population de 192,500 habitants. Sur 441,704 hectares, il y en a 141,000 en bois, et seulement 97,794 en terres arables.

Le Luxembourg, habité jadis par les Trévériens, les Cérésiens et les Pémaniens, a pris son nom du château appelé dans les anciennes chartes *Luciliburgum*, *Luceleborg*, etc. Ce duché, tel qu'il existait avant la réunion de la Belgique à la France, était divisé en *quartier allemand* et en *quartier wallon*. Le quartier allemand comprenait ceux de Luxembourg, de Grevenmacheren, d'Epternach, de Vianden, d'Arlon, de Bitbourg et la prévôté de Diekirck. Le quartier wallon comprenait ceux de Marche, de Durbuy, de La Roche, de Bastogne, de Neufchâteau, de Chiny, de Houffalise, de Saint-Vith, de Virton, et les bailliages d'Orchimond et d'Agimont. Après la réunion de la Belgique à la France, il y eut un département des Forêts, dont Luxembourg devint le chef-lieu. Mais une grande partie de l'ancien duché en fut distraite pour être incorporée au département de Sambre-et-Meuse. L'acte du congrès de Vienne du 19 juin 1815 céda au roi des Pays-Bas, comme indemnité de ses États de Nassau, le Luxembourg, qui forma avec le duché de Bouillon un *grand-duché*, partie intégrante de la Confédération germanique.

Le premier comte de Luxembourg fut Sigefroid, qui florissait au milieu du dixième siècle. La branche des premiers comtes s'éteignit dans la personne de Conrad II, mort en 1136 ; et Henri l'Aveugle, fils de Godefroid, comte de Namur, et d'Ermesinde, fille de Conrad Ier, comte de Luxembourg, succéda à ce comté. A la comtesse Ermesinde est due la charte d'affranchissement de la capitale. Cette charte est datée du mois d'août 1243. Elle fut confirmée et amplifiée par la Bulle d'Or de l'empereur Charles IV, le premier janvier 1357. Cette Ermesinde, fille de Henri l'Aveugle, épousa Thibaut comte de Bar, et la maison de Bar devint la troisième race des souverains du Luxembourg ; la quatrième est celle de Limbourg. Ce fut encore l'empereur Charles IV, grand distributeur de privilèges et de grâces, qui érigea ce pays en duché en faveur de son frère Wenceslas, par acte du 13 mars 1354. Élisabeth de Goerlitz, fille de Jean de Luxembourg, duc de Goerlitz, fils de l'empereur Charles IV, céda cette province à Philippe le Bon, duc de Bourgogne, l'an 1448. L'héritière de la maison de Bourgogne ayant épousé l'archiduc Maximilien, le Luxembourg, par cette alliance, passa à la maison d'Autriche. La partie méridionale en fut cédée à la France, en 1659, par le traité des Pyrénées. C'est ce qu'on appela le *Luxembourg français*, comprenant Thionville, Marville, Chauvancy, Montmédy, Yvoy ou Carignan et Damvillers. Aux termes de la paix d'Utrecht, le Luxembourg, à l'exception de la partie cédée à la France, fit retour à la maison de Habsbourg, et continua de faire partie, avec les Pays-Bas autrichiens du cercle de Bourgogne, de l'Empire germanique jusqu'en 1795, époque où les Français en firent la conquête ; et la paix de Campo-Formio leur en adjugea la possession définitive, qu'ils conservèrent jusqu'aux événements de 1814.

En 1830 le Luxembourg, à l'exception de la ville et forteresse fédérale avec son rayon, embrassa tout entier la révolution belge, et fut incorporé alors à la Belgique. Cet état de choses, extrêmement avantageux à la Belgique, se perpétua jusqu'en 1839, malgré les décisions de la conférence de Londres ; mais à cette époque on obtint enfin de la Hollande et de la Belgique leur assentiment à un arrangement portant qu'en échange de la partie wallone du Luxembourg, cédée à la Belgique, une grande partie du Limbourg serait réunie au Luxembourg comme partie intégrante de la Confédération germanique.

LUXEMBOURG, chef-lieu du grand-duché du même nom, forteresse d'une grande importance stratégique et politique faisant partie du territoire de la Confédération germanique, est situé en partie sur une montagne escarpée et en partie dans un bas-fond arrosé par l'Eltz ou Alzette, et divisé en *ville haute* et *ville basse*. On y compte 12,170 habitants, non compris la garnison. On y trouve peu de monuments remarquables. La plus belle de ses églises, Saint-Pierre, est de construction toute récente. La nature et l'art se sont réunis pour faire de Luxembourg une place forte de premier ordre. Aux termes de l'acte du congrès de Vienne, elle a été érigée en forteresse appartenant à la Confédération germanique ; sa garnison se compose pour les trois quarts de Prussiens, et pour l'autre quart de Hollandais. C'est le roi de Prusse qui en nomme le gouverneur. La ville s'éleva peu à peu autour du château appelé *Luceleborg*, et à partir de l'invention de la poudre à canon on ajouta sans cesse à son système de fortification. Prise en 1443, par le duc Philippe de Bourgogne, elle tomba en 1479 au pouvoir des Français, qui la même année en furent chassés par le margrave de Bade. Prise de nouveau par les Français, en 1543, reprise en 1544 par les Impériaux, elle fut attaquée en 1559 par le duc de Guise, et en 1597 par le maréchal de Biron. Louis XIV s'en empara en 1684, et le traité de Ratisbonne la céda à la France ; rendue à l'Espagne par le traité de Ryswick, l'an 1697, elle fut occupée par les Hollandais, qui en 1701 durent la remettre aux Français. Elle fut enfin cédée en 1713, par le traité d'Utrecht, aux Hollandais, comme barrière contre la France ; mais en 1715 les troupes impériales y rentrèrent.
DE REIFFENBERG.

LUXEMBOURG (Comtes et ducs de). Ce nom a été rendu célèbre en France par deux connétables et quatre maréchaux, appartenant à diverses familles. La première, qui possédait de grands biens en France et en Allemagne, était montée en 1310 sur le trône de Bohème, par le mariage de Jean de Luxembourg avec Elisabeth, fille de Wenceslas IV. Elle donna des empereurs à la Germanie, quatre rois à la Bohême, et rendit ce royaume à la maison d'Autriche par son héritière, avec l'archiduc Albert, en 1437. C'est d'une branche cadette de cette maison que sont sortis les deux connétables de France.

LUXEMBOURG-LIGNY (WALERAN DE), comte de SAINT-POL, né premier, né en 1355, fut fait chevalier à l'âge de quinze ans, et vit l'année suivante (1371), mourir son père, Gui de Luxembourg, la bataille de Baesweiler, sous les drapeaux des ducs de Bourgogne et de l'Angleterre. Pris par les Français, il passa au service de Charles V, fut repris par les Anglais, et épousa à Londres Mathilde de Courtenay, sœur utérine de Richard II. Ce mariage déplut au roi de France, qui fit saisir ses biens ; mais l'avénement de Charles VI l'ayant fait rentrer en grâce, il assista à la malheureuse expédition de Bretagne, qu'arrêta à moitié chemin la folie de ce roi, alla prendre possession de la ville de Gênes, qui s'était donnée à la France, et s'en fit chasser pour ses galanteries. Il entreprit alors la guerre pour son compte, rançonnant les villes et villages du Luxembourg et de la Gueldre, envoyant des cartels au successeur de Richard II, et ravageant les côtes de l'île de Wight, jusqu'au moment où le duc de Bourgogne, maître de la France, lui fit donner le gouvernement de Paris et l'épée de connétable. C'est alors qu'il forma cette épouvantable milice des cinq cents bouchers que l'histoire a flétrie du nom d'*écorcheurs*, et avec laquelle il défit les Armagnacs dans la Normandie ; mais la défaite des Bourguignons et la fuite de leur duc l'ayant forcé de chercher un asile en Brabant, il y mourut, le 6 avril 1417, après avoir refusé de renvoyer l'épée de connétable au duc d'Orléans, chef de la faction triomphante, et sans avoir laissé de postérité. Son frère, *Jean de Luxembourg*, forma la tige des Luxembourg-Saint-Pol, et mourut en 1397.

LUXEMBOURG (Louis de), comte de SAINT-POL, ou SAINT-PAUL, le second connétable de Luxembourg, était petit-fils de Jean, et fils de Pierre, mort en 1433. Il fut singulièrement élevé par son oncle Jean de Ligny. Après avoir vendu J e a n n e d'Arc aux Anglais pour 10,000 livres, il porta le fer et la flamme dans le Laonnais, et s'amusa à faire tuer des prisonniers par le jeune Louis, son neveu, alors âgé de quinze ans. Il suivit d'abord le parti des Anglais ; mais Charles VII ayant fait ravager ses terres, il vint se jeter aux pieds du roi et lui reporter son hommage. Il devint le compagnon du dauphin, reçut de lui l'ordre de chevalerie, et concourut, en 1449, à la reprise des principales villes de Normandie sur le roi d'Angleterre. Le dauphin, étant devenu L o u i s X I, lui donna le commandement de son avant-garde à la bataille de M o n t l h é r i. Pour le détacher davantage du duc de Bourgogne, vers lequel il le voyait sans cesse entraîné, il lui ceignit l'épée de connétable, et lui fit épouser sa belle-sœur, Marie de Savoie. La mort du duc Philippe le Bon parut le fixer dans le parti du roi ; il enleva même les villes de Saint-Quentin et d'Amiens à Charles le Téméraire. Mais l'esprit d'intrigue qui le dominait le poussait à nourrir le feu de la discorde entre ce grand vassal et son suzerain. Les deux princes, s'étant aperçus qu'il les trahissait l'un et l'autre, et étant convenus de se livrer mutuellement, le comte de Saint-Pol se tourna vers le roi Édouard d'Angleterre, et lui offrit de lui ouvrir les portes de la Somme. Mais Louis XI croisa cette intrigue, la rompit par ses négociations, et, s'amusant de l'embarras du connétable, qui lui renouvelait ses offres de service, il lui répondit avec l'ironie d'un tigre qui voit arriver sa proie : *Venez, je suis tellement accablé d'affaires, que j'ai besoin d'une bonne tête comme la vôtre*. Louis XI prévenait en même temps le roi Édouard des plans que le comte de Saint-Pol lui avait proposés contre les intérêts de l'Angleterre ; et le roi Édouard lui renvoyait en échange les lettres du connétable, qui lui reprochait comme une lâcheté sa réconciliation avec le roi de France. Le comte de Saint-Pol ne s'était pas trompé, cependant, sur la réponse de son maître ; mais sa prévoyance n'alla point jusqu'à se défier de Charles le Téméraire, chez les Etats duquel il crut trouver un refuge. Charles le livra ou le vendit à Louis, qui le fit mettre à la Bastille, et ordonna au parlement de lui faire son procès. Le chancelier Hugonet lui proposa l'alternative de faire sa confession au roi ou de répondre à un interrogatoire. Le connétable ignorait que sa correspondance tout entière fût aux mains de ses juges ; il accepta le dernier parti, et crut se sauver par son impudence. Mais à la vue de ses propres lettres il perdit courage, et tenta de fléchir le roi par des révélations. Il était trop tard ; sa tête tomba en place de Grève, le 19 décembre 1475, et cet intrigant de haute volée reçut ainsi le juste prix de ses perfidies.

LUXEMBOURG (Antoine de), son troisième fils, forma la branche des *Luxembourg-Brienne*, et prit ce nom de sa bisaïeule, héritière de la maison de Brienne. Ses trois descendants furent successivement capitaines de cinquante hommes d'armes sous François Ier, Henri II et ses enfants. Le second des trois, Antoine II de Luxembourg, eut pour second fils François, qui devint la tige des *Luxembourg-Piney*. La petite-fille de ce dernier porta les biens et le nom de Luxembourg dans la maison de Luynes, par son mariage avec Léon d'Albert de Brantes, frère du favori de Louis XIII. Henri, fils unique de ce Léon d'Albert, déclaré incapable de soutenir ce grand nom, s'étant réfugié dans l'Église, sa mère Charlotte Marguerite de Luxembourg, qui avait épousé en secondes noces un Clermont-Tonnerre, transmit ses droits à la fille de cette alliance, Madeleine-Charlotte-Bonne-Thérèse de Clermont, qui les porta dans la maison de M o n t m o r e n c y par son mariage avec le suivant.

LUXEMBOURG (François-Henri, duc de), maréchal de France, né à Paris, le 8 janvier 1628, était fils posthume de François de M o n t m o r e n c y, comte de Bouteville, fameux par ses duels, et décapité en place de Grève sous Louis XIII. Connu d'abord sous le nom de Bouteville comme son père, il fut élevé et introduit à la cour par sa cousine Charlotte de Montmorency, princesse de Condé. Quoique plus jeune de sept ans que le duc d'Enghien, il prit part aux jeux de ce prince, qui fut depuis le grand Condé, et le suivit en qualité d'aide de camp dans les campagnes de Catalogne et de Flandre. Ses brillants débuts firent présager sa gloire. A la bataille de Lens, le 20 août 1648, il culbuta l'infanterie espagnole à la tête de la gendarmerie, et reçut, à vingt ans, le grade de maréchal de camp. Les guerres de la fronde le ramenèrent vers Paris à la suite du prince, que Mazarin appelait à son aide. Le jeune Bouteville, une hache à la main, s'empara des barricades de Charenton, et se distingua peu de jours après à la prise de Brie-Comte-Robert. L'ambition de Mazarin, que le prince de Condé considérait comme un parvenu, ayant excité les railleries du héros, et le cardinal ministre l'ayant fait enfermer à Vincennes, Bouteville essaya vainement de fomenter des rébellions dans la Bourgogne, et fut contraint de se réfugier dans Stenay avec un régiment de cavalerie qu'il venait de lever. Turenne, qui combattait alors sous les drapeaux de l'Espagne, l'y reçut avec joie, lui conféra le rang de lieutenant général, et le ramena vers son armée au cœur de la France. Bouteville, chargé de surprendre Vincennes et de délivrer son prince, ne put réussir dans cette entreprise, que Mazarin avait déjouée en transférant ses prisonniers à Marcoussy. Il ne fut pas plus heureux à la bataille de Rethel, où il s'était d'abord emparé du parc d'artillerie de Duplessis-Praslin. Attaqué par des forces supérieures, abandonné des siens, il fut obligé de se rendre, et renfermé dans ce même château de Vincennes qu'il n'avait pu surprendre, après avoir refusé toutes les offres du cardinal, pour rester fidèle à ses affections.

La proscription de Mazarin entraîna l'élargissement de ses illustres captifs ; mais le retour du ministre ayant forcé le prince de Condé de recourir aux armes, Bouteville en reçut la mission de défendre le Tort de Bellegarde en Bourgogne ; avec une poignée de monde, il y lutta dix-huit mois entiers contre les forces du duc d'Épernon. Réduit à capituler, il refuse de livrer ses officiers au vainqueur, et prend la résolution de se défendre encore. Trahi par son major, qui soulève une partie de la garnison, il marche aux mutins, tue le premier qu'il rencontre, harangue les autres, les ramène au devoir, et force le duc d'Épernon à lui laisser la liberté de rejoindre son prince, qui commandait alors en rebelle les rhémes Espagnols qu'il avait tant de fois vaincus. Il assiste, en 1654, à la bataille d'Arras, perdue par Condé contre Turenne, et sauve, à la tête de la cavalerie espagnole, les débris de l'armée vaincue, dont il protège la retraite. La défense de La Capelle est pour lui une nouvelle occasion de signaler son intrépidité : en 1659, instruit que son prince a l'intention d'attaquer les lignes du maréchal de La Ferté autour de Valenciennes, il surprend un poste, sans attendre aucun ordre, pénètre dans les lignes, enveloppe le maréchal, et le fait prisonnier. L'année suivante, pendant que les Espagnols délibèrent sur les moyens d'assiéger Saint-Guillain, il l'attaque, tombe sur la garnison, et force Schomberg de lui remettre cette place. Dans la même année, il passe à travers les troupes de Turenne, qui assiège Cambray, fraye le chemin à toute l'armée de Condé, et réduit les Français à lever le siége. Turenne, qui a laissé ses gros équipages et son trésor à Arras, charge un fort détachement de les lui amener dans le camp de Saint-Venant. Bouteville enlève ce riche convoi. Moins heureux à la bataille des Dunes, il eut cependant l'honneur de sauver son prince dans la mêlée ; mais, assailli lui-même par une foule acharnée, après avoir franchi deux fossés avec son cheval, il tomba dans le troisième, et en fut retiré par les vainqueurs pour être conduit prisonnier à Boulogne. Échangé bientôt contre le maréchal d'Aumont, il se disposait à rentrer en campagne, quand la paix des Pyrénées, signée en 1660, vint enfin le délivrer de la honte de combattre contre sa patrie.

Alors, par l'entremise du grand Condé, il épousa l'héritière du nom et des armes de Luxembourg, qu'il était digne de porter. L'ambition de Louis XIV ne tarda point à rallumer la guerre ; Luxembourg, que la paix et l'étude avaient fortifié dans la théorie de cet art, suivit Condé à la conquête de la Franche-Comté, et passa bientôt à la tête de l'armée qui devait s'unir en Westphalie aux troupes de l'électeur de Cologne. Il rejoignit Condé sous les murs de Wesel, assista à la chute de cette place, et prit aux Hollandais toute la province d'Over-Yssel. Laissé bientôt avec neuf ou dix mille hommes sur cette frontière pour la défendre contre des forces quadruples, il battit le prince d'Orange, porta la dévastation jusqu'aux portes d'Amsterdam, tua six mille Hollandais dans les lignes de Voerden, et s'empara de leurs bagages et de leur artillerie. Le prince d'Orange ne trouva de ressources contre un pareil adversaire que dans l'inondation du pays. Mais Luxembourg attendit l'hiver pour suivre le cours de ses conquêtes, et, par les ordres de Louvois, porta le fer et le feu sur tout ce qui avait échappé au ravage des eaux. Réduit enfin à quinze escadrons par la nécessité où se trouvait Louis XIV de faire face à d'autres ennemis, il déconcerta toutes les manœuvres de Guillaume, et, forcé d'évacuer la Hollande, le fit avec tant d'habileté, à travers les armées qui lui coupaient toutes les retraites, qu'il ramena en France trois cents canons et trois mille chariots chargés de dépouilles. L'année suivante, 1674, il suivit Condé en Flandre, contribua à la victoire de Senef, et en 1675 reçut enfin, après la mort de Turenne, ce bâton de maréchal que la jalousie de Louvois lui avait si longtemps refusé.

La défense de la Flandre et celle de l'Alsace contre le duc de Lorraine n'ajoutèrent rien à sa réputation. Les courtisans le déclarèrent même incapable de soutenir au premier rang la gloire qu'il avait acquise dans les rangs subalternes. Mais la campagne de 1677, la prise de Valenciennes, de Cambray, la bataille de Cassel, qu'il fit gagner au duc d'Orléans, la délivrance de Charleroy, qu'assiégeaient le prince d'Orange et le duc de Lorraine, imposèrent silence aux envieux. Luxembourg, chargé de couvrir le siége de Gand, que faisait Louis XIV, facilita cette même année la prise de cette place, et sauva, quelque temps après, une armée de 35,000 hommes, qui, se reposant sur la foi des négociations entamées, fut attaquée et surprise à Saint-Denis, près de Mons, par le prince d'Orange, dont ces négociations contrariaient la politique. Il rallia ses troupes, lutta huit heures contre les 50,000 soldats de Guillaume, et les mit en déroute. La paix de Nimègue le rendit à ses studieux loisirs, à ses maîtresses et à ses ennemis. Louvois, le plus ardent de tous, eut l'audace de l'envelopper dans les accusations portées contre la Brinvilliers et la Voisin. On parla de maléfices, de magie, d'évocations. On lui attribua la mort de plusieurs personnages ; on lui prêta même la pensée d'avoir voulu se débarrasser de sa femme. Louvois, principal auteur de ces lâchetés, vint lui conseiller de fuir. Il répondit en se rendant à la Bastille dans sa propre voiture. Mais le parlement fit en vain justice de ses calomniateurs, dont le plus effronté, nommé Lesage, fut pendu : une lettre de cachet l'exila à vingt lieues de Paris, après quatorze mois de prison. Les besoins de l'État forcèrent le roi à être plus juste, et Luxembourg à montrer tout ce qu'il y avait de grandeur dans son âme.

Replacé à la tête de l'armée de Flandre, il gagna, le 1er juillet 1690, la bataille de Fleurus contre le prince de Waldeck. L'implacable Louvois l'en récompensa par la défense d'assiéger Namur et Charleroy et par l'ordre d'envoyer à Boufflers 10,000 hommes de ses troupes. Luxembourg n'en gagna pas moins l'année suivante les batailles de Leuze et de Steinkerque. Enfin, la mort de Louvois l'ayant délivré de son plus grand ennemi, il put jouir de sa gloire au sein de la capitale enivrée. La victoire de Nerwinde, gagnée en 1693 sur Guillaume, devenu roi d'Angleterre, mit le comble à sa gloire, et le prince de Conti l'appela le *tapissier de Notre-Dame*. C'était en effet par centaines qu'il y envoyait les drapeaux ennemis. Sa modération envers les vaincus faisait dire en même temps au comte de Solms : « Quelle nation est la vôtre ! vous vous battez comme des lions, et vous traitez les vaincus comme des amis. » Louis XIV fut encore ingrat. Il lui refusa la survivance de sa charge de capitaine des gardes pour son fils et la restitution des biens confisqués sur le comte de Bouteville, son père. Mais le sujet se montra plus grand que le roi. Guillaume ayant assemblé 400,000 alliés sur nos frontières, Luxembourg y courut sous les ordres du dauphin, et mit toute son habileté à éviter des engagements contre des ennemis aussi supérieurs en nombre. Ce fut là sa dernière campagne. Une attaque d'apoplexie l'enleva à la France et à l'armée, le 4 janvier 1695. Bourdaloue l'assista au lit de mort, et son roi lui donna des larmes. C'était une faible compensation des injustices dont il l'avait abreuvé.

En lui se confondaient deux maisons illustres : il se montra digne d'en soutenir la gloire. Le roi Guillaume, plus fameux peut-être, ne tint jamais en sa présence. « Je ne pourrai donc jamais, dit-il un jour, battre ce bossu-là ! — Bossu ! s'écria le maréchal, qui l'était en effet, comment le sait-il ? il ne m'a jamais vu par derrière. » L'affection de ses soldats le consola partout des ingratitudes de la cour. Aucun général ne veillait avec un soin plus paternel sur ses troupes, que son génie sauva presque toujours des privations dont le menaçait la pénurie du trésor.

LUXEMBOURG (Christian-Louis de MONTMORENCY-), son quatrième fils, fut le second maréchal de ce nom. Né le 9 février 1675, d'abord connu sous le nom de *chevalier de Luxembourg*, il prit en 1711, à l'époque de son mariage, le titre de *prince de Tingri*. Élevé dans les camps par son père, il se signala aux batailles de Steinkerque et de Nerwinde, et combattit avec distinction sous Villeroy et Boufflers dans les armées de Flandre, jusqu'à la paix de Ryswyck. Mais, trois ans après, les guerres de la succession le rendirent au métier de ses ancêtres. Il servit en Italie sous Catinat et sous Villeroy, qui furent souvent battus par le prince Eugène. Plus heureux sous le duc de Vendôme, il le suivit en 1706 dans la Flandre, où l'impéritie de Villeroy avait causé de nouveaux désastres. A la bataille d'Oudenarde, en 1708, il chargea quinze fois les ennemis à la tête de ses troupes. La même année, au mois de septembre, il traversa les lignes de Marlborough et du prince Eugène, qui assiégeaient la ville de Lille, pénétra dans la place avec un convoi de poudre et un renfort de 2,000 hommes, qui prolongèrent d'un mois la glorieuse résistance de Boufflers. Nommé lieutenant général pour ce fait d'armes, il justifia le choix de la cour par de vigoureuses sorties, jusqu'au jour de la capitulation de cette citadelle. L'année suivante, après la défaite de Malplaquet, il sauva, par l'habiloté de ses manœuvres, l'armée, dont il était chargé de protéger la retraite sur Valenciennes; et le gouvernement de cette place lui fut donné pour récompense, en 1711. Il montra une grande activité dans les siéges qui suivirent, en 1712, la victoire de Denain, et continua ses services subalternes jusqu'à la paix d'Utrecht, qui le condamna pendant vingt ans a l'oisiveté et à l'oubli. La guerre ne revint qu'en 1734, après la seconde élection de Stanislas au trône de Pologne. Louis XV ayant résolu de soutenir son beau-père contre l'empereur Charles VI, qui en avait fait élire un autre, le prince de Tingri assista, sous le maréchal de Berwick, à la prise du fort de Kehl, aida le duc de Noailles à forcer les lignes d'Etlingen, et le marquis d'Asfeld à prendre Philipsbourg. C'est entre ces deux affaires qu'il reçut, au mois de juin, le bâton de maréchal de France et le nom de *maréchal de Montmorency*, sans avoir jamais commandé en chef. Il mourut enfin, sans plus de gloire, le 23 novembre 1746.

LUXEMBOURG (Charles-François-Christian de Montmorency-), l'aîné de ses enfants, fut aussi maréchal de France, et c'est à peu près tout ce que l'histoire en raconte.

LUXEMBOURG (Charles-François-Frédéric de Montmorency-), neveu de Christian-Louis, quatrième maréchal de France de ce nom, n'eut pas plus de célébrité militaire que le précédent. Né le 31 décembre 1702, il dut son titre et le gouvernement de Normandie à la faveur de Louis XV, dont il fut l'aide de camp pendant la guerre de 1741, qui suivit la mort de l'empereur Charles VI. Il combattit en Bohême sous le maréchal de Belle-Isle, et le suivit dans la fameuse retraite de Prague. A la funeste journée de Dettingen, il essaya vainement, avec plusieurs autres gentilshommes, de rallier leurs bataillons enfoncés. Il assista enfin à la bataille de Fontenoy, sans y faire prononcer son nom, qu'on ne trouve plus que dans les *Confessions* de Rousseau. Le château de Montmorency appartenait à ce maréchal de Luxembourg quand le philosophe de Genève vint y chercher un asile, en 1758. Il y vécut sur le pied de l'égalité la plus familière, et le maréchal ne fut désolé de n'avoir pu le protéger contre les persécutions dont l'*Emile* devint la source. C'est presque une gloire d'avoir dompté le misanthrope et de l'avoir forcé à faire constamment son éloge. Une correspondance suivie prolongea le cours de cette amitié jusqu'à la mort du maréchal, arrivée le 18 mai 1764. Son fils unique et son petit-fils l'avaient précédé au tombeau.

La maréchale lui survécut, et eut plusieurs genres de célébrité. Petite-fille du maréchal de Villeroy, elle avait d'abord été connue, comme duchesse de Boufflers, par une conduite fort peu régulière ; ce qui ne l'empêcha point de séduire et d'épouser le maréchal de Luxembourg, à l'âge de quarante trois ans. Dès son second veuvage, sa maison fut un centre de plaisirs et un bureau d'esprit. Toutes les illustrations de l'Europe y affluèrent; elle devint l'arbitre des réputations, et dut la sienne à l'amitié de Rousseau, de Walpole, de Mme Du Deffand et d'autres grands noms de l'époque, comme à la vivacité de son esprit, à la sûreté de son goût, à l'élégance de ses manières. Elle mourut en 1787.
Viennet, de l'Académie Française.

LUXEMBOURG (Palais et Jardin du). Le palais du Luxembourg est le plus magnifique de Paris après le Louvre, qu'il surpasse même par la régularité de ses proportions. La façade sur la rue de Tournon forme une terrasse ornée de balustres, au milieu de laquelle s'élève un pavillon composé des ordres toscan et dorique, l'un sur l'autre, entouré de plusieurs statues et couronné par un dôme avec sa lanterne. La terrasse se termine des deux côtés par deux gros pavillons carrés, dont anciennement les faces étaient décorées des statues en marbre et en pied de Henri IV et de Marie de Médicis. Ces deux pavillons sont joints au grand corps de logis par des galeries soutenues de neuf arcades qui éclairent de larges corridors très-bien voûtés. La cour, qui est fermée par tous les bâtiments, est grande et carrée. Beaucoup de changements et d'embellissements furent faits à ce palais sous le Directoire, le Consulat et l'Empire. Sur l'emplacement de la grande galerie qu'occupaient les tableaux de Rubens, J.-B. Chalgrin construisit le grand escalier d'honneur. Cet escalier est majestueux, richement décoré, et orné de quatorze statues des généraux et des législateurs les plus marquants de la révolution : Kléber, Hoche, Desaix, Dugommier, Joubert, Caffarelli et Marceau, Beauharnais, Mirabeau, Thouret, Barnave, Chapelier, Vergniaud, Condorcet. La Restauration fonda au Luxembourg un musée des œuvres des artistes vivants, et enfin, sous la monarchie de Juillet, la salle des séances de la chambre des pairs ayant été trouvée trop petite, le palais fut augmenté du côté du jardin d'un avant-corps et de deux ailes, addition qui rompt la perspective et gâte l'ensemble du parterre. De l'avenue de l'Observatoire, les promeneurs apercevaient Montmartre, et on ne saurait dire tout ce qu'il y avait de pittoresque dans cette perspective, maintenant complétement cachée par le palais.

Le palais du Luxembourg fut bâti en 1615, par Marie de Médicis, à l'imitation du palais Pitti à Florence, dont il reproduit l'architecture en bossage, et d'après les dessins de Jacques Desbrosses. Pour que la résidence fût digne d'elle, Marie avait acheté le vaste hôtel du duc de Piney-Luxembourg moyennant la somme de 90,000 livres, et quelques arpents de terre appartenant aux Chartreux. Quand elle dut quitter la France, elle céda ce palais à Gaston de France, duc d'Orléans, qui lui donna son nom (jusqu'à la révolution en effet on put lire au-dessus de la porte, en lettres d'or sur marbre noir, *Palais d'Orléans*). Il ne demeura pas cependant la propriété de cette famille durant tout ce laps de temps. Ainsi Elisabeth de Guise le donna à Louis XIV. Le régent en disposa au profit de sa fille, la duchesse du Berry, qui le souilla de ses orgies. Après elle, il fit retour à Louis XV. Le marquis de Marigny y créa, en 1750, le *Cabinet du Roi*, musée ouvert au public et aux études des jeunes peintres. Il renfermait cent-dix tableaux de maîtres italiens, flamands et français, choisis parmi les plus beaux de l'ancienne collection de la couronne, sans compter ceux de la galerie de Rubens figurant la vie de Médicis, et qui sont aujourd'hui au Louvre. Cet état de choses subsista jusqu'à Louis XVI, qui donna le Luxembourg à M. le comte de Provence, son frère. Monsieur l'habita jusqu'au moment où il émigra ; il avait fait construire pour Mme de Balbi, sa maîtresse, une jolie maison tout à l'extrémité du jardin, sur lequel elle avait une porte de communication. Sous la terreur on convertit le palais en prison; on y avait enfermé plus de 2,000 personnes, hommes et femmes, de tous les rangs, de tous les partis et de toutes les factions, entre autres notre célèbre peintre David. Le Directoire s'installa ensuite au Luxembourg, qui sous Napoléon devint successivement *Palais du consulat* et *Palais du sénat conservateur*; à la Restauration, il prit le nom de *Palais de la chambre des pairs*, et il le conserva jusqu'en 1848. Alors les délégués de l'industrie, ouvriers et patrons, s'y réunirent sous la présidence de MM. Louis Blanc et Albert pour discuter les questions d'organisation sociale à l'ordre du jour. La commission du pouvoir exécutif s'y installa plus tard ; il resta désert après les événements de juin jusqu'en 1852, où le sénat y a été rétabli.

Dans les appartements consacrés au service du sénat on admire la commodité des dispositions et la richesse élégante des décorations et des ameublements. La salle des séances forme un hémicycle ; le bureau du président est placé dans une demi-coupole, soutenue par des colonnes jumelles en marbre jaspé. Elle est décorée de peintures à fresque, dont quelques-unes sont d'un mérite d'exécution incontestable. L'ornementation en est riche, très-riche. Aucun bruit n'y pénètre du dehors ; la voix même, par un vice de construction sans doute, n'y résonne qu'en sourdine et semble craindre d'éveiller des échos. Il n'y pénètre qu'un demi-jour favorable au repos.

La bibliothèque, décorée des peintures de M. Eugène Delacroix, possède 18,000 volumes; elle est riche surtout en documents législatifs.

LUXEMBOURG — LUYNES

Le *Petit Luxembourg* fut bâti en 1629, par Richelieu, pour lui servir de demeure en attendant l'achèvement du palais Cardinal; il communiquait jadis au grand par un corps de bâtiment et était attenant au couvent des religieuses du C a l v a i r e de l'ordre des Bénédictines, fondé par Marie de Médicis, qui servit depuis de prison aux criminels d'État mis en jugement devant la cour des pairs, et qui a été démoli en 1847.

Le jardin du Luxembourg est très-vaste. Il a été dessiné par Lenôtre; mais sa configuration générale a singulièrement varié suivant les époques. Ainsi il a été considérablement agrandi vers le midi, l'est et le nord aux dépens des couvents, des hôtels et des maisons particulières qui l'entouraient; mais il a perdu du côté de l'ouest, car il s'étendait presque jusqu'à la rue Notre-Dame-des-Champs. Le parterre situé en face du palais est très-beau; il est garni de fleurs, d'arbustes, de gazons et de statues, et renferme dans sa partie centrale un beau bassin octogonal. A droite et à gauche des talus garnis de rosiers et couronnés par une balustrade en pierre, dans le style de celles du château, soutiennent les terrasses, plantées de marronniers, de tilleuls et de sycomores, et qui se relient à la grande allée de l'Observatoire. Cette avenue est flanquée de deux pépinières en contre-bas, débris du couvent des C h a r t r e u x, détruit à la révolution. L'une a été convertie en jardin botanique pour le service de l'École de Médecine; l'autre, dessinée en jardin anglais, cache au promeneur, sous une double haie d'épine rose, d'aubépine, de faux ébéniers, de groseilliers de Virginie, de tuyas et de paulonias, sa prosaïque mais utile destination, et forme une agréable diversion aux quinconces géométriques du parc français.

Les fleurs abondent au Luxembourg, renoncules, roses, tulipes, œillets, marguerites, et dahlias; grâce aux soins d'une culture intelligente, elles y vivent même pendant huit mois de l'année. Deux orangeries, situées l'une à gauche du château, l'autre à droite du Petit Luxembourg, enferment en hiver toute une forêt de ces arbres exotiques, de lauriers-roses et de grenadiers. Non loin de la nouvelle orangerie, à gauche, est une fontaine pittoresque, œuvre de Jacques Desbrosses, habilement restaurée dernièrement. Elle représente la grotte de Vénus. Deux figures colossales, un Fleuve et une Naïade, reposent à demi couchées sur l'entablement. Ce monument se rattachait au séminaire Saint-Louis, sur l'emplacement duquel a été ménagée une large avenue qui fait jouir le promeneur de la perspective du Panthéon. Une ligne non interrompue de grilles en fer doit, dans un avenir plus ou moins rapproché, fermer et isoler ce beau jardin, rendez-vous des étudiants du quartier Latin, des enfants et des vieillards du faubourg Saint-Germain. Il est orné de statues des reines et des femmes illustres de France, et de quelques médiocres copies de l'antique, provenant du parc de Marly, et mutilées pour la plupart.

W.-A. DUCKETT.

LUXEUIL, ville de France, chef-lieu de canton dans le département de la Haute-S a ô n e, située dans une plaine agréable, qu'arrosent l'Authebon et le Breuchin, avec 4,085 habitants, un collége, des eaux minérales renommées, une importante fabrication de kirsch-wasser, des moulins à farine, des fabriques d'ouvrages en fer-blanc et fer poli, des fabriques de chapeaux de paille, des filatures de coton, des tanneries, des teintureries, des papeteries, un commerce de grains, vins, bestiaux, jambons façon Mayence, merrain, cuirs, fers ouvrés, bois.

C'est une ancienne et jolie ville, jadis plus considérable, ainsi que l'attestent de nombreux vestiges d'antiquités romaines. Elle est traversée d'un bout à l'autre par une longue rue qu'on appelle *rue des Romains*. Ses eaux étaient connues des Gaulois. En 590 saint C o l o m b a n y fonda une abbaye, pendant longtemps célèbre, et dont les bâtiments subsistent encore. La ville fut prise en 1644 par Turenne, et en 1674 par Louis XIV.

[Luxeuil possède un bel établissement thermal, nanti de nombreuses baignoires et de six piscines à compartiments et à gradins. Cette source appartient maintenant au gouvernement, à qui Luxeuil en a fait don. Les étrangers habitent le quartier de la ville qu'on nomme *Corvée*. Les différents bains de Luxeuil, au nombre de sept, sont distingués entre eux ainsi qu'il suit : 1° *le Bain des Dames* (46°, 25); 2° *le Bain des Bénédictins*, qui est le plus solitaire (38°, 25); 3° *le Grand Bain* (c'est le plus chaud de tous, 52°, 50); 4° *le Bain des Capucines* (de tous le moins chaud, 32°, 50); *le Bain des Cuvettes*, ou *Petit Bain* (46°); 6° *le Bain Neuf*, ou *des Fleurs* (38°, 75); 7° *le Bain gradué*, lequel, outre les cabinets de bains séparés, qui occupent le pourtour, est composé d'un bassin à compartiments, dont la température diffère de deux en deux degrés, et d'un carré à l'autre, depuis 30 jusqu'à 37°, 50. Outre les sources chaudes que nous venons d'indiquer, on trouve encore à Luxeuil deux sources *ferrugineuses* (ayant de 11° à 17°). Toutes les sources réunies fournissent au delà de 200 mètres cubes d'eau minérale par vingt-quatre heures. Elles ont les mêmes caractères comme à peu près les mêmes vertus que celles de P l o m b i è r e s. Vauquelin, qui les a analysées, y a trouvé les principaux éléments de celles-ci, sauf le sulfate de soufre. Peut-être seulement sont-elles un peu plus faibles et un peu moins chaudes que ces dernières. Elles conviennent assez dans quelques affections nerveuses, surtout dans les gastralgies. Luxeuil a eu peu de vogue jusqu'à ces derniers temps. Sans contredit cet établissement thermal est trop voisin de celui de Plombières, dont il est généralement regardé comme une sorte de succursale. Les grandes dépenses que le gouvernement vient d'y faire le rendront sans doute plus fréquenté. Dr Isidore BOURDON.]

LUXOR. *Voyez* LOUQSOR.

LUXURE. C'est le vice qui résulte d'un penchant excessif aux plaisirs de l'amour. L'Église a fait de la *luxure* un des sept péchés c a p i t a u x, et a rangé sous cette dénomination générale tout ce qui est contraire à la pudeur.

LUYNES, nom porté avec distinction par plusieurs membres de la famille d ' A l b e r t. C'était celui d'une terre, acquise par l'un d'eux, Léon d'Albert, lors de son mariage avec Jeanne de Ségur, en 1535. En 1619 la ville de Maillé en Touraine fut érigée sous ce nom en duché-pairie en faveur de Charles d'Albert de Luynes.

Charles D'ALBERT DE LUYNES, grand-fauconnier et connétable de France, naquit en 1577. Filleul d'Henri IV, il avait été admis avec ses deux frères au nombre des gentilshommes attachés à l'éducation du dauphin, dont il avait gagné les bonnes grâces et la confiance en dressant des pies-grièches à prendre des moineaux. Comme le cardinal de Richelieu avant son élévation au pouvoir, il s'était placé sous le patronage de C o n c i n i et de sa femme. Le maréchal d'Ancre lui avait fait donner le gouvernement d'Amboise. Cependant ce jeune homme conçut le dessein de faire tuer son bienfaiteur, d'exiler la reine et de gouverner, et il en vint à bout sans obstacle. La mort de Concini lui valut le gouvernement de la Picardie, l'épée de connétable, la charge des oiseaux de la chambre, etc., et la plus riche portion de l'opulente succession de cet Italien, parvenu au plus haut degré des honneurs militaires et de la fortune. Le connétable de Luynes accompagna Louis XIII au siège de Montauban. Mais l'échec que les protestants firent éprouver aux troupes royales, joint à la haine qu'il avait excitée par son faste et sa hauteur, diminua son crédit sur l'esprit de son maître; et il était peut-être à la veille d'une disgrâce, lorsqu'il mourut, à l'âge de quarante-trois ans, le 15 décembre 1621. Les historiens ne sont pas d'accord sur la véritable cause de cette mort; si soudaine et si prématurée : les uns l'attribuent à une fièvre pourprée, d'autres au poison.

Louis-Charles D'ALBERT, duc DE LUYNES, fils du précédent, né à Paris, en 1620, ministre de camp et connétable-fauconnier de France en 1643, vécut dans l'intimité des pieux solitaires de Port-Royal, à qui lesquels le brouilla son second mariage. Il avait épousé Anne de Rohan, qui était à la fois sa tante et sa filleule. Il a laissé un grand nombre de livres ascétiques, publiés sous le pseudonyme de Laval, et une traduction des *Méditations* de Descartes.

Charles-Honoré, duc de Luynes et de Chaulnes, pair de France, son fils, épousa en 1667 la fille aînée de Colbert.

Paul d'Albert de Luynes, petit-fils du précédent, né en 1703, fut évêque de Bayeux, archevêque de Sens, cardinal, aumônier de la dauphine mère de Louis XVI, membre de l'Académie Française et de l'Académie des Sciences. Il mourut en 1788.

Son frère, *Charles-Philippe* d'Albert, duc de Luynes et de Chevreuse, mestre de camp de cavalerie, devint prince souverain de Neufchâtel et de Valengin, par son mariage avec Louise de Bourbon-Soissons.

Le petit-fils du précédent, député de la noblesse de Touraine aux états généraux de 1789, mourut en 1808, membre du conseil général de la Seine et du sénat conservateur. C'était un des plus riches propriétaires de France.

Son fils, *Honoré-Théodoric-Paul-Joseph* d'Albert, duc de Luynes, né à Paris, le 15 décembre 1802, membre libre de l'Académie des Inscriptions et Belles-Lettres, et l'un de nos antiquaires les plus distingués, emploie noblement d'immenses revenus à encourager les arts et à protéger les lettres. On lui doit entre autres ouvrages *Métaponte* (in-fol., 1833); *Études numismatiques sur le culte d'Hécate* (in-4°, 1835); etc.

Un général vendéen du même nom figura au siége de Nantes; il fut pris, condamné à mort et fusillé en janvier 1794.

LUZERNE, genre de plantes de la famille des légumineuses, dont un des caractères botaniques les plus tranchés se trouve dans le légume qui succède aux fleurs, et qui est courbé en faucille, ou plus souvent encore contourné en spirale. Les nombreuses espèces de ce genre, presque toutes originaires de l'Europe, peuvent servir à l'alimentation des animaux et devenir pour la terre un excellent engrais. Une d'elles cependant est spécialement cultivée en France pour faire du fourrage, c'est la *luzerne cultivée* (*medicago sativa*, L.). Elle est originaire de Médie, et a été importée dans notre pays vers le temps des Romains. Cette plante a toujours été reconnue comme le meilleur fourrage; aussi la cultive-t-on en grand dans tout le midi; elle y donne plusieurs récoltes par an, et la rapidité de sa croissance est telle qu'on la voit grandir, pour ainsi dire, à vue d'œil. Mais cela n'a lieu que dans les pays chauds et quand les terrains sont bien arrosés. Le moment favorable pour faucher la luzerne, afin d'en faire un bon fourrage, est lorsque les fleurs commencent à s'ouvrir : avant cette époque, la plante est trop aqueuse, noircit et diminue beaucoup au fanage; plus tard ses tiges sont trop dures, et les bestiaux ne la trouvent ni aussi bonne ni aussi savoureuse. Quoique la luzerne soit une excellente nourriture, tant pour les bêtes à laine que pour celles à cornes, il faut cependant ne la donner qu'avec modération : la luzerne verte purge et relâche les animaux, la luzerne sèche au contraire les échauffe et rend leurs urines sanguinolentes; mais on prévient tous ces effets fâcheux en la mêlant avec une assez grande quantité de paille hachée. Dans ce cas, la luzerne verte augmente le lait des vaches et des brebis; sèche, elles les engraisse. On ne doit jamais laisser brouter une luzernière par les bestiaux, d'abord parce qu'ils la gâtent, ensuite parce qu'elle leur donne des coliques et des vents qui peuvent les faire périr promptement : comme ces vents sont du gaz acide carbonique, le plus ordinairement, on peut avoir du succès le gonflement qu'il produit, en administrant, à un bœuf par exemple, une demi-pinte d'eau dans laquelle on a mis environ une cuillerée à café d'ammoniaque. Une luzernière bien ménagée peut donner un produit abondant pendant quinze années environ; on peut ensuite la détruire, et y mettre des céréales, qui y viennent parfaitement. La luzerne est quelquefois détruite par une plante parasite nommée *cuscute* et par un champignon qui se reproduit avec une extrême rapidité. Le meilleur moyen d'empêcher ces dommages est de couper toutes les racines de luzerne attaquées, et de les brûler dans un endroit assez éloigné du champ. La racine de la luzerne sert, lorsqu'on l'a séchée, à faire des brosses à dents qu'on colore par l'orcanette, et qu'on parfume avec l'ambre ou la vanille : ces brosses sont assez estimées. C. Favrot.

LUZERNE (César-Guillaume de La), cardinal, pair de France, né en 1738, d'une vieille famille de Normandie, fut appelé, au sortir de ses études, au poste de vicaire général de Narbonne et peu de temps après à celui d'agent général du clergé de France. Nommé en 1770 évêque de Langres, le jeune prélat prononça à Notre-Dame l'oraison funèbre du roi de Sardaigne en 1773, et l'année suivante celle de Louis XV. En 1787 il fit partie de l'assemblée des notables et ensuite des états généraux : ses lumières et son patriotisme le rangèrent d'abord dans la majorité nationale de l'assemblée, et il présida même au mois d'août 1789 l'Assemblée constituante; mais après les journées des 5 et 6 octobre il se retira dans son diocèse, et de là en Suisse, puis en Italie, où, malgré son grand âge, il se dévoua tout entier à ses malheureux compatriotes, prisonniers de guerre à Venise. Il rentra en France en 1800, et dans son diocèse en 1802. Ce n'est qu'en 1814 que M. de la Luzerne, pair ecclésiastique de droit comme évêque de Langres, entra à la chambre haute. Il reçut le chapeau de cardinal en 1816, et mourut en 1821. Parmi les nombreux ouvrages qu'il a publiés, on remarque son *Instruction pastorale sur l'Excellence de la Religion*; ses *Considérations sur divers points de la Morale chrétienne*; ses *Explications sur les Évangiles des dimanches et des principales fêtes de l'année*; des *Dissertations* estimées *sur la Liberté, la Loi naturelle, la Spiritualité de l'Ame, l'Existence de Dieu*; différentes brochures sur des questions politiques, et quelques articles dans les journaux du temps.

LYCANTHROPIE (de λύκος, loup, et ἄνθρωπος, homme), espèce particulière d'aliénation mentale ou de délire mélancolique, dans les accès duquel les malades, s'imaginant être changés en loups, hurlent, ou, comme ces animaux, fuient, le jour, la compagnie des hommes, courent, la nuit, à travers champs, et quelquefois livrent combat aux bêtes féroces. On ajoute que les gens atteints de lycanthropie sont habituellement tristes et rêveurs, qu'ils ont le visage pâle, les yeux caves, l'œil hagard, la langue et la bouche desséchées par une soif immodérée. Mais tout ce qu'on raconte des lycanthropes ressemble fort à quelques-uns de nos contes de village. Sans doute il n'est pas de bizarrerie qui ne puisse s'emparer d'une imagination malade; on peut à l'état de folie se croire loup tout aussi bien qu'empereur : les exemples d'anomalies si diverses ne sont que trop fréquents dans les hospices d'aliénés; mais toujours est-il que le fait de lycanthropie paraît être extrêmement rare, quoi qu'en aient dit quelques voyageurs qui affirment que cette maladie est assez commune dans la Livonie en Irlande. L'un d'eux raconte qu'un lycanthrope qu'il a observé était, surtout à l'époque du printemps, toujours à errer dans les cimetières. On pourrait inférer de là que le démoniaque qui selon l'évangéliste saint Marc habitait par goût les lieux consacrés à la sépulture et courait tout nu, poussant sans cesse des cris effrayants, était une espèce de lycanthrope. Dans les temps où l'on avait si fort aux sorciers, on s'imaginait que les hommes pouvaient être métamorphosés en loups par des enchantements; de là les fameux *loups-garous*, dont les habitants des montagnes s'effrayent encore volontiers. Mais en définitive il semblerait assez probable que le mot *lycanthropie*, employé d'abord pour exprimer une métamorphose physique que l'on croyait réelle, principalement dans le vulgaire, ne doit avoir acception aujourd'hui que dans le sens figuré et s'appliquer exclusivement à cette maladie de l'âme, à cette touchante folie dont J.-J. Rousseau fut des victimes, qui fait prendre le monde en horreur, et rend aussi sauvage qu'un loup l'infortuné qui en est atteint. Champagnac.

LYCAON, roi d'Arcadie, fils de Pelasgus, et, selon d'autres, de Titan et de la Terre, était contemporain de Cécrops. Il se rendit fameux par son impiété et sa tyrannie. Cependant, des historiens grecs le représentent comme un prince religieux, appliqué à policer son peuple. Il bâtit sur les montagnes la ville de Lycosure, la plus ancienne de toute la Grèce. Ovide raconte que Jupiter, voyageant sur la terre, alla chez Lycaon, où les peuples vinrent le reconnaître comme dieu. Mais le prince arcadien, se moquant de leur crédulité, leur dit qu'il saurait bientôt s'il avait pour hôte un dieu ou un simple mortel. Il tenta d'abord de tuer Jupiter pendant son sommeil; n'ayant pu y réussir, il fit égorger un des otages que les Molosses lui avaient envoyés, et, par ses ordres, les membres de la victime, bouillis et rôtis, furent servis sur la table du dieu, qui, lançant la foudre, réduisit en cendres la demeure du tyran. Lycaon, effrayé, s'enfuit dans les bois, où il fut changé en loup. Suidas rapporte cette histoire d'une autre manière : Lycaon, jaloux d'inspirer aux Arcadiens un grand respect pour les lois qu'il faisait, affectait de répandre que Jupiter venait souvent le visiter sous la figure d'un étranger. Ses enfants, voulant s'assurer de la vérité de cette assertion, profitèrent du moment où il offrait un sacrifice au dieu dont il se disait inspiré, pour mêler aux chairs des victimes celles d'un jeune enfant qu'ils venaient d'égorger. Un prompt châtiment suivit ce crime; la foudre en consuma les auteurs, et ce fut, dit-on, à cette occasion que Lycaon institua les fêtes lupercales, qu'il souilla par le sacrifice de victimes humaines.

Dans les *Arcadiques* de Pausanias, il est question d'un autre Lycaon, postérieur au précédent, qui fut métamorphosé en loup pendant qu'il sacrifiait à Jupiter Lycæus. Il reprenait sa figure primitive tous les dix ans, pourvu que dans cet espace de temps il se fût abstenu de chair humaine.

On compte encore divers autres personnages héroïques de ce nom. L'un, frère du sage Nestor, fut tué par Hercule; un autre, fils de Priam et de Laothée, tomba sous les coups d'Achille; un troisième, enfin, célèbre ouvrier de Gnosse, avait fait la belle et riche épée, présent du jeune Iüle, que portait Euryale. CHAMPAGNAC.

LYCAONIE, contrée de l'Asie Mineure, qui faisait partie de la Grande Phrygie et qui touchait à l'est à la Cappadoce, au nord à la Galatie, à l'ouest à la Pisidie, au sud à l'Isaurie et à la Cilicie. La tradition faisait dériver son nom de Ly caon, roi des Arcadiens. Son chef-lieu était *Iconium*, appelé aujourd'hui *Konieh*.

LYCÉE. C'était à Athènes un des gymnases consacrés à l'éducation de la jeunesse. Le Lycée était situé le long de l'Ilissus, torrent impétueux ou ruisseau paisible, qui suivant les saisons se précipitait ou se trainait au pied d'une colline, dernier mamelon du mont Hymète. Les bords de ce ruisseau étaient agréables; ses eaux étaient ordinairement pures et limpides. Dans les environs était un temple de Cérès, où l'on célébrait les petits mystères; un temple à Diane, où tous les ans on sacrifiait en l'honneur de la déesse une grande quantité de chèvres; un autel dédié aux Muses; et enfin un autre temple, consacré à Apollon (*Lycoctone*), d'où vint le nom appliqué au Lycée, qui avait été construit tout auprès. Ce fut au Lycée qu'Aristote enseigna sa philosophie, ce qu'il faisait la plupart du temps en se promenant avec ses disciples, soit sous les portiques, soit dans les allées d'arbres en quinconces de ces vastes jardins. De là est venu le nom d'*école* ou de *philosophie péripatéticienne* ou de *Lycée*, donné à la doctrine d'Aristote. Th. DELBARE.

LYCÉE, LYCÉE DE PARIS, LYCÉE DES ARTS, LYCÉE DES ÉTRANGERS. *Voyez* ATHÉNÉE et CIRQUE DU PALAIS-ROYAL.

LYCÉES, établissements d'instruction secondaire qui appartiennent à l'État. Le chef d'un lycée se nomme *proviseur*; il administre pour le compte de l'État, qui y entretient un certain nombre d'élèves boursiers. Il y a cinquante-sept lycées en France. Ils sont tous du même ordre; mais ils sont divisés en quatre catégories, suivant le prix de la pension et de l'externat, indépendamment des lycées de Paris, qui forment une catégorie à part. L'État pourvoit à l'insuffisance du revenu des lycées au moyen d'une subvention, qui s'élève à un million et demi.

Les lycées de Paris sont au nombre de cinq : le lycée Louis-le-Grand, le lycée Napoléon, le lycée Saint-Louis, le lycée Bonaparte, le lycée Charlemagne.

Le *lycée Louis-le-Grand* est l'ancien collége des Jésuites ou de Clermont, fondé en 1564, par Guillaume Duprat, évêque de cette ville. Il fut reconstruit en 1628, sur les dessins d'Augustin Guillain, et on y réunit alors les colléges de Marmoutier et du Mans. En 1674 il prit le nom de collége *Louis-le-Grand*, changement qui inspira le distique suivant à un docteur des bons pères :

Sustulit hinc Jesum posuitque insignia regis
Impia gens; alium nescit habere Deum.

Dulaure prétend qu'on fit payer au jeune poëte cette épigramme par une captivité de trente-et-un ans dans les cachots de la Bastille. A la suppression des Jésuites (1762), on transféra dans leur collége celui de Lisieux, et l'université y tint ses assemblées. En 1792, organisé sous une forme nouvelle, il reçut le nom de *collége de l'Égalité*, en 1800 celui de *Prytanée*; en 1805 on l'appela *lycée impérial*. La Restauration lui rendit le vieux nom que les jésuites lui avaient donné, avec le titre de collége royal. Après la révolution de Février, il s'appela *lycée Descartes*; puis à la fin de 1849 il redevint *lycée Louis-le-Grand*, et il est au jourd'hui *lycée impérial de Louis-le-Grand*.

Le *lycée Napoléon* fut établi en 1805 dans les bâtiments de l'abbaye Sainte-Geneviève. La Restauration lui donna le nom de *collége royal Henri IV*, la république celui de *lycée Corneille*. Sous la Restauration on lui construisit une façade sur la rue Clovis. Il renferme la vieille tour de l'église Sainte-Geneviève et le local de l'ancienne bibliothèque de ce nom. La première cour est décorée des bustes de Casimir Delavigne et du maréchal Saint-Arnaud, qui y firent leurs études. Au sud et à l'ouest il se termine par un jardin, qui était jadis celui de l'abbaye et que l'on a beaucoup restreint en perçant une rue derrière l'abside du Panthéon et en y établissant un réservoir pour les eaux du puits de Grenelle. A la fin de l'année 1855 on a démoli quelques maisons de la rue Descartes pour l'agrandir de ce côté.

Le *lycée Saint-Louis* (sous la république *lycée Monge*) a été bâti sur l'emplacement de l'ancien collége d'Harcourt, fondé en 1280, par Raoul d'Harcourt, chanoine de l'église de Paris, pour les pauvres écoliers des diocèses de Coutances, de Bayeux, d'Évreux et de Rouen. En 1814 on démolit les anciens bâtiments, et l'on commença les constructions nouvelles qu'on eut un moment la pensée d'utiliser pour une maison de correction de jeunes gens. Le lycée Saint-Louis fut ouvert en 1820.

Le *lycée Bonaparte* (sous la Restauration et sous la monarchie de Juillet *collége royal de Bourbon*) a été établi en 1805, dans les bâtiments du couvent des Capucins de la Chaussée d'Antin.

Le *lycée Charlemagne* fut fondé en 1805, dans la maison professe des jésuites de la rue Saint-Antoine. Ces deux derniers lycées ne reçoivent que des externes.

LYCHNIDE, genre de plantes de la famille des caryophyllées, tribu des silénées, de la décandrie pentagynie de Linné, et auquel les botanistes assignent les caractères suivants : Calice tubuleux ou ventru, nu à la base; pétales terminés en un onglet linéaire, à limbe échancré, bifide ou multifide; capsule uniloculaire, à 5-10 dents au sommet. Les lychnides sont des plantes herbacées, annuelles ou vivaces, presque toutes indigènes à l'Europe, et que l'on cultive dans nos jardins pour la beauté de leurs fleurs, la plupart d'un rouge diversement nuancé. Une des plus belles espèces, la *lychnide à grandes fleurs* (*lychnis grandiflora*, Jacq.), qui nous vient de la Chine, a un mètre de haut, et porte de grandes fleurs terminales écarlates. La *lychnide mouchetée* (*lychnis variegata*) se fait remarquer par ses jolies fleurs, variées de petites bandes violettes sur un fond fauve. La *lychnide brillante* (*lychnis fulgens*), originaire de Sibérie, se termine par une cime ornée de sept à dix fleurs, d'un rouge vif, et du plus bel aspect. La *lychnide visqueuse* (*lychnis viscaria*, L.), dont la culture a donné une variété à fleurs purpurines doubles, connue des jardiniers sous le nom de *bourbonnaise*, croît naturellement dans les prairies sèches. Citons encore, parmi les espèces qui ornent nos jardins, la *lychnide de Chalcédoine* (*lychnis chalcedonica*, L.), vulgairement appelée *croix de Jérusalem* ou *croix de Malte*, le *lychnide coquelourde* (*lychnis coronaria*, Lam.), et la *lychnide fleur de coucou* (*lychnis flos cuculi*, L.), qui croît dans les prairies humides ; doublée par la culture, cette dernière espèce, qui à l'état de nature est connue sous le nom de *coucou*, a reçu des jardiniers celui très-impropre de *véronique des jardins*. La *lychnide dioïque* (*lychnis dioica*, L.), très-commune sur la lisière de nos bois, se reconnaît facilement à ses fleurs dioïques, blanches, quelquefois purpurines.

LYCHNOMANCIE (de λύχνος, flambeau, et μαντεία, divination). *Voyez* LAMPADOMANCIE.

LYCIE, contrée de la côte méridionale de l'Asie Mineure, entourée par la Carie, la Phrygie, la Pisidie et la Pamphylie, traversée par les premières assises méridionales du mont Taurus, entre autres par le mont Dædala à l'ouest et par le mont Climax à l'est, porta d'abord, au dire des anciens auteurs, le nom de *Mytiade*, et était habitée par les Solymes, peuple de race sémitique. Ceux-ci furent expulsés des côtes et refoulés dans les montagnes par les Termiles, peuple venu de Crète. La tradition locale voulait au contraire que les nouveaux venus fussent des Athéniens commandés par un certain *Lycos*, d'où leur surnom de *Lyciens*. Si la Lycie avait été de toutes les provinces de l'Asie Mineure la seule qui se fût maintenue indépendante de Crésus, elle n'en succomba pas moins sous les efforts des Perses, et partagea dès lors les destinées des monarchies perse, macédonienne et syrienne. Les Romains adjugèrent d'abord cette contrée aux Rhodiens, mais après la guerre de Macédoine, ils la déclarèrent libre. La période suivante fut l'âge d'or des Lyciens, qui se termine à la première guerre civile des Romains : après quoi l'empereur Claude érigea leur pays en province romaine.

Tant qu'elle demeura libre, la Lycie constitua une confédération formée de plusieurs républiques indépendantes et dirigée par un président ou gouverneur, qui prenait le titre de *lykiarque* (λυκίαρχης). Parmi les vingt-trois villes composant cette confédération, les six plus importantes étaient *Xanthus*, ville bâtie dans une plaine, sur les bords du fleuve du même nom, *Patara*, *Pinara*, *Olympus*, *Myra* et *Tlos*. De nombreux débris de sculpture, des monuments en tous genres et annonçant un style particulier, des médailles, etc., témoignent du haut degré de civilisation auquel les Lyciens étaient parvenus, sous l'influence des Grecs surtout. Les antiquaires et les voyageurs, dont les seuls qui en eussent dit quelques mots étaient Beaufort, Clarke, Cockerell et Leake, n'avaient donné que fort peu d'attention à cette partie de l'Asie Mineure, jusqu'au moment où les découvertes de sir Charles Fellows, qui visita ce pays à diverses reprises depuis 1838, provoquèrent parmi les Français, les Anglais et les Allemands une vive émulation pour étudier et décrire la Lycie ainsi que les remarquables antiquités d'origine sémitique, lycienne, grecque et romaine qu'elle contient. Par les soins de Fellows, le *British Museum* reçut une belle collection de sculptures lyciennes, dans le nombre desquelles on remarque surtout la frise de ce qu'on appelle le mausolée d'*Harpagos*. Une foule d'inscriptions sont en outre des documents du plus haut prix, prouvant qu'il y avait là non-seulement une écriture particulière, ayant beaucoup d'affinité avec l'écriture phrygienne, et, comme celle-ci et l'écriture grecque, dérivée de l'écriture phénicienne, mais encore une langue particulière, qui, autant qu'on en peut juger par les essais tentés par Grotefend, Sharpe, Daniell, etc., pour en déchiffrer quelques monuments, appartenait à la famille des langues indo-germaniques, quoiqu'elle fût mélangée d'éléments sémitiques. Consultez Fellows, *Excursions in Asia Minor* (Londres, 1839) et *Discoveries in Lycia* (1841); Texier, *Description de l'Asie Mineure* (tome 1er; Paris, 1838); Spratt et Forbes, *Travels in Lycia, Milyas and the Cybratis* (Londres, 1847).

LYCOMÈDE, roi de Scyros. Ce fut à la cour de ce prince qu'Achille alla se cacher sous des habits de femme, pour ne pas se rendre au siége de Troie. Pendant son séjour chez Lycomède, Achille séduisit sa fille, Déidamie.

LYCOPERDACÉES, famille de champignons, ayant pour type le genre *lycoperdon*. Ces mots, *lycoperdon*, *lycoperdacées*, viennent de λύκος, loup, et πέρδω, que nous traduirons en latin par *crepito*, *crepitare*. S'il faut nous expliquer davantage, disons que ces termes scientifiques sont les équivalents du nom de *vesses de loup*, que portent vulgairement ces champignons. Cette singulière dénomination vient sans doute de l'odeur forte et désagréable qui se dégage des lycoperdacées ayant acquis tout leur développement, et aussi du remarquable phénomène que ces champignons présentent lorsque arrivés à cet état on les soumet à la plus légère pression : ils lancent aussitôt un nuage de spores, qui offre l'aspect d'une poussière excessivement ténue.

Le principal caractère des lycoperdacées consiste dans leur parenchyme, formant une masse homogène, le plus souvent blanche et ayant l'apparence d'une éponge très-fine. En vieillissant le parenchyme s'amollit, et c'est alors que se manifeste dans toute son intensité le phénomène auquel la famille doit son nom. Les spores soumis au microscope sont de forme ronde, à surface hérissée.

Ces champignons ne sont pas vénéneux, et on en mange quelques-uns en Italie, dans leur jeune âge, quand ils sont encore fermes. Certaines espèces peuvent servir à la préparation d'un savon amadou. E. MERLIEUX.

LYCOPERDON, genre de champignons qui a donné son nom à la famille des lycoperdacées. Ces champignons ont un réceptacle sessile ou pédiculé, d'une forme arrondie, pyriforme ou ovoïde. Ils n'ont ni volve, ni columelle, ni sporanges. Ce sont donc les plus simples de leur famille. A ce genre appartient le plus volumineux des champignons connus, le *lycoperdon horrendum*, qui croît en Crimée, et dont le diamètre dépasse quelquefois un mètre. On trouve en France le *lycoperdon giganteum*, dont le diamètre a souvent 40 à 45 centimètres. M. Czerniaïew rapporte que dans la Russie méridionale on emploie la première de ces espèces ainsi qu'un champignon d'un genre voisin pour enlever les abeilles quand on veut recueillir leur miel : on évite ainsi de détruire les essaims. Cette méthode a pénétré en Angleterre, où la fumée qui se dégage de la combustion du *lycoperdon proteus* sert au même usage, et depuis quelques années plusieurs apiculteurs s'occupent de la répandre en France. L'observation de ces faits a donné à M. Richardson l'idée d'employer cette même vapeur comme agent anesthésique. Ses expériences ont parfaitement réussi sur les animaux, et elles auront sans doute des conséquences importantes, s'il est vrai que l'inspiration de la fumée de *lycoperdon proteus* soit exempte des dangers qui suivent trop souvent l'emploi de l'éther ou du chloroforme.

E. MERLIEUX.

LYCOPHRON, poëte grec, qui, de parti pris, mit tout en œuvre pour se rendre inintelligible. Il a composé, sous le titre d'*Alexandra*, un poëme de 1,474 vers, ayant pour sujet une prophétie de Cassandre, qui annonce les malheurs dont la ville de Troie sera frappée. Les mots les plus surannés et les plus étranges, les locutions les plus insolites, les rapprochements les plus inattendus, les digressions les plus inextricables, les allusions les plus obscures employées pour désigner les personnages et les localités dont il peut être question, tels sont les artifices auxquels il a eu recours afin d'arriver à l'achèvement de la longue énigme qu'il a entreprise dans le but de briller parmi les poëtes qui florissaient à Alexandrie sous le règne des Ptolémées. Il voulut exécuter un tour de force qui frappât d'admiration la cour et la ville. Cependant, on lui reconnaissait des titres de gloire plus réels que sa ténébreuse épopée ; il avait composé une cinquantaine de tragédies, et terminé en prose et en vers des productions qui obtinrent un brillant succès. Malheureusement tous ces écrits sont perdus; son *Alexandra* seule est restée, afin de préparer de cruelles tortures à tous les Saumaises futurs. Scaliger l'a traduite en vers latins énigmatiques, qui reproduisent toute l'obscurité de l'original. C'est une merveille que personne aujourd'hui ne saurait reproduire; ce n'est pas une traduction. Le poëme de Lycophron devait exercer les érudits ; il occupe le premier rang parmi les ouvrages susceptibles d'un commentaire trente fois plus étendu que le texte. Reichardt, Muller, Bachmann, Canter, Meursius, Potter, en ont donné des éditions accompagnées de notes multipliées ; elles ont vu le jour à Oxford, en 1697; à Leipzig, en 1778, en 1811, en 1830 ; elles contiennent sur la connaissance des mots les plus difficiles de la langue grecque, sur la mythologie, sur la géographie, des renseignements auxquels on pourrait encore beaucoup ajouter. Nous ne connaissons aucune traduction française de l'*Alexandra*, et il est impossible qu'il en existe une qui donne une idée exacte de cette œuvre unique en son genre. N o s t r a d a m u s seul eût pu la faire passer dans notre langue. G. BRUNET.

LYCOPODE (de λύκος, loup, et πούς, ποδός, pied). Les lycopodes, jadis classés par Linné au nombre des mousses, dont ils ont le port, puis rangés par Jussieu parmi les fougères, dont ils se rapprochent par la fructification, forment aujourd'hui le genre typique d'une famille distincte, établie pour la première fois par Schwartz, et adoptée successivement par tous les botanistes : c'est la famille des *lycopodiacées*. Cette famille se trouve presque exclusivement composée du seul genre *lycopode*, et de quelques genres peu importants, qui en ont été séparés ; car des différences notables dans les caractères de la fructification ont porté un grand nombre de phytologues à scinder les lycopodes en deux ou plusieurs genres distincts : ainsi, Bernardi sépare les lycopodes en deux genres, caractérisés par l'inflorescence, axillaire dans l'un, spiciforme dans l'autre ; et Palissot de Beauvois, combinant les caractères déduits de l'inflorescence avec ceux qui se peuvent déduire de la structure des capsules, distribue ces espèces végétales aujourd'hui réunies sous la dénomination générique de *lycopodes* en six genres distincts. Mais Robert Brown, dans sa belle *Flore de la Nouvelle-Hollande*, n'a pas cru devoir admettre cette minutieuse subdivision : il s'est borné à établir dans le genre *lycopode* deux sections, chacune renfermant toutes les espèces dans lesquelles on n'a jusque ici découvert que des capsules d'une seule espèce, sorte d'involucres qui renferment réunis les organes mâle et femelle de la jeune plante, l'autre comprenant toutes celles dans lesquelles les organes de la fructification sont séparés dans des involucres distincts ; et la classification du célèbre botaniste anglais, adoptée par M. Ad. Brongniart (qui toutefois érige ces deux sections en genres distincts), a généralement prévalu.

Les lycopodes sont des plantes herbacées, rarement ligneuses; leurs tiges, couchées ou rampantes, s'étendent au loin, s'enracinant d'espace en espace, et poussant des branches qui se dressent et portent des capsules dans les aisselles de leurs feuilles : ces feuilles forment quelquefois des épis terminaux, simples ou rameux, sessiles ou pédonculés ; quelquefois elles sont disposées en spirale, très-rapprochées, imbriquées de toutes parts; quelquefois enfin elles rappellent le feuillage des mousses. Les capsules qui se rencontrent aux aisselles des feuilles, très-nombreuses chez quelques espèces, contiennent une poussière extrêmement fine, rouge, brune ou jaune, et dont les grains, sphériques, oblongs ou réniformes, se groupent en une multitude de petits sphéroïdes. Suivant Kœlreuter, ces grains seraient de véritables germes, car ils n'éclatent pas dans l'eau comme le pollen des plantes phanérogames, et ils se développent dans la terre comme des propagules, ainsi que l'ont observé Lindsay, Fox et Willdenow. Suivant R. Brown, au contraire, ces grains offrent tous les caractères du pollen, éclatant comme celui-ci au contact d'un liquide ; enfin, suivant Palissot de Beauvois, la poussière intra-capsulaire des lycopodes est composée de grains de deux espèces, les uns étant de véritables germes, les autres n'étant, comme le pollen, que des globules de matière fécondante.

Quoi qu'il en soit, cette poussière, que quelques espèces du genre lycopode, particulièrement le *lycopode à massue* (*lycopodium clavatum*, L.), fournissent en grande abondance, se récolte en Suisse et en Allemagne, pour être livrée au commerce sous le nom de *lycopode* ou de *soufre végétal*. Elle a été longtemps employée en thérapeutique comme anti-spasmodique, anti-dyssentérique, anti-scorbutique ; elle a été préconisée dans le traitement des maladies de poitrine comme succédanée du nard celtique ; et aujourd'hui encore on l'emploie avec avantage dans le nord de l'Europe dans le traitement de la plique polonaise. En France, les applications thérapeutiques de la poudre de lycopode sont aujourd'hui singulièrement restreintes : les pharmaciens en revêtent la surface de leurs pilules, entre lesquelles elle prévient toute adhérence, et les nourrices s'en servent pour guérir ces légères gerçures de l'épiderme qui surviennent si fréquemment chez quelques enfants. Là se borne à peu près l'emploi du lycopode comme poudre médicinale ; mais en revanche les théâtres du boulevard en consomment des quantités considérables, car c'est par la déflagration subite de cette poudre, éminemment combustible, que l'on simule les terribles fulgurations des éclairs du ciel et des flammes de l'enfer : pas une ville ne brûle au théâtre qui ne consomme au moins une livre de lycopode. Cette poudre entre au même titre dans beaucoup de pièces d'artifice.

Le genre *lycopode* renferme environ cent-vingt espèces, qui habitent toutes les régions du globe, depuis les zones polaires jusqu'aux terres équatoriales ; mais dans les régions arctiques ce genre n'est représenté que par quelques espèces chétives, basses et rampantes, et ce n'est que dans les zones intertropicales que les lycopodes apparaissent en grand nombre et dans leur complet développement. En général, la distribution géographique des lycopodes est soumise aux lois qui régissent la distribution des fougères, et, comme celles-ci, ils paraissent dominer dans les îles, là où la végétation est bien moins riche en plantes phanérogames. BELFIELD-LEFÈVRE.

LYCOPODIACÉES, famille de plantes acotylédones voisine des mousses, et composée de végétaux le plus souvent vivaces. Leur tige, très-développée relativement aux feuilles, est rarement simple ; ordinairement elle se ramifie par bifurcation de l'extrémité, et sans bourgeons axillaires. Les racines sont toutes adventives. Les feuilles offrent une nervure médiane, forment seulement de cellules plus allongées que les autres. Les organes reproducteurs sont des capsules insérées à la base des feuilles. Le genre *lycopode* est le principal de cette famille.

[On rencontre dans les terrains houillers un grand nombre de tiges, cylindriques lorsqu'elles sont obliques aux couches de la houille, plates lorsqu'elles sont parallèles à ces couches. Ces tiges sont toujours rameuses, souvent dichotomes, quelquefois pinnées ; leur diamètre varie grandement, et elles atteignent parfois jusqu'à vingt-deux mètres de longueur. Elles n'offrent aucune trace d'articulation ; leur écorce, couverte d'une mince couche de charbon, présente des mamelons disposés en quinconce ; leur portion médullaire au centrale est remplacée par la roche charbonneuse, et n'offre plus aucune trace de structure végétale. Les feuilles que l'on rencontre insérées sur les mamelons des tiges sont linéaires et sétacées, plus ou moins longues, souvent courbées en faucille, très-aiguës, et traversées par une seule nervure médiane. Ces végétaux, nommés d'abord par M. Ad. Brongniart *sagenaria*, puis désignés par Sternberg sous le nom de *lepidodendron*, ont de nombreux rapports avec deux familles actuellement existantes, les lycopodiacées et les conifères. En effet, ils se rapprochent de l'une et de l'autre famille par la forme et la disposition de leurs feuilles ; mais ils s'éloignent des conifères par la structure de leur tige et par la division dichotomique de leurs rameaux, tandis que ces deux caractères les rapprochent singulièrement des lycopodiacées : aussi M. Ad. Brongniart penche-t-il à admettre que les lépidodendrons des terrains houilliers sont des lycopodes arborescents, contradictoirement à Rhode, qui les envisage comme des *cactus*, et à Martius, qui y voit les analogues d'un genre de la famille des composées (*Bélioïdes*). Belvield-Lefèvre.]

LYCOS, nom commun au fils de Poséidon et de la pléiade Céléno, que son père transporta dans les îles des Morts ; au fils d'Arès (Mars), qui était roi de Libye et sacrifiait tous les étrangers à son père (il n'y eut d'exception que pour Diomède, qui fut sauvé par la fille de Lycos) ; au fils d'Hyrieus, frère de Nycteus. Ce dernier s'empara de la souveraineté de Thèbes, tandis qu'Hercule accomplissait ses douze travaux, dont il traita fort mal l'épouse, *Mégare*, et qui l'en punit à son retour en le tuant.

Lycos était aussi le nom d'un homme de la tribu des Telchines, qui arriva, dit-on, en Lycie, où il bâtit, sur les bords du Xanthus, le premier temple qu'y ait eu Apollon *Lycien* ; d'un fils de Pandion II, qui, chassé d'Athènes par son frère Égée, se réfugia auprès de Sarpédon, dans le pays des Termiles, qui d'après lui, dit-on, fut appelé *Lycie*. On raconte aussi de ce dernier qu'il avait reçu des nymphes le don de prophétie, et qu'il introduisit en l'Attique à Andania en Messénie le culte des grandes déesses (*Déméter* et *Perséphone*). On fait en outre descendre de lui la célèbre famille sacerdotale des *Lycomèdes*, à laquelle des temples particuliers étaient consacrés à Phylæ et à Andania.

Enfin, plusieurs fleuves ont porté le nom de *Lycos* dans l'antiquité. Les plus célèbres étaient le *Lycos* d'Assyrie, qui se jette dans le Tigre ; le *Lycos* de Paphlagonie, qui se jette dans le Pont, près d'Héraclée ; le *Lycos* de la Grande-Phrygie, l'un des affluents du Méandre ; et, enfin, le *Lycos* de la Phénicie, qui se jette dans la Méditerranée, entre Byblos et Béryte.

LYCOSE (de λύκος, loup ; araignée-loup), genre de la famille des aranéides, dont l'espèce type est généralement connue sous le nom de *tarentule*.

LYCURGUE, législateur de Sparte, n'a pour ainsi dire point de biographie en dehors de ses lois immortelles. Des écrivains sont même allés jusqu'à contester son existence ; d'autres ont rapporté à plusieurs personnages la législation dont on lui fait honneur. Cependant, la critique historique a généralement adopté ce que dit de lui Plutarque. Né vers l'an 926 avant J.-C., il était fils et frère de rois de Sparte. Son frère, nommé Polydecte, ayant succombé à une mort prématurée, sa veuve, qui était enceinte, lui offrit avec sa main la couronne, en lui proposant de faire périr son fruit pour la lui conserver. Lycurgue entretint prudemment les espérances de cette mère dénaturée, mais il s'empressa de proclamer roi de Lacédémone le fils auquel elle donna le jour, et lui remit fidèlement la couronne à sa majorité. Cette conduite généreuse ne désarma point les inimitiés que lui avait attirées une régence de plusieurs années empreinte de cette austérité rigide qui constituait le fond de son caractère : il fut obligé de s'exiler ; mais ce fut en grand homme qu'il se vengea des injustices de sa patrie. Il parcourut la Crète, l'Asie Mineure et l'Égypte, étudia partout les lois, les arts et les mœurs, et rapporta à Lacédémone les résultats de ses observations et de ses recherches. Il y trouva le désordre et l'anarchie, et se pénétra de la nécessité de réformer entièrement la constitution de ce peuple turbulent et barbare. Cette entreprise ne s'exécuta pas sans obstacle : elle provoqua plusieurs mouvements populaires, dans l'un desquels un jeune Spartiate, appelé Alcandre, le blessa grièvement au visage. Lycurgue supporta ce mauvais traitement avec une douceur qui fléchit ses ennemis, et n'en poursuivit pas moins la réalisation de ses plans.

Pour donner une plus grande solennité à la réforme qu'il méditait, il se rendit à Delphes à la tête des plus illustres de ses concitoyens, et consulta l'oracle d'Apollon, qui lui répondit « qu'il allait jeter les fondements de la république la plus florissante qui aurait jamais existé ». De retour à Lacédémone, il y vit ses lois adoptées presque sans contradiction. Feignant alors de ne point retourner à Sparte. Quelques écrivains prétendent qu'il se laissa volontairement mourir de faim à Delphes même ; d'autres affirment qu'il se retira en Élide ou dans l'île de Crète, et qu'à sa mort il ordonna que ses os seraient jetés dans la mer, de peur que s'ils étaient rapportés à Sparte, ses concitoyens ne se crussent déliés de leur serment, prévision digne en effet d'une vie dévouée aux intérêts de sa patrie avec une abnégation aussi constante et aussi généreuse.

« Quand je rapproche, dit Xénophon, la puissance et la célébrité de Sparte et l'exiguité de son territoire, je ne puis m'empêcher d'en faire uniquement honneur à la sagesse des lois de Lycurgue. » La postérité a confirmé cette opinion. Les lois de Lycurgue, qui ne devaient conter être écrites, furent, malgré leur excessive sévérité, observées pendant plusieurs siècles. Le nom de ce grand homme demeura longtemps en honneur à Lacédémone ; on lui bâtit un temple, et des sacrifices solennels y furent offerts annuellement à la mémoire de celui qui avait su pacifier sa patrie en lui donnant une constitution et la rendre respectable en la réformant. A. Boullée.

LYCURGUE, orateur grec, était né à Athènes, l'an 408 avant J.-C., d'une famille ancienne et distinguée. Il fut disciple de Platon et d'Isocrate. On ne possède qu'un seul des quinze discours qu'il avait prononcés : c'est une accusation ; le style en est grave, sentencieux, mais décousu et dénué de grâce. Il était privé du talent de l'improvisation. Se déclarant avec vigueur contre les entreprises de Philippe de Macédoine, il seconda activement les efforts de Démosthène pour susciter des ennemis à ce prince. C'est lui qui, après la bataille de Chéronée, accusa Lyziclès des revers d'Athènes, et le fit punir de mort. Il était du nombre des huit orateurs qu'Alexandre le Grand somma les Athéniens de lui livrer après la destruction de Thèbes, et dont Demade réussit à obtenir le pardon. Chargé de l'intendance du trésor public et de la police intérieure d'Athènes, il déploya dans ces fonctions un grand zèle et une extrême inflexibilité, fit construire quatre cents trirèmes, élifia et planta le gymnase du Lycée, dans lequel Aristote établit plus tard son école, et purgea l'Attique des malfaiteurs qui infestaient, depuis longtemps, son territoire. En quittant ses fonctions, il fut attacher à une colonne le compte de sa gestion financière, afin que chacun pût le censurer. Lycurgue mourut vers l'an 326 avant J.-C. Ses enfants, poursuivis par ses ennemis, furent mis en prison, et ne durent leur liberté qu'aux réclamations réitérées de Démosthène. Le peuple décerna plus tard des honneurs extraordinaires à sa mémoire. A. Boullée.

LYDIE, vaste contrée de l'Asie Mineure, ou était bornée à l'ouest par l'Ionie, au sud par le Méandre, qui la séparait de la Carie, à l'est par la Phrygie, et au nord par la Mysie, porta d'abord le nom de *Mæonie*, ses habitants primitifs, les Mæons, n'ayant été que plus tard subjugués par les Lydiens, peuple d'origine carienne venu se fixer dans ce pays. Le sol en était généralement très-fertile, et on y trouvait aussi beaucoup d'or, provenant des flots du Pactole et de l'exploitation de quelques mines abondantes. Il en résulta bientôt un relâchement général, puis une corruption extrême des mœurs, surtout à Sardes, capitale de la Lydie, et qui contribua beaucoup à la ruine de cet empire.

L'histoire de la Lydie se partage, suivant les dynasties qui s'y succédèrent, les Atydes, les Héraclides et les Mermnades (cette dernière dynastie de l'an 700 à l'an 546 av. J.-C.), en trois périodes, dont les deux premières appartiennent complétement au mythe. Parmi les Mermnades qui portèrent la puissance de la Lydie à son apogée, brillèrent surtout Gygès, Alyatte, qui en 623 fit la guerre aux Mèdes, et surtout son fils Crésus, qui conquit, il est vrai, toute la partie de l'Asie située entre la Méditerranée et l'Halys, mais qui, après avoir franchi ce fleuve et attaqué l'empire perse, voisin de ses États, fut vaincu, l'an 546 av. J.-C., par Cyrus, qui le détrôna.

Les Lydiens étaient du reste célèbres par leur esprit inventif, notamment par l'art avec lequel ils excellaient à fabriquer des étoffes et des tapisseries du plus haut prix, à teindre la laine, à façonner l'argile, enfin pour avoir introduit l'usage des monnaies d'or et d'argent et celui de ce qu'on appelait *pierre de Lydie* ou pierre à aiguiser, comme pierre de touche. On avait donné aussi le nom de *mode lydien* à l'un des principaux tons de la musique grecque, qui exprimait le caractère de la mollesse. En fait de monuments de l'art lydien remontant à l'époque où le goût grec n'avait point encore modifié et arrêté ses formes, il n'existe plus que quelques tombeaux, ayant appartenu à des rois de Lydie. Les inscriptions en langue lydienne qu'on y a trouvées jusqu'à présent ne sont pas assez nombreuses pour qu'on ait pu essayer avec succès de les déchiffrer. Consultez Steuart, *Description of some ancient Monuments still existing in Lydia and Phrygia* (Londres, 1843); Menke, *Lydiaca* (Berlin, 1843); Texier, *Description de l'Asie Mineure* (Paris, 1838 et suiv.).

LYELL (Sir CHARLES), célèbre géologue anglais, fils du botaniste *Charles* LYELL (mort en 1849), en l'honneur de qui R. Brown a donné le nom de *lyellia* à un genre de plantes, est né en 1797, à Kinnordy, dans le Forfarshire. Tout en se préparant à Oxford à embrasser la carrière du barreau, il se livra concurremment, et d'une manière toute particulière, à l'étude des sciences naturelles, notamment à celle de la géologie; et après s'être pendant quelque temps essayé comme avocat, il renonça à l'exercice de cette profession pour se consacrer exclusivement à la géologie. Après avoir entrepris dès 1824, dans diverses parties de la France, de l'Allemagne et de l'Italie, un voyage scientifique et publié dans les *Transactions of the Geological Society*, ainsi que dans les *Annales des Sciences naturelles*, les observations géognostiques qu'il lui fournit l'occasion de recueillir, en 1832 un cours public de géologie au *King's College* à Londres, et publia l'année suivante ses *Principles of Geology*, dont une neuvième édition a paru, en 1853; livre qui, malgré les critiques dont il a été l'objet de la part de Conybeare, de Segdwick et autres, n'en a pas moins le mérite d'expliquer les diverses modifications de la croûte terrestre par des causes encore aujourd'hui agissantes, et non point par des bouleversements merveilleux. Un voyage qu'il fit en Amérique, en 1841 et 1842, lui a fourni le sujet d'un ouvrage intitulé *Travels in North America, with geological observations* (2 vol., Londres, 1845); et il a décrit sous le titre de *A second Visit to the United-States* (Londres, 1849) la nouvelle tournée qu'il y entreprit en 1845. En 1848 il fut créé baronet, en récompense des services qui lui rendus à la science, et en 1853 il fut nommé membre de la commission envoyée par le gouvernement anglais pour assister à l'ouverture de la grande exposition de l'industrie à New-York. On a aussi de lui des *Éléments de Géologie*, qui ont obtenu un légitime succès.

LYMFJORD. *Voyez* LIMFJORD.

LYMPHATIQUE (Système). On donne le nom de *système lymphatique* ou *absorbant* à un système particulier d'organes servant à la formation et à la circulation de la lymphe, qui président aux phénomènes de l'absorption. Ces organes sont les *ganglions lymphatiques*, nommés aussi *glandes lymphatiques* ou *conglobées*, et les *vaisseaux lymphatiques* ou *absorbants*. Ceux-ci sont très-multipliés. Nés de la surface des membranes et du tissu des organes, ils transmettent dans le système des veines tous les fluides absorbés. Ceux qui s'emparent du chyle pendant l'acte de la digestion dans les intestins constituent un ordre à part, connu sous le nom de *vaisseaux lactés* ou *chylifères*. On trouve des vaisseaux lymphatiques dans toutes les parties du corps; mais quelque part qu'on les examine, soit dans les membres, soit dans chaque organe particulier, ils forment deux plans, l'un superficiel et l'autre profond, qui communiquent souvent ensemble. Les vaisseaux lymphatiques sont en général plus petits que les artères et les veines; ils sont très-minces, diaphanes et cylindriques, mais ils offrent de distance en distance des dilatations plus ou moins fortes, résultant de valvules placées dans leur intérieur. Ils sont peu flexueux dans leur trajet; leurs anastomoses sont fort multipliées; ils s'entre-croisent souvent. On ignore la nature et la disposition des premières radicules des vaisseaux absorbants. Avant de se terminer dans leurs principaux troncs, les branches des vaisseaux lymphatiques doivent traverser un nombre plus ou moins grand de ganglions lymphatiques, dans lesquels elles se subdivisent à l'infini.

Sous le rapport de leur structure, les vaisseaux lymphatiques sont formés d'une membrane extérieure celluleuse et d'une tunique interne, analogue à celle des veines. Cette dernière, en se repliant sur elle-même, produit de distance en distance des valvules, qui sont le plus souvent disposées deux à deux. Les parois de ces vaisseaux reçoivent des artères et des veines très-déliées. Tous les vaisseaux absorbants du corps se déchargent par quelques troncs dans les veines sous-clavières et jugulaires internes; deux de ces troncs sont beaucoup plus volumineux que les autres : on les désigne sous le nom de *canal thoracique* et de *grande veine lymphatique droite*. Le premier reçoit les lymphatiques de l'abdomen, des membres inférieurs, du côté gauche du thorax, du membre thoracique gauche et du côté correspondant de la tête et du cou. Le second est destiné à ceux du membre thoracique droit et du côté droit de la tête, du cou et du thorax.

Bichat divise les vaisseaux lymphatiques, comme les exhalants, en *extérieurs*, qui prennent naissance sur la peau et les membranes muqueuses, et auxquels a appartiennent ceux qui pompent le chyle dans les intestins; en *intérieurs*, qui naissent sur le tissu cellulaire, sur les membranes séreuses, synoviales, médullaires, et sont chargés d'absorber la sérosité, la graisse, la moëlle, la synovie; et en *nutritifs*, qui prennent leur origine dans la texture intime de tous nos organes, et sont destinés à prendre les matériaux qui ne doivent plus en faire partie; ils président à la décomposition des organes, à l'absorption intersticielle.

Les vaisseaux lymphatiques portent aussi le nom de *veines lymphatiques*.

LYMPHATIQUE (Inflammation). *Voyez* SCROFULES.
LYMPHATIQUE (Tempérament). *Voyez* TEMPÉRAMENT.
LYMPHATIQUES (Vaisseaux, Veines). *Voyez* LYMPHATIQUE (Système).

LYMPHE (du latin *lympha*, eau), humeur aqueuse, transparente, limpide, visqueuse, répandue dans le corps animal ou végétal. Ce liquide est contenu dans des vaisseaux qui lui sont propres et dans le canal thoracique des animaux que l'on a fait jeûner pendant vingt-quatre heures. Chez les hommes, on a remarqué cette humeur la cause de plusieurs maladies; on a dit : Avoir la lymphe épaisse, stagnante, rendre de la fluidité à la lymphe. Ce mot a été appliqué, par analogie, en botanique, à l'humeur aqueuse qui circule dans les plantes. Les propriétés et la composition de la lymphe varient beaucoup, suivant les parties où les vaisseaux lymphatiques la prennent; mais en général elle se présente sous la forme d'un liquide légèrement alcalin, quelquefois d'un rouge de garance ou jaunâtre, d'une saveur salée, soluble dans l'eau, et se troublant par son mélange avec l'alcool. Elle se coagule quand on l'abandonne à elle-même; le caillot, ou la portion solide, devient rouge écarlate lorsqu'on le met en contact avec le gaz oxygène, et rouge pourpre quand on le met dans du gaz acide carbonique.

LYNCÉE, héros et argonaute fameux, fils d'Apharée, roi de Messénie, avait la vue si perçante qu'elle pénétrait à travers les murailles, jusque dans les profonds espaces du ciel même, et par delà le centre de la terre. Il dut sans doute son nom au lynx. La renommée de ce héros astronome et minéralogiste, dévoilant au vulgaire les mystères de la nature, donna lieu à cette fable; on sait qu'Argo, la nef de Jason, véritable académie à voiles, réunissait à bord tout ce que la Grèce avait de plus distingué par l'héroïsme, les sciences et les arts. Lyncée tua Castor, auquel il disputait les armes à la main la jeune Ilaire, une des plus belles entre les héroïnes. Lui-même fut tué par Pollux. D'autres veulent que cette sanglante dispute ait eu lieu au sujet d'un troupeau de bœufs enlevé, dont les Dioscures, en leur qualité, l'un de fils du maître des dieux, l'autre du roi Tyndare, refusèrent de faire le partage en faveur de Lyncée et d'Idas, son frère, qui leur avaient prêté le secours de leurs bras dans cette capture. Pindare et Théocrite ont immortalisé Lyncée dans leurs vers.

Il y eut encore un *Lyncée*, non moins célèbre, fils d'Égyptus, et successeur de Danaüs, son beau-père, sur le trône d'Argos. Protégé pour les dieux et par la piété d'Hypermnestre, l'une des Danaïdes, il régna paisiblement quarante années. La chronologie l'assied sur le trône 1460 ans avant l'ère chrétienne. DENNE-BARON.

LYNCH (JEAN-BAPTISTE, comte), pair de France, issu d'une famille d'Anglais jacobites et catholiques réfugiés, naquit à Bordeaux, en 1749. Entré de bonne heure dans la magistrature, il devint membre du parlement de sa ville natale, et partagea l'honorable résistance de ce corps aux excès d'une cour dilapidatrice. Cette conduite attira plusieurs fois sur lui la persécution et l'exil. Ayant adopté les principes de la révolution, il suivit à Paris Lebreton, son beau-père, député à l'Assemblée constituante, et partagea, en 1793, l'emprisonnement que celui-ci eut à subir. Après le 9 thermidor, Lynch fut nommé membre du conseil général de la Gironde, dont il devint président sous le consulat. Maire de Bordeaux en 1804, Lynch signala son zèle pour l'empereur dans plusieurs harangues pleines du plus chaleureux dévouement. « Sire, disait-il en 1813, en proposant à Napoléon au nom de la ville de Bordeaux quatre-vingts cavaliers armés et équipés; sire, disposez de tous nos moyens, et que la grande nation soit enfin vengée! » Le 28 février 1814 Lynch adressait encore à la garde nationale de Bordeaux une harangue qui le témoignait pas moins d'admiration pour l'empereur. Quatorze jours plus tard, cependant, il accueillait avec enthousiasme la restauration des Bourbons, et il adressait au duc d'Angoulême, lors de son entrée à Bordeaux, les plus grandes protestations de zèle et de fidélité. Ce changement de langage lui valut le grand cordon de la Légion d'Honneur, le 30 juin 1814. Excepté de l'amnistie accordée par Napoléon, en avril 1815, le comte Lynch suivit la duchesse d'Angoulême en Angleterre et, après la seconde restauration, remis à la tête de l'administration municipale de sa ville natale, il fut nommé pair de France, le 17 septembre 1815, puis maire honoraire de Bordeaux, le 11 octobre. Rangé parmi les hommes sur lesquels tout pouvoir peut compter, il passait pour être hostile à nos libertés avant la révolution de Juillet. Il n'en prêta pas moins serment à la nouvelle dynastie, et continua de siéger à la chambre des pairs. Il mourut le 15 août 1835.
L. LOUVET.

LYNCH-LAW (c'est-à-dire *loi de Lynch*). On appelle ainsi, dans quelques-uns des États-Unis de l'Amérique du Nord, une coutume suivant laquelle le peuple frappe arbitrairement lui-même ceux qui se sont rendus coupables d'actions immorales contre lesquelles la loi n'a pas prononcé de pénalités, comme est par exemple le fait de jouer à des jeux de hasard, et notamment celui d'y tenir la banque. Voici comment les choses se passent d'ordinaire. Un rassemblement d'émeutiers envahit la maison des malheureuses victimes de la rancune populaire, en saccage le mobilier, y met ensuite le feu et souvent même en égorge les habitants avec la plus froide cruauté, après les avoir soumis aux plus horribles tortures. On a journellement d'effrayants exemples, dans les divers États composant l'Union de l'Amérique du Nord, de ces actes de justice barbare et sommaire du peuple; mais ils sont surtout plus fréquents et plus révoltants dans les États du Sud et dans les États récemment admis dans l'Union, où les passions sont plus violentes en même temps que les liens de l'ordre moral sont plus relâchés. Ce qu'il y a de déplorable, c'est que personne ne prend le moindre souci de ces atrocités, c'est que les autorités les regardent commettre et se croisent les bras, c'est que les tribunaux renvoient absous ceux qui se sont notoirement commises, et que la législature refuse toute espèce de secours ou d'indemnité à ceux qui sont victimes ou de ces actes de violence ou du manque d'énergie apporté à les réprimer. Un des sévices les plus ordinaires que se permettent les émeutiers américains consiste à enduire d'abord leurs victimes de poix et à les rouler ensuite dans la plume. Au Sud, quiconque est le plus légèrement du monde soupçonné d'être ennemi de l'esclavage et partisan de son abolition a constamment à craindre d'être mis hors la loi, et s'il vient jamais à tomber au pouvoir d'une bande d'anti-abolitionnistes, d'être de leur part l'objet de traitements les plus cruels. En Californie la loi de Lynch est encore assez souvent appliquée aux voleurs.

On fait dériver ce nom de *loi de Lynch* d'un certain John Lynch qui vivait dans la Caroline du Nord vers la fin du seizième siècle. L'action régulière de lois coloniales n'offrant point alors une garantie suffisante contre les dévastations commises dans les plantations voisines par des bandes d'esclaves et de criminels évadés, et réfugiés dans les marécages impénétrables du *Dismal Swamp*, John Lynch fut élu par ses concitoyens et investi par eux en matières civiles et criminelles d'un pouvoir absolu. A la fois législateur, juge et souverain, John Lynch fit merveille contre ces bandits. Ceux qui n'eurent pas la tête cassée d'un coup de pistolet furent pendus.

LYNDHURST (JOHN SINGLETON COPLEY, baron), né le 21 mai 1772, à Boston (Amérique du Nord), est le fils d'un peintre de mérite, qui se hâta de revenir en Angleterre quand commença la lutte des colonies pour leur indépendance. John Copley se voua à l'étude du droit, et ne tarda pas à se faire une nombreuse clientèle comme avocat. En 1816 il fut envoyé par la ville de Yarmouth à la chambre basse, où il siégea longtemps parmi les membres de l'opposition la plus radicale. En 1820, avec Charles Wetherell, il acceptait encore la défense des radicaux Wathon et Thistlewood, accusés de conspiration; et ce procès politique ne fit qu'ajouter à sa popularité. Mais, à l'exemple de tant d'autres ambitieux, qui ne flattent les passions populaires que pour vendre ensuite au pouvoir leur concours à un plus haut prix, il abandonna bientôt après la cause de l'opposition et accepta la place de *solicitor* (procureur général) de la couronne; et ce fut en cette qualité qu'il porta la parole devant la chambre haute lors du procès en adultère intenté à la reine Caroline. En 1824 il fut nommé *attorney général*, et en 1826 il fut appelé aux fonctions de *master of the rolls*, ou d'archiviste de la cour de chancellerie, qui d'ordinaire conduisent le titulaire au poste de lord chancelier. En même temps il était élu à la chambre des communes par l'université de Cambridge. Soutenu et poussé par le parti tory, l'ancien avocat whig avait maintenant si complétement déserté ses précédentes opinions politiques, qu'on le vit combattre avec ardeur l'émancipation catholique et, avec les meneurs du parti tory, voter le rejet de cette mesure réparatrice. Toutefois, quand son ami Canning arriva en 1827 à la tête de l'administration, il mitigea singulièrement son torysme; en récompense de quoi, il fut nommé lord chancelier et créé pair d'Angleterre sous le titre de *baron Lyndhurst*. Il conserva ces fonctions non-seulement sous l'administration de Goderich, mais encore sous le ministère de Wellington; et ce ne fut qu'en 1830, à l'arrivée des whigs aux affaires, qu'il dut les céder à Brougham.

A l'époque de la mémorable lutte dont la question de la réforme parlementaire fut l'objet, lord Lyndhurst, qui quelques années auparavant avait secondé Canning dans ses réformes les plus libérales, se montra l'orateur le plus véhément des hauts tories, affirmant que la modification proposée à la loi électorale était le signal de la décadence et de la ruine de l'Angleterre. Dans l'administration transitoire que Peel et Wellington réussirent à former, en novembre 1834, il reprit les fonctions de lord chancelier; et après la retraite de ce cabinet, il continua dans la chambre haute contre la nouvelle administration une opposition d'autant plus embarrassante qu'elle affectait les formes d'une grande modération. Ce fut lui qui, en 1837, obtint de la chambre un vote de blâme contre lord Durham, gouverneur du Canada. L'hostilité passionnée dont lord Lyndhurst fit preuve à l'occasion de toutes les mesures législatives proposées pour améliorer la situation de la malheureuse Irlande rendit son nom odieux à bon droit dans ce pays. Quand enfin, en août 1841, le ministère de lord Melbourne dut céder la place à un ministère Peel, lord Lyndhurst fut appelé à en faire partie comme lord chancelier, fonctions dont pour la troisième fois il était revêtu; puis l'administration de sir Robert Peel ayant de nouveau fait place à un cabinet whig, lord Lyndhurst reprit sa place sur les bancs de l'opposition. Les motions qu'il présenta en 1851 et 1853 contre les réfugiés politiques furent combattues par le ministère. En 1856, à propos de la nomination de sir James Parke, il fit adopter par la chambre haute une motion contre les pairies à vie, en dénonçant la manière dont la couronne venait de faire usage de sa prérogative comme une violation des priviléges de la chambre haute. Il a épousé, en 1837, la fille de Goldsmith, ce pamphlétaire fameux, dont la haine acharnée contre Napoléon avait été récompensée par des pensions et des sinécures.

LYNX. Les naturalistes sont parfois bien cruels ! Voici un célèbre animal auquel leurs sévères observations ont enlevé la faculté étonnante de voir à travers les murailles, ainsi qu'à son urine la propriété, non moins admirable, de se changer en pierres précieuses. Le lynx n'a conservé de sa fabuleuse supériorité que des yeux brillants, un regard doux et l'air assez agréable, au lieu du regard d'un animal inquiet, soupçonneux, habile à tromper, comme celui des lynx humains. Bien plus, le lynx des naturalistes n'est pas même du genre *loup*, malgré son ancienne dénomination de *loup cervier*; c'est tout simplement un chat ou *felis*, communément de la grandeur d'un renard, passant sa vie à donner la chasse aux martes, aux écureuils, aux oiseaux, et à poursuivre son gibier jusqu'à la cime des arbres. Souvent il se contente de sucer le sang de sa proie et d'en manger la cervelle.

Cette espèce renferme de nombreuses variétés, appartenant les unes à l'ancien, les autres au nouveau Monde. A leur tête il faut placer le *lynx des anciens*, ou *caracal* (*felis caracal*, L.), dont nous avons rappelé la fabuleuse histoire. C'est un animal de 0^m,785 de longueur, non compris la queue, qui a 0^m,271. Son pelage est d'un roux uniforme et vineux en dessus, blanc en dessous; ses oreilles sont noires en dehors, blanches en dedans; il a du blanc au-dessus et au dessous de l'œil, autour des lèvres, tout le long du corps et en dedans des cuisses; sa poitrine est foncée, avec des taches brunes; une ligne noire part de l'œil et se rend aux narines; une tache de la même couleur se trouve à la naissance des moustaches. On connaît trois sous-variétés de ce lynx, le *caracal d'Alger*, le *caracal de Nubie*, et le *caracal du Bengale*.

La plupart des lynx ont la queue très-courte et le pelage plus ou moins tacheté. Leurs oreilles sont souvent terminées par un pinceau de poils. Le lynx le plus commun en Europe, celui auquel s'applique le nom de *loup cervier* (*felis lynx*, L.), a presque entièrement disparu des contrées peuplées; mais on le retrouve encore dans les Pyrénées, en Espagne, et plus fréquemment dans les forêts du nord de l'Europe et du Caucase. Son pelage est roux, tacheté de roux brun; sa joue offre trois lignes de taches noires, qui rejoignent une bande oblique, large et noire, placée sous l'oreille de chaque côté du cou, où les poils, plus longs qu'ailleurs, forment une sorte de collerette. Il a de 0^m,75 à 0^m,90 depuis le bout du museau jusqu'à l'origine de la queue. Comme le loup, il pousse une sorte de hurlement pendant la nuit; il attaque de préférence les faons, et c'est sans doute de ces deux habitudes que lui vient la dénomination vulgaire de *loup cervier*.

Le plus beau lynx, le plus recherché pour sa fourrure, est le *chelason* ou *chulon* (*felis cervaria*, Temm.). Il est grand comme un loup, et a le pelage d'un gris un peu roussâtre, avec de belles mouchetures noires. Les peaux de ces lynx viennent du nord de l'Asie par la Russie. D'autres, qui nous arrivent du Canada et du nord de la Suède, proviennent du *felis borealis*, autre variété, à pelage très-touffu jusque sous les pieds, d'un gris cendré et à peine moucheté.

Citons encore le *parde* (*felis pardina*, Oken) ou *chatpard* des voyageurs, qui habite les contrées les plus méridionales de l'Europe. Quoique sa taille ne dépasse pas celle de notre blaireau, sa queue est plus longue que celle du loup cervier. Il porte aux joues de grands favoris. Son pelage est court, d'un roux vif et lustré, parsemé de taches noires longitudinales.

LYON, ville de France, la seconde de l'empire, chef-lieu du département du Rhône, à 356 kilomètres sud-est de Paris; sa population est de 258,494 habitants; plus, une nombreuse garnison et une population flottante, qui font une agglomération de près de 300,000 âmes. Siége d'un archevêché, dont les départements du Rhône et de la Loire forment le diocèse, et dont le métropolitain prend le titre d'*archevêque de Lyon et de Vienne*, et a pour suffragants les évêques d'Autun, de Langres, de Dijon, de Saint-Claude et de Grenoble; d'une église consistoriale calviniste, et d'un commissaire délégué du culte israélite; chef-lieu de la 8me division militaire, avec une cour impériale, dont le ressort comprend les départements de l'Ain, de la Loire et du Rhône; une cour d'assises, des tribunaux de première instance et de commerce; un conseil de prud'hommes; une chambre de commerce; un entrepôt des douanes, un entrepôt des sels, une manufacture impériale de tabac, un hôtel des monnaies; une académie universitaire, à laquelle ressortissent les départements du Rhône, de l'Ain, de la Loire et de Saône-et-Loire, et composée d'une faculté de théologie, d'une faculté des sciences et d'une faculté des lettres. Lyon possède aussi une école secondaire de médecine, une chaire de droit commercial, un lycée, une école impériale vétérinaire, une institution de sourds-muets, une école impériale des beaux-arts, une école des arts et métiers, dite *École la Martinière*, du nom de son fondateur, le major général Martin, une caisse d'épargne, deux bibliothèques publiques, dont l'une renferme 140,000 volumes, l'autre 55,000, et toutes deux de nombreux manuscrits, un cabinet de tableaux, un cabinet de médailles et d'antiques, un cabinet d'histoire naturelle, un jardin botanique, une pépinière départementale, un musée d'étoffes de soie anciennes et modernes, une académie impériale des sciences, belles-lettres et arts, une société littéraire, une société impériale d'agriculture, des sciences naturelles et des arts utiles, une société de médecine.

34.

cine, un conseil de salubrité, une société de pharmacie, une société linnéenne, cinq ou six journaux politiques, huit ou dix journaux commerciaux, scientifiques ou littéraires, dix-huit imprimeries, un mont-de-piété, des hôpitaux et des hospices civils et militaires, de nombreuses fondations et associations de bienfaisance, une succursale de la Banque de France, une condition des soies, deux théâtres, un jardin d'hiver et au nombre des lieux consacrés au plaisir l'élégant Palais de l'Alcazar, etc.

Lyon est relié à Paris par un chemin de fer et le sera prochainement par un second, à travers le Bourbonnais. Il est, en outre, la tête du Grand-Central, du chemin de fer de Genève avec embranchement à Amberieux sur Bourg, et probablement le sera de celui de Grenoble, encore en projet.

L'industrie et le commerce de Lyon sont immenses: les étoffes de soie, renommées pour la solidité de la teinture et pour le bon goût du dessin, en forment la base principale. On y fabrique aussi des étoffes mêlées de soie et de coton, de soie et de laine, des châles, des tulles, des crêpes, des rubans, des bas de soie, des étoffes d'or et d'argent, des galons, des broderies. Lyon consomme une grande partie des soies récoltées en France, et emploie aussi beaucoup de soie tirée de l'Italie. La soie provenant des vers qu'on élève aux environs de la ville est naturellement du plus beau blanc qu'on puisse désirer. L'industrie des soies a été introduite à Lyon avant toute autre ville du royaume, sous Louis XI ; ses grands développements datent de Colbert.

« L'industrie des soieries, dit M. Ariès-Dufour, occupait à Lyon depuis 1650 jusqu'à 1680 de 9 à 12,000 métiers: après la révocation de l'édit de Nantes jusque vers l'an 1780, ce nombre était réduit à 3 ou 4,000 environ. De 1760 à 1789 il se releva à 18,000, pour retomber à 3 ou 4,000 en 1794. De 1804 à 1812 il remontait à 12,000, et en 1816 à 20,000 ; en 1827 il atteignait 27,000 ; en 1837 il était de 40,000, et à l'époque de la révolution de Février 50,000 métiers fonctionnaient à Lyon. Aujourd'hui le nombre des métiers dépasse 60,000 ; ils sont dispersés dans l'agglomération lyonnaise, le département du Rhône et les départements voisins. »

On fabrique encore à Lyon de la poterie estimée. Le tirage d'or y est exécuté avec perfection. La librairie et l'imprimerie, les manufactures d'indiennes, de papiers peints, les fleurs artificielles, les fers, les brasseries, la corroierie, l'épicerie en gros, la charcuterie, l'orfévrerie, la bijouterie, la verrerie, la quincaillerie, les vins, sont des branches secondaires de son industrie et de son négoce. Ses magasins servent d'entrepôt aux draperies d'Elbeuf, de Sedan, de Louviers , pour l'approvisionnement des villes méridionales, comme aux huiles et aux savons de la Provence , aux vins et aux eaux-de-vie du Languedoc, pour les villes septentrionales. Les marrons dits *marrons de Lyon* sont aussi un objet remarquable de son commerce.

La plus grande partie de Lyon est resserrée entre la rive droite du Rhône et la rive gauche de la Saône, à un kilomètre au-dessus de leur confluent. Le reste de la ville est à l'ouest, sur la rive droite de la Saône, et s'étend, partie sur le plateau, partie sur les flancs de la hauteur de Saint-Just et de celle de Fourvière, qui projette vers la rivière le rocher pittoresque de Pierre-Scise ou Pierre-Encise, autrefois couronné par un château très-ancien, prison d'État avant la révolution de 1789, et primitivement palais des archevêques ; un mur enveloppe à l'ouest cette dernière portion de Lyon. Des restes de fortifications ceignent au nord la partie principale, forts détachés et combinés entre eux ont été construits, depuis la révolution de juillet 1830, sur les coteaux qui dominent la ville et sur la rive gauche du Rhône ; le plus considérable est celui de Montessuy. La promenade appelée Cours du Midi marque l'extrémité méridionale de la cité, et la sépare de la presqu'île Perrache, qui forme un triangle allongé dont la base repose sur Lyon, et dont le sommet touche au confluent du Rhône et de la Saône : c'est l'ancienne *île Mogniat*, dont l'architecte Perrache fit

une presqu'île en 1776, en détournant, par une longue levée, le cours du Rhône, et en reculant de près de deux kilomètres sa jonction avec la Saône. C'est derrière le Cours du Midi que s'élèvent les vastes bâtiments de la gare du chemin de fer de Paris à la Méditerranée.

Trois faubourgs, ceux de Saint-Irénée, de Saint-Just et de Saint-Georges ou de la Quarantaine sont au sud-ouest de la ville, à la droite de la Saône ; sur la gauche du Rhône, à l'est de Lyon, s'étend le faubourg de la Guillotière, qui forme, avec le beau quartier des Brotteaux, une ville particulière. Du côté du nord est la Croix-Rousse, assise sur le plateau et les flancs d'une colline qui s'étend de l'un à l'autre cours d'eau : elle comprend le faubourg de Saint-Clair, sur la rive droite du Rhône, et celui de Serin, sur la rive gauche de la Saône. Enfin, au nord-ouest, sur la rive droite de cette dernière, on voit s'allonger le faubourg de Vaise. On compte à Lyon plus de trois cents rues, dont plusieurs fort longues, larges et régulières, entre autres les rues Impériale, Centrale, Bourbon, Royale, Neuve-des-Capucins, Saint-Dominique, du Plat, Vaubecour ; cinquante-cinq places publiques : la plus belle est celle de Louis-le-Grand ou de Bellecour, une des plus magnifiques de l'Europe, avec une statue équestre de Louis XIV au milieu, chef-d'œuvre de Lemot ; elle remplace celle qui fut détruite en 1792, ouvrage de Desjardins, dont le piédestal était orné de groupes en bronze par les Coustou, représentant la Saône et le Rhône. Ils sont actuellement placés dans le vestibule de l'hôtel de ville. Citons encore la grande place Napoléon, la place des Célestins, celle dite autrefois de Confort ou des Jacobins, aujourd'hui de la Préfecture, celles des Cordeliers, des Terreaux, de Sathonay, de Saint-Jean et de Louis-Napoléon. Il y a dix-huit ponts, dont sept sur le Rhône et onze sur la Saône, sans compter trois ponts, deux sur le Rhône et un sur la Saône, consacrés exclusivement aux chemins de fer de Paris, de Marseille et de Genève ; vingt-neuf quais, entrecoupés de dix-huit beaux ports, et dont quelques-uns forment de belles promenades.

Dans certains quartiers de la ville, les maisons sont vieilles et tristes ; des cours étroites et sombres, où pénètrent rarement les rayons du soleil, et une hauteur de cinq, six ou sept étages, en rendent le séjour peu agréable ; mais elles se distinguent par leur solidité : toutes sont bâties en pierre. A la tête des édifices de Lyon, on doit placer l'hôtel de ville, où s'installe la préfecture, monument qui se distingue par la noblesse et l'élégance de sa façade, du milieu de laquelle s'élance son escalier, et sa grande salle et de sa vaste cour ; il fut construit de 1646 à 1655, sous la direction de Simon Maupin. Le palais des arts, anciennement abbaye des Dames de Saint-Pierre, est un autre bâtiment remarquable, qui forme l'un des grands côtés de la place des Terreaux : il appartient à la ville. On y a réuni les divers musées, la bibliothèque dite des Beaux-Arts, les cours des Facultés, etc. Maintenant la bourse s'élève sur le parcours de la rue Impériale. Parmi les autres monuments on doit citer le grand hôpital, ou l'hôtel-Dieu, dont l'immense façade, ouvrage de Soufflot, est surmontée d'un dôme équilatéral ; la cathédrale de Saint-Jean, grand édifice d'architecture gothique : le sanctuaire et la croisée sont fort anciens ; mais la grande nef paraît postérieure au règne de saint Louis ; l'église des Chartreux, surmontée d'un joli dôme ; l'église de Saint-Nizier, une des plus beaux édifices gothiques de France, et remarquable surtout par son portail, ouvrage de Philibert Delorme, par sa magnifique voûte et par les ornements de son chœur ; l'église de Saint-Just, édifice moderne, qui se distingue par le bon goût et l'élégance de sa construction ; la chapelle expiatoire, monument religieux élevé aux Brotteaux à la mémoire des Lyonnais qui ont péri pendant le siège de 1793 et pendant la terreur ; le grenier à sel, le temple des protestants, la caserne de la gendarmerie, le grand théâtre construit par MM. Chenavard et Pollet.

Les principales promenades sont celles des Brotteaux, de

Bellecour, du quai Saint-Antoine, de Perrache, des Étroits. Lyon présente un grand nombre d'antiquités, surtout sur la colline de Fourvières, où l'église de Notre-Dame remplace l'ancien *Forum Trajani*, et où la maison de l'Antiquaille, hôpital de fous et de vénériens, est bâtie sur les ruines du palais des empereurs romains. On remarque de beaux restes d'aqueducs auprès de l'église de Saint-Irénée, quelques vestiges de théâtre dans l'enclos des Minimes, et des réservoirs souterrains, appelés *Bains romains*, dans celui du nouveau grand séminaire. On a trouvé aussi dans le sein de la terre de nombreuses inscriptions tumulaires, plusieurs mosaïques d'une grande beauté, une grande quantité de médailles, de monnaies et de vases antiques, plusieurs figures de marbre et de bronze, des lacrymatoires, des lampes sépulcrales, des débris de l'incendie arrivé sous Néron, etc. Une partie de ces objets se voit au musée. L'église d'Ainay, près de l'extrémité méridionale de la ville, et dont une partie de la construction remonte au temps de Charlemagne, offre quelques restes du temple d'Auguste, si célèbre sous le nom d'*Autel de Lyon*; les quatre piliers de granit qui soutiennent le dôme de cette église proviennent, à ce que l'on croit, des deux colonnes qui ornaient cet autel, et que l'on voit représentées sur d'anciennes médailles.

Le climat de Lyon est doux et sain, quoique sujet aux brouillards et aux pluies. Les campagnes environnantes sont fertiles, bien cultivées, parsemées d'un nombre infini de charmantes maisons de plaisance, et riches en aspects variés et pittoresques. Parmi les sites les plus agréables, on peut signaler les bords de la Saône et principalement les environs de l'Ile-Barbe, le vallon de Roche-Cardon, et le coteau de Sainte-Foy, qui produit un vin renommé.

On ne s'accorde pas sur l'époque de la fondation de Lyon (*Lugdunum*) : les uns la font remonter à deux cent vingt ans avant notre ère, et l'attribuent à une colonie de Rhodiens, chassée de la Provence par les Phocéens établis à Marseille; d'autres l'attribuent plus sûrement à Munatius Plancus, qui s'y établit environ quarante ans avant J.-C., avec des Viennois chassés de leur cité par les Allobroges. Quoi qu'il en soit, César ne mentionne même pas cette ville dans ses *Commentaires*; elle devint bientôt la cité principale des *Ségusiaves*, et du haut de la colline de Fourvières (*Forum Vetus*), sur laquelle il paraît qu'elle était primitivement assise, elle s'étendit jusqu'au bord de la Saône et sur le côté opposé. Auguste en fit la capitale de la Gaule Celtique, qui prit alors le nom de *Lyonnaise*; il la combla de bienfaits, et les soixante nations des Gaules y élevèrent en son honneur un temple superbe, au confluent de la Saône et du Rhône. Elle fut dès lors considérée comme le boulevard des Romains au-delà des Alpes, et Agrippa en fit partir les chemins militaires de la Gaule. Caligula y fonda des jeux et une célèbre académie, appelée *Athénée*; Claude ordonna qu'elle prît le nom de *Colonia Claudia Augusta*, auquel on ajouta celui de *Copia*, qu'il tomba promptement en désuétude. Dès son origine Lugdunum avait été colonie romaine. « Les Viennois établis dans la ville nouvelle et les vétérans amenés d'Italie à Lugdunum par Plancus, dit M. Monfalcon, n'avaient rien perdu de leurs privilèges de citoyens romains; ils avaient conservé et le droit de suffrage et le droit aux honneurs. »

L'état de splendeur de Lyon ne fut pas de longue durée : cent ans après sa fondation, cette belle cité fut détruite, en une seule nuit, par un affreux incendie. Rebâtie par les soins de Néron, elle se déclara en faveur de cet empereur contre Vienne, qui avait embrassé le parti de Galba. Trajan ordonna la fondation du marché qui porta son nom (*Forum Trajani*); un autel fut érigé à Antonin le Pieux, sur la place actuelle de Saint-Jean. Les persécutions contre les chrétiens commencèrent à Lyon sous Marc-Aurèle, et saint Pothin, son premier évêque, en fut une des nombreuses victimes; saint Irénée y tint un concile un peu plus tard. Elle reprit bientôt son état primitif; ruinée par Sévère, en 197, après la sanglante bataille gagnée sous ses murs par cet empereur sur Albin, elle se releva insensiblement sous le règne de Constantin. La belle basilique des Machabées fut le premier édifice monumental que le christianisme y éleva; peu après, des hordes de peuples barbares la ravagèrent. Les rois de Bourgogne y établirent le siège de leur royaume, à la fin du cinquième siècle, et les rois francs en acquirent la possession dans le sixième. En 583, une inondation de la Saône et du Rhône détruisit la moitié de la ville, dont la peste avait décimé les citoyens un peu auparavant. Dans le huitième siècle, les temples et les monuments qui restaient encore disparurent sous le fer des Sarrasins; mais Charlemagne ne tarda pas à faire relever une partie des murs de cette ville. Plus tard, Lyon fut la capitale du royaume de Bourgogne Cisjurane ou de Provence, légué par Lothaire à Charles, le plus jeune de ses fils.

Vers 905, le roi de France Lothaire II céda cette ville, pour la dot de sa sœur Mathilde, à Conrad le Pacifique, roi de la Bourgogne Transjurane. Après la mort de Rodolphe III, fils de Conrad (l'an 1032), Lyon passa sous la puissance temporelle de son archevêque, Burchard, frère de ce Rodolphe : de cette époque datent les droits de souveraineté que les archevêques ont exercés si longtemps sur la ville, d'abord comme feudataires de l'Empire, ensuite comme indépendants, en vertu d'une concession de Frédéric Ier, et par l'achat qu'ils firent des droits revendiqués pour les comtes de Forez. Ce fut vers la fin du douzième siècle que prit naissance à Lyon la secte des v a u d o i s. Au commencement du treizième siècle, les citoyens se soulevèrent contre la juridiction ecclésiastique, et se créèrent un gouvernement municipal, ou un consulat, dont les premières assemblées se tinrent en 1228 : de la résultèrent entre les citoyens et les chanoines des hostilités continuelles, qui durèrent jusqu'au règne de Philippe le Bel; celui-ci fit rentrer la ville sous le sceptre des rois de France, en 1312, par une transaction avec l'archevêque Pierre de Savoie, auquel il laissa cependant une juridiction sur une partie de la ville. Le consulat conserva lui-même un pouvoir judiciaire; et dans le dix-huitième siècle il formait encore un tribunal connu et respecté dans toute l'Europe par ses lumières et son esprit de justice. Sous le nom de *juges de la conservation*, il avait l'inspection de la police des foires et une juridiction qui embrassait toutes les contestations entre Français et étrangers pour des marchés faits à Lyon.

Sur la fin du treizième siècle, des Italiens, fuyant les persécutions et les querelles sanglantes entre les guelfes et les gibelins, vinrent chercher dans cette industrieuse cité une nouvelle patrie : on dit qu'ils y inventèrent l'usage des lettres de change; dans les trois siècles suivants, une foule de négociants de la même nation y attirèrent le commerce de la banque; un grand nombre de négociants allemands et suisses vinrent aussi s'y établir. La réforme fit des principe de grands progrès à Lyon. Les protestants s'emparèrent de la ville en 1562, et en restèrent les maîtres pendant onze mois. Dix ans après, le massacre de la Saint-Barthélemy s'y effectua dans les derniers jours du mois d'août : il porta à 800 le nombre des victimes. En 1628 Lyon fut horriblement ravagé par la peste; mais le reste du dix-huitième siècle le virent de nouveau fleurir. La révolution lui porta un coup funeste.

Les Lyonnais s'insurgèrent contre leur municipalité terroriste, et vinrent à bout de lui arracher l'autorité dans la nuit du 29 au 30 mai 1793. La Convention fit aussitôt marcher contre Lyon 60,000 soldats. Abandonnée à ses propres ressources, la ville entreprit de se défendre; elle éleva des retranchements, décerna le commandement au brave Précy, et, avec le seul secours d'une faible artillerie et d'une garde nationale peu nombreuse, elle repoussa longtemps tous les efforts des assaillants. Enfin, découragé par la pénurie des vivres, les Lyonnais renoncèrent à la défense de leur malheureuse cité, après soixante jours de siège : Collot d'Herbois et Couthon entrèrent alors à Lyon. D'après un décret de la Convention, ils en firent commencer la démolition; et la guillotine y fut en permanence. La ville reçut le nom de *Commune-Affranchie*, qu'elle garda jusqu'au 7 octobre 1794, époque où un décret lui rendit celui de *Lyon*.

Ce fut dans cette ville que fut convoquée, le 3 décembre 1801, *la consulta* extraordinaire qui posa les bases du gouvernement de la République C i s a l p i n e, dont Bonaparte, qui se trouvait alors à Lyon, fut nommé président. En 1813 la campagne du nord de Lyon fut le théâtre de plusieurs actions sanglantes entre les Français et les troupes alliées. En 1815 elle reçut Napoléon, à son retour de l'île d'Elbe. Après les agitations de cette époque, son commerce et son industrie prirent un nouvel et brillant essor. Cette prospérité s'était déjà ralentie avant 1830 et la révolte des ouvriers en soie en novembre de l'année suivante.

Cette insurrection fut causée par la stagnation générale des affaires. Une question de salaires en amena l'explosion. Le 21 novembre 1831 les ouvriers en soie, ou, comme on les appelle à Lyon, les *canuts*, de la Croix-Rousse, irrités des difficultés opposées par les fabricants à la mise en vigueur d'un nouveau tarif de travail décrété par l'autorité, et qui avait en partie fait droit à leurs réclamations, s'attroupèrent dans le faubourg, et se disposèrent à descendre en masse vers la ville. Avertie de ce qui se passait, l'autorité envoya des troupes au-devant des séditieux, qui déjà avaient dépavé les rues et élevé de redoutables barricades. Bientôt la fusillade s'engagea, et le général Ordonneau ainsi que le préfet Bouvier-Dumolard, ayant essayé de parlementer avec les insurgés, furent retenus prisonniers par les ouvriers, au milieu desquels ils s'étaient rendus sans défiance. Mais ils furent bientôt délivrés, le général Roguet ayant vigoureusement refoulé les insurgés dans leurs quartiers habituels. On croyait l'insurrection vaincue ; mais le lendemain, 22, les canuts, reprenant l'offensive, entrèrent dans Lyon même, dont tout aussitôt ils occupèrent les ponts et interceptèrent toutes les communications. Le 23 au matin, ils se rendirent maîtres sans coup férir de la ville entière. Les troupes s'étaient retirées pendant la nuit et, traversant le faubourg de Bresse, s'étaient retranchées à Rillieux, où elles attendaient des renforts.

Comme les manœuvres des partis politiques étaient complètement étrangères à cette insurrection, amenée seulement par les souffrances des populations ouvrières, elle conserva constamment son caractère d'émeute urbaine et municipale ; et nul, au milieu de ces milliers d'hommes auxquels la misère et le désespoir avaient mis les armes à la main, et qui avaient inscrit ces mots sur leurs bannières :

Vivre en travaillant,
Mourir en combattant,

ne commit d'attentats contre les personnes et les propriétés. Maîtres absolus de cette opulente cité, à part le saccagement de la maison Auriol, ils firent preuve d'une modération dont les fabricants eux-mêmes furent étonnés et à laquelle ils rendirent complète justice. Le préfet Bouvier-Dumolard n'avait pas cru devoir déserter son poste, et était resté courageusement à Lyon. Les ouvriers joignirent leurs efforts aux siens pour rétablir l'ordre dans la cité. Cependant, des forces importantes arrivaient de tous côtés sous les ours de Lyon ; et le maréchal Soult, alors ministre de la guerre, vint en prendre le commandement en chef avec le duc d'Orléans, prince royal, sous ses ordres, comme général du division. Les ouvriers n'essayèrent point de lutter contre l'armée que le gouvernement avait ainsi réunie contre eux, et le 3 décembre le maréchal Soult entra dans la ville, où quelques jours après toutes les autorités civiles et militaires avaient repris l'exercice de leurs fonctions, et les transactions industrielles et commerciales leur marche régulière. Le pouvoir ne fit point de répression rétroactive ; mais il supprima le tarif et tous les arrêtés municipaux qui s'y rapportaient, opéra le désarmement de la population ouvrière, licencia la garde nationale, dont la meilleure partie avait refusé de marcher avec la troupe de ligne contre les ouvriers,

et frappa de destitution le préfet Bouvier-Dumolard pour avoir en quelque sorte pactisé avec l'émeute en recevant d'elle comme une nouvelle investiture.

Trois ans après, les journées d'a v r i l 1 8 3 4 livrèrent de nouveau Lyon à toutes les horreurs de la guerre civile. L'inondation d'octobre et de novembre 1840 y causa de grands désastres. Après la révolution de Février, saluée avec enthousiasme par les classes ouvrières, Lyon fut quelques mois dominé par une société fameuse, appelée *les Voraces ;* une nouvelle insurrection, promptement réprimée, y éclata en juin 1849. Le retour de l'ordre a permis à Lyon de se transformer, de percer de larges artères au milieu de ses quartiers populeux, et d'en construire de nouveaux.

LYON (Golfe de), nom que prend la mer Méditerranée le long des côtes de la France, entre le cap Creuz et la Provence. Suivant quelques auteurs, il faudrait dire *Golfe du Lion* ; et il ne tirerait pas sa dénomination du chef-lieu du département du Rhône, qui effectivement en est assez éloigné pour rendre cette étymologie fort douteuse.

LYONNAIS, ancienne province de France, dont la capitale était L y o n ; on y rattachait le F o r e z et le B e a u - j o l a i s. Son territoire est aujourd'hui réparti entre les départements du R h ô n e, de la L o i r e, de la Haute-L o i r e et du P u y - d e - D ô m e.

LYPÉMANIE (de λύπη, tristesse, μανία, folie), nom donné par E s q u i r o l à une affection appelée aussi *mélancolie*, et que quelques médecins confondent avec l'h y p o - c o n d r i e.

LYRE, instrument de musique à cordes, le premier qu'aient inventé les peuples de l'antiquité, après les pipeaux. Les Égyptiens attribuaient l'invention de la lyre à Thaut-Trismégiste, leur Mercure, qui vivait avant le déluge ; et les Grecs à A p o l l o n ou à des mortels favorisés des dieux, O r p h é e, L i n u s et A m p h i o n. La lyre de Trismégiste n'avait que trois cordes ; Terpandre, Simonide, Olympe, Timothée, Pythagore, la perfectionnèrent plusieurs siècles après. Enfin, la lyre, parvenue à une certaine perfection, offrait la ressource des trois genres : le diatonique, le chromatique, l'enharmonique. Les Hébreux appelaient cet instrument *kinnor* ; Jubal, fils de Lamech, en fut suivant eux l'inventeur. Le kinnor du temple avait dix cordes ; on le touchait avec le *plectrum*, ou archet. Les Phéniciens avaient la lyre à deux cordes, ou *nebel* ; les Babyloniens la *pandora*, à trois cordes, et les Scythes touchaient avec une mâchoire de chien desséchée, qui leur servait de plectrum, leur lyre, à cinq cordes.

La lyre, cet instrument dans l'origine si simple qu'on en montait avec une seule corde, en eut dans la suite jusqu'à quarante : on doit cette dernière à Épigonus. La première, appelée *monocorde*, n'était sans doute qu'une échelle des tons, que le musicien, à l'aide d'un chevalet mobile, glissant le long de la corde unique, faisait résonner, et dont il saisissait l'intonation pour s'accorder ; c'était enfin un diapason complet. La lyre à quarante cordes était divisée en cinq échelles de tons. Les Chinois ont deux espèces de lyres, le *kin* et le *ché*, toutes deux élevées horizontalement sur un plan orné comme notre clavecin ; elles ont la première cinq cordes, et la seconde vingt-cinq : celle-ci sert à accompagner la voix. Elles sont montées sur des cordes en soie, et rendent des sons d'une grande douceur.

La lyre est représentée avec une grande variété sur les monuments antiques ; ses formes, souvent simples, sont d'une élégance infinie. Le *barbyton* et le *phorminx* étaient de grandes lyres, que l'on touchait avec le plectrum, la *lyre*, la *chelys* ou *testudo* et la *cithara* étaient les petits instruments de ce genre, et se pinçaient avec l'extrémité des doigts. Le *plectrum* (πλῆκτρον, *peigne*) était un archet d'ivoire un peu crochu ; il était plus habile de toucher la lyre sans plectrum. On en jouait aussi avec les deux mains, ce qui s'appelait pincer en dedans et en dehors. Les joueurs de lyre se nommaient *lyristes, cytharistes* ; les femmes, *psaltriæ*.

Les rhapsodes voyageurs, qui chantaient par toute la

Grèce l'*Iliade* et l'*Odyssée*, portaient la grande lyre, suspendue sur l'épaule avec une courroie, comme, plus tard, nos troubadours à une écharpe de soie. Sur un bas-relief antique, on voit aux mains d'Orphée un archet et une de ces lyres, qui, avec des ouïes, a tout à fait la forme de notre violon ou rebec. Les petites lyres n'avaient point de *megas*: c'est ainsi que l'on appelait le vide ou cavité ménagée au bas de l'instrument pour en augmenter la sonorité. La lyre-tortue (*testudo*) paraît être la plus antique et la première inventée; elle se composait de boyaux tendus sur une écaille de tortue entre deux cornes de chèvre. Ce genre de lyre, le plus simple et le plus gracieux, est très-commun dans les bas-reliefs. Les Arcadiens, avec Évandre, apportèrent en Italie cette lyre pastorale; on l'y perfectionna à un tel point dans la suite qu'Ammien-Marcellin, qui écrivait dans le quatrième siècle, rapporte qu'il y avait de son temps des lyres qui ressemblaient quant à leur volume à des chaises roulantes.

La lyre était en grand honneur dans l'antiquité; le roi David dansait et jouait du *psaltérion* devant l'arche; Néron, qui excellait sur la lyre, dont il jouait en public, tenait avant tout au titre de grand artiste; chez les Grecs, dans les repas, on se passait la lyre de main en main, et chacun chantait à son tour une strophe en s'accompagnant. Thémistocle eut à rougir dans un banquet de ne savoir point jouer de cet instrument, dont l'ignorance trahissait dans un haut personnage une éducation peu libérale. En effet, le mot ἀμουσικός, sans musique, signifiait un homme sans goût, sans éducation, comme on dit parmi nous un homme *sans lettres*, *illettré*.

La lyre antique se perpétua jusqu'au moyen-âge, et y subit un grand nombre de modifications. Elle est mère de la guitare, dont les Espagnols héritèrent des Maures, qui la nommaient *kinnar*, ainsi que de l'instrument nommé *el-doud*, et par les Espagnols *laud*, notre *luth*. En France, elle fit naître l'*archi-luth* à chevilles, le *théorbe* à deux manches, la *mandore* à quatre cordes, la *mandoline*, la *viole*, et enfin la *turlurette*, dont jouaient les mendiants sous Charles VI. Dans le quatorzième siècle, on pinçait du luth à cheval. La lyre est encore l'instrument favori des bergers dans la Grèce: chez les Morlaques, un chanteur, aux fêtes champêtres, s'accompagne avec un instrument monté d'une seule corde, faite de plusieurs crins de cheval. Les nègres ont un instrument à six cordes; à Congo, elles sont formées de poils de queue d'éléphant; ils ont en outre une espèce de guitare, montée avec des fils de palmier, à l'extrémité de laquelle ils font mouvoir des anneaux et des plaques de métal. DENNE-BARON.

LYRE (*Astronomie*). On nomme ainsi l'une des constellations boréales du ciel, formulée par vingt-et-une étoiles, dont la principale, non moins brillante que Sirius, est de première grandeur. Elle prend collectivement à elle seule le nom de sa constellation; on l'appelle la *Lyre* ou *Wéga*. Elle est le plus ordinairement représentée sous la figure d'un vautour tombant, c'est-à-dire regardant vers le midi, et tenant dans son bec une lyre à six cordes. Cet astérisme fait presque un triangle rectangle avec la belle étoile primaire de l'Arcturus et la polaire; il est le sommet d'un angle droit. Sa magnifique étoile, la seule dans le firmament avec Sirius qui puisse être soumise à la parallaxe, en donne une de deuxième seulement, par laquelle sa distance au Soleil est évaluée à 100 mille fois 35 millions de lieues. La Lyre et Sirius sont les étoiles les plus voisines de notre planète; jugeons par là du prodigieux éloignement des autres myriades de soleils dont est semé le ciel ! Une des étoiles de la Lyre est au nombre des changeantes; elle devient tertiaire tous les six jours. On trouve la Lyre par une ligne menée de la *Claire des gardes*, à travers la tête du *Dragon*.

LYRIQUE (Poésie). Sœur de la musique et aussi ancienne qu'elle, la poésie lyrique a été la première forme poétique; chez tous les peuples primitifs, la poésie, la musique et la danse sont étroitement unies; c'est par elles qu'on célèbre la joie des festins, la douleur des funérailles ou le triomphe de la victoire; mais à mesure que la civilisation fait des progrès, le goût s'épure et la poésie, comme la société, se soumet à des lois; l'élévation de la pensée, le rhythme, la cadence, la rime tendent à remplacer la mélodie musicale; la poésie chantée perd tous les jours de son prestige, jusqu'à ce qu'elle soit tout à fait détrônée par la poésie déclamée. La poésie lyrique chez les Grecs était non-seulement chantée, mais souvent composée aux accords de la lyre; c'est de là que lui vient son nom. Les poètes étaient musiciens, les vers naissaient avec le chant; de là l'accord de rhythme, de caractère et d'expression entre la musique et les vers. Chaque poète inventait non-seulement les vers qu'il s'était fait lui-même et sur lequel il composait:

A des mètres divers, Alcée, Anacréon
Prêtèrent leur génie, et leur gloire, et leur nom.

A cet égard la poésie lyrique chez les Latins et les nations modernes, n'a été qu'une frivole imitation de celle des Grecs. On a dit: *Je chante*, et on ne chantait pas; on a parlé des *accords de sa lyre*, et on n'avait pas de lyre. Horace, du moins, se sauva à force de génie et par l'élévation réelle de ses sujets; mais n'est-il pas comique de voir J.-B. Rousseau *prendre sa lyre* et employer le style le plus sublime pour *chanter* les affaires de famille de M. Duché? Et peut-on se figurer un froid écrivain du siècle dernier, en perruque, s'écriant:

Ce n'est plus un mortel, c'est Apollon lui-même
Qui parle par ma voix.

Il est triste, enfin, de voir Boileau lui-même, Boileau l'avocat du vrai, chercher à se donner un air de délire dans son ode ridicule sur la prise de Namur.

Certains genres de poésie lyrique sont restés consacrés à la musique; le plus important est l'o p é r a, ou poème lyrique, et, sous une forme plus légère et plus brève, la chanson et la romance.

La poésie lyrique, le genre de poésie le plus élevé et le plus étendu, est toute consacrée au sentiment: c'est sa matière et son objet; son but est de peindre les sentiments intimes de l'homme, tandis que la poésie épique se borne au récit poétique de faits accomplis, et que la poésie dramatique expose, en les mettant sous les yeux, les combats intérieurs et extérieurs de différentes personnalités entre elles. Comparée à ces deux derniers genres de poésie, la poésie lyrique ne peut produire que des œuvres plus restreintes, car n'existant que par le sentiment, elle ne doit pas durer plus longtemps que celui qui l'a produite, et « les incendies de l'âme s'éteignent vite, » a dit Cicéron.

On ne peut guère établir d'autres divisions dans la poésie lyrique que celles qu'indique naturellement le plus ou moins d'importance des sujets qu'elle traite. Pour les sujets élevés on emploie l'o d e et l'h y m n e, et pour les sujets plus légers l'élégie, la ballade, la romance, la chanson.

LYS. *Voyez* LIS.

LYS (Fleurs de). *Voyez* FLEURS DE LIS.

LYS ou LEYE, rivière renommée à la France et à la Belgique, historiquement célèbre comme ayant formé autrefois la ligne de démarcation entre l'Allemagne et la France, prend sa source dans le département du Pas-de-Calais, à 15 kilomètres de Béthune, devient navigable à Merville, traverse le département du N o r d, reçoit les eaux de la Deule, de la Mandèle et du canal de Bruges; puis, après un parcours d'environ 20 myriamètres et avoir baigné les murs d'Aire, de Menin et de Courtray, vient se jeter dans l'Escaut près de Gand. En 1695, quand éclata la guerre de coalition, Louis XIV employa 20,000 paysans à élever sur ses bords des ligues, qu'à cause de leur extrême étendue on ne tarda pas à reconnaître n'être point tenables. Quand la Belgique fut réunie à la France, la Lys donna son nom à un département, dont Bruges était le chef-lieu.

LYSANDRE. Ce général lacédémonien, l'un des hommes illustres de Plutarque, ne fit usage de sa puissance, comme Alcibiade, son contemporain, que pour détruire les gouvernements démocratiques de la Grèce, qui était trop petite pour le génie de ces deux hommes à la fois. Pourtant, ils ne se rencontrèrent jamais à la tête de leurs armées. Ce fut en l'absence d'Alcibiade que Lysandre vainquit son lieutenant Antiochus, à la hauteur d'Éphèse. Ensuite il gagna à Ægos-Potamos une bataille navale décisive sur la flotte athénienne, commandée par Conon. Après ce grand succès, il parcourut en vainqueur les villes de la Carie, de l'Ionie, de l'Hellespont et de la Thrace. Dans chacune il laissait un gouverneur et dix archontes de son choix; mais son orgueil et sa conduite rendirent le nom de Lacédémone odieux à la Grèce entière. Poursuivant néanmoins son projet d'anéantir la puissance d'Athènes, il arriva sous les murs de cette ville à la tête de sa flotte, et en commença le siége par mer, tandis qu'une armée de Péloponnésiens, sous les ordres des deux rois de Sparte, la serrait de près du côté de la terre. Après quelques mois de siége, elle se rendit, et les vainqueurs ruinèrent ses fortifications ainsi que les murailles qui la joignaient au Pirée. Lysandre fit établir un conseil de trente officiers pour gouverner la ville (l'histoire les nomme *les trente tyrans*), et dix autres furent chargés de l'administration des ports. Lysandre ne garda des trésors qu'il avait eus entre ses mains que ce qu'il employa à se faire élever une statue de bronze à Delphes.

Les artistes et les poëtes, par leurs adulations, exaltèrent encore en lui ce sentiment d'arrogance et de cruauté dont les habitants de Milet ressentirent les cruelles atteintes. Il devint intolérable, et ses concitoyens, justement indignés, lui adressèrent une réprimande, à laquelle il jugea à propos de venir répondre en personne: il s'était, dans la crainte d'une disgrâce, réconcilié en apparence avec Pharnabase, son accusateur, et en avait obtenu une lettre qui démentait les faits allégués contre lui. Mais il s'aperçut, à sa confusion, que Pharnabase l'avait trompé, en énonçant, sans qu'il le soupçonnât, de nouveaux griefs contre lui, au revers de la lettre qu'il lui avait donnée. Couvert de honte, il obtint comme une grâce de partir pour la Libye, dans l'intention de visiter le temple de Jupiter-Ammon et de s'acquitter d'un vœu qu'il avait fait à ce dieu. De retour à Sparte, Lysandre se servit de son influence sur le peuple pour faire élever Agésilas à la royauté; mais il n'en retira pas le fruit qu'il en espérait, car le nouveau roi ne tarda pas à se délivrer de la tutelle qu'il voulait lui imposer, et voulut encore abaisser son orgueil en le nommant à une des charges de l'intérieur de sa maison. Lysandre se plaignit d'une telle ingratitude, et obtint bientôt d'Agésilas d'aller, avec le titre de son lieutenant, gouverner l'Hellespont. Mais là ce caractère inquiet qui avait fait le fond de toutes ses actions se réveilla avec plus de force que jamais. Il revint à Sparte, où, malgré ses efforts, il ne put obtenir la royauté pour lui-même. Il fut tué glorieusement, dans une guerre contre les Thébains, devant Aliarte, en 394 avant J.-C., et inhumé dans le territoire des Panopéens, sur le chemin qui mène de Delphes à Chéronée. Léo Decolange.

LYSIAS, fameux orateur grec, né à Athènes, 450 ans environ avant J.-C. A l'âge de quinze ans, il partit pour l'Italie, avec la colonie envoyée par les Athéniens pour peupler la nouvelle Sybaris; il n'en revint qu'à quarante-cinq ans, lors de la défaite des Athéniens devant Syracuse. Plus tard, exilé sous la tyrannie des Trente, il leva cinq cents hommes à ses dépens, se mit à leur tête, et contribua beaucoup par sa bravoure à la délivrance de sa patrie. Il était disert plutôt qu'éloquent; la pureté, la clarté et la délicatesse du style faisaient son plus grand charme. Cicéron lui donne les plus vifs éloges : « C'était, dit-il, un écrivain d'une précision et d'une éloquence extrêmes, et Athènes pouvait presque se vanter d'avoir un orateur parfait. » Lorsque Socrate fut appelé devant ses juges pour rendre compte de sa conduite, Lysias, qui était son ami et son disciple, composa un plaidoyer pour sa défense, et le lui présenta; mais Socrate ne lui rendit après l'avoir lu, disant qu'il le trouvait beau et oratoire, mais qu'il ne convenait pas au caractère de force et de courage qu'un philosophe devait montrer. Il composa plus de deux cents discours ou plaidoyers, mais quatre-vingt-quatre seulement sont parvenus jusqu'à nous. Léo Decolange.

LYSIMACHIE, genre de plantes de la famille des primulacées, dont le nom, dérivé du grec λύω, apaiser, μάχη, combat, rappelle l'opinion que professaient les anciens relativement à certaines espèces de ce genre auxquelles ils attribuaient la propriété de rendre paisibles les chevaux qui se battent à la charrue.

La *lysimachie commune* (*lysimachia vulgaris*, L.), vulgairement désignée sous les noms de *corneille*, *chassebosse*, *perce-bosse*, *souci d'eau*, croît dans les lieux humides. Sa tige est droite et simple; elle atteint de huit à dix centimètres de hauteur. Ses fleurs sont jaunes, disposées en grappes courtes, presque en corymbes.

La *lysimachie nummulaire* (*lysimachia nummularia*, L.), vulgairement *herbe aux écus*, se plaît dans les mêmes lieux que l'espèce précédente. Elle doit ses noms à ses feuilles, presque arrondies. Ses fleurs, jaunes, grandes, sont solitaires sur des pédicules axillaires plus longs que la feuille à l'aisselle de laquelle ils viennent.

La *lysimachie lin étoilé* (*lysimachia linum stellatum*, L.) forme de petites touffes hautes de six à dix centimètres et ayant le port d'un petit lin. Sa corolle, d'un blanc verdâtre, est plus courte que le calice.

Ces deux dernières espèces sont recherchées par les bestiaux. Elles appartiennent à l'Europe, qui en possède encore d'autres. L'Amérique septentrionale en a aussi quelques-unes.

LYSIMAQUE, l'un des généraux d'Alexandre qui, à la mort de ce conquérant, se partagèrent les débris de son empire. Ami et disciple du célèbre philosophe Callisthène, qui paya de sa vie son noble refus de reconnaître Alexandre comme dieu, Lysimaque, voyant son maître condamné aux plus atroces souffrances, lui fournit du poison pour abréger son supplice. Alexandre, outré de colère, ordonna de livrer Lysimaque à la fureur d'un lion affamé, dont il resta vainqueur. Le courage et l'adresse dont il fit preuve en cette circonstance lui gagnèrent le courroux du roi de Macédoine, qui lui rendit sa faveur et l'éleva encore en dignités. Lysimaque, dans le partage de l'héritage d'Alexandre, eut pour lui la Thrace; mais il lui fallut d'abord en faire la conquête, les habitants de ce pays refusant de reconnaître son autorité. Il y fonda la ville de *Lysimachie*. Plus tard, vers l'an 368 avant J.-C., à l'exemple de ses anciens frères d'armes, il prit le titre de roi. Ligué avec Cassandre, Ptolémée-Lagus et Séleucus, qui venait d'être chassé de la Babylonie, il marcha contre Antigone, qui perdit la vie et ses États à la bataille d'Ipsus (an 301), et s'empara de toute la partie de l'Asie située en deçà du Taurus. L'expédition qu'il entreprit contre les Gètes, au delà du Danube, fut malheureuse : la trahison le rendit prisonnier de ses ennemis avec la plus grande partie de son armée. Toutefois, le roi de cette contrée, à qui il donna sa fille en mariage, lui rendit la liberté et le rétablit dans son autorité. Il se fortifia alors de l'alliance du roi d'Égypte, dont il épousa la fille Arsinoé, union funeste, qui devint pour lui une source de chagrins et de malheurs domestiques. Cédant à la haine que sa seconde femme avait conçue pour son fils Agathoclès, il fit périr ce fils du dernier supplice. Plusieurs sujets actes de cruauté le rendirent odieux à ses sujets et hâtèrent sa perte.

De tous les généraux d'Alexandre passés rois à sa mort, il ne restait plus que Lysimaque et Séleucus, à qui la Syrie était échue en partage. Tous deux comptaient alors plus de quatre-vingts ans; ils avaient toujours vécu amis. Avant de mourir, ils ne songèrent plus qu'à s'entre détruire; dans ce duel suprême, ce fut Lysimaque qui succomba. Séleucus envahit l'Asie Mineure à la tête d'une nombreuse armée, et s'empara de Sardes, dépôt des trésors de Lysimaque, qui traversa en toute hâte l'Hellespont pour venir arrêter les progrès de son ennemi. Les deux rois se rencontrèrent dans les plaines de Coros, et Lysimaque perdit la vie dans la mêlée.

LYSIPPE, l'un des plus célèbres et des plus féconds sculpteurs qu'ait produits la Grèce, naquit à Sicyone, dans le Péloponnèse, vers l'an 330 avant J.-C. Il était contemporain d'Alexandre, dont il exécuta la statue, de même qu'Apelle avait été chargé de peindre les traits du conquérant. Lysippe, qui avait d'abord exercé le métier de chaudronnier, céda à sa vocation pour l'art, et, après avoir essayé de la peinture, finit par se consacrer à la sculpture. Il travailla surtout en bronze, et réussit admirablement à unir l'observation de la nature à l'étude des grands maîtres, et notamment de Polyclète. Sachant bien qu'une imitation trop servile de la nature est plutôt un défaut qu'une beauté, il lui donnait toujours plus de grâce et d'agrément qu'elle n'en a, choisissant de préférence pour ses créations des sujets héroïques empruntés soit aux temps mythiques, soit aux temps historiques, par exemple Hercule et ses différents travaux, ou bien des athlètes. Les productions qui portèrent sa réputation à son apogée furent ses nombreuses statues représentant Alexandre le Grand à différents âges. L'empereur Néron posséda la plus précieuse de ces statues : comme elle n'était que de bronze, il crut que l'or, en l'enrichissant, la rendrait plus belle. Mais il arriva tout au contraire que cette nouvelle parure la gâta, et qu'on fut forcé de l'en dépouiller, opération qui la dégrada beaucoup, par les taches et les cicatrices qui y restèrent. Lysippe avait en outre exécuté un groupe nombreux de capitaines et de soldats de l'armée d'Alexandre, offrant, dit-on, la plus frappante ressemblance avec les originaux. Metellus fit transporter à Rome bon nombre des principales productions de Lysippe, entre autres un *Cupidon* un *Pyrrhus d'Élée vainqueur aux jeux olympiques*, une statue de *Socrate*, un *chien blessé léchant sa plaie*. On voyait de lui aux thermes d'Agrippa un *athlète se frottant dans le bain*. Tibère fit un jour enlever cette admirable production pour en orner son palais; mais les murmures du peuple le contraignirent à la faire remettre en place. L'**Hercule Farnèse** passe pour n'être que la copie d'un Hercule de Lysippe.

LYSISTRATE, frère de Lysippe, né comme lui à Sicyone, paraît s'être surtout proposé d'arriver à la reproduction aussi vraie que possible de ses modèles. Suivant Pline, il fit le premier des portraits en gypse, appliquant du plâtre sur le visage de ceux dont il voulait avoir les traits, et jetant de la cire dans les creux produits par cette première opération. Il serait donc l'inventeur de ce que nous appelons le moulage.

LYTTELTON (GEORGES, lord), poëte et historien anglais, fils de sir Thomas Lyttelton et l'un des descendants du juge Lyttelton (mort en 1481), dont le *Treatise on Tenures* forme l'une des bases de la jurisprudence anglaise, né en 1709, entra à la chambre des communes sous le ministère de Walpole, et y figura tout aussitôt parmi les adversaires les plus violents de l'administration. Comme il avait été l'un de ceux qui avaient le plus contribué à la chute de Walpole, le prince Frédéric de Galles le prit en 1737 pour secrétaire. La protection de ce prince lui valut en 1744 sa nomination aux fonctions de lord de la trésorerie et de membre du conseil privé. Cependant, il ne demeura pas longtemps au pouvoir. Ce ne fut qu'à la mort de Pelham qu'il fut nommé en 1755 chancelier de l'échiquier, et deux ans après il fut élevé à la pairie sous le titre de lord *Lyttelton de Frankley*. Il vécut dès lors dans la retraite, exclusivement occupé de la culture des lettres, et mourut le 23 août 1773. Son principal ouvrage est son *Hystory of the Life of Henri II* (Londres, 1755-1771), qui, bien que prolixe, ne laisse pas que de témoigner de profondes et sagaces recherches. Son fils unique, *Thomas*, deuxième lord LYTTELTON, qui se rendit fameux par ses prodigalités, mourut sans laisser de postérité, en 1779, et vraisemblablement mit fin lui-même à ses jours. On lui a attribué dans ces derniers temps, mais sans fondement, la paternité des célèbres lettres de *Junius*. La famille est représentée aujourd'hui par un arrière-neveu de Georges, *Georges William*, lord LYTTELTON, né en 1817. Il appartient au parti *peelite*, dont les membres, tels que Gladstone et autres, se font remarquer par leurs efforts pour maintenir les privilèges de la haute Église. C'est à lui surtout que la colonie théocratique modèle de Canterbury, dans la Nouvelle-Zélande, doit son existence. Le chef-lieu en a été nommé *Lyttelton*, en son honneur.

LYTTON (EDWARD). *Voyez* BULWER-LYTTON.

M

M, substantif masculin d'après la nouvelle appellation (*me*), et substantif féminin d'après l'ancienne (*emme*), est la treizième lettre et la dixième consonne de notre alphabet. L'articulation dont elle est le signe représentatif a été appelée labio-nasale, parce que, en exigeant le rapprochement des lèvres, elle oblige forcément le nez à livrer passage à une partie de l'air sonore qu'elle modifie par son action. C'est une des premières articulations que l'enfant réussit à former; aussi désigne-t-elle dans presque toutes les langues l'idée de *mére*, de *maternité*, d'être productif et fructifiant. C'est pourquoi en caractères hiéroglyphiques elle est représentée par un arbre, une plante, ou une personne élevant les bras, soit pour porter un nourrisson, soit pour cueillir des fruits. Lorsque le *m* se trouve à la fin d'un mot, il prend presque toujours le son du *n* dans la prononciation, comme dans *nom, renom, faim, parfum*, que l'on prononce *non, renon, fain, parfun*. Il faut excepter de cette règle l'interjection *hom*, et un assez grand nombre de noms propres appartenant à des langues étrangères, dans lesquels le *m* final conserve sa véritable prononciation, tels que *Sem, Cham, Abraham, Jérusalem, Amsterdam, Stockholm*, etc. Il y a cependant quelques noms où cette lettre se prononce comme le *n* ; ainsi on écrit *Adam*, et l'on prononce *Adan*. *M* au milieu du mot et à la fin d'une syllabe prend également la prononciation du *n*, comme dans *combler, combiner, assembler, compagnie*, etc. Il n'en est pas de même lorsque cette lettre est suivie du *n* ; alors le *m* doit se faire sentir, comme dans *indemniser, amnistie, Agamemnon, Mnémosyne*, etc. On excepte de cette règle le mot *damner* et tous ses dérivés, où la lettre *m* prend le son du *n*. Nous avons aussi des mots dans lesquels le *m* suivi du *p* n'est qu'un simple signe de la nasalité de la voyelle qui précède, et que l'on prononce sans tenir compte de la lettre *p* et comme s'il n'y avait qu'un *n* ; exemple : *camp, champ, prompt, exempt, dompter*, etc.

M est une lettre numérale qui signifie *mille*; surmontée d'un trait horizontal, elle a une valeur mille fois plus grande : M̄ égale donc un million.

Dans les ordonnances des médecins, cette lettre signifie : tantôt *miscee* (mêlez), tantôt *manipulus* (une poignée) ; la circonstance indique lequel de ces deux sens il faut adopter. Dans le commerce, on emploie la lettre *m* pour désigner par abréviation le marc, monnaie ou poids. Toutes les pièces de monnaie frappées à Toulouse portent la lettre M.

CHAMPAGNAC.

M en latin est l'abréviation de *Marcus*, et suivi d'une apostrophe, M', celle de *Manlius*.

En chimie, Mg désigne un équivalent de magnésium, Mn un équivalent de manganèse, et Mo un équivalent de molybdène.

M' placé devant les noms propres écossais est l'abréviation du mot *Mac*, qui veut dire fils. Comme le *Ben* des Hébreux et l'*O'* des Irlandais, il provient des temps où n'existait point encore l'usage que le père transmit au fils le nom héréditaire de la famille.

MAANEN (Cornelis Felix Van), l'un des hommes qui par leur juste impopularité contribuèrent le plus à provoquer l'explosion de la révolution belge de septembre 1830, était né à La Haye, en 1769. Après avoir pendant quelque temps exercé comme avocat dans sa ville natale, il fut nommé, en 1795, procureur général. A cette époque il appartenait encore au parti ultra-révolutionnaire. Le roi Louis Bonaparte le prit cependant en 1806 pour ministre de la justice; mais il le renvoya en 1809. Lors de la réunion de la Hollande à l'empire français, en 1810, Van Maanen fut nommé premier président de la cour d'appel de La Haye. En 1814 le roi Guillaume le désigna pour faire partie de la commission chargée de la révision de la constitution, puis président de l'assemblée des notables. Après s'y être très-formellement prononcé pour la responsabilité ministérielle, il fut appelé en 1815 aux fonctions de ministre de la justice, et tout aussitôt on le vit renier ses beaux principes libéraux. L'excès de zèle qu'il déploya pour rendre obligatoire l'usage de la langue hollandaise en Belgique, et pour y soutenir la politique personnelle du roi Guillaume, le rendit bientôt l'objet de la haine populaire. Aussi l'un des premiers actes de la populace soulevée en 1830 fut-il de saccager son hôtel ; et le roi Guillaume crut alors devoir faire à l'opinion la concession d'accepter sa démission. Mais la Belgique n'eut pas plus tôt proclamé la ferme intention de rester désormais indépendante de la Hollande, que le roi Guillaume s'empressa de le réintégrer dans ses fonctions. Cependant, une fois que ce prince eut pris la résolution d'abdiquer, l'étoile de son favori pâlit rapidement ; et dès 1842 il était obligé de renoncer à son cher portefeuille. Il mourut l'année suivante.

MABILAIS (Convention de La). *Voyez* CHOUANNERIE, tome V, page 537.

MABILLE (Bal), à Paris. Ce bal public est situé dans l'allée des Veuves, aux Champs-Élysées. Il porte le nom de ses fondateurs, seconds sujets de la danse à l'Opéra de père en fils et d'oncle on neveu. Naguère le bal Mabille n'était qu'un humble bosquet, enfoncé dans les profondeurs des Champs-Élysées et consacré aux ébats des commis et des grisettes du faubourg Saint-Honoré. Lorsque la grande avenue qui conduit au bois de Boulogne, définitivement adoptée par la mode, se couvrit de constructions, le *bustringue* de l'allée des Veuves se métamorphosa en un ravissant jardin, encombré de fleurs, étincelant de gaz, avec un mélodieux orchestre conduit par *il maestro* Pilaudo. Le patronage de ces demoiselles du quartier Bréda fut tout de suite acquis au nouveau bal Mabille, et le cancan y déploya sa grotesque mimique, tout comme à la Chaumière. Seulement ici cette danse vertigineuse, qui fait dresser le crin sur le casque pudibond du municipal, était exécutée par des femmes en riche toilette, par des lorettes, et non par de pauvres diablesses d'étudiantes. La galerie y trouvait son compte ; la tourbe flâneuse du boulevard, les amateurs, les étrangers, s'empressèrent autour des célébrités dansantes, des Rose-Pompon, des Pomaré, des Mogador. En fait d'hommes, les héros étaient Brididi le fleuriste, un drôle admirablement disloqué, et Chicard, l'illustre Chicard, pseudonyme sous lequel se cachait un riche marchand de cuirs, homme d'un âge mûr, à l'encolure épaisse, aux gros favoris noirs, *lé diou* de la danse moderne, pour parler comme Vestris. Rien ne manquait plus à la gloire de Mabille, rien qu'un poëte qui la chantât. Ce fut un clerc de notaire qui eut ce rôle. Gustave Nadaud composa sur un air très-vif de polka une complainte assez brutale. Ajoutons, pour l'instruction des provinciaux et des commis voyageurs, que les allures cyniques de ce temps-là ne sont plus de mise aujourd'hui au bal Mabille, depuis qu'un autre Christophe Colomb a découvert pour ces dames un nouveau monde, le *demi-monde*, depuis qu'elles sont des femmes comme il faut, depuis qu'elles jouent à la *vertu!* Et pourtant, vous le savez, ce sont toujours les mêmes innocentes, avec quelques dents de moins.

W.-A. DUCKETT.

MABILLON (JEAN), savant bénédictin de la congrégation de Saint-Maur, naquit dans le village de Saint-Pierre-Mont, au diocèse de Reims, le 23 novembre 1632. Un de ses oncles, curé dans les environs de cette ville, après lui avoir donné les premières notions du savoir, l'envoya au collége. Il en sortit pour entrer au séminaire, prononça ses vœux en 1654, à l'abbaye de Saint-Remy, et se voua dès ce moment à l'étude et à la prière. Altérée par le travail, sa santé avait besoin d'être raffermie par l'exercice; il fut donc envoyé dans plusieurs abbayes de l'ordre, et vint à Saint-Denis; on le chargea de montrer les tombeaux et le trésor : c'était l'office d'un cicérone. Il dut s'en acquitter au profit des visiteurs, car sa vaste érudition lui permettait d'instruire ceux qui venaient seulement chercher à satisfaire une vaine curiosité. A cette époque, dom Luc d'Achery, auteur du recueil historique le *Spicilége*, ayant sollicité le secours d'un aide, on lui adjoignit Mabillon. Il s'acquitta si bien de cette tâche qu'il fut choisi par ses supérieurs pour former un recueil des actes des saints de l'ordre de Saint-Benoît. On y trouve de curieuses particularités et une foule de documents sur les coutumes et les mœurs. Les travaux auxquels il se livra à cette occasion lui inspirèrent l'idée et le plan de son livre sur la diplomatique, où il traça les règles à suivre pour discerner l'âge et l'authenticité des chartes et des manuscrits. Informé de son mérite par la voix publique, Colbert offrit à l'auteur une pension de deux mille livres, qu'il refusa. Le ministre voulut cependant utiliser pour le service de l'État les connaissances de Mabillon, et l'envoya en Allemagne et en Italie fouiller les archives et les bibliothèques pour y chercher des pièces relatives à l'histoire de France et à celle de l'Église. Il s'acquitta avec autant de zèle que de succès de ces missions, et enrichit la Bibliothèque du Roi de plusieurs milliers de volumes et de manuscrits précieux. Il fut nommé en 1701 membre honoraire de l'Académie des Inscriptions. Dévoué à la gloire d'un ordre dont il était l'honneur, il s'occupait avec ardeur à rédiger les *Annales générales de Saint-Benoît*, quand il mourut, le 27 décembre 1707, âgé de soixante-quinze ans.

Une circonstance singulière de sa vie mérite d'être signalée : il fut d'abord regardé comme idiot, mais ne tarda pas à donner des preuves si convaincantes du contraire que ses supérieurs le désignaient toujours lorsqu'il fallait soutenir, au nom de tous, une lutte théologique ou littéraire. C'est ainsi qu'il entra en lice avec l'abbé de Rancé à la question de savoir si les moines peuvent s'appliquer aux études. Le résultat de cette polémique fut que les deux adversaires tombèrent à peu près d'accord, le premier ne repoussant que les connaissances frivoles, le second recommandant exclusivement les études sérieuses. Outre sa *Diplomatique*, Mabillon a publié une excellente édition des *Œuvres de saint Bernard*, pièces théologiques et critiques ; enfin, deux *Dissertations historiques*, imprimées dans le troisième volume des *Historiens de France*.

SAINT-PROSPER jeune.

MABLY (L'abbé GABRIEL BONNOT DE), célèbre publiciste, né à Grenoble, le 14 mars 1709, mort à Paris, le 23 avril 1785, fut, ainsi que son frère cadet, Condillac, destiné de bonne heure à l'Église, seule carrière qui pût alors conduire à la fortune de pauvres gentilshommes ; car, bien que leur famille fût des plus honorables de la province, et même assez opulente, leur frère aîné Mably, grand-prévôt de Lyon, devait, selon la coutume, recueillir tout l'héritage. Rousseau, dans ses *Confessions*, a consigné l'éloge de ce magistrat, non moins vertueux que ses deux frères. Élevé chez les jésuites de Lyon, le jeune Mably entra au séminaire de Saint-Sulpice, sous les auspices du cardinal de Tencin, son parent. Investi du sacerdoce et pourvu d'un médiocre bénéfice, il n'alla jamais plus loin dans la carrière ecclésiastique, préférant se livrer tout entier aux lettres. Mme de Tencin réunissait alors chez elle l'élite des gens d'esprit : ce grand publiciste une admiration que n'étouffa point la noble émulation de se hasarder dans la même carrière ; entreprise alors très-hardie, surtout pour un ecclésiastique. Mably venait de publier le *Parallèle des Romains et des Français*. Le succès de cet ouvrage commença la réputation de l'auteur, bien qu'on puisse y relever quelques idées fausses et des lieux communs écrits d'un style déclamatoire. La sagacité avec laquelle Mme de Tencin entendait causer son jeune parent sur les affaires publiques fit juger à cette femme spirituelle que c'était l'homme, ou plutôt le *faiseur*, qu'il fallait à son frère. Le cardinal de Tencin commençait alors à entrer en faveur et dans la carrière du ministère. Occupé jusque là des affaires de l'Église, il était fort peu instruit des intérêts politiques de l'Europe, et sentait sa faiblesse dans le conseil. Pour le tirer d'embarras, Mably lui persuada de demander au roi la permission de donner ses avis par écrit ; c'était notre philosophe qui préparait les rapports et rédigeait les mémoires du ministre. Louis XV fut, comme le public, dupe de la prétendue habileté de son ministre des affaires étrangères. C'est Mably qui, en 1743, négocia secrètement avec l'envoyé du roi de Prusse et dressa le traité avec Voltaire alla porter à ce prince. C'est une singularité digne de remarque que deux hommes de lettres sans caractère public chargés d'une négociation qui va changer la face de l'Europe. Mably composa encore les mémoires et instructions qui devaient servir de base aux négociations du congrès ouvert à Bréda en avril 1746. Il se brouilla avec le cardinal, à l'occasion d'un mariage protestant que ce ministre voulait casser. « Je veux agir en cardinal, en évêque, en prêtre, disait Tencin. — Agissez en homme d'État, répondait Mably. — Je me déshonorerais, » répliqua le cardinal. La discussion finit là. Mably, indigné, le quitta brusquement, et ne le revit plus.

Depuis cette époque sa vie est tout entière dans ses écrits. Voué à l'étude et à la retraite, il n'en continua pas moins à diriger ses méditations et ses travaux vers la politique des États. Il avait composé, pour l'instruction particulière du cardinal de Tencin, l'abrégé des traités de paix depuis celui de Westphalie jusqu'à nos jours. Après avoir perfectionné cet ouvrage, il voulut le faire imprimer sous le titre de *Droit public de l'Europe;* mais il ne put en obtenir la permission en France. L'homme en place à qui il s'adressa le reçut fort mal, et, lui fit cette question impertinente : « Qui êtes-vous, monsieur l'abbé, pour écrire sur les intérêts de l'Europe? Êtes-vous ministre ou ambassadeur? » Sur ce refus, Mably eut recours à l'étranger (Genève, 1748, 2 volumes); encore fallut-il toute la protection d'un autre ministre, ferme et éclairé, d'Argenson, pour empêcher la saisie de l'ouvrage, qui eut un succès prodigieux. Sous la plume de Mably, la science du droit public, jusque alors aride et obscure, parut claire et méthodique. Ce livre, devenu en quelque sorte l'*a b c* des hommes d'État, fut admis dans les cabinets diplomatiques de l'Europe, traduit en plusieurs langues et enseigné publiquement dans les universités d'Angleterre.

En 1749 et 1751 Mably fit successivement imprimer à Genève ses *Observations sur les Grecs*, puis *sur les Romains*, où l'on reconnaît une étude profonde de l'antiquité, mais certains préjugés plus dignes d'un citoyen des républiques grecques ou romaine que d'un Français du dix-huitième siècle. Plus tard il donna les *Entretiens de Phocion sur le rapport de la morale avec la politique* (Amsterdam, 1763). En traçant l'histoire des Grecs, Phocion y faisait indirectement celle des Français : ces allusions assurèrent à l'ouvrage un succès de vogue; mais la haute morale que l'auteur y professe, les vérités éternelles, et neuves alors , qu'il y développe ont assuré à cette production une gloire durable.

La Société économique de Berne adjugea aux *Entretiens* une de ses palmes annuelles, sans que Mably eût brigué cet honneur. Marmontel, dans son *Bélisaire*, a pillé sans scrupule les *Entretiens*, mais en apposant un cachet de philosophie superficielle à la plupart des excellentes choses que Mably avait fait dire à Phocion avec la gravité convenable.

Les *Observations sur l'histoire de France* (Genève, 1765), qui passent pour un chef-d'œuvre, sont l'ouvrage d'un jugement sain, d'une érudition forte, d'une critique lumineuse : également éloigné des systèmes de Dubos et des paradoxes de Boulainvilliers, il les combat tous deux avec avantage, cherche et trouve souvent la vérité. Cet ouvrage est demeuré classique : Thouret l'a presque entièrement copié et gâté dans ses *Observations sur l'histoire de France*; enfin , de nos jours , M. Guizot s'est fait l'éditeur et le commentateur des *Observations*. Mably a publié encore un grand nombre d'écrits historiques et surtout politiques, dont le recueil complet remplit 14 vol. in-8°. Nous nous contenterons d'en citer quelques uns : 1° *Principes des Négociations* (La Haye, 1757) : c'est proprement une introduction au *Droit public de l'Europe* ; l'auteur y flétrit les traités qui ont pour l'œuvre de la mauvaise foi ; 2° *Doutes proposés aux économistes*, etc. (1768) : livre de circonstance, mais où se trouvent des aperçus lumineux sur le principe des sociétés ; 3° *Du Gouvernement de la Pologne*, ouvrage demandé à son auteur par les Polonais, qui voulaient que Mably fût leur législateur : pour remplir cette noble mission , il fit , en 1771 , un voyage en Pologne, où il séjourna plus d'un an; son ouvrage, publié en 1781, et sa personne laissèrent sur les bords de la Vistule de respectables souvenirs ; 4° *De la Législation, ou principes des lois* (Amsterdam, 1776) : généreuse et brillante utopie ; 5° *De l'Idée de l'Histoire* (1778) , adressé au duc de Parme, l'élève de l'abbé de Condillac : Mably n'a rien écrit avec plus d'intérêt que ce petit livre , et peut-être est-ce encore de toutes ses productions celle qui renferme le plus de vues neuves et utiles ; 6° *De la Manière d'écrire l'Histoire* (1773): ouvrage qui fit beaucoup de bruit, qui contient des principes excellents, avec un jugement motivé sur les principaux historiens anciens et modernes, et dans lequel Voltaire est traité avec une sévérité qui dans le temps fit scandale. Aujourd'hui, qu'on est convenu en France d'écrire l'histoire non plus comme un factum épigrammatique, mais sérieusement, en conscience, avec impartialité, on trouve que Mably a presque toujours raison contre son adversaire. Malheureusement , il y avait dans tout cela un peu de ressentiment personnel : jamais Mably n'avait pardonné à Voltaire cette épigramme au sujet de je ne sais quel ouvrage de Clément,

Dont l'écrit froid et lourd, déjà mis en oubli,
Ne fut jamais prôné que par l'abbé Mably ;

7° *Principes de morale* (1784) : livre dont la hardiesse attira à son auteur les censures de la Sorbonne, comme ses *Observations sur l'histoire de France* lui avaient valu les attaques des courtisans; 8° *Observations sur le Gouvernement et les Lois des États-Unis d'Amérique* (1784), qu'il composa à la demande que lui fit, en 1783, le congrès américain de rédiger un projet de constitution pour la nouvelle république.

Ce littérateur, que recherchaient ainsi les hommes d'État étrangers, s'obstinait à vivre dans la retraite ; il refusait de voir les ministres en place ; il ne consentit jamais à ce que le maréchal de Richelieu demandât pour lui un fauteuil à l'Académie Française. Avec cela, il était pauvre ; il n'eut jamais qu'un domestique, sur la fin de ses jours, et il s'imposa des privations afin d'accroître le petit bien-être de ce serviteur fidèle. Après la mort de Mably, en 1785, l'Académie des Inscriptions et Belles-Lettres mit au concours son éloge. Le prix fut partagé entre l'abbé Brizard et l'historien Lévesque, qui ne dit que la vérité en le comparant à un des plus vertueux citoyens d'Athènes ou de Sparte. On reprochait seulement à l'abbé Mably d'être brusque, entêté dans ses opinions : c'était le revers de toutes les belles et solides qualités d'un homme sous l'image duquel on a pu inscrire ces mots :

Acer et indomitus, libertatisque magister.

Charles Du Rozoir.

MABOLO. *Voyez* Ébène.

MABUSE (Jean de), célèbre peintre flamand, contemporain de Lucas de Leyde, né suivant les uns en 1499, et suivant d'autres vers 1470, à Maubeuge ou Mabuse en Hainaut, d'où il emprunta le nom sous lequel il est connu, s'appelait réellement *Gessart* ou *Gossaert*. Après avoir longtemps exercé son art dans les Pays-Bas, il se rendit en Italie, sans qu'on puisse indiquer d'une manière précise à quelle époque ni à quelle école il se rattacha plus spécialement. On croit toutefois qu'il fit une étude particulière des œuvres de Léonard de Vinci et de Michel-Ange. Revenu dans sa patrie, il y trouva de la gloire et du travail autant qu'il en pouvait désirer. Mais son caractère désordonné le poussa à se livrer à toutes sortes d'excès ; aussi doit-on n'en admirer que davantage la patience, l'exactitude et le fini qu'il apportait dans l'exécution de tous ses tableaux. Après avoir longtemps résidé à Utrecht, il alla s'établir à Middelbourg, où on finit par le jeter en prison ; et pendant les loisirs que lui fit son emprisonnement il exécuta de magnifiques dessins, dont la plupart malheureusement sont aujourd'hui perdus. Il se rendit ensuite à Londres, où il exécuta le tableau représentant le mariage de Henri VII et d'Élisabeth d'York. Il était devenu depuis quelque temps l'hôte du marquis Van der Veren, lorsque l'empereur Charles-Quint l'y rencontra et lui fit présent d'un habit neuf en damas blanc avec de magnifiques broderies représentant des fleurs et des feuillages. Mabuse vendit en secret cette étoffe, et en dissipa le produit ; puis quand il lui fallut reparaître devant l'empereur, il réussit si bien à le tromper au moyen d'un habit en papier qu'il avait peint et orné à sa façon, que Charles-Quint ne découvrit la supercherie qu'au moment où il prit un bout de son vêtement pour l'examiner de plus près.

Mabuse mourut en 1562, et suivant d'autres en 1532; C'est surtout dans celles des toiles qu'il peignit avant son voyage en Italie qu'on trouve le caractère véritable de son talent. En Italie, il lui arriva ce qui advint à la plupart des artistes flamands, qui y perdirent la naïveté, la nature rude et la couleur brillante de l'école de Van Eyck, pour s'approprier la liberté de la forme en étudiant l'antique.

MACABRE (Danse). *Voyez* Danse des Morts.

On a beaucoup disserté sur le mot *macabre*. Ce nom se retrouve dans les romans de chevalerie, et c'est celui d'un chef sarrasin. On lit dans le roman d'*Agolant* :

Karlon descent sor un arbre ramé,
Iuxelement a son cors adoubé ;
Il vest l'aubère qui fu roi *macabré*
Qu'il conquist de sos Tolose e pré; etc.

Le catalogue de La Vallière contient une note où l'on dit, sans doute d'après Fabricius, que le mot *macabre* provient de ce que l'inventeur de cette idée poétique s'appelait Macabre lui-même. Or, on n'ignore pas que tout ce qui dans ce catalogue a rapport aux manuscrits des Van Praet. Ce savant bibliographe, dans son magnifique inventaire des ouvrages imprimés sur vélin de la Bibliothèque impériale , nous en a appris davantage et a rectifié sa première assertion. On croit, dit-il (VI, 71), que le nom que porte cette danse est le mot arabe corrompu *magbarah*, qui signifie *cimetière*; elle était peinte en effet ou représentée autrefois dans les cimetières. B^{on} DE REIFFENBERG.

MAC-ADAM (JOHN LOUDON), né en Écosse, vers 1760, passa dans les États-Unis sa première jeunesse. De retour en Écosse en 1787 au moment où on commençait à y faire ces nombreuses routes qui ont développé si rapidement la prospérité de ce pays, il chercha à perfectionner les méthodes alors en usage; et nommé curateur des routes dans un district d'Écosse, les perfectionnements qu'il introduisit dans la construction et la réparation des routes ne tardèrent pas à attirer sur lui l'attention de tous les hommes compétents. Une instruction qu'il rédigea pour la réparation des vieux chemins fut adoptée en 1811 par le parlement et publiée par son ordre. Mac-Adam fut appelé en Angleterre, et nommé en 1819, par acte du parlement, curateur des routes du territoire de Bristol. Ces routes étaient dans un état déplorable, quoiqu'une dette de plus d'un million de liv. st. eût été contractée pour leur entretien; en moins de trois ans non-seulement Mac-Adam mit dans le meilleur état plus de 150 milles de routes, mais la dette flottante fut amortie, et près de 3,000 liv. st. amassées en caisse. Malgré les vives critiques auxquelles donna lieu le système de Mac-Adam, il fut rapidement adopté dans toute l'Angleterre, et passa en France, où il eut aussi un grand succès. C'était du reste encore une invention française, qui nous revenait par l'Angleterre; l'honneur en appartient à Trésaguer, inspecteur général des ponts et chaussées sous Louis XVI, qui la mit en usage dès cette époque. Mac-Adam est mort à Moffat, en Écosse, en 1836. Il laissait un fils, qui continua son œuvre. Le principal ouvrage qu'il a publié sur le système base de sa réputation est : *Observations on Roads* (Londres, 1822).

MACADAMISAGE, mot barbare, passé en usage pour dénommer la méthode de construction des routes dont on attribue l'invention à Mac-Adam. Dans ce système, dont l'axiome fondamental est qu'une route construite artificiellement ne peut jamais être meilleure que le sol naturel lorsqu'il est dans un état parfait de sécheresse, état où il a la fermeté nécessaire pour résister au poids des grosses voitures, on ne donne aux chaussées qu'une courbure peu prononcée, et on s'attache à rendre et à maintenir sèche la surface du sol sur lequel la route est établie. Les matériaux qu'on emploie se composent exclusivement de pierre parfaitement pure, sans aucun mélange de matières terreuses, ce qui exclut l'usage des accotements en terre, exige que la chaussée occupe toute la largeur de la route et implique le rejet de toute couche inférieure de grosses pierres, qui pourraient dans leurs interstices fournir passage à l'eau. Les pierres ou cailloux doivent être disposés de manière à s'unir par leurs surfaces anguleuses et à former un corps ferme, compacte et impénétrable. Ils doivent être cassés de manière qu'aucun morceau ne dépasse une limite fixée, telle que quatre ou cinq centimètres. L'économie qui résulte de la double suppression de la fondation et des bordures compense bien au delà l'augmentation de dépenses qui résulte du cassement de la pierre en petits fragments. La couche de cailloutis varie de 15 à 30 centimètres. On obtient une liaison toute à fait intime en mélangeant avec les cailloux brisés du sable fin ou, mieux encore, des pierres très-tendres.

Une route nouvellement macadamisée est à peine praticable : les voitures ne peuvent la parcourir que très-lentement et avec une grande dépense de forces. Les roues creusent des ornières et broient une grande partie des matériaux, qui passent à l'état de poussière et de boue, et qu'on ne soit forcé de renouveler; les ornières se reproduisent sans cesse ; et ce n'est qu'à la longue, et à force de soins et de dépenses, que les divers éléments de la chaussée finissent par se lier et former une masse résistante et compacte. Pour remédier à ces graves inconvénients on a recours aux *rouleaux compresseurs*. Ces rouleaux en fonte, de 1^m, 50 de largeur sur 2^m de diamètre, chargés de 6 à 8,000 kilogrammes, passant à plusieurs reprises sur les chaussées, forcent les pierres à s'enchevêtrer les unes dans les autres; en même temps on arrose la route à grande eau, et les matières réduites en poussière remplissent tous les interstices. Il suffit en général de passer une douzaine de fois les *rouleaux compresseurs* sur chaque partie de la chaussée pour la rendre parfaitement praticable.

Le macadam, qui a donné de très-bons résultats sur les grandes routes, a été appliqué avec moins de bonheur dans les grandes villes; sans doute il diminue le bruit des voitures, mais il engendre beaucoup de poussière ou de boue, suivant le temps, et coûte fort cher d'entretien.

MACAIRE (Saint), surnommé *le Grand* ou *l'Égyptien*, l'un des disciples de saint Antoine, et comme lui ermite à partir de l'an 330, transporta le premier le mysticisme dans le domaine de l'éloquence, et traita des sujets ascétiques avec une grande habileté, ainsi qu'en témoignent cinquante homélies et diverses dissertations qu'on lui attribue avec beaucoup de vraisemblance, par exemple celles qui sont intitulées *De Custodia Cordis*, *De Perfectione in Spiritu*, etc. Il mourut en 391.

Il ne faut pas le confondre avec MACAIRE *le jeune*, ou *d'Alexandrie*, comme lui ermite, et mort en 404.

Un troisième MACAIRE, patriarche d'Antioche, défendit le monothélisme au concile œcuménique de Constantinople, et fut déposé.

MACAIRE (ROBERT). Ce type du fripon narquois et audacieux doit sa création à Frédéric Lemaître, qui en jouant le rôle du personnage de ce nom dans *L'Auberge des Adrets*, dont les auteurs avaient fait un vulgaire brigand de mélodrame, sut en tirer le héros fanfaron du vol et de l'assassinat. Nous n'avons pas besoin de dire que ce singulier personnage n'a rien de commun avec ce chevalier du quatorzième siècle, Richard de Macaire, qui après avoir tué Aubry de Montdidier, vit son crime découvert par les poursuites du chien de sa victime, contre lequel il dut accepter un combat singulier. Une fois maître de sa création, Frédéric Lemaître songea naturellement à l'étendre. Il n'y avait plus seulement à se moquer des magistrats de village et des *bons gendarmes*; une révolution avait pour ainsi dire fait tomber la société aux mains des chevaliers d'industrie. Robert Macaire hanta donc les salons, fit fortune en se jouant de la crédulité publique, et représenta d'ailleurs nature les tripoteurs du dernier règne, qui commençaient déjà leurs prouesses. Lorsqu'il parut en scène dans la pièce portant ce nom, Frédéric Lemaître causa un grand scandale, parce qu'il s'était grimé de façon à reproduire les traits d'un grand personnage, que quelques-uns regardaient comme le type des escamoteurs politiques. Après s'être moqué de la propriété et de la vie d'autrui, Robert Macaire, devenu bourgeois gentilhomme, ne cultiva plus que l'art de s'enrichir; et il se fit alors l'avocat des vertus sociales, de la famille, des sentiments généreux. Grâce à une immense *blague*, les gros sous arrivèrent dans sa caisse, et Robert Macaire put alors prétendre aux premières charges de l'État sans se sentir corrompu. Bientôt la caricature, le journalisme, le pamphlet vinrent mettre sur le compte de cet Hercule du dix-neuvième siècle tous les exploits de ses imitateurs, et la société put ainsi venger sur le dos du drôle son honneur outragé. Cependant le don Quichotte du savoir-faire avait emmené avec lui dans les hautes régions son fidèle acolyte, Bertrand ; mais ici don Quichotte s'était arrondi, tandis que Sancho, percé à jour, n'était bon qu'à *lécher ses bottes* et à admirer ses hauts faits. La révolution du mépris ne paraît pas encore avoir réussi à rejeter Robert Macaire dans les mythes. Le *macairisme*, dit-on, refleurit de plus belle.

MACAO, petit établissement portugais d'environ trois kilomètres de superficie, situé en Chine, sur un promontoire au sud-est de la grande île de Hiang-chang, à l'embouchure du Tigre ou fleuve des Perles, au-dessous de Canton, faisait autrefois partie, avec les îles de Solor et de Timor, situées dans l'archipel indien, du gouvernement général de Goa; mais depuis 1844 il forme un gouvernement particulier. Ce petit territoire, dont les limites du côté de la terre sont indiquées par une muraille fortifiée construite à travers tout l'isthme et surveillée par des troupes chinoises, est fort agréablement situé. Il offre une succession de plaines et de collines, et est l'un des séjours les plus salubres de toute la partie sud-est de l'Asie. La population s'élève à environ 36,000 âmes, dont plus de 5,000 Portugais et autres étrangers vivant sous la domination portugaise, tandis que les Chinois obéissent à leurs propres magistrats, notamment à un *tsoutsang*, ou lieutenant du chef de district de Hiang-chang, lequel est secondé par un sous-préfet, dit *Kioun-min-fou*, résidant à Tsien-chan ou Casabranca, non loin de Macao. Les Portugais payent pour cet établissement une rente foncière annuelle de 5,000 dollars, et y sont surveillés par les autorités chinoises chargées d'exercer les droits politiques et de police réservés à l'empereur.

Macao est un des points les plus remarquables de l'Asie, parce que à l'époque de la domination des Portugais dans ces mers (ils eurent ici un établissement dès l'an 1563) c'était le grand centre commercial de l'Orient, et parce qu'on peut le considérer comme ayant été le berceau de l'immense commerce qui s'est concentré aujourd'hui à Canton et dont l'activité s'étend sur tout l'univers. La ville de Macao, bâtie sur ce promontoire, au delà duquel il est interdit aux Portugais et autres étrangers de construire aucune habitation, est le siége du gouverneur portugais et d'un évêque catholique, qui exerce une grande influence sur l'administration. Elle a un port très-sûr, cinq églises chrétiennes et plusieurs pagodes, et renferme une garnison portugaise, composée en grande partie de nègres et de mulâtres; trois forts élevés en deçà et quelques autres situés au delà de la muraille la défendent en outre. Vue du côté de la mer, elle offre un aspect imposant, à cause du terrain, qui va toujours en montant et où sont construits la plupart des vastes édifices appartenant aux étrangers. Avant la dernière guerre entre les Anglais et les Chinois, elle avait une grande importance politique, parce qu'elle était l'intermédiaire entre le commerce européen et Canton, les relations d'affaires y étant plus faciles et soumises à bien moins d'entraves que dans cette ville. C'est là aussi que les négociants européens étaient obligés de se retirer quand le commerce avec Canton était fermé, le gouvernement chinois ne l'autorisant que pendant six mois de l'année. Mais depuis la paix conclue entre la Chine et l'Angleterre, le 26 août 1842, et la création d'un établissement anglais dans l'île de Hong-Kong, à 5 myriamètres à l'est; depuis la plus grande latitude que le gouvernement chinois a été contraint d'accorder aux relations commerciales, Macao a perdu beaucoup de son ancienne splendeur, quoiqu'elle soit toujours le centre d'un immense mouvement d'affaires. Les Anglais, jusqu'au moment où ils obtinrent Hong-Kong, avaient toujours eu à Macao une factorerie, à laquelle on avait adjoint une bibliothèque et un musée d'histoire naturelle et d'ethnographie, riche surtout en objets relatifs à la Chine. Macao était en outre le siége d'une mission protestante anglaise, pourvue d'une imprimerie chinoise, et devenue ainsi le centre des relations littéraires et scientifiques entre l'Empire du Milieu et l'Occident. Dans l'espoir de vivifier ainsi le commerce, qui y déclinait déjà sensiblement, le gouvernement portugais se décida à ériger Macao en port franc, le 28 février 1846, en frappant d'un impôt d'un dollar non mâté toutes les barques de commerce faisant le service entre Macao, Hong-Kong et Canton. Irrités de cette lourde charge imposée à leur industrie, les mariniers chinois tentèrent dès le mois d'octobre suivant un coup de main contre Macao; mais ils se virent repoussés par le feu des forts, et perdirent une trentaine d'hommes ainsi que dix-sept prisonniers. En 1849 un nouveau conflit éclata encore entre les Portugais et les Chinois, par suite de l'assassinat commis par quelques-uns de ceux-ci sur la personne du gouverneur portugais Amaral.

Sur une colline voisine de Macao se trouve la grotte de Camoëns, où, dit-on, ce grand poëte composa ses *Lusiades*.

MACAQUE, genre de quadrumanes de la tribu des singes de l'ancien continent. Les macaques sont des singes de taille moyenne, dont le museau est plus gros et plus prolongé que celui des guenons, et moins que celui des cynocéphales. Leur front a peu d'étendue; les yeux sont très-rapprochés, les lèvres minces; les oreilles sont nues, assez grandes, aplaties contre la tête. La bouche est pourvue d'abajoues. Les quatre mains sont pentadactyles. Les fesses présentent de fortes callosités. La queue, réduite à un simple tubercule dans l'une des espèces (magot), varie de longueur chez les autres, mais n'est jamais un organe de préhension.

Les macaques habitent l'Afrique, l'Inde et les îles de l'archipel Indien. Leurs mœurs tiennent le milieu entre celles des cynocéphales et des guenons. Plus doux, plus susceptibles d'éducation que les premiers, ils sont plus méchants, plus indociles et surtout plus lascifs que les autres.

On compte dans ce genre près de vingt espèces, dont les plus connues sont le *macaque bonnet chinois*, le *macaque ordinaire* (l'aigrette de Buffon), le *macaque à crinière*, le *macaque à queue courte* (rhesus d'Audebert), le maimon de Buffon, ou *singe à queue de cochon*, le *magot*, etc.

MACARON. C'est un petit gâteau, rond, ou, pour mieux dire, une simple croûte, légèrement bombée, sèche, cassante et très-sucrée. C'était une de ces friandises délicates que savaient si bien faire les religieuses, et qui faisaient la réputation et quelquefois la fortune d'un couvent. Bien de ces secrets friands ont été perdus lors de la révolution; mais le secret de la fabrication des macarons a été sauvé, et aujourd'hui encore, à Nancy, de bonnes religieuses, connues sous le nom de *sœurs macarons*, trouvent moyen, grâce à ce petit commerce, de faire vivre leur maison.

MACARONI. Tout le monde connait ces longs tuyaux de pâte semblables à de gros vermicelles creux, et dont le nom indique assez l'origine. L'Italie est la patrie du macaroni; on l'y mange, comme chez nous les pommes de terre, préparé de mille manières différentes : en potage, au gratin; toujours accompagné de parmesan râpé. Il figure sur les tables les plus recherchées, et c'est le fond de la nourriture des riches et des pauvres. Le lazzarone napolitain ne vit guère que de macaroni, de figues, d'ail et d'eau glacée.

Toutes les espèces de farines avec lesquelles on fait le pain peuvent également servir à faire le macaroni; mais on emploie de préférence le blé à petit grain serré, qui vient d'Odessa, réduit en semoule. Cette semoule, convertie en pâte, pilée, écrasée, est mise dans un cylindre métallique, enveloppé d'un réchaud, au fond duquel se trouve un crible percé de petites fentes de la largeur qu'on veut donner aux lamelles du macaroni. Au moyen d'une pression, la pâte est chassée de ce moule, et sort en lanières dont on rapproche ensuite les bords, qui se collent et forment ainsi les tubes livrés à la consommation. On voit que les macaronis, les vermicelles, les lazagnes, les nouilles, enfin toutes les pâtes dites d'Italie, sont de la même famille et sont toutes confectionnées par le vermicellier.

L'usage du macaroni, sans doute importé en France par les Médicis, y est aujourd'hui fort répandu; mais, quel que soit le talent de nos cuisiniers, ce n'est qu'en Italie, et dans toute l'Italie, à Naples, qu'on peut apprécier le macaroni.

MACARONIQUE (Poésie). C'est une espèce de poésie burlesque, qui consiste en un mélange de mots de différentes langues, avec des mots du langage vulgaire latinisés et travestis en burlesque. On croit que ce mot nous vient des Italiens, chez lesquels *macarone* signifie un homme grossier et rustique. J'aime mieux, pour l'honneur de la poésie macaronique, faire venir son nom des macarons d'Italie, *a macaronibus*, qui sont des morceaux de pâte faits de farine non blutée, de fromage, d'amandes douces, de sucre et de blancs d'œufs : ce mélange d'ingrédients aura fait donner le même nom à ce genre de poésie bizarre, dans la composition duquel entrent des mots français, italiens, espagnols, anglais, etc. On attribue l'invention de ces sortes de vers à Théophile Folengo de Mantoue, moine bénédictin qui florissait vers l'an 1520. Le premier Français qui ait réussi en ce genre se nommait, dans un style burlesque, *Antonio de Arma provençalis de Bragardissima villa de Soteriis*. Il nous a donné deux poëmes, l'un, *De Arte dansandi*, l'autre, *De Guerra neapolitana, romana, et genuensi*. Je les ai lus tous les deux, et je puis assurer qu'on y trouve de fort belles choses, que ne désavouerait pas la muse de Virgile. L'Allemagne et les Pays-Bas ont eu un assez grand nombre de poëmes *macaroniques* : je suis obligé d'avouer, à la honte de la littérature anglaise, qu'elle n'a pas un pauvre petit poëme *macaronique*.   Jules SANDEAU.

MACARTNEY (GEORGES, comte), célèbre par son ambassade en Chine, naquit en 1737, à Lissanoure, en Irlande, et fut le condisciple de Burke et autres personnages célèbres. Au retour du voyage sur le continent qui est de tradition pour l'aristocratie britannique, il entra, grâce au patronage de lord Holland et de lord Sandwich, à la chambre des communes comme représentant de Midhurst, et fut nommé, en 1765, envoyé extraordinaire en Russie, où il conclut un traité de commerce. Plus tard, il fut appelé aux fonctions de secrétaire du lord lieutenant d'Irlande et créé baron irlandais. En 1775 il obtint le gouvernement de Tabago et de La Grenade, et défendit cette dernière colonie avec vigueur contre les attaques du comte d'Estaing ; mais forcé de se rendre, il fut envoyé prisonnier de guerre en France. Relâché sur sa parole, et échangé bientôt, il partit, en 1781, pour Madras, en qualité de chef d'administration de ce riche comptoir, qu'il sut défendre contre les entreprises des Français. Rappelé en 1785, il allait partir pour l'Angleterre, lorsqu'on lui offrit le gouvernement général du Bengale ; mais il y mit des conditions telles que les directeurs de la Compagnie des Indes durent les rejeter. Macartney, de retour à Londres, en 1786, voyait ses services presque oubliés, quand on lui proposa l'ambassade que l'on avait l'intention d'envoyer à la Chine, pour se lier avec cet empire par un traité de commerce propre à ouvrir de plus larges voies à l'écoulement des produits industriels anglais. Il partit donc en 1792, et ne parvint pas sans de grandes difficultés jusqu'à Pékin. Il se soumit, quoi qu'il en ait dit, aux humiliantes exigences du gouvernement chinois ; mais il ne put obtenir ni le traité ni l'établissement permanent qu'il sollicitait, et tandis que ses préparatifs annonçaient l'intention de passer l'hiver à Pékin, il reçut, le 3 octobre 1793, l'ordre de partir le 7, et fut reconduit à Canton, où il arriva le 19 décembre. La manière dont on agit avec lui durant ce voyage fit dire à Anderson, dans sa relation de cette ambassade : « Nous entrâmes à Pékin comme des mendiants, y séjournâmes comme des prisonniers et en sortîmes comme des voleurs. » Cette brusque détermination du gouvernement chinois fut attribuée dans le temps aux influences occultes que le cabinet de Saint-Pétersbourg parvint, à l'aide des jésuites, à exercer sur la cour de Pékin, dont on excita les craintes les plus vives au sujet des intentions perfides et des ambitieuses espérances de l'Angleterre.

Macartney, à son retour, fut créé comte, et chargé l'année suivante d'une importante mission auprès de Louis XVIII, qui habitait alors Vérone. Plus tard, il fut nommé gouverneur du cap de Bonne-Espérance. Le délabrement de sa santé le contraignit, en 1798, à renoncer à la vie politique ; et il mourut à Londres, le 30 mars 1806. Son secrétaire, Staunton, publia la relation de son voyage, le premier ouvrage qui ait donné à l'Europe des connaissances positives sur la Chine.

MACASSAR, royaume situé à l'extrémité méridionale de l'île Célèbes, et qui jusqu'au dix-septième siècle fut la première puissance navale de tous les États de la Malaisie. Les Portugais n'en entendirent pas parler avant 1512 ; et en 1668 les Hollandais le subjuguèrent complétement. L'État indépendant qu'on désigne encore aujourd'hui sous ce nom n'est qu'une minime partie de l'ancien grand royaume de Macassar.

Le gouvernement hollandais actuel de Macassar comprend une superficie de 1,500 myriamètres carrés, avec une population de 1,570,000 habitants. *Macassar*, son ancienne capitale, est tombée en ruines et a été remplacée par *Vlaardingen*, ville de 15,000 habitants, avec une bonne rade, protégée par le fort Rotterdam. Un arrêté du gouverneur général des Indes hollandaises en date du 9 septembre 1846 l'a déclarée port franc. Dans le détroit de Macassar, qui sépare les îles Bornéo et Célèbes, sont situés divers groupes d'îles : Balabalang, Pampagaroung, etc., etc.

MACASSAR (Huile de), ainsi appelée d'après le royaume de Macassar dans l'île Célèbes, d'où on l'exporte, est une espèce de beurre végétal, de couleur gris cendré et d'une odeur rance. On donne le même nom à un remède secret anglais employé pour favoriser la croissance de la chevelure et en prévenir la chute. Il se compose d'huile d'olive ou d'amandes teinte en rouge avec de la racine d'Alkanna, et mêlée à des huiles parfumées (*voyez* HUILE [*Parfumerie*]).

MACAULAY (THOMAS BABINGTON), célèbre historien et critique anglais, est né à Londres, en 1800, d'une famille de riches marchands, et débuta au barreau à l'âge de vingt-six ans. Pendant son séjour à l'université de Cambridge, il s'était déjà fait remarquer par quelques poëmes et autres essais. Un article sur Milton qu'il donna en 1825 à la Revue d'Édimbourg ouvrit la série de ses remarquables travaux comme critique, qui tous trouvent d'abord dans ce recueil, et qu'il ne se décida à réimprimer, sous le titre de *Critical and historical Essays, contributed to the Edinburgh-Review* (3 vol., Londres, 1843, souvent réimprimés depuis), qu'après qu'il en eut été déjà fait de nombreuses éditions sans son autorisation à Philadelphie (1841). La réforme parlementaire, au triomphe de laquelle il avait contribué par ses travaux dans la presse, lui ouvrit, en 1832, l'accès de la chambre des communes ; et bientôt après il était appelé par le ministère à remplir les fonctions de secrétaire de l'*India-Board*. En 1834 la ville de Leeds le choisit pour son représentant ; mais quelques mois après il se démit de son mandat législatif pour aller remplir, dans l'Inde, les fonctions de membre du conseil supérieur de Calcutta et de gouverneur d'Agra. Revenu en Europe, en 1839, la ville d'Édimbourg le choisit pour son représentant au parlement. Depuis le mois de septembre 1839 jusqu'à la chute du cabinet Melbourne, il remplit les fonctions de secrétaire de la guerre, et de 1846 jusqu'à mai 1848 celles de quartier-maître général de l'armée avec siège et voix délibérative dans le conseil. Toutefois, en 1847, les électeurs d'Édimbourg, rigides protestants, lui enlevèrent leur mandat pour avoir voté favorablement dans la question de la dotation du collége catholique de Maynooth ; échec électoral qui le détermina peu de temps après à renoncer à la vie politique. Dès 1842 il avait publié ses *Lays of ancient Rome*, ouvrage où il adopte les idées de Niebuhr sur l'histoire romaine, et qui captive le lecteur par une action dramatique, des descriptions pittoresques et un style plein de vigueur. Malgré ses travaux parlementaires, il avait encore trouvé le temps d'écrire le grand ouvrage qui devait rendre son nom européen. En 1848 parurent les deux premiers volumes de son *History of England from the accession of James II*, qui fut accueillie avec enthousiasme et traduite aussitôt dans la plupart des langues étrangères. Il y faisait preuve des qualités qui distinguent tous ses autres écrits, d'une connaissance approfondie du sujet, d'un incomparable talent d'exposition dans la peinture des caractères et des événements historiques, qu'il y accumulait avec bonheur d'utiles citations. On doit, cependant, regretter que les vues éminemment libérales de l'auteur aient parfois nui à l'impartialité de ses appréciations. L'état souffrant de sa santé et les immenses recherches qu'exigeait un pareil travail ne lui permirent pas de l'achever immédiatement ; et en 1848 l'université de Glasgow l'élut pour *lord recteur*. Au mois de juillet 1852 la capitale de l'Écosse lui rendit son mandat législatif, à une grande majorité, et il put ainsi reprendre son siège à la chambre des communes sans avoir dû faire à des exigences électorales le sacrifice d'une seule de ses convictions politiques. Comme orateur il n'a d'ailleurs jamais exercé dans le parlement l'influence à laquelle on eût pu s'attendre en raison de son talent. Ses collègues admirent l'habileté de sa rhétorique et son style éclatant de poésie ; mais le plus souvent ils ne rendent pas assez justice aux vues pratiques de l'homme d'État.

MACBETH, dont le nom et les forfaits ont été immortalisés par Shakspeare, était roi d'Écosse vers le milieu du onzième siècle. Fils de Sinel, thane royal de Glamis, et cousin germain du roi Duncan VII, il donna des preuves de grande bravoure, lorsque, de concert avec Banquo, thane de Lochquhabir, il alla soumettre Macduald, lord des îles, qui avait levé l'étendard de la révolte. Les Danois attaquèrent ensuite le royaume. Macbeth, chargé de les repousser, marcha à leur rencontre, et eut d'abord recours aux négociations. Sous prétexte de traiter de la paix avec les envahisseurs, il invita leurs principaux chefs à un grand repas dans son camp ; et après avoir mêlé un soporifique à la boisson offerte à ses convives, il profita de leur sommeil pour les égorger. Après quoi, pénétrant à l'improviste dans le camp des Danois, il en fit un grand carnage. Macbeth conçut alors l'ambitieuse idée de monter sur un trône occupé par un prince qui, par sa faiblesse, s'en montrait peu digne. Les chroniques racontent qu'au retour de cette expédition contre les Danois, comme Macbeth et Banquo traversaient seuls une bruyère, trois femmes d'une apparence surnaturelle se présentèrent à eux et saluèrent successivement Macbeth, l'une comme thane de Glamis, titre qu'il portait déjà ; la seconde, comme thane de Cawdor ; la troisième, comme futur roi d'Écosse, ajoutant que sa postérité ne régnerait pas, mais que ce serait celle de Banquo ; puis toutes trois disparurent. A son retour auprès de Duncan, Macbeth apprit de ce prince qu'en récompense de ses services il le nommait thane de Cawdor, en remplacement du précédent, qui venait de se rendre coupable de félonie. Macbeth ne douta plus qu'il n'eût en affaire à des fées dans la bruyère, et il songea dès lors à s'emparer du trône. Sa femme, d'une ambition encore plus sanguinaire, l'excitait dans ses coupables projets. Il en instruisit ses amis, et entre autres Banquo ; tous lui gardèrent le secret, et en 1040 il égorgea Duncan dans son château d'Inverness, où il l'avait accueilli. Les fils de Duncan, pour échapper au même sort, prirent la fuite ; et alors Macbeth réussit à se faire déférer la couronne, parce qu'il sut gagner à sa cause le peuple par la stricte impartialité qu'il apporta dans la distribution de la justice et les grands du royaume par ses libéralités. L'usurpateur régna d'abord pendant dix années avec une certaine modération ; mais enfin, tourmenté par les remords et aussi par les alarmes que lui causaient les héritiers légitimes du trône qu'il occupait, il donna un libre cours à son humeur sanguinaire. Sa première victime fut Banquo, son ancien complice, qu'il fit égorger aussi au milieu d'un grand repas ; et bientôt, sous prétexte de félonie, il fit successivement périr de la main du bourreau un grand nombre de seigneurs, afin de trouver dans la confiscation de leurs biens les moyens de se donner une garde particulière. Mais ne se sentant pas plus en sûreté pour cela, il se fit construire au sommet de la colline de Dunsinane un château qui dominait au loin toute la contrée environnante, et où il se crut désormais à l'abri de tout danger, parce qu'une sorcière lui avait assuré qu'il ne périrait que lorsque la forêt de Birnam serait transportée à Dunsinane ; et pour lui aider à construire ce château les thanes durent lui envoyer chacun un certain nombre de leurs vassaux, contraints à y exécuter des travaux de corvée. Révolté de cette tyrannie, le thane de Fife, Macduff, passa en Angleterre pour exciter Malcolm, fils aîné de Duncan VII, à venger la mort de son père. Le roi Édouard le Confesseur s'associa à ces projets de restauration de la dynastie légitime, et mit à la disposition de Malcolm une armée commandée par Seward, duc de Northumberland. Macbeth en

ayant été informé, leva des troupes, puis se retira dans son château de Dunsinane, où il se croyait bien en sûreté, lorsqu'on vint lui annoncer que la forêt de Birnam s'avançait vers le fort. C'étaient les soldats de Malcolm, qui, en signe de victoire, avaient déjà orné leurs casques de branches d'arbres. Macbeth, frappé de stupeur en voyant que la prédiction de la sorcière s'accomplissait, voulut encore, mais bien en vain, tenter le sort des armes. Abandonné du plus grand nombre des siens, il fut massacré dans son orgueilleux château.

C'est ce sujet fourni par la tradition, mais du reste rien moins que d'accord avec la critique historique, qui a été traité par Shakspeare dans sa tragédie de *Macbeth*, où pitié, la terreur, l'ambition, la vengeance, l'amour paternel le plus touchant, viennent se joindre à l'intervention mystérieuse d'êtres surnaturels et réveiller jusqu'au fond de l'âme les émotions les plus terribles.

MACCABÉES ou **MACCHABÉES**. *Voyez* Machabées.
MAC-CALLUM-MORE. *Voy.* Campbells (Clan des).
MACCHIAVELLI. *Voyez* Machiavel.
MACCLESFIELD, vieille ville du comté de Chester (Angleterre), à quelques dizaines de kilomètres de Manchester, sur le Bollen, est redevable de l'aisance presque générale de sa population, dont le chiffre se monte aujourd'hui à plus de 65,000 âmes, tant dans la ville même que dans sa banlieue, à ses manufactures de soieries, qui ont pris dans ces derniers temps d'immenses développements. La plupart fabriquent des rubans et de légères étoffes. On y trouve aussi beaucoup de manufactures de cotonnades, de fil, de feutre et de boutons, et des usines pour la fabrication des articles en cuivre et en laiton.

MAC-CULLOCH (John), dont le nom est généralement écrit par abréviation M*Culloch*, médecin et naturaliste, né le 6 octobre 1773, dans l'île de Guernesey, d'une famille écossaise, fut dès l'âge de dix-huit ans reçu docteur en médecine à Édimbourg, et attaché alors en qualité d'aide-chirurgien à un régiment d'artillerie. En 1803 il fut appelé comme chimiste à l'école d'artillerie, et exerça concurremment la médecine dans le voisinage de Londres. En 1820 il devint le médecin particulier du prince Léopold de Saxe-Cobourg, aujourd'hui roi des Belges ; et pendant les dernières années de sa vie il occupa la chaire de chimie et de géologie à l'école militaire de la Compagnie des Indes-Orientales, à Addiscombe. Il mourut le 21 août 1835, des suites d'une amputation qu'avait rendue nécessaire une fracture de la jambe. Outre un grand nombre d'ouvrages relatifs à la géologie spéciale de l'Écosse, on a de lui un livre intitulé : *A System of Geology, with a theory of the earth* (1831), et des Essais sur la Malaria (1827) ainsi que sur les maladies rémittentes et intermittentes (1828).

MAC-CULLOCH (John Ramsay) économiste anglais, professeur à l'université de Londres, et membre correspondant de l'Institut de France depuis 1843, est né en 1789, dans l'île de Whithorn (Wigtonshire). Élevé à Édimbourg, il débuta dans la littérature comme collaborateur du *Scotsman*, journal dans lequel il fit paraître une série d'articles où il développait les idées les plus libérales en matières politiques et commerciales, et qui produisirent une vive sensation. L'ouvrage capital qui a surtout popularisé son nom en Angleterre et sur le continent est son *Dictionary of Commerce and commercial Navigation* (2 vol., Londres, 1832) ; mais on a aussi de lui d'autres ouvrages d'une haute importance, parmi lesquels nous nous bornerons à citer : *Discourse on the rise, progress*, etc., *of political Economy* (2ᵉ édition, Édimbourg, 1832) ; *The Principles of political Economy* (1830). Il a donné aussi une nouvelle édition, avec notes et commentaires, des ouvrages d'Adam Smith intitulés : *Theory of moral Sentiments* (1828), et *Nature and Causes of the Wealth of Nations* (1828). Son *Dictionary Geographical, statistical and historical* (2 vol., 1846) est une excellente compilation. Il faut en dire autant de son *Descriptive and statistical Account* *of the British Empire* (1847); et sous le titre de *Treatises and Essays Subjects connected ed with economical policy* (Édimbourg, 1853), il a réuni différents articles dispersés dans des revues et des journaux.

MACDONALD (ÉTIENNE-JACQUES-JOSEPH-ALEXANDRE), duc DE TARENTE, maréchal et pair de France, naquit à Sancerre, en 1765, d'une famille originaire d'Écosse, qui s'était réfugiée en France sous le règne de Louis XIV. Au sortir de ses études, le jeune Macdonald entra comme lieutenant dans le régiment irlandais de Dillon, puis, en qualité de cadet dans le 87e régiment d'infanterie, en 1787. Élevé au grade de colonel après la bataille de Jemmapes, et à celui de général de brigade en 1793, il commanda en cette qualité, sous les ordres de Pichegru, l'avant-garde de l'armée du nord, et se signala au commencement de la campagne de Hollande par le passage du Vaal, qu'il effectua après le feu des batteries de Nimègue et de Kokerdum. Après avoir fait les campagnes du Rhin et d'Italie comme général de division, il fut nommé gouverneur de Rome en 1798. Attaqué dans cette ville par le général Mack, il se retira sur Otricoli, où, réuni à Championnet, il repoussa et battit les Napolitains, malgré leur supériorité numérique. A la suite de la destitution de Championnet, Macdonald, qui le remplaça, fut forcé de se replier sur Rome et de là sur la Toscane, et parvint à opérer sa jonction avec le général Moreau, après avoir culbuté les alliés à Parme et livré la sanglante bataille de la Trebia, qui dura trois jours. Au 18 brumaire, il commandait à Versailles, et aida de tout son pouvoir le triomphe de Bonaparte. Après la bataille de Marengo, appelé au commandement de l'armée de réserve formée à Dijon, Macdonald entra en Suisse, chassa les Autrichiens, et poursuivit ses succès dans le Tyrol (1800-1801). Envoyé en Danemark comme ministre plénipotentiaire, il ne rentra en France qu'en 1803, et fut élevé au grade de grand-officier de la Légion d'Honneur. Lors du procès de Moreau, il défendit avec chaleur son ancien compagnon d'armes, et, tombé en disgrâce, alla se reposer de ses fatigues à la campagne. Rappelé par l'empereur en 1809, et mis à la tête d'une division de l'armée d'Italie sous les ordres du prince Eugène, il se signala au passage de la Piave et de l'Izonso, contribua puissamment à la victoire de Raab, et eut tant de part au succès de la bataille de Wagram, en enfonçant avec deux divisions le centre de l'armée autrichienne, que protégeaient deux cents bouches à feu, qu'il reçut sur le champ de bataille le bâton de maréchal. Nommé gouverneur de Styrie, puis, en 1810, appelé à remplacer en Espagne le maréchal Augereau, il s'empara de Figuières, ravitailla Barcelone, et réuni au maréchal Suchet, battit les Espagnols à Cervera (1811). En 1812 il fit la campagne de Russie. Lors de la campagne de Saxe, il gagna la bataille de Mersebourg, le 29 avril 1813, défit à Lutzen la réserve de l'armée ennemie le 2 mai, passa la Sprée le 20, et alla concourir au gain de la bataille de Bautzen. En Silésie, la défaite de la Katzbach, l'inondation de la Bober, lui forcèrent à se replier sur Leipzig; il courut les plus grands dangers, et passa l'Elster à la nage. Il se couvrit encore de gloire à Hanau, commanda en 1814 l'aile gauche dans la campagne de France, et alla s'opposer au passage du Vaal par les Prussiens; mais tout était inutile. Il battit en retraite sur Venloo et Maëstricht, et couronna les efforts héroïques qu'il fit dans cette campagne par sa belle défense de Nangis.

Le maréchal Macdonald se trouvait à Fontainebleau, auprès de l'empereur, au moment de l'abdication, à laquelle il contribua beaucoup. Dégagé alors de ses serments, il envoya au gouvernement provisoire son adhésion au rétablissement des Bourbons, et se rendit à Paris. Louis XVIII le nomma pair de France et commandant de la 21e division militaire. Lors du débarquement de Napoléon à Cannes, il reçut l'ordre de se rendre à Lyon pour y prendre le commandement des troupes chargées de s'opposer à sa marche sur la capitale. Forcé d'abandonner la défense de cette ville, il vint prendre, sous les ordres du duc de Berry, le commandement des troupes qui s'organisaient sous les murs de Paris. On connaît l'issue de ces événements et la noble conduite du maréchal. Dans la nuit du 19 au 20 mars, il accompagna Louis XVIII jusqu'à Menin, et revint se faire inscrire sur les contrôles de la garde nationale comme simple grenadier. Après la signature du second traité de Paris, le roi lui confia la mission délicate du licenciement de l'armée de la Loire. Nommé grand-chancelier de la Légion d'Honneur, puis grand'-croix de cet ordre, commandeur de Saint-Louis, et chevalier de l'ordre du Saint-Esprit, il devint un des quatre majors généraux de la garde royale. Malgré tant de faveurs, il n'en conserva pas moins son indépendance complète sur son siége du Luxembourg. Après la révolution de 1830, sa santé chancelante le força de renoncer à son titre de grand-chancelier de la Légion d'Honneur ; il vécut depuis dans la retraite, jusqu'à sa mort, arrivée le 25 septembre 1840, en son château de Courcelles, près de Guise (Loiret).

MACDUFF. *Voyez* FIFE.

MACÉDOINE, appelée aussi autrefois *Emathia,* contrée située au nord de la Grèce et qui eut une grande célébrité dans l'antiquité s'étendait à l'origine depuis l'Olympe jusqu'à l'embouchure du Lydias ; mais plus tard, quand la puissance royale y eut pris de grands développements, notamment sous Philippe et sous Alexandre, ses limites allèrent à l'ouest jusqu'au lac de Lychnis, au nord jusqu'aux monts Scardiques, à l'est jusqu'aux rives du Nestus, et au sud jusqu'aux montagnes de la Macédoine, appelées aussi l'Olympe, et jusqu'à la mer Égée. Aujourd'hui province turque, et désignée sous le nom de *Filiba Vilajeti,* elle comprend une surface d'environ 504 myriamètres carrés, avec une population de 700,000 âmes et l'importante ville de Salonique. Cette contrée était renommée dans l'antiquité par ses mines d'or et d'argent, par la richesse de ses produits en huiles, vins et fruits de toutes sortes, qui réussissaient surtout dans les parties du sol voisines de la côte ; et on y comptait une foule de cités florissantes et célèbres dans l'histoire, telles que *Pella,* sa capitale, *Pydna, Thessalonique, Potidée, Olinthe, Philippes et Amphipolis.*

L'histoire de ce royaume, dont l'importance politique fut si grande, forme trois périodes : la première allant de l'époque même de sa fondation jusqu'au règne de Philippe (360 av. J.-C.), la seconde jusqu'à la bataille d'Ipsus (301 av. J.-C.), la troisième, enfin, jusqu'à son asservissement par les Romains, en l'an 168 av. J.-C.

Les Macédoniens étaient un peuple pasteur illyrien, que les Grecs ne voulurent jamais reconnaître comme appartenant à la même race qu'eux, tandis que la tradition faisait tantôt arriver l'héraclide Caranus d'Argos en Macédoine, vers l'an 813 av. J.-C., pour y fonder une colonie, et tantôt conquérir cette contrée par Perdiccas d'Argos, que ses frères secondaient dans son expédition. L'histoire ne devient un peu moins confuse que vers 490 av. J.-C., époque où Mardonius soumit ce pays aux Perses et où le roi alors régnant, et qui portait le nom d'Alexandre, fut contraint de prendre part à l'expédition de Xerxès contre la Grèce, jusqu'à ce que la bataille de Platée (479) amena la retraite du général perse et l'évacuation de la Macédoine. En 454, 413 av. J.-C.), l'inconstant Perdiccas II, prit part à la guerre du Péloponnèse, pendant laquelle il défendit les royales et la cause de Sparte. Son fils et successeur Archélaüs ajouta singulièrement à l'importance politique de son royaume ; il favorisa les arts, les lettres et les sciences, fonda des villes et organisa fortement son armée. Il mourut en l'an 399 av. J.-C. Suit alors dans l'histoire une époque d'obscurité et de confusion, ensanglantée par les nombreuses luttes que se livrèrent divers prétendants à la couronne, jusqu'au moment où Philippe II profita de la minorité de son neveu Amyntas pour s'emparer de son trône, en 359. Il réussit à accroître d'une manière inouïe les forces vives du pays ainsi que l'esprit guerrier de ses habitants, et finit par subjuguer complétement la Grèce divisée, par l'éclatante victoire qu'il remporta à Chéronée, l'an 338 av. J.-C. Alexandre le Grand, son fils, agrandit encore bien autrement la Macédoine, que ses victoires rendirent pendant quelque temps la souveraine de la moitié du globe. De tous les royaumes qui se créèrent à sa mort (320 av. J.-C.), la Macédoine fut celui qui eut les destinées les plus malheureuses; on y vit alors les souverains s'y succéder sans cesse par les voies de la violence, et les armées se soulever l'une après l'autre. Après Démétrius Poliorcètes (294 av. J.-C.) vint Lysimaque, qui réussit à déjouer les entreprises de Pyrrhus d'Épire, et qui pendant quelques années (286 av. J.-C.) réunit la Macédoine, la Thrace et l'Asie Mineure sous les mêmes lois; puis, pendant les irruptions réitérées des Gaulois, Antigonus Gonatas, fils de Démétrius, parvint au trône, dont ses descendants héritèrent dans des conditions assez tranquilles et prospères. Mais alors la Grèce manifesta avec une énergie nouvelle ses aspirations à l'indépendance; l'ancienne ligue achéenne fut reconstituée. La ligue étolienne se forma ensuite, et dès lors la politique des rois de Macédoine consista à opposer l'une de ces confédérations à l'autre, quand elle n'eut point à se défendre contre toutes deux à la fois, comme il arriva à Démétrius II (243-233 av. J.-C.) et à son frère Antigonus Doson (233-221). Pendant ce temps-là les Romains avaient jeté les yeux sur la Macédoine. Aussi quand Philippe III monta sur le trône, lorsqu'il intervint dans les affaires de la Grèce et qu'il assiégea même Athènes, cette ville invoqua le secours des Romains; et en l'an 197 il fut complétement battu à la journée de Cynocéphale. A partir de ce moment la Macédoine se trouva, elle aussi, placée sous la protection de Rome; malgré toute son activité et toute l'adresse de sa politique, Persée, successeur de Philippe III (179), ne put s'y maintenir; et à la suite du désastre qu'il éprouva à Pydna, il vint en l'an 168 av. J.-C. orner le triomphe de Paul-Émile, le général des Romains. Devenus maîtres de tout le pays, les Romains le traitèrent de la manière la plus oppressive; et alors le peuple et les seigneurs macédoniens, poussés à bout, se révoltèrent de nouveau sous la conduite du parvenu Andriscus. Mais complétement battu par Quintus Cæcilius Macedonicus, la noblesse macédonienne fut réduite à s'expatrier. En l'an 148 av. J.-C. la Macédoine fut formellement érigée en province romaine, et on y ajouta encore la Thessalie avec une partie de l'Illyrie. Consultez Cousinery, Voyage dans la Macédoine (2 vol., avec cartes; Paris, 1831).

MACÉDOINE, se dit d'un mets, espèce d'olla podrida de fruits ou de légumes; et franchement nous serions fort en peine de dire d'où lui vient ce nom. A-t-on voulu par l'emploi de ce mot reproduire l'idée du bouleversement, du pêle-mêle dans lequel la mort d'Alexandre précipita la Macédoine? ou bien est-ce à la cuisine des Macédoniens que nous sommes redevables d'un plat baptisé par nos gastronomes du nom de sa mère patrie? Choisissez.

Figurément et familièrement, on dit d'un livre où sont confondues des pièces de tous les genres : C'est une macédoine.

Macedoine est encore un terme de jeu signifiant une suite de parties dans laquelle chacun des joueurs, tenant les cartes, prescrit l'espèce de jeu qu'on va jouer sous sa main.

MACÉDONIENS (Les), appelés aussi par les Grecs pneumatomaques ou ennemis du Saint-Esprit, hérétiques qui niaient la divinité du Saint-Esprit, et partageaient les erreurs de Macédonius. Celui-ci, après avoir appartenu au parti des semi-ariens, avait été, grâce à leurs intrigues, nommé patriarche de Constantinople, vers 350; mais cette élection souleva de la part des catholiques une si vive opposition, que le jour même de l'installation il y eut une émeute dans laquelle plus de trois cents personnes perdirent la vie. La conduite violente de Macédonius et quelques actions de lui qui déplurent à l'empereur Constance engagèrent Eudoxe et Acace, prélats de son parti qu'il avait offensés, à le faire déposer dans un concile tenu à Constantinople en 359. Il se fit alors chef de secte, et, tout en maintenant le Fils consubstantiel au Père, continua de nier la divinité du Saint-Esprit, comme les purs ariens. Les évêques qui avaient été déposés en même temps que lui par le concile de Constantinople, embrassèrent ses opinions, et firent tomber dans la même erreur un grand nombre de catholiques restés jusque alors orthodoxes.

MACÉDONIUS. Voyez MACÉDONIENS.

MACER (Æmilius), poëte latin originaire de Vérone, qui mourut en Asie, l'an 17 avant J.-C. On lui attribue généralement un poëme sur les oiseaux, Ornithogonia, et un autre sur les serpents, Theriaca, pour lequel il prit vraisemblablement Nicander comme modèle; mais il ne reste plus de traces de ses œuvres, car le poëme De Viribus Herbarum (publié par Choulant [Leipzig, 1832]), qu'on lui attribue aussi, est une œuvre du moyen âge.

Il ne faut pas le confondre avec un autre Æmilius MACER, ami d'Ovide, qui, sous le titre de Bellum Trojanicum ou Antehomerica et Posthomerica, composa une imitation de l'épopée homérique et cyclique.

MACERATA, ville bien bâtie des États de l'Église, siége d'un évêque et d'une cour d'appel en même temps que chef-lieu de la délégation du même nom (23 myriamètres carrés, avec 230,000 habitants), sur la grande route de Rome, entre Tolentino et Loreto, construite au sommet d'une montagne, au pied de laquelle coule le Chienti, et d'où on jouit d'un point de vue magnifique, s'étendant jusqu'à l'Adriatique, a des rues droites et bien pavées, de beaux édifices publics, une belle cathédrale, six autres églises, plusieurs couvents, une école noble et d'autres établissements scientifiques, une bibliothèque publique de 20,000 volumes, de diverses belles galeries particulières, dont la plus importante est la collection d'inscriptions antiques appartenant à la famille Compagnoni. L'université, fondée en 1290 et réorganisée en 1540, a été récemment supprimée et remplacée par une école secondaire pour la théologie, la philosophie et la médecine. La population, forte d'environ 18,000 âmes, n'est guère industrieuse ni commerçante, mais se distingue en revanche par une certaine vivacité d'esprit. La contrée où se trouve Macerata est une des plus fertiles qu'il y ait dans les États de l'Église. Les champs y sont garnis de haies vives et offrent l'aspect le plus riant jusqu'à l'Apennin, où la contrée devient nue et stérile.

MACÉRATION (du latin maceratio, fait de macerare, rendre mou). C'est une opération qui consiste à mettre les corps dans un liquide pendant un temps plus ou moins long. Le but qu'on se propose dépend uniquement de la nature de la matière mise en macération et de l'usage auquel on la destine. Tantôt c'est pour conserver des fruits, comme dans la préparation des cornichons, que l'on fait macérer dans le vinaigre ; tantôt ce sont des matières animales, comme des viandes et des poissons, que l'on met dans la saumure pour les manger plus tard. La macération des cadavres dans une dissolution de sublimé corrosif assure leur conservation. Tout le monde sait que l'esprit-de-vin est aussi un agent conservateur, que l'on emploie avec succès pour les animaux destinés aux collections d'histoire naturelles. En pharmacie, le but de la macération est tout différent : tantôt c'est pour ramollir des substances, afin de les rendre plus facilement attaquables, quand on les soumettra à l'action du calorique; d'autres fois, c'est pour dissoudre certains principes, qui sont solubles dans un liquide froid, et les séparer d'autres principes, qui ne sont solubles qu'à l'aide de la chaleur. Les liquides que l'on emploie pour la macération varient suivant le but que l'on se propose : ce sont l'eau, l'alcool, l'éther, les vins, le vinaigre, les huiles, etc. C'est ainsi que l'on prépare les teintures alcooliques ou éthérées, les vins et vinaigres médicinaux, et quelques huiles médicinales. C. FAVROT.

MACÉRATION (du latin macerare, faire maigrir), dans le sens ascétique, s'applique aux austérités de tous genres qu'on peut exercer sur son corps dans le but d'être agréable à Dieu. Les chrétiens en ont trouvé le précepte, ou du moins le conseil, dans les Évangiles et dans les livres des Apôtres. Les philosophes de l'antiquité, Platon, Aristote, Pythagore surtout, recommandaient à leurs disciples de se macérer ; l'austérité de la vie pythagoricienne était passée en proverbe. J.-G. CHASSAGNOL.

MACHABÉES (Les). C'est le nom générique sous lequel sont désignés, dans l'histoire des Juifs, les membres de l'héroïque famille de Judas, surnommé *Makkabi*, c'est-à-dire *Marteau*, fils de Matathias (Ier livre des Machabées, 2,1), dont la famille portait le surnom de *Hasmonéens*. Judas Machabée réunit une troupe de ses plus courageux coreligionnaires pour secouer le joug que les Syriens avaient imposé à la Judée ; et ses frères *Jean*, *Jonathas* et *Simon* achevèrent son œuvre en rétablissant, bien que pour peu de temps seulement, l'indépendance de l'État juif (135 av. J.-C.). Hérode le Grand extermina complétement la famille des Machabées. Dès le quatrième siècle l'Église chrétienne consacrait à la mère et à ses sept fils, dont il est question au IIe livre des Machabées, une fête commémorative, comme à des martyrs de la foi ; fête solennelle, d'après Grégoire de Nazianze, Chrysostôme et saint Augustin, surtout dans les églises d'Antioche et d'Afrique. Cette fête commémorative est d'autant plus remarquable, que c'est la seule que l'Église chrétienne ait consacrée à des faits accomplis avant la venue du Christ. Le martyrologe romain la fixe au 1er août. L'Église romaine a admis au nombre de ses livres canoniques les livres apocryphes des Machabées qui se trouvent dans la Bible. Quoique dans nos textes de la Bible on ne trouve que deux livres des Machabées, ils étaient à l'origine au nombre de quatre. Trois existent encore ; le quatrième s'est perdu. Le premier livre, oratoire et souvent même rhythmique dans son style, et rédigé primitivement en hébreu ou en chaldéen, vers l'an 107 avant J.-C., en Palestine, décrit les souffrances des Juifs sous Antiochus Épiphane ainsi que les exploits de Judas Machabée, et va jusqu'à la mort de Simon, environ vers l'an 135 av. J.-C. Le second est divisé en deux parties ; il raconte la dévastation du Temple, la guerre contre les Syriens, les événements du règne de Démétrius Soter, etc. Les contradictions qu'on y remarque autorisent à l'attribuer à divers auteurs. Le troisième livre , mentionné pour la première fois dans les canons apostoliques, fut vraisemblablement écrit en Égypte, après la venue du Christ ; il raconte la persécution des Juifs en Égypte sous Ptolémée Philopator. La Vulgate ne l'a pas traduit ; aussi ne fait-il pas partie du Canon de l'Église catholique ; Luther ne le traduisit pas davantage, parce qu'il le considérait comme n'ayant point assez d'importance.

MACHAON, fils d'Esculape et d'Épione, ou de Coronis, frère de Podaleirios et époux d'Antichée, prit part avec son frère à la guerre de Troie, et s'y distingua surtout comme chirurgien dans l'armée des Grecs. Il périt de la main d'Eurypile, au moment où il s'apprêtait à venger la mort de Nérée. Il était adoré à Gérania, en Messénie, où se trouvaient son tombeau et son sanctuaire. Les malades y venaient l'implorer pour la guérison de leurs maux, et Glaucus, fils d'Épitos, fut le premier qui lui offrit des sacrifices.

MÂCHE, petite plante annuelle appelée encore dans les campagnes *boursette*, *doucette*, *accroupie*, *salade de chanoine*, *clairette*, *planchette*, *poule grasse*, etc. Elle appartient au genre *valerianella*, de la famille des valérianées ; on y a joint le nom de *locuste*, qui veut dire sauterelle, parce que, d'après les commentateurs de Pline au quinzième siècle, les sauterelles qui servirent de nourriture à saint Jean dans le désert n'étaient autres que cette petite plante, qui n'a d'ailleurs aucun caractère qui la rapproche de l'insecte dont elle porte le nom. D'autres auteurs pensent que ce n'est point ce végétal qui a nourri saint Jean, mais bien le *gryllus tartaricus*, qui sert encore de nourriture aux habitants de l'Afrique et de l'Asie.

La mâche croit abondamment dans les champs et les vignes. Rien n'est plus facile que sa culture : il suffit de répandre la graine à la volée sur les planches vides en automne, et de l'enterrer légèrement avec un râteau. On l'abandonne ensuite à elle-même, et si cela est nécessaire, on lui donne un sarclage, qui facilite singulièrement sa croissance et son développement. Le semis peut se faire depuis la mi-août jusqu'au commencement de novembre, et en différentes fois, pour en jouir plus longtemps. Si on laisse quelques pieds monter en graine, elle se propage d'elle-même, sans qu'il soit nécessaire de procéder à un nouveau semis ; le vent remplace alors parfaitement l'agriculteur, et chasse la graine de son enveloppe, dès qu'elle est parvenue à sa maturité.

De toutes les variétés de mâche, la meilleure et la plus recherchée est la *doucette commune*, dont les feuilles jeunes encore sont très-tendres, et donnent une salade très-rafraîchissante, autrefois exclusivement réservée aux roturiers, mais qui maintenant s'est fait jour jusque sur la table des grands. Là se bornent toutes ses vertus, quoi qu'en aient dit quelques auteurs, qui lui attribuaient des propriétés antiscorbutiques, tout à fait contestées. Cette plante est une excellente pâture pour les bestiaux, surtout pour les moutons, qui en sont très-friands. C. FAVROT.

MACHECOUL, ville de France, chef-lieu de canton dans le département de la Loire-Inférieure, avec 3,745 habitants, et un commerce de grains. Machecoul fut pris par Charette le 30 juin 1793, et repris par les républicains le 3 janvier de l'année suivante. Les royalistes furent alors complétement défaits, et Charette même eût été fait prisonnier sans le dévouement de son aide de camp, le jeune La Roberie.

MÂCHELIÈRES ou **MOLAIRES** (Dents). *Voyez* DENT.

MACHI. *Voyez* CONSC, tome VI, page 560.

MACHIAVEL (NICOLAS), né à Florence, en 1469, descendait d'une famille noble, qui avait été depuis plusieurs siècles élevée à des emplois importants dans cette orageuse république. Ses talents l'y appelèrent lui-même de bonne heure. Il fut nommé secrétaire de dix magistrats de liberté et de paix, auxquels était confié le pouvoir exécutif dans le temps où la puissance des Médicis subissait une assez longue éclipse. L'Italie était alors désolée, bien moins encore par les armes des Français, des Espagnols et des Allemands que par les crimes du plus infâme et du plus scélérat des pontifes, par ceux de sa famille, ceux des Sforze, et par ceux de tyrans subalternes qui se hâtaient de jouir d'une usurpation momentanée ; par les crimes, par les meurtres, et surtout par les empoisonnements, devenus *la dernière raison d'État*. Et cependant, cette Italie, si cruellement déchirée, s'élevait alors au plus haut point de splendeur par les lettres et les beaux-arts. Machiavel, nourri des études de l'antiquité, mais plus porté à étudier ses contemporains que les plus belles théories des sages, ne sentit pas son zèle républicain enflammé par l'amour de la vertu comme il l'était par l'amour de la gloire. Il fut principalement employé dans les ambassades auprès du roi Louis XII, protecteur suspect et altier de la liberté florentine.

Quelque talent qu'il pût employer dans ces légations, qu'il a racontées avec beaucoup d'intérêt, et où il fit briller une merveilleuse sagacité, il n'obtint que de faibles succès, qui n'ajoutèrent rien à sa considération parmi ses compatriotes. Cependant la France, ses mœurs élégantes, sa brillante chevalerie, qui subissait maintenant la discipline des rois et s'ornait des plus beaux caractères qu'elle eût encore produits, était un nouveau théâtre d'observations pour un homme si éminemment doué des facultés de l'esprit ; et peut-être lui fut-il aussi utile qu'il l'avait été précédemment au génie du Dante, de Pétrarque et de Boccace. On voit dans sa correspondance qu'il parle en même temps des Français avec amour et défiance. Comme républicain, il paraît souvent frémir sous cette protection dont il faut subir le joug. D'ailleurs, il juge qu'elle finira par devenir fatale à sa patrie, et que la liberté de Florence finira bientôt avec la domination des Français en Italie ; car il a étudié à la fois l'instabilité de leur politique, tantôt trop candide, et

35.

tantôt maladroitement artificieuse. Malheureusement Machiavel eut ensuite à remplir des missions auprès de princes beaucoup plus versés dans la politique scélérate qui dominait alors, et particulièrement auprès de ce César Borgia, duc de Valentinois, dont il fit depuis son héros.

La république chancelait et devenait injuste contre ceux de ses magistrats qui n'avaient pu lui sauver de pénibles affronts et des contributions exorbitantes, que lui imposaient tantôt la France, tantôt l'empereur et tantôt le pape. Machiavel, après quatorze ans d'une carrière qu'il avait fournie avec plus de talent que de succès, fut honteusement destitué de tous ses emplois et banni de sa patrie. Cette injustice aigrit profondément son âme ; sa position était devenue semblable à celle du Dante, son compatriote, pour les poésies et la mémoire duquel il professait autant d'enthousiasme qu'un homme d'État peut en concevoir. Mais son caractère et son génie étaient-loin d'avoir la même fierté, Pendant les longues années de son exil et de son indigence, il se jeta dans diverses intrigues, et fut accusé d'être entré dans un complot contre les jours du cardinal Médicis, qui fut depuis Léon X. Jeté dans un cachot, il subit le supplice de la question, et pendant le reste de ses jours sa santé se ressentit de cette horrible épreuve. On ne sait s'il fut sauvé par la constance et la fermeté de ses aveux ou par la générosité du cardinal, qui déjà montrait ce vif amour pour les lettres qui fit, bientôt après, la gloire de son pontificat et pallia ses fautes, on pourrait dire ses crimes.

Machiavel, depuis sa disgrâce, s'était entièrement adonné aux lettres, mais sans renoncer au grand rôle et aux profondes de l'homme d'État. Déjà il avait promis à l'Italie littéraire un nouveau genre de gloire, et s'était annoncé surtout dans la *Mandragola* comme un poète comique, doué du génie de l'observation, habile à composer sa fable et à faire dialoguer ses personnages. Heureux s'il avait persisté dans cette vocation nouvelle : la haine de ses ennemis se serait calmée sans doute, et l'Italie, qui était alors folle des lettres, eût élevé des statues à son Ménandre, quoiqu'il portât plus loin que le poète grec et que Térence la licence de ses tableaux : ce n'était pas alors le temps des scrupules. Mais il connaissait sa force et brûlait de rentrer dans la carrière politique, pour laquelle il se sentait une mission plus expresse ; tout lui annonçait pourtant qu'elle lui serait fermée pour jamais. Sa chère république avait succombé, et les Médicis avaient repris leur domination dans Florence. Nul n'en gémissait plus que Machiavel, malgré l'injustice qu'il avait éprouvée de ses compatriotes.

Depuis que les Français, éprouvés par des défaites nouvelles, ne servaient plus d'appui à la liberté florentine, il s'était animé d'un courroux patriotique contre la domination étrangère. Il brûlait de voir les différents États d'Italie former sous quelque chef habile et valeureux un puissant faisceau contre les invasions successives des Français, des Espagnols et des Allemands. Cette pensée fut, à ce qu'on croit, l'inspiration principale de ses écrits politiques. Son *Histoire de Florence*, écrite après la perte de sa liberté, ressemblait à un éloge funèbre. C'est surtout dans le premier livre que Machiavel déveloрpe la prodigieuse netteté et l'éclat lumineux de son esprit. Il y perce les plus profondes ténèbres de l'histoire, et parvient à suivre sans confusion les pas de toutes les nations barbares qui viennent écarteler l'empire romain, et parviennent, après une lutte acharnée, qui ne se passe qu'entre les vainqueurs, et que les Romains vaincus ont disparu de la scène et presque du monde, il parvient, dis-je, à distinguer et à caractériser d'empires redoutés et celle de diverses républiques d'Italie qui seules rallument encore, mais d'un souffle haletant, le feu de la liberté. C'était un nouveau point de vue qu'il donnait à l'histoire ; il l'élevait à une hauteur que les anciens n'avaient point connue. La gloire de Machiavel historien est d'avoir indiqué une route nouvelle, où s'engagea, mais pour un but tout différent, le sublime Bossuet, et où Gibbon, Robertson et Voltaire le suivirent de plus près. Machiavel reste inférieur à Guicciardini dans le reste de sa narration. Son style est pur, rapide, exempt d'emphase ; mais on remarque assez souvent de la contrainte et de la froideur dans ses récits.

Il est un autre de ses ouvrages, mais un seul que l'on puisse louer sans restriction, ce sont ses *Discours* ou plutôt ses *Dialogues sur l'art de la guerre*. Il n'a été donné qu'à lui seul d'exprimer des vues nettes, profondes et souvent neuves sur un art si difficile, sans l'avoir exercé. Il cédait alors à la pensée généreuse dont je viens de le montrer pénétré, celle d'apprendre à l'Italie à recouvrer et à défendre son indépendance. C'est avec une indignation patriotique et avec toute la hauteur de l'homme d'État qu'il s'élève contre les troupes mercenaires et ces lâches condottieri que les républiques de Venise, de Gênes, de Florence, de Pise et de Sienne, avaient pris à leur solde, et qui ne se livraient guère que des combats simulés. Il semble s'animer du feu de Démosthène pour repousser ce triste supplément au courage, sans lequel il n'y a plus de vie pour les républiques. On voit combien Machiavel a profité de la lecture de Xénophon, de Polybe et de César. Ce qui a le plus contribué à la haute réputation dont jouit ce livre, c'est qu'on y voit indiqué assez clairement la formation du bataillon carré, devenu aujourd'hui l'une des plus puissantes ressources de l'art militaire, et que Bonaparte a consacré dans ses campagnes d'Égypte, en brisant par ce moyen tous les efforts de l'agile et intrépide cavalerie des mameloucks.

C'est à peine que nous quittons des ouvrages aussi distingués qu'irréprochables pour nous occuper du livre *Du Prince* et des *Discours sur Tite-Live*. Il a semblé à plusieurs publicistes et critiques littéraires que le second de ces ouvrages était un correctif des pernicieuses maximes du premier. C'était là un examen bien superficiel ou un jugement bien officieux. Le républicain se montre, il est vrai, dans les *Discours sur Tite-Live* autant que le flatteur et le précepteur de la tyrannie se montre dans le livre *Du Prince*. Mais l'homme moral ne s'y découvre pas davantage. Les moyens qu'il indique pour acquérir et conserver le pouvoir sont à peu près les mêmes. La fraude, la violence, les grandes et larges proscriptions, ne répugnent point à ce républicain, qui oublie complètement cette grande leçon donnée dans tous les écrits des sages de l'antiquité, et depuis si lumineusement développée par Montesquieu : que les républiques ont pour fondement la vertu et par conséquent la justice. Quant au livre *Du Prince*, s'il est resté longtemps, et même jusqu'à nos jours, un problème pour la critique ; si beaucoup d'esprits ont cru y voir une satire plutôt qu'une apologie des tyrans les plus fourbes et les plus cruels, c'est que le cœur reste épouvanté de cette énorme prostitution du génie. On hésite, on doute, on nie ce qu'il est vraiment impossible de nier.

Les lettres de Machiavel par lesquelles on prétend établir le système qui fait du livre *Du Prince* une satire habilement déguisée conduisent à des inductions toutes contraires ; il en est une où Machiavel exprime avec une froide sincérité la position où il se trouvait quand il composait cet ouvrage et se disposait à le publier. Elle est adressée à un de ses amis, François Vettori, et n'a été découverte que dans ces derniers temps, dans une bibliothèque de Rome ; elle date de son exil. Machiavel s'y montre froissé par l'indigence, rougissant de l'emploi de peu de loisirs et des ignobles sociétés dans lesquelles il cherche un oubli momentané de ses malheurs. Il y paraît dévoré de regrets et d'ambition, mais d'une ambition subalterne. On voit qu'il se résigne, pour jouer encore quelque rôle dans sa patrie et pour sortir de l'indigence, à devenir le flatteur de ces mêmes Médicis contre la domination desquels il s'est élevé pendant toute sa vie publique. Nulle élévation d'âme ne respire dans cette lettre de l'illustre exilé. Il est indifférent à tout, excepté à l'espoir de recouvrer sa fortune. C'est un Italien perverti, et que la peur de l'emploi de pervertir les princes pour leur plaire. Il hésite à publier son nouveau livre : on voit qu'il en rougit et qu'il en a quelques remords ; mais il déclare à son ami que l'indigence l'y contraint. Jamais on ne put mieux dire :

malesuada fames. A qui vent-il le dédier? au second Laurent de Médicis, peu digne de celui qui illustra ce nom par sa sagesse, son humanité, sa magnificence, et surtout par son ardent amour pour les lettres. C'est donc un tyran qu'il veut former pour sa patrie, car quel exemple lui propose-t-il? Celui de César Borgia, si justement détesté pour ses crimes. Conçoit-on une manière plus infâme de rentrer en crédit?

Ses apologistes disent qu'il n'expose rien qui ne fût pratiqué dans toute l'Italie par les princes et même par les républiques. Mais les crimes commis, quelque multipliés, quelque exécrables qu'ils soient, sont moins pernicieux, au moins pour la postérité, que l'art d'ériger le crime en système et même en code. Le sang-froid de la leçon en redouble l'atrocité. On ne voit plus ici l'emportement de la passion, qui fait taire les scrupules et précipite l'âme vers des fraudes ou des attentats que le remords suivra bientôt, à défaut de toute autre peine, que la Providence n'épargne guère aux grands coupables. Ici, c'est un publiciste qui parle, un homme calme et désintéressé qui revêt le manteau du philosophe pour porter le coup le plus mortel à la philosophie.

Cet homme oublie qu'il est chrétien, dans le pays où le christianisme domine dans toute sa splendeur. L'Évangile n'existe pas pour lui, il n'est fait que pour le vulgaire. Les princes n'en doivent pratiquer que les rites et les cérémonies, comme un moyen de déception de plus pour enchaîner les peuples et frapper plus sûrement leurs ennemis. Je ne crains pas de le dire : la théorie du crime est plus exécrable que sa pratique même. On dirait qu'il ne manque que de l'audace à celui qui l'admire et s'en abstient.

Faut-il répondre encore une fois à ceux qui ne voient qu'une satire dans le livre *Du Prince?* Mais la satire se déclare par sa véhémence, ou bien, après avoir caché et longtemps retenu le trait dont elle veut frapper celui qui allume sa généreuse indignation, elle le lance avec une impétuosité foudroyante, ou le décoche avec un art qui rend la plaie plus profonde. C'est là ce que vous ne voyez nullement dans le livre *Du Prince.* Puisque les crimes politiques étaient si communs en Italie, il fallait rendre la satire poignante, acérée, terrassante, pour qu'elle fût manifeste à tous les esprits. C'eût été là pour Machiavel le véritable moyen de rendre l'indépendance, l'honneur et la vie à ses compatriotes lettrés. Mais quoi ! y eut-il un seul d'entre eux qui crut apercevoir une intention satirique, une protestation secrète contre la tyrannie dans le livre *Du Prince ?* Les hommes puissants, les usurpateurs, les scélérats couronnés ou mitrés lui firent-ils la guerre, soit pour avoir décrié malignement leur système, soit pour avoir éventé leur secret ? Loin de là, nous voyons qu'après avoir présenté son livre à Laurent de Médicis, sans l'avoir encore publié, Machiavel rentra dans la faveur du prince, et qu'il obtint la protection la plus signalée de ce même cardinal de Médicis, devenu pape sous le nom de Léon X, dont il avait été accusé de menacer les jours. Il fut encore investi de quelques fonctions civiles et militaires. Ce n'étaient pas pourtant des hommes faciles à duper que les tyrans de l'Italie au seizième siècle. Loin de se sentir blessés, ils sourirent à une apologie qui avait bien des crimes à couvrir. Le livre *Du Prince* parut avec une autorisation et un privilége donnés par le pape Clément VII. Je crois que ce fut l'indignation du reste de l'Europe qui décida depuis les papes et la cour de Rome à condamner ces maximes infernales. Mais le poison s'était introduit dans les veines lorsqu'on voulut employer un fer inutile, et peut-être dérisoire, contre la plaie qu'il avait produite.

Machiavel mourut à Florence, en 1527, âgé de cinquante-huit ans. Ce n'est pas sans quelque scrupule que j'ai employé pour lui dans cet article le titre d'homme de génie, trop consacré par l'usage. Il ne doit convenir qu'à des hommes qui s'élèvent au-dessus des idées de leur siècle et qui protestent contre les crimes de leurs contemporains. Que dirait-on de Cicéron s'il avait été non l'intrépide adversaire de Catilina, mais l'apologiste de ses crimes et le flatteur de sa tyrannie? Ch. LACRETELLE, de l'Académie Française.

MACHIAVÉLISME. L'entreprise de séparer la morale publique de la morale privée, et de délivrer les gouvernements de ce joug importun, qui fait pourtant leur salut, a été justement et à jamais flétrie sous le nom de *machiavélisme*, donné à ce système. La France, sous François Ier, en montra une juste horreur. La loyauté avait souffert quelques brèches, mais n'avait point disparu sous le règne de ce roi chevalier. Mais C a t h e r i n e d e M é d i c i s fut amenée à la cour de France, et devait longtemps exercer le pouvoir après la mort de son faible et infidèle époux. Un cortège d'Italiens parut à sa suite : c'étaient tous des hommes pénétrés des maximes *Du Prince* de M a c h i a v e l. L'occasion n'était que trop favorable pour les mettre en pratique, car les guerres de religion, depuis la conspiration d'A m b o i s e, s'annonçaient dans toute leur fureur. Catherine de Médicis, en flottant d'un parti à un autre, employa tous les calmer tous les moyens qui pouvaient les exaspérer encore et les porter au plus haut degré d'atrocité. J'ai dit et j'ai prouvé, dans l'*Histoire des Guerres de Religion*, que la S a i n t - B a r t h é l e m y fut un crime italien. C'est le livre *Du Prince* à la main qu'il faut parcourir tout le reste de la vie de Catherine de Médicis, et même de celle de la seconde reine de France que nous donna cette même maison, auparavant si recommandable pour la civilisation nouvelle qu'elle répandait sur l'Italie et bientôt sur l'Europe. Machiavel fut fatal à ses compatriotes même en France. On ne voulut plus voir en eux des ancêtres auxquels on devait tout pour les arts et pour les lettres, mais des hommes exercés aux ruses, aux perfidies, versés dans l'art des empoisonnements, et pouvant commettre le crime avec cette impassibilité qui est la dernière gangrène de l'âme. Cette prévention, que le cardinal M a z a r i n ne justifiait que sous le rapport de l'artifice, amena la guerre de la F r o n d e, et avec elle la ruine de ce qui pouvait rester de liberté dans nos institutions.

Pascal, dans ses *Lettres provinciales*, porta les coups les plus vigoureux au machiavélisme en dévoilant celui dont les j é s u i t e s avaient souillé la religion même. F é n e l o n l'ébranla plus directement encore en montrant dans son *Télémaque*, et surtout dans ses *Directions pour la conscience d'un roi*, combien la morale publique est identique avec la morale privée. La religion avait ainsi donné l'éveil à la philosophie, qui au dix-huitième siècle fière, indépendante, insoumise, appelait à son tribunal les rois et leurs conseillers, jugeait déjà sévèrement Louis XIV lui-même, l'injustice de la plupart des guerres qu'il avait entreprises, et s'élevait surtout contre ses dernières années, où le P. Le-tellier continuait les violences despotiques de L o u v o i s, lorsque la fortune cessait de les couvrir d'un voile de grandeur. Frédéric II, roi de Prusse, habile courtisan de son siècle et de la philosophie nouvelle, n'imagina rien de mieux pour capter sa faveur, et en montant sur le trône, que de publier un livre sous le titre de l'*Anti-Machiavel*. La philosophie en tressaillit de joie, et Voltaire parut en pleurer de tendresse; mais ce même roi ne tarda pas à se réfuter lui-même par la brusque invasion et la conquête de la Silésie. Aussi Voltaire dit-il depuis que le plus habile conseil que Machiavel aurait pu donner à un roi son disciple aurait été de le réfuter.

Qui l'aurait dit? l'événement qui aurait dû combler la ruine du machiavélisme fut précisément celui qui parmi nous en transporta les combinaisons les plus révoltantes. Je veux parler de la révolution française, non certes dans ses premières années, mais dans les horribles développements qu'elle subit depuis l'année 1792. D a n t o n et ses amis professaient une admiration ouverte pour les maximes de Machiavel. R o b e s p i e r r e, plus adroit, ou plus hypocrite, se gardait bien de le citer ; mais on ne peut douter qu'il n'en fit son bréviaire clandestin.

Charles LACRETELLE, de l'Académie Française.

MACHICOULIS ou MACHECOULIS (en basse latinité *machicolamentum*), galerie saillante que l'on pratiquait autrefois au haut des tours, des portes des villes, des châteaux forts. Cette galerie était soutenue par des consoles ou corbeaux en pierre. Les intervalles qui restaient entre ces supports formaient autant d'ouvertures par lesquelles on découvrait le pied de la muraille. On aperçoit encore quelques restes de machicoulis dans les anciennes fortifications des places abandonnées. C'est de là que, pour défendre les approches des remparts, on jetait sur l'ennemi des pierres, des traits, de grosses poutres et de l'huile bouillante. Félibien fait venir ce mot de *massicoulis* ou *massecoulis*, parce que ces galeries servaient à faire couler des masses sur les assaillants.

MACHINATION, MACHINER, mots destinés à peindre la perfection la plus consommée de la ruse, de la fourberie, avec tout ce qu'elles ont de plus odieux. Assembler et combiner, dans les ténèbres et le silence de la honte, les moyens artificieux, les ressorts cachés qui faciliteront un succès auquel on ne saurait arriver par des moyens licites et avouables, c'est se rendre coupable de *machination*. La machination est en général une suite de piéges, d'embûches, habilement tendus à celui qu'on veut y faire succomber; une succession d'intrigues, de dénonciations, de calomnies, par lesquelles on le perd à peu près à coup sûr. Les machinateurs sont donc de malhonnêtes gens; au premier chef : la cupidité, la passion, une malignité malfaisante, sont les mobiles de ces hommes indignes, sans vertu, sans honneur, aux yeux desquels tous les moyens qui tendent à une mauvaise fin contre leurs ennemis sont buns. Il y a dans la *machination* quelque chose de lâche, de criminellement souterrain, qui achèverait de révolter le moraliste le moins sévère, si les éléments divers qui concourent à la former ne jetaient pas d'eux-mêmes assez d'odieux sur ceux qui s'en font volontairement les auteurs.

MACHINE (du grec μηχανή, instrument, moyen, machine). Les lois du mouvement uniforme ont pour bases trois éléments tellement liés entre eux que deux étant donnés, on peut facilement trouver le troisième. Ces éléments sont : l'*espace* à parcourir, la *force* qui fait sortir le corps du repos, et le *temps* employé par le mobile à passer d'un endroit à un autre. Et les relations existantes entre ces trois éléments sont telles, que l'espace est le produit du temps, par l'intensité de la force productive du mouvement. Les machines sont, d'après ces notions, d'une exactitude mathématique, des instruments au moyen desquels il nous est possible d'échanger de la force contre du temps, ou du temps contre de la force, suivant celui des deux éléments qui se trouve le plus à notre disposition. Ainsi, quand je fais claquer un fouet de charretier, le manche me sert à échanger de la force provenant de la contraction des muscles de mon bras, entre le peu de temps que doit durer le mouvement de la pointe du fouet, pour produire un bruit d'une grande intensité. Tandis qu'en me servant d'un cric pour relever une voiture dont la roue vient de se briser, j'échange, au contraire, du temps que j'ai à ma disposition contre de la force qui me manque. Les machines sont plus ou moins compliquées. On appelle *simples* celles auxquelles il est possible de ramener toutes les autres, et *composées* celles qui ne sont que des combinaisons des machines simples. A la première classe appartiennent les cordes, les poulies, le levier, le tour et le plan incliné. Parmi les machines composées se rangent le coin, les roues dentées, le cric, la vis, la vis sans fin, les moufles, et mille autres combinaisons de machines simples. Ce serait presque entrer dans le domaine de l'infini que vouloir seulement faire l'énumération de toutes les machines composées.

On appelle *machines hydrauliques* celles qui sont destinées soit à élever les eaux, soit à être mues par la force de leur courant. Les principales sont les pompes et le bélier hydraulique. F. PASSOT.

Au point de vue économique, une machine est un outil, plus ou moins compliqué, dont l'*industrie* se sert pour tirer de l'*utilité* des *instruments naturels*. La valeur des machines fait partie du *capital productif*. Elles sont d'autant plus avantageuses que sous une moindre valeur, et avec moins de *frais*, elles obtiennent plus d'utilité, une plus grande quantité de *produits*. Quand la valeur vénale, ou *prix courant*, des produits qu'elles ont créés reste la même malgré cette plus abondante *production*, c'est le producteur qui fait son profit de l'utilité produite. Quand le prix courant baisse, c'est le *consommateur*. Dans l'un et l'autre cas, il y a un gain fait.

L'introduction d'une nouvelle machine occasionne une diminution dans la somme des *revenus* gagnés par la classe des *ouvriers* jusqu'au moment où ils parviennent à occuper leurs *facultés* à une autre partie de la même ou de toute autre production. Le revenu des *entrepreneurs* ou *capitalistes*, au contraire, en est augmenté. Cet effet est momentané; et pour l'ordinaire au bout de peu de temps, les producteurs pouvant baisser leurs prix sans y perdre, et la concurrence leur en faisant une loi, le revenu des consommateurs s'en trouve augmenté sans que ce soit aux dépens de personne, et la demande du *travail* des manouvriers n'est pas moindre qu'auparavant. J.-B. SAY.

MACHINE, MACHINISTE (*Art théâtral*). Depuis que le théâtre a cherché à emprunter son prestige autant aux *illusions* qui flattent l'œil qu'à celles qui s'emparent de l'esprit; depuis que les belles décorations, que les changements à vue, etc., sont devenus les auxiliaires indispensables du succès d'un bon ouvrage dramatique, ce qu'on y appelle *machines* est devenu d'une assez grande importance. Ces machines ne sont du reste autre chose que les moyens employés pour entretenir les illusions de la vue dans les changements de décorations, le vol des acteurs qui s'élèvent dans les airs, la descente de nuages sur le plancher de la scène, l'animation de quadrupèdes en carton, de reptiles en étoffe au moyen de poids et de contrepoids, etc. Le machiniste en chef d'un théâtre a donc à remplir une tâche aussi difficile que celle de l'acteur qui chante un couplet : le moindre dérangement dans les machines dont le premier a la direction est pour lui ce qu'est une note fausse pour le dernier, une tache à sa réputation. Le machiniste doit surveiller tout par lui-même; il donne, par un coup de sifflet, le signal des changements à vue, qui ne sont pas la moindre de ses opérations. Le machiniste en chef a sous ses ordres nombre de machinistes subalternes, armée intelligente, dont chaque homme se tient fidèlement à son poste pour exécuter la manœuvre qui lui est commandée, enlever brusquement une coulisse, un ciel, en pousser une autre; ouvrir les trappes par lesquelles doivent disparaître ou s'élever les bosquets, les statues, et tout ce qu'on ne peut aller chercher ou porter sur la scène sans détruire complétement l'illusion, etc., etc. Le tonnerre, les éclairs, dispensés en temps convenable, sont aussi du ressort du machiniste. Pendant les entr'actes, les machinistes envahissent toutes les parties de la scène, transportent d'un côté à l'autre les coulisses, les différentes pièces qui concourent à former la décoration. Les flots de la mer pendant la tempête appartiennent de droit au machiniste; il en a la direction suprême, et devient ainsi le Neptune de son théâtre. On voit surtout dans les féeries, les ballets, des effets surprenants, dus aux machinistes.

MACHINE À CALCULER. *Voyez* CALCULER (Instruments et machines à).

MACHINE À COUDRE. Il y en a de plusieurs espèces, les unes à deux fils, les autres à un seul. Parmi ces dernières, l'une des plus simples est celle de l'Américain Singer. Une aiguille, dont l'œil est très-près de la pointe, est fixée dans une broche verticale. En haut de la machine est une bobine, d'où se dévide le fil qui passe dans l'œil de l'aiguille. Celle-ci s'enfonce verticalement dans l'étoffe; au moment où elle va remonter, le fil qu'elle retire en haut

MACHINE A COUDRE — MACHINES DE GUERRE

s'ouvre en une boucle dans laquelle s'engage un crochet horizontal, qui se retire presque aussitôt entraînant avec lui la boucle formée de manière à l'empêcher de remonter avec l'aiguille. Au même moment, l'aiguille étant revenue à sa première position, l'étoffe poussée par le mécanisme parcourt l'espace nécessaire pour former un point ; l'aiguille s'enfonce de nouveau, le fil passe dans la boucle qu'abandonne le crochet, qui forme une seconde boucle de la même manière, et ainsi de suite. La machine exécute donc un point de chaînette en dessous et un point arrière en dessus. D'autres donnent le même travail des deux côtés. Toutes font des points dont la grandeur peut varier dans des limites assez étendues. Le nombre de ces points est en moyenne de cinq cents par minute. Si la couture est en ligne droite, la machine de M. Singer l'exécute sans qu'il soit besoin de s'en occuper ; autrement, la pièce à coudre doit être dirigée par la personne qui conduit la machine.

Les machines à coudre donnent une couture solide, un point régulier. Le travail de chacune d'elles équivaut à celui de quinze ou vingt ouvrières. Tout en admirant un aussi beau résultat, il est pénible de penser que ce nouveau progrès industriel va encore aggraver le sort, déjà si précaire, d'un grand nombre de femmes qui n'ont d'autre ressource que les travaux de l'aiguille.

MACHINE À VAPEUR. *Voyez* VAPEUR (Machine à).
MACHINE D'ATWOOD. *Voyez* CHUTE DES CORPS.
MACHINE DE COMPRESSION. *Voyez* COMPRESSION.
MACHINE ÉLECTRIQUE. *Voyez* ÉLECTRIQUE (Machine).
MACHINE INFERNALE. Cette invention, vraiment satanique, date du seizième siècle. La première machine de ce genre fut conçue et exécutée par Gianibelli, ingénieur italien, en 1585, pour détruire, au siége d'Anvers, le pont de bateaux que le duc de Parme avait fait jeter sur l'Escaut. Des *machines infernales* de moindre dimension ont été quelquefois employées par des conspirateurs politiques, pour se défaire d'un seul coup des chefs du parti contraire. Bonaparte et Louis-Philippe faillirent tous deux être victimes de semblables attentats.

Le 3 nivôse an IX (24 décembre 1800), à huit heures du soir, Bonaparte, accompagné de Joséphine et de généraux Bessières, Lannes et Mortier, était sorti des Tuileries pour aller à l'Opéra. Une petite charrette stationnait à l'entrée de la rue Saint-Nicaise, flammés, de l'autre côté qu'avait prise la voiture du premier consul. Mais il avait été impossible aux auteurs de cet horrible guet-apens de calculer juste l'instant où la voiture arriverait sur le point prévu : elle l'avait à peine dépassé, que la machine éclata. Son explosion retentit dans tout Paris ; quarante-six maisons, les plus proches du lieu de la détonation, furent fortement endommagées. Le dégât des murs et des croisées fut estimé à plus de 40,000 francs, celui des meubles à 125,000 ; huit personnes furent tuées, entre autres le conducteur de la charrette, et vingt-huit blessées, dont dix très-gravement.

La *machine infernale* se composait d'un tonneau rempli de poudre, de balles, d'artifices, et d'un ressort à détente semblable à celui des brûlots anglais ; la charrette, la jument, étaient brisés en éclats ; la jument qui était attelée à la charrette avait été foudroyée, et était restée sur le sol au milieu des débris. Toutes les polices de la capitale se mirent en mouvement pour découvrir les auteurs de l'attentat. Le préfet de police, accouru le premier auprès du consul, accusa les jacobins ; Fouché avait une autre version ; Bonaparte refusa de l'entendre. « Ce sont vos jacobins, s'écria-t-il avec fureur, qui ont fait ce beau coup. — Je crois bien qu'ils en sont capables, dit le ministre de la police, et je vais donner des ordres pour les faire arrêter ; ce ne sont cependant pas les seuls sur lesquels les yeux de notre police doivent se fixer. » Les investigations les plus opiniâtres, les plus minutieuses, n'eurent pour résultat que la certitude évidente que les jacobins étaient tout à fait étrangers à ce complot.

Fouché dressa des listes de proscription, et un sénatus-consulte autorisa le gouvernement à déporter cent-trente citoyens. C'étaient des hommes qui depuis le 9 thermidor avaient perdu leurs emplois et quitté leurs départements où ils étaient poursuivis par l'opinion. Presque tous avaient combattu pour la Convention, sous les ordres de Bonaparte, dans la journée du 13 vendémiaire.

Les véritables auteurs de l'attentat, Carbon et Saint-Régent, furent enfin découverts, traduits devant des juges, et condamnés. Au moment où ils subissaient leur arrêt, le gouvernement donnait l'ordre de départ au vaisseau qui transportait les jacobins déportés au delà du continent européen, aux îles Séchelles. Le fait de leur non-complicité était démontré, l'erreur des premiers soupçons était manifeste : ils furent néanmoins sacrifiés aux antipathies du nouveau gouvernement. La plupart périrent loin de leur patrie ; ceux qui leur survécurent furent autorisés, quelques années après, à rentrer en France, sous la condition d'y rester en surveillance dans les lieux qui leur étaient fixés pour résidence ; tous ceux qui dans les départements avaient persisté dans leur opinion républicaine avaient été proscrits : ils ne furent mis en liberté qu'après une captivité préventive plus ou moins longue. Les listes de proscription dressées par ordre de Fouché avaient été improvisées avec une précipitation telle qu'on y inscrivit des hommes morts depuis plusieurs années.

Le 28 juillet 1835, nouvelle machine infernale de Fieschi, contre Louis-Philippe, consistant en un bâti en bois de chêne, de 1m,15 de haut, s'élevant sur quatre montants ou chevrons à vis, munis de sept traverses ; la plus haute, placée derrière, pouvant se monter, s'abaisser, et supportant vingt-quatre canons de fusil, disposés en éventail, sur un plan incliné. DUFEY (de l'Yonne).

MACHINE LOCOMOTIVE. *Voyez* LOCOMOTIVE.
MACHINE PNEUMATIQUE. *Voyez* PNEUMATIQUE (Machine).
MACHINES DE GUERRE, matériel de guerre dont les anciens se servaient dans les siéges et les combats. Ces machines étaient de trois espèces : 1° les *armes de jet*, qui se composaient du scorpion, de l'onagre et de l'arbalète, servant à lancer des flèches ; de la baliste, plus compliquée, qui dardait de grosses pierres et des poutres de quatre à cinq mètres, armées de pointes ferrées ; de la catapulte, qui lançait en même temps des javelots, des traits enflammés, de fortes pierres et des quartiers de roche ; 2° les *armes de brèche*, qui consistaient dans le bélier et le corbeau démolisseur, servant à abattre les murailles et à y faire brèche ; 3° les *machines mobiles*, destinées à couvrir les troupes qui s'approchaient des murailles : c'étaient les mantelets, les vignes, ou galeries couvertes, les tortues et les tours. Ces diverses machines étaient un assemblage de plusieurs pièces, que l'on portait sur des chariots, les unes toutes montées, les autres démontées, parce qu'elles étaient trop grosses pour être élevées autre part que sur des endroits solides. Les tours mobiles et l'hélépole étaient de ce nombre.

Les premières armes de jet ne lançaient que des traits légers ou des pierres de moyenne grosseur ; mais lorsque l'idée fut venue de se garantir des attaques à la faveur de murs et de parapets, on dut imaginer de nouveaux moyens de destruction, calculés en raison de la résistance. C'est alors qu'on recourut à l'usage d'armes mécaniques plus meurtrières et d'une plus grande portée. L'arc et la fronde amenèrent l'idée de la baliste, de l'onagre et d'une foule d'autres machines servant à lancer de gros cailloux et des traits assez forts pour atteindre l'ennemi de loin. L'arc et la fronde, de même que la baliste et l'onagre, faits à leur imitation, prenaient le nom d'*armes névrobalistiques*, que l'on donna d'abord aux armes de jet lancées par la seule force du bras, telles que la fronde, les bâtons, les fustibales, etc. ; l'expérience y ajouta l'arc et d'autres machines de jet portatives, agissant par des moyens d'adresse et de force. Les mêmes motifs firent inventer le bélier et le corbeau démolisseur, pour abattre les murailles ou pour détruire les retranchements et autres ouvrages construits par les assiégés dans l'intérêt de la défense. Ce sont celles que l'on nommait *catabalistiques*. Les unes servirent à incendier les villes, les autres à renverser les rangs ennemis.

La *balistique* des anciens était l'art de calculer le jet des projectiles et des traits lancés au moyen de la mécanique. Ils donnaient aussi le nom de *pyrobalistiqué* aux machines de guerre mues par le feu et des moyens mécaniques. C'était tout le système de guerre, tout l'art de combattre des Grecs, des Romains, et plus tard des Gaulois et des Francs. Les Romains avaient rendu familières aux Gaulois les *armes* offensives mobiles. Les Francs dédaignèrent longtemps de les adopter toutes : les progrès de l'art, le besoin de repousser par des moyens de destruction ceux qui leur étaient opposés, leur en firent adopter l'usage, et ils s'y familiarisèrent peu à peu. L'emploi des machines de guerre se généralisa en France au commencement de la seconde race. Presque abandonnées vers la fin de la même dynastie, elles furent reprises sous le règne de Philippe 1er, et de nouveau négligées sous le règne de saint Louis. Quelques historiens ont avancé que l'usage des machines de guerre disparut entièrement après l'invention de la poudre et des armes à feu. C'est une grave erreur. Ce n'est qu'en 1431 qu'on fit plus particulièrement usage de l'*artillerie*, et ce n'est aussi que vers cette époque que l'on supprima les anciennes machines alors encore conservées; la baliste, le catapulte, le chat, le mangoneau, le bélier, étaient de ce nombre.

Les anciens armaient aussi leurs vaisseaux de balistes et de catapultes. Quelques machines étaient plus spécialement affectées à l'art naval, telles que le *corbeau marin*, ou *corbeau d'Archimède*, servant à cramponner les bâtiments ennemis et à faciliter l'abordage; la *main de fer*, sorte de grapin employé au même usage, et l'*espringale*, espèce de baliste portative destinée à lancer des flèches.

MACHINES SOUFFLANTES. La construction des diverses espèces de machines soufflantes que nous employons habituellement, ou dont on se sert dans les usines, est fondée sur l'impénétrabilité et l'élasticité de l'air. On connaît la construction du soufflet ordinaire; ce qu'on nomme *âme du soufflet* est une soupape qui s'ouvre de dehors en dedans, et permet l'entrée de l'air lorsqu'on écarte les deux panneaux l'un de l'autre. Lorsque ensuite on rapproche les panneaux, la soupape se ferme, et l'air ne peut plus sortir que par l'ajutage; l'air comprimé, ne trouvant plus alors qu'une issue très-petite pour s'échapper, sort avec une grande vitesse, et active considérablement la combustion dans le foyer sur lequel on le dirige. Cette espèce de soufflet, construit sur de grandes dimensions, est encore employée par les serruriers, les maréchaux; elle l'a été pendant longtemps dans les usines avec quelques modifications; on l'appelle alors *soufflet de forge*. On y a ensuite substitué des *soufflets à piston*, ou espèce de pompe à air, composée d'une caisse prismatique de bois, de fonte ou de marbre, dans laquelle se meut un piston garni d'une soupape, disposée de manière à permettre l'entrée de l'air pendant le mouvement dans un sens, et à l'empêcher ensuite de sortir pendant le mouvement contraire. Ces soufflets, qui sont actuellement employés dans beaucoup d'usines, ont le grand avantage d'exiger beaucoup moins de force motrice que les soufflets ordinaires; en sorte, par exemple, que dans une usine où l'on employait trois roues hydrauliques pour mouvoir les soufflets, il suffit actuellement d'en avoir deux.

On a depuis imaginé la *vis soufflante*. Tout le monde connaît l'ingénieuse application, imaginée par Archimède, de la vis sans fin convenablement inclinée pour élever les eaux au-dessus de leur niveau. Eh bien, c'est pour ainsi dire sa contrepartie qu'on a imaginée en appliquant la même machine à faire descendre de l'air à travers une masse liquide jusqu'à un réservoir de beaucoup au-dessous du niveau de l'eau. L'air ainsi accumulé et comprimé par le poids du liquide qui lui est supérieur ne peut s'échapper que par une tuyère qui le conduit impétueusement à sa destination. On sent qu'avec une telle machine l'on n'a plus besoin que de la force motrice rigoureusement nécessaire pour faire descendre le fluide sous la masse liquide qui doit lui imprimer sa vitesse par la pression exercée sur lui. Ce qui revient à la force indispensable pour imprimer directement cette vitesse par la pression sur une autre toujours convenablement gonflée.

Enfin, une machine soufflante encore plus simple et plus économique que toutes les autres, c'est la *trompe*, qui n'a d'autre défaut que d'exiger la proximité d'une chute d'eau. Elle consiste ordinairement en un tuyau vertical en bois, dont le haut a la forme d'un entonnoir, et dont le bas est fixé sur une caisse ou tonneau sans fond, plongeant dans l'eau d'un courant d'eau. Le dessus du tonneau porte un conduit destiné à transmettre au foyer des fourneaux l'air fourni par la trompe. Pour faire arriver un courant d'eau dans le tuyau vertical : cette eau tombe en s'éparpillant sur une pierre qui est placée au milieu du tonneau, et qui s'élève d'environ 0m,3 au-dessus du niveau de l'eau environnante : l'air entraîné par la chute de l'eau, ne trouvant point d'issue, est obligé de s'échapper par le conduit qui communique avec le fourneau. F. PASSOT.

MÂCHOIRE. On désigne sous ce nom deux appareils osseux, dans lesquels s'insèrent les *dents*, et qui servent, au moyen de celles-ci, à diviser et à broyer les substances alimentaires introduites dans la cavité buccale. Chez tous les animaux vertébrés on distingue une *mâchoire inférieure* et une *mâchoire supérieure*. Chez l'homme, la mâchoire inférieure se compose d'un seul os, qui forme une courbe parabolique, dont les deux extrémités se relèvent à angle droit dans un plan perpendiculaire au plan de la courbe : la portion moyenne, parabolique et horizontale de cet os, se nomme le *corps de la mâchoire*; les portions extrêmes, droites et verticales, en forment les *branches*. Dans le corps de la mâchoire, les anatomistes distinguent : 1° une *surface externe et cutanée*, sur laquelle ils indiquent la *symphyse du menton* (qui marque la ligne de jonction des deux os dont la mâchoire se compose chez le fœtus), l'*apophyse du menton* et le *trou mentonnier*, qui livre passage à un filet nerveux; 2° une *surface interne et linguale*, qui est concave, et sur laquelle on remarque les apophyses *géni* et l'orifice interne du canal dentaire; 3° un *bord inférieur*, nommé *base de la mâchoire*; 4° un *bord supérieur* ou *alvéolaire*, creusé de petites cellules, dans lesquelles sont enchâssées les dents. Les branches de la *mâchoire* offrent en arrière un bord parotidien, qui se réunit avec la base de la mâchoire sous un angle plus ou moins droit, plus ou moins arrondi; en avant, un bord mince et tranchant; en haut, deux apophyses séparées l'une de l'autre par une échancrure *sigmoïde* : de ces apophyses, l'une, antérieure, triangulaire, aplatie, *coronoïde*, donne attache au muscle *crotaphite* ou *temporal*; l'autre, postérieure, oblongue, convexe, *condyloïde*, est soutenue par une portion rétrécie, que l'on nomme *col du condyle*, et s'articule avec l'os temporal dans la cavité *glénoïde*. Un cartilage mobile, qui adhère toutefois plus à l'os maxillaire qu'à l'os temporal, est interposé comme un coussin entre les deux surfaces osseuses : ce cartilage est maintenu par des ligaments qui rayonnent de sa périphérie, et vont s'attacher, les uns à l'os temporal, les autres au condyle de la mâchoire; et l'articulation tout entière est consolidée par un ligament circulaire qui entoure, d'une part, le *col du condyle*, et qui, d'autre part, s'insère au pourtour de la cavité glénoïde. Enfin, à la base de l'apophyse condyloïde et à sa face interne, est une petite ouverture qui laisse pénétrer dans la portion centrale de l'os maxillaire une artère, une veine et un filet nerveux qui envoient des rameaux distincts à chaque bulbe dentaire.

Dans les mammifères, la mâchoire inférieure est seule mobile ; la nature et l'étendue des mouvements qu'elle peut exécuter dépendent des formes plus ou moins favorables du condyle de la mâchoire, et de la cavité glénoïde dans laquelle ce condyle est reçu; les forces qui déterminent ces mouvements sont : 1° les muscles *masseter* et *crotaphite*, qui élèvent la mâchoire, et qui sont extrêmement développés dans les espèces carnassières; 2° les muscles longs et grêles qui s'insèrent d'une part à l'os hyoïde, et d'autre part au corps de la mâchoire, et qui servent à abaisser celle-ci; 3°, enfin, les muscles qui des apophyses du sphénoïde se rendent aux branches de la mâchoire, et qui, développés surtout chez les animaux herbivores, impriment à la mâchoire inférieure ces mouvements de *circonduction* nécessaires à la parfaite trituration d'une nourriture végétale.

La mâchoire supérieure se compose de deux os, qui se réunissent sur la ligne médiane, et dont la forme, extrêmement irrégulière, est difficile à décrire; car les os de la mâchoire supérieure, en concourant à former la voûte palatine, les fosses nasales et les cavités orbitaires, s'articulent, presque sans exception, avec tous les autres os de la face. L'os maxillaire supérieur présente : 1° *une face externe*, qui, par une apophyse montante et verticale, va s'articuler avec le coronal; en dehors de cette apophyse est une petite surface lisse, triangulaire, percée à la partie moyenne par le trou sous-orbitaire, et qui concourt à former le plancher de l'orbite : en avant de cette surface est une apophyse triangulaire et rugueuse, qui s'articule avec l'os malaire, et en dedans de laquelle se trouve une fosse profonde, la *fosse canine*, percée en haut par le trou sous-orbitaire, et limitée en bas par la *fosse mayriforme*; 2° *une surface interne*, séparée en deux moitiés par une éminence large, aplatie, horizontale, l'*apophyse palatine*, qui en se joignant avec l'apophyse du côté opposé forme le *canal palatin antérieur*; au-dessus de cette apophyse est une surface concave, peu étendue, percée à son centre d'un orifice irrégulier, qui conduit à une vaste cavité creusée dans l'os maxillaire, et qu'on nomme l'*antre d'Higmore* : cette cavité est tapissée par un prolongement de la muqueuse pituitaire; 3° *une circonférence* : celle-ci est irrégulière aussi; elle présente en arrière une tubérosité perforée pour les *conduits dentaires postérieurs*; en avant elle offre une échancrure, qui fait partie de l'ouverture antérieure des fosses nasales, et au-dessous de laquelle on remarque une petite éminence, l'*épine nasale antérieure*. Enfin, la partie inférieure de cette circonférence est une sorte de bord épais, le *bord alvéolaire*, où les dents se trouvent implantées.

Chez les insectes les mâchoires sont disposées par paires, qui se meuvent non plus de bas en haut, comme chez les ostéozoaires, mais transversalement. On les distingue en *mandibules* et en *mâchoires* proprement dites; les premières, antérieures et supérieures, sont en général beaucoup plus puissantes que les secondes. Les *mâchoires* ne sont évidentes que chez les insectes broyeurs; chez les autres insectes, elles ont été tellement modifiées dans leurs formes et dans leurs fonctions, que ce n'est que par analogie que l'on peut démontrer leur existence. Grâce aux recherches minutieuses faites sur cette matière, la science possède sur les formes des mâchoires dans les entomozoaires hexapodes une richesse de détails que l'on chercherait vainement dans l'histoire des autres classes de la série animale.

BELFIELD-LEFÈVRE.

MACIEJOWICE, nom d'une terre appartenant aux comtes Zamoyski, située dans le gouvernement de Lublin, à environ 7 myriamètres de Varsovie. Elle est célèbre par la bataille qui s'y livra le 10 octobre 1794, et qui fut le tombeau de l'indépendance de la Pologne, Kosciusko y étant tombé au pouvoir des Russes. Le plan de Kosciusko était de livrer bataille au général russe Fersen, qui avait sous ses ordres un corps de 12,000 hommes, avant qu'il eût eu le temps d'opérer sa jonction avec Souvarof. L'armée polonaise ne présentait pas un effectif de plus de 6,000 hommes. Le général Poninski devait survenir au milieu de l'action et prendre en flanc les Russes par leur aile gauche. Un déserteur instruisit à temps les Russes; et Fersen, après s'être renforcé du corps de Denisof, attaqua dès la pointe du jour les Polonais dans leurs retranchements. De part et d'autre on combattit jusqu'à la chute du jour avec une égale bravoure; mais Poninski n'arriva pas. Kosciusko, entouré de toutes parts, essaya de se faire jour à travers les rangs de l'ennemi; mais il fut fait prisonnier par les Russes avec Niemcewicz et les généraux Sierakoswki, Kniaziewicz, Kaminski et Kopec.

MAC-INTOSH. *Voyez* MACKINTOSH.

MACIS, seconde enveloppe de la muscade (*voyez* MUSCADIER).

MACK DE LEIBERICH (CHARLES, baron DE), né à Neuesslingen, en Franconie, en 1752, d'une famille pauvre, entra au service de l'Autriche dans un régiment de dragons, passa successivement par tous les grades, fit la guerre de sept ans sous le comte de Lascy, la guerre de Turquie sous le feld-maréchal Laudon, et, en 1792 et 1793, les campagnes des Pays-Bas contre la république française sous les ordres du prince de Cobourg. Ce fut lui qui, en qualité de chef d'état-major, parlementa avec Dumouriez. Après la paix de Campo-Formio, lorsque Bonaparte était en Égypte, l'Autriche excita, prématurément peut-être, le roi de Naples à marcher contre l'armée française, qui s'était emparée de Rome. N'osant pas envoyer de troupes, elle y fit passer des officiers, et à leur tête le baron de Mack, nommé généralissime de l'armée napolitaine. La campagne fut courte, et honteuse pour les Napolitains. Craignant d'être massacré par des troupes désordonnées et en pleine déroute, Mack se démit de son commandement, et demanda au général Championnet la permission de traverser son camp pour se rendre en Autriche. Championnet donna des passe-ports pour Mack et ses aides de camp; mais arrivés à Bologne, ils furent arrêtés et conduits à Dijon. Après le 18 brumaire, Mack obtint du premier consul la permission de venir rétablir à Paris sa santé délabrée. Mack se plaignait d'avoir été empoisonné avec des *poudres napolitaines*. Ce n'était qu'une feinte pour masquer ses projets de fuite. Aidé par une femme galante nommée Louise, l'une des beautés célèbres de l'époque, Mack partit de Paris par la diligence de Strasbourg, le 15 avril 1800, déguisé en maquignon alsacien. Ses aides de camp s'attendaient à porter la peine de la déloyauté de leur général et à être enfermés au Temple : le ministre de la guerre leur rendit la liberté.

La carrière aventureuse du général Mack se termina de la manière la plus déplorable par la campagne des derniers mois de 1805 et la capitulation d'Ulm. Il avait envahi la Bavière à la tête d'une armée nombreuse, annonçant hautement qu'il ne se débotterait qu'à Paris, au Carrousel ! Après avoir commis fautes sur fautes, coupé de ses communications avec son principal corps d'armée, avec Vienne et avec les auxiliaires russes, qui marchaient en toute hâte sur l'Iller, Mack mit bas les armes à la tête de 30,000 hommes, qui se rendirent prisonniers à discrétion. Par une exception très-fâcheuse, il eut la liberté de se rendre à Vienne; mais il n'y arriva pas. Enfermé dans la forteresse de Brunn en Moravie, puis dans celle de Josephstadt en Bohême, il fut condamné à mort par jugement du conseil de guerre. Cette peine fut commuée en deux années de détention au Spielberg; mais il en sortit au bout d'un an, et eut même avant la fin de ses jours la permission de venir à Vienne. Il est mort pauvre et oublié, le 22 octobre 1828, dans un petit domaine qui lui appartenait en Bohême. Excellent chef d'état-major, il n'avait aucune des qualités qui font le général, le stratégiste.

BRETON.

MACKELDEY (FERDINAND), célèbre jurisconsulte d'outre-Rhin, né le 5 novembre 1784, à Brunswick, où son père était écuyer du duc, suivit, à partir de 1802, les cours de l'université d'Helmstædt, où en 1806 il fut reçu docteur en droit. L'année suivante, il s'y établit comme avocat; mais une surdité très-intense, dont il fut frappé vers ce temps-là, le contraignit de renoncer à cette carrière pour dé-

MACKELDEY — MAC-LAURIN

sormais se borner à l'enseignement. Nommé professeur agrégé en 1808, il suivit à Marbourg l'université quand elle y eut été transférée en 1811, et fut à la même époque nommé professeur titulaire. Lors de la fondation de l'université de Bonn, en 1818, on l'appela à y occuper la chaire de droit; et il conserva ces fonctions jusqu'à sa mort, arrivée le 24 octobre 1834. Comme professeur et comme écrivain, Mackeldey s'est surtout occupé de la théorie du droit romain, et ses travaux sur cette matière sont généralement appréciés. Ses principaux ouvrages sont : *Théorie du Droit de Succession* d'après le Code Napoléon (1811, Marbourg), et *Manuel des Institutes du droit romain actuel* (Giessen, 1814), dont la seconde édition est intitulée *Manuel de Droit romain*. Ce livre a été traduit dans diverses langues.

MACKENSIE (Henri), romancier et critique célèbre, le plus heureux d'entre les imitateurs de Sterne, né à Édimbourg, en 1744, s'appliqua à l'étude des lois, et en 1766 fut nommé procureur de la couronne à la cour de l'échiquier. Le premier roman qu'il publia, *The Man of Feeling* (1771), obtint un grand succès, par la manière sentimentale et pathétique dont il est écrit. Il lui donna pour suites, d'abord *The Man of the World*, et plus tard *Julia de Roubigné*. Ces trois compositions sont remarquables par la grâce toute particulière du style ; mais l'invention en est faible. Il fit aussi paraître dans le journal *The Mirror*, fondé par lui, et qu'il remplaça plus tard par le *Lounger*, un grand nombre d'articles qui se distinguent également par la grâce du style et par l'esprit ingénieux dont il y fait preuve, de même que par une teinte d'*humour* qu'on chercherait vainement dans ses romans. C'est dans la seconde de ces feuilles qu'il fit connaître pour la première fois au public anglais les mérites de Burns. On a aussi de lui un rapport adressé en 1805 à la *Highland Society* pour défendre l'authenticité des poésies d'Ossian. Au temps de l'administration de Pitt, il avait en outre publié un grand nombre de brochures pour défendre la politique ministérielle, et il en fut recompensé en 1804 par la place de contrôleur général des impôts en Écosse.

H. Mackensie mourut en 1831. Une édition de ses Œuvres complètes, en 8 volumes, avait paru à Londres, en 1818. W. Scott a écrit sa biographie dans ses *Lives of the Novelists*.

MACKENSIE (Joshua-Henri, lord), fils du précédent, né en 1771, fut également un jurisconsulte de mérite, et obtint en 1824 la charge de juge à la *court of justiciary* d'Édimbourg, charge à laquelle est attaché le titre de *lord*. Magistrat distingué par son immense savoir et sa rare impartialité, il mourut à Belmont, près d'Édimbourg, le 17 novembre 1851.

MACKENSIE (William Forbes), né en 1807, se fit remarquer de bonne heure par ses opinions *conservatives*. Envoyé à la chambre des communes en 1837, il y devint bientôt l'un des chefs du parti *protectioniste*; nommé en 1845 lord de l'échiquier, il donna sa démission lorsque Peel présenta le bill relatif à la libre introduction des grains étrangers, et alla s'asseoir sur les bancs de l'opposition, qui réussit à renverser le cabinet. Nommé secrétaire de la trésorerie à la formation du ministère Derby, en février 1852, il se retira avec tous ses collègues en décembre suivant.

MACKINTOSH (Sir James), l'un des jurisconsultes et des hommes d'État les plus distingués de l'Angleterre, né le 24 octobre 1765, à Aldourichouse, comté d'Inverness, en Écosse, commença par étudier la médecine, et fut reçu docteur à Édimbourg en 1787; il parcourut ensuite la France, l'Allemagne et la Hollande. A son retour en Angleterre, il écrivit, sous le titre de *Vindiciæ Gallicæ*, un *Defense of the French Revolution* (Londres, 1791), une éloquente apologie de la révolution française, qui lui valut de la part de l'Assemblée constituante le titre de citoyen français. Mais une rencontre fortuite avec Burke eut pour résultat de le ramener à des opinions beaucoup plus modérées. Il commença alors l'étude du droit, et se fit inscrire en 1792 à *Lincoln's Inn*; mais il ne s'établit comme avocat qu'en 1795. Encore peu occupé, il obtint l'autorisation de faire à *Lincoln's Inn* des cours sur le droit naturel et sur le droit des gens, après la publication de son *Discourse on the Law of Nature and Nations* (Londres, 1799), qui fut également bien accueilli par les whigs et par les tories. Son discours sur la liberté de la presse, prononcé pour la défense de Peltier, poursuivi pour fait de libelle par l'ambassadeur de France, à l'occasion d'une brochure intitulée *L'Ambigu*, et contenant les plus violentes diatribes contre Bonaparte, premier consul, excita l'admiration générale. Il fut alors nommé professeur de politique et de législation à Heartford, et bientôt après (1803) créé baronet et envoyé à Bombay en qualité de président de la cour suprême criminelle; fonctions dans l'exercice desquelles il acquit la réputation d'un juge rempli d'humanité. Sa santé le força de revenir en Europe, en 1811.

En 1813 il fut élu membre du parlement, où bientôt il prit la part la plus active à la réforme de la législation criminelle de son pays; et à la mort de sir Samuel Romilly, il devint l'âme de cette réforme. Dans toutes les autres questions qui occupèrent alors le parlement, on le vit également combattre au premier rang en faveur de la justice, de l'humanité et du progrès. Il se distingua particulièrement lors de la discussion de l'*Alien-Bill*, et dans tous les débats relatifs à la tolérance religieuse ainsi qu'à la traite des nègres et au droit des colonies de s'administrer elles-mêmes. Le premier dans le parlement, il prit la parole en faveur de l'indépendance de la Grèce, et en 1831 il fut l'un des avocats les plus éloquents du bill de la réforme parlementaire. En 1822 et 1823 il remplit les fonctions de recteur de l'université de Glasgow ; en 1827 Canning le nomma membre du conseil privé, et en 1830 il fut appelé à faire partie de la commission des affaires de l'Inde. Il mourut le 30 mai 1832. Il avait été deux fois marié; la sœur de sa seconde femme était mariée à Sismondi.

Parmi ses ouvrages purement littéraires, on doit une mention spéciale à sa dissertation sur les progrès de la philosophie éthique, publiée dans l'*Encyclopædia Britannica*, et qui a été aussi imprimée à part (Londres, 1830). L'*Histoire d'Angleterre*, en 3 vol. in-8°, que peu de temps avant de mourir il termina pour la *Cyclopædia* de Lardner, n'a pas répondu aux espérances qu'avaient fait concevoir ses précédentes excursions dans le domaine de l'histoire. Il a laissé inachevée une *Histoire de la Révolution d'Angleterre de 1688*, qui a paru après sa mort (Londres, 1834).

MAC-LAURIN (Colin), mathématicien éminent, naquit à Kilmoddan (Écosse), en 1698. Il fit ses études à Glascow, où dès l'âge de douze ans il expliquait les six premiers livres d'Euclide. En 1713 il prit le grade de maître ès arts, à dix-neuf il obtint au concours une chaire de mathématiques au collège d'Aberdeen. Deux ans après il vint visiter Londres, fut reçu membre de la Société Royale, et fit imprimer sa *Geometria organica*. Il accompagna ensuite le fils de lord Polworth sur le continent; il était en Lorraine lorsqu'il écrivit sa dissertation sur le choc des corps, qui lui valut le prix de l'Académie des Sciences, en 1724. Son jeune compagnon étant mort à Montpellier, Mac-Laurin retourna en Angleterre, où il reçut l'invitation de suppléer J. Gregory à Édimbourg ; Newton fit les frais du traitement. Mac-Laurin défendit les découvertes de son ami par un *Traité des Fluxions*. En 1745 il déploya beaucoup d'activité pour mettre en état de défense la ville d'Édimbourg, menacée par l'armée insurrectionnelle. Obligé de fuir en Angleterre, il trouva un refuge près de l'archevêque d'York, et mourut au mois de juin 1746. Il avait aussi traduit et complété en 1745 la *Géométrie pratique* de David Gregory, il se rendit de grands services à son pays en cherchant l'application des théories les plus abstraites aux travaux usuels. En 1740 Mac-Laurin avait partagé avec D. Bernoulli et Euler le prix proposé par l'Académie des Sciences de Paris pour la résolution du problème relatif au mouvement des marées dans la théorie de la pesanteur. Après sa mort on a publié de lui un *Traité d'Algèbre et de la manière de l'appliquer*, ainsi qu'une *Exposition des Découvertes de Newton*.

L. Louvet.

MACLE. En termes de blason c'est un losange formé d'un simple trait sur le fond de l'écu. On appelait aussi *macles* les mailles de haubert ; du reste, le mot de macle est le même que celui de *maille*. Les anciennes armes de Bretagne étaient des *macles* ; ces armes sont sans doute destinées à rappeler les pierres célèbres qu'on appelle *macles* en Bretagne, et ailleurs *pierres de croix*, et qui sont les mêmes que les *lapides cruciferi* de Compostelle ; ces pierres, auxquelles la superstition attachait une origine et des propriétés merveilleuses, sont des prismes triangulaires, à surfaces unies, couvertes d'une substance luisante comme le mica, et présentant sur leur tranche une croix en relief de couleur bleue, enfermée dans un losange. Ces pierres se trouvent dans les ardoises.

MAC-LEOD (Affaire). *Voyez* CANADA, tome IV, p. 324, et GRANDE-BRETAGNE, tome X, p. 475.

MACLURITE. *Voyez* CHONDRODITE.

MAÇON, MAÇONNERIE, ouvrier qui construit des murs de pierres ou de briques en unissant ces matériaux solides par l'interposition d'une matière molle quand elle est mise en œuvre, et qui durcit assez promptement. Le nom de *maçonnerie* est réservé aux constructions où les deux sortes de matériaux sont employées ; on ne donne pas ce nom aux murs en pierres *sèches*, c'est-à-dire non liées entre elles par un mortier, du plâtre ou quelque autre matière qui en tienne lieu. Les pyramides de l'Égypte furent élevées sans le secours de l'art du maçon ; les murs en *pise*, construction pour laquelle on n'emploie qu'une argile sablonneuse, ne sont pas des *maçonneries*. Au premier coup d'œil, l'art du maçon paraît beaucoup plus facile qu'il ne l'est réellement. Le maçon a besoin de vérifier continuellement la forme de la maçonnerie qu'il exécute ; de la nécessité d'un grand nombre d'outils pour les plans verticaux, le fil à plomb, la règle et le niveau ; pour les diverses courbures, des *cherches* ou calibres, etc. Il faut un coup d'œil exercé pour juger promptement les directions et les surfaces, ce qui n'est pas toujours facile. On reproche aux maçons la lenteur de leur travail : « Leur sueur, dit un proverbe, est ce qu'il y a de plus rare et de plus cher ; » mais cette lenteur est souvent nécessaire : leur travail ne peut être bon s'ils n'ont pas vérifié la position des matériaux placés à l'extérieur, multiplié les points de contact entre les solides, et rempli les interstices avec la matière destinée à produire l'adhérence de toute la masse ; tous ces soins, donnés à l'ensemble et aux détails, exigent plus d'attention que de temps et de mouvement. L'art de bâtir a porté jusqu'à sa dernière limite la division du travail. Si quelques pierres d'une maçonnerie doivent avoir une forme déterminée, l'*appareilleur* fait l'*épure*, tracé géométrique de cette forme, et procède à l'application du *trait* sur la pierre ; le *tailleur de pierres* suit ce trait sous la direction et la surveillance de l'appareilleur, et la pierre ainsi façonnée est livrée au maçon pour être mise en place. Celui-ci se fait *servir* par des *manœuvres*, qui préparent le mortier et transportent tous les matériaux. FERRY.

MAÇONNE. *Voyez* FRIPIÈRE.

MAÇONNERIE (Franc-). *Voyez* FRANC-MAÇONNERIE.

MACOUBA, espèce particulière de tabac à priser, qui tire son nom d'un district du nord de la Martinique, où on le cultive et l'apprête. Les procédés de fabrication n'en sont pas parfaitement connus. Tout ce qu'on sait, c'est qu'il y a une fermentation provoquée par le visou de la canne à sucre, mais qu'on n'interrompt probablement pas et surtout qu'on n'a pas l'attention de renouveler. Au surplus, le tabac dit *Macouba* n'est guère en usage pour fumer ; et s'il plaît tant aux priseurs, c'est peut-être en raison même du peu de sincérité de sa préparation. Il est évident en effet qu'il est artificiellement aromatisé, et on y reconnaît facilement la présence de ce qu'on appelle à la Martinique l'*essence de bois de Rhodes*, huile provenant de la distillation de la racine d'une espèce sous-frutescente de liseron des îles Canaries, dit *liseron à balai* (*convolvulus scoparius*).

MACPHERSON (JAMES), traducteur et éditeur du prétendu Ossian, né en 1738, à Kingussie, dans le comté d'Inverness (Écosse), étudia la théologie à Aberdeen et à Édimbourg, et en 1759 entra en qualité de précepteur dans la famille Graham de Balgowan. En 1758 il avait déjà publié un assez méchant poëme narratif, *The Highlander*, qu'il fit suivre des *Fragments of ancient Poetry, translated from the Gaelic or Erse language*. Le succès qu'obtinrent ces poésies le détermina à publier les prétendus poëmes d'Ossian, *Fingal* (1762) et *Temora* (1763). Après avoir rempli pendant quelque temps les fonctions de secrétaire du gouvernement de la Floride, il s'en revint à Londres publier des brochures pour la défense du ministère, qui le pourvut de l'emploi de représentant et de fondé de pouvoirs du nabab d'Arcot. En 1780 il fut envoyé à la chambre des communes, mais il n'y prit jamais la parole. Ses ouvrages historiques, sauf son *History of Great Britain from the restoration to the accession of the House of Hanover* (2 vol., 1775), sont sans valeur, de même que sa traduction d'Homère. Il mourut en 1796, dans son domaine de Belleville, près d'Inverness. Par son testament il consacrait une somme de 1,000 liv. sterl. à la publication de l'ouvrage original d'Ossian laissé par lui en manuscrit.

MACQUER (PIERRE-JOSEPH), né à Paris, en 1718, d'une famille originaire d'Écosse, suivit la carrière médicale, et se livra tout entier à l'étude de la chimie. Membre de l'Académie des Sciences dès 1745, Macquer fit d'importantes expériences sur le diamant, l'arsenic, le plomb, le platine ; découvrit en 1752 la décoloration du bleu de Prusse par les alcalis, et trouva, en 1768, le moyen de dissoudre le caoutchouc. Toutes ses recherches ont été consignées par lui dans le *Journal des Savants*, dont il rédigea pendant huit ans la partie concernant les sciences naturelles. On doit aussi à Macquer des *Éléments de Chimie, théorique et pratique*, et un bon *Dictionnaire de Chimie* (Paris, 1766, 2 vol. in 8°). Macquer mourut à Paris, en 1784.

MACRE, genre de plantes appartenant à la tétraudrie monogynie de Linné, et pour lequel M. Endlicher a créé la famille des *trapées*, qu'il a placée à la suite de celle des halorageées. Ce genre se compose d'herbes aquatiques, propres aux eaux douces de l'Europe et de l'Asie centrale. Leurs feuilles, dépourvues de stipules, sont de deux sortes : les inférieures, qui restent sous l'eau, réduites à leur nervure, et ainsi devenues capillaires, sont opposées ; les supérieures, qui flottent enroulées, offrent un limbe rhomboïdal porté sur un pétiole que soutient une vésicule d'air renflant sa partie moyenne, et ses feuilles sont alternes. Les fleurs, axillaires, solitaires, ont un calice à quatre divisions, une corolle à quatre pétales, quatre étamines alternant avec ces pétales. Le fruit est une sorte de noix dure et presque cornée, offrant de deux à quatre pointes épineuses, et renfermant une seule graine, dont les deux cotylédons est avorté, mais dont l'autre, très-développé, est formé d'une masse très-épaisse de tissu féculent.

Des cinq ou six espèces que renferme le genre *macre*, la plus intéressante pour nous, parce qu'elle croît en France, c'est la *macre flottante* (*trapa natans*, L.), plus connue sous les noms vulgaires de *châtaigne d'eau*, *châtaigne cornue*, *truffe d'eau*, *noix d'eau*, *corniolle*, *saligot*, etc. ; ses fruits anguleux contiennent une fécule qui a la saveur de la châtaigne, circonstance qui lui a valu l'un des noms qu'elle porte. Elle se multiplie par ses fruits, qu'elle jette dans l'eau, et qui s'attachent à la vase et produisent des feuilles du plus beau vert, des fleurs blanches et un fruit anguleux de la grosseur d'une petite noix, qui nagent à la surface et ornent très-agréablement les bassins. La châtaigne d'eau est une ressource alimentaire secondaire, à la vérité, et cependant cette plante a le mérite particulier de pouvoir utiliser les pièces d'eau où on laisse, mal à propos, croître une foule de plantes inutiles, qu'elle peut remplacer pour contribuer à la nourriture de l'homme. TOLLARD aîné.

MACREADY (WILLIAM-CHARLES), célèbre comédien

anglais, est né le 3 mars 1793, à Londres, d'un père directeur d'un théâtre de province. Destiné à l'étude de la jurisprudence, la ruine de son père le força d'interrompre les études qu'il avait commencées à cet effet, et à se faire une ressource du talent mimique que de bonne heure il avait annoncé. En 1810 il débuta avec le plus grand succès sur le théâtre de Birmingham, dans le rôle de Roméo. Ce ne fut cependant qu'après avoir pendant longtemps encore joué sur les scènes de province qu'il fut enfin admis à débuter sur celle du Covent-Garden, en 1816, dans le rôle d'Oreste, de l'*Iphigénie* de Racine traduite en anglais. Le public lui fit l'accueil le plus enthousiaste, et Kean, alors à l'apogée de son talent et de sa gloire, rendit lui-même justice complète à son jeune émule. Il fallut cependant encore bien du temps avant que des directions théâtrales osassent lui confier des rôles du répertoire de Shakespeare. En 1826 il alla donner des représentations aux États-Unis; et en 1828 il vint se faire entendre à Paris, où justice complète fut rendue à son beau talent. Il prit alors la direction du théâtre de *Drury-Lane*, où il se chargea plus particulièrement des grands rôles dans les vieux chefs-d'œuvre de la scène, *Macbeth, Richard, sir Giles Overreach*, etc. ; mais par suite de la tiédeur de la haute société pour le drame national, son entreprise fit de mauvaises affaires. En 1849 il se rendit pour la seconde fois à New-York, où la jalousie que conçut pour son talent le tragédien américain Forest donna lieu à une émeute populaire. Pour rétablir le bon ordre, il fallut recourir à l'emploi de la force armée, et il y eut dans cette bagarre plus de cinquante individus tués ou grièvement blessés. Macready s'en revint alors en toute hâte en Angleterre, où il parut sur le théâtre de *Hay-Market*; mais bientôt l'affaiblissement toujours croissant de sa santé le contraignit de renoncer à la scène, où il parut pour la dernière fois, à *Drury-Lane*, le 26 février 1851. Ce qu'on appelle en Angleterre le *légitimate drama* a perdu en lui son dernier représentant.

MACREUSE, subdivision du genre canard, dont les individus se reconnaissent à la largeur et au renflement de leur bec. Les mœurs des macreuses diffèrent peu de celles de leurs congénères. Les macreuses se tiennent presque constamment sur la mer, où elles ont la faculté de plonger. Comme les pétrels, elles courent sur les vagues. Elles se nourrissent préférablement de mollusques, qu'elles vont chercher au fond de l'eau.

La *macreuse commune* (*anas nigra*, L.) est longue de 0^m,50 ; son plumage est partout d'un noir brillant, si ce n'est au ventre, où il est d'un noir terne ; il y a du jaune sur les paupières ; le bec, très-large, noir avec des plaques jaunes sur la mandibule supérieure, est garni sur sa base, dans les mâles seulement, d'un tubercule membraneux noir et jaune. Les femelles ont le plumage moins foncé que les mâles. Les jeunes des deux sexes, connus sous le nom de *grisettes*, ont des couleurs encore plus claires. Ces oiseaux nichent dans les contrées les plus froides de l'Europe. On les trouve en abondance pendant l'hiver le long des côtes de l'Océan, où les pêcheurs en prennent une grande quantité. Ils y arrivent par le vent de nord et de nord-ouest; ils disparaissent dès qu'il passe au sud, et l'on n'en voit plus au printemps.

La *double macreuse* (*anas fusca*, L.) est longue de 0^m,55 environ. Elle se distingue, en outre, de la *macreuse commune* par une tache blanche sur l'aile et par un trait blanc sous l'œil. La femelle et les jeunes des deux sexes sont de couleur de suie en dessus, d'un gris blanchâtre rayé et tacheté de brun noirâtre en dessous. Cette espèce a d'ailleurs la même manière de vivre et se trouve aux mêmes lieux que la précédente.

Le genre *macreuse* renferme encore trois autres espèces.
DÉMEZIL.

MACRIN (MARCUS OPILIUS MACRINUS), empereur romain, naquit en 164, de parents obscurs, à Césarée de Mauritanie (Tenez). D'abord gladiateur, puis chargé d'acheter des bêtes sauvages pour les jeux publics, ensuite avocat, notaire, intendant, Macrin finit par devenir avocat du fisc, chevalier et préfet du prétoire sous Caracalla. Un devin lui ayant prédit qu'il était destiné à porter la couronne, il fait assassiner l'empereur par Martialis, officier des gardes, et les prétoriens le décorent de la pourpre. Macrin ajoute à son nom celui de Sévère, fait prendre celui d'Antonin à son fils, Diadumène, qu'il s'associe à l'empire, achète à prix d'or la paix d'Artabane, roi des Parthes, et se rend en Syrie. D'abord il abolit les impôts, fit poursuivre les délateurs et s'efforça de resserrer les liens de la discipline militaire; mais bientôt il se retira à Antioche, où il ne s'occupa que de ses plaisirs. Une sœur de Julia Domna, Mæsa, qui avait travaillé sourdement l'esprit des soldats, déjà aigris par la sévérité de l'empereur, leur présente tout à coup son petit-fils Héliogabale comme un bâtard de Caracalla, dont la mémoire leur est chère ; les troupes s'insurgent et le proclament empereur. Macrin, sortant de son indolence, après quelques hésitations funestes à sa cause, marche à son compétiteur, lui livre bataille et prend la fuite avant que l'affaire soit décidée. Sa lâcheté ne lui profita point : il fut tué peu de temps après en Cappadoce , par des émissaires d'Héliogabale ; son fils Diadumène fut aussi mis à mort (218). Macrin avait régné quatorze mois.
Mme E. DE LA GRANGE.

MACROBE (AURELIUS AMBROSIUS THEODOSIUS), grammairien latin et philosophe platonicien du commencement du cinquième siècle. Les circonstances de la vie de ce critique, qui fut honoré de la qualification d'*homme illustre* et du titre de chambellan impérial, sont peu connues ; son nom même a soulevé des discussions. Il mourut l'an 415 de J.-C., laissant trois ouvrages : un *Commentaire* sur le traité de Cicéron intitulé : le *Songe de Scipion* ; un *Traité de l'analogie et des différences des langues grecque et latine*, et sept livres de miscellanées critiques fort curieuses, intitulées : *Saturnales* (*Convivia Saturnalia*). Ce dernier ouvrage, le plus important des trois, est écrit en forme de dialogue, et offre une ressemblance marquée avec les *Nuits attiques* d'Aulu-Gelle; on y trouve des aperçus judicieux et profonds sur Homère et Virgile et des digressions historiques et mythologiques pleines d'intérêt. Les meilleures éditions de Macrobe sont celles de Leyde, 1670, in-8°, *cum notis variorum*; de Zeune (Leipzig, 1776, *id.*), et celle de Deux-Ponts, 1788. L'édition de Venise (1472, in-fol.) est d'une excessive rareté.

Dans le calendrier de Carthage et dans le martyrologe de saint Jérôme, il est aussi fait mention d'un saint Macrobe, dont on célèbre la fête le 16 février.

MACROBIOTIQUE (du grec μακρός, long, βίος, vie), ou *Art de prolonger la vie de l'homme*, c'est le titre donné par Hufeland à un livre célèbre parmi les gens du monde (6e édit.; Berlin, 1842), consacré à l'exposition de la partie de la médecine ayant trait aux influences qui abrègent la vie de l'homme contrairement à la nature, et où sont exposés les règles et les préceptes d'après lesquels la vie peut être prolongée jusqu'à sa plus extrême durée suivant les lois de la nature. Ce mot est, comme on voit, le synonyme de ce que nous appelons l'*hygiène*.

MACROCOSME (du grec μακρός, grand ; κόσμος, monde). *Voyez* COSMOS.

MACROTHÉRIUM (de μακρός, long, et θηρίον, bête féroce), nom donné par M. Lartet à un groupe d'édentés fossiles, dont on trouve des individus dans les terrains tertiaires supérieurs de l'Europe. Les macrothériums se rapprochent des pangolins, par leur phalange onguéale fendue.

MACROURES (de μακρός, long, et οὐρά, queue), famille de crustacés de l'ordre des décapodes, établie par Latreille, et ayant pour type le genre *écrevisse*. Elle comprend tous les crustacés à branchies thoraciques internes, les mieux organisés pour nager. Les décapodes macroures se reconnaissent facilement au grand développement de leur abdomen et à la grande nageoire, en forme d'éventail, qui termine postérieurement leur corps.

On a subdivisé cette famille en *macroures cuirassés*, *thalossiniens*, *astaciens* et *salicoques*.

MACTA (Désastre de la). La paix conclue le 26 février 1834 entre le général Desmichels et A b d - e l - K a d e r n'avait fait que servir la puissance de l'émir, qui dès la fin de l'année avait pu étendre son autorité des frontières du Maroc aux rives du Chélif. Les Français lui signifièrent alors d'avoir à s'arrêter devant ce cours d'eau. Il obéit d'abord ; mais bientôt il vint à une cinquantaine de kilomètres seulement de la capitale nommer des gouverneurs à Médéah et à Miliana. Alors les tribus qui habitaient la partie occidentale de la province d'Alger ne gardèrent plus de mesure, et le général Rapatel dut châtier les Hadjoutes, sur les bords de la Chiffa. Le général Trézel, qui avait remplacé le général Desmichels dans le gouvernement de la province d'Oran, arrivait au commandement avec des sentiments de défiance pour Abd-el-Kader, et vers les premiers jours de juin 1835, deux puissantes tribus alliées des Français, les D o u a ï r s et les Zmélas, étant venues lui demander protection contre le despotisme de l'émir, le général résolut d'en appeler aux armes pour arrêter les empiétements du jeune chef arabe. Dans le dessein d'appuyer ses réclamations, le général Trézel prit position au camp de Tlélat. De son côté, Abd-el-Kader quitta Mascara pour marcher à sa rencontre. Le général, à la tête de deux mille et quelques cents hommes, continua donc à se porter en avant. Le 26 juin il était parvenu sur les bords de la Sig, à une quarantaine de kilomètres d'Oran, et là il aperçut l'armée ennemie, forte d'environ huit mille cavaliers et de quatre mille fantassins, dont douze cents hommes de troupes régulières. Cette masse était postée dans un défilé, et réunissait par conséquent l'avantage du terrain à celui du nombre. Elle n'en fut pas moins attaquée avec résolution, et ne fut qu'après une résistance opiniâtre qu'elle céda le passage. Dans cette journée, l'armée avait eu 52 morts et 189 blessés. Parmi les premiers, on comptait le colonel Oudinot, fils du maréchal duc de Reggio.

L'ennemi, que commandait Abd-el-Kader en personne, n'était nullement découragé, et il avait assis son camp à quatre kilomètres des Français, dont la situation devenait critique. Le général Trézel dut songer à la retraite. Il résolut de se diriger, en suivant les bords marécageux de la Macta, vers le petit port d'Arzew, moins éloigné de lui qu'Oran. La division française commença dès le 28 juin au point du jour son mouvement rétrograde. Elle soutint longtemps sa marche, malgré des nuées d'Arabes qui tourbillonnaient autour d'elle dans la plaine ; mais vers le milieu de la journée, en arrivant à un passage étroit compris entre des collines boisées et des marais qui bordent la Macta, elle trouva l'ennemi posté en avant et sur les hauteurs. A peine la colonne était-elle entrée dans cette espèce de défilé, qu'elle fut assaillie de toutes parts avec fureur. Elle repoussa d'abord l'attaque avec succès ; mais un mouvement mal exécuté ayant laissé un espace vide vers le centre de la colonne, où étaient les bagages et les blessés, les Arabes se précipitèrent aussitôt par cette trouée, et la ligne fut coupée. Une terreur panique s'ensuivit, l'arrière-garde, se débandant, se jeta dans les marais et les taillis. Quelques pelotons seulement tinrent ferme, et le général Trézel dut ramener l'avant-garde en arrière pour dégager le convoi. Malheureusement, avant que la ligne fût rétablie, des blessés avaient été égorgés et un grand nombre de soldats étaient tombés sous les coups des Arabes. Puissamment protégée par l'artillerie, la petite armée put enfin franchir ce fatal défilé et se rallier en colonne ; elle fut bientôt sous le canon d'Arzew sans avoir été vivement poursuivie.

Cet échec était le plus sérieux que nos armes eussent encore subi en Algérie. Deux cent soixante-deux hommes avaient été tués et trois cents blessés, tous les bagages étaient perdus ; des sacs, des fusils avaient été jetés et abandonnés dans la fuite, un obusier et des caissons étaient restés au pouvoir de l'ennemi. On devait craindre, en outre, que cette victoire des Arabes ne devînt le signal d'un redoublement d'efforts contre la domination française ; cependant l'émir avait essuyé des pertes énormes sous les coups de l'artillerie : trois mille des siens étaient restés sur le champ de bataille. Abd-el-Kader ne se laissa pas aveugler par ce succès. Cherchant à présenter ces combats comme la suite de querelles personnelles entre lui et le général Trézel, il s'efforça de conjurer une rupture ouverte. Mais la France avait à venger ce désastre, et avant la fin de l'année notre armée détruisait M a s c a r a, siège de la puissance d'Abd-el-Kader.   L. LOUVET.

MACTRE (de μάκτρα, vase), genre de mollusques, type de la famille des *mactracés*, renfermant un assez grand nombre d'espèces, qui vivent dans toutes les mers, enfoncées dans le sable à une petite distance des rivages. L'animal, que renferme une coquille bivalve, ressemble à celui des vénus.

MACULES. *Voyez* FACULES et SOLEIL.

MADAGASCAR, l'une des plus grandes îles de la terre, située dans la mer des Indes et s'étendant parallèlement à la côte orientale d'Afrique, dont la sépare le canal de Mozambique, large d'environ 65 myriamètres en moyenne, depuis le cap Ambra, par 10 degrés de latitude sud, jusqu'au cap Sainte-Marie, par 25° 45', sur 147 myriamètres de longueur et 35 myriamètres de largeur en moyenne, avec une superficie d'environ 7,350 myriamètres carrés. La surface en est presque partout montagneuse, et s'élève en terrasses à partir de la côte, insensiblement à l'ouest, mais abruptement et quelquefois à pic à l'est, jusqu'à ce qu'elle atteigne le vaste plateau intérieur, formé d'argile rougeâtre, manquant de forêts, mais couvert d'herbages, haut d'environ 3,300 mètres en moyenne, et qui est dominé dans presque toute la longueur de l'île, plus près de la côte orientale que de l'occidentale, par les monts Rouges, appelés aussi *Ambrohitsmena*, dont on estime l'altitude entre 3,000 et 4,000 mètres. Du versant presque à pic du plateau oriental se détachent un grand nombre de chaînes, dont l'élévation va toujours en diminuant jusqu'à la côte, où elles s'effacent complètement au voisinage de la mer. A l'exception de la partie sud-ouest, située du Fort Dauphin, la lisière des côtes est formée par une zône très-plate, marécageuse, quelquefois d'une extrême richesse en fers, et d'une longueur moyenne de 7 à 10 myriamètres. La grande élévation du sol, les nombreuses chaînes de montagnes et les affreux précipices qui y abondent, rendent extrêmement difficiles les communications d'une côte à l'autre, et sont en même temps cause que les cours d'eau venant de l'intérieur forment presque tous des cataractes. Au total, la partie septentrionale de Madagascar est la plus belle ; des montagnes entièrement couvertes de forêts vierges, de nombreux cours d'eau, des baies immenses, des ports excellents, des rades sûres, y offrent une extrême diversité d'aspects. Les conditions géognostiques de l'île varient aussi à l'infini ; cependant, elles n'ont pu encore être étudiées d'une manière satisfaisante. Ce qu'il y a de positif, c'est la présence de puissantes masses de granit, avec des échantillons gigantesques du plus pur cristal de roche, beaucoup de tourmalines, de quartz rosé, de syénite, d'argile bleue, of pierre calcaire (tantôt comme marbre, et tantôt comme formation première de roches de granit), de grès de toutes espèces, de gisements houillières, d'immenses masses de minerai de fer, comme aussi de l'or, de l'argent, du cuivre, de l'étain et du plomb, toutes richesses jusque ici fort peu exploitées ; enfin, d'immenses couches de laves, de scories et de basaltes, ainsi que la présence d'un cratère éteint, indiquent qu'il y avait là autrefois des volcans en activité. Les tremblements de terre y sont fréquents ; et les eaux minérales, tant froides que chaudes, y sont aussi fort nombreuses. Le climat offre des différences remarquables. Dans les bas-fonds marécageux des côtes, la chaleur tropicale développe des miasmes de la nature la plus délétère et une fièvre bilieuse mortelle pour les Européens, même quand ils n'y font qu'un court séjour, et désignée sous le nom de *fièvre de Madagascar*. C'est elle qui

MADAGASCAR

a toujours fait échouer les divers essais tentés jusqu'à présent pour y fonder des colonies, et qui a valu à Madagascar le surnom de *cimetière des Européens*. La partie occidentale de l'île est déjà beaucoup moins malsaine. La plus salubre de toutes est la région du nord, où il n'existe ni marais ni savannes déboisées ; puis vient le plateau intérieur, haut de 3,300 mètres, où la chaleur moyenne de l'été est encore de 23° Réaumur, mais où en hiver le thermomètre s'abaisse quelquefois jusqu'au degré de congélation. La hauteur du plateau intérieur rend très-fréquentes les fortes pluies, et explique l'extrême richesse de ce pays en cours d'eau, parmi lesquels il en est qui ont jusqu'à 35 et même 42 myriamètres d'étendue, mais qui cessent tous d'être navigables à une courte distance de leur embouchure. Les circonstances climatériques de l'île, jointes à la richesse de ses cours d'eau, à la fertilité remarquable de son sol, fertilité presque générale sur les versants du plateau intérieur et surtout dans les vallées, y ont développé une richesse et une puissance de végétation vraiment merveilleuses.

La flore de Madagascar, bien que semblable sous beaucoup de rapports à celles de l'Inde et du sud de l'Afrique, n'en offre pas moins un caractère particulier, et diffèrent même beaucoup de celui de la flore des îles de La Réunion et Maurice. Sur les côtes surtout, la végétation présente la plus étonnante diversité ; et aujourd'hui encore la plus grande partie de l'île est couverte de forêts vierges, formées des plus belles espèces d'arbres forestiers, mais que des masses de plantes grimpantes rendent presque impénétrables. Madagascar abonde en produits commerciaux, en bois de construction, en bois d'ébène, de sandal et autres bois de teinture, en bois de rose, de benjoin et autres propres à l'ébénisterie, en plantes médicinales, oléagineuses, balsamiques, en bois de copal, en arbres à gomme, en cocos, indigo, épices, notamment en poivre, en riz (il forme la partie la plus importante de l'alimentation des populations), en coton magnifique, en bananiers, en arums comestibles, en patates, en manioc, en cucurbitacées, en tabac, en fougères magnifiques atteignant la taille des arbres les plus élevés, en lianes et en orchidées, de même qu'en *sagus ruffia*, plante textile employée pour les vêtements des habitants. Parmi les végétaux qui y ont été introduits, ceux qui ont le mieux réussi sont les grenadiers, les orangers, les figuiers, la vigne, les pommes de terre et le caféier, dont les fruits sont aussi estimés que ceux du caféier de La Réunion.

Le règne animal à Madagascar est aussi d'une nature toute particulière. La faune de la côte orientale offre les plus grandes affinités avec celle de l'archipel asiatique et même de l'Australie ; sur la côte occidentale elle se rapproche davantage de la faune d'Afrique, quoiqu'elle semble former un centre particulier de la création animale, autant du moins que nous en pouvons juger dans l'état actuel de nos connaissances. Les pachydermes qu'on rencontre si fréquemment sur le continent africain, tels que les éléphants, les rhinocéros, les hippopotames, et les bêtes féroces, comme lions, tigres, hyènes, y manquent complètement, de même que les singes. Ces derniers animaux y sont représentés par les espèces les plus variées d'un genre tout particulier à cette île, celui des makis, des galagos et des indris. Une chauve-souris se nourrissant de fruits, et de la grandeur d'une poule ordinaire, constitue l'un des mets favoris de la population. L'île possède en outre une remarquable race de bêtes à cornes, entre autres des bisons, des moutons à grosse queue, des buffles sauvages vivant en troupeaux immenses, d'énormes quantités de sangliers, une foule d'oiseaux divers, revêtus du plus magnifique plumage, notamment des colibris, des faisans, des perroquets, des pintades, des sarcelles, des pigeons. On y trouve en outre de la cochenille, des vers à soie, beaucoup d'abeilles dont le miel, jaune et vert, et les diverses espèces de cire sont extrêmement estimés, de même que des serpents ayant quelquefois plus de cinq mètres de longueur, et de très-grands crocodiles, fort nombreux dans tous les lacs et rivières, et qui sont adorés par la peuplade des *Antarayes*. Les eaux intérieures, de même que les mers voisines, abondent en poissons. On pêche la baleine sur les côtes, et plus particulièrement dans la grande baie de Saint-Augustin, ainsi que sur la côte orientale ; les Européens et les Américains vont la chercher dans le canal de Mozambique.

Les habitants de l'île, qui s'appellent eux-mêmes *Malagasy*, d'où les Européens ont fait *Madegasses*, *Madecasses* ou *Malgaches*, et dont on évalue le nombre à 4 ou 5 millions, quoique divisés en 25 ou 27 tribus plus ou moins considérables, ne forment que deux grandes nations, mais avec de nombreux mélanges. En effet, sans parler d'un nombre relativement peu considérable de colons arabes et de leurs descendants, qui habitent la partie septentrionale de l'île, la côte occidentale est habitée par des tribus noires, n'ayant point le type nègre de Mozambique, mais le caractère cafre, d'une vigueur de conformation peu commune, avec des traits agréables et un caractère sérieux et méditatif. Sur la côte orientale et à l'intérieur, on rencontre au contraire des tribus offrant tout à fait le type malais ; race petite, mais admirablement conformée, au teint olivâtre et quelquefois même plus clair que celui des habitants des régions méridionales de l'Europe. Cette partie de la population, dont la teinte est plus claire, forme la race dominante de l'île ; elle est aussi plus active, plus civilisée, que la race noir foncé ; mais en même temps elle est rusée, orgueilleuse, vindicative, avide et présomptueuse. Cependant, tous les habitants de Madagascar parlent la même langue ; il résulte des recherches de Humboldt que cette langue est tout à fait de la famille malaise et polynésienne, et que c'est à grand'peine si on y peut remarquer des dialectes variant avec la couleur de la peau. En général les Malgaches sont superstitieux, paresseux, hospitaliers, insouciants, vindicatifs, mais le plus ordinairement très-braves et passionnés pour leur indépendance ; et l'on peut dire avec raison qu'ils allient les plus grands vices aux plus solides qualités. Dans toute l'île, la justice criminelle a pour base, comme chez nous au moyen âge, les *jugements de Dieu*. La religion est une idolâtrie basée surtout sur les idées de l'existence d'un bon et d'un mauvais esprit. Ordinairement on n'adore que le bon esprit, mais on offre au mauvais esprit des victimes humaines, surtout des enfants. Les Malgaches sont presque tous agriculteurs ou pasteurs, chasseurs et pêcheurs. Il n'y a que les *Howas* ou *Ovas*, et les *Betsiléos*, tribu ayant avec eux les plus grandes affinités, qui, par suite de la médiocre fertilité de leur sol, se livrent aussi à l'industrie ; ils montrent assez d'habileté dans la fabrication d'objets en or et en argent, en bois et en fer, des tissus de soie et de laine, notamment des tapis précieux. Autrefois Madagascar faisait un grand commerce d'esclaves ; et jusque dans ces derniers temps elle exportait à Maurice et à La Réunion beaucoup de riz, de blé d'Inde, de bétail et d'étoffes grossières, qu'on échangeait contre des armes, des munitions, des articles de luxe, etc. Aujourd'hui encore les Portugais et les Américains du Nord y importent des armes à feu, de la poudre, de la grosse verroterie, de la quincaillerie, des cotonnades, du rhum, etc.

Les diverses tribus malgaches obéissent à l'autorité complètement despotique de quelques chefs. La tribu des *Howas* est celle qui domine toutes les autres, la plus importante et la plus civilisée ; de même que sa langue est la mieux formée. En 1813 les Howas, descendant de leur pays, grand plateau situé presqu'au centre de l'île et appelé *Ankowa*, subjuguèrent les diverses autres tribus, pour n'en plus former qu'un seul empire, dont les *Sakalawas* ont seuls dans ces derniers temps tenté avec quelque succès de se séparer. Les *Howas* ont divisé Madagascar en 20 ou 22 provinces, placées chacune sous l'autorité supérieure d'un chef, et comprenant de nombreuses subdivisions. Cette province centrale d'*Ankowa*, dont nous parlions tout à l'heure, patrie des *Howas*, et le cœur de leur empire, est extrêmement peuplée, et sa population est la plus indus-

MADAGASCAR

trieuse de toutes celles qu'on rencontre à Madagascar. Au centre du plateau, et à plus de 2,300 mètres au-dessus du niveau de la mer, est située la capitale du royaume, *Tanarivo* ou *Tananarivo*, appelée aussi *Tatane Arrivo* ou *Emirné*, résidence des souverains howas, qui y ont encore leurs tombeaux. Dans cette ville, qui compte 25,000 et même, dit-on, 80,000 habitants, en y comprenant ses vastes faubourgs, on remarque surtout le palais du roi et divers autres édifices, que le roi Radama fit construire dans le style européen, par un architecte français. Au nord d'Ankowa est située la grande province d'*Antsaniaka*, avec l'ancienne capitale *Rahidronou*. Dans la province de *Bohinnarina*, située à l'extrémité septentrionale de l'île, on trouve la belle baie de *Passandawa*, et dans une situation extrêmement salubre; à l'est du cap Ambra, la baie d'*Antombouy* ou de *Diego Suarez*, l'un des plus beaux et des plus vastes ports de la terre. Dans la province de *Bueni*, *Boina* ou encore *Iboina*, il faut mentionner *Bombetok*, l'ancienne capitale des Sakalawas, sur la baie de Bombetok. On y trouve cependant une ville encore plus importante, *Madshonga*, chef-lieu et en même temps place forte des *Howas*, construite en 1824, sur les ruines de *Mousangaya*, ville commerciale importante autrefois, habitée surtout par des émigrés arabes et par leur descendance, jadis le grand centre de l'activité commerciale et industrielle de Madagascar, avec un port très-fréquenté, et qui faisait un grand commerce d'exportations et d'importations. La province formant l'extrémité méridionale de Madagascar est *Anosy*; les côtes en sont escarpées, le pays beau, le climat tempéré, mais très-malsain, le sol bien cultivé. On y trouve la vaste baie de *Mangafiafi*, ou de Sainte-Lucie, et les ruines du *Fort Dauphin*, construit au dix-septième siècle par les Français.

Au centre de la côte orientale, dans le pays des *Betsimisarakas*, on trouve la province de *Betanimèna*, c'est-à-dire terre rouge, avec un sol argileux de couleur rougeâtre, riche en minerai de fer, une population extrêmement compacte, et son chef-lieu appelé *Tamatave*, le meilleur port et le principal entrepôt du commerce de toute la côte orientale, autrefois en possession d'approvisionner Maurice et La Réunion. On trouve ensuite au nord la province de *Mahavelona*, très-fréquentée par des négociants européens et mascaréniens, avec *Foulpointe*, jadis le centre d'un commerce important que les Français faisaient avec Madagascar, aujourd'hui l'un des forts des *Howas* les mieux fortifiés. Plus au nord encore on rencontre la montagneuse province d'*Ivongo*, riche en bois, en riz, en bestiaux et en grands cristaux de roche, avec le magnifique golfe appelé baie de *Mangha* ou d'*Antongil*, où les Français faisaient autrefois un grand commerce, et où fut tué, en 1786, le comte Beniowski. Au sud de cette baie, et séparée du port de *Tintingue* par un étroit canal, se trouve l'île *Nossi-Ibrahim*, la Sainte-Marie des Français, qui la possèdent depuis longtemps pour la protection de leur commerce dans ces parages, large d'environ 41 myriamètres sur 6 de long, entourée de toutes parts d'écueils de corail, montagneuse et assez bien arrosée, marécageuse et peu fertile, mais riche en bois de construction. En avant de la côte nord-ouest de Madagascar sont situées les *Nossi*, îles plus petites, dont suit l'énumération et dont les Français ont successivement pris possession depuis 1841, en vertu de traités conclus avec les chefs indigènes, et devenues depuis cette époque importantes comme lieu de refuge où les Sakalawas qui réussissent à se soustraire au joug des Howas viennent se placer sous la protection de la France: *Nossi-Bé* ou *Variou-Bé*, c'est-à-dire la grande île, avec de bons ancrages, un commerce florissant, un port franc depuis 1841, et 15,000 habitants; puis *Nossi-Coumba*, *Nossi-Mithiou* et *Nossi-Fati*. Ces îles sont considérées comme des dépendances de la colonie française de Mayotte, île formant l'extrémité sud-est du groupe des Comores.

Madagascar, appelée par les indigènes *Nossindambo*, c'est-à-dire île des sangliers, par les Arabes *Djesira-el-Komr*, c'est-à-dire île de la lune, est déjà mentionnée au treizième siècle par Marco-Polo sous le nom de *Magastar* ou *Madagascar*. Toutefois, ce ne fut qu'en 1506 que le Portugais Lorenzo Almeida la découvrit et la visita. On l'appelait aussi autrefois *Ile San-Lorenzo*; et les premiers colons français qui s'y établirent, sous le règne de Henri IV, lui donnèrent le nom de *Ile Dauphine*, en l'honneur de Louis XIII. Depuis l'époque de sa découverte, les Anglais et les Hollandais tentèrent à diverses reprises, mais toujours inutilement, d'y fonder des établissements. Les efforts faits dans le même but par les Français furent encore plus grands; et dès 1665 ils y créaient une colonie, qui d'ailleurs ne réussit pas plus que celles qu'ils essayèrent encore plus tard d'y établir. Il en est résulté, toutefois, que ce sont eux qui y ont conservé les relations commerciales les plus importantes, grâce aux établissements qu'ils ont fondés au voisinage des petites îles de la côte nord-ouest dont il a été question plus haut. Jusqu'à ce jour le grand obstacle qui s'est opposé à ce que les Français comme les Anglais s'établissent d'une manière solide dans l'île, ç'a été la création et l'existence du royaume des *Howas*, race essentiellement belliqueuse. Ce royaume fut fondé par le roi Radama, qui tenta en même temps d'introduire la civilisation parmi ses sujets, qui fonda des écoles, fit construire de beaux édifices, et envoya à Maurice et à La Réunion, à Londres et à Paris, quelques-uns de ses sujets, hommes capables, s'initier à la connaissance des métiers, des arts et des sciences de l'Europe. En un petit nombre d'années il parvint à organiser, en partie à l'européenne, une armée assez forte pour pouvoir réduire les autres tribus à l'état de vasselage. En même temps il accueillit favorablement les ouvertures qui lui furent faites par les Anglais pour abolir dans ses États la traite et les sacrifices humains moyennant une indemnité annuelle de 8,000 liv. st. et pour y introduire le christianisme. Des missionnaires créèrent des établissements à Tananarivo, et déjà le christianisme commençait à faire de rapides progrès; mais sa mort arrêta complètement la marche envahissante de la civilisation. Il fut empoisonné, en 1828, par sa femme, *Ranavalo-Mandjoka*, qui, après avoir fait périr également les parents de Radama, usurpa son trône; et qui l'a conservé jusqu'à ce jour en exerçant le plus sanglant despotisme. Elle est secondée par un conseil d'État, et a eu longtemps pour ministre un ancien commis marchand français, appelé *de La Satelle*, qui à partir de 1830 exerça la plus bienfaisante influence sur les affaires industrielles et commerciales de Madagascar, introduisit la production du sucre, la culture d'un grand nombre de denrées coloniales, et réussit à diriger la curiosité et les désirs de la reine et des grands du royaume sur une foule d'objets et de jouissances qui auparavant leur étaient inconnus. D'ailleurs Ranawalo, en prohibant le christianisme à partir de l'année 1835, en expulsant les missionnaires de l'île, en interdisant tout commerce avec les Européens, qu'elle persécuta cruellement, et en établissant sous ses États le despotisme le plus sanguinaire, y anéantit tous les germes de la civilisation européenne. Cette politique eut pour résultat de lui aliéner toujours davantage les Français, et de rapprocher, de sorte qu'en 1845 une sanglante rencontre eut lieu entre son armée et des troupes des deux nations. Mais celles-ci essuyèrent un échec décisif, et durent se contenter de recueillir à bord de leurs vaisseaux les Européens expulsés de l'île, pour les conduire soit à Maurice, soit à La Réunion. Comme une nouvelle expédition contre les *Howas*, qui peuvent mettre sur pied 50,000 combattants, eût exigé l'emploi de forces considérables et n'eût pu être entreprise que du consentement des Anglais, avec qui, en cas de succès, il eût été facile de se brouiller gravement pour la question du partage de l'île, on renonça, tant en France qu'en Angleterre, à donner suite à l'expédition de 1845. Un paragraphe de l'adresse de la chambre députés demanda même formellement qu'on l'abandonnât. Consultez Ellis, *History of Madagascar*, compiled chiefly from original documents (Londres, 1838); Leguével de Lacombe, *Voyage à Madagascar et aux îles*

Comores (2 vol.; Paris, 1841); Macé-Descarles, *Histoire et géographie de Madagascar* (Paris, 1846); *Madagascar's Past and Present, by a resident* (Londres, 1817); d'Avezac, *Iles de l'Afrique* (Paris, 1848).

MADAME, mot composé du pronom *ma* et de *dame*. On n'appelait ainsi dans l'origine que les saintes et les femmes titrées : *madame* sainte Geneviève, *madame* sainte Marguerite, etc. ; *madame* la duchesse, *madame* la marquise, etc. Un chevalier appelait sa bien-aimée *ma dame*, qu'elle fût mariée ou non. Cette qualification s'est étendue depuis aux bourgeoises ; les exceptions n'existent plus maintenant, et on appelle *madame* toutes les femmes mariées, quelle que soit leur condition sociale.

Sous l'ancienne monarchie, la fille aînée du roi était qualifiée *Madame*, titre qu'on donnait aussi à la fille aînée du dauphin ou à la femme de *Monsieur*; mais il n'était jamais porté que par une seule de ces princesses, et au défaut l'une de l'autre. Toutes les autres filles du roi ajoutaient à la qualité de *Madame* leur premier nom de baptême, comme *madame Élisabeth*, *madame Victoire*, etc.

Pendant la courte durée de nos deux ères républicaines, on substitua le titre de *citoyenne* au mot *madame*. Il n'était *obligé* que dans le style officiel et dans les actes publics, les contrats, les formules judiciaires; mais dans l'intimité du foyer domestique, et dans les relations ordinaires de la vie civile, l'usage ancien s'était conservé.

Il était d'usage de donner le nom de *madame* aux abbesses et aux supérieures, aux prieures et aux religieuses en charge dans les couvents, dans les chapitres nobles. Toutes les religieuses étaient qualifiées *madame*, et en parlant de toute une communauté, quel que fût l'ordre auquel elle appartint, on disait *mesdames*, en ajoutant le nom du couvent.   DUFEY (de l'Yonne).

MADAPOLAM, tissu de coton blanc, qui tire son nom d'une ville de l'Hindoustan, Madapolam, comme la plupart des étoffes dites *indiennes* ; ainsi *calicot*, de Calicut ; *madras*, de Madras, etc. On donne le nom de *madapolam* à une qualité supérieure de calicot.

MADECASSES. *Voyez* MADAGASCAR.

MADELEINE (Sainte). *Voyez* MARIE-MADELEINE.

MADELEINE (Église de Paris, située à l'extrémité occidentale des boulevards, en face de la rue Royale et de la place de La Concorde. Ce n'était dans l'origine qu'une chapelle, fondée sous l'invocation de la Madeleine par Charles VIII, qui en posa la première pierre. Elle fut érigée en paroisse l'an 1639, et rebâtie l'an 1660. Lorsqu'en 1763 on dessina la place Louis XV, on voulut qu'une église monumentale, construite sur le boulevard et dans son axe, contribuât à sa décoration et à la perspective générale. Elle devait remplacer l'église située au coin de la rue de Suresnes, et devenue trop petite pour la population croissante du faubourg Saint-Honoré. L'architecte Contant d'Ivry fut chargé de ces travaux, qui commencèrent dès 1764 et furent poursuivis jusqu'à sa mort, en 1777. Couture, son successeur, eut l'ambition de reproduire à Paris le Panthéon d'Agrippa. Il fit démolir, en conséquence, la presque totalité des constructions, déjà fort avancées ; mais les difficultés qu'il éprouva pour élever son dôme l'empêchèrent d'achever l'édifice, que la révolution laissa tel quel. Bientôt il eut l'aspect d'une ruine. Napoléon eut l'idée d'en faire un *temple de la Gloire*. Le programme fut aussitôt mis au concours ; l'empereur préféra le projet de Pierre Vignon, qui donnait à l'édifice la forme d'un temple grec. Le nouvel architecte fit démolir tout ce qui avait déjà été fait et refait par ses prédécesseurs, y compris les fondations, ne voulant pas compromettre la solidité de son œuvre par une économie mal entendue. Au retour des Bourbons il dut convertir son temple en église ; mais ses changements se bornèrent à l'intérieur du vaisseau, qu'il s'efforça d'approprier au culte catholique, sans y réussir complètement. Huvé termina ce monument, qui ne fut livré au culte qu'en 1842. Les belles sculptures du fronton sont de M. Lemaire ; elles représentent Jésus-Christ séparant les bons des méchants à l'heure du jugement dernier.

L'intérieur de l'église de la Madeleine, par la nouveauté des dispositions, l'or et le marbre prodigués partout, l'éclat des peintures, donne plutôt l'idée d'un édifice profane que d'un monument religieux. Les trois travées de la nef ont été décorées de peintures par MM. Schnetz, Couder, Bouchot, Cogniet, Abel de Pujol, Signol. Le sanctuaire est terminé en forme d'abside, et sa voûte demi-sphérique a été peinte par M. Ziegler. Le sujet qu'il a choisi n'est rien moins qu'une histoire abrégée des développements du christianisme, figurée par les personnages principaux qui depuis les apôtres jusqu'à Pie VII et Napoléon ont contribué à ses progrès ou à sa défense. Le groupe du maître autel, dont le sujet est la Madeleine sanctifiée, est de M. Marochetti. La chapelle du Baptême est décorée d'un groupe de Rude, le Baptême de Jésus-Christ par saint Jean; celle du Mariage, d'un groupe de Pradier, le Mariage de la Vierge. La porte d'entrée en bronze a été fondue par M. Richard ; les bas-reliefs, qui représentent les Commandements de Dieu, sont de M. Triqueti. Trente-quatre statues placées dans des niches au pourtour sont l'œuvre de différents statuaires.

MADELONNETTES (Les), prison de Paris, située rue des Fontaines, dans le quartier Saint-Martin. Ce fut d'abord un couvent de filles repenties qu'on appelait filles de la Madeleine ou Madelonnettes. Elles furent établies en 1620 dans cette maison par la libéralité de la marquise de Maignelay, sœur du cardinal de Gondi. En 1793 ce couvent devint une prison publique, affectée deux ans plus tard aux femmes prévenues de délits, destination qu'elle conserva jusque vers la révolution de Février.

MADEMOISELLE, mot composé du pronom *ma* et de *demoiselle*. On disait au moyen âge *damoisel* et *damoiselle* pour désigner les fils ou les filles des seigneurs, et cette qualification n'appartenait qu'aux familles titrées. Sous l'ancienne monarchie, les filles du fils aîné du roi étaient appelées *mesdames* dès leur naissance (*voyez* MADAME); les autres princesses, nées de fils puînés du roi, avaient l'épithète distinctive de *mesdemoiselles*. Les filles de Jean-Baptiste Gaston, duc d'Orléans, second fils de Henri IV, furent connues sous les noms de *mesdemoiselles* d'Orléans, d'Alençon, de Valois et de Chartres. Les historiens n'appellent que *mademoiselle* la fille aînée de Gaston d'Orléans, qui a joué un rôle important dans les troubles de la fronde. La sœur du duc de Bordeaux portait aussi le titre de *mademoiselle*.

Comme le titre de *madame* pour les femmes mariées, celui de *mademoiselle* pour les jeunes ou vieilles filles a passé de la noblesse à la bourgeoisie, et de la bourgeoisie dans tous les rangs de la société sans exception. Le mot, dans nos provinces méridionales, a encore une acception consacrée par une tradition séculaire : les épouses et les filles des propriétaires de riches fermiers s'appelaient indistinctement *mademoiselle*. Le vocabulaire des théâtres n'admettait autrefois pour toutes les femmes que le nom de *mademoiselle*, quels que fussent leur âge et leur position sociale : on disait et l'on devait dire, d'après l'usage traditionnel, *mademoiselle* Clairon, *mademoiselle* Arnould, *mademoiselle* Contat, *mademoiselles* Guimard, etc. Mais depuis longtemps le vieux vocabulaire des coulisses est tombé en désuétude ; ce n'est plus qu'un souvenir de l'autre siècle.   DUFEY (de l'Yonne).

MADÈRE, en portugais *Madeira*, en espagnol *Madera*, l'une des îles de l'Afrique occidentale appartenant au Portugal, à 105 myriamètres au sud-ouest de Lisbonne, comprise, avec la petite île de *Porto-Santo*, située à 5 myriamètres plus au nord-est, et avec les îles désertes (*Ilhas desertas*), encore plus petites, sous la dénomination commune de *Groupe de Madère* ou *Canaries septentrionales*, et formant ensemble une surface totale de 10 et suivant d'autres de 12 myriamètres carrés, est déjà désignée sur la carte marine de Médicis, de 1351, sous le nom d'*Isola di Legname*, c'est-à-dire *île du bois*; mais elle ne fut visitée et colonisée pour la première fois qu'en 1419, par les Portugais Juan Gonzalez Zarco, Tristan Vas et Muñiz Perestrelo. Ce nom de *Madeira* (Bois) lui fut donné à cause des forêts qui la couvraient alors, mais qui ont complétement disparu depuis longtemps. Cette île n'est qu'un volcan éteint ; ses montagnes, dont le pic le plus haut, le *Pico Ruivo*, s'élève à 1,894 mètres au-dessus du niveau de la mer, sont presque toujours couvertes de neiges, qui se dissolvent en pluies. La hauteur absolue de plus de la moitié de l'île est de 833 mètres. Des côtes hérissées de rochers et bordées d'escarpements formidables, d'énormes talus de basalte, et au-dessus de ces puissantes formations, des pics isolés, monuments de la grande convulsion qui a déchiré cette terre, puis des gorges et des vallées creusées dans la profondeur de ces massifs, des torrents dont les eaux sauvages roulent avec fracas au milieu d'un sol en désordre : tel est l'aspect général d'un pays que la nature a doté de la plus belle végétation. Le sol, le plus souvent de formation basaltique, est cependant sur deux points trachytique, et se compose tantôt de tuf de trachyte, de scories détachées et de tuf volcanique reposant sur une chaux tertiaire. Sans doute on n'y découvre nulle part de cratères évidents, non plus que de récents courants de lave ; mais on y ressent fréquemment des tremblements de terre. Des rochers basaltiques aux formes les plus étranges et les plus heurtées constituent plus particulièrement les parois perpendiculaires de la belle et profonde vallée appelée *Curral das Freiras* (c'est-à-dire Parc des Nonnes), située au centre de l'île, à une profondeur relative de 550 à 650 mètres. Les violentes commotions qui ont rompu et fracassé le massif de l'île produisirent cette étonnante vallée, dont les habitants Bowdich a donné une relation des plus intéressantes. Lorsqu'on atteint la plus haute partie de la route, tracée à plus de 1,200 mètres au-dessus de la mer, on s'arrête tout à coup avec une terreur mêlée d'admiration sur les bords d'un effroyable précipice. Les surfaces nues et glacées de ces roches, qui s'élèvent en forme de tours et de créneaux, les pans de la montagne revêtus de forêts vierges, le torrent qui de chute en chute tombe et roule au fond de la vallée au milieu des vignobles et des jardins, l'éclat lointain de la mer, tout en présence de ce beau paysage ajoute aux idées de grandeur et d'immensité que sa vue inspire. Le *Pico Ruivo*, dont nous avons déjà parlé, domine cette romantique vallée. Quand on est placé sur les crêtes escarpées du vallon, ce pic menaçant, sur lequel flottent les nuages, semble prêt à vous engloutir ; et si, par un mouvement involontaire, le voyageur détourne les yeux de cette gigantesque ruine, c'est pour les reporter avec effroi sur les abîmes qui s'ouvrent à ses pieds. La route qui conduit au pic contourne pendant trois kilomètres environ le revers des précipices avant d'atteindre le point de la descente du *Curral*.

Le climat de l'île est un printemps perpétuel ; la température est très-chaude, mais uniforme et d'une grande salubrité. En été la rosée y tient lieu de pluie, en hiver les pluies amènent ordinairement le débordement des nombreux cours d'eau. La fécondité du sol est extrême.

Sur le littoral, ce ne sont que vergers de citronniers et d'orangers, qui embaument l'atmosphère du parfum de leurs fleurs : là, les arbres des tropiques croissent confondus avec ceux de l'Europe ; plus haut, de riches vignobles sont disposés en terrasses sur les pentes des montagnes, tapissent les berges des ravins ou décorent l'enceinte des vallées ; les lauriers et d'autres végétaux indigènes forment ensuite une ceinture de forêts aux plantations, et, vers la région supérieure, des bruyères et des plantes alpines viennent rappeler au voyageur quelques sites des Pyrénées.

On cultive à Madère beaucoup de dattiers, d'abricotiers, de pêchers, de marronniers, et en général tous les fruits du Sud. Dans les jardins, l'ananas et d'autres plantes tropicales croissent à côté de nos plus vulgaires plantes potagères. La culture des céréales n'est cependant pas assez répandue pour que ses produits puissent suffire à la consommation locale ; et il faut à cet égard recourir aux ressources de l'importation.

La canne à sucre y réussit parfaitement ; et dans ces derniers temps on y a aussi introduit la culture du café, qui y donne d'excellents produits, devenus déjà un article d'exportation d'une certaine importance. Les seuls quadrupèdes qui y existent encore à l'état sauvage sont le lapin et le porc. Il a fallu y introduire d'Europe les bœufs, les moutons et les chevaux. Les habitants sont pour le plus grand nombre d'origine portugaise. On y trouve aussi beaucoup de nègres et de mulâtres, ainsi que quelques centaines d'Anglais qui s'y sont fixés. En 1767 la population totale de Madère était de 64,000 âmes, en 1847 elle atteignait le chiffre de 115,000 âmes ; mais dans ces derniers temps elle a sensiblement diminué, par suite de l'émigration d'un grand nombre de familles entières, qui sont allées s'établir, les unes aux Indes occidentales et les autres au Brésil ; de sorte qu'aujourd'hui son chiffre est redescendu à 108,000 âmes. La loyauté, la sobriété, la sociabilité, l'infatigable ardeur au travail, l'intelligence et la facile acclimatation des habitants de Madère, en ont fait de précieux remplaçants des nègres depuis que la traite a été prohibée d'un commun accord par toutes les grandes puissances de l'Europe.

Depuis 1836 l'administration de ce groupe d'îles dépend immédiatement de celle du Portugal. Elle forme un arrondissement particulier, divisé en huit districts, mais qui a cessé d'être placé sous l'autorité d'un gouverneur général. Il serait facile au gouvernement portugais de mettre en culture bon nombre de parties de l'île restées en friche jusqu'à ce jour ; il n'y a en effet que le quart de la surface du sol qui soit encore cultivé. Il augmenterait ainsi infailliblement le bien-être de la population, restée fort misérable dans une grande partie de l'île ; pour cela, il n'aurait qu'à vouloir et qu'à savoir prendre de bonnes mesures administratives. Le commerce est généralement aux mains des Anglais. Le produit de la douane, qui va toujours en diminuant, avait encore atteint en 1850 le chiffre de 119,334 dollars.

Funchal, chef-lieu de l'île, siége d'évêché, s'élève en amphithéâtre sur la côte méridionale, au fond d'une baie entourée de montagnes pittoresques de 12 à 13 mètres d'élévation et toutes garnies de maisons de campagne, mais ouverte du côté de la mer, et dès lors présentant peu de sécurité. D'ailleurs l'intérieur de la ville ne répond guère à l'aspect qu'elle présente de l'extérieur. La population est de 25,000 âmes. On y trouve une cathédrale, trois couvents de femmes, un temple protestant anglais, et quatre forts pour la défense de la rade. C'est le grand centre de l'activité industrielle de tout le groupe d'îles ; et comme point de relâche des bâtiments allant d'Europe aux Indes orientales, Funchal a une grande importance commerciale.

On compte 2,500 habitants à *Machico*, et 1,500 à *Santa-Cruz*.

La petite île de *Porto-Santo*, longue seulement de 7 kilomètres, de formation à peu près analogue à celle de Madère, composée surtout de grès, et manquant complétement d'arbres, abonde en perdrix et en oiselle. On y compte 1,800 habitants, dont la culture de la vigne constitue la grande industrie. La récolte y dépasse annuellement 1,500 pipes. Les trois îles désertes, les *Desertas*, situées à l'est de Madère, ne possèdent guère au delà de 600 habitants. On élève beaucoup de bêtes à cornes dans la grande *Deserta*. Les îles boisées situées au S.-S.-E. ne sont habitées que par des lapins sauvages, et fournissent d'excellente oreille.

MADÈRE (Vins de). La culture la plus importante de l'île de Madère est celle de la vigne, qui y fut introduite de Crète, en 1421 ; les vins qu'on en retire sont de plusieurs qualités : il y a la *Tinta*, qu'on peut comparer au vin rouge d'Oporto quand il est vieux ; et le *Verdelho*, qui prend avec l'âge une teinte jaunâtre. Les deux sortes les plus estimées sont le *Malvoisie* (*Malvasio*), dont le meilleur a reçu le nom de *Babosa* ; et le *Madère sec*, ainsi appelé parce qu'il découle déjà, avant de passer par le pressoir, de raisins qu'on a laissés tellement mûrir qu'ils en sont devenus presque secs. Les Anglais, qui s'entendent en fait de monopole, se sont emparés du commerce du vin de Madère, et en retirent de grands profits. La production annuelle s'élève en moyenne à 22,000 pipes, dont plus de la moitié s'exporte à l'étranger.

MADIANITES. Ce peuple, sans histoire, n'est connu que par ses rapports avec les Israélites, qui, durant le séjour qu'ils firent dans le désert, se livrèrent si mal avec les femmes et les filles des Madianites et des Moabites. C'est ce qui nous est conservé dans le livre des *Nombres*, c. XXV, où on remarque les inexorables punitions du législateur. Moïse, irrité de la conduite de son peuple, incliné devant Béelphégor, et mangeant la chair des sacrifices avec le peuple idolâtre, résolut par ordre de Dieu de détruire ces hommes qui avaient tendu des embûches aux Israélites, afin de détourner la fureur du Seigneur du peuple choisi. Vingt-quatre mille hommes périrent; Moïse fit mettre à feu et à sang ce pays, où s'était passé le drame coupable qui avait irrité le Seigneur, et il réserva seulement les jeunes filles vierges pour l'esclavage du tabernacle. Au chapitre XXXI des *Nombres*, Moïse fait le dénombrement du butin remporté sur ces coupables. Il se composait de six cent soixante-quinze mille brebis, soixante-douze mille bœufs, soixante-et-un mille ânes et trente-deux mille filles vierges.

MADIER DE MONTJAU (PAULIN), conseiller à la cour de cassation, démissionnaire à la suite de la révolution de Février, naquit en 1785, à Bourg-Saint-Andéol (Ardèche). Son père, avocat distingué, remplissait les fonctions de maire et de consul dans sa ville natale, lorsque ses concitoyens l'élurent pour leur représentant à l'Assemblée constituante, où il figura parmi les membres de la droite et combattit en toute occasion les hommes qui tendaient secrètement à renverser le trône constitutionnel de Louis XVI. Obligé de se cacher pendant la terreur, inscrit alors sur la liste des émigrés, il n'obtint sa radiation qu'après le 9 thermidor. Elu en 1797 par son département au conseil des Cinq Cents, il fut l'une des victimes du 18 fructidor ; mais il échappa à la déportation en se réfugiant en Espagne, et ne rentra en France qu'après le 18 brumaire. Pendant la durée du consulat et de l'empire, il se tint éloigné de toute fonction publique. La Restauration lui sut gré du rôle qu'il avait joué pendant la révolution : elle lui octroya des lettres de noblesse, en même temps qu'elle le nommait conseiller à la cour royale de Lyon.

Son fils, celui auquel nous consacrons cet article, après avoir débuté sous l'empire par les fonctions d'auditeur au conseil d'État et avoir été nommé en 1811 inspecteur général des droits réunis dans les départements du midi, fut appelé en 1813 à faire partie de la cour impériale de Nîmes avec le titre de conseiller. Maintenu dans ces fonctions par la Restauration, il figura dans le petit nombre de magistrats qui s'efforcèrent de réprimer les excès commis dans le midi de la France à la suite de nos désastres de 1815. Un moment abattue et vaincue par le courant des idées libérales qui de 1816 à 1819 était parvenu à modifier la pensée gouvernementale, la faction absolutiste et sacerdotale puisa dans l'assassinat du duc de Berry une énergie nouvelle, et ne fut en œuvre pour ressaisir le pouvoir que l'ordonnance royale du 5 septembre 1816 lui avait arraché. Un comité directeur, établi à Paris, tenait les fils de cette vaste conspiration, dont le but était de confisquer la charte et les institutions constitutionnelles, pour leur substituer le règne du bon plaisir, enté sur l'aristocratie et le clergé, comme avant 1789. Comprenant que le moment était venu de monter sur la brèche, M. Madier de Montjau se décida à dénoncer cette vaste conspiration, dans une pétition qu'il adressa vers la fin de février 1820 à la chambre des députés, où elle souleva de vives discussions, tandis qu'elle produisait une immense sensation dans le pays. L'opposition insista pour qu'elle fût imprimée et distribuée; le ministère, faisant cause commune avec l'extrême droite, combattit cette proposition; et la majorité dont il disposait se contenta d'en ordonner le dépôt au bureau des renseignements et le renvoi au président du con-

seil. Les ministres, pour donner satisfaction aux rancunes de la faction absolutiste, enjoignirent au procureur général près la cour à laquelle M. Madier de Montjau appartenait de le traduire devant ses chambres assemblées pour y répondre à l'accusation d'avoir cherché à faire du scandale en adressant sa dénonciation à la chambre des députés, au lieu de la faire parvenir au ministre de la justice, et en même temps, pour donner des renseignements sur les faits qu'il dénonçait à la vindicte publique. En raison de la publication faite par lui d'une seconde pétition ou mémoire à l'appui de sa dénonciation, le gouvernement le traduisit devant la cour de cassation, toutes sections réunies sous la présidence de M. de Serre, garde des sceaux. Il présenta lui-même sa défense avec une vive éloquence; mais la cour, se fondant sur ce qu'il refusait de désigner nominativement les individus qu'il signalait comme coupables des faits dénoncés, le condamna à la censure.

Le courageux magistrat alla reprendre son siège à la cour de Nîmes, bravant les menaces de vengeance dont il était assailli. Quand vint la révolution de 1830, il était naturel que le gouvernement nouveau récompensât son dévouement à la charte constitutionnelle et aux libertés publiques : il l'appela à occuper l'une des premières sièges qui vinrent à vaquer à la cour suprême. Vers 1840, il signala au pays les tendances illibérales du nouveau gouvernement. La révolution de février 1848 ne le surprit donc aucunement, mais à l'occasion du décret par lequel le gouvernement provisoire attentait au principe de l'inamovibilité des juges, il se démit des fonctions éminentes qu'il remplissait depuis dix-huit ans. A partir de ce moment il a persisté à vivre dans la retraite, dans l'obscurité, et n'est sorti qu'une fois du silence auquel il s'est condamné, pour adresser à un journal de département (*Le Mémorial bordelais*) une lettre dans laquelle il dit, avec beaucoup de franchise et de probité, son *mea culpa* sur les événements les plus saillants de sa carrière politique et sur le rôle qu'il a joué dans l'histoire contemporaine.

M. Madier de Montjau a deux fils, qui après février 1848 se jetèrent à corps perdu dans le mouvement révolutionnaire; ils appartiennent aux notabilités du parti socialiste, et l'un d'eux avait été élu représentant du peuple par les socialistes de Saône-et-Loire. Il siégeait sur la crête de la montagne. Il a été expulsé après le coup d'État.

MADISON (JAMES), président des États-Unis de l'Amérique du Nord (1809-1817), était né en Virginie, vers 1758, et se consacra de bonne heure à la carrière du barreau. A peine âgé de vingt-deux ans que ses concitoyens lui faisaient l'honneur de le choisir pour leur représentant au congrès, où il brilla tout aussitôt parmi les plus habiles orateurs. Après avoir beaucoup contribué à la rédaction de la nouvelle constitution, il s'associa avec divers patriotes à l'effet de publier sous le titre de *The Federalist* une série de brochures destinées à déterminer le peuple à l'accepter. Sous l'administration de Jefferson il fut nommé sous-secrétaire d'État. Élu président, il déclara sa ferme résolution de consolider l'indépendance de sa patrie et de combattre énergiquement le parti fédéraliste accusé de secrètes sympathies pour l'Angleterre. C'est dans cet esprit qu'il interdit tout commerce avec l'Angleterre et la France tant que ces puissances maintiendraient en vigueur les dispositions qu'elles avaient prises l'une et l'autre en 1807 pour troubler le commerce des neutres. La France n'eut pas plus tôt retiré ses décrets restrictifs que Madison rétablit les communications commerciales des États-Unis avec elle, en même temps que les relations de sa patrie avec l'Angleterre se compliquaient, le gouvernement anglais apportant toujours plus de roideur dans ses exigences, de même que par ses prétentions à la souveraineté des mers et en se permettant d'enrôler de vive force des matelots américains au moyen de la presse, il indisposait de plus en plus Madison, déjà fort mal porté pour l'Angleterre. Il en résulta en 1812 une guerre avec l'Angleterre, qui fut un coup sensible pour la prospérité des États-Unis. Les fautes commises par divers généraux furent attribuées au président, et le mécontentement public eut surtout pour organe le parti fédéraliste, qui annonça hautement l'intention de ne point le réélire à l'expiration de ses pouvoirs. Au milieu de cette crise terrible, et surtout après l'acte de sauvage barbarie que commirent les Anglais en livrant aux flammes la ville fédérale, la capitale de l'Union, Washington, Madison déploya le plus mâle courage. Dès que l'ennemi eut battu en retraite, il réunit de nouveau le congrès, dont il rouvrit la session par un discours des plus belliqueux, en même temps qu'il prenait des mesures si vigoureuses que bientôt les Américains eurent décidément le dessus dans la lutte, grâce à la bravoure toute particulière de leur marine et à une diversion heureuse tentée dans le Canada. Il en résulta que la paix signée le 24 décembre 1814, à Gand, avec l'Angleterre rétablit entre les deux pays les choses dans l'état où elles se trouvaient avant la guerre. Le 1er mars 1817, Madison signait l'acte de navigation, et trois jours après il déposait ses pouvoirs présidentiels. Il mourut juge de paix en Virginie, le 28 juin 1836. Il avait eu pour successeur à la présidence James Monroe.

MADJARES ou **MAGYARES**. *Voyez* Hongrie.

MADONE, en italien *Madonna*, par contraction de *mia donna*. Ce dernier mot est lui-même une corruption du mot latin *domina*, titre de déférence et d'honneur. C'est pour ce motif que les Italiens donnent le nom de *Madonna* à la Mère de Jésus-Christ. La vierge Marie est chez les Italiens, comme chez les Espagnols, l'objet d'un culte particulier. Il est facile de comprendre, au reste, que leur adoration pour la Vierge prenne, à leur insu, le caractère d'exaltation que les femmes leur inspirent. On trouve partout en Italie de petites chapelles consacrées à la Vierge, où le voyageur s'arrête pour faire ses prières; et les peintres l'ont représentée dans une grande quantité de tableaux. Raphaël, le peintre par excellence, est celui qui a su donner à ses madones un caractère de beauté inimitable. C'est un mélange de grâce, de noblesse et d'élévation; et cependant on retrouve toujours la mère tendre, occupée de l'Enfant-Dieu auquel elle a donné le jour. Les plus célèbres de ces tableaux sont *La Madonna di San-Sisto*, à Dresde, et *Les Vierges aux Anges* et *au Voile*, qui sont au Musée. P.-A. Coupin.

MADRAS, présidence de l'Empire Indo-Britannique, d'une étendue d'environ 4,700 myriamètres carrés, avec une population de seize millions d'habitants, comprend la partie orientale de la presqu'île en deçà du Gange, depuis le cap Comorin jusqu'à Balasore, et est divisée en huit provinces : *Karnatik, Coimbatour, Salem, Seringapatam, Malabar, Canara, Balaghaut* et les *Circars du nord*.

Son chef-lieu, Madras, situé dans la province de Karnatik, sur la côte de Coromandel, dans une contrée sablonneuse, sur les bords du Palier et de la mer, offre un général la bizarrerie du caractère oriental; car on y trouve juxta-posées des pagodes hindoues, des églises chrétiennes et des mosquées avec leurs hauts minarets, de même que des maisons à toits plats, et au milieu de tout cela force arbres et jardins. Elle est divisée en deux parties : la *ville blanche*, et la *ville noire*. La première, belle et régulièrement construite, avec un mur d'enceinte, n'est habitée que par les Européens. C'est là qu'on trouve les plus riches négociants, d'immenses magasins de marchandises de toutes espèces et des boutiques en tous genres. Au milieu s'élève le fort Saint-Georges. Parmi ses nombreux édifices on remarque surtout le magnifique palais du gouverneur, où l'on voit la plus vaste salle qu'il y ait dans tout l'univers. La ville noire est séparée de la ville blanche par une esplanade, dont l'enceinte comprend plusieurs kilomètres. Les palais les plus magnifiques y alternent avec les maisons les plus misérables, les rues larges avec les ruelles. Elle est habitée par les Hindous, les Arméniens, en général par tous les Asiatiques, ainsi que par des négociants portugais, et chaque classe a son quartier à elle. La population totale s'élève à 600,000 habitants.

On compte à Madras environ 1,000 pagodes, mosquées, chapelles, temples, églises, au nombre desquelles on remarque, dans un bois de palmiers, la plus belle église chrétienne qu'il y ait dans toute l'Asie. On y trouve aussi un établissement des missions protestantes, un observatoire, un jardin botanique, une imprimerie, un collége pour l'enseignement des langues de l'Inde, fondé en 1812, et divers autres établissements d'instruction publique, une Société Asiatique, un hospice d'orphelins et une maison d'aliénés. La fabrication des étoffes de coton, autrefois si florissante, y est bien tombée aujourd'hui, par suite de l'écrasante concurrence des manufactures anglaises. On y fabrique toutes sortes d'articles de verroterie pour la toilette des dames hindoues ; et on y voit aussi un grand nombre de fabriques de poteries, de briqueteries et de raffineries de sel. Le commerce, quoique la ville ne possède qu'une assez mauvaise rade, y est fort important. Un aqueduc, de construction récente, y sup, plée au manque de bonne eau potable.

Madras est le premier établissement fixe que les Anglais aient eu dans les grandes Indes. En 1639 le rajah de Bisnagor leur permit de construire un fort sur un petit district qu'il leur concéda ; et c'est autour de ce fort, appelé Fort-Saint-Georges, que ne tarda point à s'élever une ville placée sous la protection de la Compagnie des Indes. En 1653 l'agence qu'y entretenait cette Compagnie et le conseil qui y était adjoint furent élevés au rang de *présidence*. Dès la fin du dix-septième siècle on y comptait déjà, dit-on, 300,000 âmes. Depuis il y eut un temps d'arrêt dans le développement de Madras, tandis que Calcutta s'agrandissait toujours davantage ; mais ses progrès n'en ont été que plus rapides dans ces derniers temps.

Le 21 septembre 1746 les Français, commandés par La Bourdonnaye, contraignirent Madras à capituler ; mais la paix d'Aix-la-Chapelle la restitua à l'Angleterre. Attaquée en 1767 par le sultan Hyder-Ali, elle fut secourue par le général Smith. Le 23 février 1768 un traité de paix y fut conclu avec le soubah du Dekan ; et le 3 avril de l'année suivante il signa la paix dans son camp, établi sur le bord Saint-Thomas, lieu de pèlerinage pour les Hindous et pour les catholiques, situé à quelques kilomètres au sud de Madras.

MADRAS, étoffe légère qui sert aux femmes de fichu de tête ou de mouchoir de cou. Les beaux madras remplacent aussi quelquefois les foulards. Les madras sont un tissu de coton, uni, ras, et imprimé ordinairement à carreaux, et c'est fait à la mécanique. Le nom de *madras* leur vient de ce que les premiers nous sont parvenus de la ville de Madras. C'était sous ce nom que s'exportaient presque tous les produits de Masulipatnam, Pondichéry, Karikal et autres villes voisines. Aujourd'hui ces étoffes se fabriquent en abondance en France, mais plus particulièrement à Rouen. Ce fut M. Talon qui dota cette ville de cette industrie spéciale. Maintenant, les madras sont très-communs. Il en est bien peu qui nous arrivent directement des Indes.

MADRÉPORE. La dénomination de *madrépore*, employée pour la première fois par Imperati pour désigner une espèce particulière de polypiers, étendue par Marsigli à tous les polypiers de nature pierreuse, restreinte par Tournefort et Boerhaave aux polypiers à concrétions calcaires poreuses, fut assignée par Linné à ces polypiers pierreux à texture poreuse qui offrent à leur surface des excavations en forme d'étoiles lamelleuses, et qui furent ainsi réunis sous une dénomination générique commune. Pallas circonscrivit plus nettement encore le genre établi par Linné, et distribua les diverses espèces que ce genre renferme en huit sections principales, auxquelles il assigna d'excellents caractères différentiels; et la classification de Pallas, excepté avec quelques légères modifications par Ellis, Solander et Gmelin lui-même, fut généralement adoptée par les zoologistes jusqu'à l'époque de Lamarck. Celui-ci érigea d'abord en genres distincts presque toutes les sections établies par Pallas dans le genre *madrepora* de Linné; puis, poussant plus loin encore cette multiplication de genres, il fit de ce même genre *madrepora* sa famille des *polypiers lamellifères*, et réserva la dénomination de *madrépores* pour les polypiers lamellifères dendroïdes à surfaces hérissées de cellules saillantes.

Quoi qu'il en soit de ces subdivisions, elles dérivent toutes des caractères déduits de la forme et de la structure des masses crétacées ou calcaires produites par les polypes, et sur lesquelles ceux-ci reposent; elles supposent toutes que des différences spécifiques dans les polypes producteurs répondent constamment à des différences d'un certain ordre dans les polypiers produits : malheureusement une semblable concordance est loin d'être démontrée, et la structure anatomique et comparée des polypes n'est point encore suffisamment élucidée pour qu'il soit possible de baser sur des caractères déduits de la forme de leurs polypiers autre chose qu'une classification purement systématique. Aujourd'hui les madrépores sont assez généralement caractérisés ainsi qu'il suit : polypiers pierreux, subdendroïdes, rameux, à surfaces garnies de tous côtés de cellules saillantes, à interstices épineux, les cellules sont éparses, quelquefois sériales, distinctes, tubuleuses, saillantes, à étoiles presque nulles, à lames très-étroites.

Les formes générales des madrépores varient grandement : les uns présentent des expansions aplaties, profondément divisées, quelquefois subpalmées; d'autres forment une masse oblongue, couverte de petites branches courtes, cylindriques, et dont la réunion simule parfois un corymbe au sommet du polypier; d'autres, enfin, se développent et s'étendent en longs rameaux cylindriques, branchus, et semblables dans leurs formes aux bois de cerf. Mais quelle que soit la différence qui existe dans les formes extérieures des madrépores, ces polypiers n'en sont pas moins semblables entre eux par la disposition et l'aspect de leurs cellules : ces cellules sont cylindriques, nombreuses, serrées, irrégulièrement éparses, ou distribuées avec régularité sur une ligne longitudinale, ou obliquement rangées sur les tiges et les rameaux. L'ouverture de la cellule est arrondie, et son intérieur est garni de lamelles longitudinales, alternativement grandes et petites, mais toujours peu saillantes. La cavité de ces cellules se prolonge dans l'intérieur du polypier, et les espaces compris entre leurs parois sont aussi creusés par de petites cellulosités inégales et communiquant entre elles : aussi la texture des madrépores, bien qu'elle soit solide et résistante, est poreuse à l'extrême.

Imperati paraît avoir le premier soupçonné que les madrépores étaient des concrétions calcaires formées par des êtres organisés, appartenant au règne animal; Rumph, qui eut occasion d'étudier en grand les polypiers de la mer des Indes, vit dans le polypes une gelée animale productrice, recouvrant une masse inorganique produite; Peyssonel envisagea les madrépores comme formés par une agglomération de coquilles d'animaux agrégés; Donati et Carolini donnèrent quelques détails sur les différentes espèces de polypes du genre *madrepora*, tel qu'il avait été établi par Linné et Pallas ; enfin, M. Lesueur, qui a étudié vivants les polypes qui produisent le madrépore palmé, les décrit comme des animaux gélatineux, diffluents, astéroïdes, pourvus de douze tentacules courts, placés autour de l'ouverture centrale.

La plupart des madrépores parviennent à une grandeur considérable ; on assure même que les récifs des mers australes, si remarquables par la prodigieuse rapidité de leur accroissement, sont dus presque exclusivement au développement extraordinaire d'une seule espèce de ce genre, le *madrepora abrotonoides*. BELFIELD-LEFÈVRE.

MADRID, capitale de l'Espagne, chef-lieu du royaume de la Nouvelle-Castille et en même temps chef-lieu de la province de ce nom (44 myr. carrés, 406,000 habitants), sur la rive gauche du Manzanarès, qu'on y passe sur deux grands ponts en pierre, est bâtie sur un plateau manquant d'arbres et d'eau, dominant une multitude de collines, à 680 mètres au-dessus du niveau de l'Océan, presqu'au centre du royaume, et forme un carré irrégulier, entouré d'une haute muraille de briques, où l'on entre par 15 portes, dont celle d'Alcala est la plus belle, ainsi que par un arc de triomphe. Quoique son circuit, de près de 15 kilomètres, et sa longueur, de 7 kilomètres, en fassent la ville la plus grande et la plus peuplée de l'Espagne, elle n'a cependant point hiérarchiquement le titre de *ciudad* (ville), mais seulement celui de *villa*; toutefois, en style officiel de chancellerie, à son nom sont toujours accolées les épithètes de *noble*, *loyale*, *illustre*, ou encore celle d'*héroïque*, en souvenir de son soulèvement contre les Français en 1808. Elle est divisée aujourd'hui en deux quartiers septentrionaux et deux quartiers méridionaux, subdivisés chacun en cinq arrondissements et comptant ensemble 210,000 habitants. Dans la partie la plus ancienne de la ville, celle qui en forme l'extrémité sud-ouest, les maisons sont basses, les rues étroites et tortueuses; la partie neuve, et de beaucoup la plus grande, est, au contraire, bâtie avec goût. On y voit de belles et hautes maisons, des rues larges, droites et bien pavées, les plus remarquables sont celles d'*Alcala*, de *San-Bernardo* et de *Fuencarral*. Parmi les 40 places publiques qu'on y compte, les plus belles sont la *Plaza-Mayor* ou place du marché, garnie de hautes maisons formant arcades à leur rez-de-chaussée, mais déparée par son trop grand nombre de boutiques, et la place *Puerto-del-Sol*, qui forme le centre de la ville, et qui, comme rendez-vous des promeneurs et des gens de loisir, en est aussi la partie la plus brillante et la plus animée. En fait de promenades publiques, il faut surtout citer le *Prado*, situé entre la ville et le palais de *Buen-Retiro*, long de près de deux kilomètres, divisé en plusieurs avenues, orné de statues et de fontaines jaillissantes, où l'on se promène à pied, à cheval et en voiture ; le parc de *Buen-Retiro*, qui touche presque au *Prado*; et *Las Delicias*, promenade longue d'un peu plus d'un kilomètre, et qui suit les bords du canal du Manzanarès. Parmi les 77 églises, qui ne brillent ni par l'ampleur de leurs proportions ni par la beauté de leur architecture, mais qui sont très-riches en tableaux des grands maîtres des écoles espagnole et flamande, on remarque surtout la magnifique chapelle de Saint-Isidore, construite par Philippe IV, l'église des Visitadines, celle de Sainte-Isabelle et celle d'Antiochia. Au nombre des édifices publics on distingue le palais du roi, reconstruit après l'incendie de 1734, sur une façade située dans la partie occidentale de la ville, carré régulier, long de 157 mètres sur autant de large, et haut de 33 mètres, avec des toits plats, orné à l'intérieur avec la plus extrême magnificence et regorgeant de chefs-d'œuvre des Murillo, des Titien, des Mengs, etc.; puis le palais de *Buen-Retiro*, situé dans la partie orientale de la ville ; le *Palacio de los Consejos*, ou Palais du Gouvernement, dans lequel se réunissent les principales autorités du pays ; la *Duana*, ou bâtiment de la douane ; la *Panaderia*, où l'Académie de l'Histoire tient ses séances ; le grand et beau bâtiment de la Poste (*El Coreo*), l'Arsenal, la Monnaie et la Prison de la Cour. En fait d'établissements scientifiques, il faut citer tout d'abord la Bibliothèque royale, située dans un couvent voisin du palais de *Buen-Retiro*, et riche de 200,000 volumes ; puis la bibliothèque de *San-Isidoro*, riche de 50,000 volumes ; le Musée royal, contenant l'une des plus riches et des plus remarquables collections de tableaux qu'il y ait au monde ; le Lycée, espèce de société des beaux-arts, qui se réunit dans le palais appelé *Villa-Hermosa* ; le Muséum royal d'Histoire naturelle, très-riche, surtout en minéraux étrangers ; l'observatoire, construit dans le nouveau palais; un jardin botanique; les collections d'art des ducs d'Albe, de l'Infantado, et de Medina-Celi, et surtout la galerie de tableaux d'Antonio de Perez. Les établissements d'instruction publique que possède Madrid sont : l'université, réorganisée en 1770 ; le *Real Estudio di San-Isidoro*, pourvu d'une bibliothèque; un *Real Estudio* pour la médecine pratique, la chirurgie, la botanique, la pharmacie et la minéralogie; un collége noble; une école d'ingénieurs; un Institut Polytechnique; une école vétérinaire et treize académies royales, par exemple, celle des Beaux-Arts de *San-Fernando*, celle de Jurisprudence, celle de la Langue Espagnole, celle de l'Histoire, etc. On compte en outre à Madrid 19 hôpitaux, dont le grand hôpital de *San-Fernando*, pouvant contenir 1,400 malades; 4 maisons d'orphelins, 4 théâtres, 1 amphithéâtre pour les combats de taureaux, situé près de la porte d'Alcala, qui ressemble à un arc de triomphe, et un grand aqueduc, construit à l'effet de suppléer au manque de bonne eau potable, amenant de l'eau des montagnes de Guadarama et alimentant 32 fontaines publiques. L'industrie et le commerce de Madrid n'ont qu'une importance minime. Il y existe bien une espèce de foire, quelques banques et quelques sociétés d'assurances, ainsi qu'un certain nombre de manufactures d'étoffes de laine et de coton, de soieries, de tapisseries et de cigarres; mais la plus grande partie de la population vit des bénéfices que lui fait le séjour de la cour et de toutes les grandes administrations publiques. Les chemins de fer dont le gouvernement songe à doter l'Espagne, et dont celui de Madrid à Almanza est déjà aujourd'hui en pleine voie d'exploitation, devront immanquablement modifier cet état de choses dans un avenir peu éloigné. Les plus grands plaisirs pour les Madrilènes, ce sont les combats de taureaux, les processions religieuses et les soirées désignées sous le nom de *tertullias*, où l'on cause, l'on joue et l'on fait aussi un peu de musique. Aux environs de Madrid, généralement tristes et déserts, on trouve plusieurs châteaux et maisons de plaisance appartenant à la couronne, notamment la *Casa-del-Campo*, avec un beau parc; *El-Pardo*, avec une forêt de chênes et un parc; *Villa-Viciosa*, où Ferdinand VI mourut, en état de démence, en 1759; la *Florida* et *Zarguela*.

C'est depuis le règne de Philippe II que Madrid est devenu la capitale du royaume et la résidence habituelle des rois d'Espagne, qui habitaient auparavant tantôt cette ville, tantôt les *Sittos* d'Aranjuez, de l'Escurial et de Saint-Ildefonse; elle est célèbre par une foule de traités conclus dans ses murs, et dont les plus importants furent celui qui intervint, en 1526, entre Charles-Quint et François Ier, roi de France, celui de 1617, entre l'Espagne et Venise, et celui de 1800, entre l'Espagne et le Portugal. Dans la guerre de la succession d'Espagne, Madrid prit parti pour la France; mais en 1808 son insurrection populaire du 2 mai contre les troupes françaises aux ordres de Murat, insurrection dans laquelle périrent 1500 de ses habitants, donna le signal de la guerre de l'indépendance. Les commotions politiques provoquées en Espagne par la lutte des carlistes et des *christinos*, et en 1834 la convocation des cortès eurent sans doute pour résultat d'y surexciter beaucoup les esprits; mais, au total, la population témoigna toujours d'un attachement marqué pour la cause de la jeune reine. L'insurrection militaire qu'y tenta le 18 janvier 1835 la plus grande partie du 2e régiment d'infanterie légère, commandée par le lieutenant Cardero, et dans laquelle périt le général Canterac, capitaine général de la Nouvelle-Castille, échoua, tout comme plus tard, en 1842, une tentative faite par le général Léon pour enlever la reine Isabelle alors encore mineure. En 1843, au contraire, Madrid se prononça vigoureusement en faveur d'Espartero, dont elle n'abandonna la cause que lorsqu'elle se trouva perdue sans ressources. En juillet 1854, une insurrection força le ministère à donner sa démission, et bientôt la reine dut appeler le maréchal Espartero à la tête du gouvernement.

MADRID (Traité de), consenti par François Ier, prisonnier de Charles-Quint, pour recouvrer sa liberté. Quelques heures avant de le signer, le roi de France avait fait venir dans sa chambre ses trois plénipotentiaires, François de Tournon, archevêque d'Embrun, Jean Selva, premier président du parlement de Paris, et Philippe de Brion-Chabot; et, après leur avoir fait jurer de garder le secret sur ce qu'il allait leur communiquer, il avait déclaré devant eux qu'il ne signait ce traité que contraint et forcé, et avait protesté qu'il ne l'exécuterait jamais. Par le traité de Madrid François Ier cédait à l'empereur le duché de Bourgogne, le comté de Charolais, les seigneuries de Noyers et de Château-Chinon, la vicomté d'Auxonne et le ressort de Saint-Laurent en toute souveraineté. Il renonçait en même temps à ses prétentions sur le royaume de Naples, le duché de Milan et les seigneuries de Gênes et d'Asti, à sa souveraineté sur les comtés de Flandre et d'Artois et aux cités et châtellenies qu'il possédait dans ces comtés. L'empereur renonçait de son côté aux villes de la Somme. François devait épouser Éléonore, sœur de l'empereur et reine douairière de Portugal. Il accordait pardon plein et entier au connétable de Bourbon et à ses partisans, leur rendait leurs biens avec les fruits perçus pendant leur exil; contractait une alliance offensive et défensive avec l'empereur; s'engageait à lui fournir des vaisseaux et des troupes pour l'accompagner en Italie à son couronnement, et à le suivre en personne lorsque Charles marcherait à une croisade contre les Turcs ou les hérétiques. Les deux fils aînés du roi ou, à son choix, l'aîné seulement avec douze des plus grands seigneurs de France, devaient être remis en ôtage et comme garantie de la promesse faite par le roi que si dans six semaines la Bourgogne n'avait pas été remise à l'empereur, et dans les quatre mois les ratifications n'avaient pas été échangées, il reviendrait tenir prison où l'empereur l'ordonnerait. Charles qu'il fut en liberté, François Ier refusa d'exécuter ce traité déshonorant, et la guerre recommença.

MADRID, château qui existait autrefois à une des extrémités du bois de Boulogne. On a dit à tort qu'il fut bâti par François Ier vers 1530, sur le modèle de celui où il avait été trois ans prisonnier en Espagne: ces deux édifices ne se ressemblaient nullement. La vérité, c'est que, comme ce prince visitait souvent ce château à l'insu de ses courtisans, ils l'appelèrent Madrid, par allusion ou par raillerie. Nous voyons pourtant qu'il portait le nom de château de Boulogne sous Charles IX, qui l'habitait souvent; mais sous Louis XIII, qui y venait aussi, l'appellation satirique avait prévalu. On ignore le nom de l'architecte qui le construisit; il était entouré de fossés et élevé de quatre étages, dont les deux premiers avec portiques en arcades. Trois de ses façades étaient décorées en terre cuite émaillée, ce qui produisait un effet merveilleux. Le goût de Jérôme et de César della Robbia, qui y exécutèrent de nombreux travaux, inspira sans doute ce genre de décoration, que n'employa point Philibert Delorme dans la partie qu'il acheva. A partir de Louis XIV Madrid cessa d'être habité par sa cour; on y donna des logements de faveur à des personnes de marque. A la révolution il fut adjugé pour 648,205 livres en assignats et démoli. Ses attenances et dépendances furent vendues par lots.

MADRIERS. C'est le nom que l'on donne dans la charpenterie à des pièces de bois méplates, de 8 à 16 centimètres d'épaisseur, sur 27 à 43 centimètres de largeur. Les madriers servent à faire des pilotis, à asseoir les fondations des murs dans les terrains de mauvaise consistance, à soutenir les terres dans les tranchées que l'on creuse pour bâtir, dans les fouilles, dans les mines, etc.; leur résistance fait également employer à former les plates-formes des batteries de canon, de mortiers, etc. Le madrier change de nom quand on le façonne.

MADRIGAL. Une pensée fine, tendre ou galante, coquettement rendue en vers libres, sans régularité, sans faiblesse, avec une concision épigrammatique, telle est, ce nous semble, la définition la plus exacte du madrigal. Dans la poésie légère, genre aimable si l'on veut, mais où les réputations sont rarement durables, le *madrigal* occupa jadis une place distinguée. Exploité tour à tour par les petits génies de l'hôtel Rambouillet et par nos sommités poétiques,

556 MADRIGAL — MÆLZEL

tour à tour chef-d'œuvre de ridicule ou d'exquise délicatesse, le madrigal disparut un beau jour dans les ruelles des Aramintlie et des Cidalise; et, tout bien examiné, sa retraite fut une heureuse chose.

Melin de Saint-Gelais est le premier, dit-on, qui ait introduit le mot de *madrigal* dans notre poésie. Ses œuvres n'en renferment qu'un seul; et comme c'est le premier qui ait paru, et qu'il n'a que dix-sept vers, on établit pour règle que le *madrigal* ne dépasserait point ce nombre. Le mélange des rimes et des mesures dépendait absolument du goût du poète. Cependant, vu la brièveté extrême du *madrigal*, toute licence, soit pour la rime, soit pour la césure et la pureté de l'expression, était rigoureusement interdite.

Le nom de ce petit poème vient-il du grec μάνδρα (bergerie), parce que c'était dans l'origine une chanson pastorale, dont les Italiens ont fait *madrigale*, et nous *madrigal*? Est-il dérivé de l'espagnol *madrugada*, matin, parce que les amants avaient coutume de chanter des *madrigaux* dans les sérénades qu'ils donnaient de grand matin à leurs maîtresses? Nous ne savons. Mais nous terminerons par deux exemples, l'un emprunté à Pradon, qui faisait mieux un madrigal qu'une tragédie, et l'autre à Voltaire, qui faisait également bien la tragédie et le madrigal. Pradon fait cette réponse a une personne qui lui a écrit avec beaucoup d'esprit :

Vous m'écrivez que pour écrire :
C'est pour vous un amusement ;
Moi, qui vous aime tendrement,
Je n'écris que pour vous le dire.

La chronique de l'époque ne nous dit pas si le pauvre Pradon reçut des encouragements. En revanche, les *Mémoires* de Thiébault sur Frédéric II nous apprennent que le roi-philosophe, peu satisfait de voir sa royale sœur courtisée par un poète, fronça le sourcil en lisant ce madrigal :

Souvent un air de vérité
Se mêle au plus grossier mensonge ;
Cette nuit, dans l'erreur d'un songe,
Au rang des rois j'étais monté.
Je vous aimais alors, et j'osais vous le dire,
Les dieux à mon réveil ne m'ont pas tout ôté,
Je n'ai perdu que mon empire.

MADVIG (Jean-Nicolas), l'un des plus célèbres philologues de notre époque, professeur de langue et de littérature latines à l'université de Copenhague depuis 1828, époque où il remplaça le professeur Thorlacius, est né en 1804, dans l'île de Bornholm. Comme critique, il s'est surtout occupé des écrits et des discours philosophiques de Cicéron. Nous devons ici une mention spéciale à ses travaux sur Lucrèce et sur Juvénal ; à son édition critique du traité de Cicéron *De finibus bonorum et malorum* (1839); et à la dissertation dans laquelle il a démontré qu'*Apulée le grammairien*, publié par Maï et Osann, n'est qu'une mystification littéraire. On a aussi de lui plusieurs essais historiques et archéologiques d'une grande valeur, entre autres : *Recherches sur le système des colonies romaines dans leurs rapports avec le droit politique des Romains* (1832); *Coup d'œil sur la constitution politique des peuples de l'antiquité* (1840). En 1844 il a publié une Grammaire latine à l'usage des écoles (Brunswick). Le mouvement révolutionnaire de 1848 en fit alors un des ministres du roi Frédéric VII. Depuis 1852 il est directeur de l'instruction publique en Danemark.

MÆDLER (Jean-Henri), professeur d'astronomie et directeur de l'observatoire impérial de Dorpat, est né le 29 mai 1794, à Berlin, où il se consacra à la carrière de l'enseignement public, et pendant dix ans, de 1817 à 1828, il y prit part à la direction de l'école normale. A partir de 1829 il fit avec Beer, dans l'observatoire que celui-ci s'était fait construire à Berlin, une série d'observations de la plus rigoureuse exactitude, dont le premier fruit fut des descriptions de Mars pendant son opposition en 1830. Un travail bien autrement important, qu'ils entreprirent aussi en commun, fut leur grande carte de la Lune (4 feuilles; Berlin, 1834- 1836), qui fit oublier toutes celles qui avaient été publiées jusque alors, ainsi que leur *Sélénographie générale comparée* (2 vol., en allemand; Berlin, 1837), qui sert de texte explicatif à cette carte. Il parut encore, en 1837, une carte générale de la Lune, œuvre de Mædler seul, de même qu'en 1839 une courte description de la Lune. Il s'est aussi occupé d'une manière toute particulière de calculer les orbites de plusieurs étoiles doubles, et des deux satellites les plus rapprochés de Saturne. En 1833 il fut chargé de faire dans l'île de Rugen les observations précises de temps pour l'expédition chronométrique russe. Attaché à partir de 1836 à l'observatoire royal de Berlin, il accepta en 1840 une position analogue à celle de Dorpat, et la même année il épousait la fille aînée du conseiller aulique hanovrien de Witte, qui s'est fait un nom distingué parmi les femmes auteurs. Les principaux ouvrages dont on est redevable à Mædler sont ses *Observations faites à l'observatoire de Dorpat* (tome IX à XIII : Dorpat, 1842-1849) et ses *Recherches sur le Système des Étoiles fixes* (Mittau, 1847-1848, 2 vol). Les idées publiées par Mædler dans une petite brochure (1re et 2e édit. ; Dorpat, 1846) sur l'existence d'un soleil central ont fait époque dans la cosmologie. Citons encore son *Astronomie populaire* (Berlin, 1841; 4e édit., 1849) et ses *Lettres Astronomiques* (Mittau, 1845-1847). Tous les ouvrages de Mædler sont écrits en allemand.

MÆLAR (Lac), l'un des plus grands et des plus beaux lacs de la Suède, s'étend de l'ouest à l'est, dans la direction de Stockholm, sur une longueur de 12 myriamètres, avec une largeur moyenne de 2 myriamètres, allant même en certains endroits jusqu'à 3, et, en tenant compte des 1260 îles qu'il renferme, et qui occupent une surface d'environ 8 myriamètres carrés, comprend une superficie de plus de 25 myriamètres carrés. Ce lac se jette, non loin de Stockholm, dans la Baltique, au-dessus du niveau de laquelle il ne so trouve guère à plus d'un mètre et demi, et avec laquelle il communique, au moyen du canal de Sœdertelje. Semblable tantôt à un fleuve et tantôt à un vaste bassin, il se fait remarquer par l'extrême diversité de ses points de vue, par le grand nombre de ses bras et de ses baies, par la succession non interrompue qu'il présente d'écueils, de rochers, de promontoires, de montagnes boisées et de riches plaines, par son grand nombre d'îles, qui, de même que ses rivages en général, présentent la plus riche végétation. Sur les bords du lac et dans les îles on ne compte pas moins de 200 châteaux et maisons de campagne. Les îles contiennent à elles seules 16 paroisses et 600 fermes, et ses côtes 80 paroisses, comprises dans les provinces de Westmanland, d'Upland et de Sœdermanland, entre autres les villes de Stockholm, Enkœping, Westeras, Kœping, Arboga, Strengnas, Thorshœlla, Mariefried et Sigtuna. Indépendamment de beaucoup d'autres rivières, le lac Mælar reçoit les eaux du Thorshœlla et du canal d'Arboga, provenant tous deux du lac *Hjelmar*, qui s'étend de l'ouest à l'est, sur une longueur d'environ 6 myriamètres, avec une largeur variant de 17 à 60 kilomètres, entouré par les provinces de Nérika (*Néricie*) et Sœdermanland (*Sudermanie*) et situé à 24 mètres au-dessus du niveau de la mer.

MÆLZEL (Léonard), l'un des mécaniciens les plus ingénieux qu'ait produits l'Allemagne, né en 1776, à Ratisbonne, mort à Vienne en 1855, l'inventeur du métronome, instrument précieux à la fois pour les compositeurs et les élèves, se rendit célèbre dès 1805 en inventant et en construisant un orchestre complet, composé de quarante-deux automates, auquel il donna le nom de *Panharmonica*, qu'il fit voir en 1807 à Paris, et qui depuis plus de trente années se trouve aux États-Unis, à Boston, où il fut acheté à l'auteur par une société de riches négociants, au prix de 500,000 dollars, dit-on. Ce qu'on admire le plus dans ce chef-d'œuvre, ce sont les joueurs de violon. Rien n'approche de l'agilité de leurs doigts, de la grâce avec laquelle ils manient l'archet, et de la précision expressive de leur jeu. Ce sont des nègres automates qui exécutent les parties de flageolet, de triangle, de clochettes, de timbales et de tambours. Ces musiciens inanimés exécutent avec la plus admirable fidélité les symphonies et les ouvertures les plus difficiles de Haydn, de Gluck et de Mozart, notamment les ouvertures du *Don Giovanni* de Mozart, de l'*Iphigénie en Aulide* de Gluck, de la *Vestale* de Spontini.

MÆOTIS (Palus). *Voyez* Azov.

MAERLANT (JACOB), célèbre poëte flamand du treizième siècle, dont la vie est peu connue, et qui mourut vers l'an 1300, aux environs de Bruges. Il ne reste plus que quelques fragments de ses premières poésies : *La Guerre de Troie*, imitation d'un poëme français de Benoît de Saint-Maure, et *L'Alexandre*, imitation d'un poëme latin de Gualterus de Castiglione, épopées romanesques. Plus tard le poëte jugea indignes de lui ces trompeuses fictions où l'histoire est défigurée à plaisir ; et il ne traita plus que des sujets soit bibliques, soit purement historiques. Parmi les œuvres de cette seconde partie de sa carrière poétique, on distingue une *Vie de saint François*, d'après le latin de Bonaventura ; les *Heimelijkheid der Heimelijkheden*, imitation d'un ouvrage faussement attribué à Aristote et intitulé *Secreta Secretorum*; divers poëmes religieux, en strophes, parmi lesquels on remarque un dialogue en trois livres entre Jacob, l'auteur, et son ami Martin, sur les choses de ce monde et diverses questions importantes. Diverses sociétés littéraires néerlandaises se sont occupées, dans ces derniers temps, de publier les œuvres de Maerlant, dont le plus grand nombre sont encore manuscrites.

MAESTRICHT, chef-lieu de la province hollandaise du Limbourg, avec une population de 25,768 habitants, catholiques pour la plupart, est située à 30 kilomètres environ au-dessous de Liége. C'est une place forte, très-bien bâtie, entourée de collines, traversée dans sa partie méridionale par la Geer, affluent de la Meuse, et séparée par cette dernière du faubourg de *Wyck*, avec lequel elle communique au moyen d'un très-beau pont en pierre de taille, de 170 mètres de long, dout on fait remonter la construction au treizième siècle, et qui nous rappelle cette anecdote : Le maréchal d'Owerkercke, descendant des princes de Nassau, du côté gauche, étant jeune, caracolait à la portière du carrosse de Mlle de Welbruck, et lui contait fleurette. A toutes ses douceurs la belle répondit que ce n'était que lieux communs de galanterie, et qu'elle parierait qu'il ne l'aimait pas assez pour sauter avec son cheval du Pont-de-Meuse dans la rivière. La gageure fut acceptée. Le comte d'Owerkercke la gagna, au risque de sa vie. Il fut assez heureux pour ne point perdre les étriers, et son cheval assez bon pour le porter à terre. Mais après avoir fait un saut périlleux, il reconnut le caractère de sa maîtresse, et rompit avec elle. Poelhnitz, qui raconte ce trait dans ses Mémoires, trouve que la bonne demoiselle avait mérité quelque chose de pis. Maestricht est parfaitement défendue. Le fort de Saint-Pierre domine un plateau sous lequel se trouve des excavations célèbres, décrites par Faujas et Bory de Saint-Vincent. Cette place, qui existait comme ville dès le quatrième siècle, était possédée avant la réunion de la Belgique à la France et depuis le traité de Westphalie par les états généraux de Hollande et le prince-évêque de Liége. En 1632 elle avait été prise par le prince Frédéric-Henri, fils de Guillaume le Taciturne. Les Français la bombardèrent en 1794, sous les ordres du général Kléber, et la prirent après onze jours de siége. Réunie à la France en 1795, elle devint le chef-lieu du département de la Meuse-Inférieure. A l'époque de la guerre qui éclata en 1830 et 1831 entre la Hollande et la Belgique, Maëstricht resta fidèle à la Hollande, quoique le Limbourg tout entier eût pris parti pour la révolution belge.

DE REIFFENBERG.

MÆVIUS, mauvais poëte contemporain de Virgile, dont le nom, cloué à côté de celui de Bavius, a été à jamais couvert de ridicule par l'épigramme du poëte latin :

Qui Bavium non odit amet tua carmina, Mævi.

MAFFEI (FRANCISCO SCIPIONE, marquis), l'un des meilleurs poëtes tragiques et comiques qu'ait produits l'Italie, critique, antiquaire, historien, physicien, casuiste même et théologien, né à Vérone, en 1675, et mort dans la même ville, en 1755, débuta très-jeune encore dans la carrière des lettres par une thèse qu'il soutint sur l'*amour*. C'était de la prose, mais sonore, brillante, pleine de feu et d'images : le génie du poëte y perçait. Peu de temps après, il entra au service de l'électeur de Bavière, et après s'être distingué à la bataille de Donauwœrth, il revint dans sa patrie pour y consacrer ses loisirs à l'étude. Son premier ouvrage fut un livre qu'il publia contre le duel (*Della Scienza chiamata cavallerisca* [Rome, 1710]), à l'occasion d'une querelle où son frère aîné, le marquis Alexandre, se trouvait engagé. Lié avec Apostolo Zeno, qui demeurait alors à Venise, il fut avec Valisnieri son collaborateur dans la rédaction du *Giornale de' Letterati*, qui passe pour la plus ancienne publication de ce genre qu'ait eue l'Italie. La décadence des théâtres en Italie était alors complète; les anciens auteurs grecs étaient bien connus des savants, mais la nation ignorait jusqu'à leurs noms, et ne conservait presque plus d'idées sur la tragédie. Maffei fit tourner son instruction au profit de sa patrie, et , s'élevant au sublime, il publia la tragédie de *Mérope*; puis, retournant aux habitudes de la vie sociale, il donna la comédie intitulée *La Cérémonie*. Celle-ci est oubliée depuis longtemps, l'autre est restée au théâtre après avoir acquis à son auteur une réputation européenne. Voltaire la traduisit, la commenta et l'imita, sans pourtant surpasser Maffei ; à qui il dédia son ouvrage. Un siècle plus tard, Alfieri traita le même sujet, et s'il ne fit pas oublier les deux tragédies de ses prédécesseurs, il parvint certainement à placer la sienne au premier rang. Dans le but de ranimer l'étude de la littérature grecque parmi ses compatriotes, Maffei appela et entretint assez longtemps à ses frais, à Vérone, un certain nombre d'érudits étrangers. La découverte de quelques manuscrits précieux dans la cathédrale de cette ville le porta à faire de la diplomatique une étude toute particulière, à laquelle on est redevable de son savant livre intitulé *Verona illustrata* (Vérone, 1731-1732 ; nouv. édition, 8 vol. 1792-1793).

Maffei voyagea quelque temps à l'étranger. Bien accueilli à Paris, malgré l'extrême susceptibilité d'un caractère où dominait l'amour-propre, il le fut également en Angleterre, en Hollande, et à Vienne, où l'empereur Charles VI eut pour lui les attentions les plus prévenantes. De retour dans sa patrie, il fut agréablement surpris de trouver dans la salle de l'académie son buste, avec l'inscription *Al marchese Scipione Maffei, ancora vivo*. Son nom sera sans cesse uni à celui d'Alfieri ; leur gloire est commune, et leur mémoire restera toujours chère à l'Italie.

AZAMO.

MAFRA, bourg de la province d'Estramadure (Portugal), à environ 3 myriamètres au nord-ouest de Lisbonne, non loin de la mer, dans une contrée élevée, est célèbre par le magnifique couvent qu'y fit construire de 1717 à 1731 le roi Jean V, pour obéir à un vœu , et qui ne lui coûta pas moins de 45 millions de francs. L'architecte en fut un Allemand, du nom de Louis. Semblable à l'Escurial dans sa forme carrée, mais autrement vaste encore, il est plutôt un monument de l'amour du faste et de la magnificence que de la véritable grandeur. On n'y compte pas moins de 866 chambres et de 2,500 portes et fenêtres. Ce couvent, qui suit la règle de Saint-Augustin, possède une bibliothèque de 50,000 volumes. En 1772 Joseph Ier y établit une école conventuelle. Il est entouré de jardins magnifiques et de vastes plantations. Murphy en a publié (Londres , 1791) une superbe description, avec texte explicatif par Luis di Soura.

MAFRAG (l'ancien *Armoniacus* ou *Arnuca*), rivière d'Algérie, dans la province de Constantine, prend sa source près des frontières de Tunis, dans le Djebel-Balanak (les anciens monts Thambes), par 36° 36' de latitude septentrionale et 6° 15' de longitude orientale. Après avoir coulé

MAFRAG — MAGDALENA

de l'est à l'ouest, entre deux chaînes de montagnes, et reçu plusieurs petits cours d'eau, jusque vers 5° 35' de longitude orientale, la Mafrag fait le coude, droit vers le nord, traverse le Djebel-Nitora, le territoire des Merdès, se rapproche du lac Boukhassar, et se jette dans la mer, par 36° 50' de latitude septentrionale, au milieu du golfe de Bone. Dans cette dernière partie de son cours, elle reçoit à droite les eaux de l'Oued-el-Heimeur; à gauche, les eaux du lac Beïda. Plusieurs routes de La Calle à Bone et à la plaine de la Seybouse traversent la Mafrag.

Le 14 septembre 1833, le général d'Uzer, voulant faire une démonstration contre les tribus des Merdès, fit sortir de Bone une colonne de cavalerie avec quatre bouches à feu. On remonta d'abord la Seybouse, puis on voulut passer la Mafrag au gué de cette rivière, large et rapide. Les Arabes s'y défendirent ; le capitaine Morris força le passage, et enleva les positions de l'ennemi. Les Arabes, culbutés et poursuivis, demandèrent aussitôt la paix, et se soumirent. L. LOUVET.

MAGALHAENS. *Voyez* MAGELLAN.

MAGASIN (de l'arabe *machasin*, lieu où l'on met les richesses). Ce mot désigne en général un local dans lequel se trouve déposé un amas de choses quelconques, représentant une certaine valeur, des marchandises, des outils, des vivres, des munitions. La disposition des magasins doit varier suivant la nature des objets qui y sont déposés. Ils doivent avant tout être bien couverts et à l'abri de l'humidité. Le mot *magasin* a de nos jours un sens plus spécial ; on l'a choisi comme un terme plus élégant destiné à remplacer le mot *boutique*, dont s'offensait l'amour-propre de nos marchands. On dit des *magasins* de nouveautés, de drap, de librairie, de verrerie, de voitures, etc.

Par *magasin* on désigne quelquefois l'arrière-boutique d'un marchand : c'est ordinairement une vaste pièce attenant à la boutique, et où l'on serre les marchandises destinées à remplacer dans la boutique celles que l'on vend. *Emmagasiner*, c'est l'action de mettre les marchandises en magasin ; et le *magasinier*, c'est le garçon ou commis chargé du détail d'un magasin : magasinier est synonyme de *garde-magasin*.

Par *magasinage* on entend ce que les marchands, négociants et commissionnaires, passent en compte à leurs correspondants pour l'occupation momentanée de leur magasin par des marchandises qui leur appartenaient. Les magasins dits *d'atelier* sont des espèces de hangars bien fermés, où l'on serre les équipages d'un atelier ou d'une manufacture. On donne aussi le nom de *magasins* à des espèces de paniers ou coffres qui dans les voitures publiques ou ordinaires se trouvent disposés de manière à recevoir les malles et paquets des voyageurs, pour les garantir de la pluie et de la poussière.

MAGASIN (*Littérature*). Le mot et la chose étaient très à la mode dans le siècle dernier. On vit paraître successivement *Le Magasin historique, Le Magasin énigmatique*, des *Magasins instructifs, récréatifs*, etc., etc. Toutes les sciences, tous les arts furent mis en *magasins*, et les mauvais plaisants ne furent pas seuls à observer que beaucoup de ces *magasins* étaient vides, ou aussi mal garnis. Un nommé Alletz, infatigable compilateur, fut un des plus féconds auteurs dans ce genre. L'abbé de Laporte, autre grand faiseur de livres avec des livres, en publia aussi beaucoup. Mais personne n'en lança autant dans la librairie que Mme Leprince de Beaumont, qui, retirée en Angleterre, où elle remplissait les fonctions d'institutrice, nous expédiait chaque année, sous le titre de *Magasin*, quelque nouvel ouvrage sur l'éducation. On lui dut le *Magasin des Enfants*, le *Magasin des Adolescents*, celui des *Adolescentes*, ceux des *Jeunes Demoiselles*, des *Jeunes Dames*, etc., etc., dans lesquels elle met en scène *lady Violente, lady Tranquille, lady Sensée*, qui justifie assez bien son nom, et *lady Spirituelle*, qui fait parfois mentir le sien ; le tout entremêlé des réflexions, réprimandes, observations de *Melle Bonne*, leur mentor féminin. Il n'est pas jusqu'aux *Pauvres* pour lesquels cette généreuse Mme Loprince de Beaumont n'ait fait aussi un *Magasin*.

Un recueil estimé, dont la publication commença à peu près avec notre siècle, avant de prendre le nom de *Revue encyclopédique*, fut publié aussi sous celui de *Magasin*. Toutefois, on n'en faisait plus guère pour personne depuis nombre d'années, lorsque le *Magasin pittoresque*, l'une des spéculations les plus heureuses en ce genre, vint rendre à ce titre quelque faveur. D'autres ont même naturalisé chez nous le mot anglais *magazine* pour désigner des publications élégantes d'un genre voisin de celui de k e e p - s a k e. OUARY.

MAGASIN MILITAIRE. On appelle ainsi tout bâtiment servant à renfermer ou à conserver des m u n i t i o n s de guerre ou de bouche. Toutes les p l a c e s fortifiées ont des magasins d'approvisionnement et de réserve pour les vivres, les fourrages et le chauffage des troupes. En temps de guerre, leur contenance est calculée sur le nombre d'hommes qui composent la garnison et sur l'époque présumée de la durée d'un siége. En temps de paix, leur approvisionnement se renouvelle tous les trois ou six mois. L'artillerie et le génie ont aussi leurs magasins d'approvisionnement et de réserve pour tout ce qui tient au matériel de leurs deux armes. Dans les arsenaux, des salles sont destinées à recevoir les armes à feu portatives et les armes blanches. Ces enceintes disposées à cet effet renferment les bouches à feu et les projectiles nécessaires à l'armement de la place ou à l'approvisionnement des armes. On y place également les outils nécessaires à la manœuvre des pièces. Ces enceintes sont désignées sous le nom de *parcs d'artillerie*, lorsque ces pièces sont montées sur leurs affûts et les projectiles rangés dans leurs caissons. Les outils et instruments qui doivent être employés dans l'attaque et la défense des places sont aussi enfermés avec soin et distribués dans des bâtiments appropriés pour les recevoir. Les magasins à poudre et les artifices sont placés sous la surveillance des officiers d'artillerie et des commandants de place. Le local qui les contient est disposé de manière qu'ils soient, autant que possible, à l'abri d'accidents. Ces magasins doivent être à l'épreuve de la bombe. On en établit quelquefois dans le milieu des bastions vides et le long des courtines.

Les magasins généraux des places fortifiées se divisent en magasins de *grains* ou de *farine*, de *viandes salées*, de *vins* et *d'eau-de-vie*, de *légumes*, de *fourrage* et de *combustibles*. On évite avec soin les lieux humides, où ces objets risqueraient de se détériorer. En campagne, des provisions de même nature suivent constamment l'armée. Elles sont placées à l'arrière des tentatives de l'ennemi et à proximité des grands rassemblements de troupes ; d'autres, échelonnés sur les étapes, pourvoient aux besoins éventuels. Les effets d'habillement, de campement et de harnachement sont ordinairement emmagasinés dans les places de première ligne et de premier ordre, afin qu'on puisse les diriger promptement sur les divers corps d'armée. Dans les places et aux arsenaux, ces magasins sont sous la police administrative des membres du corps de l'intendance et sous la surveillance de *garde-magasins* ayant sous leurs ordres des agents préposés à leur conservation. Dans les garnisons les régiments ont aussi leurs magasins particuliers, consistant en effets d'habillement, confectionnés ou non confectionnés, en effets de linge et chaussures, de grand et de petit équipement, et de harnachement. On y dépose aussi les armes des hommes qui partent en congé ou entrent dans les hôpitaux. Ces magasins sont, dans chaque corps, sous la surveillance du capitaine d'habillement, de son adjoint et de l'officier d'armement.

MAGDALENA, principal fleuve de la république de la Nouvelle-Grenade (Amérique méridionale), prend sa source dans le lac Papas, dont la longueur est de près de 14 kilomètres, à 56 kilomètres au sud-est de Popayan, au point de bifurcation du Paramo de Las-Papas, montagne qui, par 2° 5' de latitude nord, se divise en cordillère centrale et cordillère orientale de la Nouvelle-Grenade. Il les franchit toutes deux dans la partie supérieure de son cours, dans la direction du nord-est, en formant une série de cataractes et de rapides, atteint à Neyva (533 mètres au-dessus du niveau de l'Océan) un pays de plaines, quoique encore assez élevé, et alors se dirige avec un cours plus calme vers le nord, jusqu'à ce qu'il atteigne à Honda (400 mètres), où se trouvent ses deux dernières cataractes, entre les deux montagnes, la grande plaine à laquelle il donne son nom, contrée tantôt boisée, tantôt cultivée, où règne une chaleur humide; et après un parcours de 145 myriamètres, il va se jeter, à 98 myriamètres au nord de sa source, dans la mer des Antilles, par plusieurs bras. Il devient navigable à partir de Mompos pour des bâtiments pontés, et pour des bâtiments plus légers à partir de Honda. Mais la navigation en est aussi difficile que dangereuse, à cause de la chaleur étouffante qu'il faut affronter, de même qu'une quantité presque incroyable d'alligators et des nuées entières d'insectes aux morsures cruelles. Il reçoit à sa droite plusieurs petites rivières. Le plus important de ses affluents est la *Cauca*, qui prend sa source à environ 3 myriamètres seulement au sud-est de Popayan.

Le bassin tout entier du Magdalena est de 3,500 myriamètres carrés; mais la plaine du Magdalena qui s'étend le long de la côte à l'ouest jusqu'au golfe de Darien, et à l'est jusqu'aux bords du golfe et du lac Maracaïbo, en a près de 5,000. Cette plaine renferme, à l'est de ce lac, la *Sierra Nevada de Santa-Manta*, montagne presque toujours couverte de neiges, de forme pyramidale, avec trois pics aigus, hauts de 6,000 mètres, et paraissant d'autant plus élevés que la montagne, assez semblable dans cette plaine à une île, n'est située qu'à 35 kilomètres de la mer.

Ces deux cours d'eau, le Magdalena et la Cauca, donnent chacun leur nom à un département. Le département de Magdalena a pour chef-lieu Carthagène, et celui de Cauca Popayan.

MAGDALÉON. On donne ce nom à une masse emplastique cylindrique, et mise sous cette forme par la malaxation à l'aide des mains. Ce sont d'ordinaire des emplâtres simples. Pour faire les magdaléons, on prend la masse emplastique mise dans l'eau, et on la pétrit sur un marbre humide avec les mains mouillées, afin que l'emplâtre n'adhère point aux corps avec lesquels il est en contact. Cette opération a deux buts : d'abord, de faire sortir le plus d'eau possible de l'emplâtre, ensuite de le rendre plus homogène et plus uniforme dans toutes ses parties. Quelquefois on malaxe les emplâtres dans l'eau, mais il faut éviter de malaxer trop longtemps ceux qui contiennent des principes solubles dans ce véhicule, parce qu'alors on priverait l'emplâtre d'une partie de ses propriétés. Il ne faut pas non plus que les magdaléons soient trop petits ; car comme ils retiennent toujours une petite quantité d'eau, ils se dessèchent trop promptement, n'adhèrent plus à la peau, et ne peuvent servir. On leur donne habituellement un poids égal de 122 à 244 grammes; puis on a soin de les envelopper dans du papier et de les enfermer dans un lieu un peu frais ; alors ils conservent toute leur mollesse, et se laissent malaxer facilement lorsqu'on veut s'en servir pour les applications.
C. FAVROT.

MAGDEBOURG, chef-lieu de la province prussienne de Saxe, siége d'une cour d'appel et de diverses autorités administratives et militaires supérieures, l'une des places les plus fortes de l'Europe et qui domine le cours moyen de l'Elbe, est située à 20 milles de Berlin, dans une plaine, sur la rive gauche de l'Elbe, qui y forme trois bras. Elle se compose de quatre quartiers distincts et de deux faubourgs. Sa population, non compris les faubourgs et la garnison, est d'environ 58,000 âmes. Ces quatre quartiers sont : 1° la *Vieille-Ville*, ou la forteresse proprement dite, située le long de l'Elbe, avec onze bastions, séparés par dix petits ravelins ayant encore devant eux un certain nombre de contre-gardes et de lunettes. Ils sont entourés de tous les côtés par un double et même sur certains points par un triple chemin couvert, et renforcés par des mines. Au sud de la ville se trouve : 2° l'*Étoile*, tenaille polygone casematée, construite sous Frédéric le Grand, par le général Wallrave, avec un bon système de mines et trois différents remparts, et dont l'extérieur offre encore à son centre sur trois faces un angle saillant. C'est dans ce fort que demeurèrent longtemps prisonniers le baron de T r e n c k, dans une maisonnette construite spécialement pour lui au milieu d'un fossé sec, et le constructeur de la forteresse, Wallrave, accusé de haute trahison, dans un cachot qu'il avait fait disposer lui-même. Entre l'Étoile et la Vieille-Ville, et pour les relier ensemble, on construisit, en 1811, sur l'emplacement du *Sudenburg*, qu'on démolit à cet effet, un fort appelé d'abord *Fort Napoléon*, et aujourd'hui *Fort Scharnhost*, grande lunette pentagone, pourvue à la gorge d'une caponnière à meurtrières. De la Vieille Ville on arrive, par un pont jeté sur celui des trois bras de l'Elbe qui est le plus large et le plus occidental, et appelé la Nouvelle-Elbe, dans l'île où se trouve 3° la citadelle, polygone bastionné, avec un rempart haut, maçonné et casematé, sans ouvrage extérieur important, construit en 1680, par le roi Frédéric Ier, et remarquable seulement parce que La Fayette, entre autres, y fut autrefois détenu. Au delà des deux autres bras de l'Elbe, qu'on passe sur un pont fixe pour arriver sur la rive droite de l'Elbe, on trouve 4° la *Friedrichstadt*, ou le *Fort de la Tour*, petite ville d'environ 1,600 habitants, fortifiée par un rempart, avec deux grandes tours arrondies et trois demi-tours, au-devant desquelles se trouvent deux demi-bastions et un chemin couvert.

Les deux faubourgs, la *Neustadt* (Ville-Neuve), au nord, avec 7,800 habitants, et le *Sudenburg*, au sud-ouest, détruits parce qu'ils se trouvaient trop rapprochés des fortifications, d'abord en 1806, par les Prussiens, et ensuite en 1813, par les Français, ont été reconstruits en 1818.

Magdebourg, qui n'a guère que des rues étroites et tortueuses, sauf celle qu'on appelle *Breite-Weg*, laquelle traverse la ville dans toute sa longueur, ne laisse pas au total que d'être assez bien bâtie. En fait de places, on y remarque surtout celle de la Cathédrale et celle du Marché, où se trouve une statue érigée dès 973 à Othon le Grand. Les promenades publiques les plus fréquentées sont le beau Rempart des Princes, longeant l'Elbe et le chemin de fer pendant plus d'un demi-kilomètre, le Weider, sur la rive gauche de l'Elbe, et surtout le magnifique parc d'Herrenkrug, sur la rive droite du fleuve, où le dimanche viennent se promener des milliers de visiteurs, qu'amène un service régulier de bateaux à vapeur partant d'heure en heure. Parmi les édifices publics, citons surtout la cathédrale, l'hôtel de ville, où se trouve une riche bibliothèque publique, le théâtre, la cour d'appel, la machine hydraulique, etc. Les établissements d'instruction publique y sont très-nombreux, et répondent à l'importance de la population. Le grand commerce de transit et d'expédition de la ville, consistant surtout en produits du sol, en denrées coloniales et en vins, est favorisé par deux marchés aux laines et par une foire ; et dans ces derniers temps la construction des quatre chemins de fer de Magdebourg à Leipzig, à Brunswick, à Potsdam et Berlin, à Wittemberg et Hambourg, de même que l'extension prise par la navigation à vapeur sur l'Elbe, en ont encore accru les proportions. On trouve aussi à Magdebourg des manufactures d'étoffes de laine, de coton, de soie, de gants, de rubans, de tabac, de sucre de betterave, de chocolat, de chicorée, de produits chimiques, des distilleries, des brasseries, des raffineries de sucre, etc.

Dès l'époque de Charlemagne, Magdebourg était en possession du droit d'étape. Othon le Grand en fit son séjour de prédilection, l'érigea en archevêché. Au moyen âge, les archevêques de Magdebourg, devenus de puissants princes, guerroyèrent souvent, tant pour repousser les irruptions des Slaves que pour attaquer les margraves de Brandebourg, ou encore mettre à la raison les bourgeois révoltés contre leur autorité. Plus tard ils furent ordinairement choisis parmi les princes de la maison de Brandebourg ou de celle de Saxe. Le tribunal d'échevins qu'on y créa de bonne heure fut en grand renom dans tout le moyen âge, et le *droit de Magdebourg*, mélange des anciennes coutumes saxonnes et des priviléges locaux, s'appliquait alors dans un rayon de territoire fort étendu. La ville adopta de bonne heure les doctrines de la réformation, pour lesquelles ses habitants firent preuve d'un attachement extrême. A l'époque de la guerre de trente ans, elle fut vainement assiégée par les Impériaux pendant vingt-huit semaines; et deux ans après, en 1631, Tilly vint l'investir de nouveau, pour la punir d'avoir accueilli son administrateur spirituel, qui avait été mis au ban de l'Empire. La trahison lui en livra les portes, le 10 mai; et pendant trois jours elle fut livrée au pillage par une soldatesque ivre de sang et de fureur, qui y commit les plus horribles excès. Plus de 30,000 habitants de tout âge et de tout sexe périrent immolés par les féroces vainqueurs; et on vit plusieurs centaines de jeunes filles, pour échapper aux infâmes brutalités de la soldatesque, se jeter du haut du pont dans les flots de l'Elbe et y périr en se tenant par la main. L'incendie allumé par les Impériaux fut propagé par un vent des plus violents, et dévora toute la ville, à l'exception d'une centaine de maisons et de la cathédrale. Les bandes de Tilly n'évacuèrent Magdebourg que l'année suivante, et les Suédois vinrent aussitôt s'y établir. En 1636 les Impériaux et les Saxons s'en rendirent maîtres par capitulation; et en 1638, aux termes de la paix de Prague, le duc Auguste de Saxe, nouvel administrateur, prit possession de l'archevêché. En 1648 la paix de Westphalie érigea l'archevêché en duché séculier, qui fut attribué à la maison de Brandebourg, en dédommagement de la Poméranie; et sauf l'intervalle de l'éphémère existence du royaume de Westphalie, la Prusse en est toujours demeurée depuis lors en possession. Dans la guerre de 1806, Magdebourg fut au nombre des places fortes de la monarchie prussienne qui ouvrirent sans coup férir leurs portes à l'armée française. Napoléon y mit aussitôt une forte garnison, qui ne l'évacua qu'en 1814.

MAGDEBOURG (Centuries de). *Voyez* CENTURIES DE MAGDEBOURG.

MAGDEBOURG (Hémisphères de). *Voyez* HÉMISPHÈRES DE MAGDEBOURG.

MAGELLAN (FERNANDO DE), dont le nom véritable, en portugais, est *Magalhaens*, célèbre navigateur, issu d'une bonne famille portugaise, servit avec distinction pendant cinq ans sous les ordres d'Albuquerque dans les Grandes-Indes, et se signala, en 1510, par la découverte de Malakka. Se croyant mal récompensé par la cour, ou encore, suivant d'autres, par suite de malversations commises dans ses fonctions, il passa, en 1517, en Espagne, avec son compatriote Ruy Falero, homme très-versé dans la connaissance de la géographie et de l'astronomie. Charles-Quint fit bon accueil au plan hardi qu'ils lui présentèrent pour aller à la recherche des Moluques par l'ouest. Le 20 septembre 1519 Magellan mettait à la voile de San-Lucar, avec cinq bâtiments, portant ensemble deux cent trente-six hommes d'équipage, et le 12 janvier 1520 il atteignait l'embouchure du Rio de la Plata. Il ne fut pas plus tôt arrivé sur la côte de Patagonie qu'il eut à triompher d'une révolte qui éclata parmi ses équipages, refusant d'obéir plus longtemps à un déserteur portugais. Vers la fin d'octobre 1520 il atteignit la hauteur d'un cap qu'il appela cap *de Las Virgines*, situé à l'entrée d'un détroit long d'environ 56 myriamètres en tenant compte de ses sinuosités, qui on depuis a reçu le nom de *détroit de Magellan*. Ayant alors renvoyé l'un de ses vaisseaux en Europe, il lui fallut user de tout son ascendant sur le reste de ses équipages pour les déterminer à s'aventurer dans cette mer inconnue. Il y réussit, et le 27 novembre il entra dans la mer du Sud, à laquelle il donna le nom d'*Océan pacifique*, à cause du temps doux et tranquille qui y règne le plus ordinairement. Le 6 mars 1521 il aperçut les îles des Larrons, puis il entra dans l'archipel de Saint-Lazare, appelé plus tard *archipel des Philippines*. Dans l'une des îles qui le composent, appelée Zébu, il détermina le roi des naturels à embrasser le christianisme. Six se-

maines plus tard (26 avril 1521), il succombait dans un engagement contre le roi de l'île de Matan. Sauf ce malheureux accident, il eût eu le premier la gloire d'avoir complétement fait le tour du monde, gloire recueillie alors par Sébastien del Cano, qui ramena heureusement le vaisseau de Magellan par les Indes orientales, et débarqua le 6 septembre 1522 à San-Lucar. On trouve dans la collection de Ramusio un extrait du journal de Magellan; c'est Amoretti qui le premier donna (Milan, 1811) l'histoire complète de son expédition.

Un arrière-petit-fils de Magellan, le naturaliste Jean Hyacinthe Magalhaens, ancien moine de l'ordre de Saint-Augustin à Lisbonne, mort en 1790, à Islington, près Londres, inventa la manière de préparer les eaux minérales artificielles.

MAGELLAN (Archipel de). *Voyez* HORN (Cap).

MAGELLAN (Détroit de), canal naturel, qui fait communiquer les deux océans, est situé entre la Patagonie et la Terre de Feu, par 52° 46' latitude sud et 70° 38' à 77° 14' longitude ouest; sa longueur est de 560 kilomètres; sa largeur varie de 2 à 60 kilomètres. Le Chili y a établi une colonie, à l'ancien port Famine, appelé aujourd'hui *port Bulnès*. On y trouve plusieurs autres bons ports; mais la navigation de ce détroit est fort dangereuse, et a été à peu près abandonnée depuis la découverte du détroit de Lemaire.

MAGELLANIQUE (Terre). *Voyez* PATAGONIE.

MAGENDIE (FRANÇOIS), médecin célèbre par ses expériences en physiologie, né à Bordeaux, le 15 octobre 1783, est mort à Sannois, près de Paris, le 7 octobre 1855. Magendie n'est pas le premier médecin français qui ait fait des expériences sur les animaux vivants. Nysten, Le Gallois et beaucoup d'autres en avaient fait avant lui, même depuis celles de Harvey et celles de Haller et de Spallanzani; mais personne n'a fait peut-être avec plus de suite, plus de constance, ni surtout avec plus d'habileté, plus d'adresse. Il en a fait d'innombrables, sur la plupart des organes et des fonctions. Pour prouver que l'estomac est passif dans le vomissement, il a remplacé l'estomac par une vessie de cochon; après quoi il a pu provoquer des vomissements en injectant de l'émétique dans les veines. Il a fait des expériences sur le larynx, pour établir que l'organe de la voix a de l'analogie avec un instrument à anche. Il a paru prouver par d'autres expériences que l'épiglotte à à peu près inutile dans l'acte de la déglutition. Il a montré que parmi les nerfs de la face il en est qui ne sont que sensitifs, tandis que d'autres ne sont que moteurs. Il a produit la cécité sans toucher au nerf optique. Il a prouvé que les veines absorbent, et l'expérience qu'il a imaginée à cette occasion est certainement la plus ingénieuse qu'il ait faite. Il a le premier en France confirmé par d'autres essais les vues de Ch. Bell sur l'isolement de la sensibilité et de la motricité dans les racines antérieures et postérieures des nerfs de la moelle du dos (1823). Il a tenté d'autres expériences sur les médicaments de l'émétique et l'acide prussique), sur les aliments non azotés, sur des poisons, en particulier sur la noix vomique et l'upas Tieuté. Il en a fait aussi par rapport à l'*Influence des agents physiques sur la vie*, suivant en cela la conséquence finale d'un mémoire de l'auteur de cet article concernant l'*Influence de la pesanteur* sur quelques phénomènes de la vie. Magendie n'a pas borné ses expériences aux seuls animaux; il a essayé aussi de guérir un homme atteint de la rage, à l'hôtel-Dieu, en lui injectant de l'eau dans les veines. Inutile de dire que l'expérience ne réussit pas. Il essaya, en 1832, de guérir le choléra avec du punch au rhum, en même temps que Broussais combattait le même mal avec des sangsues; chacun de ces traitements paraissait être la critique de l'autre : pareil fut l'insuccès des deux côtés. Cependant le punch peut quelquefois convenir par sa tiédité, et les sangsues dans la réaction; mais le punch suscite des congestions, et les sangsues la cyanose.

Magendie, médecin consulté spécialement pour des cas exceptionnels et des maladies phénoménales, était membre de l'Académie des Sciences, professeur au Collége de France, membre de l'Académie de Médecine, du comité consultatif d'hygiène et de la commission hippique. Il avait été pendant quelques années médecin de l'hôtel-Dieu, et il était commandant de la Légion d'Honneur et de l'ordre de Charles III d'Espagne.

Son *Précis élémentaire de Physiologie*, qui a eu quatre éditions, est un traité sec, mais ordinairement positif, où la vérité tient plus de place que l'erreur, les faits plus que les conjectures, et l'imagination beaucoup moins que le doute. Son *Formulaire* pour l'emploi et la préparation de nouveaux médicaments (sept éditions) a obtenu beaucoup de succès et en partie réconcilié la médecine avec la pharmacie, après que celle-là eut divorcé avec l'école de Broussais.

Son *Journal trimestriel de Physiologie expérimentale*, qui n'a paru que pendant quelques années, a augmenté le nombre des partisans non-seulement de la physiologie, mais des expériences physiologiques et des vivisections. Son *Traité sur le Système nerveux*, soit celui qu'il a composé conjointement avec Ant. Desmoulins, soit celui qu'il a publié seul, a paru surpassé par d'autres traités consacrés au même sujet. Il a composé *Sur la gravelle* une brochure pleine d'intérêt. Il y exprime l'opinion que l'abus des aliments azotés (des viandes et du café) est la cause essentielle de la gravelle. Il cite à cette occasion un financier qui affecté de gravelle quand ses affaires florissaient, guérissait dès que quelque sinistre venait à surgir et à le ruiner, et qui à plusieurs reprises offrit de pareilles alternatives, dans des circonstances également contrastantes provenant de changements de fortune. Ses *Leçons sur les Phénomènes physiques de la Vie*, publiées en 4 vol. in-8°, sont de 1842, et n'ont intéressé que les physiciens. Son *Mémoire sur la cause des bruits du cœur* n'a peut-être pas été assez étudié ni assez compris. Dr Isidore BOURDON.

MAGEROE (Ile). *Voyez* FINMARK.

MAGES, prêtres de la religion zoroastrienne, formant une corporation sacerdotale, vouée, comme toutes celles de l'antiquité, aux études savantes, à l'instruction des peuples et des rois et à l'administration de la justice. Interprètes des volontés divines manifestées par les mouvements des corps célestes, ils s'adonnèrent principalement à l'astronomie, ou plutôt à l'astrologie, qui leur assura à la cour des monarques mèdes, persans et babyloniens, cette haute influence dont parlent Jérémie, Daniel, Hérodote, Ctésias et Diodore de Sicile. Cultivant des sciences d'une application éminemment sociale, la philosophie naturelle et la médecine, ils dominèrent sur les populations de toute prestige de leur caractère sacré et des bienfaits qu'ils répandaient sur elles. Ces arts utiles, qu'ils pratiquaient en s'en réservant le privilège secret, et qu'ils entre-mêlaient de cérémonies superstitieuses, leurs prétentions à lire dans l'avenir par l'explication des songes, donnèrent sans doute naissance à ces idées de puissance surnaturelle que l'on attribua aux *mages*, et à cette acception de *science merveilleuse* sous laquelle le nom de m a g i e est parvenu à travers les siècles jusqu'à nous.

Au septième siècle avant Jésus-Christ, les mages eurent pour réformateur Z o r o a s t r e, qui les partagea en *herbeds*, ou disciples, *mobeds*, ou docteurs, et *destour mobeds*, ou docteurs accomplis.

Jérémie mentionne aussi chez les Chaldéens l'existence d'une caste de mages, dont les membres prédisaient l'avenir par l'inspection des étoiles, le vol des oiseaux, ou encore par des sacrifices d'animaux, et qu'on désignait sous le nom de *sages de Babel*, ou encore à l'étranger sous l'appellation générique de *Chaldéens*. Il est aussi question de *mages* à la naissance du Christ (*voyez* ÉPIPHANIE). Dans la nouvelle langue persane, les mages, prêtres des Guèbres ou *Parses*, sont désignés sous le nom de *Mog*. De *Mogbd*, c'est-à-dire grand-prêtre, on a fait *Mobed*, titre que porte encore aujourd'hui le grand-prêtre des Parses, à Surate.

MAGES (Adoration des). *Voyez* ÉPIPHANIE.

MAGGYARES. *Voyez* HONGRIE.

MAGHREB, nom qui signifie couchant, et qui fut donné par les Arabes à la B a r b a r i e lors de la conquête qu'ils en firent sur les Vandales. Les géographes arabes ont subdivisé le Maghreb en trois parties : l'*Afrikiah*, qui comprend les régences de T r i p o l i et de T u n i s ; le *Maghreb-el-Aousath*, Maghreb du milieu, ou A l g é r i e ; le *Maghreb-el-Aksa*, Maghreb éloigné, qui répond à peu près au M a r o c.

MAGHZEN, MARGZEN ou **MAKHZEN.** On appelait ainsi en Algérie les troupes des beys autres que les janissaires. Dès leur arrivée en Afrique, les Turcs, témoins des haines qui divisaient les innombrables tribus arabes répandues dans la régence, imaginèrent de faire servir ces dispositions hostiles à leurs besoins de leur politique. Ils intervinrent donc dans les querelles des Arabes, et accablèrent certaines tribus en accordant à d'autres leur protection. Celles-ci, en échange de cette faveur, se mirent au service de leurs nouveaux maîtres, chaque fois qu'ils avaient une expédition à tenter ou des impôts à lever. Insensiblement la division prévalut, et l'Algérie compta deux classes d'Arabes bien tranchées : les *maghzen* et les *rayas*. Les premiers, les privilégiés, étaient les auxiliaires des dominateurs ; les seconds, la gent corvéable et taillable à merci. Pour prix de leur docilité et de leurs services, les *maghzen* recevaient une part du butin dans les expéditions, et ils étaient affranchis de toutes charges : ils ne payaient d'autre tribut que les impôts religieux, c'est-à-dire l'*achour* et la *zacat*, dont aucun musulman ne peut être dispensé. Grâce à cette habile exploitation de l'Arabe par l'Arabe, les Turcs n'eurent besoin que d'un faible corps de troupes régulières pour maintenir leur domination et appuyer efficacement les razzias que les tribus maghzen faisaient à leur profit sur les tribus rayas. Notre conquête détruisit cette sorte de hiérarchie, sans rien substituer à la place. Cependant, le général Voirol rétablit une sorte de maghzen en rendant quelque pouvoir à certains chefs de tribus amies. Parmi les maghzen les plus célèbres, on cite les Douairs et les Smélas, de la province d'Oran, qui avaient M u s t a p h a - b e n - I s m a e l pour chef.
L. LOUVET.

MAGIE, MAGICIEN. La magie, dont le nom en langue persane signifie *sagesse*, fut dans son origine la science qui enseignait à produire, grâce à une connaissance approfondie des secrets de la nature, des effets tellement extraordinaires qu'ils passaient pour surnaturels. L'Orient, le berceau de la civilisation, fut aussi celui des sciences et de la magie ; c'est là qu'on retrouve l'origine de ces pratiques mystérieuses, de ces connaissances occultes, dont le secret était prudemment gardé par les chefs et les prêtres dans les sacrés collèges. Dès la plus haute antiquité, la magie est inséparable de la religion ; elle repose sur le même principe, la croyance à un monde invisible, peuplé d'agents supérieurs à l'homme, les bons et les mauvais esprits, les anges et les démons ; mais au lieu de contempler ce monde invisible, la magie veut le faire servir à ses intérêts, et dans ce but elle emprunte à la religion sa partie terrestre, ses rites, ses cérémonies et ses formules mystérieuses. La magie devient ainsi le centre de plusieurs sciences occultes, liées entre elles par des pratiques communes et par leur but de pénétrer ce qui est inaccessible à l'homme ; l'astrologie et l'alchimie sont ses alliées naturelles.

De l'Inde la magie gagna l'Égypte, où son histoire est écrite sur tant de monuments en caractères ineffaçables ; les échos de Thèbes, de Memphis et de Méroé répètent encore les mystères du temple et des oracles d'Hammon. C'est là que florissaient ces magiciens dont la haute réputation de sagesse attirait les plus illustres philosophes de la Grèce, Pythagore, Platon, Porphyre, et qui soutenaient des luttes contre M o i s e. De l'Égypte la magie se répandit, par les relations avec les colonies ioniennes, en Grèce, en Italie, et dans le reste de l'Occident.

La magie revêt deux caractères bien distincts, suivant la position du pays où elle est exercée : dans l'Orient, son domaine le plus étendu est celui de la science ; elle a surtout pour but de guérir les maladies et de prédire l'avenir ; rarement elle évoque les morts ou a recours à de noires opérations; dans le Nord, la magie prend un caractère sombre et fantastique; l'étude de la sagesse et la recherche de la science disparaissent, le domaine de la superstition s'agrandit; ce n'est plus la magie savante et mystique des sages de l'Orient, c'est la sorcellerie avec ses fantômes et ses épouvantements.

Jamais la magie n'eut de profondes racines en Grèce : ce sont surtout des traditions étrangères que racontent les poëtes ; rarement ce sont des hommes qui y exercent la magie : ce sont des femmes du nord, les Thessaliennes, dont le nom seul voulait dire une magicienne. Homère nous a conservé le souvenir de la magicienne Circé, la fille du Soleil, et au dixième chant de l'*Odysée* le poëte nous la montre changeant d'un coup de sa baguette les hommes en animaux ; mais cette figure est plus gracieuse que terrible. La tragédie grecque place sous nos yeux la vraie magicienne, Médée, qui met sa science funeste au service de ses fureurs et de sa vengeance; elle a la connaissance des herbes qui guérissent et qui tuent, elle sait rajeunir le corps des vieillards, elle commande aux éléments et échappe au châtiment de ses crimes en traversant le ciel sur un char de feu. Démocrite s'adonna, dit-on, à la magie, et écrivit un livre sur cette matière ; mais la magie ne fut point populaire en Grèce : on en a pour preuve les supplices terribles infligés aux magiciens de Thessalie quand on les surprenait dans leurs horribles profanations. Cependant, après les conquêtes d'Alexandre, la magie commença à se répandre en Grèce : le magicien Osthranès y apporta la magie des Perses ; des mages babyloniens s'introduisirent dans toutes les villes à la suite des généraux vainqueurs ; Éphèse, ce rendez-vous de toutes les religions et de toutes les superstitions de l'Asie, fut encombrée de magiciens étrangers. Il est curieux de voir, dans la belle idylle de Théocrite intitulée *la Magicienne*, quels étaient alors les détails d'une conjuration.

La magie ne se répandit que fort tard à Rome, et seulement quand ses triomphes lui firent adopter les mœurs et les superstitions des nations vaincues. Sous Auguste il y eut des cours publics de magie. Tibère proscrivit les magiciens : les astrologues seuls furent épargnés. Néron fit venir à Rome Tiridate et d'autres magiciens, et après l'assassinat de sa mère il se livra aux superstitions les plus bizarres. Sous les empereurs la magie eut une plus grande influence ; les gens qui exerçaient la magie fourmillaient à Rome; dans toutes les villes on trouvait des Chaldéens. La médecine s'abaissait à des pratiques superstitieuses, filles de l'ignorance ; et un médecin célèbre à Rome, Xénocrate d'Aphrodisium, dans son Traité de Médecine, n'indique pour remède que des incantations et des amulettes.

Lors de l'invasion des barbares, la magie s'enfuit avec les sciences et les lettres de l'Occident bouleversé; on ne la trouve plus que dans son ancien berceau, en Perse, où Mahomet et ses successeurs vont poursuivre avec un acharnement haineux les mages, ses représentants. Dans l'Occident, l'usage de la magie avait disparu ; mais la croyance populaire aux sciences occultes s'était perpétuée dans les légendes des fées, de Merlin l'Enchanteur, de Mélusine et dans les romans de chevalerie. Pendant la durée du moyen âge, les rapports des Arabes avec l'Europe et surtout les croisades ramenèrent l'usage de la magie, en France, en Espagne, en Italie. Des Maures et des juifs l'enseignaient comme un art régulier ; on la distinguait en *haute* et *basse* magie, et en magie *blanche* ou *noire*, selon qu'elle employait les forces célestes ou terrestres, les bons ou les mauvais esprits. Mais les hommes qui seuls pendant ces temps d'ignorance furent appelés *magiciens* furent des savants, que des études profondes et des idées nouvelles élevaient au-dessus de leur siècle : les Albert le Grand, les Roger Bacon ; des papes même, tels que Sylvestre II, et Grégoire VII, qui fut accusé de magie au concile de Brixen, en 1080. Plus tard, Gabriel Naudé devait les venger, dans son ouvrage des *Grands*

Hommes faussement accusés de magie. Toute la foule des gens qu'on appelait *magiciens, sorciers, devins, alchimistes*, qu'on fouettait et qu'on brûlait sous tous ces noms vagues, résumant tous la même accusation, n'étaient que des ignorants, grossièrement abusés eux-mêmes ou trompant les autres : leur histoire est celle des sorciers et de la sorcellerie.

Avec le moyen âge finit la croyance aveugle aux sciences occultes ; la magie, encore en faveur au seizième et même dans la première moitié du dix-septième siècle, perd tous les jours de son prestige; on cherche et on trouve des causes naturelles à des effets qui paraissaient sortir des lois de la nature ; et Léonore Galigaï, accusée de magie, répond à ses juges, qui lui demandaient par quel pouvoir infernal elle s'était emparée de l'esprit de la reine : « Par le pouvoir qu'ont naturellement les âmes fortes sur les âmes faibles. » Mesmer, Cagliostro, amusèrent la fin du dix-huitième siècle, et de nos jours quelques expériences curieuses et encore inexpliquées ont pu flatter les amis du merveilleux ; mais la magie est morte, et les prétendus magiciens ont disparu depuis qu'on ne les brûle plus en place de Grève.

Il y a une autre espèce de magie, bien connue, et qui n'a rien de dangereux ; c'est *la magie blanche*. Elle consiste à créer des prestiges pour les yeux en les trompant, soit par des phénomènes très-naturels, dont le moteur est un secret pour ceux qui en sont témoins, soit par l'adresse et l'habileté de celui qui nous les représente. C'est à la *magie blanche* qu'appartiennent les tours d'escamotage et de passe-passe, les automates, etc.; toutes ces merveilles d'adresse ou de mécanique qui ont fait la réputation des Comus, des Comte, des Bosco, des Robert-Houdin.

MAGIQUE (Lanterne). *Voyez* LANTERNE MAGIQUE.

MAGISTRAT, MAGISTRATURE. On donne la qualité de *magistrats* aux officiers qui sont revêtus de quelque partie de la puissance publique; et par l'expression *magistrature* on désigne tantôt l'ordre des magistrats, tantôt la dignité et les fonctions du magistrat. D'après la définition que nous avons donnée, il y a deux sortes de magistrats : 1° ceux de l'ordre administratif, 2° ceux de l'ordre judiciaire. Nous ne parlerons ici que des derniers, auxquels, dans le langage ordinaire, s'applique plus spécialement l'expression de *magistrats*.

L'institution de la magistrature est de l'essence même de l'ordre social ; les relations des hommes, le développement du commerce, la propriété, créent des droits et des devoirs dont la législation a pour but de tracer les limites, et que les magistrats ont pour mission de maintenir. Aussi, chez tous les peuples, nous voyons toujours un ordre particulier d'officiers chargés de rendre la justice ; seulement, chez certaines nations les fonctions judiciaires ne se distinguent pas toujours des fonctions administratives, et la séparation ne devient complète que dans un ordre de civilisation très-avancé. A Athènes, les magistrats étaient à la fois chefs de la république et de l'administration judiciaire ; à Rome, ils avaient commandement et juridiction, et la plupart réunissaient l'autorité judiciaire à l'autorité civile ; chez les Germains, le droit de juger les habitants d'une contrée était inséparable de celui de les conduire à la guerre, et le capitaine du territoire en était toujours le premier magistrat.

En France, sous les deux premières races, les seigneurs étaient de véritables magistrats dans leurs fiefs et bénéfices, comme dans les terres immédiatement soumises à la juridiction royale, les comtes, les *missi dominici* et les centeniers. Nous ne referons pas ici l'histoire de la féodalité ni celle de notre ancienne magistrature, fille des parlements. A la révolution, cette confusion, ces luttes et ce goût d'envahissement respectif qui régnaient autrefois entre la magistrature et le pouvoir exécutif ou l'administration, eurent un terme ; les attributions de chacun furent nettement tracées, et si la magistrature perdit

MAGISTRAT — MAGNA CHARTA

cette importance politique qu'elle avait eue autrefois, et que les circonstances avaient produite, elle se renferma mieux dans les véritables limites de sa mission judiciaire. Mais, d'un autre côté, l'Assemblée constituante, qui réorganisa la magistrature, en méconnut le véritable caractère en la rendant *éligible* et *temporaire*. Bientôt elle recouvra l'inamovibilité, qu'elle ne perdit plus depuis que momentanément.

Pendant toute l'époque révolutionnaire et sous l'empire, la magistrature n'a rempli dans l'État qu'un rôle secondaire : il ne pouvait convenir aux pouvoirs d'alors qu'elle prît trop d'importance. Mais avec la charte de 1814, au retour des libertés publiques, de la presse, la magistrature vit le cercle de ses attributions s'étendre et ses fonctions s'agrandir. Les délits de presse, les délits politiques, et cette foule d'intérêts nouveaux qui naissent du gouvernement constitutionnel, furent portés devant les tribunaux ; le sanctuaire de la justice devint donc aussi une sorte d'arène politique, où se donnaient rendez-vous les opinions et les passions du moment. Peut-être plus d'une fois oublièrent-ils qu'ils n'ont d'autre mission que d'appliquer les lois, sans acception de personnes ; et peut-être les opinions politiques vinrent-elles se glisser sous la toge du juge.

On a dit que le magistrat devait être dégagé de tout esprit de parti, et cela est vrai ; mais ne demande-t-on pas aux hommes plus qu'ils ne peuvent tenir? Néanmoins celui qui est pénétré de ses devoirs se tiendra constamment en garde contre cet esprit qui l'envahit, en quelque sorte, malgré lui et à son insu. Chargé d'appliquer les lois, qu'il se conforme à la nature de sa mission : si elles sont vicieuses ou non conformes à ses vues, ce n'est pas à lui qu'il appartient de les corriger. « Avec de bons magistrats, dit Platon, les plus mauvaises lois peuvent être supportables. » Et c'est dans ce sens que les habitants de la Bresse disaient au roi, lorsqu'ils passèrent sous sa domination : « Faites des lois aussi sévères qu'il vous plaira, mais garantissez-nous l'équité des magistrats. » Et cette garantie, suivant le chancelier Bacon, dépend d'un choix éclairé. Mais qui assurera la bonté de ce choix ? Sera-ce l'élection populaire, ou bien la nomination directe par le pouvoir ? L'élection populaire, n'en saurait convenir toutes les fois qu'il s'agit d'apprécier la capacité scientifique d'un candidat. Les magistrats les plus savants ne sont pas les plus habiles dans les intrigues électorales. L'élection produit encore un mal ; c'est l'amour de la popularité, qui égare souvent les hommes et fausse le jugement. L'élection suppose nécessairement des fonctions temporaires, et le magistrat aura toujours les yeux fixés sur le moment où il devra de nouveau se présenter devant le corps électoral : dès lors croit-on que son indépendance soit bien assurée, et que le désir d'une réélection ne l'entraîne pas dans de fausses voies? La nomination décrétée par le pouvoir présente d'autres inconvénients graves. Sous un gouvernement central, où toutes les ambitions visent à la capitale, il en résulte que personne n'est content de sa position, et que chacun cherche toujours à arriver plus haut. Ainsi, le vice de notre organisation judiciaire, qui crée dans la magistrature toute une hiérarchie, c'est de laisser au pouvoir une trop grande latitude pour distribuer ses faveurs : de là c'est certains magistrats ce zèle ardent, quelquefois passionné, au moyen duquel on espère se fonder des titres à un avancement rapide ; de là ces complaisances que la conscience n'approuve pas toujours. Sous ce régime comme sous celui de l'élection populaire, la médiocrité triomphera, parce qu'elle sera, suivant les circonstances, intrigante ou servile. Si ces deux systèmes ne sont pas capables, pris isolément, d'assurer de bons choix, n'est-il pas possible, en les combinant, d'arriver à un résultat plus satisfaisant ? Nous pensons que les candidats devraient toujours être présentés par les corps de magistrature, le pouvoir exécutif restant libre de choisir parmi eux. Cette méthode avait été adoptée, par un décret du 17 mars 1808, pour la nomination des conseillers au-

diteurs, et l'on s'est loué de ses résultats : pourquoi ne l'appliquerait-on pas d'une manière plus générale ? Il faudrait aussi, pour compléter le système, que la magistrature fût moins mobile et plus locale qu'elle ne l'est aujourd'hui ; que chacun n'aspirât pas toujours à un rang plus élevé. Pour cela , il faudrait que la position de tous les ordres de magistrats fût assez convenable, et qu'il n'y eût pas entre eux une si grande distance ; de cette manière, chacun s'attacherait davantage à son siège ; les intrigues auraient moins d'action et le pouvoir moins d'influence.

E. DE CHABROL.

MAGISTRAUX (Médicaments). *Voyez* EXTEMPORANÉ.

MAGLIABECCHI (ANTONIO), l'un des littérateurs les plus célèbres de son siècle, né à Florence, en 1633, entra, à la mort de son père, en apprentissage chez un orfévre, mais n'en conserva pas moins un goût décidé pour la culture des lettres. A la mort de sa mère, arrivée en 1673, il se trouva tout à fait libre de s'y livrer, et fut secondé d'une manière toute particulière dans ses recherches et ses travaux par Michael Ermini, à qui il succéda plus tard comme conservateur de la bibliothèque fondée à Florence par le grand-duc Cosme III. Doué d'une mémoire prodigieuse et d'une ardeur infatigable pour le travail, il parvint à amasser un trésor de connaissances presque inépuisable. Rien n'égalait l'obligeance avec laquelle il mettait à la disposition des étrangers comme des nationaux non-seulement les richesses de la bibliothèque confiée à ses soins, mais encore ses propres connaissances. Il mourut, comme enterré au milieu de ses livres, le 4 juillet 1714, et légua au grand-duc non-seulement sa précieuse bibliothèque particulière, mais encore toute sa fortune, en stipulant qu'elle serait employée en acquisitions de livres nouveaux. Ce trésor scientifique, connu sous le nom de *bibliothèque Magliabecchi*, a été depuis augmenté de plusieurs autres précieuses collections et mis à la disposition du public. Il est surtout riche en manuscrits et en vieilles éditions. Le catalogue en a été publié en 1790.

Magliabecchi n'a rien publié sous son nom ; mais il prit une part importante à la rédaction de divers grands ouvrages, par exemple aux *Acta Sanctorum*, à l'ouvrage du cardinal Bona, *De Liturgiis*.

MAGLOIRE (Saint) naquit au pays de Galles, dans la Grande-Bretagne. Après avoir été élevé avec le plus grand soin, il prit l'habit monastique, et se livra avec ardeur à toutes les austérités, à toute la perfection de son état. Plein de zèle pour le salut des âmes, il vint, avec plusieurs compagnons, prêcher l'Évangile dans l'Armorique, ou Petite-Bretagne. Ordonné évêque de Dol, il travailla sans relâche au bonheur de son troupeau. Mais sur la fin de ses jours, sentant le besoin du repos et de la solitude, ne voulant plus songer d'ailleurs qu'au salut de son âme, il se retira dans l'île de Jersey, où il fonda un monastère, devenu célèbre par les vertus et les travaux de ceux qui l'habitaient. On croit qu'il mourut vers la fin de 175 , âgé au moins de quatre-vingts ans. Sa dévotion est très-répandue dans la Bretagne, où plusieurs églises ont été élevées sous son patronage.

CHASSAGNOL.

MAGNA CHARTA (*the Great Charter*), la grande charte). On appelle ainsi, ou *Charte des communes Libertés*, une charte accordée en 1215 aux Anglais par le roi Jean sans Terre. C'est de là qu'est venue, par une longue suite de conquêtes politiques et de guerres civiles, cette constitution d'Angleterre qui fait depuis si longtemps la gloire de cette nation, et qui a ouvert en Europe l'ère des gouvernements représentatifs. Un pareil bienfait aurait suffi à l'illustration d'un souverain, si le roi Jean l'eût accordé de bonne grâce, et s'il n'eût été l'un des plus grands scélérats qui aient jamais souillé une couronne.

Dès l'an 1100 , le roi Henri Ier, usurpateur du trône de son frère, avait cherché à consolider son autorité en accordant à ses sujets une charte de liberté désignée dans l'histoire sous le nom de *Charta Libertatum*. Elle confirmait les Statuts anglo-saxons (*Common Law*), dont la rédaction est attribuée au roi Édouard le Confesseur, avec les modifications qu'y avait introduites Guillaume le Conquérant. Elle promettait de respecter les immunités et les biens de l'Église, organisait la féodalité, adoucissait les rapports des vassaux, notamment ceux des sous-vassaux, et accordait de grands privilèges à la ville de Londres. Les rois Étienne et Henri II, eux aussi, dont les droits au trône étaient douteux, confirmèrent volontairement, en 1135 et en 1154, les concessions de leur prédécesseur. Mais le règne ignominieux de Jean sans Terre fournit à la noblesse et au clergé l'occasion de le contraindre, par la force des armes, à reconnaître solennellement les droits et les libertés de la nation. A la suite de pourparlers qui durèrent trois jours de suite, dans la grande prairie de Runinymed, près de Windsor, il fut forcé de signer, le 12 juin 1215, la nouvelle charte des libertés nationales, la *Magna Charta*. Ce document, composé de soixante articles, donnait une consécration nouvelle aux lois d'Édouard, aux modifications que Guillaume le Conquérant y avait introduites, à la *Charta Libertatum*, et accordait en outre les réformes et les développements réclamés par l'esprit du temps.

L'article 1er stipulait la liberté de l'Église d'Angleterre et la pleine jouissance de ses droits. Les articles 2, 3 et 4 enlevaient au roi le droit qu'il s'était arrogé de saisir les terres des seigneurs à la mort des titulaires, et n'imposaient aux héritiers que le payement d'un droit de succession ou de relief à la couronne. Le revenu des biens des mineurs était seul attribué au roi, mais à leur majorité ils étaient exempts du droit de relief. Les articles 5 et 6 réglaient la garde noble de ces biens, et imposaient aux gardiens l'obligation de les entretenir, moyennant un profit raisonnable. Ces dispositions portaient un grand préjudice aux seigneurs; mais comme ils conservaient le même droit à l'égard de leurs vassaux, ils se gardèrent bien de s'opposer à cette prétention de la couronne, et leur égoïsme servit ici l'avarice du roi Jean. Les articles 8 et 9 réglaient les droits des veuves, qui ne pouvaient se remarier sans le consentement du roi ou du seigneur dont elles relevaient. Les articles 10 et 11 défendaient la saisie des terres pour dettes, tant que les biens des débiteurs ou de leurs cautions pouvaient suffire à les payer.

Les intérêts généraux ne se firent jour enfin que dans l'article 14, où il fut déclaré qu'aucun droit de *scutage*, aucun subside ne serait imposé au royaume que par le conseil général, si ce n'est pour la rançon du roi, la réception de son fils aîné comme chevalier et le mariage de sa fille aînée. Les articles 15 et 16 accordaient la même immunité à la ville de Londres et autres villes et bourgs du royaume, et leur rendaient la jouissance de leurs franchises. Par les articles 17, 18 et 19 étaient réglées les formes de la convocation du conseil général, ou *common council*, origine du parlement d'Angleterre, mais où le peuple n'avait encore aucun accès. L'article 20 lui octroya seulement une faible compensation de cet oubli, en défendant aussi d'autoriser les barons à lever des subsides sur leurs vassaux, hors les cas réservés pour le roi lui-même par l'article 14. Le peuple obtint encore, par les articles 22 et 23, l'établissement d'une justice sédentaire dans les comtés et la résidence de la cour des plaids communs dans un lieu fixe. Les articles 25 et 26 furent aussi un adoucissement pour le peuple, que, sous prétexte d'amendes, on dépouillait de tous moyens d'existence. Les fonds commerciaux du marchand, les instruments de labour, et tout ce qui était nécessaire à l'entretien d'un homme libre, furent garantis à leurs possesseurs, et la fixation des amendes confiée à douze prud'hommes.

En vertu des articles 27 et 28, les amendes des seigneurs clercs ou laïcs ne furent plus infligées que par leurs pairs, et les biens ecclésiastiques en furent totalement affranchis, attendu que les clercs ne s'obliaient jamais dans les actes du moyen âge. Les articles 33 et 34 assuraient la possession des héritages aux ayants droit, sauf le payement des dettes dont ils étaient grevés. Par les articles 35, 36, 37, 38 et 39, les meubles, denrées, chevaux et forêts des particuliers étaient assurés contre les exactions des sheriffs, constables, baillis et officiers du roi. L'article 40 lui attribuait cependant, mais seulement pour une année, la saisie des terres de ceux qui étaient convaincus de félonie. L'article 43 déterminait une mesure uniforme pour le vin, la bière et le blé dans tout le royaume. L'article 44 exemptait de tout droit les *writs* d'enquête touchant la perte de la vie ou des membres d'un homme libre. Par les articles 45 et 46, le roi renonçait à retenir les terres, à charge de service militaire, et à s'arroger la garde-noble des mineurs, sous prétexte de quelque redevance féodale.

L'article 47 défendait aux baillis de juger qui que ce fût sur simple accusation et sans des témoignages dignes de foi. L'article 46 renfermait le germe de la loi d'*Habeas corpus*, en stipulant qu'aucun homme libre ne pourrait être arrêté, emprisonné, dépouillé de ses biens ou mis à mort, que par le jugement de ses pairs. L'article 50 assurait aux marchands la libre circulation de leurs personnes et de leurs marchandises, en dehors comme en dedans du royaume, sans imposition de maltôte, hors les cas de guerre. L'article 51 ordonnait seulement alors la saisie des marchands étrangers, en représailles de ce que pourraient faire les nations ennemies à l'égard des marchands anglais. L'article 52 stipulait la même liberté sous les mêmes réserves pour toute personne qui voudrait voyager chez l'étranger. L'article 54 restreignait le droit des justiciers des forêts royales sur les habitants du voisinage aux seuls délits commis dans ces forêts. La nomination des sheriffs, justiciers, constables et baillis était soumise à un examen qui constatait leur instruction dans les lois du royaume et leur aptitude à remplir convenablement leurs devoirs. On réglait les jours de tenue des sessions et assises dans les comtés ou dans les fiefs; on affranchissait les rivières et leurs rivages de toutes les coutumes onéreuses que le roi et ses officiers leur avaient imposées; on défendait à qui que ce fût de donner ses biens aux maisons religieuses à la condition de les tenir en fief de ces maisons; on interdisait aux sheriffs de lever aucun droit de *scutage* sous les bases stipulées dans la charte de Henri Ier. Le roi promettait, enfin, de rendre les otages qu'il avait saisis dans les familles nobles, de renvoyer les étrangers qu'il avait pris à sa solde, de restituer les terres et châteaux dont il s'était emparé, et de remettre toutes les taxes illégales, toutes les amendes injustement perçues, sauf la décision contraire de vingt-cinq barons.

Cette charte renfermait autant de liberté qu'il était possible d'en accorder dans un siècle où l'aristocratie et la royauté se liguaient partout contre le peuple. Le roi Jean, délié de son serment par le pape, ne la considéra jamais que comme une usurpation sur ses droits; et pour l'abolir il engagea tout aussitôt contre ses sujets une lutte, au milieu de laquelle il mourut. Son fils Henri III se vit réduit, par la pénurie de ses finances, à donner, le 11 février 1225, une consécration nouvelle aux libertés garanties par la *Magna Charta*, dans un nouveau document composé de trente-sept articles. Le même jour il accorda une seconde lettre de libertés, la *Charta de Foresta*, qui limitait les droits de la couronne en matières forestières. Depuis Guillaume le Conquérant des districts tout entiers avaient été, au grand dommage de l'agriculture, transformés en forêts de la couronne, et les peines les plus sévères portées contre les crimes ou délits en matières de chasse et de forêts. La lettre de liberté accorda à tout propriétaire de fief sans distinction le droit de chasser sur son propre terrain, et commua en amendes et en emprisonnement les peines de l'aveuglement ou de la castration, jusque alors appliquées au braconnage. Henri III essaya souvent de revenir sur ces différentes concessions; mais pour obtenir des subsides il lui fallut les confirmer solennellement à sept reprises différentes.

L'insuffisance des revenus féodaux assignés en dotation à la couronne, et le principe établi par la *Magna Charta*, que pour lever des subsides il fallait préalablement obtenir l'assentiment d'une noblesse pauvre et d'un clergé rapace, eut pour résultat de donner bientôt de notables développements aux libertés populaires. Édouard 1er, notamment, accorda aux comtés et aux villes, propriétaires des richesses du pays, le droit formel d'envoyer des députés aux assemblées d'états ou parlements. Ces députés, désignés sous le nom de *commons*, et dont l'importance ainsi que la puissance grandirent avec la richesse de leurs commettants, forcèrent dès 1297 la couronne à ajouter à la *Magna Charta* une loi qui faisait dépendre essentiellement de leur consentement le droit de lever l'impôt. Édouard 1er fut en même temps obligé de confirmer les deux lettres de liberté et de renouveler encore cette consécration solennelle au mois d'avril de l'an 1300. La transformation de la députation du tiers état en *chambre basse* fonctionnant régulièrement pendant le long règne d'Édouard, donna une sanction nouvelle, celle du temps et des précédents, à cette base fondamentale des droits de la nation. Alors même qu'avec la suite des temps toutes les autres immunités contenues dans la *Magna Charta* eurent perdu leur importance, elle n'en demeura pas moins, comme monument irréfragable du droit de consentir l'impôt, la pierre angulaire des libertés publiques et de la constitution. Les princes despotiques de la maison de Tudor, eux-mêmes, n'osèrent point contester le droit et l'autorité qui lui servent d'appui. Aussi le mécontentement de la nation n'en fut-il que plus profond et plus vif, lorsque plus tard les Stuarts, dans les idées confuses qu'ils se faisaient de l'étendue illimitée de la puissance royale, dénièrent au parlement le droit de consentir l'impôt, et brisèrent le contrat qui liait la nation et la royauté. Par suite de la célèbre *Petition of right* que le parlement lui adressa pour réclamer la confirmation de la *Magna Charta* avec les modifications rendues indispensables par la marche des temps, Charles 1er céda, il est vrai, et confirma solennellement les libertés nationales dans une déclaration royale en date du 7 juin 1628 ; mais il n'en continua pas moins à prélever arbitrairement des impôts, et finit ainsi par précipiter le trône et la nation dans l'abîme des révolutions.

Quoique la *Magna Charta* ne soit point encore formellement abrogée aujourd'hui, on ne peut plus guère la considérer comme le document contenant le pacte qui lie le peuple et la royauté. En effet, à la suite de la révolution de 1688, le parlement présenta au roi Guillaume III la célèbre *Déclaration de droits*, que ce prince dut souscrire en montant sur le trône. Cet acte contient les dispositions essentielles sur lesquelles reposent aujourd'hui les droits constitutionnels de la nation anglaise.

La *Magna Charta* fut rédigée à l'origine en latin ; c'est en 1507 qu'on l'imprima pour la première fois. Les copies qu'on en trouve dans les anciennes chroniques sont très-défectueuses et remplies d'interpolations. La meilleure édition qu'on en possède est celle qu'a donnée Blackstone dans ses ouvrages intitulés : *The Great Charter and Charter of the Forest* (Oxford, 1753), et *Tracts chiefly relating to Antiquities and Laws of England* (2 vol., Oxford, 1762).

MAGNANERIE, établissement où l'on fait l'éducation des vers à soie. Le nom de *magnanerie* vient du mot *magnan* (mangeur), qui en patois languedocien désigne le ver à soie. Depuis quelques années, grâce aux efforts persévérants d'agronomes distingués, et surtout de MM. de Gérando, Beauvais et de Gasparin, la construction et l'aménagement des magnaneries ont reçu de notables perfectionnements. Nous donnerons la description d'une magnanerie construite d'après les règles générales qui sont aujourd'hui en usage. Cet établissement se compose d'un rez-de-chaussée et d'un premier étage. Le premier étage, où sont déposés les vers à soie et où ils doivent vivre et se développer, se nomme l'*atelier*. La condition première pour une magnanerie est d'être bien aérée ; on sait quels ravages font les miasmes, suite inévitable de la négligence, dans une agglomération si considérable de petits insectes. On connaît également l'importance de l'égalité de température : aussi pour remplir ces deux conditions a-t-on pris dans les magnaneries les soins les plus minutieux et les mieux entendus. On ne s'est pas contenté de choisir pour l'emplacement d'une magnanerie un plateau bien aéré, d'avoir des fenêtres au levant et au couchant : au rez-de-chaussée se trouve une chambre dite *chambre à air*; cette chambre renferme un calorifère et des caisses de cuivre ou de zinc où l'on met de l'eau bouillante ou de la glace, selon que l'on veut donner de l'humidité à l'air de l'atelier ou qu'on veut le refroidir : la chambre à air communique avec l'atelier par des tuyaux et de plus par une cheminée commune, au haut de laquelle se trouve un ventilateur, qui renouvelle sans cesse l'air de l'atelier ; un thermomètre et un hygromètre, fixés aux parois de l'atelier, sont à chaque instant consultés : le thermomètre doit indiquer 20° Réaumur pendant les cinq premiers jours de l'éducation des vers à soie, et 20° pendant les dix-neuf autres jours ; l'hygromètre, destiné à régler l'emploi du ventilateur, doit toujours marquer de 70° à 85°. L'atelier doit être vaste, et son étendue calculée sur la quantité de vers à soie qu'il est destiné à contenir ; une étendue de 14 mètres de long, sur 5 de large, suffit à 400,000 vers : les vers à soie sont posés sur des claies espacées à distances égales ; pour établir sept étages de claies il faut une hauteur de 4 mètres. L'atelier est divisé en deux parties par une cloison ; la plus petite de ces parties est destinée aux vers des quatre premiers âges; la plus grande reçoit les deux tiers de la totalité des vers au commencement du cinquième âge. Au milieu de la cloison qui sépare en deux l'atelier est ménagée une petite chambre carrée, qui communique avec le rez-de-chaussée au moyen d'une trappe; c'est par là qu'on monte les feuilles de mûrier destinées à la nourriture des vers, et qu'on descend celles qui leur ont servi de litière. Au rez-de-chaussée se trouve l'étuve où l'on fait éclore les œufs.

MAGNANIMITÉ. C'est cette qualité qui nous tient constamment élevés au-dessus des intérêts qui conduisent les hommes, et qui nous rend prêts à tous les sacrifices, à tous les dévoûments, pour la défense d'une noble cause, l'amour de l'humanité ou celui de la patrie. Tandis que la grandeur d'âme peut ne briller qu'un instant et être aussitôt ternie par celui-là même qui vient d'en donner un bel exemple, la magnanimité est un état permanent de l'esprit ; c'est la grandeur d'âme devenue une habitude.

MAGNATS (en latin *magno-nati*). C'est ainsi qu'en Hongrie on qualifie les chefs des grandes familles nobles, les barons du royaume, ceux qui, aux termes de l'ancienne constitution, aujourd'hui abolie, participaient par droit de naissance à la représentation du pays, et qui à cet effet se réunissaient sur les bancs se faisaient représenter dans une assemblée particulière appelée *table des magnats*. Faisaient partie de cette assemblée le palatin, le juge du royaume et de la cour (*judex curiæ*), le ban de Croatie, d'Esclavonie et de Dalmatie, le grand-trésorier et les différentes grandes charges de la couronne, puis les comtes et les barons (*voyez* HONGRIE).

En Pologne on prenomé sous la dénomination de *magnats* les sénateurs spirituels et temporels ou conseillers de la couronne, et les membres de la haute noblesse.

MAGNE ou MAINA, district montagneux, comprenant la presqu'île formée par le Pentedactylon ou mont Taygète (aujourd'hui mont Elias), entre le golfe de Kolokythia et Coron, au sud de la Morée, et qui maintenant fait partie de la province de Laconie, dans le royaume de Grèce.

MAGNENCE (FLAVIUS MAGNENTIUS AUGUSTUS), né dans la Germanie, d'une famille obscure, s'éleva aux premiers emplois de l'armée, grâce à la protection de l'empereur Constant. Mais, aussi ambitieux que cruel, il paya son bienfaiteur de la plus noire ingratitude : tirant parti du mépris que le chef de l'État s'était attiré par sa dissipation et son orgueil, il le fit mourir. Puis, en 350, après s'être fait proclamer auguste dans la ville d'Autun, il devint, par ce crime et par l'alliance qu'il contracta avec Veteranus, qui lui-même s'était fait nommer empereur en Illyrie, maître des Gaules,

MAGNENCE — MAGNÉTISME

des Iles Britanniques, de l'Espagne, de l'Afrique et de l'Italie. Cependant Constance, informé du meurtre de son frère, s'avance contre Magnence : à Héraclée, il rencontre ses ambassadeurs, les fait mettre aux fers, et continue sa marche; usant ensuite d'artifice, il parvient à détacher Veteranus du parti de son rival, en le nommant son collègue. Bientôt les deux armées sont en présence, dans une plaine environnant la ville de Mursa (aujourd'hui Eszech), en Illyrie. Alors Constance envoie à son tour porter des propositions de paix à Magnence, qui, pour toute réponse, arrête l'envoyé et enjoint à son maître d'avoir à quitter la pourpre. On en vient donc aux mains (351); pendant toute la journée, on se bat avec un pareil acharnement et des succès variés; enfin, la cavalerie de Constance, qui, dit-on, dans cette occasion décisive était restée en prière près d'une église du voisinage, fixe la victoire sous ses drapeaux. Cette bataille coûta aux Romains plus de 40,000 hommes : elle eut pour résultat définitif d'ouvrir l'empire aux Barbares. Selon Aurelius Victor, il y eut 50,000 morts. Magnence, voyant son camp au pouvoir des ennemis, se dépouilla de ses ornements impériaux, et alla se réfugier dans la ville d'Aquilée; mais, alarmé par la désertion générale de ses troupes, il se retira dans les Gaules, après avoir eu pendant sa fuite l'occasion de satisfaire sa fureur, dans les plaines de Pavie, par le massacre de quelques détachements envoyés à sa poursuite. La perte d'une nouvelle bataille, entre Dié et Gap, acheva de le jeter dans le désespoir. Abandonné de tous, il s'enfuit à Lyon. En vain il demande la paix; les troupes de Constance forcent le passage des Alpes : Magnence, réduit à la dernière extrémité, fait mourir tous ses parents, entre autres sa mère et son frère, et prévient le supplice qui lui est destiné, en se jetant sur son épée. C'était en 353; il avait cinquante ans. Ce tyran, à l'air noble, à la taille avantageuse, à l'esprit vif et agréable, aimait et cultivait les belles-lettres; il avait eu, au rapport de Gibbon, une certaine éloquence guerrière qui plaisait aux soldats. Sa tête fut promenée dans tout l'empire.

MAGNESIA, nom commun à diverses villes de l'antiquité.

MAGNESIA, en Lydie, sur les bords du Sepylus, dans l'Asie Mineure, est célèbre par la victoire que les Romains, commandés par Scipion, y gagnèrent, l'an 190 avant J.-C., sur Antiochus III. C'est aujourd'hui *Manissa*, ville de l'Anatolie, comptant environ 40,000 habitants, dont 15,000 Grecs, et célèbre par ses tulipes ainsi que par son safran.

Une autre MAGNESIA, située en Carie, sur les rives septentrionales du Méandre, est aujourd'hui *Guzulhissar*, ville de 30,000 âmes, située également en Anatolie, et siége d'un grand nombre de fabriques. On y voit encore les ruines d'un temple de Diane, célèbre dans l'antiquité.

Il y avait aussi dans l'ancienne Thessalie une province de *Magnesia*, avec une ville du même nom pour capitale.

MAGNÉSIE. Longtemps confondue avec la chaux, dont elle ne fut différenciée qu'en 1722, par Frédéric Hoffmann, la magnésie fut encore considérée comme un corps simple jusqu'à ce que Davy eut démontré que c'est un oxyde métallique. Cette découverte suivit de près celles du potassium et du sodium, et le nouveau métal reçut le nom de magnésium.

A l'état de pureté, la magnésie se présente sous forme d'une poudre blanche, douce au toucher, insipide, inodore. Elle happe à la langue, et c'est de là, dit-on, que lui vient ce nom de *magnésie*, qui tend à rappeler l'action, bien différente cependant, de l'aimant (en grec μάγνης) sur le fer. Insoluble dans l'eau froide, elle n'est fusible qu'au chalumeau. Sa réaction est faiblement alcaline. Sa densité est 2,3.

Les sels de magnésie sont tous blancs ou incolores, et d'une saveur très-amère. Presque tous sont solubles dans l'eau. Les principaux appartiennent aux genres *carbonate*, *sulfate*, *azotate* et *phosphate*. Le *carbonate de magnésie* des officines se compose d'un équivalent d'hydrate de magnésie et de quatre équivalents de carbonate de magnésie hydraté. Le *sulfate de magnésie*, dont l'eau de mer renferme une quantité notable, se trouve encore dans certaines eaux, comme celles de Sedlitz, de Leidschütz, d'Epsom, d'Edra, etc., d'où il a été nommé *sel de Sedlitz*, *sel de Leidschütz*, *sel d'Epsom*, etc.; on l'appelle encore *sel cathartique d'Angleterre*. Le sulfate de magnésie, à la dose de 30 à 50 grammes, est employé journellement en médecine comme purgatif. La magnésie elle-même est un laxatif doux, le meilleur antidote dans l'empoisonnement par les acides.

Dans la nature, la magnésie forme des masses terreuses abondantes. La minéralogie en fait un genre composé de six espèces : la *magnésie nature* ou *périclase*, la *magnésie hydratée* ou *brucite*, la *magnésie hydrosilicatée* ou *magnésite*, dont une variété est connue sous le nom d'*écume de mer*, la *magnésie carbonatée* ou *giobertite*, la *magnésie boratée* ou *boracite*, et la *magnésie sulfatée* ou *epsomite*. La première de ces espèces se trouve disséminée dans les roches cristallines du mont Somma, au Vésuve. C'est de la magnésie pure, cristalline, accidentellement colorée par du protoxyde de fer. C'est une substance vitreuse, transparente, d'un vert foncé. Sur 100 parties de magnésie, M. Scacchi a trouvé : magnésie, 89,04; oxydule de fer, 8,56; perte, 2,40.

MAGNÉSITE. *Voyez* ÉCUME DE MER.

MAGNÉSIUM, corps simple métallique, obtenu d'abord par Davy, en décomposant la magnésie à l'aide d'une forte pile, et depuis par M. Bussy, qui s'en est procuré des quantités beaucoup plus grandes en faisant agir le potassium sur le chlorure de magnésium à une haute température. Le magnésium, dont l'équivalent est 158,35, est solide, d'un blanc argentin, dur, malléable, plus pesant que l'eau.

On ne connaît qu'un seul *oxyde de magnésium*, c'est la magnésie. Le *chlorure de magnésium* se trouve avec le chlorure de calcium dans les platras, les terrains salpétrés, les eaux de la mer; souvent il accompagne le sel marin, qu'il rend déliquescent, et auquel il communique un goût désagréable.

MAGNÉTIQUE (Aiguille). *Voyez* AIMANT, DÉCLINAISON et INCLINAISON.

MAGNÉTISME (de μάγνης, aimant), partie de la physique qui traite des phénomènes que produisent les aimants naturels ou artificiels. La force attractive dont jouissent ces corps a reçu le nom de *force magnétique*.

On a cru longtemps que les aimants n'agissaient que sur certains corps, tels que le fer, le nickel, etc. Cependant Coulomb, en 1802, entreprit, à l'aide de sa balance de torsion, des expériences qui le conduisirent à une conclusion opposée. Mais les phénomènes qu'il avait observés furent généralement attribués à la présence de matières ferrugineuses dont on supposa l'existence dans les substances sur lesquelles il avait expérimenté. Récemment MM. Lehaillif et Becquerel ont enfin démontré que tous les corps ressentent l'action des aimants, à des dégrés plus ou moins marqués. Cette action est tantôt attractive, tantôt répulsive : les corps attirés ont reçu le nom de *corps magnétiques* (fer, nickel, cobalt, etc.); ceux qui sont repoussés ont été nommés *corps diamagnétiques* (bismuth, plomb, soufre, cire, eau, etc.). Coulomb était en même temps parvenu à la loi suivante, mise aujourd'hui hors de doute : Les attractions et les répulsions magnétiques s'exercent en raison inverse du carré de la distance.

La terre se comportant elle-même comme un aimant, on a dû étudier le *magnétisme terrestre*, dont les premiers phénomènes observés ont été la déclinaison, probablement connue des navigateurs du quinzième siècle, et l'inclinaison, découverte en 1576, par Robert Norman. On a nommé *équateur magnétique* la courbe qui passe par tous les points où l'inclinaison est nulle, et *pôles magnétiques* les points où l'inclinaison est de 90°. M. Duperrey, durant le voyage de la corvette *La Coquille*, a reconnu que l'équateur magnétique coupe l'équateur terrestre en deux points, presque diamétralement opposés, l'un dans le grand

Océan, l'autre dans l'océan Atlantique. Mais ces points ne sont pas fixes, et M. Duperrey les croit animés d'un mouvement de translation d'Orient en Occident. Le pôle magnétique boréal est situé au nord de l'Amérique septentrionale, par 70° 10' de latitude nord et 100° 40 de longitude ouest ; le pôle magnétique austral est au sud de la Nouvelle-Hollande, par 75° de latitude nord et 136° de longitude est. M. Hansteen, qui a publié en 1819 un savant ouvrage sur le magnétisme terrestre, croit qu'il existe deux pôles magnétiques dans chaque hémisphère. MM. Barlow et Duperrey ne partagent pas cette opinion. L'existence de l'équateur magnétique étant bien établie, on a donné le nom de *méridiens magnétiques* aux places qui passent par un lieu quelconque et par les deux pôles d'une aiguille aimantée qui s'y trouve librement suspendue. M. Duperrey a en outre déterminé de chaque côté de l'équateur magnétique neuf courbes isodynamiques, c'est-à-dire sur lesquelles l'intensité magnétique est égale, et il a reconnu que ces lignes se rapprochent beaucoup des lignes isothermes.

Il résulte des observations de M. de Rossel, reprises par M. de Humboldt, que l'intensité du magnétisme terrestre augmente à mesure que l'on s'éloigne de l'équateur magnétique. Cette intensité décroît quand on s'élève dans l'atmosphère. Variable avec les heures de la journée, elle atteint son maximum entre quatre et cinq heures du soir, son minimum entre dix et onze heures du matin. Elle présente en outre des variations irrégulières, et elle éprouve des perturbations accidentelles sous l'influence de certains phénomènes météorologiques, tels que les au rores boréales. On est parvenu à mesurer les intensités magnétiques en faisant osciller une même aiguille d'inclinaison ou de déclinaison pendant un même temps ; en comparant les nombres des oscillations exécutées par l'aiguille, on obtient les rapports des intensités magnétiques auxquelles elle a été soumise.

L'action des aimants sur les courants et des courants sur les aimants forme l'objet de l'électro-magnétisme. L'observation des phénomènes de cette nature a conduit Ampère à l'étude des solénoïdes, dont il a déduit une théorie du magnétisme, qui se trouve exposée dans ce recueil à l'article Électro-Magnétisme. Mais cette ingénieuse théorie, comme toute autre que l'on voudrait proposer, n'acquerra une véritable valeur qu'autant que des faits nombreux viendront la confirmer. C'est dans ce but que plusieurs observatoires magnétiques ont été établis ces derniers temps. La Société Royale de Londres nous a secondé dans cette voie en donnant mission au capitaine Ross d'établir des observatoires magnétiques et astronomiques dans les principales colonies anglaises.
E. MERLIEUX.

MAGNÉTISME ANIMAL. On désigne sous ce nom une influence réciproque qui s'opère parfois entre des individus, d'après une harmonie de rapports, par la volonté ou l'imagination ou le concours de la sensibilité physique. Ces influences sont le plus souvent mises en jeu au moyen de quelques procédés, tels que des attouchements, des frottements, et même des regards, des paroles ou de simples gestes à diverses distances sur des personnes délicates et nerveuses, comme les femmes, les jeunes gens, les individus affectés de névroses surtout, par des hommes exerçant les pratiques dites du magnétisme animal. La plupart de ces magnétiseurs attribuent à un fluide particulier, transmissible d'un corps à un autre, *sous certaines conditions*, mais non pas toujours, les effets résultant de leurs opérations : ce qui explique selon eux pourquoi ces effets n'ont pas constamment lieu ou ne se manifestent pas également chez tous les individus.

Par ces procédés, qu'on varie selon le besoin, les magnétiseurs prétendent guérir une foule de maladies qui avaient résisté aux remèdes ordinaires et même à tout autre traitement. Ils ont obtenu des cures, soit réelles, soit apparentes, et produit certains phénomènes singuliers, tels que du somnambulisme artificiel, etc. ; toutes choses qui font paraître leurs opérations miraculeuses aux personnes qui s'enthousiasment d'une foi vive pour ces pratiques, tandis que d'autres, d'une incrédulité prononcée, n'y voient que les manœuvres de la plus absurde charlatanerie sur des esprits faibles. Des hommes instruits cherchèrent, dès l'époque de la prétendue découverte de Mesmer, des exemples de magnétisme animal dans les anciens âges du monde, car nos folies ne sont pas modernes. Le démon de Socrate vint fort à propos à ce sujet. Les sibylles, les pythies, dans les temples d'Apollon, de Sérapis, de Jupiter-Ammon ; les hiérophantes, les prophètes ou les voyants chez les Juifs ; les devins, les augures dans les antres fameux de Trophonius, d'Esculape, les temples d'Amphiaraüs, d'Amphilochus, etc., offrent les plus étroites analogies avec la théorie et la pratique du magnétisme somnambulique. Cet état d'exaltation diffère-t-il beaucoup des convulsions des quakers, des extases des santons, fakirs et bonzes, ou autres contemplatifs de l'Inde ; des visions de quelques derviches, des imaginations fantastiques des cénobites et des ermites ? Enfin, le *thaudéma* des prophètes, l'enthousiasme fanatique des dévots et des convulsionnaires, les profondes méditations qui enlevaient la connaissance à Cardan, à saint Thomas d'Aquin, etc., ne sont-ils pas, à différents degrés près, semblables à l'état de somnambulisme magnétique réel, comme la catalepsie de certaines femmes hystériques, de sainte Thérèse, etc.?

Les paroxysmes de l'hystérie chez les femmes, de l'hypocondrie chez les hommes, plongent souvent l'esprit dans une concentration analogue à celle du somnambulisme magnétique et au *carus* des prophétisants. Des pratiques imitant le magnétisme animal ont été de tout temps exercées : ainsi, Apollonius de Thiane expulsait les esprits malins, soit par des attouchements, soit par des paroles, ainsi que les anciens Grecs le racontent d'Esculape. La première mention faite d'une cure au moyen de vers magiques se trouve dans Homère. Le sang d'Ulysse blessé s'arrête par ce procédé (*Odyssée*, l. XIX, vers 455). Platon écrit qu'en général les maladies se conjuraient par des enchantements, ce que montrent Apulée, Alexandre de Tralles, Serenus Sammonicus, etc., ou les attouchements des empereurs et des rois. Le grave Caton le Censeur réduisait les luxations des jambes à l'aide de paroles secrètes ; les morsures des serpents cédaient à des incantations, et d'autres maladies à des prières, comme on l'a vu de nos jours par celles du prince de Hohenlohe.

Quoique le magnétisme puisse s'exercer en présence du monde, cependant il s'opère mieux hors de la multitude, toujours importune et gênante, des curieux ou des individus bruyants, qui détournent du recueillement d'esprit. Voilà pourquoi les personnes douces, sensibles, délicates, dans un réduit solitaire, donnent des résultats plus satisfaisants. Il faut aussi éviter le froid, qui crispe la peau. Les temps orageux ou électriques sont contraires au développement du magnétisme. Toutes les constitutions, même celles qui s'efforceraient de le recevoir, n'en sont pas également susceptibles, quoique la bonne volonté soit la condition la plus désirable pour en être affecté. Les personnes les plus susceptibles de cette animation sont les femmes, les constitutions gêles, minces ou sveltes, mobiles, énervées, faciles à s'affecter. Tels sont aussi les hypocondriaques et les mélancoliques, les enfants chétifs, les individus délicats et désolés d'affections chroniques, épuisés de fatigues ou de douleurs cruelles ; les vieillards, les complexions excitables. Les filles hystériques sont particulièrement des *sujets magnétiques*.

Les magnétisants sont plutôt des hommes que des femmes, bien que celles-ci puissent opérer aussi sur d'autres personnes que de leur sexe et sur les mères sur leurs enfants. Pour obtenir une grande influence, le magnétiseur n'a pas besoin d'une complexion très-robuste, mais il faut qu'il soit sensible, entraînant, plein de zèle, d'une volonté ardente, afin de transmettre l'action magnétique. Il ne doit point s'énerver par les jouissances ; l'énervation refroidit, affaiblit les puissances magnétisantes. Celles-ci se manifestent par les yeux, par le feu des regards, même sans la passion de l'amour, et entre des individus qui n'en sont pas susceptibles l'un à l'égard de l'autre. Cependant, le magnétiseur n'aura rien de repoussant dans sa personne, rien d'affecté dans ses vêtements ; il ne portera point d'odeurs. Un air de noblesse, de simplicité, lui siéra, ainsi qu'un âge mûr, un ton soit affectueux, soit imposant. Pour opérer, vous n'aurez besoin que d'une *volonté active vers le bien, croyance ferme en sa puissance, confiance entière en l'employant.* Il n'est pas même nécessaire que le magnétisé ait de la foi dans votre pouvoir ; il suffit qu'il ne s'y oppose point mentalement et se laisse opérer sans réserve, sans crainte, puisque l'intention n'est pas de lui faire du mal. Quant à la croyance, ne vous efforcez pas d'en avoir, puisqu'elle ne dépend pas de nous : les preuves arriveront si vous obtenez du succès ; mais il faut de la persévérance et ne pas se décourager par les défauts de succès. Ayez toujours les yeux sur votre malade, et non sur ce qui vous entoure ; qu'il vous prête attention, et évitez tout ce qui peut le distraire. Si le malade s'endort, vous pourrez l'interroger ; s'il répond, il sera dans l'état somnambulique. Le pouls chez quelques magnétisés est plus élevé qu'à l'ordinaire, sans être fébrile. Je l'ai vu, au contraire, très-ralenti, et la langue devenir sèche.

Tous les magnétiseurs sont persuadés que la volonté est le principal moyen d'accumuler l'influx vital et de le pousser dans un corps voisin, tout comme la volonté envoie dans nos muscles le pouvoir de les remuer. Or, si cette volonté pousse le fluide nerveux à l'extrémité de ma main ou de mon pied, serait-il impossible qu'elle l'élançât au delà de ces membres dans un individu voisin ? S'il est vrai, comme le disent Reil, Autenrieth, Humboldt et d'autres savants physiologistes, que les nerfs ont une atmosphère de sensibilité autour d'eux, si on jette des regards ardents de colère, d'amour, etc., dans ces passions, pourquoi ne transmettrions-nous pas des influences à d'autres personnes ? N'est-il pas certain que la main d'un ami qui serre la vôtre fera une impression physique tout autre que la froide main d'un cadavre ou quelque autre substance que vous toucheriez ? On peut en attribuer l'effet à l'imagination sans doute, mais une flamme vivifiante n'y sera-t-elle pour rien ? Si des miasmes imperceptibles à nos sens peuvent communiquer, par impression immédiate, une maladie contagieuse, pourquoi n'y aurait-il pas des contagions vitales ? Et si vous niez cette transmission sinon des maladies, du moins de la santé, de la force vitale, je vous citerai l'exemple de la transmission de l'électricité galvanique de la torpille. Cette action ne se développe dans l'appareil électrique des poissons électriques que par l'influence de leurs nerfs, comme l'ont expérimenté, à l'aide de leur section, Todd, Humboldt et H. Davy. Ces poissons agissent à distance, et dirigent à volonté leurs coups foudroyants. Après plusieurs décharges successives, ils sont épuisés de lassitude, et ne réparent leur énergie vitale qu'au moyen de la nourriture et du repos. Tous ces faits s'accordent parfaitement avec l'action galvanique qui se passe entre les nerfs et les muscles.

Nous pourrions rappeler encore les relations toutes-puissantes entre les sexes en amour, et l'impression mutuelle qui s'opère involontairement par leur seul voisinage, malgré toutes les réserves qu'on s'impose. Que est-ce que les *attraits*, les *charmes*, même entre les animaux ? Comment le regard du chien menace-t-il la perdrix et l'arrête-t-il ? Comme les papilles nerveuses de la langue se redressent d'avance pour savourer un mets exquis, de même tout le système dermoïde et les rameaux nerveux qui s'y épanouissent s'érigent à l'approche d'un contact ami ou désiré. Qui ne sait tout l'empire des caresses, même de simple tendresse entre des individus de même sexe ? Je ne sais quel feu pénétrant affecte les régions du corps sur lesquelles on promène ou l'on approche seulement une main amie, et, pour ainsi dire, électrisée de toute l'énergie de la volonté. Aussi le magnétisé s'attache parfois à son magnétiseur comme à un être sublime dans sa bienfaisance. Pourquoi deux êtres, dans des rapports analogues,

ne seraient-ils pas mus à l'unisson sous l'empire d'une transfusion uniforme du fort sur le faible ? Que ces effets soient dus à l'âme, à l'imagination, selon les spiritualistes, qu'ils dépendent d'un fluide universel, comme le croient les mesmériens après Maxwel, Rob. Fludd, etc., il y a communication évidente et expansion à distance entre les êtres.

Certaines maladies exagèrent l'excitabilité d'un organe aux dépens des autres, par une sorte de métastase intime ou d'irritation secrète. Dans les méningites, les surexcitations de l'encéphale, l'esprit s'élève parfois à un délire extatique qui fait prophétiser l'avenir ou deviner les remèdes nécessaires. Car notre instinct ne déserte jamais l'amour de la vie. Isolée des fonctions du dehors, dans le somnambulisme magnétique, dans le sommeil ou la méditation concentrée, cette force médicatrice acquiert une vue intérieure plus lucide, un tact plus délicat, une domination plus intense. Alors on lira au dedans de soi, on apercevra les embarras dans le jeu de nos fonctions par un sentiment spontané, comme on voit les brutes dirigées vers leurs remèdes par la plus conservatrice des inspirations, par la nature même, tutrice maternelle de toutes les créatures. La concentration somnambulique est ainsi le résultat d'un abandon à son instinct interne ; cet état est un repos heureux de l'âme, comme l'extase. Alors cette sensibilité profonde s'élève, pour ainsi dire, radieuse, et commande à toutes les fonctions. C'est la vie du dedans, celle de l'appareil nerveux ganglionique ou du grand sympathique, qui parle quelquefois d'elle seule, ou plutôt qui inspire telle ou telle pensée au cerveau. De là vient que plusieurs somnambules ont cru entendre une voix partant des entrailles ou du ventre. La vie semble être alors toute rassemblée dans les lacis et plexus nerveux du grand trisplanchnique, et y appelle toutes nos facultés.

Après avoir exposé les principes physiologiques qui militent en faveur du magnétisme animal, disons avec la même sincérité qu'aucun d'eux ne prouve l'existence d'un *fluide magnétique animal* qui vivifierait l'homme et tous les êtres ; les animaux n'en sont point affectés. A quel homme de bon sens persuadera-t-on qu'en faisant certains gestes pour magnétiser un objet, tel que l'orme de Busancy du marquis de Puységur, on lui attribuera une immense vertu curative ? Et cependant, si des grises, si des guérisons sous son ombre ont été produites, n'est-ce pas un pur effet de l'imagination, ou la plus honteuse charlatanerie ? Le magnétisme n'est réel que pour ceux qui y croient ; il n'existe pas pour quiconque n'y ajoute pas *foi, espérance* et *charité*. Ainsi, la croyance étant la seule chose en quoi consiste le magnétisme, n'est-il pas un effet de l'imagination elle-même ? Qui a jamais dit, dans aucune science : Commencez par croire, afin que je te prouve ensuite parfaitement ma doctrine ? Elle vous sera claire quand vous vous prosternerez devant elle ; mais elle se dérobe aux profanes mécréants ; elle ne favorise que les adeptes, les bienheureux élus, de sorte que le magnétisme est ou n'est pas, à volonté. S'il existe en effet sans la croyance, montrez-nous-le séparé d'elle, afin que nous l'admettions ; sinon, nous avons droit de conclure que c'est la *croyance elle-même qui magnétise*. Mille faits de la médecine attestent le pouvoir énergique de la foi, de l'imagination, pour opérer sur des maladies nerveuses principalement. Chose étrange ! le magnétisme se croit, et ne se prouve point ; il inspire l'enthousiasme, il se sert à lui seul de preuve ; c'est une liqueur qui enivre l'âme et n'agit que sur les prédestinés. Une fois qu'on en est frappé on séduit, on le garde probablement toute la vie, car il y a une honte infinie à se dédire, à s'avouer un sot crédule. Au contraire, on raisonne de plus en plus pour se fortifier dans sa crédulité, et une fois qu'on est parvenu à river ainsi le clou de sa ferme croyance, on persiste, on meurt emportant inscrit sur le front le signe de la bête.

Les oracles cessèrent, dit-on, quand on n'eut plus foi aux démons, et d'Eslon, disciple de Mesmer, disait : « Mais, enfin, si Mesmer n'avait d'autre secret que celui de faire agir l'imagination efficacement pour la santé, n'en aurait-il pas toujours un bien merveilleux ? Car si la médecine d'imagination était la meilleure, pourquoi ne ferions-nous pas de la médecine d'imagination ? » Remarquons en outre que tous ceux qui ont opéré le magnétisme animal n'ont jamais agi que sur des individus inférieurs à eux, soit par les qualités physiques, soit par le moral; il serait impossible d'influer sans cet ascendant. L'audace et la confiance usurpent surtout une prodigieuse domination sur les êtres débiles pour les terrasser d'un coup d'imagination, par l'idée de la supériorité réelle. On leur commande, ils ploient et succombent mentalement. La persuasion où ils sont qu'on peut les guérir fait qu'ils se croient guéris; leur esprit, détourné du mal par cette exaltation, les soulève, les soulage, comme on voit des conscrits peureux devenir braves par la seule opinion de la bravoure et de l'habileté de leur général. Tels sont les effets de la fascination : *Possunt quia posse videntur*. J.-J. VIREY.

MAGNÉTO-ÉLECTRICITÉ. M. Faraday, réservant le nom d'*électro-magnétisme* à la partie de cette science qui traite de l'action des courants sur les aimants, a donné celui de *magnéto-électricité* à la partie qui a pour objet l'action des aimants sur les courants.

MAGNÉTOMÈTRE (de μάγνης, aimant, et μέτρον, mesure), appareil propre à faire connaître l'intensité d'un aimant. Cet appareil, que l'on doit à de Saussure, se compose d'une tige terminée en haut par une aiguille, en bas par une boule d'acier. Cette tige pivote sur un pignon placé à peu près au sixième de sa longueur à partir de la boule. Celle-ci étant exposée à l'action d'un a i m a n t, la tige abandonne la position verticale, et cette déviation est aussitôt mesurée par l'aiguille, qui se meut sur un cadran analogue à celui des balances.

MAGNIFICAT. Quelque temps après l'annonciation de l'ange, la vierge M a r i e alla dans les montagnes de la Judée visiter sa cousine Élisabeth, qui était alors enceinte de saint Jean-Baptiste. A peine entrée dans la maison de Zacharie, Élisabeth s'écria, dans son transport : « Vous êtes bénie entre les femmes, et le fruit de votre ventre est béni... » Alors Marie entonna cet admirable chant, dans lequel elle exalte la puissance du Très-Haut et les grandes choses qu'il a opérées en elle. *Magnificat* est le premier mot de la version latine de ce cantique, qui nous a été conservé dans l'Évangile selon Saint-Luc. L'usage actuel de l'Église est de le chanter ou de le réciter tous les jours à Vêpres. On ne sait pas bien précisément à quelle époque remonte cet usage; mais il est certain qu'il remonte à la plus haute antiquité. J.-C. CHASSAGNOL.

MAGNIFICENCE. C'est cette qualité ou ce défaut, car la *magnificence* est l'un ou l'autre selon le but qu'elle atteint, qui porte à faire de grandes dépenses pour frapper les yeux et l'imagination des hommes. Louis XIV montra une noble magnificence dans la construction des I n v a l i d e s; et en songeant aux malheurs de la France, on blâme la magnificence inouïe déployée à V e r s a i l l e s et à M a r l y. On appelle aussi *magnificence* le résultat de grandes dépenses bien entendues. Dans ce sens, ce qui distingue particulièrement la magnificence, c'est un air de grandeur et de bon goût, qui s'étend jusqu'aux petites choses.

Magnificence est encore un titre qu'on donne en Allemagne aux recteurs et chanceliers des universités, ainsi qu'aux bourgmestres des villes libres. Quand c'est un prince qui est revêtu de la dignité de recteur, il est qualifié de *magnificentissimus*.

MAGNIFIQUE. *Voyez* DISSIPATEUR.

MAGNIN (CHARLES), membre de l'Académie des Inscriptions et Belles-Lettres depuis 1838, conservateur des imprimés à la Bibliothèque impériale depuis 1832, est né à Paris, le 4 novembre 1793. Ancien élève de l'École Normale, il prit part en 1824, avec M. Dubois, à la fondation du journal philosophique et littéraire *Le Globe*, auquel il fournit un grand nombre d'articles marqués au coin d'une critique aussi judicieuse que savante. En 1830 il passa à la rédaction du *National*, et le caractère d'opposition anti-dynastique de ce journal n'empêcha pas le gouvernement de Juillet de se montrer juste appréciateur du mérite de son rédacteur, en le nommant d'emblée aux fonctions qu'il occupe encore aujourd'hui. Depuis, M. Magnin a continué sa mission de critique assidu dans le *Journal des Savants* et dans la *Revue des Deux Mondes*. On lui doit de curieuses recherches sur les littératures portugaise et brésilienne; mais son œuvre capitale est une *Histoire de l'Origine du Théâtre moderne*, qui lui a tout d'abord assigné un des premiers rangs parmi les écrivains dont s'honore la France. Il a en outre publié une *Histoire des Marionnettes*.

MAGNOLIER, genre de plantes, ainsi nommé en l'honneur de Pierre Magnol, botaniste français, contemporain de Tournefort, et auquel on doit aussi un projet de classification végétale, du genre *magnolier*, type de la famille des *magnoliacées*, appartient à la polyandrie-polygynie du système sexuel. Il se compose de beaux arbres, à feuilles alternes, à fleurs solitaires à l'extrémité des branches, et ainsi caractérisées : Calice à trois sépales, plus ou moins colorés; corolle formée de deux à quatre verticilles chacun, à trois pétales étalés ou redressés; étamines nombreuses, rangées en spirale, sur un prolongement du réceptacle, qui porte un grand nombre de pistils, disposés de la même manière, auxquels succède une sorte de cône, dont les graines sont revêtues d'un test dur et rouge. Ces arbres, qui croissent dans l'Asie tropicale et dans les parties chaudes de l'Amérique septentrionale, ont leurs feuilles persistantes ou caduques, selon les espèces.

Parmi les espèces à feuilles persistantes, il faut distinguer le *magnolier à grandes fleurs* (*magnolia grandiflora*, L.), que la beauté de son feuillage, la grandeur et l'abondance de ses fleurs, d'un blanc pur, ont répandu dans l'horticulture. Cet arbre, rapporté des bords du Mississipi en 1732, a très-bien réussi en France; dans son pays natal, il atteint quelquefois jusqu'à une hauteur de 30 mètres.

Des espèces à feuilles caduques, nous ne citerons que le *magnolier julan* (*magnolia julan*, Desf.), originaire de la Chine méridionale, où il forme un arbre de 12 à 15 mètres de haut. Introduit en Angleterre par Joseph Banks, en 1789, ce magnolier donne au printemps un grand nombre de fleurs blanches, d'une odeur douce très-agréable.

MAGNUSSEN (FINN), savant célèbre, particulièrement versé dans la connaissance des antiquités du Nord, naquit en 1781, à Skalholt, en Islande, de l'une des plus nobles et des plus anciennes familles de l'île. En 1797 il vint suivre les cours de l'université de Copenhague, où il s'occupa de poésie, d'histoire et d'archéologie, tout en se livrant à l'étude de la jurisprudence. De retour en Islande en 1803, il y exerça la profession d'avocat jusqu'en 1812, époque où il vint s'établir à Copenhague, où il fut appelé en 1815 à faire à l'université et à l'Académie des Beaux-Arts des cours publics sur la littérature et la mythologie du Nord. Sa traduction de l'*Edda* et son *Priscæ veterum Borealium Mythologiæ Lexicon et gentile calendarium*, son grand ouvrage runologique, *Runamo og Runerne*, témoignent de la profondeur de ses connaissances spéciales. On a aussi de lui un grand nombre de dissertations et de monographies du plus haut intérêt, dispersées dans divers recueils, par exemple : *Explication de plusieurs passages d'Ossian, ayant trait aux antiquités scandinaves* (1813); *Sur les Pictes et l'origine de ce nom* (1817); *Vie de Snorro Sturleson* (1823); *Voyages de Snegtu Halle au onzième siècle* (1827); *Origine et formation des Guildes du Nord* (1829). Il a aussi pris part à la publication des *Antiquités russes* (Copenhague, 1850-1852). Il mourut à Copenhague, en 1847.

MAGOG. *Voyez* GOG ET MAGOG.

MAGON, suffète carthaginois vers l'an 500 avant J.-C., avait écrit sur l'agriculture un ouvrage en vingt-huit livres, qui, par ordre du sénat, fut traduit en latin, puis la version grecque qu'en avait donnée Cassius Dionysius d'Utique. Varron, Columelle et Pline, qui le mirent à contribution, en parlent avec les plus grands éloges.

MAGON était aussi le nom d'un fils d'A mil c a r Barca, frère d'A n nib a l et d'A s d rubal. Avec celui-ci, il commanda, à l'époque de la seconde guerre punique, l'armée carthaginoise en Espagne à partir de l'an 216 avant J.-C., et vainquit les S ci p i o n s. En l'an 208 il fut battu par Marcus Silanus, légat du grand Publius Cornelius Scipion, et en l'an 207 par Scipion lui-même, à Bæcula; et il se réfugia alors à Gadès, puis de là aux îles Baléares. On croit qu'il donna son nom à la capitale de Minorque, Port-Mahon (*Portus Magonis*). En l'an 205 il en partit pour la Ligurie, à la tête d'une flotte qu'il avait construite et armée, afin d'aller rejoindre de là son frère Annibal, qui luttait péniblement contre les Romains dans l'Italie méridionale. Quand il se fut emparé de Gênes, les Liguriens se déclarèrent en sa faveur, et les Gaulois cisalpins lui montraient déjà des dispositions favorables. Mais les Carthaginois, se voyant pressés de près par les Romains sur le sol même de l'Afrique, le rappelèrent en 203 en même temps qu'Annibal. Il mourut à son retour à Carthage, des suites d'une blessure reçue en Italie.

MAGOT, nom donné à l'une des espèces de s i n g e s de la famille des *macaques*, dont les individus, sans queue, ont en général un aspect assez dégoûtant. C'est en donnant une extension figurée à ce mot qu'on l'applique à des personnes dont la laideur peut dignement lutter avec celle de ces animaux. Par une nouvelle extension, on désigne par ce nom des hommes aux manières grossières, gauches, brutes. Enfin *magot* a une dernière acception toute différente : il signifie amas d'argent que l'on cache, que l'on accumule. N'oublions pas ces magots de la Chine, à la face si rebondie, si jouffiue, si grotesque, ornant dans toute l'Europe tant de cheminées de marbre, de pierre ou de bois, et amusant par leur immobilité ou par leur mouvement méthodique tant de petits et de grands enfants. Une dame du regne de Louis XIV, époque où les magots de la Chine étaient en faveur, ne pouvant se débarrasser des importunités d'un petit homme, tout bouffi d'orgueil et d'embonpoint, sonna son grand laquais, et lui enjoignit de déposer le malencontreux soupirant sur le haut chambranle de sa cheminée, entre deux superbes magots : ce que l'obéissant valet accomplit avec une ponctualité qui lui valut les plus grands éloges. L'histoire ne dit pas combien dura la faction de l'amant désappointé.

MAGYARES. *Voyez* HONGRIE.

MAHÂBHÂRATA. *Voyez* INDIENNE (Littérature).

MAHARAJA, premier disciple de B o u d d h a.

MAHÉ, comptoir appartenant à la France, sur la côte de Malabar, à l'embouchure d'un cours d'eau navigable pour de grandes barques jusqu'à une distance de 10 myriamètres en amont, est une ville encore assez belle quoiqu'elle ait été ruinée au siècle dernier par les Anglais. L'étendue de son territoire ne dépasse point 585 hectares, et sa population n'est guère que de 3,000 habitants.

Une île de la mer des Indes faisant partie du groupe des Seychelles porte aussi le nom de *Mahé*.

MAHMOUD, le Ghasnévide. *Voyez* GHASNÉVIDES.

MAHMOUD Ier, sultan des Othomans (1730-1754), fils du sultan Mustapha II, né à Constantinople, en 1696, monta sur le trône en 1730, après la déposition de son oncle le sultan Achmet, à la suite d'une révolte de janissaires. Quoique commencé sous de sanglants auspices, son règne fut une ère de gloire et de prospérité pour la Turquie. Des alliances conclues avec la Perse, avec la Russie et avec l'empereur d'Allemagne servirent utilement les intérêts généraux du pays, qui presque toujours put jouir d'une paix profonde. Il en résulta un adoucissement notable dans les mœurs, et pour la première fois on vit une révolution intérieure s'opérer dans le sérail et un vizir perdre le pouvoir en même temps que la faveur de son maître sans payer en-

core sa disgrâce de sa tête. Mahmoud Ier mourut le 13 décembre 1754, laissant de longs regrets parmi les peuples qu'il avait sagement gouvernés pendant près d'un quart de siècle.

MAHMOUD II, sultan des Othomans (1808-1839), né le 20 juillet 1785, était le second fils du sultan Abdul-Hamed, mort en 1789, et fit preuve dès sa jeunesse d'un caractère opiniâtre, violent et même cruel. Quand son frère aîné Mustapha IV monta sur le trône, en 1807, Mahmoud était destiné à être égorgé, afin que le nouveau souverain n'eût point de rival à redouter. Mais un corps d'Albanais s'empara de lui à temps, et le sauva. Il organisa aussitôt la révolte qui renversa Mustapha IV du trône, le 28 juillet 1808, et qui l'y plaça lui-même, le 1er août suivant. Pour s'y maintenir, il fit étrangler le fils de Mustapha IV, à peine âgé de trois mois, et jeter dans le Bosphore, cousues dans des sacs, quatre sultanes qui étaient grosses de lui. De la sorte il se trouva l'unique et dernier représentant de la race d'Osman. Une tentative qu'il fit pour organiser son armée à l'européenne échoua, par suite d'une révolte de janissaires. Dépourvu de conseillers, d'argent et presque d'armée, il lui fallut continuer la guerre contre la Russie et une lutte contre les Serbes, jusqu'à ce que, complètement épuisé, il se vit contraint de signer la paix avec la Russie, le 28 mai 1812, à Bucharest. Les scènes d'horreur au milieu desquelles il était monté sur le trône et les dangers qui continuaient à l'entourer avaient enduré son caractère; et des ordres sanguinaires lui paraissaient des mesures de prudente fermeté. A l'égard des puissances chrétiennes, son attitude était fière et ferme ; mais dans l'intérieur de son empire, ce n'étaient que trahisons et révoltes : de sorte qu'il devint de plus en plus dépendant des volontés de satrapes heureux et puissants, ou de peuples résolus à défendre leur indépendance (*voyez* ALI [pacha de Janina], MÉHÉMET-ALI [pacha d'Égypte] et SERVIE). Quand il eut enfin réussi à exterminer ses ennemis, tant dans la capitale que dans les principautés où avait pris naissance l'insurrection grecque, et triomphé dans les provinces des satrapes rebelles en leur opposant d'ambitieux pachas; quand encore il eut mis fin à la guerre avec la Perse par la paix de 1823, et lorsqu'il n'eut plus rien à redouter des Wahabites, il se montra moins hautain et moins dur. Cependant, il tremblait toujours en présence des janissaires, menaçant sans cesse de porter dans la capitale le feu, le fer et le pillage. Lors de la révolte de cette soldatesque qui éclata en 1822, il dut pour l'apaiser sacrifier les hommes les plus capables, ses plus proches parents, ses plus anciens amis. Mais peu à peu les plans de réforme qu'il méditait en secret arrivaient à maturité; et quoique l'exécution en ait été le plus souvent déplorable, il ne laissent pas que de lui assurer un nom durable dans l'histoire. La dissolution du corps des janissaires en 1826 en fut le premier fruit. Après avoir ensuite organisé rapidement son armée, il repoussa formellement, par une déclaration en date du 9 juin 1827, toute intervention des puissances chrétiennes dans les affaires de la Grèce. Toutefois, la paix conclue à Andrinople, le 25 septembre 1829, brisa sa résistance et sépara la Grèce de l'Empire Ottoman. Tranquille désormais à l'extérieur, il reprit avec une énergie nouvelle l'exécution de ses plans de réforme, et chercha avant tout à réorganiser son armée sa flotte. Mais la résistance opposée à ces mesures par les populations prit un caractère de plus en plus prononcé, surtout en Albanie, où Mustaphia, pacha de Scutari, leva l'étendard de la révolte. Mahmoud ne se laissa point intimider. Pour se convaincre par lui-même des résultats de ses réformes, il entreprit en 1831, contrairement aux constantes traditions du sérail, un voyage à Andrinople. Les preuves qu'il recueillit ainsi lui-même des mauvaises dispositions dominant parmi le peuple semblèrent bien, à son retour, commander un temps d'arrêt dans ses réformes ; mais l'opposition du parti national turc ne fit que stimuler son zèle réformateur, et bientôt on le vit redoubler d'énergie dans l'exécution des mesures qui avaient pour objet de réorganiser à l'européenne l'administration de son empire. Un ordre du mérite civil et militaire fut fondé, la police de Constantinople améliorée; il créa des écoles d'administration et de médecine, et fit publier un *Moniteur*, rédigé moitié en turc et moitié en français. La soumission des pachas rebelles de Bagdad et de Scutari opérée pendant ce temps-là, en 1831, eut pour résultat le rétablissement complet de l'ordre à l'intérieur, et semblait une circonstance des plus favorables pour les progrès de la réforme, quand la guerre éclata tout à coup avec l'Égypte (*voyez* Méhémet-Ali), et vint remettre en question toutes les créations de Mahmoud. La malheureuse bataille de Konieh le mit à deux doigts de sa perte ; les secours de la Russie, qu'il invoqua dans cette crise redoutable, le sauvèrent seuls d'une perte imminente (*voyez* Othoman [Empire]). Ce danger était à peine passé, que des révoltes en Albanie, dans l'Asie Mineure et en Bosnie vinrent paralyser encore une fois l'exécution des projets du sultan. Une révolte qui éclata dans la Palestine, en 1834, contre Méhémet-Ali d'Égypte, sembla seule vouloir favoriser les entreprises, jusque alors si malheureuses, de Mahmoud. Désireux de ne pas manquer cette occasion de tirer vengeance de Méhémet-Ali, son ennemi mortel, il envoya en Syrie un corps d'armée de 80,000 hommes. Mais alors les puissances européennes intervinrent entre les deux parties contendantes, et empêchèrent la guerre d'éclater. Au milieu de tous ces embarras, Mahmoud n'en persistait pas moins dans l'exécution de ses projets. Il fit construire des routes, organisa une armée et créa un système de postes et de quarantaines. C'est à la même époque qu'à l'instar de ce qui se pratique parmi les gouvernements européens, il établit des ambassades permanentes auprès de chacune des grandes cours de l'Europe. Pour la seconde fois, le 20 avril 1837, il entreprit un voyage en Roumélie et en Bulgarie; mais il dut alors revenir en toute hâte à Constantinople, pour y comprimer dans le sang une conspiration tramée contre lui.

Au milieu de la réalisation de ses plans de réforme, il était toujours préoccupé du désir de se venger de Méhémet-Ali. Les usurpations incessantes de celui-ci ne pouvaient d'ailleurs que rendre de plus en plus difficiles les rapports existant entre ces deux rivaux, et offrirent bientôt à Mahmoud l'occasion qu'il attendait depuis si longtemps pour pouvoir humilier l'orgueilleux maître de l'Égypte. Après avoir réuni au printemps de 1839, près du Taurus, une armée considérable aux ordres d'Hafer-Pacha, il lança l'anathème sacré contre Méhémet-Ali, et ordonna à ses troupes de franchir le Taurus. Mais cette entreprise échoua, par suite de la victoire qu'Ibrahim-Pacha remporta, le 24 juin 1839, dans les plaines de Nézib. Mahmoud n'apprit point ce grand désastre. Ses excès, les soucis qu'entraîne l'exercice du pouvoir souverain, avaient depuis longtemps ruiné sa santé. Il mourut le 1er juillet 1839, laissant pour successeur son fils Abdul-Medjid, dans l'intérêt de qui les puissances européennes intervinrent, pour mettre un terme aux querelles pendantes entre la Turquie et l'Égypte.

Mahmoud était dur, sanguinaire et dissimulé, parce que les circonstances où il était placé lui en faisaient une nécessité ; mais c'était un caractère d'une grande énergie et d'une rare prudence. Il avait compris que c'en était fait de la puissance turque si elle continuait à repousser la civilisation européenne; et en conséquence il avait pris le rôle de réformateur. Mais ses efforts échouèrent contre la profonde corruption et le fanatisme religieux du peuple turc.

MAHOMET (en arabe *Mohammed*, c'est-à-dire *loué, considéré*), fondateur de la religion qui porte son nom (*voyez* Mahométisme), naquit à La Mecque, au mois d'avril 571, et était le fils d'Abdallah et d'Amina. Ses parents appartenaient bien à la tribu des Koréischites, très-considérée dans toute l'Arabie centrale, mais à une branche de cette tribu dont l'influence et les richesses étaient des plus minimes. La tribu des Koréischites, comme on sait, surveillait et protégeait le temple situé dans la ville de La Mecque et la sainte Kaaba, centre religieux d'une grande confédération de tribus, et qui dans les saints mois de pèlerinage attirait en conséquence un grand nombre de pèlerins. Ce qu'on raconte du projet qu'aurait eu son grand-père, Abdul-Mutaleb, de sacrifier son père, paraît un conte inventé plus tard ; et tout ce que l'on rapporte des prodiges qui accompagnèrent la naissance de Mahomet appartient évidemment au domaine de la fable ; de même que l'histoire de sa vie est le plus souvent dans le récit des historiens arabes un tissu de miracles, de prodiges et de suppositions de toutes sortes, qu'on doit reléguer dans l'empire de la légende, en même temps qu'il faut savoir en tirer la vérité.

Abdallah mourut peu de temps avant ou après la naissance de son fils, qui à sept ans perdit également sa mère ; il fut alors élevé pendant deux ans par son grand-père, et ensuite par son oncle Abou-Taleb. Mahomet l'accompagna à l'âge de douze ans dans un voyage de commerce à Bassora, où il rencontra un moine chrétien, appelé Bahéra ou Djerdjis (Georgius), qui appela l'attention d'Abou-Taleb sur les remarquables dispositions qu'annonçait son neveu, et prédit à l'enfant le plus brillant avenir. La tradition n'a conservé que fort peu de chose sur les années suivantes de la vie de Mahomet. La part qu'il prit à la guerre des Koréischites contre la tribu d'Hawazin, guerre surnommée *l'impie*, parce qu'elle eut lieu dans l'un des quatre mois consacrés, en est l'épisode le plus saillant.

A l'âge de vingt-cinq ans Mahomet entra au service de la veuve d'un riche marchand, appelée Kadidjah, qui conçut bientôt pour lui une affection telle que, bien qu'âgée déjà de quarante ans, elle lui fit offrir sa main et qu'elle l'épousa malgré la volonté formelle de son père. De ce mariage, le seul qu'il contracta du vivant de Kadidjah, Mahomet eut beaucoup d'enfants, mais qui tous moururent en bas âge ou sans laisser de descendance, à l'exception de Fatime, qu'il maria à son cousin Ali, fils d'Abou-Taleb, et qui devint la souche d'une nombreuse postérité. Après son mariage, Mahomet continua à exercer la profession de marchand, sans y avoir été fort heureux, comme le prouve l'état de misère dans lequel il vécut plus tard; mais en même temps il se livrait avec ardeur à des méditations religieuses, et pendant le saint mois de Ramadan il avait coutume de rechercher la solitude dans une caverne du mont Ara, voisin de sa demeure.

Quand on étudie attentivement l'état où se trouvait alors l'Arabie au point de vue religieux, on aperçoit bientôt les éléments qui expliquent comment une nouvelle foi religieuse put y surgir et s'y propager. L'antique culte des idoles et des astres, pratiqué avec de nombreuses variétés dans ce pays, n'avait plus en lui-même assez de vitalité pour empêcher des idées étrangères de se faire jour parmi les Arabes. C'est ainsi que quelques éléments du culte des Mages avaient pénétré en Arabie, que d'un autre côté un certain nombre de juifs et de chrétiens s'y étaient aussi répandus, et que des tribus entières avaient été conduites à embrasser soit le judaïsme, soit le christianisme. Quoique l'une et l'autre de ces religions n'y eussent plus la pureté du type biblique et fussent déjà défigurées soit par des rêveries rabbiniques, soit par des hérésies, ceux de leurs dogmes qui parlent à l'âme n'avaient pu manquer de faire une vive impression sur quelques esprits plus avancés, que ne satisfaisaient pas les cérémonies de l'idolâtrie. On cite plusieurs noms d'hommes qui à l'époque de Mahomet, et même avant, annonçaient déjà un dieu-esprit et une autre vie après la mort ; foi nouvelle, que tantôt publiquement, tantôt dans des entretiens particuliers, ils recommandaient à leurs compatriotes d'adopter ; sur quatre de ces précurseurs, on ne peut le nommer ainsi, il y en eut deux qui se firent chrétiens et deux qui se firent musulmans.

Mahomet fut assez heureux pour réunir en faisceau ces éléments épars, et ensuite sa constance ainsi que son éloquence assurèrent à ses doctrines un éclatante victoire. Il y a tout lieu de croire que sans lui la religion de juifs eût alors

MAHOMET

été adoptée dans l'Hedjaz, où elle avait déjà pénétré. On ne saurait d'ailleurs préciser dans sa doctrine ce dont il fut redevable à des enseignements étrangers, et ce qu'il dut à ses propres méditations. Les légendes bibliques dont il entremêle ses révélations doivent, en raison de l'ignorance des sources judaïques et chrétiennes où était évidemment Mahomet, provenir de communications à lui faites par d'autres personnes, en tête desquelles il faut placer Waraka, cousin de sa femme, juif baptisé, qui avait lu l'Ancien et le Nouveau Testament. Il ne faut pas d'ailleurs s'étonner que Mahomet regardât et donnât comme des révélations ce que ses méditations lui signalaient comme la vérité; puisqu'il est avéré que la plupart de ces révélations se rattachaient à des états extatiques et à des accidents épileptiques auxquels le prophète était sujet depuis son enfance. Quant à la forme même de ces révélations, il y a à ce propos un mot de Mahomet lui-même qui est d'une haute importance. Interrogé un jour à ce sujet, il répondit : « Uh ange m'apparaît souvent sous forme humaine, et converse avec moi; souvent j'entends des sons semblables à ceux d'une coquille ou d'une cloche, et alors je souffre beaucoup. Quand l'ange invisible me quitte ensuite, je recueille ce qu'il vient de me révéler. » La tradition rapporte en outre qu'il reçut d'autres révélations en rêve, et que Dieu en mit encore dans son cœur à la suite de ses propres méditations. Une tradition provenant de la dernière femme de Mahomet, Ayécha, témoigne de la corrélation existant entre les accidents épileptiques du prophète et ses révélations : il devenait extrêmement triste quand l'ange lui apparaissait. Par les froids les plus vifs, la sueur lui découlait du front, ses yeux s'enflammaient et quelquefois il *beuglait comme un jeune chameau*. Tout cela prouve que Mahomet n'était pas un imposteur par calcul et ayant la conscience de ses fourberies. C'est à l'âge de quarante ans qu'il eut sa première vision, dans laquelle, dit-il, l'ange Gabriel lui apparut et lui ordonna de répéter ce qu'il lui dirait. Mahomet, plein de doute et craignant d'être possédé du mauvais esprit, fut tranquillisé par sa femme ainsi que par Waraka, le cousin de celle-ci, et de la sorte il en vint peu à peu à croire à la divinité de sa mission. Les révélations se succédèrent alors sans interruption jusqu'à la fin de sa vie ; mais jamais, quoi qu'en disent ses historiens, il ne fit de miracles. Mahomet le déclare expressément lui-même. La seule chose certaine, c'est qu'il avait, dans ses extases, des hallucinations, qu'il racontait ensuite à ses néophytes. Au nombre de ces hallucinations est son fameux voyage, sur lequel l'imagination orientale a écrit des volumes. On sent en le lisant qu'on est dans le pays des contes arabes. Il raconte qu'un jour il était endormi près du mont Merva, quand Gabriel souffla sur lui et le réveilla. A côté de lui était la jument grise Elborak, dont le galop va plus vite que l'éclair. L'ange se mit à voler, et le prophète le suivit sur la jument. Ils arrivèrent à Jérusalem. Mahomet y trouva Abraham, Moïse et Jésus; il les salua, les appela ses frères, et fit sa prière avec eux. Ensuite il repartit avec Gabriel, et l'ange l'introduisit successivement dans tous les cieux. A la fin, il pénétra jusqu'au lotus qui termine le jardin de délices. Ses fruits sont si énormes qu'il suffirait qu'ils s'en détachât un pour nourrir pendant longtemps tous les êtres créés. Là se trouve une barrière que jamais mortel n'a franchie. C'est la limite qui sépare du ciel la demeure de Dieu. Au pied de son trône, soixante-dix mille anges chantent ses louanges, et il n'est accordé à aucun de chanter un seconde fois dans ce chœur céleste. Mahomet ajouta que Dieu lui ordonna de faire la prière cinquante fois par jour. Sur les observations de Mahomet, et de réduction en réduction, Dieu se contenta d'exiger la prière cinq fois par jour. Après avoir reçu ces ordres, le prophète remonta Elborak, revint sur terre, et se réveilla....

Dans les premières années, c'étaient seulement ses proches et ses amis que Mahomet engageait à le regarder comme prophète. De ce nombre étaient déjà Aboubekr, Ali, Othman, qui furent plus tard khalifes, et d'autres encore, marchands comme Mahomet lui-même ou gens de métier. Au bout de cinq ans, après avoir longtemps lutté contre lui-même, il se posa publiquement en prophète à La Mecque, sa ville natale; mais il ne recueillit que des railleries et même des mauvais traitements. Ses principaux adversaires étaient les Koréischites Abou-Lahab et Abou-Djahl. La situation des premiers fidèles (*moslem*) devint si pénible, que le prophète lui-même conseilla à ses adhérents de se réfugier dans les États du prince chrétien d'Abyssinie. La protection de ses plus proches parents le mit d'abord lui-même à l'abri des projets de meurtre conçus contre lui par ses ennemis; mais le danger devint si grand que, lui aussi, il dut s'estimer heureux que son oncle Abou-Taleb le conduisît dans un château bien fortifié, situé hors de La Mecque, tandis qu'une troupe de ses adhérents était réduite à émigrer en Abyssinie.

Mahomet resta pendant trois ans dans ce château fort, jusqu'à ce que ses compatriotes idolâtres, reconnaissant ce qu'il y avait d'inébranlable dans sa foi, révoquassent le décret de bannissement qui avait été rendu contre lui ; moyennant quoi il lui fut permis de rentrer à La Mecque. Pendant ce temps-là le nombre de ses adhérents allait toujours en augmentant ; c'est ainsi qu'on vit toute une caravane de chrétiens venant de la petite ville de Nadschrân se convertir à ses doctrines ; mais ce fut là à peine une compensation pour la mort de son protecteur Abou-Taleb, arrivée dans la dixième année de sa mission. La mort de sa première femme Kadidjah, arrivée aussi quelque temps après, fut pour lui une perte moins douloureuse; elle lui donna occasion de se remarier à diverses reprises, et d'augmenter peu à peu tellement le nombre de ses femmes qu'à sa mort il ne laissa pas moins de neuf veuves, dont les plus célèbres sont la vindicative *Ayécha*, fille d'Aboubekr, et *Hafssa*, fille d'Omar, qui plus tard devint khalife.

A peu de temps de là arriva un événement qui devint la base des rapides progrès que devait faire plus tard la propagation de l'islamisme. A l'occasion du premier pèlerinage dont La Mecque fut à ce moment le but, suivant les coutumes antiques, Mahomet gagna à ses idées religieuses quelques habitants de Médine appartenant à la tribu de Charadsch, alliée de la sienne, qui à leur retour dans leur patrie lui firent de nouveaux prosélytes. Le nombre s'en accrut bientôt tellement, qu'ils purent conclure avec Mahomet un traité d'alliance et de protection, et même l'inviter à venir chercher parmi eux un refuge contre les embûches de ses ennemis; invitation à laquelle il se rendit effectivement au mois de septembre de l'an 622, en compagnie de son fidèle ami Aboubekr, mais non sans courir de grands dangers pour sa vie. Ses adhérents, au nombre de quarante-cinq, ou l'avaient précédé à Médine, ou ne tardèrent point à l'y suivre. Cette fuite est connue sous le nom d'*hégire*. C'est de la même année que date l'ère musulmane. Ceux qui accompagnèrent Mahomet dans sa fuite portent dans l'histoire le surnom honorifique de *Mouhadjirin* (émigrés), tandis qu'elle désigne les partisans de La Mecque sous celui d'*Anssar* (compagnons). A Médine, Mahomet s'attacha d'abord à gagner à ses doctrines les nombreux juifs qui habitaient cette ville, où ils jouissaient d'une grande considération, et cela en leur faisant diverses concessions. Le résultat de cette tactique n'ayant pas répondu à ce qu'il en attendait, non-seulement il se retira plus tard ces concessions, mais encore il devint et resta jusqu'à sa mort leur plus implacable ennemi ; aussi les tribus juives de l'Arabie eurent-elles beaucoup à souffrir de l'extension que prit la puissance de Mahomet. Après avoir commencé la construction de la mosquée qui existe encore aujourd'hui à Médine, et avoir donné d'importantes lois constitutives à la nouvelle commune qui s'était ainsi formée autour de lui, il entreprit une série d'opérations militaires, qui, dirigées contre des caravanes ou quelques ennemis isolés, différaient fort peu des expéditions de brigandage appelées aujourd'hui des *razzias*. La première bataille proprement dite entre les *moslem* et les habitants de la Mecque, eut lieu au mois de ramadan de la seconde année de l'hégire. Cette fois encore Mahomet s'était mis en route pour aller piller une riche caravane d'habitants de La Mecque revenant de Syrie. La caravane échappa ; mais un combat sanglant s'engagea à Bedr entre les troupes envoyées de La Mecque à son secours et les fidèles de Mahomet ; combat dans lequel ceux-ci demeurèrent vainqueurs, et firent un grand nombre de prisonniers, qui leur valurent de grosses rançons. Cette victoire eut les suites les plus favorables pour la cause de Mahomet, car elle attira sous ses drapeaux une foule d'aventuriers affamés de butin. Mahomet continua alors ses expéditions contre les Koréischites et les tribus juives ; et quoiqu'il eût éprouvé dans la troisième année de l'hégire une grande déroute, aux environs d'Ohod, sans parler d'autres échecs encore, sa considération et sa puissance prirent une extension telle, que dans la sixième année il put lancer un grand et solennel appel pour, un pèlerinage à faire à La Mecque. Cette fois, il est vrai, il échoua dans son projet, parce que les habitants de La Mecque s'opposèrent à sa mise à exécution ; mais il obtint ce résultat, bien autrement important, que les habitants de La Mecque conclurent avec lui un traité par lequel ils reconnaissaient formellement que leur adversaire était de race égale à la leur. Dès lors il lui fut possible d'envoyer avec plus ou moins de succès ses émissaires dans toute l'Arabie ainsi que dans les contrées adjacentes, et même de célébrer l'année suivante la fête des pèlerins pendant trois jours consécutifs à La Mecque.

Une expédition malheureuse tentée en Syrie par son armée engagea les habitants de La Mecque à violer la foi jurée. Ils en furent punis par la prise de leur ville, dont le vainqueur prit formellement possession au nom de l'islamisme, et où il mit fin au culte des idoles. Cette victoire décida du triomphe de la nouvelle doctrine en Arabie, et Mahomet eut la satisfaction de voir de son vivant même la grande majorité des habitants du pays soumis à son autorité et à sa religion. Il s'en retourna alors à Médine, et reçut des ambassades de diverses tribus, qui lui apportaient leurs hommages. Outre quelques autres expéditions, il entreprit encore, dans la neuvième année de l'hégire, une grande campagne, contre les Grecs établis sur les frontières de l'Arabie ; mais il réunit une armée trop peu considérable, de sorte qu'après avoir soumis quelques petits princes, force lui fut de se retirer sans avoir pu réaliser sa pensée première, qui était de combattre les Grecs. En l'an 10 de l'hégire, Mahomet accomplit son dernier pèlerinage à La Mecque, à l'effet d'exposer de vive voix aux pèlerins qui s'y réunissaient ses lois et ses doctrines les plus importantes. Les cérémonies observées dans ce pèlerinage sont demeurées la règle des pèlerinages de tous les fidèles.

Après avoir accompli ce dernier grand acte de sa vie, il s'en revint à Médine, où trois mois après, dans le courant de mai de l'an 632, il tomba malade de la fièvre. Déjà très-souffrant, il ne manquait pas un seul jour de visiter la mosquée attenant à sa maison, où il disait ses prières ; et sentant sa fin s'approcher à grands pas, il prit congé des assistants, en les exhortant à persévérer dans la vraie foi. Enfin, à la suite d'un violent accès de fièvre, il mourut, dans la demeure et dans les bras de sa femme Ayécha. Après de longues contestations sur la question de savoir où on l'enterrerait, il fut inhumé dans la maison où il avait rendu le dernier soupir ; emplacement aujourd'hui situé en dehors de la mosquée agrandie, et demeuré constamment l'objet d'un grand concours de fidèles.

MAHOMET. Nom qui a été porté par quatre empereurs ou padischahs de Turquie.

MAHOMET Ier, cinquième empereur, né en 1374, dut, à la mort de son père, Bajazet Ier, arrivée en 1403, défendre ses droits au trône, contestés par ses frères Soliman Ier (mort en 1409) et Moussa (mort en 1413). Gendre de l'empereur Manuel, il se montra pendant toute sa vie l'allié adroit, mais fidèle, du souverain de Byzance, et le plus redoutable adversaire des Turcomans. Frappé d'une apoplexie, ou atteint, suivant d'autres, d'une dyssenterie fatale, il mourut en 1421 (824 de l'hégire), à Andrinople.

MAHOMET II (1451-1481), surnommé *Bouyouk*, c'est-à-dire *le Grand*, fils et successeur d'Amurath II, était né à Andrinople, en 1430. Enflammé d'émulation par l'histoire d'Alexandre le Grand, il se proposa pour but de ses efforts la conquête de tout l'Empire Grec. Le 6 avril 1453 il vint, à la tête de 300,000 hommes, de 300 galères et de 200 bâtiments de dimensions moindres, mettre le siège devant Constantinople, où régnait alors Constantin Dracosès. Quoiqu'elle ne pût guère opposer à une si immense armée que 10,000 hommes en état de porter les armes, cette capitale se défendit courageusement ; mais elle finit par succomber, et après cinquante-trois jours de siège elle fut prise d'assaut et livrée au pillage ainsi qu'à la dévastation. Cependant, quand il eut fait choix de Constantinople pour siége de son empire, Mahomet II, à l'effet d'y attirer de nouveaux habitants, accorda aux Grecs liberté complète de religion, et leur permit de se choisir de nouveau un patriarche. C'est de la sorte que la ville redevint bientôt florissante ; et alors il la fit entourer de fortifications nouvelles, tandis que les Dardanelles s'élevaient dans le même but à l'entrée de l'Hellespont. Après la chute de Constantinople, il dirigea d'abord ses projets de conquête contre l'Albanie, qu'il ne réussit cependant à subjuguer qu'en 1467, après la mort de Skanderbeg. Jean Hunyade mit un terme à ses progrès en Hongrie, et le contraignit, en 1456, à lever le siége de Belgrade. A cette occasion il ne perdit pas moins de 25,000 hommes et fut en outre grièvement blessé. En revanche, il ne lui fallut que très-peu de temps pour conquérir la Servie, la Grèce et le Péloponnèse, la plupart des îles de l'Archipel et l'empire grec de Trébizonde. A la république de Venise il arracha, entre autres, les îles de Négrepont et de Lemnos, et aux Génois, en 1474, Kaffa, après avoir réduit dès l'année précédente les différents peuples de la Crimée à l'état de vasselage. Les nombreuses guerres qu'il eut à soutenir ensuite contre la Perse l'empêchèrent de se mesurer de nouveau avec les puissances chrétiennes. En 1480 il s'en vint bien attaquer l'île de Rhodes, mais il en fut repoussé par les chevaliers de l'ordre de Saint-Jean-de-Jérusalem. Il dirigea ensuite ses armes contre l'Italie, et Otrante venait d'être prise par ses troupes, lorsqu'il mourut, en 1481, dans une expédition contre la Perse. Pendant son règne, Mahomet II avait conquis douze royaumes et plus de deux cents villes. Les brillantes qualités de son esprit et l'éclat de ses exploits lui donneraient le droit d'être compté parmi les plus grands souverains, si sa cruauté, sa perfidie, ses vulgaires débauches, et son mépris constant pour toutes les lois ne le signalaient point comme un monstre. Il parlait le grec, l'arabe et le persan, entendait le latin, dessinait et peignait, était versé dans la connaissance de la géographie et des mathématiques, et savait l'histoire de l'antiquité, sans posséder cependant la véritable instruction.

MAHOMET III (1595-1603), treizième empereur, né en 1566, fils et successeur de son père, Amurath III, fut un affreux tyran à l'égard de sa famille et montra une cruauté extrême dans ses guerres contre les chrétiens, qui, au commencement de son règne, le combattirent avec succès. A peine fut-il monté sur le trône, qu'il fit étrangler dix-neuf de ses frères et précipiter dans la mer dix femmes que son père avait laissées enceintes. Élevé dans l'ignorance des affaires, il en abandonna la direction à sa mère, l'ambitieuse Baffo. Mais bientôt ce ne fut qu'échecs en Europe, séditions en Asie, et révoltes ouvertes à Constantinople. L'autorité se montrait impuissante entre les mains d'un homme sans énergie, sans courage et sans talent. Qui sait ce que serait devenu l'empire si Mahomet III n'était pas mort en l'an 1012 de l'hégire (1603 de J.-C.), des suites de ses débauches et aussi de la peur que lui inspira la prédiction d'un derviche qu'il révérait comme un grand saint, et qui lui annonça un beau jour qu'un événement terrible s'accomplirait cinquante-six jours plus tard; prédiction dont il fut tellement frappé, qu'il mourut, à ce qu'assurent les historiens othomans, juste cinquante-six jours après.

MAHOMET IV fut un souverain sans importance, qui monta sur le trône en 1648, après le meurtre de son père, Ibrahim, à l'âge de sept ans. Il fut détrôné en 1687, parce qu'on attribuait à sa mollesse et à sa lâcheté les victoires remportées par les Polonais, et mourut en prison, en 1691. Son règne n'est célèbre que par l'administration des deux grands-vizirs Méhémet et Achmet Kœprili.

MAHOMÉTISME, religion fondée par M a h o m e t, mais que ses adhérents désignent eux-mêmes sous le nom d'*islam*, qui signifie confiance, abandon absolu en Dieu. Elle a pour bases les sentences de son fondateur, regardées comme autant de révélations, et qui furent réunies par le premier khalife, Aboubekr, sous le titre de C o r a n, sans aucune espèce d'ordre chronologique ni de matières. Comme Mahomet n'exposait sa doctrine sous une forme systématique, et qu'il se bornait à donner pêle-mêle, selon le temps et les circonstances, des dogmes de foi, des règles de mœurs et des lois civiles, présentés comme autant de révélations venant de Dieu, le Coran n'est qu'un recueil de sentences sans liaison entre elles, réunies au hasard et du contenu le plus hétérogène, qui pour être bien comprises exigent de profondes études critiques. Ce serait d'ailleurs se faire une idée très-fausse du mahométisme que de vouloir le comparer au christianisme dans ses origines ou dans son organisation. C'est à peine en effet si l'on peut dire que l'*islam* est une religion, car il n'y a là ni culte ni prêtre, pas d'autorité spirituelle dans l'islamisme. Le Coran est Dieu, qui s'est fait livre au lieu de se faire homme. C'est une incarnation morte, au lieu d'être une incarnation vivante. Dans le christianisme, le Verbe est toujours vivant : vivant à l'origine, puisqu'il s'est fait chair pour enseigner les hommes de son temps; vivant dans la suite des siècles, puisqu'il s'est fait esprit pour inspirer les Apôtres et pour assister l'Église; vivant par le culte, dans l'Église catholique surtout, puisqu'il y est personnifié comme victime dans l'eucharistie et comme docteur dans le pape et l'Église. Dans l'islamisme, au contraire, le Verbe ne vit que dans le livre : *Le Coran est la parole de Dieu, incréée, éternelle et existant par elle-même*. Ainsi Dieu a parlé, mais il ne parle plus sur la terre. Voilà la pure doctrine musulmane. Les ouléma, dont nous faisons le *clergé othoman*, ne sont ni prêtres ni moines : ce sont des jurisconsultes ou des professeurs. Les *fetwas* émanés des ouléma, et qui ont si souvent servi à la révolte, ne sont pas des décisions théologiques ou canoniques, ce sont de simples consultations judiciaires. Le *muphti*, que nous transformons volontiers en pape ou en évêque, n'est ni pape ni évêque; c'est un personnage tout laïc et tout politique. Il n'y a pas non plus de culte proprement dit dans le mahométisme. On n'y voit rien qui soit l'équivalent de la messe chrétienne ou même du sacrifice antique; il suffit de répéter le Coran. La répétition de la parole divine est le seul culte et la seule liturgie possible ; l'homme prie par l'intermédiaire du Coran, et non par ses propres sentiments. C'est bien à tort aussi qu'on croit que l'islamisme prescrit aux croyants la haine de la religion chrétienne et des chrétiens; il n'en est rien. « Quiconque, dit le catéchisme

« othoman, profère des blasphèmes contre Dieu, contre ses
« attributs, contre son saint prophète, contre le livre céleste, *quiconque nie la mission divine de Moïse ou celle*
« *de Jésus-Christ*, sera mis à mort sans rémission ni délai. »
L'article n'est pas tolérant, mais l'intolérance n'est pas tournée contre le christianisme; elle est tournée contre les idolâtres. Aussi bien c'est contre les idolâtres que le Coran réserve la colère de Dieu; quant aux juifs et aux chrétiens, Mahomet les regarde comme les frères des Arabes : Arabes, juifs et chrétiens sont tous trois fils d'Abraham, et tous trois ont eu leur prophète. Né à une époque où l'Orient et l'Occident, naguère sous le joug romain, se touchaient encore par beaucoup de points, le mahométisme ne se séparait point des juifs et des chrétiens, puisqu'il se croyait appelé à comme rommer les Arabes eux-mêmes. Mais à mesure que l'Orient et l'Occident se sont divisés et éloignés l'un de l'autre pour ne plus se rencontrer que sur les champs de bataille de l'Espagne ou des croisades, les traits de ressemblance ou les points de jonction entre les deux religions se sont effacés dans l'esprit des peuples. Les différences, au contraire, et les causes de rupture ont prévalu. »

Mahomet se désignait lui-même comme le réformateur et le restaurateur de la religion pure révélée à Abraham par Dieu, mais défigurée ensuite par les juifs et les chrétiens. Il reconnaissait tous les personnages bibliques, depuis Adam jusqu'à Jésus-Christ, comme des prophètes envoyés par Dieu, et qui eux aussi avaient connu la véritable et pure religion ; et il se bornait à exiger de ses adhérents, en sa qualité du plus grand et du dernier des prophètes, qu'ils le considérassent comme le sceau des prophéties. A ce titre il avait pour adversaires ses compatriotes idolâtres aussi bien que les juifs et les chrétiens. Des premiers il exigeait qu'ils renonçassent à leurs idoles pour adorer le seul vrai Dieu ; et des juifs, qu'ils échangeassent la loi transitoire de Moïse pour la loi définitive du Coran. Quant aux chrétiens, leur plus grand reproche qu'il fît aux chrétiens, c'était d'adorer Jésus-Christ comme Dieu. D'ailleurs sa doctrine religieuse était simple. La croyance en un Dieu vrai, tout-puissant, sachant tout, et rempli de miséricorde ; la croyance à sa propre mission, à la résurrection des corps et au jugement dernier : voilà les dogmes principaux sur lesquels il insiste constamment et sous les formes les plus diverses. Tantôt il menace les mécréants des tourments éternels du feu des enfers; tantôt, à l'effet d'exciter les croyants à mourir au besoin pour la cause de Dieu, il leur dépeint les joies du paradis avec les couleurs les plus sensuelles; tantôt, à l'aide de récits empruntés au passé, il démontre la toute-puissance, la justice et la miséricorde de Dieu. Il ne se donne d'ailleurs lui-même que pour un homme, mais pour un homme dont une mission divine a fait la première des créatures. Le Coran n'enseigne pas que Mahomet ait jamais fait de miracles.

Le grand vice de cette doctrine religieuse, indépendamment du grossier mélange de superstitions qu'on y trouve, telles que la croyance aux *djinns* (mauvais esprits), etc., gît dans ce qu'elle a de vague et d'indéfini ; caractère qui amena plus tard les plus violentes et les plus sanglantes querelles, par exemple au sujet des idées relatives à l'unité et à la prescience de Dieu. La morale du Coran est jusqu'à un certain point le meilleur côté du mahométisme, car il abonde en exhortations de la nature la plus pressante sur la pratique des bonnes œuvres, et les préceptes de la morale la plus pure sillonnent tout ce livre comme des sentiers d'or. Dans sa vie privée, sauf sa passion déréglée pour les femmes, Mahomet fut le modèle de toutes les vertus domestiques et civiles ; seulement, dès qu'il s'agissait des intérêts et de la propagation de sa religion, il se montrait impitoyablement cruel, et n'hésitait point à tremper ses mains dans le sang. Si ses successeurs ne l'imitèrent en général que par le mauvais côté, la faute n'en est point au Coran. Ce livre est regardé aussi comme contenant à tous autres égards la loi fondamentale, attendu qu'il renferme comme des révélations divines, valables pour tous les temps, les différentes lois qu'il y insère relativement aux cérémonies, à la politique, au droit civil et criminel, à la police (et sous ce rapport il serait difficile de nier qu'il n'ait eu la conscience de son rôle d'imposteur). Que si cette partie du Coran contient également quelques sages préceptes, que ne suivirent guère pourtant les souverains mahométans qui succédèrent au fondateur de l'*islam*, la loi politique qu'on y trouve formulée, et suivant laquelle il y a pour les vrais croyants obligation de propager la religion de Mahomet par le glaive dans tout l'univers, jusqu'à ce qu'il soit ou converti ou subjugué et tributaire, lui imprimerait à elle seule le sceau de la réprobation.

Les successeurs immédiats de Mahomet surent d'ailleurs merveilleusement propager sa loi. Un siècle s'était à peine écoulé, que déjà la domination de l'*islam* avait été étendue par la force des armes bien au delà des limites de l'Arabie, en Syrie, en Perse, en Égypte, sur toute la côte septentrionale d'Afrique, et jusqu'en Espagne. Malgré les profonds déchirements intérieurs de ce puissant empire, malgré l'atrophie complète ou encore la séparation violente de quelques membres de ce corps gigantesque, comme il puisait sans cesse des forces nouvelles dans la conquête et l'assimilation des races diverses de l'Asie, il alla toujours gagnant du terrain, jusqu'au moment où les Osmanlis plantèrent le croissant sur l'église Sainte-Sophie de Constantinople et où leurs bandes victorieuses s'avancèrent jusque sous les murs de Vienne. Depuis lors l'éclat et la puissance du mahométisme allèrent constamment en baissant. Aujourd'hui encore on compte environ 130 millions de mahométans, tant en Europe qu'en Asie et en Afrique; mais, outre que beaucoup de peuples ne professent plus guère que de nom la religion de Mahomet, on peut dire que depuis que l'islamisme a cessé d'être conquérant, il a perdu sa puissance, et qu'il marche de plus en plus rapidement à sa ruine.

Indépendamment de sa brillante période de puissance politique, il y a eu aussi pour le mahométisme une époque où les beaux-arts et les sciences fleurirent dans son sein plus que dans toutes les autres contrées de la terre. A l'origine, sans doute, le métier des armes y absorba toute autre espèce d'activité; mais lorsque les voluptueux khalifes de la maison de Benou-Ommaïja eurent été remplacés par une race plus énergique, celle des A b a s s i d e s , il se développa, sous le règne des grands souverains de cette famille qui occupèrent d'abord le trône, une ardeur extrême pour la culture des lettres et des sciences. Des savants syriens débutèrent par des traductions d'ouvrages grecs et arabes; et on vit bientôt paraître ensuite une foule d'ouvrages originaux relatifs à la philosophie, à la médecine, aux sciences naturelles, à l'histoire, à la géographie, etc., dont les titres tout au plus se sont conservés au milieu des troubles qui agitèrent les âges suivants. On peut considérer les savants mahométans du neuvième au treizième siècle comme ayant été temporairement les dépositaires de la science qui avait péri partout ailleurs, et comme l'ayant transmise à l'Occident quand celui-ci parvint à échapper à la barbarie. En ce qui est des sciences théologiques proprement dites, il se forma là aussi bientôt un grand nombre de règles différentes, parmi lesquelles la doctrine de la tradition et la science de l'interprétation du Coran tinrent d'abord le premier rang, jusqu'à ce qu'une espèce de scolastique finit insensiblement par s'y associer. Toute la science de la religion forme dans le mahométisme deux grandes divisions : le dogme et la jurisprudence (fondée sur la révélation). La première de ces divisions s'occupe des *racines* mêmes de la religion (doctrine de l'unité de Dieu, de ses qualités et de sa prédétermination ; doctrine du jugement dernier, de la mission divine du prophète) ; la seconde traite de ses *rameaux*, c'est-à-dire des préceptes légaux et des conséquences qui en résultent. Pour la première, il y a nécessité d'un accord complet entre les fidèles ; pour la seconde, il existe quatre grandes écoles, appelées, du nom de leurs fondateurs, hanbalites, schafiites, malikites et hanifites. C'est à cette dernière école que les Turcs se rattachent aujourd'hui.

Il s'en faut que l'accord qu'on exige pour ce qui est du dogme ait toujours existé, car les mahométans comptent soixante-douze sectes hérétiques rejetées en dehors de la seule doctrine véritable qui puisse assurer le salut éternel. En ce qui touche l'unité de Dieu et sa prédétermination, il y a lutte entre les *szifattia* et les *djabarita* d'une part, et les *moutasila* et les *kadariia* de l'autre; les premiers partisans, les seconds adversaires d'une prédestination absolue. On a compris sous la dénomination de *chawaridsch* un grand nombre de sectes d'origine plutôt politique qu'ecclésiastique, dont le caractère essentiel consiste dans un *indépendantisme* illimité. Une dernière classe de ces nombreuses sectes, les chiia (*c h y i t e s*), se compose des partisans d'Ali et de ses descendants, à qui elles accordaient non-seulement le droit exclusif de succéder au khalifat, mais encore une nature divine supérieure, en réunissant en outre dans leur symbole religieux d'autres éléments mystiques. C'est de ces sectes que provenaient les A s s a s s i n s. On peut considérer aujourd'hui toutes les autres sectes comme ayant disparu ; les chiia seuls se maintiennent encore en Perse, avec leur haine invétérée pour les *moslems* orthodoxes. Consultez Chauvin-Belliard, *L'Islam* (Paris, 1847).

MAHON(PHILIPPE-HENRI STANHOPE, vicomte), homme d'État et historien anglais, est le fils aîné du quatrième comte de S t a n h o p e et l'arrière-neveu de Pitt. Né en 1805, à Walmer-Castle, il entra en 1830 à la chambre des communes comme représentant de Wooton-Basset, bourg placé sous la dépendance de sa famille, et remplit du mois de décembre 1834 au mois d'avril 1835 les fonctions de sous-secrétaire d'État des affaires étrangères dans le ministère Peel-Wellington. Après avoir publié une *History of the War of the Succession in Spain* (1834), pour laquelle il avait utilisé les mémoires laissés par son aïeul, le premier comte de Stanhope, il fit paraître une *History of England from the treaty of Utrecht to the peace of Aix-la-Chapelle* (2 vol., Londres ; 3e édit., 1836) ; qu'il a continuée ensuite jusqu'à la paix de Versailles (7e édit., 1853). Sans se distinguer précisément par l'élégance du style, cet ouvrage, en raison de l'étude approfondie des sources dont l'auteur y fait preuve et de la clarté de son exposition, peut être rangé parmi les meilleurs travaux historiques qui aient paru dans ces derniers temps sur l'histoire d'Angleterre. On remarque comment l'auteur s'est peu à peu affranchi des idées exclusivement tories qu'il avait d'abord adoptées. Un des épisodes les plus émouvants de ce livre, le tableau de l'insurrection des *Highlanders* en 1745, a été publié sous le titre de *The Forty five* (1851).

En 1845 lord Mahon, qui, à l'instar de Peel, avait modifié ses principes politiques, notamment relativement à la législation sur les céréales, avait été nommé, au mois de juin, secrétaire de l'*India board* ; mais il partagea la retraite du cabinet en 1846. Depuis lors c'est lui qui commande dans la chambre des communes le petit bataillon des *peelites*; et il jouissait à un si haut degré de la confiance et de l'amitié de Robert Peel, que c'est à lui que cet homme célèbre légua le soin de rédiger les papiers qu'il laisserait en mourant. Wellington lui fit ensuite le même honneur. Lord Mahon a donc été successivement désigné comme exécuteur testamentaire *littéraire* par les deux plus célèbres hommes d'État de son siècle ; et en lui retirant en 1852 son mandat législatif pour le confier à un radical, la ville de Hertford, qu'il avait représentée au parlement depuis 1835, lui a fait les loisirs nécessaires pour s'acquitter des devoirs que lui impose un tel legs. On a aussi de lui un ouvrage intitulé *Life of the great Condé* (1840), traduit en français par lui-même, et *Life of Belisarius* (nouv. édit., 1848). Un choix de ses articles du *Quarterly Review* a paru, sous le titre de *Historical Essays*.

MAHON (Port-). Voyez MINORQUE.
MAHONILLE. Voyez GIROFLÉE DE MAHON.
MAHRATTES ou MAHARATTES, peuple appartenant à la race hindoue, qui habite dans la partie centrale de l'Inde, en deçà du Gange, les montagnes de Gwalior jusqu'à Goa,

et provenant, suivant toute apparence, d'antiques populations chassées autrefois de l'Hindoustan proprement dit par les Mongols. Il en est fait mention pour la première fois dans l'histoire vers le milieu du dix-septième siècle, époque où l'aventurier Sewadschi, mort en 1680, les réunit en un corps de nation, dont lui et ses successeurs immédiats, en opérant la conquête d'une forte partie des États du Grand Mongol, finirent par faire un royaume puissant, qui comprenait une superficie d'environ 20,000 myriamètres carrés. L'incapacité des princes qui régnèrent ensuite sous le titre de *ram-radjah*, c'est-à-dire de grand-roi ou de grand-prince, et qui résidaient à Sattarah, fut cause que le *péischwah*, ou premier ministre, Badschiro fit prisonnier le ram-radjah et s'empara de la partie occidentale du royaume des Mahrattes, où il constitua à Pounah un État indépendant, tandis que son collègue Radjodji prenait possession de la partie orientale, où il fondait l'empire des Berar-Mahrattes. Badschiro, qui mourut en 1750, rendit la dignité et le titre de *péischwah* héréditaire dans sa famille. Ce partage du royaume des Mahrattes ne put cependant avoir lieu que du consentement des grands et des gouverneurs de provinces, qui se tinrent pour satisfaits moyennant une augmentation de richesses et de puissance. Il en résulta que le royaume des Mahrattes finit par s'éparpiller en un nombre infini d'États, plus ou moins puissants et indépendants, et qu'à l'extinction de la dynastie des ram-radjah, arrivée en 1777, il n'en subsistait plus qu'une espèce de confédération, ayant à sa tête un conseil de gouvernement composé de douze brahmines, qui abondonnait la puissance exécutive au péischwah. Cet état de choses ne dura d'ailleurs pas longtemps ; dès les dernières années du dix-huitième siècle il éclatait entre les différents princes mahrattes de longues guerres intestines, dans lesquelles la Compagnie des Indes se trouva à la fin forcée d'intervenir. Aussi, après une longue et sanglante lutte soutenue contre les Anglais en 1817 et 1818, et lorsque déjà plusieurs provinces du royaume des Mahrattes avaient dû être cédées à l'Angleterre, les derniers débris de cet État passèrent sous la dépendance de la Compagnie en même temps que ses différents souverains devenaient vassaux de l'Angleterre, à l'exception de Rao-Scindiah, qui seul défendit son indépendance jusqu'à son dernier soupir.

Sa veuve ayant alors adopté pour fils un enfant que les Anglais reconnurent pour souverain, l'antique haine des populations mahrattes pour le nom anglais se produisit au grand jour sous le faible gouvernement d'une femme; et par suite d'une foule d'intrigues intérieures, ainsi que de l'attitude de plus en plus insolente des chefs, les Anglais se virent contraints de déclarer aux Mahrattes une guerre qui se termina par les deux sanglantes batailles de Maharadschpour et de Pulnar, appelées aussi batailles d'Angolah, et livrées toutes deux, le 29 décembre 1843, près le défilé d'Antri. La première fut gagnée par sir Hugh Gough, et les Mahrattes y étaient commandés par deux Français, les colonels Baptiste et Jacob; la seconde fut gagnée par le général Grey. Les Mahrattes, organisés en grande partie à l'européenne et pourvus d'une artillerie excellente, se battirent avec un remarquable courage. Ces deux victoires des Anglais eurent pour résultat que l'État du Scindiah, désormais compris dans les dépendances de la Compagnie des Indes, fut obligé de payer une grosse contribution de guerre et de dissoudre son excellente armée.

Les Mahrattes, race d'hommes vigoureux et bien découplés, au teint plus ou moins brun, sont Hindous et adorateurs de Brahma, d'un caractère cruel, sauvage et perfide, durs à la fatigue et doués de l'esprit militaire. Par suite de ce caractère, comme aussi de la lourde oppression qu'ils ont fait peser sur les peuples qu'ils avaient subjugués, ils ont exercé une influence des plus désastreuses sur la population des contrées où ils dominaient. Les plus importantes principautés mahrattes aujourd'hui soumises à l'Angleterre sont : l'État du *Scindiah*, qui prend le titre de *maha-radjah*, c'est-à-dire grand-roi, et réside à Gwalior, avec une superficie de 1,206 myriamètres carrés et une population de 4 millions d'âmes; l'État du maha-radjah de *Sattarah*, avec 470 myriamètres carrés, et 1,500,000 habitants ; l'État du maha-radjah de *Guicowar*, qui réside dans la grande ville de Baroda, avec 538 myriamètres carrés et 2 millions d'habitants ; l'État du maha-radjah de *Holyar*, qui réside dans la belle ville d'Indour, avec 580 myr. carrés, et 1,200,000 habitants; enfin l'État du maha-radjah de *Bunstah*, avec *Nagpour* ou *Nadschpour* pour capitale, 2,122 myr. carrés et 3 millions d'habitants.

MAHRATTI. *Voyez* INDIENNES (Langues).

MAI. Ce mois, qui est le cinquième dans le calendrier grégorien, était le troisième mois de l'année chez les Romains ; Romulus, qui fit commencer l'année romaine au mois de mars, lui donna le nom de *maius*, en l'honneur des sénateurs qu'on appelait *majores*, les anciens ; de même que le mois suivant, celui de juin, fut appelé *junius*, en l'honneur des *juniores*, c'est-à-dire des jeunes gens qui portaient les armes. D'autres prétendent que *mai* vient du nom de la déesse Maïa, mère de Mercure, et l'une des pléiades, parce que c'était au commencement du mois de mai que les anciens recommençaient à naviguer.

Tous les peuples ont célébré par des fêtes ce mois, qui ramène partout l'amour et la vie. Chez les Romains presque tous les jours en étaient des fêtes ; et le mois tout entier était consacré à Apollon. Le 1er mai on offrait des sacrifices de lait et de fruits aux dieux lares, et les dames romaines faisaient à la Bonne Déesse des sacrifices mystérieux dans la maison du grand-pontife. Le neuvième jour, pourtant, une cérémonie lugubre attristait ce mois consacré au plaisir; on célébrait les *Lémuriennes*, ou fêtes des spectres, que Romulus avait instituées pour se délivrer de l'ombre plaintive de son frère, assassiné. Le 12 était la fête de Mars Vengeur ; le 15, un jour de grande cérémonie pour les vestales, et le même jour les marchands fêtaient Mercure, leur dieu. Le 21 avaient lieu des jeux ; le 24 on célébrait des réjouissances publiques, appelées le *refugium*, ou la fuite des rois, en mémoire de ce que Tarquin le Superbe avait été chassé de Rome et la royauté abolie. Une superstition bizarre s'attachait encore à ce mois charmant; on croyait le mois suivant, et Ovide, qui a chanté tous les mois de l'année romaine, disait : « Que les filles ou les veuves prennent garde d'allumer au mois de mai les flambeaux de l'hyménée, ils se changeraient bientôt en torches funèbres. » Aujourd'hui encore dans beaucoup de nos provinces on dit : « Noces de mai, noces de mort. »

Chez les Grecs, toutes les trois ans, au mois de mai, se célébraient les petites *Panathénées*.

Le mois de mai est resté en honneur chez toutes les nations. Les Romains y célèbrent encore la mémoire, toute païenne, de la nymphe Égérie ; les Grecs actuels le premier jour du mois de mai jonchent d'herbes le seuil de leurs maisons et suspendent des couronnes de fleurs à la porte leurs fiancées. A Londres on promène dans les rues brumeuses de la ville un arbre orné de rubans et de fleurs et entouré de mascarades de ramoneurs. En Espagne on pare une jolie villageoise d'une robe blanche, on la couronne de feuillage et de fleurs, puis on l'assied sur un trône, et ses jeunes compagnes, autour d'elles, quêtent pour Maia ; charmant souvenir de cette pléiade, ancienne protectrice des marins, que le christianisme a détrônée et que les matelots ont remplacée par Notre-Dame de Bon-Secours. En France, quelle province, quelle ville n'a pas ses fêtes particulières du mois de mai ; cérémonies diverses qui presque toutes offrent des traces de la plus haute antiquité. En Provence le premier jour de mai est signalé partout par la *fête de la Maye* ; on y célèbre le retour du printemps en promenant une jeune fille parée de fleurs. Dans bien des endroits on plante encore le 1er de ce mois des arbres de mai (*voyez* l'article suivant) : on danse autour, et on parcourt les campagnes en dansant. Dans le Dauphiné, c'est la *fête des laboureurs*, et partout la pieuse cérémonie des Rogations.

MAI. Anciennement on plantait le premier jour de mai devant la maison des personnes distinguées un arbre ou un gros rameau de verdure qu'on appelait *mai*. Les clercs de la Basoche venaient solennellement le planter dans la cour du Palais, sous l'emplacement du vaste escalier qu'on voit aujourd'hui; cette cour s'appelait alors *cour du Mai*. François 1er leur avait accordé le privilège de faire couper dans ses forêts tels arbres qu'ils choisiraient pour la cérémonie de mai, et en conséquence de ce droit tous les ans vingt-cinq clercs du Palais, dans de riches costumes et entourés d'un nombreux cortége, se rendaient dans la forêt de Bondy, où ils marquaient trois chênes qu'ils faisaient couper, et revenaient avec la même solennité planter le mai du Palais; les deux autres chênes étaient vendus, et contribuaient à payer les frais d'un joyeux festin. Cette cérémonie se faisait au mois de juillet.

Lors de la première révolution on planta des mais en réjouissance des libertés conquises, et l'arbre de mai devint ainsi un symbole de liberté. En 1848 on planta également des mais, des **arbres de liberté**; ils ont disparu aussi bien que ceux d'il y a soixante ans.

Diverses corporations de métiers avaient aussi leurs cérémonies particulières au 1er mai. Les orfèvres présentaient à la Vierge un grand tableau, qu'on appelait le *tableau de mai*, et qui ce jour-là était exposé à la porte des églises. Les peintres les plus distingués briguaient l'honneur de faire de ces tableaux, dont l'exposition était entourée de tant de solennité. Le *Martyre de saint André*, de Le Brun; *Saint Paul prêchant à Éphèse*, et *Le Martyre de saint Étienne*, de Lesueur, furent des tableaux de mai.

MAI (Champ de). *Voyez* CHAMP DE MARS et CHAMP DE MAI.

MAI 1848 (Journée du 15). Le résultat des élections et les premiers actes de l'Assemblée nationale constituante n'avaient point satisfait le parti révolutionnaire. Débordé de tous côtés par la réaction, il chercha à agir sur la représentation du pays au moyen des masses dont il disposait à Paris. L'attitude gardée par la France vis-à-vis de la Pologne, qui soutenait alors une lutte inégale contre ses oppresseurs, lui en fournit l'occasion.

Le lundi 15 mai avait été le jour fixé pour les interpellations que la montagne se proposait d'adresser au ministère au sujet des affaires étrangères. Les délégués des clubs et des sociétés populaires organisèrent pour ce jour-là une grande manifestation. On devait s'assembler sans armes et porter à la barre de l'assemblée une pétition sollicitant l'intervention armée en faveur des nationalités qui s'étaient levées pour reconquérir leur indépendance. Convoqués par la voix des journaux, les citoyens se réunirent le matin sur la place de la Bastille. Le rassemblement, grossi d'instant en instant, se forma en colonne vers dix heures, et se mit en marche tout le long des boulevards. A midi, fort de vingt à trente mille individus, il débouchait sur la place de la Concorde. A la hauteur de la Madeleine, la colonne avait rencontré le général en chef de la garde nationale de Paris, Courtais, chargé du commandement des forces destinées à protéger l'assemblée. Après quelques explications échangées avec les meneurs placés en tête du rassemblement, il fut convenu qu'une députation serait admise à présenter la pétition aux représentants du peuple, et que la colonne pourrait défiler sur le pont de la Concorde et sur le quai d'Orsay. En conséquence le général Courtais ordonna aux gardes nationaux sédentaires et mobiles de retirer la baïonnette du fusil, et il alla ouvrir lui-même les portes de la grille du palais aux délégués de la colonne.

C'est alors qu'il se produisit un de ces mouvements irréfléchis propres aux multitudes passionnées. La foule se précipita par cette porte ouverte à ses chefs, et qui devait se refermer derrière eux. En un instant les rangs des gardes nationaux furent rompus, culbutés; le mur peu élevé qui bordait l'édifice à droite et à gauche fut escaladé; un flot d'hommes envahit les tribunes du fond de la salle des séances aux cris de *Vive la Pologne!* et au milieu d'un tumulte inexprimable. Quelques secondes plus tard toutes les autres issues de la salle donnèrent passage à de nouveaux envahisseurs, qui se mêlèrent aux représentants demeurés à leur place. Ceux-ci, malgré la proposition du président Buchez, refusèrent alors de lever la séance.

Les trois heures qui s'écoulèrent ensuite ne furent qu'une continuelle clameur, à peine interrompue de temps en temps par quelques minutes de répit. Raspail monta à la tribune, et put lire quelques phrases de la pétition. Barbès lui succéda : « Que l'Assemblée nationale, s'écria-t-il, s'associe au vœu du peuple de Paris, et qu'elle déclare qu'il a bien mérité de la patrie! » Blanqui jeune réclama du pain pour le peuple, qui mourait de faim, la mise en liberté de tous les détenus politiques et la création d'un ministère du travail. Pendant ce temps, le petit Louis Blanc était porté en triomphe tout autour de l'assemblée, sur les épaules d'un homme du peuple, et le président Buchez, effrayé des menaces qui retentissaient autour de lui, se laissait arracher l'ordre écrit de ne point battre le rappel. Barbès reparut à la tribune, et put lire quelques phrases à l'écria-t-il, qu'un impôt forcé d'un milliard soit frappé sur les riches! » A quatre heures Huber fit entendre, d'une voix forte, ces paroles : « Au nom du peuple, dont l'Assemblée nationale n'a pas voulu entendre la voix, je déclare l'Assemblée nationale dissoute. » Aussitôt le président est violemment contraint de descendre du bureau, et la foule se rend à l'hôtel de ville pour y installer un nouveau gouvernement provisoire.

Cependant, on battait le rappel dans tous les quartiers, et la garde nationale marchait au secours de l'Assemblée.

La colonne avait suivi le quai aux cris de : « L'Assemblée nationale est dissoute! Vive Barbès! » Elle passa sans obstacle devant la préfecture de police; mais à la hauteur de la place du Châtelet, elle rencontra un bataillon de garde nationale qui lui barra le passage et la dissipa momentanément. Pendant ce temps-là Barbès, Albert, etc., s'étaient rendus à l'hôtel de ville, et s'y étaient constitués en gouvernement provisoire; mais trois quarts d'heure après y être entrés en maîtres, ils en sortaient prisonniers, sans qu'un coup de fusil eût été tiré pour leur défense.

La séance de l'Assemblée, après sa délivrance, dura jusqu'à neuf heures du soir. Le général Courtais fut mis en état d'arrestation et maltraité. Caussidière donna sa démission de préfet de police et de représentant.

Cette maladroite échauffourée fut un grave échec moral et matériel pour le parti ultra-révolutionnaire. Un mois plus tard il cherchait à prendre sa revanche au moyen d'un soulèvement formidable et combiné de longue main (*voyez* JUIN 1848 [Journées de]).

Les accusés du 15 mai furent jugés en 1849 par la haute cour de justice de Bourges.

MAI (Le cardinal ANGELO), antiquaire et philologue italien, né le 7 mars 1781, dans la province de Bergame, et engagé de bonne heure dans la Société de Jésus, vécut solitaire aux environs de Venise jusqu'en 1813, époque où il obtint une place à la bibliothèque Ambrosienne, à Milan. Nommé ensuite bibliothécaire, puis conservateur de la bibliothèque du Vatican, en 1819, et protonotaire apostolique adjoint en 1825, il reçut le chapeau de cardinal en 1838. Il s'est fait un nom durable en publiant un grand nombre d'ouvrages de l'antiquité grecque et latine qu'il découvrit dans des palimpsestes, et qu'il rendit lisibles en employant des moyens chimiques. Parmi ses premières découvertes nous citerons des fragments des discours de Cicéron *pro Scauro, Tullio, Flacco* et *in Clodium et Curionem* (1814); quelques discours de Cornelius Fronton, plusieurs lettres des empereurs Marc-Aurèle et L. Verus (1815); des fragments de huit discours de Quintus Aurelius Symmachus (1815); des fragments de Plaute, principalement de la *Vidularia* de cet auteur; la harangue complète d'Isée sur *l'héritage de Cléonyme* (1815) et une harangue de Thémistius; quelques livres des *Antiquités romaines* de Denis d'Halicarnasse (1816); *Itinerarium Alexandri*, avec l'ouvrage de J. Valerius *Res gestæ Alexandri* (1817); des fragments d'Eusèbe et de Philon (1816); les *Chronicorum Canonum Libri duo* d'Eusèbe (1818), qu'il restitua avec Zohrab d'après un manuscrit arménien. Ces ouvrages et quelques autres, qui n'ont point encore été imprimés, sont le fruit de ses recherches dans la bibliothèque Ambrosienne.

A partir de 1819 il continua à Rome ses travaux sur les palimpsestes; et le plus notable résultat qu'ils aient eu a été la mise en lumière du traité de Cicéron *De Republica* (Rome, 1822). On lui doit en outre diverses collections d'anciens ouvrages encore inconnus, dont l'importance varie suivant les matières qui y sont traitées de même que suivant l'époque où ils furent composés, ainsi qu'un grand nombre de notices et de dissertations insérées soit dans les *Auctores classici e Vatic. Codd. editi* (Rome, 1828-33, 5 volumes), soit dans les *Scriptorum veterum nova Collectio, e Vatic. Codd. edita* (1825-33), ou encore dans le *Spicilegium Rom.* (10 vol., Rome, 1843). Il venait de succéder au cardinal Lambruschini dans la charge de bibliothécaire de la Vaticane, lorsqu'il mourut subitement, le 9 septembre 1854, à Albano. Par son testament il institual les pauvres de son pays natal ses héritiers universels, sauf quelques legs faits à un neveu et à des domestiques. Cette succession était considérable, car le cardinal avait retiré de fortes sommes de ses diverses publications. Sa bibliothèque, formée à grands frais, et qu'on évaluait à environ 400,000 francs, composait la plus importante partie de sa fortune.

MAÏA. Deux divinités portent ce nom. La première, fille d'Atlas et de Pléïone, fut l'une des pléiades qui, placées dans les cieux, forment une constellation septentrionale, composée de sept étoiles très-brillantes. Surprise dans la grotte de Cyllène, en Arcadie, par Jupiter, la pléiade Maïa devint mère de Mercure. Dans plusieurs inscriptions votives, le nom de Maïa est uni à celui de Mercure. Le mois de mai lui était consacré, selon quelques auteurs, et tenait d'elle sa dénomination.

La seconde divinité de ce nom était fille du dieu Faune et femme de Vulcain. Les savants l'ont quelquefois confondue avec la fille d'Atlas.

On trouve une autre Maïa, arcadienne, à laquelle Jupiter confia l'éducation du jeune Arcas.

MAIGRE. Dans le règne animal, les classes à sang chaud, telles que les mammifères et les oiseaux, procurent seules des aliments *gras*; les aliments *maigres* sont ceux que fournissent les reptiles, les poissons et tous les vertébrés à sang froid : la chair de ces derniers contient en effet beaucoup moins d'azote. A mesure qu'on descend de la classe des reptiles et des poissons aux invertébrés crustacés, mollusques, insectes, vers et zoophytes, on ne trouve plus que des aliments de moins en moins nourrissants. C'est ainsi qu'une grande quantité d'huîtres ne rassasie que fort peu, et alors même que des chairs sont difficiles à digérer, comme celles des poulpes, des homards, elles n'en substantent pas mieux. La graisse ou l'huile dont sont imprégnés tant de poissons ne fournissent pas une alimentation aussi fortifiante que les chairs même très-émaciées d'un mammifère ou d'un oiseau. Jadis l'Église, supposant que les macreuses, les loutres et autres espèces aquatiques ne vivant que de poissons ou d'herbages fluviatiles, étaient une chair maigre, en permettait l'usage dans le Carême, sans dispense. Mais ces races à sang chaud sont essentiellement du gras, ainsi que le laitage lui-même, si l'on doit s'en rapporter à l'analyse chimique, puisque ces aliments sont très-azotés et fort nourrissants. Tout le règne végétal dans ses parties les plus nutritives, telles que les semences et fécules, sont le maigre absolu, et leur usage unique constitue cette existence toute pythagoricienne qui fut, dit-on, celle des patriarches et du genre humain dans son enfance. L'Église ordonne la nourriture maigre tous les jours de jeûne; des dispenses peuvent être accordées, et dans ces dernières années l'Église s'est beaucoup relâchée de sa discipline à cet égard.

MAIGREUR. La maigreur des constitutions, ou cette absence plus ou moins considérable de graisse qui rend les membres fluets, grêles, n'est pas nécessairement le résultat d'un régime maigre. Par exemple, les chartreux et beaucoup d'autres ordres religieux, astreints toute leur vie à des nourritures maigres, et suivant la règle la plus austère, offraient, au contraire, des individus tellement gras quelquefois, qu'il était besoin de les amaigrir par des saignées répétées; c'était l'effet d'une existence trop sédentaire, et plutôt contemplative que laborieuse. Les aliments maigres pris soit dans le règne végétal, comme les légumes, les fruits, soit même dans le règne animal, tel que les poissons, débilitent ou relâchent beaucoup les fibres, détendent l'appareil musculaire, en sorte que le tissu cellulaire prédomine davantage. Non-seulement les peuples frugivores de l'Indostan (tels que les brahmes, qui s'abstiennent de toute chair), mais ceux d'Afrique ou d'Amérique, habitués à se contenter de couzcouz, de riz, de millet, de maïs, de patates ou d'ignames, de dattes, de figues et autres fruits, vivent faibles, timides et pacifiques. Ils s'engraissent parfois beaucoup dans leur indolente oisiveté, ou ne maigrissent qu'à cause de la chaleur d'un climat, qui les dessèche. Au contraire, les races carnivores d'animaux, telles que les genres des chats (tigres, lions, panthères), des genettes et belettes, des chiens (loup, hyène, etc.), quoique voraces et bien nourries de chair, sont toujours maigres d'habitude, afin de conserver leur agilité, leur vigueur. Il en est de même des oiseaux de proie, comparés aux lourds gallinacés, aux autres granivores, et à la plupart des palmipèdes piscivores.

On voit des hommes très-décharnés dévorer cependant beaucoup de chair sans acquérir de l'embonpoint, parce qu'ils ont la plupart une vie affairée, tempétueuse, tandis que les femmes molles et langoureuses subsistent grasses malgré les nourritures végétales les plus légères. Il n'y a donc point de rapport constant entre le régime maigre et la maigreur du corps.

Quant aux causes et aux effets de la maigreur, il est facile de se les expliquer. On comprend que des corps grêles, à fibres minces et sèches, jouissent d'une mobilité plus facile et plus prompte que ces épaisses et lourdes masses, bourrées d'aliments ou farcies d'une graisse qui encroûte leurs nerfs. En effet, les personnes maigres, de tempérament bilieux ou nerveux surtout, ayant pour ainsi dire à nu les extrémités sentantes de l'appareil nerveux, se montrent très-agacées ou excitables au moindre effleurement. Mais, par cette susceptibilité extrême, elles sont toujours entraînées au premier mouvement, et rarement capables d'une longue réflexion sur le même sujet ou de constance. Ces personnes maigres n'en jouissent pas moins d'une santé plus allègre et plus assurée ordinairement que les tempéraments replets, remplis de sucs ou d'humeurs surabondantes dans leurs tissus cellulaires, comme sont ceux des femmes, des enfants, des habitants des pays humides et froids, tels que la Hollande, les terrains marécageux. En effet, c'est sur les sommets arides des montagnes, c'est parmi les terrains sablonneux et brûlants de l'Arabie Pétrée ou de l'Afrique, c'est en général sous les cieux de la torride que se rencontrent ces corps si secs, ces constitutions émaciées et décharnées. Les abstinences, les travaux fatigants du corps ou les fortes contentions d'esprit, des chagrins rongeants, des veilles prolongées, des déperditions d'humeurs, telles que la salivation, l'allaitement excessif, les évacuations trop abondantes du fluide reproducteur, l'épuisement de l'énergie vitale, la consomption sénile, l'inquiète ambition, et mille autres sources d'amaigrissement, au sein même des voluptés et de l'abondance, viennent dévorer la vie jusque sur les coussins de la mollesse et de l'oisiveté. Qui ne connaît ces inflammations sourdes et profondes, qui font dépérir les membres, malgré une alimentation riche et un appétit persévérant ? L'enfance même, dans sa première fleur, n'est point exempte de ces tristes dépérissements, soit par l'effet des obstructions viscérales (le carreau), soit par d'autres engorgements glanduleux, soit par une diathèse vermineuse (le tænia solitaire), soit même par des jalousies cachées, qui rongent déjà ces faibles âmes blessées par d'injustes préférences. On a vu cette dernière cause agir aussi sur de jeunes animaux, tels que des chiens. On sait encore que la frayeur fait bientôt maigrir les veaux, les agneaux et autres races qu'on inquiète; car la tristesse en général creuse le tombeau chez tous les êtres qui la subissent constamment, tandis que la joie nourrit par elle-même. C'est ainsi que l'insouciance des *gueux* suffit pour épanouir et faire rayonner la santé chez les classes les moins fortunées, chez les indigents les plus mal nourris. Les sots s'engraissent de leur ineptie, alors que les hommes d'esprit s'amaigrissent trop souvent de leur bienfaisant mal à propos des injustices révoltantes du siècle ; enfin, les envieux, les haineux, les pessimistes, sont rarement gras comme le deviennent ces individus de *bonne pâte* qui s'accommodent sagement de tout. J.-J.VIREY.

Maigreur, en peinture, est le contraire du large, du moelleux, du nourri. La maigreur est un des défauts les plus saillants de l'art dans l'enfance ; les peintures étrusques, celles du moyen âge en général, et surtout l'école byzantine, en offrent de curieux exemples.

MAILÁTH (JEAN, comte), historien et poëte autrichien, naquit, d'une famille hongroise, à Pesth, le 5 octobre 1786. Son père, *Joseph*, comte Mailáth, né en 1735, mort en 1810, ministre d'État et de conférences, avait eu treize enfants d'un premier mariage, et cinq d'un second. Jean était l'aîné du second lit. Entré d'abord dans l'administration, la faiblesse de sa vue le força bientôt de renoncer à cette carrière ; et il résolut alors de se consacrer uniquement aux lettres. Plus tard, cependant, l'exiguité de sa fortune le força de rentrer dans les emplois publics. Il était, avec le titre de chambellan de l'empereur, conseiller aulique de la chancellerie hongroise et *judex curiæ* à Pesth, quand la révolution de 1848 vint lui enlever cette position, qui était nécessaire à son existence matérielle ; car on comprend facilement que le partage de la fortune paternelle entre dix-huit enfants n'avait donné à chacun d'eux qu'une bien chétive part. Mailáth se retira alors à Munich, dans l'espoir d'y vivre plus économiquement et aussi d'y trouver un emploi plus fructueux de ses talents. Trompé dans cette dernière espérance, il se décida alors à s'ôter la vie ; et sa fille, âgée de trente-cinq ans, à laquelle il avait dicté la plupart de ses ouvrages et qu'il aimait de l'affection la plus tendre, voulut mourir avec lui. Le 3 janvier 1855 ils se précipitèrent tous deux en se tenant par la main dans le lac de Starnberg, près de Munich, où leurs cadavres furent retrouvés le lendemain sur le rivage. On a de Mailáth des *Poésies lyriques* (Vienne, 1824); des *Traditions, contes et nouvelles magyares* (1825); une traduction en vers des poésies les plus remarquables de Kisfaludy. Ses ouvrages historiques les plus importants sont une *Histoire des Magyares* (5 vol., Vienne, 1831), et son *Histoire de l'Empire d'Autriche* (5 vol., 1834-1850). Nous mentionnerons encore son *Histoire de la Ville de Vienne* (1832) ; sa *Vie de Sophie Müller* (1832) ; *Troubles religieux de la Hongrie* (2 vol., 1845). On a en outre de lui une *Grammaire Hongroise* (2ᵉ édit., 1838). Ces divers ouvrages sont tous écrits en allemand.

MAILHE (JEAN), avocat à Toulouse, puis membre de l'Assemblée législative et de la Convention, vota presque toujours dans le sens des idées les plus avancées. Mailhe est surtout connu par son amendement du 11 décembre 1791, dans le procès de Louis XVI ; il fut chargé par le comité de législation de la Convention de faire un rapport sur la mise en jugement du roi. Quand Louis XVI parut à la barre de la Convention, ce fut Mailhe qui donna lecture de l'acte d'accusation ; appelé à voter le premier dans le procès, il vota pour la mort, et proposa à la Convention d'examiner, dans le cas où la mort aurait la majorité, s'il ne serait pas utile de retarder le moment de l'exécution. Invité à s'expliquer, il se borna à répéter textuellement sa première proposition, et la Convention comprit les votants de cette catégorie au nombre des votants pour la mort sáns condition ; cependant, au troisième appel nominal, Mailhe vota pour le sursis. Son hésitation, ses restrictions, et d'autres circonstances remarquables, ne permettent pas de douter qu'il eut constamment l'intention de sauver Louis XVI. Après le 18 fructidor, Mailhe fut exilé dans l'île d'Oléron ; il n'y resta qu'un an, fut nommé avocat à la cour de cassation, et conserva ces fonctions jusqu'en 1815. Forcé par la Restauration de s'exiler, Mailhe se retira en Belgique, où il ouvrit un cabinet de consultation ; en 1830 il rentra en France, où il mourut, en 1839.

MAILLARD (JEHAN et SIMON), frères, notables bourgeois de Paris, dont le nom ne se rattache à l'histoire que par le meurtre du prévôt des marchands, Marcel. Du reste, nos historiens varient sur le nom de l'assassin : les uns disent que ce fut un garde de la milice bourgeoise; les autres Simon Maillard, commandant d'un quartier. Mézeray nomme formellement Jehan Maillard comme étant celui qui porta le coup mortel à Marcel. DUPEY (de l'Yonne).

MAILLARD (OLIVIER), prédicateur fameux du quinzième siècle, né en Bretagne, vers 1440, appartenait à l'ordre des cordeliers. Il figura parmi les docteurs en théologie de la faculté de Paris, et fut chargé d'emplois honorables par le pape Innocent VIII, par Charles VIII, roi de France, et par Ferdinand, roi d'Aragon. On lui reproche d'avoir servi ce dernier prince aux dépens de son souverain, à qui il aurait conseillé fortement la reddition de la Cerdagne et du Roussillon, alléguant à cet égard des ordres exprès de Louis XI agonisant, dont il avait été le prédicateur. Lui-même mourut près de Toulouse, le 13 juin 1502, laissant des sermons remplis de plates bouffonneries et de grossières indécences, et qui ne sont cités aujourd'hui, avec ceux de Menot et de Barlet, que comme des monuments grotesques de l'ignorance et du mauvais goût de cette époque. Ils roulent presque constamment sur l'impureté, et sont, du moins quant à l'expression, parfaitement en harmonie avec le sujet.

Ce prédicateur avait une certaine indépendance de caractère, qu'il soutenait quelquefois par un tour d'esprit assez plaisant. Ayant glissé dans un de ses sermons des traits satiriques contre Louis XI, il encourut la colère de ce monarque, qui lui fit dire que s'il continuait sur ce ton, il le ferait jeter à la rivière. « Le roi est le maître, répondit le cordelier sans s'émouvoir ; mais dites-lui bien que je serai plus tôt en paradis par eau qu'il n'y arrivera avec ses chevaux de poste. » CHAMPAGNAC.

MAILLARD (STANISLAS-MARIE), huissier du Châtelet de Paris, n'avait que vingt-six ans quand il figura dans la révolution de 1789. Il faisait partie du corps des *volontaires* de la Bastille au mois d'octobre de la même année, et se trouvait à l'hôtel de ville lorsque ce monument fut assailli par un immense attroupement de femmes. Le 5 octobre, à sept heures du matin, il avait été porter à la commune une réclamation des *volontaires*. Le conseil n'était pas assemblé ; les salles regorgeaient de femmes qui cherchaient à enfoncer et enfonçaient les portes. Une insurrection venait d'éclater au faubourg Saint-Antoine. Gonvion lui donna l'ordre d'aller prendre au dépôt 300 cartouches pour les volontaires. Maillard revint lui rendre compte de sa mission à l'hôtel de ville, où il ne trouva plus que l'aide-major général de la milice bourgeoise. En ce moment les groupes de femmes occupaient tout l'intérieur de l'édifice et couvraient la place de Grève. Tout y était dans le plus effrayant désordre. Maillard tenta en vain de les détourner d'aller à Versailles et de se présenter à l'Assemblée nationale. De guerre lasse, il ne vit rien de mieux pour leur faire évacuer l'hôtel de ville et la capitale que de battre le tambour, de se mettre à leur tête et de les emmener hors barrières. Toutes les circonstances du voyage, de l'arrivée, du séjour des femmes à Versailles, de leur retour à Paris, sont racontées dans les dépositions de Maillard, entendu comme témoin dans la fameuse procédure instruite au Châtelet. Arrivé avec la première colonne, le jeune huissier se présenta à la barre de l'Assemblée, suivi d'une députation de quinze femmes, à la tête desquelles figurait la Varennes, portière de l'hôtel d'Aligre, rue Saint-Honoré. Il harangua l'assemblée au nom de ces femmes, dont la réclamation se résumait en deux mots : *La liberté et du pain*. Aussitôt que la législature eut rendu quelques décrets sur l'approvisionnement de Paris, Maillard revint à Paris, et ne put prendre par conséquent aucune part aux événements de la nuit du 5 au 6 octobre.

Il demeurait au faubourg Saint-Antoine, où il exerçait une grande influence. Le 2 septembre 1792, le comité de surveillance de la commune, adoptant la proposition faite par Manuel, d'établir un tribunal pour juger les prisonniers, une commission populaire de jurés fut élue, et Maillard nommé président. Le 17 décembre 1793, il se vit arrêter avec Vincent et Ronsin ; mais, plus heureux, il fut mis en liberté. On assure qu'il devint agent du comité de sûreté générale. On ignore l'époque de sa mort.

DUFEY (de l'Yonne).

MAILLE. La *maille* (*sescuncia*, *obolus*, *denarioli semis*, et en basse latinité *mallia*, *medala*, *medalia*) était une petite monnaie de cuivre, ne valant, comme l'obole, que la moitié d'un denier : c'est pourquoi, dit *Trévoux*, il y avait des *mailles parisis*, des *mailles tournois* et des *demi-mailles*. En 1303 Philippe le Bel fit frapper des *mailles blanches*. On cite encore celles qui furent battues à Meun-sur-Yèvre, par ordre de Robert d'Artois, et dont le poids était de 20 sous au marc de Paris. Il paraîtrait, d'après Du Cange, qu'une monnaie eut cours à Constantinople sous la dénomination de *maille d'or*. Dans l'*Ordonnance des vieilles monnaies*, on trouve mentionnée une monnaie d'or appelée *maille de Lorraine*, pesant deux deniers quatre grains, en circulation sous François 1er, avec une valeur de 33 sous 6 deniers : sur l'un des côtés était figurée une croix, sur l'autre l'effigie d'un duc de Lorraine.

Le mot *maille* a des acceptions multipliées : il désigne tantôt les ouvertures qu'on laisse dans les ouvrages tricotés de fil, de laine et de soie, tantôt les petits interstices carrés qui forment l'ensemble d'un filet, d'un treillage, tantôt encore ce tissu de fil de fer dont nos anciens preux se faisaient une arme défensive.

En termes de blason, *maille* signifie une boucle ronde sans ardillon, et en termes de tisserand, l'ouverture pratiquée dans les lisses du métier à tisser, et qui reçoit les fils de la chaîne.

Par ce mot, les marins désignent également l'espace qui existe entre les membres d'un vaisseau, ainsi que le mince cordage qui, formant plusieurs boucles au haut d'une bonnette, le joint par ce moyen à la voile.

Maille s'emploie, enfin, proverbialement et au figuré : *Maille à maille se fait le haubergeon* signifie qu'avec du travail, de l'assiduité, de la patience, on vient à bout de terminer l'œuvre la plus difficile. Un *pince-maille* est un homme fort attaché à ses intérêts ; *n'avoir ni sou ni maille*, c'est avoir atteint l'apogée de la gueuserie ; *avoir maille à partir avec quelqu'un*, c'est être en différend avec lui pour peu de chose, comme si l'on avait une maille à partager ensemble.

MAILLÉ (Famille de). Ancienne famille de Touraine, qui remonte au onzième siècle, et où vint se fondre, au commencement du quinzième siècle, la maison de Brézé, par l'alliance de Jeanne de l'Estang, dame de Brézé et héritière de cette famille, avec Payen de Maillé. La terre de Maillé fut acquise par le connétable de Luynes et érigée pour lui, en 1619, en duché-pairie ; celle de Brézé fut changée par le grand Condé, qui la possédait du chef de sa femme, contre le marquisat de la Galissonnière, appartenant à Thomas de Dreux.

Les membres les plus distingués de cette famille, sans parler des anciens seigneurs de Maillé, du brave *Jaquelin* DE MAILLÉ, chevalier du Temple, qui florissait au commencement du treizième siècle, sont, dans les temps modernes :

Simon DE MAILLÉ-BRÉZÉ (1515-1597), gouverneur d'Anjou, puis religieux bernardin, évêque de Viviers, et en 1555 archevêque de Tours. Ce savant prélat accompagna le cardinal de Lorraine au concile de Trente ; on lui doit une traduction latine de quelques homélies de saint Basile (1558) et un *Discours au peuple de Touraine* (1574).

Urbain DE MAILLÉ-BRÉZÉ, né en 1597, capitaine des gardes de Louis XIII, maréchal de France, envoyé, en 1631, comme ambassadeur à Gustave-Adolphe. Il commanda, en 1634, l'armée d'Allemagne, passa, en 1635, dans les Pays-Bas, où il battit les Espagnols à Avesnes, et fut nommé, en 1642, gouverneur d'Angleterre, puis vice-roi de Catalogne. Le maréchal de Maillé mourut en 1650 ; il avait épousé Nicole Duplessis, sœur du cardinal de Richelieu.

Armand DE MAILLÉ-BRÉZÉ, duc de Fronsac et de Caumont, né en 1619, fut appelé, en 1638, au commandement d'une escadre, à la tête de laquelle il battit les Espagnols devant Cadix, en 1640. Ce jeune marin, qui donnait de si brillantes espérances, fut tué d'un coup de canon devant Orbitello, en 1646. Il avait vingt-sept ans. Sa sœur, Claire-Clémence de Maillé, avait épousé, en 1641, le grand Condé.

MAILLECHORT, alliage qui renferme essentiellement du cuivre et du nickel. Sa couleur est blanche, un peu jaunâtre. Il prend un beau poli. On en fabrique de la vaisselle et de la bijouterie. Le maillechort étant peu attaquable par les acides, on peut s'en servir sans inconvénient pour les usages culinaires, pourvu cependant qu'on ait certains soins de propreté.

MAILLET. *Voyez* MARTEAU.

MAILLETAGE. *Voyez* DOUBLAGE DES VAISSEAUX.

MAILLOT (*Hygiène*). Pour entretenir chaudement l'enfant nouveau-né, on a imaginé de l'envelopper dans divers tissus, destinés en même temps à le tenir proprement : c'est l'ensemble de ce premier vêtement de l'homme qu'on a nommé *maillot*. Le maillot se compose de diverses pièces de linge comprises sous le nom de *langes*, de couches, et d'une couverture en laine ou en coton ; il doit envelopper l'enfant de manière à lui permettre certains mouvements ; ainsi, la poitrine ne doit pas être comprimée : il faut que cette partie puisse se dilater sans aucun obstacle ; d'ailleurs, les os qui forment cette cavité n'ayant point encore de solidité, on doit craindre de causer des difformités que plus tard on ne pourrait plus réparer. Il est également indispensable que tout le torse puisse prendre librement les attitudes que l'instinct suggère et que l'enfant prenait dans le sein de sa mère. Il faut que la colonne vertébrale puisse se développer selon l'ordre naturel, qu'elle ne soit pas en ligne roide et droite. On ne peut non plus garrotter les membres sans que le pauvre captif ne fasse des efforts pénibles pour se dégager et ne pousse des cris, dont on méconnaît trop souvent la cause. Les langes qu'on emploie communément pour maintenir la tête dans un état de rectitude ont aussi des inconvénients dans les premiers mois de la vie : cette partie doit être soutenue par l'appui d'un oreiller, et ce n'est qu'à mesure que l'organisme se solidifie qu'on doit tenir les enfants dans une position droite.

Les linges qui entourent le corps ont moins d'inconvénients sous le rapport de la gêne que l'enveloppe dont on les recouvre et avec laquelle on fait une espèce de paquet au moyen d'épingles : c'est cette pièce qu'on serre ordinairement beaucoup trop, et qui cause plusieurs des accidents qu'on reproche au maillot. Il faut veiller à ce que cette enveloppe ait assez de souplesse pour que l'enfant puisse prendre de lui-même la position que tout homme prend en dormant. Les tissus de cette enveloppe doivent aussi varier selon les circonstances atmosphériques : dans l'hiver, l'étoffe de laine est préférable, comme celle de coton convient mieux en été. Cette couverture doit préserver l'enfant du froid, mais ne doit pas trop l'échauffer : cet inconvénient serait grave, car si la chaleur modérée est une condition de la vie, elle cause une excitation fébrile si elle est excessive. Toutes les pièces du maillot ne doivent pas être non plus maintenues trop lâchement ; autrement, elles ne rempliraient pas leur destination. D⁰ CHARBONNIER.

Maillot se dit aussi d'un vêtement collant, ordinairement couleur de chair, en laine tricotée, que portent les saltimbanques ; les danseuses, pour paraître sur le théâtre, mettent des *maillots*, qui prennent à la ceinture et vont jusqu'à mi-jambe.

MAILLOT (*Malacologie*), mollusques qui appartiennent au genre *hélice* : ce sont de petits animaux logés dans des coquilles cylindriques et turriculées, dont le volume le plus ordinaire n'outre-passe guère un grain de chènevis. On en compte un grand nombre d'espèces, dont plusieurs habitent la France. On les trouve communément dans les lieux secs et sablonneux, où ils s'abritent, durant la chaleur, sous les pierres, le gazon ou la mousse : l'humidité n'est pas pour ces mollusques une nécessité, comme elles l'est pour les autres limaçons. D⁰ CHARBONNIER.

MAILLOTINS. Ce vieux mot, qui originairement désignait un maillet servant d'arme à la guerre pour briser les casques et les cuirasses, est demeuré dans notre histoire nationale comme le nom des auteurs d'une sédition qui éclata dans Paris, peu de mois après l'avénement de Charles VI. Les trois oncles paternels du nouveau roi, *enfant de legier esprit*, les ducs d'Anjou, de Berry et de Bourgogne, exploitaient la France à qui mieux mieux pendant cette minorité. La patience du peuple était à bout : il se souleva d'abord à Compiègne, puis dans d'autres villes. Paris en fit autant, et obtint la promesse du dégrèvement, puis l'abolition des aides, subsides, fouages, impositions, gabelles, treizième et quatorzième deniers, qui avaient été établis depuis Philippe le Bel. Cependant le duc d'Anjou ne songeait qu'à rétablir les impôts. Dans cette vue, au mois de janvier 1381, il rassembla à Paris les états de la Langue d'Oïl ; mais les députés de la nation, loin de rien accorder, exigeaient la publication de l'ordonnance par laquelle Charles V, à son lit de mort, avait aboli tous les impôts établis sans le consentement des états. L'ordonnance fut publiée et les états congédiés. Sept fois le duc d'Anjou tint conseil avec les principaux habitants de Paris, sur les moyens de rétablir les impôts. L'opposition des bourgeois avait déterminé ce prince à confirmer de nouveau l'exemption, et le courage manquait aux fermiers pour lever des taxes. Rien ne put décourager l'avidité du régent. De sa propre autorité, il mit à ferme une aide du douzième denier sur les comestibles vendus dans Paris. La ferme fut adjugée à l'enchère dans la cour du Châtelet ; mais, dans l'état d'exaspération des esprits, on n'osait proclamer la taxe. Enfin, un homme à cheval, une trompette à la main, se présenta : la foule se rassemble autour de lui. Il annonce qu'on a volé la vaisselle du roi, et qu'une récompense est promise à celui qui la rapporterait. Quand il voit chacun bien attentif, il ajoute que le lendemain commencerait la perception du douzième denier sur les vivres ; puis il s'enfuit à toute bride à travers une grêle de pierres et des malédictions.

Cette proclamation bizarre s'était faite le 28 février. Le 1ᵉʳ mars les percepteurs se montrèrent aux halles ; l'un d'eux commença par demander l'impôt sur un pain de cresson que venait de vendre une vieille femme. A l'instant, les assistants se jettent sur le malencontreux percepteur : il est roué de coups. Le cri *Aux armes !* se fait entendre ; le peuple se porte à l'arsenal, n'y trouve que des *maillotins*, espèce de maillets de plomb, et, faute de mieux, s'empare de ces redoutables instruments : de là les séditieux furent désignés sous le nom de *maillotins*. La plupart des percepteurs périrent sous ces maillets. Les insurgés forcèrent ensuite l'abbaye de Saint-Germain-des-Prés, le Châtelet, l'évêché ; ils mirent en liberté les prisonniers qu'ils y trouvèrent.

Cependant, plusieurs riches bourgeois s'étaient enfuis de Paris, à l'exemple du prévôt des marchands, pour ne pas être confondus avec les révoltés ; d'autres étaient restés pour les calmer. Le même tumulte avait lieu à Rouen. Pendant ces émeutes, le jeune roi était à Meaux avec ses oncles. Le duc d'Anjou le conduisit d'abord à Rouen, avec une escorte de chevaliers assez nombreuse pour former une petite armée. Le désordre n'avait duré qu'un jour : tout était calme quand le roi parut. Le duc d'Anjou ne lui donna pas moins le plaisir d'entrer dans la ville par la brèche : les bourgeois furent désarmés ; tous ceux qui avaient marqué dans la sédition furent pendus, et les impôts qui avaient donné lieu au mouvement rétablis dans toute leur rigueur. Le roi et les princes se dirigèrent ensuite sur Paris. Des députations suppliantes se rendirent au-devant du monarque, qui promit pardon à la ville, suppression des impôts les plus odieux ; les chefs seuls de la sédition devaient être punis. Cela n'empêcha pas le prévôt de Paris d'arrêter une foule de personnes, qui dans la nuit furent cousues dans des sacs et jetées dans la rivière ; mais les rigueurs s'arrêtèrent là pour le moment. Le duc d'Anjou se contenta de faire dévaster les maisons de campagne des riches bourgeois dans les environs de la capitale, et accepta 100,000 francs au lieu des subsides demandés.

Bientôt vint le moment d'une vengeance plus complète. Vainqueur des Flamands à Rosebecq (26 novembre), le petit roi Charles VI, qui n'était qu'un instrument entre les mains de ses oncles, se présente devant Paris (février 1383) avec son armée victorieuse, proférant de grandes menaces contre les habitants. Les exécutions recommencent ; plus de cent bourgeois subissent le dernier supplice, entre autres l'avocat Desmarets, vieillard de soixante-dix ans, royaliste dévoué, mais indépendant ; puis Nicolas le Flamand, un des vieux champions de la liberté, un des vieux compagnons d'Étienne Marcel. Les supplices durèrent quinze jours ; les oncles du roi jugèrent alors qu'assez de sang avait coulé ; et la cour joua une comédie de clémence. Le peuple fut convoqué dans la cour du palais ; le roi y parut sur un échafaud : les femmes, les enfants des détenus se prosternèrent à ses pieds, implorant la grâce d'un époux ou d'un père ; le chancelier de France, Pierre d'Orgemont, répondit en récapitulant toutes les séditions des Parisiens. Alors les oncles et le duc d'Orléans, frère du roi, se jetèrent à leur tour à genoux, et Charles VI déclara enfin faire grâce. Les prisons s'ouvrirent en effet ; mais à dater de ce jour on fit capituler un à un tous les riches bourgeois, qui furent taxés chacun à 3,000, à 6,000, à 8,000 francs pour leur rançon. Ceux qui ne pouvaient payer voyaient leurs biens saisis par les officiers du roi. Le produit de ces confiscations monta à 980,000 florins. Les ducs de Berry et de Bourgogne en détournèrent la plus grande partie à leur profit. Le duc d'Anjou n'était plus en France. Enfin, on fit publier à son de trompe le rétablissement de la gabelle et des impôts supprimés : tel fut le déplorable résultat de la révolte des *maillotins ;* mais ce ne fut durant ce règne ni la dernière révolte de Paris ni la dernière fois que la cour fit subir à cette capitale la violence et l'exaction. Charles Du Rozoir.

MAILLY (Famille de). Cette maison descend directement des anciens comtes de Dijon et par eux des comtes d'Outre-Saône ou de Haute-Bourgogne, et se rattache ainsi, si l'on en croit les premiers historiens bourguignons, à la dynastie mérovingienne, par Otto-Guillaume, comte de Haute-Bourgogne. Au dixième siècle on trouve pour la première fois le nom de *Mailly* porté par *Humbert Iᵉʳ*, comte de Dijon, qui prit ce nom du château de *Mailly-sur-Saône*, où il était né. Sous *Humbert II, comte de Dijon*, la maison de *Mailly* se partagea en deux branches ; la branche aînée alla s'établir en Picardie, et la branche cadette resta en Bourgogne ; *Humbert III*, chef de la branche bourguignonne, fut réintégré, en 1068, par Philippe Ier, dans le comté de Dijon, dont son père, *Humbert II*, avait été dépossédé par Robert le Pieux ; un de ses successeurs, *Étienne*, se vit à son tour enlever le comté de Dijon par Philippe-Auguste ; la branche bourguignonne, issue de *Humbert III*, s'éteignit à la quatrième génération, dans la personne de *Garnier* de Mailly, fils d'*Étienne*, surnommé *Garnier au Grand-Chef*.

Wédéric, fils aîné de *Humbert II*, et chef de la ligne picarde de la maison de Mailly, laissa à son frère puîné, *Humbert III*, le comté de Dijon, et vint s'établir en Picardie, dans un fief qui prit plus tard le nom de *Mailly-le-Franc*, parce qu'il relevait directement de la couronne de France ; ce fief lui venait par héritage des anciens grands-forestiers de Flandre. *Wédéric* a laissé de profonds souvenirs dans la mémoire du peuple, et aujourd'hui encore, dans les kormesses, le peuple de Lille promène la statue colossale du grand-forestier *Lydéric*, le vainqueur du géant Phinar, et l'ancien seigneur féodal de Lille.

Le second fils de *Wédéric*, Anselme de Mailly, fonda la baronnie de *Mailly-le-Franc*. Ce seigneur, qui eut une grande influence sur les affaires de son temps, fut vicomte de Flandre et tuteur de Baudouin VI ; il fut tué sous les murs de Lille, en 1070. C'est de la branche de *Mailly-Mailly* ou *Mailly-le-Franc*, dont *Anselme* est le chef, que sortirent les différents rameaux de cette famille, qui s'établiront en Picardie, dans l'Artois, la Flandre, le Vermandois et la Normandie ; on n'en compte pas moins de treize, dont quatre seulement subsistaient encore à la fin du dix-huitième siècle.

La branche de Mailly-Mailly, la plus illustre, a fourni ces puissants barons de Mailly qui se firent dans les croisades une si haute réputation, entre autres *Colart* de Mailly, qui gouverna la France sous Charles VI, en qualité de régent, et qui fut tué avec son fils à la bataille d'Azincourt.

Le membre le plus célèbre de la branche de Nesle fut le cardinal *François-Joseph* de Mailly, né à Paris, en 1658. Il fut nommé archevêque d'Arles en 1698, et archevêque de Reims en 1710. Lors des querelles que souleva en France la bulle *Unigenitus*, il envoya au régent une lettre de représentations, que le parlement condamna au feu. M. de Mailly répondit à cette condamnation par une circulaire à son clergé, dans laquelle il se félicitait d'avoir encouru pour la cause de la religion une punition injuste, et par de nouveaux mandements il exhorta les prêtres de son diocèse à suivre son exemple. Il était soutenu dans cette lutte par le pape Clément XI, qui à cette époque le créa cardinal ; mais il ne fut réellement reconnu en cette qualité qu'en 1720. Il mourut en 1721.

A la même branche appartenaient les cinq filles de *Louis de* Mailly, marquis de Nesle, dont une seule, madame de *Flavacourt*, ne fut pas la maîtresse de Louis XV (*voyez* Chateauroux [Duchesse de]).

La branche de Mailly-Rayneval, aujourd'hui la seule existante, ne s'était séparée de la tige qu'au seizième siècle. *Augustin-Joseph*, comte de Mailly-Rayneval, marquis d'Haucourt, né en 1708, entra au service en 1726, fut nommé maréchal de camp en 1745, et après s'être distingué dans les campagnes d'Italie (1746), d'Allemagne (1761-1762), fut chargé, pendant la guerre de l'indépendance de l'Amérique, de la défense des côtes de la France. Nommé ensuite gouverneur du Roussillon, puis maréchal de France en 1783, il fut appelé par Louis XVI, en 1790, au commandement d'une des quatre armées décrétées par la Convention ; après le départ du roi il donna sa démission. Au 10 août, malgré son âge avancé, il se réunit aux défenseurs des Tuileries. Le vieux maréchal se retira ensuite avec sa famille en Picardie ; mais il fut arrêté vers la fin de 1793, et jeté dans les prisons d'Arras. Il monta sur l'échafaud en mars 1794.

Le fils aîné du maréchal de Mailly, né en 1744, émigra en 1790, et mourut sans postérité, en 1794.

Le seul héritier de l'illustre maison de Mailly se trouva être alors un enfant de deux ans, fils de la troisième femme du vieux maréchal, *Adrien-Amalric-Augustin*. Le jeune de Mailly entra dans une école militaire, sur l'ordre de l'empereur, et fut nommé sous-lieutenant de carabiniers en 1811. Il fit en cette qualité la campagne de Russie. A la Restauration, M. de Mailly fut nommé officier de la Légion d'Honneur, aide de camp du duc de Berry, et en 1820 pair de France. En 1830 il refusa de prêter serment. M. de Mailly, rentré dans la vie privée, se retira alors dans le département de la Sarthe.

MAIMBOURG (Louis), célèbre jésuite et historien, né à Nancy, en 1620, d'une famille riche et titrée, entra à l'âge de seize ans dans la Société de Jésus. Après avoir été faire à Rome son cours de théologie, il fut quelque temps professeur d'humanités au collége de Rouen, et finit par se consacrer entièrement à la chaire et à des travaux d'histoire. L'ardeur qu'il mit à défendre dans ses ouvrages les libertés de l'Église gallicane le fit exclure de la Compagnie de Jésus, sur l'ordre du pape ; mais il trouva un dédommagement dans une pension que lui assura Louis XIV. Le père Maimbourg se retira à l'abbaye de Saint-Victor, à Paris, où il mourut, en 1686. Plein de passion et sacrifiant souvent la vérité au besoin de sa cause , le père Maimbourg poursuit avec acharnement dans tous ses ouvrages ses rivaux ou ses contradicteurs ; les sujets les plus graves il les peint sous des traits ridicules et sous des noms supposés. Dans son *Histoire du Luthéranisme*, il peint Bossuet sous le nom de cardinal Contarini, et le crible d'épigrammes ; ailleurs, c'est son confrère le père Bouhours dont il se moque sous le nom du grammairien Georges de Trébizonde, et le grand Arnauld, sous celui d'Arnaud de Broscia. Son meilleur livre est l'*Histoire des Croisades* ; ses œuvres ont été publiées à Paris, en 1687, en 14 vol. in-4° ; voici les plus importantes : *Histoire de l'Arianisme*, des *Iconoclastes*, *du Schisme des Grecs*, *de la Décadence de l'Empire*, *du Calvinisme*, *de la Ligue* ; *Traité historique de l'Église de Rome* ; l'*Histoire du Pontificat de saint Grégoire le Grand* et celle *du Pontificat de saint Léon*.

MAÏMONIDES, dont le véritable nom était *Moses-Ben-Maimon-Ben-Joseph*, en en arabe *Abou-Amran-Abdalla*, naquit à Cordoue, le 30 mars 1135, d'une famille juive considérée. Il se livra à l'étude de la science que possédaient alors les Juifs et les Arabes, et s'occupa plus particulièrement de la philosophie grecque, notamment de la philosophie d'Aristote, dans des traductions arabes, suivant aussi les leçons de philosophes arabes et étudiant en même temps la médecine. Arraché à ses études par les persécutions religieuses que les Almohades exercèrent en 1148 contre les Juifs de l'Andalousie, et contraint de dissimuler sa qualité de juif, il finit par se retirer avant l'an 1160 avec son père à Fez. Plus tard il se rendit à Jérusalem, où il se trouvait en 1165, et d'où bientôt après il alla s'établir définitivement à Fostat, en face du Caire. Il s'y maria, et y vécut d'abord du commerce des pierres précieuses ; mais plus tard il devint le médecin du sultan d'Égypte et chef de la commune juive. Ses connaissances comme médecin et comme philosophe, son érudition, la noblesse de son caractère, les brillantes qualités de son esprit, et surtout ses ouvrages, popularisèrent son nom parmi les Juifs et les Arabes, tant en Orient qu'en Occident. Il mourut le 13 décembre 1204, et son corps fut ramené en Palestine.

Maïmonides, dont les ouvrages furent déjà traduits de son vivant même, a exercé comme théologien et comme jurisconsulte une influence extraordinaire sur tout le développement du judaïsme. Les voies nouvelles dans lesquelles il entra devinrent une arène pour la science et l'orthodoxie ; dès la fin du treizième siècle les théologiens allemands lisaient ses livres , traduits en latin. Ses principaux ouvrages de arabe sont : *Guide des Égarés* (*More Nebochim*), exposition philosophique de la loi juive ; un *Compendium* de *Logique*, un *Commentaire de la Mischna* ; une *Explication des 613 lois de Moïse* ; des *Avis* et des *Lettres missives* ; différents *Traités*, par exemple sur l'Unité de Dieu, sur la Résurrection, etc. ; plusieurs ouvrages de médecine, et d'hygiène, notamment un extrait de Galenus. Il écrivit en pur hébreu la *Mischna Thora*, désignée d'ordinaire plus tard sous le nom de *L'Œuvre* ou encore de *Jad Chasaka*; c'est l'exposition systématique, en 982 chapitres, du judaïsme talmudique, véritable chef-d'œuvre resté jusqu'à ce jour sans rival. Il traduisit aussi le *Kanon* d'Avicenne en hébreu.

Son fils unique, *Abraham*, né en 1184, mort en 1254, fut également médecin du sultan et chef de la commune juive, et a laissé un ouvrage théologique intitulé : « Ce qui satisfait l'homme pieux. »

MAIN. La main est cette partie du corps qui termine les extrémités supérieures chez l'homme. Ce qui constitue la main et la distingue de la p a t t e et du p i e d, c'est surtout l'indépendance des mouvements du p o u c e, qui peut s'opposer aux autres doigts ; disposition qui n'existe que chez l'h o m m e et chez les s i n g e s. Trois parties composent la main : le *c a r p e* ou *poignet*, le *m é t a c a r p e* et les *d o i g t s*. On distingue encore dans la main la *paume*, ou partie interne, et le *dos*. Le carpe est formé de huit petits os, le métacarpe de quatre ; les doigts ont chacun trois os, ou *phalanges*, et le pouce deux : on compte donc vingt-six os dans la main. Des muscles nombreux recouvrent ces os ; des artères et des veines font circuler le sang dans la main ; des nerfs lui donnent le mouvement et la sensibilité ; enfin, toutes ces parties sont recouvertes par la peau, beaucoup plus épaisse dans la paume que sur le dos de la main. Chacun des doigts porte à son extrémité un *o n g l e*, qui n'est qu'une portion plus épaisse et plus dure de l'épiderme.

L'homme seul a deux mains. Aussi Cuvier, dans sa classification du règne animal, a-t-il créé pour l'homme l'ordre des *b i m a n e s*. Chez les singes, le pouce des pieds étant opposable aux autres doigts, on peut dire que ces animaux ont quatre mains, et Cuvier les a rangés dans l'ordre des *quadrumanes*.

On a longtemps regardé la main comme une des causes principales de la supériorité de l'homme sur les animaux ; Helvétius a même été jusqu'à dire qu'elle était la seule cause de l'intelligence de l'homme. Les singes, qui ont quatre mains, devraient donc être plus intelligents que l'homme ; et si l'on ne considérait que l'organisation, il y aurait moins de différence entre l'homme et l'orang qu'entre celui-ci et les singes à queue. La main est sans doute un instrument d'une perfection et d'un grand secours pour l'intelligence, mais elle n'a pas produit cette intelligence, plus que la plume de l'écrivain ne produit son talent.

La structure et les fonctions de la main l'exposent à plusieurs maladies spéciales : les e n g e l u r e s sont une des plus fréquentes ; le p a n a r i s est la plus douloureuse, et chez les vieillards la g o u t t e vient souvent déformer la main, en gonflant les articulations des doigts.

N.-P. ANQUETIN.

Peu de mots se prêtent à une aussi grande multiplicité d'acceptions diverses. A certains jeux de cartes, on appelle *main* le droit de donner les cartes. *Main*, dans une autre signification, est synonyme *d'écriture*: Avoir une belle *main*, c'est avoir une belle écriture. Dans un autre cas, *main* est synonyme de *puissance*, d'*autorité*, de moyens de servir ou de nuire. *Main* est encore synonyme de *mariage* : Offrir sa *main* à quelqu'un, accepter la *main* de quelqu'un ; on appelle *mariage de la main gauche* le mariage m o r g a n a t i q u e, parce que dans la cérémonie nuptiale le mari offre la main gauche à son épouse, au lieu de la droite.

Main désigne encore l'assemblage de vingt-cinq feuilles de papier ; désigne pareillement une pelle de tôle, à manche très-court, servant à porter de la braise, des cendres, etc.; l'anneau à ressort placé à l'extrémité de la corde d'un puits, et dans lequel on passe l'anse du seau qu'on veut y faire descendre ; l'anneau de fer de la caisse d'une voiture auquel sont attachées les soupentes ; l'anneau placé devant un tiroir et servant à le tirer ; enfin, le morceau de galon que l'on place dans les voitures et sur lequel on s'appuie en s'y tenant par la main ou en y passant le bras.

Dans la tenue des livres, le registre appelé *brouillard* reçoit aussi le nom de *main courante*.

On dit que l'on fait *main morte* lorsque, arrêtant le jeu des muscles et des nerfs, on laisse aller sa main au gré d'une personne qui l'agite. Figurément, on dit d'une personne qui en frappe une autre, qu'elle n'y va pas de *main morte*, pour marquer la violence, la brutalité de ses coups.

A pleines *mains*, à belles *mains*, se prend pour abondamment, libéralement ; c'est dans ce sens qu'on dit : Il reçoit à *pleines mains*, il donne à *belles mains*; on dit de quelqu'un qui reçoit de tout le monde, qu'il prend de *toutes mains*. Avoir les *mains nettes*, se retirer d'un emploi les *mains nettes*, c'est avoir toujours été d'une probité à toute épreuve, n'avoir point fait dans cet emploi les profits illégitimes qu'on pouvait y faire ; on dit, par opposition : Se retirer les *mains pleines*, avoir les *mains pleines*. On se lave les *mains* d'une chose, quand on déclare publiquement qu'on n'y peut rien, qu'on y est et qu'on y veut être étranger.

A la guerre, comme partout ailleurs, on appelle *coup de main* une entreprise imprévue, audacieuse et rapidement exécutée. On appelle tour de *main* un tour d'adresse, de subtilité. De longue *main* est synonyme de depuis longtemps. Sous la *main* signifie tantôt proche, à portée ; tantôt sous l'autorité, sous la dépendance, au pouvoir de; *sous main* signifie secrètement, en cachette. Faire *main basse sur quelque chose*, c'est la prendre, la dérober.

En termes de manége, un cheval qui tourne à toutes *mains* est celui qui prend facilement toutes les allures ; un cheval de *main* est un cheval de selle, ou bien celui qui est conduit par un valet monté sur un autre cheval ; changer de *main*, c'est porter la tête du cheval de la *main* droite à la *main* gauche, pour le faire aller alternativement de ces deux côtés ; tenir la *main* au cheval, c'est hausser la *main* de la bride, ou la main gauche, pour le conduire à volonté ; lui lâcher la *main*, c'est lui lâcher la bride ; la mener haut la *main*, c'est tenir les rênes hautes pour l'empêcher de former, etc.

MAIN (Baise-). *Voyez* BAISE-MAINS.

MAIN ou MEIN (Le), en latin *Mœnus*, le plus important des affluents de la rive droite du Rhin, celui qui étend le plus son bassin à l'est jusqu'au cœur de l'Allemagne, provient de deux sources différentes ; le Main blanc et le Main rouge. La première est située dans le Fichtelgebirge, sur le versant oriental de la Tête-de-Bœuf, à 1,000 mètres au-dessus du niveau de la mer, et passe à Kulmbach ; la seconde, qui est aussi la plus petite, est située dans le Jura franconien, à Lindenhart, au-dessus de Kreussen, et passe à Bayreuth. Toutes deux se réunissent à Steinhausen, au-dessous de Kulmbach, où elles forment le Main proprement dit, qui, en se dirigeant à l'ouest, reçoit à Gussbach l'Itz, au-dessous de Bamberg la Regnitz et quelques autres petits cours d'eau, dans la Franconie inférieure la Saale franconienne, à Wertheim dans le pays de Bade la Tauber, à Hanau la Kinzig, dans le duché de Nassau près de Hœchst la Nidda, et, après avoir baigné les murs de Schweinfurt, Wurtzbourg, Aschaffenbourg, Offenbach et Francfort, se jette dans le Rhin à Castel, en face de Mayence, avec une largeur d'environ 140 mètres, et après avoir parcouru dans son nombreux circuits une longueur de 42 myriamètres. La superficie totale de son bassin est de 400 myriamètres. Il devient navigable aussitôt après le Main, conjointement avec la Regnitz, et le Canal de Louis le met en communication avec le Danube. Ce canal, quoiqu'il ait incontestablement augmenté le commerce, n'a pas, à beaucoup près, réalisé les espérances auxquelles avait donné lieu sa construction. Les nombreuses sinuosités que décrit le Main, tout en diminuant la force de ses chutes, accroissent les délais de la navigation et ajoutent aux frais du transport. La largeur comparativement trop grande et le trop peu de profondeur de son lit, qui en est la suite, en rendent en outre la navigation très-irrégulière, quelquefois même complétement impossible dans les étés fort secs ; de sorte qu'alors les bateaux un peu forts ne peuvent aller que d'Offenbach à Francfort. Un service de bateaux à vapeur existe sur le Main depuis 1842. En 1851 la compagnie possédait neuf pyroscaphes et avait fait 139,648 florins de recettes.

MAINA. *Voyez* MAGNE.

MAINADES, nom qu'on donnait dans le midi à des bandes de pillards, principalement composées d'Aragonais (*voyez* COMPAGNIES [Grandes]).

MAIN CHAUDE, jeu où une personne courbée sur les genoux d'une autre et les yeux fermés, reçoit des coups dans une de ses mains, qu'elle tend derrière elle, et doit deviner qui l'a touchée.

MAIN DE JUSTICE. On désigne ainsi l'autorité de la justice et la puissance qu'elle a de faire exécuter ce qu'elle ordonne, en contraignant les personnes, et en procédant sur leurs biens. Cette puissance est représentée par une main d'ivoire, qui est au dessus d'une verge.

On dit aussi que des biens sont mis *sous la main de justice* quand ils sont saisis et placés sous le *séquestre*. Mais *séquestre* emporte une idée plus étendue que la main *main de justice* ; car le séquestre dessaisit, tandis qu'une saisie, qui met simplement les biens sous la main de justice, ne dessaisit pas. Ainsi, quand la justice ne fait qu'interposer sa main, c'est un acte conservatoire qui ne dispose pas de la propriété et ne porte aucun préjudice réel. DUBARD.

MAIN-D'OEUVRE. On appelle ainsi le travail manuel appliqué à la création d'un produit ; ce mot désigne aussi la rémunération du travail : il ne faut cependant pas le confondre avec le *salaire*, qui est le prix de journée ou de façon attribué à l'ouvrier.

Certaines circonstances accidentelles influent sur le prix de la main-d'œuvre : la cherté des vivres anciens, les crises politiques, l'invention d'une machine. D'autres circonstances permanentes maintiennent le prix de la main-d'œuvre à un taux plus ou moins élevé. En voici un exemple : le fer de Suède et l'acier anglais sont frappés en France de droits exorbitants ; il en résulte que la plupart de nos outils sont fabriqués avec de l'acier de qualité inférieure; aussi la plupart de nos ouvriers sont-ils obligés de perdre le quart de leur temps à réparer ou à aiguiser leurs outils : dans ces conditions, 100 ouvriers n'ont pas produit plus que ne l'auraient fait 75 ouvriers munis d'outils de bon acier ; d'où une élévation de 25 pour 100 dans le prix de la main-d'œuvre et des produits moins bons.

Dans les grandes villes, la cherté des vivres élève le prix de la main-d'œuvre ; mais les travailleurs sont en revanche plus habiles, et la fabrication porte spécialement sur ce qui a besoin de soins et d'adresse.

Il est presque incroyable combien, dans certains objets, la main-d'œuvre augmente le prix de la matière première : *ars pretiosior auro*. Ainsi, on a calculé qu'une quantité de fer en barres au prix de revient brut de 25 fr. vaut après avoir été convertie en fers à cheval 67 fr. 50 c. ; en couteaux de table, 900 fr. ; en aiguilles à coudre, 1,750 fr. ; en lames de canif, 10,425 fr. ; en boucles et en boutons polis, 21,675 fr. ; en ressorts de montre, 1,250,000 fr., c'est-à-dire que dans ce dernier cas le produit, par suite de la main-d'œuvre, vaut cinquante mille fois plus que sa matière première.

MAINE, ancienne province de France, qui réunie au Perche formait l'un des trente-deux anciens gouvernements. Elle était bornée au nord par la Normandie, à l'est par le Perche, au midi par l'Anjou, et à l'ouest par la Bretagne.

Ce pays tirait son nom de *Cenomani*, appelés aussi *Aulerci*. Les Francs en firent la conquête peu après leur arrivée dans la Gaule, et y établirent des comtes, pour le gouverner. Sous la seconde race, il fut souvent ravagé par les Normands ; et au dixième siècle, pendant le règne de Louis d'Outre-Mer, il devint héréditaire dans la famille du comte Hugues. En devenant roi d'Angleterre, Henri, duc de Normandie, comte d'Anjou et du Maine, le fit passer sous la domination anglaise. Mais Philippe-Auguste le conquit sur Jean sans Terre, et saint Louis le donna en partage avec l'Anjou à son frère Charles, qui fut depuis roi de Sicile et comte de Provence. Ses descendants le possédèrent jusqu'en 1481, époque où Louis XI le réunit par héritage à la couronne de France. Henri II le donna à son troisième fils, depuis Henri III, qui le céda à François, son frère, mort sans postérité, en 1584. C'est alors que le Maine fut réuni à la couronne. Le titre de *duc du Maine* fut encore porté par le fils légitimé de Louis XIV et de Mme de Montespan. Le Maine était partagé en Haut et Bas-Maine. Sa capitale était Le Mans; ses villes principales *Mayenne, Beaumont-le-Vicomte, Sablé, Château-du-Loir, La Ferté-Bernard*. Son territoire a formé les départements de la Sarthe et de la Mayenne et partie de ceux de l'Orne et de l'Eure. O. MAC-CARTHY.

MAINE (Duc et duchesse du). Premier fruit des amours adultères de Louis XIV et de Mme de Montespan, le duc du Maine, *Louis-Auguste de* BOURBON, était né en 1670, avec un pied difforme. La veuve de Scarron fut chargée de le conduire aux eaux de Barèges; depuis, elle resta chargée de son éducation, et devint marquise de Maintenon et femme légitime du grand roi. Le jeune prince eut pour précepteur Malézieu et pour gouverneur et premier gentilhomme le comte de Jussac. Une tradition de famille à mis entre nos mains la correspondance autographe, longtemps inédite, de Mme de Maintenon et de M. de Jussac. Les lettres de la veuve de Scarron, écrites avec des fautes grossières et une négligence de style dont on ne trouve pas d'exemple dans sa correspondance antérieurement publiée, ne donnent pas non plus une idée fort avantageuse de son élève. Voici en quels termes, pendant les campagnes de Flandre, elle gourmande le trop complaisant gouverneur : « Gardez-vous d'un silence qui serait très-nuisible au prince : *nous n'en ferons pas tout ce que nous voudrions* ; mais ce serait *beaucoup pis* qu'il fût abandonné. Je n'ose pas toucher à l'endroit de son domestique, mais j'en écris à Mme de Montespan, *qui aura peut-être assez de bonté pour y mettre ordre* ; car vous ne pouvez croire combien les gentilshommes *chassent les honnêtes gens de chez lui*. » La campagne de 1690 finit très-mal pour M. de Jussac. Il fut tué, près de son élève, à la bataille de Fleurus. « Je suis très-fâchée, disait Mme de Sévigné, de la mort du pauvre Jussac. Cette sorte de mort est non-seulement violente, mais encore *violentée*; car il était comme retiré, et Mme de Montespan le fit venir par force à la cour et puis à la guerre. Mais avec un tel prince, qui prend goût au métier, et qui ne trouve rien de trop chaud , il ne devait pas apparemment faire de vieux os. »

Au retour de la campagne de 1692, le duc du Maine épousa une petite-fille du grand Condé, sœur du duc de Bourbon, qui avait six ans de plus que lui. L'esprit entreprenant de sa femme, bien secondée par Mme de Maintenon, fit aspirer le duc du Maine aux plus hautes destinées. Un édit de 1714 l'avait légitimé ainsi que le comte de Toulouse, son frère, et ils se trouvaient appelés éventuellement à la couronne. L'état chétif du dernier rejeton légitime, depuis Louis XV, faisait entrevoir cet événement comme probable. Il s'agissait de préparer, du vivant même de Louis XIV, l'exécution du testament qui appelait le prince légitime à la régence, au préjudice du duc d'Orléans. Le duc du Maine, indolent, laissait faire sa femme et la favorite ; il ne s'occupait que de littérature, et traduisait ou faisait traduire l'Anti-Lucrèce du cardinal de Polignac. La duchesse lui en faisait des reproches. « Vous trouverez un beau matin, lui disait-elle, que vous êtes de l'Académie, et que M. d'Orléans a la régence. » Ce fut précisément ce qui arriva : le parlement cassa le testament de Louis XIV. Philippe V, roi d'Espagne, se repentait déjà de la renonciation qui, au prix d'une royauté mal assurée, le privait, lui et les siens, d'un plus bel héritage. Prêt à faire l'abdication qu'il réalisa depuis, espérant ressaisir ses droits à la couronne de France, il lui importait avant tout d'exclure le duc d'Orléans de la régence et de toute possibilité de succéder au trône, s'il devenait vacant. Une conspiration fameuse fut ourdie par un intrigant génois, Giudice, devenu, sous le nom de Cellamare, ambassadeur d'Espagne à Paris. Il agissait de concert avec le duc et la duchesse du Maine ; le fils de Mme de Montespan devait d'abord en recueillir le fruit, mais tout l'avantage du succès aurait fini par revenir aux Bourbons d'Espagne. La conjuration ayant échoué, le duc fut emprisonné au château de Doullens, et la duchesse au château de Dijon. Ils recouvrèrent leur liberté en 1720, après la majorité du roi. Trois ans après, un édit rendit au duc du Maine, au comte de Toulouse, et aux enfants du duc du Maine, après sa *démission de pairie*, pendant leur vie seulement, l'honneur de siéger au parlement immédiatement après les princes du sang, « n'entendant, toutefois, disait la déclaration de 1723, que lorsqu'ils viendront prendre séance au parlement, ils puissent traverser le parquet, ce que nous réservons aux seuls princes de notre sang, ni être précédés de plus d'un huissier, ni que leurs suffrages soient pris autrement qu'en les appelant du nom de leur pairie, et leur ôtant le bonnet ainsi qu'il y a été cidevant pratiqué à leur égard ».

Le duc du Maine mourut le 14 mai 1736, laissant deux fils, le prince de Dombes et le comte d'Eu, qui n'ayant point de postérité. La duchesse, retirée à Sceaux, en fit un séjour délicieux, dont il ne reste, depuis la révolution, que de faibles vestiges. Le lieu où se donne le bal n'était qu'une dépendance du château et du parc, situés à gauche, derrière l'église. Dégoûtée des intrigues politiques, la petite-fille du grand Condé y vivait entourée de savants et de gens de lettres, à qui elle accordait une protection éclairée. Elle y finit sa carrière, en 1753, à soixante-seize ans. Le duc de Saint-Simon, dans ses *Mémoires*, a peint à grands traits les intrigues qui s'agitèrent autour de Louis XIV mourant, et l'obsession qu'exercèrent sur son esprit Mme de Maintenon et son élève. BRETON.

MAINE, celui des États-Unis de l'Amérique septentrionale qui en forme l'extrémité nord-est, entre le 43° et le 47° 24' de latitude septentrionale, est borné au nord par le Canada, à l'est par le Nouveau-Brunswick, au sud par la mer, à l'ouest par le New-Hampshire. Sur une superficie de 991 myriamètres carrés, on n'y comptait encore en 1800 que 151,719 habitants. En 1850 cette population atteignait déjà le chiffre de 583,138 habitants, parmi lesquels on ne comptait pas plus de 1325 hommes de couleur libres. C'est dans ce comté que commence la région des lacs de l'Amérique du Nord, région qui s'étend au loin dans l'ouest ; la sixième partie de sa superficie se compose d'eau. Les chaînes de montagnes dépendantes du système acadien se prolongent jusqu'à la côte, qui avec les baies, les anses et les *fjords* dont elle est criblée, ainsi que les nombreuses îles qui la garnissent, offre tout à fait l'aspect de la côte de Norvége. Les grands lacs intérieurs sont le *Moosehead*, le *Sebugo*, le *Chefunkook* et l'*Umbagog* ; et les cours d'eau les plus importants, le *Penobscot*, qui a 42 myriamètres de parcours et est navigable jusqu'à Bangor ; le *Kennebec* (30 myr. de long ; navigable pour de grands bâtiments jusqu'à Augusta, et pour de molindres jusqu'à Hallowell) ; le *Saint-John*, qui forme pendant assez longtemps la ligne frontière entre cet État et celui du Nouveau-Brunswick. Le climat, chaud en été, rigoureux en hiver, est salubre. Le sol, généralement fertile, produit diverses espèces de céréales, de bonnes pommes de terre, et sur certains points convient parfaitement à l'élève du bétail. Les épaisses forêts de l'intérieur fournissent beaucoup de bois, qui avec le marbre et la chaux forment les principaux objets d'exportation. La pêche, la construction des navires, la fabrication des étoffes de laine, sont les grandes industries locales. L'État du Maine a une excellente position commerciale ; aussi fait-il beaucoup de commerce, tant à l'intérieur qu'à l'extérieur. En 1850 le revenu public s'y élevait à 525,688 dollars, et la dépense à 487,802 dollars. On y comptait 32 banques. Le gouverneur reçoit un traitement annuel de 1,500 dollars. Il lui est adjoint sept conseillers, élus par la législature. Cette législature a tenté dans ces dernières années une réforme morale et économique de laquelle on peut se promettre les meilleurs résultats, non-seulement pour la santé publique, mais encore pour la moralisation des classes inférieures, et qui a déjà été imitée par la législature de l'État de New-York. Une loi y prohibe de la manière la plus absolue la vente en détail des boissons alcooliques. Les cabarets y ont été fermés de par la loi ; et dans ce pays de liberté absolue tout individu ivre rencontré sur la voie publique est immédiatement appréhendé au corps et envoyé au plus prochain pénitencier, où il reste pendant quelque temps au régime d'une cruche d'eau, avec la lecture de la bible pour distraction.

Le sénat se compose de trente-et-un, et la chambre des représentants de cent cinquante-et-un membres ; toutes les élections sont annuelles. Est électeur tout citoyen des États-Unis âgé de vingt-et-un ans qui réside depuis plus de trois mois dans l'État, ne reçoit pas d'aumône et n'est pas en tutelle. L'État du Maine envoie six représentants au congrès. Indépendamment du *Bowdoin College*, fondé à Brunswick, en 1794, et auquel on a adjoint en 1802 une faculté de médecine, du *Watterville College* et de quelques autres établissements d'instruction supérieure, on y trouve 3,350 écoles primaires, qui en 1850 étaient fréquentées par plus de 100,000 enfants.

Le Maine ne fut colonisé qu'à partir de 1630, et depuis 1652 fut compris comme district dans le Massachusetts. C'est seulement en 1820 qu'il a été admis au nombre des États composant l'Union. Il a pour chef-lieu politique *Augusta*, dans le Kennebec, à 6 myriamètres de la mer, avec 8,231 habitants, six églises, un hôtel de ville, un arsenal, une maison d'aliénés et un établissement d'instruction secondaire. Sa ville la plus importante est *Portland*, sur la baie de Casco, avec 26,819 habitants, un vaste et excellent port, que protégent les forts Preble et Scammel, un observatoire et un grand commerce. La ville est reliée par des chemins de fer au reste de la Nouvelle-Angleterre, et est le point où aboutit le chemin de fer de l'Atlantique, venant du Canada. *Bangor*, sur le Penobscot, à 10 myriamètres de la mer, fondé en 1769, compte 14,441 habitants, possède une école supérieure de théologie et est le centre d'un commerce important.

MAINE DE BIRAN (MARIE-FRANÇOIS-PIERRE-GONTHIER), né en 1766, à Grateloup, près de Bergerac (Dordogne), mort à Paris, en 1824, avait d'abord embrassé la profession des armes et était garde du corps au moment où la maison militaire de Louis XVI fut licenciée, à la suite des premiers événements de la révolution. De retour dans ses foyers, il s'y établit comme avocat, puis renonça bientôt à la carrière du barreau. Sous le Directoire, il venait d'être élu au Conseil des Cinq-Cents, quand la journée du 18 fructidor le rendit à sa solitude et à ses études favorites, son élection ayant été annulée.

En 1803 il publia un mémoire intitulé : *Influence de l'habitude sur la faculté de penser*, qui remporta le prix proposé par la classe des Sciences morales et politiques de l'Institut, et qui le rangea dès lors dans cette catégorie d'*idéologues* que Napoléon voyait de si mauvais œil. Mais l'empereur, qui savait pourtant parfois vaincre ses répulsions et ses antipathies, appela successivement Maine de Biran aux fonctions de conseiller de préfecture et de sous-préfet, et le fit élire en 1809 membre du corps législatif pour la Dordogne. Le 4 février 1810 il vint, au nom de la députation du collège électoral de son département, féliciter l'empereur sur ses victoires et sur la paix de Vienne ; la même année il fut décoré de la Légion d'Honneur. En décembre 1813 il était encore membre du corps législatif, lorsqu'il fut ap-

MAINE DE BIRAN — MAIN-MORTE

paid à faire partie de la commission des cinq membres chargés de rédiger une adresse à Napoléon sur son retour de la campagne d'Allemagne. On sait qu'après quatorze ans de mutisme et de servitude, cette assemblée osa faire entendre à cette époque, par l'organe de sa commission, une harangue que Napoléon regarda comme séditieuse.

La Restauration une fois accomplie, Maine de Biran, en dépit de ses cinquante ans, s'empressa de faire valoir ses droits à rentrer dans les gardes du corps du roi, et fut nommé chevalier de Saint-Louis. Le gouvernement royal s'appuyait, comme on sait, sur le corps législatif que lui avait légué l'empire. Maine de Biran, tout garde du corps qu'il fût redevenu, faisait donc toujours partie de cette assemblée, dont il fut nommé questeur, le 11 juin. Pendant les cent jours, il suivit Louis XVIII à Gand. Réélu membre de la chambre des députés, en septembre 1815, il vota dans tout le cours de cette session avec la minorité qui essaya vainement de lutter contre les tendances réactionnaires de la majorité. En 1816 il fut nommé conseiller d'État, et conserva ces fonctions jusqu'à sa mort.

Indépendamment de l'ouvrage que nous avons cité, on a de lui : *Mémoire sur la décomposition de la pensée* : *Examen des Leçons de M. de La Romiguière*, et l'article *Leibnitz* de la *Biographie universelle* de Michaud. De 1835 à 1841, M. Cousin a donné une nouvelle édition de ces deux ouvrages, qu'il a enrichie de deux mémoires posthumes de l'auteur, dont l'un est intitulé : *Nouvelles Considérations sur les rapports du physique et du moral de l'homme*, et l'autre : *Réponse aux arguments de M. Stapfer contre l'aperception immédiate d'une liaison causale entre le vouloir primitif et la motion, et contre la dérivation d'un principe universel et nécessaire de causalité de cette source.*

MAINE-ET-LOIRE (Département de). Ce département, formé d'une partie de l'Anjou, est un de ceux de la France centrale, vers l'ouest. Il est borné au nord par ceux de la Mayenne et de la Sarthe ; à l'est par celui d'Indre-et-Loire; au sud par ceux de la Vienne, des Deux-Sèvres et de la Vendée; à l'ouest par celui de la Loire-Inférieure. Divisé en 5 arrondissements, 34 cantons et 374 communes, sa population est de 515,452 individus. Il envoie quatre députés au corps législatif. Il est compris dans la quinzième division militaire, l'académie de Rennes, le diocèse et le ressort de la cour d'appel d'Angers.

Sa superficie est d'environ 712,563 hectares, dont 440,134 en terres labourables ; 80,023 en prés; 61,238 en bois ; 48,271 en landes, pâtis, bruyères ; 38,620 en vignes ; 8,693 en vergers, pépinières, jardins ; 5,703 en cultures diverses ; 5,383 en propriétés bâties; 1,718 en étangs, canaux d'irrigation, etc. ; 19,871 en routes, chemins, etc. ; 9,036 en rivières, lacs, ruisseaux; 1,019 en forêts, domaines non productifs, etc. Il paye 2,581,404 francs d'impôt foncier.

Situé dans le bassin de la Loire et sur les deux rives de ce fleuve, qui le traverse de l'est à l'ouest, il est arrosé par le Maine et ses trois grandes branches, le Loir, la Sarthe et la Mayenne, par l'Authion, l'Oudon, l'Erdre, le Thouet, la Dive, le Layon, l'Erve, la Sèvre Nantaise, le Moine, etc. ; c'est un pays de plaines peu élevées, subdivisé de vallées peu profondes. La terre y est fertile en blé, seigle, orge, avoine, fèves, pois, lin, chanvre, noix, pommes et autres fruits excellents. On récolte beaucoup de vins, rouges et blancs : ces derniers offrent seuls quelques qualités assez estimées. Une partie des produits s'envoie à Nantes et à Paris : le reste se convertit en eau-de-vie. En général l'agriculture est assez bien entendue. Les pâturages y abondent, et nourrissent une grande quantité de bœufs, de vaches et de moutons, qui sont une des richesses du pays. On y élève aussi des chevaux de la bonne race de l'Anjou. Le gibier est bon et très-abondant, ainsi que le poisson. Le chêne et le hêtre sont les essences dominantes des forêts. Il y existe des mines de charbon de terre (à Châteloison et à Montjean), de fer, qui alimentent un haut fourneau et trois forges; des carrières d'ardoises près d'Angers, très-riches, et dont les produits sont fort estimés, de belle pierre de taille, de granit, de grès à paver. L'industrie manufacturière y a pour objet la fabrication des toiles à voiles, de mouchoirs dits de Cholet, de toiles et de draps communs, de calicot, de siamoises, d'huile de noix, de lin et de graines, de bougies, de chapelets, de verroterie (à Saumur), de papier, de cuir, de tuiles et carreaux ; la filature du coton, la teinturerie, etc.

Un chemin de fer (celui de Tours à Nantes), 9 routes impériales, 24 routes départementales et 8,252 chemins vicinaux, sont les débouchés par lesquels s'effectue un commerce considérable de grains, vins blancs, chanvre, lin, légumes secs, fruits, pruneaux, huile de noix, miel, confitures sèches, eau-de-vie, vinaigre, bétail, toiles, étamines, droguets, bougies, chaux, salpêtre, mercerie, ardoises, bois de construction, tuiles, carreaux, etc.

Le chef-lieu du département de Maine-et-Loire est *Angers*. Les villes et endroits principaux : *Saumur* ; *Cholet* ; *Beaugé*, chef-lieu d'arrondissement sur la rive droite de Couësnon, qu'on y traverse sur un beau pont, avec 3,700 habitants, un tribunal civil, une fabrication d'huile, un commerce de bois et de bestiaux ; *Beaupréau*; *Segré*, chef-lieu d'arrondissement, jolie petite ville, située dans un pays fertile sur l'Oudon et la Verzée, avec un tribunal civil et 2,653 habitants ; *Beaufort*, chef-lieu de canton, avec une manufacture impériale de toiles à voiles et 5,207 habitants; *Les-Ponts-de-Cé*, petite ville au confluent de l'Authion et de la Loire, que l'on y passe sur plusieurs ponts ; on y compte 3,839 habitants; *Doué*, ancienne petite ville, de 3,104 habitants, où l'on remarque une superbe fontaine et quelques ruines curieuses ; *Chalonnes-sur-Loire*, à l'embouchure du Layon dans la Loire, avec 4,975 habitants : c'est une station du chemin de fer de Tours à Nantes.

O. MAC-CARTHY.

MAINFROI. *Voyez* MANFRED.

MAIN-LEVÉE. C'est un acte qui fait cesser les effets de l'interposition de la main de justice. En matière d'opposition, donner *main-levée*, c'est lever l'empêchement qu'on avait formé par autorité de justice et consentir à ce que les parties passent outre, si bon leur semble. Par exemple, on donne *main-levée* d'une *saisie-arrêt*, d'une saisie-exécution et d'une s a i s i e réelle.   DUBARD.

MAIN-MISE ou MAINMISE, synonyme de *saisie*, voie de droit féodal, c'était la saisie que le seigneur du fief dominant faisait du fief mouvant de lui, pour défaut de foi et hommage non rendus et de droits et devoirs non payés et non remplis.

MAIN-MORTABLES. On entendait par ce mot, dans le droit féodal, les serfs dont les biens devaient revenir au seigneur s'ils décédaient sans hoirs issus de leur corps et procréés en légitime mariage ; car ils ne pouvaient tester que jusqu'à cinq sols, s'il ne leur en avait donné l'autorisation. Les main-mortables n'étaient en quelque sorte, que des détenteurs de ces biens, régis par la loi de *main-morte*, et *main-mortables* eux aussi.

MAIN-MORTE. Cette expression avait dans le droit féodal la même signification que *puissance morte*, et venait de ce qu'après la mort d'un chef de famille sujet à ce droit, le seigneur prenait le plus beau meuble qui était dans sa maison, ou, s'il n'y en avait point, recevait, d'après un usage très-ancien, la main droite du serf décédé : c'était là un avis de la mort et de la qualité serve du défunt, qui le privait du droit de disposer de ses biens, et c'était en même temps rappeler au seigneur la nécessité de donner à son main-mortable un successeur de la même condition.

On ne se sert plus aujourd'hui de cette expression de *main-morte* que pour l'appliquer aux biens des établissements, corps et communautés ayant une existence légale : tels sont les collèges, les hôpitaux ; car ils n'ont pas le pouvoir de les aliéner, l'État seul ayant le droit de disposer de ces biens, dont ils n'ont ainsi que l'usufruit.

MAINOTES ou **MANIOTES**. On appelle ainsi les habitants du Magne. On les a souvent représentés comme les descendants des anciens Spartiates, dont ils habitent le territoire ; mais, d'après les recherches les plus récentes, il est plus vraisemblable qu'ils descendent pour la plus grande partie de Slaves qui, à l'époque de la grande migration slave dans la péninsule, se mélangèrent avec les populations grecques primitives. Leur nombre est d'environ 60,000. Sauvages, hardis, superstitieux, passionnés pour l'indépendance, sanguinaires et enclins au brigandage, ils pratiquent l'agriculture, l'élève du bétail, la culture de l'olivier, le filage et le tissage, tiennent pour sacrés les devoirs de l'hospitalité, sont simples, modérés et sévères dans leurs mœurs, et appartiennent à la communion grecque. A l'époque de la domination turque, admirablement protégés par la nature montagneuse et presque impénétrable de leur territoire, ils parvinrent à conserver en fait leur indépendance, les Turcs se contentant d'exercer sur eux une autorité purement nominale, consacrée par un tribut minime. Ils obéissaient à des chefs héréditaires, habitant des tours fortifiées ou des châteaux forts et régnant sur les diverses localités. Elles formaient huit arrondissements, placés sous l'autorité de huit chefs héréditaires de tribus ou *capitanys*, lesquels relevaient d'un bey. Ces différents chefs étaient perpétuellement en guerre les uns contre les autres, de même qu'avec les Turcs. L'esprit de discorde et de vengeance ne se taisait momentanément parmi eux que lorsqu'il s'agissait d'entreprendre en commun une expédition contre les Turcs. Après la catastrophe de la famille de leur dernier bey, Petros Mauromichalis, leur indépendance périclita. En vain ils se révoltèrent en 1834 contre la régence. Vaincus par les troupes bavaroises, il leur fallut pour la plupart déposer les armes ; et leurs tours fortifiées furent démolies. Depuis ils ont eu beau se mêler à toutes les agitations politiques de la Grèce, jamais ils n'ont réussi à récupérer leur ancienne indépendance ; et il leur a fallu même se soumettre à la conscription, objet tout particulier de leur exécration.

MAINOTTE. *Voyez* CLAVAIRE.

MAINS (Baise-). *Voyez* BAISE-MAINS.

MAINS (Imposition des). *Voyez* IMPOSITION DES MAINS et CONFIRMATION.

MAINTENON, jolie petite ville, chef-lieu de canton du département d'Eure-et-Loir, au confluent de l'Eure et de la Voise, avec 2,000 habitants, des fabriques de bas, de nombreux moulins à farine, un haras et un magnifique château, bâti au seizième siècle et acquis en 1674 par madame Scarron, pour qui Louis XIV l'érigea en marquisat. Il appartient aujourd'hui à M. le duc de Noailles, qui l'a fait complétement restaurer. On voit encore à Maintenon les ruines de l'aqueduc gigantesque entrepris pour amener les eaux de l'Eure à Versailles et qui ne put être achevé, quoiqu'on eût employé pendant plusieurs années, outre les ouvriers, jusqu'à 60,000 hommes de troupes pour les travaux de terrassement. Maintenon est une station du chemin de fer de l'Ouest.

MAINTENON (FRANÇOISE D'AUBIGNÉ, marquise de) offre l'exemple de la plus haute fortune qu'une femme, dans les temps modernes, ait jamais conquise. Rien ne semblait présager ni faire soupçonner l'avenir brillant qui l'attendait : les tristes circonstances au milieu desquelles elle vint au monde, les embarras de toutes sortes qui traversèrent une partie de sa vie, paraissaient au contraire s'opposer à ce qu'elle occupât une position honorable. Celle qui devait régner en souveraine sur le cœur de Louis XIV et partager avec lui la puissance royale naquit le 27 novembre 1635, dans les prisons de la conciergerie de Niort, où son père, Constant d'Aubigné, fils d'Agrippa d'Aubigné, l'ami de Henri IV, était détenu. Rendu à la liberté, son père l'emmena à l'âge de quatre ans en Amérique, où il dissipa les restes d'une fortune déjà délabrée. De retour en France, elle fut confiée par sa mère aux soins d'une tante, Mme de Villette, qui par commisération se chargea de son éducation, et l'éleva dans les principes du calvinisme. Plus tard, elle passa entre les mains de Mme de Neuillant, sa parente, qui mit tout en œuvre, même les mauvais traitements, pour obtenir d'elle qu'elle abjurât et rentrât dans le sein de la religion catholique. Ainsi pressée, la jeune d'Aubigné consentit à ce qu'on exigeait d'elle ; mais cette complaisance lui aliéna le cœur de Mme de Villette, qui lui retira sa protection. Sa jeunesse s'écoula ainsi au milieu de ces tracasseries religieuses et des inconvénients attachés à la dépendance, inconvénients quelle le caractère de ses protectrices rendait plus lourds et plus pénibles. Elle en garda longtemps le souvenir, et c'est ce qui lui donna plus tard l'idée de fonder l'établissement de Saint-Cyr, à l'usage des jeunes personnes nobles sans fortune.

Le chevalier de Méré, homme d'un mince mérite, mais d'une grande vanité, qui l'avait vue chez Mme de Neuillant, et qui la nommait familièrement la *jeune Indienne*, se chargea de la produire. Quoique d'une beauté remarquable, elle vit peu de sensation dans le monde : sa pauvreté éloignait les prétendants, et la position équivoque dans laquelle elle se trouvait donnait déjà à son esprit cette réserve, cette discrétion et cette dignité qui devaient fermer son cœur aux sentiments les plus doux, pour ne laisser accès qu'à l'ambition et au désir de la gloire. Cet amour de la grandeur fut longtemps sans pouvoir se satisfaire, car elle se trouva dans la triste alternative de se retirer au couvent ou d'épouser Scarron. Elle opta pour ce dernier parti, et devint l'épouse du poète cul-de-jatte : « C'était une union, disait-elle, où le cœur entrait pour peu de chose et le *corps pour rien*. » La reconnaissance du moins aurait dû y entrer pour beaucoup ; car Scarron, vieux et perclus de tous ses membres, lui avait offert sa main par pitié autant que par estime, et il lui avait proposé de payer sa dot si elle préférait prendre le voile. Ce mariage, outre qu'il lui donnait véritablement la liberté, la mit en relation avec la société d'élite que le joyeux poète recevait chez lui. Cette époque fut pour elle le premier temps, sinon du bonheur, du moins du repos et de la tranquillité. Elle le sentit vivement à la mort de Scarron, arrivée en 1660, car les troubles de son ancienne position se renouvelèrent, et la pauvreté sembla encore la menacer. Elle avait alors vingt-cinq ans, et sa fréquentation du grand monde pouvait lui assurer une seconde alliance. On lui proposa même un marquis débauché et bel esprit ; elle refusa, d'après les conseils de Ninon de l'Enclos, qu'elle avait prise en amitié chez Scarron. Les seigneurs les plus à la mode s'empressèrent auprès d'elle ; elle repoussa leurs adorations, et se renferma dans les bornes les plus rigides de la vertu. Un seul, dit-on, Villarceaux, sut toucher son cœur et lui faire agréer ses hommages : rien ne prouve toutefois l'intimité de cette liaison.

La reine mère, informée de la situation où elle se trouvait, porta à 2,000 livres la pension de 1,500 qu'elle faisait à Scarron, et qu'elle lui avait continuée. La mort de cette princesse la priva de cette unique ressource ; elle employa alors, mais en vain, le crédit de ses amis pour obtenir le rétablissement de sa pension. Plusieurs placets furent présentés inutilement, et, chose singulière ! Louis XIV témoignait une sorte d'antipathie pour la veuve de Scarron, qu'il ne connaissait pas. Rebutée du mauvais accueil de ses pétitions, elle résolut de partir pour le Portugal avec la princesse de Nemours, fiancée du roi Alfonse VI. On l'engagea à faire une dernière tentative auprès de Mme de Montespan, toute-puissante à cette époque. Elle adressa donc sa demande à celle qu'elle devait plus tard renverser, et qu'elle appelait alors la *merveille de la France*. Cette flatterie plut à la favorite, qui promit d'obtenir la signature du roi. Louis XIV eut de la peine à se rendre : « *Encore la veuve Scarron !* » s'écria-t-il avec mauvaise humeur. La pension fut pourtant accordée ; et, afin de la dédommager du retard, Louis XIV se fit présenter la solliciteuse, et lui adressa ce compliment étrange : « Madame, je vous ai fait attendre longtemps ; mais vous avez tant d'amis que j'ai voulu avoir seul ce mérite auprès de vous. »

A cette époque commence la fortune de Mme Scarron, et tout marche au gré de son ambition. Une occasion s'offre bientôt de la mettre en faveur. Le roi veut faire élever secrètement des enfants issus de sa liaison avec Mme de Montespan : la réserve et la dignité bien connues de Mme Scarron font jeter les yeux sur elle. Elle refuse néanmoins assez longtemps cet emploi : « Si les enfants sont au roi, dit-elle, je le veux bien; je ne me chargerais pas sans scrupule de ceux de Mme de Montespan : ainsi, il faut que le roi me l'ordonne. » L'ordre arriva ; elle se rendit à la volonté royale, et remplit à merveille la charge qu'on lui avait imposée. Pressée quelquefois de questions, elle les évitait avec adresse ; souvent même elle se *faisait saigner*, pour s'empêcher de rougir lorsqu'on l'interrogeait trop directement. En récompense de ses services, sa pension fut augmentée, et les faveurs royales la mirent bientôt à même d'acheter la terre de Maintenon, qui fut plus tard érigée en marquisat. Le roi l'appela alors Mme de Maintenon, nom qu'elle conserva toute sa vie, et que quelques courtisans, lorsqu'elle eut succédé à Mme de Montespan, changeaient par plaisanterie en celui de *madame de Maintenant*. Louis XIV ne s'en tint pas là : il lui donna des charges et des honneurs qu'elle pouvait avouer ; et en 1683, à la mort de la reine, elle était déjà toute-puissante. Le roi s'était lassé des inégalités de caractère de Mme de Montespan : il l'avait comparée à la douceur et à l'inaltérable égalité d'âme de Mme de Maintenon, et son cœur avait penché de son côté. L'ambition de Mme de Maintenon en sut profiter. « A quarante-cinq ans, écrivait-elle, il n'est plus temps de plaire ; mais la vertu est de tout âge ; il n'y a que Dieu qui sache la vérité... Il me donne les plus belles espérances. . Je le renvoie toujours affligé, mais jamais désespéré. » Ne pouvant vaincre ses scrupules ou ses calculs, le roi l'épousa, dit-on, secrètement.

L'époque de cette union paraît incertaine ; mais si elle a eu lieu, elle doit se reporter à l'année 1686. On prétend que le mariage fut célébré par M. de Harlay, archevêque de Paris, dans un des cabinets du roi, la nuit, en présence du Père Lachaise, de Montchevreuil, du chevalier de Forbin et de Bontemps. Quoi qu'il en soit, Mme de Maintenon eut à huis clos toutes les prérogatives d'une reine de France. Elle en eut le pouvoir, sinon les honneurs publics, et sa part dans les affaires publiques fut tout autre que celle de l'infante Marie-Thérèse d'Autriche, à laquelle elle succédait. Cette part a-t-elle toujours été heureuse? Les ennemis de Mme de Maintenon ont fait remarquer que c'est à partir de l'époque présumée de son mariage que la gloire dont la France avait joui semble s'abaisser. Les défaites vont se succéder aux succès, les persécutions à la tolérance ; les honneurs dus au mérite sont donnés à la faveur. Doit-on attribuer à Mme de Maintenon la révocation de l'édit de Nantes? Nous ne le pensons pas. Elle avait été elle-même calviniste, elle comptait de nombreuses alliances de parenté dans cette religion : ces considérations doivent la décharger de cette triste responsabilité qu'on voudrait faire peser sur son nom. Sans doute elle eut le grand tort de favoriser les jésuites et d'agrandir leur influence en laissant persécuter les jansénistes ; sans doute son conseil dans les affaires ne fut pas toujours ce qu'il aurait dû être : elle se montra trop prodigue en faveur de ses amis et de ses parents; elle eut le grand tort de laisser aux hommes tels que Vendôme et Catinat ; mais au milieu de ces erreurs, elle a des titres solides à l'estime et au respect. Elle étendit sa protection sur les gens de lettres, elle fonda Saint-Cyr ; son inépuisable bienfaisance, animée des meilleures intentions, sa dignité, ses nobles vertus, maintiendront au trône, où elle devait s'asseoir, et dont elle se tint toujours éloignée, un lustre, un éclat que Louis XIV seul n'aurait peut-être pas pu lui donner.

Sa vieillesse fut, comme celle du roi, triste et remplie d'amertumes : « Quel supplice, disait-elle, d'amuser un homme qui n'est plus amusable ! » Elle mourut le 15 avril 1719, à Saint-Cyr, où elle s'était retirée, quatre ans après la mort du roi. Sa retraite avait été noble et grande : la famille royale la visitait, et Pierre le Grand ne voulut pas quitter Paris sans aller voir la veuve de Louis XIV à Saint-Cyr.
JONCIÈRES.

MAINVIELLE-FODOR (Mme). Un soir, les chœurs du théâtre du Vaudeville, qui habitait alors son boudoir de la rue de Chartres, criaient de manière à faire écrouler le frêle édifice. Un spectateur de l'orchestre, homme connu par la sûreté de son goût musical, applaudissait ce vacarme, que le public sifflait à outrance. Il paraissait ravi au milieu de la foule irritée. A la chute du rideau, il monta au théâtre, y pénétra de vive force, et arriva jusqu'au foyer des choristes. Là, il s'adressa à une jeune fille, avec laquelle il eut un entretien qui remplit toute la durée de l'entr'acte. Trois mois après ces faits, un début important était annoncé au Théâtre-Italien, à l'Odéon, et que l'on appelait *Les Bouffes*. Aux *dilettanti* une cantatrice dont le talent devait effacer l'éclat des plus belles réputations. Cette belle soirée dota la scène lyrique d'une virtuose dont la renommée s'est élevée assez haut pour importuner les noms les plus célèbres. C'était la jeune choriste du Vaudeville, découverte par le sentiment musical, entre les sons rauques et criards qui hurlaient autour d'elle, et trouvée par un habile musicien comme une perle sur un fumier.

Mme Mainvielle-Fodor, après avoir brillé longtemps dans les régions supérieures du théâtre, après s'être fait entendre avec enthousiasme à côté de Mme Catalani, qui fut l'idole de son temps, fatiguée sans doute de sa gloire, descendit dans des scènes plus humbles. Avec une souplesse de talent qui lui était propre, elle charma par les attraits de son chant la scène du Gymnase. Il est dans le ciel dramatique des étoiles fixes et d'autres errantes, comme les comètes ; Mme Mainvielle-Fodor appartenait à cette espèce d'astres mobiles et nomades. Elle a toutefois laissé à la scène lyrique un nom justement honoré ; elle est au nombre des artistes dont la mémoire reste illustre, et qui ont occupé dans les progrès de l'art musical appliqué à l'expression dramatique une place considérable. Elle se retira du théâtre sans avoir vu faiblir ses moyens ; elle est sortie de la scène sans que rien ait diminué le mérite de ses succès ; elle eut le bonheur et l'esprit de ne pas attendre le moment de la décadence pour terminer une carrière riche de triomphes, et qui pouvait se contenter de la part qui lui était échue. Mme Mainvielle habite maintenant Fontainebleau, et n'est plus associée que par son souvenir à l'art, qui ne l'a point oubliée.
Eugène BRIFFAULT.

MAIRAN (JEAN-JACQUES D'ORTOUS DE). Né à Béziers, en 1678, il perdit son père à l'âge de quatre ans, et reçut de sa mère la première éducation ; il la perdit elle-même, à l'âge de seize ans, et devenu maître de son bien et de ses actions, il se rendit à Toulouse pour y continuer ses études. En 1714 l'Académie des Sciences de Bordeaux ayant proposé pour sujet du prix qu'elle distribuait tous les ans l'explication des variations du baromètre, Mairan concourut, et son mémoire fut couronné (1715) ; il remporta aussi le prix les deux années suivantes, et trois ans après, ses succès près de cette académie l'y firent entrer. La réputation de Mairan était parvenue jusqu'à Paris ; l'Académie des Sciences avait reçu de lui différents mémoires remarquables, dont le principal contenait la solution du problème connu sous le nom de *la roue d'Aristote* ; elle se l'associa d'abord comme géomètre, et sept mois après l'admit dans son sein. De Mairan était non-seulement géomètre, physicien, astronome, mais encore il avait des connaissances étendues en histoire naturelle ; il était aussi bon connaisseur dans les ouvrages de peinture et de sculpture ; il était en outre bon musicien, et possédait à fond la théorie mathématique de cet art ; il touchait fort bien des instruments à clavier ; il était chronologiste et antiquaire ; enfin, son style était aussi net que ses idées, et il écrivait avec la plus grande précision et avec la plus grande pureté de langage. Ces qualités le firent choisir pour remplacer Fontenelle comme secrétaire de l'Académie. Son âge avancé et la faiblesse de sa santé lui firent d'abord refuser cet honneur; ce ne fut qu'à force d'instances qu'on le décida à accepter pour trois ans seulement ces pénibles et honorables fonctions. C'est vers cette époque que l'Académie Française lui ouvrit ses portes. En 1745 il fut nommé directeur de l'Académie des Sciences; et la retraite de Maupertuis ayant laissé une place de pensionnaire vacante, il y fut nommé par le roi.

Rendu à lui-même, il reprit ses travaux ; et ce fut pendant les vingt-sept ans qui s'écoulèrent jusqu'à sa mort qu'il revit et publia : 1° la seconde édition de son *Traité des Aurores boréales* ; 2° son *Mémoire sur la rotation de la lune* ; 3° sa *Balance des Peintres*, ou l'art d'apprécier leur mérite ; 4° la seconde édition de son *Traité de la Glace* ; 5° son *Mémoire sur les séries infinies dont tous les numérateurs sont égaux* ; 6° la dernière partie de ses *Recherches sur le Froid et le Chaud* ; 7° un *Traité sur les Lois que suit la Réflexion des corps*. En 1721 il fut chargé par l'Académie, à la demande du conseil de marine, d'indiquer la meilleure manière de jauger les navires : il se rendit en conséquence avec Varignon dans les ports de la Méditerranée. Après bien des discussions, il adopta comme la meilleure la méthode de Hocquart, à laquelle il fit des additions. Il mourut le 20 février 1771. TEYSSÈDRE.

MAIRE. C'est un officier municipal, dont les fonctions consistent principalement à administrer les affaires de la commune. Il est assisté d'un ou de plusieurs adjoints. Les maires ont été établis en France d'après un système général par la loi du 14 décembre 1789. Cette loi, en créant dans chaque commune des *municipalités*, donna le nom de *maire* au premier officier municipal. Il était, ainsi que ses collègues, nommé par les assemblées primaires. Ce fonctionnaire fut supprimé par la constitution du 5 fructidor, qui organisa l'administration par cantons, et rétabli par la constitution de l'an VIII. Alors à la nomination élective on substitua le choix direct du chef du gouvernement. Cet état de choses dura sous l'empire et sous la restauration. Mais sous la monarchie de Juillet les maires, nommés par le roi ou en son nom par les préfets, ne pouvaient être choisis que parmi les membres du conseil municipal, produit lui-même de l'élection. Ils étaient nommés pour trois ans ; les préfets pouvaient les suspendre et le roi les révoquer. Aux termes de la loi du 5 mai 1855, les maires sont nommés par l'empereur dans les chefs-lieux de département, d'arrondissement et de canton et dans les communes de trois mille habitants et au-dessus. Dans les autres communes, ils sont nommés par le préfet au nom de l'empereur. Ils doivent être âgés de vingt-cinq ans accomplis et inscrits dans la commune au rôle de l'une des quatre contributions directes. Ils peuvent être pris en dehors du conseil municipal, et sont nommés pour cinq ans. Ils peuvent être suspendus par arrêté des préfets, arrêté qui cesse d'avoir effet s'il n'est- confirmé dans le délai de deux mois par le ministre de l'intérieur. Ils ne peuvent être révoqués que par décret de l'empereur. Ne peuvent être maires : les préfets, sous-préfets, secrétaires généraux et conseillers de préfecture ; les membres des cours, des tribunaux de première instance et des justices de paix ; les ministres des cultes ; les militaires et employés des armées de terre et de mer en activité de service ou en disponibilité ; les ingénieurs des ponts et chaussées, des mines, en activité de service ; les conducteurs des ponts et chaussées et les agents voyers ; les agents et employés des administrations financières et des forêts, ainsi que les gardes des établissements publics et des particuliers ; les commissaires et agents de police ; les fonctionnaires et employés des collèges communaux et les instituteurs primaires communaux ou libres ; les comptables et les fermiers des revenus communaux et les agents salariés par la commune.

Les attributions de maire se divisent en deux parties bien distinctes : elles sont judiciaires ou administratives. 1° Sous le rapport judiciaire, le maire est : officier de l'état civil, officier de police judiciaire, et juge de police. Comme officier de l'état civil, il est chargé de la tenue des registres de naissance, mariage, décès, adoption, reconnaissance. Comme officier de police judiciaire, il recherche et constate les crimes, délits ou contraventions énumérées dans les lois pénales. Enfin, comme juge de police, il connaît des contraventions commises dans l'intérieur de sa commune par des personnes prises en flagrant délit, ou par des personnes qui y sont présentes, lorsque les témoins y sont aussi résidents et présents.

Les fonctions administratives du maire sont elles-mêmes de deux natures : ou elles émanent du gouvernement, et alors le maire se rattache à l'administration active proprement dite; c'est à lui qu'aboutissent dans la commune tous les services publics ; il n'est presque aucune partie de l'administration générale dont il ne soit l'agent : ou elles émanent du pouvoir municipal, et alors le maire agit comme représentant de la commune, sous l'influence du conseil municipal, ou en vertu d'un mandat spécial de la loi : c'est à ce titre qu'il administre les revenus de la commune, et qu'il prend des arrêtés de police, soit pour assurer le maintien du bon ordre dans les lieux publics, soit pour garantir la liberté de circulation dans les rues, quais, places publiques, etc., etc. Le maire est juge administratif dans deux cas : 1° en matière de contributions directes, il prononce sur les contestations qui s'élèvent entre les employés de la régie et les débitants de boissons en détail, relativement à l'exactitude de la déclaration des prix de vente (loi du 28 avril 1816). 2° En matière de grande voirie, il juge les contraventions sur le poids des voitures (décret du 23 juin 1806).

Ainsi, le maire est à la fois organe de la société et de la commune ; ses fonctions sont complexes, et les unes se réfèrent à l'administration générale de l'État et sont déléguées par elle ; les autres intéressent directement et particulièrement la commune, dont il est le représentant, sous la surveillance du conseil municipal, dont il fait partie. Cette distinction est importante en ce qui concerne la responsabilité de ce fonctionnaire. Ainsi, en matière criminelle, lorsqu'il agit comme délégué du gouvernement, il faut une autorisation du conseil d'État pour le poursuivre. Mais cette autorisation n'est pas nécessaire lorsqu'il n'est question que des fonctions judiciaires du maire, ou bien lorsqu'il n'agit que comme représentant de la commune et pour des intérêts purement communaux. E. DE CHABROL.

MAIRE DU PALAIS (*magister palatii, præfectus prætorio*). On appelait ainsi, sous les rois de la première race, les officiers chargés du gouvernement intérieur du palais. Jusqu'à Clotaire II les maires n'eurent qu'une autorité assez subalterne. La conspiration dirigée contre Brunehault par les seigneurs et les leudes, qui défendaient la perpétuité de leurs fiefs, commença la puissance de ces officiers. Warnacaire avait été l'âme de cette conjuration ; les seigneurs le firent maire de Bourgogne, et il exigea de Clotaire II qu'il ne serait point déplacé pendant sa vie. On voit que cette magistrature se rend ici indépendante de l'autorité royale, et par l'élection et par l'inamovibilité. Les rois avaient cessé de commander leurs armées ; le hasard de la naissance, les minorités, avaient placé sur le trône l'incapacité ou la faiblesse : aussi le besoin était senti d'un duc ou chef qui eût de l'autorité sur cette multitude infinie de seigneurs incertains sur leurs devoirs. Dans cette nation indépendante et guerrière, il fallait plutôt inviter que contraindre, il fallait donner ou faire espérer des fiefs, des récompenses ; les rois en étaient naturel que celui qui avait la surintendance du palais devint le chef politique. Voilà comment la puissance échut aux maires du palais. Cette puissance s'accrut encore sous les successeurs de Dagobert. Les princes, enfermés au fond de leurs palais, ne paraissaient plus en public et encore moins à la tête de leurs armées. Les maires gouvernaient et commandaient en leur nom. Une fois par an, au premier jour de mai, ils consentaient à les montrer au peuple, parés

MAIRE DU PALAIS — MAISON

de leur habit royal, la couronne sur la tête et le sceptre à la main, montés sur un chariot traîné par des bœufs, au milieu de la ville. Depuis lors, les maires du palais eurent assez de crédit pour rendre leur charge comme héréditaire dans leur famille. On vit Pepin donner pour maire à la nation un de ses petits-fils, qui était encore dans l'enfance, et Montesquieu ajoute que cet enfant, établi maire sous un certain Dagobert, fut comme un fantôme sur un fantôme. L'autorité des maires du palais devait finir par absorber la puissance royale. Après Pepin d'Héristal et Charles Martel, qui avaient laissé régner leurs princes légitimes sous leur bon plaisir, Pepin le Bref, plus ambitieux, consomma l'usurpation de sa famille, et prit le titre de roi.   A. GASTAMBIDE.

MAIRET (JEAN), né à Besançon, en 1604, est, avec Rotrou, le seul de nos poètes dramatiques antérieurs à Corneille dont le talent ait jeté quelques lueurs et dont la postérité ait conservé quelque souvenir. Élevé à Paris, au collége des Grassins, il composa à seize ans sa première pièce. *Chryséide et Arimand*, tragi-comédie, tirée de l'*Astrée* de d'Urfé, était déjà supérieure aux informes ouvrages de Hardy. *Sylvie* eut, l'année suivante, encore plus de succès. Dans son chef-d'œuvre, *Sophonisbe*, jouée en 1629, la loi des unités est respectée pour la première fois; aussi les comédiens mirent-ils beaucoup de difficultés à la représenter. Cette tragédie, qu'ils avaient dédaignée, fit la fortune de leur théâtre; la *Sophonisbe* même de Corneille ne put l'éclipser, et l'on sait que, sur sa vieille réputation, Voltaire s'imposa, dit-il, la tâche de la *réparer à neuf*, pour faire connaître cette œuvre remarquable aux spectateurs de son temps. Il y a en effet dans la *Sophonisbe* de Mairet de mâles beautés, déparées moins que dans ses autres pièces par les défauts de son époque. Pensionné tour à tour par l'amiral de Montmorency, les cardinaux de Richelieu et de La Valette, il reçut, en outre, diverses gratifications du duc de Longueville et de plusieurs autres seigneurs. Enfin, lorsque, disgracié par Mazarin à cause de son zèle pour les intérêts de l'Espagne, souveraine alors de sa province, la Franche-Comté, il revint à Paris après la paix des Pyrénées, un sonnet sur cette paix, bien qu'il ne fût pas le phénix préconisé par Boileau, lui valut de la reine mère un don de 12,000 fr. Jaloux, toutefois, de la renommée toujours croissante de Corneille, dont il avait critiqué avec amertume les premiers essais, il se retira dès 1648 dans sa ville natale, où il mourut, en 1684, à quatre-vingts ans.   OURRY.

MAIRIE. C'est l'édifice où siège l'administration municipale de chaque **commune**. On l'appelle encore *maison commune*, et quelquefois *hôtel de ville*. Dans les localités où il n'y a pas de bâtiment spécial, c'est la maison du maire qui en tient lieu. C'est dans cet édifice que sont conservés les registres de l'état civil. Il est certains actes, comme les mariages, par exemple, qui ne peuvent avoir lieu que dans la maison commune. Le mot *mairie* désignait autrefois les fonctions même du maire. Il n'est plus employé dans ce sens.   E. DE CHABROL.

MAÏS. Cette plante, de la famille des graminées, est nommée *zea* par les botanistes. Elle est un des dons précieux que le Nouveau Monde a faits à l'Ancien : c'est très-mal à propos qu'on l'appelle vulgairement *blé de Turquie*, car l'Europe l'a reçu de l'Amérique méridionale par la voie de l'Espagne, ce qui l'a fait aussi nommer *blé d'Espagne*. Les tiges de maïs s'élèvent à la hauteur d'environ deux mètres; le feuillage est d'un beau vert, et les épis, ordinairement au nombre de deux sur chaque pied, donnent un produit moyen de 364 grains. Il y a, dit-on, quelques pays où l'introduction du maïs a fait abandonner le froment : ce n'est pas en Europe que cette substitution serait avantageuse.

Comme plante anciennement cultivée, le maïs a produit des variétés dont quelques-unes se perpétuent avec des propriétés qui les recommandent. Telle est la plus hâtive de toutes, la *maïs à poulet*, de petite taille, à épis plus courts, et dont le grain n'est pas trop gros pour servir à la nourriture des poulets. Aux environs de Paris, on en obtient deux récoltes, la première au commencement de l'été et la seconde en automne. Une autre variété dite *quarantain*, dont les grains sont plus gros, ne mûrit qu'un peu plus tard : c'est dans les pays chauds qu'il justifie son nom, en parvenant à une maturité complète au bout de quarante jours. En général, la durée de la végétation de ces plantes est en raison de leur grandeur, et leur produit suit le même ordre de progression. On dit aussi que les plantes à gros grains, et par conséquent tardives, donnent une bouillie plus savoureuse que celle des variétés à petits grains : ainsi, ces dernières devraient être réservées pour la nourriture de la volaille, et le gros maïs serait cultivé pour les hommes. Il paraît que l'espèce primitive est celle à grains jaunes, et il est certain que les autres couleurs (le blanc compris) sont beaucoup plus sujettes à varier.

Les tiges vertes du maïs sont très-sucrées, surtout dans les pays chauds, et tous les herbivores les mangent avec avidité. Dans l'Amérique méridionale, elle pourrait, au besoin, remplacer la canne à sucre; en Europe, l'emploi de la betterave sera probablement préféré longtemps encore, quand même on parviendrait à extraire le sucre de maïs plus facilement et à moindres frais que les premiers essais sur cette matière, au temps où le blocus continental provoqua tant de recherches sur les moyens de suppléer à ce que le commerce maritime ne fournissait plus. Le maïs se mange sous la forme panaire, mais plus souvent en bouillie presque sèche, nommée *polenta* en Italie et *gaude* en France. On a fait quelques tentatives pour en porter la culture plus au nord de la France; mais jusqu'à présent le succès ne los a pas couronnées. Une ligne tirée de l'embouchure de la Gironde à l'extrémité septentrionale de l'Alsace partage notre territoire en deux régions à peu près égales; le maïs a pris possession de celle du sud, et l'a gardera.   FERRY.

MAISON (du latin *mansio*, demeure). L'homme, jeté tout nu sur la terre, se vit forcé non-seulement de se couvrir de vêtements, mais encore de se bâtir des asiles où il pût se mettre à couvert des chaleurs brûlantes du soleil, de l'humidité, des pluies, des rigueurs de l'hiver. Les bois, la cabane et la grotte furent ses premiers abris : bientôt il sut se construire des maisons; l'architecture prît plus d'extension. Chez les Grecs les maisons des particuliers, même des principaux citoyens étaient peu remarquables; elles étaient généralement petites, de peu d'apparence, dispersées sans ordre dans les rues, derrière les temples et les autres édifices considérables. Les citoyens des différentes villes de Grèce, d'Athènes surtout, regardaient comme un devoir de contribuer de tout leur pouvoir à la magnificence des édifices publics; de plus ils passaient la plus grande partie de l'année à la campagne, occupés à surveiller l'exploitation de leurs terres; et il est facile de s'expliquer par ces motifs la négligence qu'ils apportèrent à l'embellissement de leurs maisons. Vitruve nous a laissé quelques détails sur les habitations des Grecs. Elles n'avaient qu'un étage et un toit en terrasse sur lequel on se tenait dans le beau temps : elles formaient en quelque sorte deux maisons séparées, la maison des femmes, le gynécée, et la maison des hommes; dans l'intérieur se trouvaient des portiques sous lesquels on se promenait. Le jour venait de fenêtres pratiquées dans le haut de la maison; ordinairement il n'y avait pas de fenêtres sur la rue.

Les Romains, contrairement aux Grecs, vivaient en commun avec les femmes, et n'avaient besoin que d'une seule maison. Au lieu de n'avoir qu'un étage, comme en Grèce, les maisons à Rome étaient fort élevées; on fut même forcé par différentes lois de déterminer leur hauteur. Auguste la fixa à 70 pieds, et Trajan à 60 pieds seulement. Le luxe des maisons particulières s'introduisit tard à Rome; il ne date que du temps de Marius et de Sylla; Auguste y fit des embellissements considérables; l'incendie allumé par ordre de Néron, et qui brûla les deux tiers de la ville, la fit rebâtir avec plus de magnificence encore; on comptait alors à Rome 48,000 maisons isolées. En général, les maisons romaines contenaient plusieurs cours et avant-cours, entourées de galeries et de portiques, et des vestibules ornés de statues, de tableaux ou de portraits de famille. Les maisons des personnes distinguées, ce qui répond à nos hôtels, n'avaient ordinairement que deux étages au-dessus du rez-de-chaussée. Au premier étaient les chambres à coucher, et au second les appartements des femmes et les salles à manger.

Dans les pays chauds, les maisons ont généralement peu d'élévation et ont un toit en terrasse; dans le Nord, elles sont élevées, avec un toit pointu. En Italie et en Grèce, la disposition est restée à peu de chose près la même que chez les anciens, moins le luxe. En France, en Angleterre et en Allemagne, les maisons ont changé de formes et de distribution intérieure, suivant les progrès de l'architecture et de la civilisation, gagnant généralement, sinon sous le rapport de l'art, du moins sous celui de l'hygiène.

Maison se dit au figuré pour race, famille, en parlant des familles nobles et illustres. Le bourgeois et le prolétaire appellent leur ménage et leur logement la maison. Il se dit aussi d'une communauté religieuse. Enfin, il se prend dans une foule d'acceptions diverses : *maison d'éducation*, maison où l'on prend en pension des enfants pour les instruire; *maison de commerce*, où l'on fait le trafic de marchandises ; *de banque*, où l'on fait le trafic de l'argent ; *maison de commission*, maison d'un négociant qui fait la commission. Les temples, les églises sont quelquefois appelés *maison de Dieu*; la *maison de charité* est une maison où l'on donne des secours à la classe indigente.

Le nom de *Petites Maisons* avait été donné à un hôpital d'aliénés ; on nommait encore ainsi des espèces de *folies* ou maisons ordinairement situées dans des quartiers déserts et destinées aux plaisirs secrets de riches voluptueux.

MAISON (Nicolas-Joseph, marquis), maréchal et pair de France, était né à Épinay, le 19 décembre 1770. Fils d'un simple laboureur, il s'enrôla, le 22 juillet 1792, dans un bataillon de volontaires. Il était déjà capitaine à Jemmapes; destitué, puis réintégré dans son grade, il combattit à Fleurus, où il fut laissé pour mort. En 1795 et 1796, il fit partie de l'armée de Sambre et Meuse, sous les ordres de Bernadotte. Blessé grièvement aux yeux au passage du pont de Limbourg, il fut élevé au grade de chef de bataillon, et il avait à peine recouvré la vue qu'il rejoignit Bernadotte en Franconie. Il passa ensuite en Italie, et le 10 janvier 1799 il fut nommé adjudant général et premier aide de camp de Bernadotte, alors ministre de la guerre, qui lui confia une mission à l'armée du Rhin. Une blessure grave l'éloigna du théâtre des opérations l'année suivante; mais après la paix d'Amiens il prit le commandement du département du Tanaro. Bernadotte le rappela près de lui à l'armée de Hanovre. En 1805 Maison se distingua à Austerlitz. Général de brigade en 1806, il fit la campagne de Prusse, et se couvrit de gloire à Iéna. Poursuivant Blücher jusqu'aux portes de Lubeck, il reçut la soumission de cette ville, et il fut nommé gouverneur. Maison fit la campagne de 1807 comme chef d'état-major de son corps d'armée, et après la paix de Tilsitt il passa en Espagne, sous les ordres du maréchal Victor. Il se fit remarquer à la bataille d'Espinosa de los Monteros; et blessé devant les murs de Madrid, il dut revenir en France pour se rétablir. En 1809 il put rejoindre Bernadotte, qui défendait Anvers contre les Anglais, et après l'évacuation de l'île de Walcheren, il exerça plusieurs commandements en Hollande. Sa belle conduite aux affaires de Zakobowo, d'Oboyarzowa et de Polotsk, en 1812, lui valut le grade de général de division. Dans la fatale retraite de Moscou, il déploya autant d'habileté que de zèle, en défendant les derniers débris de l'armée contre Wittgenstein ; et après le passage de la Bérézina, l'empereur le créa baron, en lui confiant le commandement du deuxième corps, que le maréchal Oudinot avait dû quitter par suite d'une blessure.

En 1813 Maison battit les Prussiens à Mockern, prit la ville de Halle, et s'empara de Leipzig le jour de la bataille de Lutzen. Il sut encore se distinguer aux batailles de Bautzen, de Wachau et de Leipzig. Ces glorieux services furent récompensés par le grade de grand-officier de la Légion d'Honneur et par le titre de comte de l'empire. Nommé, en janvier 1814, commandant d'un corps chargé de couvrir la Belgique, il défendit pendant quelque temps les approches d'Anvers, se rejeta sur Bruxelles, et tenta de se replier vers la capitale de la France. Après avoir remporté un avantage sur le général Thielmann, près de Courtray, il était arrivé à Quiévrain quand il apprit l'abdication de Napoléon. Il conclut alors un armistice avec les généraux ennemis, gagna Lille, et envoya, le 13 avril, son adhésion au nouveau gouvernement.

Louis XVIII le créa chevalier de Saint-Louis, pair de France, grand-cordon de la Légion d'Honneur, et au mois de mars 1815 il le nomma gouverneur de Paris. Quand le roi quitta la capitale, Maison le suivit en Belgique, et revint après la seconde restauration reprendre le commandement de la 1re division militaire. En 1816 il passa au commandement de la 8e division militaire, et fut nommé commandeur de Saint-Louis. Le 31 août 1817, le roi le créa marquis. En 1819 il reprit le commandement de la 1re division. Enfin, en 1828 il fut placé à la tête de l'expédition que Charles X envoyait en Morée pour affranchir la Grèce. Le but que la France se proposait une fois atteint, le général Maison reçut comme récompense, au mois de mai 1829, le bâton de maréchal en même temps que l'ordre de retour dans son pays. Toutes ces faveurs n'avaient rien enlevé à l'indépendance du maréchal, et sa loyale opposition dans la chambre des pairs contre tous les projets liberticides des ministres devait le rendre un des plus chauds partisans de la révolution de Juillet. Louis-Philippe lui confia la mission de déclarer l'ex-roi à quitter la France, et il fut, avec MM. O. Barrot et de Schonen, un des commissaires chargés d'accompagner la famille déchue jusqu'à Cherbourg. A son retour, il entra dans le cabinet formé par M. Laffitte, le 2 novembre, comme ministre des affaires étrangères ; mais quinze jours après il quittait ce portefeuille pour aller représenter la nouvelle dynastie à Vienne. Au mois de janvier 1833 il passa à l'ambassade de Russie, d'où il fut rappelé le 30 avril 1835 pour rentrer au ministère de la guerre. Il garda ce portefeuille jusqu'au 19 septembre 1836, et il vivait dans la retraite quand la mort vint le surprendre, à Paris, le 13 février 1840. L. LOUVET.

MAISON CARRÉE. On désigne sous ce nom, 1°, en France, un des monuments les plus remarquables que nous possédions encore de la domination romaine dans les Gaules, et situé à côté des Arènes de Nîmes; 2°, en Algérie, un poste militaire pouvant contenir un bataillon, placé sur les collines désertes et couvertes de broussailles du Sahel qui s'élèvent devant la rade comprise entre Alger et le cap Matifoux. Sous la domination turque la *Maison Carrée* était une espèce de caserne, d'où l'agha tombait à l'improviste sur les tribus pour les châtier ou les forcer à payer l'impôt. Ce grand bâtiment, en forme de parallélogramme, est maintenant entouré d'un fossé et garni d'un mur crénelé. La Maison Carrée défend le passage de l'Harrach, près duquel elle est située, soit au qué de l'embouchure, près des blockhaus, soit sur le pont de pierre qui fait partie de la route d'Alger au cap Matifoux. Par sa position élevée, elle surveille en outre toute la plaine. Cependant, ce poste ne peut être occupé que depuis le mois de novembre jusqu'au mois de juin : les exhalaisons de la plaine le rendent inhabitable le reste de l'année. Aussitôt après l'occupation de l'Algérie, les Français mirent une garnison dans la Maison Carrée. Depuis, une route de ceinture a été tracée autour d'Alger, et s'étend de Ben-Achnoun à la Maison Carrée. L. LOUVET.

MAISON CENTRALE. *Voyez* PRISON.
MAISON D'AMOUR. *Voyez* FAMILISTES.
MAISON D'ARRÊT. *Voyez* PRISON.

MAISON DE CAMPAGNE. *Voyez* CAMPAGNE (Maison de).

MAISON DE CORRECTION. *Voyez* PRISON.

MAISON DE DÉTENTION ou MAISON DE FORCE. *Voyez* PRISON.

MAISON DE JEU. *Voyez* JEU (Maisons de).

MAISON DE JUSTICE. *Voyez* PRISON.

MAISON DE POLICE MUNICIPALE. *Voyez* PRISON.

MAISON DE PRÊT. *Voyez* MONT-DE-PIÉTÉ.

MAISON DE SANTÉ. Les causes qui ont motivé les établissements des hôpitaux ou hospices ont fait ouvrir des asiles pour ceux qui, étant peu favorisés dans la répartition des richesses, peuvent cependant se dispenser de disputer les secours accordés aux pauvres. Dans ces asiles, appelés *maisons de santé*, les personnes peu aisées ou isolées dans le monde trouvent les soins des médecins et des infirmiers, qu'elles ne sauraient se procurer dans leurs demeures sans une dépense disproportionnée avec leurs moyens pécuniaires. Là, des salles, des chambres particulières sont accessibles au public à des prix qui varient selon la satisfaction des divers besoins. Des médecins et des chirurgiens honorablement connus ont ouvert de semblables maisons, dont chaque jour démontre les avantages. Les personnes de province qui ont besoin du secours de la chirurgie viennent y subir les opérations importantes. Dans quelques hôpitaux publics, des places rétribuées sont également ouvertes aux malades; et il est à souhaiter que cet usage s'étende. On a aussi ouvert dans ces derniers temps diverses maisons pour les femmes en couches; l'utilité de ces établissements est incontestable, et on ne saurait trop les multiplier, car nos hôpitaux dits *de maternité* sont généralement insuffisants, et plusieurs d'entre eux sont d'une insalubrité déplorable, qui provient probablement de l'entassement des femmes.

Le nombre des maisons de santé s'est beaucoup accru en France dans ces derniers temps, surtout celui des maisons qui ont pour but le traitement de maladies spéciales, comme les maisons *orthopédiques*, ou bien qui adoptent un système l'e médicamentation particulier, par exemple, les établissements *hydrothérapeutiques*, aujourd'hui si à la mode.

D' CHARDONNIER.

MAISON DE TRAVAIL, nom générique sous lequel on désigne plus particulièrement diverses espèces d'établissements publics, à savoir : 1° des ateliers publics, entretenus aux frais soit de l'État, soit de la commune, et où les travailleurs sont volontairement admis; 2° des maisons de détention, où l'on fait contracter de force des habitudes de travail à des vagabonds, qui sans moyens d'existence assurés ne pourraient s'en procurer que par des voies illicites ; 3° un genre particulier de prisons publiques.

Les ateliers publics ont pour but de procurer momentanément à des travailleurs sans pain un travail qui assure leur existence, en attendant qu'ils puissent en obtenir de l'industrie privée. C'est surtout en Angleterre, pays où les crises industrielles laissent souvent sans pain des catégories entières d'ouvriers, qu'on a accueilli le système des ateliers publics; mais il s'en faut qu'on ait eu à se louer des résultats ainsi obtenus. Non-seulement la création et l'entretien de semblables établissements entraînent pour les communes et en définitive pour l'État de grands frais, mais en outre, dans les véritables crises du travail, ils ne sauraient recueillir la masse entière des nécessiteux et encore moins les occuper d'une manière utile. Les ateliers publics, tout en rendant plus ou moins de services dans les cas où il y a chômage absolu, se transforment bien vite en purs établissements de charité, qui se bornent à répartir les aumônes publiques. Cette circonstance est déjà à elle seule un motif qui empêche le travailleur honnête, tenant autant à sa propre estime qu'à celle de ses concitoyens, de jamais aller frapper à la porte des ateliers publics; aussi sont-ils d'ordinaire l'asile qu'affectionnant tous les individus assez dépourvus d'énergie et de bonne volonté pour ne pas prendre soin d'eux-mêmes. La question de savoir jusqu'à quel point il y a obligation et possibilité pour l'État de fournir du travail à ceux qui en manquent est une des plus graves et des plus dangereuses qui se puissent agiter, comme le prouve du reste ce qui s'est passé il y a peu d'années en France, lors de l'organisation des ateliers nationaux après la révolution de Février.

Il ne faut point confondre, d'ailleurs, les ateliers publics avec les établissements industriels que l'État crée et exploite pour son propre compte, soit parce que l'industrie privée serait impuissante à les soutenir, soit qu'il ait par là en vue d'encourager par son propre exemple l'industrie privée à exploiter certains genres de productions.

En ce qui touche les *maisons de travail forcé* à l'usage des individus convaincus d'être en état habituel de vagabondage et de fainéantise, ces établissements doivent surtout avoir pour but la correction, c'est-à-dire l'instruction et la moralisation de ces malheureux. En effet, l'État n'a pas seulement le droit de prévenir la perpétration des délits et des crimes en exerçant une sévère surveillance sur cette classe d'invidus ; mais nous estimons encore que c'est pour lui un devoir que de relever ces êtres dégradés et de tout faire pour les moraliser malgré eux-mêmes. Bien que ce soit là aujourd'hui le principe qui préside à la création et à l'entretien de toutes les maisons de travail forcé, la question n'en est pas moins demeurée une des plus difficiles; et il s'en faut qu'on ait encore atteint le but qu'on se propose. Tout dépend de la bonne direction morale à donner et de l'habitude de travail à faire contracter à ces êtres dégradés, dans l'intérieur des maisons du travail ; condition qui suppose d'abord de bons directeurs et de bons surveillants, chose extrêmement rare à rencontrer. La grande difficulté en outre est de soumettre les individus en état de correction à un genre de travail à l'aide duquel ils puissent ensuite se suffire à eux-mêmes, quand ils sortiront de l'établissement (*voyez* DÉPÔTS DE MENDICITÉ).

Les pénitenciers, qu'on comprend également sous la dénomination de *maisons de travail*, sont des maisons de correction d'un régime un peu moins sévère. On les trouve souvent réunis aux maisons de correction proprement dites; ce qui empêche précisément d'un obtenir les résultats qu'on a en vue.

MAISON DE VILLE, MAISON COMMUNE. *Voyez* HÔTEL DE VILLE, MAIRIE.

MAISON DU ROI, MAISON DE L'EMPEREUR. La *maison du roi* se composait des officiers attachés à son service particulier : officiers de la chambre, de la garde-robe, de la bouche; on appelait *maison militaire du roi* ou simplement *maison du roi* les troupes spécialement destinées à sa garde. Ces deux maisons étaient distinctes ; ainsi les gardes françaises étaient de la *maison militaire*, et n'étaient point de la *maison du roi*.

Le maison civile du roi se nommait au moyen âge l'*hôtel du roi*. Une ordonnance de 1319 nous a conservé l'état de la maison de Philippe le Long : elle se composait d'abord d'ecclésiastiques, confesseurs, aumôniers, chapelains, d'un chancelier et de plusieurs maîtres d'hôtel ; il y avait en outre trois chambellans, six sommeliers, trois notaires, des médecins, des huissiers, des sergents d'armes, et une foule de valets, où figurait jusqu'à un cordonnier, attachés directement au service du roi et de celui de ses officiers.

Le personnel de la *maison du roi* s'augmenta considérablement sous Louis XIV, et ne fit que s'accroître sous ses successeurs; il se composait sous Louis XVI de ce qu'on appelait la *chapelle*, composée d'un grand-aumônier, des aumôniers ordinaires, des chapelains; d'un grand-maître (le prince de Condé), d'un grand-chambellan (le prince de Bouillon), de quatre premiers gentilshommes de la chambre, d'un grand-maître et de deux maîtres de la garde-robe, d'un grand-écuyer, d'un premier écuyer, d'un premier panetier, d'un grand-veneur, d'un grand-prévôt, d'un premier maître d'hôtel, d'un maître d'hôtel ordinaire, d'un grand-maître et de quatre maîtres des cérémonies, de quatre secrétaires de la chambre et du cabinet, de deux lecteurs, de deux écrivains et d'un bureau général d'administration. La reine avait aussi sa maison; les frères, les sœurs, les filles et les fils du roi, les princes et les princesses des branches collatérales, les princes et princesses légitimés, avaient également leurs maisons, mais elles étaient moins nombreuses.

A la tête de la maison du roi était le *grand-maître de France*, successeur direct des maires du palais, des sénéchaux de France et des *souverains maîtres de l'hôtel*. Ce grand-officier avait le commandement sur tous les officiers qui formaient la maison du roi; c'était entre ses mains que ces derniers prêtaient serment, et c'était de lui qu'ils recevaient ou achetaient leurs charges. Il remplissait en même temps les fonctions de grand-maître des cérémonies; cette charge, qui dura jusqu'à la révolution et reparut sous l'Empire et la Restauration, n'avait été séparée du titre de grand-maître de France, pour être attachée à des fonctions particulières, qu'en 1585. L'office de grand-maître de France, très-brigué, fut toujours rempli par des personnages de la plus haute naissance, souvent même par des princes du sang. Tanneguy Duchâtel, le sire de La Palice, Anne et François de Montmorency; François, Henri et Charles de Lorraine, ducs de Guise, le grand Condé, le prince de Carignan, le prince de Conti, furent revêtus de cette dignité.

La maison militaire du roi se composait, pour la cavalerie, des quatre compagnies des gardes du corps, des grenadiers à cheval et des chevau-légers, et enfin des mousquetaires, qui dans les sièges combattaient aussi à pied; l'infanterie se composait des gardes françaises, des gardes suisses et des cent-suisses. Ce n'est qu'en 1671 que ces différentes troupes formèrent dans l'armée un corps spécial nommé *maison du roi*. On connaît de réputation la valeur brillante de ces troupes d'élite, qui se distinguaient sur tous les champs de bataille et auxquelles appartient presque toute la gloire de la bataille de Fontenoy.

La compagnie des *gardes de la porte*, quoique composée de gardes armés, faisait plutôt partie de la maison civile que de la maison militaire du roi. C'est sous Charles VIII qu'il est question pour la première fois de ce corps, sur lequel on trouve peu de documents jusqu'au dix-septième siècle. En 1663 il se composait d'un capitaine, de 4 lieutenants et de 50 gardes; les gardes étaient postés à la principale porte du logis du roi; ils avaient leur corps-de-garde au dedans, et l'occupaient de six heures du matin à six heures du soir, moment où les gardes du corps les relevaient jusqu'au lendemain matin. Cette garde avait été supprimée en 1787.

La maison militaire du roi disparut ainsi que la maison civile à la révolution. Napoléon rétablit la seconde sous le nom de *maison de l'empereur*, et eut, dit-on, le projet de rétablir la première, d'abord par les gardes d'honneur créés après la campagne de Moscou, et ensuite par la création d'une garde de jeunes officiers qui eussent été spécialement attachés à sa personne. En 1814, par son ordonnance du 16 mai, Louis XVIII reforma la maison civile et rétablit les gardes du corps, les mousquetaires et les gendarmes de la garde; les chevau-légers, les gardes de la porte, et les cent-suisses, furent aussi rétablis; quelques-uns de ces corps furent remplacés par la garde royale. En 1830 la maison militaire fut entièrement supprimée; et la maison civile du roi, bornée à la gérance de ses domaines particuliers et au service des châteaux royaux, prit le nom d'intendance de la liste civile. Sous le nouvel empire, la maison militaire de l'empereur se compose des cent gardes; sa maison civile a été reconstituée avec la plupart des anciens titres, à sa tête est le ministère d'État.

MAISON FERMIÈRE. *Voyez* FERME.
MAISON GARNIE. *Voyez* HÔTEL GARNI.

MAISONS (Petites), asile d'aliénés à Paris. *Voyez* PETITES-MAISONS.

MAISONS-SUR-SEINE. *Voyez* SEINE-ET-OISE.

MAISSOUR. *Voyez* MYSORE.

MAISTRANCE, mot par lequel on désigne dans la marine le corps des maîtres de différentes spécialités attachés à un port ou embarqués sur un navire de l'État. Elle se compose des *premiers maîtres de manœuvre*, ou *maîtres d'équipage*, *de canonnage* et *de timonerie*; des *maîtres charpentiers*, *calfats* et *voiliers*, et des seconds maîtres ou contre-maîtres de ces différentes catégories.

MAISTRE (JOSEPH, comte DE), l'un des grands philosophes de notre siècle, peu s'en faut que nous n'osions dire *le plus grand*, naquit à Chambéry, le 1er avril 1755. Sa famille était originaire du Languedoc. Son père, le comte Xavier de Maistre, président du sénat de Pavie, lui fit donner une éducation savante et chrétienne, et dès la fin de ses études, n'ayant encore que vingt ans, il entrait dans la magistrature. Il fut du nombre des magistrats délégués par le gouvernement sarde auprès du sénat de Savoie; de bonne heure sa gravité s'était révélée aussi bien que son génie. Il publia en 1775 un éloge de Victor-Amédée : c'était un premier essai; il fut suivi de quelques autres, et pendant ce temps les événements, qui se hâtaient, allaient exercer leur influence sur la maturité de son talent et la direction définitive de ses pensées. En 1787 il fut nommé sénateur. La révolution de France commençait à remuer le monde. En 1793 l'invasion de nos armées en Savoie le força de se retirer en Piémont. De Maistre fut fidèle à son roi fugitif. Il le suivit en Sardaigne. Ce fut un asile protégé par les mers. Il y fut nommé régent de la grande-chancellerie.

Pendant cette première période de la révolution de France, de Maistre, dont l'esprit s'était déjà fortifié à la rude épreuve des calamités et des douleurs publiques, publia plusieurs écrits politiques. Le plus remarquable (1796) est celui qui a pour titre *Considérations sur la France*, ouvrage où le génie du philosophe et du publiciste jeta soudainement toutes ses clartés. A cette époque il n'avait pas encore vu la France. Il ne la connaissait que par le fracas de ses ébranlements, et pourtant il la jugeait comme s'il avait vécu dans l'intimité de ses factions; il lui pronostiquait la fin de ses ravages, et osait lui montrer dans l'avenir la restauration du trône, dont les débris serviaient de jouet à mille tyrans.

En 1803 il fut envoyé à Pétersbourg, avec le titre de ministre plénipotentiaire. C'est là qu'il publia, en 1810, son ouvrage de politique sociale : *Essai sur le principe générateur des institutions politiques*. Déjà une immense réaction se faisait en Europe contre la révolution, et la France elle-même se laissait aller au pourchant qui, par degrés, la ramenait aux idées morales et aux principes monarchiques. De Maistre vit arriver avec une joie d'honnête homme la grande réparation de 1814. Il n'était plus à Pétersbourg. On suppose qu'il avait été rappelé par suite de ses liaisons avec les jésuites de Russie, dont le prosélytisme catholique avait effarouché l'empereur. Quoi qu'il en soit, il avait été reçu dans son pays avec des honneurs nouveaux. Nulle gloire ne manquait à sa vie. Mais ses travaux de philosophe restaient sa gloire de prédilection.

Il visita la France en 1816 : on courut à cet homme extraordinaire, qui vingt ans auparavant avait annoncé les événements qui se passaient. Alors se formèrent d'illustres amitiés. La France avait en aussi ses grands philosophes, ses grands poètes, ses grands historiens. De Maistre aima à voir en eux d'autres présages de réparation. Et cependant il s'éloigna bientôt avec des pressentiments nouveaux : il voyait bien que la philosophie chrétienne qui respirait dans les livres de Bonald et de Chateaubriand n'aurait que des fruits tardifs, et que d'autres épreuves attendaient encore la société en Europe. Il n'en fut que plus ardent à reprendre ses œuvres de publiciste. En cette même année 1816 il publia sa traduction du traité de Plutarque *Sur les délais de la Justice divine dans la punition des cou-*

pables. En même temps il s'occupait de travaux plus vastes, sans se hâter de les produire. Les plus importants étaient deux ouvrages qui devaient faire un grand bruit en France, l'un intitulé *Du Pape*, l'autre *Soirées de Saint-Pétersbourg*. C'est là qu'il jetait au monde ses magnifiques et dernières pensées sur la société chrétienne, sur l'Église, sur la Providence; mais il ne courait pas au-devant de la gloire. La publication n'en devait être complète qu'après sa mort. Il lui suffisait d'avoir préparé une œuvre de réaction contre la philosophie du matérialisme et du désespoir, et peut-être il ne soupçonnait pas ce qu'il y aurait quelque jour de puissant dans les sublimes théories qu'il semblait destiner seulement à la confidence de ses amis.

Pendant ce temps, un travail de démolition politique fatiguait l'Europe. Des révolutions nouvelles grondaient en plusieurs États. De Maistre entendit leur signal de destruction, et lui-même se sentait pencher vers la mort. « Je sens, écrivait-il à un ami de France, que ma santé et mon esprit s'affaiblissent tous les jours. *Hic jacet*, voilà tout ce qui va bientôt me rester de tous les biens de ce monde. Je finis avec l'Europe : c'est s'en aller en bonne compagnie. » Il mourut le 25 février 1821.

Une appréciation de son génie et de ses œuvres exigerait tout un livre, et nous n'avons place que pour quelques phrases. De Maistre, l'antagoniste de Bossuet sous quelques points de vue de controverse ecclésiastique, n'est pourtant à bien dire que le continuateur de sa philosophie providentielle. Il l'a reprise au point historique où le grand évêque l'avait laissée, pour la répandre sur l'humanité, comme une vaste lumière. Bossuet avait fait la théorie de la Providence, en la retenant dans les limites chrétiennes, définies par la précision des livres saints. De Maistre lui a donné de l'expansion, en l'appliquant à l'histoire du monde entier. Toutefois, c'est le christianisme qui est toujours sa lumière, non point un christianisme vague et philosophique, tel que le façonnent quelques esprits rêveurs pour se mettre à l'aise au milieu des folies et des erreurs humaines, mais le christianisme réel, tel que Dieu nous l'a donné avec ses dogmes, ses mystères, sa constitution, et la transmission visible de son autorité. C'est ce christianisme qui sert de base à sa théorie providentielle, soit qu'il en cherche la confirmation dans les pensées de Plutarque ou dans les récits de l'Évangile, soit qu'il en expose la révélation dans la marche éclatante des révolutions ou dans la conduite mystérieuse de l'Église. Partant de cette idée féconde de l'intervention de la Providence dans le monde moral, il fait apparaître une philosophie toute nouvelle, devant laquelle tout s'explique dans l'humanité, la vertu comme le crime, le malheur comme la prospérité, les révolutions enfin, cette fatale épreuve des empires, cette grande expiation des erreurs et des atrocités de la politique.

Les hommes superficiels, ceux surtout qui ne sont qu'hommes de lettres, semblent s'être particulièrement appliqués à ne pas comprendre ce que dit de Maistre de la justice. « Quel est cet homme, ont-ils dit, pour qui toute la justice est le bourreau? » Et justement c'est lui qui présente le bourreau comme un mystère, et le plus profond de tous, le plus effrayant, le plus désespérant pour la raison, s'il ne vient un rayon du ciel pour l'éclairer. Qui est-ce qui n'a pas souvenir de ce tableau extraordinaire qu'il a jeté dès le début dans les *Soirées de Saint-Pétersbourg*, sur cet être incompréhensible qui a mission, dans la société, de tuer l'homme? Quelle éloquence, quelle poésie, quelle philosophie dans l'antiquité produisit jamais quelque chose d'approchant de ces pages pleines d'effroi? Le frisson vous prend à la lecture de ces pensées mystérieuses. Et cependant, la société accepte et nourrit dans son sein cet être dont l'image glace la pensée. Elle en fait une condition de sa propre sécurité. Elle le montre, en ses jours de défense solennelle, comme son gardien, son sauveur. Cet homme qui tue l'homme, c'est l'*exécuteur de la justice!* Eh bien, les hommes superficiels n'ont pas vu que ce sont eux, non point de Maistre, qui, dans leurs théories sans Dieu, font du bourreau toute la justice humaine. Et alors le bourreau, comme la justice, reste une effroyable chose sur la terre. Alors ce n'est plus qu'un épouvantable instrument de destruction entre les mains de la force. Voilà ce qui sort de la politique fataliste. Voilà le mystère du bourreau dans toute son horreur! De Maistre, au contraire, explique la justice par la Providence. Dieu fait la justice, et il fait la société. Et quand la société est atteinte, Dieu fait que la société a en elle-même un droit de défense. Au bout de ce droit est la punition de ceux qui l'attaquent, punition par la force au dehors, punition par les lois au dedans, mais toujours punition par le glaive. Voilà le mystère avec sa raison.

Mais c'est surtout dans le traité *Du Pape*, qui blessa en France tant de préjugés, au moment même où ils mouraient, c'est dans ce traité que se résume toute la philosophie sociale de de Maistre. Les temps n'amèneront plus peut-être la réalisation de ce magnifique système d'unité que le monde a vu une fois; mais il est beau d'en garder l'image. Dans ce traité, où l'on ne s'attend qu'à des controverses dogmatiques, se rencontrent à chaque moment de doux tableaux de poésie. De Maistre n'a pas vu la religion à sa surface; il l'a vue dans ses profondeurs. Il la pénètre de son regard, et il a des paroles admirables pour la découvrir aux autres. Quiconque n'a pas lu de Maistre ne se doute pas peut-être de ce qu'il y a de larmes dans son style quand il rencontre un doux sujet où se repose sa philosophie, comme cette simple question de la virginité ou du célibat. Cet homme qui vous traverse le cœur d'un frisson quand il vous parle du bourreau va y verser l'amour à flots quand il vous parlera d'une vierge. Rien de touchant comme cette voix amollie aux flammes de la charité. Mais la pensée du *sacrifice* reparaît toujours : de Maistre ne perd pas de vue cette lumière. C'est aussi ce qui attendrit son langage, naturellement acéré et méprisant.

Nous ne nous sommes pas proposé de parler de tous ses livres : il nous suffit d'en avoir indiqué la pensée générale. Ce qu'il faut observer, c'est que ces livres ont toujours devancé le temps. Les *Considérations sur la France* furent en avance de vingt années; les *Soirées de Saint-Pétersbourg* semblaient ouvrir la porte d'un avenir que personne ne voyait encore; il en est de même *Du Pape*, qui vint trop tôt pour être entendu : les révolutions lui ont servi depuis de fatale interprétation. Il est resté un ouvrage publié après la mort de de Maistre; c'est un examen de la philosophie de Bacon, ouvrage trop hâté encore, mais ouvrage vrai, et qui aura sa part dans la réaction philosophique qui doit s'accomplir. Là les théories de pure expérimentation sont réduites à leur valeur. Il attaque Bacon dans la logique, par une logique forte et hardie, qui étudie les mots et les choses, qui va droit au but, qui ôte le sophisme et l'ambiguïté du raisonnement, logique perdue dans la philosophie moderne, et dont il n'a pas craint de ramener les formes en les animant de son génie.

De Maistre, ce philosophe dont le nom fait peur à nos élégants jeunes hommes de la littérature courante, était d'une aménité aimable et d'une facilité merveilleuse dans le commerce de la vie. Nul ne versa jamais plus de compassion sur les faiblesses des hommes, car une partie essentielle du christianisme, c'est l'indulgence. Il ne cédait rien sur les dogmes, il cédait beaucoup sur les misères de l'humanité. Il croyait au pardon comme à une vertu : c'était toujours l'intervention de la Providence, non plus par l'expiation, mais par la bonté. Cette habitude de bienveillance se répandit dans sa vie politique. Lorsque des paroles amères arrivaient à son oreille sur les maîtres des nations, il les tempérait par ses jugements, remplis de clémence. La médisance est surtout facile sur les rois, et leurs vices sont trop à découvert pour ne pas donner lieu à la satire : il ne supportait pas cette espèce de censure. « Tous les rois ont leurs faiblesses, parce qu'ils sont hommes, disait-il : le meilleur est celui qu'on a. » Il y eut une grande époque où

cette vie intime dut surtout s'épancher avec liberté ! ce fut en 1814 et en 1815. Il avait depuis longtemps pronostiqué le retour de la famille royale de France. Il n'en avait pas moins considéré le génie de Bonaparte comme un génie providentiel, et il voyait en lui l'*ange exterminateur* du désordre. Mais quand sa mission fut faite, de Maistre comprit que d'autres temps s'ouvraient au monde. « Laissons faire les rois, disait-il à ses amis, et ne les embarrassons pas de nos personnes. Voici tout un monde nouveau, laissons-lui ses hommes. » Il y avait du découragement peut-être dans cette parole d'abnégation, mais il y avait aussi de la vertu.
LAURENTIE.

MAISTRE (XAVIER, comte DE), frère cadet du précédent, naquit à Chambéry, en 1764. La réputation du premier a un peu éclipsé celle du second ; et celui-ci, pourtant, ne mérite-t-il pas aussi de fixer les regards du public? Peu d'hommes étaient nés avec autant de dispositions à tous les genres de talents, et quoique les circonstances dans lesquelles il s'est trouvé aient rendu sa vie errante, agitée et presque aventurière, il n'en cultiva pas moins les germes précieux que naturellement il recélait. Écrivain spirituel, savant chimiste, excellent peintre paysagiste, les trésors intellectuels qu'il possédait, et qu'un léger travail accrut facilement, furent encore embellis par des mœurs douces et par l'absence de toute prétention à une supériorité que lui seul ignorait ; mais, paresseux autant que modeste, indifférent à l'éloge autant qu'il était paresseux, le peu qu'il fit imprimer, et qui chez d'autres eût été un acte d'amour-propre, ne lui fut arraché que par un généreux sentiment de bienfaisance : car le prix en était consacré au bien-être d'une personne dénuée de fortune.

Le comte Xavier de Maistre, Savoisien de naissance et militaire par état, ne crut pas que la conquête de son pays le dégageât du serment de fidélité prêté à son souverain. Jeté en Russie par les malheurs d'une émigration qu'il considérait comme un devoir, il y vécut d'abord à l'aide de son crayon, puis entra dans l'administration de la marine, lorsque son frère, nommé envoyé extraordinaire du roi de Sardaigne en Russie, put y obtenir pour lui un emploi de l'amiral Tchitchagoff, son ami, alors ministre de ce département. Plus tard il passa dans le corps impérial d'état-major russe, gagna le grade de général major dans la guerre de Perse, et se maria à une demoiselle d'honneur, issue d'une famille riche et distinguée. Telle fut sa vie. Parlons de ses ouvrages.

Il avait débuté, très-jeune encore, par une bluette fort spirituelle, intitulée : *Voyage autour de ma chambre*, original qui, comme tous les ouvrages de cette nature, devait enfanter bon nombre de mauvaises copies. Ce ne fut que bien postérieurement qu'il la fit réimprimer, dans un recueil d'écrits de lui, où l'on trouve *Le Lépreux de la vallée d'Aoste*, œuvre remarquable de simplicité, de goût, de sentiment, et dont la lecture eût suffi pour en faire aimer et estimer l'auteur ; car c'est l'exact récit d'un fait réel, une visite au malheur inspirée par une courageuse humanité. On y lit encore, mais en frémissant, la nouvelle intitulée *Le Prisonnier du Caucase*, tableau terrible, propre à nous faire connaître des mœurs originales, totalement étrangères à celles des nos contrées occidentales. Ce que l'on doit y intéresser encore davantage, c'est l'histoire de Prascovie, cette jeune Sibérienne qui, simple, ignorante, sans ressource ni protection aucune, vient du fond de son exil demander la grâce de ses parents, et l'obtient en dépit de tous les genres d'obstacles, soutenue par la double chaleur de la piété filiale et d'une entière confiance en la Providence divine, tableau où tout est vrai, tandis que l'*Élisabeth* de Mme Cottin, consacrée à peindre le même sujet, est tellement fausse sous le double rapport du costume et des mœurs, qu'un Russe ne peut lire ce roman sans dégoût. Cet homme, si favorisé des dons de la nature, a de plus imprimé dans le *Journal de Genève* le résultat de ses expériences sur la formation des trombes de mer, et a laissé en portefeuille un précieux traité sur les couleurs, ouvrage d'un peintre chimiste. Mais ce qui valait mieux encore que ces talents divers réunis en un seul homme, c'était son caractère, c'était celui des ses écrits ; car le lire, c'était le connaître, et le connaître, c'était le chérir. Membre depuis longtemps de l'Académie des Sciences de Turin, le comte Xavier de Maistre est mort à Saint-Pétersbourg, le 12 juin 1852.
Cte Armand D'ALLONVILLE.

MAITLAND. *Voyez* LAUDERDALE.

MAITRE (du latin *magister*). Dans son acception la plus littérale, la plus ordinaire, il désigne celui qui a soit des sujets, soit des esclaves, soit des domestiques, soit même des subordonnés ; en un mot, celui qui exerce une autorité quelconque sur une personne, une classe de personnes, etc. Sous le régime de la monarchie absolue, on pouvait dire, sans blesser la susceptibilité nationale et la valeur grammaticale du mot, que le roi était le *maître* de ses sujets ; aujourd'hui généralement le monarque n'est plus que le premier fonctionnaire d'un État. Comme on le voit par la définition que nous venons d'en donner, *maître* entraîne avec lui une idée d'autorité ; nous aurions peut-être dû commencer par dire qu'il renfermait également l'idée de propriété : c'est ainsi qu'on dira d'un propriétaire, qu'il est le *maître* de ses biens, parce qu'il peut en disposer à sa volonté, selon son bon plaisir ; et d'un colon, qu'il est le *maître* de ses esclaves, parce qu'il pourra les exploiter de telle manière que bon lui semblera.

C'est en vertu du sens de *domination*, de *commandement*, adhérant à ce mot, qu'on dit qu'un général se rend *maître* d'un poste, d'une position, d'une ville, d'une province ; et ce terme alors exprime moins la mise en possession que la domination qui s'établit instantanément. Quelquefois, *maître* ne représente point l'idée d'une domination physique, mais celle d'une influence toute morale, d'une autorité qui est celle du talent : c'est dans ce sens qu'on a, d'après les Italiens, donné aux plus grands peintres le nom de *maîtres*, et qu'on les a appelés les *grands maîtres* ; c'est encore dans ce sens que les Italiens donnent aux célèbres compositeurs et musiciens la qualification de *maestri*, que nous devons traduire par *maîtres*.

Dans l'ancien régime, nombre de chefs, d'officiers, etc., prenaient le titre de *maîtres* et de *grands-maîtres* : c'était sans doute aux Romains qu'on avait emprunté cette dénomination, car chacun sait que chez eux le dictateur s'appelait le *maître* du peuple ; de même que tout officier qui était le premier dans sa spécialité, et qui avait sous ses ordres tous les autres remplissant des fonctions de même nature, prenait ce titre de *maître*.

Il y avait à la cour le *grand-maître* de la maison du roi, qui en était le chef, et avait sous son autorité tous les autres officiers de la couronne. Il y avait le *grand-maître des cérémonies*, qui présidait à toutes, tenant à la main le bâton de cérémonie, couvert de velours noir, le bout et le pommeau d'ivoire, et portant l'épée au côté. Outre le *grand-maître*, il y avait aussi un *maître* des cérémonies. Il y avait encore des *grands-maîtres* et des *maîtres* de la *garde-robe* ; des *maîtres* chambriers, que nous connaissons aujourd'hui sous le nom moins valet de *chambellans*.

A l'armée, il y avait le *grand-maître* des arbalétriers, auquel succéda le *grand-maître de l'artillerie*, et des *maîtres* des arbalétriers, des cranequiniers. Plusieurs hauts fonctionnaires prenaient également ce titre de *grand-maître* : il y avait celui des monnaies, celui des postes, celui des eaux et forêts.

Quelques officiers subalternes prenaient également, chez nos rois, le titre de *maître* : de ce nombre étaient les *maîtres d'hôtel*, qui parmi nous, simples particuliers, ne sont aujourd'hui que des cuisiniers en chef ; les *maîtres de chapelle*, les *maîtres* veneurs, le *maître* queux, les *maîtres* fauconniers. De même, dans les administrations civiles, il y avait les *maîtres* de la poste (et nous appelons encore *maître de poste* le directeur d'une poste aux chevaux), de la monnaie, des eaux et forêts, etc.

Maître est au Palais un titre que se donnent les avocats, les avoués, les notaires, les greffiers : anciennement, on appelait (comme l'atteste une ordonnance de 1321) les conseillers du parlement *maîtres* du parlement. Jaloux de voir que les avocats, les greffiers, les procureurs, s'étaient attribué également cette qualification, que l'on plaçait devant leur nom, les conseillers au parlement se firent appeler *monsieur maître*, pour se distinguer des autres officiers de robe et robins.

Ce nom de *maître* s'est établi chez nous d'une manière assez graduelle. D'abord titre de puissance et d'office, il devint bientôt titre de sagesse, d'érudition, quand on désigna par le nom de *maître ès arts* celui qui avait reçu dans une université les degrés qui donnaient pouvoir d'enseigner la rhétorique, la philosophie, etc., et qui donnaient droit aux bénéfices auxquels arrivaient les gradués. C'est par extension que l'on a appelé *maîtres* tous ceux qui excellaient dans une science, dans un art, et qu'aujourd'hui nous donnons la qualification de *maître* de chant, de danse, d'armes, d'écriture, etc., aux personnes qui enseignent ces arts, *maître* étant devenu en quelque sorte synonyme de *professeur*.

MAITRE (*Marine*). Nom donné aux sous-officiers de la marine. Il y en a de différentes espèces. Le grade de premier maître répond à celui de sergent major ou adjudant sous-officier dans l'armée de terre ; celui de second maître ou *contre-maître*, au grade de sergent ; enfin, celui de quartier-maître correspond au grade de caporal.

Le *maître d'équipage* ou *maître de manœuvre* est le chef immédiat de l'équipage et le premier sous-officier du bord ; dans la maistrance, c'est le *maître* par excellence, et ordinairement on le désigne simplement sous ce nom à bord. Le maître d'équipage doit connaître à fond le matelotage dans toutes ses parties ; sauf les objets qui forment la spécialité des autres maîtres, tout ce qui se fait à bord le regarde ; sa fonction la plus ordinaire est de faire exécuter les ordres des officiers par l'intermédiaire des contre-maîtres ou quartier-maîtres ; il transmet le commandement de vive voix ou à l'aide d'un sifflet d'argent suspendu à sa boutonnière par une chaîne du même métal, qui est son insigne distinctif. Dans les grandes occasions, un appareillage, un branle-bas de combat, son poste est au pied du grand mât.

Le maître d'équipage sur les vaisseaux de ligne un grade correspondant à celui d'adjudant sous-officier ; il en porte l'épaulette. En subissant un examen théorique, il peut devenir officier. En cas d'extinction des officiers composant l'état-major, c'est à lui que revient de droit le commandement du bâtiment.

A bord des bâtiments de commerce, le maître d'équipage est un matelot d'élite, dont le capitaine fait choix à son gré, et qui se trouve consacré dans ce grade de convention au bout de quelques campagnes.

Le *maître canonnier*, à bord d'un navire de guerre, a la responsabilité et la surveillance de tout ce qui constitue l'armement de l'artillerie ; il a sur les canonniers la même autorité que le maître d'équipage sur les matelots.

Le *maître timonier* surveille tout ce qui se rapporte à la direction et à la route du navire : le gouvernail, les habitacles, le loch, les horloges, les boussoles, les lignes de sonde, les pavillons et les fanaux, et jusqu'aux ustensiles d'embarcation. Le *maître timonier* dirige toute cette comptabilité ; de plus, il écrit un journal des événements et des opérations du bord et fait le point. Il a sous ses ordres les matelots timoniers.

Le *maître charpentier* est chargé de faire exécuter par ses hommes les réparations que demande l'état du navire et de surveiller le matériel de rechange.

Le *maître calfat*, outre le calfatage, a soin des pompes ; c'est lui qui doit dans un combat aller boucher en dehors du vaisseau les trous faits par les boulets ennemis. Sur les vaisseaux de guerre, les fonctions de *maître calfat* sont réunies à celles de *maître charpentier*.

Le *maître voilier* a la responsabilité des voiles embarquées sur un navire et la surveillance des *voiliers* qui travaillent à leur confection ou à leurs réparations.

Il y a en outre des *seconds maîtres de manœuvre*, de *canonnage*, de *timonerie*, de *charpentage*, de *calfatage*, et *de voilerie*. Un décret du 27 décembre 1851 a fixé leur nombre.

On donne encore le nom de *maître de port* ou *maître d'équipage de port* à un sous-officier chargé dans les ports de l'État de faire exécuter les ordres que lui donne pour les opérations maritimes le capitaine de port ; il dirige tous les appareils de force qu'entraînent ces opérations.

Il y a aussi des *maîtres de port* dans les ports de commerce les moins importants. Ils sont chargés de la police de ces ports. Il y en a de quatre classes. Un décret du 15 juillet 1854 a pourvu à leur organisation et défini leurs fonctions.

On appelle *maître entretenu* un marin qui, longtemps employé par l'État, n'est plus payé au mois ou à la journée, mais reçoit un traitement fixe et annuel.

MAITRE (Grand-). *Voyez* GRAND-MAITRE.
MAITRE (Petit-). *Voyez* PETIT-MAITRE.
MAITRE-À-DANSER. *Voyez* COMPAS.
MAITRE AUTEL, le principal autel d'une église ; c'est celui qui se trouve placé dans le chœur.
MAITRE CLERC ou PRINCIPAL CLERC. *Voyez* CLERC.

MAÎTRE DE CHAPELLE, celui qui est chargé de diriger le chant dans une église et de former les enfants de chœur. Les Allemands et les Italiens désignent ainsi (*maestro di capella*) le directeur de la musique particulière d'un souverain, d'un prince, d'un particulier assez riche pour entretenir une troupe d'exécutants chargés d'interpréter devant un auditoire de choix et restreint les œuvres des grands maîtres. Ces fonctions de cette nature exigent de la part de celui qui en est chargé une connaissance approfondie de l'harmonie. Il doit en outre posséder tout au moins la théorie de chacun des instruments dont se compose son orchestre, afin d'être à même de reconnaître et de corriger les fautes que chacun des exécutants peut commettre dans l'exécution de sa partie.

MAÎTRE D'ÉCOLE. Que n'a-t-on point dit sur les maîtres d'école, pédagogues ignorants dont le sceptre était une férule, pauvres hères qui ont complètement disparu depuis la nouvelle législation sur l'instruction primaire, et qui portent maintenant le titre, moins ridiculisé, d'*instituteurs primaires* du premier, du second, du troisième degré ! Il faut avouer que jusque là toutes les plaisanteries débitées contre ces malheureux, qui étaient chargés de répandre dans les villages une instruction que souvent ils ne possédaient pas, que tous les quolibets attachés à leur nom, leur étaient bien et légitimement acquis. Les connaissances exigées aujourd'hui de ceux qui se destinent à la profession de maître d'école nous garantissent qu'ils ne seront plus désormais considérés comme ces pédants dont le martinet faisait toute l'autorité, et aux dépens desquels le bon La Fontaine n'est point le seul qui se soit égayé.

[Lucien a dit que ceux que les dieux haïssaient, ils les faisaient *maîtres d'école*. En effet, il est peu de métiers plus pénibles et plus mal rétribués que celui-là ; mais ceux qui s'y vouent s'en consolent, et par le plaisir d'exercer une certaine autorité, et par la conscience d'être utiles. La Fontaine n'a pas ménagé les *maîtres d'école*. Qui ne connaît la fable intitulée : *L'Enfant et le Maître d'école* ? C'est une de celles que l'écolier le plus paresseux apprend par cœur sans répugnance, pour le plaisir de la réciter au nez de son maître. En effet, les *maîtres d'école* ont généralement une suffisance burlesque, qui prête au ridicule sans doute, mais qui ne doit pas faire oublier leurs services et leurs vertus. Cette suffisance, d'ailleurs, puise sa source dans un sentiment estimable, l'importance qu'ils attachent à leurs fonctions. Ch. Du Rozoir.]

MAITRE DE PENSION. *Voyez* Pension.

MAITRE DES COMPTES, magistrats de la chambre des comptes sous l'ancien régime.

MAITRE DES HAUTES OEUVRES, nom qu'on a donné autrefois au bourreau.

MAITRE DES REQUÊTES. *Voyez* Conseil d'État.

MAITRE DES SENTENCES (Le). *Voyez* Lombard (Pierre).

MAITRE D'ÉTUDES ou DE QUARTIERS. C'est le nom qu'on donne à des fonctionnaires subalternes attachés aux colléges et institutions d'instruction secondaire autres que les lycées, depuis que le décret du 17 août 1853 leur a substitué dans ces derniers établissements des maîtres répétiteurs.

Le maître d'études est le souffre-douleur des écoliers ; ils l'ont baptisé de toutes sortes de qualifications peu aimables. Les fonctions des maîtres d'études les placent en effet trop en opposition avec les élèves, dont ils ne sont que les gardiens, les surveillants rigoureux, pour que ceux-ci comprennent ce qu'elles ont de pénible et de difficile. Le maître d'études est un homme d'ordre, de calme, de silence, de punition. Surveillant les jeunes élèves dans les dortoirs, où il couche comme eux, comme eux il est debout dès cinq heures du matin, ne perdant de vue aucun de leurs mouvements, épiant toutes leurs actions, toutes leurs paroles. Le maître d'études préside aux récréations, comme aux heures des devoirs dans les salles de travail, comme aux promenades, et il partage la captivité de son jeune entourage avec une impatience chagrine, car rarement l'affection des élèves lui est acquise ; il se trouve au milieu d'eux comme un despote qui n'a même point le prestige de son autorité, et auquel ils n'épargnent ni les mortifications, ni les niches, ni les témoignages de mépris. Ce titre de *maître d'études* n'a en effet rien du prestige de celui du *professeur*, et il n'entre dans leurs fonctions rien de scientifique, rien de ce qui tient au professorat, si ce n'est le droit d'infliger toutes sortes de punitions. Ce n'est que par exception qu'il en est quelquefois qui donnent des répétitions, ce qui les relève un peu dans l'estime de leurs espiègles et malins subordonnés. Ajoutons que trop souvent la sévérité des *pions*, qui cherchent à se relever à leurs propres yeux en usant inflexiblement du droit de punir, sans se laisser attendrir par les sollicitations, les prières des coupables ou de leurs parents ; leur ignorance, la brutalité de leurs manières, donnent presque aux collégiens le droit de se venger de leur dépendance par les humiliations qu'ils leur prodiguent en payement des pensums et des retenues que ceux-ci leur dispensent pour le moindre motif.

MAITRE D'HÔTEL. Cette ancienne charge de la maison du roi passa d'abord chez les grands seigneurs, puis chez tous les personnages assez riches pour tenir table ouverte sur un bon pied. Les *maîtres d'hôtel* avaient et ont conservé un costume de cérémonie ; aujourd'hui c'est l'habit noir, autrefois ils portaient l'épée au côté.

[Le maître d'hôtel *cuisinier* doit avoir *ensemble* des qualités qui ne sont que peu souvent départies, même isolément. Il sera cuisinier avant tout ; sa tête sera forte, vive, productive ; il sera trempé pour le commandement, actif, et animé d'une invincible ardeur de travail. Au signal du service, il sera, au-delà de toute expression, un homme d'ensemble, de direction ; enthousiaste et attentif jusqu'à la minutie, vigilant, il verra tout, il saura tout. Il ne différera jamais l'instant décisif, sous peine de perte de bataille et de collision entre les services. Le maître d'hôtel n'est jamais malade, jamais ! Il préside à tout, à partir de trois heures. Il agit partout de son impulsion puissante ; seul il a le droit d'élever la voix, et tout doit plier. Vous l'entendez comme un général au moment de l'action. A son commandement, chaque service est servi, enlevé, debout ; chaque brigade est en marche : 300 personnes à mener du feu des cuisines à la table ne l'embarrassent pas plus que 12 convives, s'il a son plan tout fait, sauf les détails. Il faut qu'il soit assez instruit pour rédiger à l'occasion, sans livres, les principales parties de ses menus : c'est de l'improvisation, et il en faut pour conduire les hommes ! Le cuisinier maître d'hôtel garde une copie de ses menus : c'est le livre de ses ressources, c'est le journal de ses fatigues et de ses victoires. Hélas ! ce qu'il ne laisse pas dans cette copie, c'est le feu spontané et le tact rapide qu'il a déployé sur ses fourneaux : cela est mort au moment même, comme un élan. Le cuisinier doit pouvoir décomposer à la manière de Vauquelin ; ses recettes seront scientifiques. Il faut qu'il soit en état de répondre immédiatement à toute question essentielle de *chimie* alimentaire.

Frédéric Fayot.]

MAITRE ÈS ARTS. *Voyez* Libéraux (Arts) et Facultés.

MAITRESSE (*magistra*, *hera*, *domina*). Les significations de ce mot sont presque aussi variées que celles du mot *maître*. Leur étymologie est la même. Une bonne *maîtresse* est celle qui traite bien ses domestiques, ses inférieurs. La dame et *maîtresse* du lieu, la *maîtresse* du logis, une *maîtresse femme* ; c'est toujours une femme habile, intelligente, ferme, qui impose, qui sait prendre de l'ascendant. La *maîtresse* d'hôtel, d'auberge, c'est l'épouse de l'hôtelier, de l'aubergiste ; c'est presque toujours aussi la véritable *maîtresse* du logis, une *maîtresse femme*. Puis vient la *maîtresse* de pension ou d'école, avec son aplomb imperturbable et sa morgue souveraine, puis la *maîtresse* de piano, de chant, de dessin, toute cette tourbe féminine qui arpente les grandes et les petites villes à tant le cachet ; puis enfin la *maîtresse* lingère, la *maîtresse* couturière, tout ce qui se met en quatre pour parer la *petite maîtresse*, cette petite reine d'un petit entourage, ce petit type d'une petite élégance musquée, papillotée, recherchée dans son ton, dans ses manières, sa parure, dans son ameublement.

Ici trouve naturellement sa place la *maîtresse de maison*. N'est pas homme d'esprit qui veut, a dit un vieil aphorisme ; n'est pas non plus *maîtresse de maison* qui veut. Une femme aimable réunit une ou deux fois la semaine quelques personnes de choix. Le dîner est excellent. La *maîtresse de la maison* n'en fait pas les honneurs, mais elle s'occupe de ses amis. Nulle part on ne rencontre tant de bonté, de simplicité, d'aisance réunies ; tous les convives paraissent aimables ; tous sont heureux, tous semblent bien aises d'être ensemble. L'air de franchise et de contentement de la *maîtresse de la maison* se répand autour d'elle... on le respire à l'envi. Chaque minute amène un nouveau trait de bon goût ; tout là est esprit ou raison. Après le dîner, on passe au salon pour prendre non le thé, à la façon des gastronomes en travail d'une laborieuse digestion, mais du moka frais, arômé, vraiment confortable ; c'est la *maîtresse de la maison* qui le verse elle-même. Et la soirée s'écoule, et chacun se retire satisfait, la tête et le cœur libres, sans avoir eu à subir ni l'éternelle romance à la mode avec accompagnement de piano, ni les strophes inédites de quelque lamentable élégie. A ce tableau opposez la fastueuse réunion du financier, aussi lourd que son coffre-fort. La personne ne se connaît. Tous ces gens sont tombés là on ne sait d'où. Présentateurs et présentés seraient fort en peine, malgré leurs titres et leurs rubans, d'exhiber un acte de baptême honorable. Et pourtant, probe ou fripon, connu ou inconnu, a sa part de ce sourire posé en permanence sur les lèvres de la *maîtresse de la maison*. Qui sait même si votre femme, si votre fille ne figurera pas dans un quadrille avec ce dandy qui gagne toujours à l'écarté ? Plaignons la fastueuse *maîtresse de maison*, et vouons notre reconnaissance à celle qui, plus modeste, n'admet chez elle que ses amis.

N'allions-nous pas oublier la *maîtresse* dans le sens le plus étendu, cette fille, cette veuve, recherchée ou promise en mariage, ou simplement aimée de quelqu'un, ou vivant avec un homme dans un commerce d'amour et de galanterie, comme dit le pudibond lexique des quarante? J'ai une *maîtresse*, murmure le lycéen, à peine sorti de sa coquille. C'est ma *maîtresse*, répète bien haut le fashionable éperonné, en agitant sa cravache et secouant la cendre de son cigare. *Je vais chez ma maîtresse*, dira le modeste employé en brossant son habit noir et en relevant sa pacifique moustache...; c'est-à-dire j'aime la jeune demoiselle aux yeux bleus ou noirs que j'ai aperçue au spectacle, au concert, aux Tuileries, au Luxembourg; ou bien : La femme que voilà m'appartient, corps et âme; ou bien : Serais-je jamais assez heureux pour *la* conduire à la mairie de son arrondissement ou du mien?... On le voit, ce mot *maîtresse*, aux mille facettes, est susceptible de s'identifier fort bien, suivant les circonstances et les caractères, avec celui d'amante, ou même de fiancée. Il existe cependant une nuance bien tranchée entre l'*amante* et la *maîtresse* : la *maîtresse*, c'est la Lisette de Béranger, ni plus ni moins ; l'*amante*, c'est l'Elvire de Lamartine. Ch. Dupouy.

MAITRISE, privilége octroyé sous l'ancien régime pour l'exercice des arts et métiers et du commerce. On ne pouvait être reçu *maître* qu'après un certain nombre d'années d'a p p r e n t i s s a g e et de compagnonnage. Les fils de maîtres étaient seuls affranchis de cette condition. Les aspirants à la maîtrise des métiers devaient faire ce qu'on appelait leur c h e f - d' œ u v r e. Tous étaient soumis à l'inscription sur le registre de la communauté. Les maîtres titulaires élisaient entre eux, sous la présidence d'un magistrat, des j u r é s ou syndics pour l'administration des biens de la communauté et pour juger les différends qui s'élevaient entre les maîtres pour le régime intérieur des ateliers et les faits de métiers. Le régime des maîtrises fut aboli sous le ministère de Turgot. Le gouvernement s'empara des effets et des recettes des c o r p o r a t i o n s, et s'engagea à payer leurs dettes. Le successeur de Turgot rétablit les maîtrises. Mais les effets et les biens des communautés avaient été vendus; aucune dette n'avait été payée. Il fut ordonné aux corporations de faire de nouveaux fonds pour les acquitter. Les maîtrises ont été définitivement abolies après la révolution de 1789, leurs dettes liquidées et remboursées par le trésor public. Dufey (de l'Yonne).

Maîtrise se dit aussi de l'école dans laquelle les enfants de chœur d'une cathédrale reçoivent leur éducation musicale; il se dit encore du logement réservé au maître de musique, logement où se tient d'ordinaire cette école.

MAITTAIRE (Michel), bibliographe et philologue, né en France, en 1688, de parents protestants, abandonna la France avec sa famille lors de la révocation de l'édit de Nantes, pour se retirer en Angleterre, où il fit ses études à Oxford. En 1695 il devint sous-maître à l'école de Westminster, et quelques années plus tard professeur dans cet établissement; fonctions qu'il conserva jusqu'à sa mort, arrivée le 18 septembre 1747. Collectionneur et travailleur infatigable, il donna, indépendamment de toute une suite de bonnes éditions classiques, le précieux ouvrage intitulé *Annales typographici ab artis inventæ origine ad annum 1557, cum appendice ad annum 1664* (3 parties en 5 vol., La Haye, 1719-1725). On doit encore mentionner ses *Græcæ Linguæ Dialecti* (Londres, 1706); ses *Opera et Fragmenta veterum Poetarum latinorum* (2 vol., Londres, 1713), estimés surtout à cause de leur beauté typographique; son *Historia Typographorum aliquot Parisiensium* (1717), et ses *Marmora Oxoniensia* (1732).

MAJÂ ou **MAYA**, c'est-à-dire *illusion*, apparence. C'est dans la mythologie postérieure de l'Inde le nom d'une divinité qui apparaît en même temps que le créateur du monde. L'être primitif se contemple dans elle comme dans un miroir. Par cette contemplation il dissipe les ténèbres, et l'amour devient dans son âme une force productrice. Dans l'école panthéiste des Védantas, tout ce que l'homme sous l'empire des sens déclare exister n'est considéré que comme un rêve de la divinité; et il en résulte que l'univers tout entier n'est que tromperie et illusion (*mâyâ*) dans ses phénomènes extérieurs.

Maya est aussi le nom de la mère de B o u d d h a.

MAJESTÉ, titre attribué exclusivement aux e m p e - r e u r s et aux r o i s, du comparatif latin *major* (plus grand), dont on a fait le substantif *majestas*. Dans l'origine, il ne s'appliquait qu'aux dieux; on l'a depuis étendu aux grands États libres, aux premiers corps de ces États : la majesté du peuple romain, de la république romaine, du sénat, etc. H o r a c e est le premier poëte courtisan qui ait salué A u - g u s t e du titre de *majestas tua*. Pasquier s'exprime ainsi dans ses *Recherches de la France* : « Or, tout ainsi que le mot *sire*, approprié à Dieu par nos ancestres, a esté communiqué à nos roys : aussi avons-nous employé en leur faveur le mot de *majesté*, qui appartient proprement à nostre Dieu, et néanmoins il ne fut jamais que l'on ne parlât de la majesté d'un roi en un royaume, tout ainsi que de celle d'un peuple en un Estat populaire. Vérité est que noz pères en usoient avec une plus grande sobriété que nous. » L'auteur cite à l'appui de son opinion nos vieux romanciers, et ajoute : « Ceste façon de parler s'est tournée en tel usage au milieu de noz courtisans que non-seulement, parlans au roy, mais aussy parlans de luy, ils ne couchent que de ceste manière de dire : *Sa majesté a faict cecy*, *sa majesté a faict cela*; ayant quitté le masculin pour faire tomber nostre royaume en quenouille, usage qui commença à prendre son cours sous le regne de Henri II, au retour du traicté de paix que nous fîmes avec l'Espagnol en 1559 en l'abbaye d'Orcan. »

Telle est l'opinion de Pasquier; mais tous les historiens s'accordent à dire que cet usage est plus ancien, et que Louis XI fut le premier à qui ce titre fut donné. Toutefois, ce n'était encore là qu'une exception. Le duc de Bourgogne et les autres grands vassaux ne dispensaient à ce monarque que la qualification de *très-redouté seigneur*. Dans plusieurs traités entre Louis XII et Ferdinand et Isabelle, roi et reine d'Espagne, les protocoles portent celle de *majesté*, œuvre de courtisanerie et de vanité des secrétaires pour égaler leurs maîtres à Louis XII, qui avait le titre de *majesté*. Dans tous les autres actes officiels, Ferdinand et Isabelle ne prennent que la qualification d'*altesse*. L'empereur Maximilien Ier ne donnait à Philippe II que le titre de *sérénité*; Philippe n'accorda à Élisabeth de France, sa troisième femme, que celui d'*altesse*. Majesté n'a reçu une acception officielle que sous le règne de Henri II. Jusque alors il n'était que *toléré* et de simple convenance. L'empereur prétendait se l'attribuer exclusivement ; et lors des conférences de Munster, ses ambassadeurs insistaient pour ne donner au roi de France que la qualification de *sérénité*, soutenant qu'à l'empereur seul appartenait celle de *majesté*; enfin, il fut convenu que le roi écrirait à l'empereur : *Votre majesté impériale*; et l'empereur au roi : *Votre majesté royale*. Depuis, ce titre est devenu commun à tous les monarques.

Au figuré, *majesté* a plusieurs acceptions. Ce mot s'applique aux empires, aux royaumes : la *majesté* de l'empire, la *majesté* du royaume, la *majesté* du style, la *majesté* d'un palais, d'une pompe funèbre. On dit encore assemblée législative. Dufey (de l'Yonne).

MAJESTÉ (Lèse-). *Voyez* LÈSE-MAJESTÉ.

MAJEUR, dérivé, dans son acception originelle, de *major*, comparatif de *magnus*, emporte l'idée de grandeur et d'importance relatives. Quelquefois, cependant, il signifie simplement grand, considérable, important : une affaire *majeure*, une cause *majeure*.

Au jeu de p i q u e t, on appelle tierce *majeure*, quarte *majeure*, quinte *majeure*, la tierce, la quarte, la quinte où se trouve l'as.

MAJEUR (Droit). *Voyez* MAJORITÉ.

MAJEUR (Lac), *Lago Maggiore*, le plus célèbre des lacs de l'Italie, appelé par les Romains *Lacus Verbanus*, appartient pour une partie au Piémont et à la Lombardie, et pour une partie au canton suisse du Tessin. Dans sa plus grande étendue, de Tenero à Sesto, il a 56 kilomètres de long, et un peu plus de 14 kilomètres de large entre Laveno et Fariola. En face de Locarno, près de la chapelle de la Bardia, sa profondeur est de 112 mètres; mais sur quelques points elle atteint 366 et jusqu'à 600 mètres. Il est traversé par le Tessin et reçoit les eaux de 200 rivières ou ruisseaux. Il est situé à 212 mètres au-dessus du niveau de la mer, et sa superficie est d'environ 35 kilomètres carrés. Ses rives offrent l'aspect de la nature la plus sauvage et la plus romantique, unie à la douce beauté d'un ciel méridional. Au nord et à l'ouest s'élèvent de hautes masses granitiques, qui vont en s'inclinant doucement au sud et à l'est, où elles forment des coteaux chargés de vignes et aboutissent à la fertile vallée de la plaine de Lombardie. Relié à Milan par le canal Naviglio et par la Tresa au lac de Lugano, il est navigable en tous temps ; seulement, il faut bien exactement prendre note des deux vents qui y dominent alternativement, le *tevano* et le *breva;* le premier, soufflant du nord au sud, commence vers deux heures du matin et cesse à dix heures; l'autre dure dans la direction opposée depuis midi environ jusqu'à minuit. Derrière Canobio et Canera le lac s'étend au sud-ouest en formant un golfe ovale où s'élèvent les îles Borromées, *Isola Bella* et *Isola Madre,* et sur les rives duquel on trouve les villes d'Intra et de Palanza.

MAJEUR (Mode). *Voyez* MODE (*Musique*).
MAJEURE (*Logique*). *Voyez* PRÉMISSE et SYLLOGISME.
MAJEURE (Force). *Voyez* FORCE MAJEURE.
MAJEURS (Ordres). *Voyez* ORDRE (*Théologie*).
MAJOLIQUE. On nomma d'abord ainsi en Italie les vases de faïence, parce que les premiers qu'on y vit provenaient de Majorque. Aujourd'hui on se sert de ce mot pour désigner de la vaisselle fabriquée avec de l'argile colorée et recouverte d'un vernis blanc et opaque, semblable à la faïence, mais de moindre valeur, et très-commune en Italie.

MAJOR. Quelques écrivains militaires font remonter l'origine de ce grade dans l'armée française au delà de François Ier; mais il ne date réellement que de l'établissement des bandes par ce prince. Les officiers qui antérieurement remplissaient à peu près les mêmes fonctions étaient désignés sous d'autres titres. A leurs attributions ordinaires, les majors d'infanterie, qu'on nomma longtemps *sergents-majors,* joignaient le commandement d'une compagnie. Pour qu'ils n'eussent plus à s'occuper que de leur emploi, Henri II ordonna, en 1553, qu'ils cesseraient d'avoir des compagnies dans les bandes. Deux ordonnances de Louis XIV, de 1670 et 1677, leur attribuèrent le rang de capitaine du jour de la date de leur brevet, et plus tard la suprématie sur tous les capitaines promus après eux. Ils étaient capitaines avant leur promotion, ils conservaient leur rang. Alors les majors de cavalerie étaient les premiers des capitaines après le mestre de camp; ils jouissaient des mêmes prérogatives; mais en 1686, le grade de lieutenant-colonel ayant été substitué dans cette arme à celui de major, les premiers en prirent le rang et les fonctions, les majors ne conservant plus que le rang de capitaine. Ceux-ci étaient chargés des détails du service, de l'administration du corps, du logement, de l'inspection, de la réunion des troupes, de la police, du maintien de la discipline; ils suivaient les exercices de détail et assistaient aux distributions de vivres. Ce grade, supprimé en 1790, a été recréé en 1815. Les nouvelles attributions des majors, toutes administratives, consistent dans la tenue des contrôles annuels; ils surveillent la gestion des comptables et l'administration intérieure des compagnies (*voyez* LIEUTENANT-COLONEL).

MAJOR (Adjudant-). *Voyez* ADJUDANT.
MAJOR (Chirurgien-). Dans tous les temps, et surtout depuis l'institution des armées permanentes, des officiers de santé ont été attachés dans les hôpitaux ou à la suite des corps, pour panser les blessés et soigner les malades. On les vit figurer sous différents noms jusqu'à l'époque où les bandes d'infanterie furent formées en corps réguliers. Sous François Ier, chaque légion avait un médecin, un chirurgien et deux barbiers, lesquels étaient pourvus des médicaments nécessaires au traitement des malades et au pansement des blessés. Les premiers étaient aux *gages du roi*, les autres aux *gages de l'hôpital du roi*. Sous le règne de Louis XIII, il y eut un *chirurgien-major* par régiment. Il avait sous ses ordres des *sous-chirurgiens*, et des *garçons* ou *soldats-chirurgiens*, qui, plus tard, furent remplacés par des *chirurgiens-aides* et *sous-aides-majors*. La dénomination de chirurgien-major fut supprimée en 1794 (27 juin), et remplacée, dans tous les corps de l'armée, par celle d'*officier de santé de deuxième classe.* Un arrêté de 1803 leur rendit leur ancien nom, et plaça un chirurgien-major par bataillon. Depuis 1804 il n'y en eut plus qu'un par régiment. Dans les hôpitaux, leur nombre varie en raison des besoins du service. SICARD.

MAJOR (Etat-). *Voyez* ÉTAT-MAJOR.
MAJOR (Ronde). *Voyez* RONDE.
MAJOR (Sergent-). *Voyez* SERGENT.
MAJOR (Tambour-). *Voyez* TAMBOUR.
MAJORANA (GAETANO). *Voyez* CAFFARELLI.
MAJORAT. Les jurisconsultes définissent le majorat un fidéicommis, graduel, successif, perpétuel, indivisible, fait en vue de conserver le nom, les armes, la splendeur d'une famille, et qui passe de mâle en mâle par ordre de primogéniture. Le droit romain n'a pas connu cette espèce de substitution, l'usage paraît s'en être introduit en Italie lorsque les rois de France Pepin et Charlemagne s'emparèrent de cette contrée ; l'institution s'en est particulièrement développée en Espagne, où elle fut consacrée par les cortès de Toro, sous la reine Jeanne la Folle, en 1505, et par les lois que fit en 1621 le roi Alfonse, pour régler la succession à la couronne, qui en Espagne est elle-même considérée comme un majorat.

On distingue deux espèces de majorats : l'un qui appelle au fidéicommis l'aîné le plus prochain du dernier possesseur selon l'ordre des successions légitimes, et qui pour cette raison se nomme *majorat régulier;* l'autre qui appelle au fidéicommis l'aîné, quel qu'il soit, ne fût-il point le plus prochain du dernier possesseur ; on le nomme *majorat irrégulier.*

Les majorats n'ont été usités en France que dans quatre provinces, le Roussillon, l'Artois, la Flandre, la Franche-Comté. Bien que toutes les quatre tinssent de l'Espagne l'usage des majorats, pour avoir été plus ou moins longtemps sous sa domination, on n'y a jamais suivi les principes des lois espagnoles sur cette matière; les majorats n'y étaient au fond que des substitutions perpétuelles, qui restèrent permises en Franche-Comté jusqu'en 1611, dans l'Artois, la Flandre et le Roussillon, jusqu'à l'ordonnance de 1747. Dans l'ancienne France proprement dite, il existait des biens qui, sans porter le nom de majorat, en avaient le véritable caractère : c'étaient les *duchés-pairies*, dont le chef-lieu se trouvait substitué à perpétuité, conformément aux dispositions de l'édit du mois de mai 1711. Les lois révolutionnaires, qui avaient porté un coup si rude à tous les privilèges féodaux, et surtout l'article 896 du Code Civil, tel qu'il avait été décrété le 13 floréal an XI, semblaient avoir à jamais proscrit les majorats. Mais vint l'empire : un décret et un sénatus-consulte de l'année 1806 rétablirent le principe des majorats; l'année d'après, une addition fut faite à la première rédaction de l'art. 896 du Code Civil, qui tout en respectant le principe posé de la prohibition des substitutions, y fit une exception notable « pour les biens libres, formant la dotation d'un titre héréditaire »; bientôt le décret du 1er mars 1808 acheva l'œuvre.

Aux termes du décret, le préambule déclare « que l'objet de cette institution a été non-seulement d'entourer notre trône de la splendeur qui convient à sa dignité, mais encore de nourrir au cœur de nos sujets une louable ému-

MAJORAT — MAJORDOME

tion en perpétuant d'illustres souvenirs et en conservant aux âges futurs l'image toujours présente des récompenses qui sous un gouvernement juste suivent les grands services rendus à l'État, » il existe deux classes de majorats : *majorats de propre mouvement*, c'est-à-dire formés en entier d'une dotation accordée par le chef de l'État ; *majorats sur demande*, c'est-à-dire constitués sur les biens personnels des titulaires. Les uns et les autres ne peuvent se composer que d'immeubles libres de tout privilége et hypothèque, et non grevés de restitution : les rentes sur l'État, les actions de la Banque ou des canaux de l'empire, peuvent également former des majorats, pourvu qu'elles aient été immobilisées suivant les formes prescrites. La création des majorats produit les effets suivants quant aux personnes : Le titre attaché au majorat, exclusivement affecté à celui en faveur de qui la création a eu lieu, doit passer à sa descendance naturelle ou adoptive, de mâle en mâle et par ordre de primogéniture. Les biens formant les majorats sont déclarés inaliénables et insaisissables ; aucune hypothèque judiciaire, conventionnelle ou légale ne peut les frapper. La jouissance doit suivre le titre sur toutes les têtes où il doit la fixer ; les revenus mêmes ne peuvent être saisis, sauf le cas où ils auraient été délégués au payement des dettes privilégiées indiquées par l'article 2102 et les n°s 4 et 5 de l'article 2104 du Code Civil ; mais dans aucun cas cette délégation ne peut avoir lieu que jusqu'à concurrence seulement de la moitié du revenu (décret de 1808). Enfin, le 3 mars 1810, « voulant consolider de plus en plus l'institution des récompenses héréditaires, lui imprimer ce caractère de stabilité et de fixité qui doit en être inséparable......, » l'empereur ordonna par décret que tout majorat, de propre mouvement ou sur demande, aurait son siège établi dans une maison d'habitation à laquelle il serait attaché et qui en ferait partie. Les princes de l'empire et les ducs durent avoir ces maisons d'habitation dans l'enceinte de Paris ; les comtes et barons dans Paris ou dans un chef-lieu de département ou d'arrondissement, à leur choix.

Voilà par quelles maximes et sur quelles institutions crut solidement fonder sa dynastie l'homme qui, dans la séance du conseil d'État du 7 pluviôse an XI, prenant part à la discussion de l'article 899 du Code Civil, prononçait quelques années plus tôt ces remarquables paroles : « Il ne s'agit pas de rétablir les substitutions telles qu'elles existaient dans l'ancien droit : alors elles n'étaient destinées qu'à maintenir ce qu'on appelait les grandes familles et à perpétuer les aînés dans l'éclat d'un grand nom ; ces *substitutions étaient contraires à l'intérêt de l'agriculture, aux bonnes mœurs, à la raison* ; personne ne pense à les rétablir !... »

Pendant cinq ans la révolution de Juillet laissa subsister les majorats tels que la Restauration les avait elle-même reçus de l'empire, mais enfin la loi du 12 mai 1835 en prohiba complètement l'institution pour l'avenir ; elle restreignit la durée des majorats existants lors de sa promulgation, et fondés sur des biens particuliers, à deux degrés, l'institution non comprise, et décida par son article 4 que les dotations ou portions de dotation consistant en biens sujets au droit de retour en faveur de l'État continueraient d'être possédées et transmises conformément aux actes de l'investiture. Une loi de 1849 limita encore la transmission aux appelés déjà non conçus lors de sa promulgation. La législation française ne reconnaît donc plus l'institution des majorats, et nous espérons qu'une nouvelle réaction sociale ne viendra point les relever de la sentence prononcée contre eux par la loi de 1835.

A commencer par Louis XIV et à finir par Napoléon et par Charles X, tous ceux qui ont voulu s'appuyer sur les majorats ont justifié leur institution, leur rétablissement ou leur maintien par deux raisons principales. On les a dits propres à donner au pouvoir la stabilité, l'éclat, la fixité qui doivent l'entourer : on a voulu lier directement au sort de la dynastie par le double nœud de la reconnaissance et de l'intérêt les familles les plus puissantes et les hommes les plus distingués. Dans ces derniers temps, enfin, on a donné en faveur de cette institution une troisième raison : on les a à crus propres à combattre la divisibilité presque infinie que la loi moderne sur les successions introduit chaque jour dans la propriété foncière. L'expérience des cinquante dernières années a trop bien mis en évidence la tendance du siècle et des besoins de la société moderne pour que la faiblesse de ces diverses raisons ne soit pas démontrée.

Charles Lemonnier.

MAJOR DE PLACE, officier supérieur chargé du détail et de la surveillance du service d'une place de guerre. L'origine de ce grade, ou plutôt de cette fonction, n'est pas connue ; il ne paraît cependant pas qu'elle remonte au delà de Henri III. Il commandait autrefois, lorsqu'il en avait la commission expresse, en l'absence du commandant de place. Ce pouvoir fut accordé aux majors de place sous le ministre Louvois, excepté dans un petit nombre de villes, où les magistrats jouissaient du privilége de commander en l'absence du titulaire. Les commandants de place sont aujourd'hui remplacés par les plus anciens colonels d'infanterie de la garnison. Le major de place est spécialement chargé des détails relatifs au service des gardes, aux rondes de jour et de nuit, à la police de la garnison : il en règle l'exécution, et veille à ce qu'il soit fait avec exactitude ; il visite fréquemment les postes, et concourt au service des rondes de nuit avec les *adjudants de place* ; il est chargé de la rédaction des rapports journaliers et de la surveillance des écritures. Dans les places où il n'y a pas de major titulaire, l'adjudant de place le plus ancien en remplit les fonctions.

MAJORDOME (*major domus*), l'homme le plus grand de ceux de la maison, le chef des cuisines et de l'office, le grand ordonnateur des festins. Ce nom a été primitivement donné dans les palais et les cours à quatre natures d'officiers : 1° au maître d'hôtel, au grand-maître de la maison d'un prince, à l'officier qui avait soin de tout ce qui concernait la table et les vivres ; on le décorait aussi des titres de *cleator*, *præfectus mensæ*, *architriclinus*, *princeps coquorum*, *dapifer* ; 2° au maire du palais, *major palatii*, appelé aussi *économe*, *domestique*, et dans le Bas-Empire *grand-domestique* ; 3° au premier ministre chargé par un prince des affaires intérieures et extérieures de l'État, dans la paix comme dans la guerre ; on l'appelait aussi *préfet du palais*, *préfet de la cour*, *comte du palais* et *préfet du prétoire* ; 4° enfin, à un officier des galères qui avait soin des vivres. On trouve plusieurs exemples de *majordomes* pris dans les deux premières acceptions aux anciennes cours de Bourgogne, de Neustrie, d'Austrasie, de France, d'Angleterre. Charles Martel a été appelé *majordome* par quelques vieux historiens. Ce titre se transforma plus tard en celui de *sénéchal*, parce que le même officier fut admis à cumuler les deux fonctions : c'est ainsi que Thibaud, comte de Blois, est cité dans les vieilles annales tantôt comme *majordome*, tantôt comme *sénéchal*. Les reines avaient aussi leur *majordome*. On distinguait, enfin, les *majordomes* de l'Église romaine et les *majordomes* des évêques, qui peut-être n'étaient que des *vidames*.

Combien tout cela est déchu aujourd'hui ! Le majordome se voit exclu de son dernier asile, les cours enfumées d'Espagne, de Portugal et d'Italie. A peine quelques principicules, quelques seigneurs obscurs, quelques banquiers des deux Péninsules, se hasardent-ils à conserver les leurs comme autant de débris vivants de siècles blasonnés qui ne sont plus. Déjà Regnier disait de son temps :

. . . . Un gros valet d'étable,
Glorieux de porter les plats dessus la table,
D'un nez de *majordome*, et qui morgue la faim,
Entra, serviette au bras, et fricassée en main.

Majordome est synonyme de *commandeur* et régisseur dans les plantations de certaines colonies.

MAJOR GÉNÉRAL, emploi qui n'est que temporaire et ne s'accorde qu'à un officier général exercé dans tous les détails des opérations d'une armée. C'est à tort qu'on n'en fait remonter la création qu'au règne de Louis XIV. A l'époque de l'établissement, en France, des armées permanentes par Charles VII, en 1445, il existait, sous d'autres titres, des officiers exerçant les mêmes attributions. François Ier créa, en 1515, un emploi de *sergent-major général* de l'infanterie française, analogue au premier. La dénomination de *major général de l'infanterie* apparait pour la première fois sous Charles IX, dans un registre de l'extraordinaire des guerres de 1568. Toutefois, il paraît que ces fonctions n'avaient de rapport alors qu'avec l'arme à laquelle elles appartenaient. Depuis Louis XIV le major général d'une armée réunissait dans ses attributions l'ordre et la distribution du terrain dans les campements, les détails de tous les services relatifs aux distributions, aux gardes, aux détachements, à la police de l'armée. Dans une bataille, il devait connaître l'ordre de répartition des troupes, afin de s'assurer si les dispositions ordonnées par le général en chef étaient ponctuellement exécutées, transmettre ses ordres aux majors de brigade, surveiller toutes les opérations d'un siége et en diriger les travaux. Ces fonctions, celles du *maréchal général des logis* de l'armée, et celles du *maréchal général des logis* de la cavalerie, qui avaient quelque analogie avec le premier de ces emplois, furent réunies en 1790 sur la tête d'un seul titulaire, qui prit la dénomination de *chef d'état-major général* de l'armée. Le major général, recréé par Napoléon, devint sous l'empire un des principaux officiers de l'armée. Il transmettait aux généraux et aux différents corps les ordres du général en chef, et envoyait directement les rapports des diverses opérations militaires au ministre de la guerre. C'est sur lui que roulaient tous les détails de l'armée, l'ordre des mouvements généraux, des campements et cantonnements. Il était chargé de la reconnaissance des terrains et des positions militaires de bataille. Il surveillait les opérations des siéges et l'exécution des plans d'attaque ou de défense, etc., etc.

Avant la révolution de 1789, les majors de brigade étaient sous les ordres du major général. Leurs attributions étaient les mêmes que celles que remplissent de nos jours les chefs d'état-major général.

Napoléon créa des majors généraux de la garde impériale, et Louis XVIII, à l'organisation de la garde royale, y établit aussi quatre majors généraux. Ces fonctions n'offraient aucune similitude avec celles dont nous venons de parler; elles n'avaient pour objet que d'établir l'ordre intérieur du service journalier et de transmettre les ordres du prince ou du ministre aux différents corps de ces deux gardes.

MAJORIEN (FLAVIUS JULIUS VALERIUS MAJORIANUS AUGUSTUS) était fort jeune quand, en 457, Ricimer, à la fortune duquel il s'était attaché, l'éleva à l'empire d'Occident du consentement de l'empereur Léon de Thrace. Fils d'un officier d'Aétius, qu'il avait suivi dans toutes ses expéditions, il était devenu suspect à l'épouse de son général, et avait été exilé par elle. Après la mort de ce guerrier célèbre, il s'était rangé sous les drapeaux de Ricimer. En plaçant Majorien sur le trône auquel, comme barbare, il ne pouvait aspirer, Ricimer avait espéré trouver en lui un esclave docile, au nom duquel il pourrait gouverner l'empire. Il se trompa : le nouvel élu ne voulut point jouer ce rôle subalterne, et régna par lui-même. Ses débuts furent heureux ; il remédia au désordre dans lequel il trouva l'empire, après un interrègne de dix mois, en promulguant les lois qui sont des modèles de sagesse. Entre autres mesures concernant les monastères, il défendit de donner le voile aux religieuses avant l'âge de quarante ans, et renouvela les peines portées contre le rapt des filles consacrées à Dieu. Pour assurer l'exécution de ces lois, il jugea nécessaire de ne plus choisir les officiers, civils et militaires, que parmi les citoyens les plus recommandables par leur intégrité et leur mérite. Les Maures et les Vandales menaçaient la Campanie ; il les taille en pièces près de Sinuesse; et Sersaon, beau-frère de Genséric, périt dans une sanglante affaire. Après avoir chassé les Vandales d'Italie, il songe à porter la guerre en Afrique, au cœur de leur puissance. Pour mieux connaître les forces de l'ennemi, il se déguise, et se rend lui-même auprès de Genséric en qualité d'ambassadeur. Un coup d'œil lui suffit pour reconnaitre l'indiscipline des troupes de son rival et le penchant de ses sujets à la révolte. A son retour, il prépare une expédition dont le succès eût été certain si la trahison n'avait livré une partie de sa flotte, mouillée à Alicante, prête à traverser la Méditerranée, et qui fut incendiée. Il se mettait en mesure de réparer cette perte, quand Genséric lui envoya des députés pour lui demander de nouveau une paix qu'il avait précédemment refusée aux Vandales et qu'il leur accorda cette fois. Il allait jouir de la tranquillité qu'il venait d'assurer à son empire, quand, en revenant à Ravenne, il fut assassiné, le 7 août 461, par ordre de Ricimer, jaloux du mérite de celui qu'il avait revêtu de la pourpre.

MAJORITÉ est l'âge auquel on est supposé avoir atteint la maturité d'esprit et de jugement dont on a besoin pour diriger ses affaires soi-même. L'époque à laquelle on est présumé majeur n'est pas et ne peut pas être la même dans tous les pays, sous toutes les températures ; les circonstances, le climat, les habitudes commerciales, en influant sur les mœurs, agissent aussi d'une manière marquée sur l'éducation publique et sur le développement de l'intelligence. C'est ainsi que Montesquieu explique très-bien que dans les pays chauds et despotiques la majorité peut être fixée plus tôt que dans un climat d'Europe. Les institutions particulières des peuples peuvent cependant renverser cette disposition. A Rome, où la puissance paternelle était si forte, la majorité était fixée à vingt-cinq ans ; chez les Germains, au contraire, c'était l'âge auquel on pouvait porter les armes, c'est-à-dire quinze ans : telle était aussi la majorité des rois francs, et l'on retrouve encore dans les lois des Ripuaires et des Bourguignons cet âge de quinze ans comme règle de la majorité et de la capacité de porter les armes. Cette loi déclarait enfin qu'on ne pouvait pas être poursuivi en jugement avant quinze ans. Sous la législation coutumière, à mesure que les principes du droit romain pénétrèrent dans le droit civil, la majorité fut ramenée dans la plupart des provinces à l'âge de vingt-cinq ans ; cependant, elle se conserva dans quelques autres ce qu'elle était auparavant. Ainsi, à l'époque dont nous parlons, la majorité était de quatorze, de quinze, de vingt ou vingt-cinq ans : il n'y avait pas de règle uniforme. On sait que dans le droit public de l'ancienne France les princes étaient déclarés majeurs à quatorze ans, et ce n'était pas, comme on le voit, en vertu d'un privilége particulier, mais bien d'après les règles que la législation coutumière consacrait pour certains pays. Sous la monarchie constitutionnelle, la majorité du roi avait été fixée à l'âge de dix-huit ans. En dehors de cette exception, que légitime la raison d'État, il n'existe qu'une seule majorité pour toute la France, abstraction faite de la qualité de sexe des personnes ou de la nature des biens. Elle se trouve fixée à vingt-et-un ans pour tous, et la loi déclare qu'à cet âge on est capable de tous les actes de la vie civile ; un seul de ces actes, le mariage, est soumis à d'autres conditions de majorité, seulement pour les fils, qui ne peuvent le contracter avant vingt-cinq ans sans le consentement formel de leurs père et mère. Mais dans toutes les autres circonstances les personnes de vingt-et-un ans ne sont soumises à aucune autorité ; elles peuvent acheter, vendre, aliéner, souscrire des billets, donner des signatures sans contrôle et à leurs risque et péril. La seule exception à cette règle résulte de l'interdiction ou de la nomination d'un conseil judiciaire, lesquelles créent dans la condition civile des personnes des incapacités, soit totales, soit partielles. E. DE CHABROL.

MAJORITÉ (*Politique*). La majorité est *absolue* ou *relative* suivant qu'elle est formée de la moitié des voix plus une, ou qu'elle dépend simplement de la supériorité du nombre de voix obtenues par un concurrent. Ce principe, la majorité des suffrages doit faire loi, vrai d'une manière générale, peut prêter, s'il est étendu outre mesure, à des conséquences vicieuses. Une majorité peut être aveuglée par l'ignorance ou par la peur, et la minorité seule garder la raison et la vérité. Cela s'est vu plus d'une fois en France. La minorité dans ce cas subit la plus dure des oppressions. Et cependant, elle peut devenir à son tour majorité. Les coalitions changent aussi quelquefois les minorités en majorités. C'est un devoir pour les majorités de toujours user de modération; et l'on a vu plus d'une fois les lois oppressives servir contre ceux mêmes qui les ont faites, lorsqu'ils étaient les plus forts ou les plus nombreux.

MAJORQUE (*Majorca* ou *Mallorca*), la plus grande de îles Baléares, dépendante de l'Espagne, située dans la Méditerranée, et formant avec les îles Pityuses le *royaume de Majorque*, présente une superficie de 44 myriamètres carrés. Elle est généralement montagneuse, et traversée entre autres au nord-ouest par une chaîne dont le point culminant, appelé *Silla de Torellas*, atteint une élévation de 1,502 mètres, en formant divers embranchements, tels que le *Formentor*, le *Calaf Figuera* et le *Dragonera*. Malgré cela, le climat en est tempéré et le sol fertile. Ses principaux produits sont la soie, le vin, l'huile, tous les fruits du Sud, le safran, le sel, le bétail et le gibier. On n'y cultive point assez de céréales, parce qu'on ne sait pas assez bien préparer le sol à cet effet. Les habitants, au nombre de 180,000, se distinguent par leurs habitudes laborieuses et par leur bravoure. Ils sont souvent exposés aux ravages de la fièvre jaune. Cette île sert au gouvernement espagnol de lieu de déportation pour les suspects politiques. Elle est divisée en trois *partidos : Inca*, au nord; *Manacor*, à l'est; et *Palma*, au sud et à l'ouest.

Palma, son chef-lieu, ville de 41,700 habitants, est le siège du capitaine général du royaume de Majorque, d'un évêque, d'une université et d'une académie des beaux-arts. On y trouve une grande cathédrale, une bourse ainsi qu'un port défendu par deux forts et protégé par une digue en pierre de 1,460 mètres de développement. On y fabrique des soieries, des velours et des articles de marqueterie fine; il s'y fait aussi un commerce important.

Il faut mentionner en outre *Alcudia*, ville et port avec 11,400 habitants, dans une situation très-malsaine, dont la population se livre surtout à la pêche du corail, et qui sert de lieu de séjour aux détenus politiques; *Inca*, avec 4,800, et *Pollenca*, avec 5,000 habitants, au nord; *Manacor*, avec 11,000, et *Felanix*, avec 9,800 habitants, à l'est; et *Andraix*, avec 5,000 habitants au sud.

MAJOS, nom sous lequel on désigne les habitants de quelques vallées de l'Andalousie, belle et vigoureuse race d'hommes, qui se distingue par un costume d'un genre particulier, et qui court le pays en exerçant les professions de ferrailleurs et de batteurs en grange. Les femmes de ces mêmes localités, appelées *Majas*, sont renommées dans toute l'Espagne par leur beauté et par leurs grâces, de même que par leur séduisante facilité de mœurs.

MAJUSCULE (du latin *majusculus*, un peu plus grand), terme servant à désigner les lettres c a p i t a l e s. Elles ont des places marquées dans l'écriture; hors de là, elles violent les règles. C'est par une majuscule qu'on doit commencer chaque phrase, chaque vers. Tous les noms propres doivent avoir pour première lettre une majuscule.

Les majuscules font un bon effet dans l'écriture; mais il serait ridicule d'imiter les maîtres d'écriture, qui, pour faire briller leur talent calligraphique, hérissent leurs exemples de lettres capitales. On attribue à Jean Lascaris la restauration des majuscules grecques dans l'écriture, et leur introduction dans l'imprimerie. « Il a le premier trouvé, ou au moins rétabli et remis en usage, dit l'historien Naudé, les grandes lettres, ou, pour mieux dire, majuscules et capitales de l'alphabet grec, ésquelles il fit imprimer, l'an 1494, des sentences morales et autres vers, qu'il dédia à Pierre de Médicis, avec une fort longue épître liminaire, où il l'informe de son dessein, et de la peine qu'il avoit eue à rechercher la vraie figure de ces grandes lettres parmi les plus vieilles médailles et monuments de l'antiquité. »

CHAMPAGNAC.

MAKÂMÉ, mot arabe, qui veut dire au propre *séance*, et par extension certaines réunions littéraires en usage chez les anciens Arabes, et où les auditeurs étaient charmés par des scènes ingénieuses et surtout par des récits improvisés. Par la suite, il se forma à l'usage de ces représentations un style particulier consistant principalement en une prose dont quelques membres de phrase riment entre eux et où sont fréquemment entremêlés des vers véritables. Hamadâni fut le premier qui, sous le titre de *Makâmât*, réunit 400 récits en forme de nouvelles; mais il fut surpassé par *Hariri*. Cette forme poétique fut surtout imitée par les poètes juifs du moyen âge, notamment vers le milieu du treizième siècle par Al Charizi et par son contemporain Immanuel Roumi, dont les *Machberot* figurent parmi les productions les plus remarquables de la poésie hébraïque moderne.

MAKARIEFF, bourg du gouvernement de Nijhnei-Novgorod (Russie), sur la rive gauche du Volga, avec un beau couvent du même nom, entouré de hautes murailles garnies de tours et dont dépendent cinq églises, fut célèbre pendant trois siècles par ses immenses foires, qui ont été transférées à Nijhnei-Novgorod en 1816, lorsque cet endroit eut été ravagé par un incendie. Ce couvent, nommé d'abord, d'après ce lac qui l'avoisine, le Couvent aux Eaux Jaunes, *Scheltowodsky Monastyr*, et construit dans la première moitié du quinzième siècle, puis détruit dès 1439 par Ulu-Mahmed de Kasan, resta en ruines pendant deux siècles. Un bourg à marché s'était déjà élevé à peu de distance, et Wassilei-Iwanowitsch y établit en 1524 une foire, qui bientôt rivalisa avec celle de Kasan, ville ennemie. Le couvent ne fut reconstruit qu'en 1624, par le moine Abraham, de Murom, qui y plaça une image de saint Makarius, provenant du couvent *Makariewi Uschinskoi Monastyr*, sur l'Unscha, à 14 kilomètres au-dessous d'Unscha, ville qu'on dit avoir été fondée, de même que le couvent, en 1439, par saint Makarius.

MAKI, genre de quadrumanes, type de la famille des *lémuriens* établie par E. Geoffroy Saint-Hilaire pour l'ancien genre *maki* de Linné. Les lémuriens, que l'on appelle quelquefois *faux singes*, à cause de leurs nombreux rapports avec les singes proprement dits, en diffèrent cependant en beaucoup de points. Pour ne parler ici que du genre *maki*, son système dentaire suffirait pour le différencier des singes : les makis ont 36 dents, dont 4 incisives supérieures et 6 inférieures, 4 canines, 6 molaires supérieures de chaque côté, et seulement 5 inférieures. Ces animaux ont généralement une forme svelte. Leur tête, comparable à celle du renard, est longue, triangulaire, à museau effilé. Le pelage est laineux, très-touffu. Les oreilles sont courtes et velues. Les yeux sont placés dans une position intermédiaire à celle qu'ils occupent chez l'homme et chez les singes. Les membres, surtout les postérieurs, sont longs. Les pouces, bien opposables, font des mains des instruments assez parfaits de préhension. La queue est plus longue que le corps. Les femelles ont deux mamelles pectorales.

Les makis habitent Madagascar et quelques petites îles environnantes. Ils vivent en petites troupes sur les arbres, et ils se nourrissent de fruits. Ces animaux s'apprivoisent facilement. On en connaît une quinzaine d'espèces.

MAKI VOLANT. *Voyez* GALÉOPITHÈQUE.

MAKRIZI ou mieux AL-MAKRIZI, surnom d'un célèbre écrivain arabe du quinzième siècle, qui s'appelait *Ahmed Taki Eddin*. Le surnom de *Al-Makrizi* lui venait du bourg de Makriz, près de Balbek, en Syrie, d'où il était originaire. Né au Caire, en 1360, il se livra avec succès à toutes les sciences qui florissaient à cette époque, et remplit différents emplois civils et religieux, d'abord dans sa ville natale, puis à Damas, où il exerça le haut enseignement dans divers colléges. Vers la fin de sa vie, il se retira au Caire, où il mourut, en 1412. Il laissait une foule d'ouvrages, dont on trouve la liste complète dans la *Chrestomathie arabe* de Sylvestre de Sacy; la plupart traitent de la géographie et de l'histoire de l'Égypte, sous la domination musulmane. Voici les principaux : *Description historique et topographique de l'Égypte; Introduction à la connaissance de la Dynastie des Princes*; c'est une histoire de l'Égypte depuis l'avénement du grand Saladin jusqu'à l'époque où écrivait l'auteur; un *Traité des monnaies musulmanes*; un *Traité des Poids et Mesures des Musulmans*; un *Traité des Principautés que les Musulmans ont formées en Abyssinie*. Une grande partie de ces ouvrages a été traduite, soit en latin, soit en français. Makrizi avait écrit quelques autres traités historiques importants, qui ne nous sont point parvenus; et parmi ceux qui nous restent, on a à regretter des lacunes considérables.

MAL. La question de l'origine du mal a été dans tous les temps et dans tous les pays l'écueil de la raison humaine. Comment un Dieu créateur, tout-puissant, souverainement bon, a-t-il pu déchaîner le mal dans le monde ? Voilà certes un problème qui a donné lieu à bien des erreurs. De là l'imagination est partie pour peupler le monde de dieux et de génies, artisans du bien et du mal. La philosophie orientale, à sa naissance, les réduit à deux : l'un faisant tout le bien, l'autre produisant tout le mal. Chez les Grecs, les philosophes se partagent : les stoïciens attribuent le mal à la fatalité, à la nécessité de toutes choses, à l'imperfection essentielle d'une matière éternelle; Dieu, qu'ils envisagent comme l'âme du monde, est, dans leurs idées, impuissant à y apporter remède. Platon et ses disciples accusent de tout le mal la faiblesse ou l'impuissance des dieux subalternes qui ont contribué à la formation du monde et qui en surveillent bien ou mal l'administration. Mais cette hypothèse disculpe-t-elle le Dieu souverain d'employer des ouvriers incapables? Les épicuriens, eux, attribuent tout au hasard; les dieux, d'après leur système, s'endorment dans un profond repos, ne se mêlant en rien des misères humaines.

Ces opinions, se fortifiant avec les siècles, produisirent, après la venue de Jésus-Christ, grand nombre d'hérésies. La difficulté parut s'accroître quand la révélation eut fait connaître le mal survenu dans le monde par la chute du premier homme. Comment se persuader que Dieu , qui a laissé tomber la nature humaine, conserve assez d'affection pour elle pour s'incarner, souffrir et mourir, dans le but de la relever ? De toutes parts on attaque la réalité de l'incarnation. De ce chaos d'erreurs divers systèmes ont surgi dans les deux ou trois derniers siècles, vieilles opinions ramenées maladroitement sur la scène, absurde mélange d'objections épicurianistes et manichéistes contre la Providence, soit dans l'ordre de la nature, soit dans l'ordre de la grâce. Bayle les revêt d'un habit décent et s'efforce de les introduire dans la société nouvelle; les sociniens, révoltés des blasphèmes des prédestinations, redeviennent pélagiens; les déistes se récrient sur l'avarice dont le Créateur a fait preuve dans la distribution des dons de la lumière de la révélation; ils ne s'aperçoivent pas qu'ils font cause commune avec les athées, qui se plaignent de ce que la nature se montre si peu prodigue envers les hommes. Enfin , la multitude des indifférents , incapable de débrouiller ce chaos, conclut qu'entre le théisme et l'athéisme, la religion et l'incrédulité, c'est affaire de goût et non de raison.

Cette grande question de l'origine du mal est-elle donc si difficile à résoudre? Non , si l'on prend , avant tout, la précaution de bien éclaircir les termes et d'y attacher des idées nettes et précises. Cette question fait tout le sujet du livre de Job. Le saint homme soutient que Dieu dédommage ordinairement en ce monde le juste affligé et qu'il punit l'impie insolent dans la prospérité. Il compte enfin sur une récompense après la mort. De là il suit qu'il n'y a point de mal pur, de mal absolu dans le monde, puisqu'il doit en résulter un très-grand bien, l'expiation du péché et le bonheur éternel. David , après avoir avoué que la prospérité des méchants est un mystère et une tentation continuelle pour les hommes de bien, se console en pensant à la fin dernière des méchants. Salomon, dans *l'Ecclésiaste*, après avoir allégué ce scandale, conclut que Dieu jugera le juste et l'impie.

On distingue des maux de trois espèces : le *mal métaphysique*, ou les imperfections de la créature; le *mal physique*, ou la douleur, qui afflige l'être sensible; le *mal moral*, ou le péché et les peines qu'il traîne à sa suite. Un philosophe anglais a prouvé que les deux dernières espèces de maux dérivent de la première , et que, dans le fond, tout se réduit à l'imperfection des créatures.

On s'obstine à prendre le bien et le mal dans un sens absolu. On oublie que ce sont des termes purement relatifs , qui ne sont vrais que par comparaison. Le bien paraît un mal lorsqu'on le compare à ce qui est mieux, parce qu'alors il renferme une privation ; il paraît un mieux quand on le compare à ce qui est plus mal. Ainsi , quand on dit qu'il y a du mal dans le monde, cela signifie seulement qu'il n'y a pas autant de bien qu'il pourrait y en avoir. Quand on demande pourquoi il y a du mal dans le monde , c'est comme si l'on demandait pourquoi Dieu n'y a pas mis plus de bien ; la question ainsi posée renverse les objections. On compare la bonté de Dieu, jointe à un pouvoir infini, avec la bonté de l'homme, dont le pouvoir est si borné : comparaison fausse! Un homme n'est pas censé bon à moins qu'il ne fasse tout le bien qu'il peut. Il est absurde, au contraire , que Dieu fasse tout le bien qu'il peut, puisqu'il en peut faire à l'infini. L'infini actuel est une contradiction, puisqu'une puissance infinie ne peut jamais être épuisée. Les divers degrés de bien que Dieu peut faire forment une chaîne infinie. L'homme, faible atome, n'a pas le droit de dire : Bonté divine, tu t'arrêteras là !

Tertullien , dans ses livres contre Marcion et contre Hermogène, et saint Augustin, dans ses écrits contre les manichéens, ont très-bien saisi le point délicat de la question ; ils n'ont point été dupes d'une double équivoque. Tout être créé est nécessairement borné, par conséquent imparfait ; le mal métaphysique est donc inséparable des œuvres du Créateur. Quelque parfaite qu'on suppose une créature, Dieu peut augmenter à l'infini ses perfections ; à cet égard , elle éprouve toujours une privation. Mais il n'y a ni existence absolument mauvaise , ni mal absolument pur et positif : aucune créature n'est imparfaite que par comparaison avec un être plus parfait ; la perfection absolue n'est qu'en Dieu. Si une créature quelconque a lieu de se plaindre parce qu'il en est d'autres auxquelles Dieu a fait plus de bien , elle a lieu aussi de se féliciter parce qu'il en est d'autres auxquelles il en a fait moins. Où donc est le fondement des plaintes et des murmures ? Prétendre qu'un Dieu bon n'a pu donner l'être à des créatures imparfaites , c'est soutenir que parce qu'il est bon il n'a pu rien créer. Le parfait absolu égale l'infini.

Passons au mal physique , au malheur. Nierez-vous , nous dira-t-on , qu'un instant d'une douleur, même légère , soit un mal réel, positif, absolu ? Oui , nous le nierons , parce qu'il est absurde de séparer cet instant d'une existence entière où le bien domine. Ce n'est là que la privation d'un bien-être continuel , ou d'un bonheur habituel plus parfait. Un instant de douleur est préférable à une douleur plus vive et plus longue; mais aussi , un bien-être habituel, coupé par un instant de douleur, est un moindre bien que s'il était constant. Ce n'est pourtant ni un mal positif ni un malheur absolu. Dans une question si grave , il ne faut pas jouer sur les mots. Bayle a prétendu qu'un Dieu infiniment bon se devait à lui-même de rendre ses créatures heureuses; mais jusqu'à quel point ? Toute créature est censée heureuse quand on compare son état à un état plus malheureux , elle est malheureuse quand on le compare, à un état meilleur. Ici encore la révélation vient au secours de la raison pour justifier la Providence; elle nous fait regarder les maux de ce monde comme le moyen de mériter et d'obtenir le bonheur éternel; ces maux ne sont qu'un point imperceptible en comparaison de l'éternité. Une béatitude achetée sans souffrances et sans mérites serait un plus grand bienfait, si l'on veut; mais s'ensuit-il que Dieu n'est pas bon parce qu'il ne nous rend pas heureux de la manière dont nous voudrions l'être? Il ne s'agit pas de savoir si nous sommes contents ou non de notre sort, mais si nous avons raison de nous plaindre; le mécontentement injuste est de l'ingratitude, c'est un crime de plus. Job loue Dieu sur son fumier; Alexandre, maître du monde, n'est pas satisfait. Qui prendrons-nous pour juge de la bonté divine?

Au premier aspect, le mal moral semble offrir une plus grande difficulté. Comment Dieu, si bon, a-t-il pu donner à l'homme la liberté de pécher et le pouvoir de se rendre éternellement malheureux? Il ne pouvait lui faire un don plus funeste, surtout sachant très-bien que l'homme en abuserait. Mais il n'est pas vrai que la liberté soit seulement le pouvoir de pécher et de se rendre malheureux; c'est aussi le pouvoir de faire le bien et de se frayer la route du bonheur éternel. Un de ces deux pouvoirs n'est pas moins essentiel à la liberté que l'autre. Une nature impeccable serait sans doute meilleure que notre liberté, mais celle-ci n'est pas pour cela un mal; entre le meilleur et le mal, il y a un milieu, qui est le bien. Sans doute le libre arbitre est une faculté imparfaite; mais Dieu aide la volonté de l'homme par des grâces, par des bienfaits; l'abus que l'homme en fait n'en change pas la nature. Il ne faut pas confondre le don avec l'abus. Bayle a prétendu que c'est le propre d'un ennemi d'accorder un bienfait quand il prévoit qu'on en abusera, qu'un père, un ami, un médecin, ne laissent pas entre les mains d'un enfant, d'un malade, des armes, des boissons dangereuses; mais la comparaison est fausse : les hommes ne sont bons à notre égard qu'autant qu'ils nous font tout le bien qu'ils peuvent et qu'ils prennent toutes les précautions pour nous préserver du mal, tandis que Dieu, dont le pouvoir est infini, gouverne les hommes comme des êtres libres, capables de mériter ou de démériter, de correspondre à la grâce ou d'y résister. Vouloir que Dieu fasse tout ce qu'il peut, c'est en exiger l'infini. La prescience de Dieu ne change rien à la nature de la grâce : or, celle-ci donne à l'homme toute la force dont il a besoin pour faire le bien; donc elle est destinée à rendre l'homme vertueux et non coupable. L'abus que l'homme en fait vient de lui, et non de la grâce. Suivant quelques philosophes, permettre le péché et le vouloir positivement serait absolument la même chose, puisque rien n'arrive sans une volonté expresse de Dieu; mais c'est précisément le contraire. Permettre le péché, c'est seulement ne pas l'empêcher, et il y a blasphème à dire que Dieu veuille jamais positivement le péché.

Dès que les termes sont éclaircis, il est aisé de rétorquer ce raisonnement d'Épicure : « Ou Dieu peut empêcher le mal, et il ne le veut pas, ou il le veut et ne le peut pas : dans le premier cas, il n'est pas bon; dans le second, il est impuissant. » Nous répondons qu'il y a des maux que Dieu ne peut pas, d'autres qu'il ne veut pas empêcher, et qu'il ne s'ensuit rien contre sa puissance infinie, ni contre sa bonté, parce que sa puissance ne consiste point à faire des contradictions ni sa bonté à faire tout ce qu'il peut.

Bayle a prétendu qu'il y a plus de mal que de bien dans ce monde; d'autres ont soutenu qu'il y a plus de bien que de mal; quelques-uns ont pensé que la somme du bien et du mal est égale. Selon les athées, tout est mal ici-bas. Suivant les optimistes, tout est bien. Comment s'accorderont ces disputeurs, qui ne sont pas encore d'accord sur ce qu'il faut entendre par bien et par mal?

En nous résumant, si les objections tirées de l'existence du mal nous paraissent au premier aspect difficiles à combattre, c'est que l'on argumente sur l'infini, notion qui induit aisément en erreur; c'est ensuite que ces objections se résument en langage ordinaire, que tout le monde entend ou croit entendre, mais qui n'est qu'un abus continuel des mots *bien*, *mal*, *bonheur*, *malheur*, *bonté*, *malice*, pris dans un sens absolu, tandis qu'ils ne devraient être considérés que comme des termes de comparaison.

MAL (Haut-). *Voyez* Épilepsie.

MALABAR, appelé aussi *Côte de Poivre*, et par les indigènes *Malayala* ou *Malayawara*, c'est-à-dire terre de montagnes. Cette contrée, qui forme l'extrémité méridionale de la côte occidentale de la presqu'île de l'Inde en deçà du Gange, et qui s'étend depuis le cap Comorin au sud jusqu'au fort et à la rivière de Tschandraghiri, par 12° 30' de latitude septentrionale, comprend toute la côte qui se prolonge en terrasses successives entre le sommet des Ghâttes occidentaux et la mer d'Arabie, et qui occupe une superficie d'environ 540 myriamètres carrés. Elle est arrosée par un grand nombre de petits ruisseaux et est généralement montagneuse. Indépendamment d'une vigueur de végétation peu commune et d'un climat agréable, elle est très-bien cultivée et contient une grande quantité de plantations, surtout en palmiers. Ses produits du règne animal et du règne végétal sont d'ailleurs tout à fait ceux des régions tropicales de l'Inde; et en fait de richesses minérales, elle abonde surtout en sel. On trouve encore d'immenses forêts dans ses montagnes. Ses habitants se composent d'Hindous, de Mapoules ou *Moplays*, c'est-à-dire de mahométans, descendant d'anciens émigrés arabes, qui jusque vers le milieu du dix-huitième siècle formèrent un État puissant, et qui aujourd'hui encore, qu'ils dépendent d'un prince vassal des Anglais résidant à Kanapore, sont fameux par leurs habitudes de piraterie; plus, de ce qu'on appelle des *juifs blancs* dans la ville de Cochin, et ce qu'on prétend descendre de juifs émigrés dès avant l'ère chrétienne, de Nestoriens et d'Européens. Les nobles du pays, qu'on qualifie de *nairs*, appartiennent pour le plus grand nombre à la quatrième classe noble des Hindous. Cependant, une grande partie d'entre eux, notamment les princes et les chefs militaires, sont compris dans la seconde classe et qualifiés de *naïfs*. La langue malabare, voisine de la langue tamoule, est l'une des plus harmonieuses langues de l'Hindostan.

Tout le Malabar est divisé entre les royaumes de Travancore, le Calicut et de Cochin. Calicut est placé sous la dépendance immédiate de la Compagnie des Indes; les deux autres royaumes sont régis par des radjahs tributaires de la Compagnie. Le plus puissant de tous est le radjah de *Travancore*, qui règne sur un territoire de 231 myriamètres carrés, a pour capitale la ville de *Travancore*, et réside aussi quelquefois dans la ville de Trivanderam. La principauté de Cochin (prononcez *Kotschine*) compte 400,000 habitants sur 162 myr. carrés; sa capitale, l'importante ville maritime du même nom. A 40 kilomètres environ de Calicut est situé l'établissement français de M a h é.

MALACCA. *Voyez* Malakka.

MALACHIE ou MALACHIAS fut le dernier des prophètes parmi les Hébreux; et avec lui disparut, vers l'an 400 av. J.-C, le don de prophétie. Sa mission était de ramener le peuple à la loi, de raffermir les fidèles et de les rassurer contre les impies. « Ils bâtiront, et je détruirai, et ils seront les dernières ruines de l'impiété, » dit Jéhovah des infidèles. « Revenez à moi, et je retournerai vers vous, » dit-il aux croyants. Le prophète porte plus loin que ses prédécesseurs l'esprit d'égalité entre tous les Hébreux : « N'avons-nous pas tous un même père? Pourquoi donc traiter son frère avec mépris? » Il blâme l'inégalité entre l'homme et la femme : « Une chose fut un, et l'esprit de Dieu l'anime comme vous. » Il lance l'anathème sur le prêtre coupable « qui offre l'autel un pain impur, Priez, lui dit-il; la miséricorde suit la prière. Sinon, j'enverrai l'indigence parmi vous, et je maudirai vos bénédictions. » L'indifférence du peuple le blesse et l'irrite : il promet un Messie pour détourner sa propre colère, qui menace le genre humain. « Le soleil de justice se lèvera, et l'impie sera foulé sous vos pieds. J'enverrai le prophète, et il convertira le cœur des fils et des pères, de peur que je ne vienne frapper la terre d'anathème. »

MALACHIE (Saint), né en 1094, à Armagh, en Irlande, d'une famille noble, abjura le monde dès sa jeunesse, et, avec plusieurs de ses amis, forma une espèce de cloître autour d'un solitaire nommé Imac. Ses prédications allèrent bientôt porter les consolations et les lumières de l'Evangile dans les campagnes, et, témoin des désordres qui souillaient les monastères, il s'instruisit des règles de l'ancienne discipline auprès de l'évêque de Lismore, pour les enseigner lui-même aux autres. Nommé abbé de Bangor, il commença la réforme par cette abbaye célèbre, et passa sur le siège épiscopal de Connor, pour arriver à l'archevêché d'Armagh, sa ville natale. Il n'occupa ce siége pendant huit ans, de 1127 à 1135, que pour peupler les paroisses de dignes pasteurs. Dès que la réforme de ce diocèse fut accomplie, il y fit agréer un nouvel évêque, en désigna un autre pour le siége de Connor, et resta lui-même évêque de Down. Son zèle n'était pas satisfait encore : il vint en France consulter saint Bernard sur les besoins de l'Église d'Irlande, visita dans le même but Rome et le pape, et mourut dans un second voyage à Clairvaux, dans les bras de saint Bernard, le 2 novembre 1148.

Ses vertus contribuèrent moins à sa célébrité que ses prétendues prophéties sur les papes ou antipapes qui occupèrent ou usurpèrent le saint-siège depuis Célestin II, en 1143, jusqu'à nous. Il y en a même pour les dix qui suivront le pontife actuel. Ce sont autant de devises qui s'appliquent parfaitement à l'origine, au caractère ou au nom des papes; et certes il eût été initié aux secrets de la Divinité s'il était réellement l'auteur de cette centaine de prédictions. C'est pour favoriser l'élection du Milanais Nicolas Sfrondate, ou Grégoire XIV, qu'elles furent fabriquées, par une main inconnue, en 1590. Le conclave durait depuis plus de deux mois, les cardinaux s'ennuyaient : cette trouvaille inattendue mit un terme aux irrésolutions. Mais aucun auteur contemporain de saint Malachie ne parle de ces prédictions, pas même saint Bernard, qui pourtant dans son histoire de l'archevêque irlandais, n'a oublié aucune circonstance de sa vie. C'est en 1595, cinq ans après l'élection de Grégoire XIV, qu'un bénédictin, Arnold Wion, les publia dans un livre intitulé *Lignum vitæ*, dédié au roi d'Espagne Philippe II. Viennet, de l'Académie française.

MALACHITE (de μαλάχη, mauve). La malachite est une belle substance minérale, qui se fait facilement remarquer parmi les autres minéraux, et distinguer de tous par sa couleur, d'un vert d'émeraude foncé varié de zones nuancées plus claires, qui se fondent d'une dans l'autre d'une manière extrêmement douce, ce qui lui donne, lorsqu'elle est polie, un certain aspect satiné fort agréable à l'œil. Elle est principalement composée d'oxyde de cuivre et d'acide carbonique : c'est le cuivre carbonaté vert des minéralogistes modernes. Aussi manifeste-t-elle sous l'action des réactifs toutes les propriétés caractéristiques des minéraux cuivreux. Elle se dissout dans l'eau-forte, en communiquant à son dissolvant une couleur verte assez foncée. Un peu d'alcali volatil fait passer la dissolution, quoique très-étendue d'eau, à une belle couleur bleu céleste, que les pharmaciens sont dans l'usage d'exposer sur le devant de leur boutique pour attirer les regards des passants. Enfin, la malachite donne directement un bouton de cuivre rouge sous l'action énergique de la chaleur du chalumeau, tandis qu'elle est seulement noircie par celle des charbons ardents. C'est en outre une substance assez tendre pour se laisser rayer par une pointe de fer, et néanmoins susceptible de recevoir un très-beau poli. C'est à son mode de formation dans l'intérieur de la terre qu'elle doit, comme l'albâtre, ses zones ondulées de différentes teintes qui constituent la majeure partie de sa beauté. La malachite se trouve en masses stalactiformes, dont les couches concentriques se développent par la division et le poli à sa surface. Elle doit son aspect velouté à une multitude de petites aiguilles soyeuses, excessivement serrées les unes contre les autres. Souvent aussi les aiguilles sont libres à leur extrémité et forment de petites houppes ou aigrettes d'une délicatesse extrême. Les masses ne sont jamais d'un volume bien considérable; c'est pourquoi on ne peut en orner un meuble ou un chambranle, par exemple, d'une certaine étendue, que par le placage.

La malachite de plus belle qualité est celle dont la couleur, n'étant point trop intense, est agréablement nuancée de vert foncé et de vert sombre. Il en existe une variété très-estimée, dont la masse se compose d'une multitude d'aiguilles divergentes formant tantôt des étoiles et tantôt des panaches, suivant qu'elles partent d'un même centre ou d'une ligne sinueuse. Elle a de plus la propriété de devenir chatoyante par le poli qu'on lui donne. La plupart de ces concrétions nous viennent de la Sibérie, quelques-unes de la Hongrie, du Tyrol, du Hartz. Les plus belles se tirent de Goumechesköi, district d'Iékatérinburg. Mais la malachite panachée ne s'est encore trouvée jusque ici qu'à la Touria, au milieu des monts Ourals. F. Passot.

MALACHOWSKI (Casimir), général polonais, naquit en 1765, en Lithuanie, et par suite de la pauvreté de sa famille entra au service en 1785 dans l'artillerie comme simple soldat. Lieutenant en 1790, il fut promu au grade de major par Kosciuszko. Après le dernier partage de la Pologne, il se réfugia avec un certain nombre de ses compatriotes en Valachie; et en 1797 il se rendit en Italie, où il entra dans la légion polonaise. Passé ensuite complètement au service de la France, il fut nommé colonel du 114e de ligne, et prit part à l'expédition de Saint-Domingue. Longtemps prisonnier des Anglais à la Jamaïque, il rentra enfin en France, et fut compris alors dans la réorganisation de l'armée polonaise. Promu général à la fin de la campagne de 1812, il fut fait prisonnier par les Russes à la bataille de Leipzig, et rendu à la liberté sur parole. Nommé en 1815 gouverneur de la place de Modlin, il ne tarda point à donner sa démission, repoussa toutes les distinctions que lui offrit le gouvernement russe, et vécut dès lors dans ses terres. Après la révolution de novembre 1830, il rentra dans les rangs de l'armée nationale, où il fut chargé du commandement d'une division, et se distingua aux affaires de Wawre, de Bialolenka et d'Ostrolenka. Lors de la démission donnée par Skrzynecki, il refusa de prendre à sa place le commandement en chef de l'armée; ice n'est s'y décida qu'au moment du siège de Varsovie, parce qu'il n'y avait personne autre que lui qu'on pût en charger, et il s'en alriét aussitôt après la capitulation de la capitale. Il se retira alors en Prusse, puis en France, où il demeura complètement étranger aux luttes des partis, et mourut, le 5 janvier 1845, à Chantilly, près Paris.

MALACHOWSKI (Gustave), né en 1797, fut ministre des affaires étrangères à l'époque de la révolution de 1830. Compris sur la liste des individus condamnés à la peine de mort par l'empereur de Russie, il mourut à Paris, en 1835.

MALACIE (de μαλαχία, mollesse). Suivant les anciens nosographes, la *malacie* est un état maladif particulier qui se traduit au dehors par son appétence exclusive pour certaines substances alimentaires, et un dégoût profond pour toutes les autres. Suivant quelques nosologistes plus modernes, la *malacie* est différenciée du *pica* en ce que dans la première de ces affections la substance que le malade appète exclusivement est toujours une substance véritablement alimentaire, tandis que dans la seconde cette substance peut être complètement dépourvue de toute qualité nutritive. Cette distinction ne nous paraît point importante à conserver, et nous définirons la *malacie*: un appétit désordonné pour quelques substances spéciales, et un éloignement complet pour toutes les autres, quelle que soit, du reste, la nature plus ou moins assimilable de ces substances. Ainsi définie, la *malacie* est un symptôme fréquent dans les différentes affections de l'estomac, soit que ces affections reconnaissent pour cause une modification primitive de l'appareil gastrique, soit qu'elles se rattachent, par les liens obscurs de la sympathie, à quelques perturbations profondes survenues dans les fonctions de quelque organe éloigné.

Ces aberrations du goût sont surtout fréquentes chez les femmes enceintes, chez les jeunes filles affectées de chlorose, chez les enfants maladifs, rachitiques, étiolés; et il est à remarquer que lorsque la malacie se présente comme symptôme d'une perturbation réelle et profonde dans les organes de la digestion, il est très-rare que l'ingestion de ces aliments bizarres, quelque nuisibles d'ailleurs qu'ils puissent paraître, entraîne les accidents fâcheux que l'on semblerait en droit d'en attendre. Quelquefois même ce penchant inexplicable que les malades témoignent pour certaines substances doit être envisagé comme un véritable instinct organique, instinct qui lui-même peut fournir au médecin d'excellentes indications thérapeutiques : ainsi, un penchant prononcé pour la craie pourrait justifier l'emploi de quelques préparations alcalines de soude, de potasse ou de chaux ; une faim ardente pour les fruits verts, les mets assaisonnés de vinaigre, pourrait indiquer l'usage des boissons acidulés, etc., etc. Remarquons enfin que dans un grand nombre de cas les matières ingérées sont non-seulement indigestes, mais encore complétement inertes et sans action aucune sur la muqueuse gastrique ; et c'est encore, suivant toute probabilité, un phénomène instinctif qui porte les malades, de même que certaines peuplades géophages, à tromper, par une apparence de nourriture, cette faim rabique à laquelle ils sont en proie, en introduisant dans les voies alimentaires des substances indifférentes, sur lesquelles puissent s'épuiser en quelque sorte les forces digestives de l'estomac.
BELFIELD-LEFÈVRE.

MALACODERMES (de μαλακός, mou, et δέρμα, cuir), famille d'insectes coléoptères pentamères, que Latreille a formée des tribus suivantes : *cébrionides*, *lampyrides*, *mélyrides*, *clairones*, et *ptiniores*, auxquelles Laporte de Castelnau ajoute les *xylotrogues*. Presque tous les malacodermes sont pourvus d'ailes et très-carnassiers, surtout à l'état de larves. Ils fréquentent les végétaux et le bois mort. Ils sont peu remarquables sous le raport de la taille et des couleurs, excepté les lampyrides, qui brillent souvent d'un vif éclat, et dont la plupart des espèces, telles que celle que l'on nomme vulgairement *ver luisant*, sont phosphorescentes. Les malacodermes ont pour caractères principaux : Corps presque toujours de consistance molle; tête inclinée en avant; tube alimentaire plus long que le corps.

MALACOLOGIE (du grec μαλακός, mou [sous-entendu ζῶον, animal], et λόγος, discours), nom proposé par Blainville pour désigner la branche de l'histoire naturelle qui s'occupe des mollusques, en s'appuyant sur l'organisation de l'animal. L'étude des mêmes animaux fondée sur la conformation de la coquille prend le nom de *conchyliologie*.

MALACOPTÉRYGIENS. *Voyez* POISSONS.

MALACOSTRACÉES (de μαλακός, mou, et ὄστρακον, coquille, écaille), groupe de crustacés établi par Latreille.

MALACOZOAIRES (de μαλακός, mou, et ζῶον, animal), synonyme de *mollusques*, employé par Blainville dans sa classification.

MALADIE, MALADE. On dit qu'il y a maladie toutes les fois que les facultés de l'âme et les fonctions de la vie sont profondément troublées, ensemble ou partiellement. On perd le goût et l'appétit, la digestion se fait mal ou ne se fait plus, le pouls s'accélère, les sécrétions sont tantôt excessives et tantôt languissantes, les forces se brisent et s'anéantissent, la respiration devient plus fréquente ou plus gênée, le sommeil disparaît ou est troublé, la volonté perd son énergie et l'esprit de sa vivacité, de ses soudaines manifestations : voilà quels symptômes généraux escortent la plupart des maladies. Cependant, il en est de plus circonscrites, ou de moins rejaillissantes, qui se bornent à un organe, et qui souvent ne se décèlent que par quelques douleurs, par quelque éruption ou enta-

mure : un ulcère, une dartre, la syphilis récente et la gale, qui sont aussi des maladies, intéressent tout au plus la sensibilité, le repos des nuits ou l'embonpoint, sans troubler manifestement les principales fonctions.

Le médecin ne reconnaît point pour malades tous ceux qui se plaignent, ni même tous ceux qui souffrent : ce n'est pas être malade qu'éprouver de la gêne après avoir trop dîné, trop veillé, trop bu, trop couru, trop senti, trop pensé ; et pourtant c'est souffrir, et l'on court risque, si l'on persévère, de souffrir encore davantage ; mais il suffira presque toujours d'un peu de repos et de prudence, d'une diète raisonnée et d'un long sommeil, pour replacer les *wagons* de la vie sur les *rails* de la santé. Disons à ce propos que le médecin se montre quelquefois trop incrédule au sujet des souffrances qu'on lui confie ; malheur à lui, comme à ses malades, s'il n'accorde de réalité qu'aux maux qu'il peut voir ou toucher ! Une douleur nerveuse, une sciatique, une crampe soudaine, beaucoup de douleurs et de faiblesses locales, la migraine et la goutte, le rhumatisme et les névroses, n'ont souvent ni évidence matérielle ni rejaillissement manifeste sur le pouls ou ailleurs. Comment donc faire ? Il faut tout simplement s'en rapporter avec confiance au témoignage des malades. Mais les malades, direz-vous, trompent souvent le médecin. Tant pis pour eux : il vaut encore mieux s'exposer à être trompé qu'à devenir cruel par trop d'incrédulité et de rigorisme.

Une erreur bien fréquente, et que les plus habiles médecins ne savent pas toujours éviter, consiste à prendre pour un mal physique, pour une maladie véritable, l'émotion provenant d'une querelle, d'un regret, d'un désir contrarié, d'un accès de colère ou de jalousie, d'une crainte soudaine ou d'un profond chagrin, et quelquefois même un mal imaginaire imitant la réalité.

Les gens du monde, toujours si prompts à tourner la médecine en dérision, sont loin de s'imaginer à combien d'appréciations délicates doit se livrer l'homme qui les traite pour tous ces maux nés de leurs imprudences ou de leurs excès. Et d'abord, le médecin doit s'assurer du *siège* précis de la maladie, chose quelquefois beaucoup plus difficile qu'on ne le pense généralement. Le siège du mal est quelquefois éloigné du point douloureux : les maladies de la hanche déterminent de la douleur vers le genou, celles de la matrice font principalement souffrir vers les reins et les cuisses, celles de la vessie vers l'urètre, celles du foie vers l'épaule, celles de l'aorte vers le larynx, celles de la moelle épinière escortent un fourmillement douloureux dans les membres, et beaucoup de maladies du cerveau ne se manifestent que par des douleurs d'oreille, ou par ce qu'on nomme des maux de nerfs, des vapeurs, des convulsions ou de vives souffrances en diverses parties. Voilà même ce que j'ai appelé le *siège mensonger des douleurs*. Les symptômes fonctionnels sont quelquefois aussi trompeurs que les douleurs mêmes. Par exemple, la toux n'annonce pas toujours une maladie de poitrine : elle peut naître d'une affection du pylore, de la matrice ou du foie ; la migraine dépend quelquefois de l'estomac ; le vomissement peut être produit par une maladie du cerveau, et même par la gravelle, par une hernie étranglée, par une affection utérine, etc. Même en chirurgie, les symptômes sont quelquefois équivoques quant au siège du mal : on ne boite quelquefois que parce que la colonne épinière est déviée, et un abcès du dos ou des reins peut avoir sa source dans une carie du cou. Voyez à combien d'erreurs de pareilles ambiguïtés peuvent donner lieu !

Le siège connu, il faut chercher la *cause* du mal : cette partie de la science porte le nom d'*étiologie*. Les causes immédiates ont rarement beaucoup d'importance ; la même fatigue ou le même accident qui détermine ici la gastrite ou une fièvre d'accès, peut causer ailleurs un mal de gorge, une fluxion de poitrine, une inflammation du cerveau ou des entrailles : cela dépend de l'organisation et des dispositions des malades. Mais il est essentiel de savoir si le mal est héréditaire, comme le sont souvent le cancer, les maux de nerfs, la goutte, les scrofules, la phthisie, les dartres, les calculs, les difformités, la folie, et l'épilepsie principalement. Le scorbut peut dépendre du trop long usage des viandes salées ; les maladies de la peau, de liqueurs fortes ou de chagrins ; les calculs, de la paresse ou d'une alimentation trop substantielle ; la fièvre d'accès, du voisinage d'un marais ou d'un étang quasi desséché.

Il est surtout fort essentiel de savoir si l'on a affaire à une maladie contagieuse, ne fût-ce que pour en préserver les proches du malade. Les maux qui se transmettent d'homme à homme sont heureusement moins nombreux qu'on ne le croit vulgairement. A l'exception de la petite vérole, de la scarlatine, de la rougeole, de la miliaire, de la rage, de la gale, et de la syphilis, il existe peu de maladies contagieuses ; je ne suis même pas convaincu que celles que je viens de citer le soient toutes. C'est à tort qu'on a prêté cette fatale propriété aux humeurs froides, aux dartres, au cancer, à la phthisie, aux fièvres malignes, à la fièvre jaune et au choléra : ces maladies ne sont point réellement contagieuses. Plusieurs d'entre elles sont héréditaires, d'autres apparaissent épidémiquement, c'est-à-dire qu'elles attaquent à la fois une multitude de personnes vivant sous l'influence des mêmes causes maladives. Mais c'est par inattention que l'on regarde comme transmises par contagion des maladies dont l'air, le sol et l'eau disséminent partout les germes, isolés et indépendants les uns des autres. Le docteur Brayer, qui a pratiqué son art à Constantinople durant neuf années, ne croit nullement à la contagion de la peste. Nous avons adopté son opinion.

A l'égard des *symptômes*, il en est de caractéristiques qui appellent toute l'attention du médecin ; car sans eux il lui serait impossible de reconnaître une maladie et de porter, comme on dit, son *diagnostic* : or, comment guérir une maladie sans la connaître ? Il est permis de douter de l'existence de la petite vérole tant qu'on n'a pu voir autour de la bouche, principalement sur la lèvre supérieure, cette couronne de petits boutons qui en forme le premier trait évident ; car l'inflammation des yeux et de la gorge, la toux et la fièvre, etc., peuvent de même devancer et escorter la rougeole et la scarlatine. La pleurésie a pour signes une douleur de côté et une toux sèche jointes à de la fièvre, et dans la fluxion de poitrine véritable (outre les signes tirés de l'auscultation) la fièvre et la douleur se joignent à des crachats rougeâtres ou rouillés, outre que l'oppression est plus vive et le son de la poitrine plus mat. Dans la colique des peintres, le pouls est lent et large, le ventre contracté et insensible à la pression. Existe-t-il des vers dans les premières voies, vous verrez le lait donner du soulagement, tandis que les acides et la diète aggravent les coliques et les mouvements intérieurs. Les hydropisies se reconnaissent à la fluctuation, et la tympanite à la sonorité, la sciatique et les névralgies à des élancements non fébriles correspondant aux cordons nerveux, le cancer aux douleurs lancinantes dont il est le siége, les maux vénériens à leur aggravation nocturne et à leur adoucissement sous l'influence des mercuriaux, l'épilepsie à de certaines douleurs et aux pressentiments qui en précèdent les accès, mais surtout aux contorsions et à la perte de connaissance, laissant moins de souvenirs que de fatigue. On reconnaît une hernie à la commotion que communique à la tumeur la toux ou des cris, et un anévrisme artériel aux pulsations qu'il éprouve à chaque battement du pouls. La constipation jointe aux vomissements dénote qu'une hernie s'étrangle, tandis que des vomissements précédés de maigreur, d'une tumeur à l'épigastre et de digestions laborieuses, signalent un squirrhe au pylore.

Mais la chose est loin d'être toujours aussi simple que nous venons de le supposer. Les maladies les plus circonscrites à leur début finissent souvent par devenir communes à tous les organes, et voilà justement ce qui obscurcit le siége essentiel d'un grand nombre de maladies, principalement dans ce qu'on nomme *fièvres et consomptions*. « Le sang et les nerfs, avons-nous dit dans notre *Physiologie médicale*, tels sont les deux moyens d'unité de cette multitude de ressorts et d'instruments dont le corps de l'homme est formé. Grâce à eux , tout y concourt, par des correspondances cachées et avec une intelligence incomparable , au même ensemble et à la même fin. Non-seulement tous les organes ont le même cœur et le même sang, les mêmes poumons, le même cerveau et le même estomac ; mais il existe entre toutes ces parties une telle union, un tel pacte, une solidarité si merveilleuse et si prudente, qu'en vertu de cette alliance universelle aucun d'eux ne peut souffrir le moindre choc, la plus faible atteinte, sans que tous ensemble ou la plupart ne se troublent et ne s'agitent. » Il ne faut point chercher la cause des maladies générales ailleurs que dans cette mutuelle connexion et dans cette alliance vitale des organes, et c'est en conséquence de cette ligne sympathique que les maladies ne sont bien discernables qu'à leur début. Pour peu qu'on tarde à les reconnaître, on ne peut plus distinguer l'organe dans lequel agit le principe du mal d'avec ceux qui ressentent les rejaillissements énergiques de cette première agression. Dès que les nerfs et le cœur sont dans le secret des maladies, ils compliquent et ils embrouillent tellement les phénomènes, qu'il est presque impossible d'en démêler l'enchaînement. Ils aggravent le mal dès qu'ils le partagent, et ils n'ont pas sitôt ressenti la douleur qu'ils en accroissent la cause et le danger. Commencer d'étudier une maladie alors seulement que les nerfs y participent, c'est commencer l'histoire d'une révolution quand déjà toutes les provinces d'un État et toutes les classes d'un peuple en ont ressenti le contre-coup ; une maladie, comme une révolution, ne peut être bien étudiée ou sûrement arrêtée qu'à son début.

Un autre point fort essentiel dans toute maladie, c'est l'appréciation de sa gravité, la probabilité de sa durée , la prévision de son issue. Il y a, par exemple, dans les fièvres graves ou malignes, dans ce qu'on nommait autrefois *fièvres putrides*, et que Pinel appelait *adynamiques*, Broussais *gastrites suraiguës*, il y a dans ces affections, qui aujourd'hui ont reçu le nom de *fièvres typhoïdes*, un aspect de la face, une couleur, une aridité de la langue et des lèvres, et une odeur saisissante qui présagent un grand danger. Ce qu'on nomme *fièvres intermittentes pernicieuses*, à cause de leur caractère insidieux et de ces symptômes insolites qui les font ressembler tantôt au choléra, tantôt à une attaque nerveuse ou à une phlegmasie d'entrailles, ces fièvres-là amènent promptement la mort si on ne les coupe aussitôt au moyen du quinquina. La petite vérole est souvent mortelle quand les pustules s'affaissent alors qu'elles devraient suppurer. La miliaire est pernicieuse quand elle est pourprée. Il est rare de guérir le choléra une fois que la face est devenue froide et bleue. La rage, un cancer ouvert, les dartres vives, la phthisie précédée d'hémoptysie, et qu'escortent la maigreur et des sueurs nocturnes ; les anévrismes du cœur et l'asthme, la paralysie précédée d'un coup de sang, l'épilepsie qui a duré des années, la folie au bout de six mois, le squirrhe du pylore, qui a déjà la face est maigre et bistrée, la sciatique provenant d'excès, la goutte née de l'insobriété, l'hydropisie succédant à l'ivrognerie ou à une flegmasie viscérale, sont autant de maladies incurables. Les charlatans, qui jouent presque toujours *quitte ou double* , c'est-à-dire qui pour guérir ou mal exposent volontiers la vie du malade, guérissent parfois certaines dartres par des topiques ou des poisons, certaines hydropisies par des purgatifs brûlants. Mais le véritable médecin, lui qui ne s'expose jamais à nuire, opère rarement de pareilles cures. Il est d'ailleurs, aux yeux d'un médecin sage, des affections qu'il ne faut point guérir. Dans ce nombre, on peut ranger les vieux ulcères des vieillards, d'anciens catarrhes, la fistule de l'anus chez les poitrinaires, car alors la mort serait prompte. J'ai vu quelques personnes guérir des dartres, des psoriasis, des ichthyoses, avec des mixtures arsénicales, avec la liqueur de Fowler, par exemple ; mais j'ai vu plusieurs malades ainsi traités périr tout à coup d'une perforation de l'estomac. J'ai vu bâtir à Paris de magnifiques hôtels avec les produits de la médecine Leroy ; mais le prix même de ces petits palais n'aurait pu payer un cimetière assez vaste pour donner sépulture à tous les malheureux que cette drogue célèbre a fait périr !

Il est des maladies qui ont des remèdes pour ainsi dire spécifiques. Par exemple, toute maladie intermittente a chance de guérir au moyen du quinquina. La gale se guérit avec le soufre. Les eaux sulfureuses remédient au rhumatisme chronique, à quelques maladies de la peau, et elles tarissent quelques catarrhes. Le copahu et le poivre cubèbes ont fréquemment coupé la gonorrhée. La térébenthine et le camphre adoucissent les douleurs de la vessie ; et les eaux alcalines sont utiles dans la gravelle. L'eau gazeuse ou carbonique apaise de certains vomissements et facilite les digestions ; le fer guérit la chlorose, rappelle les menstrues et adoucit quelques affections nerveuses, en particulier les palpitations. L'étain, la fougère mâle, l'écorce de la racine de grenadier, la mousse de Corse, et le *semen contra* tuent les vers. La maladie vénérienne a pour remède le mercure. Le nitrate d'argent, la sabine et l'alun calciné répriment de certaines excroissances. L'opium, pris à petites doses, calme les douleurs non fébriles, et fait dormir ; mais il peut amener l'assoupissement, le délire, et je l'ai vu produire la folie chez deux malades atteints de cancer, qui en prenaient au delà de 0^{gr} 10^c par jour. Enfin, pour des maladies dérivant de causes morales, si le remède n'est pas toujours de la main du médecin, celui-ci cependant doit l'indiquer, le chercher ; il n'est pas sans exemple que les bons conseils du médecin aient plus d'effet que ses ordonnances. Dr Isidore BOURDON.

On divise généralement les maladies, suivant leurs caractères généraux, en maladies *éphémères*, *aiguës* et *chroniques*; *bénignes* ou *légères*, *malignes* et *pernicieuses*; *continues* et *intermittentes*; *curables*, *incurables* et *mortelles*; *acquises*, *innées* et *héréditaires*; *endémiques*, *épidémiques* et *contagieuses*.

MALADIE DU PAYS. *Voyez* NOSTALGIE.
MALADIES DES ANIMAUX. *Voyez* VÉTÉRINAIRE (*Médecine*).
MALADIES DES PLANTES. L'étendue et l'exactitude de nos connaissances médicales dépendent pour les différents êtres organisés des notions plus ou moins précises sur leur structure, la nature de leurs tissus et le mécanisme de leurs fonctions. Nous devons donc reconnaître que la pathologie végétale n'est pas encore une science. Nous possédons, il est vrai, de Duhamel, de Plenk, de Ré, ainsi que de leurs successeurs, quelques observations empiriques sur les maladies des plantes ; mais la chimie et la physiologie végétales, sur lesquelles s'appuiera toute saine pathologie, sont à peine ramenées dans une bonne direction par les importants travaux de M. Raspail. Ses grandes découvertes porteront leurs fruits pour l'étude des maladies des végétaux ; mais ces fruits sont à naître. Nous avons bien reconnu que la moisissure, le charbon, la carie, le blanc, la rouille, etc., quoique donnant lieu à de véritables maladies, n'en sont pas elles-mêmes, mais qu'elles sont produites par des plantes parasites ; nous avons même déterminé d'une manière vague quelques-unes des circonstances extérieures qui favorisent le développement de ces productions. Il en est de même des maladies d'une autre nature qui ont atteint d'une manière si désastreuse la pomme de terre et la vigne. Mais que savons-nous sur les conditions organiques, sur les causes qui dans le végétal ne permettent la naissance et le développement ? Rien ou presque rien. Nous avons constaté (Plenk) 1° des *lésions externes* (plaie, fente, fracture, ulcération, défoliation); 2° des *écoulements* (hémorrhagie, pleurs des bourgeons, miellat); 3° *débilité* (faiblesse, accroissement arrêté); 4° la *cachexie* (étiolement, ictère, anasarque, taches, phthisie); 5° la *putréfaction* (teigne des pins, nécrose, gangrène); 6° l'*excroissance* (squammation des bourgeons, verrucosités des feuilles, carcinome des arbres, lèpre des arbres); 7° des *monstruosités* (fleurs doubles, fleurs mutilées naturellement, difformité); 8° la *stérilité* (par excès ou défaut de nourriture, par avortement des organes sexuels). Cette classification nosologique, malgré les modifications qu'elle a subies, est l'inventaire assez complet de nos connaissances sur les maladies des plantes. Le simple exposé, les noms même des maladies étudiées montrent combien elle est incomplète, fausse et insuffisante. P. GAUBERT.

MALADRERIE ou **LADRERIE**, hôpital anciennement affecté aux lépreux, et qu'on appelait aussi *léproserie*. Les maladreries étaient fort nombreuses au moyen âge : Louis VIII, dans son testament, fait en 1225, fit des legs de 100 sols à chacune des *deux mille* maladreries de son royaume, et Mathieu Pâris en compte dix-neuf mille dans toute la chrétienté. La plus célèbre des maladreries de France était celle qui existait dès le douzième siècle sur l'emplacement occupé aujourd'hui par la prison de Saint-Lazare. Louis VII, avant de partir pour la croisade, en 1147, visita cette maladrerie, qui se composait de quelques baraques, et y passa quelques instants. Cette maison fut donnée, en 1632, à saint Vincent de Paul, qui en fit le chef-lieu de la Congrégation des missions.

Les maladreries n'étaient guère que de vastes masures délabrées, où étaient entassés pêle-mêle les malheureux rongés par la lèpre; les malades n'y trouvaient ni les secours de la religion ni les soins du corps ; tout au plus leur donnait-on du linge en lambeaux. Cependant à la plupart de ces établissements étaient affectés des revenus quelquefois considérables; mais ces revenus étaient usurpés par les prêtres chargés de desservir les églises des maladreries ; de plus, de graves abus s'étaient glissés dans l'administration de ces hôpitaux; les gueux, les vagabonds, les mendiants avaient coutume de s'y réfugier et d'y abriter leur fainéantise. En 1612, un édit de Henri IV ordonna que les vrais lépreux, après qu'on aurait constaté leur maladie, seraient admis dans les maladreries, mais seulement sur un certificat du grand-aumônier de France. Toutes les ladreries, maladreries et léproseries furent réunies à l'orde de Saint-Lazare, par un édit royal daté de 1664. Ces nombreux établissements furent supprimés ou reçurent une autre destination quand la lèpre fut remplacée par une autre fléau, la syphilis.

MALADRESSE, MALADROIT, travers, défaut peut-être, qui nous a tous amusés chez les autres. Qui n'a rencontré sur sa route quelqu'un de ces êtres que la nature semble avoir disgraciés, en ne leur permettant point de mettre aux choses les plus simples la dextérité, la facilité, l'aisance, qu'elle a départies à peu près également entre tous les hommes. Le maladroit est un étourdi, non de cette étourderie de tête et d'esprit, gracieuse et souvent aimable, mais d'une étourderie musculaire, corporelle, qu'on croirait concentrée dans ses mains et dans ses jambes; il semble que ne lui a été donné de rien faire comme tout le monde ; tout ce qu'il touche se renverse ou se brise; quand il ne rend pas les gens furieux, il les fait rire à ses dépens. Don fatal ! car celui qui est né maladroit mourra maladroit, et le malheur qui s'attache à ses doigts, à ses mouvements, ne l'abandonnera qu'avec la vie.

MALAGA, chef-lieu de la province du même nom, dans le royaume de Grenade (Espagne), au pied de plusieurs montagnes, dans une belle plaine, sur les bords de la Méditerranée, à l'endroit où vient se jeter le Guadelmina, petit fleuve qui reste à sec la plus grande partie de l'année; il s'y trouve un excellent port, protégé par quelques fortifications sans importance, et dont le môle, muni d'un phare, s'avance à 1,333 mètres dans la mer. Les maisons en sont élevées, les rues étroites, petites et généralement sales. Cependant la ville a quelques grandes et belles places et quelques édifices assez remarquables, entre autres la cathédrale et l'Aduana. L'Alameda est une fort belle promenade. Il n'y reste plus aucun des couvents d'hommes qu'on y voyait jadis; mais les couvents de femmes y sont encore au nombre de sept. La population est de 94,000 habitants, qui s'occupent surtout de commerce. Indépendamment de nombreuses fabriques de soieries et filatures de soie, il y existait en 1852 une filature de coton, une manufacture d'étoffes de coton et une fabrique de toiles, occupant ensemble plus de 1,500 ouvriers, ainsi que deux hauts fourneaux. Malaga est célèbre par ses fruits et ses vins (*voyez* l'article ci-après). Dans ces dernières années, l'exportation de ses raisins secs muscat a été en moyenne de près de 1,500,000 caisses par an; celle des raisins secs ordinaires, de 100,000 barriques (à 50 kilogrammes chacune); celle des raisins frais, de 25,930,000 barriques; sans compter 20,000 caisses de citrons et oranges, et d'immenses quantités de figues, d'amandes, d'olives et autres produits. Dans les bonnes années, on exporte environ un million d'*arrobes* d'huile. On retire aussi des montagnes voisines beaucoup de plomb, qui constitue un autre article important d'exportation.

Malaga, située par 36° 43' de latitude septentrionale, jouit du plus beau et du plus doux climat de l'Europe; aussi y envoie-t-on beaucoup de personnes affectées de maladies de poitrine. Tous les malades qui ont besoin d'un air sec et chaud peuvent espérer y trouver un adoucissement à leurs souffrances. Malgré cette situation si favorable, Malaga fut en 1804 cruellement ravagée par la fièvre jaune, qui n'y fit pas alors moins de 20,000 victimes.

L'antique *Malaca*, qu'on prétend avoir été fondée par les Phéniciens, était déjà du temps des Romains un important centre commercial. Les Maures s'en rendirent maîtres au huitième siècle, et ce fut seulement en 1487 que Ferdinand le Catholique la leur enleva. En 1680 un tremblement de terre y produisit de grandes dévastations. Elle eut aussi beaucoup à souffrir en 1834 des luttes entre les carlistes et les christinos. En 1836, le commandant militaire San-Just y fut égorgé, en même temps que le comte Donodio, gouverneur civil ; et les émeutiers, après avoir proclamé la constitution des cortès de 1812, y établirent une junte de gouvernement.

MALAGA (Vins de). Les coteaux qui avoisinent Malaga sont couverts de vignes, dont les fruits s'exportent soit desséchés, soit frais, ou bien sont employés à la fabrication d'un vin justement estimé, et qui trouve surtout d'avantageux débouchés dans les deux Amériques. Les meilleures espèces de *vins de Malaga* sont le *Lagrima de Malaga*, le *Dom Pedro Ximenez*, et le *vino de guindas*. Ce dernier est ainsi appelé parce qu'on le laisse d'abord reposer sur les jeunes pousses d'une espèce de cerisier appelé *guinda*.

MALAGRIDA. (GABRIEL), jésuite italien, né en 1689, à Mepiano, dans le Milanais, fut choisi par le général de son ordre pour aller prêcher des missions au Brésil. Il s'aventura jusque dans les profondeurs des forêts du Marañon et dans d'autres provinces éloignées qui n'obéissaient qu'imparfaitement au Portugal. Après un séjour de plus de trente ans en Amérique, il revint à Lisbonne, en 1750, dans le but de faire établir un séminaire à Camata. L'année suivante, il partit de nouveau pour le Brésil, et ne revint à Lisbonne, en 1754, qu'à la sollicitation expresse de la reine. Il ne tarda pas alors à être le directeur à la mode, car il joignait à un zèle ardent cette énergie de paroles que donne l'enthousiasme. Son extrême popularité finit par indisposer contre lui le marquis de Pombal, qui, en novembre 1756, le fit exiler à Sétubal, tant à cause de ses sermons, que parce qu'il redoutait l'influence que ce hardi prédicateur pouvait exercer à un moment donné sur l'esprit du roi; et les efforts de Malagrida pour parvenir jusqu'à Joseph Ier à l'effet de combattre les machinations ourdies contre la Société de Jésus demeurèrent inutiles. On profita de l'attentat dont le roi faillit être victime (1758), et qu'on attribua aux familles Aveiro et Tavora, pour mêler les jésuites à cette affaire. On prétendit que le duc d'Aveiro avait consulté sur son projet de régicide trois membres de l'ordre, les Pères Ma-

thos, Alexandre et Malagrida, et que ces casuistes avaient déclaré qu'il n'y avait même pas péché véniel à tuer un monarque qui persécutait les hommes de Dieu. Malagrida fut en conséquence arrêté en janvier 1759, comme prévenu de complicité dans l'attentat; mais, faute d'avoir pu trouver la moindre preuve à l'appui de cette accusation, les ennemis de la Compagnie traduisirent le malheureux jésuite devant le tribunal du saint-office, sous la prévention d'avoir avancé diverses propositions véhémentement suspectes d'hérésie, dans deux ouvrages, l'un, en latin, intitulé : *Tractatus de Vita et Imperio Antichristi*; l'autre, en portugais, ayant pour titre : *Vie héroïque et admirable de la glorieuse sainte Anne, mère de la sainte Vierge, composée avec l'assistance de la bienheureuse vierge Marie et de son très-saint Fils*. Ces deux livres témoignaient évidemment d'un dérangement complet des facultés intellectuelles de l'auteur. Il ne faut pas s'étonner dès lors que Malagrida, dont l'âge avait singulièrement affaibli l'esprit, et à qui deux ans et demi de détention dans un cachot avaient dû achever d'enlever la raison, ait confessé , en présence des inquisiteurs, que Dieu lui-même l'avait proclamé son envoyé, son apôtre, son prophète, et se l'était attaché par une union intime; que Marie, avec l'agrément de Jésus et de toute la sainte Trinité, l'avait déclaré son fils.

Tous autres que des inquisiteurs, instruments complaisants d'un ministre tout-puissant, eussent souri de pitié en entendant ce vieillard débiter de pareilles absurdités. Eux, ils y virent un prétexte tout trouvé pour motiver la sentence de mort qu'on leur demandait. Le 20 septembre 1761, le Père Malagrida fut étranglé dans son cachot ; le lendemain, son cadavre fut placé sur un bûcher et brûlé, et ses cendres jetées dans le Tage. A cette époque déjà on n'hésita pas à ne voir là qu'un lâche assassinat judiciaire. C'est sous la prévention de complicité dans une tentative de régicide que le malheureux jésuite avait été arrêté; et c'est comme hérétique que ses juges-bourreaux l'avaient condamné à mort!

MALAIS. On comprend sous cette dénomination générale toute la race humaine formant la transition de la race caucasique et mongole à la race éthiopienne, qu'on trouve répandue dans les diverses îles de la mer des Indes et de la Polynésie, et dans un sens plus restreint celle qu'on rencontre dans Madagascar jusqu'à l'île de Pâques (*voyez* RACES HUMAINES). Les peuples de cette famille, laquelle, sauf les Hanafuras on Alfoures et les Négritos ou Papous, a d'assez beaux traits, des cheveux longs et bouclés et un teint plus ou moins brun, se sont de tous temps distingués par une certaine civilisation, qui chez quelques-uns est même parvenue à un degré assez élevé. Indépendamment des ressemblances de leur conformation physique, une circonstance encore qui prouve bien leur origine commune, c'est que toutes leurs langues ont entre elles des affinités marquées, et ne sont même au fond que des dialectes différents d'une même langue.

Dans une acception plus restreinte et plus commune, on désigne sous le nom de *Malais* un peuple particulier appartenant à la race malaise, remarquable par une stature petite, mais nerveuse et au total bien proportionnée ; chez lequel les passions ne connaissent pas de frein et vont même dans l'état d'ivresse jusqu'à la démence complète. La couleur de la peau est brun foncé, les cheveux longs et d'un noir foncé; les yeux sont foncés, grands et brillants, la barbe, qu'on arrache, peu fournie; le nez plat et grand ; les cuisses et les mollets, comme chez les nègres, sont grêles. Les vertus et les vices, la bravoure et l'énergie, la perfidie, les instincts de brigandage et de meurtre de ce peuple, ont pour point de départ l'extrême vivacité de ses passions. Les diverses tribus qui le composent occupent sur l'échelle de la civilisation des degrés très-différents. Leur berceau originel est l'intérieur du plateau de Sumatra, où elles constituaient jadis le puissant royaume de Menangkabo, dont l'agriculture était la base fondamentale, et qui aujourd'hui est soumis à la domination hollandaise. Civilisés de bonne heure et vraisemblablement par suite du contact de l'Inde, les habitants de ce royaume se distinguaient des habitants des côtes, qu'ils finirent aussi par subjuguer. Vers le milieu du douzième siècle, ils s'établirent dans la petite île de Singapore, à l'extrémité de la presqu'île de Malakka, et ne tardèrent point à s'y répandre; aussi l'appelle-t-on encore aujourd'hui la *presqu'île malaise*. Ils y fondèrent le royaume de Malakka, qui, basé également sur l'agriculture, y adjoignit aussi le commerce et l'industrie; c'est ce qui fait qu'il parvint rapidement à constituer une grande puissance, en relations avec toutes les contrées de l'Asie, et envoyant des flottes commerciales jusqu'en Arabie d'une part, et jusqu'en Chine de l'autre. Ce furent ces relations commerciales qui, au treizième siècle, y introduisirent l'islamisme; et il se propagea bientôt pacifiquement parmi tous les peuples malais de l'archipel Indien. En effet, le royaume de Malakka, dont les souverains portèrent d'abord le titre de *radjahs* et s'intitulent aujourd'hui *sultans*, ne s'étendait pas seulement alors sur toute la péninsule de Malakka, mais dominait encore tout l'archipel Indien, où ses colons occupèrent les côtes de la plupart des îles. Ces colonies malaises ne paraissent point, d'ailleurs, avoir formé des associations politiques indépendantes, et semblent être toujours restées dans une espèce de dépendance de Malakka. Ce royaume était parvenu au commencement du seizième siècle à l'apogée de sa prospérité, quand les Portugais y apparurent pour la première fois, en 1512. Ils mirent un terme à son existence en détruisant Malakka, et employèrent tous les moyens en leur pouvoir pour détruire la domination malaise dans l'archipel Indien; politique que suivirent également les Hollandais, lorsqu'ils héritèrent de la puissance des Portugais dans ces contrées. Le système de persécutions cruelles pratiqué par ces deux nations à l'égard des Malais eut les résultats les plus funestes pour la moralité de cette race. Arrachés par la violence à l'agriculture, à l'industrie et au commerce, qui jusque alors avaient constitué leurs occupations habituelles, ils firent désormais de la navigation et de la piraterie leur principale ressource.

Les États malais restés indépendants sont fort petits; comme ceux qui sont placés sous la domination hollandaise ou sous celle de Siam, ils ont pour base un espèce de féodalité; c'est ainsi que tous les Malais continuent encore aujourd'hui à reconnaître la suzeraineté des sultans de Menangkabo, bien que ceux-ci aient perdu leur souveraineté. La puissance monarchique est fixée moins par des lois que par les antiques traditions; et elle est limitée par une aristocratie puissante, qui dispose de nombreux vassaux. L'ambition des sultans malais et leurs efforts pour monopoliser le commerce ont provoqué des luttes continuelles entre eux et leur noblesse féodale; luttes d'où sont résultées des guerres incessantes pour les populations, qu'elles ont contribué à rendre perfides et cruelles, de même qu'elles ont nourri parmi elles l'esprit de discorde et de séparation.

Les États malais les plus importants sont les royaumes de *Palembang* et de *Menangkabo*, placés sous la dépendance des Hollandais : les royaumes encore libres d'*Atschin* et de *Siak*, ainsi que le pays des *Battas* ou *Batak*, à Sumatra ; puis les royaumes indépendants de *Djohor* avec l'État tributaire de *Pahang*, de *Salanpore* et de *Rumbo*, et divers États de la presqu'île de Malakka dépendante du royaume de Siam; le sultanat de *Mindanao* et la Confédération des chefs du peuple *Illano*, à Mindanao (voyez PHILIPPINES); les petits États des Soulou, entre Bornéo et les Philippines ; enfin les Bougis et les Macassars, à Célèbes.

MALAISES ou MALAYES (Langue et littérature). *Voyez* ORIENTALES (Langues et littératures).

MALAISIE, l'une des trois grandes divisions géographiques de l'Océanie, au nord de l'Australie, à l'ouest de l'Océanie, et au sud-est de l'Asie, est ainsi appelée du nom générique de ces habitants qui sont le mieux connus des Européens, les Malais. Ses limites s'étendent depuis les îles Andaman jusque et y compris les îles Philippines, et depuis les îles Bachi jusqu'à Timor-Laout. Elle renferme les Moluques, Célèbes, Bornéo et les îles de la Sonde; immense archipel, qui fournit au commerce du monde les épices des Moluques, l'étain de Banka, l'argent de Java, l'or des Philippines, l'ambre gris et les perles de Soulong, le camphre et les diamants de Bornéo, etc. Les religions les plus répandues dans la Malaisie sont le mahométisme, le brahmanisme et le bouddhisme.

MALAKKA, étroite presqu'île, d'environ 1050 myriamètres carrés, avec 500,000 habitants, formant la partie méridionale de la presqu'île de l'Inde au delà du Gange, est baignée à l'est et à l'ouest par la mer des Indes et séparée de l'île de Sumatra par le *détroit de Malakka*. Un prolongement des montagnes de Siam s'y étend jusqu'aux caps Romania et Buro, extrémités méridionales de la presqu'île, qui est entrecoupée par un grand nombre de cours d'eau. A l'intérieur il existe des marais et des forêts vierges. Sur ces côtes, où la chaleur est tempérée par les vents de mer, règne un printemps perpétuel. Le climat est partout d'ailleurs très-chaud et extrêmement malsain dans les contrées marécageuses et boisées. Des fruits délicieux, et d'une espèce bien plus fine que celle qu'on trouve dans les autres parties de l'Inde, y croissent en toutes saisons ; en général tous les végétaux de l'Inde et des Philippines y viennent en abondance. On trouve dans les forêts et les marais des éléphants, des tigres, des buffles et une foule de bêtes venimeuses. En fait d'animaux domestiques, il y a abondance de porcs et de volaille ; mais le gros bétail est rare. Les mines d'or et d'argent que recèle le sol restent inexploitées ; l'étain de Malakka est un de ceux qu'on estime le plus, et les Hollandais en exportent plus de 40,000 quintaux par an pour la Chine.

Les habitants des côtes sont des Malais; à l'intérieur et dans les forêts errent des tribus sauvages, dont quelques-unes anthropophages. Toute cette presqu'île, sauf la partie appartenant aux Anglais, est divisée en plusieurs États malais, les uns indépendants, les autres dépendants du royaume de Siam. Parmi les premiers il faut citer *Djohor*, comprenant l'extrémité sud et la côte est de la Péninsule, duquel dépendent l'État tributaire de *Pahang* et toutes les îles situées entre la presqu'île et Bornéo ; *Pirak* et *Salangore*, au nord de la partie occidentale de la presqu'île; *Rumbo* ou *Rimbau*, petit État au sol montagneux, situé à l'intérieur et habité par des émigrés venus de Menangkabo, parmi lesquels vivent encore à l'état complètement sauvage, et sous le nom de *Djakong* et de *Benua*, un certain nombre de Malais, tenus par quelques auteurs pour les derniers débris de la souche de la race malaise. Les États de *Ligor*, *Bondelon*, *Patani*, *Kalantan*, *Tringanu*, *Kedah* ou *Quedа* (ce dernier conquis pour la première fois en 1822 par les Siamois), reconnaissent la suzeraineté de Siam.

Les Anglais possèdent la ville de MALAKKA avec un territoire d'environ 30 kilomètres carrés, ainsi que les îles de Singapore et de Poulo-Pinang. Ces diverses possessions britanniques, situées dans le détroit de Malakka, renferment une population de 200,000 âmes sur une superficie de 52 myriamètres carrés. Malakka, ville fortifiée, jadis capitale du royaume du même nom, avec un bon port et 20,000 habitants, fait un grand commerce. On y trouve aussi un collège anglo-chinois, d'une importance extrême pour la civilisation de l'Asie orientale. Les Portugais la possédèrent à partir de 1509, et les Hollandais à partir de 1641. Elle fut ensuite occupée par les Anglais, qui la rendirent en 1815 aux Hollandais, aux termes de la paix de Paris. Mais en 1825 il est intervenu entre ces deux puissances un échange par suite duquel la Hollande a fait abandon à l'Angleterre de Malakka, en échange de Bencoolen à Sumatra.

MALANDRINS. Nom qu'on donna d'abord à des voleurs bohémiens ou arabes, du temps des croisades, puis à quelques-unes de ces grandes compagnies dont Duguesclin eut la gloire de délivrer la France. Ce nom paraît être synonyme de *gueux*, *lépreux* ; on appelait ces der-

niers *malandreux*, du nom d'une maladie hideuse qui affecte les chevaux, et à laquelle on comparait la lèpre.
MAL' ARIA. *Voyez* ARIA CATTIVA.
MALAYALAM. *Voyez* INDIENNES (Langues), tome XI, p. 363.
MAL CADUC. *Voyez* ÉPILEPSIE.
MALCHUS. L'histoire juive fait mention de deux hommes de ce nom. Le premier était roi des Arabes. Hérode, fils d'Antipater, lui avait rendu quelques services, et lorsqu'il fut obligé de fuir devant Antigone, il songea à se retirer dans ses États ; mais ce prince le lui fit défendre ; ce qui obligea Hérode à passer en Égypte et de là à Rome. Le second était serviteur du grand-prêtre-Caiphe. S'étant trouvé dans le jardin de Gethsémani avec ceux qui étaient envoyés pour arrêter Jésus-Christ, il fut frappé par saint Pierre, qui lui coupa l'oreille droite.
MALCOLM (Sir JOHN), historien et homme d'État anglais, né en 1769, en Écosse, entra dès 1782 au service de la Compagnie des Indes en qualité de cadet, et en 1792 eut occasion de se distinguer d'une manière particulière au siège de Seringapatam. Après un court séjour dans sa patrie, il retourna en 1795, aux Grandes-Indes, où le gouvernement local ne tarda point à lui confier les missions les plus importantes. C'est ainsi qu'en 1800 il fut envoyé en Perse, où il réussit à conclure une alliance avec les Afghans, qui commençaient à inquiéter les Anglais. Revenu à Calcutta, il fut nommé secrétaire du gouverneur général, marquis de Wellesley. En 1802, en 1808 et en 1810 il fut encore chargé d'autres missions, près le gouvernement persan. C'est à lui que la Perse est redevable de l'introduction de la pomme de terre; aussi, à son départ, le chah de Perse lui conféra-t-il la dignité de khan du royaume. Pendant son séjour en Perse, il réunit les matériaux de son *History of Persia* (2 vol., Londres, 1815) et de ses *Sketches of Persia* (2 vol., 1827). De retour en Angleterre en 1812, il y fut créé *baronet*; mais dès 1816 il partait de nouveau pour les Grandes-Indes, où, en 1818, il fut nommé, par le gouverneur général, gouverneur civil et militaire des contrées de l'Inde centrale conquises par les Anglais pendant leurs guerres contre les Mahrattes et les Pindaris. Ces fonctions, dont il s'acquitta avec un succès marqué, lui donnèrent occasion de publier son *Memoir of central India* (Londres, 1823), où il donne les détails les plus circonstanciés sur l'état du pays et sur les mœurs de ses habitants. Créé en 1823 major général, il fut nommé en 1827 gouverneur de la présidence de Bombay; et dans ces fonctions il mérita particulièrement de son pays en donnant aux Européens l'autorisation de prendre des terres à ferme, ainsi que d'établir des manufactures. A son retour en Angleterre, en 1831, il fut élu membre de la chambre des communes; et il mourut en 1833, à Windsor, peu de temps après avoir publié un livre intitulé : *The Administration of British India.*
MALCONTENTS, nom sous lequel on désigne, dans notre histoire, une des trois factions qui se formèrent en 1573, sous le règne de Charles IX, dans l'armée du duc d'Anjou assiégeant La Rochelle. Ils avaient à leur tête le duc d'Alençon, frère du roi, Henri de Montmorency et le vicomte de Turenne ; se plaignaient des abus qui existaient dans l'administration, de l'inobservation des édits, et demandaient, comme remède aux maux dont souffrait le pays, la réunion des états généraux. On les appelle aussi quelquefois *les politiques.*
MALCRAIS DE LA VIGNE (Mlle), pseudonyme sous lequel Desforges Maillard publia ses premiers vers.
MAL DE COEUR. *Voyez* NAUSÉE.
MAL DE GORGE. *Voyez* ESQUINANCIE.
MAL DE MER. Les personnes qui ne sont point habituées à aller sur mer ressentent généralement, par suite des mouvements du vaisseau, un malaise général, que nous appelons *mal de mer*, et que les Grecs désignaient par le mot ναυσία, de ναῦς, *vaisseau*, dont nous avons fait *n a u s é e.* Les symptômes sont, au début, un violent mal de tête ou des douleurs d'estomac; l'extrémité du nez devient froide; l'estomac se contracte convulsivement et expulse des matières muqueuses, bilieuses, et ces contractions spasmodiques sont d'autant plus violentes et plus douloureuses que l'estomac est vide et n'a rien à expulser. Cet état de malaise s'accroît : des éblouissements et des étourdissements s'y joignent ; enfin, il est suivi d'un abattement complet, pendant lequel le malade demeure dans un immobilité stupide, indifférent et insensible à tout.

La durée de cette pénible situation est très-variable : chez tels individus, le calme se rétablit en peu de jours; chez d'autres, le mal de mer est ressenti pendant des semaines ; quelques-uns même en sont affectés durant tout le voyage. Mais, quelque long et douloureux que soit le mal de mer, il ne met point la vie en danger, et s'apaise en peu de temps dès qu'on se retrouve sur terre. Il y a, dit-on, quelques états morbides qui s'améliorent ou sont guéris sous cette influence. On conçoit aussi que le mal de mer peut aggraver diverses maladies organiques.

Les personnes qui sont le plus affectées du mal de mer sont celles chez lesquelles le système nerveux prédomine et celles qui n'ont point l'habitude de la navigation. Dans la vieillesse et dans l'enfance, on l'éprouve avec moins de violence et moins longtemps que dans l'âge moyen de la vie ; la répétition des voyages atténue beaucoup l'aptitude à le ressentir. Diverses circonstances favorisent et aggravent le mal de mer ; nous citerons : les navires d'une petite dimension et ceux qui ont peu de lest ; les fortes oscillations du vaisseau, telles que celles déterminées par les hautes vagues de l'Atlantique ; les lames croisées de la Méditerranée engendrent aussi fortement cette affection, en imprimant au bâtiment une agitation constante. L'expérience appuie l'opinion qui attribue le mal de mer au roulis et au tangage du vaisseau ; car plus les mouvements sont prononcés, plus les accidents sont graves. Quelques-uns ont signalé comme cause première l'état de l'atmosphère au-dessus de la mer; mais ce jugement a été invalidé par la remarque qu'un trouble analogue au mal de mer est produit chez quelques sujets par les oscillations d'un bateau sur les eaux douces. On a prétendu que dans le mouvement de descente et d'ascension du vaisseau avec ses vagues, la circulation du sang était troublée au point qu'un changement important survenait dans l'action normale de ce fluide sur le cerveau, et que les troubles généraux de l'énervation irradiaient de ce centre nerveux. Cette théorie est ingénieuse, mais elle n'est pas complétement satisfaisante. Plusieurs, raisonnant d'après les premiers symptômes de cette affection, ont également signalé comme point de départ des accidents un trouble des fonctions cérébrales causé par la vue d'objets vacillants ; on ne tarde pas, dit-on, à provoquer le mal de mer en attachant ses regards sur une glace qu'on abaisse alternativement de gauche à droite, qu'on affecte d'imiter les ondulations de la mer. Ce fait n'a point été constaté suffisamment pour être admis sans examen. Il en est de même d'un autre témoignage cité en faveur de la même opinion : c'est que, selon certains observateurs, les aveugles ne sont affectés du mal de mer qu'autant qu'ils touchent des objets par lesquels ils ont la conscience des mouvements du navire. Si ce fait était réel, il suffirait de tenir ses yeux fermés pour conserver l'état normal. Il en est d'autres, enfin, et en grand nombre, qui attribuent le mal de mer au ballottement des viscères abdominaux, qui est toujours plus ou moins considérable ; c'est cette même cause, dit-on, qui fait que le mouvement de l'escarpolette, de la voiture, de la litière, la rotation du corps, suscitent des accidents semblables. On étaye aussi cette théorie par une expérience qui n'est point démentie, c'est l'efficacité des ceintures qui compriment le ventre. L'odeur de goudron ainsi que l'entassement des hommes et des diverses matières entretiennent sur les bâtiments favorise aussi le mal de mer ; mais cette cause n'est que secondaire.

Si l'on ne peut indiquer de remèdes précis et efficaces contre le mal de mer, on peut du moins indiquer quelques sages précautions à prendre ; telles sont : la position horizontale, celle qui donne le moins de prise aux oscillations du navire ; le soin que l'on doit prendre de se placer dans une enceinte étroite, peu éclairée, afin d'échapper au trouble qu'apporte dans le cerveau la vue d'objets vacillants; la compression du ventre, au moyen d'une ceinture, pour empêcher l'ébranlement des viscères abdominaux ; et, enfin, une forte contention d'esprit, qui peut seule refréner l'énervation. Les avantages de toutes ces ressources sont journellement démontrés aux navigateurs. Mais ces moyens sinon de prévenir entièrement, du moins de modérer le mal de mer, ne suffisent que pour un court trajet, comme par exemple la traversée de Calais à Douvres; on ne peut y avoir constamment recours dans un long voyage : il faut en ce cas subir un des inconvénients inévitables de la navigation. En se levant pour monter sur le pont et en se recouchant alternativement, on se familiarise graduellement avec la mobilité de l'habitation et celle de l'horizon dont on est entouré. Quelques jours suffisent souvent pour obtenir une amélioration satisfaisante.

On a proposé de prendre en boisson l'eau de mer, l'éther et diverses préparations dites antispasmodiques, pour remédier aux vomissements; l'expérience n'a pas justifié ces recommandations ; le raisonnement non plus, car il démontre qu'on ne peut combattre un effet sans attaquer d'abord la cause : il faut attendre avec résignation les résultats de l'habitude. L'alimentation doit être réglée suivant la tolérance de l'estomac, qui varie dans chaque individu. Si après le retour de l'ordre dans la fonction digestive de l'estomac la constipation persiste, il convient de solliciter des selles avec des lavements émollients, et de ne recourir que le moins possible aux purgatifs ; il convient en même temps d'adopter pour boisson l'eau de graine de lin, surtout si l'excrétion urinaire est insuffisante ou tarie ; il importe également de se livrer à quelques occupations, à quelques amusements; et cela, afin d'éviter l'inactivité mentale, si féconde en maux de mille espèces. Dr CHARBONNIER.

MAL D'ENFANT. On a donné ce nom aux douleurs de l'enfantement , au travail de l'accouchement.

MAL DE POTT. *Voyez* GIBBOSITÉ.

MAL DE SAINT-JEAN. *Voyez* ÉPILEPSIE.

MAL DES ARDENTS. *Voyez* FEU SAINT-ANTOINE.

MAL DE SIAM. *Voyez* FIÈVRE JAUNE.

MAL DE TÊTE. *Voyez* CÉPHALALGIE.

MALDIVES ou MALEDIVES (Îles), longue chaîne d'îles et d'îlots de corail, au nombre de plus de 12,000, s'étendant dans la direction du 91° de longitude orientale, à partir environ du 7° de latitude septentrionale, sur une longueur de plus de 70 myriamètres et une largeur de 6 à 12. Elle se compose de 17 *atolls* ou écueils de corail en forme d'anneaux, sur lesquels s'élèvent les diverses îles, dont la plupart n'ont guère plus de 6 à 7 mètres d'élévation au-dessus du niveau de la mer. Ces dix-sept groupes d'îles ou de lagunes de corail constituent autant de divisions politiques et se trouvent disposées en double rangée, en même temps qu'ils sont séparés les uns des autres par une mer sans fond , dont l'apparence est toute noire, et au-dessus de laquelle ils s'élèvent de la manière la plus abrupte. La plus grande de ces *atolls* a 14 myriamètres de long, sur 4 de large. *Suadeva*, qui vient ensuite, en a 7 sur 3 $\frac{1}{4}$; au milieu on trouve une grande lagune, à laquelle on arrive par 42 ouvertures ou passages. Ces îles produisent en abondance des cocos, du riz , et tous les fruits et légumes tropicaux. Il ne s'y trouve pas du tout de chevaux ; le bétail y est fort rare, mais en revanche la volaille y abonde, et la pêche constitue une des principales ressources des habitants. Les cauris, espèce particulière de coquillage qu'on recueille sur leurs rives, servent de monnaie dans l'Inde et dans une grande partie de l'Afrique. Les habitants, qui descendent d'Hindous émigrés de la côte de Malabar, et qui se sont ensuite fréquemment mélangés avec les Arabes , sont au nombre d'environ 200,000. Ils professent le mahométisme, et font un commerce actif avec Atschine et Sumatra, ainsi qu'avec la côte orientale de l'Inde en deçà du Gange. Au demeurant, c'est une population assez misérable, obéissant à un sultan qui réside dans l'île de *Malé*.

Les *Lakedives* et îles de *Tschagos*, autres groupes d'innombrables écueils, situés à peu près dans la direction du même méridien que les Maldives, présentent des caractères physiques analogues. Les premières, situées au nord des Maldives, sont habitées par des *Moplays*, et obéissent à un prince vassal des Anglais; les secondes sont situées au sud.

MAL DU PAYS. *Voyez* NOSTALGIE.

MÂLE, FEMELLE. *Voyez* SEXE.

MALEBRANCHE (NICOLAS), philosophe , naquit à Paris, le 6 août 1638, et y mourut, le 13 octobre 1715. Il était entré dans la congrégation de l'Oratoire en 1660. La faiblesse de sa complexion exigea une éducation domestique. Cependant, il alla étudier la philosophie au collége de la Marche , et la théologie à la Sorbonne. Vainement il fut engagé à s'occuper de l'histoire ecclésiastique et du l'hébreu : il n'y put prendre goût. Mais il fut géomètre et physicien, et devint membre de l'Académie des Sciences. « A l'âge de vingt-six ans, ayant par hasard, dit Fontenelle, son biographe et son ami, rencontré chez un libraire le *Traité de l'Homme* de Descartes, il lut avec un tel transport que des battements de cœur le forcèrent plusieurs fois à s'arrêter. Il fut frappé comme d'une lumière toute nouvelle qui en sortait, et dès lors il vit la science qui lui convenait. »

Ne laisser à notre esprit aucune source des idées générales et placer leur source unique en Dieu, qui nous les communique par son action intérieure et immédiate, tel est le propre de l'école malebranchiste. « Toutes nos idées, dit Malebranche, se trouvent dans la substance efficace de la Divinité, qui, en nous affectant, nous en donne la perception : notre volonté n'est que le mouvement que cette substance efficace nous imprime par les idées vers le bien. » Il revient là-dessus en mille façons, ou de lui-même, croyant avoir moyen d'éclaircir encore, ou provoqué par les contradicteurs, avec qui il ne capitule jamais. De là cependant s'échappent le panthéisme et le mysticisme, car si les idées, qui sont ce qu'il y a d'essentiel en nous, se trouvent dans la substance de la Divinité, nous nous y trouvons nous-mêmes, nous en faisons partie, et, soit que nous nous conservions, soit que nous nous réparions, nous n'entrons pour rien dans cette perception ni dans notre réparation, lesquelles sont l'œuvre exclusive de Dieu. Malebranche s'est bercé en sécurité, toute sa vie, que cet abîme du panthéisme et du mysticisme. Voyez-le pourtant combattre le panthéisme dans S p i n o s a, comme un ennemi qui, sous le nom *d'amour pur, d'amour désintéressé*, ou sous celui de *prémotion physique*, de *grâce efficace*, fait irruption chez lui ; voyez-le composer le *Traité de l'Amour de Dieu* contre Lamy et Fénelon, où il ne nomme point celui-ci ; les *Réflexions sur la prémotion physique* contre Boursier, et une partie des *Réponses à Arnauld*, sans s'apercevoir que Lamy, Fénelon, pour établir l'amour pur, Boursier et Arnauld, la prémotion physique, la grâce efficace irrésistible, ne servent précisément que ses opinions, et n'ont d'autre tort que d'en faire une application immédiate et juste. Supposez en effet que l'âme n'ait aucune force, que Dieu produise tout en elle, il est clair que l'amour qui la portera vers lui, ne venant que de lui-même, comme tout le reste, sera indépendant d'elle, sans retour sur elle, c'est-à-dire sans motif de plaisir, de récompense, de bonheur enfin, par conséquent désintéressé. Dans la même hypothèse que l'âme est foncièrement privée de force, où trouvera-t-elle le moyen de résister à la grâce, au mouvement surnaturel que Dieu lui imprimera ? Malebranche, soutenant le contraire, ne s'entend point.

Malebranche est souvent célébré comme le plus illustre disciple de Descartes, comme un métaphysicien incomparable, et il peut causer en effet cette illusion à quiconque n'a pas l'habitude de démêler le mensonge, sous quelque dehors qu'il se déguise. Nul ne rend plus spécieux ce qui n'a point de solidité, ne voile avec plus d'art ce que ses idées ont d'extraordinaire; de dur et de faux. Chez lui l'erreur parle à s'y méprendre le langage de la vérité. Joignez-y cette confiance ferme qui impose, cette simplicité expansive, cette candeur singulière, qui persuadent, cet enthousiasme vrai qui subjugue. De là l'ascendant qu'il conquiert à son école. Les prestiges dont il sait la parer éblouissent jusqu'aux esprits les plus cultivés et les plus pénétrants. Si la force de l'esprit humain, renouvelé par le christianisme, la précipite et la tient en oubli pendant un siècle, elle se relève de nos jours, et c'est au nom de Malebranche qu'on tente d'expliquer philosophiquement la théocratie du moyen âge, et d'y ramener le monde, comme à son régime véritable et définitif. Quelque opposés que soient dans leurs résultats le mysticisme extérieur, ou la théocratie préconisée aujourd'hui, et le mysticisme intérieur, ou le quiétisme du dix-septième siècle, ils reposent sur le même fondement, savoir : que la raison et la volonté ne nous sont point propres, mais sont un don continuel de Dieu.

Malebranche se fonde sur deux raisons principales pour reléguer en Dieu les idées générales : d'abord ces idées ayant un caractère d'infinité, il est impossible qu'elles appartiennent en aucune façon à l'âme, qui est finie. Ceci prouve qu'il n'a point de profondeur. Il lui en fallait pas cependant pour découvrir que l'infinis n'est pas uniquement dans Dieu, qu'il est à certains égards dans chaque être, où Dieu a mis plus ou moins l'empreinte de son infinité, et que l'âme, qui, parmi les êtres créés, doit offrir des traits plus forts d'infini. Oui, dans l'être incréé seul est l'infini absolu; mais dans les êtres créés sont des infinis relatifs. Malebranche, versé dans les mathématiques, devait connaître l'existence des divers ordres d'infinis qui se rencontrent dans beaucoup de leurs théories, et spécialement dans le calcul différentiel. On a donc lieu de s'étonner qu'il n'ait point puisé la moins cette notion de plusieurs infinis pour la transporter dans la métaphysique, s'il ne savait l'y trouver directement. L'autre raison qui détermine Malebranche à placer les idées en Dieu, c'est que cela nous met dans la plus grande dépendance de lui. Effectivement, il serait difficile d'en concevoir une plus étroite; elle n'est qu'à néantir notre être spirituel. Il ajoute que le plus grand honneur en revient à Dieu. En quoi Dieu peut-il se trouver honoré d'avoir produit des êtres qui ne sont rien et dont il est obligé de remplir lui-même les fonctions? L'auteur n'est guère plus heureux dans le choix de ses autorités. Saint Augustin, dit-il ne cesse d'invoquer, dit souvent, il est vrai, que nous voyons en Dieu les idées générales, ou, comme il parle, les vérités éternelles. Mais prétend-il que nous ne les voyons que là? Nullement. En combattant Malebranche, Arnauld lui fait tort grave de soutenir que c'est en nous seulement que nous voyons toutes choses, et que le jetait dans l'école écossaise, et d'affirmer, après saint Thomas, que l'opinion de saint Augustin n'est point que nous voyons en Dieu les vérités éternelles, en ce sens que nous les y contemplons, mais en ce sens que nous les y concevons comme un effet dans sa cause, ce qui d'ailleurs le jetait encore dans l'école écossaise. Un tel écart est d'autant plus étonnant dans Arnauld, qu'il paraît n'avoir attaqué Malebranche qu'à la prière de Bossuet, qui, disciple de saint Augustin, enseigne lui-même cette contemplation.

Malgré tout, même parmi les philosophes qui, comme Malebranche, n'ont pas erré sur les principes fondamentaux, il en est peu dont les écrits soient plus propres à ouvrir l'esprit à l'étude de la métaphysique, à le former aux méditations abstraites qu'elle demande, en le dégageant des sens et l'attirant sans relâche, avec une merveilleuse aisance, dans les objets intellectuels. Par le caractère même de sa doctrine, qui montre Dieu faisant tout dans les créatures, dès lors, toujours et immédiatement présent, toutes les choses qui enchaînent le plus fortement la pensée à la matière, telles que les plaisirs, deviennent sous sa main magique des moyens de l'y soustraire et de l'élever à l'esprit souverain. Avec lui, on ne peut rester dans cette basse région des images, des figures, des impressions qui passent. Par une force secrète, il faut le suivre dans la haute région des réalités et des affections immuables. Mais défiez-vous de cette facilité avec laquelle il vous emporte; il est loin d'être un guide sûr dans la recherche de la vérité, quelque habile qu'il se montre à susciter les dispositions qui peuvent y conduire.

Le plus étendu des ouvrages de Malebranche, celui qui a fondé sa réputation, c'est la *Recherche de la Vérité*. Les six livres qui le composent sont, sauf le troisième, où il expose son système particulier, la réunion et le développement des idées répandues dans le *Discours sur la Méthode*, les *Traités des Passions*, *de l'Homme*, *du Monde* et de *l'Optique*, de Descartes. Dans le premier, le second, le quatrième et le cinquième, il analyse les sens, l'imagination, les inclinations, les passions, et montre comment ces facultés nous abusent. Dans le sixième il explique comment elles nous mènent à la vérité, ou par quels moyens l'esprit acquiert la rectitude et la force dont il est susceptible. Quoique, pour le fond, cet ouvrage ne présente rien de nouveau, il paraît souvent original. Chacun des livres est un traité complet sur la matière. A l'exemple des penseurs spiritualistes, Malebranche y indique cette grande influence du physique sur le moral, que nos soi-disant philosophes et nos physiologistes se vantent d'avoir signalée les premiers. Malheureusement, on y retrouve aussi, portée à l'excès, la prétention de Descartes de tout expliquer dans la nature physique, de n'y laisser aucun mystère; prétention qui, à part ses explications, souvent arbitraires, quelquefois absurdes ou ridicules, a eu l'heureux effet de provoquer la plupart des grandes découvertes dont s'enorgueillissent les temps modernes.

Dans les *Conversations chrétiennes*, il applique ses principes philosophiques à la théologie dont il dénature presque tous les dogmes qu'il cherche à établir. Ainsi, il fait de la chute originelle presque l'unique but de l'incarnation, qu'il juge nécessaire, encore que notre nature eût conservé l'intégrité primitive, afin de lui donner une dignité qu'elle n'aurait point en elle-même. Le *Traité de la Nature et de la Grâce* est consacré à produire son système d'optimisme. Ce de traité naquit la longue et amère querelle avec Arnauld, qui eut l'avantage sur les matières religieuses.

Les *Entretiens sur la Métaphysique et sur la Religion*, et les *Méditations chrétiennes*, présentent à peu près les mêmes idées que les *Conversations* et le *Traité de la Nature et de la Grâce*, mais sous un autre jour, avec plus de détails, avec une supériorité marquée de composition. La forme des *Méditations* surtout est admirable. C'est un dialogue sublime entre le lecteur et la raison souveraine, rappelant, moins l'onction, les deux derniers livres de l'*Imitation de Jésus-Christ*. Malheureusement les erreurs en sont bien détachées en atténuant la main. Mais son ouvrage le plus important à notre avis, est son *Traité de Morale*, dans lequel il rassemble en corps de doctrine les idées et les observations qu'il a semées dans ses autres écrits. En général elles sont vraies, l'auteur s'y montrant moins d'accord avec ce que ses principes ont de mauvais, et plus avec ce qu'ils ont de bon, que lorsqu'il s'occupe de théologie. Par le plan seul qu'il suit, il nous tient en face de Dieu et de l'ordre, et nous ne devons éclairant et réglant tous nos pas. Il ne dépendait point de lui d'en écarter un défaut inhérent à l'époque où il vivait, et dont n'est exempt aucun des ouvrages de morale qu'elle a produits : le trop grand dédain des biens temporels. La régénération sociale que le christianisme a opérée, et qui les recommande à l'estime et à l'ambition de l'homme, n'étant point alors passée dans les lois, on n'écrivait encore que sous l'influence de la régénération religieuse, qui privée de ce contre-poids naturel devait se fausser, les méconnaître, et donner un prix exclusif aux biens de l'autre vie.

Ainsi que saint Augustin, Malebranche a été quelquefois appelé le *Platon chrétien*; mais entre saint Augustin et Malebranche il y a la différence du génie et du talent.

BORDAS-DEMOULIN.

MALÉDICTION (du latin *maledictio*, fait de *mala dicere*, annoncer des malheurs). La malédiction, qu'il ne faut confondre ni avec l'anathème ni avec l'imprécation, était sans rites, sans solennités, et même quelquefois muette; c'était dans les Saintes Écritures la dernière expression de la justice divine et humaine, en ces temps où il n'y avait encore ni lois, ni prisons, ni bourreaux. « La voix du sang de votre frère, dit le Seigneur à Caïn, crie vers moi de la terre où vous l'avez versé. Vous serez maudit sur la terre, qui a ouvert sa bouche et a reçu le sang de votre frère que vous avez répandu. Et Jéhovah mit un signe sur Caïn, afin que quiconque le trouverait ne le tuât point. » La justice humaine éclate en toute sa puissance morale dans Noé, ce premier père outragé par l'un de ses enfants. « Que Cham, fils de Chanaan, soit maudit, dit-il à ce fils indigne qui s'était moqué de sa nudité et de son involontaire ivresse; qu'il soit l'esclave des esclaves à l'égard de ses frères. » Et il bénit Sem et Japhet. La malédiction effrayait jusqu'à Jacob, lorsqu'il dit à Rébecca, sa mère : « Vous savez qu'Esaü, mon frère, est tout velu; si mon père me touche avec sa main, je crains qu'il ne s'imagine que j'aie voulu le tromper, et que je n'attire sur moi sa malédiction au lieu de sa bénédiction. » Ce n'est ni l'esprit des Saintes Écritures ni celui de l'Église de prononcer des malédictions éternelles.

C'est à tort que des auteurs nomment *imprécations* les malheurs qu'appelèrent sur Samarie et Babylone les prophètes Osée et Isaïe; ce sont des malédictions, mais des malédictions conditionnelles, applicables dans le cas où ces prostituées du monde persévéreraient dans l'oubli d'elles-mêmes et du vrai Dieu. Il est arrivé à de saints hommes, dans l'excès des maux de cette vie, de maudire la lumière du jour : « Maudite soit la nuit où je suis né ! » s'écrie Job. Une série de malheurs arrivant au même lieu font croire au vulgaire qu'il y a des lieux maudits, et souvent l'expérience justifie cette superstition.

DENNE-BARON.

MALÉFICE. Sous ce mot on entendait autrefois certaines opérations magiques par lesquelles on croyait qu'une personne pouvait causer du mal à une autre, comme les sorts, la fascination, etc.; les maléfices les plus ordinaires étaient les philtres, la plupart étaient considérés comme des poisons : d'où vient que dans les affaires criminelles de ce genre les juges motivaient toujours leurs sentences sur le fait d'*empoisonnement* et de *maléfice*.

MALENCONTRE. *Voyez* MALHEUR.

MALESHERBES (CHRÉTIEN-GUILLAUME DE LAMOIGNON DE), naquit à Paris, en 1721. Son père, Guillaume II de Lamoignon, président de la cour des aides, ayant été nommé chancelier de France en 1750, Malesherbes le remplaça, et fut en même temps chargé par lui de la direction de la librairie pour l'exercer sous son autorité. Quand, après la disgrâce du chancelier, il quitta l'administration de la librairie, où il alliait si bien la fermeté de l'homme d'État à la modération d'un citoyen ami de l'ordre, les gens de lettres sentirent l'étendue de la perte qu'ils venaient de faire, et plusieurs le lui témoignèrent avec une vive sensibilité. Il nous est resté de son administration quelques sages règlements, quelques innovations utiles, des mémoires sur la législation de la librairie, et une discussion fort précieuse sur la liberté de la presse, dont il adoptait le principe avant que la révolution l'eût proclamée. Plus tard, en 1788, au moment de la convocation des états généraux, il examina et discuta de nouveau la même question dans un assez long écrit. « L'impression, y disait-il, est une arme où chacun a le droit d'entrer : c'est la nation entière qui est le juge; et quand ce juge suprême a été entraîné dans l'erreur, ce qui est souvent arrivé, il est toujours temps de le rappeler à la vérité; la lice n'est jamais fermée. »

Mais ce ne fut pas seulement la liberté de la presse que Malesherbes défendit avec éloquence et courage, ce furent toutes les libertés; la liberté personnelle surtout, si fréquemment, si cruellement violée sous le règne de Louis XV et de ses prédécesseurs. Il semble que son maintien et son établissement aient été le principal emploi de sa vie, le principal but de ses travaux, le plus sacré de ses devoirs; il la défendit avec un zèle égal et constant dans toutes les positions où il se trouva, comme magistrat, comme citoyen, comme ministre, et, ce qu'il y a de plus remarquable, c'est qu'avant lui personne n'avait osé réclamer contre les actes arbitraires qui la violaient. Il eut la gloire d'être le premier magistrat qui se permit d'avertir les rois de l'injuste usage qu'on faisait de leur puissance, le premier qui osa leur dire qu'il était temps d'en subordonner l'exercice aux saintes et rigoureuses lois de la justice et de l'équité. Un certain Monnerat, citoyen obscur, avait été arrêté comme contrebandier. A défaut de preuves, les employés de la ferme générale employèrent l'autorité, et le firent punir arbitrairement. Il était depuis vingt mois dans les cachots de Bicêtre, lorsque la cour des aides lui fit rendre la liberté. C'est à l'occasion de ce Monnerat que Malesherbes fit entendre d'un bout de la France à l'autre sa voix éloquente. C'est dans les remontrances dont il fut le rédacteur qu'il consacra, pour la première fois, les principes de la liberté et ceux des droits du peuple, fondement et but de toute organisation sociale.

Lors de la querelle qui s'engageait entre les parlements et le roi, il rédigea des remontrances contre les édits de 1770 et 1771; elles ne furent pas écoutées; la cour des aides en délibéra de nouvelles, et y joignit des protestations contre tout ce qui venait de se passer. La suppression de cette compagnie, l'exil de plusieurs de ses membres, et particulièrement de son chef, furent la suite de ces remontrances d'un noble courage. Malhesherbes alla jouir, quatre ans, dans la retraite honorée de son nom, du repos qu'il avait si bien mérité, et qu'on lui infligea comme une peine.

Louis XVI, monté sur le trône, marqua son avénement par de grands actes de justice. Malesherbes fut rappelé de son exil, ainsi que les autres magistrats, et la suppression de la cour des aides fut révoquée. A sa réinstallation, il prononça avec beaucoup de dignité un discours conforme à sa position. C'est un des plus beaux qui soient sortis de sa bouche. Il ne tarda pas, au reste, de remplir l'engagement qu'il y avait pris de mettre sous les yeux du roi le tableau des lois les plus rigoureuses dont l'ensemble accablait le peuple, et présenta des remontrances sur la législation des impôts, l'un des ouvrages les plus importants qui soient sortis des cours souveraines pour éclairer l'administration royale. Organe et chef de la cour des aides, non-seulement il y expose tous les inconvénients qui résultent de l'établissement des impôts et de leur recouvrement, mais il y discute, dans des digressions heureuses, les plus importantes questions de l'organisation publique et de la constitution royale, dont il invoque les principes, l'exécution absolue, dont par conséquent plus qu'aucun autre il veut consacrer la durée. Ce n'est point un novateur qui demande, comme magistrat chargé de la conservation de l'antique dépôt des lois, qu'on en fasse disparaître les ordonnances qui les violent et les usages qui les détruisent. C'est de tous ses ouvrages celui qui fait le mieux connaître son grand caractère sa noble raison, ses opinions sages et justes, l'élévation de son âme, la pureté de ses sentiments, la liberté de sa pensée, l'étendue de ses lumières.

C'est au commencement de 1775, aussitôt après le rappel de l'ancienne magistrature, qu'il fut nommé membre de l'Académie Française, et, comme il le dit lui-même, couronné avec une sorte d'acclamation. Quand il fut question de procéder à son élection, il ne parut aucun autre candidat, et il fut élu sans compétiteur. Ce fut vers ce même temps qu'il fut nommé ministre de la maison du roi et des provinces, ce qui renfermait le département qu'on appelle aujourd'hui de l'intérieur. Ce n'est que d'après les vives instances de son ami Turgot, déjà ministre, et sur l'assurance qu'on allait nommer à sa place Sartines, qui déplaisait à celui-ci, qu'il se détermina à céder à la volonté du roi et à accepter le rang qu'on lui offrait. Fidèle à ses anciens principes, en changeant de fonctions, Malesherbes, dès qu'il fut en place, fit mettre en liberté presque tous ceux qui étaient arbitrairement détenus, et ne signa aucun ordre pour en faire arrêter d'autres. Il détermina même, pour l'avenir, des formalités d'après lesquelles une lettre de cachet, s'il avait été absolument nécessaire d'en expédier, aurait été aussi difficile à obtenir que l'acte juridique d'un tribunal ; mais il fit mieux encore, il n'en donna point. L'une des premières propositions qu'il fit au monarque fut de réduire les dépenses de sa maison et de diminuer les impôts. « Mais je n'avais pas songé, dit-il, que l'appui du roi est le plus faible de tous ceux qu'un ministre réformateur puisse obtenir. Nous avions bien le roi pour nous, M. Turgot et moi, mais la cour nous était contraire ; et les courtisans sont beaucoup plus puissants que les rois. » Maurepas, à qui de tels hommes ne convenaient point, accabla Malesherbes de dégoûts, d'oppositions, de contrariétés, et lui, qui n'avait accepté le ministère qu'à son corps défendant, sollicita et obtint sa retraite.

Dès qu'il fut devenu libre, il alla parcourir les Pyrénées, les Alpes, les montagnes d'Auvergne, les vallées de la Suisse et la plupart des provinces de la France, sous le nom modeste de M. Guillaume. Du sein de sa paisible et heureuse retraite, il entretenait des correspondances étendues et multipliées avec les principaux savants de l'Europe. Il composa de nombreux mémoires sur les diverses parties de l'administration. La plupart sont perdus. Parmi ces mémoires, celui qu'il consacra à la cause des protestants, sur lesquels il appelait une tolérance que le clergé combattait alors d'une manière véhémente, appartient à cette époque de sa vie ; trop courageux pour reculer devant les obstacles, il défendit énergiquement leurs droits. « C'est le moins que je puisse faire, disait-il à ses amis, pour réparer le mal que leur a fait, en Languedoc, M. de Basville, mon oncle. » Vers le même temps, il écrivit un mémoire en faveur des juifs.

Enfin, il fut rappelé au conseil du roi : il est certain que c'était moins ses conseils qu'on voulait que l'éclat, l'appui de son nom, et l'apparence de son suffrage, au moment où l'on était décidé à tenter des dispositions capables, par leur nature et leur objet, de mécontenter la plus grande partie du peuple. Mais un homme comme lui ne pouvait jouer ce faible rôle ; il fallait qu'il fît le bien ou qu'il se retirât. « Pendant ce second ministère, dit-il, je n'exerçai aucune fonction active ; je n'avais que le droit de parler, et ce que j'ai dit n'a pas été publié. Mais le secret du conseil n'est pas assez bien gardé pour qu'on ait ignoré que ni les égards pour ceux qui étaient plus puissants que moi, ni l'amitié, ni aucun motif, ne m'ont empêché de m'opposer de toutes mes forces à des actes d'autorité qui ont indisposé la nation. » Il s'éleva fortement contre l'enregistrement forcé des édits bursaux et contre l'exil du parlement à Troyes. L'inutilité de ses efforts, durant son dernier ministère, pour arracher la France et le roi à tous les maux qu'il était forcé de prévoir, dut nécessairement réveiller dans son âme le désir de la retraite. Il obtint enfin cette faveur.

Quand le malheureux roi fut enfermé au Temple, Malesherbes écrivit au président de la Convention pour s'offrir comme conseil de celui qui avait autrefois été *son maître*, comme il disait lui-même. L'offre fut acceptée. Malesherbes, dans cette douloureuse circonstance, ne fut pas seulement le défenseur du monarque déchu, il fut encore au plus haut degré son consolateur, son ami. On voit dans les récits qui nous ont été conservés qu'il allait dans fois par jour au Temple, tant pour informer le roi des événements qui pouvaient l'intéresser et de la marche de la discussion dont la Convention était le théâtre, soit pour régler avec ses deux avocats et devant lui la direction et les moyens de sa défense. Hélas ! si les témoignages de sa bienfaisante affection furent inutiles, du moins les consolations qui les accompagnaient furent réelles, et dans cet excès de malheur tout ce qui put en adoucir le sentiment fut un grand bienfait et un grand service. Malesherbes, après avoir fait entendre à la barre de la Convention quelques paroles entre-coupées et sans suite, mêlées de sanglots et de larmes, pour appuyer la nouvelle mais inutile demande d'un sursis et d'un appel au peuple et réclamer contre la manière dont les voix avaient été comptées, fut chargé d'annoncer le premier au roi l'horrible décret dont il devait être victime, et il remplit ce devoir avec autant de courage que de douleur.

Puis, la douleur dans l'âme et le cœur profondément accablé, il se retira dans cette paisible demeure qui lui avait servi d'asile dans les circonstances difficiles de sa vie, et où il avait trouvé, durant le cours de sa longue et glorieuse carrière, tant de consolation et de bonheur. Il y vivait tristement, mais paisiblement, lorsque de nouvelles calamités vinrent l'y assaillir. On vint arracher sa famille entière de ses bras, et deux jours après il fut arrêté lui-même et conduit dans une prison de Paris. Son courage parut se ranimer dès que la tyrannie frappa sa personne : ceux qui l'ont vu dans ces moments rapportent que ce dernier coup lui rendit toute son énergie, et qu'au lieu d'être atterré par l'idée d'un danger personnel, comme il l'avait été par le sentiment d'une douleur dont le motif lui était étranger, il reprit sa manière d'être accoutumée, même sa gaieté ordinaire. Il fut quelque temps séparé de sa famille, mais obtint bientôt d'être réuni à elle dans la même prison. « Je suis devenu mauvais sujet sur la fin de mes jours, disait-il galement à ceux qui se pressaient autour de lui : je ne suis fait mettre en prison. » Dans le peu de temps qu'il y passa, il ne songea plus à sa défense personnelle. Il avait déjà vu périr ce qu'il y avait de plus cher, il était forcé de trembler pour ce qui en restait encore. Mais il s'occupa essentiellement de Rosambo, son gendre et son intime ami, comme il se plaisait à l'appeler. Très-peu de jours encore avant la mort de l'un et de l'autre, au moment où la hache révolutionnaire était levée sur tous deux, il rédigea pour cet infortuné magistrat un mémoire apologétique, qu'il fit remettre à tous les membres du tribunal chargé de prononcer sur son sort. A peine ce mémoire fut-il signé, que déjà s'acheminaient vers le tribunal Rosambo et quarante membres au moins du parlement de Toulouse et de celui de Paris, pour être de la conduits à la mort.

Le lendemain, Malesherbes y fut traduit à son tour, avec sa fille, sa petite-fille et le jeune époux de celle-ci. On lui notifia, pour la forme, son acte d'accusation, dans lequel il était prévenu vaguement de conspiration contre la république, sans qu'aucun fait fût articulé à l'appui de cette étrange accusation. Le fatal arrêt fut prononcé : il condamnait trente personnes à mort pour avoir conspiré contre la sûreté de l'État, contre l'unité de la république, et toutes aussi peu de réalité et même d'apparence que Malesherbes et sa famille. Il entendit son arrêt sans effroi et même sans étonnement. Il ne proféra aucune plainte, aucun reproche, n'exprima aucun sentiment douloureux : il se tut, et son silence, qui a retenti dans la postérité, a été pour ses juges-bourreaux le cachet de la honte et de l'opprobre. Il ne montra dans ce terrible moment ni ostentation ni faiblesse, il brava tout à la mort, la reçut sans la craindre et avec une entière résignation. Un monument lui a été élevé à Paris au Palais de Justice, sous la Restauration.

Cte BOISSY-D'ANGLAS, pair de France.

MALET (Conspiration). Ce complot est un des plus singuliers épisodes de l'empire, qui est sans doute aussi l'épisode le plus extraordinaire de l'histoire moderne. *Claude-François* DE MALET, gentilhomme franc-comtois, né à Dôle, en 1754, avait commencé sa carrière militaire dans les mousquetaires. Agé de trente-six ans, à l'époque où la révolution commença à revêtir des formes démocratiques, il s'attacha irrévocablement à la cause de la république, marcha à la frontière avec les bataillons de son département, obtint, par sa bravoure, le grade de capitaine, puis celui d'adjudant général en 1793, et enfin celui de général de brigade en 1799. Après s'être distingué dans la campagne des Alpes, il obtint un commandement à l'intérieur. Appelé à Paris sous le consulat, il dut aller servir encore en Italie sous les ordres de Masséna. Il commandait à Pavie lors du couronnement de Napoléon. La franchise ou l'indiscrétion de ses opinions républicaines l'ayant rendu suspect, il fut rappelé de l'armée, et resta sans emploi. Incapable de ployer devant l'ordre de choses qu'il avait combattu dix ans, il se vit de nouveau signalé, en 1807, durant la guerre de Prusse, par suite de dangereuses liaisons avec la parti démocratique. Fouché, alors ministre de la police, le fit arrêter et mettre en prison : il y resta cinq ans. Pendant ce temps, ses opinions, loin de s'affaiblir, avaient acquis un degré d'irritation plus violent, qui ne fit que s'accroître encore à la nouvelle de l'arrestation et de la détention à La Force des généraux Lahorie et Guidal, également connus par leur exaltation républicaine. Lahorie, chef d'état-major et ami du général Moreau, devait être déporté en Amérique, et Guidal transféré à Marseille, comme impliqué dans un complot jacobin, quand la conspiration, ourdie dans le silence par le général Malet, vint, le 23 octobre 1812, jour de l'évacuation de Moscou, surprendre la capitale, glorieuse alors des triomphes qui avaient conduit les aigles de Napoléon dans la ville sainte des Russes.

Transféré depuis peu dans la maison de santé de Belhomme, sous le ministère du duc de Rovigo, Malet y avait fait la connaissance de l'abbé Lafon, homme d'esprit et d'exécution, détenu pour affaires de l'Église. Un prêtre espagnol, leur commensal, ayant été mis en liberté, le logement qu'il avait pris place Royale parut un asile convenable à Malet pour l'évasion qu'il méditait. Les derniers jours de leur résidence dans la maison de Belhomme avaient été employés par le général et par l'abbé à fabriquer toutes les pièces d'où dépendait le succès de la conspiration. L'éloignement de Napoléon et les chances de la guerre rendant probables la facilité de l'exécution et la possibilité de la mort de l'empereur, Malet bâtit son système sur ces deux éventualités. Deux jeunes gens attachés à l'abbé Lafon, dont l'un était Vendéen, furent les éléments extérieurs dont ils se servirent pour accomplir leur projet. Ceux-ci allèrent chez Mme de Malet chercher par ordre de son mari ses armes, son uniforme, celui de son aide de camp, et les transportèrent dans le logement du prêtre espagnol. Enfin, toute la partie officielle des actes supposés du sénat, des ordres des généraux et des proclamations étant terminée et dûment revêtue des signatures apposées par Malet, le 23 octobre, à dix heures du soir, l'abbé Lafon et lui passent par-dessus le mur du jardin Belhomme, et se rendent chez le prêtre espagnol, où les attendent les deux jeunes gens. Malet revêt son grand uniforme, donne à l'un celui de son aide de camp, à l'autre une écharpe tricolore, et tous trois, armés et accompagnés de l'abbé Lafon, qui veut aussi sa part du succès comme il a eu celle de l'entreprise, se rendent, à une heure du matin, à la caserne de Popincourt, où est le quartier de la 10e cohorte de gardes nationales. Le colonel Soulier, qui la commande, est au lit malade. Malet se fait ouvrir les portes comme officier général commandant la division. Introduit près du lit du colonel, il lui donne lecture des ordres dont il est porteur, et lui annonce la mort de l'empereur, arrivée, dit-il, le 8, lui enjoignant de réunir la cohorte et de la mettre à la disposition du général Lamotte : le présent ordre signé Malet, gouverneur de Paris. Soulier croit avoir affaire au général Lamotte, et fait mettre la cohorte sous les armes.

Malet, sous le nom de Lamotte, lit à la cohorte la proclamation du sénat à l'armée, et l'emmène sans lui faire prendre de cartouches, sans lui faire même changer les pierres de bois de ses fusils. Ce soin lui avait échappé; mais il avait laissé une compagnie au colonel Soulier, avec ordre d'aller occuper l'hôtel de ville et de l'y attendre. Immédiatement, à la tête de 1,200 hommes, il va délivrer à la Force Guidal et Lahorie, qui sont entièrement étrangers à la conspiration. Il ne leur laisse pas le temps de se reconnaître, leur remet ce qu'il appelle leurs instructions, partage avec eux l'effectif de la cohorte, dont il ne garde que cinquante hommes pour s'emparer du gouvernement. Il leur enjoint de se rendre maîtres du préfet de police, des ministres de la police et de la guerre, et d'en exercer provisoirement les fonctions. Ses ordres sont exécutés, sauf celui qui concerne le ministre de la guerre. Le duc de Rovigo et M. Pasquier, saisis dans leurs hôtels, sont conduits prisonniers à La Force. Ce fut le côté plaisant de l'aventure pour les Parisiens. Pendant que se passent ces événements, Malet, à la tête de son détachement, s'est rendu place Vendôme chez le général Hullin, commandant de la 1re division militaire, et a donné quelques hommes à un officier pour s'emparer à l'état-major du général Laborde et remettre à l'adjudant général Doucet sa nomination de général de brigade, avec un bon de 100,000 fr. ainsi qu'il l'a en outre fait pour le colonel Soulier, le chargeant d'envoyer aux garnisons de la banlieue les actes et les proclamations du sénat et du gouvernement provisoire. Pendant que ceci se passe chez l'adjudant général Doucet, Malet est, de l'autre côté de la place, chez le général Hullin, qui, moins crédule, l'invite à le suivre dans son cabinet pour y prendre connaissance des ordres dont il est porteur. Malet lui tire à la figure un coup de pistolet, qui lui traverse seulement la joue, et le fait tomber. Après cette justice expéditive, il arrive à l'état-major, et témoigne à Doucet son étonnement de ce que Laborde n'est point arrêté. Celui-ci était occupé avec Doucet à lire tous les actes de Malet quand ce dernier se présente. Malheureusement pour lui, survient aussi un autre personnage, l'inspecteur général de la police, lequel, en le voyant, lui dit : « Monsieur, vous n'avez pas le droit de sortir de votre maison sans que j'aille vous chercher moi-même, » et, s'adressant à Doucet : « Arrêtez monsieur, lui dit-il. Je vais au ministère prendre des ordres. » Malet perd alors son sang-froid, et, voulant saisir l'autre pistolet qu'il a dans sa poche, le mouvement qu'il va dans la glace par l'inspecteur qui s'en va, et qui, se retournant tout à coup le saisit au collet.

Le conspirateur pris et désarmé, la conspiration finit; car, sauf l'abbé Lafon, aucun de ceux qui en étaient les acteurs et qui en furent les victimes, n'en avait la moindre connaissance. Le ministre et le préfet de police une fois rendus à la liberté, les soldats qui avaient été les instruments de toutes ces violences devinrent ceux de l'arrestation de leurs auteurs. Un conseil de guerre fut convoqué, et, indépendamment des trois généraux, onze accusés furent condamnés à la peine de mort et exécutés dans la plaine de Grenelle, le 29 octobre 1812. L'empereur témoigna hautement son horreur pour une pareille boucherie. Sans une circonstance qui détermina Guidal à se joindre à Lahorie pour l'arrestation du duc de Rovigo, le duc de Feltre, ministre de la guerre, était arrêté. « Malet aurait eu, dit le duc de Rovigo, le trésor, qui était riche en ce moment, la poste et le télégraphe, et il y avait en France cent cohortes de gardes nationales ! Il aurait su, par l'arrivée des estafettes de l'armée, la triste situation où étaient alors les affaires ; et rien ne l'aurait empêché de saisir l'empereur lui-même, s'il était arrivé seul, ou de marcher à sa rencontre, s'il était venu accompagné ! » Malet était, dit-on, affilié à la fameuse société des Philadelphes, qui avait pris naissance sous les aigles de Napoléon, et dont le serment était tourné contre lui. J. DE NORVINS.

MALEVILLE (Jacques, marquis DE), jurisconsulte, naquit en 1741, à Domme, en Périgord. Il exerça d'abord la profession d'avocat à Bordeaux, et fut nommé en 1791 membre du tribunal de cassation. En brumaire an IV il fut appelé au Conseil des Anciens, et s'y montra l'un des chefs du parti clichien. Il échappa cependant à la révolution du

18 fructidor. En l'an VIII il rentra par le choix du sénat au tribunal de cassation, et prit une part active à la confection du Code Civil. Il devint sénateur en 1806, pair en 1814, et mourut en 1824. On a de lui une *Analyse raisonnée de la discussion du Code Civil au conseil d'État*, et un *Traité du Divorce*.

MALEVILLE (PIERRE-JOSEPH, marquis DE), son fils aîné, naquit en 1778, à Domme. Il étudia le droit, se fit recevoir avocat, et fut nommé en 1811 conseiller à la cour impériale de Paris. Membre de la chambre des représentants, il s'y signala par son royalisme. Après le retour de Louis XVIII il reprit son siége à la cour de Paris, et fut ensuite successivement premier président à Metz, et à Amiens, président à Paris, conseiller à la cour de cassation et pair de France. Il mourut en 1832. On a de lui quelques écrits, entre autres un *Discours sur la réformation de Luther*.

MALFAITEUR (de *male facere*, faire le mal). C'est le terme le plus général pour désigner l'individu dont les habitudes et les intentions sont criminelles. Voilà des hommes qui s'assemblent secrètement pour convenir de tuer quelqu'un ou de le dépouiller, ce sont des *malfaiteurs*, encore bien qu'ils n'aient commis ni le crime d'assassinat ni le crime de vol. La loi punit des travaux forcés toute association de malfaiteurs envers les personnes ou les propriétés. Ce crime existe par le seul fait d'organisation de bandes ou de correspondance entre elles et leurs chefs ou leurs commandants, ou de conventions tendant à rendre compte ou à faire distribution ou partage du produit des méfaits. Il n'est pas nécessaire pour que l'association des malfaiteurs soit punissable que cette association ait commis tel ou tel autre crime spécifié par la loi.   A. GASTAMBIDE.

MALFILATRE (JACQUES-CHARLES-LOUIS DE CLINCHAMP) naquit à Caen, en 1733. Fils de parents pauvres, élevé par les jésuites, il fit de brillantes études, que couronnèrent de nombreux succès aux *Palinods* de Rouen. L'ode intitulée *Le Soleil fixe au milieu des planètes*, qu'il composa pour un de ces concours, lui fit prédire par Marmontel, alors directeur du *Mercure*, de hautes destinées poétiques. Sur cette assurance, il accourut à Paris, où le libraire Lacombe lui paya un assez bon prix une traduction mi-partie vers, mi-partie prose, de Virgile. Le jeune homme, avec toute l'imprévoyance de son âge, eut bientôt non-seulement dissipé cette petite fortune, mais encore fait des dettes et contracté des engagements qu'il ne put remplir. Sa traduction ne s'est point vendue ; il ne trouva plus de libraires aussi généreux ; menacé de prison de corps, recueilli par charité chez une tapissière, qui figurait parmi ses créanciers, le chagrin, une cruelle maladie, suite probable de sa vie déréglée, le conduisirent au tombeau à peine âgé de trente-quatre ans. Ses œuvres furent réunies pour la première fois en 1805, en un volume in-12 ; elles ont été publiées depuis en divers formats. Son poëme de *Narcisse dans l'île de Vénus* ne fut imprimé qu'après sa mort. On trouve de grandes beautés dans les fragments qu'il a traduits de Virgile. Un autre jeune poète, d'un talent bien supérieur, Gilbert, après avoir dit :

La faim mit au tombeau Malfilatre ignoré,

subit à peu près le même sort.   VIOLLET-LEDUC.

MALGACHES. *Voyez* MADAGASCAR.

MALGRÉ. *Voyez* CONTRE.

MALHERBE (FRANÇOIS DE), célèbre poëte français, naquit à Caen, vers 1555 ou 1556, d'une famille illustre, dont les aînés avaient suivi les ducs de Normandie en Angleterre. Son père pourtant n'était que modeste assesseur dans sa ville natale. Le jeune Malherbe suivit en Provence, à l'âge dix-neuf ans, le grand-prieur Henri d'Angoulême, fils naturel de Henri II, servit quelque temps sous ses ordres, et porta ensuite les armes dans les bandes de la ligue. Cette carrière n'était pas celle qui devait l'illustrer. Au retour de la paix, il commença sa réputation par l'ode sur l'arrivée en France de Marie de Médicis. Déjà, en 1587, il avait publié un poëme intitulé : *Les larmes de saint Pierre*, qu'il désavoua plus tard, comme indigne de lui. Henri IV lui ayant demandé des vers, fut tellement satisfait de ceux qu'il lui présenta, qu'il le plaça sous la protection de son écuyer Bellegarde, et lui fit peu après une pension. Considéré comme l'oracle du beau langage, il prit dès ce moment à la cour les habitudes et le ton d'un professeur ; on ne l'appela plus que *le tyran des mots et des syllabes*. Il s'attira même de nombreux ennemis par sa franchise ; peu aimé généralement, on le proclamait cependant partout *le poëte des princes et le prince des poëtes*. Il méprisait néanmoins son art et le traitait de puérilité. On se plaignait à lui de ce que les poëtes manquaient de tout, tandis que les militaires, les financiers, les abbés, les courtisans, nageaient dans l'abondance : « Rien de plus juste, répondit-il : faire autrement serait folie. La poésie n'est pas un métier, elle ne mérite aucun salaire. Un bon poëte n'est pas plus utile à l'État qu'un bon joueur de quilles. » Il mourut en octobre 1628, à l'âge de soixante-treize ans, après avoir vécu sous six rois. Les bienfaits de Henri IV et de Marie de Médicis ne lui avaient procuré qu'une fortune médiocre. Marié, vers 1580, avec une demoiselle de la maison de Coriolis, veuve d'un conseiller au parlement d'Aix, il en avait eu plusieurs enfants, qui moururent tous avant lui. Un d'eux ayant été tué en duel par de Piles, gentilhomme provençal, il voulut se battre à soixante-treize ans contre lui. Ses amis lui représentant que la partie n'était pas égale entre un vieillard et un jeune homme : « C'est précisément pour cela, répondit-il, que je veux me battre : je ne hasarde qu'un denier contre une pistole. » On réussit à l'apaiser, et de Piles offrit, pour élever un tombeau à sa victime, une somme, que la mort l'empêcha de payer.

Malherbe avait beaucoup moins ses autres parents. Digne enfant de la Normandie, il plaida toute sa vie contre eux. On le lui reprochait : « Avec qui donc voulez-vous que je plaide ? répondit-il. Est-ce avec les Turks et les Moscovites, qui ne me disputent rien ? » Son humeur était brusque et violente ; elle le jeta dans plusieurs démêlés, et le brouilla avec Racan, son ami et son élève. Il aimait à lire ses vers, et les lisait mal : personne ne l'entendait ; il bégayait et crachait cinq ou six fois en récitant un quatrain. Aussi le chevalier Marini disait-il : « Je n'ai jamais vu d'homme plus humide ni de poëte plus sec. » Racan osa le lui répéter, et Malerbe, le quittant en colère, fut plusieurs années sans le revoir. Un avocat célèbre lui ayant montré de mauvais vers : « Vous êtes-vous trouvé, monsieur, dans l'alternative cruelle de faire ces vers ou d'être pendu ? » Jamais sa langue ne se refusait à un bon mot. Dînant chez l'archevêque de Rouen, il s'endormit au dessert ; et le prélat le réveillant pour le mener à son sermon : « Dispensez-m'en, lui dit Malherbe, je dormirai bien assez sans qu'il soit besoin de cela. » D'une avarice sordide, on disait de lui qu'il demandait l'aumône ne sonnet à la main. Son appartement était presque dénué de meubles : faute de chaises, il ne recevait ses visites qu'une à une, et criait à ceux qui frappaient à la porte : « Attendez donc ! il n'y a plus de sièges. » Sa licence était extrême en parlant des femmes ; rien dans sa vieillesse ne l'affligeait tant que de ne pouvoir en être accueilli favorablement. Il ne respectait pas plus la religion. « Les honnêtes gens, disait-il, n'en ont d'autre que celle du prince. » Quand un pauvre lui demandait l'aumône en lui promettant de prier Dieu pour lui : « Je ne vous crois pas en grande faveur là-haut, lui répondit-il ; mieux vaudrait que vous fussiez bien en cour. » Il refusait, dans sa dernière maladie, de se confesser, prétendant n'avoir coutume de remplir ce devoir qu'à Pâques. Une heure avant d'expirer, il reprit sa garde sur un mot qui ne lui semblait pas français. Son confesseur lui parlant du bonheur des élus en termes peu poétiques : « Ne m'en parlez plus, lui dit-il de moribond en l'interrompant, votre style m'en dégoûterait. »

Malherbe passe à bon droit pour un de nos premiers

poëtes ; il fonda l'école des grands écrivains qui depuis ont enrichi notre littérature (*voyez* France [*Littérature*], tome IX, page 710 et suiv.). Sa vie a été écrite par Racan. Ses œuvres ont été souvent réimprimées. Parmi ces éditions, on distingue celle de 1723, 3 vol. in-12, publiée par Chevreau ; celles de 1757, in-8°, de 1764, in-12, de 1776, in-8°, et surtout celle de 1797, in-4°, sortie des presses de Didot aîné.

MALHEUR, synonyme d'un grand nombre de mots destinés à rendre avec toute la variété de ses nuances l'idée générale qu'il exprime. On ne peut parvenir même à connaître un peu complétement cette idée sans déterminer préalablement la signification précise de chacun de ces mots qui la présentent sous des faces différentes. Tous expriment quelque chose de funeste, de fâcheux : c'est là l'idée commune. Mais une première distinction à faire, c'est que les uns désignent des états, les autres des faits, des événements.

I. *Malheur, infortune, adversité, misère, détresse.* On est où l'on tombe dans le *malheur*, dans l'*infortune*, dans l'*adversité*, dans* la *misère* et dans la *détresse*. Ces mots marquent tous un état affligeant, un état de malaise, une situation pleine de douleurs et de chagrins. *Malheur* est pour *male heure* (*mala hora*, mauvaise heure). *Hora* a signifié chez les Latins le moment de la naissance, duquel les astrologues faisaient dépendre le bonheur. Donc celui qui est dans le *malheur* y est parce qu'il est né dans un mauvais moment, sous une mauvaise étoile; c'est la fatalité, son mauvais génie, qui l'y a jeté. L'*infortune* marque quelque chose de pénible, de triste plutôt que de douloureux ; c'est un état de prostration, d'abattement, produit par un abandon de la fortune. Si le *malheur* semble l'effet de causes qui ne rentrent pas dans l'ordre naturel des choses, l'*infortune* est un état qui n'a point été mérité, qui est injuste. L'*adversité* est précisément le contraire de la prospérité ; c'est un état dans lequel on a le sort tourné contre soi pour adversaire ; loin de supposer, comme l'*infortune*, qu'on a succombé, qu'on est abattu, il entraîne l'idée d'une lutte avec la fortune, d'une épreuve. *Misère*, état de dénûment, de privation, de pénurie complète, situation *malheureuse* au point d'inspirer la pitié. *Détresse* enfin, état de celui qui est réduit aux dernières extrémités, qui a presque perdu tout espoir ; il dure peu, c'est une situation critique, qui change bientôt en mieux ou en pis, ou plutôt qui menace d'une ruine prochaine. On tombe fatalement dans le *malheur* ; dans l'*infortune*, on succombe sous le poids de ses maux ; on lutte dans l'*adversité* ; on est un objet de pitié dans la *misère* ; la *détresse* serre de près, on est perdu sans un prompt secours.

II. Parmi les mots qui expriment non plus des états, mais des événements fâcheux, outre *accident*, qui marque un coup de la fortune, inattendu, fortuit, passager, peu grave généralement, et qui fond à l'improviste ; outre *malheur*, se rapportant à notre mauvaise destinée, et nous causant de grandes douleurs ou de vifs chagrins (outre *infortunes* (car ce mot ne s'emploie guère qu'au pluriel), série de *malheurs* qui nous abattent, sans que nous les ayons mérités, il faut distinguer d'abord ceux qui expriment des coups violents de la fortune, terribles, tragiques, et généraux, tombant non sur un individu, mais sur les masses, sur un royaume, une ville, une famille, tels que *calamité*, *catastrophe*, *désastre*. *Calamité*, de *calamus* (chaume, tuyau de blé), s'est dit proprement en latin de la grêle, d'un orage qui brise les épis. Aujourd'hui, c'est toute espèce de fléau, la peste, la famine, la guerre, arrivant tout-à-coup, frappant fort, faisant du dégât, pouvant être une punition. La *catastrophe* est un événement terrible, dont la nouvelle anéantit, mais se produisant en un seul coup, presque toujours préparé ; c'est un dénoûment malheureux, comme celui d'une tragédie. Le *désastre* est un malheur, une ruine qui entraîne de grands résultats, qui laisse des traces, qui est irréparable et dont on ne peut se relever. La *calamité* afflige, la *catastrophe* épouvante, le *désastre* désole.

Viennent ensuite les mots rélatifs à un état antérieur de prospérité, et marquant un retour de fortune. Ce sont d'abord *revers* et *disgrâce*. Le *revers* est un coup imprévu, qui change les affaires de face, et fait voir le revers de la médaille ; on était quelque peu avancé sur la voie du bonheur, la fortune oblige à retourner en arrière (*retro versus*). La *disgrâce* suppose qu'on était dans les bonnes grâces de la fortune et qu'on vient de les perdre ; c'est un malheur plus complet et moins réparable. Le *revers* est un commencement ou une partie de la *disgrâce*.

Nous trouvons ensuite les mots qui désignent des événements fâcheux, non plus après qu'on est arrivé au bonheur, mais pendant qu'on y tend, qui expriment des maux relatifs ne changeant pas une position, ne faisant que retarder le bonheur, n'apparaissant que comme de légers nuages au milieu d'un ciel pur : ce sont *échec* et *traverse*. L'*échec* fait manquer en un seul point, presque toujours peu important, l'exécution de nos projets ; il est facilement réparable. La *traverse* retarde l'exécution de nos projets ; elle est facile à éloigner ou à surmonter. L'*échec* est une tentative infructueuse, une perte partielle, qui fait que l'on se tient prudemment sur ses gardes : la *traverse* est une petite difficulté, un obstacle inattendu, qui se place en travers pour empêcher d'avancer. L'*échec* affaiblit un peu et rend prudent ; la *traverse* arrête un moment et tracasse.

Abordons enfin les expressions de la même espèce qui peignent de petits accidents, de légers malheurs, purs effets du hasard, n'ayant que peu ou point de conséquences, tels que *mésaventure*, *malencontre* et *déconvenue*. Ils ont encore cela de commun qu'ils sont du style familier ou badin, et qu'ils signifient des événements risibles ou comiques. La *mésaventure* est une mauvaise aventure, un peu fâcheuse, causant à son héros des désagréments. Si elle se prolonge, c'est une histoire, un roman tout entier, ou au moins un épisode de roman. La *malencontre* est une mauvaise rencontre, qui vient mal à propos, soit pour le temps, soit pour le lieu. C'est une *malencontre* de rencontrer un homme à une heure ou dans un lieu où il eût été à désirer qu'on ne le rencontrât point. C'est en tout temps une *malencontre* de trouver des voleurs sur son chemin. Se marier en un jour malencontreux, c'est se marier le même jour, par exemple, qu'on a perdu son père. *Déconvenue* exprime la désagréable surprise d'un homme désappointé, qui a mal calculé, et qui trouve à décompter. La *mésaventure* est étrange, singulière, plus ou moins longue à raconter ; elle amuse ceux qui l'apprennent. La *malencontre* est intempestive, elle importune tout au moins. La *déconvenue* est un petit mécompte, elle pique.

Benjamin Lafaye.

MALIBRAN (Marie-Félicité), une des plus grandes cantatrices des temps modernes, née en 1808, à Paris, était fille du célèbre chanteur espagnol et professeur de chant Manuel Garcia. Tous les efforts de son père, qui fut son instituteur, semblaient devoir rester inutiles, quand tout à coup, à l'âge de treize ans, il s'opéra en elle la plus complète transformation physique et intellectuelle, et le talent qui s'éveilla alors en elle se développa avec une rapidité inouïe. Dès l'âge de quatorze ans elle remporta ses premières palmes sur la scène de l'Opéra, à Londres, où son père l'avait conduite, et sa réputation ne tarda pas à devenir européenne. Toutefois, sa carrière fut interrompue par un épisode qui exerça sur sa vie la plus décisive influence. Son père s'était rendu avec elle à New-York, à la tête d'une troupe de chanteurs italiens. L'entreprise échoua, et par suite de la position fâcheuse de son père la jeune Marie Garcia fut obligée d'accepter la main d'un Français qui passait pour l'un des plus riches négociants de cette ville, mais qui fit banqueroute peu de temps après qu'elle eut renoncé à la scène et qu'on accusa généralement d'avoir très-bien connu la position et d'avoir spéculé sur le talent de sa femme pour s'en faire une ressource. Elle fit alors abandon à ses créanciers de la somme qu'il lui avait reconnue par contrat de mariage, et remonta sur les planches. Après avoir été obligée de se séparer de son mari quelque temps après, par suite d'incompatibilité d'humeurs, elle revint en Europe, où ses débuts firent tout aussitôt pâlir l'astre, jusque alors si brillant, de la Pasta. En France, en Angleterre, en Allemagne, elle excita un égal enthousiasme, faisant partout le plus noble usage des sommes immenses qu'elle gagnait. Elle exerçait, on peut le dire, une bienfaisance dissipatrice et désordonnée, à tel point que ses amis eux-mêmes durent intervenir et se charger de l'administration de ses revenus. Toutes les personnes admises dans le cercle de son intimité vantaient avec enthousiasme les qualités de son cœur, sa modestie et le charme de sa conversation. A partir de l'année 1833 elle entreprit des voyages artistiques avec Bériot, et en 1836 après avoir fait juridiquement dissoudre son premier mariage, elle en contracta un second, avec le célèbre artiste belge. Mais les joies de cette union devaient être de courte durée; en 1836, au mois de septembre, une mort prématurée vint frapper M*me* Malibran, à Manchester, où elle s'était rendue pour prendre part à une solennité musicale. A l'école sévère de son père, elle avait reçu une éducation musicale assez complète pour pouvoir s'essayer également dans la composition. Bon nombre de morceaux dont elle est l'auteur ont été imprimés, et plusieurs d'entre eux obtinrent un grand succès. Un monument a été élevé à Bruxelles, en 1838, à cette grande cantatrice.

MALICE, mot éminemment français, servant à caractériser l'esprit ou l'action qui fronde un ridicule, un travers, qui saisit le côté comique d'une chose ou d'une personne, sans intention de nuire. Les Italiens, les Français, les peuples méridionaux, brillent par la malice. Les hommes du Nord, plus lourds, plus penseurs, ont moins que nous cette faculté charmante. La malice, pour laquelle notre illustre Académie s'est montrée bien sévère, ne saurait être traitée durement dans une encyclopédie française. Non, ce n'est pas un besoin de nuire, c'est simplement une envie de rire; c'est notre esprit, à nous, Français : voyez plutôt Érasme, que nous revendiquons, Érasme, si caustique, si railleur, attaquant la papauté avant Luther ; Rabelais ridiculisant les juges avant Beaumarchais ; Voltaire versant sur tous les préjugés, sur tous les travers (même sur la vertu, et c'est là son crime), l'inépuisable esprit de son inépuisable malice. Eh, mon Dieu ! que serions-nous devenus sans l'esprit malin de nos pères? La malice chez nous est la mère de la chanson, et la chanson a été pendant des siècles l'unique consolation de nos aïeux. La malice et la chanson sont germaines, comme dirait Figaro. Et à propos de Figaro, regardez quel esprit petille dans son œil noir, sur ses lèvres, sur son nez retroussé ! comme il porte légèrement la vie ! comme le malheur passe sur lui sans l'atteindre ! comme sa tête est haute et sa démarche assurée! Bravo, Figaro! tu n'es pas Espagnol, tu es Français. Personne ne s'y est trompé. Jette là ta fausse résille, nous t'adoptons; tu es la malice, la divine malice; avec toi, le peuple trouve son pain moins dur, sa pauvreté moins désolante; avec toi, il se venge du riche qui l'éclabousse, de la noblesse qui voudrait encore le dédaigner ! Et l'Académie a osé dire que la malice était *une inclination à mal faire*. Allons donc !

Grands immortels ! attaquez la *ma lignité*, tant qu'il vous plaira, vous aurez raison ; dénoncez-la, elle est méchante. Mais la malice, oh, ne la calomniez pas ! Cet esprit-là est celui de vos pères, celui de la majorité, celui des faibles. Admirez comme nos Françaises en usent ! comme elles frondent ! quelle arme leurs délicates mains ! quelle verve ! quel entrain ! Respectez l'esprit de nos femmes, et permettez-nous de les appeler *malicieuses*, sans pour cela croire les nommer *méchantes*. Notre siècle tourne au grave : c'est un bonheur, dites-vous , la malice disparaît ; mais l'envie et le *spleen* grandissent : croyez-vous que nous gagnions beaucoup au change?... La faute en est peut-être à l'Académie : depuis qu'elle a dit que la malice était presque sœur de la méchanceté, personne n'a plus osé être malicieux; partant plus de gaieté... A. GENEVAY.

MALIGNITÉ se dit des personnes et des choses. On l'applique à une maladie, quand elle a quelque chose de singulier, soit dans les symptômes, soit dans son opiniâtreté à résister aux remèdes.

Au sens moral, *malignité* a plus de force que *malice*. Il emporte l'idée d'une intention de nuire, qu'on ne trouve pas dans le second. C'est l'état d'une âme qui a perdu l'instinct de la bienveillance, qui désire le malheur des autres et y contribue par la finesse plutôt que par la force, et qui en jouit. Aucun homme n'est né avec ce caractère, mais plusieurs y sont conduits par l'envie, par la cupidité mécontente, par le désir de se venger et le sentiment de l'injustice des hommes.

MALINES (en flamand *Mechelen*), ville de la province belge d'Anvers, autrefois siége du tribunal suprême des Pays-Bas autrichiens, aujourd'hui encore siége d'un archevêque qui porte en même temps le titre de primat des Pays-Bas, avec 30,120 habitants, présente partout l'aspect d'une grandeur déchue et est demeurée de cent ans en arrière du reste de la Belgique. Elle est le point central de jonction du système des chemins de fer de la Belgique et le grand centre d'action de la hiérarchie catholique dans ce pays. Après avoir obéi aux rois Francs, elle passa au commencement du dixième siècle sous les lois des évêques de Liége, au nom desquels la puissante famille Berthold (Berthoul) l'administra jusqu'en 1333. Après l'extinction de cette famille, la souveraineté de Malines fut partagée entre le duc de Brabant, dont elle avait reconnu la suzeraineté depuis le onzième siècle, et le comte de Flandre, à qui elle fut vendue par l'évêque de Liége Adolphe de La Mark. Dix ans plus tard une convention abolit ce produit du Brabant ce partage des droits de souveraineté. Marguerite, épouse de Philippe le Hardi de Bourgogne, l'apporta à la maison de Bourgogne, dont elle partagea dès lors les destinées et l'histoire.

[Certes ils avaient raison de l'appeler *la jolie*, ces vieux Belges qui prodiguaient de doux noms à leurs villes comme à leurs maîtresses. Malines en effet m'apparaît telle qu'une de ces fraîches Flamandes peintes par Terburg : peau éblouissante, vif incarnat, linge éclatant de blancheur, coquetterie dont la propreté, une propreté minutieuse, fait presque tous les frais.

Un véritable jardin sépare Malines de Bruxelles. D'un côté Laeken, avec son château royal et ses bosquets, de l'autre un canal bordé de verdoyantes avenues, et que suit, rival sans hostilité, un chemin de fer, sur lequel se précipitent à chaque instant des milliers de promeneurs entraînés par de légers wagons et de fumeuses locomotives; au milieu de la route, les Trois-Fontaines, endroit chéri naguère des gastronomes, et puis Vilvorde, dont la prison n'a rien de l'aspect sinistre, repoussant, qu'offrent la plupart des édifices voués au même usage, et qui donne à la justice un air de vengeance.

Malines est arrosée par la Dyle, qui la traverse et enfle séditieusement ses petites vagues à la marée montante, dont l'influence se fait sentir même une lieue au delà. Ses principaux édifices sont le palais archiépiscopal, de construction moderne ; l'hôtel de ville, appelé *Beyarn*, qui date du quinzième siècle ; la maison de la place, les églises, et surtout la vaste métrople de Saint-Rombaud, dont la tour -semble aussi délicatement travaillée que ces d e n t e l l e s auxquelles Malines est redevable d'une partie de sa renommée. Ce fut en 1250 que les fondements de la cathédrale ; on ne l'acheva toutefois que l'an 1487. C'est une des constructions gothiques les plus remarquables de la Belgique, si riche en monuments de cette espèce. Mais voyez ce que c'est que la gloire ici-bas ! cette église, avec ses belles peintures de Rubens, avec sa tour haute de 125 mètres, dont Malines est fière à juste titre, sont précisément l'origine d'un sobriquet qui de bourgeois de bourgeois de cette ville, et par lequel on leur reproche d'avoir pris pour un incendie la réverbération de la lune sur les murs sacrés, et d'avoir essayé, en conséquence, d'éteindre cet astre. Cette balourdise, dont

la date est connue, que l'on place dans la nuit du 27 au 28 janvier 1687, a mérité d'être chantée en vers latins par un jésuite, le père de Meyère, qui a composé sur ce sujet un petit poëme plein d'esprit, de verve et d'élégance, qu'on a traduit en français, et que M. J.-F. Willems a imité en vers flamands.
De Reiffenberg.]

MALLE, espèce de coffre de bois, rond et long, mais plat par-dessous et par les deux bouts, couvert de cuir, dont on se sert pour mettre les effets que l'on emporte en voyage. La poste exigeait des voyageurs qui empruntaient autrefois la *malle-poste*, des malles d'une dimension définie.

MALLÉABILITÉ (de *malleus*, marteau). Ce mot n'est proprement applicable qu'aux substances métalliques. Il est difficile d'ailleurs de saisir la différence existant entre la *malléabilité* et la d u c t i l i t é : ce sont tout au plus deux variétés de la même propriété. On entend par *malléabilité* la facilité avec laquelle les métaux cèdent à la pression du l a m i n o i r et sous le choc du m a r t e a u. Il y a une nuance bien tranchée entre les métaux qui, jouissant à un haut degré de la malléabilité, refusent cependant de s'étirer à la filière, et d'autres métaux qui offrent la propriété inverse. Cette sorte d'anomalie a donné lieu à bien des hypothèses, qu'il faut encore ranger dans le vague domaine des opinions conjecturales. On a voulu voir dans cette propriété particulière de s'étirer à la filière la preuve que les substances métalliques qui en jouissent ne le doivent qu'à une structure intérieure ou à l'état du tissu métallique. D'un autre côté, pour expliquer l'extrême malléabilité, la facilité d'aplatir sous le marteau des métaux plus ou moins mous, tels que l'étain, le plomb, le cuivre, l'argent, l'or et le platine, on leur a attribué un tissu moléculaire de forme lamelleuse, par opposition au tissu fibreux ou filamenteux qu'on a admis pour le fer, qui s'étire beaucoup mieux qu'il ne se lamine.

Pour concevoir l'effet de la malléabilité, force est d'admettre que les molécules métalliques glissent les unes sur les autres en cédant à la pression, sans que pour cela leur mutuelle adhérence soit diminuée. Dans l'acte du martelage des métaux ou de leur compression par le laminoir, leurs molécules plus rapprochées offrent ensuite une masse qui jouit de plus de dureté et d'élasticité ; cet effet paraît dépendre de l'expulsion du calorique qui existait primitivement entre ces molécules. Voilà pourquoi les barres soumises au martelage s'échauffent considérablement : elles manifestent évidemment un dégagement du calorique intérieur. Dans ce cas, les métaux, par une conséquence naturelle du rapprochement de leurs molécules, acquièrent plus de densité et de pesanteur spécifique. Ils deviennent plus roides, plus cassants ; ils se gercent et se déchirent : c'est ce qu'on appelle l'*écrouissage*. Cet effet a lieu plus ou moins vite sous des chocs et des compressions plus ou moins violents, plus ou moins répétés, suivant la nature particulière des métaux et la température à laquelle ils sont soumis au choc ou à la compression. La ductilité peut leur être rendue en les échauffant,convenablement : c'est ce qu'on appelle le *recuit*.

Un petit nombre seulement de métaux sont réputés malléables et ductiles : c'est que le vulgaire n'aperçoit que les propriétés saillantes et fortement tranchées. Mais le physicien reconnaît dans toutes les substances métalliques la même propriété de malléabilité et de ductilité, bien peu manifeste à la vérité dans le plus grand nombre, et tellement peu sensible qu'il devient difficile d'assigner à chacune le rang qu'elle occupe dans cet ordre de propriétés.
Pelouze père.

MALLEBRANCHE. *Voyez* Malebranche.
MALLÉOLE (*Anatomie*). *Voyez* Cheville.
MALLÉOLE (*Art militaire*). *Voyez* Falarique.
MALLET (Conspiration de). *Voyez* Malet.

MALLET DU PAN (Jacques), né à Genève, en 1750, fit d'excellentes études dans sa patrie. Voltaire lui ouvrit une carrière honorable et paisible, qui pouvait lui assurer un heureux avenir. Il le plaça en qualité de professeur de belles-lettres à Cassel, où il se fit remarquer par son érudition et par un rare talent d'enseignement. Mais il abandonna sa chaire et la bannière de la philosophie nouvelle pour se jeter dans la politique rétrograde, continua les *Annales de Linguet*, et rédigea la partie politique du *Mercure de France* pendant la première année de la révolution. S'étant prononcé pour le parti royaliste, il fut, en mai 1792, chargé par Louis XVI d'une mission secrète auprès de l'empereur et du roi de Prusse, et s'en acquitta avec zèle et discrétion. L'objet de cette mission ne devait pas être connu des princes émigrés. De retour à Paris, il reprit avec une nouvelle ardeur sa polémique contre la cause révolutionnaire. Il tenait le premier rang parmi les écrivains du château, et aurait, après le 10 août, subi le sort de l'abbé Durozoir et de l'intendant de la liste civile, Delaporte, s'il ne se fût soustrait par une prompte fuite aux recherches de la police. Il se réfugia successivement à Genève et à Berne, d'où il correspondait avec quelques journalistes français de son parti. De là il passa en Angleterre, où il fonda le *Mercure britannique*. Après avoir pris pour sujet de ses premiers articles l'invasion des armées françaises en Suisse, sous le Directoire, il s'occupa de questions de politique générale, et finit par déplaire aux révolutionnaires, qu'il signalait sous les plus odieuses couleurs, comme aux royalistes, dont il blâmait les fausses mesures et le défaut d'unité de système et d'opinions. Enfin, il annonça lui-même à ses amis la fin de ses publications de son *Mercure*. Cet ouvrage, qui eut un grand retentissement à son époque, a bien perdu de son importance. Les renseignements qu'on envoyait de France à Mallet du Pan, et qu'il publiait comme authentiques, sont le plus souvent faux ou erronés. La collection forme quatre volumes et demi. La dernière année ne comprend que six mois. Ses autres principaux ouvrages sont un *Discours sur l'influence de la philosophie sur les lettres* (Cassel, in-8°, 1772) ; un autre *Discours sur l'éloquence et les systèmes politiques* (Londres, 1779, in-12) ; *Considérations sur la nature de la révolution française et sur les causes qui en prolongent la durée* (Londres, 1793, in-8°) ; une *Correspondance politique pour servir à l'histoire de la révolution française*. Il perdit, lors de l'enlèvement de son mobilier et de sa bibliothèque, un manuscrit intitulé *Tableau politique de la France et de l'Europe avant la révolution*. On cite encore de lui deux petits écrits, l'un sur *Les malheurs de Genève*, sa patrie, l'autre, intitulé *Le Tombeau de l'île Jenning*. Il mourut à Londres, le 15 mai 1800, âgé de cinquante ans, ne laissant aucune fortune à sa veuve et à ses cinq enfants. Les hommes de son parti lui firent des funérailles magnifiques, et son fils aîné eut une pension du roi.
Dufey (de l'Yonne).

MALLETTE. *Voyez* Thlaspi.
MALLORCA. *Voyez* Majorque.
MALLUM. On appelait ainsi les assemblées des Francs ... lesquelles les procès les plus importants étaient portés devant les r a c h i m b o u r g s.

MALMAISON, petit château d'ancienne origine, situé dans l'arrondissement de Versailles, canton de Marly, commune de Rueil, à 13 kilomètres de Paris. C'était un fief du domaine de Rueil, connu dès l'an 1224. Il tirait son nom de l'invasion des Normands au neuvième siècle. Comme ils y descendirent, qu'ils y séjournèrent quelque temps, et que leur présence fut fatale aux alentours, les noms de *malus portus*, *mala mansio*, restèrent à la localité : ce n'était en 1244 qu'une simple grange, appelée encore *Mala Domus*. Cette terre appartenait, à la révolution de 1789, au financier Lecouteulx de Canteleu, qui la vendit à Joséphine (Mme de Beauharnais). Bonaparte, qui s'y plaisait beaucoup, l'agrandit à plusieurs reprises. L'intérieur du château fut restauré, on y construisit une bibliothèque sur les dessins de Percier, de vastes et magnifiques serres, dont l'architecte fut Thibault. Le parc fut planté et distribué de nouveau sur les plans de Bertault, qui y bâtit aussi un théâtre et une galerie de tableaux. Cette galerie renfermait un certain nombre de toiles de Paul Potter, de Claude Lorrain, de Berghem, de David Teniers, de Granet, de Mme Mayer et de Carle Vanloo, et des marbres de Canova. Toute cette collection fut acquise, en 1814, par l'empereur de Russie, pour 800,000 francs. Enfin, Joséphine y avait aussi créé une école d'agriculture et une bergerie pour le perfectionnement des moutons mérinos. C'est là qu'elle mourut, en 1814, peu de temps après y avoir eu la visite de l'empereur de Russie et du roi de Prusse. En 1815 la Malmaison fut ravagée par les troupes étrangères. Vendue alors par le prince Eugène en différents lots, une partie du parc fut convertie en terres labourables. Le banquier Haggerman se rendit acquéreur du château, qui depuis 1842 est devenu la propriété de l'ex-reine d'Espagne, Marie-Christine.

MALMÉDY, chef-lieu de cercle dans l'arrondissement d'Aix-la-Chapelle de la province Rhénane (Prusse), est l'un des plus grands centres de la corroierie et de la mégisserie qu'il y ait en Prusse. On y compte 4,500 habitants, et on y trouve en outre des fabriques de drap, de papier, de colle, etc. Cette ville possède aussi une source d'eau minérale, qui serait autrement célèbre sans le voisinage des sources d'Aix-la-Chapelle. Malmédy était autrefois une abbaye de bénédictins, relevant immédiatement de l'Empire et gouvernée par un prince abbé. Sa fondation remonte au septième siècle. La paix de Lunéville l'avait adjugé à la France.

MALMESBURY (JAMES HARRIS, comte DE), fils du célèbre philologue *James* HARRIS, naquit à Salisbury, le 20 avril 1746. Après avoir étudié aux universités d'Oxford et de Leyde, il entra dans la diplomatie en 1767, comme secrétaire de légation à Madrid, et ensuite fut successivement nommé ministre plénipotentiaire à Berlin près de Frédéric II, lors du premier partage de la Pologne; ambassadeur en Russie ; et ambassadeur extraordinaire à La Haye, lors des troubles qui agitèrent la Hollande en 1784. Ses bons services lui valurent de la part du roi de Prusse l'autorisation de placer l'aigle prussienne dans ses armoiries, et de la part du stathouder le droit d'y ajouter la devise de la maison de Nassau : *Je maintiendrai*.

Nommé membre de la chambre des communes, puis élevé à la pairie sous le nom de *Malmesbury*, en 1788, ce diplomate vint en France à la fin de 1796, pour négocier la paix avec la république française. Le cabinet anglais ne faisait cette démarche que pour donner un semblant de satisfaction à l'opinion publique et s'assurer une majorité dans le parlement. Le Directoire lui-même ne voulait pas la paix. Aussi fit-on de part et d'autre tout ce qu'il fallait pour ne pas réussir. C'est par l'entremise du chargé d'affaires du Danemark que les premières ouvertures avaient eu lieu. Lord Malmesbury traita directement à Paris avec Charles Delacroix, ministre des relations extérieures. Les lettres de créance avaient été rédigées à dessein en latin, et il n'était pas une reconnaissance explicite de la république française. Notre plénipotentiaire se récriait de son côté sur le titre de roi de la Grande-Bretagne, de France et d'Irlande, que prenait encore Georges III. La Belgique était la pierre d'achoppement : les Anglais voulaient bien nous la laisser, mais avec le *status ante bellum*, et nous demandions l'*uti possidetis*. A l'échange de chaque *office* ou note officielle, les plénipotentiaires se demandaient réciproquement le temps de consulter leur gouvernement. Lord Malmesbury envoyait un courrier à Londres, et la réponse se faisait attendre quinze jours ou trois semaines. Une caricature du temps a représenté les deux négociateurs s'informant de leur santé, et ne pouvant se répondre avant d'avoir su, l'un ce qu'on en pensait au Luxembourg, l'autre ce qu'on en pensait à Londres. On imprimait à Paris, dans le *Moniteur*, toutes les notes officielles, chose qui ne s'est jamais renouvelée depuis; les Anglais, par réciprocité, ont publié la *conversation* du 27 décembre 1796, laquelle mit fin à ces pourparlers, les plus illusoires et les plus ridicules dont l'histoire de la diplomatie fasse mention.

Lord Malmesbury mourut à Londres, le 21 novembre 1820, à l'âge de soixante-treize ans. Il avait publié une édition magnifique de l'*Hermès* et des autres œuvres de James Harris, son père, et donné une Histoire de la république des Provinces-Unies, depuis 1777 jusqu'en 1788. Ses Mémoires, publiés sous le titre de *Diary and Correspondence of James Harris*, *earl of Malmesbury* (2 vol., 1846), dont la rédaction l'occupa pendant la dernière partie de sa vie, abondent en matériaux précieux pour l'histoire des cours et pour celle des divers partis politiques. BRETON.

MALMESBURY (JAMES-HOWARD HARRIS, comte DE), petit-fils du précédent, né le 26 mars 1807, épousa en 1830 la fille du comte de Tankerville, et entra à la chambre des communes, sans d'ailleurs y briller d'une manière particulière. Après avoir porté jusque là le titre de *lord Fitz Harris*, il hérita, en 1841, de la pairie de son père et de son titre de *comte de Malmesbury*. Il se fit connaître dans le monde des lettres par la publication des *Mémoires* de son grand-père ; mais on lui a reproché à ce propos d'avoir en même temps rendu publics un grand nombre de documents provenant d'autres personnes et sans leur autorisation préalable. C'est vers la même époque qu'il se lia d'une étroite amitié avec le prince Louis Bonaparte, alors réfugié en Angleterre, et qui règne aujourd'hui en France sous le nom de Napoléon III. Quand lord Derby constitua son cabinet, en février 1852, il l'appela à y tenir le portefeuille des affaires étrangères. Lors de la proclamation de l'empire en France, le cabinet dont il faisait partie s'empressa de reconnaître le nouvel ordre de choses ; et le comte de Malmesbury, accusé à ce sujet de précipitation, dut se disculper dans un long discours prononcé à la chambre haute. A quelque temps de là, l'administration de lord Derby était renversée, et le comte de Malmesbury venait à Paris présenter au nouvel empereur ses félicitations personnelles.

MALMOË, chef-lieu du bailliage du même nom, dans la partie sud-ouest de la Scanie, sur les bords du Sund, autrefois ville forte, compte une population de 10,000 âmes. On y trouve des fabriques de tabac, de savon , d'huile, de toile, de gants et d'articles de bonneterie, des raffineries de sucre, etc. ; et elle est le centre d'un commerce fort actif en blé ainsi que d'une navigation étendue. Des remparts de son château-fort, on jouit d'une vue magnifique, s'étendant, lorsque le temps est clair, jusqu'à Copenhague. Des communications régulières par bateaux à vapeur ont lieu entre Malmoe et cette capitale, de même qu'avec Lubeck. Dans les longues guerres de la Suède et du Danemark, Malmœ fut tour à tour prise et reprise par les armées de ces deux puissances. En 1848 il s'y signa, sous la médiation de la Prusse, un armistice de six mois entre les duchés de Schleswig-Holstein, luttant pour leur indépendance, et le Danemark.

MALOUET (PIERRE-VICTOR), né à Riom, en 1740, suivit d'abord la carrière diplomatique ; il devint secrétaire du maréchal de Broglie, et fut envoyé à la Martinique, où il resta de 1767 à 1774. De retour à Paris, il fut nommé secrétaire des commandements de madame Adélaïde, fille de Louis XV, et bientôt après chargé par M. de Sartines d'aller étudier à Cayenne les moyens d'accroître la prospérité de cette colonie. Il revint en France en 1779, et fut nommé, en 1780, intendant de la marine à Toulon, place qu'il conserva jusqu'en 1789. A cette époque, nommé député aux états généraux par le bailliage de Riom, Malouet montra des tendances libérales jointes à un profond attachement au principe monarchique, et en 1790 il fut appelé à faire partie du conseil du roi. Après l'arrestation de Louis XVI, il se réfugia en Angleterre, d'où il écrivit à la Convention pour lui demander l'autorisation de venir devant elle défendre le roi : on lui répondit en l'inscrivant sur la liste des émigrés. En 1800 Bonaparte le rappela, et l'envoya en qualité de préfet maritime à Anvers, qu'il défendit habilement contre les Anglais. En 1812 son attachement aux princes légitimes le fit exiler par Napoléon à 170 kilomètres de Paris. En 1814 il fut nommé par le gouvernement provisoire commissaire au département de la marine, et le mois suivant Louis XVIII le confirma dans ses fonctions avec le titre de ministre. Les travaux excessifs auxquels il se livra alors causèrent sa mort au bout de quatre mois, le 7 septembre de la même année. Sa fortune était si modeste, que le roi se crut obligé de pourvoir aux frais de ses funérailles.

Sans parler de quelques œuvres poétiques, fruit de sa jeunesse, Malouet a laissé un grand nombre d'ouvrages estimés sur la politique et l'administration : dix mémoires sur l'*Esclavage des nègres* et l'*Administration du département de la marine* (1788 et 1790); un *Examen de cette question : Quelle sera pour les colonies de l'Amérique le résultat de la révolution française* (1796)? *Mémoire et correspondances officielles sur l'administration des colonies*, et notamment sur la Guyane (Paris, 5 vol., 1802, in-8°); et des *Considérations historiques sur l'empire de la mer, chez les anciens et les modernes* (Anvers, 1810, in-8°).

MALOUINES (Iles). *Voyez* FALKLAND (Iles).

MALOUYEH ou MALOUIA, fleuve de l'Algérie, l'ancienne *Malucha*, qui séparait le royaume de Jugurtha de celui de Bocchus. C'est le plus grand des fleuves de la Barbarie qui se jettent dans la Méditerranée et dans l'Océan, quoique pendant l'été il soit souvent à sec. Il naît dans l'Atlas, au pied du Schabat-Bény-Obéïd, traverse la partie orientale du Maroc, reçoit la Sséa à sa droite, et se perd dans la Méditerranée, à quelque distance au-dessous de Galat-el-Ouadi.

MALPIGHI (MARCEL.), né près de Bologne, en 1628, l'année même où G. Harvey publia pour la seconde fois ses preuves démonstratives de la circulation du sang, s'est rendu célèbre plutôt encore comme anatomiste que comme médecin, et peut-être plus pour ses erreurs que pour ses découvertes. Comme erreurs, c'est à lui qu'on doit l'idée que des *corps glanduleux* composent presque exclusivement les organes, en particulier les poumons; par lui que s'est accréditée l'opinion qu'il y a dans la peau un *corps muqueux*, dit de Malpighi, etc. Mais ces illusions furent moins l'ouvrage d'un esprit qu'une suggestion du microscope, instrument dont peu de personnes se sont servies avec plus de zèle ni même, il faut en convenir, avec plus de fruit. La science doit en effet un grand nombre de faits, jusque alors ignorés, aux observations microscopiques de Malpighi, soit pour appuyer la théorie, alors nouvelle et généralement combattue, de la circulation du sang, soit pour éclairer l'organisation intime des plantes, ou la fine structure de plusieurs organes des animaux, en particulier en ce qui concerne la langue, le cerveau, le mésentère, le tissu adipeux; soit sur le développement du poulet dans l'œuf, sur les phases et les mœurs du ver à soie, ainsi que sur les prétendus polypes du cœur (sang concrété qui affecte des formes diverses et quelquefois bizarres), etc. Il s'est encore rendu recommandable par ses recherches sur les *sexes des plantes*, dix-neuf années avant que Rod. Jacques Camerarius en publiât la découverte, et huit ans avant que Grew parût l'avoir faite. Le travail de Malpighi sur ce point fut publié à Londres, en 1675, *Anatome Plantarum*, 2 vol. in-fol., et celui de Camerarius en 1694 (*De Sexu Plantarum Epistola*). Malpighi brilla aussi comme médecin; reçu docteur à Bologne, en 1654, à l'âge de vingt-six ans, il professa en chaire publique dès 1656, d'abord à Bologne, puis à Pise, à la pressante invitation du prince Ferdinand II; mais bientôt il retourna à Bologne, professa ensuite quatre années à Messine, pour revenir encore à Bologne, sa chère patrie, le seul lieu dont l'air ne blessât point sa poitrine. Le pape Innocent XII l'attira à Rome en 1691, et le nomma son premier médecin, honneur insigne, qui n'abrégea ses jours. Déjà malade de la goutte et de la gravelle, et ne supportant plus comme autrefois ni les veilles ni les travaux de cabinet, il fut frappé trois ans après au palais Quirinal, d'une attaque d'apoplexie, dont il mourut, le 29 novembre 1694, âgé de soixante-six ans. L'université de Bologne rendit de grands honneurs non-seulement à sa mémoire, mais à Malpighi de son vivant. Plusieurs académies, notamment la Société Royale de Londres, l'avaient nommé leur correspondant. Ses *Opera omnia* avaient paru à Londres dès 1686, et à Leyde l'année suivante. Pierre Régis, professeur à Montpellier, a publié ses Œuvres posthumes, à Londres, en 1697; J. Gaspari, de Vérone, a de son côté imprimé à Padoue une première centurie de ses *Consultations*, et Fabroni a donné place à son Éloge dans ses Décades. Le renom de Malpighi a vieilli sans s'affaiblir; on cite encore cet homme célèbre après Haller, comme Spallanzani et plus encore que Ruysch, son contradicteur pourtant bien inspiré; tandis qu'on ne cite plus Sbaraglia, qui le combattit non sans raison, mais à toute outrance. On dit encore le *corps muqueux* de Malpighi, bien que personne aujourd'hui n'admette la nature muqueuse de la couche colorée de la peau que ce mot désigne; exemple fait pour encourager ceux qui, cherchant sincèrement la vérité, ne se laissent point intimider par la crainte de l'erreur.

Dr Isidore BOURDON.

MALPIGHIER, genre type de la famille des *malpighiacées*, ainsi nommé par Plumier, en l'honneur du célèbre Malpighi. Ce genre se compose de petits arbres et d'arbrisseaux de l'Amérique, à feuilles opposées, entières ou bordées de dents épineuses, portées sur un court pétiole; chez quelques espèces, ces feuilles présentent des poils en navette, c'est-à-dire piquants à leurs deux extrémités libres, et plus épais vers leur milieu par lequel ils s'attachent. Dix étamines, toutes fertiles, trois styles, tronqués à leur extrémité, un ovaire, glabre, à trois loges, et enfin un fruit drupacé, complètent les caractères distinctifs du genre *malpighier*.

Le *malpighier glabre* (*malpighia glabra*, L.) croît dans les parties chaudes de l'Amérique, où il est connu sous les noms de *moureillier* et de *cerisier des Antilles*. Ses baies ressemblent en effet assez à des cerises rouges; elles sont acidulées, sucrées, et passent pour antiseptiques. Le moureillier est un arbrisseau toujours vert, de 4 à 5 mètres de hauteur, à feuilles arrondies, opposées, entières, à fleurs disposées en ombelles lâches, blanchâtres, lavées d'un rouge léger.

Le *malpighier brûlant* (*malpighia urens*, L.) doit son nom à l'effet que produit l'humeur caustique sécrétée par les poils qui arment la face inférieure de ses feuilles; cet effet est comparable à celui de l'ortie. Le malpighier brûlant croît naturellement dans les Antilles, où il porte les noms de *bois capitaine*, de *cerisier de Courwith*, etc. Ses feuilles sont ovales; ses fleurs, portées sur des pédoncules uniflores ou corymbifères, sont blanches et purpurines; les drupes qui leur succèdent sont globuleux, de la couleur et de la grosseur d'une cerise. On mange ces fruits aux Antilles, souvent confits au sucre, et on les y emploie contre la diarrhée.

A. de Jussieu a décrit vingt espèces de malpighiers. Mais nous ne citerons que le *malpighia macrophylla*, remarquable par ses fruits, gros comme un œuf de poule.

MALPLAQUET (Bataille de). Malplaquet est un village du département du Nord, situé à 24 kilomètres nord-ouest d'Avesnes et peuplé de 400 habitants. Il est célèbre par la bataille que le duc de Marlborough et le prince Eugène y gagnèrent, le 11 septembre 1709, sur le maréchal de Villars.

Les revers qu'avait essuyés Louis XIV dans la campagne précédente l'avaient réduit à solliciter la paix, et des conférences s'étaient ouvertes à La Haye; mais, quelle que fût la détresse du royaume, le souverain qui avait dicté des lois à l'Europe ne pouvait accepter les conditions humiliantes que prétendaient lui imposer ses ennemis. C'était peu de renoncer à l'Espagne pour son petit-fils, de démolir les fortifications de Strasbourg et de Dunkerque; ils exigeaient encore la restitution de l'Alsace, la cession de Lille et la destruction de plusieurs autres boulevards de nos frontières. Louis XIV, révolté de ces exigences, en appela à son peuple; et la France y répondit par un cri de guerre. Ses ressources ne répondaient point malheureusement à son énergie. La disette, accrue par un hiver affreux, était à son comble. L'État était épuisé d'hommes et d'argent ; et deux cent dix mille combattants marchaient sous les ordres de Marlborough et d'Eugène. Le siége de Tournay fut leur première opération. Le maréchal de Villars, hors d'état de secourir cette place, resta dans son camp de Lens. Mais les deux mois que dura cette défense lui servirent à rassembler, à instruire, à électriser ses nouvelles levées ; malheureusement les confédérés avaient vingt mille hommes de plus. L'investissement de Mons suivit de près la chute de Tournay ; le prince de Hesse, à la tête d'une forte avant-garde, fit replier les postes que Villars avait établis entre la Haine et la Sambre. Un renfort arriva le 7 septembre aux Français dans leur quartier-général de Quiévrain. C'était le vieux maréchal de Boufflers. La goutte et les fatigues de la guerre avaient usé ses forces ; mais les dangers de la patrie lui faisaient oublier sa vieillesse, et il avait demandé à servir sous Villars, moins ancien que lui. Celui-ci se prépara à livrer la bataille, qui lui paraissait inévitable. Son exaltation chevaleresque se communiqua à ses troupes, elles oubliaient leurs privations et brûlaient de venger leurs revers. Il les dirigea vers Bavai, à 8 kilomètres en avant de cette place, dans le but de tourner l'armée assiégeante. Mais les généraux alliés, informés de ce mouvement par le prince de Hesse, qui s'était replié à son tour devant les Français, quittèrent les environs de Mons et marchèrent, le 9 septembre, sur le flanc gauche de Villars.

Le maréchal était alors posté entre Aulnois et Malplaquet, flanqué par les bois de Merte et de Tanières ; et malgré l'avantage de cette position, Marlborough l'eût attaqué sur-le-champ, si le prince Eugène n'eût voulu attendre les 18 bataillons qu'il rappelait des environs de Tournay, et qui n'arrivèrent que dans la soirée du lendemain. Ce court espace de temps fut mis à profit par Villars : des coupures, des retranchements, des abattis fortifièrent encore sa position, et, pressentant les dispositions de ses adversaires, il se réserva le poste le plus périlleux, le commandement de l'aile gauche. C'était en effet sur sa droite, près des bois de Sart et de Bléron, que Marlborough avait concentré les principales forces de son armée, dont la gauche s'appuyait sur le bois de Tanières. Dès l'aurore du 11 septembre, à la faveur d'un épais brouillard, les batteries des confédérés se rapprochèrent des retranchements français, et à huit heures l'attaque commença sur tous les points. Le duc d'Argyle et le général Schulembourg, à la tête de 86 bataillons, marchèrent sur l'aile gauche de Villars, et 22 autres furent prêts à les soutenir sous les ordres du comte de Lottum. Les Français venaient de recevoir une distribution de pain ; mais à la vue de l'ennemi ils oublièrent qu'ils avaient à peine mangé depuis un jour, et jetèrent une partie de leur ration pour courir au combat. Villars laissa l'infanterie ennemie s'engager dans les bois de Sart, l'assaillit dans le désordre de sa marche, l'écrasa et la refoula sur sa seconde ligne. Rassuré par cet avantage, il courut au centre, qu'attaquait vigoureusement le prince Eugène, mais une balle abattit son cheval et le renversa sur lui. Ce premier accident fut malheureusement suivi d'un autre, plus grave. A peine dégagé, Villars fut frappé au genou par une autre balle. Ses soldats frémirent de vengeance en le voyant passer sur le brancard où il s'était fait panser. Mais la douleur fut plus forte que son courage. La perte de son sang lui causa un évanouissement, qui le mit hors d'état de donner des ordres, et on l'emporta du champ de bataille.

Marlborough redoublait en ce moment d'efforts, et le héros n'était plus là pour encourager ses troupes. Les Anglais enlevèrent leurs lignes, leurs barricades, et les rejetèrent dans les bois de Tanières. L'aile droite, quoique la moins forte, résistait avec plus d'avantage. C'était là que commandait le vieux maréchal de Boufflers. Attaqué par le prince d'Orange, le baron de Fagel et l'infanterie hollandaise, il sortit de ses retranchements et des bois de la Merte, chargea cette infanterie à la baïonnette, et la repoussa dans le plus grand désordre. Marlborough et le prince Eugène se portaient alors sur les retranchements du centre ; le général qui commandait sur ce point avait été tué à la première décharge, ses bataillons étaient ébranlés ; le régiment des gardes ne pouvait même plus s'y maintenir, et les alliés pénétraient entre les deux ailes de l'armée française. Boufflers vit ce désordre, se mit à la tête de la maison du roi, et tomba sur les Anglais avec tant de vigueur qu'il les chassa des retranchements dont ils s'étaient emparés. La lutte y fut cependant si terrible que les charges de cette cavalerie d'élite furent renouvelées jusqu'à douze fois. Le chevalier de Saint-Georges, fils de Jacques II, fut blessé à la douzième. Villars accuse dans ses Mémoires l'officier général que Boufflers avait laissé à la droite de n'avoir pas pressé la défaite de l'infanterie hollandaise. Le prince d'Orange profita de cette mollesse ; la plupart de ses officiers étaient hors de combat : il se multiplia par son intrépidité, et reprit tous ses avantages. Le succès que Boufflers venait d'obtenir au centre ne put réparer les désastres des deux ailes, et il ne songea plus qu'à sauver l'armée par une habile retraite. Elle fut faite en bon ordre : les Français se replièrent sur Valenciennes et le Quesnoy, où les confédérés n'osèrent pas les suivre. Leurs pertes étaient énormes ; le champ de bataille était couvert de leurs cadavres, et, quoique vainqueurs, ils avaient perdu trois fois plus de monde que les vaincus. Nos historiens portent à trente-cinq mille hommes la perte des Anglais et des Hollandais, et prétendent que les Français prirent trois fois plus d'étendards qu'ils n'en perdirent. Les historiens anglais, dont Voltaire a suivi la version, n'accusent qu'une perte de vingt mille hommes. Ils comptent au nombre des morts les comtes de Lottum et d'Oxenstiern, le général Tettau, le marquis de Tullibardyne. Le prince Eugène et le général Webb furent blessés. Mais tous s'accordent à dire que la perte des Français ne monta qu'à huit ou dix mille hommes, à quarante drapeaux et à seize canons ; et le nom de boucherie fut donné par les alliés eux-mêmes à cette sanglante journée, dont le résultat eût sans doute été différent sans la blessure du maréchal de Villars, qui fut recueilli par Louis XIV dans le château même de Versailles. La garnison de Mons, abandonnée à elle-même, lutta un mois encore ; mais elle fut réduite à capituler, et l'hiver vint, suivant l'usage, suspendre les opérations.

VIENNET, de l'Académie Française.

MALPROPRETÉ, manque de propreté.
MAL SAINT-MAIN, MAL SAINT-MARCOU.
Voyez FEU SAINT-ANTOINE.
MALTE, *Melite*, île de la Méditerranée, située entre la Sicile et la côte d'Afrique. En y comprenant les îles de Gozzo et de Comino, qui l'avoisinent, ainsi que l'îlot inhabité de Cominotto, elle présente une superficie totale de 40 kilomètres carrés environ, dont 32 pour Malte seule et 8 pour Gozzo, et, y compris cette petite île, compte une population de 128,360 habitants ; ce qui donne une moyenne de plus de 3,000 habitants par kilomètre carré. Le sol, composé d'une roche calcaire décomposée par l'air, criblé de grottes et de cavernes, a été péniblement rendu fertile au moyen d'une couche de terre végétale qu'on y a apportée de Sicile. Il est assez onduleux et rempli de masses rocheuses ; ce qui n'empêche pas qu'on n'y ait tiré parti de chaque pouce de terrain. Les chèvres, les moutons, les ânes, la volaille, y abondent. On y trouve beaucoup de poisson et du miel délicieux. On y cultive les légumes de toutes espèces, les plantes à soude, mais surtout beaucoup de coton, de canne à sucre, des fruits magnifiques et qui pour la saveur l'emportent de beaucoup sur ceux d'Italie. On y récolte aussi un peu de vin, de la nature de ceux d'Espagne ; mais pas assez de céréales pour suffire à la consommation des habitants. La flore de cette île est très-riche, et ses roses étaient déjà en

grand renom dans l'antiquité. Il y a absence de forêts, et on ne rencontre quelques bouquets de bois que dans la partie sud-ouest de l'île. On extrait du sol de beaux marbres, de l'albâtre et de bonne pierre à bâtir. On y obtient aussi du sel en faisant évaporer l'eau de la mer. L'industrie s'y borne à la fabrication de quelques étoffes de coton et de soie, des cigares et d'articles d'ébénisterie.

Les habitants, mélange des peuples différents qui ont successivement dominé dans cette île, et où l'élément arabe surtout est nombreux, parlent italien dans les villes, mais à la campagne un arabe corrompu, entremêlé d'une foule de mots appartenant à diverses autres langues. Depuis 1823 la langue anglaise est la langue officielle. Les Maltais, négociants, marins et pêcheurs habiles, professent la religion catholique.

L'île de Malte forme aujourd'hui le centre du système de navigation à vapeur des Anglais dans la Méditerranée ; elle est aussi pour eux d'une extrême importance stratégique, parce qu'avec Gibraltar et les îles Ioniennes elle les rend maîtres de la Méditerranée. Aussi l'ont-ils fortifiée avec un soin extrême, et y ont-ils établi d'immenses chantiers et arsenaux. Son chef-lieu actuel est La Valette. L'ancienne capitale, Malta, appelée aussi Civita-Vecchia, avec 6,500 habitants et d'antiques ruines, est située dans l'intérieur de l'île. Une manufacture de soie occupe aujourd'hui l'ancien château de plaisance des grands-maîtres appelé El Boschetto.

Malte et Gozzo furent colonisées par des Phéniciens, environ 1400 ans avant l'ère chrétienne, et on voit encore à Gozzo des vestiges de leurs constructions. Dès son époque héroïque, dit-on, cette île fut connue des Grecs, qui lui auraient alors donné le nom d'*Ogygia*, et qui en auraient fait le séjour de la nymphe Calypso, dont on montre encore aujourd'hui la prétendue grotte. Vers l'an 400 avant J.-C. les deux îles furent occupées par les Carthaginois, qui y furent remplacés par les Romains à la suite de la seconde guerre punique. L'apôtre saint Paul y fit naufrage, l'an 56 après Jésus-Christ ; la tradition veut qu'il y ait dès lors fondé une commune chrétienne, et on montre encore de nos jours la grotte où, dit-on, se réunissaient ces premiers confesseurs du Christ pour prier ensemble. En l'an 454 l'île fut conquise par les Vandales ; en 494, par les Goths ; en 533, par les Byzantins, aux ordres de Bélisaire ; en 870, par les Arabes, qui lui donnèrent le nom de *Maltache*, et qui, sauf une courte interruption, continuèrent la posséder jusqu'en 1090, année où les Normands de Sicile s'en emparèrent. Ceux-ci la réunirent à la Sicile à titre de marquisat particulier, et elle partagea dès lors le sort de ce royaume jusqu'en 1530. Cette année-là, Charles-Quint en fit don, à titre de fief relevant du royaume de Sicile, aux chevaliers de l'Ordre de Saint-Jean-de-Jérusalem, lequel prit dès lors le nom d'*Ordre de Malte*. A l'époque de son expédition d'Égypte, en 1798, Bonaparte l'enleva par trahison, et sans aucune résistance, au grand-maître de Hompesch ; mais en 1800 la garnison française qu'il y avait mise fut obligée de se rendre aux Anglais. La paix d'Amiens stipula qu'elle serait restituée à l'Ordre et placée sous la garantie des neutres ; cependant, en 1803, l'Angleterre refusa de l'abandonner. La paix de Paris en adjugea définitivement la possession aux Anglais, qui n'ont pas sensiblement modifié son organisation intérieure. Elle est placée sous l'autorité d'un gouverneur anglais, et entretient une garnison anglaise ; les habitants élisent dans leur sein leurs magistrats municipaux et les membres de l'ordre judiciaire. Les revenus publics de l'île s'élèvent à environ 100,000 livres st., mais ne suffisent pas à les dépenses. Comme souverain de Malte, le roi d'Angleterre a fondé en 1810 l'ordre de Saint-Georges-et-de-Saint-Michel. Consultez Boisgelin, *Ancient and modern Malta* (Londres, 2 vol., 1805) ; Bres, *Malta antica illustrata* (Rome, 1816) ; Avalos, *Tableau historique, politique, physique et moral de Malte et de ses habitants* (Londres, 1830)

MALTE (Ordre de). *Voyez* JEAN-DE-JÉRUSALEM (Ordre de Saint-).

MALTE-BRUN (CONRAD-MALTHE BRUUN), connu en France sous le nom de), géographe, né en 1775, à Thister, dans la province de Jutland, en Danemark, fut d'abord destiné au ministère du saint Évangile, mais put suivre son penchant pour la politique, et publia tout jeune encore une violente satire intitulée le *Catéchisme des Aristocrates*, qui lui valut des poursuites judiciaires par suite desquelles il fut forcé de se réfugier en Suède, en 1795. De retour à Copenhague, deux ans après, il se brouilla de nouveau avec les hommes alors au pouvoir, et jugea prudent de se dérober par la fuite à leurs petites persécutions. Condamné par contumace à un exil perpétuel, il se réfugia à Paris, où il vécut en donnant des leçons, et en entreprenant sur la géographie divers travaux, dont le premier et le plus considérable, sa *Géographie mathématique, physique et politique*, faite en collaboration avec Mentelle, en huit volumes in-8°, parut de 1804 à 1807. Cet ouvrage établit sa réputation, et lui ouvrit les portes du *Journal des Débats*, dont il devint l'un des principaux collaborateurs. En 1815 il abandonna momentanément le journal de MM. Bertin pour passer à *La Quotidienne*; mais en 1822 il redevint l'un des fournisseurs habituels du journal de la rue des Prêtres. C'est vers la même époque qu'il fit paraître son *Traité de la Légitimité*, ouvrage dans lequel il préconisait les principes de la sainte-alliance. L'ex-*jacobin* s'était converti. Il mourut à Paris, le 14 décembre, laissant outre divers écrits politiques, tels qu'une *Apologie de Louis XVIII* (1815), des ouvrages géographiques importants : un *Tableau de la Pologne ancienne et moderne*, et un *Précis de Géographie universelle*. Il rédigea aussi, de 1808 à 1826, le recueil périodique intitulé : *Annales des Voyages*, et fut un des fondateurs de la Société de Géographie. Avant lui, la géographie n'était qu'une sèche nomenclature de noms ; il sut l'embellir de descriptions élégantes.

MALTHE. *Voyez* PISSASPHALTE.

MALTHUS (THOMAS-ROBERT), économiste anglais, né le 14 février 1766, à Rockery, dans le comté de Surrey, obtint, après avoir étudié à Cambridge, une place inférieure dans cette université et plus tard un bénéfice. En 1804 il fut nommé professeur d'histoire et d'économie politique au collége de la Compagnie des Indes orientales à Haileybury, fonctions qu'il conserva jusqu'à sa mort. Avant de quitter l'université de Cambridge, il avait déjà publié son fameux *Essai sur les Principes de la Population* (Londres, 1798). La sensation extrême produite par cet ouvrage si les contradictions passionnées qu'il souleva, à cause des opinions hardies et souvent paradoxales qui y sont émises, le déterminèrent à formuler ses idées systématiquement. En 1809 il parcourut le continent, se livrant partout aux recherches les plus approfondies sur la population; et il fit ensuite paraître son livre sous une nouvelle forme (5ᵉ édit., Londres, 1817). Comme avaient déjà fait avant lui l'Écossais Wallace, l'Anglais Townshend et l'Italien Ricci, Malthus soutint que l'augmentation des moyens de subsistance n'est nullement en rapport avec l'accroissement de la population. Celle-ci, d'après ses calculs, s'accroît en progression géométrique de vingt en vingt ans, comme de 1 à 2, à 4, à 8, à 16, tandis que les moyens de subsistance n'augmentent que dans la progression de 1 à 2, à 3, à 4, à 5. Il en concluait que, dans l'intérêt général, l'État doit employer la contrainte pour limiter l'accroissement indéfini de la population et la mettre en équilibre avec les moyens de subsistance. Les rêveries des philosophes français et allemands sur la perfectibilité indéfinie de la race humaine avaient conduit Malthus à développer cette théorie, qui ne repose absolument que sur d'abstraites données de chiffres. Quoique les faits soient le plus souvent en contradiction évidente avec ses principes généraux, on ne peut nier que ses travaux n'aient eu au total un résultat pratique ; c'est ainsi que les recherches statistiques auxquelles il s'était livré furent utilisées lors de la réforme de la législation sur les pauvres opérée en 1834. L'écrivain qui a le mieux réfuté la théorie de Malthus est Sadler, dans son ouvrage intitulé : *The Law of Population* (2 vol., Londres, 1830). On a en outre de Malthus des *Principes d'Économie politique* (3 vol., Londres, 1819-1820) et un livre ayant pour titre : *Définitions d'Économie politique* (Londres, 1827). Il mourut à Bath, le 29 décembre 1834.

MALTHUSIENS, partisans des doctrines économiques de Malthus. Cette qualification a été appliquée comme une grosse injure par les adeptes du socialisme à tous ceux qui ne pensent pas que l'État soit tenu d'entretenir dans l'abondance tous les membres de la communauté. Les premiers formulent leur théorie par cet axiome : *A chacun suivant ses besoins* ; les seconds persistent à croire qu'il n'y a de société possible que dans l'application de la maxime : *A chacun suivant ses œuvres.*

MALTÔTE, MALTÔTIER. On écrivait dans l'origine *male tôte* ou *male toute*, que Guillaume de Nangis et d'autres chroniqueurs ont traduit par *mala tolta*. On appelait ainsi les impôts établis sans autorité légale. Ce nom fut appliqué pour la première fois à un subside extraordinaire imposé par Philippe le Bel, en 1256, pour fournir aux dépenses de la guerre contre les Anglais. Personne n'était exempt de cette capitation, pas même les ecclésiastiques. Aussi le pape Boniface VIII, en haine de Philippe le Bel, et pour l'honneur des privilèges des gens d'église, défendit de la payer, sous peine d'excommunication.

Le mot *male tôte* s'appliquait aussi à toute espèce d'exaction illégitime et d'usure. On appelait encore *maltôte* le corps, l'ensemble des compagnies de finances, par réminiscence du moyen âge, comme le témoigne ce couplet, inspiré par un édit bureal de l'abbé Terray, qui taxait les gens de finance au même prix que les princes :

Qui désormais à la *maltôte*
Osera disputer le rang,
Depuis qu'elle va côte à côte
Avecque les princes du sang ?

On appelait aussi *maltôte* le bateau où stationnaient les commis des douanes et des octrois, et dont la consigne était de surveiller tous les transports de la navigation de la Seine et des autres fleuves et rivières. C'est ce que nous appelons maintenant la *patache*. Dufey (de l'Yonne).

MALUS (Louis-Étienne), physicien dont les travaux sur la polarisation de la lumière ont rendu le nom immortel, naquit à Paris, le 23 juillet 1775. Reçu en 1793 élève à l'École du Génie de Mézières, où su rare aptitude pour les sciences mathématiques l'eut bientôt fait remarquer, il allait en sortir officier, quand l'école fut supprimée, par suite de graves désordres dont elle avait été le théâtre. Malus, qu'animait un vrai et chaleureux patriotisme, s'engagea donc comme simple soldat dans un bataillon de volontaires, où bientôt on le recruta pour faire partie du noyau d'élèves dont devait se composer l'École Polytechnique; qu'on venait de fonder. Malus retrouva là ses anciens professeurs de l'École du Génie, Monge et Lagrange, qui, de leur côté, le distinguèrent d'une manière toute particulière, car il leur avait été facile d'apprécier tout ce qu'il y avait d'étoffe en lui. Après trois années passées à l'École Polytechnique, Malus en sortit officier du génie, et fit en cette qualité les campagnes du Rhin (1797) et d'Égypte. Après la prise de Jaffa, ce fut lui qu'on chargea de relever les fortifications de cette place ; et on l'envoya ensuite fortifier Damiette. A son retour en France, il fut chargé de la direction de nombreux et importants travaux à Strasbourg et à Anvers.

En 1808, l'Académie des Sciences ayant proposé pour objet de concours la détermination des effets de la double réfraction que subit la lumière en traversant certaines substances, Malus, qui dès son séjour à l'École Polytechnique avait travaillé à des *Essais d'Optique*, concourut, et remporta le prix. Les recherches et les travaux auxquels il se livra sur cette question le mirent sur la voie de la belle découverte qui dérobera toujours son nom à l'oubli. En rapprochant les observations déjà faites sur la double réfraction de celles qu'il avait recueillies lui-même, il fut amené à penser que les molécules de la lumière sont douées à leur extrémité de forces attractives et régulières, opposées entre elles ; que dans l'état ordinaire elles sont confondues quant à la direction de leurs *pôles*, mais qu'en traversant certains corps et en se réfléchissant sur d'autres, leurs pôles différents s'arrangent selon leurs rapports pour suivre une direction uniforme. Cette idée, aussi nouvelle qu'ingénieuse, a servi de point de départ aux beaux travaux dont la lumière et ses différents phénomènes ont été l'objet de la part tant de MM. Arago et Biot que de celle de nombreux savants étrangers. Sans doute Malus ne se fût point laissé ravir par d'autres la gloire de déduire toutes les conséquences de sa découverte ; mais sa santé, affaiblie depuis son séjour en Égypte, où il avait été atteint de la peste, ne put résister plus longtemps aux travaux excessifs auxquels il se livrait. Il mourut en 1812, âgé de trente-sept ans à peine. L'Académie des Sciences s'était hâtée de l'adopter pour l'un de ses membres; et la Société Royale de Londres, juste appréciatrice de l'importance de sa découverte, n'avait pas cru que la guerre acharnée que se faisaient alors l'Angleterre et la France dût l'empêcher du lui décerner l'une de ses grandes médailles d'or. On trouvera son beau mémoire sur la polarisation de la lumière dans la collection des Mémoires de l'Institut pour 1812.

MALVACÉES, famille de plantes dicotylédonées, polypétales, hypogynes, ainsi caractérisée : Calice à cinq divisions plus ou moins profondes, le plus souvent accompagné d'un calicule ou involucelle extérieur; cinq pétales onguiculés, ordinairement obliques et inéquilatéraux ; étamines monadelphes ; carpelles sessiles ; graines réniformes. Les malvacées sont des herbes, des sous-arbrisseaux, des arbrisseaux, ou plus rarement des arbres, à feuilles simples, à fleurs régulières, solitaires ou groupées à l'aisselle des feuilles, souvent aussi disposées en corymbes ou en panicules terminales. Elles abondent dans les régions tropicales, surtout en Amérique. Les genres *althæa* (*voyez* GUIMAUVE), *malva* (*voyez* MAUVE), *hibiscus* (*voyez* KETMIE), *gossypium* (*voyez* COTONNIER), *sida*, etc., sont les principaux de la famille des malvacées.

MALVEILLANCE, MALVEILLANT. La malveillance n'est autre chose que de la mauvaise volonté, soit envers tout le monde, soit envers une seule personne. Elle est le fruit soit de la haine, soit de l'envie, soit d'une indifférence blâmable. Les gouvernants font en général une large application de l'épithète de *malveillants*. Que ceux qui se déclarent leurs ennemis, qui dépensent ouvertement beaucoup d'audace à entraver leur marche, à leur susciter des obstacles de tous côtés, enfin à réunir de persévérants efforts pour essayer de les renverser, soient rangés par eux dans cette catégorie, rien de mieux ; mais ils sont trop portés à l'appliquer à ceux qui diffèrent seulement d'avis avec eux. Les indifférents eux-mêmes sont des *malveillants*, lorsque dans les circonstances où leur concours peut être nécessaire au pouvoir ils demeurent dans leurs habitudes pacifiques et se montrent également favorables à ceux qui l'attaquent et à ceux qui le défendent.

MALVERSATION. Ce mot, dans son acception générale, comprend toute faute grave et punissable commise par les fonctionnaires publics ou par les officiers ministériels dans l'exercice de leur charge ou de leur emploi. Il s'applique spécialement aux délits de corruption, exaction, concussion et larcin.

Les magistrats et autres fonctionnaires publics se rendent coupables de *malversation* toutes les fois que dans l'exercice de leurs fonctions, et par des motifs d'intérêt, de haine, de vengeance, etc., ils font quelque injustice ou mettent obstacle à des choses justes, par exemple s'ils jugent iniquement, suggèrent de faux témoignages, refusent de rendre la justice, acceptent de l'argent ou des présents, usurpent la juridiction.

MALVERSATION — MAMELOUK

De la part des avocats et des avoués, il y a *malversation* lorsque, par dol ou par fraude, ils engagent leurs clients dans des procès injustes, ou trahissent la cause qui leur est confiée pour favoriser celle de la partie adverse, ou laissent condamner leurs parties sans les défendre, ou enfin révèlent les secrets dont ils sont dépositaires. Dans tous ces cas, les peines qui doivent être prononcées sont la privation d'emploi contre l'auteur de la malversation, la condamnation aux dommages-intérêts envers la partie lésée, et quelquefois une peine plus grave, selon le fait et les circonstances.

En ce qui concerne les huissiers, le nombre des cas de *malversation* semble plus multiplié. Ainsi, les huissiers se rendent coupables lorsque, de leur autorité privée et sans ordonnance du juge, ils constituent quelqu'un prisonnier; lorsqu'ils laissent évader les personnes qu'ils étaient chargés d'emprisonner; lorsqu'ils s'emparent des meubles d'un prisonnier en les faisant transporter chez eux; lorsqu'ils commettent des excès ou se livrent à de mauvais traitements en procédant aux saisies ou exécutions; lorsqu'ils exigent des salaires illégitimes ou qu'ils détournent les deniers qu'ils ont reçus des parties poursuivies ou des ventes qu'ils ont faites. Et quant aux geôliers, les cas de *malversation* sont encore plus nombreux : c'est, par exemple, quand ils usent d'excès ou de mauvais traitements envers les prisonniers; quand ils favorisent l'évasion d'un prisonnier; lorsqu'ils mettent un prisonnier dans les cachots ou quand ils lui attachent les fers aux pieds, sans en référer au juge, et sans en obtenir l'autorisation; lorsqu'ils font des écrous ou écrivent des décharges sur des feuilles volantes ou autrement que sur le registre coté et parafé par le juge; lorsque, sous prétexte de bienvenue, ils tirent d'un prisonnier de l'argent ou des vivres; lorsqu'ils retiennent quelque chose sur les deniers consignés entre leurs mains, etc. Toutes ces *malversations* et autres analogues sont punies par des peines pécuniaires et corporelles, suivant les cas. DUBARD.

MALVOISIE (Vin de). Le véritable vin de Malvoisie, tant rouge que blanc, se récolte d'abord sur les coteaux de *Napoli di Malvasia* en Morée, et ensuite dans les îles de Chypre, de Candie et dans quelques autres îles de l'Archipel. Il se distingue par le bouquet tout particulier. C'est un vin très-fin, sucré et spiritueux. Mais la plus grande partie des vins de Malvoisie que livre le commerce sont fabriqués à Ténériffe, à Madère, aux Açores, dans les îles Lipari, en Sardaigne, en Sicile et même en Provence.

MAMBOURIS. *Voyez* CAFRE.

MAMBRIN, roi maure, dont l'armet ou le casque enchanté, qui rendait invulnérable, fut l'objet de la convoitise des paladins de la chrétienté. Renaud l'enleva à ce Sarrasin, qu'il tua, comme le raconte Matteo Boïardo, dans son poème de *Roland amoureux*. Gradasse, aussi roi des Maures, épuisa en vain force et adresse pour tuer Renaud, qu'il avait terrassé dans un combat, émoussées qu'elles furent par les enchantements forgés avec le métal précieux de cet armet. Ailleurs, dans le même poème, un centaure, du poids de sa massue, assénée sur la tête de Renaud, ne put seulement bossuer l'armet magique. Ces lances, ces épées, ces écus enchantés sont les lieux communs de tout bon roman de chevalerie. Mais l'armet de Mambrin ne doit sa célébrité qu'à la critique piquante qu'en a fait l'immortel romancier de *Don Quichotte*. Cet héroïque fou crut toute sa vie porter sur sa tête l'armet enchanté de Mambrin, qui n'était qu'un méchant plat à barbe, ramassé par lui sur la grande route, où il avait mis en fuite, lance en arrêt, les prenant pour un chevalier et son palefroi, un pauvre barbier et son âne; il était en outre persuadé qu'un possesseur de ce merveilleux armet en avait fait fondre la moitié, voyant que c'était de l'or fin. Le contact de cette salade féerique avait accru la démence du pauvre chevalier de la Manche.

DENNE-BARON.

MAMELIÈRE. *Voyez* CUIRASSE.

MAMELLES. Ces glandes, qui forment un des caractères distinctifs des mammifères, constituent chez leurs femelles l'organe de la sécrétion du lait destiné à l'allaitement des petits. Elles varient, quant au nombre et à la position, selon les familles. Chez la femme, où elles portent le nom de *sein*, les mamelles sont deux corps hémisphériques situés à la partie supérieure et antérieure de la poitrine, et au centre de chacun desquels s'élève une petite éminence conoïde d'un rouge plus ou moins foncé (*mamelon*), susceptible d'érection. C'est au mamelon que viennent aboutir les *vaisseaux lactifères*. Il est entouré d'une *auréole*, présentant les angles d'un certain nombre de follicules sébacés.

La femme seule offre cette forme hémisphérique des mamelles, qu'elle doit à l'abondante couche de graisse qui entoure de toutes parts ses *glandes mammaires*. Chez les femelles des animaux, ces organes ne se développent qu'à l'époque de l'allaitement.

Les singes, les chauves-souris, les édentés tardigrades, l'éléphant, le lamantin, ont deux mamelles pectorales; les galéopithèques en ont deux paires, également pectorales, et dont l'externe est presque axillaire. Chez les solipèdes et les ruminants, elles sont inguinales; la jument en offre deux ainsi placées; la vache en présente quatre, qui constituent une masse unique appelée *pis*. Le nombre des mamelles, ou plutôt des mamelons, car souvent tous se confondent pour former une seule masse, ce nombre, souvent en rapport avec celui des petits de chaque portée, est de huit chez la chatte, chez la chienne, la truie, la musaraigne, la lapine, douze chez la femelle du rat, quatorze chez celle de l'agouti, etc. Chez tous, elles sont rangées sur deux lignes parallèles allant de la région pectorale à la région inguinale.

Chez les mâles des mammifères les mamelles n'ayant plus l'allaitement pour destination se trouvent réduites au mamelon.

MAMELOUK, mot arabe qui signifie *esclave*. L'origine de la corporation - militaire connue sous ce nom, et dont l'histoire occupe une part si importante dans les annales de l'Égypte moderne, remonte à l'époque où Djinghis-Khan à la tête de ses Mongols, parcourant une grande partie de l'Asie le fer et la flamme à la main, porta ses armes victorieuses jusque dans la Russie et le Kouban (1227). Les Tatars, las d'égorger, avaient ramené une foule de jeunes gens des deux sexes; leur camp et les marchés de l'Asie en étaient remplis. Les sultans Saharitza en Égypte virent là une occasion de se former à bon marché des troupes dont ils connaissaient la beauté et le courage. Dans l'an 1230, l'un d'eux fit acheter jusqu'à 12,000 Tcherkesses, Mingréliens et Abazes, et en peu de temps il eut une légion des plus beaux et des meilleurs soldats de l'Asie. Bientôt cette milice, semblable aux gardes prétoriennes, leur fit la loi, et, devenant de plus en plus audacieuse, alla jusqu'à les déposer. Enfin, en 1250, après avoir mis à mort le dernier prince turkoman, elle plaça un de ses membres sur le trône avec le titre de sultan. Celui-ci ayant occupé ces soldats turbulents à la conquête de la Syrie, obtint un règne de dix-sept ans, mais depuis lui pas un seul de ses successeurs ne parvint à ce terme. Le fer, le cordon, le poison, le meurtre public et l'assassinat particulier furent le sort d'une suite de tyrans dont on compte quarante-sept dans un espace de deux cent cinquante-sept ans. Enfin, en 1517, Sélim, sultan des Ottomans, ayant vaincu et fait pendre Touman-Bey, leur dernier chef, mit fin à cette dynastie, et donna une nouvelle forme au gouvernement de l'Égypte. Il fut arrêté qu'on prendrait parmi les mamelouks vingt-quatre *beys* ou gouverneurs de provinces, auxquels on conféra le soin de contenir les Arabes, de veiller à la perception des tributs et à toute la police intérieure. Mais leur autorité fut purement passive, et ils ne durent être que les instruments des volontés d'un conseil suprême. Cette forme de gouvernement dura deux siècles, pendant lesquels les mamelouks se multiplièrent; dans leurs mains passèrent les richesses et le crédit, et enfin ils acquirent sur les Ottomans un ascendant qui réduisit à peu de chose le pouvoir de ceux-ci. Cette prépondérante influence exercée par les mamelouks fut surtout l'œnvre d'Ali-Bey, qui gouverna l'Égypte avec un pouvoir absolu, et périt assassiné, en 1773. Le nombre des mamelouks, qui étaient dispersés dans toute l'Égypte, montait à environ 12,000. Leur corps, se perpétuant par les mêmes moyens qui les avaient établis, se recrutait sans cesse d'esclaves tirés de la Caucasie. Toutes les fonctions publiques étaient entre leurs mains, de même que c'était uniquement parmi eux qu'on choisissait les beys préposés à l'administration du pays. Leurs armes étaient la carabine anglaise, deux pistolets serrés dans la ceinture, une masse d'armes attachée à l'arçon de la selle, et le cimeterre. Nés la plupart dans le rit grec, et circoncis au moment où on les achetait, ils n'étaient aux yeux des Turcs mêmes que des renégats sans foi ni religion. Étrangers entre eux et sans familles, ils ne connaissaient point ces liens naturels qui unissent les autres hommes. Ignorants et superstitieux, lâches et cruels, prêts sans cesse à la révolte et au meurtre, ils pesaient sur l'Égypte de tout le poids de la plus tyrannique domination, lorsque Bonaparte, par une proclamation dictée sous les murs d'Alexandrie, vint annoncer leur extermination et la rénovation de l'antique nationalité arabe. En quatre jours, il les eut atteints et battus à Ramangeh, pendant que la flottille et la cavalerie des beys étaient détruite à Chébréis. Écrasés bientôt après à la journée des Pyramides, ils laissèrent un immense butin et 3,000 morts sur le champ de bataille; et Mourad-Bey, leur chef, battant précipitamment en retraite, s'enfuit dans la haute Égypte. Attaqués d'un autre côté par le général Régnier, ils furent encore défaits; et le fort d'El-Arisch tomba après un brillant combat au pouvoir des Français. Mais la troupe des mamelouks ne tarda pas à s'effacer devant la puissante diversion opérée par les renégats anglaise et ottomane. Lorsque après cette mémorable campagne les Français eurent quitté les bords du Nil, les mamelouks se maintinrent encore comme corps politique, tantôt en hostilité avec les chefs envoyés par la Porte en Égypte, tantôt acceptant une paix passagère, toujours turbulents et séditieux, jusqu'au moment où Méhémet Ali fut investi de ce pachalik. Il appartenait à cet homme extraordinaire, dont le génie préparait la régénération de ce malheureux pays, d'écraser de son bras de fer la formidable corporation militaire qui l'avait si longtemps opprimé. Le coup d'État qui opéra cette révolution est un de ceux qui ont eu le plus de retentissement dans l'histoire de ce siècle. Ed. Du Laurier.

MAMELOUKS DE LA GARDE. Durant le séjour de Bonaparte en Égypte, il admit près de sa personne plusieurs cavaliers mamelouks, qui s'offrirent à lui de bonne volonté. Lorsque nos troupes évacuèrent ce pays, un assez grand nombre de familles musulmanes demandèrent à suivre l'armée, et se réfugièrent en France. Le premier consul plaça les plus jeunes, les plus agiles, à la suite de la compagnie des guides, et en forma, le 30 nivôse an XII (21 janvier 1804), une compagnie de sa garde, qu'il attacha au régiment de chasseurs à cheval. L'état-major composé de Français, à l'exception du chef d'escadron commandant, comptait cent-soixante hommes, dont cent-neuf mamelouks. Plusieurs vieillards, des femmes, des enfants réfugiés près de ce corps, recevaient, à titre de secours, un traitement accordé par l'empereur. On en établit plus tard un dépôt à Melun, que l'on transféra ensuite à Marseille. A la fin du premier empire, les mamelouks formaient un escadron de deux cent cinquante hommes, non compris les officiers. Ils portaient le costume de leur nation, qui n'était pas uniforme, et variait par les couleurs des pantalons, des vestes et des turbans. Ils étaient armés de sabres à la turque, de pistolets, de poignards; et leurs cartouches étaient renfermées dans une petite giberne ornée d'une aigle. Ce corps, qui avait partagé les périls et la gloire de la garde impériale, eut une fin déplorable : réunis à leur dépôt après l'abdication de Napoléon, les Mamlouks furent alors dispersés, et en grande partie massacrés par les réactionnaires du midi.

MAMERTINS, Samnites de la Campanie, ainsi appelés de leur dieu *Mamers*, nom du Mars des Romains dans les langues osque et sabine, et qui étaient à la solde d'Agathoclès. Congédiés à la mort de ce prince (289 av. J.-C.), ils s'emparèrent traîtreusement de la ville de Messane. Ils en chassèrent ceux des habitants de cette ville qu'ils n'égorgèrent pas, et constituèrent un État de brigands, que ses expéditions par terre et par mer rendirent bientôt redoutable. Enfin, Hiéron II les vainquit, l'an 265 av. J.-C., à la bataille de Pylæ, où ils mirent en ligne 8,000 hommes; et il vint alors les assiéger dans Messane. Un parti accueillit des Carthaginois dans la ville pour la défendre, un autre se plaça sous la protection des Romains, en l'an 264. Alors ceux-ci envoyèrent au secours des Mamertins une armée commandée par Appius Claudius, et les Carthaginois furent chassés de la ville. Ceux-ci, s'étant alors alliés avec Hiéron, revinrent mettre le siège devant Messane; et ce conflit donna lieu à la première guerre qui éclata entre Rome et Carthage.

MAMIANI (Terenzio DELLA ROVERI, comte), homme d'État et savant italien, né au commencement de ce siècle, dans les États de l'Église, se trouva mêlé aux agitations politiques de l'Italie, et fut en conséquence contraint, en 1831, de se réfugier en France, où il se consacra à l'étude des lettres et de la philosophie. Le décret d'amnistie rendu le 17 juillet 1846 par le pape Pie IX, lui rouvrit les portes de l'Italie. Il se rattacha de nouveau alors au mouvement national, et arriva au commencement de 1848 à Rome, où il devint bientôt l'un des hommes les plus populaires, et à ce titre il s'efforça au mois de mars de refouler le torrent de la révolution. Quand Pie IX accorda une constitution et convoqua les chambres, il appela le libéral mais modéré Mamiani aux fonctions de ministre de l'intérieur, le 3 mai suivant. Mamiani fit tout ce qui dépendait de lui pour défendre le pape; mais le refus de Pie IX de déclarer la guerre à l'Autriche et l'état général de l'Italie provoquèrent de nouveau les désordres les plus graves, de sorte que tout gouvernement tant soit peu durable devenait impossible, et que Mamiani dut, avec ses collègues, donner sa démission à la fin de juillet. Il se rendit alors à Turin, où, de concert avec Gioberti et d'autres, il fonda la Société de l'union de l'Italie en même temps qu'il en devenait l'un des directeurs. Après l'assassinat de Rossi (15 novembre) et l'attaque du palais pontifical à Rome, Mamiani consentit cependant à accepter le portefeuille des affaires étrangères dans le ministère démocratique de Galetti. Mais après la fuite du pape, il s'éloigna de nouveau de Rome, et se rendit à Gênes, qu'il habite depuis lors. Parmi les ouvrages qu'on a de lui, il faut plus particulièrement mentionner des *Dialoghi di scienza prima* (Paris, 1846) et ses *Poeti dell' eta media* (2ᵉ édit., 1848). En 1851 il a encore fait paraître un livre, intitulé *Del Papato*.

MAMILLAIRE (de *mamma*, mamelle), genre de plantes de la famille des cactées, ainsi nommé à cause de la forme qu'affectent ses nombreuses espèces, presque toutes originaires du Mexique. Les mamillaires, qui ne peuvent être cultivées chez nous qu'en serre tempérée ou en serre chaude, ont pour caractères génériques : Calice adhérant au tube de la corolle, et ayant cinq lobes colorés ; corolle à cinq ou dix pétales peu distincts des divisions du calice ; étamines filiformes, en nombre indéterminé; style filiforme, terminé par un stigmate de quatre à sept lobes rayonnants; baie lisse; semences luisantes.

MAMMALOGIE (de μάμμα, mamelle, et λόγος, discours), partie de l'histoire naturelle qui a pour objet l'étude des mammifères.

MAMMIFÈRES (de *mamma*, mamelle, et *fero*, je porte). Les mammifères composent une classe nombreuse d'animaux qui se distinguent des autres par des caractères nettement tranchés : 1° ils ont des mamelles, font leurs petits vivants et leur donnent du lait pour première nourriture ; 2° ils ont des poumons pour respirer l'air puisé directement à la masse atmosphérique, un sang rouge et chaud, et deux ordres de canaux ou vaisseaux pour sa circulation, les vei nes et les artères, contenant du sang à des états différents ; 3° un diaphragme musculaire, tendu à peu près comme une peau de tambour, sépare chez eux la poitrine de l'abdomen, et quelque long que leur col puisse paraître à l'extérieur, on ne lui trouve jamais plus de sept vertèbres, excepté chez une espèce qui en a neuf. Les mammifères sont les animaux les plus semblables à l'h o m m e, qui en fait partie : ils sont regardés avec raison comme les premiers de la grande série animale. Rien de plus uniforme, pour le nombre et la disposition générale des pièces, que leur composition organique. Ils paraissent au premier abord n'être que des modifications diverses d'un même animal considéré comme type de toute la classe; mais on ne tarde pas à revenir de cette idée en descendant dans le détail des différences de formes et de proportions ; on s'assure, au contraire, qu'il n'y a d'accidentel chez eux que les dispositions générales, et que l'idée d'un animal typique ou générateur n'est qu'une pure abstraction. Les moyens sont chez eux trop rigoureusement proportionnés à la fin pour qu'il n'en soit pas ainsi. Il existe entre leurs mœurs et leurs organisations diverses une harmonie si admirable, qu'on peut toujours conclure de la connaissance des unes à celle des autres. Des dents propres à couper, à déchirer, plutôt qu'à triturer ; un estomac constitué pour recevoir des substances faciles à digérer, et des intestins courts et grêles pour n'en contenir à la fois que des quantités d'autant plus petites qu'elles sont plus nutritives, indiquent certainement des mœurs carnassières ; et, réciproquement, des dents à couronnes mousses, aplaties, un estomac d'une force musculaire énergique, et des intestins très-développés, sont toujours le partage des paisibles herbivores. Il n'y a pas jusqu'aux protubérances des os servant de points d'attache à leurs muscles qui ne retracent exactement le degré d'énergie de leurs mouvements musculaires.

La classification des mammifères a été l'objet de nombreux travaux. Celle de G. Cu v i e r est l'une des plus naturelles : il divise les mammifères en neuf ordres : les *bimanes*, les *quadrumanes*, les *carnassiers*, les *rongeurs*, les *édentés*, les *marsupiaux*, les *pachydermes*, les *ruminants* et les *cétacés*. F. PASSOT.

MAMMON, MAMMONE, mot du syriaque ou de l'hébreu vulgaire parlé à Jérusalem depuis la captivité, et qui signifie *richesses*. Ce n'était donc point, comme on l'a prétendu, une divinité des Syriens, mais tout simplement un substantif commun à la langue de Sion et d'Antioche, dont la racine est *atman* (il a caché) et le dérivé *matmon* (trésor). Ce terme est devenu familier aux idiomes d'Occident par les seuls Évangiles de saint Matthieu et de saint Luc : *Non potestis servire Deo et Mammonæ* (vous ne pouvez servir en même temps Dieu et Mammone), dit le premier, qui, en sa qualité d'ancien publicain ou receveur des impôts, devait connaître toute la force de ce mot ; *Mammone* (les ri chesses) *est injuste*, dit le second. Cette expression devait être très-familière à ces deux apôtres, car saint Matthieu écrivit son Évangile en hébreu vulgaire, alors mêlé de syriaque et de chaldéen, et saint Luc était né à Antioche, capitale de la Syrie. Saint Augustin nous apprend qu'en langue punique ou carthaginoise, *matmon* signifiait *lucre*. Jamais divinité ou idole de ce nom n'exista chez les Syriens : seulement les Grecs, par imitation, donnèrent à leur dieu des *richesses Ploutos*, et à Pluton, qui est le même, le nom d'*Adès* (l'invisible). Il appartenait au génie de Milton de doter l'enfer d'un ange de ténèbres de plus ; et de créer un démon des richesses, en lui donnant le nom si pittoresque de *Mammon*, pris aux saints Évangiles. DENNE-BARON.

MAMMOUTH. Les Russes avaient donné ce nom à un grand mammifère dont ils trouvaient de nombreux débris fossiles. Longtemps on crut ces débris les vestiges d'une race de géants. Quelques érudits virent dans le mammouth le béh é m o t h de l'Écriture Sainte. Enfin, la paléontologie, mieux éclairée, reconnut dans cet animal une espèce d'éléphant fossile. Le même nom avait été appliqué à tort à un autre animal fossile, qui fait partie du genre *mastodonte*.

MAMMULE (*Cryptogamie*). *Voyez* CONCEPTACLE.

MAN, île de la mer d'Irlande, dépendant de l'Angleterre, compte 52,116 habitants sur une superficie d'environ 11 myriamètres carrés. Une crête de montagnes, composées surtout de roches schisteuses, la parcourt dans la direction du nord-est, et renferme du plomb, du zinc, du fer, de la pierre à bâtir, de la chaux et de l'ardoise, mais point de houille. Cette crête n'est pas boisée ; on n'y trouve même point de broussailles ; elle est couverte de tourbe, de marais et de landes, et arrosée par de nombreux ruisseaux. De son point d'élévation extrême, *Sneafell, Snæfle* ou *Snowfield*, haut de 626 mètres, on peut apercevoir la côte d'Irlande distante de 5 myriamètres, et celle d'Écosse, distante de 4. Sauf l'extrémité nord, ses côtes sont escarpées, rocheuses, et renferment un grand nombre de criques.

La nature avait fait de l'île de Man une terre nue et désolée, mais l'industrie de ses habitants l'a rendue à la culture sur presque tous les points. Trente-cinq kilomètres carrés sont consacrés à la culture des céréales, ou bien employés en jardins, prairies et pacages. On y cultive beaucoup de pommes de terre, de betteraves et de chanvre; plus, du froment, de l'orge et de l'avoine. On extrait aussi beaucoup de chaux; mais la pêche du hareng constitue encore, avec l'éducation du bétail, notamment des moutons, la principale industrie de la population, qui fait aussi un cabotage assez actif. Il y a longtemps qu'on a renoncé à l'exploitation des mines que contient l'île. L'industrie manufacturière s'y borne à la fabrication des toiles ainsi qu'à celle des souliers en cuir brut. A la fin de 1850 l'île de Man employait 595 bateaux pêcheurs et possédait 352 navires pontés , ainsi que quelques bateaux à vapeur.

Les habitants, qui s'appellent eux-mêmes *Manx* ou *Manks*, donnent à leur île le nom de *Manning*, et descendent des populations celtes primitives des îles Britanniques. Leur langue se rapproche plus du gaélique et de l'erse que du kymrie, parlé dans le pays de Galles, dont ils sont voisins, et s'éloigne encore bien autrement de l'anglais, qui maintient-elle point à périr. Ils sont pauvres, mais gais et singulièrement attachés à leur patrie. Ils professent la religion épiscopale, ont un évêque en propre (il prend le titre d'*évêque de Sodor et de Man*), mais qui ne siège point à la chambre haute, de même que l'île de Man en général n'a rien de commun avec la constitution anglaise et ne dépend d'aucun comté, qu'elle a sa constitution à elle, son droit particulier, et qu'elle jouit en outre d'une complète exemption de taxes et d'impôts. A la tête de l'administration est placé un gouverneur royal, auquel est adjoint un conseil, composé de quatre de ses membres. La puissance législative y est exercée par vingt-quatre représentants ou *keys*, qui depuis l'an 1450 se recrutent eux-mêmes, au fur et à mesure des décès, au moyen d'élections faites parmi les principaux propriétaires fonciers. Deux *deemsters* (juges) exercent le pouvoir judiciaire. Les uns et les autres constituent ce qu'on peut appeler le parlement (*Tynwald Court*), qui se réunit annuellement sur la montagne de Tynwald, près de Peel. L'île de Man avait autrefois ses propres rois ; mais elle fut conquise au treizième siècle par les Écossais, qui au siècle suivant s'en virent chassée par les Anglais. Depuis cette époque l'île se trouve divisée en plusieurs fiefs, attribués à diverses familles. Le roi Henri IV d'Angleterre en fit don à Henri Percy de Northumberland, le dernier qui la posséda avec le titre de *roi*. Mais ayant violé son serment de fidélité au roi d'Angleterre, ce seigneur fut dépouillé de son fief, dont on investit, en 1405, lord Stanley. Le petit-fils de celui-ci fut créé comte de Derby, et sa famille resta propriétaire de l'île jusqu'en 1735, époque où elle passa par héritage dans la famille d'Athol, qui la conserva jusqu'en 1765. Mais à ce moment, comme l'île n'avait jamais cessé d'être un repaire de contrebandiers, le gouvernement anglais la racheta 70,000 liv. st. à la famille d'Athol, tout en lui laissant d'ailleurs sa constitution particulière.

Le bourg de *Castletown*, appelé autrefois *Sodor*, sur la côte méridionale, est le chef-lieu de l'île et le siége du gouvernement. On y voit un vieux château gothique, *Castle-Rushen*, et un séminaire ecclésiastique. La population en est de 3,500 habitants. On y fait peu de commerce, parce que l'accès de son port est difficile. La ville de *Douglas*, sur la côte orientale, a 7,000 habitants. On y voit le beau château de Mona, appartenant aux ducs d'Athol, un théâtre, un port propre à recevoir d'assez gros vaisseaux, pourvu d'un môle et dominé par un fort. La population vit de la navigation, de la pêche du hareng et du chien de mer, et de l'exportation de beurre, de volaille et de bétail pour Liverpool.

MANAÏA ou **MANGIA**. *Voyez* Cook (Archipel de).

MANAKIN, genre d'oiseaux de l'ordre des passereaux, ayant pour caractères : Bec court, assez profondément ouvert, déprimé, trigone à sa base, qui est un peu élargie, à mandibule supérieure voûtée, échancrée vers la pointe; narines situées à la base du bec, triangulaires; ailes médiocres; queue très-courte; tarses grêles, allongés, scutellés; doigts faibles, à ongles très-petits. Ces oiseaux habitent les grands bois de l'Amérique méridionale. Ils vivent de fruits sauvages et d'insectes. Leur plumage offre souvent de belles couleurs.

MANAMA. *Voyez* Bahreïn.

MANANT. L'étymologie de ce mot se trouve dans *manens*, l'un des modes du verbe latin *manere*, demeurer. *Manant*, en effet, signifie littéralement paysan, habitant d'un village, d'une métairie, d'une campagne ; et cette acception est encore toute vraie, toute vivante dans le midi, où l'on dit toujours les *manants* et *demeurants* d'un village, lorsqu'on veut distinguer les indigènes de ceux qui n'en sont que les habitants. Les *manants* et habitants des paroisses s'assemblaient autrefois pour l'élection des collecteurs. Pour les seigneurs, le *manant* était un homme grossier ; ce terme servait à stygmatiser celui qui n'était pas gentilhomme, et par suite celui qui avait de rudes manières. Il est resté dans la langue avec cette signification.

MANASSÉ ou **MANASSÈS**, au rapport de l'Ancien Testament, était fils de Joseph et d'Asnarth. Lors du partage de la terre promise entre les descendants de Jacob, les deux fils de Joseph, Éphraïm et Manassé, eurent chacun une part en propre. Le territoire de la tribu de Manassé était divisé par le Jourdain en deux parties, l'une à l'est et l'autre à l'ouest. Le Manassé occidental confinait au nord à l'Asser, à l'est à l'Isochar, et au sud au territoire de la tribu d'Éphraïm ; le Manassé oriental comprenait le Gelead septentrional et l'ancien territoire du roi Og de Basan.

Manassé était aussi le nom du fils d'Hiskias, qui lui succéda sur le trône de Juda, l'an 699 av. J.-C. Il favorisa l'idolâtrie, consulta les devins et les magiciens, et sacrifia même son propre fils à Moloch. Les uns le font mourir idolâtre ; les autres le font emmener captif par Assarhaddon en Assyrie, où il aurait composé la *prière de Manassé*, encore aujourd'hui existante, mais que catholiques et protestants rejettent parmi les apocryphes, où elle figure en dernière ligne. Cependant, l'Église grecque tient ce livre pour canonique.

MANASSÈS (Constantin), historien grec du douzième siècle, a laissé un *Abrégé de l'histoire*, en vers politiques, commençant à Adam, finissant à Alexis Comnène, et faisant partie de la Collection des historiens byzantins, ainsi qu'un roman des *Amours d'Aristandre et de Calisté*, publié avec une traduction latine par M. Boissonade, en 1819.

MANATE. *Voyez* Lamantin.

MANCENILLIER, genre d'euphorbiacées, ne renfermant qu'une seule espèce, le *mancenillier vénéneux* (*hippomane mancenilla*, L.). Cet arbre est monoïque. Dans les fleurs mâles, un petit calice bifide tient lieu de corolle et supporte une seule étamine, à quatre anthères. Ces fleurs sont réunies en épis dans des écailles calicinales et glandulaires. Les fleurs femelles, dépourvues aussi de corolle,

sont sessiles et solitaires, accompagnées d'appendices glanduleux ; leur calice est ordinairement triphylle, et renferme un style court, fendu à son extrémité en sept stigmates. Le fruit, ou drupe, contient dans son intérieur une noix multiloculaire à loges monospermes. Ce fruit, charnu, de la forme d'une petite pomme, en a aussi la couleur et l'odeur, mais cache sous sa fraîche enveloppe les qualités les plus malfaisantes. L'arbre est élevé, lactescent, très-rameux, et se rapproche un peu de notre poirier par son port et son feuillage. Les mancenilliers sont originaires de l'Amérique méridionale ; ils croissent de préférence sur les rivages des Antilles et sur le littoral du continent voisin ; au temps de la floraison, ils sont presque dénués de feuilles. Leurs fruits se détachent d'eux-mêmes à la maturité. Les crabes en font très-nuisible.

Toutes les parties de l'arbre rendent un suc blanc, laiteux et caustique; une seule goutte suffit pour produire aussitôt sur les parties animales qu'elle touche l'effet d'une brûlure. Les Indiens caraïbes avaient coutume d'en tremper leurs flèches ; et des expériences réitérées ont prouvé que ces armes étaient encore empoisonnées après plus d'un siècle. Le voisinage du mancenillier n'est même pas sans danger ; son ombre perfide, ses émanations délétères, rendent cet arbre redoutable aux époques où les circonstances atmosphériques, en stimulant la végétation, viennent produire dans les parties florales et foliacées un orgasme pernicieux.

Ce n'est donc pas avec ce bois que se font les petits ouvrages de marqueterie qui portent son nom, mais bien avec une espèce de sumac, vulgairement appelée aux Antilles *mancenillier de montagne*. S. Berthelot.

MANCHE désigne assez ordinairement la partie par laquelle on prend à la main un outil, un instrument pour s'en servir : on dit également le *manche* d'un couteau, d'une faux, d'une charrue, etc. On a encore donné ce nom à la partie d'un gigot par où on le saisit pour le découper. Dans les instruments de musique à cordes, c'est la partie par laquelle on prend l'instrument et où l'on pose les doigts de la main gauche sur les cordes pour former les différents tons. Figurément on dit d'une personne qui par découragement, chagrin ou dégoût, abandonne une affaire entreprise avec cœur, qu'elle *jette le manche après la cognée*. Branler au *manche*, c'est montrer de l'hésitation, de l'incertitude, c'est reculer devant une résolution ; c'est être menacé de perdre sa fortune, sa place, son état, etc. Cette expression implique toujours une idée de doute.

Au féminin, la *manche* est la partie du vêtement qui couvre le bras. A combien de variations ou à combien de changements insensibles ou de révolutions subites la mode n'a-t-elle pas assujetti la forme des manches ? Quelles variétés de manches les couturières ne comptent-elles point, jusqu'aux manches à la vieille, qui vinrent avec leur exiguïté gracieuse détrôner en 1837 ces *manches à gigot*, ou à *l'imbécile*, si gigantesquement massives, qu'elles semblaient vouloir disputer aux indigents l'entreprise du balayage public, et dans lesquelles les manches de la toge des magistrats et des hommes de loi auraient disparu comme dans autant de gouffres, sans compter ces jolies *manches pagodes* qui fleurissent depuis longtemps. En somme, l'histoire des *manches* de vêtements serait une curieuse histoire : telle est la grandeur de cette tâche d'érudit, que nous ne nous sentons point le courage de l'entreprendre. Plusieurs acceptions proverbiales, populaires ou figurées, ont pris naissance dans le mot *manche*, au féminin : avoir quelqu'un dans sa *manche*, c'est en disposer comme on veut ; avoir la *manche* large, c'est avoir la conscience facile ; se faire tirer la *manche*, c'est mettre de la mauvaise volonté à exécuter une chose à laquelle on vous convie ; voilà une autre paire de *manches*, voilà bien une autre affaire !

Les joueurs appellent *manches* les divisions d'une partie

principale en fractions égales à celui qui gagne les deux *manches* gagne la partie.

Enfin, les marins appellent *manches* des tuyaux de toile ou de cuir servant de conduits à l'eau, à tout autre liquide, au gaz, et également des tuyaux de toile de 48 à 64 centimètres de diamètre, ayant une ouverture très-vaste, et qu'on tourne toujours du côté du vent : ces dernières *manches* servent de ventilateurs à bord des navires.

MANCHE (Pêche). *Voyez* FILET.

MANCHE, nom donné par les Français à cette partie de l'océan Atlantique resserrée entre les côtes de France, au midi, et celles d'Angleterre, au nord. Les Anglais, qui lui ont conservé la dénomination que lui avaient appliquée les Romains (*oceanus Britannicus* [océan Britannique]), l'appellent *British* ou *English-Channel* (détroit britannique ou anglais). La Manche s'ouvre à l'ouest entre l'île d'Ouessant et le cap Land's End, et se rétrécit à mesure qu'elle approche du Pas-de-Calais, détroit qui la fait communiquer à la mer du Nord. Elle a 200 kilomètres de largeur à son entrée, 255 à Saint-Malo, 125 à Cherbourg et 116 à Dieppe. Sa superficie peut être évaluée à 8,800,000 hectares, c'est-à-dire à un neuvième de celle de la France. Ce vaste bassin est d'abord resserré entre des contrées de formation granitique, comme la Brétagne et la presqu'île du Cotentin en France, l'ancien Wessex en Angleterre, auxquelles succèdent les rivages calcaires du reste de la Normandie, de la Picardie, de l'Artois et du Sussex. Cette différence dans la constitution géologique en détermine une fort remarquable dans l'aspect. Ici les rivages sont noirâtres, découpés à l'infini, bordés de rochers que battent des vagues furieuses, semés d'îlots sans nombre, d'écueils perfides ; là ils se déploient en longues lignes ondoyantes, formées de falaises blanchâtres, que la mer mine à la base, et au pied desquelles le galet roule sans cesse sous l'impression des eaux. Les principales îles de la Manche sont l'île de Wight et celles de Guernesey, de Jersey et d'Aurigny, qui appartiennent à l'Angleterre. Les rivières les plus importantes qui y ont leurs embouchures sont la Seine, la Somme, l'Orne, la Vire, sur la côte française, et l'Ex en Angleterre. La navigation de la Manche est assez désagréable, parce que la lame y est courte : les bateaux à vapeur surtout souffrent beaucoup de cet effet du flot; elle est d'ailleurs exposée, comme toute cette région du continent européen, aux éternels vents d'ouest. Les marées y sont très-hautes, surtout du côté de Saint-Malo et de Granville : ici elles atteignent de 13 à 14 mètres. Cette mer est fort poissonneuse : le turbot, la sole, le barbarin, le maquereau, le merlan, la mule, le mulet, la raie, le hareng, s'y pêchent surtout en abondance. Les huîtres du rocher de Cancale sont très-renommées. O. MAC-CARTHY.

MANCHE (Département de la). Ce département de la France septentrionale est formé de la partie occidentale de l'ancienne Normandie. Il tire son nom de la Manche, qui le baigne à l'ouest, au nord et à l'est, où il est aussi limité par les départements du Calvados et de l'Orne. Au sud, il a ceux d'Ille-et-Vilaine et de la Mayenne.

Divisé en six arrondissements, 48 cantons et 643 communes, sa population est de 600,882 individus; il envoie quatre députés au corps législatif. Il est compris dans la seizième division militaire, le diocèse de Coutances, la cour impériale et l'académie de Caen.

Sa superficie est de 577,178 hectares, dont 380, 410 en terres labourables; 94,056 en prés; 44,294 en landes, pâtis, bruyères; 23,958 en bois; 20,259 en vergers, pépinières, jardins; 5,530 en propriétés bâties; 19,545 en routes, chemins, etc.; 2,063 en rivières, lacs, ruisseaux, etc. Il paye 3,392,791 francs d'impôt foncier.

La surface de ce département est entre-coupée de vallées, de plaines et de collines peu élevées. La vallée de la Cerre, près de Valognes, se fait remarquer par sa fertilité. La Vire, la Douve, la Taute, la Selune, la Sée, la Sienne, sont les principales rivières qui l'arrosent. Le climat est assez doux, tempéré, mais un peu humide. On recueille beaucoup de lin, de chanvre, de fruits médiocres, mais surtout une immense quantité de pommes, qui donnent annuellement près de deux millions d'hectolitres de cidre. Les chevaux que l'on élève dans les pâturages appartiennent à la race normande, et sont très-recherchés. Les belles prairies occupent, comme dans toute la Normandie, le fond des vallées ; elles nourrissent du gros bétail d'une belle espèce, et dont l'un des produits est le fameux beurre d'Isigny. Les moutons sont d'une haute taille, mais ne fournissent qu'une laine commune. Dans certains cantons, on élève beaucoup de porcs, de volaille et d'abeilles. Il y a des mines de fer, de cuivre, de cinabre et de houille, des bancs d'aluminé très-étendus, et, sur plusieurs points, des pierres meulières, de l'ardoise, du kaolin, et d'autres terres. Quelques sources minérales surgissent à la surface du sol. Aux environs de Cherbourg, aux îles Chaussey, vis-à-vis de Granville, on exploite de superbe granit. Sur les côtes on prépare beaucoup de sel blanc ; et le varech y est recueilli avec soin pour l'incinération. L'industrie manufacturière y est active, et a pour objet la fabrication de draps fins, serges, basins, calicots, droguets, toiles, dentelles, rubans de fil; de papier, de parchemin, de chaudronnerie, de quincaillerie et de coutellerie. Son commerce a lieu avec l'Angleterre, à laquelle il envoie des œufs, du beurre et du bétail ; avec les départements voisins, auxquels il expédie des objets de vannerie et divers autres articles, et avec Paris et l'intérieur de la France, qui lui demande son beurre, ses œufs, ses poulardes, ses chevaux, son blé, ses toiles, son cidre, son miel, son poisson, son lard et ses bestiaux. 8 routes impériales, 23 routes départementales, 13,899 chemins vicinaux lui donnent des facilités à cet effet. La plupart des petits fleuves qui l'arrosent sont navigables. Les principaux sont le Couësnon, la Selune, la Sée, la Sienne, la Madeleine, la Douve, et la Vire. Son chef-lieu est *Saint-Lô*, les villes et endroits principaux : *Cherbourg, Avranches, Coutances, Granville, Valognes, Mortain*, chef-lieu d'arrondissement, petite ville presque environnée de rochers escarpés, située sur la Canche, avec un tribunal civil et 2,514 habitants; *Briquebec*, grand bourg, chef-lieu de canton, avec 4,446 habitants; *Sourdeval*, chef-lieu de canton, entrepôt des nombreuses papeteries environnantes, avec 4,328 habitants; *Carentan*, petite ville dans une contrée marécageuse, sur la Taute, avec un château fort et 2,936 habitants; *Pontorson*, chef-lieu de canton, avec 2,014 habitants et un hospice d'aliénés des deux sexes. O. MAC-CARTHY.

MANCHE (La), en espagnol *La Mancha*, extrémité méridionale du royaume de la Nouvelle-Castille (Espagne), depuis 1822 partie de la *province de Ciudad-Real*, ainsi nommée de son chef-lieu, est située entre les provinces de Tolède, de Cuença, de Murcie, de Jaen, de Cordoue et d'Estremadure, au sud de la Sierra-Morena, au sud-est de la Sierra-Alcaraz, au nord des ramifications de la Sierra de Toledo, et traversée à son centre par de vastes plaines, généralement horizontales, telles que le *Campo de Montiel*, le *Campo de Calatrava*, la *Misa* (Table) *de Toboso*, etc., mais misérablement arrosée par la Guadiana, rivière aux eaux tourbeuses, qui y prend sa source, ainsi que par ses affluents, l'Azuer, le Jabalon, etc., encore plus pauvres qu'elle en eaux. Le sol est parfois fertile, mais au total léger, sablonneux ou poussiéreux ; les sources et les puits manquent complètement dans les plaines. En été, la chaleur y est étouffante; en hiver, le climat y est froid et pluvieux, mais presque partout salubre. On y récolte de bons vins, notamment des vins rouges, de beaux fruits, du chanvre, du lin, de l'huile, du safran, des plantes à soude, etc. L'élève du bétail y a pris d'importantes proportions; et la Manche produit surtout beaucoup d'ânes et de mulets de la plus belle espèce. En fait d'industrie minière, c'est l'exploitation des mines de mercure (*voyez* ALMADEN) qui y a pris les plus grands développements. L'industrie s'y borne à la fabrication de quelques grossières étoffes de laine, d'un peu de toile, du savon et des cuirs; et le commerce, à l'exportation des grains, des vins, des bestiaux et des savons. Les habitants sont une race laborieuse, active et gaie. Cervantes a placé dans la Manche le théâtre de son inimitable *don Quixotte*, le chevalier à la triste figure; le bon *Sancho*, son écuyer, est le type achevé de la jovialité et en même temps du caractère intéressé de la population de cette province. Qui ne serappelle aussi *Dulcinée du Toboso*, la grosse Maritorne, qui avait captivé le cœur du brave chevalier?

MANCHE (Gardes de la), compagnie de vingt-cinq gentilshommes, se tenant jadis de chaque côté du roi de France dans les cérémonies et toutes les fois qu'il allait à la chapelle; leur consigne était d'avoir toujours les yeux fixés sur le prince; leur uniforme était le même depuis Henri IV : ils portaient pour armes une longue hallebarde à lame damasquinée, frangée d'argent, et étaient choisis dans la compagnie écossaise. DUPEY (de l'Yonne).

MANCHE (Gentilshommes de la). Attachés au service personnel des *enfants de France*, dès qu'ils passaient des mains des femmes à celles des hommes, c'est-à-dire depuis l'âge de sept ans jusqu'à leur majorité, ils les accompagnaient partout, l'étiquette leur défendant toutefois de les tenir par la main et ne pouvant tout au plus les toucher qu'à la manche. C'était un usage emprunté à la cour d'Espagne, ainsi que les *menins*, avec cette différence que les gentilshommes de la Manche étaient des hommes faits, et les menins des enfants de seigneurs de l'âge du jeune prince, placés près de lui pour le distraire et partager ses premiers amusements. DUPEY (de l'Yonne).

MANCHE DE VELOURS. *Voyez* Fou (*Ornithologie*).

MANCHESTER, la plus importante ville manufacturière de l'Angleterre, à 25 myriamètres au nord-ouest de Londres, et à 42 kilomètres à l'est de Liverpool, dans le comté de Lancastre, est située dans une contrée accidentée, sur le canal de Bridgewater et sur l'Irwell, rivière navigable, sur l'autre rive de laquelle s'élève *Salford*, faubourg de Manchester, relié à la ville par deux beaux ponts en pierre et par un pont de fer fondu d'une seule arche mesurant un arc de 40 mètres. La vieille ville, centre des manufactures, a un aspect triste, noirâtre ; et il n'y a que les rues nouvelles et extérieures de belles. L'un des plus beaux quartiers de la ville est le *Crescent*, belle suite de maisons bien construites et disposées en forme de croissant, avec une terrasse et vue sur la rivière ; la nouvelle *rue de Londres* et *Newmarket*. En fait d'édifices publics, on remarque : la nouvelle et belle église collégiale, de style gothique, le beau et vaste bâtiment de la Bourse, la colossale prison de *New-Bailey*, qui peut contenir 700 individus, et l'hôtel de ville, où se trouve l'une des plus vastes et des plus magnifiques salles qu'on puisse voir en Europe. Parmi les établissements de bienfaisance, nous mentionnerons plus particulièrement le grand hôpital, qui reçoit annuellement plus de 20,000 malades et dont l'entretien entraîne une dépense de 9,000 liv. st.; la maison de refuge dite *Chietam-Poor House*, avec une bibliothèque de 20,000 volumes et une école pour 80 enfants pauvres; enfin, la grande école gratuite fondée en 1809 suivant le système de Lancaster. Le *Manchester College*, organisé à l'instar des écoles de Winchester et d'Eton, le plus ancien collège de l'Angleterre, fondé en 1510, et où, indépendamment de la langue latine prescrite par les règlements, on enseigne aussi les langues modernes et les sciences; le *New College*, fondé en 1851, par John Owens, qui y affecta une somme de 100,000 liv. st.; la *Royal Institution*, pour l'encouragement des beaux-arts ; deux écoles industrielles, destinées autant à l'instruction technique et spéciale des ouvriers qu'à leur moralisation ; le Muséum d'histoire naturelle, aujourd'hui l'un des plus riches qu'il y ait en Angleterre, sont aussi des établissements qu'il faut citer avec éloge. On compte en outre à Manchester un grand nombre de sociétés savantes.

DICT. DE LA CONVERS. — T. XII.

Manchester, qui il y a un siècle à peine n'avait encore que 20,000 habitants, en comptait en 1851 (y compris les bourgs Salford, Chorlton et Hulme, compris dans sa banlieue) 439,737 (100,000 de plus que lors du recensement de 1841). Cette ville est en Angleterre le grand centre de la fabrication des étoffes de coton, qui occupe au loin toute la population de la contrée environnante, et même une partie de celle de quelques comtés voisins. Environ 400 manufactures y fabriquent des nankins, des piqués, des futaines, des guingams, des étoffes façonnées, des toiles perses, des mousselines, des velours de coton, dits *Manchesters*, etc. Il s'y est aussi établi récemment des fabriques de soieries, de châles, de dentelles, de cotonnades imprimées, des ateliers de teinture en grand, jusqu'à des usines pour la fonte du fer et des ateliers pour la fabrication ou la réparation des machines à vapeur employées comme force motrice dans les diverses manufactures. Le nombre des métiers mus à la vapeur, et qui mettent en mouvement plus de 4 millions de broches, dépasse de beaucoup le chiffre de 100. Leur entretien est facilité par l'abondance de la houille dans les environs et le bon marché auquel on peut, grâce à de nombreux canaux, la transporter partout où elle se consomme. On compte en outre à Manchester plus de 200 filatures de coton, et en général environ 20,000 établissements industriels en tous genres. Le commerce de gros, aux mains de plus de 200 maisons, n'est pas seulement favorisé par divers chemins de fer, notamment par celui de Liverpool, mais encore par quatre canaux, notamment ceux de Bridgewater, de Rochdale, et de Huddersfield. Malgré son industrie florissante , qui y attire chaque année d'énormes capitaux, on voit à Manchester comme à Liverpool une misère, une détresse sans bornes, à côté de richesses immenses. De 1707 à 1759 la population de Manchester s'éleva lentement de 8,000 âmes à 20,000; et ce ne fut qu'en 1838 qu'elle reçut les droits et le titre de ville. Elle est redevable de son immense prospérité aux développements pris par l'industrie cotonnière. C'est en 1789 qu'une machine à vapeur y fut pour la première fois employée comme force motrice dans une filature de coton. En 1800 on comptait déjà 18 filatures marchant à la vapeur; en 1850 ce nombre était de plus de 300, et toutes employaient des machines d'une grande puissance.

Il y a aux États-Unis, dans le New-Hampshire, un autre MANCHESTER, sur les bords du Merrimac. C'est la ville la plus peuplée de cet État. La filature du coton au moyen de la vapeur y a pris aussi de grands développements. Sa population , qui en 1840 n'était que de 3,235 habitants, dépassait déjà en 1850 le chiffre de 18;900 âmes.

On appelle aujourd'hui en Angleterre *parti* ou *école de Manchester* le parti politique qui a pris pour devise le développement des intérêts industriels du pays au moyen de l'établissement du *libre échange*. C'est des efforts de tous genres faits par ce parti très-compacte qu'est sortie l'*Anti-Corn-Law League* ; et il a pris pour centre d'action la ville de Manchester, premier et le grand centre d'activité manufacturière du pays. Cobden est considéré comme le chef de l'école de Manchester.

MANCHON, fourrure qu'on porte en hiver pour se garantir les mains des atteintes du froid. Ce vêtement, d'un usage général aujourd'hui parmi nos femmes, a été jadis porté également par les hommes. La mode parut un instant le repousser, mais la commodité ne fit bientôt reparaître; et pourtant aujourd'hui, nous autres hommes, nous n'avons pas encore osé l'adopter. Les plus beaux manchons sont en martes zibelines, en renards bleus, en martes, en petits gris, etc. Les plumages des oiseaux étrangers ont été aussi mis à contribution, et parmi les oiseaux de notre climat, on a préférablement la plume bleue du geai. Jadis les cavaliers, et même les militaires, portaient des manchons, généralement en peau de loutre ou de tigre. A l'époque des paniers, aux derniers jours de Louis XIV et sous le règne de Louis XV, il fut du bel air parmi les dames

41

d'avoir un petit chien-lion, gros comme le poing, blotti dans l'intérieur de leurs manchons. On appelait ces chétives et vilaines créatures *chiens de manchon*. Quelques lionnes, quelques lorettes essayent bien depuis quelque temps de faire revivre cette ancienne mode; mais tout nous donne à espérer qu'elles en seront pour leurs frais de propagande.

MANCHOT, celui qui est estropié ou qui manque de la main ou du bras. La mutilation que subit celui dont on ampute le bras semblerait devoir lui enlever cette habitude d'agir, cette dextérité qui n'est donnée qu'à des hommes plus entiers que lui ; et pourtant nous constaterons ici avec bonheur qu'il n'en est souvent rien : plusieurs officiers généraux se sont illustrés avec un bras de moins.

MANCHOT (*Ornithologie*), genre d'oiseaux de l'ordre des palmipèdes. Les manchots ont le bec long, grêle, fléchi vers l'extrémité; leurs deux mandibules, à peu près égales, sont un peu obtuses ; la mandibule supérieure est sillonnée dans toute la longueur ; la mandibule inférieure, s'élargissant vers la base, est couverte d'une peau lisse et nue ; la fosse nasale est longue, couverte de plumes, et les narines, à peine visibles, sont placées à la partie de la mandibule supérieure, près l'arête : leur col est gros et court ; leur peau est épaisse et dure comme celle d'un cochon ; leur ventre est garni d'une épaisse couche de graisse lardacée, qui donne à leur chair, noire et huileuse, une saveur détestable ; leurs membres thoraciques, dépourvus de rémiges, et n'ayant que des rudiments de pennes, paraissent véritablement squammeux, et ressemblent plutôt à des nageoires de poissons, pendantes, épaisses, informes, pesantes, qu'à des ailes d'oiseau destinées à prendre des points d'appui dans l'air ; aussi ces membres sont-ils impropres au vol : leurs membres pelviens sont terminés par des pieds courts, gros, entièrement retirés dans l'abdomen, et la position de ces pieds, placés plus en arrière que chez les autres palmipèdes, oblige les manchots de s'appuyer, pour se soutenir à terre, sur leur tarse, qui est court et élargi comme la plante du pied d'un quadrupède, tandis que tous les autres oiseaux ne s'appuient que sur leurs doigts.

Inhabiles à la course autant qu'au vol, les manchots se meuvent péniblement à terre, et se servent de leurs ailes comme de balancier pour maintenir en équilibre leur dégaine vacillante : c'est là le seul service que leur puissent rendre sur terre ces ailerons informes. Mais dans l'eau, la disposition palmée de leurs pattes et la forme de leurs ailes donnent aux manchots une vitesse de translation que ne peuvent égaler les poissons les plus fins nageurs : aussi habitent-ils presque constamment l'eau ; ils plongeant comme les phoques, avec lesquels ils présentent de grandes analogies d'organisation, sautant à la manière des bonnites, poursuivant à tire d'ailes les poissons, dont ils se gorgent jusqu'à l'excès, et échappant par la grande rapidité de leur nage aux poissons qui les poursuivent à leur tour. La voix du manchot, rauque, désagréable et analogue au braiement de l'âne, ne se fait entendre qu'en automne, à l'époque de la couvée, seule époque, annuelle et périodique, à laquelle les manchots quittent la mer pour venir s'abriter parmi les glaïeuls, les joncs, les roseaux, les grandes herbes et les plantes aquatiques, dans des tanières creusées par le battement des vagues dans les îlots de la mer Antarctique. A cette époque, les manchots s'assemblent en troupes, quelquefois au nombre de quarante, et gagnent les plages rocailleuses de ces îles désertes ; puis ils pratiquent dans les hautes herbes qui les bordent des sentiers sinueux, dans lesquels ils cheminent au trot, car le bruit qu'ils font en marchant rappelle le trot saccadé d'un petit cheval : ils creusent avec leur bec des trous en forme de four, à l'entrée basse et large, dans lesquels la femelle pond deux ou trois œufs d'un jaune sale, et de la grosseur d'un œuf de dindon ; deux fois par jour, matin et soir, ils partent pour la pêche, et au retour ils se forment en comité, et vont s'asseoir gravement sur le rivage, dandinant la tête, et se laissant approcher sans montrer grande frayeur. Surpris et attaqués, les manchots se serrent les uns contre les autres en cohorte compacte, de manière à offrir partout des faces inabordables, et se défendent à grands coups de bec ; quelquefois même ils prennent l'offensive.

Les manchots habitent exclusivement les mers Australes, tandis que les p i n g o u i n s fréquentent uniquement les mers Arctiques : on rencontre les premiers aux îles Malouines et Falkland, au détroit de Magellan, aux terres de Van-Diémen, à la Nouvelle-Hollande, au cap de Bonne-Espérance.

Le genre *manchot* renferme un assez grand nombre d'espèces, mais il existe tant d'incertitude sur la plupart d'entre elles, rejetées par les uns, admises par les autres, qu'on ne saurait les présenter comme constantes sans courir la chance de commettre de nombreuses erreurs. Brisson a divisé les manchots en deux genres, suivant que la mandibule inférieure était arrondie ou tronquée : à l'un il a donné le nom de *aphénisque*, au second il a assigné le nom de *gorfou*. Vieillot, appliquant la dénomination de *sphénisque* à la famille des manchots, a aussi sous-divisé cette famille en deux genres, les *gorfous eudyptes* et les *apténodytes*, le premier des deux renfermant par définition presque toutes les espèces connues ; enfin Cuvier, dans son *Règne animal*, subdivise le genre manchot en trois sous-genres distincts, différenciés entre eux par des caractères déduits exclusivement de la forme des mandibules : ce sont les *manchots* proprement dits (*apténodytes*), les *sphénisques* et les *gorfous*. Parmi les espèces les plus remarquables, les ornithologistes décrivent : le *grand manchot*, le *manchot sauteur*, le *manchot papou*, le *manchot tacheté*, le *manchot à collier*, le *petit manchot*, le *manchot du Chili*.

BULFIELD-LEFÈVRE.

MANCINI. C'était le nom des cinq nièces du cardinal Mazarin ; elles étaient filles de la seconde sœur du cardinal et de *Michel-Laurent* MANCINI, baron romain, petit-fils de *Paul* MANCINI, fondateur de l'académie des *Umoristi*. L'esprit d'intrigue que Mazarin avait porté dans la politique et le gouvernement intérieur de la France, ses nièces le portèrent dans la société, à la cour, et dans leurs relations personnelles.

L'aînée, *Laure* MANCINI, qui épousa le duc de Vendôme, est la seule qui ait fait peu parler d'elle.

Les quatre autres, la comtesse de Soissons, la connétable Colonna, la duchesse de Mazarin et la duchesse de Bouillon devinrent célèbres à divers titres, et sont au nombre des femmes les plus remarquables de la cour de Louis XIV.

Olympe MANCINI, la seconde des cinq sœurs, fut amenée en France en 1647. Madame de Motteville, qui la vit à son arrivée, trace ainsi son portrait : « Elle était brune, avait le visage long et le menton pointu. Ses yeux étaient petits, mais vifs, et on pouvait espérer que l'âge de quinze ans lui donnerait quelques agréments. » Le jeune Louis XIV ne tarda pas à la remarquer et à lui rendre des soins très-assidus. Sans se laisser aveugler par cette faveur passagère, elle ne pensa qu'à en profiter dans l'intérêt de son ambition. Son but était de faire un grand mariage. Elle ne put cacher le violent dépit qu'elle éprouva lorsqu'elle vit sa cousine Martinozzi épouser le prince de Conti, qu'elle avait espéré épouser elle-même. Bientôt cependant le comte de Soissons demanda sa main ; et lors du mariage du roi, Mazarin, son oncle, inventa pour elle la charge de surintendante de la maison de la reine. Rien n'était plus brillant que la maison de la comtesse de Soissons ; elle fut quelque temps la maîtresse de la cour, des fêtes et des grâces. Le roi , depuis son mariage comme avant, ne bougeait de chez elle. Ce qui continua de l'y attirer, ce fut le goût qu'il prit pour une sœur de la comtesse, Marie Mancini, qui fut depuis la connétable Colonna. Le caractère hautain de M*me* de Soissons et son goût pour l'intrigue suscitèrent de fréquents démêlés entre elle et la duchesse de Navailles, dame d'honneur de la reine, au sujet de leurs attributions respectives. Le roi fut obligé de s'entremettre pour les calmer, et la comtesse , par son humeur hautaine, s'attira une disgrâce momentanée. Par la suite, dans le désir de recouvrer son ancienne faveur, elle ourdit, avec son amant, le marquis de Vardes, et avec le comte de Guiche, une intrigue pour faire renvoyer Mlle de La Vallière. Son plan était de donner elle-même une maîtresse à Louis XIV, dans l'espoir que la nouvelle favorite, par reconnaissance, lui rendrait l'influence qu'elle avait perdue. Mais le complot fut découvert, et la comtesse exilée. Elle ne put faire sa paix et obtenir son retour qu'en offrant la démission de sa charge de surintendante, qui fut donnée à Mme de Montespan.

Elle se vit réduite alors à un rôle bien inférieur à celui qu'elle avait joué autrefois. Plus tard, elle se trouva, ainsi que sa sœur la duchesse de Bouillon, compromise dans l'affaire de la Voisin, empoisonneuse brûlée en place de Grève. Celle-ci déclara que la comtesse de Soissons était venue la consulter pour savoir si elle ne pourrait pas ramener un amant qui l'avait quittée; cet amant était un grand prince (c'est-à-dire le roi); ajoutant que s'il ne revenait à elle, il s'en repentirait. Au premier éclat que fit cette affaire, elle partit brusquement pour la Flandre, dans la nuit du 23 au 24 janvier 1680. On pensa que le roi lui avait donné charitablement le temps de se retirer. On ajoute qu'il dit à Mme de Carignan, belle-mère de la comtesse de Soissons : « J'ai bien voulu que madame la comtesse se soit sauvée; peut-être en rendrai-je compte un jour à Dieu et à mes peuples. » Son procès lui fut fait par contumace. Elle avait offert de revenir se justifier, à condition qu'on la dispenserait de garder la prison pendant la procédure; ce qui lui fut refusé. Cette affaire renouvela des bruits qui avaient couru lors de la mort de son mari, qui mourut fort brusquement, à l'armée, le 7 juin 1673. Dès lors on en avait mal parlé, dit Saint-Simon, mais fort bas, dans la faveur où elle était. Mais d'autres s'étonnaient qu'elle eût pu faire mourir un mari qui lui laissait tant de liberté.

La comtesse de Soissons se trouvait en Flandre dans une position très-équivoque. Mme de Sévigné écrit en février 1680 : « On assure qu'on a fermé les portes de Namur, d'Anvers et de plusieurs villes de Flandre à madame la comtesse, disant : *Nous ne voulons pas de ces empoisonneuses.* » On racontait qu'elle avait été obligée de sortir d'une église, et qu'on la poursuivait avec des bandes de chats liés ensemble, qui faisaient à sa suite un sabbat de sorcière. De Flandre elle passa en Espagne. Saint-Simon l'accuse d'avoir empoisonné la reine. Quoi qu'il en soit, après avoir vécu obscurément quelques années en Allemagne, elle revint à Bruxelles, où elle mourut, le 9 octobre 1708, dans un abandon général. Son fils, le célèbre prince Eugène, était venu la visiter une seule fois dans sa retraite.   ARTAUD.

Marie MANCINI naquit à Rome, en 1639. Sa grâce et son esprit, plutôt que sa beauté, lui valurent de bonne heure de nombreux succès. Louis XIV, alors très-jeune, en devint amoureux, et songea même à l'épouser. Le cardinal, soit calcul, soit pour rompre une liaison qui lui paraissait embarrassante, éloigna ses nièces de la cour, et les envoya dans un couvent à Brouage. La séparation des deux jeunes amants fut, dit-on, fort pénible, et l'on attribue à Marie ces paroles d'adieu adressées à Louis XIV : « Vous pleurez, vous êtes roi, et je pars. » Elle revint à la cour après le mariage du roi avec l'infante Marie-Thérèse, et épousa le prince Colonna, connétable de Naples, auquel elle apporta en dot 100,000 liv. de rentes. Les premières années de ce mariage furent assez heureuses; mais la froideur se glissa bientôt entre les époux, et Marie ne songea plus dès lors qu'à faire rompre un lien que la tendresse même de son mari lui rendait insupportable. Elle résolut de s'enfuir d'Italie avec sa sœur, la duchesse de Mazarin, qui s'était réfugiée auprès d'elle pour se soustraire également aux tourments de l'hymen qu'elle avait contracté. Elles s'évadèrent sous des vêtements d'homme, et débarquèrent en Provence. Cette aventure fut interprétée dans un sens fâcheux, que l'étourderie des deux sœurs favorisa. Marie laissa Hortense chercher en Savoie un refuge contre les poursuites de son époux, et voulut se rendre à la cour de Louis XIV, ne doutant pas du favorable accueil qui l'attendait. Il en fut autrement : le roi refusa de la voir, et lui fit conseiller de se retirer dans un couvent, où il lui donnerait une pension honorable. Blessée par ce refus, Marie, par un retour d'esprit qui ne dura pas longtemps, résolut de revenir près du prince Colonna, tout prêt à oublier ses folies. Mais elle changea d'idée en route. Le prince ne mit plus d'obstacle alors au divorce qu'elle demandait. Il fut prononcé, et elle se retira dans un couvent, près de Madrid, où elle prit le voile. La vie claustrale ne convint pas longtemps à cette femme habituée à briller dans le grand monde. Elle quitta furtivement son couvent, et revint en France, après douze ans d'absence. Soit qu'elle craignît d'encourir le déplaisir de Louis XIV, qui ne voulait pas la voir s'établir à Paris, soit que la vie aventureuse à laquelle elle s'était livrée eût calmé l'agitation de son esprit, elle vécut dans la retraite, et si oubliée, qu'on ne peut fixer d'une manière certaine l'époque de sa mort. On suppose qu'elle mourut en 1715, l'année de la mort de Louis XIV.

Hortense MANCINI, naquit à Rome, en 1646, et fut amenée à six ans en France, près de son oncle. Le roi d'Angleterre Charles II et le duc de Savoie la demandèrent en mariage; mais le cardinal, par la politique qui lui avait fait rompre la liaison de Marie avec Louis XIV, refusa pour Hortense une alliance royale, et la maria au duc de La Meilleraie, à la condition qu'il prendrait le nom et les armes de Mazarin. Jamais hymen ne fut plus mal assorti : la jeune duchesse était vive, enjouée, aimant le monde et ses plaisirs ; le duc était avare, jaloux, dévot, et traînait sa femme de ville en ville dans ses divers gouvernements. Elle vécut cinq ans avec lui; mais les tyrannies bizarres de son époux la forcèrent bientôt de le quitter. Le duc se livrait à des pratiques de dévotion outrée, et qui touchaient presque à la folie : il croyait avoir des visions célestes, dont il importunait sa femme; dans son fanatisme religieux, il se livrait à des actes qui le couvraient de ridicule aux yeux de tout le monde. Ainsi, il faisait mutiler les statues et couvrir les nudités par des actes de conscience; il défendait qu'on donnât à téter les vendredi et samedi à son petit-fils, pour lui faire sucer, au lieu de lait, le saint usage des mortifications et des jeûnes. Dans toute l'étendue de ses terres, il voulait qu'on mît à exécution les règlements qu'il avait composés, et par lesquels il défendait aux femmes de traire les vaches et de filer au rouet, « à cause d'un exercice des doigts et d'un mouvement du pied qui peuvent donner des idées malhonnêtes ». Il exigeait aussi « qu'un apothicaire qui portait un remède fût habillé décemment, et que le malade prêt à le recevoir gardât en se retournant toute la modestie qu'il pourrait. » Et mille prescriptions du même genre. Malgré son avarice, il ne laissait pas d'être si prodigue pour les choses religieuses, qu'il dissipa en grande partie la dot royale que lui avait apportée sa femme, plus de 20 millions.

Avec le secours de son frère, le duc de Nivernais, Hortense parvint à s'échapper et à se réfugier à Rome près de sa sœur. Le duc de Mazarin fit tout au monde pour la faire arrêter, et il obtint à ce sujet un ordre du parlement. Touché de ses malheurs, Louis XIV lui donna une pension de 24,000 liv. lorsqu'elle revint en France pour obtenir de l'argent. Elle se retira alors à Chambéry, où elle séjourna pendant trois ans; puis elle passa en Angleterre (1675). Charles II l'accueillit avec distinction, et lui fit une pension de 4,000 liv. sterl.

Sa maison devint à Londres le rendez-vous de la meilleure société et des écrivains les plus spirituels : Saint-Évremond, Justel, Vossius, Gregorio Leti, la fréquentaient. Elle tomba dangereusement malade à la suite de la mort du chevalier de Banier, gentilhomme suédois, l'un de ses adorateurs, vers lequel son cœur penchait (1683). Elle se renferma longtemps dans une chambre tapissée en noir pour pleurer l'objet de ses affections; cette douleur pensa la mener au tombeau. Mais la santé lui revint, et avec elle les plaisirs et les réunions choisies qu'elle embellissait. Elle mena cette vie fêtée et joyeuse jusqu'à la révolution anglaise. L'avénement au trône de Guillaume de Nassau la priva de sa pension. Elle aurait alors voulu quitter l'Angleterre et s'enfuir avec la reine ; mais les dettes qu'elle avait contractées la retinrent, et ses créanciers s'opposèrent à son départ. Guillaume, touché de sa position, lui accorda une pension de 2,000 liv. sterl. Elle continua son séjour en Angleterre, et mourut le 2 juillet 1699, âgée de cinquante-trois ans, à Chelsey, joli village sur les bords de la Tamise, qu'elle habitait.

Hortense Mancini fut l'une des plus belles et des plus brillantes femmes du dix septième siècle : et elle reçut les hommages des princes et des seigneurs les plus distingués : elle fut honorée de tout ce qu'il y avait d'illustre à Rome, en France, à Chambéry et en Angleterre. Vive, spirituelle, elle cultivait les lettres et les arts. Elle pensait bien, dit Saint-Évremond, l'un de ses plus chauds admirateurs, mais écrivait mal. Dans les dernières années de sa vie, l'amour des lettres avait fait place chez elle à la passion frivole de la *bassette* (jeu fort en usage), et à la passion, moins noble encore, des liqueurs fortes.

Marie-Anne MANCINI naquit à Rome, en 1649. Elle épousa, en 1662, Godefroi de La Tour, duc de Bouillon. C'était une femme passionnée pour les lettres et les arts, et qui s'honorait du titre d'amie de La Fontaine, pour lequel elle créa le mot de *fablier*. Elle le connut lors d'un premier exil à Château-Thierry, se déclara sa protectrice, et le ramena avec elle à Paris. Elle admirait La Fontaine, et montrait en toute occasion la plus violente antipathie contre Racine. Elle avait aussi une grande prétention au *bel esprit*; on lui a attribué une grande part à la composition de la tragédie de Belin intitulée *Mustapha et Zéangir*, représentée en 1705, et imprimée la même année sous le patronage de la duchesse. Le poète Campistron lui dédia sa tragédie d'*Arminius*. Elle intervint comme médiatrice dans les scandaleux débats de sa sœur Olympe et du duc de Mazarin, et fit même un voyage en Angleterre, où sa sœur s'était retirée.

La Fontaine écrivait à l'ambassadeur de France : « Elle porte la joie partout... c'est un plaisir de la voir disputant, grondant, jouant et parlant de tout avec tant d'esprit qu'on ne saurait s'en imaginer davantage. »

La duchesse de Bouillon était amoureuse du duc de Vendôme, et ne prenait nul soin de cacher sa passion. Elle se rendit avec lui chez la célèbre empoisonneuse Voisin. Celle-ci prétendit qu'elle lui avait demandé de la débarrasser de son mari. La duchesse de Bouillon nia énergiquement devant la chambre de l'Arsenal (*voyez* Cour des Poisons), attribuant à un caprice de curiosité ses relations avec cette femme. Madame de Sévigné, dans une lettre du 31 janvier 1680, rapporte, à sa manière, cet interrogatoire qu'elle trouve très-plaisant.

Le duc de Bouillon sollicita de Louis XIV, comme une insigne faveur, la permission de donner la plus grande publicité à l'interrogatoire de sa femme, et d'en faire distribuer des exemplaires dans toutes les cours de l'Europe. Il eût mieux fait d'éviter le bruit et l'éclat : le duc était plus vain que prudent. La duchesse se plaisait à tourner en ridicule ses juges, non pas dans l'intimité, mais ouvertement et dans les cercles de la cour. Pour mettre un terme à ce nouveau scandale, il ne fallut rien moins qu'un ordre du roi, qui exila la duchesse à Nérac. Cet interrogatoire, qu'il lui convenait de regarder comme la plus complète justification, ne se fait remarquer que par un cynisme de pensée et d'expression qu'on ne pouvait avouer sans faire abnégation de toute pudeur et de toute retenue. La duchesse de Bouillon mourut le 21 juin 1714, âgée de soixante-quatre ans. DUFEY (de l'Yonne).

MANCIPATION, solennité employée chez les Romains pour l'acquisition de la propriété. La cérémonie avait lieu en présence de cinq citoyens romains; un sixième (*libripens*) tenait la balance. Le prix d'achat était figuré par un morceau de métal, et plus tard par une pièce de monnaie ; l'acheteur saisissait la chose ou un symbole quelconque la représentant, et s'en emparait en prononçant certaines paroles sacramentelles. On emprunta les formes de la mancipation, qui n'était, comme on le voit, qu'une sorte de vente simulée pour l'a d o p t i o n, pour certaine espèce de t e s t a m e n t, pour constituer un gage, pour faire sortir la femme de la famille de son père et la faire entrer dans celle de son mari.

MANCO-CAPAC, chef de la famille des I n c a s qui a régné sur le *Pérou*. Suivant la tradition péruvienne, le pays n'était qu'une vaste forêt, dont les habitants vivaient comme des brutes, sans gouvernement et sans religion, n'ayant d'autres demeures que des cavernes, d'autre nourriture que des herbes, des racines, et parfois de la chair humaine. Le Soleil, disent les Incas, prit ces peuples en pitié et leur envoya son fils Manco-Capac et sa fille Coya-Mama-Oello. Ces enfants du Soleil et de la Lune descendirent près du lac Titicaca, à 3,520 kilomètres de Cusco : il leur était enjoint de se fixer dans le lieu où une baguette d'or, que le Soleil, leur père, leur avait donnée, s'enfoncerait dans la terre. Ils se dirigèrent vers le nord, et, après une longue marche, arrivèrent dans le vallon *Houana-Cauti*, où leur verge disparut dans la terre. Manco dit à sa sœur, qui était aussi sa femme, qu'ils avaient trouvé le lieu où devait s'établir leur capitale. Ils se séparèrent alors pour assembler le peuple et pour l'instruire. Manco-Capac poursuivit sa route vers le nord, Mama-Oello retourna dans le midi. Ils s'annoncèrent partout comme les envoyés du Soleil, leur père, et déclarèrent aux tribus sauvages qu'ils venaient les civiliser, leur apprendre à cultiver les champs, à bâtir des villes, à connaître la Divinité, à lui rendre un culte solennel. On les accueillit comme des êtres divins; on crut à leur parole, qu'appuyait la majesté de leur visage. Un grand nombre d'hommes et de femmes les suivit à Cusco, où les deux époux se retrouvèrent, après une longue absence, et le temple du Soleil s'éleva à la place même où la verge d'or s'était enfoncée. Manco forma des laboureurs, fabriqua des charrues et d'autres instruments aratoires. Mama-Oello apprit aux femmes à filer, à tisser le coton et la laine, à faire des étoffes. Leurs premiers disciples se répandirent au loin et racontèrent les merveilles de leur venue. En moins de sept ans, la plupart de ces sauvages furent civilisés ; ils consentirent à se vêtir, à se chausser; ils eurent des fruits et des troupeaux en abondance. Cependant, la persuasion ne suffit point ; les arts de la paix ne furent pas les seuls qu'ils apprirent de Manco-Capac : il leur montra à forger des arcs, des lances, des massues et d'autres armes, et s'en servit pour triompher de ceux qui refusaient de reconnaître sa mission divine. Il soumit d'abord, du côté du levant, tout le pays qui s'étend jusqu'au fleuve Pancar-Tampou, au couchant jusqu'à l'Apurimac, au sud jusqu'à Zucquisana ; des bourgs, des villes furent fondés en même temps dans toute l'étendue de l'empire. Manco y fit régner la justice et la piété, grava dans l'esprit de ses sujets des principes de chasteté, de délicatesse envers les femmes, établit le mariage, punit de mort l'adultère, le vol et le meurtre, divisa le peuple en tribus ou provinces, leur donna des chefs appelés *curacas*, institua le culte du Soleil, ses cérémonies, ses prêtres et ce collège de saintes filles qui, pareilles aux vestales de Rome, eurent pour mission d'entretenir le feu sacré. Les membres de la famille royale furent distingués par des ornements particuliers ; les tribus eurent aussi leurs marques distinctives, comme des guirlandes de palile, des houppes de laine ou des pendants d'oreilles.

Telle est la version donnée par Garcilaso de la Véga, d'après le récit d'un Inca, frère de sa mère ; mais des peuplades éloignées de Cusco molièrent des fables absurdes à la venue de Manco-Capac. Quant à l'époque de son avénement, l'oncle de Garcilaso la fixait à 400 ans avant l'arrivée des Espagnols, c'est-à-dire vers le 1100 de l'ère chrétienne; il donnait au règne de Manco une durée de quarante ans. Ce premier des Incas, alors fort âgé, pressentit sa fin, rassembla ses principaux sujets, et leur annonça qu'il allait retourner au ciel auprès de son père. Alors, dit-on, lui fut décerné le surnom de *Capac*, signifiant riche en vertus, et celui de *Huac-Chacuiac*, qui voulait dire aimant et faisant le bien. Il recommanda en mourant à ses fils de l'imiter, de maintenir ses lois, de conformer leurs discours à leurs actions, de transmettre à leurs descendants ses préceptes et son culte. Il s'éteignit honoré et respecté de tous, après avoir légué son empire à son fils aîné, Sinchi-Roca. Le peuple lui fit de magnifiques funérailles ; et sa mémoire devint l'objet d'une vénération qui survécut à la chute de son empire.

VIENNET, de l'Académie Française..

MANDARIN, mot portugais, qui paraît provenir du latin *mandare*, et dont tous les Européens se servent pour désigner les fonctionnaires publics de la Chine ; le mot chinois est *kohan* (ministre). L'empereur les choisit dans toutes les classes de ses sujets, et la plupart sont tirés des classes inférieures. Leurs places sont toutes amovibles ; et il n'y en a point d'héréditaires. Ils forment deux classes principales : les mandarins civils, et les mandarins militaires, les uns et les autres subdivisés en *grands* mandarins, et en simples mandarins ou mandarins subalternes. On estime le nombre des premiers à 9,000 ; et celui des seconds à plus de 80,000.

MANDAT, MANDANT, MANDATAIRE. Le droit romain envisageait le mandat comme un contrat par lequel on se chargeait gratuitement et bénévolement d'une commission licite et honnête, c'est-à-dire n'ayant rien de contraire aux lois ni aux bonnes mœurs. Il semblait aux Romains que la moindre idée de rétribution attachée à l'office du mandataire eût converti le mandat en contrat de louage. Notre législation à cet égard est peu en harmonie avec le droit romain. Un titre tout entier du Code Civil a été consacré au mandat, dont nous allons poser ci-après les principes. Le *mandat*, ou *procuration*, est défini par nos législateurs un acte par lequel une personne donne à une autre le pouvoir de faire quelque chose pour le mandant et en son nom : le mandat est gratuit s'il n'y a pas convention contraire. Le contrat est formé du moment qu'il y a acceptation de la part du mandataire, et l'exécution du mandat est considérée comme une acceptation tacite, quand il n'y en a pas eu d'autre. Le mandat se donne soit par acte public, soit par écrit sous seing-privé, soit verbalement ; mais dans ce dernier cas la preuve testimoniale n'est reçue que lorsqu'il y a commencement de preuve par écrit, ou que lorsque la valeur de l'objet pour lequel il a été donné est moindre de 150 fr. Le mandat est ou spécial, et pour une affaire ou certaines affaires seulement, ou général, et pour toutes les affaires du mandant. Il n'y a qu'un mandat exprès qui puisse autoriser à aliéner, hypothéquer ou faire acte de propriété. le mandat conçu en termes généraux n'embrassant que les actes d'administration. Le mandat finit de trois manières : par la révocation du mandataire, par la renonciation de celui-ci au mandat, et enfin par la mort naturelle ou civile, l'interdiction ou la déconfiture, soit du mandant, soit du mandataire.

Le mandant est tenu de remplir fidèlement les engagements contractés en son nom par le mandataire, conformément aux pouvoirs qu'il lui a donnés ; il doit lui rembourser les avances et frais que celui-ci a faits pour l'exécution du mandat, ainsi que ses salaires, lors même que l'affaire n'aurait pas réussi, et lui payer l'intérêt de ses avances. Il doit également l'indemniser des pertes qu'il a éprouvées à l'occasion de sa gestion, sans imprudence qui lui soit imputable. Le mandant est libre de révoquer le mandat quand bon lui semble, et peut contraindre le mandataire à lui rendre l'acte renfermant ses pouvoirs. Si la révocation du mandat n'est notifiée qu'au mandataire, le mandant ne peut l'opposer aux tiers qui ont traité dans l'ignorance de cette révocation ; il ne lui reste alors que son recours contre celui-ci.

Les femmes et les mineurs émancipés peuvent être pris pour mandataires. Tenu d'accomplir le mandat dont il s'est chargé, le mandataire est naturellement responsable de son inexécution et des dommages-intérêts qui peuvent en résulter. Bien que le mandat finisse par la mort du mandant, le mandataire est tenu d'achever la chose commencée, s'il y a péril en la demeure. Le mandataire est responsable du dol et des fautes qu'il commet dans sa gestion ; il ne peut rien faire au delà de ce qui est porté dans le mandat ; mais il n'est tenu à aucune responsabilité envers la partie avec laquelle il a contracté, s'il lui a donné connaissance du mandat, bien qu'il ait été au delà de ce qu'il exprimait. Il doit compte de sa gestion, des sommes qu'il a reçues en vertu de la procuration, de l'intérêt de celles qu'il a employées à son usage ou dont il est reliquataire, lorsqu'il est mis en demeure. Il ne saurait se rendre adjudicataire des biens qu'il est chargé de vendre. Il est, en outre, responsable de la personne qu'il s'est substituée dans l'exécution du mandat, quand il n'avait point pouvoir de le faire, ou quand, ayant le pouvoir de le faire, mais sans désignation de personne, il en a choisi une notoirement incapable ou insolvable. Une fois la révocation de la procuration à lui notifiée, son rôle de mandataire cesse de fait, et il ne peut plus ni se servir de cette procuration, qu'il doit rendre au mandant, ni agir pour celui-ci ; la constitution d'un nouveau mandataire vaut révocation pour l'ancien, du jour qu'elle lui est notifiée.

Comme le mandant, le mandataire a la faculté de renoncer au mandat, en notifiant sa renonciation au premier ; mais il doit alors l'indemniser du préjudice que cette renonciation lui cause, si l'obligation de continuer l'office de mandataire n'entraînait point pour lui un préjudice considérable, ce qui légitimerait cette renonciation. Dans le cas où il aurait ignoré la révocation de la procuration ou la mort de celui qui la lui a donnée, ce qu'il aurait fait dans cette ignorance serait valable ; et les engagements qu'il aurait pris envers les tiers de bonne foi devraient être remplis. Enfin, en cas de mort du mandataire, ses héritiers sont tenus d'en avertir le mandant et de pourvoir, en attendant, à ce que les circonstances peuvent exiger dans l'intérêt de celui-ci.

En politique parlementaire, le *mandat* est la ligne de conduite, les obligations que les électeurs imposent à leurs députés : les cahiers des bailliages, etc., qui nommaient des députés aux états généraux étaient de véritables *mandats*. L'Assemblée constituante rejeta les *mandats impératifs*, qui n'ont été admis depuis par aucune autre de nos assemblées législatives.

MANDAT (*Droit criminel*). C'est un acte émané du magistrat qui, en vertu de la loi, a le pouvoir de le décerner, et dont la signification est faite par un h u i s s i e r ou par un agent de la force publique : le mandat a pour objet d'obliger à se présenter celui contre lequel il est décerné.

Le *mandat de comparution* n'est qu'une assignation spéciale donné au nom du magistrat instructeur à la personne inculpée ; il doit être décerné, de préférence au mandat d'amener, toutes les fois que l'inculpé est domicilié et que le fait est de nature à ne donner lieu qu'à une peine correctionnelle. Le juge d'instruction est libre d'apprécier les circonstances dans lesquelles il doit décerner le mandat de comparution.

Le *mandat d'amener* est celui qui est décerné lorsque l'inculpé prévenu d'un fait de nature à entraîner qu'une peine correctionnelle, et qui ne s'est point présenté après avoir reçu un mandat de comparution ; contre tout inculpé d'un délit emportant peine afflictive et infamante, ou même contre les témoins qui refuseraient de comparaître.

Le *mandat de dépôt* est celui en vertu duquel l'inculpé mis en état de prévention est envoyé provisoirement dans une maison d'arrêt : l'inculpé est reçu, sur le vu du mandat de dépôt, dans la maison d'arrêt établie près le tribunal correctionnel. La loi de 1855, modifiant l'article 94 du Code d'instruction criminelle, permet au juge d'instruction de donner main levée du mandat de dépôt en tout état, sur l'avis conforme du ministère public.

MANDAT — MANDIBULE

Le *mandat d'arrêt* est celui en vertu duquel le prévenu d'un fait emportant peine afflictive ou infamante, ou emprisonnement correctionnel, est mis en état d'arrestation après qu'il a été entendu, ainsi que le procureur du roi.

Tous ces mandats sont exécutoires dans toute l'étendue de l'empire : ils doivent être signés de celui qui les décerne, munis de son sceau, et nommer et désigner le prévenu le plus clairement possible ; le mandat d'arrêt doit de plus contenir l'énonciation du fait pour lequel il est décerné, et la citation de la loi qui déclare que ce fait est un délit ou un crime : tous ces mandats doivent être exhibés au prévenu, et copie doit lui en être donnée. Toute personne placée sous le coup d'un mandat d'amener doit être interrogée dans les vingt-quatre heures. Si dans le cours de l'instruction contre un prévenu sous le coup d'un mandat de dépôt, détenu dans la maison d'arrêt d'un lieu autre que celui de l'instruction, le juge saisi de l'affaire décerne un mandat d'arrêt, il pourra ordonner par ce mandat que le prévenu sera transféré dans la maison d'arrêt du lieu où se fait l'instruction. L'inobservation de toutes ces formalités entraîne une amende de 50 fr. contre le greffier, et, s'il y a lieu, des injonctions aux juges d'instruction et au procureur du roi, et même prise à partie s'il y échet. La législation ne dit point qui est responsable de ces irrégularités quand le mandat d'amener est lancé par le préfet de police, chose qui intéresse pourtant au plus haut degré la liberté individuelle.

MANDATAIRE. *Voyez* Mandat.

MANDAT APOSTOLIQUE. On appelait ainsi un rescrit du pape par lequel il était enjoint à un collateur ordinaire de conférer le premier bénéfice qui vaquerait à sa collation, à l'ecclésiastique dénommé dans le mandat. Ce fut Adrien IV qui introduisit l'usage des mandats, que n'avaient point connus les onze premiers siècles de l'Église. Ils ont été abolis par le concile de Trente.

MANDAT DE CHANGE. Dans le commerce on appelle ainsi l'autorisation ou l'ordre de payer à un tiers et dans un autre lieu une somme pour le compte de celui qui donne le mandat. Cet acte subit les mêmes règles et les mêmes conséquences que la lettre de change, dont, au reste, il ne diffère que parce qu'il n'est pas accepté.

MANDCHOURIE. *Voyez* Mandchoux.

MANDCHOUX ou **MANDCHOURES.** Ce peuple, qui appartient à la race tongouse, habite la partie nord-est de l'empire chinois, la *Mandchourie*, ou les rives de l'Amour jusqu'à son embouchure ; contrée bornée au nord par la Sibérie et le golfe d'Ochotski, à l'est par la mer du Japon, au sud par la Corée et la Chine proprement dite, à l'ouest par la Mongolie et la Sibérie. A une époque très-reculée, ils étaient désignés sous le nom de *Kin* ou de *Niou-Tchi*, et devinrent, en l'an 926, tributaires des Kitans, contre lesquels ils se soulevèrent en 1114, sous Okota, et fondèrent, en 1118, le royaume de Kin, en Chine. Bientôt après, les Mongols, qui jusque alors avaient été vassaux des Kin, secouèrent leur joug et les forcèrent à leur abandonner une certaine partie de territoire. En l'an 1218, Djinghiz-Khan se refusa à payer tribut aux Kin ; et quelques années après, à la suite de plusieurs guerres heureuses, il réussit non-seulement à se rendre complétement indépendant, mais même à les contraindre à lui payer tribut. Enfin, en l'an 1230, l'empire des Kin fut complétement détruit, événement qui eut pour résultat l'émigration de ces peuples. Ils furent accueillis à Leatong, pays héréditaire de la dynastie chinoise, située entre les Mongols Scharrai et la Corée ; et ce n'est pas qu'on les voit reparaître en Chine, dont au siècle suivant ils firent de nouveau la conquête, et où ils rendirent leur dynastie dominante (*voyez* Chine).

Les Mandchoux, comme tous les Tongouses, appartiennent à la race mongole ; mais ils se distinguent des autres peuples qui ont la même origine par une plus belle conformation physique. S'ils sont sales et grossiers, en revanche ils sont braves et loyaux. Dans leur pays, la *Mandchourie*, ce n'est qu'au sud qu'ils pratiquent l'agriculture et un peu d'industrie ; mais dans le reste de la contrée, et c'en est incomparablement la partie la plus grande, ils mènent la vie de pâtres, de chasseurs et de pêcheurs nomades. On estime qu'ils y forment un chiffre de population d'environ quatre millions d'âmes. Les Mandchoux qui se sont établis en Chine avec la dynastie régnante ont presque complétement adopté la civilisation chinoise. Depuis deux siècles que leur langue est devenue une langue de cour, ils possèdent aussi une littérature ; mais elle ne consiste guère qu'en traductions du chinois. La langue tongouse est la base fondamentale de la langue mandchoue, qui ne laisse pas toutefois que de s'être enrichie d'un grand nombre de mots mongols, turcs et chinois. On possède un dictionnaire de la langue mandchoue par Amiot (publié par Langlès ; Paris, 1789).

MANDEMENT, nom que portent les écrits envoyés par les évêques à leurs diocésains, sans doute parce qu'ils se terminent toujours par quelque prescription ou ordonnance. De nos jours, les évêques se font un devoir d'en adresser aux fidèles en prenant possession de leur siége, puis chaque année au commencement du carême, et enfin dans toutes les circonstances importantes. Ils ne se bornent pas à des déclamations vagues, à des généralités sans intérêt ; ils entrent dans le détail des devoirs, des dogmes, et ne laissent aucun prétexte à l'incrédulité et à l'inconduite. Les *mandements* qui nous restent de Bossuet et de Fénelon sont d'admirables traités sur divers points de doctrine ou de morale.

MANDEMENT, formule exécutoire qui termine les lois, les actes authentiques, les jugements et qui contient ordre aux différents fonctionnaires d'en procurer l'exécution. Les mandements ont éprouvé une foule de variations, suivant les époques et la forme des gouvernements. Remarquons en passant que ces expressions : *tel est notre plaisir*, qui terminent souvent les ordonnances et les lettres patentes de nos rois, et que l'on retrouve encore dans le *si donnons en mandement*, placé à la suite des lois de la restauration, ne signifie pas, car *tel est notre caprice*, *notre fantaisie* ; mais *telle est notre volonté*. C'est en vieux français, dit M. Dupin, la traduction du *nobis placet*, dont les jurisconsultes romains se servaient pour exprimer leur avis et donner leurs consultations.

En matière de distribution de deniers, on appelle *mandement de collocation* celui qui est délivré aux créanciers pour obtenir payement des sommes à eux allouées, en affirmant la sincérité de leurs créances.

MANDIBULE (*Ornithologie*). Les ornithologistes donnent le nom de *mandibules* aux deux parties qui forment le bec des oiseaux, et qui correspondent aux maxillaires des mammifères. Les formes des mandibules sont extrêmement variables dans les diverses espèces ; courbées en arc chez la fauvette, en bas dans le toucan, elles ont l'extrémité arrondie dans la spatule : la mandibule supérieure est crochue chez les perroquets, convexe chez le coliou, recourbée en croc chez les pétrels, tandis que la mandibule inférieure est creusée en gouttière chez les pétrels, aplatie chez le coliou, tronquée en disque chez les oiseaux de proie, etc., etc. Mais il est à remarquer que quelque diverses que soient ces formes, elles sont presque constamment en concordance avec la nourriture habituelle des oiseaux : ainsi, l'éminence osseuse qui se trouve à la partie interne de la mandibule supérieure des bruants leur sert à briser les grains dont ils font leur nourriture ; ainsi, la denteiure des mandibules du harle retient, comme les barbes d'une flèche, les poissons écailleux et glissants, qui sans cette disposition échapperaient à son bec débile ; ainsi, la mandibule supérieure des oiseaux plongeurs, qui enferme le poisson, se termine par un crochet ; ainsi, la singulière disposition des mandibules chez le becroisé a évidemment pour but de permettre à cet oiseau de désunir plus aisément les écailles du conifère dont il dévore la graine, etc. Tantôt les deux mandibules sont de longueur égale, comme dans les corbeaux ; tantôt la mandibule supérieure est la plus longue, comme dans les ancipitres et les bécasses; tantôt elle est la plus courte, comme chez le bec-en-ciseaux, le rhynchope; parfois elle est armée d'une dent de chaque côté de la pointe, comme dans les pies-grièches, et parfois elle est recouverte par un fourreau mobile et corné, chez le bec-en-fourreau, etc. Les mandibules sont à bords échancrés dans les pies-grièches, dentées chez les faucons, crénelées en scie chez les toucans, pectinées chez les canards; l'ouverture des mandibules, petite chez un assez grand nombre d'oiseaux, est fort grande dans les barbus, dans les hirondelles, les engoulevents, etc.; enfin, la couleur en est variable à l'extrême, et souvent elle n'est pas la même pour les deux mandibules du même oiseau, ni même uniforme dans toute l'étendue de chacune d'elles.   BELFIELD-LEFÈVRE.

MANDIBULES (*Entomologie*). On désigne sous ce nom la paire de mâchoires, plus fortes, qui occupent le devant de la bouche des insectes broyeurs ou mâcheurs : ces mandibules sont insérées sur les côtés de la tête, et souvent sont recouvertes en partie par la lèvre supérieure ; dures et cornées, sans articulations, et ordinairement formées d'une seule pièce, elles ressemblent assez à une paire de dents fortes, dentelées, multiformes, équivalant à celles que chez les animaux vertébrés on désigne sous les noms de *tanières*, d'*incisives*, de *molaires*, etc. La forme des mandibules est évidemment déterminée par la nature des aliments dont l'insecte parfait est prédestiné à se nourrir ; pourtant, dans quelques espèces, cette forme se modifie dans des buts qu'il n'est pas toujours facile de saisir : ainsi dans les cerfs-volants, les mandibules sont extrêmement prolongées, tandis que dans les abeilles elles sont plus courtes que les mâchoires ; elles sont saillantes et dentelées dans les cicindèles et les manticores ; dans les araignées, les mygades, les scolopendres, elles forment des crochets aigus, etc., etc.   BELFIELD-LEFÈVRE.

MANDINGOS ou **MANDINGUES** (Les), l'un des peuples nègres les plus nombreux et les plus intéressants de l'ouest de l'Afrique, proviennent originairement du petit pays de *Manding*, belle contrée montagneuse, située à une centaine de myriamètres de la côte, près de la source la plus orientale du Sénégal et du cours supérieur du Niger ; mais de là, tantôt à la suite de conquêtes, tantôt à la suite d'émigrations pacifiques, ils se sont peu à peu répandus sur les bords du Niger dans la direction du nord-est, de même qu'à l'ouest et au sud-ouest sur les bords du Sénégal et de la Gambie, dans la région des côtes ; de telle sorte qu'on rencontre déjà des Mandingos dans la Sénégambie sur les bords du Casamansa et du Rio-Grande, et même en Guinée à partir du Ponga au sud-est jusqu'au cap Mesurado, ou encore le long de la côte de Sierra-Leone, et que leur langue est la langue dominante des rapports commerciaux à partir de la côte du Sénégal jusqu'à Ségo sur le Niger. En Sénégambie, les Mandingos sont la population la plus nombreuse et la plus répandue. Leurs traits sont plus réguliers que chez le vulgaire des nègres, plus ouverts et plus agréables; leur humeur est simple et gaie, leur esprit développé et sagace, surtout parmi les tribus mahométanes, qui là, comme en Guinée, se distinguent à tous égards des idolâtres de la manière la plus avantageuse. Leur taille est haute, svelte et bien proportionnée de tous points. Cependant leur chevelure est complètement laineuse, leurs lèvres épaisses, leur nez plat, tandis que la teinte de leur peau, en tirant un peu sur le jaune, n'est pas d'un noir aussi foncé que chez les véritables nègres. C'est pourquoi, et en raison aussi de leur physionomie, qui se rapproche plus de la couleur foncée des Hindous, on les appelle les *Hindous de l'Afrique*. Les Mandingos musulmans sont de très-zélés sectateurs de l'islamisme, et de même que les Foulahs, par le zèle infatigable de conversion que déploient leurs *marabouts* ou prêtres, par la fondation d'écoles du Coran à l'usage de la jeunesse, ils ont singulièrement contribué depuis une assez longue suite d'années à sa propagation. Ils constituent la partie la plus estimable, la plus modérée, la plus laborieuse et la plus intelligente de la population de la Sénégambie, et se font en même temps remarquer par leur bon naturel, par la douceur de leurs mœurs, par leurs habitudes hospitalières, par leur respect pour la vieillesse, par la propreté de leurs habitations et de leurs vêtements, par leurs bonnes méthodes d'agriculture, par les progrès qu'ils ont faits dans la pratique des métiers, par exemple dans ce qui est du tissage, de la teinture, de la corroierie et de la manière de forger le fer, de même que par l'activité qu'ils apportent dans leurs relations commerciales, alors que celles de leurs tribus qui sont demeurées idolâtres sont aussi sauvages, aussi peu moralisées qu'elles ont jamais pu l'être. Indépendamment de Bambarra, situé tout à l'extrémité est, sur les bords du Niger central, leurs plus célèbres provinces ou contrées, tantôt soumises à l'état monarchique, tantôt constituées en républiques, sont : *Manding*, avec la populeuse cité de Bangassi ; *Kaarta*, chef-lieu Élimaneh, extrémité septentrionale de la partie montagneuse de la Sénégambie, pays très-peuplé, mais exposé de la part des Maures à la chasse aux nègres et opprimé en outre par les habitants de Bambarra ; les *États de Bambouk*, entre les sources du Sénégal appelées Bafing et Falemé, contrée où abondent les riches pâturages de montagnes et les troupeaux, riche en terre arable et en minerai de fer ; *Dentila*, pays s'étendant depuis le Gambia jusqu'au Falemé, ayant pour centre commercial Djoulifounda, dont les 2,000 habitants ont surtout pour industrie de servir de commissionnaires aux négociants européens des comptoirs de la Sénégambie ; *Woulli*, sur le Gambia, avec son chef-lieu Cassana ou Médina, et où on trouve en outre Fattatenda, l'une des étapes les plus anciennes et les tribus lointaines du commerce des Européens avec l'intérieur de l'Afrique ; *Yani* ou *R'Yani*, au nord du Gambia, avec la factorerie anglaise, maintenant abandonnée, de Pisania ; d'où Mungo-Park commença ses deux voyages d'exploration du cours du Niger ; *Barra*, au nord de l'embouchure du Gambia, la colonie la plus occidentale des Mandingos, renfermant 200,000 habitants, qui déploient une grande activité et font un important commerce de sel avec l'intérieur, où ils prennent en échange du maïs, de l'ivoire, de la poudre d'or et des étoffes de laine : chef-lieu Jillifrey ou Djillifré.

Les Mandingos forment aussi en Guinée l'un des groupes de population les plus considérables, par exemple les tribus des *Sousou*, depuis le cap Verga jusqu'à Sierra-Leone ; des *Bulloms* et des *Timmani*, tout près de Sierra-Leone ; des *Soulima* et les *Kouranko*, dans la contrée intérieure et montagneuse située entre Sierra-Leone et les sources du Niger. Leurs tribus parlent une langue ne différant que par ses dialectes du mandingo de la Sénégambie, et, à l'exception des Sousou, race jaunâtre, aux lèvres épaisses et au nez épaté, elles ont toutes une belle conformation physique, de même que leur peau est du noir le plus beau. Les habitants des bords du Malacouri et du grand Scarciès sont ceux qui représentent le plus complètement le type mandingo, ceux qui ont fait le plus de progrès en civilisation et en moralisation, ceux à qui l'on donne aussi de préférence le nom de Mandingos. Ils se distinguent de toutes les tribus de leur race par la finesse intelligente qu'exprime leur physionomie, par leur nez aquilin, leurs petits yeux perçants, l'élévation de leur taille, leurs habitudes sociables et pacifiques, leur intelligence, leur adresse dans tous les travaux manuels, enfin par leur attachement scrupuleux aux préceptes de l'islamisme. Chez eux tous les enfants apprennent à lire et à écrire dans des écoles publiques : et c'est aussi de chez eux que partent un grand nombre de missionnaires pour aller prêcher les doctrines de l'islamisme aux populations encore idolâtres de l'Afrique. Leurs autres tribus sont cependant encore presque toutes idolâtres, tout en pratiquant la circoncision à l'instar des mahométans. Elles forment un nombre infini d'États, souvent fort petits.

MANDOLINE, espèce de petite guitare, en usage

en Espagne et en Italie, dont le corps a la forme d'une moitié de poire, et sur laquelle sont tendues quatre cordes. On se sert de la main gauche pour tenir la mandoline; et de la main droite on en tire des sons en grattant les cordes à l'aide d'un petit morceau de plume ou d'écorce de cerisier taillé en forme de cure-dent plat. Il y a des mandolines dont les cordes sont doublées, et d'autres qui ont cinq cordes. Denys a fait une méthode pour cet instrument.

MANDORE, instrument de musique presque semblable au luth, dont il avait la forme. Sa longueur était d'environ 50 centimètres. Le nombre de ses cordes était ordinairement de quatre, mais s'élevait quelquefois jusqu'à seize; celles dont le nombre de cordes dépassait le nombre ordinaire s'appelaient *mandores luthées*. La chanterelle des mandores à quatre cordes servait à jouer le sujet; on la pinçait avec l'index, au bout duquel on fixait un petit morceau de plume, de manière à bien détacher le chant. Les trois autres cordes formaient une octave remplie de sa quinte, et le pouce les frappait l'une après l'autre. On accordait la mandore de quinte en quarte, c'est-à-dire que la quatrième corde était à la quinte de la troisième, la troisième à la quarte de la deuxième, et la deuxième à la quinte de la chanterelle. On abaissait quelquefois la chanterelle d'un ton, afin qu'elle fît la quarte avec la troisième corde : ce qu'on appelait accorder *à corde avallée*. Souvent aussi on abaissait la chanterelle et la troisième corde d'une tierce majeure pour faire l'accord en tierce. Cet instrument était aussi monté à l'unisson. Il y a déjà bien longtemps qu'on a abandonné la mandore. Les Turcs possèdent une espèce d'instrument qui lui ressemble beaucoup.

MANDRAGORE (de μάνδρα, étable, et ἀγυρος, nuisible; nuisible aux bestiaux), genre de plantes de la famille des solanées, très-voisin du genre *atropa* (*voyez* BELLADONE), avec lequel Linné l'avait confondu. On n'en connaît que trois espèces, qui croissent dans l'Europe méridionale et en Orient. Ce sont des plantes herbacées, acaules, à feuilles radicales nombreuses, entières, réunies en une touffe serrée, souvent longues de 0^m,40. La racine est charnue, épaisse, en cône allongé, fréquemment bifurquée de manière à offrir l'aspect des deux cuisses d'un homme. Cette grossière ressemblance est sans doute la source des fables absurdes dont la mandragore a été l'objet, tantôt chez les anciens (*voyez* DUDAÏM) qu'au moyen âge. On prétendait que la plante poussait d'affreux gémissements quand on l'arrachait de terre. Sa racine était un des éléments dont les sorciers se servaient pour composer leurs philtres. La science moderne ne lui reconnaît d'autre propriété que celle d'être un des narcotiques les plus dangereux.

MANDRILL, espèce de singes du genre *cynocéphale*.

MANDRIN. Ce terme, usité dans un grand nombre de métiers, désigne généralement un outil qui reçoit une forme analogue à celle des objets qu'on y adapte pour les travailler.

Les tourneurs donnent le nom de *mandrins* à des boîtes cylindriques qui se vissent sur le nez de l'arbre du tour en l'air, et dans lesquelles ils fixent les diverses pièces qu'ils veulent travailler, soit en dedans, soit en dehors.

Il y a des *mandrins composés*, que l'on fait le plus souvent en métal, qui portent des griffes, entre lesquelles on serre, au moyen de vis de pression, dans pièces de divers diamètres. Les mandrins qui servent à tourner les ovales sont de véritables machines; on peut en dire autant du mandrin qu'on appelle *excentrique*, au moyen duquel on perce un certain nombre de trous différents dans une même pièce sans l'ôter de dessus le tour.

Les serruriers appellent *mandrin* un poinçon dont ils se servent pour percer le fer à chaud. TEYSSÈDRE.

MANDRIN (Louis), né à Saint-Étienne-le-Geoire, en Dauphiné, vers 1715, était fils d'un maréchal-ferrant, et fut roué vif, le 26 mai 1755, en exécution d'un arrêt rendu dix jours auparavant par la chambre criminelle de Valence. Exerçant sur une grande échelle le métier de contrebandier,

il y avait fait preuve d'une véritable capacité militaire. S'il fût né quelques dizaines d'années plus tard, il eût sans doute, après 1789, grossi la liste de ces guerriers qui des derniers rangs de la société s'élancèrent au premier, et conquirent à la pointe de l'épée leur bâton de maréchal, des duchés, des principautés et même des trônes. Le déserteur, devenu contrebandier, qui sut discipliner une troupe de brigands, attaquer victorieusement à main armée les employés des fermes, les battre, les disperser, se retrancher dans les montagnes du Dauphiné, attaquer en plein jour Beaune et Autun, y forcer les prisons pour recruter sa bande, conquérir même une petite ville, en mettre à contribution dix-neuf, depuis la Franche-Comté jusqu'à l'Auvergne, et qui ne put être réduit enfin que par un corps d'armée de six mille combattants, n'était pas certes un homme ordinaire. La plupart des chefs espagnols qui dans la guerre de l'Indépendance ont soutenu avec tant de gloire et de succès la cause de leur patrie n'avaient pas d'autres antécédents que lui.

Ses historiens, car il en a eu bon nombre, le représentent avec une physionomie intéressante, le regard hardi, la repartie vive, joignant à des passions fougueuses un sang-froid imperturbable, possédant, en un mot, les qualités qui distinguent les hommes nés pour commander. Enfin, comme Henri VIII, il ne sut jamais refuser ni la vie d'un homme à sa colère, ni les baisers d'une femme à ses désirs. Aussi fut-il trahi et livré par une femme au château de Rochefort. L'abbé Réley, auteur de la *Vie de Louis Mandrin* (Paris, 1755, in-12), composa aussi un poëme intitulé la *Mandrinade* (Saint-Geoire, 1755, in-8°). On doit à Terrier de Cléron une *Vie de Mandrin* (Dôle, 1755, in-12), qui, souvent imprimée, a été traduite en italien par l'abbé Cbiali (Venise, 1757, in-8°) : cette celle qu'on trouve aujourd'hui sur tous les quais, ornée d'un mauvais portrait. A Lyon, à la même époque, parut un *Précis de la vie de Louis Mandrin* (in-4° de 8 pages), terminé par une complainte. Son supplice avait réjoui les traitants, mais son nom resta populaire parmi les pauvres habitants de nos frontières ; aussi cet événement fut-il l'occasion de plusieurs pamphlets dirigés contre les fermiers généraux, entre autres le *Testament politique de Louis Mandrin* (par Condar), qui eut plusieurs éditions. En 1789, lorsque commença la guerre contre tant d'abus, qui ne devaient disparaître que pour faire place à d'autres, on publia l'*Analyse du Testament politique de Mandrin*, etc., dédiée aux états-généraux (1789, in-8° de 62 pages). Les honneurs du théâtre n'ont pas manqué à ce grand ennemi du fisc et des douaniers. Lagrange (de Montpellier) composa *La Mort de Mandrin* (1755, in-12) ; la même année, Chopin fit représenter à Paris *Mandrin pris*, comédie en un acte et en vers ; enfin, MM. Benjamin et Étienne Arago ont fait de Mandrin le héros d'un mélodrame qui a eu du succès.

Charles Du Rozoir.

MANÉCANTERIE ou MANICANTERIE. On donnait ce nom, dans certains chapitres, à une école de chant où on entretenait des enfants de chœur, et où on leur apprenait à chanter. C'est ce qu'on nomme plus communément *maîtrise*.

MANÉGE (*Équitation*), se dit du lieu où l'on dresse les chevaux et l'on donne des leçons d'équitation. Il y en a de diverses grandeurs ; les beaux manéges civils sont ordinairement de 40 mètres de long sur 13 de large. Ceux de cavalerie sont beaucoup plus grand, mais toujours dans les mêmes proportions. Bien qu'il soit facile de dresser les chevaux et d'apprendre à les monter en plein air sur des routes non circonscrites, nous croyons que nulle part n'est comparable à un manége couvert. Là, l'élève qui n'est distrait par rien, suit de plus près son professeur, à qui il est facile de suivre ses mouvements et de profiter de toutes les circonstances qui peuvent accélérer ses progrès. Aussitôt que le cheval est apte à comprendre et l'élève à user par lui-même de ses moyens de répression, il est utile qu'ils sortent pour acquérir toute la hardiesse qui leur est nécessaire ; mais il faut que le cheval conserve la bonne position qui lui a été donnée au manége, et que le cavalier (quoique nous lui prescrivions nous-même de trotter à l'anglaise) s'attache à ne déroger en rien aux principes qu'il a reçus. De ces principes en effet dépendent sa grâce, sa solidité et les moyens de bien gouverner son cheval. Pourquoi la mode actuelle, qui est le fruit de l'ignorance, prévaudrait-elle sur le savoir? C'est pourtant ce qui arrive. L'élève qui se faisait remarquer au manége par sa belle position et par la précision de ses mouvements n'est plus reconnaissable quelque temps après : son corps est ployé en deux, ses cuisses sont en avant des quartiers de la selle, ses jambes à 60 centimètres des flancs du cheval; ses rênes flottent; sa monture, abandonnée, n'a bientôt plus aucun rapport avec le cavalier, dont la science et la sûreté sont toutes à sa disposition. Quelle peut être la cause de ce funeste changement? La crainte sans doute d'être ridicule en restant bel homme de cheval. Ne comprendra-t-on jamais que la position grotesque de nos fashionables tient à leur amour-propre? Ils veulent savoir sans apprendre, l'argent devant leur tenir lieu de tout, et pour cela il a fallu créer une mode nouvelle de monter à cheval, qui fût tout à leur avantage. Aussi bientôt le plus ridiculement placé dut-il avoir la palme. BAUCHER, professeur d'équitation.

MANÉGE (*Technologie*), machine mise en mouvement par un ou plusieurs chevaux, ou par d'autres animaux de trait. Cette dénomination eût pu comprendre tous les mécanismes dont les moteurs sont des animaux marchants. Mais en restreignant le mot *manége* à son acception la plus ordinaire, on verra qu'il désigne des machines dont l'axe de rotation est vertical, et que les animaux qui les font mouvoir parcourent un cercle horizontal. Le diamètre de ce cercle devrait être déterminé par un calcul fondé sur des expériences assez délicates, et comprendre des éléments très-nombreux évalués exactement : on y ferait entrer la forme et les dimensions des animaux moteurs, le mode d'application à la machine, la perte de force motrice qui résulte de la nécessité de tourner au lieu d'avancer en ligne droite, etc.; il ne serait pas moins nécessaire d'y joindre le devis des frais de construction, afin de mettre en balance les avantages que procurerait un accroissement de diamètre avec l'augmentation de dépenses qu'il entraînerait. Ces considérations, trop souvent omises dans les spéculations industrielles, feraient éviter de fâcheux désappointements.
FERRY.

MANÉGE (Club du). Les élections de l'an vii avaient fait entrer dans les conseils bon nombre de patriotes, qui, comprenant que le Directoire perdait la république, voulurent ramener le gouvernement dans les voies de la liberté. Les deux cent cinquante députés démocrates du Conseil des Cinq Cents organisèrent dans cette intention une société qui reprit le titre de *Société des Amis de l'Égalité et de la Liberté.* Tous les républicains sincères y accoururent. Dans ses séances, publiées par le *Journal des Hommes libres*, on maudit le 9 thermidor, on prononça l'éloge des montagnards tués dans les journées de prairial, on réhabilita la mémoire de Babeuf et des insurgés du camp de Grenelle. Le Directoire, n'osant attaquer cette réunion en face, ameuta contre elle la *jeunesse incroyable*, qui avait remplacé la *jeunesse dorée*; mais le peuple la reçut de manière à la dégoûter de ces projets liberticides. Le *club du Manége* fut alors dénoncé au Conseil des Anciens comme un repaire *d'anarchistes* et de *buveurs de sang*; et ce Conseil retira à la Société l'autorisation de ses réunions dans le Manége, qui dépendait du local de ses séances. Le 7 jour même, dit Gohier, où la Société attendait l'arrêté qui devait l'expulser, une provocation à la révolte est proférée : un membre, qui jusque alors s'était fait remarquer par la violence et l'exaltation de ses opinions, s'écrie : *Aux armes ! aux armes! marchons contre nos oppresseurs!* Ces cris ne sont pas plus tôt entendus que le provocateur est précipité de la tribune. Reconnu pour un ancien espion, il est arrêté par les clubistes, et conduit à la commission des inspecteurs du Conseil des Anciens. » L'arrêté n'en fut pas moins exécuté, et cela sans la moindre résistance. Les inspecteurs de l'assemblée firent fermer la porte du club, et y mirent une sentinelle, avec la consigne de se retirer si on l'insultait. Mais elle fut respectée et les membres allèrent s'installer dans l'ancienne église des Jacobins de la rue du Bac, nommée alors *le Temple de la Paix*, que la municipalité leur avait offerte. Mais la suppression des sociétés politiques n'était qu'ajournée. Le club du Manége ne survécut pas plus que les autres au succès du coup d'État du 18 brumaire.
DUFEY (de l'Yonne).

MÂNES. La croyance à l'immortalité de l'âme et le désir de ne point perdre pour toujours ceux qu'on a chéris donnèrent naissance au culte des *mânes*, ou des âmes des morts; et à leur divinité fut rejetée par quelques philosophies, des populations entières leur payèrent le tribut d'une constante vénération. Ils avaient des autels à Trézénée, dans le temple de Diane *Sospita*. Pausanias et les monuments grecs les appellent Θεοί καταχθόνιοι (*dii subterranei*), et Philostrate leur donne le nom de Χθόνιοι θεοί (*dii terrestres*). Ulysse leur offre un sacrifice pour obtenir son heureux retour à Ithaque. Ils avaient des prêtres particuliers, par l'intermédiaire desquels on cherchait à les apaiser, lorsqu'on les supposait irrités; on leur immolait même des victimes humaines. Au mois antisthérion, les Athéniens célébraient en leur honneur une fête solennelle, durant laquelle on ne pouvait se marier : on faisait alors retentir les lieux sacrés de chants lugubres, nommés *jalémies*, en souvenir de Jalémus, fils d'Apollon et de Calliope. En Italie et dans toutes les provinces de l'Empire Romain, on professa le même respect pour les *mânes*, que l'on plaça au rang des dieux. Les lois des *Douze Tables* s'élèvent contre ceux qui douteraient de leur divinité. Des autels particuliers leur furent élevés, et presque toutes les inscriptions sépulcrales commençaient par les mots *Diis manibus*, aux Dieux *mânes*. On leur dévouait, selon Macrobe, l'armée ennemie que l'on allait combattre, la ville qu'on se préparait à assiéger. Ils avaient une grande connaissance de l'avenir : on les évoquait pour apprendre les destinées (*voyez* ÉVOCATION). On les prenait à témoin pour attester la vérité des récits, la sainteté des promesses. Suivant Homère, ils accouraient autour de ceux qui les appelaient, et buvaient avec avidité le sang des victimes. Euripide nous montre Pyrrhus immolant Polyxène sur le tombeau d'Achille, et invitant celui-ci à se rassasier du sang de cette princesse infortunée.

En Grèce, une fête particulière, nommée *Remesia*, était célébrée pour eux. À Rome c'était dans le Champ de Mars, près du temple de Pluton, que reposait l'autel des *mânes*; mais il était enfoui, et on ne le retirait du sol que pendant la célébration des jeux séculaires. De là ce lieu était qualifié *d'effrayant* (*terrens*). Pendant le second mois de l'année romaine, qui leur fut dédié par Numa, et qui en reçut le nom de *februare*, *lustrare*, à cause de ses lustrations et de ses sacrifices aux morts, on fêtait les *Feralia*, pendant lesquelles, comme en Grèce, aucun mariage ne pouvait être contracté. Les temples de Pluton et des divinités infernales étaient seuls ouverts. Alors aussi on allait visiter les tombeaux des aïeux; on leur apportait des offrandes, coutume qui s'était conservée dans plusieurs parties de l'Europe latine. D'autres fêtes en l'honneur des *mânes* avaient lieu le 9 du mois de mai : on les nommait *Remuria*, à cause du malheureux frère de Romulus, dont elles étaient destinées à expier le fratricide. Mais elles prirent dans la suite le nom de *Lemuria*; et comme on divisait les *mânes* en deux grandes classes, en génies bienfaisants, *lares* ou *mânes*, de l'ancien mot *manis* (bon), et en *larves* ou *lamies*, ou génies malfaisants, on cherchait à apaiser ces derniers en jetant derrière soi des fèves noires, qu'ils ramassaient avec avidité. Les *larves* ou *la-*

mies étaient compris sous le nom générique de *mânes*; mais c'était par antiphrase, *quia non sunt boni*, dit Servius. C'étaient en effet les coopérateurs des Furies, les vengeurs des crimes. Les *mânes* étaient les gardiens des tombeaux. On les priait d'en exclure ceux qui s'étaient rendus indignes du bonheur éternel par une vie criminelle, par la trahison, par la violation des sépulcres.

A la mort de Tibère, le peuple, ne redoutant plus sa tyrannie, fit éclater sa haine : les uns voulaient que le corps fût traîné jusqu'au Tibre; d'autres, suivant Suétone, priaient les dieux *mânes* de chasser l'ombre du méchant du séjour des âmes vertueuses, et de la reléguer dans la région des éternels supplices.
Alexandre DU MÈGE.

MANÈS. Persan, que les Grecs appelèrent Μανιχαῖος (Manichée), et qui fut, au troisième siècle de notre ère, auteur du *manichéisme*, le chef des *manichéens*, qu'on appela quelquefois aussi *Many* et *Cupricus*, appartient à la classe, si nombreuse, des docteurs originaires d'Orient qui, à peine familiarisés avec les éléments du christianisme, prétendirent le modifier, le compléter et en faire une science supérieure. Déjà Basilide, Valentin, Bardesane, Cerdon et d'autres gnostiques avaient essayé, en s'attribuant des missions spéciales pour cette œuvre, d'unir au christianisme les doctrines mystérieuses de l'antique Orient, de l'Égypte ou de la Grèce, quand Montanus le Phrygien vint se dire inspiré du Paraclet pour enseigner aux élus *pneumatiques* et aux *psychiques* la doctrine des parfaits. Manès, plus hardi que Montanus, se dit le *Paraclet* lui-même. Élevé dans des doctrines diverses, disciple d'un kabbaliste de la Judée, nommé Térébinthe ou Buddas, mais professant en même temps des opinions chrétiennes, et connaissant les anciennes croyances de Zoroastre, il dépassa Montanus et les gnostiques. Non-seulement il prétendit comme eux que le christianisme et ses codes avaient été profondément altérés par les Apôtres, et qu'après les avoir purifiés de ces additions, il fallait en tirer les conséquences qui lui manquaient; mais il rejeta l'Ancien Testament tout entier, le disant inspiré par une divinité très-secondaire, et ne conserva du Nouveau, qu'il accusait d'être entaché de judaïsme, que des fragments choisis. Singulier mélange de zoroastrisme, de judaïsme, de christianisme, peut-être même de bouddhisme, sa doctrine réunit de nombreux partisans. Shapour Ier la protégea; douze disciples du nouvel apôtre la prêchèrent dans la Perse, dans l'Inde, à la Chine, en Égypte, et les persécutions qui s'élevèrent contre lui ne firent qu'accroître son influence. Durant son exil dans le Turkestan, il composa un Évangile, enrichi de peintures allégoriques, qu'il dit tombé du ciel, et qui lui donna de nouveaux sectateurs. De ce nombre fut le successeur de Shapour, Hormouz Ier, qui fit bâtir pour le prophète une résidence délicieuse dans le Séistân. Cependant, un grand échec, qu'il essuya dans une conférence qu'il eut à Caxar avec l'évêque de cette ville, et dans laquelle sa doctrine fut loin de triompher, malgré l'éloquence et la subtilité avec lesquelles il la soutint, fut suivi d'un autre, plus sensible encore. Il succomba dans une conférence avec les mages, que le successeur d'Hormouz, Bebram Ier, avait voulu présider lui-même. Il argumentait avec éclat; mais on lui demandait un miracle : il n'en fit point, et le royal président du débat le fit écorcher vif, en l'an 374.
MATTER.

MANÉ, THÉCEL, PHARÈS. *Voyez* BALTHAZAR.

MANÉTHON, prêtre de Sébenne ou d'Héliopolis, en Égypte, un des personnages les plus curieux de l'histoire littéraire de ce pays, le seul des savants de cette contrée qui ait cédé aux instances que les Lagides faisaient aux littérateurs de leur royaume comme à ceux de toutes les parties de la Grèce, et qui soit venu à leur musée qu'ils avaient si généreusement ouvert dans leur capitale, vécut sous le règne des deux premiers princes de cette dynastie, de l'an 290 à l'an 250 avant notre ère. Il fut pour eux une acquisition d'autant plus précieuse qu'ils tenaient à faire étudier par les doctes habitants de leur musée les anciens monuments de leur patrie, et que, pour ne pas alarmer la population, ils mettaient plus de réserve dans cette curiosité. Gardien des archives du temple d'Héliopolis, Manéthon composa, d'après les anciennes chroniques qu'elles contenaient, et d'après les colonnes d'Hermès Trismégiste, une histoire de l'Égypte, qu'il dédia au roi Ptolémée Philadelphe, et qui embrassait les différentes races de ses princes jusqu'au temps d'Alexandre. Quand on considère la haute antiquité à laquelle remontait en ce pays l'usage de consigner dans les archives des temples les principaux événements de l'État, la religieuse exactitude qu'on mettait non pas dans les contes destinés aux étrangers, mais dans les écrits inaccessibles aux profanes ; et la profonde influence enfin que les prêtres exerçaient dans cette contrée, on ne peut que concevoir une haute opinion du travail de Manéthon. Malheureusement, il ne paraît que trop certain qu'à peu de fragments près, il est définitivement perdu pour nous. L'histoire d'Égypte qu'Annius de Viterbe publia sous le nom du prêtre d'Héliopolis est évidemment l'œuvre d'un faussaire du treizième siècle. Jules Africain avait inséré le travail de Manéthon dans sa chronographie, dont nous n'avons plus que les extraits conservés par Georges le Syncelle. Ces fragments et les indications que Josèphe et Eusèbe nous ont empruntées au livre sont tout ce qui nous en reste.

Comme l'Égypte est souvent le théâtre de l'histoire du peuple juif, il eût été curieux de comparer les récits du prêtre d'Héliopolis avec ceux de Moïse et des autres historiens sacrés. Il paraît que Manéthon n'était pas favorable aux Juifs, dont les descendants s'étaient établis en grand nombre à Alexandrie. A leur tour, les écrivains israélites et chrétiens des premiers siècles l'accusent d'exagération et d'inexactitude. Ce n'était pas cependant un écrivain sans critique ; il avait corrigé un nombre d'erreurs commises par Hérodote , soit qu'il ait fait de ces corrections un traité spécial, soit qu'il les ait mises dans le corps de son ouvrage. Cette tâche, au surplus, lui était d'autant plus facile qu'il unissait à toute l'instruction de l'Égypte ancienne toute l'érudition d'un membre du Musée d'Alexandrie. Après cette grande composition, dont les fragments ont acquis un nouveau prix par les découvertes de Champollion jeune, Manéthon composa sur les anciennes pratiques religieuses de l'Égypte un livre qui dut intéresser vivement ses confrères et les princes du pays, observateurs scrupuleux de celles des anciennes cérémonies qui pouvaient servir leur politique. Cet ouvrage s'est également perdu ; nous ne le connaissons plus que par la mention qu'en fait Porphyre dans son traité *De Abstinentia ab usu animalium*. On attribue encore à Manéthon un poème sur les vertus des astres, publié par Jacques Gronovius, en 1698 ; mais les critiques sont partagés sur le mérite et sur l'époque de cette composition. Tandis que le savant éditeur prétend y reconnaître la simplicité et la pureté antiques d'Homère, d'autres philologues, Tyrwitt en tête, y découvrent les traces de cette décadence du goût qui atteint les premiers siècles de l'ère chrétienne.
MATTER.

MANFRED ou MAINFROI, prince de Tarente, né en 1231, fils de l'empereur Frédéric II et de la belle Blanca, fille du comte Boniface Lanzia, ressembla à leurs père comme souverain et comme général d'armée, comme ami des poètes et des artistes, et aussi par ses faiblesses. En outre, c'était un prince beau, affable, gai, bon, généreux, instruit et d'une grande bravoure personnelle. A la mort de son père, arrivée en 1250, il reçut en partage la principauté de Tarente ; et en l'absence de son frère consanguin, Conrad IV, il prit les rênes de l'administration de l'Empire en Italie. Mais le pape Innocent IV excita contre lui les peuples à la révolte, en prétendant que Frédéric II étant mort excommunié, c'était au pape qu'il appartenait de disposer de la couronne impériale. Manfred fit rentrer dans l'obéissance les villes rebelles ; et en 1252 il restitua la Pouille pacifiée au roi Conrad, auquel il continua de demeurer fidèle, alors même que, par défiance pour Manfred, celui-ci eut banni plusieurs de ses parents maternels. En 1252 son neveu Frédéric, fils de Henri, roi des Romains déposé, et en 1253 Henri fils de l'empereur et de l'Anglaise Isabelle, étant venus à mourir encore en bas âge, on l'accusa de les avoir fait empoisonner ; et lorsque, en 1254, la mort enleva également Conrad IV, le pape n'hésita pas à le signaler aussi comme son meurtrier. A la demande des seigneurs et même du margrave Berthold de Hohenberg, institué par Conrad IV administrateur de l'Empire, Manfred prit alors en mains, au nom de son neveu Conradin, l'administration du royaume de la Pouille ; et tous les vassaux déclarèrent, sous la foi du serment, que si Conradin venait à mourir sans laisser d'enfants, ce serait Manfred qu'ils reconnaîtraient pour son légitime successeur, ainsi que l'avait ordonné son père par l'acte de ses dernières volontés dans le cas où cette éventualité viendrait à se réaliser. Mais le pape renouvela ses prétentions sur la Pouille, à titre de fief relevant du saint-siège et tombé en déshérence ; et Manfred, par suite du refus de Berthold de lui venir en aide, et aussi faute de l'argent qui lui eût été nécessaire pour enrôler des mercenaires allemands, se vit obligé, plusieurs seigneurs s'étant en outre ligués contre lui, de signer avec le pape, le 27 septembre 1254, une convention aux termes de laquelle, après la levée de l'excommunication dont il avait été frappé, il recouvra ses possessions ainsi que le comté d'Andria, à titre de fief relevant immédiatement de l'Église, et reçut au nom de Conradin le gouvernement des pays situés au delà du détroit. Innocent vint même à Naples, en qualité de seigneur suzerain, y recevoir l'hommage de Manfred, ainsi que le serment de complète soumission des barons. Ce serment, Manfred s'était aussi engagé à le prêter ; mais il s'y refusa, et dès lors le pape jura sa ruine. Le meurtre du rebelle Burello, commis par les gens de Manfred contre sa volonté, fournit au souverain pontife le prétexte dont il avait besoin pour satisfaire son esprit de vengeance. Toutefois, Manfred réussit à se dérober par la fuite aux embûches du pape, mais non sans courir de grands dangers. Il trouva à Luceria un asile ainsi que des ressources pour faire la guerre, notamment parmi les Sarrasins, et avec leur assistance il battit les bandes de mercenaires envoyées contre lui par le pape à la bataille de Foggia, livrée le 2 décembre 1254. Innocent IV étant venu à mourir vers le même temps, à Naples (13 décembre 1254), toute la Pouille ne tarda point à se trouver de nouveau réunie sous les lois de Manfred, qui peu à peu soumit également à son autorité la plus grande partie de la Calabre.

Mais le nouveau pape, Alexandre IV, montra bientôt, malgré ses protestations hypocrites, que son dessein bien arrêté était d'anéantir la puissance de Manfred. Il termina les négociations ouvertes par son prédécesseur avec le prince Edmond, l'un des fils du roi Henri d'Angleterre, au sujet du droit d'investiture de la couronne de la Pouille, fit prêcher la croisade contre Manfred, souleva les villes qui lui avaient été soumises jusque alors, et fit marcher une armée contre lui. Manfred fut encore une fois heureux dans cette lutte. Il força les villes rebelles à rentrer dans le devoir, et en 1257 il finit par se trouver complètement maître du royaume de Sicile, tant en deçà qu'au delà du détroit. A ce moment le bruit de la mort de Conradin s'étant répandu en Italie, il se fit même couronner roi à Palerme, le 11 août 1258, du consentement unanime des prélats, des barons et des députés des villes. Le pape ayant alors lancé les foudres de l'excommunication contre lui et tous ses partisans, au rang desquels figuraient les premiers prélats du royaume, Manfred envahit les États Pontificaux, où il préleva de fortes contributions ; et la victoire remportée par Siena sur les Florentins à Montaperto, le 4 septembre 1260, le rendit maître de la Tuscie. Ces succès semblaient avoir consolidé à toujours la puissance de Manfred, qui gouverna ses États avec autant de vigueur que d'habileté. Il fit construire le port de Salerne, et bâtit Manfridonia ; il fonda beaucoup d'écoles, et sut faire respecter les règles de la justice, du bon ordre et des mœurs. En même temps, après la mort de sa première femme, Béatrice de Savoie, arrivée en juin 1259, il se remaria avec la belle Hélène, fille de Michel, despote de l'Étolie et de l'Épire. Sa cour brillante devint alors le rendez-vous des poëtes et des artistes les plus célèbres de l'époque. Poëte lui-même et doué en outre d'une beauté remarquable, Manfred était l'âme de cette cour élégante et polie. Il maria sa fille du premier lit, la belle Constance, avec Pierre, fils aîné du roi Jacques d'Aragon. Mais cette époque de prospérité fut de courte durée. Le nouveau pape, Urbain IV, fut à peine monté sur le trône pontifical, qu'il reprit l'exécution des vindicatifs projets de ses prédécesseurs. Lui aussi il renouvela les anathèmes qu'ils avaient lancés contre Manfred, et il adjugea même, en 1263, ses États à Charles d'Anjou, frère du roi de France Louis IX, à titre de fief appartenant au saint-siége, en chargeant ce prince de le reconquérir. Les généraux de Manfred, d'accord avec les gibelins, envahirent alors diverses provinces des États de l'Église, de sorte qu'Urbain dut se réfugier à Perugia, où il mourut (1264). Son successeur, Clément IV, resserrant encore plus étroitement les liens qui rattachaient le saint-siége à la cause de Charles d'Anjou, repoussa toutes les ouvertures de paix de Manfred, et le 6 janvier 1266 fit couronner roi de Sicile par ses cardinaux Charles d'Anjou, arrivé en Italie à la tête d'une armée française, le 21 mai 1265. Pendant ce temps-là Manfred avait bien eu soin de faire occuper les défilés de Tagliazzo et de Ceperano, et il avait convoqué à Bénévent ses vassaux et ses mercenaires allemands ; mais des lettres et des émissaires du pape et de Charles d'Anjou déterminèrent les Napolitains à abandonner sa cause, et le comte Richard de Caserta livra traîtreusement à l'ennemi le passage du Garigliano. Les Français prirent alors d'assaut San-Germano (10 février), et bientôt après la bataille de Bénévent, livrée le 26 février 1266, décida du sort de Manfred. Une partie de son armée ayant passé à l'ennemi au milieu de la mêlée et l'autre ayant pris la fuite, il se précipita au plus épais des bataillons français, et y trouva la mort. Quelques jours après on retrouva son cadavre criblé de blessures, et on l'enterra près du pont de Bénévent, suivant les pratiques en usage pour les excommuniés ; mais le peuple et les Français eux-mêmes accumulèrent, en guise de monument commémoratif, des pierres en cet endroit, qu'on appela le *Champ-des-Roses*. Plus tard, comme ce terrain était une propriété ecclésiastique, l'archevêque de Cosenza fit exhumer le cadavre de Manfred, qu'on enterra sur la frontière de l'Abruzze, dans la sauvage vallée où le Verde se réunit au Tronto ; et de nos jours encore les populations agrestes de cette contrée répètent la légende du bel et malheureux Manfred. Sa veuve, Hélène, avec ses quatre enfants, fut livrée par un traître aux troupes de Charles d'Anjou. Elle succomba en 1271 à sa douleur et aux mauvais traitements dont elle était l'objet ; sa fille Béatrice resta prisonnière pendant dix-huit ans, jusqu'à ce que Charles d'Anjou l'échangea, en 1284, contre son fils, qui avait été fait prisonnier en Aragon. Les trois fils de Manfred demeurèrent dans les fers pendant trente-et-un ans. En 1597 Charles leur fit enfin enlever les chaînes dont ils étaient restés chargés tout ce temps-là, et permit qu'un médecin et un prêtre visitassent ces infortunés dans leur cachot, où l'un d'eux, Henri, avait fini par devenir aveugle. Consultez Cesare, *Storia di Manfredi* (2 vol., Naples, 1837).

MANGANÈSE. Les anciens chimistes ont confondu sous cette même dénomination, à laquelle on attribuait le genre féminin, un oxyde d'un métal, auquel le même nom masculin a été conservé, et le m a n g a n è s e.

Le manganèse n'existe jamais à l'état natif ; on le rencontre en assez grande quantité combiné à l'oxygène : c'est à cet état seul qu'il a été connu pendant longtemps et qu'on l'emploie dans diverses applications des arts. Ce métal, que l'on ne peut obtenir qu'à une très-haute température, par l'action du charbon sur l'un de ses oxydes, est gris d'acier, fragile, d'une densité de 8,013, très-facilement oxydable, décomposant l'eau à une chaleur rouge : il fournit au moins, avec l'oxygène, trois combinaisons, dont la plus oxygénée présente des propriétés extrêmement importantes. Cet oxyde, que la nature offre souvent cristallisé, est d'un gris d'acier, très-friable; lorsqu'on l'expose à l'action d'une chaleur rouge, il perd le quart de son oxygène, et devient brun marron. Traité par l'acide chlorhydrique, il donne du chlore : c'est en travaillant sur le manganèse que Scheele découvrit le chlore.

Le peroxyde de manganèse ne peut s'unir directement aux acides, excepté le sulfurique, avec lequel même il ne peut former de combinaison stable, car la chaleur ou l'eau décompose cette combinaison. A la température de l'ébullition, tous les acides puissants le ramènent à l'état de protoxyde, et s'y unissent. L'acide nitrique n'agit cependant sur lui qu'avec difficulté; mais si on y mêle un peu de sucre par exemple, une quantité considérable d'acide carbonique, formée aux dépens du carbone du sucre et d'une partie de l'oxygène de l'oxyde, se dégage, et l'oxyde, ramené à un moindre degré d'agitation, s'unit avec l'acide. On rencontre rarement l'oxyde de manganèse pur, lorsque sa gangue est le sulfate de baryte; sa valeur est seulement dépréciée par la quantité de matières étrangères avec lesquelles il est mélangé; mais quand il est formé de carbonate calcaire, il présente deux grands inconvénients relativement à son emploi pour la préparation du chlore, en consommant inutilement une grande quantité d'acide chlorhydrique et en produisant un boursouflement considérable qui oblige à se servir de vases d'une beaucoup plus grande dimension, sans que l'on puisse cependant empêcher toujours qu'une partie de la liqueur n'en soit entraînée d'un vase dans l'autre.

Outre ces applications très-importantes, le peroxyde de manganèse est encore employé pour colorer le verre et la porcelaine en violet, et, chose qui peut paraître par cela même paradoxale, on l'emploie aussi pour enlever au verre la couleur qu'il offre dans beaucoup de cas. Cet effet est dû ou a la destruction d'une partie du charbon provenant de petites quantités de matières organiques que renfermaient les terres employées, ou à une propriété optique d'après laquelle certaines couleurs mélangées produisent une teinte plus ou moins blanche ; les terres servant à la confection du verre renferment fréquemment de l'oxyde de fer, qui colore ce produit en jaune plus ou moins rougeâtre; le mélange d'une petite proportion de violet le détruit sensiblement; mais le dosage est ici une condition essentielle, car un petit excès d'oxyde de manganèse fournirait une teinte que l'on rencontre quelquefois par zones dans le verre.

H. GAULTIER DE CLAUBRY.

MANGEOIRE. *Voyez* ÉCURIE.

MANGIA ou **MANAIA**. *Voyez* COOK (Archipel de).

MANGIN (CLAUDE), préfet de police durant les deux dernières années de la Restauration, naquit à Metz, en 1786, et mourut à Paris, en 1835. C'était de la part du pouvoir une bien grave imprudence de venir braver la réprobation générale en retirant ce fonctionnaire de la cour de cassation pour le jeter comme une menace et un défi à la population parisienne, en remplacement de M. Debelleyme, qui s'était à bon droit rendu populaire à la préfecture de police. Il n'est pas besoin d'ajouter que le ministère Polignac, entré en 1829 aux affaires avec l'intention bien arrêtée de supprimer à la première occasion la charte et les libertés publiques, pouvait seul prendre la responsabilité d'une telle nomination, parce qu'il lui fallait dans ce poste un homme décidé à ne reculer devant aucune des mesures nécessaires à l'exécution de ses projets.

Voici, du reste, quels étaient les antécédents de Mangin : Chargé, comme procureur général à la cour royale de Poitiers, de l'instruction et de la poursuite du procès auquel donna lieu, en 1822, la conspiration du général Berton, il ne s'était pas borné à remplir les rigoureux devoir de requérir contre les coupables l'application des peines portées par la loi, il avait essayé encore, dans son acte d'accusation, de faire remonter jusqu'aux principaux membres du côté gauche de la chambre la responsabilité des actes dont le ministère public poursuivait la punition. Dans ce document, le général Foy, Voyer d'Argenson, Benjamin Constant, La Fayette et M. de Kératry étaient signalés comme ayant *encouragé* les conspirateurs. C'était, on le voit, un cas de *complicité morale* si jamais il en fut. Le côté gauche, encore assez nombreux, prit avec énergie la défense de ses collègues, et, par l'organe de M. de Saint-Aulaire, demanda que Mangin fût traduit à la barre de l'assemblée pour y répondre de ses calomnies; proposition qui donna lieu aux débats les plus vifs, mais que la majorité acquise au ministère écarta par la question préalable. Sur ces entrefaites Mangin soutenait son acte d'accusation devant la cour de Poitiers, et trop souvent il lui arrivait d'oublier que l'organe du ministère public doit savoir allier la modération à la fermeté, et conserver à l'accusation, soutenue au nom de la loi et dans l'intérêt de la société, le caractère de stricte impartialité qui en fait la moralité et la force. Allant au-devant d'une objection qu'il croyait devoir lui être faite par la défense, il s'écriait : « Pourquoi, nous dira-t-on, si vous les jugez coupables, ne les déférez-vous pas aux tribunaux ? Vous faites trop ou trop peu... A cela je répondrai : Je ne suis pas compétent. Oh ! si je l'étais... ! » Cette terrible réticence, dans laquelle il y avait du Laubardemont et du Fouquier-Tinville, est restée à bon droit fameuse dans les annales du palais. Elle produisit dans le public une réprobation universelle; les *quos ego* du parquet on retrouva le souvenir des plus mauvais jours de 1815, époque où Mangin, procureur du roi à Metz, se signalait parmi les plus fougueux réacteurs. Les députés de la gauche, sur la tête desquels il semblait ainsi vouloir tenir incessamment le glaive suspendu, déférèrent le fait à la cour de cassation ; mais un arrêt de non-lieu mit l'accusé hors de cause.

Mangin avait donné dans l'affaire Berton trop de preuves de son implacable haine contre les idées libérales pour que la camarilla ne s'empressât pas de récompenser son zèle. Le premier siége qui vint à vaquer à la cour de cassation fut donc pour lui. Puis, en 1829, Polignac lui confia la préfecture de police, et l'on comprit tout de suite que le nouveau cabinet tenait à avoir un homme d'action sous la main. Ce cabinet s'étant décidé à faire son fameux coup d'État du 25 juillet, Mangin, consulté par les ministres, fut d'avis qu'on le différât jusqu'au moment où, à l'occasion d'une grande revue passée à Paris pour célébrer la prise d'Alger, on y aurait massé des forces imposantes. Il est difficile de dire ce qui serait arrivé si ce conseil de la prudence eût été suivi, quand on songe à la résistance désespérée qu'opposa pendant trois jours la poignée de soldats restés fidèles à la cause royale. La fatalité qui poursuivait les Bourbons devait l'emporter, et leurs destinées s'accomplir. Les avis de Mangin furent méprisés, et trois jours après le trône n'existait plus. Le 29, au point du jour, jugeant que tout était perdu, il abandonna l'hôtel de la préfecture de police, après avoir eu la précaution d'y brûler une masse de papiers de nature à compromettre divers individus en relations secrètes avec la police, et se réfugia à Bruxelles, sous le nom de Meunier. Sa femme, déjà mère de onze enfants, était accouchée du douzième trois jours avant la catastrophe. Mangin ne rentra en France qu'en 1834 : il se disposait à aller reprendre au barreau de Metz, sa ville natale, la place qui avait été le point de départ de sa fortune, lorsqu'il mourut presque subitement, à Paris, l'année suivante, à l'âge de quarante-neuf ans.

Après avoir fait la part de la juste réprobation qui s'attache à ce nom, notre impartialité nous fait un devoir d'ajouter que chez Mangin la vie de l'homme privé fut toujours irréprochable. Fils d'un obscur épicier de Metz, il avait été jusqu'à dix ans apprenti menuisier. Une grande force de volonté, une infatigable ardeur pour le travail, réparèrent bientôt ce que son éducation première avait en d'incomplet et de défectueux. Ses rares dispositions furent remarquées par un homme instruit, ancien jésuite, qui se chargea de les cultiver; et sous sa direction éclairée il avait fait de tels progrès, qu'à seize ans il pouvait déjà se faire inscrire au tableau des avocats de Metz. Il y avait été le confrère de M. de Serre, qui, la Restauration venue, lui avait ouvert la carrière du ministère public.

MANGLE, nom que les Anglais donnent à un appareil composé de cylindres ou rouleaux qui sert à repasser ou plutôt à calandrer le linge (*voyez* CALANDRE).

On appelle aussi *mangle* le fruit du manglier ou palétuvier, et quelquefois l'arbre lui-même.

MANGLIER. *Voyez* PALÉTUVIER.

MANGOU-KHAN. *Voyez* DJINGHIZ-KHANIDES.

MANGOUSTAN, genre d'arbres de la famille des guttifères, dont l'espèce la plus remarquable (le *garcinia mangostana*, L.) porte plus spécialement le nom de *mangoustan*. C'est un très-bel arbre, originaire des Moluques, d'où il s'est répandu dans l'Inde et généralement dans la plupart des régions intertropicales. Il est surtout recherché à cause de son fruit, de la grosseur d'une orange moyenne. La chair de ce fruit, que protège un péricarpe de couleur foncée, est blanche, molle, très-fondante, d'une saveur sucrée, accompagnée d'une légère acidité, d'une odeur qui rappelle celle de la framboise.

MANGOUSTE, genre de mammifères très-voisin des civettes, de la famille des carnassiers digitigrades, caractérisé par six incisives et cinq molaires de chaque côté à chaque mâchoire. Les mangoustes ont le corps allongé, les pattes courtes, terminées par cinq doigts à demi palmés, armés d'ongles aigus demi-rétractiles ; la langue recouverte de papilles longues, cornées et très-acérées; les yeux recouverts par une membrane nictitante entière. Une poche volumineuse, simple, et dans la profondeur de laquelle est percé l'anus, se trouve à la partie inférieure du ventre. Le poil est, dans toutes les espèces, court sur la tête et les pattes, long sur toutes les autres parties du corps. Le pelage est annelé de brun sur des fonds plus clairs. La taille varie, dans les espèces, de six à vingt pouces. Par la forme allongée de leur corps, leur démarche incertaine et leur genre de vie, les mangoustes se rapprochent beaucoup des martes. On en trouve beaucoup dans les contrées chaudes de l'ancien continent. Elles habitent ordinairement au bord des eaux, se nourrissant de rats, de serpents, de volailles et surtout d'œufs.

Parmi les différentes espèces, on distingue la *mangouste* de Buffon, *mangouste à bandes* ou *mangouste de l'Inde* (*viverra mungos*, L.; *herpestes faciatus*, A.-G. Desm.); la *mangouste vausire*, originaire de Madagascar; la *mangouste mimique*, de l'Algérie; la *mangouste de Java*; la *mangouste rouge*; la *grande mangouste*; la *mangouste d'Edwards*; la *mangouste d'Égypte, rat de Pharaon,* ou *ichneumon*, à qui les Égyptiens avaient consacré une sorte de culte, parce qu'elle détruit les œufs des crocodiles.

MANGUE, fruit du manguier.

MANGUIER, genre d'arbres de la famille des anacardiacées, et de la pentandrie monogynie de Linné, dont l'espèce la plus connue est le *manguier des Indes* (*mangifera indica*, L.). Son fruit, réniforme, nommé *mangue* ou *mango*, du volume d'un petit melon, et pesant environ un demi-kilogramme, offre aux contrées intertropicales un aliment aussi sain qu'abondant. Ce fruit est vert jaune ou rouge, selon les variétés. Pendant les mois de juillet et d'août, il constitue aux Indes presque exclusivement la nourriture des nègres et des gens du peuple.

Le fruit du manguier est regardé comme dépuratif et antiscorbutique. La graine est anthelmintique. Les feuilles sont anti-odontalgiques. L'écorce est employée contre les contusions; le suc résineux qu'elle renferme, contre la diarrhée; etc. Il n'y a pas jusqu'au bois du manguier qui n'ait un certain prix au Malabar, où on l'emploie pour brûler les corps des grands personnages.

MANHEIM, autrefois capitale du Palatinat, sur le Rhin, maintenant la deuxième résidence du grand-duc de Bade, et chef-lieu du cercle du Bas-Rhin, dans une plaine sur la rive gauche du Neckar, au-dessus de l'embouchure de cette rivière dans le Rhin, qu'on y passe sur un pont de bateaux, est l'une des villes les plus modernes et par conséquent les plus régulières de l'Allemagne. Les rues en sont droites et ornées de belles maisons; et elles se croisent de telle sorte que la ville tout entière forme 110 carrés réguliers. Les anciennes fortifications ont été démolies après la paix de Lunéville et transformées en beaux jardins. Sur la place d'armes, autour de laquelle règne un double cordon d'arbres, se trouve une fontaine (actuellement sans eau), ornée de statues en bronze, fondues par Crepello. Un groupe en pierre, chef-d'œuvre de Vander-Brand, est placé au milieu du grand marché. Le palais du grand-duc à 250 mètres de long, et est l'une des plus vastes habitations princières qu'il y ait en Allemagne. Il se compose de trois corps de bâtiments carrés. L'aile gauche fut, aux murs extérieurs près, consumée par le feu pendant le siège de 1795. L'aile droite, construite par l'électeur Charles-Théodore, a été consacrée, dès son origine, aux sciences et aux arts; elle renferme une galerie de tableaux, un cabinet d'histoire naturelle, une collection de plâtres des plus célèbres antiques, une collection d'antiquités qui contient, outre les pierres romaines trouvées dans le Palatinat, un grand nombre de petits objets en bronze, provenant de fouilles faites dans le grand-duché de Bade. Parmi les édifices consacrés au culte, on remarque l'ancien collège des jésuites avec son église, où l'on admire un maître autel en marbre de du Palatinat et un plafond peint à fresque. Cette église, remarquable par son architecture, est surmontée de deux tours, entre lesquelles se trouve un dôme dont le sommet a 80 mètres d'élévation. Il faut encore mentionner l'arsenal, la bourse, le théâtre, et le beau pont suspendu récemment jeté sur le Neckar.

On compte à Manheim plus de 23,000 habitants. Cette ville possède un gymnase avec une bibliothèque, une école de commerce, un jardin botanique, un observatoire, une maison de charité, et diverses fabriques, dont les plus considérables sont celles de tapisserie, de garance et de tabac. Il y a aussi, dans cette ville une fonderie de canons. La liqueur connue sous le nom d'*eau de Manheim* est une eau-de-vie à l'anis, édulcorée. Manheim est le centre d'un commerce d'expédition important, favorisé par la navigation du Rhin et du Neckar, ainsi que par les chemins de fer qui relient cette ville à Heidelberg, à Carlsruhe et à Francfort. Il s'y tient deux grandes foires annuelles.

MANICHÉISME, MANICHÉENS, doctrine, sectateurs de Manès. Après sa mort, ses partisans furent obligés de chercher un asile sur le territoire de l'Empire Romain, où bientôt devait les atteindre la législation sévère que les successeurs de Constantin établirent contre le paganisme et contre toutes les sectes dissidentes de l'Église. Cette législation, qu'on retrouve dans les codes de Théodose et de Justinien, fit disparaître les écoles publiques des manichéens. Mais le manichéisme se maintint secrètement, et se propagea sous plusieurs formes dans les deux empires d'Orient et d'Occident. On en découvre quelques principes dans la société des *pauliciens* de l'Asie Mineure, et plus tard dans celle des *bogomiles* de la Thrace. Les pèlerinages au tombeau du Christ et les croisades ayant établi des relations plus intimes avec l'Empire Grec, et quelques partisans de ces doctrines d'opposition étant venus s'établir en Italie, on vit tout à coup s'élever en Occident, surtout en Lombardie, en Savoie, en France, une foule de sectes dont les opinions semblaient remonter au manichéisme. On a donné aussi le nom de *manichéens* aux dissidents que infestèrent tour à tour les diocèses d'Orléans, de Châlons et d'Arras. On en brûla plusieurs en 1022 ; mais ils se multipliaient à mesure qu'on sévissait contre eux. Cependant, ils finirent par se perdre, en France, ils passèrent dans les rangs des albigeois, sinon dans ceux des vaudois; en Italie, dans ceux des catharins et des patarins; en Allemagne, dans ceux des stadinguois. Donc depuis Manès jusqu'au douzième siècle le manichéisme, quoique profondément modifié, n'a pas cessé de compter des partisans, soit publics, soit secrets.

Dans l'origine, ce système, qui sut captiver un instant saint Augustin, méritait l'attention des philosophes et des docteurs de l'Eglise. C'était peut-être la plus dangereuse des innombrables combinaisons tentées, aux premiers siècles de notre ère, par les prétendus partisans du christianisme restauré et ramené à sa primitive pureté. Son principe était un panthéisme commun avec la *gnose*, mais qui ne lui avait pas été emprunté, qui venait au contraire du bouddhisme et du zoroastrisme de la Perse, de l'Inde et des confins de la Chine, « Dieu, disait Manès, est non-seulement la source de tout, il est en tout ; il *anime* tout, et cette *animation* divine ne se borne pas aux hommes, elle s'étend aux animaux et aux plantes. » Cependant, ce panthéisme était modifié par le *dualisme*, ancien système de tout l'Orient. Le dieu du bien n'est pas le dieu du mal, chacun d'eux a son empire distinct ; seulement, l'esprit de la lumière est fort supérieur au génie des ténèbres, sur lequel il devra un jour l'emporter complétement. Concourir à ce triomphe est le premier devoir des *élus*, et même du *vulgaire*. On y concourt en se privant de tout ce qui peut flatter le corps, cette ténébreuse prison de l'âme de lumière ; en s'abstenant surtout de diviser les rayons de cette âme ou de ce principe de lumière par la multiplication de l'espèce humaine; en un effet les *parfaits* parmi les manichéens ne se mariaient pas. On donnait plus de latitude aux catéchumènes, auxquels on n'enseignait la doctrine de l'école qu'en l'enveloppant d'allégories et de symboles.

Les successeurs de Manès altérèrent sa doctrine : ils confondirent mythologiquement leur maître avec Jésus-Christ, le Soleil-Mithra, Zoroastre et Bouddha. Les auteurs des religions les plus célèbres n'étaient à leurs yeux qu'autant d'incarnations du même génie, et les religions elles-mêmes autant de formes différentes de la même doctrine.

MATTER.

MANICORDION. *Voyez* FIL DE FER.

MANIE (du grec μανία, folie). On nomme ainsi un délire sans fièvre, avec ou sans fureur, voulant sur une multitude d'objets; si l'objet du délire est unique et constant, on dit alors qu'il y a *monomanie*; mais c'est un cas assez rare. La manie est presque toujours jointe à l'agitation, à l'insomnie, et souvent à un irrésistible penchant à la fureur et à des actes de violence. Ceux que les médecins nomment *maniaques* sont de vrais fous, et des fous souvent fort dangereux. Disons toutefois que les maniaques d'Esquirol diffèrent de ceux de Pinel, et que ceux de Pinel ne ressemblent ni à ceux de Fodéré, ni à ceux de M. Foville ou du docteur Georget; autant d'auteurs, autant de définitions disparates. Les hommes du monde s'accordent beaucoup mieux quant à l'idée qu'ils ont de la manie. Ils appellent de ce nom toute action insolite et bizarre attestant l'incohérence des pensées ou une peute maladive de la volonté, sans aliénation totale de l'esprit, ou simplement un goût singulier porté jusqu'à l'excès, tel que la manie des vers, des tulipes, des autographes.

Qui n'a connu notre illustre sculpteur Houdon! Ce grand artiste, sur ses vieux jours, avait pour manie de colliger dans les rues voisines de l'Institut, dont il était membre, les vieux tests de faïence, de terre et de porcelaine. Il avait formé une collection de tant de misérables débris, qu'il avait rangés par genres, par ordres, par familles, d'après sa méthode personnelle, bien préférable selon lui à celles de Werner et d'Haüy. Il les avait en outre étiquetés et vernis. Houdon appelait cela son *muséum d'histoire naturelle*, et il ne fallait pas convenir que ce musée ne différât de tant de riches collections de coquilles, de roches et de cailloux, qu'en ce qu'il n'autorisait aucun système philosophique. Toutefois, notre grand sculpteur n'était point du tout aliéné; on ne peut juger par la réponse qu'il fit à Napoléon dans les cent jours. « Houdon, je suis content de vous et de ma statue, lui avait dit l'empereur; vous n'avez qu'à me dire ce que vous désirez! — Eh bien, sire, lui répondit Houdon, je prie votre majesté de faire remettre un bras à ma Sainte Cécile. » Vous voyez que Houdon avait une autre manie, tout aussi rare que la première ; je veux parler de son parfait désintéressement.

Si l'on étudiait attentivement la plupart de ces maniaques auxquels il est resté un peu de sens commun, on verrait qu'ils ont contracté leur manie dans l'isolement, dans la tristesse ou la préoccupation, à la suite de déceptions et de chagrins. C'est l'effet tantôt d'un caprice momentané, qui devient continuel, tantôt d'un espoir trahi ou d'une illusion des sens. La volonté humaine est si lâche et si paresseuse, qu'elle laisse aller ses rênes au gré de cet instinct routinier qu'on nomme *habitude*. Nos tics, nos grimaces, nos manies, ont tous une source analogue, la répétition machinale de certains mouvements, qui d'abord furent prémédités et volontaires. Il faudrait pour toujours penser droit et ne rien faire d'excentrique que l'homme employât la moitié de son attention à surveiller et à contrôler cette autre moitié de l'intelligence qui préside à la conduite et à la pensée.

On doit le dire aussi, la manie provient fréquemment de l'hérédité et de l'imitation. Les enfants d'un maniaque ont deux raisons pour le devenir : l'héritage et l'exemple. L'exemple et l'imitation suffiraient seuls pour engendrer la manie. Il est digne de remarque que même les médecins des fous ont la plupart quelque chose d'insolite, soit dans la physionomie, soit dans les gestes, la parole ou la contenance. La chose a même été quelquefois plus loin. Je me bornerai à citer le docteur Georget, esprit fécond et puissant, mais incrédule, qui, après avoir écrit des livres estimés sur les malheureux insensés qu'il traitait, a fini par consigner dans son testament des croyances religieuses singulières, qu'il fondait, disait-il, sur les phénomènes magnétiques. Ainsi, c'était le magnétisme animal qui avait enfin convaincu Georget de l'existence et de la spiritualité de l'âme!

Après l'imitation et l'hérédité, rien ne dispose à des actions extravagantes comme l'habitude d'en raconter ou d'en lire. Nous avons tous connu un littérateur inventif, un romancier spirituel et fécond, Rey-Dusseuil, qui, après avoir rempli plusieurs volumes d'apparitions et de revenants, a fini par perdre l'esprit dans ce monde de fictions, et par se croire le personnage mystérieux décrit par lui dans un de ses ouvrages. Devenu fou, il ne cessa pas pour cela d'écrire, et son son dernier ouvrage fit du bruit, fut beaucoup lu, très-prisé; éditeur et lecteurs ne s'aperçurent que l'auteur était maniaque que lorsque les journaux le leur apprirent. Ils n'avaient point pris garde que le romancier dans ce dernier livre parlait toujours à la première personne, et qu'il y paraissait animé d'un bout à l'autre de cette chaleureuse conviction qu'un esprit sain ne saurait feindre jusqu'au point de faire sans cesse illusion.

Les lectures et les méditations ascétiques, la continuelle préoccupation des visions célestes, des révélations et des miracles, ont peut-être engendré plus d'hallucinations et de manies que la lecture même des romans. Mais c'est à la Salpêtrière ou à Bicêtre qu'il faut aller pour trouver le complet répertoire de toutes ces manies sociales que le désastre et l'isolement de l'hôpital rendent encore plus effroyables. On rencontre là un échantillon de toutes les caprices, un modèle culaidi de tous les vices et de chaque passion. L'admirable pinceau de Kaulbach n'a qu'en partie esquissé ce vaste et désolant tableau des infirmités de l'esprit. J'ai vu dans le premier de ces hospices des insensées de tout âge, de toute éducation, de toute figure, car plusieurs d'entre elles avaient été belles , et les femmes jolies sont les plus exposées aux maladies de l'esprit, comme les plus fréquemment séduites et les plus déçues. Toutes avaient éprouvé des revers de fortune, des chagrins de famille, de l'abandon ; et voilà même ce qui rend ordinairement leur existence si courte. On a remarqué que celles qui ne guérissent point dans la première année, du traitement ne vivent guère, terme moyen, beaucoup plus de trois années. On me fit voir plusieurs maniaques, la plupart un peu sourdes, qui croyaient entendre des voix d'oiseaux, des concerts célestes, des révélations intérieures. Ce sont celles-là qui jouent le rôle d'oracles ou d'illuminées. J'en vis d'autres qui croyaient voir Dieu et des anges dans le soleil ; d'autres, qui se préoccupaient perpétuellement de rêves sinistres ou glorieux : or, il faut remarquer que tous les maniaques rêvent beaucoup plus que les gens sensés. Le docteur Pierquin a même affirmé que toutes les folies s'annonçaient et débutaient par des songes, et il prétend que les songes ne sont que des folies nocturnes. La monomanie la plus fréquente, et ordinairement la plus heureuse, est celle où l'insensé se croit autre que lui-même et démesurément au-dessus de son rang réel et de sa fortune.

On conçoit combien doit être difficile et rare la guérison de maladies aussi obscures dans leur essence qu'elles sont bizarres dans leurs phénomènes. Qu'on joigne à cela l'indocilité des malades, la persévérance aggravante des rêves ou des ressouvenirs portant sur les causes même du mal, les progrès provenant du délire, les obstacles qu'apportent la violence et la fureur, sans même parler de l'habitude, qui finit par rendre tout traitement vain et le mal incurable. Toutefois, on ne doit ni se rebuter ni désespérer de la cure tant que la maladie est encore récente. Il faut conseiller le repos parfait, l'isolement, un exercice fatigant, cet opium des malheureux. Il est encore problématique si la saignée a guéri autant de folies qu'elle en a aggravé. Mais les douches en pluie, des bains de longue durée, les affusions froides sur la tête et sur le corps, sont les moyens qui ont le plus fréquemment réussi au delà de toute attente. Il faut montrer aux insensés une grande douceur mêlée de fermeté, de la patience, une indulgente commisération, mais surtout un esprit de vérité et d'à-propos : on ne doit jamais ni les tromper, ni les ridiculiser, ni leur mentir. Une malade presque guérie demandait à Pariset, cet homme si compatissant, cet autre Esquirol, ce Willis français ; elle lui demandait à sortir de la Salpétrière, à retourner dans sa famille.... « Je vous dirai quand il en sera temps, lui répondit Pariset ; comptez sur ma parole. — Est-ce bien vrai que vous me le direz? — Dites-moi, ma chère amie, vous ai-je jamais trompée en aucune chose? m'avez-vous jamais entendu vous faire un mensonge ? .... » Et Pariset disait si vrai, que les larmes de la malade ratifièrent ses paroles. J'ai dit aussi qu'il faut une grande présence d'esprit, beaucoup de sens et d'à-propos. C'est en cela surtout qu'excellait Willis, ce grand médecin dont l'Angleterre est si fière, et dont le *Faublas* de Louvet renferme un si magnifique éloge.

Voici un des exemples de la sagacité de Willis. Un jour Willis conduisit au plus haut d'une tour un de ses maniaques les plus calmes, un insensé presque guéri. Apparemment ce médecin espérait rencontrer dans un horizon plus vaste, dans le spectacle varié de la nature, quelque motif de redresser en son malade une des dernières illusions offusquant sa raison. L'événement trompa son espoir. L'insensé, dès qu'il eut respiré le grand air, s'approche de Willis, l'entoure de ses bras nerveux, et lui dit : « Vous, qui êtes leste et adroit, vous me ferez le plaisir de sauter en bas, à pieds joints : c'est tâche facile, il y a à peine deux cents pieds ! — La chose serait vulgaire, répliqua Willis, sans se déconcerter ; voyez comme mon chapeau descend tout seul ! Tenez, plutôt, redescendons ; descendons au pied de la tour : vous verrez comme je saute de bas en haut ! ce sera plus divertissant. — Vous avez raison, dit le fou.... » Une fois à terre, Willis n'adressa que quelques mots à son extravagant compagnon ; mais celui-ci fut si vivement frappé de la ruse de Willis et de sa propre folie, que son esprit enfin se dessilla : il fut guéri.

De pareilles guérisons ne sont pas très rares. On est parvenu à désillusionner quelques maniaques par des faits évidents, d'autres par d'innocentes ruses, quelques-uns par des exemples spécieux, un petit nombre par le raisonnement ou par le ridicule. Par exemple, un fou croyait fermement être Louis XVI ; mais il était d'une ignorance absolue. On lui dit : « Votre allégation est fausse et invraisemblable ; comment voulez-vous qu'on salue roi de France un homme qui ne sait ni lire ni écrire? Vous voulez nous abuser...... » L'insensé sentit la justesse de l'objection. Dès ce jour il se livra à l'étude avec zèle et persévérance, et cette occupation salutaire le délivra de tous ses rêves .. G. Franck traitait une dame qui ne voulait ni manger ni marcher, parce que, disait-elle, elle avait dans le ventre un brasier flamboyant. « Je ferai sortir au dehors le feu qui vous brûle, lui dit le célèbre médecin. — Vous ne le pourrez pas, répondit la dame.... » Un soir que la malade se plaignait plus encore que de coutume, Franck l'aborda dans l'obscurité, et, tirant de sa poche une petite fiole remplie de phosphore, hors de sa vue il oignit ses doigts de cette matière lumineuse, dont il frictionna ensuite la malade. Celle-ci, émerveillée de cette flamme bleuâtre qui semblait sortir de ses entrailles, se crut délivrée de ses maux : elle mangea alors, et guérit bientôt.... Un autre aliéné, se croyant mort, refusait de prendre aucune nourriture. On le prit au mot : on l'ensevelit, on le mit dans un large cercueil ; il commença à ouvrir de grands yeux. Quand enfin il entendit les marteaux clouer le dessus de la bière, il se leva sur son séant, se délivra de ses entraves mortuaires : il venait de reconvrer sa raison. On apporta près d'un autre maniaque qui, lui aussi, se croyait mort, et, en vue de le guérir, un homme bien vivant et sain d'esprit, qui jouait-le mort à tromper tout Charenton. « Vous êtes donc mort aussi, vous? — Oui, Dieu merci : il y a déjà dix ans. — Alors vous ne mangez pas non plus? — Si fait, dit le faux confrère, car on m'enterrerait, et je ne pourrais plus ni rire ni respirer... » Il avait à peine prononcé ces mots qu'on lui servit un repas excellent, des mets exquis. Cet homme les flaira et les dégusta avec tant de pétulance et de volupté, avec un appétit si persuasif et si contagieux, que l'autre lui dit en souriant : « Et moi, n'aurai-je rien de ce festin?... » Le lendemain, les deux morts se promenaient ensemble, et devisaient avec gaieté, après un autre repas fait en commun. La résurrection était accomplie.

Cependant, de pareilles guérisons ne sont pas toujours parfaites. On voit souvent persévérer quelques symptômes de la monomanie primitive : j'en citerai un exemple frappant. Je me promenais avec le médecin de Bicêtre, le D^r F***, sur la place Saint-Sulpice, quand tout à coup un homme de tournure singulière, à la figure vermeille, heureuse et souriante, aborda mon partner. « Où allez-vous si vite? dit le médecin au survenant. — A Saint-Sulpice, repartit l'inconnu : je vais prier Dieu pour ma famille et ma couronne. Ne dois-je pas d'ailleurs te remercier?... » — « Devinez-vous quel peut être cet original? me dit alors le célèbre docteur : c'est Bruneau, Mathurin Bruneau, ce sabotier *dauphin de France*, dont les folles prétentions au trône des Bourbons tourmentèrent la vieillesse de Louis XVIII.... On le tenait renfermé à Bicêtre depuis des années : ma foi, je l'ai mis à jouit d'une rente de 800 fr., sur laquelle il en épargne annuellement 400 : il ne vit que de lait ! Je gage que sur dix Parisiens, poursuivit-il, on aurait de la peine à en trouver quatre aussi sobres et aussi prudents que ce dauphin. »

Dr Isidore BOURDON.

MANIÈRE. Ce mot a des acceptions innombrables. Signalons, en passant, *Manière*, façon, sorte ; *Manière* d'être, *Manière*, façon d'agir, de vivre ; *Manière*, façon d'agir habituelle ; *Manière*, synonyme d'expression, locution : Cette *manière* de parler est neuve, usée, correcte, et incorrecte, hardie, triviale ; *Manière*, invention, art de faire des choses.

Passons à quelques acceptions proverbiales : *Manière de parler* ; chose dite sans conséquence, ou sensiblement exagérée ; *Étriller quelqu'un de la bonne manière*, c'est le battre outrageusement ; *Remplir ses fonctions par manière d'acquit*, c'est les remplir négligemment, avec indifférence. On parle d'une affaire *par manière de conversation*, sans y mettre d'importance, sans préméditation.

Les choses à spécification vague, ou qui ont l'apparence de celles qu'on spécifie, se traduisent encore par le mot *manière*.

En peinture, en poésie, *manière* sert également à caractériser la composition d'un artiste, d'une école. La *manière* de Raphaël, du Guide, de Rembrandt, de l'école romaine, de l'école flamande ; la *manière* de Pindare et d'Horace, la *manière* grecque et latine.

Reste le mot *manière* pris dans le sens d'affectation, de recherche exagérée : Cet écrivain tombe dans la *manière*; La pose de cette statue sent la *manière*.

Dans tous ces exemples, ce mot aux mille significations n'est guère usité qu'au singulier; il s'emploie cependant encore au pluriel, et se dit de la façon d'agir dans le commerce de la vie : des *manières* douces et polies, abruptes et sauvages, gracieuses et naturelles, gauches et guindées (*voyez* CONVENANCE).

MANIÈRE NOIRE ou **MEZZOTINTE**. *Voyez* GRAVURE, tome X, p. 502.

MANIFESTATION, expression publique, verbale, écrite, ou mimique, d'un sentiment, d'une opinion quelconque. Comme bien des maladies, elles sont quelquefois contagieuses : on voit des hommes obéir par imitation à l'entraînement d'un sentiment qu'ils n'éprouvent pas. Les manifestations de dévouement de la part des corps constitués se témoignent par des adresses aux gouvernements divers qui se succèdent si vite chez nous : la Convention, le Directoire, le Consulat, l'Empire, la Restauration, les Cent Jours, le gouvernement de Juillet, la République, le nouvel Empire, ont reçu, à toutes les circonstances heureuses ou difficiles, des manifestations de ce genre, dans lesquelles ils ont vu ou ont feint de voir des manifestations de l'esprit public. Les manifestations de joie aux fêtes officielles consistent en lampions, feux d'artifice, spectacles qu'offre le gouvernement; la foule n'y manque pas, comme à tout autre but de promenade, et les gouvernements prennent trop souvent ces colues pour des manifestations de joie et d'amour. Les manifestations de l'esprit public présentent un tout autre caractère : si elles proviennent du contentement, ce sont des lampions, des chants, des farandoles : si, au contraire, elles sont l'effet du mécontentement, elles se traduisent en rassemblements, en émeutes, et parfois en guerre civile.

MANIFESTE, écrit public par lequel un prince, un État, un parti, une personne de haute considération, rend compte de sa conduite en une circonstance importante. L'usage de faire précéder les déclarations de guerre de l'exposé des motifs qui portent un peuple à prendre les armes contre un autre peuple est un des plus anciens qui nous aient été conservés. Les manifestes n'étaient pas, il est vrai, absolument alors ce qu'ils sont devenus aujourd'hui ; mais ils n'en existaient pas moins, et les *féciaux*, les *hérauts d'armes*, etc., étaient évidemment des porteurs de manifestes. Ces Scythes qui envoyaient à Darius un oiseau, un rat, une grenouille et une flèche, ne lançaient-ils pas un manifeste dans cette allégorique et présomptueuse déclaration ? Ce n'est cependant que dans le quatorzième siècle que les manifestes ont précédé les guerres de notre nation contre les autres, et leur nom actuel leur est venu de ce qu'ils commençaient tous par ces deux mots latins : *manifestum est*, il est manifeste. Malgré leur but de légitimer l'entreprise qu'un souverain tente contre un autre, les manifestes ne prouvent ordinairement rien : ils sont adressés non-seulement au gouvernement contre lequel on les dirige, mais encore à la nation elle-même que l'on veut conquérir, ou tout au moins opprimer, ravager, ensanglanter ou morceler. Le manifeste le plus célèbre de notre première période révolutionnaire est celui dans lequel le duc de Brunswick, généralissime des forces prussiennes en 1792, menaçait de mort les Français qui prendraient les armes contre lui, et rendait Paris responsable de la sûreté de Louis XVI et de sa famille. Suivi de deux ou trois autres, conçus dans le même esprit et empreints du même langage impératif, il n'ent d'autre effet que d'accélérer la chute du trône des Bourbons. Les manifestes de la Convention furent des modèles d'éloquence et d'énergie révolutionnaires.

MANIHOT. *Voyez* MANIOC.

MANILIUS (CAIUS), célèbre tribun du peuple, à Rome, proposa, en l'an 66 av. J.-C., la loi en vertu de laquelle Pompée fut investi du commandement de l'armée de Lucullus, et chargé de terminer la guerre contre Mithridate; mission extraordinaire, par suite de laquelle il fut armé de pouvoirs illimités pour la direction de l'armée et de la flotte en Orient, en même temps que des droits de gouverneur de province. Cette loi, que Cicéron, alors préteur, appuya dans un discours qui existe encore (*Pro lege Manilia*), fut adoptée, malgré l'opposition de la noblesse; mais Manilius ne fut pas plus tôt sorti de fonctions qu'il fut accusé d'avoir violé la loi et condamné pour ce fait.

MANILIUS (MARCUS), poëte romain, vraisemblablement contemporain d'Auguste, est l'auteur d'un poëme sur l'astronomie en cinq livres et resté inachevé, *Astronomica*, dans lequel il traite, à l'exemple d'Aratus de Soles, de l'influence que les astres exercent sur les destinées humaines. Le style en est pur, l'exposition simple, et on y trouve quelques beaux passages. La première édition de ce poëme est celle de Nuremberg (1472). Il fut ensuite l'objet des travaux de divers commentateurs, notamment de Scaliger (2 vol.; Paris, 1579), et de Bentley (Londres, 1739). Pingré en a donné une nouvelle édition, avec traduction française en regard (2 vol., Paris, 1786).

MANILLE. *Voyez* HOMBRE.

MANILLE, la plus grande des Philippines.

MANIN (DANIELO), connu par le rôle qu'il a joué dans la révolution de Venise, en 1848, est né à Venise, vers 1800, et se fit une place honorable au barreau. En 1847, lorsque commença en Italie l'agitation réformiste, il acquit une grande influence sur ses concitoyens, qui le reconnurent, lui et Tommaseo, pour les chefs du parti national. Par suite de la demande qu'il adressa au gouvernement autrichien pour que celui-ci accordât une position indépendante au royaume Lombardo-Vénitien, il fut arrêté en même temps que Tommaseo, au mois de janvier 1848, et cette persécution ne fit qu'accroître sa popularité. Quand la nouvelle de l'insurrection de Milan arriva à Venise, le peuple réclama impétueusement la mise en liberté de Manin ; et après quelques hésitations le pouvoir fut obligé de céder. Manin se rendit alors, à la tête des habitants les plus notables, à l'hôtel de ville pour demander la formation d'une garde nationale; et le gouverneur Palffy y consentit également. Après la capitulation de Zichy et le départ de la garnison autrichienne, les Vénitiens proclamèrent la république de Saint-Marc et un gouvernement provisoire, à la tête duquel furent placés Manin et Tommaseo, mais qui abdiqua ses pouvoirs, quand Venise se fut rattachée à la fusion de la Lombardie avec le Piémont. Cependant, après la malheureuse issue de la première campagne, Venise arbora de nouveau l'étendard républicain. Le 13 août 1848 Manin et Tommaseo reprirent la haute direction des affaires, position qu'ils conservèrent pendant tout le siége de cette ville, jusqu'au moment où elle succomba ; et c'est à l'influence exercée par Manin qu'on attribue l'héroïque défense qu'elle opposa aux Autrichiens. Manin et trente-neuf autres chefs du mouvement révolutionnaire furent en conséquence exclus de l'amnistie accordée par l'Autriche. Il se réfugia alors en France, et depuis lors il habite Paris, où il subsiste en donnant des leçons d'italien.

MANIOC, MAGNOC ou MANIHOT, genre de la famille des euphorbiacées, auquel appartient une espèce très-intéressante, le *manihot comestible* (*jatropha manihot*, L.; *janipha manihot*, Kunth). Cet arbrisseau de la partie de l'Amérique comprise entre les tropiques ne s'élève guère au-dessus de deux mètres, et sa tige est cassante, noueuse, pleine de moelle. Des rameaux, encore plus fragiles que la tige, partent du sommet, et portent des feuilles à longs pétioles, profondément palmées, et dont la surface inférieure est blanchâtre et pubescente. Les fleurs sont unisexuelles, et croissent sur le même pied, par bouquets, au sommet de la tige et à l'extrémité des rameaux. Le fruit est une capsule arrondie, composée de trois coques, dont chacune contient une semence, d'un gris très-pâle avec de petites taches un peu foncées. Mais ce végétal n'attire l'attention des cultivateurs qu'en raison de sa racine, dont on extrait une fécule aussi nourrissante que le froment. Les indigènes américains cultivaient le manioc et préparaient sa fécule longtemps avant l'arrivée des Européens dans leur pays, et cet arbrisseau, modifié par les soins de l'homme, avait produit des variétés, dont quelques-unes se sont maintenues jusqu'à présent. L'une des plus remarquables est nommée *camanioc* dans les Antilles françaises, et la racine peut être mangée cuite sous la cendre ou de toute autre façon, comme les pommes de terre; au lieu que les racines qui conservent le nom de *manioc* contiennent un suc vénéneux, qu'il faut extraire avant de soumettre à la cuisson la matière, desséchée préalablement par une forte expression. Les variétés où ce suc dangereux abonde ont leur tige rameuse, au lieu que celle du camanioc est simple, en sorte que l'on ne peut se tromper sur la qualité des racines. En l'absence de ce moyen, la présence du suc dangereux se manifeste par une amertume insupportable, tandis que les racines qui en sont exemptes ont une saveur assez douce.

La multiplication du manioc est très-facile ; les tiges et les rameaux fournissent des boutures qui forment bientôt de nouvelles plantes, pourvu que l'on ait soin de les débarrasser des herbes toujours prêtes à envahir le sol. L'apparition des fleurs avertit le cultivateur que la maturité des racines approche, à celle des fruits indique avec certitude l'époque où la récolte des racines peut être faite ; mais on peut la retarder sans inconvénient remarquable, en sorte que l'on n'arrache que celles dont on a besoin pour la consommation durant une quinzaine de jours , un mois au plus, et qu'à la rigueur la plantation et la récolte ont lieu toute l'année.

Les racines de manioc sont quelquefois très-grosses, arrondies, peu adhérentes à la terre. Dès qu'elles sont arrachées, on les ratisse, on les lave et on les râpe, afin qu'étant soumises à une très-forte pression, elles soient suffisamment purgées du suc dangereux qu'elles contiennent. Des expériences faites avec soin sur cette matière vénéneuse semblent prouver qu'elle ne donne la mort que par son action violente sur les nerfs; une distillation conduite avec beaucoup de soin, et par une chaleur aussi modérée qu'il est possible, lui donne un degré d'énergie que les plus célèbres empoisonneurs n'ont point surpassé, mais aussi une odeur insupportable, qui prévient à coup sûr les méprises auxquelles une substance inodore pourrait donner lieu.

L'expression du suc de manioc entraîne une fécule très-blanche, que l'on recueille suivant la pratique des amidonniers, et qui fournit une matière de plus au luxe des tables ; elle parvient jusqu'en Europe sous le nom de *tapioca*. Son origine ne doit pas la rendre suspecte, car les lavages réitérés qu'elle a subis ont entraîné jusqu'aux dernières molécules du principe délétère, qui est très-soluble dans l'eau.

Les racines râpées et pressées contiennent encore une très-grande quantité de fécule, que l'on pourrait extraire en continuant la trituration et les lavages; mais on se contente de dessécher complétement cette substance en lui faisant éprouver un commencement de torréfaction. Si on lui donne la forme de galettes minces, cassantes comme le biscuit des marins, c'est de la *cassave;* si en la cuisant au même degré on la conserve dans l'état pulvérulent, c'est de la *farine de manioc* ou du *couaque*. Ces aliments paraissent susceptibles d'une conservation illimitée, car sous le climat, si humide, de la Guyane française, on les trouve au bout de quinze ans de séjour dans les magasins tels qu'ils étaient au moment de leur préparation. Si on s'en rapporte aux calculs d'un naturaliste qui a vécu longtemps à la Guyane, et donné une bonne description des plantes de cette contrée, aucune substance végétale ne serait aussi nutritive que la cassave et le couaque : dix livres de cette substance nourrissent à mesure qu'elle est plus froide, on a tiré parti du suc exprimé des racines et séparé de l'amidon ou fécule pour obtenir, par une évaporation poussée jusqu'à la consistance de *rob*, un assaisonnement recommandé spécialement pour les canards et les oies.   FERRY.

MANIOTES. *Voyez* MAÏNOTES.

MANIPULAIRE, ce qui se rapporte à la **manipule** et quelquefois aussi le centurion qui la commandait.

MANIPULATION, MANIPULATEUR (de *manipulus*, poignée). Le *manipulateur* est celui qui manipule ou qui s'occupe de manipulation. La *manipulation* est l'action de celui qui manipule; c'est la manière d'opérer dans les arts et les sciences, c'est l'action qui joint la pratique à la théorie. Cette expression, comme on le voit, est plus applicable aux opérations chimiques et pharmaceutiques qu'à toutes autres; et cependant, cette dénomination, qui de prime abord semble indiquer la même chose, présente des différences sensibles quand on envisage en particulier chacune des opérations qu'elle désigne.

La *manipulation chimique* consiste à monter des appareils, à préparer des expériences, à les exécuter avec succès, dans le but de confirmer ce qu'indique la théorie. Elle n'est point fondée sur la routine et l'habitude, mais bien sur des connaissances approfondies; et l'on ne sera jamais bon *manipulateur* si l'on ne possède pas la partie théorique de la science, qui permet de prévoir les phénomènes, de modifier et de perfectionner les opérations. Ce talent n'est pas le partage de tout le monde, et tel homme peut être un habile théoricien et un mauvais manipulateur. Les manipulations chimiques présentent quelquefois de grandes difficultés, des dangers plus ou moins graves, et plus d'un chimiste porter sur lui les traces des blessures que lui a values son zèle pour la science ou un manque de précautions.

Les *manipulations pharmaceutiques*, tout en exigeant un homme instruit, ne présentent jamais les mêmes inconvénients : ce sont habituellement des mélanges de substances très-variées, que l'on destine à former des potions, des électuaires, des pommades, des onguents, des emplâtres, des sirops ou des pilules. Sans doute il faut connaître quelles sont les substances qu'on doit mettre les premières, comment on doit les diviser, quels sont les phénomènes chimiques qui peuvent résulter du mélange de plusieurs corps de nature différente; mais la point d'appareils, point de dangers pour l'opérateur; seulement, inconvénients graves quelquefois pour le malade auquel on administre un médicament ou infidèle ou mal préparé, qui, n'atteignant pas le but que se propose le médecin, peut conduire la victime au tombeau.

C. FAVROT.

MANIPULE (en latin *manipulus*), littéralement une poignée d'herbe; ce fut la première enseigne des Romains. Ils attachaient une botte de foin à une longue perche, et combattaient sous ce drapeau. Plus tard, le *manipule* devint une hasten surmontée d'une main, au-dessous de laquelle on plaçait de petits boucliers, des couronnes de laurier, les images des divinités tutélaires, et après la destruction de la république celles des empereurs. Ces ornements furent d'abord d'airain, puis d'argent, quelquefois d'or. Le mot de *manipule* se prend également dans une autre acception, et s'étend à la troupe même dont il est l'enseigne : c'est ainsi que jadis chez nous on disait la *cornette* pour la *compagnie*. Le manipule n'était dans l'origine qu'une poignée de soldats. Mais lors de l'organisation régulière de la légion, il en fut une division constante.

Mlle E. DE LA GRANGE.

MANIPULE, ornement sacré. *Voyez* FANON.

MANLIUS, nom d'une famille patricienne, qui jouissait encore d'une grande considération dans les derniers temps de la république, mais dont les membres les plus célèbres appartiennent à une époque plus reculée.

MANLIUS (MARCUS), consul l'an 392 av. J.-C., fut du nombre des Romains qui, lorsque Rome eut été prise par les Gaulois, en l'an 390, continuèrent à occuper le Capitole. Dans la nuit où les Gaulois escaladèrent ce rocher, pendant que les sentinelles dormaient, les oies consacrées à Junon, effrayées par le bruit inaccoutumé qu'elles entendaient, réveillèrent par leurs cris la garnison. Manlius, qui fut le premier à accourir au lieu du danger, arriva encore assez à temps pour pouvoir précipiter du haut de la roche Tarpéienne un Gaulois qui venait d'en atteindre le sommet; et dans sa chute si barbare entraîna avec lui tous ceux de ses compagnons qui avaient suivi ses traces. La surprise tentée par les barbares contre la [forteresse , dernier asile de l'indépendance de Rome, se trouva ainsi déjouée. L'homme qui venait de sauver sa patrie ne reçut pourtant de ses concitoyens aucune récompense ; car le surnom de *Capitolinus*, que sa famille portait déjà depuis longtemps, provenait de ce que sa maison était située sur le Capitole même. Ému de pitié pour les misères du peuple, qu'aggravait encore la législation en matière de dettes, et peut-être bien aussi par suite de la jalousie que lui inspira la promotion de Camille au patriciat, Manlius Capitolinus, en l'an 385, se fit le défenseur des plébéiens. Il tira bon nombre d'entre eux de la prison où ils étaient renfermés pour des dettes, qu'il acquitta de ses propres deniers; et afin de venir encore plus efficacement en aide aux souffrances du peuple, il proposa une loi pour un nouveau partage de terres et pour l'abolition des dettes. Le dictateur Aulus Cornelius Cossus le fit jeter dans un cachot ; mais comme les plébéiens, qui considéraient Manlius Capitolinus leur patron, menaçaient de se révolter, force lui fut de le remettre en liberté. Cependant, il fut encore accusé, en l'an 384, d'aspirer à la royauté. Acquitté, à ce qu'il semble, par les comices de centuries, il s'empara du Capitole avec ses adhérents, parce que les comices de curies patriciennes le condamnèrent. Camille fut alors investi de la dictature , pour dompter les révoltés ; mais un esclave qui, par trahison, précipita Manlius Capitolinus du haut de la roche Tarpéienne, mit fin à ce conflit. Suivant une autre version, il en aurait été précipité en vertu d'un jugement rendu par les tribuns du peuple. Quelques auteurs disent qu'il fut décapité. Sa maison fut rasée, et sa famille décida qu'à l'avenir aucun de ses membres ne porterait plus le prénom de Marcus.

MANLIUS (TITUS) contraignit le tribun Marcus Pomponius, en le menaçant d'un poignard, à abandonner l'accusation que celui-ci avait élevée contre son père dans l'assemblée du peuple, où il l'avait dénoncé comme retenant son fils aux champs pour le soustraire au service public. Tribun militaire en l'an 361, il tua en combat singulier, sur les bords de l'Anio, un Gaulois d'une stature gigantesque , et força ainsi l'ennemi à battre en retraite. C'est de la chaîne de cou (*torques*) de son adversaire, qu'il prit pour lui servir désormais d'ornement, que vint son surnom de *Torquatus*, qui resta à ses descendants. Consul pour la troisième fois, l'an 340, il fut chargé avec Publius Decimus Mus de la direction de la guerre contre les Latins. Malgré les ordres formels donnés par les consuls, son fils accepta le défi que lui adressa un Latin, et le vainquit en combat singulier. Mais, le consul, pour maintenir la discipline par un exemple remarquable , le condamna, comme coupable d'avoir violé une consigne, et l'envoya à la mort. C'est de là qu'é-

tait venue l'expression de *Manliana imperia*, employée pour désigner des ordres rigoureux. Titus Manlius , quand son collègue Decius fut sacrifié pour la patrie, gagna une bataille livrée sur le mont Vésuve, et dans une seconde affaire, qui eut lieu à Trifanum, entre Sinuessa et Minturnes, il anéantit les débris de l'armée des Latins, que Numisius, leur général, était parvenu à rallier et à la tête desquels il avait de nouveau pris l'offensive.

MANNAIA (Supplice de la). *Voyez* GUILLOTINE.

MANNE (*Histoire sacrée*). Quelque temps après leur sortie d'Égypte, les Hébreux, étant arrivés dans la vallée de Sin, commencèrent à joindre à la nourriture fournie par leurs troupeaux une espèce de gomme friable, très-douce, susceptible d'être pétrie en gâteaux , et qui, paraissant sur le sol le matin après la rosée, fut appelée *manne*, parce qu'en la voyant on s'écria : *Man hu* (Qu'est-ce?). Josèphe assure qu'il en tombait encore de son temps en Arabie. Saint Ambroise, Saumaise , Bochart, pensent comme lui que la manne était une substance naturelle. Prosper Alpin rapporte que les moines du Sinaï en ramassaient autour de leur monastère pour l'offrir au consul d'Alger; et quelques voyageurs modernes ont confirmé son récit. Tous ces faits, qui servent à établir d'une manière incontestable l'existence de la manne, sont bien loin de prouver, comme on l'a prétendu, que ce ne fut point une nourriture miraculeuse. En effet, dans l'Orient et ailleurs, la manne ordinaire ne tombe qu'en certaines saisons : celle du désert tombait tous les jours, excepté celui du sabbat, et ce phénomène dura quarante ans. La manne ordinaire ne tombe qu'en petite quantité, insensiblement ; elle peut se conserver assez longtemps ; c'est un remède plutôt qu'une nourriture : celle du désert venait tout d'un coup , en assez grande quantité pour nourrir une nation composée de près de deux millions d'hommes; non-seulement elle se fondait au soleil, mais elle se corrompait dans vingt-quatre heures. Il était ordonné au peuple d'en recueillir pour une journée seulement, d'en amasser pour chaque individu une ration égale, d'en mettre de côté le double le jour du sabbat, parce qu'il n'en tombait point le lendemain , et alors elle ne se corrompait pas. Toutes ces circonstances ne pouvaient arriver naturellement. Ce fut donc avec raison que Moïse fit envisager aux Israélites comme miraculeuse cette nourriture, préparée par Dieu même, et qui était inconnue à leurs pères. Aussi fut-il ordonné d'en conserver dans un vase placé à côté de l'arche, dans le Tabernacle, afin de perpétuer la mémoire de ce bienfait.

J.-G. CHASSAGNOL.

MANNE, matière mucoso-sucrée, soluble dans l'eau, d'une odeur analogue à celle du miel, d'une saveur douce et légèrement nauséabonde, et qui découle spontanément ou par incision de plusieurs espèces de frênes, particulièrement du *fraxinus ornus* et du *fraxinus rotundifolia*, arbres de l'Italie méridionale, de la Calabre et de la Sicile. Lorsque le temps est serein , la manne coule d'elle-même du tronc et des principales branches des frênes, depuis le 20 juin jusqu'à la fin de juillet. L'écoulement commence vers midi jusqu'au soir, sous la forme d'une eau limpide, qui s'épaissit ensuite graduellement et se coagule en grumeaux blancs et compactes. Le lendemain matin, si la nuit a été belle (car le brouillard et la pluie fondent entièrement la manne), ces grumeaux sont soigneusement détachés avec des couteaux de bois et exposés au soleil sur du papier blanc, jusqu'à ce qu'ils ne s'attachent plus aux mains. C'est là ce qu'on appelle la *manne choisie* du tronc de l'arbre, ou la *manne en sorte* des boutiques (*manha di spotana*). A l'écoulement naturel, qui cesse vers la fin de juillet, succède l'écoulement par incision ; des entailles sont faites dans l'écorce jusqu'au tronc de l'arbre, et la liqueur qui en ruisselle alors depuis midi jusqu'au soir est tellement abondante qu'elle forme de grandes masses, semblables à de la cire ou de la résine. Ces masses durcies, séchées au soleil et coupées en morceaux , fournissent la *manne par incision* (*manna forzatella*); elle n'a pas une si belle couleur que la première, elle est sale et jaunit promptement. Il y a une troisième espèce de manne; c'est celle que l'on recueille sur les feuilles. Dans les mois de juillet et d'août, et toujours à l'heure de midi, les fibres nerveuses des grandes feuilles et les veines des petites se couvrent d'une rosée diaphane, qui, échauffée par le soleil, se change en petits grains blancs de la grosseur d'un grain de blé. Cette manne, difficile à ramasser, est fort rare, même en Italie. On l'appelle *manne en grain* (*manna di fronde*). Après avoir fait une incision à l'écorce du frêne, les Calabrois y insèrent quelquefois des brins de paille; le suc qui les arrose en coulant s'y épaissit en forme de stalactites : c'est la *manne en larmes*; elle est belle, pure, blanchâtre, et mérite la préférence sur toutes les autres espèces.

La manne est regardée par les médecins comme le purgatif le plus sûr dans tous les cas où il s'agit de dissiper la tension du ventre et de débarrasser le corps de toutes les humeurs grossières. La dose est depuis 15 jusqu'à 75 et même 90 grammes, dissous dans une décoction quelconque. La manne en larmes, analysée par M. Thénard, a donné pour résultats : 1° un principe sucré, cristallisable (*mannite*); 2° une très-petite quantité de sucre incristallisable; 3° une matière muqueuse, d'odeur et de saveur nauséabondes, dans laquelle paraît résider la propriété purgative de la manne.

On rencontre dans les déserts de l'Arabie et de la Perse, dit M. Duchartre, un arbrisseau rabougri, épineux (*hedysarum alhagi*, L.), sur lequel se récolte un suc blanc, concret, qui a reçu le nom de *manne alhagi*. Olivier, au retour de son voyage en Turquie, rapporta en France plusieurs livres de cette substance, qui, d'après Niebuhr, est employée dans la Perse en guise de sucre pour les pâtisseries et d'autres mets de fantaisie. Les commentateurs, qui s'attachent à l'esprit et non à la lettre des livres saints, pensent que la manne (*voyez* l'article précédent) dont se nourrissaient les Hébreux dans le désert n'était autre chose que cette manne alhagi.

MANNE, panier d'osier plus long que large, avec une poignée à chaque bout, où l'on met du linge, de la vaisselle, et autres objets.

MANNE (Herbe à la), **MANNE DE POLOGNE.** *Voyez* **FÉTUQUE.**

MANNEQUIN, panier d'osier étroit et long, ordinairement employé au transport des fruits et des légumes dont la province approvisionne chaque matin nos marchés. Le mannequin reçoit aussi une destination moins champêtre : devenu synonyme de *hotte*, il est connu dans l'argot des chiffonniers sous la dénomination pittoresque de *cachemire d'osier*. La manne s'entasser toutes les guenilles éparses sur les pavés boueux de nos rues : parures de duchesses ou de grisettes, robes de soie ou d'indienne, lambeaux d'œuvres de Paul de Kock ou de Fénelon, aboutissent pêle-mêle au *cachemire d'osier*.

Les peintres et les sculpteurs ont également donné le nom de *mannequin* à une figure ayant la forme du corps humain, dont tous les membres, à jointures brisées, imitent le jeu des articulations, et sur laquelle ils disposent des draperies après lui avoir donné l'attitude qu'ils veulent représenter. Il a été, dit-on, employé pour la première fois à cet usage par Baccio della Porta. C'est sur un *mannequin* de ce genre et couvert de grelots, qui tintaient à la moindre oscillation, que les voleurs faisaient autrefois leur apprentissage :

Une corde au plancher tenoit un *mannequin*,
Vêtu d'un bon habit, couvert d'un casaquin;
Sans le faire branler falloit vuider les poches,
Sinon, pleuvoient soudain coups de poing et taloches.

Mannequin dans ce sens vient d'un mot allemand, diminutif de *man* (homme), et signifiant *petit homme*.

Dans le langage des chirurgiens, ce mot s'emploie pour désigner la représentation d'une figure humaine sur laquelle les élèves sont exercés à l'application des bandages, et à la manœuvre des accouchements. Dans ce dernier cas, il n'est pas nécessaire d'avoir une figure entière de femme, et le plus souvent on ne se sert que du bas de la colonne vertébrale réuni au bassin, après y avoir adapté des cuisses artificielles. Il est inutile de dire que les essais faits sur ces mannequins ne suppléent que d'une manière fort imparfaite à la pratique des sujets naturels, et ne peuvent jamais la remplacer complétement.

MANNERS (JOHN-JAMES-ROBERT, lord), l'un des chefs du parti *protectionniste* en Angleterre, fils cadet du duc de Rutland, est né le 13 décembre 1818, et entra comme représentant de Newark dès 1841 à la chambre basse, où il défendit avec assez de talent les doctrines du *conservatisme* extrême. Plus tard il s'est rattaché à la coterie qui reconnaît pour chef M. D'Israeli. Comme écrivain, et surtout comme poëte, il appartient à l'école qu'on appelle la *jeune Angleterre*, école qui a le culte du moyen âge, et qui voit dans le rétablissement du système féodal le seul remède aux crimes et aux malheurs de notre temps. C'est dans cet esprit que lord Manners a composé son *Plea for national holidays* (Londres, 1843), où il recommande le rétablissement des antiques fêtes populaires. Ses électeurs ne lui ayant pas continué leur mandat aux élections nouvelles qui eurent lieu en 1847, il se porta candidat, en 1849, à Londres même, en concurrence avec M. de Rothschild; mais il ne fut pas plus heureux. Ce fut seulement au mois de février 1850 qu'il réussit à rentrer à la chambre comme représentant de la ville de Colchester. Lors de la formation, en février 1852, d'un ministère protectionniste, lord Manners, quoique ne possédant pas une des connaissances spéciales requises pour un tel emploi, fut nommé haut commissaire des forêts (c'est-à-dire ministre des domaines), avec voix dans le cabinet; position qu'il conserva jusqu'à l'arrivée de lord Aberdeen aux affaires, en décembre suivant. Nous citerons encore de lui : *The Spanish Match of the 19 Century* (1846), et *Notes on an Irish Tour* (1849).

MANNITE, matière d'une saveur sucrée, ainsi nommée parce qu'elle fut d'abord extraite de la **manne**. On l'a depuis trouvée dans un grand nombre d'autres substances végétales, notamment dans les sucs exsudés par certains cerisiers et pommiers, dans l'aubier du mélèze, dans plusieurs champignons, dans le céleri, etc. La mannite s'extrait facilement de la manne en traitant celle-ci par l'alcool chaud. Elle se présente alors cristallisée en prismes quadrangulaires, anhydres, minces, incolores, transparents et doués d'un éclat soyeux. Soumise à une haute température, elle se décompose en donnant les mêmes produits que le sucre de canne, mais la mannite se distingue du sucre, en ce qu'elle n'est pas susceptible de fermenter. L'acide nitrique la convertit en acide oxalique.

MANOËL (FRANCESCO), célèbre poëte lyrique portugais, naquit à Lisbonne en 1734. Les premiers qui reconnurent en lui l'étoffe d'un poëte furent des étrangers à qui il servait de *cicerone* pour visiter les ruines de Lisbonne à la suite de l'affreux tremblement de terre qui détruisit cette capitale en 1755. A partir de ce moment ses compatriotes commencèrent à le fêter, bientôt même sa réputation alla toujours croissant. Les envieux et les ennemis que lui fit un talent qui se révélait ainsi dans des circonstances si étranges cherchèrent alors à le rendre suspect au pouvoir, et trouvèrent dans les expressions qui lui échappèrent sur l'inquisition et sur les moines, ainsi que dans une traduction qu'il publia du *Tartufe* de Molière, des prétextes suffisants pour incriminer sa conduite et ses pensées. Cité en 1778 à comparaître devant l'inquisition, il désarma l'estafier du saint-office qui procédait à son arrestation, prit la fuite, et parvint à se réfugier à Paris, qu'il ne quitta plus depuis, et où le marquis de Marialva, ambassadeur de Portugal, assura à sa vieillesse une existence heureuse et paisible. On estime surtout ses odes et sa traduction des fables de La Fontaine. Il mourut à Paris, le 25 février 1819. Ses *Obras completas*

42.

ont paru sous le pseudonyme de Filinto Elysio (11 vol.; Paris, 1819).

MANOEUVRE (du latin *manus*, main, *opera*, œuvre), en général, est une action ou opération à la main. Au figuré, ce mot s'applique aux moyens qu'on emploie pour arriver à ses fins : il se prend alors généralement en mauvaise part.

Manœuvre au masculin signifie l'homme qui travaille de ses mains; on ne l'emploie guère qu'en parlant des pauvres gens qui servent les maçons ou les couvreurs, lesquels n'ont besoin ni d'art ni d'apprentissage, et dont tout le travail se borne à gâcher du plâtre et à transporter du mortier ou des moellons. Figurément et par mépris, on le dit d'un homme qui exécute grossièrement et par routine un ouvrage d'art : Compiler est un travail de *manœuvre*.

MANOEUVRE (*Art militaire*). Si l'on ne s'en rapportait qu'aux règles d'une étymologie logique, cette expression devrait être exclusivement consacrée aux maniements d'armes qui se font à l'aide des mains ou des bras. Il n'en est point ainsi : le mot *manœuvre* est un terme technique, purement conventionnel, qui exprime non-seulement les mouvements tactiques des troupes, mais aussi les mouvements stratégiques des armées, considérés en grand. Il y a donc nécessairement trois ordres de manœuvres : celles de *détail*, celles *d'ensemble* ou de *ligne*, et celles *d'armées* ou *grandes manœuvres*. Les premières comprennent les mouvements préparatoires à exécuter par les plus petites fractions de troupes agissant ensemble, c'est-à-dire *l'école de peloton*, et ceux qui concernent l'élément constitutif de l'armée en action, c'est-à-dire le bataillon. Les *manœuvres de ligne* comprennent les évolutions que doivent exécuter de concert un certain nombre de bataillons réunis en un corps qui, dans le système actuel de guerre, forme une division ou une brigade. Les *grandes manœuvres* comprennent les évolutions, ou, pour mieux dire encore, les mouvements que peuvent ou doivent faire plusieurs divisions réunies, c'est-à-dire une armée.

Cette simple division indique que les manœuvres de détail appartiennent exclusivement à la tactique; qu'elles doivent être uniformes et invariables, afin de conserver dans la totalité de l'armée l'unité d'action, principal élément de sa force indispensable, dont elle empêche la décomposition; qu'elles constituent, enfin, la partie purement mécanique de la guerre, celle où l'intelligence, ayant peu à s'exercer, est remplacée par l'habitude, qui s'acquiert à la suite d'un exercice répété, où la réflexion n'a que peu de choses à voir; que les grandes manœuvres appartiennent à la partie stratégique de la guerre; que non-seulement elles n'ont pas besoin, mais même qu'elles ne peuvent pas admettre un mode d'exécution uniforme et invariable pour toutes les parties qui composent une armée, parce que l'étendue du terrain qu'elles embrassent et les dispositions de l'adversaire produisent nécessairement des modifications qui ne permettent presque jamais que la classe de mouvements tactiques applicable à l'une des parties le soit aux autres sans inconvénient ou sans danger; enfin, qu'elles constituent la partie intellectuelle de la science de la guerre, celle où l'habitude purement mécanique ne sert à rien, puisqu'elle rencontre à chaque instant ces données neuves, inattendues, où l'exercice machinal ne saurait remplacer la réflexion qui fait prévoir, la tactique qui fait apercevoir, l'inspiration qui fait deviner; que les manœuvres de ligne ou d'une division sont nécessairement mixtes, c'est-à-dire que si l'uniformité tactique peu et doit, dans certains cas, y être conservée, il en est d'autres, en assez grand nombre, où elle ne le peut pas plus que dans les mouvements d'armée, et pour des causes semblables.

Afin d'éclaircir ces propositions par un exemple, supposons qu'une armée ait à quitter la position qu'elle occupe, pour en prendre une autre, soit de bataille, soit simplement défensive, soit d'observation ; faisons abstraction des mouvements de marche, parce qu'il est évident que le nombre et la disposition des colonnes dépendant et du but qu'on se propose et de la disposition du terrain, ne peuvent admettre une règle générale, uniforme, condition essentielle des manœuvres tactiques; supposons-la arrivant sur le terrain pour s'y placer : chacune de ses parties, chaque division, ayant un thème différent à remplir, un terrain différent à occuper, une disposition différente de l'ennemi à combattre, il est évident que l'uniformité, l'unité si l'on veut, de dispositions tactiques, qui se formule en un seul et même commandement, ne saurait exister ni dans l'ensemble de l'armée, ni dans chacune des divisions qui la composent. Elle ne peut se rencontrer que dans leurs éléments constitutifs, c'est-à-dire dans chaque bataillon, dont les mouvements doivent toujours avoir lieu selon des règles invariables, qui en font une habitude mécanique pour ceux qui les exécutent. On voit par là que l'école de peloton et celle de bataillon sont les seuls enseignements tactiques indispensables, les seuls d'une utilité et d'une application constantes. Les manœuvres de ligne, rarement applicables et souvent dangereuses à la guerre, peuvent être abandonnées aux parades de luxe, qui ont pour but d'exercer les jambes des subalternes et de faire briller les chefs en ne fatiguant point leur intelligence, sans acquiérent, en soient plus capables de faire la guerre avec succès.

Quel est le meilleur système de manœuvre ? Question souvent débattue, et qui, à en juger par la mutabilité des règlements à ce sujet, ne paraît pas encore avoir été résolue au gré de ceux qui l'ont soulevée. D'abord, ce mot *système* est-il bien employé ici ? Si l'on entend par là une série de règles invariables, uniformément applicables à tous les cas, déduites d'un principe unique, nous ne le pensons pas, au moins pour ce qu'on appelle *grandes manœuvres*, puisque là la variabilité des données exclut l'uniformité dans l'application des règles. Mais en adoptant même cette expression, plus pompeuse que vraie, afin de nous conformer aux locutions en usage, la solution de la question posée n'en reste pas moins indécise, puisque, répondant à des données variables, elle est nécessairement multiforme. En effet, chacun des systèmes entre lesquels on devrait choisir correspond à des circonstances de temps et de lieu auxquelles il satisfait, tandis qu'il est inapplicable à d'autres. Leur emploi successif dans chacune des circonstances qui lui sont favorables est donc, à notre avis, la meilleure solution qu'on puisse désirer. Ainsi a été résolu le problème tant de fois aigrement débattu entre *l'ordre profond* et *l'ordre mince*. On les emploie alternativement, selon qu'on veut ou simplifier et accélérer les mouvements, ou atténuer les effets destructifs du canon.

Cela posé, sans nous occuper de l'examen des divers systèmes de manœuvres existants, et essayant moins encore d'en formuler un pour notre propre compte, contentons-nous de rechercher quels sont les principes généraux qu'il ne faut jamais perdre de vue dans la combinaison et l'emploi des manœuvres. Rappelons avant tout que les deux armes principales des armées sont d'abord l'infanterie, qui agit partout sur terre, à la subsistance de laquelle il est plus facile de pourvoir pour un plus long temps, et dont l'élément unique, l'homme, a tous ses moyens d'action réunis en lui-même; puis la cavalerie, qui prépare, il est vrai, et peut compléter les succès de l'infanterie, mais dont la force numérique relative est subordonnée à des casualités, parce qu'elle ne peut pas agir partout; dont la subsistance, plus volumineuse et que tous les terrains ne produisent pas, est plus difficile à assurer, et dont l'élément d'action étant double, l'homme et le cheval, ne peut pas présenter dans ses effets une spontanéité aussi parfaite. Quant à l'artillerie, indispensable en un petit nombre de cas dans la guerre de campagne, utile plus souvent, elle n'est qu'une auxiliaire des deux premières armes. Son emploi, qui demande de l'économie, n'est devenu une nécessité que par son abus, qui, en permettant de remplacer les combinai-

MANŒUVRE — MANOMÈTRE

sons stratégiques par les batailles, exige moins d'intelligence et de génie de la part du général.

Deux choses sont principalement nécessaires à la guerre, la promptitude des mouvements, pour être toujours en mesure contre son adversaire, n'être point prévenu par lui, et le prévenir, au contraire, autant qu'on le peut, et le parfait ensemble des parties, qui, en empêchant l'irrégularité des mouvements, les simplifie et les abrège. C'est d'après ces deux principes que doivent être rédigées les manœuvres, tant de l'infanterie que de la cavalerie, se réduisant, dans leur système général, à un petit nombre de cas dans lesquels rentreront toutes celles qui ont une utilité et un but réels. Les dispositions de troupes se réduisent à trois espèces, celles de marche, celles de bataille pour l'exécution des feux, celles en masses, soit pour l'exécution des chocs ou attaques, soit pour la défense. Les dispositions de marche se font toutes dans l'ordre profond, c'est-à-dire en colonne d'un front plus ou moins grand, selon la nature du terrain qu'on doit parcourir. Celles de bataille ont lieu dans l'ordre mince, qu'on appelle, peut-être trop généralement, *ordre de bataille*. Celles en masses se font ordinairement pour l'attaque dans un genre de colonnes dont le front se rapproche plus de la profondeur que dans l'ordre de marche, et pour la défense, par une disposition mixte, dans laquelle le centre des masses est vide, et où au lieu de n'avoir qu'un seul front, elles en ont trois ou quatre. Ces dernières ne sont propres qu'à l'infanterie.

Ce court exposé fait voir que les manœuvres nécessaires se réduisent au passage de l'une de ces dispositions à une des autres. Il faut que ce passage se fasse le plus rapidement possible, et que les éléments de troupe destinés à rester unis, tels que les sections, pelotons, divisions ou escadrons, conservent exactement la cohésion de leurs parties et leurs distances relatives, le moindre désordre étant regrettable, ne fût-ce que par la perte du temps qu'il exige pour être réparé. Sur ce point notre tactique l'emporte de beaucoup sur celle des anciens ; nous avons pour nous les mouvements de flanc, les inversions de droite à gauche, la possibilité de faire front indistinctement par le premier ou le dernier rang, manœuvres qui étaient inerdites avant l'usage des armes à feu, la nécessité qu'il y avait à ce que le soldat fût constamment couvert par son bouclier ne permettant pas les mouvements qui exposaient sa droite aux coups de l'ennemi. En revanche, l'ordre mince, que ce même usage des armes à feu nous impose, nous interdit les marches en bataille sur un front un peu étendu, où des flottements, même assez considérables, ne peuvent être évités sur un terrain uni; elles sont enfin impraticables sur un terrain accidenté, particulièrement sous le feu de l'ennemi. Déjà le bataillon ne peut donc plus être considéré comme une section de troupe susceptible de rester constamment unie dans ses mouvements ; il est nécessaire de la fractionner pour la mouvoir avec utilité et sans péril. Donc aussi le seul enseignement dont la nécessité se fasse sentir par un emploi constant consiste dans l'école moyenne, dite *de peloton*, *de bataillon* et *d'escadron*. Celui des manœuvres dites *de ligne*, qu'on ne peut jamais employer devant l'ennemi, est presque inutile. Il vaudrait mieux que les troupes consacrassent le temps qu'elles y perdent à apprendre des choses qu'elles devront réellement exécuter à la guerre, et dont on ne les occupe pas. Trop longtemps les *camps de manœuvres* n'ont été que des jeux olympiques en plein air. Les troupes qui y avaient brillé le plus étaient, à cette époque, en arrivant devant l'ennemi aussi neuves au métier de la guerre que des conscrits de six mois. Gal G. DE VAUDONCOURT.

MANOEUVRE (*Marine*), signifie à la fois, dans le langage des marins, *corde* et *évolution*. A ce dernier mot, nous avons essayé de donner une idée des manœuvres ou mouvements généraux d'une flotte ou d'une escadre. Un vaisseau à voiles se manœuvre à l'aide de celles-ci et du gouvernail ; les deux forces dont on dispose sont l'action du vent et la résistance de l'eau : si donc on connaissait les lois d'action et de réaction des fluides, toutes les circonstances de la manœuvre d'un navire pourraient être embrassées dans une ou plusieurs équations générales. Il n'en est point ainsi malheureusement ; et ce problème reste encore lettres closes pour la science. Quand, au lieu du vent, on emploie les forces de l'homme appliquées à la rame, ou la puissance de la vapeur, le problème devient plus simple, et pourtant dans ce cas même il est demeuré insoluble. L'habileté dans la manœuvre d'un vaisseau est une des qualités les plus importantes de l'officier de marine : c'est une affaire de tact et d'expérience ; la science aide à l'atteindre, mais elle exige avant tout une rare entente des choses de la mer et un sentiment d'actualité qui doit être chez le marin une sorte d'instinct.

Rarement le mot *corde* s'emploie à bord des navires, les marins lui ont substitué celui de *manœuvre;* cependant, ils disaient naguère des *coups de corde* : la loi, en supprimant ce châtiment de leur code, ne l'a pas encore complétement effacé de leur souvenir. Les *manœuvres dormantes* lient entre eux les points fixes; les *manœuvres courantes*, attachées aux objets mobiles, servent à la transmission des forces. Les autres acceptions que le dictionnaire de la marine donne au mot *manœuvre* sont trop peu intéressantes pour être développées ici.

Théogène PAGE, capitaine de vaisseau.

MANOEUVRES FRAUDULEUSES. *Voyez* DOL et ESCROQUERIE.

MANOIR, vieux mot qui signifiait autrefois une maison. Il vient du latin *manere* ou de *manerium* (habitation avec quelques terres autour). *Manoir*, en bas-breton, signifie, dit-on, maison de noblesse. Ce mot s'employait beaucoup dans la vieille poésie guindée : le *manoir de Pluton*, c'était l'enfer. Il était d'usage, sous l'ancien régime, au Palais : on y disait le *principal manoir*, le *manoir abbatial*, le *manoir épiscopal*, le *manoir seigneurial*.

Tout au manoir était une expression du style féodal pour exprimer que l'aîné héritait de tout, et ne payait à ses puînés qu'un droit légitimaire en vertu du droit d'aînesse.

DUFEY (de l'Yonne).

MANOMÈTRE (de μανός, rare, et μέτρον, mesure), instrument dont on se sert pour mesurer la tension des gaz ou des vapeurs. Le *manomètre à air libre* se compose d'un tube de cristal ouvert aux deux bouts et solidement mastiqué par sa partie inférieure à une cuvette en fer qui communique à un tube de même métal pourvu d'un robinet. L'appareil est fixé sur une planche sur laquelle est marquée la gradation. La cuvette contient du mercure, qui de là pénètre dans le tube de cristal. Le tube de fer est rempli d'eau, pour éviter que la vapeur, souvent très-chaude, sur laquelle on opère, fasse fondre le mastic qui fixe l'autre tube à la cuvette. Pour graduer le manomètre, on laisse l'orifice du tube de fer en communication avec l'atmosphère, et on marque à un point où le mercure s'arrête dans le tube de cristal ; puis, de 76 en 76 centimètres à partir de ce point on marque 2, 3, 4, etc. Chacune de ces divisions représente la pression atmosphérique. On les subdivise ensuite en un certain nombre de parties égales. Quand on veut mesurer la tension d'un gaz ou d'une vapeur, il suffit de mettre le tube de fer en communication avec le vase qui renferme ce gaz ou cette vapeur ; l'une transmet la pression au mercure, qui par son élévation dans le tube de cristal, donne la mesure cherchée.

La construction du manomètre que nous venons de décrire est des plus simples ; mais on voit que pour mesurer des pressions de cinq à six atmosphères, il faut employer un tube de cristal de cinq mètres, ce qui rend l'instrument très-fragile et très-incommode. Le *manomètre à air comprimé* n'offre pas ces inconvénients. Son tube est fermé à l'extrémité supérieure et rempli d'air sec ; une tubulure latérale à la cuvette la fait communiquer à la vapeur dont on veut mesurer la tension. La quantité d'air renfermée dans le tube est telle que lorsque l'orifice de la tubulure communique avec l'atmosphère, le niveau du mercure est le même dans le tube que dans la cuvette. La graduation de l'instrument repose sur la loi de Mariotte. Le tube de ce manomètre peut être pris aussi petit que l'on veut ; mais on ne peut cependant dépasser une certaine limite, car à mesure que la pression s'élève, les divisions du tube sont de plus en plus rapprochées, et il devient difficile d'évaluer la pression avec une rigueur suffisante.

Le *manomètre métallique*, dont l'invention est due à M. Bourdon, étant très-portatif et nullement fragile, est employé aujourd'hui par un grand nombre de locomotives et d'autres machines à vapeur. Cet instrument est fondé sur ce principe que, lorsqu'un tube à parois flexibles et légèrement aplaties est enroulé en spirale, dans le sens de son plus petit diamètre, toute pression intérieure sur les parois a pour effet de dérouler le tube, et, au contraire, toute pression extérieure a pour effet de l'enrouler davantage. Le manomètre métallique se compose donc d'un tube recourbé en laiton, puis dans les conditions indiquées. L'une des extrémités de ce tube est ouverte et fixée à un robinet par lequel entre la vapeur, quand on veut expérimenter. L'autre extrémité est fermée et porte une longue aiguille qui indique sur un cadran la tension de la vapeur. Ce cadran se gradue en comparant la marche de l'instrument à celle d'un manomètre à air libre servant d'étalon. Mais le manomètre métallique, très-propre sans doute à des usages industriels, ne saurait convenir aux expériences de laboratoire.
E. Merlieux.

MANOU. C'est, dans la mythologie des Hindous, le nom du père commun du genre humain ; et il n'est pas difficile d'y retrouver l'origine du mot *man*, qui dans les langues indo-germaniques signifie *homme*.

Manou est évidemment le même personnage que celui auquel les Germains, suivant le rapport de Tacite, donnaient le nom de *Mannus*, fils du dieu né de la Terre, et appelé *Tuisco*, et des trois fils duquel descendaient les trois grandes familles dont se composaient les populations de la Germanie, les Ingævons, les Hiskævons et les Herminons.

MANS (Le), ville de France, chef-lieu du département de la Sarthe, agréablement située sur la rive gauche de la Sarthe, à une demi-lieue au-dessus de son confluent avec l'Huisne. La partie qui borde la rivière, c'est-à-dire la vieille ville, s'élève en amphithéâtre et jouit d'une belle vue sur les campagnes environnantes. Ses rues sont étroites, noires et humides. La partie neuve, sans être très-régulière, est aussi élégante et aussi gaie que l'autre est désagréable et triste. L'édifice le plus remarquable du Mans est la cathédrale, où l'architecture gothique se marie à l'architecture ancienne, et qui renferme le tombeau de Guillaume du Bellay, ouvrage de Germain Pilon ; la tour, qui a 66 mètres de hauteur, renferme une fort belle horloge. Nous citerons ensuite l'église de la Visitation, qui se distingue par son élégance moderne, et celle de la Couture, par sa nef gothique sans piliers : cette dernière tient au beau bâtiment de l'abbaye dont elle dépendait, et où l'on a établi la préfecture ; la bibliothèque, un riche muséum d'histoire naturelle, et un musée de tableaux. De ses trois places, la plus belle est celle des halles où s'élève la rotonde du marché aux grains, surmontée d'une coupole ; les deux promenades, dites des Jacobins et du Greffier, quoique fort agréables l'une et l'autre, sont néanmoins peu fréquentées : la dernière présente dans sa disposition un caractère assez original.

Le Mans est le siège d'un évêché, dont le diocèse comprend le département de la Sarthe, de tribunaux de première instance et de commerce ; il possède une chambre consultative des manufactures, un collège, une école normale primaire, une société impériale d'agriculture, sciences et arts ; une société impériale des arts et une société de médecine ; la bibliothèque renferme plus de 46,000 volumes et 700 manuscrits. Il y a des papeteries, des blanchisseries de toile, des tanneries et des fabriques de bougies renommées, qui sont, avec les poulardes qu'elle tire de La Flèche, les objets les plus importants de son commerce. On en exporte aussi une immense quantité de graine de trèfle pour le Nord, des plumes, du vieux linge, des vins, des eaux-de-vie, des toiles, des noix, des marrons, du miel, etc. La fabrication des lainages et des calicots a remplacé celle des étamines, jadis très-florissante. Sa population est de 32,000 habitants. C'est une station du chemin de fer de l'ouest.

Le Mans paraît avoir été la capitale des anciens *Cenomani*, sous le nom de *Subdinum* ou *Suindinum*. Les médailles trouvées sur son emplacement font penser que les Romains ne s'y établirent que vers la fin du deuxième siècle ; c'est alors qu'elle prit le nom de la peuplade dont elle était le chef-lieu, *Cenomania, Civitas Cenomanorum*. Sous Charlemagne, c'était l'une des villes les plus importantes de cette partie des Gaules. Elle a soutenu vingt-quatre sièges depuis Clovis, qui s'en empara en 510, après avoir fait assassiner le roi du pays, Rignomer, prince du sang de Mérovée, jusqu'à Henri IV, qui y fit son entrée le 11 février 1589. Les Vendéens vesaient de s'en emparer lorsqu'ils en furent chassés, le 10 décembre 1793, par les généraux Marceau et Westermann. La ville subit le sort d'une place prise d'assaut. Elle fut encore surprise, le 15 octobre 1799, par les Chouans, qui y pillèrent les caisses publiques.
O. Mac-Carthy.

MANSARD ou **MANSART** (François), célèbre architecte, naquit à Paris, en 1598. Sa famille, d'origine italienne, était depuis longtemps attachée aux rois de France : tous ses membres avaient été peintres, sculpteurs ou *ingénieurs*, c'est-à-dire architectes. Il nous est très-difficile de juger aujourd'hui Mansard, car le temps et la main des hommes ont renversé presque tout ce qu'il avait élevé, et le peu qui est parvenu jusqu'à nous a été ou modifié ou laissé inachevé par l'auteur. Peu d'hommes en effet se sont montrés aussi sévères pour leurs propres ouvrages : l'histoire nous représente cet architecte comme travaillant et modifiant sans cesse ses plans, qu'il changeait jusqu'au dernier moment ; c'est ainsi que chargé de dessiner la principale façade du Louvre, il n'osa s'arrêter à un plan définitif, et que Colbert se vit forcé d'appeler Bernin en France. Mansard restaura l'hôtel *Carnavalet*, et ne conservant de ce lourd édifice que la porte ornée de sculptures de Jean Goujon, il sut allier avec habileté ses nouvelles constructions au précieux morceau du grand artiste. Dans la construction du *Val-de-Grâce*, il n'y a de François Mansard que le plan général et le dessin de l'ordonnance de la nef. Les travaux de cette église ne furent menés sur ses plans que jusqu'à la hauteur de trois mètres. Ses éternelles hésitations et les intrigues de ses rivaux décidèrent Anne d'Autriche à choisir d'autres architectes. Le beau château de Maisons est l'ouvrage de Mansard. En chargeant cet architecte de lui élever une maison de campagne, le président René de Longueil lui donna *carte blanche*. Mansard usa grandement de la liberté qu'on lui laissait, car la maison était déjà en partie construite lorsqu'il lui fit abattre pour faire un nouvel édifice sur un nouveau plan. On attribue à Mansard l'invention des fenêtres que l'on nomme *mansardes* ; mais il est généralement reconnu que cette pensée lui est venue de l'assemblage des bois de charpente que Sangallo avait figuré pour faire à Saint-Pierre de Rome les cintres dont Michel-Ange s'est servi.

Les constructions principales de François Mansard furent, outre celles dont nous avons parlé, *l'église de la Visitation*, rue Saint-Antoine ; le *Portail de l'église des Feuillants*, le *Portail de l'église des Minimes*, une partie de *l'hôtel Conti*, *l'hôtel de Bouillon*, *de Toulouse*, *de Jars* ; le *château de Gèvres* en Brie, et celui de *Fresne*, dont la chapelle fut construite sur les plans qu'il avait dressés pour le Val-de-Grâce, et dont les réduisant au tiers de leur proportion primitive. François Mansard mourut en 1666.

MANSARD (Jules Hardouin), neveu du précédent, né à Paris, en 1645, était fils de *Jules* Hardouin, peintre du cabinet du roi, et d'une sœur de François Mansard. Il prit le nom de Mansard par reconnaissance pour son oncle, qui se chargea de son éducation. Plein de goût pour l'architecture, travailleur infatigable, et dirigé par un excellent maître, Mansard fut de bonne heure distingué par Louis XIV, qui le prit en affection, le chargea de la conduite de presque tous les bâtiments qu'il fit construire, le nomma son premier architecte, surintendant et ordonnateur général des bâtiments, arts et manufactures. La gloire de Mansard a bien pâli depuis le grand siècle; car Mansard n'a point échappé aux défauts de son temps et à l'imitation de l'architecture italienne; et tout en évitant la bizarrerie, il n'a pu rester pur, sévère et correct. Il en est résulté dans sa manière une insignifiance de formes, une médiocrité de goût, qui touchent à l'absence complète de caractère. Ces défauts paraissent surtout dans le palais de Versailles, qui sans doute est imposant, mais plus encore par son étendue que par son architecture. Néanmoins Mansard est vraiment admirable dans la construction des Invalides. L'ensemble est imposant; et c'est dans les détails seulement que l'on peut critiquer quelques fautes de goût. On doit à Mansard, outre ces deux monuments, le plan de la *maison de Saint-Cyr* et de la *Cascade de Saint-Cloud*, les *Châteaux de Marly*, du *Grand-Trianon* et de *Clugny*; la place *Vendôme*, celle des *Victoires*, la paroisse *Notre-Dame de Versailles*, les *châteaux de Vanvres*, de *Dampierre* et de *Lunéville*.

Mansard employait pour plaire à Louis XIV tous les détours d'un courtisan. Il lui présentait quelquefois des plans où il laissait des choses si absurdes, que le roi les voyait du premier coup d'œil. Aussitôt Mansard feignait de tomber en admiration, et s'écriait : « Votre majesté n'ignore rien; elle en sait plus en architecture que les maîtres mêmes. »

Décoré de l'ordre de Saint-Michel, honoré de l'amitié de Louis XIV, membre protecteur de l'Académie royale de Peinture et de Sculpture, Mansard fit renouveler l'usage des *expositions des beaux-arts*, tombées en désuétude, et rendit encore d'autres services aux arts et artistes, dont il favorisa les travaux. Il mourut à Marly, en 1708. Son corps, transporté à Paris, fut déposé à Saint-Paul, où le ciseau de Coysevox lui éleva un monument.

A. GENEVAY.

MANSARDE. Le sens de ce mot, qui signifiait primitivement une fenêtre pratiquée dans la partie presque verticale d'un comble brisé, n'a pas vieilli, mais il a pris une extension beaucoup plus grande : au lieu de désigner seulement une fenêtre d'une certaine partie d'un édifice, il s'est bientôt appliqué à une chambre pratiquée dans un comble brisé. Il y aurait un singulier travail à faire sur les mansardes des grandes cités; car le peuple des petites villes ne connaît point ces réduits et ne s'en fait pas une idée. Mais pour tracer d'une main ferme l'histoire des mansardes de Paris seulement, il faudrait tantôt un pinceau joyeux et fou, comme l'était parfois celui de Rubens, tantôt les suaves couleurs de l'Albane, plus souvent encore la sombre palette de Murillo, peignant tous les malheurs, détails d'une affreuse misère, bien des fois immérité. Là combien de génies pauvres ont essayé de tracer leur premier sillon; là que de pauvres ménages, à la conscience tranquille, à l'air calme et résigné! Que de propreté quelquefois dans ces lieux ! que de désordres aussi parfois dans ces galetas! La **grisette** habitait autrefois une mansarde. La **lorette** ne monte pas si haut.

MANSART. *Voyez* MANSARD.

MANSE ou plutôt MENSE, portion de revenu d'un couvent, d'une congrégation : on appelait *manse abbatiale* la portion réservée à l'abbé; *conventuelle*, celle qui était affectée aux religieux; *commune*, celle à laquelle l'abbé et les religieux participaient également. DUFEY (de l'Yonne).

MANSFELD (Comtes de), une des plus anciennes familles de comtes de l'Allemagne, qui tirait son nom du château de *Mansfeld*, situé dans l'ancien comté du même nom. Elle fut continuée au treizième siècle par Burkhard de Querfurt, burgrave de Magdebourg, qui épousa alors la fille unique du dernier comte de Mansfeld; et ses descendants fondèrent les deux lignes de Mansfeld et de Querfurt. En 1475 il s'établit même dans la ligne de Mansfeld deux nouvelles lignes, dites la *ligne du premier corps* et la *ligne du second corps*; dénominations provenant de ce qu'en effet l'une habitait le premier corps de bâtiment du manoir de Mansfeld, et l'autre le second. La ligne du premier corps se fractionna en outre en un grand nombre de branches collatérales. La branche protestante ou d'*Eisleben* s'éteignit en 1710, et la branche catholique ou de *Bornstædt*, après avoir obtenu la dignité de prince de l'Empire, s'éteignit en 1780, en la personne du prince Joseph Wenceslas de Mansfeld. Par suite du mariage de sa fille unique, son titre et ses biens allodiaux ont passé à la famille de Colloredo-Mansfeld.

L'un des plus célèbres personnages qu'ait produits cette maison fut le comte *Ernest de* MANSFELD, fils naturel de Pierre-Ernest de Mansfeld (mort en 1604, prince du Saint-Empire, et gouverneur de Luxembourg et de Bruxelles) et d'une noble dame des Pays-Bas. Né en 1585, il fut élevé dans la religion catholique par son parrain, l'archiduc Ernest d'Autriche, et, comme son frère *Charles*, il rendit de grands services au roi d'Espagne dans les Pays-Bas et à l'empereur en Hongrie; aussi Rodolphe II lui accorda-t-il des lettres de légitimation. Mais comme on refusa, contrairement à la promesse qui lui avait été faite, de lui restituer les domaines de son père situés dans les Pays-Bas, il embrassa, en 1610, le parti des princes protestants, se fit lui-même protestant, et compta bientôt au nombre des plus redoutables adversaires de la maison d'Autriche. On peut dire en toute vérité que le plan conçu par la maison d'Autriche pour subjuguer et asservir l'Allemagne échoua contre la courageuse résistance de Mansfeld et de quelques petits princes de l'Empire. En 1618 il se réunit aux mécontents de la Bohême, auxquels il amena des renforts, et fit alors pendant longtemps la guerre en Bohême, ainsi que sur les bords du Rhin, dans les intérêts de l'électeur palatin Frédéric, qui avait été mis au ban l'Empire. Il ravagea plus particulièrement les possessions des princes ecclésiastiques; et quoique battu à diverses reprises, il ne fut jamais complètement vaincu. En 1625, grâce aux subsides que lui firent tenir l'Angleterre et la France, il leva une armée, à la tête de laquelle il comptait envahir les États héréditaires de la maison d'Autriche. Battu à Dessau, le 25 avril 1626, par Wallenstein, il n'en continua pas moins sa marche sur la Hongrie, où il comptait opérer sa jonction avec le prince de Transylvanie; mais celui-ci ayant changé d'idées, Mansfeld fut réduit à congédier son armée. Il comptait gagner l'Angleterre par Venise, lorsqu'il tomba malade dans un village peu éloigné de Zara, où il mourut, le 20 novembre 1626. Mansfeld fut l'un des hommes les plus extraordinaires et l'un des plus grands généraux de son siècle. Ses défaites ne le rendaient que plus terrible; et il bravait audacieusement tous les dangers et toutes les fatigues. Une grande intelligence, qui se révélait surtout dans les négociations diplomatiques, il joignait une éloquence entraînante et d'inépuisables ressources d'esprit. Assez semblable aux *condottieri* des anciens temps, il n'entretenait ses troupes, suivant l'usage de son siècle, que du produit de ses pillages et de ses dévastations; aussi fut-il surnommé l'*Attila de l'Allemagne*. Cependant, loin de songer jamais à s'enrichir, il resta toujours pauvre personnellement. Il voulut expirer debout et complètement armé, et ce fut dans cette attitude qu'il rendit le dernier soupir, appuyé sur deux aides de camp.

MANSION-HOUSE. *Voyez* LONDRES, tome XII, page 410.

MANTCHOUS. *Voyez* MANDCHOUX.

MANTE, costume de femme, ample et sans manches, qui se portait par-dessus les autres vêtements dans les temps froids. La mante fut d'abord un grand voile noir, traînant jusqu'à terre, que les dames de la cour portaient dans le grandes cérémonies, et surtout dans le deuil. On donna le même nom à certain habit de quelques religieuses, aux balandrans, capes de Béarn à long poil, ou couvertures que prenaient les voyageurs, à celles que les Bohémiens errants jetaient sur leur épaule et qui ne leur couvrait qu'un bras. La *mante* papale est une chape de laine à capuchon, que porte quelquefois le souverain pontife. Jadis le premier des diacres investissait le saint-père de sa suprématie en lui passant la mante, et lui disant : *Ego investio te de papatu, ut præsis urbi et orbi.*

Mante signifiait encore autrefois une grande couverture de lit qu'on fabriquait à Montpellier, à Avignon, et à Paris.

MANTE (*Entomologie*), genre d'insectes orthoptères, qui a quelques rapports avec les s a u t e r e l l e s, par l'allongement des pattes de derrière, mais qui en diffère par la conformation de ses mâchoires, propres à saisir une proie et la dévorer, par ses antennes soyeuses et par un plus grand nombre de tarses à ses pattes. Presque toutes les espèces de ce genre appartiennent aux pays chauds; il n'y en a point au nord de la France, mais on en voit dans les provinces du midi, où la singularité de leurs habitudes attire l'attention, provoque même une sorte de superstition. L'espèce nommée *prega-diou* dans ces provinces (*mantis religiosa*, L.) s'est répandue jusqu'aux frontières de l'Auvergne. Comme on la voit souvent posée sur ses pattes de derrière, ayant le corps vertical, la tête un peu penchée, et joignant ses deux larges pattes de devant, que l'on assimile à des mains, on a cru reconnaître dans cette posture l'attitude de la prière, ce qu'indique le nom qu'on leur donne. Cette espèce est assez grande et très-carnassière. Une autre espèce, un peu plus petite, ne joint pas ses pattes de devant lorsqu'elle est assise sur celles de derrière, mais gesticule comme un orateur : c'est la *mante oratorienne* (*mantis oratoria*, L.). Une espèce commune à l'Europe et à l'Afrique semble prendre une posture suppliante en avançant l'une de ses mains : c'est la *mante mendiante*.

Les mantes passent, comme tous les insectes ailés, par les états de larve et de nymphe avant d'arriver à celui d'insecte parfait; mais cette transformation successive n'a lieu que pour le développement des ailes, et le reste du corps n'en subit pas d'autres que celles qu'exige l'accroissement de l'individu. Il résulte de cette organisation que ces insectes ne changent pas leur manière de vivre durant le cours entier de leur existence, et que la larve et la chrysalide ne sont pas moins agiles que l'insecte parfait. FERRY.

MANTEAU, vêtement sans manches, long et ample, destiné à être endossé par-dessus les autres et à envelopper tout le corps. Il fut en usage chez les Grecs, principalement chez les philosophes de l'antiquité, dont il semblait être un attribut. Les Romains ne paraissent l'avoir adopté que sous les Antonins. Chez ces deux peuples les différentes espèces de manteau le plus en usage étaient : la c h l a m y d e, la c h l æ n e, le p a l l i u m et le p e p l u m. Ce n'est pas seulement chez les peuples dont le climat est froid que le manteau fait partie du costume, il est en grand honneur chez d'autres, par exemple chez les Espagnols. En France le manteau n'était guère porté autrefois que par les gens à cheval ; plus tard, il remplaça le *carrick*, se drapant d'une manière plus élégante ; et, au risque de froisser leurs parures, nos dames eurent aussi leurs manteaux dans la saison rigoureuse. Aujourd'hui remplacé par le *paletot*, qu'on est allé emprunter aux marins, vous n'en rencontrerez pas beaucoup en dehors des militaires, des voyageurs, des médecins et des curés de campagne.

Au théâtre, on désigne sous le nom de *rôles à manteau* ceux des personnages graves et âgés, des tuteurs, des notaires, etc.

On appelle *manteau de cour* une espèce de robe sans corsage, ouverte par-devant et à queue traînante, qui s'attache au bas de la taille, et que portent les dames de la cour les jours de présentation et de cercle.

Au figuré, on appelle *manteau* l'apparence ou le prétexte dont on veut couvrir une action souvent peu louable, et l'on sait que Molière a signalé ces hypocrites :

Se faisant un manteau de tout ce qu'on révère.

Un *manteau de cheminée* est sa partie saillante dans la chambre.

On dit des livres défendus qu'ils se vendent *sous le manteau*, expression métaphorique indiquant le mystère qu'exige ce genre de négoce. OUDRY.

Dans la langue du blason, le *manteau* est la fourrure herminée sur laquelle est posé l'écu. Le *manteau*, comme ornement extérieur de l'écu, n'est devenu propre aux princes et ensuite aux ducs que fort tard. Mais le manteau de l'écu des rois est ancien. On voit aussi sur leurs sceaux leurs armes placées sous un pavillon, espèce de tente ronde, ornée de franges et de riches broderies. Le manteau et la couronne ducale sont encore des insignes réels de dignité et de haute noblesse, que les usurpateurs de titres n'ont jamais, ou du moins très-rarement, osé s'approprier. LAINÉ.

MANTÈGNE (ANDRÉ), en italien *Andrea* MANTEGNA, peintre et graveur célèbre, né à Padoue, en 1431, d'abord gardeur de troupeaux, fut adopté par son maître, Jacques Squarcione, à cause des heureuses dispositions qu'ils annonçait. Il s'exerçait surtout à dessiner d'après les statues antiques , et dès l'âge de dix-sept ans il peignit un grand tableau d'autel dans l'église de Sainte-Sophie, à Padoue. Mais bientôt il excita la jalousie et la haine de son maître, surtout lorsque celui-ci lui vit épouser la fille de Giacomo Bellini, son rival. Mantègno se rendit alors à Mantoue, où il entra au service du marquis Ludovico Gonzaga et où il ouvrit plus tard une célèbre école. C'est là qu'il peignit sa grande toile du *Triomphe de Jules César*. Les cartons de ce tableau, vendus, dans la suite, par le duc Vincent II de Mantoue au roi Charles Ier d'Angleterre, passèrent, sous Cromwell , dans des mains particulières, pris revinrent de nouveau à la couronne ; ils ornent aujourd'hui le palais d'Hamptoncourt. Appelé à Rome par Innocent VIII pour y travailler au Belvédère, Mantègne y exécuta un grand nombre de tableaux remarquables, devenus aujourd'hui très-rares. Le Musée du Louvre possède quatre de ses plus belles toiles : *La Vierge sur un trône, avec l'Enfant-Jésus sur ses genoux ; Le Parnasse ; Les Vices chassés par la Vertu,* et un *Calvaire*. Il mourut en 1506, à Mantoue.

C'est à tort que quelques auteurs ont attribué à Mantègne l'invention de la gravure au burin ; mais il fut l'un des premiers qui la perfectionnèrent. Ses trois fils furent également peintres, et peignirent entre autres la chapelle où leur père fut enterré. Les plus célèbres de ses élèves furent le Corrège et Raibolini.

MANTELET, petit manteau de soie, de velours, de drap ou de dentelle, que les femmes portent sur leur robe ; petit manteau violet, que les évêques jettent sur leur rochet lorsqu'ils sont devant le pape ou son légat, pour témoigner que leur autorité est subordonnée. C'est aussi une grande pièce de cuir qui s'abat sur le devant et sur les côtés d'une calèche pour se défendre de la pluie ou du vent, et qu'on relève pendant le beau temps pour avoir de l'air.

En termes de blason, le mantelet était autrefois une espèce de lambrequin large et court, dont les chevaliers couvraient leur casque et leur écu, et que quelques auteurs ont aussi nommé *camail*. Il se disait encore des courtines du pavillon des armoiries, quand elles n'étaient pas recouvertes de leurs chapeaux.

En termes de guerre, c'était jadis un parapet portatif et roulant dont se convraient les pionniers employés au travail d'un siège. Il était fait de gros madriers doublés, ayant 1^m, 60^c de haut sur 1^m environ de large, unis par des barres de fer et formant quelquefois un angle et deux faces. Les anciens s'en servaient aussi à la guerre, comme on le voit dans Végèce ; mais leurs étaient de bois léger, hauts de 2^m, 60^c à 4 environ, larges d'autant, longs de 5^m, 25^c, couverts d'un double étage, l'un de planches, l'autre de claies, avec des côtés d'osier, revêtus en dehors de cuir mouillé, pour éviter le feu. Depuis longtemps, pour mettre à l'attaque des places le soldat à couvert des coups de fusil, on a remplacé avec avantage les mantelets par des gabions très-élevés, composés de sacs de terre, de fascines, ou de menu bois.

MANTES, ville de France, chef-lieu d'arrondissement dans le département de Seine-et-Oise, avec 4,374 habitants, une bibliothèque publique de 4,000 volumes et deux typographies, une récolte de bons vins, de nombreux moulins à farine et à tan, des tanneries, des fabriques de cordages à la mécanique, un commerce de vins, blé, fruits, légumes, vannerie, cuirs estimés. Mantes, surnommée *la Jolie*, est une petite ville dont la fondation remonte à une époque fort éloignée. Elle s'élève sur la rive gauche de la Seine, qui la sépare du faubourg de Limay. L'église de Notre-Dame est décorée d'ornements curieux, et la tour de l'église Saint-Maclou passe pour un précieux monument d'architecture gothique. Les bords du fleuve offrent de très-jolies promenades; on y remarque un beau pont, conduisant à une île de la Seine. Les rues sont propres, bien percées et ornées de fontaines publiques. C'est une station du chemin de fer de Paris à Rouen.

MANTEUFFEL (Otto-Théodore, baron de), président du conseil des ministres en Prusse, né le 3 février 1805, à Lubben, appartient à une ancienne famille noble, dont les membres ont longtemps rempli d'importantes charges civiles ou ecclésiastiques, en Poméranie, en Mecklembourg, en Prusse, en Suède, en Courlande, en Livonie et en Esthonie. En 1829 il entra dans la carrière administrative en qualité de référendaire au *Kammergericht*, et en 1846 il fut nommé directeur des deux premières divisions du ministère de l'intérieur. En 1847, lors de la réunion de la première diète de Prusse, il y défendit avec une extrême énergie les institutions existantes contre les demandes ayant pour but l'établissement du gouvernement constitutionnel. Lors de la seconde diète tenue en mars 1848, il y vota et protesta contre l'élection d'après le nombre de têtes. Quoique depuis ce moment le portefeuille de l'intérieur eût passé par les mains de bien des hommes qui différaient complétement d'opinions politiques avec lui, M. de Manteuffel n'en avait pas moins toujours conservé sa place; mais le 8 novembre 1848 le roi l'appela à faire partie, comme ministre de l'intérieur, du cabinet Brandenburg, et depuis lors son nom se trouve étroitement mêlé à l'histoire de la Prusse. Il prit une part essentielle à la rédaction de la constitution donnée à ce royaume le 5 décembre 1848 ; et c'est de sa plume que provinrent la plupart des notes, des circulaires et des actes diplomatiques de cette époque si agitée. Chargé par intérim du portefeuille des affaires étrangères à la mort du comte de Brandenburg, ce fut lui qui aux conférences d'Olmutz opéra le revirement de la politique prussienne, qui eut tout au moins pour premier résultat d'assurer la paix à la Prusse et à toute l'Allemagne. Quand, le 19 décembre 1850, le roi de Prusse accepta la démission de M. de Ladenberg, il nomma M. de Manteuffel président du conseil; et dans ces hautes fonctions, malgré l'opposition haineuse que lui ont faite les partis extrêmes ainsi que certaines coteries politiques, il n'a pas cessé de mériter la confiance du roi, qui depuis longtemps avait su, comme tout le monde, apprécier en lui le fonctionnaire public honnête, zélé et énergique. Son frère cadet, né en 1806, est aujourd'hui sous-secrétaire d'État de l'intérieur.

MANTILLE. Le *Dictionnaire de Trévoux* disait en mai 1726, d'après le *Mercure de France* : « La mantille que les dames ont tant portée cet hiver sur leurs épaules est une espèce de grand fichu à trois pointes, dont celle de derrière est arrondie. On les fait ordinairement de velours ou de drap écarlate, rehaussées d'un galon ou d'une broderie d'or. C'est un ornement très-utile, pour garantir du froid le cou, la gorge et les épaules. » Plus tard, dans une autre édition, il ajoutait : « Le mantelet a succédé à la mantille, et il en diffère en ce qu'il est tout rond, comme les manteaux des hommes, et qu'il n'a pas de pointe. » Un siècle après, Noël, dans son nouveau *Dictionnaire des Origines*, disait : « Le mantelet a succédé, en 1736 ou 1737, à la mantille. Les femmes de condition ont commencé à en porter le matin : alors il était sans capuchon; puis il devint fort commun; mais depuis quarante ans environ ils sont entièrement passés de mode. » Enfin, la dernière édition du *Dictionnaire de l'Académie*, publiée en 1835, appelle la mantille « un petit manteau qui servait autrefois à l'habillement des femmes ». Le docte aréopage n'avait pas encore déposé la plume, que le petit manteau d'autrefois redevenait petit manteau du jour, point écarlate, mais noir, en dentelle, en blonde, en soie, en velours. Ce qu'il y a de bien certain, c'est que depuis plusieurs siècles *mante*, *manteau*, *mantelet* et *mantille* se disputent en France le champ-clos de la mode, tantôt battants, tantôt battus, disparaissant aujourd'hui, reparaissant demain, quelque fantasque et fantastique, ne pouvant vivre en harmonie comme quatre bons frères. N'oublions pas, en finissant, que si la mantille n'est pas d'origine espagnole, elle a été du moins naturalisée dès longtemps et reconnue citoyenne par delà les Pyrénées. Elle forme avec l'éventail et la basquine l'équipement de guerre de la Castillane.

MANTINÉE, ville d'Arcadie, assez importante, dans l'antiquité, et située sur les frontières de l'Argolide, est célèbre par la victoire que les Thébains y remportèrent l'an 362 av. J.-C. sur les Spartiates, et dans laquelle le général thébain Épaminondas fut grièvement blessé. Transporté au milieu de douleurs mortelles sur une éminence située au nord de la ville, il y attendit l'issue du combat, et expira aussitôt après. Sur les ruines de cette ville, dont il existait encore de nombreuses traces au temps de Pausanias, s'éleva plus tard *Tripolizza*. Leake, dans ses *Travels in the Morea* (Londres, 1830), et Boblaye, dans l'*Expédition scientifique de Morée* (Paris, 1836), ont donné une description de la bataille de Mantinée avec plan figuratif.

MANTOUAN (Le), ou *duché de Mantoue*, en italien *Mantova*, ancien duché de Lombardie, formant aujourd'hui avec les petites principautés de Castiglione et de Solferino une des provinces du royaume Lombardo-Vénitien, compte une population de 270,100 habitants, sur une superficie de 30 myriamètres carrés. Au temps des Romains ce pays était extrêmement florissant. Après la chute de l'empire, il devint la proie des Goths, puis celle des Lombards, à qui Charlemagne l'enleva; et Othon le Grand le comprit dans le territoire de l'Empire d'Allemagne. La maison d'Este l'obtint à titre de fief relevant de l'Empire. La comtesse Mathilde de Toscano en fut ensuite pourvue. Plus tard il passa sous la souveraineté des Gonzague, et les Gonzaga en héritèrent vers le milieu du quinzième siècle. Le dernier duc, mis au ban de l'Empire en 1705 par Charles IV, pour avoir pris le parti de la France dans la guerre de succession d'Espagne, mourut à Padoue, en 1708, sans laisser de postérité. Depuis lors l'Autriche resta en possession de cette contrée, qu'elle réunit au Milanais en 1785, pour former la Lombardie autrichienne. En 1797 il fut compris dans le territoire de la République Cisalpine, puis dans celui de la République Italienne; et en 1805 on l'incorpora au royaume d'Italie. Les événements de 1814 le rendirent à l'Autriche, qui le comprit dans le royaume Lombardo-Vénitien.

MANTOUE, chef-lieu du duché et aujourd'hui de la province du même nom, avec 31,000 habitants, parmi lesquels on compte beaucoup de juifs, est une ville dont la nature et l'art ont fait l'une des places les plus fortes de l'Europe. Siége d'évêché et de diverses autorités supérieures, tant civiles que militaires, elle est située sur l'embranchement du chemin de fer lombardo-vénitien de Ferdinand, conduisant à Vérone, et dans une île formée par le Mincio, qui s'y divise en plusieurs bras de rivière des rives marécageuses, et y forme en même temps un lac contournant la ville au nord et à l'est, tandis qu'elle est entourée à l'ouest et au sud par le Mincio et de vastes marais. C'est dans ces mamis de l'ouest qu'est situé le *Pradella*, ouvrage détaché à cornes ; au sud, on trouve l'île, très-fortifiée, de *Cerese*, connue aussi sous le nom de *Il Te*, ainsi que l'ouvrage extérieur, appelé *Migliorelto*, qui couvre un camp retranché, et une puissante écluse destinée à inonder le terrain, dont le rayon est couvert par le fort *Pietole* (nom qui est aussi celui d'un village enclavé dans la ligne des fortifications, et regardé comme l'*Andes* des anciens, où naquit Virgile), comme ouvrage extérieur. Le côté nord de la place faisant face à Vérone, ou faubourg *Borgo di Fortezza*, auquel on arrive par une puissante digue de 460 mètres de long (*Ponte de' Molini*), est défendu par la grande citadelle *di Porto*, et le côté oriental, auquel on arrive par un pont en pierre de 900 mètres de développement, que défendent six bastions et deux batteries côtières, par le fort *San-Giorgio*. La ville même n'est entourée que d'une vieille muraille bastionnée. Elle n'a rien de bien remarquable sous le rapport de l'architecture ; et le séjour n'en est rien moins qu'agréable, à cause de la mauvaise eau qu'on y boit et de sa situation basse et marécageuse. En fait d'édifices, on y voit l'ancien et immense palais des ducs (*Palazzo vecchio*), appelé aujourd'hui *Palazzo imperiale*, l'un des plus vastes de l'Europe, où se trouve l'*Appartamento di Troja*, orné de peintures par Mantègne et Jules Romain ; le célèbre palais du Té, construit en grande partie par Jules Romain, en forme de T, devant la porte du sud, le palais de justice, l'arsenal, un joli théâtre, l'*Anfiteatro*, théâtre de jour, la grande église de Saint-André, avec une crypte magnifique et ornée de statues de Canova, l'église de San-Barnaba, avec sa coupole couverte en plomb, presque tous contenant des tableaux de Mantègne, de Jules Romain, etc. On y trouve, en fait d'établissements publics, un lycée, deux collèges, une académie des sciences et des arts (*Virgiliana*) avec une collection d'antiques et de tableaux, un jardin botanique, un séminaire épiscopal, une riche bibliothèque publique, un musée remarquable, etc., etc.

On attribue la fondation de Mantoue à Charlemagne. Les Impériaux l'ayant prise en 1630, par la faute de Baudoin del Monte, y commirent d'effroyables dévastations. Elle se releva de ses ruines ; mais une fois qu'elle eut cessé d'être la capitale d'une souveraineté indépendante, elle déchut toujours de plus en plus. En 1706 les Français vinrent la bloquer, et contraignirent Wurmser à capituler ; mais en 1799 les Autrichiens, commandés par Kray, s'en emparèrent de nouveau maîtres, à la suite d'un siège régulier. Au commencement de 1801 elle tomba de nouveau au pouvoir des Français, qui l'évacuèrent sans résistance en 1814, après la signature de la paix de Paris.

Le célèbre *Vase de Mantoue*, que possédait autrefois le Musée de Brunswick, était un bel onyx taillé en camée, de dix-sept centimètres de haut sur cinq de large, avec douze figures, et formant un vase des plus gracieux. Il représentait les Thesmophories. Trouvé en 1630, lors du sac de Mantoue, par un soldat de l'armée impériale, celui-ci le vendit moyennant 100 ducats au duc de Saxe-Lauenburg, l'un des chefs de cette armée. Il passa ensuite par testament dans la maison de Brunswick. On ignore ce qu'il est devenu depuis la révolution qui éclata en 1830 à Brunswick.

MANTOUE (CHARLES DE). *Voyez* GONZAGUE (Maison de).

MANUCE, *Aldus Manutius*, en italien *Manuzio*, *Manuzzi* ou *Manucci*, appelé aussi *Alde l'ancien*, né en 1440, à Bassano, fit ses études dans cette ville, ainsi qu'à Ferrare et à Rome, d'où il prit le surnom de *Romanus*, et devint instituteur du prince de Carpi, Albertus Pius, qui, entre autres distinctions honorifiques, lui accorda le surnom de *Pius*. En 1482 il se rendit à La Mirandole. Ce fut seulement dans son âge mûr qu'il étudia la langue grecque, et alors, en 1488, il établit une imprimerie à Venise. Manuce fit faire des progrès extraordinaires à l'art typographique, encore dans l'enfance. C'est ainsi qu'il réforma les caractères gothiques, legs du moyen âge, qu'il introduisit l'usage des caractères antiques dits *romains*, qu'il inventa les caractères dits *italiques*, qu'il améliora le système de la ponctuation, et que le premier il employa les deux points et le point et virgule. Il s'attacha d'ailleurs constamment non pas seulement à la beauté et à la correction de ses éditions, mais encore à la pureté des textes qu'il s'agissait de reproduire ; et à cet effet il fonda, dans sa maison même, une société savante, dans laquelle on discutait sur le mérite des écrivains dont il convenait de reproduire les œuvres, et en même temps sur les corrections à faire aux textes originaux. Les premiers ouvrages grecs sortis de ses presses furent la grammaire grecque de Constantin Lascaris et le poème de Musée (1494). On a de lui vingt-huit *editiones principes* des classiques grecs. Indépendamment des remarques critiques et des préfaces dont il enrichit les œuvres de différents écrivains de l'antiquité, on a de lui : *Institutiones Grammaticæ Græcæ* (1515), *Dictionarium Græcum* (1497), *Institutiones Græco-Latinæ* (1501 et 1508), et *Introductio perbrevis ad Hebr. Linguam* (d'abord avec la grammaire de Lascaris, 1501). Ses impressions sur parchemin sont remarquablement belles. Les papes Jules II et Léon X le favorisèrent par l'octroi de nombreux privilèges. Il mourut le 6 février 1516, des blessures que lui avaient portées trois meurtriers.

Son troisième fils, *Paul* MANUCE, né à Venise, le 6 avril 1512, étudia plus particulièrement la langue latine, qu'il parvint à écrire avec une remarquable pureté, et fut chargé à Rome de la direction de l'imprimerie apostolique (la *Typographia Pio-Manutiana*) pour l'impression des Pères de l'Église, en même temps qu'on l'attachait à la bibliothèque du Vatican. A partir de 1533, il dirigea l'imprimerie de son père, qui était restée fermée pendant quelque temps, et la reprit en 1540. A l'invitation du pape Grégoire XIII, il se rendit de nouveau à Rome, où il mourut, en 1573. Ses éditions des classiques grecs et latins, notamment celle des œuvres de Cicéron, sont particulièrement estimées, et on vante à bon droit ses propres ouvrages, publiés sous forme d'épîtres et de préfaces (*Epistolæ et præfationes*, 1558).

Alde MANUCE, *dit le jeune*, fils du précédent, né le 28 octobre 1547, composa dès l'âge de quatorze ans une dissertation sur l'orthographe. Plus tard, il enseigna les langues anciennes à Venise, à Bologne, à Pise, et en dernier lieu à Rome, où il mourut, en 1597, dans une profonde misère, après avoir été obligé de vendre l'imprimerie de son père, qu'il avait dirigée pendant quelque temps. L'année même de sa mort, le pape Clément VIII lui avait confié la direction de l'imprimerie du Vatican. Avec lui s'éteignit la réputation des presses aldines. On a d'Alde Manuce le jeune des Observations critiques sur Velleïus Paterculus, sur Horace, sur Salluste et sur Eutrope, ainsi que plusieurs dissertations relatives aux antiquités romaines, qu'on trouve dans le *Thesaurus* de Grævius et Sallengre.

La marque distinctive des éditions sorties des presses des Aldes, connues généralement sous le nom d'*aldines*, est un dauphin enlacé autour d'une ancre et quelquefois avec cette devise : *Sudavit et alsit*.

MANUEL (Livre). L'étymologie de ce mot, dérivant de *manus*, indique assez qu'il s'applique à un livre portatif, facile à tenir à la main. Aussi dans ces temps où les *in-quarto*, le *in-folio* même, n'effrayaient point les lecteurs, on ne vit paraître aucun de ces *manuels* si nombreux de nos jours. Nous n'en connaissons qu'un qui remonte au siècle de Louis XIV : c'est le *Manuel des Pécheurs*, ouvrage de deux oratoriens. Mais lorsque, dans le siècle suivant, les livres se multiplièrent, et que les lecteurs devinrent moins patients, on sentit le besoin d'abréger les premiers à l'usage des seconds : c'est alors que ces volumes réductifs furent publiés en foule, et pour tous les états de la vie, pour toutes les classes de la société, depuis le *Manuel du Chrétien* jusqu'à celui *des Boudoirs*, depuis le *Manuel des Souverains* jusqu'à celui *des nourrices*. Quant à notre époque, où la vie est si distraite, si occupée, et qui voulant aller promptement au fait en tous genres, surtout en instruction, eût inventé les *manuels* s'ils n'avaient pas existé, on ne doit pas être surpris qu'elle en ait encore augmenté le nombre. Un libraire de la capitale en a publié une bibliothèque entière, où sont enseignés tous les arts, tous les métiers : *Manuels* du menuisier, du serrurier, du tourneur, etc., etc.; puis ceux du musicien, du peintre, du graveur, etc., etc. Il y a de ces traités économiques pour tout le monde, et, comme on l'a dit jadis de l'esprit, c'est maintenant la science qui court les rues. Il n'est pas jusqu'à une science, sinon très-honorée, du moins très-cultivée de nos jours, la gastronomie, qui n'ait aussi fait un de ces présents à ses adeptes; on sait que le gourmand classique Grimod de la Reynière a fait un *Manuel des Amphytrions*, destiné à les guider dans l'art de faire faire bonne chère à leurs convives. Quelquefois aussi la satire a adopté la forme du *manuel* : un abbé philosophe, Morellet, composa le *Manuel* ironique *des Inquisiteurs*; plus tard, un matin auteur publia dans la même intention un *Manuel des Auteurs dramatiques*, lequel, sous prétexte de leur enseigner les principes, les ressources, les finesses du *métier*, révèle au public plus d'un secret de la comédie. On voit que le *manuel* se plie à tous les genres, et que chez nous tout est de son domaine. OURRY.

MANUEL (Louis-Pierre), premier syndic de la commune de Paris, député à la Convention, naquit à Montargis, en 1754. Sa famille était pauvre; son père avait été portier d'un collége. Un parent aisé le fit étudier dans cet établissement, où il eut quelque succès; puis il vint à Paris, où il fut employé d'abord comme répétiteur dans un collége, ensuite comme précepteur des enfants d'une maison riche. C'est dans les loisirs que lui laissait cette place qu'il publia divers pamphlets qui avaient pour objet les réformes méritées alors. Leur débit public était interdit, leur valeur polémique et littéraire fort mince, mais leur influence croissait rapidement, parce qu'ils avaient trait aux événements du jour. L'auteur fut un des premiers hommes qu'employa la révolution, et la part qu'il y prit fut tout de suite intelligente et sincère. Lors de la nomination de Bailly à la mairie de Paris, Manuel, son ami, dont les talents et la fermeté avaient été essayés, fut mis à la tête de la police provisoire de la capitale, et s'y rendit utile. Des documents qu'il trouva dans les cartons laissés par ses prédécesseurs, Lenoir et Sartines, lui fournirent la matière d'un ouvrage intitulé *La Police de Paris dévoilée* (2 volumes in-8°), qui eut beaucoup de succès et excita les récriminations du parti de la couronne et de l'Église. L'écrivain, qui marchait au premier rang des meneurs patriotes, s'en inquiéta peu, et fit paraître un autre mauvais ouvrage, tiré en grande partie d'un manuscrit original qu'il avait trouvé dans les mêmes cartons, les *Lettres de Mirabeau*, publication qui le fit frapper d'*ajournement* dans ses fonctions; mais la Convention les lui maintint.

En 1791 il fut nommé procureur de la commune de Paris, élection qui fut attaquée par Bosquillon, mais que la municipalité déclara parfaitement valide, malgré des flots d'amères réclamations. Ici son rôle grandit. Il provoque et précipite l'insurrection du 20 juin 1792. Il se fait destituer de sa place en même temps que Bailly, par une délibération du Directoire de Paris; destitution vaine, puisque ni le maire ni le procureur ne quittèrent leur siége. L'Assemblée nationale, à laquelle le décret de Louis XVI avait renvoyé l'appréciation des faits, se contenta des explications qu'ils donnèrent tous deux. Manuel se lia étroitement avec Danton et avec les hommes qui dominaient les projets et la politique de l'époque, rendit plus active la marche révolutionnaire des événements, et contribua de toutes ses ressources et de toute son énergie à la levée de boucliers du 10 août. Le surlendemain, il demanda à la Convention que Louis XVI soit transféré au Temple, *d'où il ne pourra s'échapper*; précaution qu'on vote presque unanimement. Lui-même y conduit toute la famille royale. Ce fut, du reste, lui qui fit attacher Cléry au service des illustres prisonniers qui l'avaient demandé. Le 1ᵉʳ et le 2 septembre, on le vit presque simultanément à l'Abbaye et aux diverses prisons confiées à sa haute surveillance; il n'opposa pas d'obstacles au massacre des prisonniers, et ne fit mettre en sûreté que les prisonniers pour dettes et quelques personnages politiques notables. Il sauva même, au péril de sa vie, Mᵐᵉ de Tourzel, gouvernante des enfants de France, Beaumarchais, son vieil ennemi, et beaucoup d'autres; mais il fit d'inutiles efforts pour sauver la princesse de Lamballe.

Comme membre de la Convention, il proposa de loger aux Tuileries le président de l'Assemblée, sous le nom de *président de France* : cette proposition fut repoussée par des huées et des murmures, comme blessant toutes les idées d'égalité à l'ordre du jour. Le 7 octobre la Convention le chargea d'aller annoncer à Louis XVI que la royauté était définitivement abolie, et que les armées républicaines poursuivaient leurs triomphes sur tous les points, démarche qu'il remplit avec convenance. Dans une séance suivante il attaqua les décorations honorifiques, demanda qu'elles fussent supprimées, appela la croix de Saint-Louis une *tache sur un habit*, proposa ensuite la réduction des pensions des prêtres, et demanda la suppression des évêques et du haut clergé. Dans ces jours d'agitation il eut des voix pour la place de maire de Paris, et réclama la *diffamation publique* des officiers qui avaient livré Longwy, la vente du château *inutile* de Versailles, l'examen de la conduite de Mirabeau à propos des pièces de l'armoire de fer, et une décision pour que Louis XVI fût appelé à s'expliquer à la barre de l'Assemblée sur ses projets et ses actes. Tout à coup, pourtant, il sembla faire volte-face, et défendit la fête des Rois, que l'on voulait supprimer. Le jugement de Louis XVI arriva; il y prit part avec un grand courage, rejeta la condamnation à mort, et insista pour l'appel au peuple. Comme il était secrétaire de l'Assemblée, les plus violents l'accusèrent de falsifier les votes; mais il les démentit avec énergie. Dès lors il ne cessa d'être en butte aux inimitiés les plus violentes. Il est certain que l'argent de la cour ne l'avait point gagné; toutefois, il paraît que dans une conférence secrète le roi lui avait promis d'écrire aux souverains pour les engager à évacuer notre territoire, et qu'à cette condition Manuel s'engagea à le servir. Il s'abusait néanmoins sur la portée de sa modération, et fut contraint de se démettre de ses fonctions de député; il se retira avec éclat le 19 janvier, et se réfugia presque aussitôt à Montargis, où le parti jacobin essaya de l'assassiner dans une émeute, en mars 1793; il échappa blessé aux meurtriers. Des pièces trouvées à la commune le rendirent bientôt plus suspect encore, et son arrestation fut ordonnée. On le trouva à Fontainebleau ; de là il fut envoyé à la Conciergerie, où les prisonniers mirent plusieurs fois sa vie en péril, à cause des événements du 2 septembre, qui lui étaient faussement attribués.

Appelé quelques mois après comme témoin dans le procès de la reine, au lieu de l'accuser, à l'exemple de tout le monde, il fit comme Bailly, exalta son courage et peignit éloquemment sa résignation et ses malheurs; mais ses juges s'indignèrent de tant d'audace. Son procès ne se fit pas attendre; il fut condamné à porter sa tête sur l'échafaud, en punition d'inexactitudes commises dans sa place et de ce dire qu'il avait exprimé que Louis XVI pût se retirer en Amérique. L'arrêt parut l'étonner : il dit « que sa mémoire serait réhabilitée un jour, et qu'on écrirait sur sa tombe, malgré l'absurdité de son accusation, qu'il avait été un des glorieux acteurs du 10 août ». Le 14 novembre, Fouquier l'envoya à l'échafaud. Le peuple couvrit de huées son ancien tribun. Manuel a beaucoup écrit et fort mal, du moins d'une manière très-boursouflée, très-prétentieuse. Rien ne reste de sa plume, parce qu'il a manqué de naturel, de mouvement, de trait, d'instruction digérée. En revanche, il avait de la présence d'esprit et parlait avec une facilité spirituelle, avec un sarcasme continuel, abondant. A la tribune de la Convention, sa préoccupation des anciens gâtait ses discours. Ses défauts furent l'abus d'études mal faites et de citations intempestives des Grecs et des Romains. Accusé de nombreuses concussions, il les a démenties en mourant pauvre. Il a fait croire à des sentiments élevés en sauvant ses ennemis, en défendant la famille royale au prix de sa vie. Malgré les clameurs du temps, il fut fidèle à Pétion, à Bailly; il eut des amitiés et des convictions courageuses.

Frédéric Fayot.

MANUEL (Jacques-Antoine), une des célébrités parlementaires sous la Restauration, naquit à Barcelonnette (Basses-Alpes), en 1775, et mourut à Maisons, le 20 août 1827. Fils d'un ancien militaire, il fit d'assez bonnes études chez les doctrinaires de Nîmes. Il était allé en Piémont, fort jeune encore, suivre la carrière commerciale sous les auspices d'un oncle très-riche, quand la révolution de 1789, menacée, appela la France entière à sa défense. Il entra comme volontaire dans un bataillon de son département, s'y distingua, et donna sa démission de capitaine d'infanterie après le traité de Campo-Formio. Rentré dans ses foyers, pour s'y faire soigner de ses blessures, il fut initié par un autre de ses oncles, avocat en renom, à certaines parties arides de la jurisprudence, qui lui firent naître le goût du barreau. Devenu avocat, il vit sa réputation grandir dans sa petite ville, puis dans le ressort de la cour impériale d'Aix, où il vint se fixer. Avec le produit de ses travaux de jurisconsulte et de ses plaidoyers, il parvint à amasser une fortune assez honnête pour payer le cens d'éligibilité sous la Restauration. Dans les cent jours, il fut sollicité de se porter candidat à la députation, au collége d'Aix. Pendant qu'il refusait cette marque de confiance des électeurs de cette ville, ceux des colléges de Barcelonnette et du département des Basses-Alpes le nommaient à la chambre des représentants. Son début dans cette carrière nouvelle fut des plus brillants, et fit dire au vieux conventionnel Cambon qu'il commençait comme avait fini Barnave. Manuel, après un discours remarquable, demanda et obtint l'ordre du jour sur une proposition faite par un ministre d'État, après l'abdication de Napoléon, de proclamer son fils le roi de Rome sous le nom de Napoléon II. Dans cette courte session, il conquit rapidement l'admiration, l'estime et la confiance générales. La seconde restauration venue, il vendit tous les biens qu'il possédait dans le midi, alors ensanglanté par les réactions, et s'établit dans la capitale; il voulut se faire inscrire au barreau de Paris, mais, par une crainte exagérée, soit de son talent de jurisconsulte, soit des opinions républicaines qu'on lui supposait, le conseil de discipline de l'ordre ne jugea pas à propos de l'admettre; il n'en donna pas moins de nombreuses consultations, remarquables par leur lucidité.

Ce n'est qu'en 1818 qu'il rentra dans la carrière législative : élu par deux départements, il opta pour celui de la Vendée, et soutint de longues et brillantes luttes, auxquelles il dut sa célébrité, contre les empiétements et le mauvais vouloir des agents du pouvoir. Le 27 février 1823 il était monté à la tribune pour combattre les députés qui demandaient à grands cris la guerre contre l'Espagne constitutionnelle. Rappelé à l'ordre pour avoir déversé un blâme sévère sur la conduite du roi Ferdinand, Manuel, prédisant quelles conséquences pouvaient, dans son opinion, résulter pour ce monarque d'une agression de notre part, s'écria : « Ai-je besoin de dire que le moment où les dangers de la famille royale en France devinrent plus graves fut précisément celui où la France révolutionnaire sentit qu'elle avait besoin de se défendre par des formes et par une énergie toutes nouvelles. » Sans lui donner le temps d'expliquer sa pensée, les centres et la droite éclatèrent en interpellations, demandèrent, obtinrent son rappel à l'ordre, et plusieurs voix réclamèrent même son expulsion. Le lendemain, La B o u r d o n n a y e développa une longue proposition concluant à l'expulsion du député de la Vendée, qu'il accusait d'avoir fait devant la chambre l'apologie du régicide. Manuel prit la parole, et mit le doigt sur la plaie, en révélant les intentions de ses adversaires : ce n'était pas lui, c'était la Vendée nouvelle, qui venait de lui donner encore ses suffrages, qu'on mettait en cause; le reproche de régicide qu'on lui adressait était incompatible avec ses efforts pour prévenir le retour de ce crime en Espagne. Il ne tremblait pas devant ses juges prévenus, il les défiait en face. Néanmoins, le 3 mars, son exclusion fut prononcée. « Je cherche ici des juges, avait-il dit la dernière fois qu'il prit la parole; je n'y trouve que des accusateurs. Je n'attends point un acte de justice, c'est un acte de vengeance que je me résigne; je professe du respect pour les pouvoirs, mais je respecte bien plus la loi qui les a fondés. Dans un tel état de choses, je ne sais si la soumission est un acte de prudence, mais je sais que dès que la résistance est un droit, elle devient un devoir. C'est un devoir surtout pour ceux qui, comme nous, doivent connaître la mesure de leurs droits; et pour moi, je devais cet exemple de courage à ces dignes citoyens de la Vendée qui ont donné à la France une si noble preuve de courage et d'indépendance en m'accordant une seconde fois leurs suffrages. Arrivé dans la chambre par la volonté de ceux qui avaient droit de m'y envoyer, je ne dois en sortir que par la violence de ceux qui n'ont pas le droit de m'en exclure; et si cette résolution de ma part doit appeler sur ma tête de plus graves dangers, je me dis que le champ de la liberté a été quelquefois fécondé par un sang généreux. »

Manuel sortit du palais Bourbon après que son exclusion eût été prononcée, et se rendit chez lui, au milieu d'une foule immense qui lui témoignait toute sa sympathie. Le soir même une soixantaine de députés se réunirent chez L a f - fitte; il y fut convenu que Manuel ne quitterait son banc que par la force, que toute la gauche le suivrait alors pour protester contre l'inconstitutionnalité de son exclusion, ne rentrer dans la chambre que lorsqu'elle aurait été rapportée. Manuel fit en effet à son banc à l'ouverture de la séance du 4 : sa présence excita le plus furieux orage parmi ses adversaires. Sommé par le président, par les huissiers, de se retirer, il répondit par un refus formel. Un piquet de garde nationale et de vétérans, commandé par le sergent Mercier, appelé à mettre cet ordre à exécution, refusa de porter la main sur lui; il fallut l'intervention des gendarmes de Paris, auxquels leur chef, dit, en désignant Manuel : *Empoignez-moi cet homme-là!* Quelques députés quittèrent la salle avec lui; 63 protestèrent, mais aucun ne cessa de venir aux séances, ainsi qu'il avait été convenu. Il ne fut pas réélu. Ce fut un coup sensible pour lui, et sa mort fut moins causée peut-être par la maladie chronique dont il était atteint depuis dix ans que par le chagrin de ne plus pouvoir rien faire pour le peuple. Son corps, transporté de Maisons au cimetière du père Lachaise, y arriva suivi de plus de cent mille citoyens : les mesures de la police, qui avait déjà exigé que le convoi longeât les boulevards extérieurs et n'entrât point dans Paris, faillirent amener une sanglante collision. Napoléon Gallois.

MANUFACTURE. Fait de la main, composition, *ouvrage fait avec la main*, telle fut la première acception de ce mot, dont la valeur a changé avec les progrès de l'industrie, et qui sert à désigner aujourd'hui une vaste entreprise occupant de nombreux ouvriers. On l'emploie aussi d'une manière collective, comme par exemple lorsque l'on parle de la manufacture de Lyon, de celle de Rouen, d'Elbeuf, de Mulhouse ; et alors on comprend sous ce titre toutes les f a b r i q u e s, toutes les manufactures qui travaillent la laine, la soie ou le coton, dans les localités dont il est question.

Les objets d'un usage général, présentant seuls des avantages de perfection et d'économie à être produits par grandes masses; et parmi ces objets, ceux dont le besoin est le plus universel étant les étoffes qui servent à nous vêtir, les premières manufactures furent donc des manufactures de drap, de toile, de soie, de coton, de bonneterie, etc. Laissant aux amateurs de recherches historiques le plaisir de lire eux-mêmes dans les auteurs qui s'en sont occupés la suite des essais tentés par nos ancêtres avant la découverte du filage et du tissage du lin, du chanvre, du coton, de la soie et de la laine, nous arriverons tout de suite à l'époque où les manufactures commencèrent à prendre une certaine importance et à faire le sujet d'ordonnances et de règlements.

Dès avant Colbert les manufactures avaient trouvé des protecteurs et des ennemis ; l'industrie avait été enrégimentée par Louis IX et placée par lui sous l'égide d'une légion de saints et d'archanges ; elle avait été rançonnée par ses successeurs ; et malgré les efforts d'Henri IV elle ne retira pas de la bonne volonté de ce prince tout ce qu'elle eût pu obtenir : Sully était là pour en paralyser l'effet ; le gentilhomme protestant avait horreur du luxe, il n'estimait que l'agriculture. Seulement avec Colbert, les manufactures eurent une existence assurée : il avait compris leur avenir, et, à part quelques erreurs dont elles furent victimes, elles n'eurent pas d'ami plus zélé, de défenseur plus habile ; il fit pour elles plus que tous ses devanciers, plus aussi que ses successeurs, qui à plus d'un égard sont moins avancés que lui, et auxquels on peut reprocher d'avoir détruit en partie l'œuvre qu'il avait si bien commencée. « Si la multiplicité des règlements, dit Roland de la Plâtrière, concourait aux progrès des manufactures, celles de France devraient être non pas seulement les plus florissantes du monde, mais plus florissantes que toutes celles du monde entier. » C'est Colbert qui introduisit l'ordre et porta la lumière dans ce dédale de dispositions incohérentes et contradictoires ; l'édit de 1664, qui réduisit en un seul tous les droits de traites intérieures ; celui de 1667, sur l'entrée et la sortie des matières premières et des marchandises fabriquées ; celui de 1669, sur la juridiction spéciale des manufactures, attribuée aux officiers municipaux, et l'instruction de la même année donnée aux inspecteurs forment une législation complète, dont plus d'une disposition se retrouve dans nos codes, où l'absence de quelques autres se fait parfois vivement sentir.

Mettre à la disposition des industriels tous les moyens de production économiques et perfectionnés, telle fut la pensée qui dirigea Colbert dans la rédaction de ses règlements, et dans la fixation de son tarif de douanes. Ouvrir aux produits de nos manufactures des débouchés extérieurs, en encourageant le commerce et la navigation, fut le but qu'il se proposait sans cesse, et dont il se montre toujours occupé dans ses belles instructions aux consuls et aux ambassadeurs. Restaurateur des manufactures, qui avaient végété sous les règnes précédents, il leur donna une nouvelle vie ; mais il exigea, en retour de la protection qu'il leur accordait, une obéissance passive à toutes les dispositions de ses règlements, qui n'étaient pas toujours, il faut le dire, à l'abri de quelques critiques. Sans doute il y avait de sa part une haute raison à vouloir que toutes les marchandises fabriquées fussent de bonne qualité, et il montrait par là combien il était pénétré de l'importance du rôle que joue la probité dans les relations du commerce avec l'étranger ; aussi la création des inspecteurs des manufactures, qui eut lieu en 1669, et celle des auneurs et gardes-jurés, chargés de faire observer ces prescriptions, étaient-elles une chose utile pour son temps. Mais à quoi bon tout ce luxe de dispositions pénales, d'amendes, d'expositions au pilori et au carcan pendant deux fois vingt-quatre heures, dont il se montre si prodigue, et qu'on rencontre à chaque ligne ! La rigueur même de ces dispositions s'opposait à ce qu'elles fussent observées, et elles tombèrent bientôt en désuétude : avant même qu'il en fût ainsi, il en avait considérablement adouci l'application, en prescrivant aux inspecteurs « de remplir leurs fonctions avec sagesse et circonspection ; de chercher à se rendre utiles aux fabricants, et de n'employer les moyens de sévérité dont il leur était permis de faire usage, que dans le cas où ils le croiraient absolument nécessaire pour le maintien de la police et du bon ordre. »

Les manufacturiers habiles, attirés de tous côtés par de riches cadeaux, fondaient dans nos provinces des maisons de travail plus utiles que des hôpitaux ; et des ouvriers initiés aux secrets de la fabrication étrangère nous étaient envoyés par nos ambassadeurs, qui avaient ordre de les recruter partout : c'est ainsi que les manufactures de drap, de serge, de tanneries et corroieries, se trouvèrent augmentées et perfectionnées ; la fabrication du point de Gênes et de Venise fut introduite en France ; on vit s'y élever aussi une grande manufacture de glaces ; le métier à tricoter les bas, qui avait été importé d'Angleterre en 1656, par deux négociants de Nîmes, se multiplia d'une manière remarquable ; la métallurgie, la fonte du cuivre et du fer, la fabrication des cordages et des toiles à voiles prirent vers la même époque de grands développements. Malgré tous ses soins, Colbert avait commis des erreurs ; et dans le nombre de ses règlements, plus d'un avait produit des résultats opposés à ceux qu'il en avait espérés. « Ses successeurs, disait Necker en 1781, dans son Compte rendu au roi, croyant que tout le bien qu'il avait fait était dû à ses règlements, qu'ils regardaient comme la cause principale de l'état florissant des manufactures, les étendirent encore, les multiplièrent, et apportèrent la plus grande rigueur à leur observation. Une lutte s'établit bientôt entre l'industrie et le commerce, qui demandaient la liberté, et l'administration, qui prétendait les garder en tutelle ; et dans ces combats plus ou moins longs entre les règles et la liberté, le commerce et les manufactures furent constamment inquiétés. »

Les corporations d'arts et métiers, instituées par saint Louis, qui avait voulu mettre les travailleurs en position de se défendre eux-mêmes contre les exactions des nobles, devaient, après avoir été la cause des progrès accomplis dans les arts industriels, s'opposer plus tard à l'application des nouvelles découvertes de la science : il n'est pas sans intérêt d'en rappeler quelques exemples. L'art de vernir et d'emboutir la tôle fut découvert en France en 1761 ; mais comme il exigeait l'emploi d'ouvriers et d'outils de professions différentes, l'inventeur, trop pauvre pour payer les droits de maîtrise de chacune de ces corporations, fut obligé de transporter son industrie à l'étranger, d'où elle ne nous est revenue qu'en 1793, avec l'émancipation du travail. D'autres fois, les obstacles furent levés par l'intervention du pouvoir, qui dégageait des entraves des règlements sur les maîtrises les inventeurs d'un procédé ou d'un art nouveau ou perfectionné, et donnant à leurs fabriques le titre de *manufacture royale*. Il en fut ainsi pour Lenoir, fabricant d'instruments de physique ; Ami-Argand, l'inventeur de la lampe à double courant d'air ; Réveillon, célèbre fabricant de papiers peints, et de plusieurs autres encore. On a donné aussi le nom de *manufacture royale, nationale* ou *impériale* à des établissements entretenus par le gouvernement et administrés à son profit par des agents nommés par lui. La manufacture de porcelaine de Sèvres, celle des tapis de la Gobelins, et quelques autres, sont des *manufactures impériales*, dont l'origine est assez ancienne, et qui n'ont jamais rendu de véritables services à l'industrie ; elles ne fabriquent pas mieux que celles qui sont exploitées par des particuliers, et vendent beaucoup plus cher : aussi leurs produits ne sont-ils guère achetés que par le gouvernement et par l'État civil, qui auraient bien plus d'avantage et d'économie à se fournir chez les fabricants libres. « Les Gobelins, Sèvres, enfants beaux à ravir, mais chéris bien plus cependant par ce qu'ils coûtent que par ce qu'ils rendent. » Ces paroles de Roland de la Plâtrière, écrites en 1783, il y a soixante-treize ans, sont encore vraies aujourd'hui ; les choses n'ont pas changé. Après avoir été la sauve-garde de l'industrie, les manufactures royales en sont devenues ainsi le tombeau ; et l'histoire de l'industrie espagnole, exercée presque tout entière suivant le même mode, fut et sera pour le gouvernement, est une grande leçon dont tous les peuples doivent faire leur profit, et nous les premiers.

Privés des bras pendant les longues guerres de la république et de l'empire, les manufactures se soutinrent cependant, grâce aux énormes besoins qu'elles avaient à satisfaire, et au privilége dont elles jouissaient par suite du blocus continental, qui bannissait les étoffes anglaises du marché national. Malgré cette protection excessive, elles ne commencèrent cependant à prendre de véritables développements qu'avec la paix, c'est-à-dire après 1816. Des capitaux, des intelligences et des bras, qu'une grande œuvre de destruction avait seule occupés jusque alors, se précipitèrent à cette époque dans les entreprises industrielles; l'ignorance des conditions essentielles qui doivent être observées dans l'établissement des manufactures, le mauvais choix de localités, l'improbité de certains agents auxquels l'inexpérience dut avoir recours, l'exagération des frais généraux et le désordre de la gestion, furent autant de causes des nombreux sinistres qui éclatèrent quelque temps après. Les établissements bien situés et bien administrés subsistèrent seuls, et prospérèrent malgré les entraves que la loi des douanes de 1816, qui étouffait l'industrie en voulant la protéger, apportait à leur réussite.

La science du manufacturier ne consiste pas seulement à connaître la partie technologique de l'art qu'il exerce, il faut aussi que ceux qui se livrent à cette carrière possèdent les connaissances économiques sans lesquelles on ne peut diriger ses opérations avec certitude; quelques-uns sans doute ont prospéré sans elles, mais ils doivent ce résultat aux circonstances heureuses qui les ont servis, et non pas à leur mérite. Et parmi ceux qui s'opposent le plus vivement aujourd'hui à la réforme des tarifs, à l'abaissement des droits de douanes, on reconnaît en grand nombre ces manufacturiers ignorants qui n'ont pu réussir qu'à l'ombre de la prohibition, et qui demandent à grands cris qu'on les laisse mourir comme ils ont vécu, et surtout qu'on les sauve d'une concurrence qu'ils ne pourraient soutenir contre des rivaux qui ont profité des conseils de la science, eux qui ont négligé de les écouter. L'espèce de protection qu'il convient le mieux à un gouvernement éclairé de donner à ses manufactures se réduit à écarter tous les obstacles qui peuvent entraver leur marche et s'opposer à une production économique et perfectionnée. Les routes doivent être faciles et sûres, afin de pouvoir réunir à peu de frais dans le plus court espace de temps tous les agents de la fabrication; les matières premières venant de l'étranger doivent être affranchies de droits, ou n'en supporter que de très-faibles; les impôts doivent être modérés, afin que les salaires soient suffisants; les agents, consuls ou ambassadeurs à l'étranger, doivent s'enquérir avec soin des besoins des peuples chez lesquels ils se trouvent, et en informer leurs gouvernements, qui porteront ces renseignements à la connaissance des chambres de commerce, des conseils des manufactures, etc. Toutes ces règles sont celles que Colbert s'attachait à suivre sans cesse, et au moyen desquelles il était parvenu à donner à l'industrie l'impulsion que vous savez. Si ce grand ministre avait vécu sous un prince plus ami de l'ordre et plus ennemi de la guerre que ne le fut Louis XIV, les services qu'il aurait rendus à son pays seraient incalculables : les taxes eussent été considérablement diminuées, le crédit aurait facilité les opérations, et la paix eût servi au développement de notre commerce, qui portait nos produits jusque dans les contrées les plus reculées de l'Inde. C'est donc à revenir sur nos pas que nous devons tendre aujourd'hui, et à plus d'un égard nous aurions beaucoup à gagner à ce que nos manufactures fussent régies par les édits de Colbert.

Il nous reste maintenant à étudier les avantages et les inconvénients du *système manufacturier*, à rechercher s'il est prudent d'encourager son extension, et surtout à apprécier la condition qu'il fait aux travailleurs.

Les manufactures ont, avons-nous dit, pour objet de produire par grandes masses certains objets dont le besoin est universel; elles s'appliquent surtout aux étoffes de différentes espèces qui servent à vêtir l'homme; celles de laine et de coton sont les plus importantes. Plus avancées en civilisation, les nations européennes, possédant des secrets de mécanique inconnus aux autres peuples, ont senties jusque ici satisfait aux besoins du monde entier; grâce aux découvertes et aux inventions des ingénieurs français et anglais, il y a aujourd'hui encore plus de bénéfice à tirer le coton des pays qui le produisent, et à le fabriquer chez nous en tissus de mille espèces, pour le reporter ensuite aux lieux d'où il est sorti, qu'à le travailler dans le pays même; mais, tôt ou tard, le jour arrivera, et il est proche peut-être, où les peuples restés jusque ici en tutelle s'affranchiront, et, prenant enfin une part active à l'œuvre commune, s'occuperont de satisfaire eux-mêmes à leurs besoins et à ceux de leurs voisins. En présence de ces faits, il importe de se demander s'il est prudent de lancer toutes les forces actives du pays dans des entreprises pour lesquelles les issues pourraient se fermer.

A mesure que les manufacturiers ont vu diminuer leurs profits par l'effet de la concurrence, ils ont cherché à retrouver d'un côté ce qu'ils perdaient de l'autre : les salaires de leurs ouvriers ont été jusque ici la mine où ils ont puisé avec le plus d'avantage. Cette porte une fois ouverte, l'immoralité a fait de rapides progrès des deux parts : les maîtres ont réduit les salaires et augmenté le nombre des heures de travail; les ouvriers ont volé leurs maîtres. Devant cette lutte déplorable, nous pensons que la meilleure marche qui puisse être suivie est d'éloigner autant que possible l'industrie du système exclusif des manufactures, pour lui faire adopter le système de fabrication dans les chaumières. Il devra résulter de là de grands avantages pour les masses, sans que nos progrès dans la voie des perfectionnements soient arrêtés un instant. En effet, dans l'état actuel, les grandes manufactures tendent à faire de l'homme une machine; le travail en famille, au contraire, développe son intelligence, et utilise les bras des enfants et des femmes, sans que la morale et l'hygiène publique aient à en souffrir. Que se passe-t-il, par exemple, dans la fabrication des calicots? Les ouvriers qui travaillent le mieux et à meilleur compte sont ceux qui ont leurs métiers dans leur maison; quant à leur supériorité morale et physique sur les ouvriers des manufactures, elle est incontestable. Voyez encore ce qui se passe dans l'industrie des soies? Nos plus redoutables concurrents sont les Suisses et les Anglais : les premiers ont adopté le système du travail en famille, les autres ont poussé jusque dans ses plus extrêmes limites le système des manufactures. Sous le rapport matériel, tous deux nous font une concurrence redoutable dans la fabrication des unis, parce que nous n'avons su adopter aucun système, et que nous sommes moitié Suisses, moitié Anglais. Mais voyons entre eux les résultats des deux systèmes opposés. Dans le cas d'une crise, le Suisse quitte son métier pour se livrer au travail de la terre, qu'il n'a jamais abandonné complètement; il a conservé toute la pureté de ses mœurs, et s'il souffre du malaise général, il n'a pas perdu toute ressource. L'ouvrier anglais, au contraire, attend son salaire et sa subsistance d'une commande de l'Amérique; son sort et celui des siens sont entre les mains des étrangers; une seule ordonnance peut fermer aux navires chargés des produits qu'il a confectionnés les ports de toute puissance, et le voilà dans la misère. Une faillite le met sur la paille; une mauvaise récolte en coton le jette sur le pavé; il ne lui reste plus alors que le vol, le meurtre, l'incendie : c'est pour lui une bonne affaire qu'un arrêt qui le condamne à la déportation. Quant à ses enfants, étiolés par l'air empoisonné qu'ils ont respiré dans les manufactures, mal nourris, et accoutumés de bonne heure à l'usage du *gin*, ils suivent la même route; une ressource, la prostitution, est offerte à ses filles si elles sont belles; et après quelques années de débauche, quand elles sont usées et vieillies, elles viennent, si elles ont des enfants malades, et lèvent avec eux des taxes sur la charité publique : cette industrie est exploitée avec beaucoup de succès en Angleterre; la taxe des pauvres a été le fruit amer que nos voisins ont recueilli de leur système exclusif des manufactures.

Dans l'intérêt des capitalistes, aussi bien que dans celui des ouvriers, nous croyons donc qu'il importe que le travail se disperse ; que les occupations de l'industrie alternent avec celles de la terre ; et que la production se limite autant que possible sur la consommation intérieure, toujours assurée, toujours stable, le moyen le plus sûr pour l'accroître étant d'augmenter le bien-être des masses, qui font seules les grandes consommations. C'est aux particuliers aussi bien qu'à l'administration à travailler dans ce sens. L'exploitation intelligente du sol augmentera les revenus des uns ; l'autre jouira du repos et de l'ordre dont elle a besoin pour travailler à la satisfaction des besoins moraux du pays, qui sont le but qu'elle doit se proposer, les jouissances matérielles n'étant qu'un moyen pour y arriver.

AD. BLAISE (des Vosges).

MANUFACTURES (CONSEIL DES). *Voyez* CONSEIL GÉNÉRAL ET CONSEIL SUPÉRIEUR DE L'AGRICULTURE, DU COMMERCE ET DES MANUFACTURES.

MANULUVE (de *manus*, main ; *lavo*, je lave). *Voyez* BAIN.

MANUMISSION. *Voyez* AFFRANCHISSEMENT.

MANUS (*In*), expression latine tirée du commencement de l'un des sept psaumes de la pénitence ; dire son *in manus* signifie recommander son âme à Dieu, au moment de mourir.

MANUSCRIT (du latin *manu scriptum*, ouvrage écrit à la main). On désigne par ce nom toute œuvre écrite, en opposition aux ouvrages publiés par la voie de l'impression et rendus de la sorte accessibles à un plus grand nombre de lecteurs.

On donne aussi plus généralement le nom de *manuscrits* (*libri* ou *codices manu scripti*) aux livres écrits à la main et datant, soit d'avant la découverte de l'imprimerie, soit même d'une époque postérieure. La d i p l o m a t i q u e est l'art de les utiliser et de les lire. La science du bibliothécaire consiste à les conserver, à les cataloguer. Tous les vieux manuscrits qui existent encore sont écrits sur p a r c h e m i n ou sur p a p i e r. Cette dernière substance se divise : 1° en papier égyptien, fait de la plante appelée papyrus, et dont l'usage ne cessa en Occident pour les manuscrits qu'au neuvième siècle ; 2° en papier de coton ou de soie (*charta bombycina*), inventé en Orient vers l'an 706 de notre ère, qui servit jusqu'à l'invention du papier de linge et même encore après jusqu'au milieu du quatorzième siècle ; 3° enfin, en papier de linge, dont on place l'invention au treizième ou au quatorzième siècle, suivant qu'on appuie son opinion sur un document de l'empereur Frédéric II et datant de l'an 1243, ou bien sur des documents analogues datant des années 1300, 1311, 1318, etc.

La plus ancienne mention des plumes à écrire se trouve dans un ouvrage du septième siècle. De l'encres, la noire a toujours été la plus commune ; elle était composée de noir de fumée, de suie, de résine et de poix, d'ivoire brûlé, de charbon broyé, etc. ; et autrefois on n'y mêlait pas de vitriol comme aujourd'hui. On trouve aussi des très-vieux manuscrits de l'encre rouge (*rubrum*) d'une grande beauté, qu'on employait à tracer les lettres initiales, les premières lignes et les titres de chapitre : c'est pour cela qu'on appelait ces titres *rubriques*, et les personnes qui les écrivaient *rubricateurs* (*rubricatores*). L'encre bleue est plus rare dans les anciens manuscrits ; les encres verte et jaune y sont tout à fait des exceptions. On écrivait aussi avec des encres d'or et d'argent, soit des manuscrits entiers, qui d'ailleurs, en raison de leur grand prix, sont devenus d'une rareté extrême, soit les initiales des livres et des chapitres.

Quant à leur forme matérielle, on divise les manuscrits en deux classes, savoir : 1° les manuscrits enroulés (*volumina*), qui sont les plus anciens ; 2° les livres reliés ou brochés, c'est-à-dire les *codices* proprement dits.

Les individus qui exécutaient les manuscrits étaient chez les anciens pour la plupart du temps des esclaves ou des affranchis (*scribæ* ou *librarii*) ; plus tard, les moines s'en occupèrent, notamment les bénédictins, à qui ce travail était imposé par la règle de leur ordre. Des correcteurs et des rubricateurs corrigeaient et ornaient les manuscrits sortis des mains des copistes.

Pour déterminer la date et la valeur des manuscrits, il ne suffit pas de considérer les circonstances indiquées plus haut, on doit surtout examiner le genre et la nature des caractères dans lesquels ils sont écrits. Le *Lexicon diplomaticum* de Walther (3 vol., Gœttingue, 1745-1747) pour cette partie des manuscrits, comme aussi la *Palæographia* de Montfaucon, pour apprécier l'âge des manuscrits grecs d'après la nature de leur écriture, travail beaucoup plus difficile que lorsqu'il s'agit de manuscrits latins, sont des ouvrages qui ont gardé toute leur valeur. Relativement aux manuscrits grecs, il faut remarquer comme règle générale que plus les caractères en sont légers, agréables et rapides, plus le livre est ancien ; car l'écriture grecque est devenue de siècle en siècle plus roide et plus lourde. La présence ou l'absence des accents ne décide rien à cet égard. Au reste, on ne trouve guère de manuscrits grecs remontant à une date plus ancienne que le septième, ou tout au plus que le sixième siècle.

On a classé les caractères des manuscrits latins, d'après leur grandeur, en *majuscules* et *minuscules ; et* d'après la forme qui leur a été donnée chez les différents peuples, et à de certaines époques, en *scriptura romana antiqua*, *merovingica*, *longobardica*, *carolingica*, etc. A quoi il faut encore ajouter les caractères *gothiques*, dont l'usage date du douzième siècle, et qui sont une espèce de minuscules anguleuses et bizarrement contournées.

Pour chacune de ces écritures, on a établi des règles d'après lesquelles on peut préciser l'ancienneté du manuscrit où elle est employée. Antérieurement au huitième siècle, on ne trouve guère de signes de ponctuation ; et longtemps encore après leur adoption générale, ils manquent cependant quelquefois dans des manuscrits datant du treizième et même du quatorzième siècle. Les manuscrits sans divisions en chapitres et sans alinéas sont toujours très-anciens. Ce qu'on appelle la réclame (*custos*) ou la répétition du premier mot d'une page au-dessous de la dernière ligne de la feuille précédente appartient au douzième siècle et aux siècles postérieurs. Moins il y a d'abréviations, moins elles sont considérables, et plus le manuscrit est ancien. Dans les manuscrits les plus antiques, les mots ne sont pas séparés, mais se suivent sans interruption aucune dans les lignes. L'usage de diviser les mots n'est devenu général que depuis le neuvième siècle. La forme des chiffres arabes, dont, au surplus, l'emploi ne commence à devenir général que dans les manuscrits de la première moitié du treizième siècle, peut aussi servir de guide dans l'appréciation de l'âge des manuscrits. En fait de manuscrits qui se terminent par l'indication de l'époque de leur exécution (c'est ce qu'on appelle des *manuscrits datés*) ; mais on doit se garder d'avoir une foi aveugle dans cette sorte d'énonciations, car souvent la date qu'elles portent est celle de la composition même de l'ouvrage ; ou elles ne se rapportent qu'à une partie du manuscrit, ou bien encore elles sont fausses. On a la certitude qu'aucun des manuscrits connus ne remonte au delà du premier siècle de l'ère chrétienne. En 1825, un Français voyageant pour l'Anglais Banks, trouva dans l'île d'Éléphantine (haute Égypte) un fragment de l'*Iliade*, sur papyrus, en belles lettres capitales. Il semblerait dater de l'époque des Ptolémées, et ce serait alors le plus ancien de tous les livres classiques.

On donne le nom de *p a l i m p s e s t e s* aux manuscrits qu'on a grattés pour y substituer une nouvelle écriture (*codices rescripti*).

MANUTENTION, administration, gestion ; et en parlant des choses morales, maintien, conservation. *Manutention* signifie encore l'établissement où se fabrique et se conserve le pain pour la troupe. La question de savoir s'il faut établir des manutentions pour le service de la troupe ou la laisser s'approvisionner librement a été controversée. Le général d'Hautpoul supprima plusieurs manutentions pendant son passage au ministère. Celle de Paris a été incendiée en 1855.

MANZONI (ALEXANDRE), poète italien, naquit à Milan, en 1784. Son père, quoique comte, était un homme sans éducation; mais sa mère était la spirituelle fille du célèbre Beccaria. Il se fit d'abord connaître par ses *Versi sciolti* (Paris, 1806), publiés à l'occasion de la mort de son beau-père, Carlo Imbonati, et ensuite par ses *Inni sacri* (1810), où il créait une lyrique nouvelle. Sa tragédie *Il Conte di Carmagnola* (Milan, 1820), où il rejeta loin de lui les chaînes de l'école française, n'obtint pas seulement un immense succès en Italie; elle fut accueillie en outre par les critiques les plus distingués de l'Angleterre et l'Allemagne, comme un véritable événement littéraire, et Gœthe lui-même la traduisit dans sa langue. Il la fit suivre, en 1823, d'une autre tragédie, intitulée *Adelchi*. Dans ces deux ouvrages Manzoni a introduit des chœurs. Ses poëmes de moindre étendue, notamment une ode sur la mort de Napoléon, *Il cinque maggio* (1823), où il nous montre le héros assis entre deux siècles qu'il est destiné à concilier, contribuèrent encore à accroître sa réputation. Mais de tous ses ouvrages celui qui produisit la plus vive et la plus durable impression, ce fut son roman qui a pour titre *I promessi Sposi, storia milanese del secolo XVII* (3 vol., Milan, 1827), où il a décrit d'une manière incomparable la vie du peuple italien dans l'histoire du tisseur en soie Renzo du lac de Côme. La description de l'État de Milan pendant la peste de 1630 forme un épisode extrêmement intéressant de cet ouvrage, que Manzoni a plus tard complétement remanié et corrigé dans une édition publiée à Milan en 1842, et à laquelle il a ajouté en supplément une *Storia della Colonna infame*, où, à l'occasion des exécutions qui eurent lieu à Milan pendant cette peste, il accuse les juges d'avoir poussé la sévérité jusqu'au meurtre.

Voilà déjà longtemps que Manzoni, retiré du monde, vit dans le cercle étroit de sa famille, uniquement occupé à méditer sur les grandes vérités du catholicisme, qui n'a pas de défenseur plus zélé ni plus convaincu, ainsi qu'en témoignent ses *Osservazioni sulla Morale cattolica* (Florence 1835).

MAPPEMONDE (de *mappa*, carte géographique, et *mundus*, monde), carte géographique qui représente tout le globe terrestre. Ordinairement les deux hémisphères y sont placés côte à côte, et représentés par une projection stéréographique sur le plan d'un méridien. L'équateur s'y trouve donc représenté par une ligne droite.

MAQUE. *Voyez* BROYE.

MAQUEREAU, genre de poissons de l'ordre des acanthoptérygiens, famille des scombéroïdes. On observe dans ce genre une singulière anomalie : une partie seulement des douze espèces qu'il renferme est pourvue de vessie natatoire. Le *maquereau commun* (*scomber scombrus*, L.) n'en a pas. Ce poisson, estimé des gastronomes, est remarquable par l'éclat de ses couleurs; mais celles-ci se ternissent rapidement peu de temps après qu'on l'a retiré de la mer. Son corps est fusiforme, sa tête en cône comprimé, et sa queue se rétrécit en pointe jusqu'à la naissance de la nageoire caudale.

Les maquereaux sont des poissons voyageurs; mais leurs migrations ne sont pas encore bien connues : elles offrent des irrégularités dont on ignore les causes, et d'ailleurs on pêche des maquereaux tout le long de l'année dans la Manche.

MAQUIGNON. Jadis on nommait ainsi tous les marchands de chevaux indistinctement; aujourd'hui ce mot ne s'applique guère qu'en mauvaise part, et les dictionnaires prétendent qu'on appelle ainsi ceux qui font métier de tromper les acheteurs. S'il y a plus de tromperie dans le commerce des chevaux que dans aucun autre, c'est que de toutes les marchandises celle-ci est la plus difficile à connaître et celle qui offre le plus de chances de perte.

BAUCHER, professeur d'équitation.

MARA. *Voyez* AGOUTI.

MARABOUT, mot admis dans notre langue et venu presque sans altération de l'arabe *marbouth*, ou *morabeth*, qui signifie sentinelle, cénobite, homme strictement voué aux exercices religieux; ce nom fait au pluriel *morabetheh*, ou *morabethoun*, surnom donné à une race d'Arabes qui, ayant successivement pénétré dans la partie occidentale de l'Afrique, s'étaient enfin établis dans le Saharah, afin de s'isoler des autres tribus musulmanes et de se livrer en toute liberté aux pratiques les plus superstitieuses du mahométisme. Leurs chefs devinrent dans la suite souverains des deux Mauritanies, fondèrent la ville et l'empire de Maroc, et régnèrent même en Espagne (*voyez* ALMORAVIDES). Le nom de *marbouth* survécut à cette dynastie, et signifie encore dans les États Barbaresques un religieux, un anachorète, unique desservant d'une mosquée de campagne ou d'une chapelle sépulcrale, grossièrement construites et appelées aussi *marbouth*.

On a également donné le nom de *marabout* à une sorte de coquemar, composé de fer et de cuivre, qui vient du Levant, et qui, par sa forme peu élégante et sa base fort large, ressemble beaucoup à ces temples rustiques.

Marabout, maraboutin, ou *mezzabout*, est aussi le nom que l'on donnait à la grande voile des galères, supprimée depuis comme embarrassante et inutile.

Enfin, le *maraboutin* était une monnaie d'or, qui eut cours dans le moyen âge, en Espagne, en Portugal, en Languedoc, et au sujet de laquelle de graves discussions s'élevèrent parmi les érudits, au commencement du dix-huitième siècle; mais aucun d'eux ne paraît avoir deviné la véritable étymologie du nom de cette monnaie, qui doit avoir été introduite ou frappée dans la Péninsule sous la domination des *morabethoun* ou *almoravides*. H. AUDIFFRET.

MARABOUT (*Ornithologie*), espèce du genre *cigogne*, qui habite l'Inde, et que caractérisent son bec, très-volumineux, sa mandibule supérieure, légèrement voûtée, sa tête et son cou, nus, et enfin le sac qu'elle porte au bas du cou. De magnifiques plumes, d'un duvet extrêmement moelleux, léger et bouffant, ornent la partie inférieure de la queue de cet oiseau. Ces plumes, longues de 8 à 10 centimètres, et larges de 8 à 14, sont blanches ou d'un gris bleuâtre. C'est pour le recueillir que les habitants des villages de l'Inde élèvent de nombreuses troupes de marabouts. Importées en Europe, elles prennent elles-mêmes le nom de *marabouts*, et les dames en font usage pour orner leur coiffure. Il y a aussi de *faux marabouts*, qui se prennent sur d'autres espèces de cigognes et quelques oiseaux étrangers.

MARAGNON ou MARAÑON. *Voyez* AMAZONES (Fleuve des).

MARAHKA. *Voyez* DONGOLA.

MARAICHER, jardinier qui cultive un *marais*. Ce nom de *marais*, donné indistinctement à tous les jardins consacrés à la culture des légumes dans les environs de Paris, est dû probablement aux premiers potagers établis vers la partie sud-est de cette ville, qui originairement étaient des marécages. La vie du *maraicher* est pénible. Attaché à un champ resserré, il en obtient à force d'activité et de soins industrieux cinq à six récoltes dans la même année. Ses journées entières sont employées à diriger, pousser ou retarder la végétation; une partie de ses nuits à préparer les légumes qu'il doit vendre le lendemain et à les porter au marché. Quoiqu'on ait aussi donné le nom de *maraichers* aux cultivateurs qui fournissent les asperges et les artichauts, et à ceux qui vendent les melons, le céleri, les cardons, etc., leurs travaux diffèrent entièrement de ceux des précédents. Ceux-ci se bornent en général à la culture des plantes d'une croissance rapide et d'un débit journalier, telles que les différentes espèces de salades, le cerfeuil, le persil, les oignons, les poireaux, les choux, les épinards, les choux-fleurs, les carottes de primeur, etc. P. GAUBERT.

MARAIS. Ce mot sert à désigner des terrains couverts d'eaux stagnantes que rendent insalubres les débris d'animaux et de végétaux qui s'y putréfient; il s'applique aussi aux lieux humides et bas, quelquefois submergés, et où l'eau se trouve habituellement à un ou deux pieds au-dessus du sol.

Dans les différentes parties du globe, de vastes contrées, envahies par les eaux stagnantes, offrent l'aspect de la misère et de la désolation. La France dans les temps anciens était entièrement couverte de bois et de marais. La destruction des bois a produit dans beaucoup de lieux le desséchement des marais, et la culture les a convertis en plaines fertiles. Cependant, après des siècles, malgré les progrès de l'agriculture et l'accroissement général de la population, plusieurs provinces conservent encore aujourd'hui ces foyers d'infection et de misère. La Bresse, la Brenne, la Sologne, la Flandre, le Laonnais, la Vendée, les environs de Rochefort, Brouage, Marenne, l'Isère, la Camargue, les Landes, la Gironde, partie de la Touraine et de la Brie, nous offrent de vastes contrées rendues stériles par les marais; et les populations qui habitent au voisinage, faibles, étiolées, misérables, incomplétement développées de corps et d'esprit, vivent peu et d'une vie de souffrance et de langueur.

Quel est donc le mode de formation des marais, la nature de leurs eaux, de leurs fonds, de leurs émanations délétères; quels sont les moyens de s'en préserver; enfin, peut-on détruire ces marais et rendre à la culture quinze à dix-huit cent mille arpents de notre sol; peut-on ainsi restituer la force et la vigueur aux populations qu'empoisonnent chaque année les effluves qui s'en exhalent à l'époque des grandes chaleurs? Des pluies abondantes, les débordements des fleuves et des rivières, sur un plateau bas et encaissé, dans une terre à fond imperméable, sont le plus souvent la cause de la formation des *marais d'eau douce* (Bresse, Sologne, Gironde); l'irruption de la mer dans les hautes marées ou sa filtration amènent la formation des *marais saumâtres* (Marenne, Rochefort).

La composition de leurs fonds varie selon mille circonstances : ici c'est simplement de la terre végétale jointe à quelques débris d'animaux et de plantes en putréfaction; là de la tourbe, du sable fin, des cailloux mêlés ou superposés et presque toujours soutenus par une couche imperméable. La physique et la chimie nous apprennent bien peu sur la composition de leurs eaux. Nous y voyons naître, vivre et mourir une multitude d'animaux et de plantes : pour les marais d'eau douce seulement, la loutre et le rat d'eau; des oiseaux sans nombre, canards, plongeons, foulques, râles, vanneaux, pluviers, bécasses, cigognes, hérons, courlis, etc., y déposent leurs excrétions; plusieurs espèces de poissons les habitent; la couleuvre lisse et la vipère, les raines, les salamandres, les protées, les syrènes, les grenouilles, vertes, rousses, mugissantes, les crapauds, plusieurs espèces de vers, sangsues, lombrics, tubicoles, etc.; quelques coquilles, des myriades d'insectes, voilà pour le règne animal. Les plantes, qui d'ailleurs varient selon la nature des terres et celle des eaux, ne sont pas moins nombreuses : des conferves, des stratiotes, des potamogétons, des nymphæas, des scirpes, des joncs, des carex, etc., fournissent leur part d'éléments à la décomposition putride qui s'opère sous l'influence de la chaleur et de l'humidité. Ce tableau, fort incomplet, des corps qui peuvent altérer la pureté de l'eau des marais suffit pour faire sentir combien son analyse est difficile et tout ce que son usage peut avoir de funeste.

La nature des émanations marécageuses est elle-même peu connue : en effet, les hypothèses que nous avons sur leur nature, l'analyse chimique qui en a été faite, n'ont rien appris d'utile et de pratique. Les *animalcules* de Varron, adoptés par beaucoup de savants, les *influences* DICT. DE LA CONVERS. — T. XII.

sidérales des iatro-chimistes, les *vapeurs sulfureuses et salines* de Paracelse, l'*air natif des marais* de Volta, les différents *gaz* développés par l'agitation de leur fange (acide carbonique, azote, hydrogène carburé, oxygène), l'*oxyde animal* de M. Textoris, ne nous disent pas ce que sont les émanations marécageuses, comment elles sont la cause d'une foule de maladies graves, d'épidémies meurtrières. Nous savons cependant que les émanations marécageuses sont toutes identiques : celles qui produisent la fièvre jaune, la peste aux Antilles, sont de même nature que celles qui nous donnent les fièvres intermittentes, faciles à guérir, de la Touraine (*louam, le houroux, bassée*, etc.). L'observation empirique nous est utile ici : elle nous montre leur action plus ou moins funeste, selon le degré de chaleur et d'humidité, selon la quantité et la nature des corps en putréfaction, selon les dispositions individuelles; elle constate des effets tellement différents, selon les lieux, qu'elle établit trois séries : 1° marais des pays chauds, 2° marais des pays tempérés, 3° marais des pays froids; elle nous avait appris que le voisinage des marais est surtout dangereux le matin et le soir, bien avant que nous eussions une théorie satisfaisante du mode de formation, d'ascension, de chute et de condensation des effluves marécageuses. Les émanations marécageuses, qui pénètrent dans l'économie par la peau, qui les absorbe, par les poumons et par les voies digestives, avec l'air et les aliments, sont la cause d'une foule de maladies : de fièvres continues, intermittentes, rémittentes, d'un caractère plus ou moins grave; de gastrites, de gastro-entérites, de dyssenteries épidémiques, d'inflammations et d'irritations du système lymphatique; enfin, d'obstructions, de dégénérescences des viscères de l'abdomen, d'hydropisie, d'œdème, d'ulcères aux jambes, de phlegmasies chroniques de la peau, etc.

Les moyens les plus efficaces pour nous préserver de l'influence des marais rentrent dans les soins hygiéniques généraux : malheureusement les hommes qui y sont le plus exposés sont rarement à même de s'en tenir loin pendant les heures où les effluves sont le plus dangereuses; ils n'ont ni une nourriture saine, ni une habitation bien aérée, ni des vêtements convenables; ils subissent la loi d'une dure nécessité. P. GAUBERT.

MARAIS (*Législation*). Sous le régime féodal, les seigneurs étaient de droit propriétaires des marais, à moins que l'État, les communes ou les particuliers n'eussent des titres à leur opposer; l'ordonnance de 1669 sur les eaux et forêts leur accordait même, sous le nom de *triage*, le droit de demander la distraction à leur profit du tiers des marais appartenant aux communes, lorsque celles-ci se tenaient pour titre gratuit, et que les deux autres tiers suffisaient à l'usage des habitants. Les lois révolutionnaires des 15 mars 1790, 28 août 1792 et 10 juin 1793, consacrèrent des principes opposés; les communes furent de droit réputées propriétaires des marais, à la condition d'en exercer la revendication dans les cinq ans. Non-seulement le droit de *triage* fut aboli pour l'avenir, mais tous les effets de l'ordonnance de 1669, ainsi que tous les actes réglementaires ou judiciaires qui depuis cette ordonnance, même en cas de procès-verbal, avaient autorisé l'exercice de ce droit, furent révoqués. Tel était encore l'état de la législation en ce qui concerne la propriété des marais.

Dès la fin du seizième siècle on a commencé à s'occuper de leur dessèchement et de leur défrichement. Depuis l'ordonnance de 1599 jusqu'à la loi du 5 janvier 1791, une foule d'ordonnances générales et de règlements particuliers encouragent leur mise en culture. Malgré leur nombre et la différence des époques, ces règlements reproduisent à peu de chose près les mêmes dispositions : ainsi, par exemple, leur principe fondamental est d'accorder à l'entrepreneur des travaux de dessèchement les soins à l'agriculture. Plus rigoureuse encore à l'égard des propriétaires, la loi de 1791 posa le principe de l'expropriation forcée du proprié-

43

taire qui refusait de se charger lui-même de l'opération; l'entrepreneur, obligé seulement de lui payer le prix des marais à dessécher, restait de plein droit maître du terrain. Les évenements politiques, et surtout la difficulté de plier les propriétaires aux rigoureuses dispositions d'une législation tout exceptionnelle, empêchèrent l'exécution de cette loi. Conçue d'après des vues plus habiles et plus praticables, la loi du 16 septembre 1807, qui régit encore la matière, pèche par l'excès opposé : elle conserve toujours au possesseur, même quand il refuse de dessécher lui-même, la propriété de ses marais ; elle n'accorde à l'entrepreneur qu'une indemnité proportionnée à la plus-value résultant du dessèchement : trop préoccupée de ménager l'intérêt du propriétaire, cette loi donne peut-être trop peu à l'industrie et au travail. Quoi qu'il en soit, de grands travaux de dessèchement se sont accomplis et se poursuivent encore sous son empire. Charles LEMONNIER.

MARAIS (*Histoire parlementaire*). Voyez CENTRE, tome V, page 6.

MARAIS (Gaz des). Voyez HYDROGÈNE.

MARAIS PONTINS (*Paludi Pontinæ*, en latin *Pomptinæ paludes*). C'est le nom sous lequel on désigne une contrée marécageuse située au sud de Rome, s'étendant depuis Nettuno jusqu'à Terracine sur les bords de la mer, et longue d'environ 42 kilomètres, avec une largeur variant de 7 à 14 kilomètres. L'origine de ces marais, qu'il ne faut pas confondre avec les Maremmes, se perd dans la nuit des temps. Au rapport de Pline, qui s'appuie sur le témoignage de divers historiens plus anciens que lui, il y avait là dans les premiers âges de la république trente-trois villes, qui ne tardèrent point à disparaître toutes à la suite des dévastations résultant de la guerre, ou encore à cause de l'influence, de plus en plus délétère, des exhalaisons du sol. La plus importante de ces cités était *Pometia*, dont le nom, dit-on, fut donné ensuite par les Romains à toute cette région marécageuse. Il est vraisemblable que ce fut Appius Claudius qui le premier essaya de la dessécher, lorsqu'il y fit construire la voie militaire qui porte son nom. Une tentative analogue fut faite par le consul Cethegus. Jules César se proposait de faire passer le Tibre au milieu de ces marais; mais sa mort l'empêcha de réaliser ce projet. Auguste se borna à y faire creuser divers canaux d'écoulement. Sous les empereurs suivants, les travaux d'assainissement entrepris tombèrent en ruines jusqu'au moment où ils furent repris par Néron. Trajan les continua pendant dix ans avec vigueur, de sorte qu'on réussit à dessécher tout l'espace compris entre Treponti et Terracine et à remettre en état la voie Appienne que l'eau avait fini par couvrir.

Pendant les tempêtes politiques provoquées par l'écroulement de l'empire romain, les Marais Pontins regagnèrent tout l'espace qu'on était parvenu à leur faire perdre. Le roi goth Théodoric essaya de nouveau de les dessécher ; mais les résultats obtenus furent bientôt reperdus. Boniface VIII, mort en 1303, fut le premier pape qui s'occupa du dessèchement de cette contrée marécageuse. Il y fit creuser un grand canal, au moyen duquel on dessécha les environs de Sezze et de Sermonetta. Martin V, en 1417, y fit également exécuter un canal d'une grande étendue et qui porte le nom de *Rio Martino*. Il ne fallait plus que le continuer pendant environ 7 kilomètres de plus pour qu'il atteignît la mer, lorsque la mort de ce souverain pontife vint suspendre indéfiniment ces utiles travaux. Léon X fit don de toute cette contrée à Jules de Médicis, à la condition que celui-ci la dessécherait ; cependant, pendant l'intervalle de soixante-dix ans environ qu'il demeura la propriété de cette maison on n'entreprit à peu près rien pour y changer l'état des choses. Sixte-Quint, mort en 1580, fit bien creuser et entourer de digues un grand canal, appelé *Fiume Sisto*; mais après sa mort tous ces travaux se tardèrent point à tomber en ruines, et le pays à être aussi marécageux qu'il avait pu l'être auparavant. Pie VI de tous les papes suivants fut le seul qui s'occupa des Marais Pontins. Les travaux commencèrent en 1778. Il fit creuser le grand fossé d'écoulement qui porte son nom, *Lineâ Pia*, et ce travail se trouva terminé en 1788. Les opérations d'assainissement furent continuées pendant la domination française; il paraîtrait cependant que l'ancien fond marécageux restera toujours rebelle à la mise en culture. L'air y est toujours extrêmement malsain, notamment à diverses époques de l'année, non pas seulement pour les habitants, mais encore et surtout pour les étrangers. Consultez Prony, *Description hydrographique et historique des Marais Pontins* (Paris, 1823, avec atlas).

MARAIS SALANTS, lieux bas, à fonds argileux, disposés sur les côtes pour recevoir à volonté l'eau de la mer, la faire évaporer et en extraire le sel.

MARAMAROS. Voyez MARMAROS.

MARANHAO ou MARANHAM, l'une des provinces formant l'extrémité méridionale du Brésil, présente une superficie de 23 myriamètres carrés, et compte une population de 105,000 habitants libres et de 112,000 esclaves, non compris de nombreuses tribus d'Indiens indépendants. La côte est plate, et l'intérieur est un pays de collines boisées. La frontière occidentale et méridionale est remplie par la Serra-Mangabeiras et la Serra-Gorguelha, qui avec leurs embranchements séparent le bassin du Tocantin à l'ouest et au sud du Paranahyba, fleuve formant sa limite à l'est, et qui donnent naissance à l'Itapicura, au Maranham ou Miarim et au Pindure, qui se jettent dans l'Océan. Le climat est chaud, mais salubre. Les principaux produits sont le riz, le sucre, le coton, les bois de teinture et de construction, qui forment en même temps les principaux articles d'exportation; plus le maïs, le manioc, les bananes, les ananas, les oranges, etc., le tabac, les plantes médicinales, du sel minéral, du salpêtre et du fer.

Le chef-lieu, MARANHAO ou SAN-LUIZ DE MARANHAO, sur la côte occidentale de l'île Maranhao, et à l'embouchure de la baie du Maranham, appelée aussi baie de San-Marcos ou de San-Luiz, est une ville maritime de 33,000 habitants et le siége d'un évêque. Elle a des maisons bien bâties et de larges rues, plusieurs grandes places, un grand palais du gouvernement, une cathédrale faisant partie de l'ancien collége des jésuites, plusieurs couvents, un collége et divers autres établissements d'instruction publique. Elle exporte surtout du riz, du tapioca ou farine de racine de manioc, du coton, et aussi des peaux, des cornes, des sabots de cheval, du caoutchouc, de la colle de poisson, de la salsepareille, etc. Au commencement de 1855 des gisements aurifères ont été découverts non loin de Maranhao, dans l'agreste vallée de Maracassumée.

MARAÑON. Voyez AMAZONES (Fleuve des).

MARASME (du grec μαραίνω, dessécher), maigreur extrême de tout le corps. Le marasme s'observe quelquefois chez les individus parvenus à une vieillesse très-avancée; il est dans ce cas le résultat naturel de l'affaiblissement progressif des forces vitales. Cet état, qui conduit à la mort, a du moins cet avantage sur le marasme qui accompagne certaines maladies chroniques, la phthisie, les gastro-entérites, qu'il est sans malaise, sans fièvre, sans sueurs abondantes. Mais il est un marasme que le médecin doit s'efforcer de prévenir : une maladie inflammatoire a été énergiquement combattue par les émissions sanguines répétées, par la diète, les débilitants antiphlogistiques ; la convalescence va commencer, et pourtant le malade meurt. Le marasme dans ces circonstances est encore un état différent des deux que nous avons signalés : ici les organes d'élaboration, trop épuisés, n'ont pas pu préparer et fournir à la machine les éléments de stimulation et de vie; aussi le médecin doit-il appliquer les moyens antiphlogistiques selon la force de résistance des individus. P. GAUBERT.

MARASQUIN ou MARASCHINO, liqueur fine d'Italie, qu'on obtient en faisant macérer des noyaux concassés de prunes ou de cerises dans de l'eau-de-vie. Le Marasquin de Zara en Dalmatie et celui de Corse sont surtout célèbres.

MARAT (Jean-Paul). En 1744 naquit à Boudry, dans la principauté de Neufchâtel, un savant, pauvre et laborieux. Il était petit, le corps penché d'un côté, la tête grosse, l'œil inquisiteur et la physionomie sinistre. Ses parents, qui étaient protestants, lui donnèrent une instruction assez étendue. Il parlait et écrivait l'allemand, l'anglais et le français. Il a publié plusieurs ouvrages de littérature, de physiologie et de physique, qui signalent une capacité peu vulgaire. Sa conduite était simple, sa vie casanière; il parvint au titre de médecin des gardes du corps du comte d'Artois. Les états généraux furent convoqués; l'assemblée, se proclamant constituante, ouvrit le grand et terrible drame de la révolution française. Le savant, déjà parvenu à la maturité de l'âge, se précipita dans la carrière qui s'ouvrait devant lui. Orateur de la société populaire de son quartier, il s'y fit remarquer par une étrange audace ; la violence de ses paroles suscitait la sympathie et les applaudissements des sectionnaires. Cette popularité convint à Danton, qui l'appela au club des Cordeliers. Dès lors commence la vie révolutionnaire de Marat.

Dans toutes les révolutions, tout homme qui s'arroge une action quelconque sur le pays choisit la portion de la société à laquelle il veut s'adresser plus spécialement. Comme les autres, Marat fit son choix. De toutes les classes de la société, il adopta la dernière. Il fut dès lors l'ennemi de toutes. Comme il s'était placé au plus bas degré de l'ordre social, tout pour lui fut supériorité, aristocratie, oppression, tout pesait sur sa tête ; Caïn de l'ordre social, il avait tout à maudire : il lança l'anathème sur tout, il appela sur tout la mort et la destruction. Pour cela, il quitte ses études solitaires et le travail paresseux du cabinet ; il se fait révolutionnaire, apôtre populaire, évangéliste de la liberté ; il se jette dans la plèbe, se confond avec elle, s'anime de ses passions, souffre de ses besoins, demande pour elle des droits, des garanties, un joug moins dur, un air plus libre. Il publie *L'Ami du Peuple* ; il a ce courage de chaque jour qui doit suivre jusqu'à la mort la vie orageuse des tribuns. Malouet le dénonce à l'Assemblée constituante, la commune de Paris le poursuit, Lafayette fait investir sa demeure, Danton favorise son évasion, Legendre le cache dans les caves des Cordeliers, la comédienne Fleury lui donne un refuge, le prêtre Bassal lui offre un asile, et, dénoncé, poursuivi, proscrit, sans demeure, il continue la lutte, et la publication de *L'Ami du Peuple* n'est pas interrompue un seul jour. Durant l'Assemblée législative, son audace semble s'accroître. On demande un décret d'accusation, et le côté gauche livre au côté droit Marat, *l'ami du peuple*, parce que le côté droit livre au côté gauche l'abbé Royou, *l'ami du roi*.

Sous la Convention, attaqué par les girondins pour avoir demandé la dictature, il ose leur répondre : « Cinquante ans d'anarchie vous attendent, et vous n'en sortirez que par un dictateur. » Dans le procès de Louis XVI, il demande que ce prince ne soit mis en accusation que sur les faits postérieurs à l'acceptation de la constitution ; et la montagne se soulève contre lui. La puissance législative et judiciaire lui pèse ; il exprime hautement son dégoût pour les fonctions de député. Barrère demande sa mise en accusation ; Lacroix veut qu'il soit traduit au tribunal révolutionnaire ; un décret le frappe : Fouquier-Tinville l'accuse avec respect, le président l'interroge avec des éloges pompeux. Marat ne se défend pas ; il lance l'anathème populaire contre tous ses ennemis ; les jurés l'acquittent par acclamation, et, dans la spontanéité de son enthousiasme, le peuple l'accueille, le presse , l'embrasse, le couronne de chêne et de laurier, et le porte en triomphe au milieu de la Convention, qui vient de le proscrire, et qu'il brave de sa présence et de sa parole, comme il a bravé l'Assemblée législative, comme il a bravé l'Assemblée constituante.

Malade et seul dans un bain, une femme survient et le poignarde, le 13 juillet 1793. Toutes les sections de Paris viennent en masse, en désordre et en désespoir, demander vengeance. David, le plus grand de nos peintres, promet de conserver les *traits chéris du vertueux ami du peuple*, et ce portrait fait mal de beauté, d'expression et de ressemblance. On l'expose avec cette inscription : « Ne pouvant le corrompre, ils l'ont assassiné. » On le compare au Sauveur du monde ; on grave le Christ à côté de Marat, avec cette légende : *Sancte Jésus ! sanéte Marat !* La Convention décrète qu'elle assistera aux obsèques du *martyr de la liberté*. Chénier demande qu'il soit porté au Panthéon, à la place de Mirabeau ; et son cœur, enfermé dans l'urne la plus riche du garde-meubles de la couronne, y est transporté en effet, avec un deuil triomphal ; et Robespierre prononce son éloge funèbre, et le club des Cordeliers lui élève un autel, et le peuple lui dresse un mausolée que chaque jour il couvre de fleurs ; et son buste, promené dans toutes les rues, est placé avec honneur dans toutes les maisons.

Tout est vrai dans ce qui précède, et quel tribun ne voudrait une pareille vie et de telles funérailles, au prix même d'une pareille mort ? Voilà ce qu'on dit chaque jour, à plus de soixante ans d'intervalle, aux jeunes esprits qu'on exalte, aux esprits faibles qu'on séduit, aux esprits ignorants, qui n'acceptent les faits qu'imprégnés de ces passions de parti qui les dénaturent. Oui, certes, Marat fut ainsi ; mais il fut autrement encore ; et l'autre Marat fut tel qu'il effrayait le peuple, les clubs, la Convention, 93 et la terreur même. Voici le revers de la médaille et le monstre tout entier : Nous l'avons dit, Marat était l'homme de la plèbe ; c'était là son peuple, à lui, celui qu'il voulait placer sur la scène politique, introniser comme pouvoir, on susciter comme ouragan sur tous les pouvoirs. La plèbe voit au-dessus d'elle toutes les classes de la société, depuis l'ouvrier, qui vit de sa sueur, jusqu'au millionnaire, que la fortune berce dans son palais. Il devait donc bouleverser la société tout entière. La tentative n'était pas nouvelle ; quelques républiques italiennes en avaient donné l'exemple. Marat, ennemi, par la faction à laquelle il appartenait, de toute espèce de supériorité sacerdotale, nobiliaire ou bourgeoise, vit partout une aristocratie qui s'interposait entre le pouvoir et lui. Aussi, dès son début dans la carrière, ce qui lui pèse, ce qui le gêne, c'est l'Assemblée constituante et cette popularité qui est aussi une aristocratie. Il se hâte de crier contre elle, de signaler ses trahisons et ses tyrannies ; il veut que huit cents députés, Mirabeau en tête, soient pendus à huit cents arbres du jardin des Tuileries. Malouet demande que le calomniateur soit livré aux Mirabeaux. Mirabeau, avec cette hauteur de caractère que le pousse au dédain des ennemis placés trop bas, fait passer à l'ordre du jour. Le grand orateur ne se doutait pas que, tribun d'un peuple, Marat aussi avait un peuple à lui, et que l'anarchiste méprisé succéderait à Mirabeau en popularité, en puissance, à la tribune et au Panthéon.

Sous l'Assemblée législative, Marat demande à Roland les gratifications comme écrivain patriote. La probité de Roland le dédaigne, comme avait fait la hauteur de Mirabeau. Plus tard, ce mépris tue Roland. Danton, plus prévoyant, salarie Marat sur les fonds de son ministère. Alors, bravant le décret qui le frappe, Marat attaque avec fureur Roland, les girondins, toutes les factions qui ne sont pas la sienne ; il provoque l'insurrection du 10 août, et, malgré la pusillanimité qu'on lui reproche, il assiste à cette journée qui brise le trône le plus antique de l'Europe. La monarchie à peine détruite, il se rue sur l'aristocratie ; il demande le massacre de tous les prisonniers, pousse aux assassinats de septembre, réunit et irrite le comité qui les dirige, s'indigne de cette pusillanimité qui s'effraye du crime et qui laisse échapper quelques victimes des mains du bourreau. Il écrit, il signe, il publie une circulaire qui invite, au nom du salut public et des dangers de la patrie, tous les départements à massacrer les prisonniers politiques ; il veut qu'aucun n'échappe, et qu'on soit partout sans justice et sans pitié. Il publie alors un projet de constitution, et le démagogue proclame que *la monarchie est le seul gouvernement qui convienne à la France*. Il fait afficher dans les rues de Pa-

43.

ris un placard par lequel il demande au duc d'Orléans un salaire pour les services qu'il prétend lui avoir rendus. Il paraît à peine à la Convention, et les girondins l'attaquent; ils demandent son expulsion : ils ne veulent pas siéger à côté d'un homme qui provoque à tous les attentats, et qui est tout souillé du sang versé dans les journées de septembre. L'anarchiste ne s'effraye ni de l'accusation ni du crime, et son infamie audacieuse ose faire l'apologie de ces effroyables assassinats. Il provoque au meurtre de tout ce qui s'élève au-dessus de lui, et, lassé de ces provocations isolées, il résoud de proscrire en masse, et demande deux cent soixante-dix mille têtes. Il veut en finir d'un coup avec ce qu'il appelle l'aristocratie.

La Convention, la montagne même, s'indignent de ces sanglantes folies; et Marat accusé, ne reculant jamais devant l'opprobre et le crime, ose répondre : « Si vous ne m'accordez les têtes que je demande dans la justice, le peuple, indigné, en fera tomber bien d'autres dans sa fureur. » Il demande le jugement ou plutôt la mort de Louis XVI; il réclame l'appel nominal pour que le peuple connaisse les lâches et les traîtres; il voue à l'exécration les conventionnels qui osent parler d'appel au peuple. Il provoque au pillage de toutes les boutiques d'épicier, demande de grandes mesures, et, après avoir invoqué l'inviolabilité de la représentation nationale pour le duc d'Orléans, décrété d'arrestation, il veut qu'on mette à prix la tête de Dumouriez et celle du duc de Chartres, depuis Louis-Philippe, qui viennent de quitter l'armée et la France. Il prélude au 31 mai par une provocation à l'insurrection et au massacre des traîtres, monte à l'horloge de l'hôtel de ville, sonne le tocsin, et y appelle la commune et la populace sur la Convention. Les vingt-deux girondins sont proscrits : soit effroi, soit vengeance, la Convention attend qu'on lui désigne de nouvelles victimes pour les livrer au bourreau. Marat déclare que la justice et la France sont satisfaites, et que la proscription doit s'arrêter. Fatigué de tyrannie et désaltéré de sang humain, le monstre, ivre ou fou, s'arrête. Il refuse du sang. Le sien va couler.

Charlotte Corday, un poignard et une femme font ce que la Constituante, la Législative et la Convention ont tenté vainement pour l'honneur des assemblées politiques, ont tenté que la France n'a osé faire pour la gloire du pays ! Le monstre que les lois, l'autorité, la force publique, n'ont pu livrer au bourreau, la Providence le livre à une femme. Elle paye de sa tête le sang qu'elle a répandu. Mais le peuple se réveille enfin de sa longue ivresse; ce délire de sang a son terme. Une justice tardive succède à une longue vengeance ensanglantée. Ce temps de terreur, qui a été l'opprobre de la France, ces hommes de terreur, qui ont été la honte du genre humain, tout finit en un seul jour. Dès lors Marat devient un objet d'horreur. Son portrait est enlevé de la salle de la Convention, son effigie brûlée dans la cour des Jacobins, ses restes enlevés du Panthéon et jetés dans l'égout de la rue Montmartre; et la justice du monde pèse depuis plus de soixante ans sur le nom, sur la mémoire odieuse et ensanglantée de Marat. J.-P. Pagès, de l'Ariège.

MARATHON, bourg situé sur la côte orientale de l'Attique, appelé aujourd'hui *Marathona*, ou qui, suivant Leake, occupait l'emplacement du bourg appelé aujourd'hui *Vrana*, est célèbre par la glorieuse victoire que les Grecs, commandés par Miltiade, y remportèrent sur les Perses, l'an 490 av. J.-C. Leake, dans ses *Demes of Attica*, et Finlay, dans sa dissertation *On the Battle of Marathon*, insérée dans les *Transactions of the Society of Literature* (Londres, 1839), ont donné récemment une description exacte et détaillée du champ de bataille, avec l'indication des positions respectives des deux armées.

MARATTES. *Voyez* Mahrates.

MARATTI ou MARATTA (Carlo), généralement considéré comme le dernier peintre de l'école romaine, naquit en 1625, à Camunaro, dans la Marche d'Ancône, et apprit son art dans l'atelier du peintre bolonais Sacchi, l'un des élèves de l'Albane, en prenant surtout pour modèles les œuvres de Carrache et des Guido, jusqu'au moment où il s'enthousiasma complétement pour Raphaël. Il mourut à Rome, en 1713, après avoir parcouru la carrière la plus brillante et la plus productive. Au total, c'était un idéaliste terre à terre, mais il avait infiniment de goût, et il eut se préserver des excès dans lesquels tombèrent beaucoup d'artistes de son temps. La restauration exacte et soignée des fresques de Raphael au Vatican est peut-être sa meilleure œuvre. Sa fille, *Faustina* Maratti, se fit un nom en poésie, et avait épousé le poëte Zappi.

MARAUDE, MARAUDEUR, MARAUDAGE. Le mot *maraude* dérive de celui de *maraud*, terme de mépris, synonyme de mauvais sujet, de fripon, d'homme enclin au pillage. Sous le régime de la féodalité, au temps où l'administration manquait d'ordre, de caractère et d'énergie, le soldat ne vivait que de la part qui lui revenait du butin fait sur l'ennemi. Ce qui n'avait d'abord été que la conséquence du droit de conquête devint ensuite une habitude, que l'appât du gain forfifia et changea bientôt en brigandage, en désordre complet. Alors le pillage ne fut plus considéré que comme une action légale. Les chefs eux-mêmes se mirent à la tête d'expéditions illicites, dans l'unique but d'acquérir des biens et des richesses. La maraude et le vagabondage des soldats devinrent des délits militaires, dès que les lois de la discipline régirent les armées et qu'une organisation régulière assura leur existence. Alors les règlements défendirent expressément la maraude; des peines afflictives et infamantes furent appliquées à toute espèce de pillage exécuté sans ordre chez l'habitant des villes et des campagnes; et le soldat pris en flagrant délit par le prévôt de l'armée était pendu sur-le-champ. Ces exemples, trop rigoureux sans doute, n'arrêtèrent cependant pas la maraude, soit imprévoyance des administrations chargées d'assurer les besoins de l'armée, soit habitude ou goût, elle continua ses déprédations et ses ravages.

Pendant nos guerres de la révolution, le soldat manquant quelquefois d'objets nécessaires à ses premiers besoins, les chefs se virent souvent forcés de tolérer la maraude. Cette condescendance, toute faible qu'elle puisse paraître, prévint des désertions, des actes d'insubordination et la désorganisation complète des corps. Sous le consulat et l'empire, de nouvelles dispositions furent mises en vigueur contre la maraude, qui avait dégénéré en pillage. Elle fut divisée en trois classes, sous le rapport de la pénalité : la maraude simple, punie de la prison et de l'exposition ; la maraude avec récidive, frappée de cinq ans de fers, et la maraude à main armée, qui encourait huit ans de la même peine.

On donne le nom de *maraudeur* à celui qui se livre à la maraude. Pendant les dernières guerres du premier empire, les peines portées contre ce délit ne diminuèrent pas le nombre des maraudeurs. On donna indistinctement le nom trivial de *fricoteur* aux hommes restés en arrière de leur corps dans le dessein de marauder et à ceux que les fatigues d'une longue marche forçaient souvent à voyager isolément, en attendant qu'un caisson d'artillerie ou tout autre moyen de transport s'offrît à leurs membres engourdis et malades.

Le mot *maraudage* s'applique à l'action de marauder, d'aller à la maraude. Sicard.

MARAVEDI, ancienne monnaie espagnole; c'était dans les premiers temps du moyen âge la dénomination du poids d'après lequel on répartissait entre les soldats le butin fait sur les Maures (*Morobotin*). Le maravedi fut introduit en Espagne comme monnaie par les Maures, mais on ignore quelle en était la valeur précise à l'époque la plus reculée. Les premiers *maravedi* étaient des monnaies d'or et d'argent; et c'est en 1474 qu'on frappa pour la première fois des maravedis de cuivre, dits *maravedi de vellon*. Jusqu'en 1848 il a continué d'en être ainsi.

Le réal de cuivre (*real de vellon*), monnaie d'argent, contenait 34 *maravedi*, dont chacun équivalait à un peu plus de 1 centime ⁴/₅ de France; et le *maravedi de vellon* était divisé en 2 *blancas* ou en 10 *dineros* de Castille. Le *maravedi de plata*, ou maravédi d'argent, était jadis une monnaie de convention, équivalant à 1 ¹⁵/₁₇ *maravedi de vellon* ou à ¹/₃₄ *real de plata*; mais on en frappa ensuite en cuivre, et comme monnaie réelle il reçut le nom d'*ochavo*. Sa valeur était de 2 *maravedi de vellon* ou de ¹/₁₇ de *real de vellon*, ou encore de 20 *dineros* de Castille. Il existait dans certaines provinces, et comme monnaie de compte, des maravedis différant des données ci-dessus. Depuis la nouvelle législation des monnaies qui est en vigueur en Espagne, le *maravedi* a été complétement supprimé. On frappe aujourd'hui des *nouveaux réaux* (monnaie d'argent), divisés en 10 *décimes*, lesquels décimes sont aussi divisés en *demi-décimes* et frappés en cuivre.

MARAVIGLIA. *Voyez* MIRAVIGLIA.

MARBOD ou MAROBOD, roi des M a r c o m a n s, servit tout jeune encore dans les armées romaines et eut ainsi occasion de s'initier à la connaissance de la tactique militaire et de la politique des Romains. Lorsqu'il fut de retour au sein de sa nation, peu après la naissance de J.-C., il lui fit abandonner les contrées riveraines du Main, qu'elle avait jusque alors habitées, et la conduisit dans le pays qu'on appelle aujourd'hui Bohême, où il fonda un puissant État, auquel se rattachèrent bientôt, à titre de confédérés, bon nombres d'autres peuples germains. Inquiets pour leurs possessions situées sur les bords du Danube, les Romains préparaient déjà en l'an 6 de J.-C. une expédition contre Marbod, qui entretenait une armée permanente de 70,000 combattants et de 4,000 cavaliers; mais la révolte des Illyriens et des Pannoniens les contraignit d'y renoncer, et Tibère conclut la paix avec lui. La puissance à laquelle parvint Marbod dépassa les limites dans lesquelles l'autorité des princes était d'ordinaire contenue chez les nations germaines, et leur sembla compromettre leur indépendance. Il en résulta, en l'an 17, entre H e r m a n le Chérusque et Marbod, une guerre dans laquelle les Longobards et les Semnons se séparèrent de ce dernier; et après une bataille restée indécise, il se retira dans ses possessions. Il implora alors inutilement l'assistance des Romains, et en l'an 19 D r u s u s, fils de Tibère, réussit à lui susciter des ennemis parmi ses sujets. Le Goth Catualda, qui autrefois avait dû fuir devant sa puissance, se vengea alors, et le contraignit à aller demander un refuge aux Romains. Tibère lui assigna pour séjour Ravenne, où il mourut, dix-huit ans après. Catualda, lui aussi, expulsé par les Hermundures, ne tarda point à se voir forcé de demander asile aux Romains, et mourut à *Forum Julii* (aujourd'hui Fréjus), dans la Gaule Narbonnaise.

MARBOIS (BARBÉ DE). *Voyez* BARBÉ DE MARBOIS.

MARBOURG, chef-lieu de la province de la Hesse supérieure, dans la Hesse Électorale, situé sur les deux rives de la Lahn, et siége d'une université, compte 9,000 habitants. La plus grande partie de cette ville forme une suite de terrasses qui vont en s'abaissant toujours jusqu'aux bords de la rivière, dont la rive droite est dominée par un vaste et antique château, et sur la rive gauche de laquelle se trouve une station du chemin de fer du Main au Weser. Deux grands ponts mettent en communication les deux parties de la ville, qui par sa situation élevée, par ses grandes et vieilles églises, par ses édifices publics et par la beauté du paysage qui l'encadre, offre le plus charmant coup d'œil. L'université fut fondée en 1527, par le landgrave Philippe le Magnanime, qui la dota avec les biens confisqués aux ordres religieux. Elle ne compte guère chaque année que 300 étudiants, dont la plus grande partie vient surtout y étudier la médecine et les sciences naturelles. Elle possède une bibliothèque de 112,000 volumes.

MARBOURG, chef-lieu du cercle du même nom, dans le duché de Styrie (empire d'Autriche), sur la rive gauche de la Drave, est une ville de 5,000 âmes.

MARBRE, pierre calcaire, compacte et dure, mais que le fer peut rayer, et dont les variétés très-nombreuses, classées en minéralogie parmi les sels terreux, y sont spécifiées sous le nom de *chaux carbonatée*. Composées de c h a u x et d'acide carbonique, si elles sont fortement chauffées, elles donnent pour la plupart de la chaux vive. Le ciment si dur et si liant des anciens en était formé. Le marbre se reconnaît à son effervescence avec l'acide nitrique; cette pierre calcaire s'étage par bancs immenses et épais, et va jusqu'à former à elle seule une montagne entière, ou s'alterne de couches de granit. Dans plusieurs de ces variétés, comme dans le marbre statuaire antique, la phosphorescence est une de leurs propriétés; en d'autres, le feu de scintillation sous le choc du briquet, et en quelque-unes l'effervescence lente. Le nombre des marbres est infini, ainsi que la combinaison de leurs taches, de leurs veines et de immenses sur la croûte du globe, dont ils composent une grande partie; plus ils se rapprochent de la cime des monts, où ils forment des plateaux de 3,000 mètres d'élévation, plus ils sont compactes et susceptibles de prendre un beau poli, plus ils ont d'homogénéité, plus ils sont estimés. D'innombrables parcelles de mica et de grenat scintillent dans certains marbres, ce qui valut à cette pierre calcaire le nom de μάρμαρος chez les anciens, du grec μαρμαίρω, je brille.

Presque toutes les chaînes de montagnes fournissent du marbre; l'Espagne, les Pyrénées et l'Italie surtout abondent en riches gisements de pierres. Les belles couleurs, les veines, les taches des marbres sont le produit de substances étrangères qui se sont infiltrées originairement dans la pâte calcaire, telles que des sulfures de fer, des bitumes, des pyrites de cuivre, des veines de manganèse, de plomb, de zinc, de malachite, etc., etc. Ainsi, les marbres noirs, par exemple, répandent l'odeur du bitume auquel ils ont emprunté leur triste couleur, réservée aux tombes et aux inscriptions. Les marbres dont la nature a formés de pierrettes, de mosaïques de toutes couleurs, de toutes nuances, veines ou taches, dont les contours sont limités et anguleux, et qui sont comme collés et cimentés ensemble, s'appellent *b r è c h e s*. Il y en a de plusieurs sortes. Ce sont les plus difficiles à imiter par le marbre artificiel qu'on nomme *s t u c*. Les *marbres lumachelles* se reconnaissent aux nombreux fragments de coquilles qu'ils renferment, et qui se dessinent ordinairement en blanc sur un fond gris ou noir. Le marbre recherché des sculpteurs est celui que la minéralogie désigne sous le nom de *chaux carbonatée saccharoïde*, parce que sa texture grenue et brillante à l'aspect du sucre. Pas un débris de corps organisé ne s'y trouve et n'en altère la pureté. Cette pierre, souvent d'un blanc de lait, dont l'appellation est *marbre salin, marbre blanc, marbre statuaire*, appartient exclusivement aux terrains de cristallisation, est d'une formation contemporaine à celle des gneiss, des porphyres. Dans l'antiquité, ces marbres étaient *lychnites*, du mot grec λύχνος (lampe), à cause de la pure transparence de cette pierre, ce furent Paros, Naxos, Tenos, Thasos, Lesbos, Chio, dans l'Archipel, le mont Pentalès près d'Athènes, et l'Hymète, qui y touche, la Proconèse dans la mer de Marmara, les carrières de marbre d'Arabie, dont les blocs sont aussi blancs que la neige, qui fournirent ces marbres dits antiques, dans lesquels furent taillées ces figures gracieuses ou redoutables des dieux de l'olympe grec. Les marbres de Carrare et de Luni en Italie surpassent en blancheur celui de Paros.

On nomme *marbres antiques* ceux dont les carrières ne sont plus connues ou exploitées. Le bleu turquin antique venait de Mauritanie; l'Égypte fournissait un marbre strié de larges bandes onduleuses, blanches et vertes, micacées; ces carrières ne sont plus connues. C'est de marbre blanc que sont revêtues les galeries longues et étroites de la grande pyramide d'Égypte; cette contrée avait aussi des carrières de marbre noir et jaunâtre. Le marbre de Laconie, tiré du promontoire Ténare (aujourd'hui cap Matapan), était vert; celui d'Afrique, aux environs de Carthage, rouge; celui de

Phrygie tacheté, celui d'Éthiopie jaune-clair comme le vieil ivoire. Scaurus, édile, fit transporter toutes taillées à Rome 360 colonnes de marbre étranger, magnifique soutien de son fameux théâtre. On trouva à Herculanum des battants de porte tout entiers en marbre. On est étonné de voir en Europe, l'Italie exceptée, un si petit nombre d'édifices et de palais construits avec cette pierre vraiment royale, vraiment digne des pompes de l'Orient. Le Piémont, la Saxe, la Bohême, la Norvège, la Suède, l'Angleterre, abondent en blocs de cette belle pierre, et elle gît sans honneur dans les flancs obscurs de leurs montagnes : c'est un avis aux monarques. Ce n'est point ainsi qu'en agissait Auguste, disant dans sa magnificence : « J'ai pris une Rome d'argile, je laisserai une Rome de marbre. »
DENNE-BARON.

MARBRE (Table de), nom donné à trois juridictions qui siégeaient au palais. La grande salle où elles s'assemblaient était occupée par une grande table de marbre, destinée aux banquets royaux, et autour de laquelle se plaçaient les juges. Ces trois juridictions étaient 1° la connétablie et maréchaussée de France; 2° l'amirauté ; 3° la réformation générale des eaux et forêts. Cette dernière, la plus considérable par le nombre et l'importance des causes, était spécialement appelée la chambre de la table de marbre; elle se composait d'un président à mortier, d'un nombre déterminé de conseillers de la grand'chambre, auxquels se joignaient les magistrats attachés particulièrement à cette juridiction. La table à laquelle elle devait son nom fut détruite lors du grand incendie du palais en 1618. Mais la chambre des eaux et forêts conserva son premier nom jusqu'à la suppression du parlement.
DUFEY (de l'Yonne).

A diverses fêtes de l'année, les clercs du palais, dits clercs de la basoche, se réunissaient sur la table de marbre placée dans la grande salle, en face de la chapelle qu'avait fait faire Louis XI, en 1477, pour y représenter les farces, les soties, les moralités. Cet usage peut donner une idée de la surface de la table en question, « qui portait tant de longueur, de largeur et d'épaisseur, qu'on tient que jamais il n'y eut de tranche de marbre plus épaisse, plus large, ni plus longue », Des sujets pris dans les événements de l'époque, quelques critiques et quelques moqueries, étaient ordinairement les thèmes des basochiens. Ce qui prouve la direction générale de leur esprit frondeur et narquois, ce sont différents arrêts du parlement. Un, qui date du 15 mai 1476, défend aux clercs de jouer publiquement au Palais ou ailleurs, sous peine de bannissement et de confiscation de biens. On reconnut bientôt que cette menace intimidait peu ceux qu'elle voulait atteindre, car l'année suivante, L'Éveillé, roi, non héréditaire, mais électif, de la basoche, résolut de donner aux manants et bourgeois de Paris une représentation sur la table de marbre : aussitôt nouvel arrêt, du 19 juillet 1477, qui menace du fouet la majesté récalcitrante. En mai 1486 les clercs jouent une farce dont les sarcasmes blessent tellement Charles VIII et les siens, que quatre des principaux acteurs sont appréhendés au corps et jetés en prison, d'où ils ne sortent que grâce à l'évêque de Paris, qui les réclame comme ses justiciables. Sous Louis XII, le théâtre de la basoche reprit faveur. Vainement les courtisans voulurent émouvoir la colère du père du peuple, en l'assurant que l'audace des clercs, s'attaquant à sa personne sacrée, la représentait sous les traits de l'Avarice : « Il faut, répondit le prince, que les jeunes gens passent leur temps : je leur permets de parler de moi et de ma cour, mais non pourtant déréglément, et surtout qu'ils ne parlent pas de ma femme, de quelque façon que ce soit; autrement, je les ferai tous pendre (Brantôme). »

Après la mort du bon roi, défense fut faite aux basochiens, par arrêt du 2 janvier 1516, de représenter des pièces dans lesquelles il serait fait mention des princes et princesses. Plus tard, s'apercevant que les malins acteurs trouvaient moyen, sous le voile de l'allégorie, de se donner encore quelques libertés, on leur défendit par un nouvel arrêt du parlement, du 23 janvier 1538, de représenter sur la table de marbre, ou d'y prononcer les choses rayées. C'était là un commencement de censure : pauvre table de marbre, adieu tes vieilles franchises ! En 1540, ordre au roi de la basoche et à son chancelier de communiquer toutes les pièces avant la représentation. Nous ne pouvons mieux terminer cet article qu'en renvoyant nos lecteurs au chapitre d'introduction du roman de Notre-Dame de Paris : ils auront le plaisir d'assister là, autour de la table de marbre, à une représentation pleine de mouvement, de couleur et d'originalité.
A. GENEVAY.

MARBRES D'ARUNDEL. Voyez ARUNDEL (Marbres d').

MARBRES D'ELGIN. Voyez ELGIN (Marbres d').

MARC, poids de huit onces dans notre ancien système. Il valait donc la moitié d'une livre, soit 244^{gr},754. C'est de là que la livre prenait le nom de livre poids de marc. Supprimé chez nous depuis l'adoption du système métrique, le marc a été conservé dans d'autres pays. Ainsi, en Allemagne, on se sert du marc de Cologne (233^{gr},760) et du marc de l'association douanière (233^{gr},855); en France le Danemark vaut 235^{gr},389; celui d'Espagne, 230^{gr},043 ; le marc ancien de Hollande, 246^{gr}, 080; le marc de Madère, 229 ^{gr},250 ; celui de Prusso, 533 ^{gr},855 ; celui de Saxe, 233^{gr},452; celui de Wurtemberg, 233^{gr},901. De plus, certaines villes ont des marcs qui servent particulièrement de poids pour l'or et l'argent.

Plusieurs monnaies ont porté et d'autres portent encore le même nom. Ces dernières se subdivisent toutes en 16 shillings de 12 deniers. Ce sont le marc danois de 1776, valant 0 fr. 94 ; le marc lubs ou de Lubeck (1fr. 53) ; le marc courant de Hambourg, monnaie réelle, équivalant au marc de Lubeck, et le marc banco de la même ville, monnaie de compte, valant 1 fr. 88.

Partager une somme au marc le franc entre plusieurs personnes, c'est donner à chacun une part proportionnelle à sa créance ou à la somme qu'il a intérêt dans une affaire.

On nommait autrefois marc d'or certaine finance que le titulaire d'un office payait au roi avant d'en obtenir les provisions.

Marc signifie aussi ce qui reste des fruits ou des herbes dont on a extrait le jus par la pression, ou que l'on a fait bouillir : ainsi, l'on dit du marc de raisin, du marc de café.

MARC (Saint), un des quatre évangélistes, converti à la foi après la résurrection de Jésus-Christ, fut l'interprète et le disciple de saint Pierre. On croit que c'est lui que l'apôtre appelle son fils spirituel, parce qu'il l'avait engendré à Jésus-Christ. Lorsque saint Pierre alla à Rome pour la seconde fois, Marc l'y suivit. C'est là qu'il composa son Évangile, à la prière des fidèles, qui lui demandaient de leur écrire ce qu'il avait appris de la bouche du prince des apôtres. On est fort divisé sur la langue qu'il employa. Quelques-uns soutiennent qu'il se servit du grec; d'autres veulent qu'il ait eu recours au latin. Ceux-ci trouvent son style plein de locutions hébraïques et latines : ce qui les porte à croire qu'il aurait été Juif, et aurait écrit en latin. On montre à Venise quelques cahiers qu'on prétend de sa main. La question serait bientôt décidée si l'on pouvait lire le manuscrit et en prouver l'authenticité ; mais, outre qu'il est tellement détérioré par le temps qu'à peine on en peut distinguer une seule lettre, il faudrait encore prouver que c'est véritablement l'original de saint Marc. La conformité qui existe entre l'Évangile de saint Marc et celui de saint Matthieu a fait présumer que le premier n'était que l'abrégé du second ; mais, quoique l'auteur emploie souvent les mêmes termes, rapporte les mêmes histoires, et relève les mêmes circonstances, il y a cependant entre eux assez de différence pour qu'on puisse douter si saint Marc avait lu l'Évangile de saint Matthieu lorsqu'il composa le sien. Bien plus, du temps de saint Jérôme , le dernier chapitre de l'Évangile de saint Marc, depuis le verset 9, ne se trouvait dans aucun exemplaire grec. Malgré tout, l'Église n'en a jamais contesté l'authenticité, reconnue de longue date par saint Irénée et par plusieurs autres Pères. Leur opinion constante a été que cet évangéliste alla prêcher dans la Pentapole et l'Égypte, entre l'an 40 de J.-C. et l'an 60, et qu'il fonda l'église d'Alexandrie, dont il fut le premier évêque. Les circonstances de sa mort sont incertaines et fabuleuses. On prétend néanmoins qu'il fut martyrisé par les idolâtres sept ans après son élévation à l'épiscopat, et qu'en 310 on bâtit sur son tombeau une église où l'on voyait encore ses reliques au commencement du huitième siècle. Depuis, la croyance s'est établie que les Vénitiens les ont transportées dans la chapelle du doge, et la reine de l'Adriatique se flatte encore de les posséder.

La liturgie portant le nom de saint Marc, encore en usage parmi les Coptes, est l'ancienne liturgie de l'église d'Alexandrie, fondée par cet évangéliste.

MARC (Saint), successeur du pape Sylvestre Ier à la chaire de saint Pierre, le 16 janvier 336, mourut le 7 octobre de la même année, et fut remplacé par Jules Ier. On lui attribue une *Épître* adressée à saint Athanase et aux évêques d'Égypte, que de sévères critiques rejettent comme apocryphe.

MARC, gnostique du deuxième siècle, disciple de Valentin et chef de la secte des Marcosiens. Cet hérésiarque eut une grande influence sur son époque, et exerça surtout son prestige sur les femmes : les plus belles et les plus riches l'admiraient et l'aimaient ; il les jetait dans des transports et des délires prophétiques, que renouvelèrent plus tard les convulsionnaires. Lui-même savait faire des miracles; ainsi il changeait en sang le vin qui sert au sacrifice de la messe. Il profitait de l'enthousiasme de ses belles prosélytes pour leur persuader que la source de la grâce était en lui, et qu'il la communiquait dans toute sa plénitude à celles sur qui il voulait la répandre. On le croyait, et il communiquait la grâce par les moyens qui lui convenaient.

MARC-ANTOINE, célèbre orateur romain, d'une famille illustre, se distingua au barreau, dans l'administration publique et dans la guerre ; mais ses plus beaux triomphes furent ceux du Forum. Il fut questeur en Asie, préteur en Sicile, proconsul en Cilicie, consul à Rome, en 99 av. J.-C., et enfin censeur. Marius, dont il s'était déclaré l'ennemi, le fit assassiner, et exposa sa tête sur la tribune aux harangues. Marc-Antoine fut le grand-père du célèbre triumvir.

MARC-ANTOINE, triumvir. *Voyez* ANTOINE (Marc-).
MARC-ANTOINE, graveur. *Voyez* RAIMONDI.
MARC-AURÈLE (MARCUS ANNIUS AURELIUS ANTONINUS), désigné aussi sous le nom d'Antonin le philosophe, empereur romain (161-180 après J.-C.), monta sur le trône en l'an 161, après la mort de son père adoptif, *Antonin le Pieux*, dont il avait épousé la fille, la trop fameuse Faustine. Il partagea volontairement le pouvoir avec Lucius Verus, son frère adoptif, qu'il nomma césar et auguste, et à qui il donna en mariage sa fille Lucilla. Élevé et instruit par Sextus de Chéronée, petit-fils de Plutarque, par l'orateur Hérode d'Athènes, et par le jurisconsulte Lucius Volusius Mecianus, il était devenu savant, et avait surtout pris goût à la philosophie des stoïciens. Tandis que ses généraux, Statius Priscus, Avidius Cassius, Marcius Verus et Fronto battaient les Parthes, subjuguaient l'Arménie, la Médie et la Babylonie, et pendant qu'ils détruisaient la grande et importante ville de Séleucie sur le Tigris, Marc-Aurèle concentrait son attention sur Rome même et sur les Germains. La capitale de l'empire souffrait de la peste, de la famine et d'une inondation causée par un débordement du Tibre ; et il s'efforça d'atténuer les suites de ces fléaux, en même temps qu'il repoussait et châtiait les Germains, dont les fréquentes irruptions répandaient l'inquiétude dans les provinces de l'empire limitrophes de leur territoire. Marc-Aurèle s'attachait aussi à moraliser les populations de l'empire en donnant de meilleures bases à l'administration de la justice. La guerre des Parthes terminée, les deux empereurs firent leur entrée triomphale à Rome, et prirent l'un et l'autre le surnom de *Parthicus*. Mais une peste effroyable, rapportée par l'armée d'Orient dans tous les pays qu'elle avait traversés, ne tarda point à troubler les joies de ce triomphe ; et à ce fléau vinrent encore se joindre des tremblements de terre, des inondations, et une insurrection générale chez tous les peuples voisins des frontières de l'empire depuis la Gaule jusqu'à la mer Noire. Une guerre contre les Marcomans, qui se prolongea pendant huit ans, avec des alternatives de revers et de succès, et pendant la durée de laquelle Lucius Verus mourut, en l'an 169, absorba ensuite toute l'activité de l'empereur ; et en l'an 174, les barbares ayant pénétré jusqu'en Italie, le prince, dont le trésor était épuisé, fut obligé de vendre ses objets les plus précieux. Toutefois la victoire ne tarda pas alors à revenir sous ses drapeaux. En l'an 178, pendant qu'il guerroyait contre les Quades, s'étant trouvé entouré par l'ennemi sous les murs de la ville de Grän, il eut à subir les plus cruelles privations, faute d'eau (*voyez* LÉGION FULMINANTE). A ce moment, il s'éleva un violent orage ; une pluie abondante rafraîchit l'armée; les Quades furent battus, et comme eux, les Marcomans ainsi que les autres barbares implorèrent la paix. La révolte d'Avidius Cassius, gouverneur de la Syrie, qui s'était emparé de l'Égypte et des contrées situées en deçà du Taurus, empêcha l'empereur de poursuivre ses succès en Germanie; mais il n'était pas encore arrivé en Asie, que le chef de la révolte avait péri égorgé par ses propres partisans. Marc-Aurèle pardonna à tous ceux qui s'étaient compromis dans cette levée de boucliers, entra en triomphe à Rome, et s'occupa de nouveau des intérêts généraux de l'empire, jusqu'au moment où de nouvelles attaques des Marcomans le forcèrent à marcher contre eux avec son fils Commode, que dès l'an 186 il avait associé à l'empire. Il les vainquit, mais il tomba malade à Sirmium, et s'en vint mourir, en l'an 180 de notre ère, à Vindobona (Vienne). Le sénat fit élever en son honneur une colonne.

Marc-Aurèle fut l'un des plus remarquables empereurs qu'ait eus Rome, quoique sa philosophie et l'élévation naturelle de son caractère ne l'aient point empêché de commander la persécution des chrétiens en Gaule. On a de lui un ouvrage en langue grecque, intitulé : *Réflexions morales*, dans lequel il se montre partisan de la philosophie stoïcienne. Il a été traduit dans presque toutes les langues, et même en persan par M. de Hammer (Vienne, 1831). C'est l'un de ces livres-codes de morale qu'on connaisse. En 1819, l'abbé Mai découvrit dans un palimpseste de la bibliothèque du Vatican et publia à Rome une correspondance de Marc-Aurèle avec Fronto, et quelques lettres qui se trouvent dans la *Vie* d'Avidius Cassius et de Pescenius Niger, de Spartien.

MARCEAU (FRANÇOIS-SÉVERIN DESGRAVIERS), général républicain, naquit à Chartres, en 1769, d'un greffier au bailliage criminel de cette ville. Son père l'avait destiné à l'étude des lois; mais ses inclinations militaires ne lui permirent pas de suivre longtemps cette carrière A quinze ans il s'engageait dans le régiment de Savoie-Carignan, et était bientôt nommé sergent. De retour par congé dans sa ville natale, il se trouvait à Paris quand la révolution de 1789 éclata, et marcha, le 14 juillet, à la tête de l'avant-garde de la section de Bon-Conseil. Revenu à Chartres, il s'enrôle dans le 1er bataillon de volontaires d'Eure-et-Loir, et en est élu commandant par ses camarades. Il fait partie ensuite de la garnison française enfermée dans Verdun, assiégé par les Prussiens, et se voit obligé, comme le plus jeune, d'apporter au roi de Prusse les clefs de la place et une capitulation qu'il désavoue. De là il passe en Vendée comme lieutenant-colonel de la légion germanique, est dénoncé comme complice de Westermann par le conventionnel Bourbotte, mais acquitté par le tribunal révolutionnaire de Tours.

Bientôt, marchant au secours de Saumur, attaqué par les royalistes, il rencontre ce même Bourbotte, entraîné par une troupe de Vendéens, fond sur eux, le délivre et lui donne son cheval pour s'éloigner.

Général de brigade à vingt-deux ans, il prend par *intérim* le commandement en chef, et, chargeant lui-même à la tête de ses bataillons, enfonce l'ennemi et, secondé par Kleber, gagne la terrible bataille du Mans, où périssent 10,000 républicains et 20,000 chouans. Dans la chaleur de l'action, une jeune Vendéenne, combattant au premier rang, tombe en son pouvoir, et Marceau la sauve; mais la loi punit de mort quiconque fait grâce à un rebelle pris les armes à la main; le général dénoncé va être conduit au supplice : Bourbotte accourt de Paris, et le soustrait à l'échafaud; mais ni ses efforts ni ceux de Marceau ne peuvent arracher la jeune Vendéenne à la mort. Celui-ci poursuit cependant l'armée insurrectionnelle, l'atteint à Savenay, et l'anéantit.

Envoyé à l'armée des Ardennes, puis à celle de Sambre-et-Meuse, il s'y distingua, par ses talents, sa bravoure et son humanité. Ces qualités le rendirent cher à ses soldats et à l'ennemi. Commandant l'aile droite à Fleurus, il eut deux chevaux tués sous lui, vit détruire sa division presque entière, combattit au premier rang comme un simple volontaire, mais réussit à enfoncer l'ennemi et à décider la victoire. Il guidait l'avant-garde aux batailles de l'Ourthe et de la Roër, s'empara du camp retranché et de la place de Coblentz, et rejeta les Autrichiens sur la rive droite du Rhin. Puis il bloqua Mayence, couvrit la frontière, et soutint avec succès la retraite de l'armée de Jourdan, repoussé par l'archiduc Charles, quand il fut grièvement blessé par un chasseur tyrolien, qui, embusqué derrière une haie, avait pu le viser à loisir. Apporté à Altenkirchen, au milieu des gémissements de ses officiers et de ses soldats, il les consola avec courage, refusa de se laisser transporter au delà du fleuve, tomba le jour suivant au pouvoir des Autrichiens, qui lui prodiguèrent toutes les marques d'estime et d'intérêt, et expira le 21 septembre 1796, à vingt-sept ans. Son corps ayant été redemandé par les Français, l'archiduc Charles ne consentit à le restituer qu'à condition que son armée s'unirait à la nôtre pour lui rendre les honneurs militaires; ce qui eut lieu, quatre jours après, au bruit de l'artillerie des deux nations, dans ce même camp retranché de Coblentz dont il s'était emparé en 1794. Ses restes furent unis en 1799 à ceux de Hoche. Une pyramide lui fut érigée au lieu où il avait reçu le coup mortel, un autre monument dans les champs de Messenheim; enfin, la ville de Chartres lui a élevé, en 1851, une statue de bronze, due à M. Auguste Préault.

MARCEL (Saint), célèbre évêque de Paris, naquit dans cette ville, de parents obscurs, dans la seconde moitié du quatrième siècle. Devenu évêque, il convertit un grand nombre de païens et fit plusieurs miracles, qui ont été conservés par la tradition. Il mourut en 436, et fut enterré à un quart de lieue de la ville, sur une éminence nommée *Mons Cetardus* (Mouffetard). Son tombeau, illustré par des miracles, donna naissance à une église et plus tard à un bourg, qui prirent son nom. Lors des invasions des Normands, les prêtres de l'église de Saint-Marcel mirent comme en un lieu sûr le corps de leur saint patron dans l'église de Notre-Dame; mais une fois le danger passé, quand ils le réclamèrent, ils ne purent le ravoir. Le chapitre de Notre-Dame le garda. Néanmoins, malgré l'absence de ces précieuses reliques, le tombeau du saint ne laissa pas de faire des miracles. Suivant un ancien usage rapporté par Grégoire de Tours, on râclait la pierre qui le recouvrait, et cette poussière infusée dans un verre d'eau passait pour un puissant spécifique contre plusieurs maladies.

MARCEL. Le saint-siége a donné ce nom à deux papes.

MARCEL Ier (Saint), Romain de naissance, succéda, en 308, à saint Marcellin. Maxence régnait alors dans Rome, et sous un tyran pareil il y avait quelque péril à accepter la direction du troupeau de Jésus-Christ. Marcel ajouta aux dangers de sa position par la rigidité de ses principes. La persécution de Dioclétien avait ébranlé et effrayé bien des fidèles; le nouveau pape voulut leur imposer une pénitence publique avant de les réconcilier à l'Église, qu'ils avaient reniée. La résistance de la plupart de ces pécheurs causa de violents désordres; Rome en fut troublée, et Maxence s'en prit au pontife qui avait ordonné cette pénitence. On varie sur la nature du châtiment qui lui fut infligé. Les uns prétendent qu'il fut exilé par l'empereur, d'autres qu'il fut jeté dans une écurie et condamné à panser des chevaux. Ils ajoutent que neuf mois après des clercs l'enlevèrent à cet ignoble métier; qu'il trouva un refuge dans la maison d'une dame romaine, nommée Lucile, mais qu'il y fut découvert par Maxence et rendu aux honteuses fonctions de palefrenier, au sein desquelles il mourut, après deux ans de pontificat. On lui attribue à tort deux lettres où il établirait la primauté de l'Église romaine.

MARCEL II naquit le 6 mai 1501, à Monte-Fano, bourg de l'État de l'Église; il se nommait *Marcel* Cervin. Après avoir étudié à Sienne, il vint à Rome sous le pontificat de Clément VII; et Paul III le choisit pour son premier secrétaire. Il fit partie de la légation qui essaya de réconcilier Charles-Quint avec François Ier. Il était alors évêque de Nicastro, passa depuis aux évêchés de Reggio et d'Eugubio, fut fait cardinal en 1539, du titre de Sainte-Croix, et nommé l'un des présidents du concile de Trente. Il succéda enfin, le 7 avril 1555, à J u l e s III, après deux jours de conclave, où ses partisans trompèrent adroitement les factions d'Allemagne et de France, qui portaient les cardinaux de Mantoue et de Ferrare. Marcel fut couronné par le cardinal de Belley, et fit remettre aux pauvres l'argent qu'auraient coûté les réjouissances de son exaltation. Ses premières pensées se tournèrent vers la réforme de l'Église. Il croyait par là ralentir les progrès des luthériens et des autres sectes protestantes, et se disposait dans ce but à rouvrir le concile de Trente. Il donna lui-même l'exemple de la simplicité et du désintéressement, en diminuant les pensions, en écartant les courtisans, en interdisant sa capitale à ses proches, en rejetant de sa table la vaisselle d'or dont se servaient ses prédécesseurs. Mais d'aussi beaux projets, qui alarmaient déjà les grands seigneurs du sacré collége, furent arrêtés tout à coup par la mort. Le 30 avril, vingt-et-unième jour de son pontificat, une attaque d'apoplexie l'enleva aux bénédictions du peuple, qui attendait de lui la fin de ses misères, et qui ne manqua point d'attribuer au poison la perte d'un aussi vertueux pontife.

Viennet, de l'Académie Française.

MARCEL (Étienne), prévôt des marchands pendant la captivité du roi Jean. Le dauphin ayant convoqué les états généraux, Marcel y brilla au premier rang comme chef du tiers. De concert avec Robert Le Coq, il arracha au régent la fameuse ordonnance de réformation de 1357, monument impérissable de l'histoire nationale; puis quand il fallut soutenir la lutte contre la noblesse et le dauphin, il leur opposa C h a r l e s l e M a u v a i s, qu'il tira de prison, envahit l'hôtel où siégeait le conseil du dauphin, et fit massacrer aux pieds du prince les maréchaux de Champagne et de Normandie. Charles, craignant pour sa vie, coiffa le chaperon aux couleurs mi-parties rouge et bleu, et quitta aussitôt la ville. Marcel la mit en état de défense; il s'allia avec la jacquerie, et fit nommer le Navarrais capitaine de la ville de Paris. Cependant la famine faisait murmurer les bourgeois; il était urgent d'introduire le roi de Navarre dans la ville pour prévenir toute défection. Marcel allait le faire, quand il fut tué par Jehan et Simon M a i l l a r t. Une réaction furieuse suivit sa mort, et nombre de ses partisans furent pendus.

MARCEL (Claude), prévôt des marchands de 1570 à 1572. Il était ou paraissait être en grande faveur auprès de la reine mère et du roi C h a r l e s IX. De Thou prétend qu'il avait exhorté les Parisiens à exterminer les protestants, et surtout Coligny. Il avait réuni à l'hôtel de ville, la veille de la Saint-Barthélemy, les commandants des quartiers, les échevins et les dizainiers, et leur avait ordonné de prendre les armes. Ces faits sont prouvés. Mais l'intention que lui suppose l'historien n'est pas même vraisemblable. S'il en eût été ainsi, le duc de Guise ne l'aurait pas expulsé de sa charge et ne lui aurait pas substitué le président Charron, dans la fameuse nuit du 24 au 25 août 1572. Dès Mémoires contemporains lui attribuent une mission secrète de la reine mère; ils soutiennent qu'il avait été convenu qu'à la faveur du tumulte et de l'horrible confusion de cette nuit de sang et de meurtre, Marcel frapperait indistinctement les Guise et les Montmorency. Leur mort aurait affranchi la reine de l'obsession des chefs des deux partis, qu'elle haïssait également. Cette version expliquerait la destitution spontanée de Claude Marcel par le duc de Guise, à qui le projet secret de la reine mère aurait été révélé par ses espions ou les partisans qu'il avait au Louvre.

DUFEY (de l'Yonne).

MARCELLIN (Ammien.). *Voyez* AMMIEN-MARCELLIN.

MARCELLIN (Saint), pape, le seul de ce nom, fils d'un Romain nommé *Projectus*, succéda à saint Caïus, le 3 mai 296. Les sept premières années de son pontificat furent obscurément paisibles, et l'histoire ne parle que des désordres introduits dans l'Église par le relâchement de la discipline. Eusèbe l'attribue à la grande liberté dont les chrétiens jouissaient alors : « Nous avons ajouté, dit-il, crimes sur crimes, au lieu d'apaiser la colère de Dieu. Nos pasteurs, méprisant les saintes règles de la piété, ont entretenu des inimitiés et des haines, se sont disputé le premier rang comme une dignité séculière, et Dieu a relevé la main de leurs ennemis. » Eusèbe explique ainsi la terrible persécution de Dioclétien, commencée en 303, et qui coûta la vie à tant de martyrs. L'auteur du *Pontifical* et l'historien Platine accusent Marcellin de n'avoir pas eu le courage de résister et d'avoir sacrifié aux dieux du paganisme. Mais Baillet et Lesueur rejettent cette accusation, comme une invention des donatistes. Théodoret, plus rapproché de ces événements, atteste que le pontife resta digne de lui-même pendant la persécution. Ce qui passe pour certain, c'est qu'il mourut de sa belle mort, le 24 octobre 304.

VIENNET, de l'Académie Française.

MARCELLUS (MARCUS CLAUDIUS), l'un des héros les plus brillants de la seconde guerre punique, était de l'illustre famille Claudia. Un coup de main hardi sur Médiolanum, capitale des Insubriens et la défaite d'un corps de Gésates, Germains qui s'étaient portés à leur secours, illustra son premier consulat. Sept ans après, Marcellus commandait la flotte mouillée à Ostie, en qualité de préteur, quand il reçut la mission de venir recueillir des mains du consul les restes de l'armée battue à Cannes. Il arrive à Canusium, et de là à Nole, où il assure au parti romain la fidélité chancelante des habitants et de leur chef Bantius. Renfermé dans la ville, il laisse approcher Annibal; puis, par trois sorties vigoureuses opérées au même instant, il surprend l'ennemi, et lui fait essuyer son premier échec. Nole, malgré les intrigues des Carthaginois, devient pour quelque temps le quartier général de Marcellus : de là il attaque et réduit les Samnites, les Hirpins, qui étaient passés à l'ennemi; de là il dispute la Campanie à Annibal, qui a fait de Capoue sa principale place d'armes. Bientôt les affaires de Sicile réclament sa tête et son bras. La prise de Leontium y signale sa présence; il met ensuite le siège devant Syracuse, que les talents d'Archimède sont impuissants à sauver; et il honore sa victoire en élevant un tombeau à ce grand homme. Marcellus en effet était un Romain supérieur à ceux de son temps; il aimait les arts, les lettres grecques. De retour en Italie, sa sévérité à l'égard des Syracusains fut censurée dans le sénat; cependant, on le nommait consul, pour l'opposer à Annibal. Dans la campagne qui suivit la défaite de Fulvius, à Herdonée, Marcellus poussa trop avant une reconnaissance, n'ayant avec lui qu'une faible escorte : il tomba dans une embuscade disposée par Annibal, et fut tué. Le Carthaginois fit faire ses obsèques avec les honneurs convenables (208 av. J.-C.)

Le fils de Marcellus fut consul, et, comme son père, triompha des Insubriens. Un autre de ses descendants, qui eut le même titre, les mêmes honneurs, est cité comme le fondateur de Corduba (Cordoue).

MARCELLUS (MARCUS CLAUDIUS), son cinquième descendant, suivit le parti de Pompée. Il était consul quand César revint de sa conquête des Gaules, et il dénonça plusieurs actes illégaux du futur dictateur. Pourtant, après Pharsale, Marcellus se vit rappelé de l'exil, qu'il supportait avec une grande force d'âme. Nous devons à cet acte de clémence de César l'admirable remercîment de Cicéron, le discours *pro Marcello*. Marcellus fut assassiné avant que de rentrer à Rome.

MARCELLUS (MARCUS CLAUDIUS), fils du précédent, eut pour mère Octavie, sœur d'Auguste. Malade à Baies, il épousa par procuration Julie, fille du vainqueur d'Actium; mais il mourut bientôt après, âgé de dix-huit ans. Ses vertus, son affabilité, ses talents, l'avaient fait chérir des Romains, et sa mort fut un deuil public. Tacite en témoigne aussi bien que Virgile, dont les vers pourraient être suspects de flatterie; mais ils sont vrais autant que touchants, et le peuple, comme Auguste et Livie, entendit et répéta avec un pieux attendrissement :

. . . . Si qua fata aspera rumpas ,
Tu Marcellus eris ,*etc.*

J.-M. BOISTEL.

MARCHAIS (Mme). *Voyez* ANCIVILLER (Comtesse d').

MARCHAIS (ANDRÉ-LOUIS-AUGUSTIN), né le 1er octobre 1800, à Paris, se trouva orphelin à l'âge de quinze ans, avec une fortune de 2 à 300,000 fr. en terre, et après de bonnes études se prépara à suivre la carrière médicale, qui eût été celle de son père. Comme lui sans aucun doute il s'y fût fait un nom distingué, car à vingt ans il était déjà prosecteur de Béclard, si les généreuses illusions de son esprit droit et loyal ne l'avaient pas jeté dans la politique et ses absorbantes préoccupations. A peine échappé du collège, M. Marchais prenait part à la conspiration militaire du 19 août 1819; deux ans après il se faisait affilier à la *charbonnerie*. Il parvint rapidement aux honneurs dans cette société secrète, qui le nomma secrétaire de sa Vente suprême; aussi à partir de ce moment son nom se trouve-t-il mêlé à toutes les conspirations tramées en France contre les Bourbons, de même qu'à tous les mouvements insurrectionnels successivement tentés au nom de la liberté en Espagne, en Italie, en Grèce et en Suisse. La révolution a-t-elle momentanément le dessous, M. Marchais ne désespère pas de son triomphe final; et maintenant qu'il connaît mieux que personne l'influence et la puissance des sociétés secrètes, il en organise tant qu'il peut, en ayant grand soin d'ailleurs de raviver sa chère *charbonnerie*, à laquelle les victoires des Autrichiens en Italie et celle de l'armée française en Espagne avaient porté de bien rudes coups, mais qui, dans son esprit, doit rester la clef de voûte de l'œuvre révolutionnaire. Membre du comité grec en 1824, il fonde trois ans plus tard la fameuse société *Aide-toi, le ciel t'aidera*, à laquelle se firent affilier MM. Guizot, Duvergier de Hauranne, Tannegny Duchâtel, Montalivet, Dejean, Jules Taschereau, de Broglie, etc., etc., la fine fleur des *doctrinaires*, de ces demi-dieux des casuistes du système constitutionnel, et qui contribuèrent tant au renversement de Charles X. La révolution une fois accomplie, les habiles se partagèrent bien vite les grandes et lucratives positions politiques, mais fidèle à ses convictions républicaines, M. Marchais, qui avait dépensé plus de la moitié de son patrimoine en frais de propagande pour la société *Aide-toi, le ciel t'aidera*, et qui avait été compris le 28 juillet dans l'ordre d'arrestation donné par le maréchal duc de Raguse contre La Fayette, Laffitte, Audry de Puyraveau, le général Gérard

MARCHAIS — MARCHAND

et Mauguin, refusa d'avoir sa part dans la curée de la monarchie légitime. Quelques semaines plus tard il recommençait au contraire son œuvre révolutionnaire; et cette fois c'était l'Espagne qui devenait le but de ses efforts. Il y avait là une revanche à prendre de 1823, un despotisme bête et brutal à renverser; le secrétaire de la société *Aide-toi, le ciel t'aidera* se donna tout entier à cette mission d'émancipation, à laquelle Louis-Philippe, devenu roi des Français, voulut personnellement contribuer pour une somme de 100,000 francs, qu'il versa entre les mains de M. Marchais. C'est lui qui enrôlait les *patriotes* désireux de prendre part à cette nouvelle révolution, c'est lui qui leur délivrait des passeports avec secours de route, que le préfet de police d'alors, M. Girod de l'Ain, avait l'ordre de viser purement et simplement, M. Guizot étant ministre de l'intérieur. Ferdinand VIII allait donc, suivant toute apparence, passer un fort mauvais quart-d'heure, quand survint un brusque revirement dans les idées de Louis-Philippe. Il avait effrayé l'absolutisme, en lui faisant voir qu'il ne tenait qu'à lui de lui lâcher la révolution aux jambes; et maintenant que la farce politique était jouée, maintenant qu'on lui avait fait l'honneur de l'admettre dans le concert européen, son nouveau ministre de l'intérieur, M. de Montalivet, eut ordre de s'arranger de façon à ce que les *patriotes espagnols* en fussent tous pour leurs frais, et bon nombre pour leur peau, dans cette entreprise de révolution commanditée par un roi. M. Marchais avait trop d'intelligence pour ne pas s'apercevoir qu'on l'avait indignement joué; mais il se consola de sa déconvenue en consacrant plus que jamais son activité, son énergie et son dévouement au triomphe de l'idée révolutionnaire. C'est ainsi qu'on le vit à cette époque devenir le rédacteur en chef de la *Revue républicaine*. A son nom se rattachait une trop grande notoriété pour qu'on puisse s'éloigner de le rencontrer en 1834 parmi ceux des membres du comité polonais; puis parmi les fondateurs de la *Société du Monde*, ses ses annexes, les *municipalités*, les *cohortes* (toutes vieilleries renouvelées, soit dit en passant, de Babeuf); des sociétés républicaines pour la liberté de la presse et pour la liberté individuelle, avec leurs quatre-vingt-unes sociétés-filles des départements, etc. En 1834 il fut impliqué dans le procès d'avril auquel donna lieu une conspiration embrassant Metz, Lunéville, Nancy, Strasbourg, Besançon, Arbois, Dijon, Châlons, Lyon et Paris. La république sortit encore une fois vaincue de cette lutte gigantesque; et bon nombre de ses représentants les plus énergiques durent s'estimer heureux de trouver à l'étranger un asile contre les poursuites judiciaires dont ils étaient l'objet. Sans désespérer de la cause commune, M. Marchais reconnut alors que les temps promis n'étaient décidément pas encore venus; et en attendant il fit de l'industrie à Rouen, sans d'ailleurs avoir trop lieu de s'en louer, puisqu'au bout de cinq ans, en 1841, il fut obligé de liquider. Libre maintenant de s'occuper de nouveau exclusivement de politique, il fonda au chef-lieu du département de la Seine-Inférieure un *club de la réforme*, auquel se firent affilier un grand nombre d'industriels et de commerçants de Rouen et de ses environs, et dont l'action fut des plus énergiques au milieu des mouvements insurrectionnels dont cette ville devint le théâtre en 1848. Après le 24 février, M. Marchais remplit pendant quelques jours les fonctions de chef de cabinet auprès de M. Goudchaux, appelé au ministère des finances par le gouvernement provisoire; le 3 mars il fut nommé *commissaire extraordinaire* dans le département d'Indre-et-Loire; en juin suivant la commission exécutive changea ce titre en celui de *préfet*, et il continua d'en exercer les fonctions jusqu'à la fin d'octobre, où il fut révoqué par le général Cavaignac. La république est trop heureuse pourtant de compter un grand nombre de fonctionnaires comme lui; en effet, par ses manières bienveillantes et polies, par son esprit éminemment conciliateur, M. Marchais avait bien vite réussi à se faire estimer et aimer dans un pays qui ne l'avait pas vu arriver sans effroi, puisque c'était M. Ledru-Rollin qui l'y envoyait, et qu'il eût peut-être converti à l'idée républicaine si on lui en avait laissé le temps, car en politique il n'y a rien de plus propagandiste que l'exemple de la modération et de la générosité envers les vaincus, de la probité et de la loyauté, qualités qui constituent le fond du caractère de M. Marchais. On peut ne pas partager toute ses idées, et par exemple, — ce qui vous établit tout de suite un abîme entre hommes professant la même haine vigoureuse pour le despotisme, — douter non pas seulement de la moralité des *sociétés secrètes* et des *conspirations*, mais encore de leur utilité réelle pour la cause de la liberté; il est impossible de ne pas estimer son caractère et de ne pas rendre un sincère hommage à cette vie toute d'abnégation, toute de sacrifices à de généreuses convictions.

En 1851 l'ex-secrétaire de la société *Aide-toi, le ciel t'aidera* était rentré dans l'industrie, et s'occupait d'éclairage au gaz. Le coup d'État du 2 décembre de la même année, en lui enlevant beaucoup de ses illusions sur les hommes et les choses, fut impuissant à ébranler sa foi aux principes pour le triomphe desquels il avait lutté toute sa vie. Aussi en octobre 1853 le voyons-nous encore une fois écroué à Mazas comme prévenu de complicité dans un complot ourdi par la *Marianne*; et le procès qui s'en suivit se termina par une condamnation à trois ans de prison prononcée contre M. Marchais, comme pour justifier l'épitaphe anticipée que lui fit un jour un de ses amis : *Pertransiit conspirando*.

MARCHAND. Le marchand est celui qui se livre au commerce, qui prend les marchandises des mains du producteur pour les mettre à la disposition du consommateur. Son entremise, dont on méconnaît souvent l'utilité, est fort précieuse; il tient à la disposition des acheteurs d'une ville les denrées produites dans une autre, il en fait provision, afin de pouvoir satisfaire tous les besoins, lorsqu'ils viennent se manifester. Il y a des marchands de diverses sortes : les *marchands en gros, en demi-gros et en détail*. Le premier ne tient guère qu'une seule espèce de denrées, ou seulement celles du même ordre. Il tire de l'étranger ou des grandes fabriques; il achète par grandes masses, et ne revend que des parties assez considérables; il se livre souvent à des spéculations qui le ruinent ou l'enrichissent d'un coup. C'est lui aussi qui tente les chances d'un accaparement : il travaille sur les grains, les sucres, les huiles, etc. Le demi-gros, moins ambitieux, se résout à travailler plus longtemps pour arriver plus sûrement à son but. Possesseur de capitaux moins considérables, il se fournit chez les petits fabricants ou chez le marchand en gros, qui a pris le titre de *négociant*, et il revend ensuite au détaillant. Quant au *marchand en détail*, il est souvent aussi loin du demi-gros que les rues Saint-Denis et de la Verrerie sont loin de la rue de Varennes ou Saint-Dominique. Il ne voit que des bonnes ou des portières, et empoisonne ses pratiques avec du café-chicorée. Il vend la chandelle à la pièce, le raisiné aux apprentis, la colle aux rentiers économes, qui renouvellent eux-mêmes le papier de leur chambre. Le détaillant est encore bonnetier ou mercier, les deux à la fois, car il est cumulard de sa nature : un seul commerce ne le ferait pas vivre. Plaisanterie à part, l'entremise des marchands est fort utile pour les consommateurs; elle est peut-être parfois trop multipliée, mais il vaut encore mieux avoir à payer un peu plus cher et trouver ce dont on a besoin que d'être obligé de s'en passer; la concurrence se charge d'ailleurs de réduire, au profit des acheteurs, les bénéfices au plus juste prix. — Ad. Blaise (des Vosges).

Toute personne, même le mineur émancipé de l'un ou de l'autre sexe, et la femme mariée, dûment autorisée suivant les formes prescrites, peuvent faire profession d'acheter ou de vendre, c'est-à-dire profession de *marchand*. La loi exige d'eux une bonne foi qu'ils ont rarement. Ils encourent une amende de 11 à 15 francs s'il est trouvé chez eux de faux poids ou de fausses mesures; et s'ils en ont fait usage ou s'ils ont trompé l'acheteur sur la qualité des choses vendues, cette amende n'est pas moindre de 50 francs, et ne peut cependant excéder les restitutions et dommages-intérêts ; de plus, ils sont passibles dans ce cas d'un emprisonnement de trois mois à un an. Les marchands ne sont point assujettis, comme les personnes non marchandes, à mettre sur leurs billets ou promesses le *bon* ou *approuvé* portant en toutes lettres la somme ou la quantité de la chose énoncée dans le corps du billet ou de la promesse. Les livres et registres des marchands font preuve contre eux-mêmes de ce qui y est contenu, mais non pas contre les personnes non marchandes pour les fournitures qui y sont portées. Les marchands en gros et en détail ont un privilége sur la généralité des meubles, et, à défaut, sur les immeubles de leurs débiteurs, pour les fournitures de subsistance qu'ils leur ont faites et à leur famille. L'action des marchands contre les particuliers se prescrit par un an. Enfin, pour garantie des créanciers, la séparation de biens de la femme dont le mari est marchand doit être affichée dans la salle des audiences du tribunal de commerce du lieu de son domicile, à peine de nullité de l'exécution.

La femme mariée étant incapable ne peut être marchande publique sans le consentement de son mari. Elle n'est réputée marchande publique que lorsque le commerce qu'elle fait est complétement étranger à celui de son mari *marchand*. La femme *marchande* est en partie relevée des incapacités qui la frappent dans le mariage : elle peut aliéner, hypothéquer, engager les immeubles qui lui appartiennent ; et quand elle s'oblige pour ce qui concerne son négoce, elle oblige aussi son mari, s'il y a communauté entre eux.

On donne le nom de *marchands forains* non-seulement à ceux qui fréquentent les foires, les marchés, mais à tout marchand étranger déballant et vendant ses marchandises dans les villes où il est de passage. Sous l'ancien régime, on connaissait à Paris les six c o r p s ou six communautés des marchands, qui vendaient les plus notables marchandises. Les premiers étaient les drapiers, chaussetiers ; les seconds, les épiciers ; les troisièmes, les merciers ; les quatrièmes, les pelletiers (ceux-ci étaient d'abord les premiers, mais ayant vendu leur primogéniture aux drapiers, ils ne vinrent plus qu'en quatrième ligne) ; les cinquièmes étaient les bonnetiers ; et les sixièmes, enfin, les orfévres.

Si l'on fait un adjectif du mot *marchand*, il signifiera ce qui est d'un bon débit, de bonne qualité par conséquent, c'est ainsi qu'on dit : Du blé marchand, des farines marchandes ; on appellera places *marchandes*, villes *marchandes*, celles où il y aura un grand nombre de marchands, un grand mouvement commercial. Le prix *marchand* est celui auquel les marchands vendent entre eux. Une rivière *marchande* est celle dont les eaux ne sont ni trop hautes ni trop basses pour empêcher la navigation et le transport des marchandises. Les navires destinés spécialement au transport des marchandises portent le nom de bâtiments *marchands*, et forment, par opposition à la marine de l'État ou militaire, ce qu'on appelle la marine *marchande*.

MARCHANDISE. Produit acheté pour être revendu. Lorsqu'une marchandise est mise en vente pour passer entre les mains du consommateur, et par conséquent pour sortir du commerce, elle devient une *denrée*.

J.-B. SAY.

Ainsi, le mot *marchandise* désigne tout ce qui peut faire l'objet d'un c o m m e r c e : les grains, les fruits, les métaux précieux, l'or et l'argent ; les étoffes, les meubles, en un mot toutes les productions de la nature et celles de l'industrie des hommes. Le prix des marchandises s'établit suivant différentes règles qu'il serait trop long d'exposer ici ; leur rareté, l'intérêt qu'on attache à leur possession, leur utilité, leur durée plus ou moins longue, sont autant de causes qui influent sur leur prix.

Nous avons placé l'or et l'argent dans la classe des marchandises, parce qu'en effet ces deux métaux en ont tous les caractères, et ils les possèdent même à un degré plus éminent que tout autre objet de quelque espèce que ce soit.

Ceux-ci se dénaturent et se détruisent par la consommation ; l'or et l'argent subsistent toujours avec une valeur égale, sinon supérieure, à celle qu'ils avaient en lingots. Parfois, on les transforme, on les frappe en monnaie, on les convertit en ustensiles de ménage, couverts, tasses, plats, coupes, etc. ; mais ils conservent toujours leur aspect et leur prix, et il suffit d'une opération très-simple pour les ramener à leur premier état. Comme toute autre marchandise, l'or et l'argent n'ont d'utilité que par l'usage et la circulation ; métaux stériles lorsqu'ils restent enfouis, ils rapportent du moment où on les met en œuvre : ils ne sont vraiment précieux que par leur inaltérabilité et leur longue durée ; ils doivent à leur malléabilité de servir de signes représentatifs, d'intermédiaires dans les échanges qui se font des autres marchandises ; et encore ne possèdent-ils pas seuls ce privilége : il y a déjà longtemps que les billets émis par les banques sont employés à rendre les mêmes services.

Mais de quel nom qualifier l'acte par lequel des hommes avaient réduit leurs semblables en servitude, en avaient fait une monnaie marquée au coin du maître (on imprimait avec un fer chaud le nom ou la marque des maîtres sur le dos, les bras ou les mamelles des esclaves), un outil dont ils s'étaient servis pour cultiver la terre, une *marchandise* dont ils avaient fait commerce avec les encouragements du pouvoir ou malgré ses défenses ? L'examen de la question des e s c l a v e s a déjà été fait ailleurs ; nous n'y reviendrons pas.

On appelait autrefois *marchandises de traite* celles que notre commerce retirait de l'Afrique, telles que la poudre d'or, la gomme, la cire, l'ivoire, les bois de teinture, etc., parce qu'on avait *traité* de ces objets avec les naturels. Les lettres patentes accordées, en janvier 1685, à la Compagnie de Guinée, portent en sa faveur le privilége de traite « pendant l'espace de vingt années, seule, et à l'exclusion de tous autres, le commerce des nègres, de l'or, de l'argent, et de toutes les autres *marchandises* qu'elle pourrait *traiter* ès côtes d'Afrique, depuis la rivière de Serre-Lionne inclusivement, jusqu'au cap de Bonne-Espérance ». On a donné par extension le nom de *marchandises de traite* aux objets que nos armateurs envoyaient en Afrique pour être offerts aux habitants du pays en échange des produits qu'on voulait obtenir d'eux : les armes, les couteaux, les haches, le tabac, l'eau-de-vie, la verroterie, des colliers, des clinquants, des fils de laiton et de cuivre dorés ou argentés, etc., composaient ordinairement la cargaison des navires destinés pour ces parages. Parfois, nous y portions aussi du sel et des poissons séchés, destinés à la consommation des peuplades éloignées de la côte.

On a déjà parlé ailleurs des *marchandises de c o n t r e - bande*.

Les *marchandises de pacotille* sont des marchandises fabriquées exprès pour l'exportation, et notamment pour l'Amérique du Sud ; elles font l'objet d'un commerce très-considérable : leur qualité est inférieure à celle des marchandises qui doivent être livrées à la consommation intérieure. Il y a en France, et surtout à Paris, des fabriques qui se livrent exclusivement à la production des *marchandises de pacotille*.

Ad. BLAISE (de Vosges).

MARCHANDS (Prévôt des). *Voyez* PRÉVÔT.

MARCHANGY (LOUIS-ANTOINE DE), magistrat et littérateur distingué, naquit à Saint-Saulge (Nièvre), vers 1775, et mourut à Paris en 1826. Doué d'une imagination facile et abondante, il débuta dans la carrière littéraire par un poëme en quatre chants sur le bonheur, qui n'eut pas plus de succès que le poëme froid et lourd d'Helvétius sur le même sujet. Il n'avait, à cette époque, que vingt-neuf ans : le triste accueil fait à cette première production ne le découragea pas, et il conçut l'idée d'un ouvrage important, la *Gaule poétique, ou l'Histoire de France considérée dans ses rapports avec la poésie, l'éloquence et les beaux-arts.* La première livraison (premier et deuxième volume) parut en 1813 ; la seconde (troisième et quatrième volume) fut publiée deux ans plus tard. Cet ouvrage attira l'attention, et trouva dans la presse des éloges que l'examen consciencieux de la critique n'a pas entièrement sanctionnés, le premier feu de l'enthousiasme une fois passé. Ce succès, au reste, se conçoit facilement à l'époque où il fut obtenu; et bien qu'il faille aujourd'hui, pour être juste, en retrancher quelque chose, on ne peut contester les qualités qui furent louées alors, et qui éclipsèrent les défauts aux yeux du public. Ces qualités séduisantes sont un style abondant, fleuri, d'un bon nombre, touchant au romantique et au pittoresque; une narration limpide, d'une certaine dignité, et ne manquant pas d'élévation. Mais quelquefois ce style, écho affaibli de celui de Châteaubriand, que l'auteur s'est proposé pour modèle, touche à la déclamation; sa fécondité manque de suc; il n'a pour se soutenir que l'enflure rhétoricienne; le récit devient fatiguant par sa monotonie; il manque de variété et de nouveauté.

Marchangy commença sa carrière de magistrat à une triste époque, dans un temps de réaction. En 1815 il fut nommé substitut du procureur du roi, puis procureur du roi. Le talent qu'il montra dans ces fonctions lui valut bientôt la place d'avocat général à la cour royale de Paris, et plus tard à la cour de cassation. Il put le malheur de prêter son appui à des procès politiques que l'opinion publique a flétris. Ce fut lui qui porta la parole dans l'affaire des sergents de La Rochelle, et son zèle politique l'emporta au delà des bornes qu'il savait si bien respecter dans sa vie privée. Comme Bellart, dont le commerce était plein d'aménité et de douceur, il sacrifia aux passions politiques, il se laissa aveugler, et l'esprit de parti le fit dévier de ce caractère humain et facile que ses amis aimaient en lui. On ne se montra pas plus juste envers lui qu'il ne s'était montré juste envers les autres, et son nom fut accolé à celui de Bellart, le fougueux procureur général qui demanda la condamnation du maréchal Ney.

En 1823 Marchangy fut nommé député; son admission fut chaudement contestée, et malgré la défense qu'il présenta lui-même, on l'ajourna, sur le motif qu'il ne payait plus le cens d'éligibilité. L'année suivante, réélu par le même collége, il vit cette seconde réélection devenir l'objet d'un même débat, qui eut le même sort. Rebuté de ces contestations, il renonça à une nouvelle lutte, et se renferma dans l'exercice de sa profession et dans la culture des lettres. Malheureusement la mort vint le surprendre deux ans après, au milieu de ces occupations, qu'il honorait par son talent. *Tristan le voyageur, ou la France au quinzième siècle*, parut l'année de sa mort, en 1826. Cet ouvrage, en six volumes, est le complément de la *Gaule poétique*, dont il a les défauts et les qualités. Marchangy a laissé au barreau et dans les lettres un nom distingué : au barreau, il ne fut pas éloquent; dans les lettres, il n'eut ni originalité, ni enthousiasme, ni invention. Il fut dans ces deux professions ce que les Romains nommaient un homme *disert*. JOUXCIÈNES.

MARCHE. On entend par *marche* le mouvement progressif qui consiste à transporter le corps d'un lieu vers un autre, à l'aide d'une suite de pas qui se succèdent alternativement dans une direction donnée. On distingue plusieurs sortes de marches : 1° *la marche en avant*, la plus naturelle et la plus sûre, puisqu'elle est spécialement éclairée par l'organe de la vue; 2° *la marche en arrière*, difficile, dangereuse et par conséquent presque inusitée dans les usages ordinaires de la vie. La vue, manquant ici à la marche, nous donne encore plus de timidité que dans les ténèbres; car lorsque nous marchons en avant sans y voir, les mains, placées dans ce sens, peuvent beaucoup mieux assurer notre marche que lorsque, durant le jour, nous marchons en arrière; 3° *la marche de côté*, qui n'est guère employée que lorsque, ayant à marcher dans un lieu fort étroit, nous craignons de perdre l'équilibre et de tomber à droite ou à gauche; 4° *la marche oblique*, soit en avant, soit en arrière, qu'on affecte quelquefois à dessein, s'exécute avec d'autant plus de facilité que la progression directe est peu naturelle et exige ordinairement qu'avertis par la vue de notre facilité à dévier, nous fassions effort pour ne pas quitter la ligne droite. Comme la marche n'a pas toujours lieu sur un plan horizontal, on distingue encore la *marche ascendante* et la *marche en descente*. La première est celle à l'aide de laquelle nous montons un coteau ou nous gravissons une montagne. Elle exige d'autant plus d'efforts qu'il ne s'agit pas seulement de soulever simplement le corps de manière à favoriser à chaque pas son transport en avant, mais encore de le soutenir assez longtemps élevé contre son propre poids, pour le faire passer, par autant de pas successifs, d'une position plus basse dans une position plus élevée. De là l'extrême fatigue qui accompagne ce mode de progression, pour peu qu'il soit prolongé. La *marche en descente* ou sur un plan oblique est beaucoup moins pénible que la *marche ascendante*. Au lieu d'avoir à surmonter la pesanteur de notre corps, nous n'avons ici qu'à lutter contre les secours que nous prête cette force, afin de ralentir la vitesse trop grande qu'elle tend à nous imprimer. Quand on marche, les pas sont plus longs en montant et plus courts en descendant. En voici la raison. Un homme qui fait un pas a toujours une jambe qui avance, et que nous appellerons *antérieure*, et une jambe *postérieure*, qui demeure en arrière. La jambe postérieure porte tout le poids du corps, tandis que l'autre est en l'air. L'une est toujours pliée au jarret, et l'autre est tendue et droite. Lorsqu'on marche sur un plan horizontal, la jambe postérieure est tendue et l'antérieure pliée; de même, lorsqu'on monte sur un plan incliné, l'antérieure seulement est beaucoup plus pliée que pour le plan horizontal. Quand on descend, au contraire, c'est la jambe postérieure qui est pliée : or, comme elle porte tout le poids du corps, elle a plus de facilité à porter dans le cas de la montée, où elle est tendue, que dans le cas de la descente, où elle est pliée, et d'autant plus affaiblie que le pli ou la flexion du jarret est plus grand. Quand la jambe postérieure a plus de facilité à porter le poids du corps, on n'est pas si pressé de le transporter sur l'autre jambe, c'est-à-dire on n'est pas si pressé d'avancer. Par conséquent, on a le loisir et la liberté de faire ce premier pas plus grand , ou, ce qui revient au même, de porter plus loin la jambe antérieure. Ce sera le contraire quand la jambe postérieure aura moins de facilité à porter le poids du corps; et par l'incommodité que cause naturellement cette situation, on se hâtera d'en changer et d'avancer. On fait donc en montant des pas plus grands et en moindre nombre, et en descendant on les fait plus courts , plus précipités et en plus grand nombre.

Un phénomène digne d'attention, qui survient soit à la montée, soit à la descente d'un escalier, lorsqu'on le parcourt dans les ténèbres, consiste dans l'effort considérable qu'on produit et dans la violente secousse générale qu'on éprouve lorsque, arrivé sans le savoir au bout de l'escalier, on fait encore un pas que l'absence d'une nouvelle marche fait tomber à faux. Innocent quand on monte, cet accident peut être, quand on descend, suivi de chute et de luxation spontanée du fémur.

Certaines personnes marchent les genoux en dedans et les pieds en dehors. Ce défaut de conformation vient de ce que les cavités supérieures situées extérieurement dans le tibia ou dehors, se trouvent un travers de doigt, tantôt plus bas, tantôt moins, que les cavités qui sont placées intérieurement.

Les individus lymphatiques ont beaucoup de lenteur dans la marche et ne peuvent la prolonger sans une extrême fatigue. Les gens nerveux sont remarquables par la vitesse et la précipitation de leurs pas, et ils soutiennent très-bien cet exercice, si des intervalles assez fréquents de repos le viennent interrompre. Les bilieux, forts et actifs, sont d'ordinaire très-bons marcheurs; ils peuvent aller vite et longtemps. Les tempéraments sanguins tiennent comme un juste milieu entre les nerveux et les bilieux. Les femmes doivent aux habitudes qu'elles contractent dans la vie sociale, en même temps qu'à leur disposition naturelle pour la vie sédentaire, de se montrer beaucoup moins propres à la marche que les hommes; aussi ne peuvent-elles guère soutenir les longs voyages à pied.

Au figuré, *marche* se dit de la conduite, de la manière d'agir, de procéder de quelqu'un.

Au jeu d'échecs, au jeu de dames, on appelle *marche* le mouvement particulier auquel chaque pièce est soumise. La *marche* d'un poëme, d'une pièce de théâtre, d'un ouvrage, c'est le progrès continu de l'action, de l'intrigue, ou la progression suivie des idées.

Enfin, en architecture le mot *marche* a la même signification que *degré*; les *marches* de l'autel, du trône, d'un escalier, etc. Les *marches* dans ce dernier sens sont composées de deux parties : la surface horizontale, qu'on appelle *giron*, et la surface perpendiculaire, appelée *hauteur*. On compte en architecture une grande variété de *marches*, dont les plus connues sont les *marches* d'angle carrées ou droites, chanfreinées, courbes, débardées, gironnées, inclinées, moulées, et enfin les *marches* rampantes.

MARCHE (*Art militaire*). C'est, en termes de tactique, le mouvement qu'exécute un corps de troupes pour se porter d'un lieu dans un autre, sans égard aux distances à franchir. On distingue les *marches de route* et les *marches de manœuvre*. Dans le premier cas, on marche ordinairement obliquement et en colonnes ouvertes, de telle sorte qu'il y ait entre les escadrons et les bataillons un espace suffisant pour leur permettre en pivotant sur eux-mêmes de se trouver en ordre de bataille. Quand l'ennemi est assez éloigné pour qu'on n'ait pas à redouter de surprise, on laisse les troupes marcher à peu près à volonté. Mais dans le voisinage de l'ennemi ou lorsqu'on marche contre lui, on a besoin de s'avancer dans le plus grand ordre, avec une extrême prudence, pour ne pas le rencontrer à l'improviste et ne pas se trouver forcé d'accepter la bataille sans s'y être préparé, ainsi qu'il arriva à l'armée impériale lors de la bataille de Hohenlinden. La marche de manœuvre pour l'exercice ou le combat doit toujours se faire dans le plus grand ordre. Marcher en *colonnes renversées*, c'est marcher la droite de l'armée faisant la gauche, ou la gauche la droite. Cette marche s'opère suivant la disposition où l'on est ou selon le dessein qu'on a de se porter brusquement dans un camp pour, en y arrivant, faire tête aux colonnes de droite de l'armée ennemie, qui peut en arrivant, elle aussi, engager une action. Nos troupes occupent d'abord le poste le plus avantageux, et prennent le temps aux autres colonnes de survenir et de se mettre en bataille. Les marches les plus célèbres des temps modernes sont celles que fit Turenne, en 1674, pour couvrir sa conquête de la Franche-Comté, et Condé pour secourir Oudenarde, assiégée par le prince d'Orange. Napoléon, dans sa première campagne d'Italie et dans son immortelle campagne de France, fournit aussi de nombreux exemples de marches dignes d'être étudiées par le tacticien.

Ce sujet a été traité *ex professo* par plus de soixante-dix auteurs. A la suite du duc de Rohan, du prince Charles, de Feuquières, de Frédéric II, de Guibert, de Montecuculi, arrive Napoléon, à la fois le premier et le dernier d'entre eux. De la lecture de leurs traités ressort cette vérité, que l'art des marches est tout l'art de la guerre.

MARCHE (*Marine*). On appelle *marche* d'un vaisseau le degré de sa vitesse, qu'on évalue en lieues marines au moyen des nœuds qu'il file (*voyez* Loocn). Pour qu'un navire *marche* bien, il faut que les lignes de flottaison de son plan soient bien horizontalement disposées, que ses pesanteurs soient bien distribuées, que sa mâture bien balancée, sa construction bien calculée pour la *marche*, qu'il soit fin et que ses façons soient longues et bien évidées. On appelle *ordre de marche*, dans la stratégie navale, la position, l'arrangement assignés aux vaisseaux d'une escadre qui navigue, arrangement toujours combiné de manière à ce qu'ils évitent facilement l'abordage. La *Tactique navale* de De Morogue reconnaît cinq ordres de *marches* différents. Ils ont lieu dans une armée qui croise ou qui fait route. 1° *Ordre de chasse* :

l'armée sur une des lignes du plus près; cet ordre facilite quelques évolutions, parce qu'en serrant le vent ensemble l'armée se trouve promptement en bataille. 2° L'armée sur la perpendiculaire du vent : ordre défectueux ; on ne peut virer par la contre-marche. 3° Ordre de retraite : l'armée rangée sur les deux lignes du plus près, le général au centre et sous le vent. 4° L'armée en trois divisions, chacune dans le troisième ordre, chaque commandant respectivement l'un à l'autre dans le troisième ordre : cet ordre n'a presque jamais lieu. 5° Ordre exactement le même dans le père Hoste et dans De Morogue : l'armée partagée en trois colonnes, chacune rangée sur la ligne du plus près dont elle tient l'amure. Les vaisseaux de tête de colonne se relèvent réciproquement dans la perpendiculaire de la route cinglée.

MARCHE (*Musique*). On appelle ainsi toute pièce de musique destinée à être exécutée par des instruments, pour marquer le mètre et la cadence des tambours, pendant la *Marche* d'une troupe militaire, d'un cortège, d'une procession, et en général de toute réunion quelconque d'individus. Elle règle le pas, diminue la fatigue, excite divers sentiments, imprime au mouvement des masses un certain caractère de solennité. De là les différentes dénominations qui servent à qualifier chaque espèce de marche. Ainsi, il y a des marches *militaires*, *religieuses*, *funèbres*, *triomphales*, etc. Le maréchal de Saxe en parle en détail dans ses *Rêveries*. Elles sont pour l'ordinaire à deux reprises, avec un *alternatif* ou *trio*; quelquefois elles se composent d'un seul morceau, qui se joue tout de suite, mais dans ce cas elles doivent être d'une assez bonne étendue, et rappeler plusieurs fois le motif principal. Il y a deux sortes de marches militaires, la *marche* proprement dite, à quatre temps, et le *pas redoublé*, à deux temps. Celui-ci est plus animé, et convient mieux à l'allure des troupes : il est aussi beaucoup plus usité que la *marche* dont le mouvement grave et modéré imprime à la musique quelque chose de trop cérémonieux, de trop solennel. La marche militaire à quatre temps s'emploie à peine encore, et fort rarement, aux revues, à la parade, ou dans quelque autre circonstance analogue. En composition musicale, *marche* est synonyme de *progression*, et l'on dit indifféremment *marche mélodique*, *marche harmonique*, ou *progression mélodique*, *progression harmonique*.   Charles Bechem.

MARCHE, dénomination par laquelle on désignait jadis les territoires situés le long des frontières des États. Elle paraît dériver de du vieux mot allemand *mark*, qui a la même signification, ou de *marca*, *marchia*, terme de la basse latinité, que l'on rend par *limite*, *frontière*. De ce dernier venaient sans doute aussi les noms de *marchant* ou *marchiones*, appliqués aux habitants des frontières et aux soldats qui les protégeaient. Le seigneur qui commandait la *marche* avait le titre de *marcheus*, d'où est dérivé celui de *marquis*, qu'on écrivait d'abord *marchis*. De temporaire, cette qualification devint bientôt héréditaire, à l'époque où tout le devenait. Dans la suite, le titre de *marquis* fut tout à fait détourné de son acception première, comme tant d'autres mots, et les marquis de l'ancien régime ne se doutaient probablement pas du noble et pénible emploi de leurs valeureux prédécesseurs. Le *marcheus* avait en Allemagne le titre de *markgraf*, comte de la *marche*, que nous avons francisé en *margrave*; et dans cette contrée le mot *mark*, pris dans son acception la plus étendue, embrassait les provinces de l'Empire mises en état de défense contre les attaques des Wendes, des Hongrois et autres ennemis. C'est ainsi qu'il y avait la Kurmark ou *Marche électorale* ou encore *Marche de Brandenburg*, qui se divisait en moyenne *Marche*, vieille *Marche*, nouvelle *Marche*, *Marche* antérieure ou *Marche de l'Ucker*. Elle a formé le noyau des possessions de la maison de Prusse, et est répartie aujourd'hui entre la province de Brandenburg et celle de Saxe, au centre du royaume.

En Italie, plusieurs contrées avaient autrefois le nom de *Marche* telles que la *Marche Trévisane*, dans l'État de

Venise, la *Marche* d'Ancône et celle de Fermo dans les États de l'Église. Des trois *Marches* de France, l'une était une province assez étendue, avec le titre de comté. Pour les unes comme pour les autres, le nom était une conséquence toute simple de leur situation. O. MAC-CARTHY.

MARCHE (LA), ancienne province de France, un des trente-deux gouvernements militaires du royaume, formant aujourd'hui le département de la Creuse et une partie de celui de la Haute-Vienne, était bornée au nord par le Berry et le Bourbonnais, à l'est par l'Auvergne, au midi par le Limousin, à l'ouest par l'Angoumois et le Poitou. Elle se divisait en haute et basse Marche. La première avait pour capitale Guéret, et la seconde Bellac. La Marche fut ainsi nommée parce qu'elle était sur les confins du duché d'Aquitaine. Dans les *Commentaires* de César, dans l'*Itinéraire* d'Antonin, dans les cartes de Peutinger, elle est désignée par ces mots : *Fines Lemovicum*. Avant le milieu du dixième siècle, elle faisait partie du Limousin. Depuis cette époque, la Marche eut des comtes particuliers, et passa successivement aux maisons de Charroux, de Montgommery et de Lusignan. En 1309, Philippe le Bel la confisqua sur Guy de Lusignan, et en investit Charles, son troisième fils. Ce prince l'échangea, en 1327, contre le comté de Clermont, qui appartenait à Louis de Bourbon, petit-fils de saint Louis. La Marche passa ensuite, par mariages, d'abord dans la maison d'Armagnac, puis dans celle de Bourbon-Beaujeu, et enfin dans celle de Bourbon-Montpensier. Elle appartenait au fameux connétable de Bourbon quand François Ier la confisqua, en 1527, et en ordonna la réunion à perpétuité au domaine de la couronne. Depuis lors le comté de la Marche a bien été donné en apanage à divers princes et princesses du sang ; mais il n'a plus été possédé en fief. ANDRIEUX (de Limoges).

MARCHE (OLIVIER DE LA), chroniqueur, né en 1426, dans la terre de la Marche en Bourgogne, d'un gentilhomme du pays, fut d'abord page, puis chambellan de Philippe le Bon, duc de Bourgogne. Mécontent de ce qu'il avait fait échouer son projet d'enlèvement du duc de Charolais, depuis Charles le Téméraire, voulut que Philippe lui livrât ce fidèle serviteur ; mais le prince lui répondit que « si le roi ou quelque autre attentoit sur lui, il en feroit raison ». Olivier de La Marche, devenu plus tard maître d'hôtel et capitaine des gardes de Charles le Téméraire, le servit aussi avec zèle et loyauté. Après que ce prince eut été tué à la bataille de Nancy, en 1477, il eut la charge de grand-maître d'hôtel de Maximilien d'Autriche, qui avait épousé l'héritière de Bourgogne, la remplit encore sous l'archiduc Philippe, et fut envoyé en ambassade à la cour de France après la mort de Louis XI. Il mourut à Bruxelles, le 1er février 1501.

On a de lui : 1° des *Mémoires* ou *Chroniques*, de 1435 à 1492 (in-4°, Bruxelles, 1616), inférieurs à ceux de Commines pour le style, qui est plat et diffus, mais bien préférables pour la sincérité, la franchise, les curieuses anecdotes qu'ils contiennent sur la cour des deux derniers ducs de Bourgogne ; il ont été réimprimés dans toutes les collections de mémoires relatifs à l'histoire de France ; 2° un *Traité sur les Duels et gages de bataille* (in-8°) ; 3° le *Triomphe des Dames d'honneur* (in-8°, 1520), ouvrage en vers et en prose, très-moral, mais plein de longues trivialités et de choses grotesques, l'auteur par exemple offrant à sa maîtresse « des pantoufles d'humilité, des souliers de bonne diligence, des chausses de persévérance, des jarretières de ferme propos, etc. » ; 4° *Le Chevalier délibéré*, poème plusieurs fois réimprimé, traduit en espagnol par Hernando de Acuña ; 5° enfin, divers autres ouvrages imprimés ou manuscrits, qui ne méritent ni d'être lus ni d'être cités.

MARCHÉ. C'est la convention qui intervient entre deux individus, dont l'un désire vendre un objet, une denrée dont l'autre a besoin. Dans les cas ordinaires, la volonté seule des parties et le besoin qu'elles éprouvent de vendre et d'acheter font la règle des conditions du marché. La hausse et la baisse ont lieu suivant que la nécessité presse davantage le détenteur ou l'acquéreur. La quantité offerte, la qualité des denrées influent aussi sur les conditions du marché ; mais elles rentrent dans la volonté des parties, puisque suivant que les denrées sont abondantes ou rares, la position du vendeur et de l'acheteur est changée : dans le premier cas, les besoins pouvant être satisfaits facilement, le consommateur devient plus difficile sur la qualité et sur le prix ; si, au contraire, il y a rareté, il consent à augmenter son offre pour être sûr d'obtenir ce qu'il désire. Quant au vendeur, ses prétentions, maintenues d'abord par la concurrence, s'élèvent aussitôt que celle-ci vient à cesser. En tout état de choses, il importe donc, dans l'intérêt des consommateurs, qui forment toujours la masse, quant à l'objet mis en vente, que la quantité offerte soit abondante et les approvisionnements assurés : c'est à quoi l'administration, qui représente les intérêts généraux, doit veiller sans cesse, sous peine de voir ceux-ci sacrifiés par quelques individus, dont le nombre, quel qu'il soit, forme toujours la minorité. Cette intervention du pouvoir doit s'exercer dans tous les cas et pour toutes espèces de marchandises et de denrées, aussi bien pour les subsistances que pour les vêtements, pour le travail que pour les capitaux. Dans l'état actuel, il n'existe guère de police qu'en matière de grains, et les approvisionnements sont assurés au moyen d'une réserve rendue obligatoire ; il ne nous semble pas que l'intervention dont nous reconnaissons la nécessité doive procéder ainsi. En thèse générale, les règlements sont plutôt nuisibles qu'utiles ; mais ce qui est bien plus efficace, c'est une direction intelligente et forte, qui indique aux détenteurs de marchandises inyendues les lieux où se trouvent des besoins satisfaits ; qui établisse la concurrence des vendeurs et des acheteurs sur de larges bases, en ayant le soin de placer les uns et les autres dans les conditions de la plus parfaite égalité possible : il ne faut pas plus que les marchands exploitent les consommateurs, que ceux-ci les premiers. L'action du gouvernement doit donc se borner à entretenir l'abondance en prévenant les coalitions et en écartant tous les obstacles qui pourraient empêcher les approvisionnements.

Les grandes variations dans les prix sont nuisibles à tous, aussi bien aux vendeurs qu'aux acheteurs : pour quelques-uns qu'elles enrichissent, elles en ruinent des milliers ; les prévenir est un devoir, qui peut être rempli plus facilement qu'on ne le suppose. La multiplication des voies de transport, la révision des lois de douanes, l'établissement de banques agricoles, immobilières, industrielles, etc., sont autant de moyens de faciliter la libre concurrence entre les vendeurs et les acheteurs et d'établir l'équilibre dans les conditions du *marché*.

On appelle encore *marchés* les lieux où se concluent ces sortes de conventions, les lieux publics des ventes. Dans la plupart des villes, il se tient à certains jours fixes et, suivant la population, une ou plusieurs fois par semaine, des marchés de légumes, de bestiaux, de fruits, etc., où les citadins vont renouveler les provisions du ménage, et où les villageois, en vendant leurs récoltes, achètent certaines denrées qui leur manquent, des élèves, des outils, etc. Outre ces marchés ordinaires, il se tient encore, à des époques plus éloignées, de grands marchés, qui durent plusieurs jours, souvent même plusieurs semaines, et où se vendent non-seulement des comestibles, mais encore des étoffes, des meubles, et certaines marchandises spéciales produites par le pays. Ce sont les foires.

En Grèce, le nom de l'*agora* était placé au centre de la ville quand elle n'en possédait qu'un, près du port dans les villes maritimes. Sa forme était carrée, on l'entourait de portiques doubles, couverts en terrasse et faisant galerie. Dans le centre, il y avait des autels, des statues, des tombeaux. Pausanias cite des marchés de petites villes ainsi décorés. Athènes en possédait deux principaux. Le marché ou *forum* des Romains formait un carré oblong, dont la largeur était égale aux deux tiers de la longueur.

D'après Vitruve, il était environné de deux étages de galeries superposées. Dans les villes modernes, le marché, en tant qu'on le distingue des halles ou magasins de marchandises en gros, s'est trouvé réduit à un emplacement en plein air où l'on expose en vente les denrées et les comestibles.

La ville de Paris renferme plusieurs marchés d'arrondissement couverts et spacieux. Ils ont été presque tous construits sur l'empla cement d'églises et de couvents démolis à la révolution, aux frais de la ville, qui perçoit un droit de place, dont le produit est fort important : tels sont le marché Saint-Germain, le plus vaste, le plus solide, le plus commode de tous, parallélograme rectangle de 92 mètres de longueur sur 75 mètres de largeur; sa cour, spacieuse, est décorée d'une fontaine au milieu; il a été bâti en 1811, sur l'emplacement de la foire Saint-Germain; les marchés Saint-Honoré, Saint-Joseph, Saint-Martin, des Innocents, des Carmes, des Blancs-Manteaux et plusieurs autres. L'industrie particulière a ouvert aussi, avec l'autorisation de la ville et sous la surveillance de la police, les marchés Popincourt, de la Madeleine, des Patriarches, etc. Dans les villes de province, les marchés se sont tenus jusqu'ici sur la place publique, et il en est encore de même dans un grand nombre de localités ; dans quelques autres, on commence à suivre l'exemple de Paris et à construire des marchés couverts, bien plus convenables, qui n'ont pas l'inconvénient d'obstruer la voie publique, ni d'interrompre ou tout au moins d'entraver la circulation, ce qui est une cause fréquente d'accidents déplorables.

Enfin, dans un sens plus étendu, on dit le *marché national*, le *marché intérieur*, le *marché étranger*, pour désigner les pays où les produits fabriqués doivent être livrés à la consommation. De toutes les connaissances indispensables à un véritable industriel, à un habile négociant, l'une des plus nécessaires est sans contredit la *connaissance du marché*. Tout le secret de quelques grandes fortunes commerciales est dans cette connaissance parfaite du marché et dans la perception de ce qu'il sera à un certain jour donné. Ce qui donne aux commerçants anglais un avantage incontestable sur nous, c'est la connaissance des besoins des nations pour lesquelles ils travaillent concurremment avec nous, et le soin avec lequel ils s'attachent à les satisfaire.

La B o u r s e est, comme on sait, le *marché des effets publics*. Ad. BLAISE (des Vosges).

MARCHEPIED, petit meuble qu'on met sous les pieds lorsqu'on est assis, ou dont on se sert quand on est debout, pour atteindre à un objet élevé. Le *marchepied* fut jadis un attribut de la dignité royale et particulièrement des grandes divinités du paganisme. Phidias avait placé sous les pieds de son Jupiter Olympien un *marchepied* d'or et d'ivoire, de deux pieds de haut, supporté par quatre lions d'or, et enrichi de bas-reliefs.

De nos jours, le *marchepied* est encore un accessoire des trônes sur lesquels siège la majesté royale; c'est aussi un meuble usuel, en usage surtout dans les bibliothèques et dans les magasins.

On donne le nom de *marchepied* à de petits degrés en forme d'estrade, qu'on pratique dans les chœurs des églises, sous les stalles, dans un grand nombre d'ouvrages de menuiserie, et à cette espèce de degrés à charnière brisée qui servent à monter dans une voiture.

En termes de marine, on appelle *marchepied* des cordes légères, mais solides, tendues sous les vergues qui supportent les voiles, pour que les marins qui vont larguer ou ferler ces voiles puissent se tenir à ces espares.

Ce mot s'emploie encore figurément, et dit d'un moyen de parvenir à un poste plus élevé; la tribune parlementaire sert au député ambitieux de *marchepied* pour arriver au pouvoir.

Enfin, en jurisprudence, on appelle de ce nom la servitude établie pour l'utilité publique ou communale, et qui consiste dans le passage qui doit être laissé à l'usage du public le long des rivières navigables ou flottables.

MARCHÉS À PRIMES, MARCHÉS LIBRES, MARCHÉS A TERME, MARCHÉS FERMES. Voyez BOURSE (Opérations de).

MARCHESI ou MARCHESINI (LUIGI), l'un des plus célèbres soprani, né à Milan, en 1755, était fils d'un musicien de la chapelle du duc de Modène, et dès son enfance montra un remarquable talent sur le cor. Obéissant aux inspirations de quelques amis de l'art, qu'enchantait la beauté de sa voix, il se rendit secrètement à Bergame, où il se soumit courageusement à une douloureuse mutilation, et acheva ensuite ses études de chant sous la direction du maître de chapelle *Fiorini* dans la cathédrale de Milan. Il alla plus tard se perfectionner encore, de 1775 à 1777, à Munich. A son retour en Italie, il fut reçu partout avec enthousiasme, et obtint à Turin un traitement de 1,000 ducats. Après s'être alternativement fait entendre, de 1786 à 1801, à Pétersbourg, à Berlin, à Londres et à Vienne, il revint de nouveau se fixer dans sa patrie, où il mourut, le 15 décembre 1829. Sa voix était d'une pureté et d'une clarté extrêmes, et sous le rapport de l'exécution les amateurs lui donnaient la préférence même sur F a r i n e l l i. On lui reproche, toutefois, d'avoir introduit le premier les *fioritures* exagérées qui caractérisent aujourd'hui le chant de la plupart des virtuoses.

MARCHESI (POMPEO, *cavaliere*), l'un des plus remarquables sculpteurs de notre époque, professeur à l'Académie des Beaux-Arts de Milan, est né en 1790. Un talent brillant, les conseils de Canova, l'étude de la nature et des anciens, le firent bientôt parvenir aux plus heureux résultats et à une grande réputation. Dans ses créations les mieux réussies il a su tempérer la mollesse de Canova, quoique l'on ne puisse méconnaître dans beaucoup de ses ouvrages, en dépit de la puissance d'imagination et de l'habileté de métier dont il fait preuve, l'influence des enseignements académiques. Marchesi sculpta d'abord les bas-reliefs de l'arc du Simplon, une Terpsichore et une très-belle Vénus-Uranie, ainsi qu'une statue colossale de saint Ambroise. Il exécuta ensuite un très-grand nombre de statues et de bustes, entre autres la statue colossale du roi Charles-Emmanuel, qu'on voit à Côme ; celles du célèbre jurisconsulte Beccaria et du compositeur Bellini ; le buste du professeur Zuccala, à l'Athénée de Bergame, et un monument à la mémoire de la M a l i b r a n. Ces travaux et d'autres encore valurent à Marchesi de la gloire et du profit. A la demande de trois habitants de Francfort, il fit en marbre une statue de Gœthe, qu'on peut voir dans la bibliothèque de la ville à Francfort. Gœthe, assis dans un fauteuil, réfléchit et tient à la main un album avec un crayon. Marchesi sculpta aussi deux fois l'empereur d'Autriche François Ier : la première fois avec Manfredoni, pour les états de Styrie (cette statue, haute de 13 mètres, est exposée à Grætz), puis une seconde fois pour le château impérial de Vienne; ce dernier travail fut richement rétribué, et valut en outre à l'artiste duc de Savoie Philibert-Amédée, qu'il exécuta pour le roi de Sardaigne, répondit au plus haut degré à l'attente du prince qui l'avait commandée. Pour contribuer à la décoration de la façade du château de Milan, Marchesi a aussi fourni gratuitement douze bustes en terre cuite représentant autant de capitaines célèbres. En même temps, une foule de bustes et de groupes de genre sortaient continuellement de son atelier. Il s'occupa aussi pendant plusieurs années d'un groupe colossal en marbre, *La Bonne Mère, ou la fête du vendredi saint*, qui depuis 1852 orne la cathédrale de Milan. Il exécuta encore une *Mater Dolorosa*, avec le corps de *Jésus-Christ sur son giron*.

MARCHESVAN ou BUL, deuxième mois de l'année civile des juifs, et le huitième de leur année ecclésiastique. Il correspond à la fin de notre mois d'octobre et au commencement du mois de novembre. Il est composé de vingt-neuf jours, dont le sixième est jour de jeûne, parce que Nabuchodonosor fit mourir en ce jour-là les enfants de Sédécias en présence de ce malheureux prince, et qu'il lui fit ensuite crever les yeux à lui-même.

MARCHETTUS, l'un de ceux qui avec Franco de Cologne contribuèrent le plus à perfectionner le plain-chant, vivait vers la fin du treizième et au commencement du quatorzième siècle. Gerbert a publié deux de ses ouvrages dans ses *Scriptores de Musica*. On trouve déjà dans Marchettus cette règle essentielle que deux consonnances complètes (unisson, quintes et octaves) ne doivent pas se succéder en mouvement direct. Tout ce qu'il savait en fait de dissonnances, c'est la nécessité de la décomposition.

MARCHEUR. Grâce à de longs exercices et à un corps naturellement robuste, certains hommes se sont fait comme *marcheurs* une réputation établie sur des tours de force singuliers. Tel est ce Harrisson, qui il y a deux ans, à New-York, paria qu'il marcherait quarante-huit heures de suite sur une planche étroite, d'une dizaine de pieds de longueur ; outre la fatigue, il y avait à vaincre le sommeil : il gagna son pari. Et l'an dernier, à Paris même, nous avons vu un Espagnol, Gennaro, dont le nom est tout de suite devenu célèbre, lutter avec des chevaux ; vaincu la première fois, il fut vainqueur la seconde : les chevaux, écrasés de fatigue, s'arrêtèrent. Nous pourrions encore citer un polisseur de boutons, qui parcourut en quatre heures les 40 kilomètres de la route militaire qui longe les fortifications de Paris.

MARCIEN, né dans la Thrace, vers 391, descendait d'une famille obscure, et les commencements de sa vie semblaient devoir l'entourer de peu d'illustration. Ainsi que nombre d'empereurs romains, il débuta dans la carrière militaire comme simple soldat, et de grade en grade parvint à la dignité de tribun. A la mort de Théodose II, Pulchérie, sa sœur, qui venait de saisir, à cinquante-deux ans, les rênes du gouvernement, voulut prendre un homme dont le courage, les vertus, le caractère magnanime, l'attachement à la religion, lui assurassent un concours puissant dans la tâche pénible qu'elle s'imposait. Elle choisit Marcien, alors âgé de cinquante-huit ans.

Il commença par assurer le triomphe de l'orthodoxie et par réprimer les hérétiques, mais sans violence et sans rigueurs. Puis il réforma les abus qui s'étaient introduits sous Théodose II, à la cour, dans l'administration de la justice, dans les camps ; et afin de mieux assurer le succès des mesures qu'il prenait à cet effet, il s'entoura de ministres dont la probité, la fidélité, lui garantissaient une coopération dévouée au rétablissement de l'ordre. Les mouvements d'Attila l'inquiétèrent un moment, mais ne l'intimidèrent point. Sommé par le *fléau de Dieu* de lui payer le tribut annuel auquel l'avait accoutumé Théodose : « Je n'ai de l'or, lui répondit-il, que pour mes amis ; mais j'ai du fer pour mes ennemis. » En 452 il se rendit au concile général de Chalcédoine, et y sanctionna les décrets qui anathématisaient l'hérésie d'Eutychès et le conciliabule d'Éphèse. En même temps, ses généraux battaient les barbares, et lui-même mettait en déroute une horde de Huns qui ravageait la Pannonie. Attila, furieux, s'apprêtant à marcher contre lui, fut frappé de mort subite. Marcien, qui venait de perdre Pulchérie, s'occupa ensuite à diminuer les impôts, à récompenser la vertu, à punir le vice, ce qui fit appeler son règne l'*âge d'or de l'empire*. Mais la dernière année (456) en fut peu heureuse : la famine, les maladies, affligèrent ses États, auxquels il prodigua tous les soulagements possibles. Il se préparait à marcher contre Genséric, lorsqu'il fut atteint d'une maladie à laquelle il succomba, au bout de cinq mois, le 26 janvier 457, âgé de soixante-cinq ans. Sa mort fut une immense perte pour ses peuples, qui lui portaient la plus vive affection.

MARCION, fondateur de la secte gnostique des *marcionites*, fils d'un évêque de Sinope dans le Pont, vivait au milieu du deuxième siècle de notre ère. Excommunié pour ses opinions hérétiques par son père, il se rendit à Rome, où il se lia avec le gnostique syrien Cerdon, et imagina un système tout à fait opposé à la conception judaïque et sensuelle du christianisme. Son idée fondamentale, c'était que l'Évangile de Jésus-Christ ne consiste que dans le pur amour du bien ; que le mosaïsme, avec son double but sensuel de récompenses et de châtiments, n'a pu produire que de la légalité, et encore chez un très-petit nombre d'hommes seulement, et que le paganisme ne peut engendrer que du mal. Pour expliquer la différence spécifique existant entre l'époque antérieure au christianisme et l'époque chrétienne, il admettait l'existence de trois principes moraux : le Dieu suprême et bon, le juste créateur du monde (*Demi-urgos*), et la matière du monde (*Hilé*), avec le chef suprême du mal (*Satan*) ; mais sans déterminer pourtant les rapports de ces trois principes entre eux. Le *Demi-urgos*, disait-il, produisit l'univers. C'est sous son influence et sous celle de Satan, produit de l'Hilé, que se trouvait le monde avant la venue du Christ. Il choisit le peuple juif pour en faire sa propriété, lui donna des lois et en même temps combattit avec lui la puissance de Satan, à qui les païens devaient être soumis. Mais, dans sa sévère justice, le *Demi-urgos* punit les hommes par la damnation, ou bien en ne leur accordant qu'une félicité passagère. Puis alors le Dieu suprême et bon eut pitié de l'humanité, et envoya sur la terre son fils, pour sauver et racheter les Juifs et les païens. Le fils est le *Logos*, qui dans le Christ n'a pris que l'apparence d'un corps. Il parut tout à coup à Capharnaüm, annonça le Dieu suprême et bon, resté jusque-là inconnu, mais éprouva de la résistance de la part de Satan et du *Demi-urgos* ; ce qui amena le crucifiement de Jésus, qui du reste, de même que sa mort et sa résurrection, ne fut qu'apparent. La foi au Christ et une vie sainte, de pur amour, devra préparer à l'homme une vie éternelle, tandis que les infidèles et les impies seront abandonnés à la juste sévérité du *Demi-urgos*. Suivant Marcion la perfection chrétienne consiste dans une vie rigoureusement ascétique, dans le jeûne et l'abstention du mariage. Ses partisans se divisaient en *fidèles* et en *catéchumènes*. D'après les idées qu'il avait sur le judaïsme, il devait nécessairement rejeter l'Ancien Testament. Du Nouveau Testament il n'acceptait que les dix épîtres de saint Paul (il rejetait les épîtres à Titus, à Timothée) et qu'un seul Évangile, celui de saint Luc, auquel encore il faisait subir des modifications suivant son système. Dans son ouvrage intitulé *Antithèses*, il s'efforçait de démontrer les différences existant entre l'Ancien et le Nouveau Testament. Ses adhérents se répandirent en Syrie, en Égypte, en Palestine, etc. ; et ils continuèrent, en dépit de la polémique dont ils furent l'objet de la part de Tertullien ainsi que des lois sévères portées contre eux, à former jusqu'au sixième siècle un parti très-tranché dans l'Église, qu'on les adoptèrent comme idées gnostiques, ou encore, à l'instar d'Apelles, ils se rapprochèrent un peu plus des doctrines catholiques.

MARCIONITES. *Voyez* MARCION.

MARCK (Comté de La), ancien comté de l'Empire, d'une superficie d'environ 28 myriamètres carrés, avec aujourd'hui 180,000 habitants, pour la plupart protestants, dans l'ancien cercle de Westphalie, qui était borné au nord par la principauté de Munster, à l'est par le duché de Westphalie, au sud et à l'ouest par le duché de Berg, fait aujourd'hui partie de l'arrondissement de Hamm, dans le cercle d'Arnsberg de la province de Westphalie (Prusse) ; il est traversé par la Ruhr. Depuis la fin du douzième siècle il eut ses comtes particuliers ; au quatorzième il passa sous la domination de la maison de Clèves ; et en 1666, lors de l'extinction de la maison de Juliers, il fut adjugé à la maison de Brandebourg à la suite de longues contestations.
* Aux termes de la paix de Tilsitt, la Prusse le céda, en 1807, au grand-duché de Berg, et il forma alors la partie la plus considérable du département de la Ruhr, jusqu'en 1813. Mais les événements qui s'accomplirent alors le replacèrent sous les lois de la Prusse.

Son chef-lieu est *Hamm*, ville non loin de laquelle se

trouve le château des anciens comtes de La Marck. Les autres localités d'une certaine importance sont *Soest*, *Iserlohn* et *Altena*.

MARCK (LA). *Voyez* LA MARCK.

MARCOMANS (littéralement *hommes habitant la marche*, c'est-à-dire la frontière ou la forêt), peuplade du nord de l'Allemagne, dont il est pour la première fois fait mention dans les Commentaires de César, qui la comprend parmi les peuples soumis à Arioviste, et ensuite par Florus, dans les détails qu'il donne au sujet de l'expédition de Drusus, époque à laquelle il semble qu'elle était fixée sur les rives du Main supérieur. Environ vers l'an 10 de J.-C., Marbod conduisit les Marcomans dans le pays, tout entouré de montagnes, qui a reçu le nom de *Bojohem* (Bohème), en raison de ses premiers habitants, les *Boii*, peuple d'origine celte. Après la chute de Marbod, ils n'en demeurèrent pas moins puissants et redoutables, et conservèrent parmi eux la forme du gouvernement monarchique. Leur territoire s'étendait au sud jusqu'au Danube, où, en l'an 88, ils repoussèrent une attaque de l'empereur Domitien. Tenus en bride par Trajan, ils cédèrent, comme toutes les autres peuplades du Danube, vers le milieu du deuxième siècle, à la pression des hordes de l'est et du nord se dirigeant vers le sud et l'ouest, et envahirent le territoire romain. Dans cette guerre, qui dura quatorze ans (de 166 à 180), ils parvinrent jusque sous les murs d'Aquilée. Marc-Aurèle eut toutes les peines du monde à les refouler dans les contrées qu'ils venaient d'abandonner, et son fils Commode s'empressa de faire la paix avec eux au prix de grands sacrifices. Pendant la seconde moitié du troisième siècle, la politique romaine réussit à tenir les différentes populations riveraines du Danube constamment divisées entre elles ; mais vers l'an 270 elles débordèrent sur toute la ligne de ce fleuve. Les Marcomans parvinrent alors jusque sous les murs d'Ancône, et répandirent l'épouvante dans Rome. Aurélien ne parvint à les rejeter de l'autre côté du Danube que par des efforts héroïques. Au quatrième siècle, leur nom disparaît de l'histoire; et il semble qu'ils devinrent alors la souche du peuple bavarois.

MARCO-POLO. *Voyez* POLO.

MARCOSIENS, sectateurs de l'hérétique Marc, au second siècle de notre ère. Saint Irénée a exposé et combattu leur doctrine. La voici : Dieu étant seul ne pouvait produire des êtres que par sa volonté : or, l'Écriture nous apprend qu'il exprima cette volonté par des paroles; si ces paroles avaient eu un sens vague, elles n'auraient pas produit un être plutôt qu'un autre; elles exprimaient donc des êtres, et l'action de les prononcer avait la force de les produire. Si on admet que les mots aient une force productrice, comme ils sont composés de lettres, les lettres de l'alphabet renferment aussi une force productrice; enfin, comme les mots ne sont formés que par les combinaisons des lettres de l'alphabet, les Marcosiens en concluaient que les vingt-quatre lettres renfermaient toutes les forces, toutes les qualités et toutes les vertus possibles. C'est ainsi qu'ils s'expliquaient ce que Jésus-Christ avait dit de lui-même, qu'il était l'*alpha et l'oméga*; et à ce gnosticisme, mélange bizarre de la cabale juive et des doctrines de Pythagore et de Platon, les Marcosiens joignaient la prétention de faire des miracles; ils passaient pour grands magiciens, et exerçaient surtout sur les femmes une influence dont on leur reprochait d'abuser pour les séduire.

MARCOTTE, branche d'arbre, d'arbuste, de plante vivace, qui par son contact prolongé avec une terre humide se garnit de racines, et devient ainsi un sujet indépendant de celui qui l'a produite. Les céréales, et même la plupart des graminées soumises à l'action de la herse et du rouleau par un temps humide, se tassent et se multiplient par une sorte de *marcottage*. Le marcottage, qui a toujours pour objet de déterminer, au moyen de l'humidité, de la chaleur, d'une terre préparée, des incisions, des ligatures, etc., les rameaux marcottés à pousser des racines et à former de nouveaux individus doués de toutes les qua-

DICT. DE LA CONVERS. — T. XII.

lités de leurs souches (Thouin), se pratique de différentes manières. Mais depuis le simple buttage et la multiplication par *provins* jusqu'au marcottage par *incision* ou *ligature*, les conditions importantes sont la richesse de la terre qui entoure la branche et l'humidité. P. GAUBERT.

MARCOUL, nom que l'on donne dans l'Orléanais à certains individus qui, en plein dix-neuvième siècle, passent encore pour guérir les écrouelles, comme jadis les rois de France, par un simple attouchement. Ce nom leur vient de Marculfe, vulgairement Marcoul, saint célèbre au cinquième siècle par ses miracles, et surtout par ceux qu'il opérait sur les individus affectés d'écrouelles. Si un enfant est le septième rejeton mâle consécutif d'un même père, c'est-à-dire sans fille interposée, il a en quelque endroit du corps la figure d'une fleur de lys, et jouit du privilége de guérir les écrouelles en soufflant dessus, ou en les touchant avec une fleur de lys : c'est un *marcoul*. C'est dans la semaine sainte que l'attouchement du *marcoul* passe pour être le plus efficace : si l'on est touché le vendredi saint, la guérison est infaillible. De temps en temps, pourtant, de petits procès en escroquerie vous envoient les marcouls s'asseoir sur les bancs de la place correctionnelle. Où allions-nous?

MARCULFE, moine français, qui vivait vers la fin du huitième siècle, composa, à l'âge de soixante-dix ans, par ordre de Landri, évêque de Paris, un recueil des formules des actes les plus ordinaires : l'utilité de l'ouvrage compense bien la barbarie du style de l'auteur, qui d'ailleurs ne pouvait pas mieux faire que ses contemporains. Cette compilation est divisée en deux livres, dont le premier traite des chartes royales, *Præceptiones regales*, le second des actes des particuliers, *Chartæ pagenses*, deux espèces de documents indispensables à quiconque veut arriver à une connaissance exacte des antiquités ecclésiastiques et de l'histoire des rois de France de la première race. Marculfe ne se borna pas à recueillir les formules existantes, il en indiqua lui-même plusieurs applicables à différents cas non prévus par les praticiens. Cette collection a été publiée en 1613, par Jérôme Bignon, avec des remarques pleines d'érudition, qui expliquent le texte. Le commentateur y a joint d'anciennes formules d'un auteur anonyme, qu'il éclaircit aussi. Baluze en donna une nouvelle édition dans le *Recueil des Capitulaires des rois de France*, qu'il publia en 1677, en 2 volumes ; c'est la meilleure et la plus complète.

MARDI (du latin *dies Martis*). Les astronomes pensent que Mars présidait à la première lune de ce jour, et de là son nom. Le mardi est le second jour ouvrable de la semaine et, d'après le bréviaire, la troisième férie. Le plus désiré des *mardis* est le roi du carnaval, *mardi gras*.

MARDIN, la *Marde* ou *Miride* des anciens, ville de la Mésopotamie (Turquie d'Asie), à 55 myriamètres au nord-ouest de Bagdad, et à 8 myriamètres au sud-est de Diarbekr. Sa population est d'environ 10,000 âmes, dont une moitié se compose de Kourdes mahométans, et l'autre de Chaldéens, de Maronites et de *Jacobites*, rejeton vivace de l'hérésie d'Eutychès, condamnée par le concile de Chalcédoine, mais rétablie dès le siècle suivant par Jacobus Baradæus, évêque d'Orfa. Ces diverses sectes religieuses se livrent entre elles à de fréquentes disputes. On voit à Mardin un couvent occupé par quatre moines franciscains, envoyés par la propagande de Rome, et qui tiennent une école où ils apprennent un peu de géographie et d'italien à une vingtaine d'enfants chaldéens. On ne peut imaginer rien de plus gracieux et de plus pittoresque que l'aspect de cette ville, dont les rues sont une suite non interrompue de terrasses. Quoique fort ancienne, elle présente peu d'antiquités ; on y fabrique des maroquins estimés. Le district de Mardin compte de nombreux villages musulmans ; dans quelques-uns la population est moitié musulmane et moitié chrétienne. Quoique vivant en assez bonne intelligence, les chrétiens et les musulmans ne contractent entre eux aucun lien de famille.

MARDOCHÉE, oncle, ou plutôt cousin germain d'Esther, un des Juifs emmenés en captivité à Babylone

44

en l'an 595 av. J.-C. Mardochée, qui avait sauvé la vie du roi Assuérus en le prévenant d'un complot formé contre lui, faillit succomber sous la haine et les intrigues du favori Aman : il ne dut son salut qu'aux prières d'Esther et à la reconnaissance du roi.

MARÉCHAL (*Technologie*). *Voyez* MARÉCHAL FERRANT.

MARÉCHAL (*Art militaire*). Il n'y a pas de mot sur l'étymologie duquel il se soit débité des assertions plus contradictoires : faut-il, pour le prouver, remonter jusqu'aux *Phocides* de Pausanias et soutenir, avec ses commentateurs, qu'il est celtique? Faut-il s'en rapporter à Turnèbe, qui le croit latin? Faut-il pour le démontrer teuton citer Daniel, Furetière, Grassi, Matthieu Paris, Court de Gebelin? Ce qu'il y a d'indubitable, c'est que dans sa composition il entre de vieux débris des idiomes du Nord, signifiant *cheval* et *cavale*. Un maréchal était indubitablement un employé près des chevaux, un chef de cavaliers, dans un temps où tout ce qui était cavalier était noble et homme de guerre. Il n'est donc pas surprenant que dans une de ces acceptions la qualification soit restée celle d'un artisan, et que dans une autre elle soit devenue le titre d'une dignité des plus relevées. On lit dans la loi salique : « Que celui qui se permettra d'occire un maréchal qui a sous ses ordres douze chevaux (*duodecim caballos*), c'est-à-dire douze hommes de cheval, soit condamné à payer onze sols. » On ne saurait croire que ce soit en faveur des maréchaux ferrants qu'une pareille disposition ait été promulguée; il est clair qu'elle avait en vue des personnages de marque. Ainsi, il ne faut pas redire avec Dulaure que le maréchal de France était dans l'origine un ouvrier forgeron ou un myre (médecin) de chevaux, mais so persuader que dans la dénomination de professions qu'n'étaient pas sans rapports entre elles il existait des différences d'orthographe qui se sont effacées quand le latin barbare s'est emparé de la locution saxonne, et plus encore quand le terme est devenu français, au dixième siècle.

Générique dans le principe, et non professionnel, il a eu besoin d'une épithète ou d'un génitif, pour caractériser sa signification. Un roi, un prince, un seigneur féodal, avaient pour chef de leur garde, de leur cavalerie, de leurs écuries, un maréchal, qui était l'aide ou le second de leur connétable, comme le connétable avait été autrefois l'aide ou le second du sénéchal. En temps de guerre, le connétable était un général d'armée, dont le maréchal était l'aide de camp ou le chef d'état-major. Ce maréchal, ne bornant plus ses fonctions à celles de domestique palatin ou du palais, mais exerçant une charge d'officier général, dut à cette circonstance le titre de *maréchal de camp*, ou de *champ* (*campi ductor*). Les vassaux, sortant en guerre avec le roi, avaient aussi leur maréchal, leur *campi ductor*, comme le comte de Champagne avait le sien en 1179 : voilà pourquoi le maréchal qui appartenait à la couronne fut distingué des autres par la qualification de *marescallus Franciæ*, *marescallus regis*. Ainsi au temps ou une armée royale proprement dite se composa de quelques mille hommes, le maréchal de France devint l'aide de camp du chevetain qui avait la gendarmerie sous ses ordres. Dès l'an 783 le connétable de Charlemagne avait pour adjoints deux maréchaux. Philippe-Auguste n'avait qu'un maréchal, Albéric, tué à Saint-Jean-d'Acre, en 1185. De 1205 à 1235 il n'y a également qu'un officier de maréchal; il s'appelle indifféremment *maréchal de l'host*, c'est-à-dire du camp ou de l'armée : ces termes étaient synonymes. Il exerçait, à titre passager, un emploi révocable : ce n'était ni une dignité ni un office. Si le roi était à l'armée, son maréchal n'était qu'un *arrayour*, un rangeur de troupes, un sergent de bataille. Dans ce cas, l'avant-garde était sous les ordres du connétable. Si le connétable, en l'absence du roi, commandait l'armée, le maréchal de l'host avait de droit le commandement de l'avant-garde, et quelque écuyer subalterne des écuries royales devenait l'arrayour ou sous-chef d'état-major. Il a été dans la destinée de tous les emplois de grands-officiers ou de s'éteindre à mesure que, trop puissants, ils portaient ombrage au trône, ou de s'affaiblir en se multipliant. Le grade inférieur se substituait alors au supérieur; c'est ce qui est arrivé au *dapifer*, au *maire du palais*, au sénéchal, au connétable, et enfin au maréchal. Ce dernier grade, confié après Charlemagne à un seul fonctionnaire, devint office de la couronne, puis charge à vie, puis dignité, et ce n'est pas la faute de ceux qui l'ont exercé s'il n'est pas devenu héréditaire pour tous, comme il l'a été pour quelques-uns.

Le nombre des maréchaux s'éleva successivement, depuis saint Louis jusqu'à Louis XIV, à deux, à douze, à vingt; leurs fonctions, devenues comme la monnaie des fonctions abolies du connétable, perdirent proportionnellement de leur éclat à raison de la multiplication des titres d'officiers, quand surtout il fut créé des *maréchaux généraux*, des *maréchaux des logis*; que les chapitres de chevalerie eurent leurs *maréchaux de l'host*, et qu'il y eut des *maréchaux de camp* dans les pas d'armes, les tournois, les lices même des jugements de Dieu. Pour ce qui concerne les *maréchaux de camp* des armées, il y en eut d'abord un : c'était le personnage qui se nommait *maréchal du roi* ou *maréchal de France*. Depuis Henri IV, les maréchaux de France, alors au nombre de quatre ou cinq, prirent des *aides maréchaux*. Ceux-ci trouvèrent bon de supprimer d'eux-mêmes le titre d'*aide*, pour s'intituler *maréchaux de camp*. Les maréchaux de France, titre fort insignifiant ou sans justesse, ne furent plus connus que sous cette dénomination, et cessèrent de s'appeler maréchaux de l'host. Les maréchaux de camp pullulèrent sous Louis XIII; il y en eut un tel nombre, que la distance parut trop grande entre leur grade et celui de maréchal de France : il fut donc créé des lieutenants généraux, ou des substituts directs des maréchaux de France, comme les maréchaux de France étaient depuis l'abolition du connétable les représentants directs du roi. Il y avait en 1660 cinq maréchaux de camp pour toute la France; à la fin du dix-septième siècle, une seule armée en comptait quarante. L'armée de Flandre en 1745 en avait à elle seule quatre-vingt-seize. Il y en avait cinq cents dans le cadre d'état-major au commencement de la guerre de la révolution. L'année 1793 abolit avec raison un titre sans justesse, un grade sans emploi. La Restauration rétablit, sans savoir pourquoi, les maréchaux de camp; les cent quinze ans respectèrent, à cause de ce fumet d'ancien régime qu'avaient si avidement flairé tous les anoblis de l'empire. La révolution de 1830 trompa toutes les prévisions des militaires éclairés, en laissant subsister les titres de lieutenant général et de maréchal de camp, qui ne rappellent rien, n'expriment rien, ne concordant à rien. La république et le nouvel empire ont fait revivre les titres de *général de division* et de *général de brigade*, et ils ont eu raison. Gal BARDIN.

L'article qui précède explique avec lucidité l'origine 1° du *maréchal de camp*, aujourd'hui *général de brigade*, officier général immédiatement au-dessus du colonel, et qui prenait autrefois le titre de *maréchal des camps et armées du roi*; 2° du *maréchal de bataille*, officier général, ayant pour fonction de ranger une armée en bataille, et d'en régler la marche et le campement, sous les ordres du général en chef; 3° du *maréchal de France*, grade le plus élevé de la hiérarchie militaire. Un bâton appelé *bâton de maréchal* est la marque distinctive de cette haute dignité. Autrefois le tribunal des maréchaux de France était juge des différents relatifs au point d'honneur. Il jugeait en dernier ressort les querelles survenues entre les nobles, à ce sujet ou sur des questions qui touchaient à la guerre et à la noblesse. Il avait des délégués dans les provinces ressortissant de sa juridiction au palais de justice de Paris, sous le nom de *connétablie et maréchaussée de France*. La dignité de maréchal existe dans la plupart des pays de

MARÉCHAL — MARÉCHAUSSÉE

l'Europe. Dans ceux du nord, la dénomination de *feld-maréchal* a prévalu. Chez nous, la femme d'un maréchal de France a le titre de *madame la maréchale*.

Le *prévôt des maréchaux* était un officier commandant, sous l'autorité des maréchaux, une compagnie d'archers à cheval pour la sûreté publique dans les provinces.

Le *maréchal des logis* est un sous-officier des troupes à cheval, et de certains corps spéciaux, chargé des détails du service, de la discipline intérieure d'une compagnie et de ce qui concerne le logement. Le grade de maréchal des logis répond à celui de sergent dans l'infanterie, et le grade de *maréchal des logis chef* à celui de sergent-major. Le *maréchal des logis* est encore un officier chargé de faire préparer des logements pour la cour en voyage. Il y avait autrefois des maréchaux des logis par quartier, un grand-maréchal des logis chez le roi et un premier maréchal des logis chez la reine.

Maréchal se dit enfin de certains grands-officiers dans quelques pays : le *grand-maréchal* du palais, le *maréchal* héréditaire, le *grand-maréchal* de Pologne, le *maréchal* de la diète. L'électeur de Saxe était *grand-maréchal* de l'Empire.

MARÉCHAL (GEORGES), chirurgien célèbre, né à Calais, en 1658, d'un pauvre officier, entra fort jeune en qualité d'*apprenti*, comme on disait alors, chez un maître chirurgien de Paris. Plus tard il suivit avec ardeur les cliniques de l'hospice de La Charité, dont il devint chirurgien en chef en 1688, par suite de la mort du titulaire. Dans cette position, il vit bientôt venir à lui la plus riche clientèle, attirée par la réputation qu'il s'était faite comme opérateur en raison de la légèreté et de la sûreté de sa main. Il était surtout en renom pour l'opération de la *taille* au grand appareil. Sa célébrité devint même telle, que dès 1696 Félix, premier chirurgien de Louis XIV, l'appela en consultation au sujet d'une maladie du roi, et qu'en 1701 Fagon, obligé, lui aussi, de se soumettre à la douloureuse opération de la taille, ne voulut être opéré que par la grande spécialité de l'époque. Ajoutons qu'en bon confrère, Maréchal refusa les 6,000 francs que Fagon lui offrait pour ce service, et qu'il ne se décida à les accepter que sur l'ordre exprès du roi, quand il sut que c'était la cassette de ce prince qui en faisait les frais.

En 1703, Félix étant mort, Fagon présenta pour le remplacer Maréchal, à qui la charge revenait de droit. Une fois en pied à la cour, celui-ci perdit sans doute une bonne partie de sa productive clientèle; car il ne pouvait plus découcher de Versailles sans l'agrément du monarque et ne venait dès lors à Paris qu'en cachette; mais il en fut largement dédommagé par les honneurs et les gratifications que Louis XIV se plut à lui accorder. En 1706 ce roi le nomma son maître d'hôtel, et l'année suivante il le gratifia de lettres de noblesse. En 1711 Maréchal opéra de la taille le comte de Toulouse, et reçut 30,000 francs pour ce service. L'année 1712 fut une des plus tristes de la vieillesse du grand roi. Une mort mystérieuse frappait coup sur coup sa descendance directe. Fagon, Boulduc, Boudin, n'hésitèrent point à attribuer au poison le décès de la dauphine et plus tard celui du dauphin; seul, Maréchal soutint l'opinion contraire. Mais les Mémoires contemporains nous apprennent qu'en particulier il avouait n'avoir ainsi parlé qu'à moitié convaincu et uniquement pour ne pas trop assombrir la vieillesse, déjà si morose, de Louis XIV. C'est à lui qu'en qualité de premier chirurgien échut, en 1715, l'honneur de faire l'autopsie du cadavre royal.

Sous le nouveau règne, il conserva sa charge de premier chirurgien; et il obtint en 1723 le cordon de Saint-Michel. Il expira le 13 décembre 1736, après avoir beaucoup contribué cinq ans auparavant, avec La Peyronnie, à la création de l'Académie royale de Chirurgie. Son petit-fils est plus connu sous le nom de marquis de Bièvre, du château où Georges Maréchal rendit le dernier soupir et que Louis XIV avait érigé pour lui en marquisat.

MARÉCHAL (Mylord). *Voyez* KEITH.
MARÉCHAL DE CAMP. *Voyez* MARÉCHAL (*Art militaire*).
MARÉCHAL DE L'HOST ou DE L'OST. *Voyez* MARÉCHAL (*Art militaire*).
MARÉCHAL DES LOGIS, MARÉCHAL DES LOGIS CHEF. *Voyez* MARÉCHAL (*Art militaire*).
MARÉCHALERIE, art du maréchal ferrant.
MARÉCHAL FERRANT, artisan dont le métier est de ferrer les chevaux ; il emploie pour cela les outils suivants : 1° un instrument tranchant, appelé *boutoir*, pour égaliser et rafraîchir la corne avant de poser le fer; 2° une lame de fer ou d'acier nommé *rogne-pied*, pour enlever la corne qui déborde le fer autour du sabot, après qu'il a été posé, et la partie la plus dure du bord inférieur de la muraille; 3° des *triquoises* ou tenailles, servant à couper les pointes de clou ressortant en dehors du sabot; 4° un poinçon à quatre faces, ayant nom *repoussoir*, pour chasser les clous hors de leur trou; 5° enfin, une râpe ou lime, pour unir la corne et les rivets. Le maréchal ferrant doit connaître non-seulement les principes de médecine vétérinaire, qui en quelques endroits le font appeler maréchal vétérinaire, mais encore il doit connaître à fond l'art du forgeron et du serrurier. Il faut au maréchal autant d'habileté que d'expérience pour se rendre maître du pied du cheval et pour le placer d'une manière favorable à l'opération qu'il va subir ; pour se servir comme il faut des *rogne-pieds*, *triquoises*, etc.; pour éviter de blesser avec le *boutoir* soit le cheval, soit celui qui le tient; pour empêcher que la corne n'éclate; pour reconnaître si un clou se coude ou atteint le vif, ce qui compromettrait également le pied du cheval. Les principes les plus importants de la maréchalerie consistent surtout à conserver au pied sa forme naturelle. Faire *le fer pour le pied, et non le pied pour le fer*, voilà le point de départ qui exige pour lui non-seulement le plus de pratique, mais encore le plus d'attention. Donner à chaque forme de pied le mode de ferrure qui lui est propre; reconnaître celle qui convient aux chevaux *pinçarts*, c'est-à-dire qui appuient sur la pince ou sur la pointe du pied ; à ceux qui se coupent en marchant ; à ceux qui *forgent*, c'est-à-dire qui en marchant attrapent avec la pince des pieds de derrière les extrémités de leurs fers de devant; aux pieds plats, combles, encastelés; aux talons bas et faibles; aux chevaux à corne mince ou éclatée; aux chevaux de labour, de charrette, de carrosse, de selle, etc. ; tels sont les principes qui dominent l'art du maréchal.

Quelquefois le maréchal ferrant joint à son métier principal celui de serrurier en voiture, partie qui constitue la grosse maréchalerie; souvent aussi il prend soin des chevaux malades ou blessés, et exerce la médecine vétérinaire.

MARÉCHAUSSÉE (de *marescalia*, ou *moreschaussia*, écurie, qu'on traduisait dans notre vieux langage par *mareschaucie* et *mareschaussée*), corps militaire, chargé de veiller en France à la sûreté publique et d'assurer l'exécution des lois. On fait remonter l'origine de cette institution à une époque bien antérieure à l'établissement des Francs dans les Gaules. François Ier eut l'idée de la discipliner et d'en accroître les fonctions; mais les circonstances ne lui permirent pas d'exécuter complètement ce projet. Les brigades de maréchaussée furent augmentées par Henri II, de 1554 à 1557, afin de réprimer les désordres et le vagabondage qui s'étaient répandus dans les villes et les campagnes : il en fut spécialement établi dans les lieux situés sur les grandes routes. Ces brigades veillaient au maintien de l'ordre, de la police et de la tranquillité publique: elles arrêtaient les gens sans aveu, les déserteurs, les mendiants et les voleurs. Indépendamment des compagnies détachées, on comptait la *compagnie de la connétablie*, créée en 1660, et qui était la première de l'arme. On avait aussi institué dans chaque ville où il existait un hôtel des monnaies une *compagnie dite de la prévôté générale des monnaies et maréchaussées de France*; enfin, une *compagnie du prévôt général*

44.

de l'Ile de France faisait le service de la capitale et de sa banlieue. La force de cette arme, qui s'était encore accrue depuis le règne de Louis XIII jusqu'au commencement de celui de Louis XV, était répartie en 1789 en six divisions, de cinq compagnies chacune, excepté la première, qui en comptait six, et la dernière sept. Ces trente-trois compagnies, celle dite de la connétablie, de l'Ile de France et de la prévôté des monnaies, formaient un total de 368 officiers, 4,241 sous-officiers et soldats. Lorsque la dignité de connétable existait en France, la maréchaussée était dans ses attributions immédiates : à la suppression de cette charge, elle fut soumise aux maréchaux de France. Il y avait un *prévôt des maréchaux*, pris dans la haute noblesse militaire, qu'on remplaça par d'autres gentilshommes, auxquels on donna d'abord le titre de *prévôt provincial* et plus tard celui de *prévôt de la maréchaussée*.

A l'époque de la révolution la maréchaussée prit le nom de *gendarmerie nationale*, et fut réorganisée par décrets des 22, 23, 24 décembre 1790, 16 janvier et 16 février 1791.

MARÉE. Ce phénomène, dont les causes furent longtemps inconnues, et que les stoïciens attribuèrent aux aspirations et expirations de l'animal du monde, consiste dans un mouvement périodique des eaux de la mer, mouvement qui élève et abaisse successivement les eaux en un même lieu au-dessus ou au-dessous d'une certaine hauteur moyenne. Le gonflement de la mer se nomme le *flux* ou le *flot*, *marée haute*; le retrait prend les noms de *reflux*, de *jusant*, *marée basse*. Ainsi que toute quantité croissante et décroissante reste un moment constante aux points voisins de son *maximum* et de son *minimum*, ces phases sont séparées l'une de l'autre par un instant de calme. Quand les eaux de la mer ont atteint le plus haut degré d'élévation, on dit qu'il y a *pleine mer* ou qu'elle est *étale* : cet état dure environ un demi-quart d'heure. Quand les eaux sont parvenues à leur plus grand abaissement, on dit qu'il y a *basse mer*.

L'ensemble d'un flux et d'un reflux s'appelle une *marée*. Une observation attentive fait reconnaître qu'il y a deux flux et deux reflux dans une période de 24 heures 52 minutes en moyenne : cet intervalle de temps est précisément celui qui sépare deux passages consécutifs de la Lune au même méridien. Puis, dans l'espace d'un mois lunaire, si l'on note les hauteurs auxquelles la mer monte et descend chaque jour, on verra que les plus fortes marées ont lieu vers les s y z y g i e s et les plus faibles dans les q u a d r a t u r e s. Cette période de hausse et de baisse suit exactement le mouvement de la Lune dans son orbite, et elle se reproduit à chaque lunaison. De plus, on sait que l'orbite lunaire est elliptique, et que la distance de la Lune à la Terre varie à chaque instant; et c'est un fait frappant que la hauteur totale de la marée est d'autant plus considérable que la Lune est plus près de la Terre : ainsi, toutes choses égales d'ailleurs, les marées périgées surpassent les marées apogées. Les plus fortes marées d'une même lunaison reçoivent le nom de *grandes eaux*, *malines* ou *reverdies*, les plus faibles sont appelées *mortes eaux*. Une circonstance analogue a lieu aussi, eu égard à la distance de la Terre au Soleil; car on a remarqué que les marées sont plus grandes en hiver qu'en été. Enfin, une observation journalière, suivie pendant une année solaire, fera voir que les marées syzygies décroissent quand on approche des solstices, et sont les plus grandes vers les équinoxes : c'est là l'époque de ces flux extraordinaires connus sous le nom de *grandes malines* ou *vives eaux*, qui poussent vers les rivages d'effroyables masses d'eau, et quelquefois envahissent le littoral comme des torrents dévastateurs.

Des observations précises, suivies pendant une longue série d'années, établissent ces faits et leur périodicité d'une manière incontestable; nous sommes donc naturellement conduits à rechercher quel rapport peut lier ainsi le phénomène des marées aux mouvements du Soleil et de la Lune. Or, Newton nous a révélé qu'une vertu occulte, une a t t r a c t i o n universelle, enchaîne l'un à l'autre tous les corps de notre monde : le Soleil et la Lune attirent donc vers leur centre les molécules de notre globe, comme ils en sont eux-mêmes attirés. Cette force, dont l'intensité d'action est déterminée par la distance, suffit-elle à toutes les circonstances du phénomène? Et d'abord, quel est son premier effet? Mettons en présence la Lune et la Terre : le diamètre du globe terrestre est une quantité appréciable relativement à la distance qui sépare les deux corps; par conséquent les molécules de la Terre seront inégalement attirées : celles qui sont immédiatement sous la Lune le seront plus que le centre, et le centre le sera plus que celles qui se trouvent à l'extrémité opposée du même diamètre. De là il résulte que si les parties intégrantes de la Terre venaient tout à coup à perdre la force de cohésion et de pesanteur qui les réunit en masse, et qu'elles cédassent à la puissance attractive de la Lune, elles se précipiteraient vers cet astre, mais avec des vitesses inégales, les molécules les plus proches plus vite que le centre, et le centre plus vite que les plus éloignées; ces dernières resteraient donc en arrière, et notre globe se changerait en un corps de figure ovale, allongé également vers la Lune et du côté opposé: la géométrie donne à cette figure le nom d'*ellipsoïde*. Mais comme les eaux de la mer qui recouvrent le sphéroïde terrestre ne sont pas complétement indépendantes de l'action même du globe, elles ne l'abandonnent pas; seulement leur équilibre est un peu troublé. Il y a gonflement des eaux ou flux aux deux extrémités opposées du même diamètre, et par suite retrait ou reflux aux deux extrémités du diamètre perpendiculaire à celui-ci. Ce fait, que le calcul démontre comme rigoureusement possible, et dont le raisonnement précédent rend assez bien compte, forme la base de toute la théorie des marées; il explique l'élévation ou l'abaissement simultané de la mer aux deux points opposés du même méridien, circonstance qui avait mis en défaut la sagacité de Kepler, et dont toutes les autres se déduisent fort simplement.

Que la mer s'élève sous la Lune, qui l'attire, c'est ce que tout le monde comprend facilement, mais qu'elle se soulève aussi de l'autre côté et par la même cause, c'est ce que l'on ne peut bien saisir qu'avec un effort d'intelligence; répétons donc que cet effet, en apparence étrange, provient de ce que toutes les molécules de la Terre ne sont pas également attirées par la Lune, et que cette différence d'action, produite par la différence des distances, fait allonger le globe et par dessus et par dessous. Cette forme nouvelle, que prend notre globe sous l'attraction lunaire, lui est aussi imprimée par la force attractive du Soleil; de là résulte dans les eaux de la mer une double oscillation, dont les effets s'ajoutent ou se retranchent selon la position relative des deux astres, car c'est un principe connu en dynamique sous le nom de *coexistence des petites ondulations*, que le mouvement total excité dans un système par de très-petites forces est la somme des mouvements partiels que chaque force lui eût imprimés séparément. Il arrive de là que si la haute mer solaire coïncide avec la haute mer lunaire, la marée totale est très-forte : c'est ainsi qu'on ont lieu les grandes marées des syzygies ; et, au contraire, si la basse mer solaire coïncide avec la haute mer lunaire, la marée totale est faible : c'est ce que l'on observe à l'époque des quadratures, c'est-à-dire quand la Lune est à 90° du Soleil. Restait à démontrer lequel de ces deux astres a la plus forte influence : le calcul, en formulant l'attraction de chacun d'eux, a prouvé que l'action de la Lune pour soulever les eaux est triple de celle du Soleil. La lune est donc la principale cause des marées; l'emploi de l'étude des faits nous avait suffisamment indiqué, tant est frappante l'analogie des mouvements correspondants de la Terre et de la Lune!

Si les molécules qui composent la mer étaient parfaitement indépendantes les unes des autres, si la profondeur de l'Océan était partout la même et très-considérable, si enfin son étendue était assez vaste pour n'opposer aucun obstacle à l'attraction des deux corps qui troublent l'équilibre de ses eaux, l'heure des marées aurait lieu au moment même du passage simultané des deux astres au même méridien, ou à un autre moment, variable seulement avec leur distance respective, et que l'on pourrait fixer mathématiquement d'avance. Il n'en est pas ainsi : dans les mers même les plus libres, la marée est toujours en retard sur ce calcul; cet effet tient à l'inertie des eaux, au frottement du fond, à la résistance qu'elles opposent à leur déplacement, à la cohésion de leurs parties. Ce retard, bien sensible sur les côtes, est très-considérable dans quelques ports, sur plusieurs points de la Manche, et particulièrement dans les fleuves ou les rivières; il varie d'un point à un autre, et il est connu dans chaque port sous le nom d'*heure* ou d'*établissement du port*. Cette inertie des eaux explique encore pourquoi les grandes marées des syzygies n'ont point lieu le jour même de la syzygie, mais un jour et demi après. La nature nous offre plusieurs exemples de forces dont l'action est sensible encore quelque temps après que la cause a cessé : tout le monde a pu observer que dans nos climats ce n'est point le jour même du solstice d'été que la chaleur est le plus forte, mais bien quelques jours après : observez les vagues pendant une tempête, et notez l'instant où elles vous paraîtront le plus monstrueuses, vous remarquerez que cette agitation extrême suit de quelques moments la plus grande furie du vent.

On a essayé aussi de déterminer par le calcul les hauteurs que devait atteindre la mer sous la double force attractive qui la soulève; les indications de la théorie se sont toujours trouvées fort au-dessous de la réalité : cela tient à des causes locales, que l'analyse ne peut point embrasser dans ses formules; l'onde immense qui produit le flot, en heurtant les rivages, éprouve un rebondissement qui maintient ses particules bien au-dessus de la hauteur de leur niveau. Arrêtez-vous près d'une écluse, ou de l'arche d'un pont heurtée par un courant rapide, vous verrez comme l'eau s'y accumule et s'y élève par-delà son niveau naturel : ainsi fait la mer quand elle choque un rocher. Cette exagération de hauteur est bien plus remarquable dans les golfes resserrés ou dans les détroits; l'eau quelquefois y atteint une prodigieuse élévation; la vague, que la force d'impulsion entasse dans ces espaces étroits monte jusqu'à ce que son poids suffise à contre-balancer le choc de la vague qui suit.

Mais si telle est en effet la cause des marées, l'heure de la flot et sa hauteur doivent varier pour chaque point du globe avec la distance du lieu au sommet de l'ellipsoïde, c'est-à-dire avec la latitude; car le soleil et la lune ne s'écartant pas de l'équateur au delà de 28° de chaque côté, ce sommet se trouve toujours dans l'espace qu'embrassent les tropiques. C'est ce que l'on observe : la marée arrive d'autant plus tard que le lieu où l'on se trouve est placé par une latitude plus élevée; et si la hauteur de la mer est si considérable en quelques-uns de nos ports qu'elle dépasse tout ce que l'on voit dans les tropiques, il faut en chercher le motif dans la disposition des localités, qui multiplie l'effet. Au pôle il ne doit pas exister de marées ; et vers les cercles polaires, aux lieux où la lune ne se couche plus longtemps est au-dessus de l'horizon, il n'y a plus qu'une seule marée. Les marins que la navigation appelle dans ces parages sont heureux que les marées y soient moins fréquentes et moins fortes que dans nos climats, car les courants qui en résulteraient rendraient irrésistible le choc des énormes glaçons qu'ils entraînent.

Enfin, les diverses déclinaisons du Soleil et de la Lune, en transportant alternativement de part et d'autre de l'équateur le point culminant de l'ellipsoïde aqueux, modifieront encore les hauteurs des marées dans chaque port; car cette hauteur sera d'autant plus forte que le lieu où l'on se trouve est plus rapproché du sommet : par conséquent, dans un port quelconque, les plus grandes marées devraient avoir lieu vers l'époque où la Lune et le Soleil sont le plus près du zénith. Ici la théorie de Newton est en défaut; car l'observation prouve que c'est vers l'équinoxe, et non point au moment où les deux astres sont à leur plus grand éloignement de l'équateur vers notre pôle, que les marées extrêmes arrivent. Les savants qui développèrent le système de Newton éprouvaient de la répugnance à admettre que les déclinaisons pussent affaiblir l'action du Soleil et de la Lune; ils aimèrent mieux nier les données de l'observation ou attribuer les grandes marées des équinoxes à des causes secondaires. La différence d'écartement d'un port au sommet de la vague ainsi soulevée par l'attraction explique les différences que l'on observe entre les hauteurs des deux marées consécutives, l'une du matin et l'autre du soir; elles se dépassent réciproquement selon le sens de la déclinaison ; disons qu'ici encore les développements de Newton étaient affectés d'erreur : la cause à laquelle il assignait cette particularité eût dû, mathématiquement, produire un effet beaucoup plus grand qu'il ne l'est réellement.

Newton attribua à l'attraction de la Lune et du Soleil la cause des marées : une raison sublime put seule lui révéler cette admirable vérité; mais il supposa que la Terre, soumise à cette force, prenait à chaque instant la forme qui résulterait de son état d'équilibre sous cette influence; en cela il eut tort : cette figure d'un ellipsoïde allongé est imaginaire; la matière est trop inerte, et le mouvement de rotation trop rapide pour que cette transformation complète ait lieu à chaque instant. Telle fut l'erreur de Newton. Laplace, qui trouva d'immenses travaux ébauchés, des observations nombreuses et précises, les lois du mouvement des fluides déterminées par le calcul, les fautes déjà signalées, n'eut plus qu'à les corriger. Il prit son point d'appui dans la théorie mathématique du mouvement des fluides, et il enchaîna dans ses formules toutes les circonstances des oscillations de l'Océan sous les forces perturbatrices du Soleil et de la Lune. On sait avec quelle mystique puissance les équations algébriques enserrent dans leurs termes et les données d'un problème et toutes les conséquences possibles de leurs rapports; l'art du mathématicien consiste à les faire jaillir et à les mettre en relief. Laplace représente ces forces agissant avec leur maximum d'énergie quand les astres se trouvent dans l'équateur : c'est l'époque des équinoxes, des grandes marées, que : les partisans du système de Newton étaient réduits à nier ; et puis ces forces diminuent d'intensité à mesure que les déclinaisons augmentent jusqu'aux solstices, où elles sont le plus faibles; enfin, il constate les différences des deux marées consécutives, et fait voir, contradictoirement à la théorie de Newton, et conformément aux observations les plus précises, que ces différences ne sauraient jamais être considérables. On peut donc représenter l'action simultanée du Soleil et de la Lune sur les eaux de la mer en disant qu'elle produit non point un courant circulaire, comme quelques géomètres l'ont prétendu, mais une vague et une vague immense, terminée par un plateau d'une courbure insensible, et le sommet de cette vague suit le mouvement circulaire de la Lune, et inondant les rivages qui se rencontrent sur la courbe qu'il trace.

Après avoir indiqué les traits les plus saillants de l'oscillation de l'Océan qui produit le flux et le reflux, il nous reste à rendre compte de certaines circonstances particulières dont on pourrait au premier abord attribuer la cause à quelques anomalies de la règle générale. Et d'abord, pourquoi les marées sont-elles peu ou point sensibles dans les mers resserrées ou d'une faible étendue? Dans la Baltique, la Méditerranée, la mer Noire, la mer Caspienne, au bord des grands lacs, espèce de mers intérieures qui séparent le Canada des États-Unis, il n'y a point de flux et reflux. Ce fait s'explique également bien, soit que l'on admette l'allongement ellipsoïdal de la Terre, soit que l'on ne considère les marées que comme le résultat d'une ondulation de la mer ; car dans la première hypothèse le flux d'une mer vaste est l'accumulation des eaux sur un arc de 90° : dans la seconde, une mer étroite, où la force attractive des astres n'embrasse pas un espace aussi considérable, l'élévation des eaux doit être à peine sensible, car la différence d'action d'une extrémité à l'autre est très-petite. Dans la seconde hypothèse, on dit : une impulsion communiquée à une molécule fluide se transmet à toute la masse : l'action totale est donc l'intégrale ou la somme de toutes les actions partielles ; la grandeur du flux est donc proportionnelle à la grandeur de la mer; dans les mers étroites il ne doit donc exister que peu ou point de marées. Et ce raisonnement est si vrai que dans ces mêmes mers quand quelque localité favorable multiplie l'action simple, les marées deviennent très-sensibles : ainsi à Venise, au fond du golfe Adriatique, il existe depuis un temps immémorial des tables de marées ; c'est que l'eau aspirée par la Lune se répercute sur les côtes voisines, et vient s'entasser dans les lagunes de Venise comme à l'extrémité d'un long canal.

Les marées de l'Euripe sont célèbres depuis une haute antiquité : Aristote, dit-on, mourut de désespoir parce qu'il n'en put déterminer la cause. Ce phénomène tient à des causes accidentelles. L'Euripe est cet étroit bras de mer qui sépare l'île de Négrepont (l'ancienne Eubée) du continent de la Grèce; dans son voisinage, il y a des îles et des golfes qui traversent la marche ordinaire des courants; de là des espèces de bassins qui produisent des intermittences dans le mouvement des eaux de l'Euripe; il a des flux tantôt réglés, tantôt déréglés, suivant les vents régnants, et dans le dernier cas le flux s'y fait sentir jusqu'à quatorze fois par jour. Il n'est pas plus difficile d'expliquer la fable de Charybde et de Scylla. Les marées ne sont point des courants, mais des vagues qui s'abattent sur les côtes, et dont la débâcle produit des courants; on peut concevoir d'après cela combien les diverses configurations des rivages doivent apporter de perturbation dans leur vitesse ou leur direction, car un courant n'est qu'une masse fluide en mouvement progressif; les îles, les caps, les terres avancées, doivent donc ou les diviser ou les réfléchir, et jeter ainsi de nouvelles conditions dans la recherche du problème. Cette marche progressive de l'ondulation est remarquable dans les fleuves où la marée pénètre, mais surtout dans la rivière des Amazones, où le flux et reflux se fait sentir jusqu'au détroit de Pauxis, à 50 myriamètres du bord de la mer : elle met plusieurs jours à s'y rendre, et l'on pourrait marquer pour ainsi dire les diverses stations successives auxquelles elle atteint : la même chose a lieu dans la Manche et dans tous les bras de mer. Et puis, quand deux courants se rencontrent, ou ils s'ajoutent ou ils se détruisent, ou ils produisent un résultat égal à leur différence. On en voit l'exemple sur les côtes de la Hollande, qui sont hérissées de bancs de sable et de hauts-fonds : là deux marées se rencontrent en sens contraire; l'une vient du midi par la Manche, et l'autre du nord en contournant l'Écosse; de là des tournoiements d'eau et aussi le singulier phénomène du *flux* et *demi-flux*, qu'on observe simultanément à peu de distance l'un de l'autre.

L'effet le plus remarquable en ce genre est sans contredit celui qui a lieu au port de Batsham, dans le royaume de Tunquin. « Il n'y a point de marée le jour qui suit le passage de la Lune dans l'équateur ; mais quand la Lune s'en écarte, on y sent une marée, une seule, avec cette circonstance que cette marée se présente au lever ou au coucher de la Lune, selon que l'astre est au nord ou au sud de l'équateur. » La cause probable de cet étrange effet est la rencontre de deux courants opposés qui viennent aboutir dans ce port : l'un est envoyé par la mer de Chine, et l'autre par la mer des Indes. Quand la Lune est dans l'équateur, ces deux courants sont de même force et s'entre-détruisent ; quand la Lune a une déclinaison, la plus forte marée est celle qui vient de la mer sur laquelle la Lune agit le plus directement; et comme les marées y arrivent ensemble, l'effet total est égal à la différence des courants partiels. Enfin, dans plusieurs ports, on a remarqué que, bien que la durée d'une marée soit à peu près de douze heures, la mer ne met pas le même temps à monter qu'à descendre. Aux Orcades, le flux dure trois heures, et le reflux neuf; au Havre, la mer se maintient pleine assez longtemps avant que le reflux se décide, et c'est en partie à cette circonstance que cette place de commerce doit sa grandeur, car pour entrer dans nos petits ports de l'Océan ou pour en sortir il faut attendre le flot : que faire quand l'ennemi paraît en vue, ou que l'horizon menace d'une tempête? Au Havre, une flotte de quarante à soixante navires peut appareiller en une seule marée, et y trouver un refuge deux ou trois heures après, si le vent ou l'ennemi l'y oblige. Cette durée de la pleine mer résulte de la conformation de la rade, divisée en deux parties ou bassins par des bancs que le flux recouvre; ils arrêtent un instant l'écoulement des eaux. Qui n'a pas entendu parler des hautes marées de Saint-Malo? Elles montent jusqu'à la hauteur de 15 mètres : les courants que réfléchit la côte d'Angleterre vont s'entasser dans l'angle où est situé Saint-Malo.

Bien peu de phénomènes dans la nature ont pour l'homme autant d'importance théorique et pratique que le flux et le reflux de la mer : comme spéculation astronomique, il a servi de preuve à la loi de l'attraction universelle, il a déterminé la masse relative de la Lune ; comme problème de navigation, il intéresse le commerce du monde entier, et le savant qui parviendrait à donner théoriquement la distribution des marées sur tous les points du globe rendrait à la société un service inappréciable. Il n'est pas probable que jamais ce résultat s'obtienne un jour, mais au moins on peut augmenter encore les connaissances que nous en avons déjà. Peut-être des observations plus précises, plus nombreuses, mieux coordonnées, nous révéleraient-elles des lois jusque ici inaperçues. Théogène PAGE, capitaine de vaisseau.

L'atmosphère étant soumise comme les eaux de la mer à l'action attractive du Soleil et de la Lune, nul doute que cette action ne produise des *marées atmosphériques*. Dire que le baromètre n'accuse pas de telles variations ne peut en rien détruire cette assertion, car que la colonne atmosphérique s'élève ou s'abaisse, son poids ne change pas, et le baromètre doit rester insensible.

MARÉE, poisson de mer frais. On dit proverbialement « *arriver comme marée en carême* » pour arriver à propos.

La vente de la marée est une des branches les plus importantes de l'approvisionnement de Paris. Elle se fait à la criée. En 1851 le montant de cette vente s'élevait à 7,279,954 fr. 25 c. et celui des droits perçus au profit de la ville à 540,441 fr. 70. Ce service a été réorganisé en mars 1853 par la commission municipale, sur la proposition du préfet de police, et le personnel a été notablement augmenté. Il comprend diverses classes d'employés. A leur tête se trouve le contrôleur chargé de la surveillance générale et de la direction de la comptabilité ; sous ses ordres sont des commis vendeurs, qui inscrivent sur le marché les ventes à mesure qu'elles ont lieu. Ce sont eux que l'on voit placés dans ces petites cages vitrées, incessamment occupés, au milieu des cris assourdissants de la foule, à suivre le détail des opérations, à relever le nom des expéditeurs, celui des acquéreurs, la qualité de la marchandise vendue, le prix de l'adjudication, le poids des denrées, etc., etc.

A côté des commis vendeurs se trouvent les crieurs, qui suivent les enchères, énoncent les mises à prix et proclament les acquéreurs; puis les compteurs, qui à l'arrivée de chaque voiture prennent le relevé des paniers expédiés et les portent ensuite au compte de chaque expéditeur. Au-dessous des compteurs et des crieurs, sont rangés les verseurs, qui versent le poisson sur les mannes, le préparent avant de l'envoyer sur la pierre de vente, et veillent à ce que les acheteurs puissent bien voir la marchandise et ne soient pas trompés sur le poids et la qualité du poisson. Enfin, en dernière ligne, viennent les forts déchargeurs, qui avant la vente en gros déchargent les voitures et déposent les colis ou les paquets derrière les bancs de vente, et les porteurs qui n'interviennent qu'après la vente portent le poisson vendu, soit aux places de détail, soit sur d'autres points désignés par les acheteurs étrangers.

MAREMMES. On donne ce nom aux insalubres et marécageuses contrées de l'Italie qui s'étendent le long des rivages de la mer depuis l'embouchure du Cecina jusqu'à Orbitello dans l'intérieur du pays, sur un développement de 14 myriamètres environ de longueur et de 1 à 3 myriamètres de largeur. Leur influence, pernicieuse au plus haut degré pour la santé, paraît provenir des nombreuses sources sulfureuses qu'on y rencontre et des exhalaisons qui s'échappent en été d'un sol fortement imprégné de soufre et d'alun. Au quinzième siècle ce pays était encore fertile, sain et habité. Aujourd'hui la plupart de ses habitants l'abandonnent en été, et on n'y rencontre guère qu'un petit nombre de travailleurs qui y viennent des contrées voisines faire une moisson d'ailleurs assez peu abondante, et non sans courir de grands dangers pour leur santé. En hiver, les Maremmes offrent d'excellents pâturages aux troupeaux que l'été on envoie dans les Apennins. On a quelque peu remédié à cet état de choses par des plantations d'arbres; mais le mal n'a pas été détruit dans sa source, comme le prouvent bien les environs du *Lago di Bolsena*, qui sont très-boisés; et cependant les habitants souffrent beaucoup de l'espèce de fièvre connue sous le nom de *malaria*. Il ne faut pas confondre les Maremmes avec la *Campagne de Rome* non plus qu'avec les *Marais-Pontins*.

MARENGO (Bataille de). Marengo est un village des États Sardes situé dans la province et à 4 kilomètres sud-est d'Alexandrie, près du confluent du Santanone et du Tanaro : il est célèbre par la victoire que le premier consul Bonaparte y remporta, le 14 juin 1800, sur Mélas et ses Autrichiens, et qui eut pour résultats la soumission de l'Italie, la dissolution de la seconde coalition et la paix de Lunéville. Le passage du mont Saint-Bernard, le drapeau tricolore arboré à Ivrée, à Milan, à Pavie, le passage du Pô, la victoire de Montebello, avaient jeté dans la plus grande anxiété l'ennemi qui se préparait à envahir la France, tandis que Suchet menaçait sa droite par Acqui. Bonaparte, aspirant à une bataille qui lui livrerait d'un seul coup l'Italie, berceau de sa gloire, déboucha le 13 juin, avant le jour, dans la plaine de Marengo, en détachant le corps de Desaix sur son extrême gauche, vers la route de Novi à Alexandrie. A la nuit, Victor occupait le village de Marengo, après une faible résistance de quelques mille Autrichiens. Le corps de Lannes bivaquait diagonalement en arrière et sur la droite. Le quartier général s'établissait à Torre de Garofolo, entre Tortone et Alexandrie. La cavalerie battait la plaine, ne rencontrant l'ennemi nulle part.

Le 14, à la pointe du jour, les Autrichiens passèrent la Bormida sur trois ponts, et attaquèrent vigoureusement le village de Marengo, que vers dix heures ils réussirent à occuper. Victor s'était défendu comme un lion; il avait épuisé toutes les forces de ses soldats. Sa retraite se fit avec peine. De son côté, Lannes était vigoureusement attaqué, et se trouvait gravement compromis par l'occupation de Marengo. Sa droite était débordée. Le premier consul conduisit à son secours le bataillon de la garde consulaire et la 72me demi-brigade, pendant qu'il ordonna à la réserve, sous les ordres de Cara-Saint-Cyr, de se porter à Castel-Seriolo, sur le flanc gauche de l'ennemi. Victor réussit à reformer sa division en arrière de Lannes, dont il facilita et protégea le mouvement de retraite, devant des forces quintuples et sous le feu de quatre-vingts pièces de canon. Malgré tant de prodiges de valeur, la bataille était perdue, et Mélas, sûr de la victoire, avait déjà quitté le champ de bataille et était rentré dans Alexandrie, lorsqu'arriva, vers trois heures, le corps de Desaix, qui se porta aussitôt sur la route de Tortone, vers laquelle se dirigeait le général autrichien Zach, pour couper, en arrière de San-Juliano, la retraite à l'armée française; mais Bonaparte avait au milieu de la bataille changé sa ligne de retraite, et au lieu de la laisser passer par San-Juliano, il l'avait établie entre Sale et Tortone, ce qui assurait la retraite des corps de Lannes et de Saint-Cyr, que Zach croyait couper et forcer à mettre bas les armes par San-Juliano. La division Victor et la cavalerie étaient en masse en avant de San-Juliano, sur la droite de Desaix, en arrière de la gauche de Lannes, attendant avec résolution l'attaque de la colonne autrichienne. Au moment où le premier consul envoyait Desaix avec la 9e légère pour arrêter la tête de la colonne ennemie, Kellermann, saisissant au galop avec quelques escadrons sur le flanc de Zach, avec son coup-d'œil d'aigle une chance favorable, s'élança rompit la colonne et décida du sort de la bataille. Zach et tout son état-major furent faits prisonniers.

A cette vue, Lannes et Saint-Cyr s'arrêtèrent et changèrent leur marche de retraite en marche d'attaque. La victoire passa les rangs autrichiens dans les rangs français ; la déroute des premiers fut complète. A la nuit, notre armée prit position sur la rive gauche de la Bormida. Le lendemain, 15, un parlementaire autrichien se présenta aux avant-postes. Mélas demandait une suspension d'armes; elle lui fut accordée, et le même jour fut signée la convention d'Alexandrie, qui rendait à la France le Piémont, la Lombardie, les Légations, la rivière et la ville de Gênes. Le 17 Bonaparte se rendit à Milan, où il proclama le rétablissement de la République Cisalpine et de la République Ligurienne, d'où il organisa le gouvernement provisoire du Piémont, et repartit le 24 pour Paris. La bataille de Marengo eut d'immenses résultats, mais elle coûta à la France une de ses plus belles espérances, le général Desaix.
Gal MONTHOLON.

Sous le premier empire, on donna le nom de Marengo à un département qui avait pour chef-lieu Alexandrie, et dont le territoire, appartenant aujourd'hui aux États-Sardes, forme, à peu près les provinces d'Alexandrie, d'Asti et de Casale. L'Italie a d'autres villages moins connus et qui portent le même nom.

C'est encore celui d'une commune de l'Algérie française et de plusieurs localités des États-Unis, entre autres du comté de Marengo dans l'Alabama, dont le chef-lieu sur le Tombekbée porte le même nom.

MARENNES, ville de France, chef-lieu d'arrondissement dans le département de la Charente-Inférieure, située à deux kilomètres de l'Océan, entre le havre de Brouage et l'embouchure de la Seudre, sur laquelle est un port de mer joignant la ville. Elle possède 4,589 habitants, des tribunaux de première instance et de commerce, une chambre consultative d'agriculture. On y fait un grand commerce de sel, eau-de-vie recherche, vins rouge et blanc de première qualité, lèves de marais en grand, pois verts, lentilles, maïs, graines de moutarde, huîtres vertes très-renommées. Cette ville, jolie et bien bâtie, se trouve malheureusement placée sous l'influence des exhalaisons funestes de ses marais salants, et l'insalubrité de l'air que l'on y respire l'empêchera d'acquérir jamais une grande importance.

MARET (HUGUES-BERNARD), duc DE BASSANO, né à Dijon, en 1763, d'un père médecin, était avocat au parlement de Bourgogne à la convocation des états généraux : il vint alors à Paris, et suivit assidûment les séances de l'Assemblée nationale, dont il écrivit un *Bulletin*, qui ne devint public qu'après sa translation de Versailles à Paris. Jusque là il n'était communiqué qu'à peu de personnes : ce fut sur l'invitation pressante de plusieurs députés que Maret se décida à le livrer à l'impression. Inséré bientôt au *Moniteur*, il en devint la base fondamentale, et fut continué par son auteur jusqu'à la fin de la session. Dans son bureau de rédaction, petit hôtel de l'Union, rue Saint-Thomas du Louvre, il avait fait la connaissance du lieutenant d'artillerie Bonaparte, qui y était venu loger et avec qui il s'était lié d'amitié. Jusqu'en 1791 Maret avait marché avec les *Jacobins*. Après les événements du Champ-de-Mars, il prit parti pour les *Feuillants*, et devint un des fondateurs de leur club. A l'issue du 10 août, il fut nommé par Lebrun à une division du ministère des affaires étrangères et envoyé à Londres, en remplacement de Chauvelin, pour tâcher d'obtenir que l'Angleterre ne se prononçât pas encore contre nous. Il échoua; tous deux reçurent ensemble leurs passeports, et Maret, peu de temps après son retour, perdit sa place au ministère.

Sa disgrâce fut, au reste, de peu de durée : le même ministre qui l'avait destitué le nomma ambassadeur à Naples. En se rendant à son poste, il fut, avec Sémonville, qui avait été nommé ambassadeur à Constantinople, arrêté par les troupes autrichiennes qui occupaient le Piémont. Jeté dans le fort de Mantoue, puis dans la citadelle de Craïn en Moravie, il n'en sortit qu'au mois de juin 1795, pour être échangé contre la fille de Louis XVI. De retour en France, il fut laissé à l'écart, quoiqu'un décret spécial eût déclaré qu'il avait bien mérité de la patrie. Enfin, le Directoire se souvint de lui, quand il fut question d'ouvrir à Lille de nouvelles négociations avec l'Angleterre, et le choisit pour un des commissaires chargés de négocier la paix. Il était parvenu à obtenir de favorables conditions, quand, à la suite du 18 fructidor, il fut rappelé. En 1798, le grand conseil de Milan lui vota 150,000 francs de biens nationaux, comme indemnité des pertes qu'il avait éprouvées pendant sa longue détention.

A son retour, il fut encore oublié jusqu'au 18 brumaire. Présenté alors au premier consul, il s'en vit accueilli comme une ancienne connaissance, et nommé, en septembre 1799, secrétaire général du nouveau gouvernement. Ministre secrétaire d'État, il suivit Napoléon dans toutes ses conquêtes, et participa à ses plus secrètes délibérations, Bientôt même, la disgrâce de Bourrienne le laissa presque seul confident intime des pensées et des projets de l'empereur. Ensemble ils rédigeaient cette polémique à laquelle Napoléon aimait à se livrer dans le *Moniteur*. Outre ses attributions officielles, il avait un département spécial, celui des affaires urgentes. Accompagné de deux secrétaires, il transportait son cabinet partout où l'empereur dressait sa tente, rédigeait les bulletins de la Grande-Armée, faisait le travail des titres et décorations, et correspondait avec tous les chefs de service. Aussi jouissait-il auprès du chef de l'État de toute l'influence que pouvait accorder ce génie actif et dominateur.

En 1811 il fut nommé ministre des relations extérieures, en remplacement de Champagny, et créé *duc de Bassano*. Il conclut la paix de Presbourg, négocia avec les cabinets de Vienne et de Berlin les traités d'alliance offensive et défensive qui furent signés à Paris, en mars 1812, après le passage du Niémon, mena à bonne fin un traité d'alliance avec le Danemark, mais fut moins heureux du côté de la Suède. Puis il accompagna l'empereur à Dresde, mit la dernière main aux arrangements qui résultèrent des conférences des souverains réunis dans cette ville, et fut placé à la tête du gouvernement provisoire organisé à Wilna, au début de la campagne de Russie. Des courriers se croisaient alors sur toutes les routes d'Europe : jamais homme d'État ne fut chargé à la fois d'affaires aussi multiples. Le 3 janvier 1813, après le désastre de la retraite de Russie, il fut chargé de demander au sénat une levée de 350,000 hommes, et, cela va sans dire, il l'obtint d'emblée.

Remplacé, en 1814, au ministère des relations extérieures par Caulincourt, et sacrifié aux clameurs des partisans de la paix, il ne tomba pas néanmoins dans une disgrâce complète, et en eut une preuve à son départ pour l'île d'Elbe. Le 20 mars lui rendit le portefeuille de la secrétairerie d'État. Après Waterloo, il refusa de prendre part aux délibérations du gouvernement provisoire, fut compris dans l'ordonnance du 24 juillet 1815, resta pourtant d'abord à Paris sous la surveillance de la police, mais obtint plus tard des passeports pour la Bohême et la Silésie. Rentré en France, après un exil de quatre ans, il y vécut dans la retraite, au milieu d'honorables amitiés, fut nommé pair de France à la révolution de Juillet. fit partie, en 1834, du ministère des trois jours, et mourut en 1839.

L'un de ses deux fils, *Napoléon-Joseph-Hugues* MARET, *duc* DE BASSANO, né en 1803, entra dans la diplomatie sous Louis-Philippe. Il était secrétaire d'ambassade à Bruxelles lorsqu'il fut nommé ministre plénipotentiaire en Hesse, en 1847. Après la révolution de Février, il s'attacha à la fortune du prince Louis-Napoléon, et devint successivement ministre à Bade, à Hanovre, et à Bruxelles en 1852. Au rétablissement de l'empire il a été nommé grand-chambellan de l'empereur, sénateur, et enfin grand-officier de la Légion d'Honneur en 1855.

MARFÉE (Combat de la). L'armée des princes mécontents, commandée par le comte de Soissons, et dont l'effectif se composait de 7,000 fantassins et de 3,000 chevaux fournis par le roi d'Espagne et par l'empereur, rencontra, en 1641, celle que lui opposait Richelieu un peu au-dessus de Sédan, auprès d'un petit bois appelé La Marfée. Châtillon, qui commandait les troupes royales, entama l'action sans avoir eu la précaution de garnir préalablement ce bois de tirailleurs. Bien que ses soldats eussent tout d'abord repoussé les bataillons ennemis, un feu bien nourri parti de ce bois jeta la panique dans leurs rangs; la cavalerie, qui s'était portée en avant, recula en désordre, et dans sa fuite renversa l'infanterie, qui se dispersa presque sans avoir combattu. Deux maréchaux de camp, Praslin et Chalancé, furent tués dans cette journée, et 4,000 hommes, dont 700 officiers, se rendirent prisonniers. Toute l'artillerie, les bagages et la caisse militaire tombèrent au pouvoir des vainqueurs, qui de leur côté perdirent leur général, le comte de Soissons. Sa mort contrebalança cet échec pour Richelieu.

MARFORIO. *Voyez* PASQUIN.

MARGARINE (de μάργαρον, perle), corps qui n'est connu que depuis le grand travail de M. Chevreul sur les corps gras, et en particulier sur l'acide *margarique*. Ces corps sont ainsi nommés en raison de leur aspect nacré. La margarine a été décrite et découverte par M. Lecanu. On la trouve dans le suif de mouton, dans l'axonge et dans quelques autres graisses animales. Elle se dissout dans l'éther; et c'est ainsi qu'on l'obtient par vaporisation. Elle est beaucoup plus fusible que la stéarine, dont on fait la nouvelle bougie. La stéarine n'entre en fusion qu'à 62 degrés centigrades, tandis que la margarine fond à 47 degrés.

MARGARIQUE (Acide), découvert par M. Chevreul dans plusieurs graisses, dont on l'obtient en traitant ces graisses par l'acétate de plomb, et en décomposant par un acide minéral étendu le *margarate de plomb* qui s'est formé. L'acide margarique ressemble à l'acide stéarique. Il fond à 60 degrés.

MARGARITA, la plus petite province de la république de Venezuela (Amérique méridionale), de 15 myriamètres carrés de superficie seulement, dont douze sont occupés par l'île du même nom, située à environ 2 myriamètres du continent, et les trois autres par les îlots qui en dépendent, compte 20,000 habitants, dont la pêche et la navigation constituent les grandes industries. L'île principale se compose de deux chaînes de montagnes courant dans la direction de l'ouest à l'est, atteignant à leur point extrême une altitude de 3,400 mètres, et reliées entre elles par un isthme bas et étroit. Les côtes sont généralement escarpées et stériles; mais l'intérieur est parfois très-fertile, sans cependant donner assez de produits pour qu'il y ait lieu de songer à les exporter. Le poisson, les tortues et la volaille sont les principaux articles d'exportation. La capitale de la province est l'Asuncion (L'Assomption), avec 3,000 habitants, un collège et une école de pilotage. A un peu plus de six kilomètres de là se trouve situé son port, dont l'entrée est protégée par un fort, et qui en 1829 a été érigé en port franc. L'île de Margarita fut découverte en 1498, par Christophe Colomb, et devint bientôt célèbre par les perles qu'on trouvait sur ses côtes et sur celles d'une île voisine, appelée *Cubagua*. Mais cette pêche aux perles, qui était déjà en décadence rapide à la fin du seizième siècle, cessa au commencement du dix-septième; et dès lord l'île perdit toute l'importance qu'elle avait eue jusque alors. De 1815 à 1817, dans la guerre soutenue par les colonies espagnoles de l'Amérique du Sud pour leur indépendance, elle fut le théâtre d'assez fréquents engagements ; et en 1853 sa population prit fait et cause pour la révolution de Venezuela.

MARGARONE, corps découvert par M. Bussy, directeur de l'École de Pharmacie et membre de l'Institut. Il l'a obtenu de l'acide margarique, mélangé avec le quart de son poids de chaux vive et distillé dans une cornue. La margarone est d'un blanc pur, très-brillant et nacré, dit M. Dumas, quand on la retire de l'alcool où elle s'est précipitée. Elle fond à 77 degrés du thermomètre centigrade. Une fois cristallisée par le refroidissement, elle ressemble alors, quant à l'aspect, à l'acide margarique ou au blanc de baleine. Atomiquement, cette matière se résout en hydrogène et en acide carbonique. La margarone ressemble à la paraffine, sauf que celle-ci fond à 36°, et l'autre à 77°.

MARGE, MARGEUR. On appelle *marge* le blanc qui est autour d'une page imprimée ou écrite. La largeur des *marges* n'est pas moins indispensable que la blancheur, la finesse et la force du papier pour constituer ce qu'on appelle une *belle* édition ; la correction du texte seule fait les *bonnes* éditions, et c'est là une condition bien plus difficile à remplir que la première.

En termes d'imprimerie, on appelle *margeur* l'ouvrier chargé de placer les feuilles sous les cordons qui doivent, au moyen du mouvement de rotation donné à la p r e s s e mécanique, la faire arriver sous les cylindres passant alternativement sur les formes préalablement enduites d'encre.

MARGOUSIER, Voyez Azédarach.

MARGRAFF (André-Sigismond), chimiste à qui l'on doit de précieuses découvertes, dont la plus célèbre est l'extraction du sucre de la b e t t e r a v e, naquit à Berlin, en 1709. Le premier il parvint à extraire la potasse du tartre et du sel d'oseille. C'est lui aussi qui trouva l'acide formique. Il était membre de l'Académie royale de Berlin, et associé de l'Académie des Sciences de Paris, lorsqu'il mourut, en 1782. On lui doit sur diverses questions de chimie et de métallurgie plusieurs dissertations insérées dans les Mémoires de l'Académie de Berlin et dans les *Miscellanea berolinensia*.

MARGRAVE, au féminin *Margravine*. Voyez Manche.

MARGUERITE, nom vulgaire de la p â q u e r e t t e. On appelle *grande marguerite* ou *marguerite des champs* une espèce du genre c h r y s a n t h è m e.

La *reine-marguerite* est l'*aster sinensis* des botanistes. Ses nombreuses variétés ornent nos plates-bandes et nos parterres pendant une grande partie de la belle saison. Leurs fleurs offrent de riches couleurs de presque toutes les nuances, le jaune excepté. La reine-marguerite est d'une culture facile ; elle croît dans tous les terrains, et résiste bien à la chaleur et à la sécheresse de l'été.

MARGUERITE (Sainte). Nous trouvons dans le Martyrologe plusieurs saintes de ce nom. La plus célèbre est Marguerite reine d'Écosse, née, vers 1046. Elle appartenait aux familles royales d'Angleterre et de Hongrie. Poursuivie par la colère de G u i l l a u m e, duc de Normandie, qui avait conquis l'Angleterre et détruit les derniers restes des familles ayant des prétentions à la couronne, elle se retira en Écosse avec ses frères. Malcolm III, qui y régnait, les accueillit avec la plus grande bienveillance. Guillaume ayant redemandé les fugitifs, le roi d'Écosse refusa de se prêter à cette trahison, et aima mieux courir les chances de la guerre. Mais cette fois les armes se déclarèrent en faveur de la justice, et la famille de Marguerite put jouir en paix de l'hospitalité généreuse qui lui était accordée. Bientôt même Malcolm, touché des vertus de la princesse et de sa grande beauté, la fit presser de s'unir à lui et de partager son trône. Elle y consentit à regret. Dès qu'elle fut reine, elle ne s'occupa que du bonheur des Écossais. Son époux, quoique doué des plus précieuses qualités, avait la rudesse et la cruauté des hommes de guerre de ce temps-là. Elle l'adoucit par ses vertus : peu contente d'avoir changé ses mœurs, elle voulut modifier aussi celles des Écossais, et y réussit en envoyant partout des missionnaires zélés et instruits, qui rappelaient aux peuples les grands préceptes de la charité chrétienne. Elle donna au roi deux princesses et six princes. Trois de ses fils régnèrent après leur père avec une grande réputation de valeur, de sagesse et de piété. Elle ne put survivre à la perte de son époux, tué au siége du château d'Alnwich, et mourut le 16 novembre 1093. Elle a été canonisée en 1251 par Innocent IV. J.-G. Chassagnol.

MARGUERITE, reine de Danemark et de Norvège (1387-1412), et de Suède à partir de 1388, née en 1353, fille du roi de Danemark Waldemar III et épouse du roi de Danemark Hakon VIII, prit la mort de son fils Olaüs V, décédé sans laisser de postérité, les rênes du gouvernement en Danemark et en Norvège. Elle continua avec succès la guerre dans laquelle le Danemark se trouvait embarrassé avec la Suède depuis le règne de son père, fit prisonnier le roi Albert à la bataille de Falkœping, livrée le 12 septembre 1388, et monta alors sur le trône de Suède. Elle convoqua ensuite, en 1397, les états des trois royaumes à C a l m a r, où le 13 juillet fut rendue la loi qui du Danemark, de la Norvège et de la Suède ne faisait plus qu'une seule et même monarchie. Cette loi, connue sous le nom d'*Union de Calmar*, avait pour bases les trois principes suivants : 1° La couronne demeure élective; 2° le souverain est tenu de résider alternativement dans chacun des trois royaumes ; 3° chaque royaume conserve son sénat, ses lois et ses libertés. Quoiqu'il y eût déjà dans la première de ces conditions le germe de la dissolution qui se réalisa plus tard, la reine, en violant plusieurs des conditions du contrat et en donnant ainsi aux Suédois de nombreux sujets de plaintes, hâta encore cet événement inévitable. Marguerite mourut en 1412, et son neveu Erik de Poméranie lui succéda sur le trône des trois royaumes.

Aux talents d'une héroïne Marguerite réunissait aussi quelques-unes des qualités qui font les grands souverains. Elle savait faire respecter les lois, toutes les fois, il est vrai, qu'elles ne contrariaient pas les plans de sa politique, qui était aussi habile que rusée. Elle s'attacha toujours à se concilier l'opinion publique, en faisant de grandes libéralités à l'Église. Elle s'exprimait avec autant de grâce que d'énergie, et se servait avec intelligence de la beauté parfaite et du courage viril que lui avait départis la nature. En résumé, ce fut une grande reine.

MARGUERITE DE PROVENCE, reine de France, femme de Louis IX, qu'elle épousa le 27 mai 1234, était fille du comte de Provence Raymond-Béranger, et naquit en 1219. La cour de son père était alors la plus lettrée et la plus polie qu'il y eût en Europe; Marguerite y reçut une éducation distinguée, et y contracta des habitudes de vertu qui la rendirent digne du prince auquel elle devait partager la destinée. Elle eut beaucoup à souffrir de l'esprit de domination de la reine Blanche de Castille, sa belle-mère. Elle accompagna son époux en Égypte, et déploya le plus grand courage après qu'il eut été fait prisonnier. Ce fut elle qui empêcha la résistance de Damiette et empêcha Louis IX d'abdiquer après le funeste résultat de sa croisade. A la mort du roi, dont elle eut onze enfants, Marguerite de Provence vécut dans une retraite profonde. Elle mourut en 1295, dans un couvent de religieuses qu'elle avait fondé à Paris, faubourg Saint-Marcel, sous l'invocation de Sainte-Claire.

MARGUERITE, dite *de Constantinople*, du lieu de sa naissance, fille putnée de Baudouin IX, succéda à J e a n n e, sa sœur, dans les comtés de Flandre et de Hainaut, en 1244. Confiée à peine adolescente à un parent, Bouchard ou Burchard, sire d'Avesnes, qui s'était engagé dans les ordres sacrés, elle fut séduite par cet indigne gardien de son innocence, qui l'épousa. « Le remords, au dire du sire de Joinville, s'empara bientôt de lui : il se sépara de son épouse, et partit pour Rome, afin d'obtenir son pardon. Le pape consentit à le lui accorder, à condition qu'il ne verrait plus Marguerite, et qu'il ferait un pèlerinage dans la Terre Sainte. Bouchard, bien décidé à se soumettre, revint en Flandre pour faire ses préparatifs, revit par hasard sa jeune épouse, et n'eut plus la force de la quitter. L'excommunication dont il fut frappé ne put vaincre une passion devenue plus forte que jamais : il vécut longtemps avec Marguerite, et en eut deux enfants. Cependant, comme il n'avait jamais été tranquille sur sa position, le repentir prit le dessus, à mesure que l'amour s'éteignait, et, de concert avec son épouse, il se sépara d'elle pour se livrer aux exercices de la pénitence. » Devenue comtesse de Flandre, Marguerite épousa Guillaume de Dampierre, qui la rendit mère de trois garçons et d'une fille. Elle leur accorda une prédilection, naturelle peut-être, dangereuse pourtant, car cette préférence occasionna entre eux et les deux fils qu'elle avait eus de son premier mari une rivalité sans fin et des luttes sanglantes. Jean et Baudouin d'Avesnes furent déclarés enfants légitimes en 1246, par jugement des pairs de France et du légat. La Flandre fut adjugée à Guillaume de Dampierre, fils aîné du second lit, et le Hainaut à Jean d'Avesnes, fils aîné du premier lit, l'un et l'autre pour en jouir après la mort de leur mère. Jean d'Avesnes voulait la Flandre; sa mère s'obstina à ne pas le reconnaître pour son fils légitime. Ce refus causa une guerre longue et cruelle entre les enfants des deux lits. Guy et Jean de Dampierre (Guillaume était mort) furent faits prisonniers, en 1253, à la bataille de Walcheren par le comte de Hollande, beau-père de Jean d'Avesnes. Leur détention dura quatre ans. Enfin, en 1278, Marguerite fit prêter serment à Guy, son fils, par toutes les villes et la noblesse de Flandre, et elle mourut en 1280.

L. Louvet.

MARGUERITE DE BOURGOGNE, fille d'Othon IV, comte Palatin, ou suivant d'autres de Robert II, duc de Bourgogne, fut unie, en 1305, au fils aîné du roi de France, Philippe le Bel, L o u i s, dit plus tard *le Hutin*, héritier présomptif de la couronne et déjà roi de Navarre. Ses sœurs B l a n c h e et J e a n n e épousèrent les deux autres fils du roi, les comtes de la Marche et du Poitou. Marguerite avait pour amant Philippe de Launoy ou d'Aulnay, et Blanche le frère de ce seigneur. L'abbaye de Maubuisson était le théâtre de ces amours adultères, que fit découvrir la jalousie d'une fille d'honneur, Mlle de Morfontaine. Les deux frères de Launoy furent surpris dans les bras de leurs maîtresses. Ils furent traduits au parlement et condamnés à être écorchés vifs, à la castration, à être traînés, attachés par les pieds, à la queue de chevaux indomptés, sur un pré nouvellement fauché. Le terrible arrêt fut exécuté. Les deux princesses furent enfermées au Château-Gaillard d'Andelys, et Marguerite y fut étranglée par ordre de son mari. C'est par anachronisme que Marguerite de Bourgogne et sa sœur ont été signalées dans un drame fameux comme les héroïnes des criminelles orgies de la Tour de N e s l e s.

MARGUERITE, fille de J a c q u e s Ier, roi d'Écosse, épousa, le 30 octobre 1428, L o u i s XI à Chinon. Ce mariage fut célébré à Tours le 25 juin 1436, en vertu de la dispense de l'archevêque diocésain; car le dauphin n'avait pas encore quatorze ans, et la princesse atteignait à peine sa douzième année. Cette dispense est datée du 13 juin 1436. Les Anglais avaient offert au roi Jacques plusieurs places fortes et une paix irrévocable s'il voulait briser ces fiançailles; mais, sur l'avis des états de son royaume, il repoussa cette offre, et fit embarquer sa fille, qui vint en France en dépit des flottes britanniques. Elle joignait aux dons de la beauté et de l'esprit une élégance douce. Cependant, malgré ses charmes, malgré les grâces d'une enfance aussi élégante que spirituelle, elle ne parvint jamais à produire la moindre impression sur le cœur sec de son époux. Adonnée à la culture des lettres, admiratrice d'Alain C h a r t i e r, dont elle baisa les lèvres, qui disaient de si belles choses, la pauvre Marguerite ne fut jamais heureuse.

Elle mourut, sans avoir été reine, à Châlons, le 16 août 1444, de la douleur d'apprendre qu'on avait calomnié sa vertu. A peine âgée de vingt ans, elle s'éteignit en murmurant ces amères paroles : « Fi de la vie ! qu'on ne m'en parle plus ! »

MARGUERITE D'ANJOU, épouse du roi d'Angleterre H e n r i V I, fille de René d'Anjou, roi titulaire de Sicile, et d'Isabelle de Lorraine, appartenait, comme descendant d'un frère du roi de France, Charles V, à la famille des Valois, et naquit en 1425. Douée d'une rare beauté et d'un grand courage, elle épousa, en novembre 1444, Henri VI, prince d'un caractère faible, qu'elle domina bientôt complétement. Les ennemis du duc de Glocester, qui, en sa qualité d'oncle du roi, était investi des fonctions de régent, firent aussitôt cause commune avec elle; ce qui amena la chute du régent et peut-être même l'assassinat de ce prince, en février 1447. Aux termes d'un des articles secrets du contrat de mariage de Marguerite, son oncle, Charles d'Anjou, obtint la restitution du comté du Maine; et deux ans plus tard les Français purent de la sorte bien plus facilement reconquérir la Normandie. Mécontent de voir ainsi s'en aller l'un des plus beaux fleurons de la couronne d'Angleterre, le peuple accusa de haute trahison le duc de Suffolk, ministre favori de la reine, et qui avait été l'âme de ces négociations, Suffolk fut, à la vérité, exilé; mais il eut pour successeur le duc de Somerset, le confident intime et l'amant de la reine, et alors le mécontentement populaire n'en devint que plus vif. C'est au milieu de ces circonstances qu'éclata la lutte dynastique connue sous le nom de guerre de la R o s e B l a n c h e et de la R o s e R o u g e, dans laquelle Marguerite d'Anjou agit pour son mari et fit preuve d'une extrême énergie. A son instigation, le roi, au mois de janvier 1455, dépouilla le duc d'York du protectorat qu'il avait usurpé; et après la victoire qu'elle remporta dans la plaine de Saint-Albans, elle força, en février 1456, le parlement à rétablir Henri VI dans la plénitude de son autorité. A la suite de la déroute de Northampton, elle s'enfuit avec son fils, Édouard, en Écosse; mais le parlement ayant, au mois d'octobre 1460, proclamé le duc d'York héritier de la couronne, elle reparut en Angleterre, et réunit en peu de temps une armée de 20,000 combattants, à la tête de laquelle elle livra bataille, le 31 décembre 1460, dans la plaine de Wakefield, au duc, dont les troupes furent taillées en pièces, et qui lui-même périt dans la mêlée. De même, elle vainquit encore le comte de Warwick, le 15 février 1461, dans une autre bataille, livrée sous les murs de Saint-Albans; et cette victoire lui tomber entre ses mains le roi son époux. Malgré ses succès, le fils aîné du duc d'York, É d o u a r d I V, n'en réussit pas moins à se faire proclamer roi; et la reine se vit contrainte de demander de nouveau asile à l'Écosse, Toutefois, elle ne tarda point à réunir encore une armée de 60,000 hommes, à qui elle permit de commettre les plus horribles excès, et qui fut anéantie à la terrible bataille livrée, le 29 mai 1461, sous les murs de Towton. 1463. Elle s'enfuit alors avec son fils en France, et vint trouver le roi Louis XI, qui lui accorda un secours de 2,000 soldats, à la condition que Calais serait rendu à la France. Avec cette petite armée, augmentée d'un certain nombre de réfugiés, elle envahit le Northumberland sur l'Écosse, et s'empara de divers châteaux forts ; mais elle fut complétement battue à la bataille d'Hexham, livrée le 15 mai 1463. Elle s'enfuit alors avec son fils dans une forêt, où elle tomba aux mains d'une bande de brigands. Une querelle qui s'éleva entre eux au sujet du partage du butin lui fournit l'occasion de leur échapper ; mais ce ne fut que pour tomber au pouvoir d'une autre bande, dont le chef, à qui elle révéla sa condition, lui fournit les moyens de gagner avec son fils la Lorraine, où elle passa plusieurs années près de son père, à Nancy. Elle ne prit d'abord aucune part à la révolte de Warwick et du duc de Clarence, dont le résultat fut de replacer pour quelque temps Henri IV sur le trône, en 1470. Ce ne fut que le jour de la bataille de Barnet (14 avril 1471), qui rendit la couronne à Édouard IV, qu'elle débarqua avec son fils, maintenant âgé de dix-huit ans, et un corps auxiliaire français, à Weymouth dans le comté de Dorset. Quoique sa cause parût irréparablement perdue après la mort et la déroute de Warwick, elle pénétra résolument dans le comté de Glocester. Mais le 14 mai 1471 Édouard IV battit encore une fois complétement son armée, à la meurtrière affaire de Tewkesbury, et elle tomba avec son fils au pouvoir du vainqueur. On amena le prince devant le roi, qui, sur une réponse hautaine qu'il lui fit, le frappa au visage; et à ce signal les ducs de Clarence et de Giocester le massacrèrent sous les yeux de leur mattre. Comme son époux, dont on se débarrassa quelques jours après par la mort, Marguerite fut enfermée à la Tour, où elle demeura prisonnière pendant quatre ans. Mais le roi de France Louis XI, aux termes de la paix de Pecquigny, lui fit rendre la liberté, moyennant une rançon de 50,000 écus. Elle revint alors en France, où elle mourut, le 25 août 1482.

Marguerite d'Anjou, par l'énergie de caractère dont elle donna tant de preuves, aurait un beau nom dans l'histoire si ses mœurs dissolues n'avaient pas laissé sur sa vie une tache ineffaçable.

MARGUERITE DE VALOIS, reine de Navarre, sœur de François 1er, naquit à Angoulême, le 21 décembre 1492. Elle épousa, en 1509, Charles dernier duc d'Alençon, premier prince du sang et connétable de France, mort à Lyon, en 1525. Marguerite, affligée de la perte de son époux et de la captivité de son frère, qu'elle aimait tendrement, fit le voyage de Madrid pour l'aller soigner dans la maladie dont il était atteint. La fermeté avec laquelle elle parla à Charles-Quint et à ses ministres les obligea de traiter le prisonnier avec les égards dus à son rang; François 1er, de retour en France, lui témoigna sa gratitude en prince généreux : il l'appelait ordinairement sa *mignonne*, et lui fit de très-grands avantages, en l'unissant, en 1527, au roi de Navarre, Henri d'Albret. Jeanne, mère de Henri IV, fut l'heureux fruit de ce mariage.

Les soins de Marguerite sur le trône furent ceux d'un grand prince : elle fit fleurir l'agriculture, encouragea les arts, protégea les savants, embellit ses villes et les fortifia : « Les nouveaux mariés, dit un ancien auteur, se délibérèrent de mettre le Béarn en tout autre état qu'il n'estoit. Ce pays, fertile et bon de sa nature, demeurant en assez mauvais état, inculte et stérile, par la négligence des habitants, changea bientôt de face par leur soin : on y attira de toutes les parties de la France des gens de labourage, qui s'y accommodèrent, amendèrent et fertilisèrent la terre. » Mais l'ardeur qu'elle éprouvait de tout apprendre poussa Marguerite à écouter quelques théologiens protestants, dont elle ne tarda pas à partager les opinions. Elle les déposa, en 1533, dans un petit ouvrage en vers, de sa façon, intitulé *Miroir de l'Ame pécheresse*, qui fut censuré par la Sorbonne. Cette condamnation lui inspira encore plus d'intérêt pour les dissidents, en qui elle ne voyait que des hommes persécutés. Elle leur accorda toute sa confiance, et prodigua tout ce qu'elle avait de crédit à les mettre à l'abri de la sévérité des lois. C'est à sa recommandation que François 1er écrivit au parlement en faveur de quelques écrivains poursuivis comme favorables aux nouveautés religieuses. Elle eut encore pourtant que sur la fin de ses jours elle revint à la foi catholique. Elle mourut le 2 décembre 1549, à cinquante-sept ans, au château d'Odos, en Bigorre.

Cette princesse joignait un esprit mâle à une bonté compatissante, et des lumières très-étendues à tous les agréments de son sexe. Elle était douce sans faiblesse, magnifique sans vanité, très-apte aux affaires sans négliger les amusements du monde. Passionnée pour tous les arts, elle en cultivait quelques-uns avec succès, et écrivait aussi facilement en vers qu'en prose.

On célébra Marguerite sur tous les tons. On a dit que c'était une Marguerite surpassant les perles de l'Orient. On l'a gratifiée de la vertu que l'antiquité supposait aux Muses; on y croirait peu, cependant, en lisant ses œuvres. Elles pétillent néanmoins d'esprit, d'imagination, de naïveté. La Fontaine y a puisé le fond, souvent même les détails, de plusieurs de ses contes, celui, entre autres, de *La Servante justifiée*. En tête de ses œuvres, il faut citer l'*Heptaméron*, ou *les nouvelles de la reine de Navarre*, recueil écrit dans le goût de Boccace. Brantôme raconte que la reine mère et la princesse de Savoie, qui en avaient eu une copie manuscrite, les brûlèrent de dépit, après avoir lu celui de Marguerite. Des aventures galantes, des séductions de filles novices, de plaisants stratagèmes pour tromper les tuteurs et les jaloux, d'étranges écarts, enfin, de prêtres et de moines, voilà sur quels pivots roulent la plupart de ces écrits. Viennent ensuite *Les Marguerites de la Marguerite des princesses*, poésies, dans lesquelles on trouve quatre *mystères* ou *comédies*, soi-disant pieuses, et deux *farces*; un poème intitulé *Le Triomphe de l'Agneau* et la *Complainte pour un Prisonnier*, en l'honneur de son frère. Marguerite excellait aussi dans les devises. La sienne était un souci, regardant le soleil, avec ces mots : *Non inferiora secutus*. Elle en avait une autre, représentant un lis entre deux marguerites, et ces mots à l'entour : *Mirandum naturæ opus*.

MARGUERITE DE FRANCE, duchesse de Berry et de Savoie, princesse de Piémont, fille de François 1er et de Claude de France, naquit à Saint-Germain-en-Laye, le 5 juin 1523. Élevée au milieu d'une cour galante et fastueuse, tout occupée de fêtes, de bals, de parures et d'intrigues amoureuses, elle fit de l'étude des langues latine et grecque, ainsi que de la lecture des poëtes et des prosateurs de l'antique littérature, le charme et l'occupation de ses jeunes années. Elle joignait à ce goût des sciences et des arts une piété sincère et fervente. Son père, qui l'aimait beaucoup, avait refusé tous les partis qui l'auraient éloignée de sa cour. Après la mort de ce prince, elle réunit auprès d'elle la princesse de Savoie, son épouse, pour lesquels Henri II, son frère, se montrait fort indifférent. Ceux-ci ne furent pas ingrats; eux, sont prodigué à madame Marguerite les éloges les plus honorables : Ronsard l'appelait des Muses la muse, des Grâces la grâce ; et du Bellay, des Muses la dixième, des Grâces la quatrième, la sœur des Charites, la fleur des Marguerites, la perle des Français. Tous la signalaient à l'admiration générale sous l'épithète de *la Pallas de l'Europe*. Brantôme la cite comme la plus belle, la plus savante et la plus vertueuse princesse de son temps. L'université de Bourges, capitale de son duché de Berry, n'avait jamais été plus suivie. Marguerite y avait appelé les plus célèbres jurisconsultes de France et de l'étranger. L'école de droit de cette ville acquit aussi une grande célébrité. Mariée le 9 juillet 1559, à Philibert, duc de Savoie, après la paix de Cateau-Cambrésis, elle protégea l'université de Turin, comme elle avait protégé celle de Bourges, et se fit aimer de ses nouveaux sujets, qui la surnommèrent *la Libérale* et *la Mère des peuples*. Heureuse épouse, elle méritait d'être heureuse mère : elle accoucha, le 12 janvier 1562, d'un fils qui n'hérita ni de ses vertus ni de sa popularité; il en eût été autrement sans doute s'il avait vécu aidé de ses conseils, mais elle vécut trop peu pour le bonheur de son fils et celui de la Savoie. Henri III, à son retour de Pologne, s'arrêta quelque temps à Turin. La duchesse, sa tante, le reçut avec la tendresse d'une mère et une magnificence toute royale. Elle dirigea elle-même la distribution des logements, l'ordonnance des fêtes. Ses efforts et sa zèle lui coûtèrent la vie : elle fut atteinte d'une pleurésie, dont elle mourut après quelques jours d'une douloureuse agonie, le 14 septembre 1574, âgée de cinquante-deux ans. Ce fut la princesse que la France doit l'illustre L'Hôpital. Il avait été son chancelier lorsqu'elle était duchesse de Berry. Elle le désigna, en 1560, au roi son frère, pour la chancellerie de France. DUPEY (de l'Yonne).

MARGUERITE DE FRANCE, fille de Henri II et de Catherine de Médicis, naquit en 1552. Élevée dans une cour voluptueuse, elle unit au goût des plaisirs l'amour des arts et la bonté la plus affectueuse. Elle fut mariée, en 1572, au jeune Henri de Bourbon, bien que le pape Pie V eût refusé les dispenses nécessaires. Lorsque Henri s'enfuit avec le prince de Condé, déjà les légères amours du premier avaient eu de l'éclat, et déjà la calomnie avait atteint Marguerite. En 1577 la reine mère, sous prétexte de les réconcilier, se rendit en Guienne; et si elle les réunit, les jeunes personnes qu'elle amenait avec elle contribuèrent à accroître le nombre, fort grand déjà, des infidélités de Henri. Marguerite fut reçue dans ses domaines avec la plus grande pompe. Elle s'y plaisait, malgré l'inclination de son mari pour l'aimable d'Ayelle, pour Fosseuse et Le Rebours. Elle planta de ses mains, dans le parc de Nérac, un ormeau, tandis que son mari en plantait un autre; et on montrait encore vers la fin du siècle dernier ces deux gages de réconciliation et d'amour. On dut croire à la sincérité de Marguerite, et les soins qu'elle prit de Henri durant une maladie dangereuse qui le retint longtemps à Éauze auraient dû le rattacher pour toujours à elle. Il y parut d'abord très-sensible, « félicité qui me dura, dit-elle, l'espace de quatre à cinq ans que je fus en Gascogne avec lui, faisant la plupart de ce temps-là notre séjour à Nérac, où notre cour étoit si belle, que nous n'envions point celle de France. »

Fosseuse, laissée en Navarre par Catherine, avait cherché à brouiller les deux époux. Toujours indulgente, la reine, qui s'aperçut de la grossesse de Fosseuse, poussa la complaisance jusqu'à lui proposer de l'emmener pour quelques mois dans une campagne, voisine du Mas d'Agenais; mais Fosseuse refusa avec hauteur, et se plaignit au roi de ce qu'on osait la soupçonner. Cependant les douleurs la saisirent une nuit au milieu de ses compagnes. Un médecin vint à l'instant en avertir le roi. Henri pria Marguerite de secourir Fosseuse. La reine répondit « qu'elle l'honoroit trop pour s'offenser de chose qui vînt de lui; qu'elle s'y en alloit, et feroit comme si c'estoit sa fille; que cependant il s'en fust à la chasse, et emmenât tout le monde, pour qu'il n'en fust pas parlé ». En effet, elle se leva, et donna à la malade tous les secours nécessaires en pareil cas. Fosseuse fut ingrate, et Marguerite prit le parti de revenir à la cour de France. Elle rentra quelque temps après à Nérac; mais, dédaignée par le roi, elle se retira à Agen, d'où elle partit pour le château d'Usson, où elle passa plusieurs années.

Lorsque, pour assurer la succession de la couronne aux descendants de Henri IV, Sully lui écrivit pour qu'elle consentît à la dissolution de son mariage, sa réponse fut telle qu'on la pouvait souhaiter, sage, modeste et soumise. Mais lorsqu'elle put craindre que cette séparation n'eût d'autre fin que de mettre la duchesse de Beaufort sur le trône, elle annonça qu'elle ne donnerait son consentement que lorsque cette femme serait réellement exclue de cet insigne honneur. Enfin, le divorce fut prononcé en 1599. La même modération la guida dans ses différends avec le comte d'Auvergne, qui lui disputait la succession du dauphin. Après avoir quitté le château d'Usson, et avoir passé quelque temps dans celui de Madrid, elle revint à Paris, où elle mourut, le 27 mars 1615.

Les écrits publiés contre elle ont entaché ses mœurs à une époque où l'immoralité la plus grande régnait à la cour; mais on ne croit plus aux nombreuses calomnies que ses ennemis répandirent sur son compte. Peu de femmes ont eu plus de grâce, plus d'amabilité, plus d'esprit, surtout : « Princesse pleine de bonté et de bonnes intentions au bien et au repos de l'État, elle ne faisoit de mal qu'à elle-même, » dit un auteur comtemporain. Les *Mémoires* qu'elle a laissés sont encore des modèles de style et de naïveté spirituelle. Magnanime et courageuse dans l'adversité, généreuse envers les pauvres, aimant les lettres et les arts, elle ne démentit point son origine. Alexandre Du Mège.

MARGUERITE D'AUTRICHE, fille unique de Maximilien d'Autriche et de Marie de Bourgogne, naquit à Gand, en 1480. Après la mort de sa mère, on l'envoya en France pour y être élevée avec les enfants de Louis XI. Peu de temps après, elle fut fiancée au dauphin qui monta depuis sur le trône sous le nom de Charles VIII; mais ce monarque, ayant épousé, en 1491, Anne, héritière de Bretagne, renvoya Marguerite à son père. Ferdinand et Isabelle, rois de Castille et d'Aragon, la firent demander, en 1497, pour leur fils unique Jean, infant d'Espagne; mais comme elle allait joindre son époux, le vaisseau qui la portait, fut battu d'une furieuse tempête, qui la mit à deux doigts de sa perte; et ce fut dans cette terrible extrémité qu'elle composa cette épitaphe badine :

Ci gît Margot, la gente damoiselle
Qu'eut deux maris, et si morut pucelle.

L'infant lui-même étant mort peu de temps après, Marguerite épousa, en 1501, Philibert le Beau, duc de Savoie. Veuve au bout de trois ans, et n'ayant pas d'enfants, elle se retira en Allemagne, auprès de l'empereur son père. Elle fut dans la suite gouvernante des Pays-Bas, et s'y acquit l'estime publique. Elle expira à Malines, le 1er septembre 1530. Sous son administration ce pays avait vu fleurir l'agriculture et les arts, et la guerre s'éloigner de ses frontières. Sa cour était moins remarquable par le faste que par le goût des plaisirs de l'esprit. Elle vivait entourée d'un petit nombre de femmes aimables. Jean Molinet et Corneille Agrippa de Nettesheim furent attachés à sa personne. Celui-ci se plaint de ce qu'elle se montrait disposée à accueillir les calomnies dont le fanatisme le rendait l'objet. Érasme et Jean Le Maire eurent aussi part à sa faveur, ainsi que beaucoup d'autres gens de lettres. Charles-Quint, pour témoigner sa reconnaissance à sa tante, lui avait donné la souveraineté viagère de Malines, où elle mourut. En ce moment elle se disposait à se retirer dans le couvent des Annonciades de Bruges, qu'elle avait fondé.

Ses poésies, si elles sont dépourvues d'élégance et de correction, ont le charme du naturel, et respirent quelquefois une douce mélancolie. On trouve à la bibliothèque de Bourgogne à Bruxelles plusieurs recueils de vers dont un grand nombre lui appartiennent et dont M. La Serna et nous avons donné des extraits. Nous avons publié également l'ordonnance de sa maison, le livre de ses *Basses Danses* et sa vie composée en vers latins par Corneille Graphœus d'Anvers. La *Couronne margaritique* et l'*Amant vert* (un perroquet) sont des poèmes de Jean Le Maire en l'honneur de Marguerite, dont Claude de Saint-Julien a composé le panégyrique. Ces pièces ont été réimprimées par M. E. Munch, à la suite du premier volume de l'*Histoire de Marguerite*, en allemand. Déjà Fontenelle avait choisi Marguerite et l'empereur Adrien pour les interlocuteurs de son *Dialogue sur les morts généreuses*. Dr. Reiffenberg.

MARGUERITE DE PARME, gouvernante des Pays-Bas (de 1559 à 1567), née en 1522, était une fille naturelle de Charles-Quint et de Jeanne de Ghœnst. Après la mort de son premier mari, Alexandre de Médicis, elle se remaria, en 1538, avec Ottavio Farnese, duc de Parme et de Plaisance. Comme gouvernante des Pays-Bas, fonctions dans lesquelles elle fut secondée par le cardinal Granvelle, elle se conduisit avec tant de prudence, qu'elle eût peut-être réussi à étouffer l'insurrection, si Philippe II n'y avait pas envoyé ensuite le farouche duc d'Albe. Arrivé dans les Pays-Bas en 1567, celui-ci apportait des pleins pouvoirs qui réduisaient à un vain titre l'autorité dont Marguerite de Parme avait été jusque alors investie. Elle ne tarda donc point à le démettre, et rejoignit alors son mari en Italie, où elle mourut, à Ortona, en 1586.

MARGUERITE DE FOIX, duchesse d'Épernon, fille d'Henri de Foix et de Candale, et de Marguerite de Montmorency, mariée au duc d'Épernon en 1587, fut doublement célèbre par son dévouement conjugal et par son intrépidité. Les chefs de la ligue ayant résolu, en 1588, la perte du duc d'Épernon, avaient obtenu l'ordre de l'enlever du château d'Angoulême, dont il était gouverneur. Sa jeune épouse s'était associée à ses dangers. Le château manquait de vivres et de munitions. La duchesse en était sortie pour aller entendre la messe au couvent des Jacobins. Son retour devint impossible. Elle allait se retirer dans la citadelle, lorsqu'elle fut arrêtée en chemin avec les deux écuyers qui l'accompagnaient. Le maires et les autres ligueurs, furieux de la résistance du duc d'Épernon, menacèrent la duchesse de la faire périr si elle ne parvenait à persuader à son époux de capituler. Elle répondit à leurs menaces avec une héroïque fermeté. Amenée devant la principale porte du château, elle engagea son époux à se défendre jusqu'à la dernière extrémité et à rester fidèle à son prince et à ses serments, dût-elle subir la mort dont elle était menacée. Tant de courage étonna les ligueurs, qui reconduisirent leur prisonnière dans la ville. Le duc ne tarda pas à être secouru, et son épouse rentra en triomphe dans le château. D'Épernon fut blessé en 1593. Marguerite venait de donner le jour à son troisième fils, Louis (depuis cardinal de Lavalette). Il voulut que la duchesse, encore convalescente, ignorât sa blessure. Un valet maladroit la lui ayant révélée, elle le crut mort, et s'évanouit. Tous les secours de l'art ne purent la sauver. Elle expira bientôt après (1593). Elle avait disposé par testament en faveur de son époux de tout ce qu'elle possédait. Elle lui recommandait ses enfants, et terminait en le priant de ne point se remarier. Dufey (de l'Yonne).

MARGUILLIER, membre du conseil de la fabrique d'une église, choisi au scrutin parmi ses collègues pour entrer dans la composition du bureau. Le bureau des marguilliers se compose du curé ou desservant de la paroisse, membre perpétuel et de droit, et de trois membres du conseil de fabrique. Chaque année, l'un des marguilliers cesse d'être membre du bureau, et est remplacé par le conseil de fabrique. Les marguilliers nomment entre eux un président, un secrétaire et un trésorier. Le bureau des marguilliers dresse le budget de la fabrique, prépare les affaires qui doivent être portées au conseil, est chargé de l'exécution de ses délibérations, et de l'administration journalière du temporel de la paroisse.
J.-G. Chassagnol.

MARI (du latin *mas*, *maris*, mâle), époux, celui qui est uni à une femme par les liens du mariage.

MARIA. Deux reines de Portugal ont porté ce nom.

MARIA Ire (François-Élisabeth) était l'aînée des deux filles de Joseph-Emmanuel, roi de Portugal. A la mort de son père, arrivée en 1777, son mari dom Pedro, frère du feu roi, qu'elle avait épousé en 1760, monta sur le trône, et prit le nom de *Pierre III*. En vertu de la loi faite par les cortès de Lamego, toute l'autorité royale demeura à la reine, qui, à la mort de Pierre III, en 1786, prit le nom de *Maria Ier*. Le premier soin de cette princesse en arrivant au pouvoir avait été de reléguer dans ses terres le marquis de Pombal. Elle conserva le titre de reine jusqu'à sa mort, arrivée en 1816; mais depuis longtemps frappée de démence, elle ne s'occupait plus des affaires publiques; en 1792 elle en avait laissé le soin à son fils, qui prit en 1799 le titre de régent, et qui lui succéda en 1816 sous le nom de Jean VI.

MARIA II DA GLORIA, reine de Portugal et des Algarves, fille de l'empereur du Brésil dom Pedro Ier et de sa première femme, l'archiduchesse Léopoldine d'Autriche, née à Rio-Janeiro, le 4 avril 1819, monta le 2 mai 1826, sur le trône de Portugal après la mort de son grand-père, Jean VI, par suite de l'acte de renonciation de son père. La même année elle perdit sa mère. L'année suivante elle fut fiancée avec son oncle dom Miguel, nommé par dom Pédro régent, à la condition qu'il respecterait et ferait reconnaître la constitution octroyée par lui au peuple portugais. Quand dom Miguel, après avoir prêté serment à la constitution, fut entré en fonctions comme régent, la reine quitta le Brésil, en 1828, pour se rendre en Europe. Mais dans l'intervalle, dès le 30 juin 1828, dom Miguel s'était déclaré roi absolu de Portugal; et il ne permit pas à Dona Maria de débarquer. Forcée de se rendre en Angleterre, elle y fut accueillie en reine; mais elle n'y trouva aucun appui, parce que le ministère anglais d'alors était favorable à l'usurpateur. Elle retourna en conséquence, en 1829, à Rio-Janeiro, qu'elle habita jusqu'en 1831, époque où son père se vit forcé d'abdiquer en faveur de son fils, dom Pedro II. Ensuite elle séjourna à Paris, tandis que son père entreprenait de défendre ses droits les armes à la main contre l'usurpateur dom Miguel.

Après la prise de Lisbonne, elle y fit son entrée solennelle en septembre 1833. Ce ne fut toutefois que le 29 mai 1834 que dom Miguel se décida à abandonner la partie et à se rendre en Italie, où il renouvela toutes ses réserves et protestations, et où il fut même reconnu par le pape comme roi légitime de Portugal. Dom Pedro, agissant alors en qualité de régent et de tuteur de sa fille, rétablit l'ordre en reine. Mais ses forces s'étaient épuisées; et lorsque, le 18 septembre 1834, présentant sa fin prochaine, il déclara aux cortès qu'il se sentait hors d'état de vaquer désormais aux soins du gouvernement, celles-ci déclarèrent le même jour la reine majeure; acte qui mit fin à de nombreuses rivalités pour la régence et à une foule d'intrigues. La reine s'occupa aussitôt du choix d'un époux, et elle se décida en faveur du duc Charles-Auguste-Eugène-Napoléon de Leuchtenberg. Ce mariage fut célébré à Lisbonne, le 27 janvier 1835. Dom *Augusto*, prince de Portugal, titre que prit alors le mari de la reine, gagna bientôt l'amour du peuple. La reine, sa femme, le nomma pair du royaume, et peu de temps après commandant en chef de l'armée; mais les cortès combattirent cette dernière nomination, comme inconstitutionnelle. Les débats sur cette question venaient à peine de commencer, lque, le 28 mars 1835, le prince était enlevé par une esquinancie.

Dona Maria épousa, en secondes noces, le 9 avril 1836, le duc Ferdinand, né le 29 octobre 1816, fils du duc Ferdinand de Saxe-Cobourg-Kohary, lequel, à la naissance d'un prince héritier du trône, reçut le titre de roi.

Le règne de cette princesse fut, au total, des plus agités, à cause de la trop grand confiance qu'elle accorda aux frères Cabral (*voyez* COSTA-CABRAL), dont l'un fut créé *comte de Thomar*, et qui comme ministre dirigeant s'attira la haine du parti libéral et l'opposition d'une grande partie de l'aristocratie. Un mouvement populaire qui éclata à Lisbonne arracha à Dona Maria des concessions, qui ne réussirent pourtant pas à prévenir à Coïmbre et à Oporto une violente fermentation révolutionnaire, par suite de laquelle les démocrates se coalisèrent avec la noblesse mécontente, avec le parti miguéliste pour renacter le trône constitutionnel. L'armée des insurgés, quand elle marcha sur Lisbonne, fut, il est vrai, battue (novembre) à Chaves; mais l'insurrection n'en gagna pas moins les Algarves et les provinces méridionales du Portugal. Aussi, en 1847, ne fallut-il pas moins qu'une intervention combinée de la France, de l'Angleterre et de l'Espagne pour préserver le trône de Dona-Maria des graves périls qui le menaçaient. Pendant quelque temps la reine sembla vouloir modifier sa politique; mais dès les premiers mois de 1849 la coterie des Cabral avait regagné toute son ancienne influence, et le comte de Thomar remis en possession de la présidence du conseil. Il en résulta en 1851 un nouveau mouvement révolutionnaire, sous la direction du duc de Saldanha, mouvement qui renversa Cabral et porta Saldanha à la tête des affaires. Celui-ci contraignit alors le roi Ferdinand, époux de Dona Maria, à se démettre du commandement en chef de l'armée, qu'il réunit à ses fonctions; mais en 1852 force fut encore à Saldanha de recourir à un coup d'État pour se débarrasser de l'opposition faite à son administration dans les deux chambres. Le 15 novembre 1853, Dona Maria mourut en couches, laissant le Portugal dans un état de misère et de souffrance qu'expliquent les troubles incessants qui avaient signalé son règne. Elle avait eu six enfants, dont l'aîné, dom Pedro V, né en 1838, occupe aujourd'hui le trône.

MARIAGE. C'est l'union librement consentie de l'homme et de la femme, et sa fin est la naissance d'une famille ainsi que le bonheur commun des conjoints. L'institution du mariage remonte aux premiers âges du monde. Lisez le récit, si simple, si naïf, de la Genèse. En donnant au premier homme la compagne destinée à partager sa vie, Dieu exprima par ces paroles les rapports qui devaient les unir : « L'homme quittera son père et sa mère pour s'attacher à son épouse, et ils seront deux dans une seule chair. »

Bientôt la polygamie corrompit la sainteté primitive du mariage, et les hommes se livrèrent à d'affreux désordres, au meurtre ou à l'exposition des enfants, etc. « Je ne vois pas, dit Fleury, que les mariages des Israélites fussent revêtus d'aucune cérémonie de religion, si ce n'est des prières du père de famille et des assistants pour attirer la bénédiction de Dieu. Nous en avons des exemples dans le mariage de Rébecca avec Isaac, de Ruth avec Booz, de Sara avec Tobie. Je ne vois point qu'on offrît de sacrifice à ce sujet, qu'on allât au temple ou qu'on fît venir de prêtres. Cela se passait entre les parents et les amis. Aussi ce n'était encore qu'un contrat civil. » Les Grecs regardaient le mariage comme une obligation, un devoir sacré. Il devait être précédé par la cérémonie des fiançailles ; autrement, il n'eut pas été légitime. Il était accompagné de sacrifices à Jupiter, à Junon, à Diane, au Destin, et l'épousée était remise, à la fin du jour, toute voilée et couronnée de fleurs à son mari, au milieu d'un cortége aux flambeaux et des chants de l'hyménée. Elle assistait ensuite à un festin dans quitter son voile, et passait dans la chambre nuptiale. On chantait alors l'épithalame, et les cérémonies étaient closes. Cependant on faisait encore les jours suivants quelques sacrifices et quelques présents à la mariée. La condition des femmes grecques reléguées dans le gynécée paraît déplorable à nos idées modernes ; elle était cependant tempérée par le divorce ouvert en toute liberté à l'un et à l'autre sexe, et jamais ce peuple ne connut la polygamie.

Chez les Romains il y avait plusieurs sortes de mariage, les justes noces, le concubinat, et le matrimonium qui ne regardait que les étrangers. Les justes noces donnaient seuls à la femme le titre de mater familias ; au reste, elles pouvaient avoir lieu par coemption ou par confarréation. Ce dernier mode était probablement le seul qui fût accompagné de cérémonies religieuses. Il y avait encore le mariage par usucapion, contracté sans formes solennelles, sous l'empire duquel les enfants procréés étaient bien légitimes, mais la femme ne jouissait pas des mêmes titres et priviléges. Quant aux cérémonies qui accompagnaient la célébration des mariages romains, elles rappelaient, au moins par les traits principaux, celles des mariages grecs. Mais l'état des mœurs était plus honorable et plus honoré à Rome qu'à Athènes.

La loi chrétienne éleva le mariage à la dignité de sacrement (voyez BÉNÉDICTION NUPTIALE); et les théologiens disent que ce fut Jésus-Christ lui-même, par ce seul fait qu'il honora de sa présence les noces de Cana, qui l'institua comme le signe de son union avec l'Église. Tel est le sentiment de saint Cyrille, de saint Épiphane, de saint Maxime, de saint Augustin. Cependant l'obligation de regarder le mariage comme un sacrement n'était pas un dogme de foi universellement admis ; saint Thomas et saint Bonaventure élèvent même des doutes à ce sujet ; mais le concile de Trente s'étant prononcé, toute discussion a dû cesser entre les catholiques. Ce qui prouve, du reste, l'antiquité de cette doctrine, c'est qu'elle est également professée par l'Église grecque.

Mais si tous les catholiques sont d'accord pour reconnaître que le mariage est un sacrement, il y a entre eux de grandes discussions sur la matière et sur la forme de ce sacrement. Les uns soutiennent que les contractants eux-mêmes sont la matière, et que leur consentement mutuel, exprimé par des paroles ou par des signes, en est la forme. Selon d'autres, le don que se font les contractants d'un droit réciproque sur leurs personnes est la matière, et l'acceptation mutuelle de ce droit est la forme. Dans ces deux opinions les contractants sont les ministres du sacrement, le prêtre n'est qu'un témoin nécessaire pour la validité du contrat. Le plus grand nombre pensent qu'il doit y avoir une distinction entre le sujet qui reçoit le sacrement et le ministre qui le donne, puisqu'il en est ainsi à l'égard des autres sacrements, d'où ils concluent que les contractants ne peuvent être à la fois les sujets et les ministres du mariage. Ils pensent donc que la matière de ce sacrement est le contrat que font entre eux les époux, et que la bénédiction du prêtre en est la forme ; conséquemment, que c'est le prêtre qui en est le ministre, comme il l'est des autres sacrements. Quand nous disons que le mariage est un sacrement, nous ne parlons que des mariages dont la célébration est faite aux cérémonies de l'Église. Le mariage contracté entre des infidèles ou des hérétiques peut être valide comme contrat naturel et contrat civil, mais il n'est point élevé à la dignité de sacrement, et ne le serait point, quand même ils rentreraient postérieurement dans le sein de l'Église.

Les mariages mixtes sont ceux que contractent des personnes de religions ou de communions différentes. Sauf quelques rares exceptions, l'Église catholique se refuse à bénir ces sortes d'unions, à moins que les époux ne s'engagent à faire élever leurs enfants dans la religion catholique.

Pour les protestants le mariage n'est qu'un contrat purement civil, auquel l'autorité religieuse n'a rien à voir, et, au lieu de le regarder comme un sacrement qui confère aux époux la grâce dont ils ont besoin pour remplir leurs mutuelles obligations, ils n'envisagent la bénédiction nuptiale que comme une simple cérémonie, ne produisant pas plus d'effet qu'une prière ordinaire. Une autre cause grave de discussion entre les catholiques et les protestants, c'est la question de l'indissolubilité du mariage : les premiers n'admettent aucune cause qui puisse autoriser le divorce ; les seconds le permettent dans plusieurs cas.

Dès les commencements du christianisme, plusieurs sectes énoncèrent sur le mariage des opinions erronées qui prenaient leur source dans l'état où se trouvait le monde à l'époque de la prédication évangélique. Quelques-unes soutinrent que le mariage était un crime. D'autres prétendirent, contrairement au sentiment des Apôtres, que la virginité n'était pas un état plus parfait que le mariage. Les Pères de l'Église combattirent en général ces deux opinions exagérées ; ils s'accordèrent cependant à blâmer les secondes noces. Mais avec le temps l'Église se relâcha de sa sévérité sur ce point. Nous avons parlé ailleurs des empêchements canoniques au mariage. Quant aux cérémonies qui accompagnent le mariage, elles sont décrites dans le rituel.

Que n'a-t-on pas dit sur le mariage : « Il a pour sa part, dit Montaigne, l'utilité, la justice, l'honneur et la constance. C'est une douce société de vie, pleine de fiance, et d'un nombre infini de bons, de solides offices et obligations mutuelles : à le bien façonner, il n'est point de plus belle pièce dans la société. Aucune femme qui en savoure le goût ne voudrait tenir lieu de ma mère à son mari. » Mais écoutez son ami Charron : « Le mariage n'est point chose indifférente ou médiocre, c'est de tout un grand bien ou un grand mal, un grand repos ou un grand trouble, un paradis ou un enfer ; c'est une très-douce ou plaisante vie s'il est bien pris, un rude et dangereux marché et une bien épineuse et poisante liaison, s'il est mal rencontré ; c'est une convention où se vérifie bien à point ce que l'on dit : Homo homini Deus aut lupus. »

Ces paroles des deux grands maîtres de la morale nous semblent résumer tout ce qu'on a dit et tout ce qu'on pourra dire sur la société conjugale, ce pivot de la société humaine. Le mariage est la grande affaire de l'homme ici-bas ; c'est la conclusion de sa vie, la naissance et la mort n'en sont que les deux termes extrêmes. Aussi que d'intérêts s'y trouvent engagés, la liberté, la dignité humaines, le présent et l'avenir!

Avant la révolution en France, le mariage civil et le mariage religieux s'accomplissaient en même temps par le ministère du prêtre. Ce qui n'empêchait pas, malgré les apparences, le contrat civil d'être parfaitement distinct du sacrement. Ce qui le prouve, c'est le rejet de la partie disciplinaire du concile de Trente, dont plusieurs des dispositions en cette matière étaient contraires au droit public du royaume. Aujourd'hui la séparation est totalement accomplie, et la bénédiction sacramentelle n'est point nécessaire à la validité du contrat. Cette disposition de notre législation est une de celles contre lesquelles la cour de Rome a réclamé avec le plus de persévérance. Quand la Sardaigne s'apprêtait à séparer le mariage civil de l'acte religieux, on vit le dernier président de la chambre des députés sous Louis-Philippe demander que le mariage civil ne pût avoir lieu en France qu'après la consécration religieuse. Ce projet fut assez mal reçu dans un pays où l'on croit encore à la liberté de conscience, et le *Moniteur* crut devoir déclarer que le gouvernement ne changerait rien à notre législation.

On appelle *mariages de convenance* ceux pour lesquels on consulte surtout la position réciproque des époux, leur fortune, leur intérêt; *mariage d'amour* ou *d'inclination*, ceux qui ne relèvent que du cœur seul des contractants ; *mariage de raison* ceux qui sont formés entre personnes d'un âge déjà mûr, s'unissant dans une communauté d'existence agréable et douce. Les mariages *in extremis* sont ceux que l'on contracte à l'article de la mort, ordinairement dans le but de consacrer des relations antérieures et de légitimer les enfants qui en seraient issus.

Le *mariage naturel*, ou, comme disent les Allemands, le *mariage sauvage*, c'est le c o n c u b i n a g e.

Pour les mariages morganatiques ou de la m a i n g a u c h e, *voyez* MORGANATIQUE.

MARIAGE (*Droit*). C'est l'union légitime de l'homme et de la femme dans les formes prescrites par la loi. Ce contrat, le plus important de la vie civile, est soumis à des formalités nombreuses, destinées à assurer le sort irrévocable de la f a m i l l e. La première et la plus essentielle de toutes, c'est le consentement des parties contractantes ; et ce consentement doit exister au moment où se forme le lien légal qui les unit. Les *promesses de mariage*, qui formaient autrefois un contrat irrévocable, n'ont plus aucune force aujourd'hui.

Parmi les actes qui précèdent l'union conjugale, il en est un de la plus haute importance, dont on a parlé ailleurs, le c o n t r a t d e m a r i a g e. Il ne suffit pas que les époux aient donné leur consentement, il faut encore qu'ils soient capables de le donner, c'est-à-dire qu'ils ne soient pas dans le cas des e m p ê c h e m e n t s prévus par la loi.

Parmi les formalités extérieures, les unes sont d'une importance telle que leur inobservation entraîne la nullité absolue du mariage ; les autres , au contraire, ne sont que d'un intérêt secondaire, et leur inobservation ne saurait donner lieu à une action en nullité, parce qu'un contrat aussi solennel ne peut être rompu que dans le cas d'une nécessité absolue.

La condition de l'âge relativement aux époux est déterminée par la loi. C'est l'âge de la p u b e r t é, dix-huit ans révolus pour l'homme, quinze ans révolus pour la femme. On ne peut contracter mariage avant cet âge, à moins de d i s p e n s e s.

L'homme qui a atteint dix-huit ans , la femme qui a atteint quinze ans, ne sont pas pour cela majeurs relativement au mariage ; ils ne peuvent donc contracter mariage qu'avec le consentement de ceux sous la puissance desquels ils sont placés, de leur père, de leur mère ; à défaut de père et de mère, il leur faut le consentement de leurs aïeux, et à défaut d'aïeux, celui de leur c o n s e i l d e f a m i l l e.

La m a j o r i t é en ce qui concerne le mariage commence pour la femme à vingt-et-un ans , moment où elle est dé-

clarée majeure pour tous les actes de la vie civile ; et pour l'homme à vingt-cinq ans seulement. Ainsi, l'homme à vingt-cinq ans et la femme à vingt-et-un ans peuvent librement contracter mariage, même contrairement à la volonté de ceux qui exercent sur eux la puissance paternelle.

Cependant ils ne peuvent pas à cet égard user de leur droit sans prendre au moins conseil de ceux qui exercent cette puissance paternelle, et tant que le père et la mère vivent, ou, à leur défaut, tant qu'un aïeul survit, chacun des futurs époux est tenu de rapporter à l'officier de l'état civil, avant la célébration du mariage, leur consentement, ou, s'il y a refus, la preuve que leur consentement a été requis.

Le consentement du père et de la mère se donne dans l'acte même de la célébration du mariage, s'ils assistent au contrat; et s'ils n'y assistent pas , il doit être consigné dans un acte authentique. S'il y a dissentiment entre le père et la mère, le consentement du père suffit; si le père est mort, ou dans l'impossibilité de manifester sa volonté (absent ou interdit), le consentement de la mère suffit. Si le père ou la mère sont morts ou dans l'impossibilité de manifester leur volonté, le consentement d'un aïeul suffit ; mais si aucun de ces consentements ne peut être rapporté, si, par exemple, le père refuse de donner son approbation, alors il est nécessaire de recourir aux *actes respectueux*.

On nomme ainsi l'acte par lequel le fils ou la fille de famille, c'est-à-dire qui a père, mère ou aïeul, requiert respectueusement leur conseil , en leur déclarant par un acte spécial qu'ils sont dans l'intention de contracter mariage avec la personne qu'ils dénomment. Cet acte doit être présenté par deux notaires ou par un notaire assisté de deux témoins. Si le notaire n'a pu constater qu'un refus, le même acte doit être renouvelé deux fois encore, de mois en mois, si le fils qui requiert n'a pas trente ans, et si la fille n'a pas atteint vingt-cinq ans. Après cet âge de trente ans pour l'homme, de vingt-cinq pour la femme, la signification d'un seul acte suffit, et un mois après il est permis de procéder à la célébration du mariage sans consentement.

D'autres formalités sont destinées à donner au mariage projeté une publicité nécessaire, afin que tout le monde puisse avertir qu'une nouvelle famille va être constituée dans l'État, et que les tiers intéressés soient par là mis en demeure de former o p p o s i t i o n au mariage, s'ils se croient en droit de le faire pour les causes expressément autorisées par la loi.

On nomme b a n s d e m a r i a g e ou *publications de mariage* les actes qui doivent donner au projet de mariage cette publicité. Ils doivent être affichés à la porte de la maison commune de lieu qu'habite chacun des futurs époux depuis plus de six mois au moins , et aussi du lieu qu'habitent ceux dont le consentement est requis pour la validité du mariage. Ces actes restent affichés pendant huit jours, d'un dimanche au dimanche suivant, de manière que la publication soit faite pendant deux dimanches consécutifs. Ils contiennent les noms, prénoms, professions et domiciles des futurs époux, leur qualité de majeurs ou de mineurs, et les noms, prénoms, professions et domiciles de leurs pères et mères ; ils énoncent, en outre, les jours, lieux et heures où les publications ont été faites ; ils sont inscrits sur un registre particulier.

L'officier de l'état civil ne peut procéder à la célébration du mariage que le troisième jour après la seconde publication.

Si les futurs époux ne réalisent pas leur mariage dans l'année à partir de ce délai, il est nécessaire de recommencer les publications, parce que de nouveaux intérêts ont pu naître pendant cet intervalle et que les tiers ne sont plus avertis.

L'officier de l'état civil exige la preuve que toutes les formalités ont été remplies et vérifie si les futurs époux ont la capacité; et si l'âge de la conduite qu'il doit tenir, et peut suspendre la célébration du mariage pour les causes qu'il peut croire légitimes, sauf aux parties à se pourvoir en justice, si elles croient que l'obstacle apporté à leur union par l'officier de l'état civil n'est point fondé sur une cause légale. S'il n'y a point d'opposition formée, ou si main-levée a été obtenue des oppositions qui auraient pu être faites, l'officier de l'état civil doit être prêt à célébrer le mariage à la première réquisition après que toutes le pièces nécessaires lui ont été fournies. Ces pièces sont les actes de naissance des époux et à leur défaut les actes de notoriété qui en tiennent lieu, les actes de consentement des personnes sous la puissance desquelles chacun d'eux est placé, si elles ne sont pas présentes ; des actes de décès de celles de ces personnes qui seraient mortes, et des certificats constatant que les publications ont été faites dans toutes les autres communes où cela était nécessaire. Cependant les officiers de l'état civil sont autorisés à procéder au mariage sur la déclaration par serment des futurs époux, confirmée par le serment de leurs témoins, qu'ils ignorent le lieu du décès et celui du dernier domicile des ascendants, à l'égard desquels il ne leur est pas possible de rapporter un acte de décès en forme.

Le jour désigné par les parties, l'officier de l'état civil dans la maison commune, en présence de quatre témoins parents ou non parents, fait lecture aux parties de toutes les pièces qui lui ont été remises constatant leur état civil, et la promesse qu'elles ont faite de s'épouser ; il leur lit ensuite le titre de la loi qui concerne *les droits et les devoirs respectifs des époux* ; il reçoit de chaque partie la déclaration qu'elles veulent se prendre pour mari et femme ; puis il prononce les paroles suivantes : « Au nom de la loi, je vous unis en mariage. » Ce dont il est dressé acte sur-le-champ.

L'*acte de mariage*, qui est le titre légal des deux époux, et qui seul suffit pour faire preuve complète du mariage, contient les noms, prénoms, professions, âge, lieux de naissance et domiciles des époux, s'ils sont majeurs ou mineurs ; les prénoms, noms, professions et domiciles des pères et mères, le consentement des pères et mères, aïeuls et aïeules, et celui de la famille dans le cas où ils sont requis ; les actes respectueux, s'il en a été fait ; les publications dans les divers domiciles ; les oppositions s'il y en a eu, leur mainlevée, ou la mention qu'il n'y a pas eu d'opposition ; la déclaration des contractants de se prendre pour époux et le prononcé de leur union par l'officier public ; les prénoms, noms, âge, professions et domiciles des témoins et leur déclaration, s'ils sont parents ou alliés des parties, de quel côté et à quel degré.

Le mariage impose aux nouveaux époux des obligations en même temps qu'il leur accorde des droits. Les deux doivent mutuellement fidélité, secours, assistance. Le mari doit protection à sa femme, la fe m m e obéissance à son mari. Elle est placée à son égard dans un véritable état de sujétion ; elle est, comme on dit, en *puissance de mari*. Elle ne peut faire que certains des actes qui touchent à l'administration de ses biens, et encore faut-il qu'elle ait fait des reserves spéciales dans son contrat de mariage. Le seul acte pour lequel elle conserve une liberté entière, c'est le testament, parce qu'il ne doit avoir d'effet qu'au moment où le mariage sera dissous. La femme doit habiter avec son mari et le suivre partout où il juge à propos de résider ; mais aussi le mari est obligé de la recevoir et de lui fournir tout ce qui est nécessaire pour les besoins de la vie, selon ses facultés et son état.

A l'égard des biens des époux et de leur administration pendant le mariage, il faut se reporter au contrat de mariage, qui a précédé leur union, ou, en l'absence de contrat, suivre les dispositions de la communauté légale.

Quant aux e n f a n t s, il nous suffira également de rappeler ici que les époux contractent ensemble par le seul fait du mariage l'obligation de nourrir, entretenir et élever leurs enfants. Nous n'avons rien à dire non plus de cette institution civile qui relâche les liens du mariage sans le rompre et qu'on appelle s é p a r a t i o n d e c o r p s. Depuis l'abolition du d i v o r c e et la suppression récente de la m o r t c i v i l e, le mariage ne peut plus aujourd'hui se dissoudre que par la mort naturelle de l'un des époux. L'époux survivant a l'entière liberté de se marier de nouveau ; la femme seule est assujettie à un veuvage de dix mois, afin d'éviter toute incertitude sur l'état civil de l'enfant qui pourrait naître pendant ce délai.

MARIAGE (Contrat de). *Voyez* CONTRAT DE MARIAGE.

MARIAGE (Jeu du), jeu de cartes très-ancien. Il s'appelait au seizième siècle *jeu du buiscan*, un siècle plus tard *jeu de la brisque*, et enfin *mariage* sous la régence. Ce jeu, à peu près du même genre que le b e s i g u e, n'offre pas autant de combinaisons. Aussi a-t-il été presque complétement remplacé par ce dernier. Chaque joueur a cinq cartes ; la retourne donne l'atout ; on prend des cartes à chaque coup. Le roi et la dame de la même couleur constituent le mariage, et se comptent pour vingt ; le valet y ajoute dix ; les mariages d'atout comptent double. A la fin chaque joueur compte le nombre de points qu'il a dans ses levées.

MARIAGE DES PRÊTRES. *Voyez* CÉLIBAT DES PRÊTRES.

MARIANA (JUAN), l'un des premiers historiens espagnols, né en 1536, à Talavera, fut destiné par sa famille à l'état ecclésiastique, et, après avoir fait ses études à l'université d'Alcala, entra dans l'ordre des Jésuites. En 1560 il parcourut l'Italie, la Sicile et la France, étudia ensuite la théologie à Rome, en Sicile et à Paris ; et le climat de la France ne convenant pas à sa santé, il s'en revint, en 1574, au collége des Jésuites à Tolède. Toutefois, il ne parvint jamais à aucune dignité dans son ordre ; tout, au contraire, l'inébranlable loyauté dont il fit preuve en maintes circonstances, notamment dans le fameux procès de l'éditeur de la Bible polyglotte, Arias Montano, que persécutaient les Jésuites, de même que l'impartialité avec laquelle il n'hésitait point à signaler les vices intérieurs de sa Compagnie, en dont témoigne l'ouvrage intitulé *De las enfermedades de la Compañia y de sus remedos*, qu'on trouva dans ses papiers et qui fut imprimé à Bruxelles en 1625, ne lui valurent que des injustices et des page-droits, et même un emprisonnement qui dura une année. Il mourut à Madrid, le 17 février 1023. Son principal ouvrage est son *Historia de Rebus Hispaniæ* (les 20 premiers livres, Tolède, 1592; l'édition la plus complète, augmentée de 10 livres est celle de Mayence, 1605), écrite en latin élégant. Son exposition est plus impartiale que celle des autres écrivains espagnols, et lui attira même les soupçons de l'inquisition. Toutefois, ses investigations propres se bornent à peu de chose, et le plus ordinairement il suit Zurita, l'historien aragonais. L'accueil favorable fait à son livre et la crainte de le voir défigurer dans une mauvaise traduction le déterminèrent à le traduire lui-même en espagnol (2 vol. in-fol, Tolède, 1601; dernière édition, avec suites, 10 vol. in-8°, Barcelone, 1839). On a aussi de lui une célèbre dissertation intitulée : *De Rege et regis institutione* (Tolède, 1598), qui onze ans après sa publication fut condamnée au feu par le parlement de Paris, et qui lui attira aussi beaucoup de désagréments en Espagne, parce qu'il y soutenait qu'on a le droit de se défaire d'un tyran. Il a donné en outre une dissertation *De Ponderibus et Mensuris* (Tolède, 1599), et des commentaires sur l'Ancien et le Nouveau Testament (Madrid, 1619).

MARIANAS ou MARIANNES (Iles), appelées aussi *Iles des Larrons*. C'est le nom sous lequel les géographes comprennent une vingtaine d'îles situées par 13° 30' et 20° 30' de latitude nord dans la direction du méridien, qui forment le groupe le plus septentrional de l'Australie, s'étendant des Philippines et au nord des Carolines en ligne directe du sud au nord et présentant ensemble une superficie d'environ 40 myriamètres carrés. Magellan, qui les découvrit en 1521, leur donna la dénomination d'*Iles des Larrons*, à cause du penchant prononcé jour le vol qu'il remarqua chez leurs habitants. Plus tard on leur donna encore le nom d'*Iles de Saint-Lazare* ; enfin, les missionnaires jésuites, qui s'y établirent en 1667, les nommèrent *Iles Marianes*, en l'honneur de Marie-Anne d'Autriche. Elles possèdent tous les avantages de climat qui distinguent les îles de la mer du Sud les plus favorisées, sont montagneuses, généralement d'origine volcanique, aussi bien boisées qu'arrosées, et fertiles en riz, maïs, coton et indigo. On y trouve en immenses quantités la plupart des animaux domestiques particuliers à l'Europe, tels que le cheval, le mouton, l'âne, le porc, le cerf, la poule, etc., qui s'y rencontrent même quelquefois à l'état sauvage.

La population aborigène, qui à l'époque de la découverte dépassait le chiffre de 100,000 âmes et témoignait d'un état de civilisation assez avancé, fut en partie massacrée par les Espagnols à la suite de l'introduction violente du christianisme ou bien succomba à des épidémies de la nature la plus meurtrière. Il y eut aussi alors beaucoup d'indigènes qui se réfugièrent aux Carolines, de sorte qu'on n'y compte plus guère aujourd'hui au delà de 3,500 habitants, convertis sans doute au christianisme, mais de mœurs extrêmement corrompues, et pour la plupart émigrés d'Europe ou d'Amérique. Ces îles sont d'ailleurs d'une grande utilité pour les Espagnols, comme lieu de relâche sur la route d'Amérique. *Guaham* ou *Guam,* la plus grande, est située le plus au sud ; elle a 14 myriamètres carrés de superficie, et sa capitale, *San-Ignacio-de-Agaña*, située dans une charmante plaine, entourée de bois de palmiers, compte 4,000 habitants et est le siége du gouverneur espagnol. Il faut mentionner en outre *Urak*, la plus septentrionale de tout le groupe ; *Tessian*, avec des ruines d'antiques temples ; et *Saypan*, très-fréquentée pour la pêche aux perles et pour la chasse. On trouvera de curieux détails sur l'archipel des Marianes dans la relation des voyages de M. de Freycinet, qui l'a exploré le premier avec soin.

MARIANNE (La), nom d'une société secrète organisée dès 1850 au sein du parti républicain socialiste. Des débats d'un procès jugé à cette époque à Lyon, il appert que la *Marianne* avait eu pour principaux organisateurs dans cette ville les *citoyens* Alphonse Gent, représentant du peuple, et Longommazino, patriote cosmopolite, qui tous deux furent condamnés à la déportation pour avoir provoqué à la guerre civile. Depuis lors, et malgré les événements de décembre 1851, la *Marianne* n'a pas cessé d'être l'objet d'une propagande fort active, quoique latente, dans les principaux centres de populations ouvrières, auxquelles on promet la suppression radicale de la misère pour le jour où s'effectuera la grande *liquidation* de la vieille société. A en juger par les manifestes que le comité de la Commune révolutionnaire, siégeant pour le quart d'heure à Londres, croit utile de lancer de temps à autre, le parti s'attache maintenant à donner au communisme une certaine teinte de mysticisme, qui ne messied pas à des *opprimés*. *Marianne*, vierge de la Liberté, de l'Égalité, de la Fraternité et de la Justice, patrimoine du pauvre, famille du paria, espoir de l'affligé, force du faible, foi du mourant, n'est autre que la personnification de la Révolution sociale, dont les fidèles doivent invoquer la venue réparatrice. Déjà de sévères condamnations ont frappé à Paris, à Angers, etc., non pas les meneurs réels de la Marianne (dont la devise semble être : *Faciamus experimentum in anima vili*), mais de malheureux fanatiques dont on exploite les souffrances et la détresse pour les pousser aux actes les plus odieux à propos de questions de salaire, dans l'espoir de faire sortir des conflits qu'on provoque ainsi une conflagration générale.

MARIE, la mère de J é s u s, appelée aussi la *sainte Vierge,* ou encore *Notre-Dame*. La postérité n'a eu sur elle que bien peu de détails authentiques. Les renseignements bibliques qui ont trait à elle se trouvent dans saint Matthieu, 1, 2 ; dans saint Luc, 1, 2 ; dans saint Jean, 19 ; dans les Actes des Apôtres, 1, 2. L'histoire évangélique ne donne point d'explication précise sur son origine, et fait

DICT. DE LA CONVERS. — T. XII.

mention d'elle comme d'une jeune vierge, qui demeurait à Nazareth et qui était fiancée avec un charpentier, appelé Joseph. Un messager céleste lui annonça qu'elle concevrait, par la puissance de Dieu, un fils qui s'appellerait *le Fils de Dieu*, et qui serait le Sauveur attendu par le peuple juif. Elle se soumit humblement à la volonté du Très-Haut. Son fiancé voulut se séparer d'elle, lorsqu'il s'aperçut de son état de grossesse ; mais un ange vint l'exhorter dans son sommeil à ne point la quitter. Étant allée à Bethléem à l'occasion du dénombrement, elle y mit au monde Jésus, qu'au jour de sa p u r i f i c a t i o n elle présenta au Seigneur dans son temple à Jérusalem. Ensuite, avertie en songe, elle s'enfuit en Égypte pour échapper à Hérode ; et celui-ci mort, elle revint à Nazareth. On ne trouve dans les Évangiles rien de précis sur l'éducation qu'elle donna à son fils, non plus que sur son caractère ; mais il est évident qu'elle dut exercer une grande surveillance sur le développement intellectuel de Jésus. On en a la preuve quand elle retrouve dans le temple son fils, âgé alors de douze ans. Elle n'apparaît dans la vie publique de Jésus qu'à l'occasion des noces de Cana, puis aux environs de Capharnaüm, quand elle veut l'y aller rejoindre avec ses frères. Quand Jésus fut mort et monté au ciel, elle habita la maison de saint Jean ; mais c'est une tradition postérieure qui veut qu'elle y ait demeuré onze ans, qu'elle soit morte à l'âge de cinquante-neuf ans et qu'elle soit alors montée au ciel. La tradition rattache encore à son nom et à sa vie une foule d'événements.

Dès la fin du quatrième siècle il s'éleva parmi les chrétiens des sectes qui exagérèrent ou bien qui dénièrent la vénération qu'on doit avoir pour Marie. Des chrétiens originaires de la Thrace et de la Scythie lui déférèrent en Arabie le culte de Cybèle. Ce culte consistait en prières, en processions et en sacrifices, dans lesquels on lui offrait de petits gâteaux (en grec *collyris*) ; d'où le nom de *collyridiens* donné à ces sectaires. Toutefois, au rapport de saint Irénée, de Tertullien et d'Origène, il était encore d'usage au quatrième siècle, même parmi les docteurs de l'Église les plus rigoureusement orthodoxes, d'avouer les imperfections de Marie, comme on peut le voir dans saint Basile et dans saint Jean Chrysostôme. Néanmoins, quelques théologiens commencèrent aussi à cette époque à soutenir comme article de foi que Marie avait toujours demeuré vierge et n'avait conçu sans péché ; et ils donnèrent le nom d'*anti-dico-marianites*, ou adversaires de Marie, à une secte originaire de l'Arabie qui considérait Marie comme l'épouse légitime de Joseph et comme ayant eu de lui plusieurs enfants : opinion appuyée par quelques passages de la Bible. Helvidius, en Palestine, et l'évêque Bonose, en Illyrie, furent condamnés pour cette opinion à la fin du quatrième siècle.

La vénération pour Marie s'est l'objet s'accrut surtout à partir du cinquième siècle, lorsque l'Église, contrairement à l'opinion de N e s t o r i u s, qui ne voulait voir en elle que la mère du Christ, lui eut donné le nom de *Mère de Dieu*. Paschasius Radbertus répandit plus tard l'opinion de sa délivrance miraculeuse. L'orthodoxie plaça dès lors Marie à la tête des saints. Ceux qui contribuèrent le plus à l'établissement du culte divin de Marie furent saint Cyrille d'Alexandrie et Proclus, évêque de Cyzique. C'est dans un panégyrique de saint Cyprien martyr, par saint Grégoire de Nazianze, qu'on trouve le premier exemple de son invocation ; l'usage ne tarda pas à s'établir de mentionner dans les prières sa virginité immaculée et de lui dédier des églises, tandis qu'on n'en rencontre pas la moindre trace avant le quatrième siècle, bien qu'il existât déjà une foule d'églises placées sous l'invocation d'apôtres 'et de saints. Quand Marie eut été élevée à ce degré supérieur, elle fut considérée comme intercédant en notre nom auprès de Dieu dans toutes les circonstances de notre vie ; elle devint la patronne protectrice de l'humanité, et on lui consacra une foule de fêtes. Au sixième siècle, on établit la fête de sa P u r i f i c a t i o n, en commémoration de sa visite au Temple, à Jérusa-

45

lem (2 février), celle de l'Annonciation (25 mars), et celle de la Visitation, en commémoration de la visite rendue par Marie à Élisabeth (2 juillet). L'Église catholique romaine et l'Église grecque, de même que l'Église schismatique en Orient, célèbrent en outre aujourd'hui la fête de la Nativité de Marie (8 septembre) et celle de son Assomption (15 août). Ces deux fêtes ne furent établies qu'au huitième siècle. A partir du onzième siècle on consacra en outre à Marie le samedi, et ensuite dans les couvents un office provenant des cantiques en l'honneur de Marie, mais qu'au concile de Clermont (1095) le pape Urbain II fit déclarer obligatoire pour l'Église. Dès lors, et surtout à partir du douzième siècle, le culte de Marie prit les plus larges développements. Des ordres de l'un et l'autre sexe, comme les carmélites, les servites, etc., et les différents ordres de Notre-Dame, se placèrent sous son invocation. La galanterie chevaleresque se mêla au culte dont elle était l'objet, et qui prit la forme du servage dont les chevaliers faisaient profession à l'égard de leurs dames. Les docteurs de l'Église s'epuisèrent à la glorifier (saint Bonaventure notamment); ils composèrent pour Marie un *Psalterium minus* et *majus*, ainsi que la *Biblia Mariana*. Considérée comme la reine du ciel, on lui consacra toutes les vigiles; et l'*Ave, Maria*, devint alors une prière généralement en usage. Pour fonder ce dogme, on établit que Marie avait droit à un culte plus élevé (*hyperdulie*) que le reste des humains placés au nombre des saints, et dont le culte fut appelé *dulie*. Pierre Lombard est le premier qui soutint cette thèse.

Que si on avait depuis longtemps déjà proclamé Marie exempte de péchés, on n'en'était cependant pas encore venu à penser qu'elle-même eût été conçue sans péché; or, des chanoines de Lyon ayant fini par enseigner le dogme de l'*Immaculée Conception de Marie* et par instituer une fête en son honneur (1140), ce dogme rencontra encore la plus ardente contradiction parmi les docteurs de l'Église, notamment parmi les dominicains. Si au treizième siècle la fête de l'Immaculée Conception alla toujours en gagnant du terrain, aucune autorité ecclésiastique ne s'était pourtant encore prononcée en faveur de ce dogme; et on pouvait déjà le considérer comme ayant été anéanti par saint Thomas d'Aquin, lorsque Duns Scot le préchla de nouveau, mais encore avec une certaine timidité. Cet antagonisme explique comment ce dogme fut toujours soutenu depuis par les franciscains, et combattu par les dominicains. Au quatorzième siècle, nouveaux progrès de la fête et du dogme. Lors des querelles qui ces deux ordres engagèrent à cette occasion, le dogme de l'Immaculée Conception, fortifié par l'adhésion de l'université de Paris, finit par l'emporter dans l'Église. En raison du culte exagéré dont Marie était devenue l'objet, et que favorisait la superstition du temps, il ne faut pas s'étonner de voir qu'au quinzième siècle on soit allé jusqu'à prétendre que la sanctuaire consacré au culte de Marie à Recanati n'était autre que la propre maison de Marie transportée de ce lieu par des anges (*voyez* LORETO). Le concile de Bâle, les papes Sixte IV (1476) et Alexandre VI (1483), le concile de Trente et plus tard encore Grégoire XIII (1575), se prononcèrent en faveur de la fête de l'Immaculée Conception; mais c'est seulement sous le pontificat du pape actuel, Pie IX, en 1855, que ce dogme a été décidément rangé au nombre des articles de foi. En 1614 il avait provoqué de nouveau en Espagne les querelles les plus violentes entre les ordres mendiants; et malgré tous les efforts tentés par Philippe pour provoquer une décision souveraine de la cour de Rome, celle-ci refusa de se prononcer. Tout ce qu'on obtint d'elle alors, ce fut une exhortation aux fidèles d'avoir à l'avenir à s'abstenir de toute controverse à ce sujet.

Il est d'orthodoxie dans l'Église catholique que les images de Marie possèdent une vertu miraculeuse; c'est ainsi que celles qui se trouvent à Loreto en Italie et à Czenstochau en Pologne- sont encore aujourd'hui en grand renom.

Les réformateurs du seizième siècle tout en proscrivant les fêtes de Marie, pour condescendre aux faiblesses de leur époque en conservèrent trois: celles de la Purification, de l'Annonciation et de la Visitation, parce qu'on pouvait considérer ces fêtes comme propres aussi à Jésus, le Seigneur. D'ailleurs l'Église protestante enseigne, d'après l'autorité de l'Évangile, que la Vierge Marie a conçu et mis au monde Jésus par l'opération du Saint-Esprit; mais elle ne lui rend pas de culte particulier. L'art chrétien s'est toujours attaché à glorifier par la poésie et la peinture la vie, la personne, et la dignité de Marie, comme mère de Dieu; la peinture, notamment, doit à ce dogme quelques-unes de ses plus sublimes conceptions.

MARIE, sœur de Marthe et de Lazare, naquit à Béthanie. Sa famille fut aimée du Seigneur; souvent il allait la visiter, et chaque fois Marie, attentive à la parole du Maître, recevait avec bonheur les saints enseignements. Marie s'occupait un jour des soins de l'intérieur de la maison, tandis que sa sœur, assise auprès de Jésus, se nourrissait de sa sagesse : « Voyez, Seigneur, dit Marthe, ma sœur me laisse servir toute seule; dites-lui donc de m'aider. » Jésus répondit : « Une seule chose est nécessaire; Marie a choisi la meilleure part, elle ne lui sera point ôtée. » Quand Lazare fut en danger de mort, Marthe et Marie firent avertir le Rédempteur. Celui-ci n'étant arrivé que lorsque Lazare eut rendu le dernier soupir, Marthe courut à la rencontre de Jésus; Marie l'attendit, mais dès qu'elle eut entendu sa voix, elle alla se précipiter à ses pieds, en lui disant : « Seigneur, si vous eussiez été ici, mon frère ne serait point mort. » Touché de la douleur de Marie et des larmes de ceux qui l'accompagnaient, le Fils de Dieu se rendit près de la tombe fraîchement ouverte, et à sa voix Lazare sortit du cercueil. On attribue aussi à Marie l'acte qui se passa quelques jours avant la Pâque chez le lépreux Simon, où une femme répandit des parfums sur les pieds du Sauveur. La s'arrête ce que l'Évangile nous apprend de la sœur de Lazare, qui, suivant une vieille tradition, serait venue avec son frère et Marthe mourir en Provence. On prétendit même, au treizième siècle, avoir retrouvé ses reliques à Saint-Maximin. A. GENEVAY.

MARIE Ire, reine d'Angleterre (1553-1558), fille de Henri VIII et de Catherine d'Aragon, naquit le 11 février 1515. Après s'être fait séparer de sa femme, son père, en 1534, la déclara illégitime et inapte à lui succéder sur le trône; mais par un acte en date de 1544 il lui restitua ensuite ses droits de succession, ainsi qu'à sa sœur consanguine Élisabeth. Par respect pour la mémoire de sa mère, Marie demeura catholique fidèle; et pendant tout le règne de son père, elle vécut dans un grand isolement, au château de Coppedd-Hall, dans le comté d'Essex. Quand Édouard VI prétendit lui interdire l'exercice de l'ancien culte, elle invoqua aussitôt la protection de son oncle, l'empereur Charles-Quint, qui menaça de déclarer la guerre à l'Angleterre. Le jeune roi ne s'en trouva donc que plus disposé à suivre les conseils de l'ambitieux duc de Northumberland. En 1553, sans préalablement consulter le parlement, il déclara Marie et sa sœur Élisabeth exclues du trône, et désigna pour lui succéder une de ses parentes éloignées, Jeanne Grey, belle-fille de Northumberland. Un arrangement de cette nature blessa profondément le sentiment d'équité de la nation, bien qu'elle redoutât les convictions catholiques de Marie. Le roi étant mort le 6 juillet 1553, Northumberland réussit à faire proclamer sa belle-fille comme reine; mais quelques jours après il était abandonné de tous, et le 3 août Marie faisait son entrée solennelle dans la capitale.

Elle usa d'abord de modération. Northumberland et quelques-uns de ses complices payèrent seuls de leur l'opposition qu'ils avaient faite à son avènement au trône; et quant à la religion, elle déclara s'en rapporter à Dieu du soin de ramener dans la bonne voie les âmes égarées. Cependant, un mois à peine après cette déclaration, les prisons commencèrent à s'encombrer de chefs protestants; et au mois d'octobre un parlement servile supprima toutes les lois rendues en matière de religion sous le règne précédent. Des évêques catholiques furent alors rétablis sur les divers sièges, en même temps que le cardinal Pole, légat du saint-siége, était rappelé en Angleterre. L'évêque G a r d i n e r, dont la reine fit son chancelier, profita des dispositions favorables de l'esprit public pour, suivant les désirs de l'empereur, négocier le mariage de la reine avec le fils de ce prince, qui régna plus tard en Espagne sous le nom de Philippe II. Quoique le traité signé à cet effet en janvier 1554 eût stipulé des garanties pour les libertés de l'Angleterre, ce fut là une alliance qui inspira autant de crainte que de répugnance à la nation, en raison des souvenirs cruels qui se rattachaient à la domination espagnole. Un gentilhomme du comté de Kent, Thomas Wyat, organisa donc avec quelques autres hommes déterminés une révolte, à laquelle prit part aussi le duc de Suffolk, et dont le but était de placer sur le trône sa fille Jeanne, qui continuait à languir dans les fers. L'entreprise échoua complétement, par un pur effet du hasard, et la reine envoya à l'échafaud non-seulement les chefs du complot, mais encore l'innocente Jeanne et son époux. Sur les fausses déclarations de Wyat, elle fit également arrêter sa sœur Élisabeth, ainsi que l'adorateur de celle-ci, Devonshire, et tous deux subirent de sévères interrogatoires. Toutefois, ils réussirent à démontrer leur innocence, de sorte qu'il fut impossible à Marie de donner suite à ses projets de vengeance.

Le 25 juillet 1544 Marie, âgée alors de vingt-neuf ans, épousait, au pied de l'autel, le prince Philippe, de trois années plus jeune qu'elle; et éprise d'amour pour ce prince à l'esprit aussi orgueilleux que dominateur, elle fit tout pour lui plaire. En même temps qu'elle envoyait à Rome une ambassade chargée de replacer l'Angleterre sous l'obédience du saint-siége, le parlement, acheté par l'or de l'Espagne, s'en venait supplier dans les termes du plus humble repentir le cardinal Pole de daigner recevoir de nouveau l'Angleterre dans le giron de l'Église, et remettait en vigueur les lois de sang rendues par Henri VIII en matière d'hérésie et de lèse-majesté. Application en fut aussitôt faite sous la direction de Gardiner. Une foule de protestants, entre autres les évêques L a t i m e r, Ridley, Fevrar et Hooper, moururent au milieu des plus atroces tortures et sur le bûcher dans les six premiers mois de l'année 1555. La cour institua même, sur le modèle de l'inquisition d'Espagne, une *commission d'hérésie*, composée de vingt-deux individus et présidée par l'évêque de Londres Bonner, personnage brutal, féroce même, et qui se délectait dans les actes de cruauté. La sombre disposition d'esprit où se trouvait la reine eut pour résultat de la rendre persécutrice d'abord, puis sanguinaire. L'espoir qu'elle perdit de devenir mère, l'indifférence de son époux, qui un an à peine après la bénédiction nuptiale s'en retourna dans ses États héréditaires, la firent tomber dès la fin de 1555 dans la plus noire tristesse ; elle passait son temps dans la solitude à pleurer, ou bien à écrire de tendres lettres d'amour à son mari, qui n'y répondait que pour lui demander de l'argent. Pour satisfaire aux exigences de Philippe, elle se chargea de dettes en contractant des emprunts forcés, et anéantit le commerce par les impôts les plus écrasants. Ses embarras financiers devinrent encore plus grands lorsqu'elle eut arbitrairement restitué à l'Église ses biens confisqués et rétabli les annates au profit du saint-siège. Attribuant l'absence prolongée de son époux à l'animadversion de plus en plus prononcée que la nation témoignait pour la politique espagnole, sa fureur contre les protestants parut encore redoubler en 1566. Au mois de mars de cette année-là, C r a n m e r, lui aussi, périt sur le bûcher. Quelques auteurs évaluent à 300, et d'autres même à 800, le nombre des individus qui périrent de dernier supplice dans les trois premières années de son règne. Les menaces de Philippe déterminèrent la reine à prendre part, contrairement aux vœux et aux intérêts de la nation, à la guerre qui venait d'éclater entre l'Espagne et la France. Après avoir formellement déclaré la guerre au roi Henri II, le 7 juin 1557, elle arma une flotte en recourant aux exactions les plus odieuses, et envoya dans les Pays-Bas un corps de 8,000 Anglais, qui vint y rallier l'armée espagnole commandée par Philibert de Savoie. Les faibles succès remportés par les Espagnols et surtout la prise de Calais, c'est-à-dire de la dernière possession que les Anglais eussent conservée en France, par le duc de Guise, le 8 janvier 1558, la mirent au désespoir. Elle convoqua alors le parlement, qu'elle avait dissous à plusieurs reprises, et obtint de cette assemblée de riches subsides pour équiper une flotte destinée à s'emparer de Brest comme compensation à la perte de Calais. Mais l'expédition échoua complétement, et déjà les négociations pour la paix étaient ouvertes, quand la reine mourut, des suites d'une hydropisie et peut-être plus encore de chagrin. Elle expira le 17 novembre 1558. « Après ma mort, disait-elle souvent à ceux qui essayaient de la consoler, on trouvera le nom de Calais dans mon cœur. » Quoique sa bigoterie et sa cruauté aient rendu son règne justement odieux et lui aient valu le surnom de Marie la Sanguinaire (*Bloody Mary*), on ne saurait nier que ce fût une femme capable, instruite et douée de beaucoup d'énergie. Sa sœur É l i s a b e t h lui succéda sur le trône.

MARIE DE BRABANT, fille du duc Henri III, épousa, en 1274, le roi de France Philippe le Hardi, qui l'accusa, deux ans après, d'avoir fait périr par le poison l'aîné des fils qu'il avait eus d'Isabelle d'Aragon, sa première femme. Elle aurait couru risque d'être punie de mort, tant les indices paraissaient certains, si son frère Jean Ier, duc de Brabant, n'eût reçu d'elle, à Bruxelles, une lettre écrite avec son sang, qui lui apprenait qu'elle était prisonnière à Paris. Aussitôt Jean quitte son palais de Caudenberg, accompagné d'un écuyer de Bort-Meerbeek, et de son lévrier favori, *Vlièger*; car l'histoire s'est montrée plus soucieuse de garder le nom du chien que celui du serviteur. Au bout de deux jours et une nuit de marche, il arriva près de la reine, et ne l'abondonna que lorsqu'il eut escorté lui-même, à cheval, jusqu'au gibet de Montfaucon celui qui l'avait calomniée, Pierre de La Brosse, chambellan favori du roi. Cette aventure a été célébrée en flamand par M. Willems, et en français par Ancelot. Marie mourut le 10 janvier 1321, aux environs de Meulan, où elle s'était retirée dans ses dernières années. Amie des plaisirs délicats, sensible au charme de la poésie, elle protégeait les trouvères. C'est elle qui a la comtesse d'Artois qu'Adenez, ancien ménestrel du duc de Brabant Henri III, dut en partie le plan de son roman de *Cléomadès*. M. Achille Jubinal, de son côté, a mis au jour la *Complainte de Pierre de La Brosse*. DE REIFFENBERG.

MARIE DE BOURGOGNE, fille unique de C h a r l e s l e T é m é r a i r e et d'Isabelle de Bourbon, née à Bruxelles, le 13 février 1457, n'avait que vingt-et-un ans lorsque son père fut tué devant Nancy. Les peuples qu'il courbait sous son épée relevèrent aussitôt la tête; et l'émeute se dressa plus audacieuse que jamais dans les principales villes de Flandre et de Brabant. Au dedans l'administration était tremblante, indécise, les finances épuisées, la loyauté chancelante; au dehors, Louis XI profittait de tous les malheurs, de toutes les imprudences: quelle situation pour une femme ! Déjà le roi de France avait lancé ses troupes sur la Bourgogne, et pris plusieurs villes situées au bord de la Somme. Marie lui sacrifia son chancelier Hugonet et le sire d'Humbercourt. Pendant que Louis les berçait de vaines promesses, et s'assurait la remise d'Arras, Marie, prisonnière à Gand, était forcée de s'engager à ne rien entreprendre sans l'avis d'un conseil que lui avait imposé la révolte. Pour compléter cette situation, le roi eut la perfidie de livrer aux envoyés des Gantois le pouvoir secret remis à Hugonet et à Humbercourt. Il n'en fallut pas davantage pour faire arrêter ces fidèles serviteurs, qu'on accusa de traiter sous main avec l'ennemi, d'avoir poussé le feu du ducdans des guerres ruineuses, vendu la justice, et enfreint les priviléges des Gantois. Appliqués à la torture, ils furent condamnés à mort. On

45.

raconte que la duchesse vint au pied de l'échafaud supplier le peuple de les épargner, et que, repoussée par ces furieux, elle s'évanouit. Cette scène, si éminemment dramatique, est reproduite par presque tous les historiens. Néanmoins une pièce flamande, dont la véracité ne nous semble pas douteuse, et que nous avons publiée dans nos remarques sur les *Ducs de Bourgogne* de M. de Barante, offre un récit différent. On y lit qu'un jour ou deux avant le supplice, la duchesse, s'étant rendue au marché, pria la commune de leur accorder merci ; mais que le peuple lui répondit qu'il avait juré de faire justice des riches comme des pauvres, et qu'au surplus on prononcerait conformément au bon droit. « A cette réponse, dit la ralation, la duchesse fit la révérence aux gens de la commune, leur dit bon jour, et se retira avec sa suite. »

Il était urgent que Marie s'unît à un prince qui pût la tirer d'une situation si précaire. Les prétendants ne manquaient pas : on comptait parmi les principaux le dauphin ; Adolphe, duc de Gueldre, qui fut tué devant Tournay ; le fils du duc de Clèves, celui du duc de Savoie, le duc de Clarence, le comte de Rivers, Maximilien d'Autriche, fils de l'empereur Frédéric III, etc., etc. Après bien des intrigues, ce dernier l'emporta. Le mariage eut lieu en août 1477. Telle est l'origine de la maison d'Autriche. Si cette union fut heureuse, elle ne dura pas longtemps. La princesse, chassant au vol, sous les murs de Bruges, tomba de cheval, et se fit une profonde blessure. Pour ne pas inquiéter son mari, ou par pudeur, dit-on, elle ne permit pas aux médecins de sonder la plaie, et trois semaines après, le 27 mars 1482, elle avait cessé de vivre, à l'âge de vingt-cinq ans. Son tombeau se voit encore à Bruges, à côté de celui de son père. Elle laissait deux enfants, Philippe, qui fut père de Charles-Quint, et Marguerite, surnommée la *gente damoiselle*. Les auteurs contemporains ont vanté à son sucœur, son attachement à ses devoirs, sa beauté , dont on peut juger par les portraits qui nous restent. C'est d'elle que vient la *lèvre autrichienne*, qu'on devrait appeler plutôt *lèvre bourguignonne*, dont le Tasse parle d'une manière si ingénieuse dans un *sonnet* à la comtesse de Scandiano. Son histoire a été écrite par Gaillard et par M. de Barante.   DE REIFFENBERG.

MARIE DE MÉDICIS, reine de France et de Navarre, fille de François de Médicis, grand-duc de Toscane, et de Jeanne d'Autriche, et nièce du grand-duc Ferdinand, alors régnant, née le 26 avril 1575. Henri IV s'entretenant avec Sully des princesses nubiles parmi lesquelles il désirait prendre une nouvelle épouse, lui avait dit de Marie de Médicis : « Le duc de Florence a une nièce que l'on dit être assez belle ; mais elle est de la maison de la reine Catherine, qui a bien fait du mal à la France, et de plus encore à moi en particulier. J'appréhende cette alliance pour moi, pour les miens, pour l'État... » Et malgré cette prévention, ce fut sur cette princesse qu'il fixa son choix. Il avait quarante-sept ans, Marie en avait vingt-quatre. On vantait sa beauté. Gabrielle d'Estrées, regardant un jour son portrait et celui de l'infante Élisabeth, avait dit : « Je ne crains pas l'Espagnole, mais j'ai peur de la Florentine. » Brûlard et Sillery partirent pour Florence. Les conditions du mariage furent arrêtées le 26 avril 1600. Le grand-duc Ferdinand dota sa nièce de six cent mille écus, en y comprenant une somme que lui devait le roi, mais sans y comprendre un riche trousseau, les diamants, les joyaux et les meubles. Bellegarde, grand-écuyer du roi, épousa Marie de Médicis par procuration, le 5 octobre, dans la grande église de Florence. Le voyage de la jeune reine ne fut qu'une suite de fêtes ; elle arriva à Lyon le 2 décembre. Le roi vint l'y rejoindre huit jours après. Le mariage fut consommé le 9 décembre. La bénédiction nuptiale ne fut donnée que le 17 du même mois, dans l'église Saint-Jean de Lyon, par le légat Aldobrandini. La reine arriva à Paris en mars 1601. Elle descendit chez Gondy, son premier gentilhomme d'honneur, puis chez Zamet, autre Florentin, et vint habiter enfin le Louvre. Elle accoucha d'un dauphin le 27 septembre suivant. Ce fut un événement heureux. La naissance d'un dauphin déconcerta les conspirations du roi d'Espagne et du duc de Savoie qui avec quelques puissants seigneurs. Biron, un des principaux conjurés, écrivit à un de ses agents : « Puisqu'il a plu à Dieu de donner au roi un fils, oublions nos illusions, et revenez. »

Henri donna à la reine la seigneurie de Montcreau, dont le château avait été bâti pour Gabrielle d'Estrées. Le roi était dans un âge où les passions sont amorties ; il avait près de cinquante ans, et cependant son goût effréné pour la galanterie était plus vif que jamais. Marie était italienne et jalouse ; elle était dans tout l'éclat de la jeunesse et de la beauté : elle ne put souffrir en silence les injustifiables infidélités de son époux. Chaque jour était marqué par quelque altercation domestique. Marie menaçait Henri de se venger de ses indignes rivales ; elle haïssait surtout la marquise de Verneuil, qui le lui rendait bien. Le 9 juin 1606, le coche où se trouvaient le roi et la reine, qui se rendaient à Saint-Germain, versa en passant le bac de Neuilly ; la reine ne dut la vie qu'au dévouement de La Châtaignerale. La marquise de Verneuil, informée de cet événement par le roi, lui dit qu'elle en avait été fort alarmée, et que si elle eût été présente, en ne l'voyant sauvé, elle aurait crié de bon cœur *La reine boit.* Ce propos, plus qu'imprudent, fut rapporté à la reine Marie. Un écrivain contemporain affirme avoir appris de Sully « qu'il ne les avait jamais vus huit jours sans se quereller ; qu'une fois entre autres la colère de la reine la poussa jusqu'à lever le bras, que Sully rabattit avec des marques de respect qu'il n'eût désiré et si rudement, qu'elle disait qu'il l'avait frappée, quoiqu'elle le louât de son procédé , reconnaissant que sa prévoyance n'avait pas été inutile. » Le même auteur ajoute « que le roi, outré de ses mauvaises humeurs, ayant été contraint de la quitter à Paris et de s'en aller à Fontainebleau, il lui envoya dire que si elle ne voulait pas changer de conduite, il serait contraint de la renvoyer à Florence avec tout ce qu'elle en avait amené (les époux Concini). Henri disait aussi à ses confidents que si elle n'eût pas été sa femme, il eût tout sacrifié pour l'avoir pour maîtresse.

Ce ne fut qu'après dix ans de mariage qu'Henri se détermina à faire couronner Marie : la cérémonie eut lieu à Saint-Denis , avec une solennité et une magnificence vraiment extraordinaires. Tout était disposé pour la cérémonie de l'entrée de la reine à Paris, fixée au 10 mars 1610, lorsque le roi fut assassiné le même jour par Ravaillac. Marie, plus ambitieuse que tendre, parut plus occupée de ses intérêts que de la mort de son époux. Sa première pensée fut de se faire déclarer régente. Le duc d'Épernon se rendit par son ordre au parlement, qui siégeait aux Grands-Augustins. Le duc avait fait cerner le couvent par les troupes, et ce fut au milieu de cet effrayant appareil de guerre que fut rendu l'arrêt qui conférait à la reine seule la régence du royaume. Les millions amassés par Henri IV furent donnés aux courtisans. Elle prodigua l'or et les places pour se faire des partisans, et ne fit que des ingrats, des envieux. Les ducs d'Épernon et les Concini, Richelieu lui-même, la dirigeaient. Les princes et les grands se liguèrent contre les nouveaux favoris ; on persuada au jeune prince devenu majeur de gouverner lui-même et de s'affranchir de l'humiliante tutelle de sa mère. La reine fut exilée à Blois. D'Épernon lui était resté fidèle ; il enleva la reine mère du château de Blois, et la conduisit à Angoulême. Une lutte scandaleuse, de longs et orageux débats entre la mère et le fils, occupent dans l'histoire une place plus large qu'intéressante. Veuve et mère de roi, Marie erra longtemps dans les pays étrangers. Elle se retira enfin dans les Pays-Bas, en 1631, et mourut dans l'abjection et la misère, à Cologne, en 1642, à l'âge de soixante-huit ans.

Marie aimait les arts et les cultivait avec succès : elle excellait dans la gravure. Son fils Gaston d'Orléans avait hérité de son talent dans ce genre. Paris lui doit l'un de ses plus beaux édifices, le palais du Luxembourg, et d'autres monuments, l'église et les bâtiments de l'ancien couvent des religieuses du Calvaire, qu'elle avait fondés.

DUFEY (de l'Yonne).

MARIE D'ORLÉANS, duchesse de Wurtemberg, l'une des filles du roi Louis-Philippe. *Voyez* ORLÉANS (Famille d').

MARIE DE FRANCE, femme poëte du treizième siècle, a laissé quelques fables, connues sous le nom de *Dit d'Ysopet*, ou *le petit Ésope*, et un conte, *Le Purgatoire de Saint-Patrice*. On ne connaît d'autres détails sur son existence que ce qu'elle dit elle-même :

Marie ay num, si suis de France ;

d'où lui est venu le nom de Marie de France. Elle nous apprend aussi qu'elle vivait en Angleterre. Ses poésies, naïves et gracieuses, se trouvent dans le recueil de fabliaux de Legrand d'Aussy.

MARIE-AMÉLIE, ex-reine des Français, est la fille du feu roi des Deux-Siciles Ferdinand IV, et est née à Caserte, le 26 août 1782. Lorsqu'elle épousa à Palerme, le 25 novembre 1809, Louis-Philippe, alors duc d'Orléans, ce prince était un banni, auquel il ne restait même plus l'espérance de revoir jamais sa patrie. La famille de Marie-Amélie ne se trouvait pas non plus dans une position beaucoup plus heureuse; car, expulsée du continent par les armes victorieuses de Napoléon, elle était réduite à la possession de la Sicile, qu'elle ne conservait encore que grâce à la protection des flottes britanniques. Ce mariage fut d'ailleurs de part et d'autre un mariage d'inclination, et la constante félicité n'en put être troublée que par les événements de la politique. Il donna naissance à une nombreuse lignée de princes et de princesses, qui furent longtemps l'orgueil et l'espoir de la France, et qui durent en partie aux soins éclairés de leur vertueuse mère l'éducation sage et libérale qui avait fait de la famille d'Orléans le modèle des maisons princières de l'Europe.

Quand Marie-Amélie monta sur le trône avec son mari, elle eut la sagesse de renoncer à exercer la moindre influence en politique ; et elle ne vit dans son élévation qu'un moyen d'élargir encore le cercle d'activité, déjà si étendu, de son inépuisable charité. Les partis les plus hostiles à la royauté nouvelle respectèrent toujours en elle l'épouse irréprochable, la mère tendre et dévouée, la femme compatissante aux souffrances du pauvre et de l'affligé. La Providence l'éprouva d'ailleurs bien cruellement à diverses époques de ce règne de Louis-Philippe, signalé par tant de prospérités et tant de catastrophes. Elle eut la douleur de voir expirer dans ses bras, à la suite d'un accident terrible, l'aîné de ses fils, ce jeune duc d'Orléans, qui avait acquis une si juste popularité dans le pays ; et plus tard encore une mort prématurée lui enleva une de ses filles chéries, cette princesse Marie, qui occupait un rang si distingué parmi les grands artistes contemporains. La révolution de Février, la perte d'une couronne, la ruine absolue de son intéressante famille, affligèrent peut-être moins la reine Marie-Amélie que les honteuses défections et les actes d'ignoble ingratitude dont le roi son époux fut alors l'objet de la part d'hommes qu'il avait comblés d'honneurs et de richesses, qui appartenaient à son entourage immédiat, et qui la veille encore l'accablaient de leurs protestations d'éternel dévouement. Cette histoire-là, c'est pourtant celle de tous les rois déchus; et il en sera toujours ainsi parmi les hommes, mais malheureusement sans qu'à cet égard le passé profite beaucoup au présent.

La reine Marie-Amélie partagea noblement les dangers de la fuite de Louis-Philippe; et elle était pieusement agenouillée auprès du lit où, le 26 août 1850, expirait l'homme dont elle avait été pendant quarante années la compagne fidèle et dévouée. Aujourd'hui, nous ne craignons pas de le dire, Marie-Amélie est toujours aussi honorée et respectée qu'elle pouvait l'être sur le plus mouvant des trônes de l'Europe et que si elle habitait encore les Tuileries, car elle continue de régner de l'empire qu'exercera toujours la vertu.

MARIE-ANTOINETTE, reine de France, épouse de Louis XVI. La régence était finie depuis longtemps. Elle nous avait laissé Louis XV, et le règne décrépit du vieux monarque s'avançait ; la cour n'avait conservé de Louis XIV que la magnificence sans bornes et l'insupportable étiquette ; le peuple, qui ne vit pas d'étiquette, mourait de faim, de banqueroute et de misère. Cependant Mme Du Barry régnait. Épuisée par ses ministres, enivrée par ses philosophes, blasée par les maîtresses de son roi, comme son roi lui-même, la France se laissait mourir et lisait Voltaire. Louis, petit-fils du monarque, venait de devenir dauphin par la mort de son père. « Pauvre France ! un roi de cinquante-cinq ans, et un dauphin de onze ! » s'écria Louis XV, lorsqu'il vit pour la première fois son petit-fils en habits de deuil ; et cependant c'était encore trop dire, car depuis longtemps la France n'avait plus de roi, depuis longtemps elle gémissait sans rien demander, car elle ne savait plus ce qui lui manquait. Or, ce qui lui manquait, c'était un roi sans maîtresses, c'était une reine légitime. Ce besoin d'une halte après le vice, le duc de Choiseul le devina ; le vieux roi était trop occupé de ses plaisirs pour penser à marier son héritier, lui ministre s'en chargea : il jeta les yeux sur cette vieille maison d'Autriche, qui avait fourni déjà tant de reines à la France. Cela était si beau, être reine de France, que l'Autriche nous accorda la nouvelle dauphine avec reconnaissance.

L'archiduchesse *Marie-Antoinette-Joséphine-Jeanne*, née à Vienne, le 2 novembre 1755, de Marie-Thérèse d'Autriche et de l'empereur François Ier, dit adieu à son pays natal ; et, remarquez-le bien, car nous ne devons rien oublier de ses malheurs, cet adieu n'eut rien de pénible pour elle, puisqu'elle n'avait que des espérances de bonheur et de joie. Elle nous arriva par Strasbourg. A sa présence, un vieil instinct avait rassemblé sur son passage le peuple français, habitué à voir entrer ses reines par cette porte de la France, à les saluer par des acclamations de joie et de bonheur. L'habitude n'en était pas encore perdue, et les acclamations ne manquèrent pas à Marie-Antoinette. Jusqu'à Versailles, elle triompha, jusqu'à Versailles ses illusions l'accompagnèrent ; et cependant à Versailles il y eut aussi des réjouissances, mais ces réjouissances étaient plus que des lambeaux de la magnificence de Louis XIV. Le vieux roi reçut la dauphine, belle et majestueuse, avec un sourire de volupté obscène, qui effraya madame Du Barry. La favorite fut payer bien cher ce sourire à la dauphine : elle alla se placer à côté d'elle à son banquet de noces. Je vous laisse à penser quel fut l'effroi de la fille de l'Autriche, quand elle se vit coudoyée par la courtisane, elle qui avait été élevée si pure dans les bras de sa mère, entre Métastase et le vieux Gluck ! Elle comprit alors que sa seule ressource était dans la retraite et le silence ; elle eut le bonheur de trouver son époux disposé à l'y suivre. C'est ainsi qu'au foyer même de la corruption elle réussit à s'en tenir éloignée, et qu'elle parvint à s'en garantir jusqu'à la mort du roi Louis XV.

Alors elle commença à accomplir sa destinée, elle devint reine. Honteux de son innocence et de sa vertu, les courtisans qui avaient prêté la main aux débauches du règne précédent ne purent soutenir sa présence, et leur retraite de la cour fut le seul hommage qu'ils étaient capables de lui rendre. La succession de Louis XV, ce roi égoïste, enterré sous la monarchie, avait été acceptée sous bénéfice d'inventaire par Louis XVI et Marie-Antoinette. Vous savez les efforts que fit la reine pour se soustraire à l'étiquette de la cour, vous savez combien la nation lui en voulut pour ses efforts, vous savez comment la femme fut calomniée aux dépens de la reine. En vain Marie-Antoinette s'efforça-t-elle de couvrir par ses bienfaits les injures des libellistes les plus infâmes. Le peuple recevait ses dons, et demandait ensuite vengeance contre sa bienfaitrice ; pour comble de malheur, elle venait de perdre son premier fils. Vint ensuite l'histoire du fameux collier acheté par ce cardinal imbécile qui fit peser l'odieux soupçon d'escroquerie sur la tête la plus pure de l'Europe. Une fois cette accusation intentée, les diffamateurs ne se gênèrent plus, la reine devint le but de toutes les clameurs; on rejeta sur elle le déficit dans les finances, qui avaient été employées à payer les débauches du précédent règne, et vous jugerez assez de l'aveuglement des esprits quand vous saurez que la France crut à toutes ces inculpations, devenues ridicules à force d'être atroces. Vous ne vous étonnerez plus alors des attentats des 5 et 6 octobre.

Déguisés en femmes ou en hommes du peuple, des débauchés, des espions, des assassins courent à Versailles pour renverser une dynastie de huit cents ans. Cette fois la royauté s'était déplacée, elle passait du roi au peuple, du palais à la rue : le peuple, sous les fenêtres du château, crie : *à Paris! à Paris!* A ces cris, qui sont des ordres, la reine est contrainte de paraître sur son balcon. Pauvre mère! elle avait gardé une dernière ressource, elle croyait que le meilleur moyen d'apaiser les séditieux était de leur présenter les enfants qu'elle élevait pour le bonheur de la France, et le peuple refusa de les voir. Avec une majestueuse résignation, l'héritière de la pourpre romaine brava toute seule la fureur de ses sujets, forcés malgré eux de l'applaudir. Cette matinée fut le commencement de son long martyre; car dès lors elle fut préparée à tout souffrir.

La famille royale vint à Paris, escortée par la plus vile populace; au-devant de la voiture royale, des assassins brandissaient au bout de leurs piques les têtes des gardes du corps massacrés, et demandaient celle de la reine; Jourdan *Coupe-Tête* conduisait le cortége, la hache sur l'épaule et le visage rougi du sang dont il l'avait frotté; enfin, après sept heures de marche, on arrive à Paris, et là pas encore de repos; ce n'est qu'après avoir essuyé les harangues les plus outrageantes que la reine put entrer aux Tuileries et donner à ses enfants le morceau de pain qu'ils lui demandaient depuis le matin. La nuit dut être féconde en terribles souvenirs et en présages sinistres pour cette malheureuse famille : aucun présage cependant ne pouvait être à la hauteur des dangers qui la menaçaient. Une fois tombée aux mains du peuple, la famille royale fut exposée à tous les outrages et à toutes les persécutions; un petit nombre d'amis fidèles vinrent encore essayer les larmes et la consoler sur le déclin de sa puissance. La reine, dévouée à ses enfants, oubliait ses peines auprès d'eux. Le caractère de cette princesse se roidissait contre son destin; il était écrit sans doute que ses vertus devaient s'élever à la hauteur de son infortune : les injures les plus grossières lui étaient prodiguées chaque jour; chaque jour une populace égarée faisait entendre sous ses fenêtres d'épouvantables vociférations. Ces dernières années de la captivité de la reine dans le château des Tuileries se passèrent dans les larmes; bientôt les outrages devinrent si violents que la famille songea à se soustraire à l'orage qui allait éclater. La reine consentit à suivre Louis XVI à Varennes : il lui dut peut-être coûter bien des larmes! Dénoncée et poursuivie, la famille royale fut arrêtée et conduite à Paris : le voyage dura huit jours. Barnave se trouvait dans la voiture de la famille royale, et jouait avec les boucles des cheveux du dauphin; il fut vivement touché des vertus de cette famille infortunée, et témoigna à la reine le regret que tous les Français ne fussent pas témoins de leur résignation : « J'ai toujours été que vous me voyez, lui répondit cette princesse; les circonstances seules ont changé. »

Cette princesse ne démentit pas la noblesse de son caractère dans la journée du 20 juin 1792 : tandis que le roi était entouré d'assassins, elle était auprès de lui, portant ses deux enfants dans ses bras, et résolue de mourir avec lui; elle vit même défiler toute cette vile populace; un de ces misérables s'approcha, et lui dit insolemment : Vous avez eu peur? » Non, monsieur, lui dit-elle, j'ai souffert seulement d'être séparée du roi lorsqu'il était en danger. » Ce fut à cette époque que cette princesse refusa de se réfugier dans sa première patrie : son dévouement au roi et à ses enfants lui faisait mépriser les dangers. Lors de la catastrophe du 10 août, elle refusa avec dignité de se réfugier au sein de l'Assemblée; elle entendit des hommes demander sa tête à grands cris, mais le danger qui menaçait le roi et ses enfants l'occupait uniquement. « Ma place est auprès du roi, disait cette princesse; ma sœur ne doit pas être la seule à lui servir de rempart. » Tel était encore son ascendant qu'à sa vue Santerre demeura interdit. La journée du lendemain semblait annoncer de nouveaux désastres; mais la reine était à son poste. « Eh quoi, maman, lui disait le dauphin, est-ce qu'hier n'est pas encore fini? — Malheureux enfant! lui répondit la reine en le serrant dans ses bras, hier ne doit jamais finir pour nous. »

Ce fut après cette fatale journée qu'elle consentit à suivre le roi au sein de l'Assemblée, craignant par sa résistance de l'exposer à de plus grands dangers. La reine fut enfermée avec la famille royale dans la loge du *Logographe*, et le 14 août les augustes captifs furent livrés à Santerre. La reine se trouva dénuée de tout, et se vit obligée de raccommoder ses vêtements et ceux du roi; elle s'occupa de ce travail pendant une grande partie de la nuit. C'était un spectacle touchant que de voir cette femme, fille, mère et femme de roi, réduite à ce degré de misère et d'infortune : ce genre de vie, auquel la royale captive n'était pas accoutumée, altéra sa santé. Être réunie à son époux, à ses enfants, était au moins pour elle une douce consolation dans ses peines, consolation qui ne fut pas de longue durée! La coupe n'était pas épuisée jusqu'à la lie! il fut décidé que la reine serait séparée du roi.

Le 3 septembre, et comme une transition sanglante à ce nouvel acte de cruauté, on porta sous ses fenêtres la tête de la princesse de Lamballe, son amie. La reine, à cette vue, sentit son courage l'abandonner; elle tomba évanouie. Quelques jours après, la cruelle séparation qu'on lui avait fait pressentir fut définitivement arrêtée; il ne fut plus permis à cette princesse de voir le roi qu'à l'heure de ses repas. Vainement, ses enfants dans ses bras, elle se jeta aux pieds des gardes municipaux, en les suppliant de leur accorder cette seule consolation de tous leurs maux. Vint ensuite le procès du roi. Dès lors la Convention nationale décréta que la reine serait de nouveau séparée de son mari. Ce fut le 20 janvier 1792 que la reine obtint de ses bourreaux la grâce de voir encore son époux, pour lui dire un éternel adieu. Qu'il fut déchirant ce spectacle! qu'ils furent cruels ces derniers moments passés dans les regrets et la douleur! Ce fut la dernière fois que la reine vit le roi : ce fut dans la veille du 21 janvier. Elle rentra dans son cachot au milieu des insultes des gardes municipaux. Mais au moins, veuve d'un roi assassiné, elle n'eut plus de témoins de ses souffrances et put donner un libre cours à ses larmes. Ce jour, le 21 janvier, solennelle époque que la reine a entendu sonner à ses oreilles, accablée de douleur et de fatigue, elle n'eut pas même la force de déshabiller son fils et de lui donner ses soins affectueux et accoutumés; elle se jeta sur son lit toute vêtue. Elle dut être terrible, cette nuit passée dans l'attente d'un si grand malheur; on entendit cette princesse trembler de froid, et ses sanglots et sa douleur émurent ses gardiens. Vint l'heure où six heures dans son appartement lui demander un livre pour la messe du roi; elle crut encore qu'il lui serait permis de le voir une dernière fois, mais cette dernière faveur lui fut impitoyablement refusée. Un profond accablement s'empara alors de son âme. Bientôt le roulement des tambours lui apprit que le crime était consommé. La populace vint encore, par ses cris, insulter à son malheur. La reine demanda des habits de deuil pour elle et pour ses enfants; elle demanda à voir Cléry, qui avait reçu les dernières paroles de son époux; toute espèce de communication lui fut défendue, et l'on s'empara des objets que la tendresse de Louis XVI avait fait remettre à la reine : c'étaient des cheveux de toute la famille royale et son anneau de mariage. Plus tard, ces cheveux et cet anneau furent une pièce d'accusation.

Quelque temps après l'attentat du 21 janvier, le dauphin fut enlevé à sa mère; c'était le coup le plus mortel qu'on pût porter à son cœur. Ce séjour de douleur n'avait pas encore offert un spectacle aussi déchirant : « Donnez-moi la mort plutôt que de me séparer de mon enfant! » s'écriait cette princesse ; et elle écartait de ses mains les municipaux chargés de cet ordre cruel, et qui proféraient contre elle les plus horribles imprécations : cette scène dura plus d'une heure ; enfin, se résignant à son malheur, elle l'embrassa pour la dernière fois. Quelques jours auparavant, un plan d'évasion avait été formé ; mais la reine avait refusé de se sauver, préférant partager les malheurs et la captivité de ses enfants : elle n'existait que pour eux, eux seuls offraient un adoucissement à ses peines ; elle oubliait en les voyant tout ce qu'elle avait souffert.

Le 3 septembre Barrère décrète le supplice prochain de Marie-Antoinette. Elle fut arrachée à sa fille et à sa belle-sœur, et transportée à la Conciergerie, plongée dans un cachot humide et malsain. Du moins dans ces derniers temps de captivité, des serviteurs encore fidèles lui donnèrent des preuves de dévouement. Le chevalier de Rougeville, n'écoutant que son zèle et son dévouement au malheur, lui fit passer une lettre, au péril de sa vie. L'administrateur de la prison paya de sa tête cette lettre parvenue. Cette fois encore la captivité de Marie-Antoinette devint plus étroite. Des gardiens furent placés près d'elle dans son appartement, et la reine de France ne pouvait échapper aux regards de ses persécuteurs ; elle changeait de vêtements accroupie derrière un paravent, pour garantir sa pudeur de leurs insultes. Le concierge et sa femme apportèrent quelques adoucissements à ses maux. Cette malheureuse princesse passait les journées dans les larmes, occupée à prier Dieu pour ses enfants et sa belle-sœur, et résignée au sort qu'elle attendait depuis longtemps. Enfin, elle fut mise en jugement à son tour. Le 5 septembre elle subit son premier interrogatoire ; le 11 du même mois le comité de salut public envoya les pièces du procès à l'accusateur public, et le lendemain elle fut interrogée dans une salle basse où les rayons du jour ne pouvaient pénétrer, afin qu'elle ne vît pas le visage de ses accusateurs. Sans doute ils eussent tremblé de la voir, et la voix leur eût manqué pour la condamner. « C'est vous, lui dit le président, qui avez trompé le peuple. — Le ciel m'est témoin que ce n'est ni moi ni mon époux qui l'avons trompé ; nous n'avons jamais désiré que le bonheur de la France ; il fut l'objet de tous mes vœux : d'autres ne l'ont pas voulu ainsi. » Le 14 octobre elle parut devant le tribunal : la fille des Césars, la reine de France, fut jugée par un perruquier, un peintre, un menuisier et un recors.

Fouquier-Tinville fut son accusateur. « A l'instar des Frédégonde et des Brunehaut, lui dit-il, vous avez été la sangsue du peuple français. » On l'accusa d'avoir excité la guerre civile, d'avoir appelé les étrangers en France ; et cette accusation, assemblage d'iniquités et de mensonges, fut couronnée par la monstrueuse déposition d'Hébert : « Vous avez attenté à la pudeur de votre fils, » s'écria-t-il. A ce dernier coup porté à la tendresse d'une mère, la reine se leva, et prononça avec calme et noblesse ces paroles mémorables : « Je n'ai pas daigné répondre aux chefs d'accusation intentés contre moi ; mais ici la nature se refuse à une pareille accusation : j'en appelle à toutes les mères ! » Ce mouvement sublime produisit une grande sensation ; le président s'en aperçut, et passa à d'autres questions, dont le ridicule surpassa l'atrocité des premières dépositions.

L'auguste victime pendant trois jours et trois nuits que dura son procès ne prit aucun repos : atteinte d'une violente maladie, et éprouvant au milieu d'une discussion une soif ardente, on lui refusa même un verre d'eau. La postérité ne croira pas à de pareilles atrocités. Elle fut sublime dans son procès et à la hauteur de sa grande infortune ;

toutes ses réponses furent simples, précises et empreintes de cette noblesse et de cette dignité qui ne l'abandonnèrent jamais dans ces derniers moments. Personne ne se présenta pour la défendre; Tronçon-Ducoudray et Chauveau-Lagarde furent nommés pour remplir ce devoir périlleux ; ils s'en acquittèrent avec courage. Marie-Antoinette fut condamnée à mort le 16 octobre 1793 ; elle entendit son arrêt sans effroi, et rentrée dans son cachot, elle écrivit à madame Élisabeth la lettre touchante où sa belle âme et son inquiétude pour ses enfants se déploient tout entières.

Le jour de sa mort, elle demanda un confesseur ; on lui envoya un prêtre constitutionnel. « Voilà, lui dit cet homme, le moment de demander à Dieu le pardon de vos crimes. » —« De mes crimes ! répondit la reine, je n'en ai pas commis ; qu'il me pardonne mes fautes ! » A onze heures du matin, elle sortit de la Conciergerie, vêtue de blanc : c'était une robe que lui avait prêtée une actrice de la Comédie-Française, prisonnière comme elle. A la vue de la charrette fatale, la reine témoigna quelque étonnement de n'être pas conduite au lieu du supplice dans une voiture fermée, puis elle monta dans le tombereau ; elle était placée entre un prêtre et l'exécuteur ; elle avait elle-même coupé ses cheveux dès le matin avant de partir ; elle recueillit pour ce dernier moment toute la force de son âme : elle parut aux yeux du peuple calme et tranquille. Son dernier vœu était de mourir comme Louis XVI, avec la même fermeté et le même courage. Aux jours de sa grande puissance, elle n'avait pas déployé autant de majesté. La garde nationale escortait la fatale voiture : l'armée révolutionnaire suivait, et un infâme histrion exhortait le peuple à applaudir à la justice nationale. Sans doute le peuple français voudrait effacer de son histoire ce jour infâme, pendant lequel les habitants de Paris surpassèrent en cruauté tous les peuples de la terre. On prit le chemin le plus long ; on la fit passer par les rues les plus habitées pour l'exposer aux plus grands outrages. Au moment où elle passa devant Saint-Roch, les marches étaient couvertes de spectateurs qui applaudirent avec fureur à la vue de cette femme infortunée ; ils firent arrêter la charrette pour mieux contempler les traits courageux de leur victime et pour mieux insulter à son malheur. A ce dernier outrage, la reine leva les épaules devant ce vil peuple, et lui tourna le dos. A la vue de l'échafaud, en tournant la rue Royale, le vent fit tomber un petit bonnet qu'elle portait sur sa tête et laissa voir ses cheveux, devenus gris par la douleur. Elle porta ses derniers regards, pleins de souvenirs, sur le palais des Tuileries : elle monta d'un pas ferme et assuré sur l'échafaud, et son courage ne se démentit pas un seul instant. Ses derniers moments furent dignes de sa vie tout entière. Sa tête fut présentée à la populace au bout d'une pique, et l'on entendit les cris de Vive la république ! Ses restes, déposés d'abord au cimetière de la Madeleine, furent transportés plus tard à Saint-Denis. Ainsi finit cette grande infortune. A l'aspect de pareilles douleurs, l'âme se tait et regarde avec un étonnement stupide ces événements que nul homme ne peut comprendre et devant lesquels Bossuet lui-même eût reculé.

Jules Janin.

MARIE-CHRISTINE, épouse du roi d'Espagne Ferdinand VII et, de 1833 à 1840, reine régente d'Espagne au nom de sa fille mineure, la reine Isabelle II, est née à Naples, le 27 avril 1806, et est la fille du roi des Deux-Siciles François Ier et de sa seconde femme, Marie-Isabelle, fille du roi d'Espagne Charles IV. Elle est par conséquent sœur du roi actuel des Deux-Siciles, Ferdinand II, et sœur consanguine de la duchesse de Berry. De bonne heure, elle fit preuve des dispositions les plus marquées pour la peinture, et les exercices corporels auxquels elle se livra par suite de cette prédilection pour la chasse qui semble héréditaire dans la maison de Bourbon ne contribuèrent pas peu à développer ses facultés physiques. Grâce aux intrigues de sa sœur aînée, doña Carlotta, Ferdinand VII, veuf pour la troisième fois, la choisit, en 1829, pour femme,

Le roi fut ravi de sa jeune épouse, dont les charmes dépassaient de beaucoup son attente. La jalousie et la haine de la femme de l'infant don Carlos et de sa sœur aînée, la princesse de Beira, qui voyaient ainsi s'éloigner la réalisation de l'espoir qu'elles avaient conçu que Ferdinand VII venant à mourir sans laisser d'héritiers, sa couronne passerait à don Carlos, s'en accrurent davantage; surtout quand, pour assurer en tous cas le trône à sa descendance, le roi rétablit, le 29 mars 1830, la loi des *siete partidas*, en vertu de laquelle, faute de fils, la couronne d'Espagne passe aux filles du roi et à leurs représentants. Les libéraux, qui déjà s'étaient rattachés à la jeune reine, dont l'influence sur Ferdinand VII se montrait fort utile à leur cause, lui devinrent encore plus dévoués lorsque, le 10 octobre 1830, elle eut mis au monde une fille, aujourd'hui Isabelle II, attendu que par cette naissance don Carlos, objet des terreurs du parti libéral, était de nouveau et peut-être à jamais éloigné du trône. Par contre, le parti de don Carlos redoubla d'intrigues ; et en 1832 il parvint à arracher au roi, à ce moment à l'agonie, une déclaration par laquelle il mettait à néant son ordonnance du 29 mars 1830. La reine, subissant l'influence du ministre Calomarde, et mue aussi en cela par des scrupules de conscience, avait elle-même conseillé cette mesure à son époux ; mais sa sœur aînée, alors absente de Madrid, n'y fut pas plus tôt de retour, qu'elle réussit à dessiller les yeux de Ferdinand VII, qui, contre toute attente, recouvra la santé. Le 1ᵉʳ octobre ce prince renvoya tous ses ministres, et confia pour tout le temps que durerait sa convalescence la direction des affaires à Marie-Christine, qui dès le 15 octobre proclamait une amnistie à peu près générale.

Le roi, après avoir encore une fois déclaré nulle, comme lui ayant été surprise, l'ordonnance qui avait anéanti l'ordre de succession établi par son décret du 29 mars 1830, reprit les rênes du gouvernement ; mais il mourut le 29 septembre 1833. Par son testament, il avait désigné sa veuve pour tutrice des enfants qu'il laisserait et pour régente jusqu'à la majorité de l'héritier ou de l'héritière du trône. En conséquence Marie-Christine se saisit, le 2 octobre, de la régence au nom de sa fille Isabelle II (*voyez* ESPAGNE). Elle passa les premiers mois de son veuvage dans une profonde retraite ; puis peu à peu elle en vint à prendre une part plus active à la direction des affaires. C'est vers ce temps-là que don Fernando Muñoz, originaire de Tarancon, dans la province de Cuença, et alors simple garde du corps, réussit à gagner la faveur toute particulière de la reine, laquelle ne tarda pas à le nommer son chambellan et l'admit dans sa plus étroite intimité. Elle fut retirée de la douce quiétude au milieu de laquelle elle vivait, par la conspiration qui éclata dans la nuit du 18 août 1836, au château de la *Granja*, et qui eut pour suite l'établissement de la constitution du 18 juin 1837. La régente ne tarda pourtant point à ressaisir toute son influence ; mais il éclata alors une si vive mésintelligence entre elle et sa sœur aînée, dona Carlotta, que celle-ci dut quitter l'Espagne avec toute sa famille et venir fixer son séjour à Paris. En politique, la reine régente s'était jusque alors bornée à suivre les conseils de ses ministres. Sous le ministère de Zea Bermudez, elle avait publié le manifeste absolutiste dans lequel elle annonçait l'intention bien arrêtée de maintenir le despotisme de Ferdinand VII. Sous Martinez de la Rosa elle accorda l'*Estatuto real*; sous Toreno, elle mit hors la loi les juntes des provinces rebelles, puis elle les reconnut sous Isturitz; elle réclama l'intervention française, pour abolir le régime qui avait proclamé la constitution de 1812, à laquelle elle prêta serment sous Calatrava, de même qu'elle jura ensuite celle de 1837. Mais elle excellait à susciter en dessous main d'invincibles difficultés à l'exécution des plans de ses ministres. Quoique accusée d'ambition et de cupidité, elle conserva toujours la confiance publique, jusqu'au moment où elle se laissa déterminer à sanctionner la loi sur les *ayuntamentos*. Une insurrection presque générale ayant alors éclaté, elle résigna, le 10 octobre 1840, à Valence, entre les mains du nouveau président du conseil des ministres, Espartero, ses pouvoirs comme régente. Elle vint alors se fixer à Paris, d'où elle continua à se mêler activement à une foule d'intrigues relatives à l'Espagne. Dès le mois de décembre 1833 elle avait contracté avec Muñoz, son favori, un mariage morganatique, duquel étaient issus un grand nombre d'enfants; mais ces faits étaient jusque alors demeurés enveloppés de mystère. Ce fut Espartero qui les rendit publics, parce qu'ils entraînaient pour elle la perte de tous ses droits à conserver la tutèle des deux filles qu'elle avait eues de Ferdinand. Quand, en 1843, Espartero fut renversé du pouvoir, Marie-Christine revint à Madrid ; et l'année suivante, le 13 octobre, elle épousa publiquement Muñoz, qui à cette occasion fut créé *duc de Rianzarès*. Par suite des négociations auxquelles donnèrent lieu le mariage de la jeune reine, sa fille, il s'établit entre Marie-Christine et Louis-Philippe des relations très-suivies, qui contribuèrent d'une manière toute particulière, en 1846, à la réussite du projet de double mariage qui se célébra alors entre Isabelle et son cousin, l'infant don Francisco, fils aîné de l'infant François de Paule, et entre l'infante Marie-Louise et le duc de Montpensier (*voyez* ORLÉANS). En continuant à s'immiscer dans la direction des affaires publiques, et en travaillant visiblement à affaiblir le système constitutionnel, elle s'attira la haine d'une grande partie de la nation, et encourut maintes fois de désagréables manifestations de l'opinion publique. Elle n'en persista pourtant pas moins dans ses intrigues, merveilleusement secondée sous ce rapport par son sexe de même que par le génie particulier de sa nation, et ne négligeant rien pour consolider de plus en plus son influence. Les événements qui s'accomplirent en Espagne dans le courant de l'année 1852 furent en grande partie son œuvre ; mais l'insurrection militaire qui éclata le 28 mars 1854 à Madrid, et dont le triomphe fut complet le 20 juillet suivant, mit fin au régime réactionnaire dont Marie-Christine était l'âme; et elle dut alors s'estimer heureuse de pouvoir se réfugier en France, où elle avait eu de longue main la prudence de placer une grande partie de son immense fortune.

MARIE-GALANTE, une des petites îles Antilles, appartenant à la France, située par 16° de lat. nord, à 2 myriamètres au sud de la *Grande-Terre* de la Guadeloupe, est de forme presque circulaire, et a 16 kilomètres de long. Sa surface est traversée par une chaîne de mornes peu élevés, en grande partie couverts de bois, et qui ne donnent cependant naissance qu'à de petits ruisseaux, insuffisants pour les besoins de la population, obligée par cela même de recueillir avec soin l'eau des pluies. Partout où le sol est cultivé, il donne du sucre, du café, du coton, des plantes alimentaires. On compte de 310 à 320 établissements ruraux. Le bétail y est abondant, et les chevaux qui paissent ses pâturages sont très-estimés. La population de Marie-Galante s'élève à environ 12,000 habitants. Elle est divisée en trois paroisses, et à pour chef-lieu le *Grand-Bourg* ou *Marigot*, joli bourg, sur la côte sud-ouest, la seule partie accessible de la côte ; pour on n'offre de toutes parts que des falaises abruptes, au pied desquelles la mer bat avec fureur. On y compte 1,500 habitants. Les marais qui l'environnent en rendent le climat malsain.

Marie-Galante fut découverte par Christophe Colomb), dans son troisième voyage, le 3 novembre 1493. Il lui imposa le nom du navire qu'il montait. Les Français furent les premiers qui s'y établirent, en 1648. D'abord inquiétés sans cesse par les habitants des îles voisines, ils restèrent enfin possesseurs d'un sol qu'ils avaient acquis par la violence, et dont ils avaient exterminé la population. Depuis lors les Hollandais et les Anglais l'ont occupée plusieurs fois ; et son histoire se lie presque toujours à celle de la Guadeloupe, dont elle est trop voisine pour qu'il n'en soit pas ainsi.

Oscar MAC-CARTHY.

MARIE-ISABELLE. *Voyez* ISABELLE II.

MARIE-LOUISE, reine d'Espagne, fille du duc Philippe de Parme, née en 1751, épousa, le 4 septembre 1765, contre son gré, mais sur l'ordre formel de son père, le prince des Asturies, qui devint plus tard roi sous le nom de Charles IV. C'était une femme habile, artificieuse et bien supérieure à son mari sous le rapport de l'intelligence. De bonne heure elle réussit à dompter complétement le caractère violent de ce prince, qui en plus d'une circonstance en était venu avec elle, dans les premiers temps de leur union, jusqu'aux voies de fait. Elle prenait la part la plus active à toutes les affaires politiques, excellait à faire la fortune de ses favoris et de ses créatures, et parvint à exercer une entière domination sur son mari. Le roi Charles III ayant découvert qu'une liaison illicite existait déjà entre Godoy l'aîné et la princesse des Asturies, mit un terme à ce scandale en exilant de Madrid Godoy, que la princesse ne tarda pas à remplacer par son frère cadet, don Manuel Godoy, créé plus tard duc d'*Alcudia*. Cette fois Marie-Louise réussit à dérober la connaissance de sa nouvelle intrigue à son beau-père, et elle s'y prit si bien que don Manuel Godoy ne tarda pas à devenir le favori en titre de son mari. Quand Charles IV succéda sur le trône à son père, Godoy franchit rapidement tous les échelons du pouvoir. La reine Marie-Louise et lui exercèrent sur l'Espagne l'autorité la plus illimitée et la plus absolue; et leurs efforts réunis tendirent dès lors à perdre dans l'esprit du vieux roi le prince des Asturies, Ferdinand. Ces intrigues de cour, auxquelles Marie-Louise prenait part en raison de la haine contre nature qu'elle avait conçue pour son fils, amenèrent le scandaleux procès qui s'ouvrit à l'Escurial le 29 octobre 1807. Quand Ferdinand VII fut monté sur le trône de son père, à la suite d'un mouvement révolutionnaire, et lorsqu'il annonça l'intention de soumettre la conduite de sa mère à un sévère examen, Marie-Louise se jeta dans les bras de Napoléon et de son lieutenant Joachim Murat. Avec son mari et Godoy, dont elle avait obtenu la mise en liberté, elle vint à Bayonne se porter l'accusatrice de son fils Ferdinand devant Napoléon; après quoi, elle fut conduite à Compiègne. Elle habita ensuite Marseille, puis Nice, et finit par se retirer à Rome, où elle mourut, le 2 janvier 1819.

MARIE-LOUISE (Joséphine), reine d'Étrurie, fille du roi d'Espagne Charles IV et par conséquent sœur du roi Ferdinand VII et de don Carlos, naquit le 6 juillet 1782, à Madrid, et fut mariée à l'âge de treize ans à l'infant Louis de Bourbon, fils aîné du duc de Parme (*voyez* BOURBON [Famille de]). Demeurée en Espagne sous le nom de duchesse de Parme, elle y mit au monde, le 22 décembre 1799, l'infant Louis-Ferdinand-Charles de Bourbon, qui plus tard, comme prince de Lucques, porta le nom de *Charles II*, et qui, devenu ensuite duc de Parme, abdiqua en 1849 au profit de son fils.

Aux termes d'un traité intervenu en 1801 entre l'Espagne et la France, l'infant Louis de Bourbon reçut en souveraineté la Toscane, érigée en *royaume d'Étrurie*, sous la réserve qu'à la mort de l'infant Ferdinand Parme et ses dépendances feraient retour à la France : éventualité qui se réalisa en 1802. Le nouveau couple royal prit possession de ses États, que des troupes françaises continuèrent d'ailleurs à occuper. Attaqué d'une maladie de poitrine, le roi mourut en 1803; et la régence fut alors déférée à la reine au nom de son fils, qui fut proclamé roi d'Étrurie. Marie-Louise fit tout le bien qui dépendait d'elle, et réussit à se concilier les affections de son peuple; mais en 1807, un beau jour, l'envoyé français à Florence lui notifia sans autre forme de procès que l'Espagne venait de céder l'Étrurie à la France, et qu'elle eût en conséquence à déguerpir sans délai. La reine, forcée et contrainte, se retira alors auprès du roi son père, qu'elle suivit bientôt après en France, où elle partagea sa captivité à Compiègne. Napoléon lui accorda bien ensuite la permission de se rendre à Parme avec son fils; mais arrivée à Nice, elle eut défense de sortir de cette ville. Des agents secrets du gouvernement français lui ayant persuadé d'aller se réfugier en Angleterre, Napoléon trouva dans ce projet d'évasion un prétexte pour la séparer de son fils, qu'on renvoya à ses grands-parents, et pour la faire enfermer elle-même dans un couvent, à Rome. Elle n'en sortit qu'en 1814; tous les efforts qu'elle tenta alors pour faire obtenir à son fils tout au moins le duché de Parme échouèrent; et la seule indemnité qu'on lui accorda fut la principauté de Lucques, avec la stipulation qu'à la mort de l'impératrice Marie-Louise, femme de Napoléon, le duché de Parme lui ferait retour. La reine gouverna alors la principauté de Lucques jusqu'au moment où son fils eut atteint l'âge de sa majorité. Cette princesse, éprouvée par tant d'infortunes et douée du caractère le plus noble, mourut à Lucques, le 13 mars 1824, à la suite d'une longue maladie. Elle a laissé de très-intéressants mémoires, écrits par elle-même, et dont Lemerre d'Argy a donné une traduction française, sous le titre de *Mémoires de la reine d'Étrurie, écrits par elle-même* (Paris, 1814).

MARIE-LOUISE, impératrice des Français, la seconde femme de Napoléon Ier, et, après la chute de son mari, duchesse de Parme, de Plaisance et de Guastalla, née le 12 mars 1791, était la fille aînée de l'empereur d'Autriche François Ier, et issue du second mariage contracté par ce prince, avec la fille du roi Ferdinand de Naples. Le mariage de Napoléon avec Joséphine étant demeuré stérile, et le grand empire se trouvant sans héritier direct, un commode divorce rendit à l'empereur, qui venait de triompher encore une fois à Wagram, la liberté de contracter de nouveaux liens; et il en profita pour disposer pour exiger la main de l'archiduchesse, âgée alors de dix-neuf ans à peine et dans l'éclat de la jeunesse et de la beauté, comme prix de la victoire. La cérémonie nuptiale eut lieu à Paris, le 2 avril 1810, et fut célébrée par le cardinal Fesch, dans la grande galerie du Louvre, transformée à cet effet en chapelle. Quoique bien certain de ne rencontrer de la part de l'ordinaire aucune opposition à sa volonté, Napoléon eut sans doute honte lui-même de faire bénir par ordre un mariage nul aux yeux de la loi de Dieu sous ces mêmes voûtes de l'antique cathédrale où quelques années auparavant le pape Pie VII en personne avait sacré Joséphine comme impératrice des Français.

La convention diplomatique qui venait de placer la fille des Césars dans la couche d'un soldat heureux semblait être une garantie de durée pour la dynastie napoléonienne et une chance de plus pour la prochaine conclusion de cette paix générale après laquelle la France soupirait ardemment depuis si longtemps. Cependant, elle fut mal vue par le plus grand nombre; et les regrets sympathiques que le pays manifesta hautement pour la *bonne impératrice Joséphine*, cette victime résignée de l'orgueil et de l'ambition, furent de sa part une significative protestation et contre un divorce qui répugnait à son sens moral, et contre un mariage œuvre de la politique et imposé par la victoire, auquel le cœur de l'un et l'autre époux était demeuré étranger. Dans les premiers moments de cet hyménée contracté à l'envi, comme on le pense bien, par tous les poëtes adulateurs de l'époque, Napoléon affecta d'être vivement épris de Marie-Louise, qu'il promena en triomphe dans les divers départements de son empire; et le 20 mars 1811 la nouvelle impératrice mit au monde un fils auquel dès avant sa naissance l'empereur avait conféré le titre de *roi de Rome*. L'année suivante Marie-Louise accompagna son mari à la grande cour plénière qu'avant d'entreprendre sa fatale expédition de Russie il alla tenir à Dresde pour recevoir les hommages et les protestations de fidélité de ses vassaux couronnés. En 1813 Napoléon, au moment de partir pour la campagne dans laquelle il devait décidément perdre la domination qu'il avait jusqu'alors exercée sur l'Europe, l'institua régente de l'empire en son absence, mais cependant avec des pouvoirs assez limités. Marie-Louise remplit avec une consciencieuse sollicitude les devoirs que lui imposait une telle situation; car elle était mère, et dans l'intérêt de son fils elle devait savoir pardonner et oublier les nombreux griefs qu'elle avait déjà à reprocher à un mari qui ne se piquait rien moins que d'être un modèle de fidélité conjugale. Le discours qu'elle prononça au sein du sénat convoqué extraordinairement à la suite du désastre de Leipzig et la proclamation qu'elle adressa de Blois au peuple français, le 7 avril 1814, prouvent qu'elle avait compris l'importance du rôle que les événements l'appelaient à jouer; et on ne saurait nier que sa conduite au milieu des malheurs qui frappèrent le père de son fils ne manqua ni de convenance ni de dignité. Dès le 29 mars 1814 des instructions péremptoires de l'empereur lui avaient enjoint de s'éloigner de Paris avec le roi de Rome et de se retirer à Blois; mais ce fut inutilement que ses beaux-frères Jérôme et Joseph la pressèrent de les suivre au delà de la Loire. Après l'abdication de Napoléon, elle se rendit à Orléans, d'où elle gagna Rambouillet le 12 avril, en compagnie du prince Esterhazy; et le 16 elle eut avec son père, l'empereur d'Autriche, une entrevue au Petit-Trianon. Elle voulait s'attacher à la fortune de son époux et le suivre dans son exil avec son fils; mais on les coalisés ne le permirent pas. Force lui fut en conséquence de prendre la route de la Suisse et de s'en retourner à Schœnbrunn, où elle séjourna pendant tout le temps que Napoléon resta à l'Île d'Elbe. Dans les cent jours le gouvernement autrichien ne lui permit pas davantage de revenir prendre sa place aux Tuileries auprès de son époux.

Le traité de Fontainebleau lui ayant assuré, avec le titre de *Majesté Impériale*, la souveraineté viagère des duchés de Parme, de Plaisance et de Guastalla, elle en prit officiellement possession, et fit son entrée solennelle à Parme le 20 avril 1816. Le gouvernement autrichien n'avait point consenti à ce qu'elle conservât auprès d'elle le fils de Napoléon, qui ne devait pas même succéder à sa mère, et qui, créé duc de Reichstadt avec le simple titre d'*Altesse*, devait être élevé à Vienne sous la direction et la surveillance de M. de Metternich (*voyez* NAPOLÉON II).

Après la mort de Napoléon, sa veuve épousa morganatiquement le feld-maréchal-lieutenant comte de Neipperg, qu'on lui avait donné pour chef de cour, et de qui elle eut, dit-on, plusieurs enfants. Ce second mariage de Marie-Louise a donné lieu contre elle aux plus vives récriminations et à des imputations calomnieuses, nous aimons du moins à le penser.

En 1831, quand l'agitation révolutionnaire se répandit en Italie depuis Reggio jusqu'à Parme, la duchesse se retira à Plaisance jusqu'à ce qu'un corps d'armée autrichien eut rétabli l'ordre dans ses États. Au total, son gouvernement fut empreint d'une extrême modération; et on n'a à lui reprocher que le peu de sollicitude dont il témoigna pour la propagation de l'instruction dans les masses. Quand, en 1847, le mouvement révolutionnaire gagna Parme, la duchesse voyageait en Allemagne; ce qui n'empêcha pas les partis de faire retomber sur elle la responsabilité des scènes sanglantes provoquées à Parme par une démonstration du parti national. Marie-Louise ne revit pas ses États depuis lors, et mourut à Vienne, le 18 décembre 1847. En vertu des stipulations de 1815, ses États firent retour à un membre de la famille de Bourbon, au duc de Lucques, Charles II, et à sa descendance.

MARIE-MADELEINE. On a longtemps agité la question de savoir si Marie-Madeleine et Marie sœur de Marthe et de Lazare étaient une seule et même personne ou deux personnes distinctes. Clément d'Alexandrie et Grégoire le Grand sont de la première opinion; saint Ambroise, saint Jérôme, saint Augustin, ont embrassé la seconde. C'est la seconde qui a prévalu. Il est certain que les évangélistes parlent de deux Maries ; que la sœur de Lazare n'a jamais de surnom ; que celle qui est surnommée Madeleine ne figure jamais en compagnie de Marthe ni de Lazare. Madeleine (*Magdalena*) signifie née à *Magdala*, ou *Magdalum*, petite ville, bourg ou fort situé en Galilée, près du lac de Génesareth ; et cette désignation ne semble ajoutée à son nom par les évangélistes que pour la distinguer de l'autre Marie, sœur de Lazare. « Il y avait avec lui, dit saint Luc, les douze et quelques femmes qui avaient été délivrées d'esprits malins et guéries d'infirmités diverses ; Marie, dite Madeleine, de laquelle sept démons étaient sortis, etc. » Le même évangéliste parle aussi d'une femme pécheresse de la ville de Naïm qui, « aussitôt qu'elle sut que Jésus s'était mis à table dans la maison du pharisien, y apporta un vase d'albâtre rempli de parfum, *alabastrum unguenti*, et, se tenant en arrière, du côté de ses pieds, les arrosa de ses larmes, puis les essuya avec ses cheveux, puis les baisa, puis les parfuma. » On a voulu que cette femme pécheresse de Naïm et Marie de Magdalum fussent la même personne. Cela paraît bien étrange; mais voici d'où est venue la confusion : saint Marc et saint Matthieu disent que Jésus étant à Béthanie, chez Simon le lépreux, il vint une femme (qu'ils ne nomment pas), laquelle, brisant un vase d'albâtre, lui répandit sur la tête les parfums que ce vase renfermait. Saint Jean dit que c'était Marie sœur de Lazare, et qu'elle essuya les pieds de Jésus avec ses cheveux. Voilà donc trois personnes distinctes : Marie sœur de Lazare, qui essuie les pieds du Sauveur à Béthanie ; une femme pécheresse qui lui lave les pieds ou la tête à Naïm, et enfin Marie de Magdalum, ou Madeleine, que Jésus-Christ avait délivrée de sept démons, et qui, par reconnaissance, s'était attachée à lui, et ne le quitta ni pendant sa vie ni après sa mort.

On a prétendu que la légende si universellement répandue touchant les erreurs et la pénitence de Marie-Madeleine n'était qu'une fable. Quoi qu'il en soit, on ne peut nier que cette légende n'ait un côté fort touchant, et que Madeleine demi-nue, pleurant ses fautes dans le désert, ne soit l'une des plus gracieuses figures de la poésie chrétienne. On sait tout ce que les arts lui ont dû de chefs-d'œuvre; personne n'a pu voir sans une émotion profonde la ravissante création de Canova. De tous les disciples du Christ, Madeleine fut la plus dévouée, la plus fidèle. « Au pied de la croix de Jésus étaient Marie sa mère, Marie de Cléophas, sœur de sa mère, et Marie-Madeleine. » On la retrouve ensuite près du saint tombeau, qu'elle seule ne peut se résoudre à abandonner. C'est à elle aussi que le Christ ressuscité se montre d'abord ; c'est elle qu'il envoie annoncer sa résurrection aux Apôtres. On ne sait plus rien de positif sur Marie-Madeleine. Quelques auteurs grecs ont raconté qu'elle accompagna la sainte Vierge et saint Jean à Éphèse, et qu'elle y mourut. Il est certain qu'on y conservait et qu'on y montrait ses reliques. L'empereur Léon le Philosophe les fit transporter à Constantinople, d'où l'on prétend qu'elles vinrent plus tard à Rome, où l'on peut les voir aujourd'hui, dans la cathédrale de Saint-Jean-de-Latran. Au moyen âge, la tradition provençale racontait qu'elle était venue à Marseille, et que de là elle s'était retirée dans une grotte, qu'on appelle encore *la Sainte-Baume*, où elle avait fait pénitence, et où, disait-on, s'opérait beaucoup de miracles. G. HÉQUET.

MARIENBAD, l'un des bains les plus en renom de la Bohème, à 8 myriamètres et demi de Karlsbad et à 4 d'Egra, sur la route d'Egra à Pilsen, près du village d'Auschowitz, à 644 mètres au-dessus du niveau de la mer. C'est en 1807 qu'on songea pour la première fois à user des vertus médicinales des sources de Marienbad, où l'on compte aujourd'hui plus de cent habitations, dont quelques-unes aux plus vastes dimensions, et 700 habitants. Le nombre des baigneurs s'accroît tous les ans ; il y a douze ans, en 1844, il était déjà de près de 4,000. Les sources sont au nombre de sept, et leur température varie entre 7 et 10° R. Trois sont de nature alcaline, trois de nature ferrugineuse, et la dernière de nature saline et acidulée. On les emploie pour douches et bains de vapeur; un marais voisin fournit les moyens de prendre des bains de boue minérale, et les recommande surtout contre les affections goutteuses et rhumatismales ainsi que contre les maladies de la peau. Il s'exporte année commune à l'étranger plus de 200,000 cruchons de l'eau de la source de la Croix.

MARIENBURG, chef-lieu de cercle, dans l'arrondissement de Dantzig, sur la Nogat, qu'on y passe au moyen d'un pont de bateaux de 180 mètres de long, avec 7,000 habitants, est surtout remarquable à cause du château qu'y possédaient autrefois les grands-maîtres de l'ordre Teutonique, magnifique monument de l'art gothique, construit de 1306 à 1309, et qui a été restauré avec goût en 1824, puis en 1853. Dans la vaste et magnifique église qui en dépend se trouve un groupe colossal en marbre, dans le style byzantin, et représentant la Vierge et l'enfant Jésus.

MARIENWERDER, chef-lieu de l'arrondissement du même nom dans la province de la Prusse occidentale, à environ 2 myriamètres du chemin de fer de Berlin à Kœnigsberg, sur la rive droite de la Vistule, est bâtie sur les deux branches de ce fleuve qu'on appelle la Liebe et la Nogat. On y compte 6,700 habitants, qui ont pour principale ressource le mouvement commercial qu'y provoque la présence de diverses administrations supérieures, telles qu'une direction des postes, une cour d'appel, une régence, et une direction des contributions. On y trouve aussi un collége et un haras. Cette ville fut fondée en l'an 1233 par les chevaliers de l'ordre Teutonique ; la position en est agréable et salubre.

MARIE-SALOPE. *Voyez* DRAGAGE et GABARE.

MARIE STUART, reine d'Écosse (1542-1568), fille de Jacques V d'Écosse et de Marie de Lorraine, naquit le 5 décembre 1542, à Linlithgow, près d'Édimbourg, huit jours avant la mort de son père. Reine dès le berceau et sacrée à Stirling par le cardinal Beaton dès l'âge de neuf mois, elle n'en avait encore que six lorsque Henri VIII d'Angleterre demanda sa main pour son fils, le prince de Galles, alors âgé d'un peu plus de cinq ans, et les protestants écossais appuyèrent ce projet de mariage. Mais la reine mère, sœur des Guise, ne consultant que l'intérêt catholique, conduisit au mois de février 1548 sa fille en France, où elle fut placée et élevée avec soin dans un couvent. Marie brillait par sa beauté ; sa grâce et son instruction ; à douze ans elle savait très-bien, outre sa langue maternelle, le français, l'italien, l'espagnol et même le latin. Bientôt Ronsard, Du Bellol, Maisonfleur, devinrent ses plus chers courtisans ; et elle écrivit alors des vers remarquables par la simplicité d'un naturel élégant et poétique. Brantome nous en a conservé quelques fragments. Elle n'avait pas encore quatorze ans lorsque, dans une salle du Louvre, en présence du roi, de Catherine de Médicis et de toute la cour, elle prononça un discours écrit dans la langue de Cicéron, et où elle essayait de prouver que la beauté n'exclut pas le génie, et que la carrière des lettres est ouverte aux femmes aussi bien qu'aux hommes. Le 24 avril 1558 elle épousa, dans l'église de Notre-Dame à Paris, le dauphin qui régna plus tard sous le nom de François II, et dont l'attachement pour elle alla toujours en augmentant. Après la mort si prématurée de son mari, mal vue de Marie de Médicis, elle dut s'en revenir au mois d'août 1561 en Écosse, pays auquel elle était devenue étrangère par son éducation et ses habitudes. Le 15 août 1561 elle s'embarqua donc à Calais ; une escorte nombreuse et brillante l'avait accompagnée jusque là. Après avoir adressé de touchants adieux à sa suite, elle s'éloigna des rives françaises avec une profonde tristesse. La perte d'un bâtiment qui fit naufrage sous ses yeux lui parut un fâcheux présage. « Adieu, France, disait-elle, adieu, je te perds pour jamais ! » pensée traduite plus tard en ces vers, que lui attribue une tradition rien moins qu'authentique :

Adieu, plaisant pays de France,
O ma patrie
La plus chérie,
Qui as nourri ma jeune enfance !
Adieu, France, adieu mes beaux jours !
La nef qui disjoint nos amours
N'a eu de moi que la moitié.
Une part te reste, elle est tienne ;
Je la fie à ton amitié
Pour que l'autre il te souvienne.

Après une traversée de six jours elle aborda à Leith, le 21 août 1561, mais non sans avoir couru de grands dangers de la part des croiseurs anglais lancés à sa poursuite par Élisabeth, qui haïssait en elle la femme autant et peut-être plus encore que la reine. Petite-fille de Marguerite d'Angleterre (*voyez* TUDOR), Marie ne s'était pas contentée de la simple expectative de la couronne d'Angleterre ; elle avait encore usurpé sur les droits d'Élisabeth, en prenant ouvertement en France, lorsque le dauphin, son mari, était devenu roi, le titre de reine de France, d'*Angleterre* et d'Écosse. En vain Élisabeth s'en était plainte par l'intermédiaire de son ambassadeur à la cour de France avait repoussé les remontrances du cabinet anglais et fait fi de ses protestations. Il y avait là entre les deux reines un premier grief que l'altière Élisabeth ne devait jamais pardonner à sa rivale.

En arrivant dans le pays de ses pères, Marie commença par refuser de sanctionner la loi par laquelle, en 1560, le parlement d'Écosse, agissant à l'instigation d'Élisabeth, y avait introduit la réforme ; elle promit bien de ne modifier en rien l'état des choses pour ce qui était de la religion, mais dans la chapelle de son palais elle fit célébrer les cérémonies du culte catholique. La jeune reine se trouvait transportée d'une cour pleine de traditions chevaleresques, élégante, mais de mœurs faciles, au milieu d'une noblesse austère, sombre et en proie aux disputes théologiques. Dans l'élégance de ses manières, réminiscence de la cour brillante où s'était écoulée sa première jeunesse, il y avait un scandale qui révoltait les protestants sévères ; et chaque jour Knox, dans de fougueux sermons, ne craignait pas d'adresser force injures à la nouvelle *Jézabel*. Regrettant le beau pays de France et ses joyeuses coutumes, Marie continuait à montrer une prédilection marquée pour quelques-uns des gentilshommes français qui avaient quitté Calais à sa suite, et parmi lesquels on remarquait surtout le beau Danville, fils aîné du connétable de Montmorency, et que vraisemblablement elle eût épousé s'il n'avait pas été déjà engagé lui-même dans les liens du mariage. Les préférences de la reine pour son entourage, ses privautés avec quelques-uns des seigneurs étrangers qui le composaient, indisposèrent vivement une nation ombrageuse. Il fallut, dans l'intérêt même de Marie, que tous regagnassent la France. Un seul d'entre eux pourtant resta, pour servir d'intermédiaire entre le fils du connétable et la fille de Jacques V. Il avait nom Chastelard, était beau et bien fait de sa personne, et même quelque peu poète. Il ne put voir impunément *la belle rose d'Écosse*. Il adressa des vers à la reine, reçut d'elle des réponses, et se crut peut-être aimé. Un soir, les femmes de Marie le trouvèrent caché sous son lit : c'était la seconde fois qu'il était surpris ainsi. Marie ne put le sauver. Des juges puritains le condamnèrent à avoir la tête tranchée.

Cet événement funeste engagea les amis de Marie à lui conseiller de contracter une nouvelle union. L'archiduc Charles, fils de Ferdinand ; don Carlos, héritier présomptif de Philippe II, le duc d'Anjou, s'étaient mis sur les rangs. A ces illustres noms Élisabeth eut l'infamie de venir ajouter celui de son amant, du comte de Leicester. La fierté de Marie se révolta : cédant aux mauvais conseils d'une imprudente passion, elle repoussa toute alliance étrangère, et se disposa à épouser son cousin l'Écossais Robert Darnley, fils du comte de Lennox. Il était catholique, jeune et beau ; et en sa qualité de petit-fils de Marguerite d'Angleterre (*voyez* TUDOR), issu d'un second mariage, c'est lui qui après Marie avait le plus de droits à hériter de la couronne d'Angleterre. Excités par Élisabeth, les protestants d'Écosse, ayant à leur tête le propre frère naturel de Marie, le comte Murray, levèrent l'étendard de la révolte pour s'opposer à ce projet de mariage ; mais ils furent battus et contraints de se réfugier sur le sol anglais. Le 29 juillet 1565, Marie épousait le beau Darnley. Une proclamation lui conféra formellement le titre de *roi d'Écosse*, et ordonna que les lois et les actes de l'autorité publique seraient rendus au nom du roi et de la reine d'Écosse. Triste et fatale union ! Darnley s'abandonna bientôt à tous les genres d'excès, et en même temps il afficha hautement la prétention de gouverner au lieu et place de la reine sa femme, qu'il traitait avec grossièreté, et qui l'en punit enfin par son indifférence et ses mépris.

Épouser Darnley n'avait pas été la seule faute de Marie : elle en avait commis peut-être une aussi grande lorsqu'elle avait pris pour confident le musicien David Rizzio. Ce Piémontais, vieux et laid, mais homme d'un esprit fin et enjoué, musicien habile, connaissant parfaitement les langues du Midi, devint l'accompagnateur et le secrétaire de la reine, le canal de toutes les faveurs : les plus grands seigneurs étaient forcés de briguer les bonnes grâces de ce parvenu. Darnley lui attribua la froideur que la reine lui témoignait, et d'accord avec quelques seigneurs protestants, jaloux du crédit de Rizzio, il résolut de se débarrasser de lui par un assassinat. La plupart des chefs des grandes familles d'Écosse n'eurent pas honte de tremper dans cette lâche tragédie. Le roi exigea des conspirateurs qu'ils frappassent Rizzio sous les yeux de Marie, alors enceinte de six mois. Le comte de Morton, grand-chancelier du royaume, se chargea de conduire l'entreprise, lord Ruthven de frapper. Le 9 mars 1566, Rizzio, qui était auprès de la reine avec la comtesse d'Argyle, fut massacré. Le pauvre chanteur, arraché, malgré les cris de Marie, du lieu où il se trouvait, fut égorgé tout près de la par Ruthven, Georges Douglas, Lindley, And. Karrew, etc. Ce dernier osa menacer du poignard qu'il tenait à la main la reine, qui, avant qu'on entraînât Rizzio, avait cherché à le couvrir de son corps. Témoin impassible de cette horrible scène, Darnley n'éleva la voix que pour encourager les meurtriers ou pour insulter sa royale épouse, qu'il retint prisonnière. Le lendemain de cet affreux assassinat, Murray et les autres chefs de la rébellion précédente rentrèrent à Édimbourg. La reine était perdue peut-être si elle fût demeurée entre les mains de ses ennemis, qui dominaient un roi sans force et sans dignité ; mais ses charmes la sauvèrent : elle triompha du brutal courroux de Darnley, qui s'enfuit avec elle à Dunbar. Là, Marie réunit des troupes, força les meurtriers insurgés à se soumettre, et rentra à Édimbourg, où elle accoucha, le 19 juin 1566, d'un fils, qui fut plus tard le roi Jacques Ier. Darnley en présence de cet événement témoigna de la plus profonde indifférence. Il n'assista point au baptême du petit prince, que la reine d'Angleterre voulut hypocritement tenir sur les fonts par procureur, et s'en alla à Glasgow.

Après le meurtre de Rizzio, Marie avait accordé sa confiance et son amitié, peut-être mieux que cela encore, à Jacques Hepburn, comte de Bothwell. Apprenant que Darnley, son mari, était tombé malade de la petite vérole à Glasgow, elle alla l'y voir, et le ramena convalescent à Édimbourg ; mais au lieu de le faire loger au palais d'Holy-Rood, elle l'installa dans la maison du prévôt de la collégiale de Sainte-Marie des Champs. La reine passait quelquefois la nuit dans une chambre située au-dessus de celle de son époux, avec lequel elle paraissait réconciliée. Le 9 février 1567, sous prétexte que le mariage d'un de ses serviteurs la rappelait à Holy-Rood, elle le quitta d'un air fort calme, et lui dit même tendrement adieu. Mais dans la nuit, vers deux heures du matin, l'explosion d'une mine détruisit la maison du prévôt : les corps de Darnley et de son valet de chambre, qu'on retrouva au milieu des debris, portaient tous deux des traces de strangulation. La voix publique accusa de ce meurtre la reine et Bothwell, qu'on lui donnait généralement pour amant ; le comte de Lennox, père du malheureux Darnley, dénonça même formellement Bothwell ; mais après un semblant de procédure il fut acquitté. Il rechercha alors ouvertement la main de sa souveraine, et la compromit aux yeux de son peuple en simulant un enlèvement. Après avoir obtenu son pardon et avoir fait prononcer son divorce d'avec sa première femme, il fut créé duc d'Orkney ; et le 16 mai 1567 la reine aveuglée par sa passion, consentit à donner sa main au meurtrier de son époux. Mais Bothwell ne l'aimait point ; il n'avait d'autre mobile que l'ambition et la soif du pouvoir. Il traita la reine de la manière la plus brutale, et chercha à se rendre maître de la personne du prince royal.

La noblesse protestante, révoltée par tous ces scandales et tous ces crimes, forma à Stirling une confédération pour protéger la dynastie et le royaume, réunit des troupes, s'empara d'Édimbourg sans coup férir, tandis que la reine était réduite à s'enfuir à Dunbar, le 6 juin 1567, et se préparait à s'y défendre. Mais quand les deux armées se trouvèrent en présence le 15 juin, près de Carberry, la reine entama des négociations, et se rendit de sa personne au camp ennemi, où les seigneurs lui firent bon accueil et lui promirent même aide et protection. Cependant, on refusa de l'en laisser repartir, et ce fut comme prisonnière qu'elle rentra à Édimbourg, au milieu des injures et des malédictions de la populace. Ensuite, sous prétexte qu'elle continuait à correspondre avec Bothwell, on la conduisit au château d'Édimbourg, où on la retint dans une étroite captivité. Les lords s'emparèrent alors du pouvoir souverain, pillèrent à l'envi les trésors de la couronne et mirent à prix la tête de Bothwell, qui parvint à se réfugier en Danemark, où il mourut, huit ans plus tard, dans une profonde misère et privé depuis longtemps de sa raison.

Sous la pression de ses ennemis, la reine abdiqua la couronne, le 24 juillet 1567, en faveur de son fils au nom duquel Murray prit alors la régence. Sa captivité se prolongeant encore, le parti catholique détermina le jeune lord Douglas, frère du châtelain de Lochleven, à délivrer la royale prisonnière. Il s'était épris d'un amour des plus vifs pour la reine, qui lui avait permis d'espérer obtenir un jour sa main ; et dans la nuit du 2 mai 1568 il réussit à l'enlever et à lui faire traverser le lac voisin, sur la rive duquel elle fut accueillie avec la plus vive allégresse par 6,000 hommes en armes. Du château de Hamilton, où elle se retira alors, elle protesta contre son abdication, comme lui ayant été arrachée par la violence. Ses partisans rassemblèrent un corps de 6,000 hommes ; mais le 15 mai le régent Murray mettait en complète déroute les troupes de la reine, près du village de Langside. Marie, perdant la tête, prit la fuite et se réfugia sur le sol anglais, à Carlisle, d'où elle écrivit à Élisabeth pour réclamer sa protection et lui demander une entrevue. Mais Élisabeth fit aussitôt arrêter sa rivale, et lui refusa l'entrevue qu'elle sollicitait, tant qu'elle ne se serait pas justifiée du meurtre de son époux. A peu de temps de là une enquête solennelle s'ouvrit à York ; et à cette occasion Murray, d'accord avec Élisabeth pour perdre sa sœur, envoya en Angleterre une commission qui commença une longue instruction au sujet du crime dont Marie était accusée par la voix publique ; mais au milieu des intrigues et des contre-intrigues des partis, l'enquête n'aboutit à aucun résultat. Ces événements firent considérer, en Angleterre aussi bien qu'en Écosse et à l'étranger, la cause de Marie Stuart comme identique à celle du parti catholique ; et cette opinion, qui s'accrédita généralement en Europe, accrut encore le ressentiment d'Élisabeth. Pendant dix-huit mortelles années on transféra la royale captive de château en château pour y rester soumise à la plus rigoureuse et à la plus brutale des surveillances, en même temps qu'aux traitements les plus cruels.

La conduite imprudente et superbe de Marie ; les tentatives successives faites pour la délivrer par les comtes de Northumberland et de Westmoreland, par Léonard Daires et par le duc de Norfolk ; la bulle d'excommunication lancée par le pape contre Élisabeth et diverses autres machinations, le plus ordinairement ourdies du fond des Pays-Bas par le duc d'Albe, finirent par décider Élisabeth à se débarrasser de sa dangereuse prisonnière au moyen d'un meurtre judiciaire. En 1585 un catholique, du nom de Babington, forma avec divers autres individus un complot ayant, suivant l'usage, l'assassinat d'Élisabeth et la délivrance de Marie pour but. Le hasard permit qu'il fût découvert à temps, et à l'instigation de la cour de Londres on organisa une correspondance mystérieuse avec la prisonnière pour l'envelopper dans un complot de haute trahison. Quoique la reine, prévenue à temps par des amis, n'eût point donné dans le piège qu'on lui tendait, elle fut, au mois d'octobre suivant, et après le supplice de quelques conspirateurs subalternes, traduite devant une commission siégeant à Fotheringay. A la suite de la plus illégale des procédures, cette commission, après avoir déclaré Marie coupable de haute trahison, la condamna, comme telle, à la peine de mort. Quand son servile parlement eut sanctionné cet arrêt, Élisabeth, jouant la plus misérable des comédies, n'y apposa sa signature que comme contrainte et forcée et en versant des torrents de larmes. Les prières et les menaces de Henri III, roi de France, de la cour d'Espagne et de Jacques VI, roi d'Écosse et fils de la victime, furent d'ailleurs impuissantes à sauver la vie de la malheureuse Marie. Le 18 février 1587, elle fut décapitée, dans l'une des salles du château de Fotheringay. La tête ne fut détachée du tronc qu'au troisième coup de hache.

Marie mourut avec autant de courage que de religieuse résignation, après s'être administré à elle-même la communion avec une hostie que le pape lui avait fait parvenir. Coupable sans aucun doute envers les Écossais comme reine, coupable aussi de n'avoir pas poursuivi les meurtriers de Darnley, si même elle ne fut pas leur complice, déshonorée en tous cas par son indigne mariage avec Bothwell, la reine d'Écosse semble avoir tout racheté par une agonie de dix-huit ans et par un supplice atroce. Mais si les poëtes de toutes les nations se sont efforcés de nous peindre dans ses infortunes la touchante immolation de la beauté, les faiblesses d'un cœur trop tendre, les effets de l'odieuse jalousie d'une femme, enfin les résultats de la barbarie de son siècle, l'histoire impartiale ne doit cependant point oublier que les malheurs et cette mort, tache éternelle dans la vie d'Élisabeth, furent en même temps l'expiation de grandes fautes et peut-être même d'un grand crime, dont il répugne de charger sa mémoire quand on songe mais à celles de douleurs et pures années d'une vie commencée sous de si riants auspices. Consultez Whitaker, *Mary, queen of Scotland, vindicated* (Londres, 1787), et Chalmers, *Life of Mary, queen of Scots* (1826), qui l'un et l'autre ont essayé de défendre la mémoire de Marie Stuart des terribles accusations qui pèsent sur elle; Miss Benger, *Memoirs of Mary, the queen of Scots* (1823); Mignet, *Histoire de Marie Stuart* (2 vol., Paris, 1850).

MARIE-THÉRÈSE, impératrice d'Allemagne, reine de Hongrie et de Bohême, archiduchesse d'Autriche, naquit à Vienne, le 13 mai 1717. Elle était fille de l'empereur Charles VI et d'Élisabeth-Christine de Brunswick-Wolfenbuttel. En 1713, avant sa naissance, l'empereur, qui n'avait alors qu'un fils, l'archiduc Léopold, avait publié un règlement de succession, connu sous le nom de *pragmatique-sanction*, portant que dans le cas d'extinction de la branche masculine la succession au trône de Bohême et d'Autriche reviendrait à ses filles, de préférence à celles de l'empereur Joseph Ier, son frère. Charles VI fit approuver ces dispositions par les époux de ses nièces, les électeurs de Saxe et de Bavière, et il les mit sous la garantie des principales puissances de l'Europe. Le jeune archiduc mourut, et Marie-Thérèse était reconnue héritière de la maison d'Autriche lorsqu'elle épousa François-Étienne, duc de Lorraine (17 février 1736), qui l'année suivante devint grand-duc de Toscane, en vertu de la paix de Vienne (3 octobre 1735). A la mort de son père (en 1740), elle monta sur le trône de Bohême, de Hongrie et d'Autriche.

La *pragmatique-sanction*, tant de fois ratifiée depuis vingt-sept ans, fut subitement attaquée de toutes parts. L'électeur de Bavière, Charles-Albert, éleva des prétentions sur les États héréditaires autrichiens. L'électeur de Cologne et l'électeur palatin refusèrent également de reconnaître les droits de Marie-Thérèse. Cependant le roi de Prusse, le roi de Pologne, la Russie, la Hollande et le roi d'Angleterre se déclarèrent pour la reine. La France, sans prendre parti d'abord, s'offrit pour arbitre. Sur ces entrefaites, Frédéric II, roi de Prusse, réclama quatre duchés en Silésie, s'offrant, si on les lui rendait, à défendre la jeune reine contre ses ennemis. Marie-Thérèse, irritée de cette démarche, rejeta les propositions de Frédéric, qui dès le 23 octobre 1740 avait fait entrer son armée en Silésie. Les habitants protestants, opprimés sous la domination autrichienne, l'accueillirent avec joie; aussi ses progrès furent-ils rapides dans cette province. Alors le maréchal de Belle-Isle, au nom de la France, entama des négociations avec le roi de Prusse, pour le démembrement de la monarchie autrichienne. Philippe V, roi d'Espagne, comme étant de la branche masculine de Habsbourg, éleva, en vertu du pacte de famille de 1617, des prétentions à la couronne d'Autriche; Charles-Emmanuel, roi de Sardaigne, descendant de Catherine, seconde fille de Philippe II, réclama le Milanais; Auguste III, roi de Pologne, éleva des prétentions semblables, en nom de sa femme, fille aînée de Joseph Ier. Mais Frédéric, pour ne pas rendre la France trop prépondérante en Allemagne, n'accéda pas au plan de partage. Georges II, roi d'Angleterre, offrit sa médiation. Quoique la Bavière eût commencé la guerre contre l'Autriche en juillet 1741, quoique deux armées françaises eussent franchi le Rhin et la Meuse, et que Frédéric eût conquis presque toute la Silésie, Marie-Thérèse, qui venait d'accoucher de l'archiduc Joseph, ne refusa constamment à céder la moindre partie de ses États. Belle-Isle entra en Autriche à la tête d'une armée avec l'électeur de Bavière. Linz fut pris, et l'électeur reconnu pour archiduc. Les troupes bavaroises et françaises marchèrent jusqu'à Saint-Pœlten, et Vienne fut sommée. Le roi d'Angleterre, pour ne pas vouloir envoyer une armée auxiliaire à Marie-Thérèse, fut forcé, par une seconde armée française, de conclure un traité de neutralité pour le Hanovre, et de s'engager à ne pas s'opposer à l'élection de l'électeur de Bavière au trône impérial. En Silésie, Frédéric éleva des prétentions à la capitale, et ne paraissait pas éloigné de s'unir à la France et à la Bavière.

Les affaires de Marie-Thérèse étaient désespérées. Sans alliés, sans troupes, sans argent, sans ministres capables, elle se sauva seule, par son héroïsme, par le dévouement des braves Hongrois et l'assistance de l'Angleterre. Dans cette extrémité, elle convoqua une diète à Presbourg : en deuil, mais habillée à la hongroise, la couronne de saint Étienne sur la tête, l'épée royale au côté, elle parut devant l'assemblée, tenant entre ses bras son jeune fils, et elle adressa aux états ces paroles en latin : « Abandonnée de mes amis, persécutée par mes ennemis, attaquée par mes plus proches parents, je n'ai de ressource que dans votre fidélité, votre courage et ma constance. Je remets entre vos mains la fille et le fils de vos rois, qui attendent de vous leur salut. » La jeunesse, la beauté, le malheur de la reine, firent une impression profonde; les magnats tirèrent leurs sabres, et s'écrièrent : « *Moriamur pour notre roi Marie-Thérèse!* » Jusque là elle avait conservé une attitude calme et majestueuse; alors elle fondit en larmes, ce qui accrut encore l'enthousiasme. Les troupes envoyées par les Hongrois répandirent la terreur dans les armées ennemies par leur manière de combattre et par leur aspect sauvage. En même temps les alliés étaient désunis entre eux. Le 9 octobre 1741, le roi de Prusse conclut avec l'envoyé anglais, autorisé à cet effet par la reine de Hongrie, une convention secrète, par laquelle la Basse-Silésie demeurait cédée à la Prusse. Bientôt après, le 26 octobre, Prague fut prise par les Français et les Bavarois, et l'électeur fut couronné roi de Bohême le 19 novembre. Il reçut aussi la couronne impériale à Francfort, le 12 février 1742, et prit le nom de Charles VII. Mais déjà son électorat était tombé au pouvoir de Khevenhuller, général autrichien, qui entra à Munich le jour même où Charles était couronné empereur.

A la vue de ces progrès des Autrichiens, Frédéric II,

inquiet pour la Silésie, rompit la suspension d'armes, fit des incursions en Autriche, et ses housards répandirent la terreur jusqu'aux portes de Vienne. A la vérité, il fut contraint de se retirer, et Marie-Thérèse rejeta de nouveau ses propositions de paix. Mais la victoire de Frédéric à Chotusitz hâta la conclusion des préliminaires, qui furent signés à Breslau, le 11 juin 1742. La reine céda toute la Haute et Basse-Silésie et le comté de Glatz, à l'exception des districts de Teschen, Jægerndorf et Troppau. La paix définitive fut signée le 28 juillet, sous la garantie de l'Angleterre.

Dès lors les armes de l'Autriche furent partout victorieuses. Le prince Charles de Lorraine repoussa les Français jusqu'à Braunau et bloqua Prague. L'opinion générale que l'équilibre de l'Europe dépendait de la durée de la maison d'Autriche engagea l'Angleterre à armer pour Marie-Thérèse, et la Hollande lui fournit des subsides. En Italie, le roi de Sardaigne, offensé par l'Espagne, se réconcilia avec Marie-Thérèse, qui lui céda quelques portions du Milanais, moyennant quoi il soutint les armes autrichiennes contre l'Espagne et la France. Après la mort du cardinal de Fleury, les succès de l'Autriche allèrent croissant. L'empereur Charles VII conclut avec la reine de Hongrie un traité de neutralité, d'après lequel il lui laissait jusqu'à la paix générale ses États héréditaires, et renonçait à ses droits de succession sur les pays autrichiens.

Jusqu'en 1744 la France et l'Angleterre avaient combattu l'une contre l'autre comme puissances auxiliaires; mais alors la France déclara formellement la guerre à l'Autriche et à l'Angleterre. Les Français s'emparèrent des plus importantes places fortes des Pays-Bas, et le maréchal de Saxe menaçait de soumettre en entier cette province, lorsque le prince Charles de Lorraine tomba sur l'Alsace. Déjà la cavalerie autrichienne répandait l'effroi jusqu'aux portes de Lunéville, et le roi Stanislas dut l'évacuer. Le roi de France envoya des forces considérables contre le prince Charles, qui fut rappelé pour résister au roi de Prusse, qui avait repris les armes. En effet, Marie-Thérèse, dans son orgueil passionné, s'était refusée à reconnaître l'empereur et la diète de Francfort. Elle laissa percer son intention de garder la Bavière, de faire des conquêtes en France et en Italie, et de partager les États prussiens, de concert avec la Saxe et l'Angleterre. En conséquence, Frédéric pour la prévenir conclut, le 22 mai 1744, l'union de Francfort avec l'empereur, la France, l'électeur palatin et le roi de Suède, comme landgrave de Hesse. Marie-Thérèse se trouva encore une fois en grand péril. Cependant la mort de Charles VII, arrivée le 20 janvier 1745, ouvrit un nouveau champ à son ambition. Elle fit élire son époux empereur sous le nom de *François Ier*. Il fut reconnu par le roi de Prusse, qui fit de nouveau sa paix, à des conditions plus avantageuses encore que la première. La France continua la guerre avec succès dans les Pays-Bas et en Italie, jusqu'à la paix d'Aix-la-Chapelle, en 1748.

Marie-Thérèse profita des huit années de paix pour effacer les traces de la guerre, ranimer l'agriculture et faire fleurir le commerce et les arts. Le port de Trieste et celui de Fiume furent ouverts à toutes les nations. Enfin, elle conclut une alliance étroite avec la France, qui avait été depuis trois siècles la rivale de l'Autriche. Le prince de Kaunitz, qui jouissait de toute la confiance de l'impératrice, fut envoyé en ambassade à Versailles; elle écrivit de sa main à madame de Pompadour, en l'appelant *ma chère amie*, et obtint le traité de 1756, tant reproché à Bernis, qui renversa en un moment le système d'Henri IV et de Richelieu.

Marie-Thérèse n'avait pas pardonné à Frédéric la cession qu'elle avait dû lui faire d'une de ses plus belles provinces. Pour le contraindre à restituer la Silésie, elle forma contre lui une ligue, suivie de la guerre de sept ans, qui se termina par la paix d'Hubertsbourg (15 février 1763). Pour la troisième fois, Marie-Thérèse confirma la cession de la Silésie.

Son fils, l'archiduc Joseph, fut élu roi des Romains, ce qui lui assurait la couronne impériale; et elle lui échut en effet à la mort de son père, l'empereur François Ier (18 août 1765).

Le 5 août 1772, elle signa avec la Russie et la Prusse le traité pour le partage de la Pologne. Elle eut pour sa part la Gallicie, avec deux millions et demi d'habitants et de riches salines, source d'un abondant revenu. L'Autriche se trouvait dans une situation florissante. Le duc de Choiseul, premier ministre de Louis XV, pensa à former avec elle une solide alliance, par le mariage du dauphin avec l'archiduchesse Marie-Antoinette, fille de Marie-Thérèse. En 1778 la succession de Bavière devint vacante, par la mort de Maximilien-Joseph, dernier électeur de la branche cadette de la maison de Wittlebach. Cette succession revenait de droit à l'électeur palatin, comme chef de la branche aînée. Mais Joseph II détermina sa mère à réclamer et à envahir la Bavière. Frédéric II, par représailles, envahit la Bohême. La médiation de Louis XVI et de Catherine II termina cette contestation, qui ne produisit, selon l'expression de Frédéric, qu'une guerre de plume. L'Autriche renonça à ses prétentions par la paix de Teschen, en 1779.

Marie-Thérèse mourut le 29 novembre de l'année suivante, âgée de soixante-trois ans. Le temps de son règne est considéré encore aujourd'hui comme l'âge d'or de la monarchie autrichienne. Elle laissa huit enfants, parmi lesquels on distingue les empereurs Joseph II et Léopold II, la reine de Naples Marie-Caroline, et Marie-Antoinette, épouse de Louis XVI.   ARTAUD.

MARIGNAN (Bataille de). Marignan (en italien, *Marignano*, *Melegnano*) est une ville lombardo-vénitienne, située à 15 kilomètres sud-est de Milan, peuplée de 4,000 âmes, et célèbre par la victoire dite *la Journée des Géants*, que François Ier, à peine âgé de vingt ans, et qui venait de succéder à Louis XII, y remporta sur les Suisses, les 13 et 14 septembre 1515. Il avait ratifié l'alliance conclue par son prédécesseur avec les Vénitiens, qui s'étaient engagés à l'aider dans la conquête du Milanais, et son armée s'était dirigée vers les Alpes. Le duc de Gueldres et Claude de Lorraine, duc de Guise, lui avaient amené seize mille lansquenets. Six mille autres, surnommés la *bande noire*, étaient arrivés sous la conduite de Jean de Tavannes. Le comte Pierre de Navarre y avait joint dix mille Basques ou Gascons; et huit mille aventuriers normands, picards et champenois y marchaient sous les ordres de Georget et de Maulevrier. A ces quarante mille fantassins, que d'autres réduisent à trente-deux mille, se réunirent deux mille cinq cents lances, qui faisaient vingt-cinq mille cavaliers, trois mille pionniers, commandés par le sénéchal d'Armagnac, et soixante-seize canons dirigés par Galliot, maître de l'artillerie de France. Maximilien Sforza avait de son côté conclu une puissante ligue, dans laquelle étaient entrés Maximilien d'Autriche, le pape Léon X, le roi de Naples, plusieurs princes d'Italie et les Suisses. Laurent de Médicis commandait les troupes du pape et de Florence. Une autre armée, composée d'Espagnols et de Napolitains, obéissait à Raimond de Cardonne; vingt ou trente mille Suisses surveillaient les passages du mont Cenis et du mont Genèvre, et dix mille autres étaient déjà arrivés dans la Valteline pour s'opposer à l'invasion des Français.

Tous ces apprêts n'avaient point échappé à la vigilance de Bayard, de La Trémouille et du connétable de Bourbon, qui gardaient les défilés des Alpes. Le duc de Savoie les prévenait de tout; le seigneur de Morette, noble piémontais, fut envoyé par la cour de Turin pour leur montrer la seule issue qui ne fût point gardée, et que les Suisses avaient heureusement jugée impraticable. Leurs chefs furent habilement trompés par les faux bruits qu'on eut soin de répandre sur les projets des Français; des démonstrations furent faites au col de Cabre et au mont Genèvre, pour appuyer ces rumeurs; et l'armée se dirigea vers la montagne de l'Argentière, pour déboucher dans le Piémont par Vivols et Roque-Sparrière. Les horribles précipices, les défilés escarpés, qui défendaient ce passage difficile, furent francais en deux jours. La Palisse, Bayard, Imbercourt et d'autres chevaliers, guidés par le seigneur de Morette, surprirent à Villefranche le Napolitain Prosper Colonna, et l'enlevèrent avec les mille chevaux qu'il avait amenés. Le marquis de Pescaire, qui campait dans les environs, avec six mille fantassins, se hâta de battre en retraite ; et les Suisses, avertis de l'irruption des Français, se replièrent de toutes parts pour couvrir la ville de Milan.

François 1er partit de Lyon à cette nouvelle, malgré les représentations de l'ambassadeur d'Angleterre, qui l'engageait, au nom de son maître, à ne pas troubler la paix de la chrétienté. Il marcha sur Milan avec son armée, chassant les Suisses devant lui, et soumettant les villes qui se trouvaient sur son passage. Raimond de Cardonne luttait pendant ce temps, entre l'Adige et le Mincio, contre l'Alviane et l'armée vénitienne. Au bruit de la retraite des Suisses, le général espagnol remonte la rive droite du Pô, pour dérober sa marche à l'Alviane, et dans le but de joindre ses alliés avant que les Français aient pu franchir les rives de l'Adda. Mais l'Alviane, informé de leurs mouvements, les a devancés par une marche rapide au confluent des deux fleuves, et l'armée de France s'est vivement portée à Marignan, sur le Lambro, à une égale distance de Milan, du Pô et de l'Adda. Cependant, une espèce de révolte éclate parmi les Suisses. Le pape et le roi d'Espagne n'ont pas fait tous les fonds de leur solde ; dès leur passage à Novarre, ils ont menacé de regagner leurs montagnes, après avoir pillé la caisse du commissaire apostolique. Le duc de Savoie, qui n'a ouvert les Alpes à François 1er que pour éviter sa colère, et qui voit avec peine ses États ravagés par les deux partis, profite du mécontentement des Suisses pour les amener à la paix. Il se rend dans leur camp, et conclut un traité d'alliance entre eux et François 1er. Ils s'engagent à rendre la Valteline et les quatre bailliages qu'ils ont enlevés aux Milanais trois ans auparavant, et à forcer Maximilien Sforza de céder le duché à la France, moyennant le duché de Nemours et douze mille francs de pension. Le roi, de son côté, leur promet sept cent mille écus d'or, un subside annuel de vingt mille, et une gratification de trois mois de solde. Il emprunte sur-le-champ les cent mille écus qu'il faut payer comptant. Tous les chefs, princes et chevaliers, se cotisent, et Lautrec, à la tête de cinq cents chevaux, est chargé d'aller leur remettre cet à-compte.

Mais tout-à-coup l'intraitable Matthieu Schiner, plus connu sous le titre de cardinal de Sion, rompt le traité par ses prédications et ses intrigues. Il excite les dix mille Suisses qui arrivent de leur pays à demander leur part du butin, et à rompre la trêve jurée avec les Français. Il rassemble les autres sur la place de Milan, monte en chaire, et réveille dans leurs cœurs tous les sentiments de gloire et de patriotisme de leurs ancêtres. C'est en vain qu'Albert de la Pierre, gentilhomme bernois, et d'autres capitaines leur représentent la honte de ce manque de foi. Le cardinal de Sion fait sonner l'alarme par les cornets d'Uri et d'Underwald ; et à trois heures du soir toute l'armée suisse s'ébranle pour surprendre les Français. Heureusement le maréchal de Lautrec, qui s'est avancé jusqu'au faubourg de Milan, est averti de cette attaque par un Lombard nommé Michel de L'Estrade. Il se replie avec La Trémouille sur l'avant-garde, que commande le connétable de Bourbon. Celui-ci doute d'abord de la véracité de son espion, et le menace d'un prompt châtiment ; mais l'assurance du Lombard confirme ces avis, et le connétable court avertir François 1er, qui est venu jusqu'à Sainte-Brigitte avec l'espoir d'entrer le lendemain dans la capitale. L'Alviane, qui se trouve auprès du roi, reçoit ordre de rejoindre et d'amener ses Vénitiens, et Bourbon retourne à son avant-garde pour soutenir le premier choc des ennemis, qui s'avancent sur trois colonnes. Deux mille éclaireurs ayant franchi le canal qui sépare les deux armées, sont foudroyés par l'artillerie française et chargés par Robert de La Marck et ses frères.

Cependant les quatorze mille Suisses qui appuient cette avant-garde repoussent ce faible corps de gendarmerie, et les douze cents lansquenets que Bourbon envoie pour le soutenir. Cette colonne, que foudroie en vain l'artillerie française, fond sur nos secondes lignes et les met en désordre. Dans cette mêlée périssent le seigneur d'Imbercourt, le comte de Sancerre, François de Bourbon, frère du connétable, et d'autres chevaliers de marque. Le roi se hâte de rallier deux cents hommes d'armes, court l'épée à la main sur les Suisses, et donne à ses capitaines le temps de rallier leurs bandes. Il était déjà nuit, et la lune éclairait seule le champ de bataille. Ce gros bataillon de Suisses est chargé et enfoncé ; mais un autre plus considérable a pénétré, par d'autres chemins, jusqu'à l'artillerie. Le jeune duc de Guise et les six mille lansquenets chargés de la défendre n'ont pu résister à l'attaque. Le roi quitte à l'instant les ennemis qu'il vient de repousser, et, suivi de Bayard et du comte de Saint-Pol, rallie les lansquenets du duc de Guise, reprend les canons dont les Suisses se sont emparés, et les repousse sur le canal qu'ils viennent de franchir. Le connétable et La Palisse rassemblent en même temps quelques milliers de Français, les conduisent sur les flancs de la colonne ennemie, et y portent la mort et l'épouvante. L'obscurité suspend le combat : les deux partis ne se distinguent plus. François 1er a déjà pris un gros corps de Suisses pour des lansquenets, et ne s'est tiré de ce péril que par des prodiges de vaillance. Bayard, démonté deux fois, a traversé les lignes ennemies sans le savoir, s'est sauvé seul à pied à la faveur de la nuit, et n'a gagné que par hasard les tentes du duc de Guise.

Les Suisses et les Français couchèrent sur le même champ de bataille, et si près les uns des autres, que le roi et ses principaux capitaines passèrent la nuit à cheval. La bataille recommença le lendemain dès l'aurore ; les Suisses s'avancèrent encore sur trois colonnes, et se dirigèrent par trois déclare dans une lettre à sa mère que les coups de l'ennemi firent baisser bien des têtes. Pendant ce temps, le duc d'Alençon repoussait une troisième colonne qui avait tourné les Français et surpris leurs bagages. Une partie, refoulée dans un bois, y fut assaillie par les aventuriers de Pierre de Navarre, qui s'était détaché du corps du connétable. Mais le reste fit bonne contenance, et un corps de cinq à six mille Suisses, tiré du centre de leur armée, étant venu le soutenir, il s'ensuivit une mêlée terrible. Le jeune comte de La Marck, plus connu sous le nom de Fleurange, fut terrassé, et il eût perdu la vie si Bayard ne l'avait secouru. Le duc de Guise, renversé comme lui, ne dut son salut qu'à l'intrépidité de son écuyer. L'Alviane vint heureusement au secours des Français, à la tête de la cavalerie vénitienne, qui avait devancé son infanterie. La première charge de ces hommes d'armes coûta la vie au jeune comte de Pétiliane, qui combattait au premier rang ; mais la seconde charge de ces Suisses à se rallier. Les six capitaines firent alors un commun effort. Il fut décisif. L'ennemi céda de toutes parts, son artillerie fut enlevée par le roi lui-même. Huit cents Suisses, égarés sur les derrières de l'armée française, s'étaient réfugiés dans le logis du connétable de Bourbon ; ils y furent brûlés par le comte de Fleurange. Enfin, leur déroute devint complète. Les deux tiers furent tués ou pris ; le reste chassé l'épée dans les reins jusqu'aux portes de

MARIGNAN — MARINE

Milan. Le cardinal de Sion ; parti la veille, n'avait assisté qu'à la journée du 13. Bayard fut proclamé le plus brave, et le soir même François Ier voulut être armé chevalier de sa main. Sforza quitta le lendemain sa capitale ; les Suisses regagnèrent leurs montagnes ; le Milanais passa sous les lois de la France. Mais dix ans après, la défection du connétable, la mort de Bayard et la funeste bataille de Pavie, détruisirent complétement les résultats de cette victoire.

VIENNET, de l'Académie Française.

MARIGNY (ENGUERRAND DE). *Voyez* ENGUERRAND DE MARIGNY.

MARILLAC (LOUIS DE), maréchal de France, né en Auvergne, en 1572. Il avait épousé une demoiselle italienne, nommée Catherine de Médicis, d'une branche collatérale de cette illustre famille. Cette alliance lui valut la protection de Marie de Médicis, et par suite celle de Richelieu. Nommé maréchal de camp en 1620, après l'affaire du Pont-de-Cé, il se distingua au siége de La Rochelle, et, après avoir été quelque temps gouverneur de Verdun, reçut de Louis XIII le bâton de maréchal, en 1629. Impliqué dans les complots de la reine mère contre le cardinal-ministre, il fut arrêté en Piémont, au milieu de son armée, par le maréchal de Schomberg, et conduit d'abord à Sainte-Ménehould, où l'on commença à instruire contre lui un procès en péculat ; puis de là, sur l'ordre de Richelieu, au château de Ruel, où ses juges, choisis parmi ses ennemis, le condamnèrent à mort, sous les yeux de l'implacable ministre. On lui reprochait pour tout grief d'anciennes dépenses mal expliquées, faites par lui à la citadelle de Verdun. Le malheureux maréchal ne pouvait comprendre la rigueur qu'on déployait contre lui : « Eh quoi ! s'écriait-il, il ne s'agit dans mon procès que de foin, de paille, de pierre et de chaux !... » Il eut la tête tranchée en place de Grève, le 10 mai 1632.

MARILLAC (MICHEL DE), frère du maréchal, d'abord maître des requêtes, fut élevé par l'influence du cardinal de Richelieu au poste de directeur des finances et de garde des sceaux, en 1626. En 1628 il publia une *ordonnance* dans laquelle il avait essayé de présenter dans un ordre logique tous les règlements alors en vigueur, en y introduisant quelques améliorations ; mais ce code, rejeté par le parlement, fut tourné en ridicule sous le nom de *code Michau*, du prénom de son auteur. Michel de Marillac prit part aux complots formés par la reine mère contre Richelieu, et fut arrêté, ainsi que son frère, après la Journée des dupes. On lui retira les sceaux, et on l'enferma d'abord dans le château de Caen, puis à Châteaudun, où il mourut, en 1632. Malgré les grands emplois qu'il avait remplis dans les finances, Michel de Marillac laissa à peine de quoi pourvoir à ses funérailles. On a de lui une traduction de l'*Imitation de Jésus-Christ*, une *Traduction des Psaumes* en vers français, et quelques ouvrages sans importance sur la politique et la théologie.

MARILLAC (Code). *Voyez* CODE.

MARIN, qui est de mer, qui appartient à la mer. *Marin* signifie aussi ce qui est spécialement destiné à la marine : *carte, aiguille, montre marine ; lieue marine*, lieue de telle étendue qu'un degré en renferme vingt.

Marin se dit substantivement d'un homme de mer servant à bord des vaisseaux pour les gréer et les manœuvrer. Un marin intrépide est qualifié de *loup de mer*. On appelle avec dédain *marin d'eau douce* l'homme qui navigue sur les rivières, l'honnête marinier de la Seine par exemple, dont l'île Louviers était naguère la Guadeloupe et l'île des Cygnes la Martinique. *Avoir le pied marin*, c'est savoir marcher sans chanceler à bord d'un vaisseau tourmenté par la mer, et, figurément, familièrement, ne pas se déconcerter, conserver son sang-froid dans une circonstance difficile.

MARIN (Acide). *Voyez* CHLORHYDRIQUE (Acide).

MARINE (du latin *mare*, mer). La marine est l'ensemble des forces maritimes d'un pays ; l'*Encyclopédie méthodique* la divise en deux parties : science de la marine, première partie ; constitution de la marine de notre pays ou examen des deux marines, militaire et marchande, deuxième partie. Cette division nous paraissant bonne, nous l'adoptons.

La science de la marine proprement dite se partage en deux sections, les c o n s t r u c t i o n s n a v a l e s, et la n a v i g a t i o n. La construction, autrement dite l'architecture navale, est la science de l'ingénieur pour les bâtiments de guerre, du constructeur pour les navires de commerce. La navigation est la science de l'homme de mer, sur laquelle cependant le constructeur civil ou militaire doit avoir des connaissances étendues et rigoureusement exactes ; car si le marin arrime, grée et arme son bâtiment, celui qui l'a construit doit nécessairement en connaître l' a r r i m a g e, le g r é e m e n t et l' a r m e m e n t.

Quoique l'architecture navale soit une science toute mathématique, elle n'est pas encore parvenue à un point de perfection tel, que les principes de construction soient exactement les mêmes parmi toutes les nations. Nous dirons plus, l'esprit de système chez les ingénieurs, les différents caprices de goût chez les hommes de mer, produisent d'étranges dissemblances entre les navires ; et l'observateur ne doit point se plaindre de cette grande variété de formes qui anime le tableau, déjà si mobile, des ports. Chaque marine a son genre à elle, ses allures et ses formes favorites, assez distinctes des autres pour que le marin exercé reconnaisse au premier coup d'œil le navire inconnu qui passe auprès du sien. Rien ne se ressemble moins que les marines hollandaise, américaine, française, russe et anglaise. Les deux premières diffèrent si essentiellement qu'on ne pourrait les considérer comme deux genres opposés, dont les trois dernières ne seraient que des modifications.

En temps de guerre, un vaisseau de première grandeur peut être construit et lancé en bien moins d'un an, avec les ressources extraordinaires qu'offrent les grands arsenaux de l'empire, sans que le service journalier des ports soit compromis par ce surcroît d'ouvrage. Tandis que des centaines de charpentiers, de perceurs, de calfats, travaillent, suspendus à ses flancs, ou perdus dans ses profondeurs, les ouvriers des ateliers préparent le fer, le cuivre et les bois nécessaires à son armement ; les mâteurs arrondissent ses mâts, les cordiers tissent son gréement, et les voiliers taillent ses voiles. Enfin, le navire est mis à l'eau : la tâche de l'homme de mer va commencer. La navigation est la science du marin ; ses connaissances sont de deux sortes, m a n œ u v r e et p i l o t a g e.

Le terme de *manœuvre* exprime deux choses distinctes, les manœuvres de gréement, et les manœuvres d'évolution. Les manœuvres de gréement consistent dans tous les cordages servant à tenir mâts et vergues. Le talent d'un bon officier de marine éclate dans son gréement : on sait qu'une mâture plus ou moins inclinée de quelques centimètres change la marche du navire : c'est à l'officier à essayer des changements avantageux. Après les mâts, qui en tout temps doivent être solidement tenus, les vergues, les voiles, la multitude des cordes qui les font agir en toute direction, méritent son attention d'une manière d'autant plus particulière que l'existence du navire est bien moins attachée à celle de l'officier qu'à la bonté de son gréement. Les manœuvres d'évolution constituent le roman de la marine. Un brillant manœuvrier doit avoir du sang-froid, le coup d'œil sûr et une connaissance parfaite de son navire, trois qualités indispensables pour bien évoluer séparément, ou réuni à une escadre : ce qui devient la tactique navale. Les mouvements de stratégie navale, quoique d'une simplicité extrême, sont excessivement difficiles à l'exécution. La raison en est simple : dans une escadre de vingt vaisseaux, par exemple, il y a des navires excellents marcheurs ; le plus grand nombre est médiocre sous bien des rapports ; quelques-uns sont tout à fait inférieurs pour la marche et les qualités d'évolution ; cependant, tous doivent agir ensemble et dans le même espace de temps. Ajoutez à cela les caprices du vent, qui souffle inégalement, et d'autrès causes plus ou moins explicables, on comprendra que l'ordre de marche le plus simple n'est pas facile à tenir; à plus forte raison quand il s'agit de tenir la ligne de bataille serrée, de courir en chasse à la poursuite d'une flotte vaincue, et en retraite quand on fuit devant un vainqueur. Les passages d'un ordre à l'autre se font souvent à la vue de l'ennemi, qui attend le mouvement précipité ou en retard d'un seul vaisseau pour s'introduire dans la ligne; une manœuvre de cette nature nous fit perdre la bataille de Trafalgar.

Le *pilotage*, ou l'art de diriger le vaisseau dans sa route, est la seconde partie de la navigation. Quand le navire est en pleine mer, le marin détermine sa position au moyen des latitudes et des longitudes, qu'il obtient par l'observation du soleil et de la lune : il est puissamment aidé dans ses calculs par des montres marines d'un travail si exquis, qu'elles ne doivent pas errer de quelques secondes dans une année. Lorsque le bâtiment est en vue des côtes, le marin se confie à de nouveaux guides pour arriver au port à travers les écueils : ce sont des cartes marines plates ou réduites, sur lesquelles sont tracés les points saillants, les contours du terrain, les fonds dangereux. Ce sont de précieux avertissements, que les générations de marins se passent de l'une à l'autre : l'art de les construire au moyen de l'h y d r o g r a p h i e complète le faisceau des connaissances d'un bon marin. N'omettons pas le guide indispensable du marin, la b o u s s o l e : tout le monde sait que ce mystérieux aimant a ses variations, que l'on corrige au moyen des levers ou des couchers du soleil. N'oublions pas non plus la s o n d e, la ligne de l o c h, et quelques autres instruments dont l'usage est connu de tous aujourd'hui, et dont les noms ont une signification tellement précise qu'on les prend souvent au figuré dans notre langue.

La *marine marchande* est l'industrie des exportations et des importations commerciales des peuples par la voie de la mer. La *marine militaire* est une arme destinée à la protéger, à défendre les colonies, à faire respecter les privilèges sacrés du pavillon. La question de l'utilité d'une marine militaire en France n'est pas nouvelle : en 1750, les économistes paraissaient pencher pour la négative, et cependant à cette époque nous avions de nombreuses colonies : les Îles du Vent, la Guadeloupe, le Canada ; les îles sous le Vent, l'île Royale, la Louisiane, etc... Que diraient ces publicistes s'ils savaient la France aujourd'hui presque sans colonies ? Sans doute ils proclameraient le triomphe de leur opinion. Ils avaient tort dans le principe, et les conséquences qu'ils déduiraient de la perte de nos colonies ne seraient pas plus justes. La marine, pour être utile, doit être assez puissante pour protéger le commerce, conserver notre possession d'Alger, favoriser, selon l'occasion, les entreprises de terre et de mer, et faire échouer celles que les ennemis tenteraient sur nos côtes ; voilà la marine dont tout le monde reconnaît la nécessité, et non celle qui, sans procurer aucun de ces avantages à l'État, n'y causerait que beaucoup de dépense.

Nous avons peu de chose à dire sur l'organisation de la marine marchande ; elle est simplifiée de manière à favoriser complètement la liberté du commerce. Un navire s'arme de la façon suivante : l'a r m a t e u r prend au choix un capitaine parmi les marins patentés à l'issue d'examens sous le titre de *c a p i t a i n e s au long cours* ; celui-ci engage quelques m a t e l o t s, et termine son armement comme il l'entend ; il a soin de se munir avant son départ d'une feuille d'armement, sorte de passe-port qu'il est obligé d'exhiber dans les ports qu'il fréquente. Tout homme du littoral de France qui s'embarque pour spéculer comme pêcheur ou marchand devient matelot : un commissaire de la marine militaire, préposé à cet effet, l'inscrit en cette qualité sur un registre, et comme les matelots sont inscrits les uns après les autres, on dit qu'ils sont *classés*, ou qu'ils appartiennent aux classes, pour les distinguer des conscrits que le recrutement fournit à la marine militaire. Les matelots des *classes* embarquent, à tour de rôle, trois ans durant sur les navires de guerre ; ils sont ensuite congédiés, et restent susceptibles d'être rappelés sans cesse au service jusqu'à l'âge de cinquante ans. Le mérite du marin des classes est au-dessus de tout éloge ; il suffit, pour le rendre appréciable à tout le monde, de donner un aperçu de son caractère et de ses qualités. Le vrai matelot travaille toujours et en tout temps : tour à tour voilier, calfat, gabier, artilleur, il exerce toutes les industries de bord ; familiarisé avec les plus grands dangers, il n'en voit aucun dont il n'espère sortir par son sang-froid et son habileté ; se contentant de peu, il supporte les privations avec indifférence, et montre en toute circonstance un génie inventif qui rend son concours utile, même dans les choses les plus étrangères à sa partie. A ces qualités l'homme des *classes* en joint d'autres, qui le rendent extrêmement intéressant : il aime ses égaux, s'attache de passion aux chefs qui lui marquent de l'intérêt, et, ce qui est admirable, il sait oublier les mauvais traitements.

Il nous reste à parler des différents corps de l'armée de mer. Nous nous arrêterons aux cinq principaux, les autres étant d'un intérêt trop secondaire pour qu'on s'en occupe. Les cinq corps de la marine française sont : 1° le corps des officiers de la marine ; 2° le corps des ingénieurs, ou génie maritime ; 3° l'artillerie de la marine ; 4° l'infanterie de marine ; 5° le corps de l'administration de la marine. Le corps des officiers de la marine s'intitulait autrefois *grand corps* : il fut créé en 1664 par Louis XIV, et composé jusqu'à la révolution de l'élite de la nation ; autrefois, les gentilshommes avaient seuls l'honneur de commander les vaisseaux du roi ; une compagnie de 240 cadets, *garde marine*, fondée à la même époque, devint une pépinière de vaillants officiers. Nous avons déjà parlé dans cet article, en traitant de la construction, du génie maritime, corps savant, entièrement composé d'élèves sortis de l'École Polytechnique. L'artillerie de marine est à la tête de tous les dépôts d'armes, des poudres et munitions de guerre ; elle dirige les fonderies pour ancres, canons et chaînes. Le régiment d'artillerie de la marine fait le service dans les ports français et coloniaux ; ses détachements se distinguent en ce moment en Crimée, où est également représentée d'une manière digne d'elle l'infanterie de marine, composée de trois beaux régiments, souvent décimés par la fièvre jaune dans nos colonies. Le corps d'administration, autrefois *corps de la plume*, est chargé des écritures, des dépenses et recettes : ce corps, déjà trop nombreux, augmente tous les jours ; il embarrasse et entrave le service, tantôt par des difficultés de signatures inutiles, tantôt par des allures d'indépendance qui ne conviennent point aux fonctions qu'il remplit. Nous allions oublier le corps si respectable des chirurgiens de la marine, corps aussi modeste que laborieux, jouissant d'une bonne réputation, et la méritant sous tous les rapports. Le ministre de la marine commande tous les corps de la marine ; il promulgue les décrets nouveaux, donne les commandements, avance en grade, accorde les retraites ; ses nombreux bureaux correspondent avec les ports, et centralisent à Paris presque toutes les branches du service maritime. Le gouvernement a établi sous les ordres un comité consultatif, décoré du beau nom de *conseil d'amirauté*.

De Lespinasse, officier de marine.

MARINE (Code de la). *Voyez* Droit Commercial.

MARINE (Ministère de la). Cette administration fut créée en 1547 ; quelques années après, elle fut rétablie en 1588. Cependant de l'année 1626 jusqu'en l'année 1653 Armand Duplessis, duc de Richelieu, grand-maître, chef et surintendant de la navigation et du commerce en France, eut en cette qualité la haute administration de la marine, bien que la charge de ministre secrétaire d'État n'eût pas été supprimée. Elle fut ensuite occupée successivement par Colbert, Seignelay, et les deux Pontchartrain. Le 15 septembre 1715 le régent établit un conseil de la marine qui remplaça ce département. Trois ans plus tard il fut de nouveau rétabli. L'Assemblée constituante, en 1791, le réorganisa avec les autres ministères. En 1794 il fut remplacé par une commission administrative, et rétabli l'année suivante tel qu'il est aujourd'hui.

Le ministère de la marine ne s'occupe pas seulement du personnel et du matériel de la marine de l'État; l'administration et la police des bagnes, les tribunaux maritimes, le martelage des bois propres aux constructions navales, la police de la navigation et des pêches maritimes, l'administration militaire, civile et judiciaire, et la défense des colonies, sont encore dans ses attributions.

Il y a près du ministre un conseil d'amirauté dont il est président. Le dépôt *général des cartes et plans de la marine* ressortit à ce département, ainsi que la *caisse des invalides de la marine*, l'école navale, etc.

MARINES. On est convenu de ranger sous cette dénomination les dessins et peintures qui ont pour objets de représenter des scènes maritimes; les biographes et les critiques ont classé de tous temps les peintres de marines parmi les paysagistes : cela vient sans doute de ce que dans beaucoup de tableaux ils voient traiter en accessoire la mer, cette vaste plaine dont on ne connaît pas les limites, ce monde plein de magnificence dont l'aspect fait naître tant de vives émotions, avec ses calmes riants ou terribles, ses bourrasques, ses tempêtes et ses terreurs, ses effets, ses caprices variés de mille nuances et sa nature aussi inconstante que celle des cieux. Qu'y a-t-il de plus beau en effet que la mer? N'offre-t-elle pas des objets d'étude assez vastes pour occuper l'imagination, la vie entière d'un artiste? Pourquoi donc se passa-t-elle si longtemps de poëtes, de chroniqueurs, de romanciers, d'historiographes? L'antiquité païenne se contente de la déifier en une personnification et de la peindre sous la forme d'un dieu : c'est toujours pour elle le vieil Oceanus, terrible divinité aux larges épaules, à la barbe limoneuse, au front couronné d'algues. C'est la mère de Vénus, le royaume de Neptune : l'épopée lui emprunte quelques-uns de ses épisodes, mais elle n'a pas trouvé son Homère. Ce ne fut qu'au seizième siècle qu'elle eut ses peintres. Il fallut attendre que la navigation eût fait d'immenses progrès, que la peinture à l'huile eût été inventée; car les couleurs à l'eau d'œuf étaient impuissantes à représenter les étincelants aspects de la mer. Alors surgissent en toule les hommes qui se prennent de passion pour la source de tant de richesses; ils comprennent que la mer, qui joue un si grand rôle dans leur époque, doit avoir ses peintres. Voici venir les Italiens et les Hollandais pour exploiter ce nouveau côté de l'art. Leur commerce les a mis en rapports intimes avec l'Océan et la Méditerranée. Paul Bril, les Willaerts, parmi les Flamands; Canaletto, les Carrache, parmi les Italiens, commencent à placer des ports, des rades, des grèves dans leurs paysages; puis arrive le célèbre Guillaume Van-den-Velde, qui dessinait si bien les vagues, qui pendant une grande bataille navale allait de vaisseau en vaisseau, suivant de l'œil toutes les manœuvres sous le feu des batteries. Son fils Van-den-Velde (le jeune) fut aussi un grand peintre, et continua la gloire de son père en illustrant comme lui la marine de son temps; il exécuta à l'huile des tableaux qui plus que jamais sont recherchés. Dans le même temps vivait Backhuysen, qui ne craignait pas plus la mer et les batailles que les Van-den-Velde; il connut à Amsterdam le tsar Pierre, et lui apprit à dessiner des vaisseaux. Nous dépasserions de beaucoup les limites imposées à cet article si nous voulions parler de tous les peintres de marines que produisit la Hollande. Il suffit de citer les noms célèbres de Van-den-Heyden, des Wlieger, des Cuyp, des Ruysdael : leurs œuvres représentent souvent des calmes, des grèves, des rades, des côtes. Nous dirons en passant que Van-Everdingen fut plus terrible, plus vrai que tous ses rivaux : on ne saurait voir de sang-froid ses tempêtes en pleine mer. Le ciel se confond avec les vagues, se déchire à la lueur des éclairs; le vent fait craquer les mâtures; les vaisseaux se heurtent, se brisent,

et l'œil du spectateur les voit avec angoisse s'enfoncer dans l'abîme. Van-Everdingen, c'est le peintre dramatique de la mer. Salvator-Rosa, cet autre peintre d'une fougue si sauvage, a laissé deux ou trois scènes maritimes, que se disputèrent tous les musées d'Europe. Nous avons de Claude Lorrain, le plus grand paysagiste de l'école française, sept marines admirables, qui sont dans la galerie du Louvre; et après Claude Lorrain nous pouvons citer Joseph Vernet, dont la réputation en ce genre de peinture ne sera jamais effacée. Je ne serai pas le seul à dire qu'il a surpassé tous ses prédécesseurs. On trouve dans ses tableaux une chaleur, une animation singulières. Ils sont puissamment éclairés comme la nature, et selon les moments de la journée qu'il a voulu représenter; l'air circule autour de ses rochers, de ses fabriques, et les vagues s'effacent jusqu'à se perdre à l'horizon.

L'Angleterre, elle aussi, a eu ses peintres de marines : nous citerons Wilson, Thomas Jones et Andries Both, contemporains de Vernet. De nos jours, ils ont acquis une grande supériorité en ce genre de peinture; Turner, Stanfield, Callow, Bonington, Harding, Calcott et Newton Fielding ont produit des ouvrages d'un grand mérite d'exécution, d'une belle couleur, d'un effet puissant; ils rivalisent de gloire avec notre Gudin, et nous plaçons avec confiance tout à côté d'eux Roqueplan, MM. Tanneur, Le Poittevin, Garneray, Isabey, Mozin, Perrot, dont les peintures décorent le Luxembourg et Versailles; enfin MM. Casati et Aug. Delacroix. A. Fillioux.

MARINETTE ou **MARINIÈRE**, ancien nom de la boussole.

MARINGOUIN. *Voyez* Cousin (*Entomologie*).

MARINO ou **MARINI** (Giambattista), poëte italien, né à Naples, en 1569, devait, d'après la volonté de son père, étudier la jurisprudence; mais sa passion pour la poésie le détourna bientôt de cette voie. Il rencontra alors des protecteurs, dans la société desquels il fit la connaissance de Torquato Tasso, qui exerça la plus heureuse influence sur la direction de son talent. A Rome, le cardinal Pietro Aldobrandini devint plus particulièrement le soutien et l'appui de Marini, qui l'accompagna à Turin, où un poëme dédié au duc de Savoie, Charles Emmanuel, et intitulé *Il Ritratto*, lui valut un accueil distingué, de nombreuses preuves de bienveillance et le titre de secrétaire du duc. Cependant, la jalousie de ses ennemis, sa vanité et son humeur satirique l'y entraînèrent dans des embarras de tous genres. Aussi accepta-t-il l'invitation de venir à Paris, que lui adressa Marguerite, épouse divorcée de Henri IV; et après la mort de cette princesse, il trouva encore une autre protectrice en Marie de Médicis. En 1622 un ardent désir de revoir sa patrie le ramena en Italie. Après avoir séjourné pendant quelque temps à Rome, il revint aux lieux qui l'avaient vu naître, où il choisit pour demeure la belle montagne de Pausilippe. La plus célèbre de ses productions poétiques est son poëme héroïque d'*Adonis* (Paris, 1623), objet d'autant d'éloges pour le talent qu'il y a déployé que de justes blâmes en ce qui touche la forme et l'exécution, de même qu'à cause des peintures licencieuses qu'on y trouve et qui l'ont fait mettre au nombre des livres prohibés. Quelques-uns de ses sonnets appartiennent à ce que la littérature italienne a produit de mieux en ce genre.

MARINO FALIERO. *Voyez* Faliero (Marino).

MARINS (Dieux), êtres divins que l'imagination des Grecs représentait individuellement selon les divers phénomènes qu'offre la mer, et qui tous étaient subordonnés à Poseidôn ou Neptune. Les plus importants étaient Océanus, le souverain de la mer extérieure, et sa progéniture féminine, les *Océanides*, connues sous le nom générique de Nymphes ; par exemple *Téthys*, l'épouse d'Océanus; puis Nérée, le souverain de la mer intérieure, et son épouse l'Océanide Doris, avec ses cinquante filles, les *Néréides*, toutes douées du don de prédire l'avenir, et parmi lesquelles on remarquait Galatée et Thétis, la mère d'Achille, mais surtout Amphitrite, épouse de Poseidôn, ensuite le fils de Poseidôn, Triton, et les Tritons; enfin, les divers démons des mers, Protée, Glaucus, Leucothée et Melicerte ou Palémon, appelé par les Romains Portumnus, Scylla, les Syrènes, et les dieux des fleuves, progéniture mâle d'Océanus.

L'art représente les démons des mers avec une foule de gradations diverses commençant à la taille majestueuse de Poseidôn, la beauté d'Amphitrite et de Thétis, et finissant à des monstres de formes tout d'imagination. C'est ainsi que les Tritons, au corps terminé en queue de poisson, souvent couvert aussi de plantes marines, et qui soufflent dans des conques, forment un agréable contraste avec les Néréides, généralement représentées sous forme humaine, et auxquelles l'art ancien donnait de légers vêtements, mais que plus tard il représenta comme de gracieuses jeunes filles nues.

MARION DELORME. *Voyez* DELORME (Marion).

MARIONNETTES. Qui n'a connu et admiré dans ses jeunes années ces petites poupées de bois ou de carton représentant des hommes et des femmes que, suivant le vénérable *Dictionnaire* de Trévoux, un saltimbanque, caché derrière un petit théâtre, fait mouvoir par des fils, par des ressorts, ou simplement à la main, qui paraissent animées lorsqu'il les fait parler, jouer, sauter, pour donner du plaisir aux enfants et au peuple? Le savant lexique aurait dû ajouter : et aux flâneurs, aux clercs d'huissier, aux conscrits, aux bonnes d'enfants, parterre obligé de ce spectacle en plein vent ou mal abrité. Les marionnettes étaient connues des Grecs, qui les appelaient νευρόσπασματα (objets mis en mouvement par de petites cordes). Aristote en parle clairement quand il dit que si ceux qui font agir et mouvoir de petites figures de bois tirent le fil qui répond à un des membres, ce membre obéit aussitôt : on voit, continue-t-il, le cou tourner, la tête se pencher, les yeux s'agiter, les mains se prêter au mouvement qu'on en exige, en un mot toute cette petite personne de bois paraît vivante et animée. De la Grèce les marionnettes passèrent à Rome, où elles prirent les noms de *imagunculæ*, *simulacra*, *oscilla*. Horace en parle. Les Italiens, les Napolitains surtout, les adoptèrent de bonne heure, et leur donnèrent la qualification de *puppi*, *fantoccini*. Le fameux *Pulcinello* peut être regardé comme le chef de cette troupe bouffonne. Les marionnettes chez nous ne datent que du règne de Charles IX. Ce nom leur vient soit de leur importateur Marion, soit de sa femme Marie. Dans le milieu de l'avant-dernier siècle, le fameux Jean Brioché, célèbre arracheur de dents, popularisa ce spectacle par son théâtre nomade établi tour à tour sur le Pont-Neuf, les places publiques et les boulevards. Son école prospéra; il eut de nombreux élèves, parmi lesquels la postérité inscrira les noms sonores de quatre véritables artistes : Pierre, Lazari, Séraphin et Joly, qui eurent des salles aussi jolies que les théâtres d'hommes. De ces brillants rivaux, le théâtre de Séraphin, situé au Palais-Royal, attire encore de tous les coins de Paris les petits messieurs et les petites demoiselles de trois à quatre ans dont les maîtres et les maîtresses ont jugé la conduite et l'application dignes d'encouragement. C'est un public à part, où la franchise et la bonhomie dominent, où la joie ne se dissimule pas, dont la politesse n'est pas exclue, et qui est digne de fixer les regards de l'observateur. Parmi les acteurs, jamais rhumes ni migraines, jamais de mauvais vouloir ni de parties soudaines de campagne. Le régisseur, vrai monarque fainéant, peut dormir toutes les fois qu'on ne joue pas. A la porte se promène, dans un espace étroit de quatre à cinq pas, une sentinelle, à la redingote et au chapeau crasseux, honnête homme que le peuple a stigmatisé de l'épithète d'*aboyeur*.

A côté, mais bien au-dessous de ce théâtre, de premier ordre dans son genre, n'oublions pas ses rivaux en plein vent, Guignole, aux Champs-Élysées, et *Guignolet*, au bout de l'avenue du Luxembourg, que nos collaborateurs Charles Nodier et Pagès (de l'Ariége) honorèrent toujours de leur estime particulière. Au reste, la France du dix-neuvième siècle n'est pas la patrie exclusive des petits hommes et des petites femmes de bois. Duloir dit que les Turcs ont des joueurs de marionnettes beaucoup plus habiles et plus adroits que les nôtres. Ce fait n'a point été confirmé par les voyageurs modernes.

Descartes soutient que les bêtes n'agissent que comme des *marionnettes*, que l'agitation leur tient lieu de ressorts, qu'on ne doit pas plus admirer leurs petites adresses que le ressort d'une horloge qui, sans âme, marque mieux les heures qu'un homme ne saurait le faire.

Au figuré, les *marionnettes* sont des hommes ou des femmes, êtres tantôt légers, frivoles, sans caractère, cédant à toutes les impulsions étrangères, tantôt rusés, adroits, subtils, n'obéissant que dans leur intérêt à la main qui tient les fils. Depuis l'établissement du gouvernement constitutionnel, la race des *marionnettes* humaines s'est considérablement accrue en France. On les fait mouvoir à volonté avec des fils d'or ou d'argent, avec des rubans rouges, et même avec les fils qui entourent les bouquets de fines herbes dans les ragoûts ministériels. La meilleure pièce peut-être de Picard porte ce titre.

MARIONNETTES, batterie de caisse. *V.* CHATIMENT.

MARIOTTE (EDME), naquit en Bourgogne, dans le dix-septième siècle, et mourut en 1684, après avoir publié plusieurs écrits, dont la réputation est loin d'être contestée, même de nos jours. Il était prieur de Saint-Martin-sous-Beaune, quand l'Académie des Sciences le reçut dans son sein, en 1666. Ce philosophe physicien avait un talent particulier pour les expériences. Il réitéra celles de Pascal sur la pesanteur, et fit des observations qui avaient échappé à cet admirable génie; il confirma la théorie du mouvement des corps trouvé par Galilée, et enrichit l'hydraulique d'une multitude de découvertes sur la mesure et la dépense des eaux, suivant les différentes hauteurs des réservoirs. Ensuite, il examina tout ce qui concerne la conduite des eaux et calcula la force nécessaire aux tuyaux pour résister aux différentes charges. La plupart des expériences de Mariotte eurent lieu à Chantilly et à l'Observatoire, en présence de juges compétents. L'histoire de sa vie est peu connue, comme celle de presque tous les savants réduits à leur cabinet, à leurs livres et à leurs machines. Ses ouvrages le sont davantage : on a de lui un *Traité sur le Choc des Corps*, un *Essai de Physique*, un *Traité du Mouvement des Eaux*, *du nivellement*, *du Mouvement des Pendules*, etc., etc. Tous ces écrits furent recueillis à Leyde, 1717, et à La Haye, 1740, en 2 vol. in-4°. La Hire a publié à Paris (1786, in-12) son *Traité du Mouvement des Eaux*. Son éloge fait partie de ceux que l'académiciens morts depuis 1666 jusqu'en 1699, publiés par Condorcet.

MARIOTTE (Loi de). *La température restant la même, le volume d'une masse donnée de gaz est en raison inverse de la pression qu'elle supporte :* telle est la loi à laquelle conduisirent les expériences de Boyle et de Mariotte, qui ont conservé le nom de ce dernier physicien. Cette loi empirique a été vérifiée pour l'air, jusqu'à une pression de 27 atmosphères, par Dulong et Arago. Mais il résulte des travaux de M. Regnault que l'air atmosphérique se comprime réellement plus que s'il suivait la loi de Mariotte. Le même savant a reconnu que l'azote se comporte de même, et que l'hydrogène s'écarte de la loi en sens contraire. Précédemment, M. Despretz avait fait voir que la loi de Mariotte cesse d'être rigoureuse lorsque les gaz sont soumis à une pression voisine de celle qui détermine leur liquéfaction. On ne doit donc considérer la loi de Mariotte que comme une *loi limite* à laquelle les gaz sont d'autant plus près d'être soumis que leur dilatation est plus grande. E. MERLIEUX.

MARIOTTE (Flacon ou Vase de). *Voyez* FLACON DE MARIOTTE.

MARITIME (Droit). *Voyez* DROIT MARITIME.

46.

MARITIME (Législation). La législation maritime de la France est éparse dans de nombreuses dispositions. Jusqu'à la révolution il y avait un grand nombre de règlements sur la police des gens de mer ; mais l'Assemblée nationale, par la loi du 21-22 août 1790, les abrogea, comme incompatibles avec les principes d'une constitution libre. Elle entendait édicter une législation complétement nouvelle en cette matière, et à cet effet elle rendait à la même date un décret réglant en deux titres distincts la procédure à suivre pour les fautes et délits commis dans l'armée navale et dans les ports et arsenaux, et la pénalité à appliquer. Ce décret reçut le nom de *Code des Vaisseaux* ou *Code pénal de la Marine*; mais il était loin de comprendre tout ce qui pourrait être relatif à la discipline des gens de mer, et d'ailleurs il était loin d'être parfait. Aussi, pour compléter son œuvre, l'Assemblée nationale déclara, par la loi du 12 octobre 1791, applicables aux troupes de la marine les lois des 21-23 octobre 1790 de la même année et 20 septembre 1791 sur la discipline militaire. Il faut encore mentionner en cette matière la loi du 3 brumaire an IV, sur l'inscription maritime; l'arrêté du 5 germinal an XII, relatif aux conseils de guerre maritimes spéciaux ; les décrets du 22 juillet 1806, relatifs à l'organisation des conseils de marine et à l'exercice de la police et de la justice à bord des vaisseaux; du 12 novembre 1806, contenant création et organisation des tribunaux maritimes ; du 4 mai 1812, relatif à la recherche et à la punition des déserteurs de la marine ; l'ordonnance du 22 mai 1816; les lois des 18 avril et 11 mai 1831, sur les pensions de l'armée de mer ; des 20-28 avril 1832 sur l'avancement dans l'armée navale; des décrets des 12-14 mars 1852, qui abolirent les peines de la bouline, de la cale et des coups de corde; des 26 mars et 16 avril 1825, sur le régime de la justice maritime. Toutes ces dispositions ne concernent que la marine militaire. Quant à la marine marchande, elle est régie aujourd'hui sous le point de vue disciplinaire et pénal par les décrets des 24 mars et 16 avril 1852.

MARITIMES (Tribunaux), tribunaux exceptionnels établis pour punir tous les crimes, délits ou contraventions commis soit par des marins, soit par toutes personnes sur les vaisseaux ou dans les ports et arsenaux, contre leur police et leur sûreté, ou contre le service maritime. Il y a plusieurs sortes de tribunaux maritimes ; les *tribunaux maritimes* proprement dits, établis dans les ports de Brest, Toulon, Rochefort et Lorient, et les *conseils de guerre maritimes*, permanents ou non permanents.

Les *tribunaux maritimes* proprement dits ne sont pas non plus permanents. Ils sont dissous dès qu'ils ont jugé le délit pour lequel ils sont convoqués. Ils sont composés de huit juges, pris parmi les officiers de marine, à la désignation du préfet maritime, et parmi les juges du tribunal civil, et présidé par l'officier le plus élevé en grade présent dans le port. Ils connaissent à l'égard de toute personne, même non attachée au service de la marine, de tous les délits commis dans les ports et arsenaux, et qui sont relatifs soit à leur police de sûreté, soit au service maritime. Le jugement est exécuté dans les vingt-quatre heures, s'il n'y a point eu de recours en révision. Dans le cas contraire, il est formé à la prefecture un *conseil de révision*, composé du préfet maritime, du chef militaire, du chef d'administration, du procureur impérial, qui décide si le jugement est conforme à la loi. En cas de négation, il est formé un nouveau tribunal maritime, qui juge sans délai. Si le deuxième jugement est frappé de révision, on statue dans les formes suivies pour le premier recours. Mais si les moyens portés sont les mêmes, qui ont déterminé l'annulation du premier jugement, on doit préalablement soumettre la question au conseil d'État, et les magistrats sont tenus de se conformer à la décision qu'il a rendue.

Il y a des *tribunaux maritimes spéciaux* chargés de juger les contraventions aux règlements de police dans les chiourmes, dans les bagnes et dans les colonies pénitentiaires. Enfin, le décret des 24 mars et 26 avril 1852 sur la marine marchande a organisé des tribunaux maritimes commerciaux, qui connaissent des délits énumérés dans le présent décret.

MARIUS (Caius), le vainqueur de Jugurtha et des Cimbres ainsi que des Teutons, né en l'an 157 avant J.-C., à Arpinum, ville du Latium, était le fils d'un paysan. Déjà à l'époque de la guerre de Numance, où il avait servi, en l'an 133, sous les ordres de Scipion l'Africain, celui-ci, dit-on, aurait pressenti en lui le général qui devait être célèbre un jour. La faveur de la famille des Metellus, sous le patronage de laquelle se trouvaient lui et les siens, et qui l'appuya lorsqu'il se mit sur les rangs pour être élu tribun du peuple (fonctions dont il fut revêtu en l'an 119), ne l'empêcha point de combattre ouvertement la noblesse et de diminuer par une loi l'influence qu'elle exerçait sur les votes dans les comices. Il échoua dans sa candidature pour l'édilité ; en revanche, il fut élu préteur en l'an 117 ; et à l'expiration de cette magistrature il fut appelé à administrer l'Espagne, où, par le mariage qu'il contracta avec Julie, tante de Jules César, il s'allia à l'illustre famille des *Julii*. En l'an 109 il accompagna en qualité de légat Quintus Cæcilius Metellus à la guerre contre Jugurtha ; mais il revint à Rome l'année suivante, à l'effet de briguer le consulat, dont il fut revêtu en l'an 107. Il y avait bien longtemps qu'on n'avait pas appelé à ces fonctions un homme hors d'état de se recommander de ses ancêtres, un *homme nouveau* (*homo novus*), comme on disait. En même temps il fut chargé, malgré l'opposition du sénat, de la direction de la guerre contre Jugurtha, dont le peuple priva Metellus parce qu'il ajouta foi aux calomnies que Marius répandit contre lui. Afin de porter son armée au complet, il enrôla un grand nombre de citoyens pauvres, et partit ensuite pour l'Afrique, où il vainquit Jugurtha et Bocchus à Cirta, en l'an 107, puis une seconde fois, en l'an 106; après quoi, son questeur Lucius Cornelius Sylla réussit à se faire livrer Jugurtha par Bocchus, son gendre. La part que Sylla eut de la sorte à la gloire d'avoir terminé cette longue et difficile guerre fut la première cause de la jalousie haineuse que Marius conçut dès lors pour lui. En l'an 104 le peuple, effrayé des périls dont le menaçait l'invasion des Cimbres et des Teutons, confia pour la seconde fois le consulat à Marius : puis successivement une troisième, une quatrième et une cinquième fois, pour les années 103 à 101, jusqu'à ce qu'il eut complétement exterminé les envahisseurs. Marius marcha à leur rencontre dans le sud de la Gaule, après avoir encore célébré à Rome en l'an 104 son triomphe sur Jugurtha. Prenant alors position à l'embouchure du Rhône, il commença par exercer son armée, puis l'occupa au moyen de grands travaux publics, tels que des dessèchements de marais et que la construction de ce canal, fameux sous le nom de *Fossa Mariana*, qu'il fit creuser vers les bouches, toujours si ensablées, du Rhône, l'éloignement de l'ennemi, qui était passé en Espagne, ou bien qui s'était retiré au fond des Gaules, lui en ayant laissé le temps. Enfin, en l'an 102, les Teutons unis aux Ambrons envahirent la Gaule romaine. Leurs efforts pour attirer Marius hors de ses retranchements et le contraindre à accepter une bataille demeurèrent inutiles. Alors seulement qu'ils furent en pleine retraite, il consentit à les poursuivre avec son armée, qui avait eu le temps de se familiariser avec l'ennemi, et qui maintenant désirait ardemment aller au combat. Il atteignit les barbares sous les murs d'*Aquæ Sextiæ* (Aix, en Provence), et les extermina dans une bataille qui dura deux jours entiers. Ensuite, en l'an 101, il passa en Italie, où Quintus Lutatius Catulus, remplissant les fonctions de proconsul, tenait tête aux Cimbres, qui avaient envahi l'est de cette province. Marius prit alors le commandement en chef de l'armée, et y ayant rencontré l'ennemi dans les champs de Raudi près de Vérone, ou suivant Plutarque près de Verceil, il l'attaqua dans une position favorable, au mois d'août; et la bataille, qui s'engagea alors, se termina par la déroute complète des barbares (*voyez* Cimbres). Dans cette circonstance encore, une part importante du résultat final revint à Sylla, qui, brouillé avec Marius, avait suivi Catulus en qualité de légat. Marius entra en triomphe à Rome, et fut pour la sixième fois élu consul, en l'an 100 avant J.-C. En cette qualité il appuya d'abord le tribun du peuple Lucius Apuleius Saturninus et le préteur Caius Servilius Glaucia dans leurs violentes hostilités contre la noblesse, dont son ennemi particulier, Quintus Metellus Numidicus, avait été l'une des premières victimes. Mais ceux-ci ayant poussé les choses jusqu'à la révolte ouverte, Marius se vit contraint par le sénat à abandonner ses anciens alliés et à employer lui-même la force pour les exterminer. Cette victoire que venait de remporter la noblesse et les longues hésitations de Marius à se prononcer entre les deux partis mirent fin à son influence; et l'un des premiers actes du sénat fut en conséquence de rappeler Metellus d'exil. Marius s'éloigna alors de Rome, et s'en alla parcourir l'Asie, pendant que le crédit et l'influence politique de Sylla grandissaient toujours à Rome. Dans la guerre des alliés, où à partir de l'an 91 il exerça aussi un commandement, il fut encore éclipsé par Sylla, investi de pouvoirs analogues. En l'an 88, celui-ci, qui désormais se trouvait à la tête du parti aristocratique, fut élu consul en même temps que Quintus Pompeius Rufus, qui pensait comme lui, et le sénat lui confia la direction de la guerre contre Mithridate. Marius voulut alors enlever à Sylla ce beau commandement, comme cela lui avait si bien réussi autrefois à l'égard de Métellus; et ce fut là la cause de la première guerre civile. Marius se ligua avec Publius Sulpicius Rufus, qui dans l'exercice des fonctions de tribun du peuple, dont il était revêtu, se montrait l'ennemi acharné du parti aristocratique, auquel il avait appartenu auparavant. Celui-ci employa la force pour en venir à ses fins, et fit décerner par ses bandes armées le commandement en chef à Marius. Dans cette émeute, Sylla courut grand risque de la vie, et n'échappa à ceux qui voulaient l'assassiner qu'en se réfugiant dans la propre maison de Marius, qui cette fois du moins se montra généreux envers lui. Sylla rejoignit en toute hâte son armée, à la tête de laquelle il rentra dans Rome, où un décret de bannissement fut alors rendu contre les chefs du parti qui lui était contraire. Marius s'enfuit par mer; mais une tempête le rejeta sur les rivages de l'Italie. Après y avoir erré pendant longtemps, il finit par être découvert, arrêté et conduit à Minturnes. Les autorités de cette petite ville résolurent de le mettre à mort; mais l'esclave cimbre chargé de tuer Marius dans son cachot ne put supporter le regard terrifiant du proscrit, et refusa de s'acquitter de la mission qui lui était confiée. Marius parvint alors à s'échapper de prison et à gagner par mer l'Afrique, après avoir couru grand risque d'être arrêté une seconde fois, en Sicile. Le gouverneur de cette province lui fit signifier l'ordre d'avoir à s'éloigner. Le messager qui le lui apporta le rencontra, dit-on, au milieu des ruines de Carthage, et reçut de lui cette réponse : « Dis à ton maître que tu as trouvé Marius assis sur les ruines de Carthage ! » Il alla alors s'établir avec son fils et quelques adhérents dans une petite île voisine de l'Afrique; et il y séjourna jusqu'en l'an 87, époque où Cinna le fit engager à revenir en Italie; et bientôt à la tête de quatre armées il marcha avec Cinna, Quintus Sertorius et Quintus Papirius Carbo jusque sous les murs de Rome, qui leur ouvrit ses portes après une inutile tentative de résistance. Le vieux Marius se montra implacable dans ses vengeances. Les massacres qu'il ordonna durèrent cinq jours et cinq nuits ; et, pour y mettre un terme, il fallut que Cinna lui-même donnât l'ordre d'exterminer une bande de 4,000 esclaves qui en avaient été les exécuteurs. Une foule d'hommes marquant du parti opposé à celui de Marius, entre autres les consuls Octavius et Mérula, le grand orateur Marc-Antoine, et jusqu'à l'ancien collègue de Marius, Quintus Lutatius Sylla, périrent dans ces sanglantes journées. Cinna se fit décerner à lui-même ainsi qu'à Marius le consulat pour l'an 86 ; mais son collègue mourut, dix-sept jours seulement après être entré en jouissance d'une dignité dont il se trouvait revêtu pour la septième fois.

Marius, grand général, n'avait aucune des qualités qui font l'homme politique. Il était brave, capable de supporter les privations de toutes espèces, mais cruel, grossier et ennemi de tout ce qui était élégance et civilisation.

Caius Marius, son fils, fut élu consul en l'an 82 avec Papirius Carbo. Battu à Sacriportus par Sylla, il se réfugia à Préneste, où il se tua lorsque cette ville dut ouvrir ses portes au vainqueur.

MARIVAUDAGE. A propos du style de Marivaux, style créé, on a fait un nouveau mot, *marivaudage*, honneur rarement accordé aux plus excellents écrivains. On a pris longtemps ce mot-là en mauvaise part : on disait alors de tous les gens qui écrivaient avec plus de grâce que de force, plus de finesse que de fermeté : C'est du *marivaudage !* Mais enfin on s'est aperçu que ce style était bien difficile à imiter, que Marivaux était, à tout prendre, un écrivain qui avait une physionomie bien arrêtée, quoique très-mobile ; que pour écrire comme lui il fallait avoir bien de l'esprit, bien de l'imagination, bien de la grâce. On a donc réhabilité ce mot-là, le *marivaudage*, et je ne pense pas qu'il y ait aujourd'hui beaucoup de gens d'esprit assez mal avisés pour s'en fâcher.   Jules Janin.

MARIVAUX (Pierre-Carle de). Parmi les gloires légères et charmantes, emportées par le tourbillon révolutionnaire, et qui, longtemps oubliées, ont surnagé de nos jours et reparu de nouveau, il faut placer Marivaux en première ligne. S'il n'est pas un grand écrivain comme l'auteur de *Gilblas*, il a écrit *Marianne, Les Fausses Confidences, Le Paysan parvenu, Le Jeu de l'Amour et du Hasard* ; il a représenté et il représente à lui seul toute cette belle, élégante, polie, spirituelle société de la fin du dix-huitième siècle, emportée avec lui dans la mort. Il était né à Paris, en 1688 ; son père avait été directeur de la monnaie à Riom, et voilà pourquoi quelques biographes font naître Marivaux en Auvergne. Sa famille était originaire de Normandie, vieille famille de robe. Le père de Marivaux lui fit lire de bonne heure les écrivains de l'antiquité, Ovide, Térence, les dialogues de Lucien, toute cette partie spirituelle et presque française de quelques génies à part, qui sont aussi bien de Paris que de Rome ou d'Athènes. Littéralement parlant, Marivaux eut d'assez tristes commencements pour un homme de son esprit. Il traduisit en burlesque l'*Iliade* et le *Télémaque*, oubliant que depuis la mort de d'Assoucy, l'*empereur du burlesque*, et depuis que Boileau avait flétri Scarron en présence même de Mme de Maintenon, il n'était plus permis à personne de faire du burlesque. Nous, qui sommes les amis dévoués de Marivaux, et qui faisons le plus grand cas de cette facile et ingénieuse imagination, nous rougissons d'avouer que non-seulement il s'est attaqué aussi à l'*Iliade* et au *Télémaque*, mais encore au *Don Quichotte*. Certes, c'était là une idée burlesque, plus burlesque que toutes les autres. N'est-ce pas une chose curieuse et inexcusable, Sancho-Pança burlesque! Bientôt Marivaux comprit sa faute. Il se fit pitié à lui-même quand il se vit en présence de ces tristes travestissements. Avoir gâté de gaieté de cœur trois chefs-d'œuvre! Avoir plaisanté avec le génie d'Homère, l'élégance antique de Fénelon, la gaieté inimitable de Cervantes! Aussitôt, tombant d'un excès dans un autre, il se réfugia du burlesque dans le tragique, tombant ainsi de Charybde en Scylla, le fit voir cette lamentable tragédie sur *La Mort d'Annibal*. La tragédie était digne des parodies, elle était burlesque à son insu : cette fois encore Marivaux commençait ; il n'avait pris une fausse route. Il n'était pas né pour être grotesque ni pour être sublime. Il avait été tout simplement créé et mis au monde pour être un intelligent observateur des petites grâces de la société parisienne et pour les reproduire avec beaucoup de goût, de style et d'esprit.

Grâce donc à ce double essai, doublement malheureux,

Marivaux trouva enfin l'issue naturelle qu'il cherchait à son esprit. Il était répandu dans le plus grand monde, et à force d'entendre à ses oreilles le spirituel jargon des plus belles dames, tout rempli de galanteries, de scepticisme, d'ironie sans fiel, de grâces apprêtées, il avait fini par en reproduire à merveille toutes les tournures. Il était lié d'amitié avec Fontenelle et avec Lamothe, deux beaux esprits s'il en fut, et à force de les entendre l'un et l'autre sourire de tout à tout propos, rechercher avec soin mille petites finesses inaperçues qui les rendaient plus heureux que de grandes découvertes, il fut bientôt initié dans tous les mystères du joli; car en ce temps-là on cherchait le joli, comme au temps de Longin on cherchait le sublime. Ces gens-là se nourrissaient d'ingénieux et inépuisables paradoxes, qu'ils retournaient en cent façons diverses, jusqu'à ce que ce même paradoxe devînt tout à fait une vérité. Tel paradoxe de Lamothe a occupé la France entière plus que la bataille de Fontenoy. Ainsi armé de toutes pièces, Marivaux pénétra avec peine dans le salon de Mme de Tencin, tout rempli de ces petites grâces, tout parfumé de ce joli esprit, tout animé de cette innocente ironie. Là, on attaquait sans façon toute l'antiquité classique, tout le dix-septième siècle, et Voltaire lui-même, que Marivaux ne ménageait pas, et qu'il appelait *la perfection des idées communes*. On allait même jusqu'à soutenir que Molière avait fait parler à la comédie un trop beau langage; on soutenait que le *Tartufe*, *Le Misanthrope* et même *Les Femmes savantes*, n'étaient pas des comédies!

Dans cette joûte peu dangereuse, Marivaux se faisait distinguer par sa vivacité, son ironie, son art de ne douter de rien. Cependant, il fut longtemps à mettre en pratique tous ces spirituels enfantillages. Il s'était marié en 1721; il avait une fille, et il attendait qu'il eût perdu sa femme, et que sa fille fût entrée au couvent, pour être tout entier à sa vocation naturelle. Libre ainsi de tous ses mouvements, il appartint plus que jamais au beau monde, dont il avait été le peintre, il devint l'âme de toutes les conversations à la mode. Sa vie ne fut plus qu'une longue causerie; sa biographie se peut donc composer de bons mots uniquement. Un jour qu'on parlait devant lui de la nature de l'âme, il avoua qu'il était bien en peine d'en parler; et comme quelqu'un se tournait vers M. de Fontenelle pour lui adresser la même question : Peine inutile, dit Marivaux, *M. de Fontenelle a trop d'esprit pour en savoir là-dessus plus que moi*. Il était si fatigué d'entendre autour de lui douter de toutes choses qu'il s'était mis à faire la guerre aux sceptiques. « Vous avez beau faire, disait-il à un élève de D'Alembert, vous serez sauvé malgré vous. » Il disait à lord Bolingbroke, qui croyait aux rêves et qui ne croyait pas en Dieu : « Eh , mylord ! si vous ne croyez pas en Dieu , ce n'est pas la foi qui vous manque. » Un jour qu'il montait en voiture, un jeune homme de bonne mine lui tend la main en lui demandant l'aumône; Marivaux, voyant ce jeune homme fort et bien portant, lui veut faire honte : « Eh ! monsieur! dit l'autre, si vous saviez que je suis paresseux! » Marivaux lui donna un écu pour sa franchise. Molière donnait un louis d'or à un pauvre pour sa vertu.

Il était peu riche, et M. le duc d'Orléans, qui avait doté Mlle de Marivaux, quand elle entra au couvent, faisait à son père une pension de 4,000 livres. Helvétius et Mme de Tencin vinrent à bout quelquefois de lui faire accepter quelques généreux secours. Lui, cependant, sans s'inquiéter de la pauvreté, s'abandonnait à ses humeurs bienfaisantes; ce qu'il recevait d'une main, il le donnait souvent de l'autre; tout pauvre qu'il était, il payait bien des dettes qui n'étaient pas les siennes. Pour achever le portrait, Marivaux futaimé, mais sérieusement aimé de Fontenelle. Cette amitié de Fontenelle fut poussée à ce point que Marivaux étant malade, Fontenelle lui envoya cent louis. « Permettez, lui dit Marivaux, que je vous les rende tout de suite, et croyez-moi votre obligé, » Et pourtant Marivaux était bien pauvre alors. Il mourut à Paris, le 16 février 1763, à

l'âge de soixante-quinze ans, dans de grands sentiments de religion. Il était membre de l'Académie Française.

La liste des ouvrages de Marivaux serait trop longue. Sa première comédie a pour titre *Le Père prudent et équitable*, intrigue commune, situations usées, ouvrage de commençant; *Le Dénouement imprévu*, qui est déjà une véritable comédie de Marivaux, où se trouvent les premiers traits d'un esprit fin, malicieux et observateur; *L'Île de la Raison*, point d'intrigue, peu d'action, peu d'intérêt, dit Marivaux, qui est à lui-même un juge sévère; *La Surprise de l'Amour*, jouée en 1722 au Théâtre-Italien, et qui réussit, grâce à cette belle Sylvia, l'amour de la société parisienne ; *La Réunion des Amours*, où il veut mettre en présence l'amour du siècle de Louis XIV et l'amour du règne de Louis XV, froide allégorie; *Les Serments indiscrets*, dialogue plein d'esprit et de finesse, mais faible intrigue; *Le Petit-Maître corrigé*, rôle où excellait Granval; *Le Legs*, charmant petit tableau de genre, dans lequel le peintre a disposé avec art six personnages, à chacun desquels il a donné une physionomie originale et piquante ; *La Dispute*, qui n'a été jouée qu'une fois ; *Le Préjugé vaincu* : succès à Paris, succès à la cour ; Mlle Gaussin et Mlle Dangerville y étaient charmantes : c'est un peu le sujet de *Nanine*; *Félicie*, petit proverbe pour le *Mercure*; *Les Acteurs de bonne foi*, digne plutôt du théâtre de la foire que du Théâtre-Français; *Arlequin poli par les amours*, pour le Théâtre-Italien ; *La Surprise de l'Amour*; *La double Inconstance*; *Le Prince travesti*, espèce de hardiesse dans le genre d'Ésope à la cour ; *La Fausse Suivante*, plaisanteries fort libres et fort plaisantes ; *L'Île des Esclaves*, autre arlequinade ; *L'Héritier de Village*, qui a servi à Picard quand il a fait sa comédie des *Marionnettes*; *Le Triomphe de Plutus*, dont les couplets ont été écrits par Panard ; *Le Jeu de l'Amour et du Hasard*, le chef-d'œuvre comique de Marivaux, charmante invention, pleine d'esprit et de grâce; *Le Triomphe de l'Amour*, qui n'a eu aucun succès au Théâtre-Italien; *L'École des Mères*, contre-partie de *L'École des Femmes*, amusante et spirituelle comédie, qu'on a le tort de ne plus jouer ; *L'Heureux Stratagème*, où se peut comparer à *La Coquette corrigée* de Lanoue; *La Méprise*, où Marivaux a jeté autant d'esprit qu'il en ait jamais eu ; *La Mère confidente*, dont on ne parle pas, qu'on ne lit plus, et qu'on pourrait mettre à côté des plus aimables comédies de Marivaux ; *Les Fausses Confidences*, que Geoffroy mettait avant *Les Jeux de l'Amour et du Hasard* ; *La Joie imprévue*; *Les Veillées*, petit proverbe sans conséquence; *L'Épreuve*, qui est restée au répertoire du Théâtre-Français.

L'ouvrage le plus important de Marivaux, c'est sans contredit la *Vie de Mariane*, qui est infini répertoire de toutes sortes d'esprit, de grâces, de jolis mots, de fines reparties, d'études exquises du cœur humain. Les critiques les plus difficiles ne peuvent pas refuser au roman de Marivaux une place excellente dans la littérature française : c'est un livre écrit avec un soin minutieux, avec un esprit sans égal, avec amour. Marivaux a mis seize années à accomplir ce travail, qui le place à côté des plus fins observateurs de la société française. Nul ne saurait dire pourquoi donc, après tant de peines qu'il s'est données, et arrivé à la fin de son livre, Marivaux s'est arrêté tout à coup dans ce chemin semé de fleurs. Heureusement, une femme de beaucoup d'esprit, et en effet il n'y avait qu'une femme qui pût ainsi prendre d'une main légère cette plume légère, Mme Riccoboni acheva l'œuvre de Marivaux. Ainsi un tableau de Téniers serait terminé par Watteau.

Marivaux a écrit encore plusieurs petits romans remarquables à différents titres : *L'Indigent philosophe*, qui pourrait passer pour le commentaire de la chanson de Béranger *Vivent les Gueux*, *les gens heureux*; *Le Spectateur Français*, spirituelle contre-partie du *Spectateur* d'Addison; *Le Paysan parvenu*, et plusieurs autres esquisses écrites avec cet abandon qui est presque de la nature, et qui la remplace quelquefois. Enfin, il a donné son nom au marivaudage. Jules JANIN.

MARJOLAINE. *Voyez* ORIGAN.

MARJOLIN (JEAN-NICOLAS), célèbre médecin, naquit à Ray-sur-Saône (Haute-Saône), le 6 décembre 1780. Issu d'une famille peu aisée, il passa loin d'elle son enfance et une partie de sa jeunesse, et reçut à Commercy une éducation aussi complète que solide. Il devint ainsi le camarade du jeune Etienne, l'auteur de *Joconde*, dont on le croyait le compatriote, et dont, il resta l'ami tout le temps de leur commune célébrité dans des genres très-contrastants. Sa thèse doctorale, composée, selon la mode de ce temps, de *propositions de médecine et de chirurgie*, ce qui donnait toute latitude aux interrogations et aux réponses, fut soutenue par lui en l'année 1808, à l'âge de vingt-huit ans. Mais si son doctorat fut tardif, il en avait prématurément devancé l'obtention, exercé les prérogatives et montré les lumières en maintes rencontres, dans de nombreux concours, dans les hôpitaux, au lit des malades, mais surtout dans des leçons très-instructives et fort suivies; en un mot, il y avait longtemps qu'on le traitait en maître et qu'il l'était en effet. Il avait été successivement d'abord chirurgien militaire, puis externe et interne dans les hôpitaux civils, principalement à l'hôtel-Dieu de Paris, aide d'anatomie et prosecteur à la Faculté. Plus tard, et quelques années après sa réception, il devint chirurgien en second de l'hôtel-Dieu, en remplacement de Giraud, après avoir victorieusement jouté contre le docteur Béclard pour l'obtention de cette place, dont le contact de Dupuytren lui rendit pendant dix grandes années l'exercice très-pénible et quelquefois révoltant. « Comment, disait Roux, la mort de Marjolin ne me causerait-elle pas de vifs regrets, une vraie tristesse!... la même année nous a vus naître. Arrivés presque en même temps à Paris, nous nous sommes assis aux mêmes bancs, comme condisciples et comme intimes. A une même époque, en 1803, dans le temple de l'Oratoire, il obtenait comme moi une des premières places au premier concours de l'internat, et comme moi plus tard il disputait à Dupuytren la place nouvellement créée de chirurgien en second de l'hôtel-Dieu. En 1812 nous aspirions l'un et l'autre à la chaire de médecine opératoire, et la même défaite nous attendait tous les deux dans ce concours, où Dupuytren fut nommé. Plus tard, enfin (en 1818), nous avons dans la même année franchi le seuil de la Faculté et pris place parmi ceux qui avaient été nos maîtres. Seulement il m'y avait précédé et m'y appelait de tous les vœux. Serait-il donc dans notre destinée, jusque alors si constante et si semblable, que ma carrière eût à s'interrompre peu de temps après la tienne, cher Marjolin ! » Il ne lui survécut en effet que quatre années.

Marjolin succédait à Percy dans la chaire de pathologie externe ou chirurgicale, partie de l'art qu'il professait avec un grand succès depuis longtemps dans des cours particuliers. Il ramena dès lors la foule des élèves au giron de l'école officielle, qui se voyait précédemment abandonnée de toutes parts par des étudiants empressés de suivre Broussais, faisant schisme. Une fois professeur en titre, Marjolin eut les mêmes succès, il inspira la même confiance et les mêmes sympathies, exerça sur les étudiants la même attraction ; car jamais professeur ne fut plus aimé. Il est vrai que, sans être éloquent ni brillant, Marjolin réunissait les qualités sérieuses et solides qui fixent l'estime publique et retiennent invinciblement la foule, sans l'enthousiasmer ni la séduire, dernières influences toujours trop fugitives pour concilier des succès persévérants. Constamment sérieux et franc, toujours vrai, presque toujours attentif, doué d'une bonhomie rare, d'une patience incomparable, d'un désintéressement sans étalage, d'une consciencieuse attache à ses devoirs, grands ou petits, d'un dévouement toujours prêt et jamais conditionnel, d'une indifférence démonstrative pour tout ce qui lui paraissait ou frivole convention ou vaine curiosité, d'une indulgence sans égale ailleurs que dans l'Évangile ; enfin, d'une urbanité sans façons, d'une aménité sans frais, mais sans nuages, Marjolin était aussi stable pour la douceur que pour le bon vouloir. Toutes ces heureuses qualités se réfiétaient dans sa figure, qui avait quelque chose de réfléchi et de saisissant comme une pensée grave et profonde. Ses distractions même avaient un air méditatif, cachet habituel de sa physionomie ; et ce *faciès*, si parfaitement médical, fut pour beaucoup dans sa haute fortune de médecin consulté. Sa parole comme professeur avait assez d'ampleur pour atteindre les limites de son amphithéâtre, toujours plein, assez de clarté pour être toujours comprise, assez d'inflexion et assez d'accent pour ne point fatiguer par la monotonie, assez de méthode pour tout enchaîner sans redites et sans omissions ; enfin, rien n'en pouvait être perdu, à raison de son extrême lenteur, pour cette multitude d'étudiants qui l'enregistraient mot à mot comme un guide sûr de leur pratique à venir. Il n'y avait pas jusqu'au timbre de sa forte voix de basse, d'une octave plus grave que la voix de la plupart des orateurs, qui ne s'adaptât assez disparate à son enseignement pour captiver son auditoire.

Constamment occupé de ses devoirs, de ses malades et de ses études, Marjolin a peu écrit, et même cet exercice de la pensée semble lui avoir été antipathique. Toutefois, il a résumé, d'abord pour son usage personnel, les Mémoires de l'Académie royale de Chirurgie. Il a rédigé un certain nombre d'articles pour le *Dictionnaire de Médecine pratique* en 30 volumes. On a encore de lui, outre sa thèse pour le doctorat, une autre thèse pour un concours *Sur l'opération de la hernie inguinale étranglée* (Paris, 1812, in-4°), et un *Manuel d'Anatomie*, en deux volumes in-8° (1814). Il avait été chirurgien par quartier de Charles X et chirurgien consultant de Louis-Philippe. Son grand délassement, son plaisir par excellence, c'était la culture des fleurs, c'étaient ses jardins de Clichy. Sa prédilection pour l'horticulture s'étendait jusqu'aux légumes, et c'est ainsi qu'une des meilleures variétés de la pomme de terre transmettra son nom à la postérité. Des tumeurs carcinomateuses s'étant tout à coup formées dans les viscères de l'abdomen, cette terrible maladie, si cruelle par ses souffrances, fit le tourment continuel des deux dernières années de sa vie, qui s'éteignit le 4 mars 1850. Toujours plein de son art, Marjolin avait sans erreur pronostiqué l'instant de sa mort, sans consentir qu'on essayât de l'éloigner par ces remèdes vains dont on tourmente les dernières semaines des mourants. Dr Isidore BOURDON.

MARKOBRUNN, nom d'une source située dans le duché de Nassau, à mi-chemin entre Mayence et Bingen, au pied du *Strahlenberg*, montagne couverte de riches vignobles, dont il est déjà question dans une charte datant de l'an 1004, et qui produisent l'une des sortes de vin du Rhin les plus estimées et les plus spiritueuses, le *markobrunner*.

MARLBOROUGH (JOHN CHURCHILL, duc DE), l'un des généraux et des hommes d'État les plus célèbres qu'ait produits l'Angleterre, descendait d'une ancienne famille, qui s'était appauvrie dans les guerres civiles, et naquit le 24 juin 1650, à Ashe, dans le comté de Devon. Sa beauté et sa grâce rachetaient ce que son éducation avait eu d'insuffisant, et après la restauration il entra comme page au service du duc d'York, qui le nomma, à l'âge de seize ans, enseigne dans les gardes, parce qu'il annonçait dès lors de grandes dispositions pour l'état militaire. Il assista en cette qualité au siége de Tanger et à divers engagements avec les Maures, et à son retour de cette expédition il fut promu au grade de capitaine dans un régiment envoyé dans les Pays-Bas pour y renforcer l'armée française. Déjà dans la campagne de 1672 Churchill obtint le grade de lieutenant-colonel, ainsi que les éloges de Turenne et de Louis XIV. Jusqu'en 1677 il combattit dans les rangs de l'armée française, et l'année suivante il revint en Angleterre, où il épousa la belle Sarah Jennings, qui fut la favorite de la princesse Anne, devenue plus tard reine d'Angleterre. Cette circonstance et la faveur du duc d'York, qui avait pour maîtresse la sœur de Churchill, Arabella (*voyez* BERWICK), lui promettaient le plus brillant avenir. Quoiqu'il eût pris la part la plus active à la répression de la révolte du duc de Monmouth, il se refusa à entrer dans les plans réactionnaires de la cour, et noua d'étroites relations avec Guillaume d'Orange. Quand ce prince débarqua en Angleterre, il lui amena même le corps de troupes dont le commandement lui avait été confié par Jacques II, et contribua beaucoup à détrôner son bienfaiteur. Guillaume III l'en récompensa en le créant comte de *Marlborough* et en le chargeant d'opérer la soumission de l'Irlande. Un certain sentiment de honte le porta cependant à différer son départ jusqu'à ce que Jacques II eût abandonné le sol de l'Irlande; mais alors il acheva en peu de temps de soumettre toute l'île. Lorsque Guillaume III se fut décidé à prendre part à la guerre contre la France, Marlborough obtint le commandement du corps d'armée qu'il envoya dans les Pays-Bas; et dans les campagnes de 1690 et 1691 il jeta les fondements de sa réputation militaire, notamment par la victoire qu'il remporta à Walcour. S'étant mêlé à quelques intrigues jacobites, peut-être parce qu'il se repentait de ses précédentes trahisons, il fut subitement arrêté à son retour en Angleterre et emprisonné à la Tour. On ne put le condamner faute de preuves suffisantes; mais il demeura en disgrâce complète jusqu'à la mort de la reine Marie, qui haïssait tout particulièrement les conseillers de sa sœur Anne. Toutefois, après la conclusion de la paix de Ryswyk, le roi le nomma gouverneur du duc de Gloucester, et lorsque éclata la guerre de la succession d'Espagne, ce fut lui qui obtint le commandement de l'armée anglaise dans les Pays-Bas. La mort de Guillaume III et l'avénement d'Anne au trône, au mois de mars 1702, donnèrent à Marlborough une influence illimitée; et il exerça alors en fait le pouvoir d'un régent sans en avoir le titre. Tandis que sa femme dominait complétement la reine, il menait le ministre Godolphin, dont il avait épousé la fille. Général en chef des troupes de la coalition dans les Pays-Bas, il ouvrit la campagne de 1702 en expulsant les Français de la Gueldre espagnole et en s'emparant de Venloo, de Ruremonde et de Liége. Créé duc par la reine, le 2 décembre de la même année, il entra en Allemagne en 1703 pour y porter secours à l'empereur. Après y avoir opéré sa jonction avec l'armée aux ordres du prince Eugène de Savoie, il battit d'abord les Bavarois, au mois de juin 1704, à l'affaire de Donauwœrth; puis, le 13 août, à Blenheim, les Français, commandés par Tallard. L'Allemagne et les Pays-Bas le considérèrent comme leur sauveur. Le parlement lui fit don du domaine de Woodstock, et la reine lui fit construire le château de Blenheim, dont cette princesse ne put d'ailleurs plus tard acquitter les frais immenses. L'année 1705 se passa pour Marlborough en négociations diplomatiques. Il visita diverses cours d'Allemagne, gagna l'électeur de Brandebourg à la cause de la coalition, enflamma les Hollandais, et ouvrit alors dans les Pays-Bas la campagne de 1706. Après avoir battu, le 19 mai, Villeroy à Ramillies, il chassa les Français du Brabant, et s'empara d'Ostende. Dans une entrevue personnelle qu'il eut la même année avec le roi de Suède Charles XII, il détermina ce prince à garder la neutralité. Il repoussa avec obstination toutes les ouvertures faites par Louis XIV humilié, obéissant en cela non pas seulement aux conseils de sa sagacité politique, mais aussi à ceux de son orgueil et de sa rapacité. Après un séjour de courte durée en Angleterre, où déjà il lui fallut déjouer les intrigues ourdies contre lui par ses adversaires, il ouvrit en 1709, de concert avec le prince Eugène, la campagne de 1709, et remporta, le 11 septembre, par Villars la sanglante victoire de Malplaquet. Pendant que dans la campagne de 1710 il prenait une foule de villes et de places fortes, sa chute se préparait en Angleterre. La reine secoua enfin le joug de la duchesse de Marlborough, qui depuis longtemps lui était devenu odieux, et les tories eurent alors la haute main à la cour. La chambre basse ayant été dissoute, Godolphin et Sunderland durent résigner leurs portefeuilles au mois de janvier 1711, et le comte d'Oxford, chef du parti tory, prit la direction des affaires. Quoique au fond du cœur Marlborough fût un tory modéré, et qu'il eût toujours soutenu avec la reine le parti jacobite au plus vif même de sa lutte contre la France, on apporta tout aussitôt de nombreuses restrictions aux pouvoirs dont il avait jusque alors été investi, et on résolut de se débarrasser de lui au plus vite. Après la prise de Bouchain, en mai 1711, il revint en Angleterre, aussi bien pour y soutenir son influence déclinante que pour pousser à la continuation de la guerre ; mais la chambre basse éleva contre lui une accusation de malversations commises dans le maniement des deniers publics, accusation à laquelle la chambre haute s'associa également. La reine le dépouilla alors, le 1er janvier 1712, de toutes ses charges et dignités ; mais sur les représentations du prince Eugène, ami particulier de Marlborough, elle consentit à ne pas donner suite aux poursuites commencées. A l'époque des négociations pour la paix d'Utrecht, Marlborough, aigri, quitta sa patrie, et s'en alla visiter la Hollande et l'Allemagne ainsi que sa principauté de Mindelheim, don de l'empereur, que la paix lui enleva sans aucune indemnité. A la mort de la reine Anne, il revint en Angleterre, où il fut parfaitement accueilli par le roi Georges Ier, qui en réalité était redevable de sa couronne à l'appui du parti de Marlborough, et qui le rétablit dans ses fonctions de généralissime. Il ne jouit pas longtemps de ce retour de la fortune. Frappé d'apoplexie, le 8 juin 1716, il perdit presque complétement l'intelligence, et mourut en ce triste état, le 17 juin 1722.

Marlborough, le plus grand capitaine de son siècle, n'éprouva jamais une défaite sérieuse, et triompha de ses adversaires aussi bien par la hardiesse et la rapidité de ses mouvements que par le parti qu'il savait tirer de leurs propres fautes. Comme diplomate, il brillait par un rare don de persuasion ; et dans ses relations privées il gagnait tous les cœurs par les grâces de son esprit ainsi que par ses habiles flatteries. Mais il était avare et rapace au suprême degré : aussi amassa-t-il une fortune colossale. Consultez Coxe, *Memoirs of John duke of Marlborough, with his original correspondence* (3 vol. Londres, 1818) ; Murray, *Dispatches of the duke of Marlborough* (1845) ; Macfarlane, *Life of Marlborough* (1852).

Sa femme, *Sarah Jennings*, duchesse de Marlborough, appartenant à une famille bien vue de la cour, entra dès l'âge de douze ans au service de la duchesse d'York, où elle devint bientôt l'intime amie de la princesse Anne. Remarquable par sa beauté, son amabilité et une vertu sans tache, elle épousa, au mois d'avril 1668, John Churchill, créé plus tard duc de Marlborough. Nommée, lors du mariage de la princesse Anne, en 1683, dame d'honneur de cette princesse, il s'établit entre elles une amitié tellement intime qu'elle supprima toutes les distinctions de rang qui les séparaient. A son avénement au trône, Anne la nomma sa première dame d'honneur et grande-maîtresse de sa garde-robe. Sa puissance fut dès lors sans bornes, et elle distribua les emplois et les dignités suivant son bon plaisir. Swift l'accuse même d'en avoir souvent tiré de l'argent. D'une part ses étroites relations avec les whigs, et de l'autre la domination qu'elle cherchait à exercer en toutes circonstances sur Anne, et qui allait quelquefois jusqu'à la grossièreté, finirent par la rendre insupportable à la reine, qui en secret penchait pour les tories. En outre, sa cousine lady Masham, qu'elle avait elle-même introduite à la cour, la supplanta dans le cœur de cette princesse. Quand la duchesse vit qu'elle avait irrémissiblement perdu l'amitié et la confiance de sa souveraine, elle se démit de ses charges au mois de janvier 1711 ; dès lors les tories eurent tout à fait champ libre pour travailler au renversement de son mari. Il y a de l'exagération dans le récit de Voltaire suivant lequel un verre d'eau et une paire de gants auraient déterminé la chute de la favorite et un revirement complet dans la situation de l'Europe. En 1713 la duchesse accompagna son mari sur le continent, et après sa mort elle vécut dans une complète solitude. Elle ne mourut que le 29 octobre 1744, laissant une fortune de plus de trois millions de liv. st.

Outre un fils, mort de bonne heure, elle avait donné à son mari quatre filles : l'aînée, *Henriette*, mariée au comte Godolphin, hérita à la mort de son père du titre de duchesse de Marlborough, mais mourut le 24 octobre 1733, sans laisser de postérité. Ce titre et une partie des biens qui y étaient attachés passèrent alors au fils de sa sœur Anne, *Charles* SPENCER, comte de Sunderland. Celui-ci se distingua aussi comme homme de guerre. A la bataille de Dettingen, il commandait une brigade des gardes, et en 1758 il obtint le commandement du corps auxiliaire anglais adjoint à l'armée placée sous les ordres du prince Ferdinand de Brunswick. Cependant, il tomba malade dans le cours même de cette campagne, et mourut à Munster, le 28 octobre 1758. Son petit-fils, *Georges* SPENCER, cinquième duc de Marlborough, né le 6 mars 1766, avait ajouté en 1807 à son nom celui de *Churchill*, et mourut le 5 mars 1840. Son fils, *Georges* SPENCER-CHURCHILL, aujourd'hui duc de Marlborough, né le 27 décembre 1793, fut d'abord membre de la chambre des communes, sous le titre de *marquis de Blandford*, et en 1830, irrité d'avoir vu accueillir la mesure réparatrice de l'émancipation des catholiques, il proposa une motion tendant à l'établissement du suffrage universel ; ce qui ne l'empêcha pas pourtant plus tard de s'opposer de toutes ses forces à l'adoption du bill de réforme. Son fils aîné, *John Winston* SPENCER-CHURCHILL, marquis de Blandford, né le 2 juin 1822, entra en 1844 au parlement comme représentant du bourg de Woodstock, qui continue à être sous la dépendance presque absolue de son père ; et l'année suivante celui-ci le força à résigner son mandat, parce qu'il avait appuyé la politique *libre échangiste* de Peel. Cependant, en 1847, son père consentit à lui pardonner cette incartade et à ce qu'il fût réélu. Aux élections générales de 1852 il brigua vainement les suffrages des électeurs du comté de Middlesex, qui lui préférèrent le candidat radical Osborne.

MARLOW ou **MARLOWE** (CHRISTOPHE), poëte dramatique contemporain de Shakespeare et fils d'un cordonnier de Canterbury, naquit vers 1562. Il reçut une bonne éducation, fit ses études à Cambridge, et y devint *magister* en 1587. Déjà sa tragédie *Tamburlaine the Great* avait été représentée avec un grand succès. Il se fit alors acteur ; mais une fracture de la jambe le rendit bientôt incapable de figurer sur les planches. A partir de ce moment, il déploya une grande activité comme poëte, tout en continuant à mener une vie des plus déréglées. Au mois de mai 1593, il fut tué par un rival, à propos d'une jeune fille à laquelle tous les deux faisaient la cour. Ses pièces les plus importantes sont : *Life and Death of Dr Faustus* et *Edward II*. On a en outre de lui : *The Jew of Malta* et *The Massacre at Paris*. La pièce publiée sous son nom, *Lust's Dominion*, n'est pas de lui, quoiqu'il en ait peut-être tracé le *scénario*. Il traduisit aussi les élégies d'Ovide, mais en termes si orduriers que l'archiduc de Canterbury les fit brûler par la main du bourreau ; ce qui n'empêcha pas l'ouvrage d'avoir plusieurs éditions de suite. Son poëme *Hero and Leander* est d'une touche beaucoup plus délicate.

Les tragédies de Marlowe se distinguent par une remarquable énergie de style, par d'excellentes peintures des passions et par des caractères nettement accusés. Toutefois, l'impression favorable produite par quelques scènes est souvent détruite par des scènes d'un comique bas et vulgaire et par une extrême grossièreté de langage. Il n'est pas douteux qu'il n'ait exercé une grande influence sur Shakespeare. Dyce a tout récemment publié une édition de ses Œuvres avec des notes et une introduction historique et littéraire (3 vol., Londres, 1850).

MARLY, joli bourg du département de Seine-et-Oise, à 20 kilomètres de Paris, situé sur le penchant d'une hauteur, près de la rive gauche de la Seine, un peu au-dessus de Saint-Germain-en-Laye, forme deux communes distinctes,

Marly-le-Roi, chef-lieu de canton, avec 1,107 habitants, une belle filature de coton, une fabrique de drap et une de produits chimiques ; et *Marly-la-Machine* ou *Port-Marly*, sur le bord de la Seine, où l'on voyait la célèbre machine hydraulique construite par Rennequin-Sualem (ou mieux Swalm-Renkin), de Liége, et destinée à procurer à Versailles de l'eau potable. Cette machine était tombée par degrés dans un état complet de vétusté, après avoir alimenté un aqueduc qui fournissait chaque jour 11,500 hectolitres, et amené les eaux du fleuve à 154 mètres d'élévation. Elle a été remplacée, en 1825, par une pompe à feu et une machine à vapeur exécutée par Cécile, sur ses propres plans et sur ceux de Martin, artiste mécanicien.

Avant la révolution, Marly possédait une magnifique maison royale, bâtie par l'ordre de Louis XIV. La première pierre en fut posée le 12 novembre 1679, et le grand roi dépensa un milliard pour embellir cet ermitage. A Marly, Louis souffrait qu'on oubliât jusqu'à un certain point les règles de l'étiquette ; les femmes étaient dispensées du grand habit de cour, et les hommes pouvaient se couvrir la tête en accompagnant le roi. Dans cette résidence, il n'admettait auprès de lui qu'un petit nombre d'élus. Aussi quel honneur pour un courtisan d'être des *Marly* de sa majesté ! C'est là que moururent, à deux ans de distance, et d'un mal inconnu, les ducs de Bourgogne et de Berry ; mais le roi n'en continua pas moins à y aller jusqu'à la fin de sa vie.

Après avoir gravi la côte de Marly, entre une double rangée d'ormes séculaires, on se trouve en face d'un bel abreuvoir de marbre, seule ruine assez complète pour laisser deviner la splendeur passée de ces lieux. Les Tuileries ont recueilli à la révolution quelques-uns des chefs-d'œuvre qui ornaient Mariy, les groupes de Coysevox, de Coustou, de Van Clève, etc. Tout le reste a disparu, bâtiments, parterres, jardins, bassins, jets d'eau ; et le soc de la charrue a passé sur le beau parc qui allait rejoindre cette forêt de Marly, expédiée un matin de Compiègne, comme une des forêts enchantées de l'Arioste ou du Tasse.

MARMANDE, ville de France, chef-lieu d'arrondissement dans le département de Lot-et-Garonne, sur la rive droite de la Garonne, avec 8,336 habitants, des tribunaux de première instance et de commerce, un collége, une bibliothèque publique de 4,000 volumes, une société d'agriculture, deux typographies. On récolte dans ses environs des vins blancs liquoreux très-agréables, des grains, du chanvre et des prunes. Marmande est l'entrepôt principal et le port d'embarcation des vins et eaux-de-vie du pays ; on y trouve une grande distillerie d'esprits et d'eaux-de-vie, des fabriques de laine filée, de drap, de toile et de coutil, des teintureries, des tanneries, des corderies, des fabriques d'huile de lin et de colza. Marmande n'a point de monuments remarquables, mais ses rues sont larges et de nombreuses fontaines y versent des eaux pures. C'est une ville très-ancienne ; détruite durant le huitième siècle, elle fut rebâtie en 1185, par Richard Cœur-de-Lion, alors duc d'Aquitaine.

MARMARA (Mer de), *Mar di Marmara*, la *Propontide* des anciens, petite mer intérieure située entre la Turquie d'Europe et la Turquie d'Asie, communiquant avec la mer Égée par le détroit des Dardanelles, autrement dit *Hellespont*, et long de 7 myriamètres, et avec la mer Noire (*Pont-Euxin*) par le Bosphore ou détroit de Constantinople. Abstraction faite du plus grand de ses golfes, celui d'*Isnikmid* ou *Ismid*, qui pénètre à l'est sur la côte d'Asie une profondeur de 35 kilomètres, et que dans l'antiquité on appelait *Astacus*, sa configuration est à peu près ovale. Sa longueur est de 21 myriamètres sur 7 de large. Ses rivages, où le sol va toujours en s'élevant en pente douce, sont d'une beauté remarquable.

La plus grande des nombreuses îles qu'elle renferme est l'île de *Marmara* (le *Proconnesus* des anciens), d'où l'on tire beaucoup de marbre et d'albâtre, et s'étendant derrière la montagneuse presqu'île d'Asie, sur l'isthme de laquelle s'élevait autrefois la célèbre ville de Cyzique.

MARMAROS (en hongrois *Máramaros*), comitat de Hongrie, situé au delà de la Theiss, confinant au sud à la Transylvanie, à l'est à la Bukowine et à la Gallicie, au nord à la Gallicie et au comitat de Beregh, à l'ouest aux comitats de Szathmár et d'Ugocsa. De tous les comitats de la Hongrie, c'est le plus vaste après ceux de Pesth et de Bihar; mais sa population ne répond pas à son étendue; elle ne se compose en effet que de 182,716 habitants, répartis en 6 bourgs, 162 villages et 34 hameaux, et, sauf 22,750 Hongrois et 7,500 Allemands, tous d'origine valaque et ruthénienne. La grande majorité professe la religion grecque-catholique.

MARMELADE, confiture de fruits presque réduits en bouillie. Les marmelades sont ordinairement faites avec les fruits les plus gros, les abricots, les pêches, les prunes, tandis que les confitures proprement dites sont faites avec des fruits plus petits. La marmelade n'exige guère d'autre soin qu'une cuisson douce et une quantité de sucre assez considérable pour qu'elle puisse se conserver.

MARMITE, vase dans lequel on fait cuire des aliments par l'ébullition de l'eau. On fait des marmites en métal, en poterie de terre, et même en pierre, dans les lieux où l'on exploite pour cet usage la roche magnésienne qui a pris le nom de *pierre ollaire*. Cette matière supporte très-bien le travail du tourneur, et peut être façonnée en vases solides, quoique peu épais, qui résistent à l'action du feu et durent longtemps. Les marmites en métal sont communément en fonte de fer, plus rarement en fer battu, et, en quelques lieux, de cuivre. Quant à la forme, les marmites sont presque toujours arrondies, et on ne les fait autrement que pour des besoins particuliers : telle est, par exemple, la marmite que le soldat porte en campagne sur son dos, et qui a été disposée de manière à s'adapter facilement au sac. La forme ronde est généralement adoptée parce qu'elle réunit les avantages d'une plus grande capacité sous une superficie de même étendue, et d'une résistance plus uniforme, soit aux chocs, soit à l'action du feu.

On donne le nom de *marmite américaine* à un appareil dont l'usage est encore trop peu répandu en France, et qui est d'origine anglaise, et non pas américaine : c'est une marmite dans laquelle les aliments à cuire ne sont pas plongés dans l'eau bouillante, mais seulement exposés à la vapeur, et perdent ainsi beaucoup moins de leur saveur. Le vase extérieur est profond, et ne contient qu'une petite quantité d'eau, destinée à fournir la vapeur; un autre vase intérieur, dont le fond n'atteint pas la superficie de l'eau bouillante, renferme les aliments à cuire, et peut en recevoir de nature différente, sans qu'il en résulte ni mélange, ni altération : un couvercle bien ajusté empêche que la vapeur ne se répande au dehors et concentre la température intérieure. C'est, comme on voit, une espèce de digesteur ou de marmite de Papin   FERRY.

On dit au figuré que la *marmite bout*, que la *marmite est bonne* dans une maison, quand on y fait bonne chère; que la *marmite y est renversée*, quand le maître de cette maison n'invite plus à dîner. On dit aussi de ce qui contribue à faire subsister une maison, que cela sert à faire aller, à faire bouillir la *marmite*.

On sait quel rôle a joué la marmite dans l'histoire des janissaires.

MARMITE DE PAPIN. Cet appareil, qui doit son nom à son inventeur, a pour objet de soumettre à l'action de l'eau élevée à une haute température certaines substances, pour qu'on puisse en extraire les matières solides qu'elles contiennent. Par exemple, lorsqu'on y traite des os d'animaux, on en a bientôt extrait la gélatine qu'ils renferment, résultat qu'on n'obtiendrait pas par les procédés ordinaires, c'est-à-dire en les soumettant à la température de l'eau bouillante. La forme de l'appareil est le plus souvent celle d'un cylindre de laiton, dont les parois sont fort épaisses, et dans lequel se trouve une cavité également cylindrique. Le couvercle, de la même matière, a la forme d'un disque. Il s'y applique très-exactement; et pour qu'il ne soit pas enlevé par la forte pression qui s'exerce du dedans au dehors, il est assujetti au moyen d'une armure en fer et de plusieurs vis de pression. Lorsqu'on veut en faire usage, on place dans le vase l'eau et la substance sur laquelle cette eau doit agir, et on expose le tout sur un foyer hermétiquement fermé. L'eau ne tarde pas à passer à l'état d'ébullition ; mais sa vapeur ne pouvant pas se développer et se dégager comme dans les circonstances ordinaires, il s'ensuit que la chaleur produite par cette vapeur même s'accumule de plus en plus dans l'eau, et s'en va toujours croissant, tendant à se mettre en équilibre avec la température même du foyer. Mais le vase ne pouvant pas être composé d'une matière irrésistible, il en résulte qu'il pourrait arriver un moment où, toutes les molécules étant divisées, le vase se romprait ou éclaterait si on n'avait pas trouvé un moyen d'éviter ces accidents en modérant le feu, ou en se servant d'une soupape de sûreté. Ce dernier mode d'opérer est le plus généralement employé. Il permet de limiter et de déterminer le degré de la température à laquelle on veut soumettre le corps placé dans le *digesteur* (ce nom a aussi été donné à la marmite de Papin); et pour cela il suffit d'adapter à la soupape un levier au bout duquel on place un contre-poids.

On a fait plusieurs applications de la marmite de Papin ; nous en citerons deux principales. L'une est due à M. Chevreul, chimiste distingué, qui l'a appliquée à l'analyse végétale. Son appareil, qu'il a nommée *digesteur distillatoire*, présente plusieurs avantages : ceux d'introduire une grande économie dans les frais d'opération, de recueillir les produits susceptibles de se volatiliser, d'obtenir l'eau, l'alcool et l'éther à un grand degré d'énergie, etc. L'autre application concerne les marmites ou appareils autoclaves. Ce fut un temps où ces appareils eurent une espèce de vogue. L'inexpérience de plusieurs personnes qui s'en sont servies, et qui a été la cause de graves accidents, y a fait renoncer. On a vu paraître successivement la *marmite à fermeture spontanée* de M. Lemare, à *fermeture annulaire* de M. Moulfarine, etc. Tous ces appareils furent examinés par le conseil de salubrité, sur un ordre de M. le préfet de police, à la suite d'un accident qui avait entraîné mort d'homme. Son rapport indiqua les précautions à prendre pour éviter tout accident ; mais il n'en fut pas moins constaté que l'usage de ces marmites était en général dangereux, parce qu'elles étaient à haute pression, et garnies de soupapes trop petites ; et que les cuisinières les faisaient éclater en augmentant le feu, quelles n'osaivaient pas régler.   V. DE MOLÉON.

MARMONT (AUGUSTE-FRÉDÉRIC-LOUIS VIESSE DE), duc DE RAGUSE, naquit à Châtillon-sur-Seine, le 20 juillet 1774. Il entra au service en 1789, comme sous-lieutenant dans un régiment d'infanterie. Mais son père, ancien officier décoré de la croix de Saint-Louis au siége de Mahon, voulant que son fils reçût une éducation militaire plus forte, l'envoya à l'école d'artillerie de Châlons ; et en 1792, devenu lieutenant au premier régiment d'artillerie, il faisait la guerre à l'armée des Alpes. Après le siége de Toulon, son rang le porte au grade de capitaine. Au blocus de Mayence, il fut employé comme chef d'état-major de l'artillerie. Enfin, Bonaparte, nommé général en chef de l'armée d'Italie, en son aide de camp, et par sa conduite à Lodi, à Castiglione, à Saint-Georges, etc., il mérita un sabre d'honneur et le grade de chef de brigade. En route pour l'expédition d'Égypte, il enlève à Malte le drapeau de l'ordre, et devient général, se distingue à l'assaut d'Alexandrie, à la bataille des Pyramides, et rentre en France avec Bonaparte. Après le coup d'état du 18 brumaire, auquel il concourt, il est nommé conseiller d'État, reçoit le commandement de l'artillerie de l'armée de réserve, préside au passage du mont Saint-Bernard, et contribue au gain de la bataille de Marengo, où il est fait général de division.

Revêtu, à la paix, des fonctions d'inspecteur général de l'artillerie, il organise les premières compagnies du train pour la conduite des pièces et des équipages, commande en 1805, lors de la rupture avec l'Autriche, l'armée de Hollande, suit l'empereur en Allemagne, coopère à la prise d'Ulm, passe en Dalmatie, où il se maintient, malgré les efforts des Russes et des Monténégrins, mérite le titre de, duc de Raguse, opère sa jonction avec l'armée d'Italie, rejoint la grande armée la veille de la bataille de Wagram, reçoit les premières propositions de paix de l'archiduc Charles, et est fait maréchal de l'empire sur le champ de bataille. Gouverneur, pendant dix-huit mois, des provinces Illyriennes, il passe, en 1811, au commandement de l'armée de Portugal, à la place de Masséna, prend l'offensive contre les Anglais, opère sa jonction avec le maréchal Soult, force l'ennemi à lever le siège de Badajoz, et tient quinze mois Wellington en échec sur le Tage.

Atteint d'un coup de canon à la funeste bataille des Arapiles, il revient en France pour guérir sa blessure, et Napoléon, en avril 1813, lui donne le commandement d'un corps d'armée en Allemagne. Il se distingue à Lutzen, Bautzen, Wurtzen, assiste à la bataille livrée sous les murs de Dresde, et protège la retraite de Leipzig, où il est de nouveau blessé. Chargé, avec les ducs de Tarente et de Bellune, de défendre le cours du Rhin, depuis la Suisse jusqu'à la Hollande, il ne cède que devant les forces réunies de la Sainte-Alliance, et se replie sur Metz et Verdun, au commencement de 1814. Il assiste aux combats de Brienne, de Champ-Aubert, de Vauchamp, d'Étoges, de Montmirail, et rejoint, à la Ferté-sous-Jouarre, par le duc de Trévise, à dans les environs de Meaux un engagement heureux avec Blucher. Les alliés s'avançant sur Paris, il s'y porte en toute hâte et se prépare à la défense de la capitale, en appuyant son corps d'armée sur Montreuil, et les prés Saint-Gervais. Durant la bataille du 29 mars, le roi Joseph l'avait autorisé à entrer en arrangement avec les souverains étrangers ; cependant, il attendit que toutes les munitions fussent épuisées pour apposer sa signature au bas de la convention arrêtée à La Villette, et prit le lendemain la route d'Essonne avec les débris de ses troupes.

L'empereur conservait l'espoir de reprendre Paris aux alliés : un traité, conclu inopinément entre Marmont et Barclay de Tolly, lui enleva cette dernière illusion, et en découvrant Fontainebleau, le força à signer son abdication. Ce traité, durement et fréquemment reproché au maréchal, a provoqué de sa part des explications que nous aimerions à croire sincères. Quoi qu'il en soit, la Restauration le combla de faveurs. Nommé à un commandement supérieur dans la maison de Louis XVIII, il n'attendit pas le retour de l'empereur pour se soustraire au décret qui l'exceptait de l'amnistie proclamée à Lyon, et durant les cent jours prendre les eaux d'Aix-la-Chapelle, et ne rentra en France qu'avec le roi, qui le nomma l'un des majors généraux de la garde royale et lui rendit le titre de pair de France, dont il était redevable à la première restauration.

En 1817, envoyé à Lyon comme commissaire extraordinaire, il parvint, dans l'espace de deux mois, à y rétablir la tranquillité, gravement compromise, vécut jusqu'en 1825 dans la retraite, se livrant à des travaux agricoles, faisant valoir une manufacture de sucre indigène, et n'en sortit momentanément qu'en 1826 pour aller comme ambassadeur assister au couronnement de l'empereur de Russie Nicolas. Jusqu'à la révolution de juillet 1830 il disparaît encore de la scène politique, et n'est informé du rôle que la royauté lui destine dans le drame qui va se jouer, que le 27 au matin, en lisant dans le Moniteur l'ordonnance qui l'appelle au commandement de la 1ère division militaire. Il obéit, et l'on sait ce qu'il advint. « Ce fut, a-t-il écrit depuis, la plus cruelle épreuve que j'eus à faire de la fatalité qui me poursuit. »

Il s'éloigna de France après l'issue de cette révolution, publia la relation de ses divers Voyages en Hongrie, dans la Russie méridionale, à Constantinople, etc. (6 vol. in-8°)

se fixa ensuite dans la capitale de l'Autriche, et mourut loin de sa patrie, en 1852.

MARMONTEL (JEAN-FRANÇOIS), né en 1728, dans la petite ville de Bord, en Limousin, y reçut gratuitement les premières leçons de latin, et perfectionna ensuite son éducation chez les jésuites de Mauriac et chez ceux de Toulouse. Il se destinait à l'état ecclésiastique ; mais quelques succès littéraires obtenus aux Jeux Floraux le mirent en rapport avec Voltaire, qui lui persuada sans peine de renoncer à l'Église et de venir à Paris. Il s'y livra à un travail assidu, concourut pour les prix de poésie de l'Académie Française, fit plusieurs tragédies, qui furent représentées et qui sont aujourd'hui oubliées, et parvint à conquérir la protection de Mme de Pompadour, qui lui fit donner la place de secrétaire des bâtiments de la couronne, dont les appointements étaient considérables. Il obtint ensuite le privilège du Mercure, où il inséra successivement ses Contes moraux. Mais il fut disgracié, deux ans après, par le duc de Choiseul, alors ministre, privé de ses pensions et mis à la Bastille. Une parodie dirigée contre le duc d'Aumont, premier gentilhomme de la chambre, qui lui fut injustement attribuée, causa cette disgrâce. Admis à l'Académie Française, en 1763, il commença alors à travailler avec Grétry pour l'Opéra-Comique. Lancé dans la politique, pour laquelle il était peu fait, par les électeurs de l'Eure, qui l'avaient appelé au Conseil des Anciens en 1797, le conteur moraliste vit sa nomination annulée à la suite du 18 fructidor. Il revint alors dans sa retraite d'Ableville, près de Gaillon, en Normandie, y consacra ses derniers jours à l'éducation de deux fils qu'il avait eus d'une nièce de l'abbé Morellet, et mourut d'apoplexie, le 31 décembre 1799.

Il faut prendre Marmontel au mot lorsqu'il déclare qu'il ne se sentait pour la poésie qu'un talent médiocre. Il ne fut ni grand poète, ni même parfait versificateur ; et s'il a semé trop de vers dans sa prose, on peut dire qu'il laisse trop de prose dans ses vers. Parmi un grand nombre de ballets, de pastorales et de tragédies lyriques qu'il donna à l'Académie de Musique, Didon eut seule un succès, que le compositeur partagea. Convenons aussi qu'il a mérité d'être compté au premier rang des auteurs d'opéras-comiques. Dans ses Contes moraux, l'Épître aux Poètes, sont les charmes de l'étude, le Discours sur l'Éloquence et l'Épître à Mlle Guimard, doivent être remarqués. La dernière rappelle parfois la manière légère et philosophique de Voltaire.

Dans ses Contes moraux, Marmontel créa un genre aimable, qui fit école, et il est juste d'avouer qu'aucun de ses disciples ne l'a surpassé. Sa réputation s'étendit considérablement par la publication de Bélisaire, sorte de roman politique, dont le quinzième chapitre, consacré à la tolérance des cultes, valut à le fois à l'ouvrage un débit extraordinaire, les éloges de plusieurs souverains, un mandement du même archevêque qui avait condamné l'Émile, la nomination enfin de l'auteur à l'Académie Française et aux fonctions d'historiographe de France. La Harpe trouve à Bélisaire le grand défaut de commencer par un roman et de finir par un sermon. Dans les Incas, Marmontel reprend le sujet du quinzième chapitre de Bélisaire, avec plus de développement. Il y complète la défense de la liberté des opinions religieuses, et réussit à faire détester le fanatisme, par le tableau des crimes qui signalèrent la destruction de l'empire du Pérou. Cette production est, comme Bélisaire, un roman historique, où une histoire poétique, qui ne fait pas toujours oublier le vice du roman et du plan, par les formes du style. Dans les Éléments de Littérature, Marmontel arrive sur son terrain ; il entre mieux dans sa vocation, il se montre dans sa véritable force. Ces éléments sont le recueil, considérablement accru, des articles de littérature qu'il avait répandus dans l'Encyclopédie. Dans ses traductions des textes grecs et latins, il se montre le digne interprète des auteurs anciens, et prouve que s'il a laissé encore La Pharsale à traduire, il a été plus heureux à reproduire les orateurs que les poètes. Ces Éléments de Littérature sont sans contredit son ouvrage le plus classique. Il ne s'y élève guère, il est vrai, jusqu'à l'éloquence, mais il traite du moins de l'art oratoire avec un goût exquis et un sentiment qui en retrace fidèlement les vives impressions.

Parmi les œuvres posthumes de Marmontel, il faut d'abord citer ses *Mémoires sur la Régence du duc d'Orléans*, qui sont écrits avec une plume indépendante. Les leçons sur la grammaire peuvent être fructueusement consultées; mais celles sur la logique et la métaphysique sont très-inférieures aux lumières actuelles. Les propres *Mémoires* de Marmontel méritent d'être distingués. Les intitulant *Histoire de ma Vie, pour servir à l'instruction de mes enfants*, il crut avoir le droit de s'y placer sur le premier plan, et de s'y poser de grandeur naturelle. On trouve cependant qu'il y occupe trop de place.

Marmontel travailla à différents recueils périodiques. L'*Observateur littéraire*, qu'il avait entrepris à son début dans la carrière des lettres avec Bauvin, l'auteur de la tragédie des *Chérusques*, n'eut qu'un faible succès; mais il ajouta plus tard à la vogue du *Mercure de France* par sa coopération et sa direction.

Marmontel fut sans contredit un homme de lettres honorable, un académicien laborieux et utile; mais il ne faut chercher en lui ni le publiciste ni l'auteur politique, comme on les rencontre dans Voltaire et dans Rousseau. Jamais il n'éleva sur l'administration aucune question importante, et l'on ne trouve dans ses écrits aucune autorité en faveur du droit public des nations. Il manque d'idées générales et de portée dans les vues. En matière de religion, il se borne à la tolérance universelle des opinions plutôt qu'il ne réclame la liberté égale des cultes; sujet ou citoyen, il se fût contenté de la tolérance civile comme de la tolérance religieuse, sans oser élever ses vœux jusqu'à la liberté. Il se montra seulement novateur dans les arts, et s'essaya sur les révolutions de la musique en France. Il se fit chef de faction en faveur des piccinistes contre Gluck et ses partisans. Cette fameuse querelle de la mélodie et l'harmonie fut par lui célébrée dans un poëme posthume intitulé *Polymnie*. PARENT-RÉAL.

MARMORA (Alphonse, chevalier de La), lieutenant général, ancien ministre de la guerre du royaume de Sardaigne, est né à Turin, le 18 novembre 1804. Issu d'une des plus nobles de les plus illustres familles du Piémont, il est le septième des fils de *Célestin* marquis de La Marmora, marié à *Raffaela Argentero*, comtesse de Bagzé. Entré à l'Académie militaire de Turin, il s'y distingua par de brillantes études, et en sortit en 1823 pour entrer dans l'artillerie en qualité de lieutenant. La guerre de 1848 contre l'Autriche le trouva revêtu du grade de major (chef d'escadron) dans la même arme. Choisi pour chef d'état-major par le duc de Gênes, ses grandes qualités militaires le mirent aussitôt en relief, et le portèrent rapidement aux plus hauts grades. Colonel le 3 juin 1848, il est nommé major général (général de brigade) le 27 octobre de la même année, et reçoit le portefeuille de la guerre dans le ministère Pérone. Au bout de deux mois le général Alphonse de La Marmora quitte le ministère. Le 2 février 1849 il est de nouveau appelé à ce poste par Gioberti, et s'en démet sept jours après pour aller prendre le commandement de la division militaire, campée à la frontière de Toscane, sur les bords de la Magra. Cette division, composée en majeure partie de troupes peu aguerries, devait avoir pour mission de rétablir le grand-duc de Toscane dans ses États; puis, après avoir rallié les forces toscanes, de coopérer aux opérations de la seconde campagne en attaquant les Autrichiens par les Apennins. Lors de la reprise des hostilités, cette division, qu'on eût dû rappeler sur le Pô, puisqu'on avait renoncé à l'expédition de Toscane, reçut l'ordre de pénétrer en Lombardie par le duché de Modène. Parvenu à Casteggi, le général Alphonse de La Marmora ralliait à la brigade dite d'avant-garde, ainsi que le 18e régiment de ligne et le 1er bataillon de Bersaglieri (chasseurs à pied), laissés en observation devant Plaisance pour en contenir la garnison, lorsqu'il apprit le désastre de Novare et la révolte de Gênes. Aussitôt il fait faire volte-face à ses troupes, et s'avance à marches forcées contre cette ville. En route il reçoit sa nomination au grade de lieutenant général et de commissaire extraordinaire à Gênes. Un coup de main heureux le rendit tout d'abord maître de trois forts et de l'importante position de Sainte-Benigno. Enfin, le 11 du même mois les troupes royales faisaient leur entrée dans la ville. C'était le premier coup porté à la démagogie en Piémont. Cet acte de vigueur inaugurait heureusement le règne de Victor-Emmanuel, consolait l'armée de ses récents revers, et acquit en Europe d'autant plus de réputation au général Alphonse de La Marmora que cette salutaire victoire était une victoire remportée par la cause de l'ordre sur l'esprit révolutionnaire. Une fois la tranquillité rétablie à Gênes, le roi Victor-Emmanuel le nomma ministre de la guerre, le 2 novembre 1849, charge qu'il ne cessa de remplir que pour prendre le commandement en chef du corps expéditionnaire sarde en Crimée. Il y a fait preuve de grands talents militaires, comme l'armée qu'il commandait d'une valeur héroïque. On sait qu'il se défendit parfaitement contre les Russes à l'affaire de Traktir. A la paix il a été créé général d'armée, grade le plus élevé en Sardaigne.

Les trois frères aînés du général Alphonse de La Marmora sont également parvenus au grade de général.

L'aîné de tous, *Charles*, marquis de La Marmora et prince de Masserano, né en 1788, mort en 1854, fit ses premières armes dans la cavalerie française, de 1806 à 1813. Lieutenant général et sénateur du royaume de Sardaigne, il accompagna le roi Charles-Albert en qualité de premier aide de camp pendant les campagnes de 1848 et 1849.

Le second, *Albert*, comte de La Marmora, né en 1789, commença également sa carrière militaire dans l'armée française. Nommé major général en 1840, et sénateur en 1848, le comte de La Marmora fut envoyé à Venise par le roi Charles-Albert pour y commander les troupes piémontaises envoyées au secours de cette ville et y aider à l'organisation des milices vénitiennes. Promu au grade de lieutenant général en 1849, il fut nommé commissaire extraordinaire et commandant de la division militaire dans l'île de Sardaigne. On doit au comte Albert de La Marmora plusieurs ouvrages importants dans les sciences géographiques et géologiques, ouvrages qui le firent recevoir membre de l'Académie des Sciences de Turin, de la Société Géographique et Géologique de France, de l'Académie royale de Berlin, etc.

Le troisième, *Alexandre*, chevalier de La Marmora, né en 1799, major général en 1848, se signala par la plus brillante valeur dans la guerre de l'indépendance italienne, et fut blessé à la bouche d'un coup de feu au premier combat de Goitto, le 8 avril 1848. En 1849 il fut nommé chef de l'état-major général de l'armée, et mourut en 1855, dès le début de l'expédition de Crimée, où il avait accompagné son frère. C'est par ses soins que fut organisé, dès 1836, le corps des Bersaglieri, qui ne le cède en rien aux corps analogues des autres armées européennes.

Duc de Digo, capitaine à la 1re légion étrangère.

MARMOTTE, genre de mammifères de l'ordre des rongeurs.

La marmotte a mal au pied,
Faut lui mettre un emplâtre
Quel emplâtre lui mettrez ?
Un emplâtre de plâtre..........

A qui de nous ce chant savoyard n'a-t-il point révélé l'innocent quadrupède dont nous nous inquiétions peu sans l'exhibition intéressée qu'il le multiplie dans nos villes ? Tous, nous avons jeté un regard de commisération sur ce pauvre animal, de la grosseur d'un chat, que sa longue fourrure fait justement comparer à un ours, et dont la tête ressemble aussi bien à celle du lièvre qu'à celle du rat d'eau, du campagnol ou du loir; tous, nous avons souri en le voyant se dresser sur ses pattes courtes, et conquérir par ce qu'on appelle sa danse quelques sous pour l'enfant qui l'a arraché à la liberté, et qui lui a appris à travailler péniblement, à mendier comme lui, à partager enfin toutes les misères de l'homme.

C'est dans la région des neiges et des glaces qu'habitent en liberté les marmottes, de l'automne au printemps ; c'est là que, rassemblées en famille, elles se creusent, à l'aide des robustes ongles dont la nature les a pourvues, des terriers ou galeries qui, à 1 mètre et demi ou 2 mètres de l'entrée, se divisent en deux parties : l'une conduisant à une espèce de chambre de 1 mètre à 2 mètres 30 de diamètre, selon que la famille est de cinq à seize individus ; l'autre renfermant la terre et les divers matériaux employés à boucher l'entrée de la galerie, aux approches de l'hiver. Cette petite ville souterraine est abondamment garnie et tapissée de foin et de paille, qu'elles amassent en commun pendant l'été, et qui leur servent de couche plutôt que de nourriture. Lorsqu'elles procèdent à cette récolte, une d'elles est placée en sentinelle sur le rocher le plus élevé : à la moindre apparence de danger, elle donne à ses compagnes le signal de la retraite par un cri aigu et perçant, assez semblable à un coup de sifflet. Buffon a prétendu « que les unes coupent l'herbe fraîche , que d'autres la ramassent et que tour à tour elles servent de voiture pour la transporter au gîte : l'une, dit-il, se couche sur le dos, se laisse charger de foin, étend ses pattes en haut pour servir de ridelles, et ensuite se laisse traîner par les autres, qui la tirent par la queue, et qui prennent garde en même temps que la voiture ne verse. C'est, à ce qu'on prétend, par ce frottement trop réitéré qu'elles ont presque toutes le poil rongé sur le dos. » Où peut conduire l'amour du merveilleux !

La marmotte passe les trois quarts de sa vie dans son habitation souterraine : elle n'en sort que par les plus beaux jours, et s'en éloigne peu ; elle y rentre en cas d'orage, de pluie, de frayeur, et durant toute la froide saison, quand elle tombe dans l'engourdissement. Dès le principe de l'hiver, les marmottes ferment l'accès de leur domicile avec un soin et une solidité admirables. Elles ont alors un embonpoint considérable, et pèsent jusqu'à dix kilogrammes et plus. Mais cet embonpoint diminue graduellement. Pendant cette saison, on les trouve pelotonnées en boules, blotties dans le foin, et dans un état d'insensibilité à peu près complet. On prend alors les plus grasses pour les manger et les plus jeunes pour les apprivoiser : à l'état domestique, elles mangent de tout, excepté de la viande ; elles sont par-dessus tout friandes de lait. Les marmottes boivent comme les poules, à petites gorgées et en levant la tête. Elles vivent à peu près dix ans, ne portent qu'une fois par an, et font de trois à quatre petits. La peau de ces animaux sert de fourrure aux montagnards, qui emploient leur graisse comme spécifique dans certaines maladies. C'est vraisemblablement du nom du quadrupède dont nous nous occupons que nous est venu le mot *marmotter* (parler entre ses dents, remuer ses lèvres sans se faire entendre).

Le genre *marmotte*, que les zoologistes nomment *arctomys* (de ἄρκτος, ours, et μῦς, rat), renferme un petit nombre d'espèces, habitant soit les États-Unis, soit le nord de l'Asie, et ne différant guère quant aux mœurs. Celle que nous venons de décrire est la *marmotte commune* ou *marmotte des Alpes* (*arctomys marmotta*, Gm. ; *arctomys alpina*, Blum.), qui se trouve sur le sommet de toutes les montagnes élevées de l'Europe, près des glaciers.

MARMOUSETS (Conspiration des). On a conservé sous ce nom le souvenir d'une intrigue de cour qui remonte à 1730, et avait pour but de renverser le vieux cardinal de Fleury, sur qui Louis XV, autant par paresse d'esprit que par excessive confiance, se reposait de l'administration du royaume. Enhardis par les railleries que le jeune roi se permettait dans l'intimité sur l'économie rigide et la sévérité affectée de son vieux précepteur, devenu son premier ministre, deux très-jeunes courtisans, les ducs de Gèvres et d'Épernon, se hasardèrent à lui présenter un mémoire dont on attribua la rédaction au cardinal de Polignac, ambassadeur à Rome, et qui contenait la critique la plus amère des actes du tout-puissant cardinal. Mais redoutant les suites que pouvait avoir pour leur fortune un pareil acte d'opposition, ils avaient fait promettre au monarque la discrétion la plus complète, et avaient même obtenu qu'il leur rendît le manuscrit original après l'avoir copié en entier de sa main. Le cardinal, à qui un secrétaire montra cette copie, se crut perdu, quoique le roi, avec sa dissimulation ordinaire, continuât à lui témoigner la même docilité. Jouant alors le tout pour le tout, il déclara à Louis XV que puisqu'il ne trouvait pas de protection auprès de lui contre les calomnies dont on l'abreuvait dans son entourage, il allait se retirer à Issy. Cette menace, dont il connaissait toute la portée, et qu'il se serait bien gardé de réaliser, produisit l'effet qu'il en attendait. Le roi, dominé par la puissance de l'habitude, pâlit à l'idée de se trouver seul en face de la nécessité d'agir de son chef, et, oubliant sa parole donnée, obtint du cardinal qu'il renoncerait au projet de le quitter, pourvu qu'il lui révélât le nom des deux *conspirateurs*, dont une bonne lettre de cachet débarrassa le vieux ministre en les exilant pour deux années dans leurs familles. Déjà sous Charles VI on avait stigmatisé ses conseillers intimes du sobriquet dédaigneux de *marmousets* (enfants en bas âge).

MARNE, roche composée principalement de calcaire et d'argile, avec ou sans sable, et dans toutes sortes de proportions. Ses variétés sont très-nombreuses. La marne est dite *calcaire*, *argileuse*, ou *sablonneuse*, selon l'élément qui y domine. Très-commune dans la nature, la marne se trouve à peu près dans tous les étages des terrains secondaires, où elle forme des lits ou des bancs d'une épaisseur plus ou moins grande, alternant fréquemment avec des calcaires et des argiles. Sa texture est tantôt compacte, tantôt feuilletée et terreuse. On trouve dans certaines marnes du mica, dans d'autres de l'oxyde de manganèse, du quartz, de la magnésite ; quelques-unes renferment de nombreux fossiles (poissons, coquilles, insectes). Les marnes sont quelquefois blanches, mais plus souvent colorées en jaune, en vert, en brun, en rouge, en gris, par les oxydes de fer et de manganèse.

La *marne argileuse* se délaye dans l'eau, en faisant pâte avec elle ; on l'emploie donc aux mêmes usages que l'argile plastique (fabrication des poteries, des tuiles, des briques, etc.), avec laquelle on pourrait la confondre quant aux caractères extérieurs ; mais la marne, quelle que soit sa composition, fait toujours effervescence dans les acides, ce qui suffit pour la distinguer de l'argile.

Mais l'usage le plus important auquel soient employées les marnes, c'est l'amendement des terres. Leur emploi à cet effet date de très-loin. Pline rapporte que de son temps les Gaules et la Grande-Bretagne s'étaient enrichies par le *marnage* ; il décrit les procédés de celui des Grecs, et distingue cinq ou six espèces de marne, mais il n'annonce point que cette pratique soit connue de l'Italie. L'emploi de la marne s'est conservé jusqu'à nos jours en France dans un assez grand nombre de localités, en Angleterre dans plusieurs comtés, et l'on s'en trouve généralement bien ; mais pour qu'il produise d'heureux résultats, il ne faut point qu'il soit aveuglément. L'agriculteur doit étudier et choisir avec soin la qualité de marne réclamée par les terres qu'il veut bonifier : si elles sont argileuses et fortes, une marne argileuse serait nuisible, et la marne qui domine le calcaire, et qui est légèrement sablonneuse, sera la meilleure, la seule convenable. Si au contraire ces terres sont maigres, légères, de nature crétacée, une marne grasse et riche en parties argileuses sera cent fois préférable à la marne calcaire. Mais il est bon de recommander de laisser ces dernières marnes exposées à l'air pendant environ une année, car autrement elles ne se délieraient pas assez promptement.

MARNE, rivière de France, qui prend sa source à 4 kilomètres au sud-ouest de Langres, au pied de la montagne du Cognelot. Elle a un cours d'environ 450 kilomètres, par Chaumont, Joinville, Saint-Dizier, Vitry le Français, Châlons, Épernay, Château-Thierry, La Ferté-sous-Jouarre, Meaux, Saint-Maur et Charenton près de Paris, où elle se jette dans la Seine. Ses principaux affluents sont, à droite, le Rognon, l'Ornain et l'Ourcq; à gauche, la Blaise, la Colle, la Somme-Sourde, le Petit-Morin et le Grand-Morin. Elle est navigable sur 331 kilomètres depuis Saint-Dizier. Les transports considérables qui se font sur cette rivière sont absorbés par la capitale. Ils consistent en bois à brûler, bois de charpente et de sciage, charbon, fer, pierre à plâtre, meules, blé, farine, orge, avoine, foin, vin, chanvre, objets manufacturés, etc.

MARNE (Département de la). Ce département, un des quatre formés de l'ancienne Champagne, tire son nom de la rivière qui le traverse du sud-est au nord-ouest et le coupe en deux parties à peu près égales. Il a pour limites au nord le département des Ardennes, à l'est ceux de la Meuse et de la Haute-Marne, au sud celui de l'Aube, à l'ouest ceux de Seine-et-Marne et de l'Aisne. Divisé en 5 arrondissements, 32 cantons, 675 communes, sa population est de 373,302 individus; il envoie trois députés au corps législatif. Il est compris dans la quatrième division militaire, dans l'académie et le ressort de la cour d'appel de Paris, et compose le diocèse de Châlons-sur-Marne et une partie de celui de Reims.

Sa superficie est de 820,273 hectares, dont 614,825 en terres labourables; 78,901 en bois; 38,454 en prés; 18,495 en vignes; 16,901 en landes, bruyères, etc.; 7,103 en vergers, jardins, etc.; 3,728 en étangs, canaux d'irrigation, etc.; 2,459 en propriétés bâties; 2,172 en oseraies, aulnaies, etc.; 15,984 en routes, chemins, etc.; 14,621 en domaines non productifs, etc. Il paye 1,878,490 fr. d'impôt foncier.

Situé dans le bassin de la Seine et sur la rive droite de ce fleuve, qui en baigne à peine l'extrémité méridionale, ainsi que l'Aube, il est arrosé par l'Ornain, l'Aisne, la Suippe, la Vesle, le Grand et le Petit-Morin, la Blaise, et plusieurs autres rivières peu considérables. C'est un pays de plaines et de plateaux peu élevés. Le sol est très-fertile au sud, crayeux et aride au nord, où ses vignobles, producteurs des fameux *vins de Champagne*, constituent toute sa richesse. L'éducation des troupeaux mérinos, une des principales branches de l'industrie, alimente de nombreuses fabriques de drap, de casimir, de couvertures et autres étoffes de laine désignées sous le nom d'*articles de Reims*. L'agriculture, du reste, y est très-avancée et la récolte de grains suffit, et au delà, à la consommation. Depuis quelques années on a beaucoup amélioré, au moyen de plantations d'arbres verts et autres, la contrée appelée *Champagne pouilleuse*, vaste plaine formée d'un tuf de craie à peine recouvert d'un pouce de terre végétale, et où les villages sont éloignés de 20 ou 25 kilomètres les uns des autres. Sur ce plateau, parsemé seulement de quelques collines aux abords des rivières, les vents soufflent de toutes les directions; l'air est vif et sec, excepté dans la partie occidentale, où des étangs et des marais entretiennent l'humidité.

L'exploitation minérale donne des pierres meulières très-estimées, de la craie pour la préparation du blanc d'Espagne, du sable pour les glaces et cristaux, du fer, de la tourbe, des marbres, des cendres fossiles pour engrais, de l'argile à poterie. On y compte six sources minérales peu fréquentées. Parmi les autres produits manufacturés nous citerons les eaux-de-vie, la bière, les verres, les tuiles, les papiers, les cuirs, les pains d'épices et les bougies de Reims, les chapeaux de tresse et de soie, l'acide acétique obtenu par la distillation du bois, etc.

Le chemin de fer de Paris à Strasbourg, le canal de la Marne au Rhin, 8 routes impériales, 15 routes départementales, 5,175 chemins vicinaux, sillonnent ce département, dont le chef-lieu est *Châlons-sur-Marne*; les villes et endroits principaux : *Epernay; Reims; Sainte-Ménehould; Vitry-le-Français; Châtillon-sur-Marne; Courtisols*, chef-lieu de canton, peuplé par une colonie venue de Suisse au dix-huitième siècle; *Suippes*, chef-lieu de canton, petite ville propre et bien bâtie, qui fabrique des étoffes de laine grossières; *Vertus*, chef-lieu de canton, autrefois siège du comté de ce nom, avec une belle fontaine, qu'alimente une source jaillissante, et les usines voisines du château de Mont-Aymée; *L'Épine*, bourg de 400 âmes, qui possède une merveilleuse église gothique; *Sézanne*; *Esternay*, chef-lieu de canton, avec 1,524 habitants et un ancien château habité par Fabert et le comte de Gaylus; *la Fère-Champenoise; Champ-Aubert; Montmirail; Aï; Fismes; Bazancourt*, village à 16 kilomètres de Reims, avec 1,137 habitants et un grand établissement pour la filature et le cardage de la laine, qui a servi de modèle à tous ceux qu'on a fondés depuis en France; *Dormans*, sur la Marne, avec 2,249 habitants, une station du chemin de fer de l'Est et un port toujours très-animé.

MARNE (Département de la HAUTE-). Forme presque entièrement de la partie méridionale de l'ancienne Champagne et de quelques districts limitrophes, qui dépendaient du Barrois, de la Lorraine, de la Bourgogne et de la Franche-Comté, il est borné au nord par les départements de la Marne et de la Meuse, à l'est par celui des Vosges, au sud-est par celui de la Haute-Saône, au sud-ouest par celui de la Côte-d'Or, et à l'ouest par celui de l'Aube.

Divisé en 3 arrondissements, 28 cantons et 550 communes, sa population est de 258,398 habitants. Il envoie deux députés au corps législatif, est compris dans la septième division militaire, ressortit à la cour impériale et l'académie de Dijon, et fait partie du diocèse de Langres.

Sa superficie est de 625,403 hectares, dont 133,611 en terres labourables; 174,275 en bois; 35,528 en prés; 27,970 en landes, bruyères; 13,130 en vignes; 3,857 en vergers, pépinières et jardins; 2,093 en cultures diverses: 17,904 en domaines non productifs; 9,992 en routes, chemins, etc. Il paye 1,907,927 fr. d'impôt foncier.

Le département de la Marne, quoique dépourvu de ces masses imposantes qui constituent les chaînes mêmes de second ordre, est cependant un pays montagneux. Il constitue une partie de la ligne de partage des eaux entre la Méditerranée et l'Océan. Dans sa partie méridionale, en arrière de Langres, s'étend une vaste crête aplatie, d'une longueur totale de 160 kilomètres, et dont la hauteur au-dessus de la mer est de 456 mètres, mais dont l'élévation relativement aux régions voisines est bien moindre. Son point culminant, le mont Cognelot, à 7 kilomètres au sud-est de Langres, ne le domine que de 25 mètres environ; il a ainsi 481 mètres de hauteur absolue. Cette immense masse calcaire a reçu le nom de *plateau de Langres*. Parmi les nombreuses collines qui s'en détachent au sud et au nord, laissant entre elles des vallons plus ou moins longs et resserrés, deux chaînons dominent constamment les autres et se maintiennent à peu près à la hauteur primitive. L'un, courant du sud-est au nord-ouest, sépare la vallée de l'Aube de la vallée de l'Aujon; l'autre, formant une masse beaucoup plus considérable en épaisseur, se dirige du nord au sud, et sépare la vallée de la Marne de la vallée de la Meuse; c'est le chaînon qui va se réunir aux Ardennes. Une troisième chaîne, tout à fait indépendante du plateau de Langres, borne l'horizon à 5 kilomètres à l'ouest de Chaumont, et borde la Marne, l'Aujon et l'Aube. Au reste, la constitution des diverses parties de ce département établit de notables différences dans leur climat et leur fertilité. L'air est partout extrêmement sain, de tous côtés les eaux s'échappent du pied même des montagnes, et s'enfuient dans mille directions. Chaque vallée a sa rivière, chaque vallon son ruisseau, chaque gorge sa fontaine. Le cours d'eau le plus important du département, celui auquel il doit son nom est la *Marne*; citons encore l'Aube, la Meuse, la Blaise, le Rognon, l'Aujon, la Suize, la Voire, la Vingeanne, la Saulon, l'Amance, l'Apance, la Tille, la Saulx, l'Ornain, et l'Ource. Indépendamment de ces cours courantes, ce département renferme au moins 80 étangs, qui occupent ensemble une superficie d'environ 550 hectares. La base sur laquelle repose le sol du département est un calcaire qui forme la transition entre le granit des Vosges et la craie de la Champagne. Aussi la pierre à bâtir est-elle partout abondante et de facile extraction. On trouve encore des marbres, du tuf, du grès, du plâtre, de l'albâtre, de l'ardoise, de l'argile, de la terre à briques en grande quantité, de la tourbe, du fer en abondance. Outre les eaux thermales de Bourbonne-les-Bains, il y a un grand nombre de fontaines ferrugineuses, dont quelques-unes, telles que celles d'Attancourt, près de Vassy, celle de la forêt de Marnesse, dans le Der, celle d'Essey, dans le Bassigny, à 20 kilomètres de Langres et de Chaumont, et celle de la Rivière-sous-Aigremont, canton de Bourbonne, jouissent d'une réputation méritée. Les forêts du département se composent de chênes, de hêtres, de charmes, de frênes, d'ormes, de tilleuls, d'érables, de trembles. Mais les belles futaies deviennent de plus en plus rares. La truffe abonde principalement dans les bois du centre. Le cerf et la biche commencent à devenir rares; le chevreuil et le sanglier sont fort communs, de même que le loup, le renard et le lièvre. Les rivières, qu'habitent presque toutes les espèces de poissons de France, commencent à être moins peuplées, surtout celles qui reçoivent les eaux limoneuses des lavoirs à mine. L'agriculture a fait beaucoup de progrès depuis un certain nombre d'années; l'élève des bestiaux prend de l'extension; les prairies artificielles se multiplient. La quantité de vin récoltée est fort considérable, mais sa qualité est médiocre; cependant, quelques vignobles méritent une mention particulière. Le revers méridional de la montagne de Langres donne des vins de très-bonne qualité, parmi lesquels les vins d'Aubigny, de Montsangeon, de Prauthoy, de Vaux, de Rivières-les-Fosses, ne le cèdent en rien à la troisième et même à la deuxième qualité des vins de Bourgogne. A l'est, les vins de Bourbonne, ceux de Saint-Urbain, Joinville, au nord, ceux de Château-Villain, à l'ouest, sont justement estimés. Les vastes forêts du département ne suffisent plus à l'effrayante consommation des usines, qui sont déjà obligées de faire venir la houille de très-loin. La manutention du fer est la principale industrie du département; elle y a pris dans ces derniers temps une extension prodigieuse. Parmi les autres industries il faut citer la coutellerie de Langres et de Nogent, la ganterie de Chaumont, la fabrication de la bonneterie de laine et des droguets, des bougies, des papeteries, les fabriques de faïence, de poterie, de porcelaine, de poêles à frire, de pointes de Paris, de chaises, de vannerie fine, des vinaigreries, des distilleries, des tanneries, des sucreries.

Le chemin de fer de l'Est, celui de Saint-Dizier à Gray, 6 routes impériales, 8 routes départementales, 3,300 chemins vicinaux facilitent les communications de ce département dont le chef-lieu est *Chaumont* ; les villes et endroits principaux sont : *Saint-Dizier; Langres; Bourbonnes-les-Bains; Joinville; Nogent-le-Roi; Vassy; La Ferté-sur-Aube; le Fayl-Billot*, gros bourg sur la route de Langres à Vesoul, avec 2,562 habitants. On y fabrique des chaises et de la vannerie; *Château-Villain*, placé au débouché de la vallée de l'Aujon, est une vieille ville, qui fut autrefois place forte; une partie de son enceinte, flanquée de grosses tours, existe encore ; on y remarquait avant la révolution un beau château des ducs de Penthièvre, dont il ne reste plus que le grand et le petit parc; on y compte 2,080 habitants ; *Andelot; Arc-en-Barrois*, petite ville située à l'entrée de la montagne et au fond d'un étroit vallon arrosé par l'Aujon : c'est un chef-lieu de canton, qui compte 1,545 habitants; *Bourmont*, petite ville très-ancienne, chef-lieu de canton, avec 1,041 habitants; *Moutier-en-Der*, bourg situé sur la Voire, et protégé par l'antique forêt du Der : il doit son origine à une célèbre et riche abbaye de bénédictins, fondée en 670, par saint Berchaire, fils du duc d'Aquitaine, et aujourd'hui transformée en dépôt impérial d'étalons : c'est un chef-lieu de canton, avec 1,600 habitants ; *Cirey*, village sur la Blaise, célèbre comme étant l'ancienne *Segessera*, et comme séjour de la marquise Du Châtelet et de Voltaire, ensuite de Mme de Simiane. Ce fut jusqu'aux troubles de la Ligue une ville importante.

Le département de la Haute-Marne, dont les parties centrale et méridionale étaient habitées par les *Lingones*, et le nord par les *Catalauni*, fut occupé par les Romains, qui y ont laissé de nombreuses traces de leur séjour. On y a trouvé beaucoup de médailles, des statues, des mosaïques, des armes, etc. Les monuments gaulois sont infiniment moins nombreux. Le plus remarquable est la pierre du Châtelet, la *Haute-Borne*, qui s'élève à 20 pieds au-dessus du sol.

Froussard (de Chaumont),
Secrétaire général de la préfecture de la Haute-Marne.

MARNIX (Philippe de), seigneur de MONT-SAINTE-ALDEGONDE, l'une des grandes figures du seizième siècle, né à Bruxelles, en 1538, fit ses études à Genève, et entra ensuite au service des Pays-Bas. L'insurrection qui y éclata en 1565 trouva en lui un de ses plus ardents fauteurs ; et ce fut aussi lui qui rédigea ce qu'on appela le *Compromis*, acte qui garantissait aux habitants des Pays-Bas la liberté de conscience et la liberté des cultes, en même temps qu'il avait pour but de s'opposer à l'établissement de l'inquisition. Les signataires de ce compromis, ayant à leur tête, le duc Louis de Nassau et le comte de Brederode à leur tête, s'engageaient à se prêter mutuellement assistance envers et contre tous, de leur fortune aussi bien que de leur personne. Ils le présentèrent le 5 avril 1566 à la gouvernante générale des Pays-Bas, Marguerite de Parme, qui refusa de le recevoir. Le duc d'Albe étant arrivé dans les Pays-Bas en 1567, Philippe de Marnix s'enfuit en Allemagne avec les partisans du prince Guillaume d'Orange. Il rentra en même temps que ce prince dans les Pays-bas, et celui-ci le députa la même année à la première assemblée des états tenue à Dordrecht. Plus tard il exerça le commandement militaire supérieur dans diverses places fortes. Fait prisonnier par les Espagnols à la prise de Maasluis, il fut remis en liberté en 1574. Il dirigea ensuite, en qualité de plénipotentiaire, les négociations suivies entre la république et les cours de Paris et de Londres, puis en 1577 à la diète de Worms. Il eut une grande part à la fondation de l'université de Leyde de même qu'à la conclusion du traité de Gand, par suite duquel les provinces prirent fait et cause pour l'insurrection de la Hollande et de la Zélande. En 1584 il fut nommé gouverneur d'Anvers, qu'il défendit pendant treize mois contre le duc de Parme; mais force lui fut alors de l'abandonner aux Espagnols. Les reproches et les attaques que lui attira cette capitulation le déterminèrent à se retirer momentanément des affaires publiques ; ce ne fut seulement en 1580 qu'il consentit à aller remplir les fonctions d'ambassadeur à Paris. Il se fixa ensuite à Leyde, où il entreprit par ordre des états une traduction de la Bible hébraïque en hollandais, et mourut en 1598.

MAROBOD ou **MAROBODIUS**. *Voyez* Marbod.

MAROC (Empire de), ou sultanat de *Moghrib-oul-Aksa*, c'est-à-dire de l'extrême ouest, situé à l'extrémité nord-ouest de l'Afrique, entre le 28° et le 38° degré de latitude septentrionale, le 4° et le 25° de longitude orientale, est borné au nord et à l'ouest, sur une étendue de 126 myriamètres, par la Méditerranée, le détroit de Gibraltar et l'océan Atlantique ; au sud, par l'État de Sidi-Hedscham, dans le pays de Souss, et par le désert de Sahara; à l'est, par l'Algérie et par les steppes de Bélud-el-djérid. Dans ces limites il comprend une superficie de plus de 7,350 myriamètres carrés, égale par conséquent à celle de l'Espagne et du Portugal. Mais dans son état politique actuel l'empire de Maroc se compose à peine du tiers de ce vaste territoire, parce que aujourd'hui les populations nomades et tributaires d'origine arabe et berbère, qui se sont toujours modifiées suivant le degré de puissance et d'énergie des souverains du Maroc, ne reconnaissent plus guère, au sud, leur autorité que de nom, et ne payent plus qu'un faible tribut. L'Atlas, qui y atteint son point extrême d'élévation au mont Miltsin, haut de 7,500 mètres, traverse le territoire du Maroc dans la direction du sud-ouest au nord-est, en envoyant au nord-ouest et au sud-ouest un grand nombre de ramifications qui, sur la côte, forment beaucoup de promontoires, parmi lesquels on remarque surtout le cap Spartel, formant l'extrémité nord-ouest de l'Afrique, à l'entrée occidentale du détroit de Gibraltar. Malgré le grand développement de ses côtes, le pays ne possède que fort peu de ports et de rades, et d'ailleurs en général assez mauvais. Le sol, qui va toujours en s'inclinant des deux côtés de l'Atlas, offre toutes les variétés de configuration, depuis les plateaux élevés, à son centre, jusqu'à la plaine, à l'extrémité de chaque versant, sur les bords de la mer et sur ceux du désert ; et il est généralement fertile ou susceptible de mise en culture, notamment sur le versant nord-ouest. Les nombreux cours d'eau qui sourdent sur les deux versants de l'Atlas sont pour la plupart peu importants et non navigables. Les plus considérables de tous sont la Malouiah ou Moulvia, dont le parcours est de 60 myriamètres environ, le Sebou, la Morbeïa, le Tensift, le Souss et le Drah ; celui-ci, dont le parcours total est de 125 myriamètres, seulement dans sa partie supérieure ; les uns et les autres se jetant dans l'océan Atlantique ; puis le Ghir, le Ziz et le Tafilelt, qui vont se perdre dans le désert. Le climat et les produits du sol sont généralement les mêmes que ceux de la Berbérie. Il en faut dire autant de la population, dont on évalue le chiffre à environ 8,500,000 habitants. Elle se compose en effet, dans l'empire du Maroc comme dans la Berbérie, d'une race berbère primitive (les Kabyles), appelée ici Amazighs et Schellœchs, et forte d'environ 3,750,000 âmes ; plus, de Maures et de Bédouins, composant ensemble un chiffre de 4,250,000 habitants, de juifs, de nègres introduits dans le pays comme esclaves, et enfin d'un très-petit nombre d'Européens. Cette population est restée à un degré très-infime, tant pour ce qui est de la civilisation qu'en ce qui touche l'agriculture et l'industrie. La race la plus civilisée est la race Maure, tandis que bon nombre de tribus amazighs vivent encore aujourd'hui à l'état complètement sauvage. Sauf les juifs (dont le nombre dépasse le chiffre de 330,000 âmes) et un petit nombre d'Européens, toute cette population professe avec fanatisme la religion mahométane.

L'agriculture et l'élève du bétail constituent la principale occupation des habitants. L'industrie, qui ne consiste que dans la fabrication de bonnets, de tissus de soie, et d'un cuir très-fin connu sous le nom de maroquin, y a beaucoup moins d'importance que le commerce, lequel s'approvisionne ou bien effectue ses échanges tantôt à l'aide de caravanes pénétrant au loin dans l'intérieur de l'Afrique, tantôt au moyen des relations qu'il entretient dans les divers ports de l'empire avec les nations maritimes d'Europe, ou encore avec le Levant par l'intermédiaire des pèlerins qui chaque année se rendent à La Mecque. En échange de 4 millions de francs de marchandises que les caravanes, au nombre de six, portent annuellement au Soudan, elles en rapportent pour 10 millions de piastres de produits, qui s'écoulent ensuite dans les contrées voisines des côtes. On évalue à 2 millions de piastres l'exportation totale en Europe, chiffre dans lequel le Maroc ne figure avec ses propres produits que pour un dixième ; le reste se compose des produits du Soudan. Les importations d'Europe ne montent au contraire qu'à 750,000 piastres. Les droits de douane, dépendant du caprice du sultan, varient presque dans chaque port. Depuis l'occupation de l'Algérie par les Français, le commerce, qui se faisait avec le Levant au moyen des pèlerins, tend de plus en plus à se transformer en commerce maritime.

La constitution politique du pays est le despotisme pur. Le titre du souverain, que les Européens qualifient ordinairement d'empereur et les Maures de sultan, est Emir-oul-Moumenin, c'est-à-dire prince des Croyants, et Khalifet-Allah-fi-Chalkihi, c'est-à-dire lieutenant de Dieu sur la terre. Tout le pays est naturellement divisé par l'Atlas en deux parties distinctes : celle du nord-ouest, qui correspond à la *Mauritania Tingitana* des anciens, et qui se compose du royaume de Fez et du Maroc proprement dit, avec la province de Souss ; et celle du sud-est, la *Gœtulla* des anciens, formée des provinces de Tafilelt, de Sedschelmesa et de Darah. Les deux royaumes de Fez et de Maroc sont divisés politiquement en 28 arrondissements, administrés chacun par des pachas et des caïds. Le Tafilelt est placé sous l'autorité de deux caïds ; mais les autres parties dont se compose l'empire de Maroc, notamment les tribus amazighs dans l'intérieur de l'Atlas, gouvernées par des chefs à peu près indépendants, qui reconnaissent l'autorité d'un grand chéïk en qualité de chef de toutes les tribus amazighs et schellœchs, payent à peine un faible tribut au sultan, et par leurs incessantes révoltes rendent impossible tout gouvernement régulier. L'administration des diverses provinces est essentiellement orientale, de même que le gouvernement central. On évalue les revenus publics à 2 millions 500,000 piastres par an, et les dépenses à 1 million de piastres, de sorte qu'il reste tous les ans dans le trésor un excédant considérable, propriété personnelle du sultan, et que l'on conserve à Méquinez, dans un édifice spécialement consacré à cet usage. L'armée régulière n'est guère que de 15 à 20,000 hommes, et se compose généralement d'esclaves noirs. Mais en temps de guerre il se fait en outre dans les provinces une espèce de levée en masse, appelée *goum*, et présentant un effectif de 80 à 100,000 hommes. La marine du Maroc était autrefois fort importante ; pendant tout le seizième et le dix-septième siècle les pirates maroquins furent la terreur des puissances maritimes de l'Europe, et plus particulièrement de l'Espagne. Mais peu à peu les grandes puissances, en recourant à l'emploi de la force, ou au moyen de traités particuliers, parvinrent à se mettre à l'abri de ces avanies ; les petites puissances, au contraire, y demeurèrent soumises jusque dans ces derniers temps, et ne pouvaient s'y soustraire qu'en payant tribut à l'empereur. Cet état de choses, si honteux pour l'Europe civilisée, provoqua encore en 1829 et en 1830 une démonstration militaire de la part de l'Autriche contre les villes du littoral du Maroc ; et les victoires remportées en 1846 par les Français sur les troupes de l'empereur du Maroc ont seules pu y mettre fin. Aujourd'hui la marine du Maroc est complètement anéantie, et le sultan ne possède plus que quelques bâtiments légers.

Les villes les plus importantes sont *Fez*, *Moquinez*, *Tanger*, *Teza*, *Tétoan*, *El-Arisch* et *Saleh*, dans le royaume de Fez ; et dans le Maroc proprement dit : *Maroc* ou *Marokko*, ou *Maraksch*, et mieux encore *Marakesch*, capitale de tout l'empire, et la première des résidences du sultan, située sur un vaste plateau, entre l'Atlas et le fleuve appelé Tensift : elle fut fondée en 1052, peut-être bien sur l'emplacement du *Bocanum Hemerum* des anciens ; au douzième siècle on y comptait 100,000 maisons et 700,000 habitants ; mais elle est aujourd'hui si déchue qu'on y compte au plus 50,000 âmes ; ses solides murailles, hautes de 10 mètres et garnies d'une foule de tours, ont toujours, il est vrai, 14 kilomètres de circuit, mais renferment une grande quantité d'endroits déserts et d'édifices en ruines ; les mosquées, dont la plus remarquable est celle d'El-Kolubia, construite vers le douzième siècle et surmontée d'une tour haute de 73 mètres, sont nombreuses, et quelques-unes très-belles. Le palais du sultan, qui se compose de divers corps de bâtiments, est situé hors de la ville, d'une architecture grandiose, et entouré d'une muraille qui a environ 4 kilomètres de circuit ; le commerce et la préparation des cuirs y ont toujours de l'importance ; l'air y est pur, et la ville est bien pourvue d'eau ; mais les rues en sont sales, étroites, tortueuses et tout à fait bâties à l'orientale ; un faubourg particulier est assigné aux lépreux ; *Mogador*; *Taroudant*, l'une des plus anciennes villes de l'empire, fondée par les

Amazighs, compte 22,000 habitants, et est renommée pour ses teintureries, ses corroyeries et ses fabriques de salpêtre. Dans les provinces situées au sud-est de l'Atlas on ne peut mentionner que *Tafilelt*, agglomération d'édifices et de villages fortifiés, sur les deux rives du Ziz, et avec 10,000 habitants, qui font un important commerce de caravanes avec l'intérieur de l'Afrique.

Jusqu'à la fin du quinzième siècle, l'histoire du Maroc est intimement liée à celle de toute la Berbérie. Vers cette époque la dynastie des Mérinides y fut renversée par celle des Sandites, que remplacèrent au commencement du seizième siècle les schérifs de Tafilelt, sous l'autorité desquels, malgré la barbarie orientale et les fréquentes guerres civiles pour la possession du trône, le pays jouit d'une grande prospérité jusqu'à la fin du seizième siècle. C'est aussi à ce moment qu'il atteignit ses limites extrêmes, car il comprenait alors la partie occidentale de l'Algérie et s'étendait au sud jusqu'à la Guinée. C'est pendant la domination des schérifs de Tafileit que les Portugais furent chassés de leurs possessions en Afrique et que leur roi Sébastien fut vaincu. Après la mort (1603) d'Achmed, le plus puissant de ces schérifs, l'empire, par suite des luttes intestines qui eurent constamment lieu entre ses successeurs, tomba en décadence; de telle sorte que vers le milieu du dix-septième siècle il fut facile à Muléi-Schérif, l'un des descendants d'Ali et de Fatime, de renverser la dynastie des premiers schérifs, et de fonder celle des seconds, laquelle règne encore aujourd'hui, et qu'on appelle aussi *dynastie des Alides* ou *Hoséini.* Le plus fameux souverain qu'il ait encore produit fut *Muléi-Ismaïl*, qui régna de 1672 à 1727, et non sans gloire à l'extérieur, car il enleva Tanger et El-Arisch aux Espagnols, mais qui à l'intérieur fut le plus affreux des tyrans. Il épousa successivement à peu près 8,000 femmes, dont il eut 825 fils et 342 filles. Des querelles de succession éclatèrent constamment entre ses successeurs, de sorte que le pays tomba de plus en plus en décadence jusqu'au règne de *Muléi-Sidi-Mohammed* (1757-1789), qui se distingua par son humanité et par les efforts qu'il tenta pour introduire la civilisation européenne dans ses États. Mais l'antique barbarie reprit le dessus après la mort de Mohammed. Un meilleur état de choses ne se produisit que sous le règne du sultan *Muléi-Solimân* (1794-1822). Celui-ci eut pour successeur le sultan aujourd'hui régnant, *Muléi-Abderrahman*, né en 1778, qui en montant sur le trône réussit aussitôt à comprimer une insurrection des populations des montagnes. Au total il faut reconnaître que le gouvernement de ce prince a été modéré et pacifique. C'est cependant sous son règne que l'empire du Maroc a couru le plus de dangers, par suite de troubles intérieurs et de guerres extérieures.

La prise d'Alger par les Français en 1830 en fut la cause, en raison des conflits dans lesquels le sultan se trouva alors engagé à diverses reprises avec la France et des révoltes provoquées par Abd-el-Kader parmi les tribus fanatiques de ses États. De 1830 à 1832, les efforts tentés par le sultan pour s'emparer de Tlemcen, dépendance de l'Algérie, faillirent déjà amener entre lui et nous une guerre que l'attitude décidée prise aussitôt par notre gouvernement empêcha seule d'éclater. Cependant, la mésintelligence entre la France et le Maroc, qui continuait à soutenir Abd-el-Kader, allait toujours croissant; et lorsque Abd-el-Kader, réduit à l'extrémité par la tactique du général Bugeaud, se réfugia sur le territoire de Maroc, où il fut ouvertement secouru par la population, et où il put de nouveau réunir une armée considérable, cette mésintelligence finit par prendre les proportions d'une hostilité déclarée. Une armée que le sultan de Maroc, au lieu de donner satisfaction aux réclamations de la France, réunit alors sur les frontières de l'Algérie, commença les hostilités contre nos troupes vers la fin de mai 1844. Dès le 6 août de la même année, une flotte française, commandée par le prince de Joinville venait bombarder Tanger; le 9 du même mois elle en faisait autant à Mogador, tandis qu'une armée de terre aux ordres de Bugeaud franchissait la frontière du Maroc, et mettait en complète déroute, le 14 août, sur les bords de l'Isly, une grande armée marocaine commandée par le fils de l'empereur. Tout le camp des Marocains tomba au pouvoir des vainqueurs. Le traité de paix conclu, le 10 septembre 1844, à Tanger à la suite de cette victoire déclarait Abd-el-Kader hors la loi et rétablissait les anciennes limites entre l'Algérie et le Maroc.

Mais les faits ne tardèrent point à démontrer que le sultan ne possédait pas la puissance nécessaire pour remplir qu'il avait pris dans ce traité; et le moment vint où il eut moins à redouter les Français que ses peuples fanatiques et Abd-el-Kader, visant ouvertement à fonder une dynastie nouvelle dans le Maroc. En octobre 1845 Abd-el-Kader recommença sa lutte contre les Français, lutte pour laquelle il tirait toutes ses ressources du Maroc. Au moment même où le sultan de Maroc avait à lutter contre la puissance française, il se voyait entraîné dans des démêlés avec l'Espagne, avec la Suède, qui se refusèrent à payer désormais le tribut, se termina également sous la médiation de l'Angleterre et de la France, au moyen d'un arrangement (5 avril 1845) qui affranchit à l'avenir ces puissances de toute espèce de tribut à payer au Maroc.

Le 6 avril 1845 le consul général de France revint donc à Tanger, après que la question de la délimitation des frontières de l'Algérie et du Maroc eut été arrangée dès le 18 mars. Les frontières respectives des deux puissances avaient été déterminées par une ligne partant de l'oasis marocaine de Figuig, traversant le grand désert d'Angad, passant à l'est devant la ville d'Oudscha, appartenant au Maroc, et atteignant le poste français de Djema-Ghazouat. Mais le sultan s'étant ensuite refusé, sous divers prétextes, à l'exécution de ce traité, trois vaisseaux de guerre français parurent de nouveau devant Tanger et contraignirent Muléi-Abderrahman à le ratifier. Dans l'intervalle Abd-el-Kader avait transféré ses tribus algériennes sur le territoire de Maroc, dont il excitait de nouveau les populations à la guerre sainte; de sorte qu'une armée française dut encore une fois venir prendre position sur les frontières de Maroc. Abderrahman se trouva par là contraint de faire marcher des troupes nombreuses contre Abd-el-Kader, et de déposer les différents gouverneurs de province qui jusque alors avaient prêté secours à l'émir. A ce moment Abd-el-Kader se mit en révolte ouverte contre le sultan et son autorité. Étant venu attaquer la ville d'Oudscha, il fut, il est vrai, repoussé par le cadi de cette ville; mais les troupes marocaines accourues au secours d'Oudscha, sous les ordres de Muléi-Soliman, refusèrent de combattre Abd-el-Kader. Dans ce moment critique, le sultan se vit donc obligé d'en appeler à l'appui de la France, quoiqu'il restât toujours quelque chose d'équivoque dans son attitude. En 1847 les provinces septentrionales et orientales du Maroc firent spontanément cause commune avec Abd-el-Kader; les troupes du sultan furent mises à deux reprises dans le courant de l'été, et Abd-el-Kader s'empara de la ville marocaine de Teza, d'où il menaça la province d'Oran. C'est alors (septembre 1847) que la France se décida à intervenir énergiquement dans les affaires du Maroc, et tout aussitôt la fortune abandonna les drapeaux d'Abd-el-Kader. Les plus puissantes d'entre ses tribus, celles des Beni-Ameret, des Hadjems, furent exterminées sous les murs de Fez par le prince Sidi-Mohammed, en même temps que le sultan en personne lui-même se voyait tellement pressé par les Français aux ordres du général Lamoricière, qu'il était réduit à capituler, le 22 décembre 1847.

Le Maroc demeura alors assez tranquille pendant quelque temps; mais de nouvelles difficultés surgirent avec la France dès 1849, par suite de diverses insultes faites au chargé d'affaires Roche, ainsi que de l'arrestation d'un courrier français qui fut l'objet de divers mauvais traitements. L'apparition de la frégate *La Pomone* dans les eaux de Tanger contraignit encore une fois le sultan à donner les satisfactions qu'on exigeait de lui, et la paix se trouva tout à fait rétablie à la fin de cette même année. Dans les premiers mois de 1850, par suite d'une sécheresse extraordinaire, le Maroc souffrit beaucoup d'une grande famine et de l'interruption de tout commerce qu'elle entraîna. En outre, en cherchant à accaparer le commerce des peaux et cuirs, le sultan provoqua une vaste révolte, dont un de ses neveux essaya de profiter pour le détrôner. Ces troubles n'eurent pas plus tôt été comprimés, que de nouvelles difficultés surgirent avec la France, à l'occasion du pillage d'un navire français qui avait fait naufrage sur la côte de Maroc. Suivant son habitude, l'empereur Abderrahman refusa de donner aucune satisfaction pour ce fait, de sorte qu'il fallut que le contre-amiral Dubourdieu parût, le 25 novembre 1851, à la tête d'une escadre formidable devant la ville de Saleh; et sur le refus des autorités locales de faire droit à ses réclamations, il la canonna vivement le lendemain. Il se rendit ensuite dans les eaux de Tanger, pour y appuyer les réclamations du chargé d'affaire de France. Satisfaction complète lui fut alors donnée, une convention, signée le 23 mars 1852, mit fin à ce nouveau démêlé. Des tentatives contre Melilla amenèrent de nouvelles difficultés avec l'Espagne. Pendant la guerre d'Orient, les Marocains reprirent leur métier d'écumeurs de mer; il fallut établir une surveillance active sur leurs côtes. En 1855 un négociant français fut assassiné à Tanger; des vaisseaux de guerre parurent et obtinrent l'exécution de l'assassin. Consultez Graber de Hemsœ, *Specchio geografico e statistico dell' Imperio di Maroco* (Gênes, 1834); Calderon, *Cuadro geografico, estadistico, historico, politico del Imperio di Marruecos* (Madrid, 1844); Renou, *Description géographique de l'Empire de Maroc* (Paris, 1846).

MAROLES ou mieux MAROILLES, bourg du département du Nord, à 13 kilomètres à l'ouest d'Avesnes, sur la rive droite de la Petite-Helpe; sa population est de 2,219 habitants. Ses fromages, connus dans toute la France, petits, de forme carrée, à pâte tendre et grasse, sont, on peut le dire, le *Roquefort* des classes ouvrières. Ce bourg fait en outre un important commerce de beurre; on y trouve des fabriques de chicorée-café, des tanneries, des corroyeries, des brasseries.

MAROLLES (MICHEL DE), né en Touraine, le 22 juillet 1600, mort à Paris, le 6 mars 1681, était fils de Claude de Marolles, capitaine des Cent-Suisses. En 1609 son père obtint pour lui du roi Henri IV l'abbaye de Baugerais en Touraine; il fut tonsuré au mois de mars de l'année suivante. En 1626 il reçut du roi l'abbaye de Villeloin. Ses nombreuses versions des auteurs de l'antiquité, quoique tombées dans l'oubli et médiocres, même au temps où elles parurent, attestent sa science et ses efforts infatigables. Comme écrivain original, il nous attache, dans ses Mémoires surtout, par des détails pleins d'intérêt, par un style simple et naïve; comme ami des arts, il mérite toute notre sympathie : nous lui devons une belle collection d'estampes et de figures en taille-douce déposée à la bibliothèque impériale (224 volumes). Il commença à rimer à soixante-dix ans, et pour ce genre de travail comme pour tous les autres il visait à la quantité plus qu'à la qualité. Il disait un jour à Linière : « Mes vers me coûtent peu. — Ils vous coûtent ce qu'ils valent, » répliqua le poète de Senlis. Le long catalogue de ses œuvres oubliées démontre mieux que tout ce que nous pourrions dire son infatigable fécondité. La seule année 1653 vit paraître ses traductions en français du *Nouveau Testament*, d'*Horace*, de *Perse*, de *Juvenal* et de *Tibulle*. Sa traduction de *Lucain* eut trois éditions, en 1623, en 1647 et en 1654. Il en fut de même de la plupart de ses productions.

MAROLLES (CLAUDE DE), de la Compagnie de Jésus, né le 23 août 1712, brûlé dans son lit, le 15 mai 1792, petit-neveu du précédent, est connu par des discours et des sermons d'un certain mérite.

MAROLLES (MAGNÉ DE), né à peu près à la même époque, et mort en 1792, a fait un assez grand nombre d'ouvrages : son *Essai sur la Chasse au fusil* (1781, in-8°), et surtout sa *Chasse au fusil* (1788), sont estimés; le dernier de ces ouvrages est un excellent traité. P. GAUBERT.

MARONCELLI (PIETRO), patriote italien, que sa longue détention dans les cachots du Spielberg, où il partagea la captivité de Silvio Pellico, a rendu tristement célèbre, naquit à Forli, vers la fin du siècle dernier. Comme dès l'âge le plus tendre il annonçait les dispositions les plus grandes pour la musique, sa famille, malgré l'exiguité de ses ressources, se décida à l'envoyer au conservatoire de Naples. Ses progrès y furent rapides, et semblaient l'appeler à parcourir une carrière brillante. Mais doué d'une imagination des plus vives, il ne put entendre le premier cri de liberté et d'indépendance qui fut proféré sur le territoire italique sans en être profondément ému; et tout aussitôt il se voua au triomphe d'une idée dans la réalisation de laquelle son âme aimante et expansive voyait le redressement de tous les maux de sa malheureuse patrie. Après un court séjour à Forli, il alla se fixer à Bologne, antique sanctuaire des arts et des sciences, pour s'y perfectionner encore dans la composition. C'est là qu'il se lia avec une foule d'hommes énergiques, qui avaient foi comme lui en l'avenir de leur pays, et résolus comme lui à tout tenter pour amener l'expulsion des Autrichiens du sol de la patrie. Après deux années de séjour à Bologne, il était de retour à Forli, lorsqu'il fut dénoncé à l'autorité supérieure comme affilié à la société des *Carbonari*, arrêté et transporté à Rome au château Saint-Ange; c'était, je crois, à la fin de 1819. Toutefois, grâce à la paternelle mansuétude de Pie VII, son emprisonnement ne dura que huit mois; et cette courte persécution ne refroidit en rien son ardeur pour la cause italienne. A peine sorti du château Saint-Ange, il alla se fixer en Lombardie, au milieu même des Autrichiens, afin de pouvoir conspirer et agir plus efficacement contre eux. La révolution de Naples, qui éclata à peu de temps de là, ne pouvait qu'exalter encore davantage son patriotisme. Il ne tarda donc pas à se mettre en rapport avec les hommes les plus influents du royaume lombardo-vénitien, pour former et propager avec eux une fédération qui devait s'étendre dans tous les États de l'Italie. Les progrès de cette association étaient grands et rapides, lorsqu'il fut arrêté pour la seconde fois, le 7 octobre 1820. Silvio Pellico, son ami le plus cher, compromis comme lui dans cette malheureuse affaire, et emprisonné le 13 octobre suivant, nous a conté la douloureuse histoire de leur longue captivité. On sait quel fut le funeste résultat du procès politique qui leur fut intenté à Venise, leur condamnation à mort, puis la commutation de la peine capitale en vingt ans de galères, et leur translation dans les prisons d'État du Spielberg. Chacun a lu dans l'admirable livre de Silvio Pellico avec quelle mansuétude, quelle sérénité d'âme, quelle pieuse et héroïque résignation son frère d'infortune avait supporté les misères et les tortures de cette funeste prison, où l'on fut obligé de lui faire l'amputation de la jambe. Mis en liberté le 1er août 1830, ainsi que Silvio Pellico, après avoir subi plus de dix ans dans les fers, le pauvre mutilé fut séparé, à Mantoue, de son incomparable ami, et reconduit à Forli, d'où les défiances ombrageuses de la police pontificale ne tardèrent point à le forcer de s'éloigner. Ce fut vers la France qu'il dirigea alors ses pas; puis bientôt, perdant tout à fait l'espoir de voir jamais l'intervention énergique de la France amener l'adoucissement des souffrances de l'Italie, le pauvre exilé se décida, en 1833, à passer aux États-Unis. Ce qu'il lui fallut de résolution, de courage, de persévérance, pour y gagner honorablement sa vie malgré ses infirmités et ses souffrances, Dieu seul le sait; comme seul il sait aussi que de douleurs, que de mortels regrets se sont accumulés dans son âme jusqu'à l'instant où le souvenir des maux passés, les angoisses du présent et les désillusions de l'avenir furent plus fortes que sa volonté et sa raison. Il est mort fou à New-York, en 1846, après avoir courageusement lutté pendant treize ans contre les dures nécessités que lui imposait sa triste destinée.

Alexandre ANDRYANE.

MARONITES, nom d'une secte chrétienne existant en Syrie, et qui a pour origine les disputes monothélites. Les monothélites, après un triomphe passager obtenu sous le règne de Philippicus Bardanes (711-713), ayant été généralement repoussés de partout à partir du règne d'Anastase II, il s'en conserva encore quelques débris dans un couvent du mont Liban placé sous l'invocation de saint Maro ou Maron, abbé qui vivait au sixième siècle. Ils élurent pour chef le moine Jean Maro, en lui conférant le titre de patriarche d'Antioche; et, race belliqueuse, ils maintinrent, même sous la domination de l'islamisme, leur indépendance politique et eligieuse, qu'ils ont également réussi à conserver jusque aujourd'hui en acquittant un tribut à la Porte Ottomane. Leur grand centre actuel est le *Kesrawan*, district de la Syrie dont ils constituent presque exclusivement la population, séparé de l'arrondissement de Metn au sud par le Nahr-el-Kelb (le *Lycus* des anciens) et au nord par le district de Jebeil. On en rencontre cependant à peu près dans toutes les parties du Liban, depuis son extrémité méridionale au-dessus de Tripoli jusqu'aux environs de Safed, de même que dans les villes et les gros bourgs situés au nord jusqu'à Alep, et au sud jusqu'à Nazareth.

La constitution politique des Maronites est celle d'une république militaire. Gouvernés par d'anciennes coutumes, ils vivent dans leurs montagnes de l'agriculture et des produits de leurs vignes et de leurs mûriers. Pour la simplicité de mœurs, la modération et l'hospitalité, ils ressemblent aux anciens Arabes. L'usage des vengeances héréditaires est en vigueur parmi eux, et en signe de leur noblesse ils portent le turban vert. Une circonstance qui démontre leur origine syrienne, c'est que leur langue liturgique est complètement syriaque. Quoique dès l'an 1182 les Maronites aient fait acte d'adhésion au siège de Rome, acte renouvelé encore en 1445, et bien qu'en 1736 ils aient accepté les décisions du concile de Trente, de même qu'ils font preuve d'une déférence absolue pour le siège de Rome ainsi que pour leurs prêtres, ils n'en persévèrent pas moins dans une organisation ecclésiastique et des usages qui leur sont particuliers, et qui ne seraient pas tolérés dans les États catholiques d'Europe. Ils suivent le calendrier grégorien, observent les mêmes fêtes que l'Église catholique d'Europe, et administrent de la même manière le sacrement de la communion; mais ils honorent quelques saints que l'Église n'a pas admis, entre autres leur saint Mar-Maron. Tout candidat aux fonctions sacerdotales qui n'est pas déjà lié par le vœu de chasteté peut se marier avant l'ordination; aussi la plus grande partie de leurs prêtres sont-ils mariés. Aujourd'hui encore leur chef prend le titre de *patriarche d'Antioche*; il habite le couvent de Kanôbin, situé sur le mont Liban, et dont on attribue la construction à Théodose le Grand; et tous les dix ans il rend compte au pape de la situation de l'Église maronite. Il a sous ses ordres un grand nombre d'évêques et les autres membres du clergé, divisé en six classes. Sur tous les points du mont Liban on rencontre des couvents de maronites, hommes et femmes, dans lesquels on suit une prétendue règle de Saint-Antoine. Il existe à Rome, depuis 1586, un collège spécial pour l'éducation des prêtres maronites; le patriarche a également fondé à leur usage une école à 'Aïn-Warkah, dans le Kesrawân. C'est le plus important établissement de ce genre qu'il y ait dans toute la Syrie. On y étudie la langue arabe, qui est la langue maternelle des populations, le syriaque, le latin et l'italien. Il existe aussi une imprimerie maronite dans le couvent de Kascheiya (près de Kanôbin), où s'impriment leurs livres liturgiques en langue syriaque.

Les Maronites ont pour ennemis irréconciliables les Druses, qui habitent les districts voisins. Pendant quelque temps ils exercèrent une prépondérance marquée sur les Druses, qui sont bien moins nombreux qu'eux, et cela par suite de la conversion à la foi maronite de la famille de l'émir régnant, celle des Benou-Schihab, qui abandonna la religion mahométane; mais la chute d'Émir-Beschir, qui avait longtemps régné sur le Liban, chute arrivée en 1840, a rendu leur position bien moins favorable : et depuis cette époque ils ont eu beaucoup à souffrir (*voyez* LIBAN).

MAROQUIN, peau tannée et mise en couleur. Le mot *maroquin* vient de Maroc, d'où les premières peaux ainsi appelées ont été apportées en Europe. Lorsque la famine eut dispersé dans toute la Turquie la plupart des ouvriers africains, un grand nombre d'entre eux s'établit à Constantinople, où ils forment encore aujourd'hui une corporation particulière, qui garde avec soin tous les secrets du métier. L'art d'apprêter le maroquin, rapporté de Levant par des voyageurs français, fut en usage à Paris dès 1665. Les peaux les plus propres à confectionner cette espèce de cuir sont, outre celle de bouc, de bouquetin, de chèvre et de *menon* (animal de même espèce, commun dans le Levant), les peaux de veau et de mouton, qu'on façonne facilement de la même manière.

On distingue les diverses espèces de maroquins en maroquins de *gros grain* et de *grain délié*. Il y a des maroquins de plusieurs couleurs, rouges, citrons, jaunes, violets, noirs, verts, bleus, etc. Toutes ces espèces se préparent à peu près de même, et la différence ne consiste que dans les ingrédients dont on compose les couleurs qui servent à les teindre. Toutefois, les véritables maroquins rouges, jaunes et violets, viennent de *Tétouan*. Ceux qu'on nomme *cordouans* sont apprêtés avec du *tan*, ce qui les fait différer des vrais maroquins. Le maroquin en général est surtout employé pour les tapisseries, reliures de livres, souliers, voitures.

Les maroquins du Levant sont toujours demeurés en faveur, bien que leur supériorité sur les maroquins d'Europe soit aujourd'hui très-contestable. Constantinople, Salonique, et Smyrne surtout, sont les villes d'Orient où en on fait le plus grand commerce. A Maroc il y en a des fabriques considérables. En Russie, les maroquins les plus célèbres sont ceux d'Astrakhan, de Kasan et de Moscou. Toutes les villes importantes d'Allemagne et d'Angleterre ont des fabriques de maroquins. Les villes de France où l'on prépare les maroquins sont, après Paris, Marseille, Strasbourg et Lyon, qui le livrent au commerce de Paris avant la mise en couleur. C'est au faubourg Saint-Marcel à Paris que s'est centralisée cette industrie. On estime de 9 à 10 millions de francs la valeur du maroquin préparé en France ; Paris entre dans cette évaluation pour la moitié. L'importation du maroquin est prohibée en France.

[Les maroquins, les peaux en maroquin, teintes de diverses couleurs et surtout d'un beau rouge, se tiraient du Levant. Peu à peu cette fabrication est devenue indigène en France : on a d'abord commencé à Marseille, puis cette industrie s'est étendue à beaucoup d'autres localités. A Nicosie, les maroquiniers, après le dernier lavage des peaux, les font tremper dans une bouillie extrêmement épaisse de poudre de feuilles de sumac. Les peaux y restent environ trente heures dans des réservoirs carrés, où l'on continue constamment le brassage aux pieds, et le tordage des peaux à l'aide des mains. C'est ce qu'on appelle un *coudrement*. En France, on a substitué avec avantage la noix de galle au sumac.

Vient ensuite la mise en couleur proprement dite. Pour quarante peaux de grandeur moyenne, on emploie à Nicosie 780 grammes du plus beau marbre, qu'on réduit d'abord en poudre très-fine, et qu'on fait bouillir dans huit litres d'eau la plus pure. L'eau de pluie est toujours préfé-

47.

vée; à défaut, celle de rivière. On trempe du coton dans la décoction éclaircie, et on en frotte la peau du côté de *fleur*. Lorsque les quarante peaux ont été ainsi traitées, on recommence sur la première, que l'on teint une seconde fois. On répète jusqu'à cinq et même six fois. Ensuite on fait digérer à froid dans 6 litres d'eau 7 kilogrammes et demi de belle noix de galle, réduite en poudre très-fine. On tire à clair au bout de quelques heures, et on trempe les peaux teintes. Après l'immersion dans le bain de galle, on laisse modérément sécher, puis on lave à l'eau bien nette, jusqu'à six fois de suite. Les peaux sont ensuite étendues sur des pierres plates dans un magasin, et on les y passe à l'huile de *sésame*. On en frotte chaque peau du côté de fleur. Finalement, on laisse sécher à l'ombre dans un lieu aéré. A Nicosie, pour le maroquin jaune, au lieu de faire un coudrement après l'application de la couleur, le coudrement précède cette application. Pour quarante peaux destinées à la couleur jaune, on fait infuser à froid, pendant vingt-quatre heures, 9 kilogrammes de noix de galle dans 8 ou 10 litres d'eau bien pure. Il faut observer qu'il n'y ait tout juste qu'assez de liqueur pour mouiller et imbiber complètement les peaux, et qu'il n'en surnage pas. Au sortir de ce trempage, les peaux sont lavées à l'eau fraîche, puis séchées au grand air, puis lavées de nouveau et séchées. Ensuite on fait une décoction, à feu très-lent, de 2 kilogrammes et demi de graine d'Avignon et de 75 décagrammes de bel alun exempt de fer, le tout finement pulvérisé. La liqueur ne doit pas bouillir. Ce dosage suffit pour quarante peaux. Pour le *maroquin beau noir*, on ne se sert pas de noix de galle, mais seulement de sumac. On emploie ensuite la solution de couperose verte, ou sulfate de fer. En France, on préfère à la couperose la dissolution de fer dans le vinaigre de bois.   Pelouze père.]

MAROT (Clément), fils de *Jean* Marot, poète assez goûté de son temps, naquit à Cahors, en 1495. Son père, qui le destinait au barreau, l'envoya à Paris à l'âge de dix ans; mais là il s'abandonna tout d'abord à ses goûts de poète et de dissipateur, et devint ensuite successivement page du seigneur de Villeroy et valet de chambre de Marguerite de France, duchesse d'Alençon, sœur de François Ier. Il accompagna ce monarque à Ardres et à Reims en 1520, puis dans son expédition d'Italie : comme le vaincu du Pavie, il fut blessé et fait prisonnier près de cette ville. Au sortir de sa captivité chez les ennemis, une captivité plus rigoureuse l'attendait en France : accusé d'hérésie, il fut jeté dans les prisons du Châtelet, et n'en sortit qu'en 1526. On a fait à ce sujet un conte très-invraisemblable. Donnant à diner, un jour maigre, à la célèbre Diane de Poitiers, dont quelques recueils d'anecdotes font sa maîtresse, il aurait plaisanté sur la loi d'abstinence, et l'aurait enfreinte. La favorite, piquée de certaines indiscrétions dont se serait plus tard rendu coupable son amant, l'aurait alors dénoncé à l'inquisiteur comme attaché aux nouvelles opinions religieuses et violant ouvertement les préceptes de la foi catholique. Marot dut comparaître devant le lieutenant criminel, qui lui reprocha sa conduite, ses écrits licencieux, et les scandales dont était parsemée l'histoire, si courte encore, de sa vie. Ce fut dans les prisons de Chartres, où il avait été transféré, qu'il écrivit sa sanglante satire contre les gens de justice, à laquelle il donna pour titre *L'Enfer*. La délivrance de François Ier amena celle du poète, qu'il protégeait de son affection. Comme le monarque, le poète reprit sa vie dissolue.

Ses opinions religieuses et ses intrigues galantes lui suscitèrent de nouveaux chagrins, de nouveaux emprisonnements. Ses livres, ses papiers furent saisis, à la suite d'une lutte qu'il engagea contre les archers, des mains desquels il fit évader un criminel. Clément s'enfuit alors dans le Béarn, y eut, dit-on, avec la reine de Navarre, Marguerite, des liaisons intimes, qu'il ne cacha point, et dont il eut encore, ajoute-t-on, à se repentir. Du Béarn, le poète vagabond vint à Ferrare, à la cour de la duchesse Renée de France, puis à Venise. Mais les de ces courses lointaines, il demanda à rentrer en France, ce qui ne lui fut accordé qu'à la condition d'une abjuration solennelle, qu'il fit à Lyon entre les mains du cardinal de Tournon. De retour à la cour de François Ier, Marot y traduisit en vers français les *Psaumes de David*, traduction qui fut fort goûtée du public, mais dont s'alarma la Sorbonne : elle prétendit y découvrir des erreurs, et en prohiba la vente. Ainsi brouillé avec la redoutable Faculté de théologie de Paris, Marot, qui, fidèle à son caractère, avait donné dans de nouveaux travers, jugea prudent de se retirer à Genève. Il n'y séjourna qu'un an, et alla s'établir à Turin, où il mourut, dans l'indigence, en 1544. Il avait l'esprit enjoué et pétillant de saillies; son style a un charme particulier, qui tient surtout à la naïveté de l'expression et à la délicatesse des sentiments. Nul n'a mieux connu le ton de l'épigramme. Ses poésies consistent en épîtres, rondeaux, ballades, épigrammes. Il en donna lui-même une édition à Lyon, en 1538, et l'on a publié en 1824 ses *Œuvres complètes, augmentées d'un Essai sur sa vie et ses ouvrages*, 3 volumes in-8° (*voyez* France [*Littérature*], tome IX, pages 703-709).

MAROTIQUE (Style). C'est aux nombreuses imitations qui ont été faites de la langue poétique de Marot qu'est dû ce genre particulier de style qui porte son nom, et dont le mauvais goût a fréquemment abusé. Sans doute on peut regretter la grâce naïve des anciens tours que notre langue a perdus en s'épurant : la liberté de supprimer l'article et le pronom, l'emploi d'une foule de mots piquants, mais, comme l'a fort bien remarqué Marmontel, « pour manier avec grâce un style naïf, il faut être naïf soi-même, et rien n'est plus rare que la naïveté ». Aussi La Fontaine est-il le seul poète qui ait excellé constamment dans cette imitation; J.-B. Rousseau, dans l'épigramme, a laissé d'admirables échantillons du style marotique; mais en voulant transporter ce langage dans l'épître familière, il en fit un jargon bizarre et quelquefois inintelligible. Voltaire *marotisa* aussi dans l'occasion, mais avec ce goût exquis qui savait distinguer les nuances propres à chaque sujet. Beaucoup de poètes se sont adonnés à ce style, parce qu'il séduit par sa malheureuse facilité; mais l'oubli profond dans lequel sont restés leurs ouvrages atteste l'inanité de leurs prétentions. Il faut donc convenir, avec un homme dont la critique s'est rarement trompée en fait de poésie, « que le style qu'on appelle *marotique* ne doit être admis que dans une épigramme et dans un conte, comme les figures de Callot ne doivent paraître que dans des grotesques. Mais quand il faut mettre la raison en vers, peindre, émouvoir, écrire élégamment, alors ce mélange monstrueux de la langue de nos jours paraît l'abus le plus condamnable qui se soit glissé dans la poésie. Marot parlait sa langue, il pouvait la styler où il voulait; mais nous parlons la nôtre. Cette bigarrure est aussi révoltante pour les hommes judicieux, que le serait l'architecture gothique mêlée avec la moderne. »

Champagnac.

MAROTO (Don Rafael), après Zumalacarreguy le chef carliste le plus important dans les dernières guerres civiles de la Péninsule, né en 1785, à Conca, royaume de Murcie, entra au service en 1808, et était déjà colonel en 1815. Placé par sa grande fortune dans une position tout à fait indépendante, il entreprit de nombreux voyages en Angleterre, en France, et en Amérique, où il eut occasion de se lier avec Espartero. En 1833 il fut nommé commandant général de la province de Guipuzcoa, et peu de temps après il accompagna en Portugal don Carlos, exilé d'Espagne. En 1834 ce fut lui qui dirigea, sous les ordres de Zumala-Carréguy, les opérations du siége de Bilbao, et après la mort de son chef (1835) il fut nommé au commandement de la Biscaye. Il avait remporté de brillants avantages sur Espartero, quand il vint à encourir la complète disgrâce de don Carlos et à être mis en non-activité. Cependant il accepta encore en 1837 un commandement dans l'armée carliste de la Catalogne ; mais il ne le garda que peu de temps, et vint alors résider en France jusqu'à la grande défaite que les carlistes essuyèrent à Penacerrada. A ce moment (juin 1838), don Carlos le nomma chef de son état-major, et peu de temps après commandant en chef de ses troupes.

Maroto paraissait avoir pris plus vivement à cœur que jamais les intérêts du prétendant, et il déploya réellement une activité peu commune pour opérer la réorganisation d'une armée où régnait une confusion extrême. Mais le parti apostolique ne tarda pas à organiser contre lui une conspiration formelle. Le 10 février 1839, il eut à ce sujet un entretien avec don Carlos, à qui il déclara nettement qu'il allait faire fusiller une vingtaine d'intrigants ; et il tint parole, les 19 et 20 du même mois. Toutefois, ces scènes sanglantes amenèrent bientôt contre lui une nouvelle réaction ; et appréciant les dangers qui le menaçaient, obéissant en outre à l'influence d'un certain nombre de chefs, fatigués d'une interminable guerre soutenue au profit d'un prétendant qui leur était devenu odieux ou indifférent, il entama le 27 février,avec les *christinos* des négociations qui amenèrent la conclusion de la convention de Bergara, signée le 31 août 1839 (*voyez* ESPAGNE). Maroto se rendit alors à Bilbao, et de là à Madrid. La reine régente, en récompense de la part qu'il avait prise à la compression de l'insurrection carliste, lui accorda un traitement de 40,000 réaux, et en 1840 il fut nommé membre du conseil supérieur de la guerre et de la marine. Les efforts qu'il tenta ensuite auprès du gouvernement pour le déterminer à exécuter plus loyalement la convention de Bergara dans celles de ses stipulations qui avaient trait aux priviléges des provinces basques et aux intérêts de ses compagnons d'armes demeurèrent à peu près sans résultat, parce qu'on lui objecta constamment qu'il avait moins que personne droit de se plaindre.

Flétri partout par l'opinion publique, il comprit qu'on se sert des traîtres et qu'on les paye, mais que toujours on les méprise ; et pour échapper à ce châtiment il partit, sous prétexte d'intérêts privés à régler, pour l'Amérique méridionale, où il mourut, au Chili, au commencement de 1847.

MAROZIA, de même que sa mère Theodora, l'un des personnages les plus déplorablement fameux dont fasse mention l'histoire du moyen âge, fut mariée à trois reprises : la première fois avec le duc Albéric de Toscane, la seconde, en 932, avec son beau-fils, Guido, et la troisième avec Hugues, roi d'Arles et d'Italie. Elle fut la maîtresse du pape Serge III, dont elle eut un fils, qui fut plus tard le pape Jean XI. Elle fut aussi la grand'-mère des papes Jean XII et Léon VIII. C'est à son instigation que Jean X, sa mère avait placé sur le trône pontifical, fut étranglé, en 928. Marozia habitait le château Saint-Ange, et gouverna complétement le pape et Rome, ainsi que l'Italie tout entière, jusqu'au jour où son fils du premier lit, Albéric, qui avait assassiné son frère le pape Jean XI, se révolta contre elle, en 933, et provoqua un soulèvement général, par suite duquel elle fut jetée dans une prison, où elle mourut bientôt après.

MARQUE, signe indicatif d'une chose, empreinte faite sur un objet. C'est un de ces mots qui ont mille applications diverses, tant au propre qu'au figuré. Dans son acception propre, une *marque* sert à distinguer un objet, et l'on a étendu naturellement l'expression à tous les accidents qui pouvaient empêcher de confondre une chose avec une autre de même nature ; puis, au figuré, on a employé le même mot pour exprimer une idée de distinction, de supériorité. Un *homme de marque* est celui qui s'est distingué par-dessus tous les autres. Les *marques d'honneur* sont des signes de distinction : telles sont les décorations, médailles, etc. Ce mot exprime encore l'idée de contusion, de blessure par suite de la relation qui s'établit entre l'effet et sa cause, et a un sens analogue à celui de cicatrice. Il est aussi synonyme de tache, et en comprend toutes les acceptions. Le gouvernement a établi aussi sur certaines marchandises, par exemple sur les matières d'or et d'argent, un *droit de marque*, c'est-à-dire qu'une empreinte est mise sur elles pour constater qu'elles ont acquitté le droit. *Voyez* CONTRÔLE et GARANTIE (Bureau de).

On appelle aussi *marque* la lettre et les chiffres qui sont destinés à faire reconnaître le linge : la marque se fait ordinairement en coton rouge au point croisé ; cependant on commence à adopter assez généralement pour marquer le linge l'usage des acides.

MARQUE (*Droit criminel*). On appelle ainsi la flétrissure imprimée avec un fer chaud sur la peau d'une personne condamnée à cette peine.

En France autrefois on marquait de fleurs de lis l'épaule droite du condamné. C'était un moyen de reconnaître la récidive du criminel. Plus tard elles furent remplacées par un V pour les voleurs, et par les lettres GAL pour les condamnés aux galères. Le 25 septembre 1791, l'Assemblée constituante, sur la proposition de Duport, abolit la marque, comme une aggravation inutile de la pénalité ; mais les lois du 23 floréal an x et du 12 mai 1806 vinrent la rétablir pour certains cas, et le Code Pénal de 1810 sanctionna ce rétablissement. Les condamnés aux travaux forcés à perpétuité étaient flétris sur la place publique, par l'application d'une empreinte avec un fer brûlant sur l'épaule droite. Les condamnés à d'autres peines ne subissaient la flétrissure que dans les cas où la loi l'avait attachée à la peine infligée. Cette empreinte était celle des lettres T P pour les coupables condamnés aux travaux forcés à perpétuité ; de la lettre T pour les coupables condamnés aux travaux forcés à temps. La lettre F était appliquée dans l'empreinte si le coupable était un faussaire. Les cas où la flétrissure accompagnait la peine des travaux forcés étaient la récidive, la condamnation même à la réclusion pour crime de faux, enfin la condamnation aux travaux forcés à temps prononcée contre un mendiant ou un vagabond.

Lors de la révision du Code Pénal, après 1830, la marque a été abolie en France. Elle flétrissait à la fois le corps et l'âme du coupable ; en notant d'un stigmate infamant elle le faisait à jamais l'ennemi de la société, qui le rejetait de son sein, et ne lui laissait d'autres ressources que de nouveaux crimes. Napoléon GALLOIS.

MARQUE (Lettre de). *Voyez* LETTRE DE MARQUE.

MARQUE DE FABRIQUE ET DE COMMERCE. On appelle ainsi le signe que les fabricants appliquent sur leurs produits pour en constater l'origine.

Aux termes de la loi présentée au corps législatif en 1856, la marque de fabrique ou de commerce est facultative. Toutefois, des décrets rendus en la forme des règlements d'administration publique peuvent exceptionnellement la déclarer obligatoire pour les produits qu'ils détermineront. Pour acquérir la propriété exclusive d'une marque, il faut déposer deux exemplaires du modèle de cette marque au greffe du tribunal de commerce de son domicile.

Seront punis d'une amende de 300 à 3,000 fr. et d'un emprisonnement de trois mois à trois ans, ou de l'une de ces peines seulement : ceux qui auront contrefait une marque ou fait usage d'une marque contrefaite ; ceux qui auront frauduleusement apposé sur leurs produits une marque appartenant à autrui ; ceux qui auront sciemment vendu ou exposé en vente un ou plusieurs produits d'une marque contrefaite ou frauduleusement apposée.

Seront punis d'une amende de 200 à 2,000 fr. et d'un emprisonnement d'un mois à un an, ou de l'une de ces peines seulement : ceux qui auront fait usage d'une marque portant des indications propres à tromper l'acheteur sur la nature du produit ; ceux qui auront sciemment vendu ou exposé en vente un ou plusieurs produits revêtus d'une marque portant des indications propres à tromper l'acheteur sur la nature du produit.

Seront punis d'une amende de 100 à 1,000 fr. et d'un emprisonnement de quinze jours à six mois, ou de l'une de ces peines seulement : ceux qui n'auront pas apposé sur leurs produits une marque déclarée obligatoire; ceux qui auront vendu ou exposé en vente un ou plusieurs produits ne portant pas la marque déclarée obligatoire pour cette espèce de produits ; ceux qui auront contrevenu aux dispositions des décrets déclarant la marque obligatoire. Ces peines peuvent être cumulées et élevées au double en cas de récidive.

La confiscation des produits dont la marque serait reconnue contrefaite, frauduleusement apposée, ou portant des indications propres à tromper l'acheteur sur la nature du produit, peut, même en cas d'acquittement, être prononcée par le tribunal, ainsi que celle des instruments et ustensiles ayant spécialement servi à commettre le délit. Toutes les dispositions de la loi sont applicables aux vins, eaux-de-vie, farines, et autres produits de l'agriculture.

MARQUETERIE. — Généralement ce nom est donné à l'assemblage de plusieurs pièces de bois précieux de différentes couleurs, qu'on applique en feuilles minces sur un fond de menuiserie. Sans pouvoir préciser l'origine de l'art de marqueter, on doit croire qu'il remonte à une haute antiquité. On a trouvé un grand nombre d'ouvrages de *marqueterie* des Romains. Dans le quinzième et le seizième siècle, Florence porta la *marqueterie* au plus haut point de perfection. En France, c'est aux objets d'ameublement surtout que nous avons fait l'application de cet art ; et comme la dimension des intérieurs influe beaucoup sur la forme et la grandeur des meubles, chaque siècle a fait subir des variations au genre de la *marqueterie*. Ainsi, sous Louis XIV, on faisait de grandes armoires, et la vogue fut pour les meubles nommés aujourd'hui *meubles de Boule*. Dans le siècle dernier, on se rapprocha davantage du genre italien. Les bois d'Amérique et de France furent indistinctement employés dans les compartiments appliqués sur le fond de menuiserie. Des ébénistes sortis de la manufacture des Gobelins donnèrent par la teinture aux lames de bois toutes les nuances désirées, et la *marqueterie* devint une sorte de mosaïque ou de peinture. Aujourd'hui, dans les meubles et les revêtements en bois, on ne fait guère usage de l'acajou; et l'on se contente d'en assembler les lames sciées fort mince, de manière que les compartiments présentent des ramages réels ou factices.

Les plus célèbres artistes en ce genre ont été Philippe B r u n e l l e s c h i , Benoît de Majano, frère Jean de Vérone, Jean Macé de Blois , André-Charles B o u l e et son fils.

Marqueterie, au figuré, se dit des ouvrages d'esprit composés de morceaux qui n'ont pas entre eux de véritables liaisons.

MARQUETTE ou **MARCHETTE** (Droit de). *Voyez* PUBLICATION (Droit de).

MARQUIS, MARQUISE. On donnait primitivement le titre de *marquis* ou *marchis* aux gouverneurs préposés à la garde des marches, ou frontières d'un État : tels étaient aussi les *margraves* en Allemagne et les *marchese* en Italie. *Marquisat* et *margraviat* furent donc d'abord synonymes, et l'on disait dans le même sens le *marquis* de Saluces et le margraviat d'Anspach. Plus tard, on appela *marquis* le possesseur d'une terre érigée en marquisat. Ce n'est plus qu'un titre de noblesse. Les feudistes et les jurisconsultes ont gravement disserté sur le rang que les *marquis* doivent occuper dans la hiérarchie héraldique. Les uns soutiennent qu'ils précèdent les comtes, d'autres qu'ils ne viennent qu'après : question insoluble, aujourd'hui sans importance. Généralement les *marquis* se placent entre les comtes et les ducs. Leurs armes portent une couronne particulière. Nos auteurs comiques, à l'exemple de Molière, leur maître à tous, ont appliqué le terme de *marquis* à un personnage obligé, et qui dans toutes les comédies, est le type traditionnel de la fatuité et du ridicule. Napoléon, en créant une nouvelle noblesse, ne jugea pas à propos ou plutôt oublia d'y comprendre une catégorie de marquis. Louis XVIII, en revanche, transforma en marquis bon nombre des comtes de l'empire. On donne le titre de *marquise* à la femme d'un marquis, ou à l'héritière d'une seigneurie érigée en marquisat, Les *marquises* étaient aussi des personnages traditionnels dans l'ancienne comédie ; mais les auteurs n'en ont pas fait des personnages exclusivement ridicules. Là , comme dans la vie sociale , il y a des marquises de toutes les couleurs et de tous les caractères. DUVEY (de l'Yonne).

MARQUISAT. On appelle ainsi et le titre de *marquis* et la terre à laquelle ce titre est attaché. Un domaine ne pouvait être érigé en marquisat qu'en vertu de lettres patentes du roi.

MARQUISE, tente, ou plutôt surtout de tente, que l'on dresse au-dessus de celle d'un officier pour l'entourer et la rendre moins accessible aux injures de l'air. Celles des soldats en sont dépourvues. On dresse également des marquises en dehors du vestibule d'un hôtel, sur la cour, au-dessus de la porte d'entrée. Il y en a également de longues dans les jardins, et sur le gaillard d'arrière des navires. Dans le midi de la France, on donne ce nom à une grande tente divisée en cabinets, où les baigneurs se déshabillent.

MARQUISES (Iles), nom sous lequel on désigne le groupe méridional de l'archipel de Mendaña, dans la partie orientale de l'Australie, entre 7° 30' et 10°30' de latitude australe et 120°-122° de longitude orientale, tandis que le groupe septentrional porte le nom d'*Iles Washington*. Les Iles Marquises furent découvertes en 1596, par l'Espagnol Mendaña de Neyra, et appelées *Marquesas de Mendoza*, du nom du vice-roi du Pérou. Les Iles Washington ne furent découvertes qu'en 1791, par l'Américain Ingraham. L'archipel tout entier se compose de treize îles, comprenant ensemble une surface d'environ 28 myriamètres carrés. Elles sont montagneuses et d'origine volcanique ; et pour ce qui est de leur nature, de leur climat, de leurs produits , elles répondent complétement aux autres îles volcaniques de l'Australie tropicale. En général, on ne les décrit pas comme agréables, et on ne vante pas non plus leur fertilité. La population, qu'on évalue à 25,000 âmes, appartient à la race polynésienne-malaise. Elle se distingue des autres habitants de la Polynésie par une belle conformation physique; mais elle paraît être extrêmement corrompue , et il n'y a pas longtemps encore qu'elle pratiquait l'anthropophagie. Les missionnaires anglais eux-mêmes, si actifs pourtant, ont échoué dans leurs efforts pour la moraliser. Divisés en un grand nombre de communes obéissant à des chefs distincts, les habitants jusque dans ces derniers temps avaient vécu dans une entière indépendance, mais en guerres continuelles les uns contre les autres.

Cet état de choses finit le 25 juin 1842, jour où le contre-amiral D u p e t i t - T h o u a r s prit possession de tout l'archipel Mendaña au nom de la France. Une expédition partit ensuite de France pour ces îles, qui sont toutes d'une haute importance comme étant dans l'océan Pacifique le point de relâche le plus rapproché sur la ligne de Panama à la Chine ; et il y manquait un gouverneur, le capitaine de vaisseau Bruat, avec une garnison et tous les éléments indispensables à un essai de colonisation. Les naturels tentèrent d'abord de résister aux Français ; mais ils furent toujours battus. Les îles les plus importantes sont, parmi les Marquises *Hivaoa*, et parmi les îles Washington *Noukahiva*.

MARRAINE. *Voyez* PARRAIN.

MARRAST (ARMAND), ancien maire de Paris et président de l'Assemblée constituante en 1848, né en 1800, à Saint-Gaudens, entra de bonne heure dans l'instruction publique, et après avoir longtemps rempli les humbles fonctions de maître d'études au collége d'Orthez, passa en la même qualité au collége royal de Louis-le-Grand , à Paris. Jusqu'en 1827 il édifia cette maison par les démonstrations de la dévotion la plus ardente ; mais à l'arrivée du ministère Martignac aux affaires, comprenant qu'il avait fait fausse route, il jeta bien vite à tous les diables sa haire et sa discipline, et se précipita avec la même ardeur dans un courant d'idées tout opposé. Renonçant désormais à la carrière ingrate et pénible de l'enseignement, dont en dix années il ne lui avait pas été donné de franchir le premier degré, malgré l'exagération de son zèle monarchique et religieux, il se lança alors dans le journalisme; et, aussi souple que remuant, il parvint à faire devant l'auditoire somnolent et bénévole de l'*Athénée* un cours de philosophie transcendante, dans lequel il défendit, sans parvenir toutefois à faire grand bruit, les idées de Laromiguière contre celles de l'école éclectique. La révolution de Juillet ouvrit un champ plus vaste à son ambition. Il devint alors l'un des rédacteurs de *La Tribune*, l'organe officiel des républicains extrêmes; et dans la discussion des irritantes questions que la force même des choses mettait à ce moment à l'ordre du jour, il se fit remarquer par la violence de ses attaques contre le système dont Louis-Philippe était l'incarnation. Les procès de presse, les mois de prison, les amendes tombèrent alors dru comme grêle sur *La Tribune* et ses rédacteurs, qui de la sorte passèrent d'emblée grands citoyens. Arrêté à l'occasion des journées d'Avril 1834 et accusé de complicité dans les diverses insurrections dont elles furent le signal, Marrast figura dans le *procès monstre* instruit devant la cour des pairs. Détenu avec ses coaccusés à Sainte-Pélagie, il fut du nombre de ceux qui réussirent à s'évader de cette prison, et il eut le bonheur de gagner Londres sans encombre. Là il vécut pendant quelque temps de sa plume, et fut chargé de rédiger pour *Le National* une correspondance particulière, en même temps qu'il entreprenait avec l'avocat Dupont (de Bussac) les *Fastes de la Révolution Française* (Paris, 1835), ouvrage demeuré inachevé. Mais plus tard il fit dans cette capitale un assez riche mariage; et il se trouvait ainsi dans une position de fortune tout à fait indépendante, quand l'amnistie générale de 1838 lui rouvrit les portes de la France. Ce grand acte de conciliation, qui fit tant d'honneur au ministère Molé, ne désarma point la haine des républicains, qui continuèrent à faire dans *Le National* une guerre acharnée à l'établissement de Juillet. Marrast, depuis longtemps l'une des notabilités de ce parti, y prit une part des plus actives, et ne tarda pas à être chargé de la rédaction en chef de la feuille où la mort si fatale d'Armand Carrel avait laissé un vide que nul jusque alors n'avait pu combler. Sous sa direction habile, *Le National* reprit bien vite son importance politique. Comme écrivain il y fit preuve d'un talent que ne pouvaient guère faire supposer chez lui les articles qu'il avait précédemment donnés à *La Tribune*. Au *National*, Marrast se montra écrivain fin et élégant; au milieu de la polémique la plus irritante et la plus passionnée, il sut toujours garder une réserve qui sauva bien des amendes à ce journal; et on lui sut particulièrement gré en haut lieu de l'appui inespéré, et jusqu'à présent inexpliqué, donné par *Le National* au fameux projet des Fortifications de Paris. Il usait en épicurien des avantages de toutes espèces attachés à l'exploitation d'un journal important, lorsque éclata le coup de foudre de Février. Cette révolution nouvelle surprit complètement Marrast et ses amis, à qui il faut au moins rendre la justice de reconnaître que tout de suite ils comprirent qu'on avait été trop loin et trop vite, et qu'il s'en fallait de beaucoup que la France fût encore mûre pour la république. Ce premier et fort naturel mouvement d'hésitation une fois passé, les hommes du *National* se ruèrent d'ailleurs bien vite sur le pouvoir dont la royauté venait de se démettre. D'abord, mais seulement pendant vingt-quatre heures, simple secrétaire du gouvernement provisoire, comme le citoyen Flocon, Marrast y eut bientôt voix délibérative en même temps qu'il était nommé non pas préfet de la Seine, mais *maire de Paris*, qualification qui parut alors infiniment plus civique.

Il y aurait de l'injustice à rejeter uniquement sur Marrast la responsabilité des déplorables désordres qui signalèrent son passage dans ces fonctions si importantes. L'administration des deniers de la ville de Paris se trouva alors livrée à une bande d'émeutiers émérites, qui confondirent trop souvent la caisse municipale avec leur bissac, et qui en conséquence ne se firent pas faute d'y puiser à pleines mains. Un reproche plus mérité qu'on peut adresser à l'ex-rédacteur en chef du *National*, c'est d'avoir été l'un des fonctionnaires du régime nouveau qui contribuèrent le plus à le dépopulariser par leur insolence et leur fatuité. A moins d'en avoir été témoin, on se ferait difficilement une idée des airs incroyables de potentat, des attitudes comiques de talon rouge, que prit aussitôt en toute occurrence le *citoyen* maire de Paris. Cela prouve bien que dans l'exercice du pouvoir il y a quelque chose qui grise aussitôt les têtes les mieux organisées. Homme d'esprit assurément, si jamais il en fut, mais devenu un personnage officiel, Marrast se montra aussi gourmé, aussi outre-cuidant, que put jamais l'être ministre du premier empire ou des deux royautés. A le voir poser, c'était à en mourir de rire : le *Charivari*, dans ses caricatures, le représentait toujours déguisé en marquis, et le sobriquet lui en resta à bon droit.

Élu membre de la Constituante à une majorité considérable à Paris et dans trois départements à la fois, il ne tarda point, après l'échauffourée du 15 mai, à être appelé à la présidence de l'Assemblée, honneur dont il se montra plus digne, fonctions dont il comprit certes mieux les obligations que le citoyen Buchez, cet autre grand homme fourni à la France par *Le National*. Tous ces gens-là ne se doutaient pas le moins du monde que leur république était fondée sur le sable et qu'elle devait s'écrouler au premier souffle contraire. En s'agrégeant le général Cavaignac, ils s'étaient donné une épée avec laquelle ils comptaient bien gouverner la France pendant longues années encore; et on comprendra jusqu'à quel point ils poussèrent l'aveuglement et la folie, lorsqu'on se rappellera qu'à peine installé pour quelques mois à l'hôtel de la présidence, dont il lui fut donné d'inaugurer les premiers soins de Marrast, demeuré pourtant homme d'esprit et de tact malgré son état d'ivresse, ce fut de s'y faire apporter du garde-meuble de la couronne le berceau qui avait servi à M. le comte de Paris, et qu'on utilisa maintenant pour l'héritier inespéré que Mme Marrast venait de lui donner sous les lambris dorés de l'ancienne demeure des Condé. Il faudrait le crayon d'un Callot ou d'un Hogarth pour bien reproduire le comique suffisance, le dandinement superbe de Marrast, traversant au milieu d'une haie de gardes nationaux et de soldats de la ligne au port d'armes la galerie couverte et le vestibule qui conduisent de l'hôtel de la présidence à la salle des séances de l'Assemblée nationale, pendant que les tambours battaient aux champs et que les différents postes inclinaient leurs drapeaux.

L'élection du 10 décembre 1848, regardée la veille encore comme impossible par la bande du *National*, vint détruire à jamais ces rêves brillants. La nation protestait ainsi solennellement contre la surprise de Février; et dès lors ce ne fut plus pour les hommes qui l'avaient si bêtement exploitée que déconvenue sur déconvenue. Quand l'Assemblée nationale, aux termes de la constitution, abdiqua ses pouvoirs, quand la France fut appelée à procéder à des élections nouvelles pour la Législative, Marrast ne trouva pas un seul département qui consentit à lui faire l'aumône d'un mandat législatif. Par un juste retour des choses d'ici-bas, il retomba alors dans toute son obscurité première, mais maintenant bafoué et honni de tous, et ne laissant après lui de son passage aux affaires que le souvenir d'une calamiteuse éclipse de la grandeur et de la puissance du pays.

Marrast n'était pas encore au bout des rudes épreuves qui lui étaient réservées. A peu de temps de là il perdit son fils unique, le frêle enfant que dans son puéril orgueil de démocrate il avait voulu faire bercer dans le propre berceau du rejeton de la race royale que lui et ses amis venaient de chasser de France; et la mère de ce pauvre enfant ne tarda pas non plus à le suivre au tombeau. Sa chère république, la constitution à la rédaction de laquelle il avait tant contribué, et qu'il s'imaginait avoir coulée en bronze, n'eurent guère une existence plus longue, et la journée du 2 décembre 1851 vint lui enlever ses dernières illusions.

Il avait trop d'esprit pour ne pas comprendre alors que l'empire était bien définitivement fait, comme le criait déjà M. Thiers un an auparavant à qui voulait l'entendre ; si réellement fait, qu'on ne jugea même pas l'ex-président de l'Assemblée nationale digne d'être momentanément expulsé de France par mesure de sûreté générale ; et c'est dans le même logement qu'il occupait rue Notre-Dame-de-Lorette le 23 février 1848 qu'il mourut, d'épuisement et de chagrin, le 11 mars 1852. La Providence lui épargna du moins ainsi la douleur d'être témoin des nombreuses et éclatantes apostasies dont tant de vétérans et de personnages éminents du parti républicain, naguère ses amis intimes ou ses courtisans, devaient à peu de temps de là donner le scandale.

MARRON. Ce nom se donne communément à de grosses châtaignes (*voyez* CHATAIGNER), qui viennent des environs de Lyon et de Saint-Tropez, et dont la Sardaigne nous envoie aussi d'énormes quantités. On appelle *marron d'Inde* le fruit du marronnier d'Inde.

Les marrons d'Inde renferment une grande quantité de fécule amilacée ; mais la grande amertume de ces fruits, leur âpreté repoussante, ont jusque ici empêché de les employer à l'alimentation de l'homme. En les faisant macérer dans une eau alcaline, comme l'avait indiqué Parmentier, on obtient une fécule qui donne un pain passable. Mais cette préparation est très-longue, et jusque ici les marrons d'Inde ne sont guère servis qu'aux bestiaux. En Irlande, on utilise pour le blanchissage du linge la grande quantité de potasse que renferment ces fruits.

Dans les colonies on appelle *nègres marrons*, ou simplement *marrons*, les nègres qui se sont enfuis dans les bois ou dans les mornes pour y chercher la liberté. Enfin, on appelle *courtier marron*, agent de change *marron*, celui qui exerce l'état d'agent de change, de courtier, sans titre ni commission.

Marrons est encore le nom qu'on donne aux chiens que les religieux du mont Saint-Bernard dressent pour aller à la recherche des malheureux qui se sont perdus dans les neiges, et que dirigent des frères-servants appelés *Marronniers*. Un de ces *marrons*, nommé *Barry*, sauva à lui seul soixante-dix voyageurs.

MARRON (*Pyrotechnie*), sorte de pétard de forme cubique, dont l'enveloppe est un carton épais et solide, ficelé fortement, et qui produit une explosion aussi bruyante que celle d'une arme à feu. On en fait de petits, que l'on attache aux fusées, et qui éclatent au plus haut point de la course de ces pièces volantes ; d'autres, d'un plus grand volume, ne font pas moins de bruit qu'un canon de gros calibre, et joignent à l'effet de leur détonation celui de la lumière qu'ils répandent ; quelquefois on les charge de plus de 500 grammes d'excellente poudre en grains, et on les enduit d'une matière qui brûle plus lentement et leur donne l'apparence d'un globe de feu jusqu'au moment de l'explosion. C'est uniquement pour la facilité de la construction que les artificiers donnent la forme cubique à leurs marrons ; s'il était possible de substituer la figure sphérique à celle du cube, on accroîtrait encore le bruit de l'explosion, même avec moins de poudre, car le bruit dépend surtout de la résistance opposée par la matière qui doit être déchirée. FERRY.

MARRONIER ou **MARRONNIER D'INDE**, arbre qui forme à lui seul un genre de la famille des acérinées, ainsi caractérisé : calice campanulé, renflé, fendu presque jusqu'au milieu en cinq lobes inégaux et très-obtus ; quatre ou cinq pétales courtement onguiculés, dissemblables ; sept étamines.

Le *marronnier d'Inde* (*æsculus hippocastanum*, L.) est un arbre connu de tout le monde depuis qu'il a pris possession des grands jardins, des promenades publiques, etc. Introduit en France au commencement du dix-septième siècle, il s'y est prodigieusement répandu, sans autre recommandation que sa belle forme, son agréable verdure, la grandeur et l'éclat de ses grappes de fleurs, ainsi que leur abondance. On lui reprochait cependant quelques défauts : son bois, disait-on, ne peut servir tout au plus qu'au chauffage, et la chute de ses fruits (*voyez* MARRON) est très-incommode aux promeneurs vers la fin de l'automne : l'engouement et la mode ont fermé les yeux sur ces inconvénients, et les plantations de marronniers d'Inde ont continué. Cet arbre est originaire des montagnes du Thibet. On le multiplie par des semis.

D'autres espèces, rangées par les anciens auteurs dans le genre *æsculus*, constituent les genres *pavia* et *macrothyrsus* des botanistes modernes.

MARRUBE, genre de plantes de la famille des labiées ayant pour caractères : calice à cinq ou dix dents aiguës ; la lèvre supérieure de la corolle étroite, bifide ; l'inférieure à trois lobes, celui du milieu échancré ; fleurs disposées en faux verticille.

Le *marrube commun* (*marrubium vulgare*, L.), ou *marrube blanc* des officines, que nous citons à cause de ses nombreux usages en pharmacie, est une plante commune dans les lieux incultes. Sa tige est droite, tétragone, très-velue ; ses feuilles, presque arrondies, sont rugueuses, crénelées ; ses fleurs sont petites et blanches. Toute la plante a une odeur forte assez désagréable. On l'emploie principalement pour faciliter l'expectoration, à la fin des catarrhes et des péripneumonies. Le marrube blanc est encore usité dans le traitement de certaines affections de l'utérus.

MARRYAT (FRANCIS), romancier anglais, né à Londres, le 10 juillet 1792, était fils d'un négociant qui siégeait à la chambre des communes et descendait d'une ancienne famille de refugiés français. Entré en 1806 dans la marine, il servit avec distinction sous les ordres de Cochrane, et reçut une grave blessure à l'abordage d'un vaisseau français. Il fit ensuite la guerre d'Amérique ; et en 1815 il fit partie de la station de Sainte-Hélène avec le grade de *commodore*. C'est lui qui commandait le sloop *Rosario*, qui apporta en France la nouvelle de la mort de Napoléon. En 1823 il partit pour les grandes Indes comme commandant de la corvette *Larne*, y fut investi du commandement supérieur de toute la flottille destinée à agir contre les Birmans, et se distingua alors particulièrement dans l'expédition contre Rangour. Il en fut récompensé par sa nomination au grade de capitaine de la flotte et par la croix de l'ordre du Bain (1825). En 1839 le commandement en chef de la flotte brésilienne lui ayant été offert, il le refusa. Ses débuts comme écrivain datent de 1829. A cette époque il publia le roman qui a pour titre : *The naval Officer*, que suivirent en 1830 *The King's Own*, et en 1832 *Newton Forster* et *Peter Simple*. Depuis il a fait paraître, à peu d'intervalle les uns des autres : *Jacob Faithfull*, *The Phantom ship*, Mr *Midshipman Easy*, *The Pacha of many tales*, *Japhet in search of a father*, *Poor Jack*, *Joseph Rushbrook the poacher*, *Masterman Ready*, *Snarleyyow*, *Percival Keene*, *The Pirate*, *The three Cutters*, qui tous ont obtenu les honneurs de la traduction dans notre langue. Une telle fécondité permet de supposer que dans le nombre de ces ouvrages il y en a quelques-uns de médiocres ; toutefois, il faut reconnaître qu'ils ont en général de réelles qualités : des caractères bien tracés et très-variés, une plaisanterie facile et spontanée, un développement naturel des événements, un grand fonds de bon sens, beaucoup de fidélité et de vérité dans les descriptions, enfin une grande sobriété dans l'emploi des ornements étrangers au sujet, telles sont les qualités qui recommandent ses romans, quoiqu'ils ne répondent que faiblement à ce que la critique serait en droit d'exiger d'une œuvre poétique. En effet, quelque amusantes que soient les descriptions de Marryat, elles sont rarement poétiques. Il excelle à peindre les menus détails de la vie de tous les jours, et notamment de celle du marin. La mer est son élément, la vie du bord celle qu'il préfère; aussi décrit-il admirablement le marin anglais dans les situations les plus variées et aux divers degrés de la hiérarchie.

On a en outre de lui une description d'un voyage en Amérique : *A Diary in America, with remarks on its institutions* (1839), ouvrage sévèrement critiqué, tant par les Anglais que par les Américains ; ainsi que quelques excellents livres à l'usage de la jeunesse, comme : *The Settlers in Canada* (1844) et *The Mission, or scenes in Africa* (1844). En 1837 il publia à l'usage de la marine marchande un *Code of Signals*, qui a été traduit en français, et qui lui valut en 1840, de Louis-Philippe , la croix de la Légion d'Honneur. Il eut le malheur, en 1847, de perdre un fils de la plus belle espérance, lieutenant à bord du bâtiment à vapeur l'*Avenger*, qui fit naufrage dans la Méditerranée ; et la douleur profonde qu'il en conçut le conduisit au tombeau. Après de longues et cruelles souffrances, il mourut le 2 août 1848 , à Langham, dans le comté de Norfolk.

MARS ou **MAVORS**, l'*Arès* des Grecs, dieu de la guerre, était fils de Zeus et de Héré. Sans prendre parti pour aucun des intérêts ou des passions en lutte, il ne faisait la guerre que par manière de passe-temps, et se délectait à voir impitoyablement massacrer des hommes; aussi était il odieux aux immortels eux-mêmes. Quand il allait au combat, ses fils et compagnons, *Deimbos* et *Phoos* (la Crainte et la Terreur), lui apprêtaient ses chevaux et le précédaient avec leur sœur *Eris*. Cependant, il ne remportait pas toujours la victoire. Il fut un jour blessé par Diomède, que protégeait Athéné, renversé à terre par cette déesse, et son corps couvrit alors environ deux hectares de terrain. Il fut encore vaincu par les Aloïdes, qui le gardèrent prisonnier pendant treize mois, jusqu'à ce que Hermès vint le délivrer. Sa demeure était située dans les sauvages montagnes de la Thrace. Tout grossier et sauvage qu'il était, il n'en fut pas moins aimé par Aphrodite, qui, d'après des traditions postérieures, eut de lui quatre fils, *Deimos, Phobos, Eros, Anteros*, et une fille, *Harmonia*. Dans les chants d'Homère il a une figure plus douce : il y est représenté comme le vengeur de l'innocence , comme le guide des hommes justes, comme le protecteur des mortels, et comme celui qui leur donne une éternelle jeunesse. Les tragiques font de lui le dieu de toutes les calamités, de tous les fléaux , de toutes les monstruosités. Des auteurs postérieurs le font participer à la lutte contre les Géants, se changer en poisson lors de la fuite de Typhon en Égypte , afin d'y demeurer caché, et se mesurer à deux reprises avec Hercule pour assister ses fils contre lui. Il tua Halirrhothios, fils de Poseidôn , parce qu'il essayait de violer sa fille Alcippe. Accusé pour ce fait par Poseidôn devant les douze grands dieux, ceux-ci le jugèrent sur une montagne voisine d'Athènes , et l'acquittèrent. Comme il fut le premier qu'on traduisit devant un tribunal, ce tribunal fut, dit-on , appelé de son nom *Aréopage*. Mars était adoré surtout en Thrace, puis chez les Scythes, chez qui on lui sacrifiait, sous le symbole d'un glaive qu'on étendait sur un amas de jeunes pousses, des chevaux et des hommes, et notamment le plus important des prisonniers. Son culte n'était pas très-répandu en Grèce. Il avait à Athènes un temple, où l'on voyait sa statue, œuvre d'Alcmene, avec celles d'Aphrodite, d'Ényo et d'Athéné; et à Géronthie , en Laconie, un temple et un bois sacré, dont aucune femme ne pouvait approcher à l'époque de la célébration des fêtes. A Sparte, en face du temple de Poseidôn Hipposthène, se trouvait une vieille statue d'Arès Enyalcos, représenté enchaîné, afin que le courage et le bonheur à la guerre fussent de même toujours rivés au sort de Sparte. A Rome, après la Thrace l'endroit où Mars était le plus adoré, c'était un dieu tutélaire , rangé au nombre des douze grands dieux (*dii consentes*), qui présidaient aux éléments et déterminaient les saisons. Aussi l'ancienne année romaine, après la division qu'en fit Romulus, qui passait pour l'un des fils de Mars, commençait-elle au mois de mars. Numa établit en son honneur le culte des Saliens, qui célébraient au mois de mars la fête du dieu par une procession accompagnée de danses et de chants d'hymnes , et qui étaient commis à la garde des boucliers sacrés (*ancilia*). Le C h a m p de M a r s lui était consacré, et il avait en outre divers temples.

Quant à la représentation plastique de ce dieu , il constituait trop par son essence une abstraction pour devenir l'un des principaux sujets de l'art. Il n'y avait pas en Grèce d'État qui l'adorât comme dieu principal ou tutélaire, ainsi que ce fut le cas plus tard à Rome. Ses statues les plus remarquables étaient celles d'Alcmène et de Scopas, et elles servirent de modèles à toutes celles qu'on fit ensuite. On lui donnait des muscles vivement accusés, un cou charnu et vigoureux, des cheveux formant de petites boucles en désordre. Ses yeux sont petits, ouverts, et il a le front un peu moins élevé que les autres fils de Zeus. D'après son âge, il paraît arrivé à un état de virilité plus parfait qu'Apollon et même que Mercure. Quand il n'est pas tout à fait nu, il porte une chlamyde. Sur les reliefs d'ancien style, il est revêtu d'une armure complète, mais sur ceux qui ont été sculptés plus tard on ne lui voit qu'un casque. Le plus ordinairement il se tient debout. Sur les monnaies romaines, une marche accélérée indique le Mars *Gradivus* ; l'aigle des légions et autres signes, le Mars *Stator* ou *Ultor* : des victoires, des trophées , une branche d'olivier, le Mars *Victor* ou *Pacifer*. Scopas sculpta un Arès assis. On le voit également en groupe avec Aphrodite. C'est ainsi que les Romains aimaient à le représenter avec Ilia ou Rhea Sylvia ; et l'on prenait alors souvent pour base des traditions grecques, telles que la surprise d'Ariadne par Dionysos.

MARS (*Astronomie*). *Mars* est parmi les planètes supérieures la plus rapprochée du Soleil, dont elle n'est éloignée que de 23,40,000 myriamètres. Sa distance à la Terre varie entre 8 millions et 38 millions de myriamètres , et son éclat augmente ou diminue à mesure qu'elle est plus près ou plus loin de nous. Sa lumière rougeâtre a pu la faire considérer comme un astre de présages sanglants, et accréditer la fiction mythologique de *Mars dieu de la guerre*. Son année est à très-peu près double de la nôtre (687 jours), et son jour est de 24 h 37 m. Son volume n'est guère que le septième de celui de la Terre, et sa masse excède de peu le dixième de la masse de notre globe, en sorte que si cette planète était habitée, sa population devrait être faite pour la petitesse d'une telle demeure, organisée conformément à d'autres lois que celles qui régissent les habitants d'un monde plus compacte. D'ailleurs, tout y semble effectivement disposé pour recevoir une population quelconque ; une atmosphère condensée, un globe qui semble *terraqué*, aplati comme le nôtre aux deux pôles, où des mers semblent envahir les régions polaires, se couvrir, durant la longue nuit de ces régions, de glaces qui fondent en partie durant le jour qui succède à cette nuit de douze mois. On ne peut disconvenir que ces remarquables analogies fortifient de nouveaux témoignages la croyance à la pluralité des mondes.

« Nous distinguons avec une parfaite netteté dans cette planète, dit Herschell, les contours de ce que nous pouvons regarder comme des continents et des mers. Les continents se distinguent par cette couleur rougeâtre qui caractérise la lumière de cette planète, qui paraît toujours enflammée, et qui annonce, à n'en pas douter, une teinte d'ocre dans le sol en général, comme les carrières de pierre à sablons rouges dans quelques lieux de la Terre peuvent en offrir l'image aux habitants de Mars. Quant aux mers, comme nous pouvons les appeler, elles paraissent verdâtres. » « Peut-être aussi, disait Lambert, que pour jeter un peu de variété parmi les mondes, le Créateur a donné la couleur rouge à la végétation de Mars. » Quelle que soit la cause de cette teinte rougeâtre de la planète, il se peut, ainsi que le pensait Arago, que l'apparence verte des taches qualifiées de mers par Herschell ne tienne qu'à un effet de contraste. L'excentricité de l'orbite de Mars est 0,093, et son inclinaison sur l'écliptique est de 1° 51' 6". L'axe de la planète fait avec le plan de son orbite un angle d'environ 28°, qui diffère peu, comme on le voit, de celui que fait l'axe de la Terre avec le plan de l'écliptique. Les saisons doivent donc suivre sur Mars une marche analogue à celle qu'elles affectent ici.

L'aplatissement de Mars est encore indéterminé, malgré les recherches de Cassini, de Maraldi, d'Herschell, de Schrœter, de Maskeline, de Bessel et d'Arago. La théorie indique pour Mars un aplatissement de $\frac{1}{117}$; les observateurs ont trouvé depuis zéro jusqu'à $\frac{1}{16}$.

MARS, troisième mois du calendrier de Numa et du calendrier grégorien. Dans ce mois se trouve l'équinoxe du printemps : c'est la cause qui détermina Romulus à le choisir pour le premier mois de son année, en lui donnant le nom de Mars, dieu de la guerre, dont il prétendait être le fils. Aux calendes de ce mois on renouvelait sur l'autel de Vesta le feu sacré, pris au foyer même du soleil avec un miroir ardent. Le 19 on célébrait la grande fête de Minerve, qui durait cinq jours, et le 25 les *Hilaries* (les Joyeuses), véritable carnaval. Jusqu'à Charles IX, notre année commença par ce mois de l'équinoxe ; les Anglais le regardent encore comme l'introduction de l'année. Il était le neuvième mois de l'année chez les Athéniens, et s'appelait *élaphébolion* (chasse aux cerfs).

Un concile a décidé que Dieu créa le monde vers l'équinoxe du printemps. C'est dans la pleine lune de ce mois que s'effectua la P âque, ou le passage de la mer Rouge par les Hébreux, sous la conduite de Moïse. D'après les decisions de l'Eglise, cette fête commémorative doit être célébrée le premier dimanche d'après la pleine lune qui suit le 20 mars. Selon les Pères, l'incarnation de Jésus-Christ se fit le 25 de ce mois. DENNE-BARON.

MARS (Champ de). *Voyez* les différents articles CHAMP DE MARS.

MARS (École de). *Voyez* ÉCOLE DE MARS.

MARS 1815 (Journée du 20), le premier des c e n t j o u r s. Dans la nuit qui précéda ce jour mémorable N a p o l é o n arriva à Fontainebleau, et L o u i s X V I I I s'enfuit des Tuileries. Le vieux roi avait repris après dix mois de règne la route de l'exil, emportant avec lui les diamants de la couronne et quelques millions. Napoléon quitta Fontainebleau à deux heures, après avoir ordonné un jour de repos aux grenadiers de l'île d'Elbe, qui en dix-sept jours venaient de faire à sa suite 850 kilomètres. Ce fut malgré eux, car ils voulaient le mener aux Tuileries. L'empereur y arriva le soir à neuf heures par l'arcade du pavillon de Flore. La foule le porta dans les appartements que le roi avait quittés la nuit précédente. Il y fut reçu par la reine Hortense, les dames du palais, ses anciens ministres et ses généraux. Les acclamations et les cris de joie ne cessèrent pas de toute la nuit. On avait conçu bon espoir du nouveau règne. On ne doutait pas que Napoléon ne profitât des leçons de l'expérience ; on se répétait ses paroles : « Ce sont les gens désintéressés qui m'ont ramené à Paris ; ce sont les sous-lieutenants, les soldats, qui ont tout fait ; *c'est au peuple, c'est à l'armée, que je dois tout.* » On espérait la liberté ; on savait que de hauts personnages en avaient fait la condition de leur ralliement et l'avaient présentée comme une question de vie et de mort pour le nouveau gouvernement. Ces espérances, confirmées d'abord par quelques concessions, devaient être bientôt déçues.

MARS 1848 (Journées de). C'est le nom que dans l'histoire contemporaine on a donné aux différents mouvements revolutionnaires contre-coup de notre révolution de F é v r i e r dont les États de l'Allemagne furent le théâtre en 1848, et que la plupart éclatèrent dans le courant du mois de mars, en provoquant partout, passagèrement tout au moins, de profondes modifications dans les lois et la constitution.

MARS (ANNE-FRANÇOISE-HIPPOLYTE BOUTET, *dite* Mlle), l'une des gloires de la Comédie Française, était fille de M o n v e l, excellent artiste attaché alors au Théâtre de la Montansier, et d'une certaine *Mars-Boutet*, ancienne actrice de province, qui plus tard joua quelque temps encore sur le Théâtre de la République. Elle naquit le 9 février 1779, et entra au théâtre en 1793. Ses débuts eurent lieu dans les rôles d'*ingénues*, à Feydeau, et de cette scène elle passa bientôt à la Comédie-Française. Ce fut Mlle Contat qui la dirigea au commencement de sa carrière et qui, par ses conseils autant que par ses encouragements, développa ses talents naturels. Plus tard, parvenue à l'apogée de sa réputation, Mlle Mars sembla trop oublier que les jeunes talents ont droit de compter sur l'appui et la sympathie des réputations consacrées qu'ils sont appelés à remplacer un jour, et rarement on la vit tendre à son tour une main secourable aux débutantes qui se hasardaient à frapper à la porte du théâtre où elle régnait en souveraine. Le plus souvent, au contraire, elle s'attachait à leur barrer le passage, pour peu qu'à quelques dispositions naturelles elles ajoutassent des avantages physiques dont la comparaison pût nuire à ses propres charmes. Après avoir joué les *ingénues*, Mlle Mars put, toujours grâce à l'appui de Mlle Contat, aborder les rôles de *jeunes amoureuses*, emploi qu'elle occupa en chef en 1798, lors de la retraite de Mlles Mézeray et Lange, artistes médiocres, qui n'avaient tenu jusque alors. On peut dire pourtant qu'elle n'avait encore donné que des espérances ; son organe, devenu plus tard si admirablement harmonieux, était resté assez faible ; et tout en reconnaissant une rare intelligence à la jeune actrice, les amateurs déclaraient que ses moyens d'exécution étaient très-bornés. En 1799 l'opinion commença un peu à revenir sur le compte de Mlle Mars ; mais son premier grand succès ne date véritablement que de 1803. A cette époque, elle put aborder le rôle du sourd-muet dans *L'Abbé de l'Épée* ; et elle s'en acquitta avec un charme, une sensibilité et une expression qui la classèrent d'emblée au rang des grandes comédiennes.

Son talent, encouragé désormais par les applaudissements sympathiques de la foule, grandit vite ; et ce ne fut qu'aborder tour à tour avec un égal succès tous les rôles de l'ancien répertoire. Lors de la retraite de Mlle Contat (1809), son héritage fut partagé entre Mlle Mars et Mlle Leverd, partage qui donna lieu toutefois à bien des conflits d'amour-propre et de prétentions entre les deux rivales. La Comédie-Française concilia tout en les faisant jouer tour à tour dans les mêmes rôles. La liste des rôles nouveaux que créa Mlle Mars serait trop longue à dresser ; nous nous bornerons à en rappeler les principaux : Flora, dans *Pinto*, de Lemercier ; Eugénie, dans *Le Tyran domestique*, et Belty, dans *La Jeunesse d'Henri V*, d'Alexandre Duval ; Mlle Beauval, dans *Bruéis et Palaprat*, d'Étienne; Emma, dans *La Fille d'honneur*, de Duval ; Rose Volmar, dans *La Jeune femme colère*, d'Étienne; Valérie, dans *Valérie*, de Scribe; la princesse Aurélie, dans la comédie de ce nom, de C. Delavigne ; la duchesse de Guise, dans *Henri III*, d'A. Dumas ; Desdemona, dans *La More de Venise*, d'Alfred de Vigny ; Hortense, dans *L'École des Vieillards*, de C. Delavigne ; Mme de Brienne, dans *Le Mariage d'Argent*, de Scribe; Donna Sol, dans *Hernani*, de Victor Hugo ; Clotilde, dans le drame de ce nom, de F. Soulié et A. Bossange ; Élisabeth, dans *Les Enfants d'Édouard*, de C. Delavigne ; La Tysbé, dans *Angelo*, de Victor Hugo; Louise, dans *Louise de Lignerolles*, de Dinaux et Legouvé ; Lady Strafford, dans *La Popularité*, de C. Delavigne; Mlle de Belle-Isle, dans la pièce de ce nom, d'Alex. Dumas, le dernier qu'elle ait créé. On peut dire que chacune de ces créations fut un nouveau triomphe pour Mlle Mars ; mais c'est encore dans l'ancien répertoire qu'elle obtint ses plus beaux succès.

Ce fut en 1812, par suite de la retraite de Mlle Contat, qu'elle aborda les rôles de *grandes coquettes*, mais sans renoncer tout de suite à ces rôles d'ingénue qu'elle jouait avec tant de naturel et d'esprit. Quelques vieux habitués de la Comédie-Française parlent encore avec bonheur de l'inimitable gracieuseté dont elle faisait preuve dans la Belty de *La Jeunesse d'Henri V*, et de sa délicieuse naïveté dans

Le Secret du Mariage. Son jeu inimitable sembla donner un nouveau prix aux chefs-d'œuvre de Molière. Jamais Célimène du *Misanthrope*, Elmire du *Tartufe*, et surtout le théâtre de Marivaux, n'eurent de plus séduisante interprète; et en jouant ces divers rôles, Mlle Mars continua dignement la glorieuse tradition des grands talents dont notre première scène a conservé le souvenir. Ceux qui ne l'ont pas vue, qui ne l'ont point entendue, ne sauraient se faire une idée de l'ingénuité et de l'élégance de cette comédienne, du timbre harmonieux de sa voix, de la grâce exquise de son sourire. *Ingénue* ou *coquette*, elle donnait toujours l'exemple d'un jeu plein de bon goût, d'esprit, de politesse, toujours simple et naturel. A une figure agréable, elle joignait l'avantage d'une taille et d'une démarche remplies de grâce et de noblesse, mais surtout l'art, bien plus rare qu'on ne pense, de savoir se mettre avec élégance et distinction. Ses toilettes servaient de modèle aux Parisiennes, dont on peut dire qu'elles firent plus d'une fois le désespoir, précisément parce que leur grand charme consistait le plus souvent dans ce *je ne sais quoi* qui caractérise la femme à la mode et donnant le ton, et que l'imitation parvient bien difficilement à reproduire.

Nous venons d'en dire assez pour qu'on devine, sans que nous ayons besoin de l'ajouter, que Mlle Mars fut une des femmes les plus fêtées et les plus encensées du siècle. Sa part comme sociétaire du Théâtre-Français s'élevait annuellement de 20 à 40,000 fr.; et en 1816 Louis XVIII lui fit assigner, comme à Talma, sur les fonds du ministère de l'intérieur, une pension de 30,000 fr. Elle avait donc à Paris une grande existence, et sa maison était un centre de réunion pour les gens de lettres et les artistes; ses fêtes, toujours marquées au coin du bon goût, étaient quelquefois de véritables événements dans la vie parisienne, et plusieurs eurent un long retentissement. Elle appréciait, d'ailleurs, si bien l'importance pour un comédien d'être toujours dans de bons rapports avec la critique, que pendant sa longue carrière elle ne cessa de la choyer particulièrement, lui prodiguant constamment ses dîners les plus fins, ses sourires les plus enivrants; et la critique, reconnaissante, chanta constamment sa gloire sur tous les tons et dans tous les modes. Depuis longtemps l'heure fatale de la retraite avait sonné pour la célèbre artiste; la critique s'obstinait toujours à nier l'évidence et que le temps eût marché pour l'admirable *grande coquette* de la Comédie-Française comme pour le reste des simples mortelles. Ces illusions eussent été toutes naturelles si la critique n'avait compté dans ses rangs que des Aristarques témoins des débuts de *Célimène*; elles n'étaient donc que plus méritoires de la part de connaisseurs dont elle eût pu être à la rigueur la grand'mère. Vint pourtant le moment où il fallut se rendre enfin à l'affreuse vérité et prendre congé de la société parisienne. Le 7 avril 1841 Mlle Mars parut pour la dernière fois sur les planches, dans une représentation à son bénéfice. Le spectacle se composait du *Misanthrope* et des *Fausses Confidences*; et ce soir-là le public applaudit pour la dernière fois Célimène et Araminte, rôles qui étaient le triomphe de la grande artiste. Deux ans auparavant elle avait encore créé le rôle de Mlle de Belle-Isle dans la pièce d'Alexandre Dumas; nous devons dire que de loin, grâce à son organe, demeuré toujours si suave et si harmonieux, grâce à sa taille, restée souple et flexible, grâce aussi aux mystérieuses ressources de sa toilette, Mlle Mars, quoiqu'elle eût soixante ans passés, faisait encore illusion dans un rôle qui pourtant est celui d'une femme de vingt ans. Depuis ce moment jusqu'à sa mort, arrivée le 20 mars 1847, elle vécut dans une somptueuse retraite, ne s'occupant plus de théâtre que pour remplir les fonctions honorifiques d'inspectrice des études dramatiques au Conservatoire, que lui avait accordées le ministère.

A propos de cette mort, nous rapporterons ici un détail qui a son prix, et que nous pouvons affirmer être vrai: c'est que l'une des causes qui contribuèrent le plus à abréger les jours de Mlle Mars fut l'habitude qu'elle avait de se faire teindre les cheveux tous les dix jours. Elle tenait absolument à conserver la belle chevelure noire qu'avaient à bon droit tant admirée ses adorateurs et ses courtisans. A cet effet, elle usait sans discernement de moyens si violents qu'ils finirent par agir sur le cerveau, et ce fut en proie depuis plusieurs jours à un horrible délire qu'elle rendit le dernier soupir. Elle laissait une fortune évaluée à 800,000 fr., dont hérita un fils qu'elle avait eu cinquante ans auparavant, qu'elle n'avait jamais voulu voir, et qui était modeste employé dans une maison de banque de Paris. Trois autres enfants qu'elle avait eus postérieurement avaient précédé leur mère dans la tombe.

Dans les dernières années de sa vie, Mlle Mars faillit à deux reprises être volée dans des circonstances éminemment dramatiques. C'est à son écrin, dont on estimait la valeur à plus de 200,000 fr., que les voleurs en voulaient. Pour échapper à ce perpétuel péril, elle se décida à vendre ses diamants. Plus tard elle se mit à jouer avec passion sur les fonds publics. Sans les pertes qu'elle fit alors sur le tapis vert de la Bourse, et aussi sans celles qui, à cette même époque, résultèrent pour elle de quelques prêts inconsidérément faits à deux hommes à qui elle n'avait rien à refuser, elle eût probablement laissé un héritage d'une importance au moins triple. Elle eut au reste l'attention délicate de donner par son testament quittus à ses deux derniers adorateurs (un colonel en disponibilité, et un vrai comte, ma foi!) des sommes considérables dont ils se trouvaient ses débiteurs. Sa devise: *Ce qui vient de la flûte s'en retourne au tambour.*

MARSAILLE (Bataille de La). Marsaille, ou plutôt *Marsaglia*, en italien, est un bourg des États Sardes, à 15 kilomètres nord-est de Mondovi, peuplé de 1,000 âmes et célèbre par la victoire qu'y remporta l'armée française, le 4 octobre 1693. C'est dans les plaines avoisinant cette localité que la vieille Catinat, qui venait de descendre les Alpes avec cinquante-quatre bataillons et quatre-vingts escadrons, rencontra les troupes du duc de Savoie, qui assiégeait Pignerol. Les deux armées employèrent toute la soirée et la nuit du 3 à se disposer au combat et à préparer leurs lignes de bataille. L'armée savoisienne avait la gauche adossée à une montagne, une plaine à droite; le duc de Savoie en était elle la petite rivière de Chisole; le duc de Savoie en était généralissime. Catinat avait pris le commandement de l'aile droite de son armée, et le duc de Vendôme celui de l'aile gauche. Le pays, tout boisé et planté de vignes, rendait la marche extrêmement pénible. Le 4, entre huit et neuf heures du matin, les Français s'ébranlèrent: dans ce pays couvert, la difficulté de s'apercevoir était telle que l'infanterie de notre aile gauche se trouva séparée de sa cavalerie et exposée ainsi à une attaque dangereuse dans une plaine rase. La gendarmerie dut s'y porter en toute hâte, sous le canon de l'ennemi, dont le feu devenait très-meurtrier. Après avoir fait opérer ce mouvement, Catinat courut vers la droite, où il craignait la même faute, et fit immédiatement commencer l'attaque. Elle eut lieu avec cette furie impétueuse dont nos troupes dans tous les temps ont donné de si nombreux exemples. Tout se trouva bientôt culbuté, et les escadrons dont l'ennemi avait entremêlé ses bataillons sur tout le front de bandière furent chargés à la baïonnette et renversés. Cependant les Savoisiens, ayant reçu quelques renforts, étaient revenus au combat avec le courage du désespoir; les Français du notre aile gauche, poursuivis, avaient cédé et plié devant eux; mais ralliés par le duc de Vendôme et par son frère, le grand-prieur, ils rétablirent bientôt la bataille, repoussèrent les troupes qui leur faisaient face, et tombèrent sur la droite ennemie, dont ils firent un horrible carnage. Cette habile manœuvre de Vendôme décida du succès de la journée; 8,000 ennemis hors de combat, 2,000 prisonniers, 32 pièces de canon, 97 drapeaux et 4 étendards furent nos trophées à La Marsaille. Le prince Eugène était, dit-on, l'auteur du plan de bataille

748 MARSAILLE — MARSEILLE

du duc de Savoie; aussi peut-on dire qu'en triomphant de celui-ci, Catinat triompha du prince Eugène.

MARSAULE, nom vulgaire du *saule marceau* (*voyez* Bois [*Sylviculture*], t. III, p. 362).

MARSEILLAISE. Un jeune officier du génie, nommé Rouget de l'Isle, se trouvait en garnison à Strasbourg, lorsque la guerre fut déclarée, au commencement de 1792. Un bataillon de volontaires allait partir de cette ville. On savait que Rouget de l'Isle, dans les loisirs que lui laissaient ses fonctions militaires, cultivait la poésie et la musique; et le maire de Strasbourg, Dietrich, lui demanda pour ces jeunes gens une marche nouvelle. Rouget se met à l'ouvrage dans la soirée; sa tête fermente, et dans une seule nuit, il compose les paroles et la musique de cette admirable *Chant de guerre de l'armée du Rhin*, car c'était là le titre qu'il lui avait donné. Dès le matin quelques artistes du théâtre vinrent l'étudier chez lui. Dans le milieu de la journée, il fut exécuté sur la place publique, où les volontaires s'assemblaient, et tel fut l'effet qu'il produisit, qu'au lieu des 600 hommes de la veille, il s'en trouva 900 pour le départ. Ce n'était que le prélude des prodiges opérés par cet hymne sublime, qui devait entraîner tant de fois nos soldats à la victoire et donner le signal de la conquête de nos libertés. Déjà il était connu dans tous les régiments du nord, mais n'avait point encore été entendu à Paris; ce furent les Marseillais de Barbaroux qui l'y firent connaître : on l'appela dans la capitale *l'hymne des Marseillais*, et ensuite *la Marseillaise*, nom populaire qui lui est resté. Quand, plus tard, Rouget de l'Isle, proscrit comme royaliste, l'entendit en frissonnant retentir comme une menace de mort à ses oreilles, en fuyant dans les sentiers des hautes Alpes : « Comment appelle-t-on cet hymne? » demanda-t-il à son guide. — *La Marseillaise*, « lui répondit le paysan. C'est ainsi qu'il apprit le nom de son propre ouvrage. Ourry.

MARSEILLE, ville de France, chef-lieu du département des Bouches-du-Rhône, à 794 kilomètres de Paris, sur la Méditerranée et la côte orientale du golfe de Lyon, près de l'embouchure de l'Huveaune. Sa population est de 195,257 habitants. C'est la première ville maritime de l'empire et le port le plus important de la Méditerranée par son mouvement commercial. Place de guerre de quatrième classe, défendue par une citadelle, le fort de Saint-Nicolas, et d'autres ouvrages extérieurs, chef-lieu de la neuvième division militaire, avec une direction des douanes, une direction des télégraphes, une manufacture impériale de tabac, un hôtel des monnaies, une école impériale d'hydrographie de première classe; c'est le siége d'un évêché, suffragant d'Aix, et dont l'arrondissement de Marseille compose le diocèse, d'une église consistoriale calviniste, d'une synagogue consistoriale. Cette ville possède encore un lycée, une école secondaire de médecine, une école spéciale d'arabe vulgaire, un observatoire impérial, une bibliothèque publique, riche de 50,000 volumes et de 12,000 manuscrits, un musée de tableaux et d'antiques, un muséum d'histoire naturelle, un jardin botanique, une Académie impériale des Sciences, Belles-Lettres et Arts, trois journaux politiques, treize typographies, deux théâtres, une caisse d'épargne, un mont-de-piété, un hôtel-Dieu, dont la fondation remonte à l'an 1200, et qui contient six cents lits, différents hospices pour les vieillards, les enfants trouvés, les orphelins, les aliénés, les femmes en couches ; des tribunaux de première instance et de commerce, une chambre de commerce, une bourse, une banque, un entrepôt réel, etc. C'est le point extrême du chemin de fer de Lyon à la Méditerranée.

Deux portions distinctes partagent la ville, la ville vieille et la ville neuve. La première est située sur la hauteur, vers le nord, au-dessus du port. Ses rues sont étroites, rapides et bordées de laids bâtiments. La seconde, plus récente et élégamment bâtie et séparée de l'autre par une magnifique rue qui s'étend, en ligne droite, de la porte d'Aix à la porte de Rome, dans toute la longueur de la ville. Cette rue, nommée *le Cours*, forme une promenade délicieuse, bornée d'arbres et de bancs de pierre, où se réunit le soir, dans la belle saison, la foule des promeneurs. Les maisons qui s'élèvent de chaque côté sont généralement d'une architecture symétrique. Des fontaines, placées vers le milieu, coulent dans de vastes bassins. La *Canebière* est le point central de la ville, d'où la vue embrasse toute l'étendue du port. C'est à la fois une rue, un bazar, une place, une grande route et une promenade. Parmi les monuments, l'hôtel de ville seul mérite d'être mentionné. Mais tout un immense quartier va prochainement s'élever sur les terrains du lazaret de la Joliette. Divers édifices importants doivent être construits sur ces terrains, une église, les bureaux de la télégraphie électrique et des postes de douanes. Un canal de 120 kilomètres de long, et terminé il y a seulement quelques années, amène à Marseille les eaux de la Durance; et de la sorte se trouve conjurée l'affreuse calamité qui la menaçait à peu près tous les étés, la perspective de mourir de soif.

Son port, le premier port marchand de France et l'un des plus sûrs et des meilleurs du monde entier pour les bâtiments d'un tonnage moyen, est formé d'une passe comprise entre les forts Saint-Nicolas et Saint-Jean, d'un bassin et d'un canal : il peut contenir 2,400 navires ; mais la rade qui le précède est peu sûre. Il est abrité par les hauteurs couvertes de maisons qui l'entourent et d'autres plus éloignées qui atteignent sur plusieurs points une élévation de 500 mètres. Les quais, en pierre de taille, ont 1,785 mètres de développement, non compris ceux du canal, qui ont 790 mètres de largeur? La superficie de la darse est de 27 hectares ; 900 bâtiments y peuvent stationner. Le bassin de carénage, dans lequel on ouvre par une passe de 16 mètres de large, offre une superficie d'un hectare et demi. La rade est défendue par les îles fortifiées du *Château d'If*, ancienne et célèbre prison d'État, et de *Pomègue* et *Ratonneau*, qui forment par leur réunion, au moyen d'une digue de 350 mètres de largeur, un port nommé *La Quarantaine*, bien abrité, dont les eaux, profondes de 12 mètres, peuvent recevoir 200 bâtiments. Non loin des murs de Marseille, les crêtes arides de l'Estaque les mettent en rapport avec ce lac immense qu'enferment les rives provençales et qu'on nomme *la mer de Berre*. Que d'avenir peut avoir ce lac ! et quelles destinées souriraient à cette ville si l'art et le génie creusaient un jour, comme on en a l'idée, un canal profond de neuf mètres entre la Méditerranée et la mer de Berre, où toute une escadre pourrait s'équiper, s'instruire et s'exercer dans des eaux impénétrables aux marines étrangères !

Dans ses environs sont situés le fort de Notre-Dame-de-la-Garde et la chapelle de ce nom, en grande vénération auprès des marins. Elle est bâtie sur une montagne d'où l'on voit la ville tout entière, la rade, les îles et tout le pays jusqu'au superbe amphithéâtre qui l'enclot ; sa banlieue est semée d'innombrables maisons de campagne, appelées *bastides*, et dont quelques-unes peuvent être comparées aux belles villas de l'Italie. Marseille possède encore plusieurs restes d'antiquités romaines, tels que les caves de Saint-Sauveur, la mur et les colonnes de la Major, les colonnes de Saint-Victor, des sarcophages, des *villa* ou maisons de campagne, etc. Le moyen âge, la renaissance, y ont aussi laissé des traces. Nous citerons, dans le nombre des curiosités de cette dernière époque, la porte de la Joliette et le monument de saint Lazare, qui, selon la tradition provençale, fut ressuscité par Jésus-Christ et aurait été le premier évêque de Marseille. La grotte de Saint-Victor est peut-être le plus ancien lieu de cette ville consacré par la religion chrétienne. C'est là que les fidèles de la primitive Église se réunissaient pour célébrer les saints mystères et y honorer les cendres des martyrs. Le prêtre Cassien y éleva, vers le quatrième siècle, un monastère qui a subi depuis plusieurs révolutions.

Le développement continuel des transactions mercantiles qui s'est fait sentir en France depuis 1815 n'a été nulle part aussi prononcé que dans le port de Marseille. L'heureuse situation de cette ville, l'abondance de ses capitaux, l'activité intelligente de ses habitants, le grand mouvement qui s'opère entre la France et l'Algérie, les opérations sur les grains tentées dans des proportions colossales, l'établissement des paquebots des messageries impériales et tout récemment la guerre d'Orient ont porté au plus haut degré sa prospérité commerciale. Marseille a presque le monopole du commerce de la France avec le Levant, l'Égypte, et les États bordant la Méditerranée et la mer Noire. Les importations consistent principalement en denrées coloniales, grains d'Afrique et du Levant, huile, sel, laine, coton, soufre, noir animal, peaux, cuirs, bois divers, métaux, etc. ; les exportations consistent en savon, sel, huile, vin, esprits, graines, salaisons, objets manufacturés, etc. Quant à son industrie, elle est aussi des plus actives, quoique inférieure au développement inouï de son commerce. On trouve à Marseille des fabriques de produits chimiques, des raffineries de soufre, des fabriques de savon très-importantes, de soude factice, des manufactures de bonneterie orientale, des raffineries, des tanneries, des fabriques d'ouvrages en corail, etc.

Marseille est une ville très-ancienne, fondée par une colonie de Phocéens, 600 ans avant J.-C. La tradition, recueillie par Aristote et par Justin, rapporte que le chef de ces émigrants, appelé Euxenos, s'étant rendu auprès du roi des Ségobrigiens, peuplade gauloise de la côte, fut reçu par lui au moment des noces de sa fille ; c'était l'usage chez ces barbares que toute fille épousât celui des convives invités au festin nuptial qu'elle choisissait en lui offrant une aiguière pleine d'eau. Quand la princesse vit les traits intelligents, le costume orné, le maintien poli du jeune étranger, elle lui présenta l'aiguière. Il l'épousa aussitôt, et reçut pour dot le territoire où il bâtit une ville qu'il appela *Massalia* (*mas Salyorum*), habitation des Salyes, nom que portaient les Liguriens de Provence.

Peuplée d'enfants de la civilisation grecque, la cité nouvelle fit de rapides progrès. Bellovès et l'entoura de fortifications : les habitants de Phocée et d'autres villes grecques de l'Asie Mineure, chassés par les Perses, vinrent augmenter sa population et sa puissance. L'industrie et le commerce se développent dans son sein. Elle exporte des bijoux, des ornements de corail ; fabrique des cuirs et du savon. C'est à elle que la Gaule doit la culture de la vigne et de l'olivier. On voyait ses navires sillonner la Méditerranée. Partout sur les côtes elle établissait des comptoirs, qui ne tardaient pas à devenir des villes. Centre et foyer du commerce intérieur des Gaules, elle l'était encore de celui que les peuples occidentaux faisaient avec la Grande-Bretagne et avec d'autres nations plus reculées vers le Nord. Ses relations, qui s'étendaient plus particulièrement dans l'Orient, la mettaient dans les rapports constants avec la Grèce, le Bosphore, l'Asie Mineure, l'Égypte et la Syrie. Voisine de l'Italie, elle absorba presque exclusivement le commerce de cette contrée, que les armes romaines contribuèrent puissamment à lui livrer en éloignant les peuples navigateurs. Elle triompha tour à tour des Rhodiens, des Phéniciens et des Carthaginois. Bientôt elle acquit une telle importance que Rome se félicita de l'avoir pour alliée. Après la prise de Rome par Brennus, elle prit spontanément le deuil, et envoya tous les bijoux de ses citoyens pour apaiser l'avidité des Gaulois. Aussi les Romains accordèrent aux Marseillais une alliance à droit égal, l'immunité et le droit d'assister aux spectacles à la place des sénateurs. Jamais leurs rapports de bonne intelligence ne furent rompus, si ce n'est à l'époque des rivalités de César et de Pompée. Marseille avait suivi le parti de ce dernier. Le vainqueur lui enleva toutes ses colonies, à l'exception de Nice, détruisit ses machines de guerre, ses fortifications, se fit livrer les armes, les vaisseaux, le trésor, et mit deux légions en garnison dans la citadelle. La ville se vit réduite à son propre territoire. Elle se divisait alors en deux villes distinctes, la ville proprement dite, qui constituait un État libro, sous le patronage des Romains, et la citadelle, dans laquelle ceux-ci entretenaient une puissante garnison. Les citoyens de Marseille possédaient l'ancien port, qu'on nommait *Lacydon*; les Romains s'étaient réservé pour eux le port de la Joliette. Plusieurs édifices remarquables avaient été réunis par les Marseillais dans la citadelle. On y voyait le temple *Ephesium*, consacré à Diane, celui d'Apollon Delphinien, le gnomon de Pythéas, le palais du gouvernement, qui faisait partie de l'*Ephesium*, et le gymnase. Jusqu'à l'avénement de Constantin le commerce de Marseille occupa tous les marchés où dominaient les armes de la ville éternelle.

Mais le siége de l'Empire Romain, transféré à Constantinople, lui enlève ses relations avec l'Orient, et l'irruption des barbares vient hâter sa décadence. Sous l'autorité des Goths, son commerce semble recouvrer une sorte d'activité. Elle passe ensuite sous la domination des Francs. Fréquemment ravagée par les incursions des Sarrasins, elle se relève sous Charlemagne, et établit de nouvelles relations avec l'Orient et l'Espagne. D'habiles ouvriers lui sont mandés par les Marseillais pour venir établir dans leur ville des manufactures d'armes, d'orfévrerie, des fabriques de toile de coton et de cuir. Au milieu de toutes les vicissitudes que Marseille subit, ce qui caractérise sa population, c'est l'attachement qu'elle montre pour ses mœurs, ses usages, ses institutions. Elle a beau changer de maîtres et de fortune, pendant longtemps c'est toujours la république aux formes ioniennes, affichant ses lois dans les carrefours, sur les places publiques, afin que le peuple s'en instruise. Le Marseillais est Grec, et sa nature primitive persiste malgré le sol sur lequel il est transporté.

La constitution qui régissait Marseille fut d'abord oligarchique, puis plus tard démocratique. De nombreux règlements lui ont été empruntés par la plupart des peuples commerçants ; et il y a tout lieu de croire que le fameux *Code du consulat de la mer* est son ouvrage. Sous le règne du fils aîné de Clotaire, roi de France, elle reçut des gouverneurs particuliers, désignés sous les noms de *patrices*, *préfets*, *ducs*, *comtes*, *juges* et *recteurs*, sans pour cela changer précisément la forme de son administration. Le moyen âge est une époque non moins agitée pour elle. Les croisades la servent admirablement. Alors son port se remplit de vaisseaux et d'étrangers pour la Terre Sainte. Le génie des Marseillais pour le négoce leur a bientôt fait conquérir la prépondérance sur leurs rivaux. Ils avancent souvent des sommes considérables aux princes auxquels ils sont alliés. C'est ainsi qu'en reconnaissance d'un pareil service, Baudouin III, roi de Jérusalem, leur concède une rue tout entière à Saint-Jean-d'Acre et une grande maison dans la ville sainte. Pour prix des secours également reçus des Marseillais en 1187, le comte de Montferrat leur octroie, par lettres patentes, le droit de négocier, francs d'impôts, dans la ville de Tyr, et d'y établir un consul pour l'administration de la justice. Trois ans plus tard, deux armées navales sont successivement équipées dans leur port ; et leurs alliés, dans cette nouvelle croisade, reçoivent de nombreuses preuves de leur bravoure et de leur générosité. Aussi voyons-nous par les règlements maritimes du temps de saint Louis que Marseille était placée au rang des villes de commerce les plus importantes.

Cependant, mus par cet amour de la liberté qui a toujours fait le fond de leur caractère, les Marseillais se hâtèrent de saisir l'occasion de secouer le joug des vicomtes dès qu'elle se présenta. Leurs maîtres avaient besoin d'argent, ils étaient riches ; le marché fut bientôt conclu. En 1214 ils achetèrent leur indépendance, et fondèrent pour la seconde fois cette république dont ils avaient conservé le souvenir avec orgueil. Malheureusement, dans leur voisinage résidait un prince ambitieux et puissant. Charles d'Anjou, comte de Provence, ne les laissa pas longtemps jouir de la liberté. En 1257, après d'héroïques efforts, la nouvelle république succomba sous la force, et le règne fatal des comtes de Provence commença pour la cité. Forcés de suivre l'humeur belliqueuse de leurs maîtres, les Marseillais furent entraînés dans des expéditions ruineuses. Épuisés par les nombreux sacrifices qu'ils avaient faits pour soutenir les prétentions des comtes de Provence au royaume de Naples, vaincus sur mer en 1284, soumis dans leur ville à un pillage de quinze jours de la part des Aragonais, en même temps que les républiques d'Italie leur enlevaient le commerce dans le Levant, ils voient dès ce moment arriver leur ruine sans espoir de se relever. Sous René, successeur de Louis II, ils se trouvaient dans un tel état de détresse, que ce prince, en 1472, pour donner un peu d'activité à leur port, offrit un sauf-conduit pour un an *à toutes les nations chrétiennes et infidèles* qui voudraient venir négocier chez eux.

Lorsque enfin, en 1481, ils passèrent sous la domination des rois de France, sons ce joug, comme sous le précédent, ils agirent, dans leurs rapports avec les nations étrangères, plutôt en souverains qu'en sujets. On les vit faire des traités de commerce avec Gènes, porter la guerre à Venise, se conduire, en mainte circonstance, comme si leur république avait été encore dans sa première splendeur. On sait la mémorable résistance que Marseille opposa aux efforts de Charles de Bourbon en 1516. Charles-Quint ne fut pas plus heureux vingt ans plus tard. Sous la Ligue, cette exclamation d'Henri IV en apprenant la soumission de cette ville, *C'est maintenant que je suis roi!* prouve combien il mettait de prix à sa possession. Louis XIV, y venant en personne, en 1660, pour calmer une sédition, est encore une preuve de son importance. Ce dernier pour la contenir y fit bâtir le fort Saint-Jean, qu'il appelait la *Bastide*.

De tous les désastres dont Marseille a été le théâtre depuis sa fondation, rien n'égale les ravages qu'y occasionna la dernière peste. Quinze fois affligée de ce fléau dans l'espace de quatre siècles, celui de 1720 fut le plus terrible pour elle. On porte à 30,000 le nombre des personnes qui moururent dans cette circonstance. Il immortalisa le nom de Belzunce. Marseille traversa la révolution morne et découragée par la ruine de son commerce. L'empire ne fit rien pour elle : aussi la chute de Napoléon fut-elle saluée par les Marseillais avec un enthousiasme indicible. Son commerce refleurit avec la Restauration ; et la conquête d'Alger lui a donné une impulsion énorme. On a parlé successivement à Marseille le grec, le latin, les langues barbares, la romane, la provençale et la française. Quant aux fêtes, la poésie en est imprégnée d'antiquité. La danse des *olivettes* faisait allusion à la querelle de Pompée avec Jules César et au siège de Marseille; celle des *bergères*, les *moresques*, les *bouffets*, les *jarretières* et la *cordelle*, etc., sont toutes plus ou moins pittoresques. Celle surtout que les Marseillais préfèrent, c'est la *falandoulo* ou *fasandole*, qui se danse au son du galoubet et du tambourin. La *regno Sabo* et le *carantran* comptent parmi leurs jeux de la plus ancienne origine. Plusieurs autres, tels que la *bigue*, les courses de bateaux, d'hommes et de chevaux, le saut, la lutte, le combat des taureaux, la barre, le disque, etc., etc., sont fort en usage à Marseille. Rien n'a plus de charme pour les habitants de cette ville que les fêtes de famille. Celles de Noël et du Jour de l'an ont quelque chose de patriarcal, qui paraît toujours nouveau pour l'étranger. Mais la fête qui autrefois se distinguait le plus sans contredit par sa singularité et sa pompe, c'était la procession de la Fête-Dieu. C'est la plus particulièrement que le Marseillais avait mêlé son paganisme. Encore aujourd'hui, un bœuf aux cornes dorées, couvert de fleurs et d'ornements, qu'accompagne un brillant cortége, y rappelle le sacrifice du taureau que dans le pays l'on avait coutume d'offrir à Diane. L. DE TOURREIL.

MARSES (Les), *Marsi*, ancien peuple de l'Italie centrale, d'origine sabellique, et qui habitait le magnifique plateau entourant le lac Fucin (aujourd'hui *lago di Celano*) et borné de toutes partspar les Apennins, avec sonchef-lieu, *Marruvium* (aujourd'hui *San-Benedetto*). Comme les *Peligni*, les *Marrucini*, les *Vestini* et autres tribus appartenant à peu pres à la même race et en outre voisines de leur territoire, ils étaient presque toujours confédérés avec les Samnites contre Rome ; et en l'an 91 avant J.-C. ce furent eux qui se mirent à la tête de l'insurrection générale des alliés. Cette lutte sanglante est connue sous le nom de *guerre sociale* ou *guerre des Marses*. Les Marses n'étaient pas moins célèbres par leur bravoure que par leur habileté à appliquer d'une manière médicale et en même temps magique les simples de leurs montagnes, et aussi par l'art qu'ils possédaient d'apprivoiser les serpents.

Ce nom de *Marses* était encore celui d'un peuple appartenant à l'une des plus antiques races germaines et fixé sur les rives du bas Rhin. Quand, à la suite des campagnes de Drusus, Auguste fit transporter diverses peuplades germaines sur la rive gauche du Rhin, les Marses se retirèrent plus au loin dans l'intérieur de la Germanie, dans la contrée arrosée par la Ruhr, où ils figurèrentau premier rang dans la bataille où Varus fut vaincu et tué. L'aigle d'une de ses légions resta en leur pouvoir. Germanicus entreprit ensuite contre eux diverses expéditions pour venger le désastre de Varus (*voyez* HERMAN); et depuis lors l'histoire cesse de mentionner leur nom.

MARSH (Appareil de). *James* MARSH était un chimiste et médecin pratiquant de Dublin, qui mourut subitement dans cette ville, à l'âge de cinquante-sept ans, le 29 juin 1846. Il ne s'est d'ailleurs fait connaître que par l'appareil qui porte son nom; encore sa célébrité ne date-t-elle que de l'époque où le procès de la dame Lafarge eut un si grand et si fâcheux éclat. Marsh a eu pour objet, dans son invention, de découvrir et de rendre évident l'arsenic mêlé à d'autres substances, en quelque proportion qu'il s'y trouve combiné. Pour parvenir à son but, il a dû recourir à différents artifices, que la chimie connaissait avant qu'il s'en fût ingéré. Et d'abord, pour obtenir l'hydrogène qui doit s'imprégner de l'arsenic subsistant dans les matières à éprouver, il a décomposé l'eau par la double intervention d'un métal oxidable et de l'acide sulfurique; ensuite, il s'est appliqué à isoler l'arsenic du gaz hydrogène auquel il est combiné, résultat qu'il a obtenu en brûlant ce gaz au contact d'un corps froid, à la surface duquel l'arsenic fait des taches brillantes et métalliques.

Pour réaliser son invention, Marsh n'eut besoin que de combiner des découvertes déjà faites, des éléments tout trouvés. Décomposer l'eau était chose bien connue depuis Lavoisier et les pneumatistes ses élèves. Brûler le gaz hydrogène, c'était un fait populaire et déjà à l'état d'industrie. Il n'y a donc que l'isolement de l'arsenic sous forme de taches miroitantes qui soit un fait nouveau, personnel à Marsh, et qui ressorte de son invention et la caractérise essentiellement; car pour ce qui est de l'hydrogène arsenié ou arsénié, c'est un résultat auquel plusieurs chimistes avaient consacré quelques travaux. Dès 1755 Scheele avait parlé de la combinaison de l'hydrogène avec l'arsenic, combinaison à laquelle il donnait naturement le nom de *gaz inflammable contenant de l'arsenic*. Scheele savait même qu'en brûlant, ce gaz arsenié donne lieu à une espèce de détonation en déposant une matière arsenicale brune. N. Vauquelin, longtemps après Scheele, son auteur favori, confirmait les remarques du chimiste suédois sur le phénomène qui se rattachait à d'autres métaux. Proust, en 1798, observait qu'il se dégage ordinairement de l'hydrogène arsenié, fétide, de l'étain dissous dans ce qu'on nommait alors l'acide muriatique, et il notait que ce gaz en brûlant sous une cloche laisse déposer de l'arsenic sur les parois de cette cloche. Tromsdorf, Stromeyer le chimiste, Gehlen, à qui de pareilles expériences donnèrent la mort, H. Davy, Gay-Lussac et Thénard, confirmèrent ces premières observations, mais sans les étendre ni les féconder. Il était réservé à James Marsh, quatre-vingts ans après Scheele, leur premier auteur, de leur conférer toutes leurs conséquences et d'en montrer l'utilité. Cependant nous devons dire que le chimiste français Sérullas, quoique peu novateur, lui a dans une sorte de communication qui concerne l'hydrogène arsenié. C'était en 1821 : il s'agissait de déterminer en quelles proportions l'arsenic se trouve mêlé aux *blendes* d'antimoine qui entrent dans diverses préparations pharmaceutiques. Or, en brûlant sur le mercure le gaz arsenié provenant de ces alliages, alors qu'on les combine à des fondants alcalins, Sérullas put constater en quelle quantité l'arsenic s'y trouvait joint. Et la preuve que Sérullas apprécia toute l'importance de ce fait, c'est qu'il déclara que son procédé était applicable aux recherches de toxicologie. De là à l'appareil de Marsh il n'y avait qu'un pas, comme du crépuscule au grand jour. Mais on ne s'en aperçut que lorsqu'il ne resta rien à faire.

Après ces travaux, Marsh n'eut plus qu'à modifier le briquet à gaz hydrogène pour transformer la *lampe* dite *philosophique* en un *arsénomètre* d'une précision et d'une sensibilité incomparables. Ce ne fut toutefois qu'en 1836, en octobre, que ce chimiste publia, dans l'*Edinburgh Philosophical Journal*, son invention et son appareil sous ce titre modeste : *Description d'un nouveau procédé pour séparer de petites quantités d'arsenic d'avec les substances auxquelles il se trouverait mêlé*. Voici, au reste, en quoi consistait originairement l'appareil de Marsh. Au simple vase dont les chimistes font usage pour préparer l'hydrogène, Marsh imagina de substituer un large tube cylindrique recourbé en U, mais à branches d'inégale longueur, comme un siphon, c'est-à-dire que le premier jambage de l'U a deux fois la longueur du second jambage. La branche la plus longue sert à l'introduction des liquides, et l'orifice en doit rester ouvert. La plus courte reçoit un bouchon auquel se fixe et que traverse un tube métallique portant robinet. Ce tube se termine par une pointe déliée qui doit servir à l'écoulement du gaz hydrogène. Une base solide et un support en bois avec deux bandes de caoutchouc maintiennent l'appareil dans une position verticale. Une feuille de zinc pur, large d'un demi-pouce et trois fois plus longue, qu'on a recourbée en deux sens inverses, doit rester suspendue dans la courte branche de l'appareil, à quelques centimètres de sa courbure. On la retient là, soit au moyen d'une baguette de verre, soit en l'attachant au tube métallique ou au robinet. Le moment venu de procéder aux essais, c'est dans la branche la plus longue de l'appareil qu'on introduit les liquides à essayer, après qu'on les a mêlés à une partie d'acide sulfurique à 66° étendu dans sept parties d'eau. On ajoute ensuite assez de liquide pour que la petite branche de l'appareil en soit totalement remplie, à l'exception pourtant de 6 à 7 millimètres, qui doivent rester libres au-dessous du bouchon, afin de faciliter le dégagement du gaz. Le robinet doit être ouvert dans ce premier moment, afin de donner issue aux premières émanations de gaz qui seraient mêlées d'air atmosphérique, après quoi on le ferme exactement. C'est alors que la réaction commence. Le zinc agissant sur l'eau par l'intervention de l'acide sulfurique, on voit bientôt s'élever de la surface même de la feuille de ce métal des bulles formées d'hydrogène pur si le liquide ne renferme pas d'arsenic, et d'hydrogène arsenié dans le cas contraire.

Il se produit au moment de l'expérience un phénomène singulier, qui même accuserait du génie s'il résultait de la seule volonté de l'expérimentateur. A mesure que le gaz hydrogène se dégage, ce gaz déplace le liquide et le refoule de haut en bas puis de bas en haut de la petite branche dans la grande, jusqu'à ce que, la feuille de zinc restée à sec et cessant d'avoir contact avec l'acide sulfurique, il ne puisse plus se former d'hydrogène nouveau. C'est absolument comme dans le briquet à zinc et à platine. On peut alors ouvrir le robinet, enflammer le gaz et en faire l'essai. S'il contient de l'arsenic, la flamme en est bleuâtre ou violacée, et elle répand la même odeur que l'ail. Si l'on intercepte cette flamme par un corps froid, par une lame de verre ou une soucoupe en porcelaine, elle y dépose des *taches* d'un aspect métallique ou miroitant, promptement volatilisées à l'extrémité du jet ; ces taches sont formées d'arsenic métallique. C'est de l'acide arsenieux qui se dépose si l'on brûle l'hydrogène arsenié dans un tube large, béant à ses deux extrémités. Enfin, c'est à la fois de l'acide arsenieux et de l'arsenic métallique si l'on procède avec un tube incliné sous un angle de 25 à 30°. Le gaz une fois écoulé, le liquide acide revient dans la petite branche du tube, et se remet en contact avec le zinc, ce qui donne lieu à du nouvel hydrogène arsenié et permet de réitérer l'expérience autant de fois qu'il en est besoin.

Tel est cet *appareil de Marsh* qui a fait tant de bruit en Europe depuis 1840, et que les chimistes adoptèrent aussitôt qu'il fut rendu public. Cependant, comme cet appareil serait trop restreint pour suffire à des expertises toxicologiques dans lesquelles il est nécessaire d'éprouver de grandes quantités de liquides suspects, et comme le jeu en est intermittent, on lui substitua bientôt l'appareil à gaz en usage dans les laboratoires. Sur vingt à trente chimistes qui étudièrent plus particulièrement ce nouvel appareil, la plupart ont proposé de le modifier chacun à sa manière, surtout M. Chevallier. Ces modifications portèrent sur la forme du vase et sa grandeur, sur le nombre de ses tubulures, sur la disposition du tube par où s'évade l'hydrogène, sur sa longueur et sa direction, sur les corps interposés, etc.

Ce qui caractérise par-dessus tout cet appareil, c'est sa sensibilité, qui tient du prodige. On rend évidentes, grâce à lui, des quantités d'arsenic tellement minimes, qu'aucun autre procédé d'analyse n'aurait pu en divulguer l'existence. Ainsi, tandis que Sérullas, par son savant procédé des alliages, était parvenu à rendre manifestes des milligrammes d'arsenic, l'appareil de Marsh rend parfaitement *visibles* des millionièmes de gramme ; et même la commission de l'Institut a retrouvé le poison en opérant sur des liquides qui ne contenaient que les deux cinq millionièmes de leur poids d'acide arsenieux. Enfin, l'appareil de Marsh est devenu un épouvantail pour les empoisonneurs, surtout depuis les recherches et les expériences de D a n g e r et d'O r f i l a, et déjà on a pu remarquer que les empoisonnements ont été moins nombreux depuis son invention.

Dr Isidore BOURDON.

MARSHAM (Thomas), né à Londres, en 1602, mort dans la même ville, en 1685, est auteur de divers ouvrages relatifs à l'histoire et à la chronologie ancienne, et entre autres du *Canon chronicus æqyptiacus, hebraicus, græcus, et disquisitiones* (Londres, 1662, in-fol.), ouvrage dans lequel il fixe à Antiochus Épiphane l'accomplissement des 70 semaines de Daniel, et où il réduit de beaucoup l'antiquité que l'on attribue aux Égyptiens. Il prétendait que leurs nombreuses dynasties de rois avaient été non pas successives, mais contemporaines et collatérales. Il soutenait en outre que c'est aux Égyptiens que les Juifs ont emprunté la circoncision et diverses autres pratiques de leur culte, opinion qui l'entraîna dans de vives controverses. Ce savant avait obtenu, en 1638, la place de clerc de la chancellerie, que la révolution lui enleva, et que la restauration oublia de lui rendre. Charles II le créa baronet.

MARSILE FICIN. *Voyez* FICIN (Marsile).

MARSOLLIER DES VIVETIÈRES (BENOÎT-JOSEPH), né à Paris, en 1750, était fils d'un riche marchand d'étoffes, que ses chalands titrés, peut-être un peu jaloux de sa fortune, avaient surnommé *mylord Velours*. L'héritage de ce père opulent permit au jeune Marsollier de se livrer de bonne heure à son goût pour l'art dramatique : assez longtemps néanmoins il se borna à des pièces de société, qu'il jouait lui-même avec ses amis sur un théâtre construit dans sa maison de campagne, près de Lyon. Il avait trente ans quand il commença à travailler pour le public et pour la Comédie-Italienne : son début sur cette scène, l'opéra-comique des *Aveugles de Bagdad*, fut assez froidement accueilli ; son second ouvrage, *Le Vaporeux*, comédie en deux actes, mérita et obtint plus de succès. Mais ce fut seulement en 1786 qu'il dut à sa *Nina, ou la folle par amour*, un de ces triomphes éclatants qui font époque dans les annales d'un spectacle, et indiquèrent à un auteur son véritable genre. Aussi, dès ce moment, Marsollier se vona-t-il à l'opéra comique, où il devint l'heureux émule de Sedaine, habile comme lui à fondre dans une même action l'intérêt et la gaieté, mais écrivant son dialogue et ses morceaux de chant dans un style plus correct, quelquefois aussi moins naturel.

La révolution de 1789 lui enleva presque toute sa fortune et sa charge de payeur des rentes de l'hôtel de ville de Paris, lucrative sinécure dont il avait fait l'acquisition. Mais son talent et son travail lui eurent bientôt rendu une partie de son aisance. S'associant tour à tour à Gavaux, à Méhul, et surtout à Dalayrac, son ami plus encore que son collaborateur, il fit représenter sur les théâtres Feydeau et Favard plus de quarante opéras, qui presque tous réussirent, et dont quelques-uns, tels que *Camille, ou le souterrain*, *Les Petits Savoyards*, *Adolphe et Clara*, *Alexis*, etc., obtinrent des succès populaires. Bon, modeste, obligeant, Marsollier n'était pas moins aimé de tous ceux qui le connaissaient pour son caractère que du public pour ses ouvrages; aussi applaudit-on généralement à son admission dans l'ordre de la Légion d'Honneur en 1814. L'ingratitude des comédiens, qui lui devaient tant, jeta de l'amertume sur ses dernières années: vingt-deux pièces qu'il leur présenta furent toutes refusées sans pitié, et pourtant la réussite posthume de son joli opéra d'*Edmond et Caroline* dut leur prouver qu'il n'y avait pas là de leur part une rigoureuse justice. Ses chagrins n'avaient point influé toutefois sur la bienveillance qu'il aimait à montrer aux jeunes auteurs, pour lesquels il était prodigue de conseils utiles et de sincères encouragements ; ils n'avaient point altéré non plus le charme de sa piquante et spirituelle conversation. Retiré dans une campagne près de Versailles, il y succomba, âgé seulement de soixante-six ans, à une inflammation d'entrailles, le 22 avril 1817. Ouvry.

MARSOUIN. Georges Cuvier a fait des marsouins un genre distinct dans la nombreuse famille des dauphins, et cette distinction générique a été adoptée par F. Cuvier dans son travail sur l'histoire naturelle des cétacés. Les marsouins se distinguent des dauphins proprement dits par la forme de leur tête, qui est obtuse et arrondie, au lieu d'être allongée et effilée en bec; mais il importe de remarquer que cette différence de forme est bien moins saillante sur le squelette osseux du marsouin qu'elle ne l'est dans l'animal vivant; car sur le squelette les mâchoires apparaissent allongées et parfaitement distinctes du crâne, tandis que dans le marsouin vivant la démarcation entre le crâne et les mâchoires s'efface tellement sous les parties musculaires et graisseuses, que le museau se distingue à peine de l'enveloppe osseuse du cerveau, et que la tête tout entière prend une forme presque sphéroïdale.

Le genre *marsouin*, tel qu'il est aujourd'hui défini et connu, renferme huit espèces distinctes : le *marsouin commun*, dont nous allons donner la description; l'*épaulard*; le *marsouin de d'Orbigny*, qui habite les mers d'Europe; le *marsouin caréné*, des mers des Canaries ; le *marsouin hasté*, le *marsouin de Rome*, le *marsouin obscur*, que l'on trouve tous trois près du cap de Bonne-Espérance ; et le *marsouin de Meyer*, qui vit près de côtes orientales de l'Amérique du Sud.

Le *marsouin commun* (*delphinus communis*, L.; *phocœna communis*, Fr. Cuv.) est la plus petite de toutes les espèces du genre, et c'est aussi celle qui se rencontre le plus communément dans nos mers d'Europe : la longueur totale du marsouin commun dépasse rarement 1^m,65; son corps est fusiforme, et sa plus grande circonférence est vis-à-vis la nageoire dorsale : la partie dorsale du corps est teinte d'une couleur sombre, aux reflets violacés ou verdâtres ; la partie ventrale est d'un blanc sale; la mâchoire inférieure, qui est raccourcie, est légèrement bordée de noir, et toutes les nageoires, et même les pectorales, sont de la même couleur. Les marsouins vivent en troupes nombreuses, et paraissent jouer follement à la surface des eaux, même dans les plus grandes tempêtes. Leur mode de progression contribue beaucoup à leur donner un certain air de gaieté folâtre : quand ils viennent à la surface des eaux, c'est toujours la tête qui apparaît la première; puis la tête s'enfonce et le dos s'élève, recourbé en voûte, au-dessus de la surface liquide ; enfin, le dos disparaît à son tour, et la queue se dresse, quelquefois verticalement, au-dessus des eaux : il semble que les marsouins s'avancent en faisant des pirouettes. Ils se nourrissent principalement de mollusques et de poissons, et parfois en poursuivant ceux-ci ils remontent assez avant dans les fleuves, jusqu'à Rouen dans la Seine, jusqu'à Nantes dans la Loire, jusqu'à Bordeaux dans la Gironde. Leurs troupes sont, dit-on, voyageuses ; elles émigrent du Nord au Midi dans la froide saison, du Midi au Nord dans les saisons chaudes : c'est du moins ce qui paraît résulter des dires de Belon et d'Othon Fabricius. Quoi qu'il en soit, ces troupes sont nombreuses dans les mers du Nord comme dans nos mers, dans la Méditerranée comme dans l'Océan.

Il n'est pas douteux que cette espèce ne fût connue des anciens naturalistes, et suivant quelques auteurs c'est elle qu'Aristote a décrite sous le nom de *phocœna* (liv. vi, cap. 8), et Pline sous le nom de *tursio* (*Hist. nat.*, liv. ix, cap 11). Mais Belon paraît avoir été le premier naturaliste qui ait nettement séparé les marsouins des autres dauphins par des caractères zoologiques positifs ; le premier aussi il en a donné une figure qui, quoique grossière, est assez exacte, et a été reproduite par Aldovrande.

Au seizième siècle, la chair du *marsouin* était regardée comme un mets délicat, et Belon nous apprend que souvent les vendredis il s'en trouvait jusqu'à cinq à la fois dans les marchés de Paris : aujourd'hui, les habitants du Nord en font seuls leurs délices ; car nos marins eux-mêmes n'en mangent qu'avec répugnance et par nécessité.

Le mot *marsouin* est d'origine tudesque; il dérive de *mar* ou *mor*, qui signifie *mer*, et de *swein* ou *sweins*, ou *swine*, qui signifie *cochon* : le nom anglais du *marsouin* (*porpoise*) dérive des mots latins *porcus piscis* (cochon poisson) ; les naturalistes français du seizième siècle le désignaient également sous le nom de *porpus*, qui a évidemment la même origine. Belfield-Lefèvre.

MARSUPIAUX (de *marsupium*, bourse). Des différences extrêmement remarquables dans les appareils et dans les fonctions de la génération font des marsupiaux une sous-classe complètement distincte dans la grande classe des mammifères; et ces différences se traduisent au dehors et se résument en deux caractères zoologiques apparents et tranchés : 1° une poche (*marsupium*) existant chez la femelle seulement, et destinée à abriter les petits pendant la plus grande partie de leur développement fœtal; 2° un appareil osseux spécial, formant une espèce d'appendice aux os iliaques, et existant, sans exception, chez tous les marsupiaux, mâles ou femelles.

La poche ou la bourse des marsupiaux est entièrement formée par la peau de l'abdomen et par le panicule charnu de cette peau; mais cette bourse peut être plus ou moins parfaite : tantôt ce sont de petites rides longitudinales, qui forment autour de l'appareil mammaire, qu'elles recouvrent à peine, une petite bourse faiblement esquissée et en quelque sorte rudimentaire ; d'autres fois, ce sont des replis de peau larges et amples, qui se brident autour d'un point central, la glande mammaire, et forment ainsi une véritable poche d'incubation : dans tous les cas, la cette poche ne conserve pas pendant toute la durée de la vie de l'animal les mêmes proportions relatives : petite chez la femelle non encore fécondée, l'orifice en devient plus épais, et s'évase davantage quelques jours après la fécondation, et la poche elle-même s'agrandit et se développe jusqu'à l'époque où les petits qu'elle renferme cessent d'adhérer aux tétines, moment où elle s'affaisse de nouveau. Les *os marsupiaux* sont deux pièces de forme allongée et un peu aplatie, qui s'articulent par leur extrémité postérieure avec les os du pubis, et qui s'avancent dans les parois antérieures de de l'abdomen en s'écartant l'un de l'autre : ces os sont mobiles à la manière d'un pivot, et peuvent êtres écartés ou rapprochés l'un de l'autre par les muscles (*triangulaires* de Tyson et *iléo-marsupiaux* de Duvernoy) qui viennent s'y insérer. Nommés par Tyson *marsupii janitores*, les os marsupiaux ont des fonctions fort obscures encore : suivant Duvernoy, ils favorisent la mise-bas en s'écartant l'un de l'autre et en servant de poulie de renvoi au muscle cremaster ; tandis que, suivant Geoffroy Saint-Hilaire, c'est en se rapprochant l'un de l'autre, au contraire, qu'ils déterminent la protrusion du canal urétro-sexuel, et facilitent ainsi l'introduction des embryons dans le *marsupium*; mais il est évident que dans l'une ou l'autre supposition il est également difficile de motiver l'existence des os marsupiaux chez les animaux mâles , puisque chez ceux-ci la poche n'existe pas, même rudimentaire.

Ces deux caractères, correspondant à des modifications profondes dans les fonctions de la génération, motivent la séparation des mammifères qui les présentent d'avec les mammifères vivipares et monodelphes ; et les différences que les mammifères marsupiaux présentent entre eux dans les fonctions de la nutrition et de la locomotion, différences qui se traduisent encore en caractères zoologiques par des modifications dans les appareils dentaires et locomoteurs, servent à sous-diviser ces animaux en plusieurs sections ou familles, elles-mêmes renfermant des genres et des espèces distinctes ; de telle sorte que les marsupiaux forment une classe à part, collatérale et parallèle à la classe des mammifères , et sous-divisible comme celle-ci en ordres, en genres et en espèces. Aussi Blainville a-t-il divisé la classe des mammifères en deux sous-classes parallèles, l'une renfermant les mammifères ordinaires ou monodelphes, l'autre les mammifères marsupiaux ou didelphes, auxquels il a adjoint les *m o n o t r è m e s* ; et M. Desmoulins, poussant plus loin encore ce parallélisme, a divisé la sous-classe des mammifères marsupiaux en sections analogues à celles qui ont été établies dans les mammifères monodelphes et désignées par des noms pareils.

M. Owen range les marsupiaux en six tribus : 1° *sarcophages* (ou *carnivores*), renfermant les genres *thylacine*, *d a s y u r e*, *phascogale*; 2° *entomophages* (ou *insectivores*), genres *péramèle*, *didelphe*, etc. ; 3° *carpophages* (ou *frugivores*), genres *p h a l a n g e r*, *pétaure*, etc. ; 4° *pœphages* (ou *herbivores*), genres *potoroo*, *k a n g u r o o* ; 5° *rhizophages* (ou *rongeurs*), genres *p h a s c o l o m e*, etc. ; 6° *monotrèmes*, genre *o r n i t h o r h y n q u e* et *é c h i d n é*.

Chez les marsupiaux les fonctions de la reproduction offrent des modifications qui font de ces animaux une classe distincte de la classe des mammifères proprement dits. Avant de pouvoir seul à sa propre substance, le fœtus des mammifères monodelphes tire sa nourriture de sa mère par deux voies et de deux manières complètement distinctes : d'abord , du placenta utérin par le système vasculaire; ensuite, de la glande mammaire par le canal intestinal : ces deux modes de nutrition sont complémentaires l'un et l'autre, et se suppléent de telle sorte que dans la série zoologique, ainsi que l'a parfaitement observé Blainville, là où la nutrition placentaire ou utérine se prolonge , la nutrition mammaire est de moins longue durée , et *vice versa*. Mais chez les mammifères didelphes, l'un de ces deux modes de nutrition se sacrifie presque totalement au complet développement de l'autre : ainsi, c'est tantôt la nutrition placentaire ou utérine qui disparaît ; et alors nous avons les didelphes marsupiaux, qui se développent par la nutrition mammaire seulement ; et tantôt c'est la nutrition mammaire qui avorte, et alors nous trouvons les mammifères sans mamelles, les didelphes monotrèmes. En effet, chez les marsupiaux femelles l'appareil sexuel se compose de deux longs intestins entièrement semblables aux oviductes des oiseaux , à cette exception près qu'ils se réunissent l'un à l'autre, et qu'ils se greffent dans un point de leur étendue sur une poche utérine ; mais cette poche utérine elle-même n'est aucunement construite sur le modèle de l'utérus du mammifère monodelphe : c'est un simple c a n a l , d'une structure peu compliquée, et qui n'offre aucun de ces rétrécissements que l'on a coutume de désigner sous le nom de *cols de l'utérus* ; c'est un simple prolongement des deux conduits urétro-sexuels réunis en un seul , et qui par conséquent ne saurait offrir aucun obstacle au libre passage du produit ovarien. Il suit de là que lorsque après la fécondation l'ovule se détache de l'ovaire, il traverse sans y séjourner en aucun point toute l'étendue du canal utéro-vaginal , et est rejeté au dehors, comme le produit d'un ovipare, pour être recueilli dans la poche que la femelle des marsupiaux porte sous le ventre. Le mode suivant lequel l'ovule ainsi expulsé est introduit dans le *marsupium* est encore un mystère, malgré les nombreuses recherches auxquelles on s'est livré à ce sujet : ainsi , pour ne citer que deux opinions , les corps gélatineux et pisiformes , les ovules que l'on voit plus tard adhérents aux tétines des femelles, seraient lancés dans le *marsupium* par une véritable éjaculation suivant quelques naturalistes, tandis que suivant quelques autres les ovules expulsés seraient recueillis par la bouche de la mère, et placés par elle sur les tétines où ils doivent se développer. Quoi qu'il en soit, l'ovule à cette époque pèse à peine deux grains ; il ne présente aucune trace de cordon ombilical , aucune cicatrice qui puisse faire penser qu'il ait contracté des adhérences avec un point quelconque du canal utéro-vaginal : on n'y observe ni veine, ni artère ombilicale , ni ouraque, ni ligament suspenseur du foie , ni glande thymus ; c'est, au dire de Barton, « un embryon gélatineux , une ébauche informe , un embryon sans yeux, sans oreilles, sans bouche » ; c'est, au dire de Roume , « un corps rond, pisiforme ou en figue, une boule transparente, où l'on distingue à peine une faible ébauche d'embryon ». Parvenu dans le *marsupium*, cet ovule se greffe sur les points où les vaisseaux sanguins sont répandus avec le plus d'abondance, sur les mamelons, et il contracte des adhérences ; adhérences qui , suivant toute probabilité, sont exactement analogues à celles qui unissent l'ovule à l'utérus chez les mammifères monodelphes ; car l'orifice du *marsupium* s'épaissit à cette époque et s'évase ; le pourtour en est humecté d'une sécrétion glaireuse , et tout indique que la membrane interne de la poche est le siège d'une inflammation que l'on pourrait appeler *couenneuse*. Le développement de l'embryon est alors rapide ; le quinzième jour il a déjà acquis le volume d'une souris, le cinquantième jour ses yeux se montrent ouverts, le soixantième jour il abandonne le mamelon , auquel jusque alors il avait constamment adhéré, pour le reprendre et le quitter à volonté ; et dès lors sa vie rentre dans les conditions communes à tous les mammifères. BELFIELD-LEFÈVRE.

MARSYAS, fils d'Olympos, Œgros ou Hyagnis, est connu par la lutte qu'il engagea contre A p o l l o n. Athéné (Minerve) ayant rejeté au loin la flûte, qu'elle avait pourtant inventée, parce que le jeu de cet instrument défigurait l'exécutant, et ayant prononcé en outre les plus terribles imprécations contre celui qui la ramasserait, Marsyas la trouva. Bientôt il sut en jouer avec une perfection telle, qu'il ne craignit pas de défier Apollon lui-même. Ce furent les Muses qu'on institua juges de la lutte. Les sons, plus forts, de la flûte couvrirent d'abord les sons, plus doux, de la lyre dont jouait Apollon ; et déjà la victoire semblait acquise à Marsyas, lorsque Apollon se mit à accompagner son instrument des accords de sa voix. Il fut impossible à Marsyas d'en faire autant avec sa flûte ; et les Muses adjugèrent la palme à Apollon, qui fit pendre le présomptueux musicien à un pin, après lui avoir arraché la peau. Beaucoup d'artistes anciens et modernes ont pris pour sujet cette lutte entre la cithare des Grecs et la flûte des Phrygiens. A Rome et dans les colonies romaines, des statues de Marsyas, emblèmes d'une rigoureuse justice, ornaient les places de marché.

MARTABAN, province indo-britannique, dépendance de la présidence de Calcutta, sur la côte occidentale de l'Inde au delà du Gange et sur le golfe de Martaban, d'environ 400 myriamètres carrés, et de 1080 si on y comprend les provinces de Ye ou Ji, de Tavoy, de Ténassérim et de Merguy, situées plus au sud, avec 85,000 habitants. Comme celles-ci, elle fut cédée aux Anglais en 1826 par les Birmans, du territoire desquels elle avait jusque alors été séparée par un fleuve appelé Salum. La plus importante ville qu'on y trouve est *Amhersttown*, au sud de *Maulmain*, siège des autorités britanniques, et de la ville de *Martaban*, place forte située à l'embouchure du Saluen, dont les Anglais se rendirent maîtres le 29 octobre 1825, qu'ils abandonnèrent aux termes du traité de paix signé, le 24 février 1826, à Yandabou, et que dans leur dernière guerre contre les Birmans ils reprirent d'assaut, le 15 avril 1852.

MARTAINVILLE (ALPHONSE), journaliste contemporain, qui par l'exagération de son royalisme a laissé d'assez fâcheux souvenirs, naquit en 1777, en Espagne, de parents français, et témoigna de bonne heure la plus vive antipathie pour les principes au nom desquels s'accomplissait la révolution française, ou plutôt pour les ambitieux qui les exploitaient à leur profit. On ne s'étonnera donc pas de nous voir ajouter que dès l'âge de dix-sept ans il figura sur la sellette du tribunal révolutionnaire comme prévenu de complicité dans un complot contre la sécurité de la république. Le président crut qu'il dissimulait sa qualité de ci-*devant*, lorsque, répondant aux questions d'usage, il déclina son nom. « De Martainville sans doute, lui dit-il, et non pas Martainville? — Citoyen président, répondit le prévenu, tu es ici pour me *raccourcir*, et non pas pour me *rallonger*. » Cette spirituelle saillie fit rire les juges-bourreaux, et sauva la vie au courageux enfant. Sous l'empire, Martainville garda les convictions de sa jeunesse; sans rechercher en rien les faveurs d'un pouvoir qui aimait beaucoup à enrégimenter les écrivains dans sa police occulte, il fit de la littérature et du théâtre à ses risques et périls, et avant tout pour vivre. Citer seulement les titres de ses principaux ouvrages de cette époque, c'est indiquer tout de suite la portée que pouvaient avoir ses travaux. C'est ainsi qu'il publia en 1801 *Grivoisiana*, ou recueil facétieux; en 1802, l'*Histoire du Théâtre français pendant la révolution* (4 vol. in-12); et que de 1801 à 1816 il donna aux différents théâtres de Paris un grand nombre de pièces, dont quelques-unes eurent un immense succès. De longtemps encore on n'oubliera sur les boulevards la fameuse féerie *Le Pied de Mouton*, qui fit courir tout Paris, et qui, reprise quatre ou cinq fois dans l'espace de vingt ans, attira constamment autant de monde que lors de sa nouveauté. Rappelons encore de lui *L'Intrigue de Carrefour*, *La Banqueroute du Savetier* (1801), *Pataquès*, *Le Duel impossible* (1802), *Le Suicide de Falaise*, *Une demi-heure au cabaret* (1804), *Roderic et Cunégonde*, *Le Turc de la rue Saint-Denis* (1805), *Georges le Taquin*, *La Queue du Diable*, *La Cassette précieuse*, etc., etc.

Joyeux vaudevilliste, Martainville fit sous l'empire la seule opposition qui fût alors possible; elle consistait à bombarder sans trêve ni merci de sarcasmes, de quolibets et d'épigrammes les écrivains à la solde de la police et les fonctionnaires publics qui en se mêlant d'écrire cessaient d'être inviolables, du moins en ce qui était de leurs élucubrations littéraires. Nul ne se montra plus intraitable que lui envers les lettrés officiels; nul ne leur décocha des traits plus perfidement empoisonnés. A ce métier-là on se fait bien vite beaucoup d'ennemis, et Martainville n'en manquait pas non plus, quand survint la Restauration. Cet événement, qui comblait les vœux du vaudevilliste, royaliste *quand même*, satisfit aussi ses petites rancunes personnelles en renversant pour longtemps la marmite de bon nombre de personnages de l'empire, qui du haut de la veille encore affectaient pour lui le superbe mépris dont les hommes en place de tous les régimes font profession à l'endroit des écrivains indépendants. Libre maintenant d'écrire pour la défense des idées et des principes dont il avait toute sa vie conservé le culte, Martainville se jeta avec une violence peu commune dans la polémique à laquelle donna lieu tout aussitôt l'interprétation de la charte. L'exagération qu'il apporta dans la discussion de toutes les questions que fit surgir la mise en pratique du système constitutionnel s'explique jusqu'à certain point par la surprise bien naturelle qu'il dut éprouver en voyant tous les agents de la police impériale, dont la Restauration avait cru devoir refuser les offres de service, se faire accepter par la masse du public pour les représentants de la cause nationale, pour les champions immaculés de la liberté et du progrès. Il eut le malheur de renier alors l'un et l'autre, parce que leur culte ne put se concilier dans son esprit avec l'exploitation qu'en faisaient maintenant si fructueusement et si effrontément tels et tels qu'il avait vus mouchards ou censeurs sous l'empire, et qui, malgré les indélébiles stigmates qu'ils en portaient au front et aux mains, avaient réussi à passer d'emblée grands citoyens aux yeux des niais, par cela seul qu'ils faisaient aujourd'hui la guerre aux prétentions surannées de la noblesse et du clergé. Martainville devint alors le publiciste le plus violent, le plus énergique du parti ultra-monarchique; et il combattit aussi vigoureusement les ministres *révolutionnaires* de Louis XVIII, roi quelque peu *jacobin* à ses yeux, que les hommes du côté gauche dans la chambre des députés et les écrivains du *Constitutionnel* ou de *La Minerve*. Pour être encore plus libre dans ses allures, et pouvoir pourfendre la révolution plus à son aise, il fonda *Le Drapeau blanc*, feuille d'abord hebdomadaire, mais qui devint bientôt quotidienne, et qui arbora la devise des Vendéens : *Vive le roi quand même!* La révolution de Juillet balaya Martainville de la scène politique. Son journal n'osa pas reparaître après les trois journées, et lui-même mourut dix-huit mois après, en 1832, dans un état voisin de la misère, laissant un nom rien moins qu'honoré.

Vers 1825, c'était un des fidèles habitués du café Dufils, situé sous l'ancien théâtre Feydeau, à deux pas du café Coste, où Jay, Étienne, Arnault, Evariste Dumoulin, le ban et l'arrière-ban du *Constitutionnel* et de *La Minerve* venaient chaque soir faire leur partie de dominos. Martainville, lui aussi, fut toute sa vie un des fanatiques de cette distraction intellectuelle, si chère aux épiciers retirés. Peu habitué à compter avec lui-même, il comptait encore moins avec le tavernier Dufils, lequel un jour lui présenta un mémoire montant à une couple de mille francs, et dont il exigeait le payement, sinon sur-le-champ et en totalité, du moins par forts à-comptes espacés à des délais assez rapprochés. Martainville était pour le quart d'heure sans argent, et tout autre que lui en face de cette si pressante réclamation se fût trouvé fort embarrassé. Heureusement Dufils avait parlé d'à-comptes... Ce fut un trait de lumière pour Martainville. Il fut alors convenu entre lui et son créancier qu'il y aurait désormais à son usage particulier un carafon rempli d'eau pure qu'on lui verserait en guise de kirsch chaque fois qu'il en demanderait, et dont le prix payé comptant chaque mois après Martainville ne devrait plus un centime à Dufils. Vaudevilliste parfaitement vu au ministère de l'intérieur en raison de ses opinions notoirement monarchiques, de plus journaliste agressif et par suite influent, Martainville venait tous les soirs au café Dufils faire sa fine partie à la sortie du spectacle. C'est là, entre onze heures et minuit, qu'c'étaient sûrs de le rencontrer les gens de théâtre et les libraires qui pouvaient avoir besoin de ses bons offices, et qui alors s'estimaient aussi honorés qu'heureux de lui faire une *politesse*, de lui témoigner une *attention*. Parmi tous ces courtisans de la publicité, c'était donc à qui offrirait à Martainville du punch, des glaces, etc. Or, à partir du jour de son arrangement avec Dufils, il n'accepta plus que du kirsch. Sans en paraître le moins du monde incommodé, il consommait ainsi par soirée, petit verre à petit verre, deux et trois bouteilles de kirsch; et on comprend sans peine qu'avec une consommation comme celle-là, à raison de 40 centimes le petit verre, notre vaudevilliste dans l'embarras n'eut bientôt plus de *queue* chez Dufils.

MARTE. Les martes forment un groupe très-naturel de carnassiers digitigrades, renfermant presque toutes les espèces que Linné avait classées dans son grand genre *mustela*. M. Is. Geoffroy Saint-Hilaire, à l'exemple de Desmarets, a distribué ces différentes espèces animales en trois sous-genres, les *martes* proprement dites, les *putois* et les *zorilles*.

Les martes ont toutes, à l'une et à l'autre mâchoire, six dents incisives, deux canines, deux carnassières, et deux mâchelières tuberculeuses; mais le nombre des fausses molaires varie quelque peu de genre à genre, d'espèce à espèce, et ces variations concordent généralement avec des modifications dans les caractères zoologiques et dans les habitudes des animaux. Leurs jambes sont toujours courtes, et leur pied se compose toujours de cinq doigts unis entre eux, dans une grande partie de leur longueur, par une expansion membraneuse : le doigt interne est constamment le plus court, et assez constamment aussi le doigt médian est le plus allongé des cinq; chez toutes les espèces, si l'on en excepte le zorille, les doigts sont armés d'ongles longs et crochus, mais non rétractiles, qui leur permettent de grimper avec facilité le long des arbres. En général, le pied des martes est construit avec une grande solidité, et répond parfaitement au caractère éminemment carnassier de l'appareil buccal. La forme générale de leur corps est grêle et allongée, et leur colonne vertébrale, extrêmement flexible, leur permet des mouvements presque vermiculaires. Leur pelage, doux et moelleux, est formé de deux espèces de poils, les uns longs, soyeux et luisants, les autres courts, laineux et très-abondants. Leur peau est en général ferme, et le poil y adhère fortement ; aussi les différentes espèces de la grande famille des martes fournissent-elles au commerce les fourrures les plus belles et les plus estimées.

Les martes mènent une vie extrêmement active : elles chassent sans relâche dans toutes les saisons et à toutes les heures, choisissant presque toujours leur proie parmi les mammifères rongeurs ; et leur forme allongée et grêle, leurs habitudes cauteleuses et insinuantes, les rendent extrêmement aptes à traquer ces animaux dans les tannières où d'habitude ils espèrent un refuge : aussi les diverses espèces de cette nombreuse famille sont-elles surtout abondantes là où abondent les animaux rongeurs ; et les forêts les plus septentrionales de l'Europe, de l'Asie et de l'Amérique renferment des martes en nombre assez considérable pour livrer bataille à ces hordes presque innombrables de petits rongeurs qui dévastent quelquefois les plaines cultivées de l'Europe. Toutes les martes exhalent une odeur plus ou moins désagréable, qu'elles doivent à une matière sécrétée par de petites glandes situées dans les régions postérieures du corps ; et dans quelques espèces cette odeur devient parfaitement intolérable, non-seulement pour l'homme, mais encore pour les animaux eux-mêmes : cette odeur est pour elles un moyen de défense, car elle les rend complètement inabordables pour tout animal carnassier, quelque affamé qu'on le suppose.

Les martes proprement dites ont pour caractères distinctifs six fausses molaires à la mâchoire supérieure, et huit à la mâchoire inférieure ; la forme de leur tête est un peu plus allongée que dans les autres genres de la même famille, et les ongles de leurs pieds sont en partie rétractiles : elles habitent les régions septentrionales de l'Europe, de l'Asie et de l'Amérique. On en connaît une dizaine d'espèces.

La *marte* commune (*mustela martes*,) mesure environ 0^m,50, de l'extrémité du museau à l'origine de la queue ; sa tête est fine, sa forme gracieuse et élancée, ses yeux ouverts, brillants et expressifs ; son pelage est d'un brun lustré, tacheté de jaune sous la gorge, et plutôt fauve que roux sous le ventre ; ses pieds sont bien développés, et ses ongles, puissants, lui sont d'un grand secours pour grimper le long du tronc des arbres. La marte habite les forêts et les bois, fuyant autant que faire se peut les lieux habités. Elle se forme dans quelque trou séquestré une espèce de nid, qu'elle tapisse de mousse, et dans lequel elle vit fort retirée ; assez volontiers elle choisit un trou dans un tronc d'arbre ou dans un vieux mur ; ou bien encore elle s'approprie un nid d'écureuil, qu'elle dépossède d'abord, et qu'elle mange ensuite si l'occasion s'en présente. Mais c'est aux oiseaux surtout que la marte fait une chasse destructive, car elle se montre extrêmement friande d'œufs, et souvent elle va dénicher des nids sur les cimes les plus élevées des arbres.

La marte reconnaît un ennemi mortel, auquel, quoi qu'il advienne, elle n'accorde jamais ni paix ni trêve : cet ennemi, c'est le chat sauvage ; et toutes les fois que dans la forêt ces deux ennemis se rencontrent face à face, il y a nécessairement combat à outrance, qui se termine toujours par la mort de l'un des combattants. La marte est répandue dans toute l'Europe, mais elle est peu commune en France : on la rencontre aussi dans l'Amérique septentrionale.

Les autres martes proprement dites sont la *zibeline*, la *fouine*, le *pékan*, la *marte à tête de loutre*, le *vison*, la *marte des Hurons*, le *wujach*, la *marte-renard* et le *cuja*.
BELFIELD-LEFÈVRE.

MARTEAU, masse de fer ou de bois, que l'on emploie au moyen d'un manche pour les diverses opérations auxquelles une force de percussion est nécessaire. Quelques-unes de ces masses ont un nom particulier : tels sont, par exemple, les *moutons* pour enfoncer les pilots, les *pilons* des papeteries et de quelques autres usines ; la *dame* ou *demoiselle* des paveurs et des terrassiers ; le *maillet* du menuisier, etc.; toutes les autres sont comprises sous la dénomination générale de *marteau*, quelles que soient leurs différences quant au poids et quant à la forme. Dans les forges, des machines mettent en mouvement des marteaux de 2,000 kilogrammes. Pour quelques opérations délicates de certains arts, la masse qui frappe est réduite à un petit nombre de grammes.

On distingue dans un marteau la *panne*, l'*œil* et la *queue*. La panne est ordinairement plane et large, et quelquefois on y trace en creux ou en relief des figures ou des caractères qui doivent être imprimés par la percussion sur les matières destinées à les recevoir. C'était avec des marteaux que l'on fabriquait les monnaies avant l'invention du balancier. La panne du marteau est la partie qui varie le plus, suivant les besoins de chaque art. L'œil est un trou de forme rectangulaire, qui traverse toute la masse, et qui reçoit l'extrémité du manche. L'effet de la percussion sera plus assuré si le centre de gravité de la masse est aussi le centre de figure de l'œil ; mais cette règle est rarement observée, et lorsqu'on s'en écarte, il vaut mieux que le centre de gravité se rapproche un peu de la panne. La queue des marteaux est ordinairement amincie, figurée suivant l'usage auquel on la destine dans chaque art. Dans les marteaux de fer, afin de prolonger le service des deux extrémités, on a soin de les aciérer et d'augmenter leur dureté par la trempe.

Les marteaux de forge sont ordinairement en fonte de fer, et l'on choisit pour cet emploi la fonte la plus tenace, celle qui résiste le mieux au choc, quoiqu'elle ne soit pas la plus dure. Depuis quelques années l'industrie a adopté l'usage des *marteaux à vapeur*. On s'en est servi pour le travail du fer, d'abord au Creuzot, puis dans la construction des bâtardeaux, pour l'enfoncement des pilots. FERRY.

L'État a des *marteaux* confiés aux gardes des eaux et forêts, qui servent ils marquent les arbres destinés à être coupés pour son service. Autrefois il y avait dans chaque maîtrise un officier préposé à la garde de ce marteau, ce qui l'avait fait nommer *garde-marteau*. Les contrefacteurs ou falsificateurs de ces marteaux sont punissables des travaux forcés à temps, aux termes du Code Forestier.

On appelle *marteau d'arme* une arme offensive, plate et ronde comme un marteau d'un côté, tranchante et faite en forme de hache de l'autre.

MARTEAU — MARTIALE

On appelle *marteau* d'une porte l'espèce d'anneau ou de battant placé à son milieu extérieur, et avec lequel on frappe pour se faire ouvrir. *Graisser le marteau*, c'est donner de l'argent au portier d'une maison pour s'y introduire. Racine a dit :

On n'entrait point chez nous sans *graisser le marteau*.

Le *marteau* d'une horloge, d'une pendule, est cet instrument qui, dans une horloge ou une pendule, frappe sur le timbre pour annoncer les heures. On dit figurément d'une personne qui n'est point habituée ou obligée à l'exactitude, qu'elle n'est point sujette au coup de *marteau*. « Cette personne a un *coup de marteau*, » dit-on, au figuré, de celle qui a quelque manie, quelque bizarrerie dans le caractère.

La perruque à trois *marteaux*, chez nos vénérables aïeux, avait une longue boucle entre deux nœuds.

Les facteurs d'instruments donnent le nom de *marteaux* à de petites tringles de bois, qui se meuvent lorsqu'on touche le clavier d'un piano : l'extrémité interne, qui est garnie de peau, frappe alors les cordes de l'instrument et produit la note.

Enfin, les anatomistes appellent *marteau* le plus long et le plus externe des quatre osselets de l'oreille, qui est placé à la partie externe de la caisse et collé contre la membrane du tympan.

MARTELAGE du fer. *Voyez* FORGE (Petite).

MARTELAGE. C'est en termes forestiers l'application de l'empreinte du m a r t e a u sur les arbres désignés pour pieds corniers, arbres de lisière, baliveaux, et tous ceux qu'on veut reserver dans les triages destinés à être vendus.

MARTELAGE (Droit de). *Voyez* FORESTIER (Code).

MARTELLOS, nom qu'on donne aux tours rondes et voûtées, garnies de quelques pièces de canon, qui furent construites au temps de Charles-Quint sur divers points des côtes de la Sardaigne et de la Corse, à l'effet de protéger ces contrées contre les déprédations des pirates. Quand Napoléon menaça l'Angleterre d'une descente, les Anglais garnirent aussi leurs côtes de constructions analogues, qui servent aujourd'hui de postes d'observation contre la contrebande.

MARTENNE (Dom EDMOND), savant bénédictin de la congrégation de Saint-Maur, né à Saint-Jean de Losne, en 1654, prit l'habit religieux en 1672, et, après avoir parcouru à plusieurs reprises la France, l'Allemagne et les Pays-Bas pour recueillir les monuments relatifs à l'histoire de France, se consacra tout entier au classement de ces matériaux et à leur mise en œuvre dans des ouvrages importants. Le père Martenne mourut d'une attaque d'apoplexie, en 1739. On lui doit, entre autres grands ouvrages : trois *Traités sur les anciens Rites de l'Église*; un *Recueil d'Écrivains et de Monuments ecclésiastiques*, faisant suite à celui de D'Achery (5 vol. in-fol.); une *Collection des anciens Écrivains ecclésiastiques*, en 9 vol. in-fol. ; et le *Voyage littéraire de deux Bénédictins* (dom Martenne et dom Ursin Durand, son collaborateur).

MARTENS (GEORGES-FRÉDÉRIC DE), diplomate et publiciste, né à Hambourg, en 1756, fut nommé professeur de droit à l'université de Gœttingue en 1784, et anobli en 1789. De 1808 à 1813 il remplit les fonctions de conseiller d'État en Westphalie. A la restauration le roi de Hanovre le nomma ministre de cabinet, et en 1816 son plénipotentiaire près la diète de Francfort. C'est là qu'il mourut, le 21 février 1821. On a de lui un *Précis du Droit des Gens moderne de l'Europe* (3º édit., Gœttingue, 1821), et un *Recueil général des Traités*; précieuse collection, à laquelle on a ajouté depuis plusieurs *Supplements*, de même que *Charles DE MARTENS*, a encore publié, en société avec M. de Cussy, une continuation, sous le titre de *Recueil manuel et pratique de Traités*, etc. (5 vol., Leipzig, 1846-1849).

MARTHE, sœur de Marie et de Lazare. Quelques monuments incertains et quelques légendes disent qu'elle fut embarquée, de force peut-être, sur un vaisseau demi-désemparé, avec Marie, Lazare et Marcelle, leur servante, qu'ils descendirent à Marseille, et que de là Marthe se retira à Tarascon, en Provence, où l'on trouva, dit-on, son corps en 1187. L'Église catholique l'honore le 29 juillet.

MARTHE (Sœurs de Sainte-). *Voyez* CHARITÉ (Sœurs de la).

MARTIAL (MARCUS VALERIUS MARTIALIS) naquit à Bilbilis, ville municipale de la Celtibérie (aujourd'hui l'Aragon), l'an 40 de J.-C. A vingt-trois ans, il vint chercher fortune à Rome, où y passa trente-cinq années. C'est tout ce qu'il nous apprend de lui-même et à peu près tout ce qu'on sait de sa vie. Il suivit d'abord le barreau ; mais il est douteux qu'il ait obtenu de grands succès dans cette carrière. La tournure de son esprit le rendait plus apte à briller dans un cercle, ou dans un repas, que devant un auditoire de juges et de plaideurs. Lucrèce, Virgile, Ovide, Horace, avaient déjà paru, et produit des chefs-d'œuvre ; il ne tenta pas de les suivre, et se borna à un genre plus humble, qu'il orna de toutes les grâces d'une diction élégante et pure, en même temps qu'il sut l'aiguiser. En effet, on peut dire qu'il fut le créateur de l'é p i g r a m m e, tant il surpassa ses devanciers. Il est probable que son talent poétique, et non son éloquence, lui fit connaître de Titus, et lui attira les bienfaits de Domitien, qui le nomma tribun, le créa chevalier romain, et le rendit propriétaire d'une petite maison sur le mont Quirinal, qu'il paya en monnaie de poëte, c'est-à-dire en louanges ou plutôt en adorations bien peu méritées. Pline le jeune, Quintilien, Frontin, Juvénal, Silius Italicus, Valerius Flaccus, furent de ses amis. Il compta aussi des patrons et des admirateurs parmi les hommes les plus distingués par leur naissance et leurs dignités. L'un d'eux avait même placé le portrait du poëte dans sa bibliothèque. Recherché des riches et des voluptueux, il se lassa pourtant du séjour de Rome, et voulut revoir sa patrie. Les faveurs des Césars et des grands ne l'avaient pas enrichi, puisqu'il fut obligé de recourir à Pline le jeune, qui lui avança les frais de son voyage. De retour à Bilbilis, il n'y rencontra ni le bonheur ni le repos. Il regrettait les applaudissements de la capitale, et mourut de l'an 100 à l'an 103 de notre ère.

Échappé tout entier aux ravages du temps, son recueil offre une sorte de chronique des mœurs de son époque. Ces mœurs, empreintes d'une corruption aussi profonde qu'effrontée, révoltent notre délicatesse ; mais il faut les étudier pour saisir les véritables causes de la ruine de l'Empire Romain. Élevé au sein de cette corruption, Martial ne s'indigne pas contre les vices, il ne poursuit que les ridicules. Il est difficile de pousser plus loin que lui la précision, l'élégance, la finesse, ni de frapper par un trait plus piquant et plus inattendu. Cependant, tout cet esprit fatigue bientôt ; il étonne, il éblouit sans intéresser. Ces 1,560 épigrammes, d'ailleurs, fussent-elles également bonnes, ne pourraient soutenir une lecture suivie. Les deux derniers livres sont des devises destinées à accompagner les présents qu'on se faisait aux Saturnales : on s'étonne que le poëte, condamné à une tâche aussi insipide, ait cru de semblables bagatelles dignes de la postérité. Martial a été travesti en prose et en vers par l'infatigable abbé de Marolles, traduit par deux ou trois anonymes, et cependant il attend encore un interprète. Ses meilleures pièces ont été imitées en vers par une foule de poëtes modernes, qui les ont accommodées à nos mœurs, et se sont parés impudemment de son esprit. SAINT-PROSPER jeune.

MARTIALE (Loi). C'est le nom qu'on donne, plus particulièrement en Angleterre, à la loi militaire ou à l'ensemble des dispositions légales au moyen desquelles on fait rentrer dans l'ordre et la discipline de l'armée, de même qu'on punit les délits que celle-ci peut commettre. La loi militaire, pour répondre à son but, est partout plus sévère dans ses pénalités et entourée de moins de formalités que la loi civile. Aussi quand celle-ci, dans les cas de révolte et de sédition, devient impuissante à protéger la vie et la propriété des citoyens, on applique à une ville, à un district et même à une province tout entière la loi militaire. La force armée a alors mission de rétablir le bon ordre, et suivant les circonstances d'appliquer les lois militaires à ceux qui l'ont troublé. De même, lorsqu'une ville ou une province est assiégée, menacée par un ennemi intérieur ou extérieur, on proclame la loi martiale ou, comme on dit d'ordinaire, l'*état de siége*.

En Angleterre, le pays du monde où la vie et la liberté des citoyens sont entourées de plus de garanties et de formes protectrices, il n'y a que l'autorité locale qui ait le droit de proclamer la mise en état de siége, la *loi martiale*. En cas de plaintes, ces magistrats sont justiciables du juge ordinaire pour l'usage qu'ils ont fait de leurs pouvoirs, tandis que la question de savoir si la force armée a enfreint ou non les ordres qui lui étaient donnés ne peut être décidée que par les tribunaux et même par le parlement. L'antique loi martiale anglaise, œuvre d'une longue suite de siècles, fut appliquée pour la dernière fois sous le règne de Jacques II, lors de la révolte du duc de Monmouth. Le sanglant arbitraire que déploya la cour dans cette circonstance eut pour résultat qu'à l'avénement de Guillaume III le parlement rendit une loi connue sous le nom de *Mutinery-act*, et chaque depuis lors le parlement est obligé de renouveler chaque année. Ce n'est qu'après la lecture publique de cette loi, de même qu'après la suspension de l'acte d'*Habeas corpus* dans la localité indiquée et pour un espace de temps déterminé, et encore seulement une heure après l'accomplissement de ces diverses formalités, que la force armée peut être employée pour disperser les perturbateurs de l'ordre public. En ce qui touche l'Irlande, il existe toujours des lois particulières sur cette matière; mais il faut aussi que le parlement les renouvelle chaque année. Consultez Wyse, *The Law relating to Riots and unlawful Assemblies* (Londres, 1848).

En France on a surtout appelé *loi martiale* celle que vota à la fin de l'année 1789 l'Assemblée constituante. Ce furent les députés de la commune de Paris qui en firent la proposition à propos du meurtre d'un malheureux boulanger, faussement accusé d'accaparement, dont on avait promené la tête autour de l'archevêché, où siégeait l'Assemblée. D'après cette loi, chaque fois que les circonstances nécessiteraient sa proclamation, le canon d'alarme devait être tiré et un drapeau rouge placé sur la maison commune, pour annoncer aux attroupements qu'ils devaient se dissiper. En cas de non-dispersion des attroupements, la force armée marchait contre eux; le magistrat qui l'avait requise sommait par trois fois le rassemblement de se séparer. La première sommation était ainsi conçue : « Avis est donné que la loi martiale est proclamée, que tous attroupements sont criminels; on va faire feu : que les bons citoyens se retirent. » A la seconde et à la troisième, le magistrat se bornait à dire : « On va faire feu : que les bons citoyens se retirent. » Il fallait faire dissiper les groupes par la force quand les trois sommations ne produisaient aucun résultat. Il fut fait une sanglante application de la loi martiale au Champ-de-Mars, dans la journée du 17 juillet 1791.

MARTIALE (Cour). Par ce nom on entend un tribunal militaire semblable en tout aux *conseils de guerre*. Après le 10 août, le peuple, furieux contre les Suisses et les combattants royalistes qui avaient échappé à la mort, demanda impérieusement à l'Assemblée législative la création d'une cour martiale pour les juger. Cette cour en envoya plusieurs à la mort.

MARTIAUX ou **FERRUGINEUX**. *Voyez* Fer.

MARTIGNAC (Jean-Baptiste-Silvère, vicomte Gaye de), ministre de l'intérieur sous Charles X, dans le cabinet qui remplaça celui de Villèle, naquit en 1776, à Bordeaux. De bonne heure il se consacra à l'étude des lois. D'une charmante facilité de mœurs, pétillant d'esprit, travailleur à l'occasion, il aimait le plaisir, et avant d'entrer dans la politique il s'était fait connaître par quelques vaudevilles. Après avoir accompagné comme secrétaire particulier Sieyès, nommé à la légation de Berlin, il revint dans sa ville natale, où il suivit avec distinction la carrière du barreau. A l'époque des cent jours, il ne craignit pas d'écrire en faveur de la maison de Bourbon contre Bonaparte ; et à la seconde restauration, son dévouement à la cause royale lui valut la place de procureur général à la cour royale de Limoges. Élu député en 1821, par le département de Lot-et-Garonne, il alla siéger dans la chambre au centre droit, où il ne tarda pas à figurer en première ligne parmi les chefs de l'opinion royaliste constitutionnelle. Chargé en 1823 d'accompagner, en qualité de commissaire civil du roi, l'armée française entrant en Espagne sous les ordres du duc d'Angoulême, il fit preuve dans ce poste éminent d'autant de modération que d'élévation de vues. Au retour, il fut récompensé des services qu'il avait rendus par le titre de secrétaire d'État, et bientôt appelé aux fonctions de directeur de l'enregistrement et des domaines; en 1824 il fut créé vicomte.

Lorsque, à la suite des élections de 1827, le ministère Villèle se trouva en complète dissolution, Martignac, qui venait d'être réélu par le département de Lot-et-Garonne, reçut de Charles X la mission de composer un nouveau cabinet, dans lequel il se réserva le portefeuille de l'intérieur. Ce ministère, créé le 4 janvier 1828, dura jusqu'au 9 août de l'année suivante ; ce fut le plus libéral et le mieux intentionné de tous ceux de la Restauration. Honnête homme, Martignac crut à la possibilité d'une réconciliation entre le principe monarchique et le principe populaire. Toute sa politique tendit à la fusion des partis ; mais en voulant ménager les différentes fractions de la chambre et rester indépendant de leurs influences respectives, il finit par se les aliéner également. L'extrême gauche ne se tint pas pour satisfaite des concessions du gouvernement. Martignac eut beau supprimer le cabinet noir, renvoyer Franchet, le fondé de pouvoir des jésuites dans la haute administration, remplacer à la préfecture de police Delaveau par M. de Belleyme, etc., etc., on ne lui pardonna pas d'avoir combattu et fait échouer la mise en accusation du ministère Villèle, et repoussé une proposition d'adresse au roi qui demandait le rétablissement de la garde nationale de Paris. Blessé des défiances de la gauche, il parut alors se reporter vers la droite, mais ne put parvenir à faire amnistier par ce parti ce qu'on considérait de sa part comme de dangereuses concessions à l'esprit révolutionnaire.

En prenant Martignac pour ministre, Charles X avait agi comme contraint et forcé ; ce prince ne l'aimait point, et attendait impatiemment l'occasion de composer un ministère selon son cœur. Cette occasion, la présentation d'un projet de loi sur l'organisation des conseils de département et d'arrondissement la lui fournit. Dans la discussion préalable des bureaux, la gauche exigea de plus importantes concessions à l'esprit démocratique, et la droite une élévation du cens d'éligibilité, favorable à l'aristocratie. Une coalition se forma entre ces deux oppositions, et le ministère dut retirer son projet de loi. Charles X rendit le 31 juillet une ordonnance portant dissolution de la chambre ; Martignac se vit complétement abandonné de la cour, et le 8 août un nouveau cabinet, présidé par Polignac, remplaça l'administration dont il était le chef. Les regrets et l'estime des honnêtes gens le suivirent dans sa retraite ; il reprit sa place à la chambre des députés, où il garda envers les hommes qui l'avaient remplacée la réserve la plus digne. Il vota l'adresse des 221, qui, si elle avait été prise en considération par la couronne, eût pu la sauver. Après la révolution de Juillet, il garda sa place à la droite pour pouvoir être encore utile à ses anciens amis politiques, et non pour se rallier à la dynastie nouvelle. D'ailleurs, le temps lui manqua pour y jouer un rôle. Quand les anciens ministres furent traduits devant la cour des pairs, Polignac le chargea de sa défense, et il l'accepta avec une générosité qui ne surprit personne. Ce plaidoyer est resté son plus beau titre oratoire.

« Comme orateur, a dit M. de Cormenin, Martignac aura une place à part dans la galerie des hommes parlementaires. Il captivait plutôt qu'il ne maîtrisait l'attention. Avec quel art il ménageait la susceptibilité de nos chambres françaises ! Avec quelle ingénieuse flexibilité il pénétrait dans tous les détours d'une question ! Quelle fluidité de diction ! Quel charme ! Quelle convenance ! Quel à propos ! L'exposition des faits avait dans sa bouche une netteté admirable, et il analysait les moyens de ses adversaires avec une fidélité et un bonheur d'expression qui faisaient naître sur leurs lèvres le sourire de l'amour-propre satisfait. Pendant que son regard animé parcourait l'assemblée, il modulait sur tous les tons sa voix de sirène, et son éloquence avait la douceur et l'harmonie d'une lyre. Si à tant de séductions, si à la puissance gracieuse de la parole il eût joint les formes vives de l'apostrophe et la précision vigoureuse des déductions logiques, c'eût été le premier de nos orateurs, c'eût été la perfection même. »

Sa défense de Polignac fut, on peut le dire, le chant du cygne. Dès le commencement de 1831 une maladie douloureuse, fruit des travaux excessifs que lui avait imposés cette défense, le força de renoncer aux travaux de la chambre. Il mourut le 3 mars 1832. Peu de temps après sa mort parut de lui un *Essai historique sur la Révolution d'Espagne et sur l'intervention de* 1823 (3 vol., Paris, 1832). On lui devait déjà *Esope chez Xanthus*, comédie-vaudeville en un acte (Paris, 1801), et *Le Couvent de Sainte-Marie aux bois*, épisode précédé d'une notice sur la guerre d'Espagne (Paris, 1831). Une statue en bronze, due à M. Foyatier, lui a été élevée à Miramont, en 1845.

MARTIN (*Ornithologie*), genre d'oiseaux de la famille des sturnidés, de l'ordre des passereaux, très-rapprochés par les caractères physiques des étourneaux, dont ils s'éloignent pour les mœurs. Leur vol est vif et saccadé. Ces martins rendent d'immenses services à l'agriculture, en détruisant chaque année des millions de sauterelles. Ces oiseaux s'effrayent peu de la présence de l'homme. Ils s'apprivoisent facilement, et ont une grande disposition à imiter les chants ou les cris qu'on leur répète. Levaillant a suffisamment établi que les martins exécutent des migrations tous les ans.

Le *martin triste* (*acrydotheres tristis*, Vieillot ; *pastor tristis*, Wagl.), qui habite le Bengale, l'île de France et Java, est le type du genre. Il a la tête et le cou noirâtres, le dessus du corps d'un brun marron, la poitrine et la gorge grises. Il construit grossièrement son nid, qu'il attache aux aisselles des feuilles du palmier-latanier, ou d'autres arbres, à moins qu'il puisse s'établir dans quelque grenier.

Le *martin roselin* (*acrydotheres roseus*, Vieillot ; *pastor roseus*, Temm.) habite l'Asie et l'Afrique. Cette espèce, accidentellement de passage dans l'Europe méridionale, visite quelquefois le midi de la France. Le martin roselin mâle a la tête et le cou noirs, avec des reflets verts et pourpres ; les pennes des ailes et de la queue offrent les mêmes couleurs ; la poitrine, le ventre, le dos, le croupion et les petites couvertures des ailes sont roses. Cet oiseau niche dans les ruines et les creux des arbres.

L'une et l'autre de ces espèces font une ou deux couvées dans la saison ; chaque couvée est de quatre à six œufs. On connaît encore cinq ou six espèces de martins ; toutes appartiennent à l'ancien continent.

MARTIN (Saint), évêque de Tours, un des plus grands hommes de l'Église d'Occident, naquit vers l'an 316, dans la Pannonie, à Sabarie (maintenant Szombathely), d'une famille idolâtre, qui vint se fixer à Pavie. Son père était tribun militaire. Le fils avait à peine quinze ans lorsqu'un édit de l'empereur Constance l'obligea à prendre les armes. Catéchumène depuis cinq années, le jeune soldat sut résister aux habitudes dépravées de la vie des camps. La vue de honteuses orgies n'atteignit point son âme. Toujours pieux et tourmenté d'une ardente piété, il donnait aux pauvres, ne vivait que du strict nécessaire, et se désolait quand il n'avait plus de moyens de consoler la misère et le besoin. Un jour qu'il ne possédait plus rien, il donna la moitié de son manteau à un pauvre. La nuit suivante, Jésus-Christ lui apparut couvert de ce fragment de manteau si généreusement donné. Saint Martin, lavé par les eaux du baptême, renonça à la milice pour se retirer auprès de saint Hilaire, évêque de Poitiers, qu'il quitta pour aller revoir la Pannonie, sa terre natale. Là, il eut la joie de convertir sa mère à la religion du Christ. Il allait rejoindre saint Hilaire, lorsqu'il apprit l'exil du vénérable évêque. Il s'arrêta donc à Milan, d'où, en 360, il repartit pour Poitiers, afin de revoir le digne prélat, qui avait été rappelé dans son diocèse. Une fois arrivé à Poitiers, déjà réputé saint par les chrétiens témoins de ses nombreux miracles, il vivait dans la solitude, en un lieu appelé *Locociagium* (Ligugé), à deux lieues de la résidence d'Hilaire. On le tira de sa retraite pour le placer sur le siège épiscopal de Tours, en 374. Il dut quitter les nombreux disciples qui s'étaient réunis autour de lui, prendre ses sandales, et se ceindre les reins pour une vie plus active. Toutefois, amant passionné de la vie solitaire, il ne voulut point y renoncer tout à fait. Il bâtit près de Tours, entre la Loire et une roche escarpée, le célèbre monastère de Marmoutier, la plus ancienne abbaye de France. Là, entouré de quatre-vingts ermites, il interrogeait, en priant, le Dieu des chrétiens. La nature obéissait à sa voix ; les gentils se prosternaient devant ses miracles, admiraient ses mœurs simples et pures, et finissaient par se convertir en entendant la voix de l'évêque prêcher les hautes doctrines d'une religion d'amour et de charité.

Honoré d'abord de l'amitié de Valentinien, il se rendit, en 383, à Trèves, où le tyran Maxime l'avait appelé. La courageuse hardiesse de l'évêque ne blessa pas l'ombrageuse susceptibilité de César. Martin se servit de son crédit auprès de ce prince pour obtenir la grâce des priscillianistes, poursuivis par les évêques d'Espagne. Revenu dans son diocèse, il se préparait à reprendre sa vie de méditation et de charité, lorsqu'il mourut, à Cande, le 11 novembre 400. Apôtre de la Touraine et d'une partie de la France, saint Martin a vu de toutes parts s'élever des autels en son honneur. Sa fête se célèbre le 11 novembre. Son disciple Fortunat a écrit sa biographie, qui est aussi curieuse qu'instructive.

MARTIN. L'Église a eu cinq papes de ce nom.

MARTIN Ier (Saint), successeur de Théodore Ier, en 649, était né à Tudertum, ou Todi, en Toscane, de parents considérés dans le pays ; grâce à son éducation, il réunissait toutes les qualités du corps, de l'esprit et de l'âme. L'hérésie des monothélites était alors dans toute sa force. On avait écrit des volumes sur cette question. L'empereur Heraclius, à la sollicitation du patriarche Sergius, avait publié en sa faveur l'édit appelé l'*ecthèse*. L'Église en était troublée, et quatorze ans après (648), l'empereur Constant avait cru mettre un terme à ces désordres en lançant l'édit appelé *type*, qui interdisait toute dispute sur cette matière. Martin Ier, excité par saint Maxime, qui était alors à Rome, n'admit point cette indifférence. Il convoqua un concile de cinq cents évêques, fit condamner le *type*, l'*ecthèse*, le monothélisme, frappa d'anathème tous ceux qui avaient embrassé cette doctrine, et ordonna de croire aux deux natures de Jésus-Christ et de confesser l'Incarnation et la Trinité. Il envoya son-le-champ son décret à l'empereur, aux patriarches de Jérusalem, d'Antioche, à tous les évêques d'Orient. Paul, évêque de Thessalonique, essaya vainement de ménager les deux partis : le pape prononça son excommunication et la vacance de son siège. Mais l'empereur Constant ne toléra point ces actes d'autorité ; il soutint son *type*, et envoya son chambellan Olympius à Rome pour arrêter le pape. Arrivé, le bibliothécaire ajoute que, cet exarque ayant voulu faire assassiner Martin par son écuyer, Dieu fit un miracle en rendant le bourreau aveugle et la victime invisible. Théodore Calliopas, qui succéda à Olympius dans l'exarchat de Ravenne, fut plus heureux : le 16 juin 653, il surprit le pape dans l'église de Latran, l'enleva à son peuple, l'embarqua sur le Tibre, et après trois mois de relâche dans divers ports de l'Italie, on le jeta dans l'île de Naxos, où l'attendaient les traitements les plus odieux. Il n'en sortit que pour être transporté à Constantinople, le 17 septembre 654. Là il fut donné en spectacle à la populace, qui l'assaillit de nouveaux outrages. Enfermé trois mois dans la prison nommée *Prandearia*, il en fut extrait le 15 décembre pour paraître devant le sacellaire Bucoléon. Des témoins subornés l'accusèrent d'avoir conspiré contre la puissance impériale avec l'exarque Olympius. Il fut porté sur une terrasse où l'empereur pouvait l'apercevoir, livré aux insultes du peuple, dépouillé du pallium, de tous ses vêtements, et traîné nu, enchaîné, à travers la ville, jusqu'à la prison de Diomède. Deux femmes attachées au geôlier eurent pitié des souffrances et de la nudité du pape ; elles le couvrirent, le réchauffèrent ; l'empereur lui-même revint sur l'arrêt de mort qu'il avait prononcé, et après trois mois de captivité, le fit embarquer, le 26 mars 655, pour Chersonèse, où il arriva le 15 mai suivant. C'est dans ce lieu d'exil que la mort vint le délivrer de ses peines, le 16 septembre de la même année.

MARTIN II ou MARIN se nommait *Gallésien Faltisque* avant son élection, qui fut ordonnée par la faction des comtes de Tusculane ; il était fils de Palomb, Français d'origine, et succéda en 852 à Jean VIII. Il avait en 869 montré quelque fermeté dans le concile où fut condamné le patriarche Photius, et ne la démentit point sur le saint-siége. Il renouvela cette condamnation, et rétablit Formose dans son évêché de Porto. C'est à peu près tout ce que l'histoire en raconte. William de Malmesbury ajoute qu'il envoya un morceau de la vraie croix à Alfred, roi d'Angleterre, et qu'à la prière de ce monarque il affranchit de tout tribut l'école des Anglais à Rome. Il mourut en 884.

MARTIN III ou MARIN II succéda à Étienne VIII en 943. Son règne de trois ans et demi fut obscur et paisible. L'histoire dit seulement qu'il s'occupa d'assister les pauvres, de réparer les églises et de pratiquer les devoirs de la religion. Il mourut le 4 août 946.

MARTIN IV (Simon DE BRIE), Français de naissance, était né au château de Montpensier, en Touraine. Il avait été chanoine et trésorier de Saint-Martin de Tours. Fait cardinal par Urbain IV, en décembre 1261, il avait exercé deux légations en France. A la mort de Nicolas III, le conclave se tint à Viterbe, et dura six mois, par suite des intrigues des factions des Ursins et de Charles d'Anjou. Celle-ci, que dirigeait le cardinal Annibaldi, triompha par la violence. Martin IV, élu par elle le 22 février 1281, se fit prier un moment ; on fut même obligé de déchirer son manteau pour le revêtir des ornements de la dignité pontificale, mais il se résigna bientôt. Il n'osa cependant paraître à Rome au milieu des deux factions qui s'y disputaient l'autorité. Il fallut pour l'y décider que ses amis engageassent le peuple à lui confier les fonctions de sénateur. Plus tard, Martin IV conféra cette dignité à Charles d'Anjou, et le couronna à Orvieto comme roi de Sicile, le 12 avril 1281. Son dévouement pour ce prince le porta jusqu'à prononcer l'excommunication et la déposition de Michel Paléologue, dont Charles convoitait les États. Mais l'empereur de Constantinople se vengea cruellement de cette insulte, en aidant les menées de Jean de Procida, qui aboutiront au massacre connu sous le nom de *vêpres siciliennes*. Charles, dont la flotte était déjà prête à faire voile pour l'Orient, vint demander justice à Martin IV du meurtre de ses soldats ; et les Siciliens lui envoyèrent de leur côté des ambassadeurs pour protester de leur obéissance au saint-siége, quoiqu'ils se fussent donnés à Pierre d'Aragon. Le pape n'écouta que les plaintes de Charles. Gérard Bianchi, de Parme, cardinal de Sabine, monta par ses ordres sur la flotte française ; et les foudres de l'Église furent lancées sur les Siciliens et le roi d'Aragon. Mais il eut la douleur de voir échouer tous ses projets, et, témoin de la mort de Charles d'Anjou, de la destruction de sa flotte, de la captivité de son fils, de l'impuissance des anathèmes contre l'Aragonais, dont il avait en vain donné les États à Philippe le Hardi, il mourut le 28 mars 1285, à Pérouse.

MARTIN V (OTHON DE COLONNE) était Romain de naissance et de l'illustre famille de Colonne. Référendaire sous Urbain VI, nonce en Italie sous Boniface IX, cardinal de la création d'Innocent VII, légat de Jean XXIII dans l'Ombrie, il fut enfin élu pape, le 11 novembre 1417, pendant le concile de C o n s t a n c e, après une vacance de deux ans et demi. Il succéda tout à la fois à J e a n XXIII, à G r é g o i r e XII et à l'antipape B e n o î t XIII, qu'avait déposés le concile. Le supplice de Jean H u s s et de J é r ô m e de P r a g u e fut le premier événement de son pontificat ; après quoi il congédia les prélats, et partit le 16 mai 1418 pour Rome, malgré les prières de l'empereur S i g i s m o n d, qui voulait le fixer en Allemagne. Son voyage fut une longue suite d'ovations. Il séjourna trois mois à Genève, quatre à Mantoue, deux ans à Florence. Dans cette ville il reçut la soumission de Jean XXIII et celle du général Braccio de Pérouse, qui s'était emparé de Rome, où il entra enfin le 22 septembre 1420, aux acclamations d'un peuple fatigué d'un aussi long schisme. Le refus qu'il fit de ratifier l'adoption d'Alfonse d'Aragon par Jeanne, reine de Naples, lui attira l'animadversion de la cour espagnole, où le vieux Pierre de Luna (Benoît XIII) s'était retiré. La mort de cet antipape ne finit point la querelle. La cour d'Aragon lui en suscita un autre dans la personne de Gilles Muñoz, qui se laissa introniser à Peniscola, sous le nom de C l é m e n t VIII. Alfonse ne s'en tint point à cette ridicule cérémonie ; il fomenta des révoltes en Italie contre le pape et les partisans de Louis d'Anjou, qui lui disputait le royaume de Naples, et Martin V usa de son côté des armes ordinaires du saint-siége. Mais l'habileté du cardinal de Foix rétablit la paix entre les deux puissances ; et vers la fin de mai 1429 Alfonse et son fantôme de pape se soumirent à la cour de Rome. Muñoz en fut récompensé par l'évêché de Majorque. Alfonse Borgia reçut celui de Valence, pour prix des soins qu'il avait donnés à cet accommodement.

Pendant ce concile, Martin V s'était occupé de réformer les mœurs des cardinaux, de réunir les Églises grecque et latine, d'apaiser le différend des ducs de Brabant et de Glocester, que Jacqueline de Hainaut avait épousés tous deux, et qui s'en disputaient la possession l'épée à la main. Il avait purgé le territoire de Rome des brigands qui le désolaient, réparé les églises et les édifices de sa capitale, reconquis la Romagne et la Marche d'Ancône sur les rebelles des deux pays. Mais il avait essayé vainement de soumettre les hussites et wicléfites de Bohême par les armes de l'empereur Sigismond et des princes allemands. Le belliqueux évêque de Winchester, qu'il avait promu au cardinalat en 1426, avait levé une grosse armée ; elle avait été mise en déroute le 21 juillet 1427 par les Bohêmes ; et Martin V fut contraint de dévorer sa colère. Il s'efforça vainement de réconcilier le roi de Pologne Wladislas avec le grand-duc de Lithuanie, son frère, et de tourner leurs armes contre les hussites. La guerre civile continua en Pologne ; et la croisade prêchée par le légat Julien, cardinal de Saint-Ange, ne donna à Sigismond qu'une armée dont les Bohêmes firent encore justice. Il songeait à ouvrir le concile qu'il avait convoqué à Bâle, quand une attaque d'apoplexie l'enleva, le 20 février 1431. — V. l'Académie Française.

MARTIN (Le Beau). *Voyez* SCHOEN.

MARTIN (CLAUDE), major général au service de la Compagnie britannique des Indes, naquit à Lyon, en 1732. Son père était tonnelier. Comme les enfants du pauvre, Claude apprit à lire et à écrire ; mais ce qui ne s'apprend pas au collége, ce que l'éducation refuse presque toujours aux enfants des riches, la paix, la nature le dispensa généreusement au jeune Martin ; il n'avait pas eu de maîtres, et il savait les mathématiques. A vingt ans, dominé par un pressentiment secret, il s'arrache aux embrassements de sa mère, part comme simple volontaire, dans la compagnie des guides du général Lally, fait dans l'Inde la guerre de 1756, et déserte ensuite ses drapeaux pendant le siège de Pondichéry. Cette trahison, que vingt-neuf hommes ordinaires sur trente auraient payée de leur vie, devient pour lui la source d'une immense fortune. Le gouverneur de Madras le nomme sous-lieutenant, et lui confie le commandement d'une compagnie formée de prisonniers français : envoyé avec ce corps dans le Bengale, il fait naufrage, échappe à une mort presque certaine, et arrive à Calcutta, où le conseil général lui accorde un brevet de capitaine de cavalerie. Une carte des États du nabab d'Aoude, qu'il lève sur l'invitation de ce prince, lui gagne son affection, et il est fait surintendant général de son arsenal. Dès lors Martin n'a plus qu'à former des désirs pour les voir réalisés. Un palais somptueux, décoré de tout le luxe de la féérie orientale, s'élève pour lui dans la ville de Lucknow : là des fêtes telles que l'imagination la plus poétique peut les rêver viennent bercer mollement l'heureux favori. Sur les bords du Gange, une maison fortifiée à l'européenne protège ses trésors, et lui offre encore en cas de malheur un asile assuré. La péripétie ordinaire dénoue ce drame commencé dans l'échoppe d'un artisan et terminé dans un palais de satrape. Martin meurt en 1800, laissant une fortune de 12 millions, sur lesquels il lègue par testament 700,000 francs à sa ville natale, autant à Calcutta, autant à Lucknow, sommes destinées à créer dans chacune de ces localités une maison d'éducation pour les enfants pauvres des deux sexes, et sur les revenus desquelles il veut qu'on prélève encore de quoi venir en aide aux Lyonnais prisonniers pour dettes, ainsi qu'aux indigents de Lucknow, de Chandernagor et de Calcutta. Le fils du tonnelier n'oublie pas non plus ses esclaves et ses eunuques ; il leur accorde la liberté, et son lit de mort est arrosé des larmes de la reconnaissance.

MARTIN (Jean-Blaise), célèbre chanteur de l'Opéra-Comique, né à Paris, en 1769, était le petit-fils d'un peintre du même nom, dont le talent a été célébré par Voltaire. Fort jeune encore, il se fit remarquer par sa jolie voix et son talent sur le violon ; mais n'ayant pu, à ce double titre, se faire admettre à l'Académie royale de Musique, il entra au théâtre de Monsieur à sa naissance, en 1789, et en 1794 au théâtre Favart, où il brilla jusqu'en 1823. A cette époque il se retira du théâtre pour vivre d'une modeste pension de retraite, emportant avec lui la réputation du plus habile chanteur qu'on ait entendu à l'Opéra-Comique. Trois ans après il reparut à Feydeau, où il ne fit qu'une courte apparition. Rentré de nouveau dans la retraite, on le vit avec surprise en sortir encore une fois, en 1834, pour jouer, à l'âge de soixante-cinq ans, le principal rôle de l'opéra d'Halévy intitulé *La Vieillesse de Lafleur*. Martin mourut le 27 octobre 1837, à La Ronzière, près de Lyon, chez Ellevious.

Martin avait été jusqu'en 1819 premier récitant de la chapelle du roi, et depuis professeur de chant déclamé au Conservatoire. On a de lui plusieurs romances et un opéra, *Les Oiseaux de Mer*, joué au théâtre Feydeau, en 1796.

MARTIN (Louis-Aimé), né à Lyon, en 1786, d'abord destiné par ses parents au barreau, y renonça pour se livrer à son goût pour les lettres. En 1809 il vint à Paris, et y vécut dans la gêne jusqu'à ce que ses travaux littéraires lui eussent acquis une position indépendante. Les *Lettres à Sophie sur la physique, la chimie et l'histoire naturelle*, publiées en 1810, établirent promptement sa réputation. En 1813 il fut chargé d'un cours d'histoire à l'Athénée, et attaché l'année suivante à la rédaction du *Journal des Débats*. Il fut nommé en 1815 secrétaire rédacteur de la chambre des députés, professeur de belles-lettres à l'École Polytechnique en remplacement d'Andrieux, et bibliothécaire à Sainte-Geneviève. Élève et ami de Bernardin de Saint-Pierre, Aimé Martin voua à sa mémoire un culte religieux. Il épousa sa veuve, adopta sa fille, Virginie, et le défendit constamment contre toute attaque littéraire et philosophique. Il mourut en 1847. On lui doit, outre la part considérable qu'il prit à la publication des *Classiques français* de Lefèvre, et de bonnes éditions annotées et commentées de nos principaux auteurs, un *Essai sur la vie et les ouvrages de J.-B. Bernardin de Saint-Pierre*, et un des meilleurs ouvrages moraux de notre époque, l'*Éducation des Mères de famille* (Paris, 1834), qui fut couronné par l'Institut. Sa veuve mourut la même année que lui.

MARTIN (John), né en 1789, est un des peintres dont s'honore le plus l'Angleterre. Il ne fut connu en France que vers 1828. *Le Déluge, La Destruction de Ninive* et *Celle de Babylone, Le Festin de Balthazar, Josué arrêtant le soleil, Le Peuple hébreu quittant l'Égypte*, frappèrent vivement tous les esprits. On s'étonnait de la hardiesse, de la grandeur épique de ces compositions, de ces puissants contrastes d'ombre et de lumière, de ces perspectives immenses, de cette architecture colossale, de ces énormes blocs de granit que couvraient des fourmilières d'êtres humains. Ce n'était pas cependant les tableaux mêmes de Martin que l'on avait sous les yeux, ce n'était que leur reproduction à l'aqua-tinte ; mais cette circonstance, qui eût nui à tout autre, le servait admirablement. On put en juger en 1835, quand parut au salon le tableau du *Déluge*. On demeura froid en face de cette œuvre dont on avait tant de fois admiré la gravure. Le succès de Martin avait été trop rapide et trop grand pour être durable. Dès 1837 on se refroidissait pour lui à Londres comme à Paris ; cependant, il a acquis et conservé la réputation d'un peintre vraiment original, ne refusant que de son imagination, et ayant rendu avec un effet puissant des scènes grandioses. Martin est mort dans l'île de Man, en février 1854, ne laissant qu'un modeste héritage. Il avait consacré une fortune considérable à des travaux d'utilité publique pour l'assainissement de la Tamise et l'embellissement de la ville de Londres.

MARTIN-CHASSEUR. Voyez Martin-Pêcheur.

MARTINEAU (Miss Harriet), née le 12 juin 1802, à Norwich (comté de Norfolk), d'une famille d'origine française, est la fille d'un fabricant aisé, et, comme tous ses frères ou sœurs, reçut une bonne éducation. La faiblesse de sa santé, la surdité dont elle avait été frappée dès sa plus tendre jeunesse et un vif attachement pour son frère contribuèrent beaucoup à lui inspirer l'amour des lettres et à donner une direction sérieuse à ses pensées. Ses débuts comme écrivain remontent à 1821, et elle cédait alors uniquement au désir de communiquer ses idées et ses impressions ; mais bientôt les revers qui vinrent frapper sa famille la contraignirent d'y chercher des moyens d'existence. Remarquons, à l'honneur de sa dignité comme femme et comme écrivain, qu'en 1840 elle refusa la pension que lui offrait le gouvernement anglais.

Ses nombreux ouvrages ont presque tous en vue l'amélioration de la société ; aussi n'a-t-elle reculé devant aucune espèce de peines ni de fatigues pour mettre à la portée des femmes celles même des sciences qui ont en général le moins d'attraits pour elles, comme l'économie politique et la statistique. A cet égard ses plus importants ouvrages sont : *Illustrations of political Economy* (9 vol., 1832-34), ouvrage en forme de récits et destiné à populariser les données de l'économie politique ; *Poor Laws and Paupers* (1834), amère critique de la législation anglaise sur le paupérisme ; *Society in America* (3 vol., 1737) et *Retrospect of Western Travels* (3 vol., 1838), ouvrages consacrés tous deux à des descriptions de l'Amérique du Nord, qu'elle avait parcourue en 1836. On a en outre d'elle les romans *Deerbrook* (1839), et *The Hour and the Man* (1840) ; les *Forest and game-law Tales* (3 vol., 1846), où elle peint les abus de la législation anglaise en matière de forêts et de braconnage ; *Life in the sick room, or essays by an invalid* (1844), suite d'observations pleines de pensées ingénieuses et de piquantes observations psychologiques ; des ouvrages pour les enfants : *The Peasant and the Prince, The Settlers at home*, etc. ; plusieurs livres d'éducation, comme : *Five Years of Youth* (1823), *Household Education* (1849), et sur la religion, par exemple *Traditions of Palestine*; enfin, une foule d'articles de journaux et de revues. Un voyage en Égypte, en Arabie et en Palestine, qu'elle entreprit en partie pour des motifs de santé, lui fournit l'occasion de publier le livre intitulé : *Eastern Life, present and past* (3 vol., 1848). Elle s'est aussi essayée avec succès dans le champ de l'histoire, comme le prouve son *History of England during the thirty year's Peace* (2 vol., 1851); et tout récemment elle a encore publié des *Letters from Ireland* (1854), dont le journal *The daily News* avait eu la primeur.

Les ouvrages de miss Martineau se distinguent par la solidité et la clarté, ainsi que par un style vif, animé et souvent poétique. Les opinions libérales et avancées qu'elle y développe, tant en politique qu'en religion, ont singulièrement choqué le parti de la haute Église et les conservateurs.

Son frère, *James* MARTINEAU, prêtre de l'Église unitaire à Liverpool, est l'auteur d'une série d'essais religieux intitulés *Endeavours after the christian Life* (2 vol.) et de *Critical Miscellanies* (1852), qui abondent en remarques fines et ingénieuses.

MARTINET, marteau moins pesant que ceux qui donnent la première façon au fer extrait de la mine, mais trop lourd pour être manœuvré par le bras d'un seul forgeron, en sorte qu'il faut recourir à une machine pour le mettre en mouvement. On l'emploie dans le cas où on a besoin d'une percussion plus modérée et plus rapide que celle des gros marteaux de forge, et pour façonner les fers de petite dimension. On s'en sert aussi pour dresser les barres *calibrées* par des cylindres cannelés, et qui sont toujours plus ou moins courbées en sortant des cannelures. En les faisant passer sous un martinet, on rend leurs arêtes plus vives et leur forme plus régulière. Les martinets sont très-utiles dans les ateliers où les métaux sont travaillés par la percussion, et tiennent lieu d'un grand nombre de forgerons. Comme ils doivent frapper très-vite, un ressort, qu'ils viennent frapper, limite l'ascension de la masse, et le fait redescendre avec la vitesse que le moteur lui avait imprimée. Ce moteur peut être une roue hydraulique, une machine à vapeur, un manége, et, dans certaines circonstances, la force de plusieurs hommes. Le mécanisme qui fait mouvoir un martinet ne diffère que par les dimensions de celui de gros marteaux. FERRY.

En termes de marine, on appelle *martinet* un cordage servant de balancine pour maintenir la corde d'artimon. On donne aussi ce nom à une espèce de petit chandelier plat qui a un manche : c'est le bougeoir de la mansarde.

Le *martinet* est enfin une espèce de fouet qui est formé de plusieurs brins de corde ou de lanières de cuir attachés au bout d'un manche, et dont les pédagogues se servaient pour corriger les enfants.

MARTINET (*Ornithologie*), genre d'oiseaux que l'on a classés d'abord avec les hirondelles, en raison des analogies qui semblent prescrire cette réunion ; cependant, quelques différences remarquables autorisent aussi la formation d'un groupe distinct où les espèces de martinets seront placées. Leur bec, aussi court que celui des hirondelles, est plus large et plus fendu ; leurs pieds sont à peine visibles, et l'on a cru qu'ils n'en avaient point, cotume l'indique la dénomination de *cypselus apus*, par laquelle on désigne le *martinet noir*. Ces oiseaux paraissent organisés pour un vol perpétuel, et en effet ils ne se posent que rarement, et pour un temps assez court, excepté celui de l'incubation. Ce mouvement excessif abrège sans doute leur vie. Dès qu'ils sont sortis du nid, loin de prendre aucun accroissement, leur poids diminue à mesure que leur existence se prolonge ; en sorte que les plus jeunes individus sont les plus gros, en raison de l'embonpoint qu'ils n'ont pas encore perdu.

Nous n'avons en France que deux espèces de martinets : l'une, de la taille de l'hirondelle des fenêtres, et qui se rapproche des habitations ; et l'autre, beaucoup plus grande, qui se loge volontiers dans les carrières, partout où des coupures verticales du terrain lui permettent de se laisser tomber en sortant de son nid, et de prendre l'essor avant de toucher la terre, car s'il était placé sur une table il lui serait impossible de s'élancer sur ses pieds, si courts, et de faire usage de ses grandes ailes. Les martinets ne sont pas remarquables pour l'éclat et la variété de leur plumage ; le blanc, le noir et le gris, les recouvrent modestement. Leur vie laborieuse, presque privée de repos, est cependant aussi utile à l'homme que celle des hirondelles, car ils ne subsistent qu'd'aux dépens des insectes, dont ils contribuent à limiter la multiplication. Outre les services qu'ils nous rendent, et qui méritent certainement de notre part quelques témoignages de bienveillance, on doit aussi leur tenir compte du spectacle agréable de leurs évolutions aériennes. FERRY.

MARTINET (ACHILLE-LOUIS), graveur en taille-douce, né à Paris, le 21 janvier 1806, reçut d'abord de son père, peintre et dessinateur distingué, les premières notions de son art. Il entra ensuite dans l'atelier du graveur Pauquet ; mais il y fit peu de progrès. Par bonheur, M. Forster l'ayant pris sous sa direction, le fit entrer dans l'atelier de Heim, où il avança si rapidement que M. Forster l'engagea à se présenter au concours de gravure qui s'ouvrit en 1826. M. Martinet y remporta le deuxième grand prix. Quatre ans après il obtint le premier grand prix, et partit pour Rome. Malgré un état presque permanent de fièvres et de maladie, il se livra en Italie aux plus sérieuses études, exécuta de nombreux dessins et mit au jour l'une des plus riches estampes françaises, le portrait de Rembrandt d'après ce peintre. L'Institut lui décerna pour cet envoi de Rome la récompense testamentaire de Mme Le Prince, et, par dérogation expresse, permit l'émission de vingt épreuves seulement de cette estampe dans le commerce, où elle est très-rare et très-recherchée aujourd'hui.

De retour à Paris, M. Martinet se livra avec passion à la gravure, et son œuvre est déjà aussi nombreux que brillant ; nous citerons parmi ses productions : *La Vierge au chardonneret*, *La Vierge au palmier*, *La Vierge à la Rédemption*, *Le Sommeil de Jésus*, d'après Raphaël ; le portrait du Pérugin, d'après ce maître ; *Marie dans le désert*, et *Charles Ier*, d'après M. Paul Delaroche ; *La Fille du Tintoret*, d'après M. Léon Cogniet ; les portraits du chancelier Pasquier, du général Cavaignac, du père Ravignan, de Mme Viardot, de M. Forster, etc. M. Martinet a obtenu une médaille de deuxième classe à l'Exposition universelle de 1855. Il se rattache aux maîtres de l'art sans en suivre aucun d'une manière absolue. Si sa taille n'est pas en général aussi méthodique que celle de Bervic et de Richomme, elle est du moins plus légère et plus tendre. Son dessin est d'une exactitude minutieuse ; son burin, d'une douceur suave, excelle surtout à rendre Raphaël. Sa touche est fine, délicate et pleine de charme. L. LOUVET.

MARTINEZ DE LA ROSA (FRANCISCO), célèbre comme homme d'État, comme orateur et comme poëte, est né à Grenade, le 10 mars 1789. Lors de l'invasion de sa patrie par les armées françaises, en 1808, il défendit avec succès dans la tribune les principes de l'indépendance. Mais la cause nationale ayant eu le dessous dans cette lutte, il dut se réfugier à Cadix avec les cortès, qui l'envoyèrent à Gibraltar, où il obtint des Anglais les armes et les munitions qui manquaient aux Espagnols ; secours grâce auxquels ils purent infliger à l'ennemi la cruelle leçon de Baylen. Cette victoire permit à la junte centrale de venir se réinstaller à Madrid, et Martinez de la Rosa fut alors envoyé en mission à Londres, voyage qu'il mit à profit pour étudier de près le mécanisme du gouvernement constitutionnel. C'est à Londres, en 1811, qu'il publia son poëme épique *Zaragoza*, dont le sujet est l'héroïque défense opposée en 1809 aux Français par la population de cette ville. Revenu en Espagne, il accompagna de nouveau les cortès dans leur fuite à Cadix ; et trop jeune encore alors pour

MARTINEZ DE LA ROSA — MARTINIQUE

pouvoir être élu député, il fut nommé secrétaire de la commission de la liberté de la presse. C'est pendant le siége de cette ville qu'on représenta de lui sur un théâtre improvisé une comedie (*Lo que puede un empleo*), et une tragédie (*La Viuda de Padilla*), véritable pièce de circonstance et toute politique, qui excita le plus vif enthousiasme. Martinez de la Rosa rentra à Madrid avec les cortès victorieuses, et fut alors élu député par sa ville natale, comme zélé défenseur de la constitution de 1812. Mais au retour de Ferdinand VII sur son trône, en 1814, il eut à choisir entre la déportation et l'abjuration de ses principes politiques. Placé dans une telle alternative, il n'hésita pas un seul instant, et alla alors passer six années dans les *Presidios* de Gomera, sur la côte d'Afrique. Rendu à la liberté par la révolution de 1820, il représenta de nouveau Grenade à l'assemblée des cortès. Mais les souffrances qu'il avait endurées pour la cause de la liberté n'avaient en rien diminué la modération de son caractère ; aussi lorsque, devenu ministre en 1821, il s'efforça de concilier les partis extrêmes, se vit-il accusé de modérantisme et même de trahison par ses anciens amis politiques ; et ce ne fut qu'au péril de sa vie qu'il échappa à la fureur de la populace déchaînée contre lui. Après la restauration du pouvoir absolu en 1823, il refusa de pactiser avec lui, et préféra s'en aller de nouveau vivre en exil. Il habita alors Paris pendant huit ans, sauf une courte excursion qu'il fit en Italie, et il vécut presque exclusivement occupé de travaux poétiques et littéraires, et y entreprit une édition de ses ouvrages (5 volumes, 1827). En 1830 il obtint du gouvernement de Ferdinand VII l'autorisation de revenir habiter Grenade, et en 1833 la capitale. En 1834 Marie-Christine lui donna mission de constituer un cabinet et de rédiger un projet de constitution. Convaincu que la constitution de 1812 ne convenait plus au temps actuel, il espéra donner tout au moins satisfaction aux hommes modérés des deux partis par l'*Estatuto real*, octroyé par la régente à son instigation. Mais alors il se vit plus que jamais en butte aux attaques des hommes exaltés de toutes nuances ; et force lui fut d'abandonner le ministère lorsque éclata dans les provinces basques un soulèvement provoqué par la suppression de leurs *fueros* ; mesure juste en elle-même, mais profondément impolitique. En 1840 il jugea même prudent de revenir habiter Paris, où plus tard il fut accrédité en qualité d'ambassadeur d'Espagne. Rentré de nouveau dans sa patrie, il fit partie du cabinet présidé par Narvaez ; mais il s'en sépara en février 1846, et le 1er novembre 1847 il accepta encore une fois les fonctions d'ambassadeur en France. Rappelé de ce poste en 1851, il reprit son siége dans la première chambre, qui l'élut pour président, et où il défendit les principes constitutionnels contre la réaction violente des hommes alors placés à la tête des affaires, et qui par leurs excès absolutistes devaient rouvrir pour l'Espagne l'ère des révolutions.

Comme littérateur, Martinez de la Rosa s'est essayé dans presque tous les genres. Ses meilleurs ouvrages sont sa tragédie *Edipo*, son drame *La Conjuracion de Venecia*, et la comedie *La hija in casa y la madre en la mascara*, productions où, comme dans tous ses autres ouvrages d'ailleurs, on reconnaît visiblement l'influence de l'école française. Son poème didactique *El Arte poetica*, se distingue par de l'élégance et de la précision, mais manque de profondeur et d'originalité. Le style et l'harmonie sont aussi le grand mérite de ses poésies lyriques, parmi lesquelles on remarque surtout son Eloge sur la mort de la duchesse de Frias. Son tableau historique, *Hernan Peres del Pulgar* (Madrid, 1833), est une imitation maniérée des écrivains du seizième siècle. Son roman *Isabel de Solis* (1837) n'a point répondu aux espérances qu'on en avait conçues. Son Histoire de la Révolution française, *Espiritu del Siglo* (10 vol., Madrid, 1835-1851), n'est guère qu'une imitation du célèbre ouvrage de M. Thiers. Martinez de la Rosa est secrétaire perpétuel de l'Académie royale.

MARTINGALE (*Jeu*). Elle consiste à ponter à chaque coup le double de ce qu'on a perdu sur le coup précédent. Ce qui fait assez vite des sommes énormes. Il se dit par extension de diverses manières de risquer son argent que certains joueurs imaginent et qu'ils poursuivent avec plus ou moins d'opiniâtreté.

MARTINGALE (*Équitation*), large courroie qui s'adapte au menton du cheval et correspond aux sangles. Des écuyers s'en servent encore pour assurer la tête du cheval qui bat à la main, ou pour ramener le nez de celui qui l'éloigne trop, qui *porte au vent*, selon l'expression consacrée. On s'est imaginé à tort que l'emploi de ce moyen pouvait servir à corriger le cheval qui aurait le défaut de se cabrer. A notre avis, la martingale n'a que des résultats fâcheux : elle gêne les mouvements du cheval, elle s'oppose à l'action qu'on veut lui transmettre, elle est incompatible avec les principes de la véritable équitation, dont tout l'art consiste à soumettre avec des fils de soie, pour ainsi dire, le cheval à toutes les volontés de l'homme et à l'assujettir à une obéissance entière. Baucher, professeur d'équitation.

MARTINI (Giambattista), connu sous le nom de *Père Martini*, compositeur de mérite et musicien érudit, né à Bologne, en 1705, parcourut dans sa jeunesse une partie de l'Europe et même de l'Asie. Entré de bonne heure dans l'ordre des Franciscains, il se livra avec ardeur, au retour de ses voyages, à l'étude théorique de la musique : dès 1725 il avait obtenu les fonctions de maître de chapelle dans le couvent de son ordre établi à Bologne ; et il continua à les remplir jusqu'à sa mort. De son école, la plus savante qu'il y eût alors en Italie, sont sortis un grand nombre d'artistes célèbres. Ses compositions religieuses sont toujours fort estimées ; cependant il est encore autrement célèbre par son *Saggio fondamentale pratico di Contrappunto sopra il canto fermo* (2 vol., Bologne, 1774) et par sa *Storia della Musica* (3 vol., 1775-1781). Par suite de l'ardeur extrême qu'il apportait à l'étude, il finit plus tard par être sujet à des accidents léthargiques, qui duraient parfois trente heures de suite. Le père Martini mourut en 1784.

MARTINIQUE, une des Petites Antilles, située entre Sainte-Lucie et la Dominique, au midi de la Guadeloupe, par 14° 37' de latitude moyenne et 63° 25' de longitude occidentale. Elle a 64 kilomètres de long et environ 12 myriamètres de superficie. Le dernier recensement porte sa population à 122,690 individus (non compris les fonctionnaires publics et 3,200 hommes de garnison), dont 47,350 hommes libres et 75,340 anciens esclaves. Des bords de la mer, le pays s'élève progressivement jusqu'à la région centrale, couronnée de monts élevés et d'origine volcanique, parmi lesquels on distingue surtout au sud le *Piton du Vauclain*, au centre, la *Montagne Pelée* (1,355 mètres) avec un cratère effrayant ; et à l'extrémité nord-ouest, le *mont Carbet* (1,238 mètres). On y trouve quelques sources thermales, parmi lesquelles celle des *Pitons du Fort-Royal* est la plus fréquentée. Cette partie de l'île est occupée par des forêts que la liane aux mille formes rend à peu près impénétrables. Dans les éclaircies que laisse leur végétation vigoureuse, on trouve de vastes savannes, dont les herbages épais offrent au bétail une abondante nourriture. Toutes les eaux qui arrosent l'île descendent de ces lieux élevés, quelquefois sous la forme de petites rivières, avec un cours de quelques kilomètres, telles que la *Lézarde*, presque toujours sous celle de ruisseaux, que les pluies parfois tropicales transforment en torrents dévastateurs. On trouve quelques plantations dans les vallées de la région moyenne, mais elles s'étendent presque toutes dans la région basse. Diverses circonstances ont imposé le choix de cette position, qui est loin cependant d'être la plus agréable, puisque ici le climat, qui est généralement très-chaud, le devient encore plus par le peu d'agitation de l'atmosphère, et qu'on voit s'y développer les fièvres et les autres maladies engendrées par les miasmes des marais ou par l'humidité que produit la grande quantité d'eau tombée pendant l'hivernage. C'est une époque de mort pour les hommes et pour les plantes. Elle commence le 15 juillet, et dure jusqu'à la fin de septembre. Le thermomètre à l'ombre varie entre 26 et 36°. Les vents sont alors très-variables, la mer extrêmement clapoteuse, et il survient souvent des raz de marée, des ouragans terribles, des tremblements de terre, qui bouleversent et détruisent tout. Celui de 1845, notamment, exerça les plus effroyables dévastations, et coûta la vie à un grand nombre d'individus. Vers le 15 octobre commence la saison sèche ou l'été, qui dure près de neuf mois ; la température se tient alors entre 21 et 25°.

Les terres cultivées n'occupent pas plus de 34,530 hectares, dont 20,232 sont plantés en canne à sucre, 1,856 en café, 592 en cacao, 159 en coton, 19 en tabac, 11,672 en diverses plantes alimentaires. Les savannes occupent 24,008 hectares, les forêts 69,215, les landes 26,477. Le capital des propriétés de toutes natures, tant foncières que mobilières, est estimé à plus de 310 millions de francs. Elles donnent un revenu d'à peu près 22 millions.

La France importe à la Martinique, en produits du sol et de l'industrie, pour une valeur de 18 à 19 millions de fr. Cette colonie est administrée par un gouverneur assisté d'un conseil privé, composé du commandant militaire, de l'ordonnateur, du directeur général de l'intérieur, du procureur général, de trois conseillers coloniaux, d'un contrôleur et d'un secrétaire archiviste. Il y a deux tribunaux de première instance à Fort-Royal et à Saint-Pierre, et un préfet apostolique. L'île, qu'on partage en Basse-Terre et en Cabes-Terre, est divisée administrativement en quatre cantons : le *Fort-Royal*, le *Marin*, *Saint-Pierre* et *La Trinité*, qui sont subdivisés en 26 communes ou quartiers.

Le *Fort-Royal*, résidence du gouverneur et des autorités supérieures, est une assez jolie ville, d'environ 32,000 habitants, dont la fondation date de 1672; elle est située sur la côte occidentale, au fond d'une baie, avec un port excellent, que défend le fort Saint-Louis. On y remarque la belle et grande place de la Savanne. Son principal édifice est l'église paroissiale. *Saint-Pierre*, jolie ville, située également sur la côte occidentale, à 32 kilomètres au nord-ouest de Fort-Royal, fut fondée en 1635, et est le centre de tout le commerce de l'île. Elle s'élève au pied d'une chaîne de mornes, et est divisée en deux parties par la petite rivière du Fort, que traverse un beau pont de pierre. Sa population est de 30,000 âmes. Sur la côte orientale, on trouve *La Trinité*, bourg de 5,000 âmes. Mentionnons encore *Lamentin*, bourg de 8,000 habitants, situé dans l'arrondissement de Fort-Royal, et centre commercial fort actif; et *Macouba*, sur la côte septentrionale, aussi célèbre par son tabac que l'*Anse d'Arlet* pour son café.

L'histoire de la Martinique est celle de toutes les Antilles. Découverte en 1493, par les Espagnols, elle est restée, après de nombreuses contestations, à l'une des nations européennes qui vinrent lui disputer la possession du Nouveau Monde, qu'elle devait à Colomb. C'est le 18 juin 1635 que les deux Français L'Olive et Duplessis y plantèrent l'écusson de France, accolé à la croix de possession. Mais la multitude de serpents et d'insectes qui s'offrirent à leur vue, l'aspect menaçant des Caraïbes, les détournèrent du projet d'y fonder une colonie. Denambuc, gouverneur de Saint-Christophe, devait le réaliser; parti en l'année 1635, à la tête de 100 hommes d'élite, il vint y jeter les fondements d'un établissement. Pendant plus de vingt ans, les nouveaux colons firent une guerre acharnée aux indigènes, justement indignés à la vue de l'envahissement de leur sol par des étrangers. Ce ne fut toutefois que sous l'administration de Colbert, en 1664, que l'île, rachetée 120,000 livres à ses possesseurs, redevint un domaine de la couronne. En 1718 on y envoya du Jardin du Roi, à Paris, deux jeunes plants de caféier, qui y réussirent si bien, que soixante ans plus tard on comptait déjà plus de 8 millions de pieds de caféiers dans l'île. Les Anglais s'emparèrent de la Martinique le 13 février 1762, puis en 1794 et en 1809; mais chaque fois ils la restituèrent à la France lors du rétablissement de la paix entre les deux pays, et le drapeau français n'a pas cessé d'y flotter depuis 1814. Oscar MAC-CARTHY.

MARTIN PÉCHEUR, genre d'oiseaux de l'ordre des passereaux, ayant pour caractères : Bec long, gros, droit, plus ou moins comprimé, très-rarement échancré et incliné vers le bout; narines étroites à la base du bec ; tarses courts, placés un peu en arrière du corps ; quatre ou trois doigts, selon les espèces. Le doigt externe étant dans le second cas presque aussi long que celui du milieu, auquel il est uni dans une grande partie de sa longueur; queue généralement petite. Le corps de ces oiseaux est court et épais. La tête, allongée, grosse, chez la plupart, couverte de plumes, qui forment vers l'occiput une sorte de huppe immobile, de direction contraire à celle du bec. Le plumage, tantôt mat, tantôt lustré, offre d'assez riches couleurs, où le bleu domine généralement.

Parmi les martins pêcheurs, les uns vivent aux bords des eaux et sont ichthyophages, les autres habitent des forêts touffues et humides, où ils se nourrissent d'insectes. On a donc divisé ce genre en deux sections, celle des *martins pêcheurs riverains*, et celle des *martins pêcheurs sylvains*, mieux nommés *martins chasseurs*. Ces oiseaux sont répandus sur tout le globle, et en très-grand nombre. Cependant l'Europe n'en possède qu'une seule espèce, et elle appartient à la première section. C'est le *martin pêcheur d'Europe* (*alceduipsida*, L). Son bec est droit et pointu. Le dessus de son corps est d'un vert d'aigue-marine, le dessous roux-marron ; sa gorge est blanche; ses joues sont rousses et vertes.

MARTRE. *Voyez* MARTE.

MARTYR (du grec μάρτυρ, témoin), homme qui a souffert des supplices et même la mort en témoignage des croyances qu'il professe. On donne principalement ce nom à ceux qui ont sacrifié leur vie pour attester les faits sur lesquels repose le christianisme, et qui par ce moyen ont rendu sa propagation de plus en plus rapide. Certes, ce n'est pas un spectacle sans intérêt que celui du triomphe de la religion chrétienne et de la chute du paganisme, après un combat qui a tenu le monde attentif pendant trois cents années. Que douze hommes nés dans la plus basse condition, chez un peuple haï de tous les autres, entreprennent de changer la face de l'univers, de réformer les croyances et les moeurs, d'abolir les cultes superstitieux qui partout se sont mêlés aux institutions politiques; de soumettre à une même loi, ennemie de toutes les passions, les souverains et leurs sujets, les esclaves et leurs maîtres, les grands, les faibles, les riches, les pauvres, les savants, les ignorants, et cela sans aucun appui ni de la force, ni de l'éloquence, ni du raisonnement, mais, au contraire, malgré l'opposition violente de tout ce qui possède quelque pouvoir, malgré les exécrations des magistrats et des empereurs, la résistance intéressée des prêtres des idoles, les railleries et le mépris des philosophes, les fureurs du fanatisme ; que ces hommes, en montrant aux nations l'instrument d'un supplice infâme, aient vaincu et le fanatisme de la multitude, et l'orgueil des philosophes, et la superstition des prêtres, et l'inflexibilité des magistrats, et le despotisme des empereurs; que la croix se soit élevée sur le palais des césars, d'où étaient partis tant d'édits sanglants contre les disciples du Christ, et qu'un souffrant et mourant, ces douze inconnus aient subjugué toutes les puissances humaines, c'est dans l'histoire un fait unique, prodigieux, et qui frappe tout d'abord comme une grande et visible exception à tout ce que l'on a vu sur la terre.

L'histoire des premiers siècles du christianisme, dit Rousseau, est *un prodige continuel*. Il ne faut rien moins qu'une bien étrange préoccupation d'esprit pour chercher à expliquer par des moyens naturels le passage subit des orgies voluptueuses du paganisme aux souffrances atroces des chevalets, vers lesquels les premiers chrétiens se précipitaient en foule pour rendre témoignage de ce qu'ils avaient vu et entendu. On eut beau les massacrer et les proscrire, la victoire ne fut jamais indécise, car les premiers fidèles fatiguaient les bourreaux par leur courage, par leur constance ; et le sang qu'ils répandaient, selon l'énergique expression de Tertullien, était *une semence féconde de chrétiens*. Au reste, les p e r s é c u t i o n s ne devaient point surprendre les disciples de Jésus-Christ : en les chargeant d'aller prêcher l'Evangile, ne leur avait-il pas dit : « Vous serez mes *témoins*, dans toute la Judée, dans toute la Samarie, et jusqu'aux extrémités de la terre. » Ailleurs, il leur disait encore : « On vous tourmentera, on vous ôtera la vie, et vous serez odieux à tous les peuples à cause de mon nom... Mais ne craignez point ceux qui peuvent tuer le corps et ne sauraient tuer l'âme... Si quelqu'un me confesse devant les hommes, je le confesserai devant mon Père, qui est au ciel ; mais si quelqu'un me renie devant les hommes, je le renierai devant mon Père. »

On a distingué les martyrs des *confesseurs*. Ces derniers ont souffert pour la foi, mais ils ont survécu à leurs souffrances. Voici, d'après Fleury, quelles étaient ordinairement les circonstances du martyre : La persécution commençait par un édit qui défendait les assemblées des chrétiens, et condamnait à de certaines peines ceux qui refuseraient de sacrifier aux idoles. Il était permis de se dérober à la persécution par la fuite, ou de s'en racheter à prix d'argent, pourvu qu'on ne dissimulât point sa foi. On blâmait la témérité de ceux qui, s'exposant de propos délibéré au *martyre*, cherchaient à irriter les païens et à exciter la persécution. Dès qu'un chrétien était saisi, on le conduisait au magistrat, qui l'interrogeait juridiquement. S'il niait qu'il fût chrétien, on le renvoyait habituellement sans autre procédure ; quelquefois, pour se mieux assurer de la vérité, on l'obligeait à faire quelque acte d'idolâtrie, comme à présenter de l'encens aux idoles à jurer par les dieux ou par le génie des empereurs, à blasphémer Jésus-Christ... S'il s'avouait chrétien, on s'efforçait de vaincre sa constance, d'abord par la persuasion et par des promesses, puis par des menaces et l'appareil du supplice, enfin par les tourments. Les supplices consistaient d'ordinaire à étendre le patient sur un chevalet, par des cordes attachées aux pieds, aux mains, et tirées à l'aide de poulies ; de le pendre par la main avec un poids attachés aux pieds ; de le battre de verges ; de le frapper de gros bâtons, de fouets armés de pointes, nommés *scorpions*, ou de lanières de cuir garnies de balles de plomb. On en vit mourir sous les coups. D'autres fois, après avoir étendu le patient sur le chevalet, on lui brûlait les flancs, on le déchirait avec des peignes de fer, on lui découvrait souvent les côtes jusqu'aux entrailles. Il arrivait même que, pour rendre les plaies plus sensibles, on les frottait avec du sel, avec du vinaigre, et on les rouvrait lorsqu'elles commençaient à se fermer. La rigueur et la durée de ces tortures dépendaient du caractère des magistrats, de leurs préventions, de la haine qu'ils portaient au christianisme. Pendant qu'on les infligeait, l'interrogatoire continuait, et le greffier recueillait avec le plus grand soin les demandes et les réponses. Les chrétiens rassemblèrent plus tard ces procès-verbaux, qui furent appelés *Actes authentiques des Martyres*, et qu'on lisait dans les assemblées des fidèles, aussi bien que les Saintes Ecritures (*voyez* MARTYROLOGE). Les juges faisaient tous leurs efforts pour engager ceux qu'ils interrogeaient à dénoncer d'autres chrétiens, surtout des évêques, des prêtres, des diacres. Mais les inculpés gardaient le plus profond secret, et refusaient de livrer les livres sacrés que les persécuteurs auraient voulu anéantir à tout prix.

Ceux qui, après avoir passé par toutes ces épreuves, persistaient à confesser la foi étaient envoyés au supplice ; mais le plus fréquemment on les replongeait dans les cachots pour les éprouver à diverses reprises et essayer de vaincre leur constance. Les exécutions avaient lieu ordinairement hors de villes : la plupart des martyrs vainqueurs de toutes les tortures finissaient par avoir la tête tranchée. On trouve néanmoins dans l'histoire ecclésiastique divers autres genres de mort : nous y voyons des chrétiens exposés aux bêtes dans l'amphithéâtre, lapidés, brûlés vifs, précipités du haut des montagnes, noyés une pierre au cou, traînés par des chevaux ou par des taureaux indomptés, écorchés vifs... Les fidèles ne craignaient point de s'approcher d'eux tant que duraient leurs tourments, ils les accompagner au supplice, de recueillir leur sang avec des linges ou des éponges, de conserver leurs corps ou leurs cendres ; ils n'épargnaient même rien pour racheter ces restes des mains du bourreau, au risque de subir eux-mêmes le martyre. Quant aux malheureux qui succombaient, ils n'ouvraient la bouche que pour louer Dieu, implorer son secours, édifier leurs frères, demander la conversion des infidèles, se souvenant qu'ils étaient les disciples de celui qui sur la croix avait prié pour ses bourreaux, et mettant en pratique ces paroles du grand Apôtre : « On nous persécute, et nous le souffrons ; l'on nous maudit, et nous bénissons Dieu ; on blasphème contre nous, et nous prions ; jusqu'à présent on nous regarde comme le rebut de ce monde. »

La première chose qui frappe dans l'histoire des commencements du christianisme, c'est le nombre de ceux qui sont mis à mort, et la constance admirable avec laquelle ils supportent les plus horribles tortures. Tacite parle en ces termes de la persécution qui eut lieu sous Néron : « L'empereur, dit-il, fit mourir dans les supplices des hommes détestés pour leurs crimes, et que le vulgaire nommait *chrétiens*. Leur superstition, déjà réprimée auparavant, pullulait de nouveau. L'on punit d'abord ceux qui s'avouaient chrétiens, et par leur confession on découvrit une multitude, qui furent moins convaincus d'avoir mis le feu à Rome que d'être hais du genre humain. » Presque immédiatement il ajoute : « On se fit un jeu de leur mort : les uns, couverts de peaux de bêtes, furent dévorés par les chiens ; les autres, attachés à des pieux, furent brûlés pour servir de flambeaux pendant la nuit. Néron prêta ses jardins pour ce spectacle. Il y parut lui-même vêtu en cocher, monté sur un char comme aux jeux du Cirque. » Sénèque enchérit sur cette horrible peinture. Il parle de fer, de feu, de chaînes, de bêtes féroces, d'hommes éventrés, de prisons, de croix, de chevalets, de corps percés de pieux, de membres disloqués, de tuniques imbibées de poix, de tout ce qu'en un mot la barbarie humaine peut inventer de féroce. Dans le second siècle, Pline, écrivant à Trajan, lui déclare que si l'on continue à mettre à mort tous ceux qui font profession du christianisme, une infinité de personnes de tout âge, de tout sexe, de toute condition, se trouveront en danger, puisqu'on lui en a déféré un très-grand nombre, et que cette superstition est répandue dans les villes et dans les campagnes. Le troisième siècle offre des scènes plus sanglantes encore. Sans parler du caractère farouche de Septime Sévère, de Caracalla, d'Héliogabale, de Maximin, etc., etc, de moins cruels ne laissèrent pas de sévir également contre les chrétiens. On sait de quels troubles le règne d'Alexandre Sévère fut suivi, et de quelle manière Maximin, son successeur et son ennemi, traitait ceux qui avaient embrassé le christianisme. Une grande partie des fidèles d'Egypte s'enfuit en Arabie ; d'autres se sauvèrent dans les déserts, et y périrent de misère ; quelques-uns, ayant trouvé dans cette solitude des douceurs qu'ils auraient vainement cherchées dans le monde, et un abri contre les ennemis du salut, s'y établirent pour toujours, et y fondèrent l'état monastique : tel fut, entre autres, Paul ermite, qui, pour se dérober à la persécution de Dèce, s'enfonça dans la solitude, et s'établit dans une grotte abritée par un palmier et arrosée par une source limpide.

Sur la fin du troisième siècle et au commencement du quatrième, la persécution de Dioclétien dura dix années sans relâche : elle fut plus meurtrière que toutes les autres. Ce prince publia trois édits consécutifs : le premier ordonnait de détruire toutes les églises, de rechercher et de brûler les livres des chrétiens, de les priver eux-mêmes de toute dignité, de réduire en esclavage les fidèles qui appartenaient aux classes inférieures de la société; le second voulait que les ecclésiastiques fussent jetés sans distinction dans les fers, et forcés par tous les moyens à sacrifier aux idoles; le troisième exigeait que tout chrétien qui refuserait de sacrifier fût livré aux plus cruels supplices. Eusèbe et Lactance font mention d'une ville de Phrygie, toute chrétienne, qui fut mise à feu et à sang, et dont on fit périr tous les habitants. Galère, qui continua quelque temps ces exécutions sanglantes, fut obligé d'y mettre un terme, parce que les chrétiens semblaient se multiplier sous la hache et qu'il n'y avait pas moyen de vaincre leur constance. Au reste, dans ces cruautés inouïes, il n'y a rien qui doive nous surprendre, si nous faisons attention au caractère moral des Romains à ces époques : accoutumés à repaître leurs yeux des spectales du cirque, à voir des hommes combattre contre des bêtes, à regarder voluptueusement un blessé qui s'efforçait de mourir avec grâce, à faire périr des masses de prisonniers pour honorer le triomphe de leurs généraux, comment auraient-ils été accessibles à la pitié? Les femmes mêmes, et jusqu'aux vestales, se délectaient au spectacle du crime et de la mort.

Rien ne nous eût été plus facile que de joindre à ce tableau le récit des persécutions que le christianisme a eu à souffrir dans tous les temps et tous les lieux. Mais nous nous arrêtons aux martyrs de la primitive Église. A ces époques reculées, les chrétiens vivaient paisibles, soumis aux puissances les plus tyranniques, et jamais on n'eut d'autre reproche à leur adresser que d'être dévoués à leur loi. Quelques philosophes, il est vrai, les ont accusés d'être des séditieux, qu'on ne persécutait que parce qu'ils portaient le trouble et le désordre dans l'empire; mais cette assertion est démentie par tous les auteurs contemporains. Justin, Athénagore, Clément d'Alexandrie, Tertullien, Origène, auraient fait preuve d'une rare impudence en reprochant aux idolâtres de faire périr des innocents, de mettre à mort des citoyens obéissant aux lois, ayant horreur du tumulte et des séditions, n'ayant jamais trempé dans aucune des conjurations, alors si fréquentes, et à qui on ne pouvait reprocher d'autre crime que de refuser leur encens aux fausses divinités. Et c'est aux empereurs, aux magistrats, aux gouverneurs de province qu'ils adressaient ces représentations. Pline, dans ses lettres à Trajan, avoue qu'il ne sait ce que l'on punit dans les chrétiens, si c'est le nom seul ou les crimes attachés à ce nom; qu'il a cependant envoyé au supplice ceux qui ont persévéré à se dire chrétiens, persuadé que, quel que fût leur crime, leur obstination devait être punie. Il ajoute qu'après un avoir interrogé plusieurs qui avaient renoncé à cette religion, il n'a pu en tirer d'autre aveu, sinon qu'ils s'assemblaient à certains jours, avant l'aurore, pour honorer Jésus-Christ comme un Dieu; qu'ils s'engageaient par serment non à commettre aucun crime, mais à les éviter tous; qu'ensuite ils prenaient ensemble une nourriture commune et innocente. Une dernière preuve, qui nous paraît de la dernière importance, est le silence de Julien. Dans ses œuvres contre les chrétiens, il ne leur reproche ni sédition, ni révolte, ni aucune infraction à l'ordre public; au contraire, dans une de ses lettres, il avoue que cette religion s'est établie par la pratique, du moins apparente, de toutes les vertus. Enfin, lorsque les païens forcenés criaient dans l'amphithéâtre *Tolle impios*, ils ne représentaient pas les chrétiens comme des malfaiteurs, mais comme des ennemis des dieux, dont il fallait purger la terre.

« J'en crois volontiers, a dit Pascal, des témoins qui se font égorger. » Saint Étienne, saint Pierre, saint Paul, presque tous les apôtres, tous les disciples, ont répandu leur sang pour la cause de leur divin maître. Le nombre des victimes a été considérable, l'histoire l'atteste. Les actes des martyrs ont été conservés. Consultez dom Ruinart, *Acta primorum Martyrum sincera et selecta* (Paris, 1689, in-4°).

Aujourd'hui comme autrefois, en Afrique, en Asie, en Amérique, partout où il y a des peuples idolâtres à conquérir à la foi, d'intrépides et pieux missionnaires, dignes successeurs des apôtres, bravent les persécutions et la mort pour faire triompher l'évangile. L'abbé J.-G. CHASSAGNOL.

MARTYROLOGE (de μάρτυρ, martyr, et λόγος, discours, recueil). On a donné ce nom à un catalogue où furent inscrits d'abord les noms des martyrs et dans lequel on inséra depuis ceux d'autres saints vénérés par l'Église. Le premier ouvrage de ce genre remonte, d'après plusieurs savants, au pape saint Clément, qui vécut immédiatement après les apôtres. Celui d'Eusèbe de Césarée, traduit en latin par saint Jérôme, fut célèbre dans toute l'antiquité. Mais il ne nous en reste que quelques fragments. Les principaux martyrologes sont ceux de Bède, de Florus, de Wandelbert, du bénédictin Usuard, de l'abbaye Saint-Germain-des-Prés. Ce dernier est celui dont se sert ordinairement l'Église romaine, avec les remarques et les changements faits par Baronius. Malgré les précautions d'une sage critique, il s'est glissé dans plusieurs de ces ouvrages des légendes dont l'authenticité n'est pas rigoureusement établie. Ce défaut est dû à la perte des actes véritables des martyrs arrivée pendant la persécution de Dioclétien, et à la trop grande crédulité des écrivains et des peuples, qui cherchaient partout des sujets d'édification, sans s'inquiéter du plus ou moins de vérité des récits. Les protestants ont aussi leurs martyrologes : les principaux sont ceux de Fox, de Bray et de Clarke. L'abbé J.-G. CHASSAGNOL.

MARVEJOLS. *Voyez* LOZÈRE (Département de la).

MARYLAND, l'un des États-Unis de l'Amérique du Nord. Il comprend les contrées riveraines de l'intérieur de la baie de Chesapeak, et s'étend entre la Pensylvanie, la Delaware et la Virginie, ainsi qu'une étroite pointe de terre; le long du Potomak, jusqu'au versant occidental des monts Alleghanys. Le territoire en est, dans l'intérieur, d'une grande fertilité; et le fer, l'alun, la houille, le tabac, sont avec les grains et les fruits de toutes espèces les principaux produits du sol. La superficie du Maryland est d'environ 308 myriamètres carrés, et sa population de 583,000 âmes, dont 426,000 blancs, 74,000 hommes de couleur, libres et environ 90,000 esclaves. L'industrie livre à la consommation des sucres, des cuirs, des étoffes de laine et de coton, des chapeaux et des objets de quincaillerie. Le commerce aussi y est extrêmement important. En 1849 les exportations montèrent à plus de 8 millions de dollars, et les importations à près de 5 millions. Il a été pourvu aux besoins de l'instruction publique par un nombre suffisant d'universités, de collèges, d'*académies* ou écoles latines et d'écoles primaires.

Visité pour la première fois au commencement du dix-septième siècle par le capitaine anglais Smith, ce territoire fut octroyé en 1632 par le roi Charles 1er à Calvert, lord Baltimore, qui lui donna le nom de *Maryland* en l'honneur de la reine Marie, et qui se proposa d'y offrir un asile aux catholiques, alors persécutés, sans exclure toutefois les autres religions. La colonie prospéra. En 1650 elle se donna une constitution, qu'elle changea en 1776 comme État libre; et en 1788 elle fut admise au nombre des États composant l'Union. Sa constitution la plus récente est celle de 1851. Le pouvoir législatif y est exercé conjointement par le sénat, composé de 22 membres élus pour quatre ans, et par la chambre des représentants, composée de 74 membres, dont les pouvoirs durent deux ans. La puissance exécutive est confiée à un gouverneur, élu pour quatre ans et qui reçoit 3,600 dollars de traitement. L'État de Maryland envoie au congrès 6 représentants. La capitale est *Annapolis*, avec 4,200 habitants; mais Baltimore en est la ville la plus importante, comme port et comme place de commerce.

Mentionnons encore *Harford*, célèbre par ses carrières d'ocre; *Frederikstown*, ville de fabrique, presque entièrement habitée par des Allemands, et *Cumberland*, à cause des mines de fer, de plomb et de cuivre qu'on exploite aux environs.

MASACCIO, dont le véritable nom était *Tommaso*

Guidi, peintre de l'école florentine, naquit en 1402, vraisemblablement à San-Giovanni, dans le Valdarnô. La gravité naturelle de son caractère le faisait souvent paraître distrait ou indifférent dans les rapports habituels de la vie ; de là son surnom, altération injurieuse de la dernière syllabe de son nom de baptême et l'équivalent de *Thomas le Nigaud*. Les œuvres de Brunelleschi et de Donatello furent le principal objet de ses études ; et il passa la plus grande partie de sa vie à Rome ou à Florence. Il mourut dans cette dernière ville, en 1443. On n'a de lui qu'un petit nombre de tableaux de chevalet. Mais ses fresques, surtout celles de la chapelle Brancacci, dans l'église des Carmélites à Florence, qui représentent l'histoire de saint Pierre, font époque dans l'histoire de l'art. On y voit pour la première fois l'art moderne s'émancipant complétement de la sévérité des types de la première époque du moyen âge, et la forme humaine représentée uniquement au point de vue de sa beauté. Masaccio est le premier artiste qui ait traité le nu et représenté les objets non plus par voie de semi-indication, mais dans toute leur réalité. Quelques-unes de ses figures sont déjà composées avec tant de liberté et tant de noblesse, qu'elles sont demeurées des modèles pour les autres peintres de l'école de Florence, pour Raphaël et Michel-Ange eux-mêmes. Si Masaccio inaugura une nouvelle manière dans le modelage du nu, il introduisit aussi un nouveau style dans l'art des draperies, en les assujettissant davantage aux formes du corps. Les fresques de Saint-Clément à Rome ou ne sont pas de lui, ou ont été retouchées de manière à les rendre méconnaissables.

MASANDERÂN ou **MASENDERÂN**, province de Perse, sur la côte sud et sud-est de la mer Caspienne, d'environ 34 myriamètres de long, avec une superficie de 250 myriamètres carrés. Elle forme une plaine dont la largeur varie sur la côte, mais dépourvue de bons ports et terminée par les premières ramifications des monts Elbrouz. C'est un pays richement arrosé par une foule de petits cours d'eau ; le climat en est chaud, extrêmement humide et malsain ; mais dans les plaines et les vallées le sol en est d'une rare fécondité, et malgré l'incurie des populations, produit d'immenses quantités de riz, la principale nourriture des habitants, de grains, de chanvre, de coton, de cannes à sucre et de tabac, plus des melons, des arbouses, des courges, des concombres, des citrons, des châtaignes et autres fruits en abondance. Les mûriers sont utilisés pour l'éducation des vers à soie, et d'immenses forêts constituent une des principales richesses du pays : on y élève beaucoup de chevaux, de mulets, d'ânes, de moutons et de bœufs ; le gibier de toutes espèces y abonde, de même que la pêche y est des plus productives. L'industrie y est encore assez arriérée en revanche on y fait un grand commerce avec le reste de la Perse et avec la Russie, qui tire de là du riz, du coton et de la soie. Les habitants sédentaires, comme ceux de la province de Ghilân, se distinguent des autres Persans par un teint plus foncé, par une langue plus dure et plus grossière ; ils sont renommés par leur esprit d'insubordination et en même temps par leur orgueil, ainsi que par leurs habitudes peu hospitalières. Ce sont en outre d'intolérants chyites. Les tribus nomades sont bien plus nombreuses et pour la plupart sunnites. En général, elles obéissent à leurs propres chefs, tout en payant tribut au schah de Perse, par exemple les Kudschawends, les Turcomans, les Modanlous Kourdes, et les Kadjares Turcs. C'est de cette dernière tribu que provient la dynastie qui règne aujourd'hui en Perse.

Le Masanderân, qui faisait jadis partie de la Médie et de l'Hyrcanie, est célébré par Firdousi comme la terre des braves guerriers et des héros ou *dies*, et en même temps comme le pays des Roses et du printemps éternel. Aujourd'hui encore les Persans l'appellent *le jardin d'Irân*. Ce fut sous le règne d'Abbas le Grand, vers 1600, qu'il atteignit le plus haut degré de sa prospérité. Ce prince y fit construire, à l'instar de quelques-uns de ses prédécesseurs, un grand nombre de châteaux de plaisance, avec des jardins délicieux, ornés de cascades et de pièces d'eau, de terrasses et de plantations d'arbres. Les débris imposants et gracieux de ces immenses constructions excitent encore aujourd'hui l'admiration. Nous citerons entre autres le palais du schah, avec l'île aux bois de citronniers et d'orangers à *Balfrousch*; les magnifiques ruines d'*Aschrafl* ou *Aschreff*, théâtre des fêtes et des réceptions brillantes d'Abbas, le protecteur des arts et des sciences, qui y donnait audience aux envoyés des princes étrangers, et qui y attirait les artistes et savants, tant étrangers qu'indigènes ; celles de *Soufflabad*, non loin d'Aschraif, à peu de distance de la mer, où l'on voit encore les débris d'un observatoire et d'un palais ; celles de *Fourrahabad*, à l'embouchure du Tedjen, la seconde capitale d'Abbas, qui y mourut, en 1625.

Le chef-lieu actuel du Masanderân est *Sari*, avec 30,000 habitants ; celui du district oriental est Asterabad. Il faut encore mentionner *Amol* ou *Amoul*, ville de 40,000 âmes.

MASANIELLO. *Thomas* Aniello, plus connu sous le nom de *Masaniello*, naquit à Amalfi, petite ville du golfe de Salerne. Pêcheur, marchand de fruits et de légumes, Masaniello allait vendre ses denrées à Naples. C'était un de ces hommes dont l'énergie sauvage et l'éloquence véhémente remuent les masses en parlant aux passions. Le joug de l'Espagne, depuis longtemps odieux aux Napolitains, était devenu encore plus insupportable sous le gouvernement du duc d'Arcos ; une nouvelle taxe venait de frapper les fruits et les légumes, principale nourriture du peuple pendant l'été. Un sourd mécontentement fermentait dans la ville attristée ; il ne manquait qu'une occasion pour faire éclater une explosion terrible. Le 7 juillet 1647, quelqu'une de ces fêtes empruntées au paganisme, si communes à Naples, avait attiré dans les rues et sur les places de la capitale un grand concours de curieux ; Masaniello se présente, une corbeille de fruits sur la tête ; l'employé du fisc s'avance pour prélever le droit ; mais Masaniello le repousse avec audace, renverse sa corbeille, et appelle le peuple à son aide. La foule, électrisée par ses paroles et par son audace, se précipite sur ses pas et court incendier les bureaux de perception. Il est aussitôt reconnu pour chef suprême ; on lui improvise un trône sur la place du grand marché, il s'y installe en sarrau de matelot. Une épée nue à la main, il y donne des ordres, qui deviennent aussitôt des lois pour une multitude furieuse. Comme il ne sait pas écrire, il scelle ses décrets avec une plaque de métal qu'il porte suspendue à son cou. Trois cent mille hommes s'arment et s'organisent comme par magie. Les soldats espagnols reculent devant le torrent populaire, et vont chercher un asile dans leurs forts. Le pêcheur traite d'égal à égal avec le vice-roi, forcé de reconnaître son autorité.

Mais Masaniello ne sait point s'élever à la hauteur de sa fortune ; la prospérité l'enivre. Dans sa grossière ignorance, dominé par un instinct brutal de férocité sanguinaire, il ne songe qu'à assouvir sa soif de vengeance et sa haine contre l'aristocratie. Il porte partout le fer et la flamme : soixante palais sont réduits en cendres, cent cinquante têtes tombent sous la hache. Les places se couvrent de gibets et d'instruments de torture ; enfin, après sept jours de terreur et de massacre, il dépose les armes ; les taxes sont abolies, les anciennes libertés restaurées. Cependant, des excès de la tyrannie il tombe dans de véritables accès de démence, soit que son cerveau eût été trop vivement ébranlé par l'excitation et les fatigues d'une situation si nouvelle pour lui, soit que, comme plusieurs auteurs le rapportent, on lui eût fait respirer des fleurs empoisonnées : tantôt il parcourt les rues d'un air égaré, et dans sa rage aveugle frappe ses partisans les plus dévoués ; tantôt il s'abandonne à une mélancolie profonde, et recherche la solitude. Le duc d'Arcos, qui est bien aise de se débarrasser d'un homme aussi dangereux, suscite contre lui l'indignation publique, et aposte des assassins, qui le tuent à coups de fusil dans le couvent des Carmes, où il s'est retiré.

Ainsi mourut Masaniello, à l'âge de vingt-quatre ans : sa vie politique avait duré dix jours. Son caractère, bizarre mélange de désintéressement et de cruauté, de grandeur et de brutalité, offre un type historique des plus remarquables. Le peuple, qui avait sévi contre son cadavre, l'exhuma peu de temps après, et lui fit de magnifiques funérailles. Sa mémoire est encore aussi populaire à Naples qu'elle l'est devenue chez nous par la musique de *La Muette de Portici* d'Auber. Il est resté le héros des *lazzaroni*, qui invoquent le nom de leur illustre confrère du moment qu'ils se croient opprimés. Consultez Angel Saavedra, duc de Rivas, *Insurrection de Napoli en 1647* (2 vol. Madrid, 1849).

Mis E. DE LA GRANGE.

MASCAGNI (PAOLO), célèbre anatomiste, né en 1752, à Castelleto, petit village voisin de Sienne, étudia à l'université de cette ville, et y fut nommé professeur d'anatomie en 1774. L'Académie des Sciences de Paris ayant proposé comme sujet de concours l'étude des vaisseaux absorbants, il remporta le prix par son *Prodromo d'un ouvrage sur le système des vaisseaux lymphatiques* (Sienne, 1784). Continuant ses recherches et ses travaux, il entreprit avec Fontana une collection de préparations anatomiques en cire. En même temps il faisait paraître son bel ouvrage : *Vasorum lymphaticorum corporis Historia et Iconographia* (Sienne, 1789). Après avoir accepté, en 1800, une chaire à l'université de Pise, il devint dès l'année suivante professeur d'anatomie, de physiologie et de chimie à l'hôpital de Santa-Maria, à Florence; fonctions qu'il occupait encore à sa mort, arrivée le 19 octobre 1815. Après sa mort on publia de lui : *Anatomia per uso degli studiosi di scultura e pittura* (Florence, 1816); *Anatomia universalis, 44 tabulis æneis juxta archetypum hominis adulti accuratissime repræsentata* (Pise, 1828-1831).

MASCARA, ville du département d'Oran (Algérie), chef-lieu d'une subdivision militaire et d'un district, érigée en commune en 1854, avec ses annexes, Saint-André et Saint-Hippolyte, située à 388 kilomètres d'Alger, et à 96 d'Oran, par 35° 25' de latitude septentrionale et 2° 15' de longitude occidentale. Placée sur le versant méridional des collines formant la première chaîne de l'Atlas, nommées *Chareb-el-Rih*, et qui ferment au nord la plaine d'Eghris, elle est assise sur deux mamelons séparés par un ravin, où l'oued Toudman coule en tout temps. Avant l'occupation des Français, la ville se composait de cinq parties distinctes, savoir : sur le mamelon à l'est, 1° la ville proprement dite; 2° le faubourg de Baba-Ali, au nord de la ville; 3° le faubourg d'Aïn-Béidha, au sud; 4° un petit faubourg à l'est, que les Français ont détruit pour débarrasser les approches de la place; sur le mamelon à l'ouest se trouve 5° le faubourg d'Arkoub-Ismail. La ville et l'Arkoub-Ismail étaient seuls entourés d'une enceinte fortifiée. La ville est placée sur la rive gauche du ravin depuis la cascade jusqu'au point où s'arrêtent les rochers. Elle renferme plusieurs grands établissements, le beylik, deux mosquées, un caravansérail, un marché, l'ancienne caserne des réguliers de l'émir dans la casbah, etc.; les Français y ont ajouté différents établissements militaires. Le faubourg d'Arkoub-Ismail s'étend sur la rive droite du ravin, vis-à-vis la ville. Le faubourg de Baba-Ali, le plus vaste de tous, occupe, au nord de la ville, le fond du vallon et monte sur la pente de la colline jusqu'à une assez grande distance vers le nord-est. Le faubourg d'Aïn-Béidha est placé au sud de la ville; là de nombreuses constructions bordent le ravin et remontent vers le nord, entre ce ravin et une partie de la face ouest de la ville. Des usines, des tanneries, etc., sont placées sur le bord du cours d'eau. Ce faubourg renferme une très-belle mosquée. Le faubourg de l'est avait peu d'étendue, et ne se composait que de quelques groupes de maisons généralement en mauvais état, en avant de la porte d'Alger. Des eaux très-belles circulent dans de nombreux canaux, et arrosent tous les points de Mascara; elles proviennent d'une source abondante, ne tarissant pas l'été, située à près de 3,000 mètres de la ville, et qui, à 2,000 mètres environ, traverse le grand ravin. Les Français ont réuni l'Arkoub-Ismail à la ville de Mascara par un mur fortifié au nord, enfermant le caravansérail, et par une autre muraille au sud, enveloppant le faubourg de Béidha, de manière à former de Mascara, de l'Arkoub-Ismail et de Béidha une seule grande place, ayant un cours d'eau assuré qui la traverse. Avant l'expédition du maréchal Clauzel, on évaluait la population de 4 à 5,000 âmes. Cette ville avait déjà une importance commerciale assez grande. On y compte aujourd'hui 6,772 habitants, dont 4,537 indigènes. On y fait un commerce de laines, de fruits, de raisins, de vins, de fourrages; on y fabrique de l'huile d'olives, des burnous; dans ses environs existent des forêts d'oliviers, de pins, de thuyas, etc.

Mascara est une ancienne cité arabe, sur l'origine de laquelle on n'a que des données incertaines. Selon les traditions locales, elle aurait été construite par les Berbères, sur les ruines d'une ville romaine. L'étymologie de son nom, soit qu'il vienne de *Omm'asker* (la mère des soldats), ou de *M'âsker* (lieu où se rassemblent les soldats), désigne une population guerrière, caractère qui semble justifié par le nom de *Castra Nova*, que les Romains avaient donné à cette localité. Sous la domination turque, Mascara fut la résidence des beys jusqu'au moment où les Espagnols évacuèrent Oran. Elle était florissante alors; mais dès que le siège du beylik fut transporté dans cette dernière ville, sa prospérité déclina rapidement. Le duc d'Harchgoum, le duc d'Orléans rejoignit les troupes, qu'une population misérable. A l'avènement d'Abd-el-Kader, elle devint la capitale et la place d'armes des Arabes. Des ateliers y avaient été formés et bon nombre d'ouvriers y avaient été réunis.

Après l'échec de la Macta, il fut décidé qu'un grand coup serait porté à la puissance de l'émir par la chute de sa capitale. Une expédition fut donc dirigée contre Mascara. Des troupes se rassemblèrent à Oran, et l'on prit possession de l'île de Harchgoum. Le duc d'Orléans rejoignit les troupes, dont le maréchal Clauzel prit le commandement en chef. Le 26 novembre 1835, l'armée expéditionnaire, forte d'environ 10,000 hommes de toutes armes et d'un corps auxiliaire assez nombreux de Turcs et d'Arabes, commandé par le bey français Ibrahim, était réunie au camp du Figuier, à quelques kilomètres d'Oran. Le 27, l'avant-garde, sous la conduite du général Oudinot, appelé à venger la mort de son frère, se mit en mouvement, et le 29 toutes les troupes campaient sur la Sig. La route que les Français avaient à parcourir était rendue difficile et périlleuse par des hauteurs boisées, des gorges, quelques rivières et des plaines arides. Abd-el-Kader avait écrit qu'il épargnerait la moitié du chemin aux Français; en ne fut pourtant que le 30 qu'un vit des rassemblements nombreux se former en face de nos troupes, au pied de l'Atlas, sur la rive droite de la Sig. Un corps de 2,000 hommes fut culbuté par nos soldats, qui purent pénétrer jusque dans le camp arabe. L'émir avait préparé de nombreuses embuscades dans la montagne; le maréchal leva le camp le 3 décembre, et prit un autre chemin. Abd-el-Kader attendait nos positions, courut s'emparer d'un défilé resserré entre l'Atlas et une forêt par où il fallait passer pour arriver à l'Habrah. Un feu terrible accueillit la colonne expéditionnaire; mais après un vif engagement, dans lequel le général Oudinot fut atteint d'une balle à la cuisse, la position fut enlevée. Les Français avaient perdu une cinquantaine d'hommes tués ou blessés. Les Arabes essayèrent bien encore de défendre l'Atlas, mais la précision et l'énergie de nos mouvements achevèrent de les démoraliser, et dans la soirée du 6 le maréchal Clauzel entra à Mascara, que l'émir ne chercha pas même à défendre. Cette ville était dans une situation affreuse. Quelques familles juives étaient les seuls habitants qui eussent attendu les vainqueurs. Les indigènes s'étaient enfuis, après avoir tout pillé et saccagé. On pensait d'abord laisser le bey Ibrahim à Mascara; mais, craignant qu'il ne pût s'y maintenir,

768 MASCARA — MASCARON

on transféra le siége du gouvernement d'Oran à Mostaganem. Le 9 décembre, l'arrière-garde était à peine sortie de Mascara que l'incendie dévorait cette ville de toutes parts. La retraite fut rendue difficile à la fois par les mauvais temps, les attaques de l'ennemi et le manque de vivres. Le 12 décembre, après seize jours de campagne, les troupes rentraient à Mostaganem, ramenant avec elles les israélites qu'elles avaient trouvés à Mascara.

En 1838 Abd-el-Kader vint se réinstaller à Mascara, et en 1841 une nouvelle expédition fut arrêtée contre cette ville. Le 18 mai le général Bugeaud partit de Mostaganem avec deux divisions commandées par le duc de Nemours et par le général Lamoricière; et après avoir détruit Tekedempt, il se dirigea sur Mascara. Le 30 on trouva Abd-el-Kader sur les hauteurs qui environnent cette ville. Il était renforcé par 4,000 chevaux, que lui avait amenés Bou-Hamedi, kalifa de Tlemcen. Cependant les Arabes s'enfuirent à l'approche de nos troupes, et les Français prirent possession définitive de Mascara. On y installa aussitôt une garnison, et le 1er juin la colonne expéditionnaire reprit le chemin de Mostaganem, où elle arriva le 3 après une petite affaire contre 5 ou 6,000 Arabes, dans le défilé d'Akbet-Kredda. Cette campagne nous avait coûté 20 tués et 82 blessés.

Depuis cette époque, Mascara ne cessa plus d'être occupée par nous. Plusieurs fois des expéditions furent dirigées sur ce point pour opérer le ravitaillement de la garnison, et le général Lamoricière reçut bientôt l'ordre de s'installer dans cette ville avec sa division. Dès lors Mascara devint le centre des opérations dans la province, et en peu de temps l'habile général parvint à pacifier la contrée qui l'environne.

L. LOUVET.

MASCARADE. C'est la réunion de plusieurs personnes, non-seulement masquées, mais encore déguisées sous des vêtements et des costumes divers, formant un bal ou courant les rues pendant le carnaval pour se divertir. Les travestissements et les masques entraient pour beaucoup dans la religion des anciens. En Égypte, à la grande procession d'Isis, où cette déesse apparaissait sous la forme d'une ourse, par allusion à la constellation de la grande Ourse, les prêtres qui formaient son cortége se couvraient le visage et la tête de masques représentant les principales constellations; ils y joignaient un chaperon retombant sur les épaules, de manière à reproduire l'aspect de l'animal qu'ils avaient adopté, et souvent l'illusion était complète. Le premier, avec une tête de taureau, rappelait le printemps; le second, sous la figure d'un lion, le solstice d'été; l'automne était représentée par un homme; l'hiver par un épervier, oiseau qui remplace Osiris, comme l'aigle remplace souvent Jupiter. La canicule était figurée par le masque d'un chien que portait le prêtre, les vendanges par celui d'un loup, la retraite du Nil par la figure de l'Ibis, le dieu Nil lui-même par un nilomètre, à travers lequel le prêtre pouvait voir devant lui. Les femmes du peuple, à la grande procession de Canope, s'enivraient d'opium : en suivant le Nil, elles insultaient les passants, et signalaient leur gaieté par toutes sortes d'extravagances. Dans d'autres fêtes égyptiennes, d'autres femmes masquées se travestissaient en s'attachant aux épaules de grandes ailes. Aux Bacchanales, les bacchantes couraient les rues, masquées et travesties en nymphes et en héroïnes ; elles étaient suivies des bacchants, demi-nus, masqués aussi, couverts de peaux de bête et déguisés en faunes ou en satyres. Le déguisement des ministres de Mithra en divers animaux féroces était une pratique absolument semblable.

Notre carnaval peut être considéré comme une suite non interrompue des fêtes et processions mystérieuses de l'antiquité. C'est en Italie, à Rome et à Venise surtout, qu'on le célèbre avec plus d'éclat et de solennité qu'en France. La diversité des masques et des travestissements s'y déploie avec un luxe inouï. Là toute mascarade est pour ainsi dire considérée comme nationale. Notre *procession du bœuf gras*, qui est une répétition de celle du bœuf Apis, que l'on pratiquait en Égypte tous les ans, au printemps, peut être également considérée comme une véritable *mascarade*. Au moyen âge, on célébrait chez nous des fêtes scandaleuses, sous les noms de *fêtes des fous* ou de *l'âne*, *fête des innocents*. L'institution de la mère folle, à Dijon, vers 1450, celle de la fameuse procession d'Aix en Provence, étaient encore des extravagances du même genre, aussi bien que les fêtes mystérieuses nommées en Égypte *Cherubs*, ou des *Multipliants*, *Bacchanales* en Grèce, *Lupercales* ou *Saturnales* à Rome.

Le mot *mascarade* s'emploie aussi quelquefois au figuré : Ce monde n'est qu'une *mascarade*.

Cer Alexandre LENOIR.

MASCAREIGNES (Iles) ou MASCARENHAS, nom sous lequel on désigne quelquefois l'Ile de la Réunion ou de Bourbon, et l'île Maurice, autrefois île de France, et l'îlot de Rodriguez, à environ 50 myriamètres à l'est de celle-ci, du nom du navigateur portugais qui les découvrit le premier. Ces îles, d'origine volcanique, sont situées à l'est de Madagascar, dans la mer des Indes.

MASCARENHAS (Dom JOSEPH). *Voyez* AVEIRO.

MASCARET ou MACRÉE. *Voyez* BARRE D'UN FLEUVE, BARRE D'EAU.

ṭ MASCARILLE, personnage bouffon, dont le type et le nom ont été empruntés par notre théâtre à celui des Italiens. C'est ordinairement un valet peureux, voleur, gourmand ; complice, pour ne pas dire pis, des amours de son maître. On connaît l'éloge que fait de lui-même, dans un transport de vanité, le Mascarille de Molière :

Vivat Mascarillus, fourbum imperator!

MASCARON. C'est le nom de certaines figures ou masques sculptés en ronde-bosse ou en bas-relief, qu'on emploie comme ornements en architecture ou en décoration. On leur donne indifféremment un caractère grotesque ou sérieux, et on les place d'ordinaire sur les clefs de voûte des arcades extérieures d'un édifice, sous les entablements, sous les balcons, en guise de consoles ou de modillons, à l'orifice des fontaines, des grottes, etc. L'origine du mascaron remonte à l'art antique : les Égyptiens plaçaient ces têtes d'Isis, seules et sans buste, dans les chapiteaux des colonnes de leurs temples. Les Grecs conservèrent à ces masques une signification symbolique dans leur architecture religieuse ; ils les introduisirent dans la décoration de leurs théâtres. A l'époque de la renaissance, on plaça au-dessus des arcades des églises, au-dessus des bénitiers, etc., des faces de chérubins. On voit dans la partie du Louvre des Valois qui longe la Seine des chapiteaux ornés de figures d'anges. Les architectes du dix-septième et du dix-huitième siècle abusèrent de l'usage des mascarons, qu'ils prodiguèrent sans discernement sur les façades de tous les édifices de cette époque, palais et hôtels. Ce sont des figures souriantes, grimaçantes, de satyres, de faunes, de tritons, de naïades. On pourrait, dans l'architecture moderne, donner quelque intérêt à ce genre d'ornement, que n'exclut pas le beau style.

A. FILLIOUX.

MASCARON (JULES), célèbre prédicateur du dix-septième siècle, fils d'un habile avocat au parlement d'Aix en Provence, naquit à Marseille, en 1634. Il entra fort jeune dans la congrégation de l'oratoire, où ses brillantes dispositions pour l'éloquence de la chaire ne tardèrent pas à lui faire une réputation. Saumur fut le premier théâtre de ses succès : toutes les populations environnantes accouraient pour l'entendre ; un grand nombre de calvinistes, attirés par la curiosité, grossirent la foule de ses auditeurs ; plusieurs même signalèrent son triomphe par leur conversion. Aix, Marseille, Nantes, d'autres villes encore furent évangélisées tour à tour par lui. Bientôt il se fit entendre à Paris, et peu après à la cour, où il remplit douze stations avec un immense succès. Quelques courtisans s'étant plaints devant Louis XIV de la liberté avec laquelle il annonçait les vérités de l'Évangile : « Le prédicateur fait son devoir, répondit le roi ; c'est à nous de faire le nôtre. » Il prononça en 1666 l'oraison funèbre d'Anne d'Autriche. Quelques années après il fut chargé de celles de Henriette d'Angleterre et du duc de Beaufort. Déjà il avait été promu au siége épiscopal de Tulle, en récompense de ses talents et de ses travaux apostoliques. C'est vers la fin de 1672 qu'il se rendit dans son diocèse, où il ne tarda pas à opérer un très-grand bien, non-seulement par ses prédications, mais encore par la fréquence de ses visites pastorales et par la sagesse de ses statuts synodaux.

Louis XIV avait obligeamment menacé le prélat de le faire revenir dans la capitale : le monarque tint parole quelques années après, et dans une station nouvelle l'orateur ne fut pas moins goûté que dans les précédentes. C'est vers cette époque que la mort de Turenne vint lui offrir l'occasion de composer son chef-d'œuvre, l'oraison funèbre de ce grand capitaine. L'éloquent évêque fut transféré en 1678 au siège d'Agen, où le calvinisme lui ouvrit un nouveau champ en rapport avec la puissance de son talent et l'ardeur de son zèle évangélique. A son arrivée dans le pays on comptait 30,000 religionnaires : il en restait à peine 1,000, lorsqu'il mourut, le 16 décembre 1703. Il avait paru la dernière fois à la cour en 1694.

Le talent de Mascaron, il faut bien le dire, a été longtemps admiré outre mesure ; il entrait beaucoup d'engouement dans les louanges que lui prodiguèrent ses contemporains ; les lettres de Mme de Sévigné l'attestent en plus d'un passage. Mais quoique la critique ait justement restreint sa renommée, quoiqu'elle ait très-sainement jugé qu'il ne peut être regardé comme un bon modèle à suivre, cependant, un de ses discours, *ébauche brillante du génie souvent égaré par un faux goût*, lui assure l'honneur d'être fréquemment cité après Bossuet et Fléchier. Sur cinq oraisons funèbres qu'il a composées il n'en est donc qu'une qui soit digne de passer à la postérité ; quant aux quatre autres, où se rencontrent çà et là quelques beaux fragments, on est étonné, lorsqu'on a le courage de les lire, de l'immense célébrité qu'elles acquirent à leur auteur.

CHAMPAGNAC.

MASCATE, État arabe, situé sur la côte orientale de la province d'*Omân*, riveraine du golfe Persique. Il obéit aujourd'hui à un *imam*, qui, soutenu par l'Angleterre, est parvenu, grâce à son gouvernement, aussi doux que sage et prudent, à en faire l'État le plus puissant de l'Arabie. C'est de Mascate que dépendent la longue et étroite zône de côtes des provinces persanes de Laristân et de Moghistân, avec les îles d'Ormuz et de Kischm, situées à l'entrée du golfe Persique et sur la côte orientale de l'Afrique, la contrée s'étendant depuis l'équateur jusqu'au cap Delgado au sud et comprenant les îles Zanzibar ou Zanguebar, *Quiloa, Melinda, Patta, Pemba, Djouba, Monfia* et *Lamo*. Les îles Bahréin et l'île Socotora en faisaient aussi partie autrefois. La superficie totale de cet État est de 5,600 myriamètres carrés, et sa population de 2,500,000 âmes, dont un cinquième pour l'État de Mascate proprement dit, ou l'*Omân* d'Arabie ; son armée permanente est évaluée à 20 ou 30,000 hommes, et sa marine militaire se compose de 87 bâtiments armés de 730 canons. Le nombre des navires du commerce est au moins de 2,000, jaugeant ensemble au delà de 37,000 tonneaux. Le montant des importations annuelles est évalué à un million de liv. st., et celui des revenus publics à 900,000 liv. st.

La capitale, MASCATE, ville bâtie sur les bords du golfe Persique, environnée de jardins et de bois de palmiers, est assez bien fortifiée, possède un bon port, fait un commerce considérable, et est un point de relâche entre les Indes orientales, l'Afrique et le golfe Persique. L'exportation qui se fait de Mascate consiste en grains, dattes, raisins secs, sel, soufre, poissons, drogueries et chevaux ; et celle qui a lieu sur la côte orientale d'Afrique, en copal, gomme d'Arabie, racine de colombo et autres articles de droguerie ; en ivoire, écaille, cornes de rhinocéros, cuirs, peaux, cire, huile de coco, riz et millet. Cependant, les principaux articles d'exportation sont encore le café d'Arabie et les perles provenant du golfe Persique. L'important commerce des perles est exclusivement entre les mains de la corporation des marchands indous ou banians, et on en estime le produit annuel à environ 8 millions de francs. Une circonstance qui contribue encore à augmenter l'immense mouvement commercial dont Mascate est le centre, c'est que dans les mois d'hiver son port est le plus sûr asile que puissent rencontrer les navires naviguant dans la mer des Indes. Il n'est pas fréquenté seulement par des navires de Mascate, mais encore par des bâtiments venant de Guzerate, de Surate, et de Bombay dans le golfe du Bengale, et encore de Ceylan, de Sumatra, de Java, de Maurice, de Madagascar et des possessions portugaises situées sur la côte orientale d'Afrique. Ils y apportent tous les articles du commerce de l'Inde, de l'Afrique et de l'Europe. Par suite des développements toujours croissants de ce commerce, comme aussi de la sage administration de l'imam actuel, Sejjid-Saïd, qui réside tantôt à Mascate et tantôt à Zanguebar, la ville de Mascate s'est considérablement accrue dans ces derniers temps, et renferme, dit-on, environ 60,000 habitants, race métisse particulière formée d'Arabes, de Persans, d'Afghans, de Beloudches, d'Hindous, de Nègres, de Juifs, etc. Par suite du commerce que viennent y faire depuis plus de mille ans les Banians de l'Inde, l'hindoustani, mêlé de quelques dialectes indigènes, est devenu la *lingua franca*, ou langue des relations commerciales, à Mascate et dans tous les autres ports et villes de l'imam. Depuis l'an 1507, où Albuquerque s'en empara, jusqu'en 1648, époque où l'imam arabe Séïf en reprit possession, la ville de Mascate demeura au pouvoir des Portugais.

A peu de distance de Mascate, on trouve le port de *Matarah* ou *Matrah*, avec des chantiers de construction pour la marine militaire de l'imam, 20,000 habitants et de grandes filatures de coton. Plus au nord est situé *Ssohar*, port de mer, avec 9,000 habitants. Dans les montagnes de l'extérieur, on cite le bourg de *Roustak*, ancienne résidence de l'imam.

MASCHLASCH, nom de la troisième qualité du vin de Tokay. *Voyez* HONGRIE (Vins de).

MASINISSA. *Voyez* MASSINISSA.

MASORA, c'est-à-dire *tradition.* C'est le nom que les rabbins donnent à la collection d'observations critiques et exégétiques relatives au texte des livres de l'Ancien Testament et en partie aussi à la manière de le prononcer. L'origine en remonte aux anciens *soferim* et sages des Juifs des deux derniers siècles avant J.-C. et à l'époque de la Mischna, qui vint immédiatement après. Pendant longtemps ces observations se transmirent oralement, ou quelquefois sous forme d'annotations faites sur la marge des manuscrits. Avec le temps on finit par les réunir, et ce fut pour la première fois à Tibériade ; après quoi, on y fit à diverses reprises des additions. Tout cela s'accomplit du sixième au huitième siècle. Toutefois, la Masora actuelle ne fut achevée qu'au onzième siècle ; on la divise en *Grande* et en *Petite Masora*, cette dernière ne consistant qu'en un extrait de la première. De même que les grammaires hébraïques, elle ne dut vraisemblablement son origine qu'à la nécessité où l'on fut, au neuvième siècle, d'analyser, de syntaxer la langue de Moïse et de David, pour en faciliter l'étude au grand nombre d'étudiants de cette époque qui n'étaient pas enfants d'Israel. Quant aux points-voyelles, au nombre de treize, introduits dans la Masora, tous se souscrivent, sauf un qui se marque sur la tête et un autre dans le ventre de la lettre. Il ne s'agit point d'ailleurs des accents, qui déterminent les intonations de la voix, et qui sont communs à presque tous les rhythmes des idiomes de la terre. Ces points-voyelles de la Masora étaient d'une grande nécessité pour reproduire tout au moins un écho affaibli de la prononciation d'une langue depuis longtemps morte, surtout d'une langue dont tous les mots-racines, composés en général d'un, près, de trois lettres consonnes sans voyelles, ne sauraient être, en raison de l'absence de voyelles, prononcés ni du pa-

MASORA — MASQUE

lais, ni du larynx, ni des lèvres. Ainsi, *bll*, verbe hébreu d'où vient *babel*, et qui signifie *il a confondu*, avec le secours de deux points-voyelles traditifs souscrits sous chacune des deux premières lettres, se prononce *balal*. Ceux qui lisent et expliquent le texte hébreu sans points masoréthiques ajoutent à la consonne, lorsqu'elle n'est pas précédée d'une voyelle primitive, la voyelle qui précède cette même consonne quand on la prononce par son nom. C'était la méthode du P. Houbigant, savant oratorien. Sa magnifique Bible hébraïque est imprimée sans points-voyelles.

La Masora est d'une haute importance pour l'histoire et la critique de la Bible hébraïque. Cependant ses auteurs, qu'on désigne ordinairement sous le nom de *Masorèthes*, y ont aussi compris beaucoup d'inutilités; par exemple en comptant le nombre de mots et de consonnes que contient la Bible, en recherchant quels sont les mots qui forment le milieu de chaque livre, etc. Cette collection, résultat des travaux de différents âges, fut mise en ordre par Jacob Ben-Chaijm de Tunis, pour Daniel Bomberg, imprimeur à Venise, et parut pour la première fois dans la Bible rabbinique (Venise, 1525; réimprimée à diverses reprises à Venise et à Bâle, et en dernier lieu à Amsterdam [1724-1727]). Elias Levita a donné une explication des expressions masoréthiques (*Masoreth hammasoreth*; Halle, 1727), de même que Buxtorf, dans sa *Tiberias* (Bâle, 1620).

MASOUD I-III, princes Ghasnévides. *Voyez* GHASNÉVIDES.

MASOUDI (ALI-ABOUL-HASSAN), célèbre écrivain arabe, né à Bagdad, vers la fin du neuvième siècle, voyagea pendant sa jeunesse, et visita successivement la Perse, l'Inde, Ceylan, la Transoxiane, l'Arménie, le littoral de la mer Caspienne, et différentes parties de l'Afrique, de l'Espagne et de l'empire Byzantin. En 915 il séjourna à Isthakar, l'ancienne Persépolis; en 916 il traversa l'Inde, et de là se rendit à Madagascar, d'où il gagna l'Oman et l'Arabie méridionale. Vers 926 on le trouve en Palestine, et en 943 à Bassora. Il mourut en Égypte, en 956.

Masoudi possédait des connaissances fort étendues, qui ne se bornaient pas au cercle des notions propres à l'islamisme, mais qui comprenaient encore les antiquités de l'Orient et de l'Occident. Parmi ses ouvrages il faut surtout mentionner un *Akhbar alzeman*, vaste composition dont il donna lui-même un extrait sous le titre de *Morudsch Atzchebs*, c'est-à-dire les Prairies d'Or, riche mine pour la géographie, les superstitions populaires et l'histoire de l'Orient. Peu avant de mourir, il composa encore une autre collection d'observations géographiques, historiques et philosophiques, le *kitab altanbihi u alischraf*, resté inédit jusqu'à ce jour.

MASOURKA ou MAZUREK, danse nationale de Pologne, aussi vive que gaie et gracieuse. Les paysans polonais l'accompagnent souvent d'un chant en trois temps, et elle est répandue aujourd'hui dans toute l'Europe, quoiqu'elle ait perdu beaucoup de son caractère primitif. Ce nom lui vient des Masoures, habitants de l'ancien duché de Masovie.

MASOVIE, C'est le nom que portaient au temps où la Pologne était indépendante les fertiles contrées situées entre la Vistule, le Bug et la Narew, et dont les villes principales sont *Varsovie*, *Plock* et *Rawa*. La Masovie formait autrefois une partie de la Pologne; et ce ne fut qu'à l'époque du premier partage du pays par les ducs polonais, en 1207, qu'elle devint un duché particulier sous Conrad Ier, prince demeuré célèbre dans l'histoire parce qu'il sut mettre son pays à l'abri des irruptions et des dévastations des Porusses en appelant en Prusse les chevaliers de l'ordre Teutonique. Quand, en 1526, la famille des Piast s'éteignit en Masovie, en la personne des ducs Janusz et Sigismond, le duché de Masovie fit retour à la couronne de Pologne, dont depuis lors il partagea constamment le sort. Les habitants étaient désignés sous le nom de *Masoures*.

MASQUE. Le masque est un faux visage de carton, de cire, ou d'autre matière, dont se couvre la face pour se déguiser. Ils représentent indifféremment des figures d'hommes, de femmes, de vieillards, aimables, hideuses ou fantastiques; des animaux de toutes espèces et même des monstres. On appelle aussi *masques* les hommes et les femmes masqués, courant les rues et les bals pendant le carnaval.

Masque se dit également des représentations de visages d'hommes ou de femmes que l'on emploie à la décoration des frises, aux clefs des voûtes, à d'autres parties de l'architecture. Il se dit encore d'un visage isolé, détaché d'une tête, soit en dessin, soit en peinture ou en sculpture. Pour exprimer l'action de mouler le visage de quelqu'un, on dit généralement : *Prendre son masque.*

Au moral, *masque* signifie apparence trompeuse.

L'origine des masques est fort ancienne : on trouve des figures masquées sur un grand nombre de monuments égyptiens, grecs et romains. Diodore de Sicile assure que dans certaines cérémonies, les rois d'Égypte se couvraient le visage de figures de lion, de léopard, de loup; il ajoute que les prêtres préposés à la nourriture des animaux sacrés ne paraissaient jamais en public qu'avec les marques distinctives de leurs charges. Ces marques étaient un masque imitant la figure de l'animal confié à leur garde. Les Égyptiens couvraient aussi le visage de quelques-unes de leurs momies d'un masque de carton, colorié ou doré. Quelquefois ceux des momies des rois étaient d'or pur repoussé. Dans les fêtes de Bacchus, les bacchants et les bacchantes se couvraient d'abord les joues du sang des victimes immolées au dieu du vin ; dans la suite, ils y employèrent du jus de mûre ou la lie de la liqueur qu'ils savouraient pendant la vendange. Ils se revêtaient, en outre, de peaux de tigres, et de celles des boucs et des chèvres qu'ils avaient égorgés. Ainsi déguisés, ils marchaient à quatre pattes, à l'exemple de ces animaux. Plus tard, ils se couvrirent le visage de masques hideux, d'écorce d'arbre, imitant le profil de l'animal dont ils avaient endossé la dépouille. Mais c'était particulièrement aux Saturnales que les esclaves se montraient dans les rues le visage barbouillé de suie. On ne célébrait point de fêtes de Bacchus sans se couronner de lierre et se couvrir la face d'un masque. Ovide en parle dans ses *Métamorphoses*, et Virgile dans ses *Géorgiques*. Denys d'Halicarnasse, Démosthène, Ulpien, son scoliaste et plusieurs autres fournissent des exemples de l'usage que l'on faisait des masques dans les triomphes et les grandes cérémonies publiques. Après les masques d'écorce d'arbre, vinrent ceux de cuir, doublés de toile ou d'étoffe; puis ceux de bois et d'airain, etc., etc.

Les auteurs grecs introduisirent sur la scène l'usage des masques; ils avaient soin d'en diriger eux-mêmes la fabrication toutes les fois qu'ils faisaient représenter une pièce nouvelle. Suivant Horace, Eschyle fut le premier qui donna des masques à ses acteurs. Ordinairement la bouche était grande, et servait de porte-voix. Par ce moyen les acteurs se faisaient entendre dans les immenses théâtres des Grecs et des Romains. L'ouverture des yeux était assez grande pour que ceux du comédien ne perdissent rien de leur expression. Chez les Grecs, les cheveux droits et épars annonçaient la douleur. Quand les femmes apportaient dans les tragédies la nouvelle de quelque malheur, elles avaient ordinairement des masques garnis de longs cheveux épars et flottant sur leurs épaules. Les comédiens qui représentaient les jeunes gens prenaient des masques garnis d'une chevelure blonde. Selon Diomède, c'est le célèbre tragédien Roscius qui introduisit l'usage des masques sur les théâtres de Rome, pour cacher une difformité qu'il avait à l'œil. Poppée, femme de Néron, se servait d'un masque pour mettre son teint à l'abri des injures de l'air. Les masques, du reste, n'ont pas été toujours étrangers à nos théâtres modernes : on en a vu à la Comédie-Italienne, et même à la Comédie-Française. Les danseurs et danseuses de l'Opéra y ont eu souvent recours. Pas n'est besoin de rappeler Arlequin, Pierrot, Paillasse, Polichinelle, Colombine, etc., etc.

Dès le quatorzième siècle, les masques avaient été admis

MASQUE — MASQUE DE FER

en France, mais seulement dans les fêtes. Ce n'est que vers la fin du règne de François Ier que les femmes de la cour et de la ville, à l'exemple de Poppée, les adoptèrent pour se garantir le teint. Ceux-ci étaient de velours noir, doublé de taffetas blanc. Ils se fixaient dans la bouche à l'aide d'une petite verge de fil d'archal terminée par un bouton de verre. On les appelait des *loups*. Ils ne tombèrent en désuétude que sous la régence, où ils furent remplacés par le rouge et les mouches. Les masques qu'on porte aujourd'hui nous viennent d'Italie, surtout de Venise : il y en a de carton, de cire, de soie, de velours, de tissu métallique. Les masques de cire, dont la base est la toile de lin fine, à demi usée, se divisent en *masques de Paris*, légers, diaphanes, et en *masques de Venise*, moins transparents et plus lourds. Les masques à domino ne couvrent pas toute la figure ; ils n'ont pas de menton, et se terminent par une petite pièce de satin, appelée *barbe*. Cette industrie, venue de la péninsule italique, appartient aujourd'hui presque exclusivement à la France. La première fabrique de masques de Paris ne remonte pas au delà de 1799 ; elle eut pour fondateur l'Italien Marassi. Chev[er] Alexandre Lenoir.

On appelle aussi *masque* une sorte d'éphélide, qui couvre le visage d'une tache plus ou moins brunâtre.

Le *masque*, en termes d'escrime, est une armure de fil de mailles très-serrées, et garnie de peau, qu'on se met sur le fer à visage quand on fait des armes.

MASQUE DE FER (L'homme au). Ce prisonnier mystérieux a beaucoup exercé la sagacité des historiens et des publicistes du règne de Louis XIV et leurs successeurs. La publication des documents secrets des archives de la Bastille, en 1789, n'a point résolu ce problème historique. L'existence du personnage inconnu est un fait démontré : à cet égard on est arrivé à la certitude ; mais quant à son identité personnelle, on est resté dans le vague des conjectures et des probabilités. Les seules pièces authentiques relatives à son séjour à Pignerol, à la prison d'Exiles, aux îles Sainte-Marguerite et Saint-Honorat, et finalement à la Bastille, sont : 1° le journal de Du Junca, lieutenant du roi à la Bastille, écrit en entier de sa main, et publié pour la première fois par le père Griffet, jésuite, aumônier de cette prison ; 2° l'acte de décès de la paroisse Saint-Paul ; 3° le folio 120 du grand registre de la Bastille ; 4° un mémoire autographe de Saint-Mars, dont l'original est déposé aux archives des affaires étrangères.

On lit dans le journal de Du Junca : « Jeudi, 18 septembre 1698, à trois heures après midi, M. de Saint-Mars, gouverneur de la Bastille, est arrivé pour sa première entrée des îles Sainte-Marguerite et Honorat, ayant amené avec lui dans sa litière un ancien prisonnier qu'il avait à Pignerol, dont le nom ne se dit pas, lequel on fait toujours tenir masqué, et qui fut d'abord mis dans la tour de la Basinière, en attendant la nuit, et que je conduisis ensuite moi-même, sur les neuf heures du soir, dans la troisième chambre de la Bertaudière, laquelle chambre j'avais eu soin de faire meubler de toutes choses avant son arrivée, en ayant reçu l'ordre de M. de Saint-Mars... En le conduisant dans ladite chambre, j'étais accompagné du sieur Rosarges, que M. de Saint-Mars avait amené avec lui, lequel était chargé de servir et de soigner ledit prisonnier, qui était nourri par le gouvernement. — Du lundi 19 novembre 1703. Le prisonnier inconnu, toujours masqué d'un masque de velours noir, s'étant trouvé bien un peu plus mal en arrivant de la messe, est mort sur les dix heures du soir, sans avoir eu une grande maladie. M. Giraud, notre aumônier, le confessa hier ; surpris de la mort, il n'a pu recevoir les sacrements, et notre aumônier l'a exhorté un moment avant que de mourir ; il fut enterré, le mardi 20 novembre, à quatre heures après midi, dans le cimetière Saint-Paul, notre paroisse ; son enterrement coûta 40 livres. » L'acte d'inhumation est ainsi conçu : « L'an 1703, le 19 novembre, Marchiali, âgé de quarante-cinq ans, est décédé à la Bastille, duquel le corps a été inhumé dans le cimetière de cette paroisse, le 20 dudit mois, en présence de M. Rosarges, major de la Bastille, et de M. Reilh, chirurgien de la Bastille, qui ont signé, etc. Collationné à la minute et délivré par nous sous-signé, bachelier en théologie et vicaire de Saint-Paul, à Paris, le mardi 9 février 1750. Signé, Poitevin. »

Le folio 120 du grand registre de la Bastille, correspondant à l'année 1698, époque de l'entrée du prisonnier masqué, avait été soustrait et remplacé par une feuille écrite par le major Chevalier en 1775, la feuille originale et d'autres pièces ayant été envoyées au ministre Amelot. Cette feuille, trouvée en 1789 dans les papiers de l'ancien gouverneur, et communiquée par Duval, secrétaire général de la police, aux auteurs de *La Bastille dévoilée*, était divisée en colonnes. On y lisait : « Noms et qualités des prisonniers : Ancien prisonnier de Pignerol, obligé de porter toujours un masque de velours noir ; dont on n'a jamais sçu le nom ni les qualités. — Date de leur entrée : 18 septembre 1698, à trois heures après midi. — Tome..., Page.... : *Du Junca*, vol. 37. — Motif de la détention : On ne l'a jamais sçu. » — Une note marginale résume les circonstances énoncées dans le journal de Du Junca, et ajoute : « Ce prisonnier est resté à la Bastille cinq années et soixante-deux jours, non compris le jour de son enterrement. Il n'a été malade que quelques jours : mort comme subitement, il a été enseveli dans un linceul de toile neuve, et généralement tout ce qui s'est trouvé dans sa chambre, comme son lit tout entier, y compris les matelas, tables, chaises et autres ustensiles, réduit en poudre et en cendres, et jeté dans les latrines. Le reste a été fondu, comme argenterie, cuivre et étain. Ce prisonnier était logé à la troisième chambre de la tour Bertaudière, laquelle chambre a été regrattée, et piquée jusqu'au vif dans la pierre, et reblanchie de neuf, de bout à fond. Les portes et fenêtres ont été brûlées comme tout le reste. »

Toutes ces circonstances ont été racontées par Saint-Foix, Linguet, Voltaire, Saint-Sauveur, fils d'un ancien gouverneur de la Bastille, et d'autres personnes en position d'être bien informées. Les documents sur le séjour du prisonnier à Pignerol, au fort d'Exiles, aux îles Sainte-Marguerite et Saint-Honorat, sont aussi précis, mais n'ont pas le même caractère d'authenticité. L'anecdote du plat d'argent est trop connue pour qu'il soit nécessaire de la reproduire. Le père Papon, historien de Provence, a recueilli à Pignerol toutes les anecdotes dont la tradition a conservé le souvenir dans le pays. Celle de la chemise trouvée par un barbier au bas des fenêtres de la tour où il était enfermé n'est peut-être qu'une variante du plat d'argent. Mais le barbier qui découvrit la chemise aurait été moins heureux que le pêcheur qui trouva le plat d'argent : il aurait été deux jours après trouvé mort dans son lit. La durée du séjour de l'inconnu à Pignerol et au fort d'Exiles ne peut pas se constater ; il résulterait seulement d'une lettre du ministre Barbezieux à Saint-Mars, que la garde du prisonnier aurait été confiée à celui-ci dix ans avant qu'il n'eût été appelé au commandement de ce château fort. Sa nomination est de 1681, et Barbezieux écrivait le 13 août 1691 : « Votre lettre du 26 du mois passé m'a été rendue. Lorsque vous aurez quelque chose à me mander du prisonnier qui est sous votre garde depuis vingt ans, je vous prie d'user des mêmes précautions que vous faisiez quand vous écriviez à M. de Louvois. » Une prison avait été bâtie aux îles Sainte-Marguerite tout exprès pour *garder le masque :* Louvois écrivait à Saint-Mars, gouverneur de ces îles, en avril 1687. « Il n'y a point d'inconvénient à changer le chevalier de Thezat[**] de la prison où il est pour y mettre votre prisonnier, jusqu'à ce que celle que vous lui préparez soit prête. » Thezat était sans doute Lauzun : rien n'était plus ordinaire que de changer dans les registres et dans les correspondances les noms des prisonniers. Latude avait été enregistré sous le nom de *Dauri*. L'homme au masque de fer, dont il était plus important de cacher l'origine, avait pu être signalé sous le nom de *Marchiali*. L'acte mortuaire est donc entaché d'un faux

MASQUE DE FER — MASSACHUSETTS

patent. Il fixe son âge à quarante-cinq ans , quand il en avait plus de soixante. Il résulte de la lettre de Barbezieux qu'en 1691 le prisonnier était sous la garde de Saint-Mars depuis vingt ans. Il avait été amené à la Bastille en 1698. Il y est mort après un séjour de cinq années et soixante-deux jours, d'après le journal de Du Junca. En tout, près de trente-deux ans de captivité. Il n'aurait donc eu que treize ans à l'époque de son emprisonnement à Pignerol.

Les precautions extraordinaires constamment prises pour dérober la vue du prisonnier à tout le monde ; les dépenses, les soins, les respects dont il ne cessa d'être l'objet, ne peuvent s'appliquer qu'à un personnage du rang le plus élevé ; les frais énormes de sa longue captivité, ce secret qui n'eut pour depositaires que le chef du gouvernement, son premier ministre et l'officier à la garde duquel il était confié ; l'inamovibilité de cet officier dans cette mission importante et délicate, qui dura plus de trente-deux ans et ne cessa qu'à la mort du prisonnier ; cette prison construite tout exprès à l'autre extremité de la France, sur le bord de la mer : tout concourt à prouver que la moindre indiscretion pouvait mettre en peril les plus graves intérêts. Un seul ministre était dans la confidence du prince régnant. Tous les ordres, toutes les instructions donnés à l'unique agent chargé de la garde de l'inconnu, émanant en ligne directe du roi, étaient exclusivement transmis à cet agent par le ministre. Louvois avait fait expres un voyage à Pignerol, première prison où l'homme mysterieux fut enfermé ; il s'agissait sans doute de mesures très-importantes, qui ne pouvaient êtres transmises par correspondance. Le proscrit est successivement transféré de Pignerol au fort d'Exiles, puis aux îles Sainte-Marguerite, puis à la Bastille, et le même officier le suit partout, et toujours il reçoit le commandement de chacun de ces forts. N'est-il pas au moins vraisemblable qu'il s'agissait d'une question de dynastie? L'histoire moderne offre de nombreux evenements de ce genre. On se rappelle, entre autres, la disparition soudaine d'une héritière du trône de Russie dans le cours du siecle dernier.

L'existence d'un prisonnier toujours masqué est hors de doute. Mais quel était ce personnage? On l'ignore. Cette incertitude a ouvert un vaste champ aux conjectures, et fait naître une foule de systemes plus ou moins invraisemblables. C'etait le duc de Beaufort, suivant Lagrange-Chancel, lui-même detenu à Pignerol lors de la translation du captif mysterieux dans une autre prison d'État. C'etait le duc de Monmouth, suivant Saint-Foix. C'etait, d'autres, Mattholi, secrétaire du duc de Mantoue, puis Fouquet. L'auteur des *Mémoires secrets pour servir à l'histoire de Perse* soutient que c'était le duc de Vermandois, fils naturel de Louis XIV et de Mˡˡᵉ de La Vallière. Enfin, un anonyme croit que c'était Avédik, patriarched'Arménie. Toutes ces suppositions ne peuvent soutenir l'épreuve d'un examen serieux. Voltaire a la vérité, mais il n'a pas dit tout ce qu'il savait. Sa version d'ailleurs est confirmée par l'auteur des Memoires du duc de Richelieu, qui l'aurait appris par la duchesse de Berry. Le masque de fer serait le frère jumeau de Louis XIV. Cette version, la plus vraisemblable de toutes, a prévalu. La découverte d'un document précieux et décisif a mis un terme aux investigations. On a trouvé aux archives des affaires étrangeres une relation autographe de Saint-Mars, de laquelle il résulte qu'il aurait cru devoir la rediger au repos de sa conscience et pour rendre compte de la manière dont il s'était acquitté de sa mission. Un astrologue aurait prédit à Anne d'Autriche qu'elle accoucherait de deux jumeaux, cause future de grands troubles pour le royaume ; la naissance du premier aurait été constatée avec toutes les formalités, toutes les cérémonies d'usage. Il ne restait plus auprès d'elle que les personnes attachées à son service interieur quand elle éprouva de nouvelles douleurs et donna le jour au second. Celui-ci devait, suivant les lois de l'époque, être l'ainé, et déjà le premier avait été proclamé dauphin. Les deux freres naissaient donc ennemis ; la France allait devenir une autre Thébaïde, on

le croyait du moins : un astrologue l'avait prédit. Il fut décidé que la naissance du second resterait enveloppée des voiles du mystère. Nourri secretement , sous un nom emprunté, il ne sortit de sa retraite que pour être confié à Saint-Mars, qui l'emmena en Bourgogne, l'accompagna ensuite de château fort en château fort, et le déposa enfin à la Bastille, où cet infortuné mourut, en 1703.

Jusqu'à dix-neuf ans, il n'eut aucun soupçon de sa haute naissance. Les fréquents messages que recevait de la cour son gouverneur excitèrent enfin sa curiosité. Profitant de l'absence de Saint-Mars, il força la serrure d'un meuble où il serrait ses dépêches, et son sort lui fut révélé. Le gouverneur survint, et lui enjoignit de se taire sous peine de mort. Incontinent, il expédia un courrier à la cour ; la réponse ne se fit pas attendre : c'était l'ordre d'accompagner le jeune prince dans une prison d'État. Saint-Mars répète souvent les plus respectueux. Il atteste la douceur de son caractère et l'impassible résignation avec laquelle il a supporté une captivité qui n'a fini qu'avec sa vie.

Dupin (de l'Yonne).

MASSA CARRARA, petit duché dépendant du duché de Modène, et qui n'y est réuni que par une étroite langue de terre, se compose du duché de Massa, situé sur la Mediterranée, entre la Toscane , Gênes et Lucques , et de la principauté de Carrara, située dans les Apennins. Sa superficie est d'environ 3 myriamètres carrés, et sa population de 30,000 âmes.

Massa, son chef-lieu, compte 7,000 habitants. Cette ville, délicieusement située, possède un beau château et d'importantes fabriques de soie. *Carrare* est célèbre par ses carrières de marbre.

Jusqu'au dix-septième siècle, ce duché appartint à la famille Cibo-Malaspina. A la mort d'Alderam, dernier prince de cette maison , le duché passa, en 1731, à sa fille Marie-Thérèse, qui en 1741 épousa le duc Hercule III de Modène. A sa mort, arrivée en 1790, sa fille Marie-Béatrice, née en 1750, lui succéda, et épousa l'archiduc Ferdinand d'Autriche. En 1796 les Français s'emparèrent de Massa Carrara comme de Modène ; et ce fut seulement en 1814 que la duchesse fut remise en possession du duché de Massa Carara, auquel le congrès de Vienne ajouta encore les anciens fiefs impériaux de la Lunigiana. A sa mort, ses États passèrent à son fils François IV, duc de Modène.

MASSACHUSETTS, l'un des États-Unis de l'Amérique du Nord , entre le New-Hampshire et l'État de Vermont au nord, l'État de New-York à l'ouest, le Connecticut et Rhode-Island au sud, et l'océan Atlantique au sud-est et à l'est, présente une superficie de 256 myriamètres carrés. Sa côte, vivement accidentée et échancrée, offre un grand nombre de caps, d'isthmes, de baies et de ports excellents , notamment l'immenso *baie de Massachusets*, entourée au sud par la presqu'île de Barnstable, qui forme un croissant et se termine au cap Cod. On y appelle en cet endroit *baie du cap Cod*, et la *baie de Buzzard*, qui lui fait face. Devant la côte méridionale on trouve diverses îles, dont les plus considérables sont celles de *Martha*, de *Vineyard* et de *Nantucket*. La presqu'île de *Nahant* , située au nord du port de Boston, est visitée par un grand nombre de voyageurs, à cause du caractère sauvage et romantique qu'y ont les points de vue sur la mer. En raison de la configuration extérieure de son sol, cet État forme trois parties bien distinctes : la première, celle des côtes, est une plaine d'alluvion, plate et sablonneuse , derrière laquelle s'étend une suite de collines qui traversent l'État dans la direction du sud au nord et qui atteignent environ 100 mètres d'élévation ; la seconde région , ou la région moyenne, comprend la belle vallée du Connecticut ; la troisième, le montagneux mais fertile district du Berkshire. Cette dernière partie est parcourue par deux chaînes de montagnes, les monts Tagonic, sur les frontières de l'État de New-York, et les monts Hoosick, ramification des montagnes Vertes, entre le Connecticut et le Houssatonick. Le point culminant est le mont Sattel, haut de 1250 mètres, au nord-ouest. Le Connecticut arrose cet État pendant l'espace de 8 myriamètres ; le Houssatonick coule à l'ouest, et le Merrimack au nord-est. Le sol est généralement peu fertile, mais en revanche parfaitement cultivé. Après le fer, les produits naturels les plus importants sont le marbre, le talc, qui se fend comme du bois et qu'on emploie pour la construction des maisons, le granit, le sel marin, les eaux minérales, le houblon, le chanvre, les fruits de toutes espèces et les pommes de terre. On récolte à peine assez de céréales pour les besoins de la population. L'éducation du gros bétail et des moutons produit des cuirs et de la laine ; celles de la volaille et des abeilles sont partout répandues. Mais le Massachusetts est un pays industriel par excellence. De toutes ses fabriques, les plus importantes sont celles de coton : en 1849 on n'en comptait pas moins de 129 en activité ; et dans ce nombre il s'en trouvait qui avaient 16, 18, 24 et même 36,000 broches constamment en pleine activité. Il y existait en outre, à la même époque, 71 manufactures d'étoffes de laine ; 36 autres usines étaient consacrées à la fabrication d'articles en fer, des clous, des boutons, des éclisses, des machines de tous genres, du verre, des cordages, du papier, des savons, des bougies, du tabac, et surtout des cuirs. A cela il faut encore ajouter l'extrême activité de la pêche, de celle du maquereau surtout, de même que de la morue et de la baleine; puis la construction des navires (en 1849 121 navires furent lancés à l'eau), un cabotage fort actif, une navigation au long cours des plus étendues et un vaste commerce maritime. En 1849 les divers bâtiments qu'avaient employés les treize ports qu'on compte dans l'État de Massachusetts représentaient ensemble 636,043 tonneaux de jaugeage, dont 296,890 pour le seul port de Boston (dès 1850 ce chiffre s'était élevé à 313,192), 123,911 pour New-Bedford, 75,756 pour Barnstable. A la même époque on comptait dans l'État 119 banques, dont 27 à Boston. Le commerce intérieur y est favorisé par un grand nombre de chemins de fer, qui en 1852 présentaient déjà un développement total de 182 myriamètres. En 1849 la valeur des exportations s'était élevée à 10,681,763 dollars, dont 8,253,475 en produits du pays; et l'importation à 30,374,684 dollars. Les finances publiques du Massachusetts sont dans l'état le plus prospère. En 1850 les revenus avaient été de 1,098,348 dollars, et la dépense de 1,057,406 dollars. La dette publique s'élevait à 6,135,084 dollars, dont 5,049,555 dollars avaient été employés à la construction de voies ferrées, et par conséquent avaient constitué une dépense productive. D'un autre côté, la république possédait une fortune de 9,228,217 dollars ; son actif l'emportait donc de 3,173,153 dollars sur son passif; elle possédait en outre dans l'État du Maine 2 millions d'acres de terre représentant une valeur de 1,500,000 dollars. En 1851 les fonds assignés pour l'entretien des écoles s'élevaient à la somme de 958, 921 dollars. On y comptait à cette époque 3,749 écoles primaires, 64 colléges et 1,047 institutions particulières. Il existait en outre 3 écoles supérieures, 2 séminaires ecclésiastiques et 3 écoles normales.

Le Massachusetts est le plus ancien État de l'Union. Une association de puritains, composée de cent-un individus, y fonda les premiers établissements anglais. Salem fut fondée en 1628 par une association d'aventuriers ; deux ans plus tard elle reçut le renfort d'un certain nombre de nouveaux émigrants, qui fondèrent une partie de la ville de Boston. Ces colons donnèrent à leurs établissements le nom de *colonie de la baie de Massachusetts*, et bientôt ils les incorporèrent à la *colonie de Plymouth*. Cette création servit de modèle à toutes les entreprises similaires successivement créées dans la Nouvelle-Angleterre. A l'époque de la guerre coloniale entre l'Angleterre et la France, le Massachusetts fit preuve d'un dévouement ardent aux intérêts de la métropole ; c'est aussi de là que partirent les premières étincelles de la liberté américaine. C'est pourquoi le ministère britannique, considérant cet État comme le berceau de la révolution, le choisit pour y faire le premier essai de ses tentatives de répression.

Malgré un mouvement prononcé d'émigration vers l'ouest, le chiffre de la population du Massachusetts va toujours croissant. En 1790 il était de 378,717 habitants, en 1830 de 610,408, en 1840 de 737,699, en 1850 de 994,499, dont 8,000 hommes de couleur libres. Le 6 février 1788 cet État adopta la constitution de l'Union. Sa constitution particulière, qui date de 1780, a déjà été plusieurs fois revisée, et en dernier lieu en 1840. La puissance législative est exercée par un sénat composé de quarante membres et par une chambre des représentants de 456 membres ; le pouvoir exécutif est aux mains d'un gouverneur (2,500 dollars d'appointements) et d'un sous-gouverneur, assistés d'un conseil de neuf membres élus au scrutin secret par les deux branches de la législature. Le gouverneur, représentant du pouvoir exécutif, son remplaçant, les sénateurs et les représentants sont tous élus annuellement par le peuple.

La capitale de l'État de Massachusetts est Boston. Tout près de là sont situées *Cambridge*, avec l'*Harward-University*; *Charleston* ou *Charlestown*, avec une prison, une maison d'aliénés, l'arsenal et les chantiers de construction navale de l'Union, et *Roxburg*. Au nord-est on trouve *Lynn*, ville de 16,000 âmes, grand centre de la fabrication des souliers pour femmes et enfants, genre d'industrie qui en 1849 y occupait plus de 10,000 individus et livrait annuellement à la consommation 3,450,000 paires de souliers; *Salem*, port de mer, avec 18,850 habitants et un commerce des plus actifs. *Lowell* est la ville de fabrique la plus importante qu'il y ait dans toute la Nouvelle-Angleterre ; elle est située à 38 kilomètres au nord-ouest de Boston, sur le Merrimack et le Concord, et compte aujourd'hui 33,000 habitants, possédant un capital d'au moins vingt millions de dollars. Il faut encore mentionner *New-Bedford*, avec 16,500 habitants et un bon port, d'où l'on arme beaucoup pour la pêche de la baleine ; *Taunton*, avec des hauts fourneaux et 10,200 habitants ; *Fall-River*, avec un bon port et 13,200 habitants ; *Worcester*, avec 15,900 habitants ; *Springfield*, sur le Connecticut, avec 21,600 habitants.

MASSACRE, tuerie, carnage, se dit ordinairement en parlant des hommes qu'on tue sans qu'ils se défendent. On dit particulièrement : *c'est un massacre*, en parlant d'un homme qui travaille mal.

MASSACRE (*Blason et Vénerie*). *Voyez* CERF.

MASSACRE DES INNOCENTS. *Voyez* INNOCENTS (Saints).

MASSAGE. On a donné ce nom à un procédé insolite et peu décent qui consiste à presser avec les mains nues ou gantées les chairs et les membres affaiblis ou rhumatisants d'une personne qui sort d'un bain chaud. Cette coutume orientale est peu à peu infiltrée dans nos mœurs d'emprunt, car chez nous c'est un coup de fortune que de trouver quelque nouveau moyen de se singulariser. Autrefois la bourgeoisie la plus huppée se contentait d'un simple bain chaud à la *chaleur du sang* (36 à 38° centig.) ; mais aujourd'hui on a de plus hautes prétentions. Vigier, Galès et Poitevin ne suffiraient plus à leur *Tivoli*, il faut les *Néothermes*, où tant de fortunes d'entrepreneurs se sont abîmées. A d'autres les bains naturels d'eau de Seine ; il faut au Parisien sybarite les bains russes, turcs, indiens, égyptiens, orientaux, ou les piscines glaciales, à la Priessnitz ; des bains mixtes d'eaux minérales et de celles du Danube, en pleine Chaussée d'Antin ; de température à cuire un bœuf, ou à glacer un cachalot ; et surtout de ces accessoires de plus en plus raffinés et dont le coût fréquemment réitéré épuiserait un nabab. Que parlez-vous de semelles de liége, de serviettes et de peignoirs? Il nous faut des tuniques de laine et des robes de rechange, des casques prompts à s'imbiber, des pantoufles moelleuses et chaudes, exhaussées en patins. Que parlez-vous de savonnades à la lavande et de pédicures? Il nous faut des parfums d'Arabie, point de pédicures (l'homme à la mode n'a plus de cors), mais des épileurs, car la *vulpitie* est plus que jamais à l'ordre du jour. Loin de nous la croûte au pot gratinée, les consommés, les cigarettes : il nous faut de la conserve de haschisch, des sorbets glacés, des chibouques à l'ambre, des cassolettes, du henné, il faut surtout des *masseurs* alertes et énergiques, qui, après avoir fait craquer toutes les articulations, les genoux, les orteils, même la colonne vertébrale, dernière opération qui a occasionné plus d'une fois la paraplégie, excellent à presser les bras, les jambes, les cuisses, etc., jusqu'à disloquer les membres et les rouer pour un temps indéfini. Aujourd'hui même on masse à sec les paralytiques, à domicile et par entreprise. D' Isidore BOURDON.

MASSAGÈTES (*Massagetæ*), peuple nomade, qui suivant toute apparence appartenait à la race scythe, et qui habitait les vastes steppes du nord-est de la mer Caspienne, au nord de l'Araxe ou Jaxartes (aujourd'hui le *Sir Deria Sihon*), où on trouve aujourd'hui les Kirghiskaisaks. Leur nom indique assez qu'ils furent de la même famille que les Gètes. Hérodote raconte qu'ils pratiquaient la communauté des femmes, qu'ils sacrifiaient et dévoraient leurs vieillards, qu'ils avaient pour dieu le soleil, à qui ils offraient des chevaux en sacrifices, qu'ils vivaient du lait et de la chair de leurs troupeaux, et qu'ils combattaient à pied et à cheval, armés de lances, d'arcs et de haches à deux tranchants. Ce peuple conserva longtemps son indépendance ; et ce fut dans une expédition qu'il entreprit pour le subjuguer, que Cyrus trouva, dit-on, la mort, l'an 530 av. J.-C. Tomyris, reine des Massagètes, tailla en pièces l'armée du conquérant, le tua de sa main, lui coupa la tête, et, se faisant apporter une outre pleine de sang, elle l'y plongea en disant : « Bois donc maintenant à satiété de ce sang que tu as tant aimé pendant ta vie ! »

MASSALIA, nouvelle petite planète, découverte, le 19 septembre 1852, par M. de Gasparis à Naples, et le lendemain par M. Chacornac à Marseille, d'où lui est venu son nom. Sa distance solaire est 2,38, celle de la Terre étant prise pour unité.

MASSALIENS, nom d'anciens sectaires qui ont été ainsi appelés d'un mot hébreu qui signifie *prière*, parce qu'ils croyaient qu'il fallait toujours être en prière. Cette secte juive, souvent confondue avec les esséniens, dont elle avait adopté presque entièrement les dogmes et la manière de vivre, donna naissance, dans le sein même du christianisme, à la secte des euchites, héritière de sa doctrine ; elle lui donna même son nom, car celui d'euchite est la traduction exacte du mot massalien.

MASSE, amas de plusieurs parties de même nature, ou de nature différente, faisant corps ensemble. « Comment concevoir, a dit Nicole, que la Terre, cette *masse morte* et *insensible*, soit sans principe ? » Le chaos des poètes n'était qu'une masse informe et confuse de matière. *Masse* se dit aussi d'un seul corps compacte. Il signifie encore un corps informe. C'est une *masse de chair*, veut dire familièrement : C'est une personne au corps et à l'esprit lourds, ou simplement une personne grosse, grasse et pesante. *En masse* signifie tous ensemble, en totalité : Se porter *en masse* ; faire une levée *en masse* ; à voir la chose *en masse*, et sans s'arrêter aux détails, on est satisfait.

Masse, en physique, désigne la grandeur, l'entité physique, l'étendue d'un corps, la somme totale de ses particules matérielles, par opposition au volume, et quel que soit ce volume : On juge de la *masse* des corps par leur poids. Les *masses* de deux corps également pesants sont égales.

Masse signifie aussi la totalité d'une chose dont les parties sont de même nature. La *masse* de l'air, c'est tout l'air qui pèse sur la terre ; la *masse* du sang, tout le sang qui est dans le corps.

Au moral, on dit la *masse* des lumières, la *masse* des connaissances humaines. La *masse* des créanciers désigne la réunion de tous les créanciers d'un failli.

On use du mot *masse* dans la langue des arts du dessin, d'une manière plus ou moins figurée. Il est plus détourné de sa signification positive dans l'application qu'on en fait aux ouvrages de peinture. Si l'on parle, soit des effets variés de la couleur et de la distribution des clairs et des ombres, soit de la disposition des figures et des groupes dans un tableau, on dit : « Les lumières de ce tableau sont disposées par grandes *masses* ; les *masses* d'ombre soutiennent bien cette composition ; les figures bien groupées forment des *masses* agréables. » Il est certain alors qu'on attribue au seul effet, à la seule apparence qui constitue la couleur, cette propriété de pesanteur ou d'agrégation qu'exprime au sens simple le mot *masse*. Il se dit de même figurément, et au sens moral. « Il faut moins considérer les détails que les *masses*. »

Il semble qu'on use du mot *masse* en théorie d'architecture, ou en décrivant ses ouvrages, dans un sens plus voisin du sens littéral, ou positif, de cette expression. La composition d'un grand édifice surtout offre, en toute réalité, des corps ou des agrégations de parties, véritables *masses*, à proprement parler, ou représente, selon l'idée qu'on se forme, des corps de la nature qui, tels que des élévations, des blocs, des montagnes, des assemblages de matières, en sont les masses primordiales. On prend donc le mot *masse* en architecture dans un sens matériel à la fois et théorique quand on dit que la masse d'un bâtiment a ou n'a pas de caractère, de grandeur, d'effet, de solidité ; car alors on parle de son ensemble, et cet ensemble est considéré sous le rapport effectif de la matière et sous le rapport théorique de l'effet qu'il produit sur notre âme. Distribuer heureusement les *masses* d'un édifice, c'est établir dans l'aspect général de son ensemble certaines variétés de lignes, soit horizontales, soit perpendiculaires, qui contribuent à en multiplier les effets, à rompre la monotonie d'une seule ligne trop prolongée, ou l'uniformité d'une seule ordonnance.

On appelle *masse de carrière* un amas de plusieurs lits de pierres les unes sur les autres dans une carrière.

Masse signifie le fonds d'argent d'une société, d'une société : toute la *masse* est de cent mille écus ; il faut qu'il rapporte cela à la *masse*. En termes d'administration militaire, c'est une somme formée des retenues faites sur la solde du chaque soldat à pied ou à cheval, et allouée par abonnement pour une dépense spéciale : *masse d'habillement*, de chaussure, d'équipement.

Masse se dit, en outre, d'un gros marteau de fer, carré des deux côtés, emmanché de bois, servant aux carriers, aux tailleurs de pierre, aux paveurs, aux sculpteurs.

La *masse d'armes*, ou simplement *masse*, était une ancienne arme de fer, fort pesante d'un bout, ne pouvant ni percer ni trancher, mais avec laquelle on assommait. Il y en avait de deux sortes : la plus simple était une espèce de massue de fer, dont le gros bout se terminait en boule hérissée de grosses pointes ; quelquefois cette boule était remplacée par quatre ou cinq ailerons dentelés. Cette arme, à la longueur du bras environ, servait à briser les casques, les cuirasses. La *masse d'armes composée* consistait en un manche de bois à trois pieds de long ; à l'un de ses bouts étaient attachés avec des chaînes des globes de fer hérissés de pointes. Plusieurs écus de puissantes maisons étaient chargés de *masses*. On citait entre autres les masses de la maison de Retz , qui étaient passées en sautoir.

En termes de balancier, la *masse* est le contre-poids de métal qui, attaché à un anneau, sert à montrer la pesanteur des objets par le peson.

Masse désignait aussi des bâtons à tête d'or ou d'argent qu'on portait par honneur, dans certaines cérémonies, devant les rois, devant les chanceliers de France, qui les avaient aussi en sautoir derrière l'écu de leurs armes, devant le recteur et les quatre facultés de l'université de Paris allant en procession, et enfin devant quelques chapitres et devant les cardinaux.

Masse, ou *chaise*, ou *royal dur*, nom d'une ancienne

monnaie d'or en France, *clava cathedra*. Philippe le Bel fit faire des chaises ou eadières, comme on parlait alors, appelées *royaux durs* (*regales duri*). Cette monnaie n'était qu'à 22 carats, et pesait 5 deniers 12 grains trébuchants.

MASSE D'ARMES. *Voyez* Masse.

MASSE D'EAU (*Botanique*). *Voyez* Massette.

MASSELOTTE. *Voyez* Fonte, Fonderie et Canon.

MASSÉNA (André), duc de Rivoli, prince d'Essling, maréchal de France, né à Nice, le 6 mai 1758. Orphelin dès l'enfance, il s'embarque comme mousse sur un bâtiment commandé par son oncle, et fait avec lui deux voyages de long cours. Puis, à dix-sept ans, il entre dans le royal-italien au service du Piémont, devient rapidement caporal, sergent, adjudant sous-officier, mais s'arrête là pendant quatorze ans, parce qu'il n'était pas noble. Désespéré, il renonce au métier des armes, revient dans sa ville natale, et s'y marie. Il habitait Antibes, quand éclate la révolution française, dont il adopte ardemment les principes. Parti comme adjudant-major dans le 3° bataillon de volontaires du Var, dans cinq ans il arrive aux grades de chef de bataillon, de général de brigade et de général de division. Il prend part à l'envahissement du comté de Nice et au siège de Toulon. Connaissant le pays, il coupe les communications de l'armée piémontaise avec Turin, la chasse du col de Tende, bat les Autrichiens à Cairo, et par sa victoire de Loano prépare la campagne de 1796. Bonaparte lui ayant confié le commandement de l'avant-garde, il est des premiers à franchir le pont de L o d i et à pénétrer dans le Milanais, se distingue à toutes les actions de cette mémorable campagne, mérite du général en chef le surnom d'*enfant chéri de la victoire*, et le gouvernement lui décerne des armes d'honneur quand il apporte à Paris le traité de C a m p o-F o r m i o.

Désigné pour remplacer Berthier à Rome, il y trouve une armée désorganisée, qu'il ne veut pas mettre en conflit avec la sienne, et au bout de trois jours il résigne ce commandement pour en obtenir un en échange dans l'armée de Suisse, sous les ordres de Jourdan. Bientôt il reste seul à la tête de toutes les troupes qui défendent la frontière de l'est, par où la coalition cherche à envahir la France. Là on le voit courir au devant des Autrichiens et à chaque pas arrêter l'archiduc Charles, puis offrir le combat à Souwaroff, détruire l'armée russe sous les murs de Zurich, et préserver ainsi nos frontières. Envoyé en Italie, il tient Mélas en échec sur la ligne du Var, bat les Autrichiens sous les murs de Gênes, et, forcé par l'infériorité numérique de ses troupes à reprendre la défensive, il occupe assez longtemps l'ennemi à ce siége immortel pour permettre à Bonaparte de préparer la victoire de M a r e n g o. Il avait capitulé quelques jours auparavant, mais avec les honneurs de la guerre, et le général en chef, partant pour Paris, lui confie le commandement de cette armée victorieuse.

Cependant, il refusa son vote au consulat à vie, figura au corps législatif dans les rangs de l'opposition, et se prononça pour M o r e a u, lors de son procès célèbre. Napoléon, empereur; ne le comprit pas moins parmi ses premiers maréchaux, le nommait en outre successivement grand-officier et grand-cordon de la Légion d'Honneur. En 1805, revêtu de nouveau du commandement de l'Italie napolitaine, il retarda la marche de l'archiduc C h a r l e s par les combats de Caldiero, de Vicence, de la Brenta, du Tagliamento, etc., tandis que l'empereur, marchant sur Vienne, remportait la victoire d'Austerlitz. A la suite du traité de Presbourg, Masséna, chargé de conquérir Naples et d'y installer le roi Joseph, chassa devant lui les Anglais et les Russes, qui reprirent la mer, et occupa la capitale sans coup férir. Gaête, réputée imprenable, dut aussi lui ouvrir ses portes, en dépit d'une diversion des Anglais en Calabre.

Appelé, en 1807, à la grande armée d'Allemagne, il n'arriva qu'après la bataille d'Eylau. L'empereur le chargea de contenir les Russes en Pologne, à la tête de l'aile droite. Après l'armistice, il reçut le titre de *duc de Rivoli*, avec une dotation considérable, et parut pour la première fois à la cour. Chassant un jour avec Berthier, il fut atteint d'un coup de fusil, qui le priva pour toujours d'un œil, lui qui n'avait jamais été blessé à la guerre. Investi en 1809, dans les hostilités contre l'Autriche, du commandement de toutes les troupes réunies sur la rive droite du Danube, il livra plusieurs brillants combats, et parut un des premiers devant Vienne, qu'il tourna et dont il occupa un des faubourgs. Chargé le 21 mai, à la bataille d'E s s l i n g, de protéger le passage du Danube, en occupant le village d'Aspern, pris et repris quatorze fois dans la journée, il se réfugia dans l'île de Lobau, quand il fut forcé à la retraite, sans laisser derrière lui un seul blessé, et prit une part glorieuse aux quarante jours de combats livrés pour tenter de nouveau le passage. *Voici mon bras droit*, s'écria l'empereur en le montrant à son état-major.

A W a g r a m, où il commandait l'aile gauche, une blessure qu'il avait reçue la veille, en tombant de cheval, le força à se tenir assis dans une calèche. Le surlendemain cependant il poursuivait l'ennemi, remportant sur lui divers avantages, notamment à Hollabrünn et à Znaïm, jusqu'à la signature des préliminaires de Vienne. Sa conduite lui avait valu le titre de *prince d'Essling* et le magnifique château de Thouars.

Appelé en 1810, par l'empereur, au commandement de l'armée d'Espagne, avec mission de poursuivre les Anglais jusqu'en Portugal et de les forcer à se rembarquer, il eut le regret de voir des rivalités intempestives et le manque d'unité dans les opérations faire échouer ce plan et donner à Wellington le temps de se reconnaître. Cependant, avec 38,000 hommes, il maintint 100,000 Anglo-Portugais, et rejeta Wellington sous Coimbre et sous Lisbonne. Mais l'ennemi recevait sans cesse des renforts, tandis que notre armée s'affaiblissait. Masséna, après six mois passés à Santarem, résolut de forcer la ligne du Tage. Malheureusement Ney lui refusa son secours, et malgré sa destitution immédiate, il lui fallut battre en retraite jusque dans la province de Salamanque, où les Anglais tentèrent en vain le siège d'Olméida. Le prince d'Essling les battit complètement à la Fuenta d'Oñoro. Toutefois, dégoûté du commandement, épuisé de fatigue, il rentra en France le 10 mai 1811, demanda à prendre part à la campagne de Russie, mais n'obtint que le commandement de la 8° division militaire, la Provence, qui pouvait être menacée par les Anglais.

La Restauration le conserva à son poste et le nomma commandeur de Saint-Louis, lui accordant en outre des lettres de grande naturalisation. Napoléon, débarqué de l'île d'Elbe, lui écrivit. « Prince, arborez sur les murs de Toulon le drapeau d'Essling, et suivez-moi! » Masséna fit la sourde oreille, et ne resta étranger aux événements des cent jours. Après Waterloo, le gouvernement provisoire lui confia le commandement de la garde nationale de Paris. La seconde restauration lui témoigna peu de sympathie : il eut à se défendre d'une accusation des Marseillais contre sa conduite en mars 1815, et publia un mémoire justificatif. Dans le procès de Ney, il se récusa, alléguant leur ancienne inimitié en Portugal. L'empereur disait de lui « que le bruit du canon éclaircissait ses idées et lui donnait de l'esprit, de la pénétration et de la joie. » Masséna mourut à Paris, le 4 avril 1817, de chagrin plus encore que de maladie.

Eug. G. DE MONGLAVE.

MASSETER, muscle de la m â c h o i r e inférieure.

MASSETTE, genre de plantes de la famille des typhacées, et de la monœcie triandrie de Linné, se composant d'espèces qui croissent dans les marais de la plus grande partie du globe. Ces plantes ont un rhizome rampant, duquel s'élève un chaume sans nœuds, portant des feuilles alternes, longues et étroites, dilatées en gaîne à leur base. Ce chaume se termine par l'inflorescence en épi. Les fleurs, très-resserrées, forment un cylindre épais, souvent long de deux décimètres et plus. Elles sont ainsi caractérisées : Fleurs mâles placées à la partie supérieure en un long épi grêle, garni d'étamines, trois pour chaque fleur; filaments réunis en un seul, portant trois anthères; fleurs femelles dans la même disposition, formant un épi beaucoup plus compacte, d'abord d'un vert obscur, puis d'un brun roussâtre, répandant à la maturité une poussière noire, très-fine, résultant de la destruction des styles. Nous citerons seulement les deux espèces de massettes les plus communes en France.

La *massette à larges feuilles* (*typha latifolia*, L.), vulgairement connue sous les noms de *masse d'eau*, *roseau des étangs*, croît dans les étangs de toute l'Europe et de l'Amérique septentrionale, et aussi dans les régions voisines du Caucase et de l'Altaï. Son chaume est haut de deux mètres; ses feuilles, planes et lisses, dépassent le sommet de la tige fleurie, et sont longues et larges de deux à trois centimètres. Les deux épis, mâle et femelle, se continuent sans interruption aucune. Cette plante fleurit en été. Le bétail en mange les feuilles, mais on croit qu'elles lui sont nuisibles. Leurs rhizomes renferment une assez grande quantité de fécule. On les confit dans quelques lieux, ainsi que les jeunes pousses, pour la table. Les feuilles servent à faire des nattes, des paillassons, à rembourrer les chaises, et surtout à couvrir des maisons. On en a fabriqué des chapeaux en mêlant les aigrettes qui accompagnent les fleurs femelles à du poil de lièvre; des gants, des bas, des étoffes, en les unissant à du coton ordinaire. On s'en sert pour ouater, faire des coussins, calfater des bateaux. Les oiseaux en tapissent leurs nids. Cette matière est douce, brillante, mais courte et sans ressort. Le pollen, très-abondant, se recueille dans les départements méridionaux, où il remplace la poudre de lycopode.

La *massette à feuilles étroites* (*typha angustifolia*, L.), propre aux mêmes usages que la précédente, se trouve dans les mêmes lieux, et de même qu'au Chili, en Égypte, en Arabie et dans l'Inde. Ce qui distingue surtout cette espèce de celle que nous venons de décrire, c'est l'intervalle qui existe entre son épi femelle et l'épi mâle qui le surmonte.

MASSICOT. Comme la litharge, le massicot est une variété du protoxyde anhydre de plomb. Il a l'aspect d'une poudre jaune. On l'obtient en grillant le plomb au-dessous de la chaleur rouge. Le massicot est employé en peinture. On s'en sert cependant moins pour la peinture à l'huile, depuis qu'on a reconnu que le chromate de plomb le remplace avec avantage.

MASSIF. Ce mot s'applique à quelque chose de lourd, d'épais, de pesant, et cependant, en architecture surtout, l'épithète de *massif* ne comporte pas toujours une acception aussi défavorable. Il est en effet des bâtiments, tels que les prisons, les citadelles, les corps de garde, etc., dont le caractère est naturellement *massif*; un style léger et des proportions gracieuses ne sauraient leur convenir. Il est aussi certains cas où le goût le plus délicat ne saurait improuver des murs *massifs*, soit dans leur épaisseur, soit en apparence.

On appelle or *massif*, argent *massif*, un morceau d'or ou d'argent qui n'a été ni fourré ni creusé. Dans l'ébénisterie, on dit qu'une table, une commode, etc., est d'acajou *massif*, de citronnier *massif*, quand l'acajou, le citronnier dont elle est faite a été employé plein; les meubles où ces bois n'ont été employés que par plaques collées sur un autre bois ne sont plus en acajou massif, etc.; ils sont plaqués.

Pris comme substantif, *massif*, en termes de jardinage, s'applique à un bosquet, à un bois, qui ne laisse point de passage à la vue; il y a plusieurs *massifs* d'arbres dans tel jardin; il y a un *massif* dans cette allée. En architecture, c'est ce qu'on appelle le *solide* d'un mur; un *massif* de pierre est un corps de mur se composant de quartiers de pierre, et non de moellons ou de blocages; un *massif* de moellons est ce qui fait un corps de maçonnerie, comme la masse des fondations, etc.; le *massif* de briques est formé d'un corps de maçonnerie en briques, fait à bain de mortier, revêtu ensuite de pierres, de dalles de marbre, etc.; enfin, on donne le nom général de *massif* à beaucoup de parties d'ouvrage dans les bâtiments : le *massif* d'un escalier, d'un perron, d'une culée, d'une fondation, d'un piédestal, etc., etc.

MASSILLON (JEAN-BAPTISTE), le plus grand orateur de la chaire évangélique, s'il est vrai de dire que Bossuet est le plus grand politique et le plus grand écrivain de l'Église gallicane. Il était le fils d'un notaire d'Hyères en Provence, et naquit dans cette ville, le 24 juin 1663. Déjà au collége des pères de l'Oratoire cet enfant, poussé par un instinct naïf d'éloquence et de conviction, répétait à ses jeunes condisciples les plus beaux passages des sermons qu'il avait entendus dans la chapelle. Son père le destinait au barreau ; mais quand il eut achevé les belles et sévères études de l'antiquité, il n'eut pas la force d'oublier les vers de Virgile pour la prose de Justinien, et malgré tous ses efforts pour obéir à la volonté paternelle, il revenait sans cesse à ses poètes, à ses orateurs favoris, à ses savants maîtres, les pères de l'Oratoire, qui l'aimaient comme leur plus noble disciple. Même ce fut à leurs sollicitations pressantes que le père de Massillon consentit à faire de son fils un homme d'église, et il s'abandonna aux théologiens. Mais la théologie n'était pas encore la vocation du jeune apôtre. Il y avait *quelque chose* là qui lui disait qu'il était fait pour parler aux hommes une langue plus à la portée de leur intelligence et de leur cœur. La première fois qu'il lut les sermons du père Lejeune, il se sentit un orateur chrétien, comme La Fontaine se sentit un poète en lisant une ode de Malherbe. A cette découverte, l'effroi le saisit : il eut peur d'avoir péché par orgueil ; il voulut revenir à la théologie, pour faire pénitence de son ambitieux espoir. Il alla s'enfermer dans l'abbaye de Sept-Fonts, austère retraite, où cependant il se fit découvrir, un jour que l'abbé le chargea de répondre à un mandement du cardinal de Noailles. Il y avait dans cette réponse tant d'atticisme, tant d'onction, tant d'élégance, que l'évêque ne voulut pas laisser enfoui ce précieux talent, et qu'il le rendit à l'Oratoire. Notre jeune novice devint professeur de belles-lettres; on se souvient encore dans quelques villes obscures du Forez qu'il y eut autrefois dans ces murs prosaïques un professeur d'éloquence qui s'appelait le père Massillon.

En 1696 le professeur de rhétorique était nommé à Paris directeur du séminaire de Saint-Magloire, et alors il commença à se révéler au monde par ses conférences. Ce n'était pas encore la vivacité, l'inspiration, l'abondance limpide des sermons de Massillon; mais c'était déjà leur grâce sans apprêt, leurs aimables négligences, leur style correct et animé. On comprenait que Bourdaloue s'était déjà emparé de l'âme et de l'esprit du jeune orateur.

Massillon trouva une éloquence nouvelle. Il la puisa dans son cœur. Il s'adressa aux plus doux sentiments de l'homme. « Pendant que Bourdaloue, suivant l'expression de Mme de Sévigné, jetait l'épouvante dans les âmes et frappait comme un sourd à droite et à gauche, par devant, par derrière; aurez qui peut ! » Massillon, plus calme, plus inspiré, plus tolérant, la persuasion sur les lèvres, attirait doucement toutes les âmes par le charme irrésistible de sa parole. Il dégageait le chemin de tout mysticisme pédantesque, de toute comparaison barbare, de toute science profane et déplacée. Il se mit à fouiller scrupuleusement le cœur de l'homme pour y trouver tous les mystères cachés, l'amour-propre, les vanités, l'orgueil, l'ambition, les folles amours. En 1698 il prêcha à Montpellier après Bourdaloue, et toute cette ville, pleine encore du souvenir de Bourdaloue, admira cependant cette ample et limpide éloquence, si remplie d'atticisme, de chaleur et de bon sens. Alors il fut reconnu que la France avait un grand orateur de plus. Paris, qui était avide de ces enseignements, et qui en faisait une de ses solennités les plus importantes et les plus littéraires, rappela l'orateur, et Massillon prêcha son premier carême en 1699 dans l'église de l'Oratoire. On applaudit, de l'âme et du cœur, cette touchante et bienveillante parole. Le père Bourdaloue vint encourager sa présence ce nouvel apôtre, qui devait bientôt tenir sa place à ses côtés dans la renommée et dans la gloire, et il admira son rival. *Il grandira*, disait-il, pendant *que moi je baisserai!* Massillon, dans sa chaire, parlait les yeux baissés, sans efforts, sans mouvement, sans gestes. Il se tenait, de toutes ses forces, dans l'humilité chrétienne, et il parlait avec la simplicité d'un enfant, mais d'un enfant inspiré et convaincu. Seulement, il y avait des instants où cette grande âme n'était plus maîtresse d'elle-même; il fallait qu'elle éclatât de toutes façons, par le regard, par la voix, par le geste; sa tête alors se relevait, son visage se colorait, sa main frémissait au-dessus de toutes ces têtes béantes. Il était superbe, vu ainsi; et Baron s'écriait : *Voilà un orateur; moi, je ne suis qu'un comédien!*

Après Paris, Versailles voulut entendre le grand orateur : Massillon fut nommé prédicateur de la cour en 1699, et ni l'éclat de cette chapelle royale, ni la grandeur de cet auditoire, ni l'imposante majesté de Louis XIV, ne purent intimider cet homme, si naturellement modeste. Il prit pour texte de son premier sermon ce texte admirablement commenté par Fléchier : *Beati qui lugent* « Heureux ceux qui pleurent! » et de ce texte il tira la plus touchante paraphrase, comme ferait un habile musicien d'une phrase de Mozart. Il réussit à Versailles comme à Paris. Les courtisans furent émus encore plus qu'étonnés. « Mon père, disait Louis XIV à Massillon, j'ai entendu plusieurs grands orateurs, j'en ai été content; mais quand vous avez parlé, je suis bien mécontent de moi-même. » En effet, cette cour habituée aux plus grands mouvements d'éloquence dut trouver un grand charme à cette éloquence entraînante et naturelle. Souvent on lui avait fait peur de l'enfer et de la damnation éternelle; jamais on ne lui avait fait peur de cet enfer que l'homme méchant porte dans son cœur. Il y avait d'ailleurs tant d'élégance et une élégance si soutenue dans cette simplicité, que Massillon à côté de Bossuet, le prenait par un rapprochement involontaire, rappelait à toute cette cour si éclairée Racine après Corneille.

Et cependant, cette douceur évangélique ne laissait pas que d'avoir ses instants d'épouvante. Témoin ce sermon mémorable sur le petit nombre des élus : « Je suppose que c'est votre dernière heure et la fin de l'univers; que Jésus-Christ va paraître dans sa gloire pour vous juger. Croyez-vous qu'il s'y trouvât seulement dix justes? Pécheurs, où êtes-vous? Restes d'Israël, passez à la droite. Mon Dieu, où sont vos élus, et que reste-t-il pour votre partage? » A ces paroles solennelles, l'auditoire, épouvanté, se leva comme un seul homme, comme si l'archange allait venir. Louis XIV lui-même se tourna épouvanté, comme si l'heure de la résurrection allait sonner; et cependant, l'orateur, la tête cachée dans ses mains, restait immobile et muet, n'osant plus reprendre son discours. Voilà l'éloquence! Aussi la popularité de Massillon était-elle universelle. « Ce diable de Massillon, disait une femme du peuple, remue tout Paris quand il prêche! » Le comte de Rosenberg, blessé à la bataille de Marsaille, ne voulut pas d'autre confesseur que lui, et il renonça entre ses mains à toutes les pompes, à toutes les frivolités du monde. En 1704, fatale année! Bossuet et Bourdaloue rendirent au ciel cette âme éloquente et vertueuse qui avait jeté un si vif éclat sur l'Évangile. Déjà commençait à s'introduire dans les âmes le doute, cette révolution qui a enfanté toutes les autres. Massillon prêcha un second carême à la cour. Durant le rude hiver de 1709, la disette était partout, les pauvres mouraient de faim : le père Massillon prêche sur l'*aumône*, et à sa voix les mains les plus avares s'ouvrent. A ce discours bienfaisant assistait le bon Rollin, avec ses élèves, qui étaient ses enfants. Rollin et Massillon! Les disciples et le maître furent attendris et saisis de la même pitié : il ne fallut rien moins que toute l'autorité du bon Rollin pour arrêter le jeûne auquel ses disciples s'étaient condamnés pour faire l'*aumône*.

En 1710 (Fléchier venait de mourir!) Massillon, le dernier de ces grands orateurs, prononça l'oraison funèbre du dauphin. Et comme il parle dans ce même discours, à propos du royal élève, de ses deux maîtres, le duc de Montausier et Bossuet! En 1715 Louis XIV fermait par sa mort ce grand siècle qu'il avait ouvert. Massillon rendait au grand roi les derniers devoirs que Bossuet avait rendus au grand Condé. Et qu'il devait être sublime à voir ce noble prêtre, s'arrêtant confondu devant cette tombe qui renfermait tant de majesté et de grandeur, puis, relevant la tête et s'écriant, en regardant le ciel : *Dieu seul est grand, mes frères!* Bossuet lui-même n'eût pas mieux fait.

Évêque de Clermont en 1717, Massillon se trouva jeté dans ce dix-huitième siècle, que déjà prévoyait Bossuet mourant. La puissance de l'Évangile était passée, les chaires étaient croulantes, l'autorité était perdue; toutes les croyances s'en allaient déjà avec une hardiesse inconnue. Voltaire, lion de Ferney, grandissait de ce siècle, grandissait au milieu de toutes sortes de bruits avant-coureurs. Massillon ne cessa pas un instant de défendre l'Église attaquée de toutes parts. Il avait cinquante-cinq ans, et depuis vingt années, il répandait au peuple et aux grands de la terre la sainte parole, lorsqu'il fut appelé à prêcher le carême devant ce jeune roi Louis XV, maintenant le seul espoir de l'avenir. La tâche était difficile et importante : parler à cet enfant royal, et tenir cette jeune intelligence attentive aux divers enseignements de la chaire; quitter le rôle d'apôtre pour une mission plus paternelle; tendre une main bienveillante à cet enfant, et cependant se souvenir toujours que cet enfant est un roi; parler le plus simple et en même temps le plus châtié des langages; maintenir l'éloquence à une hauteur si facile à atteindre, et cependant ne trahir aucun des devoirs de l'éloquence, voilà pourtant quel fut le dernier effort, le dernier chef-d'œuvre du saint évêque de Clermont. Le *Petit Carême*, après avoir été écouté dans le silence de l'attention et du respect, par ce jeune prince si frivole, fut bientôt reconnu pour un des modèles de la prose et de l'éloquence française. On compara cette prose aux plus beaux vers de Racine, aux plus touchants passages de Fénelon, et la comparaison fut trouvée juste.

Aussi, quand il fut reçu à l'Académie Française, en 1719, l'Académie ne fut-elle guère étonnée de son discours, si rempli d'atticisme et de politesse. Mais alors l'orateur fit place à l'évêque. Massillon ne quitta plus guère ce diocèse, dont il était l'honneur et le salut, que pour venir prononcer à Saint-Denis l'oraison funèbre de la duchesse d'Orléans, qui l'appelait *son ami Massillon*. Dans cette vie utile, heureuse et si calme qu'il s'était faite, le saint évêque, entouré de ses parents et de ses amis, oubliait toutes les guerres qui déchiraient l'Église. Il ne s'occupait que de bonnes actions, et quand il avait le temps, de beau langage; il réunissait à sa table des oratoriens et des jésuites, et la journée se passait en d'aimables disputes d'art et de poésie. Quand il fallut défendre son diocèse contre d'énormes impôts, Massillon fut le premier sur la brèche. Il adressa plus d'une fois d'énergiques réclamations au cardinal de Fleury, et ces réclamations furent entendues. Sa fortune était médiocre, et cependant ses aumônes étaient abondantes. Ce saint homme, cet illustre prélat, cet excellent orateur, ce grand écrivain, mourut le 18 septembre 1742, pauvre comme Bossuet, mais sans dettes. Il institua pour son légataire légitime l'hôtel-Dieu de Clermont; il légua sa bibliothèque à la cathédrale. Il avait eu le soin de revoir les manuscrits de ses sermons, qui furent publiés par son neveu, le père Joseph Massillon : *L'Avent*, *le Carême*, *Mystères*, *Panégyriques et Oraisons funèbres*, *Conférences*, *Mandements et Discours*, *Paraphrase de plusieurs psaumes*, *Discours sur le danger des mauvaises lectures*, *Rituel du diocèse de Clermont*. Voltaire savait par cœur les sermons de Massillon, et n'en parlait qu'avec un tendre respect. D'Alembert a fait son *Éloge*.   Jules JANIN.

MASSINGER (PHILIPPE), né en 1584, à Salisbury, commença ses études à Oxford, mais abandonna l'université avant de les avoir terminées, se se rendit à Londres, où il composa un grand nombre d'ouvrages pour la scène. Par une matinée de mars 1640, on le trouva mort dans son lit. Ses tragédies sont dignes et graves; le style en est calme, mais énergique. Son vers est poli et harmonieux. Ses comédies égalent celles de Ben Johnson sous le rapport du merveilleux ainsi que sous celui de la force de l'expression; mais le comique en est fréquemment bas et même grossier. C'est ce qui lui arrive lorsqu'il veut être amusant et spirituel, genre de talent que la nature ne lui avait pas départi. Parmi les dix-huit pièces de théâtre qu'on a conservées de lui, les meilleurs sont : *The Virgin martyr*, *The Bondman*, *The fatal Dowry*, *The City Madam* et *The new way to pay old debts*. La plus récente édition de ses œuvres est celle qu'en a donnée Hartley Coleridge (1839), et qui comprend aussi les œuvres de Ford.

MASSINISSA, roi des Massiliens en Numidie, fils de Goula, célèbre par son esprit, par sa bravoure ainsi que par son ambition, s'allia avec les Carthaginois dans la seconde guerre punique, à partir de l'an 213 av. J.-C., parce que Asdrubal, fils de Gisgon, lui avait promis la main de sa fille, la belle Sophonisbe; et il combattit de même en Espagne contre les Carthaginois, tandis que Syphax, autre roi Numide, qui avait aussi recherché la main de Sophonisbe, prit le parti des Romains. Mais, après la déroute que les Carthaginois essuyèrent l'an 207 av. J.-C. à Bæcula, Asdrubal, pour gagner Syphax à sa cause lui ayant donné la fiancée de Massinissa, celui-ci se rapprocha des Romains. A son retour d'Espagne en Afrique, il fut battu par Syphax et par les Carthaginois, et, au rapport de Tite-Live, réduit à venir se refugier, à la tête d'une poignée de cavaliers, dans le camp de Scipion, lorsque celui-ci eut pris terre en Afrique. Allié dès lors de Rome, il recommença la guerre contre Carthage et contre Syphax, à qui, en l'an 203, il enleva et son royaume et Sophonisbe, qu'il fit en outre prisonnier des Romains. Massinissa pardonna à Sophonisbe son infidélité, et l'épousa; mais pressé par Scipion, qui craignait qu'elle ne determinât son époux à embrasser la cause des Carthaginois et exigeait en conséquence qu'elle lui fût livrée, il lui envoya un breuvage empoisonné. Les Romains le récompensèrent en lui donnant le titre de roi et les États de Syphax. A la suite de la bataille de Zama, les Carthaginois eux-mêmes furent contraints de le reconnaître en qualité de roi de la Numidie. Après l'exil d'Annibal, Massinissa s'efforça de s'emparer de diverses parties du territoire de Carthage; et toujours il fut favorisé dans ses usurpations par les Romains, qui s'interposaient comme arbitres. Mais ceux-ci à leur tour finirent par lui déclarer aussi la guerre, lorsqu'il éleva des prétentions à la possession de l'une des plus vastes et des plus fertiles contrées de l'Afrique. L'an 150 av. J.-C. ils déclarèrent la guerre aux Carthaginois (ce fut la troisième guerre punique); et deux ans après, en l'an 148, Massinissa mourut, âgé de quatre-vingt-douze ans. D'après ses dernières volontés, ses États furent partagés entre ses trois fils, Micipsa, Gulussa et Martanabal. Le fils de ce dernier fut Jugurtha.

MASSIQUE. *Voyez* FALERNE.

MASSORE, MASSORÈTHES. *Voyez* MASORA.

MASSOURE (La), *Mansourah*, autrefois *Thanis*, ville de la basse Égypte, sur la branche orientale du Nil, à 59 kilomètres de Damiette. Elle compte six mosquées, une église. Elle fait le commerce du riz, de la toile et de l'ammoniac. Il s'y livra, en 1250, une bataille où Robert, comte d'Artois, fut tué et Louis IX fait prisonnier par les Sarrasins. En 1798 la garnison française qui occupait cette place fut massacrée par les Arabes.

MASSUE, sorte de bâton noueux, beaucoup plus gros et plus pesant par un bout que par l'autre, servant à assommer; arme offensive garnie quelquefois de pointes. La *massue* est un des attributs d'Hercule.

MASTIC. Ce mot, dérivé du grec μαστίχη, désignait au propre dans cette langue une espèce de résine en larmes découlant du lentisque. Cette substance résineuse, regardée comme stimulante, tonique et antiseptique, est employée en Orient comme un excellent cosmétique, et en particulier pour nettoyer les dents et raffermir les gencives. On l'obtient en faisant à la tige du lentisque de légères incisions. Le *mastic en larmes* est celui qui, coulant de ces incisions, reste attaché à la tige. Il se présente en sphéroïdes allongés, d'un jaune pâle, ayant une transparence un peu opaline, une cassure vitreuse et une odeur résineuse aromatique. Le *mastic commun* est mêlé d'impuretés ; c'est celui qui tombe au pied de l'arbre en masses irrégulières. Le mastic fait partie de quelques préparations pharmaceutiques. Il entre aussi dans la composition de quelques vernis très-brillants.

Le mastic que nous venons de décrire étant convenablement mâché sert à raccommoder la porcelaine cassée. Par extension, on a donné ce même nom de *mastic* à des mélanges de diverses matières dont on se sert pour rattacher un corps à un autre. Les anciens en avaient de plusieurs espèces : tantôt c'était un mélange de poix, de cire blanche, de briques pilées, de chaux fine, d'étoupe et de goudron ; tantôt une dissolution de sel ammoniaque mélangée d'étoupe, de soufre et de poix. Quelquefois aussi ils employaient une composition de sang de bœuf, de chaux fine ou d'écailles d'huîtres pilées, ou de poix, ou de suif fondu et de cendres de bois passées au crible, ou de chaux fine et d'huile, de tout réduit à la consistance d'une pâte. On les employait pour *mastiquer* les baignoires : les deux premières pour les bains chauds, les autres pour les bains froids, les fontaines, les citernes, etc., en ayant soin d'enduire d'huile les crevasses avant d'y introduire le mastic, afin que la liaison fût plus compacte. Pour le marbre, on se servait, suivant Millin, d'un mastic composé de résine, de chaux vive, de résine d'abeille, d'encens et d'huile de sang de bœuf, le tout bien pilé et réduit en pommade, qui approchait beaucoup de la nature du marbre. De nos jours, la composition des mastica ne varie pas moins. Celui qu'emploient les menuisiers pour boucher les fentes du bois et les nœuds est un mélange de cire, de résine et de brique pilée. Celui à l'aide duquel les vitriers fixent les carreaux est formé de blanc d'Espagne broyé dans de l'huile.

MASTICATION (du grec μαστιχάω, mâcher). C'est l'acte de mâcher ou d'agiter les aliments solides entre les dents, au moyen du mouvement des mâchoires, de la langue et des lèvres. De cet acte résulte l'atténuation, en petites parties, des aliments imprégnés de salive et rendus ainsi plus propres à la déglutition, dès lors aussi d'une digestion plus facile.

MASTODONTE (de μαστός, pointe mamelon, et ὀδούς, dent). Cuvier a donné ce nom, qui signifie *dents mamelonnées*, à un genre d'animaux perdus, très-voisins des éléphants par leur structure, et qui, comme eux, doivent être classés dans l'ordre des pachydermes et dans la famille des proboscidiens. Ce genre se divise en une dizaine d'espèces, toutes caractérisées par des différences de forme et de proportion dans les dents molaires, dont on découvre fréquemment des débris.

La taille d'une seule de ces espèces, le *grand mastodonte*, est au moins égale à celle de l'éléphant. Cette espèce, généralement désignée sous la dénomination d'*animal de l'Ohio*, a été confondue par les Anglais et les habitants des États-Unis avec l'éléphant fossile, le *mammouth* des Russes. Cuvier et Lacépède, chargés de faire à l'Institut un rapport sur une collection d'os fossiles récemment détérrés en Kentucky et envoyés par Jefferson , alors président des États-Unis , reconnurent que ces os appartenaient pour la plupart à un animal différent, qui avait dû être égal en grandeur à l'éléphant , mais moins élevé à proportion. Il portait comme l'éléphant de longues défenses d'ivoire et une trompe charnue; mais son caractère distinctif le plus apparent consistait dans ses mâchelières, qui, au lieu d'être composées de lames minces et parallèles, offraient de grosses pointes coniques, disposées par paires transversales. La défense de cet animal avait 2^m, 65 de longueur; arquée d'abord comme à l'ordinaire dans un plan vertical , sa pointe se recourbait encore en dehors; elle était d'un ivoire tissu comme celui de l'éléphant.

Les dépouilles de cet animal, le *père aux bœufs* des Indiens d'Amérique, l'*éléphant carnivore* de quelques auteurs, la *Mastodon giganteum* de Cuvier, gisent dans le sol d'atterrissement des principales vallées de fleuves de toutes les parties tempérées de l'Amérique septentrionale. Aucun témoignage authentique ne porte à croire qu'il existe aujourd'hui des Mastodontes vivants en Amérique ni ailleurs, quoique les tribus sauvages croient à leur existence actuelle. Les Virginiens, au rapport de Jefferson, racontent que ces terribles quadrupèdes détruisant les dains, les buffles, les cerfs, le grand maître d'en haut les foudroya, à l'exception du plus gros mâle, qui fuit vers les lacs, où il vit encore retiré.

Si de l'Amérique du Nord on passe dans l'Amérique du Sud, on devra à Dombey et à M. de Humboldt la découverte de plusieurs molaires trouvées au Pérou, et notamment près de Santa-Fé-de-Bogota. Le *Mastodonte des Cordillières* (*mastodon Andicum*, Cuv.) a fourni à M. de Humboldt une molaire près du volcan d'Imbabura, aux environs de Quito, à 2,400 mètres au-dessus du niveau de la mer, deux dans la montagne des Chiquitos, entre Chichas et Tarija, près de Santa-Cruz de la Sierra, par 15° de latitude méridionale; une, enfin, noire et très-usée, rapportée des environs de la Conception dans le Chili.

On retrouve en Europe les débris de *mastodonte à dents étroites* (*mastodon angustidens*, Cuv). Le gisement le plus considérable est celui de Sansan (Gers), découvert par M. Ed. Lartet. Les dents qu'on trouve non loin de là sur les coteaux de Simorre, teintes en vert bleuâtre par le voisinage d'une mine de fer, sont depuis longtemps connues sous le nom de *turquoises occidentales*. Des fragments de dents de la même espèce, trouvées par Borda dans les environs de Dax (Landes), étaient placés au sein d'une couche marine. Une dent découverte à Trévoux reposait dans le sable. D'autres ont été rencontrées en Bavière et en Italie, spécialement dans le val d'Arno; à Padoue, au mont Follonico, près de Monte-Pulciano, non loin d'Asti en Piémont.

Le *petit mastodonte* (*mastodon minutus*, Cuv.) est une espèce fondée sur l'observation d'une molaire trouvée en Saxe par le professeur Hugo de Gœttingue, qui l'envoya à Bernard de Jussieu.

Cette espèce, rejetée par Blainville, est admise par M. Lartet, qui évalue sa taille à celle des rhinocéros de moyenne grandeur. Une dent découverte par M. Dufay à Moutabusard, près d'Orléans, dans une carrière de calcaire d'eau douce, pétrie de limnées et de planorbes, a constitué une autre espèce, appelée *mastodon tapiroïde* (*mastodon tapiroïdes*, Cuv.). Cette dent, de même volume que celles du petit mastodonte, présente des différences notables.

MASTOÏDO-GÉNIEN. Voyez DIGASTRIQUE.

MASUDI. Voyez MASOUDI.

MAT, dérivé d'un vieux mot français signifiant *triste*, *confondu*, *froid*, mot dont firent usage Villon et les poëtes contemporains, signifie aujourd'hui *inégal*, *mal poli*, *peu clair*, *réfléchissant peu de lumière*. Il s'applique surtout aux métaux : l'or *mat* est celui qui n'est pas bruni ; l'argent *mat*, celui qui est blanchi, mais qui n'est ni bruni ni poli. On rend l'argent *mat* au moyen de la pierre-ponce, du grès et le blanchiment au feu. On appelle couleurs *mates* des couleurs sombres. *Mat* signifie en outre *lourd*, *compacte*: pain *mat*, biscuit *mat*. Une broderie *mate* est une broderie d'or ou d'argent trop chargée. Les ciseleurs donnent le nom de *mat* à un outil dont la surface inégale et comme pointillée sert à former des *mats*.

Mat, employé substantivement, désigne le dernier coup qui fait gagner la partie aux é c h e c s. C'est le moment où le roi, cerné, ne peut faire un pas qui ne soit pris. On prétend que l'expression *donner échec et mat* vient du persan *schacht mat* (le roi est mort). Figurément, *donner échec*

et *mat* à quelqu'un, c'est le presser tellement qu'il ne sait où donner de la tête, le battre à plate couture. Regnier dit, dans sa *Satire du Pédant :*

> Qu'il n'était morceau dans le plat
> Qui des yeux et des mains n'eût un échec et mat.

MÂT, MATURE. On désigne ainsi en marine un système de pièces de bois placées plus ou moins verticalement pour supporter la voilure. Leur nombre ainsi que leurs dimensions, tant en longueur qu'en grosseur, varient beaucoup, suivant la grandeur du bâtiment auquel elles appartiennent. A bord des grands navires, tels que vaisseaux, frégates, corvettes, etc., la mâture se compose de quatre grands mâts principaux, ou plutôt de quatre systèmes de pièces de bois disposées verticalement en mâture, et ainsi désignées en aliant de l'arrière à l'avant du bâtiment : *mât d'artimon*, *grand mât*, *mât de misaine*, *et mât de beaupré;* mais chacun de ceux-ci, ou plutôt chacun des systèmes de pièces de bois dont ils se composent, se divise lui-même en un grand nombre de parties ou de mâts particuliers, qu'on désigne par les noms et les numéros suivants : 1° le grand mât ; 2° le mât de misaine ; 3° le mât d'artimon ; 4° le mât de beaupré ; 5° le grand mât de hune ; 6° le petit mât de hune ; 7° le mât de hune d'artimon, ou perroquet de fougue ; 8° le mât de foc, ou bout-dehors de beaupré ; 9° le grand mât de perroquet ; 10° le petit mât de perroquet ; 11° le mât de perroquet d'artimon, ou de perruche ; 12° le bout-dehors de clin-foc ; 13° le grand mât de cacatois ; 14° le petit mât de cacatois ; 15° le mât de cacatois d'artimon, ou cacatois de perruche ; 16° et enfin, le bout-dehors du foc volant. Toutes ces diverses pièces ou mâts particuliers constituent par leur superposition les uns au-dessus des autres, ou plutôt au bout des autres, les quatre grands mâts principaux dont nous avons d'abord parlé, et dont l'ensemble forme le système de mâture des grands bâtiments. Les bas mâts, ou ceux qui s'élèvent immédiatement du pont du navire, sont dits aussi *mâts majeurs*. Ils sont faits de pièces de sapin d'assemblage pour les grands navires. Les autres, plus petits, et supportés par les premiers, tels que mâts de hune de perroquet, de cacatois ou cacatoa, sont d'un brin d'une seule pièce, toujours en sapin.

C'est sur les mâts que se gréent les v o i l e s d'un bâtiment portées par ses *vergues*. On appelle de ce dernier nom de grandes pièces de bois, aussi de sapin, placées horizontalement sur chacun des mâts que nous venons de faire connaître. Elles sont d'un seul morceau, ou d'assemblage ; il y en a, comme les mâts, de toutes dimensions, depuis celles d'un vaisseau de premier rang jusqu'à celles d'un canot. On les distingue par le nom des voiles qui s'envergent dessus : telles sont, *la grande vergue* pour celle qui supporte la grande voile, *la vergue de misaine* pour celle qui supporte la voile de même nom, et ainsi des autres. C'est au mât, ou plutôt à la vergue d'artimon, que se hisse le pavillon national. Comme les mâts vont toujours en diminuant à mesure qu'ils s'éloignent du pont, les plus petits, ou ceux nommés *de cacatois*, occupent la partie supérieure de la mâture : ils sont gréés au-dessus de ceux dits de *perroquet*, et portent d'ailleurs vergues, voiles et bonnettes, comme les mâts plus forts. Dans les beaux temps, on établit même sur leurs flèches des cacatois volants ou pavillons. C'est sur le grand cacatois que se place la girouette qui occupe la partie la plus élevée du bâtiment.

Ce qu'on appelle *b r i c k* ou *brig* est un bâtiment qui n'a que deux mâts principaux, dont le grand est incliné sur l'arrière : il gréé d'ailleurs du cacatois de perruche, comme les bâtiments à trois mâts. On nomme *goélette* un petit bâtiment qui n'a aussi que deux mâts, et qui porte de 30 à 90 tonneaux ; on l'arme fréquemment en guerre ; il se distingue surtout du brick par la petitesse de ses dimensions et par l'absence de h u n e s. On appelle de ce dernier nom des espèces de plates-formes établies au-dessus des bas mâts des grands bâtiments. Les traversins des mâts sur lesquels elles portent servent de points d'appui aux haubans de hune. Les mâts des grands navires sont maintenus dans la position plus ou moins verticale qu'on veut leur donner au moyen des haubans, système de cordages en forme d'échelles, à tribord et à babord de la mâture. Ils prennent en général le nom des mâts sur lesquels ils sont *capelés*; les gros cordages qui les forment sont capelés à la tête de chaque mât et se roidissent ; ceux des mâts majeurs, en dehors du bâtiment, sur les porte-haubans; ceux des mâts de hune, sur le trelingage, après avoir passé, au moyen des lattes, dans le bord des hunes ; ceux de perroquet, dans le bout des traversins des barres, et sur une quenouillette qui traverse les haubans de hune; ceux de cacatois se *rident* au-dessous de leurs barres, sur ceux de perroquet.

Les mâts, suivant leur forme, leur structure, ou leur destination particulière, sont dits aussi *mât à pible*, *mât à calcet*, *mât de pavillon*, *mât de fortune*, *mât de rechange*, *mât jumelé*, *mât d'embarcation*, etc. BILLOT.

MATADOR (en espagnol , *tueur*). C'est l'homme qui dans les combats de t a u r e a u x est chargé de mettre l'animal à mort.

Ce nom fut donné , en 1714, à une troupe de 200 hommes levés par la ville de Barcelone, qui refusait de reconnaître Philippe V pour souverain. Ils avaient pour mission de massacrer les partisans de ce prince.

Matador s'est dit sous Louis XIII des chefs principaux d'une coterie de galants de cour ; les membres moins éminents de cette coterie s'appelaient *les intrépides*. Dans le sens de bravache, de fanfaron, il présente l'idée d'un enrichi très-fier de sa personne et de son luxe.

Chez nous , *matador* désignait autrefois les trois premières cartes du jeu de l'h o m b r e et du quadrille appelées *spadille*, *manille* et *baste*.

MATAMATA, ancien nom d'une espèce du genre chélyde (*voyez* TORTUE).

MATAMORE, mot arabe. C'était, chez les Barbaresques, un cachot souterrain dans lequel on enfermait les esclaves toutes les nuits : l'air et la lumière n'y pénétraient que par une lucarne. Les esclaves y étouffaient accumulés, et lorsqu'ils en sortaient, ils ne pouvaient supporter le jour.

Dans les comédies espagnoles, il y a toujours un capitan *matamoros* (un capitaine tueur de Maures). De là, chez nous, l'application de ce mot à un faux brave.

MATANZAS (Cap). *Voyez* CUBA.

MATAPAN (Cap) ou cap Ténare, le *Tœnarium promontorium* des anciens, cap de la Grèce, à l'extrémité sud de la Morée, par 36° 23' lat. nord, 20° 9' long. est, est le point le plus méridional du continent européen.

MATARIEH. *Voyez* HÉLIOPOLIS.

MÂT DE COCAGNE. Ce sont des lignes, d'une grande élévation, au haut desquelles est pendue une couronne, dont chaque fleur est un bijou ou une friandise ; les candidats n'y peuvent atteindre qu'en s'aidant des pieds et des mains ; car ici, par une fâcheuse exception aux usages du pays de C o c a g n e , il faut travailler pour acquérir. Ces mâts sont enduits de suif ou de savon , et ce n'est qu'à force de persévérance et d'essais malheureux, que les aspirants peuvent atteindre au but appétissant. Dans les ports de mer, on se sert quelquefois , pour ce genre de divertissement, de mâts de beaupré à l'inclinaison oblique ; ce qui ne permet plus dès lors la victoire à la force musculaire , mais à la statique. En ce cas les maladroits, au lieu de choir sur le sable, tombent dans la mer.

MATÉ ou THÉ DU PARAGUAY. *Voyez* HOUX et THÉ.

MATELAS, une des principales pièces de la garniture d'un lit ; espèce de grand coussin, piqué d'espace en espace, qui couvre toute l'étendue d'un lit, et qui est rempli de laine , de bourre ou de crin. De temps à autre , il faut faire carder les matières pour rendre la souplesse.

MATELOT, m a r i n dont la position est hiérarchiquement celle du soldat dans l'armée de terre. Les matelots des navires de l'État sont recrutés par l'i n s c r i p t i o n m a r i t i m e ; pour ceux qui servent sur des bâtiments de commerce, il y a quatre espèces d'engagement : 1° le louage au mois ; 2° pour une expédition convenue ; 3° au fret ; 4° au profit. Dans les deux premiers cas , c'est le contrat de louage pur et simple; dans les deux autres, c'est le contrat aléatoire ; le matelot, devenu en quelque sorte commerçant, prend part aux gains et aux pertes de l'entreprise. En cas de départ furtif ou d'absence prolongée, le matelot, à quelque titre qu'il se soit engagé , peut être poursuivi comme déserteur.

MATÉMANS. *Voyez* LOLLARDS.

MÂTER (Machine à). C'est une gr u e colossale, dont le pied repose au bord de la mer sur un quai de solide construction, et dont la tête, inclinée vers la mer porte des moufles d'une force proportionnée aux masses que l'on doit mouvoir ; les pièces de bois qui la composent sont maintenues dans leur position oblique à l'aide de grosses cordes et de chaînes de fer profondément scellées dans la pierre ; enfin, on fixe aussi plusieurs cabestans autour desquels viennent s'enrouler les cordes courantes des moufles.

Théogène PACE.

MATÉRIALISME, système de philosophie qui fait émaner des seules forces de la m a t i è r e , ou des diverses matières , telles que nos sens nous les font connaître, tous les êtres de la nature, et tous les mouvements de l'univers. Dans cette hypothèse, la structure, la coordination harmonique des corps organisés, animaux et végétaux ; l'intelligence humaine, comme les instincts des brutes ; les merveilleux rapports de pondération et d'équilibre qui gouvernent les sphères célestes, qui maintiennent leurs lois de stabilité, ou leurs révolutions perpétuelles , tout , en un mot, n'est que le résultat de la spontanéité d'action des éléments matériels, et le monde ne contient que leur unique substance, dans l'espace infini. Il en résulte que la substance corporelle seule possède tous les genres de force qu'elle déploie , toute l'intelligence , ou tous les germes de l'organisation qu'on voit se développer dans la nature , sans aucune intervention de la Divinité, ni de sa suprême sagesse ni de sa toute-puissance, laquelle présiderait à ses formations et pénétrerait les éléments matériels à son pouvoir. Dès lors, il faut, avec S p i n o s a et la philosophie stratonicienne , ou celle de L e u c i p p e et d'É p i c u r e dans l'antiquité, attribuer à des matériaux originairement bruts, au carbone, à l'azote, à l'hydrogène, etc., les complètes facultés ou moyens de s'organiser spontanément, de constituer l'intelligence de toutes pièces ; ou il faut, pour produire les structures animées, comme pour la coordination harmonique des sphères célestes, recourir aux chances infinies de hasards heureux, dans l'immensité des temps.

Spinosa fit son Dieu-Monde ; il incorpora les attributs de la Divinité avec la matière même. Les atomistes préférèrent, par leur système, les événements fortuits du h a s a r d . Tous voulurent exiler de l'univers le principe spirituel , l'intelligence pure, cette force libre et suprême d'organisation, d'harmonie, qui a formé selon nous la chaîne admirable des créatures, s'entretenant les unes avec les autres par des anneaux fraternels, se perpétuant, dans le cours des générations , par le don immortel de la vie et de l'amour , depuis le vermisseau et la mousse jusqu'aux êtres les plus parfaits, émanés de cette céleste origine. L'objection éternelle, à laquelle tout système de matérialisme s'est montré impuissant à répondre, est celle tirée des rapports combinés des êtres pour atteindre un but; telles sont , par exemple , les relations des sexes pour la reproduction , la formation des organes destinés à une fin , l'œil, l'oreille, pour voir , entendre, etc. Or, la matière inorganique a-t-elle pu concevoir et d'avance prédisposer l'organisation ? Si un heureux hasard , si des mouvements fortuits d'éléments en dissolution, en putréfaction faisaient éclore quelque structure régulière , organique , la même hasard , dans sa perpétuelle inconstance, ne détruirait-il pas ce qu'il aurait constitué? car s'il n'y a point de sagesse, il n'y a pas de dessein prémédité ni de plan suivi. Nous voyons cependant se manifester le contraire dans la permanence des mouvements célestes, dans la régularité de notre système planétaire, comme dans l'ordonnance des corps organisés, se transmettant leurs formes durant le cours des générations, etc.

Lorsque la vie abandonne un corps, et que ses organes restent intacts encore (dans l'asphyxie, par exemple), peut-on affirmer que les matériaux composant ce cadavre contiennent l'homme tout entier, ou tel qu'il était complet précédemment, intelligent, actif? N'est-ce qu'une horloge arrêtée, qu'un ressort détendu? Nous ne le pensons point. Quelque principe inconnu n'échappe-t-il pas, qui était l'existence même, qui donnait à l'ensemble de l'être cette force d'unité, d'assimilation, d'instinct conservateur ou de résistance vitale, qui n'est pas même étrangère au végétal contre l'action destructive des corps environnants? Or, les machines inanimées n'ont pas cette faculté. Et si l'homme, l'animal, la plante, n'étaient que de pures machines, des automates, plus ou moins compliqués, nous comprendrions la parfaite soumission de ces mécaniques au jeu nécessaire de leurs ressorts matériels; ils obéiraient comme ces pantins dont on tire les cordons : ainsi, le phrénologiste, qui croit reconnaître dans une protubérance de l'encéphale l'organe prédominant du vol et du meurtre, peut affirmer que l'individu subit son organisation, et que n'étant plus libre, il ne doit pas devenir responsable de ses actes. D'après cette hypothèse, toute matérialiste, s'il y a d'autres protubérances formant contre-poids, ce n'est plus qu'une affaire de balance, et l'homme n'en reste pas moins l'esclave de sa structure : s'il fait le bien, c'est parce qu'il possède une bonne organisation, mais il n'en a aucunement le mérite. Alors, nulle vertu, nul crime, ne sont imputables; car la nature, qui nous forme ou nous brise, est seule l'arbitre de tous les actes de l'humanité comme des autres mouvements généraux de cet univers.

Nous ne savons si ce système est la véritable expression des faits; mais il s'élève, pensons-nous, dans toute conscience humaine quelque sentiment de volonté, de spontanéité, de puissance autocratique, qui proteste contre cette abnégation servile, qui nous relève vers la liberté morale, qui nous dit que nous pouvons affronter la tyrannie et la mort et jouir de la dignité de notre indépendance. Ce *moi*, jusque dans Médée criminelle, montre quelque chose de dominant, quelque chose de supérieur à la matière. Le génie qui mesure la course des astres, avec Newton, dans les cieux, le héros qui dompte les faiblesses du cœur, ne seraient-ils qu'un peu de poussière arrangée de certaine façon? Et cet esprit divin d'Homère et de Voltaire résiderait-il dans une simple modification de la moelle cérébrale, mise en jeu par on ne sait quel fluide, on calorique, ou électrique, etc.? L'intelligence peut-elle se produire sans intelligence, et rentrerait-elle à la mort dans les conditions moléculaires d'un élément brut et inorganique, dernier résultat de la putréfaction? On comprend combien d'incompréhensibilités absurdes entraîne le système matérialiste, outre, qu'il dissout les liens sociaux et déchaîne les passions les plus brutales par un égoïsme effréné. Si le matérialisme ne fait pas nécessairement de malhonnêtes gens, du moins il devient la justification de tous les vices et de tous les crimes.
J.-J. VIREY.

MATÉRIAUX, nom général qu'on donne à toutes les différentes matières qui entrent dans la construction d'un bâtiment, telles que pierres, bois, fer, chaux, sable, tuiles, briques, moellons. On assemble des matériaux avant de bâtir; on construit des hangars pour recevoir et travailler les matériaux; on établit des magasins pour les ranger, et on prépose des gardiens pour veiller à leur entretien et à leur conservation. Il se dit aussi figurément de tout ce qu'une personne qui se dispose à écrire l'histoire ou à composer quelque ouvrage d'esprit rassemble de faits, d'idées et de réflexions.

MATÉRIEL, ce qui est composé de matière : les épicuriens, les spinosistes, ne reconnaissent que des substances matérielles. Entre les causes, il y a la cause *matérielle* et la cause *formelle*. Il signifie aussi ce qui a rapport à la *matière*, qui tient de la *matière*. Suivant quelques philosophes, les actions des animaux sont purement mécaniques et matérielles. *Matériel* veut dire encore massif, grossier, qui a ou qui paraît avoir beaucoup de *matière* : Ouvrage trop *matériel*. Un esprit *matériel*, un homme *matériel*, c'est un homme à l'esprit lourd et pesant. Les valentiniens appelaient *matériels* tous ceux qui n'étaient pas de leur secte, parce qu'ils prétendaient que leurs âmes périssaient avec le corps; les stoïciens disaient qu'il n'y avait que l'âme du sage qui survécût au corps.

En jurisprudence, le *faux matériel* est celui qui est commis innocemment, sans intention coupable, par opposition à *faux formel*, qui est celui qu'on commet sciemment et à mauvaise intention.

MATÉRIEL (*Art militaire*). Lorsque le ministre de la guerre ordonne la formation d'une armée, ou d'un corps d'armée, le général qui en prend le commandement s'occupe immédiatement de l'organisation de son matériel, qui consiste dans la réunion des caissons et des fourgons nécessaires au service des vivres, des hôpitaux et ambulances, du trésor de l'armée, des postes militaires et au transport des papiers. Le corps de l'intendance et les agents préposés à chacun de ces services sont chargés de pourvoir à leurs besoins et de veiller à leur sûreté. Le *matériel de l'artillerie* se compose d'un nombre déterminé de canons, d'obusiers, de caissons, de munitions chargés de gargousses, de poudre, d'obus, de boulets, de grenades, d'artifices, de cartouches pour l'infanterie et la cavalerie, de forges de campagne. Indépendamment du matériel de l'artillerie en service ordinaire, il y a aussi des parcs de réserve et un équipage de pont pour le passage des fleuves ou des rivières. Les caissons et les chariots chargés de porter les outils nécessaires aux travaux de siége composent le *matériel du génie*. On y ajoute des fascines et des gabions préparés à l'avance. Le *matériel d'un siége* comprend à peu près tous les objets dont il vient d'être parlé, avec cette différence seulement qu'on y emploie des bouches à feu d'un fort calibre, afin de pratiquer plus tôt une brèche au corps de la place assiégée, lorsque les travaux préliminaires du siége sont achevés.

En général, le mot *matériel* opposé au mot *personnel*, qui s'entend des personnes attachées aux divers services, comprend ce qui a rapport aux approvisionnements de toutes natures, les hôpitaux, les casernes, les prisons, les manutentions de vivres, les magasins d'armement, de harnachement, de grand et petit équipement, etc. SICARD.

MATERNITÉ. C'est l'état, la qualité de mère. La recherche de la maternité est admise, excepté dans le cas où il s'agit d'enfants nés d'un commerce incestueux ou adultérin. L'enfant qui réclame sa mère est tenu de prouver qu'il est identiquement le même que celui dont elle est accouchée. Il n'est reçu à faire la preuve par témoins que lorsqu'il a déjà un commencement de preuve par écrit.

MATERNITÉ (Hospice de la), situé à Paris, rue de Port-Royal, ancienne rue de la Bourbe, dans les bâtiments de l'abbaye de Port-Royal; on l'appelle encore *Maison d'Accouchement*. Il est destiné à la réception des femmes grosses et des femmes en couches. Il existe dans cette maison un pensionnat et une école d'accouchement pour l'instruction des élèves sages-femmes qui sont envoyées des départements.

MATHAN, prêtre de Baal et conseiller de la cruelle Athalie, mère d'Ochozias, roi de Juda. Investi par cette reine sacrilége du sacerdoce des faux dieux, il luttait avec quelque succès contre le dévouement et la fermeté du grand-prêtre Joïda. Après qu'Athalie expirante eut été foulée aux pieds des chevaux, le livre des *Rois* nous dit : « Le tout le peuple étant entré dans le temple de Baal, ils renversèrent ses autels, brisèrent ses images en cent pièces, et tuèrent

Mathan, prêtre de Baal, devant l'autel. « Ceci se passa l'an du monde 3120, et avant J.-C. 874. DENNE-BARON.

MATHÉMATIQUES (de μάθημα, science). Du temps de Descartes, on disait *la mathématique*. Aujourd'hui ce substantif n'est plus employé qu'au pluriel. Cependant il ne représente qu'une seule science, celle qui a pour objet la quantité, que cette quantité soit prise dans le temps ou dans l'espace.

Dans sa Classification des sciences, Kant place les mathématiques comme un *pont* entre les sciences métaphysiques et les sciences physiques. Et en effet, si elles empruntent leurs procédés aux premières, elles se rattachent aux autres par leurs applications. Mais quelque place qu'on leur assigne, la nature même de leurs spéculations donne aux mathématiques un caractère particulier de certitude, qui leur a valu le nom de *sciences exactes*, et qui justifie l'étymologie grecque de leur nom.

Les mathématiques se divisent en deux branches bien distinctes: la *géométrie*, qui a pour objet l'étendue, et l'*algorithmie* (arithmétique et algèbre), qui étudie le nombre. Ces deux branches se subdivisent en plusieurs rameaux, qui tantôt s'écartent en se spécialisant (par exemple, le calcul des probabilités), tantôt se réunissent pour se prêter un mutuel appui : c'est ainsi que la théorie *algébrique* des fonctions et la théorie *géométrique* des courbes se complètent, s'expliquent l'une par l'autre. Mais l'unité des mathématiques n'est aucunement détruite par ces divisions; et, encore une fois, il ne faut voir dans la trigonométrie, dans le calcul infinitésimal, dans la géométrie descriptive, etc., que des parties détachées d'une science unique.

Cette science, que nous venons de définir, est souvent désignée sous le nom de *mathématiques pures*, pour la distinguer des *mathématiques appliquées* (mécanique, optique, géodésie, hydrographie, balistique, gnomonique, etc.).

On divise aussi les mathématiques en *élémentaires* (arithmétique, algèbre et géométrie élémentaires, trigonométrie), *spéciales* (algèbre supérieure, géométrie analytique, géométrie descriptive), et *transcendantes* (calculs différentiel, intégral, etc.). Ces divisions ne sont fondées que sur les besoins de l'enseignement.

Importées de la Chaldée ou de l'Inde en Egypte, les mathématiques passèrent ensuite en Grèce, où elles reçurent un nouveau lustre, surtout de l'école d'Alexandrie. La domination romaine les laissa stationnaires, et elles auraient péri dans la barbarie qui leur succéda, si les Arabes n'avaient précieusement conservé les découvertes de leurs devanciers. Depuis la renaissance des lettres et des sciences, les mathématiques ont pris un nouvel essor, d'abord en Italie et en France, puis en Angleterre, en Allemagne, et enfin dans toute l'Europe. Nous ne pouvons citer ici tous les savants qui se sont distingués dans cette partie des connaissances humaines. L'histoire de leurs travaux a été écrite par Montucla. On consultera aussi utilement l'*Aperçu historique* de M. Chasle. E. MERLIEUX.

MATHÉMATIQUES (Instruments de). *Voyez* INSTRUMENTS.

MATHEW (THÉOBALD), le célèbre *apôtre de la tempérance*, généralement connu sous le nom de *père Mathew*, est né d'une bonne famille, le 10 octobre 1790, à Thomastown, en Irlande. Ayant perdu de bonne heure ses parents, il fut adopté par une riche tante, qui le fit élever au collège de Kilkenny. Résolu d'embrasser l'état ecclésiastique, il entra en 1810 au séminaire catholique de Maynooth, et fut ordonné prêtre à Dublin, en 1814. Il se rendit aussitôt dans le sud de l'Irlande, où il remplit les fonctions de pasteur d'âmes dans un des villages les plus pauvres de la contrée. Il y fut témoin de la misère qu'entraîne à sa suite l'abus des liqueurs fortes, et s'occupa dès lors sans cesse de plans ayant pour but de guérir cette peste morale. Ses efforts pour améliorer la situation des classes pauvres et pour les moraliser lui valurent l'estime de tous ; et il s'occupa alors de fonder une association dont les membres s'obligeaient par serment à s'abstenir de toutes espèces de boissons spiritueuses. Il commença ses prédications en 1833, à Cork, où deux fois la semaine il réunissait ses nombreux auditeurs des principales causes de la malheureuse situation de l'Irlande, et des moyens d'y porter remède. Ce peuple facilement impressionnable, déjà disposé à écouter ses conseils avec respect, fut entraîné par l'éloquence de l'apôtre ; et on vit des millions d'individus, pour la plupart ivrognes endurcis, se déclarer prêts à s'enrôler dans la Société de Tempérance. Ses voyages à travers l'Irlande ressemblaient à des marches triomphales ; c'était parmi les autorités à qui rivaliserait de zèle pour le mieux accueillir; partout on le vit demandait sa bénédiction, et on prêtait entre ses mains le serment qu'il exigeait. A Renagh, 20,000 individus se firent recevoir le même jour membres de la société ; à Galway, il y en eut 100,000 en deux jours; et sur la route de cette ville à Portumna, environ 200,000 autres s'en gagèrent par serment à s'abstenir désormais de toute liqueur alcoolique. Cependant, il y en eut beaucoup trop qui à la longue oublièrent leurs belles promesses; çe qui fait que la si louable mission que s'était donnée le père Mathew est loin d'avoir eu les heureux résultats qu'on s'en était promis.

Après avoir parcouru toute l'Irlande, il passa, dans le même but, en Angleterre, où on l'accueillit parfaitement; et un voyage qu'il fit ensuite en Amérique lui valut partout les plus sympathiques ovations. Il était de retour en Europe vers la fin de 1851. Comme il avait dépensé toute sa fortune au service de l'humanité, d'où résultait souvent pour lui un état de gêne des plus pénibles, le gouvernement anglais lui a accordé une pension de 300 liv. st. Depuis, il est allé en mission aux îles Fidji.

MATHEWS (CHARLES), remarquable comique anglais, né à Londres, en 1776, fut d'abord commis dans la maison de son père, qui était libraire. Ce fut contre sa volonté expresse qu'en 1793 il débuta sur le théâtre de Richmond. Il donna ensuite des représentations à Canterbury, à Dublin et à York, revint à Londres en 1803, et il n'y obtint pas moins de succès qu'en province. Il réussit moins en Amérique, où il fit une tournée en 1822; mais il y eut au moins occasion de bien étudier le type américain, et a son retour en Angleterre il le reproduisit sur la scène de la façon la plus désopilante. Il était l'acteur chéri du public quand, en 1833, l'affaiblissement de sa santé le força de renoncer à la scène. Deux ans plus tard, il mourait à Plymouth, où il était allé voir un ami. Sa femme a publié ses Mémoires posthumes (4 vol.; Londres, 1838).

MATHIAS. *Voyez* MATTHIAS.

MATHIEU. *Voyez* MATTHIEU.

MATHILDE, comtesse ou marquise de Toscane, célèbre par son alliance avec le pape Grégoire VII, était née en 1046 et fille du marquis Boniface de Toscane. Elle épousa, il est vrai, Godefroid le Bossu, l'un des fils du duc de Lorraine ; mais elle vécut toujours séparée de lui, en Italie. Devenue veuve à l'âge de trente ans, elle se ligua complètement avec le pape Grégoire VII contre l'empereur Henri IV, son cousin. Compagne inséparable du pape, toujours prête à l'assister dans tous ses besoins, et à partager avec lui tous les dangers qu'elle ne pouvait détourner de sa tête, elle chercha constamment à lui inspirer de la constance et de la résolution. Cette liaison si intime donna lieu de la part de quelques contemporains à des insinuations qui n'étaient que des calomnies. En 1077 ou 1079 elle fit don à l'Église de tous ses domaines et de tout ce qu'elle possédait. En 1081 elle fut la seule à prendre le parti du pape contre l'empereur; elle le secourut de ses trésors lorsqu'il se trouva enfermé dans Rome ; et après la mort du souverain pontife elle n'en continua pas moins à guerroyer ouvertement contre l'empereur. Elle mourut en 1115, dans un couvent de bénédictines qu'elle avait fait construire à Polirone. Sa mort provoqua de nouvelles querelles entre l'empereur et le pape Pascal III, à cause de la donation qu'elle avait faite au saint-siége. Un compromis par lequel l'empereur abandonna au pape une partie des domaines de Mathilde, y mit fin. Ils se composaient de la Toscane, de Mantoue, de Parme, de Reggio, de Plaisance, de Ferrare, de Modène, d'une partie de l'Ombrie, du duché de Spolète, de Vérone, et de presque tout ce qui constitue aujourd'hui le *domaine de Saint-Pierre* depuis Viterbe jusqu'à Orviéto et une partie de la Marche d'Ancône.

MATHILDE (Princesse). *Voyez* DEMIDOFF et JÉROME BONAPARTE.

MATHURINS (Ordre des). Cet ordre, dont le vrai nom est ordre des *Trinitaires* ou *Religieux de la Rédemption des captifs*, est appelé en France ordre des *Mathurins*, du nom du premier couvent qu'il y posséda et qui était auparavant un hôpital dédié à saint Mathurin. Ce couvent, fondé en 1209, se trouvait sur l'emplacement des Thermes. Le docteur Jean de Matha et le pieux ermite Félix de Valois sont les auteurs de cette institution, dont le but était de racheter des musulmans les esclaves chrétiens, et des chrétiens les esclaves musulmans qu'ils donnaient en échange. Le Pape Innocent III approuva la création de cet ordre, et lui donna solennellement, en 1199, pour vêtement régulier un habit blanc sur lequel était attachée une croix rouge. D'après leur règle, ces religieux devaient réserver le tiers de leurs biens à la rédemption des captifs : ils vivaient d'une manière simple et austère, et ne se servaient que d'ânes pour montures ; c'est pourquoi le peuple les nommait *les frères aux ânes*.

MATHUSALEM ou mieux MATHUSALA, un des patriarches dont fait mention la Genèse, était fils d'Hénoch et de la race de Seth. Il naquit l'an du monde 687. Lorsqu'il eut atteint cent quatre-vingt-sept ans, il engendra Lamech, en 874, et mourut en 1656, âgé de neuf cent soixante-neuf ans. Cette longue existence a fait employer son nom d'une manière proverbiale, et l'on dit d'un homme qui semble passer les bornes ordinaires de la vie : *Il vivra autant que Mathusalem*. Du reste, le nom de ce patriarche est composé de *meth* (la mort), et de *shalak* (il a envoyé), comme qui dirait : *Il a congédié la mort*. Saint Jérôme, dans ses *Questions hébraïques sur la Genèse*, ne convient pas de dire que l'Église n'est nullement d'accord sur la date certaine de la mort de ce patriarche, qui fut l'aïeul de Noé, et qui aurait cessé de vivre, selon un grand nombre, quatorze années après le déluge. Au reste, tout le monde convient qu'il y a une grande disproportion entre l'âge des patriarches marqué dans les *Septante* et celui qui est exprimé dans le texte hébreu. Les *Septante* ont trop visiblement allongé la vie des patriarches. Un certain Eupolème, cité dans Eusèbe, assure que Mathusalem apprit par le ministère des anges toutes les connaissances qui sont venues jusqu'à nous. Il faut ajouter ce rêve d'Eupolème à ceux des rabbins, qui ont prétendu que Mathusalem laissa plusieurs ouvrages écrits de sa main. DENNE-BARON.

MATIÈRE. Les philosophes, les métaphysiciens, ont fait depuis des siècles bien des efforts pour comprendre la matière et pour lui assigner la place qu'elle doit occuper dans le monde des abstractions. Que de discussions ont eu lieu ! que de livres ont été écrits ! que de découvertes ont été faites à cette occasion sans qu'on ait pu s'entendre pour apporter toute la clarté nécessaire à sa compréhension définitive ! Les uns, les *spiritualistes*, nient l'existence de la matière, en refusant aux sens la certitude du jugement ; d'autres, les *matérialistes*, l'établissent comme seule et unique cause des phénomènes de la création, réalité, évidence incontestable ; tandis que d'autres encore, les *panthéistes*, la pourvoient d'organes animaux. Chacun cherche à expliquer l'essence de la matière en s'éloignant de sa conception et en lui assignant des formes et des qualités diverses. Si les spiritualistes nient la puissance des sens, les matérialistes les considèrent, au contraire, comme pouvant affirmer la vérité ; il s'ensuit, après avoir mûrement considéré les opinions et les raisonnements des plus célèbres d'entre eux, que si

d'un côté on ne peut, vu le témoignage des sens, nier l'existence réelle de la matière, de l'autre on ne doit pas accorder entièrement à nos sensations la raison des phénomènes qui se passent en nous lorsque nous voulons acquérir la connaissance des actes de notre intelligence.

Une autre question s'est élevée parmi les métaphysiciens. La matière est-elle incréée ? A-t-elle eu un commencement, une origine ? Quelle est-elle ? Ou bien, a-t-elle existé de tous les temps ? Question profonde, insoluble, qui a agité les écoles sans aucun résultat pour la science, et à laquelle on ne peut assigner de bornes. Ainsi, pour ceux qui voient tout dans la matière, l'axiome *rien ne vient de rien* paraît une conséquence évidente du principe naturel ; et cependant en l'admettant on nie l'œuvre d'un être tout-puissant, Dieu, qui a tout créé, selon les spiritualistes, par sa propre volonté. Tous ces différents systèmes n'ont pu encore donner une solution complète du problème en question. Ils portent un caractère d'interminables discussions.

En philosophie, on a défini la matière une substance étendue et divisible, qui est capable de recevoir toutes sortes de formes, qui affecte plus particulièrement nos sens et révèle une existence quelconque. Tous les phénomènes qui se passent dans la nature, abstraction faite de la cause intime qui les fait naître, sont dus à la matière, et nous ne pouvons en acquérir la connaissance, la perception, que par le mécanisme de nos sens. La conscience des faits est en dehors de la matière, elle appartient à un ordre et à des rapports psychologiques plus élevés. Selon les matérialistes, l'étendue et la divisibilité de la matière à l'infini ne sont de ses propriétés évidentes, bien que les a t o m e s formés par cette divisibilité ne tombent pas sous les sens ; et par cette continuité d'idées et de principes ils arrivent, dans le domaine de l'inconnu, à expliquer tous les phénomènes possibles, à tous les degrés de l'entendement. C'est cette faculté éminente qui permet de croire à son évidence par la place qu'elle occupe dans l'organisation de tous les êtres. Hobbes et Spinosa, et ceux qui ont raisonné d'après leurs systèmes, ont soutenu que tous les êtres dans l'univers sont nécessairement matériels, et que toutes leurs différences ne viennent que de leurs différentes modifications ; aussi, tout en voulant nier le principe immatériel, psychologique, ils ne peuvent s'empêcher d'imaginer, pour expliquer la nature évidente et organique des corps, une matière subtile et agitée par un mouvement très-vif, ayant le don de penser, de combiner et de créer. L'homme, habitué à juger les phénomènes naturels par les impressions qu'il reçoit des corps extérieurs, songe peu que ses jugements sont subordonnés avant tout à sa connaissance intime de l'objet ; que cet objet, dont la connaissance lui est utile, peut échapper à ses organes ; et que les connaissances acquises par les sens ont besoin d'un contrôle pour s'élever à de plus hautes régions et s'établir uniformes. La matière ne peut donc être que l'occasion de ce contrôle, sans lequel elle cesserait de nous apparaître sous son véritable point de vue. La matière et toutes ses propriétés seraient ignorées de toutes les intelligences sans l'esprit qui préside à ses opérations ; car il est évident que si nos perceptions peuvent nous conduire à la compréhension des phénomènes de la nature, elles peuvent aussi faire naître une suite d'erreurs fatales, nos sens n'ayant pas un caractère complet d'infaillibilité. Ainsi, croire la matière douée, à différents degrés, d'intelligence, c'est tomber dans le vague des abstractions métaphysiques et s'éloigner de la pensée intime, féconde, puissante et intelligente, que la conscience nous révèle dans l'espace et dans l'éternité, et sans laquelle la matière serait inerte, passive, dépendante et stérile (*voyez* MATÉRIALISME).

Dans le langage ordinaire, la matière est ce dont une chose est faite : la façon de l'ouvrage coûte généralement plus que la *matière*. On appelle *matières d'or et d'argent* les espèces fondues, les lingots, les barres employées à la fabrication des monnaies. Dans les manufactures, les *matières premières* sont celles qui n'ont pas encore été mises en œuvre.

En physique, on donne le nom de *matière* à une substance impénétrable, pesante, jouissant des trois dimensions qui caractérisent l'étendue. Dans un sens plus général, on désigne sous ce nom toute substance qui entre dans la composition d'un corps. La quantité de matière contenue dans un corps est égale au produit de sa densité par son volume ; conséquemment, plus un corps sera dense et volumineux, plus il contiendra de matière, d'où il suit que, de deux corps offrant le même volume, le plus dense contiendra plus de matière que l'autre. On ignore quelle est l'essence de la *matière*. Les physiciens ne s'occupent guère que de déterminer les dimensions qui l'accompagnent, ses diverses propriétés et les lois qui régissent les forces qui l'animent.

En médecine, on emploie fréquemment le mot *matière* pour désigner les substances évacuées : *matière* des vomissements, *matières* fécales, *matières* crues, cuites, indigestes ; *matière* de la respiration. La *matière* purulente, ou simplement *matière*, est le pus qui sort d'une plaie, d'un abcès.

La *matière* animale, végétale, minérale, c'est la substance appartenant au règne animal, végétal, minéral. Descartes appelait *matière subtile* un fluide subtil qu'il avait imaginé remplir tout l'espace et influer considérablement sur le mécanisme de l'univers.

La *matière* est aussi l'opposé de l'*esprit* : S'élever au-dessus de la *matière*, être enfoncé dans la *matière*. Molière a dit :

Songez à prendre goût aux plus nobles plaisirs.
Et traitant de mépris les sens et la *matière*,
A l'esprit, comme nous, donnez-vous tout entière.

Matière, au sens moral, signifie le sujet sur lequel on parle, on écrit. Il signifie aussi cause, sujet, occasion : en ce sens, il s'emploie sans article.

Dans tous les sacrements, les théologiens distinguent la *matière* de la forme. En jurisprudence, on appelle *matière civile* ce qui donne action au civil, *matière criminelle* ce qui donne action au criminel. La *matière* d'un procès, d'un crime, c'est ce qui constitue un crime, un délit. *Matière* se dit aussi en parlant de quelques-unes des parties qui composent la science du droit : *matière féodale*, bénéficiale, commerciale. On l'emploie le plus souvent au pluriel : les *matières commerciales* lui sont très-familières.

MATIÈRE MÉDICALE (*materies medica*). La matière médicale est l'ensemble des moyens que le médecin emploie pour traiter et guérir les maladies.

Dès les premiers temps du monde, un instinct secret avait porté l'homme, dans l'état de maladie, à chercher pour se soulager des substances en dehors de ses habitudes, et, parmi ces substances, à choisir celles pour lesquelles à l'état de santé il éprouvait le plus de répugnance. Ce même instinct, dégénérant plus tard sous l'influence de l'imagination, on ne se contenta plus de recourir à des substances simplement non ordinaires, on rechercha les plus rares et les plus bizarres, et on accumula, pour enchérir encore sur leur rareté, les circonstances les plus difficiles à réunir, de lieux, de temps et de cérémonies. C'est cette aberration qui, exploitée par des charlatans, a introduit dans la médecine comme des remèdes sérieux les crapauds, les araignées, les pierres précieuses et les cornes d'animaux fabuleux ; tout cela recueilli et préparé sous certaines influences astronomiques ou avec des cérémonies bizarres.

La science médicale, depuis un siècle seulement, a commencé à faire la part du vrai et de l'absurde, et s'est mise à étudier sérieusement ses véritables ressources ; en même temps la chimie lui a donné un aide pour approfondir l'origine, la nature et les propriétés des substances qu'elle emploie ; la physiologie expérimentale lui enseignait leurs effets divers, la pharmacie perfectionnait l'art de les préparer et de les combiner, et la thérapeutique celui de les appliquer ; enfin, de bons éléments de classification faisaient de ce faisceau d'expériences et d'études un tout logique et régulier. Cette œuvre immense est loin d'être terminée ; quelques substances seulement sont bien connues ; mais chaque année d'autres s'y joignent, et, se détachant une à une de la foule obscure et étrange qui formait le chaos de l'ancienne médecine, viennent se ranger et s'étiqueter dans les cases de la science moderne.

MATIN. Pour les astronomes, le matin est la moitié du jour comprise entre minuit et midi, et c'est toujours aussi l'acception de ce mot dans les actes de la vie civile et dans les indications du calendrier. Mais, dans l'acception vulgaire et usuelle, on entend plus ordinairement par *matin* la partie du jour comprise entre le lever du soleil et midi. Il est même des personnes, parmi celles qui sont loin de se lever avec le soleil, qui entendent par matin la portion de la journée qui s'écoule entre le moment où elles se lèvent et celui où elles dînent. C'est ainsi qu'on dit, dans la société de Paris, une visite du *matin*, pour une visite d'avant dîner. Le mot *matinée* présente à très-peu près le même sens que *matin*. Cependant *matinée* comprend un espace de temps plus étendu et moins défini que le mot *matin*, qui signifie alors le commencement de la matinée. Le mot *matin* est souvent employé au figuré : les poëtes disent le *matin* de la vie, pour la *jeunesse*.

Il serait intéressant de connaître d'une manière bien positive, et par des résultats d'observations spéciales, quelle différence peut produire dans la santé l'habitude d'être matinal ou celle de ne l'être pas. L'expérience n'a pas encore complétement résolu cette question ; mais plusieurs raisons plausibles portent à croire que l'habitude de se lever matin est très-salutaire à l'homme. A quelque instant du jour qu'on prenne son sommeil, on lui accorde toujours à très-peu près le même nombre d'heures ; par suite, lorsqu'on est matinal, on se couche le soir à une heure peu avancée ; on jouit alors du double avantage de ne pas respirer si longtemps un air vicié par les gaz délétères auxquels donne lieu la combustion des matières servant à l'éclairage, et de profiter plus amplement de la vivifiante fraîcheur du matin. A cet instant du jour, lorsque la rosée s'est condensée sur les plantes, lorsque l'acide carbonique et les autres gaz méphitiques formés la veille ont été absorbés par la végétation ou portés dans les moyennes régions de l'atmosphère par les courants de la nuit, lorsque toutes les poussières soulevées par les mouvements du jour sont redescendues à la surface de la terre, l'air, plus pur, plus riche en oxygène, est beaucoup plus propre à la respiration qu'à toute autre heure de la journée. De plus, en se levant matin, on voit plus longtemps la lumière solaire, qui joue dans notre organisme un rôle que ne peuvent probablement pas remplir aussi bien les lumières factices qui la remplacent. La variable longueur des jours et des nuits, avec les saisons et les divers points de la terre, ne peut nous permettre de croire que la nature enjoigne de consacrer au sommeil, tantôt tout le temps que la nuit dure, et tantôt seulement le petit nombre d'heures qu'elle occupe dans la journée. Pourtant l'exemple des animaux nous prouve que c'est la nuit qui doit autant que possible être choisie pour le repos. Au reste, ces réflexions ne peuvent guère s'appliquer aux habitants des villes, dont le lever et le coucher sont réglés par l'heure des affaires ou des plaisirs. D'ailleurs, l'influence du matin sur la pureté de l'air est bien peu sensible dans les villes.

L.-L. Vautier.

MATINES. Les *matines*, qui sont la première partie de l'office canonial, se chantent ou se récitent la veille, ou à minuit, ou le matin. C'est pour cela qu'on les a nommées indifféremment *vigiles*, *offices nocturnes*, ou *heures matutinales*. Pendant les premiers siècles de l'Église, tant que durèrent les persécutions, les chrétiens furent obligés de tenir leurs assemblées et de célébrer la liturgie durant la nuit, dans le plus grand secret. Cette coutume continua plus tard, surtout la veille des grandes fêtes. Divers ordres religieux et quelques chapitres d'églises cathédrales ont conservé l'usage de se lever la nuit pour chanter *matines*. L'ordre et la distribution de l'office de la nuit n'ont pas toujours été tels qu'il sont aujourd'hui : il y a encore sur ce point des différences entre l'Église grecque et l'Église latine. On commença d'abord par réciter des psaumes, auxquels on ajouta peu à peu des lectures, ou des leçons tirées de l'Ancien ou du Nouveau Testament, une hymne, un cantique, des antiennes, des répons. Toutefois, dans la règle de Saint-Benoît, écrite au commencement du sixième siècle, et qui renferme le plus ancien monument sur l'office divin, on trouve beaucoup de ressemblance entre la manière dont se faisaient les vigiles et celle que nous suivons aujourd'hui. A l'office des dimanches et des fêtes, les matines sont ordinairement divisées en trois nocturnes, composés chacun de trois psaumes, de trois antiennes, de trois leçons. Mais au temps pascal et les jours de férie, on ne dit qu'un seul nocturne. Après le dernier répons, on chante le *Te Deum*.

L'abbé J.-G. CHASSAGNOL.

MÂTINS, famille du genre *chien*. Les mâtins ont la tête plus ou moins allongée, les pariétaux tendant à se rapprocher, mais d'une manière insensible, en s'élevant au-dessus des temporaux; les condyles de la mâchoire inférieure sur la même ligne que les dents molaires supérieures. Les principales races de cette famille sont le *mâtin ordinaire*, les différentes races de *danois* et de *lévriers*, le *chien de berger*, le *chien du mont Saint-Bernard*, etc.

Le *mâtin ordinaire* de Buffon est le *canis lanarius* de Linné. Les chiens de cette race sont grands, vigoureux et légers; ils ont la tête allongée, le front aplati, les oreilles à demi pendantes, la taille longue et assez grosse sans être épaisse, les jambes longues et nerveuses, assez fortes; la queue recourbée en haut, le poil assez court sur le corps et plus long aux parties inférieures et à la queue. On en trouve de blancs, de gris, de bruns et de noirs. Ils ont du bout du museau à l'origine de la queue près d'un mètre de longueur. Le mâtin est fort et courageux, assez intelligent, très-attaché à son maître, et bon surtout pour la garde.

La famille des mâtins renferme plusieurs variétés exotiques sauvages ou demi-sauvages, parmi lesquelles il faut citer le *dingo* ou *chien de la Nouvelle-Hollande* (*canis Australasiæ*, F. Cuv.), dont un individu femelle amené en France par les naturalistes de l'expédition du capitaine Baudin aux Terres australes a été décrit par F. Cuvier.

MATRAS (du latin barbare *matracium*, fait de *matresco*, ressembler à une mère, avoir le ventre gros). On donne le nom de *matras* à une espèce de vaisseau de terre ou de verre sphérique, ayant un col long et étroit, dont on se sert comme récipient, dans les opérations chimiques et physiques.

On donne, en physique, le nom de *matras de Bologne* à un *matras* à fond de verre épais, qui se brise à la façon des larmes bataviques, lorsqu'on y laisse tomber un petit gravier anguleux, tandis qu'une balle de plomb, quoique plus pesante, ne produit pas le même effet.

MATRICE (du latin *matrix*). Le mot *matrice* sert à désigner vulgairement l'organe appelé *utérus* par les anatomistes, et destiné chez les femmes, et en général dans toutes les femelles des animaux supérieurs, à contenir les produits de la conception, du moment de la fécondation à celui de la naissance : c'est dans ce lieu que le fœtus est conçu et nourri jusqu'au temps de la délivrance.

Dans l'art du fondeur en caractères, *matrice* signifie les moules dans lesquels on fond les caractères.

Matrice se dit aussi des coins des médailles : ainsi, les graveurs, soit en relief, soit en creux, nomment *matrices* les coins qui sont formés et frappés avec des poinçons gravés en relief.

Matrice se dit encore des étalons ou originaux des poids et mesures.

On appelle *matrices* des contributions les rôles à souches qui servent à vérifier les erreurs commises sur les bordereaux envoyés aux contribuables, etc.; les rôles-matrices doivent être déposés à la maison commune de chaque localité, afin que les intéressés puissent en prendre connaissance.

Le rôleur de tabac nomme *matrice* une table garnie de deux chevilles de bois, à l'aide de laquelle il fait les rôles de tabac.

MATRICULE. Les recrues et les enrôlés volontaires sont inscrits, à leur arrivée au corps, sur un grand livre qui contient leurs noms et prénoms, le lieu et la date de leur naissance, leur signalement complet, leurs services, leurs blessures, leurs actions d'éclat, les grades qu'ils ont successivement obtenus dans le cours de leur carrière militaire, leurs passages d'un corps dans un autre, les morts, les désertions, les condamnations à des peines afflictives ou infamantes, etc., etc. Ces registres sont appelés *matricules*. *Immatriculer* un homme, c'est lui ouvrir une case au registre matricule. Ces registres sont en double expédition : la première, tenue au corps par le quartier-maître, sous la surveillance du major; la seconde, dans les bureaux de l'état civil du ministère de la guerre. Afin qu'il y ait constamment une identité parfaite entre les deux registres, les conseils d'administration des régiments envoient tous les quinze jours au ministre de la guerre l'état des mutations survenues d'une quinzaine à l'autre. C'est sur ces registres que l'on vérifie les services des militaires de tous grades pour constater leurs droits à l'avancement et à la retraite, et qu'on puise les renseignements demandés par les familles, en temps de guerre. Les officiers ont aussi un registre matricule particulier, sur lequel figurent toutes les mutations qu'ils ont subies depuis leur entrée au service; il est extrait du grand livre. Les régiments de cavalerie tiennent, en outre, un registre-matricule des chevaux, dans lequel sont inscrits les noms qu'ils reçoivent à leur admission au corps, leur âge, la nature de leur robe, etc., etc.

Dans l'histoire d'Allemagne, la *matricule de l'Empire* était le dénombrement des princes et États ayant séance dans la diète. La *matricule de Worms* était une ordonnance de 1521, fixant les contingents et les contributions de guerre dans l'Empire.

MATRONALES (*matronalia*), fêtes solennisées par les dames romaines aux calendes de mars. Il n'était point permis aux célibataires d'y assister. Ovide assigne cinq causes à leur institution : 1° la manière dont les Sabines terminèrent la guerre entre les Sabins et les Romains; 2° le désir d'obtenir de Mars la même félicité qu'il avait accordée à ses enfants Rémus et Romulus; 3° le vœu que la fécondité de la terre au mois de mars fût accordée aux dames romaines; 4° la dédicace d'un temple à Junon Lucine sur le mont Esquilin, faite aux calendes de ce mois; 5° l'origine de Mars, fils de la déesse qui présidait aux noces et aux accouchements.

La magnificence et la joie animaient ces fêtes. Les femmes se rendaient, le matin, au temple de Junon, lui présentaient des fleurs et s'en couronnaient ensuite. De retour chez elles, elles y passaient le reste du jour extrêmement parées, recevaient les félicitations et les présents que leurs amis ou leurs époux leur envoyaient en souvenir de l'heureuse médiation des Sabines. Chacune de ces dames, au même jour, les hommes mariés se rendaient au temple de Janus pour lui faire agréer aussi leurs sacrifices. La solennité se terminait par de somptueux festins, que les époux offraient aux dames. Dans ces fêtes, les maîtresses de maison gratifiaient leurs servantes des mêmes priviléges dont jouissaient les esclaves aux Saturnales.

MATRONE. Servius, dans ses notes sur l'*Énéide*, détermine ainsi l'origine de ce mot : « Quelques-uns croient qu'il y a cette différence entre matrone et mère de famille, que l'on appelle *matrone* celle qui a un enfant, et *mère de famille*, celle qui en a eu plusieurs. Mais d'autres estiment qu'on nomme *matrone* la femme mariée, quoiqu'elle n'ait pas encore eu d'enfant, et l'espérance qu'elle a d'en avoir lui a fait donner le nom de mère ou matrone; c'est pour la même raison qu'est appelé *matrimonium*. Aulu-Gelle et Nonius Marcellus appuient cette opinion. » En général, la matrone, dans l'antiquité, était

MATRONE — MATTHIAS

une femme vertueuse, gouvernant avec bonheur sa famille, et à laquelle on pouvait sans danger confier de candides vierges, espérance de leur mère. Les matrones grecques et romaines ont donné de grands exemples de vertu, de chasteté, de constance et d'amour de la patrie. On saluait Junon de ce titre, parce qu'elle était la divinité protectrice des femmes nubiles, en âge et en état de devenir mères. La *Matrone d'Éphèse*, ce délicieux conte de Pétrone, a obtenu chez nous bien des traductions, bien des imitations, sans compter l'œuvre inimitable de La Fontaine.

En France, la véritable matrone est bien déchue : il y a cent ans, c'était encore un femme d'âge, grave, guindée, solennelle et ridicule. Maintenant, c'est vingt fois pis que tout cela; c'est le nom de cette vieillesse honteuse, s'enrichissant de la plus honteuse des exploitations. Le *Dictionnaire de l'Académie* aurait bien dû signaler cette décadence-là et ne pas s'en tenir de nos jours à l'interprétation d'il y a un siècle. En effet il qualifie de matrones les sages-femmes qu'un tribunal délègue dans un procès pour visiter les femmes? C'était bon pour le *Dictionnaire de Trévoux*, qui imprimait il y a plus de cent ans : « La matrone est celle qu'on appelle proprement sage-femme, qui a étudié en anatomie, qui est examinée par les juges de police et par les officiaux, dont chacun lui donne une commission et un titre pour pouvoir accoucher les femmes enceintes, visiter les *demoiselles*..., pour êtres juges de congrès et en faire rapport en justice, où, pour cet effet, elles font serment. » Il y a de ces rapports fort curieux de *jurées matrones*, insérés tout au long dans le livre de Laurent Joubert, célèbre médecin de Montpellier.

MATTE. *Voyez* FONTE.

MATTHIAS, apôtre et disciple de Jésus-Christ, fut désigné par le sort pour remplacer Judas Iscariote (*Actes des Apôtres*, I, 23). Suivant la tradition de l'Église, il alla, après la résurrection de son divin Maître, prêcher l'Évangile en Judée et en Cappadoce. Plus tard il se rendit en Égypte, et finit par souffrir le martyre à Jérusalem. Toutefois, saint Hippolyte et Isidore ne disent rien de lui, si ce n'est qu'il mourut et fut enterré à Jérusalem. L'Église catholique célèbre la fête de saint Matthias le 24 février, et l'Église grecque le 9 août. On conserve des reliques de lui à Rome et à Trèves. On attribue également à saint Matthias un Évangile apocryphe.

MATTHIAS, empereur d'Allemagne (1612-1619), né le 24 février 1557, était le quatrième des fils de l'empereur Maximilien II, et tandis que son aîné, qui fut l'empereur Rodolphe II, était élevé en Espagne, à la cour de Philippe II, il reçut en Allemagne, sous les yeux de son père, une éducation très-soignée, à laquelle présida le spirituel et savant diplomate Busbecq. Exclu par les défiances de son frère de toute participation aux affaires, il saisit avec joie, au début de l'insurrection des Pays-Bas, l'occasion qui s'offrit à son ambition, quand un parti existant parmi les seigneurs de ce pays, et qui voulait contrebalancer l'influence toujours croissante du prince d'Orange, l'invita à venir se mettre à sa tête pour défendre la religion catholique et conserver ces provinces à la maison de Habsbourg. En 1577 il passa secrètement aux Pays-Bas, où à son arrivée il fut traité en souverain; mais reconnaissant l'inutilité de ses efforts pour contrebalancer le crédit du prince d'Orange, il se démit de son titre et de ses pouvoirs en 1580, obtint par l'intermediaire de sa mère son pardon du roi Philippe II et celui de son frère, et vécut dès lors dans une profonde retraite. Son frère aîné, l'archiduc Ernest, étant venu à mourir en 1595, Rodolphe, que ses goûts retenaient à Prague, lui confia le gouvernement de l'Autriche. Mais la haine du protestantisme qu'il avait rapportée des Pays-Bas et les menées de Klhesl, cardinal-archevêque de Vienne, le portèrent à se montrer très-contraire aux protestants dans cette position. Il conseilla à l'empereur de supprimer en Autriche les diverses concessions faites en matière de religion par son prédécesseur en Autriche, ou du moins l'empêcha d'en étendre davantage le bienfait. Le gouvernement insouciant de l'empereur Rodolphe II ayant provoqué une insurrection parmi les Hongrois, qui placèrent à leur tête le magnat Bocskai et invoquèrent l'assistance des Turcs, Matthias fut chargé de marcher contre eux, et conclut avec eux et avec les Turcs, le 11 novembre 1606, à Vienne, un traité qui rétablit la paix tant à l'intérieur qu'à l'extérieur. Quelque temps après, certaines mesures prises par son frère relativement à sa succession lui ayant inspiré des soupçons, il le contraignit, au mois de juin 1608, à lui céder l'Autriche en deçà et au delà de l'Ens, avec la Hongrie, et à lui garantir la reversibilité de la couronne de Bohême. L'appui qu'il trouva dans cette circonstance parmi les protestants le détermina à leur accorder une plus grande tolérance en matière de culte et de foi, en même temps que l'électeur de Saxe, qui avait joué le rôle de médiateur entre les deux frères, le décidait à se soustraire à l'influence des jésuites.

Pendant ce temps-là l'empereur Rodolphe avait aussi des démêlés avec ses sujets de la Bohême qu'il chercha vainement à se concilier par des concessions religieuses. Se croyant en péril par suite des efforts que Rodolphe faisait pour assurer la succession de la Bohême à son frère l'archiduc Léopold, ils invoquèrent l'appui de Matthias, qui bientôt envahit la Bohême à la tête d'une nombreuse armée, et força Rodolphe, le 11 avril 1611, à lui céder la Bohême, la Silésie et la Lusace. Matthias ayant alors épousé, le 4 décembre 1611, Anne, fille de son oncle l'archiduc Ferdinand, fut élu empereur à l'unanimité par les électeurs après la mort de Rodolphe, arrivée le 24 juin 1612. Les capitulations qu'on lui imposa l'obligeaient à ne point admettre de troupes étrangères dans l'Empire à à protéger la navigation du Rhin contre les entreprises des Hollandais. Son règne fut loin d'être heureux. Les haines religieuses éclatèrent avec plus de violence que jamais entre protestants et catholiques, et sous les noms d'*Union* et de *Ligue* les deux partis en présence en vinrent à avoir chacun un centre d'action. Les efforts de l'empereur pour mettre un terme à un pareil état de choses furent inutiles; et il avait tout lieu de redouter une nouvelle attaque de la part des Turcs, déjà maîtres d'une grande partie de la Hongrie et de la capitale de ce royaume. Les circonstances eussent peut-être été favorables pour chasser les Turcs et reconquérir la Transylvanie; mais Matthias, à qui les États de l'Empire, de même que les députés de ses États héréditaires refusèrent les moyens indispensables pour entreprendre la guerre avec succès, dut, en 1615, conclure avec l'ennemi, à des conditions onéreuses, une trêve dont le terme fut fixé à vingt ans. Bientôt les infractions que le haut clergé se permit aux lois de tolérance religieuse provoquèrent dans ses États héréditaires parmi les protestants un vif mécontentement, qui ne fit qu'augmenter encore, lorsque, par suite de son état de maladie, il négligea de plus en plus les affaires publiques, et lorsque, chargeant aux instances des autres membres de sa maison, il eut fait couronner le bigot archiduc Ferdinand, qui fut plus tard l'empereur Ferdinand II, en qualité de roi de Bohême en 1617 et comme roi de Hongrie l'année suivante. Le 23 mai 1618, pendant que Matthias était allé à Presbourg assister au couronnement de l'archiduc, une insurrection éclata en Bohême; les exhortations paternelles de l'empereur furent aussi impuissantes à la réprimer que les énergiques mesures militaires prises de l'avis de l'archiduc Ferdinand, après le renvoi du cardinal-ministre Klhesl, qui inclinait à la paix. Les Bohêmes prirent les armes, placèrent le comte de Mansfeld à leur tête, et déjà ils avaient remporté des avantages importants sur l'armée impériale, quand Matthias mourut, le 20 mars 1619, au milieu de cette redoutable crise.

Matthias avait plus d'orgueil que de capacité, plus de bonne volonté que de résolution et d'énergie. Par sa politique équivoque et vacillante, il s'aliéna tous les partis, perdit toute influence; c'est à lui que revient la responsabilité première des calamités de la guerre de trente ans, qui commença en Allemagne sous son règne.

MATTHIAS CORVIN, dit *le Grand*, roi de Hongrie, fils cadet de Jean Hunyad, naquit en 1443, et monta en 1458 sur le trône de Hongrie sous le nom de Matthias 1er, après avoir été jusque là retenu prisonnier en Bohême par les ennemis de son père. Plusieurs seigneurs hongrois s'opposèrent à son élection, et invitèrent l'empereur Frédéric III à se faire couronner. En outre, mettant à profit ces divisions intestines, les Turcs avaient fait irruption en Hongrie. Matthias Corvin commença par forcer l'empereur à lui restituer la couronne de Saint-Étienne, sans laquelle, dans les idées superstitieuses de son peuple, il n'aurait eu de roi que le nom; puis il courut à la rencontre des Turcs, et les refoula sur leur territoire. Il s'empara avec non moins de bonheur de la Silésie, de la Moravie et de la Lusace (1468-1478), dans la guerre qu'à l'instigation du pape il fit à son beau-père le roi de Bohême, George Podiebrad, qui tenait pour Jean Huss; et la guerre ayant encore éclaté entre lui et l'empereur Frédéric III, il se rendit maître d'une partie de l'Autriche avec sa capitale. Par contre, ces guerres le forcèrent à accabler d'impôts ses sujets, qu'il gouvernait d'ailleurs de la manière la plus despotique. Ce n'en fut pas moins un homme d'un génie extraordinaire. Pendant tout son règne, qui fut presque continuellement rempli de troubles et de guerres, il fit preuve de beaucoup d'amour pour les sciences et les lettres. Malheureusement la riche bibliothèque qu'il avait réunie à Ofen fut détruite par les Turcs, vingt ans après sa mort. A la diète tenue à Ofen, en 1483, il proposa aussi diverses lois ayant pour but la répression du duel, des chicanes dans les procès civils, et de divers autres abus. Il s'occupait de nouveaux armements contre les Turcs, quand il mourut à Vienne, en 1490. Il laissait un fils, *Jean* Corvin, qui tenta inutilement de succéder sur le trône à son père, et eut pour successeur le roi de Bohême Ladislas VII.

MATTHIEU (Saint), fils d'Alphée, l'un des douze apôtres, né à Galilée, et appelé à l'apostolat par Jésus-Christ lui-même, était avant sa conversion collecteur d'impôts près du lac Tibériade, et s'appelait *Lévi*. Suivant les Actes des Apôtres, saint Matthieu se trouvait à Jérusalem lors de l'ascension de Jésus au ciel. Les détails donnés sur les autres circonstances de sa vie et sur ses voyages en Éthiopie, ainsi que dans diverses contrées de l'Asie, manquent d'authenticité. On ne saurait non plus dire avec certitude s'il subit le martyre ou bien s'il mourut naturellement. La tradition de l'Église penche pour le martyre, et Baronius fait même arriver le corps de l'apôtre en 359 à Salerne. L'Église romaine a consacré à saint Matthieu le 21 septembre, et l'Église grecque le 16 novembre. Il est surtout remarquable comme l'auteur du premier Évangile, que, suivant la tradition de l'Église, il aurait écrit entre les années 60 et 67 après Jésus-Christ, à l'usage des Juifs christianisants, à l'effet de leur démontrer que Jésus était bien le Messie attendu depuis si longtemps par le peuple de Dieu, et qu'il aurait composé d'abord en langue hébraïque ou syro-chaldéenne, puis que l'on aurait ensuite traduit en grec. Mais les critiques les plus modernes ont démontré que la tradition de l'Église relativement à la composition de cet évangile dans ces idiomes n'était pas soutenable, et qu'il aurait dû être rédigé primitivement en langue grecque; dès lors, un cet évangile tel que nous le connaissons aujourd'hui n'était point un ouvrage immédiatement apostolique; qu'il avait reçu de quelque Juif christianisant sa forme actuelle, d'après une rédaction première provenant de saint Matthieu lui-même; mais que l'on pouvait considérer l'autorité canonique de cet évangile comme suffisamment établie par le fond même de l'histoire évangélique provenant de saint Matthieu. De savants théologiens protestants persistent cependant à regarder l'évangile qui porte le nom de ce saint comme étant son œuvre propre. L'authenticité et l'intégrité de cet évangile est d'ailleurs indubitable, et c'est à tort qu'on en a contesté les deux premiers chapitres. Les efforts faits pour démontrer à l'aide de la critique qu'il est l'œuvre de divers auteurs, et qu'il se compose de la réunion de diverses parties, sont restés infructueux.

MATTHIEU DE DOMBASLE, célèbre agronome, naquit à Nancy, en 1778. Cédant, à l'impulsion naturelle de son esprit, tout positif, il s'adonna entièrement à l'étude des sciences appliquées et surtout à celle de la chimie. Après avoir servi son pays dans les camps, il se tourna vers l'industrie, fonda une sucrerie de betteraves, puis une fabrique d'eau-de-vie de mélasse, et enfin se livra exclusivement à l'agriculture. Malgré les obstacles et les difficultés de tous genres qui venaient entraver ses tentatives d'amélioration et ses expériences le mieux combinées, il réussit par son habileté, sa persévérance et ses écrits à se faire la réputation d'un agronome distingué. En 1822 une carrière plus vaste s'ouvrit devant lui. On lui confia la direction de la ferme expérimentale et de l'institut agricole de Roville, fondé par une société d'actionnaires. Malgré la médiocrité du sol, Matthieu de Dombasle parvint à lui faire produire d'admirables récoltes. Les résultats matériels qu'il obtint sont des plus remarquables. Ayant à acquitter un fermage fort élevé, à servir aux actionnaires l'intérêt à cinq pour cent du capital avancé, et de plus à leur rembourser ce capital même par un amortissement annuel, il réussit à faire face à toutes ces charges, et cependant, en quittant Roville, à l'expiration de son bail, il restait à Matthieu de Dombasle, ainsi que le constate M. Moll, l'un de ses élèves les plus distingués, une fortune de 110,000 francs, acquise tout entière dans la culture et dans la fabrication des instruments aratoires. On trouvera exposée tout au long dans les *Annales agricoles de Roville* l'histoire de ses essais, de ses tâtonnements, de ses succès, de ses revers, car il dit tout, afin d'éviter à ses concitoyens les mécomptes et les pertes qu'il a éprouvés, tout en popularisant les expériences qui lui avaient réussi. Sous sa direction, Roville acquit une telle réputation qu'un grand nombre de jeunes gens vinrent s'instruire à son école. Il en est sorti plus de trois cents élèves qui ont à leur tour propagé dans tous les départements de la France les doctrines et les enseignements pratiques qu'ils avaient puisés auprès de Matthieu de Dombasle.

Malgré les nombreux travaux que lui imposait la direction de sa ferme expérimentale et de son école, Matthieu de Dombasle a beaucoup écrit; et ses ouvrages, tout comme ses exemples, ont beaucoup contribué aux progrès de l'agriculture en France. Nous n'indiquerons que les principaux : *Essai sur l'analyse des eaux naturelles* (in-8°, 1810); *Description de nouveaux Instruments d'Agriculture par Thaer* (traduit de l'allemand, in-4°, 1822); *Théorie de la Charrue* (1821, in-8°); *Calendrier du bon Cultivateur* (in-12) : cet ouvrage a en plusieurs éditions; *Faits et observations sur la Fabrication du Sucre de betterave* (in-8°, 1822); *Agriculture théorique et pratique, par John Sinclair* (traduit de l'anglais, 2 vol. in-8°, 1825); *Instruction sur la distillation des eaux-de-vie de grains et de pommes de terre* (in-8°, 1829). Matthieu de Dombasle fut médiocrement encouragé par le gouvernement. La Restauration se montra plutôt hostile que favorable au directeur de Roville, à cause de ses opinions libérales, quoique très-modérées. Après la visite de Louis-Philippe à Roville, en 1831, Matthieu de Dombasle obtint quelques marques d'intérêt du ministère. On lui acheta pour une douzaine de mille francs d'instruments aratoires. On créa dix bourses de 300 fr. chacune à l'école de Roville. Le gouvernement paya les professeurs et accorda chaque année une légère somme pour des expériences. Enfin, l'illustre agronome reçut la croix d'Honneur. Matthieu de Dombasle était correspondant de l'Académie des Sciences. Il est mort à Nancy, le 27 décembre 1843, à la suite d'une douloureuse maladie. Une statue lui a été élevée dans sa ville natale, en 1850.   Berthet-Dupiney.

MATTHIOLI (Girolamo Magni, comte), ministre du duc de Mantoue, enlevé de Turin par des cavaliers français, sur l'ordre du cabinet de Versailles, qui redoutait l'influence de ce ministre sur son maître. Matthioli fut emmené à Pignerol, et confié à la garde de Saint-Mars; il mourut, dit-on, dans cette prison, peu de temps après son arrestation. D'autres prétendent, mais sans preuves suffisantes, qu'il fut alors masqué, et qu'il n'est autre que ce personnage mystérieux connu sous le nom de l'homme au masque de fer.

MATURATION, progrès successif des fruits, des abcès, vers la maturité.

MÂTURE. Voyez Mât.

MATURIN (Charles-Robert), célèbre écrivain irlandais, né à Dublin, en 1782, descendait d'une famille française de réfugiés protestants. Après de brillantes études, le jeune Maturin entra dans les ordres, se maria, et fonda une petite pension, qu'il fut forcé de vendre pour payer les dettes d'un de ses amis dont il s'était porté caution. Réduit à vivre de sa plume, Maturin publia les romans de *La Famille Montorio*, *Le jeune Irlandais*, *Les Milésiens*, qui obtinrent le plus grand succès. Sa tragédie de *Bertram*, qui ne fut reçue à Drury-Lane que sur les instances de lord Byron, frappa vivement les esprits et fut traduite en Français par Ch. Nodier et Taylor; deux autres tragédies du même auteur n'eurent aucun succès. Maturin publia encore à diverses époques *Le Pour et le Contre*, ou *les femmes*, *Melmoth*, *Le Vagabond* et *Les Albigeois*. La plupart de ces romans ont été traduits en français par Cohen. Ils sont conçus dans le genre d'Anne Radcliffe, et ont fait donner à leur auteur le surnom de *Satanique* et d'*Arioste du crime*. Maturin est mort à Dublin, en 1824.

MATURITÉ, état d'un fruit mûr, c'est-à-dire arrivé à son dernier degré de développement. L'horticulture observe tous les phénomènes de la maturation des fruits; on les voit à cette époque de leur production grossir plus promptement, se colorer, attirer déjà par leurs émanations odorantes les diverses tribus d'animaux déprédateurs. C'est alors que le sucre s'y forme ainsi que les huiles; enfin, les semences deviennent fécondes, et la *maturité* est accomplie.

En général la maturité des êtres organisés est la limite d'un accroissement ou d'un perfectionnement graduel. Parmi ces êtres, ceux qui sont susceptibles de plusieurs sortes d'accroissements ont aussi diverses époques de maturité, qui peuvent être plus ou moins éloignées les unes des autres. C'est ainsi que l'homme physique *mûrit* presque toujours avant que l'homme moral ait achevé de se perfectionner. Si les deux sortes de *maturité* arrivaient toujours en même temps, la race humaine agrandirait encore ses œuvres en manifestant toute sa puissance, car le maximum de ses forces physiques serait constamment dirigé par la raison la plus saine et la plus éclairée. Quoique nos facultés intellectuelles ne puissent se soustraire entièrement aux lois de l'organisation physique, elles ne subissent pas également leur action, et par conséquent elles ne mûrissent pas en même temps. Il paraît même certain que l'imagination jouit du privilége d'une jeunesse perpétuelle. Ses goûts changent, sans doute; ils peuvent dégénérer en caprices bizarres, offenser la raison; au lieu de l'éclat et de la surabondance de vie qui caractérisent la jeunesse, ses conceptions se présentent quelquefois sous les couleurs ternes et sombres des rêveries d'un malade, ou avec la niaiserie des passetemps de l'enfance. Mais celles de ses œuvres que la raison peut avouer ne sont pas exposées à vieillir; elles traverseront les siècles et plairont à la postérité la plus reculée. L'analyse des facultés sensitives n'a pas été poussée assez loin pour que l'on sache si elles croissent avec l'âge, en raison du progrès de la autres facultés. Quant au jugement, l'expérience a bien constaté que ses forces augmentent par un salutaire exercice, qu'il est susceptible de perfectionnement, de *maturité*.

L'homme *mûr* est véritablement et uniquement celui dont la raison complétement développée, bien exercée et pourvue de connaissances, dirige toutes les actions. Le jeune Vauban, simple lieutenant d'infanterie, était un *homme mûr*; Maurepas le fut aussi dès qu'il fut sorti de l'adolescence. On déshonore trop souvent ce noble titre en l'accordant à l'homme ordinaire dont le déclin va commencer.

La *maturité* des temps, des circonstances, des affaires est l'opportunité, l'à-propos. Cette acception est très-admissible, mais on n'adoptera point celle que le juge Bridoye donnait au même mot, suivant l'historien de Gargantua et de Pantagruel. Ce grand jurisconsulte avait soin de laisser *mûrir* les procès avant de prononcer son arrêt, et il reconnaissait que la *maturité* était arrivée lorsque les parties consentaient à terminer leurs débats par la décision d'un coup de dé. Cette jurisprudence expéditive n'a pas été admise dans les codes modernes.

Les mots *maturation*, *maturité*, sont employés en chirurgie pour exprimer l'état d'une tumeur dans laquelle le pus est formé et disposé à s'échapper.

MATUTA. Voyez Ino.

MAUBEUGE, ville de France, chef-lieu de canton dans le département du Nord, sur la Sambre, qui y est navigable jusqu'à l'Oise, ville forte et place de guerre de deuxième classe, avec 7,717 habitants, un collége, une manufacture impériale d'armes à feu, une raffinerie impériale de salpêtre, un abattoir public, une typographie, des forges à fer, des fabriques de clouterie, de quincaillerie, de ferblanterie, des filatures de coton, des blanchisseries de toile, des fabriques d'huile, de savon, de sucre de betterave, une raffinerie de sel, des tanneries, des brasseries, des scieries de marbre, un commerce actif et étendu de houille de Charleroy, d'ardoises de Fumay, et de marbrerie. C'est une station du chemin de fer de Charleroy à Saint-Quentin. Prise par Louis XIV, cette ville fut cédée à la France en 1678 et fortifiée par Vauban. Elle fut assiégée vainement en 1794 par les Autrichiens, qui y perdirent 6,000 hommes.

MAUBREUIL (Marie-Armand Guerri de), marquis d'Orsvault, né en Bretagne, en 1782. Fils d'émigré, élevé lui-même dans l'exil, soldat à quinze ans dans les rangs des Vendéens, le jeune Maubreuil entra au sortir du collége dans les armées de l'empereur, et nommé capitaine de cavalerie, se distingua en Espagne par des actions d'éclat qui lui valurent la croix et de l'avancement. Il y resta peu de temps, et revint à Paris, où il se livra à des spéculations sur les fournitures de l'armée, qui furent la plupart malheureuses. Lors de l'entrée des alliés à Paris, Maubreuil se signala par l'extravagance de ses démonstrations. On le vit parcourir les boulevards en vociférant contre le gouvernement qui venait de tomber; il avait attaché sa croix d'honneur à la queue de son cheval. C'est alors que Talleyrand lui fit proposer, dit-on, la mission de tuer l'empereur et son fils, et d'enlever les trésors que la reine de Westphalie emportait dans ses fourgons. Maubreuil accepta. Il reçut des ministres Anglès, Dupont, Bourrienne, et des généraux des armées alliées, des ordres qui mettaient à sa disposition pour une *haute mission* toutes les forces militaires françaises et étrangères, dont il lui plairait de requérir l'assistance. Maubreuil ne remplit que la seconde partie de cette mission; et à partir de ce moment se déroula pour lui une longue suite de tortures et de persécutions. Emprisonné vingt fois, délivré par des protecteurs inconnus et circonvenu par les promesses les plus brillantes, fuyant à l'étranger et enlevé au mépris des lois, ayant fait rendre trente-sept arrêts contradictoires aux tribunaux français, Maubreuil donna partout le plus grand retentissement à ses aveux et à ses dénonciations, et résolut de se venger sur Talleyrand, qu'il considérait comme l'auteur de tous ses maux. Le 21 janvier 1827, anniversaire de la mort de Louis XVI, au moment où le prince, au milieu de tous les corps de l'État, entrait dans la cathédrale de Saint-Denis, Maubreuil lui donna sur la joue un soufflet retentissant. On entendit un de ses vieux diplomate, qui tomba à la renverse : « Ouf! quel coup de poing! » Maubreuil fut condamné pour ce fait à cinq ans de prison : mais dans son procès il eut du moins la satisfaction d'accabler ses ennemis sous le poids d'accusations terribles : aucun d'eux n'y répondit. Nous ignorons ce qu'il est devenu depuis.

MAUCROIX (FRANÇOIS DE), abbé littérateur, connu surtout pour avoir été l'ami de La Fontaine, né à Noyon, en 1619, et mort à Reims, en 1708. L'abbé de Maucroix avait débuté dans le barreau, mais il ne tarda pas à s'en dégoûter ; il embrassa l'état ecclésiastique, obtint un canonicat à Reims, et vécut tranquillement dans cette ville, se livrant tout entier à son goût pour la littérature et la poésie. Outre des poésies légères, dont quelques-unes furent composées en commun avec La Fontaine, on lui doit un grand nombre de traductions ; les plus estimées sont celles des *Philippiques* de Démosthène, des *Catilinaires* de Cicéron, de quelques *Dialogues* de Platon et de plusieurs *Homélies* de saint Jean Chrysostôme. M. Louis Paris a publié en 1854 les *Œuvres diverses* de Maucroix (2 vol. in-12).

MAUGUIN (FRANÇOIS), l'un de nos orateurs politiques les plus célèbres sous le gouvernement constitutionnel, naquit en 1785, à Dijon, où son père était procureur au parlement. Après avoir fait ses études juridiques à Paris, il consacra plusieurs années à la culture des lettres, et ne prit rang au barreau qu'en 1813. Chargé deux ans plus tard devant le conseil de révision de la défense de La Bédoyère, il fit preuve d'un talent remarquable ; et à partir de ce moment on le vit figurer à peu près dans tous les procès politiques où il s'agissait de défendre les idées de liberté contre le gouvernement de la Restauration. Les affaires les plus importantes de cette nature furent celles de la conspiration des patriotes de 1816, des chevaliers de l'Épingle noire, de la *Bibliothèque historique*, de Senneville et du colonel Fabvier contre le général Canuel, etc.

De 1819 à 1823, une grave affection du larynx le força de renoncer à la plaidoirie ; mais quand il lui fut donné de pouvoir reparaître au barreau, il y reprit bien vite la place distinguée qu'il s'y était faite, et demeura jusqu'en 1830 l'un des avocats les plus fructueusement occupés de Paris. En 1827, les électeurs de Beaune l'ayant nommé leur représentant à la chambre des députés, il apporta dans cette assemblée un talent de discussion des plus remarquables, joint à tout ce qui constitue l'éloquence, c'est-à-dire la chaleur et la grâce de la diction, l'éclat des images et souvent le passionné de l'expression. Lors de la discussion de la célèbre adresse des 221, il énonça des propositions qui parurent d'une audace telle que Royer-Collard, président de l'assemblée, crut devoir lui retirer la parole. A la révolution de Juillet, on le désigna pour faire partie de la commission municipale créée le 29, et qui pendant cinq jours exerça en France le pouvoir suprême.

Quelque temps après l'intronisation de Louis-Philippe, il fut du nombre de ceux qui, remarquant les déplorables tendances du pouvoir nouveau et indignés surtout de sa servilité vis-à-vis de l'étranger, crurent devoir relever dans la chambre du drapeau de l'opposition libérale. Mauguin se montra dès lors l'un des plus implacables adversaires de la politique de Louis-Philippe, et, de concert avec le général Lamarque, fit à Casimir Périer la longue et terrible guerre de tribune qui ne cessa qu'à la mort de ce ministre. C'est là incontestablement l'époque la plus brillante de la carrière politique de Mauguin, celle où son talent jeta le plus d'éclat et déploya le plus de ressources. On gardera longtemps le souvenir des grandes joutes oratoires dans lesquelles Casimir Périer défendait avec passion la politique de résistance, et où son adversaire plaidait énergiquement la cause du progrès, en en appelant à l'avenir des coups de majorité qui étouffaient sa voix. L'avenir en effet ne devait pas tarder à démontrer qu'en voulant enter le principe de la quasi-légitimité sur celui de la légitimité, les hommes d'État qui avaient alors en mains la direction des affaires construisaient sur le sable, et que l'édifice qu'ils élevaient s'écroulerait à la première bourrasque révolutionnaire.

De ce moment Mauguin adopta en quelque sorte pour spécialité la discussion des questions étrangères : il ne tint pas à lui que la France ne prît à l'égard de l'Europe l'attitude haute et ferme qui eût popularisé la dynastie nouvelle,

quand même la guerre eût dû en être la conséquence. Peut-être, cependant, est-on en droit de reprocher à Mauguin la trop grande facilité avec laquelle il remaniait à tout propos la carte de l'Europe ; il lui arriva en effet plus d'une fois de commettre des méprises, que ne rachetait point l'énorme dépense d'esprit qu'il faisait à la tribune, et qui affaiblirent singulièrement l'autorité de sa parole. Son crédit dans l'opinion baissa surtout du jour où on le vit accepter les fonctions de *délégué des colonies*, fonctions auxquelles était attaché un traitement de 30,000 francs fait par les colons, et qui le mirent dans la nécessité de défendre l'esclavage ou tout au moins de s'abstenir de parler sur cette question, alors que deux ans auparavant il insistait à chaque instant pour que la France courût aux armes à l'effet d'*affranchir* l'Europe des *chaînes* de la sainte-alliance. Évidemment l'orateur s'était placé là dans une fausse position, et il avait fallu que de bien impérieuses nécessités le réduisissent à donner ainsi un démenti flagrant à tout son passé. C'est pour Mauguin, en même temps qu'il abandonnait le barreau pour se jeter dans la politique, se faisait journaliste. Il acquérait le *Journal du Commerce*, feuille où il continuait son ardente polémique contre le système du juste-milieu, mais où, par contre, s'engloutissait notoirement la plus grande partie de sa fortune. Le juste-milieu et ses créatures exploitèrent habilement ces circonstances pour perdre dans l'esprit public un des plus redoutables adversaires du système ; et quand, à la suite d'un voyage qu'il fit en Russie, en 1840, on vit Mauguin devenir le partisan de l'alliance russe, il ne manqua pas d'âmes charitables pour faire remarquer combien les idées qu'il émettait maintenant contredisaient toutes les opinions qu'il avait proclamées quelques années auparavant, et pour donner à entendre que ses convictions nouvelles n'étaient pas complétement désintéressées. S'il renonça à la délégation des colonies, dans cent il accepta quelque chose d'analogue de la part des créanciers de l'Espagne ; et il eût dû comprendre qu'un pareil mandat était incompatible avec le mandat législatif. S'il avait jeté les yeux de l'autre côté de l'Atlantique, il aurait vu aux États-Unis des hommes politiques placés dans la même position que lui, et ruinés par les chances de l'industrie, redemander noblement au barreau les moyens de faire face à leurs engagements, s'éloigner momentanément de la politique, afin de ne pas fournir de prétextes à leurs ennemis pour jeter du doute sur leur indépendance, et ne rentrer dans les affaires publiques qu'avec l'autorité que donne un devoir courageusement rempli.

A la révolution de Février, le pays n'oublia pas les services que Mauguin avait rendus à la liberté et quelquefois aussi à la cause de la morale publique, comme dans l'affaire Gisquet. Les électeurs du suffrage universel le prouvèrent en lui continuant sous la république le mandat législatif. Il parla encore dans les assemblées, surtout sur les affaires étrangères et sur les vins, mais avec moins d'autorité et de succès. A la fin de 1850, sur les poursuites d'un créancier, Mauguin fut arrêté par les gardes du commerce et conduit à la prison pour dettes de la rue de Clichy, bien qu'il eût invoqué l'inviolabilité du représentant. L'Assemblée nationale s'émut ; un de ses questeurs requit un bataillon de ligne, et fit procéder à son élargissement. Bientôt le coup d'État du 2 décembre le rendit à la retraite. Il mourut le 4 juin 1854, à Saumur, chez la comtesse de Rochefort, sa fille.

MAUNDEVILE (JOHN), chevalier anglais, né vers 1300, à Saint-Albans, cédant au goût particulier qui l'entraînait vers les aventures, quitta sa patrie entre 1322 et 1332, et gagna la Terre Sainte, après avoir traversé la France. Il servit ensuite le sultan d'Égypte, puis le grand khan de Cathai (la Chine), et s'en revint dans sa patrie après trente-quatre années d'absence, employées à parcourir les diverses contrées de l'Europe, de l'Asie et de l'Afrique. En 1366 il y écrivit en latin le récit de ses voyages, ainsi qu'il nous l'apprend, pour servir de délassement et de passe-temps à autrui, et le traduisit plus tard en français, pour agir sur un plus grand nombre de lecteurs, et enfin en anglais, à l'usage de

MAUNDEVILE

ses compatriotes. Il mourut à Liége, le 17 novembre 1372, comme l'indique une pierre lapidaire qu'on voit dans l'église des Guillelmites de cette ville. Son livre n'a pour la géographie qu'une importance médiocre, attendu qu'il ne s'est pas attaché à décrire fidèlement ce qu'il avait réellement vu, mais à raconter tout ce qu'il avait pu apprendre sur les pays qu'il parcourait, recueillant par conséquent sans aucune critique toutes sortes de renseignements par ouï dire ou pour les avoir lus, et ne dédaignant même pas les fables les plus grossières. D'un autre côté, il faut reconnaître qu'il a du moins atteint son but, qui était d'intéresser, et que son ouvrage fut autrement lu et répandu que celui de Marco-Polo lui-même. Dès le quinzième siècle il en parut de nombreuses éditions dans les langues anglaise, française, latine, italienne, espagnole, allemande, hollandaise et bohême. Consultez *The Voiage and Travaile of sir John Maundevile, with an Introduction, by J.-O.* Halliwell (Londres, 1839).

MAUPEOU (RENÉ-NICOLAS-CHARLES-AUGUSTE DE) naquit à Paris, en 1714. Son père, premier président, ayant reçu le titre, de vice-chancelier et les sceaux en 1763, en remplacement de Lamoignon, fut nommé chancelier en 1768, et céda vingt-quatre heures après sa place à son fils. Celui-ci prit aux querelles de la cour et des parlements une part très-active, à laquelle il dut sa célébrité passagère. En 1770, lors du procès intenté au duc d'Aiguillon, gouverneur de Bretagne, par la cour des pairs et le parlement, il engagea le roi à laisser un libre cours à la justice, pensant que l'inculpé ne pouvait que sortir triomphant de cette épreuve. Mais des interpellations désagréables pour le monarque ayant eu lieu, il changea d'opinion, et vint déclarer au parlement, dans un lit de justice tenu par Louis XV, le 27 juin 1770, que S. M. arrêtait par la plénitude de sa puissance toute procédure ultérieure, et imposait un silence absolu à toutes les accusations réciproques. La lutte avec les parlements s'envenimait; Maupeou, uni étroitement à la Du Bary, et qui partageait ses inimitiés, ne leur épargnait point les mortifications. De leur côté, les magistrats, après plusieurs actes d'autorité, suspendirent leurs fonctions. Pour terminer les troubles que faisaient naître ces dissensions, le chancelier ne vit rien de mieux qu'un coup d'Etat. Pendant la nuit du 19 janvier 1771, tous les membres du parlement sont réveillés par deux mousquetaires, qui leur intiment l'ordre de reprendre leurs fonctions et de signer leur consentement ou leur refus par ce seul mot *oui* ou *non*. C'était un piége : le chancelier espérait que ceux qui donneraient leur adhésion formeraient le noyau du nouveau parlement dont il méditait l'organisation. Il se trompait : les quelques conseillers qui avaient dit *oui* dans l'étourdissement d'un brusque réveil revinrent sur leur adhésion dans une assemblée générale. Le chancelier leur fit notifier alors la confiscation de leur charge, et les exila par lettres de cachet.

Restait à former et à installer la cour judiciaire, entre les mains de laquelle devaient passer les fonctions du parlement. Maupeou y procéda froidement, au milieu d'une foule frémissante de colère; et des conseillers d'Etat et des maîtres des requêtes choisis par lui rendirent la justice au nom de magistrats que le peuple regrettait. La défaveur qui accueillit ce tribunal provisoire fut telle, que les avocats refusèrent obstinément de plaider dans son sein : quatre d'entre eux qui y consentirent furent surnommés les *quatre mendiants*. Mais la force avec laquelle l'opinion se prononçait contre le chancelier et ceux auxquels il avait remis l'empêcha point de continuer l'œuvre qu'il n'avait qu'ébauchée : il trouva des suppléants aux magistrats exilés, en recrutant, à Paris et dans les provinces, des membres du grand conseil, des avocats, des jurisconsultes, bien ou mal famés, et les installa une seconde fois. Le peuple ne fit qu'un cri, ces nouveaux membres du *parlement Maupeou*; ils n'en tinrent pas moins bon : la justice reprit son cours, et se recruta même de quelques personnes dignes de l'estime du barreau. Maupeou empêcha adroitement les parlements de province de

MAUPERTUIS

prendre parti contre le nouvel ordre judiciaire, en leur faisant insinuer qu'il n'attendait qu'un moment favorable pour les remplacer, et ils n'osèrent proférer que des plaintes très-modérées. Le parlement Maupeou demeura en vigueur jusqu'à l'intronisation de Louis XVI. A cette époque les dissentiments qui avaient éclaté entre le chancelier et le duc d'Aiguillon et le procès si retentissant de Beaumarchais contre Goezman avaient enlevé à ce corps le peu de considération qu'il s'était acquis à grand'peine. Il fut renvoyé, et le chancelier exilé. Dès lors Maupeou ne reparut ni à la ville ni à la cour ; mais il obtint quelque estime, par la manière dont il soutint sa disgrâce. Il mourut ignoré, dans sa retraite de Thuit, près des Andelys, le 29 juillet 1792.

Le chancelier de Louis XV a été jugé diversement : il a eu beaucoup d'amis et beaucoup d'ennemis. On l'a représenté comme un magistrat ambitieux, médiocre et servile; il avait pourtant des vues qui n'étaient ni celles d'un homme médiocre ni celles d'un homme servile. Il capta adroitement la cour en la délivrant d'un corps tracassier, qui marchait droit à l'indépendance, en même temps que par ses réformes il captait le suffrage de la philosophie, alors toute-puissante. Il réalisait en effet, dit Anquetil, les vœux qu'elle formait depuis longtemps au sujet de la vénalité des charges, de l'administration gratuite de la justice, de la refonte des lois criminelles, que l'on promettait comme prochaine, et enfin de la réduction de l'immense ressort du parlement du roi. A l'aide de ces utiles réformes, il se fit pardonner par la philosophie le despotisme qui introduisait ces réformes, et qui ne frappait d'ailleurs que sur les juges mal famés de l'imprudent Lally, de l'innocent Calas et de l'infortuné La Barre.

MAUPERTUIS (PIERRE-LOUIS MOREAU DE), président de l'Académie de Berlin, membre de l'Académie des sciences de France, des principales sociétés savantes de l'Europe, et de l'Académie française, était d'une famille noble de la Bretagne. Il naquit à Saint-Malo, en 1698, et mourut à Bâle, en 1759. Sa vie ne fut pas heureuse, quoiqu'il eût reçu de la nature presque tout ce qui contribue le plus sûrement au bonheur et qu'il n'eût réellement à se plaindre ni de ses contemporains ni de la fortune. Un amour-propre insatiable lui persuadait que la renommée, les distinctions et les hommages qu'il obtenait n'étaient qu'une dette fort mal acquittée : toujours mécontent du présent, il consuma son âge mûr en vains efforts pour s'élever jusqu'au rang qu'il croyait lui être dû dans le monde savant et littéraire. L'étude des mathématiques fut une passion de sa jeunesse, et donnait même son inclination pour la carrière des armes. Mousquetaire à vingt ans, capitaine de cavalerie à vingt-deux, il consacrait aux sciences tout le temps que ses devoirs n'exigeaient point. Enfin, les mathématiques l'emportèrent : le jeune capitaine donna sa démission, et à vingt-cinq ans il était membre de l'Académie des Sciences. Il visita l'Angleterre, afin de se mettre en relation avec les savants de ce pays, et la Société royale de Londres l'adopta. De retour de Paris, il fit un assez long séjour à Bâle avec les Bernoulli. En 1736, lorsque la France se fut chargée des opérations scientifiques pour déterminer la figure de la terre, l'entreprenant Maupertuis fut jugé très-propre à ces travaux, et nommé chef de la section d'académiciens envoyée vers le Nord, tandis qu'une autre section était dirigée vers l'équateur. Une année suffit pour la mesure d'un degré du méridien en Laponie, et le récit de cette expédition rédigé par Maupertuis répandit partout la réputation de ce savant.

En 1740 le grand Frédéric l'appela à Berlin, et le nomma président de l'Académie de cette ville. Près d'un roi guerrier, le géomètre dut se livrer à son goût pour la guerre sans être indocile aux sciences, et il suivit Frédéric sur les champs de bataille. Fait prisonnier par des hussards autrichiens à la bataille de Molwitz, en 1741, il fut transféré à Vienne, où il reçut l'accueil le plus flatteur. Dédommagé par la magnificence de l'empereur de tout ce que les hussards lui avaient pris, il eut la permission de retourner à Berlin, quoique la guerre continuât. Frédéric s'empressa aussi de lui faire oublier son infortune de Molwitz; mais il fallait à Maupertuis tout autre chose qu'une existence paisible, honorée : son humeur inquiète lui causait au sein du repos un malaise auquel il n'échappa que par des querelles avec des géomètres, des hommes de lettres, et surtout avec Voltaire. Accusé par Kœnig, professeur à Franeker, d'avoir introduit dans la mécanique un prétendu principe de *la moindre action*, conception métaphysique dont la science pouvait se passer, et qui n'avait pas même le mérite de la nouveauté, car elle appartenait à Leibnitz, le président de l'Académie de Berlin somma son antagoniste de prouver le plagiat qu'il lui imputait. Kœnig ne put fournir cette preuve, et perdit sa place. Voltaire, qui était alors à la cour de Frédéric, et qui avait pris la défense du professeur hollandais, partagea sa disgrâce; cette double victoire ne fut pas utile à Maupertuis, car Voltaire ne cessa point de le harceler par ses sarcasmes, si bien que pour toute réplique le géomètre envoya un cartel au poëte, qui répondit, comme il le devait, par une satire encore plus mordante qu'aucune de celles qui l'avaient précédée. Les forces n'étaient pas égales entre ces deux adversaires : l'un avait pour lui l'appui de Frédéric, et l'autre pouvait opposer à ce monarque tout le public rieur, dans toute l'Europe, sans en excepter la Prusse. Maupertuis ne put se dissimuler qu'il était vaincu, sans moyen de prendre sa revanche en amenant son ennemi sur un terrain où il pût le combattre avec plus d'avantages; le chagrin et son inquiétude habituelle altérèrent sa santé. Il obtint en 1756 la permission de revenir en France, où il espérait trouver au moins quelque soulagement à ses maux; il y passa deux ans, et ses souffrances avaient peu diminué. Bâle lui parut un séjour encore plus favorable à sa santé, et de plus les Bernoulli l'attendaient; il se rendit à leur invitation en 1758, et mourut chez eux, l'année suivante.

Le recueil de ses œuvres est peu volumineux, quoiqu'il ait écrit sur des sujets très-divers. La publication de sa *Vénus physique* n'eut que peu d'approbateurs; son *Essai de Philosophie morale* est trop peu méthodique pour mériter le nom de philosophie; ses Mémoires sur la figure de la Terre et sur la mesure d'un degré du méridien en Laponie sont les seuls titres qu'il ait à la reconnaissance du monde savant. Il le sentait lui-même, et afin de rappeler continuellement le souvenir de son expédition vers le cercle polaire, il ne changea plus la forme des vêtements qu'il portait dans ces âpres climats; c'était en *équipage de Lapon*, comme on disait alors à l'Académie de Berlin, que le président de cette société savante exerçait ses fonctions. Condorcet ne l'a pas jugé trop sévèrement en disant qu'il fut « homme de beaucoup d'esprit, savant médiocre et philosophe plus médiocre encore; » qu'un désir excessif de célébrité le rendit peu difficile sur le choix des moyens pour y arriver : « On l'avait vu, dit-il, à Paris sortir d'une chambre ou se cacher derrière un paravent quand un autre occupait la société plus que lui. » Ainsi que son confrère Variguon à l'Académie des Sciences, Maupertuis croyait inventer en généralisant des formules déjà trouvées pour des cas particuliers. En l'opposant à La Condamine, qui fit au Pérou des opérations analogues à celles que Maupertuis avait exécutées au nord de Tornéa, on reconnaît que ce dernier a plus fait pour les sciences, et que cependant il n'occupe qu'une place moins importante dans leur histoire. Le modeste et laborieux La Condamine ne blessa jamais aucun amour-propre, il mettait fort à l'aise celui des autres; l'irascible Maupertuis voulait éteindre partout; les forces dont il eût pu faire un si bon usage au profit des sciences s'épuisèrent au service de ses passions. Ce qu'il disait un jour à madame Du Châtelet donne une idée juste de la manière dont toute sa vie s'écoula : *Vous ennuyez-vous quelquefois?* lui avait demandé cette dame. *Toujours*, répondit le savant. FERRY.

MAUR (Saint), célèbre disciple de saint Benoît, le suivit aux monastères de Sublac et du Mont-Cassin. Il mourut en 584. Une tradition, qui avait déjà cours en France au neuvième siècle, rapporte que saint Maur fut envoyé dans ce pays par saint Benoît, pour y établir des monastères de sa règle. Une célèbre congrégation de Bénédictins prit, au commencement du dix-septième siècle, le nom de *Saint-Maur*.

MAUR (HRABAN). Voyez HRABAN-MAUR.

MAUREPAS (JEAN-FRÉDÉRIC PHILIPPEAUX, comte DE), naquit en 1701. Fils, petit-fils et arrière-petit-fils de conseillers d'État, parmi lesquels il y-eut un chancelier, il obtint à l'âge de quatorze ans la charge de son père, que néanmoins il n'exerça librement qu'à vingt-quatre ans. Il eut alors dans ses attributions : 1° la maison du roi, ce qui lui donnait le département des grâces et l'administration supérieure de la ville de Paris ; 2° le ministère de la marine et des colonies. Sous le premier rapport, on lui doit l'élargissement des quais, plusieurs égouts nouveaux , des fontaines, entre autres celle de la rue de Grenelle, enfin nombre d'améliorations longtemps désirées. Relativement à la marine, si négligée avant lui, on le vit, membre innominé de l'Académie des Sciences, visiter avec soin nos ports, nos chantiers, et créer ce système de construction navale qui éleva la France au-dessus des autres peuples ; il perfectionna les cours d'instruction, et créa de la sorte cette pépinière d'officiers distingués qui durant la guerre d'Amérique nous permirent de lutter avec gloire contre la supériorité britannique. Nul homme n'était plus séduisant que Maurepas; son savoir, à la vérité, était mince, mais son intelligence, rapide et sûre, lui faisait saisir avec facilité ce qu'il y avait de réellement utile dans les projets qui lui étaient présentés. D'ailleurs il savait s'entourer d'hommes instruits et distingués, et il récompensait leurs services avec cette grâce et cette délicatesse qui ajoutent tant aux bienfaits ; de même il excellait à atténuer par les formes les plus aimables ce que des refus ont toujours de blessant. Ce qu'on est en droit de lui reprocher, c'est une aridité d'âme, fruit de cet athéisme d'amour, vice natif de sa constitution physique, vice organique, qu'il cherchait maladroitement à voiler; c'est encore ce ton léger qu'il portait dans la discussion des choses les plus sérieuses, et cette facilité à saisir et à proclamer les ridicules ; enfin , cette foule de bons mots, qu'on a peine à concilier avec l'idée d'un esprit étendu et solide, ainsi que cette érudition relative aux niaiseries de cour qui ne laisse pas soupçonner qu'on soit capable de s'occuper d'objets moins futiles. Il devait pourtant à ce genre d'esprit, dont parfois il abusa, une grande facilité à déjouer les questions indiscrètes, ce qui dans un ministre n'est pas un mérite à mépriser.

Disgracié, en 1749, pour une mauvaise épigramme contre Mme de Pompadour, soit légèreté, soit philosophie, il prit son exil en se confinant à Pontchartrain, magnifique château où ses amis l'entourèrent : « Le premier jour j'étais piqué, le second j'étais consolé. » Ami de Montesquieu et de Caylus, il avait, durant son ministère, protégé nombre d'hommes de mérite, qui le regrettèrent, entre autres La Condamine, Maupertuis, Clairaut, Bouguer. Rappelé au timon des affaires à l'avénement de Louis XVI, il dit à ce monarque, en l'abordant : « Je rends grâce à Votre Majesté de m'avoir nommé son premier ministre. — Premier ministre ! répond le prince ; je n'en veux pas. — Eh bien, reprit le comte, c'est donc pour apprendre au roi à n'en point avoir. » Logé au-dessus du cabinet du souverain, devenu son élève, et communiquant à ce cabinet par un escalier dérobé, il régna véritablement jusqu'à sa mort, car, quoique sans portefeuille, il était consulté sur tout, et les ministres travaillaient avec lui. Sa première opération de quelque importance fut le rappel des parlements en dépit des vives remontrances de Monsieur, depuis Louis XVIII. La seconde fut la guerre d'Amérique. Ces deux actes ont été sévèrement blâmés, mais avec trop de passion, d'irréflexion et d'inconséquence, d'autant que l'un et l'autre le furent par ceux-là même qui dans le temps les avaient le plus ap-

MAUREPAS — MAURICE

plaudis. Aussi ne fut-ce que l'effet tardif d'amers souvenirs. Nous sommes donc loin, pour notre part, de l'en accuser. D'ailleurs, le parlement Maupeou, traîné alors dans la fange, ne pouvait subsister longtemps; et son renvoi rappelle un mot plaisant du ministre : « Comment, lui disaient quelques-uns des magistrats d'alors, nous présenter en public sans être hués? — En prenant des *dominos*, » répondit le comte. Quant à la guerre d'Amérique, dont on a trop exagéré l'influence sur l'esprit français, Maurepas pouvait croire utile d'arracher à l'Angleterre de riches colonies et de relever aux yeux de l'Europe l'honneur français, doublement flétri par la guerre de sept ans et par le partage de la Pologne. Ce fut à cette occasion que, répondant à lord Stormont, qui le questionnait insolemment sur ce que l'on débitait dans le public relativement aux intentions qu'on supposait déjà à la France de s'unir aux insurgés américains, il lui dit : « Ceux qui parlent ne savent rien, et ceux qui savent ne disent rien. » C'était lui qui avait présenté à Louis XVI l'honnête et savant Turgot; et sur l'objection qu'il n'allait jamais à la messe, il répondit au roi : « L'abbé Terray y allait tous les jours. » Il le trouva dur, entêté, sans connaissance des hommes, déterminé à ne point travailler avec lui, et il le fit renvoyer. Necker, son autre créature, s'attira sa disgrâce en voulant personnellement tout conduire à son gré; et c'est à la suite de ce triomphe ministériel que Maurepas mourut, en 1781, peu regretté du public et amèrement pleuré du roi.

Ce qui nuisit le plus à sa renommée comme homme d'État, c'est la publication, par son secrétaire Salté, de ses prétendus Mémoires, ramas informe d'écrits médiocres rassemblés par Soulavie, et qui pour la plupart ne sont point de Maurepas. Mais il faut noter qu'à l'époque où il vivait un ministre ne pouvait décemment se montrer en public dans un lieu de plaisir envahi par la multitude, tel qu'était alors ce qu'on nommait la *Redoute chinoise :* or, on y avait vu Maurepas, qui, travaillant le lendemain avec Beaumarchais relativement aux secours envoyés secrètement aux Américains, lui dit : « Comment, occupé de si grandes affaires, avez-vous pu prendre le temps d'écrire une comédie qu'on assure être très-plaisante ? — Il ne m'a fallu, répondit l'auteur comique, que celui que vous avez perdu à la Redoute chinoise. » Un sot eût été vivement choqué. Maurepas répliqua : « Si votre pièce renferme beaucoup de traits comme celui-là, je vous promets le plus grand succès. » Ne fût, c'est un homme de beaucoup d'esprit; et s'il ne fut pas un des plus grands ministres de la monarchie, il n'y en eut du moins aucun qui acquit et conserva dans ses longues disgrâces autant de vrais amis, ce qui est assez rare, peut-être même sans exemple, dans le poste élevé qu'il occupa si longtemps. Cte Armand d'ALLONVILLE.

MAURES, l'un des peuples qui habitent la Barbarie. Ils tirent leur nom des Maures de l'antiquité, sans en descendre véritablement. Les anciens Maures, habitants aborigènes de la Mauritanie, appartenaient vraisemblablement à la même race que les Numides, et ont eu pour descendants restés purs de tout mélange les Amazirghs de l'empire actuel de Maroc. Dès les temps les plus reculés ils s'étaient mélangés dans les plaines de la région des côtes avec des émigrants venus d'Orient; et ce fut encore bien autrement le cas, dans les villes, avec les émigrants plus civilisés qui y arrivèrent ensuite, et en dernier lieu avec les conquérants arabes. Tandis que les véritables descendants des anciens Maures perdaient, au moyen âge, chaque jour davantage cette dénomination dans les montagnes où force leur avait été de se réfugier et ce que déjà peut-être ils y prenaient celle d'*Amazighs*, leur nom restait affecté de préférence à la race métisse issue dans les villes et sur les côtes du commerce des habitants primitifs avec les Arabes ; et plus tard on le donna également aux habitants des villes du reste de la Barbarie, issus, eux aussi, d'un mélange de la race aborigène avec les Arabes. On comprend donc aujourd'hui sous la dénomination de *Maures* la race berbère qui dans les villes surtout constitue la population aborigène.

Les Maures sont une belle race d'hommes, avec la noblesse de traits qui caractérise les visages orientaux, dont l'expression porte l'empreinte de la douceur et de la mélancolie. Il sont, il est vrai, doux de caractère, et plus sociables que les Berbères et les Bedouins, mais flegmatiques, sans énergie, d'une intelligence lourde et épaisse, et, en dépit de leur fanatisme musulman, d'une lâcheté extrême, d'ailleurs, cruels, voluptueux, dissimulés, avares et rapaces comme tous les mahométans, et très-corrompus dans les grandes villes. Une grande partie exercent le commerce de détail et le métier de cafetiers; le reste se compose de manœuvres, de jardiniers et de cultivateurs.

Comme les Arabes conquérants de l'Espagne provenaient de la Mauritanie, et que sans doute ils s'étaient déjà beaucoup mélangés avec les Maures, on leur donna aussi le nom de *Maures* ; et dans l'histoire d'Espagne les noms de Maures, de Sarrasins et d'Arabes sont toujours synonymes. C'est de ces Arabes que descendent les *Moriscos*, ou Maures, qui, après avoir été subjugués vers la fin du quinzième siècle par Ferdinand le Catholique, feignirent d'adopter le christianisme, et en conséquence ne furent point expulsés d'Espagne avec ceux de leurs compatriotes demeurés fidèles à la loi de Mahomet. Ils vécurent tranquilles et laborieux jusqu'au règne de Philippe II, qui résolut de les convertir à fond ou de les exterminer. Les persécutions dont ils furent l'objet les poussa (1558-1570) à la révolte, et plus de 100,000 d'entre eux furent chassés de la Péninsule. Il en demeura cependant encore beaucoup qui, en dépit de leurs manifestations extérieures, restèrent en secret fidèles à la foi de leurs pères. Ce ne fut que sous Philippe III qu'on réussit à les expulser d'Espagne, en 1610. Environ 500,000 *Moriscos* émigrèrent alors au nord de l'Afrique, où ils se vengèrent en se livrant désormais à la piraterie, au très-grand préjudice du commerce des chrétiens.

MAURESQUE (Architecture). *Voyez* ARCHITECTURE, tome Ier, p. 756.

MAURESQUES. *Voyez* ARABESQUES.

MAURIAC, ville de France, chef-lieu d'arrondissement dans le département du Cantal, sur la rive droite de l'Auze, avec 3,594 habitants, un tribunal de première instance, un collége, une typographie, un commerce de bestiaux, de chevaux estimés, de mulets, de cire jaune, de fromage, de bois merrain, de toile, de dentelle, de cuirs. On y voit une belle église gothique du treizième siècle. Cette ville fut, dit-on, fondée par sainte Théodechilde, fille de Clovis, qui ayant suivi son frère Thierry en Auvergne, s'y fixa, y fit bâtir l'église de Notre-Dame-des-Miracles et y fonda un monastère. Les Anglais commandés par Robert Knowles s'emparèrent, en 1354, de Mauriac, qui fut encore prise et pillée par les protestants en 1574.

MAURICE, l'anglaise faisant partie du groupe des Mascareignes, située à l'est de Madagascar à 12 myriamètres au nord-est de La Réunion, et nommée souvent, à cause de ses nombreux avantages, de même que Madagascar, la *reine des îles de la mer des Indes*, est de forme elliptique, présente une surface de 224 kilomètres carrés et est complétement de nature volcanique. A partir de ses rives, généralement abruptes et escarpées, le sol va toujours en s'élevant davantage, et de la manière la plus pitoresque, vers son centre, où, indépendamment de quelques vastes plateaux, on trouve quatre chaînes de montagnes bien boisées, hautes en moyenne de 6 à 700 mètres, dont les sommets seuls sont dénudés, et renferment un antique cratère, le plus grand de la terre, aujourd'hui complétement éteint et couvert de bois. Les sommets les plus élevés sont le *Piton de la montagne Noire* (915 mètres), le *Peter-Botte* (897 mètres) et *Piton du Ponce* (888 mètres). Outre le basalte solide qui forme la base principale du sol de l'île, on y rencontre aussi assez souvent de la lave poreuse. Les côtes se composent généralement de coraux calcaires, formant tout autour de l'île une ceinture de bancs de corail d'environ un kilomètre de profondeur. L'île Maurice est très-riche en eaux ; car on y compte plus de cent rivières qui de l'intérieur, où existent d'ailleurs plusieurs lacs assez considérables, vont se jeter dans la mer ; il est vrai qu'en été la plupart tarissent. Le climat sans doute est de nature tropicale, mais très-sain et très-tempéré ; et il l'était bien davantage autrefois, alors qu'on n'avait point encore tari la source des cours d'eau en défrichant les forêts. Les terribles ouragans, qui souvent sévissent dans l'île, sont les seuls fléaux auxquels on y soit exposé. On conservera longtemps le souvenir de ceux qui y éclatèrent le 1er mars 1818 et le 23 février 1824; ils exercèrent dans l'île de telles dévastations, que les plantations restèrent plusieurs années sans donner aucun produit. Le sol est généralement fertile. Indépendamment de tous les végétaux particuliers à l'Europe, on y cultive avec le plus grand succès les diverses plantes qu'on y a introduites de l'archipel des Indes orientales, telles que la cannelle, le girofle, la muscade, le poivre, l'arbre à pain, le manioc, l'ananas et surtout la canne à sucre, qui dans ces derniers temps a presque complétement envahi le sol arable : de sorte qu'aujourd'hui on est obligé de tirer de Madagascar et, depuis que le commerce avec cette île est presque entièrement interrompu, de la côte de Natal le bétail et le riz nécessaires à la consommation de la population. On y compte 175,000 habitants, dont une bonne partie sont des *coulies*, ou travailleurs libres, amenés de l'Inde pour remplacer les esclaves. Depuis l'émancipation des nègres, en 1838, jusqu'au 31 décembre 1849, il n'avait pas été introduit à Maurice moins de 106,638 *coulies*; et grâce à ces renforts, la population, qui depuis 1817 était en voie de décroissance continuelle, s'est accrue de nouveau. Outre ces Hindous, on compte encore parmi les hommes de couleur plus de 10,000 Madécasses, qui pour la plupart ont fui de leur pays pour venir se réfugier ici, ainsi que des Malais, des habitants de l'île de Ceylan, beaucoup de Chinois et des Nègres de la côte orientale d'Afrique. Les blancs, qui forment à peu près le dixième de la population, sont presque tous d'origine française ; c'est une race pleine de vivacité, d'activité et d'intelligence. La principale industrie de Maurice consiste dans la culture du sol et dans le commerce, que favorisent singulièrement son heureuse situation et ses nombreuses baies, formant autant de bons ports. Le sucre constitue le grand article d'échange ; et depuis la réduction des tarifs qui a eu lieu en Angleterre, la production et l'exportation en ont singulièrement augmenté. En 1850 l'Angleterre, à elle seule, tirait de Maurice 1,003,312 quintaux de sucre. L'exportation du bois d'ébène, du coton, de l'indigo, du café et de l'écaille n'a pas, à beaucoup près, la même importance. Les importations, consistant surtout en grains, riz, vin, fer, plomb, articles des manufactures anglaises et françaises et étoffes de l'Inde, avait représenté en 1847 une valeur de 1,143,080 liv. st., tandis que l'exportation s'était élevée au chiffre de 1,622,495 liv. st.; ce qui donnait à l'île un bénéfice de 479,415 liv. st. Elle entretient des relations commerciales, indépendamment de l'Angleterre, avec Goa, Surate, Batavia, la colonie du Cap, Zanguébar, Mascate et tout le golfe d'Arabie. Sa marine marchande se compose de 125 bâtiments. La religion catholique est la religion dominante, et l'île possède un évêque catholique. La langue française, qui est demeurée la langue des affaires et celle des rapports sociaux, la seule qu'on parle encore dans les campagnes, était aussi avant 1847 la langue de l'administration et celle de la justice; mais depuis cette époque la langue anglaise a été déclarée obligatoire pour les habitants dans leurs rapports écrits avec l'administration, de même que c'est la seule dans laquelle puissent avoir lieu les plaidoiries devant les tribunaux et être rédigés les actes de procédure. Dans ces efforts faits par le gouvernement anglais pour dénationaliser une population essentiellement française, il y a une cause constante et légitime de mécontentement public.

Les revenus publics de l'île s'étaient élevés en 1846 à la somme de 321,351 liv. st., et les dépenses à 365,143 liv. st.

Le gouverneur, auquel est adjoint un conseil législatif, a en outre sous son administration les Seychelles, Rodrigue, et les autres îlots, pour la plupart inhabités, appartenant à l'Angleterre, qui se trouvent situés dans la partie occidentale de la mer des Indes. L'île, qui est divisée en douze districts, possède deux villes. *Port-Louis*, son cheflieu, dans une belle position au nord-ouest, au fond d'une grande baie entourée de montagnes de basalte, est une ville bien bâtie. C'est le siége du gouverneur, de l'évêque, de la chambre de commerce et de la cour d'appel : et on y compte 30,000 habitants. Elle possède une cathédrale, un théâtre, un collége parfaitement tenu, une école de médecine, une bibliothèque publique, deux imprimeries, une librairie et deux sociétés savantes. Son port franc en a fait le centre du commerce de l'île, en même temps qu'une importante étape commerciale entre les Indes orientales et la partie orientale de l'Afrique. A un myriamètre du chef-lieu , on trouve le beau jardin botanique de Pompelmousse. *Mahébourg*, ville de 9,000 âmes, est située sur la côte sud-est, dans la baie de Grand-Port, que protége un banc de corail.

Comme les autres Mascareignes, Maurice fut découverte, en 1505, par le Portugais Pedro Mascareñhas, et appartint aux Portugais jusqu'en 1598, où elle passa aux mains des Hollandais, qui lui donnèrent ce nom de *Maurice*. Toutefois, ceux-ci l'abandonnèrent en 1703. Après quoi les Français en prirent possession en 1715, et la nommèrent *Ile-de-France*. Les Anglais, qui nous l'enlevèrent en 1810, et à qui la paix de 1814 en a adjugé la possession définitive, lui rendirent alors son ancien nom d'*Ile Maurice*.

MAURICE (Saint), chef de la *légion thébaine*, massacrée, dit-on, par ordre de l'empereur Maximien, en 286, dans la vallée d'Agaune en Helvétie, pour n'avoir pas voulu sacrifier aux idoles. Il n'est question de lui dans aucun auteur ancien avant qu'il eût pris ce commandement. Cependant, quelques écrivains religieux soutiennent qu'il était originaire de la Thébaïde, qu'il avait été élevé par ses parents, chrétiens eux-mêmes, dans la religion catholique. Maximien, que Dioclétien avait associé à l'empire, venait de passer les Alpes avec une armée nombreuse pour attaquer les Germains révoltés. La légion de Maurice, forte de 10,000 hommes, faisait partie de l'expédition ; elle était toute composée de chrétiens : on la désigna sous le nom de *légion thébaine*, parce qu'elle avait été levée à Thèbes, dans la haute Égypte. Arrivée sur les hauteurs d'Octodurum , ville considérable, sur la rive gauche du Rhône, à 40 kilomètres au couchant du lac de Genève, sur les ruines de laquelle s'élève aujourd'hui le joli bourg de Marinhac, l'armée s'arrêta plusieurs jours pour se remettre de ses fatigues. Maximien, à la veille d'en venir aux mains , profita de ce repos pour ordonner des sacrifices aux dieux. Dès lors la légion thébaine rompit cet ordre , elle se sépara du gros de l'armée, et se retira à Agaune, à 12 kilomètres d'Octodurum , pour n'avoir point à commettre un sacrilége. L'empereur ne fint aucun compte du scrupule de ces chrétiens ; il leur fit commander, sous peine d'un châtiment sévère, de se rapprocher ; mais la voix de Maurice avait pénétré le cœur de ses co-religionnaires : aucun d'eux ne voulut obéir. Maximien punit cette insubordination en les décimant. Cet exemple n'eut aucun résultat. Il fallut recourir à une seconde exécution ; elle ne changea rien à la résolution inébranlable des légionnaires.

Alors, deux des principaux chefs de la légion, Exupère et Candide, adressèrent à Maximien cette protestation, aussi ferme que respectueuse : « Nous sommes vos soldats, mais nous sommes aussi les serviteurs de Dieu. Nous vous devons le service militaire et l'obéissance , mais nous ne pouvons renier celui qui est notre créateur et notre maître , comme il est le vôtre, alors même que vous le méconnaissez. Vous nous trouverez dociles à vos ordres dans tout ce qui ne sera point contraire à sa loi ; et notre conduite passée doit vous en répondre. Nous sommes prêts à combattre vos ennemis, en quelque lieu qu'ils soient, mais nous avons prêté serment à Dieu avant de prêter serment entre vos mains. Nous confessons Dieu le père, auteur de toutes choses, et Jésus-Christ, son fils. Nous avons vu massacrer nos compagnons sans les plaindre, car nous nous réjouissons du bonheur qu'ils ont eu de mourir pour leur religion. L'extrémité à laquelle on nous réduit n'est point capable de nous inspirer des sentiments de révolte. Nous avons les armes à la main; mais nous ne savons pas résister, aimant mieux mourir innocents que de vivre coupables. » Maximien, furieux à la lecture de cette adresse, ordonna d'investir la légion et de la massacrer entière sans pitié. L'armée s'attendait à une vive résistance, ayant affaire aux meilleurs soldats de l'Orient ; mais quelle fut sa surprise ! toutes les victimes mirent bas les armes, s'agenouillèrent, les bras et les yeux levés vers le ciel, s'exhortant les uns les autres à la mort, et présentant avec résignation la tête au tranchant de la hache. La guerre que continua Maximien dans les Gaules devint féconde en persécutions et en cruautés ; partout les chrétiens furent livrés à la fureur des soldats. Le général fit rechercher quelques compagnies de la légion thébaine qui avaient été détachées lors de l'entrée en campagne, et ordonna qu'on leur fit éprouver le sort de leurs compagnons d'armes. Ils moururent avec le même dévouement. On honore encore aujourd'hui leur martyre à Trèves, à Soleure, à Chotz, à Milan, à Fossano, à Pignerol, à Turin, où la plupart de ces exécutions eurent lieu.

Après le retour de Maximien à Rome, on s'empressa de fouiller dans la vallée d'Agaune pour y découvrir les corps de Maurice, d'Exupère, de Candide, et leur rendre publiquement les honneurs dus à des saints. On ne leur consacra d'abord qu'un simple mausolée ; mais l'empereur Sigismond le remplaça par une chapelle magnifique, à côté de laquelle il fit bâtir une vaste communauté, qui renferma bientôt plus de neuf cents religieux voués au culte de ces reliques. Jusqu'à l'invasion du calvinisme en Suisse, elles furent l'objet d'une grande vénération de la part des fidèles : on leur attribuait des miracles, et l'on venait de fort loin les honorer. Dire ce qu'il en reste serait fort difficile aujourd'hui : diverses localités de France, d'Espagne, d'Italie, d'Allemagne, prétendent en avoir quelque fragment. Vienne se vante de posséder la tête de Maurice ; Angers, son bras droit ; Mirepoix, son bras gauche, translations qui eurent lieu sous le règne de saint Louis, avec de grandes fêtes publiques dans tout le royaume. Plus tard, sous François Ier, un article du traité de paix avec la Savoie vint encore diviser ce qui restait à Agaune des reliques des martyrs de la légion thébaine ; la moitié en fut transférée à Turin, avec de splendides processions, des jeûnes et des prières publiques, qui durèrent huit jours. La fête de saint Maurice a été longtemps obligatoire pour l'Église : on la célébrait le 22 septembre, anniversaire du massacre de la légion ; mais au seizième siècle elle fut rendue facultative.

La maison de Savoie, qui avait en grande vénération la mémoire de saint Maurice, dont elle se vantait de posséder la lance et l'anneau, institua, au quinzième siècle, un ordre militaire de ce nom, lequel fut réuni, sous Grégoire XIII, à l'ordre de Saint-Lazare. Jules Saint-Amour.

MAURICE (Mauricius Tiberius), empereur d'Orient, naquit en 539, à Arabisse, dans la Cappadoce. Sa famille était d'origine romaine. L'empereur Tibère II le nomma général de ses armées, lui fit épouser sa fille Constantine, et le proclama son successeur à l'empire. Il fit tous ces honneurs à ses succès dans la guerre de Perse. Tibère l'avait nommé au retour de cette expédition. Les historiens chrétiens ont vanté son zèle pour la religion. Il succéda à Tibère, le 14 août 582. Les Perses bravaient l'autorité impériale. Maurice mit en campagne une armée considérable, sous les ordres de Philippicus, son beau-frère, qui battit d'abord l'ennemi et fit un butin immense. Deux grandes victoires avaient signalé l'ouverture de la guerre ; mais l'indiscipline et les désordres qui en sont la conséquence s'introduisirent dans les troupes. Chosroès II, roi de Perse, chassé de son royaume, trouva auprès de l'empereur une honorable hospitalité et une armée avec laquelle il parvint à recouvrer son trône. Mais Chagan, roi des Avares, fit une irruption dans la basse Hongrie et la Mésie. Il s'était avancé jusqu'à Constantinople, qu'il menaçait d'un siége, et avait fait dans ses courses 12,000 prisonniers. Il offrit de les rendre moyennant rançon. Sur le refus de Maurice, il les fit passer tous au fil de l'épée. La population de Constantinople en fut indignée. Elle accusa l'empereur de cruauté et d'avarice; elle lui reprocha d'avoir provoqué la mort de tant de malheureux, qu'il aurait pu sauver par un léger sacrifice d'argent. Depuis ce déplorable événement, Maurice n'eut plus un seul instant de repos. Vainement il témoigna le plus grand repentir, vainement il invoqua les prières du clergé. On lui prédit qu'il serait massacré avec sa femme et ses enfants, et qu'il serait détrôné par un homme dont le nom commençait par les lettres P H. Des songes pénibles reproduisaient ces sinistres prédictions. Il crut en prévenir la réalisation en exilant Philippicus, son beau-frère. La prédiction ne s'en accomplit pas moins : *P h o c a s*, qui de simple centurion s'était élevé aux premiers grades de l'armée, se fit proclamer empereur en 602. Il poursuivit Maurice en Chalcédoine, fit massacrer en sa présence cinq de ses fils, et fit tomber ensuite sa tête sous la hache du bourreau, le 27 novembre 602. Dufey (de l'Yonne).

MAURICE, comte de Nassau, prince d'Orange, un des plus grands capitaines des temps modernes, était le second fils de Guillaume *le Taciturne*, et naquit en 1567, au château de Dillenbourg. « Si le père a été vingt ans entiers le principal entretien de l'Europe, dit Aubery du Maurier dans ses curieux Mémoires, le fils a plus fait de bruit quarante ans durant que toutes les têtes couronnées ensemble. » Au moment où Guillaume Ier tomba sous les coups de l'assassin Gérard, il allait être proclamé comte de Hollande ; déjà même les formalités préliminaires de l'investiture avaient été remplies. Sa mort laissa les Provinces-Unies dans la plus grande confusion. Philippe, son fils aîné, enlevé jadis de l'université de Louvain par le duc d'Albe, était resté en Espagne. Le grand-pensionnaire Olden Barnevelt fit conférer le stathoudérat en jeune Maurice, qui étudiait à Leyde. Malgré le désordre qui régnait partout, malgré les succès d'Alexandre Farnèse et les fautes du comte de Leicester, qu'Élisabeth avait envoyé en Hollande, Maurice rétablit bientôt les affaires. Depuis la dispersion de la fastueuse *armada* équipée par l'Espagne, il prit 38 villes, 45 châteaux, défit les Espagnols en rase campagne dans 3 batailles signalées , fit lever 12 siéges, et obtint de grands avantages sur mer, en Europe et aux Indes, par la valeur de ses lieutenants et vice-amiraux. Son armée était une école où les hommes les plus distingués vinrent apprendre l'art de la guerre. Sa défense d'Ostende, qui coûta aux Espagnols plus de 60,000 hommes, et la victoire de Nieuport sont comptées parmi ses plus beaux faits d'armes. La guerre était nécessaire à l'ambition de Maurice, qui ne croyait pas applicables à la vie politique les principes d'équité qu'il se montrait jaloux d'observer dans sa vie privée. Malgré son opposition, Olden Barnevelt fit signer, en 1609, la *trêve de douze ans*. Dès lors ce vieillard, qui avait protégé sa jeunesse, devint pour lui un ennemi déclaré. Opiniâtre et dissimulé, il attendit l'occasion de le perdre; et la trouva dans un frivole débat théologique, qui mettait aux prises les partisans de Gomar et d'Arminius. Olden Barnevelt, courbé sous ses soixante-seize années, fut traîné à l'échafaud, au mépris des lois et des lois les plus sacrées. On ajoute même que Maurice eut la cruauté de se repaître de son supplice. La trêve expirait en 1621. De nouveaux triomphes pouvaient seuls effacer l'impression d'une vengeance si inhumaine. Mais Maurice trouva un adversaire redoutable dans Spinola. Ce général prit Bréda en 1625, tandis que le stathouder tentait inutilement de s'emparer de la citadelle d'Anvers. Ce double échec lui causa un vif chagrin et acheva de ruiner sa santé, affaiblie depuis longtemps. Le 23 avril de la même année, il mourut à La Haye, à l'âge de cinquante-huit ans, sans avoir été marié. Ses derniers instants furent empoisonnés par la haine du peuple, dont il avait été autrefois l'idole. Il laissa plusieurs enfants naturels. Aubéry du Maurier prétend qu'il avait résolu de se faire souverain de la Hollande, et que le dépit de ne pouvoir réussir avança sa fin.

Maurice était très-versé dans les mathématiques. Il avait eu pour maître Simon Stevin de Bruges, qui construisit pour lui les fameux *chariots à voile*, décrits par Grotius. Ce prince imagina un pont pour le passage des rivières, renouvela, en la modifiant, la castramétation des anciens, perfectionna l'art de fortifier et d'attaquer les places, donna à la cavalerie et à l'infanterie une organisation meilleure, abandonna les bataillons carrés pour adopter l'ordre mince, et s'appliqua à maintenir la discipline. Maurice, que Vondel a condamné en vers énergiques dans sa tragédie allégorique de *Palamède*, encouragea quelquefois les poètes. C'est ainsi qu'il récompensa par le don d'une chaîne d'or de grand prix le poète Théophile, qui lui avait adressé une ode sur la bataille de Nieuport.   De Reiffenberg.

MAURICE, d'abord *duc*, puis *électeur* de Saxe, né à Freiberg, le 21 mars 1521, fils aîné du duc Henri le Vieux et de sa femme, fille du duc Magnus de Mecklembourg, annonça de bonne heure de grands talents unis à une activité infatigable et à un caractère ardent. Un voyage qu'il fit dans les différentes cours de l'Allemagne lui révéla combien le luxe de celles-ci l'emportait sur la simplicité de la cour de son père. Après avoir embrassé le protestantisme à Torgau, en 1539, il épousa, en 1641, Agnès, fille du landgrave Philippe de Hesse. Le 18 août de la même année, il succéda à son père dans le gouvernement du duché de Saxe de la ligne albertine. Quoique zélé protestant et gendre de l'un des signataires de la ligue de Schmalkalde, on ne put le déterminer à y accéder, et il préféra conserver une position indépendante, peut-être bien parce qu'il songeait dès lors à jouer un rôle plus important et à exercer une plus grande influence sur les affaires de l'Allemagne. En 1542 il alla à la tête d'une armée secourir l'empereur en Hongrie contre les Turcs, puis l'année suivante contre les Français, et se mit de plus en plus par cette conduite dans ses bonnes grâces. Aussi quand, en 1546, une rupture complète éclata entre l'empereur et les princes membres de la ligue de Schmalkald, crut-il le moment venu enfin de mettre à exécution les plans que depuis longtemps il avait conçus contre les princes de la maison de Saxe. Il se prononça donc ouvertement en faveur de l'empereur, qui, par un traité signé le 19 juin 1546, à Ratisbonne, lui assura le titre et les pays héréditaires de l'électeur. Par ordre de l'empereur, il s'empara en peu de temps de presque tout l'électorat; mais il lui fallut l'évacuer avec presque autant de rapidité à l'approche de l'électeur, arrivant à la tête de forces supérieures. Un armistice auquel l'électeur consentit fut ce qui le perdit. L'empereur eut ainsi le temps de venir au secours du duc avec ses troupes d'élite. La bataille de Muhlberg et la capitulation de Wittemberg le firent atteindre au but de ses vœux. Le 1er juillet 1547 l'empereur lui accorda la dignité d'électeur et l'investiture de la plus grande partie des États héréditaires de la ligne Ernestine.

Toutefois, il ne tarda pas à reconnaître que l'empereur n'avait en réalité d'autre but que de briser les pouvoirs indépendants existant en Allemagne pour s'ériger sur leurs débris en souverain unique et absolu. Comprenant que la force seule pouvait désormais entraver les projets d'usurpation de l'empereur, il arma en 1550, sous le prétexte d'exécuter le décret de mise au ban de l'Empire lancé contre la ville de Magdebourg; puis, le 5 octobre 1551, il signa un traité d'alliance offensive et défensive avec le roi de France Henri II. Il envoya alors une ambassade solennelle à Charles-Quint solliciter la mise en liberté de son beau-père, le landgrave de Hesse; mais l'empereur, qui croyait n'avoir plus rien à redouter de sa part, repoussa avec hauteur cette demande. Maurice leva alors décidément le masque, et entra en campagne. Dans un manifeste, il déclara que la guerre qu'il commençait n'avait d'autre but que la sécurité du protestantisme, le maintien de la constitution de l'Empire et la délivrance du landgrave. Accueilli partout avec la joie la plus vive, il se porta si rapidement sur Inspruck, qu'il faillit y enlever l'empereur, souffrant de la goutte. Alors ce prince non-seulement remit aussitôt en liberté le landgrave et l'électeur, mais, par suite du sentiment de son isolement et de sa faiblesse, consentit à entamer avec Maurice des négociations qui amenèrent la paix de Passau (22 août 1552). Toutefois, parsuite des sentiments d'amitié qu'il avait pour le roi des Romains, Ferdinand, Maurice, la paix une fois rétablie, alla prendre part à une campagne contre les Turcs en Hongrie. Mécontent du résultat de cette expédition, il s'en revint dans ses États, où il accéda à la ligue formée contre le margrave Albert de Brandebourg, qui, ne reconnaissant point le traité de Passau, persistait à faire la guerre pour son compte. Le margrave fut complétement défait à la bataille de Siverhausen (9 juillet 1553); mais cette victoire fut chèrement achetée : l'électeur y reçut un coup de feu dans le bas-ventre, et mourut, le 11 juillet, des suites de cette blessure.

Outre la prudence habileté qui lui faisait toujours choisir les circonstances favorables, Maurice possédait ces talents du capitaine et du souverain qui l'ont classé parmi les plus grands souverains de son temps. Il n'eut pas plus tôt pris les rênes du pouvoir dans son duché, qu'il y exécuta les réformes les plus salutaires; et il eût incontestablement accompli des choses encore autrement grandes, s'il lui avait été donné de vivre plus longtemps. Il eut pour successeur son frère Auguste. Sa fille unique, qui lui survécut, Anne, épousa Guillaume Ier, prince d'Orange.

MAURICE, comte DE SAXE, maréchal de France. *Voyez* Saxe (Maurice, comte de).

MAURITANIE. Ainsi s'appelait originairement dans l'antiquité l'extrémité nord-ouest de l'Afrique, contrée répondant à peu près à l'Empire actuel de Maroc; et elle tirait ce nom du peuple qui l'habitait, les *Mauri* ou *Maurusii* (Maures). A l'ouest, elle était bornée par l'Océan Atlantique, au sud par la Méditerranée; au sud, par le désert; et à l'est, elle était séparée de la Numidie par le fleuve Muluchatti ou Molochath, appelé aujourd'hui *Malouia*. Les Romains ne possédèrent qu'à l'époque des guerres de Jugurtha des renseignements bien précis sur la Mauritanie et sur son roi Bocchus, dont Jugurtha avait épousé la fille. En récompense de ce qu'il leur avait livré son gendre, les Romains abandonnèrent à Bocchus la Numidie occidentale, contrée limitrophe de la Mauritanie, ou le territoire des Massæsyliens, s'étendant à l'est jusqu'au Nasavath, l'Adouse ou le Seumman actuel, qui vient se jeter dans la baie de Bougie, comprenant par conséquent tout l'ancien royaume de Syphax, c'est-à-dire la plus grande partie de l'Algérie actuelle. Mais les Romains en agirent à l'égard de ce vaste royaume de Mauritanie tout comme à l'égard de la Numidie. Les souverains de ce pays de la race de Bocchus, de même que ceux de la Numidie, furent forcés de prendre part aux guerres civiles de la république, et ne régnèrent plus que sous le bon plaisir du vainqueur. Le dernier Bocchus étant venu à mourir, l'an 32 av. J.-C., Auguste adjugea à Juba II, en échange de son royaume paternel, la Numidie, qui, depuis que Juba 1er avait succombé dans sa lutte contre César (46 av. J.-C.), était devenue province romaine. Jol, la capitale de cette contrée, fut désormais appelée *Cæsarea* en l'honneur d'Auguste, et c'est ville qu'on appelle aujourd'hui Cherchell. A Juba II succéda son fils Ptolémée, que l'empereur Caligula assassina l'an 41 après J.-C. En l'an 45 l'empereur Claude érigea la Mauritanie en une province romaine, dont les limites furent cependant encore portées plus loin à l'est jusqu'au Amphaga, appelé de nos jours l'*Ouad el Kibir* ou le *Roummel*, qui coule devant Constantine et se jette dans la Méditerranée entre Djidjelli (*Ilgilgilis*) et Collo. Après avoir comprimé une insurrection qui éclata parmi les *Mauri* occidentaux sous les ordres de l'affranchi Ademon, Claude divisa la Mauritanie en deux provinces séparées par le Molochath : la *Mauritania Tingitana* à l'ouest, répondant à peu près au Maroc actuel, et ayant pour capitale *Tingis*, aujourd'hui Tanger, sur le détroit de Gibraltar; et la *Mauritania Cæsariensis* à l'est, formant la plus grande partie de l'Algérie actuelle, avec *Cæsarea* (aujourd'hui Cherchell) pour capitale. Chacune de ces deux provinces reçut pour gouverneur un chevalier romain. Cependant, plus tard, vraisemblablement sous Dioclétien, la seconde fut subdivisée en deux provinces : la plus grande, composée de la partie occidentale, conserva le nom de *Cæsariensis*; la partie orientale, au contraire, qui s'étendait depuis le port de *Saldæ* (aujourd'hui Bougie) jusqu'à l'Amphaga, reçut maintenant le nom de *Provincia Sitifensis*, d'après son chef-lieu *Sitifis*, aujourd'hui Sétif ou S'tif, à environ 12 myriamètres à l'ouest de Constantine. Ces deux provinces étaient placées sous l'autorité supérieure d'un *vicarius* général, résidant à Carthage. Dans chacune d'elles un *præses* dirigeait l'administration civile, au lieu du *procurator*. Sous le rapport militaire la *Sitifensis* dépendait du comte (*comes*) général de l'Afrique, et la *Cæsariensis* d'un duc (*dux*) particulier. La Tingitane fut complétement séparée du gouvernement d'Afrique à une époque qu'on ne saurait préciser, et comprise dans celui de la province d'*Hispania*, dont elle faisait encore partie à l'époque de la domination des Goths. Les Vandales, qui arrivèrent d'Espagne à partir de l'an 429, conquirent la Mauritanie, la Numidie et Carthage. En 534 ces contrées leur furent arrachées par les empereurs de Byzance; et ceux-ci se les virent enlever au septième siècle par les Arabes, qui, de la Tingitane, entreprirent la conquête de l'Espagne visigothe.

MAUROCORDATOS, famille de Fanariotes, célèbre par l'esprit et l'instruction de ses membres, de même que par leur influence sur les directions des affaires, qui descend de marchands de l'île de Chios, et qui fait remonter son origine à la famille génoise des Scarlati.

Alexandre MAUROCORDATOS, ancien professeur de médecine et de philosophie à l'université de Padoue, fut nommé, en 1681, drogman de la Porte. Plénipotentiaire de la Porte aux négociations qui précédèrent la paix de Carlovitz, il y fit preuve de finesse et d'habileté diplomatiques.

Nicolas MAUROCORDATOS, son fils, comme lui drogman de la Porte, fut le premier Grec nommé hospodar de Moldavie (1709) et de Valachie (1711).

Constantin MAUROCORDATOS, frère de ce dernier, hospodar de Valachie à partir de 1735, fut le bienfaiteur de la classe des paysans en Moldavie; il les affranchit du servage, et introduisit parmi eux la culture du maïs.

Alexandre MAUROCORDATOS, son fils, également drogman de la Porte jusqu'en 1786, puis hospodar de Moldavie, a composé, sous la direction d'Hauterive, un dictionnaire grec-français et italien.

Alexandre, prince MAUROCORDATOS, homme d'État grec, fils du précédent, naquit en 1787, à Constantinople. Jeune encore, il accompagna son oncle, le prince Karadja, en Moldavie, puis à l'étranger, et séjourna ensuite en Suisse et en Italie. En 1821, après l'insurrection de la Grèce, il s'embarqua à Marseille pour prendre sa place parmi les défenseurs de l'indépendance. Envoyé en mission en Étolie, il réussit à soulever les Souliotes. Au congrès d'Épidaure, il insista pour la formation d'un pouvoir central, et fut chargé de la rédaction d'un projet de déclaration d'indépendance et de constitution. Le congrès l'élut pour président du pouvoir exécutif. Investi du commandement en chef, il entreprit dans l'été de 1822 une expédition en Épire, qui se termina par la bataille de Peta, que gagnèrent les Turcs. Néanmoins, il réussit à sauver le Péloponèse par sa courageuse et habile défense de Missolonghi. En lutte aux attaques du parti de Kolokotroni et de Demilrios Ypsilanti, il se retira alors à Hydra, où il détermina les capitaines de vaisseau à former avec leurs bâtiments une flottille qui irait au secours de Missolonghi. En 1824 il déjoua les plans formés par Omer-Vrione contre l'Étolie et l'Acarnanie. Mais quand Kolokotroni eut pris les armes contre le gouvernement de Nauplie, il se retira de plus en plus des affaires; en 1829, sous la présidence de Capo d'Istria, il finit même par donner sa démission, et fut avec Miaulis et Condurlottis à la tête de l'opposition. Sous le gouvernement du roi Othon, il fut nommé ministre des finances, et en 1833 président du conseil des ministres. Lors du changement de cabinet qui eut lieu en 1834, il fut successivement nommé ministre près des cours de Munich, de Berlin et de Londres. En 1841 il reprit pendant quelque temps la direction des affaires en Grèce, comme président du conseil; il alla ensuite en qualité d'ambassadeur à Constantinople, d'où la révolution survenue en Grèce en 1843 le força de revenir dans son pays. Il entra alors comme ministre sans portefeuille dans le cabinet Metaxas; et le 11 avril 1844, après la chute de ce cabinet et la défaite du parti russe, il fut chargé de constituer un nouveau ministère, dont il eut la présidence. Mais le parti anglais, dont il fut alors considéré comme le chef, n'avait pas dans le pays des racines assez profondes pour pouvoir rester longtemps à la tête des affaires. Il succomba donc dès le mois d'août 1844, et depuis lors Maurocordatos n'a plus fait parler de lui qu'en raison de ses intrigues. Au mois de novembre 1850, il remplit les fonctions d'envoyé grec à Paris. Après l'occupation de la Grèce par les troupes alliées, le roi Othon ayant dû changer son ministère, Maurocordatos accepta la présidence du nouveau cabinet formé le 26 mai 1854, avec le ministère des finances et de la marine. Au mois de juin 1855, il passa au ministère de l'intérieur, et en octobre suivant il donna sa démission.

MAUROMICHALIS, famille de chefs maïnotes qui s'est rendue célèbre dans l'histoire moderne de la Grèce et qu'on range d'ordinaire parmi les maisons princières.

Pierre MAUROMICHALIS, connu sous le nom de *Pietro-Bey*, était en 1816 bey des Maïnotes. Plus tard il s'affilia à l'hétairie, et en avril 1821 il leva l'étendard de l'insurrection en Morée avec Kolokotroni. A partir de ce moment, il figura parmi les chefs les plus zélés et les plus influents des Grecs luttant pour leur indépendance. C'est ainsi qu'il fut successivement l'un des membres du sénat de Morée (1821), président de l'assemblée nationale d'Astros (1822) et chef du pouvoir exécutif (1824). D'abord uni à Kolokotroni, il ne tarda pas à devenir son adversaire et l'un des chefs du parti national, quand Kolokotroni se posant en chef du parti russe, démasqua de plus en plus ses ambitieux projets. Il devait inévitablement résulter de cet antagonisme qu'il fit également l'opposition la plus vive à Capo d'Istria, homme tout dévoué aux intérêts russes. Celui-ci, de son côté, chercha à annuler autant que possible le puissant chef des Maïnotes. L'insurrection du Magne contre Capo d'Istria en fut la conséquence, et le président fit alors arrêter Pietro-Bey à Nauplie. Cet acte de vigueur irrita profondément les Mauromichalis, qui, comme toutes les familles maïnotes, se distinguent au plus haut degré par l'esprit de caste le plus vif et le plus susceptible, de sorte que le fils de Pietro-Bey, retenu prisonnier, *Georges*, et son frère, *Constantin* MAUROMICHALIS, assassinèrent le comte Capo d'Istria, le 9 octobre 1831. Constantin fut tué sur place par les personnes de la suite du président; quant à Georges, il périt du dernier supplice, la même année. Après la chute du gouvernement présidentiel, Pietro-Bey fut remis en liberté; depuis lors il se montra constamment l'un des plus fidèles appuis du roi Othon. Il mourut le 29 janvier 1848, âgé de soixante-dix-sept ans.

Un troisième fils de Pierre Mauromichalis, *Anastase* MAUROMICHALIS, est aujourd'hui aide de camp du roi Othon.

MAURY (JEAN SIFFREIN), député aux états généraux, cardinal-prêtre, archevêque *in partibus* de Nicée, évêque de Montefiascone et Corneto, archevêque-administrateur du diocèse de Paris, membre de l'Académie Française, etc., naquit à Valréas, dans le comtat d'Avignon, le 26 juin 1746. Son père, pauvre cordonnier, voulant pour son fils une destinée plus heureuse, lui fit quitter l'échoppe pour le collége, où il donna de bonne heure des preuves d'un grand amour du travail et des dispositions les plus brillantes. Ayant terminé ses études profanes, il fut placé dans le séminaire de Saint-Charles, d'où il passa dans celui de Sainte-Garde. A peine âgé de vingt ans, il vint à Paris en qualité d'instituteur particulier.

Dès l'an 1766 Maury avait publié l'*Éloge funèbre du dauphin* et l'*Éloge de Stanislas*, ébauches médiocres d'un talent qui n'osait pas encore se livrer à son essor. Un an après, il concourut pour l'*Éloge de Charles V* et pour les *Avantages de la paix*, double sujet proposé par l'Académie. Ces deux discours, remarquables par l'énergie et l'élégance, le décidèrent à se consacrer à la prédication. Après de longues et consciencieuses études, il publia son *Essai sur l'Éloquence de la Chaire*. En 1771 il obtint, pour son *Éloge de Fénelon*, un accessit à l'Académie, devant laquelle il eut l'honneur de prononcer le *Panégyrique de saint Louis* ; il fit également entendre, en 1775, dans l'Assemblée du clergé, le *Panégyrique de saint Augustin*. Ces deux discours achevèrent de le placer à la tête des orateurs religieux de son temps ; il possédait en effet une énergique parole, de la chaleur, du goût, du mouvement. Ces qualités le firent devenir le prédicateur à la mode. Il parut ensuite à la cour, où il prêcha devant le roi un Avent et un Carême. Maury se trouvait dans une position délicate. La foi était voilée, l'Encyclopédie toute-puissante. Il ne voulait déplaire ni à la cour ni aux philosophes : il y réussit. Les élèves de Voltaire le considéraient comme un rhéteur habile, tandis que les gens pieux espéraient que son éloquence parole rétablirait les saintes croyances. C'est à cela qu'il dut une abbaye et un fauteuil à l'Académie. L'abbé de Boismont, qui l'avait choisi pour l'aider à rédiger ses *Lettres sur l'état du clergé et de la religion en France*, lui résigna en mourant le prieuré de Lions, bénéfice de 20,000 livres de rente. La santé de cet abbé était depuis longtemps chancelante. Maury l'interrogeant sans cesse sur quelques particularités de sa vie, celui-ci crut deviner que, dans l'espérance de lui succéder à l'Académie, Siffrein préparait son discours de réception. « L'abbé ! l'abbé ! lui dit-il, vous prenez ma mesure ! » Maury n'obtint cependant les honneurs du fauteuil qu'après la mort de Lefranc de Pompignan, le 27 janvier 1785.

En 1785 il prononça son chef-d'œuvre religieux, le *Panégyrique de saint Vincent de Paul*. Mais la tourmente approchait. Maury ne l'attendait pas ; il courut à sa rencontre, et se jeta par ambition dans les premières luttes de la cour avec les parlements. Appelé, comme prieur de Lions, aux assemblées du clergé du bailliage de Péronne, réuni pour l'élection des députés aux états généraux, il fut désigné pour représenter l'ordre religieux. Tandis que Mirabeau, sublime déserteur de la caste dans laquelle il était né, combattait au sein de la grande assemblée pour le peuple, le fils du savetier avignonnais embrassait la cause des nobles et des privilégiés. On sait comment il s'opposa à la vérification des pouvoirs en commun ; on connaît son interminable lutte avec le géant de la première révolution. Cependant, après le 14 juillet, la peur parut le saisir : il voit clairement quelles scènes terribles allaient traverser le mouvement révolutionnaire. Cette intelligence de périls imminents lui suggéra l'idée de fuir. Il fut arrêté à Péronne : vainement il prétendit être venu chercher de nouveaux pouvoirs ; on lui objecta qu'il avait commandé des chevaux de poste. L'Assemblée, consultée, répondit que le devoir des députés était de se trouver aux états généraux, et que la municipalité de Péronne devait laisser à Maury la liberté d'y revenir. Il reprit donc ses fonctions, qu'il ne quitta que le 30 septembre 1791, lors de la séparation de l'assemblée. Jusqu'à la fuite de Louis XVI, sans cesse sur la brèche, il combattit avec une rare ténacité toutes les mesures révolutionnaires.

Riche de savoir, doué d'une mémoire prodigieuse, d'une vivacité d'esprit toute méridionale, d'une tête belle, quoique insolente et commune, d'une voix grave et sonore, il semblait posséder toutes les qualités du grand orateur. Mais son éloquence essentiellement agressive n'était pas celle d'un conservateur, et pour ce motif ces qualités nuisirent, à son insu, au parti qu'il s'efforçait de sauver. Quelquefois, cependant, quoique vaincu par les suffrages, il eut les honneurs du tournoi. Pour défendre les biens du clergé, défense malheureusement intéressée, il porta quatre fois la parole, et chaque fois avec une nouvelle argumentation, avec plus d'adresse et d'éloquence. Il eut aussi la gloire d'annoncer clairement où conduisait l'émission du papier-monnaie ; il en prévit la déplorable fin. Dans l'orgueil légitime de sa puissante éloquence, il rendait justice à l'énergie de Mirabeau, en disant de lui : « Quand il a raison, nous nous battons ; quand il a tort, je l'écrase. » Tous les jours vaincu dans ces combats de la parole, dans cette lutte contre le principe démocratique, il reparaissait à la tribune avec un sang-froid, un courage de patience que rien ne pouvait lasser. Dénoncé au peuple par les journaux révolutionnaires, il était souvent accueilli par les insultes et les outrages de la multitude ; plus d'une fois il fut frappé, plus d'une fois il n'évita l'horreur d'une fin tragique que grâce à l'inaltérable à-propos d'un esprit plein d'audace. On sait son histoire de la lanterne. Menacé par quelques hommes du peuple de s'y voir suspendu : « Eh bien ! leur répondit l'abbé royaliste, quand vous m'y mettriez, y verriez-vous plus clair ? » Un autre jour, une vieille édentée le poursuivant dans le Palais-Royal, en criant : « L'abbé Maury, l'abbé Maury, qui va dire sa messe ! » il se retourna, et tirant deux pistolets de ses poches : « Oui, ma bonne, lui répondit-il, et voilà ses burettes... » L'abbé se trouvait un jour dans un salon fort aristocratique. « Oh ! disait-il en parlant de ses adversaires à la constituante, je l'en suis sûr, la concession dont j'ai besoin. — Monsieur l'abbé, lui dit un archevêque, fier de son rang, de son nom, vous vous croyez donc bien de l'importance ? — Fort peu quand je me considère, monseigneur ; beaucoup quand je me compare. » Une autre fois, au bruit de nombreux applaudissements, l'abbé Maury descendait de la tribune. Mirabeau y monte à l'instant pour lui répliquer, et, s'adressant personnellement à l'abbé, commence en ces mots : « Je vais vous enfermer dans un cercle vicieux !... — Il va donc m'embrasser ! » s'écria l'abbé ; et la risée fut générale.

Après avoir été plus utile à sa gloire qu'à la cause qu'il défendait, il quitta la France. Entouré d'une certaine auréole, il parcourut le Piémont, les Pays-Bas, les bords du Rhin ; partout il fut accueilli avec la plus grande faveur. A Rome, la population courut à la rencontre de l'abbé, qui, dans une voiture découverte, affectant une profonde dévotion, faisait semblant de lire les pages saintes : cette niaiserie refroidit du tout au tout l'enthousiasme des Italiens, et gâta l'ovation. Cependant, le pape le sacra archevêque de Nicée *in partibus*, et l'envoya en qualité de nonce à la diète de Francfort, réunie pour l'élection de l'empereur François II. Le nouveau prélat avait une conduite détestable, des passions de bas étage, une intempérance de parole peu chrétienne, des manières triviales : aussi ne jouit-il d'aucune influence. Cet échec n'empêcha pas le pape de le créer, en 1795, cardinal et évêque de Montefiascone et Corneto. Ce riche évêché, situé dans une position charmante, fit quelque temps ses délices ; mais la révolution française, qui lui avait déjà enlevé le beau prieuré de Lions, vint encore le chasser de son palais épiscopal. Il dut se retirer en Toscane, d'où il se rendit à Venise, sous un déguisement de charretier. De là il gagna Saint-Pétersbourg, et revint en Italie pour le conclave qui eut lieu en décembre 1799. Louis XVIII, réfugié à Mittau, le nomma son ambassadeur auprès du Vatican. Il eut bientôt à se repentir de sa confiance. D'abord, il est vrai, Maury attaqua vivement les usurpations de Bonaparte ; mais peu après il se montra devant le nouveau David. Le 22 août 1804 il écrivit à l'empereur, obtint l'honneur de lui être présenté à Gênes, et la permission de rentrer en France, où il reparut en 1806.

Déclaré cardinal français, nommé aumônier de Jérôme Bonaparte, qu'il ne suivit pourtant pas à Stuttgard, méprisé de son ancien parti, peu estimé de tous, il ne put obtenir ni considération ni influence. Quand on lui reprochait ses tergiversations politiques : « C'est à la chose que je tiens, répondait-il, je suis parti avec la monarchie, je reviens avec elle. » Bonaparte lui rappelant sans cesse son ancien dévoûment à la dynastie déchue : « Autrefois, lui répondit un jour le spirituel Maury, j'ai eu foi dans les Bourbons; vous m'avez ôté l'espérance; laissez-moi, sire, au moins la charité. » Rappelé à l'Académie, il s'y montra peu digne de sa vieille réputation : son discours, sans chaleur, sans mouvement, sans vie, d'une interminable longueur, fatigua un auditoire qui s'attendait à applaudir. Les flatteries qu'il prodigua au nouveau César le firent nommer administrateur du diocèse de Paris, le 14 octobre 1810. Mais plus il s'élevait en autorité et en puissance, plus il se perdait dans l'opinion. Incapable de sauver les moindres convenances, ne sachant pas voiler ses profanes faiblesses, il se trouva souvent en butte à des attaques violentes et méritées. De nouveaux démêlés s'étant élevés entre Rome et les Tuileries, le souverain pontife, captif de Napoléon, fut conduit à Savone, et de cette ville à Fontainebleau. Du premier de ces relais, le pape ordonna, par un bref, à son *fils* le cardinal Maury de quitter l'administration du diocèse de Paris ; l'Éminence ne tint nul compte de cet ordre. En 1814, à peine Napoléon fut-il tombé, qu'aussitôt le chapitre de Paris chassa le cardinal, qui, repoussé par la famille des Bourbons, pensa pouvoir aller chercher un refuge à Rome : il y fut mis en prison, et y resta six mois. Après cette captivité et six autres mois passés chez les lazaristes, après avoir donné sa démission du siége de Montefiascone, il obtint son pardon de la miséricorde papale, et mourut dans la nuit du 10 au 11 mai 1817, d'une affection scorbutique. La maladie avait tellement défiguré ses traits que pour l'exposer sur un lit de parade on fut obligé de couvrir d'un masque son visage, devenu hideux. Consultez Poujoulat, *Le cardinal Maury, sa vie et ses œuvres*. A. GENEVAY.

MAUSOLE, roi de Carie, frère et époux d'A r t é m i s e, qui lui fit élever après sa mort, arrivée en 355 av. J.-C., un tombeau resté fameux, d'où est venu le nom de m a u s o l é e.

MAUSOLÉE. Le tombeau qu'A r t é m i s e fit élever à son époux Mausole, considéré par les anciens comme une des sept merveilles du monde, a donné son nom à tous les monuments de ce genre; il est loin cependant d'en être le type général : les énormes édifices et les gigantesques souterrains où les Égyptiens déposaient leurs morts étaient de véritables mausolées; c'étaient aussi des mausolées, ces immenses b û c h e r s, pour la consomption des corps, que les Grecs nommaient *pyra*, et dont l'usage avait produit des monuments de la plus grande magnificence.

La différence qui existe entre les mausolées modernes et ceux de l'antiquité consiste en ce que ces derniers étaient surtout des monuments de construction et d'architecture, et que les mausolées modernes sont plutôt des ouvrages de sculpture : les bas-reliefs sur les s a r c o p h a g e s antiques leur ont servi de modèle. Les premiers t o m b e a u x composés en manière de c a t a f a l q u e s, ou de mausolées, vers le treizième ou le quatorzième siècle, sont ceux d'une reine de Chypre, dans la ville d'Assise, du cardinal Gonsalvi à Sainte-Marie-Majeure de Rome, de Benoît XI à Pérouse, du duc de Calabre et de la mère du roi Robert à Naples, du pape Jean XXIII à Florence. Bientôt on débarrassa le mausolée de plusieurs accessoires qui le surchargeaient; le lit d'exposition fut accompagné de figures ; ce ne fut qu'un peu plus tard qu'on eut l'idée de placer l'image couchée du mort sur le sarcophage où reposaient ses restes. Nous admirons ce genre des mausolées de Barbara Manfredi à Forli, de Leonardo Aretino à Florence, de Pietro Nocetti à Lucques, de Marsuppini à Florence, d'Andrea Vandramin à Venise, de saint Dominique à Sienne. Michel-Ange vint donner une nouvelle direction à la construction des mausolées ; on connaît ceux de Jules II et des Médicis à Florence : grâce à lui, le système d'accompagnement en statues devint général. B e r n i n ajouta au style des mausolées quelque chose de pittoresque, de romantique, en représentant dans le mausolée du pape Alexandre VII la mort apparaissant à ce pape, et lui annonçant son heure dernière. Le dix-septième siècle introduisit un genre de mausolées composés de la statue du personnage et d'un sarcophage accompagné de statues allégoriques, comme ceux de Colbert, de Mazarin, etc. Bientôt tout mausolée prétendit à être un tableau, par une recherche abusive d'idées poétiques et dramatiques, qui domine encore en Angleterre. Canova a fait renaître dans le commencement de notre siècle le goût des mausolées.

MAUSSADERIE. État d'un esprit mécontent de lui-même et des autres. *Bouder*, être de *mauvaise humeur*, sont des défauts légers, des mécontentements passagers, que dissipe une caresse, une complaisance; la *maussaderie* a des racines plus profondes : elle résiste à toutes les prévenances, souvent même elle s'en fâche. Jamais un mot gracieux n'échappe à l'homme maussade; faites-lui un petit plaisir : bien qu'il en jouisse tout comme un autre, il vous en voudra de vous le devoir, et ne vous remerciera que par un redoublement de brusquerie. La *maussaderie* tient à un état maladif, quelquefois du corps, toujours de l'esprit. C'est souvent le chagrin de l'ennui.

MAUVAIS GARÇON. *Voyez* GARÇON.

MAUVAIS GRÉ, terme de l'ancienne jurisprudence tombé en désuétude. L'accusation de *mauvais gré* était analogue à celle de destruction de récolte prévue par l'article 444 du Code Pénal. Deux affaires de *mauvais gré* se sont encore présentées tout récemment devant les tribunaux : il s'agissait d'individus ayant semé de l'ivraie dans des champs de blé nouvellement ensemencés.

MAUVE, genre de plantes de la famille des m a l v a c é e s, ainsi caractérisé : Calice à cinq divisions, muni d'un calicule à trois folioles libres, presque égales; fruit déprimé, orbiculaire, composé de carpelles nombreuses, monospermes, verticillées autour du prolongement de l'axe, se séparant à la maturité. Le genre *mauve*, qui appartient à la monadelphie polyandrie du système sexuel de Linné, renferme plus de cent espèces : parmi celles d'Europe, les plus communes sont la *mauve sauvage* et la *mauve à feuilles rondes*.

La *mauve sauvage* (*malva sylvestris*, L.), ou *grande mauve*, croît en abondance dans les lieux incultes, le long des haies, aux bords des chemins. Sa tige est droite, rameuse, velue, et s'élève à 5 ou 6 décimètres de hauteur. Ses feuilles sont divisées en cinq ou sept lobes obtus. Ses fleurs sont grandes, purpurines, marquées de lignes plus colorées. La *mauve à feuilles rondes* (*malva rotundifolia*, L.), ou *petite mauve*, plus petite que la précédente, se rencontre dans les mêmes lieux. Ses feuilles sont arrondies, échancrées en cœur, crénelées, à peine lobées. Ses fleurs sont petites et d'un blanc lavé de rose. Ces deux espèces de mauves ont les mêmes propriétés médicales. Ce sont des plantes émollientes par excellence. Leurs fleurs en infusion calment les inflammations de la poitrine et du bas-ventre. Quant à leurs feuilles, il est fait presque pas une fomentation, un lavement, un cataplasme émollient sans elles; et ce n'est point là une réputation usurpée, mais bien fondée sur une expérience de chaque jour : c'est un médicament d'autant plus précieux que son abondance et sa culture, qui est nulle, pour ainsi dire, les mettent à la portée de la bourse du pauvre comme de celle du riche. Nous aimes délicats que nous, mangeaient les feuilles de mauve, qu'ils accommodaient comme nous la faisons des épinards et de la laitue : aujourd'hui les Chinois seuls ont conservé cet usage.

La Syrie nous a donné la *mauve frisée* (*malva crispa*, L.), dont les feuilles peuvent servir à faire des cordes et même des tissus; le cap de Bonne-Espérance, la *mauve effilée* (*malva virgata*, Cav.), aux fleurs blanches et purpurines, aux feuilles d'un vert luisant magnifique ; etc.

MAUVIETTES, nom qu'on donne à Paris aux a l o u e t t e s apprêtées pour la cuisine; partout ailleurs on ne leur donne ce nom que pendant l'hiver, au moment où cet oiseau est le plus gras et où il descend dans les plaines en bandes nombreuses. C'est un mets fort délicat. Pour le manger on se contente de le plumer sans le vider.

MAVORS. *Voyez* MARS.

MAXENCE (MARCUS AURELIUS VALERIUS MAXENTIUS), fils de l'empereur Maximien Hercule, et gendre de Galère Maximien, profita de l'abdication de son père pour se faire adjuger une part dans le gouvernement. Proclamé auguste en Italie, le 28 octobre 306, il engagea son père à reprendre la pourpre, contraignit Sévère à s'enfermer dans Ravenne, et le fit mourir, quelque temps après, contre la parole qu'il lui avait donnée. Galère Maximien marche en vain contre lui : il est forcé de prendre la fuite, et la paix renaît en Italie. On crut bientôt, cependant, qu'elle allait être rompue de nouveau par les démêlés du père et du fils; mais Maximien Hercule, chassé de Rome, et fugitif dans les Gaules, la rétablit en s'étranglant, en 310. Maxence, s'étant emparé de l'Afrique, s'y fit détester par sa barbarie et par les persécutions dont il accabla les chrétiens. Puis il revint à Rome, d'où il sortit, le 28 octobre 312, pour aller livrer bataille à Constantin, qui lui avait déclaré la guerre. Battu, il s'efforça de regagner la ville; mais le pont qu'il traversait s'étant écroulé sous lui, il tomba dans le Tibre, et s'y noya. Le jour suivant, Constantin fit son entrée triomphale dans Rome, et publia un édit en faveur des chrétiens.

On a prétendu que Maxence n'était point fils de Maximien, et que sa mère l'avait supposé, pour se faire aimer de son époux. Ce qu'il y a de certain, c'est qu'il n'eut aucune des qualités de son père. Il était lâche, lourd, dépourvu d'esprit et d'une figure repoussante. Étranger à l'art de la guerre, il passait sa vie dans une inaction honteuse. Brutalement débauché, il enlevait aux maris leurs femmes, et les leur renvoyait déshonorées, outrageant ainsi non les familles du peuple, mais ce qu'il y avait de plus éminent à Rome et dans le sénat. Tous ceux dont les richesses pouvaient le tenter étaient menacés d'une mort certaine. Le trésor public ne suffisant plus à ses énormes dépenses, il fallut y joindre d'injustes confiscations, des taxes exorbitantes sur tous les ordres de l'État, et jusqu'au pillage des temples. Les conséquences de cette déplorable administration furent la disette d'abord, puis une famine telle, qu'aucun être vivant ne se rappelait en avoir vu de pareille à Rome.

MAXIME. La maxime en morale est l'équivalent du principe dans la science. Comme le principe est ce qu'il y a dans la science de principal, de premier, de capital, de même la maxime (*maxima*, la plus grande) est ce qu'il y a de plus grand, de plus important pour la conduite dans la vie privée, dans le monde et dans les affaires. Lorsque la vérité des maximes et des principes peut se saisir à la seule inspection des termes, on les nomme *axiomes*. Il existe toutefois entre ces deux mots de notables différences. L'un est pour la pratique, l'autre pour la théorie : la maxime est une règle qui guide, elle s'énonce sous forme de précepte; le principe est une vérité qui en contient beaucoup d'autres, qui éclaire ce qu'on place au point de départ des sciences. Ce qui est un principe quand on raisonne sur la morale devient une maxime quand il faut agir. Les principes sont ou des conceptions *a priori*, ou des anticipations du génie, des conjectures que l'on a vérifiées par des observations et des expériences; les maximes résultent de réflexions inspirées par la vue de la conduite des hommes dans les relations ordinaires de la vie : elles prennent le nom de *proverbe* quand elles sont dans la bouche de tout le monde, exprimées d'une manière commune, qu'il n'est pas permis de changer. On connaît les *Maximes* de La Rochefoucauld. Fénelon a écrit les *Maximes des Saints*. Dans son *Abrégé de la Vie des anciens Philosophes*, il a recueilli leurs plus belles *maximes*. Benjamin LAFAYE.

MAXIME. Quatre personnages de ce nom figurent dans les annales de l'Empire Romain : deux comme empereurs, deux comme usurpateurs; pour tous, légalement ou non élevés à la pourpre, le chemin fut court du trône à la mort.

MAXIME (MARCUS PUPPIENUS MAXIMUS), le premier, était fils d'un forgeron ou charron. A sa naissance, un aigle visita l'humble toit de ses parents, et ce présage, alors non remarqué, revint à la mémoire lorsque, dans la suite, il fut parvenu à l'empire. Il passa son enfance dans la maison de son oncle Pinarius, qu'il fit plus tard préfet du prétoire. Il s'appliqua peu à la grammaire et à la rhétorique : les armes étaient sa vocation. Créé tribun militaire, il s'éleva aux premiers grades de l'armée, devint sénateur, et obtint la préture aux frais de Pescennina Marcellina, qui l'avait adopté et entretenu. Il fut consul l'an de J.-C. 227, avec Balbin, qui devait être un jour son collègue à l'empire. Maxime devint ensuite successivement proconsul de la Bithynie, de la Grèce et de la Gaule Narbonnaise. Envoyé comme lieutenant de l'empereur, il battit les Sarmates en Illyrie, et les Germains vers les bords du Rhin. Préfet de Rome, il mérita la reconnaissance des citoyens par sa loyauté, son exactitude et l'énergie avec laquelle il réprima les désordres de la populace. Il mangeait beaucoup, buvait peu, se livrait rarement au plaisir de l'amour, était si rigide en public et en particulier qu'on le surnomma *le Triste*. Il avait la physionomie grave, était bien fait de sa personne, d'une constitution vigoureuse, dédaigneux dans ses manières, quoique toujours juste envers ceux qui avaient affaire à lui, jamais inhumain ni emporté dans l'instruction des procès criminels, pardonnant toujours lorsqu'on l'implorait, ne se mettant en colère que lorsque le cas l'exigeait, ne s'engageant jamais dans des factions, ferme dans ses opinions, et ne se laissant pas tant aux autres qu'à lui-même. Cette force de caractère engagea le sénat, le 9 juillet 237, à l'élire empereur avec Balbin, lorsque Rome se souleva contre la tyrannie de Maximin. Le peuple refusa d'abord de souscrire à ce choix, mais après plusieurs jours d'émeute et de combat promit d'obéir aux empereurs s'ils voulaient partager le pouvoir avec le jeune Gordien III. Maxime et Balbin y consentirent, et le calme se rétablit.

Tandis que Balbin, peu guerrier, reste à Rome, en butte aux dispositions séditieuses des prétoriens, Maxime se rend à Ravenne, où il rassemble les troupes pour combattre Maximin, qui marche comme un furieux contre l'Italie. L'héroïque résistance des habitants d'Aquilée rend superflus tous les préparatifs de Maxime. Maximin, vaincu, est massacré par ses propres gardes, et sa tête, envoyée à Maxime, est par lui transmise à Rome. Des honneurs excessifs lui sont votés dans le sénat pour une victoire qu'il n'a pas remportée; mais les soldats prétoriens et autres ne pardonnent ni à Maxime ni à Balbin leur élection sénatoriale; ils regrettent le farouche Maximin, qui leur avait promis le pillage de Rome et les biens des sénateurs. Le pacifique Balbin, fier de sa naissance, méprise son collègue, homme nouveau, et se montre jaloux du triomphe qu'il vient d'obtenir. Toutefois, les deux empereurs ne paraissent occupés que de gouverner avec justice, de rendre de bonnes lois, d'établir de bons règlements militaires. Les frontières de l'empire étaient menacées à l'orient et au nord; ils parurent se rapprocher, et convinrent de marcher, Maxime contre les Perses, Balbin contre les Germains. Leurs troupes s'éloignèrent de Rome, et avant de les rejoindre, les deux empereurs voulurent laisser passer la célébration des jeux capitolins. Tandis que les citoyens et les courtisans assistent à la fête, les prétoriens profitent de l'isolement des deux princes pour attaquer le palais. Balbin avait par hasard auprès de lui un corps de Germains entièrement dévoué à Maxime. Celui-ci se trouvait presque seul dans une autre partie du palais : il fait demander du secours à son collègue, qui lui en refuse; les deux empereurs se rejoignent, mais se querellent; les prétoriens arrivent pendant cette folle dispute, les dépouillent de la pourpre, les déchirent de coups, et les mènent au camp à travers la ville. Mais ap-

MAXIME

prenant que la garde germaine survient, ils les massacrent tous deux, et laissent leurs cadavres au milieu de la rue. Leur règne avait duré quelques mois. On a dit de Maxime qu'il se faisait craindre sans se faire haïr, et de Balbin qu'il se faisait aimer sans se faire craindre. Peut-être, en réunissant les qualités des deux, Rome aurait-elle eu un empereur parfait.

MAXIME (Magnus Clemens Maximus), le second empereur de ce nom, était sénateur, et allié par sa mère à la famille de Constantin. Il commandait les troupes romaines dans la Grande-Bretagne pour Gratien. Ce jeune empereur, préférant la chasse à tout autre plaisir, donnait sa confiance aux Alains de sa garde, qui étaient de fort habiles chasseurs; les autres barbares auxiliaires de l'empire en conçurent une profonde jalousie. Mellobaudès, roi d'une tribu des Franks, était devenu l'unique conseiller de Gratien. Profitant du mécontentement général, Maxime se laisse proclamer empereur dans la Grande-Bretagne, en 383, et fond sur la Gaule à la tête de trente mille soldats et d'une population nombreuse qui se fixe en partie dans l'Armorique. Gratien, alors à Paris, est vaincu et mis en fuite avec les troupes qu'il a pu rassembler. Arrêté à Lyon par les partisans de Maxime, et livré à Andragathius, général de la cavalerie de l'usurpateur, il est mis à mort. L'empereur d'Orient, Théodose, tolère l'usurpation de Maxime, qui a dans son parti toutes les troupes d'Occident; il lui impose seulement la condition de laisser le jeune Valentinien II, frère de Gratien, en possession paisible de la portion de l'Empire que Gratien lui a cédée (l'Italie, l'Illyrie, l'Afrique, etc.). Maître de la Grande-Bretagne, des Gaules et de l'Espagne, Maxime s'adjoint son fils, Flavius Victor, et établit sa résidence à Trèves. Tandis que Théodose érigeait le catholicisme en religion de l'État, Maxime, non moins orthodoxe, fut le premier prince chrétien qui répandit le sang de ses sujets pour des opinions religieuses. Par ses ordres, un concile s'assemble, en 384, à Bordeaux et condamne l'hérésiarque Priscillien. Celui-ci en appelle à Maxime, qui le renvoie devant son préfet du prétoire Evodius, et celui-ci fait périr Priscillien et deux prêtres par la main du bourreau. Saint Ambroise et saint Martin de Tours condamnent cette rigueur cruelle; mais Maxime emploie tous les moyens pour gagner ces deux évêques. Martin de Tours consent enfin à communiquer avec lui, à manger à sa table, et il use de la plus extrême liberté envers le tyran, qui croit ne pouvoir trop ménager le saint évêque. Maxime, sous prétexte que le jeune Valentinien II et sa mère Justine persécutent les catholiques, entre en Italie, résolu de s'en emparer. Justine et son fils n'ont que le temps de se sauver. La population catholique de Milan renonce aisément à la fidélité jurée à un empereur arien. Saint Ambroise, qui démêle les desseins ambitieux de Maxime, repousse ses avances. Théodose s'arme pour la défense de Valentinien. Maxime, vaincu par lui en Pannonie, sur les bords de la Save, se réfugie dans Aquilée. Il y est pris, dépouillé des ornements impériaux et amené devant Théodose les mains liées, les pieds nus comme un criminel. Théodose lui reproche la mort du jeune Gratien, son maître, et s'attendrit sur le malheur de Maxime, qui paraît repentant. Il va pardonner, lorsque les soldats ôtent la vie au tyran Maxime (387).

MAXIME, le troisième empereur de ce nom, dont on ignore la naissance et la famille, mérite à peine une mention. Sous le faible Honorius, héritier de l'empire d'Occident, les usurpateurs surgissaient à l'envi. Un soldat heureux, Constantin, proclamé l'an 407 par les légions de Bretagne, s'était fait reconnaître dans la Gaule et en Espagne. Géronce, qui commande dans cette dernière contrée, tombe dans la disgrâce de Constantin : pour prévenir son rappel, il proclame empereur Maxime en 409, et va combattre, au nom de cet usurpateur, Constantin, qui se voit réduit à défendre dans Arles son autorité expirante. Mais l'empereur Honorius trouve enfin un général fidèle dans le comte Constance, qui met en fuite Géronce, et le réduit à se donner la mort. Maxime tombe avec celui qui l'a élevé; s'enfuit chez les barbares (Alains, Suèves, Vandales), qui commencent à se rendre maîtres de l'Espagne; on dédaigne de le poursuivre. Après avoir traîné encore dix ans une misérable existence, il est pris, en 422, et amené à Honorius, qui le montre au peuple chargé de chaînes et le livre au bourreau.

MAXIME (Flavius Anicius Petronius Maximus), le quatrième de ces empereurs, le second dont l'élection ait été régulière, et que l'histoire contemporaine n'a pas flétri du nom de *tyran*, naquit, en 395, d'une famille illustre : il exerça avec distinction les plus hautes charges de l'empire, et fut deux fois consul, en 433 et en 443. Il était puissant et respecté : son malheur vint du trône. L'empereur Valentinien III avait violé sa femme. Époux outragé, il fait assassiner le prince par deux barbares, Transtila et Optila, qui, en servant la vengeance de Maxime, vengent la mort d'Aétius, leur général, qu'ont lâchement égorgé Valentinien et ses eunuques. Personne ne soupçonna d'abord le sage Maxime : le sénat le promut à l'empire comme le plus digne; car dans la personne de Valentinien s'était éteinte la race de Théodose. Maxime était veuf, sa première femme n'avait pu survivre à son déshonneur : il força Eudoxie, veuve de Valentinien, à recevoir sa main. Après ses tristes noces, il eut l'imprudence de ne plus céler son crime à sa nouvelle épouse. Eudoxie veut venger son premier mari sur le second, et ne songe point qu'elle va sacrifier en même temps sa patrie. A sa voix, le terrible Genséric, roi des Vandales, sort de Carthage, métropole d'une nouvelle monarchie qu'il a fondée en Afrique, et sa flotte vient mouiller au port d'Ostie le 12 juin 455. Maxime est massacré dans une sédition excitée par sa femme. La défense devient impossible; pendant quinze jours, Genséric pille Rome et se rembarque, emmenant avec lui Eudoxie, qui sept ans durant demeure captive en Afrique. Enfin, en 462, Genséric la renvoie à Constantinople, à l'empereur d'Orient Léon Ier; elle achève sa vie dans la retraite et les exercices de piété.

Charles Du Rozoir.

FIN DU DOUZIÈME VOLUME.

www.ingramcontent.com/pod-product-compliance
Lightning Source LLC
Chambersburg PA
CBHW061729300426
44115CB00009B/1149